書目題跋叢書

藏園訂補
郘亭知見傳本書目

（一）

〔清〕莫友芝　撰

傅增湘　訂補　傅熹年　整理

中華書局

圖書在版編目(CIP)數據

藏園訂補郘亭知見傳本書目/(清)莫友芝撰;傅增湘訂補;傅熹年整理.—北京:中華書局,2009.4(2019.4 重印)
(書目題跋叢書)
ISBN 978－7－101－06070－6

Ⅰ.藏… Ⅱ.①莫…②傅…③傅… Ⅲ.古籍－善本－圖書目録－中國 Ⅳ.Z838

中國版本圖書館 CIP 數據核字(2008)第 078449 號

責任編輯:洪 濤

書 目 題 跋 叢 書

藏園訂補郘亭知見傳本書目
(全四册)

〔清〕莫友芝 撰

傅增湘 訂補

傅熹年 整理

*

中 華 書 局 出 版 發 行
(北京市豐臺區太平橋西里 38 號 100073)

http://www.zhbc.com.cn
E-mail:zhbc@zhbc.com.cn

北京瑞古冠中印刷廠印刷

*

850×1168 毫米 1/32·62⅛印張·1000 千字
2009 年 4 月第 1 版 2019 年 4 月北京第 2 次印刷
印數:2001－4000 册 定價:188.00 元

ISBN 978－7－101－06070－6

《書目題跋叢書》出版説明

書目題跋,是讀書的門徑,治學的津梁。

早在漢成帝時,劉向奉詔校經傳、諸子、詩賦,每一書成,"輒條其篇目,撮其指意,録而奏之"(《漢書·藝文志》),並把各篇書録編輯在一起,取名《别録》。這裏所謂的"條其篇目",就是在廣泛搜集傳本、考證異同的基礎上,確定所録各書的篇目、次序;所謂的"撮其指意",就是撰寫各書的書録。劉向所撰書録,在内容上應該包括:書名篇目、文本鑒别、文字校勘、著者生平、著述原委、圖書主旨及學術評價等,實際上就是我們今天所説的書目題跋或提要之濫觴。劉向死後,其子劉歆又在《别録》的基礎上,"撮其指要,著爲《七略》",對後世書目題跋的發展産生了深遠的影響。

此後,隨着圖書事業的日益繁榮,官私藏書的日趨豐富,圖書目録的著録形式也變得多種多樣。在官修目録、史志目録之外,各種類型的私家目録解題也大量涌現。

南朝劉宋時,王儉依劉向《别録》、劉歆《七略》之體,撰成《七志》。《七志》雖無解題或提要,却在每一書名之下,爲撰著者作一小傳,豐富了圖書目録的内容,開創了書目而有作者小傳的先河。梁阮孝緒的《七録》則增撰了解題,繼承了劉向《别録》的傳統,是私家解題的創新之作。唐代的毋煚撰有《古今書録》,其自序云"覽録而知旨,觀目而悉詞",可知,《古今書録》也應該是書目解題一類的著作。

到宋代,官修《崇文總目》,不僅每類有小序,每書都有論説,而且在史部專列目録一類。這不僅説明圖書目録的高度發展,而且說明當時對書目題跋的重視,此後的許多官私書目也大都有書目解題或題跋。尤袤的《遂初堂書目》,羅列版刻,兼載版本,爲自來書目之創格。而流傳至今、最爲著名的是晁公武的《郡齋讀書志》。晁公武曾接受井度(字憲孟)的大批贈書,加上自己的收藏,"躬自校讎,疏其大略",撰成《郡齋讀書志》,成爲我國現存最早的私家書目解題或稱書目題跋;稍後的陳振孫(號直齋)利用自己傳錄、積累的大量書籍,仿照晁公武《郡齋讀書志》的體例,撰爲《直齋書錄解題》,並首次以"書錄解題"名其書。晁氏《讀書志》、陳氏《書錄解題》是書目解題的傑作,號稱爲宋代私家圖書目錄的"雙璧"。《四庫全書總目》評價《書錄解題》說:"古書之不傳於今者,得藉是以求其崖略;其傳於今者,得藉是以辨其真僞,核其異同。亦考證之所必資,不可廢也。"(卷八五)

到了明代,隨着藏書、刻書事業的發展,私家題跋也日見增多,如徐𤊹的《紅雨樓題跋》、毛晉的《隱湖題跋》,都是當時的名作;又如高儒(自號百川子),所撰《百川書志》,也部分撰有簡明提要。

入清以後,由於文禁森嚴,許多文人學者埋頭讀書,研究學問,私人藏書盛況空前,私家解題的撰述也豐富多彩。明末清初,錢曾的《讀書敏求記》,專門收錄所藏圖書中的宋、元精刻,記述其授受源流,考訂其繕刻異同及優劣,開啟了以後編輯善本書目的端緒。稍後,黃丕烈的《百宋一廛書錄》和《藏書題識》,注重辨別刊刻年代,考訂刊刻粗精,成爲獨闢蹊徑的鑒賞派目錄學著作。瞿鏞的《鐵琴銅劍樓藏書目錄》每書必載其行款,陳其異同;楊紹和的《楹書隅錄》在考核同異,檢校得失的同時,又詳錄前人序跋,間附己意。周中孚號鄭堂,其《鄭堂讀書記》仿《四庫全書總目》的體例,著錄圖書四千餘種,被譽爲《四庫提要》的"續編"。至於藏書家張金吾,把"宋、元舊槧及鈔帙之有關實學而世鮮傳本者",逐一著明版式，鈔録序跋，對《四庫全書》不曾收入的圖書，則"略附解題"。陸心源仿照張氏的成規，撰成《皕宋樓藏書志》，專門收録元代以前所撰序跋，"於明初人之罕見者"，亦"間録一二"，陸氏"間有考識，則加'案'字以别之"。上述諸書，既著録了衆多古籍善本，又保存了前人所撰大量序跋，其中，間有著録原書或本人文集不見記載的資料，不僅查閲方便，而且史料價值很高。丁丙的《善本書室藏書志》，既著録明人著作，又留意鄉邦文獻，鑒賞、考證，兼而有之。沈德壽的《抱經樓藏書志》則仿張、陸二氏而作，收録範圍延至清代。繆荃孫的《藝風藏書記》、耿文光的《萬卷精華樓藏書記》也都各有所長。所有這些，都可歸之爲藏書家自撰的書目題跋。

此外，有些藏書家和學者，不是爲編撰書目而是從學術研究入手，邊收集圖書，邊閲讀、研究，遇有讀書心得和見解，隨得隨記，這便是類似讀書札記的書目題跋。清人朱緒曾性嗜讀書，邊讀邊記，日積月累，被整理成《開有益齋讀書志》，其内容皆與徵文考獻有關，被稱爲"方駕晁、陳，殆有過之"。除了藏書家自撰或倩人代撰書目題跋之外，有些學者或藏書家在代人鑒定或借觀他人藏書時，也往往撰有觀書記録或經眼録，有的偏重於記録版本特徵，有的鑒定版本時代，有的則兼及圖書内容、作者行實，這些文字，也可以歸於書目題跋之内。

總之，書目題跋由來久遠，傳承有緒。書目題跋，既可以説它是伴隨圖書目録而産生，又可以説它是圖書目録的一個流派。有書目不一定都有題跋，有題跋也不一定有相同的體例、相同的内容。書目題跋既是一個相當寬泛的概念，又是一種相對靈活的著録形式。不同的撰者有不同的背景、不同的學問專長、不同的價值取向，因此，所撰題跋又各有側重、各有特色，各有其參考價值。與普通圖書目録相比，書目題跋具有更多的内容、更多的信息，更高的參考價值，對讀者閱讀、研究古籍，也更能發揮其引導作用。一部好的書目題跋，不啻爲一部好的學術著作。而且，近人自撰或編輯他人題識、札記，也往往以"題跋"名書，如陸心源所撰《儀顧堂題跋》、《儀顧堂續跋》，潘祖蔭、繆荃孫等人所編黃丕烈《士禮居藏書題跋記》，吳壽暘所編其父吳騫所撰《拜經樓藏書題跋記》，今人潘景鄭先生所編錢謙益所撰《絳雲樓題跋》，可見，"書目題跋"之稱，已被學者廣泛采用。

　　有鑒於此，我局於 1990 年出版了《清人書目題跋叢刊》十輯，2006 年又在該叢刊的基礎上，增編爲《宋元明清書目題跋叢刊》十九册，雖說還不夠完善，但已爲讀者提供了重要而有價值的參考資料。由於上述叢刊所收書目題跋僅至清代爲止，晚清以來的許多重要書目題跋尚付闕如，而已經收入叢刊的，也有個別遺漏，加之成套影印，卷帙較大，不便於一般讀者參考，於是決定編輯出版這套《書目題跋叢書》。

　　這套《書目題跋叢書》與上述叢刊不同，以收集晚清以來重要、實用而又稀見的，尤其是不曾刊行的書目題跋爲主，同時適當兼收晚清以前重要題跋專書的整理本或名家增訂本、批注本；以提要式書目和題跋專著爲主，同時適當兼收重要學者和著名藏書家所撰題跋的輯録本；以圖書題跋爲主，同時適當兼收書畫題跋及金石、碑傳題跋。在出版方式上，不采用影印形式，而是按照古籍整理的規範，標點排印，以方便廣大的文史研究者、工作者、愛好者，尤其是年輕的讀者閱讀和使用。

　　我們希望，這套叢書的出版，能夠得到國内外學者的支持和協助，並受到廣大讀者的歡迎。

中華書局編輯部

2007 年 10 月

葉氏知見傳本書目

雙鑑樓人補記

陳衡恪題耑

若是臺居本州并有戴迴體在本周

善全兩鈔授黃魯曾校本言

蘆泉本十三四九與九本合

黃榜本鈔漆二卷方地山藏今

歸周特孫

嘉靖乙未吳人蘇獻可刊本　嘉靖明初

草臺本　金臺汪諒刊本　漢魏叢書本　學津

新都唐琳刊本

秉臺漢魏遺書本

漢近趙懷玉校本最善　又周津

文相公改正　延家注本亦可容齋二漢卷八云

三十餘字改正　作鑑家主簿李之命工列

〇宋慶歷本　元劉廷幹本　用章序之命工列

刻于杭末題云

右詩類

經部四

禮類二

明嘉靖中有仿宋列三禮鄭註二十卷

士禮周禮居十

周禮鄭註即翻嘉靖本最善

周禮單註附釋文閣重刊並福本佳

周禮鄭註十二卷嘉靖中徐氏翻宋本

七案不謝言嘉靖丁亥松江守河鰲列本明翻宋

嘉靖中徐氏列本

阜氏歊列

列周禮二部並十二卷

平津館書目有明翻宋曲

十六行行十七

李本齋師藏舊圓屋重慶十二

卷十表十六七大字本中字中字實十二

乃邊图以礼屬名典尾上記字數下記批名

名　每表溪自經名每十字注右下方十字音

義差于字亦行

字平圓遶

本師元藏宋本　周礼注疏行三大五字外十九字別号

小二十二三字等頁行二行白自服上記字數下記批名

右一五二十三卷四〇三十一百四七〇九乙平有褁惠做

洞庭湖志十四卷　國朝纂世基原本夏大
　觀等輯行　道光八年刻

泰山道里記一卷　國朝聶鈙模刻本　四庫存

　右地理類山川之屬

浴陽伽藍記五卷　後魏楊衒之撰　漢魏叢書本
如隱堂刻本　吳琯刻本　君享刻本　佩印有如隱堂本
川吳琯校刻本　君享學津本　　古今逸史本　津逮秘書本　明

吳地記一卷附後集一卷　唐陸廣微撰　宋叢書無後集　古今逸史

鹽邑志林本　學海類編本　學
津討源本　附備考一卷

兩京新記一卷　唐韋述撰　此一卷在原書為第三卷所載坊
寺觀園祠宇東西南北比次頗詳曰
本佚存像在叢書中阮氏以進呈本　原本五卷見宋史藝文

長安志二十卷　宋宋敏求撰　明初刻本　經訓堂

顏魯公集十五卷補遺一卷年譜一卷附錄一卷

劉思納本年補遺年譜
曾刻刻本與安劉行政十行廿字

嘉慶中平陽飯研氏刊本帽
覃行廿八八藏書
見嘉慶中版內有獨見行序
其精別非別凡自刊本可知

此傳鈔抄本

收得廿閣所藏劉宗
本題重三卷十二年刊本
字即道行不旬另上杪
歸抄隼前為閣刊勝
又　　　　　一卷四庫泛写

宋本諸九卷又三卷
安年二本行三十二字作刻文
房店　　劉文房集錢
南宋本手行二六字阿歌門
此局楊蘇鄭邑冊本有蕘允在版

宗元集三卷附錄一卷
見四庫本行十行二十二字另附偏校之指刻不同已記方載

《藏園訂補郘亭知見傳本書目》整理説明

　　清莫友芝撰《郘亭知見傳本書目》是近代重要的版本目錄學工具書之一。莫氏是貴州獨山人，道光舉人，長期爲曾國藩幕僚。太平天國失敗後，奉命搜訪在戰亂中散佚了的文宗、文滙、文瀾三閣藏書，往來於江浙間，有較多機會得見江浙士夫故家所藏善本書籍。他把平生所見傳世古籍的不同版本和名鈔精校本箋注在《四庫簡明目錄》上，又把《天禄琳琅》著錄的清内府所藏善本和黄丕烈、汪士鐘、張金吾等清代中後期著名藏書家目錄中所載善本鈔附其下。比他時代稍早的邵懿辰也有相似的撰述，多記在北京所見之書，莫氏也一併錄存。一八七一年莫氏去世後，其子莫繩孫就此箋注本加以整理，先編爲十卷，後又拓編爲十六卷，鈔成清稿，這就是此書的原稿本。因目中所載既有莫氏親見的，也有據近人著錄確知尚傳於世的，故定名爲《郘亭知見傳本書目》。

　　成書以後，莫友芝之姪莫棠曾傳錄一本，蘇州著名老書商侯念椿又據莫棠傳本轉錄一本。不久，侯氏去世，遺書爲北京書商收得。因爲此目簡要地記錄了諸書傳世的不同版本，有些還注出版本的特徵，既便於學者在研究某書時了解不同版本的情況，也對藏書家和書商辨識版本頗有幫助，故很快就流傳於世，先出現鈔本，隨即陸續出現三種鉛字排印本。

　　最早的排印本是一九零九年日本書商田中慶太郎據書肆傳鈔本付印的,世稱"田中本"。此本在書眉上還用小字排印了流傳中他人的眉批,田中氏自己也加了少量新的批注。約在一九一三年前後,適園主人吳興張鈞衡也在上海用小字排印一本,世稱"適園本"。此本書眉上除排印舊批注外,張氏之子芹伯也偶加批注,冠以"芹按"字樣。一九一四年,先祖藏園先生用王秉恩校莫棠本校勘自藏清末鈔本後,付天津官報局排大字印行,世稱"江安傅氏本"或"藏園本"。此本先祖只校誤字,未撰序跋,也未加批注。

　　此書流行以後,學者逐漸發現它尚有未盡如人意之處,歸納起來,大致有四:其一,《郘亭書目》以《四庫全書簡明目錄》為底本,增入阮元續編的《宛委別藏》和少量傳世著名善本,而大量四庫存目之書、四庫未收之書和四庫成書後迄於清末的重要學術著作都未收入。其二,清末四大藏書家瞿、楊、丁、陸所藏重要善本、清末內閣大庫所出善本、清亡後宮廷貴邸散出的善本以及近年重顯於世的日本所藏重要中國古籍善本大都未及收錄,不能反映傳世古籍善本的全貌。其三,《郘亭書目》所注各書分附《四庫全書簡明目錄》各該條之下,但所注之書往往是書名、卷數都不同的別本,易致混淆,難於據以檢索。其四,《郘亭書目》所注各書大多只標某本,除部分重要宋元善本外,很多未記行欵序跋,往往難於據以印證實物、辨別版本。此外,由於三個印本都不是直接出自原稿,也都存在着不同程度的訛誤。因此,很多學者希望能進一步校訂增補,使之更為完備,更切實用。

　　一九一二年,先祖在蘇州購得清末鈔本《郘亭書目》,攜之南北訪書,有見即錄,數年間在眉上行間加了大量批注,逐漸形成自為一書的規模。友人陳師曾先生衡恪用篆書寫了"雙鑑樓主人補記莫氏知見傳本書目"的籤題。此後,這個批本逐漸流傳於外,王重民、孫楷第、謝國楨、邵鋭諸人都有過録之本。這時，莫棠也一再向先祖表示，自己年邁，希望先祖能增廣此書，刊木以傳。參見後附莫棠跋。這樣，先祖開始有了增補《邵亭書目》的意願。

先祖的初步設想是：在收書範圍上不受《四庫全書》的限制，酌補四庫存目和四庫未收書中的有用之書，增入《四庫全書》成書以後新出的重要撰述。所增補者以目見為限，不采著録、傳聞，務使所增補者都是尚有流傳、學者可以輾轉訪得之本。在所增補内容上則力求著録行欵、序跋等版本特徵，使閲者能據以驗證實物。三十年代末曾擬一簡單草案，計劃在自批本的基礎上，據數十年觀書記録和自藏善本以補善本部分，據自藏及坊肆間習見之普通明清刊本當時明嘉靖以前刊本始列為善本。以補明清以來、特別是《四庫全書》成書以後的重要著作，使目中善本及通行本兼備。後因專注於校勘《文苑英華》、編輯《宋代蜀文輯存》，未暇從事。四十年代以後，先祖高年多病，且財力日絀，無力聘請助手、鈔工，已沒有條件完成此書，僅命熹年將藏書中的普通明清刊本和叢書摘記行欵序跋備用。

一九四九年十月先祖逝世後，先父晉生先生曾擬逐項整理遺稿，編輯成書，因故遲回未能着手。到一九七四年遺稿劫後歸來時，先父已經逝世。熹年不忍坐視先祖畢生心力淪没，遂決意以業餘時間整理遺稿。一九八三年，在完成《藏園羣書經眼録》、《藏園羣書題記》的整理工作並交付出版後，開始整理此稿，歷時六年，至一九八八年完成。

整理工作主要是據先祖當年擬定的方案和體例，把他的批注和著録綜合成新條補入，並對《邵亭書目》的正文和前人的批注加以校正。

新補入諸條都是據先祖的著録手稿、撰述、日記、札册中所記，按統一體例歸納成的。所據主要有：

一、《雙鑑樓主人補記莫氏知見傳本書目》，四冊。先祖手批稿本。

二、《津逮閣戊申以後買書記》，一冊。手稿，為一九零八至一九零九年購書記錄，內記大量一般明清刊本。

三、《蠹跡瑣談》，一冊，手稿。為一九一零至一九一一年購書記錄，內多記明清人詩文集。

四、《津逮閣清人詩文集目錄》，一冊，手稿。記一九一零年以前自藏清人詩文集。熹年補記行欵序跋。

五、《津逮閣藏書目》，二冊，手稿。記一九一六年以前所藏善本。熹年補記行欵序跋。

六、《藏園普通書目》，四冊，稿本。一九二二年編，內著錄大量普通明清刊本及清人學術著作。熹年補記行欵。

七、《藏園甲子續增書目》，一冊，稿本。一九二四年編。熹年補記版本及行欵序跋。

八、《雙鑑樓善本書目》，四卷，一九二九年自刊本。熹年核對校正行欵序跋。

九、《雙鑑樓藏書續記》，二卷，一九三零年自刊本。熹年核對行欵序跋。

十、《藏園續收善本書目》，四卷，稿本。記一九三一年至一九四七年間入藏善本。熹年據著錄手稿補編。

十一、《藏園校書錄》，四卷，稿本。熹年據校書日錄手稿補編。

十二、《藏園瞥錄》，存三十八冊，手稿。記四十年來所見善本。即《藏園羣書經眼錄》之原稿。

十三、《藏園東游別錄》，四卷，手稿。記一九二九年訪日所見善本。

十四、《藏園羣書題記》初集八卷,續集六卷,自印本。熹年據手稿校。

十五、《藏園羣書題記》三集四卷,稿本。熹年據手稿補編。

十六、《藏園日記鈔》,二卷,稿本。熹年摘錄日記中有關版本、目錄、校勘、撰述部分。

十七、《張元濟傅增湘論書尺牘》,一册,商務印書館排印本。摘先祖札中論典籍内容。

熹年根據先祖所定體例,從上述十七種目錄、撰述中摘錄諸書的版種、行欵、序跋、收藏情況,依書名滙集成條,冠以〔補〕字,分附於《邵亭書目》各相應條之後。其中偶有與莫氏意見不一或補其未詳、未確處,輒為注明。所補各條,文字視先祖原記錄間或略有增減,以求畫一體例,但鑑定意見則是先祖原意。他平生校勘羣書的成果也摘要收納在所補條目中。

對《邵亭書目》的整理主要是用北京圖書館所藏原稿本通校藏園印本,校改誤字,並把在輾轉傳鈔中混入正文的他人批注剔出,以恢復莫氏原稿的本來面目。書上的眉批則用清末鈔本即先祖批注之底本。和三個排印本互校,不可通處兼用理校,訂正訛誤,編為〔附〕條,列於正文之後。先祖曾在鈔本《邵亭書目》上過錄《邵氏書目偶鈔》,熹年在校原稿本時又見到北京圖書館所藏王靜安先生國維手批本《邵亭書目》,其内容一併錄存於〔附〕條中。

經此訂補整理後,補入後文字約為莫氏原文的三倍半,也比先祖《雙鑑樓主人補記莫氏知見傳本書目》稿本增出一倍多。就條數而言,《四庫全書總目》收書三千四百六十一種,不包括存目。《邵亭書目》著錄的,包括同書的別本在内,為四千零二十九種。這個訂補本,包括別本在内,共補入八千九百五十餘條。由於大部分條不只著錄一種版本,實際入錄之書還多於此數。《邵亭書目》原分十六卷,訂補後有些卷篇幅溢出過多,需析為二卷。為了保持原卷次,把析為二卷者編為上、下卷,全書實際為二十三卷。

這個訂補本收納了先祖四十餘年間所見、所藏、所校、所跋的全部書籍,既包括本世紀以來國內及日本公私所藏善本精粹,也收入了大量目前尚未劃入善本範圍的明清重要學術著作和詩文集。前人關於改進擴編《郘亭書目》,使之更全面而切於實用的願望可以基本上得到滿足。此書雖以補《郘亭書目》所未備為主,但也兼有對其校勘、訂正之處,故定名為《藏園訂補郘亭知見傳本書目》。

熹年僅在少年時略得祖庭教導,多年荒疎,且劫後遺稿殘損,楹書不守,雖勉承先志,而核查驗證,諸多困難,只能在現有條件下輯錄編排,去先祖當年所期尚遠。整理中的不妥和錯誤之處,當由熹年自負其責,敬希讀者批評指正。

一九八八年十月　傅熹年謹記

《藏園訂補邵亭知見傳本書目》凡例

一、本書係以莫友芝《邵亭知見傳本書目》為底本，據先祖藏園先生平生所見、所藏、所校、所跋各書增撰補注而成，間有訂正其未詳、未確之處。補訂後的篇幅約為莫氏原書的三倍半。整理時，以一九一四年藏園鉛印本《邵亭書目》為工作本，以北京圖書館藏原稿本校之。

二、莫氏原書係以《四庫全書簡明目錄》為底本，下加雙行小注。此訂補本中，凡《四庫全書簡明目錄》著錄之書，書名均大字頂格，其下的雙行小注皆莫氏原文。

三、莫氏原書為莫友芝逝世後其子繩孫輯成，莫繩孫實亦作者之一。在原稿本上尚有莫繩孫續增入之少量文字，為源於莫棠傳鈔本的世傳鈔、印各本所無，此訂補本均為收入，在莫氏原文後另起一行，段末注（繩）字。

四、莫氏原書中增入少量《四庫全書》未著錄之書，此訂補本中均為冠以〔增〕字，以區別於《四庫全書》著錄之書。其下之雙行小注亦均莫氏原文。

五、莫氏原書中刪去少量《四庫全書》著錄之書，因未加注傳本。此訂補本中悉按《四庫全書簡明目錄》原順序為之補全，使此本包括完整之《四庫全書簡明目錄》。補入之書名仍頂格，唯於其下雙行注“按：此書四庫著錄，莫氏失收”字樣。其下如有雙行注傳本者，即為藏園補注。

六、藏園訂補各條均冠以〔補〕字。所補之書，如書名、卷數與《四庫全書》著錄或莫氏增入之書相同，即不再標書名，逕以雙行小注錄所補傳本於各該書之後；如書名、卷數有異（包括書名前加“新刊”、“校正”、“纂圖互注”等字樣或增加後集、續集、外集、補遺、附錄、校勘記者），均另以大字標書名、卷數，按成書先後，列於莫氏原書各該條之前或後。所補之書如為《四庫全書》所未收、莫氏亦未增入者，即按《四庫全書》分類原則插入相應位置。

七、莫氏原書中，偶有誤記書名、卷數、行欵處，除明顯屬於傳鈔致誤者外，均不加更動，以存其真，而於〔補〕條中書其正確者。卷中凡同一版本而〔補〕條與莫氏原文有異同者，以〔補〕條為準，實即對其原書之訂正。

八、莫氏成書後，在流傳過程中，又增入若干他人的批注，載於傳鈔本和三個排印本之書眉。此訂補本將這些眉批彙錄，分列於所批各該書之後，藏園〔補〕條之前，冠以〔附〕字，各段末注（眉）字。眉批作者大都不可考，僅極少數可推知為莫棠過錄勞格批《四庫全書簡明目錄》及張芹伯批適園本者，酌為注出。

九、莫氏原稿本歸莫棠後，莫棠又有少量手批，為通行各本所無，此訂補本亦錄存於〔附〕條中，段末注（棠）字。

十、以莫氏原稿本校藏園本及適園本，發現有少量原稿無而印本入正文者，當為流傳中摻入，其中容或有莫棠傳錄本中自批及過錄勞格批注，然已不可區分。此訂補本均為剔出，列入〔附〕條，而於段末注“稿本無，印本入正文”字樣，以恢復莫氏原稿之本來面目。

十一、先祖藏園先生曾於一九一二年過錄《邵氏書目偶鈔》中語於所藏清末鈔本《郘亭書目》中，此訂補本亦將其有裨考證部分錄入〔附〕條，而略其抄撮舊目無關閎旨者。所錄各條於段末注（邵氏）二字。

十二、北京圖書館藏有王國維手批《邵亭知見傳本書目》，此訂補本將其批注全部錄存，亦納入〔附〕條，每段末注（王國維）三字。

十三、莫氏原書及藏園訂補各條，凡《四庫全書總目》載入存目者，均為注出。

十四、莫氏原文及〔附〕、〔補〕各條注中，每一不同版種之書均冠以○，以資區分。

十五、著錄諸書行欵重加核對，其偶與《經眼錄》、《雙鑑樓善本書目》小異者，以此為準。

董康《郘亭知見傳本書目》序

（在田中慶太郎北京排印本卷前）

我朝校讎簿錄之學絶勝於前代，近賢治之尤勤，故書雅記，賴以不墜。其版刻之同異，鈔校之源流，散見於諸家錄目，獨未有攟摭薈萃，都為一編者。道、咸間，仁和邵戶部懿辰官京師，案頭長真《四庫目》，遇善本輒疏記其上，是為《半巖廬書目》。同治初，軍事甫平，曾文正督兩江，獨山莫徵君友芝領書局，承檄搜訪文宗、文滙、文瀾三閣遺籍，往來江浙間。收藏家恒出舊本相質證，又盡見上海郁氏、豐順丁氏之書，考論詳嚴。公子繩孫既寫栞宋元本書經眼錄書衣筆識，又綴輯箋記諸條，凡十六卷，是為《郘亭知見傳本書目》。兩家遺帙，世競傳鈔，通儒博識，互益增附，其主名已不可悉辨。莫氏晚出，於邵説采錄略具。顧距今又四十載，佚編秘笈，多老輩所未及見。乾、嘉以來，名鈔善校，一字之存，率資掌故。乃若明代刻書，昔人不甚厝意。然流弊極於晚季，嘉靖以前，風尚近古，往往有佳本可徵，閲歲寖久，遺存蓋寡，固當與宋元並重。

康夙抱願，欲盡取各家書目，參斠撰定，牽於人事，卒卒未暇。日本田中慶太郎劬書耆古，雅有同志，從南中獲《郘亭目》，就所經見，散標簡端，謂宜先付印行，更俟補輯。始事於戊申之冬，經三月告成，請為之序。康維遂初尤氏多存別本，寶文晁氏兼詳某刻，例自古開。邵、莫二先生記問淹貫，別擇精宷，蔚為盛業。惜此本屢更迻寫，訛奪頗甚。儻能一一勘正，無使後來致疑，則田中君有功古籍尤非尠已。

　　　　　　　宣統紀元，歲在己酉，正月　　武進董康

莫棠《郘亭知見傳本書目》跋

（手蹟。在上海圖書館藏適園排印本前）

伯父郘亭徵君生平於所見所知四部書籍傳本，輒隨時箋記於《四庫簡明目錄》之欄外上下端，間及《存目》。又采取仁和邵位西先生《經籍筆記》入焉。伯父既沒，先從兄仲武觀察繩孫乃依手迹寫為四册，分十六卷。以當日特為便省覽，非欲勒書行世，故無畫一體例。光緒辛卯，棠向兄迻錄，為言如此。

棠得本後，偶遇所得，亦稍稍補記。湖州坊客吳申甫曾假以浙中勞季言格所批《簡目》，竭半日力擇錄還之。字極草率，亦未及標明孰為勞氏語。

時蘇州書友侯駝子念椿者，年七十餘，再四乞過錄一部。言業書六十載，遠見黃蕘圃，近見袁漱六。咸、同兵燹，古籍日堙，不圖垂暮覯此鈔刻板本薈萃之書，倘能朝守一編，夕死可也。余鑒其誠，閔其老，允之。無何而侯死，其本遂為都中收書估人所得，互相傳鈔，以售重價。余方流滯嶺南，不及知也。

戊申歲，廣東提學沈子封廉訪曾桐忽視余以日本人排印本，審之，即從余本出，余所添注者亦亂而為一，謬誤滿紙。蓋余書有未真之字，遞經轉寫，遂至不可解釋。高雷道王雪澂觀察秉恩亦有新本，因假余本校正。未幾，余重管廣雅書局，擬以付刊。提學贊從，因更假原本，為審定刻例，用是余本留提學許。辛亥正月，余渡瓊臺。二月，提學遷雲南提法。余啟賀索書，迄未得報。其年冬，余遷提學滬上，言書櫝悉致京師，不及檢選。迨余甲寅入都，則謂粵裝倉卒，既而遍求不可得。從此余本絕歸來之望，所幸者，誤本正有流傳，雪澂先生所校猶無恙也。

當書局議刊之初，余寓書仲武兄，求所編初本。兄鄭重致粵，故今尚謹藏篋中。日本排印本余亦有之，為楊星吾廣文守敬借觀未還。此本上海某氏據以重印，其中補案云云，即其人所加，而奪誤終不能改。癸丑，傅沅叔太史增湘借余初本以校所得新鈔，後以鉛本印行，字體較大，視此為勝矣。

從來大亂之世，毀棄典籍有如糞土，今則反是，舊書之值遠倍承平時。光、宣之際，古書出世已有在乾隆朝求書之外者，如敦煌之石室，內閣之大庫，海東之流入，比比皆是。辛亥以後，宮府之藏，故家之守，流落散見者，更不可以勝計。奇編祕籍，日益有聞。兼以舟輿利通，豪強競取，因利聞風者無間於偏鄉僻壤。上海、京師實為聚處，而估客之分道搜集者，復窮其所往，計取巧偷。寧波之天一閣、抱經樓且以構訟。故凡家有尺書而欲售者，但見紙墨渝敝，無論為何，即索千百，視昔所詠"宣綾包角藏經箋，不敵當時裝訂錢"者，固復乎異矣。溯其稱貴之由，殆緣日本之購酉宋樓書，法人之囊括石室古本，其他東西求書之使更交錯都邑，國人乃憬悟誶趣，翔貴遂至於今日。

然而三綱則墮敗，五禮則銷亡，亙古以來未有甚於此時者，抑又何也？豈天心未厭，知喪亂之未可遽終，而又不忍聖人之道、文化之原絕於中國，特聳亂世人心之所好，假強有力者以保守之，不必其人之能述能作也。不然，辛、壬之交，橫流放決，挾其凶梟猛悍之性，佐之以兵革，禍有烈於秦火者。充其所至，安能使人間尚有充棟列架之事哉。顧收書之人正不一類，讀者之與賞鑑論久著矣。

夫昔之賞鑑家固文采煥然也，今乃有識字不必多而不吝數萬金收宋槧書將百本者，豈非鬼神誘之作典守乎。

十餘年中，訪書者視此目為津梁，售書者挾此目為軒輊，而新見之書，溢於此者，正復未已。余嘗為雪澂先生、沅叔太史言，宜本此編，增廣附益，著明續錄，不相淆雜，校訂刊木以傳。合之葉鞠裳太史《藏書紀事詩》、葉奐彬吏部《書林清話》，頃以印樣見示。則古今典冊流轉之緒，刊鈔存佚之源，皆可貫穿而得，在目錄一家之言足稱淵藪。而由此求之，數千年名教學術不至絶滅於變亂之餘，留以待景祚昌明之會者，所關繫甚鉅也。獨余窮老，無能為役，先代世學，遂以失墜，記此書第覺媿怩增重爾。

　　　　　　　　　　　己未九月十二日　獨山莫棠

葉德輝《郘亭知見傳本書目》序

（據手蹟）

三十年前官京曹時，同朝如常熟翁師相同龢、吳縣潘文勤公祖蔭、順德李若農侍郎文田、宗室伯羲祭酒盛昱、福山王文敏公懿榮、貴筑黃再同編修國瑾，皆好藏書，講求板本之學。其衆推為領袖者則江陰繆筱珊學丞荃孫。然其祕以為枕中鴻寶者，則人各抄仁和邵位西先生詳注《四庫全書簡明目錄》一書，日夕置之案頭而已。於時聊城楊氏海源閣、常熟瞿氏鐵琴銅劍樓、歸安陸氏皕宋樓、仁和丁氏善本書室諸家書目或未刊出，或未通行，邵注《簡目》外，則獨山莫郘亭先生《宋元舊本書經眼錄》亦家有一編，與邵書相驂靳，顧皆不知先生尚有《知見傳本書目》也。

先生與位西先生生同時，同為曾文正講學之友，其平生好書之癖亦正相同。是時文正之女舅袁漱六太守芳瑛以收藏書籍著稱，余得其散出之書，中有錢牧齋《絳雲樓書目》兩巨帙，行間太守手書朱校，或曰“此書今在余所”，或曰“余有此書”，其搜訪又與諸先生同志而異趣。要其流風餘韻之傳聞，遂為目錄家別開一蹊徑。故在今日道喪文敝之世，讀書者日見其少，好書者猶見其多，則數先生提倡之功為不小矣。

此目向無刻本。宣統初元，有日本田中（玉）〔慶〕太郎以活字排印，按其語句，間有先生身後事，因知為他人參校，印者未敢擅刪。然數百部之書，一時售之罄盡。旋有南潯張氏以小字排印於上海，其本甚劣，而亦風行。最後則吾友傅沅叔同年亦以活字印行，字大悅目，視田、張二本為精，然其孰為正文，孰為他人語，亦不能分別釐剔也。即如書中每云“靜持室”，此揭陽丁禹生中丞書齋名，其後刻書目乃名“持靜齋”。今各卷“靜持”均改“持靜”，又改“室”為“齋”，是知其一不知其二也。中丞喜藏書，每得一書，必請先生鑒別，故《經眼錄》中所載大半丁氏所藏書。

余方詫先生既刻《經眼錄》，何不并刻此書。近年寓蘇，獲交先生從子楚生觀察，出示原稿，乃知參附之語出自觀察隨時標注者為多。當時先生不急急以此目付刊，亦有深意。蓋先生以為宋元舊刻傳世日稀，既已見已知，不妨詳示後人，俾他日展轉流傳，得者益知珍襲寶貴。若宋元以外之刻本，日新月異，即竭畢生搜訪之力，終恐有所漏遺，故此目存稿未刻者，意蓋有所待也。余因詢及此目傳出之由，則一侯姓書估從觀察借鈔藏之，久之物故，其書散失，流入京師，於是好事者爭相迻抄，亦如當日之抄邵注《簡目》者。然田中（玉）〔慶〕太郎乃以活字印行，其中訛誤甚多，彼固不知原稿具在，可以取校也。

先生是目雖與邵注同時，而見聞各別。蓋邵官樞曹，居恒在北，先生則往來蘇、揚、滬瀆，值粵匪亂後，江浙間藏書散出，先生寓目頗多。南北收藏，各以地限，兩目所載，正可互證參稽。今邵注已經其嗣孫伯絅太史刊行，而此目真本人尚未見，余亟慫恿觀察付之手民，庶與邵注並轡而馳，同為津逮來學之盛舉。觀察曰諾，請為之序。余不敢辭，謹述此目晚出因由，以告世之談版本者，而余得附名簡端，尤有榮幸矣。

　　　　　　　　壬戌雨水節　後學南陽葉德輝謹序

整理者謹案：此為葉氏手蹟，原題於《邵亭目》稿本前，而今藏

於北京圖書館之稿本無之，或以避嫌於入藏前撤去歟？此據
原序覆印件錄出。覆印件為上海古籍出版社李劍雄同志轉借
自瞿鳳起先生者，附此致謝。

潘承弼《邸亭知見傳本書目》稿本跋

（手蹟。在北京圖書館藏稿本前）

　　弱冠時治目錄版片之學，讀張文襄《書目答問》，苦其疏漏，未能愜意。旋於坊肆得《邸亭知見傳本書目》，讀之，真如山海珍錯，取之無盡，始壹意致力此書。惜通行本魯魚亥豕，殊拂人意。聞是書傳刻頻繁，有宣統間日本田中（玉）〔慶〕太郎活字本，又有南潯張氏細字排印本，最後則有江安傅氏大字排印本。予求之數年，盡有其本，於是參稽同異，彙成一帙，便省覽焉。

　　丁、戊之際，莫氏書散，此稿本四册流入飛鳧人之手，斥二百金得之。全書雖非邸亭先生手筆，而朱墨燦然，審為先生父子輩從遞校之稿。書用皮紙，版心有“通鑑索隱”及“文選”等字，疑先生於兩書容有撰述，故繕寫時偶用其紙耳。取校各本，時有出入，泂乎原稿之可貴。予雖彙校各本，得此所謂千羊之裘不如一狐之腋矣。稿附南陽葉煥彬氏手跋，詳及此書源流，然此稿莫氏實未付梓耳。

　　十年前考論版片之學者，咸奉先生此書及邵位西先生《四庫簡目標注》為金科玉律。竊謂兩書悉遵四庫體例，庫本以外，屏而不錄。方今海舶珍本日出無已，而深山窮谷奇書屢見，禁燬絕滅之餘，不減天水、蒙古之珍，求之前錄，書缺有間。然繼述之書，闃然無人。安得好事者廣為搜輯，拾遺補闕，蔚為盛業，庶先生椎輪大輅之功為不負矣。

　　戊寅六月十四日病起偶識於滬濱斜橋寓廬　　吳縣潘承弼

附錄 《郘亭知見傳本書目》原稿本
及主要傳本簡介

一、原稿本:為莫友芝逝世後其子莫繩孫編輯成書之清稿。烏絲闌,每半葉十行,行二十一字,黑口,四周雙闌。版心刊有《文選》、《通鑑索隱》字樣,當係利用舊稿紙鈔成。全書原分十卷,為經部三卷、史部三卷、子部一卷、集部三卷。後挖改卷第,重編為十六卷,分裝四冊。每冊封面有墨書標題及分部目錄,均莫繩孫手書。

本書首葉為總目,次莫繩孫識語,次正文。總目、識語及正文首二葉為莫繩孫手書,其餘為抄胥所錄。卷中有朱筆校改處,亦莫繩孫手蹟。

稿本前原有壬戌歲(一九二二年)葉德輝手跋,其時稿本存莫棠處。莫棠逝世後,遺書於一九二七年至一九二八年散出,此稿為潘承弼先生收得,卷後有戊寅歲(一九三八年)潘氏手跋。五十年代此稿本入藏於北京圖書館。余曾就館中借校,僅見潘氏跋,葉跋已佚。葉跋中稱太平天國為"粵匪"或歸入京館前以避忌撤出歟?一九八四年,上海古籍出版社李劍雄同志曾於瞿鳳起先生處乞得影本見示,因知葉跋尚無恙也。葉、潘二跋已錄於前。

二、日人田中慶太郎排印本:清宣統元年(一九零九年)鉛字排印於北京。每半葉十行,每行二十四字,白口,四周雙闌。前有宣統元年正月董康序,以手書上版,刻木版三葉,審其筆勢,是仁和吳松隣先生昌綬代書，或此序亦吳氏代撰也。卷末有"明治四十二年二月，即宣統元年正月，東京田中氏刊行於清國北京"牌記三行。左闌外下方有"北京德興堂印字局聚珍版"小字一行。卷首前總目，次莫繩孫識語，次正文。卷中眉上用小字排印舊人眉批。又有田中氏批，前加一"補"字。據董康序，田中氏之底本獲於南中。董序已錄於前。

三、北京圖書館藏王國維手批本：即批於田中本上。所錄多為烏程蔣孟苹汝藻藏書，當是為蔣氏編傳書堂書目時所記。然所批條目無多，蔣氏藏書中精品多未采錄，疑為隨手記錄，未完之作。卷中無王氏跋記，然審其書法，固王氏手蹟無疑也。

四、吳興張氏適園排印本：民國初年吳興張石銘先生鈞衡排印於上海。每半葉十二行，每行三十四字，細黑口，四周雙闌。版心陽面下方題"適園藏本"，陰面下方題"國學扶輪社刊"。卷前扉葉陰面題"總發行所上海老閘橋北東歸仁里五弄西泠印社"。卷首前總目，後接卷一正文。莫繩孫識語在卷十六之後。卷中眉上用小字排印舊人眉批，內有少量張氏批注，冠以"補案"二字，始見於卷五復齋郭公言行錄。亦有加"芹案"二字者，始見於卷九趙氏鐵網珊瑚條。為石銘之子張乃熊字芹伯所批。

五、上海圖書館藏莫棠手跋本：即跋於適園排印本上。卷中有莫棠眉批，然僅寥寥十數條，且多無關閎旨者。卷中尚有另一人批，不足十條。莫棠跋已錄於前。

六、藏園排印本：民國三年（一九一四年）先祖藏園先生校定排印於天津。每半葉九行，行二十字，注雙行低一格三十三字，細黑口，左右雙闌。卷首前莫繩孫識語，次總目，次正文。無刊書序跋。

熹年謹案：關於此目之校印，先祖藏園先生遺稿、日記中均無記述，僅於家藏此本書籤上題云："天津官報局印。藏園手校付印，民

國三年鉛字排版"。因知此本確係先祖校印。又，上海圖書館藏適
園印本上莫棠手跋言，癸丑歲（一九一三年）先祖曾借其初本校新
鈔本，以鉛字印行云云。檢《藏園日記》，於癸丑歲確有九月十七日
郵寄借到王秉恩校本《邸亭書目》，九月二十七日寄還的記載。三
者互證，可知此本是據王秉恩本校勘付印的。據莫棠跋，王秉恩本
是用莫棠錄自原稿之本校過的，故儘管是間接的，莫棠仍然承認藏
園本出於其"初本"，並認為視田中本、適園本為優。

　　藏園批注本：批於清末鈔本上。黃紙藍格，半葉十行，每行大
字二十，小字雙行，低一格，行十九字，細黑口，左右雙闌。卷首前
總目，次莫繩孫識語，次正文。書眉錄有舊人眉批，與適園本多同。
唯卷三《駁五經異義》上方有"勤有陽湖莊氏、海寧陳氏兩輯本"眉
批，為諸本所無。檢《藏園日記》，此書於壬子（一九一二年）正月二
十七日在蘇州購於書商徐敏甫之手，因知是清末蘇州抄本。熹年
案：一九八七年冬在美國堪布里奇哈佛燕京圖書館又見一帙，紙質、版格、鈔手
與此本全同，可知清末蘇州書肆尚傳鈔售賣此書，傳世者非止一帙也。先祖
於壬子春用朱筆過錄《邵氏書目偶鈔》於其上，首冊跋云："壬子二
月十五日校第一冊畢，時蘇州兵變方靖，而杭又見告，天下洶洶，何
時可定耶！"末冊跋云："壬子三月初八日迻寫《邵氏書目偶鈔》畢，
時寓西湖小萬柳堂已七日矣。"至於《書目偶鈔》借自何人則未加記
述，其內容多摘錄各家書目，四部之首各有總批，綜論各部善本流
傳概況。

　　此本自一九一二至一九二五年間先祖攜之訪書，有見即錄，各
卷行間及版框上下用朱墨筆蠅頭細楷批注殆滿。所批已全部輯錄
入訂補本中。

《郘亭知見傳本書目》稿本及傳鈔排印諸本淵源示意圖

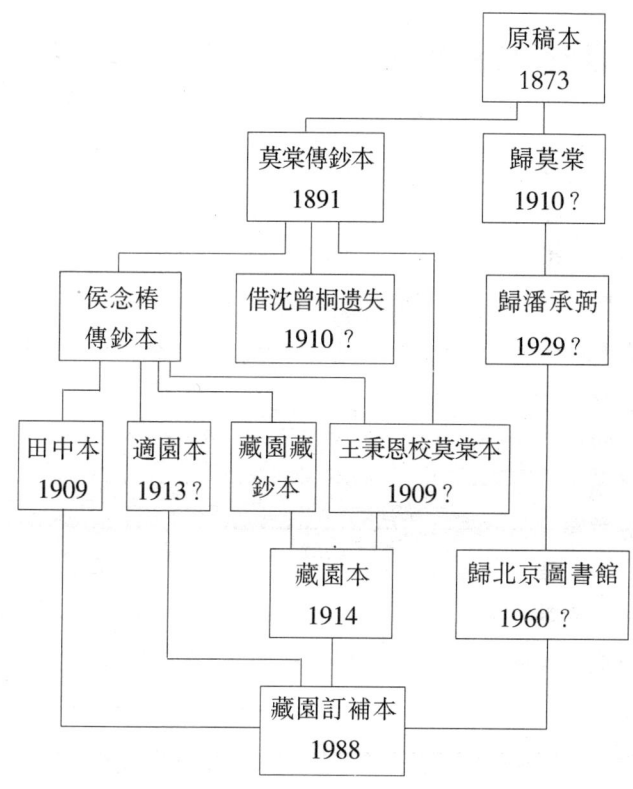

藏園訂補郘亭知見傳本書目目錄

藏園訂補邵亭知見傳本書目目錄終

附錄　原目附存於此

邵亭知見傳本書目

總　目

邵亭知見傳本書目總目終

莫繩孫編書識語，原稿置於總目之後，錄存於此。

先君子於經籍刊板善劣、時代，每箋志四庫簡目當條之下，間及存目。其四庫未收者，亦記諸上下方。又采錄邵位西年丈_{懿辰}所見經籍筆記益之。邵本有汪鈐樵先生_{家禳}朱筆記，并取焉。同治辛未，先君子棄養，_{繩孫}謹依錄為十六卷。凡經部四庫存目者三，四庫未收者百十八；史部存目者二十八，未收者二百有十；子部存目者十四，未收者百九十八；集部存目者一，未收者百二十一。其四庫已著錄未箋傳本者并闕之。蓋是書當與簡明目錄合觀也。

癸酉長夏　第二男繩孫謹志

藏園訂補郘亭知見傳本書目卷一

獨山莫友芝子偲　　撰
江安傅增湘沅叔　　訂補

經部一

○五經古注：乾隆中仿宋相臺岳氏本刊。道光中，貴州、廣東皆有翻本。貴州本無卷端璽印。○五經白文：明趙用賢刻本。諸藩刻本亦多。嘉靖庚子衛王府本。○六經白文：古香齋巾箱本。○篆文七經白文：易、書、詩、春秋、周禮、儀禮、四書。有明刊本，半頁九行，行十三字。國朝内府刊本，半頁八行，行十二字，李光地、張照等奉旨校閲。○九經白文：無錫秦氏巾箱本，易三卷，詩、書各四卷，春秋十七卷，禮記、周禮各六卷，孝經一卷，論語二卷，孟子七卷，合五十卷。附大學、中庸章句一卷，小學二卷。盧抱經曰：“九經小字本，吾見南宋本已不如北宋本，錫山秦氏本又不如南宋本，今之翻秦本又不及焉。”按：秦板以附小學者爲真。宋刊五經白文，字小至每半頁二十行，板式又小，與秦本不同。又有九經，略似秦本之十四行，板大小亦略似，蓋即其所出，抱經所謂南宋不如北宋者也。又見一南宋九經，半頁二十行，板大小略似秦板者。天祿後目有南宋刊巾箱九經白文，不知其廿行抑十四行。○十三經古注：明永懷堂葛氏刊。又有翻本，今在浙，猶存，同治丁卯見新印本。江西稽古樓十三經古注巾箱本，其春秋三傳用閔齊伋刪注，與葛本同。其四書古注，朱注並列。○六經注：有正統本、怡府明善堂巾箱本、汲古閣本、今天都黃晟巾箱本及今揚州鮑氏本。諸本春秋皆刻胡傳，惟鮑氏併四傳合鈔。又揚州黃氏刊本，其春秋獨用左傳，與內府刊六經同。按：明正統中，內府刊五經四書集注，大板甚佳。易兼程、朱傳義，詩、書集傳連音釋、綱領、序辨，大學、中庸章句連或問，惟春秋為胡傳。此後刻六經者，綱領、序辨等不全，皆不如正統本。同治五年金陵開書局，刻五經四書，程注：傳義分刻，各還兩家舊式，甚善。春秋用左傳，惜不依岳本而據姚本。○注疏：有十行十七字附釋音本，係宋元舊刊，至明正德後遞有修補之頁，即明初南雍所集舊板也。阮氏所藏凡有十經，獨闕儀禮、孝經、爾雅三種，所作校勘記據此本為多。後又得孝經，凡十一經。至嘉靖中，閩中御史李元陽等即用此十行本重寫，刊為十三經注疏，每半頁九行，行二十一字，所謂閩本也。南監中諸經板仍十行之舊，其初本闕儀禮，以楊復儀禮圖補之，亦宋元舊板。嘉靖五年，陳鳳梧刻儀禮注疏於山東，以板送監，十行，行二十字。閩刻儀禮即據其本，經文佚脫數處，亦未能校補。後南監周禮、禮記、孟子板盡無存，餘亦多殘缺。神宗萬曆中，乃依閩板刻北監十三經。崇禎時，常熟毛氏又依北監板刊十三經，譌誤甚多，不及其十七史多據古本重刊，勝於監板也。本朝乾隆初殿板，注疏句下加圈，校刻甚精。嘉慶乙亥，阮文達太傅巡撫江西，重刊十行本於南昌府學，共四百十六卷，後附校勘記，然不若單本校勘記之詳備。學者但得阮氏校勘記全文，不論何本注疏，皆可據以校讀矣。惟蘇州翻刻汲古閣本至為惡劣。○通志堂九經解百四十種，千七百八十六卷，崑山徐氏傳是樓所藏舊本，納蘭成德校刊，翁覃溪有單刻目錄，○皇清經解百八十三種，千四百卷，道光九年儀徵阮氏刻於廣州。

〔附〕○福建翻本有璽印而不精，近日印本尤漫漶。○江寧書局翻本無
璽印，頗佳。○戊戌歲在京，見廠市各書肆俱有廠刊本五經，價十金
一部，而印本漫漶，據說為道光年間所刊。（眉）整理者按：此三則為
流傳過程中失名人所加眉批，故其末注以（眉）字，後同。此三則批
於莫氏原文"五經古注"上方。

〔附〕按：覃溪通志堂經解目錄刻入粵雅堂叢書。（眉）

〔附〕○天祿目有宋巾箱本五經，構字缺筆，育字，瑗字不缺，知為高宗
時刊。○天祿目有元至善堂刊本九經，周易、尚書、毛詩、春秋、禮記、
孝經、論語、孟子、爾雅（小爾雅附），中庸大學重出。各經序文、傳注
均不載。（邵氏）整理者謹按：此條自邵懿辰邵氏書目偶鈔移寫，故
其末注（邵氏），後同。

〔附〕○十三經以北宋單注單疏刊本最佳。○南宋有合刊注疏本，合單
疏本分卷，不附音釋，是合刊第一本，最佳，無爾雅。○嗣有附音釋注
疏本，分卷與通行本同，亦無爾雅，不甚佳矣。○南宋有附音釋單注
本，尚佳。又有坊刻纂圖互注單注本，亦不佳矣。爾雅注疏至元時
始有合刊本。（邵氏）

〔補〕○宋刊羣經單疏傳世者有周易、尚書、毛詩、禮記、公羊、爾雅，余
均獲寓目，雖多有北宋時刊書銜名，然以雕板風氣、刊工姓名審之，
證以繫年要錄、玉海、宋會要諸記載，知均為南宋紹興中期以後覆
刻。莫氏及諸家所言北宋刊單疏者，實即此南宋覆本也。○宋代羣
經注疏合刻，以光宗時兩浙東路茶鹽司所刊八行本為最古，傳世者
以日本足立學校藏本為最著。其後又有九行本，清宮所藏書經注疏
是也。十行本有宋刊有元刊，余曾藏南宋劉叔剛刊春秋左傳注疏，
字畫斬然挺勁，與世所傳十行本大不同。世所傳者實為元翻元明遞
修本，而咸號為宋刊，阮氏覆刻所據皆是也。八行本宋時似亦有翻

刊本,張文襄家所藏尚書是也。明永樂時亦有翻八行本,余所見周易、書經是也。

〔補〕**五經白文**　○明弘治九年周木刊本,易、書、詩、禮記、春秋各一卷,凡五卷。九行十七字,白口,左右雙闌。○明嘉靖三十一年翁溥刊本,為禮記三卷,餘經各一卷,凡七卷。半葉九行,行十七字,白口,四周雙闌。○明刊本,九行十八字,白口,左右雙闌。嘉靖間刊。

〔補〕**五經**　○明正統十二年司禮監刊本,為易程、朱傳義十卷,書蔡傳六卷,詩朱熹集傳二十卷,陳澔禮記集說十六卷,春秋胡氏傳三十卷,凡八十二卷。每半葉八行,行十四字,大黑口,四周雙闌,行間有圈。○清乾隆四十八年武英殿刊御定仿宋相臺岳氏本五經,為易王弼注十卷,尚書孔傳十三卷,毛詩鄭箋二十卷,禮記鄭注二十卷,左傳杜注三十卷,共九十六卷。均附陸德明音義。半葉八行,行十七字,白口,四周雙闌。

〔補〕**六經**　○明嘉靖陳鳳梧刊篆書本,為周易十卷,尚書四卷,毛詩四卷,周禮七卷,儀禮二十卷,春秋十二卷,凡五十七卷。每半葉九行,行十三字,細黑口,四周雙闌。

〔補〕**八經**　○宋建本,白文,為周易、尚書、毛詩、周禮、孝經、孟子各一卷,禮記、論語各二卷,共十卷。半葉二十行,行二十七字,細黑口,左右雙闌,為巾箱本,密行細字,建本中刊刻最精者。袁克文君舊藏,現歸潘宗周,陶氏涉園已影印行世。

〔補〕**九經**　○明刊本,白文,為周易、尚書、毛詩、周禮、禮記、春秋左傳、孝經、孟子各一卷,論語二卷,共十卷。半葉二十行,行二十七字,細黑口,左右雙闌,上加眉闌,内注字音。此即世所稱之靖江本,故宮有一帙,江南圖書館(整理者按:即今南京圖書館,後同。)有一帙,前人誤認為宋本。○明崇禎十三年錫山秦氏求古齋刊本,為周易三卷,圖說一卷,書經四卷,詩經四卷,周禮六卷,禮記六卷,春秋十七卷,論語二卷,孝經一卷,孟子七卷,別附大學一卷,中庸一卷,小學二卷,共五十一卷,白文。半葉十三行,行二十四字,白口,四周雙闌,有眉闌。

〔補〕**十三經** ○元刊明修本十三經註疏,為周易兼義九卷、音義一卷、略例一卷,附釋音尚書註疏二十卷,附釋音毛詩註疏二十卷,附釋音周禮註疏四十二卷,儀禮十七卷、儀禮旁通圖一卷,附釋音禮記註疏六十三卷,附釋音春秋左傳註疏六十卷,監本附音春秋公羊註疏二十八卷,監本附音春秋穀梁註疏二十卷,孝經註疏九卷,論語註疏解經二十卷,孟子註疏解經十四卷,爾雅註疏十一卷,共三百三十五卷。半葉十行,行十七或十八字,白口,左右雙闌。此本零種諸家多有之,而罕見全帙。其版明代入南監,斷爛已甚,修補之版極多,亦罕見初印本。此即莫氏前文所記之宋元舊刊阮氏據以重刊於南昌者也。○明嘉靖間李元陽閩中刊十三經註疏,書名、卷數與元刊明修本全同,即從該本出,唯行欵改為九行二十一字,註雙行二十字,白口,四周單闌。此即莫氏前文所稱之閩本也。○明萬曆十四至二十一年北京國子監刊十三經註疏三百三十五卷,從閩本出,故書名、卷數亦與元刊十行本同。每半葉九行,行二十一字,註雙行同,白口,左右雙闌,版心上方陽面記萬曆某年刊字樣。此即莫氏前文所稱之北監本十三經也。○明崇禎一至十二年毛晉汲古閣刊十三經註疏三百三十三卷,從北監本出,唯周易不附音義及略例,故總卷數少北監本二卷。每半葉九行,行二十一字,註雙行二十字,白口,左右雙闌,版心下方有"汲古閣"三字。此即莫氏前文所記之毛本也。○清乾隆四年武英殿刊十三經註疏三百四十七卷,附考證。半葉十行,行二十一字,註雙行同,白口,左右雙闌,版心陽面上方有"乾隆四年校刊"六字。此即莫氏所記之殿本也。○清嘉慶二十年南昌府學重刊宋本十三經註疏四百十六卷,附校勘記。半葉十行,行十七、八字,註雙行二十三、四字,黑口,左右雙闌。此即莫氏所記之江西本,從元刊明修本出。○明崇禎十二年永懷堂刊十三經古注二百九十卷,為周易王弼注九卷,略例一卷,尚書孔傳二十卷,毛詩鄭箋二十卷,周禮鄭注四十二卷,儀禮鄭注十七卷,禮記鄭注四十九卷,春秋左傳杜注三十卷,春秋公羊傳何注二十八卷,春秋穀梁傳范注二十卷,爾雅郭注十一卷,論語何注二十卷,孝經鄭注九卷,孟子趙注十四卷。半葉九行二十五字,白口,左右雙闌。○明末沐日堂刊十三經。余見其爾雅註疏,封面有"沐日堂藏版"字樣及"十三經同梓行"朱記,以是知有此書,然迄未見全帙。

易類

〔補〕**周易四卷**　○明莊禪刊白文本,九行十八字,黑口,四周雙闌。卷末有"弘治丙辰進士莊禪刊"一行。

〔補〕**魁本大字詳音句讀周易二卷**　○元至正十二年梅隱書堂刊本,十行十七字,黑口,四周雙闌。有句讀,音訓附本字下。卷首伊川序後有"至正壬辰梅隱書堂新刊"陰文牌記一行。

子夏易傳十一卷　舊題卜子夏撰。○納蘭成德刻通志堂經解本。○學津討原本。○王謨輯漢魏遺書本一卷。○孫堂輯廿一家易説本一卷。○張惠言輯本。○吳騫義疏二卷。此書晁以道稱張弧偽作,通志堂所刊已非張弧之舊。王謨以下諸人所輯則並非此書,皆自他書輯出,惟吳騫本最精審。

〔增〕**馬融易傳一卷**

〔增〕**荀爽易注一卷**

〔增〕**王肅易注一卷**

〔增〕**虞翻易注一卷**

〔增〕**干寶易注一卷**

〔增〕**九家易集注一卷** 並孫堂所輯。整理者按：以上六書四庫未收，為莫氏增入，故以〔增〕冠其首。後同。

周易鄭康成注一卷 漢鄭玄撰。○玉海後附刊本。○有元刊。○祕冊彙函本，附刊李氏集解後。

〔補〕○蔣汝藻藏元至元六年慶元路儒學刊本，十行二十字，白口，左右雙闌，蝴蝶裝，內閣大庫舊儲。四部叢刊二編已影印。

新本鄭氏周易三卷 漢鄭玄撰，國朝惠棟編。○雅雨堂叢書本十卷。○孫堂廿一家注本。○又，丁杰輯補十二卷，湖海樓叢書本。○又張惠言輯義二卷，見阮氏經解。○又孔廣林輯本十二卷。

〔附〕廣東新刊經學彙函本。（棠）整理者按：此為莫繩孫稿本中莫棠手寫補入之條，故末注（棠）字。

陸氏易解一卷 吳陸績撰。○樊維城刊鹽邑志林本。○津逮祕書本三卷。○學津討原本三卷。○敏求記云，三卷本舊抄。○孫堂廿一家易註本重校補一卷，作周易述。

〔附〕經學彙函本。（棠）

周易注十卷 魏王弼注，繫辭以下韓康伯注。○乾隆四十八年武英殿仿宋相臺岳氏本。○又，明味經堂刊本。○永懷堂葛氏本。○又，漢魏叢書、津逮祕書、學津討原、天一閣皆有單刊略例。○說郛中刊略例無邢注。○毛氏影寫宋相臺本，每半頁八行，行十七字，每卷末俱有"相臺岳氏刊梓荊溪家塾"篆文木記。

〔附〕○江寧翻相臺本。○閩翻相臺本。以下書、禮、左傳並同。（稿本無，印本入正文）

〔附〕○味經堂刊本，線外有耳，標某卦，其刻法如宋本。後附釋文。（眉）

〔附〕○北宋本，每半頁十行，板心有"壬申重刊"等字，最佳。○宋岳氏刊本。○宋余仁仲本，卷末注余仁仲校勘，並記經、注若干字，佳。

○天祿目藏毛子晉宋本，無刊刻年月，光宗以前諱皆缺筆。每卷詳記經、注、音義字數。○天祿後目有王世貞藏宋本，無刊刻年月，孝宗以上諱皆缺筆，定為乾道、淳熙間刊本。（邵氏）

〔補〕○海虞瞿氏鐵琴銅劍樓藏南宋初建本，十二行二十一字，注雙行二十八字，白口，左右雙闌，字體秀勁，如鐵畫銀鈎。有文嘉、文震孟等觀欵。此為傳世周易王弼注最佳之本，已影印行世。○宋淳熙間撫州公使庫刊本，十行十六字，注雙行二十四字，白口，四周雙闌，版心上記字數，下記刊工姓名，有開禧補刊字樣。涵芬樓藏。○明味經堂刊本，九行十八字，注雙行同，白口，四周雙闌。廠肆見。

〔補〕關氏易傳一卷 後魏關朗撰，唐趙蕤注。○明嘉靖間四明范欽刊范氏奇書本，九行十六字，白口，左右雙闌。次行題"四明范欽訂"。（余藏）

周易正義十卷 唐孔穎達撰。○明嘉靖閩刊本。○萬曆十四年北監本。○毛氏汲古閣本。○乾隆十一年殿本。○嘉慶二十一年江西南昌阮刊本。諸本附略例，阮本無之。此書一名周易兼義，阮氏校勘記所據有錢遵王校宋本。○盧抱經傳校明錢求赤校影宋抄本，前有長孫無忌上五經正義表。宋本半頁十行，行大字十八，小字廿四。元本半頁九行，行十七字。

〔補〕周易正義十四卷 唐孔穎達撰。○單疏本，宋紹興十五年至二十一年間臨安府刊本，半葉十五行，行二十六、七字，白口，左右雙闌，版心記刊工姓名。孤本，鈐宋俞松印記，明唐寅觀欵。余藏，余已影印行世。

〔補〕周易略例注一卷 唐邢璹撰。○明天一閣范氏奇書本，九行十八字，白口，左右雙闌。卷首次行下題"明范欽訂"。余藏，○明永樂二年刊本，八行十八字，白口，四周雙闌。○明萬曆二十年程榮刊漢魏叢書本，余藏，余據范氏天一閣舊藏明寫本校。

〔補〕**周易注疏十三卷** 魏王弼、晉韓康伯、唐孔穎達撰。○海虞瞿氏藏南宋初兩浙東路茶鹽司刊本，八行十九字，注雙行同，白口，左右雙闌，有補版，然其初版刊工多散見於紹興間浙本。此為周易正文、注、疏合刻第一本。日本足立學校亦藏有一帙。○清乾隆四年武英殿刊十三經註疏本，附略例注一卷及考證。半葉十行二十一字，註雙行二十字，白口，左右雙闌，版心上方陽面有"乾隆四年校刊"一行。

〔補〕**周易兼義九卷** 唐孔穎達撰。**音義一卷**唐陸德明撰。**略例註一卷**唐邢璹撰。○宋刊元明遞修本，十行十八字，註雙行二十四字，白口，四周單闌。李木齋先生藏。○元刊明修本，十行十八字，註雙行二十四字，白口，左右雙闌。○明永樂二年刊本，半葉八行，行十七至十九字，註雙行二十五字，白口，四周雙闌。卷末有"永樂甲申歲刊"小字一行。○明嘉靖間李元陽閩中刊十三經註疏本，九行二十一字，註雙行二十字，白口，四周單闌。○明萬曆十四至二十一年北京國子監刊十三經註疏本，九行二十一字，註雙行同，白口，左右雙闌，版心上方有"萬曆十四年刊"一行。○明崇禎四年毛氏汲古閣刊十三經註疏本，不附略例注，九行二十一字，白口，左右雙闌，註雙行二十字，版心下方有"汲古閣"三字。○清嘉慶二十年南昌府學刊重刊宋本十三經註疏本，不附略例註一卷。

周易集解十七卷 唐李鼎祚撰。○祕册彙函本十一卷。○津逮本。○學津本。○雅雨堂盧氏本。題云李氏易傳。○天一閣目有宗室朱睦㮮西亭氏刊本，後附略例一卷。○昭文張氏有影宋刻十卷本，云十七卷乃毛刻所分，非原次也。○嘉慶戊寅吳周孝垓刊本。○陽湖孫星衍嘉慶三年刊巾箱本周易古注于岱南閣叢書中，亦題曰周易集解十卷。每條先列李氏集解，次列王注，又自採漢儒說附于後。○此書惟新唐志作十七卷，餘目錄家及李自序俱作十卷。毛乃並改合唐志,張氏影宋即毛舊藏。

〔附〕○朱睦㮮刊本亦十七卷,序言得李中麓家宋本重刊,毛氏十七卷
　　或即據此本也。(棠)

〔附〕○彙函本。(稿本無,諸印本入正文。)○士禮居亦有影宋嘉定壬
　　申鮮于申之刊十卷本。(邵氏)慶曆壬午計用章刊本,有後序,竹
　　垞云。(適園本書眉)

〔補〕○明嘉靖三十六年朱睦㮮聚樂堂刊本,八行十八字,白口,四周雙
　　闌,版心上方有"聚樂堂"三字。○祕册彙函本,九行十八字,白口,
　　左右雙闌。○津逮秘書本,九行二十字,白口,左右雙闌。○學津討
　　原本,九行二十一字,黑口,左右雙闌。○天一閣舊藏明鈔本,九行
　　十八字,注大字低一格。

周易口訣義六卷 唐史徵撰。○武英殿聚珍版本。○福建翻刊聚珍
　　本。○岱南閣巾箱本。

〔附〕○彙函本。(稿本無,諸印本入正文。)○道光己酉,江西刊遜敏齋
　　叢書本。(眉)

〔補〕○清嘉慶間吳門袁廷檮貞節堂寫本,十行二十字。

周易舉正三卷 唐郭京撰。○津逮本。○學津本。○天一閣本。○
　　鄭珍有影宋刊,抄本絕精。

〔補〕○明嘉靖間四明范欽天一閣刊范氏奇書本,九行十八字,白口,左
　　右雙闌。卷首第三行題"皇明兵部右侍郎范欽訂"。余藏。

易數鈎隱圖三卷附遺論九事一卷 宋劉牧撰。○通志堂本。○道
　　藏本。

周易口義十二卷 宋倪天隱述。○康熙二十六年李氏刊本。○丁德
　　明刊本。

温公易説六卷 宋司馬光撰。○聚珍板本。○閩翻本。○河南新刻
　　經苑本。

横渠易説三卷 宋張載撰。○明刊白口本。○通志堂本。

〔附〕收呂柟刊。（眉）

〔補〕○明嘉靖十七年呂柟刊本，十行二十字，白口，左右雙闌。

東坡易傳九卷 宋蘇軾撰。○明萬曆丙申閔齊伋刻朱墨套板本。
　（眉）○明焦竑刊兩蘇經解本。○津逮本。○學津本。○明吳之鯨
　刊本。

〔附〕○閔本不佳。

〔補〕○明宣德間大字精寫本。鈐有清怡親王府明善堂、安樂堂藏印。
　為潘氏滂喜齋留京邸書。

〔補〕**東坡先生易傳八卷** 宋蘇軾撰。○明萬曆二十五年焦竑刊兩
　蘇經解本，十行二十一字，白口，左右雙闌。

〔補〕**蘇氏易傳九卷** 宋蘇軾撰。○明崇禎間毛晉汲古閣刊津逮秘書
　本，八行十九字，白口，左右雙闌。○清嘉慶十五年張海鵬照曠閣刊
　學津討原本，九行二十一字，黑口，左右雙闌。

〔補〕**蘇氏易解八卷** 宋蘇軾撰。○明萬曆二十二年陳所蘊冰玉堂刊
　本，半葉八行，行十七字，白口，左右雙闌，版心有"冰玉堂"三字。卷
　末題陳所蘊、陳道京、劉日升、林震、劉師尹、黃師文、林汝韶、饒伸同
　校。余藏。

〔補〕**蘇長公易解八卷** 宋蘇軾撰。○明萬曆二十四年吳之鯨刊本，
　半葉九行，行十九字，白口，左右雙闌。

〔補〕**東坡先生易解九卷** 宋蘇軾撰。○舊寫本，朱絲闌，每半葉十
　行，行二十字。鈐有清怡府明善堂、安樂堂藏印。

〔補〕**周易八卷** 宋蘇軾撰。**附王輔嗣論易一卷** 魏王弼撰。○明
　萬曆、天啟間吳興閔齊伋刊朱墨套印本，半葉八行，行十八字，白口，
　四周單闌。

易傳四卷 宋程子〔頤〕撰。○經籍志十卷。○錢曾云，宋刊本六卷。

〇天祿後目有宋刊本六卷。宋本每頁廿四行,行廿二字。〇禦兒呂氏二程全書本。〇河南程氏祠堂本。〇同治丙寅金陵局本。

〔增〕**易程傳六卷** 〇宋本。〇光緒八年遵義黎欽使庶昌在日本國得元本,每頁大字二十二行,行廿一字,即在日本東京據以重刊,極精。整理者按:此書四庫及莫氏原稿均未收,為莫棠增入。

〔附〕〇明刊廣東崇正堂本周易傳義十卷,明中官刊二十四卷,皆合刊也。(眉)

〔補〕〇宋元間刊大字本,八行十五字,注單行,低一格十四字,白口,左右雙闌。〇宋江西刊本,八行十五字,白口,左右雙闌。

〔補〕**晦菴先生校正伊川易傳八卷** 宋程頤撰。〇宋刊本,十一行二十二字,注雙行二十六字,黑口,四周單闌。京肆見。

〔補〕**伊川程先生周易經傳十卷** 宋程頤撰。〇元刊本,七行十五字,細黑口,左右雙闌。

易學辨惑一卷 宋邵伯溫撰。整理者按:此書四庫著錄,莫氏未收。

了翁易説一卷 宋陳瓘撰。〇四庫從吳玉墀家紹興中陳正刊本傳抄。〇山陰淡生堂祁氏有寫本。〇了翁疑是了齋,當考。

〔附〕〇紹興十二年瓘子正同刊於常州官舍。(眉)〇路氏小洲有鈔本。(邵氏)

〔補〕當作了齋易説。〇此書近世無刊本,前歲余應聘主持選印四庫全書珍本,以此本列入初集目錄之中。

吳園易解九卷 宋張根撰。〇聚珍本。〇閩翻本。〇墨海金壺本。〇河南經苑本。自説卦傳以下殘闕。〇澹生堂寫本尚有序論五篇,雜説、泰論各一篇,惟序論殘闕過半。〇昭文張氏舊抄同,謂刊本更闕多字。

〔增〕**周易新講義十卷** 宋龔原撰。原字深甫,遂昌人,少與陸佃同師王安石,官至寶文閣待制。王安石自以易解少作未善,不專以取士,

故紹聖後原與耿南仲注易並行場屋,見晁公武讀書志。○其書四庫
未收,阮文達公元撫浙時獲本,進呈內府。

〔附〕○宋福建刊本,題周易解義,佳。(邵氏)

〔補〕○清咸豐十一年刊粵雅堂叢書本。

周易新講義十卷　宋耿南仲撰。○宋志作解義,晁公武云,紹聖間場
屋行之。今存者間有闕文。○日本國佚存叢書本題龔原撰。

〔補〕○此書久無刊本,惟恃鈔本流傳,為一線之延。近年余主持選印
四庫全書珍本事,始以閣本印入初集行世。

紫巖易傳十卷　宋張浚撰。○通志堂本。○何義門以為明書帕本不
足憑。

〔附〕○經義考引王伯厚曰,是書嘉定庚辰其曾孫獻之刊於舂陵郡齋。
○陸目鈔本。(適園本眉)

讀易詳說十卷　宋李光撰。○諸家書目或作讀易老人解說,宋志作
易傳。缺豫、隨、无妄、睽、蹇、中孚六卦及晉卦六三以下。復與大畜
亦有闕文,繫辭以下無解。

〔補〕○此書久無刊本,文淵閣本近收入四庫全書珍本初集中。

易小傳六卷　宋沈該撰。○通志堂本,每卷分上下,合十二卷。○宋
本有繫辭補註附卷末,今本已佚。

〔附〕○澹生堂抄本,有繫辭補註一卷,向藏山陰沈氏詒經堂,止十數
葉。(原稿無,諸印本入正文。)

〔增〕泰軒易傳六卷　宋李中正撰。中正字伯謙,清源人。是書後有
嘉定庚辰廣州董洪跋,稱泰軒先生以易鳴吾邦,凡卦爻之義皆於六
畫之中求之云云。後又有日本國天瀑山人跋,稱是書為足利學所貯
文明中影本,日本佚存叢書以活字板擺印。○四庫未收,阮相國曾
以進呈,見揅經室外集提要。是書宋史藝文志不載,亦不見於諸家
書目。

〔附〕○近重刊佚存本。（原稿無，印本入正文。）

漢上易集傳十一卷卦圖三卷叢説一卷 宋朱震撰。○通志堂本。

〔附〕○烏程蔣氏藏汲古閣景宋本，精甚。每半葉十行，行二十一字。
末附漢上先生履歷一卷，而無卦圖，叢説，蓋即通志堂祖本也。（王
國維）整理者按：北京圖書館藏王靜安先生手批本郘亭知見傳本書
目，蓋編蔣氏傳書堂書目時就蔣氏藏書隨手批於田中本上者，因附
錄於此，段末注（王國維）三字。下同。

〔補〕○宋刊本，十行二十一字，白口，左右雙闌。四部叢刊續編已印
入。○毛氏汲古閣影宋本，藏山東某氏。

周易窺餘十五卷 宋鄭剛中撰。○按：明文淵閣、菉竹堂書目俱有此
書。

〔補〕○民國十四年永康胡氏刊續金華叢書本。

易璇璣三卷 宋吳沆撰。○通志堂本。○何義門云，汲古閣後得舊
本，有序文，寫付東海後人，竟未補刻。其全書亦尚有譌處，不曾修
板。

易變體義十二卷 宋都絜撰。缺豫、隨、大壯、暌、蹇、大畜、中孚七
卦。

〔補〕○此書自永樂大典輯出，傳世別無他本。文淵閣本已印入四庫全
書珍本初集中。

周易經傳集解三十六卷 宋林栗撰。○秀水曹倦圃有寫本。○通
志堂本已刊，因栗與朱子為難，毀其版。○四庫著錄係曝書亭藏本
傳鈔。

〔附〕○元影宋抄本，每半頁九行，行二十一字。末有“□宋三年八月趙
以誠校畢。之元□□三日，劉思義手錄。”（適園本眉）

〔補〕○明寫本。前有自序、進書表。失名人朱筆校。此書通志堂本刻
而旋毀，傳本頗罕。○四庫本已印入四庫全書珍本初集中。

易原八卷 宋程大昌撰。〇聚珍板本。〇閩翻本。〇新安文獻志尚載三篇，則正德時尚有傳本。

周易古占法一卷古周易章句外編一卷 宋程迥撰。〇明刊本，曹倦圃藏。〇天一閣刊本。〇說郛本古占一卷。

〔補〕**周易古占法二卷** 宋程迥撰。〇明嘉靖中四明范氏天一閣刊范氏奇書本，半葉九行十八字，白口，左右雙闌。卷首第三行題"四明范欽訂"。

〔補〕**程朱二先生周易傳義十卷** 宋程頤、朱熹撰。〇元延祐元年翠巖精舍刊本，十一行二十一字，黑口，四周雙闌。易圖後有牌子，文曰"延祐甲寅孟冬翠巖精舍新刊"二行。李木齋先生有一帙，日本帝室圖書寮亦有一帙。

〔補〕**程朱二先生周易上經傳義十卷** 宋程頤、朱熹撰。〇元刊本，十三行二十三字，注雙行二十七字，細黑口，四周雙闌。海虞瞿氏藏書。

〔補〕**程朱二先生周易經傳十二卷** 宋程頤、朱熹撰。〇元刊本，十一行二十一字，注雙行二十五字，細黑口，四周雙闌。南皮張氏舊藏。

周易本義十二卷 宋朱子撰。〇內廷仿宋刻本，前列九圖，後附五贊筮儀。〇又，康熙五十年曹寅刻本。〇又，寶應劉氏獲古齋重刊宋本，附載呂氏音訓，惟不載九圖、筮儀為謬。

〔附〕〇方功惠重刻內府本（眉）

〔補〕〇宋刊本，前有本義圖，後附筮儀、五贊。七行十五字，注雙行同，白口，左右雙闌。見於京中文奎堂。〇宋咸淳元年吳革刊本，六行十五字，注雙行同，白口，左右雙闌。〇明刊本，九行二十字，註雙行十九字，細黑口，四周雙闌，約成化、弘治間刊。有朱彝尊跋。江南圖書館藏丁氏遺書。

〔補〕**周易本義五卷圖說一卷五贊一卷** 宋朱熹撰。○明正德十
　　六年袁州府仰韓堂刊本,十一行二十二字,白口,四周單闌。卷末有
　　"正德辛巳季秋刊行於袁州府之仰韓堂"牌記。余藏。

〔補〕**周易本義四卷** 宋朱熹撰。○明成化五年寧波胡儔刊本,十一
　　行二十三字,白口,四周單闌。○明嘉靖三十三年羅氏勤有堂刊本,
　　十一行十八至二十字,白口,四周雙闌。○明萬曆吳勉學刊本,陰陽
　　葉,白口,左右雙闌,眉上加注。

〔補〕**周易本義四卷卷首一卷** 宋朱熹撰。○明萬曆二十九年存德
　　堂刊本,十一行二十三字,白口,四周雙闌。李木齋先生收去。

〔增〕**易學啟蒙四卷** 宋朱子撰。○禦兒呂氏刊朱子遺書本。○天祿
　　後目有宋刊本。○宋本易學啟蒙上下,每半頁七行,行十五字。

〔附〕○通志堂本,(原稿無,諸印本入正文。)

郭氏傳家易說十一卷 宋郭雍撰。宋志亦十一卷。○聚珍板本。○
　　閩翻本。○杭州縮巾箱本。

〔附〕○祁抄。(眉)

周易義海撮要十二卷 宋李衡刪定。○通志堂本。

〔附〕○澹生堂餘苑刊,只一卷。(眉)

〔補〕○舊寫本,十三行二十三字,從舊本出。鈐有四庫採進書籍木記。
　　孫壯藏書。

南軒易說三卷 宋張栻撰。○四庫著錄係曹溶從元刻傳鈔本。○元
　　至元壬辰胡順父刊本,末有鈎摹舊本三小印,一作謙卦,一曰"贛州
　　胡氏",如順父即贛人。一曰"和卿",蓋其字也。

復齋易說六卷 宋趙彥肅撰。○通志堂本。

〔補〕○清寫本,有舊人朱墨筆校。鈐有晉江黃氏藏印及四明盧址抱經
　　樓藏書印。

楊氏易傳二十卷 宋楊簡撰。○明萬曆乙未劉日昇、陳道亨刊本。

○錢曾云，每卷端題曰"慈湖書"。經義考作十卷。

〔補〕○萬曆二十三年劉日升、陳道亨刊本，半葉十行二十一字，白口，四周雙闌。

〔補〕慈湖易傳二十卷　宋楊簡撰。○明寫本。題宋寶謨學士楊簡撰。每卷端題"慈湖先生書"。盧址抱經樓遺書，癸丑歲閱。

周易玩詞十六卷　宋項安世撰。○通志堂本。

〔附〕○讀書附志云：其子寅孫刊于建安書院，樂章識于後。（原稿無，諸印本入正文。）○元大德丁未刊本，佳。（邵氏）

〔補〕○元翻宋本，十行二十字，白口，左右雙闌，版心上記字數，下記刊工人名一二字。宋諱貞、慎等字缺筆，前有慶元四年自序。鈐有"讀易樓圖書記"等印。此書北京圖書館藏，定為宋本。然余以字體雕工風氣審之，竊疑為元翻宋本。雖然，此本仍為此書傳世最古最善之本，取校通志堂本，改訂頗多。

易說四卷　宋趙善譽撰。○墨海金壺本。○守山閣叢書本。○缺豫、隨、无妄、大壯、晉、暌、蹇、解、中孚九卦。

誠齋易傳二十卷　宋楊萬里撰。○聚珍版本。○閩覆本。○河南經苑本。○近慈谿葉氏刊本。○黃丕烈有宋刊本。○明嘉靖壬寅尹耕療鶴亭刊本。

〔附〕○朱竹垞影宋本，佳。（邵氏）

〔補〕○明嘉靖二十一年尹氏療鶴亭刊本，九行二十四字，陰陽葉不連，四周單闌。余藏。○徐乾學得朱叔英所藏宋刊本，未以之刊入通志堂經解中。

〔補〕張先生校正楊寶學易傳二十卷　宋楊萬里撰。張敬之校正。○南宋後期建本，十行二十字，注雙行二十六字，細黑口，左右雙闌。海虞瞿氏藏。○明嘉靖二十三年魯藩朱當㳩敏學書院刊本，十行二十五字。注低一格單行側注，細黑口，左右雙闌。余藏。○明寫本，半葉九行，行十六字。故宮藏。

〔補〕**大易粹言七十卷** 宋曾穜輯。○宋刊本，十二行二十二至四字，細黑口，左右雙闌。存卷一至三十一，四十四至六十六。松江韓氏讀有用書齋藏，出以求售。

大易粹言十卷 宋方聞一編。○大興朱氏藏有宋刊本，今已售出，四庫著錄即從此本傳抄。○天祿後目有宋本十二卷，首卷總序，末卷諸家論易五篇云。○四庫全書改標方聞一編，可以不必，仍定為曾穜撰。淳熙中，曾穜守舒州，命聞一輯是書，刊板置郡齋，後摹印漫漶，張嗣古、陳造先後修之。

〔補〕**大易粹言十卷總論三卷** 宋曾穜撰。○宋建安劉叔剛刊本，十二行二十二字，細黑口，左右雙闌。有淳熙二年曾穜等序，序後有"建安劉叔剛宅刻梓"牌記二行。有咸豐己未韓應陛跋。文祿堂見。

〔補〕**大易粹言十二卷** 宋曾穜輯。○宋淳熙三年舒州公使庫刊本，半葉十行，行二十字，白口，左右雙闌。

易圖說三卷 宋吳仁傑撰。○通志堂本。

古周易一卷 宋呂祖謙編。○通志堂本。○又，李調元輯易古文三卷，○函海本。

〔附〕○劉台拱翻刻本義後附此書。（原稿無，印本入正文。）

〔增〕**古易音訓二卷** 宋呂祖謙撰。○久無傳本，嘉慶壬戌，宋咸熙從董真卿周易會通中抄出刊行。

〔附〕陳伯玉曰：其門人王莘叟等受，晦菴刻之臨漳。（眉）整理者按：見直齋書錄解題卷一，古易十二卷音訓二卷條，謂其音訓二卷為門人王莘叟筆受。

易傳燈四卷 宋徐總幹撰。○函海本。○經苑本。

易裨傳二卷 宋林至撰。⊙通志堂本。○四庫著錄係元至正間陳泰刊本傳鈔。

厚齋易學五十二卷 宋馮椅撰。○原本各自為書,中興藝文志可考。

〔補〕○此書久無刊本,近歲輯印四庫全書珍本,余以其選入初編,影印
　行世。

童溪易傳三十卷 宋王宗傳撰。○通志堂本。何云後闕二卷,非全
　書也。○天祿後目有宋刊本三十卷,即崑山徐氏原本。

〔補〕**童溪王先生易傳三十卷** 宋王宗傳撰。○宋開禧元年劉日新
　宅三桂堂刊本,十四行二十四字,黑口,左右雙闌。

周易總義二十卷 宋易祓撰。按:此書四庫著錄,莫氏失收。○湖南
　叢書本。

西谿易說十二卷 宋李過撰。○四庫著錄係吳玉墀家抄本。○天一
　閣目有此書,缺慶元戊午自序,書中亦多缺文。

〔補〕○文淵閣本已收入四庫全書珍本初編中影印行世。

丙子學易編一卷 宋李心傳撰。○通志堂本,附俞氏周易集說後,蓋
　俞石澗之節本,視原書特十分之一耳。○此本元初俞琰所鈔,後有
　琰跋曰:此書係借聞德坊周家書肆所鬻者,天寒日短,併日而抄其可
　取者,蓋所存不及十之一矣。

易通六卷 宋趙以夫撰。○四庫著錄係澹生堂抄本。

〔補〕○四庫本近已收入四庫全書珍本初集中,影印行世。

周易經傳訓解二卷 宋蔡淵撰。○四庫著錄係從吳玉墀家藏本傳
　抄。

〔補〕**周易卦爻經傳訓解二卷** 宋蔡淵撰。○四庫本已收入四庫全
　書珍本初集,影印行世。

易象意言一卷 宋蔡淵撰。○大典本,首尾全。○四庫從大典本錄
　出。○杭州聚珍板本。○閩覆本。○藝海珠塵本。○吳氏聽彝堂
　叢書本。

〔補〕**大易集義六十四卷** 宋魏了翁撰。○宋刊本,十行二十字,白

口,左右雙闌。有抄配八卷,西什庫天主堂藏。

周易要義十卷 宋魏了翁撰。○天一閣寫本。了翁有十七家易集義,仲子靜齋刊于紫陽書院,今佚。○此要義又有傳是樓抄本,見昭文張金吾藏書志。

〔附〕○郁松年藏宋刊本,甚精。(原稿無,印本入正文。)○蘇局新刊本。(田中慶太郎本眉批。)

〔補〕○宋淳祐十二年魏克愚刊本,九行十八字,白口,左右雙闌。余代涵芬樓收得,已印入四部叢刊續編中。○清光緒十二年江蘇書局刊本,余藏,余據宋魏克愚本手校,多有補正。

東谷易翼傳二卷 宋鄭汝諧撰。○通志堂本"鄭"作"趙",缺真德秀序。

〔附〕○鄭如网刊於閩嶠漕司。○又有廬陵本。(眉)按:如网應作如岡,汝諧之子也。

〔補〕**東谷鄭先生易翼傳二卷** 宋鄭汝諧撰。○元大德十一年廬陵學官刊本,十一行十八字,傳大字低一格,細黑口,四周雙闌。瞿氏藏。

朱文公易說二十三卷 宋朱鑑編。○通志堂本。○昭文張氏有元刊本。

〔補〕**晦庵先生朱文公易說二十三卷** 宋朱熹撰,朱鑑編。○宋末元初建本,十三行二十一字,各段首行頂格,次行低一格二十字,細黑口,四周雙闌。海虞瞿氏藏。

易學啟蒙小傳一卷 宋稅與權撰。○通志堂本,附古經傳一卷。提要附古經傳一卷。

周易輯聞六卷附易雅一卷筮宗一卷 宋趙汝楳撰。○萬曆間周藩刊本。○通志堂本。○又名易序叢書,合易學啟蒙一卷,古經傳一卷,共十卷。道古堂集有跋。○昭文張氏有舊抄本。

〔附〕○道古堂集以易序叢書寶祐丁巳□□□序板行，竹垞云，即此三書，非也。（眉）

〔補〕○明嘉靖間朱睦㮮聚樂堂刊本，十一行二十字，白口，左右雙闌。

周易詳解十六卷 宋李杞撰。○缺豫、隨、无妄、大壯、蹇、中孚七卦及晉後四爻。

〔補〕○此書刊本久佚，四庫本輯自永樂大典。文淵閣四庫本近已收入四庫全書珍本初集，影印行世。

涼山讀周易記二十一卷 宋方實孫撰。○四庫著錄係抄本。

〔附〕○路有抄本。○有八卷者，有不分卷者。四庫同。（邵氏）

〔補〕涼山讀周易記十六卷繫辭二卷序卦一卷說卦一卷雜卦一卷 宋方實孫撰。○明山陰祁氏澹生堂寫本，鈐有“澹生堂經籍記”、“曠翁手識”等印。首冊福葉鈐曠翁銘大印，卷中有夾籤、校籤。四明盧址抱經樓遺書，癸丑歲見於寧波靈喬巷盧氏藏書樓中。

周易傳義附錄十四卷 宋董楷撰。○通志堂本。○昭文張氏有元刊本，分十七卷，凡例後有“至正壬午桃溪居敬書堂刊行”木印。○吳兔床有居敬堂刊本，每頁二十四行，行二十二字。

〔補〕○元刊本。十二行二十二字，黑口，左右雙闌。

〔補〕周易程朱先生傳義附錄二十卷 宋董楷撰。**程子上下篇義一卷** 宋程頤撰。**朱子易圖說一卷周易五贊一卷筮儀一卷** 宋朱熹撰，董楷輯。○元延祐二年圓沙書院刊本，十二行二十二字，細黑口，四周雙闌。凡例後有木記，文曰“延祐乙卯圓沙書院刊行”。余代涵芬樓收一帙。○元至正二年桃溪居敬堂刊本，十二行二十二字，細黑口，四周雙闌。有“至正壬午桃溪居敬書堂刊行”牌子二行。徐乃昌積學齋藏。○元至正九年盧陵竹坪書堂刊本，十二行二十二字，黑口，四周雙闌，凡例後有牌子，曰“至正己丑盧陵竹坪書堂新刊”。日本前田氏尊經閣藏。

〔補〕**周易程朱先生傳義十五卷** 宋董楷輯。○明刊本，大板心，半
　　葉十行二十二字。

易學啟蒙通釋二卷 宋胡方平撰。○通志堂本，缺自序一首，僅有後
　　序。

〔補〕**易學啟蒙二卷圖一卷** 宋胡方平通釋。○元至元二十九年熊
　　禾刊本，十行二十一字，通釋雙行低二格十九字，細黑口，左右雙闌。
　　○元刊本，十行二十字，註雙行同，黑口，左右雙闌。

三易備遺十卷 宋朱元昇撰。○通志堂本。

周易集說四十卷 宋俞琰撰。○通志堂本，祇十三卷。○天一閣目
　　有抄本十二卷，自序稱自至元甲申始作易解，至皇慶癸丑成書，蓋元
　　人也。四庫題宋人，誤。

〔補〕○元至正九年俞貞木讀易樓刊本，十二行二十一字，細黑口，左右
　　雙闌。卷末有識語。存下經、爻傳等十一卷。

讀易舉要四卷 宋俞琰撰。按：此書四庫著錄，莫氏失收。○四庫本
　　輯自永樂大典，世無刻本。文淵四庫本近已收入四庫全書珍本初
　　集，影印行世矣。

周易象義十六卷 宋丁易東撰。○四庫著錄係大典本，缺豫、隨、无
　　妄、大壯、睽、蹇、中孚七卦及晉卦後四爻。○張目有殘宋本，自豐至
　　未濟，凡二卷，則中孚卦可補閣本之缺。○易東尚有大衍索隱三卷，
　　今存二卷，係二老閣寫本。

〔補〕**周易象義十二卷** 宋丁易東撰。○元刊本，九行十八字，注大字
　　低一格，白口，左右雙闌，無刻工。海虞瞿氏藏書，定為宋本，恐是元
　　本耳。

易圖通變五卷易筮通變三卷 宋雷思齋撰。○通志堂本但刊易圖，
　　自序題元大德庚子。四庫題宋人，誤也。○又，此書在道藏太玄部
　　若字號中。

讀易私言一卷 元許衡撰。○通志堂本。○說郛本。○學海類編本。○舊在集內，元文類、中州文表俱載之，而何焯以為李簡書，誤也。

〔補〕○清乾隆五十五年刊許文正公遺書本。○清光緒十三年賀瑞麟輯刻西京清麓叢書本。

易本義附錄纂（注）〔疏〕十五卷 元胡一桂撰。○通志堂本作"注"，提要作"疏"。

〔補〕○元刊本，十行二十字，注雙行二十四字，附錄、纂注各以白文標之，細黑口，四周雙闌。江南圖書館存十卷。

易學啟蒙翼傳四卷 元胡一桂撰。○通志堂本。○元刊，每頁十六行，行十六字。（此則原稿本上莫繩孫增入。）

〔補〕**周易本義啟蒙翼傳四卷** 元胡一桂撰。○元刊本，十一行二十一字，黑口，四周雙闌。○明刊本，十一行二十一字，白口，四周雙闌，傳低一格。外編末有"男紹思校正"一行。李木齋先生藏。

易纂言十卷 元吳澄撰。按：此書四庫著錄，莫氏失收。○四庫本從內府藏本出。○通志堂本，有卷首一卷。

〔附〕○易纂言三卷，通志本。○至治癸亥、萬曆甲寅兩本。（眉）按：三卷當作十卷。

〔補〕**易纂言十二卷** 元吳澄撰。○明萬曆四十二年刊本，十行二十字，注雙行同，白口，左右雙闌。

易纂言外翼八卷 元吳澄撰。○四庫係大典本。○王漁洋云，康熙丙辰得之京師，似刊本也。○全謝山云，外翼十六卷，今已罕見，獨楊止菴嘗述之。

〔補〕**易纂言外翼十二卷** 元吳澄撰。○元刊本，九行二十字，細黑口，四周雙闌。李木齋先生藏。○明嘉靖顧應祥刊本。

〔補〕**易纂言外翼八卷** 元吳澄撰。**附校勘記一卷** 近人魏元曠撰。

○民國五年胡思敬刊豫章叢書本。

易原奧義一卷周易原旨六卷 元寶巴撰。○四庫著錄係抄本。

〔補〕○文淵四庫本近已收入四庫全書珍本初集中,影印行世。

周易程朱傳義折衷三十三卷 元趙采撰。○四庫著錄係吳玉墀家
　　抄本。

〔補〕○四庫本已印入四庫全書珍本初集中。

周易衍義十六卷 元胡震撰。○四庫著錄係吳玉墀家抄本。

〔補〕○四庫本已印入四庫全書珍本初集中矣。

易學濫觴一卷 元黃澤撰。○聚珍板本。○閩覆本。○經苑本。

〔補〕○清咸豐四年金山錢氏刊小萬卷樓叢書本。○清咸豐元年蔣光
　　煦輯刻涉聞梓舊本。

大易緝說十卷 元王申子撰。○通志堂本。何義門云,吳任臣家有
　　元刻,徐僅從抄本付刊,未能借校。

周易本義通釋十二卷 元胡炳文撰。○通志堂本。○嘉靖元年鄧杞
　　刊本。○舊抄本十卷,附輯錄雲峯易義一卷。(繩)

〔補〕**周易本義通釋十二卷輯錄雲峯文集易義一卷** 元胡炳文
　　撰。○明嘉靖元年鄧杞刊本,十一行二十四字,細黑口,四周雙闌。

周易本義集成十二卷 元熊良輔撰。○通志堂本。

〔補〕○元刊本,半葉十行,行十七、八字不等,細黑口,四周雙闌。

大易象數鈎深圖三卷 元張理撰。○通志堂本從道藏付刊,又刊易
　　象圖說三卷。

〔補〕○明寫本,十行二十字。鈐有乾隆三十八年工部侍郎李友棠進書
　　木記,為四庫採進之書。又有翰林院印。

學易記九卷 元李簡撰。○通志堂本。何(義門)云,東海從李中麓家
　　藏抄本付刊,後得元刻本,未能校正修板。

〔補〕○元刊本,十行二十字,白口,左右雙闌。廠肆見殘卷,為內閣大

庫舊儲。

周易集傳八卷 元龍仁夫撰。○別下齋叢書本。

〔補〕○別下齋叢書本，十一行二十一字。據梅會里朱氏所藏寫本付
　　梓，並非足本。

讀易考原一卷 元蕭漢中撰。○附朱申周易旁注經圖後，蓋亦朱氏
　　節錄，非漢中原本矣。

〔補〕**讀易考原一卷** 元蕭漢中撰。**校勘記一卷** 胡思敬撰。○民
　　國四年胡思敬刊豫章叢書本。

易精蘊大義十二卷 元解蒙撰。○缺豫、隨、无妄、大壯、暌、蹇、中孚
　　七卦及晉卦後四爻。

〔補〕○此書自永樂大典中輯出，世無刻本。

易學變通六卷 元曾貫撰。○缺豫、隨、无妄、大壯、晉、暌、蹇、中孚
　　八卦。

〔補〕**易學變通六卷** 元曾貫撰。**校勘記一卷** 今人魏元曠撰。**續
　　記一卷** 今人胡思敬撰。○民國五年胡思敬刊豫章叢書本。

周易會通十四卷 元董真卿撰。○通志堂本。○元刊。

〔附〕○十一行，行十九字。（原稿無，印本入正文，注于"元刊"二字
　　下。）

〔補〕**周易經傳集程朱解附錄纂註十四卷朱子易圖附錄纂註一
　　卷朱子啟蒙五贊附錄纂註一卷朱子筮儀附錄纂註一卷** 元
　　董真卿撰。○元刊本，十一行十九字，註雙行，低一格二十一字，細
　　黑口，四周雙闌。其集解、附錄、纂註均以圓心方墨圍圍之。海虞瞿
　　氏藏。○明洪武戊辰務本堂刊本。見于正文齋。

周易圖說二卷 元錢義方撰。○四庫著錄此及下爻變義蘊並吳玉墀
　　家抄本。○曝書亭寫本。

〔補〕○文淵閣四庫本已印入四庫全書珍本初集中。

周易爻變義蘊四卷 元陳應潤撰。按：此書四庫著錄，莫氏失收。○
清光緒刊續台州叢書本。

周易參義十二卷 元梁寅撰。○通志堂本。

〔附〕○元刊小字本，佳。（邵氏）○朱竹夫藏舊鈔本，趙清常手校。
（眉）

周易文詮四卷 元趙汸撰。○四庫著錄係抄本。○經義考八卷，此
本舊抄只四卷，首尾完具，不似有所缺佚，或後人合併歟？○昭文張
氏有舊抄本。

〔補〕○文淵閣四庫本已印入四庫全書珍本初集中。

〔增〕**周易經疑三卷** 元進士臨川涂溍生易菴撰。○見昭文張金吾愛
日精廬志，謂元刻本。按：溍生字自昭，宜黄人，曾為贛州濂溪書院
山長。經義考載溍生易主義一卷，已逸，引楊士奇曰：易主義溍生專
為科舉設，此書題曰經疑，元取士以經疑，或即主義歟？四庫未收，
阮文達曾以進呈。

〔補〕**周易經義三卷** 元涂溍生撰。○元刊本，十三行二十三字，細黑
口，左右雙闌。瞿氏藏。○舊寫本，行欵同元本。有吳翌鳳、吳騫跋
及藏印。

〔補〕**大易鉤玄三卷** 元鮑恂撰。○舊寫本，前有涵虛子臞仙序，知從
宣德十年程蕃校正本出。鈐有朱彝尊、吳焯父子及乾隆三十八年浙
撫三寶進書木記，又有翰林院大官印。此書四庫入存目，還其初名，
作學易舉隅。此即存目原書。

〔補〕**直音旁訓周易注解十卷** ○元泰定三年敏德書堂刊本，十二行
二十三字，黑口，四周雙闌。目後有牌子，文曰："敏德書堂新刊泰定
丙寅菊月印行。"

〔補〕**直音旁訓周易句解八卷** ○清安樂齋精寫本，鈐有怡府安樂堂
藏印。

周易大全二十四卷 明胡廣撰。○明官刊本。○菊仙書屋本。

〔補〕**玩易意見二卷** 明王恕撰。○明正德元年刊本,九行二十字,大黑口,四周雙闌。有正德元年序。○清傳鈔明正德元年刊本,九行二十字。有彭元瑞知聖道齋藏印。○清道光二十六年李錫齡輯刻惜陰軒叢書本。此書四庫存目。

〔補〕**易義主意五卷** 明謝子方撰。○明正統十一年魏祐刊本,十二行二十三字,細黑口,四周雙闌。德化李氏木犀軒藏書,存二卷。

易經蒙引十二卷 明蔡清撰。○嘉靖八年建陽書坊初刊本。林希元重刊本。宋兆禴重訂刊本。

讀易餘言五卷 明崔銑撰。○四庫黃登賢藏本傳鈔。

〔補〕○明嘉靖刊本,十行二十字,本書題“相臺崔銑學,子汲編錄”。蘇州博古齋柳蓉村送閱。

易學啟蒙意見五卷 明韓邦奇撰。○正德甲戌李滄刊本。

〔補〕**易學本原啟蒙意見五卷** 明韓邦奇撰。○明正德九年平陽府李滄刊本,十行十九字,白口,四周雙闌。為啟蒙意見一卷,易學本原四卷。京肆見。

〔補〕**啟蒙意見四卷** 明韓邦奇撰。○明嘉靖十三年蘇祐刊本,十行二十字,黑口,四周雙闌。前有正德九年李滄舊跋及嘉靖十三年蘇祐刊書跋。辛亥春京肆見。

〔補〕**涇野先生周易説翼三卷** 明呂柟撰。○明嘉靖十八年刊本,十行二十字,白口,四周雙闌。有嘉靖十八年王獻芝序。○舊寫本,十行二十字,即從明嘉靖十八年本出。鈐有浙撫三寶進書木記及翰林院印,為四庫採進之書。按:此書四庫存目,則此帙即存目所據者也。○清道光二十六年刊惜陰軒叢書本。

〔補〕**學易記五卷** 明金賁亨撰。○明藍格寫本,九行二十字,板格有“雲門書屋”四字。鈐有明項元汴印。○清道光二十六年惜陰軒叢書本。

易經存疑十二卷　明林希元撰。○乾隆壬戌裔孫廷珪刊本。

〔補〕**新刊增訂的藥易經存疑十二卷**　明林希元撰。○明萬曆坊刻本，十二行，行二十四字，白口，四周雙闌。金陵書肆見。

周易辨錄四卷　明楊爵撰。○刊本。

易象鈔四卷　明胡居仁撰。按：此書四庫著錄，莫氏失收。○文淵閣四庫本已印入四庫全書珍本初集中。

周易象旨決錄七卷　明熊過撰。○康熙中刊本。

〔補〕○明嘉靖四十一年熊迴刊本，十行二十字，白口，四周單闌。題“原任禮部郎中四川富順南沙熊過著，門弟南墩熊迴重校”。後有嘉靖壬戌劉時舉跋。余藏。按：此書龍巖趙氏初刻於閩中，曾碻菴又刻於蜀中，其弟迴又刻於河東，蓋自嘉靖以來已三刻矣。

易象鈎解四卷　明陳士元撰。○守山閣本。○道光癸巳刊歸雲別集本。

〔補〕**今文周易演義十二卷首一卷**　明徐師曾撰。○明隆慶二年董漢策刊本，十一行二十二字，白口，左右雙闌。

〔補〕**易測十卷**　明曾朝節撰。○舊寫本，九行十九字。有萬曆二十六年戊戌自序，從萬曆本出。文德堂見。

周易集注十六卷　明來知德撰。○萬曆辛丑郭子章刊本。○康熙戊辰崔華刊本。○寶廉堂本。○嘉慶中蜀中翻刊本。

讀易紀聞六卷　明張獻翼撰。○四庫從吳玉墀家藏本傳鈔。○刊本。獻翼又有讀易約說三卷，雜說二卷，臆說三卷，原刊本。經義考云未見。

八白易傳十六卷　明葉山撰。○刊本。

〔補〕**周易象義四卷**　明唐鶴徵撰。○明萬曆純白齋刊本，十一行二十一字,白口,四周單闌。有朱筆評點,不知何人。鈐倪元璐藏印。
余藏。

洗心齋讀易述十七卷 明潘士藻撰。○萬曆丙午刊本。

〔補〕**九正易音不分卷** 明李贄撰。○明毛氏汲古閣刊本,八行十八
字,白口。

周易像象管見九卷 明錢一本撰。○萬曆甲寅刊本。

〔補〕**周易象通八卷** 明朱謀㙔撰。○明萬曆刊本,十行二十二字,白
口,左右雙闌。四庫存目。

周易劄記三卷 明逯中立撰。按:四庫著錄,莫氏失收。○此書世罕
傳本,四庫本已印入四庫全書珍本初集中。

周易易簡説三卷 明高攀龍撰。按:四庫著錄,莫氏失收。

易義古象通八卷 明魏濬撰。○刊本。

周易像象述五卷 明吳桂森撰。○四庫著錄係抄本。是書成於天啟
乙丑,其上方朱字評語稱景逸高先生批者高攀龍筆,稱錢師批者錢
一本筆也。○頃收舊鈔本,實六卷,首有天啟乙丑自序,崇禎丙子同
郡張瑋序。

易用五卷 明陳祖念撰。按:四庫著錄,莫氏失收。○四庫本已印入
四庫全書珍本初集中。

易象正十六卷 明黃道周撰。○康熙癸亥刊石齋九種本。
〔補〕○明崇禎刊本,九行十八字。杭估陳立炎送來,盧氏遺書。

〔增〕**周易演旨六十五卷** 明程玉潤撰。以一卦為一卷,並後繫辭上
下傳為六十五卷,大意申暢程傳,凡傳義及朱子本義異同者,多調停
其説。○四庫存目有程氏易窺,作十冊,無卷數,云未見此書,疑即
經義考所載演旨之初稿也。○路小洲有崇禎壬午刊本。

兒易內儀六卷兒易外儀十五卷 明倪元璐撰。○有刊本,字畫惡

劣,解亦穿鑿,特以人重耳。四庫易類收書稍濫。刊以崇禎辛巳五
月。

〔補〕○内儀清光緒十一年刊粵雅堂叢書三編二十九集。○外儀清咸
豐十一年刊粵雅堂叢書三編二十一集。

〔增〕**易學五十卷** 明卓爾康撰。爾康仁和人,字去病。明史藝文志:
卓爾康易學全書五十卷。○四庫提要存目僅有爾康易學殘本十二
卷,蓋乾隆中採進已無全本。此本吳騫拜經樓所藏舊鈔全帙,其說
卦傳二卷獨存刊本,緣付鋟始此二卷,明末之亂,遂未及完耳。(原
稿中莫繩孫增入者。)

卦變考略一卷 明董守諭撰。○刊本。

古周易訂詁十六卷 明何楷撰。○乾隆辛未刊本。

〔補〕○明崇禎刊本,九行二十字,白口單闌。見殘本於杭州書肆。

周易玩詞困學記十五卷 明張次仲撰。○國初刊本。○康熙己酉
自序刊本,六卷。

易經通註九卷 國朝順治十三年大學士傅以漸等奉勅撰。提要稱原
稿藏庶子曹本榮子孫家,至開四庫館,湖北巡撫採進。

〔補〕**貞固齋易義不分卷** 清傅以漸撰。○清初寫本。

日講易經解義十八卷 康熙二十二年大學士牛鈕等奉勅撰。○內府
刊本。○外省翻本。

御纂周易折中二十二卷 康熙五十四年大學士李光地等奉勅撰。
○內府刊本。○各直省翻本。

御纂周易述義十卷 乾隆二十年大學士傅恒等奉勅撰。○內府刊
本。○外省翻本。

讀易大旨五卷 國朝孫奇逢撰。○容城刊本。

周易稗疏四卷附考異一卷 國朝王夫之撰。○昭代叢書壬集刊本。
○道光二十二年湘潭王氏刊船山遺書本。○同治四年湘鄉曾氏刊

船山遺書本。

易酌十四卷 國朝刁包撰。○雍正中與潛室札記合刊於江西。

田間易學十二卷 國朝錢澄之撰。○桐城刊本。

〔補〕易音三卷 清顧炎武撰。○清康熙六年張力臣符山堂刊音學五書本。

易學象數論六卷 國朝黃宗羲撰。○西麓堂刊本。

周易象辭二十一卷附尋門餘論二卷圖書辨惑一卷 國朝黃宗炎撰。○四庫著錄抄本。○昭代叢書癸集刊本。

〔補〕周易説略四卷 清張爾岐撰。○清刊本，盛百二手批。余藏。此書四庫存目。

〔補〕周易説略八卷 清張爾岐撰。○清康熙五十八年徐氏真合齋本。余藏。

周易筮述八卷 國朝王宏〔弘〕撰撰。○乾隆癸丑滋德堂刊本。

〔增〕易經識解五卷 國朝閣學徐秉義纂輯。秉義有九經識餘，今存易、書、詩、春秋四種，體例與鄭方坤經稗相類，而徵引較詳。○張金吾藏書志〔有〕鈔本。

仲氏易三十卷 國朝毛奇齡撰。○西河全集本。○阮刻經解本。

推易始末四卷 國朝毛奇齡撰。○西河全集本。○龍威秘書本。

春秋占筮書三卷 國朝毛奇齡撰。○西河全集本。○龍威秘書本。

易小帖五卷 國朝毛奇齡撰。○西河全集本。

喬氏易俟十八卷 國朝喬萊撰。○道光辛丑戴縣刊本。（繩）

讀易日鈔六卷 國朝張烈撰。按：四庫著錄，莫氏失收。

周易通論四卷 國朝李光地撰。○榕村全書本。○貴陽道光間刊本，許滇生校。文貞易學精深，遠出元明諸儒之上，當與所修折中及文集語錄參看。

周易觀象十二卷 國朝李光地撰。○榕村全書本。○江寧刊本。○
道光間貴陽刊本，許滇生校。

周易淺述八卷 國朝陳夢雷撰。按：四庫著錄，莫氏失收。

易原就正十二卷 國朝包儀撰。按：四庫著錄，莫氏失收。○四庫本
已印入四庫全書珍本初集。

大易通解四卷 國朝魏荔彤撰。提要作十五卷，附錄一卷。

〔補〕○此書世罕傳本，四庫本十五卷、附錄一卷，已印入四庫全書珍本
初集中。

易經衷論二卷 國朝張英撰。○張文端全集本。

易圖明辨十卷 國朝胡渭撰。○耆學齋刊本。○守山閣本。○咸豐
三年伍崇曜刊粵雅堂叢書本。（繩）

〔補〕○清康熙刊本。○清嘉慶元年耆學齋刊本。

〔補〕**讀易識疑二十卷** 清汪璲撰。○清康熙四十二年汪氏刊本。四
庫存目。

合訂刪補大易集義粹言八十卷 國朝納喇性德撰。○通志堂本。

周易傳註七卷附周易筮考一卷 國朝李塨撰。按：四庫著錄，莫氏
失收。○民國十二年四存學會排印顏李叢書本。

周易劄記二卷 國朝楊名時撰。○楊氏全書本。

〔補〕**易經劄記三卷** 清楊名時撰。○清乾隆五十九年葉廷甲水心草
堂刊楊氏全書本。

周易傳義合訂十二卷 國朝朱軾撰。○朱高安全書本。傳義合刊宋
元板已有之，非自永樂大全始也。（繩）

〔補〕○清乾隆二年内府刊本。○清刊朱文端公藏書本。余藏。

〔補〕**翁山易外七十一卷** 清屈大均撰。○清康熙刊本。余藏。

〔補〕**觀象居易傳箋十二卷** 清汪師韓撰。○清乾隆十四年錢塘汪

氏刊本。余藏。

〔補〕**陸堂易學十卷首一卷** 清陸奎勳撰。○清康熙五十三年刊陸
　堂經學叢書本。四庫存目。

周易玩詞集解十卷 國朝查慎行撰。○昭代叢書巳集刊本。余藏。

〔補〕○清乾隆十九年刊本。余藏。

易說六卷 國朝惠士奇撰。○璜川吳氏刊本。○阮刊經解本。

周易函書約存二十四卷約注十八卷別集十六卷 國朝胡煦撰。
　○乾隆癸巳胡氏刊本。

易箋八卷 國朝陳法撰。○京師刊本。

〔補〕**易箋八卷首一卷** 清陳法撰。○民國十一年貴陽排印黔南叢書
　本,在第一集中。

楚蒙山房易經解十六卷 國朝晏斯盛撰。○刊本。

〔補〕○清乾隆七年新喻晏氏刊本。余藏。

周易孔義集說二十卷 國朝沈起元撰。○學易堂刊本。

易翼述信十二卷 國朝王又樸撰。○刊本。

〔補〕○清刊詩禮堂全集本。

〔增〕**周易觀象補義略四厚冊** 國朝諸錦撰。錦字襄七,號屾廬,秀
　水人,雍正甲辰進士,乾隆丙辰,召試鴻博,授翰林檢討,官至右春坊
　右贊善。其毛詩說、補饗禮等,四庫並巳著錄,而未及是書。此書集
　諸儒之說而斷以己意,末題子壻范成淮次。○嘉慶末,禾人戴光曾
　得此藁本於吳中,其提綱一卷及下經自姤初一下至雜卦皆其手書,
　尤可寶貴,今歸海寧查氏。(繩)

〔補〕○此稿本余己未歲見之,後有戴光曾長跋,已分裝為十六冊矣。

周易淺釋四卷 國朝潘思榘撰。○刊本。

周易洗心九卷 國朝任啟運撰。○釣臺全書刊本。○近蘇局刊本。

豐川易説十卷 國朝王心敬撰。○刊本。

周易述二十三卷 國朝惠棟撰。○乾隆庚辰雅雨堂刊本。○阮解經
解本。雅雨刻實二十一卷，四庫併其缺卷數之。上海李松補全十五
卦二傳，並附原書刊誤一卷，未及合刊。○又，江藩有周易述補四卷
另刊，刊本行。又刊入阮氏經解。

易漢學八卷 國朝惠棟撰。○畢氏經訓堂叢書本。○昭代叢書壬集
刊本。○又，坊刊本。（繩）

〔補〕○清清來堂刊本。○清光緒十四年南菁書院刊皇清經解續編本。
○昭代叢書壬集刊本一卷，非八卷。

易例二卷 國朝惠棟撰。○貸園叢書本。○借月山房彙抄本。

〔補〕○清道光二十年金山錢氏編指海本，即借月山房彙鈔本之原版
也。○清光緒十四年南菁書院刊皇清經解續編本。

〔補〕**周易古義一卷** 清惠棟撰。○清道光刊昭代叢書甲集本。余藏。

〔補〕**易大義一卷** 清惠棟撰。○清光緒十二年補刊江氏叢書本，附
江藩周易述補四卷之後。

〔補〕**鄭氏周易爻辰圖一卷** 清惠棟撰。○清乾隆二十一年盧見曾
刊雅雨堂藏書本，十行二十一字。附鄭氏周易三卷之後。

〔增〕**周易本義辨證五卷** 國朝惠棟撰。○常熟蔣氏省吾堂刊本。

易象大意存解一卷 國朝任陳晉撰。按：此書四庫著錄，莫氏失收。

大易擇言三十六卷 國朝程廷祚撰。按：四庫著錄，莫氏失收。○清
乾隆道寧堂刊本。○四庫本已印入四庫全書珍本初集中。

周易辨畫四十卷 國朝連斗山撰。按：此書四庫著錄，莫氏失收。

周易圖書質疑二十四卷 國朝趙繼序撰。按：四庫著錄，莫氏失收。
○此書世罕傳本，四庫本已印入四庫珍本中。

周易章句證異十一卷 國朝翟均廉撰。按：四庫著錄，莫氏失收。○

文淵四庫本已印入四庫全書珍本初集中。

〔補〕**周易注疏校正一卷** 清盧文弨撰。○清乾隆中盧氏自刊抱經
　　樓叢書羣書拾補初編本。

〔補〕**周易述補四卷** 清江藩撰。○清道光九年學海堂刊皇清經解
　　本。○清光緒十二年刊江氏叢書本。

〔補〕**周易集解十卷** 清孫星衍撰。○清嘉慶三年刊岱南閣叢書本。

〔增〕**周易虞氏義九卷消息二卷** 國朝張惠言校補惠棟輯本，而略
　　為融貫。○嘉慶中阮氏為刊行，又刊入經解，近時通行。場屋士子
　　利其參互之說，作易經文捃摭敷衍，矜奇炫博。實則漢學諸經惟易
　　一類最為雜亂無理，程子教人先看王弼，因其一埽漢人之蕪穢也。

〔補〕○清嘉慶八年揚州阮氏琅環仙館刊張皋文箋易銓全集本。余藏。

〔增〕**易經揆十四卷附啟蒙補二卷** 國朝梁錫璵撰。○乾隆十七年
　　刊本。

〔補〕**易守三十二卷** 清葉佩蓀撰。○清嘉慶十五年慎餘齋刊本。余藏。

〔補〕**易章句十二卷易通釋十二卷易圖略八卷** 清焦循撰。○清
　　嘉慶道光間江都焦氏雕菰樓刊焦氏叢書本，合成雕菰樓易學三書。
　　○清道光九年廣州學海堂刊皇清經解本。

〔補〕**周易補疏二卷** 清焦循撰。○清道光六年半九書塾刊焦氏叢書
　　六經補疏本。○清道光九年學海堂刊皇清經解本。

〔補〕**易話二卷易廣記三卷** 清焦循撰。○清道光六年江都焦氏半
　　九書塾刊焦氏叢書本。

〔補〕**李氏易解賸義三卷** 清李富孫撰。○清嘉慶十五年嘉興李氏
　　校經廎刊本。○清嘉慶四年顧修刊讀畫齋叢書本。

〔補〕**周易平議二卷** 清俞樾撰。○清光緒十四年刊皇清經解續編
　　本。○清光緒二十五年刊春在堂全集本。

附錄

乾坤鑿度二卷　是書為永樂大典所載易緯八種之一，下七種並同。○內府十行本。○聚珍版本。○閩覆本。○杭縮本。○又重刊稍大之本。○嘉慶十四年侯官趙氏刊七緯本。○又天一閣本。○錢曾有宋刊本，云以校天一閣本，多譌脱。○秀水章全考定句讀刊本。○經學彙函本。

〔附〕○明楊之森刊。○又，蔡文範刊。（眉）

〔補〕○天一閣刊本，九行十八字，白口，左右雙闌。卷首第三行題"明范欽訂"。從舊本出。余藏。

周易乾鑿度二卷　○雅雨堂刊本。

〔補〕○天一閣本，行欵題識與乾坤鑿度全同。余藏。

易緯稽覽圖二卷　○藝海珠塵本。

易緯辨終備一卷

易緯通卦驗二卷

易緯乾元序制記一卷

易緯是類謀一卷　○藝海珠塵本。

易緯坤靈圖一卷

〔補〕**古三墳書三卷**　○宋紹興十七年婺州州學刊本，十行十八字，白口，左右雙闌。卷末有紹興十七年三衢沈斐刊書跋。有元人手識三則。壬子春見於翰文齋，後為袁寒雲收去，今又轉入潘氏寶禮堂矣。

〔補〕**三墳一卷**　○明天一閣刊范氏奇書本，九行十八字，白口，左右雙闌。卷首次行題"明范欽訂"。○明萬曆二十年程榮刊漢魏叢書本。余藏。余據宋紹興十七年婺州州學本手校。

上易類

經部二

書類

　　單孔傳：武英殿仿宋岳本、葛本。天祿後目有纂圖〔互〕注尚書十
(二)〔三〕卷，單孔傳。石經考文提要所據南宋巾箱單注本似即此
書。

〔補〕**書經一卷** ○明弘治九年周木刊白文五經本，九行十七字，白
　　口，左右雙闌。○明嘉靖三十一年翁溥刊白文五經本，九行十七字，
　　白口，四周雙闌。

〔補〕**書經六卷** ○明弘治九年莊澤刊白文本，九行十八字，黑口，四
　　周雙闌。卷末有"弘治丙辰進士莊澤刊"一行。

〔補〕**尚書傳十三卷** 題漢孔安國傳。○南宋建本，十行二十字，注雙
　　行同，白口，左右雙闌。李木齋先生藏。○南宋刊巾箱本，十行十九
　　至二十字，細黑口，左右雙闌。音釋白文。癸酉歲趙萬里持來求售。
　　○日本慶長足利學校活字印本，九行十七字。○日本古活字印本，
　　八行十七字。○日本古寫本，卷末有日下逸人貫書題記，又有俞曲
　　園先生手跋。

〔補〕**婺本點校重言重意互注尚書十三卷** 題漢孔安國傳。○宋
　　刊巾箱本，半葉十行，行二十字，注雙行同，細黑口，四周單闌。常熟
　　瞿氏鐵琴銅劍樓藏。

〔補〕**監本纂圖重言重意互注點校尚書十三卷** 題漢孔安國傳，唐
　　陸德明釋文。○南宋建本，十行十八字，注雙行二十四字，細黑口，
　　四周雙闌，左闌外記篇名。此為宋刊宋印本，宋元時傳入日本，清末
　　為繆荃孫重價收得，今歸劉承幹。

尚書正義二十卷 漢孔安國傳,唐孔穎達疏。○閩刊本。○北監本。○汲古閣本。○殿本。○江西本。○明永樂二年甲申刊尚書注疏二十卷,阮氏校勘記未列此本。○日本國于道光丁亥年新刊影宋本尚書正義,洋紙頗精。○元板本。

〔補〕○宋兩浙東路茶鹽司刊本,八行十九字,注雙行同,白口,左右雙闌。正文、注、疏合刻第一本。日本足利學校藏,已印入四部叢刊三編。○南皮張文襄家有一帙,行欵版式與足利本同,兩刊工人名不合。

〔補〕**尚書正義二十卷** 唐孔穎達撰。○南宋高宗時刊單疏本,十五行二十四字,白口,左右雙闌。有孝宗以後補版。按:紹熙間浙東茶鹽司刊禮記正義有三山黃唐跋,稱"六經疏義,自京、監、蜀本皆省正文及注",而此單疏本有端拱元年孔維進雕五經正義表及同時校勘官銜名,知其從北宋本出。又,玉海載紹興十五年博士王之望請臨安府雕鏤經義疏之未有版者,二十一年又詔國子監訪五經三館舊監本刻版,則知此本之刊刻當在此時。日本宮內省圖書寮藏,大坂每日新聞社已影印。

〔補〕**尚書注疏二十卷** 漢孔安國、唐孔穎達撰,唐陸德明釋文。**新雕尚書纂圖一卷** ○金平水刊本,十三行二十七字,注雙行二十五字,白口,四周雙闌,版心記字數及刊工人名。瞿氏鐵琴銅劍樓藏。○內閣大庫舊藏金刊本殘卷,行欵同而為左右雙闌,疑是翻刊本。

〔補〕**尚書註疏二十卷** 漢孔安國傳,唐孔穎達疏,陸德明釋文。○宋刊本,八行十八字,註雙行二十五字,白口,四周雙闌。有補版。○明永樂元年刊本,八行十八字,白口,四周雙闌,左闌外下方有"永樂元年刊"小字一行。盧址抱經樓遺書。○明嘉靖李元陽閩中刊十三經註疏本,九行二十一字,白口,四周單闌。○明萬曆十五年北京國

子監刊十三經註疏本，九行二十一字，白口，四周單闌。版心上方有
“萬曆十五年刊”六字。余藏一本，余據北京圖書館藏殘宋本十卷及
瞿氏藏金平水刊本校，頗有改訂。○明崇禎五年毛晉汲古閣刊十三
經註疏本，九行二十一字，白口，左右雙闌，版心下方有“汲古閣”三
字。○清乾隆四年武英殿刊十三經註疏本，十行二十一字，註雙行
二十字，白口，左右雙闌，為本書十九卷，附考證。版心上方陽面有
“乾隆四年校刊”六字。

〔補〕**尚書注疏二十卷** 漢孔安國傳，唐孔穎達疏，陸德明釋文。○元
翻宋本，半葉八行，行十八字，注雙行二十字。劉氏嘉業堂藏。

〔補〕**附釋文尚書注疏二十卷** 漢孔安國傳，唐孔穎達疏，陸德明釋
文。○南宋建本，半葉九行，行十五字，注雙行二十二字，白口，左右
雙闌。卷一末有“魏縣尉宅校正無誤大字善本”一行，字體峭勁流
麗，建本之至精者。故宮藏。

〔補〕**附釋音尚書註疏二十卷** 漢孔安國傳，唐孔穎達疏，陸德明釋
文。○元刊明修本，十行十七字，註雙行二十三字，白口，左右雙闌。
○清嘉慶二十年南昌府學重刊宋本十三經註疏本，十行十七八字，
黑口，左右雙闌。

洪範口義二卷 宋胡瑗撰。○墨海金壺本。

東坡書傳十三卷 宋蘇軾撰。○明焦氏兩蘇經解本。○閔刊硃墨
本。○學津討原本。

〔補〕**東坡先生書傳二十卷** 宋蘇軾撰。○明萬曆二十五年焦竑刊
兩蘇經解本，十行二十一字，白口，左右雙闌。余藏。

〔補〕**東坡書傳二十卷** 宋蘇軾撰。○明萬曆天啟間吳興凌氏朱墨套
印本，九行十九字，白口，四周單闌。余藏。莫氏誤記為閔氏刊本。

尚書全解四十卷 宋林之奇撰。○通志堂本三十九卷，闕多方篇。
○海昌蔣生沐單刻此多方篇入叢書中。

〔補〕三山拙齋林先生尚書全解四十卷　宋林之奇撰。○清初寫本，十一行二十一字。有淳祐十年林畊序。鈐有揆敘謙牧堂藏書印。

鄭敷文書說一卷　宋鄭伯熊撰。○函海本。藝海珠塵本。○經苑本。

禹貢指南四卷　宋毛晃撰。○聚珍本。○閩覆本。○杭縮本。

〔補〕○清乾隆武英殿聚珍版書本。余藏。余臨盧文弨評校本，眉上評註駁正處甚夥。

禹貢論五卷後論一卷山川地理圖二卷　宋程大昌撰。○通志堂本。○指海本，有圖。

〔補〕禹貢論二卷後論一卷山川地理圖二卷　宋程大昌撰。○宋淳熙八年泉州州學刊本，十二行二十二字，白口，左右雙闌。劉惠之藏，余曾借校，改訂通志堂本數百字，較四庫本多二圖。○清影寫宋泉州本，存論上卷、圖上卷。

尚書講義二十卷　宋史浩撰。按：四庫著錄，莫氏失收。此書自永樂大典輯出，世罕傳本。

夏氏尚書詳解二十六卷　宋夏僎撰。○聚珍本。○閩覆本。○宋淳熙間麻沙劉氏書坊本。○昭文張氏有舊抄本十六卷，經文下有重言重意，蓋從宋麻沙坊本重錄者，板心有"怡顏堂抄書"五字。

〔附〕○閩覆本無，但有陳氏書。（眉）

禹貢說斷四卷　宋傅寅撰。○聚珍本。○閩覆本。○墨海金壺本。○守山閣本。○河南經苑本。○義烏陳坡刊本。

〔補〕杏溪傅氏禹貢集解二卷　宋傅寅撰。○宋刊本，十一行十八字，白口，左右雙闌。諸家注首行低一格，餘行低二格，雕工端雅精美。其刊工有與慶元間江西轉運司本本草衍義同者，知為江西刊本。常熟瞿氏珍藏。

書説三十五卷 後十三卷宋呂祖謙撰，前二十二卷其門人時瀾增修。
○通志堂本。○天禄後目有宋刊巾箱本，第十三至三十卷刻本，第
一至十二卷，第三十一至三十五卷汲古閣影宋抄本。

〔附〕○嚴先生有宋殘本十六卷，自堯典至武成，首無敍目，首卷題"門
人鞏豐仲至抄"，即時氏據以芟夷剪截者。紙墨良善，書中有禹貢圖
一紙，旁小字一行云"丁未六月蔡清刊"。（原稿無，印本入正文。）整
理者按：此條味其語意當即莫棠傳錄邵目上所錄勞格季言批四庫簡
目之文。嚴先生即嚴元照也。

〔附〕○宋刊本，半葉十行，每行大字十九、小字廿二，蔣記。○竹垞有
抄本十卷，係此書原本，佳。（邵氏）○此書原本其門人鞏豐仲至抄，
時瀾據之以刪潤者，世無知之者矣。嚴云，經刪後反不如原書之曲
暢。其本後歸許滇生也。（眉）

〔補〕增修東萊書説三十五卷圖説一卷 宋呂祖謙撰，時瀾修正。
○宋刊殘本，十四行十九字，白口，四周雙闌。存卷一至十五、圖説。

尚書説七卷 宋黃度撰。○明呂光洵與唐順之校本。○昭文張氏有
舊抄本，經、注皆大字，又有雙行小注，補注所未及。通志堂刊本改
注為小字，而刪其注中之注，不得為完書，脱文闕字更難枚舉。張本
乃千頃堂舊抄。○通志堂本。○今黃氏家塾刻本，較通志堂為完
善。

〔補〕○明呂光洵、唐順之校刊本，十行二十字，白口，左右雙闌。有萬
曆三年黃遵年、呂光洵序。余藏。

五誥解四卷 宋楊簡撰。○墨海金壺本。

絜齋家塾書鈔十二卷 宋袁燮撰。○四庫本亦從永樂大典錄出。

〔補〕○此書世罕傳本。四庫本已印入四庫全書珍本初集中。

書集傳六卷 宋蔡沈撰。○明正統十二年刊五經四書本，內附鄒季友
音釋，最善。○宋、元、明刊本均載小序，唯近世坊本不載耳。彙纂

亦載也。○咸豐丙辰祝桐君刊，依正統本精校。○同治五年望三益
齋刊，亦依正統本附音釋精校。○明有嘉靖丙辰刊本。○明又有熊
振宇、楊一鶚兩刊。○道光戊子旌德朱琳立本齋刊本。○陽湖孫氏
有元坊刻本，改集傳為集註，六卷作十卷，附鄒氏音釋，每句皆作小
圈，讀法或作連圈，黑口巾箱本，每半頁九行，行二十七字。

〔附〕○近洪氏景刊元本。（眉）○宋刊本，有朱鑑草書後序，每篇提行
另紙，每半葉十行，刻工極精，為此書第一佳本。○元德星堂刊本。
（邵氏）

〔補〕○元刊本，八行十五字，傳低一格，細黑口，左右雙闌。宋諱不避，
大字仿顏體。清內閣大庫舊儲，沈兆奎藏卷四殘卷。○元刊本，十
一行二十四字，注雙行同，細黑口，四周雙闌。江南圖書館藏。○明
崇禎元年吳興閔齋俔刊本，九行十七字，白口，左右雙闌。

〔補〕**朱文公訂正門人蔡九峯書集傳六卷** 宋蔡沈撰。**書傳問答
一卷** ○宋淳祐十年呂遇龍上饒郡學刊本，十行十八字，注雙行同，
細黑口，左右雙闌，版心上記字數，下記刊工姓名。卷末有“淳祐庚
戌季秋，金華後學呂遇龍校正刊於上饒郡學之極高明”二行。海源
閣藏四經四史之一。

〔補〕**書經集註十卷** 宋蔡沈撰。○明武昌學宮刊本，九行十七字，白
口，左右雙闌。李木齋先生藏。○明隆慶三年刊本，行欵同上。翰
文齋見。○明萬曆熊氏刊本，九行十七字，白口，四周單闌。

〔補〕**書集傳六卷序一卷圖一卷** 宋蔡沈撰，元鄒季友音釋。**朱子
説書綱領一卷** 宋朱熹撰。○明正統十二年內府刊本，八行十四
字，大黑口，四周雙闌。余藏。即明司禮監刊五經之一。

〔補〕**書經集傳六卷** 宋蔡沈撰。○明嘉靖吉澄刊本，九行十七字，白
口，左右雙闌。○明萬曆吳勉學刊本，行欵同上。

尚書精義五十卷 宋黃倫撰。○河南新刊經苑本。○余氏萬春堂刊

本。

尚書詳解五十卷 宋陳經撰。○四庫從汪如藻家抄本傳抄。○聚珍板本。

融堂書解二十卷 宋錢時撰。○聚珍板本。○閩覆本。○杭縮本。

洪範統一一卷 宋趙善湘撰。○函海本。○藝海珠塵本。○經苑本。

尚書要義十七卷序説一卷 宋魏了翁撰。所佚七、八、九三卷阮文達曾以抄本進呈。○宋本,有"曠翁手識"一印,"山陰祁氏藏書"一印,"澹生堂經籍記"一印,明末祁彪佳所藏也。魏鶴山諸經要義皆宋本,無別刻,劇可寶貴。

〔附〕○蘇州局本。(眉)

尚書集傳或問二卷 宋陳大猷撰。○通志堂本。○昭文張氏有舊抄。○陳氏尚書東齋集傳十二卷,宋刊本,禾中胡氏有之,四庫未見。

〔補〕**書集傳十二卷或問二卷** 宋陳大猷撰。○元末明初間刊本,十三行二十四字,傳低一格二十三字,細黑口,四周雙闌。卷首題曰"書傳會通"。海虞瞿氏藏,號稱宋本,然此固僅存孤本,正不必侈言宋本以取重也。

〔補〕**古文尚書馬鄭注十卷逸文二卷** 宋王應麟輯,清孫星衍補。○清乾隆六十年問字堂刊本。

尚書詳解十三卷 宋胡士行撰。○通志堂本。

尚書表註二卷 宋金履祥撰。○通志堂本。○金仁山全書本。○昭文張氏有宋刊本,云金氏刊本未善,通志堂刊本亦有異同。何義門云,通志堂據元刊本,有殘闕,伊人以意補之。○有宋刻本,藏花山馬氏及吳氏瓶花齋。○昭文張氏有顧伊人藏宋末元初刊本,不分卷,遇宋諱間有缺筆,板心有齊芳堂、存畊堂、章林書院、訥齋等字。

○金仁山書說全載通鑑前編中,昭文張氏有舊抄尚書金氏注殘本,較之表注甚詳,惜其不全,而不知其全固在也。考金氏書說當於通鑑前編求之,學者不可不知。○湘潭袁芳瑛漱六有宋刊單孔傳本,書匡上下甚寬大,全錄金氏表注,芳瑛以為仁山手批。

〔補〕○宋末元初刊本,十行十八字,細黑口,左右雙闌,闌外附音釋考證,行間加點擲。馬思贊、吳焯遞藏,即莫氏所記花山馬氏本。

書纂言四卷 元吳澄撰。○正德辛巳刊本,嘉靖己酉顧應祥據以刊于滇中。○通志堂本。

尚書集傳纂疏六卷 元陳櫟撰。○通志堂本。此書與董鼎輯錄大同小異。○昭文張氏有元泰定丁卯梅溪書院刊本,舊藏汲古閣,蔡氏序後有木記。○明澹生堂祁氏舊鈔本,附書序纂疏一卷。

讀書叢說六卷 元許謙撰。○四庫著錄從吳玉墀家本傳鈔,第二卷中脫四頁,第三卷中脫二頁,第五卷、第六卷各脫四頁。○元至正六年刊本。○昭文張氏有舊抄本。○學海類編本。

〔附〕○收舊抄殘本前四卷。(眉)

尚書輯錄纂註六卷 元董鼎撰。○元建安余氏勤有堂刊本,半頁十行,行大字二十,小字二十四,多書序纂注一卷。○通志堂本。

〔補〕**書集傳輯錄纂註六卷又一卷朱子說書綱領輯錄一卷** 元董鼎撰。○元延祐五年建安余氏勤有堂刊本,十行二十字,註雙行二十四字,細黑口,四周雙闌。說書綱領後有"建安余氏勤有堂刊"篆文木記。海虞瞿氏藏。張君菊生涉園亦藏一帙,有項元汴、朱彝尊藏印。○元建安余氏勤有堂刊又一本,十一行二十字,註雙行二十四字,細黑口,左右雙闌。行數、闌格均與前本異。○元刊本,十一行二十字,註雙行二十四字,細黑口,四周單闌。

〔補〕**書集傳輯錄纂註六卷朱子說書綱領輯錄一卷** 元董鼎撰。○元至正十四年翠巖精舍刊本,十一行二十字,註雙行二十四字,黑口,四周雙闌。

尚書通考十卷 元黃鎮成撰。○通志堂本。○昭文張氏有元天曆刊
　　殘本,云通志堂刊卷一闕兩頁,卷四闕一頁。

〔補〕○元至正刊本,十二行二十四字,細黑口,左右雙闌。卷一缺第
　　五、六兩葉,卷四不缺。癸丑見。○又一帙,見於濟南官書局,余代
　　李木齋先生收得,缺葉與邠目所記同。○又一帙,日本內閣文庫藏,
　　缺葉亦與邠目所記同,前有至正丁亥雷璣子樞序。

書蔡傳旁通六卷 元陳師凱撰。○通志堂本。○昭文張氏有至正乙
　　酉崇化余志安勤有堂書坊刊本,有余氏印行木記,乃盧嘉威、丘集後
　　先舊藏。

〔補〕**書蔡氏傳旁通六卷** 元陳師凱撰。○元刊本,十三行二十二
　　字,注低一格二十四字,黑口,四周雙闌。題"後學預章朱萬初校
　　正"。鈐毛氏汲古閣藏印。

讀書管見二卷 元王充耘撰。○通志堂本。梅鷟跋稱是書得之西皋
　　黃氏,寫者艸艸,其末尤甚。

〔補〕○明初刊本,范氏天一閣舊藏,近為余收得。

書義斷法六卷 元陳悅道撰。○四庫依抄本。

〔補〕**科場備用書義斷法六卷** 元陳悅道撰。○元刊本,十四行二十
　　三字,黑口,四周雙闌。

尚書纂傳四十六卷 元王天與撰。○通志堂本。○元至大刊本。

〔附〕○李中麓有元刊本。○張氏有影元鈔本。(邵氏)

〔補〕○清影寫元刊本,十一行二十字,注雙行低一格,細黑口,四周雙
　　闌。存十六卷。余藏。

〔增〕**尚書蔡傳音釋六卷序一卷附尚書纂圖** 元鄒季友撰。○明
　　刊本。○天祿後目有元至正刊鄒氏音釋本,云季友鄒近仁字,鄱陽
　　人,楊簡弟子也。○昭文張氏亦有元至正刊本。按:季友字晉昭,近

仁乃其大父，天祿後目所刊大誤。○高均儒有明司禮監刊本，亦佳。

〔補〕**書集傳音釋六卷** 元鄒季友撰。○元至正五年虞氏明復齋刊本，十三行二十二字，注大字，低一格二十四字，音釋雙行同，黑口，四周雙闌。孔安國序後有"至正乙酉"鐘形木記及"明復齋"鼎式木記。第六卷末有"至正乙酉菊節虞氏明復齋刊"一行。鈐有乾隆諸璽及"天祿琳琅"印。戊午歲清宮秘密出售之書。○元至正十一年德星書堂刊本，十二行二十一字，細黑口，四周雙闌。○元刊本，十三行二十三字，細黑口，四周雙闌。

尚書句解十三卷 元朱祖義撰。○通志堂本。何云六經皆有句解，不過節舊注，並無新得之義。

書傳會選六卷 明劉三吾等奉敕撰。○明官刊本。○明味經堂刊本。

〔補〕○明嘉靖間趙府味經堂刊本，九行十八字，注雙行同，白口，四周雙闌。版心上方有"味經堂"三字。李紫東寄來求售。

書傳大全十卷 明胡廣等奉敕撰。○明官刊本。○詩瘦閣本。

〔補〕○明坊刻本，十一行十八字，白口，四周雙闌。

〔增〕**書傳集解十二卷** 明黃諫撰。經義考作書傳集義，云未見。○張氏愛日精廬藏書志有此書，稍有缺佚。○錢唐丁丙有此書殘本，是汲古閣舊藏，刊印極精，蓋即張氏本也。張目云，以唐、宋、金、元諸儒說附傳下，間下己意，訂正不少。所載書說今已失傳者四十餘家，大抵引先儒之說十之七，下己說十之三。每卷首末俱有項氏萬卷堂圖籍印，又汲古閣毛氏家藏三印。○是書千頃堂書目有而明史失收。

〔補〕○錢唐丁丙藏明本，八行二十四字，大黑口，四周雙闌。

尚書考異五卷 明梅鷟撰。○平津館叢書〔本〕，六卷。○道光五年旌德朱琳丕立齋刊本。

〔補〕**書經章句訓解十卷**　明尹洪撰。○明成化晉府刊本，十二行十
　　八至二十二字，大黑口。

尚書疑義六卷　明馬明衡撰。○四庫據天一閣鈔本。

〔補〕○四庫本已印入四庫全書珍本初集中。

尚書日記十六卷　明王樵撰。○明刊尚書日記未定本有二，又有書
　　惟別記刊本。樵晚年增刪日記，又以別記併入，成此十六卷。○萬
　　曆乙未刊。○崇禎五年莊繼光重刊。

〔補〕○明萬曆十年于氏刊本，十行二十一字，白口，左右雙闌。李木齋
　　藏。○明崇禎五年莊繼光刊本，十行二十字，白口，四周單闌。余
　　藏。

〔補〕**書惟別記四卷**　明王樵撰。○明萬曆間王肯堂等刊本，十一行
　　二十二字，白口，四周單闌。有萬曆十三年自序。余藏。此書四庫
　　存目。

尚書砭蔡編一卷　明袁仁撰。○明原刊。○學海類編本題尚書蔡傳
　　考誤。○瓶花寫本。

尚書疏衍四卷　明陳第撰。○四庫依開萬樓抄本。○陳一齋全書刊
　　本。

尚書註考一卷　明陳泰交撰。○四庫依瓶花齋抄本。

洪範明義四卷　明黃道周撰。○石齋九種本。

日講書經解義十三卷　康熙十九年大學士庫勒納等奉敕編。○康熙
　　中內府刊本。

欽定書經傳說彙纂二十四卷　康熙六十年大學士王頊齡等奉敕撰。
　　○雍正中內府刊本。各省覆刊本。

書經稗疏四卷　國朝王夫之撰。○昭代叢書癸集本。○湘潭刊船山
　　遺書本。○湘鄉刊船山遺書本。

古文尚書疏證八卷 國朝閻若璩撰。〇乾隆乙丑刊本，此書有胡渭過，刊本無之。〇又武億刊本。〇吳氏刊本。

〔補〕**尚書古文疏證八卷** 清閻若璩撰。**朱子古文書疑一卷** 清閻詠輯。〇清乾隆十年朱續晫近堂刊本，卷三原未刻。

古文尚書冤詞八卷 國朝毛奇齡撰。〇西河全書本。

尚書廣聽錄五卷 國朝毛奇齡撰。〇西河全書本。

〔附〕〇嚴修能手寫本，五册。（眉）

尚書埤傳十七卷 國朝朱鶴齡撰。〇康熙刊本。

禹貢長箋二十卷 國朝朱鶴齡撰。〇刊本。

禹貢錐指二十卷圖一卷 國朝胡渭撰。〇康熙中漱六軒刊本。〇阮刻經解本。

洪範正論五卷 國朝胡渭撰。〇康熙刊本。

尚書解義一卷 國朝李光地撰。〇榕村全書本。〇榕村又別有洪範說一卷。

〔增〕**書經識餘二十五卷** 國朝徐秉義撰。〇鈔本。

書經衷論四卷 國朝張英撰。〇張文端全集本。

〔增〕**尚書質疑□卷** 國朝顧棟高撰。隱括大義為若干篇，蓋其進呈稿本，近乃刻行。

尚書地理今釋 國朝蔣廷錫撰。〇借月山房彙鈔本。〇澤古堂叢鈔本。〇指海本。三書皆一板，易主而易名。〇阮刻經解本。

禹貢會箋十二卷 國朝徐文靖撰。〇位山六種本。〇乾隆十八年趙氏刊本。

〔補〕**禹貢會箋十二卷圖一卷** 清徐文靖撰。〇清同治十三年慈谿何氏巾箱本。

〔增〕**尚書攷辨四卷** 國朝宋鑒撰。鑒字半塘，安邑人，官廣東南雄府

通判。○嘉慶四年刊,卷一今文古文攷辨,卷二真古文尚書三十一
篇攷辨,卷三、四偽古文尚書二十五篇攷辨。

〔補〕**古文尚書考二卷** 清惠棟撰。○清乾隆五十七年宋氏讀經樓刊
本。○清道光九年學海堂刊皇清經解本。

〔補〕**尚書古義一卷** 清惠棟撰。○清道光間刊昭代叢書甲集本。

〔補〕**尚書注疏校正一卷** 清盧文弨撰。○清乾隆間盧氏自刊抱經
堂叢書羣經拾補初編。

〔增〕**尚書釋天六卷** 國朝盛百二撰,自序。○乾隆十八年刊于任城
書院。○羊城亦同時刊。

〔增〕**尚書後案三十卷** 國朝王鳴盛撰。艸創于乙丑,成于己亥,凡三
十五卷。○王氏元刻本。○阮刊經解本。

〔補〕**尚書後案三十卷後辨一卷** 清王鳴盛撰。○清乾隆四十五年
王氏問禮堂自刊本。

〔增〕**尚書入注音疏十二卷附二卷** 國朝江聲撰。○其自寫刊之,
本經注疏皆用篆文。○阮刻經解本。

〔補〕○清乾隆五十八年江氏近市居刊本。

〔補〕**尚書義考二卷** 清戴震撰。○清光緒中貴池劉世珩刊聚學軒叢
書本。

〔補〕**古文尚書撰異三十二卷** 清段玉裁撰。○清嘉慶道光間段氏
刊經韻樓叢書本,題七葉衍祥堂刊。○清道光九年廣州學海堂刊皇
清經解本。

〔增〕**尚書今古文注疏三十卷** 國朝孫星衍撰。上四書(整理者按:
指尚書考辨、尚書後案、尚書入注音疏及此書,均莫氏增入者。)並以
今文為主,而不信偽古文。○平津館本。○阮氏經解本。

〔補〕○清嘉慶二十年孫氏冶城山館自刊本。

〔補〕**尚書今古文注疏三十九卷** 清孫星衍撰。○清道光九年廣州

學海堂刊皇清經解本。

〔補〕**古文尚書十卷** 漢馬融、鄭玄注，宋王應麟撰集，清孫星衍補集。

　　逸文二卷 清江聲輯，孫星衍補訂。○清乾隆六十年蘭陵孫氏刊岱

　　南閣叢書本。

〔增〕**禹貢分箋七卷** 嘉慶二十四年海鹽方溶撰。○其門人黃振塑刊

　　于銀花藤館。卷一圖，二、三、（四）北、中、南三條水圖志，四水道彙，

　　五南北條山表，六三條及運河諸水歸合表，七禹貢釋文，于今昔水道

　　離合遷改之由甚明晰。

〔補〕**古文尚書辨八卷** 清焦循撰。○清道光間甘泉黃氏刊清頌堂叢

　　書本。

〔補〕**禹貢鄭注釋二卷** 清焦循撰。○清道光六年半九書塾刊焦氏叢

　　書六經補疏本。○清光緒十四年南菁書院刊皇清經解續編本。

〔補〕**尚書補疏二卷** 清焦循撰。○清道光六年半九書塾刊焦氏叢書

　　六經補疏本。○清道光九年廣州學海堂刊皇清經解本。

〔補〕**尚書今古文集解三十卷** 清劉逢祿撰。**校勘記一卷** ○清光

　　緒十四年南菁書院刊皇清經解續編本。○清光緒十七年延暉承慶

　　堂刊本。

〔補〕**尚書隸古定釋文八卷** 清李遇孫撰。○清嘉慶九年馬氏寧儉

　　堂刊本。○清光緒劉世珩刊聚學軒叢書本。

〔補〕**書古微四卷** 清魏源撰。○清何紹基手寫本，朱闌，九行二十

　　字。避何氏家諱“漢”字。邃雅齋見。

〔補〕**尚書證義二十八卷** 清周用錫撰。○清刊朱墨評本。余藏。

〔補〕**尚書餘論一卷禹貢錐指正誤一卷** 清丁晏撰。○清光緒十

　　四年南菁書院刊皇清經解續編本。

〔補〕**寫定尚書一卷** 清吳汝綸校定。○清光緒十八年桐城吳氏家塾

石印本。

〔補〕**今文尚書考證三十卷**　清皮錫瑞撰。○清光緒二十二年皮氏
自刊師伏堂叢書本。

〔補〕**禹貢本義一卷**　近人楊守敬撰。○清光緒三十二年刊本。壬子
歲惺老見貽。

附錄

尚書大傳四卷補遺一卷　舊本題漢伏勝撰，鄭玄註，據其元序，文乃
勝之遺説，張生、歐陽生等錄之也。○雅雨堂本三卷。○孫晴川八
種本三卷。○量豐垣考纂本三卷。○漢魏遺書本。○陳壽祺重校
補本五卷。○盧抱經校補本。○樊氏刊本。

〔附〕○經學孟周重刊陳壽祺本。（眉）

〔補〕**尚書大傳註四卷**　漢鄭玄撰。**補一卷**　清惠棟輯。○清惠棟紅
豆齋抄本，墨格，闌外有“紅豆齋抄本”五字。翁方綱朱筆校。余藏。

〔補〕**尚書大傳四卷補遺一卷**　漢伏勝撰，鄭玄注。**續補遺一卷考
異一卷**　清盧文弨撰。○清乾隆二十一年盧見曾刊雅雨堂叢書本。
○清嘉慶五年愛日草盧刊本，龔橙、莫棠手跋。余藏。

〔補〕**尚書大傳五卷**　漢伏勝撰，鄭玄注。**叙錄一卷辨譌一卷**　清
陳壽祺撰。○清嘉慶道光間陳氏自刊左海全集本。

〔補〕**尚書大傳疏證七卷**　清皮錫瑞撰。○清光緒二十二年皮氏自
刊師伏堂叢書本。

書義矜式六卷　元王充耘撰。○四庫依天一閣抄本。○近年廣東仿
元刊本。

〔補〕○元刊本，十行二十三字，黑口，四周雙闌。內閣大庫舊儲殘卷，
見于廠肆。又見殘葉數番。○元刊本，十四行二十三字，注單行低
一格，二十二字，細黑口，左右雙闌。書名及大小標題大字佔雙行。

清内閣大庫舊儲，頃已移藏京師圖書館矣。

〔增〕**書義主意六卷** 元王充耘撰。前有謝孫升至正七年序，劉錦文
　　至正戊子序。其書依尚書篇次擬題，一題下為總括二三語，又申論
　　百餘言二百言。總括者曰破，申論者即示以主意也。後附羣英書義
　　二卷，則錦文與盱江張泰同編選。錦文乃建安書坊，其主意如今之
　　題鏡，所附選義若今之房行墨藝選本矣。○同治改元，邵亭在皖口
　　收此影元刊鈔本，謝序失去首葉。○傳是樓有鈔本。

〔補〕○明末毛氏汲古閣影寫元劉叔簡日新堂刊本，十四行二十三字，
　　書名、篇題大字佔雙行，細黑口，左右雙闌。序後有“日新堂”屏形木
　　記及“劉叔簡氏”陽文木記。鈐有毛氏“甲”、“元本”、“汲古閣”、“毛
　　晉之印”等朱文印記。

上書類

藏園訂補邵亭知見傳本書目卷一

藏園訂補郘亭知見傳本書目卷二

獨山莫友芝子偲　　撰

江安傅增湘沅叔　　訂補

經部三

詩類

　　○天祿後目有宋刊活字本毛詩白文四卷，模印係藍色。○單傳箋武英仿宋岳氏本。○又，葛本。○又，蘇州近年刊本。○又，旌德立本齋刊本。○阮校勘記所據有宋光宗時小字傳箋本。○單刊毛傳有段玉裁經韻樓本。

〔補〕**詳音句讀明本大字毛詩四卷**　○元至正二十七年丁未盱南孫氏刊本，十行十八字，細黑口，四周單闌。海虞瞿氏藏。

詩序二卷　注疏及各本小序分冠各篇之首，朱傳以後始合附卷末，然亦未嘗離本經而別自為書也。四庫目想因叢書中有單刻詩序者，故別為一條，然書小序並未別著錄，何獨于詩而異之耶！○學津本一卷。

〔附〕○毛詩傳箋，明江都陸穌、程應衢刊。板心有"玄鑒室"三字。（眉）

〔補〕**毛詩鄭箋七卷**　漢毛萇、鄭玄撰。○余藏有明馬應龍刊本，八行十七字，注雙行同，白口，四周雙闌。

〔補〕**毛詩鄭箋二十卷**　漢毛萇、鄭玄撰。○日本活字印本，八行十七字。

〔補〕**毛詩訓詁傳二十卷**　漢毛萇、鄭玄撰，唐陸德明釋文。○宋刊巾箱本，十行十七字，注雙行二十二字，白口，四周雙闌。海虞瞿氏藏。○宋刊殘本，十三行二十四字，注雙行同，細黑口，左右雙闌。左闌外記篇名。存卷十八至二十，計三卷。楊氏海源閣舊藏。

〔增〕**纂圖互注毛詩二十卷附毛詩舉要圖毛詩篇目**　○宋刊本，毘陵周氏九松迂叟舊藏。是書傳箋下附釋文及附註重言重意，蓋南宋麻沙坊本也。傳、箋、釋文俱雙行小字，傳無標題，箋以"箋云"冠之，無傳者亦無標題，釋文則以圈隔。每頁二十四行，大二十一字，小二十五字。見昭文張氏藏書志。

〔補〕○南宋建本，十二行二十一字，注雙行二十五字，白口。雙魚尾，左右雙闌。左闌外有耳記篇名卷數。故宮藏書。

〔補〕**監本纂圖重言重意互註點校毛詩二十卷圖譜一卷**　漢毛萇、鄭玄撰，唐陸德明釋文。○南宋建本，十行十八字，註雙行二十四字，黑口，四周雙闌。

〔補〕**監本纂圖重言重意互註毛詩二十卷**　漢毛萇、鄭玄撰，唐陸德明釋文。○南宋建本，十行十八字，黑口，四周雙闌。行欵與前本全同，而書名無"點校"二字。

毛詩正義四十卷　漢毛亨傳、鄭玄箋，唐孔穎達疏。○閩本。○監本。○毛本。○殿本。○江西本。○明有程應衢刊本二十卷。

〔附〕○陳鱣有宋監本，單傳、箋，佳。○汪氏有宋刊互注本，半葉十三行，行二十四字。○宋余仁仲本，佳。○宋十行本。○陳鱣有元刊

大字本,半葉八行,行大字十六,小字二十二。佳。(邵氏)

〔補〕**毛詩正義四十卷** 唐孔穎達疏○宋紹興九年紹興府刊單疏本,半葉十五行,行二十四至二十六字,白口,左右雙闌。存三十三卷,宋時流入日本之書,今藏內藤虎次郎處,近已影印行世。

〔增〕**元刊本毛詩注疏二十卷** ○分卷與宋刊同,蓋依箋卷為疏卷也。每頁十六行,大十八字,小二十五字,傳、箋、釋文,正義並雙行。傳、箋、釋文與宋刊本同,疏則以"正義"兩字冠之。詩譜序後即繼以周南召南譜,閩、監、毛本移此譜入卷第一中鄭箋正義之後"關雎舊解云"至"無所疑亂故也",又"風之始"至"並是此義定也",此本與宋刊俱不誤,可貴。

〔補〕**毛詩注疏二十卷** 漢毛萇、鄭玄撰,唐孔穎達疏,陸德明音義。○金平水刊本,十三行二十五六字不等,注雙行三十一至三十五字,白口,左右雙闌。內閣大庫曾出殘葉,與大庫所藏尚書注疏版式同,而與海虞瞿氏藏平水本尚書不同。○明嘉靖中李元陽閩中刊本,九行二十一字,註雙行二十字,白口,四周單闌。○明萬曆十五年北京國子監刊本,九行二十一字,註雙行同,白口,左右雙闌,版心上方有"萬曆十五年刊"一行。○明崇禎三年毛晉汲古閣刊本,九行二十一字,註雙行二十字,白口,左右雙闌,版心下方有"汲古閣"三字。

〔補〕**毛詩註疏三十卷附考證** 漢毛亨傳,鄭玄箋,唐陸德明音義,孔穎達疏。○清乾隆四年武英殿刊十三經注疏本,十行二十一字,白口,左右雙闌。版心上方有"乾隆四年校刊"六字。

〔補〕**附釋音毛詩注疏二十卷** 漢毛萇傳,鄭玄箋,唐孔穎達疏,陸德明音義。○宋刊本,十行十八字,註雙行二十三字,白口,左右雙闌。前配入建安劉叔剛刊本毛詩正義序,十行十八字,白口,四周雙闌。序末有"劉氏文府"、"叔剛"、"桂軒"、"一經堂"方形及鐘形、鼎形木記。日本足利學校藏。○元刊明修本,十行十八字,註雙行二十三字,白口,左右雙闌。

〔補〕附釋音毛詩注疏七十卷附校勘記 漢毛亨傳,鄭玄箋,唐陸
德明音義,孔穎達疏。○清嘉慶二十年南昌府學刊重刊宋本十三經
注疏本,十行十七八字不等,注雙行二十一字,大黑口,四周雙闌。

毛詩艸木鳥獸蟲魚疏二卷 吳陸璣撰。○説郛本。○漢魏叢書本。
○唐宋叢書本,秘笈本。○續百川學海本。○鹽邑志林本。○丁
傑校刊本。○趙佑校刊本,佳。

〔補〕○曾見海源閣藏宋刊本。

毛詩陸疏廣要二卷 明毛晉撰。○津逮本、學津本並四卷。

毛詩指説一卷 唐成伯璵撰。○通志堂本。○藝圃搜奇本。

〔附〕○宋沈必毅本,佳。

毛詩本義十六卷 宋歐陽修撰。○通志堂本,内有詩譜一卷。○昭
文張氏有明刊本,較通志本為完善。何義門云,通志堂據錢遵王宋
刊本,顧伊人校勘未當,可惜!○明刊本,每篇冠以小序,經文下備
列傳、箋,乃附論及本義。○國朝吳騫有訂正詩譜,並附許謙詩譜,
刊入愚谷叢書。○邵亭有詩本義寫本,甚舊,蓋出明刊。其錄傳、箋
頗有删節,疑歐氏原本如此,通志堂刊悉去傳、箋,非也。○近江西
祠堂刊本,又依傳、箋悉補舊本節去字句,亦非也。舊抄亦有詩譜。

〔補〕詩本義十五卷鄭氏詩譜一卷 宋歐陽修撰。○宋刊本,十行
二十字,白口,左右雙闌。近已收入四部叢刊三編印行。

〔補〕歐陽文忠公毛詩本義十六卷 宋歐陽修撰。○明末刊本,十
行二十字,白口,左右雙闌。余藏。

〔補〕詩集傳二十卷 宋蘇轍撰。○宋淳熙七年曾孫蘇詡筠州公使庫
刊本,半葉十行,行十九字,解低一格十八字,白口,左右雙闌。版心
上記字數,下記刊工人名,有吳良、李彬、李杲、葉清、陳辛、甯聲、鄭
生、熊亮等。前後失序跋,卷末有"庚子淳熙七年四月十九日曾孫朝

奉大夫權知筠州軍事兼管内勸農營田事詡重校證刊于本州公使庫"
三行。卷中夾有康熙間暢春園發下重裝寫單一紙,知為清内府舊藏
之書。卷中鈐有毛氏汲古閣印記。海内孤本。

蘇氏詩集傳二十卷 宋蘇轍撰。○明焦氏刊兩蘇經解本。

〔補〕潁濱先生詩集傳十九卷 宋蘇轍撰。○明萬曆二十五年刊兩
蘇經解本,十行二十一字,白口,左右雙闌。余藏。

毛詩名物解二十卷 宋蔡卞撰。○通志堂本。卞此書自首至尾並鈔
陸佃埤雅之文,未曾自下一字,不知刊經解者何以收編,四庫又何以
入錄? 其人其書,皆可廢也。

〔補〕○宏遠堂見宋刊本,十一行二十字。○涵芬樓藏舊寫本,有嘉靖
七年沈蓋序,從沈刊本出。

毛詩集解四十二卷 通志堂本。

〔補〕○宋李樗、黃櫄撰。○舊寫本,藍格,十二行二十三字。卷五以下
每行十六字,版心下方有"耕野堂鈔本"五字。都中文德堂見。

詩補傳三十卷 宋范處義撰。○通志堂本不著撰人。

詩總聞二十卷 宋王質撰。○四庫依周亮工家抄。○聚珍板本。○
閩覆本。○經苑本。○是書世久無傳,謝肇淛始錄本于秘府,後為
陳開仲購得,乃歸諸亮工。○宋渲熙癸卯吳興陳日強刊本。○張金
吾有舊抄,自序後十聞例。

〔增〕毛詩補音十卷 宋吳棫撰。○經義考作毛詩叶韻補音,云存,今
未見其書。雪山總聞中所引聞音即吳才老此書也。

詩集傳八卷 宋朱子撰。**附詩序辨一卷。** ○詩序辨朱子遺書有單
刻本。○天祿後目有宋刊本二十卷,曾藏李霽家。○吳氏拜經樓有
不全宋本八卷,原二十卷,經文與唐石經同。○明司禮監刊本,二十
卷,字大醒目。○周孚非鄭樵詩辨忘,載蠢齋鉛刀編中。

〔附〕○宋刊二十卷,半葉七行。行十五字。極佳。(邵氏)

〔補〕詩集傳二十卷　宋朱熹撰。○宋刊大字本,七行十五字,注雙行同,白口,左右雙闌。日本靜嘉堂文庫藏一本,為清袁廷檮、陸心源遞藏。北京圖書館有殘帙,為内閣大庫舊儲。江南圖書館亦有殘本,存卷一至八,即莫氏所記之吳騫拜經樓藏不全宋本八卷。靜嘉堂本頃已印入四部叢刊三編矣。○宋刊本,或是江西所刊,存卷第十六一卷,鈐明陳淳印,八行十七字,海虞瞿氏藏。

〔補〕詩集傳二十卷詩序辨說一卷詩傳綱領一卷詩圖一卷　宋朱熹撰。○明正統十二年司禮監刊五經本,八行十四字,注雙行十七字,大黑口,四周雙闌。即劉若愚酌中志内板書數所記之"詩傳六本,六百三十五葉"之本。

〔補〕詩經集傳八卷　宋朱熹撰。○明刊本,九行十七字,白口,左右雙闌。是萬曆時風氣。○明崇禎六年吳興閔齊伋刊本,行欵同前書。

慈湖詩傳二十卷　宋楊簡撰。按:四庫著錄,莫氏失收。此書余僅見鈔本。刻本迄未得見。

呂氏家塾讀詩記三十二卷　宋呂祖謙撰。○嘉靖四年陸鈇刊本。○萬曆癸丑陳氏刊本。○嘉慶中聽彝堂刊本。○墨海金壺本。○經苑本。○昭文張氏有陸鈇本,有嚴虞惇思菴校,朱傳與小序異者,一一標明,間附識語,亦精當。○天祿後目呂氏讀詩記有宋刊巾箱本二部,一本十二行,行二十字,一本十四行,行十九字。○宋殘本,每頁二十四行,行二十二字。○明嘉靖刊本,古體字精,又方宋字次之。了翁後序為眉山賀春卿重刊是書而作。時去祖謙歿未遠,而板已再新,知宋人絶重是書也。○郘亭有宋刊殘本,每半頁十四行,行十九字,與天祿後目云第二本同,存第二十一至三十二,凡十二卷。昭文張氏有宋刊卷一至十九,安得萃而合之。

〔補〕○宋淳熙九年江西刊本,九行十九字,白口,左右雙闌。海虞瞿氏藏,已印入四部叢刊續編中。○宋浙本,十二行二十二字,白口,四周雙闌,鎸雕精整。日本帝室圖書寮藏。○宋末建本,十二行二十二字,白口,左右雙闌。與浙本行欵同,且各行起止亦同,即據浙本覆雕也。亦日本帝室圖書寮藏書。○丁氏持靜齋舊藏宋本一帙,為二本合配:一本十二行二十二字,注雙行同,細黑口,四周雙闌,鎸工精麗,為建本書之至精者。卷中各行起止與日本圖書寮藏浙本全同,疑亦自浙本出。存卷一至六。另一本十三行二十五字,注雙行同,細黑口,左右雙闌,存卷七至三十二。鈐有項篤壽萬卷堂及毛晉汲古閣藏印。○明嘉靖十年傅應臺南昌刊本,十四行十九字,細黑口,左右雙闌。卷五首葉首行下方有"四明陸釴校刻"六字。呂氏説低一格,小字單行。此即莫氏所記之陸釴本也。○明萬曆刊本,十行二十字,白口,左右雙闌。

續呂氏家塾讀詩記三卷 宋戴溪撰。○聚珍本。○閩覆本。○墨海金壺本。○經苑本。

〔附〕○錢文子詩詁三卷,八十九門。嚴九能得景宋錄本,缺釋觀以下十二門。(眉)按:此條以文意推之,亦勞格批簡目語。

絜齋毛詩經筵講義四卷 宋袁燮撰。○聚珍本。○閩覆本。○蘇杭縮本。

〔增〕**劉氏詩説十卷** 宋劉克撰。仿呂氏讀詩記,每篇條例諸家解,而繫己説于後。所採視呂氏加詳。淳祐六年,克子坦鋟梓時刪去諸家,獨存克説,原十二卷,缺第九、第十兩卷。四庫未錄。○阮文達曾以進呈內府。○道光戊子長洲汪氏為之刊(本)(行)。

〔附〕案:劉氏詩説阮氏進本闕第二、第九、第十共三卷,蓋從傳是樓宋本景寫。宋本後歸汪士鐘,道光戊子士鐘景刊。士鐘又在嘉興錢香樹家假得舊抄本,祇存六卷,而第二卷在焉,遂仿寫補入刊行。(原稿無,印本入正文。)

〔補〕**詩說十二卷總說一卷** 宋劉克撰。○宋刊本，半葉九行，行二十二字，白口，左右雙闌。缺卷二、卷九。有吳寬、錢同愛跋。聊城楊氏海源閣藏。

毛詩講義十二卷 宋林岊撰。按：四庫著錄，莫氏未收。○四庫本已印入四庫全書珍本初集。

詩童子問十卷 宋輔廣撰。○路小洲有元刊本二十卷，載文公詩傳于上及師友粹言。○汲古單刊童子問十卷，末附詩叶韻考異一卷。○學海類編單刻。

〔補〕○元刊本，十二行二十三字，黑口，左右雙闌。為元至正間余氏勤有堂刊本。

毛詩集解二十五卷 宋段昌武撰。○四庫依孫承澤家抄本。○宋有淳祐八年刊本。○明朱睦㮮萬卷堂有宋槧完本，已殁于水。○昭文張氏有千頃堂舊抄本。

〔補〕○原書三十卷，佚去卷五、十、二十二、二十三、三十，共五卷，現存二十五卷。此書無舊刻本，惟恃鈔本流傳。

〔增〕**詩義指南一卷** 宋段昌武撰。○知不足齋刊本。自關雎至鳧鷖，或取一章一節發其義，以下未及。○阮氏曾以進呈。

〔增〕**毛詩要義二十卷** 宋魏了翁撰。○敏求記云有此書，每卷分上下，實二十卷，後載序譜。係趙清常從閣本抄出，中有脫簡。○宋本首為譜序一卷，經依箋編二十卷，中又分子卷十有七，凡三十八卷，每頁十八行，行十八字。同治乙丑，曾假讀于上海郁泰峯氏，海內更無第二本。

〔附〕○蘇州局本。○英氏為唐刊本。（眉）

〔補〕○宋刊本原藏上海郁泰峯家，郁氏宜稼堂書目稿本第十一號載"宋板毛詩要義四匣"，即是此書。其書後歸丁日昌持靜齋，攜之返粵。辛酉、壬戌間丁氏書散，其族人挾之京津，欲求重值未果，後歸涵芬樓。○影宋鈔本,余藏。

詩緝三十六卷 宋嚴粲撰。○明趙府居敬堂刊本。○味經堂刊本。

〔附〕○味經堂本乾、嘉中似有翻刊。(眉)

〔補〕○元刊本,十行二十四字,細黑口,四周雙闌。○趙府味經堂刊
　　本,九行十八字,白口,左右雙闌。(余藏)

詩傳遺説六卷 宋朱鑑編。○通志堂本。

詩考一卷 宋王應麟撰。○玉海後附元刊本。○明修本。○今刊本。
　　○津逮本。○學津本。○昭文張氏有元刊本六卷,與玉海附本多
　　異。○胡心耘亦有元泰定丁卯翠巖精舍刊本六卷。○武進胡文英
　　有詩考校補二卷,乾隆四十九年刊。○周邵蓮有詩考異字箋餘十四
　　卷,嘉慶六年刊。○馮登訓有疏證九卷,嘉慶中刊。○抱經學士有
　　補輯一卷,止抄本。

〔補〕○元至元六年慶元路儒學刊本,十行二十字,白口,左右雙闌。玉
　　海附刊。

〔增〕**韓魯齊三家詩考六卷** ○元泰定刊本,附胡氏詩傳纂疏後,與
　　附玉海後本異同頗多,蓋王氏舊編也。○丙寅秋,邵亭客滬,見有持
　　售者,與張藏胡本同。

〔補〕○元刊六卷本,半葉十一行,行二十二字,黑口,四周雙闌,前景定
　　五年文及翁序,自序及延祐元年胡一桂序。卷一至三為韓、魯、齊三
　　家詩各一卷,卷四逸詩,卷五詩異字異義,卷六補遺。

詩地理考六卷 宋王應麟撰。○玉海附元刊本。○明修本。○今刊
　　本。○津逮本。○學津本。

〔補〕○元至元六年慶元路儒學刊本,十行二十字,白口,左右雙闌。玉
　　海附刊本。臨清徐坊梧生家藏書。

〔增〕**詩傳注疏三卷** 宋謝枋得撰。枋得有疊山文集,四庫著錄,而未
　　收此書。宋藝文志亦不載,而元人詩説多引之。此本計三百一條,

似係後人掇輯。其生丁板蕩，每多小雅憂傷哀怨之思。○阮氏曾進
呈。○咸豐中，江西刊謝集，附刊以行。

詩集傳名物鈔八卷 元許謙撰。○通志堂本，內附詩譜。

〔增〕**詩集傳音釋二十卷** 元廬陵羅復纂輯許氏名物鈔，作為集傳音
釋。○昭文張氏有元至正刊本。

〔補〕**詩集傳音釋二十卷首一卷末一卷** 元許謙撰，羅復纂輯。**札
記一卷** 清蔣光煦撰。○清咸豐五年海昌蔣氏衍芬草堂刊本。

〔補〕**詩集傳名物鈔音釋纂輯二十卷** 元羅復纂輯。○元至正十一
年雙桂書堂刊本，十二行十一字，黑口，四周雙闌。○元至正十四年
餘慶書堂刊本，十二行二十一字，黑口，四周雙闌，凡例後有刊書牌
記。

〔補〕**詩集傳音考二十卷** 元余謙撰。○元刊本，十一行二十一字，
注雙行同，黑口，四周雙闌。

〔增〕**詩集傳附錄纂疏二十卷** 元胡一桂撰，四庫未著錄。○元泰定
刊本，每頁二十二行，大字每行二十，小字每行二十四。○昭文張氏
有汲古閣所藏元泰定刊本，錢大昕集有跋語。此元刻本附刊王氏三
家詩考六卷。

〔補〕○元泰定四年建安劉氏翠巖精舍刊本，十一行二十字，註雙行二
十四字，細黑口，左右雙闌。語錄輯要一卷附。其後有篆文牌記二
行。瞿氏鐵琴銅劍樓藏，癸丑歲見于邑里。

詩傳通釋二十卷 元劉瑾撰。○路小洲有元刊本一卷，後有至正壬
辰仲春日新堂梓木印。張氏志亦有之。

〔補〕○元至正十二年日新書堂刊本，十二行二十一字，注大字二十三
字，夾注小字同，細黑口，四周雙闌。卷一後有牌子，文曰"至正壬辰
仲春日新書堂刻梓"。日本前田氏尊經閣藏。己巳秋見於其家。又
於文友堂見一帙，初印精善，鈐有"鈴山堂家藏經史之印"、"隆慶壬

申夏提學副使邵總理書籍關防"、"禮部官書"等印,為籍沒嚴嵩家
書,亦有關掌故者也。序抄補一葉,署"景泰五年歲在甲戌仲秋後學
商輅補書"二行。

詩傳旁通十五卷 元梁益撰。按:四庫著錄,莫氏失收。

詩經疏義二十卷 元朱公遷撰。○克勤堂余氏刊本。○正統甲子刊
本,題詩傳會通。○明安定書院本。○有元刊本。

〔附〕○嘉靖二年重刊本,前有"嘉靖二年孟夏月安正堂重刊"長印,後
有"癸未年仲夏安正書堂刊"長方印。吳跋。(邵氏)

〔補〕**詩經疏義會通二十卷綱領一卷大全圖一卷** 元朱公遷撰,
明王逢輯,何英增釋。○明嘉靖二年劉氏安正書堂刊本,十一行二十
一字,黑口,四周雙闌。有牌子二方,(見前方附條,不重錄)有唐翰題
手跋。○克勤堂余氏刊本,行欵與安正堂本同,約弘治、正德間刊。

詩疑問七卷附詩辨説一卷 元朱倬撰。○通志堂本。

〔附〕○收竹垣莊鈔本,從元本出。(眉)

〔補〕**直音旁訓毛詩句解二十卷** 元李公凱撰。○元刊本,十二行
二十三字,細黑口,左右雙闌。海虞瞿氏藏。

詩纘緒十八卷 元劉玉汝撰。按:此書四庫著錄,莫氏未收。○四庫
本已印入四庫全書珍本初集中矣。

詩演義十五卷 元梁寅撰。按:此書四庫著錄,莫氏失收。○四庫本
已印入四庫全書珍本初集。

〔補〕**詩經旁注四卷** ○元刊本,七行十六字,注三十二字,黑口,左右
雙闌。旁注四十二至三字。句讀加墨圈。常熟翁歿夫藏。

詩解頤四卷 明朱善撰。○通志堂本。○明有兩刊本,跋中詳審之。

〔附〕○丁隆本。(邵氏)

詩集傳大全二十卷 明胡廣等奉敕撰。○明刊本。

〔補〕**詩經大全二十卷綱領一卷圖一卷** 明胡廣等輯。**詩序一卷**
宋朱熹撰。○明永樂間內府刊本，十行二十二字，大黑口，四周雙
闌。余有殘冊，紙墨頗精好，惜以內板而不為世重。

詩說解頤四十卷 明季本撰。○明刊本。

〔補〕**詩說解頤三十卷總論二卷字義八卷** 明季本撰。○明嘉靖
胡宗憲刊本，十行二十一字，白口，左右雙闌。壬子春杭州問經堂書
肆見。

〔增〕**詩義集說四卷** 明孫鼎撰。鼎字宜鉉，廬陵人，永樂中領鄉薦，
任松江教授，擢監察御史，提學南畿。是編採取解頤、指要、發揮、矜
式等書，擇其新義，彙為一編，分總論、章旨、節旨各類。書成於正統
十二年。○阮氏曾以進呈。

讀詩私記二卷 明李先芳撰。○刊本。

〔補〕**婁上張氏說詩一卷** 明張廷臣撰。○明萬曆二十九年刊本，九
行十八字，白口，左右雙闌。余有一帙。

詩故十卷 明朱謀㙔撰。○刊本。徐目作詩訓十卷。

〔補〕○明萬曆刊本，十行二十二字，白口，左右雙闌。壬子杭肆見。

〔補〕**毛詩鄭箋纂疏補協二十卷** 明屠本畯撰。○明萬曆二十二年
玄覽堂刊本，十行二十字，白口，左右雙闌。徐坊藏。

六家詩名物疏五十四卷 明馮應京撰。○萬曆乙巳刊本。

〔補〕○明萬曆本，九行十九字，白口，四周單闌。

詩經疑問十二卷 明姚舜牧撰。○明刊本。

詩經世本古義二十八卷 明何楷撰。○明末刊本。○嘉慶己卯謝
氏刊本。○閩新刊本。

〔補〕○明末刊本，九行二十字，白口，左右單闌。○清嘉慶二十四年閩
漳謝氏文林堂刊本。徐時棟校。

〔補〕**毛詩鳥獸草木考二十卷** 明吳雨、徐𤊹撰。○明萬曆刊本，九行十八字，白口，左右雙闌。李木齋藏。

待軒詩記八卷 明張次仲撰。○刊本或作十卷。

〔補〕**多識編七卷** 明林兆珂撰。釋毛詩名物之書。○明萬曆刊本。八行二十字白口，四周單闌。鈐莆田劉澮齋藏印。余藏。四庫存目。

〔補〕**詩經四卷小序一卷** 明鍾惺評點。○明泰昌、天啟間吳興凌氏朱墨套印本，八行十八字，白口，四周單闌。有泰昌元年自序及凌濛初序，又凌杜若跋。本書卷首題“竟陵鍾惺伯敬父批點”。余藏。

讀詩略記六卷 明朱朝瑛撰。○四庫據鈔本。

〔補〕○四庫本已印入四庫全書珍本初集中。

〔補〕**詩意不分卷** 明劉敬純撰。○明寫本，十行二十二字。

欽定詩經傳說彙纂二十卷序二卷 康熙六十年户部尚書王鴻緒等奉敕撰。○内府刊本。○各省覆本。

御纂詩義折中二十卷 乾隆二十年大學士傅恒等奉敕撰。○内府刊本。○外省覆本。

田間詩學十二卷 國朝錢澄之撰。○桐城刊本。

〔補〕**田間詩學不分卷** 清錢澄之撰。○清康熙二十八年錢氏斠雌堂刊本。○清同治二年桐城錢氏斠雌堂重刊桐城錢飲光先生全書本。余藏。

詩經稗疏四卷 國朝王夫之撰。○湘潭本。

〔補〕○清同治四年曾國荃南京刊船山遺書本。○清光緒十四年南菁書院刊皇清經解續編本。

〔補〕**詩經稗疏二卷** 清王夫之撰。○清道光二十二年鄧顯鶴刊船山遺書本。余藏。

詩經通義十二卷 國朝朱鶴齡撰。○刊本。

〔補〕**詩經通義十二卷首一卷** 清朱鶴齡撰。○清光緒十年方功惠刊碧琳琅館叢書本。

毛詩稽古編三十卷 國朝陳啟源撰。○嘉慶十八年龐氏刊本。○阮氏經解本。

〔補〕**毛詩稽古編三十卷** 清陳啟源撰。**附考一卷** 清費雲倬撰。○清嘉慶十八年吳江龐佑清刊本。余藏。

詩所八卷 國朝李光地撰。○榕村全書本。

毛詩寫官記 國朝毛奇齡撰。○西河全書本。

詩札二卷 國朝毛奇齡撰。○西河全書本。

詩傳詩說駁議五卷 國朝毛奇齡撰。○西河全書本。

續詩傳鳥名三卷 國朝毛奇齡撰。○西河全書本。

詩識名解十五卷 國朝姚炳撰。○刊本。○嘉慶丁卯校修本。

詩傳名物集覽十二卷 國朝陳大章撰。○康熙中刊本。

詩說三卷 國朝惠周惕撰。○嘉慶十七年金氏刊。○阮氏經解本。○指海本。○璜川吳氏刊本。

詩經劄記一卷 國朝楊名時撰。○楊氏全書本。

讀詩質疑三十一卷附錄十五卷 國朝嚴虞惇撰。○乾隆中刊本。有沈淑補輯經文考異百十餘條附卷首。

毛詩類釋二十一卷續編三卷 清顧棟高撰。按：四庫著錄，莫氏未收。○四庫本已印入四庫全書珍本初集中。

詩疑辨證六卷 清黃中松撰。按：此書四庫著錄，莫氏失收。○四庫本已印入四庫全書珍本初集中。

三家詩拾遺十卷 國朝范家相撰。○嘉慶中葉鈞重訂本。○守山閣本。

詩瀋二十卷 國朝范家相撰。○嘉慶中與三家詩拾遺合刊本。

〔補〕**陸堂詩學十二卷讀詩總論一卷** 清陸奎勳撰。○清康熙五十
五年陸氏小瀛山閣精刊本。余藏。四庫存目。

詩序補義二十四卷 國朝姜炳璋撰。○乾隆二十七年孫人寬刊本作
"廣義"。

虞東學詩十二卷 國朝顧鎮撰。○乾隆中誦芬堂刊本。

〔補〕**毛詩通說二十卷首二卷補遺一卷** 清任兆麟撰。○清乾隆
映雪草堂刊本。

〔補〕**杲溪詩經補注二卷** 清戴震撰。○乾隆四十二年刊戴氏遺書
本。○清道光三十年金山錢氏刊藝海珠塵癸集。

〔補〕**毛鄭詩考正四卷** 清戴震撰。○清道光間金山錢氏增刊指海
本。○清道光九年學海堂刊皇清經解本。

〔補〕**毛鄭詩考正四卷首一卷** 清戴震撰。○清寫本,有吳騫朱筆考
證。余藏。○清乾隆四十二年孔繼涵刊微波榭叢書戴氏遺書本。

〔補〕**毛詩故訓傳定本小箋三十卷** 清段玉裁撰。○清嘉慶二十一
年段氏七葉衍祥堂刊本。編入經韻樓叢書中。

〔補〕**毛詩故訓傳三十卷** 清段玉裁撰。○清道光九年廣州學海堂
刊皇清經解本。

〔補〕**詩經小學四卷** 清段玉裁撰。○清嘉慶二年武進臧氏刊拜經堂
叢書本。○清道光九年廣州學海堂刊皇清經解本。

〔補〕**毛詩天文考一卷** 清洪亮吉撰。○清光緒十七年刊廣雅書局叢
書本。

〔補〕**詩氏族考六卷** 清李超孫撰。○清道光間蔣光煦刊別下齋叢書
本。○清光緒間羊城馮氏刊翠琅玕館叢書本。

〔補〕**毛詩補疏五卷** 清焦循撰。○清道光六年半九書塾刊焦氏叢書
六經補疏本。○清道光九年廣州學海堂刊皇清經解本。

〔補〕**毛詩地理釋四卷** 清焦循撰。○此書只見舊寫本，似未刻梓。

〔補〕**毛詩名物解□卷** 清焦循撰。○手稿本，殘存一百八十七葉。
徐坊藏。

〔補〕**陸氏草木鳥獸蟲魚疏疏二卷** 清焦循撰。○清光緒十四年南
菁書院刊皇清經解續編本。

〔增〕**詩義廣詮三十卷** 國朝長洲宋文翰編。又名皇清詩解合鈔，始
顧炎武，迄王引之，皆取發明聲音訓故者。未刊。

〔補〕**三家詩遺説考四十九卷** 清陳壽祺撰，其子陳喬樅述。韓詩十
七卷，魯詩二十卷，齊詩十二卷。○清光緒十四年南菁書院刊皇清
經解續編本。

〔增〕**毛詩後箋三十卷** 國朝胡承珙撰。○道光丁酉刊。

〔補〕**毛詩後箋三十卷** 清胡承珙撰，陳奐補。○清道光十七年歙縣
胡氏刊求是堂全集本，十六冊，余藏。○清光緒十四年南菁書院刊
皇清經解續編本。○清光緒十六年刊廣雅書局叢書本。

〔補〕**毛詩通考三十卷毛詩識小三十卷** 清林伯桐撰。○清道光
二十四年林氏刊修本堂叢書本。○清同治二年南海伍氏刊嶺南遺
書本。

〔補〕**毛詩傳箋通釋三十二卷** 清馬瑞辰撰。○清道光十五年刊本。
余藏。○清光緒十四年南菁書院刊皇清經解續編本。○清光緒十
六年刊廣雅書局叢書本。

〔補〕**詩小序翼二十六卷** 清張澍撰。○舊寫本。

〔補〕**詩比興箋四卷** 清魏源撰。○余有清刊本，有龔橙手跋。

〔補〕**詩古微十六卷** 清魏源撰。○清道光二十年魏氏自刊本。

〔補〕**詩古微十七卷** 清魏源撰。○清光緒十四年南菁書院刊皇清經
解續編本。

〔增〕**詩毛傳疏三十卷** 國朝陳奐撰。○道光二十七年刊。

〔補〕**詩毛氏傳疏三十卷** 清陳奐撰。○清道光二十七年吳門陳氏掃葉山莊刊陳氏毛詩五種本。餘四種為釋毛詩音四卷,毛詩說一卷,毛詩傳義類一卷,鄭氏箋考徵一卷。道光、咸豐間續刊成之。○清光緒十四年南菁書院刊皇清經解續編本。

〔補〕**釋毛詩音四卷** 清陳奐撰。○清咸豐元年蘇州漱芳齋刊本,即前記續刊之本。○清光緒十四年南菁書院刊皇清經解續編本。

〔補〕**毛詩昀訂十卷** 清苗夔撰。○清咸豐元年壽陽祁氏刊苗氏說文四種本。

〔補〕**毛鄭詩釋三卷續錄一卷鄭氏詩譜考正一卷詩考補注二卷詩考補遺一卷** 清丁晏撰。○清咸豐二年聊城楊氏海源閣刊六藝堂詩禮七編本。

〔補〕**學詩詳說三十卷學詩正詁五卷附悔過齋文集七卷續集七卷** 清顧廣譽撰。○清光緒三年刊平湖顧氏遺書本。

附錄

韓詩外傳十卷 漢韓嬰撰。○元至正十五年錢惟善刊本。○沈辨之野竹齋刊本。○明通津草堂刊本。○嘉靖乙未吳人蘇獻可刊本。○嘉靖初金臺汪諒刊本。○嘉靖己亥歷下薛來刊本。○明新都唐琳刊本。○漢魏叢書本。○津逮本。○學津本。○漢魏遺書本。○近趙懷玉校本,最善。○又,周廷寀注本,亦可。

〔附〕○容齋二筆卷八云,慶曆中,將作監主簿李用章序之,命工刊刻於杭,末題云蒙文相公改正三十餘字。（原稿無,印本入正文。）○宋慶曆本,元劉廷幹本。（邵氏）

〔補〕○明嘉靖十八年薛來芙蓉泉書屋刊本,九行十八字,白口,左右雙闌,版心下方有"芙蓉泉書屋"五字。前嘉靖十八年陳明序,次楊祐

序。末有嘉靖己亥薛來刊書序。余有一帙，余據方地山藏黃丕烈校
元本校。此本與元本多合，而通津草堂本誤字較多。〇明刊漢魏叢
書本，九行二十字，白口，左右雙闌。余有一帙，余據元刊殘本校，又
臨毛扆校元本及木石居士校宋本。〇明天啟六年新都唐琳刊本，九
行二十字，白口，左右雙闌。有陳明舊序。漢魏本及唐琳本均從薛
來芙蓉泉書屋本出。〇清嘉慶張海鵬刊學津討原本，九行二十一
字，黑口，左右雙闌。

〔補〕**詩外傳十卷** 漢韓嬰撰。〇元至正十五年嘉興路儒學刊本，十
行二十字，白口，左右雙闌。有明補版。張子厚藏，余曾借校。此本
友人秦更年已覆刻行世，承見貽一帙。〇明嘉靖沈與文野竹齋刊
本，九行十七字，白口，左右雙闌。李木齋先生藏。又一帙，黃丕烈
校並跋，又陸損之、顧廣圻、鈕樹玉、陳鱣校。黃校缺後二卷未校。
方地山舊藏，余嘗借校。此本後歸周叔弢。〇明嘉靖十四年蘇獻可
通津草堂刊本，九行十七字，白口，左右雙闌。版心下方有“通津草
堂”四字。此本行欵與野竹齋本全同。所異者野竹齋本版心下方不
標刻者齋名。而於序後加“吳郡沈辨之野竹齋校雕”亞字形篆文木
記。莫氏前文所記誤分通津草堂本與蘇獻可本為二，實即一本也。
〇明崇禎毛晉汲古閣刊津逮秘書本，八行十九字，白口，左右雙闌。

〔補〕**韓詩外傳校正十卷** 清趙懷玉撰。**序說一卷補逸一卷** 〇清
乾隆五十五年武進趙懷玉亦有生齋刊本。余藏。

〔補〕**韓詩外傳校注十卷** 清周廷寀撰。**拾遺一卷** 清周宗杬撰。
〇清乾隆五十六年周氏營道堂刊本，有胡虔善序。余藏。

〔補〕**韓詩內傳徵四卷敘錄二卷補遺一卷疑義一卷** 清宋綿初
撰。〇清光緒間南陵徐乃昌刊積學齋叢書本，承見貽一帙。

上詩類

經部四

禮類

　　○明嘉靖中有仿宋刻三禮單注本。周禮十二卷，儀禮十卷，禮記二十卷。○士禮居刊周禮鄭註即翻嘉靖本，最善。○福禮堂刊周禮單注，附釋文。清芬閣重刊，並佳。○明刊周禮鄭註十二卷，嘉靖中徐氏翻宋八行本。嘉靖丁亥松江守何鼇刊本。○曲阜孔氏敦本堂。○平津館書目有明翻宋刊周禮二部，並十二卷，一十六行，行十七字，一十八行，行十七字，並載釋文、音義，句皆有圈。

〔附〕○徐刻三禮罕見，以黃丕烈繙周禮推之，皆每頁十六行，行十七字，不附音釋。（眉）

〔補〕**周禮六卷** 白文。○明嘉靖刊本，十行二十字，白口。左右雙闌。六冊。余藏一帙。

〔補〕**周禮注十二卷** 漢鄭玄注。○南宋婺州市門巷唐宅刊本，十三行二十五至二十六字，注雙行三十五字，白口，左右雙闌。有"婺州市門巷唐宅刊"牌子。聊城楊氏海源閣藏一全帙。袁克文氏亦藏六卷殘本，用另一宋本配成完帙。○日本靜嘉堂文庫藏宋蜀大字本，八行十六字，注雙行二十一字，白口，左右雙闌，內有補版。又曾見殘葉，行欵同而版心有細黑口者。○宋刊巾箱本，九行十七字，注雙行十八字，細黑口，四周雙闌，左闌外有耳。版心高僅三寸，鄭注後附重言。廠肆曾見一全本，又海虞瞿氏有殘本六卷。○明嘉靖吳門徐氏刻三禮本，八行十七字，白口，四周雙闌。○清嘉慶二十三年黃丕烈士禮居叢書本，即翻徐刻三禮，後附札記一卷。余有一本，余據婺州本校，頗有改訂。

〔補〕**京本點校附音重言重意互註周禮十二卷** 漢鄭玄注。○宋
　　刊殘本，十一行十九字，細黑口，四周雙闌。○明刊本，十行二十字，
　　黑口，四周雙闌。

〔補〕**周禮注十二卷** 漢鄭玄注，唐陸德明釋文。○宋建本，十行十九
　　字，注雙行二十三字，細黑口，四周雙闌，闌外有耳。李木齋先生藏，
　　近文祿堂已影印行世。○宋刊本，十行二十字，注雙行二十七字，細
　　黑口，四周雙闌。亦李木齋先生藏。○宋相臺岳氏家塾刊本，八行
　　十七字，注雙行同，後附音釋，黑口，四周雙闌。余藏。此本字體粗
　　鬆，氣息屢薄，頗似翻本，余別藏岳刻周禮殘葉，宋白麻紙精印，字體
　　方嚴，鋒稜畢存，與此本判然兩刻。○宋刊本，十一行二十三字。注
　　雙行同，黑口，左右雙闌。殘存二卷，日本靜嘉堂文庫藏。○明刊
　　本，八行十七字，白口，四周雙闌。然版心下方有刻工，注後附音釋，
　　與徐刻三禮本不同。蔣汝藻氏藏。

〔補〕**周禮注六卷** 漢鄭玄注，唐陸德明釋文，明陳鳳梧編。○明嘉靖
　　六年丁亥松江守何鼇刊本，十行二十字，白口，四周單闌。

〔補〕**纂圖互註周禮十二卷** 漢鄭玄註，唐陸德明釋文。○南宋建
　　本，十二行二十一字，註雙行二十五字，細黑口，左右雙闌，左闌外記
　　篇名卷數，附圖説二十七葉。余曾見二帙，一藏海虞瞿氏，完整，一
　　藏袁克文處，圖説有抄配。

〔補〕**纂圖互註重言重意周禮十二卷** 漢鄭玄註，唐陸德明釋文。
　　○宋刊本，十一行二十字，註雙行二十七字，細黑口，左右雙闌，闌外
　　記篇名卷數。李木齋先生所藏。

〔補〕**周禮疏五十卷** 唐賈公彥疏。○宋兩浙東路茶鹽司刊本，八行
　　十五至十九字不等，注雙行二十二至二十三字，白口，左右雙闌。有
　　元代補版。故宮藏一全帙，李木齋先生有殘本二十七卷，鈐有明袁
　　忠徹藏印，此本涉園陶氏已影印行世，余有一帙。

周禮註疏四十二卷 漢鄭玄註，唐賈公彥疏。○閩、監、毛、殿、江西
五本。

〔附〕○棠有一明本，聞人詮刻，與天一閣目儀禮同種。（莫棠）○平津
館有明翻宋刊十六行者，即岳本也。○頃在吳收一部，惜缺第一卷。
（眉）○朱修伯有宋慶元庚申沈中賓本，大字，半葉八行，大十六字，
小二十二字，分五十卷，最佳。宋十行本。○元刊重言重意本。○
明弘治袁景輝翻元本。（邵氏）

〔補〕**附釋音周禮註疏四十二卷** 漢鄭玄註，唐賈公彥疏，陸德明釋
文。○元刊明修本，十行十七字，註雙行二十三字，白口，左右雙闌。

〔補〕**周禮註疏四十二卷** 漢鄭玄註，唐賈公彥疏，陸德明音義。○
明嘉靖間聞人詮校正、常州知府應槚刊本，九行十八字，白口，四周
雙闌。余藏。○明嘉靖間李元陽閩中刊本，九行二十一字，注雙行
二十字，白口，四周單闌。○明萬曆二十一年北京國子監刊本，九行
二十一字，註雙行同，白口，左右雙闌，版心上方記"萬曆二十一年
刊"一行。○明崇禎元年毛氏汲古閣刊本，九行二十一字，註雙行
同，白口，左右雙闌。版心下有"汲古閣"三字。○清乾隆四年武英
殿刊十三經註疏本，十行二十一字，白口，左右雙闌，版心上有"乾隆
四年校刊"六字。

考工記註 唐杜牧撰。○道光中胡珽琳瑯秘室以活字本印行。四庫
未收。

周禮新義十六卷附考工記解二卷 宋王安石撰。○明萬曆刊本。
○墨海金壺本。○河南經苑本。○粵雅堂本。

〔增〕**周禮致太平論十卷** 宋李覯撰。載盱江集中卷五至十四。

周禮詳解四十卷 宋王昭禹撰。按：四庫著錄，莫氏失收。

〔附〕○商丘宋氏寫本。（眉）

周禮復古編一卷 宋俞廷椿撰。○明刊本，附元陳友仁周禮集說後。

○淡生堂餘苑本。

〔補〕○明刊本,十一行二十二字,白口,四周單闌。

〔補〕周官講義十四卷 宋史浩撰。○宋浙本,九行十八字,注文低一
　　格,白口,左右雙闌。存卷七至十。文祿堂見。別見大庫殘葉於京
　　師圖書館。

禮經會元四卷 宋葉時撰。○元至元刊本,半頁十一行,行二十四
　　字。○通志堂本。○藤花榭本。○汪氏叢書本。○洞庭席氏刊,附
　　陸清獻評點。○明刊。○乾隆五年刊。○道光中賀長齡撫黔刊。

〔附〕○宋刊本。○元至正乙巳潘元明本。○明初黑口本。（邵氏）

〔補〕○海虞瞿氏藏元至正二十五年刊本,十一行二十四字,黑口,左右
　　雙闌。○明嘉靖本,十一行二十四字,白口,左右雙闌。余藏。李木
　　齋亦有一帙。

太平經國之書十一卷 宋鄭伯謙撰。○明嘉靖中山西布政司刊。○
　　通志堂本。○藤花榭本。○學津本。○汪氏叢書本。

〔附〕○高叔嗣本。（邵氏）

〔補〕○明嘉靖山西布政司刊本,十行二十二字,注雙行同,白口,左右
　　雙闌。

周官總義二十卷 宋易祓撰。按:四庫著錄,莫氏失收。

周禮訂義八十卷 宋王與之撰。○通志堂本。○丁小疋藏方望溪鍾
　　薦經刪定本,乃在三禮館點勘者。鍾用朱筆,方用綠筆。

〔附〕○李氏有宋刊本,佳。（邵氏）

鬳齋考工記解二卷 宋林希逸撰。○通志堂本。

〔補〕鬳齋考工記解二卷釋音二卷 宋林希逸撰。○宋末刊本,十
　　行十八字,白口,左右雙闌。有延祐四年補版。卷上釋音鮑人以下
　　較通行本多九行。邃雅齋見。又,李思浩亦有一帙,然鮑人下九行
　　仍無。○清康熙成德刊通志堂經解本。余據李思浩及邃雅齋藏兩

宋刊本先後校過，補釋文半葉，填補脫文不可勝計。

周禮句解十二卷 宋朱申撰。○明初刊。○永樂中刊本，有黃翰跋。○正統刊。

〔附〕○明成化戊子刊本，每頁廿行，行廿三字。前有奉勅提督學校奉政大夫陝西提刑按察司僉事臨川伍福序，後有西安府庠生員六名李文煥、韓聰、許仁、宋欽、楊鵬、宋繪謄寫字，屬西安郡守孫士榮重刊。于經文任意刪節，又如天官獸醫之內多有併全職而去之者。案諸書但言其刪序官不載，而不言其刪節經文。據伍福序稱，梓刻久敝，流傳亦尠，是本有舊刻矣。（眉）

〔補〕校正詳增音訓周禮句解十二卷 宋朱申撰。○明成化四年戊子西安守孫世榮刊本，十行二十三字，黑口，四周雙闌。即右方所記之成化戊子刊本也。

周禮集說十卷 宋陳友仁增修。○明初刊。○成化刊。○閣本缺十一卷張金吾從成化刊本補錄。○明按察副使祥符田勤甫刊。○元刊本名周禮義疏，十二卷全。

〔附〕○元刊本，葉二十四行，行二十五字。吳跋。（邵氏）

〔補〕○江南圖書館有明成化張瑄刊本，為集說十一卷，綱領一卷，十二行二十五字，註雙行同，黑口，四周雙闌，號為元刊本。即吳跋所謂元刊本。

〔增〕周禮說十冊 內閣目稱宋淳熙間黃叔度撰。○道光二十二年陳金鑑刊本二卷。

〔補〕批點考工記二卷 漢鄭玄注，元吳澄考注，明周夢暘評。○明萬曆二十二年河東趙標刊三代遺書本，八行十八字，白口，四周雙闌。

〔補〕周禮補亡六卷 元丘葵撰。○瞿氏藏明葛欽刊本，十二行二十一字，大黑口，四周雙闌，為成、弘間刊本，號為元本。○李木齋先生藏明李緝刊本，十行二十三字，白口，四周單闌。四庫存目。

周官集傳十六卷 元毛應龍撰。按：四庫著錄，莫氏失收。永樂大典
　輯本。

〔補〕**周官集傳十六卷** 元毛應龍撰。**校勘記一卷** 魏元曠撰。**續
　記一卷** 胡思敬撰。○民國胡思敬刊豫章叢書本。

〔補〕**讀禮疑圖六卷** 明季本撰。○明嘉靖本，十行二十一字，白口，
　左右雙闌。四庫存目。

周禮傳十卷圖説二卷翼傳二卷 明王應電撰。○明刊。

〔補〕○明嘉靖四十二年永豐令吳鳳瑞刊本，七行二十二字，白口，四周
　單闌。有自序及楊豫孫、羅洪先序，又嘉靖四十二年吳鳳瑞後序及
　牒文。

〔補〕**周禮二十卷** 明陳深批點。○明天啟間吳興凌杜若刊朱墨套印
　本，八行十八字，白口，四周單闌。有凌氏序。余藏。

周禮全經釋原十四卷 明柯尚遷撰。○明隆慶四年刊本。

周禮註疏删翼三十卷 明王忠長撰。○崇禎刊本。

〔補〕○明崇禎刊本，八行十九字，白口，左右雙闌。

欽定周官義疏四十八卷 乾隆十三年奉敕撰。内府刊本。○外省
　翻本。

周禮述註二十四卷 國朝李光坡撰。○刊本。

周禮訓纂二十一卷 國朝李鍾倫撰。○乾隆丁丑其子清馥刊本。

周官集註十二卷 國朝方苞撰。○望溪全書本。○望溪周官析疑四
　十卷、周官辨非一卷，四庫入存目。

〔補〕○四庫入存目者為周官析疑三十六卷，考工記析疑四卷。又周官
　辨一卷。

〔補〕**周官析疑□卷** 清方苞撰。○舊寫本，題為別本，未刊。四明盧
　址抱經樓舊藏，見於古書流通處。四庫存目。

〔補〕**井田書□卷** 不著撰人名氏。○清寫本。鈐有汪季青家印記。四冊。余藏。

〔增〕**周禮疑義四十四卷** 鄭註，賈疏，國朝吳廷華存疑。○張金吾藏本。

禮說十四卷 國朝惠士奇撰。○紅豆齋原刊。○嘉慶丁巳上海彭氏刊。○阮經解本。

周官祿田考三卷 國朝沈彤撰。○果堂集刊。○阮經解本。

〔補〕○清乾隆十九年果堂刊本。

〔增〕**考工記圖二卷** 國朝江永撰。○乾隆辛亥許作屏刊。○阮經解本。○敷文閣彙抄本。○守山閣本。

周禮疑義舉要七卷 清江永撰。按：四庫著錄，莫氏失收。○清道光九年學海堂刊咸豐十一年補刊皇清經解本。○道光二十四年金山錢氏守山閣叢書本。

〔補〕**周禮節訓六卷附序官一卷** 清黃叔琳撰。○清乾隆三十一年刊本。四庫存目。

〔補〕**周禮古義一卷** 清惠棟撰。○清道光十三年吳江沈氏世楷堂刊昭代叢書甲集補本。

〔補〕**周禮軍賦說四卷** 清王鳴盛撰。○清乾隆頤志堂精刊本。○清嘉慶三年嘉定秦鑑汗筠齋刊本。○清道光學海堂刊皇清經解本。

〔補〕**考工記圖二卷** 清戴震撰。○清乾隆四十四年孔繼涵刊微波榭叢書本。○清乾隆河間紀氏閱微草堂刊本。○皇清經解本。○道光刊昭代叢書壬集補編本。○光緒十一年蛟川張氏刊花雨樓續鈔本。

〔補〕**考工創物小記八卷** 清程瑤田撰。○清嘉慶八年刊通藝錄本。

〔補〕**考工創物小記四卷** 清程瑤田撰。○清道光九年學海堂刊皇清經解本。

〔補〕**周官故書考一卷**　清程際盛撰。○清乾隆刊本。○光緒中徐乃昌刊積學齋叢書本。

〔補〕**周禮漢讀考六卷**　清段玉裁撰。○清嘉慶三年經韻樓刊本。○道光九年刊皇清經解本。

〔補〕**車制考一卷**　清錢坫撰。○清嘉慶七年刊錢氏四種本。○清光緒間德化李盛鐸刊木犀軒叢書本。○清光緒十四年南菁書院刊皇清經解續編本。

〔補〕**考工記車制圖解二卷**　清阮元撰。○清乾隆五十三年儀徵阮氏七錄書館刊本。○清道光學海堂刊皇清經解本。

〔補〕**周禮故書疏證六卷**　清臨海宋世犖撰。○清嘉慶刊本。○清光緒六年徐士鑾補刊印本，與儀禮古今文疏證二卷同刊。二冊，余藏。

〔補〕**考工記考辨八卷**　清王宗涑撰。○清光緒十四年南菁書院刊皇清經解本。

〔補〕**周禮釋注二卷**　清丁晏撰。○清咸豐二年聊城楊以增刊本。

〔補〕**周禮正義八十六卷**　清孫詒讓撰。○清光緒三十一年瑞安孫氏排印本。○光緒武昌楚學社刊民國二十年補刊本。

上禮類周禮之屬

〔補〕**儀禮十七卷**　○京肆見宋元間白文無注本，十行二十字，白口，四周單闌。○京師圖書館藏大庫殘葉中有元刊白文本，十行二十字，細黑口。左右雙闌。

〔補〕**儀禮注十七卷**　漢鄭玄撰。○明嘉靖間徐刻三禮本，八行十七字，白口，四周雙闌。余藏。此書有翻本。○明嘉靖本，八行十七字，即海源閣四經之一。

儀禮註疏十七卷 漢鄭玄註，唐賈公彥疏。○閩、監、毛、殿、江西五本。○聞人詮刊于常州本。○道光庚寅汪氏仿宋單疏二本皆善。單疏分五十卷，與唐志卷數合。○正德五年陳鳳梧刊儀禮註疏于山東，合為十七卷，以板送南監。○李元陽按福建，即依刻入十三經，經文佚脫數處悉承之。後北監、毛刊並仍其誤。○嘉慶丙寅，張敦仁刊儀禮注疏五十卷，以宋嚴州本經注及景德單疏合編，顧廣圻為之校補，缺疏之六卷，多依魏鶴山要義，又通覆校，最為善本，惜流傳不多，欲重刊此經註疏，當用此本。○通志堂刊有儀禮正文十七卷，亦據宋刊校，以置儀禮圖之前，其編目失記，意宋本儀禮圖前所舊有。○儀禮單注有明嘉靖中徐氏仿宋本。○又鍾人傑重刊徐本。○黃丕烈仿宋嚴州本十七卷，最精善。○宋景德中刊儀禮注疏五十卷，經注不錄，舊藏吳門黃氏，闕第二十三至二十七，凡六卷。每半頁十五行，行二十七字。汪士鐘閬源據以仿刊，今此宋本猶存，卷末列校定、再校、都校等銜名十八行。

〔附〕○單注宋嚴州刊小字本，半頁十四行，行二十四字，最佳。○宋余仁仲本，佳。○單疏宋景德本，半頁十五行，二十七字，分五十卷。最佳。（邵氏）

〔補〕○明正德十六年陳鳳梧刊本，十行二十字，註雙行同，大黑口，四周單闌。余藏。○明嘉靖聞人詮校常州知府應檟刊本，九行十八字，註雙行同，白口，四周雙闌。余藏。○明嘉靖李元陽閩中刊本，九行二十一字，註雙行低一格二十字，白口，四周單闌。○明嘉靖汪文盛刊本，十行二十字，白口，四周單闌。○明萬曆二十一年北京國子監刊本，九行二十一字，註雙行同，白口，左右雙闌，版心上方記萬曆年代，下記刊工姓名。○明崇禎九年毛氏汲古閣刊本，九行二十一字，註雙行同，白口，左右雙闌。○清乾隆四年武英殿刊十三經註疏本，十行二十一字，白口，左右雙闌。

〔補〕**儀禮注十七卷** 漢鄭玄注。**校錄一卷續校一卷** 清黃丕烈撰。○清嘉慶二十年吳門黃氏讀未見書齋影刊宋嚴州本，士禮居叢書之一。

〔補〕**儀禮疏五十卷** 唐賈公彥撰。○清道光十年汪士鐘藝芸精舍覆刻南宋初單疏本，十五行二十七字，白口，左右雙闌。前後有汪士鐘、顧千里刊書序跋。已印入四部叢刊續編。原書自藝芸精舍散出後，踪迹渺然。

儀禮識誤三卷 宋張淳撰。○聚珍本。○閩覆本。○杭縮本。

〔附〕○宋乾道本，佳。（邵氏）

〔補〕○清乾隆間寫本。盧文弨手校。○清乾隆武英殿聚珍版書本。余臨盧文弨校本並錄校記。

儀禮集釋三十卷 宋李如圭撰。○聚珍本。○閩覆本。○河南經苑本。○位西經籍說中有筆記，于儀禮集釋之旁有永嘉張淳校本、得月簃叢書本二條。

〔附〕○宋刊本，佳。（邵氏）○隸竹目有集注五冊。（眉）

儀禮釋宮一卷 宋李如圭撰。○聚珍本。○閩覆本。○墨海金壺本。○守山閣本。

〔附〕○宋刊本，佳。

儀禮圖十七卷儀禮旁通圖一卷 宋楊復撰。○路小洲有元余志安勤有堂刊本。○明正德本。○通志堂本。○張金吾有宋十行本。亦有元本，于自序後有崇化余志安刊于勤有堂木印。

〔附〕○元刊本，葉二十行，行二十字，卷首列朱文公乞修三禮奏劄，次紹定戊子復自序及陳普序。吳跋。（邵氏）

〔補〕○元刊明修明補本，十行二十字，注雙行同，白口，左右雙闌。補版黑口，有“閩何校”、“正德十二年補葉”字樣。余代涵芬樓收。○明嘉靖十五年呂柟本，十行二十字，白口，四周單闌。

〔補〕**儀禮圖十七卷**　宋楊復撰。○元刊本，十行二十字，注雙行同，白口，左右雙闌。江南圖書館及南皮張氏各有一帙。○元刊本，十行二十字，細黑口，左右雙闌，刊工精麗。借為殘本，亦江南圖書館藏。

儀禮要義五十卷　宋魏了翁撰。○宋本，行欵與毛詩要義同，頁十八行，行十八字。○吳興嚴氏藏有宋刊本。○內府有宋刊本，譌舛處與近世大略相似。（據原稿補。）○汪氏藏宋本，有抄補。○張金吾藏有抄本。

〔附〕○嚴氏宋本購自杭州汪氏，缺一末頁，餘皆完好，價廿六萬錢。又自手錄二部，亦售于人。宋本售與阮芸台，三百兩，已入天府矣。（原稿無，印本入正文。）○蘇州局本。○頃見嚴久能手抄本，用洋皮紙。卷首有壬子中秋前五日，浮梁畫廨久能跋。卷末跋亦是年嘉平廿七日，蓋自記得書抄書首尾也。末葉又有嘉慶十四年己巳正月二十八日題識。書中有張敦仁、顧千里、盧抱經諸家印。（棠）

〔補〕○宋淳祐十二年魏克愚刊本，九行十八字，白口，左右雙闌。嚴元照藏印。此即邵亭所載嚴氏以三百金售與阮元者，今藏故宮博物院圖書館。又一殘帙，存卷六至二十四、二十九至四十、四十四至五十，計二十七卷，餘鈔配。在潘宗周處。○清寫本，從宋淳祐本出。盧址抱經樓遺書。○清乾隆五十七年壬子嚴元照手寫本。顧廣圻、盧文弨、徐養原等校，莫棠跋。余曾在莫棠處見，即書眉附批所記之本也。

儀禮逸經傳二卷　元吳澄撰。○通志堂本。○學津本。○邵亭有吳艸廬三禮考註六十四卷，明刊。朱竹垞云，非艸廬書，乃晏璧所為也。四庫入存目，而天祿琳琅書目于明本中收之。亦以其刊之佳耳。

〔附〕○元至正李俊民本，佳。（邵氏）

〔補〕○吳澄三禮考註六十四卷曾見明成化九年建昌知府謝士元刊本，

羅倫校正，十一行二十四字，黑口，四周雙闌。

儀禮集說十七卷 元敖繼公撰。○元板大字本。○通志堂本。○何
云後有一紙最善，惜尚缺幾卷。失記其詳，應訪求補足。

〔附〕○明成化程敏政刊本。（邵氏）

〔補〕○劉承幹藏元大德刊本，十二行十八字，白口，左右雙闌，注雙行
同，版心記刊工姓名。版式闊大。○京肆又見一本，行欵同，四周單
闌。

經禮補逸九卷 元王克寬撰。○洪武刊本。○通志堂本。

〔附〕○明成化程敏政本。（邵氏）

〔補〕○明弘治本，十三行二十七字，白口，左右雙闌。江南圖書館藏。
○明嘉靖姚澧刊本，九行二十字，白口，四周單闌。李木齋先生藏。

欽定儀禮義疏四十八卷 乾隆十三年奉敕撰。○內府刊本。○外
省覆本。

儀禮鄭註句讀十七卷附監本正誤一卷石經正誤一卷 國朝張爾
岐撰。○乾隆八年高氏刊本。○和衷堂本。

〔補〕○和衷堂本即乾隆八年高氏刊本。○舊寫本，有張敦仁手跋。京
肆見。○同治七年金陵書局刊本。○同治十一年山東書局刊十三
經讀本本。

儀禮商二卷 國朝萬斯大撰。提要有坿錄一卷。○經學五書本。

〔補〕**儀禮商二卷附錄一卷** 清萬斯大撰。○清乾隆二十六年萬福
刊萬充宗先生經學五書本。

儀禮述註十七卷 國朝李光坡撰。○乾隆二十年刊本。

〔補〕**儀禮節略十七卷圖三卷** 清朱軾撰輯。○清康熙五十八年高
安朱氏刊朱文端公藏書本。

儀禮析疑十七卷 國朝方苞撰。○望溪全書本。

儀禮章句十七卷 國朝吳廷華撰。○乾隆丁丑刻本。○阮刻經解

本。○廷華有儀禮疑義五十卷,周禮疑義四十四卷,禮記疑義七十二卷。

〔補〕○清乾隆二十二年吳壽祺東壁書莊刊本。

〔補〕儀禮疑義五十卷 清吳廷華撰。○舊寫本,存卷一至三十六。李木齋先生遺書。

〔補〕○涵芬樓收得吳廷華三禮疑義,周禮缺半部,禮記全,儀禮少數卷,張君元濟擬印入四部叢刊而未果,惜哉!

補饗禮一卷 國朝諸錦撰。○藝海珠塵本。

禮經本義十七卷 國朝蔡德晉撰。○兩見舊寫本。○德晉書原共三十七卷,前二十卷解周禮,為上編,入存目。又有禮傳本義二十卷,雜採小戴記及他書為之。

〔補〕○已印入四庫全書珍本初集中。

宮室考十三卷 國朝任啟運撰。○任釣臺清芬樓六種本。

〔補〕朝廟宮室考一卷 清任啟運撰。清光緒十四年荊溪任氏家塾刊本。

〔補〕宮室考一卷 清任啟運撰。○清嘉慶清芬堂刊本。○清光緒劉世珩刊聚學軒叢書三集本。

〔補〕朝廟宮室考並圖一卷 清任啟運撰。○清光緒十四年南菁書院刊皇清經解續編本。

肆獻祼饋食禮三卷 國朝任啟運撰。○清芬樓本。

〔補〕儀禮釋例一卷 清江永撰。○清道光間金山錢氏刊守山閣叢書本。○清光緒十四年南菁書院刊皇清經解續編本。四庫存目。

儀禮釋宮增註一卷 國朝江永撰。○成都龍氏敷文閣彙鈔本。○指海本。

儀禮小疏一卷 國朝沈彤撰。○杲堂集本。○阮刻經解本。

〔補〕**儀禮小疏八卷** 清沈彤撰。○清道光九年廣東學海堂刊皇清經
　　解本。

儀禮集編四十卷 國朝盛世佐撰。○嘉慶辛酉馮氏刊本，十七卷。

〔補〕**儀禮集編十七卷首一卷** 清盛世佐撰。嘉慶十年馮集梧貯雲
　　居刊本。

〔補〕**儀禮注疏詳校十七卷** 清盧文弨撰。○清乾隆六十年餘姚盧
　　氏刊抱經堂叢書本。

〔增〕**儀禮釋宮九卷** 國朝胡匡衷撰。○胡氏刊本。
〔補〕○清道光九年學海堂刊皇清經解本。○清同治八年胡肇智刊本。

〔補〕**儀禮漢讀考一卷** 清段玉裁撰。○清嘉慶三年經韻樓刊本。○
　　清道光九年學海堂刊皇清經解本。

〔增〕**儀禮正偽□卷** 國朝金日追撰。

〔補〕**儀禮經注疏正譌十七卷** 清金日追撰。○清乾隆五十三年嘉
　　定張式慎肅齋家塾刊本。○清光緒十四年南菁書院刊皇清經解續
　　編本。

〔增〕**禮經釋例十三卷** 國朝凌廷堪撰。○文選樓叢書本。○阮經解
　　本。

〔增〕**儀禮圖六卷讀禮記二卷** 國朝張惠言撰。○張皋文雜著本。

〔補〕**儀禮圖六卷** 清張惠言撰。○清嘉慶十年儀徵阮氏刊本。○清
　　同治九年湖北崇文書局刊本。○清光緒十四年南菁書院刊皇清經
　　解續編本。

〔補〕**儀禮古今文疏證二卷** 清宋世犖撰。○清光緒六年徐士鑾補
　　刊碻山所著書本。余藏。

〔增〕**儀禮古今文疏義十七卷** 國朝胡承珙撰。○求是齋刊本。
〔補〕○清道光五年歙胡氏刊求是堂全集本。○清光緒元年湖北崇文

書局刊崇文書局彙刻書本。○清光緒十四年南菁書院刊皇清經解續編本。

〔增〕**儀禮正義四十卷** 國朝胡培翬撰。○原刊本。

〔補〕○清咸豐二年汋陽陸建瀛刊同治七年補修本。○清光緒十四年南菁書院刊皇清經解續編本。此書有五篇未完，門人楊大堉為足成之。

〔補〕**儀禮釋注二卷** 清丁晏撰。○清咸豐二年聊城楊以增刊本。

附錄

內外服制通釋七卷 宋車垓撰。○四庫依抄本錄。○見張廉卿收舊抄本，其目錄尚有八九兩卷，細目俱存，而其書亡。

〔補〕○臨清徐坊有舊寫本，有翰林院藏印，其第八卷尚存。

讀禮通考一百二十卷 國朝徐乾學撰。○康熙間刊本。

〔增〕**儀禮喪服足徵記十卷** 國朝程瑤田撰。○通藝錄本。○阮刻經解本。

上禮類儀禮之屬

〔補〕**禮記三卷** 白文。○明嘉靖三十一年翁溥刊五經正文本，九行十七字，白口，四周雙闌。余藏。○明嘉靖武昌朱廷立刊五經本，九行十八字，白口，左右雙闌。

〔補〕**禮記注二十卷** 漢鄭玄注。○松江韓氏舊藏宋浙本，十行十六至十七字不等，注雙行二十三字，白口，左右雙闌。存卷五至八、十一至十五，凡九卷。○海源閣藏宋淳熙四年撫州公使庫刊本，十行十六字，注雙行二十四字，白口，四周雙闌。書眉有宋人手蹟，後有顧廣圻跋。海源閣四經四史之一。嘉慶十一年張敦仁曾影刊。○海虞瞿氏藏宋義烏蔣宅崇知齋刊本，十行二十字，注雙行二十八字，白口，四周雙闌。卷一後有木記，文曰"婺州義烏酥溪蔣宅崇知齋刊"。存卷一至五。○宋蜀大字本，八行十六字，注雙行二十一字，白口，左右雙闌。存殘本數卷。○明嘉靖徐氏刊三禮本，八行十七字，白口，四周雙闌。余藏。○清乾隆武英殿刊本。○日本足利學校銅活字印本，八行十八字。

〔補〕**禮記注二十卷** 漢鄭玄注。**釋文四卷** 唐陸德明撰。**附考異二卷** 清張敦仁撰。○清嘉慶十一年陽城張氏翻宋淳熙四年撫州公使庫刊本。

〔補〕**禮記注二十卷** 漢鄭玄注，唐陸德明釋文。○宋建安余仁仲刊本，十一行十九字，注雙行二十七八字，細黑口，左右雙闌。每卷末注經、注音義字數，後有"余仁仲刊於家塾"牌子一行。周叔弢以一萬二千金收得，癸未十一月見於津門。○宋刊本，十一行二十字，注雙行二十六字，白口，左右雙闌。存卷五至二十。海虞瞿氏藏，似江西刊本。

〔補〕**重言重意禮記二十卷** 漢鄭玄註，唐陸德明音義。○宋建本，十一行十九字，注雙行二十五字，細黑口，左右雙闌。重言、重意以白文標之。李木齋先生藏。○蘇州見一本，行欵與上本全同，而卷首格式小異，是別一宋本。

〔補〕**京本點校附音重言重意互註禮記二十卷** 漢鄭玄註，唐陸德明釋文。○宋刊巾箱本，十一行十九字，註雙行二十字，白口，四周雙闌，左闌外有耳。存卷六至七，計二卷，余藏。○李木齋先生藏一本，書名行欵與上本同，惟版心為細黑口。存一卷，為卷第八。

〔補〕**附音重言互註禮記二十卷** 漢鄭玄註，唐陸德明釋文。○宋刊本，八行十六字，注雙行同，白口，左右雙闌。存卷十六、十九，共二卷。潘宗周藏。

〔補〕**纂圖互註禮記二十卷** 漢鄭玄註，唐陸德明音義。**舉要圖一**

卷　○涵芬樓有宋刊本，十二行二十一字，註雙行二十五字，黑口，左右雙闌，左闌外記篇名。○日本靜嘉堂文庫亦藏一本，與涵芬樓本全同，是建本之精者，陸氏曾校過，謂可與撫州本相伯仲。

〔補〕**監本纂圖重言重意互註禮記二十卷**　漢鄭玄註，唐陸德明音義。○余藏宋建本，十行十八字，十五卷以後十行十九字，注雙行同，細黑口，四周雙闌，左闌外記篇名。○江南圖書館藏宋建本，十行十八字，註雙行二十四字，細黑口，四周雙闌。存卷九、十兩卷。

〔補〕**禮記正義七十卷**　唐孔穎達撰。○日本有南宋紹興間浙本，單疏，十五行二十六字，白口，左右雙闌。卷七十後有淳化五年祕閣寫書及校正銜名，存卷六十三至七十，計八卷。此書日本已影印行世，四部叢刊三編收入。

〔補〕**禮記正義七十卷**　唐孔穎達撰。正文注疏合刻本。○宋紹熙三年兩浙東路茶鹽司刊本，八行十五字，注雙行二十二字，白口，左右雙闌，有補版。卷末有紹熙壬子三山黃唐刊書跋，稱本司舊刊易、書、周禮，正經注疏萃見一書，便於披繹。紹熙辛亥遂取毛詩、禮記疏義如前三經編彙。春秋一經顧力未暇云云，則已刊易、書、周禮、毛詩、禮記五經矣。至慶元六年沈作賓知府事，復刊春秋左傳正義，是為越州八行本六經。後有惠棟長跋。盛昱鬱華閣舊藏，歸袁克文，轉入潘明訓，至以寶禮名其堂。潘氏已覆刻並影印行世，傳世禮記恐莫善於此本矣。○涵芬樓亦有殘帙，存二十八卷。

禮記正義六十三卷　漢鄭玄注，唐孔穎達疏。○閩、監、毛、殿、江西五本。○乾隆乙卯和珅仿宋刊本，六十三卷。○曲阜孔氏有惠棟校宋刊禮記七十卷。○自附釋音注疏本分六十三卷，此後閩、監、毛悉依之，非復七十卷之舊矣。○阮氏校勘記以惠棟本為主，云和刻稱惠校者乃仍六十三卷，坊賈作偽以紿之，非真本也。○禮記單注仿宋岳本。○明嘉靖三年三禮合刊本。○天祿後目有宋刊禮記鄭注三部。○嘉慶丙寅陽城張氏仿宋涫熙四年撫州公使庫本，最精善。

〔附〕○宋蜀大字本，十行，行大十六字，小二十一字。黃氏有宋大字本，十行，行大字十八，小字二十五。均佳。○張有宋巾箱本，存月令一卷，有蔣宅崇知齋木印。（邵氏）○和刻序文後有建安劉叔剛宅鋟木記。（眉）

〔補〕**附釋音禮記註疏六十三卷**　漢鄭玄註，唐孔穎達疏，陸德明音義。○元刊明修本，十行十七字，註雙行二十三字，白、黑口，左右雙闌。諸家均有之，余亦有殘卷。○清乾隆六十年和珅影刊宋本，十行十七字，註雙行二十三字，白口，左右雙闌。○清嘉慶二十年南昌府學刊重刊宋本十三經註疏本，十行十八字，註雙行二十四字，大黑口，左右雙闌。即從元刊十行十七字本出。

〔補〕**禮記註疏六十三卷**　漢鄭玄註，唐孔穎達疏，陸德明音義。○明嘉靖李元陽閩中刊本，九行二十一字，註雙行低一格二十字，白口，四周單闌。○明萬曆十六年北京國子監刊本，九行二十一字，註雙行同，白口，左右雙闌，版心陽面上方記萬曆某年刊。○崇禎十二年毛氏汲古閣刊本，九行二十一字，註雙行二十字，白口，左右雙闌，版心下方有"汲古閣"三字。○清乾隆四年武英殿刊本，附考證，十行二十一字，注雙行同，白口，左右雙闌。版心上方有"乾隆四年校刊"六字。孔繼涵據宋紹熙三年浙東茶鹽司刊七十卷本校並臨戴震校。余藏。

月令解十二卷　宋張處撰。原書注多重複，○四庫依永樂大典刪汰。

〔附〕○路有抄本。（邵氏）

〔補〕○四庫本已印入四庫全書珍本初集中。

〔補〕**檀弓二卷**　宋謝枋得評點。○明萬曆四十四年吳興閔齊伋刊本，朱墨套印，八行十八字，白口，四周單闌。有萬曆丙辰閔氏刊書序，卷末題"萬曆丙辰秋，吳興後學閔齊伋遇五父識"。余藏。四庫存目。

〔增〕**蔡氏月令二卷**　國朝蔡雲輯後漢蔡邕所著，採自羣書，補綴成篇，曰明堂月令論，曰月令章句、月令問答，而以月令集證附之。○道光四年王氏刊本。

〔增〕**禮記要義三十三卷**　宋魏了翁撰。○阮文達曾得影宋抄本三十三卷，與四庫已錄之尚書要義所缺三卷同進呈內府，闕者曲禮上下兩篇。其上王制一篇又分上下，實三十四卷。

〔補〕○涵芬樓有宋淳熙十二年魏克愚刊本，九行十八字，白口，左右雙闌。即丁日昌持靜齋舊藏本。缺卷一至二。

禮記集説一百六十卷　宋衞湜撰。○通志堂本。○何義門云，徐刻此書據兩抄本，皆未盡善，顧伊人意為改訂，大有乖誤。後有項氏宋刊本，雖缺十余卷，其板最精，且多魏鶴山序一首，未能借校補刊，可惜也。衞氏書宋刊足本今藏上海郁泰峰家。

〔附〕○湖州鄭大慶有禮記釋注續正，全謝山有之，後不見有藏者。（眉）

〔補〕○持靜齋丁氏有宋本禮記集説，十三行二十五字，白口，左右雙闌。已印入四部叢刊續編。即丁氏掠于郁泰峰家者。○李木齋先生有季振宜舊藏影宋鈔本，十三行二十五字，每段首行頂格，次行以下低一格二十四字，前有魏了翁序。○故宮有精鈔本，九行二十一字。

禮記纂言三十六卷　元吳澄撰。○元板長格大字本。○明正德庚辰刊本。○崇禎己巳晉陽張養重刊本。○朱高安全書本。○嘉靖己丑再刻。○元刊本半頁十行，行二十字。

〔補〕○元元統二年刊本，十行二十二字，細黑口，左右雙闌。京肆見，有殘佚。○明正德十五年刊本，十行二十四字，黑口，四周雙闌。有王守仁、魏校序。盧址抱經樓遺書，見於寧波。

〔補〕新刊京本禮記纂言三十六卷 元吳澄撰。○明崇禎二年己巳
晉陽張養刊本，十三行二十五字。余有殘本。

雲莊禮記集說十卷 元陳澔撰。○元明刊本前有凡例若干條，今通
行本不存矣。○元文宗時建安鄭德明刊本。○明嘉靖丁亥南康府
六老堂刊及嘉靖丙辰刊本並三十卷。○嘉靖庚寅刊本十卷。○嘉
靖丙申重刊本。○崇禎癸酉烏程閔齊伋三訂本。○曾見明刊本三
種，皆三十卷，疑是陳氏舊編而大全所依。

〔附〕○明刊巾箱本十六卷，後有太歲丁巳仲春克復書堂新刊牌子。
（王國維）○頃見元刊巾箱本，半頁九行，行十七字，注雙行低一格，
十六字。（眉）

〔補〕禮記集說十六卷 元陳澔撰。○元天曆間鄭德明宅刊本，十一
行二十一字，細黑口，四周雙闌。○元明間刊本，十一行二十一字，
細黑口，左右雙闌。海虞瞿氏藏。○明初刊本，大版心，十二行十八
字，單闌，魚尾上記字數。滬肆見。○明刊本，九行十七字，魚尾下
記刻工姓名，皆陰文。正文齋見。○明正統十二年司禮監刊五經
本，八行十四字，注雙行十八字，大黑口，四周雙闌。

〔補〕禮記集說三十卷 元陳澔撰。○元刊本，十一行二十一字，注雙
行同，細黑口，四周雙闌。殘存二卷，為卷十三、十五。李木齋先生
藏。○明嘉靖常州知府應檟刊本，九行十八字，白口，四周雙闌。余
藏。○明刊本，九行十七字，似嘉隆間刊本。每冊首封面題"潞藩崇
本書樓貯藏禮記集註"，四周加丹色雲龍為匡。有"潞國世傳"大璽。
明潞藩舊藏本。

〔補〕禮記集說十卷 元陳澔撰。○明弘治十七年劉洪慎獨齋刊正德
十六年補刊本，九行十八字，黑口，四周雙闌。李木齋遺書。○明崇
禎六年癸酉烏程閔齊伋刊本，九行十八字，白口，左右雙闌。余藏。
○清康熙四十一年雲間華氏敬業堂刊本。

禮記大全三十卷 明胡廣等奉敕撰。○明刊本。

〔補〕**禮記集說大全三十卷** 明胡廣等輯。○明初本，十一行二十一字，黑口，四周雙闌。文琳堂見。○明司禮監刊五經四書大全本，十行二十二字，大黑口，四周雙闌。約正統、天順間刊。吳中楊馥堂處見。

〔補〕**禮記集註三十卷** 明徐師曾撰。○明萬曆刊本，九行十七字，白口，左右雙闌。庚戌文琳堂見，索八兩，未收。四庫存目。

月令明義四卷 明黃道周撰。○康熙刊本。○石齋全書本。下四種並同。

表記集傳二卷 明黃道周撰。

坊記集傳二卷 明黃道周撰。

緇衣集傳二卷 明黃道周撰。

儒行集傳二卷 明黃道周撰。

日講禮記解義六十四卷 是編為聖祖仁皇帝講筵舊稿，未及成帙，乾隆元年始詔儒臣排纂頒行。○內府刊本。

欽定禮記義疏八十二卷 乾隆十三年奉敕撰。○內府刊本。○各省覆本。

深衣考一卷 國朝黃宗羲撰。○四庫依瓶花齋抄本。○澤古齋本。○借月本。

〔補〕**禮記偶箋三卷** 清萬斯大撰。○清乾隆二十四年萬福刊萬充宗先生經學五書本。○清道光十年長白榮氏刊得月簃叢書次刻本。○清光緒十四年南菁書院刊皇清經解續編本。四庫存目。

陳氏禮記集說補正三十八卷 國朝納喇性德撰。○通志堂本。○此書本嘉興陸元輔撰，見陸清獻日記及方望溪集。

〔補〕**禮記集說七十卷** 清鄭元慶撰。○民國十三年劉氏嘉業堂刊吳興叢書本。

禮記述註二十八卷 國朝李光坡撰。○乾隆三十三年刊。

禮記析疑四十六卷 國朝方苞撰。○望溪全書本。○任啟運釣台全
書有禮記章句十卷，四庫入存目。

〔補〕**禮記類纂十卷** 清任啟運撰。○清乾隆三十八年清芬堂刊本。

檀弓疑問一卷 國朝邵泰衢撰。○與其史記疑問合刊。

禮記訓義擇言八卷 國朝江永撰。○乾隆辛亥刊本。○墨海金壺
本。○守山閣本。

深衣考誤一卷 國朝江永撰。○阮氏經解本。

〔增〕**續禮記集説一百卷** 國朝杭世駿輯編，依衛湜例。○昭文張氏
有抄本。○同治丁卯在浙見兩抄本。○大宗興修三禮，凡宋元説禮
之書見永樂大典者悉錄出，又上溯漢魏，下迄國朝，一百八十餘家，
袞以續衛氏書，務取其別具新義、不襲陳言者。

〔補〕○清光緒間浙江書局刊本。

〔補〕**禮記古義一卷** 清惠棟撰。○清道光間刊昭代叢書甲集補本。

〔補〕**禮記注疏校補一卷** 清盧文弨撰。○清乾隆間盧氏自刊抱經
堂叢書羣書拾補本。

〔補〕**禮記集解六十一卷** 清孫希旦撰。○清咸豐十年瑞安孫氏刊
本。

〔補〕**禮記訓纂四十九卷** 清朱彬撰。○清咸豐元年其子朱士達宜
祿堂刊本。

〔補〕**禮記箋四十九卷** 清郝懿行撰。○清光緒八年刊郝氏遺書本。

〔補〕**禮記補疏三卷** 清焦循撰。○清道光六年半九書塾刊焦氏叢書
六經補疏本。○清道光九年學海堂刊皇清經解本。

〔補〕**禮記恒解四十九卷** 清劉沅撰。○清同治十一年刊槐軒叢書

本。

〔補〕**禮記鄭讀考六卷** 清陳壽祺撰，子陳喬樅述。○清道光十二年

刊本。○清光緒十四年南菁書院刊皇清經解續編本。

〔補〕**禮記釋注四卷** 清丁晏撰。○清咸豐二年聊城楊氏刊本。○清

光緒十年蛟川張氏刊花雨樓續鈔本。

附錄

大戴禮記十三卷 漢戴德撰。○聚珍本。○閩覆本。○漢魏叢書

本。○雅雨堂本。○孔廣森重校注。○又王聘珍解詁本。○嘉定

汪照解詁十三卷，附錄一卷，王昶序。○阮元曾子注釋。○天祿後

目有宋刊大戴禮記三部。○元劉廷翰有注、無注兩本。○今擺本、

盧本、孔本皆佳。○明方本、蔡本、國朝高安本尚可取。○明袁褧翻

刻本為最善，每半頁十行，行二十字，後有嘉靖癸巳袁氏嘉趣堂重雕

一行。孔廣森云宋本即此。○明屠本、鍾本、朱養純本及何氏、程氏

漢魏叢書本皆劣。

〔附〕○明崇禎間沈泰本。（眉）○元至大元年重删定本，有元劉庭幹

本，未知即是其本否。（眉）嘉慶戊午宋小茗借得劉辰翁評本，傳錄

於雅雨大戴記上也。（眉）

〔補〕○元至正十四年嘉興路儒學刊本，十行二十字，注雙行同，細黑

口，左右雙闌。稽承謙校。文奎堂見。此書行欵版式與韓詩外傳、

汲冢周書注全同，為同時同地所刊。即莫目所記之元劉廷幹本，為

此書傳世最善之本。此本宣統三年劉世珩玉海堂已覆刻行世。○

明嘉靖十二年袁褧嘉趣堂刊本，十行十八字，注雙行同，白口，左右

雙闌。○明萬曆間程榮刊漢魏叢書本，九行二十字，白口，左右雙

闌。○明萬曆間蔡文範刊本，十行二十字，白口，左右雙闌。○明崇

禎沈泰刊本，十行二十字，白口，左右雙闌。○清康熙五十七年朱軾

自修齋刊本。即莫氏所謂高安本。余藏。○清刊本，王念孫錄戴
震、汪中校語，又有朱彬、許珩、劉台拱校語。廠肆見。○清乾隆二
十三年盧見曾刊雅雨堂叢書本，汪叔辰校。余藏。

〔補〕**大戴禮記十三卷** 漢戴德撰，明鍾惺評。○明末刊本，九行二十
五字，白口，四周雙闌，眉上評語。一冊。余藏。

〔補〕**大戴禮記十三卷** 漢戴德撰，宋劉辰翁評，明朱養鈍參。○明朱
氏刊本，九行二十一字，白口，四周單闌。二冊，余藏。明末劣本。

〔補〕**大戴禮記二卷** 漢戴德撰。○劉承幹嘉業堂有明刊本，十行二
十字，白口，左右雙闌。成弘間刊本。少見。

〔補〕**大戴禮記八十一篇** 漢戴德撰。○董氏誦芬室有明刊本，不分
卷，十行二十字，白口，左右雙闌，以寫本上版，似嘉靖本。有至正甲
午序。有點抹及評語，墨書，謂是徐渭手蹟。

〔補〕**大戴禮補注十三卷** 清汪照撰。○清嘉慶九年刊本。清光緒
十四年南菁書院刊皇清經解續編本。

〔補〕**大戴禮記正誤一卷** 清汪中撰。○清道光九年學海堂刊皇清
經解本。

〔補〕**大戴禮記補注十三卷序錄一卷** 清孔廣森撰。○清乾隆五十
九年孔廣廉刊本。○光緒間王氏謙德堂刊畿輔叢書本。○皇清經
解本。

〔補〕**大戴禮記補注十三卷** 清孔廣森撰。○余有清嘉慶五年巽軒
叢書本，龔橙手校並跋。

〔補〕**大戴禮記解詁十三卷敘錄一卷** 清王聘珍撰。○清咸豐元年
刊本。○清光緒十三年廣雅書局刊廣雅書局叢書本。○清光緒十
九年盱江書院刊本。

〔補〕**大戴禮曾子義疏十卷** 題清馬景濤疏證，周壽彝滙參。○舊鈔
本，有光緒二十九年周壽彝跋。

〔補〕**校正孔氏大戴禮記補注十三卷** 近代王樹枏撰。○清光緒五年王氏謙德堂刊畿輔叢書本，與孔注同刻。○清光緒間王氏自刊陶盧叢刻本。

〔補〕**夏小正傳二卷** 漢戴德撰，清孫星衍校。○清嘉慶三年蘭陵孫氏沇州刊岱南閣叢書本。○清光緒中羊城馮氏刊翠琅玕館叢書本。

夏小正戴氏傳四卷 宋傅崧卿撰。○通志堂本。○明袁褧本。○士禮居重刊袁本。○黃氏又附刻顧鳳藻夏小正經傳集解本。○又經訓堂有校刊考註本。○又莊述祖考釋本。○又洪震煊義疏本。○盧抱經云，此書明王廷相、楊慎皆有纂輯。

〔附〕○明顧起經有夏小正補解據錄一卷。○金履祥注一卷，宋有抄本。（原稿無，印本入正文。）

〔補〕○明袁褧本，八行十七字，注雙行同，白口，四周雙闌。

〔補〕**夏小正戴氏傳四卷** 宋傅崧卿註。**附校錄一卷** 清黃丕烈撰。○清道光元年黃氏讀未見書齋翻明袁褧刊本。

〔補〕**夏小正解一卷** 漢戴德傳，宋王應麟集校，金履祥輯。○滬上收得明萬曆本，九行十九字，白口，四周雙闌。有楊慎按語，是楊氏補注本。

〔補〕**夏小正傳註一卷** 宋金履祥撰，清張爾岐輯，黃叔琳增訂。○清乾隆間愛蓮書屋刊本。

〔補〕**夏小正集解不分卷** 清孫之騄撰。○清乾隆間寫刻本。

〔補〕**夏小正考注一卷** 清畢沅撰。○清乾隆四十八年鎮洋畢氏刊經訓堂叢書本。

〔補〕**夏小正補註四卷** 清任兆麟撰。○清乾隆五十一年震澤任氏忠敏家塾刊心齋十種本。

〔補〕**明堂陰陽夏小正經傳考釋十卷** 清莊述祖撰。○清嘉慶十四年、道光十年莊氏脊令肬遞刊珍埶宧遺書本。

〔補〕**夏小正疏義四卷附釋音一卷異字記一卷天象圖** 清洪震煊撰。○清嘉慶末臨海洪氏自刊傳經堂叢書本。○清道光九年學海堂刊皇清經解本。

〔補〕**夏小正經傳集解四卷** 清顧鳳藻撰。○清道光元年黃氏士禮居叢書本。

上禮類禮記之屬

三禮圖集註二十卷 宋聶崇義撰。○四庫以錢曾藏影宋本傳鈔。○通志堂本。天祿後目有宋刊本三部。宋本圖自圖一頁，注自注一頁，通志堂縮注于圖下，失宋本之舊。

〔補〕○涵芬樓有蒙古定宗二年刊本，當宋理宗淳祐七年，十三行二十一字，注雙行三十字，黑口，左右雙闌。余嘗借校，殊少佳字。後收入四部叢刊三編。○廠市韓左泉曾收得宋刊本，余曾借校，比通志堂本多後序一編，記一篇，勝於蒙古刊本。其書後為人盜去，不知流落何所。

〔補〕**三禮考註六十四卷序錄一卷綱領一卷** 元吳澄撰。○明成化九年建昌知府謝士元刊本，十一行二十四字，大黑口，四周雙闌。題有羅倫校正、謝士元重校刊行二行。四庫存目。

〔補〕**三禮考註十卷** 元吳澄撰。○明萬曆三十八年董應舉刊本，十行二十字，白口，左右雙闌。李木齋先生收去。

三禮圖四卷 明劉績撰。○四庫依曝書亭抄本。○國朝孫星衍有三禮圖三卷。

〔補〕**二禮集解十二卷** 明李黼撰。○明嘉靖十六年常州府刊本，九行十八字，白口，四周雙闌。陶湘藏。四庫存目。

學禮質疑二卷 國朝萬斯大撰。○經學五書本。○阮氏經解本。

讀禮志疑六卷 國朝陸隴其撰。○有單刊本。○學海類編本十二卷。○書三昧齋叢書本。○張清恪公刊本。

〔補〕**讀禮志疑十二卷** 清陸隴其撰。○清道光十一年晁氏活字印學
海類編本。

郊社禘祫問一卷 國朝毛奇齡撰。○西河全書本。○藝海珠塵本。

〔補〕**廟制折衷二卷大小宗通繹一卷明堂問一卷學校問一卷昏
禮辨正一卷** 清毛奇齡撰。○清康熙中李塨等刊西河合集本。

〔補〕**學禮五卷** 清李塨撰。○清光緒五年定州王氏謙德堂刊畿輔叢
書本。

〔補〕**禮經質疑一卷** 清杭世駿撰。○清乾隆五十三年杭氏補史亭自
刊道古堂外集本。

參讀禮志疑二卷 國朝汪紱撰。○棲碧山房刊本。

〔增〕**禘說二卷** 國朝惠棟撰。○經訓堂刊。

〔補〕**明堂大道錄八卷附禘說二卷** 清惠棟撰。○清乾隆中鎮洋畢
氏刊經訓堂叢書本,十行二十二字,精刻本,書中多用古字。○清光
緒十四年南菁書院刊皇清經解續編本。

〔補〕**釋宮小記一卷宗法小記一卷** 清程瑤田撰。○清嘉慶八年刊
通藝錄本。○清道光九年學海堂刊皇清經解本。

〔補〕**禮箋三卷** 清金榜撰。○清乾隆五十九年游文齋刊本。○清道
光九年學海堂刊皇清經解本。

〔補〕**三禮陳數求義三十卷** 清林喬蔭撰。○清乾隆四十七年刊本。
○清嘉慶八年誦芬堂刊本。

〔補〕**三禮義證十二卷** 清武億撰。○清乾嘉間武穆淳刊授堂遺書
本。○清道光二十三年偃師武氏刊授堂遺書本。

〔補〕**弁服釋例八卷** 清任大椿撰。○清嘉慶元年王宗炎望賢家塾刊
本。○清道光九年學海堂刊皇清經解本。

〔補〕**古經服緯**三卷　清雷鐏撰。**釋問一卷**　清雷學湛撰。○清道光
　九年雷氏亦囂囂齋刊本。○清光緒間王氏謙德堂刊畿輔叢書本。

〔補〕**明堂考**三卷　清孫星衍撰。○清嘉慶七年承德孫氏刊問經堂叢
　書本。

〔補〕**弁冕冠服圖一卷弁冕冠服表一卷**　清張惠言撰。○清光緒
　十五年刊素隱所刻書本。

〔補〕**禮經宮室答問**二卷　清洪頤煊撰。○清嘉道間臨海洪氏自刊
　傳經堂叢書本。

〔補〕**求古錄禮說十六卷**　清金鶚撰。○清道光三十年沔陽陸氏木
　犀香館刊本。

〔補〕**求古錄禮說十六卷補遺一卷**　清金鶚撰。**校勘記三卷**　清
　王士駿撰。○清黃巖王氏刊本。

〔補〕**求古錄禮說補遺一卷續一卷**　清金鶚撰。○清同治間潘氏刊
　滂喜齋叢書本。

〔補〕**冕服考**四卷　清焦廷琥撰。○清光緒十六年徐乃昌刊積學齋叢
　書本。

〔補〕**燕寢考**三卷　清胡培翬撰。○清道光九年學海堂刊皇清經解
　本。○清道光二十三年金山錢氏刊本,收入指海。

上禮類三禮總義

禮書一百五十卷　宋程祥道撰。○明南監有元至正丁亥刊本。○宋
　刊本每頁二十行,行二十二字。○明張溥盛順本。○嘉慶甲子閩郭
　氏刊本。

〔附〕○宋刊本,合樂書,佳。(邵氏)○元閩趙宗吉翻宋本,每半葉十三
　行,行二十一字。(王國維)

〔補〕○此書傳世無宋本,各家著錄宋本均元至正七年福州路儒學刊,

十三行二十一字,白口,左右雙闌,且多有明補本。余有一帙。

儀禮經傳通解三十七卷續二十九卷 宋朱子撰。○今通行者呂氏
寶誥堂刊本,中多脫字,以意填補。○乾隆中有梁萬方改訂本,甚
劣。四庫入存目。○宋有嘉定丁丑刊大字本。○天祿後目有元刊
本。○明有正統刊本。○昭文張氏有影元抄本續通解,于漫缺者皆
空之。

〔附〕○宋寶祐癸未本,佳。○南監本。○明劉瑞本。○天祿後目有元
翻宋嘉定南康本。(邵氏)○前見自刊本。(眉)

〔補〕○江南圖書館藏宋嘉定十年丁丑南康道院刊本三十七卷,七行十
五字,注雙行同,黑口,左右雙闌。缺第十五卷。涵芬樓及日本內野
五郎家均有殘本。○明正德十六年劉瑞、曹山刊本,十一行二十字,
白口,左右雙闌。續集黃榦撰,卷十六至二十九楊復重修。○清禦
兒呂氏寶誥堂重刊宋白鹿洞本。

禮書綱目八十五卷 國朝江永撰。○嘉慶庚午刊本。

五禮通考二百六十二卷 國朝秦蕙田撰。○乾隆刊本。○邵亭有
秦文恭朱校初印樣本,絕佳,是張廷濟叔未舊藏。

〔補〕**五禮通考二百六十二卷首四卷** 清秦蕙田撰。○清乾隆十八
年秦氏味經窩刊本。○蘇州書局刊本。

〔補〕**三禮通釋二百八十卷首一卷** 清林昌彝撰。○清咸豐刊本。

上禮類通禮之屬

書儀十卷 宋司馬光撰。○雍正癸卯汪亮采仿宋刊。○同治七年江
蘇書局覆汪本。○學津本。○天祿後目有宋紹熙三年刊本。○明
刊本。

〔補〕○清雍正元年汪亮采仿宋刊本,十一行十九字,注雙行二十四字,
細黑口,左右雙闌。清孫星衍據殘宋本三家冠婚喪祭禮校。余藏。

家禮五卷附一卷　宋朱熹撰。○汲古閣有宋刊本，楊復注，與今世行本不同。○明仿宋錄一卷，石門呂氏刊本。○元刊本纂圖集註十卷，劉垓孫增註，劉璋補註。○昭文張氏有纂圖集註文公家禮十卷，題楊復附註，劉垓增註，即錢遵王家物。○張氏又有影宋刊本十卷。○鄧鍾岳仿宋本。○康熙辛巳汪氏刊本。○明邱文莊刊本多所更定，非原書，編八卷。

〔附〕○近洪氏刊宋本。（眉）

〔補〕○聊城楊氏有宋刊本，七行十六字，白口，左右雙闌。首三卷鈔配。○明刊本，七行十六字，白口，左右雙闌。揚州文富堂見。

〔補〕**文公家禮集註十卷**　宋楊復、劉垓孫撰。○乙丑歲維古山房見元刊本，七行十四字，注雙行二十一字，附注低大字一格，約十九字，黑口，四周單闌。有汲古閣毛氏印。○海虞瞿氏亦藏一帙，行欵同而左右雙闌。

〔補〕**文公先生家禮七卷**　宋楊復撰。○海虞瞿氏有明刊本，十二行二十三字，大黑口，四周雙闌，是成、弘間刊本，有方大琮後序、楊復跋語，號為元刊。

〔增〕**五服圖解一卷**　元龔端禮撰。禮字仁夫，嘉興人。絳雲、述古兩書目皆載之，經義考云未見。端禮祖頤正常著服圖，淵源有自，端禮又復精勤參考，閱十載而後成書。其例以五服列五門，每門列男女已未成人之科，分正加降義四等之服，劃圖分章，展卷釐然，頗足為參考禮制之助。當元泰定元年，嘉興路呈此書于江浙行省，移咨中書省。○有至治間刊本。○阮氏曾依寫進呈。

〔補〕○見元泰定元年嘉興路儒學刊本，十四行二十五字，白口，左右雙闌。卷前有至治二至三年牒文。黃丕烈跋。○宛委別藏有影寫元刊本，商務印書館選印宛委別藏中已收入，即阮氏進呈寫本。

〔補〕**文公家禮儀節八卷**　明丘濬輯。○余藏明正德十三年戊寅常州府刊本，八行十六字，黑口，四周雙闌。書後有刊書跋十行，知此書初刻於廣州，再刻於京師，成化十六年再刻於建陽書肆，此則正德戊寅常州府重刊建陽坊本也。

泰泉鄉禮七卷 明黃佐撰。〇道光辛巳香山黃氏刊本。錢塘費丙章刊本。〇兩廣總督祁墇刊本。

朱子禮纂五卷 國朝李光地編。〇榕村全書本。

〔補〕〇清教忠堂刊本。〇清乾隆元年刊李文貞公全集本。〇清道光九年刊榕村全書本。

〔補〕**家禮經典參同不分卷** 清鄭元慶撰。〇稿本。鈐有"小谷口魚計亭主鄭元慶一字芷畦"、"鄭元慶"、"芷畦"諸印。有毛奇齡、戴暹跋。鈐"毛奇齡印"、"太史氏"諸印。盧址抱經樓遺書。

辨定祭禮通俗譜五卷 國朝毛奇齡撰。〇西河全書本。

上禮類雜禮書之屬

經部五

春秋類

　　〇單左氏古經有段氏經韻樓校慶元本。〇天祿後目有宋刊左傳，無注，二十卷。〇單左氏集解有武英殿仿宋相臺本。〇明代翻岳板凡四本。〇又汪氏叢書本。〇吳興嚴氏藏有南宋不全本四卷。〇吳門黃氏所藏宋刊不全本，一為大字，一為小字，巾箱本最佳。〇又有宋岳氏本。〇滔熙種德堂小字本。〇明永堂懷本。〇姚培謙刊杜注節，附疏及顧氏補正，亦便課蒙。亦有惧。

〔附〕〇王伯厚有春秋左注十二卷，抱經堂抄本在小山堂，用嚴本、段玉

裁本、岳本、王本及宋本釋文、御覽、正義參校並增補。（眉）○南宋
官本，十行，板心刻直學士王某等字，佳。○黃氏有北宋小字本，十
一行二十三四字不等。佳。韓小亭有宋余仁仲本，佳。○宋纂圖互
注本，半葉十行。（邵氏）

〔補〕**新刊左氏舊文十六卷** 或題新刊左傳，白文。○明刊白文本，
十行二十字，白口，左右雙闌。

〔補〕**春秋經傳集解三十卷** 晉杜預撰。○瞿氏藏宋刊巾箱本，十四
行二十三字，注雙行同，白口，四周單闌。存二十三卷。○余有宋撫
州公使庫刊本，十行十六字，注雙行二十四字，白口，四周雙闌。清
宮舊藏，存卷第一、二。玹字缺筆。○故宮藏一帙，二本合配，其一
撫州本，其一浙本，十行十九字，白口，左右雙闌。○日本帝室圖書
寮有宋嘉定九年興國軍軍學刊本，八行十七字，白口，左右雙闌。後
有聞人模跋。據跋，為五經之一，據紹興二十二年壬申軍學舊本五
經並參校諸本重刊。靜嘉堂亦有一帙。○日本靜嘉堂文庫有宋蜀
大字本，八行十七字，注雙行二十四字，白口，左右雙闌，有補版。○
余藏日本足利學校活字印本，八行十七字。○潘氏滂喜齋有宋巾箱
本，十一行二十字，注雙行二十六字。○張氏涉園有宋潛府劉氏家
塾刊本，十一行二十字，注雙行二十七字，序後有牌子，文曰"潛府劉
氏家塾希世之寶"。

〔補〕**春秋經傳集解三十卷** 晉杜預注，唐陸德明釋文。○壬子歲正
文齋見宋鶴林于氏家塾棲雲閣刊本，十行十六字，注雙行三十二字，
白口，左右雙闌。每句加圈，音釋在每段後。每卷末有木記，文曰
"鶴林于氏家塾棲雲之閣鋟梓"，是蜀中刊本。後歸袁寒雲。○余有
明嘉靖翻相臺岳氏本，八行十七字，細黑口，四周雙闌。○海虞瞿氏
有明嘉靖間翻宋淳熙三年丙申閩山阮仲猷種德堂本，十行十八字，
細黑口，左右雙闌，注雙行二十二字。日本帝室圖書寮有一帙。後

又見一帙，汲古閣毛氏舊藏，鈐印至五十餘方，蓋咸以宋本目之矣。後附春秋名號歸一圖二卷。○日本安政三年仙臺書舖靜嘉堂刊本。余據楊守敬藏日本古鈔本校過。

〔補〕**春秋經傳集解**三十卷　晉杜預傳，唐陸德明釋文。**春秋總要一卷**　宋李厚撰。○宋刊本，八行十五至十六字，注雙行二十一字，細黑口，四周雙闌。避宋諱至敦字止。杜序後為春秋總要，題鴻臚少卿李厚進，為他本所無。鈐有季振宜、徐乾學二家藏印。潘宗周藏。

〔補〕**春秋經傳集解**三十卷　晉杜預撰，唐陸德明釋文。**春秋名號歸一圖二卷**　蜀馮繼光撰。**年表一卷**　○宋相臺岳氏刊本，八行十七字，注雙行同，細黑口，四周雙闌，左闌外紀某公某年，版心上記字數，下記刊工人名，有葉子明、天祐、才、方等。序末及卷尾有"相臺岳氏刻梓荊谿家塾"篆文木記。有徐乾學、袁廷檮、浦玉田藏書印及定府行有恒堂藏印。殘本，文友堂見。嘉定徐氏亦有殘帙，後均歸周叔弢，僅缺二卷，駁駁為全帙矣。○日本靜嘉堂文庫亦有一帙，存卷十六至三十，餘配明翻本。

〔補〕**監本纂圖春秋經傳集解**三十卷　晉杜預注，唐陸德明釋文。○江南圖書館藏建本，十行十八字，註雙行二十四字，白口，左右雙闌，左闌外記篇名。

〔補〕**纂圖互註春秋經傳集解**三十卷　晉杜預注，唐陸德明釋文。○四明盧氏抱經樓有宋末龍山書院刊本，十二行二十一字，註雙行二十五字，細黑口，左右雙闌，左闌外記篇名卷數。序後有牌子，文曰"龍山書院圖書之寶"。○張氏涉園藏宋潛府劉氏家塾本中配入數卷纂圖互註本，十二行二十一字，註雙行二十六字。

〔補〕**東萊先生呂成公點句春秋經傳集解**三十卷　晉杜預撰，唐陸德明釋文。○宋刊本，十三行二十一字，注雙行同，細黑口，四周

雙闌。松江韓氏書。己巳歲與諸書同出求售，余為介之北京圖書
館，然諸價未成。

〔補〕**春秋正義三十六卷**　唐孔穎達撰。○日本傳保正宗寺舊鈔卷
子本。已印入四部叢刊續編。

春秋左傳正義三十六卷　周左丘明撰，晉杜預注，唐孔穎達疏。○
閩、監、毛、殿、江西五本。○錢氏養新續錄稱吳門朱文游家有宋刊
春秋正義三十六卷，疑即阮氏校勘記所據云宋慶元間吳興沈中賓刊
本三十六卷也。○又有南宋刊本釋音注疏六十卷，有明正德修補之
頁，此後閩、監、毛本皆分為六十卷。○愛日精廬藏書志春秋左傳正
義三十六卷，臨金壇段氏校宋慶元本。段略跋云，此宋淳化庚寅官
本，慶元庚申摹刻者也。凡宋板佳處此本盡有，今日所存宋本未能
善于此，乃滋蘭室朱文游物，陳芳林借校一部。嘉慶壬戌余借諸令
嗣，命長孫美中細意臨校。文游名㒨，藏書最精。○淳熙種德堂小
字本，每頁二十行，行大字十八，小字廿二，末卷尾有楷書木記，云依
監本寫作大字，附以釋文，兼列圖表，淳熙柔兆涒灘，閩山阮仲猷刊，
則三年丙申也。○天祿後目有北宋刻集解，本三十卷，不附音義，自
序後連卷一，不另篇。闕筆極謹嚴，如桓二年珽字，諸書從未見避。
各本誤字一一無誤，如昭二十年賜北宮喜諡，杜注皆死而賜諡及墓
田傳終言之無未字而字，以為希世之珍，非相臺岳氏及諸宋本可及。
○又宋刊本四部。○又宋刊附釋文麻沙本二部。○又元刊巾箱本
一部。○又明翻宋本一部。其所收宋本集解已有七部。即彭文勤
讀書跋尾所記。

〔補〕○涵芬樓有宋慶元六年紹興府刊本，八行十五至十六字，注雙行
二十二字，白口，左右雙闌。序後有淳化元年書寫及校勘官銜名。
注疏合刻最善之本。

〔補〕**附釋音春秋左傳註疏六十卷**　晉杜預註，唐孔穎達疏，陸德明

釋文。○宋建本，十行十八字，註雙行二十三字，白口，左右雙闌。有元代補版，日人長澤規矩也以為宋末補，非是。日本足利學校藏。○宋建安劉叔剛刊本，十行十九字，註雙行二十三字，細黑口，左右雙闌。序後有"建安劉叔剛父鋟梓"八字。有"桂軒"、"藏書"二鼎形印、"敬齋"爵形印、"高山流水"琴形印。有毛褒、揆敘藏印。存二十九卷。潘宗周藏。○元刊明修本，七行十七字，註雙行二十三字，白口，左右雙闌。海虞瞿氏及江南圖書館均有一帙，余歷年閱肆亦屢遇之。○清嘉慶二十年南昌府學刊重刊宋本十三經註疏本。

〔補〕春秋左傳註疏六十卷　晉杜預註，唐孔穎達疏，陸德明釋文。○明嘉靖李元陽閩中刊本，九行二十一字，註雙行二十字，白口，四周單闌。○明萬曆北京國子監刊本，九行二十一字，註雙行同，白口，四周雙闌，版心陽面上方標萬曆某年刊。○明崇禎汲古閣刊本，九行二十一字，白口，左右雙闌，版心下方有"汲古閣"三字。○清乾隆四年武英殿刊本，十行二十一字，註雙行二十字，白口，左右雙闌。版心陽面上方有"乾隆四年校刊"六字。○蘇州見汲古閣本，惠棟校。

〔補〕春秋左傳十五卷　明孫鑛批點。○明萬曆間閔齊華、閔齊伋刊本，九行十九字，朱墨套印。有萬曆四十四年韓敬序。卷首題"孫月峰先生批點"，卷末題"萬曆丙辰夏吳興閔齊華、閔齊伋、閔象泰分次經傳"。余藏。

〔補〕春秋公羊傳二十卷　白文。○余有明嘉靖張獻翼刊本，十行十八字，傳大字低一格，白口，四周單闌。與穀梁傳合刻。

〔補〕春秋公羊經傳解詁十二卷　漢何休撰。○宋淳熙撫州公使庫刊紹熙四年重修本，十行十六字，注雙行二十三四字，白口，四周雙闌。附釋文一卷。涵芬樓藏。

〔補〕春秋公羊經傳解詁十二卷　漢何休撰，唐陸德明釋文。○袁寒雲有宋紹熙二年余仁仲萬卷堂刊本，十一行十九字，注雙行二十七字，細黑口，左右雙闌。序後有紹熙辛亥建安余仁仲題記六行，卷十二後有"余仁仲刊于家塾"、"癸丑仲秋重校"二行。袁氏以三千金得之。海虞瞿氏亦有一帙。此本已印入四部叢刊初編。○清道光四年揚州汪氏問禮堂覆刻余仁仲本。余藏。汪本未為精善，且有誤字。

〔補〕**春秋公羊疏三十卷** 唐徐彥撰。○宋刊單疏本，十五行二十三至二十七字不等，白口，左右雙闌，存卷一至七。涵芬樓藏。

春秋公羊傳註疏二十八卷 周公羊高傳述，其元孫壽及胡母子都錄為書，漢何休註，唐徐彥疏。○閩、監、毛、殿、江西五本。○天祿後目宋本卷首有景德二年六月。黑口本每頁二十行，行十七字。○十行本、閩本皆不題撰注疏人姓名，徐彥作公羊疏不見唐志，北監本始依崇文總目作徐彥疏。○張氏志春秋公羊經傳解詁十二卷，臨何氏校余仁仲本，後有經傳注音義字數三行，余仁仲刊于家塾一行。上方臨惠氏評閱語。蜀大字校經注三卷，元板校疏，宋板官本校經注全，唐石經校經。○單何氏解詁有汪氏問禮堂仿宋紹熙辛亥刻本十二卷，宋刊公羊注，余仁仲本也。同治二年邵陽魏彥獲其板于上海，補校勘記一卷刊附以行。今板歸金陵書局。每頁二十二行，行大字十九，小字雙行二十七。

〔附〕○興文薛煥有淳熙余仁仲單注本。（邵氏）按：興文薛煥藏宋刊本後歸其婿李新吾太史，太史以三千金售之袁寒雲，初印極精。

〔補〕**監本附音春秋公羊註疏二十八卷** 漢何休、唐徐彥撰，陸德明音義。○元刊明修本，十行十七字，註雙行二十三字，白口，左右雙闌。海虞瞿氏、江南圖書館、劉氏嘉業堂皆有之，余亦藏一帙。○清嘉慶間阮氏重刊宋本十三經註疏本。

〔補〕**春秋公羊註疏二十八卷** 漢何休、唐徐彥撰，陸德明音義。○

清嘉靖李元陽閩中刊本，九行二十一字，注雙行二十字，白口，四周單闌。○明萬曆二十一年北京國子監刊本，九行二十一字，白口，左右雙闌。版心陽面上方有萬曆二十一年刊一行，書名為春秋公羊傳註疏。○明崇禎七年毛氏汲古閣刊本，九行二十一字，白口，左右雙闌。版心下方有"汲古閣"三字。○清乾隆四年武英殿刊本，十行二十一字，註雙行同，白口，左右雙闌，版心陽面上方記"乾隆四年校刊"六字。

〔補〕**春秋公羊傳裁註十二卷** 明閔齊伋裁註。**考一卷** 明閔齊伋撰。○明天啟元年吳興閔齊伋刊三色套印本，九行十九字，白口，四周單闌，用朱、深青二色套板。卷末題"皇明天啟元年春正月烏程閔齊伋遇五父裁註"。辛亥春得于文奎堂。

〔補〕**春秋穀梁傳十二卷** 白文本。○余藏明嘉靖間張獻翼刊白文本，十行十八字，傳大字低一格，白口，四周單闌。

〔增〕**春秋穀梁傳註二十卷** ○宋余氏萬卷堂本，清光緒八年遵義黎星使得之日本東京，即據以重刊。極為精雅。

〔補〕**春秋穀梁傳十二卷** 晉范甯集解，唐陸德明音義。○海虞瞿氏有宋建安余仁仲萬卷堂刊本，十一行十九字，注雙行二十七字，細黑口，左右雙闌。卷十二末有"余氏萬卷堂藏書記"隸書牌記。

春秋穀梁傳疏二十卷 周穀梁赤所述，晉范甯註，唐楊士勛疏。○閩、監、毛、殿、江西五本。○阮氏校勘記公羊、穀梁註疏皆據何義門之弟煌依宋元諸刻精校本。○又有不全影宋單疏，為明李中麓家抄本。○天祿後目有宋刊監本附音春秋穀梁傳注疏二十卷二部。○宋板每半頁十行，行大字十八字，小字二十三字，今歸袁芳瑛漱六家。○惠氏校宋余仁仲本春秋穀梁傳集解十二卷，每頁二十二行，行大字十九，小字雙行，行二十七。○又有建安余氏萬卷堂刊本，與公羊同卷，末有經傳註音義字數三行，及國學進士余仁仲、劉子庚等

題名五行，又余氏萬卷堂藏書記木記。見張氏志。○張金吾又有李
中麓藏抄穀梁疏七卷，雖闕誤不少，而遠勝今本。為校勘記未採亦
多。

〔補〕**監本附音春秋穀梁註疏二十卷** 晉范甯集解，唐楊士勛疏，陸
德明釋文。○元刊明修本，十行十七字，註雙行二十三字，白口，左
右雙闌。各家多有之，余亦藏一帙。○清嘉慶間阮氏重刊宋本十三
經註疏本。

〔補〕**春秋穀梁註疏二十卷** 晉范甯集解，唐楊士勛疏，陸德明釋文。
○明嘉靖李元陽閩中刊本，九行二十一字，註雙行二十字，白口，四
周單闌。○明萬曆二十一年北京國子監刊本，九行二十一字，白口，
左右雙闌，版心陽面上方記刊刻年代。○明崇禎八年毛氏汲古閣刊
本，九行二十一字，白口，左右雙闌，版心下方有“汲古閣”三字。○
清乾隆四年武英殿刊本，十行二十一字，註雙行同，白口，左右雙闌，
版心陽面上方記刊書年代。

〔補〕**春秋穀梁傳裁註十二卷** 明閔齊伋裁注。**附考一卷** 明閔齊
伋撰。○明天啟元年吳興閔齊伋用朱、青、墨三色套印本，九行十九
字，白口，四周單闌。與春秋公羊傳裁注同刻。辛亥春收于文奎堂。

箴膏肓一卷起廢疾一卷發墨守一卷 漢鄭玄註。○漢魏叢書本。
○藝海珠塵本。○問經堂本。○孔廣森集本。○鄭學本。○武億、
王秀復重定本。○武進莊述祖輯本。○箴膏肓二十八條，起廢疾三
十八條，發墨守五條。

春秋釋例十五卷 晉杜預撰。○聚珍本。○閩覆本。○岱南閣本。
○孫氏重校本。○嘉慶二年莊氏刊。○孔氏微波榭刻杜氏地名一
卷，長歷一卷。○掃葉山房重刊本。

春秋集傳纂例十卷 唐陸淳撰。○明刊本。○康熙中龔氏玉玲瓏閣
叢刻本，並下二種。○乾隆中刊本。○經苑本。○金泰初三年刊

本。○延祐五年集賢學士克酬言，唐陸淳所著春秋纂例、辨疑、微旨
三書，請令江西行省鋟梓。○蜀有小字本。○張金吾有舊抄本。

〔補〕○曾習經有明刊本，十二行二十二字，白口，左右雙闌。○京肆見
明刊本，十行二十字，白口，左右雙闌。

〔補〕春秋唊趙二先生集傳纂例十卷辨疑十卷附錄一卷　唐陸
淳撰。○明嘉靖刊本，十行二十字，白口，左右雙闌。似是翻宋本。
盧址抱經樓遺書。癸丑見於盧宅。○李木齋先生有一本，行欵式
全同，僅存辨疑十卷，附錄一卷。

春秋微旨三卷　唐陸淳撰。○玉玲瓏閣本。○學海類編本。○學津
討原本。○海昌陳氏養和堂刊巾箱本。○經苑本。○袁桷有皇祐
間汴本。

春秋集傳辨疑十卷　唐陸淳撰。○明嘉靖乙未刊本。○海昌陳氏養
和堂巾箱本。○汪文藻刊小字本。○玉玲瓏閣本。

春秋名號歸一圖二卷　蜀馮繼先撰，宋岳珂重編。○通志堂本。○
武英殿岳本列杜解前，明刊岳本同。下年表亦然。○宋淳熙中阮氏
種德堂十行小字本附集解前。○嘉靖翻刊宋種德堂本附集解後，與
通志堂本多異。○絳雲樓藏宋板，白紙初印，今在蘇城胡心耘家。

〔補〕○宋刊本，十一行十八字，細黑口，四周雙闌。附春秋二十國年表
一卷，春秋圖說一卷。袁寒雲藏書，後歸潘氏寶禮堂。

春秋年表一卷　不著撰人。○通志堂本。○岳本翻刊。

春秋尊王發微十二卷　宋孫復撰。○通志堂本。○吳兔牀有影宋抄
本。

〔補〕○吳騫藏影寫宋刊本，十四行二十二字。

春秋皇綱論五卷　宋王晳撰。○通志堂本。

春秋通義一卷　不著撰人名氏。按：四庫著錄，莫氏失收。

春秋權衡十七卷　宋劉敞撰。○通志堂本。○三劉全集本。○又有

單刻本。○呂鶴田有宋刊權衡、意林二書,紙板甚寬大。權衡半頁
十三行,意林半頁十二行,行皆十二字。○虞集送劉叔熙序云,意林
及此書刻本在學宮,是二書有元刻本。

〔附〕○孫北海有影宋刊本,佳。(邵氏)

〔補〕○曾見舊寫本,十二行二十字。前有自序,又有淳熙十三年曾姪
孫龜從刊書跋,言是書與春秋傳、春秋傳說例、意林同刊於温州瑞安
縣學。○文奎堂見舊寫本,十三行二十二字。前有自序。○清康熙
成德刊通志堂經解本,余據明寫本校。

春秋傳十五卷 宋劉敞撰。○通志堂本。○三劉全集本。○又單刻
本。○有宋刻本。○内府所藏寫本。

春秋意林二卷 宋劉敞撰。○通志堂本。○聚珍本。○閩覆本。○
三劉全集本。○有單刊本。○宋刊本。○元刊本。

〔附〕○呂基賢有宋本,佳。(邵氏)

春秋傳說例一卷 宋劉敞撰。○聚珍本。○閩覆本。○藝海珠塵
本。

春秋經解十三卷 宋孫覺撰。○聚珍本。○閩覆本。○通志堂單刻
本。○汪刻叢書本。

〔附〕○嘉定丙子汪綱刻之新安。(眉)○宋邵氏刊本,佳。(邵氏)

春秋集解十二卷 宋蘇轍撰。○明刊焦氏兩蘇經解本。○經苑本。

〔補〕**潁濱先生春秋集解十二卷** 宋蘇轍撰。○明萬曆二十五年刊
兩蘇經解本,十行二十一字,白口,左右雙闌。

〔補〕**春秋會義四十卷** 宋杜諤撰。○四庫館寫本,八行二十字,宣紙
朱闌,與四庫全書同式。徐坊舊藏。

春秋辨疑四卷 宋蕭楚撰。○聚珍本。○閩覆本。○杭縮本。○海
甯新刊本。○汪氏有宋本十卷。

〔附〕○乾道羅氏刊本。佳。(邵氏)

春秋本例二十卷 宋崔子方撰。○通志堂刊用汲古閣舊抄本。

春秋例要一卷 宋崔子方撰。○附刊本例。閣本無。

春秋經解十二卷 宋崔子方撰。○提要次本例前。○有宋本。

〔補〕○春秋經解十二卷、春秋例要一卷，癸酉歲余主持選印四庫珍本
　　時已選入，印入四庫全書珍本初編中。

春秋五禮例宗七卷 宋張大亨撰。○昭文張氏有舊抄本十卷。○胡
　　心耘見過宋刊。

〔補〕○宋刊本，十一行十八至二十四字，注雙行，白口，左右雙闌。據
　　刻工姓名知為紹興間浙杭刊本。友人吳慈培藏，後歸潘氏寶禮堂。
　　○舊寫本，十一行十八字至二十字，有吳騫跋。翰文齋見。○舊寫
　　本，十一行二十字，缺卷四至六。余藏。○清海虞女史王誦莪手寫
　　本。徐乃昌積學齋藏。

春秋通訓六卷 宋張大亨撰。○墨海金壺本。

春秋傳二十卷 宋葉夢得撰。○通志堂本。

〔附〕○宋開禧乙丑葉筠本，佳。（邵氏）

春秋考十六卷 宋葉夢得撰。○聚珍本。○閩覆本。○昭文張氏有
　　舊抄本。○宋開禧中與春秋傳春秋讞同刻于南劍州。

春秋讞二十二卷 宋葉夢得撰。按：四庫著錄，莫氏失收。○此書罕
　　傳。四庫本已印入四庫全書珍本初集中。

春秋集解三十卷 宋呂本中撰。○通志堂本。

春秋傳三十卷 宋胡安國撰。○明正統十二年刊六經本。○成化甲
　　午崇仁書院刊。○嘉靖癸未贛州清獻堂刊本。○內府刊六經本。
　　○國初至乾隆坊刊甚多。○天祿後目有元刊本二部。

〔附〕○毛斧季有元人五色標點本，以三傳標於上。其書後歸疏雨，□
　　落□人手，修能居士曾見，云甚精。竹汀日記以為宋刻，非也。（眉。
　　整理者按：此條語氣與嚴元照同時，當即是莫棠過錄勞格簡目眉批

之文也。）

〔補〕○宋刊本，十四行二十六字，白口，四周雙闌。傳低一格。海虞瞿
氏藏。○宋刊本，十四行二十六字，白口，左右雙闌。版心記字數及
刊工人名。蝶裝十冊，盛昱遺書，為袁寒雲收得，現又轉歸潘宗周
氏。○明正統十二年司禮監刊五經本，八行十四字，注雙行十七字，
黑口，四周雙闌。余藏。

〔補〕**春秋胡氏傳三十卷** 宋胡安國撰。○宋乾道四年刊慶元五年
黃汝嘉修補本，大版心，十行二十字，傳低一格，大字，細黑口，左右
雙闌。版心上記字數，下記刊工人名。卷十、二十三、二十五、二十
八末有"曾孫隆興府司戶參軍胡絳及府學教授黃汝嘉校勘"銜名二
行。卷三十末有黃汝嘉跋八行。李木齋先生藏。

〔補〕**春秋胡氏傳三十卷** 宋胡安國撰，林堯叟音註。**春秋名號歸
一圖一卷** 蜀馮繼先撰。**諸國興廢說一卷春秋二十國年表
一卷** ○元刊本，十五行二十字，傳二十七字，黑口，四周雙闌。壬
子正文齋見一帙。江南圖書館藏一帙。○明永樂四年廣勤書堂刊
本。

〔補〕**春秋胡氏傳三十卷** 宋胡安國撰，林堯叟音註。○明成化十八
年徽州府退思堂刊本，十一行二十一字，大黑口，四周雙闌。有"成
化己亥冬十一月吉旦刊於徽州府退思堂"牌子。○明閩中劉氏慎獨
齋刊本，九行十八字，黑口，四周雙闌。

春秋集註四十卷 宋高閌撰。○聚珍本。○閩覆本。

春秋後傳十二卷 宋陳傅良撰。○通志堂本。

〔附〕○宋勤有堂刊本。○宋施棫刊本，均佳。（邵氏）

春秋左氏傳說二十卷 宋呂祖謙撰。○通志堂附類編六卷。○昭文
張氏有刊本。

春秋左氏傳續說十二卷 宋呂祖謙撰。按：四庫著錄，莫氏失收。

詳註東萊左氏博議二十五卷 宋呂祖謙撰，其門人張成招注。○明正德中書林劉氏安正堂刊本。○瞿氏清吟閣本。○閣本所收有朱彝尊收藏印。

〔附〕○孫氏有宋本。○元麻沙本。（邵氏）

〔補〕○明刊巾箱本，十行二十字，白口，左右雙闌。江南圖書館有巾箱本，十行二十字，細黑口，四周雙闌，丁氏號為元本。○聊城楊氏藏明刊本，十行二十字，白口，左右雙闌，前呂祖謙序，六行十二字，目錄中篇題上各以白文記數。字方板，似嘉靖本，楊氏號為宋刊。○明正德間劉氏安正堂刊本，十二行二十二字，黑口，四周雙闌。津肆見。

〔補〕**東萊先生左氏博議句解十六卷** 宋呂祖謙撰。○元刊本，十一行二十三字，癸丑歲見於葛氏傳樸堂。

〔補〕**左氏摘奇十二卷** 宋胡元質輯。○宋刊本，十六行二十二至二十六字不等。卷後有胡氏自記一條，文曰："左氏摘奇皆手所約取，鋟木于當涂道院，與同志者共之。乾道癸巳元日，吳郡胡元質書。"鈐有雲間潘氏、鄒氏藏印及宋筠印。盛昱遺書。壬子十月廠估韓左泉持來求售，紙墨皆精，索三百元，無力收之。按：此書阮氏以進呈，其提要謂宋史志入之經類，似不為過，因置於此。莫氏以之入類書中。

春秋比事二十卷 宋沈棐撰。四庫依吳玉墀家抄本錄。○元至正中金華刊。

〔附〕○宋陳亮刊本，佳。○路有抄本。（邵氏）○孝慈目十九卷，王蓮涇藏，四本，抄二百八十五張。（眉）

〔補〕○此書罕傳，頃已印入四庫全書珍本初集。

春秋左傳要義三十一卷 宋魏了翁撰。○此書本末有萬曆戊申中秋後三日龍池山樵彭年手跋。

〔補〕○四庫本頃已印入四庫全書珍本初集中矣。

春秋分紀九十卷 宋程公説撰。○此本從影宋抄本傳抄，宋諱皆闕筆。○昭文張氏舊錄附例要，宋湻祐三年刊。○袁漱六有舊抄本。

〔附〕○路有影宋抄本。（邵氏）

〔補〕○此書世罕傳本，已印入四庫全書珍本初集。

春秋講義四卷 宋戴溪撰。○宋嘉定癸未刊本。○寶慶丙戌刊本。

春秋集義五十卷綱領三卷 宋李明復撰。○四庫依無錫鄒氏蕉綠艸堂藏寫本錄。

〔附〕○宋王夢應本。（邵氏）

〔補〕○此書世罕傳本，頃已印入四庫全書珍本初集中。

春秋集註十一卷綱領一卷 宋張洽撰。○通志堂本無綱領。○何子貞有宋本。

〔附〕○路（小洲）有不全元刊本。（邵氏）

〔補〕○宋端平元年臨江軍刊本，十行十八字，注雙行二十七字，白口，左右雙闌。故宮博物院藏。○明嘉靖四十三年朱睦㮮聚樂堂刊本，九行十九字，白口，四周雙闌，版心上方有"聚樂堂"三字。

〔增〕**春秋集傳二十六卷** 宋張洽撰。○明宗室朱睦㮮有刊本，見列朝詩集小傳。○吳興嚴久能有元延祐元年李教授萬敵臨江學刻本，缺十八至二十，又二十二至二十六，共七卷。阮文達撫浙時曾以進呈內府。○路小洲有此元刊本，不全。○昭文張氏有抄本，亦僅十九卷，附綱領，缺七卷。○是書經義考註佚，諸家書目亦絕少著錄，其統會羣言，掊擊外辨，多集註所未及。其繳省投進狀後有延祐甲寅李教授捐俸補刊于臨江路學兩行。

〔補〕○明刊本，十行二十一字，嘉靖本，文奎堂見。○嘗見舊寫本，有孫原湘跋，缺七卷。

春秋王霸列國世紀編三卷 宋李琪撰。○通志堂本。○乾隆末當塗朱煌刊本。

〔附〕○宋羅仲行本。○元延祐元年本。（邵氏）

春秋通說十三卷 宋黃仲炎撰。○通志堂本。

春秋說三十卷 宋洪咨夔撰。○按：四庫著錄，莫氏失收。

春秋經筌十六卷 宋趙鵬飛撰。○通志堂本。何云據天一閣抄本，
有脫文。

〔附〕○收明抄殘本前九卷。卷首校通志堂本，多自序一篇。（眉）○李
中麓有殘宋本。（邵氏）

春秋或問二十卷附春秋五論一卷 宋呂大圭撰。○通志堂本無五
論。

〔附〕○何夢申本。（邵氏）

〔補〕**春秋五論一卷** 宋呂大圭撰。○明隆慶元年姚咨手寫本，墨格，
版心下方有“茶夢齋鈔”四字。○余藏明寫本，十行二十字，綠格。
季振宜舊藏。

〔增〕**春秋左傳句解六十卷** 宋林堯叟撰。○昭文張氏有元刊本，經
義考亦註曰存，陳鱣集有跋語。○元刊本作四十卷。○宋刊本卷末
有紹興字樣一行。

〔補〕**春秋經左氏傳句解七十卷** 宋林堯叟撰。○元刊本。十行二
十二字，細黑口，左右雙闌。鈐有季振宜及果親王府圖籍印。殘存
首二卷。又，盧址抱經樓亦有一帙。

〔補〕**音註全文春秋括例始末左傳句讀直解七十卷** 宋林堯叟
撰。○元刊本，十二行二十至二十四字不等。卷二以下十三、十四
行不等，每行二十四五字不等，細黑口，四周單闌。壬子歲余代繆藝
風收得。○正文齋又見一帙，十二行二十二字，細黑口，左右雙闌。
○潘氏滂喜齋有日本舊刊本。

〔補〕**增修訂正音點春秋左傳詳節句解三十五卷** 宋朱申撰。○

宋元間刊本，十四行二十五字，黑口，左右雙闌。缺卷一、二、二十
九、三十、三十一，存三十卷。李木齋先生藏。四庫入存目，割歸元
代。

〔補〕**春秋左傳詳節句解三十五卷** 宋朱申撰。○明萬曆刊本，十
行二十一字，白口，四周單闌，京肆見，為李木齋收去。

春秋詳說三十卷 宋家鉉翁撰。○通志堂本。

〔附〕○元泰定乙丑本，佳。（邵氏）

讀春秋編十二卷 宋陳深撰。○通志堂本。

〔附〕○元泰定乙丑本，佳。（邵氏）

春秋提綱十卷 元陳則通撰。○通志堂本。

〔附〕○元胡光世本。（邵氏）

春秋集傳釋義大成十二卷 元俞皋撰。○通志堂本。

〔附〕○元泰定乙丑本。（邵氏）

春秋纂言十二卷總例一卷 元吳澄撰。○四庫著錄依抄本。○元
刊大字本。○明嘉靖中蔣若愚刊本，久佚。○朱檢討曾見吳郡陸醫
其清家，兩淮所進四庫殆傳寫陸本。○張金吾載舊抄本纂言，其總
例五卷。

〔補〕○海虞瞿氏有元刊本，八行十六字，注雙行十五字，黑口，四周雙
闌。四明盧址抱經樓有抄本，為陳立炎收去。

春秋諸國統紀六卷目錄一卷 元齊履謙撰。○通志堂本。○目錄
云，汲古閣元本顏書甚精，係述古堂舊藏。

〔補〕○余有元延祐七年四明刊本，八行二十字，白口，四周雙闌，字作
顏體，鏤工精善。辛酉冬得之寧波大酉山房。即莫氏所云之本。

春秋本義三十卷 元程端學撰。○通志堂本。○何云，元刻句讀圈
點甚精，東海盡刪云。

〔附〕○元至正浙東官刊本。

〔補〕○京肆見殘本，十行二十二字，白口，左右雙闌，為元慶元路刊本。
　　○清初寫本。鈔於通志堂本未刊之前。鈐有秋樹山房藏書印。四
　　明盧址抱經樓藏。

春秋或問十卷 元程端學撰。○通志堂本。

〔附〕○元至正浙東官刊本。（邵氏）

春秋三傳辨疑二十卷 元程端學撰。○四庫著錄依吳玉墀家抄本。

春秋讞義九卷 元王元杰傳。○昭文張氏有抄本，十二卷完足，有元
　　至正十年于文傳序。○萬卷樓抄本。

春秋諸傳會通二十四卷 元李濂撰。○通志堂本。○元至正刊本。
　　○吳兔床有元虞氏明復齋刊本，每頁二十四行，行二十二字。○至
　　正本自序後有至正辛卯臘月崇川書府重刊木印。

〔附〕○崇川本半葉十二行二十一字。（邵氏）

〔補〕○元至正十一年辛卯虞氏明復齋本，十二行二十二字，注雙行同，
　　細黑口，左右雙闌。卷二十四後有"至正辛卯仲冬虞氏明復齋刊"牌
　　子。○又見元刊本，版式同上，鈐有乾隆五璽及天祿繼鑑璽。日本
　　見一帙，蔣孟蘋亦有一帙。

春秋經傳闕疑四十五卷 元鄭玉撰。○康熙辛卯鄭氏刊本。

春秋集傳十五卷 元趙汸撰。○通志堂本。○明初刊本，每半頁十
　　三行，行二十七字。下四種同。

〔附〕○明正德汪克錫刊本。以下師說、屬辭、補注三書亦有汪氏刊本。
　　（邵氏）

春秋師說三卷 元趙汸撰。○通志堂本。○明初刊本。○又弘治癸
　　丑太平黃倫刊，並下二種，覆明初本。

〔補〕○元至正二十四年休寧商山義塾刊明洪武重修本，十三行二十七
　　字，細黑口，左右雙闌。後有洪武元年跋，稱商山義塾至正間刊屬
　　辭，後又刻師說、補注云云。劉承幹嘉業堂藏，師說、補註全，亦頗難

得。即邵目所載之明初刊本。

春秋屬詞十五卷　元趙汸撰。○通志堂本。○明初刊本。○又弘治
　　癸丑覆刊，十三行，行二十七字。

〔補〕○元至正二十四年休寧商山義塾刊本，十三行二十七字，細黑口，
　　左右雙闌。前有趙汸自序，宋濂序，目後有趙汸跋。劉承幹嘉業堂
　　藏。余亦有殘帙。

春秋左氏傳補註十卷　元趙汸撰。○通志堂本。○明初刊本。○又
　　弘治癸丑刊。○上三種有趙吉士刊本。

〔補〕○元至正二十四年休寧商山義塾刊本，十三行二十七字，細黑口，
　　左右雙闌。

春秋金鎖匙一卷　元趙汸撰。○學海類編本。○微波榭本。○學津
　　討原本。

〔補〕**春秋金鎖匙三卷**　元趙汸撰。○清道光十一年晁氏活字印學海
　　類編本。

春秋胡傳附錄纂疏三十卷　元汪克寬撰。元至正八年建安劉叔簡
　　刊本，黑口，頁二十二行，行二十字。

〔補〕○元至正八年建安劉叔簡日新堂刊本，十一行二十一字，注雙行
　　同，黑口，四周雙闌。凡例後有“建安劉叔簡栞於日新堂”牌子。日
　　本前田氏尊經閣藏。南皮張氏舊藏一帙，後又在文友堂見一帙。

〔補〕**春秋十二公年譜一卷**　不著撰人名氏。○清寫本。全祖望自
　　永樂大典鈔出，有序，鈐有燕喜堂印。余藏。

春王正月考二卷　明張以寧撰。○通志堂本。○宣德元年刊本。

春秋鉤元四卷　明石光霽撰。○四庫依吳玉墀家抄本。○淡生堂餘
　　苑本。

春秋大全七十卷　明胡廣等奉敕撰。○明刊本。

〔補〕**春秋集傳大全三十七卷序論一卷春秋二十國年表一卷諸**

國興廢説一卷 明胡廣等輯。○明初内府刊本，十行二十二字，注雙行同，黑口，四周雙闌。○明刊本，十一行二十字，黑口，四周雙闌。

春秋經傳辨疑一卷 明童品撰。○四庫依天一閣抄本，云刊本久佚。

春秋正傳三十七卷 明湛若水撰。○乾隆己卯湛氏刊。

〔補〕○蟬隱廬見明本湛甘泉春秋正傳，十一行二十字，白口，左右雙闌，嘉靖間刊。

〔補〕**春秋左傳類解二十卷地譜世系一卷** 明劉績撰輯。○明刊本，十二行二十四字，黑口，四周雙闌。有舊人批校。光緒戊申文琳堂見。

〔補〕**春秋世學三十二卷** 明豐坊撰。明蓋格寫本，鈐"表章經史之章"。○四庫存目。

左傳附註五卷 明陸粲撰。○明刊本，末尚有後錄一卷，列其疑誤衍脱重出者。自序題嘉靖庚子。

春秋胡氏傳辨疑二卷 明陸粲撰。○指海本。

〔補〕**左氏始末十三卷** 明唐順之撰。○明嘉靖唐氏刊本，十行二十字，白口，四周單闌。辛亥六月文奎堂見。索二十兩。

春秋明志錄十二卷 明熊過撰。○四庫依抄本。

〔補〕○此書罕見，已印入四庫全書珍本初集中。

春秋正旨一卷 明高拱撰。○明刊全集中本。○墨海本。○守山本。

〔補〕**春秋貫玉四卷** 明顏鯨撰。○明刊本，八行十七字，白口，四周雙闌。似萬曆天啟間刊。

春秋輯傳十三卷宗旨一卷凡例二卷 明王樵撰。○四庫著錄係商邱宋氏抄本。二十三卷。

〔補〕○此書世罕傳本，已印入四庫全書珍本初集中。四庫本仍為十三卷。

春秋億六卷　明徐學謨撰。○明徐氏海隅集刊本。

春秋事義全考十六卷　明姜寶撰。○刊本。

春秋胡傳考誤一卷　明袁仁撰。○舊刊本作鐵胡編。○學海類編本。○學津討原本。

〔補〕**春秋諸傳辨疑四卷**　明朱睦㮮撰。○舊鈔本，鈐宋筠印。四庫存目。

左傳屬事二十卷　明傅遜撰。○萬曆乙酉刊本。

〔補〕○明萬曆十三年自刊本，版心有"日殖齋梓"四字，十行二十字，白口，左右雙闌，有王世貞序及自序。

〔補〕**左傳註解辨誤二卷左傳屬事古字奇字音釋一卷**　明傅遜撰。○明萬曆癸未自刊本，八行十八字，白口，左右雙闌。版心有"日殖齋梓"四字。

左氏釋二卷　明馮時可撰。此書與左氏討、左氏論合為一書，題曰元敏天池集。

春秋質疑十二卷　明楊于庭撰。按：四庫著錄，莫氏失收。○此書罕傳，已印入四庫全書珍本初集中矣。

春秋孔義十二卷　明高攀龍撰。○崇禎庚辰刊本。○經義考誤題李攀龍撰。

〔補〕○京肆見明末刊本，九行十九字。

春秋辨義三十九卷　明卓爾康撰。○卓氏刊本。

〔附〕○簡目作三十卷。（眉）

〔補〕**春秋續義纂要發微七卷**　明鄭良弼撰。○舊寫本，九行二十四字。有萬曆十四年顧雲程、江鐸序。徐坊遺書。四庫存目。

讀春秋略記十卷 明朱朝瑛撰。○四庫依抄本。

春秋四傳質二卷 明王介之撰。按：此書四庫著錄，莫氏失收。

左傳杜林合註五十卷 明王道焜、趙如源同編。○崇禎中杭州刊本。
○芥子園本。○坊刊甚多。○林注句解七十卷，有元刊。

日講春秋解義六十四卷 是編亦聖祖仁皇帝講筵舊本，世宗憲皇帝
重加考訂，排纂成書。○內府刊本。

欽定春秋傳說彙纂三十八卷 康熙三十八年奉敕撰。○內府刊本。
○外省覆本。

御纂春秋直解十五卷 乾隆二十三年大學士傅恒等奉敕撰。○內府
刊本。○外省覆本。

左傳杜解補正三卷 國朝顧炎武撰。○亭林十書本。○指海本。○
阮經解本。○康熙中蘇州刊杜註本後附此書。○璜川吳氏刊本。

春秋稗疏二卷 國朝王夫之撰。○湘潭、湘鄉兩刊船山遺書本。○
昭代叢書壬集本。

〔補〕春秋傳注三十六卷 清嚴啟隆撰。○余有舊寫本，九行十七
字。前有丁酉菊月自序。有朱彝尊跋。缺卷九至十一。

春秋平義十二卷 國朝俞汝言撰。四庫依汝言手稾傳抄。

春秋四傳糾正一卷 國朝俞汝言撰。四庫依汝言手稾傳抄。

讀左日鈔十二卷補錄二卷 國朝朱鶴齡撰。○刊本。
〔補〕○清康熙二十年刊本。余藏。

左傳事緯十二卷附錄八卷 國朝馬驌撰。○許元淮刊本。○翻刻
無附錄。○函海內別本四卷。

〔增〕春秋識餘十六卷 國朝徐秉義撰。○張金吾有抄本。

春秋毛氏傳三十六卷 國朝毛奇齡撰。○西河全書本。○阮經解
本。

春秋簡書刊誤二卷 國朝毛奇齡撰。○西河全書本。○經解本。

春秋屬詞比事記四卷 國朝毛奇齡撰。○西河全書本。○經解本。

〔補〕○清乾隆五十九年石門馬氏大酉山房刊龍威祕書本。

春秋地名考略十四卷 國朝高士奇撰。○康熙中高氏刊本。○又有
　　姓名考四卷。

〔補〕○提要引潛邱劄記，云為秀水徐勝敬可代撰。

〔補〕**春秋左傳姓名同異考四卷** 清高士奇撰。○清康熙間高氏自
　　刊本。二册。四庫存目。

春秋管窺十二卷 國朝徐廷垣撰。提要云舊帙蠹蝕，無別本可校，蓋
　　亦未有刊本。

〔補〕○此書世罕傳本。四庫本已收入四庫全書珍本初集影印行世。

三傳折諸四十四卷 國朝張尚瑗撰。○乾隆中刊本。

春秋闕如編八卷 國朝焦袁熹撰。○四庫依袁熹手槀傳抄。○嘉慶
　　甲子錢氏刊本。

春秋宗朱辨義十二卷 國朝張自超撰。○刊本。

春秋通論四卷 國朝方苞撰。○望溪全書本。

春秋長曆十卷 清陳厚耀撰。○按：四庫著錄，莫氏失收。

春秋世族譜一卷 國朝陳厚耀撰。○當塗朱煌刊。○吳珏刊。

半農春秋説十五卷 國朝惠士奇撰。○吳氏璜川書屋刊本。○經解
　　本。

〔補〕**半農先生春秋説十五卷** 清惠士奇撰。○清乾隆間刊本。十
　　四年吳氏璜川書刊本。翁覃溪藏書，有跋。余藏。

〔補〕**春秋條貫十八卷** 清曹基撰。○清康熙五十一年刊本。

春秋大事表五十卷輿圖一卷附錄一卷 國朝顧棟高撰。○乾隆
　　十三年刊本。○萬卷樓本。○阮經解本。

春秋識小錄九卷 國朝程廷祚撰。○刊本。○藝海珠塵本。

〔補〕○清刊本，為春秋職官考略三卷，春秋地名辨異三卷，左傳人名辨異三卷，似乾隆間刊。

〔補〕**春秋集古傳注二十六卷首一卷春秋或問六卷** 清郎坦撰。○清乾隆刊本。八冊。余藏。四庫存目。

左傳補註六卷 國朝惠棟撰。○貸園叢書本。○墨海金壺本。○守山閣本。○經解本。

〔補〕**春秋左傳補註六卷** 清惠棟撰。○清乾隆三十七年胡亦常刊三十八年續刊本。

〔補〕**穀梁古義一卷** 清惠棟撰。○清道光十三年吳江沈氏世楷堂刊昭代叢書甲集補本。

春秋左氏傳小疏一卷 國朝沈彤撰。○果堂集本。○經解本。

春秋地理考實四卷 國朝江永撰。○阮經解本。

〔補〕**春秋左傳杜註三十卷首一卷** 清姚培謙撰。○清乾隆十一年吳門陸氏小鬱林精刊本。○清光緒十九年浙江書局刊本。

三正考二卷 清吳鼐撰。按：四庫著錄，莫氏失收。○清道光十年寶仁堂刊璜川吳氏經學叢書本。

春秋究遺十六卷 清葉酉撰。按：四庫著錄，莫氏失收。○清乾隆間有刊本。

〔增〕**讀春秋存稿四卷春秋雜案十卷** 國朝趙佑纂。○乾隆中刊本。

〔增〕**讀左補義五十卷** 國朝姜炳章撰。○乾隆三十四年刊本。

春秋隨筆二卷 國朝顧奎光撰。○敷文閣彙抄本。

〔補〕**劉炫規杜持平六卷** 清邵瑛撰。○清嘉慶二十二年桂隱書堂刊本。○清光緒十四年南菁書院刊皇清經解續編本。

〔補〕**春秋左傳詁二十卷** 清洪亮吉撰。○清光緒四年洪用懃授經堂刊洪北江全集本。○清光緒十四年南菁書院刊皇清經解續編本。

〔補〕**左通補釋三十二卷** 清梁履繩撰。○清道光六年刊本。○清道光九年廣東學海堂刊皇清經解本。○清道光九年汪氏振綺堂刊光緒元年補刊本。

〔補〕**春秋左傳補疏五卷** 清焦循撰。○清道光六年半九書塾刊焦氏叢書六經補疏本。○清道光九年學海堂刊皇清經解本。

〔補〕**春秋左傳地名補註十二卷** 清沈欽韓撰。○清光緒間吳縣潘氏滂喜齋刊功順堂叢書本。○清光緒十四年南菁書院刊皇清經解續編本。○清鈔本。

〔補〕**春秋左傳補註十二卷** 清沈欽韓撰。○稿本，原郁氏宜稼堂藏，二册。余收得郁氏原目，內第七號載此書，蔣鳳藻側批云"蔣案：此沈欽韓手稿，前年顧緝庭觀察在直隸友人處見之，借抄行世。余已刻之矣。"○清光緒間吳縣潘氏刊功順堂叢書本。○清光緒十四年南菁書院刊皇清經解續編本。

〔增〕**公羊春秋通義十二卷** 國朝孔廣森撰。○孔氏刊𢼎軒遺書本。
〔補〕○清道光九年廣東學海堂刊皇清經解本。

〔補〕**春秋公羊禮疏十一卷公羊禮說一卷公羊問答二卷** 清凌曙撰。○清嘉慶二十四年、道光元年江都凌氏自刊蜚雲閣凌氏叢書本。○禮說一卷收入皇清經解，禮疏十一卷、問答二卷收入皇清經解續編。

〔補〕**左氏春秋考證二卷** 清劉逢祿撰。○清道光九年學海堂刊皇清經解本。

〔補〕**春秋公羊經何氏釋例十卷後錄六卷** 清劉逢祿撰。○清嘉慶刊本。

〔補〕**春秋公羊經何氏釋例十卷公羊春秋何氏解詁箋一卷** 清

劉逢祿撰。○清道光九年學海堂刊皇清經解本。

〔補〕**春秋左傳補注三卷** 清馬宗璉撰。○清乾隆五十九年刊本。
○清道光九年學海堂刊皇清經解本。

〔補〕**春秋左傳分國土地名二卷左傳職官一卷左傳器物宮室一**
卷 清沈淑撰。○清嘉慶中南滙吳氏聽彝堂刊藝海珠塵本。

〔補〕**春秋左氏傳賈服注輯述二十卷** 清李貽德撰。○清同治五年
餘姚朱氏刊本。○清光緒八年江蘇書局刊本。○清光緒十四年南
菁書院刊皇清經解續編本。

〔補〕**春秋左氏古義六卷** 清臧壽恭撰。○清同治十二至十三年吳
縣潘氏刊滂喜齋叢書二函。○清光緒十四年南菁書院刊皇清經解
續編本。

〔補〕**春秋穀梁傳時月日書法釋例四卷** 清許桂林撰。○清道光
二十五年刊本。○清咸豐四年南海伍氏刊粵雅叢書本。○清光緒
十四年南菁書院刊皇清經解續編本。

〔補〕**穀梁補注二十四卷** 清鍾文烝撰。○光緒二年刊本。○光緒
十四年南菁書院刊續經解本。

〔補〕**春秋公羊義疏七十六卷** 清句容陳立撰。○清光緒十四年南
菁書院刊皇清經解續編本。

〔補〕**春秋左傳服注存二卷續一卷補遺一卷** 清沈豫撰。○清光
緒十六年新會劉氏刊藏修堂叢書本。

〔補〕**左傳舊疏考正八卷** 清劉文淇撰。○清道光十八年青溪舊屋
刊本。○清光緒元年湖北崇文書局刊崇文書局彙刻書本。○清光
緒十四年南菁書院刊皇清經解續編本。

〔補〕**左傳杜解集正八卷** 清丁晏撰。○民國三年張鈞衡刊適園叢
書本。

〔補〕**春秋左氏古經説十二卷** 清廖平撰。○清光緒間成都存古書
局刊本。

附錄

春秋繁露十七卷 漢董仲舒撰。○漢魏叢書本。○兩京遺編本，八
卷。○鍾評秘書十八種本。○嘉靖甲寅張㵢陽刊本。○天啟乙丑
王道焜刊本。○乾隆十六年董氏刊本。○聚珍板本。○閩覆本。
○抱經堂刊，最善。○淩曙注本。○嘉慶乙亥刊本。○明蘭雪堂活
字本。○重刻閣本。

〔附〕○經學彙函本。○揚州局本。

〔補〕○明正德十一年華堅蘭雪堂活字印本，七行十三字，小字雙行，白
口，左右雙闌。版心上方有“蘭雪堂”三字，下記刊工姓名，間有“活
字印行”四字。日本靜嘉堂文庫藏。陸心源儀顧堂題跋謂以蘭雪堂
本校漢魏叢書本，可補脱誤甚多，蓋與大典本皆出于宋本也。○明
刊本，九行十七字，黑口，四周雙闌。○明嘉靖三十三年趙維垣刊
本，九行十七字，黑口，四周雙闌。即翻前本，前本空格處此本為墨
釘。黄丕烈校宋本並跋。又一帙，孔繼涵據永樂大典本校。余藏
一帙，臨黄丕烈、孔繼涵校本於上。○明刊本，九行十七字，白口，
四周雙闌。○明萬曆程榮刊漢魏叢書本，九行二十字，白口，四周
單闌。余據涵芬樓藏明影寫宋刊本校。影宋本佳處多與大典本
合。○明天啟刊本，九行十八字，白口，四周單闌。○清乾隆盧氏
抱經堂刊本。○翁方綱手校本，朱筆錄惠棟校，墨筆錄紀昀校。沈
曾桐藏。

〔補〕**春秋繁露注十七卷** 清淩曙撰。○清嘉慶二十年乙亥江都淩
氏自刊蜚雲閣淩氏叢書本。○清光緒十四年南菁書院刊皇清經解
續編本。民國六年潮陽鄭氏刊龍谿精舍叢書本。

〔補〕**春秋繁露十七卷凌注校正十七卷** 漢董仲舒撰、清凌曙注，
　張駒賢校正。○清光緒王氏謙德堂刊畿輔叢書本。

上春秋類

藏園訂補邵亭知見傳本書目卷二

藏園訂補郘亭知見傳本書目卷三

独山莫友芝子偲　　撰

江安傅增湘沅叔　訂補

經部六

孝經類

　　○直齋云，孝經鄭注乾道中刊于京口學宮，今已無傳。○臧在東先生輯本。

〔補〕○臧輯本名孝經鄭氏解，一卷。有鈔本。又刻入知不足齋叢書，在第二十一集。

古文孝經孔氏傳一卷附宋本古文孝經一卷 舊本題漢孔安國撰。

　　○知不足齋本。○佚存叢書本。○近年日本別撰一孝經鄭注，尤為偽中之偽，知不足齋併刻之。○陽湖孫氏有日本單刻孝經，刻于永實三年，當康熙三十五年，題云“天下至寶，萬世不易人倫孝道經”。

〔附〕○嚴可均輯刻本，姚氏重刊。○錢獻之繙刊。（眉）

〔補〕○日本寬政六年書肆嵩房覆刻享保十六年刊本，九行十八字。卷末記經、注字數。

〔補〕**孝經注一卷**　唐李隆基撰。○北宋刊小字本，十五行二十三至
五字，注雙行三十二至三字，白口，左右雙闌。卷末附音略。避宋明
蕭后父諱通字，為天聖明道間刊本。日本帝室圖書寮藏。○宋刊
本，八行十七字，細黑口，四周雙闌。附陸德明音釋。此本行欵與岳
氏家塾本同，然無牌記，卷末不記經注字數，版心細黑口為異耳。此
本刊工精麗，紙墨亦佳，似在岳刻之上。周叔弢藏。○明翻岳氏家
塾本，八行十七字，白口，四周雙闌。附音釋。卷末有"湯仁甫刻字"
一行。

孝經正義三卷　唐玄宗明皇帝御註。宋邢昺疏。○閩、監、毛、殿、江
西五本。○明嘉靖初金臺汪諒刊注疏。○南宋閩中刊本，即世所謂
十行本也，間有正德、嘉靖補刻頁，惟孝經殘缺最多，原頁幾無一二
存矣。○阮刻即從十行本開雕。○明皇御注阮校勘記所據有南宋
相台岳氏本。○天祿後目亦有宋岳刊本一部，附音義。○桐鄉金氏
翔和書屋翻刻相台本。○同治庚午揚州書局重刊相台本。○明有
正德六年刊本。○近姑蘇張氏翻正德本。○通志堂本，合馬范。○
石台御書石刻本為最舊。

〔附〕○日本刻北宋小字本。○黎刻卷子本。（眉）整理者按：日本翻北
宋小字本為一卷本，見前條補記。

〔補〕○宋刊本，十行十七字，注雙行二十三字，黑口，左右雙闌。南皮
張氏舊藏。

〔補〕**孝經註疏九卷**　唐李隆基註，宋邢昺疏。○清覆元泰定三年刊
本，十行十七字，註雙行二十三字，白口，左右雙闌。○清嘉慶二十
一年汪士鐘藝芸精舍覆刻元泰定三年刊本。

古文孝經指解一卷　宋司馬光撰。○通志堂本並全載注本，當康熙
四十五年。

孝經刊誤一卷 宋朱子撰。○朱子遺書本。○經苑本。

孝經大義一卷 宋董鼎撰。○通志堂本。前有熊禾序，蓋元大德九年鼎子真卿從胡一桂訪禾于雲谷山中，以此書質禾，禾屬其從兄熊敬刊行。

〔附〕○宋徐貫刊本。（邵氏）

孝經定本一卷 元吳澄撰。○通志堂本。尚有元朱申句解一卷。

孝經述註一卷 明項霦撰。○借月山房叢書本。

〔增〕**孝經大全二十八卷或問一卷附翼一卷** 明呂維祺撰。○康熙三年呂氏刊。

孝經集傳四卷 明黃道周撰。○石齋九種本。

〔補〕**孝經纘義一卷** 明黃道周撰。○清勞氏丹鉛精舍寫本。與使遼語錄、真率紀事合裝一冊。余藏。

御註孝經一卷 順治十三年世祖章皇帝御撰。○順治中內府刊本。

御纂孝經集註一卷 雍正五年世宗憲皇帝御撰。○內府刊本。

孝經問一卷 國朝毛奇齡撰。○西河全書本。

〔增〕**孝經全註一卷** 國朝李光地撰。○榕村全書本。○近日祝桐君刊本。

〔增〕**孝經精義一卷附錄或問一卷餘論一卷** 國朝張叙撰。○乾隆三年刊。

〔增〕**孝經彙纂三卷** 國朝孫念劬撰輯。○嘉慶四年孫氏彊恕堂刊本。

〔補〕**孝經鄭氏注一卷** 清嚴可均輯。○清光緒八年歸安姚氏刊咫進齋叢書本。

〔補〕**孝經義疏補九卷首一卷** 清阮福撰。○清道光十四年阮孔厚刊本，收入文選樓叢書中。

〔補〕**孝經鄭注疏二卷**　清皮錫瑞撰。○清光緒二十五年刊師伏堂叢書本。

上孝經類

經部七

五經總義類

〔補〕**五經異義二卷**　漢許慎撰，鄭玄駁，清王謨輯。○清嘉慶三年金溪王氏刊漢魏遺書鈔經翼本。

〔補〕**五經異義疏證三卷**　清陳壽祺撰。○清嘉慶十八年陳氏自刊左海全集本。○清道光九年學海堂刊皇清經解本。

駁五經異義一卷補遺一卷　漢鄭玄撰。○藝海珠塵本。○問經堂本。○許鄭遺書本。○武億刊本。○孔氏鄭學本。○陳壽祺疏證本，三卷。

〔附〕○勤有陽湖莊氏、海甯陳氏兩輯本。（眉）按：適園本、藏園本均無“勤”字，唯鈔本有之。

〔補〕**駁五經異義疏證十卷**　清皮錫瑞撰。○清光緒間長沙思賢講舍刊本。

〔補〕**鄭氏六藝論一卷**　漢鄭玄撰。清臧琳輯、臧庸補。○清光緒二十六年徐乃昌刊鄮齋叢書本。

〔補〕**六藝論疏證一卷**　清皮錫瑞撰。○清光緒間長沙刊師伏堂叢書本。

鄭註三卷補遺一卷　魏鄭小同撰。○聚珍本。○閩覆本。○問經堂本。○汗筠齋叢書本。○粵雅堂叢書本。

〔附〕○經學彙函本。（眉）

〔補〕○清武英殿聚珍版書本。吳騫校並鈔補十二條。吳重憙藏書。

〔補〕聖證論一卷　魏王肅撰，晉馬昭駁，孔晁答，張融評，清馬國翰
輯。○清光緒九年長沙娜嬛館刊本。

〔補〕聖證論補評一卷　清皮錫瑞撰。○清光緒間長沙刊師伏堂叢書
本。

經典釋文三十卷　唐陸德明撰。○通志堂本。○抱經堂本，附校勘
記。○宋撫州公使庫禮記音義，通志堂有仿宋單本，佳。○蜀大字
本論、孟、孝經三音義，黃丕烈士禮居仿宋，亦佳。○天祿後目有宋
刊本，第七卷後揭北宋初年校勘各官銜名，係元明官書，有蒙古篆印
及文淵閣印。○錢遵王家有葉林宗影抄北宋本，徐、盧並據以校刊
而不盡從。阮氏校勘記仍據葉本以校二本。何義門云，徐刻顧伊人
所校，滿紙譌謬。武陵顧豹文有宋本，東海未能借校。○張金吾家
有殘本一卷，宋刊，為崇文閣官書，乃春秋左氏音義之六，蓋全書之
第二十卷也。卷末有「國子監崇文閣官書，借讀者必須愛護，損壞缺
失，典掌者不許收受」印記。元史仁宗紀，皇慶二年六月建崇文閣于
國子監。明太學志，崇文閣元藏書之所。春明夢餘錄，國子監彝倫
堂明之崇文閣也。又有子晉書印，蓋元官書歸汲古者。時可證通
志、抱經肬改之失。

〔補〕○宋淳熙四年撫州公使庫刊本，十行，每行大小字相間，白口，四
周雙闌。有補版，版心下記「開禧乙丑換」、「淳祐壬寅刊」等字。余
有禮記釋文四卷。○宋紹興時浙杭刊本，十一行十五至十七字不
等，注約二十三字，白口，左右雙闌。補版有「重刊」二字。鈐有明文
淵閣大方印及「萬曆三十三年查訖」朱文楷書木記。有乾隆五璽及
天祿繼鑑璽，天祿後目中物。○影寫宋浙杭刊本，十一行注二十一

字。有馮班、朱錫庚跋，即讀書敏求記所記之本也。北京圖書館藏。
○清通志堂經解本，盧文弨校，存公羊穀梁音義。○清通志堂經解
本，臧鏞堂校影宋本並臨段玉裁校。○清通志堂經解本，顧之逵校，
並臨惠棟、段玉裁、臧鏞堂校。余藏。○清通志堂經解本，袁清賀臨
臧鏞堂、顧之逵、江沅、管慶祺諸家校語。徐坊遺書。

七經小傳三卷　宋劉敞撰。○通志堂本。○藤花榭本。○三劉文集

本。○汪刻叢書本。○天祿後目有北宋刊本。○元進士劉聞庭臨
川刊本。

〔補〕○宋刊本，十行二十字，白口，左右雙闌。清宮藏書，即莫氏所記
天祿後目之本。此書後印入續古逸叢書及四部叢刊續編中，然實非
北宋本。

程氏經説七卷　不著撰人。○二程全書本。○寶誥堂刊本，八卷。

〔補〕河南程氏經説七卷　宋程顥、程頤撰。○宋刊本，十一行二十

字，白口，左右雙闌。避宋諱至"慎"字。鈐有"吳廷偉書畫記"、"芷
閣藏書"等印。邢贊亭藏。

六經圖六卷　宋楊甲撰。○萬曆乙卯吳氏刊本。○又郭刊本。○康

熙中汪氏、潘氏二刊本。○乾隆五年六安王皞輯錄本。○乾隆九年
鄭之僑本。○天祿後目稱，明新都吳繼仕仿宋本極精，書首刻熙春
堂藏板，又歸修吉堂，每卷末有識語。○又吳繼仕另刻七經圖。○
宋乾道刊本，為圖三百有九，易七十，書五十，詩四十七，周禮六十
五，禮記四十三，春秋二十九，見苗言序。○明計部方公得宋本重
刊，長尺五寸，廣二尺。

〔補〕○宋巾箱本，行格不一，十行十七字、十三行二十五字、十五行二
十二字不等，四周單闌。存毛詩圖説三十九葉，春秋圖説五十六葉。
有朱嘉勤跋。

六經正誤六卷　宋毛居正撰。○通志堂本。○嘉靖癸未南京重刊宋

本。

〔附〕○曹秋岳藏郝梁校刊本。孝目。（眉）

〔補〕○元刊本，十行二十二字，細黑口，左右雙闌，大版心。海虞瞿氏
　　藏。○明嘉靖二年郝梁刊本，十行十八字，白口，左右雙闌。蟬隱廬
　　見。李木齋亦有一帙。

刊正九經三傳沿革例一卷　宋岳珂撰。○乾隆戊申任文校刊本。
　　○知不足齋叢書本。○儀徵汪氏藤花榭刊本。○吳志忠刊宋本，每
　　半頁八行，行十八字，有明翻本，有新翻本。

〔附〕○粵雅堂刊本。周展□有讀相台三經隨筆四卷。宋有抱經樓抄
　　本。（原稿無，印本入正文。）

〔補〕○舊寫本。書名上有“相臺書塾”四字，八行十七字，宋諱缺筆，是
　　從宋本出，鈐有高郵王氏及汪喜孫印。○清鮑廷博家寫本，十行二
　　十字，墨格，左闌外下方有“鮑氏困學齋”五字，鮑廷博校。余藏。

融堂四書管見十三卷　宋錢時撰。○四庫依瓶花齋鈔本。○宋景定
　　辛酉天台錢可則刊本。

〔補〕○此書世罕傳本。四庫本已印入四庫全書珍本初集中矣。

四如講稿六卷　宋黃仲元撰。○嘉靖丙午刊本。○舊鈔本，板心有
　　“繡佛齋藏本”字。

〔補〕○明嘉靖本，十行二十字，白口，四周雙闌。京肆見殘本。

〔增〕**六經四書講稿六卷**　宋黃仲元撰。○板心有“繡佛齋藏本”五
　　字。張金吾藏。

〔增〕**九經疑難殘本四卷**　宋樵陽張文伯正夫編，原十卷。○張金吾
　　收淡生堂抄本。○阮氏即依淡生本錄以進呈。

〔增〕**宋本九經直音十五卷**　宋廬陵孫奕撰。孝經論語卷一，孟子卷
　　二，毛詩卷三、四，尚書卷五，周易卷六，禮記卷七、八、九，周禮卷十，
　　春秋左傳卷十一至十五，其音皆據釋文，參以宋儒之讀，不能直音者

紐以四聲字，亦或用切音，簡確易曉。奕撰有示兒編，見子部，乃好
學淹通之士。此書雖取便蒙，亦具有根柢。○四庫著錄之明本排字
九經直音二卷者，蓋元時坊間因其書合併卷數刊之，而失載奕名耳。
○半頁十三行，行二十二字，巾箱本，大小略似今秦刻九經，當時必
以附九經巾箱本白文之後。○海寧查氏藏本，同治己巳仲春查燕緒
持以相示，有池北艸堂、留眅書屋、延陵季子三印。

六經奧論六卷 宋鄭樵撰。○通志堂本。○藤花榭本。○明刊本。
竹垞云，成化中盱江危輔藏本，黎温序而行之。

〔補〕○影寫明刊本，十二行二十三字。余藏。

明本排字九經直音二卷 不著撰人。○四庫從元初刊本傳抄。○
至元丁亥梅隱書堂刊本。

〔附〕○陸心源刻本。（眉）按：即清光緒七年刊十萬卷樓叢書二編本。

五經説七卷 元熊朋來撰。○通志堂本。○明錫山安氏活字本，十三
行，行十六字。○晦庵有竹垞手抄本，簡端有熊朋來傳，竹垞有印
記。

〔補〕**豫章熊先生家集七卷** 元熊朋來撰。○舊寫本，九行二十二
字。彭元瑞朱筆跋。

十一經問對五卷 元何異孫撰。○通志堂本。○何云有序文，未曾
補刊。○收抱經、修能合校舊抄本。

〔附〕○通志本無序文，後兩卷闕字甚多。嚴修能有舊抄，獨全。（眉。
整理者謹按：此亦莫棠臨勞格批簡目之文也。）

〔補〕○元刊本，十四行二十五字，黑口，四周雙闌，書名大字佔雙行，上
加"新編"二字。有至正十八年自序。李文田跋。其孫李椌藏。○
舊寫本，盧文弨、嚴元照校並跋。余藏。○通志堂經解本。余曾據
盧文弨校本校，補何氏自序一首。又錄盧文弨、嚴元照跋。

五經蠡測六卷 明蔣悌生撰。○通志堂本。○明嘉靖戊戌浮梁閔文

振刊本。

簡端錄十二卷 明邵寶撰。○雍正壬子華氏劍光閣刊本。○明崇禎辛未刊本，附書說一卷，左觿一卷。存目。

五經稽疑五卷 明朱睦㮮撰。○四庫依抄本錄。

〔補〕○四庫本已印入四庫全書珍本初集。

經典稽疑二卷 明陳耀文撰。 按：四庫著錄，莫氏失收。

繙譯五經五十八卷四書二十九卷 按：四庫著錄，莫氏失收。

七經孟子考文補遺一百九十卷凡例一卷 日本西條掌書記山井鼎撰，東都講官物觀補遺。○日本原刊。○嘉慶二年阮刊本。○內尚書古文考一卷，單刻入函海。

〔補〕**五經同異三卷** 清顧炎武撰。○舊寫本，有朱錫庚跋。周叔弢藏。

九經誤字一卷 國朝顧炎武撰。○亭林十書本。○指海本。

經問十八卷經問補三卷 國朝毛奇齡撰。○西河全書本。○阮刻經解本。

十三經義疑十二卷 清吳浩撰。 按：四庫著錄，莫氏失收。○四庫本已印入四庫全書珍本初集。

九經古義十六卷 國朝惠棟撰。○貸園叢書本。○阮刊經解本。○蔣氏省吾堂本。○桂林同知李文藻刊本。○昭代叢書本甲集補。

〔補〕○清乾隆間潮陽縣署刊本。

經稗六卷 清鄭方坤撰。 按：四庫著錄，莫氏失收。

十三經註疏正字八十一卷 國朝沈廷芳撰。○盧云嘉善浦鏜原編。

〔補〕○四庫本已印入四庫全書珍本初集。

朱子五經語類八十卷 國朝程川撰。○雍正乙巳刊。

羣經補義五卷 國朝江永撰。○敷文閣彙鈔本。○阮刊經解本。○

經學叢書本。

〔附〕○經學叢書乃瑱川吳氏刊也。（眉）

〔補〕○清乾隆五十七年書業堂刊本。二册。余藏。

經咫一卷 國朝陳祖范撰。○乾隆甲申陳氏刊司業集本。

九經辨字瀆蒙十二卷 國朝沈炳震撰。○四庫依抄本錄。

〔補〕○四庫本已印入四庫全書珍本初集中。

〔補〕**鍾山札記四卷** 清盧文弨撰。○清乾隆五十五年抱經堂精刊
本。與龍城札記合一册。余藏。○清道光九年學海堂刊皇清經解
本。

〔補〕**龍城札記三卷** 清盧文弨撰。○清嘉慶元年抱經堂刊本。○清
道光九年廣東學海堂刊皇清經解本。

〔補〕**經考五卷** 清戴震撰。○清光緒二十六年徐乃昌刊鄦齋叢書
本。

〔補〕**唐石經考異十三卷** 清錢大昕撰。○清寫本，藍格，十二行二
十四字。無孟子，附刪定禮記月令一卷。後有錢氏自序。

古經解鉤沈三十卷 國朝余蕭客編。○乾隆中刊本。

〔增〕**石經考文提要十三卷** 國朝彭元瑞撰。

〔補〕○清乾隆五十九年彭元瑞知聖道齋寫本。

〔增〕**惜抱軒九經說十七卷** 國朝姚鼐撰。○嘉慶丙辰刊于旌德，僅
十二卷。○己巳刊于江甯乃足本。

〔補〕**羣經識小八卷** 清李惇撰。○清道光五年李氏安愚堂刊本。○
清道光九年學海堂刊皇清經解本。

〔補〕**經義知新記一卷** 清汪中撰。○清道光三十年金山錢氏增刊藝
海珠塵壬集本。○清道光九年學海堂刊皇清經解本。

〔補〕**羣經義證八卷** 清武億撰。○清乾嘉間武穆淳刊授堂遺書本。

○清光緒十四年南菁書院刊皇清經解續編本。

〔補〕**經讀考異八卷補一卷句讀叙述二卷補一卷** 清武億撰。○
清乾隆五十四年小石山房刊本，收入授堂遺書中。

〔增〕**經義雜記三十卷** 國朝臧琳撰。○臧氏叢書本。

〔補〕**經義雜記三十卷叙錄一卷** 清臧琳撰。○清嘉慶四年武進臧
氏同述觀刊本。

〔補〕**經傳小記一卷** 清劉台拱撰。○清嘉慶刊劉端臨先生遺書本。
○清光緒十四年南菁書院本皇清經解續編本。○光緒十五年刊廣
雅書局叢書本。

〔補〕**經學卮言六卷** 清孔廣森撰。○清嘉慶十八年孔昭虔刊本，收
入顨軒孔氏所著書中。○清道光二十三年金山錢氏刊指海本。○
清道光九年學海堂刊皇清經解本。

〔補〕**簡莊疏記十七卷** 清陳鱣撰。○民國張鈞衡刊適園叢書本。

〔補〕**經傳考證八卷** 清朱彬撰。○清道光二年遊道堂刊本。○清道
光九年學海堂刊皇清經解本。○清道光十六年宜祿堂刊本。

〔補〕**經義叢鈔三十卷** 清嚴杰輯。○清道光九年學海堂刊皇清經解
本。

〔增〕**十三經注疏并釋文校勘記二百四十五卷** 國朝阮元撰。○
阮氏刊本。○經解本。

〔增〕**經義述聞三十二卷** 國朝王引之撰。○嘉慶二年刊。○道光
七年重定刊于京師。○近揚州有覆本。

〔補〕**經義述聞不分卷** 清王引之撰。○清嘉慶二年自刊本。有自
序，謂述所聞於其父者也。

〔補〕**經義述聞二十八卷** 清王引之撰。○清道光九年學海堂刊皇
清經解本。

〔補〕**經傳釋詞十卷** 清王引之撰。○清嘉慶二十四年刊本。○清道
　　光二十七年守山閣刊本。

〔補〕**羣經宮室圖二卷** 清焦循撰。○清道光間半九書塾刊本，收入
　　焦氏叢書中。○清光緒十一年梁谿朱氏小曝書亭刊本。○清光緒
　　十四年南菁書院刊皇清經解續編本。

〔補〕**拜經日記十二卷** 清臧庸撰。○清嘉慶二十四年刊拜經堂叢書
　　本。

〔補〕**左海經辨二卷** 清陳壽祺撰。○清道光三年刊左海全集本。○
　　清道光九年學海堂刊皇清經解本。

〔補〕**十三經詁答問六卷** 清馮登府撰。○清光緒十三年朱氏刊槐
　　廬叢書本。又收入孫谿朱氏經學叢書初編中。○清光緒十四年刊
　　皇清經解續編本。

〔補〕**唐石經校文十卷** 清嚴可均撰。○清嘉慶刊本。二冊。庚戌保
　　古齋見，已收。

〔補〕**學計一得上下卷** 清鄒伯奇撰。○清同治十二年南海鄒氏刊鄒
　　徵君遺書本。

附錄

古微書三十六卷 明孫瑴編。○明刊本。○守山閣本。○墨海金壺
　　本。○單刻尚書中候鄭學本。○照曠閣本。○許鄭遺書本。○嘉
　　慶庚午山淵堂活字板本。○餘杭刊本。○嘉興本。○吳興本。

〔補〕○清綠格寫本，十行三十六字。有范景文序及自序。○清嘉慶止
　　淵堂活字印本。余藏。

〔增〕**七緯三十八卷** 國朝趙在翰撰。○嘉慶十四年刊。

上五經總義類

經部八

四書類

　　○孟子單趙注有乾隆辛丑安邱韓氏刊本，又孔氏微波榭刻本，皆善。○季滄葦書目亦有相台趙注。○錢曾有舊抄，云以建安監本校對，脱誤甚多。○真定梁氏有北宋本，後歸王侍郎之樞。○單論語集解十卷，昭文張氏有抄本，元至正時日本國人所寫，即錢遵王家物。○天禄後目有宋相台岳氏本論語何註十卷，孟子趙岐注十四卷，皆附音義。

〔附〕○王伯厚輯鄭氏論語注兩卷，宋氏有。抱經用竹汀、玉裁、□□、
　　小㕘各本參校。（眉）

〔補〕**四書白文**　○元刊本，十行十五字，黑口，有眉闌，内加音釋。每
　　章連下，以陰文記章數間之。盛氏鬱華閣舊藏。

〔補〕**孟子注十四卷**　漢趙岐注。○宋蜀大字本，八行十六字，注雙行
　　二十一字，白口，左右雙闌。此書清宮藏。曾借出影印，收入續古逸
　　叢書中。後忽為人竊出，余嘗見數卷於張岱杉許，已離析矣，可惜之
　　至。○日本慶長間足利學校活字印本，七行十七字。○錢曾舊藏明
　　抄本，首數葉為吳寬手寫，為嬋隱廬收得，索價六百元，值昂不得收。

孟子正義十四卷　漢趙岐注。其疏舊題宋孫奭撰。○閩、監、毛、殿、
　　江西五本。

〔附〕○經學彙函本。（眉）○單注季氏有北宋蜀大字本，附音義，最佳。
　　○宋廖瑩中刊本。（邵氏）整理者按：季氏北宋蜀大字本即故宮藏趙
　　岐注本。廖本亦不傳，傳世僅有元盱郡重刊本。

〔補〕**孟子注疏解經十四卷**　漢趙岐注，題孫奭疏。○宋刊元修本，

八行十六字,注雙行二十二字,白口,左右雙闌。故宮有全帙。北京圖書館有內閣大庫舊儲殘本八卷。袁克文有二卷,文德堂見二卷,後均歸李木齋先生。○元刊明修本,十行十八字,註雙行二十三字,白口,左右雙闌。○明嘉靖李元陽閩中刊本,九行二十一字,註雙行二十字,白口,四周單闌。○明萬曆十八年北京國子監刊本,九行二十一字,註雙行同,白口,左右雙闌,版心上方陽面有刊刻年月。○明崇禎六年汲古閣毛氏刊本。九行二十一字,註雙行二十一字,白口,左右雙闌,版心下方有"汲古閣"三字。○清乾隆四年武英殿刊本,附考證,十行二十一字,註雙行二十字,白口,左右雙闌;版心上方記刻書年代。○清嘉慶二十年南昌府學刊重刊宋本十三經註疏本,十行十八字,註雙行二十三字,大黑口,左右雙闌。○明吳氏叢書堂寫本,九行二十字,版心有"叢書堂"三字,黃丕烈跋。蔣氏密韻樓藏,後歸涵芬樓。

〔補〕**孟子注十四卷** 漢趙岐注,宋孫奭音義。○元盱郡重刊宋廖瑩中世綵堂刊本,八行十七字,注雙行同,細黑口,四周雙闌,闌外有耳記篇名。逐句加圈。有"盱郡重刊廖氏善本"牌子。故宮藏書,已收入天祿琳琅叢書中。

〔補〕**論語集解十卷** 魏何晏集解。○精寫本,九行二十二字。故宮藏。○日本天文癸巳刊本,七行十四字,黑口,四周單闌。每卷各章銜接,不提行空格。後有楊守敬跋。余藏。○日本足利學校活字印本,七行十七字。約當明萬曆間刊本。

論語義疏十卷 魏何晏等注,梁皇侃疏。○日本國寬延庚午年根遜志原刊本,當康熙二十九年。○乾隆五十一年內府刊本。○知不足齋乾隆五十三年刊本。○述古堂藏日本舊抄論語集解十卷,中遇"吾"字缺首筆,"語"字亦然,豈避日本諱耶。每卷終注經若干字,注若干字,末有"道祐居士重新命工鏤梓,正平甲辰五月吉日謹誌"兩行。又有"學古神德楷法日下逸人書"一行,正平乃據割年號,十九年當其國天皇貞治三年,中國元順帝二十四年也。見張金吾藏書志。敏求記亦載之。○日本正平本論語集解,光緒八年遵義黎氏得之日本東京,即于其地付刊。

〔附〕○鮑本每頁中無知不足齋字。(眉)

〔補〕○日本室町時代寫本,九行二十字,鈐"金澤文庫"印。

〔補〕**論語集解義疏十卷** 魏何晏集解,梁皇侃疏。○清王亶望刊本,吳騫朱筆校。

〔補〕**監本纂圖重言重意互註論語二卷** 魏何晏集解,陸德明音義。○宋劉氏天香書院刊本,十行十八字,註雙行二十四字,細黑口,四周雙闌。序後有"劉氏天香書院之記"行書牌記。卷中重言、重意及音釋及字均以圓圍隔之。大字精美,是建本之精者。後有楊守敬氏長跋,列勝異之處,云得之東瀛。後歸李木齋先生。

〔補〕**論語集解二十卷** 魏何晏撰。唐陸德明音義。○元盱郡重刊宋廖瑩中世綵堂刊本,八行十七字,注雙行同,細黑口,四周雙闌,闌外有耳記篇名,逐句加圈。音釋以圓圍别之。有"盱郡重刊廖氏善本"牌子。故宫藏書。已收入天祿琳琅叢書中。

論語正義二十卷 魏何晏等注。○宋邢昺疏。○閩、監、毛、殿、江西五本。○明正德刊本,養新錄有跋語,似即阮校勘記所據十行本。

〔附〕○明崇禎丙子熊九香、熊九勅刊論孟注疏,楊鶚序云面十三經中四書全本行世,正其譌舛,而餘經嗣刻云云。(原稿無,印本入正文。)○頃見宋刻巾箱本,每半頁十行,行十八字,注雙行,行二十三字。首有季滄葦、阮文達諸印,板心記字數,欄外記篇名,同上本。(眉)

〔補〕**論語註疏十卷** 魏何晏集解,宋邢昺疏。○宋蜀大字本,八行十六字,注雙行二十五字,白口,左右雙闌。日本帝室圖書寮藏,中華學藝社已影印行世。

〔補〕論語註疏解經二十卷　魏何晏集解，宋邢昺疏。○宋刊元明遞修本，八行十六字，註雙行二十二字，白口，左右雙闌。見殘卷。○元刊明修本，十行十八字，註雙行二十三字，白口，左右雙闌。○明嘉靖李元陽閩中刊本，九行二十一字，註雙行二十字，白口，四周單闌。○明萬曆十四年北京國子監刊本，九行二十一字，註雙行同，白口，左右雙闌。版心上方陽葉有"萬曆十四年刊"字樣。○明崇禎十年毛氏汲古閣刊本，九行二十一字，註雙行二十字，白口，左右雙闌。版心下方有"汲古閣"三字。○清嘉慶二十年南昌府學刊重刊宋本十三經註疏本，附校勘記二十卷，十行十八字，註雙行二十三字，黑口，左右雙闌。

〔補〕論語註疏二十卷附考證　魏何晏集解，唐陸德明音義，宋邢昺疏。○清乾隆四年武英殿刊本，十行二十一字，註雙行二十字，白口，左右雙闌。版心陽面上方有"乾隆四年校刊"六字。

論語筆解二卷　唐韓愈撰。○宋刊附五百家韓集本，十卷，見天祿琳琅書目及朱竹垞跋，朱謂李太僕家藏。○敏求記有十卷本。○說郛、唐宋叢書不全。○明范氏二十種奇書本。○明世學山本。○續百川學海本。○藝海珠塵本。○墨海金壺本。

〔補〕○明嘉靖中四明范氏天一閣刊范氏奇書本，九行十八字，白口，左右雙闌。卷首第四行題"四明范欽訂"。○清嘉慶張海鵬刊墨海金壺本，十一行二十三字，黑口，左右雙闌。余曾據故宮藏宋蜀本校過。

〔補〕新刊唐昌黎先生論語筆解十卷　唐韓愈、李翱撰。○宋蜀本，十行十七字，注雙行同，白口，左右雙闌。每卷二、三行並列"昌黎韓愈"、"趙郡李翱"。故宮藏。

孟子音義二卷　宋孫奭撰。○通志堂本。○抱經堂校本。○乾隆辛丑安邱韓氏岱雲刊本。○黃丕烈刊蜀大字孝經論孟音義。

〔附〕○孔刻附章句後。（原稿無，印本入正文。）

〔補〕孟子音義二卷　宋孫奭撰。○清人末吾氏傳鈔錢氏述古堂影寫宋刊本，十行十八字，注雙行二十五字。闌外有“虞山錢遵王述古堂藏書”一行，鈐“大梅秘玩”印。○清道光二十三年許瀚刊本。

論語拾遺一卷　宋蘇轍撰。○兩蘇經解本。○指海本。

〔補〕○明萬曆二十五年焦竑刊兩蘇經解本，十行二十一字，白口，左右雙闌。

孟子解一卷　宋蘇轍撰。○兩蘇經解本。○指海本。

〔補〕○明萬曆二十五年焦竑刊兩蘇經解本，十行二十一字，白口，左右雙闌。

論語全解十卷　宋陳祥道撰。○張金吾志載舊抄本，題云“重廣陳用之學士真本入經論語全解義十卷”。

〔補〕重廣陳用之學士真本入經論語全解義十卷　明藍格寫本，十行二十字，前人朱筆校，吳騫又以墨筆訂正之。余藏。

〔補〕論語解不分卷　宋尹焞撰。○明山陰祁氏澹生堂寫本，竹紙藍格，十行二十字。周叔弢藏。

孟子傳二十九卷　宋張九成撰。○四庫從南宋刊本傳抄。○汲古閣有影宋精抄本。○季目有宋刊本三十二卷，題九成孟子解。○汪士鍾藏北宋本，亦二十九卷，缺盡心上下。每卷題云張狀元孟子傳第幾，結銜云“皇朝太師崇國文忠公鹽官張九成子韶”，半頁十四行，行二十五字，頁左端線外標篇名，同治丁卯冬見于胥門。四庫所據豈即此本耶，何闕佚之相同也。

〔附〕○南潯劉氏有宋刻本。（眉）

〔補〕○汪士鍾舊藏宋本張狀元孟子傳存二十九卷，十四行二十五字，白口，左右雙闌，左闌外上方記篇名。是南宋中期浙本。已印入四部叢刊三編。九成南宋人，其書何來北宋本，莫氏屬筆偶誤爾。

〔補〕**中庸説一卷** 宋張九成撰。○宋刊本，十行十八字，白口，左右
雙闌。日本西京東福寺藏書。已收入續古逸叢書及四部叢刊三編
中。

尊孟辨三卷續辨二卷別錄一卷 宋余允文撰。○明中葉後已無完
本。○守山閣本。

中庸集解三卷 宋石𡼖撰。提要無此條，並見後中庸輯略條内。○
道光己酉友芝曾以衛氏集説所抄合今行朱子遺書輯略合校，刊于遵
義。

〔附〕○元本。（眉）○宋尤溪本，宋建陽本，宋長沙本，宋婺源張氏本，
道光乙酉仿宋本。（邵氏）

大學章句一卷論語集註十卷孟子集註七卷中庸章句一卷 宋
朱子撰。○内府仿宋淳祐刊本。○元和吳志忠仿宋本，附攷證。○
嘉靖丁亥南康府六老堂刊本。○明刊仿宋本，大字，每卷後有音註，
不知何人所刻，每半頁七行，行十五字。○錢塘丁丙收一本，亦七行
十五字者。經注句讀有旁抹及方圓圈，其文字異今本處，與吳志忠
所言宋本大同。序後及每卷末皆附音考，于名物制度亦有補益，蓋
宋元間翻刻所加，當在用以取士後也。其音考字較本書圓活，同治
丁卯秋客杭見之。

〔附〕○吳志忠本、明經廠本孟子皆十四卷（眉）○宋大字本，正統六經
本附或問。○吳門吳刻仿宋本。（邵氏）○補按：海昌朱氏有宋本孟
子十四卷，已佚一卷。（整理者按：此條在適園本眉，此補按當是適
園本編者所補也。）

〔補〕**四書章句集註二十六卷** 大學一卷、中庸一卷、論語十卷、孟子
十四卷，宋朱熹撰。○宋刊元修本，八行十五字，白口，左右雙闌。
版心單魚尾。序後有補刊識語，末行填淳祐丙午僞紀年。故宮藏

書。

〔補〕四書章句集註二十八卷 本經外論語孟子各有序説一卷。○宋刊本，七行十五字，注雙行同，白口，左右雙闌。行間加句讀，行側有旁抹。每卷後有音考。後有蔣澤培跋。江南圖書館藏。○日本靜嘉堂有皕宋樓舊藏元明間刊本，論、孟後無序説而學、庸後附或問各一卷，七行十五字，注雙行同，有句讀標抹。每卷後附音考。刊工潦草，陸氏誤定為宋刊。○宋淳祐十二年壬子當塗郡齋刊本，八行十五字，白口，左右雙闌，版心雙魚尾。海虞瞿氏藏。○宋元間刊本，十一行二十一字，註大字低一格，細黑口，四周單闌。周良金藏印。

〔補〕論語集注十卷序説一卷孟子集注十四卷序説一卷 宋朱熹撰。○宋元間刊本，七行十二字，注雙行十六字，黑口，左右雙闌。避宋諱至"慎"字，鈐歸有光偽印。又一帙，行欵版式同上，惟宋諱不避。存孟子集注十卷，不全。正文齋見。

〔補〕四書章句集註二十六卷附考證四卷句讀一卷 宋朱熹撰。○清嘉慶十六年辛未璜川吳志忠真意堂刊本，九行十七字，仿宋刊。

四書或問三十九卷 宋朱子撰。○論孟或問朱子遺書本。○大學中庸或問元、明四書集註及明以來大全書並附各章句之後，坊本始删去之。○合刻四書或問徐思曠夾注本。○墨潤齋刊本。

〔補〕○明弘治間刊黑口本，十行十八字，黑口，四周雙闌。京肆見一帙，不全。

論孟精義三十四卷 宋朱子撰。○朱子遺書本。

中庸輯略二卷 宋朱子編。○明嘉靖乙巳呂信卿刊本。○朱子遺書康熙六十年湖北車雙亭刊本。○墨潤齋刊本。○今行本多錯誤，友芝曾以宋人引據校于石氏集解本。

論語意原二卷 宋鄭汝諧撰。○聚珍本。○閩覆本。○墨海金壺本。○指海本，四卷。○經苑本。

〔補〕○明謝肇淛小草齋寫本，墨格，十行二十字，白口，四周單闌，版心
下刊"小草齋鈔本"五字。存下卷。"桓"字缺末筆，從宋本出。余
藏。

癸巳論語解十卷　宋張栻撰。○通志堂本。何云，所刊據天一閣抄，
未盡可信。○康熙丁丑仇兆鰲刊。○學津討原本。

癸巳孟子説七卷　宋張栻撰。○通志堂本。何云亦據天一閣抄，後
得最精宋本，未能校正修板。○康熙丁丑仇氏刊本。

石鼓論語問答三卷　宋戴溪撰。按：此書四庫著錄，莫氏失收。

蒙齋中庸講義四卷　宋袁甫撰。按：此書四庫著錄，莫氏失收。○四
庫本已印入四庫全書珍本初集中。

〔增〕**四書箋義十二卷**　宋趙德撰。宋宗室，隱居浙之東湖，號鐵峯。
其書四庫未收。○阮文達撫浙曾據元泰定刊本影抄，進呈内府。○
仁和何元錫刊本。○又守山閣本。

〔補〕○汲古閣影寫元刊本，十一行二十二字，注雙行三十三字。有泰
定二年曾翰序。故宮藏書。

四書集編二十六卷　宋真德秀撰。○通志堂本。○何云，徐刻從李
中麓鈔本，惜未盡善。○浦城遺書本。

〔附〕○宋謝氏刻本。（邵氏）

孟子集疏十四卷　宋蔡模撰。○通志堂本。何云尚有論語集疏，當
訪求刻之。

論語集説十卷　宋蔡節撰。○通志堂本。

〔附〕○宋刊本。（邵氏）

中庸指歸一卷中庸分章一卷大學發微一卷大學本旨一卷　宋
黎立武撰。○學海類編本。

四書纂疏二十六卷　宋趙順孫撰。○通志堂本。

〔補〕**論語纂疏十卷** 宋朱熹集註，趙順孫纂疏。○宋刊本，九行二十
　　字，注雙行同，白口，左右雙闌。避宋諱至“廓”字。集註中“慎”作
　　“謹”，“匡”作“康”，“讓”作“避”。余藏。

〔補〕**四書纂疏二十六卷** 宋朱熹集註，趙順孫纂疏。○元刊本，十
　　行二十字，註雙行二十四字。日本靜嘉堂文庫藏書。

大學疏義一卷 宋金履祥撰。○雍正己酉金氏藕塘祠塾重刊本。

論語集註考證十卷孟子集註考證七卷 宋金履祥撰。○金氏祠
　　塾刊本。

〔補〕**四書集成二十卷** ○元刊本，十行十八字，注雙行同，細黑口，左
　　右雙闌。海虞瞿氏藏。

四書集義精要二十八卷 元劉因編。原本三十卷，今佚二卷，此本
　　至孟子滕文公上而止，亦元人遺笈僅存者，不以殘缺病也。

〔補〕○元至順元年江南行省官刊本，三十六卷，九行十七字，細黑口，
　　四周雙闌。前有江浙等處儒學提舉司官牒，後列官吏銜名十行。第
　　三十六卷為徵引各家文集姓名。有毘陵周氏藏印。莫氏誤記為三
　　十卷。

四書辨疑十五卷 元陳天祥撰。○通志堂本。

〔補〕○元刊本，大版心，十行二十字，白口，左右雙闌。故宮藏書。

讀四書叢說四卷 元許謙撰。○昭文張氏有舊抄本，八卷。藏書志
　　云，元史載許謙四書叢說二十卷，蓋本黃溍撰墓誌，經義攷云未見。
　　四庫所錄闕佚已多，是本凡大學一卷，論語三卷，中庸孟子各二卷，
　　首尾完整，信希有之書，惟與史不符，或經後人合併歟。○又有不全
　　元刊本六卷，卷數同，缺大學、論語中卷。○仁和何元錫刊巾箱本，
　　八卷，完善，與趙德四書箋義合刊。○平津館藏書目有元刊讀論語
　　叢說上中下三卷，黑口本，每頁小字三十二行，行二十六字。○經苑
　　本。○阮氏從元刊本抄論語叢說三卷進呈，又抄中庸叢說二卷。

〔附〕〇德清徐氏修吉堂有元刊本三卷，嚴修能抄錄一過。（眉）〇元刊本八卷，半葉十六行，行廿四字。〇路有抄本八卷，疑即張本。〇明弘治乙未本八卷。（邵氏）

〔補〕**讀四書叢説八卷** 元許謙撰。〇元至正刊本，十六行二十六字，細黑口，左右雙闌。有黃丕烈跋。海虞瞿氏藏，已印入四部叢刊續編。〇明弘治刊本，十一行二十字，黑口，左右雙闌。在李木齋先生處見殘本。〇舊寫本。前有吳師道序。慈谿馮氏醉經閣舊藏。陳立炎肆中見。

四書通二十六卷 元胡炳文撰。〇通志堂本。〇近年有重刊本。〇武林朱勳單刻本。〇元刻本，每半頁十一行，行大字十九，小字二十一。

〔附〕〇元泰定建陽坊刻本，每半頁十一行，行大字十九，小字二十一。（邵氏）

〔補〕〇元天曆二年崇化余志安勤有堂刊本，十一行十九字，注雙行二十一字，黑口，四周雙闌。海虞瞿氏藏。〇壬子在正文齋見元刊本孟子通十四卷，十一行十九字，注二十字，小字雙行，闌外記篇名。後附孟子集注通證二卷，題新安後學張存中編，十三行二十四字，注低一格。字體圓湛精美。

四書通證六卷 元張存中撰。〇通志堂本。〇蔣生沐有元刊本，每半頁十一行，行二十四字。

〔補〕**孟子集注通證二卷** 元張存中撰。〇元刊本，十三行二十四字，注雙行同，低一格，黑口，四周雙闌。見於正文齋。

四書疑節十二卷 元袁俊翁撰。〇四庫依元板傳抄入錄。

〔補〕〇清吳氏繡谷亭寫本，題“新編待問集四書疑節”，十行二十二字，墨格，左闌外下方有“繡谷亭續藏”五字。目錄次行題“溪山家塾刊行”，次有至治改元袁俊翁自書九行，當是從元本出。

四書經疑貫通八卷 _{元王充耘撰。}○四庫依天一閣抄本傳錄，尚首尾完具，惟第二卷中脫一頁，第八卷中脫一頁，無從校補，則亦僅存之笈。

四書纂箋二十八卷 _{元詹道傳撰。}○通志堂本二十六卷。

〔附〕○元陳子善本。（邵氏）

〔增〕**四書輯釋三十六卷** _{元倪士毅撰。}○朱考曰，天一閣有刊本。按：朱考者，朱彝尊經義考也。四庫存目為二十卷本。

〔補〕**重訂四書輯釋章圖通義大成二十卷** _{元倪士毅撰。}○明初刊本，十二行二十字，注雙行二十三字，細黑口，四周雙闌。江南圖書館有殘本。

〔補〕**重訂四書輯釋章圖通義大成四十卷** _{元倪士毅輯。}明正統八年刊本，十一行二十字，細黑口，雙闌。

四書通旨六卷 _{元朱公遷撰。}○通志堂本。

四書管窺八卷 _{元史伯璿撰。}○四庫依汲古閣抄本，云明初有二刻本，皆佚。總目提要引楊東里集稱有四冊，刻板在永嘉郡學，永嘉葉琮知黃州府又刊置府學。

〔附〕○朱述之云，項九山有足本。（眉）整理者按：朱緒曾與勞格同時，故此條亦莫棠錄勞格批四庫簡目之文也。

大學中庸集說啟蒙二卷 _{元景星撰。}○通志堂本。

〔附〕○元至正壬寅本。（邵氏）

〔補〕**四書經疑問對八卷** _{元董彝撰。}○元至正十一年建安同文堂刊本，十一行二十一字，黑口，雙闌。有至正辛卯仲夏建安同文堂識語。盛氏鬱華閣舊藏。

〔增〕**四書待問二十二卷** _{元蕭鎰編。鎰字南金，臨江人。}因當時取士以經說為試藝首，歷采宋元儒自朱子張南軒以下十三家說而折衷之，亦間取時文不倍師說者設為問答之義。○阮氏曾進呈。○昭文

張氏有舊抄本。〇季目有元刊本，每半頁十四行，行二十三字，後有
“泰定丁卯春仲虞氏務本堂刊”木記。

四書大全三十六卷　明胡廣等奉敕撰。〇明刊本。〇高麗國刊本。
〔補〕〇明刊本，大字，十行二十二字，註雙行同，黑口，四周雙闌。

四書蒙引十五卷別附一卷　明蔡清撰。〇明刊本。〇初槀十四卷，
蔡氏門人季墀刊。此類所著錄元明以來解義率皆淺略膚漫，言攷證
者尤駁雜無謂，要以虛齋蒙引為最精當，餘則居正直解，林希元存
疑，王樵紹聞編，皆頗朴實暢達，而較之蒙引則遠不及矣。

四書因問六卷　明呂柟撰。〇嘉慶戊午重刊本。

〔補〕四書人物考四十卷　明薛應旂撰。〇明嘉靖三十六年丁巳刊
本，十行二十字，白口，四周單闌。四庫存目。

問辨錄十卷　明高拱撰。〇明刊。

〔補〕四書直解二十六卷　明張居正撰。〇明刊本，九行十八字，大
黑口，四周雙闌，棉紙，似是內本。滬肆見殘帙。

論語類考二十卷　明陳士元撰。〇明刊本。〇湖海樓叢書本。〇歸
雲別集本。

孟子雜記四卷　明陳士元撰。〇明刊本。〇湖海樓叢書本。〇歸雲
別集本。

學庸正說三卷　明趙南星撰。按：四庫著錄，莫氏失收。

論語商二卷　明周宗建撰。〇明刊本。

論語學案十卷　明劉宗周撰。〇四庫依抄本錄。〇劉子全書本。

四書留書六卷　明章世純撰。〇原刊本作章子留書，原十卷，餘四卷
泛作儒家言，入存目。

日講四書解義二十六卷　康熙十六年大學士庫勒納等奉敕編。〇
康熙內府刊本。

四書近指二十卷 國朝孫奇逢撰。○容城刊本。

孟子師說二卷 國朝黃宗羲撰。○刊本。

〔補〕○繆氏藝風堂有舊寫本，七卷，與四庫本作二卷者不同。

大學翼真七卷 國朝胡渭撰。○小酉山房刊本。○小山堂有竹軒寫
　本，歐書絕精。

〔附〕○刊板今歸丹鉛精舍。（眉）整理者按：此條當即莫棠所錄勞格批
　四庫簡目之一條。據此可推知眉批中涉及嘉道間人諸條均勞格筆。

四書講義困勉錄三十七卷 國朝陸隴其撰。○康熙中刊本。○又
　有續錄六卷。

松陽講義十二卷 國朝陸隴其撰。○天德堂刊本。

〔補〕○清康熙二十九年貴文堂刊本。余藏。

大學古本說一卷中庸章段一卷中庸餘論一卷論語劄記二卷
　國朝李光地撰。○榕村全書本。

論語稽求篇四卷 國朝毛奇齡撰。○西河全書本。○阮經解本。

四書賸言四卷補二卷 國朝毛奇齡撰。○西河全書本。○阮經解
　本。

大學證文四卷 國朝毛奇齡撰。○西河全書本。

四書釋地一卷續一卷又續二卷三續二卷 國朝閻若璩撰。○眷
　西堂本。○坊覆本非一。○阮經解本。○樊廷枚四書釋地補一卷，
　續補一卷，又續補一卷，三續補一卷，嘉慶丙子刊本。○宋翔鳳四書
　釋地辨證二卷，樸學齋叢書刊本。○阮刻經解本。

〔補〕**孟子生卒年月考一卷** 清閻若璩撰。○清道光九年學海堂刊
　皇清經解本。

四書劄記四卷 國朝楊名時撰。○楊氏全書本。

此木軒四書說九卷 國朝焦袁熹撰。○康熙丙子刊本。○書三味齋

叢書本。

鄉黨圖考十卷 國朝江永撰。○潛德堂本。○覆板本非一。○又有巾箱本。

〔補〕○清乾隆三十八年潛德堂刊本。○清乾隆五十二年致和堂刊本。○清乾隆五十八年金閶書業堂刊本。○清道光九年廣州學海堂刊皇清經解本。

〔補〕**論語古義一卷** 清惠棟撰。○清道光刊昭代叢書甲集補本。

〔補〕**論語竢質三卷** 清江聲撰。**校譌一卷** 清胡珽撰。○清咸豐三年仁和胡氏印琳琅秘室叢書本。

〔補〕**四書摭餘説論語三卷大學一卷中庸一卷孟子二卷** 清曹之升撰。○清嘉慶三年蕭山曹氏自刊本。

〔補〕**孟子字義疏證三卷** 清戴震撰。○清乾隆間孔繼涵刊戴氏遺書本,收入微波榭叢書中。○清道光二十三年金山錢氏刊指海本。

〔補〕**四書考異總考三十六卷條考三十六卷** 清翟灝撰。○清乾隆三十四年翟氏無不宜齋自刊本。

四書逸箋六卷 國朝程大中撰。○乾隆中刊本,○墨海金壺本。○海山仙館本。○粵雅堂叢書本。

〔補〕**孟子四考四卷** 清周廣業撰。○清乾隆六十年周氏刊本。○光緒十四年南菁書院刊皇清經解續編本。

〔補〕**論語後錄五卷** 清錢坫撰。○清嘉慶七年擁萬堂刊錢氏四種本。

〔補〕**論語駢枝一卷** 清劉台拱撰。○清嘉慶阮常生刊劉端臨先生遺書本。○清光緒十五年廣雅書局刊劉氏遺書本,收入廣雅書局叢書中。

〔補〕**論語古訓十卷附一卷** 清陳鱣撰。○清嘉慶刊本。○清光緒九年浙江書局刊本。

〔補〕**論語補疏三卷** 清焦循撰。〇清道光六年半九書塾刊六經補疏本，收入焦氏叢書中。〇清道光九年學海堂刊皇清經解本為二卷。

〔補〕**論語通釋一卷** 清焦循撰。〇清光緒中李盛鐸刊木犀軒叢書本。

〔補〕**孟子正義三十卷** 清焦循撰。〇清嘉道間江都焦氏雕菰樓刊焦氏遺書本。〇清道光九年學海堂刊皇清經解本。

〔補〕**四書典故覈八卷** 清凌曙撰。〇清嘉慶十三年江都凌氏刊蜚雲閣凌氏叢書本。

〔補〕**論語鄭氏注十卷** 漢鄭玄撰，清宋翔鳳輯。〇清嘉慶二十五年刊浮谿精舍叢書本。〇民國十九年錢唐汪氏刊食舊堂叢書本。

〔補〕**論語説義十卷** 清宋翔鳳撰。〇清光緒十四年南菁書院刊皇清經解續編本。

〔補〕**孟子趙注補正六卷** 清宋翔鳳撰。〇光緒十四年南菁書院刊皇清經解續編本。〇清光緒十七年廣雅書局叢書本。

〔補〕**四書典故辨正二十卷續編五卷** 清周柄中撰。〇清嘉慶間敬儀堂刊本。〇清光緒十二年善化許氏刊本。

〔補〕**論語孔注辨偽二卷** 清沈濤撰。〇清光緒十三年朱記榮刊槐廬叢書本。〇清光緒中趙之謙刊仰視千七百二十九鶴齋叢書本。〇清光緒中潘祖蔭刊功順堂叢書本。〇清光緒十四年南菁書院刊皇清經解續編本。

〔補〕**論語正義二十四卷** 清劉寶楠撰，劉恭冕述。〇清光緒十四年南菁書院刊皇清經解續編本。

〔補〕**論語異文考證十卷** 清馮登府撰。〇清光緒十六年新會劉氏刊藏修堂叢書本。

〔補〕**論語古注集箋二十卷** 清潘維城撰。〇清光緒十四年南菁書院刊皇清經解續編本。

〔補〕**論語注二十卷**　清戴望撰。○清同治十年刊本。○清光緒十四年南菁書院刊皇清經解續編本。

上四書類

經部九

樂類

〔增〕**殘本樂書要錄三卷**　唐武后時官書，原十卷。○日本國猶存此殘本，天瀑山人以活字印入佚存叢書，其所引古書今頗罕見。○阮氏曾進呈。

皇祐新樂圖記三卷　宋阮逸、胡瑗奉敕撰。○宋皇祐五年刊大字本。○胡心耘有校本。○學津討原本。○張金吾藏影寫新樂圖記，卷末有“皇祐五年十月初三日奉聖旨開板印造”兩行。

〔附〕○路（小洲）有影宋抄本。（邵氏）

樂書二百卷　宋陳暘撰。○宋慶元己未陳岐命林子冲校刊本，半頁二十六行，行二十一、二十二字不等，雙行注或二十二或至二十六字。○元至正丁亥刊本。○明鄭世子刊本。○張溥刊本。○昭文張氏元至正本，有目錄二十，有至正丁亥秋七月福州路儒學教授杜光大合刻禮樂書後序，〔蓋〕陳岐假守旴江軍，閱所藏，有禮書而樂書未覩，從其家得副本，令建昌軍南縣主簿林子冲校勘以行。邵亭有殘本，存目錄一卷，一之八，十七之四十四，百三十三之百三十九，百五十四之百七十二，百八十七之二百，僅七十六卷，卷末跋書林子冲，目錄前題名作宇冲。

〔補〕○元至正七年丁亥福州路儒學刊本，十三行二十一字，白口，左右
　　雙闌。後有至正丁亥福州路儒學教授杜光大禮樂書後序，蓋與禮書
　　同刻者。

律呂新書二卷 宋蔡元定撰。○性理大全本。○雍正中周模注本。
　　○乾隆中羅登選箋義本。

瑟譜六卷 元熊朋來撰。○墨海金壺本。○指海本。○經苑本。○
　　粵雅堂本。

韶舞九成樂譜一卷 元余載撰。○墨海金壺本。

律呂成書二卷 元劉瑾撰。○墨海金壺本。

苑洛志樂二十卷 明韓邦奇撰。○明嘉靖刊本。○康熙二十二年吳
　　氏刊。○乾隆十一年薛氏刊。○陸清獻日記述孟長安言，容城舊有
　　苑洛志樂板，與吳巡道所刻為三。

〔補〕**律呂直解一卷** 明韓邦奇撰。○明刊本，九行十六字，黑口，四
　　周雙闌。李木齋先生案頭見。

〔補〕**樂典三十六卷** 明黃佐撰。○明嘉靖二十六年丁未刊本，十行
　　二十字，白口，四周單闌。有嘉靖甲辰、丁未門人全賜、孫古二序。
　　李木齋藏。四庫存目。

〔補〕**雅樂考二十卷** 明韋煥撰。○明藍格寫本。有毛扆跋，云得之
　　菉竹堂中，以此書罕僻而存之。然誤以韋氏為宋人。盧址抱經樓遺
　　書，癸丑見。四庫存目。

鐘律通考六卷 明倪復撰。○四庫依天一閣抄本錄。

樂律全書四十二卷 明朱載堉撰。○明刊本，實三十八卷。

〔補〕**樂律全書四十八卷** 明朱載堉撰。○明萬曆二十四年鄭藩刊
　　本，十二行二十五字，黑口，四周雙闌。○別有三十八卷本，即莫氏
　　所見也。

〔補〕**瑟譜十卷** 明朱載堉撰。○明末汲古閣毛氏精鈔本，十二行二十五字，每葉中縫下方有"汲古閣"三字。前有嘉靖庚申自序，末有後序。黄丕烈跋。友人李放遺書。已影印行世。

御纂律呂正義五卷 康熙五十二年聖祖仁皇帝御撰。○内府刊本。

御製律呂正義後編一百二十卷 乾隆十一年奉敕撰。按：四庫著錄，莫氏失收。

欽定詩經樂譜三十卷 乾隆五十三年奉敕撰。○聚珍板本。○閩覆本。

欽定樂律正俗一卷 乾隆五十三年奉敕撰。○聚珍板本。○閩覆本。

古樂經傳五卷 國朝李光地撰。○榕村全書本。

古樂書二卷 國朝應撝謙撰。○四庫依抄本錄。

〔補〕○四庫本已印入四庫全書珍本初集中。

聖諭樂本解説二卷 國朝毛奇齡撰。○西河全書本。

皇言定聲錄八卷 國朝毛奇齡撰。○西河全書本。

竟山樂錄四卷 國朝毛奇齡撰。○西河全書本。

李氏學樂錄二卷 國朝李塨撰。○西河全書本。

〔補〕**樂述三卷** 清毛乾乾撰。○清精寫本，十行二十字。有康熙三十二年自序。

樂律表微八卷 國朝胡彦昇撰。○耆學齋刊本。

律呂新論二卷 國朝江永撰。○守山閣本。

〔補〕○舊寫本，題律呂新義，四卷，有乾隆十一年江氏自序。

律呂闡微十卷 清江永撰。按：四庫著錄，莫氏失收。

琴旨二卷 清王坦撰。按：四庫著錄，莫氏失收。

〔補〕**吹豳錄五十卷** 清吳穎芳撰。○清寫本，有乾隆二十三年自序。

〔增〕**律話三卷** 國朝戴長庚撰。○道光癸巳戴氏刊本。

〔增〕**音分古義二卷附一卷** 國朝戴嶧士撰。○咸豐庚申，杭州城失
守，死之，是書以無錫華翼綸借觀得存。同治丙寅，彝兒在滬上見華
氏錄本，借抄以備影山之藏。聞戴稿歸其子者且失之矣。

上樂類

經部十

小學類

　　爾雅單注有明嘉靖三年張景華刊本，嘉靖十七年吳元恭刊本，郎
奎金五雅本，有藏鏞堂仿元雪窗書院本，顧廣圻仿吳元恭本，福履堂附
釋文本，曾燠刊影宋繪圖單注本，清芬閣重刊福履堂本，道光乙酉金陵
陳宗彝抱獨廬重刊明景泰丙子馬諒校本，鍾人傑本，胡文煥格致叢書
本，曲阜孔氏本。

〔附〕嘉靖乙酉張景華刊爾雅注三卷，與雪窗本合，亦附音釋于注下。
雪窗本誤處此獨不誤，蓋從景泰馬諒本出也。（眉）近坊間繙顧本，
巴陵方功惠繙藏鏞堂本。又見明畢劾欽本，版式小。（眉）

〔補〕**五雅七十三卷** 明嘉靖間畢效欽刊本，計新刊註疏爾雅三卷，廣
雅十卷，重刊埤雅二十卷，爾雅翼三十二卷，釋名八卷。九行十八字
及九行二十四字，白口，四周雙闌。

〔補〕**五雅四十一卷** 明天啟六年郎氏堂策檻刊本，計爾雅註二卷，小
爾雅註釋一卷，逸雅八卷，（按即釋名），廣雅十卷，埤雅二十卷。九
行二十字，註雙行同，白口，四周單闌。余藏。

〔補〕**爾雅漢注三卷** 清臧庸輯。○清嘉慶七年承德孫氏刊本，收入

問經堂叢書中。○清光緒間朱記榮刊槐廬叢書本。

〔補〕**爾雅古義十二卷** 清黄奭輯。計犍為文學、樊光、李巡、劉歆、孫炎、郭璞、沈旋、施乾、謝嶠、顧野王等各家。○清道光中甘泉黄氏自刊漢學堂叢書本。

〔補〕**爾雅注三卷** 晉郭璞注。○宋刊大字本，八行十六字，注雙行二十一字，白口，左右雙闌。故宮藏，已收入天祿琳琅叢書中。○明初刊本，十行二十二字，白口，四周單闌。序篆文大字。李木齋先生藏。○明初刊本，十行二十字，大黑口，左右雙闌。吳慈培藏。取校通行本，多有改訂。○明景泰刊本，十行二十三字，黑口，四周雙闌。周叔弢藏。○明刊本，十行二十二字，黑口，四周雙闌。涵芬樓藏。○明嘉靖四年太原守黄卿刊本，九行二十字，白口，四周單闌。○明嘉靖十七年吳元恭刊本，八行十七字，注雙行同，白口，四周雙闌。余藏。○明新安畢効欽嘉靖中刊本，題新刊註釋爾雅，九行十八字，註雙行同，間有小字夾行，白口，四周雙闌。余藏。○明正嘉間刊本，題新刊注釋爾雅，九行十八字，注雙行同，白口，左右雙闌，間有單闌。卷中下題新刊大字爾雅。○清刊本，九行二十一字，注雙行二十字，前有篆文序。顧麐士藏書，號為宋刊。

〔補〕**爾雅注三卷** 晉郭璞撰。**附音釋** ○宋紹興間浙杭刊本，十行二十字，注雙行三十字，白口，左右雙闌。附音釋三卷，有顧廣圻跋。海虞瞿氏藏，已印入四部叢刊初編。○元刊本，小版心，八行十五字，黑口，左右雙闌。序後有大德己亥平水進德齋刊書牌記六行。涵芬樓藏。○明刊本爾雅註，十行二十字，黑口，四周雙闌。有寶康跋。○明萬曆間刊爾雅註，十行二十字，註雙行同，粗單闌，版心無中縫。徐坊藏。

〔補〕**爾雅註二卷** 晉郭璞撰。○明天啟六年郎氏堂策檻刊五雅本。九行二十字，白口，四周單闌。

〔補〕**爾雅注二卷** 晉郭璞撰。**音釋二卷** 明嘉靖四年許宗魯靜宜書
　　堂刊本，十行二十字，白口，左右雙闌。版心下有"靜宜書堂"四字。

爾雅註疏十卷 晉郭璞注，宋邢昺疏。提要作十一卷。○閩、監、毛、
　　殿、江西五本。○阮氏所據有黃丕烈藏宋刊單疏本，半頁十五行，行
　　三十字。○又有元刊明修注疏本，半頁九行，行二十字。宋刊單疏
　　吳門袁氏有之，注與疏本別行，故複述註文。○張金吾有元刊元印
　　本十卷，完善無補換之頁，首有"汲古閣"、"西河季子之印"兩印。爾
　　雅疏無南宋十行本，北宋單疏外此為最古。○元雪窗書院本三卷，
　　釋訓綽綽爰爰緩也，注云皆寬緩也，悠悠、稱稱、丕丕、簡簡、存存、懃
　　懃、庸庸、綽綽，盡重語，元本及閩、監、毛本俱脫。序下有雪窗書院
　　新刊六字，故稱雪窗本，字體與唐石經同，每頁二十行，行經十九字，
　　注二十六字，注下連附音，起于本字，上加圈為識，校諸注疏本獨為
　　完善。○元大德己亥曹氏進德齋刊本，半頁八行，行十六字。○影
　　宋蜀大字本爾雅注，大字，每半頁八行，行十五十六字不等。小字雙
　　行，行二十一字，遵義黎氏得之日本東京，即于其處刊行。

〔附〕閩本重刻明道本。黎刻蜀大字本。陸心源刻單疏本。（眉）

〔補〕**爾雅疏十卷** 宋邢昺撰。○宋刊單疏本，十五行三十字，白口，
　　左右雙闌。有元、明補版。日本靜嘉堂文庫有一帙，元至順間官冊
　　紙印。蔣氏密韻樓有一帙，後歸涵芬樓，明洪武時官冊紙印，鈐明文
　　淵閣印。寶應劉啟瑞藏殘本三卷。此書已印入續古逸叢書中。

〔補〕**爾雅注疏十一卷** 晉郭璞注，宋刑昺疏。○元刊本，九行二十
　　字，注低一格，小字雙行亦二十字。疏別行另起，亦低一格二十字，
　　標以陰文"疏"字，細黑口，左右雙闌。卷首邢昺等爾雅注疏序，九行
　　十七字。此為真元刊本，楊守敬得之東瀛，其子以贈余。長澤規矩
　　也以之印入十三經注疏影譜。○元刊明修本，九行二十字，注雙行
　　二十一字，黑口，左右雙闌。明補版間有白口，或作四周單闌。版心

刻有"正德六年刊"字樣。余有一帙。

〔補〕**爾雅註疏十一卷** 晉郭璞註，宋邢昺疏。○明嘉靖間李元陽閩中刊十三經註疏本，九行二十一字，註雙行二十字，白口，四周單闌。余藏。○明萬曆十四年北京國子監刊十三經註疏本，九行二十一字，註雙行同，白口，左右雙闌。版心陽面上方有"萬曆十四年刊"六字。余藏。○明崇禎元年毛氏汲古閣刊十三經註疏本，九行二十一字，白口，左右雙闌·版心下方有"汲古閣"三字。

〔補〕**爾雅注疏十一卷** 晉郭璞注，唐陸德明音義，宋邢昺疏。**附考證** ○清乾隆四年武英殿刊十三經注疏本，十行二十一字，注雙行二十字，白口，左右雙闌。版心陽面上方有"乾隆四年校刊"六字。余藏。

〔補〕**爾雅注疏十一卷** 晉郭璞注，宋邢昺疏。**附校勘記** 清阮元撰。○清嘉慶二十年南昌府學刊重刊宋本十三經注疏本，十行十七八字，黑口。

爾雅註三卷 宋鄭樵撰。○津逮秘書本。○學津本。○侯官鄭杰己亥刊巾箱本。○嘉慶黔中刊本。○鄭坦刊本注亦大字。

〔補〕○元刊本，十二行二十一字，注雙行同，大黑口，四周雙闌。聊城楊氏藏。

〔增〕**爾雅新義十卷** 宋陸佃撰。○嘉慶戊辰三間艸堂刊。四庫未收。阮氏進呈。

〔附〕○粵雅本。（眉）

〔補〕○舊鈔本，十行十九字，注大字低一格。前有元符二年自序，大字七行。

〔增〕**爾雅補郭二卷** 國朝翟灝撰。○刊本。

〔補〕○清仁和翟氏刊本。嘉興忻寶華藏。譚新嘉收來。

〔增〕**爾雅釋地四篇注一卷** 國朝錢坫撰。○錢氏四種本。

〔增〕**爾雅正義二十卷** 國朝邵晉涵撰。○乾隆戊申刊本。○京覆本。○阮經解本。

〔補〕**爾雅正義二十卷** 清邵晉涵撰。**附音釋三卷** 唐陸德明撰。○清乾隆五十三年餘姚邵氏面水層軒刊本。

〔補〕**爾雅注疏本正誤五卷** 清張宗泰撰。○清嘉慶二年石梁學署刊本。○清光緒二十六年刊廣雅書局叢書本。○清光緒間徐乃昌刊積學齋叢書本。

〔增〕**爾雅義疏二十卷** 國朝郝懿行撰。○阮經解本。○咸豐初陸刊本。○又淮上刊本。

〔補〕**爾雅郭注義疏二十卷** 清郝懿行撰。○清道光三十年陸氏木犀香館刊本。○清咸豐六年楊以增、胡珽校刊本。○光緒十三年湖北崇文書局刊本。

〔補〕**爾雅郭注義疏十九卷** 清郝懿行撰。○清同治四年郝聯薇刊本。收入郝氏遺書中。○清道光九年廣州學海堂刊皇清經解本。

〔補〕**爾雅郝注刊誤一卷** 清王念孫撰。○羅氏殷禮在斯堂叢書本，從手稿本出。

〔補〕**爾雅一切注音十卷** 清嚴可均撰。○手稿本。

〔補〕**爾疋小箋四卷** 清江藩撰。○稿本，劉文淇、劉寶楠、汪喜孫校跋。周儀詒、費念慈觀欵。

〔補〕**爾雅匡名二十卷** 清嚴元照撰。○清嘉慶二十五年唐栖勞氏刊本。○清光緒十一年陸心源刊湖州叢書本。○清光緒十四年南菁書院刊皇清經解本。○清光緒十六年刊廣雅書局叢書本。

〔補〕**爾雅古義二卷** 清胡承珙撰。○清道光十七年歙縣胡氏自刊求是堂全集本。

〔增〕**小爾雅一卷** 漢孔鮒撰。○四庫附孔叢子中，人之存目。有李軌注,宋咸注。本朝有王煦撰疏證八卷,宋綿初訓纂□卷,並刊本。
按:四庫存目。

〔補〕**小爾雅注一卷** 宋宋咸撰。○明正德嘉靖間顧氏文房小説本,
十行十八字,白口,左右雙闌。余藏。

〔補〕**小爾雅註釋一卷** 宋宋咸撰。○明天啟六年郎氏堂策檻刊五雅
本,九行二十字,白口,四周單闌。余藏。

〔補〕**小爾雅疏八卷** 清王煦撰。○清嘉慶五年鑿翠山莊刊本。○清
光緒中刊邵武徐氏叢書初刻本。

〔補〕**小爾雅義證十三卷補遺一卷** 清胡承珙撰。○清道光七年歙
縣胡氏自刊求是堂全集本。○清光緒間劉世珩刊聚學軒叢書本。

〔補〕**小爾雅訓纂六卷** 清宋翔鳳撰。○清嘉慶二十五年刊浮谿精舍
叢書本。○清光緒十四年南菁書院刊皇清經解續編本。○清光緒
十六年刊廣雅書局叢書本。

〔補〕**小爾雅疏證五卷** 清葛其仁撰。○清道光十九年歙學署刊本。
○清光緒間姚觀元刊咫進齋叢書本。

〔補〕**補小爾雅釋度量衡一卷** 清鄒伯奇撰。○清同治十二年鄒達
泉拾芥園刊鄒徵君遺書本。

方言十三卷 漢揚雄撰。○漢魏叢書本。○格致叢書本。○古今逸
史本。○胡文煥百名家書本。○聚珍板本。○閩覆本。○戴震疏
證微波榭本。○抱經堂校本。○宋有慶元庚申刊本。○明陳與郊
編方言類聚四卷,萬曆甲辰刊,依爾雅例分十六門,頗易尋檢,四庫
入存目中。○輶軒使者絶代語釋別國方言十三卷,昭文張氏藏有影
宋本,云即戴氏疏證所稱曹毅之本也。末有"正德乙巳夏五,得曹毅
之宋刊本手影"一行,又有"丙辰九月戴之補抄"一行。卷十"膊凡
也",注"此音義所未詳"各本此皆誤。卷十一"南楚之外謂之蟷蟷",
注"亦呼虵蚹",各本"虵蚹"俱誤"吒咤",是二處似勝,而戴校未及。

〔附〕○曹之毅本，正德影鈔曹本，宋李孟傳本，明仿李本，丁德丁卯華瑾本。（邵氏）

〔補〕**輶軒使者絕代語釋別國方言解十三卷** 漢揚雄撰。晉郭璞注。○宋慶元六年尋陽郡齋刊本，八行十七字，注雙行同，白口，四周雙闌。有慶元庚申李孟傳序及朱質序。鈐有華亭朱氏橫經閣、顧元慶、季振宜諸印，即讀書敏求記著錄之本。盛昱舊藏，余得之正文齋譚錫慶。此書沈晦近二百年，乾嘉諸老治方言者皆未得見，余得書後亟郵致東邦，蝶裝精印百帙，以貽同好。後又印入四部叢刊中。○明正德四年李珏刊本，十行十六字，白口，左右雙闌。有李孟傳序及正德己巳李珏刊書跋。亦余藏本。

〔補〕**輶軒使者絕代語釋別國方言十三卷** 漢揚雄撰，晉郭璞注。○明天啟七年郎奎金堂策檻刊五雅本，九行二十字，白口，四周單闌。

〔補〕**輶軒使者絕代語釋別國方言類聚四卷** 明陳與郊編。○明萬曆間刊本，十行二十字，白口，左右雙闌。四庫存目。

〔補〕**輶軒使者絕代語釋別國方言十三卷校正補遺一卷** 漢揚雄撰，晉郭璞注，清丁杰、盧文弨校。○清乾隆間盧氏自刊抱經堂叢書本。

〔補〕**輶軒使者絕代語釋別國方言疏證十三卷** 清戴震撰。○清乾隆間孔繼涵刊戴氏遺書本，收入微波榭叢書中。

〔補〕**輶軒使者絕代語釋別國方言疏證一卷** 清王念孫撰。○民國十四年羅振玉輯印高郵王氏遺書本。

〔補〕**輶軒使者絕代語釋別國方言箋疏十三卷** 清錢繹撰。○清光緒十六年紅蝠山房刊本。○清光緒間徐乃昌刊積學齋叢書本。

〔補〕**方言補校一卷** 清劉台拱撰。○清嘉慶十一至十三年阮長生刊劉端臨先生遺書本。○清光緒十五年刊廣雅書局叢書劉氏遺書本。

釋名八卷 漢劉熙撰。○漢魏本。○格致本。○古今逸史本。○五雅本改題逸雅。○百名家書本。○鍾評祕書本。○宋刊本八卷，臨安府陳道人書籍鋪刊本。○昭文張氏有殘本。○明畢效欽本，八卷。○諸邦倫刊及夷門廣牘本，一卷。○孫星衍有明翻陳道人本。○篆字本。○吳志忠本。○孫志殘宋本，存一至四。

〔補〕○明翻宋臨安陳道人書籍鋪刊本，十行二十字，白口，四周單闌。卷首自序後有宋陳道人刊書記四行。有孫伯淵白文印，即平津館藏書記目為宋刊者。○明嘉靖三年甲申儲良材刊本，九行二十字，白口，四周單闌。前儲良材刻釋名序及劉熙序，劉序後有陳道人書籍鋪刊書記四行。○又一本，行欵與前本全同，而版心較大。周叔弢藏。○明嘉靖隆慶間畢效欽刊五雅本，九行二十四字，白口，四周雙闌。○明萬曆吳琯刊古今逸史本，十行二十字，白口，左右雙闌。均余藏。

〔補〕**新刻釋名八卷** 漢劉熙撰。○明萬曆十六年瑞桃堂刊五雅本，十一行二十二字，白口，左右雙闌。○明萬曆胡文煥刊格致叢書本，十行二十字，白口，左右雙闌。均余藏。

〔補〕**釋名四卷** 漢劉熙撰。○明萬曆間何允中刊廣漢魏叢書本，九行二十字，白口，左右雙闌。余藏。

〔補〕**逸雅八卷** 漢劉熙撰。即釋名。○明天啟六年郎氏堂策檻刊五雅本。九行二十字，白口，四周單闌。余藏。

〔增〕**釋名疏證八卷補遺一續篡一卷** 國朝畢沅撰。○經訓堂刊。○又有篆文一本，江聲寫本。

〔補〕○清乾隆五十四年畢氏靈嚴山館刊篆文本。舊人臨顧廣圻校。沈維驤跋。

〔補〕**釋名疏證補八卷續一卷補遺一卷補附一卷** 清王先謙撰。○清光緒二十二年長沙刊本。

〔增〕**廣釋名二卷** 國朝張金吾撰。○刊本。

廣雅十卷 魏張揖撰。○漢魏本。○格致本。○逸史本。○五雅本。
　　○明正德庚辰吳郡本。○畢效欽本。○王懷祖云,廣雅除宋本外畢
　　效欽本最佳。○張金吾有明支硎山人舊抄博雅十卷,有顧千里跋。

〔附〕○盧抱經嚴修能皆有校本。(眉)

〔補〕○明嘉靖隆慶間畢效欽輯刻五雅本,九行十八字,白口,四周雙
　　闌。○明萬曆間新安吳琯刊古今逸史增定本,十行二十字,白口,左
　　右雙闌。○明萬曆十六年瑞桃堂刊五雅本,十一行二十二字,白口,
　　左右雙闌。○明天啟六年郎氏堂策檻刊五雅本,九行二十字,白口,
　　四周單闌。

〔補〕**博雅十卷** 魏張揖撰,隋曹憲音解。○明正德十五年皇甫錄世
　　業堂刊本,八行十五字,黑口,左右雙闌。黃丕烈用影宋本校。宋本
　　行欵與此本同,惟卷前書名下明本增"魏張揖撰、隋曹憲音釋",及
　　"後學吳郡皇甫錄校正"二行。蔣氏密韻樓藏,余曾借校。○明萬曆
　　何允中刊廣漢魏叢書本,九行二十字,白口,左右雙闌。

〔補〕**新刻廣雅十卷** 魏張揖撰,隋曹憲音解。○明萬曆間胡文煥刊
　　格致叢書本,十行二十字,白口,左右雙闌。余據蔣氏密韻樓藏黃丕
　　烈校宋本校,並錄黃丕烈跋七則。

〔增〕**廣雅疏證十卷附曹憲音義十卷** 國朝王念孫懷祖撰。○子引
　　之續成刊。

〔補〕○清嘉慶刊本。○清道光九年廣州學海堂刊皇清經解本。○清
　　光緒五年淮南書局刊本。○清光緒五年王氏謙德堂刊畿輔叢書本。

〔補〕**廣雅疏證補正一卷** 清王念孫撰。○民國五年輯印廣倉學窘
　　叢書本。○民國十七年羅振玉輯印殷禮在斯堂叢書本,按稿本輯
　　成。

〔補〕**廣雅疏義二十卷** 清錢大昭撰。○清寫本。此書無刊本,惟恃

鈔本行世。

〔補〕字林考逸八卷 晉呂忱撰，清任大椿輯。○清紅格寫本，陳卓臨
　　紐匪石校本。

匡謬正俗八卷 唐顏師古撰。○雅雨堂本。○藝海珠塵本。

〔附〕○宋刊本匡作刊。（邵氏）

〔補〕○舊寫本，十一行二十四字。唐翰題藏印並"宋本"朱文大印。

羣經音辨七卷 宋賈昌朝撰。○張氏澤存堂刊本。○天祿後目有宋
　　本三部。宋初刊于崇文書院，南渡後再刊于臨安府學，三刊于汀州
　　甯化縣學。○樂意軒有翻宋本。○粵雅堂刊本。

〔補〕○宋紹興十二年汀州寧化縣刊本，八行十四至十五字，小字三約
　　當大字二，黑口，左右雙闌。存殘本二卷，余藏。○影寫宋汀州本，
　　日本靜嘉堂文庫藏。已印入四部叢刊續編。○清康熙五十三年張
　　士俊刊澤存堂五種本。余據宋汀州本校卷三、四二卷，又據影宋寫
　　本校卷一、二、五三卷。又一帙，徐君鴻寶代余臨陸貽典校本。陸貽
　　典校于明寫本上，有馮知十跋。

埤雅二十卷 宋陸佃撰。○格致叢書本。○五雅本。○明初顧械刊
　　本。○成化己亥刊本。○嘉靖元年贛州府清獻堂本。○乾隆間有
　　活字本。○明正統九年贛州通判鄭遄刊。○明牛衷增修本四十二
　　卷，名埤雅廣要，四庫入小說家。○宋宣和七年其子宰始刊板，後其
　　五世孫墅知贛州，又刊于郡庠。

〔附〕○季目有金本三十卷。（眉）

〔補〕○明建文二年林瑜、陳大本刊本，十二行二十二字，黑口，左右雙
　　闌。存十二卷，余藏。李木齋先生亦有殘本。○明成弘間刊本，十
　　一行二十字，大黑口，四周雙闌。李木齋先生收得。○明天啟六年
　　郎氏堂策檻刊五雅本，九行二十字，白口，四周單闌。余據舊寫本校
　　過。

〔補〕**重刊埤雅二十卷** 宋陸佃撰。○元末刊本，十行十九字，黑口，
　　四周雙闌。有宣和七年陸宰序。卷九、十、十三、十四註缺簡數。○
　　明嘉隆間畢效欽刊五雅本，十行十九字，白口，四周雙闌。

爾雅翼三十二卷 宋羅願撰。○明新安畢效欽刊五雅本。○格致叢
　　書本。○天啟中羅氏刊。○學津刊元洪焱祖音釋本。○嘉慶己未
　　重刊明本。○宋咸淳庚午刊本。○元延祐庚申郡守朱霽重刊本。

〔附〕○正德仿宋本。都元敬舉不時音，唯一二卷有音，不全，疑此乃舊
　　音，非元人所撰也。正德有缺葉，以後畢效欽本皆因之。○學津刊
　　元人音釋本不同。（眉）

〔補〕○明正德十四年羅文殊刊本，十行十九字，細黑口，左右雙闌。前
　　有都穆序。○明嘉靖間新安畢效欽五雅本，九行二十四字，白口，四
　　周雙闌。

駢雅七卷 明朱謀瑋撰。○明朱氏刊本。○借月山房本。○澤古齋
　　本。

〔補〕○明萬曆十七年刊本，八行十八字，白口，四周雙闌。有陳文燭序
　　及朱統鋷序。

〔增〕**駢雅訓纂十六卷** 國朝魏茂林撰。○道光二十五年刊。（繩）

〔補〕○咸豐元年有不為齋刊本。○同治十一年經綸書室刊本。

字詁一卷 國朝黃生撰。○乾隆五十二年刊本。○指海本。○道光
　　壬寅族從孫黃承吉合案字詁義府刊本。（繩）

〔補〕○清光緒三年刊本。

續方言二卷 國朝杭世駿撰。○杭氏七種本。○藝海珠塵本。○程
　　際盛續方言補正二卷，程氏遺書本，亦見藝海珠塵本。

別雅五卷 國朝吳玉搢撰。○督經堂刊本。

〔附〕○湑喜齋本。（眉）

〔補〕**通俗編三十八卷** 清翟灝撰。○清乾隆十六年仁和翟氏無不宜

齋自刊本。

〔補〕**通俗編十五卷**　清翟灝撰。○清乾隆中李氏萬卷樓刊函海本。

〔補〕**恒言錄六卷**　清錢大昕撰。○清嘉慶十年阮常生刊文選樓叢書
本。○清光緒十年長沙龍氏家塾刊嘉定錢氏潛研堂全書本。

〔增〕**拾雅並注二十卷**　國朝夏味堂撰。○夏氏刊本。○又先刊無注
本。

〔補〕**恒言廣證六卷**　清陳鱣撰。○稿本。

〔增〕**經傳釋詞十卷**　國朝王引之撰。○王氏刊本。○揚州刊本。○
阮經解本。○守山閣本。

〔補〕**周秦名字解故二卷**　清王引之撰。○清嘉慶刊本，王引之刪改
補訂稿本。

〔補〕**證俗文十九卷**　清郝懿行撰。○清光緒十年東路廳署刊本，收
入郝氏遺書中。

〔補〕**稱謂錄三十二卷**　清梁章鉅撰。○清光緒間梁恭辰刊本。

〔補〕**周秦名字解故附錄一卷**　清王萱齡撰。○清道光刊本。

上小學類訓詁之屬

〔補〕**倉頡篇三卷**　清孫星衍輯。○清乾隆五十年孫氏自刊本，收入
岱南閣叢書中。

〔補〕**倉頡篇三卷**　清陳其榮輯。○清光緒二十年石埭徐氏刊觀自得
齋叢書本。

急就章四卷　漢史游撰。○玉海附刊本。○元本。○格致本。○津
逮本。○學津本。岱南閣巾箱本，有攷異一卷。○抱獨廬叢刻有經
文草書一卷。

〔附〕○黎刊日本人寫本。（眉）

〔補〕**急就篇注一卷**　漢史游撰，唐顏師古注。○明藍格寫本，十四行二十二字。黃丕烈校跋，鈕樹玉跋。周叔弢藏。○明寫本，八行十八字，注雙行同，版心下有“監泉書室”四字。已印入四部叢刊續編。

〔補〕**急就篇補注四卷**　漢史游撰，唐顏師古注，宋王應麟補注。○元刊玉海附刊本，十行二十字，注雙行同，白口，左右雙闌。

説文解字三十卷　漢許慎撰。○宋徐鉉等補音併加增新附字。○汲古閣大字本。○朱筠重刊汲古本。○孫氏平津館仿宋小字本。○藤花榭仿宋小字本。○黃丕烈有宋刊小字本十五卷，段懋堂曾取以校訂。○浦氏翻刻孫本。○同治十二年番禺陳昌治繩齋刊本説文解字一行本，附通檢六卷，番禺黎永椿編集。

〔附〕○汲古閣影北宋大字本。（邵氏）

〔補〕**説文解字十五卷**　漢許慎撰。○宋刊元修本，十行二十字，大小字合計約二十五字，白口，左右雙闌。日本靜嘉堂文庫藏一帙，有阮元跋，長沙葉定侯有一帙，日本内藤虎存五卷，李木齋先生有七卷，均獲寓目。此書已印入四部叢刊初編。○清初毛氏汲古閣刊本。涵芬樓有孫星衍、顧廣圻校本，又袁廷檮校本，又錢景開、黃丕烈校本。

説文繫傳四十卷　南唐徐鍇撰。○汪啟淑刊大字本。○馬氏龍威秘書小字本。馬出於汪，並多錯脱。○道光十九年祁刻仿宋本，最善，附承培元校勘記三卷。○殘宋本，半頁七行，行大字十四，小字二十二，存通釋第三十至末，凡十一卷，寒山趙宧光舊物，曾藏黃丕烈家。

〔附〕○姚氏重刊本。○吳實恕重刊本。○蘇州局本。（眉）○汪（啟淑）刻大字本脱數百字，不佳。（邵氏）

〔補〕**説文解字繫傳四十卷**　南唐徐鍇撰。○宋刊大字本，七行十四字，注雙行二十二字，白口，左右雙闌。南宋中期浙本之精者。殘存十二卷，為卷一，卷三十至四十。黃丕烈舊藏，裱册子裝。海虞瞿氏藏，見于莒里，頃已印入四部叢刊中。○清影寫宋刊本，即從上本出。

〔補〕說文解字繫傳四十卷 南唐徐鍇撰。**附錄一卷** ○清乾隆四十七年汪啟淑刊大字本。

說文繫傳攷異四卷 國朝汪憲撰。○道光丁酉瞿世瑛氏清吟閣刊本。

〔補〕○清光緒八年徐氏八杉齋刊本。○清寫本，有附錄一卷。鈐有顧廣圻、劉履芬藏印。

說文解字篆韻譜五卷 南唐徐鍇撰。○元刊本。○明巡撫李顯刊本。○函海本行款與李本同，蓋即出李本。○同治甲子吳縣馮芬桂據影鈔宋本刊，無新附字，無後序，無羼入菜辣等俗字。

〔補〕○明李顯刊本，七行，五字，注雙行，黑口，四周雙闌。

〔補〕說文解字韻譜五卷 南唐徐鍇撰。○元延祐三年種善堂刊本，七行，篆文五字，注四字當篆文一，黑口，四周雙闌。

〔補〕新雕入篆說文正字一卷 撰人名氏時代未詳。○北宋末刊本，十一行，行大字約十二字，小字二十四字，白口，左右雙闌。鈐有“經筵”朱文大印及“高麗國十四葉辛巳歲大宋國建中靖國元年大遼乾統元年藏書”朱記。

〔增〕說文解字五音韻譜十二卷 宋李燾重編。○明萬曆戊戌陳大科刊大字本。○明刊中字本。○天啟七年世裕堂重刊。○又孫西浦翁刊大字本，劣，其子見易跋。

〔補〕○明陳大科本，明末刊，七行十四字，黑口，四周雙闌。

〔補〕重刊許氏說文解字五音韻譜十二卷 宋李燾撰。○宋刊明修本，七行十二三字，大字約佔小字六，白口，左右雙闌。版心下記刊工人名。是宋末翻蜀中刊本。于右任藏。

〔增〕說文解字補義十二卷 元包希魯撰。○四庫未收，阮元曾進

呈。○希魯字魯伯,進賢人,至元乙未自序。○昭文張氏有元刊本,
今歸上海郁氏。

〔補〕○明刊本,六行,注二十五字,篆文一當小字六,黑口,四周雙闌。

〔增〕**說文長箋一百四卷**　明趙宧光撰。○有萬曆丙午刊本。四庫
入存目。○又有六書長箋七卷,同時刊,亦入存目。

〔補〕○明崇禎四年其子趙均小宛堂刊本,十行二十字,白口,左右雙
闌。己未揚州見一帙,缺末册。

〔補〕**惠氏讀說文記十五卷**　清惠棟撰,江聲參補。○清嘉慶間張海
鵬刊借月山房彙鈔本。後收入指海第二集、澤古齋重鈔第二集及式
古居彙鈔中。○清咸豐二年江都李氏半畝園刊小學類編本。

〔補〕**說文字原集註十六卷附表一卷表說一卷**　清蔣和撰。○清
乾隆五十三年精刊本。

〔補〕**說文引經考二卷**　清吳玉搢撰。○清道光元年儀徵程贊詠刊
本。○清光緒九年姚氏咫進齋刊本,有補遺一卷。

〔補〕**六書說一卷**　清江聲撰。○清咸豐二年江都李氏半畝園刊小學
類編本。○清光緒七年萩林山房刊文選樓叢書本。○清光緒十四
年董金鑑校補琳瑯秘室叢書本,有胡珽校譌一卷,董金鑑續校一卷。

〔增〕**說文義證五十卷**　國朝桂馥撰。○有山東刊本。○同治九年湖
北崇文書局刊本。

〔補〕○清道光三十年至咸豐二年楊墨林刊連筠簃叢書本。

〔增〕**說文解字注三十卷附六書音韻表二卷**　國朝段玉裁撰。○
段氏經韻樓刊本。○玉裁又有說文訂一卷,專訂毛扆刊本改宋之
誤。

〔補〕○清同治蘇州保息局刊本。○同治十一年湖北崇文書局刊本。
○光緒七年查燕緒木漸齋刊本。○光緒三年成都存古書局刊本。

〔補〕**諧聲補逸十四卷**　清宋保撰。○清嘉慶刊本。○清光緒間德化

李氏刊木犀軒叢書本。

〔補〕**説文引經考十九卷** 清程際盛撰。○清嘉慶十年乙丑刊本。

〔增〕**説文斠詮十四卷** 國朝錢坫撰。○錢氏刊本。

〔補〕**説文解字斠銓十四卷** 清錢坫撰。○清嘉慶十二年錢氏吉金樂石齋刊本。○清光緒九年淮南書局刊本。

〔補〕**六書轉注錄十卷** 清洪亮吉撰。○清光緒四年洪氏授經堂刊洪北江全集本。○清咸豐七年南海伍氏刊本,收入粵雅堂叢書二十八集。

〔補〕**説文古籀疏證六卷** 清莊述祖撰。○清光緒間潘祖蔭刊功順堂叢書本。○清光緒二十年刊本。

〔補〕**説文聲系十四卷** 清姚文田撰。○清嘉慶九年刊本。○清咸豐五年南海伍氏刊本,收入粵雅廣叢書二編十一集。

〔增〕**段氏説文注訂八卷新附考六卷續考一卷** 國朝鈕樹玉撰。○鈕氏刊本。

〔補〕**説文新坿考六卷續考一卷** 清鈕樹玉撰。○清嘉慶六年鈕氏非石居自刊本。○同治十三年湖北崇文書局刊本。○清光緒十二年長洲張氏刊許學叢書本,附張炳翔撰札記一卷。

〔補〕**段氏説文注訂八卷** 清鈕樹玉撰。○清道光三年自刊本。○清同治五年吳縣金蘭碧螺山館重修本。○清光緒十二年長洲張炳翔刊許學叢書本,附張氏撰札記一卷。

〔增〕**説文校議十五卷** 國朝嚴可均撰。○嚴氏刊本。○又有説文聲類二卷。

〔補〕**説文校議十五卷** 清嚴可均、姚文田撰。○清嘉慶二十三年治城山館刊本,收入四錄堂類集中。每卷分上下,實為三十卷。○清同治十三年歸安姚氏刊遼雅堂全書本。○清咸豐二年江都李氏半畝園刊小學類編本。

〔補〕**説文聲類二卷** 清嚴可均撰。○清嘉慶七年刊本，收入四錄堂類集中。○清光緒間德化李氏刊木犀軒叢書本。

〔補〕**説文辨字正俗八卷** 清李富孫撰。○清嘉慶二十三年校經廎刊本。○清同治九年重刊本。

〔補〕**説文字原韻表二卷** 清胡重撰。○清嘉慶十六年秀水金氏月香書屋刊本。○清光緒十一年張炳翔刊許學叢書本。

〔補〕**説文假借義證二十八卷首一卷** 清朱珔撰。○清光緒十九年朱之埱刊本。

〔補〕**説文管見三卷** 清胡秉虔撰。○清同治十二年胡氏世澤樓自刊續溪胡氏叢書本。○清同治十二年吳縣潘氏刊滂喜齋叢書本。○清光緒中劉世珩刊聚學軒叢書本。○清光緒中羊城馮氏刊翠琅玕館叢書本。

〔補〕**苗氏説文四種** 清苗夔撰。為説文聲訂二十八卷，説文聲讀表七卷，説文建首字讀一卷，毛詩昀訂十卷。○清道光二十一年至咸豐元年壽陽祁氏漢專亭刊本。

〔增〕**説文繫傳校錄三十卷** 國朝王筠撰。○刊本。

〔補〕○清咸豐七年王彥侗刊本。○清同治四年刊安邱王氏説文三種本。

〔增〕**説文釋例三十卷句讀二十卷** 國朝王筠菉友撰。○句讀道光庚戌刊，釋例先十四年丁酉刊。○筠，安邱人。

〔補〕**説文釋例二十卷附補正** 清王筠撰。○清同治四年刊安邱王氏説文三種本。○清光緒九年成都御風樓重刊本。

〔補〕**説文解字句讀三十卷附補正** 清王筠撰。○清同治四年刊安邱王氏説文三種本。○清光緒八年四川尊經書局刊本。

〔補〕○曾見王菉友説文四種稿本，共四十一册，壬子三月京肆閲。

〔補〕**説文答問疏證六卷** 清薛傳均撰。○清道光八年刊本。○清

道光十七年刊本。○清光緒八年紫薇山館刊巾箱本。○清光緒九
年歸安姚氏刊咫進齋叢書本。

〔補〕**說文通訓定聲十八卷柬韻一卷附說雅十九篇古今韻草一
卷** 清朱駿聲撰。○清道光二十八年刊本。○清同治九年江寧書局
補刊本。

〔補〕**說文古本考十四卷** 清沈濤撰。○原稿本。鈐盛昱藏印。○
清光緒十年潘氏滂喜齋刊本。

〔補〕**說文逸字二卷** 清鄭珍撰。○清光緒王氏天壤閣刊本。一冊。
余藏。

〔增〕**唐本說文木部箋異** 友芝撰。○同治二年湘鄉曾相國刊于安
慶幕府。

〔補〕**說文古籀補一四卷補遺一卷附錄一卷** 清吳大澂撰。○清
光緒七年刊本。

重修玉篇三十卷 梁顧野王撰。○張士俊澤存堂仿宋本。○新安汪
氏明善堂本。○曹棟亭五種本。○道光中湘潭鄧氏覆張本，劣，坿
札記。○天祿後目有宋刊本三部。○明司禮監本部次稍不同，注亦
稍略，然仍是宋人重修之本。○萬曆初元益王府刊本。○汪士鐘家
有北宋本。

〔附〕○原本玉篇殘卷，黎氏在日本刊。○宋氏小山堂有元板，與張本
稍有異同。其前列四注，反樣圈，宋本所缺。○重篇元本，每半頁十
一行，行二十八字，書名下題黃氏集義堂宋本校正。（眉）○元刊小
字本，二十四行，行廿一字。（邵氏）

〔補〕**大廣益會玉篇三十卷** 梁顧野王撰，唐孫強增字，宋陳彭年等
重修。**分毫字樣一卷** 宋寧宗間浙本，十行二十字，注雙行二十七
字，白口，左右雙闌。有宋末補版。日本帝室圖書寮藏書。

〔補〕**大廣益會玉篇三十卷** 梁顧野王撰，唐孫強增字，宋陳彭年等

重修。**總目偏旁篆書之法一卷** 宋刊本，十一行十九字，注雙行二十五字，四周雙闌。存卷一及總目偏旁篆書之法。鈐有明文氏玉蘭堂、項氏萬卷堂及清季振宜、徐乾學藏印。潘宗周寶禮堂藏。

〔補〕**大廣益會玉篇三十卷** 梁顧野王撰，唐孫强增字，宋陳彭年等重修。**玉篇廣韻指南一卷** 元延祐二年圓沙書院刊本，十二行，黑口，四周雙闌。有"龍集乙卯菊節圓沙書院新栞"牌子。南皮張氏舊藏。○元至正二十六年南山書院刊本，十二行二十一字，黑口，四周雙闌。有"至正丙午良月南山書院新栞"牌子。壬子正文齋見。此本有日本慶長翻刻本，于徐坊遺書中見一帙。○明初刊本，十二行二十字，黑口，四周雙闌。○明司禮監刊本，九行十七字，注雙行三十四字，大黑口，四周雙闌。大中祥符六年牒文後有紀昀跋，云注文有删削。○明弘治五年詹氏進德書堂刊本，十二行二十一字，黑口，四周雙闌。周叔弢藏。○明刊本，十二行，黑口，四周雙闌。海虞瞿氏藏，號為元刊本。

〔補〕**大廣益會玉篇三十卷** 梁顧野王撰，唐孫强增字，宋陳彭年等重修。**新編正誤足註玉篇廣韻指南一卷** 元建安蔡氏刊本，十三行，黑口，左右雙闌。指南後有草書牌子八行，卷五末有"建安蔡氏鼎新刊行"牌子二行。○元建安鄭氏刊本，十三行，細黑口，四周單闌。總目後有"建安鄭氏鼎新繡梓"牌子二行，上方有"宗文"鼎氏印，則是鄭氏宗文堂刊本矣。周叔弢藏，不全。配入明初本十餘卷。

〔補〕**新刊大廣益會玉篇三十卷** 梁顧野王撰，唐孫强增字，宋陳彭年等重修。**玉篇廣韻指南一卷** 明萬曆元年益藩刊本，九行，黑口，四周雙闌。

〔補〕**大廣益會玉篇三十卷** 梁顧野王撰，唐孫强增字，宋陳彭年等重修。○清康熙四十三年張士俊刊澤存堂五種本。○清康熙四十五年曹寅揚州使院刊本。

〔補〕**文塲備用補定增註禮部玉篇**　○元後至元元年碧溪吳氏刊本,十三行,黑口,四周雙闌。目後有"歲次乙亥孟秋碧溪吳氏新刊"牌記二行。

〔補〕**千字文一卷**　○元刊本,六行十四字,注雙行同,黑口,四周雙闌。故宮藏。

干祿字書一卷　唐顏元孫撰。○石本在潼州。○宋寶祐丁巳衡陽陳蘭孫刊本。○馬日璐仿宋重雕,與蜀石多不同。○又有柏鄉魏公刊本,四庫稱別本,入存目。○夷門廣牘本。○格致叢書本。○龔氏刊本。

〔補〕○宋寶祐五年丁巳刊本,半葉四行,行字不等。有陳蘭孫跋。癸丑歲見於平湖葛氏傳樸堂。○明嘉靖六年丁亥孫沐萬玉堂刊本,八行十七字,版心有"萬玉堂雕"四字。有孫沐後序。○清朱振祖手寫本,有跋,云從符山堂刊本抄出,並略加考證云云。

五經文字三卷　唐張參撰。○石本。○馬氏叢書樓刊本。○微波榭刊本。○顧氏玲瓏山館重刊本。

〔補〕○清康熙五十四年項絪刊本,與新加九經字樣一卷同刻。余藏。○清道光十七年莫友芝影山草堂寫本。莫友芝、鄭珍跋。從孫星衍校本及西安石本出。

〔補〕**五經文字三卷**　唐張參撰。**五經文字疑一卷**　○清孔氏紅榈書屋刊本。孔繼涵校並跋。余藏。

九經字樣一卷　唐唐元度撰。○石本。○叢書樓本。○微波榭本。○玲瓏山館本。○汪刻叢書本。○趙谷林重刻五代和凝本。

〔補〕○清道光十七年莫友芝影山草堂刊本。莫友芝、鄭珍跋。鄭氏傳錄孫星衍校本,又據西安石本校,莫氏據以傳寫。

〔補〕**新加九經字樣一卷**　唐唐玄度撰。○清康熙五十四年項絪刊本。余藏。

〔補〕**九經字樣一卷** 唐唐玄度撰。**九經字樣疑一卷** ○清孔氏紅榈書屋刊本。孔繼涵校並跋。余藏。

汗簡三卷目錄叙略一卷 宋郭忠恕撰。○康熙癸未汪立名刊本。○馮已蒼手抄本七卷，在昭文張氏。○又孫本芝抄本。

〔補〕**汗簡七卷** 宋郭忠恕撰。○清寫本，舊人錄馮舒跋。日本靜嘉堂文庫藏。陸心源氏矜為馮舒寫本。然真本固在虞山，末有弘光乙酉歲馮氏手跋及黄丕烈跋，余嘗見之，頃已影印收入四部叢刊續編矣。此書傳寫多誤，字畫筆意亦失，虞山瞿氏藏馮本號為最善之本，惜未暇取時本一校之。

佩觿三卷 宋郭忠恕撰。○宋萬玉堂本，末頁中縫有"周潮繕寫"四字。○萬玉堂太玄末頁亦有"海虞周潮書"五字，蓋出一手。○明初仿宋刊本。○澤存堂本。○續知不足齋本。○唐宋叢書本。○海寗許氏仿宋刊本。○鎖氏特健藥齋校刊本。○端始堂本。

〔補〕○明嘉靖六年丁亥孫沐萬玉堂刊本，八行十七字，注雙行二十四五字，白口，左右雙闌，版心下方有"萬玉堂雕"四字。蔣汝藻密韻樓藏。○清康熙四十九年張士俊刊澤存堂五種本，何煌校。周叔弢藏。○清康熙四十九年張士俊刊澤存堂五種本。乾隆帝題七律，五璽及天祿繼鑑璽全，天祿後目著錄，定為宋本。可詫之至！

古文四聲韻五卷 宋夏竦撰。○乾隆己卯汪啟淑刊本。○又云集古文韻，天一閣宋紹興乙丑浮屠寶達重刊本，即吾衍所謂僧翻本也。○汪氏據汲古閣影寫宋刻付雕，有慶曆四年竦自序。

〔附〕○活字本，佳。（邵氏）

〔補〕**新集古文四聲韻五卷** 宋夏竦撰。○宋刊本，半葉六行，行字不等，白口，左右雙闌。缺卷第一，海虞瞿氏藏。○舊寫本，七行。前有夏氏進書表。莫棠藏。

〔補〕**集古文韻五卷** 宋夏竦撰。○宋紹興十五年齊安郡學刊公文紙印本，八行，無格，白口，四周單闌。存卷第三。鈐有汪士鐘藏印。此書以宋人官私簡牘刷印，署名者有吳獵、王可大、汪誠之、陸于程、符霈、趙善凱、章準、釋智傑等，均黃州官吏。吳獵後任江南西路轉運判官時曾刊本草衍義，其書袁寒雲及日本帝室圖書寮均有，余屢見之。宋人多以公牘印書，屢見不鮮，而簡牘頗罕覯。以余所見，斷推劉啟瑞氏所藏王文公文集為第一，所存宋人尺牘五六十通，完整如新，有洪适、葉義問諸名公，至可寶愛。此雖小帙，集一州逐級官吏之書牘于一册，亦殊可珍。

〔補〕字苑類編十卷　○宋刊本，十行十八字，注雙行同。顧鶴逸藏書。

類篇四十五卷　宋司馬光撰。○楝亭曹氏五種本十五卷，分卷上、中、下。

〔補〕○明人影寫宋刊本，八行十六字，注雙行二十字，白口，左右雙闌，版心下記刊工姓名。鈐“廣運之寶”朱文大印，明内府物，又有玉蘭堂及項子京諸印。故宮藏書，原題作宋鈔本。○清光緒二年姚覲元輯刊姚氏叢刻本。

〔增〕鐘鼎款識一卷　宋王厚之撰。○阮氏刊本，板式極大。○近年粵東重刊本。

歷代鐘鼎彝器款識法帖二十卷　宋薛尚功撰。○石刻宋拓本嘉善程氏有之。○明萬曆間朱印本，中譌闕甚多。○崇禎中朱謀垔校刊本。○阮刊本。

〔補〕○舊寫本，清張蓉鏡據顧苓手寫本校並跋。並錄宋楊伯嵒、周密，元柯九思識語。黃丕烈、張蓉鏡藏印。又“錢泳”、“梅溪借看”二印。

復古篇二卷　宋張有撰。○昭文張氏有明初刊。元吳均增補，題增補復古編，吳均仲平增補之。本卷上分子卷三卷，下分子卷五卷，吳方山藏書，見張氏志。○明萬曆中黎民表刊。○安邑葛氏刊本。

〔附〕○淮南局本。（原稿無，印本入正文。）○北宋寫本。○元至正仿宋大字本，極佳。（邵氏）

〔補〕○清乾隆四十六年安邑葛明陽刊本。四行，每行篆字一、小字雙行十三字。據程晉芳藏舊鈔本刊于京師琉璃廠。舊人校，似徐松。○影寫宋刊本，五行。黃丕烈藏印。涵芬樓藏。已印入四部叢刊三編。○明馮舒手寫本，有跋。海虞瞿氏藏。○舊寫本，翁方綱據影宋本、吳本校。涵芬樓藏。

〔補〕**增修復古篇四卷** 宋張有撰。元吳均增補。○明永樂刊本，七行，注雙行約二十八字，黑口，四周雙闌。余藏。四庫存目。

〔增〕**續復古篇四卷** 元曹本撰。本字子學，大名人，嘗為都昌丞，後佐信州幕，與太僕危素友善，好古篆，下筆深穩。是書因張有所分六類而益其二，曰字同音異，曰音同字異，成于至正十二年，溯始功已十九年。○阮氏曾以抄本進呈，尚缺上正下譌一類。

〔附〕○近姚彥侍刊本。

〔補〕**重續千字文二卷** 宋葛玉剛撰並篆注。○清影寫宋淳祐刊本大字四行，小字三行占一行。葉啟勳藏。

漢隸字源六卷 宋婁機撰。○汲古閣本。○丁杰刊本。○張金吾有汲古舊抄本。

〔補〕○宋刊嘉定五年重修本，九行十九字，白口，左右雙闌。首洪邁序，五行十一字。書衣何紹基題。北京圖書館藏。○汲古閣本，翁方綱校宋本並臨丁杰校。○皕宋樓有陸師道影鈔宋本，蔣香生曾假以校刻。

〔增〕**隸韻十卷考證一卷** 宋劉球撰。○刊本。嘉慶十五年秦恩復刊，首存殘碑目一卷及球進表半篇，十卷末行有「御前應奉沈亨刊」七字，蓋當日奏進奉刊之本。攷證則翁方綱所記。阮氏曾以進呈。

〔補〕○宋拓本，存五卷。秦恩復、江藩、阮元、徐渭仁、趙烈文、楊守敬等跋。北京圖書館藏。

〔增〕**集篆古文韻海五卷** 宋杜從古撰。字唐稽，里居未詳，自序稱朝請郎、尚書職方員外郎。是編依舊抄影寫，從古以汗簡、古文四聲韻缺佚未備，因而廣之，序云比集韻則不足，較韻略則有餘，視竦所集則增數十倍矣。書史會要云，宣和中從古與米友仁徐兢同為書學博士，高宗稱先皇帝喜書，設學養士，獨得杜唐稽一人。觀其書，所譽良不虛。〇阮氏曾進呈。

班馬字類五卷 宋婁機撰。〇明刊本。〇今澤存堂張士俊刊。〇馬氏玲瓏山館仿宋本，題史漢字類，其板後歸吳興倪氏鋤經堂。〇天祿後目有宋刊本六部。〇昭文張氏有抄本，附宋李曾伯補遺一千二百三十九字，隨婁本依韻編入，有景定甲子刊書自序。〇海昌蔣氏刊婁本。

〔附〕〇海昌蔣氏刊婁本有補遺。（邵氏）

〔補〕〇毛氏汲古閣影寫宋刊本，八行十六七字，注雙行二十二字。鈐毛氏各印。蔣汝藻密韻樓藏。已印入四部叢刊三編。〇清影寫宋淳熙十一年池陽郡庠刊本，大版心，八行。注雙行二十四五字，白口，左右雙闌。後有淳熙甲辰池陽教官鄱陽舒光刊書跋，九行十八字，上空一格，實十七字。鈐有席鑑諸印。

字通一卷 宋李從周撰。〇寶祐甲寅虞兟刻本。〇知不足齋本。

〔附〕〇宋本葉十行，行大字十八，小字夾行二十。吳跋。（邵氏）

六書故三十三卷 宋戴侗撰。〇明嶺南張萱刊本。〇乾隆四十九年蜀李鼎元刊本。

龍龕手鏡四卷 遼僧行均撰。〇函海本。〇汪氏叢書本。〇遼板每半頁十行，每行大小三十字不等，仁和瞿氏所藏。

〔補〕〇高麗藏本。存卷第一、三、四、計三卷。日本京城帝國大學一九二七至二八年影印本。存二冊。余藏。

〔補〕**龍龕手鑑四卷** 遼釋行均撰。○宋刊本，十行，大小字相間，字數不等，白口，左右雙闌。有明徐𤊹跋及武林高瑞南藏印。余藏。已收入續古逸叢書中。○海虞瞿氏亦有一宋本，行欵版式與余本全同，版心記字數及刊工人名亦大部相同，而實非一刻。鈐有毛氏汲古閣印記。詳繹二本，瞿氏刻似在前，而余本或是覆本。以刊工證之，是南宋浙本，藏家侈為遼本或蒲傳正刊本均誤。瞿本近亦影印行世。○明影寫宋刊本，十行，大字一當小字四，序文殘缺。鈐錢遵王印，當即述古堂書目著錄之書。

〔增〕**五音類聚四聲篇海十五卷** 金韓道昭撰。○全引玉篇，增字增義，改併部次以成，可校玉篇。○四庫入存目中。明成化官刊，合五音集韻。後有數刊。按：四庫存目。

六書統二十卷 元楊恒撰。○元至大戊申刊本。○元統重修。○明翻元本。○張目謂元本卷末有"三年八月江浙等處儒學提舉余謙補修"一行，"三年"上當是"元統"，蓋至大刊元統補修本。同治己巳在蘇肆見一本，其首倪堅序。

〔補〕○元至大元年江浙行省儒學刊本，八行十四字，黑口，左右雙闌。海虞瞿氏藏。

〔增〕**續古篆韻六卷** 元吾邱衍撰。四庫未收。○阮氏曾進呈，依舊抄影寫。○道光丙申陳宗彝抱獨廬刊本。

周秦刻石釋音一卷 元吾邱衍撰。按：四庫著錄，莫氏失收。

〔附〕○嘉靖十年刊本，□行十七字。（眉）

〔增〕**增廣鐘鼎篆韻七卷** 元臨江楊鉤信文甫集。宋王楚作鐘鼎篆韻，薛尚功廣其一卷為七卷，信文又博采以補未備，益以黨世傑集韻。其所增以"楊增"別之。延祐甲申馮子振序。○昭文張氏有抄本。○阮氏曾以進呈，其提要云，卷末有洪熙侯書籍印，蓋明本也。

字鑑五卷 元李文仲撰。○澤存堂刊本。○近年許槤刊本。

說文字原一卷六書正譌五卷 元周伯琦撰。○元至正乙未刊本。
　　○嘉靖元年于氏刊本。○成化本。○崇禎甲戌胡正言重刊本○張
　　目字源有影元刊本，正譌有元刊本。

〔補〕**六書正譌五卷** 元周伯琦撰。○元至正十二年平江刊本，半葉
　　五行，注雙行二十一字，細黑口，左右雙闌。江南圖書館藏。○明末
　　胡正言十竹齋刊本，半葉五行，字數不一。

〔增〕**篆法偏旁點畫辨一卷釋篆法辨一卷** 元應在撰。○明刊本。
　　根據篆書以訂隸楷之誤。述古堂及補元藝文志皆著錄，而不知其
　　名。張金吾藏書志。

漢隸分韻七卷 不著撰人。○元刊本。○明刊本。○格致叢書本。
　　○乾隆壬辰辨志堂刊本。

〔附〕○元翻宋刊本。吳跋。（邵氏）

〔補〕○元刊本，八行十四字。正文齋見。○元刊本，六行十字，黑口，
　　四周雙闌。孫壯家見一帙，海虞瞿氏有一帙。○明刊本，八行二十
　　二字。有嘉靖九年張璉識語。○舊寫本，六行。吳騫校。景賢藏。

六書本義十二卷 明趙撝謙撰。○明正德己卯于器之刊本。○秦川
　　胡文質刊本。

〔補〕○明正德本，七行，小字雙行二十八字，白口，四周單闌。失序跋。
　　○明萬曆三十八年楊君覬刊本，十四行二十八字，白口，四周雙闌。

奇字韻五卷 明楊慎撰。○函海本只一卷。

古音駢字一卷續編五卷 明楊慎撰。○函海本。

〔補〕**六書索隱五卷** 題明楊慎撰。○清初精寫本，四行，篆文一當注
　　文六。有商丘宋氏藏印。葉德輝跋。

〔補〕**同文備考八卷聲韻會通一卷韻要粗釋一卷** 明王應電撰。
　　○明嘉靖刊本，七行，注雙行二十八字，白口，四周單闌。潘氏滂喜
　　齋藏書。四庫存目。

俗書刊誤十二卷 明焦竑撰。○見過齋本。

〔補〕○四庫本已印入四庫全書珍本初集中。

字孿四卷 明葉秉敬撰。○杭人潘之琮刊本。○顧氏玲瓏山館重刊
本。

〔補〕**字考啟蒙十六卷** 明周宇撰。○明萬曆刊本,十行二十一字,白
口,四周單闌。有萬曆十一年自序。四庫存目。

御定康熙字典四十二卷 康熙五十五年大學士張玉書等奉敕撰。
○康熙內府刊本。○江南覆本。○海昌陳氏刊本。○道光重校內
刊本。○王引之撰校勘記十卷,王氏刊本。○汪汲字典紀字云,共
四萬九千三十字。

欽定西域同文志二十四卷 乾隆二十八年大學士傅恒等奉敕撰。
○內刊本。

〔補〕○此書最少見。

欽定增訂清文鑑三十二卷補編四卷總綱八卷補總二卷 乾隆
三十六年大學士傅恒等奉敕撰。○內刊本。

〔增〕**清文備攷六卷** 國朝戴穀撰。○刊本。

〔增〕**清文啟蒙四卷** 國朝舞格撰。○作忠堂刊本。

欽定滿洲蒙古漢字三合切音清文鑑三十三卷 乾隆四十四年大
學士阿桂等奉敕撰。○內刊本。未入提要。

〔增〕**小學鉤沈十九卷** 國朝任大椿撰輯。○汪廷珍刊本。○近人刊
本。

〔補〕○清嘉慶二十二年汪廷珍刊本。○清光緒十年龍氏刊本。○清
光緒中羊城馮氏刊翠琅玕館叢書本。

〔補〕**小學鉤沈續編八卷** 清顧震福撰。○清光緒十八年刊本。

篆隸考異二卷 國朝周靖撰。○四庫依長洲文倉手抄本,云未有刊

板。○陸心源藏其手稿，八卷。

〔附〕○收殘抄本第五、六兩卷，不知與庫本二卷何如。

〔補〕○四庫本已印入四庫全書珍本初集中。

〔增〕**經籍籑詁一百六卷附補遺一百六卷** 國朝阮元撰。○嘉慶
四年刊。

〔增〕**繆篆分韻五卷補一卷** 國朝桂馥撰。○原刊本。

隸辨八卷 國朝顧靄吉撰。○項氏玉淵堂刊本。○乾隆癸亥黃晟翻
項本。

〔增〕**隸篇十五卷續十五卷再續十五卷** 國朝翟雲升撰。○道光
十八年刊。

上小學類字書之屬

廣韻五卷 不著撰人。○明司禮監本。○顧亭林刊本。○又有麻沙
小字，題"乙未歲明德堂刊"，似是元本。天祿後目有宋刊麻沙本。

〔附〕○黎刊元本。（眉）

重修廣韻五卷 宋大中祥符四年陳彭年等奉敕撰。○張士俊仿宋
本，佳。○新安汪氏明善堂本。○曹棟亭本，末入聲注不全，陸丹叔
藏有宋刊本。○長沙鄧刊張本，劣。

〔附〕○黎刊宋本。○曹棟亭類篇、集韻、韻略，近姚氏並重刊。（眉）○
集韻、類篇皆丁度首事，而溫公成而上之，今分題二人所撰，非也。
（邵氏）

〔補〕○宋紹興初浙杭刊本，十行二十字，注雙行二十七字，白口，左右
雙闌。余藏三卷，為卷一、二、四，有明文氏玉蘭堂及汲古閣毛氏諸
印。日本靜嘉堂文庫藏一帙。○南宋中葉浙杭翻紹興本，行欵版式
全同，刻工姓名不同。日本內閣文庫藏。○南宋浙刊巾箱本，十行，
注雙行二十四字，白口，四周雙闌。涉園張氏藏，已印入四部叢刊初

編。○元泰定二年圓沙書院刊本，十二行，白口，四周雙闌。李木齋
先生藏。古逸叢書已翻刻。○元至正十六年翠巖精舍刊本，十三
行，細黑口，左右雙闌。序後有"至正丙申孟夏翠巖精舍新刊"牌記
一行。劉承幹嘉業堂藏。○元至正二十六年南山書院刊本，十二
行，黑口，左右雙闌。序後有"至正丙午菊節南山書院刊行"牌記。
日本內閣文庫藏書。○元建安余氏雙桂書堂刊本，十三行，黑口，四
周雙闌。卷末有"建安余氏雙桂書堂鼎新鋟梓"木記。盛昱遺書。
○明內府刊本，九行十七字，注雙行三十四字，大黑口，四周雙闌。
紀昀跋。余藏。○明□□壬子詹氏進德精舍刊本，十二行，黑口，四
周雙闌。序後有木記，曰"□□壬子詹氏進德精舍新刊"，年號二字
挖去，欲充元刊本，當是宣德或弘治二字。卷一末有"攀桂坊詹氏校
刊"一行。○清康熙四十三年張士俊澤存堂五種覆刻宋本。○清影
寫宋中期覆刻紹興本。章氏式訓堂藏。

〔補〕**鉅宋廣韻五卷**　宋陳彭年等撰。○宋乾道五年建寧黃三八郎書
鋪刊本，十二行，注雙行二十三四字，白口，左右雙闌。序論後有"己
丑建寧黃三八郎書鋪印行"牌記一行。日本內閣文庫藏書。

集韻十卷　宋丁度等撰。○曹棟亭五種本。○昭文張氏有余蕭客精
校本。○嘉慶甲戌顧廣圻重修曹板，曹氏刊本謬誤甚多，中有一卷
全出改竄者，須用宋本校正。○吳鍾駿有毛氏影抄本，阮芸台、段懋
堂題跋。○陳小鉄有段玉裁、鈕樹玉合校本。○汪遠孫有從宋板校
本。○仁和瞿氏有影宋抄本。

〔補〕○宋淳熙十二至十四年金州軍學刊本，十行，注雙行二十九至三
十一字，白口，左右雙闌。後有寶元二年刊書牒文及淳熙間金州軍
都統制田世卿跋。日本帝室圖書寮藏書。○翁叔平師藏宋刊本，十
一行，白口，左右雙闌，紹興間明州刊，錢曾舊藏，即敏求記著錄之本
也。○清康熙四十五年曹寅揚州使院刊本，段玉裁據宋本校並跋。

徐坊遺書。〇曹寅揚州使院刊本，陳鱣校並錄段玉裁跋。余藏。〇曹寅揚州使院刊嘉慶十九年重修本，湯裕據影宋本校。〇清光緒二年歸安姚覲元刊姚氏叢刻本。

切韻指掌圖二卷附檢例一卷 宋司馬光撰。〇昭文張氏舊抄，較大典本完善。〇墨海金壺本。〇毛抄影宋本一卷。〇五硯樓袁氏校本一卷，與敏求記合，今藏胡心耘家，無檢例。〇愛日精廬舊鈔，首曰切韻指掌圖要括。其邵氏檢例大半襲要括原文，或即溫公之檢例歟？有自序，有嘉定癸亥董南一序。

〔補〕〇宋紹定三年越州讀書堂刊本，序八行十五字，檢例七行十六字、八行十八字、八行十六字，白口，左右雙闌。有天祿琳琅、天祿繼鑑諸璽。文友堂見。〇汲古閣影寫宋刊本。余藏，後讓與北平圖書館。

〔補〕**切韻指掌圖二卷** 題宋司馬光撰。**檢例一卷** 明邵光祖撰。〇清嘉慶十三至十六年間張海鵬刊墨海金壺本。〇民國十八年嚴式誨貴園刊本，從墨海金壺本出。余曾以宋紹定三年越州讀書堂刊本校，其圖中部位及韻字均有所改訂。又，檢例中十七則均宋刊原文，邵氏引為己作。

韻補五卷 宋吳棫撰。〇明初刊本。〇嘉靖元年陳鳳梧重刊本上下卷。〇天祿後目有刊本。〇山西楊氏新刊叢書本。〇高宰平有元刊本。〇大字宋本。〇中字宋本。〇小字古體明刊本。

〔補〕〇元刊大字本，十行，注雙行二十四字，白口，左右雙闌。前書目三葉，後吳棫記六行。海虞瞿氏藏一帙，有邢侗印。長沙葉啟勳有一帙，鈐毛氏汲古閣印。余藏一帙，後歸袁克文，轉入潘氏寶禮堂。〇明許宗魯刊本，九行十七字，白口，左右雙闌。有許氏刊書後序。余藏。〇清影寫元刊本，余藏。

附釋文互註禮部韻略五卷附貢舉條式一卷 宋丁度撰。〇曹棟亭五種。○四庫據常熟錢氏影宋抄本,所附條式曹刻無之。

〔附〕○宋刊本條式,半葉十行,行二十八字,小字雙行三十二三不等。
　　韻略每行五大字,注文同前。紹定重刊行書二行,在五卷後。(邵
　　氏)

〔補〕○海虞瞿氏有宋紹定三年藏書閣刊本,附韻略條釋一卷,十行,白
　　口,左右雙闌。卷五後有牌子,文曰“紹定庚寅上巳重刊於藏書閣”,
　　楷書二行。已印入四部叢刊三編。○宋刊本,十行,白口,左右雙
　　闌。末有僞牌子,文曰“嘉定六年四月望日鋟版於雲間洞天”。有明
　　文徵明、清季振宜、徐乾學藏印。文祿堂見。○清康熙四十五年曹
　　寅揚州使院刊本。陳鱣校宋本並錄周錫瓚跋。余藏。○清光緒二
　　年姚覲元輯刻姚氏叢刻本。

增修互註禮部韻略五卷　宋毛晃增注。○明刊多譌誤。○四庫依
　　宋寶祐四年蜀中刊本著錄。○宋刊有紹定庚寅上巳重刊本,藏邵僧
　　彌家,後歸顧抱冲。○淳祐四年高衍孫著本。○元刊本卷一後有
　　“至正辛丑妃仙興慶書堂新刊”木印。○有曹子清刊本。○顧亭林
　　云,于六合湯盛宏渡處得宋刻,其端云“男進士居正校刊重增”,光
　　宗、寗宗諱並回避,則寗宗以後刊本也。

〔補〕**增修互註禮部韻略五卷**　宋毛晃增注,毛居正重增。○南宋中
　　期浙刻本,半葉十行,小字雙行三十二字,白口,左右雙闌。刻工有
　　張明、馬祖、宋琚、王恭等。失序跋,用元至元二十餘年册紙印。潘
　　氏滂喜齋及孫鳳鈞藏印。○宋元間刊本,十行,每行大字三排,註雙
　　行三十二字,白口,左右雙闌。版心雙魚尾,其下分記書名卷數、葉
　　數,上端陽面陰面分記大小字數。卷首有進書表,十行十六字。鈐
　　有“少顋”、“鴻寶堂印”等。徐坊遺書,余藏。此本版式闊大,鎸工精
　　緻,然字體漸趨圓潤,是宋末刊,不然即元初覆宋本。○元至正十五
　　年日新書堂刊本,十一行,黑口,左右雙闌。卷一後有“至正乙未日

新書堂重刊"牌子。盛昱遺書。○元明間刊本，十一行，注雙行二十八九字，細黑口，左右雙闌。徐坊藏一帙，江南圖書館藏一帙，日本靜嘉堂文庫藏一帙，行欵版式同，然非一刻。

〔補〕**文場備用排字禮部韻註五卷** 不著撰人名氏。○元至正十二年徐氏一山書堂刊本。前載科舉條例甚詳。廟諱止於英宗，而今上皇帝不名。黃丕烈手錄錢大昕跋。徐乃昌積學齋藏書。

〔補〕**魁本排字補字辨疑禮部韻註五卷** ○元刊本，十二行，黑口，四周雙闌。封面標德新書堂字樣。殘本。

增修校正押韻釋疑五卷 宋歐陽德隆撰。○提要云久無刊本。此本從宋槧鈔出，曹寅所刊別本序中闕六字，條例中缺二字，此本皆完，知寅未見也。邵本朱記。

〔附〕○宋嘉熙小字本作郭正已增修，最佳（邵氏）。○路有抄本。（邵氏）

〔補〕海虞瞿氏有宋嘉熙三年禾興郡齋刊本，十行，注雙行二十五字，白口，左右雙闌。附拾遺一卷，缺去聲一卷。○四庫本已印入四庫全書珍本初集中。

〔補〕**紫雲增修校正禮部韻略釋疑五卷** 宋歐陽德隆撰，郭守正校正。○影寫元刊本，十三行，注雙行三十字。有桂馥跋。余藏。

〔補〕**五十先生釋疑韻寶五卷** ○元刊本，十一行，黑口，左右雙闌。按即押韻釋疑。日本帝室圖書寮藏。

〔增〕**新編分類增注正誤決疑韻一卷** ○本五卷，存入聲屋至三十四之一卷。○宋巾箱本，每韻前列字畫之誤、音韻之疑兩類，每字下凡字同音異、字異義同者，辨正頗為精審，尤致謹于避諱。其書特備場屋之用，自來無著錄者，而宋刊宋印可愛，見張金吾續志。

〔補〕**新編分類增註正誤決疑韻式五卷** ○海虞瞿氏有宋刊巾箱本一卷，九行，細黑口，左右雙闌。

九經補韻一卷 宋楊伯嵒撰。○百川學海本。○古今逸史本。○秦
　氏汗筠齋叢書本，附錢侗攷證本。

〔附〕○粤雅堂刊錢侗考證本。

〔補〕○宋咸淳間刊百川學海本，十二行二十字，細黑口，左右雙闌。○
　明弘治十四年華珵刊百川學海本，行款同宋本，白口。○明嘉靖十
　五年鄭氏宗文堂刊百川學海二十卷本，十四行二十八字，白口，左右
　雙闌。○明萬曆間吳琯刊古今逸史本，十行二十字，白口，左右雙
　闌。○清嘉慶十年張海鵬刊學津討原本，九行二十一字，黑口，左右
　雙闌。藏園均有之。

五音集韻十五卷 金韓道昭撰。○元至正庚寅重刊小字本。○明成
　化丁亥刊小字本。○成化庚寅重刊本。○正德乙亥刊大字本。○
　萬曆己丑刊本。

〔補〕**泰和五音新改併類聚四聲篇十五卷** 金韓道昭撰。○金刊
　本，十三行，大小字相間，大字一約當小字二，細黑口，左右雙闌。存
　卷十二殘葉。鈐有明晉府藏印。

〔補〕**改併五音類聚四聲篇十五卷** 金韓道昭撰。○明成化十年刊
　本，大版心，十三行，黑口，四周雙闌。

〔補〕**大明正德乙亥重刊改併五音類聚四聲篇海十五卷** 金韓
　道昭撰。○明刊本，十行十六字，注雙行，黑口，四周雙闌。

〔補〕**大明萬曆己丑重刊改併五音集韻十五卷** 金韓道昭撰。**附
　經史正音切韻指南一卷** 元劉鑑撰。

新編篇韻貫珠集一卷 明真空撰。○明刊本，十行，注雙行三十二
　字，白口，四周雙闌。

〔增〕**新刊韻略五卷** 金王文郁撰。併舊韻二百六部為一百六部，所
　併之韻韻首一字以魚尾隔之。是書金正大己丑初刊，尚有元大德刊
　本，其成書先劉淵二十四年，就韻會所引考之，蓋襲取文郁書而稍增

損之。卷末有"大德丙午重刊新本平水中和軒王宅印"木印。黃蕘
圃藏，錢竹汀跋，見張氏藏書志。

〔增〕**平水新刊韻略五卷** 金王文郁撰。○昭文張氏有此書，係元大
德刊本。

〔補〕**新刊平水韻略五卷** ○影寫元刊本，八行二十字。有金正大六
年河間許古道真序。前有聖朝頒降貢舉三試程式。繆氏藝風堂舊
藏。已收。

古今韻會三十卷 元熊忠撰。○元刊本載熊忠序，稱黃先生作古今
韻會，惜其篇帙浩瀚，因取禮部韻略，增以毛、劉二韻及經傳當收未
載之字，別為此書。○昭文張氏、上海郁氏皆有元刊本。○明嘉靖
乙未江西提學李愚谷刊本。○日本國據嘉靖本重刊。

〔附〕○淮南局本。○姚氏刊本。（眉）

〔補〕○元刊本，十行，注雙行二十二字，黑口，四周雙闌。劉承幹嘉業
堂藏。○明嘉靖本，十行，注亦二十二字，黑口，四周雙闌。見殘本，
似閩中刊本。

四聲等子一卷 不著撰人。○元刊本，每半頁十三行，行十八字。○
萬曆五年崇德圓通菴僧如彩單刊本，板半頁十三行，行十八字。○
曾一經刊本。

經史正音切韻指南一卷 元劉鑑撰。○明成化丁亥釋文儒刊本，附
改併五音篇後。○萬曆己丑刊本，亦附改併篇韻後。今康熙甲子釋
恒遠單刊本。

洪武正韻十六卷 明樂韶鳳等奉敕撰。○明初官本。○隆慶辛卯重
刊本。

古音叢目五卷古音獵要五卷古音餘五卷附錄一卷 明楊慎撰。
○此下六種二十二卷明嘉靖李元陽中溪刊本。○升菴戍滇，與中溪
最善。○函海本。

古音略例一卷 明楊慎撰。○函海本。○李元陽刊本。

轉注古音略五卷 明楊慎撰。○函海本。○李元陽刊本。

〔補〕○明嘉靖李元陽刊本，九行，白口，左右雙闌。顧亭林跋。

毛詩古音考四卷 明陳第撰。○一齋全書本。○又閩中徐氏明刊本。○龍氏敷文閣彙鈔本。○學津討原本。

屈宋古音義三卷 明陳第撰。○一齋全書本。○學津討原本。

〔附〕○二書注廉卿並重刊學津本。（眉）

〔補〕**諸史夷語音義四卷** 明陳士元撰。○明萬曆刊本。

〔補〕**韻經五卷** 明張之象撰。○明嘉靖十八年長水書院刊本，十行十八字，白口，左右雙闌。錢湘靈批。李木齋收去。

〔補〕**元聲韻學大成四卷** 明濮陽淶撰。○明萬曆本，九行，白口，四周雙闌。有萬曆八年吳同春序。四庫存目。

〔補〕**正韻篆二卷** 明沈延銓撰。○明天啟二年自刊本，八行，每行篆文五，白口，左右雙闌。

欽定音韻闡微十八卷 康熙五十四年大學士李光地等奉敕撰。○內刊本。

欽定同文韻統六卷 乾隆十五年莊親王允祿等奉敕撰。○內刊朱墨本。

欽定叶韻彙輯五十八卷 乾隆十五年大學士梁詩正等奉敕撰。○內刊本。

欽定音韻述微三十卷 乾隆三十八年奉敕撰。○佩文詩韻所收一萬二百五十二字。

〔補〕○四庫本已印入四庫全書珍本初集中。

音論三卷 國朝顧炎武撰。○顧氏刊張弨書音學五書本。○阮刻經解本一卷。○五書並有擺印本。

〔補〕○清閩中林春祺銅活字印本，版心有"福田書海"四字。前有鑄銅字序一首。與詩本音十卷同印。

詩本音十卷 國朝顧炎武撰。○音學五書本。○阮經解本。

易音三卷 國朝顧炎武撰。○音學五書本。○阮經解本。

唐韻正二十卷 國朝顏炎武撰。○音學五書本。

古音表二卷 國朝顧炎武撰。○音學五書本。

〔補〕**音學五書三十八卷** 清顧炎武撰。為音論三卷，詩本音十卷，易音三卷，唐韻正二十卷，古音表二卷。○清康熙六年張弨符山堂刊本。

韻補正一卷 國朝顧炎武撰。○亭林十書本。○指海本。

古今通韻十二卷 國朝毛奇齡撰。○康熙甲子史館刊本。○西河全書本。

易韻四卷 國朝毛奇齡撰。○西河全書本。

〔補〕**古今韻略五卷** 清邵長蘅撰。○清康熙三十五年宋犖刊本。余藏。

〔補〕**類音八卷** 清潘耒撰。○清康熙末潘氏遂初堂刊本。四庫存目。

唐韻考五卷 國朝紀容舒撰。○守山閣刊本。

古韻標準四卷 國朝江永撰。○貸園叢書本。○墨海金壺本。○守山閣本。○指海本。○音學辨微一卷。○粵雅堂叢書本。

〔補〕**四聲切韻表一卷凡例一卷** 清江永撰。○清乾隆五十四年輯印貸園叢書初集本。○清咸豐二年南海武氏刊本，收入粵雅堂叢書四集。四庫存目。

〔增〕**聲類表十卷** 國朝戴震撰。○戴氏遺書本。

〔增〕**聲韻考四卷** 國朝戴震撰。○戴氏遺書本。○段氏經均樓本。

　　○貸園叢書本。

〔補〕**沈氏四聲考二卷** 清紀昀撰。○清乾隆中嵩山書院刊鏡烟堂十
　　種本。○清光緒五年定州王氏謙德堂刊畿輔叢書本。

〔補〕**音韻問答一卷** 清錢大昕撰。○清道光二十四年刊昭代叢書壬
　　集本。

〔補〕**聲類四卷** 清錢大昕撰。○清道光二十九年南海伍氏刊粵雅堂
　　叢書本。○清光緒十年長沙龍氏家塾刊嘉定錢氏潛研堂全書本。

〔補〕**音韻輯要二十一卷** 清王鵕撰。○清乾隆四十九年刊本。

〔補〕**詩音表一卷** 清錢坫撰。○清嘉慶七年擁萬堂刊錢氏四種本。

〔補〕**古韻譜二卷** 清王念孫撰。○民國十四年羅振玉輯印高郵王氏
　　遺書本。

〔補〕**漢魏音四卷** 清洪亮吉撰。○清乾隆五十年西安刊本,收入北
　　江全集中。○清光緒三年刊本,收入洪氏授經堂刊洪北江全集中。

〔補〕**詩聲類十二卷分例一卷** 清孔廣森撰。○清乾隆五十七年孔
　　廣廉謙益堂刊本,收入顨軒孔氏所著書中。○清光緒十四年南菁書
　　院刊皇清經解續編本。○民國嚴式誨刊音韻學叢書本。

〔補〕**古音諧八卷** 清姚文田撰。○清道光二十五年歸安姚氏自刊
　　本,收入邃雅堂全書中。

〔補〕**古韻論三卷** 清胡秉虔撰。○清光緒二年胡氏世澤樓刊績溪胡
　　氏叢書本。○清光緒間吳縣潘氏刊滂喜齋叢書本。

〔補〕**江氏音學十書十二卷** 清江有誥撰。實刻八種,為詩經韻讀四
　　卷,羣經韻讀一卷,楚辭韻讀一卷並附宋賦一卷,先秦韻讀一卷,廿
　　一部諧聲表一卷,入聲表一卷,唐韻四聲正一卷,等韻叢說一卷。○
　　清嘉慶間江氏自刊本。

上小學類韻書之屬

附錄

六藝綱目二卷 元舒天民撰。○元至正甲辰刊本。○近年劉喜海刊本。○指海本。○楊以增刊本。○金陵朱述之刊本。○近汪鳴鑾刊或即劉舊板印耶。

〔補〕○曾見毛氏汲古閣影寫元刊本，乃端匋齋之物，今不知流落何許。

藏園訂補邵亭知見傳本書目卷三

藏園訂補郘亭知見傳本書目卷四

獨山莫友芝子偲　　撰

江安傅增湘沅叔　訂補

史部一

正史類

　　○明南監板二十一史，或取他省舊刊附官刊，元史不足之部則新刻足之，其式大小行疏密皆不一律，以嘉靖印者為最佳，後來所收舊板遞有修補，不足貴矣。其板至嘉慶間乃毀于火，然自雍、乾以來印者不可讀矣。收南監本能得嘉靖前印舊刊諸種，益以嘉靖新刊初印數種，乃為最佳。梅伯言、路小洲兩家俱有初印本，當是嘉靖時印，未必諸舊刊皆初印也。○明北監板，萬曆間依南監本重寫，刊為一律，雖較正齊，而不如南監舊印之少譌字。康熙間通修補一過，其板至今猶存。然自乾隆殿板成，此板遂罕印矣。北監不如南監古雅，唯三國志一種精校，勝南監。○乾隆四年武英殿刊板依北監二十一史式，而益以新修明史及舊唐書，曰二十三史。史漢等前數部校對差善，六朝及宋、遼、金等即與北監無異。乾隆四十九年刊舊五代史入之，又曰二十四史。其中宋、遼、金、元四史，以在乾隆四十年前印未改譯人名者為不易得。道光四年新修殿板，校補漫闕，多為淺學誤改，人不甚重，仍以乾隆四年本為佳。殿板史、漢初印者尤難得，以史記五帝本紀末一頁不漫漶者為最早精印之本。乾隆殿板初印，其上端大線皆齊畫若一。○咸豐中廣州陳氏翻刊官本二十四史，聞其史、漢等二三部經校者意改字甚多，故遲遲未印行。今頗行矣，人亦不重之。○汲古閣十七史並明崇禎時刊成，經亂未能合印，頗有損失。至本朝順治庚子修補完，乃通行，即以此時印者為初印。其明時初印僅有一二單部，不能全覯也。其史記集解後附司馬貞索隱三十卷，五代史記後附五代史補、五代史闕文二種。毛氏十七史多據宋元舊板，勝其十三經註疏之僅傳監板者多矣。○汲古閣十七史外尚刊有宋史，與十七史同式，聞吳中藏書家二三處有之。同治丁卯，邵亭于滬肆中見其殘卷始信。十七史初印本邵位西言呂鶴田有之，邵亭又見陳息有一部。邵亭丙寅秋在滬收一部桃花紙印者，絕寬大，蓋康熙中印，亦精好醒目。惜其中三國志、晉書、唐書乃以書業堂翻本單宣城紙印插入。○翻刻汲古十七史有書業堂及埽葉山房二本，以書業趙氏本為勝，並嘉道來蘇城書肆。

史記一百三十卷 漢司馬遷撰。○正文無註者明葛氏刊本。○近日馮應榴刊本。○坊刊本。○陳明卿本最善，陳臥子本次之。鍾伯敬本不載十表，最下矣。○又有鍾人傑本、黃嘉惠本。○天祿琳琅後目有宋板史記，目錄後刊校書官張未職名，因文潛所校定，以為北宋元祐間本。○又一部，紹興三年官刊本。○又三部，俱嘉靖六年萬卷樓刊本。以上俱有正義。○又一部，即元中統二年段刊索隱本。○又二部。○昭文張氏有宋乾道刊集解索隱足本。○又有九行大字北宋刊殘本十四卷。○梅伯言嘗見有汪文盛刊本史記註。○何子貞有明武進吳中珩刊本。○明李元陽、高士魁校本，名史記題評。○程容伯

有安成郡彭寅翁崇道精舍刊本。○史記集解索隱宋乾道蔡夢弼刊
本，目錄後有"三峰樵隱蔡夢弼傅卿校正"一行，三皇本紀後有"建溪
蔡夢弼傅卿親校刊梓于東塾時歲乾道七年春王正一日書"兩行，五
帝紀後有"建溪三峰蔡夢弼傅卿親校刊梓于望道亭"兩行。頁二十
四行，行二十二字，註二十八字，字畫精朗，蓋錢求赤藏，後歸季滄葦
者。○北宋殘本集解，禎字不缺，蓋仁宗以前刊。頁二十八行，行二
十七字，註三十一字至三十五字不等。○宋蜀大字史記殘本，慎字
不缺，是孝宗前刊。頁十八行，行十六字，註二十字。○元本史記集
解索隱。○又元本史記集解索隱正義殘本，十二諸侯年表後有木
印，云"安成郡彭寅翁鼎新刊行"，不著年月，驗板式蓋元刊也。上五
種昭文張氏愛日精廬藏。○錢氏百衲本，有抄補十餘卷，所集宋板
只四種。一種小字十二行，一種大字十行，一種中字十二行，一種小
字十三行。其十行、十三行本單集解，十二行兼有索隱，王鳴盛十七
史商榷中痛訾之。○劉燕庭所藏百衲本，一本但集解，半頁十四行，
行二十四字或二十五六七不等，註每行三十一二字，慎字缺筆，是南
宋本。殷周本紀炮烙皆作炮格。一本亦止集解，半頁十行，行正文
十九字，註二十五六字，桓字不避嫌名，當是北宋刻。一本兼集解索
隱，半頁十二行，行大二十二字，小二十八字，年表、月表卷尾有"建
安蔡夢弼傅卿謹案京蜀諸本校理置梓于東塾"二十字二行，與張金
吾藏書志所記合，避缺至慎字。凡四本。○劉方伯尚藏有三家註合
刊本，與柯本行欵同，卷末有校對宣德郎秘書省正字張末隸書木記，
與天祿琳琅所記同。○吳荷屋藏單集解宋本，缺者以兼索隱宋本補
之，見王氏讀書雜志，且云二本各存其半。

〔補〕**史記一百三十卷**　漢司馬遷撰，漢褚少孫、唐司馬貞補。正文無
註本。○明新安吳勉學刊本，十行二十字，白口，左右雙闌。○明黃
之寀刊本。

史記集解一百三十卷　宋裴駰撰。○汲古閣刊單集解，據北宋本，正文與各本多異。○黄丕烈有蜀大字本。郁泰峰亦有蜀大字殘本，為姚氏婉真芙初女史舊藏，初印絕精，半頁九行，行十六字，註雙行二十一、二十二字不等。

〔補〕○北宋刊本，十行十九字，注雙行二十五至二十七字，白口，左右雙闌。與景祐本漢書版式相同。内有宣和補版，移老子列傳為第一，伯夷列傳為第二。余藏。○北宋刊小字本，十四行二十五至二十七字不等，注雙行三十二至三十五字不等，白口，左右雙闌。海虞瞿氏藏。又日本内藤虎藏五十八卷，端方舊藏百衲本史記中有六十八卷。○北宋刊巾箱本，十四行二十七至二十九字，注雙行，白口，左右雙闌。存十四卷，白麻紙宋印，海虞瞿氏藏。○宋紹興間淮南路轉運司刊本，九行十六字，注雙行二十至二十四字不等，白口，左右雙闌。有無為軍軍學教授潘旦校對，淮南路轉運司幹辦公事石蒙正監雕銜名。潘氏寶禮堂藏一帙。劉氏嘉業堂藏六十七卷，余藏宋元百衲本史記中有三十九卷。○宋蜀大字本，九行十六字，注雙行二十至二十三字，白口，左右雙闌。版式闊大，字作顏體，與蜀大字本蘇文定、秦淮海相似。夾雜於劉氏嘉業堂藏淮南路轉運司刊本中，惜卷數失記。○宋紹興十年邵武朱中奉宅刊本，十二行二十二字，注雙行同，白口，左右雙闌。卷三十三以後為十三行二十五至二十六字，卷二十八内間有十四行二十七至九字者。目後有牌子，文曰"邵武東鄉朱中奉宅刊行，校勘即無訛舛，紹興庚申八月朔記"。字體瘦勁，南宋初建本正宗。○宋紹興元明遞修本，十行十八至十九字，注雙行二十七至二十八字，白口，四周雙闌。元補版黑口，目後有元統三年江浙儒學補刊銜名。明補版有弘治三年字樣。版入南監，或有國子監字樣。余藏三十三卷。蔣孟蘋密韻樓有一帙。○明正德十年白鹿書院刊本，十行十九字，注雙行，白口，四周單闌。○明崇禎十四年毛氏汲古閣刊本。余據家藏宋景祐本校。○明前期傳寫宋紹興淮南路轉運司刊本。存一百一十卷。余藏。

史記索隱三十卷 唐司馬貞撰。○汲古閣單行本。○顧抱沖有滈熙辛丑澄江耿秉刊本。○黄蕘圃有宋乾道三年蔡夢弼刊本。○元中統本，半頁十四行，行二十五字，註雙行字同。○邵亭有明初游明校正重刊元中統二年平陽道段氏本，又有明正德刊本，皆有集解、索隱而無正義，俱百三十卷。○韓筱亭有不全十二行、十四字本。○錢遵王百衲本歸那竹汀之孫桂某，一歸劉燕庭。○柯維熊校金臺汪諒本，前序云陝西翻宋板無正義，白鹿洞本有正義，即柯所出。

〔補〕○明崇禎毛氏汲古閣刊本，十四行二十七字。○清光緒十九年廣雅書局叢書本。白鹿洞本即前條之正德十年白鹿書院刊本，無正義，莫氏誤記。

〔補〕**史記集解索隱一百三十卷** 漢司馬遷撰，劉宋裴駰集解，唐司馬貞索隱。○宋乾道七年蔡夢弼東塾刊本，十二行二十二字，注雙行二十八字，白口，左右雙闌。三皇本紀後有"建谿蔡夢弼傅卿親校刻梓於東塾時乾道七年春王正上日書"牌子二行。序、六國表、樂書、曆書、目錄、五帝殷周本紀等後亦均有牌子。此為集解、索隱合刻最古之本，聊城楊氏藏，為海源閣四經四史之一。○宋淳熙三年張杅桐川郡齋刊淳熙八年耿秉補刊本，十二行二十三至二十六字，注雙行二十五至二十七字，白口，左右雙闌。日本靜嘉堂文庫藏一帙，又於陶湘處見一帙。○明中統二年段子成刊本，十四行二十五字，注雙行同，白口，四周雙闌，左闌外有耳記篇名。余藏一帙，劉氏嘉業堂藏一帙。○元大德饒州路儒學刊本，十行二十二字，注雙行同，細黑口，四周雙闌，版心上方記"饒學"、"番學"等字。余藏北宋本史記中配入九卷，宋元百衲本史記中配入二十六卷。○明天順游明刊本，十四行二十五字，注雙行同，黑口，四周雙闌。前有中統二年董浦序。此為游氏翻中統段子成本，雖行格相同，而版心差小，闌外左上無耳。嘗見一海源閣藏本，有楊紹和跋，誤以為即段子成本。○明正德十三年邵宗周刊本，十行二十字，注雙行同，白口，四周雙闌。前中統二年董浦序，序後原有牌子，此本挖去。次集解序，次史記正義論例諡法解，次行題司馬光名。三行挖去原名，改補司馬貞名。次索隱三序，次史記綱領，首葉撤去改鈔，或係去撰者之名耳。目錄後亦失下半葉，疑亦掩去牌記以充元刊本也。然鎸雕頗工，是閩中風氣。

史記正義一百三十卷　唐張守節撰。

○南監有四本，嘉靖張邦奇本，萬曆二年余有丁大字本，小字本，萬曆二十四年馮夢禎本。北監本。此五本注皆不全。○明嘉靖四年震澤王延喆刊本。是年金臺汪諒先刊柯維熊校本。十三年秦藩刊本。俱翻宋板，每半頁十行，行大字十八，小字二十三。柯本索隱序後有紹興三年四月十二日右修職郎充提舉茶鹽司幹辦公事石公憲發刊至四年十月二十日畢工三行，知三本並從紹興本出也。每卷尾總計史若干字，注若干字，為二行，亦有不具者，三本悉同。王板所據本周本紀脫第二十七頁，柯板秦本紀脫第三十一頁，各以意補綴，注各有不全，然可以互補。秦藩本則兩頁並全，所以為勝。○凌稚隆評林本，從柯本出，尚無大刪節。又有翻本。○乾隆四年殿本，各注皆全。○又古香齋巾箱本，與殿板同。凡例言以宋本與汪本詳對，即柯本也。○崇文總目有單行正義三十卷，今佚。

〔補〕史記集解索隱正義一百三十卷　漢司馬遷撰，劉宋裴駰集解，

唐司馬貞索隱，張守節正義。○宋黃善夫家塾刊本，十行十八字，注雙行二十三字，細黑口，左右雙闌，闌外標篇名。集解序後有"建安黃善夫刊於家塾之敬室"牌記二行，目後有"建安黃氏刻梓"篆文牌記二行。史記三家注合刻最早之本。涵芬樓藏六十九卷。余北宋

本史記中配入五卷，宋元百衲本史記中配入四卷，又藏零種二卷。日本上杉氏藏一全帙。此書已印入百衲本二十四史中，以涵芬本及余本並日本上杉氏藏本合配成。○元至元二十五年安成彭寅翁崇道精舍刊本，十行二十一字，注雙行同，細黑口，左右雙闌，闌外記篇名。目後有"安成郡彭寅翁栞於崇道精舍"隸書牌子。余藏一帙，劉體乾藏一帙，海虞瞿氏藏七十七卷，沈氏海日樓藏二十餘卷。○明正德十二年廖鎧關西刊本，十行十八字，注雙行二十三四字，細黑口，左右雙闌，左闌外記篇名，版心上方記每冊葉數總數，下記本卷葉數。有正德十二年閩中廖鎧序，言所據本缺八書，參眠羣冊刊成云云。○明嘉靖四年金臺汪諒刊本，十行十八字，白口，左右雙闌。每卷首行有"莆田柯維熊校正"七字，目後有"明嘉靖四年乙酉金臺汪諒氏刊行"牌記楷書二行。前有嘉靖四年費懋中序，後有六年柯維熊跋。○明嘉靖四至六年王延喆刊本，十行十八字，注雙行二十三字，白口，左右雙闌，闌外記篇名。序後有牌子，文曰"震澤王氏刻于恩褒四世之堂"，隸書二行。索隱序後有王延喆刊書識語七行，謂取舊藏宋刊史記翻刻於家塾云云。莫氏云柯本（汪諒本）秦本紀脫第三十一頁，王本脫周本紀第二十七頁，未確。是二本此二頁注文有脫漏不全處。○明嘉靖九年南京國子監張邦奇刊本，十行二十一字，白口，四周雙闌。○明嘉靖十三年秦藩朱惟焞刊二十九年重修本，十行十八字，注雙行二十三字，白口，左右雙闌。版心魚尾下記卷次，下題"天"、"地"等字，為每帙之號。前嘉靖甲午秦藩鑒抑道人序，次嘉靖庚戌秦藩允中道人序。後有嘉靖甲午黃臣跋。○明刊本，十行十八字，注雙行二十三字，白口，左右雙闌，闌外有耳記篇名。○明萬曆二至三年南京國子監刊本，十行二十一字，注雙行同，白口，四周雙闌。○明萬曆二十四年南京國子監刊本，十行二十一字，注雙行二十七字，細黑口，左右雙闌。○清乾隆四年武英殿刊二十四史本。○日本古活字印本，八行十七字，注雙行同。○明萬曆張守約刊本，九行二十一字，注雙行同，白口，四周雙闌。闌上有評語。張氏時官廣州監察御史，是廣州刊本。

〔補〕**古香齋鑒賞袖珍史記一百三十卷**　漢司馬遷撰，劉宋裴駰集解，唐司馬貞索隱，張守節正義。○清光緒八年內府刊本。

〔補〕**史記大全一百三十卷**　漢司馬遷撰，劉宋裴駰集解，唐司馬貞索隱。○明正德十六年建寧府劉洪刊本，十行二十字，黑口，左右雙闌，句中加圈。前有中統二年董浦序，卷末有"正德十六年十一月內，蒙建寧府知府張、邵武府同知鄒同校正過史記大全，計改差訛二百四十五字。書戶劉洪改刻。"余藏。李木齋先生亦有一帙。書中卷第已改移。

〔補〕**史記題評一百三十卷**　明楊慎、李元陽輯訂，高世魁校正。○明嘉靖十六年胡有恒、胡瑞敦刊本，九行二十字，注雙行同，白口，左右雙闌。闌上列諸家評語。卷末有"嘉靖十六年丁酉福州府知府胡有恒、同知胡瑞敦雕"一行。余藏一帙，有莫友芝長跋。文友堂見一帙。

〔補〕**歸方合評史記一百三十卷**　明歸有光、清方苞評點。○清光緒二年張裕釗刊本。

〔補〕**史記評林一百三十卷**　明凌稚隆輯。○明萬曆四年凌氏自刊本，十行十九字，白口，左右雙闌。舊人臨錢泰吉校本，用朱、紫、黃、黑四色筆滙校，所據為元中統本及明清諸本。文友堂見。○清雍正十年光遠堂刊本。

〔補〕**史記纂二十四卷**　明凌稚隆輯。○明萬曆天啟間吳興凌氏刊朱墨套印本，九行十九字，白口，四周單闌。有"凌森美重校並書"一行，疑即森美所刊。余藏。

〔增〕**史詮五卷**　明程一枝撰。○刊本。

讀史記十表十卷 國朝汪越撰。○有原刊本。

〔補〕**史記注補正不分卷** 清方苞撰。○清寫本。鈐有"劉氏晚眳閣收藏圖書印"。○清嘉慶間桐城方氏刊抗希堂十六種本。○清光緒二十五年刊廣雅書局叢書本。

〔補〕**史記考證七卷** 清杭世駿撰。○清乾隆五十三年補史亭刊道古堂外集本。

史記疑問一卷 國朝邵泰衢撰。○有刊本,三卷。

〔補〕**史記正譌三卷** 清王元啟撰。○清乾隆中刊惺齋先生雜著本。○清光緒十六年刊廣雅書局叢書本,名史記三書正譌。三書者,律書、曆書、天官書也。

〔補〕**史記惠景間侯者年表校補一卷** 清盧文弨撰。○清乾隆間盧氏自刊羣書拾補本。

〔補〕**史記釋疑三卷** 清錢塘撰。○清乾隆五十二年四益齋刊本。

〔增〕**史記志疑三十六卷** 國朝梁玉繩撰。○梁氏刊本。○玉繩又有漢書人表攷九卷,在清白士集中。

〔補〕**史記志疑三十六卷附錄三卷** 清梁玉繩撰。○清乾隆五十二年刊本。○清廣雅書局光緒十三年刊廣雅書局叢書本。

〔補〕**史記天官書補目一卷** 清孫星衍撰。○清道光二十四年刊昭代叢書壬集補編本。

〔補〕**楚漢諸侯疆域志三卷** 清劉文淇撰。○清光緒二年劉氏金陵刊本。一冊。余藏。○清光緒十五年刊廣雅書局叢書本。

〔補〕**校勘史記集解索隱正義札記五卷** 清張文虎撰。○清同治十一年金陵書局刊本。

〔補〕**漢書一百卷** 漢班固撰。○明德藩最樂軒刊無注本,十行二十一字,白口,左右雙闌。余藏。

漢書一百二十卷 漢班固撰，其妹昭續成之，唐顏師古注。○南監嘉靖九年張邦奇、江汝璧校刊。○北監本。○殿本。○汲古閣本無三劉說，與明汪文盛刊本並善。○歐陽鐸本。○田汝成重刊歐陽本。○明德藩最樂軒本。○嘉靖己酉福建按察周采、提學副使周琉、柯喬等同校刊本，即修汪本耳。○白鷺洲書院大字本，始刊於南宋，畢工于元至正間，半頁八行，行大字十六字，小字二十一，較景祐本尤爽目。○內府有宋景德刊本。○昭文張氏有宋元板二部。○宋湖北提舉鹽茶司小字本，每半頁十四行，行二十七至廿九字不等，注行三十三至三十五字不等，避諱至慎字，蓋孝宗時刊本。○黃丕烈有宋景祐二年刊本，云以校汪、毛二本多異。○吳騫有不全宋本列傳十四卷，每頁十六行，行十六字。○宋刊元修本，每頁二十行，行十九字，注二十五字至廿八字不等，板心注補刊年歲。○元太平路新刊漢書，有太平路儒學教授孔文聲跋，云用板二千七百七十五，始大德乙巳仲夏，終十有二月二十四日。上二種張金吾書目記。○北宋官刊漢書始于淳化，後有景德元年刻本，景祐二年刻本，熙寧二年刻本，宋景文所據以校者即景祐本也。其原刻至今猶有傳者，但景文校漢書無意改之字，如有所疑，即云某當作某，豈料後人屢經傳刊，竟據以改字，是景文之罪人也。此本猶刊于北宋，而改已多，惜哉！不然何有熙寧以後刊本反與景文意合耶。卷中避敬、殷、恒等字外，尚有貞字，係仁宗嫌名，屬字係真宗嫌名，煦字係哲宗諱，此後植慎等字不復避，其為哲、徽間刊本可知。宣和六年國子監校刊漢書疑即此本，然無跡可求。宋刊漢書以此為中乘，尚有紹興六年刊本，當自鄶以下矣。此鐵樵朱筆記語，其前有一行，云蘇州汪氏有宋景祐刊本一百卷，另卷有宋本一百卷，補溝洫、藝文志，未審其記者即汪氏本否。○宋犖有百衲本，歸季滄葦，近入桐鄉汪氏，轉歸楊至堂。○袁漱六有宋慶元劉之問刊本，即殿本所從出。

〔補〕○北宋景祐刊本，十行十九字，注雙行二十五至二十六字，白口，左右雙闌。有黃丕烈、顧廣圻跋。海虞瞿氏藏，已印入百衲本二十四史。○宋紹興間湖北提舉茶鹽司刊淳熙、紹熙、慶元遞修本，十四行二十六至二十九字，注雙行三十一至四十字，白口，左右雙闌。有紹熙癸丑張孝曾、淳熙二載黃景升、慶元戊午梁季珌跋。日本靜嘉堂文庫藏，陸心源皕宋樓故物。○宋紹興大字本，九行十六字，白口，左右雙闌。有補版。北京圖書館有內閣大庫殘本。日本靜嘉堂文庫有一帙。○宋刊元明遞修本，中版心，十行十九字，注雙行二十六至二十九字，白口，左右雙闌。○宋慶元元年劉元起家塾刊本，十行十八字，注雙行二十四字，細黑口，四周雙闌，左闌外記篇名。有"建安劉元起刊於家塾之敬室"牌記。末有慶元元年劉之問刊書跋。李木齋先生藏一帙，日本上杉氏藏一帙。○宋建安蔡琪一經堂刊本，八行十六字，註雙行二十一字，細黑口，四周雙闌，左闌外上方標篇名、人名。卷末有"右將監本、杭本、越本及三劉、宋祁諸本參校，其有同異並附於古註之下"二行，並記正文、註文字數。目錄前有木記，文曰"建安蔡琪純父刻梓於家塾"。聊城楊氏藏一帙，為四經四史齋所藏宋本四史之一。江南圖書館及顧麐士均有殘本。○元至元廿一年白鷺洲書院刊本，八行十六字，註雙行二十一字，細黑口，四周雙闌，左闌外標篇名。有"甲申歲刊於白鷺洲書院"牌子。劉承幹嘉業堂藏書，劉氏已覆刻行世。○元大德九年太平路儒學刊本，十行二十二字，注雙行同，細黑口，四周雙闌。目後有大德乙巳太平路儒學教授孔文聲跋並督刊銜名二行。海源閣遺書。○明正統八至十年刊本，十行十九字，注雙行二十六至二十九字，白口，四周雙闌，間有大黑口，左右雙闌，版心下記正統幾年刊及刊工人名。袁滌菴藏。○明刊嘉靖十六年廣東崇正書院重修本，十行二十二字，注雙行同，白口，四周單闌。卷七十二次行題"明歐陽鐸刊，田汝成重校"，目後有"嘉

靖丁酉冬月廣東崇正書院重修"牌記。余藏。○明嘉靖汪文盛刊本，
十二行二十二字，注雙行二十八字，白口，左右雙闌，闌外記篇名。
卷首敘例及卷一次行於顏師古名下有"明汪文盛、高澂、傅汝舟校"
一行。此書明嘉靖二十八年福建按察司重修，于原汪文盛名處改刻
為"明福建按察司按察使周采、提學副使周琉、巡海副使柯喬校刊"，
三人銜名並列三行，卷末增"嘉靖己酉年孟夏月吉旦侯官縣儒學署
教諭事舉人廖言監修"二行。○明嘉靖九年南京國子監刊本，十行二
十一字，細黑口，四周雙闌，版心上方有"嘉靖九年刊"五字。首卷三
四行有南監祭酒張邦奇、司業江汝璧銜名。○明崇禎十五年毛氏汲
古閣刊本，杜文瀾倩人臨錢泰吉校本並跋。余藏。○明崇禎十五年
毛氏汲古閣刊本，沈欽韓校宋本。陳寶琛遺書。○清初影寫宋景祐
本，十行十九字，注雙行二十八字，黑口，左右雙闌。存二十卷。朱
錫庚、翁同書、李盛鐸、袁克文跋。○清同治八年金陵書局刊本。余
據北京圖書館藏宋紹興刊大字殘本校過，頗有改訂。

〔補〕**漢書一百卷** 漢班固撰，唐顏師古注，明鍾人傑輯評。○明萬曆
　　四十七年鍾人傑刊本，九行二十字，白口，四周單闌。余有殘本。

〔補〕**漢書一百卷** 漢班固撰，唐顏師古注，明陳仁錫評。○明末刊本，
　　十行二十字，白口，左右雙闌。

〔補〕**漢書評林一百卷** 明凌稚隆輯。○明萬曆九年凌氏自刊本，十
　　行二十字，注雙行同，白口，左右雙闌。清汪琬批，惠周惕批並跋。
　　曹秉章藏。

〔補〕**漢書地理志稽疑六卷** 清全祖望撰。○清嘉慶九年歙南朱氏
　　漸江得護草堂刊本。○清咸豐三年刊粵雅堂叢書本。○四明叢書
　　本。

〔補〕**漢書正譌二卷** 清王元啟撰。○清乾隆中刊惺齋先生雜著本。

〔補〕**漢書辨疑二十二卷** 清錢大昭撰。○清道光間橋李沈氏銅熨斗

齋刊本。○清光緒十四年刊廣雅叢書本。

〔增〕**新校正漢地理志十六卷** 國朝錢坫撰。○刊本。

〔補〕**新斠注地理志十六卷** 清錢坫撰。○清嘉慶二年岑陽官舍刊本。

〔增〕**漢書地理志補註一百三卷** 國朝吳卓信撰。○安徽潘氏刊本。

〔補〕○何紹基藏經鋤堂鈔本，有李兆洛跋。何氏自書封面及書口上字。見於文友堂。○道光二十八年涇縣包氏刊本。

〔補〕**漢書地理志校注二卷** 清王紹蘭撰。○清光緒二十二年蕭山陳氏遺經樓刊本。

〔補〕**漢志水道考證四卷** 清洪頤烜撰。○清嘉慶刊問經堂叢書本。

〔增〕**漢書疏證三十六卷** 國朝沈欽韓撰。缺三十、三十一、三十二地理志三卷。

〔補〕○清光緒二十六年浙江書局刊本。其手稿殘本余曾見於蘇州來青閣，今不知流轉何所矣。

〔補〕**漢書西域傳補注二卷** 清徐松撰。○清道光間刊大興徐氏三種本。○光緒間會稽章氏刊式訓堂叢書本。

〔補〕**新斠注地理志集釋十六卷** 清徐松撰。○清同治十三年會稽章氏刊本。

〔補〕**漢書補注一百卷** 清王先謙撰。○清光緒二十六年長沙王氏虛受堂刊本。

班馬異同三十五卷 宋倪思撰。○嘉靖十六年李元陽、汪佃校刊本，楊士奇跋，稱此書本名史漢異同，不題撰人姓名，據文獻通考題作倪思，李刻因改此名。○吳槎客拜經樓有不全宋本。○喬鶴儕有元大德太平路刻本。○又韓敬求仲序刊本。

〔附〕○明高�本。（邵氏）

〔補〕○嘉靖十六年李元陽刊本，九行十九字，白口，左右雙闌。卷末有

"嘉靖十六年歲次丁酉山人高瀨覆校"一行，故世又謂之高瀨刊本。余藏。

〔補〕**補訂班馬異同十二帙** 明孫鑛撰。○明寫本，九行十九字，墨格竹紙，版心上題"史漢異同"，下題"百尺樓"。

後漢書一百二十卷 本紀十卷，列傳八十卷，宋范曄撰，唐章懷太子註。志三十卷，晉司馬彪續漢書文，梁劉昭註。○南北監本。○毛本。○殿本。○汪文盛本。○嘉靖丁酉廣東崇正書院本。○明吳勉學刊本。○明周采、周琇、柯喬等修汪文盛本，而刓去舊刊之名，卷首題以采等刊。漢書亦然，極可恨。○張金吾愛日精廬藏書志北宋刊後漢書注，紙瑩字朗，紙背有"濟道"二字朱印，桓、構俱不缺筆，板心有注大德九年、元統二年補刊者，蓋北宋刊元修補本。每頁二十行，行十九字，注二十五字。末有"右奉涫化五年七月二十五日敕重校定刊正"一條，後列孫安何、趙安仁銜名二行，下缺景祐元年秘書丞余靖上言。○宋刊元修後漢書，款式與前漢書同，蓋同時刊板同時修補之本。○宋嘉定刊後漢書，每頁十六行，行十六字，注二十一字。百宋一廛賦注云，嘉定戊辰蔡祺純父所刊也。○宋刊後漢書，每頁二十行，行十八十九字不等，注二十四字，劉元起刊本。百宋一廛著錄。○元大德刊後漢書，景祐校正狀後有"大德九年十一月望日寗國路儒學教授任內刊"，此張氏五本也。○蘇城汪氏有宋刊殘本，存百六卷。○又有宋景祐刊本。牌漕司院本。

〔補〕○北宋刊元修本，十行十九字，注雙行二十五字，白口，左右雙闌。有淳化五年校刊銜名。海虞瞿氏藏。○宋紹興初刊大字本，九行十六字，注雙行二十六字，白口，左右雙闌。北京圖書館藏一帙，內閣大庫舊儲，已印入百衲本二十四史中。翁克齋藏一帙，日本靜嘉堂文庫藏一帙。劉氏嘉業堂及余皆有殘本。○宋刊中字本，十行十九字，白口，左右雙闌。海源閣遺書。○宋王叔邊刊本，十三行二十二至二十四字,注雙行二十八字,細黑口,左右雙闌。目後有錢塘王叔邊刊書識語五行。此為南宋初建本之精者,聊城楊氏海源閣四經四史齋所藏四史之一。日本亦有一帙。○宋慶元元年建安劉元起家塾刊本,十行十八字,間有十九字者,注雙行二十三字,細黑口,四周雙闌,左闌外記篇名。目後有"建安劉元起刊于家塾之敬室"牌記,楷書二行。參校諸本目後有"慶元嗣歲端陽日建安劉之問"識語。李木齋先生藏。余有殘本四十九卷。○宋建安黃善夫家塾刊本,十行十八至十九字,注雙行二十三至二十五字,細黑口,四周雙闌,左闌外上方記篇名。目後有"建安黃善夫刊于家塾之敬室"牌記二行。李木齋先生藏一帙,日本上杉氏藏一帙。○宋嘉定元年蔡琪一經堂刊本,八行十六字,注雙行二十一字,細黑口,四周雙闌,左闌外上方記篇名。目後有嘉定戊辰建安蔡琪純父刊書識語三行。日本靜嘉堂文庫藏書。○元初白鷺洲書院刊本,八行十六字,細黑口,四周雙闌,闌外左上記篇名。字體、刊工姓名與白鷺洲書院本前漢書同而無牌記。劉承幹嘉業堂藏書。○元大德九年寧國路儒學刊本,十行二十二字,白口,四周雙闌。景祐狀後有"大德九年十一月望日寧國路儒學雲教授任内刊"牌子。有明補版。余藏。劉啟瑞有大庫殘本。日本狩野直喜藏一帙。○明正統八年至十一年刊本,十行十九字,注雙行二十五至二十七字不等,間有黑口、白口,四周雙闌或左右雙闌。末卷有淳化五年重校刊正題識。袁滌菴藏。○明刊嘉靖十六年廣東崇正書院重修本,十行二十二字,白口,四周單闌。序後有嘉靖丁酉冬月廣東崇正書院重修牌子二行,即田汝成刻也。○明嘉靖汪文盛刊本,十二行二十二字,注雙行二十八字,白口,左右雙闌,闌外記篇名。首卷次行下於范曄、李賢名下標"明汪文盛、高瀫、傅汝舟校"。○明嘉靖八至九年南京國子監本,十行二十一字,注雙行同,細黑口,四周雙闌。卷首三四行有祭酒張邦奇、司業江汝璧校刊銜名。○明萬曆二十四年北京國子監刊本,十行二十一字,白口,左右雙闌。何焯校並跋。○明崇禎十六年毛氏汲古閣刊本,錢孫保校宋本並跋。余藏。○清初影寫北宋景祐刊本,十行十九字,注雙行二十五至八字,細黑口,左右雙闌。存十卷,與前漢書同篋,號為汲古閣影宋本。白堅處見。○清同治八年金陵書局刊本。余據宋紹興刊大字本及慶元劉元起刊本校。

補後漢書年表十卷 宋熊方撰。○刊本。○愛日精廬有舊抄本,題"經進集補後漢書年表",具熊方自序、進表進狀。○四庫著錄係開萬樓抄本。○知不足齋本。

〔補〕○影宋精鈔本。四明盧址抱經樓藏,癸丑十二月見。

〔補〕集補後漢書年表十卷 宋熊方撰。○影寫宋刊本,十行十八字。前有序及進書表,八行十六字。

〔增〕後漢書補注二十四卷 國朝惠棟撰。○嘉慶九年裕德堂刊。

〔補〕續漢書志注補校正一卷 清盧文弨撰。○清乾隆間盧氏自刊羣書拾補本。

〔增〕後漢書補表八卷 國朝錢大昭撰。○嘉慶三年秦氏汗筠齋刊。

〔補〕○清嘉慶三至四年嘉定秦氏刊汗筠齋叢書本。○清咸豐二年刊粵雅堂叢書本。○清光緒十七年刊廣雅書局叢書。史學叢書本。

〔補〕後漢書辨疑十一卷續後漢書辨疑九卷 清錢大昭撰。○清道光間沈氏銅熨斗齋刊本。○清光緒十四年刊廣雅叢書。史學叢書本。

〔增〕後漢書疏證十二冊 國朝沈欽韓撰。○稿本。

〔補〕○清沈欽韓撰。手稿本,十二冊,郁松年宜稼堂舊藏。後為莫友芝借去八冊,遂為殘帙。見宜稼堂書目稿本。邵亭本書估陳韞山送閱,為余收得。卷中朱墨爛然,闌內外批註殆滿。惜余無暇專治之。後為陳韞山持去,售之上海。

〔補〕**後漢書疏證三十卷** 清沈欽韓撰。○清光緒二十六年浙江書局刊本。

〔補〕**後漢書補注續一卷** 清侯康撰。○清光緒十七年刊廣雅書局叢書本。

〔補〕**後漢書注補正八卷** 清周壽昌撰。○清光緒十年長沙周氏刊思益堂史學三種本。○清光緒十七年刊廣雅書局叢書本。

〔補〕**後漢書集解九十卷續志集解三十卷** 清王先謙撰。○民國四年長沙王氏虛受堂刊本。

兩漢刊誤補遺十卷 宋吳仁傑撰。○聚珍板本。○閩覆本。○知不足齋本。○宋涫熙乙酉刊本。○嘉慶己未刊本。○兩淮馬裕家藏本,乃朱昆田抄自山東李開先家。

〔補〕○舊寫本。鈐有董其昌爐式二僞印。四明盧址抱經樓藏。○清寫本。孫從添藏印。李木齋先生遺書。

三國志六十五卷 晉陳壽撰,宋裴松之註。○南、北監本。○汲古閣本。○殿本。○南監本注作大字,低一格。○又陳仁錫刊本,有評點。○路小洲有宋刊蜀志,紙背皆乾道等年公牘尾。○蘇城汪氏有宋本,精抄補五卷。○黃蕘圃有宋刊單行吳志二十卷,今歸郁泰峰。○天一閣有元大德丙午朱天錫刊本。○元刻本,半頁十行,行十九字,注廿二三字不等。○明嘉靖蔡宙等刊本。○述古堂目有單行裴注本。○愛日精廬北宋刊三國志殘本,每頁二十六行,行二十五字。○又元大德本三國志,末有大德丙午日南至前進士朱天錫跋,謂江左憲臺命諸路學校分派十七史鋟梓,池庠所刊者三國志。池郡士多貧寠,是舉幾中輟,總管王公表倡之竣事。

〔補〕○宋紹興初浙杭刊本,十行十八字,注雙行,白口,左右雙闌。其刊工多與海虞瞿氏藏管子合。余藏二卷,為魏志二十九、三十。○宋衢州州學刊元明遞修本,十行十九字,注雙行二十三字,白口,左右雙闌。元補版黑口，明補版軟體字，不記字數。魏書卷二十三、吳書卷十九末有衢州州學校勘銜名二行。此書版入南監，傳世尚多。○宋小字蜀本，十三行二十五字注雙行同，白口，左右雙闌。松江韓氏藏書，己巳歲見照片，版式雕工近似蜀本册府元龜。○宋中字建本，十行十八字，注雙行二十三字，細黑口，四周雙闌，闌外左上記篇名。海源閣遺書，四經四史齋中宋刊四史之一，缺三卷。日本帝室圖書寮亦藏一帙，已印入百衲本二十四史。○元大德九路本，十行二十二字，注雙行同，細黑口，四周雙闌。明華亭朱氏橫經閣藏印。劉承幹嘉業堂舊藏，劉氏已覆刻，為所刻古本四史之一。辛巳歲復見於文祿堂。○元刊明修本，十行十八至十九字，黑口白口不等，左右雙闌。亦有大德丙午跋。江南圖書館見一帙。○明萬曆吳氏西爽堂刊本，十行二十字，注雙行同，白口，左右雙闌。每卷後有“西爽堂吳氏校梓”一行。徐星署藏。○明萬曆二十四年南京國子監刊本，十二行二十三字，注另行低一格，白口，左右雙闌。○明崇禎十七年毛氏汲古閣刊本，朱邦衡臨何焯、惠士奇校並跋。○清影寫宋刊大字本，九行十六字，注雙行二十字。存三十二卷。余藏。史記兩漢書均有宋九行本，得此則可知前四史宋時均有九行大字本矣。○清同治六年金陵書局活字印本。余據宋刊殘本校蜀志。

〔補〕**吳志二十卷**　晉陳壽撰，劉宋裴松之注。○宋刊本，十四行二十五字，注大字低一格，白口，左右雙闌。卷一至十為上袠，卷十一至二十為下袠。目後有校勘官銜名，另葉刊咸平六年牒文。即百宋一廛中所謂單刊吳志。日本靜嘉堂文庫藏。

〔補〕**三國志注六十五卷**　劉宋裴松之注。○明秦四麟家寫單註本，九行二十字。內十八卷疑秦氏手寫。余藏。此單註本近世各家未見著錄，唯述古堂書目有之，信為海內孤本。

三國志辨誤三卷　不著撰人。○聚珍本。○閩覆本。○墨海本。○守山本。

三國補註六卷附諸史然疑一卷 國朝杭世駿撰。○杭氏刊本。○
知不足齋止刊然疑。

〔補〕**三國志注補六十五卷** 清趙一清撰。○清光緒間廣雅書局刊
本,不在叢書內。

〔補〕**三國志辨疑三卷** 清錢大昭撰。○清道光二十四年嘉定錢氏得
自怡齋自刊本。○清光緒十五年刊廣雅書局叢書本。○清光緒間湖
北崇文書局刊正覺樓叢刻本。

〔增〕**補三國疆域志二卷** 國朝洪亮吉撰。○乾隆辛丑孫星衍刊本。

〔補〕**三國志考證八卷** 清潘眉撰。○清嘉慶十五年吳江潘氏小遂初
堂刊本。○清光緒十五年刊廣雅書局叢書本。

〔補〕**三國職官表三卷** 清洪飴孫撰。○清道光元年李兆洛刊本,余
藏。○清光緒十七年刊廣雅書局叢書本。○清光緒間湖北崇文書局
刊正覺樓叢刻本。

〔補〕**三國志證聞二卷** 清錢儀吉撰。○清光緒十一年江蘇書局刊
本。

〔補〕**三國志旁證三十卷** 清梁章鉅撰。○清道光三十年梁逢辰刊
本。○清光緒十六年刊廣雅書局叢書本。

〔補〕**三國志補注續一卷** 清侯康撰。○清光緒十七年刊廣雅書局叢
書本。

〔補〕**三國疆域志補注十五卷大事表一卷疆域表二卷疆域志疑
一卷** 清謝鍾英撰。○清光緒二十四年湘中刊本。

〔補〕**三國郡縣表附考正八卷** 清吳增僅撰,楊守敬補正。○清光緒
三十三年宜都楊氏觀海堂刊本。惺老見貽。

〔補〕**四史發伏四卷** 清洪亮吉撰。○舊寫本,有吳卓信印。○又十卷

本,清光緒八年常熟顧氏小石山房刊本。

晉書一百三十卷　唐房喬等撰。○南、北監本。○汲古閣本。○殿本。南監並宋書九行寬本。○汲古無何超音義三卷。○明有蔣之翹更定本。○鍾人傑刊本。○明仿宋本。○萬曆吳琯仲虛西爽堂刊本,音義散附各卷末。○宋大字本,半頁九行,行十六字。許子雙家有宋刊本。○桂林唐子實有宋寶祐刊本,九行,每行十四字。○元有十行刊本。○明有翻宋九行大字刊本。○宋本每半頁十四行,行二十五字,明王弇州舊藏,後歸商邱宋犖,今歸錢唐丁丙。○張金吾有晉書音義,元刊本,楊齊宣序,何超自序。

〔附〕○明萬曆中周氏翻宋九行十六字本。(原稿無,諸印本入正文。)

〔補〕○宋小字建本,十四行二十五字,細黑口,左右雙闌。抄配二十餘卷。江南圖書館藏。即莫氏所記王弇州舊藏本。誤字頗多,非善本也。又一帙,藏硤石蔣氏衍芬草堂,已印入百衲本二十四史。○宋嘉泰四年秋浦郡齋刊大字本,九行十六字,白口,左右雙闌。存五十四卷,北京圖書館藏。○宋大字本,九行十六字,細黑口,左右雙闌。存載記殘本二十卷,余藏。○元刊中字本,十行十九字,白口,左右雙闌,左闌外有耳記篇名。此書各家多有藏者,多題為宋刊,歷經補修。惟李木齋先生藏一帙,特為完整,涵芬樓曾照,擬印入百衲本二十四史。○元刊大字本,十行二十字,細黑口,左右雙闌,字橫長,有松雪筆意。○元刊明正德十年司禮監、嘉靖萬曆南京國子監遞修本,十行二十字,細黑口,左右雙闌,間有四周雙闌。徐森玉代余用江南圖書館藏宋小字建本校。佳字殊少。○明萬曆二十四年北京國子監刊二十一史本,十行二十一字,白口,左右雙闌。○明萬曆吳氏西爽堂刊本,十行二十字,注雙行同,白口,左右雙闌。○明翻宋本,九行十六字,白口,左右雙闌。有避宋諱處。似萬曆本。○朝鮮古活字印本,十行十九字。日本帝室圖書寮藏。

〔補〕**晉書校正一卷** 清盧文弨撰。○清乾隆間盧氏刊抱經堂叢書羣
　　書拾補初編本。

〔補〕**晉書地理志新補正五卷** 清畢沅撰。○清乾隆四十八年畢氏
　　靈巖山館刊本。收入經訓堂叢書中。

〔增〕**補東晉疆域志四卷** 國朝洪亮吉撰。○嘉慶丙辰洪氏刊本。

〔補〕**晉書校勘記三卷** 清勞格撰。○清丁寶書月河精舍刊本。○清
　　光緒間廣雅書局叢書本。

〔補〕**補晉兵志一卷** 清錢儀吉撰。○清光緒中貴築楊氏刊訓纂堂叢
　　書本。○清光緒十七年刊廣雅書局叢書本。

〔補〕**晉書斠注一百三十卷** 清吳士鑑撰。○民國十七年刊本。劉
　　君承幹見貽一帙。

宋書一百卷 梁沈約撰。○南北監本。○汲古閣本。○殿本。○季滄
　　葦書目史記至北宋俱有宋元板本，且不止一部。按宋書以下各家書
　　目不言有宋本，即元刊本亦少，恐季目不可盡信。

〔補〕○宋刊元、明初遞修本，九行十八字，白口，左右雙闌，版心上記字
　　數，下記刊工人名，原版及宋補版字體方嚴，元、明補版則纖軟圓活。
　　存八十三卷，計紀二至十，志一至二、四至十八、二十至二十一、二十
　　九，傳一至八、十二至三十二、三十五至四十三、五十三至五十八。
　　清內閣大庫舊儲，現藏北京圖書館。按：此即世所傳眉山七史本也。
　　據晁公武郡齋讀志云，嘉祐中以宋、齊、梁、陳、魏、北齊、周書舛繆亡
　　缺，命館職讎校，政和中始皆畢，頒之學官。靖康之亂，此書幾亡。
　　紹興十四年井憲孟為四川漕，始檄諸州學官，求當日所頒本，因命眉
　　山刊行云云。此七史版元代入西湖書院，明洪武中入南京國子監，
　　至嘉靖時，遞經修補，原版無幾，版印模糊，世稱邋遢本。或以其版
　　歷宋元明三朝，又謂之三朝版。其書印本余皆得寓目，宋刊宋印者
　　已久絕天壤間，現存諸本以明初印本為最早，諸家著錄所謂宋刊元

修元印者，皆非事實。敝藏南齊書、魏書均厚紙廣幅，刷印早於他本，然實亦明初印本也。又，此書雖號為蜀中眉山刊本，然以刊工核之，均南宋中期及晚期浙杭刊工，字橅歐體，亦宛然浙中風氣。惟敝藏魏書中偶有數葉版心特寬，行氣疏朗，字具顏柳體勢者，尚存蜀刻矩矱。然所存極少，求之全書，百不存一。且舍魏書外，他史中渺無所見。究其書為刊於蜀中，後版移臨安，歷年久遠，修補寢多，致原版不存，抑為臨安翻雕，則疑莫能明也。諸史中舍此七史外，尚有南史殘卷，行欵與七史全同。其刊工亦多見於南齊書、陳書中。史載紹興間嚴州曾刻南史等，後燬于火，至淳熙中陸游知嚴州時次第刊成。此南史為嚴州重刊本，抑與七史同刻于臨安亦莫可究詰矣。○明萬曆二十二年南京國子監刊二十一史本，九行十八字，白口，四周雙闌。余曾以北京圖書館藏宋刊本校。○明萬曆二十六年北京國子監刊二十一史本，十行二十一字，白口，左右雙闌。○明崇禎七年毛氏汲古閣刊十七史本。○清乾隆四年武英殿刊二十四史本。

〔補〕**補宋書刑法志一卷食貨志一卷** 清郝懿行撰。○清刊郝氏遺書本。○清光緒十七年刊廣雅書局叢書本。

〔補〕**宋州郡志校勘記一卷** 清成蓉鏡撰。清光緒十四年江陰南菁書院刊南菁書院叢書本。

南齊書五十九卷 梁蕭子顯撰。○南、北監本。○殿本。○汲古閣本。○南監大字本乃元刊，每頁十八行。

〔補〕○宋刊元、明初修補本，九行十八字，白口，左右雙闌。此即世所謂眉山七史本也，然以其刊工考之，是南宋中期浙刊，有南宋末及元代補版者。此書視世行三朝本印行差早，多志第七卷第三葉及傳十六卷第十葉二葉。卷末附治平二年牒文，云崇文院奉嘉祐六年敕，宋書、齊書、梁書、陳書、後魏書、北齊書、後周書國子監並無印本，宜令三館秘閣編校書籍官員精加校讐，寫板權依唐書例逐旋封送杭州開板云云。余藏，已印入百衲本二十四史。〇宋刊元、明遞修本。即前書有正德、嘉靖補版者，模糊斷爛已甚，訛誤滿紙，且缺失四葉。〇明萬曆十六至十七年南京國子監刊二十一史本，九行十八字，白口，四周雙闌。〇明萬曆三十三年北京國子監刊二十一史本，十行二十一字，白口，左右雙闌。〇明崇禎十年毛氏汲古閣刊十七史本，十二行二十五字，白口，左右雙闌。〇清乾隆四年武英殿刊二十四史本。余據宋刊明初修補本校過。

梁書五十六卷 唐姚思廉撰。〇南、北監本。〇汲古閣本。〇殿本。〇南監又有余有丁等校刊本。〇汪閬源藏宋本，鮑以文定為北宋刊，不避南宋帝諱。每冊有禮部官印，舊藏張氏石鼓亭，面頁有元時閱借觀書云云五行木印，隸書。板式極寬大，半頁九行，行十八字。

〔補〕〇宋刊元明遞修本，九行十八字，白口，左右雙闌。即世傳所謂眉山七史本，考其刊工則南宋光寧間浙杭刊本也。莫氏所載汪士鐘藏，鮑廷博定為北宋本者，亦是此本，或摹印稍早耳。余藏南齊書、魏書均有明禮部官書朱文長印，與汪本梁書全同。前人見大字而紙幅寬展者，多誤認北宋本，不足怪也。〇明萬曆三年南京國子監刊二十一史本，十行二十一字，白口，左右雙闌。〇明萬曆三十三年北京國子監刊二十一史本，行欵與南京國子監本同。〇清乾隆四年武英殿刊二十四史本，余據宋刊本校。

〔補〕補梁疆域志四卷 清洪齮孫撰。〇清道光間李兆洛刊本。〇清光緒十七年刊廣雅書局叢書本。

陳書三十六卷 唐姚思廉撰。〇南、北監本。〇汲古閣本。〇殿本。

〔附〕〇北宋大字本，九行十八字。〇元大德本。（邵氏）整理者按：此所謂北宋大字本實即所謂眉山七史本，前文已論及之。

〔補〕〇宋刊元明遞修本，九行十八字，白口，左右雙闌。明史鑑藏書。日本靜嘉堂文庫藏。他家亦多有藏者。已印入百衲本二十四史。〇明萬曆三十六年北京國子監刊二十一史本，十行二十一字，白口，左右雙闌。○清乾隆四年武英殿刊二十四史本，余據宋刊本校。

魏書一百十四卷　北齊魏收撰。○南、北監本。○汲古閣本。○殿本。○元刊本，紙板闊。

〔補〕○宋刊元明遞修本，九行十八字，白口，左右雙闌。有明“禮部官書”印及項少谿、季振宜印。其中少數原版中縫特寬，字有顏柳筆致，猶存蜀刻遺意。余藏。北京圖書館有内閣大庫殘帙，涵芬樓亦有殘卷，三本配成全帙，印入百衲本二十四史中。○明萬曆二十四年南京國子監刊二十一史本，十行二十一字，白口，左右雙闌。○明萬曆三十四年北京國子監刊二十一史本，十行二十一字，白口，左右雙闌。

〔補〕**魏書校補一卷**　清盧文弨撰。○清乾隆間盧氏刊抱經堂叢書羣書拾補初編本。

〔補〕**魏書地形志校錄三卷**　清温日鑑撰。○清道光十六年拾香草堂刊本。○民國三年張鈞衡刊適園叢書本。

北齊書五十卷　唐李百藥撰。○南、北監本。○汲古閣本。○殿本。○南監大字本乃元刊，每頁十八行，行十八字，嘉靖八九年間修補。○天一閣有萬曆十年刊本。

〔補〕○宋刊元、明初修補本，九行十八字，白口，左右雙闌，存卷三十六至五十，即列傳二十七至四十一，清内閣大庫舊儲，現藏北京圖書館。此書補版極多，宋刊存者只十之三四，明初補版脱誤滿紙。余曾取校清武英殿刊二十四史本，改訂甚多，而頗不足據，卷四十九、五十尤甚，實不足重。惟列傳二十七、二十九、三十各卷之末尚存校記三條，為現存諸本所佚，甚可貴也。此本余亦有一帙，補版至明中葉，視此脱誤尤多。○明萬曆十六年南京國子監刊二十一史本，九行十八字，白口，四周雙闌。○明萬曆三十四年北京國子監刊二十一史

本，十行二十一字，白口，左右雙闌。○清乾隆四年武英殿刊二十四
史本，余據宋刊明初修補本校過。

周書五十卷 唐令狐德棻等撰。○南、北監本。○汲古閣本。○殿本。
〔補〕○宋刊元、明初修補本，九行十八字，白口，左右雙闌，存四十五
卷，白紙印，為傳世較早印本，補版較少。商務印書館涵芬樓藏，擬
印入百衲本二十四史未果，乃燬於一二八事變日人之手，至堪痛憤。
其餘各家所藏均正德、嘉靖以後印本，即所謂三朝邋遢版，不足重
也。後即以吳門潘氏滂喜齋藏明印本印入百衲本二十四史。○明
萬曆十六年南京國子監刊二十一史本。○明萬曆三十二年北京國子
監刊二十一史本。○明崇禎五年毛氏汲古閣刊十七史本。○清乾隆
四年武英殿刊二十四史本。

隋書八十五卷 唐魏徵撰。○南、北監本。○汲古閣刊本。○殿本。
○內府有南宋嘉定間刊本。○天一閣有景泰元年夏㫤刊本。○昭文
張氏元刊本，天聖二年五月十一日齎禁中隋書一部，付崇文院，至六
月五日勅差官校刊，仍內出板式刊造。
〔補〕○南宋初小字本，十四行二十五字，注雙行三十字，白口，左右雙
闌。余藏。此帙為內閣大庫舊儲，為劉啟瑞所得，己未之秋讓歸余
齋。原蝶裝，黃絹書衣，上有明人題字，當是明初刷印進入洪武內府
之書。以糜爛不可復理，改為線裝，而以舊書衣別儲焉。○宋中字建
本，十行十九字，細黑口，左右雙闌，闌外記篇名。存三卷，海虞瞿氏
藏。○元大德饒州路儒學刊本，十行二十二字，細黑口，四周雙闌。
版心有"堯學"、"番泮"等字。有明補版，字數不定。卷末有天聖二
年付雕牒文。已印入百衲本二十四史。○元至順三年瑞州路儒學刊
本，九行二十二字，細黑口，左右雙闌。卷末有天聖二年付雕牒文。
海虞瞿氏藏。○元刊本，九行二十字，細黑口，左右雙闌。版心上記
字數，下記刊工人名。左闌外有耳記篇名。有補版。又配入南監本

二十一卷。余藏。○明萬曆二十二至二十三年南京國子監刊二十一
史本，九行十八字，細黑口，四周雙闌。余據南宋初小字殘本校六十
五卷。○明萬曆二十六年北京國子監刊二十一史本，十行二十一字，
白口，左右雙闌。○明崇禎八年毛氏汲古閣刊十七史本。○清乾隆
四年武英殿刊二十四史本。

〔補〕隋書地理志攷證九卷補遺一卷 清楊守敬撰。○清光緒二十

七年楊氏鄰蘇園自刊本。惺老見貽。

南史八十卷 唐李延壽撰。○南、北監本。○汲古閣本。○張溥刊本。

○殿本。○昭文張氏元刊本，每册首有南沙龔氏浪泊艸堂印記，每
卷末俱有題識。○天一閣、平津館俱有元刊本。

〔補〕○宋刊本，九行十八字，白口，左右雙闌。存五卷。刊工張明見紹
興嚴州本劉賓客集，疑嚴州本。余藏。○宋建本，十行十八字，細黑
口，左右雙闌。○元大德十年刊明修本，十行二十二字，白口，四周雙
闌。明補版為大黑口。余藏。○明初翻元本，十行二十二字，大黑
口，左右雙闌。有明王獻臣印。見於揚州書肆。○明萬曆十六至十
九年南京國子監刊二十一史本。○明萬曆二十三至三十四年北京國
子監刊二十一史本。○明崇禎十三年毛氏汲古閣刊十七史本。余
藏。余曾據宋刊殘本及元大德十年刊本校。

北史一百卷 唐李延壽撰。○南、北監本。○汲古閣本。○殿本。

〔補〕○宋建本，十行十八字，細黑口，左右雙闌，左闌外記篇名。存八
十一卷，日本靜嘉堂文庫藏。海虞瞿氏有建本三卷，十行十八字，細
黑口，左右雙闌，左闌外記篇名。與靜嘉堂本疑即一本。○元大德間
信州路儒學刊本，十行二十二字，細黑口，四周雙闌，間有白口。版
心上方記刊書地名，有信州路儒學等字樣。○明初翻元本，十行二十
二字，大黑口，左右雙闌。有明王獻臣印。揚州文海樓見。○明萬曆
二十六年北京國子監刊本，十行二十一字，白口，左右雙闌。

〔補〕**東晉南北朝輿地表二十七卷** 清徐文范撰。○清光緒二十四年刊廣雅書局叢書本。

〔補〕**南北史年表一卷世系表五卷帝王世系表一卷** 清周嘉猷撰。○清乾隆四十八年周閏復刊本。○清光緒十八年刊廣雅書局叢書本。

〔補〕**南北史補志十四卷贊一卷** 清汪世鐸撰。○清光緒四年淮南書局刊本。

舊唐書二百卷 晉劉昫等撰。○明嘉靖十七年閏人詮校刊本。○殿本。○依閣板擺印本。○道光二十年揚州岑氏懼盈齋依閏本校刊，附校勘記六十六卷，逸文十二卷。○蘇城汪氏有殘宋本六十八卷，半頁十四行，行二十五字。○愛日精廬志云舊唐殘宋本，每卷末俱有左奉議郎充紹興府府學教授朱倬校正一行，僅存一百四十卷下至百四十四上五卷。○歙縣程哲校刊，半頁十三行，行二十五字，甚精。曾見校樣，似未卒工。

〔補〕○宋紹興間兩浙東路茶鹽司刊本，十四行二十四至二十六字，注雙行三十三四字，白口，左右雙闌。每卷末有紹興府校勘官銜名。存六十九卷。海虞瞿氏藏，已印入百衲本二十四史，缺卷配明嘉靖閏人詮本。○明嘉靖十八年閏人詮刊本，十四行二十六字，白口，左右雙闌。前文徵明序，以手書上版。葉樹廉手校。葉啟勳藏。又見一本，李文田先生手跋，其孫李棪藏。

〔補〕**舊唐書校勘記六十六卷** 清羅士琳、陳立、劉文淇、劉毓崧撰。**逸文十二卷** 清岑建功輯。○清道光二十三年甘泉岑氏懼盈齋刊本。附舊唐書後。○清同治十一年定遠方氏重刊岑本。

〔補〕**舊唐書疑義四卷** 清張道撰。○清光緒間湖北崇文書局刊正覺樓叢刻本。

新唐書二百五十五卷 宋歐陽修、宋祁同撰。○南、北監本。○汲古閣本。○殿本。○汲古本無董衝釋音。○内府有宋嘉祐刊本。○天一閣有元大德刊本。○昭文張氏有元刊本。○季目宋本元本共三部。○宋嘉祐杭州本，每頁二十行，行十九字。○歐陽氏有單刊紀表志本。○歐宋唐書北宋本，每半頁十四行，行二十五字，修換者半，汪士鐘藏，今在蘇肆。○又一本，每半頁十六行，行二十九字，亦汪士鐘藏，今歸錢塘丁丙。其為宋為元未能確審。○又一本，每半頁十行，行二十二字。其板較宋嘉祐本四面大一指，其卷端題名但云歐陽修奉勅，當元、明初間刻，不似嘉祐刻本全具官銜二行，云敕撰之備。唯董衝釋音今官本失其序，此本有之。丁卯秋見諸滬肆。

〔補〕○宋刊小字本，十四行二十三至二十六字不等，注雙行三十二三字，白口，左右雙闌。有宋景定甲子李安詩手跋。日本靜嘉堂文庫藏。北京圖書館亦有一殘本。二本相合，印入百衲本二十四史，缺卷以南宋初小字建本補。○南宋初小字建本，十六行二十九字，白口，左右雙闌，存一百二十卷。余藏。江南圖書館亦有一帙。○宋建安魏仲立刊中字本，十行十九字，細黑口，左右雙闌。目後有“建安魏仲立宅刊行收書賢士伏幸詳鑒”牌記，楷書二行。劉承幹嘉業堂藏。海虞瞿氏有殘本三卷，行欵版式全同而無牌記，或是一本。○宋刊大字本，九行十七字，白口，左右雙闌，大字方正，版心有“記乙十五”四字。沈曾桐處有殘葉。○元翻宋刊本，十行十九字，白口，左右雙闌，避諱至慎字。版式與晉書相似，日本靜嘉堂藏一帙，無補版。此外各家所藏多為明修明補本，然咸號為宋刊。○元大德九年建康路儒學刊本，十行二十二字，細黑口，四周雙闌，版心上記字數，下記刊工姓名。初印本，鳳山藏。劉承幹嘉業堂藏一本，為明修本。江南圖書館藏一本，間有左右雙闌者。○明萬曆二十三年北京國子監刊本，十行二十一字，白口，左右雙闌。

新唐書糾謬二十卷　宋吳鎮撰。○知不足齋本。○紹興長樂吳元美刊于湖州。○海虞趙開美校刊本。

〔補〕○明趙開美刊本，九行十八字，白口，四周單闌。每卷末有"海虞
趙開美校刊"七字。吳翌鳳臨盧文弨校本並批校，翁同書校。余藏
一本，已印入四部叢刊。○清影寫宋刊本，十四行二十五字，沈巖校。
存十五卷，涵芬樓藏。

〔補〕**新唐書證誤不分卷** 清陳黃中撰。○稿本，墨格，十行二十字，
首乾隆己未自序。海虞瞿氏藏。

〔補〕**新唐書糾謬校補一卷** 清盧文弨撰。○清乾隆間盧氏刊抱經
堂叢書羣書拾補初編本。

〔補〕**新舊唐書合鈔二百六十卷宰相世系表訂譌十二卷** 清沈
炳震撰。**附合鈔補正六卷** 清丁子復撰。○清嘉慶十八年海昌查
世倓刊本。○清同治十年吳氏清來堂重校補刊本。

〔補〕**新舊唐書互證二十卷** 清趙紹祖撰。○清嘉慶十八年趙氏古
墨齋刊本。六册，余藏。

舊五代史一百五十卷目錄二卷 宋薛居正等撰。○聚珍板本。○
殿本。○埽葉山房刊本。○彭文勤公云，四庫全書本逐條註明大典
卷數，知其存缺章句，不沒其實。後武英殿鋟本盡删之，曾屢爭之，
總裁不見聽，而薛氏真面目不可識矣。○在廠肆見一抄本，有讀易
樓印，逐條注明採取書名卷數，如彭氏之説。

〔補〕○舊寫本，逐條註明所出永樂大典卷數。盛昱遺書，後歸鄧邦述
羣碧樓。○清乾隆四十七年寫本，有"乾隆壬寅二月鈔，蔚亭"題識一
行。余藏。○清武英殿原寫本，紅格，每卷有黃籤，每條注大典卷數
及引書名。民國十年南城熊氏已影印行世。○清寫本。盧址抱經樓
藏。

〔補〕**舊五代史一百五十卷附考證** 宋薛居正等撰，清邵晉涵等輯。
○民國十四年劉承幹嘉業堂據盧址抱經樓藏清寫本校刻。

新五代史七十五卷 宋歐陽修撰。○南、北監本。○汲古閣本。○殿本。○明汪文盛刊本。南監又有余有丁刊本。○昭文張氏有元宗文書院刊本。○季目有北宋本，又元本。○乾隆丙辰歐陽氏刊本。○宋志此書作七十四卷。元刊本有陳師錫序。

〔補〕**五代史記七十四卷** 宋歐陽修撰，徐無黨注。○宋刊本，十二行二十二字，注雙行二十五至二十八字，白口，左右雙闌。以刻工考之，是南宋初撫州刊本。存卷一至十二及目錄，余藏。目錄印入百衲本二十四史中。又有數卷，為李木齋先生收去。○宋慶元五年刊元明遞修本，十行十八字，白口，左右雙闌，闌外或有耳記篇名，或無耳只記篇名、人名，或不記，頗不一律。海虞瞿氏、北京圖書館、江南圖書館及吾家雙鑑樓均有之。余本補刊頗多，紙色不一，後印入百衲本二十四史。卷十八末有“慶元五年魯郡曾三異校定”一行，然適為補刊之葉。○宋元間小字本，十二行二十一至二十四字。劉世珩藏，殘本。○元宗文書院刊本，十行二十二字，白口，左右雙闌。補版間有黑口四周單闌者。卷末有“宗文書院刊”五字。吳印臣藏，劉承幹嘉業堂亦有之。盛昱有一帙，後歸蔣汝藻。友人章鈺曾校過，云無大異。○明嘉靖間汪文盛刊本，十二行二十二字，白口，四周單闌。○明萬曆四年南京國子監本，十行二十一字，白口，四周雙闌。○明萬曆二十八年北京國子監刊本，十行二十一字，白口，左右雙闌。○明崇禎三年毛氏汲古閣刊本，十二行二十五字，白口，左右雙闌。○清光緒元年成都書局刊二十四史本。余據宋刊本校。○清光緒二十九年同文書局石印二十四史本，余據南宋初撫州刊本校帝紀十二卷。○清宣統一至三年劉世珩玉海堂影刊宋本，所據實為元刊本。

〔增〕**五代史記註七十四卷** 國朝彭元瑞纂輯，劉鳳誥編。○道光八年刊本。

〔補〕道光八年南昌彭氏刊本。余藏。

五代史記纂誤三卷 宋吳縝撰。○聚珍本。○閩覆本。○知不足齋本附吳蘭庭補四卷。

〔增〕**五代史記纂誤補四卷** 國朝歸安吳蘭庭撰。○乾隆四十八年刊本。

〔補〕**五代史記補考二十四卷** 清徐炯撰。○民國五年刊適園叢書本,在第六集。

〔補〕**五代史四種十卷** ○清乾隆中秀水陳氏紫藤書屋輯刊本,為五代史闕文一卷,宋王禹偁撰;五代史補五卷,宋陶岳撰;五代春秋二卷,宋尹洙撰;五國故事二卷,宋闕名撰。一冊。余藏。

〔補〕**五代史志疑四卷** 清楊陸榮撰。○清康熙五十九年刊本。二冊。余藏。

宋史四百九十六卷 元托克托等撰。○南、北監本。○殿本。○南監本,成化中兩廣巡撫朱英刊于廣州,後取其板置監。○汲古閣有刊本,行印絕少,與其十七史同式。○宋史以至正五年十月表進,即于六年月咨浙江行省差史官翰林應奉張翥馳驛齎淨藁前去,選匠依式鏤板。其本每頁二十行,行二十字,中行上右旁書通卷,中截大書紀表志傳等分卷,見于濾肆。

〔補〕○元至正六年江浙等處行中書省刊本,十行二十二字,細黑口,四周雙闌,北京圖書館藏,為內閣大庫舊貯。已印入百衲本二十四史,缺卷以明成化朱英刊本配補。○明成化七年朱英刊本,十行二十字,黑口,四周雙闌,刊工粗率,與至正本大不同。邵亭所記元本實即此本,靜嘉堂文庫有一帙,陸心源舊藏,侈為元刊元印者,亦是此本。蓋元本只北京圖書館有之,為清內閣大庫舊儲,他家所藏號為元刊者,皆朱英本也。○明萬曆二十七年北京國子監刊本,十行二十一字,白口,左右雙闌。以上諸本均作脫脫等撰,唯殿本作托克托撰。

下遼、金二史同。

〔補〕宋史道學傳四卷 ○明刊本，十一行二十字，細黑口，四周雙闌。有成化二十年陳選後序及弘治十年宋端儀跋。述古堂見。

〔補〕宋史孝宗紀補脱一卷 清盧文弨撰。○清乾隆間盧氏自刊抱經堂叢書羣書拾補初編本。

遼史一百十六卷 元托克托等撰。○南、北監本。○殿本。○南監嘉靖七年所刊唯史記、兩漢書、遼、金二史五部。○昭文張氏有明初抄本，項墨林藏書。○邵亭有元本遼史，是泰和周春浦所贈，存遵義家中。黎蒓齋歸，屬其往尋以來，則亡矣，憶其式一如前記宋史。

〔補〕○明初刊本，十行二十二字，黑口，左右雙闌。遼史元本不存，各家所儲號為元本者均為此本。劉啟瑞食舊德齋有初印本，為内閣大庫舊貯，外所見多有補版。余亦有一帙。百衲本二十四史即以此本印入。○明嘉靖八年南京國子監刊本，十行二十二字，細黑口，左右雙闌，版心上方有"嘉靖八年刊"五字，卷首三、四行有南監祭酒、司業校刊銜名。

遼史拾遺二十四卷 國朝厲鶚撰。○汪氏刊本。附拾遺補五卷。

〔補〕○清寫本。余藏。○清光緒二十六年廣雅書局叢書本。

〔補〕遼史拾遺二十四卷 清厲鶚撰。**遼史紀年表一卷西遼紀年表一卷** 清汪遠孫撰。○清道光元年汪氏振綺堂刊本。○清光緒一至四年江蘇書局刊本。

〔補〕遼史地理志考五卷 清李慎儒撰。○清光緒二十八年丹徒李氏刊本。

金史一百三十五卷 元托克托撰。○南、北監本。○殿本。○昭文張氏有元刊本有江浙等處行中書省委官鋟梓印造咨文至正五年。

〔補〕○元至正五年江浙行中書省刊本，十行二十二字，細黑口，四周雙闌。北京圖書館藏殘本，為内閣大庫舊儲。海虞瞿氏亦有之。百衲本二十四史已印入，缺五十五卷，以明初刊本配入。○明初刊本，十行二十二字，黑口，左右雙闌。舍北京圖書館及瞿氏外，諸家著錄所謂元本者，均為此本。○明嘉靖八年南京國子監刊本，十行二十二字，細黑口，左右雙闌。版心上方有“嘉靖八年刊”五字，卷首第三、四行有南監祭酒、司業校刊銜名。

〔補〕**金史補脱一卷** 清盧文弨撰。○清乾隆間盧氏自刊抱經堂叢書羣書拾補初編本。

〔補〕**金史詳校十卷史論五答一卷** 清施國祁撰。○清光緒六年會稽章壽康刊本。

〔增〕**金源札記三卷** 國朝施國祁撰。○刊本。

〔補〕**金源劄記二卷序例一卷** 清施國祁撰。○清嘉慶十七年施氏吉貝居刊本。○清光緒趙之謙刊仰視千七百二十九鶴齋叢書本。

元史二百十卷 明宋濂等撰。○南、北監本。○殿本。○南監即洪武時刊本，後補換幾盡。昭文張氏有初印本。

〔補〕○明洪武三年內府刊本，十行二十字，黑口，四周雙闌。首進元史表、纂修凡例，次目錄，目後有洪武二年宋濂記。百衲本二十四史即以此本印入。○明萬曆二十年北京國子監刊本，十行二十字，白口，左右雙闌。清嘉定毛嶽生校、據錢大昕補元史藝文志、汪輝祖元史本證校。

〔增〕**補元史藝文志四卷世族表三卷** 國朝錢大昕撰。○潛研堂叢書。

〔補〕**元史氏族表三卷** 清錢大昕撰。○清嘉慶十一年嘉定黄鐘刊本，收入潛研堂全書中。○江蘇書局刊本。○光緒二十年刊廣雅書局叢書本。

〔增〕**元史本證五十卷** 國朝汪輝祖撰。○嘉慶壬戌汪氏刊本。

〔補〕○光緒十五年徐氏鑄學齋刊紹興先正遺書本。

〔補〕**元史譯文補證三十卷** 清洪鈞撰。○清光緒二十三年元和陸氏刊本。○清光緒二十六年刊廣雅書局叢書本。

欽定遼金元三史國語解四十六卷 乾隆五十年奉敕撰。○內府刊本。

〔補〕○清光緒四年江蘇書局刊本。

明史三百三十六卷 國朝保和殿大學士張廷玉等奉敕撰。○殿本。○外翻本，不佳。

〔附〕○新定本多二十八卷，似未刊行。○吳門翻刻均三百三十二卷。（邵氏）

〔補〕○清乾隆四年武英殿刊本，十行二十一字，白口，左右雙闌。首乾隆四年進書表，次在事諸臣職名，次目錄四卷。百衲本二十四史已印入。

〔補〕**明史刑法志稿三卷** 舊寫本。○姜宸英原稿，未經刪改。余藏。

〔補〕**明史攷證攟逸四十二卷** 清王頌蔚撰。○民國五年劉氏嘉業堂刊本。後收入百衲本二十四史，增王季烈補遺一卷。

〔增〕**明史稿三百十卷卷首五卷** 國朝王鴻緒撰。○橫雲山人集本。

〔補〕**明史稿三百十卷目錄三卷** 清王鴻緒等纂修。○清乾隆敬慎堂刊初印本。八十冊。保古齋見。索二十兩。

〔增〕**廿二史攷異一百卷三史拾遺五卷諸史拾遺五卷** 國朝錢大昕撰。○潛研堂本。

〔補〕○清乾隆四十五年錢氏潛研堂刊本，收入潛研堂全書中。○清光緒十年長沙龍氏重刊嘉定錢氏潛研堂全書本。○光緒二十年刊廣雅書局叢書本。

〔補〕**三史拾遺五卷** 清錢大昕撰。○清嘉慶十二年嘉定李賡芸刊本，後收入潛研堂全書中。

〔補〕**諸史拾遺五卷** 清錢大昕撰。○清嘉慶十二年嘉定李賡芸刊本，後收入潛研堂全書中。

〔增〕**十七史商榷一百卷**　國朝王鳴盛撰。○乾隆丁未刊本。

〔補〕○清乾隆五十二年洞涇草堂刊本。○清光緒十九年刊廣雅書局叢
　書本。

〔增〕**廿二史札記三十六卷**　國朝趙翼撰。○嘉慶五年刊本。

〔補〕○清嘉慶五年湛貽堂刊本。○清光緒二十年刊廣雅書局叢書本。

上正史類

史部二

編年類

竹書紀年二卷　○漢魏叢書本。○古今逸史本。○天一閣刊本。○五
　經翼本。○史拾遺聞本。○孫晴川攷定本。○洪稚存校本。○平津
　館叢書本。陳詩集注本。○陳逢衡集證五十卷。○雷學淇攷訂本。
　○林春浦補證本。

〔附〕○元刊大字本。（邵氏）

〔補〕○明嘉靖范欽天一閣刊范氏奇書本，九行十八字，白口，左右雙
　闌。此本已印入四部叢刊初編。○明萬曆二十二年趙標刊三代遺書
　本，八行十八字，白口，四周雙闌。○明萬曆吳琯刊古今逸史本，十行
　二十字，白口，左右雙闌。此本已印入元明善本叢書中。○明萬曆何
　允中廣漢魏叢書本，九行二十字，白口，左右雙闌。○清康熙七年汪
　士漢刊秘書二十一種本，十行二十字，白口，左右雙闌。從古今逸史
　本出。以上均余藏。

竹書統箋十二卷　國朝徐文靖撰。○乾隆十五年崔氏刊本。○位山

六種本。〇孫晴川刊本十二卷。

〔補〕**竹書紀年統箋十二卷前編一卷雜述一卷** 清徐文靖撰。〇清乾隆十五年崔氏刊本。〇清光緒三年浙江書局刊本。

〔補〕**竹書紀年校補二卷** 清張宗泰撰。〇清嘉慶二年石梁學署刊本。余藏。

〔補〕**竹書紀年集證五十卷集説一卷敘略一卷** 清陳逢衡撰。〇清嘉慶十八年裒露軒刊本。余藏。

〔補〕**竹書紀年集注二卷** 清陳詩撰。〇清嘉慶六年道生堂刊本。余藏。

〔補〕**竹書紀年辨正四卷** 清韓怡撰。〇清嘉慶十二年木存堂刊本。余藏。

〔補〕**亦囂囂齋考訂竹書紀年十三卷** 清雷學淇撰。〇清嘉慶間雷氏刊本。余藏。

〔補〕**竹書紀年校正上下卷** 清郝懿行撰。〇郝氏曬書堂寫本，有前後序跋。翰文齋見。

〔補〕**竹書紀年校正十四卷** 清郝懿行撰。〇清光緒五年東路廳署刊本，收入郝氏遺書中。余藏。

〔補〕**竹書紀年補證四卷本末一卷後案一卷** 清林春溥撰。〇竹柏山房十五種本，清道光二十年刊。余藏。

〔補〕**兩漢紀六十卷附兩漢紀字句異同考一卷** 清蔣國祚撰。〇清康熙三十五年襄平蔣氏樂三堂刊本。

漢紀三十卷 漢荀悦撰。〇明呂枏校正，翟清刊本。〇嘉靖戊申黃姬水刊本。〇萬曆二十六年刊本。〇康熙中蔣國祥刊本，後附兩漢紀字句異同考。〇天祿後目有前後漢紀三十卷，宋紹興十二年刊本。

〔附〕〇前後漢紀康熙丙子襄平蔣一臣國祚校刊。其板後歸年中丞，故封頁有"蘿村蔣氏原本"，"五峯閣藏板"字樣。末有一臣異同考一

卷,頗精審。其書宋祥符中鏤板錢唐,有天聖益州市版、紹興二年二
編修版、嘉靖吳郡黃姬水版、萬曆二十六年南雍版,凡經五刻,而世
以蘿村本為良。(適園本眉)

〔補〕○明正德十六年何景明刊本,十行二十四字,白口,左右雙闌。前
　有呂柟序。友人保山吳慈培手校,寄於余齋。○明嘉靖二十七年黃
　姬水刊兩漢紀本,十一行二十字,白口,左右雙闌。有嘉靖戊申黃姬
　水序。余有二帙,一為馮舒、黃丕烈校,為徐坊遺書,一為友人吳慈
　培校,寄存余齋。○明萬曆二十六年南京國子監刊兩漢紀本,十行二
　十字,白口,左右雙闌。每卷後有"萬曆二十六年刊"一行。○明影寫
　宋紹興府刊本,棉紙無格,十三行二十四至二十五字不等。目錄、
　序、本文皆相連而下,尚存宋式。卷末記字數、年數,又有"右通直郎
　時添差充紹興府會稽縣丞莊革校正"一行。海虞瞿氏藏。○舊寫本,
　十一行二十字。前有崇禎四年鄺湛若序,稱泰泉黃公云昔見云間朱
　氏宋刊本,後十餘年有持售者,則朱氏本也云云。

後漢紀三十卷 晉袁宏撰。○明南監刊本。○呂柟校正,翟清刊本。
　○嘉靖戊申黃姬水刊本。○康熙中蔣國祥刊本。○康熙丙子成德刊
　本。

〔補〕○明嘉靖二十七年黃姬水刊兩漢紀本,十一行二十字,白口,左右
　雙闌。余齋有故人吳慈培校本。又黃丕烈校本。○明萬曆二十六年
　南京國子監刊兩漢紀本,十行二十字,白口,左右雙闌。○舊寫本,十
　一行二十字。有乾隆時人校筆,盛昱遺書。

元經十卷 隋王通撰,唐薛收續併傳,宋阮逸注。○漢魏叢書本。○明
　刊單行本,善,每頁二十四行,行二十三字。

〔補〕**元經薛氏傳十卷** 唐薛收傳,宋阮逸注。○明單刊本為十二行
　二十二字,白口,四周雙闌,失序跋,余曾收得一帙,旋為人易去,匆
　匆未遑一校。莫氏誤記為二十三字。○明萬曆程榮刊漢魏叢書本,

九行二十字,白口,左右雙闌。余有一帙,余曾據盧文弨校本校卷五至十,補卷八奪文七葉。又據北京圖書館藏明寫本校卷一至四。然卷中脱訛處明寫本多不能補正,遜盧校遠矣。○清盧文弨手校本,殘,存卷五至十。補正漢魏叢書本甚多。有盧氏手跋,稱己亥三月二十一日又借得抄本來,屬江陰趙敬夫復一校,改正若干字云云。是則為盧、趙二氏合校,所據為二本也。○明寫本,十三行二十字。北京圖書館藏,余曾取校漢魏叢書本,訂正殊少,未可云善本也。

〔增〕**通紀七卷續五卷** 唐馬總撰。此書起太古,訖隋季,歷代事粗陳其槩,展卷瞭然。後孫光憲復輯全唐五代事以續之,各十卷。今馬氏書缺三卷,孫氏書缺五卷。○阮氏曾以進呈。

〔增〕**通曆十五卷** 唐馬總撰。○昭文張氏藏明人抄本。總撰通曆十卷,孫光憲續十卷,宋時合為一書。此本缺首三卷,其卷四至卷末與直齋解題悉合。後有鈕樹玉跋。按此當與前通紀同一書,而多五卷。

大唐刱業起居注三卷 唐溫大雅撰。○秘册彙函本。○津逮秘書本。○唐宋叢書本。○學津討原本。

〔補〕○明萬曆胡震亨刊祕册彙函本,九行十八字,白口,左右雙闌。余藏。○明崇禎間毛氏汲古閣刊津逮秘書本,八行十九字,白口,左右雙闌。余據繆氏藝風堂藏舊寫本校。○明末鍾人傑刊唐宋叢書本,九行二十字,白口,左右雙闌。○清嘉慶張海鵬刊學津討原本,九行二十一字,黑口,左右雙闌。○舊寫本,從黃丕烈藏影寫宋刊本錄出者,江陰繆氏藝風堂藏。○清光緒三十一年繆荃孫刊藕香零拾本。

〔補〕**五代春秋二卷** 宋尹洙撰。○清寫本。余藏。○清乾隆五十七年秀水陳氏刊紫藤書屋叢刻本,十一行二十二字。○清嘉慶四年顧修刊讀畫齋叢書本。○清道光十一年晁氏活字印學海類編本,九行二十一字。余藏。四庫存目。

〔補〕**資治通鑑二百九十四卷** 宋司馬光撰。○宋紹興二至三年兩浙東路茶鹽司公使庫刊本，十二行二十四字，白口，左右雙闌。卷末有"紹興二年七月初一日兩浙東路提舉茶鹽司公使庫下紹興府餘姚縣刊板，紹興三年十二月二十日畢工，印造進入"題識及校勘官銜名二十四行。潘復藏。余藏百衲本通鑑中此本居三分有二，餘用他宋本配入。○宋小字建本，十五行二十五字，黑口，左右雙闌。余藏百衲本通鑑中第二種。○宋小字建本，十四行二十四字，白口，左右雙闌。首行標題間加"司馬温公"四字。余藏百衲本通鑑中第三種。○宋末小字建本，十六行二十七字，黑口，左右雙闌。余藏百衲本通鑑第四種。○宋小字建本，十六行二十七字，黑口，左右雙闌，版框微小於前一種而刊刻較精。余藏百衲本通鑑中第五種。○宋大字建本，十一行二十一字，細黑口，左右雙闌。彫工類黃善夫本史記，建本中至精者。余藏百衲本通鑑中第六種。○南宋初小字建本，十五行二十四字，白口，左右雙闌，字體勁瘦。余藏百衲本通鑑中第七種。百衲本通鑑涵芬樓已影印行世。○宋大字建本，十一行二十一字，白口，左右雙闌，闌外記某帝名。上海涵芬樓藏，已印入四部叢刊初編中。海虞瞿氏亦有二百六十九卷。○宋大字建本，十一行二十一字，細黑口，左右雙闌，與前本書口不同，而與余藏百衲本通鑑中之第六種同。日本靜嘉堂文庫藏，陸心源誤題為北宋刊本。○宋末翻廣都費氏進修堂刊本，十一行十九字，白口，左右雙闌。即世所謂龍爪本。北京圖書館藏內閣大庫舊儲殘帙。○宋鄂州孟太師府鵠山書院刊本，十一行十九字，注雙行二十三字，白口，左右雙闌。卷六十八後有"鄂州孟太師府三安撫位刊梓於鵠山書院"牌記，楷書二行。此本從廣都費氏進修堂本出。日本靜嘉堂文庫藏。○元至元二十六至二十八年魏天祐福州刊本，十一行十九字，白口，左右雙闌。有魏天祐序，言據蜀本通鑑翻雕，則亦覆刻廣都費氏進修堂本也。日本靜嘉堂文庫及北京圖書館均有殘帙。余嘗收得魏氏序二頁。〇明嘉靖二十四年孔天胤杭州刊本，附考異三十卷，十行二十字，白口，左右雙闌。溫公進書表後有孔天胤題辭，謂委杭州太守陳一貫刻，後唐太史家宋板出云云。太史即唐順之也。

資治通鑑二百九十四卷　宋司馬光撰，元胡三省音註。〇各家書目俱有元刊本。〇嘉慶二十一年鄱陽胡克家翻刊元板盛行于世。此書元板明印者流傳尚多，因洪武初取其板藏南監者，至成化後傳印不絕。胡氏即從此板翻刊，摹勒特精，世愈重其印。然吳中珩陳仁錫本之初印者未嘗不佳，胡特精刊耳。亦不遂無譌字也。〇同治戊辰，江蘇開書局，友芝董其役，議以鄱陽胡氏善印本重刊。授工之始，則自最末一帙層累而上，既若干卷，聞鄱陽猶在，冬十月購至，實存前二百有七卷，而局刻適完所闕卷暨釋文辨誤，混然相接凑，異矣。〇道光中湖南翻刻果泉本甚惡，譌誤滿紙。〇明陳仁錫刊本，附目錄三十卷及劉恕外紀等，世謂之七編通鑒。〇吳勉學刊本。〇路進刊本。〇天祿後目有北宋刊本，無註。〇蜀大字本二，無註本半頁十一行，行二十一字，每頁邊線左有某王帝字，似元覆宋本。〇嘉靖甲辰杭州刊本，無註，末附考異十卷。〇崇禎丁丑宜興刊本。〇蘇城汪氏有趙子昂藏本，精抄補二十五卷。〇提要于通鑑後次辨誤，次舉正，次通釋，次考異，次目錄，次釋例，與簡目兩本並小異。

〔附〕〇吳門汪氏有不全北宋本四部。北宋刊本半頁十一行，行二十一二字不等。序十行，行二十九字。所列官銜各卷不同，大約隨進隨刊，真溫公初刊本也。〇紹興二年本，佳。〇宋大字本，十行，行十八字。〇宋小字本。（邵氏）

〔補〕**資治通鑑音註二百九十四卷**　元胡三省撰。〇元刊本，十行二十字，註雙行同，細黑口，四周雙闌。前王磐興文署新刊資治通鑑序，次胡三省新註資治通鑑序。卷首第四行題"後學天台胡三省音註”。此書余家世藏一帙，莫友芝為先祖勵生公跋。海虞瞿氏有一帙，後有文彭、文元發、文震孟跋。劉啟瑞食舊德齋有初印本，出內閣大庫，卷二百六十三後有附刊一葉，當是身之原稿中附記，為他本所無。○明吳勉學本行欵字數與元本同，惟改為白口，左右雙闌，刊於萬曆二十年。首八卷題張一桂校，以後題吳勉學覆校。○清嘉慶二十一年胡克家翻元本。余與章鈺用余藏百衲本通鑑校，凡校勘三過，經年訖事，校正甚夥。

資治通鑑考異三十卷　宋司馬光撰。明刊本有二，攷異附入通鑑者不全。○劉芊雲有京口刊本。○嘉靖甲辰刊本，足。○蘇城汪氏有宋刊。

〔補〕○宋紹興二至三年兩浙東路茶鹽司公使庫刊本，十一行二十字，注雙行同，白口，左右雙闌。聊城楊氏藏。○宋大字建本，十一行二十字，注雙行二十三字，細黑口，左右雙闌。有明官印及項篤周藏印。涵芬樓藏，已印入四部叢刊初編。○宋刊本，十行二十二字，白口，四周雙闌。有明“禮部官書”印。涵芬樓藏，缺二卷。○明嘉靖二十四年孔天胤刊本，十行二十字，白口，左右雙闌。

通鑑釋例一卷　宋司馬光撰。○明陳仁錫刊，附大目錄之首。○昭文張氏有舊抄原本。

資治通鑑目錄三十卷　宋司馬光撰。○世謂之大目錄，陳仁錫刊本有之，他刻皆無。○道光間揚州刊本。○趙府居敬堂刊本。○蘇城汪氏有宋本。○郁泰峰家有宋本，郘亭借觀過，蓋元翻也。然勝陳本處多。同治八年蘇局仿刊。

〔補〕○宋紹興二至三年兩浙東路茶鹽司公使庫刊本，序半葉八行，正文行字不等，白口，左右雙闌。余藏。已印入四部叢刊初編。

〔補〕資治通鑑釋文三十卷　宋史炤撰。○元刊本，十二行二十一至二十二字，注雙行三十字，細黑口，四周雙闌。序後有挖補痕，疑有

元時牌子，估人挖去以充宋刊。日本靜嘉堂文庫藏，陸心源定爲宋本。涵芬樓有一本，已印入四部叢刊。

通鑑地理通釋十四卷　宋王應麟撰。〇元刊附玉海後本。〇明及今刊附玉海本。〇津逮本。〇學津本。

資治通鑑釋文辨誤十二卷　元胡三省撰。〇明吳、陳兩刊皆附通鑑後。〇胡克家本。〇昭文張氏有刊本。〇黃丕烈有宋本。〇史炤釋文三十卷，半頁十二行，行大小三十字，路小洲亦有之。〇史炤通鑑釋文三十卷，昭文張氏有王西莊家舊抄本，半頁十二行，行二十一二字不等，有紹興三年馮時行跋。

〔補〕**通鑑釋文辨誤十二卷**　元胡三省撰。〇元刊本，十行二十字，細黑口，四周雙闌。與元刊通鑑胡註同式。翰文齋見。

通鑑胡注擧正一卷　國朝陳景雲撰。〇文道十書本。〇錢大昕亦有通鑑注辨正二卷，乾隆壬子刊。

〔補〕**通鑑註辨正**　清錢大昕撰。**宮詹公題跋**　錢大昕撰。〇錢氏手稿。有沈樹鏞跋，趙之謙記。顧麐士藏書。

〔補〕**通鑑注商十八卷**　清趙紹祖撰。〇清嘉慶二十四年涇趙氏古墨齋刊本。

〔補〕**資治通鑑刊本識誤三卷**　清張敦仁撰。〇清道光七年陳宗彝刊獨抱廬叢刻本。六册。余藏。

〔補〕**資治通鑑地理今釋十六卷**　清吳熙載撰。〇清光緒八年江蘇書局刊本。

〔補〕**胡刻通鑑正文校宋記三十卷附錄三卷**　章鈺撰。〇民國二十年章氏自刊本。

〔補〕**入注附音司馬温公資治通鑑一百卷**　〇宋刊本，十四行二十三字，注雙行二十五字，細黑口，左右雙闌。左闌外記某帝，眉闌上有標注，每卷後有考異，音釋不注何人。存八十一卷。缺卷用呂大著點校標抹增節備註資治通鑑補入。余藏。

〔補〕**呂大著點校標抹增節備註資治通鑑一百二十卷** 宋呂大著撰。○宋建本，十五行二十六字，註雙行同，左闌外記帝名，行間有點擲，國名用白文。海虞瞿氏有七十三卷。余藏入註附音司馬溫公資治通鑑中配入十九卷。

〔補〕**資治通鑑補二百九十四卷** 明嚴衍撰。○清咸豐元年童氏瓶花書屋活字印本，十行二十字，卷首題"瓶花書屋童氏藏本"，卷末題"童和豫偕弟和豐和謙校"各二行。余藏。○清光緒二年武進盛康思補樓刻本。

〔補〕**嚴永思先生資治通鑑補正略三卷** 清張敦仁撰。○清道光八年陳宗彝刊獨抱廬叢刻本。六冊。余藏。

〔補〕**少微家塾點校附音通鑑節要五十卷外紀五卷** 宋江贄撰，史炤音釋。○明刊本，十四行二十一字，黑口，四周雙闌，上方有闌標事目。目錄前題"鄱陽王逢輯義"，"京兆劉剡增校"。有戊申劉剡跋。四庫存目。

〔補〕**增入名儒集議資治通鑑詳節□□卷** ○宋刊巾箱本，十三行二十二字，黑口，左右雙闌，左闌外記篇名，闌上標事目，諸儒言論低一格，行間有點擲。海豐吳重憙石蓮闇藏書。

〔增〕**陸狀元集百家注資治通鑑詳節二百八十八卷** 宋陸唐老編。○汲古閣有刊本。○四庫入存目中，有舉要歷，陸清獻日記云，未知即溫公原本否。○昭文張氏目有此書宋刊一百二十卷，謂集注姓氏後有蔡氏家塾校正六字，以百宋一廛內簡尺牘目後所題相同例之，蓋寧宗時蔡建侯刊也。首有神宗御序，溫公親節資治通鑑序，劉外紀序，溫公外紀序，釋文序。

〔補〕○宋刊一百二十卷本，十三行二十二字，注二十八字。闌外標帝名，闌上標綱要，每卷後附考異。○元刊本增修陸狀元集百家註資治通鑑詳節一百二十卷,十四行二十三字,註二十七字,細黑口,左右雙闌。前有元好問序,署乙卯歲,當蒙古憲宗五年。南皮張氏有殘卷,配入宋刊本中。京肆又見一帙,天祿後目中物,有諸璽印。〇一百二十卷本四庫存目。

〔增〕**通鑑詳節一百卷**　宋呂祖謙撰。〇崑山徐氏書目有二部,一大板,一小板。〇季滄葦目亦有宋刊本。

〔補〕**增修附注資治通鑑節要十卷**　題宋李燾編。〇元刊本,十四行二十一字。題"宋禮部員外郎並國史館編修官臣李燾編"。有"書林增入音釋批點校正重梓,大德甲寅朱氏尊德書堂印行"二件。此書題銜不倫,當是坊賈託名射利之書。正文齊見,缺卷六、七、九、十,存六卷。

稽古錄二十卷　宋司馬光撰。〇明弘治辛酉楊璋刻本。〇崇禎中長州陳氏刊本。〇天一閣刊本。〇學津討原本。〇天祿後目有宋刊本。

〔補〕**司馬溫公經進稽古錄二十卷**　宋司馬光撰。〇明弘治十四年楊璋刊本,十行二十一字,大黑口,四周雙闌。有弘治黃珣序及楊璋刊書跋。此書曾見二帙,內一帙有清葉萬、黃丕烈跋及錢大昕等觀欵。周叔弢藏。〇明嘉靖本,九行十九字,白口,四周單闌。此本已印入四部叢刊初編。〇清刊本,錢泰吉校。四冊。余藏。

通鑑外紀十卷目錄五卷　宋劉恕撰。〇明陳仁錫本。〇嘉慶辛未璜川吳氏刊本。〇山淵堂本。〇宋本。〇又宋板通鑑外紀詳節,精美。

〔補〕**資治通鑑外紀十卷目錄五卷**　宋劉恕撰。〇明萬曆刊本,八行十六字,白口,四周單闌。此本已印入四部叢刊初編。〇清嘉慶十六年吳縣吳氏山淵堂刊本。

〔補〕**資治通鑑外紀詳節十卷**　宋刊本,十四行二十五字,白口,左右雙闌,是浙本。海虞瞿氏藏。

〔增〕**歷代紀年十卷** 宋晁公邁撰。○昭文張氏有宋紹熙年間刊本。

〔補〕○宋紹熙三年盱江郡齋刊本，十行十九字，白口，左右雙闌。凡標
　　題、朝代、年號皆陰文，首行下題“晁氏”二字。缺卷第一。有黃丕烈
　　跋。海虞瞿氏藏。○影寫宋紹熙三年盱江郡齋刊本，行欵版式同上。
　　有黃丕烈二跋。有巴陵方柳橋藏印。存九卷。

皇王大紀八十卷 宋胡宏撰。○明萬曆辛亥陳邦瞻刊本。

〔附〕○宋紹興本。（邵氏）

〔補〕○明萬曆三十九年陳邦瞻刊本，十行二十字，白口，四周雙闌。庚
　　戌文琳堂見。李木齋亦有一帙，甲寅夏收得。

〔增〕**編年通載十五卷** 宋張權撰。或作張衡。○陽湖孫氏有宋刊
　　本。○阮氏有本，卷一至四，僅四卷，曾以進呈。

〔補〕**編年通載十卷** 宋章衡撰。○宋刊本，五行十七字，白口，左右
　　雙闌。有元祐三年章粢序及進書表。黃丕烈跋。汪鳴鑾遺書。存
　　四卷。已印入四部叢刊三編。

〔增〕**皇宋十朝綱要二十五卷** 宋眉山李壼編。始太祖至高宗。四
　　庫未收。○郘亭同治丙寅秋獲舊抄本于滬肆。

〔補〕**皇宋十朝綱要二十五卷** 宋李壼撰。○舊寫本，十行二十字。
　　自太祖至高宗，凡十帝。徐坊遺書。

〔增〕**中興兩朝聖政六十四卷** 未詳撰人。起建炎元年，訖淳熙十五
　　年。書內標題謂之增入名儒講義皇宋中興兩朝聖政，其編年紀事一
　　仿通鑑為之。○阮氏曾以進呈，依宋刊影抄，闕卷之三十至四十五。

〔補〕**增入名儒講義皇宋中興兩朝聖政六十四卷** ○宋刊巾箱
　　本，十一行二十字，細黑口，左右雙闌，闌外標帝名、年號，眉上有提
　　要。存四十卷，劉承幹嘉業堂藏。○明寫本，棉紙藍格，九行二十
　　字。盧址抱經樓遺書。○民國二十四年選印宛委別藏本。

中興小紀四十卷 宋熊克撰。○此書無舊刻，四庫本從永樂大典輯出

重編。清光緒間刊廣雅書局叢書本。

〔增〕**中興兩朝編年一十八卷**　不著撰人名氏。起建炎元年，迄淳熙十七年。○昭文張氏有宋刊本。

續資治通鑑長編五百二十卷　宋李燾撰。○昭文張氏活字擺印。○天祿後目有宋刊本一百八卷，燾二次所進太祖至英宗五朝事迹也。本藏季滄葦氏，徐乾學取得疏進之。○蘇城汪氏有宋本。

〔附〕○昭文張氏愛日精廬擺板，嘉慶己卯印行。英宗治平四年四月至神宗熙寧三年三月原闕。又哲宗元祐八年七月至紹聖四年三月原闕。（邵氏）

〔補〕○舊寫本。錢大昕據畢氏經訓堂寫本校。袁氏五硯樓、秦氏石硯齋遞藏。

〔補〕**續資治通鑑長編五百二十卷目錄二卷**　宋李燾撰。○清嘉慶二十四年昭文張金吾愛日精廬活字印本。余藏。

〔補〕**續資治通鑑長編五百二十卷**　宋李燾撰。**拾補六十卷**　清秦緗業等輯注。○清光緒七年至九年浙江書局刊本。余據徐虹亭舊藏清寫本校，糾正不少。

〔補〕**續資治通鑑長編撮要一百八卷**　宋李燾撰。○宋刊本，十三行二十三字，注雙行同，細黑口，左右雙闌。存五十一卷，餘鈔配。日本靜嘉堂文庫藏潘氏滂喜齋藏一全帙。

〔補〕**續資治通鑑長編一百八卷**　宋李燾撰。即長編撮要。○傳鈔宋刊本，十三行二十三字。徐虹亭藏印。缺三十四卷。余藏。○傳鈔宋刊本，十三行二十三字。有花溪主人跋，徐釚跋，沈以恭識語。盧址抱經樓藏。○舊寫本，十行二十二字。前進書表，次各書考證，次目錄。京肆所見。

〔補〕**續資治通鑑節要□□卷**　宋李燾撰。○宋刊本，十一行二十三字，白口，左右雙闌。前有乾道四年進書表。各段後有釋、論。存卷一至六。

〔補〕續資治通鑑十八卷 題宋李燾撰。○元刊本,十三行二十二字,細黑口,四周雙闌,闌上標事目,每歲以陰文干支二字冠首。京肆見一本,瞿氏有一本。○元建安朱氏與畊書堂刊本,十三行二十二字,細黑口,四周雙闌。進書表後有"建安朱氏與畊堂刊"八字。江南圖書館藏。○舊寫本,九行二十四字,闌上標事目。海虞瞿氏藏。

〔補〕續宋編年資治通鑑前集十八卷 題宋李燾撰。○元雲衢張氏集義書堂刊本,十五行二十四字,細黑口,四周雙闌。目後有"雲衢張氏鼎新梫行"牌子。各卷書名下有陰文"前集"二字,每年干支陰文以別之,闌上標事目。有晉府印。劉啟瑞藏。○日本影寫雲衢張氏刊本,十五行二十四字,目後有牌子,封面橫書"集義書堂"四字。○舊寫本,十三行二十二字,墨格,左闌外有"虞山錢遵王也是園藏書"十字。存十二卷。徐坊遺書。四庫存目。

資治通鑑綱目五十九卷 宋朱子撰。○有乾道壬辰四月刊本,潔紙初印,每頁八行,行十七字,雙行注同,首尾完具,無攙配。季振宜舊藏,後歸郁松年,今歸豐順丁日昌禹生。○元翻宋本通鑑綱目,每半頁十行,行大十六字,小二十四字,遇宋諱或省或不省,字體書式極似明人王、柯史記,而字較流美。是書自明人刊本以七家注羼入,甚為碍目,惟宋元舊本無之,故可貴。此閶門肆出,惜缺後半。○明弘治戊午黃仲昭校刊本,取宋尹起莘發明、劉友益書法、元汪克寬攷異、王幼學集覽、徐文昭攷證、明陳濟正誤、馮智舒(一作劉宏毅)質實凡七家之書,散入條下,是為今本。後傳刻非一,唯成化內府刊大字本無諸家注,後附集覽、發明二種單行本,較為清豁。○嘉靖甲午江西本。○正德癸酉福州本。○陳仁錫本。○康熙己巳徽州刊本。按:四庫著錄通鑑綱目於史評類,加康熙批,名御批通鑑綱目,莫氏移置於此。

〔補〕○宋刊大字本，八行十五六字，注雙行二十二字，白口，左右雙闌。劉啟瑞藏。○宋刊本，八行十七字，注雙行同，白口，左右雙闌。潘明訓寶禮堂藏。其卷四十六配另一宋本，八行十五字，白口，左右雙闌。卷四十七至五十一配另一宋本，十行十四至十六字，細黑口，四周雙闌。○宋刊本，十行十六字，細黑口，四周雙闌，版心間記刊工姓名。劉啟瑞藏，內閣大庫佚出之書。○宋刊本，十行十六字，細黑口，左右雙闌，左闌外記帝號。海虞瞿氏藏。○元翻宋本，十行十六字，細黑口，左右雙闌。版式與宋本同，而字體圓活粗鬆。亦海虞瞿氏藏。○明嘉靖三十五年趙府居敬堂刊本，十行二十字，白口，四周雙闌。李木齋先生藏。

〔補〕**資治通鑑綱目五十九卷** 宋朱熹撰，元尹起莘發明，元劉友益書法，汪克寬考異，徐文昭考證，王幼學集覽，明陳濟正誤，馮智舒質實。○明嘉靖十三年江西按察司刊，十四年張鯤修補本，九行二十字，白口，四周雙闌。李木齋先生有一帙，壬子間廠肆見一帙。

〔增〕**宋尹起莘綱目發明單行本** ○崇禎壬午包氏刊，作五十九卷。○宋劉友益書法五十九卷，元徐文昭玫證一卷，元王幼學集覽五十九卷，瞿宗祐集覽鐫誤三卷，一本附綱目考異辨疑，明永樂中刊本。○元汪克寬玫異五十九卷。明陳濟集覽正誤二卷。綱目釋地糾繆六卷，補注六卷，國朝張庚撰。四庫存目。

〔補〕**資治通鑑綱目發明五十九卷** 元尹起莘撰。○元末刊本，十二行二十字，黑口，左右雙闌，眉闌上記干支。文友堂見。○明成化間司禮監刊本，八行十四字，注雙行二十一字，大黑口，四周雙闌。○清順治八年刊本。

〔補〕**資治通鑑綱目集覽五十九卷** 元王幼學撰。○明刊本，十行十七字，注雙行二十四字，細黑口，四周雙闌，左闌外標帝名。似明翻元建本。○明景泰元年魏氏仁實書堂刊本，十二行十八字，注雙

行二十二字,細黑口,四周雙闌。序後有"歲在上章敦牂孟夏魏氏仁
實書堂新刊"牌子,隸書二行。海虞瞿氏及江南圖書館均有之。

綱目續麟二十卷校正凡例一卷附錄一卷彙覽三卷 明張自勳
撰。按:四庫著錄,莫氏失收。

〔增〕**讀通鑑綱目條記二十卷** 國朝李述萊撰。取御批本、元本及明
諸本會校之,凡原本疏舛、刊本訛謬逐條札記。

綱目分註補遺四卷 國朝芮長恤撰。○刊本。

綱目訂誤四卷 國朝陳景雲撰。○文道十書本。

大事記十二卷通釋三卷解題十二卷 宋呂祖謙撰。○胡氏刊本。
○明王禎有續編七十七卷,成化中刊。○呂氏書有宋嘉定壬申刊
本。○明初刊黑口本。○呂柟刊本。○新活字本。

〔補〕○明成化刊本,十行二十一字,黑口,四周雙闌。

建炎以來繫年要錄二百卷 宋李心傳撰。○宋寶祐初揚州刊本。

〔附〕○吳門胡心耘家有鈔本。(邵氏)

〔補〕○清光緒五年長壽蕭氏刊本。六十冊。余藏。○清光緒二十六年
刊廣雅書局叢書本。

〔補〕**皇朝中興繫年要錄節要□□卷** ○宋刊本,十一行二十三字,
白口,左右雙闌。存卷八至十七。汪鳴鑾舊藏。

宋九朝編年備要三十卷 宋陳均撰。○昭文張氏影寫宋刊本作皇朝
編年備要二十五卷,補刊編年備要五卷。○黃丕烈有宋精刊本。宋
本初印少徽欽兩朝,影宋精抄全,今在胡心耘家。○昭文張氏云皇
朝編年備要與中興兩朝編年綱目及兩朝綱目備要款式相同,蓋宋時
三書合刻。

〔附〕○朱子清有宋刊本。(邵氏)

〔補〕**九朝編年綱目備要三十卷** 宋陳均撰。○宋紹定二年刊本,八
行十六字,注雙行二十四字,細黑口,四周單闌。前有紹定二年真德

秀序。鈐"國學官書"印。劉啟瑞藏，內閣大庫舊儲。○舊寫本，盛昱校。

〔補〕皇朝編年綱目備要二十五卷補刊編年備要五卷 宋陳均撰。○宋紹定二年刊本，八行十六字，注雙行二十四字，細黑口，四周單闌。左闌外上方標紀年。首陳均自序，次紹定二年真德秀序，次紹定二年林岊序。目錄第二十五卷後隔行書"已後五卷見成出售"。卷二十六至三十以影寫宋刊本九朝編年備要補。影宋本八行十六字，注雙行二十三字，細黑口，四周雙闌，闌外標紀年。日本靜嘉堂文庫藏，已影印行世。○盧址抱經樓有影寫宋刊本，行欵同上。

〔補〕皇朝編年備要三十卷 宋陳均撰。○舊寫本，九行二十字。首紹定二年鄭性之、林岊、真德秀三序及陳均自序。○清經鉏堂綠格寫本。

〔增〕太平寶訓政事紀年五卷 以富弼三朝政要，林希兩朝寶訓為藍本，以國朝會要、事實類苑等書，始太祖，迄高宗，稱高宗為太上皇，則孝宗時人編輯也。○昭文張氏有抄本。

〔補〕○近代寫本，十一行二十字。自太祖至高宗。

續宋編年資治通鑑十五卷 宋劉時舉撰。○昭文張氏有元刊本。○學津討原本。○元刊本，池北書庫藏書，目錄後有"陳氏餘慶堂刊"六字。

〔補〕續宋編年資治通鑑後集十五卷 宋劉時舉撰。○元刊本，十五行二十四字，細黑口，四周雙闌。卷首書名下題陰文"後集"二字，每年前干支用陰文，闌上標事目，後附論說。其行欵與雲衢張氏本李燾前集全同，疑亦張氏本。劉啟瑞。○元陳氏餘慶堂刊本，十三行二十二字，細黑口，四周雙闌。目後有"陳氏餘慶堂刊"牌子。江南圖書館藏。○清寫本，十五行二十四字。吳壽暘校跋，又臨黃丕烈校跋。

西漢年紀三十卷　宋王益之撰。○埽葉山房席氏刊本。

〔補〕○清同治十二年永康胡氏退補齋刊金華叢書本。余藏。

靖康要錄十六卷　不著撰人。彭文勤公云此書採入三朝北盟會編十

之六七,可用以校補。

〔補〕○清蕭山王宗炎萬卷樓寫本,竹紙藍格,十行二十字,王宗炎手

校。余藏。○清光緒十二年陸心源刊十萬卷樓叢書本。余據王宗炎

校本校過。

〔補〕**孝慈淵聖皇帝要錄二卷**　即靖康要錄,分十六卷為上下二卷。

○舊寫本,十行二十字,宋諱注御名,從宋本出。有嚴惇虞、朱錫庚

藏印。翰文齋見。

〔補〕**皇朝傳信錄十卷**　宋鮮于綽撰。○舊寫本,記紹興一至二年事,

從永樂大典抄出。有沈韻初藏印。涵芬樓藏。

兩朝綱目備要十六卷　不著撰人。○昭文有影寫宋刊本,作續編兩

朝綱目備要十六卷,紀光、寧兩朝之事,以續中興兩朝編年綱目。

〔補〕○清顧氏藝海樓寫本,綠格,八行二十一字。○四庫本已印入四庫

全書珍初集中。

宋紀三朝政要六卷　不著撰人。○有元刊本。○學津討原本。○守

山閣本。

〔補〕○元至治三年張氏刊本,十五行二十四字,細黑口,四周雙闌。目

後有"至治癸亥張氏新梓"牌子,又刊書識語三行,言"理宗國史載之

過北,無復可考,今將理度兩朝聖政及幼主本末纂集成書,以備它日

史官之採擇云"。有永樂四年蘇叔敬買書夾簽。劉啟瑞藏,大庫舊

儲。○傳寫元至治三年張氏刊本,十行二十一字。繆荃孫遺書。○

舊寫本,九行十八字。葉名澧藏印。○清咸豐三年南海伍氏刊粵雅

堂叢書本。在二編十三集。

宋史全文三十六卷　不著撰人。○路小洲有元刊本,題云續通鑑長

編。○張氏有元刊本，附宋季朝事實二卷，紀度宗、少宗，益、廣二王事蹟。此書又名宋鑑，許周生集有跋。○元有鄞城游氏刊本。又有元刊本，題諸儒集議續資治通鑑。○游明刊本，題宋史全文續資治通鑑，板心題曰宋鑑，半頁十六行，行二十六字，其附入講議低一格，半頁二十四行，行二十五字。○昭文張氏宋史全文元本，卷首題豐城游明大昇校正，蓋刊書者姓名也。史記亦有游氏刊本集解索隱，或以為明初人。

〔補〕**宋史全文續資治通鑑三十六卷**　即前書。○明翻元本，十六行二十五字，細黑口，四周雙闌，左闌外標帝名、年號，眉上標事目。卷前目錄標題為"續資治通鑑長編目錄"，後有書肆刊書識語，言本堂今得善本，乃名公所編者，前宋已盛行於世，今再繡諸梓云云。劉承幹嘉業堂藏書。○明游明刊本，行欵版式同上，目前亦有書肆刊書識語，惟卷一次行題"豐城游明大昇校正"。鈐有王懿榮印。盧址抱經樓亦藏一帙。莫氏誤以為元本。

通鑑前編十八卷舉要三卷　宋金履祥撰。○含經堂刊本。○仁山全書本。○吳勉學本。○路進刊本。○劉弘毅音釋本。○原刻本首題綱目前編者，為後人所亂，入舉要于十八卷之中，非金氏原次矣。

〔補〕○元刊本，十行二十二字，黑口，左右雙闌。前天曆元年許謙序。

通鑑續編二十四卷　明陳桱撰。○明刊本。○平津館藏書記有元至正二十一年刊本。孫星衍云桱雖入明，而書成于元時，故題元人。○邵亭亦有元至正刊本，字畫絕工。○鉄樵云，此書有節要三十卷。○嘉靖壬戌新賢書堂刊。

〔補〕○元至正二十一年顧逖刊本，九行二十二字，註雙行同，黑口，左右雙闌。每年記干支於眉闌上。

〔補〕**增修附註資治通鑑節要續編三十卷**　明張光啟訂正，劉剡編輯。○明刊本，十四行二十一字，注雙行同，黑口，四周雙闌，有眉闌,標事目及音注,左闌外標某帝。卷中干支及國名用陰文。文友堂見。○又一本,行欵同前而版匡略小。○又一本,行欵相同,唯卷首次行於李燾銜名下加"書林增入音釋批點校正重栞"字樣。文友堂見。三本均失去序跋,莫詳刊於誰氏,大要皆成弘前坊本耳。

〔補〕**歷代史譜不分卷**　元鄭鎮孫撰,明□□續撰。○明成化十一年刊本,十一行,行字不等,大黑口,四周雙闌。有至正五年楊恩、薛起吾序及自序。後有宣德元年匪莪生序,言原書終宋、金,續以元及元末僭亂。有成化乙未羅明序。海虞瞿氏書。

大事記續編七十七卷　明王禕撰。○明成化中刊。○正統刊本七十三卷。○千頃堂書目有遼實錄七十卷。金朝實錄九部,太祖、太宗、睿宗、海陵、世宗、章宗、衞王、宣宗。元實錄三部,世祖、成宗、武宗。明實錄十四部,太祖至熹宗十三朝,並獻皇帝。○明實錄上海郁氏有寫本。

〔補〕○明成化刊本,十行二十二字,黑口,四周雙闌。前有正統六年賜王禕諡忠文敕書。

元史續編十六卷　明胡粹中撰。○天一閣書目有刊本。席刊似邵氏類編也。

〔補〕○明永樂元年刊本,八行十八字,注雙行同,黑口,四周雙闌。有永樂元年自序。

〔增〕**續資治通鑑綱目二十七卷**　明商輅等奉敕撰。○成化時官刊本。四庫存目。

〔補〕○明成化十二年內府刊本,八行十八字,大黑口,四周雙闌。白棉紙精印,十四冊。余藏。○弘治間劉氏慎獨齋刊本,十行二十二字,黑口,四周雙闌。余有殘卷。滬肆曾遇全者,未收。

〔補〕**皇明本紀二卷**　○明藍格寫本,紀洪武開國時事。四庫存目為一卷本。

〔補〕**洪武聖政記十卷** 不著撰人名氏。○明藍格寫本，十冊，首冊殘。余藏。○四庫存目為二卷本，入雜史類。又有十二卷本。

〔補〕**文廟靖難記十二卷** 不著撰人名氏。○清寫本。鈐有"許焞考藏"印。四冊。余藏。

〔補〕**人代紀要三十卷** 明顧應祥編集。○明嘉靖三十七年黃㠻刊本，十行二十二字，白口，四周單闌。白棉紙精印。盧址抱經樓藏。四庫存目。

〔補〕**皇朝嘉隆兩朝聞見紀十二卷** 明沈越撰。○明萬曆二十七年沈氏刊本，十二行二十七字，白口，四周雙闌。紙已黃脆，不可著手，尚索三十六兩。庚戌八月文奎堂見。四庫存目。

〔補〕**皇明從信錄四十卷** 明陳建撰。沈國元訂補。○明天啟刊本，十行二十二字，白口，四周單闌。余藏。十二冊。

〔補〕**皇明法傳錄嘉隆紀六卷續紀三朝法傳全錄十六卷** 明高汝栻輯。○明崇禎九年刊本，十行二十一字。余藏。尚有皇明通紀法傳錄二十八卷，明陳建撰，吳楨增補，余本失之。十一冊。

〔增〕**宋元資治通鑑一百五十七卷** 明薛應旂撰。○陳仁錫七編本。○應旂又有甲子會紀五卷，亦刊入七編中。四庫並入存目。

〔補〕**宋元通鑑一百五十七卷** 明薛應旂撰。○明嘉靖薛氏自刊本，十行二十字，白口，四周單闌。嘉靖四十五年刊。余藏。

〔補〕**宋元通鑑一百五十七卷** 明薛應旂撰，陳仁錫評。○明天啟陳仁錫刊本。十行二十字，白口，四周單闌。

〔補〕**憲章錄四十七卷** 明薛應旂撰。○明萬曆二年刊本，十行二十字，白口，四周單闌。四庫存目。

〔增〕**宋元資治通鑑六十四卷** 明王宗沐撰。○吳勉學、路進刊本。
〔補〕○明萬曆中新安吳勉學刊本，十行二十字，白口，左右雙闌。藏園藏。○宜興洛氏刊本。

〔補〕**續資治通鑑六十四卷** 明王宗沐撰。○明隆慶刊本，十行二十字，白口，左右雙闌。二十册。藏園藏。

〔補〕**皇明獻實八册** 明袁褧撰。○明寫本。盧址抱經樓遺書。

〔補〕**昭代典則二十八卷** 明黃光昇撰。○明萬曆二十八年周曰校萬卷樓刊本，十一行二十二字，白口，四周單闌。有清曹寅藏印。二十八册。余藏。四庫存目。

〔補〕**秘閣元龜政要十六卷** 明朱朴撰。○舊寫本，十行二十字。記洪武一朝之事，起至正十六年，止洪武二十八年。四庫存目。

〔補〕**皇明大政纂要六十三卷** 明譚希思撰。○明寫本，藍格，存六卷。余藏。○清光緒二十一年思賢書局刊本。二十八册。余藏。四庫存目。

〔補〕**野紀矇搜十二卷** 明黃汝良輯。記洪武至隆慶大事，自言取實錄及前輩談論輯成。○明刊本，前有自序。日本內閣文庫藏書。

〔補〕**皇明大政記三十六卷** 明朱國楨撰輯。○明崇禎刊皇明史概本，十行二十一字。余藏。四庫存目。

〔補〕**皇明大事記五十卷** 明朱國楨撰輯。○明崇禎刊皇明史概本。十行二十一字。余藏。

〔補〕**皇明大訓記十六卷** 明朱國楨撰輯。○明崇禎刊皇明史概本。十行二十一字。余藏。

〔補〕**歷代史書大全□□卷** 撰輯人未詳。○明木活字印本，十一行二十三字，白口，左右雙闌。每事正文頂格，注文低一格大字二十二字。每卷首行題"歷代史書大全□本紀卷之□"。字體似嘉靖萬曆間，書衣有原簽，亦萬曆時風氣。余見數帙，均殘本，失序跋。似至元至正而止。

御批通鑑輯覽一百十六卷附明唐桂二王本末三卷 乾隆三十三年奉敕撰。○內府刊本。○江南織造覆本。○乾隆末內刊大字朱墨套板本。

御定通鑑綱目三編四十卷 乾隆四十年奉敕撰。○內府刊本。是
　　書先撰者二十卷,有內刊本及古香齋巾箱本,外間傳刻數本皆二十
　　卷本,其四十卷本未見傳刻。

皇清開國方略三十二卷 乾隆三十八年奉敕撰。提要次御定通鑑
　　綱目三編之前,簡明目列綱目三編之後。○內刊本。

〔補〕**山書十八卷** 清孫承澤輯。○舊寫本,汪士鐘藏印。○舊寫本,
　　徐坊遺書。

〔補〕**通鑑續編一百二十七卷考辨一卷** 清韋人鳳撰。○舊寫本,
　　有徐乾學藏印。

資治通鑑後編一百八十四卷 國朝徐乾學撰。四庫著錄即徐氏稿
　　本,中缺第十一卷。此書未刊行,及畢氏書出,遂廢。

〔補〕○清光緒間武陽夏氏刊本。○清光緒間浙江書局刊本。

〔補〕**資治通鑑後編校勘記十五卷** 清夏震武撰。○清光緒二十四
　　年刊本。

〔補〕**明鑑前紀二卷** 清齊召南撰。○清光緒十五年鄞郭氏刊望三益
　　齋叢書本。四冊。余藏。

〔增〕**續資治通鑑二百二十卷** 國朝畢沅撰。○嘉慶二年刊,板在嘉
　　興馮氏,今上海道應寶時敏齋買存龍門書院,補刊損闕數十板,同治
　　丁卯秋已印行江浙。

〔補〕○清嘉慶二年德裕堂刊本。○桐鄉馮氏補刊、同治八年江蘇書局
　　修補本。

〔補〕**資治通鑑彙刻八種** ○清同治光緒間江蘇書局彙印本。子目
　　列後:

　　資治通鑑音注二百九十四卷 元胡三省撰。同治八年用鄱陽胡
　　克家翻元本修補印行。余用宋百衲本校。

資治通鑑目錄三十卷 宋司馬光撰。清同治八年刊本。

通鑑外紀十卷目錄五卷 宋劉恕撰，清胡克家補注。清同治十年刊本。

續資治通鑑二百二十卷 清畢沅撰。清同治八年用畢氏刊馮氏修補本修補印行。

明通鑑九十卷目錄二十卷前編四卷附編六卷 清夏燮撰。清同治十二年宜黃官廨刊本。

資治通鑑釋文辨誤十二卷 元胡三省撰。用清嘉慶二十一年鄱陽胡克家影元刊本印行。

稽古錄二十卷 宋司馬光撰。**附校勘記一卷** 清光緒五年刊本。

通鑑宋本校勘記五卷元本校勘記二卷 清張瑛撰。清光緒八年刊本。

〔增〕東華錄三十二卷 國朝蔣良騏撰。○道光年間刊本。○羣玉山房活字本。

〔補〕東華錄三十二卷 清蔣良騏撰。○清同治十一年聚錦堂刊本。

〔補〕東華錄十六卷 清蔣良騏撰。○清寫本。

〔補〕東華錄天命朝四卷天聰崇德朝十八卷順治朝三十六卷康熙朝一百十一卷雍正朝二十六卷東華續錄乾隆朝一百二十卷嘉慶朝五十卷道光朝六十卷咸豐朝一百卷同治朝一百卷 清王先謙輯。○天命至道光朝光緒五至十四年長沙王氏刊本。咸豐同治朝光緒十五至十六年會稽陶氏籀三倉室刊本。

〔補〕光緒東華續錄二百二十卷 清朱壽彭撰。○清宣統元年上海集成圖書公司排印本。

〔補〕歷代紀元彙考五卷 清萬斯同撰，萬經補。○清康熙五十四年刊本。

〔增〕**歷代帝王表十四卷** 國朝齊召南撰。附帝王廟謚年號譜一卷，陸費墀撰。年表內明一代阮福補。○道光四年阮氏刊。

〔補〕**歷代帝王年表十三卷** 清齊召南撰。**續一卷** 清阮福撰。**歷代帝王廟謚年諱譜一卷** 清陸費墀撰。○清道光四年阮氏小琅環仙館刊本。三冊。余藏。

〔補〕**歷代帝王年表三卷** 清齊召南撰，阮福續。○清咸豐五年刊粵雅堂叢書本。三冊。余藏。

〔補〕**紀元編三卷卷末一卷** 清李兆洛撰。○清道光十一年輩學齋刊本。

〔補〕**列代建元表十卷建元類聚考二卷** 清錢東垣撰。○清道光刊本。

〔補〕**廿一史四譜五十四卷** 清沈炳震撰。○清同治十年武林吳氏來清堂補刊本。○清光緒間刊廣雅書局叢書本。

〔補〕**古史紀年十四卷古史考年異同表二卷後説一卷** 清林春溥撰。○清道光十七、十八年刊本，收入竹柏山房十五種中。

〔補〕**戰國紀年六卷地輿一卷年表一卷** 清林春溥撰。○清道光十八年刊本，收入竹柏山房十五種中。

〔增〕**歷代三元甲子編年三卷** 內府刊本，又名萬年書，欽天監官撰。起黃帝六十一年，迄同治。一百六十年。萬年書起天命九年甲子，至同治，一百六十年。

〔補〕**太宗皇帝實錄八十卷** 宋錢若水等纂修。○宋寫本，九行二十字，上下單闌。左右無闌，猶是卷子裝遺式。卷末有書寫人、初對人、再對人姓名。已印入四部叢刊三編。存卷二十六至三十五，四十一至四十五，七十六至八十，計二十卷。民國乙亥，余以宋鈔舊鈔合校，刊入雙鑑樓叢書中，吳君廷燮為撰序。

〔補〕**明實錄全帙** 有洪武至天啟。内缺泰昌一種。○明江陰李氏舊
　藏明寫本。目列後：

洪武實錄二百五十七卷 明胡廣等撰。

永樂實錄一百三十卷 明張輔等撰。

洪熙實錄十卷 明張輔等撰。

宣德實錄一百十五卷 明楊士奇等撰。

正統實錄一百八十六卷 明陳文等撰。存一百六十六卷。

景泰實錄八十七卷 明陳文等撰。

天順實錄八十八卷 明陳文等撰。

成化實錄二百九十三卷 明劉吉等撰。

弘治實錄二百二十四卷 明李東陽等撰。

正德實錄一百九十七卷 明費宏等撰。

嘉靖實錄五百六十六卷 明張居正等撰。

隆慶實錄七十卷 明張榕等撰。

萬曆實錄五百三十卷 明顧秉謙等撰。

天啟實錄十三卷 明李長春撰。

　鈐有"柱下史臣李應昇男讀書國學臣遜之藏"長方楷書硃記。前後
　有二跋，錄如下："壬申二月朔起至五月晦日讀一過。時館江都倉巷
　許氏獼微堂。休寧蔡廷治拜識。""丁丑四月朔至七月五日再閱一
　過。時寓江都廣儲門内書舍。再識。""先君罹禍後片紙無傳，幸得
　昭雪，此書以實錄得還浦珠。硃筆皆先君手澤，展觀之下，不知涕淚
　之何從哉，因記以誌感。時崇禎二年秋仲，李遜之識。"盧址抱經樓
　遺書，癸丑十二月觀並記。

〔補〕**弘光實錄鈔四卷附弘光大臣月表** 黃宗羲撰。○舊寫本，有
　戊戌十月黃氏序。繆荃孫藝風堂藏。○清林晴江寫本。涵芬樓藏。

〔補〕**永曆實錄二十六卷**　清王夫之撰。○清寫本。四冊。

〔補〕**清太祖實錄十卷**　清乾隆四年重修本。

〔補〕**清太宗實錄六十五卷**　清乾隆四年重修本。

〔補〕**清世祖實錄一百四十四卷**　清乾隆四年重修本。以上三書均
盧址抱經樓遺書。

〔補〕**萬曆起居注一冊**　○舊寫本，藍格，十一行二十一字。自萬曆五
年正月朔至六年三月二十九日。余藏。

上編年類

史部三

紀事本末類

通鑑紀事本末四十二卷　宋袁樞撰。○通行本。○張溥校定本。○
通行本合明沈朝陽前編及陳邦瞻、谷應泰之書為一。○天祿後目有
宋刊本二部，宋刊元印本一部。○宋刊有嚴陵小字本，明岳州本當
從此出。○岳州本湖廣巡撫豐城李栻校刊，十二行，行二十八字。○
內府及陽湖孫氏並有宋寶祐丁巳趙與慧重刊大字本，每頁二十二
行，行十九字。是板明初尚在南監，故印本至今不少。

〔補〕○宋淳熙二年嚴陵郡庠刊小字本，十三行二十四字，白口，左右雙
闌，版心下魚尾下刻工姓名之上記字數，與習見在上魚尾上者異。
前存淳熙元年楊萬里序，後有淳熙二年朱熹及呂祖謙後序。有石韞
玉、顧廣圻跋。余藏。○宋淳熙二年嚴陵郡庠刊端平元年淳祐六年
重修本。行欵同上，後有淳祐丙午章大醇重修後序。日本靜嘉堂文
庫藏。存二十九卷。○宋寶祐五年趙與慧刊大字本，十一行十九字，

白口，左右雙闌。前淳熙元年楊萬里序，次寶祐丁巳趙與籌序。有
"禮部官書"大印。鳳山藏書。潘氏滂喜齋藏一帙，有唐寅批，極是
俊物。○元翻宋嚴陵郡齋小字本，十三行二十四字，白口，左右雙闌，
宋諱不避，卷第分合與嚴陵本亦有改易處。存二十一卷，蝶裝二十
三冊，鈐"東宮書府"朱文大印。劉啟瑞藏。○明萬曆二年李栻刊本，
十二行二十八字，白口，左右雙闌。○明萬曆三十四年黃吉士刊本，
十一行二十二字，白口，四周單闌。

〔補〕**通鑑紀事本末二百三十九卷** 宋袁樞撰，明張溥論正。○明
末刊本，九行二十字。○清同治末江西書局刊紀事本末五種本。○
清光緒十三年廣雅書局刊紀事本末彙刻本。○清光緒二十四年思
賢講舍刊紀事本末五種本。

春秋左氏傳事類始末五卷 宋章冲撰。○通志堂經解本。○宋淳熙
乙巳刊本。

〔補〕**皇朝中興紀事本末七十六卷** ○余紹宗自故宮傳寫本，十一
行二十二字。題學士院上進。自建炎元年五月至紹興二十年末。
宋筠跋，又錄朱彝尊跋。

三朝北盟會編二百五十卷 宋徐夢莘編。○四庫著錄係抄本。○開
萬樓有刊本。

〔附〕 近四川布政使許涵度刊于成都，至精。（王國維）

〔補〕○明鈔大字本，涵芬樓藏，存二百三十卷。○明延陵王肯堂鬱岡齋
寫本，存二百四十七卷。周叔弢藏。○清寫本，墨格，十行二十一字。
吳城、朱文藻、彭元瑞校並跋。四庫底本。光緒三十四年許涵度據
以刊版。○清寫本，鮑廷博據影寫宋刊本校。增改極多，余代涵芬樓
收之。○舊寫本，十行二十四字，分上、中、下三帙。有康熙壬寅庸菴
跋。袁滌庵藏。○清勤志館寫本，墨格，十三行二十二字。文德堂
見。○清寫本，十四行二十四字。張月霄、潘介繁藏印。徐坊遺書。

○清光緒四年如皋袁氏越東排印本。○清光緒三十四年許涵度刊
本，每卷附校記。余據明鈔本校過。

〔增〕皇朝通鑑長編紀事本末一百五十卷　宋楊仲良撰。○阮氏有
舊抄本，中缺數卷。○昭文張氏亦有此書。○傳是樓、千頃堂二家目
題歐陽守道撰，蓋以守道有序而誤。四庫未收，阮氏曾以進呈。其
知為仲良者，陳均九朝編年引用書目有之。在宋寶祐元年刊于廬陵
郡齋，五年貢士徐琥重刊，見守道序。

〔補〕○郁松年有精鈔本，見宜稼堂書目稿本，第八號。

〔補〕通鑑長編紀事本末一百五十卷　宋楊仲良撰。原闕卷五至
七，卷一百十四至一百十九。○清光緒十九年廣雅書局刊紀事本末
彙刻本。

蜀鑑十卷　宋郭允蹈撰。○明初刊本。○嘉靖乙卯刊本。○守山閣
本。

〔補〕○明嘉靖三十四年刊本，八行十六字，白口，四周單闌。前方孝孺
序，次嘉靖三十四年張佳胤題，云從李廷相家宋本出。前後又有嘉
熙、淳祐二舊跋。余藏。○舊寫本，從吳岫藏本錄出，北京圖書館、李
木齋先生各有一帙，其吳岫舊藏本藏瞿氏鐵琴銅劍樓。○清道光二
十一年錢熙祚守山閣叢書本。余曾據吳岫本校過，補脫文甚多，最
甚者卷八末史論脫一百八字。守山本源出四庫本，史論脫文言蒙軍
窺蜀事，或館臣以避忌而去之歟。

炎徼紀聞四卷　明田汝成撰。○紀錄彙編本。○澤古齋叢鈔。○借月
山房。○指海本。

〔補〕○明嘉靖三十七年刊本，九行十八字，白口，左右雙闌。余藏。○
明刊本，十行二十字，白口，左右雙闌。○明紀錄彙編本，十行二十
字，白口，四周單闌，明萬曆四十五年陳于廷刊。余有此種。○民國
四年劉承幹刊嘉業堂叢書本。

〔補〕**皇明鴻猷錄十六卷** 明高岱撰。○明萬曆七年顧氏奇字齋刊
本,九行二十二字。余藏。○明萬曆本,十行二十字。揚州文樞堂
見。

〔補〕**兩朝平攘錄五卷** 明諸葛元聲輯。○明萬曆三十四年商濬刊
本,九行二十字,白口,四周單闌。前有王泮、商濬序。日本內閣文
庫藏。四庫存目,入雜史類。

宋史紀事本末二十六卷 明陳邦瞻撰。○通行本。明史藝文志載
馮、陳二書,合三十卷。外又載張溥宋史紀事本末一百九卷,元史紀
事本末二十七卷,蓋以一篇為一卷也。

〔補〕**宋史紀事本末一百九卷** 明馮琦撰,陳邦瞻補,張溥論正。○
明末張溥校刊本,九行二十字,白口。○清光緒十三年廣雅書局刊
紀事本末彙刻本。○清光緒二十四年思賢講舍刊紀事本末五種本。

元史紀事本末四卷 明陳邦瞻撰。○通行本。○張溥校本。

〔補〕**元史紀事本末四卷** 明陳邦瞻撰,臧懋循補。劉申、劉曰梧校。
○明萬曆刊本,十一行二十二字,附萬曆三十四年黃吉士刊通鑑紀
事本末後。余藏。

〔補〕**元史紀事本末二十七卷** 明陳邦瞻撰,臧懋循補,張溥論正。
○明末張溥刊本,九行二十字,與宋史紀事本末版式全同。○清光
緒十三年廣雅書局刊紀事本末彙刻本。○清光緒二十四年思賢書
局刊紀事本末五種本。

〔補〕**通鑑紀事本末前編十二卷** 明沈朝陽撰。○明萬曆四十五年
刊本。

〔補〕**左傳分國紀事本末二十二卷** 明孫范撰。○明崇禎刊本,九
行二十字,白口,四周單闌。辛亥山東官書局見。

平定三逆方略六十卷 清勒德洪等撰。按:四庫著錄,莫氏失收。○
清內府寫本。此書已印入四庫全書珍本初集中。

親征平定朔漠方略四十八卷　清溫達等撰。按：四庫著錄，莫氏失收。○清康熙四十七年內府刊本。

平定金川方略三十二卷　清來保等撰。按：四庫著錄，莫氏失收。○清乾隆十七年武英殿刊本。內方略二十六卷，御製詩文一卷，諸臣紀功詩文五卷。

平定準噶爾方略前編五十四卷正編八十五卷續編三十二卷　清傅恒等撰。按：四庫著錄，莫氏失收。○清乾隆間武英殿刊本。

欽定平定兩金川方略一百五十二卷　清阿桂等撰。按：四庫著錄，莫氏失收。○清嘉慶五年內府刊本。內方略一百三十六卷，首八卷，藝文八卷。

欽定剿捕臨清逆匪紀略十六卷　清舒赫德等撰。按：四庫著錄，莫氏失收。○清乾隆四十六年武英殿刊本。

欽定蘭州紀略二十卷　清阿桂等撰。按：四庫著錄，莫氏失收。○清乾隆武英殿刊本。

欽定石峯堡紀略二十卷　清乾隆四十九年奉敕撰。按：四庫著錄，莫氏失收。○寫本。此書已印入四庫全書珍本初集中。

欽定臺灣紀略七十卷　清乾隆五十三年奉敕撰。按：四庫著錄，莫氏失收。○清乾隆間武英殿刊本。

綏寇紀略十二卷　國朝吳偉業撰。○嘉慶四年張氏照曠閣刊十五卷足本，即學津討原本也。

滇考二卷　國朝馮甦撰。○四庫著錄依抄本。○雲南備徵志刊本。〔附〕○清康熙間刊本。○清道光元年刊台州叢書乙集本。○清寫本。鈐有葉志詵、葉名琛等藏印。

明史紀事本末八十卷　國朝谷應泰撰。○通行本。蓋再三翻刻，以初刊中行有明史紀事本末者為善。姚際恒云，明史紀事本末乃海昌士人談遷所作，後論則杭州諸生陸圻作也。又鄭元慶述朱竹垞言，

此書德清徐侍郎倬所著，為諸生時為谷所識拔，以此報之。○明張
岱石匱書計二百二十一卷，海昌朱氏藏有抄本，附續後記六十三卷。
石匱書正集二百二十一卷，第百六十五卷全闕，百六十六闕熊桴傳，
百八十闕孫丕揚傳，百八十二全闕，百八十五闕曹學佺傳，百八十六
闕王佐傳。後集六十三卷，十二卷、二十六卷、二十七卷、三十卷、三
十一卷、四十三卷、四十五卷、五十四卷全闕，二十八卷闕徐懌傳，三
十二卷闕杜士全、陳鑣傳，三十四卷闕黃濤、徐爾穀、錢秉、董志寧、
屠獻策傳，五十卷闕十八傳，五十五闕末別傳四人，皆原闕，有目無
書。此書體例仿照史記，簡明目言谷氏紀事因此書，大約建文之遜
國，前人從未直談，總成疑案。張岱于建文紀題曰讓帝本紀，落墨處
間用曲筆。谷氏于遜國一篇大約因此。四庫總纂得自耳食，並未見
全書也。正集記十三朝事，後集係思陵以後事。陶菴此書全仿史
記，如司馬氏有仲尼弟子列傳，因有陽明弟子列傳之類皆是。序二
篇，一篇倪文忠，一篇黃漳浦。後集無序。位西所記也。

〔補〕○清同治末江西書局刊紀事本末五種本。○清光緒五年王氏謙德
　　堂刊畿輔叢書本。○清光緒十三年廣雅書局刊紀事本末彙刻本。○
　　清光緒二十六年思賢書局刊紀事本末五種本。此書昔人又謂谷氏竊
　　張岱石匱書為之。己巳歲，余代北京大學收得石匱書稿本，與此全
　　然不同，知亦前人妄傳而已。

〔補〕**明朝紀事本末八十卷**　明谷應泰撰。○清初刊本。

〔補〕**明朝紀事本末補編五卷**　清彭孫貽撰。○涵芬樓祕笈本，在第
　　五集。

〔增〕**三藩紀事本末四卷**　國朝楊陸榮撰。四庫存目。○有單刊本。
　　○又澤古齋叢鈔本。

繹史一百六十卷　國朝馬驌撰。○康熙中刊本，其板取入內府。後翻
　　刊者不佳。

〔補〕○清康熙九年刊本。○清光緒十五年金匱浦氏刊本。○浙江書局刊本。

左傳紀事本末五十三卷 國朝高士奇撰。○高氏刊本。○宋句龍傳、明唐順之、孫范皆有春秋左傳分國紀事之書。孫范書二十卷,有刊本。

〔補〕○清康熙四十年高氏刊本。○清光緒二十四年思賢講舍刊紀事本末五種本。○清光緒二十六年廣雅書局刊紀事本末彙刻本。

〔增〕**通鑑紀事本末補後編五十卷** 國朝仁和張星曜撰。以袁氏本末未有專紀崇信釋老之亂國亡家為篇者,乃雜引正史所載,坿以稗官雜記及諸儒明辨之語,條分類列,以為此書。星曜字紫臣,成書自序在康熙庚午,尚未刊行。同治丁卯丁禹生收其手稿。

平臺紀略十一卷 國朝藍鼎元撰。○王氏刊本。○鹿州全集大小二本。

〔增〕**皇朝武功紀盛** 國朝趙翼撰。○讀畫齋刊本。○單刊大小二本。

〔補〕**皇朝武功紀盛四卷** 清趙翼撰。○清乾隆五十七年湛貽堂刊甌北全集本。

〔增〕**聖武記十四卷** 國朝魏源撰。○道光二十二年刊,後又有重定刊本。○又有小本。

〔補〕○清道光二十六年第三次重訂刊本。十二冊。余藏。○清光緒七年長白俊啟粵垣榷署刊本。十冊。余藏。

〔補〕**平定粵匪紀略十八卷附記四卷** 清杜文瀾撰。○清同治八年木活字印本。十冊。余藏。

〔補〕**金陵兵事彙略四卷** 清李圭撰。○清光緒十三年刊本。余藏。二冊。

〔補〕**雅片事略二卷** 清李圭撰。○清光緒刊本。

〔補〕**湘軍記二十卷** 清王安定撰。○清光緒十五年江南書局刊本。

〔補〕**金陵省難紀略一卷**　清張汝南撰。○清光緒十六年上海鉛印本。余藏。一册。

〔補〕**遼史紀事本末四十卷**　清李有棠撰。○清光緒十九年刊本。○清光緒二十六年廣雅書局刊紀事本末彙刻本。○清光緒二十九年萍鄉李氏枬鄂樓刊本。

〔補〕**金史紀事本末五十二卷**　清李有棠撰。○清光緒十九年刊本。○清光緒二十七年廣雅書局刊紀事本末彙刻本。○清光緒二十九年萍鄉李氏枬鄂樓刊本。

上紀事本末類

史部四

別史類

逸周書十卷　○漢魏叢書本。○古今逸史本。○鍾評秘書本。○三代遺書本。○姜仲文刊本。○章檗刊本。○卜世昌、何中允刊本。○秘書二十一種本。○五經翼本。○抱經堂校刊本為善。○陳逢衡補注二十四卷。○丁宗洛管箋十六卷。○朱右曾周書注十卷善。○元至正刊本，有至正甲午黃玠刊板序。

〔附〕○宋嘉定十五年東徐丁黼本。○元至正十四年海岱劉庭幹重刊宋本。（邵氏）

〔補〕**汲冢周書注十卷**　晉孔晁注。○元至正十四年嘉興路儒學刊本，十行二十字，注雙行同，細黑口，左右雙闌。前有至正甲午黃玠序及宋嘉定十五年丁黼舊序。日本静嘉堂文庫藏。海虞瞿氏亦藏一帙。○明嘉靖二十二年章檗校刻本，九行二十字，白口，左右雙闌。字體方而拙,若今時宋字者。莫棠藏。○明萬曆二十二年趙標刊三代遺書本,八行十八字,注雙行,白口,四周雙闌。余藏。○明嘉靖本,十行二十二字,細黑口,四周單闌。京肆見。○明萬曆刊古今逸史本,十行二十字,白口,左右雙闌。○清康熙七年汪士漢秘書本,十行二十字,白口,左右雙闌。余據明章檗本校過。

〔補〕**逸周書注十卷** 晉孔晁注。○明萬曆程榮漢魏叢書本,九行二十字,白口,左右雙闌。○舊寫本,盧文弨校跋。乃影寫明章檗本重勘定者,陳鱣、鍾文烝跋。○日本天保辛卯彥藩弘道館活字印本,九行二十字。

〔補〕**逸周書十卷** 晉孔晁注,清盧文弨校。**校正補遺一卷** 清盧文弨撰。○清乾隆五十一年餘姚盧氏刊抱經堂叢書本。

〔補〕**逸周書雜志四卷** 清王念孫撰。○清道光十二年王引之刊讀書雜志八十二卷本。○清同治九年金陵書局刊讀書雜志。○清光緒十四年南菁書院刊皇清經解續編本。

〔補〕**汲冢周書輯要一卷逸書一卷** 清郝懿行撰。○清光緒八年東路廳署刊本,收入郝氏遺書中。

〔補〕**逸周書補注二十二卷首一卷末一卷** 清陳逢衡撰。○清道光五年梅山館刊本,收入江都陳氏叢書中。

〔補〕**逸周書集訓校釋十卷逸文一卷** 清朱右曾撰。○清道光二十六年歸硯齋刊本。○清光緒元年湖北崇文書局刊崇文書局彙刻書本。○清光緒十四年南菁書院刊皇清經解續編本。

〔補〕**逸周書管箋十卷疏證一卷提要一卷集說一卷撫訂三卷** 清丁宗洛撰。○清道光十年海康丁氏迂圍刊本。

〔補〕**周書斠補四卷** 清孫詒讓撰。○清光緒二十六年瑞安孫氏籀廎精刊本。

〔補〕**周書補正六卷周書略說一卷** 清劉師培撰。○民國二年刊本。近有劉申叔先生遺書本。

東觀漢紀二十四卷　聚珍本。○閩覆本。○埽葉山房本。

〔附〕○宋羅願刊本。○桐花館刊本，與聚珍本同。（邵氏）

〔補〕○乾隆六十年南沙席氏掃葉山房刊本，從聚珍本出。

〔補〕帝王世紀十卷補遺一卷附錄一卷　晉皇甫謐撰，清宋翔鳳集
　　校。○清嘉慶間刊本。○清光緒中貴築楊氏刊訓纂堂叢書本。

建康實錄二十卷　唐許嵩撰。○張海鵬重刊宋本。宋本在汪氏。○
　　上海郁氏有舊影宋抄本。○昭文張氏有舊抄本，顧澗薲據宋本校，
　　後列嘉祐三年開造校正官張廬民等銜名七行，紹興十八年重雕校勘
　　官韓軫等銜名九行。

〔補〕○宋紹興十八年荊湖北路安撫使司刊本，十一行二十字，注雙行
　　三十字，白口，左右雙闌。序後有嘉祐三年江寧府開造卷帙字數、銜
　　名及紹興十八年荊湖北路安撫使司重別雕印銜名。毛晉、汪士鐘遞
　　藏。聊城楊氏書。○舊寫本，八行二十一字。前有序，序後有嘉祐三
　　年江寧府開造銜名。孫星衍隸書題簽並有孫氏藏印。陳立炎肆中
　　見。○清光緒二十八年金陵甘氏桑泊草堂刊本。

隆平集二十卷　宋曾鞏撰。○明刊本。○淡生堂餘苑本。○康熙辛巳
　　彭氏刊本，有圈點，劣。○天祿後目有宋刊本，有紹興十二年趙伯衛
　　序。

〔附〕○宋刊本，列嘉祐二年開造校正官銜、紹興十八年重雕官銜。（邵
　　氏）

〔補〕○明董氏萬卷堂刊本，十行二十字，白口，左右雙闌。李木齋先生
　　有一帙，丁丑見于津沽。○清康熙四十年南豐彭期七業堂刊本。六
　　冊。余藏。

古史六十卷　宋蘇轍撰。○埽葉山房本。○天祿後目有宋刊小字本一
　　部，大字本二部。○陽湖孫氏有元刊大字本。○明初本，每頁二十

八行，行二十四字。

〔附〕○十行大字本最精。○又有元刊小字本。（邵氏）

〔補〕○宋刊本，十一行二十二字，白口，左右雙闌，版心上記字數，下記刊工人名，有丁松年、方中、金祖、金榮、王壽、宋琚、毛端、沈忠、蔣榮、麗以升、麗知柔等，是南宋中期浙杭刊本。每葉紙面鈐"晚乾堂"橢圓朱記。又一帙，明初印，故宮藏。余亦有一帙，亦明印，有陸沅、陸儁藏印。○宋末衢州刊小字本，十四行二十四字，黑口，四周雙闌。何紹基書雁湖李氏跋。葉啟勳跋。甲戌見于葉啟勳家。友人鄧君邦述亦有一帙。○明刊本，十行二十一字，白口，左右雙闌。余藏。○明萬曆三十九年南京國子監刊本，十行二十字，白口，左右雙闌。○清嘉慶元年席氏掃葉山房刊本。

通志二百卷　宋鄭樵撰。○殿本。○明刊大板本。○明陳宗夔單刊二十略。○于敏中重刊陳本，名通志略，五十一卷。○昭文張氏有元至治刊本二百卷，有至治元年五月福州路總管可堂吳繹疏，又二年五月吳繹序。天祿後目本同。

〔補〕○元大德間三山郡庠刊元明遞修本，九行二十一字，白口，左右雙闌。余藏。缺二十一卷。此書諸家多有之，不足重。

〔補〕**通志略五十二卷**　宋鄭樵撰。○元刊本，九行十八字。○明嘉靖本，十行二十字，白口，四周單闌。蟫隱廬見，不全。

東都事略一百三十卷　宋王偁撰。○五峰閣刊本。○掃葉山房本。○汪鈍翁外稿有東都事略跋三卷。○蘇城汪氏有宋眉山程氏刊本，每頁二十四行，行二十四字。許增亦有此宋本大半部。○豐城丁禹生收郁氏宜稼堂藏陳仲魚舊藏本，目錄後有楷書二行木記，云眉山程舍人宅刊行，已申上司，不許覆板。初印，極精好，薄棉紙，三邊甚寬。有薛紹彭、劉涇二印及仲魚圖象印。

〔附〕○薛紹彭、劉涇均在王偁之前，丁、莫二家乃不疑其偽，何耶？（王

國維）

〔補〕○宋刊本，十二行二十四字，白口，左右雙闌。目後有"眉山程舍
人宅刊本已申上司不許覆板"牌記，楷書二行。張鈞衡適園藏一本，
顧麐士怡園藏一本，日本帝室圖書寮藏一本，缺八卷，鈔三十六卷。
靜嘉堂文庫藏一本，印本不精，又多配入明刊。丁日昌持靜齋藏為
明代翻本。○明藍格寫本，九行二十三或二十四字。天一閣佚書，余
藏。○明藍格寫本，十一行十八字。涵芬樓藏。○清乾隆六十年席
氏掃葉山房刊宋遼金元別史本。

路史四十七卷 宋羅泌撰。○明豫章刊不全。○明萬曆喬可傳本。○
乾隆元年羅氏刊本最善。○近坊刊敦化堂本，西山堂本皆陋。○明
仁和吳宏基摹宋本刊。

〔附〕○嘉靖洪楩仿宋本。○萬曆柯本。（邵氏）

〔補〕○明嘉靖洪楩刊本，十行二十字，白口，四周單闌。前羅氏自序，
次費輝序。本書首葉首行下題"錢塘洪楩校刊"六字。季振宜藏印。
余亦有一帙，鈐宋筠藏印。○明藍格寫本，十行二十字。鈐"晚香堂
珍藏印"。○清光緒二年紅杏山房刊本。

〔補〕重訂路史全本四十七卷 宋羅泌撰。○清乾隆元年進修書院
刊本。

契丹國志十七卷 宋葉隆禮撰。○掃葉山房刊本。○元刊本，藏昭文
張氏。

〔補〕○元刊本，十二行二十一字，細黑口，四周雙闌。眉闌上有提要。
前有契丹初興本末、世系圖等七葉，為近刻本所無。海虞瞿氏藏。○
明末毛氏汲古閣寫本。有毛晉、毛扆印記。毛扆校。有"璜川吳氏
考藏圖書"、"辟彊園藏書記"諸藏印。盧址抱經樓遺書。○清初葉萬
寫本，存卷一至七。為周叔弢收去。○舊寫本，十行十六字。前有進
書表、契丹初興本末、年譜、世系、地理圖等。鈐有"江蘇巡撫採購備

選書籍"木記。余藏。○舊寫本,九行十八字。末有"庚申秋仲三日廣林書堂"一行。馮景校並跋。楊守敬藏。○舊寫本,清畢瀧校。存二十一卷,涵芬樓藏。○清乾隆五十八年承恩堂刊本。余據影寫元刊本校。○清嘉慶二年席世臣掃葉山房刊宋遼金元別史本。

〔補〕**遼志一卷** 宋葉隆禮撰。○明嘉靖二十三年陸楫儼山書院刊古今說海本,八行十六字,白口,左右雙闌。余藏。○明萬曆吳琯古今逸史本,十行二十字,白口,左右雙闌。余藏。曾據家藏明鈔說郛本校。○明萬曆刊歷代小史本,十一行二十六字,白口,四周雙闌。

大金國志四十卷 宋宇文懋昭撰。○掃葉山房本。

〔補〕○天一閣舊藏明藍格寫本,九行二十字,眉闌上有提要。年譜後有世系圖,為刻本所無。余藏。○清影寫元刊本,十行十八字。清查慎行批校。○舊寫本,十行二十字,首初興本末,次進書表,次目錄,次年譜。眉闌上有提要。清張敦仁手校。余藏。○舊寫本,十行二十字,眉闌上有提要。杭世駿跋,指為偽書。孔繼涵校並跋。徐坊遺書。○清嘉慶二年席世臣掃葉山房刊宋遼金元別史本。余據明抄本校。○清璜川吳志忠家寫本,有吳氏藏印及"每愛奇書手自鈔"印。盧址抱經樓遺書。

〔補〕**金志一卷** 宋宇文懋昭撰。○明嘉靖二十三年陸楫儼山書院刊古今說海本,八行十六字,白口,左右雙闌。余曾據明鈔說郛本校過。○明萬曆吳琯古今逸史本,十行二十字,白口,左右雙闌。○明萬曆刊歷代小史本,十一行二十六字,白口,四周雙闌。

古今紀要十九卷 宋黃震撰。○至元三年公孫禮之刊本。○明刊,附黃氏日抄。○仿元刊本。○乾隆丁亥新安汪氏覆元本。○知不足齋叢書中有逸篇一卷。○天祿後目有宋刊本,云首標黃氏日抄,而日抄前部九十五卷中不入此書。○元刊本,每頁二十四行,行二十二字。

續後漢書四十七卷 宋蕭常撰。○墨海金壺本。○道光辛丑上海郁氏宜稼堂刊本,附札記六卷。○明謝陞季漢書六十卷,有刊本。四庫存目。○明吳尚儉續後漢書六十卷,吳興周氏有舊寫定本,未刊。○國朝章陶季漢書九十卷,道光己丑刊,附張廉辨異一卷。

〔補〕**續後漢書四十八卷** 宋蕭常撰。○舊寫本。畢瀧、郁松年藏印。揚州書肆見。

〔補〕**續後漢書四十二卷義例一卷音義四卷** 宋蕭常撰。○清嘉慶間張氏刊墨海金壺本。○清道光二十一年刊宜稼堂叢書本。附札記一卷,道光二十二年刊。

〔補〕**續後漢書四十二卷音義四卷義例一卷** 宋蕭常撰,清尹繼美注。**補十七卷** 清尹繼美撰。○清光緒十一年永新尹氏鼎吉堂刊本。

續後漢書九十卷 元郝經撰,苟宗道注。○道光辛丑宜稼堂刊本,附札記四卷。

〔補〕**續後漢書九十卷** 元郝經撰。○傳鈔四庫全書本,八行二十一字。潘祖蔭、王懿榮藏印。文奎堂見。

〔補〕**蜀漢本末三卷** 題趙居信撰。○元至正九年建安書院刊本,十行十九字,細黑口,左右雙闌。海虞瞿氏藏。○明棉紙藍格寫本,十行二十五字,延祐甲寅趙氏自跋及至正辛卯建寧路建安書院山長黃君復跋。卷下後標題下有"建安詹璟刊"五字。天一閣舊藏,四庫採進本,有乾隆三十八年進書木記。○墨格寫本,九行十七字。題汲古閣本,不確,四庫存目。

〔增〕**元秘史十五卷** 張氏愛日精廬有抄本,云不著撰人名氏。文淵閣書目著錄。文詞鄙俚,未經譯潤,故傳本絕稀。然元史序次太祖、太宗兩朝事迹顛倒覆沓,此書論次頗詳,且得其實,可以羽翼正史。四庫未收。儀徵阮氏亦有抄本,謂其紀年以鼠兒、兔兒、羊兒等,不

以支干,而所載元初世系史所述始自孛端义兒之前尚有十一世。曾
以進呈。

〔補〕○清道光二十一年楊墨林刊連筠簃叢書本。

〔補〕元朝秘史十卷續集二卷 ○影寫元刊本,五行二十五至二十七
字,釋文雙行低一格。每句空格。顧廣圻校並跋,周鑾詒識語。涵
芬樓藏。此本已印入四部叢刊三編。○舊寫本,有錢大昕、張穆跋。
又同治二年張世準識語。述古堂見。○清光緒三十四年葉德輝觀
古堂刊本。

〔補〕宋史質一百卷 明王洙撰。此書因宋史別創義例,以明繼宋,遼
金元三朝年號不書,四庫提要嚴斥之。○明嘉靖刊本,十一行二十
一字,白口,四周單闌。盧址抱經樓遺書。四庫存目。

〔補〕弘簡錄二百五十四卷 明邵經邦撰。○清康熙二十七年邵遠
平刊本附續弘簡錄元史類編四十二卷,邵遠平撰。

〔增〕元史類編四十二卷 國朝邵遠平撰。一名續弘簡錄,以續乃翁
書。○有刊本。○又埽葉山房刊此書。四庫存目入別史。

〔補〕○清康熙三十八年刊本。○清乾隆六十年席氏掃葉山房刊宋遼金
元別史本。

〔補〕宋史新編二百篇 明柯維騏撰。○明嘉靖刊本,十行二十一字,
白口,四周單闌。四庫存目。

〔補〕國朝典故一百十卷 明朱當㴐輯。○明嘉靖壬寅魯藩朱當㴐輯
寫本,自天潢玉牒以下共六十八種。

〔補〕藏書六十八卷 明李贄撰。○明萬曆二十七年焦竑刊本,九行
二十字,白口,四周雙闌。有萬曆二十七年焦竑等三序。余藏。四
庫存目。

〔補〕續藏書二十七卷 明李贄撰。○明萬曆刊本,九行二十字,白
口,四周單闌。余藏。四庫存目。

〔補〕**續藏書二十七卷**　明李贄撰，陳仁錫評。○明天啟三年刊，題古
　　吳陳仁錫明卿評正。十行二十二字，白口，四周單闌。有天啟三年
　　陳氏序及焦竑舊序。余藏。

〔補〕**名山藏四十□卷四十册**　明何喬遠撰。○明崇禎刊本，十行二
　　十字，白口，四周單闌。此書前四十五卷已刻卷次，餘卷次均未刻，
　　作墨釘。有崇禎十三年錢謙益序。余藏。

〔補〕**邃古記八卷**　明朱謀㙔撰。○明萬曆間刊本，十行二十二字，白
　　口，左右雙闌。余藏。四庫存目。

〔補〕**宋史記二百五十卷**　明王維儉撰。○清長留閣寫本，季錫疇、瞿
　　秉淵、戴子高跋。盛昱遺書。

〔增〕**南宋書六十八卷**　明錢士升撰。○埽葉山房刊本。四庫存目。

〔補〕**南宋書增削定本六十八卷**　明錢士升撰。○清鈔本。王昶、郁
　　松年藏印。揚州書肆見。

〔補〕**國史唯疑十二卷**　明黄景昉撰。記明代朝政，起洪武至天啟，共
　　一千八百四十條。○舊寫本，清徐釚跋。文友堂見。陳田亦藏一
　　帙，爲日本人收去。

〔增〕**更定晉書一百三十卷**　明蔣之翹撰。○有刊本。四庫入存目。

春秋別典十五卷　明薛虞畿撰。○嶺南遺書本。○墨海金壺本。○
　　守山閣本。

〔補〕**識大錄**　明劉振撰。○清初寫本，九行二十字，墨格。帝典二十
　　四卷，列傳未分卷，共存五十二册。法式善藏印。文友堂見。四庫
　　存目。

〔補〕**石匱書二百二十卷**　明張岱撰。○舊寫本，八行二十字，版心有
　　“鳳嬉堂”三字。缺卷十二至二十三。羅振常寄來，後歸北京大學。

〔補〕**南北史合注一百九十一卷**　明李清撰。○清四庫全書館寫本。

余藏。○李木齋先生有舊寫本,題李清註,馮溥、汪懋麟參。四庫撤
燬書。

〔補〕**皇明同姓諸王表六冊** ○舊寫本。不全。錢謙益增校。

欽定歷代紀事年表一百卷 康熙五十一年內閣學士王之樞奉敕撰。
○內府刊本。

〔補〕**歷代紀事年表一百卷** 清王之樞奉勅撰輯。○清康熙五十四
年內府刊本。余藏。

欽定續通志六百四十七卷 乾隆三十二年奉敕撰。○殿本。

〔增〕**明書一百七十二卷** 國朝傅維麟撰。○有刊本。

〔補〕○清康熙三十四年本誠堂刊本。○清光緒五年王氏謙德堂刊畿輔
叢書本。

歷代史表五十三卷 國朝萬斯同撰。○留香閣刊本,五十九卷。

〔補〕**歷代史表五十九卷** 清萬斯同撰。○清嘉慶元年留香閣刊本。
○清光緒刊廣雅書局叢書本。

〔補〕**罪惟錄九十卷** 清查繼佐撰。○稿本,劉氏嘉業堂藏。已收入
四部叢刊三編。

〔補〕**東山國語不分卷** 清查繼佐撰,沈仲方補述。○張宗祥有鈔本,
已印入四部叢刊三編。

後漢書補逸二十一卷 國朝姚之駰編。○康熙癸巳姚氏刊。

〔補〕**南疆逸史五十六卷** 清溫睿臨撰。○清寫本。余藏。

〔補〕**明史抄略不分卷** 清莊廷鑨撰。○清呂無黨家寫本,十四行二
十八字。已印入四部叢刊三編。

春秋戰國異辭五十五卷通表二卷 清陳厚耀撰。按:四庫著錄,莫
氏失收。○此書罕傳本,已印入四庫全書珍本初集中。

尚史一百七卷 國朝李鍇撰。○刊本。

〔補〕**晉記六十八卷** 清郭倫撰。○清乾隆五十一年有斐堂刊本。二十四册。余藏。四庫存目。

〔增〕**晉略六十卷** 國朝周濟撰。○清道光十九年刊本。○何子貞有乾隆間郭倫所撰晉紀六十八卷，與此書大旨相同。

〔補〕**晉略六十五卷序目一卷** 清周濟撰。○清道光十九年刊本。○清光緒二年周佐臣味雋齋重刊本。

〔補〕**晉書輯本四十三卷** 十家。**晉紀輯本七卷** 七家。**晉陽秋輯本五卷** 二家。**漢晉春秋輯本四卷** 二家。**三十國春秋輯本十八卷** 十八家。清湯球輯。○清光緒間刊廣雅書局叢書本。

〔補〕**元史新編九十五卷** 清魏源撰。○清光緒三十一年邵陽魏氏慎微堂刊本。

〔增〕**季漢書九十卷** 國朝湯成烈撰。意同籫、郝續漢書而加詳核，用力尤在表志，乃其道、咸間令浙時撰，七易稿而成。亂後亡去，尚有四易稿在，同治末乃補成之，自謂不及昔定本。書名仍謝陞、章陶，以蜀志載輔臣贊稱季漢也。

〔補〕**七家後漢書二十一卷** 清汪文臺輯。計謝承後漢書八卷，薛瑩後漢書一卷，司馬彪續漢書五卷，華嶠後漢書二卷，謝沈後漢書一卷，袁山松後漢書二卷，張璠漢記一卷，失名人撰後漢書一卷。○清光緒八年太平崔國榜刊本。六册。余藏。

〔補〕**宋史翼四十卷** 清陸心源撰。○清同治、光緒間陸氏自刊潛園總集本。

〔補〕**新元史二百五十七卷** 柯劭忞撰。○民國徐氏退耕堂刊本。六十册。

上別史類

史部五

雜史類

〔補〕**國語八卷**　○明刊無注本，十行十七字，白口，四周單闌。邢之
襄藏。

〔補〕**國語二十一卷**　○明吳勉學刊無注本，九行十八字，白口，左右
雙闌。余藏。

〔補〕**國語解七卷**　吳韋昭解。○明弘治十五年陸崑刊本，十一行二十
一字，黑口，四周雙闌。有弘治十五年李士實序。後有天聖、明道間
刊書銜名。

國語二十一卷　吳韋昭注。○段玉裁校訂本。○衍聖公刊本。○四庫
著錄疑即段本。○昭文張氏有元刊本，附補音三卷。○明樊川許宗
魯宜靜書堂刊本，半頁十行，行二十字，中多古體。○又張一鯤本。
○萬曆乙酉新都吳汝紀重刊張本，云張、李、郭、周四先生南都校本
國語，張歸蜀，其本入蜀，此又重刊。○嘉靖戊子金李刊本。○閔齊
伋刊本。○關中葉邦榮刊本。○盧之頤刊本。○葛端調刊本。○朱
墨套本。○國語注有紹興十九年刊本，半頁十行，行二十字。○黃丕
烈仿宋明道二年刊本，附丕烈札記一卷，校刊並精善。

〔附〕○國語明刊無註本分八卷，半頁十行，行十七字。（原稿無，印本
入正文。）○元板中字本。○金板小字本。（邵氏）

〔補〕**國語解二十一卷**　吳韋昭解。○明嘉靖七年金李澤遠堂刊本，
十行二十字，白口，左右雙闌。序後有小字一行，曰“嘉靖戊子吳郡
後學金李校刻於澤遠堂”。余藏。○明萬曆刊本，十行二十字，白
口，四周單闌。似坊刻本。○明末毛氏汲古閣影寫宋刊本，十一行

十九至二十字,注雙行三十一字。汲古閣秘本書目著錄,黃氏士禮
居刊本即從此出。日本靜嘉堂文庫見,酉宋樓舊藏。○清孔氏詩禮
堂刊本。

〔補〕**國語解二十一卷** 吳韋昭撰。**校刊明道本韋氏解國語札記
一卷** 清黃丕烈撰。○清嘉慶五年黃氏讀未見書齋仿宋刊本。余
藏。

〔補〕**國語解二十一卷** 吳韋昭解。**補音三卷** 宋宋庠撰。○宋刊元
明遞修本,十行二十字,白口,左右雙闌。避宋諱至構字。元補版版
心不記字數及刊工人名,明補版黑口,四周雙闌。日本靜嘉堂文庫、
南皮張氏及余齋皆有之。南皮張氏本為高郵王氏舊藏。○明嘉靖
五年華州學宮刊本,九行二十字,白口,左右雙闌。前嘉靖五年唐龍
序,言自御史郭自微以是書布之學宮。序後有華州學正、韓城教諭
校正銜名二行。邢之襄藏。○明刊本,十行二十字,黑口,四周雙
闌。余藏。

〔補〕**國語解二十一卷** 吳韋昭解,宋宋庠補音。○明萬曆張一鯤刊
本,九行二十字,白口,左右雙闌。李木齋先生藏。○明李克家刊
本,九行二十字,白口,四周單闌,版心記字數、人名。卷末記"新建
李克家校正"。滬市見。○明萬曆十三年吳汝紀刊本,九行二十字,
白口,左右雙闌。京肆見一本,有盧文弨校,為邢之襄收去。

〔補〕**國語解二十一卷** 吳韋昭解。**古文音釋一卷** ○明嘉靖四年
許宗魯宜靜書堂刊本,十行二十字,注雙行同,白口,左右雙闌。版
心上標國語幾,中記某語,下有"宜靜書堂"四字。前嘉靖四年許宗
魯序,韋昭序,宋庠補音序,序後有許宗魯識四行。總目前有國語注
解諸家姓氏一葉,後古文音釋五葉,末葉後有王鎣識語六行,用古體
字。吳慈培藏。

國語補音三卷 唐人舊本,宋宋庠補輯。○微波榭刊本。○元刊本。

○明翻宋刊國語本，後附補音，每頁二十行，行二十字，敬、譚闕筆。錢士興、惠松崖皆有識語，較黃氏札記惠校較多。

〔補〕**國語裁注九卷** 吳韋昭撰，明閔齊伋裁注。○明萬曆四十七年閔齊伋刊三色套印本，九行十九字，白口，左右雙闌。每卷末題"皇明萬曆己未仲秋，烏程閔齊伋遇五父裁注"。末有萬曆四十七年閔氏跋。余藏。

〔增〕**國語三君注輯存四卷國語發正二十一卷國語攷異四卷**國朝錢塘汪遠孫撰。○道光丙午汪氏振綺堂刊本。其板經亂猶存。

〔補〕**國語校注本三種二十九卷** 清汪遠孫撰。為國語明道本考異四卷，國語三君注輯存四卷，國語發正二十一卷。○清道光二十六年刊本，後收入振綺堂遺書中。

〔補〕**國語古注輯本五種** 清黃奭撰。計漢鄭衆國語解詁一卷，漢賈逵國語注一卷，吳唐固國語注一卷，魏王肅國語章句一卷，晉孔晁國語注一卷。○清道光中甘泉黃氏刊漢學堂叢書本。

〔補〕**國語校文一卷** 清汪中撰。○清光緒間江標刊靈鶼閣叢書本。

〔補〕**國語韋昭注疏十六卷** 清洪亮吉撰。○清旌德呂氏刊本。

〔補〕**國語正義二十一卷** 清董增齡撰。○清光緒六年會稽章氏式訓堂刊本。

〔補〕**國語補校一卷** 清劉台拱撰。○清道光十四年世德堂刊劉端臨先生遺書本。○清光緒十五年刊廣雅書局叢書本。

〔補〕**國語翼解六卷** 清陳瑑撰。○清光緒十八年刊廣雅叢書本。

〔補〕**戰國策十卷** ○明吳勉學刊本，無注，九行十八字，白口，左右雙闌。

戰國策註三十三卷 漢高誘註，宋姚宏因誘註殘本補之。○四庫著錄依汲古閣影宋抄本。○雅雨堂刊據宋梁溪安氏本，實多以鮑注本竄改。○黃氏仿宋剡川姚氏本，附札記三卷，半頁十一行，行二十

字,善。○昭文張氏有陸敕先精較梁溪安氏姚宏本,與黃刻姚宏本
小異。

〔補〕○宋紹興刊本,十一行二十字,注雙行同,白口,左右雙闌。卷首
題"新雕重校戰國策目錄",目後接劉向序。有黃丕烈跋四則,又鈕
樹玉、夏文燾、袁廷檮、顧廣圻題詩。顧氏又跋。此書黃丕烈舊藏,
百宋一廛賦著錄。黃氏又摹刻收入士禮居叢書中,並與吳師道本互
勘,撰札記三卷附後。高誘注國策近世僅有盧見曾雅雨堂叢書本流
傳差廣,然頗有改易;得此可證其失,為高注國策最善之本。然顧廣
圻嘗以校小讀書藏影宋鈔本,言此本剜修處未為盡善,初槧當如鈔
本云云。松江韓氏讀有用書齋藏,近歸粵人潘宗周。○影寫宋刊本,
十一行二十字。後有紹興丙寅姚宏跋。有季振宜藏印。○明穴硯齋
寫本,墨格,十二行二十字,鈐有汲古閣毛氏各印。余藏。邢贊亭
亦藏一部,行欵與余本同,但不避宋諱為小異,鈐有吳長元印。○士
禮居叢書本,仿宋刊,十一行二十字,白口,左右雙闌。○崇文書局翻
士禮居本。

鮑氏戰國策註十卷 <small>宋鮑彪撰。</small>○曲阜孔氏刊本。○明嘉靖壬子杜
詩刊本。○內府有宋紹興刊本。○昭文張氏有元至正二十五年刊
本,鮑、吳注,乃陸敕先藏書。

〔補〕**鮑氏國策校注十卷** <small>宋鮑彪撰。</small>○宋紹熙二年會稽郡齋刊本,
十一行二十字,白口,左右雙闌。海虞瞿氏藏一帙。○明嘉靖七年
龔雷刊本,十一行二十字,白口,左右雙闌。卷末王覺跋後有"嘉靖
戊子後學吳門龔雷校刊"篆書一行。宏遠堂見。○明嘉靖萬曆間刊
本,十行二十字,白口,左右雙闌。標題無"鮑氏"二字。○明天啟三
年鍾人傑刊本,九行二十字,白口,單闌。余藏。

戰國策校注十卷 <small>元吳師道撰。</small>○四庫著錄依元時舊刊本。○來氏
惜陰軒叢書本依元本重刊,最善。○陽湖孫氏有元至正十五年平江

路學刊本，每頁二十二行，行二十字。○明翻黑口本，劣。然註全。
○葛鼎刊本，多删注。

〔附〕○明劉瑛刊本，亦十一行。○元至正乙巳本，葉二十行，行二十一
字。吳跋。（邵氏）

〔補〕○元至正二十五年平江路儒學刊本，十一行二十字，細黑口，四周
單闌，左闌外上方記國名。卷首二、三行題"縉雲鮑彪校注"、"東陽
吳師道重校"。每卷後有至正乙未前藍山書院山長劉鏞重校刊。○
明初刊本，十行二十一字，注雙行同，細黑口，四周雙闌。卷首二、三
行亦題鮑氏校注吳氏重校，前有校正凡例五條。○明嘉靖二年刊本，
十行二十一字，注雙行同，黑口，四周雙闌。李木齋先生藏。○明萬
曆張一鯤刊本，九行二十字，注雙行同，白口，左右雙闌。亦李木齋
先生藏。

〔補〕**戰國策裁注十二卷** 漢高誘、鮑彪、元吳師道撰，明閔齊伋裁
注。○明萬曆四十八年吳興閔齊伋刊三色套印本，九行十九字，白
口，四周單闌。每卷末題"皇明萬曆己未仲秋烏程閔齊伋遇五父裁
注"。末有萬曆四十七年閔氏跋。余藏。

〔補〕**策士奇談三卷** 選錄國策之文。○明刊本，八行十六字。

〔增〕**戰國策釋地二卷** 國朝張琦撰。○嘉慶二十年刊本。

〔補〕○清道光中陽湖張氏自刊宛鄰書屋叢書本。○清光緒二十六年刊
廣雅書局叢書本。

〔補〕**國策地名考二十卷首一卷** 清程恩澤撰。狄子奇箋。○清道
光十一年狄氏刊本。○清咸豐三年刊粵雅堂叢書本。

〔補〕**重錄齊國紀事二卷** 撰人未詳。取春秋三傳及外傳所紀齊國
史事，記至田氏亡止。○明寫本，墨格，八行十七字。余藏。

貞觀政要十卷 唐吳兢撰。○宋小字本。○明成化內府大本。○國初
朱載農刊大字本。○近年埽葉山房刊本。○邵位西有永樂大典校埽

葉山房本。

〔補〕○明洪武三年王氏勤有堂刊本,十三行二十四字,細黑口,四周雙闌。目後有"洪武庚戌仲冬王氏勤有堂刊"篆文牌記二行。首宋濂序,稱昇有良士曰王敬仁,欲刊于家塾以傳,遂假中秘本重為正之云云,蓋金陵王氏勤有堂據內府藏本重刊者。宋序後有"寓吳郡盧遂良刻"六小字。余藏。傳世政要最善本。

〔補〕**貞觀政要集論十卷** 唐吳兢撰,元戈直集論。○元刊本,十行二十字,黑口,左右雙闌,版心上記字數,下記刊工人名。鈐"禮部官書"朱文大印。附清代康熙五十二年暢春園發下改裝帖子,清內府舊藏。○明成化元年內府刊本,十行二十字,大黑口,四周雙闌。前成化元年御製序,七行十二字。此本已印入四部叢刊續編。○明刊本,十行二十字,黑口,四周雙闌。余藏。○清刊本,余據元本、洪武本及明寫本校。

清宮舊事五卷補遺一卷 唐余知古撰。○平津館本。○墨海金壺本。

〔補〕**渚宮舊事五卷** 唐余知古撰。○清寫本,盧文弨校並跋有楊守敬、高世異題識。翰文齋見。

〔增〕**奉天錄四卷** 唐趙元一撰。○昭文張氏有舊抄本。○道光庚寅江都秦氏刊本。秦氏刊奉天錄,與封氏見聞記、列子盧注、鬼谷子陶注彙印為石硯齋四種。○成都龍萬育活字本。張志云紀朱泚作亂事,起建中四年涇源叛命,終興元元年克復神都,序述詳備,而于秉節不屈段太尉尤三致意焉。唐舊籍傳世已希,此帙自崇文目、通志、直齋外絕無著錄,洵秘笈也。○咸豐三年南海伍氏重刊入粵雅堂叢書。

〔補〕○秦刻此書最罕見,刊於道光十年。○指海本。

〔補〕**奉天錄四卷** 唐趙元一撰。**附一卷** ○清光緒十七年繆荃孫輯刻雲自在龕叢書本,在第一集。

東觀奏記三卷　唐裴庭裕撰。○稗海本。○唐宋叢書本。

〔補〕○精寫本,十行二十□字,版心有"玉蕤齋藏本"五字。故宮藏。○
　　清乾隆三十七年吳翌鳳寫本。盛昱遺書。○舊寫本,清戈襄校。余
　　藏。○清寫本,十行十九字,無闌格。舊人用明鈔本校。余藏。

五代史闕文一卷　宋王禹偁撰。○明余寅刊本。○汲古閣本。○嘉
　　靖年間秦汴序刊本。

五代史補五卷　宋陶岳撰。○明余寅刊本。○淡生堂餘苑本。○汲古
　　閣本。

〔補〕**神宗皇帝即位使遼語錄一卷**　宋陳襄撰。○清勞權精寫本　後
　　有慶元三年陳曄跋,從宋刊本出。余藏。

〔補〕**建炎進退志五卷建炎時政記三卷**　宋李綱撰。○清寫本。似
　　從全集鈔出者。一册。余藏。時政記三卷四庫存目。

〔增〕**建炎筆錄三卷**　宋趙鼎撰。鼎字元鎮,聞喜人,崇寧五年登進士
　　第,官至右僕射同中書門下平章事,安置潮州,事詳史傳。是傳藏書
　　家目未見,從舊抄過錄。所記自高宗建炎三年正月車駕在維揚起,
　　訖于紹興七年十二月十二朝辭上殿,本末粲然。蓋鼎耳目所親,見
　　聞自確,南渡雜史中最有典據者。○阮氏以進呈。

〔補〕○清乾隆間李調元刊函海本,在第六函。○清光緒七年鍾登甲樂
　　道齋刊函海本,在第八函。

〔補〕**靖康傳信錄三卷**　宋李綱撰。○舊寫本,十行二十字。有劉履
　　芬印記。翰文齋見。○清乾隆四十七年李調元刊函海本。余曾據
　　舊寫本校。○清道光二十六年潘仕成輯刻海山仙館叢書本。○清光
　　緒七年鍾登甲刊函海本,余曾據劉履芬舊藏寫本校過,序首補脱文
　　七行。

北狩見聞錄一卷　宋曹勛撰。○學海類編本。○學津討原本。彭文

勤公云,此書與靖康孤臣泣血錄俱全採入三朝北盟會編。

〔補〕**北狩見聞錄一卷** 宋曹勛撰。○清乾隆三十九年盧文弨家寫本,盧氏手校並跋。周叔弢藏。

〔補〕**北狩行錄一卷** 題宋蔡絛撰。○清乾隆三十九年盧文弨家寫本,盧氏手校。○清道光十一年晁氏活字印學海類編本。四庫存目。

〔補〕**偽齊錄二卷** 宋楊堯弼撰。○舊寫本,十四行二十二字,鮑廷博校,程餘慶跋。陳國祥遺書。

〔補〕**建炎復辟記一卷** 不著撰人名氏。○明姚咨手寫本,藍格,十行二十字,版心下方有"茶夢軒鈔"四字。缺末葉,無欵識。邢贊亭藏。余據字體審定為姚氏手蹟無疑。○清乾隆三十九年盧文弨家寫本,盧氏手校。與北狩見聞錄、北狩行錄、采石瓜洲斃亮記合裝一冊。周叔弢藏。○清寫本。有蕭山王氏萬卷樓藏印。余藏。○舊寫本,十二行二十字。有"曾在王鹿鳴處"朱文印。○清嘉慶張海鵬照曠閣刊學津討原本。余據王鹿鳴藏舊寫本校。四庫存目。○清光緒二十三年丁丙刊武林掌故叢編本。

〔補〕**靖康稗史七種** 宣和乙巳奉使金國行程錄一卷,開封府狀一卷,青宮譯語一卷,甕中人語一卷,南征錄彙一卷,呻吟語一卷,宋俘記一卷。○江南圖書館藏,吳興張氏適園有傳寫本。此書王大隆已收入己卯叢編中。靖康野史其痛切真確未有踰於此者,不忍卒讀,然不可不讀。

松漠紀聞一卷續一卷 宋洪皓撰。○顧氏文房小說本。○歷代小史本。○古今逸史本無續。○學津討原本。

〔補〕清嘉慶十九年孫星衍刊平津館叢書本。余曾據晉府范承謨寫本及朱彝尊藏寫本校過。

〔補〕**松漠紀聞二卷補遺一卷** 宋洪皓撰。○明正德嘉靖間顧元慶夷白齋刊陽山顧氏文房小說四十種本,十行十八字,白口,左右雙

闌。此是足本，古今逸史有刪削，非完書也。○江南圖書館藏明正
德嘉靖間刊本，十行十六字，白口，四周雙闌。

〔補〕**松漠紀聞一卷** 宋洪皓撰。○明萬曆吳琯古今逸史本，十行二
十字，白口，左右雙闌。余藏。余據明鈔説郛本校十二條。又據蕭
山王宗炎鈔本校，補佚文六條。○明萬曆刊歷代小史本，十一行二
十六字，白口，四周雙闌。○明吳氏叢書堂鈔説郛本，十行二十字，
墨格，在卷第八。余藏。○清初宛委山堂刊説郛本，九行二十字，白
口，左右雙闌。在卷第五十五。

〔補〕**松漠紀聞一卷續一卷補遺一卷** 宋洪皓撰。○清嘉慶十年張
氏照曠閣刊學津討原本，九行二十一字，黑口，左右雙闌。

〔補〕**靖康孤臣泣血錄一卷** 題宋丁特起撰。○明萬曆三十四年丙
午刊本，八行十六字，白口，左右雙闌。前有萬曆丙午王在公孟肅
序。○明刊本，九行二十字，白口，四周單闌。鮑廷博批校。余藏。
此本時有刪節，卷末靖康二年六月九日詔書亦不全，非善本也。四
庫存目。

〔補〕**靖康紀聞一卷** 題宋丁特起撰。**拾遺一卷** ○舊寫本，翰文齋
見，余曾取校學海類編本。○清嘉慶張海鵬照曠閣刊學津討原本。
○清道光十一年晁氏活字印學海類編本。四庫存目。

〔補〕**南渡錄一卷阿計替傳一卷南燼紀聞一卷** 題辛棄疾撰。○
清寫本。清同治壬申滕翁校。南渡錄四庫存目。

〔補〕**竊憤錄一卷** 題宋辛棄疾撰。○舊寫本，十二行二十二字。○舊
寫本，附續錄一卷。清吳志忠校並跋。余藏。

〔補〕**南燼紀聞一卷** 題宋辛棄疾撰。○舊寫本，吳志忠校並跋。吳
翌鳳藏印。余藏。○清四古堂寫本，有吳允嘉藏印。余藏。○舊寫
本。滕翁校。

〔補〕**北宋蒙塵錄不分卷** 撰人未詳。○舊寫本，涵芬樓藏。

燕翼貽謀錄五卷　宋王栐撰。○百川學海本。○歷代小史本。○唐
宋叢書本。○學津討原本。

〔補〕○明崇禎中鍾人傑等輯刻唐宋叢書本，九行二十字，白口，左右雙
闌。○清嘉慶十年張海鵬照曠閣刊學津討原本，九行二十一字，黑
口，左右雙闌。○明萬曆李蓑刊歷代小史本及順治三年李際期宛委
山堂刊説郛本均只一卷，不全。

〔補〕**宋朝燕翼詒謀錄五卷**　宋王栐撰。○宋咸淳間刊百川學海本，
十二行二十字，細黑口，左右雙闌。余藏。○明弘治華珵刊百川學
海本，十二行二十字，白口，左右雙闌。余藏。○明嘉靖十五年鄭氏
宗文堂刊百川學海二十卷本，在卷三內，十四行二十八字，白口，左
右雙闌。

〔補〕**使金錄一卷**　宋程卓撰。○明叢書堂紅格寫本，十行二十字。後
有識語，稱庚戌夏五錄置少城茅齋中云云。鈐有“玉蘭堂”、“古吳王
氏”印及季振宜、揆叙、清禮王府等藏印。四庫存目。

〔補〕**采石瓜洲斃亮記一卷**　宋蹇駒撰。○清乾隆三十九年盧文弨
家寫本，盧氏手校。○清何焯手校本，涵芬樓藏，余曾借校。已燬于
閘北之役。○清乾隆三十四年陸烜奇晉齋叢書十六種本，八行十九
字。余曾據何焯校本校。○清乾隆四十七年李調元刊函海本。清光
緒七年鍾登甲刊函海本。

〔增〕**中興禦侮錄二卷**　宋失名。○昭文張氏有舊抄，不著撰人。○
粵雅堂刊。存目有禦侮集二卷，似即一書。按：四庫存目。

〔補〕○清咸豐二年伍崇曜刊粵雅堂叢書本，余曾據鈔本校。

〔補〕**思陵錄二卷乾道庚寅奏事錄一卷**　宋周必大撰。○明綠格寫
本，十二行二十七字，從宋刊全集本出。鈐有謙牧堂藏印。二册。
余藏。

太平治迹統類前集三十卷　宋彭百川撰。四庫著錄係曝書亭抄本，

似無刊本，且原多譌闕。文獻通考載前集四十卷，後集三十三卷。

〔補〕○民國三年張鈞衡刊適園叢書本，在第十集。

〔增〕襄陽守城錄一卷　宋趙萬年撰。○昭文張氏有舊抄本。按：四庫存目。

〔補〕○清道光十六年金山錢氏刊指海本，在第二集。○清咸豐四年刊粵雅堂叢書本，在第十三集。

〔增〕辛巳泣蘄錄一卷　宋趙與褱編。○昭文張氏有舊抄本。按：四庫存目。

〔補〕○清道光十六年金山錢氏刊指海本，在第十一集。

咸湻遺事二卷　不著撰人。○墨海金壺本。○守山閣本。

〔補〕黑韃事略一卷　宋彭大雅撰，徐霆疏證。○舊寫本，十行二十字，疏低一格，十九字，失名人錄明姚咨跋。繆荃孫遺書。余曾以校清光緒二十九年通州翰墨林鉛印本。○清光緒三十四年胡思敬排印問影樓輿地叢書本。余曾據舊寫本校，改訂三百餘字。

〔補〕平巢事蹟考一卷　舊題宋人撰，實明茅元儀撰。○清乾隆三十四年陸烜奇晉齋叢書本，八行十九字，白口，左右雙闌。○清道光十一年晁氏活字印學海類編本。九行二十一字，白口，左右雙闌。二本余均有之，前本據潘菽坡藏寫本校，後本據吳翌鳳手寫本校，均略有訂正。○舊寫本，有潘菽坡藏印。繆荃孫藏。四庫存目。

〔補〕焚椒錄一卷　遼王鼎撰。○舊寫本，八行十八字。涵芬樓藏。○明萬曆三十四年刊寶顏堂祕笈本，八行十八字。○明崇禎間毛氏汲古閣刊津逮祕書本。四庫存目。

大金弔伐錄四卷　不著撰人。○墨海金壺本二卷。○守山閣本。

〔補〕○清道光二十四年金山錢氏刊守山閣叢書本。余曾據錢氏述古堂寫本校。

〔補〕大金弔伐錄不分卷　○清呂留良家影寫金刊本。卷中"四太

子"、"郎君"等字皆提行。有查慎行藏印。余以之校守山閣叢書本，
均有勝處。

〔補〕**弔伐錄二卷**　○清初錢曾述古堂寫本，十行二十字，無闌格。鈐
有鮑廷博印記。余藏。此本已印入四部叢刊三編。

〔補〕**大金弔伐錄二卷**　○清嘉慶間張海鵬刊墨海金壺本，十一行二
十三字，黑口，左右雙闌。余曾據述古堂寫本校。

〔補〕**南遷錄一卷**　題金張師顏撰。○清道光十一年晁氏活字印學海
類編本。余曾據黃丕烈臨葉樹廉校本及陳鱣校本校。此為當時托
名偽撰者，史實人物均與史傳不合。趙與峕賓退錄已言其偽。四庫
存目。

〔補〕**金國南遷錄一卷**　題金張師顏撰。○舊寫本，有大德丙午浦元
玠跋，浦梅隱跋，其前有張師顏序。黃丕烈臨葉樹廉校本並跋。文
友堂見。未收。○舊寫本，九行十八字。前張師顏序，浦元玠、浦梅
隱跋。陳鱣校，魏錫曾校。李木齋先生藏。○舊寫本，十四行二十
八至三十字。文友堂見。○清道光十一年晁氏活字印學海類編本。

汝南遺事四卷　元王鶚撰。○澤古齋本。○借月山房本。○指海本。
〔補〕○清光緒五年定州王氏謙德堂刊畿輔叢書本。

〔補〕**爐餘錄二卷**　元徐大焯撰。○舊寫本，前有李模序。合甲乙二
編。繆荃孫遺書。余曾以校清刊本。內載金元殺掠平江事，讀之令
人髮指。

〔補〕**元聖武親征錄一卷**　元失名人撰，清何秋濤校正。**勘誤一卷**
清沈曾植撰。○清光緒二十年袁昶刊漸西村舍彙刊本。四庫存目。

錢塘遺事十卷　元劉一清撰。○埽葉山房本。
〔補〕○清嘉慶四年席世臣掃葉山房刊本。清鮑廷博、吳壽暘校。有吳
氏跋。周叔弢藏，余曾移校一本。○清寫本。有小蓬壺主人陳景運
氏斅世號鴻軒書畫印諸印。錢唐陳景運校。盧址抱經樓遺書。

平宋錄三卷　元劉敏中撰。○墨海本。○守山閣本。

〔補〕○清道光二十四年刊守山閣叢書本，余據涵芬樓藏影寫元刊本校。

〔補〕**大元丙子平宋錄一卷**　元劉敏中撰。○影寫元刊本，十行二十字。有大德甲辰鄧錡序及方回序。鈐有吳志忠及惠棟藏印。

〔增〕**皇元征緬錄一卷**　不著撰人。稱英宗為今上，是亦成于至治之初。所載征緬事多與元史緬國傳相同，自大德二年以下更足補正史所未備。○阮氏曾錄進呈。○守山閣刊本。

〔補〕○清嚴元照手寫本，有跋。繆荃孫遺書。

〔增〕**招捕總錄一卷**　不著撰人。紀元代招捕事，起于世祖至元，迄于英宗至治，分二十九種。其事多不見于正史，而實有關于正史。○阮氏曾依舊抄錄進呈。○守山閣刊。友芝按：二書皆元政典中之子篇，蘇天爵採入元文類。此單行者當自文類中錄出，以欺藏書家，進者、刊者都未詳考。

〔補〕○清嚴元照手寫本，有跋。繆荃孫遺書。

〔補〕**國初事蹟一卷**　明劉辰撰。○明刊本，十行二十字，黑口，四周雙闌。一冊。余藏。○清永康胡氏刊金華叢書本。四庫存目。

〔補〕**漢唐秘史二卷**　明寧王朱權撰。○明建文四年刊本，十三行二十二字，黑口，四周雙闌。題“皇明寧王權奉敕編”。前有建文辛巳燕王序，又安王楹序。鈐有“廣運之寶”朱文大璽及“滎陽世業”朱文印。盛昱藏書。四庫存目。

〔補〕**天順日錄一卷**　明李賢撰。○明萬曆四十五年陳于廷刊紀錄彙編本，十行二十字，白口，四周單闌。余藏。○舊寫本，似即從明人叢刻中抄出。四庫存目。

〔補〕**天順日錄辨誣一卷**　明湯韶撰。○明寫本。四明盧址抱經樓遺書。

〔補〕**皇明政要二十卷** 明婁性撰。○明正德二年慎獨齋刊本，八行十八字，黑口，四周雙闌。有怡府明善堂印。六册。辛亥春文琳堂見。四庫存目。

〔補〕**新刊皇明政要二十卷** 明婁性撰。○明金臺岳氏文會書舍刊本，十二行二十二字。題"金臺後學岳氏世瞻考訂梓行"。為北京所刊。辛亥春李紫東自上海攜來，值昂未收。

〔補〕**金小史□卷** 明楊循吉撰。○明刊本，十行十八字。有楊循吉序。鈐翰林院印。不全。

〔補〕**英廟北狩錄一卷** 明王懋撰。○舊寫本，有自序。陸僎藏印。繆荃孫遺書。

〔補〕**治世餘聞錄八卷** 明陳洪謨撰。○清寫本。涵芬樓藏。言弘治時事，從紀錄彙編中鈔出。四庫存目。

〔補〕**宣靖備史四卷** 明陳霆撰。○影寫明嘉靖刊本，有嘉靖陳霆序。清鮑廷博、章綬銜遞藏。○清經鉏堂寫本，九行二十一字。

〔補〕**南城召對錄一册** 明李時撰。○舊寫本。四庫採進范懋柱書。有翰林院印。即四庫存目著錄原本。熹年謹案：*此書今藏美國哈佛燕京圖書館。*

〔補〕**姜氏祕史一卷** 明姜清撰。○清寫本。四庫存目。

〔補〕**姜氏祕史五卷** 明姜清撰。○舊寫本。鈐有韓氏玉雨堂印記。壬子京肆見。

〔補〕**姜氏秘史五卷** 明姜清撰。**校勘記一卷** 胡思敬撰。○民國四年胡思敬刊豫章叢書本。余曾據清寫本校。

〔補〕**吾學編六十九卷** 明鄭曉撰。○明隆慶元年鄭履淳刊本，十行十九字，白口，左右雙闌。余藏，殘，失去末册。

〔補〕**今言四卷** 明鄭曉撰。○明嘉靖四十五年項篤壽刊本，八行十六

字，白口，左右雙闌。四册。余藏。○明萬曆四十二年其外孫彭宗
夢刊本，八行十七字，白口，左右双闌。有萬曆四十二年彭氏序。四
庫存目。

弇山堂別集一百卷　明王世貞撰。○明萬曆庚寅刊。

〔補〕○明萬曆十八年翁良瑜雨金堂刊本，十行二十字，白口，雙闌。文
琳堂見。良瑜又刻歸有光集，行欵與此全同。已收。○清光緒間廣
雅書局刊本。

〔補〕**世廟識餘錄二十六卷**　明徐學謨撰。○明萬曆三十六年徐氏
刊本，十行二十一字。余藏。四庫存目。

〔補〕**夷俗記一卷世系表一卷**　明蕭大亨撰。○明萬曆二十二年自
刊本，九行二十字，白口，左右雙闌。余藏。四庫存目，在地理類。

〔補〕**明興雜記二卷**　明陳敬則輯。○明刊本，有隆慶紀元自序。記
洪武建文雜事。有"曾在王鹿鳴處"印。

〔補〕**皇明典故紀聞十八卷**　明余繼登撰。○明萬曆周曰校刊本，十
一行二十二字，白口，四周單闌。四册。四庫存目。

〔補〕**建文朝野彙編二十卷**　明屠叔方撰。○明萬曆本，九行十八
字，白口，左右雙闌。余藏。四庫存目。

革除逸史二卷　明朱睦㮮撰。○明刊本。○指海本。

〔補〕**萬曆三大征考二册不分卷附東夷考略不分卷東事答問一
卷**　明茅瑞徵撰。○明天啟刊本，九行十九字，白口，四周單闌。有
天啟元年序，後附地圖十餘幅。清代禁書。余藏。日本内閣文庫亦
有之。此書已有排鉛字印本。

〔補〕**宋西事案二卷**　明祁承爜撰。○明刊本，九行十八字，白口，左
右雙闌。有天啟元年黃汝亨序。鈐吳江史氏藏印。

〔補〕**滇游紀亂一卷**　明倪鉅撰。記萬曆時阿克之役。○稿本。版心
有"且懶齋藏本"五字。文奎堂見。

〔補〕**三朝要典二十四卷原始一卷** 明顧秉謙、徐紹言等纂修。○
明天啟刊本，八行十八字，白口，四周單闌。有前後序跋、前表、人
名。余藏。

〔補〕**遜國逸書四種** 明錢士升輯。内拊膝錄四卷，明劉琳撰；從亡隨
筆一卷，題程濟撰；致身錄一卷，題史仲彬撰；鐵老先生冤報錄一卷。
○明崇禎刊本，九行二十字，白口，四周單闌。余藏，缺鐵老先生冤
報錄一種。此書記明建文君臣之事。己酉夏金誦清處收得。四庫
存目。

〔補〕**説略一卷** 明黃尊素撰。記明季事。○清古香書屋項氏寫本。
張元濟涉園藏書。

〔補〕**天鑒孤忠錄一卷** 明宋守一撰，為其父禦倭請功事。○日本舊
寫本，日本内閣文庫藏。

〔補〕**毛大將軍海上情形一卷** ○舊寫本，卷七末有天啟癸亥天都汪
汝淳跋。日本内藤虎藏。

〔補〕**民抄董宦事實一册** 不著撰人名氏，記松民抄董其昌家事。○
舊寫本。癸亥蟬隱廬見。

〔補〕**名臣寧攘要編不分卷** 明項德楨編。存三十種。○明刊本，九
行十九字，白口，四周單闌。前王衡序。日本内閣文庫藏。

〔補〕**皇明都俞錄十一卷** 明崇禎南監生宋存標輯。○明末刊本。

〔補〕**碧血錄二卷** 明黃煜輯。○清乾嘉刊知不足齋叢書本。○清光
緒大興傅以禮刊本。二册。余藏。

〔補〕**乙丙紀事一卷** 清孫奇逢撰。記營救左光斗、魏大中事。○清
康熙刊本，寫刻。李木齋先生遺書。

〔補〕**社事始末一卷** 清杜登春撰。○舊寫本，題“寶稷軒重校”。

〔補〕**崇禎遺錄一卷** 明王世德撰，編年記崇禎朝事。○舊寫本。余

藏。

〔補〕**虞山妖亂志三卷**　清馮舒撰。○清寫本。余藏。

〔補〕**酌中志二十四卷**　明劉若愚撰。○舊寫本，何焯批校，吳重憙
　　跋。存十五卷，餘鈔配。吳重憙石蓮閣遺書。

〔補〕**酌中志餘不分卷**　○舊寫本，收書十一種，起東林黨人榜，終擬
　　故宮詞。文德堂見。

〔補〕**三垣筆記二卷**　明李清撰。○舊寫本，李文田考訂評隲。李棪
　　藏。

〔補〕**明季南略十八卷明季北略二十四卷**　清計六奇撰。○清道光
　　間京都琉璃廠半松居士木活字印本。各十二冊。余藏。

〔補〕**山中聞見錄十一卷**　清彭孫貽撰（明遺民）。○清寫本。此書民
　　國十三年羅叔言已刊板。

〔補〕**平叛記一卷**　清毛霦撰。○清寫本。二冊。余藏。雜史，記甲申
　　四年叛軍李九成攻萊州始末。四庫存目。

〔補〕**所見錄四卷**　清趙吉士撰。收流寇瑣聞等五種。○舊寫本。

〔補〕**守汴日志不分卷**　明李光壂撰。記崇禎十四年李自成攻汴事。
　　○清康熙刊本。文友堂見。四庫存目。

〔補〕**苞桑叢識一卷**　即孑遺錄之刪節本。○稿本，為桐城左□□所
　　刪。有左□□跋，又錄吳涪州評，未知何人。斐英閣見，已錄副。

〔補〕**流寇編年三卷**　清戴笠撰。○清寫本。余藏。

〔補〕**流寇長編二十卷**　清戴笠撰。○舊寫本，前有吳喬序。有"禮邸
　　珍玩"印。盛昱遺書。

〔補〕**蜀龜鑑七卷首一卷**　清劉景伯撰。○清咸豐八年刊本。余藏。
　　四冊。

〔補〕**兩朝剝復錄六卷**　明吳應箕撰。○清寫本。余藏。○清同治二

年夏燮刊樓山堂遺書本，夏燮校證。

〔補〕**啟禎兩朝剝復錄十卷** 明吳應箕撰。**札記一卷** 劉世珩撰。
〇清光緒二十八年劉世珩刊貴池先哲遺書本。

〔補〕**後鑒錄七卷** 清毛奇齡撰。〇清康熙間刊本，四冊。余藏。記有
明一代治盜始末。四庫存目。

〔補〕**耐嚴考史錄不分卷** 起太祖，終于台灣鄭氏之亡，紀明代遼事
本末。〇舊寫本。余藏。

〔補〕**二申野錄八卷** 清孫之騄撰。記有明一代妖異之事，起洪武戊
申，訖崇禎甲申，因以二申為名。〇清康雍間刊本。余藏。四庫存
目。

〔補〕**紀載彙編十卷** 清失名人輯。收馮夢龍燕都日記等十種。〇清
光緒四年排印申報館叢書本。〇清京都琉璃廠刊本。

〔補〕**痛史十七種附五種** 清樂天居士輯。首福王登極實錄，終鹿樵
紀聞，均明末野史。〇清宣統三年商務印書館印本。

〔補〕**明季稗史彙編十六種二十七卷** 題留雲居士輯。〇清京都琉
璃廠刊本。

〔補〕**荊駝逸史五十九種** 題陳湖居士輯。〇清道光間活字印本。余
藏。明季痛史也。

〔補〕**甲申野史彙鈔九種四十一卷** 題清全祖望輯。起平叛記二
卷，止清流摘鏡六卷。〇舊鈔巾箱本，李文田先生遺書。

〔補〕**金陵野抄十四卷南都死難紀略一卷** 清顧苓撰。〇清寫本，
十二行二十三字，無格。余藏。

〔補〕**明季甲乙彙編四卷** 清許重熙撰。〇清寫本。有畢沅藏印。涵
芬樓藏，辛亥見。

〔補〕**明季甲乙兩年彙略三卷** 清許重熙撰。〇清寫本。題東邨八

十一老人隨筆。三册。余藏。

〔補〕**先撥志始二卷**　明文秉撰。○舊寫本。徐坊遺書。○指海本。四庫存目。

〔補〕**甲乙事案二卷**　明文秉撰。○清林晴江寫本，有印記。涵芬樓藏。辛亥春張菊生攜入都中之書。秉，震孟之子也。

〔補〕**謏聞續筆一卷**　清張怡撰。記明南渡事。○舊寫本。盧址抱經樓遺書。

〔補〕**聖安本紀六卷**　清顧炎武撰。○清綠格寫本一册。余藏。

〔補〕**福王登基實錄一卷**　明文震亨撰。○清林晴江寫本，有印記。涵芬樓藏，辛亥見。

〔補〕**中興實錄不分卷**　明馮夢龍輯。○舊寫本。前有"七一老臣馮夢龍述"一行。日本內閣文庫藏書。○余有舊寫本。

〔補〕**中興偉略不分卷**　明馮夢龍輯。○明末刊本，八行十六字，題"七十二老臣馮夢龍恭撰"。日本內閣文庫藏。○日本刊本，有"正保參裁下春風月宗知刊行"牌記二行。日本內閣文庫藏。

〔補〕**所知錄六卷**　清錢澄之撰。○清寫本。鈐有陳銘海星厓藏印。余藏。此書已收入荊駝逸史中。

〔補〕**甲乙彙略三卷**　題沛澤老農撰。**異同補一卷**　○清刊本。余藏。○又清寫本。三册。余藏。

〔補〕**江上孤忠錄二卷後錄一卷**　清祝純嘏撰。○清寫本。涵芬樓藏，辛亥春見。

〔補〕**江上孤忠錄一卷**　題趙羲明撰。○清紅格寫本。與張煌言北征得失紀略一卷合裝一册。

〔補〕**北征得失紀略一卷**　明張煌言撰。○清紅格寫本。與江上孤忠錄合一册。

〔補〕**思文大紀八卷** 明陳燕翼撰。紀明末唐王事。○舊寫本。盧址抱經樓遺書。

〔補〕**三湘從事錄不分卷** 清蒙正發撰。記南明之事。○清寫本，無闌格。一冊。余藏。

〔補〕**嶺表記年四卷** 清魯可藻撰。記桂王永曆時事。○舊寫本，盧址抱經樓遺書。

〔補〕**也是錄一卷** 清鄧凱撰。記桂王入緬事。○舊寫本。康熙周肇孔跋。

〔補〕**天南紀事二卷** 清胡欽華撰。○清紅格寫本。一冊。余藏。

〔補〕**刦灰錄不分卷** 題珠江寓舫撰。○清寫本。記南明事。一冊。余藏。

〔補〕**臺灣外紀三十卷** 清江日昇撰。○清木活字印本。十冊。余藏。

〔補〕**東南紀事十二卷西南紀事十二卷** 清邵廷寀撰。○清光緒間刊邵武徐氏叢書初刻本。四冊。余藏。

〔補〕**小腆紀傳六十五卷** 清徐鼒撰。○清光緒十三年金陵刊本。余藏。十八冊。

〔補〕**小腆紀年附考二十卷** 清徐鼒撰。○清咸豐十一年刊本。余藏。十二冊。

〔補〕**研堂見聞雜記一卷** 清王家楨撰。○清寫本。涵芬樓藏，辛亥春見。

〔補〕**前車野語一卷** 不著撰人名氏。○清紅格寫本。一冊。余藏。

〔補〕**哭廟紀略一卷** 清□□撰。○清寫本。記蘇城哭廟事。與莊氏史案合裝一冊。涵芬樓藏。

〔補〕**埶語秘彙不分卷** 清吳□□撰。記天啟辛酉至順治癸巳三十三年間史事。○舊寫本，李文田考證。李椒藏。○王頌蔚傳鈔李文田藏本，錄李跋並自跋。

〔補〕**安南使事紀略四卷** 清李仙根、楊兆傑撰。○清康熙刊本。余藏。四庫存目。

〔補〕**庭聞錄六卷附平定緬甸一卷** 清劉健撰。○清康熙五十八年刊本。四冊。余藏。

〔補〕**閩頌彙編不分卷** 記姚啟聖平閩而作，題閩中子民錄。○清康熙刊本。

〔補〕**五藩橋乘二卷** 題巫峽逸人撰。記三藩事。○舊寫本，李文田跋。李椒藏。

〔補〕**平定羅刹方略四卷** ○清鈔本。校刻本頗有改正。古書流通處見。

〔補〕**隨鑾紀恩一卷** 清汪灝撰。記康熙四十二年從駕至灤陽事。○舊寫本，紙格有"研經草堂"四字。徐坊遺書。

蒙古源流八卷 清蒙古小徹辰薩囊台吉撰。按：四庫著錄，莫氏失收。○清寫本。彭楚克林沁點校，善耆題識。丁士源藏。○清刊本，余曾據丁藏彭楚克林沁點校本校。又據清宮所藏寫本校。

〔補〕**蒙古源流箋證八卷** 清嘉興沈曾植撰，張爾田校補。○民國二十一年刊本。

〔補〕**除邪紀略** 清楊揩撰。記百齡平教案之事。○舊寫本。文友堂見，鄂恒遺書。

〔補〕**黎陽見聞錄** 清趙如椿撰。記嘉慶十八年李文成起事。○舊寫本。文友堂見。

〔補〕**守濬日記一卷** 清朱鳳森撰。記李文成起事時其守濬之事。○舊寫本。文友堂見。

〔補〕**家居自述一卷** 清查廷華撰。記虎門招降海盜朱渥事。○舊寫本。鄂恒遺書。

〔補〕**潰癰流毒四冊** ○舊寫本。均雅片案奏稿。日本内藤虎藏。

〔補〕**夷匪犯境聞見錄六卷** 記雅片之役。○日本安政丁巳刊本。日本内藤虎藏。

〔補〕**阿芙蓉案彙聞七冊** ○日本舊寫本。有關陰潛夫題記。日本内藤虎藏。

〔補〕**夷氛聞記五冊** 清梁廷枏撰。○清同治十二年寫本。日本内藤虎藏。

〔補〕**出圍城記一卷** 題甋菴道人撰。記道光壬寅英軍入鎮江之事。○舊寫本。鄂恒遺書。

〔補〕**思痛記二卷** 清江寧李圭撰。記雅片戰爭之事。○清光緒六年師一齋刊本。余藏。

〔補〕**觸藩始末三卷** 不著撰人名氏。○清寫本。一冊。余藏。記咸同間廣東英夷事。

〔補〕**庚申噩夢記二卷蘇臺麋鹿記二卷** 清潘鍾瑞撰。記洪楊時事。○清光緒間長洲潘氏香禪精舍刊本。

〔補〕**庚辛泣杭錄十六卷** 清丁丙撰。○武林掌故叢編第十八集,清光緒二十一年刊本。余藏。雜輯諸家記太平軍入杭事,凡十七種。

〔補〕**楚之橋杌二卷忠節故實二卷** 清傅以禮編。○清大興傅氏長恩閣寫本。四冊。余藏。

〔補〕**京口掌故叢編初集七卷** 清陶駿保輯。計收入己酉避亂錄一卷,宋胡舜申撰,附校勘記一卷,清陳懋恒撰;京口僨城錄一卷,清法芝瑞撰;出圍城記一卷,清楊棨撰;鎮城竹枝詞一卷,清失名人撰;草間日記一卷,清朱士雲撰;從軍紀事一卷,清卞乃譖撰。均京口雜史。○清光緒三十四年丹徒陶氏刊本。

〔補〕**戊戌履霜錄四卷**　清胡思敬撰。○民國二年新昌胡氏退廬刊本。

〔補〕**堅冰志一卷光宣僉載一卷**　民國魏元曠撰。○民國五年豐城熊氏刊本。一冊。

上雜史類

藏園訂補邵亭知見傳本書目卷四

藏園訂補郘亭知見傳本書目卷五上

獨山莫友芝子偲　　撰
江安傅增湘沅叔　　訂補

史部六

詔令奏議類

太祖高皇帝聖訓四卷
太宗文皇帝聖訓六卷
世祖章皇帝聖訓六卷
聖祖仁皇帝聖訓六十卷
世宗憲皇帝聖訓三十六卷
上諭八旗十三卷
上諭旗務議覆十二卷
諭行旗務奏議十三卷
　　按：上八種四庫著錄，莫氏失收。
上諭內閣一百五十九卷　雍正元年至十三年。〇刊本。

硃批諭旨三百六十卷 ○雍正十年奉敕校刊，朱墨套板。○金陵翻刻本。○揚州擺印本。○江西擺字本。○金陵擺字本。

唐大詔令集一百三十卷 宋宋敏求編。按：四庫著錄，莫氏失收。○明藍格寫本，十五行二十四字，宋諱缺筆。有揆敘謙牧堂藏印。文德堂見。

兩漢詔令二十三卷 西漢十二卷，宋林慮編。東漢十一卷，宋樓昉編。○路小洲有宋刊本，不真，疑明初刊本。

〔附〕○張有宋刊本。○元初本，十行十八字。（邵氏）按：此書無元初刊本，以行欵證之，當即元至正九年刊本。

〔補〕○影寫宋刊本，十行十八字。宋諱缺末筆。有紹定癸巳鄭清之序，紹定戊子范光序。又有大觀二年蔣瑎序。洪咨夔總論。郁松年藏印。滬肆見。○元至正九年蘇天爵刊本，十行十八字，細黑口，四周雙闌。前有至正己丑蘇天爵序，次洪咨夔總論。用洪武時官册紙印。劉啟瑞藏。余又為涵芬樓收一帙。

〔增〕**宋大詔令二百四十卷** ○昭文張氏有抄本，缺四十四卷，不載編人，始建隆，迄宣和。

〔補〕○清讀經廬寫本，綠格，十二行二十六字，版心有"讀經廬鈔本"五字。有胡孚惠藏印。文德堂見。

〔補〕**明詔敕二卷** ○明寫本。自洪武元年至洪熙元年。曹溶藏印，怡府明善堂印。盛昱遺書。

〔補〕**燕王令旨奏章一卷** 皆燕王起兵時事。○明紅格寫本。天一閣佚書，夏孫桐藏。

〔補〕**皇明詔制八卷** ○明嘉靖間呂涇野刊本，十行二十二字，白口，四周雙闌。辛亥春文琳閣見，已收，索三十兩。四庫存目。

〔補〕**皇明詔令二十一卷** 不著撰輯人名氏。○明嘉靖二十七年浙江布政使司刊本，十行二十字，白口，四周雙闌。庚戌九月見於翰文齋,索三十兩。十六冊。已收。四庫存目。

〔補〕**皇明寶訓四十卷** 明呂本等輯,存永樂五卷,洪熙二卷,正統三
　　卷。○明萬曆三十年周氏大有堂刊本,十一行二十二字,白口,四周
　　單闌。存十冊。庚戌九月見於韓左泉處,索六兩,已收。

〔補〕**聖典二十四卷** 明朱睦㮮輯。○明萬曆四十一年刊本,九行二
　　十字。前萬曆癸丑王惟儉序,後朱勤美跋。以洪武訓誥典章分類編
　　輯。有宋筠藏印。

〔補〕**北京建太廟敕諭奏章一卷** ○明紅格寫本,九行十八字。前
　　敕議,後奏疏。末有嘉靖十三年十一月南京禮部翻刊題識。天一閣
　　佚書,夏孫桐藏。

上詔令奏議類詔令之屬

〔增〕**註陸宣公奏議十五卷** 宋郎曄註。前有紹興二年進書表,題銜
　　稱迪功郎紹興府嵊縣主簿臣曄,不著姓。案清波雜志曰,曄友人郎
　　晦之嘗註三蘇文及陸宣公奏議投進,知其為郎曄。表後云紹熙二年
　　八月初七日進呈。○昭文張氏有元刻,卷後有至正甲午仲夏翠巖精
　　舍重刻木記。阮氏影元本進呈。
嘉靖乙卯汪氏刻奏議十五卷,有註箋,大字廿行,行廿字。亦合刻制誥
　　十卷,無註。(繩)
〔補〕○宋刊本,十二行二十二字。避宋諱至慎字。存二卷。有士禮居
　　藏印。皕宋樓故物,今在靜嘉堂文庫。○元至正十四年劉氏翠巖精
　　舍刊本,十二行二十三字,註雙行同,黑口,四周雙闌。卷一後有"至
　　正甲午仲夏翠巖精舍重刊"牌記二行。書前權德與序後有書坊識語
　　八行。本書行間有點擷,眉上有評語,即書坊識語中所云之謝叠山
　　批點。有清劉恕及韓應陛二家藏印。余藏。○明初刊本,九行十八
　　字,註雙行同,黑口,四周雙闌。闌上有評語,以墨框界之。余藏。

〇清光緒四年陸心源刊十萬卷樓叢書本。從元翠巖精舍劉氏刊本出，然誤以眉上謝枋得評為劉辰翁。余據劉啟瑞藏宋刊二十卷本校。宋本殘存十一卷。

〔補〕**註陸宣公奏議十五卷** 唐陸贄撰，宋郎曄註。**制誥十卷附錄一卷** 唐陸贄撰。**校記二十五卷** 清郭夔撰。**年譜輯略一卷** 清江榕撰。〇清光緒十二年淮南書局刊本，余藏，余據宋刊本校。

〔補〕**經進新註唐陸宣公奏議二十卷** 唐陸贄撰，宋郎曄註。宋刊本，十二行二十一字，注雙行同，細黑口，左右雙闌。字體方整，刊工精麗，是浙本。劉啟瑞藏。存卷十至二十。後歸余齋。持校元翠巖精舍本，元本註文刪去甚多，註中引文刪節尤甚。

〔補〕**重刊陸宣公奏議二十二卷** 唐陸贄撰。〇明天順元年延公祥廣州刊本，十行二十字，黑口，四周雙闌。有天順元年項忠序。〇明萬曆九年徐必進刊本，九行十七字。滬市見。

〔補〕**陸宣公奏議十二卷** 唐陸贄撰。〇朝鮮古刊本，十行十七字。余藏。

〔補〕**田表聖先生奏議集一卷** 宋田錫撰。〇明紅格寫本，九行十九字。有嘉靖間喬世寧、安磐、程啟充序，為安磐輯成程啟充刊行。存奏議十四首。北京圖書館藏。四庫存目。

政府奏議二卷 宋范仲淹撰。〇范文正全集明本。〇今本。〇元元統刊本，目錄有"元統甲申褒賢世家歲寒堂刊"木印，見昭文張氏書志。〇天一閣有明嘉靖辛酉范惟一校刊本奏議十七卷，書牘一卷，奏議續集二卷。

〔補〕〇元元統二年范氏歲寒堂刊本，十二行二十二字，白口，左右雙闌。目後有"元統甲戌褒賢世家歲寒堂刊"牌記，篆文三行。宏遠堂見。故宮亦見一帙。

包孝肅奏議十卷 宋包拯撰。〇明正統元年胡儼刊。〇嘉靖三十四

年雷遬刊本。○康熙丁丑張修刊本。○嘉慶八年張祥雲刊本。○
同治初李瀚章刊本。○宋淳熙元年趙磻老廬州刊本。明刊本依之。

〔附〕○廬陽三賢集本。（原稿無，印本入正文。）○宋紹興章籍本。（邵
氏）

〔補〕○明成化二十年張岫開封府刊本，十行二十字，大黑口，四周雙
闌。前正統元年胡儼序，後有成化二十年開封知府張岫序。書名標
"孝肅包公奏議集"。余藏。○明嘉靖刊本，十行二十二字，黑口，四
周單闌。滬肆見，未收。

〔補〕東坡先生奏議十五卷　宋蘇軾撰。○明翻宋本，十行十八字，
白口，左右雙闌。各卷次第與程宗刊本不同。京肆見。

〔補〕東坡先生奏議□卷　宋蘇軾撰。○宋刊本，十行十六字，白口，
左右雙闌。雕工與余藏慶元吉州本歐陽文忠公集宋代翻刻本相似。
有補版，版心有"乙卯"，"重刊"等字。余藏。孤本。又附東坡年譜
一卷，存第八至二十四葉，亦僅存孤本。

盡言集十三卷　宋劉世安撰。○明刊本。

〔附〕○宋淳熙五年梁安世本，佳。○明初刊本，佳。（邵氏）

〔補〕○明隆慶五年張佳胤刊本，十行十八字，白口，左右雙闌。前有隆
慶庚午陸東序。此本已印入四部叢刊續編。○明寫本，十行二十
字。有黃丕烈藏印。缺卷五至九。李木齋先生藏。

讜論集五卷　宋陳次升撰。按：四庫著錄，莫氏失收。○清慈谿馮氏
醉經樓傳鈔四庫本，前紹興五年陳安國序，後有泰定甲子陳士壯撰
行實及至元二年鄭稑跋。德友堂見。○四庫本已印入四庫全書珍
本初集中。

〔增〕李忠定公奏議六十九卷附錄九卷　宋李綱撰。四庫存目。○
明正德刊本。

〔補〕○明正德十一年蕭洋邵武縣刊本，十行二十二字，細黑口，四周雙

闌。首葉題朱欽、蕭泮、洪罷三人彙校、繡梓、校正。後有正德丙子
胡文靜跋。文友堂見。

〔補〕**石林奏議十五卷**　宋葉夢得撰。○宋刊本，十行二十五字，白
口，左右雙闌。李開先、黃丕烈、陸心源遞藏。日本靜嘉堂文庫藏。
○明末毛氏汲古閣影寫宋刊本，十行二十五字，白口，左右雙闌。後
有開禧丙寅知台州軍州事姪孫葉篯跋。有毛晉跋，云從李開先藏本
影出。修綆堂見。○清影寫宋刊本，十行二十五字。有葉廷琯手
跋。○清光緒十一年陸心源影刊宋本。余藏，余據汲古閣影宋本
校。二本異處頗多。影宋本可補陸刊本脱文三百三十字，然陸刊本
有而影宋寫本無者亦有一千零六十四字。

〔補〕**吕忠穆公奏議三卷**　宋吕頤浩撰。○明嘉靖十九年吕清刊本，
八行十六字，黑口，四周單闌。卷首有"十二世孫吕清校刊"一行，後
有嘉靖庚子十三世孫吕欒跋。

左史諫草一卷　宋吕午撰。○依閣抄本。（繩）

〔補〕四庫本已印入四庫全書珍本初集中。

〔補〕**宋左史吕午公諫草一卷**　宋吕午撰。○舊寫本，十一行二十一
字。有袁廷檮、丁丙藏印。

〔補〕**育德堂奏議六卷**　宋蔡幼學撰。○宋刊本，九行十八字，白口，
左右雙闌。有宋永嘉蔡氏藏印及汲古閣印。見於徐星署處。

〔補〕**宋特進左丞相許國公奏議四卷**　宋吳潛撰。○明嘉靖刊本，
十一行二十字，白口，四周單闌。余藏殘卷。

商文毅疏稿略一卷　明商輅撰。○四庫依天一閣抄本著錄，云刊板
久佚。

王端毅奏議十五卷　明王恕撰。○正德辛巳三原令王成章刊。

馬端肅奏議十二卷　明馬文升撰。○正德十五年刊本，序稱本二十
七卷，此為巡撫張公所選定。○嘉靖丁未魏尚綸編刊本，十六卷。

〔補〕**晉溪奏議八卷** 明王瓊撰。○明寫本，棉紙藍格，十三行二十二字。明鄭曉藏印。四庫著錄為十四卷本。

關中奏議十卷 明楊一清撰。○天一閣書目有刊本十八卷。○嘉靖初刊本。○嘉靖二十九年刊本。○道光中雲南刊本。

〔補〕**梁端肅公奏議十四卷** 明梁材撰。○明萬曆刊本，十行二十字。前有焦竑序。翰文齋見。

楊文忠公三錄七卷 明楊廷和撰。○刊本。

胡端敏奏議十卷 明胡世甯撰。○天一閣目有刊本。○明嘉靖刊本。○顧霑刊本，十二卷。

何文簡疏議十卷 明何孟春撰。○萬曆初趙賢刊本。

垂光集二卷 明周璽撰。○溫陵刊本。

〔補〕**南宮奏議三十卷** 明嚴嵩撰。○明嚴氏鈐山堂自刊本，十行二十字，白口，左右雙闌。余有殘卷。每卷前標題下方記鈐山堂集卷幾，為卷四十一至七十，以續四十卷本鈐山堂集。

〔補〕**歷官表奏十二卷** 明嚴嵩撰。○明嘉靖二十三年自刊本，十行二十字，白口，左右雙闌。存卷四至十二。余藏。

〔補〕**歷官表奏十六卷** 明嚴嵩撰。○清寫本。四冊。余藏。

孫毅菴奏議二卷 明孫懋撰。○明刊本。

玉坡奏議五卷 明張源撰。○刊本。

南宮奏稿五卷 明夏言撰。○明王廷瞻刊本。

〔補〕**羅山奏疏七卷** 明張孚敬撰。○明刊本，十行二十字。

〔補〕**樸溪先生奏議十卷** 明潘潢撰。○明曹當勉刊本，十行二十二字。李木齋先生藏。

〔補〕**鄭端簡公奏議十四卷** 明鄭曉撰。○明隆慶四年項氏萬卷堂刊本，十行二十字，白口，左右雙闌。李寶泉肆中見。

訥谿奏疏一卷　明周怡撰。○訥谿集明刊本。○指海本。

譚襄敏奏議十卷　明譚綸撰。按：四庫著錄，莫氏失收。○明萬曆二十八年顧氏刊本，九行二十字。庚戌歲京肆見。

潘司空奏疏六卷　明潘季馴撰。按：四庫著錄，莫氏失收。

兩河經略四卷　明潘季馴撰。○刊本。

〔補〕**文肅王公奏草二十三卷**　明王錫爵撰。○明天啟二年王時敏刊本，九行十八字，白口，四周單闌。李木齋先生藏。四庫存目。

〔補〕**小司馬草六卷**　明項篤壽撰。○明刊本，九行二十字，白口，四周單闌。似萬曆本。李木齋先生遺書。四庫存目。

〔補〕**綸扉奏草三十卷**　明葉向高撰。○明天啟崇禎間刊本，十行十九字，白口，左右雙闌。蟫隱廬羅振常寄來看。

兩垣奏議一卷　明逯中立撰。○附刊中立周易劄記後本。○澤古堂本。○借月山房本。○指海本。

〔補〕**朱少師奏疏鈔八卷**　明朱燮元撰。○清雍正刊本。六冊。余藏。四庫存目。

〔補〕**按遼疏稿六卷**　明熊廷弼撰。○明末刊本，九行二十字，白口，四周雙闌。六冊。辛亥八月見於富古堂。

周忠愍奏疏二卷　明周起元撰。○周氏裔孫刊本。

〔補〕**未焚草二卷**　明王元翰撰。○明萬曆刊本。九行二十字，白口，四周單闌。余藏。

〔補〕**傣菴野抄十一卷**　明蔡士順輯。○明崇禎刊本。九行二十字，白口，四周單闌。余藏。

〔補〕**兵垣奏議一卷**　明陳子龍臥子撰。○明末刊本，九行二十字，白口，四周單闌。二冊。辛亥六月京肆收得。

〔補〕**御授攝政王洪大經略奏對日鈔筆記二卷**　清洪承疇撰。○

清光緒十三年廣百宋齋鉛印本。

張襄壯奏疏六卷 國朝張勇撰。○刊本。

〔補〕**李文襄公奏疏十卷** 清李之芳撰。**年譜一卷** 清程光酉巨撰。
○清康熙刊本。四册。余藏。此書尚有奏議二卷、別錄六卷，余本
失去。四庫存目為十五卷本。

靳文襄奏疏八卷 國朝靳輔撰。○公子治豫刊本。

〔補〕**黃門奏疏二卷西臺奏議一卷** 清海寧楊雍建撰。○清康熙刊
本。二册，庚戌秋楊馥堂自蘇州寄來，索十元，已收。四庫存目。

華野疏稿五卷 國朝郭琇撰。○郭氏裔孫刊本。

〔補〕**林文忠公政書三集三十七卷** 清林則徐撰。○清光緒中林氏
刊本。

〔補〕**嵩燾奏疏十二卷** 清郭嵩燾撰。○清光緒刊本。

〔補〕**駱文忠公奏議十六卷奏稿十一卷** 清駱秉章撰。**鞬聯錄一
卷** ○清光緒四年刊本。三十二册。

〔補〕**左文襄公奏疏正編三十八卷續編七十六卷三編六卷** 清
左宗棠撰。○清光緒十二年刊本。二十册。

〔補〕**沈文肅公政書七卷首一卷** 清沈葆楨撰。○清光緒六年刊
本。八册。

〔補〕**丁文誠公奏稿二十六卷首一卷** 清丁寶楨撰。○清光緒十九
年北京刊本。二十七卷。

諸臣奏議一百五十卷 宋趙汝愚編。○天祿後目有宋刊本。○路小
洲有宋淳祐刊本，即昭文張氏本，中有九卷抄補。○明會通館活字
本。

〔附〕○淳祐本，十一行二十三字。○會通館本，多脫文。

〔補〕○宋淳祐十年史季溫福州刊元明遞修本，十一行二十三字，白口，

左右雙闌。○明弘治間華燧會通館活字印本，九行十七字，白口，左右雙闌。書名標會通館校正宋諸臣奏議。余均有殘卷。

歷代名臣奏議三百五十卷 明楊士奇等奉敕編。○明永樂官刊本。總目稱，當時書成刊印僅數百本，板藏禁中，世頗希有。今舊家藏當時印本，每冊首鈐廣運之寶。○太倉張溥有詳節本，四庫存目。

〔補〕○明永樂間內府刊本，十二行二十六字，黑口，四周雙闌。余收得殘本，後迭經配補，積二十年，竟成完帙。又見內閣大庫所出殘葉，初印頗精。

〔補〕**歷代名臣奏議三百五十卷** 明黃淮、楊士奇等輯，張溥刪正。○明崇禎八年刊本，九行十八字，白口，左右雙闌。余有殘帙。

〔補〕**東漢書疏八卷** 明周瓘輯。○明天順刊本，十行二十一字，白口，四周單闌。

〔增〕**右編四十卷** 明唐順之編。○南京祭酒劉日宷補訂刊本。四庫存目。

名臣經濟錄五十三卷 明黃馴本。○明新安刊本。

〔補〕**皇明名臣經濟錄五十三卷** 明黃馴撰。○明嘉靖羅鴻刊本，十行二十字，白口，四周單闌。蘇州鳴琴室見一帙。

〔補〕**皇明疏議輯略三十七卷** 明張瀚纂輯。○明嘉靖三十年直隸大名府刊本，十行二十二字，白口，四周單闌。有嘉靖三十年晁瑮序。十五冊。余藏。四庫存目。

〔補〕**秦漢書疏十八卷** 內秦書疏三卷，西漢書疏六卷，東漢書疏九卷。明吳國倫輯。○明嘉靖三十七年吳氏自刊本，十行二十字，白口，四周單闌。存秦書疏三卷。余藏。

〔補〕**皇明奏疏類鈔六十一卷** 明汪少泉輯。○明萬曆刊本，十行二十字。三十二冊。余藏。

〔補〕**籌遼碩畫四十六卷附錄一卷** 明程開祜輯。編年輯錄萬曆二

十六年至二十八年諸臣遼事奏疏。〇明萬曆刊本，九行十九字，白
口，左右雙闌。北京圖書館藏。此書後印入北平圖書館善本叢書第
一輯。

欽定明臣奏議二十卷　乾隆四十六年奉敕編。〇聚珍板本。〇閩覆
本。

〔補〕〇曾見清内府寫本，朱闌楷書，甚精。是内廷陳設之書流出者。

上詔令奏議類奏議之屬

史部七

傳記類

孔子編年五卷　宋胡仔撰。〇嘉靖戊寅胡氏耘經軒刊本。〇嘉慶戊
寅胡培翬刊本。

〔增〕孔氏祖庭廣記十二卷　金孔元措撰。〇錢塘何氏有大蒙古元
年刻本，即宋淳祐二年也。此本即見昭文張氏志。〇孫氏平津館有
抄本。〇琳琅館新刊本。四庫未收。

〔補〕〇蒙古乃馬真后元年刊本，十一行二十字，白口，左右雙闌。序後
有"正大四年歲次丁亥十月望日訖工"一行。有錢大昕、黃丕烈等
跋。海虞瞿氏藏。此本已印入續古逸叢書中。〇清影寫蒙古刊本，
十一行二十字。有張蓉鏡、方功惠藏印。〇清張金吾愛日精廬精寫
本，張金吾校。即琳琅秘室叢書本之底本。徐乃昌藏。

東家雜記二卷　宋孔傳撰。四庫依宋刊錄。〇黃丕烈有宋刊本。〇
近刊琳琅館叢書本，與祖庭廣記合刊。

〔補〕〇宋刊本，十行十八字，白口，左右雙闌。刊工名有與余藏衢州本

居士集同者，知為紹興間衢州刊本。有黃丕烈、錢大昕等跋。海虞瞿氏書。○影寫宋刊本，十行十八字，白口，左右雙闌。鈐席鑑藏印。余藏。

〔補〕**孔子通紀八卷**　明潘府撰。○日本活字印本，九行十六字。有弘治辛酉謝鐸、劉瑞序，弘治癸亥自序，其弟潘正刊。潘氏滂喜齋遺書，見於翰文齋。

上傳記類聖賢之屬

晏子春秋八卷　撰人名氏無考，舊題晏嬰撰者誤也。○明李氏緜眇閣本。○明李先刊本六卷。○吳勉學二十子本四卷。○子彙本二卷，劣。○孫星衍校本七卷，附音義二卷，刊入經訓堂叢書，又黃氏刊本，皆善。○明吳懷保校刊本二卷。○吳方山藏元刊本，在昭文張氏。○孫淵如得元刊本，授吳山尊付刊，顧千里為之校，最善。

〔附〕○明成化間刊本。（原稿無，印本入正文。）

〔補〕○明刊本，九行十八字，白口，左右雙闌。有王懿榮跋。云即吳鼒刊本之底本。是明正德本，吳氏誤認為元本。盛昱遺書。余藏。日本靜嘉堂文庫亦藏一帙。○明沈啟南刊本，九行二十字，白口，四周單闌，每卷次行題"檇李沈啟南校梓"一行。○明活字印本，九行十八字，白口，左右雙闌。江南圖書館藏。此本已印入四部叢刊初編。○明萬曆三十年緜眇閣刊先秦諸子合編本，十行二十字，白口，左右雙闌，版心下方有"緜眇閣"三字。○清嘉慶二十一年吳鼒刊本。

〔補〕**晏子春秋四卷**　○明萬曆十六年吳懷保刊本，九行二十字，白口，四周單闌。序後有"萬曆十六年冬月之吉後學吳懷保校梓"一行。封面為隸書"晏子春秋"四字，下題"萬曆戊子冬梓"。余藏。○明郭紹孔傳寫吳懷保刊本，卷一後有崇禎十三年郭氏校錄識語。卷中有藍筆校語及吳騫夾籤。余藏。○明黃之寀刊本、吳中珩刊本，均九行十八字，白口，左右雙闌。

〔補〕**晏子春秋六卷**　○明凌澄初刊朱墨套印本，八行十八字，白口，四周單闌。有凌澄初跋，云為其父以棟所校。四册。余藏。四庫存目。

〔補〕**晏子春秋七卷附音義二卷**　清孫星衍撰。○清乾隆間畢沅刊經訓堂叢書本。

魏鄭公諫錄五卷　唐王方慶撰。○明正德二年刊本，杜啟序。○嘉靖刊本，末附彭年輯補一卷。○秀野艸堂康熙中刊本。○乾隆中刊本。

〔附〕○宋淳熙本。（邵氏）藏園按：此書淳熙本明清以來目錄不載，佚失已久。邵氏此條或得自曾大有本後淳熙己亥跋歟？存之廣見聞而已。邵氏所記古本多若此。

〔補〕○明正德二年曾大有刊本，十行十七字，細黑口，左右雙闌。有正德二年曾大有重刊序。卷後有馬萬頃識語，又淳熙己亥李□跋，云屬馬叔度校正刊于齋中云云。又有明杜啟跋，云曾大有得皇甫世庸藏宋淳熙本，屬郡守林思紹翻刻之。據此，則曾本自宋淳熙本出。吳慈培藏。○明刊本，九行十九字。○清康熙中顧嗣立秀野草堂刊閻丘辯囿本，十一行二十一字，白口，左右雙闌。余藏。○日本享政二年活字印本，從明本出，九行十九字。

〔補〕**魏鄭公諫錄六卷**　唐王方慶撰，明彭年增編。○傳鈔明嘉靖間華雲刊本，十行二十一字。卷五末有淳熙己亥十月上澣吳興李□跋。卷六為明吳郡學生彭年增編，凡十條。末有彭年自跋。各卷有"吏部主事華雲校"一行，即其所刊。云嘉靖二十七年又刊有韋刺史詩集十卷。

李相國論事集六卷　唐蔣偕撰。四庫依浙江孫仰曾家藏本。○指海本。

〔補〕○舊寫本，清勞格校並跋。古書流通處見。○余有清寫本。

〔補〕**王文正公遺事一卷** 宋王素撰。○明萬曆刊歷代小史本，十一
　行二十六字，白口，四周雙闌。余藏。四庫存目。

〔補〕**文正王公遺事一卷** 宋王素撰，記王旦事。○宋咸淳間刊百川
　學海本，十二行二十字，細黑口，左右雙闌。○明弘治十四年華珵刊
　百川學海本，行欵同上，白口。以上均余藏。○明嘉靖十五年鄭氏
　宗文堂刊百川學海二十卷本，十四行二十八字，白口，左右雙闌。

〔補〕**忠獻韓魏王家傳十卷別錄三卷** 宋王巖叟撰。**遺事一卷**
　宋強至撰。○明正德九年張士隆刊本，十一行十八字。四庫存目。

〔補〕**韓忠獻公遺事一卷** 宋強至撰。○宋咸淳間刊百川學海本，十
　二行二十字，細黑口，左右雙闌。余藏。○明弘治十四年華珵刊百
　川學海本，十二行二十字，白口，左右雙闌。余藏。○明嘉靖十五年
　鄭氏宗文堂刊百川學海二十卷本，十四行二十八字，白口，左右雙
　闌。在卷五。

〔補〕**韓忠獻遺事一卷** 宋強至撰。○明萬曆刊歷代小史本，十一行
　二十六字，白口，四周雙闌。余藏。四庫存目。

〔補〕**君臣相遇傳十卷別錄一卷遺事一卷** 明鄭鄤評點。○明崇
　禎元年大觀堂刊本，九行十八字，白口，四周單闌。有崇禎元年鄭氏
　序。按：此書即韓忠獻公家傳。六冊。書名前冠以宋忠獻韓魏王字
　樣。同時所刊尚有李綱、文天祥別集，行欵版式悉同。余藏。四庫
　存目作君臣相遇錄十卷。

杜工部年譜一卷 宋趙子櫟撰。○道光壬午山陰杜春生校宋刊本，
　題杜工部艸堂詩年譜上卷。（繩）

〔補〕**豐清敏公遺事一卷** 宋李樸撰。**附錄一卷** 明豐慶輯。○舊
　寫本，十一行十九字。題門人章貢李樸編次。有紹熙二年朱熹序。
　附錄題“後學天台陳聰看詳”。有景泰六年十一世孫豐慶識語。○

舊寫本。鈐有"竹汀居士曾觀"一印。盧址抱經樓遺書。四庫存目。

〔增〕辨誣筆錄一卷　宋趙鼎撰。曰辨張邦昌僭，干王時雍權京畿提刑，有新奉玉音之語；曰辨盜用都督府錢十七萬；曰辨資善堂汲引親黨；皆秦檜惡其逼己，誣以去之，又忌其復用，諷為加誣之事，並與史相證。○阮氏以進呈。

〔補〕新雕名公紀述老蘇先生事實一卷　撰人未詳。○南宋初建本，十四行二十二至二十四字不等，白口，左右雙闌。日本靜嘉堂文庫藏。此本余已影印，收入雙鑑樓刊蜀賢叢書中。

〔增〕諸葛武侯傳一卷　宋張栻撰。其集不載，乃宋刊單行本。闡發玫證極確。○阮氏以進呈。

〔補〕○宋刊本，十行十七字，白口，左右雙闌。標題作"漢丞相諸葛忠武侯傳"，大字佔雙行。黃丕烈跋。孫廷翰藏，後歸劉承幹。此本已印入續古逸叢書中。

〔增〕种太尉傳一卷　宋河汾散人趙起得君撰。○汲古閣舊抄本。按：四庫存目。

〔補〕○明穴硯齋寫本，鄧邦述羣碧樓藏。

〔增〕鄜王劉公家傳三卷　不著撰人。記劉光世戰績。

杜工部詩年譜一卷　宋魯訔撰。○道光壬午杜春生刊，題下卷。

　（繩）

紹陶錄二卷　宋王質撰。○昭文張氏有舊抄本雲韓堂紹陶錄二卷。

〔補〕○清寫本，版心下方有"知不足齋正本"六字。孔繼涵手鈔序並校跋。蔣汝藻密韻樓藏。

〔增〕韓柳年譜八卷　○雍正庚戌馬日璐合刊。計韓文類譜七卷，宋魏仲舉撰。柳子厚年譜一卷，宋文安禮撰。按：四庫存目。

〔補〕顏魯公年譜一卷　宋留元剛撰。○明嘉靖安國刊銅活字印本，十三行十六字，白口，左右雙闌。即安氏印顏魯公集附錄。

金陀粹編二十八卷續編三十卷 宋岳珂撰。○明嘉靖唐一鵬刊。
○國朝岳志景重編本，多後十卷。其原本卷數則減併于其舊。○昭
文張氏有元至正二十三年刊。○金陀書當時初編刊于檇李，續編刻
于南徐，端平甲午合刊于廟墊，元季重刊于西湖書院。○明嘉靖壬
寅晉江洪富刊本，後十七年莆田黃日敬修補。編中有忠武文集十
卷，四庫載文集僅一卷，未及搜之此書也。○近杭州刻本。

〔附〕○宋紹定元年本。○元至正朱元佑本。（邵氏）

〔補〕○宋刊本，九行十七字，細黑口，左右雙闌。有補版。存續編三十
卷，有郁松年藏印。文祿堂見。○元至正二十三年朱元佑刊本，九
行十七字，白口，左右雙闌。存續編三十卷，肆文堂見。○明嘉靖二
十一年洪富刊三十七年黃日敬重修本，九行十七字，黑口，左右雙
闌。前有嘉定十一年岳珂序，至正二十三年陳基撰朱元佑重刊序，
嘉靖二十一年張鰲撰洪富重刻金陀粹編序，嘉靖三十七年黃日敬校
補序。○清倪氏經鉏堂寫本，綠格，九行十七字，闌外有"宋本重錄"
四字。有舊跋二則。有"苕溪漫士之印"朱文印。○清光緒九年浙
江書局刊本，余藏。余據宋本忠文王紀事實錄校卷一至九，據宋本
校卷十至十四，據舊寫本中興四將傳校續編卷十七至二十一。又據
經鉏堂寫本校一過。通計補訂數千言，僅卷一至九據忠文王紀事實
錄即補一千一百八十二字。然宋本爛版脫葉頗多，亦不能盡補也。

〔補〕**忠文王紀事實錄五卷** 宋謝起巖撰。○宋咸淳七年吳安朝刊
本，十行二十二字，白口，左右雙闌。前有景定癸亥起巖自序，標題
為"忠顯廟忠文王紀事實錄"。本書卷一高宗宸翰，附追封鄂王及將
佐告詞及景定時中書省牒文。卷二至三行實編年，卷四行實紀遺，
卷五奏議。末有咸淳七年吳安朝跋。乾隆五十四年內府賜紀昀之
書。余藏。此書刊於宋末，印於明初，然各家不見著錄，洵海內孤
本。余取校金陀粹編，補一千一百八十二字。其追封牒文告詞不見

於他書者又二千餘言。

象臺首末五卷 宋胡知柔撰。按：四庫著錄，莫氏失收。

〔增〕**徐文清公家傳一卷** 文清名僑，字崇甫，婺之義烏人，宋史有傳，理宗時人。此傳宋朱元龍等撰，有可補史闕者。附毅齋詩集別錄一卷，亦流傳絕少。○阮氏以進呈。

〔補〕**宋待制徐文清公家傳一卷** 宋朱元龍撰。○明正德六年刊本，九行十八字，黑口，四周雙闌。有正德辛未徐興序。余藏。

〔補〕**軒轅黃帝傳不分卷** 撰人未詳。○明刊本，十行二十字，白口，四周雙闌。注大字，低一格。此書四庫未收，阮氏進呈本宛委別藏中有之。與道藏本小有異同。故宮藏。

〔補〕**明良慶會錄四卷** 宋程樟輯，明程敏政重輯。記程元鳳恩遇出處之事。○明成化刊本，十行十八字，上空二格，黑口，四周雙闌。鏡古堂見。

魏鄭公諫續錄二卷 元翟思忠撰。○元統中刊本。○聚珍本。○閩覆本。

〔補〕○清內府刊本，鋟刻甚精，與內聚珍本不同。余藏。此書先有內府刊本，後乃有聚珍本。然刊本殊罕見。

〔增〕**復齋郭公言行錄一卷** 元刊本。元福州路儒學教授徐東述。郭公名郁，汴之封邱人，仕元，歷官至福建都轉運鹽使，所至有聲。○阮氏曾錄進呈。

〔附〕○補按：適園近收得元刊本一卷。（適園本眉）

〔補〕**運使郭公復齋言行錄一卷** 元徐東撰。**敏行錄一卷** ○元刊本，九行十八字，細黑口，左右雙闌。海虞瞿氏藏。○清張蓉鏡家影寫元刊本，九行十八字，敏行錄十行十八字。有單學傅、繆荃孫跋。余藏。

〔補〕**關王事迹五卷** 元胡琦撰。○明初刊本，八行十六字，大黑口，四周雙闌。有至大元年自序。

〔補〕**宋史岳飛傳一卷附岳忠武王廟名賢詩一卷**　釋可觀錄，高
會重集。○抽印元刊宋史第三百六十五卷，十行二十二字，細黑口，
四周雙闌。附詩為十二行二十四五字，卷末標"岳鄂王廟名賢詩"，
下題"歲在己卯菊月，住山僧高會重集"。

〔補〕**宋丞相崔清獻公全錄十卷**　明崔子璲輯。○明刊本，十行十
九字。黑口，四周雙闌。記崔與之遺事遺文者。四庫存目。

〔補〕**宋丞相崔清獻公言行錄内集二卷外集三卷**　明崔子璲輯。
○明嘉靖崔爌刊本，十行二十字，黑口，四周雙闌。庚戌李子東自南
攜津求售者。

〔補〕**秦襄毅公年譜一卷**　明秦紘自撰。始宣德元年，訖弘治十八
年。○明嘉靖十七年秦學書刊隆慶三年秦秉淳補修本，十二行二十
字，黑口，四周雙闌。翰文齋所收潘氏滂喜齋京邸之書。

〔補〕**懷賢錄不分卷**　明沈愚撰。**附龍洲詞一卷**　宋劉過撰。○明
正統刊本，九行十六字，黑口，四周雙闌。蟫隱廬已印行。

〔補〕**太師比干錄三卷**　明曹安輯。○明天順盧信刊本，十一行二十
字，黑口，四周單闌。李木齋先生藏。

〔補〕**宮保霍文敏公年譜黃淮集八卷**　明霍韜自撰。○明寫本，存
卷一至七，李木齋先生遺書。

〔補〕**宋陳少陽先生盡忠錄八卷**　明陳沂輯。○明正德十一年孫育
刊本，十二行二十字，白口，左右雙闌。目後有正德乙亥陳沂識語。
鈐翰林院印，即四庫採進書。又一帙，有宋筠藏印。○舊寫本，題正
德乙亥陳沂輯錄，雲間朱國盛校梓。是從天啟朱國盛刊本錄出者。
古書流通處見。

忠貞錄三卷附錄一卷　明李維樾、林增志同編。按：四庫著錄，莫氏
失收。○四庫本已印入四庫全書珍本初集中。

〔補〕**諸葛忠武錄五卷** 明沈津撰。○明嘉靖唐藩刊本，十行二十字，白口，四周雙闌。述古堂見。

〔補〕**蘇長公外紀十二卷** 明王世貞輯，璩之璞校補。○明萬曆二十二年璩氏燕石齋刊本，十行十八字，白口，左右雙闌。有萬曆二十二年璩之璞序。卷十一、十二璩氏補。八冊。庚戌八月得於蘇州博古齋。十八元。四庫存目作宋四家外紀，此為四家之一。

〔補〕**東坡遺事十二卷** 明句吳顧道洪輯。○明萬曆二十二年顧氏刊本。十行二十字，白口，四周單闌。有萬曆二十二年顧甄後序。十二冊。余藏。

〔補〕**米襄陽志林十三卷** 明范明泰輯。**遺集一卷海岳名言一卷寶章待訪錄一卷研史一卷** ○明萬曆間范氏清宛堂刊本，九行十八字，白口，左右雙闌。四庫存目。

諸葛忠武書十卷 明楊時偉編。○明萬曆己未楊時偉合刊忠武靖節二編本。

〔補〕**澹然年譜二卷** 明陳其柱編。陳敬宗年譜。○明萬曆刊本，有申時行序。古書流通處見。

〔補〕**李溫陵外紀五卷** 明魯鈜昭輯。○明萬曆四十六年新安汪氏虹玉齋刊本。三冊。余藏。

〔補〕**蘇長公譚史二卷** ○明閔于忱輯刻枕函小史之一，題閔于忱校，屠長卿評。朱墨套印本，七行十七字，白口，四周單闌。實為蘇長公譚史、米襄陽譚史、東坡居士艾子雜說三種。

〔補〕**蔡福州外紀十卷** 明徐㶿輯，清陳甫伸訂補。○清同治二年石經山房刊本。余藏。○此書原名蔡端明別紀，十二卷，徐㶿撰，昔曾于津肆見明刊本，約萬曆季年刊，行欵失記。四庫存目作宋四家外紀，此為四家之一。

〔補〕**張江陵行實一卷** 不著撰人名氏。○舊寫本，八行二十字，無格。余藏。

〔補〕**熊襄愍事略一卷附淮南四鎮傳**　○舊寫本。首姓氣先生傳，次鄒漪撰傳，次鈕琇、蕭芝、熊塓筆記三則，以下為讞疏、遵旨確查疏、訟冤疏，最後熊孝子傳，為魏廷謨撰。

〔補〕**建文年譜二卷後事一卷辨疑一卷**　明趙士喆撰。○清初刊本。余藏。○清咸豐四年三水唐氏習勤堂刊本。

〔補〕**蘇米志林三卷**　明毛晉輯。○明天啟五年毛氏綠君亭刊本，八行十八字，陰陽葉不連，四周單闌。陽葉下方有"綠君亭"三字。前有天啟五年魏浣初序。蘇二卷，米一卷。余藏。四庫存目。

〔補〕**明季遂志錄一卷**　清鄭亦鄒撰。○清刊本。即鄭成功傳，版心下方有"白麓藏書"四字。前有康熙四十一年自序，序後附林霍題跋十九行，次白麓藏書徵信序，序後即鄭氏傳，版心題"島上附傳"，疑別有正傳，此為附刊。據白麓藏書徵信序，所撰尚有明季辨誤四卷、江閩事略六卷，明餘行國錄十六卷，明遺民錄一卷，未知尚有流傳否。鈐有"蒹葭堂藏書記"印。日本內閣文庫藏。

〔補〕**國姓爺鄭成功傳二卷**　清鄭亦鄒撰。○日本浪華木材蒹葭堂刊本，本書題曰"白麓藏鄭成功傳，清閩海鄭亦鄒居仲著，日本浪華木孔恭世肅校"。封面題"浪華木氏校勘於蒹葭堂"。有金雄道人釋敬雄序及芥煥彥章跋。傳後附論一首。即明季遂志錄之日本覆刻本。日本內閣文庫藏。

〔補〕**徵君孫先生年譜二卷**　清湯斌、魏一鰲等撰，方苞訂正。○舊寫本，有魏一鰲跋。

〔補〕**牧翁先生年譜一卷**　清葛萬里撰。○舊寫本。繆氏藝風堂舊藏。

甯海將軍固山貝子功蹟錄一卷　不著撰人。○指海本。

〔補〕**吳農祥行狀一卷**　○清塘栖勞氏丹鉛精舍寫本，勞權校。余藏。

〔補〕**周嘉猷行狀一卷** ○清塘栖勞氏丹鉛精舍寫本，勞權校。余藏。

〔補〕**陸稼書先生年譜一卷** 清陸宸徵撰。○清康熙五十七年刊本。

朱子年譜四卷考異四卷附錄二卷 國朝王懋竑撰。○乾隆辛未白
田艸堂刊本。○道光中江寧刊本。○粤雅堂本。○朱子年譜舊有
明洪武甲戌裔孫景刊本。宣德六年葉氏刊本。嘉靖間李默刊本、婺
源洪氏本皆五卷。○建寧朱氏本。○武進鄒氏本。

〔補〕**明懿安皇后外傳一卷** 清紀昀撰。○民國四年刊峭帆樓叢書
本。

〔補〕**關帝事蹟徵信編三十卷** 清周廣業崔應榴撰。○清乾隆三十
八年參和堂刊本。六册。余藏。○清道光四年公義堂重刊參和堂
本。

〔補〕**汪氏學行記五卷** 清汪喜孫撰。○清道光六年精刊本。

〔補〕**東坡事類二十二卷** 清梁廷枏撰。○清道光十年刊本。十二
册。余藏。

〔補〕**顧亭林先生年譜一卷** 清張穆撰。○清道光二十四年刊本。
一册。余藏。

〔補〕**顧亭林先生年譜四卷附錄一卷** 清張穆撰。○清咸豐三年南
海伍氏刊粤雅堂叢書本。

〔補〕**閻潛丘先生年譜一卷** 清張穆撰。○清道光二十七年壽陽祁
氏𥡴訛亭刊本，十一行二十三字，白口，左右雙闌，版心下有"𥡴訛
亭"三字，一册。余藏。

〔補〕**閻潛邱先生年譜四卷** 清張穆撰。○清咸豐三年南海伍氏刊
粤雅堂叢書本。

〔補〕**弇山畢公年譜一卷** 清史善長撰。○清同治刊本。一册。

〔補〕**張忠烈公年譜一卷** 清趙之謙撰張煌言年譜。○清光緒間會

稽趙氏刊仰視千七百二十九鶴齋叢書本。

〔補〕**黄蕘圃年譜二卷**　清江標撰。○清光緒二十三年長沙使院刊本。

上傳記類名人之屬

古列女傳七卷續列女傳一卷　漢劉向撰。○明黄省曾刊本。○阮福道光時刊，仿宋繪圖本。○又郝氏刊補註本。○汪氏輯注本。○顧抱冲仿宋刊本，附考證一卷，佳。

〔附〕○宋建安余氏本。（邵氏）

〔補〕○明正德刊本，十行二十二字，黑口，四周雙闌。前正德庚午高貫序，後正德辛巳張崇德後序。○明嘉靖三十一年黄省曾刊本，十二行二十字，白口，左右雙闌。每卷次行題“吳郡黄魯曾贊”，三行題“吳郡朱景固校正”。前嘉靖三十一年黄魯曾序及諸舊序。○明萬曆三十四年黄懷英刊八卷本，第八卷為續列女傳。十行二十字。有萬曆丙午新都黄嘉育懷英序，後有跋八行。每卷一圖。

〔補〕**列女傳集注八卷補遺一卷**　清蕭道管撰。○清光緒刊石遺室叢書本。五册。余藏。

〔補〕**英雄記一卷**　題魏王粲撰。○舊寫本，九行二十字。有宋筠藏印。四庫存目作漢末英雄記一卷。

〔增〕**襄陽耆舊記三卷**　晉習鑿齒撰。○國朝任兆麟刊心齋十種本。

〔增〕**襄陽耆舊傳一卷**　不著撰人名氏。所序人物上起周秦，下迄五代，蓋宋人依習氏本重編，板心有五雲溪活字兩行。見愛日精廬藏書志。○明五雲溪活字本。

高士傳三卷　晉皇甫謐撰。○漢魏叢書本。○古今逸史本。○明黄省曾刊本。

〔補〕○明嘉靖三十一年黄魯曾刊本，十二行二十字。前黄魯曾序，又

嘉靖癸巳黃省曾序。○舊寫本，十一行二十二字。前有嘉靖癸巳黃
省曾序。又列女、高士、列仙三傳總序。有毛晉跋。吳重憙石蓮闇
遺書。○明萬曆吳琯刊古今逸史本，十行二十字，白口，左右雙闌。
余藏。余臨盧文弨校本於其上。○明萬曆二十年刊廣漢魏叢書本，
九行二十字，白口，左右雙闌。○明叢書堂鈔說郛本，十行二十字，
墨格，版心有"叢書堂"三字。在卷七內。余藏。○清初宛委山堂刊
說郛本，九行二十字，白口，左右雙闌。余據叢書堂鈔說郛本校。

卓異記一卷　舊本。或題唐李翱，或題唐陳翱，或題唐陳翰。○廣祕
笈本。○歷代小史本。○顧氏文房小說本。○續百川學海本。○
錢氏敏求記有樂史廣卓異記二十卷。

〔補〕孫內翰北里志不分卷　唐孫棨撰。○清葉樹廉手寫本，墨格，
十一行。前有無為子自序，末有後序。○明嘉靖二十三年陸楫儼山
書院刊古今說海本，八行十六字，白口，左右雙闌。余藏。余據明鈔
說郛本及明鈔說集本校過。○明鈔說集本，藍格，十一行二十四字，
在第十五冊。朱文鈞藏。（按：與卷十一上十一葉重）

〔補〕廣卓異記二十卷　宋樂史撰。○清康熙刊本。罕見。余藏。○
舊寫本，十一行二十二字。陶湘藏。○清道光二十七年黃氏儇屏書
屋活字印本。○余曾據陶湘藏舊寫本校過。視康熙刊本為佳，卷末
多數條。○清初寫本。鈐翰林院印。余藏。四庫存目。

春秋列國諸臣傳三十卷　宋王當撰。○通志堂經解本。○愛日精
廬志云，臣傳舊抄本，題云"新刊標注蜀本王學士當春秋臣傳"，直學
省元曾基之、學諭省元丘聞之同校正。

廉吏傳二卷　宋費樞撰。○路小洲有述古堂抄本。
〔補〕四庫本已印入四庫全書珍本初集中。

〔補〕元祐黨籍一卷　宋蔡京撰。○明寫本。四明盧址抱經樓藏書。
此書無刻本，似即從碑刻錄出。

〔補〕**紹興十七年同年錄一卷** ○明弘治刊嘉靖十三年重修本，七行，每半葉六人，黑口，四周雙闌。後有弘治辛亥王鑑之跋，跋後有嘉靖甲午重刊題識二行。

〔增〕**紹興十八年同年小錄一卷** 宋紹興戊辰王佐榜進士題名也。○胡心耘有宋刊本。○弘治中會稽王鑑之刊本，題朱子同年錄。○明初刊本。○國初刊本。○乾隆癸卯活字板本。

〔補〕○曾見明刊本於合肥李新吾家。○清寫本。翁方綱批校，丁錦鴻校。

伊雒淵源錄十四卷 宋朱子撰。○呂氏刊朱子遺書本。○正誼堂叢書本。○明嘉靖乙丑刊本。○元至正癸未，蘇天爵伯修在鄂，刊于武昌郡庠。既涖浙，又命刻于吳學，郡守蕭仁甫相成之子，至正九年己丑三月，詳李世安後序。○邵亭有吳本，同治戊辰十一月收于泰州肆中，蓋此書傳本最舊者。○續錄六卷，明謝鐸撰刊。

〔補〕○明初刊本。十行二十字，白口，四周單闌。似成、弘間刊。劉承幹嘉業堂藏。題為元本。

名臣言行錄前集十卷後集十四卷續集八卷別集二十六卷外集十七卷 宋朱熹撰。○安福張鰲山刊本。○道光元年洪瑩仿宋刊本，佳。○萬曆丁未揚州刊本。○崇禎癸酉南京刊小字本。○崇禎戊寅張來刊本。

〔補〕○宋淳熙江西刊本，為五朝名臣言行錄十卷，三朝名臣言行錄十四卷，十行十七字，白口，四周雙闌，注雙行低一格。袁克文藏。○元刊本，十二行二十三字，黑口，左右雙闌。前集全，後集、續集、別集、外集均有鈔配。日本靜嘉堂文庫藏。李木齋先生有殘本，為前集卷一、三、六、十，計四卷。徐乃昌有一帙，余曾借校。凡洪瑩翻本缺葉，此本皆有之，而顧所據補之別本則不盡合，則此本可寶貴可知矣。○明建昌郡刊本，為前集十卷，後集十四卷，十一行二十三字，白口，四周單闌。目錄三行題"建昌郡齋校刊"，又附補遺正誤五葉。
文友堂見。○明安福張鰲山刊本，前集、後集、續集、別集、外集全，
共七十五卷，十二行二十三字，白口，四周單闌。卷首題"後學安福
張鰲山校正重刊"字樣。文德堂見。

〔補〕**四朝名臣言行錄□□卷**　○宋刊巾箱本，十四行十九字，細黑
口，四周雙闌，左闌外標篇名。建本。存卷一至四，六、八，凡六卷。

〔補〕**四朝名臣言行錄別集十六卷後集十六卷**　宋李幼武撰。○
宋末中字建本，十一行二十一字，白口，四周雙闌。鐫彫精麗，故宮
藏。

〔補〕**五朝名臣言行錄十卷三朝名臣言行錄十四卷**　宋朱熹撰。
皇朝名臣言行續錄八卷四朝名臣言行錄上十三卷下十三卷
皇朝道學名臣言行外錄十七卷　宋李幼武撰。○清道光元年歙
洪瑩刊本。余曾據宋巾箱本四朝名臣言行錄校。此書為黎蒓齋見
貽。

〔補〕**歐公本末四卷**　宋呂祖謙撰。○宋刊本，九行十八字，白口，左
右雙闌。有嘉定五年詹乂民刊書跋。元延祐官册紙印。自直齋書
錄解題以後不見著錄。日本靜嘉堂文庫藏皕宋樓遺書。此書兼及
同時多人，故應入傳記總錄。

〔補〕**家世舊聞二卷**　宋陸游撰。○明穴硯齋寫本，上卷六十四則，下
卷四十九則。鄧邦述羣碧樓藏。余已錄副，刊入雙鑑樓叢書中。○
明毛氏汲古閣刊本。有何焯跋。此為節本，較穴硯齋本少若干條。

名臣碑傳琬琰集一百七卷　宋杜大珪編。四庫著錄依浙江孫仲曾
家本。○路小洲有宋刊本。○天一閣有抄本。陽湖孫氏有宋刊，每
頁二十行，行二十五字。上二十七卷，中二十五卷，下二十五卷，稱
宋本，實明初刊本。

〔補〕○宋刊元明遞修本，十五行二十五字，白口，左右雙闌。前有序，

大字,半葉七行。余藏一本,曹寅、揆叙、孫星衍遞藏。鄧邦述羣碧樓藏一帙。四明書肆見一帙,有季振宜印。○清經鉏堂影宋寫本,綠格,十五行二十五字,左闌外下方有"經鉏堂重錄宋本"七字。有苕溪漫士跋。翰文齋見。

〔補〕**皇朝名臣續碑傳琬琰錄前集八卷後集八卷** 宋杜大珪輯。○元刊本,十二行二十三字。鮑廷博錄孫星衍跋並自跋,徐渭仁跋。顧廣圻怡園藏,號為宋刊。

錢塘先賢傳贊一卷 宋袁韶撰。○元至正二年重刊本。○明刊本。○知不足齋本。

〔增〕**中興四將傳四卷** 宋章穎撰。○張氏昭文有抄本。○又千頃堂書目有南渡十將傳十卷。

〔增〕**莆陽比事七卷** 宋李俊甫撰。俊甫字幼傑,莆田人。是編見宋史藝文志,成于嘉定間,取唐以來凡莆陽事之可傳者,綺分璧合,釐為七卷。明人林兆珂曾以宋本翻刊。○阮氏依抄進呈。

〔補〕**歷代故事十二卷** 宋楊次山編。○宋刊本,八行十六字,白口,左右雙闌。前嘉定四年楊后序。日本靜嘉堂文庫藏。

〔補〕**道命錄十卷** 宋李心傳撰。○清影寫宋刊本,十三行二十七字。有嘉熙三年自序及淳祐十一年朱申序,言刊於九江郡齋。黃丕烈、潘祖蔭藏印。○舊寫本,十行二十字。有淳祐十一年朱申序及元至順四年程榮秀序。四庫存目,入名人之屬。

慶元黨禁一卷 不著撰人。○知不足齋本。

寶祐四年登科錄一卷 宋文天祥榜進士題名也。○有宋刊本。○明初刊本。○乾隆癸卯活字本。

〔補〕○明嘉靖刊本,每葉八人,白口,四周單闌。前有御試策題及考官銜名等。見於陳乃乾家。○清寫本,林佶手寫本傳並跋,翁方綱批校並鈔補缺葉,丁錦鴻校。

京口耆舊傳九卷　不著撰人。○守山閣刊。○道光二十九年賀鳴謙
　刊本，似擺字本。

昭忠錄一卷　不著撰人。○墨海金壺本。○守山閣本。○粵雅堂本。

敬鄉錄十四卷　元吳師道撰。○四庫依浙江汪啟淑家藏本。

唐才子傳八卷　元辛文房撰。○嘉慶中王氏刊本。○日本佚存叢書
　活字本十卷。○指海本十卷。

〔補〕**唐才子傳十卷**　元辛文房撰。○明刊本，似嘉靖間閩中刊，已影
　印行世。誤題元刊本。○粵雅堂叢書本。余曾據日本五山刊本校。
　○日本五山刊本。董康藏。○日本寬政至文化間刊佚存叢書本。
　在第三帙。

〔增〕**元統元年進士題名錄一卷**　○有元刊本，余忠宣榜進士題名
　也。色目一甲一名為同因，二名即忠宣公。

元朝名臣事略十五卷　元蘇天爵撰。○聚珍板本。○閩覆本。○昭
　文張氏有元元統乙亥余志安勤有堂刊本。

〔補〕○清王蓮涇家寫本，十二行二十四字，有歐陽玄、王理序，目後有
　元統余志安刊書牌記。鈐有“王蓮涇鈔書記”印。朱錫庚跋。○明
　末祁氏澹生堂藍格寫本。黃丕烈據元本校並手補序三葉，脫文十三
　葉，有跋。余藏。

〔補〕**國朝名臣事略十五卷**　元蘇天爵撰。○元元統三年余志安勤
　有書堂刊本，十三行二十四字，細黑口，四周雙闌。前天曆乙巳歐陽
　玄序，至順辛未王理序。目後有“元統乙亥余志安刊於勤有書堂”一
　行。海虞瞿氏及繆荃孫藝風堂各有一帙。○影寫元刊本，行欵同
　上。沈炳垣校跋，李兆洛跋。經張芙川、郁松年遞藏。亦繆氏書。

〔補〕**青樓集一卷**　題元雪簑漁隱撰。○明鈔說集本，棉紙藍格，半葉
　十一行。共二十册，此書在第十六册。朱文鈞藏。○明嘉靖二十三
　年陸楫儼山書院刊古今說海本，八行十六字，白口，左右雙闌。在說

纂部，題元夏庭芝撰。余據明鈔説集本校，補入序跋四首。○舊寫本，八行二十一字。前至正庚子自序，至正甲辰邠經序，後有至正丙午張鐸、朱武、張肯叙。有趙魏、周季貺、蔣汝藻跋。文友堂見。○舊寫本。黃丕烈校並跋。

浦陽人物記二卷 明宋濂撰。○知不足齋本。○宋文憲全集本。

〔補〕○明刊本，十二行二十字，黑口。

〔補〕**草莽私乘一卷** 題明陶宗儀撰。○清王宗炎紅鵝池館寫本。○清道光十年吳江陳鍾英寫本。○清光緒十五年趙元益刊本。余藏，余據清蕭山王氏紅鵝池館寫本校。○清寫本，有乾隆五十年南陔居士錄題識一行。四庫存目。

〔增〕**洪武四年登科錄一卷** ○藝海珠塵本。

〔補〕**明建文二年會試錄** ○明天一閣舊藏明寫本，前有考官董倫、高遜志序。羅振常藏。

古今列女傳三卷 明解縉等奉敕撰。○永樂九年內府刊。

〔補〕**唐忠臣錄三卷** 明鄭瑄撰。○明正統刊本，十一行二十字，黑口。正統十四年衛庸刊。記張巡、許遠事。

〔補〕**潤州先賢事實錄六卷** 明姚堂輯。○明天順七年鎮江刊本，十二行二十一字，黑口，四周雙闌。有天順六年沈固序，七年姚堂、鄭霴序。富晉書社見。四庫存目作潤州先賢錄六卷。

〔補〕**紀善錄一卷** 明杜瓊撰。○明刊本，十行十八字，白口，左右雙闌。即煙霞小說零種。余藏。四庫存目。

〔補〕**南宋名臣言行錄十六卷** 明尹直撰。自陳俊卿至家鉉翁，凡一百二十一人。○十行二十二字，黑口，四周單闌。似弘治本。文友堂見。四庫存目。

〔補〕**皇朝名臣言行通錄十二卷** 明尹直撰。○明弘治刊本，十行二十一字，黑口，四周雙闌。揚州文富堂見殘本。

〔補〕**宋遺民錄十五卷** 明程敏政撰。○明嘉靖刊本,九行十七字,黑
口,四周單闌。杭州述古齋見,頗罕見,值昂不得收。○清嘉慶間鮑
氏刊知不足齋叢書本,在二十四集中。四庫存目。

〔補〕**吳中往哲記一卷** 明楊循吉撰。○明嘉靖十八至二十年顧元慶
輯刻顧氏明朝四十家小說本,十行十八字,白口,左右雙闌。四庫存
目。

〔補〕**皇明理學名臣錄二卷** 明楊廉撰。**續一卷** 明劉涇撰。○明
萬曆刊本,十行十八字,白口,四周雙闌。

明名臣琬琰錄二十四卷續錄二十二卷 明徐紘編。○刊本。

〔補〕**皇明名臣琬琰錄二十四卷後集二十二卷** 明徐紘輯。○明
弘治刊本,十行二十一字,小字雙行同,黑口,四周雙闌。有嘉靖補
版。鈐"雪苑宋氏蘭揮藏書記"印。見于廠肆,惜不全。

〔補〕**皇明名臣琬琰錄二十四卷後集二十二卷** 明徐紘輯。**續集
八卷** 明王道瑞輯。○明嘉靖四十年刊本,十二行二十一字,細黑
口,四周雙闌。庚申二月初三蘇州來青閣見。○此書憶曾見殘本,
十行二十一字,是弘治刊本。

〔補〕**琬琰廣錄不分卷** 不著撰人姓名,分裝四十巨冊。○明寫本,收
錄明代碑傳極富。鈐有陳鱣藏印。庚申元月二十六日陳立炎肆中
見,索二百四十元。

〔補〕**春秋列傳五卷** 明劉節撰。○明嘉靖刊本,十行二十字。四庫
存目。

〔補〕**成化間蘇材小纂四卷** 明祝允明撰。記天順以來蘇州人物,分
簪纓、邱壑、孝德、女憲、方術五門。○明寫本,棉紙藍格。盧址抱經
樓遺書。四庫存目為六卷本。

〔補〕**吳郡二科志一卷** 明閻秀卿撰。○明嘉靖十八至二十年顧元慶
輯刻顧氏明朝四十家小說本,十行十八字,白口,左右雙闌。

〔補〕**三家世典一卷**　明郭勛撰。記徐達、沐英、郭英三家勳業世系。
　　○明天一閣舊藏藍格寫本，十二行二十二字。四庫存目。

〔補〕**皇朝名臣言行錄十四卷**　明徐咸輯。○明刊本，有弘治十一年
　　楊廉序、嘉靖十年徐咸序。目後有嘉靖三十二年王宗沐增補識語。
　　四庫存目為前集十二卷，後集十二卷。

殿閣詞林記三十二卷　明廖道南撰。○明詹氏刊本。

〔補〕○明嘉靖三十一年書林詹氏就正齋刊本，十行二十字，白口，四周
　　單闌。目後有“嘉靖壬子書林詹氏就正齋刊”牌子二行。○明嘉靖
　　刊本，十行二十字，白口，左右雙闌。版匡較前本稍大。均潘氏滂喜
　　齋留京之書，為翰文齋收得。

〔補〕**建寧人物傳四卷**　明李默撰。○明嘉靖十七年李東光刊本，九
　　行二十二字，白口，四周雙闌。余有殘本。四庫存目。

〔補〕**金華先民傳十卷**　明應廷育撰。○明寫本，九行二十四字。前
　　嘉靖三十七年自序。有餘姚黃氏及朱昆田藏印。邃雅齋見。四庫
　　存目。

〔補〕**皇明開國功臣錄三十一卷續編一卷**　明黃金撰。○明弘治
　　正德間馬金等刊本，十行二十一字，黑口，四周單闌。十冊。庚戌九
　　月翰文齋見，索二十四兩，已收。

〔補〕**皇明歷科狀元錄**　明陳鎏撰。○明刊本，起洪武四年，終隆慶五
　　年。前有徐師曾序。

〔補〕**表忠錄九卷**　明汪宗伊撰。○明萬曆刊本，九行十八字，白口，
　　四周雙闌。庚戌九月有益堂見，已收。

〔補〕**小隱書一卷**　明劉繼先撰，題明西村畸人敬虛子。○清寫本。
　　余藏。繼先明嘉靖十年舉人。

〔補〕**續吳先賢讚十五卷**　明劉鳳撰。○明萬曆三年刊本，九行十八
　　字，白口，左右雙闌。有萬曆乙亥自序及魏學禮後序。余藏。四冊。

四庫存目。

嘉靖以來首輔傳八卷　明王世貞撰。○内刊本。○借月山房彙抄本。

〔補〕**秦淮士女表一卷**　明曹大章撰。○舊寫本,前有駢文序。繆氏藝風堂遺書。

今獻備遺四十二卷　明項篤壽撰。○刊本。

〔補〕○明萬曆十一年項篤壽萬卷堂自刊本,九行二十字,白口,四周單闌。余藏。

〔補〕**梅花草堂集十卷**　明張大復撰。○明刊本,九行二十字,白口,左右雙闌。譚志賢收嘉興忻寳華家書。

百越先賢志四卷　明歐大任撰。○萬曆壬辰游朴刊本。○嶺南遺書本。

〔補〕**明隆慶二年進士登科錄一卷**　○明刊本,首玉音,次讀卷官,次登科錄。後附策問及鼎甲對策。盛昱遺書。

〔補〕**皇朝中州人物志十六卷**　明朱睦㮮撰。○明隆慶四年朱睦㮮刊本,十行十八字。前隆慶四年翁大立序,金立敬序。末有隆慶二年朱睦㮮跋。保萃齋見。

〔補〕**寳善編選刻二卷**　明馮時可撰。時可明隆慶五年進士,此選其為人作傳各文刊之。○明刊本。余藏。

〔補〕**豫章書一百二十二卷**　明郭子章撰。○明藍格寫本,九行二十字。不全。四庫存目。

〔補〕**元相臣傳十二卷**　明魏顯國撰。○明刊本,十行二十字。有薛慰農藏印。此書四庫入存目,然流傳頗罕。

〔補〕**新刊南北直隸十三省府州縣正佐首領全號宦林備覽二卷**　○明萬曆十二年北京宣武門裏鐵匠胡同刊行。余藏。

〔補〕**新刊真楷大字全號搢紳便覽一卷** ○明萬曆十二年北京宣武門裏鐵匠胡同葉鋪刊本，藍印，八葉，九行。外官墨印，小字十六行，每行四排。

〔增〕**獻徵錄一百二十卷** 明焦竑撰。○刊本。四庫存目。

〔補〕**焦太史編輯國朝獻徵錄一百二十卷** 明焦竑撰。○明萬曆間徐象橒曼山館刊本，十行二十字。余藏。徐氏尚刊有焦氏國史經籍志六卷。

〔增〕**兩浙名賢錄五十四卷外錄八卷** 明徐象梅撰。○刊本。四庫存目。

元儒考略四卷 明馮從吾撰。○刊本。

〔補〕**皇明開國臣傳十三卷** 明朱國楨輯。○明崇禎刊皇明史概本。

〔補〕**皇明遜國臣傳五卷首一卷** 明朱國楨輯。○明崇禎刊皇明史概本。

〔補〕**漢天師世家不分卷** 明張國祥輯。○明萬曆二十二年刊本，前有洪武間宋濂、蘇伯衡序，又萬曆喻文偉、王德新、周天球序。後有嗣孫四十三代天師宇初跋，又萬曆二十二年五十代孫國祥跋。卷首題“賜進士通議大夫工部左侍郎安仁張鍼校”。余藏。

〔補〕**毘陵人品記十卷** 明吳亮輯。○舊寫本，九行二十字。前有萬曆四十六年自序，又夏樹芳等六家序。有翰林院印，即四庫存目著錄原帙。

〔補〕**宦寺考八卷** 明李騰芳撰。○明刊本，九行二十字。前有吳道行序。李文田跋。李棪藏書。

〔補〕**藩獻記四卷** 明朱謀㙔撰。○明萬曆刊本，十行十八字，白口，四周單闌。余藏。

〔補〕**本朝分省人物考一百十五卷** 明過庭訓撰。○明天啟二年刊本,十行二十字,白口,四周單闌。有自序,毛一鷺、熊膏序,又天啟二年陳繼儒序。文友堂見。○舊寫本,涵芬樓藏。

〔補〕**壽者傳三卷**　明陳懋仕撰。○舊寫本,前有萬曆三十八年自序。盧址抱經樓遺書。

〔補〕**昭代名賢錄二十卷**　明青谿童時明輯。分本紀、世家、列傳。自洪武迄萬曆。○明萬曆間童氏刊本,十行二十字,白口,四周雙闌。文賢堂購自江南,辛亥六月見。

〔補〕**國朝內閣名臣事略十六卷**　明吳伯與撰。○明崇禎本,九行十八字,白口,四周單闌。存九卷。

〔補〕**懿畜前編不分卷**　明黃道周輯。輯錄歷代名臣事蹟。○舊寫本,墨格,版心有"梅閣藏本"四字。有揆敘謙牧堂印記。徐坊遺書。

〔補〕**皇明相業考一卷軍功考一卷**　明沈夢熊輯。○明天啟三年刊本,九行二十字。聚珍堂見。四庫存目。

〔補〕**衡門癯語六卷**　明新都潘京南撰。○明刊本,十行二十字,白口,四周單闌,約萬曆刊。辛亥濟南翰文齋見,索六元。四庫存目。

〔補〕**鎮遠先獻記二十四卷**　明顧大猷撰,記其始祖顧成本世襲貴州都指揮使及以後諸世事蹟,起洪武元年,至萬曆十年止。○明天啟刊本,前有自序及凡例十二則。蘇州雙百齋見。

〔補〕**古今宗藩懿行考十卷**　明朱常淓撰。明崇禎九年潞府刊本,九行十八字,白口,四周雙闌。

〔補〕**皇明寶善類編二卷**　明蘇茂相輯。採明代先正遺事,分類載記。○明末刊本。余藏。

〔補〕**復社姓氏錄一卷**　明吳應箕撰。○舊寫本,有袁芳瑛藏印。古書流通處見。

〔補〕**崇禎忠節錄三十二卷**　明高承埏撰。○舊寫本。有同治丙寅跋,謂刊未就而高君卒,板不知落何所云云,則是書疑未有刊本也。

〔補〕景行錄□卷　明棗强張學詩輯。○明萬曆刊本。

〔增〕國史滿洲名臣傳四十八卷漢名臣傳三十二卷又貳臣傳十
　　二卷逆臣傳四卷　○坊刊本。

〔補〕貳臣傳十二卷逆臣傳四卷　不著撰人名氏。○清道光間京都
　　琉璃廠半松居士刊本。

〔增〕國史儒林文苑傳稿　阮元撰集。

〔增〕國史忠義傳稿八册□卷　○邵亭在京師收寫本，以付黃子壽。

〔增〕從政觀法錄三十卷　國朝朱方增輯。取國史名臣傳所載，去繁
　　存要，仍每人為一傳，凡二百八十人。○道光庚寅刊。

欽定八旗滿洲氏族通譜八十卷

欽定宗室王公功績表傳十二卷

欽定蒙古王公功績表傳十二卷

　　按：右三書四庫著錄，莫氏失收。

欽定勝朝殉節諸臣錄十二卷　乾隆四十一年奉敕撰。○浙中刊本。

〔補〕○清嘉慶二年謝啟昆刊本。五册。余藏。

〔補〕錢氏譜牒一卷　清錢謙益撰。自吳越王錢氏起。○舊寫本，余
　　藏。

〔補〕列朝詩集小傳十卷　清錢謙益撰，錢陸燦輯。○清乾隆三十七
　　年黃氏誦芬堂刊本。余藏。

〔補〕元朝人物略不分卷　原名大都元氣錄，題退谷逸叟，即孫承澤。
　　○孫氏稿本，分勳德、事功、撫循三類。卷首鈐“北平孫氏章”。余
　　藏。

〔增〕宋元學案一百卷　國朝黃宗羲、全祖望原輯，王梓材增補。○道
　　光丙午何紹基刊之京師。

明儒學案六十二卷　國朝黃宗羲撰。○康熙中刊本。○近有覆本。

中州人物考八卷 國朝孫奇逢撰。○四庫依抄本。

〔附〕○補按。曾見刊本於蘇肆。（適園本眉）

〔補〕**續名賢小紀一卷** 清徐晟撰。○清吳翌鳳手寫本。已印入涵芬樓秘笈七集。

〔增〕**明名臣言行錄九十五卷** 國朝康熙初徐開仕撰。○崑山徐氏刊本。

〔補〕**蒭蕘錄□卷** 清劉思敬撰。○清康熙六年周亮工刊本，版心題"存徵"二字，記金陵耆獻。余藏。

〔補〕**賴古堂別集印人傳二卷** 清周亮工撰。○清康熙二十八年淄川刊本，九行十八字，白口，四周單闌。前康熙己巳高珩、唐夢賚序，次錢陸燦舊序及康熙十二年周在浚等識語。鈐有劉喜海、俞燕思藏印。

〔補〕**明末忠烈紀實二十卷** 清徐秉義撰。○舊寫本，十行二十二字。前有錢澄之序。李文田遺書，李棪藏。

〔補〕**古懽錄八卷** 清王士禛撰。○清康熙間刊王漁洋遺書本。余藏。四冊。四庫存目。

〔補〕**松陵文獻十五卷** 清潘檉章撰。○清康熙三十二年潘耒刊本，九行二十字。前潘耒序。卷一至十二為人物志，十三至十五為官師志。書未完而被殺，弟耒收拾而刊傳之。余藏。

東林列傳二十四卷 國朝陳鼎撰。○康熙中刊本。○山壽堂刊本。

〔補〕**東林列傳二十四卷末二卷** 清陳鼎輯。○清康熙五十年刊本。余藏。六冊。

儒林宗派十六卷 國朝萬斯同撰。○辨志堂刊本。

〔增〕**史傳三編五十六卷** 國朝朱軾撰。○朱文端十三種本。○雍正中刊。

〔補〕**殷頑錄六卷** 清楊陸榮撰。○舊寫本。

〔補〕**啟禎野乘初集十六卷二集八卷** 清梁溪鄒漪撰。○清康熙四十三年刊本。盧宜朱筆批。十四冊。余藏。○舊寫本。有"馥"、"鹿山"二印。邃雅齋見。内均大臣、名人傳。

〔補〕**四王傳四卷附錄一卷** 清錢名世撰。○繆荃孫手寫本。錄笪重光跋。

明儒言行錄十卷續錄二卷 國朝沈佳撰。○刊本。

〔補〕**崇禎五十宰相傳一卷** 清曹溶撰。○清寫本,墨格,十二行二十四字。余藏。○知服齋叢書本。

閩中理學淵源考九十二卷 清李清馥撰。按:四庫著錄,莫氏失收。

〔補〕**嘉禾徵獻錄四十六卷** 清盛楓丹山撰輯,紀明代嘉禾人物。○舊寫本。庚戌九月李紫東自南攜來求售。此書無刻本,四庫入存目。

〔補〕**詞科掌錄十七卷餘話七卷** 清杭世駿撰。○清乾隆間杭氏道古堂刊本。八冊。余藏。

〔補〕**乾隆四十四年搢紳不分卷** 十六行三十四字,白口,四周雙闌。余藏。

〔補〕**蜀碧四卷** 清彭遵泗撰。○清嘉慶刊本。余藏。二冊。記崇禎至康熙間蜀事。

〔補〕**經訓堂隨筆不分卷** 清畢沅撰。○稿本。范氏天一閣藏明清人來往簡札,畢氏詳考其仕歷,並附存簡札中語,可資考證。王鴻甫藏。

〔補〕**史外八卷** 清汪有典撰。○清同治三年廬陵尋樂山房刊本。八冊。余藏。

〔補〕**南天痕二十六卷** 清凌雪纂輯。○清寫本,缺卷三至十六,二十至二十六。存十五卷。余藏。四册。

〔補〕**皇清通志綱要功勛名臣錄不分卷**　清弘旺撰。○清寫本。余藏。

〔補〕**鶴徵錄八卷**　清李集撰。**後錄十二卷**　清李富孫撰。○清嘉慶十六年刊本。余藏。六册。

〔補〕**國朝名家小傳不分卷**　○舊寫本。清王引之手校。潘氏滂喜齋藏書。

〔補〕**國朝御史題名不分卷**　○清刊本，八行，白口，四周雙闌。收錄至嘉慶九年止。余藏。

〔補〕**歷代名人年譜十卷**　清吳榮光撰。○清光緒元年南海念初思滿齋刊本。十册。

〔補〕**文獻徵存錄十卷**　清錢林撰。記文苑儒林諸人。○清咸豐八年王藻有嘉樹軒精刊本。十册。余藏。

〔補〕**皇朝大臣紀盛八卷**　清麟慶輯。○稿本，八行二十六字，有“嫏嬛妙境”印及半畝園籤題。前自序一首，凡例七則。本書分八類，類為一卷，卷各有小序。文友堂見。

〔補〕**思樂編前集**　撰人未詳。記順治三年至乾隆五十九年歷科歲試題及入學人名。○舊寫本。

〔增〕**皇朝獻徵錄**　國朝錢儀吉撰。取各家文集中碑誌傳記之文依次編集，有加無已，聞已得八十餘册，後不知更增若干。

〔補〕**初月樓聞見錄十卷續錄十卷**　清吳德旋撰。○清道光四年刊本。

〔補〕**國朝先正事略六十卷**　清李元度撰。○清同治五年循陔草堂刊本。二十四册。余藏。又，蛟川方氏刊袖珍本。

〔補〕**伊爾根覺羅家傳**　清鄂恒撰。記其曾祖穆森泰以下各世，人自為傳。○寫本。文友堂見。

〔補〕**先賢十五家年譜二十卷** 清楊希閔撰。自漢徐稺至明王守仁。
　　○清光緒中書林陳履恒刊本。二十冊。

〔補〕**鄭學錄四卷** 清鄭珍撰。○清同治四年刊本。一冊。余藏。

〔補〕**吳門耆舊記一卷** 清顧承撰。○清同治十三年虞山顧氏刊本。

〔補〕**咸豐以來功臣別傳三十卷** 清朱孔彰撰。○清光緒二十四年
　　仁和胡氏印本。六冊。余藏。

上傳記類總錄之屬

〔補〕**乘軺錄一卷** 宋路振撰。○清寫本，九行十六字。鈐李宏信小
　　李山房及徐氏鑄學齋藏印。余藏。○清道光刊指海本。

孫威敏征南錄一卷 宋滕元發撰。○墨海金壺本。

驂鸞錄一卷 宋范成大撰。○知不足齋本。○石湖三錄本。○眉公
　　祕笈本。○近華亭張詩舲刊本，極精。

〔補〕○明萬曆刊寶顏堂祕笈普集本，八行十八字，白口，四周單闌。書
　　各單加“陳眉公訂正”五字。○明萬曆中黃氏刊稗乘本。○明弘治
　　十八年寫說郛本，墨格，十三行二十五字。在卷四十一。余藏。○
　　清初宛委山堂刊說郛本，九行二十字，白口，左右雙闌。余藏。余曾
　　以家藏明抄說郛本校過。○清仁和趙氏小山堂寫本。張元濟涉園
　　藏。

〔補〕**攬轡錄一卷** 宋范成大撰。明萬曆刊寶顏堂祕笈普集本，書名
　　前加“陳眉公訂正”五字。○明萬曆中黃氏刊稗乘本。○明弘治十
　　八年鈔說郛本，十三行二十五字。在卷四十一。余藏。○清初宛委
　　山堂刊說郛本，九行二十字，白口，左右雙闌。余曾以家藏明鈔說郛
　　本校過。○清仁和趙氏小山堂寫本。張元濟涉園藏。○清寫本，九
　　行二十一至二十三字。鈐有李宏信小李山房及徐氏鑄學齋藏印。

余藏。○清乾隆刊知不足齋叢書本。

吳船錄二卷 宋范成大撰。○知不足齋本。○廣祕笈本。○萩圃搜奇本。○石湖三錄本。

〔補〕○明萬曆中刊寶顏堂祕笈廣集本，八行十八字，白口，四周單闌。書名前加“高奇齋訂正”五字。○清乾隆中刊知不足齋叢書本。

〔補〕**石湖居士吳船錄二卷** 宋范成大撰。○清仁和趙氏小山堂寫本。與驂鸞錄、攬轡錄合為一冊。張元濟涉園藏。

〔補〕**吳船錄一卷** 宋范成大撰。○明萬曆中黃氏刊稗乘本。○明弘治十八年鈔說郛本，墨格，十三行二十五字。存卷四十一。余藏。○清初宛委山堂刊說郛本，九行二十字，白口，左右雙闌。余藏。余曾據家藏明鈔說郛本校。

〔補〕**北行日錄二卷** 宋樓鑰撰。○武英殿聚珍本攻媿集本。○清乾嘉間刊知不足齋叢書本。

入蜀記六卷 宋陸游撰。○放翁文集本。○知不足齋本。○萩圃搜奇本。○廣祕笈本四卷。

〔補〕**入蜀記四卷** 宋陸游撰。○明萬曆中刊寶顏堂祕笈廣集本，八行十八字，白口，四周單闌。書名前加“陳眉公訂正”五字。

西使記一卷 元劉郁撰。○古今說海本。○學海類編本。○學津討原本。

〔補〕**西使記一卷** 元劉郁撰。○舊寫本。四庫全書底本，有翰林院印。繆荃孫遺書。余曾據以校墨海金壺本。

〔補〕**元郭天錫日記** 元郭畀撰。○清趙之玉寫本。卷末有“嘉慶己未冬月某泉居士趙之玉寫於星鳳閣”一行，並錄宋葆淳跋。又有之玉之父趙輯寧跋及趙魏跋。鮑廷博手校。鈐有鮑氏藏印及方功惠碧琳琅館藏印。四庫存目。

保越錄一卷 不著撰人。○學海類編本。

〔補〕**南歸紀行二卷附南歸詩稿一卷**　明楊士奇撰，正統四年二月
　　回籍省墓所記。○明寫本。有"葉德榮甫世藏"印。余藏。

〔補〕**西域行程記一卷**　明陳誠、李暹撰。○明鄭曉家寫本，藍格，九
　　行十九字，上空一格，版心上有"獨痛園稿"，下有"淡泉書屋"字樣。
　　記西安至哈烈行程，計在途中九月。有朱彝尊、朱昆田父子印。韓
　　左泉書。此書已印入北平圖書館善本叢書本。四庫存目。

〔補〕**璽召錄一卷**　明李日華撰。○明天啟崇禎間刊李竹嬾先生説部
　　八種本，八行十九字，白口，四周單闌。四庫存目。

〔補〕**禮白岳記一卷蓬櫳夜話一卷薊旋錄一卷**　明李日華撰。○
　　明天啟崇禎間刊李竹嬾先生説部八種本，八行十九字，白口，四周單
　　闌。三書合一册，總一卷。四庫存目。

〔補〕**春浮園別集六卷**　明蕭士瑋撰。内南歸日錄一卷，汴遊錄一卷，
　　春浮園偶錄二卷，深牧菴日涉錄一卷，蕭齋日記一卷。○清初刊本，
　　十二行二十字，白口，左右雙闌。

閩越巡視紀略六卷　國朝杜臻撰。○刊本。

〔補〕**迎鑾日記一卷二紀一卷三紀一卷**　清宋犖撰。○稿本。書衣
　　署"卷四十，卷四十一，卷四十二"。日記標"第二次改，今紀應選
　　寫"。二紀標"劉隱寫"。三紀標"第二次，金永祿寫"。有"臣犖"、
　　"西陂"、"吟舫"、"龢松菴"。余藏。記三次康熙南巡迎鑾之事。

松亭行紀二卷　國朝高士奇撰。○江村全集本。○説鈴本。

扈從西巡日錄一卷　國朝高士奇撰。○江村全集本。○説鈴本。

〔補〕**楊子日記一册**　清楊賓撰。○清楊賓手寫本，其時為康熙四十
　　六年丁亥，自正月一日至十二月除夕，記一歲日記。時在閩撫李質
　　君幕中。正月廿四日李卒於任，二月舟行返蘇州，四月八日抵家。
　　五月以送李中丞喪赴揚州。九月受黔撫陳實齋之聘，致安家銀二百
　　五十兩，歲暮又致路費一百三十兩，遂束裝戒行。在蘇州過從有陸

其清、方扶南、石濤、何焯、何煌、馮武、繆日藻、潘稼堂等人。

〔補〕**果親王西藏日記不分卷** 清允禮撰。○稿本。余藏。記雍正十二年入藏事。

〔補〕**觀齋行年自記** 清祁寯藻撰。○稿本。封面題“咸豐八年初稿”。

〔補〕**曾惠敏公日記五卷** 清曾紀澤撰。○清光緒十九年江南製造總局活字排印本。

上傳記類雜錄之屬

〔補〕**安祿山事蹟三卷** 唐姚汝能撰。○清康熙三年傳鈔馮己蒼藏本，九行二十字，細黑口，左右雙闌。末題“歲在閼逢執徐之窝月十九日幼英弟借來，是日錄起，至二十七日寫畢，馮己蒼原本。”又朱筆書“乙卯春盡日校錢遵王”。余藏。○舊寫本，九行二十一字，注大字低一格。有宋筠藏印。○舊寫本，八行十七字。有陳鱣藏印。○舊寫本，紅格，七行十五字。標“安吉林富善輔氏輯”。涵芬樓藏。○鮑廷博寫本。○舊寫本。有秦恩復手跋。李木齋先生藏。○清道光十一年晁氏活字印學海類編本。余藏。余據鮑廷博、秦恩復舊藏本校。四庫存目。

上傳記類別錄之屬

史部八

史鈔類

兩漢博聞十二卷 宋楊侃撰。○嘉靖戊午黃氏刊本，不著撰人。

〔補〕○宋乾道八年胡元質姑孰郡齋刊本，十行十九字，白口，左右雙闌。卷尾有胡元質壬辰十月旦日跋，稱刻版姑孰郡齋。聊城楊氏海源閣藏。○明嘉靖三十七年黃魯曾刊本，八行十六字，白口，左右雙闌。○明影寫宋刊本，十行十九字。原文頂格，引史低一格，注低二格。宋諱闕筆。末有胡元質跋四行。鈐黃汝成藏印。余藏。

〔增〕**漢雋十卷**　宋林鉞撰。○明刊本。○又嘉靖中吳氏刊本。四庫存目。○又明淩氏文林綺綉刊本，十六卷，改名兩漢雋言。後六卷淩迪知續。

〔補〕○宋刊本，九行十五字，注雙行三十字，白口，左右雙闌。避宋諱至慎字，刊工有鄧俊、鄧鼎、蔡恭、蔡懋，多江西良工，當是孝宗時江西刊本。前有紹興壬午林氏自序，每行十八九字不等。徐坊遺書。○宋淳熙十年象山縣學刊本，半葉九行，小字雙行三十字，白口，左右雙闌。刊工有孫濟、孫湛、王進、方迪等，與前本不同。○宋刊本，九行，注雙行三十字，白口，左右雙闌。鈐有明文氏玉蘭堂印及季振宜、徐乾學藏印。清宮藏。○元刊本，九行十五字，注雙行三十字，黑口，四周雙闌。鈐陳氏昌齋印。葉德輝遺書，葉定侯藏。○明翻元本，九行十五字，注雙行三十字，黑口，左右雙闌。前延祐七年袁桷序，後淳熙十年楊王休序。鈐怡府安樂堂、明善堂藏印。述古堂閱。○明嘉靖何鏜刊本，九行，小字雙行二十四字，細黑口，四周雙闌。○收得萬曆呂元刊本，八行二十四字，白口，左右雙闌。有萬曆十二年呂元序。

〔補〕**兩漢雋言十六卷**　宋林鉞輯，明淩迪知增。○明萬曆四年淩氏文林綺綉刊本，八行十七字，白口，左右雙闌。

〔補〕**諸史提要十五卷**　宋錢端禮撰。○宋乾道間紹興府學刊本，九行十四字，注雙行二十八字，白口，左右雙闌。卷中避宋諱外兼避鏐、瓘、佐、俶等吳越王錢氏家諱。前劉孝韙序。卷末有校勘官銜名

三行。有明華亭朱大韶橫經閣及宋犖藏印。余藏。○康熙五十二
年內府刊本。五冊。四庫存目。

〔增〕**南朝史精語十卷** 宋洪邁撰。○乾隆五十二年南城吳照刊。四
庫存目。

〔補〕○舊寫本，十行十八字。朱彝尊藏印。

通鑑總類二十卷 宋沈樞撰。○明成化十六年官刊本。○萬曆司禮
監刊本。○元至正中刊本。○天祿後目有宋嘉定刊本三部。

〔補〕○元刊本，至正二十三年吳郡庠刊，十一行二十三字，細黑口，左
右雙闌。有英和藏印。南皮張氏藏。

〔增〕**呂東萊十七史詳節二百七十三卷** ○明正德丙子劉弘毅刊
本。四庫存目。○天祿後目有宋元本十餘部。

〔補〕**十七史詳節二百七十三卷** 宋呂祖謙輯。○明正德十一年劉
弘毅慎獨齋刊本，十三行二十六字，注雙行同，細黑口，四周雙闌。
李木齋先生藏書。

〔補〕**東萊先生增入正義音註史記詳節二十卷** 宋呂祖謙輯。○
元刊本，十三行二十四字，黑口，左右雙闌，闌外記篇名。

〔補〕**諸儒校正西漢詳節十八卷東漢詳節二十卷** 宋呂祖謙輯。
○元刊本，十四行二十二字，注雙行同，細黑口，左右雙闌。劉承幹
藏。

〔補〕**東萊校正晉書詳節三十卷** 宋呂祖謙輯。○元刊本，十四行
二十四字。

〔補〕**名公增修標註隋書詳節二十卷** 宋呂祖謙輯。○宋刊本，十
行二十字，細黑口，左右雙闌，左闌外記帝名，闌上標事目，小版心，
巾箱本。劉承幹藏，原繆荃孫物。

〔補〕**東萊先生點校南史詳節二十五卷北史詳節二十八卷** 宋
呂祖謙輯。○元刊本，十四行二十四字，細黑口，四周雙闌。左闌外

標帝名，闌上標事目。江南圖書館藏。

〔補〕**諸儒校正唐書詳節六十卷**　宋呂祖謙輯。○宋刊巾箱本，十
　四行二十四字，注雙行同，黑口，左右雙闌，左闌標帝名，闌上標事
　目。多有元代補版。

〔補〕**京本增修五代史詳節十卷**　宋呂祖謙輯。○宋刊本，十三行
　二十一字，細黑口，四周雙闌。左闌外有耳記篇名。粵人潘宗周收
　去。

〔補〕**眉山新編十七史策要一百五十卷**　撰人未詳。○宋蜀中刊
　本，十四行二十五字，白口，左右雙闌。字體不甚精整，似二百家名
　賢文粹。麻紙印，蝴蝶裝，碧絹書衣，猶是宋代原裝。北京圖書館
　藏，內閣大庫舊儲，存百餘卷。內西漢策要缺數卷，為李木齋先生所
　得。廠肆偶亦可見殘葉。

〔補〕**歷代帝王編年互見之圖一卷**　題馬仲虎撰。○日本刊本，八
　行十六字，細註四十三字。有永和丙辰刊于洛之大用菴識語及寬永
　間謙菴道慶、朝鮮李真榮跋。有自序及乾道三年李□跋。起三皇，
　訖宋理宗。

〔補〕**直說通略十三卷**　元鄭鎮孫撰。○明成化唐藩刊本，十行十八
　字，黑口四周雙闌。庚戌入都見殘帙。

〔補〕**古今歷代十八史略二卷綱目一卷**　元曾先之撰。○元刊本，
　十八行三十三字，黑口，四周雙闌。前有大德元年周天驥序。

〔補〕**澝東山房批校廬陵曾氏十八史略八卷**　元曾先之撰。○明
　萬曆十二年趙慎修刊本，九行十八字，注雙行同，白口，左右雙闌，上
　有眉闌。前有萬曆甲申趙慎修序。鈐清怡親王府安樂堂藏印。潘
　氏滂喜齋遺書，翰文齋見。

〔補〕**元史節要二卷附釋文一卷**　明張九韶輯。○明洪武三十年丁
　丑建安書堂刊本，十七行二十九字，細黑口，四周雙闌。前洪武甲子

劉季鵬序及自序。前附元朝王裔圖及元朝世譜,後附釋文一卷及張
氏後序。世譜後有"洪武丁丑孟夏建安書堂新刊"白文牌子。盛昱
遺書中有一帙,有宋筠跋及印記。○明正德九年甲戌張克文刊本,
十行二十字,白口,四周雙闌。題"七世孫進士克文宗質重刊,庠生
克文宗周校閱"。前有自序及正德甲戌龔守愚序。余藏。四庫存目
為十四卷本。

〔補〕**元史備忘錄一卷** 明王光魯編。○舊寫本。有袁芳瑛臥雪廬藏
印。

〔補〕**漢語二十七卷** 明許應元輯。以帝為綱,而以諸臣事蹟屬之,皆
采輯漢書而成。○明寫本,棉紙藍格,半葉十行。富晉書社見。

〔補〕**史記抄九十一卷** 明茅坤輯。○明萬曆間閔振業刊朱墨套印
本,九行十九字,白口,左右雙闌。有陳繼儒、閔振業序。余藏。四
庫存目為六十五卷本。

〔補〕**五代史抄二十卷** 明茅坤輯。○明閔氏刊朱墨套印本,八行十
八字,白口,四周單闌。有萬曆七年茅氏序。余藏。

〔補〕**晉書鈎玄二卷** 明錢□輯。○明萬曆刊本,九行二十一字。白
口,左右雙闌。前萬曆六年陳與郊序。

〔補〕**嘉謀錄十八卷** 明胡喬岱撰。○明萬曆二十四年自刊本,十行
二十一字,白口,四周雙闌。涵芬樓藏。

〔補〕**古史談菀三十六卷** 明錢世揚撰輯。○明萬曆四十三年張雋
孟刊本,十行二十字,白口,四周單闌。辛亥三月鳴琴室自蘇州寄來
看。

〔增〕**史緯三百三十卷** 國朝陳元錫編。○刊本。四庫存目。

〔補〕**通鑑紀事本末摘要二卷** 清雷士俊編。○舊寫本,題"涇陽雷
士俊伯籲纂述,新安門人方壇洛瞻參補"。有宋犖藏印

〔增〕**南北史捃華八卷** 國朝周嘉猷撰。○刊本,分三十五目,略依世

説。

南史識小錄八卷北史識小錄八卷 國朝沈名蓀、朱昆田同編。○
無刊本。此書不分門類，張仲甫取其原本增益排比，尚未刊行。

上史鈔類

史部九

載記類

吳越春秋十卷 漢趙煜撰，元徐天祐注。○漢魏叢書、古今逸史、二
十一種祕書本俱六卷。○昭文張氏有影宋鈔本。○又有明初刊本，
有徐注。○弘治中袁大倫刊本，佳，張藏似即此本。○陽湖孫氏有
元大德。○元本徐注十卷，末頁二行云"大德十年歲在丙午三月
音注，越六月書成刊板，十二月畢工"。後天祐及紹興路學官題名五
行，每頁十八行，行十七字。○明萬曆丙戌，武林馮念祖翻刊徐注本
于臥龍山房，甚精工，見天祿琳琅。○張氏愛日精廬藏書志，吳越春
秋，嘉定甲申新安汪氏綱與越絕書同刊。○天祿後目有宋紹興十年
刊本，云總目但見元大德丙午重刊本，未窺中秘之藏也。

〔附〕○後目所收亦徐天祐音注，所謂紹興十年歲在丙午蓋書賈以大德
本作偽，非宋本也。（原稿無，印本入正文。）○樂意軒翻宋本。○明
翻元本。（邵氏）藏園按：天祐元人，此書何得有宋本。莫氏前文已
辨之。○元本、明本皆作徐天祐，非天祐也，天祿目亦云然。蓋字受
之，固宜為祐也。

〔補〕**吳越春秋音註十卷** 漢趙曄撰，元徐天祐音註。○元大德十年
紹興路儒學刊本，九行十八字，白口，左右雙闌。前有序，半葉六行。

後有"大德十年歲在丙午三月音註，越六月書成刊板，十二月畢工"
及紹興路學官銜名，共七行。海虞瞿氏有一帙，後余亦收得一帙。
字體方嚴，尚有宋刊遺矩。○明弘治十四年酈廷瑞刊本，九行十八
字，白口，左右雙闌。前有弘治十四年錢福序，末有元大德十年刊書
銜名。此本已印入四部叢刊初編。○明嘉靖刊本，九行十七字，注
雙行同，細黑口。四周雙闌。莫棠藏。○明刊本，九行十七字，注雙
行同，白口，四周雙闌。後有大德十年注及刊書銜名。○明萬曆十
四年馮念祖臥龍山房刊本，八行十七字，注雙行同，白口，左右雙闌。
卷末有大德十年注及刊書銜名。余藏。此書已印入四部叢刊初編，
第一次印本。

〔補〕吳越春秋音註六卷　漢趙曄撰，元徐天祐音註。○明萬曆古今
逸史本，十行二十字，白口，左右雙闌。余曾據明弘治酈廷瑞刊本
校。○明萬曆廣漢魏叢書本，九行二十字，白口，左右雙闌。○清康
熙七年汪士漢刊秘書本，十行二十字，白口，左右雙闌。

越絕書十五卷　漢袁康撰。○明初刊本。○古今逸史本。○田汝成
本，佳，○昭文張氏藏。○明張佳胤校勘本。○丁文伯刊本。

〔附〕○元大德丙午本。○宋嘉定汪綱本。○樂意軒翻宋本，最佳。○
四庫著錄吳越春秋、越絕書皆元大德丙午刊本。總目云別有續越絕
書二卷，康熙中錢軹偽撰也。

〔補〕○明正德四年劉恒刊本，十行十六字，白口，左右雙闌。有正德四
年都穆序，言劉恒宰吳時刊。莫棠藏。○明嘉靖二十六年陳塏粵東
刊本，十行二十二字，細黑口，四周單闌。前有嘉靖丁未陳塏序，後
有丁黼、汪綱、都穆、楊慎跋。文祿堂見。○明嘉靖二十年梅守德越
中刊本，十行十六字，白口，左右雙闌。有嘉靖辛亥梅守德後序，云
以正德四年劉恒吳中刊本再梓之。○明嘉靖二十四年孔天胤刊本，
九行十六字，白口，左右雙闌。李木齋收得。○明嘉靖三十三年張

佳胤雙柏堂刊本，八行十七字，白口，四周雙闌。版心下方有“雙柏
堂板”四字。前嘉靖三十三年張佳胤刊書序，後嘉定庚辰丁黼舊序。
余藏一本，有龔自珍跋。此本已印入四部叢刊初編，為第二次印本。
○明萬曆十四年馮念祖卧龍山房刊本，八行十七字，注雙行同，白
口，左右雙闌。此本已印入四部叢刊，為第一次印本。○明萬曆吳
琯古今逸史本，十行二十字，白口，左右雙闌。余藏。余曾據明嘉靖
三十三年張佳胤雙柏堂刊本校。

華陽國志十二卷附錄一卷 晉常璩撰。○四庫依張佳胤嘉靖甲子
足本錄。○漢魏叢書本、古今逸史皆不全。○明何宇度本，良。○
函海本，全。○嘉慶甲戌廖寅題襟館本，乃顧千里校。○宋元豐中
呂大防成都刊本。○嘉泰甲子李𡏗刊本。○宋李𡏗嘉泰甲子本校
明何鏜吳琯本，增出卷十之上中兩卷，李、廖二卷皆有之。

〔補〕○清乾隆四十六年李調元刊本。據明錢穀寫本、嘉靖四十三年楊
經刊本及天啟李一公本校刻。余曾以張佳胤、楊經二本校之，廖寅
本誤處此本多不誤，或注異同於本字下。○清刊本，九行二十字，白
口，左右雙闌。失序跋。有韓氏玉雨堂印。

〔補〕**華陽國志十二卷** 晉常璩撰。○明嘉靖四十二年張佳胤刊本，
十行二十字，白口，四周單闌。卷五及卷十上首葉次行題“明銅梁張
佳胤校刻”八字。前呂大防、李𡏗舊序，次嘉靖甲子張四維序，次嘉
靖癸亥張佳胤刊書序，云據晁太史家抄本及楊慎、朱灌甫本互校刊
本。余藏。○明嘉靖四十三年楊經成都刊本，十行二十字，白口，四
周雙闌。每卷題“晉導江常璩道將譔”，“明成都劉大昌校”二行。前
嘉靖甲子楊經序，後劉大昌跋，言以舊鈔本付刊而以後漢書訂正。
北京圖書館藏。余曾借校，改訂廖氏題襟館本四百餘字。○明萬曆
間吳琯刊古今逸史本，十行二十字，白口，左右雙闌。視上二本缺卷
十上、中兩卷。余藏。余曾據惠棟校錢穀寫本校過。○明天啟六年

李一公刊本,九行十九字,白口,四周單闌。○明末刊本,九行二十字,白口,左右雙闌。存巴志、漢中志、南中志,共四卷,顧廣圻手校。前有顧氏撰三州郡縣目錄手稿一卷。端方遺書。○明錢穀手寫本,十一行二十一字,黑口,四周雙闌。繆荃孫藏。此本余曾借校,改訂廖寅刊本只十餘字。已印入四部叢刊初編。

〔補〕**華陽國志十二卷** 晉常璩撰。**補三州郡縣目錄一卷** 清廖寅撰。○清嘉慶十九年廖寅題襟館刊本。顧廣圻據虞山馮氏空居閣藏本校。校語溢出刊本者甚多。鄧邦述羣碧樓藏。友人吳慈培曾臨一本,現寄存余齋。○又一帙,舊人臨吳翌鳳、顧廣圻校。李木齋先生藏。卷中臨吳校用藍筆,吳氏據校者為錢穀寫本。然卷六第七葉十六年益州牧劉璋下以藍筆增鈔一葉,補先主人蜀至十九年領益州牧止,凡三十行。此文非據錢本所增,不知枚菴從何得之。○又一帙,余藏。余據明張佳胤、楊經二本校過,改訂數百字。○清光緒四年二酉山房刊本。余據何焯校本校。

鄴中記一卷 晉陸翽撰。○聚珍本。○閩覆本。○續百川學海本。
〔補〕○清光緒二十五年廣雅書局翻武英殿聚珍版書本。余曾據盧文弨校本校並錄盧氏劄記。

十六國春秋一百卷 魏崔鴻撰。○明屠喬孫等刊本。○乾隆辛丑仁和汪日桂重刊本。此書四庫目以為即屠、項二君所偽作,然汲古閣秘書目有精抄本二十冊二套,稱係從宋板抄出,在刻本之前。屠、項刻此書于萬曆中,而毛氏家藏已有抄本,即使偽托,亦前人所為,決非二君自作自刻也。
〔補〕○明萬曆三十七年屠氏蘭暉堂刊本,九行十八字,白口,左右雙闌。余藏。○清乾隆四十六年汪日桂刊本。二十冊。余藏。

別本十六國春秋十六卷 魏崔鴻撰。○漢魏叢書本。
蠻書十卷 唐樊綽撰。○聚珍板本。○閩覆本。○桐華館刻本。○

琳琅秘室本。○雲南備徵志本。

〔補〕○清光緒二十五年廣雅書局翻刻武英殿聚珍版書本。○清刊汪
　氏振綺堂叢書本，十行二十一字，細黑口，左右雙闌。余曾據盧文弨
　校本校過。

釣磯立談一卷　不著撰人。○淡生堂餘苑本。○曹棟亭刻本。○知
　不足齋本，佳。

〔補〕○清康熙四十五年曹寅揚州使院刊棟亭十二種本，黃丕烈據宋臨
　安尹家書籍鋪本校。後有"臨安府太廟前尹家書籍鋪刊行"一行。
　余藏。

江南野史十卷　宋龍袞撰。○四庫依抄本。○淡生堂餘苑本。

〔補〕○舊寫本，十行二十三字，無格。疑為明人所鈔，然無印記。余
　藏。○舊寫本，失名人錄明趙琦美校及跋。趙跋云據唐奉常本錄校
　並據焦太史本校。李木齋又用清授經堂寫本經馬應潮手校者校。
　李木齋先生遺書。余曾取校孔氏嶽雪樓寫本，改訂數百字之多，然
　差訛仍未能盡掃。○清趙輯寧家寫本，有趙氏手跋。陸心源舊藏，
　今在靜嘉堂。○清敦詩書閣寫本，版心有"敦詩書閣鈔本"六字。陳
　鱣、馬瀛、丁丙遞藏，今在江南圖書館。○舊寫本，十行二十字。鈐
　"漢陽孫氏藏書"印。文友堂見。○清孔氏嶽雪樓寫本，從敦詩書閣
　本出，余藏。余用李木齋藏本校過。○胡氏琳琅秘室叢書本。據目
　在續增之第五集中，然余迄未見其書。

江南別錄一卷　宋陳彭年撰。○歷代小史本。○古今說海本。○學
　海類編本。○墨海金壺本。

江表志三卷　宋鄭文寶撰。○藝圃搜奇本。○學海類編本。○墨海
　金壺本。

〔補〕○明萬曆刊本，行欵失記。題明徐燉校。余收得，讓與涵芬樓。
　○舊寫本。有劉彥芬跋，云自阮元藏本出。○清中隱堂寫本。沈曾

桐藏。○清吳騫拜經樓寫本。○清嘉慶間張海鵬刊墨海金壺本，十
一行二十三字，黑口，左右雙闌。余據吳騫拜經樓寫本校過。○清
道光十一年晁氏活字印學海類編本，九行二十一字，白口，左右雙
闌。余據清中隱堂寫本校過。○清嘉慶吳省蘭刊藝海珠塵本。

江南餘載二卷　不著撰人。○知不足齋本。○函海本。○龍威秘書
本。

三楚新錄三卷　宋周羽翀撰。○歷代小史本。○古今説海本。○學
海類編本。○續百川學海本。○墨海金壺本。

〔補〕○明嘉靖二十三年陸楫儼山書院刊古今説海本，在説選中，八行
十六字，白口，左右雙闌。余藏。○舊寫本。後題"借自任儀曹子田
兄處抄校"一行。孫壯家見。○清代有墨海金壺本、學海類編本、藝
海珠塵本，均三卷。別有歷代小史本、續百川學海本、説郛本，均一
卷。余曾據中隱堂鈔本校學海類編本。

〔補〕**三楚新錄一卷**　宋周羽翀撰。○明萬曆刊歷代小史本，十一行
二十六字，白口，四周雙闌。○明鈔説郛本，在卷四十。余藏。商務
印書館已排印。○明末宛委山堂刊説郛本，九行二十字，白口，左右
雙闌。余曾以家藏明鈔本校，增訂四百餘字。

錦里耆舊傳四卷　宋句延慶撰。○讀畫齋叢書本。

〔補〕○清初寫本，八行二十字。有王士禎印。存卷五至八。同古堂
見。○舊寫本，九行二十字。存四卷。○嘉慶四年顧修刊讀畫齋叢
書本，余曾據王士禎藏本校。

〔增〕**九國志十二卷**　四庫未收。宋路振撰。○儀徵阮氏得曲阜孔氏
舊抄殘頁，凡列傳一百三十六篇，編為十二卷，曾以進呈。○守山閣
刻本，多拾遺一卷。

〔補〕○舊寫本，十行二十一字。卷中注永樂大典卷數，自永樂大典出。
與三楚新錄同帙，孫壯藏。○舊寫本，目後有乾隆四十一年周夢棠

有香氏跋，為守山閣叢書本之底本。孫壯藏。

〔補〕九國志十二卷拾遺一卷 宋路振撰，張唐英補。○清道光二十
　一年金山錢氏刊守山閣叢書本。余據四庫本校過。

五國故事二卷 不著撰人。○藝圃搜奇本。○淡生堂餘苑本。○學
　海類編本。○龍威秘書本。○函海本。○知不足齋本。

〔補〕○清乾隆間李調元函海本，余曾據舊寫本校過。○清乾隆五十七
　年秀水陳氏刊紫藤書屋叢刻本，十一行二十二字。○清道光十一年
　晁氏印學海類編本，九行二十一字。余曾據清鈔琅函小品本校過。
　○清鈔琅函小品十種本，撰輯人未詳。沈曾桐藏。○舊寫本，九行
　十七字。有朱筆校語。鈐有毛晉印記。邃雅齋見。

蜀檮杌二卷 宋張唐英撰。○歷代小史本。○藝圃搜奇本。○續百
　川學海本。○學海類編本。○藝海珠塵本。○函海本。

〔補〕○舊寫本。十行二十字。後有吳翌鳳記二百四十餘言。○明寫
　本。余曾據以校清光緒七年鍾登甲刊函海本。

〔補〕蜀檮杌不分卷 宋張唐英撰。○清勞權手寫本。余曾據以校光
　緒七年鍾登甲刊函海本。

〔補〕蜀檮杌十卷 宋張唐英撰。○清寫本，十行二十字。後有吳翌
　鳳記二百四十餘言。

南唐書三十卷 宋馬令撰。○陳仁錫刻。○蔣國祥馬陸合刊。○淡
　生堂餘苑本。○唐宋叢書本。○墨海金壺本。○昭文張氏有元刻
　本，又茶夢室主人手抄本。○平津館有明刻本，每頁二十二行，行二
　十字，多自序一篇。

〔補〕○明嘉靖二十九年顧汝達刊本，十行二十字，白口，左右雙闌。李
　木齋先生藏。此本已印入四部叢刊中。○明嘉靖二十年姚咨寫本，
　從張洛川家藏鈔本出，張本為官閩中時照宋刊鈔本。海虞瞿氏藏。
　即莫氏所記之茶夢室主人手抄本。○清屈曦寫本，據姚咨寫本校。

○清康熙間蔣國祥、蔣國祚刊南唐書合刻本。余據屈曦校姚咨寫本
校。又臨黃丕烈校本。○清嘉慶十八年嘯園沈氏活字印本。附考
異，清趙泰撰。○朝鮮古活字印本，十二行十九字，黑口，四周單闌。
楊守敬以清刊本校。

南唐書十八卷音釋一卷 宋陸游撰。○明沈士龍刻。○蔣國祥合
刻。○汲古閣刻元刻小字本。○明人撰唐餘紀傳全襲此書，不過增
删數字耳。○秘册彙海本無音釋。○王士禎有其門人成名昭寄以
宋槧四册，凡十五卷，與今刻十八卷編次小異。

〔補〕○明嘉靖四十三年錢穀手寫本，十行二十一字。有錢氏跋，云從
王穀祥手錄本傳錄。此本已印入四部叢刊續編中。○明崇禎間毛
氏汲古閣刊陸放翁全集本。清陸貽典、黃丕烈校並跋。海虞瞿氏
藏。○影寫宋刊本，麗宋樓舊藏，今在日本靜嘉堂文庫。○清屈曦
寫本，並臨陸貽典、黃丕烈校跋。○清康熙間蔣國祥、蔣國祚刊南唐
書合刻本，余臨陸貽典、黃丕烈校跋。

〔補〕**南唐書箋注十八卷** 清周在浚撰。**音釋一卷** 元戚光撰。此
為注陸氏南唐書者。○舊寫本。郁氏宜稼堂舊藏。

〔增〕**陸氏南唐書注十八卷唐年世總釋一卷州軍總音釋一卷**
國朝湯運泰撰。○道光二年刻。

吳越備史四卷補遺一卷 宋錢儼撰。○嘉靖中錢德洪刻本，六卷。
○學津討原本。○埽葉山房本。○昭文張氏有精校本。○乾隆六
十年刻錢時鈺校補書六卷。

〔補〕○清嘉慶張氏照曠閣刊學津討原本，九行二十一字，黑口，左右雙
闌。前有目錄、輿地圖、世系圖、十三州考。後附補遺一卷，後序四
篇。余曾以傳鈔萬曆二十五年錢達道刊六卷本校，學津本卷一丁卯
四年以下為萬曆本第二卷，卷二、三、四為萬曆本第三、四、五卷，補
遺為萬曆本第六卷。又據萬曆本補補遺後論一篇，計二百餘字。又

卷二庚子五年夏四月補六十四字，其餘改訂尚多，不遑備舉。

〔補〕**吳越備史五卷** 題宋范坰、林禹撰。**補遺一卷雜考一卷** 明錢受徵輯。○舊寫本，十三行三十字。題吳中二十四世孫受徵、二十五世孫達道校梓，有萬曆二十六年王遴、萬曆二十八年趙抱清序，萬曆二十七年錢岱序。後有錢達道、謝肇淛諸跋。為傳寫萬曆二十八年錢達道刊本。有錢曾藏印。又朱錫庚題識。徐坊遺書，約明末清初寫本。○清初傳鈔明萬曆二十八年錢達道刊本，十行二十字，前後序跋同前書。鈐有"謙牧堂藏書記""禮邸珍玩"二印。○清吳翌鳳手寫本，十行二十二字，白口，四周單闌。後錄錢曾跋並自跋三首。此書已印入四部叢刊續編。

安南志略十九卷 元黎山則撰。○寶山蔣敦復有錢竹汀及其子某舟行寫本。○姚名甫有舊抄本。○日本活字本。

〔補〕**隆平紀事二卷** 明史册撰。記張士誠王吳事。○日本舊寫本，前附吳江縣志史册傳。日本内閣文庫藏。

〔補〕**滇載記一卷** 明楊慎撰。○明嘉靖二十三年陸楫儼山書院刊古今說海本，八行十六字，白口，左右雙闌。在說選部。○明萬曆刊歷代小史本，十一行二十六字，白口，四周雙闌。○明萬曆四十五年陳于廷刊紀錄彙編本，十行二十字，白口，四周單闌。以上三書均有影印本。○明末山陰祁氏澹生堂寫本。陶湘藏。○清乾隆嘉慶間李調元刊函海本。余曾據祁氏澹生堂寫本校，改訂二十九字。四庫存目。

〔補〕**後梁春秋二卷** 明姚士粦撰。○明萬曆五年丁未刊本，九行十八字，白口，左右雙闌。前濮陽春序，即其所刊。余藏。四庫存目。

〔補〕**南唐拾遺記一卷** 清毛先舒撰。○清吳騫拜經樓寫本。○清道光十一年晁氏刊學海類編本，余據吳氏拜經樓寫本校過。四庫存目。

〔增〕**南疆逸史十六卷** 國朝萬斯同撰。

十國春秋一百十四卷 國朝吳任臣撰。○康熙十七年彙賢齋刻。有翻本。

〔補〕○清乾隆五十八年此宜閣刊本。十四册。余藏。

〔增〕**西魏書二十四卷** 國朝謝啟昆撰。○乾隆己卯刻本。

〔補〕**西魏書二十四卷附錄一卷** 清謝啟昆撰。○清乾隆六十年南康謝氏樹經堂刊本。四册。余藏。○清光緒間刊廣雅書局叢書本。

〔補〕**西夏書□□卷** 清周春撰。○稿本，存載記五卷，地理考一卷，官氏考一卷，列傳四卷，計存十一卷。有嘉慶九年自跋。余藏。

〔增〕**十六國疆域志十六卷** 國朝洪亮吉撰刻。

〔增〕**續唐書七十卷** 國朝陳鱣撰。其書以南唐為正統，蓋本之陳霆唐餘紀傳而為之者。又用蕭常、郝經等續後漢書之例。

〔增〕**南漢書十八卷叢錄二卷南漢文字四卷** 國朝梁廷枏撰。○道光己丑刻。

〔補〕**西遼立國本末考一卷疆域考一卷都城考一卷** 清丁謙撰。○清寫本。余藏。

附錄

越史略三卷 不著撰人。○守山閣本。

〔補〕**大越史記外紀七卷本紀十卷** ○清劉喜海家寫本，藍格，版心下有"味經書屋"四字，闌外有"東武劉燕庭氏校鈔"八字。

朝鮮史略六卷 不著撰人。○萬曆丁巳刻本名東國史略。

〔補〕○明萬曆四十五年刊本，九行十八字，白口，四周單闌。每卷末記校勘人名，有趙宧光、葛一龍等六人。彼國人所撰編年史書。余藏。此本已印入國立北平圖書館善本叢書中。

〔補〕**東國史略六卷**　○明趙琦美寫本，十二行十九字。趙琦美校並跋。卷一末葉有“虞山錢曾遵王述古堂藏書”十一字。丁鈞藏。

〔增〕**高麗史一百三十九卷**　朝鮮人鄭麟趾撰。○四庫存目著錄只二卷，乃殘本也。○昭文張氏有抄足本。○朝鮮刻本。

〔補〕**朝鮮志二卷附箕田考一卷**　○清劉嘉海家寫本，綠格，九行二十四字，版心有“嘉蔭簃寫書”五字。有大興翁樹昆序。

〔補〕**紀年要覽二卷**　朝鮮李萬運撰，李德懋增修。○稿本，卷一記上古至乾隆，卷二記朝鮮，自檀君至明末。有李德懋序。述古堂見。

〔補〕**朝野紀聞不分卷**　記朝鮮史事，有子目二十五。○朝鮮舊寫本。涵芬樓藏書。

〔補〕**海東諸國紀不分卷**　朝鮮申叔舟撰。○朝鮮古活字印本，十行二十字，白口，左右雙闌。有安樂堂藏書印。余藏。

〔增〕**琉球國志略十六卷**　國朝周煌撰。○聚珍板本。提要遺未錄。○周氏刻本。

〔增〕**吾妻鏡五十二卷**　亦名東鑑，即日本國史也。朱竹垞有跋，無撰人名氏。

〔增〕**藩部要略十八卷表四卷**　國朝祁韻士撰。○道光丙午刻。

〔補〕**皇朝藩部要略十六卷**　清祁韻士撰，張穆改定。○稿本，余藏。

上載記類

史部十

時令類

歲時廣記四卷　宋陳元靚撰。○學海類編本有圖說一卷，格致叢書本二十圖全。○路小洲有舊抄本，完全無缺。○天一閣有四十二卷足本。

〔補〕**歲時廣記四十二卷** 宋陳元靚撰。○清劉喜海嘉蔭簃寫本，十行二十五字，闌外有"東武劉燕庭氏校鈔"一行。劉氏手跋，云自天一閣本錄出。為本書四十卷，首一卷，末一卷。缺卷第五。

〔增〕**歲華紀麗四卷** 唐韓諤撰。○王士禎以為胡震亨偽造，然錢遵王家有舊抄本七卷，內有缺文，後見章邱李中麓藏宋刻本正同。據錢氏言，此書原有真本，或震亨稍為改輯耳。四庫存目。按：四庫存目在類書類。

〔附〕○津逮祕書本。○唐宋叢書本。（原稿無，印本入正文。）

〔補〕**革節卮言一卷** 明戴庭槐撰。記歲月名干支節令，加以訓解。○舊寫本。盧址抱經樓遺書。

御定月令輯要二十四卷圖說一卷 康熙五十四年大學士李光地等奉敕撰。

上時令類

藏園訂補邵亭知見傳本書目卷五上

藏園訂補郘亭知見傳本書目卷五下

獨山莫友芝子偲　　撰

江安傅增湘沅叔　　訂補

史部十一

地理類

三輔黃圖六卷　不著撰人。○漢魏叢書、古今逸史本皆不全。○明
嘉靖劉景韶刻本。○萬曆郭子章刻本。○經訓堂、平津館兩叢書本
皆善，經訓多補遺一卷。平津書一卷，係校宋本。○胡心耘見過宋
板，不全。○張志，黃圖毛斧季校宋本，頁十行，行二十字至二十二
三字不等，卷二建章宮條構字注“御名”，蓋據南宋高宗時刻本。首
尾通一卷，合隋志。

〔附〕○平津館刊莊炘校本。○又莊炘自刻本。（邵氏）

〔補〕○元致和元年余氏勤有堂刊本，十一行二十一字，細黑口，四周雙
闌。前紹興癸酉苗昌言序，目後有“致和戊辰夏五余氏勤有堂刊”牌
子二行。此本已印入四部叢刊三編。○明弘治八年李瀚刊本，十一

行二十一字,黑口,四周雙闌。北京圖書館藏。○明嘉靖三十八年
劉景韶刊本,十行二十字,白口,左右雙闌。前嘉靖己未劉景韶重刊
序,言據華容嚴公刻本重刊,後有嘉靖己未江一山跋。卷末有"通州
諸生江一山張梓姚遜王勳謹識"小字一行。○明嘉靖四十三年薛晨
刊本,十一行二十字,白口,左右雙闌。葉啟勳藏。○明萬曆三十年
陝西布政使司刊秦漢圖記本,九行十八字,白口,左右雙闌。前萬曆
乙酉郭子章合刻秦漢圖記序,次三輔黃圖序,次劉景韶重刊序,目後
題"萬曆壬寅仲秋陝西布政使司重刊"。後有江一山舊跋。蓋出于
劉景韶本也。海虞瞿氏藏一本,毛扆據宋本手校,有顧廣圻跋。○
明萬曆吳琯刊古今逸史本,十行二十字,余據弘治李瀚本校,又臨
毛扆校宋本及顧廣圻跋。

〔補〕**三輔黃圖六卷補遺一卷**　不著撰人名氏,清畢沅校,並輯補遺。
　　○清乾隆四十九年鎮洋畢氏刊經訓堂叢書本。

〔補〕**三輔黃圖一卷**　清孫星衍、莊逵吉輯校。○清嘉慶十九年蘭陵
　　孫氏刊平津館叢書本。

〔補〕**大業雜記一卷**　唐杜寶撰。○明萬曆間刊歷代小史本,十一行
　　二十六字,白口,四周雙闌。○清順治三年李際期宛委山堂刊說郛
　　本,九行二十字,白口,左右雙闌。余藏。余曾據自藏明鈔說郛本
　　校。○清道光十九年金山錢熙祚刊指海本。此書記隋東都宮室至
　　詳,與小說家言有間,似可置之宮殿簿中。

〔補〕**建康宮殿簿一卷**　唐張著撰。○清順治三年李際期宛委山堂刊
　　說郛本,九行二十字,白口,左右雙闌。在卷六十八。

〔增〕**歷代宮殿名一卷**　宋李昉等奉旨撰。○昭文張氏有舊抄本。

〔補〕**艮嶽記一卷**　宋張淏撰。○明嘉靖二十三年陸楫刊古今說海
　　本,八行十六字,白口,左右雙闌。余藏。余據自藏明鈔說郛本校。
　　○明萬曆間刊歷代小史本,十一行二十六字,白口,四周雙闌。余

藏。〇清順治三年李際期宛委山堂刊説郛本,余藏。此書已收入淏
所撰雲谷雜記中。四庫存目。

〔補〕**華陽宮記事一卷** 宋釋祖秀撰。〇清道光十一年晁氏活字印學
海類編本。在集餘八遊覽中。四庫存目。

〔補〕**南宋故都宮殿一卷** 宋周密撰。〇清順治三年李際期宛委山
堂刊説郛本。

〔補〕**汴故宮記一卷** 元楊奐撰。記金南京宮殿。〇清順治三年李際
期宛委山堂刊説郛本。此文又載于南村輟耕錄。

〔增〕**禁扁五卷** 元王士點撰。〇曹棟亭刻本。按:四庫存目。

〔補〕〇明寫本,十行十六字,叙目下有"至順壬申十月望書於教忠坊"
一行。鈐有"震孺"印。余藏。可校曹刻之誤。

〔補〕**故宮遺錄一卷** 明蕭洵撰。〇清乾隆四十七年刊知不足齋叢書
本。〇民國四年胡思敬刊豫章叢書明人小史八種本。四庫存目。

〔補〕**御製避暑山莊詩二卷** 清康熙帝玄燁撰,揆敘等注。〇清康熙
間内府刊本。六册。余藏。〇近年有石印本行世,非止一本。

〔補〕**御製圓明園詩二卷** 清雍正帝胤禛撰,鄂爾泰等注,張若靄圖。
〇清内府刊本。原書罕見。有石印本行世。

〔增〕**長安宮殿考二十卷** 國朝汪士鋐撰。〇南匯吳氏家藏舊抄本,
未刻。

上地理類宮殿疏之屬

元和郡縣志四十卷 唐李吉甫撰。〇聚珍板本。〇閩覆本。〇岱南
閣校刻本,三十四卷,補目錄一卷,遺文一卷。〇影宋抄本作元和郡
縣圖志,宋淳熙三年張幾仲子顏刻,有目錄二卷,今在杭州瞿氏。〇
近有嚴氏志補,已刻。〇張氏舊抄缺十九、二十、二十三、二十四、二
十六、三十六等,凡六卷。

〔附〕〇近江甯刻本。〇廣東刻本。（原稿無，印本入正文。）

〔補〕〇影宋精寫本，十行二十二字，書名作"元和郡縣圖志"，而版心上書名無"圖"字。前李吉甫進書序，後淳熙二年程大昌序，又跋九行。淳熙三年洪邁、張子顏跋。張跋言刊板於襄陽幕府。原缺卷十九、二十、二十三、二十四、三十五、三十六，存三十四卷。鈐有怡府明善堂、安樂堂藏印，又朱澂結一盧藏印。見於熙寶臣處。〇舊寫本，書名亦作"元和郡縣圖志"。前後序跋悉同前本，十行二十字。陳鱣校並跋，黃丕烈跋。書衣有孫星衍題識。鈐陳氏諸印。存三十四卷。徐坊遺書。〇明寫本，十行二十二字。前後序跋悉同前本。鈐有朱竹君及宛平王氏藏印。葉德輝遺書，宋星五收之于湖南，存三十四卷。〇清怡顏堂寫本，十行二十二字，版心有"怡顏堂鈔書"五字。存三十四卷。古書流通處見，盧址抱經樓遺書。

〔補〕**元和郡縣圖志四十卷** 唐李吉甫撰。**闕卷逸文一卷** 清孫星衍輯。**攷證三十四卷** 清張駒賢撰。〇清光緒五年定州王氏謙德堂刊畿輔叢書本。本書存三十四卷。

〔補〕**元和郡縣補志九卷** 清嚴觀輯。補卷十九、二十、二十三、二十四、三十五、三十六，凡六卷。又補卷五、卷十八、卷二十五各半卷。〇乾隆四十年嚴氏蒲盧學舍刊本，劉文奎刻字。嚴氏刻本亦罕見，余求之十餘年，頃始得之。己卯十一月記。此即莫氏所記之嚴氏志補也。

太平寰宇記一百九十三卷 宋樂史撰。〇活字板本。〇乾隆癸丑樂氏刻本。〇錢遵王家有足本。〇江西萬庭蘭重刻宋本，附大清一統志表，校正舛誤，又補四庫本所缺，定為一百九十二卷，補缺八卷，紀元表一卷。〇王漁洋云金陵焦氏有宋刻，今藏昊盧侍郎家。〇季氏抄卷第四及一百十三至一百十九，凡八卷。

〔附〕〇近刊本。（原稿無，印本入正文。）

〔補〕○宋蜀本，十一行二十字，白口，左右雙闌。蝴蝶裝。此書卷一百
　十三至一百十八為中土逸書，楊守敬氏已刊入古逸叢書中。日本帝
　室圖書寮藏。○舊寫本，十行二十二字。缺一百十三至十九。徐季
　孺藏。余曾據以校光緒八年金陵書局刊本，有所改訂。○余有舊寫
　本，中有趙琦美校記，蓋從趙氏本出也。

元豐九域志十卷 宋王存等奉敕撰。○聚珍板本。○閩覆本。○乾
　隆四十九年馮氏刻本。○季目有抄本二十四卷，似附古迹，所謂民
　本也。十卷則官修原本。○傳是樓影宋本，字密而小，佚第十卷，以
　蘇州朱煥家抄本補之，閩中刻本，不精。如睦州宣和中改嚴州，此書
　未改，出于北宋可知。

〔附〕○近刊本。（原稿無，印本入正文。）○宋刊大字本，又小字本。○
　青芝堂影宋鈔本，葉二十二行，行大字二十二字，小字夾行二十三及
　二十四、二十五字。吳跋。（邵氏）

〔補〕○影寫宋刊本，大字，七行十五字。鈐有吳騫藏印。

〔補〕〔元豐〕新定九域志十卷 宋王存等纂修。○影寫宋刊本，十一
　行二十二字，注雙行二十四至二十六字不等。有吳騫二跋，云從吳
　翌鳳鈔本傳錄，復以錢曾影宋鈔本及馮集梧新刊本校。又有唐翰題
　跋。吳重憙石蓮闇遺書。○清寫本，十行二十二字。卷中空字甚
　多，當從宋本出。各類多古蹟一門，即所謂民本也。有錢聽默印。
　文友堂見。四庫存目。

輿地廣記三十八卷 宋歐陽忞撰。○聚珍板本。○閩覆本。○黃丕
　烈仿宋刻本，附札記二卷，曾藏元和吳氏、秀水朱氏。

〔附〕○近刊本。（原稿無，印本入正文。）

〔補〕○宋九江郡齋刊嘉泰四年淳祐十年遞修本，十三行二十四字，黑
　口，左右雙闌，版心上間有"庚戌刊"三字。卷十九末有"嘉泰甲子郡
　守譙令憲重修，淳祐庚戌郡守朱申重修"題識。卷十八、二十三、三

十一、三十五末皆有"淳祐庚戌郡守朱申重修"一行。存卷十八至三
十八,計二十一卷。有顧廣圻、黃丕烈跋。方地山藏,後歸袁克文,
近又轉歸潘明訓。余亦有殘帙,存十二卷。劉啟瑞舊藏。取校黃丕
烈覆刻廬陵本,改正補入者頗多。○清初商邱宋氏影寫宋刊本,十
三行二十四字。據朱氏潛采堂藏宋廬陵本影寫,即黃丕烈覆刻入士
禮居叢書者,與前記九江刊本行欵同而非一刻。

〔補〕**輿地廣記三十八卷** 宋歐陽忞撰。**校勘札記二卷** 清黃丕烈
撰。○清嘉慶十七年黃氏士禮居叢書翻宋廬陵刊本。○清光緒六
年金陵書局刊本。從士禮居本出,余曾用宋九江郡齋刊本校之,改
訂極多。

〔補〕**輿地廣記三十八卷** 宋歐陽忞撰。**校勘記二卷** 清孫星華撰。
○清福建翻武英殿聚珍版書本。○清光緒二十五年廣雅書局翻武
英殿聚珍版書本。

〔增〕**輿地紀勝二百卷** 四庫未收。宋王象之撰。○述古堂有宋刻足
本。○陽湖孫氏、昭文張氏、儀徵阮氏均有抄本,不全,共缺三十二
卷。阮文達曾以進呈。○道光二十九年揚州岑氏懼盈齋刻本。○
咸豐五年廣東粵雅堂刻本。○近刊本。

〔補〕○清寫本,十行二十字,注雙行同,版心記大小字數,左闌外記篇
名,標題雙鈎白文,割子影寫手迹,是影寫宋刊本。鈐有"湛華閣藏
書"等印。存一百六十八卷。余藏。

方輿勝覽七十卷 宋祝穆撰。○内府及平津館均有宋咸淳丁卯刻
本。○路小洲亦有宋刻本。○宋刻黑口本,每頁二十八行,行二十
三字,其中事要標以大書則跨兩行。

〔補〕○宋刊本,題"新編方輿勝覽",十四行二十三字,大字占雙行,行
十四字,細黑口,左右雙闌,左闌外上方標地名。有嘉熙己亥呂午序
及自序。鳳山遺書。故宮有殘本,存五十四卷。○元刊本,題"新編

方輿勝覽"，行欵與宋本全同。故宮有一帙，江南圖書館亦有一帙，海虞瞿氏有殘本十卷，日本帝室圖書寮有一帙。

〔補〕**新編四六必用方輿勝覽四十三卷後集七卷續集二十卷拾遺一卷附分類詩文目一卷** 宋祝穆撰。○宋末建本，十四行二十五字，上空一格，實二十四字，大字占雙行，大字三約當小字五，細黑口，左右雙闌。前有嘉熙二年兩浙轉運司牓文及福建路轉運司牒文，十行十七字，細黑口，左右雙闌。引用文目錄前、前集目錄前、後集目錄前、拾遺目錄前均有著者識語。日本帝室圖書寮藏。

〔補〕**聖朝混一方輿勝覽三卷** ○明初刊本，卷上標題後有牌記，有方今六合混一，文軌會同之語。本書首標腹裏，直隸省，大都路，當是元人撰輯者。十二行二十字，黑口，四周雙闌，目錄十五行。故宮有一帙，蔣汝藻有一帙，京肆見一帙。

〔補〕**歷代地理指掌圖不分卷** 題宋蘇軾撰。○宋刊本，十八行二十八字，白口，左右雙闌。前有蘇軾序，前人謂是托名者，後有總論，十七行三十字。總論後有"西川成都府市西俞家印"一行。日本東洋文庫藏。○明刊本，十行二十字，白口，左右雙闌。總論後標題下有"毘陵陳奎刊"五字，是嘉靖本。前有淳熙乙巳趙亮夫序，次蘇軾序。後有吳騫跋，引丹鉛總錄，謂是元符中蜀人稅安禮撰。後又引梁溪漫志駁之。○明萬曆刊本，十行二十一字。前有蘇軾序。余藏。四庫存目。

〔補〕**大元一統志一千卷** 元孛蘭肹、岳鉉等纂修。○元至正間刊本，十行二十字，細黑口，四周雙闌，字體方嚴，與大德聖濟總錄相似，當是杭州刊本。京師圖書館有殘本，大庫殘葉外間亦有流傳。

明一統志九十卷 明李賢等奉敕撰。○天順五年刻大字本。○弘治乙丑慎獨齋刻本。○大元一統志一千卷，今世僅有殘本，潛研堂集有跋語。

〔補〕○明天順刊本,十行二十二字,大黑口,四周雙闌。余有殘本,闕
　　二十餘卷。○明弘治間閩中慎獨齋刊本,十行二十二字,黑口。四
　　周雙闌。○明萬曆十六年楊氏歸仁齋刊本,十行二十二字,黑口,四
　　周單闌。余有殘帙。

〔增〕**寰宇通志一百十九卷**　明陳循等撰。○景泰中刻本。

〔補〕○明景泰刊本,十行二十二字,黑口,四周雙闌。

〔補〕**輿地略一卷**　明蔡汝楠撰。○明嘉靖間白石精舍刊本,十行二
　　十字,白口,四周單闌。李木齋先生藏。此書罕見,余僅見此本,遲
　　回未收,遂不可復得。

〔補〕**皇輿考十二卷**　明張天復撰。○明萬曆刊本,九行十八字,白
　　口,左右雙闌。此書已印入玄覽堂叢書中。四庫存目。

〔補〕**寰宇分合志八卷**　明徐樞撰。○明刊本。前後有盛稔序跋,董
　　基序。盧址抱經樓遺書。

〔補〕**方輿勝略十八卷外夷二卷**　明程百二等輯。○明萬曆刊本,
　　十行二十字,白口,四周雙闌。李木齋藏。

〔補〕**彙輯輿圖備攷全書十八卷**　明潘光祖撰。○明崇禎刊本,十
　　行二十字,白口,四周雙闌。余藏。

〔增〕**天下名勝志五十一冊共一百九十八卷**　明曹學佺纂刻本。
　　四庫存目。

〔補〕**大明一統名勝志二百七卷**　明曹學佺撰。○明崇禎三年自刊
　　本,十行十九字,白口,左右雙闌。內鈔配三十四卷。余藏。

〔補〕**欽定皇輿全覽□□卷**　撰人未詳。○清康熙時內府刊本,九行
　　二十二字,卷數不詳,內府書目亦不載,現存三十九卷,三十三冊。
　　刊工極精,如佩文韻府之式。書以京師為主,詳載自京師至各省所
　　經州縣道里、山川、名勝古蹟及古來詩文。略如輿地紀勝之類,然以
　　蹕路為經,以道里山川為緯,采錄繁富,為有用之書。陶湘藏。

大清一統志五百卷 乾隆二十九年奉敕撰。○內府刻本。○近年國
史館重修告成，僅寫清本二分，以卷帙繁重未刻，然所修亦不如舊本
精善。○近常州活字板本。

〔補〕**大清一統志表不分卷** 清徐午撰。○清刊本。六冊。余藏。

〔補〕**大清一統志五百六十卷** 清嘉慶重修，道光二十二年成書。○
此書未刻，僅有史館繕錄進呈本。近已收入四部叢刊續編，影印行
世。

〔增〕**天下郡國利病書一百二十卷** 國朝顧炎武撰。○嘉慶間成都
龍萬育活字板校印，尋刻板，與方輿紀要並行。其稿今存興化某氏，
蓋未成之書。○顧氏又有肇域志若干卷，亦採掇而未貫串之稿，今
存杭州許氏。按：四庫存目。

〔補〕○清嘉慶十二年活字印本。○清道光十年成都龍氏校刊本。○
清光緒五年蜀南薛氏桐華書屋刊本。

〔補〕**明季郡國利病全書一百二十卷** 清顧炎武撰。○清乾隆時吳
郡人士手寫本，多署名，內有顧蒓手寫一冊，極工雅。存一百二卷。
余藏。

〔增〕**一統志案說十六卷** ○道光丁亥張氏活字板印本，題顧炎武
撰。張穆云此書雜纂顧祖禹方輿紀要中總論合為一編，非炎武所作
也。

〔補〕**一統志案說十六卷** 清顧炎武撰，清徐乾學纂輯。○吳兆宜
抄，有道光順德張青選序，言為姚春木所贈。徐坊遺書。

〔補〕**肇域記六卷** 清顧炎武撰。○清韓應陛屬王雪舫影鈔滂喜園藏
本，並錄黃丕烈、錢大昕跋。韓應陛跋。周叔弢藏。

〔補〕**肇域志八冊** 清顧炎武撰。○傳寫本，存南直隸一省。有自序
及梁同書、阮元、梁章鉅、程瑤田、吳鍾駿、□定、吳榮光、胡虔、姚椿、
許慶宗、劉韻珂、楊象濟、高學沅、張曜孫、汪士鐸跋。徐乃昌藏，後

歸繆荃孫。原稿本為二十冊，每冊四十餘葉，葉三十行，行五十餘
字，小楷如蠅頭，缺北直隸及江西、四川兩布政司，此帙所存僅一南
直隸耳。

〔補〕**讀史方輿紀要百六十卷圖表五卷**　國朝顧祖禹撰。〇彭元
瑞校本。〇道光中成都龍萬育敷文閣刻。〇安塘張氏鵬翮校刊。
〔補〕〇清嘉慶十七年龍氏敷文閣刊本。〇清光緒五年蜀南薛氏桐華
書屋刊本。〇清光緒二十六年廣雅書局刊本。

〔增〕**歷代地理志韻編今釋二十卷**
〔補〕清李兆洛撰。〇清同治九年刊李氏五種本。〇清光緒十四年掃
葉山房刊本。〇清光緒十八年金陵書局刊本。

〔增〕**皇朝輿地韻編二卷圖一卷**　國朝李兆洛撰。以皇輿表、一統
志表表歷代沿革不便檢尋，乃取歷代史志郡縣名依韻編次，而以今
地名釋之，頗足為讀史之助。〇道光二十年輩學齋活字板印。〇咸
豐末鄧傳密又刊本于湖南。

〔補〕**皇朝輿地韻編二卷**　清李兆洛撰。〇清光緒間金陵書局刊本。
二冊。

〔增〕**一統輿地全圖五十葉**　國朝李兆洛仿乾隆圖之意，分為八排，
兼列里方及經緯度、府、廳、州、縣道光間現名。刻不能精，亦無村鎮
小地名，然較一統志圖為佳。〇近年陳延恩又刻李圖編本，便于掛
壁，排擠促狹，又遜原圖矣。〇李又有寫本歷代輿地圖，不能甚精。

〔補〕**歷代輿地圖不分卷**　清楊守敬撰。〇清光緒宣統間楊氏觀海
堂刊本。三十四冊。

上地理類總志之屬

吳郡圖經續記三卷　宋朱長文撰。〇明嘉靖戊申錢氏懸磬室重刻
本。〇黃丕烈有宋刻，云即錢氏所藏，而錢刻本又多舛誤。〇學津

討原本。○琳琅秘室本。○胡心耘亦有宋本。

〔附〕○宋紹興甲寅本，九行十八字。○路有抄本。（邵氏）

〔補〕○宋刊本，九行十七至十九字，白口，左右雙闌。内錢穀手補缺葉
　　三繙。葉盛、季振宜、徐乾學、黃丕烈、汪士鐘、胡珽、吳雲、汪鳴鑾遞
　　藏，有黃丕烈、翁同龢跋。蔣汝藻藏，近已覆刻，收入密韻樓叢刻七
　　種中。○明萬曆二年龍宗武刊本，九行十八字，白口，左右雙闌。○
　　明錢穀手寫本，有黃丕烈、顧廣圻跋。○清寫本，顧霖校並跋。又黃
　　丕烈、顧廣圻跋，丁氏持靜齋舊藏。涵芬樓藏書。○清乾隆二十四
　　年朱鑰明教堂刊本，黃丕烈據萬曆龍宗武刊本校，又以影宋本校，並
　　有跋。陶湘藏。○清嘉慶十年張氏照曠閣刊學津討原本，九行二十
　　一字，黑口，四周雙闌。貝墉、唐翰題校並跋。○清寫本，十行二十
　　一字。鈐有翰林院大官印，存上卷。翁同龢據汪鳴鑾藏宋刊本補寫
　　中、下二卷。又補寫序及黃丕烈、胡珽跋，並自跋。余藏。

乾道臨安志三卷　宋周淙撰。○四庫依孫仰曾家宋刻殘本。

〔補〕○舊寫本，九行二十字。有汪喜孫、繆荃孫藏印。古書流通處見。
　　○清寫本，從宋本出。有潘介祉藏印。李木齋先生藏。

〔補〕〔**淳熙**〕**嚴州圖經八卷**　宋陳公亮、劉文富纂修。○宋刊本，十
　　行二十字，黑口，左右雙闌。存卷一至三。日本靜嘉堂文庫藏。

〔補〕**嚴州圖經存三卷**　宋陳公亮撰。**校字記一卷**　清袁昶撰。○
　　清光緒二十二年袁昶刊漸西村舍彙刊本。二冊。余藏。

淳熙三山志四十二卷　宋梁克家撰。四庫依抄本錄上三種。○昭文
　　張氏有舊抄本。

〔附〕○萬曆林本。○路有抄本。（邵氏）

〔補〕○清寫本，九行十八字。前有梁克家自序。有道光二十九年程餘
　　慶跋，云據劉喜海藏明寫本校。○繆荃孫臨程餘慶校明鈔本。古書
　　流通處見。○舊寫本，九行十八字，注雙行同，無闌格。首梁克家

序,次目錄。鈐有"拜經樓吳氏藏書"、"陳仲魚讀書記"、"宋本"、"鶴
安校勘祕籍"諸印。卷首副葉有唐翰題二跋。吳重憙遺書。

〔增〕**紹熙雲間志三卷續一卷** 宋楊潛撰。○嘉慶壬戌沈氏刻。雲
間即今江南之華亭,在宋兼今松江全郡地,此志繁簡得中,成于紹熙
四年。○阮氏曾進呈。

〔補〕○明影寫宋刊本。黃丕烈跋。李木齋先生藏。

吳郡志五十卷 宋范成大撰。○汲古本。○墨海金壺本。○守山閣
本,附校勘記一卷。○汪氏有大字宋本。○紹定初廣德李壽朋刻
本。○昭文張氏有宋刻,配陳抄本。

〔補〕○宋紹定刊本,九行十八字,白口,左右雙闌。海虞瞿氏藏。又於
滬肆先後見二帙,均有補版。此本吳興張氏適園已覆刻行世。

新安志十卷 宋羅願撰。○明翻宋刻本。○康熙戊子歙黃氏刻本。

〔附〕○李爰得刻本。(原稿無,印本入正文。)

剡錄十卷 宋高似孫撰。○宋嘉定乙亥刻本。○汪氏有影宋本。○
道光八年嵊令李式圃刻本。

〔補〕○清道光八年嵊縣官署刊本。余據劉氏嘉業堂藏舊寫本校。○
清光緒間邵武徐氏叢書本。○清寫本。有乾隆三十八年尹炯校跋。
盧址抱經樓遺書。

〔補〕**剡錄十二卷** 宋高似孫撰。○清黃氏士禮居寫本。黃丕烈、吳
翌鳳校跋。余曾借校,是從影宋本出。

嘉泰會稽志二十卷寶慶續志八卷 宋施宿等撰。○明正德庚午仿
宋刻本。○近年山陰杜氏刻本。

〔補〕○明正德五年石存禮刊本,十行二十字,白口,左右雙闌。○清嘉
慶十三年采鞠軒刊本。此本民國中周肇祥曾影印行世。

嘉定赤城志四十卷 宋陳耆卿撰。○明弘治丁巳謝鐸重刊本,昭文
張氏藏。○台州叢書本。○宋刻黑口大字本,每頁二十二行,行二

十字。

〔補〕〔**嘉定**〕**赤城志四十卷** 宋齊碩、陳耆卿纂修。○明成化刊本，十行二十字。鈐有抱經堂及馬玉堂藏印，存二十八卷。

〔增〕**嘉定鎮江志二十二卷附錄一卷校勘記一卷** 宋盧憲撰。○道光二十二年丹徒包良丞刻。○陳直齋書錄載是書三十三卷。○阮氏曾以進呈。

〔補〕**嘉定鎮江志二十二卷首一卷附錄一卷** 宋盧憲撰。**校勘記二卷** 清劉文淇撰。○清道光二十二年丹徒包良丞刊宋元鎮江志本。○清宣統二年丹徒陳慶年輯刻橫山草堂叢書本。

寶慶四明志二十一卷開慶續志十二卷 四明志宋羅濬撰，續志宋梅應發劉錫同撰。○四明五志本。○刻本。

〔補〕〔**寶慶**〕**四明志二十一卷** 宋胡榘、羅濬纂修。○此書有宋本，十行十八字。南中匆匆一見，未克詳記。○明寫本，存卷四至二十一，卷一至三乾隆間抄配。古書流通處見。

〔補〕〔**寶慶**〕**昌國縣志二卷** ○清寫本。有朱珪藏印。袁克文跋。李木齋先生藏。

澉水志八卷 宋常棠撰。○刻本，附明董穀續志，九卷。○鹽邑志林二卷。

〔附〕○宋孫氏刊本，二卷。○張有抄本。（邵氏）

〔增〕**淳祐玉峰志三卷續志一卷** 宋陽羨進士凌萬頃叔慶、陳留邊實同撰。其續志則實撰。考崑山文獻以二書為最古，見張氏藏書志。○阮氏曾進呈。

〔增〕**淳祐臨安志六卷** 宋施諤撰。原十卷，缺首四卷。○張氏志云存城府山川兩門，未詳凡若干卷。○阮氏曾進呈。

〔補〕〔**開慶**〕**四明續志十二卷** 宋梅應發、劉錫纂修。○宋開慶元年刊本，十行十八字，白口，左右雙闌。有開慶元年劉錫序。盧址抱經樓遺書，後歸袁克文，今在潘明訓處。

景定建康志五十卷　宋周應合撰。○明嘉靖刻本。○萬曆刻本。○

嘉慶六年蘇州刻本。○黃丕烈有舊抄本。

〔附〕○張有抄本，缺十二卷。（邵氏）

〔補〕○清錢大昕潛研堂寫本，九行十九字。卷目皆錢氏手蹟。封面有
“嘉定潛研堂錢氏鈔本”及印記。有黃鈞藏印。此本卷二十二半山
園後比刊本多半葉，增補二百餘字。○清嘉慶六年孫星衍等據宋
重刊本。十六冊。余藏。

景定嚴州續志十卷　宋鄭瑤、方仁榮同撰。○黃丕烈有宋刻本前志，

僅存首三卷，養新錄有跋。○姚若有影抄本。

〔補〕新定續志十卷　宋方仁榮、鄭瑤纂修。○宋刊本，八行十八字，
注雙行，大黑口，左右雙闌。有方逢辰序，五行七至八字。有錢大昕
二跋，顧廣圻抄補序並跋。汪鳴鑾遺書。即景定嚴州續志。

〔增〕咸淳毘陵志三十卷　宋史能之因宋慈未成之稿續撰。○嘉定
錢氏、陽湖孫氏有抄本，缺第二十卷，又缺十一卷第一頁，又二十卷
少六七兩頁。嘉慶庚辰趙懷玉刻。

〔附〕○近人收吳枚菴舊藏宋本，缺處與趙刻同。○曾收趙本，經人校，
其十一卷闕葉已補填。（原稿無，印本入正文。）

〔補〕○宋刊本，九行二十字，白口，左右雙闌。存十四卷，餘抄配。日
本靜嘉堂文庫藏。○清寫本，九行二十字。有汪士鐘藏印。

咸淳臨安志九十三卷　宋潛說友撰。○宋刻本，每半頁十行，行大小

二十字。○道光十年杭州汪氏刻本，九十五卷，補缺一卷，札記三
卷。

〔補〕○宋咸淳間刊本，十行二十字，注雙行同，白口，左右雙闌。江南
圖書館藏一帙，存九十五卷，內宋本只二十一卷，餘鈔配。日本靜嘉
堂文庫藏一帙，存九十五卷，內宋本八十三卷，鈔配十二卷。即百宋

一廛賦注中著錄之本。聊城楊氏有一帙，存九十五卷，内宋本六十
八卷，鈔配二十七卷。楊氏書刼後流入坊肆，余收得二十二卷，内宋
刊及鈔配各半。○清馬思贊道古樓寫本，墨格，十行二十字，版心有
"花山馬氏道古樓抄"八字。吳焯、蔣村鈔配並校，各有題識多則。
有吳焯、徐紫珊藏印。趙元方藏。○清盧文弨抱經堂鈔本，有跋。
十行二十字。有錢大昕題欵。後有陳鱣跋，云是盧文弨手校。徐坊
遺書，史實安藏。○清道光十年汪氏振綺堂刊遞修本，後附黃士珣
撰校栞札記三卷。余曾以自藏宋本校過，每卷改訂不過三數事，餘
皆宋諱避忌及異體字而已。可證汪氏校刊頗為精審。○清星溪書
屋寫本。有乾隆五十二年嘉定錢東壁跋。又有錢大昕借觀印。盧
址抱經樓遺書。

至元嘉禾志三十二卷 元徐碩撰。○元刻本。○姚若有舊抄本。○
張金吾亦有之。

〔附〕○明刊大字本。○路有抄本。（邵氏）

〔補〕○舊寫本，失名人臨馮浩、管庭芬校。李文杏跋。

大德昌國州圖志七卷 元馮復京、郭薦等同撰。○四庫依抄本。○
四明五志本。

〔補〕〔大德〕南海志二十卷 元陳大震、呂桂孫纂修。○元大德刊
本，十一行二十一字，細黑口，四周單闌。存卷六至十。孤本。潘宗
周藏。

延祐四明志十七卷 元袁桷撰。○四庫依抄本錄。○天祿後目有元
刻本。○四明五志本。

齊乘六卷 元于欽撰。○乾隆中周氏刻本。○明嘉靖甲子四明杜思
知青州翻刻元至正本。○元至正十一年辛卯其子潛刻于浙。

〔補〕○吳慈培收得明刊大字本，八行十五字，白口，左右雙闌，為嘉靖
四十三年杜思青州刊本。

〔增〕**類編長安志十卷** 元京兆路儒學教授薛延年校正，取宋敏求長安志芟繁提要，增入金元沿革，分門類聚，故曰類編。○張金吾藏隶竹堂舊抄。

〔補〕**類編長安志十卷** 元駱天驤纂修。○清影寫元刊本。日本靜嘉堂藏。○北京圖書館有傳鈔本。

〔增〕**至順鎮江志二十一卷校勘記二卷** 不著撰人。○丹徒包良丞刻，後附輿地紀勝內鎮江府一卷。張金吾云，此志凡一百門，詳贍賅洽。

〔補〕**至順鎮江志二十一卷首一卷附錄一卷** 元俞希魯撰。**校勘記二卷** 清劉文淇撰。○清道光二十二年丹徒包良丞刊宋元鎮江志本。○民國十二年丹徒冒廣生重刊本。

至正金陵新志十五卷 元張鉉撰。○平津館有至正四年刻本，每頁十八行，行十八字，內有明補修本。上海郁氏亦有之。○又於上海肆中見一部，並有修板。○張金吾有陳眉公舊藏元刻。

〔補〕○元至正四年集慶路儒學刊本，九行十八字，白口，左右雙闌。有集慶路牒文。李木齋先生藏一帙，有馬玉堂藏印。

〔增〕**抄本崑山郡志六卷** 元浦城楊德譓撰。字履祥，自號東溪老人，事蹟無考。元成宗元貞二年升崑山為州，故曰郡志。見張金吾書志。○阮氏進呈。

〔補〕○舊寫本。有至正四年楊維楨序。鈐勞氏丹鉛精舍印。

〔補〕〔至正〕**四明續志十二卷** 元王元恭纂修。○明寫本，棉紙藍格。鈐有錢大昕借觀印。四明盧址抱經樓遺書。

〔增〕**重修琴川志十五卷** 元盧鎮撰。字子安，淮南人，至正間以領兵副元帥兼知常熟判事。琴川，常熟地名也。○阮氏有刻本。○汲古毛氏刻本。○張金吾云，言耐恩藏有田元刻本。○阮氏曾進呈。

〔補〕○清寫本。鈐有“璜川吳氏考藏圖書”印。盧址抱經樓遺書。

無錫縣志四卷　不著撰人。○明刊本。

〔補〕題元王仁輔撰。○明初刊本，十行二十字，白口，左右雙闌。鈐有
　　清翰林院大官印及袁芳瑛藏印。李木齋先生藏。

〔增〕**蘇州府志五十卷圖一卷**　明洪武時刻本。郡人盧熊輯。損益
　　舊志，蝥然大備。見張金吾藏書志。

〔補〕○明洪武刊本，十三行二十三字，黑口，四周雙闌。前洪武十二年
　　宋濂序，目後有圖說一卷，凡十八圖。缺葉毛氏汲古閣影補。有毛
　　晉、宋賓王、黃丕烈校筆。鈐有汲古閣毛氏、石韞玉、郁松年藏印。
　　余藏。此外海虞瞿氏、吳縣顧氏怡園及日本靜嘉堂文庫各藏一帙。

〔補〕**洪武京城圖志一卷**　明王俊華纂修。○明弘治五年未宗刊本，
　　十行十九字，黑口，四周雙闌。記明南京宮室街市。已影印行世。

〔補〕**瀘州志□□卷**　撰人未詳，自永樂大典卷二千二百十七至十八
　　二卷鈔出，存二卷。○繆荃孫自大典抄出。余藏。

〔補〕〔宣德〕**桂林郡志三十二卷**　明陳璉纂修。○明景泰刊本，十
　　一行二十一字，黑口，四周雙闌。前有景泰元年吳惠序及洪武間陳
　　璉舊序。存二十卷，卷一至八、十九至二十二在北京圖書館，卷二十
　　五至三十二余藏。

〔補〕〔正統〕**富春誌六卷**　明吳堂纂修。○明正德十三年劉初重刊
　　本，十行二十一字，白口，四周雙闌。有正統五年聶大年序。鈐有毛
　　氏汲古閣藏印。

〔補〕〔正統〕**嘉魚縣志三卷**　明莫震纂修。○明正統十四年刊本，十
　　二行二十二字，黑口，四周雙闌。有正統十四年韓陽序，又自序。鈐
　　有吳城及稽瑞樓藏印。

〔補〕〔天順〕**重刊襄陽郡誌四卷**　明張恒纂修。○明天順三年刊
　　本，十二行二十五字，黑口，四周雙闌。每卷後書"丙子科鄉貢舉人
　　襄陽徐淮書"。鈐有陸時化藏印。

〔補〕〔成化〕**新昌縣志十六卷**　明莫旦纂修。○明正德十六年刊本，
　　八行二十字，黑口，四周雙闌。有成化十三年黃璧、李楫序，正德辛
　　巳涂相序。末附成化十三年張琰募刊疏。求古堂見。

〔補〕〔成化〕**河南總志二十卷**　明胡謐纂修。○明成化二十三年刊
　　本，九行二十四字，黑口，四周雙闌。前成化二十三年劉欽謨序，成
　　化甲辰胡謐序。缺卷第二十，存十九卷。

〔補〕**赤城會通記二十卷**　明王啟撰。○明嘉靖五年刊本。前王啟
　　自序，後有李金序。有翰林院官印及浙撫三寶採進書木記。徐坊遺
　　書。四庫存目。

〔補〕〔弘治〕**八閩通志八十七卷**　明黃仲昭纂修。○明弘治四年刊
　　本，九行二十一字，黑口，四周雙闌。有弘治二年黃仲昭序，四年彭
　　韶序，末有弘治三年陳道跋。有萬曆補版。羅振玉藏。正文齋見一
　　帙，余代天津圖書館購得。四庫存目。

〔補〕〔弘治〕**徽州府志十二卷**　明汪舜民撰修。○明弘治十五年刊
　　本，九行二十三字，大黑口，四周雙闌。四庫存目。

〔補〕〔弘治〕**貴州圖經新志十七卷**　明趙瓚等纂修。○明弘治刊
　　本，八行二十四字，大黑口，四周雙闌。鈐有都穆、吳岫藏印。

姑蘇志六十卷　明王鏊撰。○明正德丙寅刻本。

〔補〕〔正德〕**姑蘇志六十卷**　明吳寬、王鏊、杜啟等纂修。○明正德
　　元年刊嘉靖增補本，十行二十字，白口，左右雙闌。首正德元年王鏊
　　序，次范成大吳郡志序，次盧熊〔洪武〕蘇州府志序，次成化十年劉昌
　　姑蘇郡邑志序，次修志名氏。卷二十一內記嘉靖時事，以是知經嘉
　　靖時增補。

〔補〕〔正德〕**常州府志續集八卷**　明張愷纂修。○明正德刊本，九
　　行二十字，黑口，四周雙闌。前有正德八年自序。四庫存目。

武功縣志二卷　明康海撰。○正德己卯刻本。○萬曆刻本。○乾隆

二十六年孫景烈刻本。○得月簃刻本。○風滿樓刻本。○耿氏刻本。○道光八年黨氏刻本。

〔補〕〔正德〕**武功縣志三卷** 明康海纂修。○明正德十四年刊本,十行二十四字,白口,左右雙闌。前正德己卯吕柟序,次何景明序。末有自識三行。有林佶跋。葉樹廉、林佶、鄭杰藏印。○清乾隆二十六年阿星瑪刊本,十一行二十二字,白口,四周單闌。精刊本。

朝邑縣志二卷 明韓邦靖撰。○道光四年南海葉夢龍刻本。○得月簃叢書本。○王元啟惺齋雜著有校正朝邑志,臆改不佳。

〔補〕〔正德〕**朝邑縣志二卷** 明王道、韓邦靖纂修。○明正德十四年刊本,八行十六字,黑口,四周雙闌。葉定侯藏。○清光緒間大興邵氏重刊本。

〔補〕**校正朝邑志一卷** 明韓邦靖纂修。○清同治十三年虞山顧氏刊本。

〔補〕〔正德〕**福州府志四十卷** 明葉溥、張孟敬纂修。○明正德十五年刊本,九行二十一字,白口,左右雙闌。每卷首行下有"長洲張裕校正"六字。前有正德十五年林庭㭿序,卷末有同年張孟敬序。

〔補〕**雍大記三十六卷** 明何景明撰。○明嘉靖刊本,十行二十一字,白口,四周單闌。有明吳岫、張獻翼手跋。鈐有吳岫、張獻翼、季振宜藏印及天祿琳琅諸璽。四庫存目。

〔補〕〔嘉靖〕**廣西通志六十卷** 明黃佐纂修。○明嘉靖十一年刊本,十行二十字,白口,四周單闌。前有嘉靖十一年壬辰蔣冕序,又嘉靖十年林富序。又有弘治六年周孟中、程廷珙舊志序。缺八卷。余藏。四庫存目。

〔補〕〔嘉靖〕**山東通志四十卷** 明陸釴、陳沂纂修。○明嘉靖十二年刊本,十行二十字,白口,左右雙闌。有嘉靖癸巳方遠宜、楊維聰、陳沂、陸釴序。四庫存目。

〔補〕〔嘉靖〕**遼東志九卷** 明任洛等纂修。○明嘉靖刊本，九行十八字，低一格，實十七字，大黑口，四周雙闌。前龔用卿、董越、畢恭序，後有陳寬、王祥舊序及吳希聖、薛廷寵序，史褒善跋。有汪魚門藏印。

〔補〕〔嘉靖〕**崑山縣志十六卷** 明方鵬纂修。○明嘉靖十七年刊本，八行十八字，白口，左右雙闌。前有嘉靖十七年方氏自序。前有圖。鈐有汲古閣及吳城藏印。翰文齋見。

〔補〕〔嘉靖〕**滎河縣志二卷** 明宋綱纂修。○明寫本，墨格，十行二十二字。前嘉靖十七年自序。盧址抱經樓遺書。

〔補〕**隨志二卷** 明任德、顏本纂修。○明嘉靖刊本，十行二十字。有蔣芝序，任德跋，並本州牒文。有吳城、稽瑞樓藏印。四庫存目。

嶺海輿圖一卷 明姚虞撰。目中載此圖而不及諸全圖，體例未純，不無可議。○嶺南叢書本。○嘉應吳氏校刻本。○守山閣本。

〔補〕〔嘉靖〕**霸州志九卷** 明唐交、高濬纂修。○明嘉靖刊本，九行二十字，白口，四周單闌。李木齋藏。○天一閣亦有一帙。

〔補〕〔嘉靖〕**嘉興府圖記二十卷** 明趙文華纂修。○明嘉靖二十八年刊本，九行十九字，白口，左右雙闌。有嘉靖戊申自序及嘉靖己酉趙瀛序。鈐有馬玉堂印。余藏。四庫存目。

〔補〕〔嘉靖〕**太原縣志六卷** 明高汝行纂修。○明嘉靖刊天啟重修本，八行十六字，白口，四周單闌。前嘉靖辛亥張祉序，天啟丙寅屈鍾嶽重修序，後有嘉靖十年高汝行跋。

〔補〕〔嘉靖〕**高唐州志七卷** 明胡民表、金江纂修。○明嘉靖三十二年刊本，九行二十字。有嘉靖癸丑金江序。

〔補〕〔嘉靖〕**撫州府志十六卷** 明黃顯、陳九川等纂修。○明嘉靖三十三年刊本，九行十九字，白口，四周雙闌。余藏。

〔補〕〔嘉靖〕**廣東通志七十卷** 明黃佐撰。○明嘉靖三十六年刊本，

十行二十字，白口，四周單闌。據泰泉集所載序，嘉靖丁巳談愷委其
纂修，四月而成。有授經樓藏印。余藏。

〔補〕〔嘉靖〕龍巖縣志二卷　明湯相纂修。○明嘉靖三十七年刊本，
藍印。有嘉靖戊午王鳳靈、葉邦榮序。又附舊志陳義安、蘇孔機二
序。

〔補〕〔嘉靖〕登州府志十卷　明吳昶等纂修。○明嘉靖三十九年刊
本，九行十八字，白口。有嘉靖庚申王言序。天一閣佚出之書。

〔補〕〔嘉靖〕固安縣志九卷　明蘇志皋纂修。○明嘉靖四十四年刊
本，九行二十字。前有嘉靖乙丑自序，後有知縣何永慶篆書序。有
繡谷亭續藏書印。

〔補〕〔嘉靖〕嘉定縣志十二卷　明浦南金纂修。○明嘉靖刊本，九行
十八字，白口，左右雙闌。存卷一至九，計九卷，三冊。余藏。

〔補〕〔萬曆〕濮州志六卷　明李先芳纂修。○明萬曆十年刊本，九行
二十字，白口，左右雙闌。前嘉靖丁亥李廷相舊志序，次萬曆壬午李
襃序。缺卷第二。余藏。

〔補〕興平縣志□□卷　撰人未詳。○明刊本，九行二十字，注雙行
同，陰陽葉，四周單闌。約萬曆間刊，存藝文志三十六葉，一冊。此
書諸家未見著錄。余藏。

〔補〕〔萬曆〕廣東通志七十二卷　明郭棐纂修。○明萬曆三十年刊
本，九行二十字，白口，四周雙闌。前有戴煜、李時華、陳性學序，皆
省中督撫大吏，次自序。日本內閣文庫藏。四庫存目。

〔補〕〔萬曆〕泉州府志二十四卷　明陽思謙、黃鳳翔纂修。○明萬
曆四十年刊本，十一行二十字，正文低一格，實十九字，白口，四周雙
闌。首萬曆四十年黃鳳翔序，次嘉靖舊志林俊、邵銳二序，次隆慶舊
志黃光昇、康郎序，末有萬曆四十年知府陽思謙序。

〔補〕〔萬曆〕四川總志二十七卷　明吳之皞、杜應芳撰。○明萬曆

四十七年刊本。九行二十字，白口，四周單闌。殘存卷二、三、十二
及藝文志卷十四至十八。余藏。

滇略十卷 明謝肇淛撰。〇萬曆刻本。〇新刻本。

〔補〕〇明萬曆本，九行十八字，白口，左右雙闌。

〔補〕〔萬曆〕杭州府志一百卷 明劉伯縉、陳善纂修。〇明萬曆刊
本，十行二十字，正文低一格，實十九字，白口，四周單闌。

〔補〕全蜀邊域考十三卷 明袁子讓纂修。袁萬曆二十九年進士。
〇此書當撰於萬曆天啟間。首袁子讓出巡公文，言奉巡按委修此
書，照道屬次序，一土司附一圖，一圖附一說，附以各鎮糧餉、兵額、
屯田，全十三卷。存十冊，缺三冊。

〔補〕〔天啟〕渭南志十六卷 明南師仲纂修。〇明天啟元年刊本，十
行二十字。有天啟元年徐吉序。又嘉靖辛丑李宗樞舊志序，萬曆庚
寅崔邦亮、薛騰蛟、南軒、孫瑋舊序。末有天啟元年南師仲自序、南
企仲後序。文友堂見。

〔補〕雲間志略二十四卷 明何三畏纂修。〇明天啟四年刊本，十行
二十字。前有天啟三年張宗衡序，又張文熙、郭如闇、張鼐世序。文
在堂見。

〔補〕古今輿地圖上中下三卷 明吳國輔、沈定之撰。〇明崇禎十六
年刊本，十行二十四字，白口，四周單闌。前崇禎癸未陳子龍序，言
為金吾吳公所輯。次崇禎戊寅吳國輔自序，言與沈定之修輯云云。
圖頗工緻，朱墨套印。余藏。

吳興備志三十二卷 明董斯純撰。〇路小洲有刻本。

〔補〕海昌外志不分卷 清談遷撰。〇舊寫本。前有遷撰緣起並自
序，後附嘉定、永樂、嘉靖三舊序及崇禎三年許令典邑志考引。有唐
翰題跋。四庫存目。

〔增〕日下舊聞四十二卷 國朝朱彝尊撰。〇六峰閣刻本。

〔增〕**湖錄一百五卷**　國朝鄭元慶撰。原一百二十卷，未刻行。乾隆初修湖州府志用為藍本。

〔補〕〔康熙〕**順慶府志不分卷**　清張宿焜等纂修。○清康熙二十五年刊本，九行十八字，白口，四周單闌。分二十九門。有康熙丙寅知府李成林序及通判張鳳翮序。余藏。

〔增〕**蕭山縣志誤刻三卷**　國朝毛奇齡撰。○西河全書本。按：四庫存目。

〔補〕〔康熙〕**漳州府志三十四卷**　清魏荔彤、蔡世遠纂修。○清康熙五十四年刊本，十行二十字，白口，四周雙闌。

〔補〕〔康熙〕**西充縣志十二卷**　清李昭治纂修。○清康熙六十一年刊本。前康熙六十一年孔毓珣、程夢星序，又自序。任振采藏。

〔補〕〔康熙〕**靈壽縣志十卷**　清陸隴其、傅維橒纂修。○清康熙刊本。四冊。余藏。

〔增〕**皇輿表十六卷**　康熙中學士揆叙等奉敕撰。○內府刊。

〔補〕〔乾隆〕**西藏志四卷**　清允禮撰。○清寫本。余藏。

皇清職貢圖九卷　乾隆十六年大學士傅恒等奉敕撰。提要入外紀，亦有案語。

〔補〕〔乾隆〕**乍浦志七卷**　清宋景關纂修。○清乾隆二十二年刊本。文友堂見。

欽定日下舊聞考一百二十卷　乾隆三十九年奉敕撰。○內府刊本。
〔補〕○此書總目亦作一百二十卷，而內府刊本實為一百六十卷。

〔增〕**宸垣識略十六卷**　國朝吳長元撰。○池北草堂刻巾箱本。
〔補〕○清乾隆五十三年池北草堂刊巾箱本。八冊。○清光緒二年寶林堂刊本。八冊。余藏。

〔補〕〔乾隆〕**永清縣志二十五卷**　清章學誠纂修。○清乾隆四十五年刊本。

欽定熱河志八十卷 乾隆四十六年奉敕撰。○道光八年新修承德府
志更詳。

欽定皇輿西域圖志四十八卷首四卷 清傅恒等纂修,英廉增纂。
按:四庫著錄,莫氏失收。○清乾隆四十七年刊增修本。十二册。
余藏。

〔補〕〔乾隆〕**登封縣志三十二卷** 清陸繼萼、洪亮吉纂修。○清乾
隆五十二年刊本。八册。余藏。

〔增〕**乾隆府廳州縣圖志五十卷** 國朝洪亮吉撰。無甚發明,特一
統志節本,便於攜帶,較之世所通行廣輿記稍雅飭耳。○洪氏乾隆
戊申刻本。

〔補〕**三州輯略九卷** 清和寧纂修。○稿本。前有嘉慶和寧自序,鈐
有印記。官西域都統十三年,輯成此書,記哈密、吐魯番、烏魯木齊
三地之事,凡九卷,二十一門。

〔補〕**海寧縣誌十二卷** 清吳騫、陳鱣校訂。增改至多。

〔補〕〔道光〕**承德府志六十卷卷首二十六卷** 清海忠纂修。○清
道光十年刊本。二十四册。○又,道光十年刊光緒十三年重訂印
本。均余藏。

〔增〕**新疆志略十卷** 道光中徐松撰本,松筠奏進。

〔補〕**四明它山圖經十一卷** 清姚燮撰。○清寫本。有同治八年徐
時棟跋。曹秉章藏。

〔補〕〔光緒〕**泰興縣志二十六卷首一卷末一卷** 清楊激雲、顧曾烜
纂修。○清光緒十一年刊本。十册。余藏。

〔補〕〔光緒〕**湘潭縣志十二卷** 清王闓運纂修。○清光緒十五年刊
本。十册。

欽定盛京通志一百二十卷 乾隆四十四年阿桂等奉敕撰。實一百
　三十卷。

畿輔通志一百二十卷 國朝直隸總督李衞等監修。○雍正乙卯刻。
　各省通志多有續修之本，每勝原本，四庫所載皆失。凡地志，上取其
　最古者，以其敘次之雅，下取其最新者，以其蒐採之詳。

江南通志二百卷 國朝兩江總督趙宏恩等監修。○乾隆丙辰刻。

〔增〕**安徽通志二百六十卷** 道光十年陶澍總修。

〔補〕〔康熙〕**西江志二百六卷** 清白潢、查慎行纂修。○康熙五十九
　年刊本。有白潢、王企靖、許兆麟、石文焯、蔣曰廣各序，均贛省大
　吏。寫刻精善。杭州李寶泉寄來。二百冊。已收。

江西通志一百六十二卷 國朝江西巡撫謝旻等監修。○雍正十年
　刻。

浙江通志二百八十卷 國朝浙江總督嵇曾筠監修。○乾隆丙辰刻。

福建通志七十八卷 國朝浙閩總督郝玉麟等監修。○乾隆丁巳刻。

湖廣通志一百二十卷 國朝湖廣總督邁柱等監修。○雍正癸丑刻。

〔增〕**湖北通志一百卷** 嘉慶八年吳熊光等總修。

〔增〕**湖南通志二百二十八卷** 嘉慶二十五年李堯棟總修。

河南通志八十卷 國朝河東總督王士俊等監修。○雍正十三年刻。

〔補〕〔雍正〕**河南通志八十卷** 清田文鏡、孫灝等纂修。**附**〔**乾隆**〕
　續河南通志八十卷首四卷 清阿斯哈纂修。○清雍正十三年、乾
　隆三十二年刊光緒二十八年補刊本。六十四冊。余藏。

山東通志三十六卷 國朝山東巡撫岳濬等監修。○乾隆丙辰刻。

山西通志二百三十卷 國朝山西巡撫覺羅石麟等監修。○雍正甲寅
　刻。

陝西通志一百卷 國朝陝西總督劉於義等監修。○雍正十三年刻。

甘肅通志五十卷　國朝甘肅巡撫許容等監修。○乾隆丙辰刻。

〔補〕〔康熙〕**四川總志三十六卷**　清蔡毓榮等纂修。○清康熙十二
年序刊本。二十八冊。余藏。

四川通志四十七卷　國朝四川總督黃廷桂等監修。○乾隆丙辰刻
本。○嘉慶二十一年常明等重修本，二百二十六卷。

〔補〕〔雍正〕**四川通志四十七卷**　清黃廷桂、張晉生纂修。○清雍
正十一年刊本。四十八冊。

〔補〕〔嘉慶〕**四川通志二百四卷首二十二卷**　清常明、楊芳燦纂
修。○清嘉慶二十一年刊本。一百十冊。余藏。

廣東通志六十四卷　國朝廣東巡撫郝玉麟等監修。○雍正辛卯刻。
○道光二年阮元等重修本，三百三十卷。

廣西通志一百二十八卷　國朝廣西巡撫金鉷等監修。○嘉慶六年
謝啟昆重修本，二百七十九卷。

雲南通志三十卷　國朝雲南總督鄂爾泰等監修。按：四庫著錄，莫氏
失收。○此書有清乾隆元年刊本。

貴州通志四十六卷　國朝雲貴總督鄂爾泰等監修。○乾隆辛酉刻。

歷代帝王宅京記二十卷　國朝顧炎武撰。○嘉慶戊辰顧錫祉來賢
堂刊本。○蘇州府志：此書一名歷代都城宮闕考也。

〔補〕○清光緒十四年吳縣朱氏刊槐廬叢書本。此本余曾取張敦仁手
校舊寫本校之，次序零亂，脫漏之文連篇累葉，改不勝改。如卷四自
駘蕩宮起，前脫長樂、未央宮等七葉又十四行。又以桂宮、北宮等誤
入卷三中。卷五甘泉苑上脫上林苑四百餘字。廣明苑上又脫御宿
苑等四百餘字。其餘各卷亦荊榛橫生，終於廢然擲筆。不知當日據
何本付雕，以致紊亂脫漏致於此極也。

〔補〕**歷代宅京記二十卷**　清顧炎武撰。○舊寫本，十行二十八字。
前徐元文序，後有顧衍生誌，丁杰跋。衍生誌云兹編告成，曾寫二

本,一貽潘太史,一贈靖逆侯。丁跋稱此為足本,當出靖逆侯家。張
敦仁手校並跋。余藏。余曾取校槐廬叢書本,改訂不可勝計。○舊
寫本,彭元瑞校。盛昱遺書。○清嘉慶十三年顧錫祉來賢堂刊本。
余曾以家藏張敦仁手校舊寫本校之,改訂無多,其槐廬叢書本脫漏
紊亂處此本皆不誤。當為通行本中較佳之本。

上地理類都會郡縣之屬

〔補〕**水經三卷**　題漢桑欽撰。○明正德十三年盛虁刊本,八行十四
　字,白口,四周雙闌。有正德戊寅盛氏跋。繆荃孫遺書。

水經注四十卷　漢桑欽撰。○單水經,說郛、漢魏叢書等本。○明新
　安吳琯刻本。○康熙甲午項絪玉淵堂本。○天都黃晟翻項本。○
　明嘉靖甲午黃省曾刻本。○朱謀㙔校箋本,萬曆中刻。○聚珍板
　本。○閩中覆本。○戴震改定本,微波榭刻。○蘇杭縮徐本。○昭
　文張氏有馮已蒼據柳大中影寫宋本校者,又以朱鬱儀校及謝耳伯所
　見宋本補校。

〔補〕○宋紹興間浙杭刊本,十一行二十至二十二字不等,注低一格,白
　口,左右雙闌。存卷五至八、十六至十九、三十四至四十,共十二卷。
　余藏。○明嘉靖十三年黃省曾刊本,十二行二十字,白口,左右雙
　闌。○明萬曆十三年吳琯刊本,十行二十字,白口,左右雙闌。余
　藏。○明崇禎二年嚴忍公刊本,九行二十字,白口,四周單闌。余
　藏。○清康熙五十三至四年項絪羣玉書堂刊本,舊人校並臨何焯校
　跋。邢之襄藏。○清乾隆十八年天都黃晟槐蔭草堂刊本。○明寫
　本,十一行二十二字。沈廷芳、韓應陛校並跋。周叔弢藏。○清小
　山堂鈔本,十行二十字,注十九字,左闌下有"小山堂鈔本"五字。全
　祖望校,自題"謝山五校水經本"。余藏。

〔補〕**水經注箋四十卷**　明朱謀㙔撰。○明萬曆四十三年李長庚刊

本,十行二十字,注雙行低一格十九字,白口,左右雙闌。有萬曆乙卯自序。本書題明李長庚訂,朱謀㙔箋,孫汝澄、李克家同校。首葉版心下題豫章喻鎧寫,姜良刻。清郭毓圻校並臨何焯校。有郁松年藏印。○又一帙,存十六卷,孫潛、袁廷檮手校並跋。余藏。

水經注集釋訂訛四十卷 國朝沈炳巽撰。○四庫依抄本錄。

〔補〕○四庫本已印入四庫全書珍本初集中。

水經注釋四十卷刊誤十二卷附錄一卷 國朝趙一清撰。乾隆十九年趙氏刻本。趙氏板後歸振綺堂汪氏。

〔補〕**水經注釋四十卷首一卷附錄二卷水經注箋刊誤十二卷** 清趙一清撰。○清乾隆五十一年趙氏小山堂刊本。清王詠霓據武英殿本校。

〔補〕**水經注不分卷** 北魏酈道元撰,清戴震校訂。○清乾隆間孔繼涵微波榭刊本。

〔增〕**水經注釋地四十卷水道直指一卷補遺二卷** 國朝張匡學撰。○嘉慶二年新安張氏刻。

〔補〕**水經注圖一卷附錄一卷** 清汪士鐸撰。○清咸豐十一年刊本。一冊。

〔補〕**水經注疏要刪四十卷補遺一卷** 楊守敬撰。○清光緒三十一年楊氏觀海堂自刊本。六冊。惺老見惠一帙。

〔補〕**水經注疏要刪補遺四十卷** 楊守敬撰。○宣統元年刊本。六冊。

吳中水利書一卷 宋單鍔撰。○墨海金壺本。○守山閣本。

四明它山水利備覽二卷 宋魏峴撰。○明崇禎辛巳陳朝輔刻本。○守山閣本。

河防通議二卷 元沙克什撰。○守山閣本。

治河圖略一卷 元王喜撰。○墨海金壺本。

〔增〕**上虞縣五鄉水利本末一卷** 元陳恬撰。裒集自唐迄元興廢沿革事實，臚載甚略。○愛日精廬藏本。

浙西水利書三卷 明姚文灝撰。○道光四年刻。○浙西備考八卷，王鳳生撰。

〔補〕**濬復西湖錄一卷** 明楊孟瑛撰。○明正德刊本。辛亥八月楊馥堂自蘇州寄來。

〔增〕**水利芻言一卷** 明常熟李卿雲撰，論開濬白茆河事。○正德辛巳刻本。○抄本。愛日精廬藏。

〔補〕**通惠河志二卷** 明吳仲撰。○明隆慶刊本，九行十九字，黑口，四周雙闌。四庫存目。

〔補〕**吳中水利通志十七卷** 不著撰人。○明嘉靖三年安國銅活字印本，八行十六字，注雙行同，白口，左右雙闌。卷後標題前有"嘉靖甲申錫山安國活字銅板刊行"一行。京肆見。四庫存目。

〔補〕**三吳水利圖考四卷蘇松常鎮水利圖一卷** 明呂光洵撰。○明嘉靖四十年刊本，十一行二十字，白口，左右雙闌。楊馥堂寄來之書，索十四元，未收。

河防一覽十四卷 明潘季馴撰。○明萬曆庚寅刻本。○乾隆十三年刻本。奏議類之兩河經略即是書之第七卷之十二卷。

三吳水利錄四卷 明歸有光撰。○別下齋叢書本。

三吳水利考十六卷 明張內蘊、周大韶同撰。○刻本。

北河紀八卷紀餘四卷 明謝肇淛撰。○明刻本。○國朝閻廷謨有北河續紀八卷，四庫存目。

敬止集四卷 明陳應芳撰。按：四庫著錄，莫氏失收。○此書明萬曆本九行十八字。

吳中水利書二十八卷 明張國維撰。○崇禎丙子刻本。

〔補〕**今水經一卷表一卷** 清黃宗羲撰。○清寫本。○清嘉慶刊知
不足齋叢書本。四庫存目。

欽定河源紀略三十六卷 乾隆四十七年奉敕撰。

崑崙河源考一卷 國朝萬斯同撰。○指海本。

〔補〕○舊寫本。鈐"玉案西頭舊講官"一印。

〔補〕**具區志十六卷** 清翁澍撰。○清康熙二十八年刊本，九行十八
字，黑口，左右雙闌。前自序，言與金侃商榷成之。次康熙己巳汪琬
序，次引用書目，次凡例，次圖。圖後有趙治題識，言圖為渠所製云
云。四冊。余藏。四庫存目。

兩河清彙八卷 國朝薛鳳祚撰。

居濟一得八卷 國朝張伯行撰。○正誼堂原刻本。

治河奏續書四卷 國朝靳輔撰。附河防述言一卷。○四庫依抄本。

〔增〕**靳文襄公治河方略八卷** 即以奏續書為底本重編，增首卷各
圖。○有東撫刻本。○後又重刻小字本。

〔補〕**河漕備考四卷** 清朱鋐撰。○稿本。有雍正三年自序，後附歷
代黃河指掌圖。

直隸河渠志一卷 國朝陳儀撰。○畿輔河道水利叢書本。

行水金鑑一百七十五卷 國朝傅澤洪撰。○雍正三年淮揚道署刻
本。○續行水金鑑一百五十卷，圖一卷，道光十一年黎世序撰，嚴
烺、潘錫恩等編刻。

〔補〕**續行水金鑑一百五十六卷圖一卷** 清俞正燮撰。○清道光
十二年河庫道署刊本。

水道提綱二十八卷 國朝齊召南撰。○乾隆丙午傳經書屋刻本。

海塘錄二十六卷 國朝翟均廉撰。○四庫依抄本。○方觀承撰海塘

通錄二十卷,乾隆辛未刻,在翟氏此書之前。

〔補〕○四庫本已印入四庫全書珍本初集中。

〔增〕山東運河備覽十二卷 國朝陸燿撰。○切問齋刊本。

〔補〕○清乾隆四十年切問齋刊本。○清同治十年山東運河道庫刊本。

〔增〕直隸河渠書一百二卷 國朝戴震撰。方觀承總督直隸時,屬仁
　和趙一清撰直隸河渠水利一百三十二卷,後屬東原刪定為此編,未
　刻行,入周元理家。嘉慶乙巳,周氏之姻王履泰刪併為五十六卷,易
　名畿輔安瀾志,獻之朝。王履泰發北河効用,仍命武英殿刻行,而趙
　書、戴書尚有傳抄本行世。友芝案:履泰書雖竊趙、戴,而戴氏後續
　載北河事案至嘉慶十二年止,亦非全據舊編也。

〔增〕畿輔安瀾志五十六卷 嘉慶十四年王履泰撰。○命武英殿聚
　珍板本印。

〔增〕畿輔河道水利叢書十五卷共九種有圖 國朝吳邦慶撰集。
　○道光四年刻本。

〔補〕蜀水攷四卷 清陳登龍撰。○清道光五年刊本。○光緒四年成
　都葉氏刊本。

〔補〕今水經注四卷 清吳承志撰。○稿本。○民國十年劉承幹刊求
　恕齋叢書本。

上地理類河渠之屬

〔增〕東南防守利便三卷 宋右迪功郎江南東路安撫使司準備差遣
　臣陳克、左宣教郎添差通判建康軍府提舉圩田臣吳若同進。○寫
　本,首有呂祉進此書繳狀。

〔補〕○明崇禎乙亥茅瑞徵刊本,八行十八字,白口,四周單闌,版心有
　“浣花居”三字。有茅氏序及呂祉進書狀。涵芬樓藏。廠肆又見一
　帙,為李木齋先生收去。

〔增〕**東南進取輿地通鑑三十卷** 宋孝節先生趙善譽撰。取三國至
梁陳東南攻守事，事為之圖，圖後附以地理考及本事始末，蓋為南渡
後圖金陵而作，當是極有用書也。文淵閣未及著錄，蓋佚久矣。○
上海郁氏宜稼堂所藏宋本每半頁十三行，行十九字。（繩）

〔補〕**北邊備對一卷** 宋程大昌撰。○明嘉靖二十三年陸楫儼山書院
刊古今說海本，八行十六字，白口，左右雙闌。余藏，余據明弘治十
八年鈔說郛本校。○明萬曆刊古今逸史本，十行二十字，白口，左右
雙闌。余藏。余據明鈔說郛本校。○明萬曆刊歷代小史本，十一行
二十六字，白口，四周雙闌。○明溽南精舍鈔說郛本。○明弘治十
八年鈔說郛本，墨格，十三行二十五字。在卷三十二。余藏。○清
初宛委山堂刊說郛本。余曾據明溽南精舍刊本校過。四庫存目。

〔補〕**大寧考一卷** 明楊守謙撰。○明嘉靖二十四年刊本，八行十九
字。前嘉靖乙巳趙時春序。李木齋先生藏。

籌海圖編十三卷 明胡宗憲撰。○明天啟甲子刻本。

〔補〕**籌海圖編十三卷** 明鄭若曾撰。○明嘉靖四十一年胡宗憲刊
本，十二行二十二字，白口，四周雙闌。前辛酉胡松序，唐樞序，壬戌
茅坤序，又有嘉靖辛酉鄭若曾引。卷首第二行下題"崑山鄭若曾輯，
男應龍二鸞校"。版心下題杭州府吏陳言寫，布政司吏施孝寫等字
樣。○明天啟四年重刊本，十二行二十二字。

〔補〕**皇明九邊考十卷** 明魏煥撰。○明嘉靖刊本，九行二十二字，上
空一至二格，黑口，四周雙闌。此書已印入北平圖書館善本叢書中。
四庫存目。

鄭開陽雜箸十一卷 明鄭若曾撰。○刻本。

〔補〕**九邊圖說不分卷** 明兵部輯。○明隆慶刊本，十一行二十二字，
白口，四周雙闌。此本已印入玄覽堂叢書中。

〔補〕**四鎮三關誌十卷** 明劉効祖等纂修。○明萬曆四年刊本，十行

二十一字,白口,四周雙闌。

〔補〕**宣大山西三鎮圖説三卷**　明楊時寧撰。○明萬曆刊本,十一行二十字,白口,四周雙闌。此書已印入玄覽堂叢書中。

〔補〕**三關圖説不分卷**　明康丕揚撰。○明萬曆刊本,九行二十二字,白口,四周雙闌。

〔補〕**盧龍塞略二十卷**　明郭造卿撰。○明萬曆三十八年郭應寵刊本,九行十八字,白口,四周雙闌。缺卷五至七。李木齋先生藏。

〔補〕**海防纂要十三卷附圖一卷**　明王在晉撰。○明萬曆四十一年刊本,十行二十字,白口,四周單闌。文琳堂見,值昂未得收。

〔補〕**全邊略記十二卷**　明方孔炤撰。○明崇禎刊本,九行二十字,白口,四周雙闌。李木齋先生有一帙。

〔補〕**邊事雜鈔一册**　○明末藍格寫本,十行二十字。有倭志、海寇議、日本志等共十三種。

〔補〕**塔爾巴哈臺事宜□卷**　清嘉慶時宗室興□纂修。○清寫本。辛亥八月文友堂見,索三十兩。

〔增〕**防海備覽十卷**　國朝薛傳源撰。○嘉慶辛酉年刻。

〔增〕**苗防備覽二十二卷**　國朝嚴如熤撰。○嘉慶二十五年刻。

〔補〕**伊犂總統事略十二卷**　清松筠撰。○清道光刊本。辛亥八月文友堂送閲。○又一帙,抄本,與刊本不同,索百兩。

〔增〕**三省邊防備覽十四卷**　國朝嚴如熤撰。○道光二年刻。

〔增〕**洋防輯要二十四卷**　國朝嚴如熤撰。○亦道光初刻。

上地理類邊防之屬

南嶽小錄一卷　唐道士李冲昭撰。○明蔡汝楠刻本。○知服齋本。

〔增〕**南嶽總勝集三卷**　宋道士陳田夫撰。田夫字耕叟,居南嶽九真

洞老圃菴。○是編從明人影宋本過錄，徵引博而敘述簡，前有隆興
甲申拙叟序，較李冲昭小錄則詳備。阮氏曾進呈。

〔補〕○清嘉慶六年唐仲冕刊本，有孫星衍、唐仲冕二序，言從宋本出，
行欵如舊。

廬山記三卷附廬山紀略一卷 宋陳聖俞撰。○守山閣本。

〔補〕**廬山記五卷** 宋陳舜俞撰。○宋刊本，九行十八字，注雙行同，
白口，左右雙闌。日本成簣堂文庫藏。此書已印入吉石盦叢書二
集。

赤松山志一卷 宋倪守約撰。○明刻本。○道藏本。

〔附〕○指海本。○路抄本。（邵氏）

〔補〕**黃山圖經一卷後集一卷** 宋失名人輯。○明天順程孟刊本，十
一行二十一字，黑口，四周雙闌。○舊寫本。余藏。

〔補〕**茅山志十五卷** 元劉大彬撰。○元刊本，十三行二十三至四字，
黑口，四周單闌。前泰定甲子趙世延序，泰定丁卯吳全節序，天曆元
年自序。卷末有“金華道士錢唐西湖隱真庵開山何道堅施梓”一行，
則或是杭州所刊也。此本字橅松雪，秀麗已極，刊工亦精妙，筆鋒起
止頓挫畢存，真所謂下真迹一等者，堪稱元刊寫刻本之極致。據李
日華六硯齋筆記云，係張雨手書上版，雖與天雨傳世手迹不類，然亦
出同時善書者無疑。平生所見僅一殘帙，存七卷，餘劉履芬抄配並
用翻本補。有吳騫、劉履芬跋，唐翰題藏印。又見大庫佚出殘葉。
○此書有翻本，行欵版式序跋全同，所異者版心為大黑口，字體雕工
亦板滯，無靈動之致，或是明初覆刻。顧廛士有一本，有孫星衍跋。
又見一本，何焯校，鈐“林汲山房藏書”印。海虞瞿氏亦有一帙，均號
為元刊。四庫存目。

〔補〕**金精風月二卷** 元蘇天式撰輯。○明嘉靖間葉天與刊本，八行
十七字，黑口，四周雙闌，次行題“慕道山人古狂葉天與刊”。前有延

祐庚申自序，泰定三年李澗序，嘉靖十四年賴燿序。後葉天與跋。
明徐燉手跋。日本内閣文庫藏。

〔補〕**虎丘志不分卷**　明王賓撰。○清吳翌鳳手寫本，有跋二則。徐
乃昌藏。

〔補〕**震澤編八卷**　明蔡昇撰，王鏊重修。○明弘治十八年刊本，八行
十六字，白口，左右雙闌。有弘治十八年楊循吉序。○余有影鈔本。
鈐有少峯印。二册。余藏。四庫存目。

〔補〕**慧山記三卷**　明邵寶撰。○明正德刊本，九行十八字。前邵氏
自序。四庫存目。

〔補〕**慧山記四卷**　明邵寶撰。**續編三卷首一卷**　清邵涵初撰。○
清同治七年無錫邵氏二泉書院刊本。六册。余藏。

〔補〕**雁山志四卷**　明朱諫撰輯。○明刊本，十行二十字。前嘉靖五
年潘倣序，次自序。有後序，失名。四庫存目。

〔補〕**雁山志四卷**　明朱諫撰輯，胡汝寧重修。○明萬曆九年刊明末
修補本，十二行二十二字，白口。前自序並錄嘉靖己亥潘潢舊志序。
後附雁山紀勝詩一卷，收入天啟以後人，則為後補入者。文德堂見。

〔補〕**石湖志略一卷文略一卷**　明盧襄撰。○明嘉靖刊本，八行十六
字，白口，左右雙闌。前張袞、屠應埈序，後周鳳鳴跋。有黃丕烈、張
紹仁、郁松年藏印。吳估柳蓉邨處見。四庫存目。

西湖游覽志二十四卷志餘二十六卷　明田汝成撰。○明萬曆甲申
重刻本。○國朝姚靖增删為西湖志八卷，志餘十八卷。

〔補〕○明嘉靖二十六年嚴寬刊本，十行二十字，細黑口，四周雙闌。十
四册。余藏。○萬曆刊本，行歀同，白口。○清光緒二十二年刊武
林掌故叢編本。

〔補〕**西湖志八卷志餘十八卷**　明田汝成撰，清姚靖增删。○清康熙
二十八年姚氏三鑑堂刊本。鈐丁氏八千卷樓印記。八册。余藏。

〔補〕**廬山紀事十二卷**　明桑喬撰。○明嘉靖四十年刊本，十行二十二字，白口，四周單闌。有嘉靖四十年自序，前有圖。○康熙忠雅堂刊本。四庫存目。

〔補〕**泰山志四卷**　明汪子卿纂修。○明嘉靖刊本，九行二十二字，上空二格，白口，四周雙闌。前有嘉靖沈應龍、雍焯二序。余藏。

〔補〕**越中山水志不分卷**　明潘之恒撰。○明刊本，分上下二冊，前有圖。鈐有"小李山房"藏印。

桂勝十六卷桂故八卷　明張鳴鳳撰。○萬曆庚寅刻本。

〔補〕○收得明刊殘本，九行十八字，白口，四周雙闌。況夔生以為罕秘。是萬曆間刊。

〔補〕**東山志十九卷**　明謝敏行撰。○明萬曆刊本，十行二十四字。有萬曆四年胡維新序。天一閣佚書。

〔補〕**衡岳志八卷**　明鄧雲霄編刪，曾鳳儀纂輯。○明萬曆刊本，十行二十字，白口，四周單闌。缺卷第一。卷二寺觀、物產、古蹟、碑碣，卷三仙釋，卷四祀典、賦、序，卷五至六記述、遊記，卷七至八詩。

〔補〕**泰山紀事三卷**　明宋燾撰。○明萬曆刊本，十行十九字，白口，四周雙闌。余藏。四庫存目。

〔補〕**武夷志略不分卷**　明徐表然撰輯。○明萬曆四十七年刊本，題"邑人孫世昌剞劂刻"，九行二十字。有陳鳴華序。卷中有附圖甚精。文友堂見，已收。四庫存目。

〔補〕**廣西湖名山合志三十九卷外志五卷**　明章之采輯。○明刊本。每卷前有張伯功小引，先述山水名蹟，次題詠，次游記。鈐"朱文心印"等藏印。

〔補〕**南嶽圖誌□卷**　明吳梀材輯。○清乾隆十年吳仁圯刊本。前題崇禎庚午聽月巖道人吳梀材輯。

〔補〕**衡岳志八卷**　清朱袞、袁煥纂修。○清康熙刊本，有康熙三年甲辰衡山知縣閩中朱衮序。

〔補〕**盤山志十卷補遺三卷** 清青溝釋拙菴智朴撰。○清康熙三十
年刊本。拙菴姓張氏,徐州人,康熙年游滇,中吳三桂偽榜進士,仕
至監司,吳敗後為僧,隱於盤山。觀新城贈詩,有云"丈夫一事君無
讓,未許尋常將相能"。或亦稔其出處耶!此事亦見劉靖餘閑記。
余見後人題紅杏青松圖者,多附會為洪承疇部曲,謂圖為松山、杏山
之戰而作,然考其年代殊不相及。得此則無根之説不攻自破矣。

欽定盤山志二十一卷 乾隆十九年蔣溥奉敕撰。按:四庫著錄,莫氏
失收。

〔補〕**廬山志十五卷** 清毛德琦撰。○清康熙間順德堂刊本。四庫存
目。

〔補〕**西湖志四十八卷** 清傅玉露撰。○清乾隆間吳氏刊本。二十
冊。余藏。四庫存目。

〔補〕**重修南海普陀山志二十卷首一卷** 清許琰撰。○清乾隆五
年重修本。四冊。

〔補〕**天台山方外志要十卷圖一卷** 明釋傳鐙撰,清齊召南刪訂。
○清乾隆刊本。四冊。余藏。○傳鐙原書三十卷,明萬曆刊本,曩
見一帙於滬上,值昂未收。

〔補〕**清涼山小志不分卷** 清弘盡撰。○清乾隆十一年刊本,八行十
八字,白口,四周雙闌。前自序,次目錄。卷末有乾隆十一年自跋,
云遍禮諸剎後作,蓋名為山志而實為紀山中三十八名剎者也。鐫印
均精,與内板無殊。

〔增〕**南岳志八卷** 國朝曠敏本等撰。○乾隆癸酉刻本。

〔補〕**南岳志八卷** 清高自位等重編。○清乾隆十八年癸酉刊本。

〔補〕**盤山志十六卷卷首五卷** 清蔣溥等纂修。○清乾隆十九年武
英殿刊本。十冊。余藏。

西湖志纂十二卷 國朝大學士梁詩正撰。○乾隆乙亥賜經堂刻。

〔補〕**湖山便覽十二卷** 清翟灝、翟瀚撰。○清乾隆三十年刊巾箱本。
　　五冊。○清光緒元年杭州王氏槐蔭堂重刊本。

〔增〕**泰山道里記一卷** 國朝聶欽撰。○刻本。四庫存目。

〔補〕**廣雁蕩山誌二十八卷首一卷末一卷** 清曾唯纂修。○清乾
　　隆五十五年曾氏依綠園刊本。八冊。

〔增〕**泰山志二十卷** 國朝金榮撰。○嘉慶中刻。

〔增〕**洞庭湖志十四卷** 國朝鼂世基原本，夏大觀等輯行。○道光八
　　年刻。

〔補〕**雲臺新志十八卷首一卷末一卷** 清謝元淮、許喬林纂修。○
　　清道光十六年刊本。六冊。

〔補〕**焦山志二十六卷** 清吳雲纂修。○清同治四年刊本。余藏。

〔補〕**南嶽志二十六卷** 清李元度纂修。○清光緒刊本。

〔補〕**焦山續志八卷** 清陳任暘纂修。○清光緒三十一年刊本。余
　　藏。

上地理類山川之屬

洛陽伽藍記五卷 後魏楊衒之撰。○漢魏叢書本。○古今逸史本。
　　○津逮秘書本。○明如隱堂刻本。○綠君亭刻本。○璜川吳氏活
　　字印本。○學海本。

〔附〕○顧千里謂據史通所云，此書係分大小字，今以子注混正文，擬仿
　　全謝山治水經注之例改定一本而未暇。（邵氏）

〔補〕○明如隱堂刊本，九行十八字，細黑口，左右雙闌。前後無序跋，
　　版心下方有如隱堂三字。此書董氏誦芬室已影印行世，後又收入四
　　部叢刊三編中。○明萬曆二十年廣漢魏叢書本，九行二十字，白口，
　　左右雙闌。○明萬曆吳琯刊古今逸史本，十行二十字，白口，左右雙

闌。余藏。余據永樂大典卷一萬三千八百二十三至四校二十八條。
又據太平廣記引文校二十四條。○明末毛氏綠君亭刊本，八行十八
字，陰陽葉不連，各四周單闌。版心下有綠君亭三字。清毛扆校並
跋。○明末毛氏汲古閣刊津逮祕書本，八行十九字，白口，左右雙
闌。余藏。余據明如隱堂刊本校。○清嘉慶十年張氏照曠閣刊學
津討原本，九行二十一字，黑口，四周雙闌。○清嘉慶十六年璜川吳
志忠印真意堂叢書三種本，九行二十字，白口，左右雙闌，活字印本。
余藏並手校各本。○友人張君宗祥有合校本，曾以稿本見示，允他
日定稿後假余錄副。

〔補〕**洛陽伽藍記五卷** 北魏楊衒之撰。**集證一卷** 清吳若準撰。
○清道光十四年吳若準刊本。後有劉嘉海跋。邢之襄藏。

吳地記一卷附後集一卷 唐陸廣微撰。○古今逸史本。○唐宋叢
書無後集。○鹽邑志林本。○學海類編本。○學津討原本。○附
備考一卷。

〔補〕○明萬曆吳琯刊古今逸史本，十行二十字，白口，左右雙闌。周叔
弢藏一帙，有黃丕烈校並跋。余有一帙，余臨盧文弨校本於其上。
○清嘉慶十年張氏照曠閣刊學津討原本，九行二十一字，黑口，左右
雙闌。貝墉校並錄錢大昕識語，又有唐翰題校跋。周叔弢藏。余曾
借臨一過。唐跋稱明萬曆二年龍宗武曾刊行，然余迄未見其書，近
世藏家亦鮮有著錄者，或流傳不廣歟。○清同治十二年江蘇書局刊
本。

〔補〕**吳地記一卷** 題唐陸廣微撰。○明天啟三年樊維城刊鹽邑志林
本，十行十九字，白口，左右雙闌。○明刊續百川學海本，九行二十
字，白口，左右雙闌。○明鍾人傑編刊唐宋叢書本，九行二十字，白
口，左右雙闌。○清道光十一年晁氏活字印學海類編本，九行二十
一字，白口，左右雙闌。

〔增〕**兩京新記一卷** 唐韋述撰。原本五卷，見宋史藝文志。此一卷，在原書為第三卷。所載坊寺觀園祠宇東西南北比次頗詳。○在日本佚存叢書中。阮氏以進呈。

〔補〕○清咸豐三年刊粵雅堂叢書本，在第十二集。○清光緒中湖北崇文書局刊正覺樓叢刻本。

〔補〕**兩京新記二卷** 唐韋述撰，清曹元忠輯。○清光緒二十年江陰使署刊南菁札記本。

長安志二十卷 宋宋敏求撰。○明初刻本。○經訓堂本。

〔補〕**長安志二十卷** 宋宋敏求撰。**長安志圖三卷** 元李好文撰。○明嘉靖十一年李經刊本，十行二十字，白口，四周單闌。李文藻跋並錄朱彝尊跋。盛昱遺書。○清影寫明成化四年郘陽書堂刊本，十二行二十二字。盧址抱經樓遺書。郘陽本即世所謂元本也。

〔補〕**長安志二十卷** 宋宋敏求撰。**附圖三卷** 元李好文撰。○清畢沅刊經訓堂叢書本，乾隆四十九年刊。有劉喜海長跋，言自藏一舊刊本，前有李好文序，為千頃堂舊藏，有黃俞邰跋，此本失去李序云云。又言李圖本非附宋者而作，今傳本以李圖冠宋志之首，時代顛倒殊乖編輯之體云云。

長安志圖三卷 元李好文撰。○明李經刻本。○經訓堂本。

洛陽名園記一卷 宋李格非撰。○古今逸史本。○津逮祕書本。○學津討原本。○海山仙館本。

〔補〕○明正德嘉靖間顧元慶刊陽山顧氏文房小説四十種本，十行十八字，白口，左右雙闌。題"埭川顧氏家塾刊行"。余藏。○明萬曆間刊古今逸史本，十行二十字，白口，左右雙闌。余藏。余據明弘農楊氏鈔説郛本校。○明刊寶顏堂祕笈普集本，八行十八字，白口，四周單闌。書名前加"陳眉公訂正"五字。○明崇禎間毛氏汲古閣刊津逮祕書本，八行十九字，白口，左右雙闌。○明弘農楊氏鈔説郛本，

十一行二十三至四字，藍格，版心有"弘農楊氏"四字。余藏。在卷
二十六。〇清初宛委山堂刊説郛本。

雍錄十卷 宋程大昌撰。〇明嘉靖辛卯刻本。〇古今逸史本。

〔補〕〇明嘉靖十一年李經刊本，十行二十一字，白口，單闌。前嘉靖辛
卯康海序，後同年李經序。每卷第二行題"新安程大昌泰之"，三行
題"錫山安國民泰校正"。據序為西安知府李經刊置郡齋者。〇明
萬曆刊古今逸史本，十行二十字，白口，左右雙闌。每卷首第三行題
"明新安吳琯校"。此本商務印書館已印行。

洞霄圖志六卷 宋鄧牧撰。〇知不足齋本。附洞霄詩集十四卷，元
道士孟宗寶編。

〔補〕**祠山事要指掌集十卷** 宋周秉秀撰，元梅應發續輯。〇明宣德
八年胡廣刊本，十行二十二字，黑口，四周雙闌。存四卷。海虞瞿氏
藏。

〔補〕**元河南志四卷** 〇清徐松自永樂大典錄出，原為河南府條之文，
加以此名。後繆荃孫錄副，分為四卷，刊入藕香零拾中。

〔補〕**白鹿洞書院新志八卷** 〇明嘉靖四年周廣刊本，八行十八字。
前正德六年李夢陽序，又嘉靖四年周廣序。

〔補〕**百泉書院志四卷** 明呂顒撰。〇明嘉靖十二年刊本，九行二十
字，白口，單闌。有自序及葉照序，後有嘉靖癸巳馬書林序。修綆堂
見。

汴京遺蹟志二十四卷 明萬曆丁酉刻本，題梁溪李應祥善徵彙編，陽
羨俞安期羨長同纂，以郡縣為綱，徵述名勝，間附考證。四庫未收。
按：此是莫氏記雍勝略之文，誤置于此。雍勝略二十四卷，李應祥、
俞安期撰，明萬曆二十五年刊本，九行十八字。余有傳鈔萬曆本。

〔附〕〇淡生堂本。（邵氏）

〔補〕此書為大梁李濂川父著，有濂自序及凡例。分京城、宮室、官署、

山岳、河渠、寺觀、雜志、藝文各類，共二十四卷，與莫氏所記殊異。○明嘉靖二十五年李濂自刊本，十行二十字，白口，四周單闌。前嘉靖二十五年濂自序。清鮑士恭進呈四庫館本，有館臣勾改處。鈐有翰林院印。○又見一帙，棉紙廣幅，尚存原簽，至為可愛。

〔補〕**三衢孔氏家廟志一卷附錄二卷**　明沈杰撰輯。○明嘉靖刊本。四明盧址抱經樓遺書，癸丑十二月閱。

〔補〕**關中陵墓志二卷附錄一卷**　明祁光宗撰。○清寫本。盧址抱經樓遺書。四庫存目。

〔補〕**金陵梵刹志五十三卷**　明葛寅亮撰。○明萬曆三十五年南京僧錄司刊本，十行二十二字，白口，四周單闌。經天啟七年增修，前有天啟七年自序。卷末附記書價。此書金山寺已影印行世。友人尹碩公見惠一帙，有用之書。四庫存目。

〔補〕**金陵玄觀志十三卷**　不著撰人。○明萬曆刊本，十行二十二字，白口，四周單闌，版式與金陵梵刹志全同。此書江南圖書館藏。近已影印行世。

武林梵志十二卷　明吳之鯨撰。○四庫依抄本。○明刻本。

〔補〕○明萬曆刊本，十行二十字，白口，四周單闌。前有吳用先叙，次記略，題萬曆壬子九月。本書卷首次行題"桐城吳用先訂正"，"渤海吳之鯨採輯"。

〔補〕**鶴林寺志不分卷**　明釋明賢撰。○明萬曆四十二年刊本，九行二十字。一冊。

〔補〕**徑山志十四卷**　明宋奎光撰。○明天啟四年李燁然刊本。余藏。四庫存目。

江城名蹟二卷　國朝陳宏緒撰。按：四庫著錄，莫氏失收。

營平二州地名記一卷　國朝顧炎武撰。又名營平二州史事，六卷，其書不存，見提要。

〔補〕○清光緒十四年吳縣朱記榮刊槐廬叢書本。

〔補〕**京東考古錄一卷** 清顧炎武撰。○清康熙四十一年吳震方輯刻
說鈴本。○清道光十一年晁氏活字印學海類編本。○清光緒十一
年朱記榮刊顧亭林先生遺書補遺本。○清乾隆五十九年刊龍威祕
書說鈴攬勝本。四庫存目,在地理雜記中。

〔補〕**嵩陽書院志二卷** 清耿介撰。○舊寫本,有康熙二十三年竇克
勤序、康熙二十一年郭文華序,又焦欽寵序。

金鼇退食筆記二卷 國朝高士奇撰。○江村全書本。○說鈴本。○
龍威祕書本。

石柱記箋釋五卷 國朝鄭元慶撰。○康熙壬午魚計亭刻本。○粵雅
堂刻。

〔補〕**東林書院志二十二卷** 清高廷珍等撰。○清雍正十一年刊本。
八冊。余藏。四庫存目。

關中勝蹟圖志三十二卷 國朝陝西巡撫畢沅監修。○小琅環仙館
刻本。○靈巖山館刻本。

〔補〕**龍井見聞錄十卷附宋釋元浄外傳二卷** 清汪孟鋗撰。○清
光緒十年錢唐丁氏刊武林掌故叢編本。

〔補〕**唐兩京城坊考五卷** 清徐松撰,張穆校補。○清道光二十八年
楊墨林刊連筠簃叢書本。○清光緒五年定州王氏謙德堂刊畿輔叢
書本。

〔補〕**唐兩京城坊考補記一卷** 清程鴻詔撰。○清光緒二十三年繆
荃孫刊藕香零拾本。

〔補〕**日下尊聞錄二卷** 不著撰人名氏。○清咸豐二年安和軒刊本。
余藏。

上地理類古蹟之屬

南方艸木狀三卷 晉嵇含撰。○明刻本。○百川學海本。○漢魏叢

書本。○格致叢書本。○龍威祕書本。○宋麻沙本。

〔附〕○山居本。（邵氏）

〔補〕○宋咸淳間刊百川學海本,十二行二十字,細黑口,左右雙闌。○明弘治十四年華珵刊百川學海本,十二行二十字,白口,左右雙闌。○明嘉靖十五年鄭氏宗文堂刊百川學海二十卷本,十四行二十八字,白口,左右雙闌。均余藏。○吳江沈兆奎新刊本,據宋本百川學海付梓。承見惠一帙。

〔補〕**盛弘之荊州記一卷**　劉宋盛弘之撰,清王謨輯。○稿本,十行二十五字,注雙行同。前有序錄,錄史通、丹鉛總錄、日知錄論荊州記三則。後有王謨按語,記采輯所自,以太平御覽、太平寰宇記、後漢書為多,共二百十五條。

荊楚歲時記一卷　梁宗懍撰。○漢魏叢書本。○廣祕笈本。○淡生堂餘苑本。

北戶錄三卷　唐段公路撰。○學海類編、古今說海、格致叢書本皆不全。○內府有元刻本。○述古堂自抄本三卷。○路本題崔龜圖注。

〔補〕○明文始堂寫本,墨格,下方有“文始堂”三字。舊人校。涵芬樓藏。○舊寫本,十行二十字,注雙行。鈐有“先世培校正手錄本”朱印,即先氏寫本。有秦恩復藏印。以上三卷本,題崔龜圖註。○舊寫本,鈔甚舊,見於滬市,惜未收得。

〔補〕**新刻北戶錄二卷**　唐段公路撰。○明萬曆三十一年胡文煥刊格致叢書本,十行二十字,白口,左右雙闌。一册。

〔補〕**北戶錄一卷**　唐段公路撰。○明嘉靖二十三年陸楫儼山書院刊古今說海本,八行十六字,白口,左右雙闌。余據明鈔說郛本校過。

桂林風土記一卷　唐莫休符撰。○淡生堂餘苑本。○學海類編本。

〔補〕○明謝肇淛小草齋寫本,九行十八字,墨格,版心下方有“小草齋鈔本”五字。卷末附記一行,曰“洪武壬戌三月,傳錢塘宜齋沈朂義

産忠父藏本"。有翰林院官印及袁芳瑛、繆荃孫藏印。李木齋先生
藏。○清樵李曹氏倦圃寫本。涵芬樓藏。○吳翌鳳手寫本，十一行
二十字。後錄朱彝尊跋並自跋。德友堂見。○清道光十一年晁氏
活字印學海類編本，九行二十一字，白口，左右雙闌。余藏。余據曹
溶倦圃寫本及吳翌鳳手寫本校。○張氏涉園舊藏寫本。

嶺表錄異三卷 唐劉恂撰。○聚珍本。○閩覆本。

益部方物略記一卷 宋宋祁撰。○說郛本。○秘册彙函本。○津逮
祕書本。○學津討原本。

〔補〕○清內府寫本，紅格，八行二十一字。有詳校、總校官銜名，四庫
館鈔內府陳設書。

〔補〕成都古今記一卷 宋趙抃撰。○明鈔說郛本。余藏。商務印書
館已排印。○清順治宛委山堂刊說郛本，余以明鈔說郛校，補佚文
二條。

岳陽風土記一卷 宋范致明撰。○說郛本。○古今逸史本。○明嘉
靖刻本。

〔附〕　○明嘉靖甲辰許岳重刊本。（邵氏）

〔補〕○明嘉靖四十二年許嶽刊本，九行二十字，白口，左右雙闌。有嘉
靖甲辰陸垺跋。蟫隱廬見。○明影寫明嘉靖四十二年許嶽刊本，行
欵同上，棉紙藍格。○天一閣舊藏明寫本。涵芬樓藏。○明萬曆吳
琯刊古今逸史本，十行二十字，白口，左右雙闌。余藏一本，余用涵
芬樓藏明天一閣舊藏寫本校過，補范寅秩、劉谷堅、陸垺三跋。○清
順治三至四年李際期宛委山堂刊說郛本。○清同治十三年虞山顧
氏刊小石山房叢書本。

東京夢華錄十卷 宋孟元老撰。○明弘治刻本。○稗海本。○唐宋
叢書本不全。○津逮祕書本。○學津討原本。

〔補〕○明萬曆刊祕册彙函本，八行十八字，白口，左右雙闌。○明崇禎

毛氏汲古閣刊津逮祕書本，八行十九字，白口，左右雙闌。余藏。余
據元刊本校。○清嘉慶十年張氏照曠閣刊學津討原本，九行二十一
字，黑口，左右雙闌。

〔補〕**幽蘭居士東京夢華錄十卷**　宋孟元老撰。○元刊本，十四行
二十二字，細黑口，左右雙闌。傳世有二本：一本毛氏汲古閣舊藏，
有毛氏印記黃紙淡墨印，今歸潘宗周寶禮堂；一本明顧元慶舊藏，有
黃丕烈跋，今在日本靜嘉堂文庫。二本余均寓目，袁本並曾借校。
靜嘉堂本近已影印行世。近又見內閣大庫散出殘葉，亦黃紙淡墨
印，驟視幾與靜嘉本無別，而字之偏旁有不同者，是元末明初已經修
版矣。惜潘本遠在滬瀆，未能與靜嘉堂本比勘，以決其是否一刻也。
○明翻元本，十四行二十二字，大黑口，左右雙闌。其行欵版式與元
刊本全同，而字體已是明成化弘治間風氣。余藏。余曾以袁氏藏元
刊本校過。此本與內閣大庫殘葉非一刻。○明弘治十七年刊本，八
行十六字，白口，左右雙闌。卷末有"弘治甲子重新刊行"牌子一行。
○明汲古閣影寫元刊本，十四行二十二字，細黑口，左右雙闌。鈐有
毛氏印。此本金誦清已石印行世，持校靜嘉堂藏元刊本，仍有奪文
誤字，疑不出一刻，或所據為晚印殘補之本也。

六朝事迹編類二卷　宋張敦頤撰。○古今逸史本。○嘉慶沈兆澐刻
本。○道光辛丑張氏寶德堂刻本，有考證一卷。

〔附〕○宋刊本，七行十六字，每門分卷。佳。（邵氏）

〔補〕○明寫本。直隸書局閱。

會稽三賦三卷　宋王十朋撰。○明初刻本。○明南逢吉、尹壇删補
舊注本，四卷。○天啟辛酉烏程凌氏套板本，南逢吉注。○湖海樓
叢書本。○道光乙未杜氏仿宋刻本。

〔附〕○宋大字本，葉十八行，行大十八字，小三十二字。○宋嘉定本，
葉二十二行，行大小字二十，均空一格。吳跋。（邵氏）

〔補〕**會稽三賦注一卷** 宋王十朋撰，周世則、史鑄注。○宋刊本，大版心，九行十八至十九字不等，注雙行三十至三十二字，注中又有注。白口，左右雙闌。左闌外有耳，記篇名。增注用陰文。有元代修補版。余藏。○清道光十九年杜春生翻宋本。○明初刊本，十一行二十一字，黑口，四周雙闌。

〔補〕**會稽三賦註一卷** 宋王十朋撰，明南逢吉校注，明尹壇補註。○明嘉靖彭富刊本，十行二十字，白口，四周單闌。有嘉靖二年南逢吉序，序後有地圖。鈐毛晉藏印。

中吳紀聞六卷 宋龔明之撰。○明單刻本。○學海類編本。○珠叢別錄本。○知不足齋本。○津逮祕書本。○墨海金壺本。○嘉慶壬申朱麟書校本。粵雅堂本。○元刻本半頁十一行，行二十一字。○胡心耘有校棐竹堂本，第六卷多翟超一條，其餘頗有異同，何焯勘定，精為考審。

〔補〕○明弘治七年嚴春刊本，十一行二十一字，黑口，四周雙闌。前有行書龔氏序。此書原有弘治七年楊子器序，言重校命義民嚴春刻而傳之，多為估人撤去，以充元刊。余藏一本，亦失楊氏序，董氏誦芬室用以覆彫。此本雕工精雅而訛奪甚多，非佳本也。○明正德九年龔弘刊本，十一行二十一字，黑口，四周雙闌。有龔氏序及弘治七年楊子嚚刊書舊序，後有至正二十五年盧熊舊跋及正德九年龔弘刊書識語，云據弘治七年嚴春本覆刊。李木齋先生藏。○明末毛氏汲古閣刊本，九行十八字，大黑口，左右雙闌。陸貽典、蒙伯覲校。有毛扆、陸貽典、蒙伯覲跋，鮑廷博、劉喜海識語。余曾據以校誦芬室翻弘治嚴春本。○又一汲古閣刊本，何焯校並跋。後有馮登府、楊廷錫跋。余曾據以校學海類編本。○清嘉慶十七年白鹿山房活字印本，八行二十字，卷末有"白鹿山房校印叢書"八字。○清藍格寫本，有蕭山王宗炎萬卷樓藏印。余藏。

桂海虞衡志一卷 宋范成大撰。○百川學海本。○古今逸史本。○唐宋叢書本。○學海類編本。○古今說海本。○知不足齋本。○石湖三錄本。

〔補〕○明嘉靖二十三年陸楫儼山書院刊古今說海本，八行十六字，白口，左右雙闌。余藏。余據明弘治十八年鈔說郛本校。○明萬曆刊古今逸史本，十行二十字，白口，左右雙闌。余藏，余據明鈔本校。○明末刊唐宋叢書本，九行二十字，白口，左右雙闌。

嶺外代答十卷 宋周云非撰。○知不足齋本。

都城紀勝一卷 題耐得翁撰。○藝圃搜奇本。○曹棟亭刻本。

〔補〕○清康熙四十五年曹寅揚州使院刊棟亭十二種本。余據永樂大典本校，改正八十餘字。又據名鈔說集本校，改正二十餘字。○傳鈔本，余據永樂大典卷七千六百二至三，十八陽，杭州府五十一至五十二傳鈔。附西湖老人繁勝錄一卷。

〔補〕**古杭夢游錄一卷** 題灌園耐得翁撰。○明鈔說集本，棉紙藍格，十一行二十四字，白口，四周雙闌。全二十冊，此書在第六冊。朱文鈞藏。余曾借校棟亭十二種本，改正二十餘字。○明吳氏叢書堂鈔說郛本，墨格，十行二十字。在卷三。余藏。

〔補〕**西湖老人繁勝錄一卷** 題西湖老人撰。○傳鈔永樂大典卷七千六百二至三，十八陽，杭州府五十一至五十二。余藏。此書四庫入存目，亦自永樂大典鈔出。無單行本，各叢刻亦未收，近時涵芬樓秘笈始收入。

夢粱錄二十卷 宋吳自牧撰。○淡生堂餘苑本。○學海類編本。○知不足齋本。○學津討原本。○朱竹垞得足本，刻於吳下。

〔補〕○清寫本，十行二十二字。有周星譽跋。余藏。此書傳世無舊刊本。

武林舊事十卷 宋周密撰。○明正德宋廷佐刻本，六卷。○嘉靖杭

守陳珂刻本。○崇禎刻本。○淡生堂餘苑本。○秘笈本。○知不
足齋本，佳。○朱廷煥增補武林舊事八卷。○千頃堂目，前武林舊
事六卷，後武林舊事五卷。○乾隆丁酉夙夜齋刻。

〔補〕**武林舊事六卷** 宋周密撰。○明正德十三年宋廷佐刊本，十行
二十字，白口，四周單闌。卷後有宋氏隸書跋十三行。友人章鈺取
校新刊本，云可以補正者數百事。○明嘉靖三十九年陳柯刊本，十
行二十字。前有陳柯序。鈐怡府明善堂藏印。均余藏。

〔補〕**武林舊事十卷附錄一卷** 宋周密撰。○清乾隆五十八年鮑廷
博刊知不足齋叢書本。余曾以各本校過。

〔補〕**高奇齋訂正武林舊事六卷寶顏堂後集武林舊事五卷** 宋
周密撰。○明萬曆刊寶顏堂祕笈廣集本，八行十八字，白口，四周單
闌。余藏。

〔補〕**武林舊事六卷後集四卷** 宋周密撰。○清乾隆四十二年汪日
葵夙夜齋刊本。

〔補〕**增補武林舊事八卷** 宋周密撰，明朱廷煥增補。○明崇禎間自
刊本，九行二十字，白口，四周單闌。○清康熙四十三年廷煥之子朱
繩重刊本，版心下方有"澹寧齋重梓"五字。

歲華紀麗譜一卷附箋紙譜一卷蜀錦譜一卷 元費著撰。○學海
類編本。○津逮祕書本。○康熙中顧嗣立刻閭邱辨囿本。○墨海
金壺本。

〔附〕○淡生本。（邵氏）

吳中舊事一卷 元陸友仁撰。○函海本。○墨海金壺本。

〔補〕○明隆慶元年居節手寫本。毛氏汲古閣、汪士鐘、吳雲藏印。顧
麐士怡園藏書。○舊寫本，藍格，卷首有"閔裕仲太史手校本"八字。
有王宗炎萬卷樓藏印。余藏。余曾據以校光緒刊巾箱函海本。○
清鮑廷博家寫本，鮑廷博校。余曾據以校墨海金壺本。○光緒間吳

中謝氏刊望炊樓叢書本。

平江紀事一卷　元高德基撰。○墨海金壼本。

〔補〕○明正德嘉靖間刊本，八行十七字，白口，左右雙闌。海虞翟氏
藏，號為元刊本。○舊寫本，鈐有翰林院官印。繆荃孫遺書。余曾
據以校墨海金壼本。

〔補〕**西域番國志一卷**　明陳誠、李暹撰。○明鄭曉淡泉書屋寫本，九
行十九字，上空一格，版心上有"獨瘄園稿"，下有"淡泉書屋"等字。
記各處道里風土。有朱彝尊父子藏印。韓左泉處見。此書已印入
國立北平圖書館善本叢書中。

〔補〕**紀古滇說集一卷**　題宋張道宗撰。○明嘉靖四年刊本，十行十
九至二十字，黑口，左右雙闌。有嘉靖乙酉沐朝恩序。余藏。此本
已印入玄覽堂叢書中。四庫存目入外紀。

〔補〕**行邊紀聞一卷**　明田汝成撰。○明嘉靖三十六年刊本，十行二
十字，上空一格，實十九字，白口，四周單闌。前嘉靖丁巳顧名儒序。
此書已印入北平圖書館善本叢書中。

江漢叢談二卷　明陳士亢撰。○藝海珠塵本。

〔補〕**廣禹貢楚絕書二卷**　明陳士元撰。○舊寫本，題江漢潛夫撰。
前有隆慶庚午自序。有彭元瑞藏印。

〔補〕**吳興掌故集十七卷**　明徐獻忠撰輯。○明刊本，八行十六字，
白口，左右雙闌。題徐獻忠輯、吳夢暘閱、茅獻徵校。是萬曆本，失
序跋。四庫存目。

〔補〕**燕史一百二十卷**　明郭造卿撰。○舊寫本。存政紀二卷，統紀
三卷，雄紀二卷，鎮紀十卷，督紀六卷，道紀三卷，繫紀三卷，裔紀二
卷，朔紀二卷，計三十三卷。有道光二十八年高錫蕃、周其□二跋，
稱劉喜海錄自廈門舊家。

閩中海錯疏三卷　明屠本畯撰。○藝海珠塵本。○學津討原本。

益部談資三卷 明何宇度撰。○學海類編本。

〔補〕○舊寫本。有李維楨跋。涵芬樓藏。

〔補〕**百粵風土記一卷** 明謝肇淛撰。○清鄭杰注韓居寫本，墨格，九行十八字，版心有"注韓居"三字。前有天啟壬戌自序。有鄭杰、林則徐藏印。此書無刊本，各叢書亦未收，諸家書目均未著錄。

〔補〕**西事珥八卷** 明魏濬撰。○明萬曆四十一年刊本，九行十八字，白口，四周雙闌。與嶠南瑣記二卷同刻。余藏。四庫存目。

〔補〕**金陵瑣事四卷續二卷二續二卷** 明周暉撰。○明萬曆刊本，八行十六字，白口，四周單闌。辛亥六月帶經堂見，索八兩。

〔補〕**雲間據目鈔五卷** 明范濂撰。○清范聯枝一寒齋刊本。四冊。

〔補〕**雲間雜識八卷** 明李紹文撰。○舊寫本。有王圻、宋懋澄二序。

〔補〕**雲間雜識二卷** 明李紹文撰。○清寫本。鈐有"陸子辛之"、"式誦堂"印。陸烜用朱、黃二色筆校，跋云"乾隆丁亥十月十九日夜，篝燈校閱一次。烜記"。

〔補〕**五茸志逸隨筆八卷** 明吳履震輯。○清寫本。八冊。余藏。

蜀中廣記一百八卷 明曹學佺撰。○刻本。

〔補〕○明末刊本，十行二十字，白口，四周雙闌。分十二記，內名勝、人物、宦游、邊防四記方體字，餘以楷書上版。有明末如皋李猶龍藏印。余藏。四庫本已印入四庫全書珍本初集中。

〔補〕**帝京景物略八卷** 明劉侗、于奕正撰。○明崇禎刊本，八行十九字，白口，四周單闌。余藏。四庫存目。

〔補〕**舊京遺事一卷** 明史玄撰。○舊寫本。鈐汪士鐘藏印。徐坊遺書。記明代北京風土人情之書。余錄有副本。

〔補〕**虞鄉雜志一卷** 清毛晉輯。○毛晉手稿本，有朱墨筆校改。涵芬樓藏。

〔補〕**天府廣記四十四卷** 清孫承澤纂輯。○舊寫本，分七十門。四庫存目。

顔山雜記四卷 國朝孫廷銓撰。○孫氏四種本，康熙中刻。

〔補〕○清四庫全書館校本。有翰林院大官印。潘氏滂喜齋世藏。

嶺南風物記一卷 國朝吳綺撰。按：四庫著錄，莫氏失收。

〔增〕**廣東新語二十八卷** 清屈大均撰。○木天閣原刻本。○李調元於乾隆丁酉視學其地，得其刻本，略為改竄，攘為己作，改名粵東筆記，刻入函海。

〔補〕○清康熙三十九年木天閣刊本。余藏。卷二十六至二十八鈔配。十册。余藏。

〔補〕**潯陽蹠醢六卷** 清文行遠撰。○清康熙十一年刊本。分三十三門，記九江故實。六册。余藏。四庫存目。

〔補〕**蜀都碎事四卷補遺一卷** 清陳祥裔輯。○清康熙刊本。盧址抱經樓遺書。四庫存目。

〔補〕**瀲水志林二十二卷** 清張尚瑗撰。○清康熙五十年刊本。四册。

〔補〕**邊州聞見錄十一卷** 清陳鼎恒撰。○清寫本。原八卷，康熙五十九年改為十一卷，有自序二首。徐坊遺書，已收。

臺海使槎錄八卷 國朝黃叔璥撰。○道光庚寅刻本。

〔補〕○清乾隆自刊本，十行二十字，白口，四周單闌，有乾隆元年魯曾煜序。

龍沙紀略一卷 國朝方式濟撰。○借月山房彙抄本。○澤古齋叢抄本。

東城雜記二卷 國朝厲鶚撰。○杭州汪氏刻。○粵雅堂刻。

〔補〕**西域遺聞不分卷** 清陳克繩撰。○清寫本，有張之浚序。余藏。

友人吳燕紹為正訛補缺，並撰為提要。余擬刊入雙鑑樓叢書中。

〔補〕**滇雲歷年傳十二卷** 清倪蛻撰。○舊寫本，記自堯至雍正時事。

〔補〕**臺海見聞錄二卷** 清董天工撰。○舊寫本。

〔補〕**鳳城瑣錄一卷** 清蒙古博明希哲撰。紀鳳里城事。○清嘉慶間刊本。一册。余藏。

〔補〕**西藏見聞錄二卷** 清蕭騰麟撰。○清寫本，十行二十二字。前有李天植序、自序及乾隆三十五年岳夢淵序。余藏。

〔增〕**衛藏圖識五卷** 國朝盛繩祖撰。○乾隆末年刻本。

〔補〕**楚庭稗珠錄六卷** 清檀萃撰。○清乾隆三十八年高平檀氏九曜山房刊巾箱本。四册。

〔補〕**西藏賦一卷** 清和寧撰。○清嘉慶精刊本。一册。

〔補〕**西藏賦一卷** 清和寧撰。**卜魁城賦一卷** 清英和撰。**新疆賦一卷** 清徐松撰。○清光緒八年元尚居刊本。

〔補〕**滇南雜志二十四卷** 清曹樹翹撰。**附顧陸遺詩一卷** ○清光緒間申報館印本。十册。

〔補〕**西陲要略四卷** 清祁韻士撰。○清道光十七年筠淥山房刊本。

〔補〕**塔爾巴哈台事宜一卷伊犂一卷** 清永保撰。**烏嚕木齊事宜一卷** 清達林龍鐸撰。**科布多政務總册一卷** 清富俊撰。○清寫本，五册。辛亥七月文友堂見，索三十兩，後為木齋先生收去。

〔增〕**西藏聞見錄八卷** 不著撰人，但題椿園氏。○刻本。

〔補〕**藜軒蜀跡辨一卷** 清陸炳撰。○清乾隆間陸氏藜軒自刊本，寫刻本。一册。

〔補〕**揚州畫舫錄十八卷** 清李斗撰。○清嘉慶二年刊本。余藏。

〔補〕**竹垞小志五卷** 清楊蟠等撰。○清嘉慶三年七錄書閣刊本。一冊。

〔補〕**明季燕京略記三卷** 清吳興翁聖域禹修選輯。○清寫本。三
冊。余藏。

〔增〕**豫東識小錄二卷** 國朝朱雲錦撰。○嘉慶戊寅刻。

〔補〕**永嘉聞見錄二卷** 清孫同元撰。○清光緒十四年刊本。二冊。
余藏。

〔補〕**蜀典十二卷** 清張澍撰。○清道光十四年武威張氏安懷堂刊
本。四冊。○清光緒二年四川尊經書院刊本。四冊。均余藏。

〔補〕**續黔書八卷** 清張澍撰。○清嘉慶九年刊本。二冊。

〔補〕**分湖小識六卷** 清柳樹芳撰。○清道光二十七年勝谿草堂刊養
餘齋全集本。二冊。

〔補〕**藏徵錄□卷** 撰人未詳。○舊寫本,十行二十四字。吳君燕紹
考證,謂是嘉慶時四川派赴西藏糧務通判所撰。全書十三則。

〔補〕**輪臺雜記二卷** 清史善長撰。○清光緒中番禺史氏刊本。

〔補〕**粤西筆述一卷** 清張祥河撰。○清光緒二十二年刊本。一冊。
余藏。

〔補〕**四明談助四十六卷** 清徐兆昺撰。○清道光八年木活字印本。
余藏。二十冊。

〔補〕**清嘉集十二卷** 清顧祿撰。○日本刊本。五冊。余藏。

〔補〕**清嘉錄十二卷** 清顧祿撰。○清道光十年刊本。五冊。余藏。

〔增〕**嶺南叢述六十卷** 國朝鄧淳撰。○道光庚寅刻本。

〔補〕**白下瑣言十卷** 清甘熙撰。○清道光二十七年刊本。四冊。余
藏。

〔補〕**漢西域圖考七卷圖一卷** 清李光庭撰。○清同治九年刊本。
清光緒二十九年金匱浦氏印皇朝藩屬輿地叢書本。

〔補〕**西藏圖考八卷首一卷** 清黃沛翹撰。○清光緒十二年李培榮
　　刊本。六册。余藏。

〔補〕**黑龍江察邊考一册** 清曹廷杰撰。○舊寫本。潘氏滂喜齋世
　　藏。

〔補〕**瀛壖雜志六卷** 清王韜撰。○清光緒元年刊本。二册。

上地理類雜記之屬

游城南記一卷 宋張禮撰。○學海類編本。○廣秘笈本。

〔補〕○明萬曆三十一年陝西布政使司刊本,附入三十年所刊秦漢圖記
　　中,九行十八字,白口,左右雙闌。有萬曆癸卯王民順跋、唐梣跋。
　　北京圖書館藏。○明刊寶顏堂秘笈廣集本,八行十八字,白口,四周
　　單闌。○清道光十一年晁氏活字印學海類編本,九行二十一字,白
　　口,左右雙闌。余藏。余曾以明秦漢圖記本校過。

河朔訪古記二卷 元納新撰。○守山閣本。○璜川吳氏活字本。

〔補〕**河朔訪古記三卷** 元迺賢撰。○清乾隆間武英殿聚珍版書本。
　　○清廣雅書局翻聚珍版書本,余藏。余據蕭山王氏萬卷樓寫本校,
　　改訂二百七十七字。○清嘉慶十六年吳志忠真意堂三種本,九行二
　　十字,白口,左右雙闌。余藏。余據舊寫本校。○清道光刊守山閣
　　叢書本。

〔增〕**抄本游志續編二卷** 元陶九成編。前有宋天台陳仁玉游志編
　　序,並因是書繼仁玉,故曰續,見張氏藏書志。○阮氏以進呈。

〔補〕○清勞權精鈔本。勞氏手校並錄錢穀、吳翌鳳、鮑廷博跋。余藏。

〔補〕**古今遊名山記十七卷總錄三卷** 明何鏜輯。○明嘉靖四十四
　　年自刊萬曆重修本,十四行二十七字,白口,左右雙闌。十二册。余
　　藏。四庫存目。

〔補〕**游名山一覽記十六卷** 明慎蒙輯。○明萬曆四年慎氏自刊本,

十行二十字。八册。余藏。四庫存目作天下名山諸勝一覽記十六卷,慎蒙撰。

〔補〕**廣志繹五卷雜志一卷**　明王士性撰。○清康熙刊本。余藏。四庫存目。

〔補〕**龔孟淵先生北征日記三卷**　明龔孟淵撰。○清乾隆二年魚元傅手寫本。海虞瞿氏藏。書中紀萬曆四十六年至天啟二年三上公車之事。有魚元傅、許行健等人跋。

〔增〕**天下名山勝槩四十八卷圖一卷附錄一卷**　不著編輯人,何鏜游名山記、慎蒙名山諸勝一覽記而推廣之,搜羅前人游歷序記之文,分省編載,至為詳博,讀之可當臥游。○明刻本。

〔補〕**名山勝槩記四十八卷圖一卷附錄一卷**　明何鏜輯。○明崇禎刊本,九行二十字,白口,左右雙闌。四十册。余藏。

徐霞客游記十二卷　明徐宏祖撰。○楊文定公原訂刻本。○乾隆丙申徐氏重刻本。○嘉慶十三年蔡氏增校,附編一卷。

○邸亭有汲古閣舊抄本。題曰徐霞客西游記,友弟季夢良會明甫校錄。按乾隆丙申霞客族孫鎮校刊是書時所附《諸本異同考略》首舉季本,注云:“此最錄本,未見。”次舉史夏隆本,注“不傳”。又次則舉李介立本、奚又溥本、楊天賜本、梧塍徐氏本、邑中夏氏本、奚氏又一本,凡六本,因據以校異同。是季本傳世僅此汲古閣舊鈔孤本,尤可貴也。光緒己亥,繩孫附注。(原稿)

〔補〕○余有清寫十二卷本。

〔補〕**徐霞客遊記二十卷外編不分卷**　明徐宏祖撰。○清乾隆四十一年孩浦徐氏校刊本。

〔補〕**徐霞客遊記十卷補編一卷**　明徐宏祖撰,葉廷甲輯補。○清嘉慶十三年葉氏水心齋校刊本。○民國二十二年商務印書館排印本。

〔補〕**北游日記一卷** 清陸嘉淑撰。○傳寫管庭芬家寫本及管氏跋。

〔補〕**蜀道驛程記二卷秦蜀驛程後記二卷隴蜀餘聞一卷粵行三志三卷** 南來志一卷,北歸志一卷,廣州遊覽小志一卷。**皇華紀聞四卷** 清王士禛撰。○清康熙刊王漁洋遺書本。四冊。余藏。四庫存目,在傳記類雜錄之屬。

〔補〕**閩粵巡視紀略八卷** 清杜臻撰。○清康熙刊本。

〔補〕**天下名山記鈔十六卷圖一卷** 清吳秋士輯。○清康熙三十四年汪立名刊本,十行二十二字,白口,左右雙闌。前目,次凡例,次圖。圖前隸書五行,題康熙乙亥重摹云云。有插圖二十四幀,雕刻甚精。六冊。余藏。四庫存目。

〔補〕**容陽紀游錄不分卷** 清顧采撰。紀康熙四十三年訪容美宣慰司上司田舜年之事。○舊寫本。有乾隆六年許行健跋。有魚元傅藏印。海虞瞿氏藏。

〔增〕**孫文定公南游記一卷** 國朝孫嘉淦撰。○嘉慶乙丑刻。○道光甲辰重刻。

〔補〕○嘉慶十年百齡刊本,八行二十字,白口,四周雙闌。寫刻精善,刊於嶺南。

〔補〕**據鞍錄一卷** 清楊應琚撰。○清乾隆間寫刻本。一冊。

〔補〕**婺源山水遊記二卷** 清周鴻撰。○清乾隆五十五年婺源紫陽書院活字印本。二冊。前有乾隆五十五年自序。

〔補〕**冬集紀程一卷附詩一卷** 清周廣業撰。○清葛繼棠家寫本。前自序及吳省蘭、趙懷玉序,汪輝祖題詩,程瑤田後序。徐森玉藏。

〔補〕**蜀輶日記四卷** 清陶澍撰。○清道光七年刊本。一冊。余藏。

〔補〕**鴻雪因緣圖記三集不分卷** 清麟慶撰。○清道光二十七年揚州刊本,木刻版畫,汪春泉繪。其稿本余嘗見於廠市,十二巨冊,工筆重色,頗為精工,與刻本不同。

〔補〕泛槎圖一卷續泛槎圖一卷續泛槎圖三集一卷䜍槎圖四集
一卷　清張寶撰。○清嘉慶二十四年至道光六年羊城尚古齋刊本。
四冊。余藏。

〔補〕澹靜齋巡輶百日記一卷　清吳傑撰。記道光初赴辰、沅、鎮篁
行紀。○舊寫本。鄂恒遺書,文友堂見。

〔補〕鳳臺祗謁筆記一卷永寧祗謁筆記一卷　清董恂撰。○清同
治九年、十一年刊本。二冊。余藏。

〔補〕辛卯侍行記六卷　清陶保廉撰。○清光緒二十三年養樹山房刊
本。六冊。余藏。

〔補〕蘿菴游賞小志一卷　清李慈銘撰。○清刊本。一冊。

〔補〕西征述一卷後西征述一卷　清蔣湘南撰。○清光緒十四年湘
南臬署刊本。一冊。余藏。

上地理類游記之屬

佛國記一卷　宋釋法顯撰。○漢魏叢書本。○唐宋叢書本。○秘冊
彙函本。○津逮秘書本。○學津討原本。○佛藏本,在兵字八號。
○陽湖孫氏有明初聚寶門來定樓姜家刻本,作法顯傳一卷。

大唐西域記十二卷　唐釋玄奘譯,辨機撰。○吳氏刻本。○墨海金
壺本。○守山閣本。○明南北佛藏二本。○支那本。後板缺二卷,
故所印只八卷。

〔附〕○黃有宋本。○四庫著錄似明本。(邵氏)

〔補〕○宋思溪藏本,六行十七字。缺卷一、卷六。楊守敬得於日本。
此本後入余齋,已印入四部叢刊初編中。○明萬曆吳氏西爽堂刊
本,十行二十字,白口,左右雙闌。卷末有吳氏西爽堂刊一行。余
藏。○日本元和活字印本,十行二十字,無邊闌。卷前有熙寧二年

福州等覺禪院雕造四行，從福州藏本出。楊守敬藏。

宣和奉使高麗圖經四十卷 宋徐兢撰。○明姚士粦刻本。○知不
足齋本。○天祿後目有宋刻本。○昭文張氏有毛斧季舊抄本。以
宋刻本校，後附徐兢行狀。引領歎慕至以下脫一頁，鮑本與海監鄭
休仲本同，此本據宋刻校，補二百五十三字乃完善。

〔補〕○宋乾道三年澂江郡齋刊本，九行十七字，白口，左右雙闌。前宣
和六年自序，後有乾道三年徐藏跋。有錢曾藏印及天祿繼鑑諸璽
印。故宮博物院藏，已印入天祿琳琅叢書中。○清初寫本，有揆叙
謙牧堂藏印。潘氏滂喜齋藏。○舊寫本，八行二十字。徐季孺藏。

諸蕃志二卷 宋趙汝适撰。○函海本。○學津討原本。

〔補〕○舊寫本。鈐"玉案西頭舊講官"印，乃何焯印記也。

〔增〕長春子游記二卷 元李志常記其師邱處機西游事蹟。孫錫序
云，凡山川道里之險易，水土風氣之差殊，與夫衣服飲食百果艸木禽
獸之別，靡不畢具。末附錄當時詔敕等篇。處機字通密，又號長春
子，棲霞人，金大定時曾自終南召赴闕，後放還山。及元太祖時，嘗
召至雪山之陽，後居燕天長觀。此冊足資考證，即其詩亦可誦。○
阮氏曾進呈。

〔補〕長春真人西游記二卷 元李志常撰。○舊寫本，曾習經鈔補並
跋。有方功惠藏印。○韓子源在揚州收得明刊本。

溪蠻叢笑一卷 宋朱輔撰。○說郛本。○歷代小史本。○古今說海
本。○格致叢書本。○學海類編本。

〔附〕○明單刊本。（邵氏）

〔補〕○明嘉靖二十三年陸楫儼山書院刊古今說海本，八行十六字，白
口，左右雙闌。余藏，曾據明吳寬叢書堂鈔說郛本校過。

真臘風土記一卷 元周達觀撰。○百川學海本。○歷代小史本。○
古今說海本。○古今逸史本。○錢氏敏求記云有舊鈔本，可證說海

本中刻本之譌。

〔補〕○明嘉靖二十三年陸楫儼山書院刊古今説海本，八行十六字，白
口，左右雙闌。余藏。余曾以明鈔説郛本校過。○明萬曆吳琯刊古
今逸史本，十行二十字，白口，左右雙闌。○明萬曆刊歷代小史本，
十一行二十六字，白口，四周雙闌。余藏。○明弘治十八年鈔説郛
本，墨格，十三行二十五字。余藏。○清初宛委山堂刊説郛本。○
清吳翌鳳手寫本，鈐吳氏印記。李木齋先生藏。

島夷志略一卷　元汪大淵撰。提要云無刻本。

〔補〕**瀛涯勝覽一卷**　明馬歡撰。○明寫本。余藏。○明萬曆天啟間
刊寶顏堂彙秘笈本，書名前冠以“亦政堂訂正”五字。○明萬曆四十
五年陳于廷刊紀錄彙編本。四庫存目。

〔補〕**星槎勝覽四卷**　明費信撰。○明嘉靖二十三年陸楫刊古今説海
本，八行十六字，白口，左右雙闌。○清嘉慶十三年張海鵬刊借月山
房彙鈔本。○清道光十一年六安晁氏活字印學海類編本。

朝鮮賦一卷　明董越撰。○刻本。

〔補〕○收得明刊本，十行，行二十字，天一閣舊藏。

海語三卷　明黃衷撰。○秘笈本。○學津討原本。○紛欣閣叢書本。
○嶺南叢書本。○吳蘭修刻本。

〔補〕**夷俗考一卷**　明方鳳撰。○明叢書堂寫本，紅格，十行二十字。
有“玉蘭堂”、“古吳王氏”藏印並清季振宜、揆叙、禮王府藏印。

〔補〕**使琉球錄一卷**　明陳侃、高澄撰。**夷語一卷**　○明嘉靖刊本，十
行二十字，白口，四周雙闌。後有嘉靖十三年高澄序。此書已印入
國立北平圖書館善本叢書中。

〔補〕**使琉球錄二卷**　明蕭崇業撰。○明萬曆七年刊本，紀萬曆四年
奉使事。余藏。

〔補〕**日本考五卷**　明李言恭、郝杰撰。○明萬曆刊本，九行十八字，

白口,四周單闌。此書已印入國立北平圖書館善本叢書中。四庫存目。

〔補〕**咸賓錄八卷**　明羅曰褧撰。○清初寫本。前萬曆十九年劉一焜序。四庫存目。

〔補〕**裔乘八卷**　明楊一葵撰。○明萬曆刊本,八行十八字,白口,四周單闌。

〔補〕**安南圖誌一卷**　明鄧鐘撰。○清錢曾述古堂寫本,九行二十字,白口,左右雙闌。此書已印入國立北平圖書館善本叢書中。

〔補〕**殊域周咨錄二十四卷**　明嚴從簡撰。○明萬曆刊本。九行二十字,白口,四周單闌。余藏。

〔補〕**皇明象胥錄八卷**　明茅瑞徵撰。○明崇禎己巳刊本,九行十九字,白口,四周單闌,版心下方有"芝園藏板"四字。此本已印入國立北平圖書館善本叢書中。

東西洋考十二卷　明張燮撰。○明萬曆戊午刻本。○惜陰軒叢書本。○坊刻本。○明鞏珍撰西洋番國志一冊,有抄本。珍,副鄭和使西洋者也。

職方外紀五卷　明西洋艾儒略撰。○刻本。○墨海金壺本。○守山閣本。

赤雅三卷　明鄺露撰。○知不足齋本。○龍威秘書本。

〔補〕**朝鮮國志一卷**　朝鮮人撰。○舊寫本,九行二十字。鈐兩淮鹽政送書木記及翰林院藏印。

朝鮮志二卷　不著撰人。○藝海珠塵本。

〔補〕**海外紀事六卷**　清釋大汕撰。○清康熙刊本。前康熙己卯仇兆鰲序,又毛端士、徐釚序及越南國王阮福周序。余藏。

坤輿圖志二卷　國朝西洋南懷仁撰。○指海本。

異域錄一卷 國朝圖理琛撰。○雍正元年刊。○澤古齋叢鈔本。○指海本。○借月山房刻。

海國聞見錄二卷 國朝陳倫炯撰。○乾隆九年刻。○藝海珠塵本。

〔增〕**新釋地理備考十卷** 大西洋瑪士撰。○廣東潘仕成刻本。

〔增〕**西招圖略一卷** 國朝松筠撰。○刻本。

〔增〕**海國圖志五十卷** 國朝魏源撰，原名四洲志，西洋人原撰，林則徐譯出，魏源增輯歷代海國沿革。○道光癸卯甲辰活字板印本。○己酉丁未刻本六十卷。○咸豐壬子刻定。

〔增〕**瀛環志略十卷** 國朝徐繼畬撰刻。

〔補〕**日本輿地通志六十一卷** 關祖衡纂輯，（日）河永續成。○日本享保刊本。

〔補〕**喫咶唎紀略一卷** 清陳逢衡撰。○日本嘉禾六年采蘭書屋刊本。日本内藤虎藏。

〔增〕**廣輿圖二卷** ○明刻。○嘉慶中江西張氏刻元朱思本原本。○明羅從先等續輯西域圖，極精確，方輿記要之圖説即用此為藍本。○錢曾敏求記有明代統輿圖二卷，云各省以及邊防、海道、河防、漕運、外夷備，圖如蚊睫，字若蠅頭，繕寫三年而後成。又云寶護此書，便可壓倒海内藏書家。據此知明代輿圖未嘗不精工細緻也。但非刻板，易於失傳耳。○又明刻歷代地理指掌圖，托名蘇軾，無卷數，凡圖五十餘，後有總論。

〔增〕**康熙地圖分省分府小葉本計一百十□葉** 即圖書集成内地圖所載，鎮堡小名細若牛毛，與大葉本不異，但未著經緯度數及無邊外諸圖耳。

〔增〕**乾隆十三排地圖** 此圖南至瓊海，北至極俄羅斯北海，東至東海，西至地中海，西南至五印度南海，合為一圖，經橫數丈，而剖分為十三排，合若干葉，每葉注明經緯度數，蓋本康熙圖，而制極其精，推極其廣，從古地圖未有能及此者也。○徐星伯有此本，相傳爲乾隆初年所作，此及康熙二圖皆内府銅板精刻，而外間流傳甚少，乾隆本尤罕見。○又方略館有西北各邊地圖，刻本，大盈數丈，皆滿洲字，今内府此等圖板皆不存，即有亦久不摹印矣。

上地理類外紀之屬

藏園訂補邵亭知見傳本書目卷五下

藏園訂補郘亭知見傳本書目卷六

獨山莫友芝子偲　　撰

江安傅增湘沅叔　　訂補

史部十二

職官類

唐六典三十卷 唐玄宗明皇帝御撰，李林甫奉敕注。○明正德乙亥
重刻本，有王鏊序，半頁十一行，行二十字。○嘉靖甲辰浙江按察司
刻本。○嘉慶庚申埽葉山房刻本。○宋有紹興甲申刻本，題曰大唐
六典。

〔補〕○宋紹興四年溫州州學刊南宋遞修本，十行二十字，注雙行二十
三字，白口，左右雙闌。卷三十後有紹興四年詹栻刊書識語。余藏
卷三後十葉，卷二十八至三十。李木齋先生藏卷一至三，十二至十
五。戊午歲余從午門紅本袋中檢出卷七至十一，藏于歷史博物館。
三家共有十五卷，均內閣大庫舊儲。以刊工考之，原版約居五分有
三，其餘補版刊工多孝宗至寧宗六十年間杭州刊工，可知版刊成後

旋取入臨安國子監。其元代西湖書院補版諸刊工于卷中絕不見,是南宋末印本。余曾取校正德十年刊本,匡正之處極多,最要者為卷三、卷七各補缺葉一葉。此二葉日本享保刊本雖引他書補之,仍有脫失,亦可據此宋木糾之。此書各册首尾多鈐有元國子監崇文閣官書朱記,為元大都國子監藏書,然各册卷數不一,似原非一帙。○明正德十年席書、李承勛刊本,十二行二十字,注雙行同,白口,左右雙闌。前正德十年王鏊序,序後有“吳郡陳怡書”五字。卷末有紹興四年溫州刊書題識,共十三行。○明嘉靖二十三年浙江按察司刊本,十一行二十字,注雙行同,白口,四周單闌。各卷缺葉墨釘與正德本同。○清傳寫明嘉靖二十三年浙江按察司刊本,九行二十字。末題“辛丑三月孟亭居士校”,為桐鄉馮浩手校。○南昌彭氏知聖道齋寫本,有彭氏藏印。余藏。○清嘉慶五年席氏掃葉山房刊本。

翰林志一卷 唐李肇撰。○說郛本。○歷代小史本。○百川學海本。

〔補〕○宋刊百川學海本,十二行二十字,細黑口,左右雙闌。余藏。○明弘治十四年華珵刊百川學海本,十二行二十字,白口,左右雙闌。○乾隆間刊知不足齋叢書本。

麟臺故事五卷 宋程俱撰。○聚珍本。○閩覆本。○浙縮本。○昭文張氏有舊抄本三卷,可證大典缺誤。其命篇次序多有異同,多出書籍、校讎、國史三目。

〔補〕○明影寫宋刊本,十行二十字。有隆慶元年錢穀識語,末有黃丕烈跋。存卷一至三,涵芬樓藏,已印入四部叢刊續編。○傳寫明錢穀舊藏寫本並錄黃丕烈跋。有馬玉堂藏印。李木齋先生遺書,存卷一至三。○又一本,在古書流通處見。○廣雅書局翻聚珍本,有拾遺二卷,考異一卷。余據舊抄本校。

〔補〕**麟臺故事四卷補遺一卷** 宋程俱撰。○清光緒十八年陸心源刊十萬卷樓叢書三編本。

翰苑羣書二卷 宋洪遵撰編。○學海類編本。○知不足齋本。

〔補〕○明寫本，墨格，十行十八字，似嘉靖間内府寫本，紙幅闊大，裏背
裝。有"楊焕之印"及盛昱藏印。余藏。

〔補〕**翰苑羣書十三卷** 宋洪遵撰。○清寫本。鈐有璜川吳氏攷藏圖
書印。有朱彝尊序，為刊本所無。一册。余藏。

〔補〕**翰苑遺事一卷** 宋洪遵撰。○舊寫本，九行二十字。有袁芳瑛
藏印。○清乾隆間刊知不足齋叢書本。○清道光十一年刊學海類
編本。

南宋館閣錄十卷續錄十卷 宋陳騤撰。原題中興館閣錄。○黄丕
烈有宋刻本。○張目有舊抄本。

〔補〕○宋刊本，九行十八字，注雙行同，白口，左右雙闌。續錄每門類
後有補字，頗粗大。其書在宋時亦逐年修補，版式不一。有黄丕烈
跋二則。蔣汝藻氏得之汪鳴鑾家。○明末毛氏汲古閣寫本，九行二
十一字。顧麐士藏。○清吳焯瓶花齋校本。李木齋先生藏。○清
寫本，九行十八字，存續錄十卷。有樹經堂藏印。徐坊遺書。○清
寫本，盧文弨校並跋。存續錄八至十。翰文齋見。○清光緒十二年
丁丙輯刻武林掌故叢編本，在第十集。

玉堂雜記三卷 宋周必大撰。○周益公大全集本。○百川學海本。
○津逮秘書本。○學津討原本。

〔補〕**淳熙玉堂雜記三卷** 宋周必大撰。○宋咸淳刊百川學海本，十
二行二十字，細黑口，四周雙闌。余藏。○明弘治十四年華珵刊百
川學海本，十二行二十字，白口，左右雙闌。余藏。○明嘉靖十五年
鄭氏宗文堂刊百川學海二十卷本，十四行二十八字，白口，左右雙
闌。○明崇禎毛氏汲古閣刊津逮祕書本，八行十九字，白口，左右雙
闌。○清嘉慶十年張氏照曠閣刊學津討原本，九行二十一字，黑口，
左右雙闌。

〔補〕**玉堂雜記一卷**　宋周必大撰。○明弘治十八年鈔説郛本，墨格，
　　十三行二十五字。在卷七十九。余藏。○明萬曆刊歷代小史本，十
　　一行二十六字，白口，四周雙闌。

宋宰輔編年錄二十卷　宋徐自明撰。○宋寶祐間徐居誼刻本。

〔附〕○明萬曆戊午刻。（原稿無，印本入正文。）○明周藩刊本。（邵
　　氏）

〔補〕○明萬曆四十六年吕邦燿刊本，十行二十字，白口，四周單闌。十
　　册。余藏。李木齋亦有一帙。

〔補〕**續宋宰輔編年二十六卷**　明吕邦燿撰。○明天啟元年刊本，十
　　行二十字，白口，四周單闌。十三册。余藏。四庫存目。

秘書監志十一卷　元王士點、商企翁同撰。○邵亭有舊抄本。

〔補〕○清康熙間休寧汪文柏家寫本。鈐有"古香樓"、"休寧汪氏家藏
　　書籍"諸印。盧址抱經樓遺書。○舊寫本，九行十六字。前有至正
　　二年秘書監牒文。有方功惠藏印。余藏。○舊寫本，九行十六字。
　　前有至正二年牒文。京肆見。

翰林記二十卷　明黃佐撰。○嶺南遺書本。

〔補〕**南廱志二十四卷**　明黃佐撰。○明嘉靖二十三年刊本，十行二
　　十字，白口，四周雙闌。經隆慶間增修。四庫存目。

〔補〕**館閣類錄二十二卷**　明吕本撰輯。○明刊本，十行二十字。鈐
　　"京江燕翼堂錢氏藏書印"。

〔補〕**皇明太學志十二卷**　明王材、郭鎜等纂修。○明嘉靖三十六年
　　國子監刊本，十行二十一字，白口，四周雙闌。徐坊遺書。

〔補〕**使職文獻通編正編十卷外編十二卷**　明嚴從簡輯。○明嘉
　　靖四十四年刊本，有嚴氏自序。正編十類，外編十二類。日本内藤
　　虎藏。

〔補〕**大明一統文武諸司衙門官制五卷**　明陶承慶校，葉時用增

補。○明萬曆四十一年寶善堂印本,十二行二十九字,白口,四周單闌。余藏。

〔補〕**諸司職掌十卷** ○明刊本,十行二十二字,黑口,四周雙闌。此本已印入玄覽堂叢書中。

〔補〕**皇明功臣封爵考八卷** 明鄭汝璧撰。○明萬曆刊本,十行二十字,白口,四周單闌。李木齋收去。

〔補〕**吏部職掌八十卷** ○明刊本,十行二十二字,下半黑口,四周雙闌。前嘉靖辛亥李默識,言司別為科,科別為目,銓曹掌故所職頗已燦然明備云云。四庫存目無卷數。

禮部志稿一百十卷 明泰昌元年官撰。○浙江採進書錄一百卷,係抄本。

〔補〕○此書罕傳,余主持選定四庫珍本初集目錄時收入,已印入四庫全書珍本初集行世。

〔補〕**官制備考二卷** 明李日華撰。○明崇禎刊本,九行二十字,白口,四周單闌。二冊。余藏。四庫存目。

〔補〕**車駕職掌三卷** 明祁承㸁等撰。○舊寫本。鈐宋筠藏印。此書全名應為南京車駕司職掌,商務印書館已有排印本。

〔補〕**鴻臚寺志五卷** 明楊爾繩撰。○明崇禎刊本,九行十九字,白口,四周雙闌。前崇禎六年自序,李梣藏。

太常續考八卷 不著撰人名氏。按:四庫著錄,莫氏失收。○四庫本已印入四庫全書珍本初集中。

土官底簿二卷 不著撰人名氏。按:四庫著錄,莫氏失收。○此書僅見鈔本。○四庫本已印入四庫全書珍本中。

詞林典故八卷 清張廷玉等撰。按:四庫著錄,莫氏失收。○清乾隆十三年武英殿刊本。

欽定國子監志六十二卷 乾隆四十三年奉敕撰。按:四庫著錄,莫氏失收。

欽定歷代職官表七十二卷 乾隆四十五年奉敕撰。○道光十二年
　　重修八十二卷刻行，以前並無刻本。

〔補〕○清乾隆四十五年武英殿刊本。○光緒二十二年刊廣雅書局叢
　　書本。

〔補〕**皇朝詞林典故六十四卷** 清朱珪等撰。○清嘉慶十年武英殿
　　刊本。○清光緒十三年翰林院重刊本。三十二册。余藏。

〔補〕**國朝翰詹源流編年二卷館選爵里謚法考三卷** 清吳鼎雯
　　撰。○清乾隆五十八年刊嘉慶補刊本。四册。余藏。

〔補〕**皇朝太學志一百八十卷** 清陸宗楷等纂修。○原稿本，紅格内
　　府寫本。

〔增〕**樞垣紀略十六卷** 國朝梁章鉅撰。○道光十五年刻。

〔補〕**樞垣紀略二十八卷** 清梁章鉅撰，朱智等重修。○清光緒元年
　　排印本。

上職官類官制之屬

州縣提綱四卷 不著撰人。○函海本。○學津討原本。○長恩書屋
本。

〔增〕**作邑自箴十卷** 宋李元弼撰。自序末題政和丁酉秋七月李元弼
　　持國傳次廣書。○明錢穀影宋抄本，第十卷尾行云，“湻熙己亥中
　　元，浙西提刑司刻”。自序後題云，“甲戌八月，假趙氏宋刻本覆一
　　過，錢穀記。”十卷尾記云“康熙丙寅中秋前四日，覯菴陸貽典在愛石
　　書删改”。○同治初丁禹生獲此本於蘇州，曾以活字印數本，舛錯難
　　行。○邵亭依元抄校存一本。此書四庫未收。

〔補〕○影寫宋淳熙刊本，十一行十九字，白口，左右雙闌。卷末有“淳
　　熙己亥中元浙西提刑司刊”二行。有張蓉鏡藏印。徐乃昌藏。

官箴一卷 宋呂本中撰。○明成化戊子邢讓重刻本。○説郛本。○
百川學海本。○學津討原本。○宋寶祐丁亥刻本。

〔補〕宋咸淳刊百川學海本，十二行二十字，細黑口，左右雙闌。余
藏。○明弘治十四年華珵刊百川學海本，十二行二十字，白口，左右
雙闌。余藏。○明嘉靖十五年鄭氏宗文堂刊百川學海本，十四行二
十八字，白口，左右雙闌。○明鈔説郛本，十三行二十四字。在卷六
十九，余藏。○清初宛委山堂刊説郛本，九行二十字，白口，左右雙
闌。○清嘉慶十年張海鵬氏照曠閣刊學津討原本，九行二十一字，
黑口，左右雙闌。

百官箴六卷 宋許月卿撰。○天一閣有刻本六卷。

〔補〕**百官箴六卷** 宋許月卿撰。○曾見一嘉靖殘本，九行十八字，失
序跋，未審即天一閣本否。○余有清鈔本，庚戌九月得之柳蓉村手。
鈐“輔清”二字印。○民國十一年無錫許氏簡素堂刊本，收入新安許
氏先集中。

畫簾緒論一卷 宋胡太初撰。○百川學海本。○説郛本。○學津討
原本。○宋淳祐壬子刻本。

〔補〕○宋咸淳刊百川學海本，十二行二十字，細黑口，左右雙闌。余
藏。○明弘治十四年華珵刊百川學海本，十二行二十字，白口，左右
雙闌。余藏。○明嘉靖十五年鄭氏宗文堂刊百川學海本，十四行二
十八字，白口，左右雙闌。○明成化七年何鑑刊本，九行二十字，大
黑口，四周雙闌。前有成化辛卯王俒序。本書卷首次行題“後學河
東謝庭桂校正”，後有謝氏跋。有葉德輝二跋，言為天一閣佚出之
書。

三事忠告四卷 元張養浩撰。○明洪武二十三年王士宏刻本。○宣
德六年李驥刻本。○明鄭璜刻本。○貸園叢書本。○道光間郭尚
先寫刻本。○道光辛卯尹濟源仿元刻本，題為政忠告。

〔附〕○道光十三年盧坤廣東得景寫本重刊，故闊大。（原稿眉批）

〔補〕**牧民忠告二卷經進風憲忠告一卷廟堂忠告一卷** 元張養浩
撰。○元刊本，八行十七字，黑口，四周雙闌。有郭尚先手跋。此本
已印入四部叢刊。

〔補〕**為政忠告四卷** 元張養浩撰。即牧民忠告二卷，經進風憲忠告
一卷，廟堂忠告一卷，合刻後加總題“為政忠告”。○清道光十一年
尹濟源碧鮮齋刊本。余藏。余據元刊本校，補缺文一百九十六字。

〔補〕**憲綱事實一卷** 不著撰人名氏。**風憲忠告一卷御史箴一卷**
元張養浩撰。○明刊本，九行十八字，白口，四周雙闌。憲綱事實前
有正統四年勑，次目錄，分憲綱三十四條，憲體十五條。風憲忠告前
有至正乙未林泉生序。御史箴前有宣德四年薛瑄序。三書同冊，葉
碼分計。末有弘治辛亥周輆書憲綱事類後，言為陳瑞卿巡撫山東時
所刊，則知此三書統名為憲綱事類。余藏。

御製人臣儆心錄一卷 順治十二年世祖章皇帝御撰。

〔增〕**培遠堂文檄偶存稿四十八卷** 國朝陳宏謀撰。○陳氏刻本。

〔增〕**學治臆説二卷續説一卷説贅一卷佐治藥言一卷續一卷**
國朝汪輝祖撰。○龍莊全書本。○知不足齋本。○後刻本甚多。

上職官類官箴之屬

史部十三

政書類

通典二百卷 唐杜佑撰。○明嘉靖戊戌方獻夫刻本。○又嘉靖中李

元陽刻本，增入諸儒議論。○殿本。○平津館有至元丙戌刻，增入諸儒杜氏通典詳節四十二卷，無撰人。○宋刻小字本。○一舊本，明尚寶少卿袁忠徹藏者，每半頁十一行，行二十字，市者以為宋刻，蓋元明翻刻。○明本有十行，行二十三字者，較李本少錯字。

〔補〕○宋紹興刊本，十五行二十七至八字不等，白口，左右雙闌。每五卷為一冊。前有貞元十年進書表，十行十九字。有元代補版，十四行二十六字，注雙行同，白口，左右雙闌。元補本目後有元統三年江浙等處儒學銜名六行。存一百七十三卷。余藏。○又一本，行欵版式全同，而刊工名多不合。存一至一百，餘鈔配。日本帝室圖書寮藏。又宋刊殘本五卷，為卷一百六至一百十，附元補本十一卷。劉啟瑞藏。○明嘉靖十八年廣東崇正書院刊本，十一行二十字，白口，四周單闌。前嘉靖十八年方獻夫序。首卷有巡按王德溢、提督學校僉事吳鵬銜名。官員師生姓氏後有刻書跋，記用版、用工數及起訖年月。有劉恕藏印。○明刊本，十行二十三字，白口，四周雙闌。似嘉靖刊本。余藏。余曾以家藏宋刊本校之，每卷或數字，或百餘字，卷一百二十八至三十三卷中增訂達六百六十餘字。又補卷九十四中小注十五處，計三百一十一字。○明嘉靖間李元陽刊本，十行十八字，白口，四周單闌。金誦清處見，不全。

〔補〕**新刊浙本通典二百卷** 唐杜佑撰。○明寫本，十一行二十四至二十七字不等，棉紙藍格。黃崗劉氏藏書，邃雅齋見。

〔補〕**新入諸儒議論杜氏通典詳節四十二卷** ○元前至元間刊本，十四行二十三字，細黑口，左右雙闌。缺卷三十二、三十三，存四十卷。四庫存目。

唐會要一百卷 宋王溥撰。○聚珍板本。○又活字本。

〔補〕○舊寫本，十二行二十五字。每卷列纂書人及子目，尚是舊式。余藏。○舊寫本，十二行二十五字。彭元瑞校並跋。徐坊遺書。

五代會要三十卷 宋王溥撰。○聚珍板本。○閩覆本。○墨海金壺本。○邵亭有舊抄本。

〔附〕○宋刊巾箱本最佳。（邵氏）

〔補〕○清寫本，十行二十四字。陸心源舊藏。余收得。

宋朝事實二十卷 宋李攸撰。○聚珍本。○閩覆本。○墨海金壺本。

建炎以來朝野雜記四十卷 宋李心傳撰。○聚珍本。○閩覆本。○函海本。

〔附〕○張有殘宋本，分卷與聚珍本異。（邵氏）

〔補〕建炎以來朝野雜記甲集二十卷乙集二十卷 宋李心傳撰。○明寫本，藍格，十行二十一字。存甲集二十卷。卷次剜改。余藏。○明寫本，存甲集一至二，十二，十四至二十，計十卷。董康藏。○舊寫本，十行二十字，語涉宋帝空格。鮑廷博臨吳焯校，存乙集卷一至十四。○清鮑廷博寫本，並錄吳焯、吳城校跋。周星詒手跋。存甲集卷一至二十。有浙江進書印及翰林院大官印。直隸書局見。○舊寫本，繆荃孫藏。○清光緒二十五年廣雅書局翻聚珍本。余藏。余據明寫本、舊寫本、鮑廷博臨吳焯校本合校。惟末一卷半各本均無，未得校。

西漢會要七十卷 宋徐天麟撰。○宋嘉定乙亥刻本，半頁十一行，行二十字，見滬肆。○聚珍本。○閩覆本。○道光二年南城胡森刻。○吳門近有活字本。

〔附〕○路有宋刊本。○朱子清有宋刊本，甚佳。（邵氏）藏園按：此書張幼樵日記亦言之，然迄未出世。

〔補〕○宋嘉定間建寧郡齋刊本，十一行二十字，注雙行同，細黑口，左右雙闌。存卷三十三至三十五，共三卷，原定王府物，余收得。此書傳路小洲朱子清均有宋本，朱本為宋元遞修明印本，有少數明補葉。

前自序及嘉定四年戴溪序、嘉定乙亥李訏序（明補）、徐天麟進書表（宋補）、嘉定五年省劄（原版）、卷中元補版頗多。鈐有明袁忠徹藏印。歸其壻張佩綸。○舊寫本，九行二十一字。前徐氏進書序，嘉定四年戴溪序，嘉定八年李訏序，嘉定五年秘書省劄子。鈐有宋筠印，是清初寫本。肆雅堂見。○明影寫宋刊本，蔣氏密韻樓藏，余曾據以校光緒二十五年廣雅書局翻武英殿聚珍本書本。○清光緒十年江蘇書局刊本，余曾以宋刊殘本校過。

〔補〕西漢貫制叢錄七十卷 ○即西漢會要，書估易名鈔錄以欺人，偽題"皇宋袁應詳夢麟撰"，又加紹興十五年偽自序。有鮑廷博、何夢華二家藏印。古書流通處見。

東漢會要四十卷 宋徐天麟撰。○四庫據傳抄宋本，闕三十七、三十八兩卷，又三十六、三十九兩卷各佚其半。○宋寶慶丙戌刻本，半頁十行，行二十字，四庫所闕獨完。○路小洲藏宋本，想亦足本。○今海昌蔣氏得闕卷，刻入校補隅錄。○汪小米家明人抄本全。○聚珍本。○閩覆本。○吳門有活字板本。○道光二年南城胡森刻。

〔附〕○劉菽雲有不全抄本，於四庫所缺獨完。○朱子清有宋刊本。

〔補〕○宋寶慶二年建寧郡齋刊本，十一行二十字，注雙行同，細黑口，左右雙闌。首葉時序，行書，半葉五行。鈐有明晉府印。存卷一至八，十六至二十五，三十一至四十，凡二十八卷。此書四庫本缺卷三十七至八及三十六、四十各半卷，此本可補其缺。內閣大庫舊儲，余得之劉啟瑞，後歸蔣汝藻，今又入涵芬樓中矣。○清初毛氏汲古閣影寫宋刊本，十一行二十字，細黑口，左右雙闌。前寶慶間葉時序。鈐毛氏各印。○清光緒十年江蘇書局刊本，余藏。余據家藏宋寶慶二年建寧郡齋刊本校三十三卷。又據蔣汝藻密韻樓藏影宋本校卷九至十五。

〔增〕宋會要一百五十卷 宋章得象撰。○俞燮癸巳類稿有輯本，跋

詳原委，似從大典中輯出。徐星伯嘗為余言，此書似尚未成。○張
廉卿言，咸豐初為陸鍾漢購得一抄本，三年其家抄沒，不知所歸。

〔補〕**宋會要輯稿** 徐松輯。○稿本，全唐文稿紙寫，記所自出之永樂
大典卷數。劉承幹藏。此書近歸北京圖書館，已影印行世。

〔增〕**慶元條法事類八十卷附開禧重修尚書吏部侍郎右選格二
卷** 條法即宋史寧宗紀嘉泰二年謝源甫等上慶元條法事類是也。右
選格蓋即宋史所載開禧重修七司法文淵書目著錄二十冊殘本歟。
○見昭文張氏志。

漢制考四卷 宋王應麟撰。○附玉海元刻本。○今刊本。○津逮祕
書本。○學津討原本。

文獻通考三百四十八卷 元馬端臨撰。○元刻大板本，半頁十三
行，行二十六字。○殿本。○明內府刻大字本。○明正德十六年劉
洪刻本。○明馮天馭刻小字本。○明慎獨齋刻本。○弘治中何喬
新單刻經籍考七十六卷。○元刻本，至大戊申季思序，延祐六年王
壽衍書進表，至治二年下樂平州判刻印指揮，至元又五年江浙等處
儒學提舉余謙序記。

〔補〕○元泰定元年西湖書院刊本，十三行二十六字，細黑口，左右雙
闌。余藏。○明寫本，墨格，行欵與元本同，從元本傳寫。○明正德
十一至十四年劉洪慎獨齋刊本，十二行二十五字，細黑口，四周雙
闌。莫氏誤劉洪、慎獨齋為二本，應正。○明嘉靖三年司禮監刊本，
十行二十字，黑口，四周雙闌。余有殘本。○明嘉靖馮天馭刊本，十
三行二十四字，白口，左右雙闌。余有經籍考，後又收得全帙。

〔增〕**元典章前集六十卷附新集無卷數** 不著撰人。四庫存目。○
昭文張氏有曝書亭抄本。

〔增〕**大元聖政典章新集至治條例** 至治二年新集。○張氏有舊抄
本。

〔補〕**大元聖政國朝典章六十卷附新集至治條例不分卷** ○元
　　刊本。典章與條例行欵不同。典章半葉十八行二十八字,黑口,左
　　右雙闌。條例半葉十九行三十字,黑口,左右雙闌。二書均標題門
　　類大字雙行,小題白文。條例前有綱目,半葉九行,大字。其首行標
　　題後有牌子六行,稱典章自中統建元至延祐四年所頒條畫版行四方
　　有年,今將至治改元至今所頒條畫及前所未刊新例類聚梓行云云。
　　次目錄,標題為"大元聖政典章新集至治條例大全目錄",視本書增
　　"大全"二字,半葉十九行,末葉有跋四行,文曰"至治二年以後新例,
　　候有頒降,隨類編入梓行,不以刻板已成而靳於附益也。至治二年
　　六月日,謹咨"。本書首卷題後白文書"至治二年新集"六字。書中
　　不分卷,各部類自為起止,不相連綴,蓋為便於以後增益附入也。書
　　中鈐有毛氏汲古閣藏印。故宮藏書。按此書以刊工風氣審之,當為
　　閩中坊本,其新集至治條例據牌記則刊于至治二年六月固無疑議
　　也。卷末有都省通例七葉,卷中間有墨書補入處,均元人筆。

〔補〕**大明令一卷** ○舊寫本。前列總裁官、議律官銜名,後有萬曆三
　　十二年溫純等銜名。

明會典一百八十卷 明弘治十年徐溥等奉敕撰。○萬曆重修二百二
　　十八卷。○俱明內府刻本。

〔補〕**大明會典一百八十卷** 明弘治間敕撰,徐溥等纂修。○明正德
　　六年內府刊黑口本,十行二十字。余有殘本。

〔補〕**皇明藩府政令六卷** 明皇甫錄輯。○明紅格寫本,十行二十一
　　字,前皇甫冲、皇甫濂序及禮部題疏,後有沈東識語。

〔補〕**皇明制書二十卷** 明張鹵輯,合大明令等二十四書而成。○明萬
　　曆七年張鹵刊於大名,九行十七字,白口,四周雙闌。古書流通處
　　見。

〔補〕**大明會典二百二十八卷** 明萬曆十五年敕撰,申時行等纂修。

○明萬曆十五年内府刊黑口本，十行二十字。

〔增〕**續文獻通考二百五十四卷** 明王圻撰。○萬曆刻本。四庫存
目。

〔補〕○明萬曆三十一年知松江府許維新刊本，十一行二十二字，白口，
左右雙闌。文奎堂見。

〔增〕**明朝典彙二百卷** 明徐學聚撰。自洪武迄隆慶，上採實錄，下及
稗乘，凡二百門。四庫存目。

〔補〕○明天啟四年刊本，十行二十二字。以六部分類隸事，首冠以朝
政大端。何厚甫送閱，四十八册，索二百兩。四庫存目。

〔補〕**康濟譜二十五卷** 明潘游龍撰。○清道光十六年安康張氏刊
本。

七國攷十四卷 明董説撰。○守山閣抄本。

〔補〕**大清會典一百六十二卷** 清康熙二十九年敕撰，伊桑阿等纂
修。○清康熙内府刊本。

〔補〕**大清會典二百五十卷** 清雍正十年敕撰，清尹泰等纂修。○清
雍正内府刊本。

欽定大清會典一百卷 乾隆二十九年奉勅撰。○嘉慶二十三年重修
本八十卷，仿周官敘述，提綱分注，精核遠勝舊本。

〔補〕清張廷玉等纂修。○清乾隆二十九年内府武英殿刊本。○光緒
十九年上海排印本。

欽定大清會典則例一百八十卷 乾隆二十六年與會典同修。嘉慶
增修，改名會典事例，計九百二十卷，又圖説一百三十二卷。

〔補〕**欽定大清會典八十卷事例九百二十卷圖一百三十二卷**
清嘉慶二十三年敕撰，清葉繼雯等纂修。○清嘉慶二十三年武英殿
刊本。

〔補〕**欽定大清會典一百卷事例一千二百二十卷事例目錄八卷**

圖二百七十卷首二卷 清光緒二十五年敕撰，清崑岡、徐桐等纂修。○清光緒刊本。一百六十册。余藏。

〔補〕**會典簡明錄不分卷** 清張祥河撰輯。○清光緒二十三年袁昶刊漸西村舍叢刻本。一册。

欽定續文獻通考二百五十卷 乾隆十二年奉敕撰。○官刻本。

欽定皇朝文獻通考二百六十六卷 乾隆十二年奉勅撰。○官刻本。

欽定續通典一百四十四卷 乾隆三十二年奉勅撰。○官刻本。

欽定皇朝通典一百卷 乾隆三十二年奉勅撰。○官刻本。

欽定皇朝通志二百卷 乾隆三十二年奉勅撰。○官刻本。○皇朝三通合新撰續三通與舊三通謂九通。

元朝典故編年考十卷 清孫承澤撰。按：四庫著錄，莫氏失收。

〔補〕**明會要八十卷** 清龍文彬撰。○清光緒十三年永懷堂刊本。十六册。余藏。

上政書類通制之屬

漢官舊儀一卷補遺一卷 漢衛宏撰。○聚珍本。○閩覆本。○蘇杭縮本。○内刻十行本。

〔補〕**漢舊儀二卷補遺二卷** 漢衛宏撰，清孫星衍輯校。○清嘉慶間蘭陵孫氏刊平津館叢書本。

〔補〕**漢官儀二卷** 漢應劭撰，清孫星衍輯。○清嘉慶間蘭陵孫氏刊平津館叢書本。

〔補〕**漢民典職儀式選用一卷** 漢蔡質撰，清孫星衍輯。○清嘉慶間蘭陵孫氏刊平津館叢書本。

大唐開元禮一百五十卷 唐蕭嵩等奉敕撰。○四庫依抄本錄。○

天祿後目有影宋抄本。

〔補〕○舊寫本，十行二十字。盧址抱經樓遺書，有藏印。○清光緒十二年洪氏公善堂刊洪氏唐石經館叢書本。

〔增〕**大唐郊祀錄十卷** 唐王涇撰。○錢塘何氏舊抄本，一至三曰凡例，四至七曰祀禮，九十曰饗禮。涇題銜云"唐朝散郎前行河南府密縣尉太常禮院修撰"，見昭文張氏目。

〔補〕○清道光二十五年刊指海本，有末一卷，附錄一卷。○民國四年張鈞衡刊適園叢書本。

〔增〕**太常因革禮百卷** 宋歐陽修等撰。○阮氏有抄本，缺五十一至六十七，凡存八十三卷，亦多缺文，曾以進呈，以四庫未收也。○近廣東刻本。

〔補〕○清光緒間廣雅書局刊廣雅書局叢書本。

〔補〕**皇朝五禮精義註十卷** 偽書，題韋彤編纂。○舊寫本，九行二十五字。前有自序，莫友芝題識，云是節鈔太常因革禮序。次宋敏求序，亦是他書抄撮而來。宋序後有題識，詭云是傳自天一閣。此是書估拼配以欺人者。

諡法四卷 宋蘇洵撰。○明湯志仁刻本。○珠叢別錄本○附嘉祐集本。

政和御製冠禮十卷五禮新儀二百二十卷 宋鄭居中等奉勅撰。敏求記此書二百四十卷，似無闕。○朱修伯家天一閣舊抄本。○朱竹君家舊抄本，有畢亭跋，較四庫本多八九卷，後歸葉潤臣家。

〔補〕○明初刊本。清汪琬據徐氏傳是樓藏宋本校。王鴻甫藏。○此書罕傳本。癸酉歲余主持選印四庫罕傳本書時已選入，印入四庫全書珍本初集中。

紹熙州縣釋奠儀圖一卷 宋朱熹撰。○指海本。○元大德間何元春編輯刻本，八卷。

〔補〕○四庫本民國二十四年商務印書館已影印行世，與皇祐新樂圖記
　　一卷、家山圖書一卷、欽定補繪離騷全圖三卷同印，經史子集各一，
　　承見惠一帙，然印工視京華代余所印永樂大典相去尚遠。

〔增〕**南宋中興禮書二十四册**　徐星伯從永樂大典內輯出，後歸葉潤
　　臣家。○武昌張裕釗廉卿亦有抄本。

大金集禮四十卷　四庫依抄本錄。○錢遵王有金人抄本，云諸家書
　　目俱不載，後歸何義門，見昭文張氏書志。○近廣東刻本。

〔附〕○金鈔本，缺卷十二至十八，又二十三。義門記。（邵氏）

〔補〕○影鈔本，九行十八字，似毛鈔。有怡府及盛昱藏印。景賢遺書。
　　○舊寫本，九行十七字，有戈襄、郁松年藏印。○舊寫本，十五行二
　　十二字。有曹寅及昌齡藏印。○清光緒二十一年廣雅書局刊本，余
　　藏。余據舊寫本校。改譌字錯簡甚多。廣雅本附廖廷相撰識語一
　　卷、繆荃孫撰校勘記一卷。

大金德運圖說一卷　金尚書省案牘。按：四庫著錄，莫氏失收。○余
　　有清鈔本。

廟學典禮一卷　元人著述。按：四庫著錄，莫氏失收。此為四庫館臣
　　自永樂大典輯出之書。○余有清寫本。○四庫本已印入四庫全書
　　珍本初集中。

明集禮五十三卷　明徐一夔等奉勅撰。○明嘉靖中刻本。

〔補〕**大明集禮五十三卷**　明徐一夔等撰。○明嘉靖九年內府刊本，
　　九行十八字，白口，四周雙闌。余藏。

〔補〕**明倫大典二十四卷**　明楊一清等纂修，即議大禮諸奏疏。○明
　　嘉靖七年內府刊本，八行十八字，大黑口，四周雙闌。有嘉靖七年御
　　製序及楊一清進書表。庚戌見於廠肆，索二十兩。

〔補〕**大禮集議四卷附諸臣私議一卷**　明席書輯。○明嘉靖五年刊
　　本。富文堂送閱，索十兩，已收。四庫存目。

〔補〕**雩史四卷** 明錢琦撰。○舊寫本，記歷代禱雨事。有萬曆時黃
之璧序、林集鳳跋。

〔補〕**皇明典禮志二十卷** 明郭正域撰。○明萬曆三十八年刊本，十
行二十字。白口，左右雙闌。前萬曆三十八年彭端吾序及自序。四
庫存目。

明臣諡彙考二卷 明鮑應鰲撰。按：四庫著錄，莫氏失收。

〔補〕**皇明臣諡彙考二卷** 明鮑應鰲撰。○明刊本，九行二十一字。

泮宮禮樂疏十卷 明李之藻撰。○萬曆中馮時來刻本。

〔補〕○明萬曆四十六年馮時來刊本，十行二十二字，白口，四周雙闌。
本書題“門人晉江馮時來校”。有萬曆四十六年董漢儒、馮時來等
序。

〔增〕**明諡考三十八卷** 明葉秉敬撰。提要入存目，湖本簡目亦無。

明諡記彙編二十五卷 明郭良翰撰。○明刻本。

明宮史五卷 舊本題明蘆山赤隱呂毖校次，蓋明季宦官也。此書一名
酌中志。○學津討原本。

〔補〕**辟雍紀事八卷** 明盧上銘撰。○清寫本，附原始一卷，辟雍考一
卷，前有張四知序。李木齋先生藏。四庫存目。

幸魯盛典四十卷 衍聖公府○原刻本。

萬壽盛典一百二十卷 康熙五十二年內廷諸臣所編。○官刻本。圖
中戴暖帽者佳，涼帽者次之。

〔補〕**大禮記注二十卷** 清張廷玉等纂修。○清雍正間內府刊本。十
六冊。余藏。

欽定大清通禮五十卷 乾隆元年奉敕撰。○官刻本。

〔補〕○清乾隆二十一年內府刊本。○清嘉慶二十三年內府刊本。

〔補〕**大清通禮五十四卷** 清道光四年敕撰。○清道光刊本。○清

光緒九年江蘇書局刊本。

南巡盛典一百二十卷 乾隆三十一年兩江總督高晉撰。○官刻本。

〔補〕○清乾隆三十六年武英殿刊本。○清光緒八年上海點石齋石印
本。

皇朝禮器圖式二十八卷 乾隆二十四年奉勅撰。○官刻本。

國朝宮史三十六卷 清于敏中等纂修。按：四庫著錄，莫氏失收。○
此書唯有清內府寫本，八行二十一字，白口，四周雙闌。故宮藏書。
此書已排印行世。

〔補〕**國朝宮史續編一百卷** 清慶桂等纂修。○清內府寫本。○民
國二十一年故宮博物院圖書館據清內府寫本排印行世。

欽定滿洲祭神祭天典禮六卷 清乾隆十二年敕撰，四十二年譯文。
按：四庫著錄，莫氏未收。此書亦無刊本。○曾見舊寫本。

〔增〕**八旬萬壽盛典一百二十卷** 提要多（三十）〔此〕條，次歷代建
元考上，湖本簡目亦無之。

〔補〕○清乾隆五十七年武英殿活字印本。

〔補〕**內庭體制備考一冊** ○舊寫本。潘氏滂喜齋藏。

歷代建元考十卷 國朝鍾淵映撰。○墨海金壺本。○守山閣本。

北郊配位議一卷 國朝毛奇齡撰。○西河全書本。○藝海珠塵本。

廟制圖考一卷 國朝萬斯同撰。○羣書疑辨本。○乾隆丁酉從孫福
刻本。

上政書類儀制之屬

救荒活民書三卷 宋董煟撰。○珠叢別錄本附拾遺一卷。○長恩書
室本。

〔補〕**救荒活民類要□卷** ○元刊本，十行二十字，黑口，四周雙闌。

北京圖書館有內閣大庫舊儲殘卷。肆間亦見有大閣殘葉。

〔增〕**熬波圖一卷**　元陳春撰。○永樂大典本。

〔補〕**鹽政志十卷**　明朱廷立撰。○明嘉靖刊本，八行十七字，白口，四周單闌。辛亥五月文賢堂見，代天津館收之，十六兩。四庫存目。

〔補〕**海運新考三卷**　明梁夢龍撰。○明萬曆七年刊本，九行二十字，白口，左右雙闌。此本已印入玄覽堂叢書一集。李木齋先生藏一帙。四庫存目。

錢通三十二卷　明胡我琨撰。按：四庫著錄，莫氏失收。○明萬曆本，八行十八字。戊申見於津肆。未收。

欽定康濟錄六卷　國朝倪國璉撰。○內府刻本。○外省覆本。○道光戊申瓶花書屋刻本。

捕蝗考一卷　國朝陳芳生撰。○學海本。○藝海珠塵本。○借月山房本。○道光戊申瓶花書屋本。○長恩書室刻本。

荒政叢書十卷　國朝俞森編輯。○墨海金壺本。○守山閣本。○瓶花書屋本。○長恩書室本。

〔增〕**荒政輔要九卷**　國朝汪志伊撰。○嘉慶十一年刻本。○又許氏刻本。

〔補〕**海運備採十四卷**　清高培源撰。○精鈔本，即進呈之原本。

〔補〕**通商約章類纂三十五卷**　清徐宗亮輯。○清光緒十二年天津官書局本。二十冊。余藏。○清光緒十八年廣東善後局刊本。

上政書類邦計之屬

歷代兵制八卷　宋陳傅良撰。○墨海金壺本。○守山閣本。○道光戊申瓶花書屋刻。○長恩書室本。

補漢兵制一卷　宋錢文子撰。○盛百二刻本。○知不足齋本。

〔補〕**陝西四鎮軍馬數不分卷附會禦事宜** 明王瓊撰。○明刊本，十一行十八字。失前後序跋及撰人名。記陝西、延綏、寧夏、甘肅四鎮官軍人員及錢糧倉庫數。後有明吳岫跋，云為王瓊所撰。潘氏滂喜齋遺書，翰文齋藏。

〔補〕**馬政志四卷** 明陳講撰，郭□□重修。○明嘉靖二十九年重修本，十行二十一字。有嘉靖三年唐龍、陳講序，嘉靖十一年買啟序，嘉靖二十九年重修序。鈐有季振宜藏印。邃雅齋見。四庫存目。

〔補〕**經略復國要編十四卷附錄一卷** 明宋應昌撰。○明萬曆刊本，十行二十一字，白口，四周單闌。余有殘本，缺二卷。

〔補〕**宣大山西三鎮圖説三卷** 明楊時寧撰。○明萬曆刊本，十一行二十字，白口，四周雙闌。此書已印入玄覽堂叢書一集。（重，删）

〔補〕**三雲籌俎考四卷** 明王士琦撰。○明萬曆刊本，八行十七字，白口，四周雙闌。此書已印入國立北平圖書館善本叢書中。

〔補〕**開原圖説二卷** 明馮瑗撰。○明萬曆刊本，十行二十一字，白口，四周單闌。此本已印入玄覽堂叢書一集。

馬政紀十二卷 明楊時喬撰。○明刻本。

〔補〕**楚邊餉不分卷附楚邊餉條約** 明吳國仕撰。○明萬曆刊本，八行十六字，白口，四周雙闌。有萬曆四十五年自序。有曹寅藏印。李梣藏。

八旗通志初集二百五十卷 雍正五年奉勑撰。○内府刻本。○乾隆末年重纂本，卷數較多。

上政書類軍政之屬

唐律疏義三十卷 唐長孫無忌等奉勑撰。○岱南閣叢書仿元至正刻本，附宋洗冤錄，嘉慶丁卯刻，善。○昭文張氏有元至順間余氏勤有堂刻本，附釋文纂例，元王元亮編。○宋刻有大字本。○張氏目載元本釋文，此山賈冶子撰，時代未詳。元奉訓大夫江西等處行中書省檢校官王元亮重編，纂例王元亮撰，柳贊序，後有"至順壬申五月印行一行。釋文序後有"至正年辛卯孟春重校"一行，又有"崇化余志安刻于勤有堂"木記。○岱南閣刻唐律疏義即元至順余氏勤有堂本。

〔補〕○元刊本，書名標"故唐律疏義"，九行十八字，黑口，左右雙闌。北京圖書館有內閣大庫舊貯殘本，坊肆間亦有大庫殘葉流傳。○又一本，行欵版式與此全同而實非一刻，刊工較大庫本較工整。潘氏滂喜齋世藏，已印入四部叢刊三編，號為宋刻而實為元本。○元余志安勤有堂刊本，後附元王元亮纂例十二卷，十二行二十四字，黑口，四周雙闌。有"崇化余志安刊於勤有堂"牌記二行。

〔增〕**律文十二卷音義一卷**　○昭文張氏藏影宋抄本，曰名例，曰衛禁，曰職制，曰戶婚，曰厩庫，曰擅興，曰盜賊，曰鬥訟，曰詐偽，曰雜律，曰捕亡，曰斷獄，凡十二律，為十二卷。後有"天聖七年准勑送崇文院彫造"一行。此書直齋著錄。音義宋孫奭等撰，歷代異名沿革皆著之，卷末列孫奭、馮元、宋祁等銜。○阮氏曾以進呈。

〔補〕**重詳定刑統三十卷**　宋竇儀等撰。○民國七年國務院法制局據四明范氏天一閣藏寫本刊本。

〔補〕**重詳定刑統三十卷**　宋竇儀等撰。**附錄一卷校勘記一卷**　劉承幹撰。○民國十年劉承幹嘉業堂刊本。此書明清以來僅恃鈔本流傳，若存若亡，至近年乃有此二刊本。

〔增〕**刑統賦一卷**　元傅霖撰。續一卷，楊淵撰。○錢遵王有元刻本。

〔增〕**刑統賦解二卷**　○曹倦圃藏影抄本。宋左宣德郎律學博士傅霖撰，元東原郗（名缺，述古書作秉源）韻釋，益都王亮增注，趙孟頫序。查慎行跋。

〔補〕○清宣統三年沈家本刊枕碧樓叢書本。

〔增〕**刑統賦疏一卷** ○元人抄本，取傅賦為之疏，可與元典章及元史
　　刑法志相參。

〔補〕○清宣統三年沈家本刊枕碧樓叢書本。

〔增〕**粗解刑統賦一卷** 元鄒孟奎解。○並見昭文張氏志。

〔補〕**粗解刑統賦一卷** 宋傅霖撰，元孟奎解。○明寫本，十一行二十
　　四字。題律學博士傅霖譔，鄒人孟奎解。有至正庚辰仲夏鄒人孟奎
　　文卿自序，至正壬辰仲秋前鄉貢進士沈維時跋。鈐有黃丕烈、張金
　　吾、吳雲藏印。○清宣統三年沈家本刊枕碧樓叢書本。

〔增〕**永徽法經三十卷** 元鄭汝翼撰。○永樂大典本。提要稱其精
　　密，無貶詞，而入存目，不可解。

〔增〕**至正條格二十三卷** 元順帝時官撰。○永樂大典本。入存目。

〔補〕**御製大誥一卷** 明朱元璋撰。○明洪武十八年內府刊本，十行
　　二十字，黑口，四周雙闌。有洪武十年御製序。盛昱遺書。

〔補〕**御製大誥續編一卷** 明朱元璋撰。○明洪武二十年太原府翻
　　明洪武十九年內府重刊大字本，十行二十字，黑口，四周雙闌。有洪
　　武十九年御製序。末有太原府翻刻銜名。有明晉府藏印，蝴蝶裝，
　　望而知為內閣大庫物。盛昱遺書。

〔補〕**御製大誥三編一卷** 明朱元璋撰。○明刊本，十行二十字，黑
　　口，四周雙闌。有洪武十九年序及劉三吾後序。盛昱遺書。

〔補〕**御製紀非錄一卷** 明朱元璋撰。○舊寫本。有洪武二十年序。
　　有潘介祉藏印。徐坊遺書。

〔補〕**大明律附例三十卷附錄一卷** 明洪武三十年敕編，舒化等纂
　　例。○明萬曆刊本，九行二十字，白口，四周雙闌。有萬曆十三年舒
　　化題稿。

〔補〕**明吏部考二司題稿十册** ○明寫本。起嘉靖二十年十一月，至
　　二十二年五月。有許讚塗改處。盛昱遺書。

〔補〕**刑部事宜一册** ○明藍格寫本。為嘉靖間公牘。天一閣舊藏，夏孫桐藏。

〔補〕**欽明大獄錄二卷** ○明寫本。張璁審理妖賊李福達案題奏各件。天一閣佚書。

〔補〕**魯府招詞一册** ○明藍格寫本。嘉靖時刑部案牘。

〔補〕**應郎中審錄疏略一卷** ○明藍格寫本。為審錄江南刑獄公牘。天一閣佚書。夏孫桐藏。

〔補〕**林郎中疏略一卷** ○明藍格寫本。為條議錄囚之法，亦明代刑部故牘也。天一閣佚書。夏孫桐藏。

〔增〕**讀律私箋二十九卷** 明王樵撰。

〔補〕○明萬曆刊本，十行二十字，白口，四周單闌。

〔補〕**欽定吏部處分則例四十七卷** ○清雍正三年官撰刊本。○清寫本。十六册。余藏。

大清律例四十七卷 乾隆五年大學士三泰等奉勅撰。○官刻本。○又隨時增修本。○陸泰來箋釋三十卷。○姚潤統纂集成三十九卷。

〔補〕**大清律例四十七卷** 清劉統勳等纂修。○清乾隆三十三年武英殿刊本。

〔補〕**禮部則例二百二卷** ○清嘉慶九年官撰刊本。二十四册。余藏。

〔補〕**宮中現行則例不分卷** 四册。○新寫本，自康熙至道光止。涵芬樓藏。

〔補〕**鞍庫則例一册** ○清寫本。厚高麗紙，墨格，仿宋字精寫本。共四十一則，又續例五則。

〔補〕**大糧庫則例一册** ○清寫本。厚高麗紙，墨格，仿宋字精寫本。共五十一則，又續例十四則。

〔補〕**直省釋奠禮樂記六卷圖一卷** 清應寶時撰。○清光緒十七年
　廣東藩署刊本。二冊。余藏。

上政書類法令之屬

〔補〕**欽恤錄□卷** 不著撰人名氏。○明寫本，藍格，十行十八字。殘
　存下冊。有天一閣、鮑氏知不足齋藏印。勞格題籤並識語。明教坊
　司檔冊。原二冊。余藏。

〔補〕**河南布政司議稿** ○明寫本。皆公牘文字。

〔補〕**內庫珍藏欵識八冊** ○精鈔袖珍本。為清宮陳設檔冊，只存梵
　華樓、閱是樓、佛日樓、景福宮等處。粵中黎氏藏書。

上公牘檔册附

營造法式三十四卷 宋李誠奉勅撰。○山西楊氏新刻叢書本。○昭
　文張氏有影宋刻本，末有"平江府今得紹聖營造法式舊本並目錄勘
　詳共一十四冊，紹興十五年五月十一日校勘重刻"一條。

〔附〕○路（小洲）有精鈔本。（邵氏）

〔補〕○宋刊本，十一行二十二字，白口，左右雙闌。余收得卷八首葉前
　半，為宋刊。別見殘葉三數番，為補刊葉，均明時黃紙印。陶湘重刊
　此書，即據以定版式，乃侈言崇寧刊本，則未敢許也。以雕工風氣考
　之，或是南宋中期所刊。○影寫宋刊本，十一行二十二字，白口，左
　右雙闌。鈐有錢曾曾記，恐不真，以字體風氣覘之，或是乾嘉間寫
　本。故宮藏書。○清寫本，存卷一至十七，十行二十一二字不等，內
　卷十三、十四半葉十一行，與宋本行格同。鈐有汪士鐘藏印。原為
　完書，瞿氏避兵時失去後半部。海虞瞿氏藏。○清寫本，十行二十
　二字，白口，左右雙闌。後傳寫張蓉鏡、黃丕烈諸跋，是自張氏寫本
　傳錄者。江南圖書館藏，朱君啟鈐已影印行世。○清寫本，十行二

十二字，自張蓉鏡寫本出。日本靜嘉堂文庫藏陸心源皕宋樓遺書。郁松年宜稼堂書目稿本有館鈔營造法式一匣。蔣鳳藻跋郁氏目，云書名上加一圈一墨點者均歸陸心源，此書正在其中，則此本出於郁氏轉鈔，非張蓉鏡原本明矣。○清朱緒曾傳鈔文瀾閣四庫全書本，八行二十一字。翁心存錄劉喜海跋，蓋朱氏為劉氏傳鈔者也。劉跋云，朱氏謂嘉禾有宋刊本，物色經年，竟未能得，則道咸間江南尚有宋刊也。翁克齊藏。○清道光間楊墨林刊連筠簃叢書本。此書見楊氏刊書目，而世咸以為未刻，余閱肆四十年，迄未見之。惟同年葉奐彬之姪啟勳堅云親見其書，有文無圖。記此以竢博考。○民國十四年陶湘仿宋重刊本。

〔補〕**兩宮鼎建記二卷** 明賀仲軾撰。○清初寫本。有宋筠藏印。

〔補〕**園冶三卷** 明計成撰。○日本鈔本。此書日本有明刊本。

〔增〕**工程做法七十四卷** 雍正四年果親王等奉准頒行。○官刻本。

欽定武英殿聚珍板程式一卷 聚珍板本。○閩覆本。○湖縮本。

〔增〕**安瀾紀要二卷迴瀾紀要二卷** 國朝徐端撰。○刻本。

〔增〕**河工器具圖說四卷** 國朝麟慶撰。○道光丙申刻本。

上政書類考工之屬

史部十四

目錄類

崇文總目二十卷 宋王堯臣等奉勅撰。○天一閣有抄本六十五卷。○錢氏校補本五卷，附錄一卷。○汗筠齋刻六卷。○粵雅堂刻錢東垣本六卷。

〔補〕○此書有明鈔、舊鈔本傳世，均六十六卷，非六十五卷。

〔補〕**崇文總目五卷** 宋王堯臣等編次，清錢東垣等輯釋。**補遺一卷
　　附錄一卷** 清錢侗輯。○清嘉慶三至四年嘉定秦氏刊汗筠齋叢書
　　本。○清咸豐三年刊粵雅堂叢書本。以上二本均為五卷。另有補
　　遺、附錄各一卷，非六卷。莫氏誤記。

〔增〕**秘書省續編到四庫闕書二卷** ○昭文張氏舊抄本。紹興年改
　　定。通志藝文略、玉海、郡齋志、直齋錄所論皆相合。

〔補〕○清光緒二十九年長沙葉氏刊觀古堂所著書本。葉德輝考證。
　　後又收入葉氏輯刻觀古堂書目叢刊中。

郡齋讀書志四卷後志二卷考異一卷附志二卷 宋晁公武撰。後
　　志公武撰，趙希弁重編，考異附志則希弁所撰。○陳氏刻小字本。

〔補〕○宋淳祐九至十年宜春郡齋刊本，大版心十行二十字，白口，左右
　　雙闌。前淳祐九年黎安朝序，次杜鵬舉舊序，均手書上版。次晁氏
　　自序。卷末有淳祐九年游鈞信安郡齋刊本後序及淳祐十年黎安朝
　　後序。故宮藏書。已印入續書逸叢書中，後又收入四部叢刊三編。
　　○舊寫本，十行二十字。有自序及杜鵬舉、黎安朝序。從宋宜春郡
　　齋本出。有朱彝尊、何焯藏印。徐坊遺書。

〔增〕**衢本郡齋讀書志二十卷** 宋晁公武撰，其門人姚應續編。較四
　　庫之原本收書倍之，解題亦多至數倍。○嘉慶己卯汪士鐘刻本，顧
　　千里云，汪刻本小學類中當畫分六段，自第二段以下皆錯簡也。○
　　阮氏曾獲抄本，依寫進呈。○此書宋刻在淳熙己酉南充游鈞知衢州
　　時，與涫祐庚戌鄱陽黎安朝守袁州所刻兩本並行，吾獨蔡教授兆馨
　　家有宋板衢本。

〔補〕**昭德先生郡齋讀書志二十卷** 宋晁公武撰，姚應續輯。○清
　　嘉慶二十四年汪士鐘藝芸精舍刊本。六冊。○清光緒六年會稽章

氏刊本。余均有之。

〔補〕昭德先生郡齋讀書志二十卷 宋晁公武撰，姚應績輯。**附志一卷** 宋趙希弁撰。**校補一卷** 清王先謙校。○清光緒十年長沙王氏刊本。

遂初堂書目一卷 宋尤袤撰。○説郛本。○海山仙館本。

〔補〕○明弘農楊氏鈔説郛本，十一行二十三四字，藍格。在卷二十八。余藏。○清初宛委山堂刊説郛本，九行二十字，白口，左右雙闌。余據家藏明鈔説郛本校。○清道光二十六年番禺潘氏刊海山仙館叢書本。

子略四卷目錄一卷 宋高似孫撰。○百川學海本。○學津討原本。○照曠閣本。○明刻，十二行，行二十字。

〔附〕○朱竹垞有宋刊本，十二行二十一字。

〔補〕○宋咸淳刊百川學海本，十二行二十字，細黑口，左右雙闌。余藏。○明弘治十四年華珵刊百川學海本，十二行二十字，白口，左右雙闌。余藏。○明嘉靖十五年鄭氏宗文堂刊百川學海二十卷本，十四行二十八字，白口，左右雙闌。○清嘉慶十年張氏照曠閣刊學津討原本，九行二十一字，黑口，左右雙闌。

直齋書錄解題二十二卷 宋陳振孫撰。○聚珍本。○閩覆本。○蘇杭縮本。○抱經堂盧氏有新訂此書五十六卷，係從不全本重為校訂，似未刻。○明有萬曆武林陳氏刻本。○昭文張氏有舊抄殘本楚詞類一卷，別集類三卷，乃其原本。

〔補〕○清乾隆武英殿活字印聚珍版書本。余臨盧文弨校及跋。○鮑廷博刊本，九行二十一字，白口，左右雙闌。版式字體與知不足齋叢書相似，卷首目錄下題"武英殿聚珍版原本"。此書法式善謂為鮑氏翻刻聚珍本五十種之一，見陶廬雜錄，而近人多誤以為浙江官局刊本。十册。○清光緒九年江蘇書局刊本。

漢藝文志考證十卷 宋王應麟撰。○附玉海元刻本。○今刻本。

〔補〕**元西湖書院重整書目一卷** 元胡師安等撰。○友人吳昌綬松
鄰叢書本。十行二十字。後有重整書記及附錄一卷,附元文類所載
刊書指揮。

文淵閣書目四卷 明楊士奇撰。○讀畫齋刻本二十卷,萬曆中張萱
重編,名內閣藏書目錄。○千頃堂書目作十四卷。

〔補〕**菉竹堂書目一卷** 明葉盛藏,題明葉盛撰。○清寫本。鈐盧址
抱經樓藏印。陳立炎肆中見。四庫存目為六卷本。

〔補〕**南廱志第十七卷經籍考二卷** 明梅鷟撰。○清藍格寫本。○
民國間刊松鄰叢書本一卷。

〔增〕**寶文堂分類書目三卷** 明晁瑮撰。每書下間著明某刻,可考見
明人板刻源流。存目有。○徵刻唐宋秘書本書目,俞邰與周雪客
編,舊抄本。

〔補〕**古今書刻二卷** 明周弘祖撰。○明刊本。○清寫本。○清光緒
三十二年葉德輝輯刻觀古堂書目叢刻本。

授經圖二十卷 明朱睦㮮撰。○明朱氏原刻本。○龔氏玉玲瓏閣康
熙時刻本。○李氏惜陰軒叢書本,道光十九年刻。

〔補〕**萬卷堂書目不分卷** 明朱睦㮮藏撰。清初寫本。二冊。

〔補〕**百川書志二十卷** 明高儒撰。○清寫本。十冊。蘇州博古齋柳
蓉村送閱,索三十元。○民國四年葉德輝刊觀古堂書目叢刻本。

〔增〕**國史經籍志六卷** 明焦竑撰。○明萬曆庚寅金陵刻本。○又曼
山館刻本。存目有。

〔補〕○明徐象橒曼山館刊本,十行二十字,白口,四周單闌,版心下方
有"曼山館"三字。○清康熙三十五年傳鈔曼山館本。余藏。

〔補〕**內閣藏書目錄八卷** 明張萱撰。○清寫本。○民國張鈞衡刊

適園叢書本。

〔補〕**明太學經籍志不分卷**　明郭磐撰。○舊寫本,一册。○民國五年羅振常蟬隱廬刊本。

〔補〕**脈望館書目一卷**　明趙琦美撰。○清寫本。○清宣統二年羅振玉刊玉簡齋叢書本。

〔補〕**世善堂藏書目錄二卷**　明陳第撰。○清乾隆六十年刊知不足齋叢書本,在十九集。

〔補〕**澹生堂藏書目十四卷**　明祁承㸁撰。○清光緒十八年徐氏鑄學齋刊紹興先正遺書本。

〔補〕**澹生堂藏書約一卷庚申整書小記一卷例略一卷**　明祁承㸁撰。○余有輯本。

〔補〕**重編紅雨樓題跋二卷**　明徐㷿撰,繆荃孫重編。○民國三年趙詒琛刊峭帆樓叢書本。

欽定天祿琳琅書目十卷　○是書皆寫本相傳,未見刻本。後編二十卷係嘉慶十四五年間纂成,孫芝房有抄本。○近湖南刻本。

〔補〕○清內府寫本,紅格,十行二十字。有"天祿琳琅"及"乾隆御覽之寶"各璽。卷中各家藏印皆用木刻楷書墨記印之,斷句用朱圈。見於文友堂,云是熱河行宮佚書。○清朱邦衡手寫本,有嘉慶十三年跋。○清光緒十年長沙王氏刊本。

〔補〕**天祿琳琅書目後編二十卷**　清彭元瑞奉勅撰。○清紅格寫本。○清光緒二年長沙王氏刊本。

〔增〕**欽定四庫全書簡明目錄二十卷**　○此本即趙懷玉錄初稿,乾隆四十九年先在杭州刊者。後乾隆六十年湖州又刻大字解題本,附提要之後,增損者數十條,蓋後來定本也。然亦間有提要增而湖本未及增者數條。

〔增〕**欽定四庫全書總目提要二百四卷**　○內府刻本。○浙江湖州先刻小本。

〔補〕**四庫全書考證一百册** ○清內府寫本，朱格楷書。乾隆修書時底本。余藏。

〔補〕**四庫全書總目提要四部類敘不分卷** 清乾隆四十七年敕撰。○光緒中江標刊本，收入靈鶼閣叢書中。

〔補〕**欽定四庫全書附存目錄十卷** 清胡虔輯。○清乾隆五十八年胡氏自刊本。四册。

〔補〕**四庫書目略二十卷** 清文良撰。○清同治九年刊本。十二册。

〔增〕**絳雲樓書目□卷** ○抄本。

〔補〕**絳雲樓書目二卷** 清錢謙益藏。○清寫本。前曹溶題詞，陳文道撰行狀，後有曹溶跋。吳翌鳳錄陳景雲評注並跋。

〔補〕**絳雲樓書目一卷** 清錢謙益藏。○清寫本。盧址抱經樓遺書。陳立炎肆中見。

〔補〕**絳雲樓書目四卷** 清錢謙益撰。陳景雲批注。○清道光三十年南海伍氏刊粵雅堂叢書本。

〔補〕**絳雲樓書目補遺一卷** 清錢謙益撰。○清光緒二十八年葉德輝輯刻觀古堂書目叢刊本。

〔補〕**牧齋書目不分卷** 一册。清錢謙益藏。○清寫本。盛昱跋，言為李文藻舊藏，卷中批校皆李氏手蹟云云。

千頃堂書目三十二卷 國朝黃虞稷撰。○鮑氏傳寫本，有五色批。○胡心耘有知不足齋批校本。

〔補〕**千頃堂書目三十二卷** 清黃虞稷撰。○清寫本，吳騫校補。此最足本，與張氏適園叢書本異同甚多。○民國二年吳興張鈞衡刊適園叢書本，以十萬卷樓寫本及漢唐齋寫本互補而成。此書僅此一刻。

〔補〕**徵刻唐宋秘本書目一卷** 清黃虞稷、周在浚撰。○清道光刊昭代叢書辛集本。○清光緒三十四年葉德輝刊觀古堂書目叢刻本。

〔增〕**汲古閣珍藏祕本書目一卷** 明毛晉藏，子扆錄。○嘉慶庚申黃丕烈刻本。

〔補〕○清嘉慶五年黃丕烈家刊本，有姚尹跋。余臨吳震、沈道寬等批注，又自注管見於上。

〔補〕**汲古閣珍藏秘本書目一卷** 清毛扆藏並撰。**汲古閣刊書目一卷** ○清乾隆五十七年吳震手寫本，版心下手寫"拜經齋吳氏鈔藏"七字。有錢天樹等跋。據跋震字東白，吳中書估，與諸名家友善，亦陶蘊輝、錢聽默之流也。

〔增〕**讀書敏求記** 國朝錢曾撰。○乾隆十年趙氏刻本。○六十年重刻本。○阮氏道光時刻本，多數條。○友芝于丁禹生許見遵王手稿本，校兩刻本又多十餘條。○又有述古堂書目抄本，未分卷。

〔補〕○清雍正四年吳興趙孟升松雪齋刊本。清胡重據汪氏裘杼樓寫本校並跋。○清乾隆十年吳興沈尚傑雙桂草堂本。○清乾隆十年沈尚傑刊乾隆六十年沈炎耆英堂重修本。友人吳慈培臨黃丕烈、管庭芬校跋。吳逝後寄存余齋。○清道光五年儀徵阮福小琅嬛館刊本。○清席氏掃葉山房本。○清沈祖彬寫本，嚴元照批校。有勞氏丹鉛精舍藏印。楊耀松藏。○丁氏所藏稿本為張菊生收得，轉入涵芬樓中。余曾假觀，友人鄧君邦述曾校過。

〔補〕**讀書敏求記校證四卷補目一卷佚文一卷序跋一卷附錄一卷補遺一卷** 章鈺撰。○民國十五年長洲章氏自刊本。此書以管庭芬校本為主，取諸家刊本、校本、評本二十八種彙校增輯而成，視原書增大三倍，洋洋大觀，考訂極為精詳，為必傳之作。此書既出，清初以來諸本均可束置不觀矣。

〔補〕**述古堂藏書目錄十卷** 清錢曾藏並撰。○稿本，藍格，八行，版

格有"述古堂"三字。前自序，又有後序。每書下注明為宋、元、抄本
等。較世行本多續編雜劇十餘葉。余藏。四庫存目無卷數。

〔補〕**也是園藏書目十卷** 清錢曾藏並撰。○稿本。卷中增改皆錢
氏手蹟。張允亮藏。○清宣統二年羅振玉刊玉簡齋叢書本。

〔補〕**述古堂藏書目四卷宋板書目一卷** 清錢曾撰。○清道光三
十年南海伍氏刊粵雅堂叢書本。

〔補〕**古今方輿書目一卷** 清顧祖禹撰。○舊寫本。鈐"玉案西頭舊
講官"印。與諸蕃志、崑崙河源考合裝一册。

〔增〕**季滄葦書目一卷** 黃丕烈刻。
〔補〕清嘉慶十年黃氏士禮居刊本。余藏。余臨陳鱣批本，又以經眼諸
書自注其上。

〔增〕**曝書亭書目一册** ○抄本。

經義考三百卷 國朝朱彝尊撰。○乾隆乙亥盧氏雅雨堂刻本。○乾
隆五十七年翁方綱撰經義補正十二卷刻之。

〔補〕**全唐詩未備書目一卷** 清朱彝尊撰。**附風懷詩補注一卷**
清朱彝尊撰，馮登府注。**小檇李亭摭談一卷** ○清寫本。一册。
余藏。

〔增〕**傳是樓書目□卷** ○抄本。

〔補〕**二徐書目合刻** 傳是樓書目不分卷，清徐乾學藏撰；培林堂書目
不分卷。清徐秉義藏撰。附馬玉堂鈔藏傳是樓足本書目殘卷。○
民國四年王存善輯印本。

〔補〕**選明代山左詩鈔采訪書目不分卷** 清王士禛撰。○清乾隆
間盧見曾刊本。一册。

〔補〕**遺聞薈錄不分卷** 清王士禛撰。○余輯居易錄中有關典籍者錄
為一册，頗有佚聞。

〔補〕**孝慈堂書目不分卷** 清王聞遠藏並撰。○清寫本。有寶康藏印。一冊。余藏。民國十年葉德輝刊觀古堂書目叢刻本。

〔增〕**文瑞樓書目十二卷** 國朝金壇編。○讀畫齋叢書刻本。

〔補〕**北平謝氏藏書目不分卷** ○繆氏藝風堂傳鈔本。絕少舊刊，每書下有案語。

〔增〕**天一閣書目十卷** 明范欽所藏，其後人懋柱編錄。○嘉慶戊辰阮氏刻。

〔增〕**浙江採遺書錄十冊** 以甲乙丙丁分記**又閏集一冊** ○乾隆甲午刻。

〔補〕**浙江採集遺書總錄十卷閏集一卷** 清沈初等撰。○清乾隆四十年刊本。余藏。十冊。

〔補〕**浙江進呈書目不分卷** ○清藍格寫本。有寶康藏印。一冊。余藏。

〔增〕**違礙書目一冊** ○乾隆五十三年官刻頒行。

〔補〕**違礙書目一卷** 清乾隆四十三年官撰。○清光緒九年姚覲元刊咫進齋叢書本。○清光緒三十三年印國粹叢書本。余藏。

〔補〕**奏繳咨禁書目一卷** 清乾隆四十三年官撰。○清光緒三十三年印國粹叢書本。余藏。

〔補〕**全燬書目不分卷** 清乾隆四十七年官撰。○清寫本。一冊。余藏。

〔補〕**銷燬抽燬書目一卷** 清乾隆四十七年官撰。○清光緒九年姚覲元刊咫進齋叢書本。○清光緒三十三年印國粹叢書本。余藏。

〔補〕**禁書總目一卷** 清乾隆五十三年官撰。○清光緒九年姚覲元刊咫進齋叢書本。○清光緒三十三年印國粹叢書本。余藏。

〔補〕**宮詹公題跋不分卷** 清錢大昕撰。○錢氏家藏稿本。有沈樹鏞跋，趙之謙跋。顧麐士怡園藏。

〔補〕**竹汀先生日記鈔三卷** 清錢大昕撰，何元錫輯。○清光緒間潘
氏滂喜齋刊劉喜海評本，朱墨套印。一冊。○清光緒間會稽章氏刊
式訓堂叢書本。

〔補〕**知聖道齋讀書跋二卷** 清彭元瑞撰。○清光緒間章壽康刊式
訓堂叢書本。

〔增〕**來雨樓書目二卷** 國朝周厚堉編。○抄本。（按：厚堉婁縣人，
進書數百種入四庫館，賜佩文韻府、御製石刻。）

〔補〕**拜經樓藏書題跋記五卷附錄一卷** 清吳壽暘撰。○清光緒
間會稽章氏刊式訓堂叢書本。

〔增〕**孫氏祠堂書目七卷** ○平津館刻本。

〔補〕**孫氏祠堂書目內編四卷外編三卷** 清孫星衍撰。○清嘉慶
十五年孫氏金陵祠屋刊本。○清光緒間李盛鐸刊木犀軒叢書本。

〔增〕**平津館藏書三編三卷補一卷續一卷廉石居藏書記二卷**
國朝孫星衍所藏。○道光十八年陳氏刻本。

〔補〕**平津館鑒藏記三卷補遺一卷續編一卷** 清孫星衍撰。○清
道光二十年陳宗彝刊獨抱廬叢刻本。○清光緒間章壽康刊式訓堂
叢書本。○清光緒三十年朱記榮據式訓堂叢書版重編印校經山房
叢書本。○清光緒間李盛鐸刊木犀軒叢書本。

〔補〕**廉石居藏書記二卷** 清孫星衍撰。○清道光二十年陳宗彝刊
獨抱廬叢刻本。○清光緒間章壽康刊式訓堂叢書本。○清光緒間
李盛鐸刊木犀軒叢書本。

〔增〕**研經室外集五卷** 國朝阮元撰。凡四庫未收古書一百五十種，
先後以進呈，此其所撰提要也。○阮氏刻本。

〔補〕**揅經室經進書錄四卷** 清阮元撰，傅以禮輯。○清光緒八年大
興傅氏刊本。

〔補〕**竹崦盦傳鈔書目不分卷**　清趙魏藏並撰。○清寫本。蔡濲手校。葉德輝遺書。

〔增〕**百宋一廛賦注一卷**　國朝顧廣圻撰賦，黃丕烈注之，述丕烈家所收宋本。○黃氏刻本。○又見思適齋集。

〔附〕○近人刻士禮居題跋六卷（眉）

〔補〕**百宋一廛書錄一卷**　清黃丕烈藏撰。○清勞格寫本。○民國二年張鈞衡刊適園叢書本，從勞格寫本出。

〔補〕**士禮居藏書題跋記六卷續不分卷**　清黃丕烈撰。○清光緒十年吳縣潘氏滂喜齋刊本。

〔補〕**士禮居藏書題跋記續二卷**　清黃丕烈撰，繆荃孫輯。○清光緒間江標刊靈鶼閣叢書本。

〔補〕**士禮居藏書題跋再續記二卷**　清黃丕烈撰，繆荃孫輯。○民國元年國粹學報社印古學彙刊本。

〔補〕**蕘圃藏書題識十卷補一卷**　清黃丕烈撰，繆荃孫、吳昌綬、章鈺輯。○民國五至八年金陵書局印本。後附蕘圃刻書題識一卷。

〔補〕**蕘圃藏書題識續錄四卷再續錄三卷蕘圃雜著一卷**　清黃丕烈撰，吳人王大隆輯。○民國印黃顧遺書本。

〔補〕**思適齋書跋四卷補遺一卷**　清顧廣圻撰，吳人王大隆輯。○民國二十四年印黃顧遺書本。余為作序。

〔補〕**經籍跋文一卷**　清陳鱣撰。○清咸豐元年蔣光煦輯刻涉聞梓舊本。○清光緒間會稽章壽康刊式訓堂叢書本。

〔補〕**四部寓眼錄二卷**　清周廣業撰。○清寫本。附知不足齋叢書一至十八集目錄。有周氏自跋及其子周勳懋跋。

〔增〕**鄭堂讀書日記三十四册稿本**　國朝烏程周中孚撰。蓋嘉道間人，讀一書必為解題一篇，條其得失，議論頗能持平，亦好學深思之士也。經部十四卷,諸經皆略具,唯缺易及小學雅故字書,史部二十二卷,子部三十三卷,尚無大缺逸,集部則僅本朝二卷,計亡逸當十之二三,不知更有副本否,亂後益無從訪求矣。

〔補〕**鄭堂讀書記七十一卷** 清周中孚撰。○民國十年劉承幹嘉業堂刊,已收入吳興叢書中。

〔補〕**帶經堂書目四卷附錄一卷** 清陳徵芝藏,陳樹杓撰。○清寫本。一册。

〔補〕**帶經堂書目四卷** 清陳徵芝藏,陳樹杓撰。○稿本。周星詒、魏錫曾批校。王鴻甫藏。

〔補〕**集古書目五種** ○清陳氏帶經堂寫本。周星詒、魏錫曾批校。王鴻甫藏。

〔增〕**愛日精廬藏書志三十六卷續四卷** ○道光六年昭文張金吾撰刻。

〔補〕**愛日精廬藏書志三十六卷續志四卷** 清張金吾撰。○清光緒十三年吳縣靈芬閣木活字印本。八册。

〔補〕**楹書隅錄五卷續編四卷** 清楊紹和撰。○清光緒二十年海源閣刊本。○清光緒二十年海源閣刊民國元年董氏誦芬室補刊本。此書初編收書一百七十一種,續編收書九十八種。然海源閣書散流入廠肆後,以余所見,目中未收者尚數十種,其最佳者為宋嘉定四年劉甲蜀中刊經史證類備用本草三十卷。目中所載各書亦偶有未當者,如四經中之儀禮及東萊左氏博議等。余曾取歷年所見閣中藏書記於自藏本上,兼附管見於後。

〔補〕**清吟閣書目四卷** 清瞿世瑛撰。○江陰繆氏藝風堂寫本。一册。○吳昌綬刊松鄰叢書乙編本。

〔補〕**鐵琴銅劍樓藏書目錄二十四卷** 清常熟瞿鏞撰。○清光緒二十四年瞿氏自刊本。孫師鄭見貽一帙,一册。

〔補〕**曝書雜記三卷** 清錢泰吉撰。○同治七年刊甘泉鄉人稿本。○光緒間會稽章氏刊式訓堂叢書本。

〔補〕**開有益齋讀書志六卷續一卷金石文字記一卷** 清朱緒曾撰。○清光緒六年金陵翁氏茹古閣刊本。六册。

〔補〕**東洲草堂藏書目不分卷** 清何紹基藏並撰。○何氏手寫稿本，紅格，凡九十號。葉啟勳藏。

〔補〕**俄羅斯進呈書目不分卷** ○清寫本，記道光二十五年俄羅斯進呈書籍、地圖、儀器等，凡三百五十七號。書衣題"道光二十五年俄羅斯進呈書，交理藩院收"。文友堂見。

〔補〕**宜稼堂書目不分卷** 清郁松年藏。○郁氏稿本，半葉八行，每行上下各記一書。共記五十四號，每號書多少不等，未分類編排，蓋郁氏藏書之册簿也。每書上或加朱圈及墨點，下記價目，宋元本標明。卷後有蔣鳳藻跋，言郁氏書為陸心源、丁日昌及洪某收去，書名有朱圈更加墨點者歸陸氏云云。又有日本島田翰跋。余藏。

〔補〕**宋元舊本書經眼錄三卷附錄二卷** 清莫友芝撰。○清同治十二年刊影山草堂六種本。

〔補〕**郘亭知見傳本書目十六卷** 清莫友芝撰。○莫繩孫原稿本。○莫棠傳寫本，有莫氏增補並錄勞格批四庫簡目。○清宣統元年田中慶太郎北京排印本，從莫棠增補本出。○民國□年國學扶輪社據張鈞衡適園藏本排印本。○民國三年天津官報局排印本，余據王秉恩臨莫棠增補本手校付印。整理者按：此書諸傳本情況參見卷首附錄，此不贅。

〔補〕**持靜齋藏書紀要二卷** 清莫友芝撰。○清同治九年刊本。

〔補〕**持靜齋書目四卷續增一卷** 清丁日昌撰。○清同治九年刊本。五册。余藏。

〔補〕**善本書室藏書志四十卷附錄一卷** 清錢唐丁丙撰。○清光緒三十四年刊本。余藏。

〔補〕**皕宋樓藏書志一百二十卷續志四卷** 清陸心源撰。○清光
　　緒八年陸氏十萬卷樓刊本。三十二册。

〔補〕**儀顧堂書目不分卷** 清陸心源藏撰。○陸氏手寫草目。一册。

〔補〕**儀顧堂題跋十六卷續跋十六卷** 清陸心源撰。○清光緒十六
　　年至十八年陸氏自刊本。

〔補〕**碧琳琅館書目易類不分卷詩類不分卷書類不分卷總集類**
　　不分卷叢書記不分卷 清方功惠藏撰。○清寫本，藍格。

〔補〕**天一閣見存書目四卷首一卷末一卷** 清薛福成撰。○清光
　　緒十五年刊本。余藏。四册。

〔補〕**書目答問不分卷** 清張之洞撰。○清光緒二年四川寫刻本。○
　　清光緒五年王秉恩貴陽刊本，視初刻略有補正。

〔補〕**書目答問不分卷** 清張之洞撰。**校勘記一卷** 趙祖銘撰。○
　　清光緒間盧靖刊慎始基齋叢書本。

〔補〕**藝風堂藏書記八卷續記八卷再續記七卷** 繆荃孫撰。○藏
　　書記光緒二十七年刊，續記民國元年刊，均江陰繆氏自刊。共五册。
　　○再續記民國二十九年燕京大學圖書館排印本。

〔補〕**翰林院書目四册** 清陳侃編。○抄本。分四部，但記書名册數，
　　不載撰人，不注明鈔本、刊本，分類亦淆亂。光緒十八年編，内多四
　　庫存目之書。時永樂大典已僅存八百七十册矣。

〔補〕**宋元本行格表二卷** 清江標撰。○清光緒間江氏自刊本。二
　　册。

〔補〕**藏書紀事詩六卷** 清葉昌熾撰。○清光緒二十三年江標長沙刊
　　本。有江標刊書序，光緒十七年王頌蔚序，光緒二十三年劉肇隅跋。
　　十一行二十三字。友人吳慈培批注。○宣統二年葉氏刊本，朱印

本，葉君見貽一帙。十册。

〔補〕**華延年室題跋三卷**　清傅以禮撰。○清宣統元年排印本。

〔補〕**日本訪書志十六卷**　清楊守敬撰。○清光緖二十三年楊氏鄰
蘇園自刊本。八册。

〔補〕**心太平齋宋元舊本經眼錄不分卷**　清寶康撰。○稿本，書衣
有寶康自題署。一册。余藏。

〔補〕**舊槧書目不分卷**　友人顧麐士怡園藏書目，承鈔以見貽。朱絲
闌寫本。似不全，所訂各書年代亦間有可商者。

〔補〕**書林清話十卷**　葉德輝撰。○民國九年葉氏自刊本。此書博采
各家簿錄及史籍中有關典籍各事，分類輯錄成卷，有用之書。惜多
未能目驗，故所列各書不無可商者。

〔補〕**適園藏書志十六卷**　清張鈞衡藏撰。○民國間張氏自刊本。
六册。

〔補〕**寶禮堂宋本書錄不分卷**　潘宗周藏，張元濟撰。潘氏盡收袁寒
雲舊藏宋本，後又得海源閣、讀有用書齋散出書若干種。此書所列
宋刊一百六種，分經史子集，各爲一册，後附元刊六種，倩張菊生爲
撰此目。每書均詳著版式序跋，文字優劣，間附校勘表，致力精勤。
前有序，論雕版印刷遼進源委，又代潘氏撰一自序。○民國二十八
年潘氏排印本，近承菊生見惠一帙，並述原委，閱畢因記如右。

〔補〕**四庫提要辨證史部四卷子部八卷**　余嘉錫撰。○民國二十
六年余氏自印本。此書友人余季豫傾畢生精力爲之，探微索隱，辨
析精當，殊堪欽佩。前日攜其子余遜見過，以此爲贈，聞尚有經部、
集部待刊。

〔補〕**八史經籍志三十卷**　計漢書藝文志一卷，漢班固撰；隋書經籍
志四卷，唐魏徵等撰；舊唐書經籍志二卷，宋劉昫等撰；新唐書藝文
志四卷，宋歐陽修等撰；宋史藝文志八卷，元脫脫等撰；宋史藝文志

補一卷,清黃虞稷等撰,盧文弨錄;補遼金元藝文志一卷,清倪燦撰,盧文弨錄;補三史藝文志一卷,清金門詔撰;元史藝文志四卷,清錢大昕撰;明史藝文志四卷,清張廷玉等撰。○清光緒九年張壽榮刊本。十六冊。余藏。

〔補〕**漢書藝文志條理八卷首一卷漢書藝文志拾補六卷** 清姚振宗撰。○民國二十年浙江省立圖書館印快閣師石山房叢書本。該叢書尚有七略別錄佚文、七略佚文、隋書經籍志考證等,均為極有用之書。隋志考證尚未出全。頃承見惠一帙,因記如右。○此書後為上海開明書店洋裝排印行世。

〔補〕**補後漢書藝文志三十一卷** 清顧櫰三撰。○清光緒十九年王氏印小方壺齋叢書本。

〔補〕**補後漢書藝文志四卷** 清侯康撰。○清道光三十年南海伍氏粵雅堂刊嶺南遺書本。○清光緒十七年刊廣雅書局叢書本。

〔補〕**後漢藝文志四卷** 清姚振宗撰。○民國五年刊適園叢書本,在十一集。民國二十年浙江省立圖書館印快閣師石山房叢書本。

〔補〕**補續漢書藝文志二卷** 清錢大昭撰。○清光緒十六年徐乃昌刊積學齋叢書本。

〔補〕**補三國藝文志四卷** 清侯康撰。○清道光三十年南海伍氏粵雅堂刊嶺南遺書本。○清光緒十三年刊廣雅書局叢書本。

〔補〕**三國藝文志四卷** 清姚振宗撰。○民國五年刊適園叢書本,在十二集。○民國二十年浙江省立圖書館印快閣師石山房叢書本。

〔補〕**補晉書經籍志四卷** 清吳士鑑撰。○清光緒二十一年刊本。

〔補〕**補晉書藝文志六卷** 清文廷式撰。○清宣統元年長沙排印本。

〔補〕**補晉書藝文志四卷附錄一卷補遺一卷** 丁國鈞撰。**刊誤一卷** 丁辰撰。○清光緒二十年常熟丁氏活字印本。

〔補〕**隋經籍志考證十三卷**　清章宗源撰。○清光緒三年湖北刊崇
文書局彙刻書本。

〔補〕**隋書經籍志考證五十二卷首一卷**　清姚振宗撰。○民國二
十年浙江省立圖書館印快閣師石山房叢書本。

〔補〕**唐書藝文志注四卷**　不著撰人名氏。○清末繆氏藝風堂寫本，
墨格，闌外左下有"藕香簃鈔"四字。以新唐書藝文志為本，下注隋
志異同，其書之存亡及後人輯本皆詳列之，攷訂加謹案二字，舊唐書
原文低一格附，有繆荃孫增訂數十條。此書疑為繆氏節錄唐景崇唐
書注。

〔補〕**補五代史藝文志一卷**　清顧櫰三撰。○清光緒間刊仰視千七
百二十九鶴齋叢書本。○清光緒十七年刊廣雅書局叢書本。

〔補〕**補五代史藝文志一卷**　清宋祖駿撰。○清咸豐中刊樸學廬叢
刻本。

〔補〕**宋史藝文志補一卷**　清黃虞稷、倪燦撰。清盧文弨錄。○清乾
隆間盧氏自刊抱經堂叢書，羣書拾補初編本。○清光緒十七年刊廣
雅書局叢書本。

〔補〕**遼藝文志一卷**　清繆荃孫撰。○附光緒二十二年江陰繆氏刊遼
文存。

〔補〕**補遼金元藝文志一卷**　清倪燦撰，盧文弨錄。○清乾隆間盧氏
刊抱經堂叢書羣書拾補本。○清光緒十七年刊廣雅書局叢書本。

〔補〕**元史藝文志四卷**　清錢大昕撰。○清嘉慶十一年刊本。收入潛
研堂全集中。

〔補〕**明史藝文志二卷**　清倪燦撰，盧文弨錄。○清乾隆間盧氏刊抱
經堂叢書羣書拾補初編本。

附錄

〔補〕**經籍考不分卷**　（日）況齋岡孝撰。記日本各家所藏宋元古抄

本。○日本人寫本。一册。

〔補〕**經籍訪古志六卷補遺一卷**（日）澀江全善、森立之撰。○日本排印本。○民國五年排印本。

〔補〕**古文舊書考四卷**（日）島田翰撰。**附古今書刻上編一卷** 明周弘祖撰。○日本明治排印本。

〔補〕**皕宋樓藏書源流考一卷**（日）島田翰撰。**附題詞** 王儀通撰。○清光緒三十三年董氏誦芬室刊本。此書於吾國近代典籍聚散頗有論列，而狂妄恣肆，於前輩多致譏彈，所論版刻亦得失參半。王儀通即王書衡，宣統後始更名王式通也。

上目錄類經籍之屬

集古錄十卷 宋歐陽修撰。○順治癸巳謝光啟刻本。○道光甲申寗郡王氏刻，多目錄五卷。○歐陽文忠全集本。○汲古閣六一題跋本。○丁禹生有寫本，何義門諸家校甚詳。

〔附〕○乾隆癸巳謝啟昆刊本。（邵氏）

〔補〕○手稿，存四紙，為漢西嶽華山碑、漢楊君碑、平泉山居草木記，又陸羽傳，紙幅與前三者不同。後有趙明誠、米芾、韓元吉、朱熹、尤袤、洪邁跋及方從賢、胡儼、李賢跋。○宋吉州刊全集本，十行十六字，白口，左右雙闌。余有殘葉，李木齋先生有殘本。

金石錄三十卷 宋趙明誠撰。○淡生堂餘苑本。○順治庚寅謝世箕刻本。○雅雨堂刻本。○邵亭有舊抄本，是吳兔牀物，用葉文莊本校。○葉舊抄汲古閣抄二本，是昭文張氏目。

〔附〕○韓小亭有不全宋本，存十卷。（邵氏）

〔補〕○宋開禧元年趙不譾刊本，十行二十一字，白口，左右雙闌。存卷十一至二十。內有少量宋補版，宋皮紙印。此即馮氏舊藏本，矜為"金石錄十卷人家者"。有明朱大韶、清江藩、顧廣圻、汪喜孫、阮元、奕繪、西林春、翁方綱、洪頤煊、沈濤等跋。此為宋刊本中傳世有重名之品，諸家跋歷言其佳處，惜無人為之傳播也。潘氏滂喜齋藏書。○清吕無黨手寫本，十行二十字。前自序，後政和七年劉跋序，又紹興二年易安室後序。鈐有"無黨手抄"印及吕氏跋記多則。有貝墉、袁廷檮、張宗楠、林則徐藏印。此本已印入四部叢刊續編中。○舊鈔本，十行二十字。舊人臨何焯校跋。○清鮑廷博鈔校本，盧文弨借校，葉志詵校。王鴻甫藏。

法帖刊誤二卷 宋黄伯思撰。○百川學海本。○書學全編本。○津逮秘書載入東觀餘論內。

〔附〕○間有繙宋本。（眉）

〔補〕○宋咸淳刊百川學海本，十二行二十字，細黑口，左右雙闌。○明弘治十四年華珵刊百川學海本，十二行二十字，白口，左右雙闌。○明嘉靖十五年鄭氏宗文堂刊百川學海二十卷本，十四行二十八字，白口，左右雙闌。○清初宛委山堂刊説郛本，九行二十字，白口，左右雙闌。

法帖釋文十卷 宋劉次莊撰。○百川學海本。○書學全編本。

〔附〕○曾見元刊本於吳下。（眉）

〔補〕○宋咸淳刊百川學海本，十二行二十字，細黑口，左右雙闌。余藏。○明弘治十四年華珵刊百川學海本，十二行二十字，白口，左右雙闌。余藏。○明嘉靖十五年鄭氏宗文堂刊百川學海二十卷本，十四行二十八字，白口，左右雙闌。

籀史一卷 宋翟耆年撰。○守山閣本。

〔補〕○舊寫本，九行十七字。舊人錄王士禛、吳翌鳳跋。存上卷。余藏。○清寫本，九行十七字。存上卷。有吾進藏印。○清道光刊守山閣叢書本。余曾據張燕昌舊藏精寫本校。○舊寫本。鈐有汪文柏古香樓藏印。與周秦石刻釋音合裝一冊。盧址抱經樓遺書。

隸釋二十七卷　宋洪适撰。○乾隆丁酉汪氏刻本。○明萬曆戊子王
雲鷺刻本。○宋有乾道刻本。○黃丕烈撰汪本隸釋刊誤一卷，用葉
氏袁氏周氏所藏諸抄本及漢隸字原校汪本之失，嘉慶丙子刻。○影
宋隸釋，闕最目及第一卷，卷二至二十七備在。半頁十行，碑行二十
字，跋卑一格，亦二十字。碑用隸書，跋用楷書，遇篆額字即用篆書，
大勝汪刻。唐端甫藏。

〔附〕○黃葉邨藏鈔本。○抱經堂鈔本，佳。（邵氏）

〔補〕○明萬曆十六年王雲鷺刊本，九行二十字，分陰陽葉，各為四周雙
闌。前有萬曆十六年王雲鷺序，卷末有萬曆戊子刊書識語，云從元
鈔本出。○明寫本，九行十七字。前洪适序，目後刊有手蹟五行。
卷末有嘉靖甲寅盛時泰跋，云據何良俊藏吳寬遺書錄出。友仁堂
見。○明寫本，紅格，十行二十字，宋諱缺筆。有明高瑞南藏印。○
明秦四麟家寫本，藍格，九行二十四字，版心上方有"玄覽中區"四
字。有崇禎四年徐波跋，云授周云洛校過。李木齋先生藏。

隸續二十一卷　宋洪适撰。○乾隆戊戌汪氏刻本。○康熙間棟亭曹
氏刻本。元刻只七卷。○影抄宋本十四卷，顧澗薲據毛氏影宋校，
其卷十三鄧君闕畫像下校補跋尾八十八字，又補無名人墓闕畫像一
行，王稚子闕、沛相范皮闕後俱補繪畫像。顧廣圻為蕘圃校，自第八
卷至末皆據汲古影宋本，共百九十頁，又跋三頁，右原空三十五頁，
見張氏藏書志。○元泰定七卷本亦張氏藏，三四卷末有"泰定乙丑
甯國路儒學重刻"一條。

〔附〕○此書乾道戊子始刻十卷於越。淳熙丁酉范石湖增刻四卷於蜀。
後二年，靈川李秀長又增五卷于越。明年，尤延之又刻二卷於江東，
會而輋其板合之。（眉）

〔補〕○影寫宋刊本，十行二十字。有李鐸藏印。○影寫清康熙四十五
年曹寅揚州使院刊本，舊人臨何焯校跋。

〔補〕**泉志十五卷**　宋洪遵撰。○明萬曆三十一年胡震亨刊秘册彙函本。八行十八字，白口，左右雙闌。盧址抱經樓遺書。○明崇禎間毛氏汲古閣刊津逮秘書本，八行十九字，白口，左右雙闌。○清嘉慶十年張海鵬照曠閣刊學津討原本，九行二十一字，黑口，左右雙闌。⊙清光緒元年刊洪氏晦木軒叢書本。均余藏。

〔增〕**絳帖釋文二卷**　宋曾槃撰。自序謂嘗欲作釋文，會有以北人所著見畀者，因附益以舊所考證，刻之桐川郡齋，蓋金人舊本而槃附益之者也。嘉泰癸亥六月。○昭文張氏藏鈔本。

絳帖平六卷　宋姜夔撰。○聚珍本。○閩覆本。

石刻鋪叙二卷　宋曾宏父撰。○知不足齋本。○貸園叢書本。

〔附〕○乾隆中褚澤國刻楷字本。（眉）

〔補〕○明臥雲山房寫本，附二王帖目錄評釋三卷。有朱錫庚、朱學勤跋。李木齋先生遺書。○清刊本，有錢大昕序。文友堂見，鄂恒遺書。○清寫本，有朱彝尊、何焯、沈德潛藏印。辛亥三月楊馥堂自蘇州寄來求售。○清姚鼐家寫本，八行十八字。書衣題“校正宋本”四字。鈐有姚氏藏印。○清何焯、翁方綱評本，朱文鈞、張瑋校，古物同欣社石印本。

法帖譜系二卷　宋曹士冕撰。○百川學海本題譜系雜説。○書學全海本。○書苑本。

〔補〕○宋咸淳刊百川學海本，十二行二十二字，細黑口，左右雙闌。書名仍為“法帖譜系”，宋刊原目題“曹陶齋法帖譜系”，明弘治、嘉靖二本亦然，無題作“譜系雜説”者，想係邵亭屬筆偶誤，因為正之。余藏。○明弘治十四年華珵刊百川學海本，十二行二十字，白口，左右雙闌。余藏。○明嘉靖十五年鄭氏宗文堂刊百川學海二十卷本，十四行二十八字，白口，左右雙闌。○明萬曆刊書苑補益本，十行二十字，白口，左右雙闌。

〔補〕**譜系雜説一卷** 宋曹士冕撰。○明鈔翰苑叢鈔本，藍格，十一行二十一字。在卷第六中。

蘭亭考十二卷 宋桑世昌撰。○知不足齋本。

〔補〕**蘭亭考十二卷** 宋桑世昌輯。**附羣公帖跋一卷** ○明萬曆項德弘刊本，十行二十字，白口，左右雙闌。○清漱六軒寫本，九行十八字。○知不足齋本，從柳僉寫本出，佳。

〔補〕**蘭亭博議不分卷** 宋桑世昌撰。○明弘治十八年鈔説郛本，墨格，十三行二十五字。余藏。此書無舊刻，此為最古之本。

蘭亭續考二卷 宋俞松撰。○知不足齋本。

〔附〕○宋嘉禾本，大字，極佳。（邵氏）

〔補〕**蘭亭續考二卷** 宋俞松撰。○宋刊本，九行十七至二十字不等，白口，左右雙闌。寫刻精美，惜只存上卷。聊城楊氏海源閣散出之書。

寶刻叢編二十卷 宋陳思撰。○四庫依抄本錄。○道光末海豐吳式芬刻本。

〔附〕○四庫鈔本缺六卷。○宋刊本。○路有抄本。○張有抄本，缺四卷。（邵氏）

〔補〕○宋寫本，墨格，十行二十字，白口，左右雙闌。每條標題頂格，文另行，低二格。周叔弢有二卷。○明寫本，十行二十字。前有紹定二年鶴山翁小跋，五年孔山居士書。又紹定四年陳振孫序。又一序，殘。鈐有明晉府、燕府、魯府藏印及揆叙謙牧堂藏印。聊城楊氏書。○舊寫本，翁方綱、程瑤田、丁杰、錢綠窗批校。葉啟勳藏。○舊寫本，十行十八字。有朱墨校及粘籤。有吳榮光藏印。○舊寫本，有沈松碉藏印。古書流通處見。○清光緒十四年陸氏十萬樓刊本。余曾據殘宋寫本校，補脱文、正誤字極多。

輿地碑目四卷 宋王象之撰。○道光庚寅車氏刻。

〔補〕○清袁氏貞節堂寫本。錢大昕跋。後附金石文字記補遺一卷,清趙希謙輯。

寶刻類編八卷 不著撰人。○道光戊戌東武劉喜海刻巾箱本。

〔補〕○清寫本,十行二十字。盧文弨校。王從善印。○清咸豐十一年刊粵雅堂叢書本。

〔補〕**周秦石刻釋音一卷** 元吾邱衍撰。○清寫本。鈐有"古香樓"、"休寧汪季青家藏書籍"、"屟硯齋"、"柯庭流覽所及"諸印。盧址抱經樓遺書。

〔補〕**寶古堂重考古玉圖二卷** 元朱德潤撰。○明萬曆刊本,八行十七字。

古刻叢鈔一卷 明陶宗儀撰。○知不足齋本。○讀畫齋叢書本。○孫淵如改定,刻入平津館叢書。○邵亭有舊抄本。

名蹟錄六卷附錄一卷 明朱珪編。○瞿氏有屬樊榭本。○有明刻本。

吳中金石新編八卷 明陳暐撰。○刻本。

〔補〕○四庫本已印入四庫全書珍本初集中。

金薤琳琅二十卷 明都穆撰。○乾隆四十三年杭州宋氏刻,宋振譽校本。宋氏乾隆六年以碑目文拓本校此書,汪荻洲又精校之,盧召弓為序,稱善本。○宋氏補四碑,為附錄一卷。

〔補〕○明正德刊本,十行十七字,白口,左右雙闌。後有南陽道轂跋,即葉樹廉。莫棠藏。○又一帙,有錢光繡、許維梃、尹彭壽藏印。述古堂見。余有一帙,借莫本臨葉校於上。

〔補〕**吳下冢墓遺文三卷** 明都穆輯。**續一卷** 明葉恭煥輯。○明寫本,十行十九字,版心有"賜書樓"三字。前吳寬序,都穆題詞。續集有隆慶四年葉恭煥序。有葉德榮、菉竹堂、稽瑞樓藏印。海虞瞿氏書。四庫存目。

〔補〕**金石韻府五卷** 明朱雲輯。○朱寫本，半葉六行。有嘉靖十九年豐坊、俞顯謨序。

〔補〕**玄牘記一卷** 明盛時泰撰。○舊寫本。前嘉靖三十五年丙辰自序，後有三十七年戊午跋。有劉位坦跋，稱此本自法式善家流出。鈐有翰林院官印。

法帖釋文考異十卷 明顧從義撰。○明露香園刻大本。

〔補〕○題歷代帝王法帖釋文考異，十卷，明顧氏自刊本，九行十九字，白口，四周雙闌。前王穉登序。本書題"武陵顧從義編並書"，"太原王常校"。○明寫本，九行十九字，藍格，從顧氏自刊本出。述古堂見。

金石林時地考二卷 明趙均撰。○抄本。

〔補〕**寒山堂金石林時地考一卷金石林一卷** 明趙均撰。○舊寫本，墨格，九行二十字。前萬曆四十七年己未自序。鈐"忠壯世家"大印及汪士鐘藏印。聊城楊氏書。

石墨鐫華六卷附錄二卷 明趙崡撰。○萬曆戊午刻本。○藝圃搜奇續集本。○知不足齋本。

金石史二卷 明郭宗昌撰。○單行無刻年月本。○知不足齋本。

〔補〕○清初寫刻本。一冊。○康熙二年刊本。○昭代叢書辛集別編本。

〔補〕**天下金石志三卷** 明于奕正撰。○明末毛氏汲古閣寫本，九行十八字。前有劉侗、金鉉序，又崇禎壬申于氏識語。鈐有毛晉印，又張金吾、吳雲藏印。○明崇禎刊本，八行十九字。○清寫本。四庫刊本。

〔補〕**石雲先生金石評考一卷印譜考釋三卷** 明孫楨撰。○明末刊本。鈐小學齋印。

〔補〕**金石古文四卷** 題雙華山人喬編訂。○清周亮工家寫本，九行十八字。有"周元亮鈔本"印及周在浚藏印。有乾隆六十年吳騫跋。

欽定校正淳化閣帖釋文十卷 ○聚珍本。○閩覆本。○吳省蘭重
刻本。

求古錄一卷 國朝顧炎武撰。按：四庫著錄，莫氏失收。○此書已收
入槐廬叢書三編中。傳世多清鈔本。

金石文字記六卷 國朝顧炎武撰。○亭林十書本。○澤古齋本。○
借月山房本。○指海本。

〔補〕○舊寫本，前三卷黃易舊藏以贈李克正，後三卷李氏鈔配，有李氏
跋。有李煒、翁方綱藏印。

〔補〕金石文字記補遺一卷 清趙希謙撰。○清袁氏貞節堂寫本。
附輿地碑記目後。

石經考一卷 國朝顧炎武撰。○亭林十書本。○指海本。○借月山
房本。

〔補〕金石錄補二十七卷續跋七卷 清葉奕苞撰。○清光緒十二年
吳縣朱記榮刊行素草堂金石叢書本。

石經考一卷 國朝萬斯同撰。○常熟蔣氏省吾堂刻本。

〔補〕閒者軒帖考一卷 清孫承澤撰。○清乾隆二十五年鮑廷博刊
本。余臨翁方綱過錄舊人批本及跋。四庫存目。

來齋金石考三卷 國朝林侗撰。○道光辛丑上海徐渭仁刻本。

〔附〕○嘉慶丙子侯官馮縉刊本。（眉）

嵩陽石刻集記二卷 國朝葉封撰。○仰嵩堂刻本。

觀妙齋金石文考略十六卷 國朝李光映撰。○雍正己酉刻本，佳，
道光丁酉盛氏得其板，以為重刻。

分隸偶存二卷 國朝萬經撰。○原刻本。○乾隆己丑刻本。○道光
壬辰重刻本。

㳄化秘閣法帖考正十二卷 國朝王澍撰。○冰壺閣刻本,佳。

〔補〕**淳化閣法帖考正十卷附二卷** 清王澍撰。○清雍正刊本。已
　印入四部叢刊。○清乾隆三十三年冰壺閣刊本。

竹雲題跋四卷 國朝王澍撰。○乾隆三十二年錢氏人龍刻本,附朱
　笠亭撰金粟逸人逸事一卷。○乾隆戊申温氏重刻本。○乾隆辛卯
　陳焯、楊建又校刻虛舟題跋十卷,增于竹雲本,且有異同。越三年甲
　午,焯、建復校刻虛舟題跋補原七卷,世謂竹雲三跋。並沈芥舟先後
　手書,刻甚精。

〔增〕**金石存十五卷** 國朝吳玉搢撰。○李氏函海本。○又李宗昉刻
　本。

〔補〕○清嘉慶二十四年李氏聞妙香室刊初印本。鈐有何元錫印、珊林
　手校、漢瓦當硯齋諸印。四冊。余藏。

金石經眼錄一卷 國朝褚峻摹圖,牛運震補説。○乾隆初刻本,一名
　金石圖四卷。

〔補〕**金石圖四冊不分卷** 清褚峻摹,牛運震説。○清乾隆十年刊
　本。余藏。

〔補〕**金石圖二卷** 清褚峻摹圖,牛運震補説。○清光緒間劉世珩聚
　學軒刊本,劉氏所貽。四庫存目。

石經考異二卷 國朝杭世駿撰。○杭氏七種本。

〔補〕**飛白錄二卷** 清陸紹曾、張燕昌輯。○清嘉慶九年海鹽黃氏擘
　荔軒刊本。

〔補〕**瘞鶴銘考補一卷** ○舊寫本。翁方綱校改。有葉志銑藏印。

〔增〕**兩漢金石記二十二卷** 乾隆五十四年○翁方綱撰刻。

〔補〕**海東金石記五冊** 清翁方綱撰。○手稿本。葉啟勳藏。

〔補〕**國山碑釋文不分卷** 清翁方綱撰。○手稿本,與蒼頡廟碑釋文

合一冊。葉啟勳藏。

〔補〕**蒼頡廟碑釋文不分卷** 清翁方綱撰。○手稿本。與國山碑釋
文合裝一冊。葉啟勳藏。

〔補〕**蘇米齋蘭亭考八卷** 清翁方綱撰。○清嘉慶八年刊本。四冊。
○清咸豐三年南海伍氏刊粵雅堂叢書本。

〔增〕**金石萃編一百六十卷** 國朝王昶編。○嘉慶十年刻本。

〔增〕**金石文跋尾六卷續七卷又續六卷三續六卷潛研堂金石文
字目錄八卷** 國朝錢大昕撰。○嘉慶十年瞿中溶校刻。

〔補〕**光堯閣石經殘本目一卷附宋太學石經記** 撰人未詳。○舊
寫本。題乾隆戊子張廷謨為搨得墨本云云。

〔補〕**金石契不分卷** 清張燕昌撰。○清乾隆三十六年自刊四十三年
重定本。余藏。四冊。

〔補〕**石鼓文釋存一卷補注一卷** 清張燕昌撰。○清乾隆五十三年
刊本。余藏。○清光緒間劉世珩刊本，劉君見貽一冊。

〔補〕**關中金石記八卷** 清畢沅撰。○清乾隆四十六年鎮洋畢氏自刊
本，收入經訓堂叢書中。

〔補〕**中州金石記五卷** 清畢沅撰。○清乾隆間鎮洋畢氏刊經訓堂叢
書本。一冊。

〔補〕**山左金石志二十四卷** 清畢沅、阮元撰。○清嘉慶二年儀徵阮
氏小瑯嬛僊館刊本。十二冊。余藏。

〔補〕**粵西金石略十五卷** 清謝啟昆撰。○清嘉慶六年銅鼓亭刊本。
四冊。

〔補〕**偃師金石記四卷** 清武億撰。○清乾隆五十三年刊本。一冊。

〔補〕**授堂金石文字續跋十四卷** 清武億撰。○清嘉慶元年武氏刊
授堂遺書本。

〔補〕**金石三跋十卷** 清武億撰。一跋、二跋各四卷，三跋二卷。○清乾嘉間武氏刊授堂遺書本。

〔補〕**京畿金石考二卷** 清孫星衍撰。○清乾隆間活字印本。一冊。○清道光二十六年宏道書院刊惜陰軒叢書本。○清光緒間吳縣潘氏刊滂喜齋叢書本。○光緒十二年朱記榮刊行素草堂金石叢書本。

〔補〕**寰宇訪碑錄十二卷** 清孫星衍、邢澍撰。○清嘉慶七年孫氏自刊平津館叢書丙集本。

〔補〕**寰宇訪碑錄十二卷** 清孫星衍、邢澍撰。**刊謬一卷** 羅振玉撰。○清光緒十一年朱記榮刊行素草堂金石叢書本。

〔補〕**兩浙金石志十八卷** 清阮元撰。**補遺一卷** 清阮福撰。○清道光四年廣州刊本。十二冊。

〔補〕**歷代鍾官圖經八卷** 清陳萊孝撰。○清寫本。前有自序。張廷濟校補。寶熙藏。

〔補〕**古甋錄不分卷** 四冊。清陳寄蟠撰。○稿本。有顧廣圻跋。蘇州博古齋柳蓉村處見。

〔補〕**淳化閣帖釋文集釋十卷** 清徐朝弼撰。○清嘉慶十七年關中書院刊本。

〔補〕**金石索十二卷** 清馮雲鵬撰。金索六卷。石索六卷。○清道光元年崇川馮氏滋陽縣署邃古齋刊本。四冊。

〔補〕**金石續編二十一卷** 清陸耀遹撰，陸增祥校。○清同治十三年毘陵陸氏雙白燕堂刊本。十六冊。

〔補〕**湖北金石詩一卷** 清嚴觀撰。○清寫本，鈐畢瀧藏印。辛亥八月李子東自南攜來求售。○清道光二十八年刊連筠簃叢書本。

〔補〕**閩中金石志十四卷** 清馮登府撰。○民國劉承幹刊嘉業堂金石叢書本。六冊。

〔補〕**南村帖考不分卷** 清程文榮撰。○清道光刊本。○清光緒間劉
世珩刊聚學軒叢書本。○民國九年嘉興曹氏印本。

〔補〕**至聖林廟碑目六卷** 清孔昭薰、孔憲庚撰。○清道光十八年曲
阜孔氏刊本。一冊。○清光緒二十二年徐乃昌積學齋刊本。

〔補〕**八瓊室金石補正一百三十卷目三卷金石札記四卷金石袪
偽一卷元金石偶存一卷** 清毘陵陸增祥撰。○民國十四年吳興
劉氏希古樓刊本。六十四冊。

〔補〕**山右石刻叢編四十卷** 清胡聘之撰。○清光緒刊本。二十冊。
余藏。

〔補〕**湖北金石志十四卷** 楊守敬撰。○清光緒間湖北通志局刊本。

〔補〕**珊網一隅四卷** 陳日霽撰。○舊寫本。有栗毓美、劉連穀序並
自序。考訂碑拓之書。

〔補〕**石刻便覽四卷拾遺一卷** 清施文藻撰。○稿本，鈐有施氏印
記。葉德輝遺書。

上目錄類金石之屬

史部十五

史評類

史通二十卷 唐劉子玄撰。○明嘉靖間陸儼山蜀中刻本，與時本多二
頁。○萬曆丁丑張之象校刻本。○明王維儉訓故本，入存目。○明
李維楨、郭孔延評釋本。○國朝黃叔琳訓故補本，入存目。

〔附〕○宋刊本十卷，序後接目錄，最佳。○影宋抄本。（邵氏）

〔補〕○明嘉靖十五年陸深蜀中刊本，十行二十字，白口，左右雙闌。有
　　陸氏後序。余藏。○明萬曆五年張之象刊本，十行十九字，白口，左
　　右雙闌。余藏一帙，何焯批校並錄馮舒評。顧廣圻跋。○又一帙，
　　唐翰題以宋刊本校卷一至八及卷十一。有唐氏跋，云據梁溪秦氏藏
　　宋本校。吳重憙石蓮闇遺書。○明萬曆三十年張鼎思刊本，九行十
　　八字，白口，左右雙闌。吳慈培藏，並臨孫潛、顧廣圻校，寄存余齋。
　　余有錢謙益評點本，有錢曾、季振宜藏印，存卷一至十。○明末葉奕
　　苞寫本，墨格，十行二十字，左闌外有“葉氏藏書”四字。有陸深後
　　序，從陸深蜀中刊本出。卷末有“葉林宗藏本子孫寶之”朱文九字。
　　有舊人校。鈐有錢曾、宋賓王藏印。徐坊遺書。○余曾臨唐翰題校
　　宋本於張之象本上。友人吳慈培又臨余藏何焯批校本於其上。○
　　清孫潛校宋本，顧廣圻跋。丁氏持靜齋舊藏，今歸涵芬樓。

〔補〕**史通二十卷**　唐劉知幾撰，明李維楨、郭孔延評釋。○明末刊
　　本，九行二十字，白口，四周單闌。吳慈培藏。四庫存目。

〔補〕**史通訓故二十卷**　明王維儉撰。○明萬曆三十九年刊本，十行
　　二十字，白口，四周單闌。四庫存目。

史通通釋二十卷　國朝浦起龍撰。○乾隆十七年刻。

〔補〕**史通通釋二十卷**　清浦起龍撰。○清乾隆十七年浦氏求放心齋
　　刊本。周星詒校，並臨盧文弨、陳鱣校本及跋。

唐鑑二十四卷　宋范祖禹撰。○明呂鏜刻本。○弘治十年白昴刻
　　本。○宋板小字本。

〔補〕**東萊先生音註唐鑑二十四卷**　宋范祖禹撰，呂祖謙註。○宋
　　元間刊本，十一行十九字，註小字二十四字，低一格，實二十三字，白
　　口，左右雙闌。卷四後有“恩州郟安刊”五字木記。卷末有永樂二年
　　蘇叔敬購書識語。內閣大庫舊儲。劉啟瑞藏。○明弘治十年刊本，
　　九行十八字，註雙行同，黑口，四周雙闌。卷一後有弘治十年六月徐

絃校正、朱昱重校、陳立甫繕寫銜名四行。鈐有"松籟園"等藏印。
○明刊本,九行十八字,大黑口,四周雙闌。前自序,次進書表,次上
皇太后表,次紀元傳世二圖。有米萬鍾、孫承澤藏印。○清刊本,余
以宋本校,增改極多。

唐史論斷三卷 宋孫甫撰。○學海本。○藝海珠塵本。○函海本。
○學津討原本。

〔附〕○粵雅本。○宋有紹興、端平兩刻本。(眉)

〔補〕○舊寫本,舊人用宋刊本校。宋本九行十七字。前有自序,紹興
二十七年張敦頤後序。後有端平二年黃準跋,云刊於東陽倅廳之雙
檜堂。涵芬樓藏。

唐書直筆四卷 宋呂夏卿撰。○聚珍本。○閩覆本。○桐華館刻。

〔附〕○頃收舊鈔本,與聚珍本不同。(眉)

〔補〕**唐書直筆新例四卷新例須知一卷** 宋呂夏卿撰。○清影寫
宋刊本,十四行二十五字。蔣杲、顧錫麒手校。涵芬樓藏。○民國
十五年張鈞衡刊擇是居叢書本,附校記一卷,從影宋寫本出。

通鑑問疑一卷 宋劉羲仲編。○津逮本。○學津本。○陳刻通鑑附
本。

〔補〕**四明尊堯集四卷** 宋陳瓘撰。○明初刊本,十一行二十字,黑
口,四周雙闌。鈐有蔣鳳藻藏印。余藏。○明刊本,十行二十一字,
細黑口,四周單闌。前有後至元五年林興祖序,每卷題"後學孫壻蕭
甫重刊"、"裔孫載興校正"二行。涵芬樓藏。

〔補〕**宋忠肅陳了齋四明尊堯集十一卷** 宋陳瓘撰。○清光緒十
年童景祥翠竹書室刊本。余嘗取家藏明初刊十一行黑口本校,改補
數百字,補入紹興二十九年陳正綱跋及至元間陳文綱跋二則,此書
雖分十一卷而所收之文與明初刊四卷本同。四庫存目。

三國雜事二卷 宋唐庚撰。○眉山集本。○學海類編本。○函海

本。○讀畫齋本。

〔補〕**三國雜事一卷**　宋唐庚撰。○清道光十一年晁氏活字排印學海類編本，九行二十一字，白口，左右雙闌。余據張紹仁家鈔本校。

經幄管見四卷　宋曹彥約撰。按：四庫著錄，莫氏失收。○此書久無刊本，惟恃鈔本為一綫之延，近胡思敬始刊入豫章叢書中。

〔增〕**讀史管見三十卷**　宋胡寅撰。四庫存目。○明張溥刻本。

〔附〕○曾見宋刻本於吳下，每半頁十二行，行二十三字。○頃又見江氏本，同管見。（眉）

〔補〕○宋刊本，十二行二十三字，注大字低一格二十二字，白口，左右雙闌。版心上記字數，上魚尾下記管見幾，下魚尾下記葉數，最下記刊工人名。○元刊本，十二行二十三字，注大字低一格二十二字，白口，左右雙闌。版心上魚尾下記讀史管見卷第幾，下魚尾下記葉數。此本與宋本字體不同，結字較鬆而圓。余有殘卷。

涉史隨筆一卷　宋葛洪撰。○明弘治間刻本。○得月簃叢書本。○知不足齋本。

〔補〕○舊寫本，九行十八字。前賴洪序，七行十四字。有吳焯藏印及翰林院大官印。繆荃孫遺書。○舊寫本。鈐有養心殿寶。余藏。

六朝通鑑博議十卷　宋李燾撰。此下及大事記講義四庫並依鮑士恭家本。

〔補〕○宋刊本，題李侍郎經進六朝通鑑博議，十二行二十二字，白口，左右雙闌。畢萬裔宅富學堂刊本。海虞瞿氏藏。○四庫本余已選印入四庫全書珍本初集中矣。

大事記講義二十三卷　宋呂中撰。○舊抄本。後附中興講義一卷，昭文張氏藏。題銜云"黃甲省元肇慶府學教授溫陵呂中講義，省元國學前進士三山繆烈、皋蘭蔡炳編校"。○千頃堂藏有皇朝大事記九卷，即與二十三卷者同一書，而刪節頗多。又有中興大事記四卷，世無傳本,以宋史全文所引證之,蓋亦删節之本。昭文張氏書志。

兩漢筆記十二卷 宋錢時撰。按:四庫著錄,莫氏失收。○此書世罕傳本,四庫本余已選印入四庫全書珍本初集中矣。

舊聞證誤四卷 宋李心傳撰。○函海本。○昭文張氏有宋殘刻本二卷,汲古閣藏。書原十四卷,其殘本則第一二兩卷也。○桐華館刻。

〔附〕○汲古有印宋抄本。(眉)

〔補〕○清乾隆四十七年李調元刊函海本。余藏。余據家藏魏錫曾影寫明本校,補佚文三十餘條。

〔補〕舊聞證誤十五卷 宋李心傳撰。○明活字印本,九行十七字,按語低一格,黑口,左右雙闌。存卷一至二。鈐有毛氏汲古閣、張今吾、丁丙諸印。丁國鈞藏。此書舊稱宋刊本。○汲古閣影明本,九行十七字,即從上本影寫,鈐有毛氏印。存卷一至二,則明刊至毛氏時已僅存二卷矣。文友堂見,後歸周叔弢。○清魏錫曾影寫明本,九行十七字,亦從上本影出。有丁國鈞跋,並跋魏錫曾跋。余藏。余嘗取校四庫本。四庫本自大典輯出,計一百四十餘條,以意排比,已非原序。此殘本二卷存五十七條,內三十一條為四庫本所無,可補史乘之缺。又此本舊聞頂格,正誤按語低一格,四庫本接連而下,亦可糾四庫本體例之失。

〔補〕永嘉先生三國六朝五代紀年總辨二十八卷目錄四卷 宋朱黼撰。○明末汲古閣影寫宋刊本,十四行二十三字。日本靜嘉堂文庫藏。此書四庫存目著錄,其書已不可追尋,各家藏目亦無之。惟宜稼堂書目第三十七號有此書,標明二匣,影宋本,三十五元售之陸心源,即是此本。

〔補〕小學史斷二卷 宋南宮靖一撰。○宋刊本,九行二十字,細黑口,左右雙闌。有黃丕烈、張蓉鏡跋。鈐有朱彝尊及黃、張二氏印記。○明嘉靖十二年遼藩朱寵瀼刊本,十行二十字,白口,四周雙闌。辛亥五月文賢堂見,索五兩。已收。

〔補〕**小學史斷二卷** 宋南宮靖一撰。**續一卷** 明晏彥文撰。○明嘉
靖二十六年趙瀛刊本,九行二十字,白口,文琳堂送閱。○又見一明
本,行欵同上,黑口,四庫存目。

〔補〕**小學史斷四卷** 宋南宮靖一撰,明盧應坊補校。○明寫本。盧
址抱經樓遺書。

通鑑答問五卷 宋王應麟撰。○附玉海元刻本。○今刻本。

〔補〕○元至元六年慶元路儒學刊玉海附刻本,十行二十字,白口,左右
雙闌。

〔補〕**史學提要三卷** 宋黃繼善撰。○元刊本,十一行二十二字,細黑
口,四周雙闌。日本帝室圖書寮藏。○四庫存目為一卷本。

歷代名賢確論一百卷 不著撰人。○明弘治中錢孟濬刻本,作唐宋
名賢確論。

〔補〕○明代有活字本。

歷朝通略四卷 元陳櫟撰。○明正德壬戌王靜刻本。○崇禎乙亥袁
應兆刻本。

十七史纂古今通要十七卷 元胡一桂撰。○大興朱氏有元刻本,今
售出。

〔增〕**史纂通要後集三卷** 元董鼎撰。括金宋兩朝事跡,以續胡氏之
本。○昭文張氏有影寫元抄本。

〔補〕○元刊本十一行二十一字,細黑口,四周雙闌。麻沙陋刻。

〔補〕**新刊點校諸儒論斷唐三宗史編句解九卷** 撰人未詳。○元
刊本,十二行二十三字,注雙行同,細黑口,左右雙闌。存卷四至九,
計六卷。吳昌綬藏。

〔補〕**通鑑博論三卷** 明朱權撰。○明永樂刊本,十五行二十八字,黑
口,左右雙闌。缺卷中,存二卷。涵芬樓藏。○舊寫本。宋筠校。

四庫存目。

〔補〕**史鉞二十卷**　明晏璧撰輯。○明景泰七年劉氏翠巖精舍刊本，十二行二十四字，細黑口，四周雙闌。卷末有"景泰丙子良月京兆劉氏翠巖精舍新刊"牌子二行。○又一本，行欵版式與翠巖精舍本全同，而卷末無牌子，是閩中翻刊本。

〔補〕**宋論三卷**　明劉定之撰。○明成化八年刊本，十行二十字，黑口，四周雙闌。四庫存目。

〔補〕**續宋論三卷**　明蔣誼撰。○明成化十二年刊本，十行二十字，黑口，四周雙闌。有成化十二年夏時正、王洪跋。鈐謝肇淛藏印。徐坊遺書。

〔補〕**世史積疑二卷**　明李士實撰。○明藍格寫本。有正德七年自序。鈐有法式善藏印。聚珍堂見。四庫存目。

〔補〕**宋紀受終考三卷**　明程敏政撰。○明寫本。有程氏自序及戴銳後序。有林佶跋。鈐明徐𤊹、清鄭杰藏印。○清初寫本，十行十九字。鈐有宋筠藏印。四庫存目。

學史十三卷　明邵寶撰。○明刻經史全書本。○崇禎辛未刻附簡端錄之後，後附容春堂雜抄一卷。

〔補〕**學史十三卷**　明邵寶撰。○明嘉靖刊本，十行二十字，白口，左右雙闌。

〔補〕**元史闡幽一卷**　明許浩撰。○舊寫本，九行二十字。前有弘治十七年錢如京序，次元世系圖，後有自跋。鈐翰林院大官印。邃雅齋見。四庫存目。

〔增〕**太史史例一百卷**　明張之象撰。○刊本。按：四庫存目。

〔補〕**元史論贊四卷**　明項篤壽輯。○明嘉禾項氏萬卷堂刊本，十行十九字。

〔補〕**皇明捷錄一卷**　明李良翰撰。○明末刊本，十行二十二字。鈐有曹寅藏印。余藏。二册。

〔補〕**讀史漫錄十四卷**　明于慎行撰。○明萬曆刊本，十行二十字，白口，四周單闌。余藏。四庫存目。

〔補〕**玄羽外編四十六卷**　明張大齡撰。○明萬曆刊本，十行二十字，白口，四周單闌。為史論四卷，説史儁言十八卷，晉五胡指掌六卷，唐藩鎮指掌六卷，隨筆八卷，支離漫語四卷。有曹學佺序，云張養正刻於金陵。又張養正序，云尚有他卷待續。余藏。四庫存目。

〔補〕**讀書鏡十卷**　明陳繼儒撰。○明萬曆沈氏尚白齋刊寶顏堂秘笈秘集本，八行十八字，白口，四周單闌。書名前加寶顏堂字樣。余藏。四庫存目。

史糾六卷　明朱明鎬撰。○桐華館刻本，盧抱經跋云分上下二卷。○指海本。

〔補〕**宋史筆斷十二卷**　題正誼齋編集。○明刊本，十行十九字，大黑口，四周雙闌。鈐"朱氏萬卷家藏"印。四庫存目。

〔補〕**遠鑑錄三卷**　撰人未詳。三卷分述唐玄宗、晉元帝、漢光武帝之事。每條有按語，稱臣按云云。○舊寫本。

御批通鑑綱目五十九卷通鑑綱目前編十八卷外紀一卷通鑑綱目續編二十七卷　康熙五十四年聖祖仁皇帝御撰。○內府刻本。○宋犖蘇州校刻本。

御製評鑑闡要十二卷　乾隆三十六年大學士劉統勳等恭錄。○內府刻本。

〔增〕**欽定明鑑二十四卷**　嘉慶二十三年奉敕撰。○內府刻本。

〔補〕**史闕十四卷**　清張岱撰。○清寫本。六册。余藏。

〔補〕**余子説史十卷**　清余懷撰。○舊寫本。前有徐晟序。

〔增〕**文史辨俗通議□卷**　國朝章學誠撰。○阮氏刻本。

〔附〕○家刻本，近歸杭州書局。○有重修本。○又有貴州刻本。（眉）

〔補〕**文史通義八卷校讐通義三卷** 清章學誠撰。○清道光十二年章氏刊章氏遺書本。五册。○清咸豐元年刊粵雅堂叢書本。

〔補〕**文史通義九卷校讐通義四卷** 清章學誠撰。○民國十一年劉承幹嘉業堂刊章氏遺書本。

〔補〕**史目表不分卷** 清洪飴孫撰。○清道光二年李兆洛刊本。

上史評類

藏園訂補郘亭知見傳本書目卷六

書目題跋叢書

藏園訂補
郘亭知見傳本書目

（二）

〔清〕莫友芝 撰

傅增湘 訂補　傅熹年 整理

中華書局

藏園訂補郘亭知見傳本書目卷七

獨山莫友芝子偲　　撰

江安傅增湘沅叔　　訂補

子部一

〔附〕○南宋已有纂圖互註六子,元亦有六子刊本。嘉靖九年吳郡顧,
春刊世德堂六子,似即仿宋元板而加精校,一老、二莊、三列、四荀、
五揚、六文中,書脊有"世德堂刊"四字,亦有無此四字者。後又重刊
小字六子本。○又有六子,不知何人所刊,宋諱俱缺筆,似從善本翻
刻。○又有吳勉學刊二十子本,大字無注。○季目有二十子,與吳
刻名目不同。○又新安黃之寀刊諸子,無注。○又有中都四子,一
老,二管,三莊,四淮南。中惟管子較佳。○又有萬曆初潛庵氏刻子
彙二十四種,皆冷僻小種。○又有緜眇閣刊諸子。○又趙用賢刊管
子,韓非子。蓋明自嘉、隆以來,七子崇倡古學,隆、萬時又好用子
書,一時風尚所在,刊刻甚多。○國朝自乾隆以來漢學盛行,先秦古
書俱有校刊古本,但散附各家叢書,無彙為一編者。坊刻十子全書
惟莊校淮南可取,餘沿明季批閱本。管莊二子亦尚無精刊校本。○

又花齋九子、明崇德書院二子本，俱萬曆所刊，不佳。（邵氏書目偶鈔）

〔補〕**纂圖互註四子四十二卷**　宋末建本。○此書世無全帙，余藏有纂圖互註揚子法言十卷，纂圖互註荀子二十卷，均半葉十一行，每行二十一字，細黑口，左右雙闌，左闌外記篇名。揚子法言宋咸序後有木記六行，曰"本宅今將監本四子纂圖互註，附入重言重意，精加校正"云云，末署"建安□□□謹咨"。以是知其為四子，從監本出，前人所云宋刊纂圖互註六子者誤也。舍荀、揚二子外，另二子為老、莊。纂圖互註老子道德經二卷宋本不傳，余所見者均元、明翻本，然行款與宋本全同，有景定改元龔士卨序，其出於宋本無疑。纂圖互註南華真經十卷于右任有宋本，為季振宜、朱彝尊遞藏，行款版式雕工與荀子、法言不同。宋刊纂圖互註四子為荀、揚、老、莊尚有一證，即世傳元明翻本五子中，或增入冲虛至德真經八卷，或增入中說十卷，然書名前均不冠以"纂圖互註"字樣，可知冲虛、中說二書為新增入者，而冠以此四字之荀、揚、老、莊為宋刊原有者。

〔補〕**音點大字五子句解五十二卷**　○宋刊本。此書世無全帙，嘗見宋刊音點大字荀子句解殘本十卷，十行二十字，黑口，左右雙闌。前有景定改元龔士卨自序，與老、莊、法言、文中子並舉，是知宋末有五子句解合刻本。其書每句加注，句有坐點，字音於字旁加小圈，版心上方有音釋，本字大，音字小。後又見宋刊纂圖互註揚子法言，其卷九末題作"音點大字揚子法言句解"，益證余說不謬。且可證纂圖互註本中法言出於音點句解本，則宋刊諸子集中，音點句解本先於纂圖互註本明矣。○四庫存目中有五子纂圖互註四十二卷，與此不同，或是元、明以後刊本。

〔補〕**纂圖互註五子五十卷**　○明初刊本，十一行二十至二十一字，黑口，左右雙闌，左闌外上方有耳記篇名。計老子二卷，南華真經十卷,沖虛至德真經八卷,荀子二十卷,揚子法言十卷,除沖虛至德真經外,各書標題均冠以纂圖互註四字。○明翻本,十行行二十至二十一字,黑口,四周雙闌。字體似成弘間風氣。○明嘉靖翻本,方字。此書四庫存目。

〔補〕**五子書十二卷**　○明弘治九年丙辰楊一清陝西刊本,九行十九字,黑口,四周雙闌。為鶡子二卷,子華子二卷,尹文子二卷,鶡冠子三卷,公孫龍子三卷。依明道藏本刊。

〔補〕**新刊五子全書**　○明刊本,十行二十字,黑口,左右雙闌。注大字另起。似閩中劉氏慎獨齋本。存公孫龍子一卷,子華子二卷,鶡冠子三卷。

〔補〕**六子書六十二卷**　明許宗魯編。○明芸窗書院刊本,十行二十字,白文無注,版心上方有"芸窗書院"刊五字。計老子四卷,列子八卷,莊子十卷,荀子二十卷,揚子十卷,文中子十卷。○明嘉靖十二年周洞耶山精舍刊本,十行二十字,白口,左右雙闌。後有嘉靖癸己周洞後序,言得許少華六子,為刻於荊者,漸加增改而梓之,則自許宗魯芸窗書院本六子出,書名卷數全同,亦均為白文無注者。計老子四卷,列子八卷,莊子十卷,荀子二十卷,揚子十卷,文中子十卷。後序葉版心下方有"耶山精舍"四字。

〔補〕**六子書六十二卷**　明許宗魯編。○明嘉靖六年許宗魯、王鑒樊川別業刊本,十行二十字,白口,左右雙闌,版心下方有"樊川別業"四字。前嘉靖六年許宗魯序,又同郡王鑒後序。計老子四卷,列子八卷,莊子十卷,荀子二十卷,揚子十卷,文中子十卷。

〔補〕**六子書六十卷**　明顧春編。○明嘉靖十二年顧春世德堂刊本,八行十七字,白口,四周雙闌,版心上方有世德堂三字。後有嘉靖庚辰顧春刻六子書跋。六子書為老子道德經章句二卷,南華真經註十卷,沖虛至德真經註八卷,荀子註二十卷,新纂門目五臣音註揚子法言十卷，中說註十卷。此書字體整飾，雕工精雅，為吳郡名工陸奎刊。余藏。○明桐陰書屋刊本，八行十七字，白口，四周雙闌，版心有桐陰書屋校五字。書名卷數與世德堂本全同。

〔補〕十□子□□卷　○明正德、嘉靖間刊本，十行十九字，白口，左右雙闌。宋諱缺筆，為覆宋本，惜失去序跋，其刊刻時地及種數卷數莫由考定，為足惜耳。計鶡子一卷，鄧析子一卷，子華子二卷，鶡冠子二卷，公孫龍子一卷，尹文子一卷，鬼谷子一卷，關尹子一卷，亢倉子一卷，小荀子一卷，共十種，十二卷。內鶡冠子有朱學勤、盛昱跋，余藏。

〔補〕子彙二十四種三十四卷　明周子義編。○明萬曆四至五年南京國子監刊本。十行二十一字。余藏。此書已印入元明善本叢書中。

〔補〕中立四子集六十四卷　一名中都四子集，明張登雲輯。○明萬曆七年臨川朱東光刊本，十行二十一字，注雙行同，白口，四周雙闌。為老子道德經二卷，秦河上公註釋；莊子南華真經十卷，晉郭象註，唐陸德明音義；管子二十四卷，唐房玄齡註釋，明劉績增注；鴻南鴻烈解二十八卷，漢許慎記，高誘註釋。余藏。四庫存目。

〔補〕先秦諸子合編十六種三十五卷　明馮夢禎編。○明萬曆三十年綠眇閣刊本，十行二十字，版心下方有“綠眇閣”三字。前有萬曆壬寅序，序後錄漢書藝文志及文心雕龍諸子一篇。目列後：晏子八卷，孔叢子三卷，子華子二卷，鶡子一卷，關尹子一卷，文子二卷，亢倉子一卷，鶡冠子二卷，黃石公素書一卷，商子五卷，慎子一卷，鄧析子一卷，尹文子一卷，公孫龍子一卷，鬼谷子一卷，墨子四卷。余藏。又一部，與前本全同，惟增一天啟元年施全昌序。

〔補〕二十子一百六十七卷　明萬曆中吳勉學輯刻本，○九行十八字，白口，左右雙闌。計老子道德經二卷，文子二卷，關尹子文始真經一卷,列子沖虛真經八卷,莊子南華真經三卷,司馬子一卷,管子二十四卷,晏子春秋四卷,孫子一卷,吳子一卷,鬼谷子一卷,黃石公素書一卷,韓非子二十卷,商子五卷,荀子二十卷,揚子法言十卷,譚子化書六卷,淮南子二十一卷,呂氏春秋二十六卷,文中子十卷,三十六冊。余藏。

〔補〕批選子集□□種□□卷　明祁承㸁選。○明寫本。存前集,為老子、列子、文子、墨子、莊子、管子、晏子、子華子、鄧析子、鬼谷子、孫武子、凡十一家。經朱筆批點。前有千秋堂主人祁承㸁概論七則。

〔補〕小十三經十三種十六卷　明顧玄緯等編。○明嘉靖末衹洹館刊本,十行十八字,白口,左右雙闌,版心上方有"衹洹館"三字。目列後:忠經一卷,女孝經一卷,佛說四十二章經一卷,通占大象曆星經二卷,黃帝宅經二卷,黃帝授三子玄女經一卷,青烏先生葬經一卷,墨經一卷,風后握奇經一卷,耒耜經一卷,丸經二卷,五木經一卷,胎息經一卷。內墨經為嘉靖三十年刊,丸經為嘉靖四十一年刊。有莫友芝、莫棠藏印。

〔補〕子書百家　清崇文書局輯。○清光緒元年湖北崇文書局刊本。

〔補〕二十二子　清浙江書局輯。多用清人輯本、注本、校本、得用之書。○清光緒一至三年浙江書局刊本。

儒家類

孔子家語十卷　魏王肅註。○明刊無註本,半頁九行,行二十字。○明吳勉學刊注本。○正德辛巳張公瑞刊何孟春注本,八卷。○黃魯曾刊本。○包山陸氏本。○葛鼐刊注本,竄亂失次。○汲古閣刊本。○乾隆庚子李容重刊汲古本。○元王廣謀標題句解三卷,注既淺陋,正文亦加刪易。○明何孟春注亦非足本。○汲古閣兩次得宋板,湊合刊成十卷,然後人以宋板校之,尚多訛誤,是家語並無佳刻定本也。○天祿後目有家語宋刻本十卷,云序末載甲寅歲端陽吳時用書,黃周賢金賢刻。考四庫總目有二十六家唐詩,款亦同,疑為明書賈而無實證。書內禎字缺筆,避宋度宗嫌名,槧法精好,難斥為偽刻也。○隆慶壬申徐祚錫刊。

○汲古閣秘本書目所載北宋蜀大字本家語注十卷,今藏桐城蕭敬甫穆家,頁十八行,行大字十六七八字不等,注文雙行,約六字當大字之二,第二卷十六頁已上闕,毛氏影抄足之。曾假讀一過,書中趙宋諱闕直至孝宗嫌名之慎,而敦、郭不省,定為南宋孝宗世槧本無疑。其卷尾有東坡居士折角印,攷文忠已先卒於建中靖國元年,顯為偽作。毛斧季跋,謂其家藏原闕二卷十六頁已上,後于惠山酒家得藏前半殘帙,因互補鈔為兩完本。其酒家本為錢宗伯奪去,已燬于絳雲之火,而此本獨存云云。今以汲古閣刊本比較,二卷十六頁已上毛本譌脫殊甚,注文闕漏尤夥,與宋本迥異,十七頁已下諸卷則與宋本悉合,蓋毛氏刊是書時尚未得酒家本,故但據家藏殘帙,其所缺者以別本湊合付梓爾。繩孫附記。

〔附〕○近年石印本乃據景寫北宋本,極精,疑是汲古所藏本景寫。而蕭敬孚云別係一宋本,恐不可信。敬孚蓋極張其所藏汲古宋本之美者也。(眉)此書以日本寬永間刊本為佳,其書原本在汲古閣宋本之上。以次則吳時用本,但末二卷有脫落耳。(王國維)

〔補〕**孔子家語注十卷** 題魏王肅撰。○南宋蜀大字本,九行十六至十八字,白口,左右雙闌。即莫氏所記之蕭敬孚藏本,後歸劉君世珩,余曾見之,戊午秋,劉氏携之行篋,在浦口客邸被焚毀,深可痛惜。此書光緒十八年上海埽葉山房已影印行世,刊印頗精,友人徐敬宜曾誤以為宋刊清光緒二十四年劉世珩玉海堂亦翻刊行世。然其書或是南宋翻蜀本耳。○明嘉靖三十三年黃魯曾刊本,九行十六字，白口，左右雙闌。卷末有"歲甲寅端陽望吳時用書，黃周賢、金賢刻"一行。此本已印入四部叢刊。○明刊本，九行二十字。○日本明曆間刊本。孫鳳鈞校。余藏。○清光緒元年湖北崇文書局刊子書百家本。○民國八年掃葉山房石印百子全書本。

〔補〕**新編孔子家語句解十卷** ○元至正二十七年劉祥卿刊本，十行十九字，黑口，四周單闌。闌上加格注標題。卷五後有牌子，文曰"清泉劉祥卿家丁未春新刊行"。

〔補〕**標題句解孔子家語三卷** 元王廣謀撰。○日本寬永間活字印本，七行十七字。余藏。

〔補〕**孔子家語注十卷辯義總目一卷附錄一卷** 明陸治輯。○明隆慶六年楊錫祚刊本，九行十六字，白口，左右雙闌。考證凡例後有"長洲顧樞寫，章掖刻"一行。李木齋先生藏。此即莫目所云之包山陸氏刊本。

〔補〕**孔子家語註二卷** 題明夏允彝註。○明末坊刻本，九行二十八字，白口，四周單闌。

〔補〕**家語證偽十一卷** 清范家相撰。○清光緒十五年會稽徐維則刊會稽徐氏鑄學齋叢書本。

〔補〕**家語疏證六卷** 清孫志祖撰。此書辨家語之偽。○清嘉慶間仁和孫氏自刊本。○清光緒間章壽康輯刻式訓堂叢書本，在二集。余藏。

〔補〕**孔子家語疏證十卷** 清陳士珂撰。○清嘉慶二十三年刊本。余藏。

〔補〕**家語正義十卷** 清姜兆錫撰。○此書四庫入存目。傳本頗罕。

〔補〕**荀子二十卷** 白文無注。○明嘉靖六年許宗魯，王鏊刊樊川別業本，十行二十字，版心下方有"樊川別業"四字。○明許宗魯刊芸窗書院本，十行二十字，版心上方有"芸窗書院刊"五字。○明黃之宋刊本。明崇禎甲申葉奕校並跋，葉樹廉跋。葉奕用宋本校，並手寫目錄。

荀子二十卷 周荀況撰，唐楊倞註。○宋熙寧本二十卷，半頁八行，行大十六字，小二十四字。○宋呂夏卿大字本，半頁八行，行大十七字，小二十二字，藏吳門汪氏。呂夏卿本後有王子韶同校及夏卿重校銜名兩行，其板尚存，破損糢糊，為庸妄子塡補失真，猶不如依初印影宋之可貴。○張金吾云，宋又有淳熙江西刊本。○又有巾箱本。○元纂圖互注本，半頁十一行，行大二十一字，小二十五字，蓋六子本老、莊、荀、揚、列、文中也。其老子卷首載景定改元蒲節石盧龔士嵩刊書序，知出南宋，唯龔序中不及列子，或元時增。○元明校纂圖互注大字小字二本。○嘉靖庚寅顧氏世德堂六子本。○明重刊小字本。○孫鑛評本。○盧文弨謝墉同校箋，用呂夏卿本，佳。有翻刻本，入十子全書。○郝懿行補注。○王念孫宋錢佃校本與呂本互有異同，又各有抄、刻本之異，乃就盧刻成荀子雜志九卷。○天祿琳琅宋本纂圖互注荀子，加重言重意互注諸例，亦猶詩周禮春秋傳，當時帖括之書。

〔附〕○唐仲友刊於台州本即據熙寧監本。光緒八年黎氏景刊於日本。○日本刻纂圖互注本。○杭局重刊謝本。○明吳勉學刊本。○四明公庫本，見江湖長翁集卅一。○思適齋居士云，盧校尚有可議。（眉）○宋板有建本，佳，為王厚齋所藏。○二浙西蜀本為錢耕道所見。錢亦有刊本，佳。○胡氏有宋巾箱本。（邵氏）藏園按：胡氏即胡惠鏞，其書後歸徐坊，余嘗見之，的是宋刊。○纂圖互注荀子宋元本不同處，宋本每葉闌外記篇名、卷數、葉數，元本則僅記篇名而已。（王國維）

〔補〕○宋刊本，十行十八字。有顧廣圻跋。徐乾學，黃丕烈藏印。聊城楊氏書。○宋刊巾箱本，九行十七字，白口，四周雙闌。有翁同龢跋。鈐有毛表、胡惠墉、怡府明善堂藏印。徐坊遺書。○明嘉靖十二年顧春世德堂刊本，八行十七字，白口，四周雙闌，版心上方有"世德堂"三字。○清光緒十年黎庶昌古逸叢書本，八行十六字，白口，左右雙闌。據宋淳熙八年唐仲友台州刊本覆刻。台州本松江韓氏藏一全帙，余曾見照片，極精湛。

〔補〕**音點大字荀子句解二十卷**　宋龔士卨撰。○宋景定刊本。十行二十字，黑口，左右雙闌。版心上方有音釋，左闌外有耳記篇名，每句加注，行間有標點。前景定改元自序，以此書與老、莊、法言、文中子並舉，則同時所刊五子均有句解明矣。存卷一至十，有季振宜藏印。

〔補〕**纂圖互註荀子二十卷**　唐楊倞註。○宋末刊本，十一行二十一字，注雙行二十五字。黑口，左右雙闌，左闌外記篇名。于右任藏一本，有季振宜、朱彝尊藏印。○劉啟瑞有殘本十三卷，後以贈余，余以宋本及影宋本配成完帙。劉本鈐有明晉府印。○潘宗周亦有一帙。○明初翻宋本，十一行二十至二十一字，黑口，左右雙闌，闌外有耳。海虞瞿氏及劉承幹均有之。

〔補〕**纂圖分門類題註荀子二十卷**　唐楊倞註。○宋刊本，十行十九字，注雙行二十三字，細黑口，左右雙闌，左闌外記篇名。卷一標題後隔行題"關中劉旦校正"，次行題"大理評事楊倞注"。前有劉氏序，云是建本。張菊生收得函告。

〔補〕**荀子二十卷校勘補遺一卷**　清盧文弨、謝墉校。○清乾隆五十一年嘉善謝氏刊本。收入抱經堂叢書中。○清光緒初浙江書局刊二十二子本。○清光緒五年王氏謙德堂刊畿輔叢書本。○清光緒二十三年新化三味書屋刊本。

〔補〕**荀子雜志八卷補遺一卷**　清王念孫撰。○清道光十二年王引之刊讀書雜志本。○清同治九年金陵書局重刊讀書雜志本。

〔補〕**荀子補注一卷**　清劉台拱撰。○清嘉慶十一年揚州阮氏刊劉端

臨先生遺書本。○清道光十四年世德堂刊劉端臨先生遺書本。○

光緒十五年廣雅書局叢書本，在雜箸内。

〔補〕**荀子補注二卷**　清郝懿行撰。○清嘉慶間刊郝氏遺書本。

〔補〕**荀子平議四卷**　清俞樾撰。○清光緒二十五年刊春在堂全書諸

子平議本。

孔叢子三卷　舊本題陳勝博士孔鮒撰。○明縣眇閣刊本。○子彙本。

○明程榮刊漢魏叢書本。○康熙間孔氏刊本。○明何鏜漢魏本兩

卷，附詰墨二卷。○鍾評秘書本，四卷。○阮氏有宋刊巾箱宋咸注

七卷。○海昌蔣生沐有影寫本。○姚若有影寫本。

〔附〕○黃丕烈有宋刊本。○姜兆錫孔叢子正義五卷。（邵氏）

〔補〕○縣眇閣本十行二十字，版心下方有"縣眇閣"三字，萬曆三十年

刊。余藏。○漢魏叢書本九行二十字，白口，左右雙闌，萬曆二十年

刊。○明萬曆四至五年南京國子監刊子彙本，十行二十一字，白口，

四周雙闌。余藏。○清康熙三十六年裔孫孔毓圻，孔毓埏刊本，二

册，余藏。

〔增〕**孔叢子注七卷**　宋宋咸注。咸字貫之，建陽人，天聖二年進士，

仕至都官郎中，詳何喬遠聞書。是編依宋巾箱本影抄，卷帙與晁陳

志錄合，與世傳三卷本不同。小爾雅廣言俗刻作俘罰也，此作浮罰

也，與記投壺若是者浮正義所引合，咸注亦典核簡潔。玉海稱咸上

所注揚子、孔叢子，賜三品服，今揚子更不可得矣。○阮氏以進呈。

〔補〕○宋刊本，十二行二十四字，白口，四周單闌。前自序，後接正文，

釋文在卷末，均舊式也。以字體雕工審之，有南宋初建本意，而宋諱

有避有不避。疑為金或蒙古時翻刻南宋初建安細字本，其間避宋諱

處乃未及盡改者也。舊題宋刊。○明刊本，八行十四字。前有嘉祐

三年進書表及自序。此書舊稱宋本，盛昱遺書，後歸鄧邦述羣碧樓。

○明刊本，附釋文一卷，八行十七字，白口，左右雙闌。是嘉、萬間風氣。前進書表及自序，又淳熙戊申王蘭序。此本已印入四部叢刊初編。○清道光間金山錢氏刊指海本，在第十四集。

〔補〕孔叢子正義五卷　清姜兆錫撰。○清雍正刊本。此書四庫附存目中。

新語二卷　舊本題漢陸賈撰。○子彙本。○程榮漢魏叢書本，一卷。○何鏜漢魏本。○明姜思復定本。○明胡維新本。○弘治壬戌李仲陽刊本。○鍾評秘書本。○朱脩伯曰，據玉海，宋本逸五篇，明初始得全書，見嚴鐵橋序。○天啟元年朱謀㙔序重刊弘治本，二卷。

〔附〕○杭局刊本。（眉）

〔補〕○明刊巾箱本，十行二十字，白口，左右雙闌。海虞瞿氏藏。○明弘治十五年李廷梧刊本，十行十七字，細黑口，左右雙闌。前弘治錢福撰新刊新語序，後有都穆跋。此本已印入四部叢刊初編中。○明萬曆刊兩京遺編本，九行十七字，白口，四周雙闌。萬曆十年刊。○明萬曆十九年范大冲刊本，九行十八字，白口，左右雙闌。前萬曆十九年辛卯范大冲序，言先大人喜其書，錄置左右，特付剞劂，仰承先志云云。本書卷首題“漢中大夫陸賈撰，明兵部侍郎范欽訂，男大冲校刻”。余藏。○明萬曆二十年程榮刊漢魏叢書本，九行二十字，白口，左右雙闌。余據翻明弘治李廷梧刊本校。○明萬曆間何允中廣漢魏叢書本，行款同上。○明天啟元年朱謀㙔翻弘治李廷梧刊本，十行十七字，目後有“南州補堂藏版”牌記。本書卷前題“漢陸賈撰，明陸即登編，明朱謀㙔閱”。有天啟元年朱謀㙔序及弘治壬戌錢福序，都穆序。莫棠藏。○清光緒元年崇文書局刊子書百家本。余據萬曆十九年范大冲刊本校，補辨惑編脫文二百餘字。

新書十卷　漢賈誼撰。○漢魏叢書本。○子彙本。○明弘治乙丑吳郡沈頡重刊本。○正德乙亥吉府刊本。○正德甲戌陸相補刊本。

○正德乙卯胡維新刊本。○今抱經堂校刊本。

〔附〕○宋建寧本,後有建寧府陳八郎書舖印一行。(邵氏)

〔補〕○明長沙郡齋刊正德九年陸相補刊本,十行十八字。前有黃寶序。莫棠藏。○明正德十年吉府重刊長沙郡齋本,八行十八字,黑口,四周雙闌。前黃寶序,半葉六行。後有淳熙辛丑胡价跋,及正德乙亥吉府右長史楊節重刻跋。此本已印入四部叢刊初編。○明萬曆二十年程榮刊漢魏叢書本,九行二十字,白口,左右雙闌。○明萬曆何允中廣漢魏叢書本,行款同上。程本多附錄一卷。○清光緒元年湖北崇文書局刊子書百家本。余藏一帙,余據明正德九年陸相補刊本校。

〔補〕**賈誼新書十卷** 漢賈誼撰。○明正德、嘉靖間刊本,十行二十字,白口,左右雙闌。鈐有馮知十藏印。余藏。

〔補〕**賈子十卷** 漢賈誼撰。○明萬曆十年原一魁刊兩京遺編本,九行十七字,白口,四周雙闌。兩京遺編胡維新編,故莫氏謂為胡維新本。

〔補〕**賈誼新書三卷** 漢賈誼撰。○明正德、嘉靖間閩中刊本,十行二十一字,黑口,四周雙闌,凡五十五篇,缺三篇。

〔補〕**新書十卷** 漢賈誼撰,清盧文弨校。○清乾隆間盧氏抱經堂刊本,收入抱經堂叢書。黃丕烈校。○清光緒初浙江書局刊二十二子本。

〔補〕**賈太傅新書訂註十卷** 明何孟春註。○明正德刊本,十行二十字。前有正德十五年張志淳序。何跋稱河南崔子鍾太史有手較,未得見云云。余藏。

鹽鐵論十二卷 漢桓寬撰。○漢魏叢書本,十二卷。○明華氏活字板本。○弘治十四年涂楨本。○嘉靖三十年倪邦彥重刊涂本。○明沈廷餘刊本,四卷。○張之象注本,十二卷,嘉靖癸丑刊。○嘉慶

丁卯張氏刊本，附考證一卷，佳。○胡心耘有元刊本。○丁禹生有
宋刊鹽鐵論十卷，半頁九行，行十八字，第十卷末頁有“淳熙改元錦
谿張監稅宅善本”。二行，楷書木記，前有國初人馮武題識，刊印頗
精雅。

〔附〕○胡維新本。○頃見宋元本，題新刊鹽鐵論，每半葉十三行，行二
十五字。（眉）

〔補〕**鹽鐵論十卷**　漢桓寬撰。○明弘治十四年涂楨刊本，十行二十
字，白口，左右雙闌。前涂楨、都穆序，云以宋嘉泰壬戌本付梓。此
為傳世桓書最佳之本，故宮藏一帙，有季振宜印，海虞瞿氏有一帙，
余有一帙。此書張敦仁已翻刻行世。○明正德、嘉靖間刊本，九行
十八字，白口，四周單闌。有都穆序，從涂楨本出。此書諸家多有
之，余亦藏一帙。四部叢刊初編印本即是此書，而誤信葉君德輝之
言，標為涂楨本。余嘗為長跋以糾之。莫目所載丁禹生藏宋本亦是
此本，卷末粘附“淳熙改元錦谿張監稅宅善本”偽牌子，卷首馮武跋
亦偽。余嘗見之。○明嘉靖三十年倪邦彥刊本，十行二十字，陰陽
葉不連，各為四周雙闌。前有涂楨序及嘉靖三十年倪氏重校序，卷
首第三行題“明倪邦彥校”。余藏。○明萬曆十年原一魁刊兩京遺
編本，九行十七字，白口，四周雙闌。余藏。兩京遺編胡維新輯，故
眉批謂之胡維新本。○明萬曆十四年張裘星聚堂刊太玄書室本，九
行二十字，白口，四周單闌，版心上方有“太玄書室”四字。前萬曆十
四年張裘序，封面題“張氏星聚堂梓”，書籤題“新刊校正官板鹽鐵
論”。卷末有涂楨序，知仍由涂楨本出。序後有“萬曆十四年歲在丙
戌十月望日星聚堂張氏重梓”一行。本書卷首題“張裘校”，“黃金色
訂正”。余藏。○清影寫明錫山華氏活字印本，半葉九行，每行分雙
行，行十七字，清顧廣圻校。即張敦仁刊考證之底本。海虞瞿氏藏。

〔補〕**鹽鐵論十卷**　漢桓寬撰**考證一卷**　題清張敦仁撰。○清嘉慶十

二年張敦仁重刊明弘治十四年涂植刊本,行款與涂本全同,考證顧
廣圻代撰。

〔補〕**新刊鹽鐵論十卷**　漢桓寬撰。○影寫元麻沙本,十三行二十五
字,黑口,四周雙闌。葉德輝藏,從江標藏本影出。江本余未得見,
葉君謂是元本,盛譽其佳。

〔補〕**鹽鐵論四卷**　漢桓寬撰。○明沈延銓刊本,九行二十字,卷首撰
人下題"明東吳沈延銓校"。失去前後序跋,似萬曆以後刊本。余
藏。余曾據明萬曆十四年張袠太玄書室本校過。

〔補〕**鹽鐵論註十二卷**　明張之象註。○明嘉靖三十二年張氏猗蘭堂
刊本,九行十七字,註雙行同,白口,左右雙闌。前有嘉靖癸丑張之
象序。余藏。○清王謨刊漢魏叢書本,王昶校。李木齋先生藏。

〔補〕**鹽鐵論校補一卷**　清盧文弨撰。○清乾隆盧氏刊抱經堂叢書羣
書拾補初編本。

〔補〕**劉氏二書三十卷**　漢劉向撰,為劉向說苑二十卷,劉向新序十
卷。○明嘉靖三十八年楊美益刊本,十一行十八字,黑口,四周雙
闌。有嘉靖乙未楊美益、彭範、孔天胤序。刊於山西汾陽。

〔補〕**重刻說苑新序二十卷**　漢劉向撰,為劉向說苑二十卷,劉向新
序十卷。○明嘉靖二十六年何良俊刊本,十行二十字,白口,左右雙
闌,刊工極工整雅潔。

新序十卷　漢劉向撰。○漢魏叢書本。○嘉靖丁未何良俊刊本。○
明袁宏道等校刊本。○正德五年庚午楚藩刊本。○盧氏羣書拾補
內有校正新序若干條,逸文五十一條,校正說苑若干條,逸文二十五
條。○黃丕烈有北宋刊本新序,每頁二十二行,行二十字,目錄接序
文後,每卷自為一行,第二行有鴻嘉年號,紅豆舊物。○元刊本,每
頁二十二行,行十八字,目錄在序文前。

〔附〕○近蔣氏刊舊抄本,式與黃本同。(眉)○明初大字本。(邵氏)

〔補〕○南宋初杭州刊本，十一行二十字，白口，左右雙闌。有錢謙益、黃丕烈、金錫爵跋。有明華亭朱氏及錢謙益、季振宜、徐乾學、黃丕烈藏印，即百宋一廛賦注中所矜為北宋本者。聊城楊氏藏。○明刊本，十一行十八字，黑口，四周雙闌。黃丕烈據顧廣圻臨何焯校宋本過錄並跋。孫星衍跋。海源閣遺書，歸邢之襄。○明程榮漢魏叢書本，九行二十字，白口，左右雙闌。何允中廣漢魏叢書本行款同。○清光緒元年湖北崇文書局刊子書百家本。余藏。

〔補〕**劉向新序十卷** 漢劉向撰。○明正德五年楚藩刊本，十一行十八字，黑口，四周雙闌。○明嘉靖二十六年何良俊刊重刻說苑新序本，十行二十字，白口，左右雙闌。○明嘉靖三十八年楊美益刊劉氏二書本，十一行十八字，黑口，四周雙闌。蔣杲校並跋。

說苑二十卷 漢劉向撰。○漢魏叢書本。○嘉靖丁未何良俊刊本。○明袁宏道等校刊本。○嘉靖乙未刊大字本。○明楚藩本。○胡維新本。○陳少章曰，明洪武十五年頒說苑新序於天下學校，令生員講讀，見劉仲賓傳。○說苑，宋咸淳乙丑本，每頁十八行，行十八字，拜經樓藏本，缺十四卷，從別本傳抄。宋板卷一第二行有鴻嘉年號，今歸湘潭袁氏。○元刊本每頁二十二行，行十八字。

〔附〕○黃有北宋本。○宋咸淳乙丑鎮江刊大字本，葉十八行，行十八字。吳跋。○元仿刊大字本。（邵氏）○頃收一明仿宋本。（邵氏）

〔補〕○宋刊本，十一行二十字，白口，左右雙闌。雕工與新序相近。有黃丕烈跋，楹書隅錄著錄，號為北宋本。海源閣遺書，日人購去，儲之大連圖書館。○宋咸淳元年鎮江府學刊本。九行十八字，細黑口，左右雙闌。補版居半數。卷末有"鄉貢進士直學胡達之際校，迪功郎改差充鎮江府府學教授徐沂、咸淳乙丑九月迪功郎特差充鎮江府府學教授李士忱命正重刊"三行。顧廣圻跋，黃丕烈校並跋。翁之熹藏。○宋元間刊本，十一行二十字，白口，左右雙闌。蝶裝，有

元國子監崇文閣官書朱記，內閣大庫佚書，甲寅歲余代李木齋先生
收得。此書雖行欵與海源閣本同，而字體不類，是翻刊本，宋諱不
避。存卷十一至十九，又卷二十首葉。又見一帙，存卷十六至二十，
有明晉府印。○明刊本，九行十八字，大黑口，左右雙闌。卷末有咸
淳乙丑刊書銜名三行。黃丕烈、孫志祖、吳騫跋。有黃丕烈、陳鱣
跋。此書舊稱宋刊本。孫壯見示，後歸涵芬樓。○明寫本，九行十
五字。平湖葛氏傳樸堂藏。已印入四部叢刊初編。○明萬曆程榮
刊漢魏叢書本，九行二十字，白口，左右雙闌。余曾據李木齋先生藏
宋元間刊本校，又據宋咸淳鎮江府學刊本校。

〔補〕**校正劉向説苑二十卷** 漢劉向撰。○元刊本，十一行二十字，
白口，左右雙闌。

〔補〕**劉向説苑二十卷** 漢劉向撰。○明永樂十四年西園精舍刊本，
十三行二十四字，黑口，四周雙闌。書名大字佔雙行，目後有"永樂
丙申孟春西園精舍新刊"一行。日本內藤虎藏。○明建文四年錢古
訓刊本。十行二十字，大黑口，四周雙闌。書名大字佔雙行。卷末
有壬午錢古訓誌十五行。末葉附記"清漳刊工林香□歐陽□"。徐
森玉藏，存卷十一至二十。○明初刊本，十一行十八字，黑口，四周
雙闌。余藏。○明刊本，九行十九字，黑口，四周雙闌。書名大字佔
雙行。卷二十後有"清漳刊匠林志歐志"二行。北京圖書館藏。○
明正嘉間刊本，十行十九字，大黑口，四周雙闌。標題大字佔雙行。
有鄭杰藏印。徐坊遺書。○明嘉靖二十六年何良俊合刻説苑新序
本，十行二十字，白口，左右雙闌。余藏。○明萬曆間新安吳勉學刊
本，九行十八字，白口，左右雙闌，與吳刻二十子行款全同。

〔補〕**新刊劉向先生説苑二十卷** 漢劉向撰。○明正德、嘉靖間閩
中刊本，十二行二十四字，黑口，四周雙闌。卷末有牌子，上橫書"西
園堂"三字，下刊一圖，作一人坐草廬觀書，弟子趨入垣門問業狀，甚

為奇絶。江南圖書館藏。

〔補〕**揚子十卷** 漢揚雄撰。○明嘉靖六年許宗魯樊川別業刊六子書本，十行二十字，白口，左右雙闌。白文無注。○明芸窗書院刊六子書本，明嘉靖十二年周泂耶山精舍刊六子書本，行款均同許宗魯本。

〔補〕**揚子法言十卷** 漢揚雄撰。○明萬曆間新安吳勉學刊二十子本，九行十八字，白口，左右雙闌。白文無注本。

〔補〕**揚子法言注十三卷** 漢揚雄撰晉李軌注。**音義一卷** ○南宋前期浙本，十行十八字，注雙行二十三字，白口，左右雙闌。有顧廣圻跋。汪喜孫、汪世鐘及海源閣藏印。邢之襄藏。此書前人因音義後有北宋國子監校刊銜名，誤稱北宋本。○秦氏石研齋有影宋本，與宋本相較，仍有差失，行格起止亦未盡合。秦刻底本卷十三第三葉缺，刻時據何焯校本補。此宋本此葉尚存，可糾秦刻之失。○清光緒初浙江書局刊二十二子本。

〔補〕**重廣註揚子法言十三卷** 晉李軌、唐柳宗元、宋宋咸、吳祕、司馬光注。**音義一卷** 宋淳熙八年唐仲友台州刊本，八行十六字，白口，左右雙闌。版心中記書名卷數，下記葉數及刊工人名，有蔣暉、李忠等。前宋咸進重廣註揚子法言表，次淳熙八年歲在辛丑十有一月甲申，朝請郎權發遣台州軍州事唐仲友後序，次宋咸重廣註楊子法言後序。前數卷近於寫刻，後數卷為浙本歐體之典型面貌。

〔補〕**法言十卷** 漢揚雄撰。宋宋咸注。○明萬曆二十年程榮刊漢魏叢書本。九行二十字，白口，左右雙闌。余藏。○明萬曆何允中廣漢魏叢書本行款同上。

法言集註十卷 漢揚雄撰，宋司馬光集注。○漢魏叢書本。○世德堂六子本，司馬註。○明賀泚校刊本。○明重刊小字本二十子本。○明趙大綱集註。○今嘉慶二十四年秦氏仿宋刊李軌註十三卷，附音義一卷，佳。○李賡耘刊抱經堂校定本。○宋有巾箱本。○何義

門校宋本。○張志有宋刊李軌註，絳雲樓藏。○宛平查恂未宋本纂
圖互註揚子法言司馬集註，半頁十一行，行大二十一字，小二十五
字，蓋元刊六子本，今歸邵亭。宋咸序後有木記六行，云本宅今將監
本四子纂圖互註，附入重言重意，精加校正云云。末行建安下刊人
空缺，所謂四子或但指老莊荀揚而言。是刊實六子，其列子、文中無
纂圖互註爾。○道光間蘇坊十子全書本，與中説刊一律。

〔附〕○杭局刊本。○頃見纂圖本，前有温公序、渾儀圖、五聲十二律
　　圖。（眉）○天祿後目有宋槧新纂門目五臣音注揚子法言，崇川余氏
　　刊本。又有淳熙八年本，後有音義一卷。○大字麻沙本，最善。○
　　宋治平官刊本。（邵氏）

〔補〕**纂圖互註揚子法言十卷** 晉李軌、唐柳宗元、宋宋咸、吳秘、司
　　馬光撰。○南宋末刊本，十一行二十一字，註雙行二十五字，黑口，
　　左右雙闌。前宋咸序及進書表，次司馬光序，序後半葉為篇目，次渾
　　儀圖，圖後有説，次五聲十二律圖，圖下有説。本書卷首第二、三行
　　列李軌、柳宗元及宋咸、吳秘、司馬光名。宋諱廓字缺筆。卷九末題
　　作"音點大字揚子法言句解"。鈐有天祿繼鑑等六璽。寶熙持來。
　　○又一帙，行款與上全同，避宋諱至慎字，廓字不避。宋咸序後有木
　　記六行，文曰"本宅今將監本四子纂圖互註，附入重言重意，精加校
　　正，並無訛謬，謄作大字刊行，務令學者得以參考，互相發明，誠為益
　　之大也。建安（下空三格）謹咨。"鈐有蔣揚孫及鐵琴銅劍樓藏印。
　　余藏。卷中有元代補版。○明初翻宋末刊本，十一行二十一字，註
　　雙行二十五字，黑口，左右雙闌。余藏。○明初翻宋本，行款字數全
　　同，而版式為黑口，四周雙闌。海虞瞿氏藏。○明嘉靖刊本，十一行
　　二十四字。注雙行同，細黑口，四周雙闌，闌上有評語或提要，曲上
　　闌以包之。江南圖書館藏。

〔補〕**新纂門目五臣音註揚子法言十卷** 晉李軌、唐柳宗元、宋宋

咸、吳秘、司馬光撰。○明嘉靖十二年顧春世德堂刊本，八行十七字，白口，四周雙闌。版心上方有"世德堂"三字。何焯、何煌校，有何焯跋。○又一本，吳焯據宋本校。○又一本，袁廷檮臨何焯校本。此世德堂本出於宋崇川余氏本，其書天祿後目有之，余未得見。余嘗以家藏宋末建安刊纂圖互註四子本校世德堂本，改訂二百數十字。○明桐陰書屋刊六子書本，八行十七字，白口，四周雙闌，行款與世德堂本全同。余藏。○清嘉慶九年王氏聚文堂刊本。

〔補〕**法言疏證十三卷附校補勘誤**　汪榮寶撰。○清宣統三年汪氏金薤琳琅齋排印本，四冊。

〔補〕**法言義疏二十卷**　汪榮寶撰。○民國二十二年自印本，此友人汪袞甫遺著，傾二十年心血為之，極為精審，書甫成而長逝，惜哉。

潛夫論十卷　漢王符撰。○漢魏叢書本。○明胡維新兩京遺編本，四卷。○明刊本，二卷。○汪繼培箋註本。朱脩伯曰，汪因可箋註，精博無比。○明金台汪諒刊本。○湖海樓叢書本。○元大德間與白虎通、風俗通合刊，題曰新刊三種。○張金吾云，潛夫論有明刊本，以校程榮本，改正頗多，氏姓篇尤甚，自宋槧外是最善者。

〔附〕○舊刊十行本。（邵氏）○明有翻大德本。（王國維）

〔補〕○明正德嘉靖間刊本，十行二十字，白口，左右雙闌，版心分記一至四冊。其佳處與海虞瞿氏目中所舉明翻宋本勝程榮漢魏叢書本處多合。余藏。○明刊本，小版心，十行十八字，刊工較草率。盛昱遺書，歸吳慈培。○明萬曆十年原一魁刊兩京遺編本，九行十七字。白口，四周雙闌。○明萬曆二十年程榮刊漢魏叢書本，九行二十字，白口，左右雙闌。余藏，曾據馮舒校宋本手校。○明傳寫沈與文翻宋本，馮舒校並跋。江南圖書館藏。○清錢曾述古堂影寫宋刊本，十行十八字，白口，左右雙闌。此本已印入四部叢刊初編。○清乾隆十九年鎮邑張氏刊本。○清光緒元年湖北崇文書局刊子書百家本。

〔補〕**潛夫論箋十卷** 漢王符撰。清汪繼培箋。○清嘉慶二十二年蕭
山陳氏刊湖海樓叢書本。

〔補〕**申鑒五卷** 漢荀悅撰。○明正嘉間刊本，十行二十字，白口，四
周單闌。失序跋，僅存下册，或即邵氏書目偶抄所載之正德李濂本
歟？竢考。

〔補〕**申鑒二卷** 漢荀悅撰。○明刊本。陳鱣校。余藏。

申鑒五卷 漢荀悅撰。明黃省曾註。○漢魏叢書本。○子彙及十二
子本均題小荀子。○黃省曾註正德乙卯刊。○嘉靖癸卯張維恕刊
本。○何允中本。羣書拾補内有校正若干條。○胡維新亦黃註。
○朱修伯有精校本，付勞青子刊之。

〔附〕○元陳仁子本。○正德李濂本。（邵氏）○正德十三年大梁李濂
刊於濂陽郡齋（王國維）

〔補〕○明正德十四年黃省曾文始堂自刊本，九行十七字，注雙行同，白
口，四周雙闌。版心下方有"文始堂"三字，旁書"周潮寫"三小字。
前正德乙卯黃省曾自序，王鏊序，嘉靖乙酉何孟春序，正德辛巳喬宇
跋。余藏。此本已印入四部叢刊初編。○明萬曆十年原一魁刊兩
京遺編本，九行十七字，白口，四周雙闌。○明萬曆二十年程榮漢魏
叢書本，何允中廣漢魏叢書本均九行二十字。白口，左右雙闌。○
清光緒元年崇文書局刊子書百家本。

〔補〕**申鑒五卷** 漢荀悅撰**札記一卷** 清錢培名撰。清咸豐四年錢氏
刊小萬卷樓叢書本。

〔補〕**申鑒校正一卷** 清盧文弨撰。○清乾隆間餘姚盧氏自刊抱經堂
叢書羣書拾補本。

中論二卷 漢徐幹撰。○漢魏叢書本。○胡維新本。○明弘治壬戌
黃華卿重刊元本。○明杜思重刊本。○近刊校補本。〔附〕○元至

正陸友仁本。○弘治都穆本。(邵氏)按：即弘治十五年黃紋刊本。

〔補〕○明刊本，九行二十字，白口，左右雙闌。陳鱣校。余藏。○明萬曆十年原一魁刊兩京遺編本，九行十七字，白口，四周雙闌，即莫目所記之胡維新本。○明萬曆二十年程榮刊漢魏叢書本，九行二十字，白口，左右雙闌。前原序，曾鞏校書序及嘉靖乙丑杜思刊書序，後有紹興二十八年石邦哲、至治三年陸友仁識語及弘治都穆跋，是從弘治本輾轉而出。余藏，余曾據明弘治黃華卿刊本校。○明萬曆何允中廣漢魏叢書本，行款同上。○清光緒元年湖北崇文書局刊子書百家本。

〔補〕徐幹中論二卷 漢徐幹撰。○明刊本，十行十七字，白口。有章西菴藏印。余藏。○明弘治十五年黃紋刊本，八行十六字，白口，左右雙闌。原有弘治壬戌都穆序，謂為黃華卿刊，此本失去。有馮武、黃丕烈題識及藏印，又馬玉堂、顧廣圻藏印。余藏。○明正德、嘉靖間翻弘治本八行十六字，與杜思刊本不同。余藏。○明嘉靖四十四年杜思青州府資深堂刊本，八行十六字，白口，左右雙闌。每卷首書名下有"四明薛晨子熙校正"一行。前嘉靖乙丑杜思序，次自序，次首鞏校書序。後有宋紹興石邦哲記二行，至治陸友記八行，又都穆弘治刻書跋，是翻弘治十五年刊本。此本已印入四部叢刊。余有一帙，余據弘治黃華卿本校過，並錄黃丕烈跋。

〔補〕中論二卷 漢徐幹撰**附札記二卷逸文一卷** 清陳鱣撰輯。○清咸豐四年金山錢氏輯刻小萬卷樓叢書本。

傅子一卷 晉傅玄撰。○聚珍本。○閩覆本。○蘇杭兩縮本。○朱脩伯曰，盧抱經、嚴鐵橋有校補本。

〔補〕○清乾隆武英殿聚珍版書本。盧文弨校補。余藏。余曾臨校一本。○清劉履芬手寫本。余藏。以校聚珍本，訂正不多。○清光緒元年刊子書百家本。

〔補〕**傅子五卷**　晉傅玄撰。清嚴可均輯，孫星華重輯。○清光緒增
　刊福建翻武英殿聚珍版書本。○廣雅書局光緒二十五年翻武英殿
　聚珍版書本。

〔補〕**傅子三卷**　晉傅玄撰，清錢熙祚輯。○清道光二十三年錢熙祚
　刊指海本。

〔補〕**傅子補遺一卷**　清孔廣根輯。○稿本。余藏。

〔補〕**文中子十卷**　隋王通撰。白文無注。○明嘉靖六年許宗魯、王
　鑒刊樊川別業本，十行二十字，白口，左右雙闌。版心下方有"樊川
　別業"四字。○明許宗魯芸窗書院刊本，十行二十字，白口，左右雙
　闌。版心下方有"芸窗書院刊"五字。○明嘉靖十二年周洞耶山精
　舍刊本，十行二十字，白口，左右雙闌。後有嘉靖癸巳周洞後序，版
　心下方有"耶山精舍"四字。○明萬曆間新安吳勉學刊二十子本，九
　行十八字，白口，左右雙闌。

中説十卷　舊本題隋王通撰。○世德堂六子本。○道光乙未重刊世
　德堂本。○漢魏叢書本，二卷。○明重刊小字六子本。○吳勉學二
　十子本。○明崔銑中説考七卷，刊本。○宋有巾箱本。○蘇州汪氏
　有宋本，每半頁十一行，行二十字，目錄後有"隱士王氏取瑟堂"大
　字，書中"朗"字俱闕筆作"朗？"○查恂叔宋本作説半頁十一行，行大
　字二十一、小字二十五字，前有文中子纂事二頁，年表一頁，蓋元刊
　六子本。

〔附〕○日本景刊宋小字本，光緒十六年貴陽陳氏又重刊之。○杭局刊
　本。○頃見六子本。（眉）

〔補〕○北宋刊本，十四行二十六至二十八字不等，注雙行三十三至三
　十四字，白口，左右雙闌。宋諱桓字不避。有崇禎十年葉奕識語，康
　熙元年錢謙益跋。明潘崇禮、葉奕，清錢曾、季振宜、徐乾學、成親
　王、英和遞藏，有印記。余藏。此本已印入續古逸叢書中。○宋刊

本,十四行二十五至二十七字不等,注雙行二十一至三十二字,白口,左右雙闌。宋諱桓字闕筆。鈐有高麗國朱記,文曰"高麗國十四葉辛巳歲藏書,大宋建中靖國元年,大遼乾統元年。"日本帝室圖書寮藏。此本與余藏本行款同而非一本,桓字已避,是北宋末南宋初刊本。據此亦可知高麗國朱記並非均鈐於建中靖國元年,間有沿用於後世者。○宋王氏取瑟堂刊本,十一行二十字,註雙行二十八至二十九字,細黑口,左右雙闌。序後有"隱士王氏取瑟堂刊"牌子,為建本之精者。海虞瞿氏藏。此本已印入四部叢刊初編中。○元刊本,十一行二十一字,註雙行二十五至二十六字,細黑口,左右雙闌。卷首題中說卷之幾,次行頂格書篇名,下書"阮逸註"。見內閣大庫舊儲殘卷。○明初翻元本,十一行二十一字,註雙行二十五字,細黑口,四周雙闌。江南圖書館藏。海虞瞿氏亦有一帙。○明正德閩中刊本,十二行二十六字,註雙行同,大黑口,四周雙闌。江南圖書館藏。○明嘉靖四年鄭慶雲刊本,十行十六字,白口,四周單闌。余藏。○明嘉靖十二年顧春世德堂刊本,八行十七字,白口,四周雙闌,版心上方有"世德堂"三字。張宗橚、陳鱣藏印,唐翰題校宋本。吳重憙石蓮闇遺書,文友堂見。○余亦藏世德堂本,用自藏北宋刊本校,並臨唐翰題校宋本於其上。○明桐陰書屋刊六子書本,八行十七字,版心有"桐陰書屋校"五字。舊人臨何焯校。友人邢君之襄藏。○明刊六子書本,余臨何焯校。○朝鮮古活字印本,十二行十九字,黑口,四周單闌。有日本養安院印、向黃村印。楊守敬得之東邦,有印記。余藏。○日本文政十年翻北宋刊本,十四行二十六至七字不等,白口,左右雙闌。卷尾有"文政十年摹刊"六字。余藏。

帝範四卷 唐太宗文皇帝御撰。○聚珍本。○閩覆本。○蘇杭兩縮本。○又有依聚珍放大之本。敏求記云,有十二篇足本。○帝範武英殿刊十行本,似亦以聚珍版印。

〔補〕○清光緒二十五年廣雅書局翻武英殿聚珍版書本。余曾據日本寬文八年刊本校過。

〔增〕臣軌二卷　唐武后撰。分國體、至忠、守道、公正、匡諫、誠實、慎密、廉潔、良將、利人，凡十章。是編自鄭樵通志後著錄久佚，日本人以活字印入佚存叢書中，末題垂拱二年，乃日本妄增也。○阮氏以進呈。○近年別有刻本在傳望樓金壺編中。

〔補〕○清咸豐六年南海伍氏刊粵雅堂叢書三編二十六集本。

續孟子二卷　唐林慎思撰。○函海本。○知不足齋本。

伸蒙子三卷　唐林慎思撰。○函海本。知不足齋本。○藝海珠塵本。

〔補〕○明正統道藏本，五行十七字。余藏。此為是書傳世最古刊本。○明寫本，八行二十字。目後有“十四世孫元復校正”一行。末有咸淳九年癸酉劉希仁、林元復跋。涵芬樓藏。○清光緒元年崇文書局刊子書百家本。余曾據涵芬樓藏明寫本校，補入林虙中序及方應發、林元復兩跋。

素履子三卷　唐張弧撰。○函海本，二卷。○藝海珠塵本。○天一閣刊范氏奇書本。○近人刊二十二子本。

〔補〕○明正統道藏本，五行十七字。○明范欽刊范氏奇書本，九行十八字，白口左右雙闌。卷首第三行題“明通議大夫兵部侍郎范欽訂”。○明寫本，藍格，十行二十餘字不等。天一閣佚出之書。○清光緒元年崇文書局刊子書百家本，余據天一閣舊藏明寫本校，補序一編。

家範十卷　宋司馬光撰。○天啟丙寅夏縣裔孫露刊本。○高安十三種本。

帝學八卷　宋范祖禹撰。○元大德刊本。○明刊本。○天祿後目有宋嘉定刊本三部。○湖州活字本。

〔補〕○明刊本，十行十九字，版心下方有“省園藏板”四字。○繆荃孫氏藏活字本,十行十九字,號稱宋活字本,即莫目所記之湖州活字本,然實非宋本也。○清翻活字本,見於蘇州。

〔補〕**魏公談訓十卷** 宋蘇頌撰。○清道光十年蘇氏祠堂刊本。四册。

〔增〕**邵子全書二十四卷** ○明徐必達刊本。

〔補〕**漁樵問對一卷** 宋邵雍撰。○南宋福建漕治刊本,十行十八字,白口,左右雙闌。虞山翁氏藏。○南宋咸淳刊百川學海本,十二行二十字,細黑口,左右雙闌。余藏。○明弘治十四年華珵刊百川學海本,十二行二十字,白口,左右雙闌。余藏。○明嘉靖十五年鄭氏宗文堂刊百川學海二十卷本,十四行二十八字,白口,左右雙闌。○明鈔説郛本。余藏。四庫存目。

儒志編一卷 宋王開祖撰。○明王循刊本。

太極圖説述解一卷通書述解一卷西銘述解一卷 明曹端撰。○明張璟合刊本。

張子全書十四卷附錄一卷 宋張載撰。○明徐必達刊本。○高安朱氏刊本。○嘉慶十一年上元葉世倬補刊本。○經學理窟三卷。

〔補〕**張子語錄三卷後錄二卷** ○宋福建漕治刊本,十行十八字,白口,左右雙闌。每則首行頂格,餘均低一格。卷末有"後學天台吳堅刊於福建漕治"牌記二行。此本已印入續古逸叢書及四部叢刊續編。

〔補〕**橫渠經學理窟五卷** 宋張載撰。○清同治五年福州正誼書院刊正誼堂全書本。余曾據影寫宋刊諸儒鳴道集校,改正九十一字。

註解正蒙二卷 國朝李光地撰。○榕村全書本。

正蒙初義十七卷 國朝王植撰。○乾隆中刊本。

二程遺書二十五卷附錄一卷 程子門人所記,朱子編次。○明成化丁酉張瓚刊本。○二程全書本六十五卷,弘治戊午李瀚重刊。○又

明閻禹錫刊本,五十一卷。○又金立敬重刊本。均無經説。○又明
徐必達刊二程全書,六十八卷。○呂氏寶誥堂刊本,佳。○河南祠
堂本,不佳。○又有明分類本,三十一卷,明楊廉編。○宋淳祐丙
午,古汴趙師耕刊大字本遺書外書於明教堂,世謂麻沙本。○宋又
有舂陵本,刊於淳祐六年秋。東川李襲之題云,程氏遺書長沙本最
善而字小,歲久漫漶,教授王湜出示五羊本,參校既精,大字亦便觀
覽,然無外書,襲乃模鋟於舂陵郡庫,又取長沙所刊外書附焉。○元
有至正二年壬戌臨川譚善心刊大字本,葢即依趙、李二本、頁二十
行,行二十字。

〔補〕○明成化刊本,九行二十字,黑口,左右雙闌。余藏。○明嘉靖
本,十行行二十字,黑口,左右雙闌。余藏。與嘉靖李中本不同,是
另一刊本。

〔補〕**程氏遺書二十五卷** 宋朱熹輯。○宋刊本,十行二十字,白口,
左右雙闌。每則首行頂格,其餘均低一格。內閣大庫舊儲殘卷。

〔補〕**河南程氏遺書附錄一卷** ○宋刊本,十一行二十字,白口,左右
雙闌。避宋諱至慎字。鈐有吳廷偉書畫印。

〔補〕**二程子全書五十一卷** 宋程顥、程頤撰。○明嘉靖三年李中、
余祐刊本。為二程遺書二十五卷,附錄一卷;外書十二卷;文集十二
卷,遺文一卷。十行二十字,黑口,四周雙闌。余藏。遺書余據影寫
宋刊本諸儒鳴道集校,又據宋刊十一行本校。外書據北京圖書館藏
宋刊大字殘本校卷一至八。○明刊本。行款同上。余藏。

〔補〕**二程遺書二十五卷附錄一卷外書十二卷文集十二卷遺文
一卷附錄一卷** 宋程顥、程頤撰、朱熹輯。○清同治十年求我齋刊
本,二十冊。

〔補〕**二程子遺書纂二卷外書纂一卷** 清李光地輯。○清刊本。二
冊。余藏。

二程外書十二卷 程子門人所記,朱子補遺。○二程全書本。○寶誥堂本。○河南祠堂本。

〔補〕**河南程氏遺書外集十二卷** 宋程顥、程頤撰。○宋刊大字本,八行十四字。存卷一至八。北京圖書館藏,余曾借校於嘉靖李中刊本上。

二程粹言二卷 宋楊時編。○二程全書本。○寶誥堂本。○河南祠堂本。

〔附〕○正誼堂本。

〔補〕**龜山先生語錄四卷後錄二卷** ○宋福建漕治刊本,十行十八字,白口,左右雙闌。每則首行頂格,次行以下均低一格,卷末有"後學天台吳堅刊於福建漕治"牌記二行。海虞瞿氏藏。此本已印入續古逸叢書及四部叢刊續編。○清光緒九年延平刊全集本。余據宋本及諸儒鳴道集本校。〔附〕○元劉性粹本。(邵氏)

〔補〕**呂氏鄉約一卷鄉儀一卷** 宋呂大鈞撰。○宋刊本,七行十四字,注雙行十六七字,白口,左右雙闌。字大如錢。丁氏持靜齋藏,歸徐乃昌。○明正德十五年李震卿丹徒縣刊本,八行十八字,白口,左右雙闌,版心有"丹徒縣刊"四字。本書卷首呂大鈞名後題"三原王承裕校勘"。前正德十五年戊辰楊一清序,後正德十五年靳貴跋。周叔弢藏。

公是先生弟子記四卷 宋劉敞撰。○聚珍本。○閩覆本。○知不足齋本,一卷。○宋乾道十年江溥刊本。○淳熙元年趙不黬刊本。

〔補〕○清同治間真州張氏廣東刊榕園叢書丙集本。

〔補〕**公是先生弟子記一卷** 宋劉敞撰。○明穴硯齋寫本,十二行二十字,黑格。有王芑孫跋。翁斌孫藏。○清乾隆刊知不足齋叢書本。在二集。

〔增〕**孟子外書四卷** 宋劉放註。○函海本。○藝海珠塵本。○愚谷叢書本。○金紹倫刊本。

節孝語錄一卷 宋徐積撰。○徐節孝集後附刊本。

儒言一卷 宋晁説之撰。○嘉靖間刊晁氏三先生集本。○淡生堂餘
苑本。○學海類編本。

〔補〕○題晁氏儒言。明嘉靖三十三年晁瑮寶文堂刊本。十行二十字。
版心上方有晁氏寶文堂五字。余藏。

童蒙訓三卷 宋呂本中撰。○明仿宋刊本。○張履祥評本。○近年
楊以增刊本。○同治二年當歸艸堂本。○宋嘉定乙亥邱壽雋重校
刊。○紹定乙丑眉山李壔刊本。

〔附〕○日本仿宋本。（眉）

〔補〕○宋紹定二年蜀中刊本，十行二十字，白口，左右雙闌。末有紹定
乙丑郡守眉山李壔刊書識語。海源閣遺書。○明翻宋紹定本，十行
二十字，白口，左右雙闌。有牌記。鈐毛晉、汪文柏藏印。蘇州楊馥
堂寄來，索二十四元。

〔補〕**橫浦心傳錄三卷附一卷** 宋張九成撰，于恕編。○舊寫本。有
西堂藏印。盧址抱經樓遺書。

〔補〕**橫浦日新二卷** 宋張九成撰。○清商丘宋氏榮光樓影寫宋越州
刊諸儒鳴道集本，十二行二十一字。

省心雜言一卷 宋李邦獻撰。○林和靖集附刊本，名省心錄。○嘉
靖六年景隆刊本，名省心詮要。○秘笈本。○學海類編本。○聚珍
本。○函海本。

〔補〕○舊寫本，十一行二十四字。涵芬樓藏。

上蔡語錄三卷 宋曾恬、胡安國所錄謝良佐語，朱子又為刪定之。○
呂氏刊朱子遺書本。

〔附〕○正誼堂本。（眉）

〔補〕**上蔡先生語錄三卷** 宋謝良佐撰。○清宋氏榮光樓影寫宋越

州刊端平二年修補本，十二行二十一字。○清康熙中禦兒呂氏寶誥
堂刊朱子遺書本，題朱熹輯。○清同治五年福州正誼書院刊正誼堂
全書本。

袁氏世範三卷 宋袁采撰。○唐宋叢書本。○秘笈本。○萬曆癸卯
刊本。○乾隆甲寅吳氏刊本。○知不足齋本。

〔補〕**袁氏世範三卷** 宋袁采撰**集事詩覽一卷** 宋方昕撰。○宋刊
本，十一行二十字，白口，左右雙闌，韓應陛跋，並錄袁表、袁裦、袁廷
檮題識。有袁廷檮藏印。松江韓氏讀有用書齋藏，曾見照片於滬
上。○清袁廷檮與善堂刊本，據宋本重雕，楊復吉為之序。○清乾
隆至道光間刊知不足齋叢書本。

〔補〕**世範三卷** 宋袁采撰。○明萬曆二十四年忠恕堂刊本，九行十
八字，白口，左右雙闌。收入由醇錄中。○明刊寶顏堂彙秘笈本，書
名前加"陳眉公訂正"字樣。余藏。

〔補〕**忘筌書十卷** 宋潘殖撰。○清嘉慶十六年祝氏留香室刊浦城遺
書本。余藏。余據宋氏榮光樓影寫宋刊諸儒鳴道集本校。宋刊名
安正忘筌集，十卷。

延平答問一卷附錄一卷 延平答問宋朱子撰。○明刊大字本。○
朱子遺書本。

〔補〕**延平李先生師弟子答問一卷後錄一卷** 宋朱熹輯。○清康
熙中禦兒呂氏寶誥堂刊朱子遺書本。

〔補〕**諸儒鳴道集七十二卷** ○清宋氏榮光樓影寫宋越州刊端平二
年修補本，十二行二十一字。前有總目，為濂溪通書一卷，涑水迂書
一卷，橫渠正蒙八卷，橫渠經學理窟二卷，橫渠語錄三卷，二程語錄
二十七卷，上蔡先生語錄三卷，元城先生語錄三卷，劉先生譚錄一
卷，劉先生道護錄一卷，江民表心性說一卷，龜山語錄四卷，安正忘
筌集十卷，崇安聖傳論二卷，橫浦日新二卷。有端平二年越守黃壯

獣跋。書估從河南收得。

〔補〕**致堂崇正辨三卷** 宋胡寅撰。○明刊本，十行十八字，白口，四
　　周單闌，約隆慶、萬曆間刊本。卷末有海昌楊復彥識語六行，似此書
　　所據以刊版底本上舊人題識，誤為刻入，與本書全然無涉。余藏。
　　四庫存目。

近思錄十四卷 宋朱子、呂祖謙同撰。○明正德乙卯汪偉刊本。○
　　明高攀龍刊本。○朱子遺書本。○蓮花書院刊葉采集解本。○吳
　　郡邵氏刊集解本。○又張伯行集解本。

〔附〕○宋刊葉采集解本，每半葉八行，行十八字。（王國維）○宋本葉
　　二十六行，行大字二十四，小字二十五六不等。吳跋（邵氏）

〔補〕○明嘉靖六年刊本，九行十九字，白口，四周單闌。庚戌文琳堂
　　見。索十五兩、紙劣，未收。○明末刊本，九行二十字。○清康熙呂
　　氏寶誥堂刊朱子遺書本。○明正德汪偉本，見南雍志，世未見傳本，
　　或莫氏自南雍志中錄其目。

近思錄集註十四卷附說一卷 清茅星來撰。按：四庫著錄，莫氏失
　　記。○四庫本已印入四庫全書珍本初集中。

〔補〕**近思錄十四卷** 宋朱熹、呂祖謙輯。清張伯行集解。○清同治
　　五年福州正誼書院刊正誼堂全書本。

近思錄集註十四卷 國朝江永撰。○嘉慶壬申江西督學王鼎刊本。
　　○婺源刊本。○同治三年望三益齋刊本。

〔補〕**近思錄集註十四卷攷訂朱子世家一卷** 清江永撰**校勘記一
　　卷** 清王炳撰。○清光緒八年應寶時刊本。

〔補〕**近思錄集解十四卷** 宋葉采撰。○元刊本，八行十八字，註雙
　　行同，黑口，左右雙闌。有淳熙二年乙未朱熹序，三年呂祖謙題辭，
　　淳祐八年戊申葉采序，十二年葉采進書表。海虞瞿氏藏，號為宋刊
　　本，實元明之際所刊者。○元明間刊本，九行十九字，白口，四周單

闌。刊工潦草。○明末刊本，九行十九字。二冊，余藏。

雜學辨一卷附記疑一卷 宋朱子撰。○朱子遺書本。

小學集註六卷 舊本題宋朱子編。○明嘉靖福建刊本。○明吳訥思庵集解本。○錢曾有元李成己小學書纂疏四卷。○呂氏寶誥堂刊本，無注。○黃澄集解本。○陸清獻刊本。○雍正五年內府刊本。○乾隆十三年尹會一刊高愈纂註六卷。○祁刊無注本。○又尹刊巾箱本。○張伯行集解本。○道光間安岳王蓮洲刊本。○蔣永祥刊本。

〔附〕○水東日記云，北京國子監小學書板，元至正十三年重刻元統癸酉燕山嘉氏本，有祭酒王思誠、監丞危素、助教熊太古等題識。（眉）○內府本。（邵氏）○正誼堂本。（眉）

朱子語類一百四十卷 宋黎靖德編。○成化九年陳煒刊本。○石門呂氏刊本。○天祿後目有宋咸熙刊本。

〔補〕○明刊小字本，十四行二十四字，白口，左右雙闌。每則首行頂格，餘均低一格，似成化弘治間所刊，甚粗率，審其行款版式，却似從舊版出。劉承幹嘉業堂藏書，存六十一卷，號為宋刊。

〔補〕**晦菴先生語錄類要十八卷** 宋葉是龍編。○明成化六年韓儼刊本，十一行十九字，黑口，四周雙闌。從元大德本出。

〔增〕**朱子語略二十卷** 宋楊與立編。姚惜抱文後集有跋語。四庫未收。

〔補〕○明弘治四年南京國子監刊本，九行十五字，黑口，四周雙闌，此書南雍志著錄，時存板三百五十二面，脫十三面。惟誤二十卷為十卷。庚戌九月李紫東自南携津求售。

〔補〕**朱子成書十集** 宋朱熹撰。元黃瑞節輯。**附錄** 元黃瑞節撰。○元至正元年日新書堂刊本，十一行，二十二字，注雙行同，黑口，四周雙闌。前大德乙巳劉將孫序，次目錄，列太極圖、通書、西銘、正

蒙、易學啟蒙、家禮、律呂新書、皇極經世指要、周易參同契、陰符經，
均朱熹撰輯注解或校正之書，目後有"至正元年辛巳日新書堂刊行"
牌記二行。故宮藏。○明景泰元年善敬書堂刊本，十一行二十字，
黑口。目後有牌記一行。

戒子通錄八卷 宋劉清之撰。○提要謂清之後人嘗刊諸金谿，後崔
棟復為重刊。清之後人殆謂劉叔熙刻於元統中，見虞伯生送劉叔熙
序。

〔補〕○四庫本已印入四庫全書珍本初集。

〔增〕**至書一卷** 宋蔡沈撰。○嘉靖秦府刊本。四庫未收。

〔補〕○清光緒十八年陸心源輯刻十萬卷樓叢書三編本。

知言六卷附錄一卷 宋胡宏撰。○明吳中坊刊本。○格致叢書本。
朱修伯曰弘治間刊有疑義二卷。○粵雅堂本有疑義。

〔補〕**胡子知言六卷疑義一卷附錄一卷** 宋胡宏撰。○清道光三
十年南海伍氏刊粵雅堂叢書本。在第十集。○清光緒元年崇文書
局刊子書百家本。

明本釋三卷 宋劉荀撰。○聚珍本。○閩覆本。○杭縮本。

〔補〕○清光緒五年定州王氏謙德堂刊畿輔叢書本。

少儀外傳二卷 宋呂祖謙撰。○墨海金壺本。○守山閣本。一名辨
志錄。

〔補〕○清同治九年胡鳳丹輯刻金華叢書本。

麗澤論説集錄十卷 宋呂喬年編。○東萊集後坿刊本。○明刊本。

〔補〕○宋嘉泰四年呂喬年刊元明遞修本，十行二十字，黑口，四周雙
闌。徐坊遺書。○又一殘帙有"南陽講習堂"、"沈廷芳印"及海源閣
楊氏印。○又一帙，澹生堂藏印。○民國十三年胡宗楙刊續金華叢
書本。

〔補〕**閫範二卷** 宋呂祖謙撰。○明影寫宋刊本。九行十九字，每則

除首行外均低一格，為十八字，墨格。宋諱缺筆。鈐"從道堂圖書記"等印。余藏。此書直齋書錄解題著錄為十卷。

〔補〕**曾子子思子全書二卷** 宋汪晫輯，為曾子全書一卷，子思子全書一卷。○明隆慶間續邑汪氏刊本，九行十九字，白口，四周雙闌。一冊。余藏。

〔補〕**聖門事業圖一卷** 宋李元綱撰。○宋咸淳間刊百川學海本，十二行二十字，細黑口，左右雙闌。日本帝室圖書寮藏。余藏本為鈔配。○又弘治十四年華珵刊百川學海本。○嘉靖十五年鄭氏宗文堂刊百川學海二十卷本。○說郛本。四庫存目。

〔補〕**江民表心性說一卷** ○傳鈔商丘宋氏榮光樓影寫宋刊諸儒鳴道集本，十二行二十一字，余藏。

〔補〕**崇安聖傳論二卷** ○傳鈔商丘宋氏榮光樓影寫宋刊諸儒鳴道集本，十二行二十一字。

曾子一卷 宋汪晫編。○明刊本。○文選樓刊阮氏註釋本四卷，單行，較阮經解本差詳。○馮雲鵷編輯十三種，內曾子八卷，道光壬辰刊本。○拜經樓藏刊本曾子二卷，內外篇凡十四，每卷題傳道四子書曾子第次，有元徐達左序，蓋達左輯其言行散見羣書者為此。

〔附〕○宋刊本，合子思子。（邵氏）

〔補〕**曾子不分卷** ○明弘治十八年鈔說郛本，在卷四十六。余藏。

〔補〕**曾子七篇注釋四卷卷首一卷** 清阮元撰。○清嘉慶刊本。一冊。余藏。

〔補〕**曾子注釋四卷叙錄一卷** 清阮元撰。○清道光二十五年儀徵阮氏刊文選樓叢書本。○經解本無叙錄。

子思子一卷 宋汪晫編。○明刊本。

〔補〕**子思子一卷** 清洪頤煊輯。○清嘉慶間承德孫氏刊問經堂叢書經典集林本。

邇言十二卷 宋劉炎撰。○明嘉靖己丑光澤王刊本。○淡生堂餘苑本。

〔補〕**陸氏家制一卷** 宋陸九韶撰。○清初刊本。余藏。

木鐘集十一卷 宋陳埴撰。○明弘治十四年鄧潤刊本。○蘇城汪氏有元刊本。

〔補〕**潛室陳先生木鐘集十一卷** ○元刊本。半葉九行,細黑口,左右雙闌。見內閣大庫舊藏殘本。○元刊本,十二行二十二字,細黑口,左右雙闌。存卷四至六,九至十。江南圖書館藏。○明弘治十四年鄧淮、高賓刊本,十二行二十二字,黑口,四周單闌。卷末有新安仇以忠等人名二行。後有弘治十四年辛酉高賓序。○清精鈔本,有弘治十四年鄧淮序,從弘治本出,盧址抱經樓遺書。○清同治六年東甌郡齋刊本。

經濟文衡前集二十五卷後集二十五卷續集二十二卷 舊本題宋滕珙編。或又題明馬季機編。滬祐辛亥馬季機編,黃暠序。○元刊明印本。○明正德辛巳刻本。○萬曆丙午刊本。○今乾隆四年南昌楊雲服重刊本。

〔附〕○元刊巾箱本。(邵氏)

大學衍義四十三卷 宋真德秀撰。○明嘉靖六年內府刊本。○明楊廉節略本。○長洲陳仁錫評刊本。○金陵本。○刻全集浦城遺書本。○康熙中刊本。○乾隆四年尹會一重刊本。○內府及平津館均有宋巾箱本。○宋刊大字本。○中框元刊本。

〔附〕○明小字本,卷末刻某人校正。(邵氏)

〔補〕○元刊巾箱本,十二行二十二字,黑口,左右雙闌。序大字七行。南皮張氏舊藏,見於文德堂。○元刊本,十一行二十一字,細黑口,四周雙闌。真氏按語低二格,為大字十九字,注雙行同。內閣大庫佚書,見於翰文齋。後又見一殘帙。○明刊大字本,十行二十字,白口，四周雙闌。是成弘間風氣，江南圖書館藏，號為宋刊。

讀書記六十一卷　宋真德秀撰。○明刊本。○乾隆初真氏重刊本。○明本甲記三十七卷，丁記二卷，真氏重刊甲丁二記，總篇四十卷，俱無乙記。四庫六十一卷，內有乙記二十二卷，似即湯漢續刻之宋本也。○天祿後目載宋本有甲乙二記，無丁記。○宋本半頁九行，行大十六字，雙行小字二十四。

〔附〕○明有單刊丁記二卷。（王國維）

〔補〕**西山先生真文忠公讀書記甲集三十七卷乙集下二十二卷丁集二卷**　宋真德秀撰。其乙集上即大學衍義，別行。○宋末福州學官刊元明遞修本，九行十六字，注雙行二十四字，白口，左右雙闌。涵芬樓藏甲集三十七。海虞瞿氏藏甲集三十七卷。江南圖書館藏丁集二卷。丁巳歲述古堂見甲集三十七集，乙集下二十二卷，丁集二卷。其乙集下為開慶元年福州刊本，後於甲、丁二集，然行款、版式、字體均同。盧址抱經樓有一帙，連大學衍義在內，共一百三卷，亦元明遞修本。

心經一卷　宋真德秀撰。○康熙刊本。○乾隆重刊本。○明弘治間程敏政註刊本，四卷。○宋端平元年顏若愚鋟于泉州府學。

〔補〕○宋淳祐二年趙時棣大庾縣齋刊本，十行十八字，白口，左右雙闌。○明成化刊本，九行十八字，大黑口，四周雙闌。軟體字。有陳鱣藏印。上海涵芬樓藏。○清光緒間內府翻宋本。

政經一卷　舊本題宋真德秀撰。○康熙與心經合刊本。○宋淳祐二年大庾令趙時棣與心經合刊。

〔補〕題真文忠公政經一卷。○宋淳祐二年趙時棣大庾縣齋合刊心經、政經本，十行十八字，白口，左右雙闌。有淳祐二年王邁序。故宮及劉承幹嘉業堂均有合刻本全帙。蔣汝藻藏政經一卷，有張鳴珂、孫鳳卿藏印。○明成化刊本，九行十八字，大黑口，四周雙闌。前淳祐二年王邁序。有陳鱣藏印及仲魚圖象印。又見心經一卷,行款同,則亦為心經、政經合刻本矣。○清光緒間內府翻宋本。

項氏家説十卷附錄二卷 宋項安世撰。○聚珍本。○閩覆本。

先聖大訓六卷 宋楊簡撰。○明萬曆乙卯刊本。

黃氏日鈔九十五卷 宋黃震撰。○元刊本。○大興劉子重有舊刻大字本,多所佚二卷。八十一卷、八十九卷全缺,餘卷缺誤甚多。○明正德中刊本。○乾隆丁亥新安汪佩鍔重刻本,附古今紀要。

〔補〕慈溪黃氏日抄分類九十七卷 宋黃震撰。○宋刊本,十行二十字,白口,左右雙闌。存卷二十七、二十八。涵芬樓藏。○至元沈逵刊本,十行二十字,白口,四周雙闌。其目錄卷八十九、九十二兩卷空闕,則元時已空闕矣。沈曾植藏,存十五冊,殘。○明刊本,十二行二十二字,黑口,四周雙闌。正文低二格。海虞瞿氏藏,號為元刊本。

北溪字義二卷 宋陳淳撰。○康熙甲午戴氏刊本,佳。○惜陰軒叢書本。○明弘治庚戌刊本。○明豐慶刊本。○桐川施氏刊本。○北溪字義謂刻于永嘉趙氏。○又有清漳本。○宋淳祐間九華葉信原本。

〔補〕○清初精寫本。四明盧址抱經樓遺書。○清乾隆五十二年栗齋刊本。

準齋雜説二卷 宋吳如愚撰。○墨海金壺本。○珠叢別錄本。○宋有永嘉陳昉刊本。○臨川羅愚復刊于廣右漕臺。

〔補〕○四庫本作準齋雜記。

〔補〕準齋雜説二卷附錄一卷 宋吳如愚撰。○清光緒二十一年錢唐丁氏刊武林往哲遺箸本。

性理羣書句解二十三卷 宋熊節編,熊綱大註。即明儒性理大全書之藍本,諸家著錄皆元板。○天一閣刊本。

〔補〕**新刊音點性理羣書句解前集二十三卷後集二十三卷** 宋
熊節，熊剛大編。○元刊本，十三行二十四字，黑口，四周雙闌。目
錄標題佔雙行，下題白文"前集"、"後集"字樣。繆荃孫及李木齋先
生各有一帙。劉啟瑞有前集二十三卷，前有遺像，為內閣大庫舊儲。
○京肆見後集二十三卷，鈐有"寶勤堂書畫印"。○此書前集采錄諸
儒詩文，題"考亭門人通直郎知福建閩清縣事賜緋魚帶臣熊節集
編"，"覺軒門人掌御賜達安書院朱文公諸賢從祀祠熊剛大集解"。
後集近思錄十四卷，又近思續錄、近思別錄。題"考亭後學熊剛大集
解"。

〔補〕**研幾圖一卷** 宋王柏撰。○明正德四年刊本，十二行二十七字，
黑口，四周雙闌。有正德己巳潘棠序，李暘跋，景定辛酉王柏自序，
正統辛酉陳景茂跋。孫壯藏。○民國補刊金華叢書本。四庫存目。

東宮備覽六卷 宋陳謨撰。○淡生堂餘苑本。○學海類編本。

〔補〕○清寫本，墨格。前有陳氏進書表及劄子，末有舊人傳寫朱彝尊
跋。有乾隆四十九年失名人書識語。鈐蕭山王氏萬卷樓藏印。余
藏。○舊寫本，有彭元瑞、朱澂藏印。○清初寫本。序、表、劄子附。
鈐有"古香樓"、"休寧汪氏季青藏書記"等印。盧址抱經樓遺書。

孔子集語三卷 宋薛據編。○明鍾人傑刊唐宋叢書本。○乾隆丁巳
孔氏刊本。○天一閣刊本。○明刊本，上中下三卷。

〔補〕**孔子集語二卷** 宋薛據撰輯。○明嘉靖范欽刊范氏奇書本，九
行十八字。白口，左右雙闌。每卷首第二行書"永嘉薛據纂"，三行
書"四明范欽訂"。余藏。○清乾隆二年孔廣榮校刊本，九行十八
字，有乾隆丁巳孔廣榮序，言據宋本付梓。

〔增〕**孔子集語十七卷** ○嘉慶二十二年孫星衍輯，刊入平津館叢書。
又見前薛據書下。

〔補〕○清光緒初浙江書局輯刻二十二子本。

〔增〕**朱子讀書法四卷** 宋張洪、齊熙同編。○元至順刊本。

家山圖書一卷 錢遵王敏求記載此書，云晦菴私淑弟子所作。

〔補〕○四庫本已印入四庫全書珍本初集中。

〔補〕**增廣字訓□卷** 宋程若庸撰。○元刊本，八行二十字，白口，左右雙闌，正文頂格，集諸家說大字低一格，注雙行同。卷首題增廣字訓卷之幾，二行下方題"新安程若庸類纂"。廠肆見內閣大庫出殘卷。

讀書分年日程三卷 元程端禮撰。○康熙己巳陸清獻公刊本。○嘉慶丙辰宋玉詔重刊。○嘉慶丙子沈維鐈重刊。○道光癸未毛式郇重刊。○國初儀封李日華刊本，與陸刊稍異。○同治五年當歸艸堂刊。

〔附〕○朱修伯有元刊本。（邵氏）

〔補〕**程氏家塾讀書分年日程三卷** ○元元統三年甬東家塾刊本，九行二十二字，細黑口，左右雙闌。字撫雪松，甚秀美。有至順三年李孝光序，延祐二年自序，次為綱領。後有元統三年自跋，至治改元鄧文原跋，元統三年薛觀處跋。有程恩澤篆書觀款。毛氏汲古閣、張蓉鏡藏印。海虞瞿氏書。此本已印入四部叢刊續編。

〔補〕**養蒙大訓不分卷** 元熊大年撰。○明刊本，八行十六字，黑口，四周雙闌。首目錄，次諸儒姓氏，次集書指意。後有王汝玉跋，言為朱吉手寫，吳郡趙仲名、顧孟昭刊。按吉洪武初中書舍人，吳縣人，則此書為洪武間吳郡刊本。字體雕工均極秀美。劉啟瑞食舊德齋藏，內閣大庫舊儲。

辨惑編四卷附錄一卷 元謝應芳撰。○守山閣本。

〔附〕○元刊本。（邵氏）

〔補〕○明萬曆二年益藩活字印本，八行十七字。前萬曆二年益王一齋序，又至正戊子俞希魯序，至正甲午李桓序。每卷有"新安潘鸞校編"一行。附錄末有"益藩活字印行"一行。後有虞士常跋。有金元功、鮑廷博藏印。余藏。○清寫本。余藏。

治世龜鑑一卷 元蘇天爵撰。○成化丙午陳堯弼刊本。○路小洲有元刊本。○道光戊申瓶花書屋刊。

管窺外篇二卷 元史伯璿撰。○刊本。○康熙乙亥呂宏誥刊本。○雍正壬子王靈露續補本。

〔補〕**管窺外篇不分卷** 元史伯璿撰。○明成化九年呂洪刊本，十一行二十二字，黑口，四周雙闌。前至正庚寅自序，後有成化九年呂洪刊書跋。有毛扆手跋並鈔補二葉。跋云書為焦竑舊藏，缺葉則據友人之大字翻本殘卷補錄。

內訓一卷 明仁孝文皇后撰。○明刊大字本。○墨海金壺本。○珠叢別錄本。

理學類編八卷 明張九韶撰。○明嘉靖刊本。○天一閣有刊本，題理學類編綱目。○此書成于至正丙午，未入明時所作。

〔補〕**浦江鄭氏家範一卷** 明鄭濤撰。○清初毛氏汲古閣精鈔本，八行十八字，前洪武十一年宋濂引。有毛扆及璜川吳氏藏印。余藏。

性理大全書七十卷 明胡廣等撰。○明景泰乙亥書林魏氏仁實堂刊本，半頁十一行，行二十二字。○萬曆丁酉吳勉學刊本。○嘉靖辛亥張氏新賢堂刊本。○康熙時內府刊本。

〔補〕○明永樂十三年內府刊本，十行二十二字，大黑口，四周雙闌。○明萬曆二十五年吳勉學刊本，十行二十字，白口，左右雙闌。

〔補〕**家規輯略一卷** 明曹端撰。○清寫本。鈐有古香樓、汪季清二印。二冊。余藏。

〔補〕**夜行燭一卷** 明曹端撰。○明人紅格寫本。題"大明正統歲次戊辰正月十八吉日鎮守南京太監袁誠書永遠流傳於世"。天一閣佚書。余藏。○清寫本。有汪文栢藏印。

讀書錄十卷續錄十二卷 明薛瑄撰。○明嘉靖中刊本,佳。○萬曆
甲寅張氏刊類編本。萬曆己卯山東巡撫趙賢刊本。○呂晚村刊本。
○乾隆丙寅薛氏刊本。

〔補〕○明嘉靖本,十行二十字。○明萬曆七年青州府刊本,十行二十
字,白口,四周雙闌。辛亥五月收。

〔補〕**薛文清公讀書錄八卷** 明薛瑄撰。○清咸豐三年蘇源生刊記
過齋叢書本。○清同治間福州正誼書院刊正誼堂全書本。

〔補〕**薛子道論三卷** 明薛瑄撰。○清道光十一年晁氏刊學海類編
本。○清光緒元年湖北崇文書局刊子書百家本。四庫存目為一卷
本。

大學衍義補一百六十卷 明邱濬撰。○明弘治初刊本大字。○明
長洲陳仁錫評刊本。○明喬應甲刊于揚州,中字本。

居業錄十二卷 明胡居仁撰。○康熙中刊本。○沈維鑈刊本。

〔補〕**胡敬齋先生居業錄八卷** 明胡居仁撰。○清同治間福州正誼
書院刊正誼堂叢書本。

〔補〕**胡敬齋先生居業錄四卷** 明胡居仁撰。○清同治八年刊西京
清麓叢書本,與本集並刊。

楓山語錄一卷 明章懋撰。○借月山房彙抄本。○指海本。

〔補〕**楓山章先生語錄一卷** 明章懋撰考異一卷 清胡鳳丹撰。○
清同治十三年刊金華叢書本。

〔補〕**正蒙會稿四卷** 明劉璣撰。○明刊本,十行二十一字,黑口,四
周雙闌。正嘉間刊本。四冊,余藏。

東溪日談錄十八卷 明周琦撰。○四庫依抄本錄。○嘉靖丁酉刊
本。

〔補〕**大學衍義節略二十卷** 明楊廉撰,王諍考注。○明嘉靖元年刊

本,十二行二十五字。劉啟瑞藏。

困知記二卷續記二卷附錄一卷 明羅欽順撰。○沈維鐈刊本,多
三續一卷,四續一卷,續補一卷,附錄一卷。○康熙九年劉炳刊本。

〔補〕**羅整庵先生困知記四卷** 明羅順欽撰。○清同治間福州正誼
書院刊正誼堂叢書本。

〔補〕**傳習則言一卷** 明王守仁撰。○明萬曆刊百陵學山本,十行二
十字,細黑口,左右雙闌。余藏。○清道光十一年晁氏印學海類編
本。

〔補〕**傳習錄三卷** 明王守仁撰。本集卷一至三,附朱子晚年定論。
○明隆慶六年謝廷傑刊王文成公全書本,九行十九字,白口,四周雙
闌。

讀書劄記八卷 明徐問撰。○明嘉靖甲午貴州刊本,有陳則清跋尾。
○得月簃叢書本。

〔補〕**讀書劄記八卷續一卷** 明徐問撰。○明嘉靖刊本。九行十九
字,刻不精。

〔補〕**讀書劄記四卷** 明徐問撰。○明嘉靖刊本,十行二十三字。有
嘉靖十三年甲午自序。

士翼四卷 明崔銑撰。○明刊本。
〔補〕○明萬曆九年崔氏刊本,九行十八字,白口,四周單闌,版心下方
有“崔氏家塾”四字。

〔補〕**程志十卷** 明崔銑撰。○明嘉靖刊本,十行二十字,白口,四周
單闌。

〔補〕**松窗寤言一卷** 明崔銑撰。○明嘉靖三十年袁褧刊金聲玉振集
本,十行二十字,白口,左右雙闌。○明刊今獻彙言本。已印入元明
善本叢書中。

格物通一百卷 明湛若水撰。○明嘉靖刊本。

〔補〕**聖學格物通一百卷**　明湛若水撰。○明嘉靖十二年陳陛揚州刊本，十一行十九字。○明嘉靖間吳昂福州刊本，十行二十字，卷後有"福建布政司右布政使吳昂校刊"一行。

涇野子内篇二十七卷　明呂柟撰。○柟子呂筼等刊本。

〔補〕○萬曆呂昀刊本，十行二十二字，白口，四周單闌。○清乾隆四年西亳喬氏刊本。

周子抄釋三卷　明呂柟撰。○惜陰軒叢書本。

張子抄釋六卷　明呂柟撰。○惜陰軒叢書本。

二程子抄釋十卷　明呂柟撰。○惜陰軒叢書本。○嘉靖丙申柟門人鄧誥刊本。

朱子抄釋二卷　明呂柟撰。○惜陰軒叢書本。

中庸衍義十七卷　明夏良勝撰。○刊本。

〔補〕○清道光三十年夏雲驤刊本。

〔補〕**霍渭崖家訓一卷**　明霍韜撰。○清初毛氏汲古閣影寫明嘉靖刊本。涵芬樓藏。

世緯一卷　明袁裛撰。○知不足齋本三卷。

〔補〕**諸儒語要八卷**　明唐順之撰。○明刊本。余藏。六册。四庫入存目。

〔補〕**洨濱蔡先生語錄二十卷**　明蔡瀷撰。○明刊本。行款失記，是嘉隆間刊本。

〔補〕**洨濱語錄二十卷**　明蔡瀷撰。○清光緒五年定州王氏謙德堂刊畿輔叢書本。四庫存目。

〔補〕**紀述一卷**　明薛應旂撰。○明萬曆刊百陵學山本。○寶顏堂祕笈普集本，書名前加"薛方山"三字。四庫存目。

〔補〕**方山紀述四卷**　明薛應旂撰。○清道光十一年晁氏活字印學海類編本。

〔增〕**帝鑑圖說十冊無卷數** 明張居正等奉進。○萬曆元年刊本。

〔補〕**胡子衡齊八卷** 明胡直撰。○明萬曆刊本。十行二十字，白口，左右雙闌。辛亥春文奎堂見，索六兩。四庫入存目。

〔增〕**學蔀通辨十二卷** 明陳建撰。○刊本。四庫存目。

〔附〕○正誼堂本。（眉）

〔補〕**陳清瀾先生學蔀通辯十二卷** 明陳建撰。○清同治間福州正誼書院刊正誼堂全書本。四庫存目。

〔補〕**呻吟語六卷** ○呂坤撰。○清嘉慶八年雲間姚氏刊本。四庫存目。

呻吟語摘二卷 明呂坤撰。○萬曆丙辰刊本。○陳宏謀節錄本。○王鼎刊本。○栗毓美刊本，六卷。

〔補〕**顧端文公遺書十三種附年譜** 明顧憲成撰。内小心齋劄記十八卷，東林會約一卷、東林商語二卷、虞山商語三卷、仁文商語一卷、南岳商語一卷、經正堂商語一卷、志矩堂商語一卷、當下譯一卷、證性篇八卷、還經錄一卷、自反錄一卷，凡十二種均儒家性理之書。○康熙間顧貞觀刊本。○清光緒三年涇里宗祠刊本。四庫存目。

〔補〕**來瞿唐日錄十三卷** 明梁山來知德撰。○明萬曆刊本，九行二十字。有萬曆三十九年張惟任序。八冊，辛亥六月得於有益堂。○清道光十一年刊本。

聖學宗要一卷學言三卷 明劉宗周撰。○明姜希轍刊本。

人譜一卷人譜類記二卷 明劉宗周撰。○陸清獻刊本。○雍正丙午洪氏刊本。○學海類編本單有人譜一卷。○近年刊蕺山全書本。

〔補〕**人譜正篇一卷續篇二卷人譜類記增訂六卷** 明劉宗周撰。○清康熙三十八年山陰傅氏證道堂刊本。○清光緒二年湖北崇文書局刊崇文書局彙刻書本。

榕壇問業十八卷　明黃道周撰。○明刊本。

〔補〕○清乾隆十五年文林堂刊本。六冊。余藏。○手稿本。格紙上
　　有榕壇問業四字。已裝為冊頁。

温氏母訓一卷　明温璜述。○國初刊本，附寶恕集後。學海本。○
　　嘉慶戊午温氏刊本。○同治二年當歸艸堂刊本。

御撰資政要覽三卷後序一卷　順治十二年世祖章皇帝御撰。四庫
　　著錄，莫氏失收。

聖諭廣訓一卷　世宗憲皇帝御撰。

庭訓格言一卷　雍正八年世宗憲皇帝御纂。○內府刊本。○漕運總
　　督吳棠刊。

〔補〕○清唐實鑑仿宋刊本。一冊。

御製日知薈說四卷　乾隆元年皇上取舊製各體文親為刪擇，○內府
　　刊本。○江蘇重刊本。

御定內則衍義十六卷　順治十三年世祖章皇帝御定。

御定孝經衍義一百卷　康熙二十一年侍郎張英等奉進。○內府刊
　　本。○浙江重刊本。

御纂性理精義十二卷　康熙五十六年大學士李光地奉敕撰。○內府
　　刊本。○各直省重刊本。○又縮刊小本。

御纂朱子全書六十六卷　康熙五十二年大學士李光地等奉敕撰。
　　○內府刊本。原請名朱子類書，改名全書。○各直翻刊本。○古香
　　齋袖珍本。

御定執中成憲八卷　雍正六年世宗憲皇帝敕撰。

御覽經史講義三十一卷　乾隆十四年奉敕編。

〔補〕**理學宗傳二十六卷**　清孫奇逢撰。○清光緒六年浙江書局刊
　　本。

〔補〕**夏峯先生語錄二卷夏峯答問二卷** 清孫奇逢撰。○清光緒
　五年定州王氏謙德堂刊畿輔叢書本。

〔補〕**宋元學案一百卷** 清黄宗羲撰。全祖望修，王梓材增。○清道
　光二十五年何紹基刊本。○清光緒五年龍汝霖等長州刊本。均余
　藏。

〔補〕**明儒學案六十二卷首一卷** 清黄宗羲撰。○清康熙三十二年
　故城賈氏紫雲齋刊本。二十四册。余藏。○清乾隆四年慈溪鄭氏
　二老閣刊本。

〔補〕**明夷待訪錄不分卷附黄黎洲先生思舊錄** 明黄宗羲撰。○
　清醉竹軒寫本，紅格，八行二十五字。余藏。

〔增〕**楊園全書三十四卷** 國朝張履祥撰。○寧化雷鋐刊。○道光
　辛丑獨山莫氏影山艸堂刊本。○近年沈維鐈重刊節錄本。四庫存
　目在雜家。

正學隅見述一卷 國朝王宏撰。

思辨錄輯要三十五卷 國朝陸世儀撰。○正誼堂刊本。○沈維鐈刊
　本。

〔補〕○清康熙四十八年正誼堂刊本。盛百二手批，有跋。八册。余
　藏。

〔補〕**陸桴亭思辯錄輯要二十二卷** 清陸世儀撰。○清同治初福州
　正誼書院刊正誼堂全書本。

雙橋隨筆十二卷 國朝周召撰。四庫依抄本錄。

〔補〕○此書未見刊本，四庫本已印入四庫全書珍本初集中。

〔增〕**性理大中二十八卷** 國朝應撝謙撰。○刊本。四庫存目。

〔補〕○清康熙間刊本。

〔補〕**思問錄內篇一卷外篇一卷** 清王夫之撰。○清同治四年刊船
　山遺書本。

讀朱隨筆四卷 國朝陸隴其撰。○康熙戊子張伯行刊於正誼堂。

〔增〕**陸清獻公日記十卷** ○道光辛丑柳氏刊本。

〔增〕**問學錄四卷** 國朝陸隴其撰。○四庫存目而閣內有之。

〔補〕○清光緒十六年刊陸子全書本，前有卷首一卷。

〔補〕**陸稼書先生問學錄四卷** 清陸隴其撰。○清同治初福州正誼
　　書院刊正誼堂全書本。

三魚堂賸言十二卷 國朝陸隴其撰。○刊本。

〔補〕○清乾隆十五年陳濟刊本。○清光緒四年秀水孫氏刊檇李遺書
　　本。○清光緒十六年刊陸子全書本，前有卷首一卷。

〔補〕**松陽抄存二卷** 國朝陸隴其撰。○康熙中張伯行刊本。○乾隆
　　辛未楊開基刊本。○同治三年當歸艸堂刊本。

〔補〕**陸清獻公治嘉格言一卷** 清陸隴其撰。○清同治七年上海道
　　署刊本。一冊。余藏。

〔補〕**存學篇四卷存性篇二卷** 清顏元撰。○清光緒五年刊畿輔叢
　　書本。○民國十二年四存學會排印顏李叢書本。四庫存目。

〔補〕**顏氏學記十卷** 清戴望撰。○清同治十年冶城山館刊本。

榕村語錄三十卷 國朝李光地撰。○榕村全書本。

〔補〕○清乾隆元年李清植刊李文貞公全集本。○清道光九年李維迪
　　刊榕村全書本。○清教忠堂刊本。七冊。余藏。

〔補〕**榕村語錄續集二十卷** 清李光地撰。○清光緒二十年刊本。
　　○清光緒間黃家鼎傳寫安溪李氏祠堂藏稿本。○繆荃孫傳鈔黃家
　　鼎鈔本，余藏。余據馬其昶藏寫本及舊寫本校正，刊入雙鑑樓叢書
　　中，續集分類大體與前集同，唯多本朝人物、本朝時事、治道三類，詳
　　載政局之紛淆朋黨之傾軋，雖不無自解自標之嫌，而逸事遺聞，亦足
　　供治一代政治史之採擇。

〔補〕**信陽子卓錄八卷補遺二卷** 清張鵬翮撰。○清康熙丙申刊本。余藏。庚戌八月購自柳蓉村手。四庫入存目。

〔補〕**小學衍義六卷** 清葉鈐撰。○清刊本。余藏。鈐有續小學六卷，以續晦菴小學集註。與此未知是否一書，俟再考之。四庫入存目。

〔增〕**性理正宗四十卷** 國朝張伯行撰。○刊本。四庫存目。

〔補〕**濂洛關閩書十九卷** 清張伯行撰。○清同治初福州刊正誼堂全書本。四庫入存目。

〔補〕**廣近思錄十四卷** 清張伯行輯，○清同治間福州刊正誼堂全書本。四庫入存目。

〔補〕**困學錄集粹八卷** 清張伯行撰。○清同治間福州刊正誼堂全書本。四庫入存目。

〔補〕**道統錄二卷附錄一卷** 清張伯行撰。○清同治初福州刊正誼堂全書本。

〔補〕**續近思錄十四卷** 清張伯行輯。○清同治間福州刊正誼堂全書本。四庫入存目。

〔補〕**河洛精蘊九卷** 清江永撰。○清乾隆三十九年蘊真書屋刊本。

讀書偶記三卷 國朝雷鋐撰。○刊本。

〔補〕**原善三卷** 清戴震撰。○清乾隆四十二年孔繼涵刊戴氏遺書本，收入微波樹叢書中。

〔補〕**緒言三卷** 清戴震撰。○清道光三十年南海伍氏刊粵雅堂叢書本，在第四集。

〔補〕**志學編二卷** 清余寅止編。○清嘉慶十八年刊本。

〔補〕**輶軒語二卷** 清張之洞撰。○清光緒二年蜀中刊本。○清光緒五年貴陽刊本。

〔補〕**勸學篇二卷**　清張之洞撰。○清光緒二十四年廣雅書局刊本。

〔補〕**書張尚書之洞勸學篇後一卷**　清鄭杲撰。○清光緒三十年刊
　　鄭東父遺書本。

上儒家類

子部二

兵家類

〔補〕**武經七書二十五卷**　○宋刊本，十行二十字，白口，左右雙闌。
　　避宋諱至"慎"止。前有總目，計孫子三卷，吳子二卷，司馬法三卷，
　　唐太宗李衞公問對三卷，尉繚子五卷，黃石公三略三卷，六韜六卷。
　　鈐有明"禮部官書"朱文大印及汪士鐘、郁松年藏印。郁氏宜稼堂書
　　目稿本第十六號記"宋板武經七書六本，五十元"，即是此書，陸心源
　　得之郁氏。日本靜嘉堂文庫藏書。此本已印入續古逸叢書中。

〔補〕**武經七書全集二十五卷**　○明刊本。九行二十字，白口，四周
　　單闌，大字扁方，是嘉靖本。存六韜六卷，司馬法三卷，唐太宗李衞
　　公問對三卷。

〔增〕**武經直解二十五卷兵法附錄一卷**　明劉寅撰。洪武戊寅自
　　序，謂高皇有旨，俾官軍子孫講讀武書而作。其目孫子三卷，吳子二
　　卷，司馬法三卷，李衞公問對三卷，尉繚子五卷，三略三卷，六韜六
　　卷。○有成化丙午孟冬知保定府金城趙英刊本，襄城李敏得直解抄
　　藁，令清苑玉琮校之，付趙英刊。○又有嘉靖元年金台汪諒刊本。
　　嘉靖十六年知保定府旌德汪堅重修本。諒刊堅修，蓋即修英刊也。
　　○其先有洪武壬午樂安孫氏刊本，未見。其書詮解暢達，為明代七

書善本，蓋即用以課士。四庫僅著錄三略一種，阮文達進呈遺書，又得司馬法、尉繚子二種，其四種罕有言及者。同治改元祥芝弟獲直解七書成化刊印完本於祁門，亦邵亭秘笈之一也。寅字拱辰，太原人，署前辛亥科進士，趙序謂其累歷顯仕，並著能聲。

〔補〕**武經直解二十五卷附錄一卷**　明劉寅直解。○明成化間黑口本，十行二十字，黑口，四周雙闌。余有殘帙，即莫目所載之成化丙午趙英刊本。○明萬曆本，行款同。此二書全者罕見，萬曆本有影印本行世。

握奇經一卷　舊本題風后撰，漢公孫弘解，晉司馬隆述讚。○說郛本。○漢魏叢書本。○唐宋叢書本。○津逮秘書本。○藝海珠塵本。○李文貞訂本。○錢氏敏求記云，有舊抄握奇經傳六卷。

〔補〕**風后握奇經一卷**　題漢平津侯丞相公孫弘解。○明嘉靖三十至四十一年間祇洹館刊本，十行十八字，白口，左右雙闌。收入小十三經中。莫友芝舊藏。

〔補〕**握奇經一卷握奇經續圖一卷**　題漢公孫弘解。○明萬曆二十五年金陵荊山書林刊夷門廣牘本。

〔增〕**握機經輯注圖記二卷**　海昌陳道生可生撰輯。

六韜六卷　舊本題周呂望撰。○黃氏刊本。○明趙標刊本。○明劉寅拱辰直解本。○明刊武經七書本。○平津館校刊本，附逸文一卷。○咸豐四年長恩書室刊本。

〔附〕○明注諒本。（眉）

〔補〕○宋刊本，十行二十字，白口，左右雙闌，即宋刊武經七書之一。日本靜嘉堂藏，已印入續古逸叢書中。北京歷史博物館有一帙，為內閣大庫舊貯。○明刊武經七書本，九行十七字。○明嘉靖刊武經七書本，九行二十字，白口，四周單闌。○明萬曆二十二年趙標刊三代遺書本，八行十八字，白口，四周雙闌。卷首次行下方題"明河東趙標校刊"。余藏,余據明寫本校過。

〔補〕**六韜三卷** ○清光緒元年湖北崇文書局刊子書百家本。

〔補〕**六韜六卷** 清孫星衍校**逸文一卷** 清孫同元輯。○清嘉慶十年刊平津館叢書本。

〔補〕**六韜一卷** 清黃奭輯。○清道光間甘泉黃氏刊漢學堂叢書本。

〔補〕**六韜直解六卷** 明劉寅撰。○明成化二十二年刊武經直解本。

孫子一卷 周孫武撰。○平津館刊魏武註三卷。○岱南閣重刊道藏本十家註十三卷,附遺書一卷,叙錄一卷。○吳氏二十子本,無註。○明劉寅直解三卷。○成化丙午李敏趙英刊。○又嘉靖元年汪諒刊。○嘉靖乙卯談愷刊集解本十三卷。○明王士祺刊本。○盛叔晉兵垣四書本。○天祿後目宋刊十一家註三卷。○武經七書三卷。○隆慶壬申高郵李鞾齋刊十一家註。○萬曆己丑新都黃邦彥刊十一家註,工。○長恩書屋本。

〔附〕○漢魏本。(眉)

〔補〕**孫子一卷** ○明萬曆黃之寀刊二十子本,九行十八字,白口,左右雙闌。○明閩刻兵垣四編本,王世貞評,八行十八字,白口,四周單闌。

〔補〕**孫子三卷** ○宋刊武經七書本,十行二十字,白口,左右雙闌。○明本武經七書本,九行十七字,白口,左右雙闌。○明嘉靖刊武經七書本,九行二十字,白口,四周單闌。○明嘉靖三十二年翁氏刊武學經傳三種校正武經七書本。○清光緒元年湖北崇文書局刊子書百家本。

〔補〕**魏武帝註孫子三卷** 漢曹操撰。○清嘉慶五年蘭陵孫氏刊平津館叢書本,從宋本出。○清咸豐四年新昌莊氏刊長恩室叢書本。

〔補〕**十一家註孫子三卷** 漢曹操、唐杜牧等撰。**十一家註孫子遺說一卷** 宋鄭友賢撰。○宋刊本,八行十八字,註雙行二十六字,白口，左右雙闌。避宋諱至"慎"字。前總目一葉，後本傳，本傳後附孫子遺説一卷，此卷每半葉十一行二十字。鈐有"承德堂"印。遂雅齋見。

〔補〕**孫子集註十三卷** 漢曹操、唐杜牧等撰。○明嘉靖三十四年談愷刊本，十行二十字，白口，四周雙闌，注大字低一格。前嘉靖乙卯談愷序。博古齋見。此本已印入四部叢刊中。

〔增〕**孫子十家註十三卷** 宋吉天保編。字里未詳。是編依華陰道藏本錄出，十家者魏武一、梁孟氏二、唐李筌三、杜牧四、陳皥五、賈林六、宋梅堯臣七、王哲八、何延錫九、張預十也。十家之内多出杜佑，乃著通典引孫子而加訓釋，非作註也。案自魏武後註者莫先於孟氏，隋志可考，而晁公武誤以為唐人。道藏本題集註，依宋志改。末附鄭友賢孫子遺説。○阮氏曾以進呈。

〔補〕**孫子註解十三卷** 宋吉天保輯。**遺説一卷** 宋鄭友賢撰。○明正統道藏本，已印入道藏舉要中。

〔補〕**孫子十家註十三卷** 宋吉天保輯，清孫星衍、吳人驥校。**叙錄一卷** 清畢以珣撰。**遺説一卷** 宋鄭友賢撰。○清乾隆嘉慶間蘭陵孫氏刊岱南閣叢書本。○清光緒二十三年上海排印子書二十二種本。

〔補〕**孫武子直解三卷** 明劉寅撰。○明成化刊武經直解本。○明萬曆刊武經直解本。

〔補〕**孫子參同五卷** 明李贄撰，王世貞、袁了凡評，閔于忱輯。○明萬曆四十八年吳興閔于忱松菘館刊朱墨套印本，八行十八字，白口，四周單闌。前有凡例及萬曆庚申松筠館主人序。余藏。後歸王綬珊。四庫存目。

〔補〕**孫子注三卷** 清孫星衍撰。○稿本，孫氏改定甚多。余藏。

吳子一卷 周吳起撰。○黃氏刊本。○平津館刊本，二卷。○明吳仁二十二子本。○明沈尤刊本。○兵垣四書本。○武經七書本,二卷。○明王士祺刊本。○劉寅直解成化、嘉靖刊本,二卷。○長恩書屋本。

〔補〕○日本古活字印本,九行十七字。余藏。

〔補〕**吳子二卷**　題周吳起撰。○宋刊武經七書本。○明刊五經七書本。○嘉慶五年刊平津館叢書本,從宋本出。○光緒元年崇文書局刊子書百家本。

〔補〕**吳子直解二卷**　明劉寅撰。○明成化刊武經直解本,十行二十字,黑口,四周雙闌。○明萬曆刊武經直解本,行款同。

〔補〕**司馬法三卷**　題周司馬穰苴撰。○宋刊武經七書本,○明嘉靖刊武經七書本。○清嘉慶五年蘭陵孫氏影宋刊本,收入平津館叢書中。○影宋鈔本,收入四部叢刊中。

司馬法一卷　舊本題齊司馬穰苴撰。○黃氏刊本。○平津館校本,三卷。○張氏叢書本。○邱樹輯註本,五卷。○錢氏指海輯本。○武經七書本。三卷。○明劉寅直解趙、汪兩刊本,三卷。○趙雩門有合諸書校刊本。長恩書室重刊平津館本三書。○明劉寅司馬法直解一卷,阮氏以進呈。

〔補〕○清光緒元年崇文書局刊子書百家本。

〔補〕**司馬子一卷**　題周司馬穰苴撰。○明萬曆間吳勉學刊二十子全書本,九行十八字,白口,左右雙闌。○明萬曆黃之宷二十子本,行款同上。

〔補〕**司馬法直解一卷**　明劉寅撰。○明成化、萬曆刊武經直解本。

〔補〕**司馬法古注三卷附音義一卷**　清曹元忠撰輯。○清光緒二十年刊箋經室叢書本。

尉繚子五卷　周尉繚撰。○黃氏刊本。○明劉寅直解成化、嘉靖二本。○武經七書本。○武備志本。○明劉寅尉繚子直解五卷,阮氏以進呈。

〔補〕○宋刊武經七書本，已印入續古逸叢書。○嘉靖刊武經七書本。

〔補〕尉繚子二卷　題周尉繚撰。○清光緒元年崇文書局刊子書百家
　本。

〔補〕尉繚子直解五卷　明劉寅撰。○明成化刊武經直解本。○明萬
　曆刊武經直解本。

〔補〕尉繚子標釋一卷　明阮漢聞撰。○明天啟三年及朴刊本，八行
　十八字，白口，四周單闌。余藏。

黃石公三略三卷　舊本題黃石公撰。○黃氏刊本。○武經七書本。

〔補〕○宋刊五經七書本，十行二十字，白口，左右雙闌。日本靜嘉堂文
　庫藏。此書已印入續古逸叢書中。○明嘉靖刊五經七書本，九行二
　十字，余藏。

三略直解三卷　明劉寅撰。○明成化丙午刊本。○嘉靖元年刊本。
　○嘉靖十六年修本。

〔補〕黃石公素書一卷　題漢黃石公撰。○明萬曆四年南京國子監刊
　子彙本，十行二十一字，白口，四周雙闌。余藏。○明萬曆吳勉學刊
　二十子全書本，九行十八字，白口，左右雙闌。○明萬曆黃之寀刊二
　十子本，行款同。○明萬曆三十年縣眇閣先秦諸子合編本，十行二
　十字，白口，左右雙闌。

〔補〕黃石公素書一卷　漢黃石公撰，魏魯注。○明正統道藏本，五行
　十七字，余藏。此本余曾印入道藏五子中，後又印入道藏舉要。余
　曾以之校漢魏叢書本，改訂百餘字。

素書一卷　舊本題黃石公撰，張商英註。○明縣眇閣刊先秦諸子合編
　本。○漢魏叢書本。○明唐琳刊本。○子彙題黃石子。○說郛本。
　○二十子本。○明王士琪刊本。○兵垣四本書。○近人刊二十二
　子本。

〔補〕○明萬曆二十年程榮刊漢魏叢書本，九行二十字，白口，左右雙闌。余據明正統道藏本校，改正百許字。○清光緒元年崇文書局刊子書百家本。

〔補〕**黃石公素書一卷**　漢黃石公撰，宋張商英注。○明正統道藏本，五行十七字。余藏。○明萬曆胡文煥格致叢書本，書名前加"新刻"二字，十行二十字，白口，左右雙闌。

李衛公問對三卷　舊本題唐李靖撰。○黃氏刊本。○明劉寅直解趙、汪兩本。○武經七書本。

〔補〕**唐太宗李衛公問對三卷**　題唐李靖撰。○宋刊武經七書本。○明嘉靖刊武經七書本。

〔補〕**唐太宗李衛公問對直解三卷**　明劉寅撰。○明成化趙英刊武經直解本。○明萬曆刊武經直解本。

太白陰經八卷　清李筌撰。○墨海金壺本。○守山閣本，十卷。○長恩書室本，十卷。○平津館有影抄宋本，十卷。○四庫止八卷，前缺天無陰陽、地無險阻二篇，又失卷八分野風角鳥情，卷九遁甲，卷十玄女式等篇，此本一一完具。

〔附〕○錢有舊抄本，十卷。（邵氏）

〔補〕**神機制敵太白陰經十卷**　唐李筌撰。○舊寫本，十行二十字，版心有"汲古閣"三字。前李筌進書序，後附銜名六行。鈐有何元錫藏印。余藏。

〔補〕**武經總要前集二十二卷後集二十一卷**　宋曾公亮等纂修**行軍須知二卷百戰奇法二卷**　○明弘治李贊刊本，十一行二十一字，黑口，四周雙闌，百戰奇法後有弘治十七年李贊序。此書黃紙印，字體似閩本，癸亥見於滬上，索價甚昂，不得收。

武經總要四十卷　宋曾公亮等奉敕撰。○元刊本。○正統四年刊本四十三卷，前集二十二卷，後集二十一卷，附行軍須知二卷。

〔補〕○四庫本余主持編定四庫罕傳本目錄時已選入，印入四庫全書珍
本初集中。

〔補〕遁甲等應經三卷 宋楊維德等撰。維德附宋史方技韓顯符傳，
字裏未詳，顯符稱其能傳渾儀法。是編宋史不載，而見於通志略，此
從舊抄過錄。首有宋仁宗御製序，其書以遁甲論行軍趨避之用，末
有永樂間五官司歷王巽序，云其書立術精密，考較詳明。○阮氏以
進呈。

虎鈐經二十卷 宋許洞撰。○明刊本。○天一閣刊范氏奇書本。○
長恩書室刊本。

〔附〕○粤雅本。（眉）

〔補〕○明天一閣刊本，十行二十字，白口，四周單闌。前許洞進書表，
次自序。本書卷二十至鼛鼓文第二百九止，缺回兵第二十一及後
序。後附用兵事例數則，其首亦缺失，而葉碼相連，當是所據底本之
誤。或底本卷末缺一二葉，又有前人雜鈔戰例數葉附後，遂相連刊
之。即此已可見明人刊書之不謹也。此書世稱為天一閣刊本，而版
式與范氏奇書不合，刊工名僅二三單名相同，均習見之字，是否范氏
所刊，殆難臆決。此書誤字極多，不可卒讀，非善本也。○北京圖書
館藏元寫本，紙背為元大德間公牘，鈐有晉陽世家印及項子京印，取
校此本，可補卷末缺文及後序，卷中亦訂正極夥。周君叔弢曾詳校
一本，滿幅朱書爛然。此本當為此書傳世最善之本也。○清咸豐二
年南海伍氏刊粤雅堂叢書本。

何博士備論一卷 宋何去非撰。○述古堂抄本。○浦城遺書本。○
指海本。○長恩書室本。

〔補〕○明穴硯齋寫本，墨格，十二行二十字，版心下方有"穴硯齋繕寫"
五字。前元祐四年蘇軾薦表。黃丕烈、錢天樹、黃廷鑑跋，王芑孫、
程恩澤觀款，張蓉鏡手題封面。有何焯、翁方綱、黃丕烈、王芑孫、張

蓉鏡、麟慶、章綬銜藏印。周叔弢藏。余曾取校崇文百子本,晉論下
補脱文三十字。

〔補〕**何博士備論二卷** 宋何去非撰。○清咸豐同治間長沙余氏刊明
辨齋叢書本。○清光緒元年崇文書局刊子書百家本。余藏,余曾據
明穴硯齋寫本校過。

守城錄四卷 宋陳規撰。○墨海金壺本。○守山閣本。○道光戊申
瓶花書屋刊本。○長恩書室本。

〔補〕**守城機要一卷** 宋陳規撰**建炎德安守禦錄二卷** 宋湯璹撰。
○清同治八年長沙余氏刊明辨齋叢書本。

〔補〕**武經龜鑑二十卷** 宋王彥撰。○宋刊本,十二行二十二字,白
口,左右雙闌。版式濶大,字體方整,楮墨精美。殘存卷九首五葉,
劉啟瑞藏。坊肆中偶亦可見大庫殘葉。余嘗有跋,謂彥即宋史有傳
之上黨王彥,後閱繫年要錄,宋史全文,始知為別一人,紹興末尚在
世,復為跋以糾之。

〔補〕**張氏集注百將傳一百卷** 宋張預撰。○宋建本,十四行二十四
字,細黑口,左右雙闌。每傳標題人名低四格,冠以白文朝代名。正
文頂格,注大字低一格。鈐有陳壁、唐寅、陸治、項元汴藏印。江南
圖書館藏。存八卷。四庫存目。

〔補〕**十七史百將傳十卷** 宋張預撰。○元明間刊本,十六行三十一
字,黑口,四周雙闌。前張氏進書序,十一行十六字。李放跋。余
藏。○明景泰刊本,十行二十字,黑口,四周雙闌。首張預進書序。
卷末有景泰五年慶遠府訓導陳演序。每卷有子目。

〔補〕**十七史百將傳續編四卷** 明何喬新撰。○明刊本,十行二十
字,黑口,左右雙闌。前有成化十八年自序。每卷有子目。

〔補〕**北虜事蹟一卷** 明王瓊撰。○明鄭曉家寫本,藍格,九行十九
字。版心上書“獨癕園稿”,下書“淡泉書屋”。書中多王晉溪奏議。

有朱彝尊、朱昆田父子藏印。韓左泉肆中見。四庫存目改作北邊事
蹟。

〔補〕**西番事蹟一卷**　明王瓊撰。○明鄭曉家淡泉書屋寫本，藍格，九
　行十九字，版心上題"獨寤園稿"，下題"淡泉書屋"。韓左泉肆中見，
　四庫存目。

武編十卷　明唐順之撰。○明刊本。○杭州徐氏曼山館本。○近年
　活字本。

陣紀四卷　明何良臣撰。○惜陰軒刊本。○墨海金壺本。○珠叢別
　錄本。○長恩書室本。○道光戊申瓶花書屋本。

江南經略八卷　明鄭若曾撰。○明隆慶二年林潤時刊本，半頁十二
　行，行二十二字。○康熙癸酉五世孫起泓重刊本。

紀效新書十八卷　明戚繼光撰。○明永懷堂葛氏刊本。○學津討原
　本。○許氏刊本。○道光辛丑仁和朱昌壽刊，善。

〔補〕○明隆慶刊本，九行十九字，白口，左右雙闌。卷首次行題"定遠
　東牟戚繼光撰"。

練兵實紀九卷雜集六卷　明戚繼光撰。○萬曆丁酉刊本。○學津
　討原本。○墨海金壺本。○守山閣本。○無棣吳之勷重刊。○道
　光戊申瓶花書屋本。

〔補〕**諸史將略十六卷**　明劉畿撰。○明嘉靖四十五年刊本，有嘉靖
　丙寅自序。古書流通處見。

〔增〕**武備志二百卷**　明茅元儀撰。○天啟辛酉刊，凡分五門，曰兵訣
　評十八卷，曰戰略攷三十三卷，曰陣練制四十一卷，曰軍資乘五十五
　卷，曰占度載九十三卷。各門之中分列子目。○道光中有活字本。
　○後湖南又有刊本。

〔增〕**火攻絜要三卷圖一卷**　明焦勗撰。西洋湯若望授。○崇禎癸
　未有刊本。○道光辛丑揚州重刊，改名則克錄，書中多脫譌，圖亦不

全。

〔增〕**洴澼百金方十四卷** 題惠麓酒民撰。○乾隆末年活字本。○
道光間蜀中刊本。○後又有重刊本。

〔增〕**武備輯要六卷** 不著撰人。○道光十二年廣州刊本。

〔增〕**手臂錄四卷附二卷** 國朝吳殳撰。○澤古齋叢書並指海本。
○道光戊申瓶花書屋刊本。

〔補〕**讀史兵略不分卷** 清胡林翼輯。○稿本。有莫友芝跋，称五代
以前稿已刊行，此為宋元明三代稿本，尚未分卷，胡氏請其校誤。未
及分卷删定而胡氏已沒云云。共八册。

〔補〕**讀史兵略四十六卷** 清胡林翼撰。○清咸豐十一年武昌節署
刊本。二十册。余藏。

上兵家類

子部三

法家類

管子二十四卷 舊本題周管仲撰。○萬曆十年趙用賢刊本。○明凌
汝亨刊朱墨本。○吳勉學二十子本。○明葛鼎刊本。○明新安黃
之寀校刊本。○明梅士亨刊本，名詮叙管子，成書錯亂，不佳。○王
氏讀書雜志内考證管子十二卷，六百四十餘條。○黃丕烈有宋紹興
刊本。○丁禹生有元刊本，王芑孫舊藏。○黃丕烈宋本管子為文衡
山、王雅宜、季滄葦遞藏，又歸汪閬源，今在昭文瞿秉淵敬之家。半
頁十二行，行二十三二十四字不等，註約四字抵正文三字不等，刊印
甚精。前有楊忱序，署大宋甲申，後有張嵲巨山讀管子一篇，云紹興

己未借本抄藏於家，此刻又在其後，不能定年，是南宋佳本。

〔附〕○無註本，似元明刊本。○近刊紹興本。○杭局本。○楊忱北宋
人，見涑水紀聞第九卷。（眉）

〔補〕正文無注本。○明刊本，十行二十一字，白口，左右雙闌。此本失
序跋，未審何人所刊，是嘉靖時風氣。別見韓非子一帙，版式字體與
此全同，疑是管韓合刻者。○明萬曆黃之寀刊本，九行十八字，白
口，左右雙闌。余藏。○明吳勉學刊本，九行十八字，白口，左右雙
闌。○清光緒元年崇文書局刊子書百家本。

〔補〕**管子註二十四卷** 唐房玄齡註。○宋刊本，十二行二十三四字
不等，白口，左右雙闌。首大宋甲申楊忱序，卷末有張嵲讀管子一
篇。黃丕烈、戴望跋。海虞瞿氏藏。此書已印入四部叢刊初編。○
宋刊本，十二行二十三字，注雙行二十八字。卷一後有"瞿源蔡潛道
宅墨寶堂新雕印"木記，卷末有"瞿源蔡潛道宅板行紹興壬申孟春朔
題"牌子二行。又有張嵲讀管子一則。缺卷十三至十九。有黃丕烈
二跋，並錄陸貽典二跋。海源閣藏。○明萬曆十年趙用賢刊管韓合
刻本，九行十九字，白口，四周單闌，上有眉闌。吳志忠校並跋。又
一帙，顧廣圻據宋本校，見於同好堂。○明崇禎十一年葛鼎刊管韓
合刻本，九行二十四字，白口，四周單闌。上有眉闌，附劉績補注，不
闌入本書。○清光緒五年常熟張瑛覆刻瞿氏鐵琴銅劍樓藏宋本。
影寫宋刊本，黃丕烈藏，卷十三以後黃氏鈔配。黃跋言宋本卷六第
七葉以下原缺，轉藉此本補完。則此本佳處有現存宋本所不及者
矣。慎勿以其為抄本而忽之。張幼樵藏。莫氏所記丁禹生藏元本
在涵芬樓，是明刊本。

管子補註二十四卷 明劉績撰。○明朱東光刊中都四子本。○明萬
曆刊管子權本，就趙用賢本加評釋，鐫刻甚佳。四庫存目。○別下
齋蔣氏藏許光清校影宋本，前亦有大宋甲申楊忱序，半頁十行，行二

十一字。

〔附〕○明單行大字本。（邵氏）

〔補〕○明弘治刊本，九行二十字，白口，四周雙闌。陸貽典校並跋，黃
　　丕烈跋。海源閣遺書。又一帙，失名人校。有王芑孫跋。涵芬樓
　　藏。○明萬曆七年刊中立四子集本，十行二十一字，白口，四周雙
　　闌。余藏。○光緒二年浙江書局刊二十二子本。

〔補〕**管子註二十四卷** 唐房玄齡註，明劉績、朱長春補。○明天啟五
　　年朱氏花齋刊本，九行二十字，白口，四周單闌。○清嘉慶九年如蘇
　　王氏聚文堂刊十子全書本。○明刊本，九行二十字，白口，左右雙
　　闌。李木齋先生藏。

〔補〕**管子二十四卷** 明凌汝亨輯朱長春、趙用賢、張榜評。○明萬曆
　　四十八年吳興凌汝亨刊朱墨套印本，九行十九字，白口，四周單闌，
　　余藏。

〔補〕**管子權二十四卷** 明朱長春撰。○明萬曆刊本，九行十九字，白
　　口，左右雙闌。四庫入存目。

〔補〕**詮敘管子成書十五卷** 明梅士亨編。○明天啟五年刊本，九行
　　十九字，白口，四周單闌。本書題“明宣城梅士亨詮叙”。有天啟五
　　年賈毓祥序及後序。此書四庫入存目。

〔補〕**弟子職箋釋一卷** 清洪亮吉撰。○清光緒三年刊洪北江全集
　　本。

〔補〕**弟子職集解一卷** 清莊述祖撰。○清道光十一年刊珍執宦遺書
　　本。○清光緒十二年朱記榮刊槐廬叢書本。

〔補〕**管子義證八卷** 清洪頤煊撰。○清嘉慶道光間臨海洪氏刊傳經
　　堂叢書本。○清光緒十五年徐乃昌刊積學齋叢書本。

〔補〕**管子平議六卷** 清俞樾撰。○清光緒二十五年刊春在堂全書諸
　　子平議本。

〔補〕**管子校正二十四卷** 清戴望撰。○清同治十一年刊本。○民國劉承幹刊吳興叢書本。

鄧析子一卷 周鄧析撰。○清影宋本二卷，半頁十一行，行十五字。○綿眇閣本。○子彙本。○十二子本。○指海本。○近人刊二十二子本。○十子全書。○瓶花齋本。○明張鴻舉刊本。○朱脩伯曰，此書大約與淮南子相同，可據以校正。

〔附〕○劉泖生藏宋本。（眉）

〔補〕○明嘉靖刊十□子本，十行十九字，白口，左右雙闌。此本已印入四部叢刊初編。○明萬曆三十年縣眇閣刊本，十行二十字，版心下方有“縣眇閣”三字。

〔補〕○清光緒元年湖北崇文書局刊子書百家本。余據明弘治寫本校過，一册。

〔補〕**鄧析子二卷** ○明初刊本，十一行十六字，大黑口，四周雙闌。前崇文目，次晁氏目，次序。附陳乃乾校記。蟫隱廬見。○舊寫本。吳昌綬手校。一册，余藏。○清同治十一年劉履芬刊本。

〔補〕**申子不分卷** 題申不害撰。○明叢書堂鈔說郛本，在卷二十二讀子隨識中有摘錄。十行二十字，墨格，版心有叢書堂三字。余藏，商務印書館已據以排印，改在卷六中。

〔補〕**申子一卷** 清馬國翰輯。○清光緒九年嫏嬛館刊玉函山房輯佚書本。

商子五卷 舊本題秦商鞅撰。○綿眇閣本。○程榮漢魏叢書本。○二十子本。○嘉靖乙未馮覲評校本。○天一閣刊本。○鄭寀刊本。○朱尉然刊本。○嘉慶年孫氏問經堂刊本。○指海本。

〔補〕○明天一閣刊范氏奇書本，九行十八字，白口，左右雙闌。卷首次行題“四明范欽訂”。戈襄跋。有戈氏及袁芳瑛藏印，余藏。此本已印入四部叢刊初編。○明萬曆吳勉學刊二十子本，九行十八字，白

口,左右雙闌。○明萬曆黃之寀刊二十子本,行款同上。○明萬曆
二十年程榮刊漢魏叢書本,九行二十字,白口,左右雙闌。○明寫
本,海虞瞿氏藏,余曾取校子書百家本,頗有改訂。○清光緒元年湖
北崇文書局刊子書百家本。

〔補〕**商子五卷**　周商鞅撰。清孫星衍、孫馮翼校。○清嘉慶八年刊
問經堂叢書本。○清藍格寫本,從問經堂本出,失名人臨嚴可均校。
邢之襄藏。

〔補〕**商君書五卷附考一卷**　清嚴萬里校。○清光緒二年浙江書局
刊二十二子本。余臨嚴可均校。

韓子二十卷　周韓非撰。○明萬曆十年趙用賢刊。○二十子本。○
葛鼎刊本。○明周孔教刊大字本。○萬曆中刊韓子迂評本。○凌
瀛初刊本。○張鼎文刊本。○道藏本。○孫鑛評本。○元至元三
年何抃刊本。○嘉慶二十三年全椒吳氏仿宋乾道本,附識誤三卷,
佳。○道光間蘇州十子全書本。

〔附〕○宋乾道小字本。(邵氏)

〔補〕**韓非子二十卷**　○明嘉靖本,十行二十一字,白口,左右雙闌。
標題下有"虩四"二字,源出道藏本。有楊守敬藏印。○明嘉靖本,
十行二十字。卷十六標題下有"虩四"二字,亦從道藏本出。朱文鈞
藏。○明嘉靖四十年張鼎文刊本,十行二十字,白口,四周單闌。有
圈點斷句。卷末末行下方有"順齋張鼎文徵伯甫校刊"二行。○萬
曆十年趙用賢刊管韓合刻本,九行十八字,白口,四周單闌,上有眉
闌。戈襄、王渭校。周叔弢藏。○明萬曆周孔教刊本,八行十四字,
黑口,四周雙闌。○明萬曆吳勉學刊本,九行十八字,白口,左右雙
闌。○明萬曆黃之寀刊二十子本,與前本全同。○明萬曆十八年張
壽明刊本,九行二十字,題新都汪應賓校,有萬曆庚寅張壽明序。李
木齋藏。○明崇禎十一年葛鼎刊管韓二子本,九行二十四字,白口,

四周單闌。○清錢曾述古堂影寫宋乾道元年黃三八郎刊本，十三行二十四字。序後有"乾道改元中元日黃三八郎印"一行。黃丕烈手補缺葉，顧廣圻跋。此書已印入四部叢刊初編中。○清光緒元年崇文書局刊子書百家本。○舊寫本，清顧廣圻舊藏，今存張幼樵家。

〔補〕**韓非子二十卷識誤三卷** 清顧廣圻撰。○清嘉慶二十三年吳鼒刊本。二冊。○清光緒元年浙江書局刊二十二子本。

〔補〕**韓非子二十卷附錄一卷** ○明天啟趙如源刊本，九行十八字，白口，四周單闌。余藏。

〔補〕**韓非子二十卷** 宋謝希深注。○明正統五年刊道藏本，五行十七字。余藏。○此本已選印入道藏舉要中。

〔補〕**韓非子迂評二十卷** 題明門無子撰。○明刊套印本，九行二十字，白口，四周單闌。余藏。四庫存目。

〔補〕**韓子二十卷** 明俞□□、孫鑛、趙用賢、張榜等評。○明天啟間吳興凌氏刊朱墨套印本，九行二十字，白口，四周單闌。有陳深、門無子及何犿三舊序。

〔補〕**韓非子二十卷** 明孫鑛批點。○明末刊本，九行二十五字，白口，四周單闌。余藏。

〔補〕**韓非子校正一卷** 清盧文弨撰。○清乾隆中餘姚盧氏刊抱經堂叢書羣書拾補本。

〔補〕**韓非子校記一卷** 清朱錫庚撰。用宋本、何焯本及趙刻校。後有庚戌七月朱氏識語一行。○稿本。○繆氏藝風堂有傳鈔本。

〔補〕**韓非子集解二十卷首一卷** 清王先慎撰。○清光緒二十二年刊本。

疑獄集四卷補疑獄集六卷 晉和凝及其子㠓撰，補疑獄集明張景撰。○嘉靖間有刊本。○陳鴻壽刊本。○拜經樓藏吳太初手抄本，三卷，有圖記。前有㠓序及杜震序。袁漱六嘗攷證此書，謂並非和氏原本。

折獄龜鑑八卷　宋鄭克撰。○明隆慶四年刊，○墨海金壺本。○守
山閣本。○道光戊申瓶花書屋刊。

〔附〕○海昌許槤刊本。（邵氏）

〔補〕○清同治三年長沙余氏刊明辨齋叢書本，在三集。

〔補〕**折獄龜鑑八卷首一卷**　宋鄭克撰。○清道光十五年李氏聞妙
香室刊致用叢書本。○清道光十五年刊瓶華書屋叢書本。

〔補〕**折獄龜鑑八卷**　宋鄭克撰**補六卷**　清胡文炳輯。○清光緒四年
蘭石齋刊本。

〔補〕**折獄龜鑑二卷**　宋鄭克撰。○明萬曆刊本，十行二十字，白口，
四周雙闌。

棠陰比事一卷附錄一卷　宋桂萬榮撰。○學海類編本。○宋端平
甲午重刊本。○嘉定四年刊本。○道光己酉上元朱緒曾仿宋大字
本，于嘉興刊。○同治丙寅桂氏活字本。○祁墳刊。○明吳訥祥刑
要覽內全載棠陰比事。

〔附〕○明初小字本。（邵氏）

〔補〕**堂陰比事一卷**　宋桂萬榮撰。○宋刊本，十行十八字。共一百
四十四則。黃丕烈舊藏。○清道光二十九年朱緒曾翻宋本，行款同
上。○清同治六年桂嵩慶活字本，從宋刊本出，然行欵已改易。

〔補〕**棠陰比事一卷**　宋桂萬榮撰。**續編一卷補編一卷**　明吳訥
撰。○清道光十一年晁氏活字印學海類編本，九行二十一字，白口，
左右雙闌。比事經吳訥刪削，存八十條。

〔補〕**棠陰比事二卷**　宋桂萬榮撰。○清嘉慶十七年鮑廷博家影寫元
刊本，九行十八字。有嘉定癸酉劉塤序，重光協洽（辛未）桂氏自序
及端平改元後序，嘉定辛未張虙後序。有鮑廷博跋。此本分卷與黃
丕烈藏宋本不同，其劉塤跋亦為黃本所無，疑是宋元間別一刊本也。

〔增〕**洗冤集錄五卷** 宋宋慈撰。○明嘉靖丙午刊本。○孫氏岱南閣叢書刊，附唐律後。○嘉慶十一年吳氏刊本。

〔補〕**宋提刑洗冤集錄五卷** 宋宋慈撰。○元刊本，十六行二十七字，黑口，四周雙闌。○清孫星衍翻元本。

〔補〕**新刻洗冤錄二卷** 宋宋慈撰。○明萬曆間胡文煥文會堂刊格致叢書本，十行二十字，白口，左右雙闌。此書四庫存目。

〔增〕**平冤錄一卷** 不著撰人。○亦吳氏刊本。

〔補〕**新刻平冤錄一卷** 宋宋慈撰。○明萬曆間胡文煥文會堂刊格致叢書本，十行二十字，白口，左右雙闌。

〔補〕**名公書判清明集不分卷** ○宋刊本，殘存戶婚一門，二十二類。九行十六字，黑口，四周雙闌。宋末建本，馬玉堂、郁松年遞藏。郁氏宜稼堂書目稿本載第四十號內有宋板清明集二套，一百五十元，即是此書。陸心源蓋得諸郁氏也。日本靜嘉堂文庫藏。此書近已印入續古逸叢書中矣。四庫入存目。

〔增〕**無冤錄二卷** 元王與撰。○亦吳氏刊本。○以上三錄（指洗冤集錄、平冤錄及此書）又明胡文煥格致叢書本。

〔補〕**新刻無冤錄一卷** 不著撰人名氏。○明萬曆胡文煥文會堂刊格致叢書本，十行二十字，白口，左右雙闌。

〔補〕**吏學指南八卷** 元徐元瑞撰。○元刊本，十一行十九字，注雙行二十四字，黑口，四周雙闌。前有石抹元序，言本府同知公穆虎彬所刊。序後有歷代吏師類錄，次目錄。有工懿榮藏印。余藏。○朝鮮古刻新編居家必用事類全集本，其辛集全文收入此書。海虞瞿氏藏。

〔補〕**祥刑要覽二卷** 明吳訥撰。○明成化二十二年林符刊本，十行十八字，黑口，四周雙闌。有正統壬戌自序，成化丙午林符重刊序。後有景泰鄒亮後序。有季振宜藏印。述古堂見。四庫存目。

〔補〕**祥刑古鑑二卷附明慎錄一卷** 清宋邦德撰。○清同治二至四
　　年刊本。三册。余藏。

上法家類

子部四

農家類

齊民要術十卷 後魏賈思勰撰。○嘉靖甲申馬氏刊。○胡震亨刊。
　　○津逮秘書本。○學津討原本。○昭文張氏有黃廷鑑精校本。○
　　敏求記云,嘉靖甲申刊於湖湘,首卷簡端周書曰云云原係細書夾注,
　　今刊作大字。謂汲古本也。○汲古津逮本即胡震亨秘册彙函本。
　　○元刊本要術每頁二十行,行大字十八字。

〔附〕○敏求記所指乃嘉靖本,胡氏特承其誤耳。(眉)○黃丕烈有宋本
　　前六卷。(邵氏)

〔補〕○北宋明道刊本,八行十七字,白口,四周單闌。存卷五,卷八,計
　　二卷,日本高山寺藏。羅振玉氏已印入吉石盦叢書初集中。○明嘉
　　靖三年馬紀刊本,十行十八字,注雙行同,白口,左右雙闌。後有紹
　　興甲子葛祐之舊序及嘉靖甲子王廷相序,為馬紀據宋紹興無為軍本
　　覆刻於湘潭者,即敏求記所云刊於湖湘之本。此為中土所存最古之
　　本,然其文注頗有混淆處。余藏。○明萬曆胡震亨刊祕册彙函本,
　　九行十八字,白口,左右雙闌。從馬紀本出。○明寫本,十行十七
　　字,鄧君邦述羣碧樓藏。此本已印入四部叢刊初編,余曾據以校津
　　逮祕書本,可補脫文六十餘行,允稱善本。○明崇禎毛氏汲古閣刊
　　津逮祕書本,八行十九字,白口,左右雙闌。從胡震亨本出。有脫

文。○清嘉慶十年張氏照曠閣刊學津討原本,九行二十一字,黑口,左右雙闌。黄廷鑑以黄丕烈藏校宋本校之,補正文百餘字,注七百餘字,卷五脱葉四百一十餘字,零星填補五百一二十字,共補入一千七百餘字。○清寫本,緑格,十二行二十五字。何紹基題籤。葉德輝藏。○清光緒元年湖北崇文書局刊子書百家本。○清光緒二十二年袁昶刊漸西村舍叢刻本。

〔補〕**耒耜經一卷**　唐陸龜蒙撰。○明嘉靖間衹洹館刊小十三經本,十行十八字,白口,左右雙闌,版心上方有“衹洹館”三字。庚午歲見。○明萬曆二十五年金陵荆山書林刊夷門廣牘本。○明崇禎間毛氏汲古閣刊津逮祕書本。○清順治三年李際期宛委山堂刊説郛本,在卷一百九。○清嘉慶十年張氏照曠閣刊學津討原本。四庫存目。

農書三卷附蠶書一卷　農書宋陳旉撰,蠶書秦湛撰。○四庫依影宋抄本。○知不足齋本。○龍威祕書本。○函海僅刊農書。○路小洲有影宋抄本。○諸家書目俱以蠶書為秦觀作,附刊淮海集内,四庫目以為秦湛字處度,乃觀之子,未知孰是。

〔補〕**農書三卷**　宋陳旉撰。○清乾隆間刊知不足齋叢書本,從小山堂寫本出,在第九集。○清乾隆間李氏萬卷樓刊函海本。○清乾隆五十九年石門馬氏大酉山房刊龍威祕書本。○清同治七年刊藝苑捃華本。

〔補〕**蠶書一卷**　題宋秦觀撰,四庫總目題秦湛撰。○明萬曆刊百陵學山本,十行二十字,細黑口,左右雙闌。○明萬曆二十五年金陵荆山書林刊夷門廣牘本,九行十八字,白口。○清順治三年李際期宛委山堂刊説郛本,在卷一百七。○清乾隆間刊知不足齋叢書本,在第九集。○清乾隆五十九年馬氏大酉山房刊龍威祕書本。○清同治七年刊藝苑捃華本。

〔補〕**耕祿稿一卷**　宋胡錡撰。○宋咸淳間刊百川學海本，十二行二十字，細黑口，左右雙闌。余藏。○明弘治十四年華珵刊百川學海本，行款同宋本，白口。余藏。○明嘉靖十五年鄭氏宗文堂刊百川學海二十卷本，十四行二十八字，白口，左右雙闌。○明萬曆商濬半埜堂刊稗海本，九行二十字，白口，四周單闌。在第九函。

〔補〕**於潛令樓公進耕織二圖詩一卷附錄一卷**　宋樓璹撰。○清乾隆間刊知不足齋叢書本，在第九集。○清乾隆五十九年石門馬氏大酉山房刊龍威祕書本。清同治七年刊藝苑捃華本。四庫存目。

農桑輯要七卷　元至元十年官撰。○聚珍本。○閩覆本。○蘇杭縮本。○格致叢書本。○徐氏傳是樓書目有此七卷。○胡文煥校本即格致本也。○錢曾敏求記有元刊大字本，云近年所行惟小字本，而此刻不多見，小字本疑即胡文煥本也。

〔補〕○元刊本，九行十八字，注雙行同，白口，左右雙闌。引用書以陰文別之。劉啟瑞食舊德齋藏，為內閣大庫舊儲。余曾取校聚珍本，有所訂正。○清乾隆武英殿聚珍版書本。余曾據盧文弨校本校，並錄盧氏校記。○清光緒二十五年廣雅書局翻聚珍本書本。余曾用元本校。

農桑衣食撮要二卷　元魯明善撰。○墨海金壺本。○珠叢別錄本。○長恩書室本。○元延祐甲寅刊本。○至順元年重刊本。

〔補〕**新刊農桑撮要二卷**　元魯明善撰。○明刊大字本。八行十八字，黑口，四周雙闌。似內府刊本。海虞瞿氏藏。

〔補〕**農桑撮要不分卷**　元魯明善撰。○明刊本，十行二十二字，黑口，四周雙闌。前至順元年六月甲申序，然至順以下十字乃挖補填寫者。次張棟序，言延祐甲寅魯明善編類成帙。有顧竹泉藏印。涵芬樓藏。

農書二十二卷　元王楨撰。○聚珍本。○明刊本，農桑通訣六卷，農

穀譜十卷,農器圖譜二十卷,合三十六卷,嘉靖庚寅刊本。○萬曆四
十五年鄧渼重刊本。○元刊本。

〔附〕○歸安劉氏藏嘉靖庚寅刊本農桑通訣六卷,農器圖譜二十卷,穀
譜十一卷,版心魚尾上皆署農桑通訣。前有臨清閻閎序,後有嘉靖
十一年山東布政史司移咨文。萬曆二年章丘縣刊本同。(王國維)

〔補〕**農書三十六卷** 元王楨撰。○明嘉靖九年山東布政史司刊本,
十一行二十二字,白口,左右雙闌。庚戌文琳堂見,值昂未得收。○
明萬曆四十五年鄧渼刊本,十行二十字。余有殘册。

〔補〕**種樹書三卷** 元俞宗本撰。○明萬曆二十五年金陵荆山書林刊
夷門廣牘本。

〔補〕**種樹書一卷** 元俞光本撰。○明萬曆間胡文煥會文堂刊格致叢
書本,十行二十字,白口,左右雙闌。書名前加"新刊"二字。余藏。
○明童珮刊奚囊廣要本,九行十八字,白口,四周單闌。前有洪武十
二年俞氏自序。有"童氏樂志齋雕"隸書牌子。余藏。

救荒本艸二卷 明周定王朱橚撰。○明刊本。○格致叢書本二卷。
○嘉慶丙寅張祥雲重刊格致本。

〔附〕○余見明刊本,有嘉靖四年李濂序,似係得永樂四年原刊板重印
者,每卷又分前後,共為四卷。(王國維)

〔補〕○明嘉靖刊本,十六行二十四五字,黑口,四周雙闌。京肆見殘本
一卷。

〔增〕**便民圖纂十六卷** 不著撰人。第一卷務農圖十五,第二卷女紅
圖十六,第三卷以下分十六類。○弘治壬戌刊本。○嘉靖壬子重刊
于貴州。其中利民用者頗多。四庫存目。

〔補〕**陳眉公訂正農說一卷** 明馬一龍撰。○明末刊寶顏堂普祕笈
本,余藏。此書四庫入存目。

〔補〕**田家五行二卷** 明婁元禮撰。○明萬曆龍山童珮子鳴刊奚囊廣

要十三種本,九行十八字,白口,四周單闌。題"田舍子娶元禮鶴天
述",又有篆文牌記,文曰"龍山童氏新雕"。○廣百川學海本。

野菜博錄四卷 明鮑山撰。○明刊本。

〔補〕**野菜博錄三卷** 明鮑山撰。○明天啟刊本,白口,四周單闌。李
木齋先生藏。余亦收得一帙,明天啟二年刊。三冊。

農政全書六十卷 明徐光啟撰。○平露堂刊本。○道光中貴州刊
本。○道光癸卯滬上曙海樓刊本。

〔補〕**農政全書六十卷** 明徐光啟撰。○明崇禎十二年平露堂刊本,
九行二十字。白口,四周單闌。○清道光十七年貴州刊本。○清同
治十三年山東刊本。

泰西水法六卷 明西洋熊三拔撰。○附農政全書本。○又刊本。○
埽葉山房刊本。

〔附〕余有天學初函本。(王國維)

〔補〕天學初函器編本,明萬曆天啟間刊,十行二十二字,白口,左右雙
闌。北京圖書館藏。

〔增〕**沈氏農書一卷** 題漣川沈氏原撰、張履祥校定。○坿刊楊園全
書中。○又有學海類編本。按:四庫存目。

〔補〕**沈氏農書一卷** 明沈□撰,清錢爾復訂正。○清道光十一年六
安晁氏活字印學海類編本,在集餘六藝能中。

〔補〕**沈氏農書一卷** 明沈□撰。○清張履祥補。○清道光間刊昭代
叢書癸集本。四庫存目著錄此本。

〔補〕**御製耕織圖詩一卷** 清焦秉貞繪,清聖祖題。○清康熙三十五
年刊本。陶湘影印行世。

欽定授時通考七十八卷 乾隆二年奉敕撰。○內府刊本。○乾隆
九年江西巡撫刊本。

〔補〕○乾隆七年內府刊本。○清道光六年四川藩署刊本。

〔補〕**六經農用集傳十二卷**　清魏一川撰。○稿本，有康熙庚寅自
　序。古書流通處見。

〔補〕**煙草譜不分卷**　清陳琮輯。○舊寫本，朱格，九行二十字，版心
　有"昭代叢書壬編"六字，然實未刊入。前有嘉慶二十年自序。

上農家類

藏園訂補邵亭知見傳本書目卷七

藏園訂補郘亭知見傳本書目卷八

獨山莫友芝子偲　　撰

江安傅增湘沅叔　　訂補

子部五

醫家類

〔補〕**東垣十書**　○明嘉靖八年遼藩梅南書屋刊本,十一行二十字,白口,左右雙闌。版心下方有"梅南書屋"四字。子目列後,共十種,二十卷。脈訣一卷,宋崔嘉彥撰。湯液本草三卷,元王好古撰。脾胃論三卷,金李杲撰。内外傷辯惑論三卷,金李杲撰。蘭室秘藏三卷,金李杲撰。醫經溯洄集一卷,元王履撰。格致餘論一卷,元朱震亨撰。局方發揮一卷,元朱震亨撰。東垣先生此事難知集二卷,金李杲撰。外科精義二卷,元齊得之撰。四庫存目。○此書尚有正德本,余未之見。○又有萬曆周曰校本。○日本有翻梅南書屋本。

〔補〕**薛氏醫按二十四種一百七卷**　明新安吳琯編。○明萬曆刊本,十行二十字,白口,左右雙闌。子目列後。十三經發揮三卷,元滑壽撰。難經本義二卷，元滑壽注。本草發揮四卷。明徐彥純輯。
平治薈粹三卷，元朱震亨撰。內科摘要二卷，明薛己撰。明醫雜著
六卷，明王綸撰，薛己注。傷寒鈐法一卷，漢張機撰。外傷金鏡錄一
卷，明薛己撰。原機啟微二卷，附錄一卷，明倪維德、薛己撰。以上
內科。保嬰撮要二十卷，明薛鎧撰。錢氏小兒直訣四卷，宋錢乙撰，
明薛鎧注。陳氏小兒痘疹方論一卷，明薛己註。保嬰金鏡錄一卷，
明薛己撰。以上幼科。婦人良方二十四卷，宋陳自明撰，明薛己註。
女科撮要二卷，明薛己撰。以上女科。立齋外科發揮八卷，明薛己
撰。外科心法七卷，明薛己撰。外科樞要四卷，明薛己撰。外科經
要三卷，宋陳自明撰，明薛己註。癰疽神祕驗方一卷，明陶華撰。外
科經驗方一卷，明薛己撰。正體類要二卷，明薛己撰。口齒類要一
卷，明薛己撰。癘瘍機要三卷，明薛己撰。以上外科。

〔補〕古今醫統正脈全書四十四種二百六卷 明王肯堂輯。○明

萬曆二十九年新安吳勉學刊本，十行二十字，白口，四周單闌。子目
列後。重廣補註黃帝內經素問二十四卷，遺篇一卷，唐王冰註。黃
帝素問靈樞經十二卷。鍼灸甲乙經十二卷，晉皇甫謐撰。華先生中
藏經八卷，漢華佗撰。脈經十卷，晉王叔和撰。難經本義二卷，元滑
壽撰。注解傷寒論十卷，漢張機，金成無己撰。傷寒明理論四卷，金
成無己撰。新編金匱要略方論三卷，漢張機撰。增注類證活人書二
十二卷，宋朱肱撰。素問玄機原病式一卷，金劉完素撰。黃帝素問
宣明論方十五卷，金劉完素撰。傷寒標本心法類萃二卷，金劉完素
撰。劉河間傷寒醫鑒一卷，金馬宗素撰。素問病機氣宜保命集三
卷，金劉完素撰。劉河間傷寒直格驗方三卷，金劉完素撰，元葛雍
編。張子和心鏡別集一卷，金常德編。河間傷寒心要一卷，金鎦洪
編。（以下十種全收東垣十書，共二十卷，見前，略去不錄）醫壘元戎
一卷，元王好古撰。海藏癍論萃英一卷，元王好古撰。丹溪先生心

法五卷附錄一卷,元朱震亨撰。新刻校定脈訣指掌病式圖説一卷,
金李杲撰。丹溪先生金匱鉤玄三卷,元朱震亨撰。醫學發明一卷,
元朱震亨撰。活法機要一卷,元朱震亨撰。祕傳治證要訣十二卷,
明戴原禮撰。治證要訣類方四卷,明戴原禮撰。儒門事親十五卷,
金張從正撰。傷寒瑣言一卷,明陶華撰。傷寒家祕的本一卷,明陶
華撰,殺車槌法一卷,明陶華撰。傷寒一提金一卷,明陶華撰。傷寒
證脈藥截江綱一卷,明陶華撰。傷寒明理續論一卷,明陶華撰。○
此書書有清初金陵蘊古堂重修印本。○又有清江陰朱文震刊本。

黃帝素問二十四卷 唐王冰註。○明潘氏黃海本,吳勉學古今醫統
本,近日日鎮江新刊仿宋本。並二十四卷。○明周曰校刊本,明趙
簡王居敬堂刊本,並十二卷。○明吳梯校刊本,十卷。○天祿後目
有黃帝內經合素問靈樞四十八卷。○元至元己卯菖節古林書堂刊
本併為十二卷,末附素問入式奧論三卷,遺篇一卷,黑口,每頁二十
三行,行二十三字,平津館有藏本。○明嘉靖庚戌武陵顧從德翻雕
宋本王註二十四卷,最善,十行,行二十字,雙行行三十字。

〔附〕○明成化熊宗香刻本亦有素問入式奧論。(眉)○明小字本。○
汲古本。(邵氏)

〔補〕**黃帝內經素問二十四卷** 唐王冰註,宋林億等校正,孔兆改誤。
亡篇一卷 ○金刊本,十三行二十字,註雙行三十字,細黑口,四周
雙闌,字體與平水本尚書注疏同。存卷三至五,十一至十四,二十,
亡篇一,計九卷。

〔補〕**重廣補註黃帝內經素問二十四卷** 唐王冰註,宋林億等校
正,孫兆改誤。○明嘉靖二十九年顧從德翻宋本,十行二十字,註雙
行三十字,白口,左右雙闌。余有殘帙。此本已印入四部叢刊初編。

〔補〕**新刊黃帝內經素問二十四卷** 唐王冰註,宋林億等校正,孫兆
改誤。**忘篇一卷** ○元讀書堂刊巾箱本,十行十八字,註雙行同,細

黑口，左右雙闌。前王冰序，次高保衡林億序，目後有牌子，文曰"□□□□□讀書堂刊"，二行，估人挖去年號欲充宋刊。音釋附每條注後，與顧從德翻宋本異。

〔補〕**新刊補註釋文黃帝内經素問十二卷** 唐王冰註，宋林億等校正，孫兆改誤。○元後至元五年胡氏古林書堂刊本，十三行二十三字，細黑口，四周雙闌。袁寒雲藏，後歸劉承幹嘉業堂。○明嘉靖中趙府居敬堂刊本，書名標補註釋文黃帝内經素問，十二卷，八行十七字，註雙行同，白口，四周雙闌，版心上方有"趙府居敬堂"五字。

〔補〕**黃帝内經素問補註釋文五十卷** 唐王冰註，宋林億等校正，孫兆改誤。○明正統道藏本，五行十七字。已印入道藏舉要。

〔補〕**黃帝内經素問遺篇五卷** 宋劉温舒原本。○明正統道藏本，五行十七字。在太玄部。已印入道藏舉要。

〔補〕**京本校正注釋音文黃帝内經素問十五卷** 唐王冰註，宋林億等校正，孫兆重改誤。**素問入式運氣論奥一卷** 宋劉温舒撰。**素問運氣圖括定局立成一卷** 明熊宗立輯。**黃帝内經素問靈樞運氣音釋補遺一卷** 明熊宗立撰。○明書林詹林所刊本，十二行二十五字，白口，四周雙闌。京肆見，歸李木齋先生。素問運氣圖括定局立成一卷四庫存目。

〔補〕**黃帝内經素問二十四卷** 明吳崑註。○明萬曆刊本，八行十七字，白口，左右雙闌。

〔增〕**素問玄珠密語十卷** 舊題唐王冰撰，實宋人偽托也。○陽湖孫氏有舊抄本。○拜經樓有影寫宋本玄珠密語十六卷，每頁十六行，行十六字，陳鱣仲魚校過，謂後數卷脱遺若干頁，當以道藏本抄補足之。今吳本歸邵亭，檢道藏目錄，道藏本實十七卷，當缺一卷，而仲魚以為不缺。○丁卯冬在丁禹生許見十卷本舊抄，校吳本多四篇，合三十篇，蓋即晁公武志所記之本，與道藏本卷數不合，而書較完，即諸缺頁亦可校補,雖公武斥其僞,而發明五運六氣,亦醫所不可廢也。

〔補〕**素問六氣玄珠密語十七卷** 唐王冰撰。○明正統道藏本,在太玄部。已印入道藏舉要中。四庫存目入術數類。

〔補〕**素問六氣玄珠密語五卷** 唐王冰撰。○舊寫本,十二行二十三字。有萬曆三十九年辛亥張希堯序。有秦恩復藏印。聊城楊氏藏。

〔增〕**素問釋義十卷** 國朝張琦撰。○道光十年宛鄰書屋刊本。

靈樞經十二卷 南宋史崧始傳於世。○明趙府居敬堂本。○周曰校刊作二十四卷。○醫統本十二卷。○昭文張氏有至元己卯庚辰刊本,目錄後有“至元己卯古林胡氏新刊”一條,卷一後又有“至元庚辰菖節古林書堂印行”二行。明成化刊本。

〔補〕**新刊黃帝內經靈樞十二卷** ○元刊本。十四行二十四字。

〔補〕**黃帝內經靈樞二十四卷** ○明翻宋本,十行二十字,白口,左右雙闌。每卷附音釋。版式行款與顧從德翻宋本素問全同。

〔補〕**黃帝素問靈樞集註二十三卷略一卷** 宋史崧撰。○明正統道藏已印入道藏舉要中。

〔補〕**黃帝素問經樞經十二卷** 宋史崧音釋。○明嘉靖間趙府居敬堂刊本,八行十七字,細黑口,四周雙闌。版心上方陽面有“趙府居敬堂”五字。前有紹興二十五年史崧舊序。每卷末附音釋。此本已印入四部叢刊。

〔增〕**校定神農本草經三卷** 國朝孫馮翼輯。○問經堂叢書本。

難經本義二卷 周秦越人撰,元滑壽註。○醫統本。○明萬曆本九卷,內有寶命重刊。○明王九思等集五家註五卷。○守山閣本。○又有日本國佚存叢書本。四庫未收。○守山即據佚存本。

〔增〕**難經纂圖句解七卷** 宋臨川李駉子埜句解。出道藏本。○昭文張氏有此,李駉脈訣集解十二卷後。

〔補〕**黄帝八十一難經纂圖句解七卷註義圖序論一卷** 宋李駧撰。○明正統道藏本，在太玄部。已印入道藏舉要。

〔補〕**圖註八十一難經八卷** 明張世賢撰，○明嘉靖三十三年吳門沈氏碧梧亭刊本，十行十八字，註雙行同，白口，左右雙闌。序後有"吳郡沈氏碧梧亭校梓"一行。四庫存目。

〔增〕**難經集註五卷** 明王九思等集註。是書集吳呂廣、唐楊元操、宋丁德用、虞庶、楊康侯各家之説。晁志云，德用于經文隱奧者為圖以明之。則書中圖説殆德用所為。○是編日本人以活字擺印。呂楊各註今無傳，亦藉此以存。○阮氏以進呈。

〔補〕**王翰林集註黄帝八十一難經五卷** 明王九思撰。○日本寬政至文化間刊佚存叢書本。十行二十字，細黑口，四周單闌。後有癸亥花朝天瀑跋。已印入四部叢刊初編中。

甲乙經十二卷 晉皇甫謐撰。○吳勉學刊本十二卷。○汲古閣有影宋抄本。○張君吾有明正統六年抄本，題黄帝三部鍼灸甲乙經十二卷，後有熙寧二年四月二十三日進呈，奉聖旨鏤板施行一條。後列富弼、趙汴等銜名，末有題識，云琴川永惠堂俞氏家藏。

〔附〕○明刊小字本。

〔補〕**鍼灸甲乙經十二卷** 晉皇甫謐撰。○明刊本，十行二十字。前有林億等校書進入序，又自序。翰文齋見。

〔補〕**仲景全書四種二十六卷** 傷寒論十卷，成無已註解傷寒論十卷，傷寒類證三卷，金匱要略方論三卷。○明萬曆二十七年趙開美翻宋本。前趙開美刊書序，次林億等校定傷寒論序，次傷寒卒病論集，次醫林列傳，次錄宋元祐二年九月國子監牒文，次目錄。本書標題下題"漢張仲景述，晉王叔和撰"。"宋林億校正"，"明趙開美校刻"，"沈琳同校"四行。卷末有"世讓堂翻宋本"，牌子二行。

〔補〕**新編金匱方論三卷** 漢張機撰，晉王叔和輯，宋林億詮次。○

元刊本，十三行二十四字，黑口，四周雙闌。有楊守敬跋。李木齋先生遺書，二册。丁丑津門見。

〔補〕**新編金匱要略方論三卷** 題漢張機撰，晉王叔和集，宋林億等詮次。○明刊本，十行二十二字，上空一格，實二十一字，白口，四周單闌。序後有俞橋識語十行。○明刊本，十行二十字，白口，左右雙闌，間有四周雙闌者，本書四行題"大明新安吳勉學閱，應天徐鎔校"。

〔補〕**金匱玉函經八卷** 題漢張機撰，晉王叔和集，宋林億校，清陳世傑重校。○清昭遠堂刊本，八行十八字。前有康熙丙申陳世傑序、陳汝楫序、何焯跋、林億等進呈序。

金匱要略論註二十四卷 漢張機撰，國朝徐彬註。○醫統本三卷，無註。○康熙辛亥刊本。

傷寒論註十卷附傷寒明理論三卷論方一卷 漢張機撰，晉王叔和編，金成無已註。○明吳勉學刊本。○傷寒論註，元大德甲辰孝永堂重刊本木長印，黑口，每頁二十四行，行二十四字，陽湖孫氏藏。○昭文張氏有影抄金大定壬辰翻刻皇統甲子本，題傷寒論註解。

〔附〕○金大定壬辰王鼎本。

〔補〕**註解傷寒論十卷** 漢張機撰，晉王叔和編，金成無已註。○明嘉靖二十四年汪處敬主一齋刊本，十行十九字，白口，左右雙闌。目錄後有"歙巖鎮汪氏主一齋校刊"牌子二行。前有嘉靖二十四年鄭佐序，後有同年江瓘後序，均云汪君處敬取汪希說家藏善本校刊付梓。本書卷首三行下方題"明汪濟川校正"，即其人也。書前附圖解運氣圖一卷。○明吳勉學刊本，十行二十字，白口，四周單闌。○清光緒掃葉山房刊本。余藏。

〔補〕**傷寒明理論三卷方論一卷** 金成無已撰。○宋刊本，十行二十字，白口，左右雙闌。前有壬戌八月嚴器之序。缺方論一卷，割去目錄，以充完書。鈐有清怡府明善堂及李之郁藏印。○明葛澄刊本，十行二十字。前嚴器之舊序，又方論序及開禧元年張孝忠跋。目錄次行題"古濠葛澄刊"。何煌校並錄毛表跋。蟫青書室見。

肘後備急方八卷 晉葛洪撰。○陳永培刊六醴齋醫書本。○元至正間翻本。○明萬曆劉自化刊本。○明李栻刊本，又名百一方。○明嘉靖甲寅襄陽知府李容刊。○道藏本。○道光戊申瓶花書屋刊本。

〔補〕葛仙翁肘後備急方八卷 晉葛洪撰。○明正統道藏本。

〔增〕華氏中藏經三卷 漢華佗撰。○明江澄中刊本。○又古今醫統本。○又平津館校刊本。○埽葉山房本。○阮氏以進呈，謂吳中有趙孟頫手寫本，分上中下三卷。隋志有華佗觀形察色並三部脈經，蓋此書即其中卷也，文義古奧，非後人所能假托。

褚氏遺書一卷 題南齊褚澄撰。○六醴齋刊本。○廣百川學海本。○格致叢書本。

巢氏諸病源候論五十卷 隋巢元方等奉敕撰。○元刊細黑口本。○明汪濟川方鑛刊本。○嘉慶中單行本。○明吳勉學本，在醫統，善。

〔增〕脈經十卷 晉王叔和撰，宋林德億等校定。叔和高平人，官太醫令。是編依宋嘉定何大任刊本影抄，前有高保衡、孫奇、林億校上序，卷末載熙寧二年進書銜名及紹聖三年國子監雕板札子，與世傳偽本絕不同。○阮氏以進呈。○明袁表刊本。○此書四庫未錄，而存日圖註脈訣，提要云，今脈經十卷尚有明趙邸居敬堂所刊林億校本云，則當有趙府居敬堂刊本。○又醫統本。○又守山閣本。醫統不全，袁本多誤，惟守山較善。四庫未收。○張氏志影元刊本新刊王氏脈經，晉王叔和撰，宋林億等類次，目錄後有"天曆庚午歲廣勤葉氏刊"木記。○元有泰定四年本。○明成化重刊泰定本，據宋廣西漕司刊本。○天啟丙寅沈氏刊本。

〔附〕○明覆宋何大任本，即阮進本所從出也。無覆刊年月人名，絕精，故世以為宋刊，楹書隅錄亦然。疑亦有采進，不解何以失收。或云醫統本即翻宋本，俟考。（眉）

〔補〕○明嘉靖刊本，十二行二十字。白口，左右雙闌。有楊紹和跋，誤訂為宋本。○明萬曆三年福建布政使司督糧道刊本，九行十八字，白口，左右雙闌。卷首題"明晉安袁表景從甫類校"。有萬曆三年袁表後序。後題"福建布政使司督糧道刊行"。○明萬曆二十九年吳勉學刊古今醫統正脈全書本，十行二十字，白口，四周單闌。○清光緒十九年楊守敬覆刻宋本。

〔補〕**新刊王氏脈經十卷** 晉王叔和撰。○元天曆三年建安葉日增廣勤書堂刊本，十二行二十四字，細黑口，左右雙闌。序後有"天曆庚午仲夏建安葉日增誌於廣勤書堂"牌子七行。有黃丕烈藏印。涵芬樓藏。此本已印入四部叢刊初編中。

〔補〕**王氏脈經十卷** 晉王叔和撰，宋林億等類次。○明趙府居敬堂刊本，八行十七字，黑口，四周雙闌。

〔補〕**纂圖方論脈訣集成四卷** 題晉王叔和撰。○元至正九年己丑廬陵竹坪書堂刊本，十五行二十三字。卷末有"至正己丑廬陵竹坪書堂刊行"牌子二行。鈐有怡府明善堂藏印。海源閣遺書。

〔補〕**劉涓子鬼遺方五卷** 齊龔慶宣撰。○宋刊本，十三行二十三字，白口，左右雙闌。宋諱不避，然審其雕工，似是南宋中期浙本，或是翻刊金本歟。紙白而韌，刊刻甚精。海虞瞿氏藏。○顧廣圻影宋鈔本。嘉興忻寶華藏。

〔補〕**重刊孫真人備急千金要方三十卷** 唐孫思邈撰。○元刊本，十二行二十二字，細黑口，左右雙闌，左闌外上方記篇名。方名陰文。前有高保衡、孫奇、林億、錢象先等序，目後有牌子行書七行，後有治平三年經進後序。徐乃昌、劉承幹各藏一帙。

千金要方九十三卷 唐孫思邈撰。○明華氏刊。萬曆戊子稅氏刊。
○康熙二十八年張喻二氏刊。○宋刊黑口本三十卷，每頁二十四
行，行二十二字。此九十三卷本出道藏。○明喬氏世定小丘山房
刊。

〔補〕**孫真人備急千金要方九十三卷** 唐孫思邈撰。○明嘉靖二十
三年耀州喬世定小丘山房刊本，十一行二十四字，黑口，左右雙闌。
前三原馬理序、孫真人傳、嘉靖二十二年耀州房世寧序及高保衡舊
序，次目錄二卷，目前附凡例。版心有"喬氏世定刊行"六字。○明
刊本，十行十八字，失序跋，似萬曆刊本。○明正統道藏本，在太平
部。

〔增〕**千金翼方三十卷** 唐孫思邈撰。○明華氏刊本。○萬曆間王氏
刊本。

〔附〕○黃丕烈有宋刊千金翼方三十卷，內有抄補。（邵氏）

〔補〕○黃氏藏千金翼方三十卷，十四行二十四字，存卷一至五，十一至
十五，二十一至三十，計二十卷，宋刊本。餘用元、明刊本配補。有
黃氏三跋並題詩四首。

〔增〕**千金寶要六卷** 宋郭思從孫氏千金方擇要刻石者，有明景泰中
秦王重刊石于耀州孫真人祠。○舊拓本。○又同治木刻本。○平
津館刊本。○又阮氏所藏十七卷，依石本錄副以進呈。

〔補〕**千金寶要八卷** 唐孫思邈撰，宋郭思輯。○明正統刊本，十行二
十字。

〔增〕**元和紀用經一卷** 唐王冰撰。○六醴齋刊本。

銀海精微二卷 唐孫思邈撰。○萬曆十五年陳氏刊本。

外臺秘要四十卷 唐王燾撰。○明程衍道影宋本重刊。○明末經餘
居刊。○宋本每半頁十三行，行二十四字，吳門黃氏藏目錄及第二
卷，殘缺。

〔補〕○宋紹興間兩浙東路茶鹽司刊本，十三行二十四字，白口，左右雙
　　闌。後有皇祐三年内降指揮、熙寧三年鏤版指揮及林億等校正銜
　　名。各卷後有兩浙東路茶鹽司校勘官銜名二行。明高氏妙賞樓、項
　　篤壽萬卷堂藏印。日本静嘉堂文庫藏。

〔補〕**唐王燾先生外臺秘要方四十卷**　唐王燾撰，宋林億等校。○
　　明崇禎間新安程衍道刊本，十行二十二字，白口，四周單闌。

〔增〕**脈經一卷**　唐歐甄權撰。○路小洲有抄本。

顱顖經二卷　不著撰人。○函海本一卷。

〔增〕**玉函經一卷**　唐杜光庭撰。字聖賓，括蒼人，王建據蜀，官户部
　　侍郎，歸老青城山。書中辭簡義深，黎民壽註亦多發明。○阮氏依
　　宋刊影鈔進呈。

〔補〕**廣成先生玉函經一卷**　題前蜀杜光庭撰。○元刊本，十一行二
　　十一字，細黑口，左右雙闌。有黄丕烈跋。海虞瞿氏藏。

〔增〕**折骨分經一卷**　題綏安寧一玉撰，趙與時賓退錄稱慶曆間廣西
　　戮歐希範黨五十餘人，宜州推官吳一簡詳視之，圖其臟腑諸穴，以傳
　　于世云云。○路小洲有抄本。

〔增〕**聖濟經十卷**　宋徽宗御撰，辟雍學生昭武吳湜註。○昭文張氏
　　有明刊本。

〔增〕**重校正活人書十八卷**　宋朱肱撰。○昭文張氏有影宋抄本。
　　四庫未收。

銅人鍼灸經七卷　不著撰人。○明山西平陽府刊本。○正統八年書
　　林文宗堂刊本。平津館有此書，云勝今世所行七卷本。

〔附〕○元刊本。○嘉靖十三年本。（邵氏）

〔補〕**新刊銅人鍼灸經七卷**　不著撰人名氏。○元刊本，十三行二十
　　一字，黑口，左右雙闌。○明平陽府刊本，十行二十一字，白口，四周
　　單闌。前目錄，次行題“山西平陽府刊”。後有刊書題識五行，行十

四字。

明堂灸經八卷　題西方子撰。○明山西平陽府刊本。○明刊仿宋字本。

〔補〕**新編西方子明堂灸經八卷**　題西方子撰。○元刊本，十三行二十一字，黑口，左右雙闌。每行標題陰文。鈐清怡府藏印。○明嘉靖間刊本，十行二十一字，白口，四周雙闌。目前有"山西平陽府重刊"一行。

博濟方五券　宋王衮撰。○墨海金壺本。○珠叢別錄本。

蘇沈良方八卷　宋沈括撰。○六醴齋本十卷。○知不足齋本。○聚珍本。○閩覆本。○明刊本前有圖。

〔附〕○沈方有宋單刊本。（邵氏）

〔補〕○清嘉慶間吳省蘭刊藝海珠塵本。在革集。

〔補〕**蘇沈內翰良方十卷**　宋蘇軾、沈括撰輯。○知不足齋叢書本，從吳郡程氏藏本出。

壽親養老新書四卷　前一卷宋陳直撰，後三卷元鄒鉉續撰。○四庫依元至正中刊本。○天一閣目有刊本四冊，不言卷數。格致叢書本。

〔補〕○明刊本，十行十六字，大黑口，四周雙闌。前有至正壬午楊士弘序。似天順成化間刊本。江南圖書館藏，丁氏號為元刊。

脚氣治法總要二卷　宋董汲撰。○依抄閣本。

〔補〕○四庫本已印入四庫全書珍本初集中。

旅舍備要方一卷　宋董汲撰。○墨海金壺本。○珠叢別錄本。○長恩書屋本。○又董汲撰小兒班疹備急方一卷，有仿宋刊本。

素問入式運氣論奧三卷附黃帝內經素問遺經一卷　宋劉溫舒撰。○路小洲有宋刊本。○陽湖孫氏有元刊本。○姚若有元刊本。

〔附〕○明刊本。附素問後。

〔補〕**新刊素問入式運氣論奧三卷** 宋劉温舒撰。**黃帝内經素問遺篇一卷** ○元刊本，十四行二十四字，白口，四周單闌。顧麐士怡園藏書。

傷寒微旨二卷 宋韓衹和撰。○天一閣目有抄本。○墨海金壺本。○珠叢別錄本。○長恩書屋本。

傷寒總病論九卷附音訓一卷脩治藥法一卷 宋龐安時撰，音訓及修治藥法其門人董灼編。○道光癸未士禮居仿宋本。○吳門汪氏有宋刊小字本。

〔附〕○黃丕烈有宋刊本（邵氏）。

〔補〕**傷寒總病論六卷** 宋龐安時撰。**附音訓一卷修治藥法一卷** ○宋刊本，十行二十字。即士禮居叢書底本。

〔補〕**大德重校聖濟總錄二百卷** 題宋趙佶撰。○元大德三年江浙等處行中書省刊本，大版心，八行十七字，細黑口，四周雙闌。字體疏朗勁挺，猶存宋代杭本風範。内閣大庫舊貯，劉啟瑞食舊德齋藏。北京圖書館亦有大庫舊藏殘卷。

聖濟總錄纂要二十六卷 宋政和中奉敕撰。○乾隆五十年汪氏重校刊足本二百卷，内缺十卷。

證類本草三十卷 宋唐慎微撰。○天祿後目有宋刊本一部，金刊本一部，元大德刊本一部。○金貞祐二年刊本，附本草衍義二十卷。○明又有萬曆戊戌刊本。○證類本草，順治丙申刊本三十卷，序例二卷。○明陳鳳梧刊本。○陽湖孫氏有明刊本五種，別有元刊本，不附衍義，為宋刊之舊。又另有宋刊寇宗奭本草衍義單行本。○明成化戊子翻刻金泰和甲子晦明軒本。山東臬署刊。○又嘉靖壬子重刊本。○又隆慶壬申重刊本。○證類本艸，宋大觀二年仁和縣尉艾晟序小字本。○元大德壬寅宗文書院翻宋本。○金刻有泰和六年提舉醫學曹效忠小字本。○明萬曆丁丑王秋翻元大德本，所謂大

觀本艸也。○萬曆乙卯翻刊金泰和刊本,所謂政和本艸也。○萬曆
己卯本,二十行,行二十一字。○政和本二十四行,行二十二字。大
觀本二十四行,行二十字。王秋刊本二十四行,行二十三字。

〔附〕○楊協卿有宋刊大字本。○又有元刊小字本。○宋宣和刊衍義
本二十卷,葉二十四行,行二十一字。吳跋。邵氏,整理者案:楊協
卿宋刊大字本即宋嘉定四年劉甲梓州刊經史證類備急本草三十一
卷。吳跋宣和刊衍義即宋淳熙十二年江西轉運司刊本草衍義二十
卷,以有宣和元年寇約舊題致誤,又誤記行款為十二行。二書均已
補入,見後。

〔補〕**經史證類大觀本草三十一卷** 宋唐慎微撰。**附本草衍義二
十卷** 宋寇宗奭撰。○題金刊元明修補本,十二行二十一字,注雙
行二十五字,細黑口,四周雙闌。後有牌子,題貞祐二年嵩州福昌縣
夏氏書籍鋪印行,然係影寫補入。審其雕工風氣,近於元代建本,俟
更考之。海虞瞿氏藏。

〔補〕**經史證類大觀本草三十一卷** 宋唐慎微撰。○元大德六年宗
文書院刊本,十二行二十字,黑口,四周雙闌。李木齋先生藏。

〔補〕**經史證類備急本草三十一卷** 宋唐慎微撰。○宋嘉定四年劉
甲梓州刊本,十一行十九至二十一字,白口,左右雙闌。前嘉定四年
知潼川軍劉甲序,言初鋟於江西,再栞於南隆,今又點勘於東梓。後
有江西漕司淳熙十二年刊書銜名。海源閣楊氏藏。

〔補〕**重修政和經史證類備用本草三十卷** 宋唐慎微撰,宋寇宗奭
衍義。○金泰和甲子後乙酉平陽張存惠晦明軒刊本,十一行二十一
字,註雙行二十五六字,細黑口,四周雙闌。書名下有"乙酉新增衍
義"六小字,海鹽圖上有"平陽府姜一刊"小字一行。此書舊稱金本,
然泰和甲子後乙酉當宋淳祐九年,蒙古定宗死後海迷失后元年,實
為蒙古刊本。存十二卷。○明刊本,十二行二十三字,註雙行同,大

黑口，四周雙闌。從張氏晦明軒本出，並其牌記亦翻刻之。此本已
印入四部叢刊初編，似明成化弘治間刊本，或即莫氏所記之成化四
年本。○明嘉靖二年陳鳳梧刊本，十二行二十三字，白口，四周單
闌。○明嘉靖三十一年濟南守李遷刊本，十二行二十三字，白口，四
周單闌。有嘉靖三十一年王積、馬三才序。○明萬曆十五年內府刊
本，十二行二十三字，黑口，四周雙闌。有萬曆十五年御製序及王積
舊序，從嘉靖李遷濟南刊本出。

〔補〕**重刊經史證類大全本草三十一卷**　宋唐慎微撰，寇宗奭衍
　　義。○明萬曆五年王秋刊本，十二行二十三字，白口，四周單闌。卷
　　中有春穀王秋捐貲字樣。

〔補〕**本草衍義二十卷**　宋寇宗奭撰。○宋淳熙十二年江西轉運司刊
　　慶元元年重修本，十一行二十一字，白口，左右雙闌。有政和六年剳
　　子，後題“宣和元年　月本宅鏤板印造，姪宣教郎知解州解縣丞寇約
　　校勘”二行。末有慶元乙卯補刊識語及江西西路轉運司銜名四行。
　　鏡古堂見一帙，袁克文藏一帙，日本帝室圖書寮有一帙。○元刊本，
　　十二行二十一字，黑口，四周雙闌。○清光緒五年陸心源刊十萬卷
　　樓叢書初編本，翻元刊本。

〔補〕**新編類要圖註本草四十二卷序例五卷**　宋寇宗奭、許洪撰。
　　○宋建安余彥國勵賢堂刊本，十行十九字，註雙行，細黑口，四周雙
　　闌。題“通直郎添差充收買藥材所辨驗藥材寇宗奭編撰”，“敕授太
　　醫助教差充行在和劑辨驗藥材官許洪校正”。前有總目，次目錄，題
　　“桃谿儒醫劉信甫校正”，目前有刊書牌子七行，言本草舊有神農、圖
　　經、證類，版皆漫滅。今將是書新刊，類聚羣分，附以衍義、草木蟲魚
　　圖相、真楷藥性畏惡，炮炙製度，標列綱領，瞭然在目，易於檢閱，色
　　色詳具云云。目後有“建安余彥國刊於勵賢堂”牌子二行。日本帝
　　室圖書寮藏。

〔補〕**圖經衍義本草四十二卷上五卷** 宋寇宗奭撰。○明正統道藏本,在洞神部。已印入道藏舉要中。

全生指迷方四卷 宋王貺撰。○墨海金壺本。○珠叢別錄本。○長恩書室本。

小兒衛生總微論方二十卷 宋嘉定丙午太醫局刻本,不著撰人。○明刊黑口本。○弘治乙酉濟南朱臣刻于甯國府,改名保佑大全。

類證普濟本事方十卷 宋許叔微撰。○四庫依宋板抄出,凡丸字皆作圓。有單行刊本。○日本有續本事方十卷,曾收日本刊本校宋本。

〔增〕**傷寒九十論一卷** 宋白沙許叔微知可撰。諸家書目俱未著錄,其書先列病症,後論治法,剖析頗精,見張氏志。○胡珽琳瑯秘室曾依張氏本活字印行。

〔補〕**張仲景註解傷寒百證歌五卷** 宋許叔微撰。○元刊本,八行十七字,註雙行二十字,黑口,四周雙闌。書名大字佔雙行,下用陰文記卷數,次行題"白沙許叔微知可述"。顧廣士怡園藏書。海虞瞿氏亦藏一帙。○又見清影寫元刊本。○光緒七年陸心源十萬卷樓叢書翻元本。

〔補〕**新編張仲景註解傷寒發微論二卷** 宋許叔微撰。○元刊本,八行十七字,註雙行二十字,黑口,四周雙闌。書名大字。目後有木記,稱"對證用藥尚有方書陸續刊行,幸鑒"。辛亥冬見於吳門顧氏怡園。○清光緒七年陸心源十萬卷樓叢書翻元本。

〔增〕**類編朱氏集驗醫方十五卷** 宋朱佐撰。佐字君輔,湘蓮人,前有咸淳二年蘇景行序。凡所載宋代醫書多不傳之笈。○阮氏以進呈。

太平惠民和濟局方十卷 是書初刓于元豐,重修于大觀,後紹興、寶慶、淳祐中又遞有所增加,蓋南宋醫院以此書為祖本。○元刊本。

○明刊本。○道光十年渤海高氏續知不足齋本。又總論三卷，不足。○學津討原本，不足。

〔補〕○宋陳師文等撰。○元至正二十六年高氏日新堂刊本，附指南總論三卷，宋許洪撰，圖經本草藥性總論一卷。十四行二十三字，注雙行，黑口，四周單闌。説低一格，方低二格，方後説低三格。藥方名用白文。目後有"建安丙午年高氏日新堂刊行"牌子一行。圖經本草藥性總論上圖下説，十八行三十六字至八字不等。指南總論行格上卷同本書，下卷十七至十九行，行二十三四字。莫棠跋。文友堂見。京肆又見一帙。○元留畊書堂刊本，十四行二十三字，黑口，四周雙闌。書名及門類大字佔雙行。方名用陰文。前有陳師文等進書表，目後有"建安雙壁陳氏留畊書堂刊行"牌子一行。審其雕工，已是元明之際風氣。鈐有日本佐名文庫印。○元刊本，十五行二十四字，黑口，四周雙闌。有怡府明善堂藏印。南皮張氏書。

〔補〕**增廣校正和濟局方三卷**　○宋刊本，十一行二十一字，細黑口，左右雙闌。藥方名用白文。日本帝室圖書寮藏。

〔增〕**史載之方二卷**　宋史載之撰。○孫氏、阮氏並有。阮氏以進呈。

〔補〕○宋刊本，十一行十七字。日本靜嘉堂文庫藏書，陸心源皕宋樓故物。○清光緒五年陸心源刊十萬樓叢書本，在初編中。

〔增〕**錢氏小兒藥證真訣三卷**　宋錢乙撰。○聚珍板本。○惜陰軒叢書本。坊間仿宋刊本。○明熊宗立數證註釋本，十卷。

〔補〕**錢氏小兒藥證三卷**　宋錢乙撰。○宋刊本，八行十六字，白口，左右雙闌。明屠隆、文嘉、錢穀、清張蓉鏡遞藏。有錢天樹跋。

〔增〕**閻氏方一卷**　宋閻孝忠撰。孝忠一作季忠。前錢氏小兒方，卽閻氏所編。○有仿宋刊本。

〔補〕**備急總効方四十卷**　撰人未詳。○宋紹興二十四年刊本，十行十六字，白口，左右雙闌。方低一字，每證下注方所出書名。病題用

陰文，有紹興二十四年知平江軍府事李朝正序。卷一前十四葉補刊
配入。何厚甫秘密自清宮收來。價昂不得收。

〔增〕**嚴氏明理論三卷後集一卷**　宋嚴器之撰。○阮氏曾以進呈。
　○其書取寒証分五十門，詳為論，又其仲景百二十方，擇世人常用者
　二十方，各係論為後集。此從宋本影抄。

〔補〕**傷寒要旨一卷藥方一卷**　宋李檉撰。○宋乾道七年如埶郡齋
　刊本，九行十六字，白口，左右雙闌。末葉有"右傷寒要旨一卷，藥方
　一卷，乾道辛卯歲刻於姑埶郡齋"二行。百宋一廛賦注著錄，有黃丕
　烈跋。松江韓氏書，徐森玉處見照片，後為粵人潘宗周君收去。

〔增〕**洪氏集驗方五卷**　宋洪遵撰輯。○嘉慶己卯黃氏士禮居得季滄
　葦所藏宋本重刊。

〔補〕○宋乾道六年姑埶郡齋刊本，九行十六字，細黑口，左右雙闌。卷
　末有洪氏跋四行。用宋淳熙七至八年公牘紙印。明文徵明、清季振
　宜、黃丕烈、汪士鐘遞藏，有黃丕烈顧廣圻跋。海虞瞿氏藏。

〔增〕**雞峯普濟方三十卷**　宋張銳撰。○近道光戊子年蘇州汪士鐘
　仿南宋本刊，中缺二、三、六、八、共四卷。

衛生十全方三卷奇疾方一卷　宋夏德撰。按：四庫著錄，莫氏失收。

傳信適用方二卷　宋吳彥夔撰。按：四庫著錄，莫氏失收。

衛濟寶書二卷　題東軒居士撰。○依閣抄本。

〔附〕○路有鈔本。邵氏

〔補〕**類證增注傷寒百問歌四卷**　宋湯尹才撰。○明刊木，十一行
　二十一字，黑口，四周雙闌。卷一傷寒解惑論。前有乾道癸巳龍溪
　隱士湯尹才自序。卷二至四為類證歌一至九十三，均七言歌訣。○
　明初翻元本。江南圖書館藏，丁氏號為元刊本，

〔補〕**衛生家寶產科備要八卷**　宋朱端章輯。○宋淳熙十一年南康
　郡齋刊本，九行十五字，白口，左右雙闌。卷末有淳熙甲辰朱氏跋三

行。黃丕烈、瞿中溶跋，錢大昕觀款。海虞瞿氏藏。○清光緒十八
年陸心源刊十萬卷樓叢書本，在三編。

〔增〕**王氏百一選方八卷** 宋王璆撰。○袁氏五硯樓藏寫本。四庫
未收。○鐵樵云，王氏百一選方二十卷，曝書亭有元刊本三十卷，本
葛洪肘後方而增廣之。

〔附〕○孫淵翁謂即李杙刊之肘後方也。（眉）

醫說十卷 宋張杲撰。○宋刊大字本。○明翻宋大字本。○嘉靖間
刊本，不題撰人。○朱修伯曰隆慶間刊周恭續編十八卷。

〔附〕○黃丕烈有宋刊大字本。（邵氏）

〔補〕○宋刊本，九行十八字，白口，左右雙闌。有嘉定甲申彭方、李以
制跋，開禧丁卯江疇跋。江南圖書館藏。又一帙，卷二、卷七抄配。
李木齋先生跋。此書後尚應有寶慶丁亥徐杲跋，紹定元年諸葛興
跋，二本均佚去。○明嘉靖二十三年甲辰刊本，九行十八字，白口，
左右雙闌。有嘉靖甲辰馮彬、顧定芳序，言得宋本覆刻云云。序後
有“吳門許勘刊”一行。後有嘉定甲申彭方、李以制二跋，開禧丁卯
江疇跋，寶慶丁亥徐杲跋，紹定改元諸葛興跋，蓋即據前記宋刊付雕
者。○明嘉靖張子立刊本，十行二十字，白口，左右雙闌。李木齋先
生藏。

〔補〕**新編近時十便良方四十卷** 撰人未詳。○宋蜀中萬卷堂刊
本，十三行二十二字，白口，左右雙闌。前有慶元乙卯汾陽博濟堂
序。總目後有“萬卷堂作十三行大字刊行庶便檢用請詳鑒”十八字。
存十卷。海虞瞿氏藏。

〔補〕**活人事證藥方二十卷** 宋劉信甫撰。○宋建安余恭禮宅刊本，
書名標“桃溪居士”四字於前，十一行二十一字，細黑口，左右雙闌。
分二十門，前有嘉定丙子葉麟之序，序後有“建安余恭禮宅刻梓”牌
子一行。總目標題後有桃溪居士劉信甫識語四行。目錄前有識語，

言將常用藥性四百餘件附於卷首云云。有日本人印記多方及"陳介海外搜奇印記"一印，蓋得之東瀛者。待求書室見。

〔補〕歷代名醫蒙求二卷 宋周守忠撰。○宋臨安府太廟前尹家書籍鋪刊本，九行十七字，白口，左右雙闌。首嘉定庚辰蘇霖序，末周氏自序，序後有"臨安府太廟前尹家書籍鋪刊行"一行。鈐顧然、季振宜藏印。

針灸資生經七卷 宋王執中撰。○路小洲有元刊本。○宋嘉定庚辰徐正卿刊本。○紹定四年趙綸重刊。

〔補〕○元廣勤書堂刊本，十二行二十四字，黑口，四周雙闌。題太監王公編。目後有"廣勤書堂新刊"一行。顧麐士怡園藏書。海虞瞿氏亦藏一帙。

婦人大全良方二十四卷 宋陳自明撰。○宋刊本，每頁二十四行，行二十二字。

〔附〕○曾見明仿宋本，惜未收。（眉）○宋余勤有堂本。邵氏

〔補〕婦人良方二十四卷 宋陳自明撰。○明萬曆刊薛氏醫按二十四種本，十行二十四字，白口，左右雙闌。

〔補〕外科精要三卷 宋陳自明撰。明薛己注。○萬曆刊薛氏醫按二十四種本。

太醫局程文格九卷 不著撰人。○靜持室有依閣抄本。

三因極一病證方論十八卷 宋陳言撰。按四庫著錄，莫氏失收。○元刊本，題"青田鶴溪陳言無擇編"，十三行二十三字，細黑口，左右雙闌。藥方名陰文。前有行書自序。癸丑歲見。

產育寶慶方二卷 不著撰人。○函海本。

集驗背疽方一卷 宋李迅撰。○藝海珠塵依閣抄本。

〔附〕○路（小洲）有鈔本。（邵氏）

〔補〕○四庫本余癸西歲主持擬定四庫罕傳本選目時已選入，刊入四庫

全書珍本初集中。

濟生方八卷 <small>宋嚴用和撰。○張氏目有濟生拔萃方十卷。</small>

〔附〕○路有鈔本。

產寶諸方一卷 <small>不著撰人。依閣抄本。</small>

〔附〕○路有鈔本。

〔補〕**本草集方十卷** <small>撰人未詳。○宋刊本,十行十六字,白口,左右雙闌。門類用陰文,次列病證,次藥方低三格,次列用方之法,再低二格。存卷四、卷十,計二卷。鏡古堂見。</small>

〔補〕**保生要錄一卷** <small>宋蒲處貫撰。○明正統道藏本,五行十七字。在洞神部方法類。○明鈔說郛本,在卷八十四內。余藏。此本商務印書館已排印。○明末宛委山堂刊說郛本,在卷七十五。余嘗以家藏明鈔說郛本校之,改訂至百餘字。</small>

〔補〕**延壽第一紳言一卷** <small>宋愚谷老人撰。○清道光十一年六安晁氏活字印學海類編本,在集餘中。</small>

仁齋直指二十六卷附傷寒類書活人總括七卷 <small>宋楊士瀛撰。○明嘉靖庚戌刊本。</small>

〔補〕**新刊仁齋直指方論二十六卷** <small>宋楊士瀛撰。○元刊本,十四行二十四字。麻沙殘帙。</small>

急救仙方六卷 <small>不著撰人,○天一閣目有急救仙方十一卷,舊抄本。○平津館有抄本十一卷。○朱修伯曰道藏本十一卷,林億校正。</small>

素問元機原病式一卷 <small>金劉完素撰。○明刊醫統本。○明吳勉學河間六書本,合二十七卷。</small>

〔補〕**素問玄機原病式一卷** <small>金劉完素撰。○明刊本,十行十八字,眉闌上有註釋,題"良醫大梁張繼先、濟南胡嗣廉校"。疑是叢刻之一。蟫隱廬見。</small>

宣明方論十五卷 <small>金劉完素撰。○明刊醫統本。○河間六書本。○</small>

拜經樓藏元刊本七卷,每頁二十八行,行二十五字,後人翻刊,妄分
為十五卷。

〔增〕**圖解素問要旨論八卷**　金劉完素守真撰,馬重素重編。○阮氏
從金板影寫以進呈。

傷寒直格方三卷傷寒標本心法類萃二卷　金劉完素撰。○醫統
刊心法類萃二卷。

〔附〕○元翠巖精舍本。○河間六書本。(邵氏)

〔補〕**河間劉守真傷寒直格三卷**　金劉完素撰。元葛雝編校。○元
天曆元年建安翠巖精舍刊本,十六行二十九字,黑口,四周雙闌。李
木齋先生遺書。

〔補〕**新刊河間劉守真傷寒論方三卷後集一卷續集一卷別集一
卷**　金劉完素撰,葛雝編校。○元建安熊氏種德堂刊本。目後有"臨
川葛雝校正,建安熊氏刊行"牌子二行。日本帝室圖書寮藏。

〔附〕○拜經樓藏元刊本,有大定十年守真自序。(邵氏)

〔增〕**陳氏小兒病源方論四卷**　金陳文忠撰。字文秀,宿州符離人,
官太常,明小方脈,于小兒痘疹尤造其妙。金亡歸宋,處漣水十五
年,詳鄭全序。○阮氏依宋刻影寫進呈。

病機氣宜保命集三卷　金張元素撰。○醫統本。○河間六書本。○
濟生拔萃本。○明初寧王權刊本。

〔附〕○天祿後目有元刊本。(邵氏)

〔增〕**醫學啟源三卷**　金張元素撰。黃丕烈有此書,即錢遵王物,有蘭
泉老人張建吉甫序,亦金人,見張氏志,謂敏求記外無著錄者。

儒門事親十五卷　金張從正撰。○醫統本。

〔附〕○有元刊本。(邵氏)

〔補〕**張子和醫書十二卷**　金張從正撰,計儒門事親三卷,直言治病
百法二卷,十形三療三卷,攝要圖一卷,華扁病機論三法六門方一

卷,世傳名効神方一卷,治法雜論一卷。〇金刊本,十一行二十三、
四字,黑口,左右雙闌。書名大字佔雙行。後印本。日本靜嘉堂文
庫藏。

內外傷辨惑論三卷 金李杲撰。〇明吳勉學刊醫統本。〇東垣十書
合二十卷。〇另崔真人脈訣一卷,入存目。

〔補〕〇明刊東垣十書本,十行十七字,細黑口,四周雙闌。失去序跋,
不詳刊刻時地,以雕工審之,是明弘治、正德間閩本。劉承幹嘉業堂
藏,號為元本。

脾胃論三卷 金李杲撰。〇醫統本。〇東垣十書本。〇濟生拔萃本。

〔補〕〇明刊東垣十書本,題新刊東垣十書脾胃論,分上中下三卷。十
行十七字,細黑口,四周雙闌,失序跋,似明弘治、正德間閩中刊本。
劉承幹嘉業堂藏,號為元刊本。〇明嘉靖八年遼藩梅南書屋刊東垣
十書本,十一行二十字,白口,左右雙闌。

蘭室秘藏六卷 金李杲撰。〇醫統本。〇東垣十書本。〇濟生拔萃
本。〇元刊黑口巾箱本,頁二十行,行十七字,前有至元丙子羅天益
序。藏陽湖孫氏。

〔補〕**食物本草七卷** 題元李杲撰。**日用本草三卷** 題元吳瑞撰。
〇明萬曆四十八年太末翁氏刊本,九行二十字,白口,四周單闌。卷
首題錢允治校,即磬室之子功甫也。有萬曆四十八年錢氏序。揚州
湯伯和肆中見。李木齋先生有一帙。

〔補〕**攝生消息論一卷** 金邱處機撰。〇清道光十一年晁氏活字印學
海類編本。在集餘中。

醫壘元戎十二卷 元王好古撰。〇東垣十書作一卷。〇醫統本。〇
濟生拔萃本。〇嘉靖癸卯顧遂刊本。〇萬曆癸巳屠本畯刊本。

〔補〕**醫壘元戎一卷** 元王好古撰。〇明萬曆吳勉學刊東垣十書本,
十行二十字。此書及癍論萃英一卷舊本東垣十書不載,唯吳本有

之,實十二書。

此事難知二卷 元王好古撰。○東垣全書本。○醫統本。○濟生拔
萃本。○汲古有舊抄本,云與東垣十書中細校,大有不同。

〔補〕**東垣先生此事難知集二卷** 元王好古撰。○明刊東垣十書
本,十行十七字,黑口,四周雙闌,似正德本。○明嘉靖八年梅南書
屋刊東垣十書本,十一行二十字,白口,左右雙闌,版心有"梅南書
屋"四字。○明萬曆二十九年吳勉學刊古今醫統正脈全書本,十行
二十字,白口,四周單闌。

〔補〕**海藏老人此事難知一卷** 元王好古撰。○元刊濟生拔萃方本,
十二行二十四字,黑口,四周雙闌。已印入元明善本叢書中。

〔補〕**海藏老人陰證略例一卷** 元王好古撰。○元刊濟生拔萃方本。
○清光緒五年陸心源刊十萬卷樓叢書本,在初編。

〔補〕**海藏癍論萃英一卷** 元王好古撰。○元刊濟生拔萃方本。○
明萬曆二十九年吳勉學刊古今醫統正脈全書本。

湯液本艸三卷 元王好古撰。○東垣十書本。○醫統本。○又湯液
大法四卷,陰陽略例一卷,癍論萃英一卷,錢氏補遺一卷。

〔附〕○昭文張氏有明刊足本,十五卷。(邵氏)

〔增〕**新刊惠民御藥院方二十卷** 元御藥院編集,分十七門,凡一千
七百十二方,蓋金源舊本而遞有增益。自明文淵閣書目外無錄者。
○元至元刊本,見張氏志。

〔增〕**鍼灸四書八卷** 元建安竇桂芳編。○文淵閣書目著錄,凡四種:
一曰流注指微針賦,南唐何若愚撰集,常山閻明廣註,據閻序,何、閻
並金人,賦後即附明廣子午流注針經合三卷;一曰鍼經指南一卷,金
竇傑漢卿撰,宋金時有兩竇漢卿,同時同名字,且同以醫顯,金之漢
卿仕至太師,即撰鍼經指南者,宋之漢卿隱居不仕,即桂芳之父;一
曰黃帝明堂灸經,凡三卷;一曰灸膏肓俞穴法一卷,宋清源莊綽季裕

撰,宋史藝文志著錄;合四種為針灸四書,凡八卷。桂芳序後有"皇
慶壬子中元燕山活濟堂刊"木記,亦見張氏志影元刊本。

〔增〕**衛生寶鑑二十四卷補遺一卷** 元世槀城羅天一甫撰。○惜陰
軒叢書刊本。○又有明永樂刊本,見張志。

〔補〕○明嘉靖明德堂刊本,十二行二十五字,白口,四周雙闌。

〔增〕**永類鈐方三十二卷** 元李仲南編輯。○路小洲有元至順刊本,
係汲古舊藏,有印記。

瑞竹堂經驗方五卷 元沙圖穆蘇撰。○昭文張氏有明刊足本十五
卷,分十五門,門一卷。○天順時蜀板。○元刊本五卷,殘帙四至
八,亦見張氏志。

世醫得效方二十卷 元危亦林撰。○汲古閣有元刊本。

〔補〕○元刊本,十一行二十二字,黑口,四周雙闌。書名大字佔雙行。
有至元五年太醫院序及太醫院醫官銜名二十四行。後至元四年王
充耘序,後至元三年危亦林、陳志序及官醫提舉司牒文。卷中方名
用陰文。京肆見。海虞瞿氏亦藏一帙,詳繹似是明初翻本。

格致餘論一卷 元朱震亨撰。○吳勉學刊。○東垣十書本。○醫統
本。

局方發揮一卷 元朱震亨撰。○東垣十書本。○醫統本。

〔補〕○明刊東垣十書本,十行十七字,細黑口,四周雙闌。似明弘治、
正德間閩本。劉承幹嘉業堂藏,號為元本。東垣十書傳有正德本,
或即此書耶!

金匱鉤元三卷 元朱震亨撰。○東垣十書本。○醫統本。

扁鵲神應鍼灸玉龍經一卷 元王國瑞撰。○四庫依二老閣抄本。

〔補〕四庫本已印入四庫全書珍本初集中矣。

〔增〕**丹溪心法一卷附錄一卷** 元朱震亨撰。○明程充校刊本。又
方廣刊本二十四卷,脈法指掌病式圖說一卷,醫法發明一卷,活法機

要一卷，並朱氏撰。吳勉學校刊。

〔補〕**新鋟丹溪朱先生心法大全四卷**　元朱震亨撰，明楊珣類輯。
　　○明萬曆閩中書林劉氏喬山堂刊本，十一行廿五字。

〔增〕**活幼新書決證詩賦三卷**　元曾世榮編次。字德顯，衡州人，
　　業醫三十年，取平日閱証用藥已効者著為方論歌括。○文淵閣、
　　焦氏俱著錄。錢氏補志云二卷，蓋未見足本。○張氏志元至元
　　刊本。

〔補〕**濟生拔萃方十九卷**　元杜思敬編。○元刊本，十二行二十四
　　字，黑口，四周雙闌。鈐有明晉府藏印。涵芬樓藏。此本已印入元
　　明善本叢書中。

〔增〕**類編南北經驗醫方大成十卷**　元文江孫允賢編纂。○張氏金
　　吾藏元本。按：四庫存目。

外科精義二卷　元齊德之撰。○東垣十書本。○醫統本。

脈訣刊誤二卷附錄二卷　元戴啟宗撰。○明嘉靖間祁門汪機刊本。
　　○指海本。

醫經溯洄集一卷　元王履撰。○東垣十書本。○吳氏刊本。○醫統
　　本。

〔補〕○元刊本，十行十七字，黑口，四周雙闌。鈐有怡府明善堂、李之
　　郇、丁丙、鳳山藏印。

〔補〕**三元延壽參贊書五卷**　元李鵬飛撰。○元刊明印本，十二行二
　　十六字，黑口。顧麐士怡園藏。

〔補〕**如宜方二卷**　元艾元英撰。○明刊本，九行二十字。海源閣舊
　　藏。四庫存目。

〔補〕**四明滑伯仁先生讀素問鈔十二卷**　元滑壽撰。○明刊本，十
　　一行二十字，白口，左右雙闌。版心下左記某某寫，右記某某校正。
　　上加眉闌，有批語。前有高保衡、林億序。

〔補〕**十四經發揮三卷** 元滑壽撰。○明萬曆刊薛氏醫按二十四種本。

〔補〕**壽親養老書十卷** 撰人未詳。○明刊本，九行二十字。前有序，言書為元人編次，信州守金寄潤、陳宗器相繼刻於郡齋，嘉靖癸卯，饒守歐陽清又刻之云云。清怡府藏書。徐坊遺書。

普濟方四百二十六卷 明周定王朱橚撰。○四庫依天一閣抄本。

〔補〕**簡易普濟良方六卷** 明彭用光撰。○明嘉靖四十二年費增刊本，十行二十字。有序。鈐有查瑩藏印。徐坊遺書。

推求師意二卷 明戴元禮撰。○明嘉靖中陳桷刊本。

玉機微義五十卷 明徐用誠撰。○嘉靖元年金台汪諒刊翻元本。○嘉靖庚寅延平黃焯刊。○康熙癸未長洲沈氏重刊。

〔補〕**袖珍方四卷** 明李恒撰。○明初刊本，書名作"新刊袖珍方"，十六行二十五至二十六字，黑口，四周雙闌。總目於各卷標題下分注仁、義、禮、智四字陰文，隨卷又分為文、行、忠、信四字。涵芬樓藏。○明刊本，行款版式同前書，唯書名無新刊二字。徐坊遺書。

〔增〕**衛生易簡方十二卷** 明胡濙撰。○嘉靖中刊本。

〔增〕**奇效良方六十五卷** 一作六十九卷，明方賢撰。○有刊本。

〔補〕**奇效良方六十九卷** 明方賢撰。○明成化七年刊本。

仁端錄十六卷 明徐謙撰。○四庫依抄本。

薛氏醫案七十八卷 明薛己撰。○明秀水沈氏刊本。○天啟丁卯朱明重刊本。○又有坊刊本，附十四經發揮諸書，劣。

〔補〕**新編養生大要一卷** ○明嘉靖間徽藩崇古書院刊本，九行十七字，版心上方有"敕賜崇古書院刊"七字。後有鳳陽府儒學羅賢跋。余藏。

鍼灸問對三卷 明汪機撰。○嘉靖壬辰刊。

外科理例七卷附方一卷 明汪機撰。○嘉靖辛卯刊。

石山醫案三卷附案一卷 明陳桷撰。○汪石山醫學七書本。

名醫類案十二卷 明江瓘撰。○明萬曆刊本。○乾隆庚寅知不足齋
刊。

〔補〕**鍼灸大成十卷** 明楊繼洲家傳。○明萬曆二十九年趙文炳刊
本。十行二十二字，白口，四周雙闌。清代補刊本。

〔補〕**針方六集六卷** 明吳琨撰。○明萬曆程標刊本，八行二十字，白
口，左右雙闌。

赤水元珠三十卷 明孫一奎撰。○杭州吳氏刊本。

醫旨緒餘二卷 明孫一奎撰。○杭州吳氏刊。

證治準繩一百二十卷 明王肯堂撰。○明刊本。○近有程氏新刊
本。

〔附〕○程榮培刻細字本。佳。（眉）

本艸綱目五十二卷 明李時珍撰。○明萬曆癸卯刊。○崇禎庚辰
刊，○太和堂刊本。○順治中刊本。○康熙甲子重刊。○雍正十三
年重刊。○近年刊巾箱本。

〔補〕**本草綱目五十二卷** 明李時珍撰。○明萬曆三十一年江西刊
本，九行二十字，白口，四周單闌。

〔增〕**本艸綱目拾遺十卷** 錢塘趙學敏恕軒撰。拾李時珍之遺，首載
正誤一卷，自序題庚寅仲春。時珍子建元進綱目在萬曆二十四年丙
申，此後庚寅即順治七年也。述所著刊濟十二種，唯此僅存。

〔補〕**本草綱目拾遺十卷正誤一卷** 清趙學敏撰。○同治十年吉心
堂刊利濟十二種本。

奇經八脈考一卷 明李時珍撰。○附刊綱目後。

瀕湖脈學一卷 明李時珍撰。○附刊綱目後。

傷寒論條辨八卷附本草鈔一卷或問一卷痙書一卷 明方有執撰。○萬曆壬辰刊。○萬曆癸巳補拙齋刊。○康熙甲寅重刊。

先醒齋廣筆記四卷 明繆希雍撰。○種德堂重刊本。

神農本艸經疏三十卷 明繆希雍撰。○綠君亭刊本。

類經三十二卷 明張介賓編。○明天啟重刊本。

景岳全書六十四卷 明張介賓撰。○寅畏堂刊本。○又坊刊小字本。

温邱疫論二卷補遺一卷 明吳有性撰。○何玉林刊本。

疢瘤論疏一卷 明盧之頤撰。○醫林指月本。

本草乘雅半偈十卷 明盧之頤撰。○醫林指月本。

御定醫宗金鑑十卷 乾隆四年大學士鄂爾泰奉敕撰。○內府刊本。○外省翻本。○又外刊小字本。

尚論篇八卷 國朝喻昌撰。○乾隆二十八年刊本。○建昌程氏葵錦堂刊本，四卷。

醫門法律六卷附寓意艸一卷 國朝喻昌撰。○通行本。

〔補〕誠書十六卷 清談金章撰。○清乾隆四十年沈仲梅寫本，九行二十字，前有朱一是序，為唐翰題手寫補入。有唐氏二跋。吳重憙石蓮闇遺書。

傷寒舌鑑 國朝張登撰。○張氏醫書本。

傷寒兼證析義一卷 國朝張倬撰。○張氏醫書本。

〔增〕東醫寶鑑二十三卷 明高麗許浚撰。○高麗刊本。

絳雪園古方選註三卷附得宜本艸一卷 國朝王子接撰。○雍正十年刊本。

續名醫類案六十卷 國朝魏之琇撰。

神農本草經百種錄一卷　國朝徐大椿撰。○乾隆中刊本。○半松齋六種本。

蘭台規範八卷　國朝徐大椿撰。○半松齋六種本。

傷寒類方一卷　國朝徐大椿撰。○半松齋六種本。

醫學源流論二卷　國朝徐大椿撰。○半松齋六種本。

〔增〕**臨證指南醫案十卷**　國朝葉桂撰。○有刊本。○又徐批套板本。

〔補〕**沈氏尊生書五種七十二卷**　清沈金鰲撰。○清乾隆四十九年無錫沈氏刊本。二十六册，余藏。

〔補〕**黄氏醫書八種八十卷**　清黄元御撰。○清咸豐十年長沙燮和精舍刊本。十六册。余藏。

〔補〕**毆蠱燃犀錄一卷論蠱一卷**　燃犀道人撰。○清光緒十九年寶鏡山房刊本。一册。

〔增〕**本經疏證十二卷本經序疏要八卷本經續疏六卷**　○武進鄒澍學道光己酉序刊。

附錄

〔補〕**司牧安驥集八卷**　○明萬曆二十一年刊本，十二行二十四字，大黑口，四周雙闌。壬子杭州修本堂收得。四庫存目為三卷本。

〔增〕**療馬集六卷附牛經一卷駝經一卷**　明俞本元、本亨同撰。○坊刊本。

上醫家類

子部六

天文算法類

周髀算經二卷音義一卷 古本莫知誰作，趙爽註。隋志作趙嬰，未
詳孰是。○明趙開美刊本。○秘册彙函本。唐宋叢書本。○漢魏
叢書本。○學津討原本。○津逮秘書本。○津逮本附徐岳術數記
遺一卷。周髀聚珍板本。○閩覆本。○孔氏微波榭刊本。○戴校
算經十書本。

〔補〕○宋嘉定汀州鮑澣之刊本，九行十八字，白口，四周雙闌。○明末
汲古閣影寫宋嘉定汀州鮑澣之刊本。故宮藏。此本已印入天祿琳琅
叢書第一集中。○明萬曆趙開美刊本，九行十八字，白口，左右雙闌。
○明萬曆刊祕册彙函二十四種本，八行十八字，白口，左右雙闌。

〔增〕**甘石星經二卷** 漢甘公石申撰。○漢魏叢書津逮秘書並有。四
庫入存目。

〔補〕○明文淵閣寫本，有圖，為他本所無。蘇州鳴琴室楊馥堂寄來，余
代津館收之。辛亥七月。

〔補〕**星經二卷** ○明萬曆刊何允中刊廣漢魏叢書本。○清順治三年
李際期宛委山堂刊說郛本。

〔補〕**通占大象曆星經二卷** 題漢甘公、石申撰。○明正統道藏本，
五行十七字。在洞真部衆術類。○明嘉靖祇洹館刊小十三經本，十
行十八字，白口，左右雙闌。卷上首題原文缺一章。○明萬曆二十
年程榮刊漢魏叢書本，九行二十字，白口，左右雙闌。○明崇禎間汲
古閣刊津逮秘書本，八行十九字，白口，左右雙闌。

〔補〕**靈憲一卷渾天儀一卷** 漢張衡撰，清洪頤煊輯。○清嘉慶間孫

馮翼輯刻問經堂叢書本，在經典集林中。

〔補〕**靈憲一卷渾儀一卷**　漢張衡撰。清馬國翰輯。○清光緒九年長沙郎嬛館刊玉函山房輯佚書本。

〔增〕**天文大象賦**　隋李播撰，宋苗為註。○陽湖孫氏刊入續古文苑。

〔補〕**大象賦一卷**　隋李播撰，宋苗為注。○清道光間刊凌氏傳經堂叢書本。

〔補〕**天文大象賦二卷**　隋李播撰，宋苗為註。清孫之騄補。○清咸豐六年刊本。

〔補〕**漏刻經一卷**　不著撰人名氏。○清順治三年李際期宛委山堂刊說郛本。在卷一百九。

新儀象法要三卷　宋蘇頌撰。○守山閣本。○路小洲有宋刊本。○張氏志有影宋刊本，末有"乾道壬辰九月九日，吳興施元之刊本于三衢坐嘯齋"二行，錢曾舊藏。

〔增〕**銅壺漏箭制度一卷**　不著撰人。紹興初韓仲通守明州，造蓮花刻漏，簽判許堯昌為撰記銘，淳祐時郡守顏頤仲刊之。文淵閣目著錄。○吳門黃氏舊抄，張金吾藏本。

〔增〕**準齋心製几漏圖式一卷**　宋孫逢古撰。○文淵閣目有。○吳門黃氏舊抄，張金吾藏。

〔補〕**正朔考一卷**　宋魏了翁撰。○明萬曆間刊寶顏堂廣祕笈五十四種本，書名前加"寶顏堂訂正"五字，八行十八字，白口，四周單闌。余藏。○清順治二年李際期宛委山堂刊說郛本，在卷十。○清嘉慶十八年當塗金氏輯刻詒經堂藏書本。

〔增〕**大宋寶祐四年丙辰歲會天萬年具注曆一卷**　宋荊執禮等算造具註頒行。前列是歲節氣時刻，每月、日下具註吉凶星、宜某事、神人在某處等類，與今時憲書大略同。至所謂辟卦、公卦、侯卦、卿卦、大夫卦，則漢焦延壽分卦直日法也。○鈔本，有竹垞跋，見張金

吾書志。阮文達撫浙,曾錄以進呈。○丙寅歲六月,在滬見蔣敦復
收舊鈔。

六經天文編二卷 宋王應麟撰。○玉海後附元刊本。○至元六年王
厚孫刊。○今刊玉海附本。○學津討原本。○路小洲有宋刊本。
○雷學淇有古文經天象攷十二卷,圖說一卷,道光十九年刊。

〔附〕○路小洲有宋乾道刊本。(邵氏)

原本革象新書五卷 元趙友欽撰。○養新錄有元刊本不分卷。

〔補〕○元刊本,十三行二十四字。

〔補〕**革象新書五卷** 元趙友欽撰。○四庫本癸酉歲余與諸君商訂四
庫罕傳本書目時已選入,印入四庫全書珍本初集中。

重修革象新書二卷 元趙元欽撰。○明嘉靖戊午張淵刊本。

〔附〕○明弘治本。

〔補〕**重刊革象新書二卷** 元趙友欽撰,明王禕删定。○明刊本,九
行二十字,白口,四周單闌。似正嘉間刊。盧址抱經樓遺書。

〔補〕**天文書七卷** 明海達兒等撰。○明內府刊本,已收入涵芬樓祕
笈三集中。

七政推步七卷 明貝琳撰。○路氏有舊抄本。

〔補〕○四庫本已印入四庫全書珍本初集中。

〔補〕**象緯彙編二卷** 明韓萬鍾撰。○明寫本,有圖。盧址抱經樓遺
書。四庫存目。

聖壽萬年曆八卷附律曆融通四卷 明鄭王世子朱載堉撰。○明刊
樂律全書本。

〔補〕○明萬曆間鄭府刊樂律全書本,其萬年曆為二卷本。十二行二十
五字,黑口,四周雙闌。余只存律呂精義殘帙,記其行款如此。

古今律曆考七十二卷 明邢雲路撰。○明萬曆戊申刊本。

〔補〕○明萬曆三十六年總理紫荊保定右參政雁門張崇理等刊本,九行

十八字,白口,四周單闌。○清光緒五年定州王氏謙德堂刊畿輔叢書本。

〔補〕戊申立春考證一卷　明邢雲路撰。○明萬曆刊本,附萬曆三十六年刊古今律曆考後。○明萬曆間刊寶顏堂廣秘笈本,八行十八字,白口,四周單闌。余藏。○清光緒五年定州王氏謙德堂刊畿輔叢書本。四庫存目。

乾坤體義二卷　明西洋利瑪竇撰。○明萬曆間余永寧重刊本。

〔補〕經天該一卷　明西洋利瑪竇撰。○清嘉慶間吳省蘭輯刻藝海珠塵本,在革集中。○清道光間凌氏傳經堂叢書本。

表度説一卷　明西洋熊三拔撰。○明刊天學初函本。○守山閣本。

簡平儀説一卷　明西洋熊三拔撰。○明天學初函刊本。

〔補〕○清光緒二十四年金山錢氏刊守山閣叢書本。

天問略一卷　明西洋陽瑪諾撰。○明刊天學初函本。

〔補〕○清嘉慶間吳省蘭輯刻藝海珠塵本,在石集中。

〔補〕西洋新法曆書二十五種八十四卷　明徐光啟、李天經等修。○明崇禎中刊本。子目列後。渾天儀説五卷,西洋湯若望撰,羅雅谷訂,測天約説二卷,西洋鄧玉函撰,湯若望訂。大測二卷,西洋鄧玉函撰,湯若望訂。測食二卷,西洋湯若望訂。比例規解一卷,測量全義十卷,西洋羅雅谷撰,湯若望訂。學曆小辯一卷,明失名人撰。新法曆引一卷,西洋湯若望删定。曆法西傳一卷,新法表異二卷,西洋湯若望撰。日躔表二卷,日躔曆指一卷,月離表一卷,月離曆指四卷,西洋羅雅谷撰,湯若望訂。古今交食考一卷,交食曆指七卷,交食表九卷,西洋湯若望撰,羅雅谷訂。五緯表十卷首一卷,五緯曆指九卷,西洋羅雅谷撰,湯若望訂。黃赤道距度表一卷,西洋鄧玉函撰,龍華民訂。割圓八線表一卷,西洋羅雅谷、鄧玉函、湯若望同撰。籌算一卷,西洋羅雅谷撰,湯若望訂。遠鏡説一卷,新曆曉或一卷,西洋湯若望撰。幾何要法四卷,西洋艾儒略口述,明翟式穀筆受。

新法算書一百卷　明徐光啟與西洋龍華民等同撰。○順治、康熙先

後刊本。

測量法義一卷測量異同一卷句股義一卷　明徐光啟撰。○天學

初函本,無異同一卷。指海本。

渾蓋通憲圖説二卷　明李之藻撰。○天學初函本。○守山閣本。

〔補〕○明萬曆刊本,九行十八字,白口,四周雙闌,蘇州楊馥堂寄來,索
五元。

圜容較義一卷　明李之藻撰。○天學初函本。○守山閣本。

〔補〕天學初編理編九種器編十一種　明李之藻輯。○明萬曆天啟

間刊本,子目列後。理編:西學凡一卷,明西洋艾儒略撰。附景教流
行中國碑頌一卷,唐釋景淨撰。重刻畸人十篇二卷附西琴曲意一
卷,明西洋利瑪竇撰。交友論一卷,明西洋利瑪竇撰。明萬曆二十九
年刊。重刻二十五言一卷,明西洋利瑪竇撰。明萬曆三十二年刊。
天主實義二卷,明西洋利瑪竇撰。明萬曆三十五年刊。辨學遺牘一
卷,明西洋利瑪竇、明虞淳熙撰。七克七卷,明西洋龐迪我撰。明萬曆
四十二年刊。靈言蠡勺二卷,明西洋畢方濟口譯,明徐光啟筆錄。
器編:泰西水法六卷,明西洋熊三拔口譯,明徐光啟筆錄。萬曆四十
年刊。渾蓋通憲圖説二卷,首一卷,明李之藻撰。明萬曆四十一年
刊。幾何原本六卷,首六卷,明西洋利瑪竇口譯,明徐光啟筆錄。明
萬曆三十九年刊。表度説一卷,明西洋熊三拔口譯,明周子愚、卓爾
康筆錄。明萬曆四十二年刊。天問論一卷,明西洋陽瑪諾撰。明萬
曆四十三年刊。簡平儀説一卷,明西洋熊三拔口譯,明徐光啟筆錄。
明萬曆三十九年刊。同文算指前編二卷,通編八卷,明西洋利瑪竇
授,明李之藻演。明萬曆四十一年刊。圜容較義一卷,明西洋利瑪竇
授,明李之藻演。明萬曆四十二年刊。測量法義一卷,明西洋利瑪竇

口譯，明徐光啟筆錄。測量異同一卷，明徐光啟撰。句股義一卷，明徐光啟撰。此書極罕見，京師圖書館有一帙。友人英華曾欲以重值求一帙，竟不可得。余閱肆數十年，舍此帙外，僅見器編零種數冊，皆十行二十二冊，白口，左右雙闌。此書四庫入雜家類雜編之屬存目。

曆體略三卷　明王英明撰。萬曆壬子刊本。○順治丙戌刊本。○崇禎己卯刊本。

御定曆象考成四十二卷　康熙十三年聖祖仁皇帝御撰。○官刻本。

御定曆象考成後編十卷　乾隆二年奉敕撰。○官刊本。

御定儀象考成三十二卷　乾隆九年奉敕撰。○官刊本。

〔補〕**御製律曆淵源一百卷**　清聖祖御定。○清雍正元年內府刊本。

曉庵新法六卷　國朝王錫闡撰。○守山閣本。

〔補〕○清光緒中羊城馮氏刊翠琅玕館叢書本，在第四集。

〔補〕**大統曆法啟蒙不分卷補遺一卷**　清王錫闡撰。○清寫本。有光緒十九年董恩緩跋。

中星譜一卷　國朝胡亶撰。○康熙中刊本。

天經或問前集一卷　國朝游藝撰。○康熙中刊本。

天步真原一卷　國朝薛鳳祚撰。○指海本。○守山閣本。

天學會通一卷　國朝薛鳳祚撰。○乾隆中刊本。

曆算全書六十卷　國朝梅文鼎撰。○魏氏兼濟堂本。○梅瑴成重編本附錄一卷，題梅氏叢書輯要，佚。存目。○李光地刊六種十八卷。○蔡鸞刊本十七種四十三卷，不全。

〔補〕○兼濟堂本題為兼濟堂纂刻梅勿菴先生曆算全書，二十八種，七十四卷，清雍正間刊。○梅瑴成重刊本題為梅氏叢書輯要，二十二種，六十一卷。附梅瑴成著作二種，子目列後。首一卷。筆算五卷。籌算二卷。度算釋例二卷。少廣拾遺一卷。方程論六卷。句股舉隅一卷。幾何通解一卷。平三角舉要五卷。方圓冪積一卷。幾何補編四卷。弧三角舉要五卷。環中黍尺五卷。塹堵測量二卷。曆學駢枝五卷。曆學疑問三卷補二卷。交食四卷。七政二卷。揆日紀要一卷。恒星紀要一卷。曆學答問一卷。雜著二卷。以上為梅文鼎撰。附赤水遺珍一卷,操縵卮言一卷。梅瑴成撰。

大統書志十七卷　國朝梅文鼎撰。按:四庫著錄,莫氏失收。

勿庵曆算書記一卷　國朝梅文鼎撰。○知不足齋本。

〔增〕天學疑問一卷　國朝梅文鼎撰。○靜持室有抄本。

中西經星同異考一卷　國朝梅文鼎撰。○指海本。

〔補〕不得已二卷　清楊光先撰。○舊寫本。後錄黃丕烈跋。

〔補〕欽定選擇曆書十卷　清安泰撰。○清康熙二十四年刊本,題"康熙二十四年欽天監監正安泰奉敕撰定"。前有安泰及禮部題本。鐫刻甚精。

〔增〕靈臺儀象志十六卷　國朝西洋南懷仁撰。四庫漏收。○官刊本。

〔補〕新製靈臺儀象志十六卷　清西洋南懷仁撰。○清康熙十三年刊本。十冊。余藏。

全史日至源流三十二卷　國朝許伯政撰。○四庫依抄本。

算學八卷續一卷　國朝江永撰。○守山閣本作數學。

〔補〕推步法解五卷　清江永撰。○清道光二十四年金山錢氏刊守山閣叢書本。

〔增〕觀象授時十四卷　秦蕙田五禮通攷中之一門。○阮氏經解摘錄。

**〔補〕○江藩謂為戴震所撰。○清道光九年廣州學海堂刊皇清經解本。

〔補〕原象一卷　清戴震撰。○清乾隆四十二年孔繼涵刊微波榭叢書戴氏遺書本。

〔補〕**續天文略二卷** 清戴震撰。○清乾隆間孔繼涵刊微波榭叢書戴
氏遺書本。

〔補〕**宋遼金元四史朔閏考二卷** 清錢大昕撰，錢侗增補。○清咸
豐二年刊粵雅堂叢書本，在四集。○清光緒間刊廣雅書局叢書本。

〔增〕**三統曆衍三卷鈐一卷** 錢大昕撰刊。
〔補〕○清嘉慶六年阮元刊本，收入潛研堂全書中。光緒十年長沙龍氏
刊嘉定錢氏潛研堂全書中。

〔增〕**圜天圖說三卷續二卷** 廣州道士李明徹撰。○乾隆己卯刊。

〔增〕**地球圖說二卷圖一卷** 西洋蔣友仁撰譯，何國宗、錢大昕同潤
色，李銳補圖。○揚州阮氏刊本。

〔補〕**史記天官書補目一卷** 清孫星衍撰。○清道光間刊昭代叢書
壬集本。清光緒十三年刊廣雅書局叢書本，在史學中。

〔增〕**經書算學天文攷一卷** 國朝陳懋齡撰。○刊本。

〔補〕**漢三統術三卷** 清李銳撰。○清道光三年儀徵阮氏刊李氏遺書
本。

〔補〕**古經天象考十二卷圖說一卷緒說一卷** 清雷學淇撰。○清
光緒二十九年劉世珩刊本，收入聚學軒叢書中。

〔增〕**高厚蒙求不分卷分為五集附南北極二大圖** 國朝徐朝俊
撰。○嘉慶、道光次第刊本。

〔補〕**三統術詳說四卷** 清陳澧撰。○清光緒間廣雅書局叢書雜箸東
塾遺書本。

〔補〕**歷代長術輯要十卷古今推步諸術攷二卷** 清汪曰楨撰。○
清同治六年刊本。

〔補〕**疑年表一卷太歲超辰表三卷** 清汪曰楨撰。○清光緒間會稽

章壽康輯刻式訓堂叢書本。

〔增〕**赤道經緯恒星圖三十頁** 李兆洛用高厚蒙求及令典星圖之式
　　十二宮分作簪鼓形，又分南北，共二十四片，并南北極二小圖，以符
　　天形隆㕡之狀，又細載無名星，分六等，以便仰觀。

〔增〕**黃道經緯恒星圖及地球圖各二合為二幅** 戴進賢圖。圖雖
　　小而頗精確，京城廊房頭條胡同售之。

附錄

〔補〕**大明萬曆七年歲次己卯大統曆一卷** ○明萬曆刊本，藍印，
　　黃綾書衣裹背裝。書衣上有"欽天監奏准印大統曆日頒行天下，偽
　　造者依律處斬，有能告捕者官給賞銀五十兩。如無本監曆日印信，
　　即同私曆"木記。有阮元、法式善藏印。

〔補〕**大清順治三年歲次丙戌時憲書一卷** ○清順治刊本。即楊
　　光先不得已中指其誤者。有沈曾植、王秉恩、陳垣三跋。余藏。

〔補〕**大清乾隆六十三年歲次戊午時憲書一卷** ○清嘉慶刊本，棉
　　紙巨冊，紅綾面。此為頒發內廷專用本，其時為嘉慶三年。余藏。

〔補〕**大清祺祥元年歲次壬戌時憲書一卷** ○清刊本。穆宗七月
　　即位，改元祺祥。十月以兩宮垂簾，撤去原頒之祺祥紀元，改為同
　　治，已頒之日曆追回，即此本也。亦有關清季政事之史料也。余藏。

上天文算法推步之屬

九章算術九卷 ○聚珍板本。○閩覆本。不著撰人。○孔氏微波榭
　　本，連周髀及此下九種共題戴氏校定算經十書。○戴氏遺書本。

〔附〕○宋元豐七年本。以下八種同。（邵氏）按：即宋嘉定六年汀州鮑
　　澣之刊本，以有元豐七年秘書省牒文，自汲古閣毛氏父子以次均認
　　為即元豐刊，不知其為嘉定覆本也。

〔補〕**九章算經九卷** 魏劉徽注。○宋嘉定六年鮑澣之汀州刊本，九行十八字，細黑口，左右雙闌。存卷一至五。○明末毛氏汲古閣影寫宋嘉定六年鮑澣之汀州刊本。有毛氏父子印及毛扆跋。故宮藏書。此本已印入天祿琳琅叢書第一集中。

孫子算經三卷 不著撰人。○聚珍本。○閩覆本。○微波榭本。○知不足齋本。

〔補〕○宋嘉定六年鮑澣之汀州刊本，九行十八字，細黑口，左右雙闌。○明末汲古閣影寫宋嘉定六年鮑澣之汀州刊本。有毛氏印及天祿繼鑑諸璽。故宮藏，已印入天祿琳琅叢書第一集中。○鮑廷博手校本，杭州見，即知不足齋本之底本也。

術數記遺一卷 漢徐岳撰。○説郛本。○秘册彙函本。○津逮本。○學津本。○微波榭本。

〔補〕○宋嘉定六年鮑澣之汀州刊本，九行十八字，細黑口，左右雙闌。卷末有嘉定五年七月知汀州鮑澣之跋，云採自道藏。余曾以之校津逮祕書本。

海島算經一卷 晉劉徽撰，唐李淳風註。○聚珍本。○閩覆本。○蘇杭縮本。○微波榭本。

五曹算經五卷 不著撰人。○聚珍本。○閩覆本。○微波榭本。○知不足齋本。

〔補〕○宋嘉定六年鮑澣之汀州刊本，九行十八字，細黑口，左右雙闌。書後有秘書省銜名。○明末毛氏汲古閣影寫宋嘉定六年鮑澣之汀州刊本。有毛氏印及天祿繼鑑諸璽。故宮藏，已印入天祿琳琅叢書中。○乾隆四十二年鮑廷博刊知不足齋叢書本。余用宋嘉定六年汀州刊本校。○鮑廷博手校本。

夏侯陽算經三卷 題夏侯陽撰。○聚珍本。○閩覆本。○微波榭本。○蘇杭縮本。○知不足齋本。

〔補〕○明末毛氏汲古閣影寫宋嘉定六年鮑澣之汀州刊本,九行十八字,白口,左右雙闌。有毛氏父子印及天祿繼鑑諸璽。故宮藏,已印入天祿琳琅叢書第一集中。○清鮑廷博手校本。杭州書肆見。

張邱建算經三卷 題張邱建撰。○微波榭本。○知不足齋本。

〔補〕○宋嘉定六年鮑澣之汀州刊本,九行十八字,細黑口,左右雙闌。○明末汲古閣影寫宋嘉定六年鮑澣之汀州刊本。有毛氏印及天祿繼鑑諸璽。故宮藏。已印入天祿琳琅叢書第一集中。○清鮑廷博手校本,杭州書肆見,即知不足齋本之底本,惜未收。

五經算術二卷 北周甄鸞撰。唐李淳風撰。提要作二卷。○聚珍本。○閩覆本。○微波榭本。

緝古算經一卷 唐王孝通撰並自註。○微波榭本。○函海本。○知不足齋本。○陳杰撰細艸一卷,成都龍氏敷文閣刊。又圖解一卷,音義一卷。○又張敦仁撰細艸三卷。

〔補〕○明末毛氏汲古閣影寫宋嘉定六年汀州鮑澣之刊本,九行十八字,白口,左右雙闌。有毛氏印及天祿繼鑑諸璽。故宮藏,已印入天祿琳琅叢書第一集中。

〔補〕**緝古算經細草三卷** 清張敦仁撰。○清光緒二年刊本,收入白芙堂算學叢書本。

〔補〕**算學源流一卷** ○宋嘉定六年鮑澣之汀州刊本,九行十八字,細黑口,左右雙闌。共六葉。余曾手自影寫一本。

數學九章十八卷 宋秦九韶撰。○郁氏宜稼堂叢書本附札記四卷,宋景昌撰。○昭文張氏有明人舊抄足本,郁刊疑即據此。○張氏志云脈望館藏數書九章十八卷,舊抄。○四庫著錄出永樂大典,此其原本也。

〔增〕**註解九章算法一卷注解九章算法纂類一卷** 宋楊日輝撰。○道光中上海郁氏宜稼堂刊,附札記一卷。

〔補〕**註解九章算法一卷纂類一卷** 宋楊輝撰**附札記一卷** 清宋景昌撰。○清道光二十二年上海郁氏刊本，收入宜稼堂叢書中。

〔增〕**續古摘奇算法一卷** 宋楊日輝撰。○宜稼堂刊本六卷。

〔補〕**續古摘奇算法一卷** 宋楊輝撰。清鮑氏刊知不足齋叢書本，在二十七集。

〔增〕**楊氏算法三卷** 宋楊日輝撰。錢塘人，書成於德祐間。分田畝比類乘除捷法及算法通變本末為上卷，乘除通變算法為中卷，算法取用本末為下卷，末附續古摘奇一卷。于古算經若五曹、張邱建諸家多疏通而證明之，又于五曹多正其誤答，與秦九韶數學九章並習算家所宜究心者。○阮氏以進呈。○道光中郁氏松年刊宜稼堂叢書，附札記。

〔補〕**楊輝算法六卷** 宋楊輝撰**札記一卷** 清宋景昌撰。○清道光二十二年上海郁氏刊本，收入宜稼堂叢書中。

〔增〕**透簾細艸一卷** 不著撰人。○知不足齋本。

〔增〕**四元玉鑑三卷** 元朱世傑撰。世傑字漢卿，號松亭，不知何處人。前有大德癸卯臨川前進士莫若序。○阮氏有舊鈔本，影鈔進呈。○羅士琳細艸二十二卷。

〔補〕**四元玉鑑細草三卷四象細草假令之圖一卷附補增一卷** 元朱世傑撰，清羅士琳補草補增。○清道光十六年刊本，收入觀我生室彙稿中。

〔補〕**四元玉鑑三卷** 元朱世傑撰。**四象假令細草一卷** 清丁取忠撰。○清光緒元年刊本，收入白芙堂算學叢書中。

益古演段二卷 元李冶撰。○知不足齋本。○錢遵王家有三卷本。

〔補〕○清同治十二年刊本。收入白芙堂算學叢書中。

〔補〕**算學啟蒙三卷** 元朱世傑撰。○清光緒二十二年上海印測海山房中西算學叢刻初編本。

〔補〕**新編算學啟蒙三卷** 元朱世傑撰。**識誤一卷** 清羅士琳撰。
　　○清道光十九年刊本，收入觀我生室彙稿中。

測圓海鏡十二卷 元李冶撰。○知不足齋本並李銳細艸十二卷同
　　刊。

測圓海鏡分類釋術十卷 明顧應祥撰。○明刊。

〔補〕**測海圓鏡分類釋術十卷** 元李冶撰，明顧應祥釋術。○影寫明
　　刊本，十行二十二字，註雙行同，白口，四周單闌。盧址抱經樓遺書。

〔補〕**測圓海鏡細草十二卷** 元李冶撰，清李銳校。○清同治十二年
　　刊本，收入白芙堂算學叢書中。

〔增〕**丁巨算法一卷** 元丁巨撰。○知不足齋本。

〔補〕**九章詳註比類算法大全十卷乘除開方起例一卷** 明吳敬
　　撰。○明景泰元年王均刊弘治元年吳訥重修本，十行二十二字，注
　　雙行同，黑口，四周雙闌。前景泰元年自序，次弘治元年項麟序。

弧矢算術一卷 明顧應祥撰。○明刊。○知不足齋本並李銳細艸一
　　卷。

〔增〕**嘉量算經三卷** 明朱載堉撰。載堉鄭恭王厚烷世子，所著樂律
　　全書已著錄，其律呂精義內有據槷氏為量內方尺而圜其外之文，謂
　　圜經即方斜，命黃鐘正律為尺，而用句股法相求。此書蓋即其意而
　　推衍之，成書最晚，皆得諸心解，固非空言無徵者所能及也。○阮氏
　　曾進呈。

〔補〕**嘉量算經三卷問答一卷凡例一卷** 明朱載堉撰。○宛委別
　　藏本，已印入選印宛委別藏本。

〔補〕**算學新說一卷** 明朱載堉撰。○明萬曆間鄭府刊樂律全書本，
　　十二行二十五字，細黑口，四周雙闌。

同文算指前編二卷通編八卷 明李之藻撰演。○明刊天學初函本。

○姚若有抄本，後多一卷。

〔增〕籌蒜一卷　國初西士羅雅谷撰。○靜持室有抄本。

幾何原本六卷　西洋薩几里得撰。利瑪竇譯。○明天學初函本。

御製數理精蘊五十三卷　康熙五十二年聖祖仁皇帝御撰。

數度衍二十四卷附錄一卷　國朝方中通撰。○繼聲堂刊本三十三卷，首三卷。

幾何論約七卷　國朝杜知耕撰。○康熙庚辰刊。

數學鑰六卷　國朝杜知耕撰。○康熙中刊。

句股引蒙五卷　國朝陳訏撰。○康熙中陳氏刊。

句股矩測解原二卷　國朝黃百家撰。○乾隆中刊。

少廣補遺一卷　國朝陳世仁撰。○孔氏叢書本有少廣正負術內外篇六卷，孔廣森撰。

〔補〕天元曆理全書十二卷　清徐發撰。○清刊本。有馮溥、成其範、金堡序。

〔增〕視學二卷　年希堯撰。刊一巨冊，繪圖極精。

莊氏算學八卷　國朝莊亨陽撰。按：此書四庫著錄，莫氏失收。四庫本已印入四庫全書珍本初集中。

九章錄要十二卷　國朝屠文漪撰。○乾隆中刊本。

〔增〕句股割圜記一卷策算一卷　國朝戴震撰。○並微波榭本。○戴氏遺書本。

〔增〕里堂學算記十六卷　國朝焦循撰。凡五種。○焦氏叢書本。

〔補〕○清嘉慶四年刊本，收入焦氏叢書中。子目列後。加減乘除釋八卷。天元一釋二卷。釋弧三卷。釋輪二卷。釋橢一卷。余藏。

〔補〕釋橢不分卷　清焦循撰。○舊寫本。盛昱遺書。

〔增〕衡齋算學七卷　汪萊撰。○嘉慶中刊本。

〔增〕**李氏遺書十八卷** 李銳撰。凡曆算書十一種。○道光癸未刊本。

〔補〕○清道光三年儀徵阮氏刊本。○清光緒十六年上海醉六堂刊本。子目列後。召誥日名考一卷。漢三統術三卷。漢四分術三卷。漢乾象術二卷。補修宋奉元術一卷。補修宋占天術一卷。日法朔餘彊弱攷一卷。方程新術草一卷。勾股算術細草一卷。弧矢算術細算一卷。開方説三卷。

〔增〕**翠薇山房算學四十五卷** 清張作楠撰。凡十五種。○嘉慶二十五年刊。

〔補〕**翠薇山房數學十五種三十八卷** 張作楠撰。○清嘉慶道光間張氏自刊本。○清光緒五年刊本。子目列後。量倉通法五卷。方田通法補例六卷。倉田通法續編三卷。八線類編三卷。八線對數類編二卷。弧角設如三卷。弧三角舉隅一卷。揣籥小錄一卷。揣籥續錄三卷。高弧細草一卷。新測恒星圖表一卷。新測中星圖表一卷。新測更漏中星表三卷。金華晷漏中星表二卷。交食細草二卷首一卷。

〔增〕**董方立遺書十六卷** 董祐誠撰。凡九種。○道光九年刊。

〔補〕清董祐誠撰。○清同治八年董貽清成都刊本。子目列後。割圜連比例數圖解三卷。橢圓求周術一卷。斜弧三邊求角補術一卷。堆垜求積術一卷。三統術衍補一卷。水經注門説殘藁四卷。文甲集二卷。文乙集二卷。蘭石詞一卷。共九種，十六卷。

〔補〕**觀我生室彙稿十種二十三卷** 清羅士琳撰，並附刊二種。○清道光間刊本。子目列後。勾股三事拾遺三卷附存一卷。三角和較算例一卷。演元九式一卷。臺錐積衍一卷。弧矢算術補一卷。周無專鼎銘考一卷。割圜密率捷法四卷。四元玉鑑細草三卷四象細草假令之圖一卷附增補一卷。附刊二種，四元釋例一卷，清易之瀚撰。新編算學啟蒙三卷,元朱世傑撰,識誤一卷,清羅士琳撰。

〔補〕**務民義齋算學十一卷** 清徐有壬撰。○清光緒九年姚覲元輯刻咫進齋叢書本,在第一集。子目列下:測圜密率三卷。橢圓正術一卷。截球解義一卷。弧三角拾遺一卷。朔食九服里差三卷。用表推日食三差一卷。造各簡法表一卷。

〔補〕**鄒徵君遺書八種十一卷** 清鄒伯奇撰。○清同治十二年鄒達泉拾芥園刊本。子目列後。學計一得二卷。補小爾雅釋度量衡一卷。格術補一卷。對數尺計一卷。乘方捷算三卷,鄒徵君存稿一卷。輿地全圖一卷,赤道南北恒星圖。

〔補〕**代數通藝錄十六卷** 清方愷撰。○清光緒十六年家刻本。六冊。

〔補〕**籌學啟蒙通釋三卷中西通術一卷** 清徐鳳誥撰。○清光緒十二年甘泉徐氏求是齋本。

〔補〕**衍元小草二卷** 清孔慶鱻等撰。○清光緒二十四年清苑官廨刊本。

附

〔增〕**疇人傳四十六卷** 阮元撰。○嘉慶間刊本。

〔增〕**續疇人傳刊卷** 羅士琳撰。○道光中刊本。

上天文算法類算書之屬

藏園訂補邵亭知見傳本書目卷八

藏園訂補郘亭知見傳本書目卷九

獨山莫友芝子偲　　撰

江安傅增湘沅叔　訂補

子部七

術數類

太玄經十卷 漢揚雄撰，晉范望註。○明嘉靖甲申郝梁重刊萬玉堂宋本。○明天崇間黃道周編翻刻萬玉堂本，一依原式，較郝本少脱誤，唯無王涯説玄及音義。○萬曆中鄭樸刊本，無註。○天啟丙寅趙如淵刊評校本，羣書拾補內有校正若干條。○今道光辛卯孫澍刊本集註四卷。○郝梁本前有陸績述玄一篇，後附唐王涯説玄五篇，侯芭、虞翻等太玄音義一卷，前又有玄圖。○拜經樓藏宋本，萬玉堂刊，後附唐王涯説玄五篇，侯芭、虞翻等太玄釋文一卷，每頁十六行，行大小字俱十七，原缺三卷，盧抱經抄補。鉄樵記。郘亭曾借觀。○梅復齋藏萬玉堂宋刊全本，與鉄樵所記同，其十卷後尚有玄圖一紙，次釋文，次王涯説玄，説玄卷末一行云右迪功郎充兩浙東路提舉茶鹽司幹辦公事張宷校勘。

〔補〕**太玄經解贊十卷** 晉范望撰。**說玄一卷** 唐王涯撰。**釋文一卷** ○明嘉靖孫沐萬玉堂刊本，八行十七字，注雙行同，白口，四周雙闌，版心下方有"萬玉堂"三字。釋音末葉版心下方有"海虞周潮"書五字，宋諱缺筆。前陸績述玄，末附玄圖、王涯說玄五篇及釋文一卷。卷五末及說玄後有宋兩浙東路茶鹽司刊書銜名。余藏。又見一帙，何焯校並跋。前人均誤認為宋本。此本已印入四部叢刊初編中。○明嘉靖三年郝梁刊本，十行十八字，注雙行同，白口，左右雙闌。每卷首第三行有郝梁重刊一行。前陸績述玄，每卷題范望解贊，末附玄圖、王涯說玄及釋文。釋音後有識語，稱得宋善本於建業黃氏，即令工刊之云云。又有"嘉靖甲申郝梁重刊"一行。余藏。余臨校盧文弨校宋本於其上。○明楊爾賢玉鏡堂刊本，八行十七字，白口，四周雙闌。莫棠藏。

〔增〕**司馬溫公太玄經集註十卷** 後四卷許瀚註，明錢徹藏本。○嘉慶戊午吳門五柳居陶氏刊。四庫未收。○張金吾書志有抄本太玄集註十卷，云宋司馬光撰，前有讀玄一篇，後四卷則襄陽許翰所註也，仿韓康伯註繫辭例，合溫公書為十卷，末附明徐禎卿等識語。

〔附〕○曾收明張岳維喬刊本，惜不全。（眉）按：此眉批即莫棠筆，張本即嘉靖五年張士鎬本。

〔補〕**太玄集註十卷** 宋司馬光撰。卷七至十許翰撰。○清嘉慶三年五柳居陶氏刊本，八行十七字，白口，左右雙闌。有陶氏後跋，云據影寫宋抄本付梓。余藏。癸卯七月余臨吳摯甫先生汝綸評點本。○清袁廷檮貞節堂寫本，綠格。盛庸校並補寫第二卷。李木齋先生藏。

〔補〕**集註太玄經六卷** 宋司馬光撰。**說玄一卷** 唐王涯撰。○明嘉靖五年張士鎬刊本，九行二十一字，黑口，左右雙闌。此書頗罕見，余數十年僅見獨山莫氏藏半部。

〔補〕**集註太玄經六卷**　宋司馬光撰。○明正統道藏本，在太清部。已印入道藏舉要中。○清光緒元年湖北崇文書局刊子書百家本。

〔補〕**太玄集注四卷**　宋司馬光、許翰撰，清孫澍增補。○清道光十一年孫氏青棠書屋刊本。

〔補〕**太玄經集注十卷**　宋胡次和撰。○宋浙本，十行十七字，白口，左右雙闌。每則首范望解，次列諸家，有司馬、鄭、章諸家。據永樂大典玄字韻，所錄太玄注有陳仁子，胡次和兩家，胡注所引正為司馬、鄭、章諸家，因知此即胡次和太玄經集注。存卷六上。余藏。

太玄本旨五卷　明葉子奇撰。○明正德刊本作九卷。○藝海珠塵焦袁熹太玄解一卷。

〔補〕**揚子太玄經十卷**　漢揚雄撰，明趙如源輯注。**説玄一卷**　宋司馬光撰。○明天啟六年武林趙氏刊本，九行十八字，四周單闌。坊肆陋刻，有標點。

〔補〕**揚雄太玄經校正一卷**　清倪燦撰，盧文弨輯錄。○清乾隆間餘姚盧氏自刊抱經堂叢書羣書拾補本。

〔補〕**太玄闡祕十卷附編一卷外編一卷首一卷**　清陳本禮撰。○清光緒間劉世珩刊聚學軒叢書本，在第四集。

元包五卷附元包數總義二卷　北周衛元嵩撰。○津逮秘書本。○學津討原本。○天一閣刊元書十卷，缺下三卷。○郘亭有曹秋岳藏明刊仿宋本。

〔補〕**元包經傳五卷**　北周衛元嵩撰，唐蘇源明傳，李江注。**元包數總義二卷**　宋張行成撰。○元翻宋紹興三十一年臨卭張洸刊蜀大字本，八行十六字，白口，左右雙闌。前政和元年楊楫序，後低一格為紹興三十一年張洸刊書跋。總義前有紹興十年庚申張行成自序。全書一百七葉，癸亥歲見於蟬隱廬，號為蜀大字本。余詳審其雕工，雖字體疏朗，蜀刻典型尚存，而圓潤有餘，微之豪放勁健之氣，當是宋末元初覆本。然亦是海內孤帙，至可寶愛。余諧價未成，後歸友人張石銘。○明天一閣刊范氏奇書本，八行十六字，白口，左右雙闌。序後有紹興三十一年張洗刊書跋。行欵與前記元翻蜀本全同。范氏奇書他本均九行十八字，卷首標范氏訂字樣，此獨無之，當即從前本覆雕。余藏。○舊寫本。翁方綱點校。柳蓉村肆中見。○明刊本，八行十六字，白口，四周單闌，李木齋先生藏。○清同治間真州張氏廣東刊榕園叢書本，在丙集中。

潛虛一卷附潛虛發微論一卷 宋司馬光撰。○説郛本。○唐宋叢書本無發微論，且多脱。○天水冰山錄有宋板潛虛衍義四冊。○知不足齋本。○焦袁熹潛虛解一卷，藝海珠塵刊。

〔附〕○宋淳熙泉州本。○毛有影宋淳熙本。○宋大字本。"無"字作"无"，佳。（邵氏）

〔補〕○清初傳寫宋淳熙壬寅泉州郡庠刊本，八行十六字，白口，左右雙闌。後有淳熙九年壬寅泉州州學教授陳應行跋。此本已印入四部叢刊三編中。○明嘉靖間天一閣刊范氏奇書本，九行十八字，白口，左右雙闌。潛虛卷首第三行題"明范欽訂"。發微論附潛虛後，無范氏名。余藏。

〔補〕**潛虛校正一卷** 清盧文弨撰。○清乾隆間餘姚盧氏自刊抱經堂叢書羣書拾補本。

皇極經世書十二卷 宋邵雍撰。○明刊本。○邵子全書本。○道藏本。

〔補〕○明正統道藏本，五行十七字。在太玄部。○舊寫本。余藏。

皇極經世索隱二卷 宋張行成撰。○路氏有抄本。

〔補〕○此書罕傳，已印入四庫全書珍本初集中。

皇極經世觀物外篇衍義九卷 宋張行成撰。○皇極經世附刊本。

〔補〕○此書罕傳，已印入四庫全書珍本初集中。

易通變四十卷　宋張行成撰。○路小洲有宋刊本。○明費宏抄本。
　　○汲古閣抄本。

〔附〕○抄本不分卷。（邵氏）

〔補〕○此書刻本罕傳，四庫本已印入四庫全書珍本初集中。

觀物篇解五卷附皇極經世解起數訣一卷　宋祝泌撰。○路小洲
　　有舊抄本六十二卷，又附四卷，以校四庫本訛脫甚多，似錢遵王本
　　也。

〔補〕**祝氏秘鉗康節先生觀物篇解六卷**　宋祝泌撰。○舊寫本，十
　　行二十二字。卷首次行題"承直郎統江淮荆浙福建廣南路大提點坑
　　冶鑄錢司幹辦公事楚東祝泌述"。沈曾植藏。○此書罕傳，癸酉歲
　　余與諸君擬定四庫罕傳本目時已選入，印入四庫全書珍本中。

〔補〕**皇極經世解六卷**　宋祝泌撰。○明寫本，十二行二十一字。故
　　宮藏。

〔補〕**皇極經世書說十八卷**　明朱隱老撰。○明刊本，十行十八字，
　　黑口，四周雙闌。余藏。四庫存目。

〔補〕**皇極經世書傳八卷**　明黃畿撰。○明嘉靖本，十行二十字。○
　　清嘉慶十五年黃氏純淵堂刊本。四庫存目。

〔補〕**推衍皇極經世先天歷數綱要**　撰人未詳。○明萬曆刊本。潘
　　氏滂喜齋世藏。

皇極經世書解十四卷　國朝王植撰。○乾隆中刊本。

易學一卷　宋王湜選。○通志堂本。

洪範皇極內篇五卷　宋蔡沈撰。○雍正元年張文炳刊。

天原發微五卷　宋鮑雲龍撰。○元元貞間鄭昭祖刊本。明天順辛巳
　　刊本三卷。○嘉靖刊本。○近年刊明鮑寧辨正五卷。

〔補〕○明天順五年辛巳鮑氏耕讀書堂刊本，十一行二十二字，黑口，四

周雙闌。文友堂見。

〔補〕**天原發微十八卷** 宋鮑雲龍撰。○明正統道藏本，五行十七字，梵夾本，在太清部。已印入道藏舉要中。

〔補〕**天原發微辨正五卷圖一卷篇目名義一卷** 明鮑寧撰。**問答節要一卷** 明鮑寧輯。○明嘉靖二十九年秦藩刊本，十一行二十二字，白口，左右雙闌。辛亥八月李紫東南攜來求售。

大衍索隱三卷 宋丁易東撰。○路小洲有抄本。

〔附〕○二老閣抄本缺一卷。（邵氏）

〔補〕○此書刊本罕見，四庫本已印入四庫全書珍本初集中。

易象圖說內篇三卷外篇三卷 元張理撰。○通志堂本。

三易洞璣十六卷 明黃道周撰。○黃石齋九種本。

〔增〕**河洛精蘊九卷** 國朝江永撰。○乾隆甲午刊本。

上術數類數學之屬

靈臺秘苑十五卷 後周庾季才撰。○舊抄本。○敏求記十二卷。○四庫存目別本百二十卷。（繩）

〔補〕○四庫本已影印入湖北先正遺書本中。所用為文津本，非文淵本。

〔增〕**觀象玩占五十卷** 唐李淳風撰。四庫存目。○又有別本，附物象通占十卷。

〔補〕○明紅格寫本，十一行二十字。明吳士安校。有“吳胤”、“象菁”二印。存四十九卷。古書流通處見。○明藍格寫本，九行二十二至二十五字。文德堂見。○清精寫本。有朱筆校。鈐有“古香樓”、“休寧汪季青家藏書籍”、“汪氏柯庭校正圖書”、“菊影詩人”諸印。盧址抱經樓遺書。

〔增〕**乙巳占三卷** 唐李淳風撰。四庫未收。○影宋抄殘本，半頁十

行,行二十四字。(繩)

〔補〕**乙巳占十卷** 唐李淳風撰。○清光緒間陸心源刊十萬卷樓叢書本,在初編中。

〔增〕**乾坤變異錄一厚册** 題唐李淳風撰。直齋書錄有此書,云一卷,不著撰人。○丁禹生藏述古堂舊抄本。

唐開元占經一百二十卷 唐瞿曇悉達奉敕撰。○昭文張氏有舊抄本。○廣東道光中新刊小字本。

〔補〕○清大德堂寫本,版心有"大德堂"三字。似清初人鈔。鈐有果親王府藏印。徐坊遺書。

〔增〕**譙子五行志五卷** 唐濮陽夏撰。張氏志云,新唐書藝文志、崇文總目著錄,言天文占驗事。敏求記曰,譙子不知何時人,殆未之詳攷。○舊抄本。○丁禹生藏明抄。(繩)

〔補〕**景祐乾象新書三十卷** 宋楊惟德等撰。○宋元豐元年司天監秦孝先等寫本,八行,行十九至二十三字。存卷五、六、十二、十三、十六至十九、二十七、二十八,共十卷。有錢天樹等跋。潘宗周藏。此書尚有卷三、卷四二卷,友人羅叔言已排印行世。

〔增〕**乾象通鑑一百卷** 南宋人撰。○平津館有舊抄本。孫馮翼重抄之,今歸豐順丁氏。

〔增〕**天文會元占二十卷** ○舊抄本,不著撰人。原書卷數無攷,今存三垣及畢、觜、參、井、尾、箕、斗、牛、婁、虛、危、鬼、柳、星、張、翼、十六宿,共二十卷。是書諸家目無著錄者,唯天一閣書目有天文會元十二册,未知即此否。中引景祐新書、乾象通鑑、增廣天文攷異。宋天文家唯乾象通鑑尚有傳本,餘俱久佚,藉此攷見大略,疑是宋元人舊帙。張氏志。(繩)

〔附〕○天一閣藏明鈔本,有三垣六卷,次二十八宿各一卷,完全無缺,今在南林蔣氏。(王國維)

〔增〕**清類天文分野之書二十四卷**　明劉基奉敕撰。○坊刻本。
按：四庫存目。

〔補〕**大明清類天文分野之書二十二卷**　題明劉基等撰。○明初
刊本，八行二十字，黑口，四周雙闌。前有凡例及目錄，凡例後有"洪
武十七年歲次甲子閏十月二十七日進"一行。有袁芳瑛藏印。

〔補〕**風角書八卷**　清張爾歧撰。○清光緒間崇文書局刊正覺樓叢刻
本。

〔增〕**天文大成管窺輯要十卷**　國朝黃鼎撰。○坊刊本。四庫存目。
（繩）

上術數類占候之屬（繩）

宅經二卷　題黃帝撰。○說郛本。○夷門廣牘本。○津逮本。○學
津本。○道藏本。

〔補〕**黃帝宅經二卷**　題黃帝撰。○正統道藏本，在洞真部眾術類。
○明嘉靖祇洹館刊小十三經本，十行十八字，白口，左右雙闌。○明
萬曆二十五年金陵荆山書林刊夷門廣牘本。○明崇禎間毛氏汲古
閣刊津逮秘書本。○清光緒元年湖北崇文書局刊崇文書局彙刻書
本。

〔補〕**宅經一卷**　題黃帝撰。○清順治三年李際期宛委山堂刊說郛
本，在卷一百九。

〔補〕**相宅要說一卷**　明高濂撰。○明末刊居家必備木，九行二十字，
白口，左右雙闌。在趨避類中。○清嘉慶間善成堂刊四秘全書本。

〔補〕**陽宅指南一卷**　明蔣平階撰，清尹有本發義。**陽宅三格辨一
卷**　明蔣平階撰。

〔補〕**陽宅大成四種十五卷**　清魏清江撰，為宅譜指要四卷，宅譜邇
言二卷，選時造命四卷，宅譜修方五卷。○清英秀堂刊本。

〔補〕**陽宅撮要二卷** 清吳鼐撰。○清嘉慶十五年張海鵬刊借月山房
彙鈔本。

〔補〕**地理四書四種五卷** ○明弘治謝昌刊本,為地理葬書集註一
卷,附葬書問對一卷,地理發微論集註一卷,雪心賦句解一卷,地理
囊金集注一卷。九行十七字,大黑口,四周雙闌。此書余閲肆數十
年,迄未見全帙,僅散見地理葬書集注、地理發微論集註與地理囊金
集注三卷,據卷首序跋,知其為地理四書耳。

〔補〕**地理葬書七種十卷** ○清寫本,為青烏經一卷,楊氏青囊經一
卷,古本葬經二卷,劉氏玉尺經二卷,古本賴氏天星催官解二卷,小
玄空說一卷,堪輿纂略一卷。每書後有錢孫保跋。有錢氏印及潘介
祉藏印。古書流通處見。

葬書一卷 晉郭璞撰。○明鄭謐註本。○明黃慎行訂古本。○明張
希元註古本。○近人刊二十二子本。○康熙辛未葉泰刊本,在地理
大成山法全書内。○學津討原本。○借月山房彙鈔本。○吳元音
箋註地理大全本。

〔附〕○近人陸心源刊吳草廬刪定本。(眉)○元刊本二卷。吳跋。(邵
氏)

〔補〕**地理葬書集註一卷** 題晉郭璞撰,元吳澄刪,明鄭謐註釋。**葬
書問對一卷** 元趙汸撰。○明弘治謝昌刊本,書名標"地理葬書集
註",九行十七字,大黑口,四周雙闌。前有地理四書序,為弘治十二
年倪岳撰,蓋合地理發微論集註、雪心賦句解、地理囊金集注及此書
而成者。次洪武五年宋濂序,次葬書目錄及吳澄跋,次趙汸葬書問
對一卷。本書題"草廬先生吳文正公澄刪定","後學金華玄默生鄭
謐註釋"。後有弘治十一年程敏政序,蘇伯衡後序,洪武間胡翰、金
信序。末有新安謝子期跋。○清光緒五年陸心源刊十萬卷樓叢書
本,云自所藏元本付刊,實即據此弘治謝昌刊地理四書本也。○民

國十四年永康胡氏刊續金華叢書本。

〔補〕新刊地理五經四書解義郭朴葬經一卷 元吳澄刪定，明鄭謐
註釋。○明刊本，九行二十字，白口，四周單闌。李木齋先生藏。

〔補〕劉江東家藏善本葬書一卷 晉郭璞撰，元吳澄刪，明鄭謐註。
校譌一卷 清胡珽撰。○咸豐三年胡珽印琳琅祕室叢書本，在二
集。

〔補〕郭氏古葬書二卷遺篇一卷集註三卷 明顏學文注。○明萬
曆刊本。有萬曆甲寅夏爌序、萬曆三十六年自序。又有後序，缺末
葉，失撰人名。李紫東肆中見。

〔增〕葬經一卷 題青烏先生撰。金丞相兀欽仄註。入存目。○津逮
秘書本。

〔補〕○明萬曆二十五年金陵荊山書林刊夷門廣牘本，在雜占中。

〔補〕青烏先生葬經一卷 漢青烏子撰，金兀欽仄注。○清嘉慶張海
鵬刊學津討原本，在第九集中。

撼龍經一卷疑龍經一卷葬法倒杖一卷 唐楊筠松撰。○葉泰刊
本。○甘福校刊本。○地理大全本。○平津館目有宋刊疑龍經一
卷，每頁二十八行，行二十五字。

〔附〕○粵雅堂本。（眉）

〔補〕○清光緒六年刊重鑴官板地理天機會元本。

〔補〕龍經三卷 題唐楊筠松撰，宋吳景鸞圖解，明吳嵩集註。○萬曆
刊本，九行二十字。李木齋先生藏。

青囊奧語一卷青囊序一卷 唐楊筠松撰。○葉泰刊本。○地理大
全本。

〔附〕○其序題筠松弟子曾文辿作。（邵氏）

天玉經內傳三卷外編一卷 唐楊筠松撰。○葉泰刊本。○地理大
全本。

靈城精義二卷 南唐何溥撰，明劉基註。○葉泰刊本。

催官篇二卷 宋賴文俊撰。○葉刊本。○地理大全本。

〔補〕**催官篇四卷** 宋賴文俊撰。清尹有本注。○清嘉慶中善成堂刊四秘全書本。

發微論一卷 宋蔡元定撰。○明弘治刊本。○謝昌德註本。地理大全本。

〔補〕**地理發微論集註一卷** 宋蔡發撰，明謝昌註。○明弘治十四年謝昌刊本，九行十七字，黑口，四周雙闌，即謝氏所刊地理四書四種之一。李木齋先生藏。

〔補〕**重校刊官板地理玉髓真經二十八卷** 宋張洞玄撰，劉允中註**後卷一卷** 宋房正撰。○明書林陳氏刊本，十行二十八字。

〔補〕**卦例一卷穴格一卷砂格一卷砂斷一卷廖氏九星一卷九星水城堂氣一卷五星傳變一卷金壁玄文一卷龍格部一卷喝形取類一卷** 宋廖瑀撰。○清光緒六年刊地理天機會元本。

〔補〕**地理囊金集註一卷** 宋劉謙撰。○明弘治謝昌刊本，九行十七字，黑口，四周雙闌。本書題"章貢上牢劉謙著"，新安後學謝昌註。顧麐士怡園藏書。

〔增〕**地理新書十五卷** 宋官撰本。宋初因唐呂才叔陰陽書中地理八篇增輯為乾坤寶典，景祐初命修正舛蓋，別成三十篇，賜名地理新書。皇祐三年又詔王洙等勾管刪修，事具洙進書序。○金世宗大定甲辰，平陽畢復道校正，為之圖解。章宗明昌壬子當宋紹熙三年，張謙復為精校以行，此本葢其時刻也。四庫未收，各家書目亦未著錄，亦術數家古笈僅存者。黃丕烈、汪士鐘皆經藏，今歸豐順丁氏。

　　○金明昌刊本。（繩）

〔補〕**重校正地理新書十五卷** ○金刊本，十七行三十字，黑口，四周雙闌。前大定二十四年平陽畢履道序,又明昌三年張謙啟。有翰林侍讀學士王珠等序。李木齋先生藏,余屢見之,然就其字體雕工驗之,余終疑是元刊本。

〔補〕**監本補完地理新書十五卷** ○清影寫金刊本,十七行三十字。前大定歲在閼逢執徐平陽畢履道前序,序中稱"圖解校正地理新書"。

〔補〕**四神秘訣二卷** 元董德彰撰。○明吳勉學刊本,九行十八字,白口,左右雙闌。

〔補〕**地理樞要四卷** 撰人未詳。○明嘉靖刊本,十行二十二字。題"太學生閩沙游相校正","太學生閩沙黃垣重刊"。有嘉靖乙巳鄒守愚序。

〔增〕**地理大成四十五卷** 明葉泰編撰。內山法全書十九卷,平陽全書五卷,地理六經注六卷,羅經撥露集三卷,理氣三訣四卷。○刊本。

〔增〕**葬經翼一卷附葬圖一卷內篇一卷雜解一卷** 明繆希雍撰。○津逮秘書本,題綠君亭刊。

〔補〕○清嘉慶張海鵬刊學津討原本,有第九集。

〔補〕**地理源本說宗書四卷成書四卷** 清曹家甲撰。○舊寫本。有康熙辛卯陳世偁序。

上術數類相宅相墓之屬(繩)

〔增〕**黃帝龍首經二卷金匱玉衡經一卷玄女經一卷** 並占驗之書。○嘉慶中陽湖孫伯淵依道藏本刊,合本行記、軒轅傳為黃帝五書。

〔補〕○明正統道藏本,已印入道藏舉要中。○玄女經有嘉靖顧氏祇洹館刊小十三經本,十行十八字。後有伯子跋行書五行。

靈棋經二卷 漢東方朔撰。○明正德庚辰榮府刊本。○嘉慶間刊本。
　　○墨海金壺本。○珠叢別錄本。○坊刊通行本。

〔補〕○清咸豐四年新昌莊氏過客軒刊長恩書室叢書本。○清光緒十
　　六年新會劉氏刊藏修堂叢書本。

〔補〕**靈棋本章正經二卷** 晉顏幼明、宋何承天註,元陳世凱明劉基
　　解。明正統道藏本,在太玄部,已印入道藏舉要。

〔補〕**靈棋經不分卷** ○明成化五年毛贊刊本,十行十九字,黑口,四
　　周雙闌。有黃丕烈跋。存下冊。涵芬樓藏。

〔補〕**靈棋經註解一卷** 題晉顏幼明、宋何承天註,元陳師凱、明劉基
　　解。○明成化十四年鮑栗之刊本,十行二十一字,黑口,四周雙闌。
　　前劉基序,次會昌九年李遠序,又成化戊戌馬震序,言鮑栗之刊於維
　　揚。○舊寫本,十行十八字。前有正德庚辰榮國重刊序、成化三年
　　汪浩跋、弘治五年徐冕跋。後有辛丑歲劉基跋。有朱錫庚手書四庫
　　提要及困學紀聞二則,又道光元年重裝識語一則。有許心宸藏印。

易林十六卷 漢焦延壽撰。○漢魏叢書本。○津逮秘書本。○明周
　　曰校刊本,四卷。○嘉慶十二年黃丕烈仿宋刊本,十六卷。○宋本
　　有註,絳雲一炬後遂失傳,黃所據陸敕先校宋本耳,只四卷。宋本與
　　時本句註不同。

〔附〕○明成化彭華本。(邵氏)○有注十六卷本,每半葉八行,行十五
　　字。世皆以為宋本,實則卷中兩引韻府羣玉,必元明後人所撰也。
　　註淺陋不足存,而正文極佳。黃刊陸敕先校本漏略太甚。此書成化
　　間彭華刊本二卷,嘉靖四年有重刊本。(王國維)

〔補〕○明刊本,八行十五字,黑口,四周雙闌。此本已收入四部叢刊初
　　編。

〔補〕**易林十卷** 漢焦延壽撰。○明萬曆續道藏本。已印入道藏舉要
　　中。

〔補〕**焦氏易林四卷**　題漢焦延壽撰。○明萬曆二十年何允中輯廣漢魏叢書本，九行二十字，白口，左右雙闌。○明刊本，大版心，十行二十二字，白口，四周雙闌。題"兵占"卷之九至十二，盖與他書合刊也。後有成化九年癸巳彭華識語，又嘉靖四年姜恩序，又嘉靖十三年甲午馬璘刊書序，言以康海付武功令所刊本翻刻。葉德輝藏。○明末汲古閣刊津逮秘書本，九行十八字，白口，左右雙闌。顧廣圻臨陸貽典校宋本。海虞瞿氏藏。○又一部，余據朱文鈞藏明寫本校，補入序一首，六十四卦圖例卦氣等跋二首。○清光緒元年崇文書局刊子書百家本。

〔補〕**焦氏易林二卷**　題漢焦延壽撰。○明嘉靖四十年潘藩勉學書院刊本，十二行二十四字，白口，左右雙闌。○明萬曆二十一年周曰校刊本，二卷，莫氏誤記為四卷，十二行二十四字，白口，四周單闌。余藏。○明寫本，十二行二十三字。吳晉德臨陸貽典校及黃丕烈跋。涵芬樓藏。

京氏易傳三卷　漢京房撰。○漢魏叢書本。○鹽邑志林本。○天一閣本。○津逮秘書本。○學津討原本。○諸刻本多舛，馮定遠、沈果堂俱有校本。○近嚴鐵橋重輯本十八卷，未刊。○錢遵王云註陸績撰。（繩）

〔補〕○明嘉靖間天一閣刊范氏奇書本，九行十八字，白口，左右雙闌。卷首題"明兵部侍郎范欽訂"。余藏。○明萬曆程榮漢魏叢書本及何允中廣漢魏叢書本均九行二十字，白口，左右雙闌。○舊寫本，九行二十字，無格。清雍正六年沈彤臨葉樹廉傳錄馮班校本並自校。余藏。余嘗臨校於漢魏叢書本上。友人尚君秉和曾借校，言可改時本訛誤一百三十餘處，訛誤十去七八云。

〔補〕**麻衣道者正易心法一卷**　宋陳摶受併消息。○明嘉靖范氏天一閣刊范氏奇書本，九行十八字，白口，左右雙闌，卷首二行下題"東明山人訂"五字。○明崇禎汲古閣毛氏刊津逮祕書本。四庫存目。

〔補〕**玉靈聚義五卷**　題唐徐堅撰，元駱天祐校纂，元陸森編集。○元天曆二年平江路儒學刊本，十行十六字，黑口，左右雙闌。有駱天祐序，泰定二年范溢序，延祐二年陸森序，泰定二年乙丑趙孟頫序。又有天曆二年陸森刊書識語，後有平江路儒學校勘官銜名五行。有項元汴題識。鈐有項元汴及昌齡藏印。四庫存目。

〔增〕**大易旁通天賦八卷提綱一卷**　○元刊本，不著撰人，蓋占課之書也。有建陽鶴田叟蔣易師文父序。昭文張氏所藏。

〔增〕**六壬大占一卷**　宋祝泌撰。泌字子經，德興人，以進士授饒州路三司提幹，以老乞休，元世祖徵不起，詳江西通志。是書宋志及讀書目未錄，此從宋刊本影寫。前有進書序及六壬起例，謂六壬之說古今不宣其旨，惟周禮哲蔟氏掌覆天鳥之巢，以方書十日十二辰，十二月、十二歲、二十八星之號，即壬盤之體，三代之壬書唯此一證。與術家以五行始于水，水生于一，成于六之説異，錄以資參考。○傳望樓刊本。○阮氏以進呈。

六壬大全書十二卷　不著撰人。○明郭氏刊本。

〔補〕**六壬日占不分卷**　撰人未詳。○明刊本，藍印，十三行，每葉以日干為主，以每日每時為一葉，上闌列用兵項，下列方位時刻以決進退吉凶。每日兵占變易以朱筆寫入。

卜法詳考四卷　國朝胡煦撰。○乾隆三十八年胡氏刊，附周易函書後。

上術數類占卜之屬（繩）

李虛中命書三卷　題鬼谷子撰。李虛中註。○墨海金壺本。守山閣本。

玉照定真經一卷　晉郭璞撰，張顒註。○劉寬夫有抄本見示，其庸劣，無稍發明。

〔補〕○此書罕有刊本，四庫本已印入四庫全書珍本初集中。

〔補〕**四字經一卷** 唐釋德行撰。○明萬曆二十五年荆山書林刊夷門
廣牘本，在雜占類。

星命溯源五卷 不著撰人名字。（繩）○路氏有抄本。

〔補〕○此書已印入四庫全書珍本初集中。

徐氏珞琭子賦註二卷 宋徐子平撰。○墨海金壺本。○守山閣本。
○昭文張氏有抄宋刊本六卷，王廷光、李仝、釋曇瑩、徐子平四家註，
乃原本也。題云“新編四家註解經進珞琭子消息賦註”。

〔補〕**新雕注疏珞琭子三命消息賦三卷** 宋李仝、東方明撰。**新雕**
李燕陰陽三命二卷 ○金刊本，十二行二十字，注雙行二十九字，
左右雙闌。陰陽三命十四行三十二字。有唐寅觀欵並黄丕烈二跋。
涵芬樓藏。此書已印入續古逸叢書中。

珞琭子三命消息賦註二卷 宋釋曇瑩撰註。○墨海本。○守山本。
○宋刻三命消息賦四家註六卷，東方朔疏五卷，藏胡心耘家。

〔補〕**新編四家註解經進珞琭子消息賦六卷** 宋王廷光、李仝、釋
曇瑩、徐子平撰。○明刊本，十四行二十二字，正文大字十六字，黑
口，四周雙闌。前宣和五年王廷光進書序。有惠棟跋。鈐有“天水
郡圖書印”、“澹寧居”各印。

三命指迷賦一卷 舊本題宋岳珂補註。○讀書齋叢書本。○知不足
齋藏宋木。○乾隆閒金德與重刊，板口有“桐華館”三字。

〔補〕**新刊祕訣三命指迷賦一卷** ○清嘉慶間顧修刊讀書齋叢書
本。

星命總括三卷 遼耶律純撰。四庫著錄，莫氏失收。○此書無刊本，
四庫本已印入四庫全書珍本初集中。

演禽通纂二卷 不著撰人。○四庫依天一閣抄本。

〔補〕○此書無刊本，四庫本已印入四庫全書珍本初集中。

〔補〕**新刊範圍數二卷**　不著撰人，永樂大典引之，稱元賈灝撰。○元刊本，十二行，黑口，四周雙闌。

〔補〕**範圍數十卷**　不著撰人，前有吳萊序，又載吳淵穎集中，題“王氏範圍要訣後序”，則為元人王姓所撰。○清初盛守寫本，十行二十七字，版心有“海虞瞿氏樹德堂繹”八字。有康熙三十一年壬申毛扆跋，言為盛守字公約所手抄云云。鈐有“樹德堂收藏”及毛扆、宋犖藏印。

〔補〕**大定新編四卷**　明楊向春撰。○明刊本，九行二十字，白口，四周雙闌。有黃丕烈跋。蔣汝藻密韻樓藏書。

〔增〕**星學正傳二十一卷首總括圖三卷又玉井奧訣一卷玉照神經一卷末圖說二卷**　明楊淙纂。○萬曆壬午自序刊。

星學大成十卷　明萬民英撰。○明刊本。

三命通會十二卷　不著撰人。○明萬曆六年刊本。○雍正乙卯蔣國祥補刊本甚多脫訛，闕第十二卷，而以第十卷元理賦以下分為二卷。○英德堂刊袖珍本。

〔增〕**天步真原三卷**　明西洋穆尼閣撰。與天文類所刊之天步真原同出一人，而書不全，此書專言錄命。○守山閣本。

〔補〕**天步真原人名部三卷**　明西洋穆尼閣撰，清薛鳳祚譯。○清道光間金山錢氏刊守山閣叢書本。

〔補〕**相兒經一卷**　漢嚴助撰。○清順治三年李際期宛委山堂刊說郛本，在卷一百九。

月波洞中記二卷　○函海本一卷。

〔補〕**月波洞中記一卷**　題吳張仲遠傳本。○清光緒五年劉氏藏修書屋刊述古叢鈔本。○又，藏修堂叢書，翠琅玕館叢書本，均此一刻改名。

玉管照神局三卷 南唐宋齊邱撰。○敏求記有此書十卷。

〔補〕○清光緒十八年陸心源輯刻十萬卷樓叢書本。

太清神鑑六卷 後周王朴撰。○墨海金壺本。○守山閣本。

人倫大統賦一卷 金張行簡撰。元薛延年註。○抄本。

〔附〕○頃收元刊本，前有圖，為大典本所無。（莫棠）○近陸心源刊本
二卷，亦傳抄閣本。（眉）

〔補〕○壬子三月於莫棠處見此刊本，九行十八字。有皇慶二年薛延年
序。

〔補〕**人倫大統賦二卷** 金張行簡撰，元薛延年注。○清光緒間陸心
源刊十萬卷樓叢書本。

上術數類命書相書之屬（繩）

〔增〕**五行大義五卷** 隋蕭吉撰。四庫未收。○日本佚存叢書本。○
知不足齋本。○許刊本。○阮氏以進呈，提要略云吉字文休，梁武
帝兄。江陵陷，遂歸于周，為儀同。乃隋受禪，進上儀同。煬帝嗣
位，拜太府少卿，加位開府。事跡具隋書藝術傳。是書自序稱博採
經緯，搜窮簡牒，略談大義，凡二十四段，別而分之合四十段。二十
四者節數之氣總，四十者五行之成數云云。考隋唐志均不著錄，本
傳亦不載此書。然史稱吉博學多聞，精陰陽算術，今觀其書，徵引秘
緯，多逸亡秘笈，非後人所能偽也。

〔補〕**五行大義一卷** 隋蕭吉撰。○清嘉慶十八年刊知不足齋叢書
本。此書不傳，從日本佚存叢書本出。○清光緒二十三年盛宣懷刊
常州遺書本，在第一卷中。

太乙金鏡式經十卷 唐開元中王希明奉敕撰。○四庫依抄本。

〔補〕○此書已印入四庫全書珍本初集中。

〔補〕**靈臺經一卷** ○明正統道藏本，在洞真部衆術類。已印入道藏

舉要中。

〔補〕**洪範政鑑十二卷** 宋仁宗趙禎撰。○宋淳熙十三年內府寫本，紅格，九行十七字，左右無邊闌，猶存卷子裝遺式。前有康定元年自序。每卷首尾鈐有"內府文璽"、"御府圖書"、"緝熙殿書籍印"等印記，皆南宋內府印，證以永樂大典卷一萬一千九百四十四所引宋會要淳熙十三年二月八日令秘閣繕寫洪範政鑑一本進納之記載，其為秘閣繕錄內府珍藏之原帙無疑。又有大本堂印，按大本堂洪武元年十一月建，取古今圖籍充其中，則洪武初曾入南京御府矣。全書蝶裝絹衣，猶是宋代宮裝，其首尾完整，歷時七百年，為南宋、明、清內府遞藏孤本，至為珍貴。余得于景賢後人之手，與百衲本資治通鑑儼為雙鑑，巍然為吾家藏書之冠。此書歷代書目均未著錄，僅于續通鑑長編、玉海、宋會要中載其事，世間亦無傳本。然此陰陽五行之書，於學術無關宏旨，第以卷中引書校今本略有補正而已。四庫存目有據永樂大典輯本，初不知原本即存禁中也。

〔補〕**箕元遁甲句解煙波釣叟歌十二卷** 題宋趙普撰。○舊寫本，十行二十二字，上空二格，實二十字。解字微小。蔣汝藻密韻樓藏書。

〔補〕**禮緯含文嘉三卷** ○舊寫本，八行二十二字。目後有記，稱紹興辛巳張師禹校。有惠棟藏印。述古堂見。四庫存目。

〔增〕**三曆撮要一卷** 不知撰人，或云宋徐應龍撰。選擇家言以此書為最古。○昭文張氏有影宋抄刊本，志云按月具載嫁娶、求婚、上官、出行等吉日，所引萬通曆、會要曆、百忌曆、具註曆、萬年曆、集聖曆、撮要曆、集正曆、廣聖曆及壇經、彈冠必用等書。今唯集聖曆宋楊可撰，載晁志，百忌曆唐呂才撰，彈冠必用宋周謂撰，載陳錄，餘俱無攷。是亦選擇家之秘籍也。陳錄載此書，建安徐清叟真翁云，其尊人尚書公應龍所輯，不欲著名。阮氏進呈書載此，題三術撮要。

〔補〕○宋刊本，十行十九字，白口，左右雙闌。錢大昕、瞿中溶、孫星衍觀歟。海虞瞿氏藏。○清光緒十四年陸心源刊十萬卷樓叢書本,收入三編。○民國五年徐乃昌影刊宋本,收入隨盦徐氏叢書續編中。

〔補〕**遁甲符應經三卷** 宋楊維德等撰。○宛委別藏本。阮氏據舊寫本錄。己卯入選印宛委別藏中。

〔補〕**丙丁龜鑑五卷** 宋柴望輯 **續錄一卷** 元失名人撰輯。○明萬曆刊寶顏堂廣祕笈本,余藏。四庫存目。

〔補〕**土牛經一卷** 宋向猛撰。○明萬曆二十五年金陵荆山書林刊夷門廣牘本。

〔補〕**土牛經一卷** 不著撰人名氏。○明叢書堂抄説郛本,在卷十五,墨格,十行二十字,版心有“叢書堂”三字。余藏。節本。

〔補〕**太乙統宗寶鑑二十卷** 題元曉山老山撰。○舊寫本。鈐有白堤錢聽默經眼印。四庫存目。

〔補〕**類編陰陽備用差轂奇書十五卷** ○元後至元三年刊本,十四行二十五字,黑口,四周雙闌。目後刻一象一鐘,鐘上有“至元三年丁丑仲秋校正足本鼎新刊行”四行。翰文齋見,後歸李木齋先生。存卷一至六。為擇日之書。

〔補〕**新鋟煙波釣徒部門定局一卷** 明劉基撰。○明萬曆刊寶顏堂彙祕笈本。余藏。

〔補〕**臞仙肘後經二卷** 明朱權撰。○明刊本,行字不定,黑口,四周雙闌。

〔補〕**陰陽定論三卷** 明周視撰。○明刊本,十行二十二字,黑口,四周單闌。李木齋先生藏。

遁甲演義二卷 明程道生撰。按:四庫著錄,莫氏失收。○此本已印入四庫全書珍本初集中。

禽星易見一卷 明池本理撰。○四庫依抄本。星一作心。

〔補〕○此書無刊本,四庫所據為明寫本。四庫本已印入四庫全書珍本初集中。

〔補〕**五行類應九卷** 明錢春撰。○明萬曆四十二年侯加地刊本,九行二十字,白口,四周雙闌。有萬曆甲寅蔡復一後序。余藏。四庫存目。

〔補〕**太乙統宗紫庭福應金鏡集不分卷** 撰人未詳。○明藍格寫本。推災應至萬曆十六年,為明人所補。余藏。

〔補〕**陰遁陽遁不分卷** 不著撰人。陰遁、陽遁各九局,局為一册,共十八册。○清經綸堂寫本。特印紅格紙,半葉十三行,版心上印"應驗神奇"四字,下印"經綸堂"三字。陽葉前十行分上下闌,上闌首行印□遁□局,次七行處無格,印八卦,下闌各行頂格印乾至兑方位。陰葉每行二十四字,上空一格,注雙行同,白口,四周雙闌。墨書逐項填入。玄武作元武,則是康熙以後寫本。

星曆考原六卷 清李光地等撰。按:四庫著錄,莫氏失收。○清康熙五十二年内府活字印本。

欽定協紀辨方書三十六卷 乾隆四年莊親王允祿等奉敕撰。○内刊本。(繩)

上術數類陰陽五行之屬(繩)

〔補〕**夢占類考十二卷** 明張鳳翼撰。○明萬曆十三年刊本,十行二十二字,黑口,左右雙闌。目後有"萬曆乙酉孟夏信陽王氏梓行"一行。余藏。四庫存目。

〔補〕**字觸六卷** 清周亮工撰輯。○清康熙六年祥符周氏賴古堂刊本。余藏。四册。

〔補〕**字觸補六卷** 清桑靈植撰。○清光緒十一年刊本。余藏。

上術數類雜技術之屬

子部八

藝術類

古畫品錄一卷 南齊謝赫撰。○說郛本。○津逮本。○硯北偶鈔本。○畫苑本。

〔補〕○明翻宋陳道人書籍鋪刊本，十一行二十字，白口，左右雙闌。明翻陳道人書鋪本論畫就余所見者尚有續畫品錄一卷，後畫錄一卷，續畫品一卷，貞觀公私畫史一卷，沈存中圖畫歌一卷，筆記法一卷，歷代名畫記十卷，聖朝名畫評三卷，唐朝名畫錄一卷，五代名畫補遺一卷，畫繼十卷，益州名畫錄三卷，米海嶽畫史一卷，行款全同，共十四種，蘇州來青閣楊壽祺送閱。後又收得圖書見聞誌六卷，目後有“臨安府陳道人書籍鋪刊行”一行，則共有十五種矣。○明王氏畫苑十五種本，十行二十字，白口，左右雙闌。○明崇禎中汲古閣刊津逮秘書本，八行十九字，白口，左右雙闌。

書品一卷 梁庾肩吾撰。○法書要錄本。○漢魏叢書本。○秘笈本。○續百川學海本。○硯北偶抄本。

續畫品一卷 陳姚最撰。○說郛本。○津逮本。○畫苑本。○硯北偶抄本。

〔補〕○明翻宋臨安陳道人書籍鋪刊本，十一行二十字，白口，左右雙闌。○明王氏畫苑十五種本，十行二十字，白口，左右雙闌。○津逮秘書本，八行十九字。

〔補〕**續畫品錄一卷** 唐李嗣真撰。○明翻宋陳道人書籍鋪刊本，十一行二十字，白口，左右雙闌。○明王氏畫苑十五種本，十行二十字，白口，左右雙闌。○明末汲古閣刊津逮秘書本，八行十九字，白口,左右雙闌。四庫存目。

貞觀公私畫史一卷 唐裴孝源撰。畫苑本。○唐宋叢書本。○宋
　本,半頁十一行,行二十字,貞字避缺。

〔補〕○明翻宋陳道人書籍鋪刊本,十一行二十字,白口,左右雙闌。○
　明王氏畫苑十五種本,十行二十字,白口,左右雙闌。○明末毛氏汲
　古閣刊津逮秘書本,八行十九字,白口,左右雙闌。

〔補〕**後畫錄一卷** 唐釋彥悰撰。○明翻宋臨安陳道人書籍鋪刊本,
　十一行二十字,白口,左右雙闌。○明王氏畫苑十五種本,十行二十
　字,白口,左右雙闌。○明末汲古閣刊津逮秘書本,八行十九字,白
　口,左右雙闌。四庫存目。

書譜一卷 唐孫過庭撰。○百川學海本。○說郛本。○石刻本。

〔補〕○宋咸淳間刊百川學海本,十二行二十字,細黑口,左右雙闌。○
　明弘治十四年華珵刊百川學海本,十二行二十字,白口,左右雙闌。
　○明刊本,十一行二十字,黑口,左右雙闌。翰文齋見,潘氏滂喜齋
　遺書。

書斷三卷 唐張懷瓘撰。○法書要錄本。百川學海本一卷。○格致
　叢書四卷本。

〔附〕○至元本,半頁十行,行二十二至三字,板式狹小,甚精。(眉)

〔補〕○明刊本,十一行二十字,黑口,左右雙闌。翰文齋見,潘氏滂喜
　齋遺書。

〔補〕**書斷四卷** 唐張懷瓘撰。○宋咸淳間刊百川學海本,十二行二
　十字,細黑口,左右雙闌。○明弘治十四年華珵刊百川學海本,十二
　行二十字,白口,左右雙闌。○明嘉靖十五年鄭氏宗文堂刊百川學
　海二十卷本,題書斷列傳三卷,雜編一卷,十四行二十八字,白口,左
　右雙闌。

〔補〕**王維山水論一卷** 題唐王維撰。○明王氏畫苑十五種本,十行

二十字,白口,左右雙闌。

〔補〕張長史十二意筆法一卷　唐顏真卿撰。○清順治三年宛委山堂刊說郛本,在卷八十六。

〔補〕(冰陽)〔陽冰〕筆訣一卷　唐李陽冰撰。○清順治三年宛委山刊說郛本。在卷八十六。

述書賦二卷　唐竇泉撰。○四庫依鮑士恭家本。○津逮本。○法書要錄本。○嘉靖乙酉刻本。

法書要錄十卷　唐張彥遠撰。○王氏書苑本。○津逮本。○學津本。

〔補〕○明正德、嘉靖間刊本,十行二十字,白口,左右雙闌。徐乃昌有一帙,都中又見二帙。○明刊本,十一行二十字,白口,左右雙闌。卷一至四、五至十各為一冊,各為通葉碼。是嘉靖時刊。有黃丕烈、劉喜海藏印,寶珣識語。余藏。○明王氏書苑本,十行二十字,白口,左右雙闌。○明末毛氏汲古閣刊津逮秘書本,八行十九字,白口,左右雙闌。何煌校。先以宋刊書苑菁華校一過,再以吳岫寫本校。涵芬樓藏,余曾借臨一本。○明王世懋手寫本,厚棉紙,行楷書,十行二十六字。有王世懋手跋及清葛正笏、楊繼振跋。徐坊遺書。余取校津逮秘書本,改訂頗多,卷十右軍書帖增補十餘則。

歷代名畫記十卷　唐張彥遠撰。○王氏書苑本。○津逮本。○學津本。○續百川學海木。

〔補〕○明翻宋陳道人書籍鋪刊本,十一行二十字,白口,左右雙闌。○明王氏畫苑本,十行二十字,白口,左右雙闌。○明末毛氏汲古閣刊津逮秘書本,八行十九字,注雙行同,白口,左右雙闌。○清嘉慶十年張氏照曠閣刊學津討原本,九行二十一字,白口,左右雙闌。○清何焯校本,有康熙五十五年跋。

唐朝名畫錄一卷 唐朱景玄撰。○畫苑本。○學津本。

〔附〕○明繙宋本。（原稿無，諸印本入正文）。

〔補〕○明翻宋陳道人書籍鋪刊本，十一行二十字，白口，左右雙闌。○
　　明王氏畫苑刊本，十行二十字，白口，左右雙闌。○學津討原無此
　　書，莫氏誤記。

墨藪二卷附法帖釋文刊誤一卷 唐韋續撰。○唐宋叢書本。○格
　　致叢書本。○明程榮刊本。

〔補〕**法帖音釋刊誤一卷** 宋陳與義撰。○明程榮校刊本，九行二十
　　字，軟體字。余藏。余嘗取校陸心源十萬卷樓叢書本，改訂百餘字。
　　然亦有訛謬賴陸本訂正處。

〔補〕**墨藪一卷** 唐韋續撰。○清光緒十四年陸心源刊本，收入十萬
　　卷樓叢書三編中。余據明程榮刊本校過。

〔補〕**五十六種書法一卷** 唐韋續撰。○清順治三年宛委山堂刊説
　　郛本。在卷八十六。

畫山水賦一卷附筆法記一卷 唐荊浩撰。○明刊本。○畫苑本。

〔補〕**豫章先生論畫山水賦一卷** 五代荊浩撰。○明萬曆刊王氏畫
　　苑補益本，十行二十字，白口，左右雙闌。

〔補〕**筆法記一卷** 五代荊浩撰。○明翻宋臨安陳道人書籍鋪刊本，
　　十一行二十字，白口，左右雙闌。○明王氏畫苑本，十行二十字，白
　　口，左右雙闌。

〔補〕**宣和論畫雜評一卷** 題宋徽宗撰。○明萬曆刊畫苑補益本，即
　　宣和畫譜中各門緒論之彙錄也。四庫存目。

翰墨志一卷 宋高宗皇帝御撰。○百川本。○説郛本。○畫苑本。

〔補〕○宋咸淳刊百川學海本，十二行二十字，細黑口，左右雙闌。據張
　　世南游宦紀聞卷五端硯條，言乾道癸巳高宗書翰墨數説以賜曹勛，
　　其文與此全同，可知此為信手雜書書翰雜事以賜人者，原非著述，其

內容蕪雜無序亦是一證。〇明弘治十四年華珵刊百川學海本，行款
同宋本，白口。

〔補〕**法書苑一卷**　宋周越撰。〇明弘治十八年鈔説郛本，墨格，十三
行二十五字，版心有説郛二字。在卷七十八。

五代名畫補遺一卷　宋劉道醇撰。〇明王氏畫苑本。〇明繙宋本。
〇天祿後目有宋刊本，附畫繼後。

〔補〕〇明翻宋臨安陳道人書籍鋪刊本，十一行二十一字，白口，左右雙
闌。〇明王氏畫苑本，十行二十字，白口，左右雙闌。

宋朝名畫評三卷　宋劉道醇撰。〇畫苑本。〇明繙宋本。

〔補〕〇明翻宋陳道人書籍鋪刊本，書名作聖朝名畫評，十一行二十
字，白口，左右雙闌。〇明王氏畫苑本，十行二十字，白口，左右雙
闌。

〔補〕**聖朝名畫評三卷**　宋劉道醇撰。〇明翻宋陳道人書籍鋪刊本，
十一行二十字，白口，左右雙闌。庚申滬肆閱，值昂未收。

〔補〕**李成山水訣一卷**　題宋李成撰。〇明王氏畫苑本，十行二十字，
白口，左右雙闌。

益州名畫錄三卷　宋黄休復撰。〇説郛本。〇唐宋叢書本。〇畫苑
本。〇函海本。〇讀書齋本。〇明翻宋本。

〔補〕〇明翻宋臨安陳道人書籍鋪刊本，十一行二十一字，白口，左右雙
闌。〇明王氏畫苑本，十行二十字，白口，左右雙闌。

圖畫見聞志六卷　宋郭若虛撰。〇津逮本。〇學津本。〇宋本，每
半頁十一行，行二十字，遇宋諱皆缺筆。〇吳門黄氏蕘圃藏宋本前
半部，元抄後半部藏汪閬源家。

〔附〕〇明繙陳道人本。原稿無，印本入正文。

〔補〕〇宋刊本，十一行二十字，白口，左右雙闌。存卷四至六，卷一至
三鈔配。此書有明翻本，目後有臨安府陳道人書籍鋪刊行一行，以

是知為宋陳道人書籍鋪刊本。有黃丕烈跋，亦以為陳道人書籍鋪刊本。海虞瞿氏藏。○明翻宋陳道人書籍鋪刊本，十一行二十字，白口，左右雙闌。前自序，次標目，目後有“臨安府陳道人書籍鋪刊行”一行。余藏。

〔補〕**沈存中圖畫歌一卷**　宋沈括撰。○明翻宋臨安陳道人書籍鋪刊本，十一行二十字，白口，左右雙闌。○明王氏畫苑本，十行二十字，白口，左右雙闌。

林泉高致集一卷　宋郭熙撰。○說郛本不全。○明畫苑本。○元至正八年豫章歐陽必學刊本。

〔補〕○明畫苑補益本，十行二十字，白口，左右雙闌。余藏。○明正德元年葛璃家寫本，卷首有郭思序，題男太中大夫徽猷閣待制秦鳳路經略安撫使馬步軍都督管知秦州郭思纂。本書後附郭思撰畫記，記其父郭熙受知神宗，奉旨繪各殿閣屏風壁面御帳之事及思入對時徽宗贊其父畫藝等事，末題“思拜手書後”，為他本所無。後有正德元年葛璃跋。璃嘉靖二十一年曾刊白虎通德論二卷，則此本為葛氏所鈔明矣。

墨池編六卷　宋朱長文撰。○明隆慶中四明薛晨刊本。○萬曆中李時成刊本。○康熙甲午朱氏刊本，附印典。○汲古有舊抄，云明刊甚誤。

〔補〕○明萬曆八年虞德燁揚州刊本，十行二十二字，白口，四周雙闌。目後有刊書銜名十一行。末題“萬曆庚辰夏孟梓于維揚瓊華觀深仁祠”。盧址抱經樓遺書，余藏。

〔補〕**墨池編二十卷**　宋朱長文撰。**續編三卷**　明李尚輯，薛晨校注。○明隆慶二年李尚永和堂刊本，十行二十字，黑口，左右雙闌。版心下方有“永和堂”三字。前有隆慶戊辰喬懋敬序，目錄後有薛晨跋十二行。本書題“宋吳郡朱長文伯原纂，明青州李尚子藎刻行，明四明薛晨子熙校註"。○清康熙五十三年裔孫之勱就閒堂刊本。

〔增〕**續書斷二卷** 宋朱長文撰。長文既為墨池編，以張懷瓘書自開
　元以來未有紀錄，而唐初諸公或闕略未嘗立傳，用別掇所聞見，自唐
　興至本朝熙寧間以續之。熙寧七年八月自序。四庫未收。○丁禹
　生有舊刊本，蓋是元帙。

〔補〕**續書斷一卷** 題灣溪隱夫撰。○明刊本，十一行二十一字，黑
　口，左右雙闌。翰文齋見，潘氏滂喜齋遺書。

德隅齋畫品一卷 宋李廌撰。○說郛本。○秘笈本。○顧氏文房小
　說本。

〔補〕○明正德、嘉靖間顧元慶刊陽山顧氏文房小說本，十行十八字，白
　口，左右雙闌。○明刊畫苑補益本，題"李廌畫品"，十行二十字，白
　口，左右雙闌。

畫史一卷 宋米芾撰。○畫苑本。○津逮本。○丁禹生有宋刊畫史
　一冊，是菉竹堂葉氏物，末有朱書"康熙癸巳蔣生子範所贈"，乃何義
　門手蹟。半頁十一行，行二十字。○明繙本。

〔附〕○附集本。下三種同。（邵氏）

〔補〕○宋嘉泰元年笁陽郡齋刊寶晉山林集拾遺本，十行十六字，白口，
　左右雙闌。前四卷為詩，後四卷為寶章待訪錄、書史、畫史、硯史各
　一卷，為此書傳世最佳之本。○明末汲古閣刊津逮祕書本，八行十
　九字，白口，左右雙闌。○清順治三年宛委山堂刊說郛本。

〔補〕**米海嶽畫史一卷** 宋米芾撰。○明翻宋臨安陳道人書籍鋪刊
　本，十一行二十字，白口，左右雙闌。○明王氏畫苑本，十行二十字，
　白口，左右雙闌。

書史一卷 宋米芾撰。○百川本。○說郛本。○畫苑本。○書學彙
　編本。○收明繙宋本。

〔補〕**米元章書史一卷** 宋米芾撰。○宋咸淳間刊百川學海本，十二

行二十字,細黑口,左右雙闌。○明弘治十四年華珵刊百川學海本,
行款同宋本,唯改細黑口為白口。○明嘉靖十五年鄭氏宗文堂刊百
川學海二十卷本,十四行二十八字,白口,左右雙闌。

〔補〕米海嶽書史一卷 宋米芾撰。○明萬曆刊王氏畫苑本,十行二
十字,白口,左右雙闌。○明翻宋陳道人書籍鋪本,十一行二十字,
白口,左右雙闌。

寶章待訪錄一卷 宋米芾撰。○百川本。○說郛本。○書苑補益
本。○又附刊清河書畫舫第九卷。

〔補〕○宋咸淳刊百川學海本,十二行二十字,細黑口,左右雙闌。○明
弘治十四年華珵刊百川學海本,十二行二十字,白口,左右雙闌。○
明嘉靖十五年鄭氏宗文堂刊百川學海二十卷本,十四行二十八字,
白口,左右雙闌。○明萬曆刊書苑補益本,十行二十字,白口,左右
雙闌。

海岳名言一卷 宋米芾撰。○百川本。○說郛本。○書苑本。

〔補〕○宋咸淳刊百川學海本,十二行二十字,細黑口,左右雙闌。○明
弘治十四年華珵刊百川學海本,十二行二十字,白口,左右雙闌。○
明嘉靖十五年鄭氏宗文堂刊百川學海二十卷本,十四行二十八字,
白口,左右雙闌。○明萬曆刊書苑補益本,十行二十字,白口,左右
雙闌。

宣和畫譜二十卷 不著撰人。○唐宋叢書本。○津逮本。○學津
本。○明有楊升菴刊本。

〔補〕○元刊本,十行十九字,白口,左右雙闌。張允亮據諸本序跋,定
為元大德壬寅吳文貴刊本。卷十一前十二葉明人鈔配。鈐有"天水
郡圖書印"、"云間趙禮用印"及陸包山、孫雪居、王煙客諸畫家印記。
故宮藏書。○元刊本,十行十九字,細黑口,左右雙闌。前宣和庚子
序、次序目。鈐有"清樂軒"、"姜氏家藏"及明晉府印。內閣大庫舊

儲,後歸劉啟瑞。此本与故宮本行欵同而版心一白口,一細黑口,卷中墨釘亦不同,絶非一本。然均有明初印記,孰為翻刻,竢再考之。以雕工紙墨論,故宮本似勝一籌。○明刊本,九行十九字,白口,四周雙闌。○此書別見明寫本,有吳文貴自序,言未嘗行世,求善本參校鋟梓云云,又有錢唐王芝後序,為諸刊本所無,張君允亮即據此定故宮本為元大德六年吳文貴刊本。

宣和書譜二十卷 不著撰人。○楊升菴刊本。○津逮本。○學津本。○升菴本以嘉靖庚子刊,半頁九行,行十九字。

〔補〕○元刊本,十行十九字,細黑口,左右雙闌。宋諱避遘字。鈐有"珊瑚閣珍藏印"等印。葉啟勳藏。其書與故宮藏宣和畫譜行欵同而改為黑口,疑是翻本,而無以證之。劉啟瑞藏宣和畫譜半部,内閣大庫佚書,亦是細黑口,當博考之。○明刊本,九行十九字,白口,四周雙闌。李木齋先生有一帙,後廠肆又見一帙。即莫目所記之嘉靖十九年楊升菴本。○明崇禎毛氏汲古閣刊津逮秘書本,八行十九字,白口,左右雙闌。○明末刊唐宋叢書本,九行二十字,白口,左右雙闌。○清嘉慶十年張海鵬刊學津討原本,九行二十一字,黑口,左右雙闌。

宣和書譜不分卷宣和畫譜不分卷 不著撰人。○清顧復摘鈔本,十行二十四字,不分卷。書譜前有元大德壬寅吳文貴序,大德六年王芝後序。又康熙六年顧復序,云書譜據朱之赤藏鈔本錄,畫譜言從唐宋叢書中錄。

山水純全集一卷 宋韓拙撰。○畫苑本。○函海本。○讀書齋本。

〔補〕○余藏明鈔説郛本,十三行二十五字,明弘治十八年鈔,在四十二卷中,並無缺文,視諸本為勝。商務印書館已排印行世。

〔補〕山水純全集一卷 宋韓拙撰。○明詹景鳳輯畫苑補益本,十行二十字,白口,左右雙闌。○清光緒函海本,余曾用明寫本校。

廣川書跋十卷 宋董逌撰。○書苑本。○津逮本。

〔補〕○明無錫秦柄雁里草堂寫本，墨格，十一行二十三字，版心下方有"雁里草堂"四字。葉德輝跋。葉定侯藏。○明寫本，十四行二十二字。有舊人錄吳岫跋。○明寫本，十行二十四字。有錢穀、毛晉、毛扆藏印。吳印臣藏。○明萬曆刊書苑補益本，十行二十字，白口，左右雙闌。○明末毛氏汲古閣刊津逮秘書本，八行十九字，白口，左右雙闌。

廣川畫跋六卷 宋董逌撰。○嘉靖中楊慎刊本。○王氏畫苑本。○張金吾有舊抄本。

〔附〕○陸心源刊本。（眉）○張有元孫道明刊本。（邵氏）

〔補〕○明刊本，九行二十一字，白口，四周雙闌。○明秦四麟家寫本，藍格，九行二十四字，版心有篆文"玄覽中區"四字。王士禛校。鈐有王士禛印及濟南周氏藉書園藏印。○清光緒陸心源刊十萬卷樓叢書本。余據明秦四麟家寫本校。

畫繼十卷 宋鄧椿撰。○畫苑本。○津逮本。○學津本。○明繙宋本。

〔補〕○明翻宋臨安陳道人書籍鋪刊本，十一行二十字，白口，左右雙闌。○舊寫本，十一行二十字。前有自序，次標目，次本書。語涉宋帝空格，從陳道人書籍鋪刊本出。李木齋先生遺書。

續書譜一卷 宋姜夔撰。○百川本。○書苑本。○佩文齋書畫譜本。○格致叢書本。○宋嘉定戊辰天台謝采伯刊本。

〔補〕○宋咸淳間刊百川學海本，十二行二十字，細黑口，左右雙闌。○明弘治十四年華珵刊百川學海本，十二行二十字，白口，左右雙闌。○明嘉靖十五年鄭氏宗文堂刊百川學海本，十四行二十八字，白口，左右雙闌。○明王氏書苑補益本，十行二十字，白口，左右雙闌。○明萬曆胡氏會文堂刊本，題"新刻續書譜"，一卷十行二十字，白口，左右雙闌。

〔補〕**姜堯章續書譜一卷** 宋姜夔撰。○明刊本，十一行二十字，黑口，左右雙闌。翰文齋見，潘氏滂喜齋遺書。

〔補〕**金壺記三卷** 宋釋適之撰。○宋刊本，十一行二十字，白口，左右雙闌。有錢謙益、季振宜、徐乾學、孫志周、馬玉堂藏印。日本靜嘉堂文庫藏。此書靜嘉堂已影印行世。○明寫本，十一行二十字。鈐有毛晉、席玉鑑家藏印。涵芬樓藏。○清初影寫宋刊本，十一行二十字，橅寫甚精，卷末記金壺事半葉為宋刊本所無。四庫存目。

寶真齋法書贊二十八卷 宋岳珂撰。○聚珍板本。○閩覆本。

〔補〕○此書久佚，從永樂大典輯出。內輯錄各法書全文，頗有可采之文或有關史料者，未可遂以著錄之書視之。

書小史十卷 宋陳思撰。○士禮居有宋刊本四卷，其前六卷汲古閣抄補。○路氏有舊抄本。

〔補〕○宋書棚本，十一行二十字。避宋諱至慎字止。前有謝奕手書序。存卷六至十，卷一至五明末毛氏汲古閣影補。明王世貞舊藏，毛氏汲古閣秘本書目著錄，黃丕烈跋，百宋一廛賦注著錄。日本靜嘉堂文庫藏皕宋樓遺書。即莫氏所記之士禮居宋本。○清光緒二十二年錢塘丁氏刊本，收入武林往哲遺箸中。

書苑菁華二十卷 宋陳思撰。○汪氏振綺堂刊本。○張金吾有舊抄本。

〔補〕○宋刊本，十一行二十字，白口，左右雙闌。○明寫本，十一行二十字。前有魏鶴山大字序。趙宧光朱筆校，朱錫庚跋。有趙宧光、朱筠藏印。○明寫本，墨格，十行十九字，版心有"臥雲山房"四字。有范光華藏印。天一閣佚出之書，陳士可藏。○明寫本，藍格，十行二十字。有"畢氏珍藏"等印。余藏。

〔補〕**御覽書苑菁華二十卷** 宋陳思撰。○清汪汝瑮振綺堂刊本。

○清光緒十六年新會劉氏刊藏修堂叢書本。

〔增〕**梅花喜神譜二卷**　宋宋伯仁撰。伯仁字器之,湖州人,所著西塍
集已著錄。此譜寫梅花百圖,上卷分五類,下卷分三類,各綴五言絕
句,曰喜神者,殆寫生之意。此從宋板影摹,其書初刻于嘉熙戊戌,
此其景定辛酉雙桂堂重刻之本也。○阮氏曾進呈。○知不足齋有
刊本。○咸豐乙卯漢陽葉志詵仿景宋刊於廣州,佳。(繩)

〔補〕○此書宋刊本已印入續古逸叢書中。此書自黃、汪散出歸不夜于
氏,後轉歸潘氏滂喜齋,近以匄贈,又歸吳君湖帆。海內孤本,然語
為精刊,則余未敢許。葢筆意已失,實宋末坊肆草率翻雕之通行本
耳。

書錄三卷　宋董更撰。○知不足齋本。

〔附〕○外篇一卷。(邵氏)

〔補〕**思陵書畫記一卷**　宋周密撰。○清順治三年宛委山堂刊說郛
本。

竹譜十卷　元李衎撰。○說郛本不全。○知不足齋本七卷。

〔補〕**草書禮部韻寶不分卷**　○元至元二十五年刊本,半葉五行,每
行草書五字,而註楷字於其下,黑口,四周雙闌。目後有至元戊子建
安小齋刊書識語七行。

〔補〕**雪庵字要一卷**　元李溥光撰。○明寫本。有汲古閣藏印。黃丕
烈跋。戊午七月七日張君元濟見示。此書已印入涵芬樓祕笈九集
中。

畫鑒一卷　元湯垕撰。○說郛本。○唐宋叢書本。○學海類編本。
○李璵刊羣芳清玩本。

〔補〕○明末刊唐宋叢書本,九行二十字,白口,左右雙闌。○清道光十
一年晁氏活字印學海類編本,題"古今畫鑒",九行二十一字,白口,
左右雙闌。余曾據明鈔說郛本校之,增改數百字。

〔補〕**畫論一卷** 元湯垕撰。○清順治宛委山堂刊說郛本，余曾據明鈔說郛本校，補入佚文九條。

〔增〕**書經補遺五卷** 元李宗傑輯，事蹟未詳。一卷唐太宗御製王右軍執筆圖，二卷法書本象，國子助教汶上陳繹曾著，三卷書法總論，四、五博古體篆釋，乃宗傑自著。○阮氏以進呈。

〔增〕**古今集論字學新書七卷** 元武夷劉惟志編輯。○舊抄本。

〔補〕**字學新書摘鈔一卷** 元劉惟志輯。○明萬曆間刊王氏書苑補益本。

衍極二卷 元鄭杓撰。○秘笈本一卷。○明刊本五卷。

〔附〕○陸心源刊本。眉

〔補〕**衍極五卷** 元鄭杓撰。劉有定釋。○清光緒間陸心源刊十萬卷樓叢書本，在二編中。

〔補〕**衍極五卷** 元鄭杓撰**考釋一卷** 明沈率祖撰。○明萬曆四十六年沈率祖刊本。考釋後有"萬曆戊午年沈率祖考釋於一晉齋"一行。

法書考八卷 元盛熙明撰。○曹棟亭刊本。

〔補〕○清曹寅揚州使院刊棟亭十二種本，失名人臨何煌校及跋。○清寫本，十一行二十字。鈐西齋居士等印。以校曹刻本，改正極多。涵芬樓藏，已印入四部叢刊續編。

〔補〕**圖畫考七卷** 元盛熙明撰。○舊寫本，九行十八字。四部叢刊三編收入。

〔補〕**書法鉤玄四卷** 元蘇霖撰。○明成化、弘治間刊本，十行二十字，上空一格，黑口，四周雙闌。有馮念周印等印記。存卷一至三，余藏。○明嘉靖刊本，十行二十字，白口，左右雙闌。前有元統甲子自序。余藏。○明嘉靖本，十一行二十字，白口，左右雙闌。四庫存目。

圖繪寶鑒五卷續編一卷 元夏文彥撰。續編明韓昂撰。○明刊本。

○津逮本。○坊刊本八卷。○巾箱本。○藝海樓顧氏有元刊本。○平津館有元刊本，云可校毛氏之譌。○拜經樓有元刊本，為明廬江王藏，舊有圖記，每頁二十二行，行二十字。○臨海洪氏有元刊黑口巾箱本，每頁二十二行，行二十字。前有至正乙巳夏文彥序，抱遺老人楊維楨序，艸書極佳，葢鉄崖手書付梓。

〔附〕○舊本見元刊本巾箱本，鐵崖草書序。有明文氏印。惜未收。（眉）

〔補〕**圖繪寶鑑五卷補遺一卷，續補一卷** 元夏文彥撰。○元至正二十六年刊本，十一行二十字，細黑口，左右雙闌。前有楊維楨行草書序五行，至正乙巳自序七行。有吳騫、陳鱣、黃丕烈跋，又章鈺跋。有明"廬江王書畫記"印及黃、吳諸家印。又吳重熹藏印。吳氏遺書。○後又見一帙，補遺末行題"至正丙午新刊"六字。有貝墉、汪士鐘藏印。○明翻元本，前有至正乙巳自序，十一行二十字，黑口，左右雙闌。鈐有蔣長泰藏印。

〔補〕**圖繪寶鑑五卷補遺一卷續補一卷** 元夏文彥撰**續一卷** 明韓昂撰。○明正德刊本，十行二十字，黑口，四周雙闌。有"曾在東山徐退菴處"朱文印。三冊，余藏。

書史會要九卷補遺一卷續編一卷 明陶宗儀撰，續編朱謀垔撰。○明刊本。○三續百川學海本，無卷數。

〔補〕○明洪武九年盧祥等刊本，十一行二十字，黑口，左右雙闌。前洪武九年宋濂序，次洪武丙辰自序，次目錄，次引用書目。卷中諸人標題皆以陰文別之，各卷後記助刊人名。有盛昱跋。余藏。此本陶湘已覆刻行世。○明寫本，十行。有宋濂、曹睿序，又自序。後有孫作南村傳及四明鄭真序。每卷後有助刊人名，從洪武盧祥本出。天一閣佚出之書。以上二本均無續編。

〔補〕**法書通釋二卷** 明張紳撰。○明萬曆二十五年金陵荊山書林刊夷門廣牘本。四庫存目。

〔補〕**書畫傳習錄四卷** 明王紱撰**書畫續錄一卷** 清嵇承咸撰。〇清嘉慶十八年錫山嵇氏刊本。

〔補〕**春雨雜述一卷** 明解縉撰。〇明萬曆刊寶顏堂彙祕笈本，余藏。

珊瑚木難八卷 明朱存理撰。提要云未見刊本。〇路氏有抄本。〇雍正六年年希堯刊。

〔補〕〇舊寫本，九行二十四字。前有校正本書小引。書衣有前人識語。有張敦仁藏印。陳立炎肆中見。〇民國四年張鈞衡刊適園叢書本，在第九集。

趙氏鐵網珊瑚十六卷 明朱存理撰。〇嘉靖間刊本。〇雍正六年年氏刊本。

〔附〕〇芹按：蔣生沐有江陰周榮起手抄本。榮起號硯農，館于毛子晉家，子晉所刊書皆為校正。書法絶精，係從汲古閣所藏朱性甫手寫本照錄。（眉）整理者謹按：此條采自適園本，別本均無之，芹當是石銘先生之子乃熊字芹伯。〇南林蔣氏有明鈔四厚册，不全，然尚未分卷，乃性甫原書也。（王國維）

寓意編一卷 明都穆撰。〇梓吳本。〇稗海本。〇顧氏四十家小説本。〇陳眉公刊秘笈本。〇學海類編本。〇奇晉齋叢書本。

〔補〕**鐵網珊瑚二十卷** 明都穆撰。〇清乾隆二十三年裔孫肇斌刊本。〇又一帙，舊人傳錄盧文弨校本。李木齋先生藏。

畫志一卷 明沈與文撰**附評畫行一卷** 宋葉夢得撰，明沈與文註。〇明寫本。天一閣舊藏。鈐有浙江巡撫進書木記及翰林院大官印。孫壯家見。即四庫存目所據原本。

墨池瑣錄四卷 明楊慎撰。〇明嘉靖刊本三卷。〇函海本二卷。〇格致叢書本、讀畫齋刊本三卷。

〔補〕〇讀畫齋叢書中未收此書，莫氏誤記。格致叢書本亦為四卷本。

〔補〕**新刻墨池瑣錄四卷** 明楊慎撰。〇明萬曆間胡文煥刊格致叢書本，十行二十字，白口，左右雙闌。余藏。

書訣一卷　明豐坊撰。○四庫依抄本。

〔補〕**中麓畫品一卷**　明李開先撰。○清乾隆中綿州李氏刊函海本，在第十三函。四庫存目據天一閣藏本。

〔補〕**鈐山堂書畫記一卷**　明文嘉撰。○清乾隆刊知不足齋叢書本，在十四集。

〔補〕**孫氏書畫鈔二卷**　明孫鳳撰。○清寫本。已印入涵芬樓祕笈三集中。

〔補〕**皇明吳郡丹青志一卷**　明王穉登撰。○明萬曆刊寶顏堂續祕笈本，八行十八字，白口，四周單闌。余藏。四庫存目。

〔補〕**詹氏玄覽編四卷**　明詹景鳳撰。○明鈔東圖全集本，棉紙藍格，十行二十字。

書畫跋跋三卷續三卷　明孫鑛撰。○乾隆中居業堂刊本。

〔補〕○清乾隆五年孫氏刊本。鈐有王芑孫印及淵雅堂印。余藏。

繪事微言三卷　明唐志契撰。○明有刊本四卷。

〔補〕○此書已印入四庫全書珍本初集中。

書法雅言一卷　明項穆撰。按：四庫著錄，莫氏失記。○清乾隆間南滙吳氏刊藝海珠塵本，在癸集。

寒山帚談二卷拾遺一卷附錄一卷　明趙宧光撰。○說文長箋內刊本。

書法離鉤十卷　明潘之淙撰。○明刊本。○惜陰軒叢書本。

畫史會要五卷　明朱謀垔撰。○明刊本。

〔補〕○明崇禎四年刊本，十行二十字，白口，四周單闌。有崇禎四年自序。

〔補〕**妮古錄四卷**　明陳繼儒撰。○明萬曆刊寶顏堂祕笈祕集本，八行十八字,白口,四周單闌。

〔補〕**竹嬾畫賸一卷續畫賸一卷**　明李日華撰。○明天啟崇禎間刊
李竹嬾先生說部八種本,八行十九字,白口,四周單闌。四庫存目。

〔補〕**墨君題語二卷**　明李日華、李肇亨撰,明江元祚、項聖謨輯。○
明崇禎刊本,八行十九字,白口,四周單闌。四庫存目。

郁氏書畫題跋記十二卷續題跋記十二卷　明郁逢慶編。○路氏
有抄本。

〔補〕**古今竹譜不分卷**　明歸昌世輯。○舊寫本。○有乾隆己巳汪璲
跋,言為歸氏手寫之本,第不知為前人撰,抑歸氏考彙成書云云。

清河書畫舫十二卷　明張丑撰。○知不足齋刊本與清秘藏合刊巾箱
本。

〔補〕○清六川書屋寫本。有陸儁跋。○清乾隆二十年吳長元池北草
堂刊本。九行二十二字。分鶯嘴啄花紅溜燕尾點波綠皺十二號,不
編卷次。知不足齋無此書,或以吳氏池北草堂本鮑氏曾助其校勘版
式相近而誤記歟。下數書同。

真蹟日錄一卷二集一卷三集一卷　明張丑撰。○知不足齋有別刊
單行本,不入叢書。

〔補〕○清乾隆中仁和吳氏池北草堂刊本。

法書名畫見聞表一卷　明張丑撰。○知不足齋別刊本。

〔補〕○清乾隆中仁和吳氏池北草堂刊本。○清同治九年劉氏藏修書
屋刊述古叢鈔本。其版後又印為藏修堂叢書本及翠琅玕館叢書本。

南陽法書表一卷南陽名畫表一卷　明張丑撰。○知不足齋別刊
本。

〔補〕○清乾隆中仁和吳氏池北草堂刊本。○清同治九年刊述古叢鈔
本。

清河書畫表一卷　明張丑撰。○知不足齋別刊本。

〔補〕**清河秘篋書畫表一卷**　明張丑撰。○清乾隆中仁和吳氏池北草堂刊本。○清同治九年刊述古叢鈔本。

珊瑚網四十八卷　明汪珂玉撰。○路小洲有抄本。

〔附〕○芹按：振綺堂有鈔本，許氏有知不足齋鈔本。（此條唯適園本有之，接本條之下。）

〔補〕**汪氏珊瑚網法書題跋二十四卷汪氏珊瑚網名畫題跋二十四卷**　明汪珂玉撰。○民國五年張鈞衡刊適園叢書本。在第八集，從何元錫藏鈔本出。

御定佩文齋書畫譜一百卷　康熙四十七年禮部侍郎孫岳頒等奉敕撰。○內府刊本。

石渠寶笈四十四卷　清乾隆十九年敕撰。按：四庫著錄，莫氏失收。○四庫本民國七年商務印書館已影印行世。

秘殿珠林二十四卷　清乾隆九年敕撰。按：四庫著錄，莫氏失收。○清內府紅格寫本。○近年有石印本。

〔補〕**欽定石渠寶笈續編不分卷**　十冊。○紅格寫本，次行題淳化軒藏。卷內有補綴處，是副本。曹秉章藏。乾隆五十六年敕撰。無刊本。

〔補〕**無聲詩史七卷**　清姜紹書撰。○清康熙五十九年夏舜臣刊本。○清同治十三年劉氏藏修書屋刊述古叢鈔本。其版後又印入藏修閣叢書及翠琅玕館叢書中。四庫存目。

〔增〕**讀畫錄四卷**　國朝周亮工撰。○康熙刊本。○雲烟過眼堂本。○讀畫齋刊本。（繩）整理者按：此為四庫撤毀書之一。

〔補〕**明畫錄八卷**　清徐沁撰。○清嘉慶四年顧修輯刻讀畫齋叢書本。

〔補〕**硯山齋珍賞歷代名賢墨迹集覽一卷**　孫承澤撰。○舊寫本。

有四庫館收書大木記及翰林院印。吳重憙藏。不全。即四庫存目原書，尚缺法書集覽三卷。

庚子銷夏記八卷　國朝孫承澤撰。○乾隆三十年鮑士恭精刊本十卷。

〔補〕○清鈔本，程瑤田跋，並臨何焯批注，又錄何焯、朱筠、余集題識。翁方綱、余集校並跋。桂馥、江德量、周壽昌跋。余嘗借臨一本，尚有閒者軒帖考一卷。翁方綱據丁杰持來舊人批本過錄並跋。○清乾隆二十六年鮑廷博、鄭弗人刊本，以余集手寫本上版，十行二十字，黑口，左右雙闌。有盧文弨序，余集跋。精刻本。

〔補〕王奉常書畫題跋二卷　清王時敏撰。○清宣統元年李氏甌缽羅室刊本。

〔補〕苦瓜和尚畫語錄一卷　清釋道濟撰。○清乾隆至道光間刊知不足齋叢書本，在第五集，乾隆間刊。

繪事備考八卷　國朝王毓賢撰。○康熙間刊本。

〔補〕○清康熙三十年金閶大雅堂五雅堂刊本。

書法正傳十卷　國朝馮武撰。○道光戊子刊本。

〔補〕芥子園畫傳初集五卷　清王槩撰。二集八卷三集四卷　清王槩、王蓍、王臬撰輯。○初集康熙十八年李笠翁刊本，二、三集康熙四十年芥子園甥館刊本。十二冊。余藏。

〔補〕湛園題跋一卷　清姜宸英撰。○清乾隆三年黃叔琳刊本。清勞權批校，有跋。余藏。一冊。

〔補〕南田畫跋一卷　清惲格撰。○清光緒四年刊嘯園叢書本。

江村銷夏錄三卷　國朝高士奇撰。○高氏刊本。

〔補〕○清康熙三十二年自刊本。

式古堂書畫彙考六十卷　國朝卞永譽撰。○路氏有抄本。○卞氏仿宋刊本。

〔補〕○清康熙二十一年卞氏精刊本。四十册，余藏。

〔補〕**好古堂書畫記二卷續記一卷**　清姚際恒撰。○清嘉慶四年顧修輯刻讀畫齋叢書本。

〔補〕**國朝畫徵錄三卷續錄二卷附錄一卷**　清張庚撰。○清乾隆四年刊本。四庫存目。

南宋院畫錄八卷　國朝厲鶚撰。○近有刊本。

〔附〕○芹按：樊榭手稿四册在振綺堂汪氏。整理者按：此條唯適園本有之，接本條之下，當是張芹伯所加。

〔補〕○清光緒十年錢唐丁氏刊本，收入武林掌故叢編第九集中。

〔補〕**大觀錄二十卷**　清吳升撰。○清墨緣堂寫本，烏絲闌。鈐韓氏玉雨堂藏印。○此書近有排印本。

〔補〕**墨緣彙觀錄四卷**　清安岐撰。○清寫本。盛昱遺書。○清光緒二十六年涇陽端氏排印本。○清光緒元年南海伍氏刊粵雅堂叢書本，在二十八集。

六藝之一錄四百六卷續編十二卷　國朝倪濤撰。○四庫依禮部侍郎金姓家藏濤手稿。

〔附〕○福本後入潘紅茶家。（眉）芹按：許氏有此書目錄十卷，鈔本。此書載杭州金石最詳，因得丁龍泓許手拓本載入。整理者按：此條唯適園本有之，附本條後。當是張芹伯所加。

〔補〕○此書余癸酉歲主持擬定四庫罕傳本書目時選入，已印入四庫全書珍本初集中。

小山畫譜二卷　國朝鄒一桂撰。○借月山房彙抄本。

〔附〕○粵雅堂本。（眉）

傳神秘要一卷　國朝蔣驥撰。○借月山房彙抄本。

〔補〕**吳越所見書畫錄六卷**　清陸時化撰。○舊寫本，有乾隆丁酉馮偉序及自序。繆荃孫遺書。○清光緒二十二年懷煙閣木活字印本。

〔補〕**快雨堂題跋八卷** 清王文治撰。○清道光十一年汪承誼碪孫閣刊本。余藏。

〔補〕**石渠隨筆八卷** 清阮元撰。○清嘉慶間阮亨珠湖草堂刊本，收入文選樓叢書中。○清咸豐四年刊粤雅堂叢書十五集本。

〔補〕**國朝院畫錄一卷** 清胡敬撰。○清嘉慶二十一年刊胡氏三種本。

〔補〕**西清劄記四卷** 清胡敬撰。○清嘉慶二十一年刊胡氏三種本。

〔補〕**辛丑消夏記五卷** 清吳榮光撰。○清道光間南海吳氏自刊本。

〔補〕**歷代畫史彙傳七十二卷** 清彭蘊璨撰。○清光緒五年善成堂刊本。○清光緒八年刊埽葉山房叢鈔本。

〔補〕**玉臺畫史五卷** 清楊澈玉撰。○清道光間汪氏振綺堂刊本。余藏。

〔補〕**嶽雪樓書畫錄五卷** 清孔廣陶撰。○清光緒十五年孔氏三十有三萬堂精刊本。

〔補〕**過雲樓書畫記十卷** 清顧文彬撰。○清光緒八年刊本。

〔補〕**書畫鑑影二十四卷** 清李佐賢撰。○清同治十年李氏刊本。

〔補〕**夢園書畫錄二十五卷** 清方濬熙撰。○清光緒三年定遠方氏自刊本。

〔補〕**穰棃館過眼錄四十卷續十六卷** 清陸心源撰。○清光緒十七年吳興陸氏自刊木。

〔補〕**甌鉢羅室書畫過目考四卷附一卷** 清李玉棻撰。○清光緒二十三年家刻本。

〔補〕**虛齋名畫錄十六卷** 清龐元濟撰。○清宣統二年龐氏自刊本。

〔補〕**虛齋名畫續錄四卷補遺一卷** 清龐元濟撰。○民國十三至十四年烏程龐氏自刊本。

〔補〕**愛日吟廬書畫錄四卷** 清葛金烺撰。**補錄一卷續錄八卷別錄四卷** 清葛嗣浵撰。○清宣統二年至民國二年間葛氏自刊本。

上藝術類書畫之屬

〔增〕**琴操二卷** 漢蔡邕撰。邕字伯喈，陳留圉人，事載後漢書列傳。按唐志有桓譚琴操二卷，無蔡邕琴操。然譚傳云，著書號新論，琴道一篇未成，肅宗使班固續成之。今文選注引甚多，均與此不合。隋唐兩志有孔衍琴操一卷，宋志作三卷，崇文總目、中興書目所說衍書與此頗相近。此從惠棟手抄本過錄。今考長笛賦、歸田賦、演連珠善註引蔡邕琴操俱與此同，則在唐世已然，其為舊題無疑也。○阮氏以進呈。○琴操有讀書齋、平津館兩刊本。

琴史六卷 宋朱長文撰。○棟亭刊本。○宋紹定癸巳朱正大刊本。

〔補〕○明影寫宋紹定癸巳朱正大刊本，十一行十七字。前紹定癸巳姪孫正大序，六行十字。次元豐七年自序。卷中遇宋帝名注某宗廟諱。吳焯校並跋。余藏。○舊寫本，十行十九字。前元豐七年自序，後紹定癸巳姪孫正大序及五世孫夢炎跋。卷中遇宋帝提行空格。蘇州博古齋柳蓉村處見。○舊寫本，十一行十七字。宋諱注明，出於宋本。房琯傳以下有脫葉。鈐李子伊藏印。○清康熙四十五年曹寅刊棟亭十二種本，余據朱修伯藏舊寫本校過。

〔補〕**風宣玄品十卷** ○明嘉靖十八年己亥徽藩刊本，十一行二十四字，白口，四周雙闌。有徽藩序及張鯤序。文友堂見。

〔補〕**重修正文對音捷要真傳琴譜大全十卷** 明楊表正撰。○明萬曆金陵富春堂刊本，十行二十四字。李木齋藏。四庫存目。

〔補〕**藏春塢琴譜六卷** 明郝寧撰。○萬曆刊本。

松弦館琴譜二卷 明嚴徵撰。○萬曆甲寅刊本。

松風閣琴譜二卷附抒懷操一卷 國朝程雄撰。○康熙間刊本。

琴譜合璧十八卷 清和素撰。以清文譯明楊掄太古遺音，四庫著錄據英和購進本。莫氏失收。

〔補〕**琴譜十二卷** 清吳灯撰。○清嘉慶六年自遠堂刊本。八册。余藏。

上藝術類琴譜之屬

學古編一卷 元吾邱衍撰。○説郛本。○秘笈本。○廣百川學海本。○唐宋叢書本。○書苑本。學津本。

〔附〕○夷門廣牘作二卷。（邵氏）

〔補〕○明萬曆刊書苑補益本，十行二十字，白口，左右雙闌。○萬曆三十四年沈氏尚白齋刊陳眉公訂正秘笈二十一種本，書名標"陳眉公重訂學古編"，一卷，八行十八字，白口，四周單闌。○清乾隆四十二年吾氏竹素山房刊本，有"乾隆丁酉大末吾氏竹素山房開雕"二行。有至正四年危素序，大德四年吾邱衍自序，泰定甲子安處道人跋，陸深跋。余藏。

〔補〕**學古編二卷附錄一卷** 元吾丘衍撰。○明萬曆二十五年金陵荊山書林刊夷門廣牘本。

〔補〕**學古編二卷** 元吾丘衍撰，明何震續。**正韻篆二卷** 明沈延銓撰。○明天啟沈氏刊本，十行十八字，白口，左右單闌。

〔補〕**三十五舉一卷** 元吾丘衍撰。**續三十五舉一卷** 清桂馥撰。○清光緒三年刊嘯園叢書本。

〔補〕**古今印史一卷附錄一卷** 明徐官撰。○明嘉靖刊本，十二行二十字。李木齋先生有一帙。四庫存目。

〔補〕**印式一卷** 不著撰人。○明寫本，摹寫明代各式官印篆文，多九疊文印，或是工匠錄存以備檢視參閱之用者。余藏。

〔補〕**印史四卷** 明何通撰。○明刊本，各印鈐印。有萬曆四十八年

庚申陳元素序，天啟元年辛酉蘇宜序及陳居一、沈承序。自秦始皇
至元順帝止。四庫存目為五卷。

〔補〕**印存初集四卷** 明胡正言撰。○清順治四年胡氏十竹齋刊鈐印
本，四庫存目為初集二卷，印存玄覽二卷。

印典八卷 國朝朱象賢撰。○康熙壬寅朱氏家刊本，附墨池編後。

〔補〕**印識三卷** 清雲間馮承輝撰。○清刊本。

上藝術類篆刻之屬

羯鼓錄一卷 唐南卓撰。○說郛本。○廣秘笈本。○再續百川學海
本。○墨海金壺本。○守山閣本。

樂府雜錄一卷 唐段安節撰。○說郛本。○古今逸史本。○古今說
海本。○學海類編本。○續百川學海本。○格致叢書本。○墨海
金壺本。○守山閣本。

〔補〕○明嘉靖二十三年陸楫儼山書院刊古今說海本，八行十六字，白
口，左右雙闌。在說纂部中。余藏。余據家藏明鈔說郛本校過。○
明萬曆吳琯刊古今逸史本，十行二十字，白口，左右雙闌。余藏。余
據明天一閣舊藏明鈔本校。又臨盧文弨校本於其上。後又用家藏
明說郛本校。○明叢書堂鈔說郛本，十行二十字，墨格，版心有"叢
書堂"三字。在卷三中。余藏。○明寫本，藍格，十一行二十二字。
天一閣佚出之書。

〔補〕**角力記一卷** 題調露子撰。○明嘉靖間鈔說集本，藍格，十二行
二十四字，白口，四周雙闌。在第十八冊內。朱文鈞藏。○清寫本，
錄明姚咨、清吳翌鳳跋，繆氏藝鳳堂遺書。卷中誤字甚夥。

〔補〕**角力記一卷** 題調露子撰。**校譌一卷** 清胡珽撰**續校一卷** 清
董金鑑撰。○清光緒十三年會稽董氏木活字排印本。

〔增〕**漢官儀三卷** 宋劉敞撰。郡齋志題曰漢官儀采選一卷，云劉敞

删取西漢之官,而附其列傳黜陟可戲笑者,雜編以為博奕之一物。○張氏藏書志。○阮氏進呈書目有之。○遂初堂書目亦載。○邵亭于滬上收一舊抄,亦依影宋抄繕寫,卷末一行云"紹興九年三月臨安府雕印"。○近陸心源刻本。(莫棠)

〔附〕○近得影宋寫本。(眉)

〔補〕○宋紹興九年臨安府刊本,十行十七八字不等,注雙行二十二字,白口,左右雙闌。卷末有紹興九年臨安府雕印一行。有徐乾學藏印。清宮佚出之書,後歸朱文鈞。此本已印入續古逸叢書中。○影寫宋紹興九年臨安府刊本。○清光緒八年陸心源刊十萬卷樓叢書本,在二編中。

玄玄棋經一卷 宋晏天章撰。○說郛本。○墨海金壺本。○守山閣本作張擬撰。

〔補〕○余新收得明刻本。

〔補〕**玄玄碁經一卷** 題皇祐中學士張擬撰。○明崇禎三年沈燁影寫元鈔本,八行十五字,注雙行同。有至正七年虞集序,九年歐陽玄序。目後有張靖序,後有跋九行。

棋訣一卷 宋劉仲甫撰。○粵雅堂叢書本。

〔附〕○墨海本。○珠叢本。(邵氏)

〔補〕**忘憂清樂集一卷** 宋李逸民撰。○宋刊本,十行十八字,白口,左右雙闌。有黃丕烈跋。海虞瞿氏藏。

〔補〕**奕正二卷** 明雍熙世撰。○明萬曆四十一年程開社刊本。前陳繼儒序,次萬曆辛亥潘之恒引,次萬曆癸丑程開社刻奕正小序,次雍熙世自序,次凡例,次目錄,本書分起手、滿局、侵分、殘局四部,每部前均有說,八行十六字,白口,四周單闌。余藏。

〔補〕**清時樂事□卷** 明衡藩清慎子輯。○明刊本,二册。其書滙輯雜技戲娛之事,頗為罕見,惜匆匆一見,行款卷次失記。辛亥六月會

文堂見，索十兩。○明蜀藩彩繪寫本，存下册，為打馬圖式一卷，博

籥圖式一卷，抛球樂一卷。丙寅五月廠肆見，索價百元，擬代涵芬樓

收之未果，後歸李木齋先生。

〔補〕**宣和牌譜一卷**　明瞿佑撰。○明萬曆間茅一相續輯欣賞編本，

九行二十字，白口，左右雙闌。

〔補〕**宣和牌譜不分卷**　不著撰人。○明成化、弘治間寫本，册頁裝，

上下二册，每面分左右二闌，左上為牌名及牌副，右下為一圖，隱括

牌名之義為之，如"鐵索纜孤舟"即畫水邊一舟，以鐵索繫之，漁人登

岸歸家之狀。左闌各題七絕一首。畫大青綠間用泥金，書則有二沈

遺意。前有序，署味道齋翠巖書。忠謨收得。

〔補〕**打馬圖一卷**　宋李清照撰。○清嘉慶二十二年丁丑秦恩復石硯

齋影寫宋刊本十行十七字，版心有"石研齋抄本"五字。前有四圖。

秦氏有跋。

上藝術類雜技之屬

子部九

譜錄類

古今刀劍錄一卷　梁陶宏景撰。○百川學海本。○説郛本。○漢魏

本。○羣芳清玩本。○龍威秘書本。

〔補〕○宋咸淳刊百川學海本，十二行二十字，細黑口，左右雙闌。余

藏。○明弘治十四年華珵刊百川學海本，十二行二十字，白口，左右

雙闌。余藏。○明嘉靖十五年鄭氏宗文堂刊百川學海二十卷本，十

四行二十八字，白口，左右雙闌。

鼎錄一卷 梁虞荔撰。○説郛本。○漢魏本。○秘笈本。○羣芳清玩本。○龍威秘書本。

考古圖十卷續圖五卷釋文一卷 宋吕大臨撰。○乾隆十八年天都黄氏刊，無續五卷，附朱德潤集古玉圖二卷。○泊如齋刊本。○傳是樓有北宋刊本，錢遵王物，曾藏無錫顧宸家，後歸泰興季振宜，乃歸徐氏。○遵王復有精抄一本。○丁禹生有寶古堂重修考古圖十卷，刊印精絶。

〔補〕**考古圖十卷** 宋吕大臨撰，元羅更翁考訂。○明刊八行本。前元祐七年吕大臨考古圖記，七行十一字。次大德己亥古迂陳才子題，七行十一字，寫刻。次大德己亥茶陵陳翼子翼備識。本書標題佔雙行，第三行題“默齋羅更翁考訂”。按：此書明中期翻刻本，序中陳古迂自書名誤“仁子”爲“才子”，書其弟吕作“冀備”，而其弟序自書作“翼備”，互相牴牾，顯因原序以行草手蹟上板，翻刻致誤。其元代原刻恐久絶天壤矣。四庫存目有別本考古圖十卷，即是此書。

〔補〕**續考古圖五卷** 宋失名人撰**釋文一卷** 宋趙九成撰。○清光緒十八年陸心源刊十萬卷樓叢書三集本。

嘯堂集古錄二卷 宋王俅撰。○明刊本。○嘉慶壬申張氏醉經堂刊本，附校勘記一卷。

〔附〕○張刊附考異二卷也。（眉）○宋刊本。○景元抄大字本。○明仿宋本。（邵氏）

〔補〕○宋刊本，白口，左右雙闌，無行格。有元干文傳，清翁方綱、阮元等跋。朱文鈞藏。此本已印入續古逸叢書中。○清影寫宋刊本。翁方綱跋並錄元干文傳跋。陳鱣校並跋。○明影宋刊本。盧址抱經樓遺書。

〔補〕**嘯堂集古錄二卷** 宋王俅撰**考異二卷** 清張蓉鏡撰。○清嘉慶十七年鴛湖張氏醉經堂校刻本。

〔補〕嘯堂集古錄校補一卷　清盧文弨撰。○清乾隆間盧氏自刊抱
　　經堂叢書羣書拾補初編本。

宣和博古圖三十卷　宋王黼等奉敕撰。○明嘉靖七年蔣暘翻刻至大
　　重修闊板本。○萬曆戊子泊如齋刊本。○萬曆二十二年吳公宏本。
　　○乾隆間天都黃氏刊本。○錢遵王云，宋本題宣和重修博古圖錄三
　　十卷，謂之重修者，以采取黃長睿博古圖説在前也。元人翻刻已多
　　刪削。

〔附〕○錢有宋刊本。（邵氏）

〔補〕至大重修宣和博古圖三十卷　宋王黼等撰。○元刊明修本，
　　八行十七字，白口，左右雙闌。○明嘉靖七年蔣暘刊本，八行十七
　　字，白口，左右雙闌。○明萬曆二十七年于承祖刊本，八行十七字，
　　白口，四周單闌。前嘉靖七年蔣暘舊序，次陳震陽序，次于承祖重刊
　　博古圖小序。次校正博古圖姓氏，有于承祖及其弟繼祖，友人樊思
　　禮等名，末署南昌萬師蓄刻。

〔增〕古玉圖譜一百卷　宋龍大淵奉敕撰。四庫入存目。○乾隆四十
　　四年江氏刊。

〔補〕宋淳熙敕編古玉圖譜一百卷　題宋龍大淵撰。○清乾隆四十
　　四年歙江氏康山草堂刊本。八行十七字，黑口，四周單闌。

〔補〕古玉圖譜三十二卷　題宋龍大淵撰。○清康熙五十一年古越
　　余氏刊本。

〔補〕玉紀一卷　清陳性撰。○舊寫本。杜文瀾跋。

〔補〕古玉圖考不分卷　清吳大澂撰。○清光緒十五年吳氏濟寧節署
　　刊本。二冊。余藏。

宣德鼎彝譜八卷　明宣德中禮部尚書呂震等奉敕撰。○姚若有抄本
　　足本二十卷。○墨海金壺本。○珠叢別錄本。

〔補〕○清翁樹培寫本，有"大清乾隆戊申四月十日假諸吳推堂手錄一

遍並記,宜泉翁樹培"識語。前宣德三年楊榮序,又嘉靖甲午文彭後
序。前有周鑾詥手錄杭世駿跋。徐坊遺書。

〔補〕**宣爐博論一卷**　明項元汴撰。○清乾隆五十三年戊申翁樹培手
寫本,與宣德鼎彝譜合一帙。徐坊遺書。

欽定西清古鑑四十卷　乾隆十四年奉敕撰。○內府刊本。

奇器圖說三卷諸器圖說一卷　明西洋鄧玉函撰。○王忠節公校刊
本。○道光間活字本。○守山閣本。○單行舊刊本。

文房四譜五卷　宋蘇易簡撰。○學海類編本。○格致叢書本四卷。
○昭文張氏有精抄校本,云何夢華、假鶴山房、振綺堂並有舊抄。

〔附〕○近陸心源刊本。(眉)

〔補〕○清乾隆五十五年蔡濱傳寫本,九行二十一字,有跋,云借知不足
齋藏本錄出。○清道光十一年晁氏活字印學海類編本,九行二十一
字,白口,左右雙闌。○清光緒七年陸心源刊十萬卷樓叢書本。余
據黃丕烈校本校。

〔補〕**文房四譜四卷**　宋蘇易簡撰。○明龍山童珮刊巾箱本,九行十
八字,白口,四周單闌。每卷後有"龍山童氏新雕"篆文木記,又有葉
恭煥、尤質懋等五人校定題名。書後附刻治安藥石一卷。

〔補〕**新刻文房四譜摘要四卷總論一卷**　宋蘇易簡撰。○明萬曆
胡文煥會文堂刊格致叢書本,十行二十字,白口,左右雙闌。余藏。

〔補〕**文林博錄不分卷**　○明刊本。前咸淳庚午羅欽題,又嘉熙元年
林洪序。內分欣賞文房圖贊、茶具圖贊、大石小石十支譜、燕几圖、
硯譜、續文房圖讚,故宮藏。

歙州硯譜一卷　宋唐積撰。○百川本。○說郛本。○學津本。

〔補〕○宋咸淳間刊百川學海本,十二行二十字,細黑口,左右雙闌。余
藏。○明弘治十四年華珵刊本,十二行二十字,白口,左右雙闌。余
藏。○明嘉靖十五年鄭氏宗文堂刊百川學海二十卷本,十四行二十

八字,白口,左右雙闌。○清嘉慶十年張海鵬學津討原本,九行二十
一字,黑口,左右雙闌。

硯史一卷　宋米芾撰。○百川本。○說郛本。○羣芳清玩本。○學
津本。○胡心耘有毛氏抄影宋本。○士禮居有宋刊本,云乃宋刊山
林拾遺集中之一種。

〔補〕○宋咸淳刊百川學海本,十二行二十字,細黑口,左右雙闌。○明
弘治十四年華珵刊百川學海本,十二行二十字,白口,左右雙闌。均
余藏。○明嘉靖十五年鄭氏宗文堂刊百川學海二十卷本,十四行二
十八字,白口,左右雙闌。○清嘉慶十年張氏照曠閣刊學津討原本,
九行二十一字,黑口,左右雙闌。○宋嘉泰元年刊寶晉山林集拾遺
本,十行十六字,白口,左右雙闌,刊於筠陽郡齋。楊氏海源閣藏,余
曾見之,惜未能一校。

硯譜一卷　不著撰人。○百川本作李之彥。○說郛本。

〔補〕○宋咸淳刊百川學海本,十二行二十字,細黑口,左右雙闌。余
藏。○明弘治十四年華珵刊百川學海本,十二行二十字,左右
雙闌。余藏。○明嘉靖十五年鄭氏宗文堂刊百川學海二十卷本,十
四行二十八字,白口,左右雙闌。

歙硯說一卷辨歙硯說一卷　不著撰人。○百川本。○說郛本。○
學津本。

〔補〕○宋咸淳間百川學海本,十二行二十字,細黑口,左右雙闌。余
藏。○明弘治十四年華珵刊百川學海本,十二行二十字,白口,左右
雙闌。余藏。○明嘉靖十五年鄭氏宗文堂刊百川學海二十卷本,十
四行二十八字,白口,左右雙闌。

端溪硯譜一卷　不著撰人。○百川本作葉樾。○說郛本。○學津
本。○道光戊子肇慶府吳繩年撰端溪硯志三卷。王氏刊本。

〔補〕○宋咸淳間刊百川學海本,十二行二十字,細黑口,左右雙闌。余

藏。○明弘治十四年華珵刊百川學海本，十二行二十字，白口，左右
雙闌。余藏。○明嘉靖十五年鄭氏宗文堂刊百川學海二十卷本，十
四行二十八字，白口，左右雙闌。

硯箋四卷 宋高似孫撰。○棟亭刊本。

〔補〕○明萬曆四十二年潘膺祉如韋館刊本，九行十八字，白口，四周單
闌。余藏。○明寫本，九行十八字。鈐有吳岫印，舊人臨黃丕烈跋。
○明天一閣寫本，藍格，十行十八字。涵芬樓藏。○明龍川精舍寫
本，藍格，十行十八字，版心有"龍川精舍"四字。○清康熙四十五年
曹寅揚州使院刊棟亭十二種本，十一行二十一字，細黑口，左右雙
闌。沈嚴臨何焯校本並跋。○清嘉慶十五年張紹仁家鈔校本。張
紹仁跋並補缺葉。余藏。此書棟亭十二種本卷一硯說下脱十八行，
可據明龍川精舍寫本及張紹仁家寫本補入。

欽定西清硯譜二十四卷 清乾隆四十三年敕撰。按：四庫著錄，莫
氏失收。○此書已印入四庫全書珍本初集中。

墨譜三卷 宋李孝美撰。○路氏有抄本。○刊本。

〔補〕○明萬曆四十二年潘膺祉如韋館刊本，九行十八字，白口，四周單
闌。蘇州楊復堂鳴琴室見。

墨經一卷 宋晁季一撰。○說郛本。○夷門廣牘本。○藝圃搜奇本。
○晁氏叢書本。○續百川學海本。○棟亭刊本。○津逮本。○學
津本。

〔補〕○明嘉靖末祗洹館刊小十三經本，十行十八字，白口，左右雙闌，
版心上方有"祗洹館"三字。○明萬曆三十五年荊山書林刊夷門廣
牘本。○明末刊唐宋叢書本，九行二十字，白口，左右雙闌。

〔補〕**疇齋二譜二卷外錄一卷附錄一卷** 元張仲壽撰。○清光緒
二十三年錢塘丁氏刊武林往哲遺箸本。為墨譜、琴譜各一卷。

墨史二卷 元陸友撰。○知不足齋本。○項藥師刊本。○劉泖生據

屬樊樹抄本過錄，三卷，一百九十八人，當是足本。○敏求記載此書
亦三卷。

〔補〕**墨史三卷**　元陸友撰。○清吾進家寫本，十行二十一字。末有
吾進篆書識語，稱景寫衡圃龔氏鈔本，並用金冬心藏本參校。○舊
寫本，九行二十字。鮑廷博校。有李之郇藏印。○清醉經樓黃氏寫
本，黃錫蕃校。余藏。

墨法集要一卷　明沈繼孫撰。○聚珍本。○閩覆本。○杭縮本。

〔補〕**靡墨亭墨考不分卷**　清顏崇榘撰。○稿本。首墨法，次墨記，
次墨譜，末為別錄。崇榘字運生，乾隆庚寅舉人，其父懋企撰惀糜
考。

〔補〕**筆經一卷**　題晉王羲之撰。○清順治三年李際期宛委山堂刊說
郛本。

〔補〕**筆錄一卷**　明項元汴撰。○蕉窗九錄之一，在道光十一年刊學
海類編中。

〔補〕**筆史二卷**　明楊思本輯。○明刊本。分內外編。前有萬曆四十
三年乙卯邱兆麟跋。鈐有兩淮鹽政進書木記及翰林院印。四庫存
目原本。

〔補〕**紙箋譜一卷**　元鮮于樞撰。○清順治三年李際期宛委山堂刊續
說郛本，九行二十字，白口，左右雙闌。余藏。

〔補〕**蜀牋譜一卷**　元費著撰。○明刊續百川學海本，九行二十字，白
口，左右雙闌。○清順治三年李際期宛委山堂刊說郛本。○清嘉慶
間虞山張氏刊墨海金壺本。

〔補〕**牋紙譜一卷**　元費著撰。○明萬曆間刊寶顏堂廣秘笈本，八行
十八字，白口，四周單闌。余藏。○清康熙顧嗣立刊閭丘辯囿本。

〔補〕**紙錄一卷**　明項元汴撰。蕉窗九錄之一。○清道光十一年晁氏
刊學海類編本，在集餘中。

〔補〕**金粟箋説一卷** 清張燕昌撰。○清道光間刊昭代叢書癸集本。

〔增〕**泉志十五卷** 宋洪遵撰。○津逮、學津二本。四庫入存目。

欽定錢錄十六卷 乾隆十六年奉敕撰。○内府刊本，附西清古鑑後。

〔增〕**吉金所見錄十六卷** 祁書齡撰。○嘉慶己卯祁氏刊。

〔補〕**古泉苑目錄一卷** 清劉喜海輯。○清劉氏嘉蔭簃綠格寫本。題咸豐五年錄。

〔補〕**嘉蔭簃古泉隨筆八卷** 清劉喜海撰。○清劉氏嘉蔭簃紅格寫本，版心有"燕庭叢錄"四字。封面有劉氏識語。

〔增〕**癖談六卷** 蔡雲撰。詳論古今錢幣。○道光丁卯吳門刊（繩）

香譜二卷 不著撰人。○百川本。○格致本。○藝圃搜奇本。○唐宋叢書本一卷。○學津本。

〔補〕○宋咸淳刊百川學海本，十二行二十字，細黑口，左右雙闌。余藏。○明弘治十四年華珵刊百川學海本，十二行二十字，白口，左右雙闌。○明嘉靖十五年鄭氏宗文堂刊百川學海二十卷本，十四行二十八字，白口，左右雙闌。○清嘉慶十年張氏照曠閣刊學津討原本，九行二十一字，黑口，左右雙闌。

香譜四卷 宋陳敬撰。○路氏有抄本。

香乘二十八卷 明周家冑撰。○崇禎辛未周氏刊本。

〔補〕**繡譜一卷** 清陳丁佩（女）撰。舊寫本。有金湘跋。

附錄

雲林石譜三卷 宋杜綰撰。○説郛本。○唐宋本。○羣芳清玩本。○知不足齋本。○學津本。

〔補〕○明萬曆四十三年程百二等刊程氏叢刻本，十一行二十二字，白口，四周單闌。○明末鍾人傑等刊唐宋叢書本，九行二十字，白口，左右雙闌。○清嘉慶張氏照曠閣刊學津討原本，九行二十一字，黑口，左右雙闌。余據明吳寬叢書堂鈔說郛本校。○清嘉慶十九年鮑廷博刊知不足齋叢書本。以上均余藏。○清順治三年宛委山堂刊說郛本，九行二十字，白口雙闌。余據吳明寬叢書堂鈔說郛本及明潯南書舍鈔說郛本校。

〔補〕**雲林石譜不分卷**　宋杜綰撰。節本。○明吳寬叢書堂鈔說郛本，墨格，十行二十字，版心有"叢書堂"三字。余藏。此本為節本，然取校通行本頗有改訂。

上譜錄類器物之屬

茶經三卷　唐陸羽撰。○百川本一卷。○說郛本。○唐宋本。○格致本。○汪士賢刊本。○茶書全集本。○明刊一卷，九行十八字。

〔補〕○宋咸淳刊百川學海本，十二行二十字，細黑口，左右雙闌。余藏。○明弘治十四年華珵刊百川學海本，十二行二十字，白口，左右雙闌。余藏。○明嘉靖十五年鄭氏宗文堂刊百川學海二十卷本，十四行二十八字，白口，左右雙闌。○明嘉靖二十二年柯雙華竟陵刊本，九行二十字，白口，左右雙闌。前嘉靖二十一年竟陵魯彭序，後有汪可立後跋。○明刊唐宋叢書本，九行二十字，白口，左右雙闌。

茶錄二卷　宋蔡襄撰。○百川本。○說郛本。○格致本。○茶書全集刊本。

〔附〕○明陳一元刊忠惠集有茶錄、荔枝譜。（眉）

〔補〕**茶錄一卷**　宋蔡襄撰。○宋咸淳間刊百川學海本，十二行二十字，細黑口，左右雙闌。余藏。○明弘治十四年華珵刊百川學海本，行欵同宋本，唯改為白口。余藏。○明嘉靖十五年鄭氏宗文堂刊百川學海二十卷本，十四行二十八字。○清順治三年宛委山堂刊說郛本。

〔補〕**新刻茶錄一卷**　宋蔡襄撰。○明萬曆胡氏文會堂刊格致叢書本，十行二十字，白口，左右雙闌。

品茶要錄一卷　宋黃儒撰。○說郛本。○夷門廣牘本。○明新安程百二刊本。○茶書全集本。

宣和北苑貢茶錄一卷附北苑別錄一卷　宋熊蕃撰。○讀畫齋本。○茶書全集本。

〔補〕○清四庫館寫本，鈐翰林院大官印，李木齋先生藏。

東溪試茶錄一卷　宋宋子安撰。○百川本。○說郛本。○格致本。○茶書全集本。

〔補〕○宋咸淳間刊百川學海本，十二行二十字，細黑口，左右雙闌。余藏。○明弘治十四年華珵刊百川學海本，十二行二十字，白口，左右雙闌。余藏。○明嘉靖十五年鄭氏宗文堂刊百川學海二十卷本，十四行二十八字，白口，左右雙闌。○明萬曆胡文煥文會堂刊格致叢書一百種本，題"新刻東溪試茶錄"，一卷，十行二十字，白口，左右雙闌。

〔補〕**茶經外集一卷**　明孫大綬撰。○明萬曆中汪士賢刊山居雜志本。

〔補〕**茶解一卷**　明羅廩撰。○明萬曆刊本，九行十八字，白口，四周雙闌。李木齋先生藏。

〔補〕**茶史二卷**　清劉源長撰。**補一卷**　清余懷撰。○清雍正刊本。二册。劉源長茶史四庫入存目。

續茶經三卷附錄一卷　國朝陸廷燦撰。○雍正乙卯壽椿堂刊本。○茶書全集本。

煎茶水記一卷　唐張又新撰。○百川本。○說郛本不全。○茶書全集本。

〔補〕○宋咸淳間刊百川學海本，十二行二十字，細黑口，左右雙闌。余

藏。○明弘治十四年華珵刊百川學海本,十二行二十字,白口,左右
雙闌。余藏。○明嘉靖十五年鄭氏宗文堂刊百川學海二十卷本,十
四行二十八字,白口,左右雙闌。

〔增〕**膳夫經一卷** 唐楊曄撰。曄官巢縣令,是書成于大中十年,詳西
樓跋。唐宋志并作膳夫經手錄四卷,通志略同。崇文總目卷亦同,
手錄作手論,或轉寫之譌。此從舊抄過錄,僅六頁,似後人捃拾成
編。唯所載茶品甚詳,分產地,別優劣,頗資考證。○阮氏以進呈。
○康熙中有顧嗣立刊本,入閭邱辨囿。

〔補〕○清康熙間顧嗣立刊閭丘辯囿本,十一行二十一字,白口,左右雙
闌。

〔補〕**膳夫經手錄不分卷** 唐楊曄撰。○在續談助中有節本。○粵
雅堂叢書及十萬卷樓叢書均有刊本。

〔補〕**本心齋蔬食譜一卷** 宋陳達叟撰。○宋咸淳間刊百川學海本,
十二行二十字,細黑口,左右雙闌。余藏。○明弘治十四年華珵刊
本,十二行二十字,白口,左右雙闌。余藏。○明嘉靖十五年鄭氏宗
文堂刊百川學海本,十四行二十八字,白口,左右雙闌。四庫存目。

飲膳正要三卷 元和斯輝撰。○有刊本。四庫存目。

〔補〕○元刊本,十行二十字,白口,左右雙闌。見內閣大庫殘卷、殘葉。
○明景泰刊本,十行二十字,黑口,四周雙闌。前景泰七年御製序,
天曆七年虞集序,天曆三年忽思慧、耿允謙、隆祥、張金界奴、拜住、
常普蘭奚等進書表。附圖精美。京肆見一帙,為李木齋先生收去。
此本已印入四部叢刊續編中。

〔補〕**飲食須知八卷** 元賈銘撰。○清道光十一年活字印學海類編
本,在集餘中。四庫存目。

〔補〕**易牙遺意二卷** 明韓奕撰。○明萬曆二十五年金陵荊山書林刊
夷門廣牘本,九行十八字。四庫存目。

〔增〕**食憲鴻秘二卷**　朱竹垞撰。○有刊本。

〔補〕**醒園錄二卷**　清李化楠撰。○清乾隆間單刊本。○清乾隆間刊函海本。

〔補〕**隨園食單一卷**　清袁枚撰。○清乾嘉間刊隨園三十種本。

〔補〕**食譜十二卷**　題清阮叔梅撰。○舊寫本。前有吳文鎔序，言為阮元令其弟叔梅撰。述製法甚詳。每册鈐"文選樓"印。疑為阮氏鈔藏之本，後人偽撰吳序，詭稱進呈食譜耳。鈔寫頗精。

北山酒經三卷　宋朱翼中撰。○明刊本。○知不足齋本。

〔附〕○影宋鈔本。（邵氏）

〔補〕**酒經三卷**　宋朱翼中撰。○宋刊本，十行二十字，白口，左右雙闌。錢謙益跋。海虞瞿氏藏。此本已印入續古逸叢書中，以刊工考之，是嚴州刊本。

酒譜一卷　宋竇革撰。○百川本。○説郛本。○唐宋本。

〔附〕○山居雜志本。（邵氏）

〔補〕○宋咸淳刊百川學海本，十二行二十字，細黑口，左右雙闌，余藏。○明弘治十四年華珵刊百川學海本，十二行二十字，白口，左右雙闌。余藏。○明嘉靖十五年鄭氏宗文堂刊本，十四行二十八字，白口，左右雙闌。○明鍾人傑唐宋叢書本，九行二十字，白口，左右雙闌。

糖霜譜一卷　宋王灼撰。○棟亭刊本。○學津本。

〔補〕○清康熙四十五年曹寅揚州使院刊棟亭十二種本，書名標"頤堂先生糖霜譜"，一卷，十一行二十一字，細黑口，左右雙闌。黃丕烈校跋，並錄趙琦美跋。

上譜錄類食譜之屬

洛陽牡丹記一卷　宋歐陽修撰。○百川本。○説郛本。○歐陽全集

本。○珠叢別錄本。○墨海金壺本。○藝圃搜奇本。○山居雜志
本。○明汪士賢刊本。

〔補〕○宋咸淳刊百川學海本，十二行二十字，細黑口，左右雙闌。余
藏。○明弘治十四年華珵刊百川學海本，十二行二十字，白口，左右
雙闌。余藏。○明嘉靖十五年鄭氏宗文堂刊百川學海二十卷本，十
四行二十八字，白口，左右雙闌。○清嘉慶張氏刊墨海金壺本，十一
行二十三字，黑口，左右雙闌。

揚州芍藥譜一卷　宋王觀撰。○百川本。○説郛本。○王全集本。
○珠叢別錄本。○墨海金壺本。○山居雜志本。○明汪士賢刊本。

〔補〕○宋咸淳刊百川學海本，十二行二十字，細黑口，左右雙闌。○明
弘治十四年華珵刊百川學海本，十二行二十字，白口，左右雙闌。余
藏。○明嘉靖十五年鄭氏宗文堂刊百川學海二十卷本，十四行二十
八字，白口，左右雙闌。○清嘉慶張氏刊墨海金壺本，十一行二十三
字，黑口，左右雙闌。

范村梅譜一卷　宋范成大撰。○百川本。○説郛本。○全集本。○
珠叢別錄本。○墨海金壺本。○藝圃搜奇本。○明汪士賢刊本。

〔補〕○百川學海本書名均標"梅譜"，無"范村"二字。○宋咸淳本十二
行二十字，細黑口，左右雙闌。○明弘治十四年華珵本十二行二十
字，白口，左右雙闌。○明嘉靖十五年鄭氏宗文堂本十四行二十八
字，白口，左右雙闌。○清嘉慶張氏刊墨海金壺本，十一行二十三
字，黑口，左右雙闌。書名標"范村梅譜"。

劉氏菊譜一卷　宋劉蒙撰。○百川本。○説郛本。

〔補〕○宋咸淳刊百川學海本，十二行二十字。細黑口，左右雙闌。余
藏。○明弘治十四年刊百川學海本，十二行二十字，白口，左右雙
闌。余藏。○明嘉靖十五年鄭氏宗文堂刊百川學海本，十四行二十
八字，白口，左右雙闌。

史氏菊譜一卷 宋史正志撰。○百川本。○説郛本。

〔補〕○宋咸淳刊百川學海本，十二行二十字，細黑口，左右雙闌。余藏。○明弘治十四年華珵刊百川學海本，十二行二十字，白口，左右雙闌。余藏。○明嘉靖十五年鄭氏宗文堂刊百川學海本，十四行二十八字，白口，左右雙闌。

范村菊譜一卷 宋范成大撰。○百川本。○説郛本。

〔補〕○宋咸淳刊百川學海本，十二行二十字，細黑口，左右雙闌。余藏。○明弘治十四年華珵刊百川學海本，十二行二十字，白口，左右雙闌。余藏。○明嘉靖十五年鄭氏宗文堂刊百川學海本，以上三本書名均標"菊譜"，無"范村"二字。

百菊集譜六卷菊史補遺一卷 宋史鑄撰。○明汪氏刊山居雜志本。

金漳蘭譜三卷 宋趙時庚撰。○四庫據天一閣本。○百川、説郛二本並不全。○明汪氏刊本。

〔補〕**金漳蘭譜一卷** 宋趙時庚撰。○明鈔説郛本。余藏。商務印書館已排印，在卷六十三。○明末宛委山堂刊説郛本。余曾據家藏明鈔説郛本校，補入後序一首。

海棠譜三卷 宋陳思撰。○百川本。○説郛本。○山居雜志本。

〔補〕○宋咸淳刊百川學海本，十二行二十字，細黑口，左右雙闌。余藏。○明弘治十四年華珵刊百川學海本，十二行二十字，白口，左右雙闌。余藏。○明嘉靖十五年鄭氏宗文堂刊百川學海本，十四行二十八字，白口，左右雙闌。

荔枝譜一卷 宋蔡襄撰。○百川本。○説郛本。○端明集本。○藝圃搜奇本。○山居雜志本。○鄧道協荔枝通譜本。

〔補〕○宋咸淳刊百川學海本，十二行二十字，細黑口，左右雙闌。余藏。○明弘治十四年華珵刊百川學海本，十二行二十字，白口，左右雙闌。余藏。○明嘉靖十五年鄭氏宗文堂刊百川學海本，十四行二十八字。白口,左右雙闌。

橘錄三卷 宋韓彥直撰。○百川本。○説郛本。○漢魏叢書本。

〔補〕○宋咸淳刊百川學海本,十二行二十字,細黑口,左右雙闌。余藏。○明弘治十四年華珵刊百川學海本,十二行二十字,白口,左右雙闌。余藏。○明嘉靖十五年鄭氏宗文堂刊百川學海本,十四行二十八字,白口,左右雙闌。○明萬曆間汪士賢刊山居雜志本。

竹譜一卷 晉戴凱之撰。○百川本。○説郛本。○漢魏本。

〔補〕○宋咸淳刊百川學海本,十二行二十字,細黑口,左右雙闌。余藏。○明弘治十四年華珵刊百川學海本,十二行二十字,白口,左右雙闌。余藏。○明嘉靖十五年鄭氏宗文堂刊百川學海本,十四行二十八字,白口,左右雙闌。○明萬曆間汪士賢刊山居雜志本。

筍譜一卷 宋釋贊寧撰。○百川本。○説郛本。○漢魏本。

〔補〕○宋咸淳刊百川學海本,十二行二十字,細黑口,左右雙闌。余藏。○明弘治十四年華珵刊百川學海本,十二行二十字,白口,左右雙闌。余藏。○明嘉靖十五年鄭氏宗文堂刊百川學海二十卷本,十四行二十八字,白口,左右雙闌。○明末刊唐宋叢書本,九行二十字,白口,左右雙闌。○明萬曆間汪士賢刊山居雜志本。

菌譜一卷 宋陳仁玉撰。○百川本。○山居雜志本。○墨海金壺本。○珠叢別錄本。

〔補〕○宋咸淳刊百川學海本,十二行二十字,細黑口,左右雙闌。余藏。○明弘治十四年華珵刊百川學海本,十二行二十字,白口,左右雙闌。余藏。○明嘉靖十五年鄭氏宗文堂刊百川學海二十卷本,十四行二十八字,白口,左右雙闌。○清嘉慶張氏刊墨海金壺本,十一行二十三字,黑口,左右雙闌。

〔補〕**桐譜二卷** 宋陳翥撰。○吳興張鈞衡刊適園叢書本。此本據海虞瞿氏藏清魚元傅舊藏本入木。此外未見有刊本。余嘗取明潯南書舍寫本説郛卷四十一中所載校適園本，改訂至二百八十字。此書四庫未收。

〔補〕汝南圃史十二卷　明周文華撰。○明萬曆四十八年書帶齋刊本，八行十八字，白口，左右雙闌。四庫入存目。余藏殘帙。

御定廣羣芳譜一百卷　康熙四十七年翰林院編修汪灝等奉敕撰。○内府刊本。○外覆本。

禽經一卷　題師曠撰。晉張華註。○百川本。○説郛本。○唐宋本。○格致本。○漢魏本。○錢氏敏求記有舊抄本，可證百川學海本之譌。

〔補〕○宋咸淳刊百川學海本，十二行二十字，細黑口，左右雙闌。余藏。○明弘治十四年華珵刊百川學海本，十二行二十字，白口，左右雙闌。余藏。○明嘉靖十五年鄭氏宗文堂刊百川學海二十卷本，十四行二十八字，白口，左右雙闌。○明萬曆胡氏文會堂刊百家名書本，書名標新刻師曠禽經，一卷，十行二十字，白口，左右雙闌。○明末刊唐宋叢書本，九行二十字，白口，左右雙闌。

蟹譜二卷　宋傅肱撰。○百川本。○説郛本。○山居雜志本。

〔補〕○宋咸淳刊百川學海本，十二行二十字，細黑口，左右雙闌。余藏。○明弘治十四年華珵刊百川學海本，十二行二十字，白口，左右雙闌。余藏。○明嘉靖十五年鄭氏宗文堂刊百川學海本，十四行二十八字，白口，左右雙闌。

〔補〕蟹譜一卷　宋傅肱撰。○清順治三至四年李際期宛委山堂刊説郛本，在卷一百七。

蟹略四卷　宋高似孫撰。○百川學海本三卷。○路小洲有抄本。

異魚圖贊四卷　明楊慎撰。○秘笈本。○明范汝梓刊本。○藝海珠塵本。○函海本。○紛欣閣叢書本。

異魚圖贊箋四卷　國朝胡世安撰。○刊本。

〔補〕○明崇禎刊本，九行二十一字，白口，左右雙闌。余藏。

異魚圖贊補三卷閏集一卷 國朝胡世安撰。○明刊本。○函海本。

〔補〕**異魚圖贊箋四卷補二卷閏集二卷** 清胡世安箋。○明崇禎刊本，九行二十一字，白口，左右雙闌。前崇禎庚午自序，次楊慎原序及跋，次目錄。本書卷首題楊慎撰，胡世安箋，弟胡世遠較。卷四末有光緒壬辰丁丙跋，言梁鼎芬以此書見寄，以供抄補文瀾閣缺書之用。鈐梁氏藏印。余藏。

〔補〕**蟲天志四卷** 明吳淞沈弘正撰。○清寫本。鈐有"當湖徐眉仙五十後所見書"印二冊。余藏。四庫入存目。

〔補〕**貓苑二卷** 清黃漢輯。○清咸豐二年甕雲草堂刊本。二冊，余藏。

上譜錄類艸木禽魚之屬

藏園訂補郘亭知見傳本書目卷九

藏園訂補郘亭知見傳本書目卷十上

獨山莫友芝子偲　　撰

江安傳增湘沅叔　訂補

子部十上

雜家類上

鬻子一卷 周鬻熊撰。○綿眇閣本。○子彙本。○十二子本。○嘉靖甲辰刊五子本,○道藏本二卷。○墨海金壺本。○守山閣本。○近人刊二十二子本。○弘治丙辰楊一清提陝學校刊五子本,依道藏顛一二號。○朱修伯曰,嘉靖間刊子彙,以鬻子為首入儒家。萬曆間又重刊,每書後有潛菴跋,未詳其人。所刊諸子多據善本。抱經、千里均未及此。

〔補〕○明弘治九年楊一清陝西刊五子本,九行十九字,黑口,四周雙闌。○明嘉靖間翻宋刊十□子本,十行十九字,白口,左右雙闌,宋諱缺筆。余藏。○明嘉靖本,八行十七字,白口,左右雙闌。○明嘉靖本南京國子監刊子彙本。○明萬曆三十年縣眇閣刊先秦諸子合

編本，十行二十字。此即莫氏所記之"萬曆間又重刊"本，潛菴為余
有丁。

〔補〕**鶡子注一卷**　唐逢行珪撰。**補一卷**　明楊之森輯。○清道光十
三年王氏蔭棠館刊廿二子全書本。○清光緒元年湖北崇文書局刊
子書百家本。余曾據明弘治寫本校過。

〔補〕**鶡子注二卷**　唐逢行珪撰。○明正統道藏本，五行十七字。在
太清部。已印入道藏舉要中。

墨子十五卷　周墨翟撰。○嘉靖唐堯臣刊本。嘉靖癸丑陸隱序。○
縣眇閣本四卷。子彙本一卷。○道藏本。○茅鹿門本六卷。○路
小洲有弘治己未舊抄本。○經訓堂本。

　　○明江藩七十七翁白賁柄重刊唐本。（繩）

〔補〕○明正統道藏本，五行十七字。傳世墨子最古之本。卷中多古
字。余藏。此本已印入道藏舉要中。○明嘉靖三十一年芝城銅活
字藍印本，十一行二十二字，白口，四周單闌。卷八後有"嘉靖三十
一年歲次壬子季夏之吉芝城銅板活字"一行。黃丕烈校並跋。○明
嘉靖三十二年唐堯臣刊本，八行十七字，白口，四周單闌。卷末有唐
氏跋。此本已印入四部叢刊初編中。○明末堂策檻刊本。從銅活
字本出。余藏。○明刊本，八行十七字，白口，四周單闌，字大而方，
是嘉靖刊，然非唐堯臣本，以校唐本，亦有異同。有孫氏祠堂藏印。
余收得，旋讓與涵芬樓。

〔補〕**墨子六卷**　○明萬曆九年書林童思泉涵春樓刊本，九行二十字。
次行題"歸安茅坤校閱"。封面有童思泉識語，稱得宋本，倩茅鹿門
讐校。有萬曆辛巳茅坤、陸弘祚序。余藏。

〔補〕**墨子四卷**　○明萬曆三十年縣眇閣刊先秦諸子合編本，十行二
十字，版心下方有"縣眇閣"三字。

〔補〕**墨子三卷**　○明寫本，有黃丕烈跋，云與十五卷本字句間有不

同。海源閣遺書，余曾借校。

〔補〕**墨子校注十六卷** 清畢沅撰。○清乾隆四十九年畢氏刊靈巖山
館叢書本。○清光緒二年浙江書局刊二十二子本。

〔補〕**墨子閒詁十五卷目錄一卷附錄一卷後語一卷** 清孫詒讓
撰。○清光緒三十三年瑞安孫氏自刊本。涵芬樓已影印行世。

子華子二卷 晉程平撰。○綠眇閣本。○子彙本。○明刊十行本。
○又八行本。○弘治丙辰楊一清校五子本。○嘉靖甲辰刊五子本。
○近人刊二十二子本。○珠叢別錄本。○墨海金壺本。○道藏本
十卷。

〔補〕○明弘治九年丙辰楊一清陝西刊五子本，九行十九字，黑口，四周
雙闌。軟體字。○明嘉靖間翻宋本，十行十九字。前有劉向校書
序。○明刊本，十行十九字，似正、嘉間刊。染紙，後加"清渭何通直
宅萬卷堂本紹興乙亥刊"偽木記三行。與文子、齊丘子同帙。○明
萬曆三十年綠眇閣刊先秦諸子合編本。

〔補〕**子華子十卷** 晉程本撰。○明正統道藏本，五行十七字。此本
余已影印行世。

尹文子一卷 周尹文撰。○嘉靖甲辰刊五子本。○二十子本。○十
二子本。○子彙本。○綠眇閣本。○湖海樓叢書本佳。○道藏本
三卷。○近人刊二十二子本。○墨海金壺本。○守山閣本。○弘
治丙辰楊一清校五子本二卷。○愛日精廬有宋刊尹文子二卷，分上
下，猶是原書舊第。有魏山陽仲長氏序。○通考此書二卷。

〔補〕○明嘉靖翻宋本，十行十九字，白口，左右雙闌。為明刊十□子之
一。此本已收入四部叢刊初編中。○明嘉靖刊本，八行十七字，細
黑口，左右雙闌。○明萬曆四至五年南京國子監刊子彙本。○明萬
曆三十年綠眇閣刊先秦諸子合編本，十行二十字，版心下方有"綠眇
閣"三字。余藏。○清嘉慶間張海鵬刊墨海金壺本。○清道光十三

年王氏蔭棠館刊二十二子全書本。○清光緒元年湖北崇文書局刊
子書百家本。

〔補〕**尹文子二卷**　○明正統道藏本，五行十七字。此本余已影印行
世。為雙鑑樓影刊道藏本五子之一。○明弘治九年楊一清陝西刊
五子本，九行十九字，黑口，四周雙闌。首行標題下有"顙八"二字，
從道藏本出。此書無三卷本，莫氏誤記。

慎子一卷　周慎到撰。○子彙本。○縣眇閣本。○近人刊十二子本。
○嘉慶乙亥嚴鉄橋校刊本。○墨海金壺本。○守山閣校補本二卷。

〔補〕○萬曆四至五年南京國子監刊子彙本。○明萬曆三十年縣眇閣
刊先秦諸子合編本，十行二十字，版心下方有"縣眇閣"三字。余藏。
○清嘉慶張氏刊墨海金壺本，十一行二十三字，黑口，左右雙闌。

〔補〕**慎子二卷補遺一卷逸文一卷**　繆荃孫輯。○繆氏藕香簃寫
本。此本已印入四部叢刊初編，並附孫毓修撰內篇校文一卷。

〔補〕**慎子內外篇解二卷傳補一卷**　明慎懋賞撰。○明萬曆七年慎
懋賞刊本，九行十六字，白口，左右雙闌。前王錫爵序，次慎懋賞序。
每篇後附直音。末題"大明萬曆七年己卯春二月刻成於武康縣文塢
慎氏耕芝館中"。余藏。

〔增〕**尸子三卷附錄一卷**　○任文田心齋十種本，稱家藏元大德八年
來青樓所抄本，又依惠氏輯本補抄數條附錄于後，乾隆五十三年刊。
○又平津館本、問經堂本、湖海樓本並二卷，並抄輯為之。平津據羣
書治要多數篇目。

鶡冠子三卷　不著撰人。○聚珍本。○閩覆本。○近十子全書本。
○瓶花齋本。○明刊十行本。○嘉靖甲辰刊五子本。○道藏本。
○子彙本。○縣眇閣本。○學津討原本。○弘治丙辰楊一清校五
子本。

〔附〕○明五子本，十行，行二十字。卷端"陸細醉"三字，版心署書名，

不署卷數,上方有一寧字,下方首畫下有"巽重館"三字,轉葉則署活字版三字。(眉)整理者謹按:此條多誤字,以所記行款及版心有寗字考之,當是明弘治碧雲館活字本,"巽重館"當為"碧雲館"之誤,"陸細醉"則"陸佃解"也。○九子本。○明朱養純本。(邵氏。)

〔補〕**鶡冠子解三卷** 宋陸佃撰。○明正統道藏本,五行十七字。○明弘治碧雲館活字印本,十行二十字,白口,四周單闌,注大字低一格,版心有"碧雲"或"弘治年"等字。有乾隆帝題詩一首。○明弘治九年楊一清陝西刊五子本,九行十九字,黑口,四周雙闌。從道藏本出。○明嘉本,八行十七字,細黑口,左右雙闌。○清武英殿聚珍版書本,王引之、孫星衍手校。盛昱遺書,又一帙,失名人用宋本、萬曆本及羣書治要校。○清嘉慶十年張氏照曠閣刊學津討原本,九行二十一字,黑口,左右雙闌。

〔補〕**鶡冠子解二卷** 宋陸佃撰。○明嘉靖間翻宋本,十行十九字,白口,左右雙闌。上下卷通記葉數,宋諱缺筆。前有陸佃序。有盛昱、朱學勤識語。余藏。○明萬曆三十年緜眇閣刊先秦諸子合編十六種本,十行二十字,版心下有"緜眇閣"三字。

〔補〕**鶡冠子解一卷** 宋陸佃撰。○明萬曆四至五年南京國子監刊子彙本,十行二十一字,白口,四周雙闌。

公孫龍子三卷 周公孫龍撰。○嘉靖五子本。○十二子本。○子彙本。○緜眇閣本。○道藏本。○近人刊二十二子本。○墨海金壺本。○守山閣本。○弘治丙辰楊一清校五子本。

〔補〕○明正統道藏本,五行十七字。此本余已影印行世,為雙鑑樓影刊道藏五種之一。○明弘治九年楊一清陝西刊本,九行十九字,黑口,四周雙闌。從道藏本出。

〔補〕**公孫龍子一卷** ○明嘉靖翻宋本,十行十九字,白口,左右雙闌。宋諱缺筆。余藏。○明嘉靖刊本,八行十七字,細黑口,左右雙闌,版心較寬。余藏。○明萬曆四至五年南京國子監刊子彙本。余藏。
○明萬曆三十年縣眇閣刊先秦諸子合編十六種本，十行二十字，版
心下方有"縣眇閣"三字。余藏。○清光緒編刊崇文書局百子全書
本。余曾據明寫本校。

鬼谷子一卷　鬼谷子撰。○子彙本。○十二子本。○縣眇閣本。○
乾隆五十四年江都秦氏刊陶宏景注道藏本。○嘉慶十年江都秦氏
重刊陶宏景注，三卷，佳。○盧抱經以述古舊抄補道藏本。○明崇
德書院本，同道藏。

〔附〕○二十子本。○守山閣本。（邵氏）

〔補〕○明萬曆三十年縣眇閣刊先秦諸子合編本，十行二十字，版心下
方有"縣眇閣"三字。○明萬曆崇德書院刊二十子本，十一行二十二
字，白口，四周雙闌。

〔補〕**鬼谷子一卷外篇一卷**　○明嘉靖翻宋本，十行十九字，白口，左
右雙闌。余藏。○明萬曆四至五年南京國子監刊子彙本，十行二十
一字，白口，四周雙闌。○明萬曆吳勉學刊二十子全書本，九行十八
字，白口，左右雙闌。○明萬曆黃之宷本二十子，行款同吳勉學本。

〔補〕**鬼谷子注三卷**　梁陶宏景撰。○明正統道藏本，五行十七字。
此本已印入四部叢刊初編。○舊寫本，清盧文弨、嚴元照、徐鯤、勞
權校，徐鯤、嚴元照、勞權跋。杭估李寶泉寄來。○清乾隆六十年徐
鯤手寫本，十行二十一字。卷末題"乾隆乙卯六月據錢遵王述古堂
藏本手鈔，徐鯤記"。徐鯤、周廣業跋。有校筆及錄逸文數則。

〔補〕**鬼谷子注三卷**　梁陶宏景撰，清秦恩復校正。**篇目考一卷附
錄一卷**　清秦恩復輯。○清嘉慶十年秦氏石研齋重刊本。余臨嚴
元照、徐鯤、盧文弨校跋。○此書秦氏尚有乾隆五十四年刊本，已印
入四部叢刊初編，十一行二十一字，大黑口，四周雙闌。

〔補〕**鬻子一卷**　偽書。○舊寫本。有璜川吳氏印記。末有閑閑居士

題,云宋時僧人偽撰,託名鶡冠。涵芬樓藏。

呂氏春秋二十六卷　秦呂不韋撰。○明嘉靖七年許宗魯重刊賀方回本,多古字。○萬曆己卯姜璧等刊本。○明宋邦乂等刊本。○經訓堂校本佳。○梁玉繩清白士集有呂子校補二卷,皆畢校所未及。○明弘治李瀚刊。○萬曆丙申劉如寵刊。○萬曆乙巳汪如鸞刊。○吳勉學二十子本,無注。○宋夢龍刊。○元有嘉禾學宮本,半頁十行,行二十字。○拜經樓藏元刊本,卷首有遂昌鄭元祐序,為查初白舊藏。○平津館有元至正中吳興謝氏補本,卽嘉禾學宮本,目錄後有慶湖遺老記一段。

〔補〕呂氏春秋訓解二十六卷　漢高誘撰。○元至正嘉興路儒學刊本,十行二十字,注雙行同,細黑口,左右雙闌。前鄭元祐序,序後有至正六年嘉興路儒學校授陳泰題,下半殘泐不可辨。又有"吳興謝盛之刊"一行。目後有鏡湖遺老跋。有盛昱藏印。余藏。○明弘治十一年李瀚翻至正嘉興路儒學刊本,十行二十字,白口,四周單闌。前鄭元祐序,次高誘序,次總目,目後有鏡湖遺老記。卷二十六標題下有"弘治十一年秋河南開封府許州重刊"一行。後有弘治戊午李瀚重刻序。○明正德嘉靖間刊本,十行二十字,細黑口,左右雙闌。劉承幹嘉叢堂藏。○明嘉靖七年許宗魯刊本,十行十八字,白口,左右雙闌。有嘉靖七年序。有清彭兆蓀跋。○明萬曆七年虞德燁重刊許宗魯本,十行十八字,白口,左右雙闌。目後有重刊呂氏春秋姓名四行,其後有大字雙行刊"萬曆己卯孟夏梓於維揚資政左室"二行。卽莫目中之姜璧本。○明萬曆間宋邦乂刊本,十行二十字,注雙行同,白口,左右雙闌。此本已印入四部叢刊。○明萬曆間張登雲刊本,十行二十字。後題陳世寶訂正,朱東光參補,直隸鳳陽府知府張登雲繙校。○明萬曆二十四年劉如寵刊本,九行十九字,白口,四周雙闌。上海收得。

〔補〕**呂氏春秋二十六卷** 明凌稚隆批點。○其孫凌毓枏刊朱墨套印本，九行十八字，白口，四周單闌。題"宋鏡湖遺老陸游評，明天目逸史凌稚隆批"。有萬曆庚申凌毓枏跋。余藏。闌上有朱批，行間有圈點。

〔補〕**呂氏春秋新校正二十六卷附考一卷** 清畢沅撰。○清乾隆五十三年畢沅經訓堂叢書本。王念孫手校。別有昌齋校簽，未詳何人。曹秉章藏。

〔補〕**淮南子二十一卷** 漢劉安撰。○明嘉靖間王鎣刊本，九行十八字，無注。萬曆黃克纘又重修之。此本二十一卷無注，莫氏誤為二十八卷本，應訂正。

〔補〕**淮南子二十八卷** 漢劉安撰。○明吳仲刊本，十行十九字，每卷次行題"明昆陵後學吳仲校刊"。無注。

淮南子二十一卷 漢淮南王劉安撰。高誘註。○正統十年道藏本。○漢魏本。○明汪一鸞本。○萬曆甲午吳郡張維城刊本。○明茅一桂刊本。○中都四子本。○明王鎣刊，無注，明王溥刊，並二十八卷。○二十子，無注。○莊氏校刊道藏本。○十子全書覆莊本。○翁覃溪有手校本。○士禮居有宋刊淮南小字本，借與王伯申重校。黃云莊逵吉取道藏本妄為刪改，不足憑。○王氏讀書雜志校淮南最精密。

〔附〕○相□惠松堂〔厓?〕絕稱明劉陵〔續?〕補注本。其本從道藏出，不如宋本。（眉）○宋刊小字本，半葉十二行，行大字二十二，小字二十五。○蘆泉劉氏本，廿八卷。○茅鹿門本，二十一卷。○汪如鸞本，萬曆戊辰刊，二十一卷。○張象賢本，二十一卷。○葉近山本。○張斌如本二十一卷。○吳勉學本二十一卷。○諸家精校本附如下：王石臞讀淮南雜識二十二卷。顧澗薲校本一卷。劉端臨淮南補校二卷。莊伯鴻淮南校語，見原書。許周生校莊刻本。黃以寧校本。

朱豐芑淮南校正六卷,見說文通訓序中。俞蔭萌淮南平議四卷,見諸子平議中。(邵氏)

〔補〕**淮南鴻烈解二十一卷** 漢劉安撰,高誘注。○宋刊小字本,十二行二十二字,注雙行二十五字。即百宋一廛賦中所謂"高解鴻烈,蓋云善哉"云云之書。有顧廣圻跋。鈐曹寅、黃丕烈、顧廣圻、汪士鐘及海源閣楊氏印。海源閣佚出之書,後為日人收去。○清金友梅影寫宋刊小字本,十二行二十二字。前有陳奐跋,稱王念孫倩其傳錄汪士鐘藏宋本,遂倩金友梅鈔一部自藏云云。此本已收入四部叢刊初編中。○明萬曆八年茅一桂刊本,九行十九字,白口,左右雙闌。五色筆評點。八册。余藏。○明萬曆十八年汪一鸞刊本,九行十九字,白口,四周雙闌。徐波批並跋。曹秉章藏。○明萬曆何允中廣漢魏叢書本,九行二十字,白口,左右雙闌。

〔補〕**新刊淮南鴻烈解二十一卷** 漢劉安撰,高誘注。○宋元間茶陵譚叔端刊本,十行十八字,黑口,左右雙闌。前許慎序。次篇目,書名大字雙行,曰"新刊淮南鴻烈解",下署"漢淮南王劉安撰"。末有"松山譚氏"及"書香"二木記。各卷後有"茶陵後學譚叔端纂"一行。有劉世珩藏印,繆荃孫觀欵,傅嶽芬跋。余藏。

〔補〕**淮南子注二十一卷** 漢劉安撰,高誘注。○清乾隆五十三年莊逵吉刊本。朱彬臨王念孫校本。余藏。○又一帙,舊人臨陳奐校宋本。○余有一帙,臨北京圖書館藏黃丕烈校本,又據道藏本、宋刊本再校。

〔補〕**淮南鴻烈解二十一卷** 漢劉安撰,高誘、許慎注,明茅坤、張榜評。○明天啟間吳興凌氏朱墨套印本,九行二十字,白口,四周單闌。有王宗沐序,為題茅一桂本者。余藏。

〔補〕**淮南鴻烈解二十八卷** 漢劉安撰,許慎、高誘注。○明正統道藏本,五行十七字。此本已印入道藏舉要中。○明嘉靖十三年安正

堂刊本，十行二十一字。白口，四周雙闌，分禮、樂、射、御、書、數六
冊，版心各記一字。序後有“太歲癸巳孟春安正堂重刊行”牌子二
行。余藏。莫棠亦有一帙。○明刊小字本，十二行二十五字，似隆
慶萬曆間刊本。○明萬曆刊中立四子本，清□著言校。海源閣遺
書。○明王宗沐刊本。朱邦衡臨惠棟校本。惠氏據宋本、何焯校
本，明劉氏安正堂本校。

〔補〕**淮南鴻烈解二十八卷**　漢劉向撰，許慎、高誘注，明劉績補注。
○明王溥刊本，九行十七字，黑口，四周雙闌。題“後學劉績補注”，
“後學王溥較刊”。有弘治十四年辛酉劉績後序。○明嘉靖九年黃
焯刊本，十行十八字。題“江夏劉績補注”，“延平黃焯校刊”。前有
黃焯嘉靖庚寅永州東山書院序。文友堂見。

〔增〕**淮南許慎注一卷淮南萬畢述一卷**　○問經堂叢書有輯本。

〔增〕**淮南天文訓補注二卷**　乾隆五十三年嘉定錢塘撰。○道光八
年刊。

〔補〕○清嘉慶十七年顧廣圻家寫本。有錢大昕序。後有嘉慶壬申顧
廣圻跋，云借孫星衍平津館本鈔藏。

〔補〕**天祿閣外史八卷**　題漢黃憲撰。○明寫本。十三行二十五字。
題“後漢汝南黃憲撰。宋後學韓泊校正”。實明王逢年舜華撰。

人物志三卷　魏劉邵撰，北魏劉昞註。○漢魏本。○明嘉靖己丑上海
顧定英刊。○隆慶壬申鄭旻刊。○萬曆甲申河間劉用霖刊，似即兩
京遺編本。○乾隆十二年彭氏寶璣重校刊。○墨海金壺本。○守
山閣本。

〔附〕○明仿宋本。胡維新本。（邵氏）

〔補〕○明正德刊本，八行十六字，白口，四周單闌。鈐馬玉堂印。余
藏。○明隆慶六年梁夢龍刊本，八行十六字，白口，四周雙闌。版匡
視正德本為大。有歸德知府鄭旻跋，稱梁式持節中州，刻之宋郡以

傳云云。余藏。此本已印入四部叢刊初編,誤訂為正德本。○明萬
曆十年原一魁刊兩京遺編本,九行十七字,白口,四周雙闌。○明萬
曆二十年程榮刊漢魏叢書本,九行二十字,白口,左右雙闌。余曾據
家藏明正德刊本校。○明寫本,九行二十字,注雙行同,棉紙藍格。
有沈廷芳藏印。○清乾隆間彭氏刊本,十行二十字,白口,左右雙
闌。前有乾隆十二年彭家屏序,言於同年塗延年處借得宋刻鋟版云
云。

金樓子六卷 梁孝元皇帝撰。○說郛本一卷。○知不足齋本。○元
至正間刊本。

〔補〕新論十卷 北齊劉晝撰。○明萬曆何允中刊廣漢魏叢書本,九
行二十字,白口,左右雙闌。

〔補〕劉子□卷 北齊劉晝撰。○敦煌莫高窟舊藏唐卷子本,均殘損,
分藏各家。何彦威藏去情第三起,至思順第九止,凡七篇。英國博
物院藏韜光第四起,至法術第十四止,凡十一篇。劉廷琛藏自愛民
第十二起,至薦賢第十九止,凡五篇。法國巴黎圖書館藏自風俗第
四十六起,至正賞第五十一止,凡六篇。余均校於光緒元年湖北崇
文書局刊百子全書本上。

〔補〕劉子二卷 北齊劉晝撰。○明嘉靖四十五年丙寅李先芳刊本,
八行二十字。有嘉靖丙寅李先芳序,言用道藏本删去袁注付梓云
云。本書次行題東郡蓬玄洞居士李先芳校。涵芬樓藏。○明萬曆
四至五年南京國子監刊子彙本。○清光緒元年崇文書局刊百子全
書本,余據何彦威藏敦煌唐卷子本校去情以下七篇,凡二百八行。
又據巴黎藏本校風俗至正賞,凡六篇。據劉廷琛藏本校愛民至薦
賢,凡六篇。據倫敦藏本校韜光至法術,凡十一篇;又鄙名至托附,
凡五篇。通計唐卷存三十七篇,去其重複者,得二十五篇,約當全書
之半。

〔補〕**劉子一卷** 北齊劉晝撰。○明萬曆六年崇德書院刊二十子本，
　　十一行二十二字，白口，四周雙闌。

劉子十卷 或題劉歆，或題劉勰，或題劉孝標，唯袁孝政定為晝撰。
　　(繩)○子彙本。○漢魏本題劉子新論。○何允中本即何鏜漢魏叢
　　書本。○孫鑛刊二卷本，不全。○道藏本有袁孝政注，抱經云極淺
　　陋紕繆，羣書拾補有校正若干條。○天祿後目有宋刊本，附註。○
　　宋刊巾箱本，每頁二十二行，行二十八字。○朱修伯曰，晁氏稱是書
　　五卷，嘗合校各本。子彙與道藏本略同，頗可正程氏何氏本之謬。
　　檢校諸子奇賞所載是五卷本，校之果是善本，因知五卷本明末尚有
　　流傳也。

〔附〕○明崇德書院刊。(邵氏)

〔補〕○明龍川精舍寫本，十行十八字，藍格，版心有"龍川精舍"四字。
　　天一閣佚書，余得之廠市。以校漢魏叢書本，改數百字，補注文三
　　條。佳處多與校宋本合。

〔補〕**劉子注十卷** 北齊劉晝撰，唐袁孝政注。○明初刊本，九行十五
　　字。有黃丕烈跋。有惠棟、潘有祉、汪士鐘藏印。○明正統道藏本，
　　五行十七字。○明萬曆二十年蔣以化世恩堂刊本，十行二十字，白
　　口，四周單闌，版心上方有"世恩堂"三字。每卷題"播州錄事參軍袁
　　孝政注，吳人後學蔣以化校"一行。後有萬曆壬辰蔣以化跋，云從道
　　藏本出，刻於孝昌署中。○明傳鈔道藏本。藍格，九行十七字，黃丕
　　烈用宋本、明活字本、子彙本、道藏本校，有跋十二則。陸損之校並
　　跋。葉子寅、許心戾、張紹仁題識。海源閣遺書，余藏。

〔補〕**劉子新論十卷** 北齊劉晝撰，唐袁孝政注。○明萬曆二十年程
　　榮漢魏叢書本，九行二十字，白口，左右雙闌。

顏氏家訓二卷 隋顏之推撰。○漢魏本。○高安全書本。○知不足
　　齋仿宋七卷，附攷證一卷。○抱經堂刊本七卷。趙曦明注，盧文弨

補注，佳。○宋本在汪閬源處，目錄後有琴式碑牌。○宋刊淳熙七
年台州公庫本七卷，每半頁十二行，行十八字，後附吳興沈揆攷證一
卷，凡三册，曾藏黃蕘圃家。○明正德戊寅蘇州同知顏如瓌刊二卷。
○萬曆戊寅袁志邦又刊。○續顏氏家訓七卷，宋朝請大夫李正公
撰，述古有半宋雕半影抄。正德刊家訓序作董正（功）。○又宋本。

〔附〕○明成化刊本二卷。○萬曆甲戌顏氏重刊。○陸心源藏書志列
　　有七卷明刊本，前有張壁序。（眉）

〔補〕○明嘉靖三年傅鑰刊本，十行二十字，白口，四周單闌。每卷首第
　　二行題"明蜀榮昌後學冷宗元校"。首嘉靖甲申張壁序，云得中秘本
　　手校，付傅鑰刻之。有朱軾朱筆評。余藏，已印入四部叢刊初編。
　　○明萬曆三年顏嗣慎刊本，十行十九字，白口，四周單闌。上卷題建
　　寧府同知程伯祥刊，下卷題建寧府通判羅春刊，為沿成化本舊式。
　　前萬曆甲戌張一桂序，乙亥顏嗣慎序及于慎行後序。余藏。○明萬
　　曆二十年程榮漢魏叢書本，九行二十字，白口，左右雙闌。○明胡文
　　煥文會堂刊本，十行二十字，白口，左右雙闌，書名加新刊二字。

〔補〕**顏氏家訓七卷** 北齊顏之推撰。**考證一卷** 宋沈揆撰。○元翻
　　宋淳熙七年沈揆台州刊本，十二行十八字，白口，四周雙闌。前有失
　　名人序及沈揆序，序後有"廉臺田家印造"琴式木記。考證末有校勘
　　姓氏九行，有樓鑰、沈揆等名。後有何焯、孫星衍、黃丕烈跋，皆以為
　　宋本。又錢大昕跋，言廉臺之名實昉於元代，則隱約指明為元刊本
　　矣。潘氏滂喜齋藏。世間家訓第一善本。○清鮑廷博家寫本，十二
　　行十八字，從元本出。鮑廷博手校。知不足齋叢書底本。余藏。

〔補〕**顏氏家訓注七卷補遺一卷** 清趙曦明撰，盧文弨補。**北齊書
　　文苑傳顏之推傳注一卷** 清盧文弨撰。

注補注一卷 清錢大昕撰。○清乾隆五十四年盧文弨刊抱經堂叢書
　　本。嚴樹萼錄徐鯤補注。有嚴元照跋，稱徐鯤字北溟，蕭山人，腹笥

饒富，注書是其所長。此注應盧文弨之請而作。嚴氏借其稿來，其
父樹萼為過錄於此本上。存卷五至七及傳注、補注正。余藏。○又
一部為五十八年重修本，增重校正一卷。崔應榴圈點題欵。余據宋
刊本續家訓校。

〔補〕顏氏家訓注七卷 清趙曦明撰，盧文弨補。**補校注一卷** 嚴式
誨編。○渭南嚴氏家塾刊本。余藏，嚴君寄贈者。

〔補〕續家訓八卷 宋董正功撰。○宋刊本，十行二十字，白口，左右
雙闌。書中先列顏氏文，續者加陰文"續曰"二字。黃丕烈跋。海虞
瞿氏藏。

長短經九卷 唐趙蕤撰。○函海本。○讀畫齋本。

〔附〕○顧千里藏舊鈔本。邵氏

〔補〕○南宋初杭州刊本，十一行二十至二十一字不等，白口，左右雙
闌，版心下刻圈或黑點，以代刊工。前儒門經濟長短經序，本書題
"長短文經"，卷一、八、九三卷卷末有"杭州淨戒院新印"一行。末有
洪武丁巳沈新民手跋。前有乾隆三十八年屬守謙進書木記，即四庫
底本。○舊寫本，九行二十一字。後有洪武丁巳沈新民跋。○讀畫
齋本，從宋本出。此書唐書藝文志及晁氏郡齋讀書志均載為六十三
篇，合為十卷，而四庫所據南宋初杭本為九卷。

兩同書二卷 唐羅隱撰。○說郛本。○廣秘笈本。○二十二子本。
○昭諫集本。○天一閣本。

〔補〕○明范氏天一閣刊范氏奇書本，九行十八字，白口，左右雙闌。卷
首題"唐羅隱撰，明范欽訂"。余藏一帙。

化書六卷 唐譚峭撰。○道書全集本。○二十子本。○唐宋本。○
子彙作齊丘子一卷。○說郛本。○唐秘笈本。○鹽邑志林一卷本。
○明初代王府刊本。○弘治甲戌劉氏刊。○申氏刊。○墨海金壺
本。○珠叢別錄本。○嘉靖戊戌周藩刊本。○格致叢書本。

〔附〕○元本。（眉）○逸史本。○道藏本。（邵氏）按：古今逸史無化書，邵氏誤記。

〔補〕○宋刊本。八行十六字，白口，左右雙闌。蔣汝藻密韻樓藏。余曾以之校實顏堂廣祕笈本。宋本後歸涵芬樓。○明正統道藏本，五行十七字。此本已印入道藏舉要中。○明弘治十七年劉達覆刻明天順間代王府刊本，九行二十字。前弘治甲子李紳序，言劉氏捐資翻刻云云。○明萬曆刊實顏堂廣秘笈本，八行十八字，白口，四周單闌。李木齋先生藏一帙，舊人用宋八行本校，有袁芳瑛藏印。○清同治間張氏刊榕園叢書丙集本。○清光緒中崇文書局刊正覺樓叢刻本。

〔補〕**譚子化書六卷** 五代譚峭撰。○明萬曆間吳勉學刊二十子全書本。○明末刊唐宋叢書九十種本，九行二十字，白口，左右雙闌。○明萬曆十九年金陵閭氏刊新刊道書全集本。

〔補〕**譚子化書六卷** 五代譚峭撰，明楊慎評，盧之頤校。○明溪香館刻本，收入明天啟間武林書坊輯合諸名家評點百子全書本。

〔補〕**譚子化書一卷** 五代譚峭撰。○明天啟三年樊維城刊鹽邑志林本，十行十九字，白口，左右雙闌。此本已印入元明善本叢書本。

〔補〕**齊丘子一卷** 五代譚峭撰。○明嘉靖刊本，十行十九字，似翻宋本。余藏。○明萬曆四至五年南京國子監刊子彙本，十行二十一字。

昭德新編三卷 宋晁迥撰。○嘉靖刊晁氏三種本。○道光中刊晁氏叢書本。○宋慶元中刊本。

〔增〕**聱隅子二卷** 宋黃晞撰。四庫未收。晞字景微，蜀人。石介為直講，聞其好學，有論著，使諸生如古禮執羔雁束帛就里中聘之，以補學職，固辭不就。故歐陽文忠為徂徠先生詩有"羔雁聘黃晞，晞驚走鄰家"之句。嘉祐中韓魏公薦為太學助教。此本從宋刻影抄，凡

十篇,每篇有小序。又有自序,述十篇相承之旨。書中體裁文句皆
摹法言。○阮氏曾以進呈。○知不足齋本。(繩)

〔補〕**聱隅子歔欷瑣微論二卷** 宋黃晞撰。○南宋初小字建本,十三
行二十三字,細黑口,四周單闌。序十行十六字。此書余已覆刻,為
雙鑑樓刊蜀賢遺書十二種之一。原書江南圖書館藏,海內孤本。

芻言三卷 宋崔敦禮撰。○函海本。

〔補〕**無垢張狀元心傳錄十二卷** 宋張九成撰。○明沈與文家寫
本,十四行二十五字,次行低一格。第二卷以下書名無"張狀元"三
字,是影寫宋刊本。卷十一後有"野竹家校宋刻本摹"墨書一行。有
明失名人及清朱之赤題識。鈐有沈與文、錢功甫、朱之赤、黃丕烈等
藏印。張君元濟藏,橫浦後裔也。四庫存目為三卷本,宋于恕編。

樂安遺書四卷 宋李衡撰。○天順癸未刊。○丁禹生有抄本樂安語
錄五卷,未知即此異題否。

〔補〕**樂菴先生遺書四卷** 題宋李衡撰 **後題一卷** ○明萬曆四十六
年李通刊本,二冊。余藏。此書四庫提要疑其為姚江後學偽撰之
作。

〔補〕**樂菴語錄五卷** 宋李衡撰。龔昱錄。○四庫本。四庫總目著錄
為遺書四卷,而閣書仍為語錄五卷。已印入四庫全書珍本初集中。

〔補〕**經鉏堂雜誌八卷** 宋倪思撰。○明嘉靖四十三年姚咨手寫本,
十行二十二字,竹紙藍格,版心有"茶夢齋鈔"四字。有"臨安府棚北
大街睦親坊巷口陳解元宅書籍鋪刊印"一行。末有識語,云嘉靖甲
子五月至八月寫。周叔弢藏。○明穴硯齋寫本,墨格,十二行二十
字。翁斌孫藏。○舊寫本,十三行二十四字。有萬曆潘大復序及天
啟元年潘振跋。有顧沅藏印。李佑臣藏。○清王宗炎十萬卷樓寫
本,十一行二十字。存卷一至四。涵芬樓藏。四庫存目。

〔補〕**善誘文一卷** 宋陳錄撰。○宋咸淳刊百川學海本,十二行二十

字,細黑口,左右雙闌。余藏。○明弘治十四年華珵刊本,十二行二
十字,白口,左右雙闌。余藏。○明嘉靖十五年鄭氏宗文堂刊百川
學海二十卷本,十四行二十八字,白口,四周雙闌。四庫存目。

習學記言五十卷 宋葉適撰。○路小洲有抄本。○刊本。○宋刊本
在揚州某氏。

〔附〕○四庫著錄係鈔本。○嘉定十六年汪綱本,佳。(邵氏)

〔補〕**習學記言序目五十卷** 宋葉適撰。○明寫本,十行二十字。有
嘉定十六年孫之宏序。有後序述刊書原委。葉樹廉跋。文友堂見。
○清光緒十年瑞安黃氏江陰刊本。

〔補〕**厚德錄四卷** 宋李元綱撰。○宋咸淳刊百川學海本,十二行二
十字,細黑口,左右雙闌。余藏。○明弘治十四年華珵刊百川學海
本,十二行二十字,白口,左右雙闌。余藏。○明成化刊本,分五類,
與稗海本次第不同。蔣汝藻密韻樓藏。○明萬曆商濬刊稗海本,九
行二十字,白口,四周單闌。余曾以宋刊百川本校,改正九十餘字。
又以明成化本校。四庫存目。

〔補〕**厚德錄三卷** 宋李元綱撰。○明嘉靖十五年鄭氏宗文堂刊百川
學海二十卷本,十四行二十八字,白口,左右雙闌。

〔補〕**厚德錄一卷** 宋李元綱撰。○明萬曆刊歷代小史本,十一行二
十六字,白口,四周雙闌。○清初宛委山堂刊說郛本,九行二十字,
白口,左右雙闌。在卷七十。

〔補〕**樂善錄十卷** 宋李昌齡撰。○宋紹定二年刊本,九行十八字,白
口,左右雙闌。前隆興二年胡晉臣跋,淳熙二年李石題詩。後紹定
二年趙汝謐跋。為日本東洋文庫石田幹之助藏。此書已印入續古
逸叢書中。

〔補〕**樂善錄二卷** 宋李昌齡撰。○明萬曆商濬刊稗海本,九行二十
字,白口,四周單闌。余曾據明鈔說郛本校,補佚文五條。又據宋刊

仕學規範校。四庫存目。

〔補〕**西疇老人常言一卷** 宋何坦撰。○宋咸淳刊百川學海本，十二行二十字，細黑口，左右雙闌。余藏。○明弘治十四年華珵刊百川學海本，十二行二十字，白口，左右雙闌。余藏。○明嘉靖十五年鄭氏宗文堂刊百川學海二十卷本，十四行二十八字，白口，左右雙闌。四庫存目。

〔補〕**東谷所見一卷** 宋李之彥撰。○宋咸淳刊百川學海本，十二行二十字，細黑口，左右雙闌。余藏。○明弘治十四年華珵刊百川學海本，十二行二十字，白口，左右雙闌。余藏。○明嘉靖十五年鄭氏宗文堂刊百川學海二十卷本，十四行二十八字，白口，左右雙闌。四庫存目。

〔補〕**田間書一卷** 宋林昉撰。○明鈔說郛本。商務印書館已排印。○清順治刊說郛本在卷二十五，題林芳撰，不作林昉。余嘗以明鈔說郛本校之，補佚文七條。四庫未收。

〔補〕**積善錄一卷** 宋黃光大撰。**續積善錄一卷** 元馮夢周撰。○明萬曆刊稗于本。余據明弘治十八年鈔說郛本校。四庫未收。

〔補〕**三教源流搜神大全七卷** 時代、撰人未詳。勸善之書。○明楊氏四知館刊本。二冊。余藏。四庫未收。

〔補〕**華先生慮得集三卷附錄二卷** 元華幼武撰。○傳鈔明嘉靖刊本。余藏。

〔補〕**貞固華先生慮得集四卷附錄二卷** 元華幼武撰。○明嘉靖十一年華從智重刊本，十一行二十字。四庫存目。

〔補〕**郁離子十卷** 明劉基撰。○明初刊本，十一行二十一字，大黑口，四周雙闌。前吳從善序及洪武十九年徐一夔序。修綆堂見。

〔補〕**郁離子二卷** 明劉基撰。○明嘉靖三十五年何鎧刊劉宋二子本。○清嘉慶張氏照曠閣刊學津討原本。○清同治間真州張氏刊榕園叢書本。四庫存目。

〔補〕**郁離子一卷**　明劉基撰。○清道光十一年晁氏印學海類編本。○清光緒元年湖北崇文書局刊百子全書本。余曾用明處州知府林重富刊本校，補脱文數百字。崇文百子本删落太甚，不能盡補。

〔補〕**傍秋亭雜記二卷**　明顧清撰。○清寫本。涵芬樓藏。辛亥歲暮見。

〔補〕**閒適劇談五卷**　明鄧球撰。○明刊本，十行二十一字，白口，四周雙闌。存二卷。余藏。四庫存目。

本語六卷　明高拱撰。○高氏全集本。○明刊本。○指海本。

〔補〕**金罍子上篇二十卷中篇十二卷下篇十二卷**　明陳絳撰。○明萬曆三十四年其子陳昱輯刊本，九行二十字，白口，四周單闌。有萬曆三十四年陶望齡序。○舊寫本，從萬曆本出。余藏。四庫存目。

〔補〕**古言二卷**　明鄭曉撰。○明嘉靖四十五年項篤壽刊本，八行十七字，白口，左右雙闌。四册。余藏。四庫存目。

〔補〕**甘露園短書十一卷**　明陳汝錡撰。○明末刊本。前有趙氏種芸仙館印。余藏。陳氏此書四庫入雜家類雜學之屬存目，尚有長書六卷，此帙失之。

〔補〕**穀山筆麈十八卷**　明于慎行撰。○明萬曆末于緯刊本，九行十八字，余藏。四册。四庫存目。

〔補〕**從先維俗議五卷**　明管志道撰。○明萬曆刊本。有陳洙、鞠元恪藏印。蟫隱廬見。四庫存目。

〔補〕**鴻苞四十八卷**　明屠隆撰。○明萬曆三十八年刊本，八行十九字，白口，左右雙闌。十册。辛亥文友堂見，索六册，已收。○又有節錄本。

〔補〕**唐子潛書四卷**　清唐甄撰。○清康熙刊本。○光緒九年李鴻裔刊本。四庫存目。

〔補〕**吳鱗放言一卷** 清吳莊撰。○清寫本。有吳翌鳳藏印。涵芬樓藏。辛亥歲暮見。

〔補〕**鐙窗叢錄五卷補遺一卷** 清吳翌鳳撰。○稿本。涵芬樓藏。辛亥歲見。

〔補〕**游藝錄三卷** 清蔣湘南撰。○清咸豐二年刊本。二冊。

〔補〕**雞澤脞錄一卷** 清程鴻詔撰。○清同治刊本。

〔補〕**迎靄筆記二卷** 清程鴻詔撰。○清同治刊本。

上雜家類雜學之屬（繩）

白虎通義四卷 漢班固撰。○漢魏本。○格致本。○古今逸史本。○兩京遺編本。○明楊祐刊二卷。○明傳鑰仿元刊十卷。○抱經堂校本補正脫譌甚夥，佳。○北宋本分上下二卷，篇目内作圓圈者十，半頁十二行，行二十三字。抱經老人跋，藏海昌吳氏。○元大德九年本，藏胡心耘家。

〔附〕○明俞元符刊本。二卷。（眉）

〔補〕**白虎通德論四卷** 漢班固撰。○明萬曆何允中廣漢魏叢書本，九行二十字，白口，左右雙闌。

〔補〕**白虎通四卷** 漢班固撰。**校勘補遺一卷** 清盧文弨撰。**考一卷缺文一卷** 清莊述祖撰。○清乾隆四十九年刊抱經堂叢書本。

〔補〕**白虎通四卷** 漢班固撰，清莊述祖校訂。○舊寫本，十行二十字。有吳騫校語及印記。余藏。

〔補〕**白虎通德論十卷** 漢班固撰。○元大德九年無錫州學刊本，九行十七字，黑口，四周雙闌。前大德乙巳嚴度序，張楷序。海虞瞿氏及日本靜嘉堂文庫均有藏本。余亦有一帙。此本已印入四部叢刊初編。○南陵徐氏影刊元本。二冊。

〔補〕**白虎通二卷** 漢班固撰。〇元刊小字本，十二行二十三字，黑口，左右雙闌。黃丕烈跋。海虞瞿氏藏。

〔補〕**白虎通德論二卷** 漢班固撰。〇明嘉靖元年傅鑰刊本，十行十八字，白口，左右雙闌。前嘉靖改元冷宗元序。次大德九年張楷、嚴度序。本書次行題“漢玄武司馬班固纂集”。余藏。〇明楊祐校刊本，十行十八字，白口，左右雙闌，本書卷首次行題“漢班固纂”，“明楊祐校”。余藏藍印本，有王芑孫印。〇明萬曆二十二年蔣杰刊本，十行十八字，白口，四周單闌。本書題“皇明後學興古蔣杰校刊”。盧文弨校並跋。〇明萬曆十年原一魁刊兩京遺編本，九行十七字，白口，四周雙闌。〇明萬曆二十年刊漢魏叢書本，九行二十字，白口，左右雙闌。余藏。〇明萬曆吳琯刊古今逸史本，十行二十字，白口，左右雙闌。余藏，據家藏大德九年刊十卷本校。〇明末胡文煥刊格致叢書本，十行二十字，白口，左右雙闌。書名前加“新刻”二字。

獨斷二卷 漢蔡邕撰。〇格致本一卷。〇百川本。〇古今逸史本。〇漢魏本。〇弘治癸亥劉遜重刊宋滔熙本。〇嘉靖戊申喬世寗刊中郎集本。〇抱經堂校本。

〔附〕〇宋淳熙呂宗孟本最佳。（邵氏）

〔補〕〇宋咸淳刊百川學海本，十二行二十字，細黑口，左右雙闌。此本日本有影印本行世。〇明弘治十四年華珵刊百川學海本，十二行二十字，白口，左右雙闌。余藏。〇明弘治十六年劉遜刊本，十行二十一字，白口，四周雙闌。〇明嘉靖十五年鄭氏宗文堂刊百川學海二十卷本，十四行二十八字，白口，左右雙闌。〇明萬曆二十年程榮刊漢魏叢書本，九行二十字，白口，左右雙闌。

〔補〕**獨斷一卷** 漢蔡邕撰。〇明萬曆二十年刊廣漢魏叢書本，九行二十字，白口，左右雙闌。〇明萬曆間吳琯刊古今逸史本，十行二十字,白口,左右雙闌。余藏。余據明弘治華珵刊百川學海本校,又據明弘治十八年鈔說郛本校。○明萬曆胡文煥刊格致叢書本,十行二十字,白口,左右雙闌。書名前加"新刻"二字。○明弘治十八年鈔說郛本,墨格,十三行二十五字。在卷第八十九內。余藏。○清初宛委山堂刊說郛本,九行二十字,白口,左右雙闌。余藏。

古今注三卷附中華古今注三卷　晉崔豹撰。中華古今注五代馬縞撰。○百川本。○古今逸史本。○漢魏本。○嘉靖癸巳陳鉞刊本。○格致本無附。○說郛本。○秘書二十一種本。○文房小說本無附。

〔補〕○明正德嘉靖間芝秀堂刊本,十行十五字,白口,左右雙闌,版心下方間有"芝秀堂"三字。此本陶湘涉園已影印行世,後收入四部叢刊三編,因後有李燾及丁黼刊書跋,誤定為宋刊本。○明正德嘉靖間顧元慶刊陽山顧氏文房小說本,十行十八字,白口,左右雙闌。題"長洲顧氏家藏宋本校行"。○明萬曆刊廣漢魏叢書本,九行二十字,白口,左右雙闌。○明萬曆吳琯刊古今逸史本,十行二十字,白口,左右雙闌。余藏。余據明芝秀堂刊本校過。

〔補〕**崔豹古今注三卷**　題晉崔豹撰。○明刊本,九行二十一字,白口,四周單闌。有黃丕烈跋七則,李木齋先生藏。

〔補〕**中華古今注三卷**　後唐馬縞撰。○宋咸淳刊百川學海本,十二行二十字,細黑口,左右雙闌。余藏。○明弘治十四年華珵刊百川學海本,十二行二十字,白口,左右雙闌。余藏。○明嘉靖十五年鄭氏宗文堂刊本,十四行二十八字,白口,左右雙闌。○明萬曆增訂古今逸史五十五種本,十行二十字,白口,左右雙闌。余藏。明嘉靖刊本,行欵失記,天一閣藏。

資暇集三卷　唐李匡乂撰。○說郛本一卷。○顧氏四十家小說本。○格致本。○藝圃搜奇本。○袁褧四十家小說本。○學海類編本。

○續知不足齋本。

〔附〕○宋尤延之本。○百川本。○墨海本。（邵氏）

〔補〕○明正德嘉靖間顧元慶刊陽山顧氏文房小說本，十行十八字，白
口，左右雙闌。題"槩川顧氏家塾梓行"一行。余藏。○舊寫本，十
行十八字。○清寫本，失名人臨勞格校。

〔補〕**資暇集不分卷** 宋李匡乂撰。○明弘治十八年鈔說郛本，十三
行二十五字。在卷八十八。余藏。

刊誤二卷 唐李涪撰。○說郛本。○古今逸史本。○格致本。○百
川學海本。○學津討原本。

〔補〕○明萬曆吳琯刊增定古今逸史五十五種本，十行二十字，白口，左
右雙闌。○舊寫本。鈐翰林院印及袁芳瑛印。繆荃孫藏。

〔補〕**李涪刊誤二卷** 唐李涪撰。○宋咸淳刊百川學海本，十二行二
十字，細黑口，左右雙闌。余藏。○明弘治十四年華珵刊百川學海
本，十二行二十字，白口，左右雙闌。○明嘉靖十五年鄭氏宗文堂刊
百川學海二十卷本，十四行二十八字，白口，左右雙闌。

蘇氏演義二卷 唐蘇鶚撰。○藝海珠塵本。○函海本。

〔附〕○宋尤梁溪本。（邵氏）

兼明書五卷 五代邱光庭撰。○說郛本。○秘笈本。○淡生堂餘苑
本。○潢川吳氏活字印本。

〔補〕○明寫本，藍格棉紙，九行二十字。失名人題云據宋本校。天一
閣舊藏，有翰林院印及袁芳瑛印。李木齋先生藏。○清嘉慶十六年
潢川吳氏木活字印真意堂三種本，九行二十字，白口，左右雙闌。余
據李木齋先生藏明寫本校過。○日本文政十二年翻真意堂本。

〔補〕**兼明書一卷** 五代邱光庭撰。○明吳寬叢書堂鈔說郛本，十行
二十字，版心有"叢書堂"三字。余曾取校清順治宛委山堂刊說郛
本，補入爛柯、蜀山二條。○清順治三年李際期宛委山堂刊說郛本，

九行二十字,白口,左右雙闌。較明叢書堂本少二條。

近事會元五卷 宋李上交撰。○守山閣本。○昭文張氏有屧守老人
　　乙酉歲舊抄本。

〔附〕○補按:適園藏舊鈔本,有蕘翁跋。(適園本眉)

〔補〕○清寫本。據宋本校過,繆荃孫、李盛鐸校。李木齋先生藏。

〔補〕近事會元十卷 宋李上交撰。○清寫本。十三行二十二字。古
　　書流通處見。

東觀餘論二卷 宋黃伯思撰。○明項篤壽仿宋刊本。○王氏畫苑
　　本。○津逮本。○學津本。

〔附〕○宋紹興十行本。(邵氏)

〔補〕○宋刊本,九行十八字,白口,左右雙闌。有嘉定樓鑰序及紹興黃
　　礽跋。刊工有周才、張彥忠、陳靖、丁明等,多與嘉泰四年本呂太史
　　集、開禧本石林奏議,浙本武經七書合,為寧宗初浙中刊本。後有豐
　　坊跋,時藏華氏真賞齋。又有隆慶二年項元汴跋,言為其兄少溪所
　　藏,即項篤壽也。項氏萬卷堂本即據此本翻雕。○明萬曆十二年嘉
　　禾項篤壽萬卷堂刊本,九行十八字,白口,左右雙闌。有嘉定樓鑰序
　　及紹興黃礽跋。又有萬曆甲申項篤壽序,言翻刻宋本。有"嘉禾項
　　氏萬卷堂梓"木記。余藏。○明寫本,十行十八字,失名人校。有黃
　　丕烈跋。○清寫本,盧文弨校並跋。有王宗炎跋。余藏。

〔補〕東觀餘論二卷附錄一卷 宋黃伯思撰。○明萬曆刊王氏書苑
　　本,十行二十字,白口,左右雙闌。○明末毛氏汲古閣刊津逮祕書
　　本,八行十九字,白口,左右雙闌。翁方綱校。余藏。又一帙,勞權
　　校宋本並跋,余藏。又一帙,余臨涵芬樓藏何焯評校本,又據宋本
　　校。○清嘉慶張氏照曠閣刊學津討原本,余據家藏宋本校,改訂二
　　百十九字。

〔補〕東觀餘論不分卷 宋黃伯思撰。○宋刊本,九行二十字,白口,

左右雙闌。存七十三葉，以下配明寫本。錢謙益校。勞權跋。有華
夏、季振宜藏印。余藏。

靖康緗素雜記十卷　宋黃朝英撰。○秘笈本。○說郛本。○唐宋本
止一卷。○學海類編本。○墨海金壺本。○守山閣本。

〔補〕○明寫本。蔣氏密韻樓藏，余曾據以校寶顏堂秘笈本。○清嘉慶
虞山張氏刊墨海金壺本，十一行二十三字。

〔補〕**寶顏堂訂正靖康緗素雜記十卷**　宋黃朝英撰。○明天啟刊寶
顏堂祕笈本，余據明寫本校。

〔補〕**緗素雜記十卷**　宋黃朝英撰。○清道光十一年晁氏活字印學海
類編本，九行二十一字。

〔補〕**釋常談三卷**　宋失名人撰。○宋咸淳刊百川學海本，十二行二
十字，細黑口，左右雙闌。○明弘治十四年華珵刊百川學海本，十二
行二十字，白口，左右雙闌。○明嘉靖十五年鄭氏宗文堂刊百川學
海二十卷本，十四行二十八字，白口，左右雙闌。四庫存目。

〔補〕**新刻釋常談三卷**　宋失名人撰。○明萬曆胡文煥刊格致叢書
本，十行二十字，白口，左右雙闌。余據宋刊百川學海本校。

猗覺寮雜記二卷　宋朱翌撰。○聚珍本。○閩覆本。○學海類編
本。○知不足齋本。

〔補〕○明寫本，九行十七字。前洪邁序，後有"猗覺寮雜記上下卷，嘉
靖己丑孟秋廿日，吳門馬春郊來售"題識。有吳焯跋二則。周星詒
用知不足齋本校並跋。李木齋先生藏。○明謝肇淛小草齋寫本，棉
紙墨格，九行十八字，版心下方有"小草齋鈔本"五字。長沙葉啟勳
藏書。○清初寫本，八行十八字。卷前有目錄，每段有小標題，與刊
本不同。有宋筠藏印。○清寫本，舊人臨何焯校跋。何氏所據為錢
允治、毛扆二本。余藏。○清寫本，八行十九字。有禮南藏印。徐
坊遺書。○舊寫本，九行十八字。有鮑廷博藏印。葉啟勳藏。

能改齋漫錄十八卷　宋吳曾撰。○聚珍本。○閩覆本。○乾隆乙未汪秉鈞刊本。○墨海金壺本。○守山閣本。

〔補〕○清康熙間休寧汪文柏家寫本。鈐有"古香樓"、"休寧汪氏家藏書籍"、"展研齋"、"汪文柏印"諸印。盧址抱經樓遺書。○清寫本，失名人朱筆校並錄朱彝尊、王士禛、何焯跋。又有竺樵記。鈐有"紅豆村人"、"香亭"諸印。盧址抱經樓遺書。○清乾隆三十六年盧文弨抱經堂寫本，盧文弨並跋。存卷一至三，七至十二，計九卷。余代涵芬樓收得。○清乾隆四十年汪秉鈞活字印本。余曾據盧文弨校本校過，頗有改正。

〔補〕**能改齋漫錄十八卷**　宋吳曾撰　**拾遺一卷**　清孫星華輯。○清乾隆四十二年福建刊遞修武英殿聚珍版書本，比殿本原刻增拾遺一卷。○清光緒二十五年廣雅書局翻武英殿聚珍版書本。

〔補〕**辨誤錄二卷**　宋吳曾撰。即能改齋漫錄中之一門。○清初寫本，九行二十一字。有宋筠跋。

雲谷雜記四卷　宋張淏撰。○聚珍本。○閩覆本。○杭縮本。○近有新刊本。

〔補〕○清初寫刻本。鈐有翰林院印。一冊。余藏。

〔補〕**雲谷雜記四卷首一卷末一卷**　宋張淏撰。○清乾隆武英殿聚珍版書本，浙江、江西、福建翻聚珍本。○清道光二十九年刊海山仙館叢書本。○清光緒十六年梅氏慎自愛軒刊清芬堂叢書本。

〔補〕**雲谷雜記不分卷**　宋張淏撰。○明鈔說郛本。商務印書館已排印行世。

西溪叢語三卷　宋姚寬撰。○明鴝鳴館刊。○裨海本，不全。○津逮本。○學津本。

〔補〕**西溪叢語二卷**　宋姚寬撰。○明嘉靖二十七年俞憲鴝鳴館刊本，十行二十一字，白口，四周單闌，版心上方題"叢語"二字，下方題

"鶺鳴館刊"四字。書衣有隸書原箋。前姚氏自序,次嘉靖戊申俞汝
成序,言刊于武昌。余藏。沈曾桐有一帙,吳翌鳳臨何煌校跋,何氏
云據葉萬藏嘉魚館抄本。張紹仁再校,有跋,末有黃丕烈跋。余借
校于津逮祕書本上。○明沈與文野竹齋寫本,八行十六字。黃丕烈
據錢曾校本、吳翌鳳臨何煌校本校,又用鶺鳴館本、津逮秘書本參校
並跋。翰文齋見。○清勞格校澹生堂本,余曾臨校於涵芬樓祕笈影
鶺鳴館本上。

學林十卷　宋王觀國撰。○聚珍本。○閩覆本。湖海樓叢書本。

〔補〕○舊寫本。十行二十字。吳焯朱筆校。鈐有吳焯藏印及翰林院
　大官印,翰林院典籍廳印。四庫底本。○清嘉慶十四年蕭山陳氏刊
　湖海樓叢書本。

容齋隨筆十六卷續筆十六卷三筆十六卷四筆十六卷五筆十卷
宋洪邁撰。○明弘治戊午李瀚刊。弘治八年會通館活字印本。○
明蘭雪堂仿宋活字本。○崇禎庚午馬元調刊。○康熙庚辰重修馬
板。乾隆甲寅埽葉山房翻馬板。○補:宋槧三筆本。

〔附〕○宋淳熙十四年本。○明翻宋紹定本,九行十八字。(邵氏)○宋
　嘉定贛州本,每半葉十行,行二十一字。今有前二筆在荆州田氏。
　内閣大庫尚有宋刊四筆。(王國維)

〔補〕○宋嘉定五年壬申洪伋章貢郡齋刊本,十行二十一字,白口,左右
　雙闌。前有嘉定壬申何異序,言知贛州寺簿洪伋鋟木于郡齋云云。
　涵芬樓有隨筆十六卷續筆十六卷,日本鞠山文庫舊藏,余以一千二
　百金代涵芬樓收得。已印入四部叢刊續編。海虞瞿氏有續筆十六
　卷。○宋刊本,十行二十一字,白口,左右雙闌,刊工與章貢郡齋本
　不同,是宋末翻印者,有大德九年補刊葉,版心下方有"大德乙巳重
　刊"字樣。存四筆卷一至五,北京圖書館藏。此本已印入四部叢刊
　續編中,與嘉定本相配,缺卷以弘治八年華燧會通館銅活字印本配

補。○明弘治八年華燧會通館銅活字印本，九行十七字，除書名外，正文均作小字雙行，白口，四周單闌。版心上方題"弘治歲在旃蒙單閼"，下方題"會通館活字銅版印"。前有弘治八年華燧序，後有嘉定壬申丘橚跋，為章貢郡齋本舊跋，又有嘉定十六年洪伋建寧重刊本跋。最後有紹定元年周謹覆刻建寧本跋。則此本為據紹定周謹刊本排印者。余藏。趙元方藏一帙，有嚴元照跋。○明弘治十一年李瀚刊本，十行二十一字，大黑口，四周雙闌。與宋本行欵同。余藏。○明崇禎三年馬元調刊本，九行十八字，白口，左右雙闌。存續筆十六卷，何焯手校。有何氏印記及李葆恂跋。吳重熹石蓮闇遺書。又一部，經清康熙三十九年洪璟修補印本。清何復齋臨何焯、陳訏校本。有朱昌燕跋。余藏。○明寫本，棉紙墨格，九行十七字。卷末有嘉定壬申丘橚跋，嘉定十六年孫伋跋，紹定改元周文炳跋。此三跋明嘉靖本及馬元調本不載，惟活字本有之，而周文炳作周謹。鈐有"斐齋圖書"印。余藏。○傳鈔馬元調本，清陳訏批點，吳騫臨何焯評校。徐沅藏。

〔補〕**容齋一筆十六卷二筆十六卷三筆十六卷四筆十六卷五筆十卷** 宋洪邁撰。○明刊大字本。九行十八字，白口，左右雙闌。前有嘉定壬申何異舊序，無刊書序跋。隨筆續筆改作一筆二筆，與諸本異。刊工是嘉靖風氣，書衣尚存明代原籤。余藏。○日本寫本，十行二十一字，書名亦作一筆、二筆。田伏侯以宋本校一筆、二筆。文祿堂見。

攷古編十卷 宋陳大昌撰。○淡生堂餘苑本。又續五卷。○夷門廣牘本。○函海本。○學津討原本。

〔補〕○清嘉慶十年張氏照曠閣刊學津討原本，九行二十一字，黑口，左右雙闌。版心下方有"照曠閣"三字。夷門廣牘未收此書，莫氏誤記。

〔補〕**程氏考古編十卷**　宋程大昌撰。○清寫本，十行二十字。高翰
聲遺書。此書以明鈔儒學警悟本為最早，余曾取校函海本，多有改
訂。

〔補〕**程氏續考古編十卷**　宋程大昌撰。○明寫本，棉紙藍格，十行
二十四字。宋諱缺筆。存卷六至十，餘配傳鈔瞿氏藏明寫本。有明
鈕氏世學樓藏印。余藏。瞿氏藏明寫本為何焯舊藏。四庫未收。

演繁露十六卷續演繁露六卷　宋程大昌撰。○説郛本。○唐宋本
一卷，不全。○嘉靖辛亥刊本。○學津討原本。○明萬曆丁巳刊
本。

〔補〕**程氏演繁露十六卷續集六卷**　宋程大昌撰。○宋刊本，十一
行二十一字，白口，左右雙闌。卷一首條為"秘書省書繁露後"，後有
淳熙乙未識語，次條為"牛車"，可證明本之誤。余嘗取校學津討原
本，卷四補三條，卷十補六條，凡增二千餘言。有蔣揚孫、汪士鐘藏
印，劉體乾藏，存十卷，此本已印入續古逸叢書中。○宋本所缺之卷
十一至十六宋時俞鼎孫收入儒學警悟中。此書近年陶湘涉園據明
寫本刊版。二書合觀，宋本全貌可見。○明嘉靖三十年辛亥程煦刊
本，十一行二十一字，白口，左右雙闌。前嘉靖二十八年陳塏序，次
自序。序後為秘書省書繁露後，本書卷一首條為牛車，與宋本異。
本書首葉三行題"孫煦校刻"。卷後有淳熙陳應行跋。續集後有嘉
靖辛亥程煦跋，言舊本湮沒，抄錄又皆訛舛，因校梓云云。則出於鈔
本矣。取校宋本，除卷一移宋本首條"秘書省書繁露"於序後外，卷
十較宋本少"天祿辟邪"、"嘉慶李"二條。其餘與宋本合。○明萬曆
四十五年丁巳鄧渼刊本，十行二十字。首自序，次本傳、目錄。續集
後有嘉定庚辰男罩跋，嘉靖辛亥程煦跋。有鄧渼跋，言得本於謝兆
申，因刻置文遠堂云云。與嘉靖本相較，卷四脫三條，卷十脫七條，
卷十六脫五條，續集卷一脫二條，卷二脫一條，共脫十八條。○明姚

咨寫本，十行十八字，無欵識，鈐"姚咨手校圖書"白文印。何焯據宋本校並跋。存卷一至十，餘鈔配。高翰聲藏。○明寫本，十行二十二至二十五字不等。吳省蘭校並跋。有秦恩復石研齋藏印。涵芬樓藏。余嘗以校萬曆鄧渼本續集，補脫文十四則。○清毛扆校宋本，校於萬曆鄧渼本上，存卷一至八。涵芬樓藏。余臨於家藏鄧渼本上，補入三條，一千八百餘字。○清嘉慶十年張氏照曠閣刊學津討原本，九行二十一字。從萬曆鄧渼本出，脫誤甚多。余曾以殘宋本及何煌校宋本校之。○清寫本，十一行二十字。遇宋帝空格，宋諱注某宗諱或御名，從宋本出。卷前有李宏信小李山房印記。存續集卷一至六。余藏。

緯略十二卷　宋高似孫撰。○明秀水沈士龍刊。○百川學海本三卷。○墨海金壺本。○守山閣本。○白鹿山房活字本。

〔附〕○鬱岡齋景宋抄本，佳（邵氏）○百川無此種，殆誤為騷略也。（王國維）

〔補〕○明王肯堂鬱岡齋寫本，墨格，十一行二十二字。涵芬樓藏。○舊寫本，十二行二十二字。有失名校。涵芬樓藏。○影宋寫本。楊守敬藏。余曾取校清鈔本，補高氏跋一首，佚文七條。○清道光二十四年金山錢氏守山閣叢書本，余據鬱岡齋寫本及楊守敬藏影寫宋刊本校。○清寫本，余據影宋本校。

〔補〕緯略一卷　宋高似孫撰。○明叢書堂鈔説郛本，在卷八，余藏。○清順治三年宛委山堂刊説郛本，在卷二十四。

甕牖閒評八卷　宋袁文撰。○聚珍本。○閩覆本。○蘇杭縮本。

芥隱筆記一卷　宋龔頤正撰。○説郛本。○格致本。○顧氏文房小説本。○津逮本。○學津本。○續知不足齋本。○昭文張氏志載舊抄，序有云嘉泰改元孟冬，汝人劉董敬用鋟木于東甯郡庠。

〔附〕○小重山館有殘宋本。

〔補〕○明正德嘉靖間顧元慶刊陽山顧氏文房小説本，十行十八字，白口，左右雙闌。題"正德庚寅陽山顧氏宋本翻刻"。○明萬曆胡氏文會堂刊格致叢書本，十行二十字，白口，左右雙闌。○明崇禎毛氏汲古閣刊津逮秘書本，八行十九字，白口，左右雙闌。

蘆浦筆記十卷 宋劉昌詩撰。○學海類編本。○知不足齋本。○宋嘉定乙亥刻本。○拜經樓藏有舊本，為林善長物，有其手校及按語。又有漁洋山人借觀一行，評語三條。末有昌詩後跋及龔蘅圃跋。

〔附〕○補按：適園有厲樊榭手校本。（適園本書眉）

〔補〕○明六硯齋寫本，墨格，十二行二十字。黃丕烈、王芑孫跋。翁斌孫藏。○舊寫本，十一行二十二字。有嘉定癸酉自序，後有刻梓自跋。有萬曆三十九年謝兆申跋。鈐黃丕烈、張金吾、吳雲藏印。○舊寫本，九行二十字。四庫館臣校改加簽。有厲鶚跋。鈐翰林院大官印。○清吳翌鳳家寫本，有跋。黃丕烈、陳鱣校並跋。余藏。○清咸豐三年阮林生傳鈔本，並臨吳翌鳳、黃丕烈、陳鱣校跋。○舊寫本，九行二十字。後有六峯縣齋題記六行，為刻梓自跋，為知不足齋本所無。○清嘉慶三年鮑廷博刊知不足齋叢書本，余據吳翌鳳家寫本校，並臨黃丕烈、陳鱣校跋。

〔補〕**懷古錄二卷** 宋陳模撰。○清寫本。末數葉缺字，從舊刻影寫者。有寶祐二年自序。四庫未收。

〔補〕**希通錄一卷** 宋蕭參撰。○明叢書堂鈔説郛本，十行二十字，版心有"叢書堂"三字。余藏。在第十七卷。余嘗取校清順治三年宛委山堂刊説郛本，可補佚文三則。○清宛委山堂刊説郛本，九行二十字，白口，左右雙闌。余據明叢書堂寫本説郛校過，增入佚文三則。四庫未收。

野客叢書三十卷附野老記聞一卷 宋王楙撰。○稗海本祕笈本均十二卷，不全，且改題曰埜客叢談。○嘉靖壬戌王穀祥刊本。○明有細字刊本，半頁十行，行二十字。

〔補〕○明嘉靖四十一年壬戌王穀祥刊本，十行二十字。目後有"長洲
　　吳曜書"，"黃周賢等刻"小字二行。每卷次行題"明吳江吳師錫較"。
　　後有嘉泰陳造跋及嘉靖四十一年十世孫王穀祥刊書跋。余藏。○
　　明萬曆商濬刊續稗海本，九行二十字，白口，四周單闌。余藏。

〔補〕野客叢書十二卷附錄一卷 宋王楙撰。○明萬曆三十九年沈
　　氏尚白齋刊陳眉公訂正秘笈本，書名加"陳眉公重訂"五字。八行十
　　八字，白口，四周單闌。余藏。

坦齋通編一卷 宋邢凱撰。○守山閣本。事迹見中興館閣續錄。

〔附〕○朱六今見抱經盧氏舊抄足本，共三冊。（眉）

考古質疑六卷 宋葉大慶撰。○聚珍本。○閩覆本。○蘇杭縮本。

〔補〕○清光緒二十五年廣雅書局翻武英殿聚珍版書本。此書久佚，乾
　　隆時輯自永樂大典。然以余所見大典殘卷，引文多有為聚珍本失採
　　者。余藏大典卷八百二十一至二十三、詩話六十三至六十五中引考
　　古質疑三條，凡四千餘字，聚珍本均無之，他冊亦偶有所見，因錄而
　　存之。若能以大典存卷通檢之，所獲必有可觀也。

經外雜鈔二卷 宋魏了翁撰。○唐宋本二卷。○廣秘笈本一卷。○
　　奇晉齋叢書本題鶴山筆錄，一卷，即此書節本。

古今攷一卷續古今攷三十七卷 宋魏了翁撰，續攷元方回撰。○
　　說郛本、秘笈本一卷。○萬曆壬申上海王圻刊。○崇禎丙子謝三賓
　　刊。○正圻刊本三十八卷，其續古今考三十七卷。○又二十卷本。
　　○埽葉山房刊本古今考三十八卷。○正德本之先有元至正二十年
　　庚子刊本，張氏志。

〔補〕○明萬曆十三年王圻刊本，十一行二十四字，白口，左右雙闌。

潁川語小二卷 宋陳昉撰。○守山閣本。

賓退錄十卷 宋趙與時撰。○淡生堂餘苑本。○學海類編本。○涇

川叢書四卷。○乾隆壬申存恕堂仿宋本，佳。

〔補〕○宋臨安府陳宅經籍鋪刊本，十行十八字，白口，左右雙闌。卷末
　　有“臨安府睦親坊南陳宅經籍鋪印”一行。余收得，校後歸之蔣汝藻
　　密韻樓。○明傳寫宋刊本，十行十八字。前自序，後有續記及失名
　　人跋。高翰聲遺書。○明人傳寫正德四年鞏昌府刊本，十一行二十
　　二字。卷十末葉題“正德四年八月日鞏昌府刊”。孫江跋。余藏。
　　○清傳寫宋刊本，十行十八字。卷末有“臨安府睦親坊南陳宅經籍
　　鋪印”一行。後有寶祐五年陳宗禮跋。何焯校並跋。有楊繼振藏
　　印。○清寫本，十一行十九字。失名人校。有金忠淳藏印。余藏。
　　○舊寫本，十一行二十字。前寶祐五年陳宗禮序。○清乾隆十七年
　　存恕堂刊本，余用宋本校。

學齋佔畢四卷　宋史繩祖撰。○百川本。○稗海本不全。○學津討
　　原本。○有宋刻。

〔補〕○宋咸淳刊百川學海本，十二行二十字，細黑口，左右雙闌。余
　　藏。○明弘治十四年華珵刊百川學海本，十二行二十字，白口，左右
　　雙闌，余藏。○明嘉靖十五年鄭氏宗文堂刊百川學海二十卷本，十
　　四行二十八字，白口，左右雙闌。○明寫本，十二行二十字，從宋本
　　抄出。序及本書前半葉顧廣圻手補。有黃丕烈、顧廣圻跋。涵芬樓
　　藏。○清嘉慶十年張氏照曠閣刊學津討原本，九行二十一字，白口，
　　左右雙闌。

鼠璞一卷　宋戴埴撰。○百川本、明刊本各一卷。○說郛本、唐宋本、
　　格致本、續知不足齋本、學津本並二卷。

〔補〕○宋咸淳刊百川學海本，十二行二十字，細黑口，左右雙闌。余
　　藏。○明弘治十四年華珵刊百川學海本，十二行二十字，白口，左右
　　雙闌。余藏。○明嘉靖十五年鄭氏宗文堂刊本，十四行二十八字，
　　白口，左右雙闌。

〔補〕鼠璞二卷 宋戴埴撰。○明末刊唐宋叢書本，九行二十字，白口，左右雙闌。○明萬曆胡氏文會堂刊格致叢書本，書名前加"新刻戴氏"四字，十行二十字，白口，左右雙闌。○清嘉慶十年張氏照曠閣刊學津討原本，九行二十一字，黑口，左右雙闌。

朝野類要五卷 宋趙昇撰。○淡生堂餘苑本。○聚珍本。○閩覆本。○知不足齋本。

〔補〕○明寫本，紅格，十行二十字。有端平丙申自序。○舊寫本，十行二十字。有惠棟藏印。四庫底本。李木齋先生藏。○舊寫本，十一行二十四字。有黃丕烈藏印。○舊寫本，九行十八字，有朱彝尊、汪啟淑、黃丕烈藏印。

困學紀聞二十卷 宋王應麟撰。○弘治刊。○萬曆刊。○乾隆戊午祁門馬氏刊閻箋。○桐鄉汪氏刊何箋。○乾隆壬戌金氏刊三箋。○又別刊七箋。○嘉慶中黃崗萬氏刊集註。○道光乙酉餘姚翁氏刊集註。○天祿後目有元慶元路儒學胡禾監刊本。○平津館目有元刊本。○張金吾云，元泰定刊本有"孫厚孫、寧孫校正"，"慶元路儒學正胡禾監刊"二條。

〔補〕○元泰定二年慶元路儒學刊本，大版心，十一行二十四字，次行低一格，白口，左右雙闌，手寫體，字法松雪，鋟工精美。首深寧叟識二行，以手跡上版，大字佔雙行。目後有"伯厚甫"、"深寧居士"墨記二方。卷末有"孫厚孫、寧孫校正"一行。此為真元泰定本，其他各家所藏均正統黑口本也。此本已由商務印書館影印行世，後又收入四部叢刊三編中。○明正統本，中版心，十行十八字，陸氏誤記為二十字，大黑口，四周雙闌。有至治二年牟應龍序，泰定二年袁桷序及陸晉之後叙。卷末有"孫厚孫寧孫校正"，"慶元路儒學正胡禾監刊"二行。日本靜嘉堂文庫藏陸氏皕宋樓舊藏本。劉氏嘉業堂、江南圖書館各有一帙。均號為元本。余亦藏一帙。○明萬曆三十一年吳獻

台刊本，十行二十字。有萬曆癸卯吳氏序。余藏。○舊寫本，九行
二十四字，版心有"他山書屋"四字。鈐紀廣唯印。徐季孺藏。

〔補〕**困學紀聞二十卷** 宋王應麟撰，清閻若璩箋。○清乾隆三年祁
門馬氏叢書樓刊本。清錢大昕評校，瞿中溶校。有錢大昭、許乃普
藏印。余藏。○又一部，清全祖望箋注並錄何焯批語。有盧氏敬遺
堂藏印。余藏。○又一部，乾隆六十年顧蒓據元泰定二年慶元路儒
學刊本校。文支堂見。

〔補〕**困學紀聞注二十卷** 清翁元圻撰。○清道光五年餘姚翁氏守
福堂刊本。十四冊。余藏。

識遺十卷 宋羅璧撰。○學海類編本。○拜經樓藏舊抄本，後有隆慶
三年姑蘇吳岫跋。陳簡莊以五硯樓本校勘。

〔補〕**羅氏識遺十卷** 宋羅璧撰。○清道光十一年晁氏活字印學海類
編本。余據繆氏藝風堂藏舊寫本校過。

愛日齋叢鈔五卷 不著撰人。○守山閣本。○唐宋本即說郛本，不
全。

〔附〕○芹按：困學紀聞註內稱葉大慶撰，千頃堂目稱葉寘。（適園本眉
上張芹伯按語。）

日損齋筆記一卷 元黃溍撰。○天順四年刊。○義烏陳氏注刊本。
○墨海金壺本。○守山閣本。

〔補〕**諸子辨一卷** 明宋濂撰。○明吳氏叢書堂寫本，十行二十字。
有少城齋跋。四庫未收。

〔補〕**兩山墨譚十八卷** 明陳霆撰。○明嘉靖刊本，九行十八字，黑
口，四周雙闌。八冊。余藏。四庫存目。

〔補〕**僧害四卷** 明顧應祥撰。○明嘉靖、萬曆間刊本，十行二十字。
四庫未收。

丹鉛餘錄十七卷續錄十二卷摘錄十三卷總錄二十一卷 明楊

慎撰。○嘉靖丁未刊本。○萬曆張士佩刊本。○焦竑取升菴說部
各種，類編為升菴外集百卷，有明刊本。○道光甲辰蜀中翻板。○
函海本。○巾箱本。○明嘉靖甲寅滇門人梁佐台刊總錄于福建。

〔補〕丹鉛總錄二十七卷　明楊慎撰。○明嘉靖三十三年梁佐刊本，
十一行二十四字，白口，四周雙闌。○明萬曆刊本，十行二十字，白
口，左右雙闌。題“江都陸弼無從校訂”。卷十四後題“新安汪宗尼
仲逸校訂”。均余藏。○清乾隆間楊昶刊本。六册。余藏。

〔補〕丹鉛餘錄十三卷　明楊慎撰。○明刊本，十行二十字。

〔補〕丹鉛續錄八卷　明楊慎撰。○明萬曆刊寶顏堂祕笈廣集本，書
名題“寶顏堂訂正丹鉛續錄經說”八卷，八行十八字，白口，四周單
闌。余藏。

〔補〕丹鉛雜錄十卷　明楊慎撰。○清乾隆間綿州李氏萬卷堂刊函海
本，在第十八函。

〔補〕秋林伐山二十卷　明楊慎撰。○明嘉靖本，九行二十二字，白
口，四周雙闌。余藏。○明萬曆三年許嶽刊本，九行二十一字，白
口，四周雙闌。余藏。

譚苑醍醐九卷　明楊慎撰。○函海本八卷。

正楊四卷　明陳耀文撰。○刊本。

〔補〕正楊四卷　明陳耀文撰。○明隆慶刊本；十行二十字，陰陽葉均
四周雙闌，而上下闌復連通為一。有隆慶三年李裒序，以文彭手書
上版。耀文自跋，言葉生刊之云云。余藏。四册。

疑耀七卷　明張萱撰。○萬曆中萱自刊行。

〔補〕○明萬曆刊本，八行十六字，白口，四周單闌。鈐有翰林院印。四
庫底本。余藏。○清道光二十五年南海伍氏粵雅堂刊嶺南遺書本，
在第二集。

藝彀三卷彀補一卷　明鄧伯羔撰。○刊本。

名義考十二卷 明周祈撰。○明萬曆癸未刊。

〔補〕掌雋不分卷 四册。撰人未詳。○明寫本。鈐宋筠藏印。四庫
未收。

筆精八卷 明徐㷆撰。○明刊本改題鄭氏筆精，稱晉安鄭銘勳輯。

〔補〕徐氏筆精八卷 明徐㷆撰。○明崇禎五年刊本，九行十八字，白
口左右雙闌。有崇禎五年邵捷春序，本書亦題邵氏訂定字樣。六
册。庚戌正文齋見，索十兩。

通雅五十二卷 明方以智撰。○康熙丙午姚氏刊本。

厄林十卷 明周嬰撰。○湖海樓叢書本。

拾遺錄一卷 明胡爌撰。○明李氏刊本。

〔增〕罍庵雜述四卷 明朱朝英撰。○刊本。

〔補〕日知錄八卷譎觚十事一卷 清顧炎武撰。○清康熙九年自刻
本，共一百十六條。前自序十二行，目前有小引四行。鈐盧址抱經
樓藏印。余藏。

日知錄三十二卷 國朝顧炎武撰。○康熙乙亥潘耒刊。○坊刊小字
本。○又補遺四卷。○道光十四年嘉定黃氏集釋本。○徐氏初刊
本八卷。○雍正中江陰楊寧有增訂本，藏盧抱經家，似未刻。寧又
有雜諍八卷，皆駁正經籍之誤，抱經兩作跋語，未刊。

〔附〕○符山堂刻本八卷，後附譎觚十事。（邵氏）

〔補〕○清康熙三十四年吳江潘耒遂初堂刊本。○清雍正間翻潘耒遂
初堂本。余藏。○清經義齋刊本。

〔補〕日知錄三十二卷日知錄之餘四卷 清顧炎武撰。○清乾隆
六十年刊本。

〔補〕日知錄集釋三十二卷栞誤二卷續栞誤二卷 清嘉定黃汝成
撰。○清道光間嘉定黃氏西谿草廬刊本。集釋道光十四年刊，栞誤

十五年刊,續朶誤十八年刊。十六冊。余藏。

〔補〕**菰中隨筆一卷**　清顧炎武撰。○清道光十二年長白鄂氏刊本。
　○清道光二十五年潘仕成刊海山仙館叢書本。○清崇仁華氏刊海
　粟樓叢書本。○清光緒十一年朱記榮刊亭林遺書補遺本。四庫存
　目。

〔補〕**菰中隨筆三卷附詩律蒙求一卷**　清顧炎武撰。○舊寫本。有
　黃丕烈、孔憲庚、葉名澧等跋。即四庫存目著錄之書,與通行一卷本
　非一書。內多誤字,余曾取校嘉業堂本。

〔補〕**夢航雜綴一卷**　清葛萬里撰。○舊寫本。首記明人別號及姓名
　易混淆者。次釋古書命名之意。按萬里別有別號錄九卷,四庫入類
　書類,內明人別號凡八卷,此殆其初稿之殘編而為後人所掇拾者歟。
　繆氏藝風堂藏。

義府二卷　國朝黃生撰。○乾隆五十二年與字詁同刊。○指海本。
　○道光壬寅族從孫黃承吉合字詁、義府刊本。(繩)

藝林彙考二十四卷　國朝沈自南撰。○康熙癸卯刊本。○乾隆辛未
　重刊本。

〔補〕○清康熙癸卯刊本,有程邑翼蒼題及自南自題。分棟宇篇十卷,
　服飾篇十卷,飲食篇七卷,共二十七卷。○舊寫本,存飲食篇七卷。
　杭州抱經堂見。卷末附植物篇,僅瓊花一卷,則為未完之書。

〔增〕**蒿庵閒話二卷**　國朝張爾岐撰。○李文藻刊本。按:此書四庫
　存目。

〔附〕○粵雅堂本。(眉)

〔補〕**蒿庵閒話一卷**　清張爾岐撰。○清道光十三年刊昭代叢書庚集
　坤編本。

潛邱劄記六卷　國朝閻若璩撰。○乾隆十年閻氏刊本。○吳玉搢重
　編本。

〔補〕**潛邱劄記六卷** 清閻若璩撰 **附左汾近藁一卷** 清閻詠撰。○
　清乾隆九年其孫閣學林眷西堂刊本。余據清鈔本風庭掃葉錄校。

〔補〕**風亭掃葉錄四卷** 題清朱彝尊撰。○清寫本。實為抄撮潛邱劄
　記而成,然視潛邱劄記刊本多二十一條,其為佚文抑他書混入尚待
　考。滬肆見。

〔補〕**修潔齋閒筆四卷** 清劉堅撰。雜論典故字義,四庫入雜家類雜
　考之屬存目。○清乾隆六年自刊本。余藏。

〔補〕**天香樓偶得十卷** 清虞兆漋撰。○清刊本。鈐有"秀川陳銑"朱
　文印。余藏。此書四庫入雜家雜考存目,為十卷,此缺一卷,為殘
　帙。二元。

湛園札記四卷 國朝姜宸英撰。○葉元墀刊本四卷。○湛園集本二
　卷。

〔補〕**天祿識餘十卷** 清高士奇撰。○清康熙中刊本,二册,有殘帙,
　余為抄配足之。此書四庫存目著錄為二卷,然所引杭世駿道古堂集
　跋固言是二册也。

白田雜著八卷 國朝王懋竑撰。○白田艸堂存稿本。

義門讀書記五十八卷 國朝何焯撰。○乾隆三十四年刊本。

〔補〕○清乾隆三十四年蔣維鈞刊本。十二册。

〔補〕**西圃叢辨三十二卷** 清田同之撰。○清寫本。分山川、人物等
　類,輯錄宋至清人筆記。四庫存目。

〔增〕**羣書疑辨十二卷** 國朝萬斯同撰。○嘉慶丙子鄞水雲校刊。

〔增〕**松崖筆記三卷** 國朝惠棟撰。○道光二年吳興徐桐軒刊。

〔補〕**松厓筆記三卷** 清惠棟撰。○清道光二年吳門玉照堂刊本,一
　册。余藏。○清光緒間劉世珩刊聚學軒叢書本。

〔補〕**釀川讀書記二卷附臆記一卷** 清山陰許尚質撰。○稿本。九

行二十字，無格。首鈐"許尚質印"。臆説二册，前鈐"許氏藏書"，末鈐"釀川居士"。鈐有鳴野山房印記。四册。余藏。四庫未收。

樵香小記二卷 國朝何琇撰。○守山閣本。

管城碩記三十卷 國朝徐文靖撰。○乾隆九年徐氏刊位山六種本。

〔補〕**援鶉堂筆記五十卷** 清姚範撰**附枀誤一卷枀誤補遺一卷** 清方東樹撰。○清道光十五年曾孫姚瑩刊本。附錄枀誤補遺道光十八年刊。余藏。

〔增〕**經史問答十卷** 國朝全祖望撰。○刊本。

訂譌雜錄十卷 國朝胡鳴玉撰。○乾隆己未刊本。○湖海樓叢書本。

識小編二卷 國朝董豐垣撰。○乾隆癸未刊。○指海本。

〔補〕**鍾山札記四卷** 清盧文弨撰。○清乾隆末餘姚盧氏刊抱經堂叢書本。○清光緒間會稽章氏刊式訓堂叢書本。

〔補〕**龍城札記三卷** 清盧文弨撰。○清乾隆末餘姚盧氏自刊抱經堂叢書本。○清光緒間會稽章氏刊式訓堂叢書本。

〔補〕**西齋偶得三卷** 清博明撰(蒙古)。○清光緒刊本。余藏。

〔補〕**蛾術編八十二卷** 清王鳴盛撰。○清道光二十一年世楷堂刊本。十六册。余藏。

〔增〕**養新錄二十卷餘錄三卷經史問答十二卷** 國朝錢大昕撰。

〔補〕**十駕齋養新錄二十卷** 清錢大昕撰。○清嘉慶九年刊初印本。鈐有潘西圃藏印。余藏。四册。

〔補〕**潛研堂答問十二卷** 清錢大昕撰。○清嘉慶刊本。

〔補〕**通俗編三十八卷** 清翟灝撰。○清乾隆十六年無不宜齋刊本。十二册。余藏。

〔補〕**陔餘叢考四十三卷** 清趙翼撰。○清乾隆五十五年湛貽堂刊本。余藏。

〔增〕**讀書脞錄七卷** 國朝孫志祖撰。○嘉慶己未孫氏家刊。

〔補〕**南江札記四卷** 清邵晉涵撰。○清嘉慶八年餘姚邵氏面水層軒刊本。○清光緒間會稽章氏刊式訓堂叢書本。在三集。○清光緒十五年會稽徐氏鑄學齋刊紹興先正遺書本。在一集。

〔補〕**讀書雜志八十二卷餘編二卷** 清王念孫撰。○道光十二年王引之刊本。

〔補〕**札樸十卷** 清桂馥撰。○清嘉慶十八年山陰李氏小李山房刊本。五冊。余藏。

〔補〕**寄傲軒讀書隨筆十卷續筆六卷三筆六卷** 清沈赤然撰。○清嘉慶刊本。余藏。七冊。

〔增〕**曉讀書齋初錄二卷二錄二卷三錄二卷四錄二卷** 國朝洪亮吉撰。皆其謫戍賜環後讀書札記之稿。○道光壬寅，其族子子香刊于蘇州。

〔補〕○清光緒三年刊洪北江全集本。

〔補〕**香墅漫鈔四卷續四卷又續六卷** 清曾廷枚撰。○清乾隆南城曾氏家塾精刊本。余藏。

〔補〕**水曹清暇錄十六卷** 清江啟淑撰。○清乾隆五十七年汪氏飛鴻堂刊本，九行十八字，白口，左右雙闌。清乾隆五十八年錢大昕序，末有乾隆四十六年瞿槐跋。余藏。五冊。

〔補〕**養吉齋叢錄二十六卷餘錄十卷** 清吳振棫撰。○清光緒刊本。八冊。余藏。

〔補〕**拜經日記十二卷** 清臧庸撰。○清嘉慶二十四年刊本。

〔補〕**讀書叢錄二十四卷** 清洪頤煊撰。○清道光二年刊本，收入傳經堂叢書中。

〔增〕**癸巳類稾十五卷** 國朝黟俞正燮理初撰。道光十六年又有存稾
十卷。○道光靈石楊氏刊。

〔補〕○清道光十三年求日益齋刊本，南通王藻刊。○光緒五年會稽章
氏式訓堂刊巾箱本。十冊。余藏。

〔補〕**癸巳存稿十五卷** 清俞正燮撰。○清道光二十九年楊墨林連筠
簃刊本。○清光緒十年黟李宗煝刊本。

〔補〕**過庭錄十六卷** 清宋翔鳳撰。○清咸豐三年浮谿精舍刊本。

〔補〕**銅熨斗齋隨筆八卷** 清沈濤撰。○清咸豐七年沈氏自刊本。
○清光緒間會稽章氏刊一訓堂叢書本。在二集中。

〔補〕**懷小編十六卷** 清沈濂撰。○清咸豐刊本。余藏。

〔補〕**攷辨隨筆二卷** 清黃定宜撰。○清道光二十七年萍鄉文氏刊
本。一冊。余藏。

〔補〕**東塾讀書記二十五卷** 清陳澧撰。○清光緒間崇仁華氏刊海
粟樓叢書本。原缺十卷，存十五卷。

〔補〕**東湖叢記六卷** 清蔣光煦撰。○清咸豐六年海昌蔣氏別下齋自
刊本。六冊。余藏。

〔補〕**古書疑義舉例七卷** 清俞樾撰。○清光緒十四年刊皇清經解
本。○春在堂全書本。

〔補〕**九九銷夏錄十四卷** 清俞樾撰。○清光緒刊春在堂全書本。
二冊。余藏。

〔補〕**霞外攟屑十卷** 清平步青撰。○清光緒刊本。

上雜家類雜考之屬

論衡三十卷 漢王充撰。○明通津艸堂仿宋本。○正德辛巳南監補
刊本。○嘉靖乙未吳郡蘇獻可刊本。○錢震瀧本。○漢魏本。○

坊刊本。○抱經有校宋本。○張金吾云,論衡宋刊元修本目錄後有
"正德辛巳四月吉旦南京國子監補刊完"木記,卷一累害垤成丘山汙
為江河下一頁,通津艸堂以下諸本俱缺。○又元至元刊本殘帙十
卷,其書合兩卷為一卷,凡十五卷,缺六至十五。半頁十二行,行二
十四字。垤成丘山汙為江河下一頁不缺。

〔附〕○洪适刊於會稽蓬萊閣。(眉)○宋乾道洪适本最佳。(邵氏)

〔補〕○宋刊本,十行二十字,間有十九或二十一字者,白口,左右雙闌。
刊工名多與紹熙間紹興府刊五經注疏合刻本同,為紹興府所刊。宋
刊宋印,存卷一至二十五。日本帝室圖書寮藏。袁寒雲藏一本,用
元時公牘紙印,有元修版。存卷二十五至三十。○宋刊元明遞修
本,行欵同上,目後有木記,云"正德辛巳四月吉旦南京國子監補刊
完"。有至元七年安陽韓性後序。宋刊所存無多,版多模糊。錢謙
益批校,黃丕烈跋。海虞瞿氏藏。又一本,有嘉靖補刊葉。涵芬樓
藏。○明嘉靖十四年蘇獻可通津草堂刊本,十行二十字,白口,左右
雙闌,版心下方有"通津草堂"四字。卷三十末有"周慈寫","陸奎
刻"小字二行。余藏。此本已印入四部叢刊初編。○明萬曆二十年
程榮漢魏叢書本,九行二十字,白口,左右雙闌。余臨校楊守敬校宋
本。○明萬曆間何允中刊廣漢魏叢書本,行欵與漢魏叢書同。

〔補〕**新刊王充論衡十五卷** 漢王充撰。○明初刊本,十二行二十四
字,黑口,四周雙闌。即莫氏所記元刊本,己未歲見,徐森玉校過。

風俗通義十卷附錄一卷 漢應劭撰。○漢魏本。○格致本無附。
○古今逸史四卷。○兩京遺編本。○鍾評秘書本無附。○姚若有
明刊仿大德本。○拜經樓藏元刊本,前有劭自序,後有宋嘉定十三
年丁黼跋,知此本從宋本出,每頁二十行,行十六字,即大德本也。
○張氏叢書內有風俗姓氏篇,盧氏羣書拾補于是書校勘極精,又附
遺文一卷。

〔附〕○宋嘉定丁文伯本。（邵氏）

〔補〕○元大德九年無錫州學刊本，九行十七字，細黑口，四周雙闌。鈐有明晉府印。用元代公牘紙背印。存卷四至十，內閣大庫舊儲，寶應劉啟瑞藏。○元大德九年無錫州學刊明修本，九行十七字，細黑口，四周雙闌。補版潦草。海虞瞿氏藏。此本已印入四部叢刊初編。○明刊本，十行十六字。前大德丁未李果序，次應劭序。盧址抱經樓遺書，余藏。○明天啟六年郎氏堂策檻本，九行二十字，白口，四周單闌。余藏。

〔補〕**風俗通義四卷**　漢應劭撰。○明萬曆吳琯刊古今逸史本，十行二十字，白口，左右雙闌。余藏。其版至康熙時汪世漢又輯印為秘書二十一種之一。

封氏聞見記十卷　唐封演撰。○正德戊辰刊本。○淡生堂餘苑本。○學海類編本。○雅雨堂本。○學津討原本。○江都秦礮重刊。○郘亭有舊抄本，秦礮乾隆壬子刊頗補盧本之脫誤，與郘亭舊抄同。○至道光庚寅後，秦恩復以所刊列子盧注、鬼谷子陶注及唐趙元一奉天錄彙印以行，曰石研齋四種。

〔補〕○明雪晴齋寫本，八行二十二字，版心有雪晴齋抄四字。有舊人傳錄明朱良育及夏庭芝跋。鈐有毛晉、黃丕烈印。李木齋先生藏。○明寫本。九行二十字，棉紙藍格，天一閣舊儲，余藏。余曾取校雅雨堂叢書本，卷二補一百六十五字，卷三補二十八字，卷四補三十四字，卷五補四十四字，卷九補注二十六字。其改訂增補處與雪晴齋本合，可知同出一源。然尚有缺文若干，二明寫本亦不能補。○明寫本，十行二十字，後錄元夏庭芝，明朱良育跋。有蔣杲手跋。邢之襄藏。○舊寫本，有莫友芝跋，稱為明隆慶本。後有“隆慶戊辰借梁溪吳氏宋鈔本錄此並記”二行，然其鈔本是乾隆時風氣。莫跋中列舉可補正雅雨堂本各條，與雪晴齋本及天一閣舊藏本多同。余藏。

○明虞山馮氏寫本，十行十九字，墨格，闌外有“馮氏藏本”四字。有崇禎甲戌馮舒跋。蔣汝藻藏。○清乾隆五十七年秦鐔刊本。余藏。曾以明雪齋寫本校過。

〔補〕**因論一卷** 唐劉禹錫撰。○宋咸淳刊百川學海本，十二行二十字，細黑口，左右雙闌。余藏。○明弘治十四年華珵刊百川學海本，十二行二十字，白口，左右雙闌。余藏。○明嘉靖十五年鄭氏宗文堂刊百川學海二十卷本，十四行二十八字，白口，左右雙闌。○清順治三年李際期宛委山堂刊說郛本，在第二十五卷。四庫未收。

尚書故寔一卷 唐李邰撰。○說郛本。○續秘笈本。

〔補〕○清光緒五年定州王氏謙德堂刊畿輔叢書本。

〔補〕**炙轂子錄一卷** 唐王叡撰。○明鈔說郛本。○明末刊說郛本。余曾據明鈔說郛本校之，改正極多。四庫未收。

灌畦暇語一卷 不著撰人。○藝圃搜奇本。○淡生堂餘苑本。○學海類編本。○奇晉齋本。

〔補〕○明末高承埏稽古堂新鋟羣書祕簡本，八行十八字，白口，四周單闌。余藏。○明弘治十八年寫說郛本，墨格，十三行二十五字。在卷六十五。余藏。余曾取校奇晉齋叢書本。○明鈔說郛本，藍格，十一行二十四字。在第七冊。余曾取校奇晉齋叢書本。○清乾隆三十四年陸烜刊奇晉齋叢書本，八行十九字，白口，左右雙闌。

春明退朝錄三卷 宋宋敏求撰。○百川本。○歷代小史本。○說郛本。○唐宋本。○學海類編本。○淡生堂餘苑本。○學津討原本。○宋本，蘇城汪氏藏。

〔補〕○宋咸淳刊百川學海本，十二行二十字，細黑口，左右雙闌。余藏。○明弘治十四年華珵刊百川學海本，十二行二十字，白口，左右雙闌。余藏。○明嘉靖十五年鄭氏宗文堂刊百川學海二十卷本。十四行二十八字，白口，左右雙闌。○清初宛委山堂刊說郛本，九行二十字，白口，左右雙闌。○清嘉慶十年張氏照曠閣刊學津討原本，九行二十一字，黑口，左右雙闌。○清道光十一年晁氏活字印學海類編本，九行二十一字，白口，左右雙闌。○清初寫本，十二行二十字。鈐有“古香樓”、“休寧汪氏家藏書籍”、“展硯齋”、“柯庭流覽所及”諸印。盧址抱經樓遺書。

〔補〕**春明退朝錄一卷** 宋宋敏求撰。○明萬曆刊歷代小史本，十一行二十六字，白口，四周雙闌。此本涵芬樓已影印，收入元明善本叢書本。○明弘治十八年鈔說郛本，十三行二十五字。在卷四十二。余藏。

筆記三卷 宋宋祁撰。○百川本。○學海類編本。○學津討原本。○說郛本、唐宋本一卷。

〔補〕**宋景文公筆記三卷** 宋宋祁撰。○宋咸淳刊百川學海本，十二行二十字，細黑口，左右雙闌。余藏。○明弘治十四年華珵刊百川學海本，十二行二十字，白口，左右雙闌。余藏。○明嘉靖十五年鄭氏宗文堂刊百川學海二十卷本，十四行二十八字，白口，左右雙闌。○清寫本，十二行二十字，似從百川學海本出。○清吳翌鳳古歡堂寫本，九行十九字；有乾隆丙申吳翌鳳跋六行。李木齋先生藏書。○清嘉慶十年張氏照曠閣刊學津討原本，九行二十一字。黑口，左右雙闌。

〔補〕**宋景文筆記二卷** 宋宋祁撰。○清道光十一年六安晁氏活字印學海類編本。

〔補〕**歐陽文忠公試筆十卷** 宋歐陽修撰。○宋咸淳刊百川學海本，十二行二十字，細黑口，左右雙闌。余藏。○明弘治十四年華珵刊本，十二行二十字，白口，左右雙闌。余藏。

〔補〕**試筆一卷** 宋歐陽修撰。○明嘉靖十五年鄭氏宗文堂刊百川學海本，十四行二十八字，白口，左右雙闌。○明萬曆刊書苑補益本，十行二十字，白口，左右雙闌。

東原錄一卷 宋龔鼎臣撰。○藝海珠塵本。○函海本。○讀書齋本。

〔附〕○陸心源本。（眉）

〔補〕○明穴硯齋寫本，十二行二十字。有乙巳十月十八日中隱山房識。翁君斌孫藏。○舊寫本，十一行二十四字。涵芬樓藏。○清趙昱小山堂寫本。張君元濟藏。○清光緒三年陸心源刊十萬卷樓叢書本。○讀畫齋叢書未收此書，莫氏誤記。

王氏談錄一卷 宋王欽臣撰。○唐宋本。○廣秘笈本。

〔補〕○清順治三年李際期竹委山堂刊說郛本。在卷二十四。

文昌雜錄七卷 宋龐元英撰。○說郛本。○學海類編、古今說海本並一卷，不全。○藝圃搜奇本。○淡生堂餘苑本。○續百川學海本。○學津討原本佳。○雅雨堂本六卷。○張金吾有述古堂舊抄本。

〔補〕文昌雜錄六卷補遺一卷 宋龐元英撰。○清乾隆二十一年盧見曾雅雨堂叢書本。沈欽韓校並跋。周叔弢藏。

麈史三卷 宋王得臣撰。○淡生堂餘苑本。○知不足齋本。○近楚中安陸縣刊本。

〔附〕○宋慶元刊本最佳。○影宋慶元抄本，佳。（邵氏）

〔補〕○清初影寫宋刊本，毛扆校並跋，云據何良俊等三家藏舊寫本校。劉承幹嘉業堂藏，余曾取校鮑氏知不足齋叢書本。○清寫本，九行十八字，卷中遇宋帝提行空格，末卷後有"慶元五年郡守都陽洪邁重修"一行，當是影宋本。後有燕巢主人、潤甫、耿庵校跋。鈐有翰林院印。盛昱遺書。○清嘉慶五年趙嘉程家寫本，藍格，有"半畝天居"四字。錄有吳翌鳳、徐波、毛扆跋。有"嘉慶五年七月純齋趙嘉程命胥喻盛才重鈔於瀏陽官署"識語，蓋從吳翌鳳鈔校本轉錄，吳本據徐波、毛扆、盧文弨三家校本校定。○清寫本，八行十八字。有秦恩復藏印。徐坊遺書。○清道光間刊知不足齋叢書本。○清道光二十四年甲辰安陸章山書院刊本。有劉大章序，云從天一閣鈔出付刊。

〔補〕**麈史不分卷**　宋王得臣撰。○明鈔説郛本。節錄本。

〔補〕**麈史不分卷**　宋王得臣撰。○明王肯堂鬱岡齋寫本，墨格，十一行二十二字，版心有"鬱岡齋藏書"五字。舊人以朱筆校。方地山藏書，後歸周叔弢。

夢溪筆談二十六卷補筆談二卷續筆談一卷　宋沈括撰。○此書明崇禎辛未馬元調仿宋刊本足。○津逮本無補、續，稗海本有補無續。○唐宋及秘笈但有補二卷。○元黑口本筆談，每頁二十四行，行十八字，有古迂陳氏家藏本。○宋本半頁十二行，行十八字，南昌彭文勤公舊藏，卷尾有乾隆甲辰、嘉慶丙辰文勤筆識二條，云避諱字皆合。（繩）

〔附〕○宋刊乃乾道二年六月揚州刻，末有教授湯修年跋，頃又見于蘇州，損破太甚，未收。文勤公跋猶存。此書本藏湯竹儒，後為蕭敬孚所有，復向人易他書。今持來售者殆與敬孚交易者也。敬孚又言此雖宋刻，誤字極多，且無續補。（眉）○稗海本亦有續。○武進董氏藏黑口本，半葉十二行，行十八字，不類原刊，疑明繙乾道本也。卷十五至二十係補刊。弘治乙卯華容縣知縣徐瑄刊本，每半葉十一行，行二十字。亦自乾道本出。（王國維）

〔補〕**夢溪筆談二十六卷**　宋沈括撰。○明翻宋乾道二年揚州州學刊本，十二行十八字，白口，左右雙闌。每條首行頂格，餘低二格，實十六字。宋諱缺筆，末有乾道二年湯修年跋，云用揚州公庫舊本校改五十餘字重刊之云云。此書各家目多有之，往往號稱宋本。日本靜嘉堂有一帙，為陸心源皕宋樓故物。文友堂見一帙，王國維有一帙，潘氏滂喜齋有一帙。余昔藏一帙，校後去之。此本已印入四部

叢刊。○明弘治正德間刊本，十一行二十字，大黑口，四周雙闌。存
十四卷，李木齋先生藏。○明崇禎間毛氏汲古閣刊津逮秘書本。

〔補〕**古迂陳氏家藏夢溪筆談二十六卷**　宋沈括撰。○元大德九
　年茶陵陳仁子東山書院刊本，十行十七字，細黑口，左右雙闌。前自
　序，序後有大德乙巳陳仁子序，稱刊於東山書院。又有乾道二年湯
　修年跋，則仍自乾道本出。鈐有明"東宮書府"九疊文大印，及"文淵
　閣印"，知在南京時為懿文太子東宮之書，後遷至北京入文淵閣。卷
　中又有"萬曆三十三年查訖"朱記，則至明末尚存閣中，不知何時流
　出。今為松江韓氏藏，庚午歲出以求售，尚有他書數十種，索二十萬
　金，無有能舉者。後為諸人拆售分攜以去，其佳者多為潘宗周、陳澄
　中所得，微聞此本已歸陳氏，此本為傳世筆談最古之本，惜未獲一
　校。然其與四部叢刊所印明翻宋本同出於宋乾道揚州州學本，或亦
　無多差異耳。借校無由，擲筆為之一歎。

〔補〕**夢溪筆談全編二十六卷**　宋沈括撰。○明萬曆刊本，十行二十
　字，白口，四周雙闌。有大德九年陳仁子序，從陳仁子東山書院本
　出。

〔補〕**夢溪筆談二十六卷補筆談一卷**　宋沈括撰。○明萬曆間商濬
　刊稗海本，九行二十字，白口，四周單闌。

〔補〕**夢溪筆談二十六卷補筆談三卷續筆談一卷**　宋沈括撰。○
　明崇禎四年馬元調刊本，九行十八字，黑口，左右雙闌。余藏。

〔補〕**夢溪筆談二十六卷補筆談一卷續筆談一卷**　宋沈括撰。○
　清嘉慶十年張海鵬刊學津討原本，在第十三集。

〔補〕**夢溪筆談三十卷補筆談三卷續談附**　宋沈括撰。○舊寫本，
　九行十八字，題低四格，次行低二格。鈐五硯樓藏印。

〔補〕**陳眉公訂正夢溪補筆談二卷**　宋沈括撰。○明末刊寶顏堂祕
　笈彙集本。余藏。

〔補〕**夢溪樂談一卷** 宋沈括撰。○明寫本，藍格，十一行二十二字。天一閣舊藏。

仇池筆記二卷 宋蘇軾撰。○萬曆壬寅趙開美刊。○説郛本不全。

〔補〕**仇池筆記一卷** 宋蘇軾撰。○清順治三年李際期宛委山堂刊説郛本，在卷二十八。○清乾隆五十九年石門馬氏大酉山房刊龍威秘書本。

東坡志林五卷 宋蘇軾撰。○趙開美本。○百川、説郛本一卷。○稗海本十二卷。○抱經以稗海校，善。○學津討原本。

〔附〕○北宋元祐元年刊本，小字。最佳。（邵氏）藏園按：邵氏所記疑即百川本。此書必無北宋本也。

〔補〕**東坡先生志林集一卷** 宋蘇軾撰。○宋咸淳刊百川學海本，十二行二十字，細黑口，左右雙闌。余藏。○明弘治十四年華珵刊百川學海本，十二行二十字。白口，左右雙闌。余藏。

〔補〕**東坡先生志林一卷** 宋蘇軾撰。○明嘉靖十五年鄭氏宗文堂刊百川學海二十卷本，十四行二十八字，白口，左右雙闌。

〔補〕**東坡先生志林十二卷** 宋蘇軾撰。○明寫本，棉紙藍格，十行十八字。有錢曾藏印。葉啟勛藏。○明萬曆間商濬刊稗海本，九行二十字，白口，四周單闌。

珩璜新論一卷 宋孔平仲撰。○墨海金壺本。○珠叢別錄本。○唐宋本作孔氏雜説四卷。○説郛、格致本作孔氏雜記一卷。○古今説海説略丁集同。○拜經樓藏舊抄本，從畢氏抄本補入七條。

〔補〕○明末金俊明手寫本。有跋，謂據邵彌藏本轉錄。劉承幹嘉業堂藏。余曾據以校墨海金壺本，改訂數百字，補佚文五則。○清吳騫藏清寫本，吳騫據散浦畢氏藏舊寫本四卷本校，有跋。後陳鱣借臨，又據吳省蘭藏舊寫本代校並跋。有吳騫藏印。吳、陳二氏共改正四百五十餘字，其異字多有出金俊明寫本之外者。

〔補〕**珩璜新論□卷** 宋孔平仲撰。○明紅格寫本，十行二十五字。孫家湉校。有抱經樓藏印。存上卷，不知其為上下二卷抑上中下三卷也。

〔補〕**談苑五卷** 宋孔平仲撰。○明穴硯齋寫本，十二行二十字。翁斌孫藏。

〔補〕**陳眉公訂正孔氏雜說四卷** 宋孔平仲撰。○明刊寶顏堂普祕笈本。余曾用明寫本清江三孔集本孔氏雜說校，改訂頗多，佳處有出金孝章寫本之外者。然卷末列侯太夫人以下七條吳騫舊藏寫本及墨海金壺本均脱，而寶顏堂祕笈本獨存。

晁氏客語一卷 宋晁說之撰。○百川本。○說郛本。○學海類編本。○淡生堂餘苑本。○晁氏三先生集本。○道光刊晁氏叢書本。

〔補〕○宋咸淳刊百川學海本，十二行二十字，細黑口，左右雙闌。余藏。○明弘治十四年華珵刊百川學海本，十二行二十字，白口，左右雙闌。余藏。○明嘉靖十五年鄭氏宗文堂刊百川學海二十卷本，十四行二十八字，白口，左右雙闌。○明嘉靖三十三年晁瑮寶文堂翻宋慶元五年黃汝嘉刊本，十行二十字，版心上方題“晁氏寶文堂”五字。卷末題“慶元乙未校官黃汝嘉刊”，“嘉靖甲寅裔孫瑮東吳重刊”二行。余藏。

師友談記一卷 宋李廌撰。○百川本。○明刊本。○淡生堂餘苑本。○學津討原本。

〔補〕○清初委宛山堂刊說郛本，九行二十字，白口，左右雙闌。○清嘉慶十年張氏照曠閣刊學津討原本，九行二十一字，黑口，左右雙闌。

〔補〕**濟南先生師友談記一卷** 宋李廌撰。○宋咸淳刊百川學海本，十二行二十字，細黑口，左右雙闌。余藏。○明弘治十四年華珵刊百川學海本，十二行二十字，白口，左右雙闌。余藏。○明嘉靖十五年鄭氏宗文堂刊百川學海二十卷本，十四行二十八字，白口，左右雙闌。

楊公筆錄一卷 宋楊延齡撰。○淡生堂餘苑本。

〔補〕○明崇禎間茅瑞徵編芝園秘錄初刻本，八行十八字，白口，左右雙
闌。○明嘉靖間藍格寫說集本，十一行二十四字，白口，四周雙闌。
在第十四冊。余曾以校學海類編本。○清道光十一年晁氏活字印
學海類編本，九行二十一字。

呂氏雜記二卷 宋呂希哲撰。○指海本。

〔補〕**傳講雜記一卷** 宋呂希哲撰。○清順治三年李際期宛委山堂刊
說郛本，在卷二十四。

〔補〕**侍講日記不分卷** 宋呂希哲撰。○明弘治十八年鈔說郛本。在
卷五十一。余藏。

冷齋夜話十卷 宋釋惠洪撰。○稗海本。○小字本。○津逮本。○
學津本。○天祿後目有元刊本二部，均十卷。

〔補〕○明刊本，九行十七字，四周雙闌。目後有坊買小啟數行，後題
"至正癸未春孟新刊"，"三衢石林葉敦印"。黃丕烈鈔補缺葉並題
簽。舊稱元刊本。涵芬樓藏。日本靜嘉堂文庫亦有一帙，為酈宋樓
舊藏。○明萬曆商濬刊稗海本，九行二十字，白口，四周單闌。余曾
臨何焯批校本於上。又用日本五山本校，補卷九開井法一條，訂正
誤字甚夥。○明崇禎毛氏汲古閣刊津逮祕書本，八行十九字，白口，
左右雙闌。何焯評校。丁日昌持靜齋遺書。余曾借臨。○日本五
山刊本，九行十八字，白口，左右雙闌。各卷通計葉數。存卷六至
十，前五卷配日本舊寫本。董康藏。余曾借校，補佚文一條，正訛甚
多。

曲洧舊聞十卷 宋朱弁撰。○淡生堂餘苑本。○知不足齋本。○學
津討原本。○汪氏振綺堂刊本。○丁禹生有惠棟校勘本。○嘉靖
宜興沈敕與東軒筆錄同刊。

〔補〕○明嘉靖三十四年沈敕楚山書屋刊本，九行十九字，版心上方有
　　“楚山書屋”四字。余藏。盧址抱經樓遺書。○明寫本，有“臨安府
　　太廟前尹家書籍鋪刊行”一行。繆荃孫藏。○清汪汝瑮刊本，跋云
　　以舊鈔本校刊，十行二十一字，版式寬展，雕刻頗精整。封面書名冠
　　以御覽二字，蓋四庫所收曲洧舊聞即為汪氏進呈本也。○清乾隆間
　　刊知不足齋叢書本。余曾據明寫本及楚山書屋本校過。

〔補〕**陳眉公訂正曲洧舊聞四卷**　宋朱弁撰。○明崇禎刊寶顏堂秘
　　笈普集本。余藏。

〔補〕**曲洧舊聞一卷**　宋朱弁撰。○清順治三年李際期宛委山堂刊說
　　郛本。在卷三十七。○明弘治十八年鈔說郛本。不分卷。余藏。

元城語錄三卷附行錄一卷　宋馬永卿撰。○萬曆丁巳本。○惜陰
　　軒叢書本。

〔附〕○明初本。（眉）

〔補〕○明正德十三年張儒元城縣刊本，十行十九字，黑口，四周雙闌。
　　有正德丁丑崔銑、金賢序，正德戊寅知元城縣張儒後序。鈐明鄭曉
　　藏印。清同治丁卯金樹本跋。○清光緒五年定州王氏謙德堂刊畿
　　輔叢書本。

〔補〕**元城語錄解三卷附行錄解一卷**　宋馬永卿、明崔銑輯，明王崇
　　慶解。○明正德嘉靖間刊本，十行二十四字。解附正文下，夾行，題
　　“後學開州端溪子王崇慶解”。○清道光二十六年宏道書院刊惜陰
　　軒叢書本，在第十函。○清光緒五年定州王氏謙德堂刊畿輔叢書
　　本。

嬾真子五卷　宋馬永卿撰。○稗海本。

〔補〕○明萬曆間商濬刊稗海本，九行二十字，白口單闌。清勞權校。
　　劉仲魯藏。余曾借臨一本。又據明寫本說郛本校二十八條。○明
　　鈔儒學警悟本，烏絲闌，十三行二十二字。為此書淵源最古之本。

盛昱遺書。

〔增〕**醴泉筆錄二卷** 宋江休復鄰幾撰。○丁禹生持靜齋有抄本。四庫未收。

〔補〕○清道光十一年六安晁氏活字印學海類編本。

春渚紀聞十卷 宋何薳撰。○浦城遺書本。○秘笈本不全。○津逮本。○學津本。

〔附〕○宋刊本，九行十八字。（邵氏）

〔補〕○明寫本，棉紙藍格，九行二十字。目後有"臨安府太廟前尹家書籍鋪刊行"一行。卷一遇宋帝空格。天一閣舊藏，余得於蘇州來青閣。余曾校於津逮祕書本上，改訂處與毛扆校宋本相合。○明寫本，九行十八字。鈐有項篤壽印。涵芬樓藏。○明寫本，棉紙藍格，九行十九字。從明正德黎堯卿刊本出。余藏。○明崇禎毛氏汲古閣刊津逮祕書本，八行十九字，白口，左右雙闌。毛扆據宋本校，並補卷九脫文一葉。又補寫目錄。有跋。葉啟勳藏。余曾以津逮本臨一過。○又一帙，勞格臨明人校宋本。原本末有"嘉靖丙戌菊月望日謄錄"一行，經毛晉用宋本校，鈐有錢曾、孫從添藏印。余曾臨校于津逮本上，又改數十字，皆出於天一閣舊藏本及毛扆校宋本之外。李木齋先生藏。○新影寫宋刊本，九行十八字，白口，左右雙闌。目後有"臨安府太廟前尹家書籍鋪刊行"一行。其行欵版式與海虞氏藏宋尹家書籍鋪本續幽怪錄全同，當為尹氏所刊說部諸書之一。余藏。○清嘉慶十年張氏照曠閣刊學津討原本，九行二十一字，黑口，左右雙闌。○津逮本所缺之卷九一葉及他誤處多已刊正。

〔補〕**寶顏堂訂正春渚紀聞六卷** 宋何薳撰。○明末刊陳眉公普祕笈本，八行十八字，白口，四周單闌。不全。其卷一至卷六之野駝引水形條為津逮祕書本之卷一至五，其卷六餘卷為津逮本卷八中之文，其餘均闕，為姚叔祥得殘本付陳繼儒刻之者，非善本也。

石林燕語十卷考異一卷　宋葉夢得撰，考異宇文紹奕撰。○稗海本。○明正德丙寅楊宗文刊大字本，無攷異。○近葉調生、胡心耘合校刊本。

〔補〕○清咸豐三年胡珽活字印琳琅祕室叢書本。即莫氏著錄之葉、胡合刊校本。

〔補〕**石林燕語十卷**　宋葉夢得撰。○明正德元年楊武刊本，九行十八字，黑口，左右雙闌。前石林山人序，後正德元年楊武序。書中遇宋帝提行，從宋本出，余藏。○明萬曆商濬刊稗海本，九行二十字，白口，四周單闌。

〔補〕**石林燕語辨十卷**　宋汪應辰撰。○明鈔儒學警悟本，烏絲闌，十三行二十二字，盛昱遺書。

避暑錄話二卷　宋葉夢得撰。○稗海本。○明嘉靖項氏宛委堂刊本四卷。○津逮本。○學津本。○道光乙巳蘇城葉調生新刊本。

〔補〕○明萬曆商濬刊稗海本，九行二十字，白口，四周單闌。余藏。余據明弘治三年寫本校。○明崇禎毛氏汲古閣刊津逮祕書本，八行十九字，白口，左右雙闌。清李鴻裔校。○清嘉慶十年張氏照曠閣刊學津討原本，九行二十一字，黑口，左右雙闌。○清道光二十五年葉廷琯刊本。余藏。

〔補〕**乙卯避暑錄話二卷**　宋葉夢得撰。○明弘治三年寫本，十一行二十三字。遇宋帝後提行空格。題“弘治庚戌夏六月下浣重錄，八月十一日校畢，計一百廿一幅”。有錢曾藏印。莫棠贈葉德輝之書，葉啟勳藏。余曾以之校稗海本。

〔補〕**石林避暑錄話四卷**　宋葉夢得撰。○明萬曆嘉禾項德棻宛委堂刊本，八行十八字，版心下方題“項氏宛委堂笈”六字。每卷首行下題“嘉禾項德棻宛委堂校”。末有項德棻跋，後有校書人名三行。余藏。

巌下放言三卷　宋葉夢得撰。○稗海本題蒙齋筆談。○唐宋本。○
　藝圃搜奇本。○淡生堂餘苑本。○葉調生新刊本。

〔補〕○清道光間葉廷琯校刊本。○清光緒三十年葉德輝觀古堂刊石
　林遺書本。余據明鈔說郛本校。

〔補〕玉澗雜書一卷　宋葉夢得撰。○清宣統元年葉德輝觀古堂刊石
　林遺書本。余據明鈔說郛本校。○說郛本;不分卷,明吳氏叢書堂
　鈔,烏絲闌,十行二十字,余藏。

〔補〕蒙齋筆談二卷　題宋鄭景望撰。實摘錄葉夢得巌下放言。○明
　天一閣寫本,藍格,十行二十字。涵芬樓藏。余曾以校稗海本,四庫
　存目。

却掃編三卷　宋徐度撰。○津逮本。○學津本。

〔附〕○季有宋刊本。(邵氏)

〔補〕○明天一閣藍格寫本,九行二十字。卷末有"門生迪功郎桂陽軍
　司法參軍徐杰校正"一行,從宋本出。涵芬樓藏。○明穴硯齋寫本,
　十二行二十字,墨格。有黃丕烈跋。翁斌孫藏。○清錢曾述古堂影
　寫宋刊本,墨格,九行十八字,每卷末有"錢遵王述古堂藏書"小字一
　行。前徐度自記六行,後有跋十二行,題"嘉泰壬戌立秋日金華郡康
　書於桂水郡齋"。又有桂陽軍司法參軍徐杰校正一行,蓋影寫宋桂
　陽軍刊本也。余藏。○明崇禎間毛氏汲古閣刊津逮祕書本,余據明
　穴硯齋寫本及明天一閣藍格寫本校。○民國張鈞衡適園翻宋臨安
　尹家書籍鋪刊本。

五總志一卷　宋吳坰撰。○知不足齋本。○藝海珠塵本。

〔補〕○明穴硯齋寫本,十二行二十字,墨格。翁斌孫藏。○清仁和趙
　昱小山堂寫本。涵芬樓藏。○明鈔說郛本。余藏。曾以校明末刊
　說郛本,補入佚文一則。

紫微雜說一卷　宋呂本中撰。○指海本。○路氏有舊抄本。

〔附〕○陸心源本。（眉）

〔補〕東萊呂紫微雜説一卷 宋呂本中撰。○明穴硯齋寫本，墨格，
　　十二行二十字。有王芑孫跋。翁斌孫藏。○光緒二年陸心源刊十
　　萬卷樓叢書本。四庫未收。

辨言一卷 宋員興宗撰。○指海本。○路氏有舊抄本。

〔補〕○清道光三十年金山錢氏增刊藝海珠塵癸集本。

墨莊漫錄十卷 宋張邦基撰。○稗海本十卷。○單行本。

〔附〕○汲古閣有抄本。（邵氏）

〔補〕○明寫本，唐寅、陸師道手校並跋。周叔弢藏。○明寫本，棉紙藍
　　框，九行十八字，行間無格。據明唐寅、陸師道手校俞子容藏本傳
　　錄，並錄唐、陸二跋。余藏。此本已印入四庫叢刊三編。○明萬曆
　　商濬刊稗海本，九行二十字，白口，四周單闌。此本脱誤甚多，余曾
　　以家藏明人傳鈔唐寅、陸師道校本校之，補脱文六百六十餘字。○
　　又一帙，勞格校並臨錢曾、鮑廷博校及跋。存七卷。涵芬樓藏。余
　　曾臨校於家藏稗海本上。

寓簡十卷 宋沈作喆撰。○淡生堂餘苑本。○知不足齋本。○張金
　　吾有小草齋舊抄本，明謝肇淛所藏。○嘉靖丁巳陳鳳序，此山西刊
　　本。

〔補〕○明正德嘉靖間刊本，十行二十字。前後各以五卷為一册，各為
　　通葉碼。有季振宜、席鑑藏印。李放跋。余藏。○明萬曆間謝肇淛
　　小草齋寫本，墨格，十行二十字，白口，四周單闌。版心下方有“小草
　　齋鈔本”五字。海虞瞿氏藏。○清乾隆四十七年刊知不足齋叢書
　　本，從明姚咨寫本出。余曾據明刊本校過。○舊寫本。清鮑廷博
　　校。余藏。

欒城遺言一卷 宋蘇籕撰。○百川本。○説郛本。

〔附〕○張有小草齋抄本。（邵氏）

〔補〕**欒城先生遺言一卷** 宋蘇籀撰。○宋咸淳刊百川學海本，十二行二十字，細黑口，左右雙闌。余藏。○明弘治十四年華珵刊本，十二行二十字，白口，左右雙闌。余藏。○明嘉靖十五年鄭氏宗文堂刊本，十四行二十八字，白口，左右雙闌。○民國胡宗楙刊續金華叢書本。

〔補〕**新刊朝溪先生捫蝨新話十五卷** 宋陳善撰。○明末寫本，十行十六字。鈐有毛晉印。余藏。四庫存目。

〔補〕**捫蝨新話十五卷** 宋陳善撰。○明末毛氏汲古閣刊津逮祕書本，八行十九字。余據黃丕烈校宋本移錄，又據明鈔儒學警悟本校。

〔補〕**捫蝨新話上集四卷下集四卷** 宋陳善撰。○明鈔儒學警悟本。墨格，十三行二十二字。此書源出宋刊，可重也。

〔補〕**浩然齋意抄一卷** 題宋史浩撰，與說郛通行本題周密撰者異。○明鈔說郛本，余據明溽南書舍寫本說郛本校商務印書館據明鈔說郛排印本，有所改訂。四庫未收。

〔補〕**兩鈔摘腴一卷** 題宋史浩輯。○明萬曆中黃昌齡刊稗乘本。余據明吳氏叢書堂抄說郛本浩然齋意鈔、浩然齋視聽鈔校，補脫文三條，訂正訛誤至多。○清順治三年宛委山堂刊說郛本。在卷十九內。四庫未收。此書實明人輯周密之作，誤題史浩。

〔補〕**二老堂雜誌五卷** 宋周必大撰。○清初寫本，九行二十一字。有曹溶藏印。周叔弢藏。四庫未收。

東園叢說三卷 宋李如箎撰。○路氏舊抄本。○指海本。

常談一卷 宋吳箕撰。○函海本。

雲麓漫抄十五卷 宋趙彥衛撰。○稗海本四卷。○別下齋刊佳。○抄宋本十卷。

〔附〕○初名擁鑪閒記（眉）

〔補〕○舊寫本，十一行二十一字。有開禧二年自序，原名擁爐閒話。

古書流通處見。

〔補〕**雲麓漫抄四卷**　宋趙彥衛撰。○明萬曆商濬刊稗海本，九行二
　　十字，白口，四周單闌。余據王肯堂寫本及洗桐軒寫本校。○明王
　　肯堂鬱岡齋寫本。方地山藏。○舊寫本，十一行二十二字。遇宋帝
　　空格。版心下方有"洗桐軒鈔藏"五字。有徐松跋。徐坊遺書。

示兒編二十三卷　宋孫奕撰。○明潘方凱刊。○知不足齋本。
〔附〕○宋劉氏學禮堂刊本。（邵氏）

〔補〕**履齋示兒編二十三卷**　宋孫奕撰。○明潘膺祉如韋館刊本，九
　　行十八字，前有開禧元年自序，又李維楨題辭。後有潘膺祉跋。○
　　明雪晴齋寫本，八行二十四字，版心有"雪晴齋抄"四字。有彭元瑞
　　跋。徐坊遺書。○清寫本，顧廣圻據元劉氏學禮堂刊本校，有跋，又
　　有重校補一卷。余曾臨校於知不足齋叢書本上，其異文仍有出覆校
　　宋本條錄之外者。

〔補〕**履齋示兒編二十三卷**　宋孫奕撰**校補一卷覆校宋本條錄一
　　卷**　清顧廣圻撰。○清嘉慶十五年、二十四年鮑廷博刊知不足齋叢
　　書本。此書顧氏據明姚咨寫本校訂，付鮑氏刊入知不足齋叢書中。
　　洎鮑氏身後，顧氏乃得見宋本，又覆校一過，條錄百餘則附刊卷後。
　　然余嘗見顧氏原校本，其文字仍有出覆校宋本條錄之外者。○宋本
　　即元劉氏學禮堂刊本，舊題宋本，半葉九行十九字。余嘗臨何煌、顧
　　廣圻校本於知不足齋本上。

游宦紀聞十卷　宋張世南撰。○稗海本。○知不足齋本。
〔補〕○宋刊本，十行十八字，白口，左右雙闌。卷末有紹定壬辰李發先
　　跋。日本帝室圖書寮藏。○明萬曆商濬刊稗海本，九行二十字，白
　　口，四周單闌。○明寫本，十行十八字。後有紹定壬辰李發先跋。
　　明唐寅手校，卷十後有"嘉靖改元清明日吳郡唐寅勘畢"二行題識。
　　每卷後有唐氏題識。有黃丕烈跋。有唐寅、文徵明、王寵、季振宜、

黃丕烈、汪士鐘藏印。○清鮑廷博家寫本。蔣氏密韻樓藏。余曾取校稗海本，補李發先跋一首。

密齋筆記五卷續筆記一卷　宋謝采伯撰。○路氏有抄本。○琳琅秘室叢書本。

〔附〕○宋謝奕棨刊小字本。（邵氏）

〔補〕○舊寫本，八行二十一字。有淳祐元年自序及寶祐丙辰王宗旦序，謝奕棨跋。又成公策跋。有周鑾詒跋。徐坊遺書。

梁谿漫志十卷　宋費袞撰。○淡生堂餘苑本。○學海類編本。○知不足齋本。○稽古堂本。

〔附〕○繙宋本。（眉）

〔補〕○明刊本，十行十八字，白口，左右雙闌。語涉宋帝空格。前有紹熙三年自序及開禧二年國史實錄院牒文，從宋刊本出。有陳鱣藏印。余藏。○舊寫本，十行二十字。有紹熙三年自序及開禧二年國史院牒文。古書流通處見。○明末刊稽古堂羣書秘簡本，八行十八字，白口，四周單闌。余藏。○吳慈培有明刊小字本，後歸蕭少亭。○清光緒間武進盛氏刊常州先哲遺書本，在第一集。

〔補〕**螢雪叢說一卷**　宋俞成撰。○明抄儒學警悟本，墨格，十三行二十二字，白口，四周單闌。盛昱遺書。余曾以校萬曆商濬稗海本，補脫文一葉，

〔補〕**螢雪叢說二卷**　宋俞成撰。○宋咸淳刊百川學海本，十二行二十字，細黑口，左右雙闌。余藏。○明弘治十四年華珵刊百川學海本，十二行二十字，白口，左右雙闌。余藏。○明嘉靖十五年鄭氏宗文堂刊百川學海二十卷本，十四行二十八字，白口，左右雙闌。○明商濬稗海本。四庫存目。

澗泉日記三卷　宋韓淲撰。○聚珍本。○閩覆本。

〔補〕○清乾隆武英殿聚珍版書本，從永樂大典輯出。余臨盧文弨批校

本。盧氏糾輯本編排之誤，連卷上王曾罷相與卷下王公曾等詣陳希
夷求相為一條。

〔補〕澗泉日記一卷　宋韓淲撰。○明鈔說郛本。余藏。商務印書館
已排印。○清順治刊說郛本。余曾以明鈔說郛本校之，補入佚文四
則。

老學庵筆記十卷續筆記二卷　宋陸游撰。○稗海本無續。○津逮
本。○學津本。

〔補〕老學庵筆記十卷　宋陸游撰。○明萬曆商濬刊稗海本，九行二
十字，白口，四周單闌。余曾臨何焯校本於其上，又用鄧邦述藏明穴
硯齋寫本校。舛誤略得釐正。○明崇禎毛氏汲古閣刊津逮祕書本，
八行十八字，白口，左右雙闌。余曾臨張紹仁校黃丕烈影宋本及陸
貽典校本。又據家藏明寫本校。○明寫本，棉紙藍格，十行二十字。
每條頂格，次行以下低一格，語涉宋帝空格，是從宋本出。卷末有
"記一百四十三葉，乙亥冬十一月抄訖"墨筆識語一行，鈐"連陽山
人"朱文印。鈐有明莫廷韓藏印。以字體推之，或是成化十五年乙
亥寫本也。余藏。余取校津逮祕書本，改訂三百六十餘字，卷七、卷
八中條目順序亦有不同處，其佳處在穴硯齋本及何焯校本之上。○
明穴硯齋寫本，墨格，十二行二十字。鄧邦述羣碧樓藏。○明寫本，
天一閣藏。

〔補〕老學庵續筆記不分卷　宋陸游撰。○明叢書堂傳鈔說郛本，烏
絲闌，十行二十字。余藏。○清順治三年李際期宛委山堂刊說郛
本。在卷四十一。

愧郯錄十五卷　宋岳珂撰。○岳氏校刊本。淡生堂餘苑本。○學海
類編本。○知不足齋本。○黃蕘圃藏宋刊本十五卷，半頁九行，行
十七字。八至十四卷皆抄補，餘尚有空白未補者十頁。有楊夢羽
印。

〔補〕○宋嘉定七年鄭定嘉興刊本，九行十七字，白口，左右雙闌。岳珂
有前後序，序後題嘉定焉逢淹茂梓於禾中。海源閣楊氏藏一帙，有
徐乾學、英和藏印。海虞瞿氏藏一帙，卷八至十一配清鈔本，又空缺
十葉。有黃丕烈跋，百宋一廛賦注著錄。瞿本即莫氏所記者，已印
入四部叢刊續編中。四明盧址抱經樓藏一帙，棉紙明印，多補版，間
有四周單闌者。○明萬曆間岳元聲、和聲、駿聲刊本，十行二十字。
卷首次行題"二十六世孫岳元聲、和聲、駿聲訂"。余藏。○舊寫本，
十行二十二字。前岳珂自序。鈐林白崖藏印。

袪疑說一卷　宋儲泳撰。○百川本。○稗海本，不全。○學海本。

〔補〕○宋咸淳刊百川學海本，十二行二十字，細黑口，左右雙闌。余
藏。○明弘治十四年華珵刊百川學海本，十二行二十字，白口，左右
雙闌。余藏。○明嘉靖十五年鄭氏宗文堂刊百川學海二十卷本，十
四行二十八字，白口，左右雙闌。

琴堂諭俗編二卷　宋鄭至道撰。

〔附〕○朱述之有舊抄原本，云前有五湖圖，與王祥序合。（原稿無，印
本入正文。應是勞格批語）

〔補〕○此書四庫本已印入四庫全書珍本初集中。

鶴林玉露十六卷　宋羅大經撰。○稗海本。○謝天瑞增補二十四卷
本。○明萬曆刊多補遺一卷。○明刊小字本佳。

〔補〕○明刊小字本，十一行二十一字，四周雙闌。版心上下皆墨釘。
有呂葆采、貝墉藏印。余藏。○明南臺刊，萬曆七年、三十六年遞修
本、十行二十二字。前自序，次萬曆三十六年孫鑛序，云新補二十條
於後。又趙琦美跋。卷十六後有木記六行，為萬曆七年林大黼修補
跋。余藏。○明萬曆二十七年仁寶堂刊本，十一行二十一字，白口，
四周單闌。行間斷句加圈。前萬曆甲申黃貞升重刊序，後有牌式牌
子，文曰"萬曆己亥年仁寶堂新刊"。日本文求堂寄來求售。○明萬

曆商濬刊稗海本，余據董氏誦芬室藏明小字本校。明本據元鈔殘
本、明吳寬叢書堂鈔本、天一閣抄本校過。

〔補〕**鶴林玉露六卷** 宋羅大經撰。○明活字印本，十行二十字。鈐
有明顧元慶印。北京圖書館藏，趙萬里持來一閱，此即日本活字本
所從出。

〔補〕**鶴林玉露甲集六卷**　○日本元和活字印本，九行十九字。楊守
敬得之日本。余藏。

〔補〕**鶴林玉露十六卷** 宋羅大經撰**補八卷** 明謝天瑞增。○明武林
謝天瑞校刊本，九行二十字。有乾隆五璽及天祿繼鑑璽。盛昱遺
書。

貴耳集一卷二集一卷三集一卷 宋張端義撰。○説郛、歷代小史
節錄一卷。○廣秘笈只收其三卷。○淡生堂餘苑本。○津逮本。
○學津本。

〔補〕○明末毛氏汲古閣刊津逮祕書本，八行十九字。余據翁斌孫藏明
姚咨手寫清陳徵芝校本校。

〔補〕**張荃翁貴耳集三卷** 宋張端義撰。○明姚咨茶夢齋自寫本，從
柳僉藏本鈔出。清陳徵芝據明寫本手校。常熟翁斌孫藏。余曾借
校。此書無舊刻，此為最善之本。

〔補〕**貴耳集不分卷** 宋張端義撰。○明吳寬叢書堂鈔説郛本，墨格，
十行二十字，版心有"叢書本"三字。在卷第六，為節本。○明末宛
委山堂刊説郛本改稱貴耳錄。

〔補〕**寶顏堂訂正貴耳集二卷** 宋張端義撰。○明萬曆刊寶顏堂廣
秘笈本，八行十八字，白口，四周單闌。

〔補〕**宜齋野乘一卷** 宋吳枋撰。○明鈔説集本，藍格，十一行二十四
字，白口，四周雙闌。在第九册。朱文鈞藏，余曾據以校順治三年宛
委山堂刊説郛本，補入序一首。○明正嘉間刊陽山顧氏文房小説

本，十行十八字，白口，左右雙闌。○明萬曆胡文煥刊格致叢書本，十行二十字，白口，左右雙闌。○清光緒十五年金武祥刊粟香室叢書本。○清光緒二十三年盛宣懷刊常州先哲遺書本。四庫存目。

吹劍錄外集一卷 宋俞文豹撰。○知不足齋本。○讀畫齋刊吹劍錄無外集，即附存目所載者。○夏益虞手抄吹劍錄，見張氏志。

〔補〕○清初寫本，十行十八字。標題下有"此編已刊行，版留書肆，不可復得，因刪舊添新，再與續集並刊"二行。末有雍正八年長白禿道人識語。余藏。

〔補〕**唾玉集一卷** 宋俞文豹撰。○明鈔説郛本。余嘗以校順治三年宛委山堂刊説郛本，較順治刊本多序文二則。四庫未收。

脚氣集二卷 宋車若水撰。○秘笈本。

〔附〕○瓶花齋抄本。（邵氏）

〔補〕**玉峯先生脚氣集一卷** 宋車若水撰。○影寫明刊本，十行二十字。後有咸淳甲戌車惟一跋，吳元年丁未孫道明跋。

藏一話腴四卷 宋陳郁撰。○古今説海説略本一卷，全。○學海類編本，不全。○姚若有抄本。○胡心耘有舊抄，多一條。

〔補〕**藏一話腴甲集二卷乙集二卷** 宋陳郁撰。○明寫本，十行二十字。有岳珂序。鈐有明項藥師、清朱彝尊、汪士鐘等藏印。後附王振聲校記。據毛氏汲古閣寫本校。鄧秋枚藏。

〔補〕**藏一話腴内編二卷外編二卷** 宋陳郁撰**校勘記一卷** 魏元曠撰**校勘續記一卷** 胡思敬。○民國八年胡思敬刊豫章叢書本。余據蔣氏密韻樓藏寫本校，補佚文一則。

〔補〕**藏一話腴一卷** 宋陳郁撰。○舊寫本，九行二十一字。有袁芳瑛藏印。

〔補〕**就日錄一卷** 不著撰人姓名。○明叢書堂鈔説郛本，墨格，十行二十字，版心有叢書堂三字。在卷十四。余藏。商務印書館已排印。○明嘉靖二十三年陸楫儼山書院刊古今説海本，八行十六字，白口，左右雙闌。在説略中。余藏。余曾據明叢書堂鈔説郛本校，補佚文一則。○清順治三年宛委山堂刊説郛本，九行二十字，白口，左右雙闌。

佩韋齋輯聞四卷 宋俞德鄰撰。○學海類編本。○讀畫齋本。

〔補〕○清寫本，十行二十一字。鈐有"讀易樓秘笈印"等印記。古書流通處見。○清寫本，余據故宮藏元刊本佩韋齋集校。○清寫本。鮑廷博校。余藏。○清道光十一年晁氏木活字印學海類編本，余據鮑廷博校本校，補脱文五則。

書齋夜話四卷 宋俞琰撰。○淡生堂餘苑本。○路氏抄本。

〔補〕○此書阮氏復以進呈。其本已印入選印宛委別藏中。

齊東野語二十卷 宋周密撰。○明刊本。○稗海本，不全。○正德十年耒陽胡文璧刊本。○津逮本。○學津本。

〔補〕○明刊本，十一行二十字，上空二格，實十八字，白口，四周雙闌。前有自序。有孫星衍、曾國藩、袁芳瑛藏印。○明正德十年胡文璧鳳陽府刊本，十一行二十字，上空二格，黑口，四周雙闌。前自序，次戴表元序。又有胡文璧序。後正德乙亥臨淮知縣盛杲跋。有顧廣圻及汪氏開萬樓印。陳乃乾處見。○舊寫本，九行二十字。從正德胡文璧本錄出。章鈺跋。有吳騫藏印。吳重熹遺書。

〔補〕**志雅堂雜鈔十卷** 宋周密撰。○清道光十一年晁氏活字印學海類編本。余據天一閣舊藏明寫本及清鮑廷博手校清寫本校。

〔補〕**志雅堂雜鈔二卷** 宋周密撰。○清嘉慶十四年余集手寫付刊本。○清道光十年長白榮氏刊得月簃叢書本。

〔補〕**志雅堂雜鈔一卷** 宋周密撰。○清順治三年宛委山堂刊説郛本。余據明吳寬叢書堂鈔説郛本校。○清寫本。鮑廷博校，戴光曾跋。○清寫本，九行二十一字。有黃直亭袁芳瑛藏印。○清寫本。

鈐有"古香樓"、"休寧汪氏家藏書籍"、"屐硯齋"、"柯亭流覽所及"諸
印。盧址抱經樓遺書。四庫存目。

〔補〕**浩然齋視聽鈔一卷** 宋周密撰。○明鈔説郛本。余藏。○順
治刊説郛本。余曾以明鈔説郛本校過,改正頗多,補佚文四條。明
鈔説郛商務印書館已排印。

〔補〕**繙古叢編一卷** 宋失名人撰。○余曾取校清順治三年宛委山堂
刊説郛本,補入注四條。

〔補〕**負暄雜錄一卷** 宋顧文薦撰。○明鈔説郛本,余藏。商務印書
館涵芬樓已排印行世。○明漙南書舍鈔説郛本。○順治三年宛委
山堂刊説郛本。商務印書館排印本。余曾以明漙南書舍鈔本校之,
改訂甚多,又補入馬殷一條。

困學齋雜錄一卷 元鮮于樞撰。○知不足齋本。
〔補〕○清光緒五年定州王氏謙德堂刊畿輔叢書本。

隱居通義三十一卷 元劉壎撰。○康熙中刊本。○讀畫齋本。○近
年南豐刊本。
〔補〕○元劉如村手寫本,存八册。余僅得見一册,為卷二十二至二十
三,聞尚有七册。鄂估田有章送閱。○清嘉慶四年顧修刊讀畫齋叢
書,余據元劉如村手寫本校卷二十二至二十三。○清嘉慶六年十九
世孫劉炌愛餘堂刊本。○清道光二十九年潘仕成刊海山仙館叢書
本。

湛淵靜語二卷 元白珽撰。○知不足齋本。
〔補〕○清寫本,十行二十字。題"海陵周暕伯暘編"。有至大庚戌周暕
序,後有嘉靖丙午孺允跋。

敬齋古今黈八卷 元李冶撰。○聚珍本。○閩覆本。○杭縮本。○
萬曆戊子武林蔣氏書室刊十四卷。○昭文張氏有元抄殘本,與此不
同。○張氏志,古今黈舊抄殘本十一卷,元李冶撰,原四十卷,今存

卷一至十一，凡四百七十餘條。四庫本從大典出，此則原書殘本也。後有"萬曆庚子春三月之吉，武林書室蔣德盛梓行"兩行。

〔補〕○清道光二十九年番禺潘氏刊海山仙館叢書本。○清光緒五年定州王氏謙德堂刊畿輔叢書本。此書聚珍本脫漏殊甚，余曾見大典數冊，多未收之條。○清汪氏刊本。二冊。余藏。

〔補〕**敬齋古今黈十二卷** 元李冶撰。○舊寫本，比聚珍本多二百五十五條。錄有黃廷鑑跋。古書流通處見。

〔補〕**敬齋古今黈十二卷逸文二卷附錄一卷** 元李冶撰。○清光緒二十八年繆荃孫刊藕香零拾本。此本最全。

〔補〕**敬齋古今黈八卷拾遺五卷** 元李冶撰。○清光緒二十五年廣雅書局翻武英殿聚珍版書本。余據永樂大典校。

日聞錄一卷 元李翀撰。○函海本。○墨海金壺本。○守山閣本。

〔補〕○清嘉慶十三年虞山張海鵬刊墨海金壺本，十一行二十三字，黑口，左右雙闌。余據劉氏嘉業堂藏明寫本校。

勤有堂隨錄一卷 元陳櫟撰。○學海類編本。

玉堂嘉話八卷 元王惲撰。○秋澗大全集本。○墨海金壺本。○守山閣本。張金吾有淡生堂抄本，云閣本卷八頗有闕文，是本較為完善。

〔補〕○清寫本，十二行二十一字。失名人校。鈐有"漢陽葉氏珍藏"等印。邃雅齋見。

庶齋老學叢談三卷 元盛如梓撰。○知不足齋本。

〔補〕○明柳僉家寫本，分上中下三卷，卷中又分上下，實為四卷，半葉九行二十字。前有"柳氏家藏"四字。後有"嘉靖元年八月十九日安愚柳大中抄起"小字二行。李木齋先生藏。○清寫本，黃丕烈校並跋，又有戴光曾跋。周叔弢藏。○清嘉慶十年鮑廷博刊知不足齋叢書本，余據清寫本校，並錄黃丕烈跋。○清康熙間休寧汪氏精寫本，

鈐有"古香樓"、"汪季青家藏書籍"、"展硯齋"、"柯庭流覽所及"諸
印。盧址抱經樓遺書。

研北雜志二卷　元陸友撰。○秘笈本。○唐宋本。○得月簃叢書
本。○項藥師刊本。○敏求記稱有何柘湖校本。

〔補〕○明萬曆項德棻宛委堂刊本，八行十八字，版心有"項氏宛委堂"
字樣。錢遵王讀書敏求記言從何良俊校本出。鄧邦述藏。○明刊
寶顏堂普秘笈本，四庫據以著錄，然譌誤頗多。余藏。○明末刊本。
清孔繼涵據桂馥藏鈔本校並錄孫雨錄武陵外史跋。據跋，知輾轉出
於何良俊柘湖手校本。余曾取校寶顏堂普秘笈本，上卷補脫文十
條，全書改訂百字以上。

〔補〕**硯北雜志一卷**　元陸友撰。○清道光中長白榮氏刊得月簃叢書
本。此本從何良俊校本出，寶顏堂所缺各條均已補入，為行世最善
之本。

北軒筆記一卷　元陳世隆撰。○學海類編本。○知不足齋本。

閒居錄一卷　元吾邱衍撰。○學津討原本。

〔補〕○清乾隆四十二年吾進竹素山房刊本。有至正五年陸友仁跋，何
焯跋，鮑廷博、吳騫跋。後有乾隆四十一年吾進跋。有"乾隆丁酉大
末吾氏竹素山房開雕"木記。○明鈔說郛本，藍格，十一行二十四
字，在第三冊內。朱文鈞藏。余曾以之校光緒三十二年丁氏嘉惠堂
刊武林往哲遺箸本及嘉慶刊學津討原本。

雪履齋筆記一卷　元郭翼撰。○函海本。○學海類編本。

〔補〕○舊寫本。有陳徵芝、汪軔、周星詒藏印。繆荃孫遺書。

〔補〕**蘿山雜言一卷**　明宋濂撰。○明吳氏叢書堂寫本，十行二十字。
鈐有文徵明、王寵、季振宜、揆叙及清禮王府藏印。

霏雪錄二卷　明鎦績撰。○成化刊本。○淡生堂餘苑本。○説海本。
○藝圃搜奇本。○學海類編本。

〔補〕○曾見明成化本，十行十六字，黑口，四周雙闌。

〔補〕**霏雪錄一卷** 明鎦績撰。○明弘治刊本，十行十六字，大黑口，四周雙闌。有弘治元年張文昭序。癸丑京肆見。

蠡海集一卷 明王逵撰。○稗海本。

艸木子四卷 明葉子奇撰。○正德丙子裔孫溥刊本。○明楊瑞重刊。○乾隆壬午龍泉令蘇遇龍重刊。

〔補〕○明初刊本，九行二十一字，版心下方記每卷門類二字。○明嘉靖二十二年王宏刊本，版心有"嘉靖癸卯重刊"六字。前有正德十一年黃衷序。○清寫本，有查羲藏印。查氏海寧人，見抱經樓題跋。余藏。

胡文穆雜著一卷 明胡廣撰。○文穆集本。

讕言長語一卷 明曹安撰。○秘笈本二卷。○正德己亥史紀重刊本。

〔補〕○明正德重刊本，大黑口，行欵失記。失去序跋，然正德無己亥，莫氏誤記。

蟫精雋十六卷 明徐伯齡撰。○四庫依抄本。

震澤長語二卷 明王鏊撰。○明王永熙刊。○明王學伊重刊紀錄彙編本。○學海類編本。○眉公秘笈本。○指海本。○借月山房彙抄本。

〔補〕○清寫本，九行二十字。題"秀水項燧先禎伯父、嘉興沈逢吉吉甫父同校"。有吳騫、唐翰題藏印。吳重憙遺書。○明刊陳眉公普秘笈本，八行十八字，白口，四周單闌。書名加"陳眉公訂正"五字。

井觀瑣言三卷 明鄭瑗撰。○唐宋本不全。○續秘笈本。○學海類編本。

南園漫錄十卷 明張志淳撰。○刊本。○淡生堂餘苑本。

〔補〕**閩中今古四卷** 明陳顧撰。○明吳氏叢書堂寫本，十行二十字。

有文徵明、王寵、季振宜、揆叙及清禮王府藏印。

〔補〕**餘冬序錄六十五卷**　明何孟春撰。○明嘉靖七年彬州家塾自
　　刊本，十一行二十一字，白口，左右雙闌。鈐清怡府明善堂、安樂堂
　　藏印。翰文齋見。存內篇五卷，外篇八卷。四庫存目。

〔補〕**餘冬序錄六十卷外篇五卷**　明何孟春撰。○清寫本。

〔補〕**龍江夢餘錄四卷**　明唐錦撰。○明弘治十七年郭經刊本。有郭
　　經、朱曜序。

〔補〕**楊子卮言六卷**　明楊慎撰。○明嘉靖四十三年劉大昌刊本，十
　　行二十字，白口，四周單闌。二册。余藏。

〔補〕**七修類稿五十一卷**　明郎瑛撰。○明嘉靖刊本，十一行二十三
　　字。十六册。余藏。四庫存目。

〔補〕**七修類稿五十一卷續七卷**　明郎瑛撰。○清乾隆四十年錢唐
　　周氏耕煙草堂刊本。十六册。余藏。

〔補〕**逌旃瑣言二卷**　明蘇祐撰。○舊寫本。此書四庫入存目，作逌
　　旃瑣語。盧址抱經樓遺書。

〔補〕**讀書一得四卷**　明新都黃潭、黃訓撰。○明嘉靖刊本，十行二十
　　一字。有嘉靖四十一年汪尚寧序。題弟心齋子學校梓。四册。余
　　藏。四庫存目。

〔補〕**長水日鈔一卷**　明陸樹聲撰。隨筆劄記之書，多説經及記古人
　　言行之文。○明萬曆刊寶顏堂續祕笈本，書名前加“寶顏堂訂正”五
　　字，八行十八字，白口，四周單闌。余藏。四庫存目。

〔補〕**濯纓亭筆記十卷**　明戴冠撰。○明嘉靖二十六年刊本，九行十
　　八字。前有嘉靖丁未陸粲序。存卷一至五。四庫存目。

〔補〕**説林不分卷**　明張時徹撰。○舊寫本。有童忠鉉序。盧址抱經
　　樓遺書。

〔補〕**遊宦餘談一卷河上楮談三卷汾上續談一卷浣水續談一卷**
明朱孟震撰。○明萬曆刊本，十行十八字。題"新淦朱孟震秉器甫
著"。六册。余藏。四庫存目。

雨航雜錄二卷　明馮時可撰。○廣秘笈本。

〔補〕**疑矼錄二卷**　明張登雲撰。○清吳翌鳳手寫本。前萬曆九年自
序。有"乾隆癸卯季秋月傳海虞劉希聖本"二行。

〔補〕**大雅堂訂正枕中十書十卷**　明李贄撰。十書為精騎錄一卷，
箟窗筆記一卷，賢奕選一卷，文字禪一卷，異史一卷，博識一卷，尊重
口一卷，養生醍醐一卷，理譚一卷，騷壇千金訣一卷。○明萬曆刊
本，八行十八字。庚戌八月見於寶森堂，索二十元，已收。

〔補〕**近溪子明道錄八卷**　明羅汝芳撰。○明萬曆刊本，十行二十
字，白口，四周單闌。友仁堂送閱。

〔補〕**留留青六卷**　明田藝蘅撰，徐懋升刪汰。○明萬曆四十二年刊
本，十行二十字，白口，左右雙闌。六册。余藏。○四庫存目有留青
日札。

〔補〕**天都載六卷**　明馬大壯撰。○明萬曆刊本，八行二十字。有王
一元、顧起元序及萬曆三十八年焦竑序。又有黃應登小引，曹以植
引言及自序。余藏。四庫存目。

〔補〕**宙合編八卷**　明林兆珂撰。○明萬曆三十五年刊本，八行二十
字。八册。余藏。四庫存目。

〔補〕**沈氏弋説六卷**　明沈長卿撰。○明萬曆刊本，八行十八字。有
萬曆四十三年徐如珩序。六册。庚戌八月收於柳蓉村手。

〔補〕**炳燭齋隨筆一卷**　明顧大韶撰。○清曲阜顏氏磨墨亭寫本，每
葉下方題"磨墨亭藏"四字。

〔補〕**道聽錄五卷**　明李春熙輯。○清初寫本，十行二十一字。有萬
曆元年王嘉言序及自序。後有龔天申、劉崇文跋及隆慶六年王伊

跋。有宋筠、吳元潤、陳鱣藏印。余藏。

〔補〕**甒瓦四編□卷**　明吳安國撰。○清初寫本。有萬曆四十八年楊
守勤序。鈐曹寅、昌齡、郁松年藏印。安國萬曆五年進士，所著尚有
甒瓦三編十二卷，四庫入存目雜家類雜說之屬。四編四庫未收。

〔補〕**湧幢小品三十二卷**　明朱國楨撰。○明天啟間刊本，九行二十
字。白口，左右雙闌。有天啟二年序及跋。余藏。八册。四庫存
目。

〔補〕**趙氏連城十八卷**　明閩中趙世顯撰。分三種，為客窗隨筆六卷，
芝圃叢談六卷，松亭晤語六卷。○明萬曆刊本。余藏。四庫存目。

〔補〕**說原十六卷**　明穆希文撰。○舊寫本，墨格，十行二十一字。前
有序目。有唐翰題跋。吳騫舊藏，末有"乾隆乙卯冬月拜經樓藏"墨
筆題識一行。吳重熹遺書。四庫存目。

〔補〕**羣談採餘十卷**　明倪綰撰。○明萬曆刊本，九行二十一字。有
萬曆二十年其子思益跋。十册。余藏。四庫未收。

〔補〕**筬譚四卷**　明徐學聚輯。○明萬曆三十七年刊本，九行二十字，
白口，四周雙闌。四册。余藏。

〔補〕**焦氏筆乘六卷續集八卷**　明焦竑撰。○明萬曆三十四年謝與
棟刊本。九行十九字。有萬曆三十四年自序。本書題門人謝與棟、
男尊生校。四册。辛亥文友堂見，已收。四庫存目。

〔補〕**鬱岡齋筆麈不分卷**　明王肯堂撰。○明萬曆三十年刊本，九行
十八字。白口，四周單闌。前有自序，以手書上版。庚申春李紫東
處見。此書四庫存目為四卷本。

畫禪室隨筆四卷　明董其昌撰。○金台別集本。○乾隆中董氏刊
本。

〔補〕○康熙五十九年刊本。○清淡藻堂刊本。清張穆、許瀚跋。

〔增〕**閒閒堂會心錄十六卷**　明倪涷撰。涷，元潞之父，其稿本為丁

禹生所收。

〔補〕**五雜俎十六卷** 明謝肇淛撰。○明萬曆間刊本，九行十八字。十冊。余藏。

六研齋筆記四卷二筆四卷三筆四卷 明李日華撰。○乾隆中刊本。

〔附〕○六硯齋筆記頃收一殘明刊本，前有翰林院印，即四庫著錄本也。惜共存二卷。

〔補〕○明天啟刊李竹嬾先生說部八種本，八行十九字，白口，四周單闌。筆記有天啟七年丁卯姚士粦序。八種中除此外尚有紫桃軒雜綴三卷，又綴三卷，禮白嶽記一卷，薊旋錄一卷，蓬櫳夜話一卷，竹嬾畫媵一卷，續畫媵一卷，璽召錄一卷，墨君識語一卷，行欵全同。內墨君題語為明末江元祚輯刊。總為二十五卷。

〔補〕**紫桃軒雜綴三卷紫桃軒又綴三卷** 明李日華撰。○明天啟刊李竹嬾先生說部八種本，八行十九字，白口，四周單闌。四庫存目。

〔補〕**射林八卷** 明朱光裕撰。○明末刊本，版心下方有"泗上雲居"四字。明人所撰射策之書。末有木記，云姑蘇馬龍、馬相、顧慨、陸宗華、金恩同刻。存末二卷。四庫存目。

〔補〕**青溪暇筆二卷** 明姚福撰。○明寫本，棉紙藍格，十行二十二字。前成化九年自序。此書四庫存目為三卷、誤排萬曆時人中，姑依其序。

〔補〕**青溪暇筆一卷** 明姚福撰。○明嘉靖十八年顧氏大石山房刊明朝四十家小說本，十行十八字，白口，左右雙闌。○明刊今獻彙言本，十行二十一字，白口，四周單闌。○明萬曆四十五年刊紀錄彙編本，十行二十字，白口，四周單闌。

〔補〕**閱耕餘祿六卷** 明張所望撰。○明刊本，似天啟間刊，八行十八字,白口,左右雙闌。余藏。四庫存目。

〔補〕**蓬窗日錄八卷**　明陳全之撰。○明萬曆十八年其子陳邦范刊本,十一行二十一字,白口,四周單闌。有萬曆十八年陳邦范、林應亮序。五册。余藏。四庫存目。

〔補〕**歐餘漫錄十二卷**　明閔元衢撰。○明萬曆刊本。有焦竑、陳繼儒序。四庫存目。

〔補〕**暖姝由筆三卷**　明徐充撰。○明萬曆三十四年江陰李氏刊藏說小萃本,九行十八字,白口,左右雙闌。二册。余藏。

〔補〕**西窗摭餘錄不分卷**　明吕維祺撰。○清寫本。有袁芳瑛藏印。李木齋先生遺書。

〔補〕**樗齋漫錄十二卷**　明許自昌撰。○明刊本,九行二十字,白口,四周單闌。余藏。

〔補〕**小柴桑喃喃錄二卷**　明陶奭齡撰。○明崇禎八年門人李為芝校刊本,有崇禎乙亥自序。

〔補〕**戒菴老人漫筆八卷**　明李詡撰。○清世德堂刊本,十二行二十字,版心下方有“世德堂”三字。有王穉登序,徐遵湯重刻序,萬曆二十五年李如一序。順治五年錢嗣美、李成之重刊跋。有方功惠跋及藏印。四庫存目。

〔補〕**古今評錄四卷**　明商維濬撰。○明末刊本。抄錄古事古語加以評論,亦筆記之類也。余藏。四庫存目。

〔補〕**筆奕八卷**　明吕曾見撰。○清初施爾忭寫本,題“於越眉陽吕曾見著,男新周輯,同里後學雨公施爾忭閱錄”。有“雨公”、“爾忭”二印。存五卷。余藏。四庫存目。

〔補〕**清賢紀六卷**　明尤鐙撰。○明天啟三年刊本,九行十八字,白口,四周雙闌。有天啟丁未自序,記倪瓚軼事。末有天啟癸亥九世孫倪錦刊書跋。二册。余藏。○民國間張鈞衡刊適園叢書初集本。

〔補〕**南墉日箋七卷**　明王佐撰。○清寫本。前崇禎九年曹勳序。鈐李璋煜印。

〔補〕**譚子雕蟲二卷**　明譚貞默撰。○清初刊本。二冊。余藏。書成於崇禎十五年。四庫存目。

〔補〕**蘭葉筆存不分卷**　明釋本以撰。○舊寫本。本以字以軒，別號師嶽叟，吳人，書為筆記之類，多談書畫、雜事。本書首葉題蘭葉筆存，次葉題慎辭錄。鈐有翰林院大官印。此書四庫入存目，為雜家雜說之屬。此本有翰林院印，當即存目所記之底本。

〔補〕**論古聞眸不分卷**　明張韓撰。○清寫本，臧鏞堂校。涵芬樓藏。辛亥見。

〔補〕**識小錄四卷**　明徐樹丕撰。○稿本。涵芬樓藏。已印入涵芬樓秘笈第一集。

〔補〕**春寒閒記一卷**　不著撰人。四庫存目疑為盧世㴶撰。○清初寫本，九行十八字。有雍正二年厲鶚跋。邃雅齋見。

〔補〕**吹景集十四卷**　明董斯張撰。○明崇禎間刊本，九行二十字。辛亥夏蘇估攜來求售，索二兩。

物理小識十二卷　明方以智撰。○康熙甲辰于氏刊。

〔補〕○清初刊本。余藏。六冊。

〔補〕**繹志十九卷**　清胡承諾撰。○清道光十七年顧氏謏聞書屋刊本。

〔補〕**棗林雜俎六卷**　清談遷撰。○清初寫本。有崇禎十七年高弘圖序。鈐有朱彝尊、清禮親王及韓泰華藏印。韓左泉處見。四庫存目。

〔補〕**棗林雜俎□□卷**　清談遷撰。○舊寫本，存四冊。字頗奇崛。蘇州博古齋柳蓉邨送閱。

〔補〕**餘菴雜錄三卷** 清陳恂撰。○清寫本，九行二十一字。題"明海
　　鹽陳恂子木著"。鈐翰林院印。此即四庫存目之底本。四庫列之清
　　人著述中。遝雅齋見。○清道光十一年晁氏刊學海類編本。

〔補〕**棟花磯隨筆** 清月涵大師撰。○清寫本。前有計發序。繆荃孫
　　遺書。

〔補〕**酋庵隨筆五卷** 清陸文衡撰。○清光緒二十三年陸同壽木活字
　　印本。○又有坊間石印翻本。

〔補〕**容安齋穌談十卷** 清白胤昌撰。○清康熙元年白氏刊本。余
　　藏。

〔補〕**東山談苑八卷** 清余懷撰。○清寫本。篇中徐晟附記低一格。

〔補〕**五石瓠一卷附風人詩話一卷** 清劉鑾撰。○舊寫本。視昭代
　　叢書本多一百二十六則。余藏。此本已印入庚辰叢刊中。

春明夢餘錄七十卷 國朝孫承澤撰。○古香齋巾箱本。

〔補〕**古香齋鑒賞袖珍春明夢餘錄七十卷** 清孫承澤撰。○清乾
　　隆內府刊巾箱本。○清光緒九年廣州惜分陰館刊本。

書影十卷 國朝周亮工撰。○雍正三年刻本。（繩）

〔補〕○清康熙六年因樹屋刊本。余藏。六冊。四庫撤毀書。

〔補〕**雕邱雜錄十八卷瘦史一卷** 清梁清遠撰。每卷各為一名，統
　　名雕丘雜錄。○清康熙二十年真定梁氏刊本，五冊。余藏。四庫存
　　目。

〔補〕**雲谷臥餘二十卷續八卷** 清張習孔撰。○清順治十八年自刊
　　本。鈐有劉彥沖、顧曾壽、顧芸臺藏印。余藏。八冊。四庫存目。

〔補〕**三岡識略十卷補遺十卷續略二卷續補遺一卷** 清董含撰。
　　○清寫本，五冊。余藏。

〔補〕**鈍翁說鈴一卷** 清汪琬撰。○清乾隆間寫刻本。一冊。余藏。

居易錄三十四卷 國朝王士禛撰。○漁洋全書本。

〔補〕○清王士禛撰。清康熙刊本。十二冊。辛亥春文友堂見，索六
　　兩。

池北偶談二十六卷 國朝王士禛撰。○漁洋全書本。

〔補〕○清康熙二十九年臨汀郡署刊本。○清康熙四十年刊王漁洋遺
　　書本。

香祖筆記十二卷 國朝王士禛撰。○漁洋全書本。

〔補〕**香祖筆記十二卷** 清王士禛撰。○清康熙刊本。三冊。辛亥春
　　文友堂收。

古夫于亭雜錄六卷 國朝王士禛撰。○康熙中刊本。

〔附〕○此書別有一刊本，只五卷，其中編次亦不同。（眉）

〔補〕○清光緒三年仁和葛氏刊嘯園叢書本，在第四集中。

〔補〕**古夫于亭雜錄五卷** 清王士禛撰。○清康熙間刊王漁洋遺書
　　本。

分甘餘話四卷 國朝王士禛撰。○漁洋全書本。

〔補〕**分甘餘話二卷** 清王士禛撰。○清康熙四十一年刊說鈴前集
　　本。二冊。余藏。

〔補〕**仁恕堂筆記一卷** 清長汀黎士弘撰。○清道光十六年劉喜海木
　　活字本。一冊。余藏。

〔補〕**廣陽雜記五卷** 清劉獻廷撰。○清光緒間吳縣潘氏刊功順堂叢
　　書本。○清光緒五年定州王氏謙德堂刊畿輔叢書本。

〔補〕**山志初集六卷二集四卷** 清王弘撰。○清乾隆間紹衣堂刊本。
　　五冊。庚戌九月寶森堂見，索二兩。四庫存目。

〔補〕**澄懷園語四卷** 清張廷玉撰。○清乾隆初刊本。一冊。余藏。

〔補〕**得樹樓雜鈔十五卷** 清查慎行撰。○民國三年張鈞衡刊適園

叢書三集本。

〔補〕**在園雜志四卷** 清劉廷璣撰。○清康熙間刊本。余藏。四册。四庫存目。

〔補〕**蓉槎蠡説十二卷** 清程哲撰。○清康熙五十年程氏七略書堂刊本。余藏。六册。四庫存目。

〔補〕**宦游筆記四十六卷** 清納蘭常安撰。○清乾隆精刊本。余藏。十六册。四庫未收。整理者謹按：此條以後皆四庫未收之書或四庫成書以後撰述。

〔補〕**此木軒雜著八卷** 清焦袁熹撰。○清光緒八年掃葉山房刊本。四册。余藏。

〔補〕**霞城筆記十卷** 清顏懋僑撰。○稿本，半葉九行。無序跋。每册有“懋僑”、“幼客”二印。李木齋先生遺書。

〔補〕**柳南隨筆六卷** 清王應奎撰。○清乾隆五年刊本。余藏。

〔補〕**郊居偶錄十二卷** 清徐時作撰。○日本寫本，標云“崇本山堂藏板”。乾隆十八年自序及沈德潛序。徐坊遺書。

〔補〕**池上叢談不分卷** 題澗上老人。為清許景仁撰。○清寫本。余藏。六册。

〔補〕**澗上叢談一卷** 題澗上景仁。清許景仁撰。○清寫本。有王燕、周洪序。二册。余藏。

〔補〕**隨園隨筆二十八卷** 清袁枚撰。○清嘉慶十三年袁氏小倉山房刊本。

〔補〕**聞見瓣香錄十卷** 清秦武域撰。○清乾隆刊本。余藏。

〔補〕**蘇齋筆記□□卷** 清翁方綱撰。○舊寫本。題方益潛校刊。存卷十一、十二。

〔補〕**簷曝雜記六卷** 清趙翼撰。○清乾嘉間湛貽堂刊甌北全集本。

〔補〕**午風堂叢談八卷** 清鄒炳泰撰。○清嘉慶五年刊本。五冊。余藏。○清光緒間武進盛氏刊常州先哲遺書本。在後編。

〔補〕**黃孄餘話四卷** 清陳錫路撰。○清刊本。二冊。余藏。

〔補〕**信摭一卷乙卯劄記一卷丙辰劄記一卷知非日札一卷** 清章學誠撰。○民國十一年劉承幹嘉業堂刊章氏遺書外編本。尚有閱書隨札一種。

〔補〕**難窗叢話一卷** 清蔡澄撰。○清寫本。一冊。余藏。○民國四年趙貽琛刊峭帆樓叢書本。

〔補〕**庭立紀聞四卷** 清梁學昌輯。○清嘉慶刊本。有勞格藏印。四冊。余藏。

〔補〕**定香亭筆談四卷** 清阮元撰。○清嘉慶五年刊本。四冊。

〔補〕**雨窗夜話三卷** 清許鯉躍撰。○手稿。余藏。

〔補〕**定湖筆談二卷** 清黃景治撰。○清刊本。余藏。二冊。

〔補〕**書隱叢說十九卷** 清袁棟撰。○清乾隆鉏經樓刊本。鈐潘西圃藏印。余藏。

〔補〕**稗販八卷** 清曹斯棟撰。○清刊本，題錢塘黃子淵校。有乾隆五十九年自序。

〔補〕**燕居瑣語四十卷續語十六卷** 清徐悔堂撰。○稿本五十六冊。有嘉慶三年茅燦序、徐城序及自序。古書流通處見。

〔補〕**醉里紀聞十二卷** 一名醉里耳餘錄，題西堂居士陳銘撰。○稿本。鈐有馮登府印。二冊。

〔補〕**般上舊聞六卷** 清葛周玉撰。○清嘉慶間樹滋館刊本。四冊。余藏。

〔補〕**芝菴雜記四卷** 清陸雲錦撰。○清嘉慶八年刊本。二冊。余藏。

〔補〕**聽雨軒雜紀一卷續紀一卷餘紀一卷贅紀一卷** 題清涼道人撰。○清嘉慶十一年研雲樓刊本。余藏。四册。

〔補〕**蕙櫋雜記一卷** 清嚴元照撰。○清寫本。鈐有王紹蘭"何不用之漳泉"一印。二册。余藏。

〔補〕**易餘籥錄二十卷** 清焦循撰。○清光緒十二年李盛鐸刊木犀軒叢書本。

〔補〕**履園叢話二十四卷** 清錢泳撰。○清道光十八年述德堂刊本。

〔補〕**靜學齋偶誌四卷** 清史承謙撰。○清嘉慶七年刊本。二册。余藏。

〔補〕**曬書堂筆記二卷筆錄六卷** 清郝懿行撰。○清光緒十年東路廳署刊郝氏遺書本。六册。余藏。

〔補〕**浪跡叢談十一卷續談八卷** 清梁章鉅撰。○清道光間梁氏自刊本,叢談二十七年刊,續談二十八年刊。六册。余藏。

〔補〕**浪跡三談六卷** 清梁章鉅撰。○清咸豐七年刊本。

〔補〕**歸田瑣記八卷** 清梁章鉅撰。○清道光二十五年梁氏自刊本。

〔補〕**竹葉亭雜記八卷** 清姚元之撰。○清光緒十九年姚穀刊本。二册。余藏。

〔補〕**識小錄八卷寸陰叢錄四卷** 清姚瑩撰。○清道光間刊中復堂全集本。○清同治六年刊本。

〔補〕**瀛舟筆談十二卷** 清阮亨撰。○清嘉慶二十五年刊本。四册。余藏。

〔補〕**鷗波漁話六卷** 清葉廷琯撰。○清同治八年刊本。余藏。三册。○筆記小說大觀本。

〔補〕**吹網錄六卷** 清葉廷琯撰。○清同治八年刊本。余藏。三册。○筆記小說大觀本。

〔補〕樗寮筆記二卷　清姚椿撰。○清刊本。約道光咸豐間。一冊。余藏。

〔補〕重論文齋筆錄十二卷　清王端履撰。○清道光二十六年刊本。○清光緒十五年徐氏鑄學齋刊紹興先正遺書本。

〔補〕酌史巖摭談一卷　清馮登府撰。○手稿。

〔補〕偶憶編一卷　清張祥河撰。○清刊本，二冊。余藏。

〔補〕橋西雜記一卷　清葉名澧撰。○清咸豐刊本。余藏。○清同治十年刊潞喜齋叢書本。

〔補〕癡說八卷　清河間紀森撰。○清道光元年懷清堂刊本。八冊。余藏。

〔補〕華笑廎雜筆六卷　清范鍇撰。○清道光二十五年刊范聲山雜著本。二冊。余藏。

〔補〕瑟榭叢談二卷　清沈濤撰。○清道光二十五年刊本。○清光緒間劉世珩刊聚學軒叢書本，在第五集。

〔補〕交翠軒筆記四卷　清沈濤撰。○清光緒間劉世珩刊聚學軒叢書本，在第四集。

〔補〕蔗餘偶筆一卷　清方士淦撰。附鮑覺詩、梁聞山評語。○清刊本。一冊。

〔補〕遣睡雜言八卷　清黃凱鈞撰。○清道光刊本。己酉夏金誦清處收得。四冊。

〔補〕藝舟雙楫六卷附錄三卷　清包世臣撰。○清道光二十六年刊安吳四種本。○清同治十一年刊安吳四種本。

〔補〕聽雨樓隨筆十卷　清王培荀撰。濟南人宦於蜀者，載蜀事為多。○清道光二十五年刊本。余藏。

〔補〕冷廬雜識八卷　清陸以恬撰。○清咸豐六年刊巾箱本。附續編二則。

〔補〕校頒廬抗議二卷　清馮桂芬撰。○清光緒十年刊本。二冊。

〔補〕南漘楛語八卷　清蔣超伯撰。○清同治十年兩廬山房刊本。二冊,余藏。

〔補〕三餘雜志八卷辨誣二卷　清張定鋆撰。○清咸豐元年補拙山房刊本,二冊。余藏。

〔補〕庸閒齋雜記十二卷　清陳其元撰。○清刊本,似道、咸間刊。余藏。六冊。○此書後收入筆記小説大觀中。

〔補〕郎潛紀聞十四卷二筆十六卷三筆十二卷　清陳康祺撰。○清光緒刊本。八冊。

〔補〕丹泉海島錄四卷　清徐景福撰。○清光緒四年遂昌徐氏家塾刊本。二冊。

〔補〕媿生叢錄二卷　清興化李詳撰。○清光緒元年江寧刊本。

上雜家類雜説之屬

藏園訂補邵亭知見傳本書目卷十上

藏園訂補郘亭知見傳本書目卷十下

獨山莫友芝子偲　　撰

江安傅增湘沅叔　訂補

子部十下

雜家類下

〔補〕**感應類從志一卷** 題晉張華撰。○明鈔說郛本。○清順治三年
宛委山堂刊說郛本,在卷一百九。

〔增〕**東坡先生物類相感志十八卷** 宋僧贊寧撰。四庫以其題有東
坡字為偽,僅存其目,然其書妙析物理,足資多識。陳鱣曰,安知贊
寧不亦號東坡乎。○有校本,為丁禹生所收。

〔補〕○明寫本,十行,行二十三字。題"兩府僧統法界都監選練明義
宗文大師贊寧編次"。分十四門,每條舉典料數字,並列出處。陶湘
藏,天一閣佚出之書。

〔補〕**物類相感志一卷** 題蘇軾撰。○明萬曆童珮刊奚囊廣要本,九
行十八字,白口,四周單闌。余藏。○明刊寶顔堂祕笈廣集本。余

藏。○清順治三年宛委山堂說郛本。在卷二十二。此與十八卷本
文字不同,為二書。

洞天清錄一卷 宋趙希鵠撰。○明寧獻王刊本。○續藝圃搜奇本。
○格致本。○唐宋本,偽。○讀書齋本。○宋氏有舊抄本,有義門
跋,曰近刻本誤"祿"為"錄",且去集字,又分為十一門。

〔補〕○明萬曆間童珮樂志堂刊奚囊廣要本,九行十八字,白口,四周
單闌。余藏。○清順治三年李際期宛委山堂刊說郛本,九行二十
字,白口,左右雙闌。在卷九十五。

〔補〕**洞天清祿集一卷** 宋趙希鵠撰。○明吳氏叢書堂鈔說郛本,十
行二十字,墨格,在卷十三,為全文,非摘錄者。余藏。○清嘉慶四
年顧修刊讀書齋叢書本。○清道光二十九年番禺潘氏刊海山仙館
叢書本。

〔補〕**新刻洞天清祿一卷** 宋趙希鵠撰。○明萬曆間胡文煥刊格致
叢書本,十行二十字,白口,左右雙闌。余藏。余據明寫本校,補佚
文二十條。

負暄野錄二卷 宋陳槱撰。○知不足齋本。○讀書齋本。

〔補〕○明隆慶元年葉恭煥家寫本,十行十六字,用官文書紙背抄。有
王東、樊士寬及沈與文題,均錄文,當是葉鈔所據底本原有者。丁巳
歲余代涵芬樓收得。○汲古閣舊藏精寫本,八行十六字,有元茅端
真、俞洪、王東、樊士寬、蔣彥等舊跋識。又一跋,謂說郛本中有宋顧
文薦負暄野錄三卷、補遺一卷,與此名偶同云云。此跋為知不足齋
本所無。按說郛本中顧書只一卷,又無補遺書名為負暄雜錄,與此
題所記均不同。○清嘉慶間鮑廷博刊知不足齋書本。余有一本,用
汲古閣舊藏寫本校過,徐森玉又代余用明隆慶葉恭煥寫本校過,並
錄沈與文、葉恭煥題識。

雲煙過眼錄四卷續錄一卷 宋周密撰。○明刊本。○秘笈本。○

唐宋叢書無續錄。○奇晉齋本止續錄。

〔附〕○有能居士手抄本兩卷，又別錄兩卷，亦草窗作，所記乃年月觀於某所。(眉)元至至夏頤抄本，佳。○隆慶周曰東抄本，佳。(邵氏)

〔補〕**宋周公瑾雲煙過眼錄四卷** 宋周密撰**雲煙過眼續錄一卷**元湯允謨撰。○明萬曆三十四年沈氏尚白齋刊本，八行十八字，白口，四周單闌。余藏。

〔補〕**雲煙過眼錄一卷** 宋周密撰。○清影鈔元人寫本，十一行二十字。鮑廷博校，涵芬樓藏。

〔補〕**雲煙過眼錄二卷** 宋周密撰**雲煙過眼錄續集一卷**元湯允謨撰。○清光緒十三年陸心源十萬卷樓刊本。

〔補〕**雲煙過眼續錄一卷** 元湯允謨撰。○清乾隆間陸烜刊奇晉齋叢書本。

〔補〕**居家必備事類全集十卷** 不著撰人名氏。○明刊黑口本，九行十六字。分甲至癸集，內多有用之書。余藏吏學指南，為海內孤本，亦收入此書，易名為"習吏幼學指南"，在辛集。四庫存目。

〔增〕**多能鄙事十二卷** 舊題明劉基撰，皆言家常瑣碎，頗適于用。四庫存目。○邵亭有舊抄本。

〔補〕○余有舊寫本，烏絲闌。十册。

格古要論三卷 明曹昭撰。○格致本五卷。○王佐增訂重刊本十三卷。○惜陰軒刊本同。

〔補〕○明萬曆二十五年金陵荆山書林刊夷門廣牘本。

〔補〕**新刻格古要論五卷** 明曹昭撰，王佐增補。○明萬曆間胡文煥刊格致叢書本。十行二十字，白口，左右雙闌。

〔補〕**格古要論十三卷** 明曹昭撰。○明刊黑口本，九行二十字，黑口，四周雙闌。鈐有潘氏桐西書屋藏印。

〔補〕**新增格古要論十三卷** 明曹昭撰。王佐增補。○明天順六年

徐氏善得書堂刊成化七年續增本,十三行二十五字,黑口,四周雙
闌。卷十二後有"徐氏善得書堂天順壬午新刊"牌子,卷十三末有
"成化七年徐氏續增新刊印行"牌子。清俞善裕墨筆增補。○明刊
本,十行二十字,白口,四周單闌。鈐清怡府明善堂藏印。○清道光
二十六年宏道書院刊惜陰軒叢書本。

竹嶼山房雜部三十二卷　明宋詡撰。○明刊本。

〔補〕○書為宋詡及其子公望撰,其孫懋澄編。

〔補〕**蕉窗九錄九卷**　明項元汴撰。○清道光十一年六安晁氏活字印
學海類編本。在集餘中。四庫存目。

〔補〕**蕉窗九錄不分卷**　明項元汴撰。○舊寫本。一册。

〔補〕**考槃餘事十七卷**　明屠隆撰。○明末馮可賓輯廣百川學海本,
九行二十字,白口,左右雙闌。在庚集中,起書箋,止金魚品,每卷為
一書。四庫存目。

〔補〕**考槃餘事四卷**　明屠隆撰。○明萬曆三十四年沈氏尚白齋刊寶
顏堂祕笈正集本,八行十八字,白口,四周單闌。余藏。

遵生八牋十九卷　明高濂撰。○明刊本。○通行本。

〔補〕**雅尚齋遵生八牋十九卷目錄一卷**　明高濂撰。○明萬曆十
九年刊本,九行十八字。有萬曆十九年屠隆、李時英序及自序。鈐
有丁氏八千卷樓藏印。二十册。余藏。

〔補〕**清閒供八卷**　明程羽文撰。○明末刊本,九行二十字,白口,左
右雙闌。有傅巖序及丘禾嘉跋,均無紀年。本書署練江書襌程羽文
藎臣輯著。四册,余藏。此書頗罕見,余閱肆數十年,僅見此帙,慎
勿以晚明陋刻而忽之。四庫未收。

〔補〕**山居四要五卷**　明汪汝懋撰。○明萬曆三十一年胡文煥輯刻格
致叢書本,十行二十字,白口,左右雙闌。四庫未收。

〔補〕**千一疏二十二卷**　明程涓撰。○明萬曆刊本,九行二十一字,白

口,四周單闌。有萬曆三十五年范櫟跋,本書亦題范氏閲。清代禁書。十册。辛亥三月正文齋見,索十四兩,已收。

清秘藏二卷 明張應文撰。〇知不足齋本,附其子丑真蹟日錄後。

〔補〕〇清同治九年劉氏藏修書屋刊述古叢鈔本。其版後又印入藏修堂叢書及翠琅玕館叢書。此書又析爲三卷,易名筠軒清秘錄,題董其昌撰。有學海類編本。

〔補〕**妮古錄四卷** 明陳繼儒撰。〇明萬曆間沈氏尚白齋刊寶顔堂祕笈祕集本,八行十八字,白口,四周單闌。余藏。四庫存目。

長物志十二卷 明文震亨撰。〇硯雲乙編本。

〔補〕〇明末刊本,八行十六字。〇清乾隆四十三年金氏硯雲書屋刊硯雲本。在乙編中。〇清同治十三年刊粵雅堂叢書本。在三編第二十四集中。

韻石齋筆談二卷 國朝姜紹書撰。〇順治乙丑刊。〇乾隆丁卯汪道謙重刊。〇知不足齋本。

〔補〕〇清光緒五年仁和葛氏刊本,收入嘯園叢書第四集。〇清光緒間武進盛氏刊常州先哲遺書本。在後編子類中。

七頌堂識小錄一卷 國朝劉體仁撰。〇康熙庚子體仁子凡刊本。〇又潄六編本。

研山齋雜記四卷 清孫焜撰。四庫著錄,莫氏失記。此書無刻本。〇四庫本已印入四庫全書珍本初集中。

〔補〕**閒情偶寄六卷** 清李漁撰。〇清雍正八年世德堂刊本。

〔補〕**前塵夢影錄二卷** 清徐康撰。〇清光緒二十三年江標刊元和江氏叢書本。康清咸同間名醫,亦工鑒賞。此書均古董家言,記紙、墨、硯等,兼及書畫版本。

上雜家類雜品之屬

意林五卷 唐馬總編。○嘉靖己丑廖自顯刊。○又道藏本。○聚珍本。○閩覆本。○張氏照曠閣本。○朱修伯曰,許周生有元刊本。○周耕崖有注本。○嚴鐵橋有重定本。○汪選樓有意林翼,最精,惜燬于火。

〔附〕○萬曆六年戴令守錫山錢溥以德校刊,九行二十一字。有楊深序。(眉)藏園按:當作錢普。○宋刻六卷,蔣氏校補隅錄梓第六卷。(邵氏)

〔補〕○明正統道藏本,五行十七字。在正乙部,已印入道藏舉要中。○明嘉靖五年黃鳳儀刊本,十行二十字,白口,左右雙闌。有嘉靖丙戌王大紀序。○明萬曆十六年郭子章刊本,十行二十二字,白口,四周雙闌。有萬曆十六年徐元太序。四册。余藏。清寫本,黃丕烈用聚珍本校。沈樹鏞跋。顧麐士怡園藏。○清道光間金山錢氏刊指海本。在第十五集。○清同治間真州張氏刊榕園叢書本。在丙集中。

〔補〕**意林六卷** 唐馬總輯。○清乾隆間內府排印武英殿聚珍版書本。○福建及廣雅翻聚珍本增拾遺一卷,清孫星華撰。

〔補〕**意林五卷** 唐馬總輯**補遺一卷** 清張海鵬錄。○清光緒間刊崇文書局彙刻書本。余藏。

〔補〕**意林五卷逸文一卷附編一卷** 清周廣業注並輯錄。○清光緒間劉世珩聚學軒叢書本。

〔增〕**羣書治要五十卷** 唐魏徵等奉敕撰。徵字元成,魏州曲城人,官至太子太師,謚文貞,事詳本傳。唐會要云,貞觀五年九月二十七日,秘書監魏徵撰羣書治要上之。又唐書蕭德言傳,太宗詔魏徵、虞世南、褚亮及德言裒次經史百氏帝王所以興衰者上之。帝愛其書博而要,曰使我臨事不惑者卿等力也。德言賚賜尤渥。然則書實成德言手,故諸傳不及也。○此書自宋志即不著錄,其佚已久,此本乃日本人擺印，惟缺第四、第十三、第二十，凡三卷。所采各書並初唐善策，與近刻多有不同，晉書二卷尚有未修以前十八家之中舊本。又桓譚新論、崔實政要論、仲長統昌言、袁準正書、蔣濟萬機論、桓範政要論，多近世無傳，亦藉此以存其梗概。

〔補〕○清道光二十七年楊墨林刊連筠簃叢書本。○清咸豐七年刊粵雅堂叢書二十六集本。○此書中土久佚，清代始有日本得之，故無舊刊本。四部叢刊本即以日本天明七年尾張氏刊本印入。

紺珠集十三卷 不著編輯人名氏，或題宋朱勝非者誤也。（繩）天順刊本有宋紹興丁巳全州灌陽令王宗哲序。○拜經樓藏抄本，後有天順間賀榮二序，為龔蘅圃手校本。

〔附〕○宋紹興丁巳本。（邵氏）

〔補〕○清寫本，題宋朱勝非撰。盧址抱經樓遺書。古書流通處見。

類說六十卷 宋曾慥編。○明刊本。○昭文張氏有秦酉巖舊抄本五十卷。○又有殘宋本不分卷。○明有刪刊本，題宋溫陵曾慥編，新野馬之奇參閱，山陽岳鍾秀訂正。○類說宋刊小字本，紹興庚申麻沙書市刊，不分卷，頁二十行，行十六字。張金吾云，自序無分五十卷四字，則原本不分卷，舊藏汲古閣。寶慶丙戌葉時為建安守重鋟，秦抄所據。

〔補〕○明天啟六年岳鍾秀刊本，九行十八字，白口，左右雙闌。即莫氏所記之明代刪刊本。

〔補〕**類說□□卷** 宋曾慥輯。○宋刊本，十行十六字，黑口，左右雙闌。存仇池筆記、隱齋閑覽、東軒筆錄三卷。海虞瞿氏藏。即莫氏所記宋刊小字本。

〔補〕**類說□□卷** 宋曾慥輯。○明寫本，十行二十字。鈐會稽鈕氏世學樓藏印。李木齋藏。殘卷，卷次失記。

〔補〕**類說五十卷** 宋曾慥撰。○舊寫本，皮紙藍格。盧址抱經樓遺書。

〔補〕**新雕類説前集二十五卷後集二十五卷**　宋曾慥撰。○清清
思齋寫本，中縫題"清思齋"三字。涵芬樓藏。

〔補〕**類説不分卷**　宋曾慥撰。○明沈灝家寫本，版心有"沈"字。鈐
"嘉靖己未進士沈灝私印"印。有前人朱筆校。盧址抱經樓遺書。
二十四册。

〔增〕**談助五卷**　宋晁伯宇編。凡十洲記、洞冥記、琵琶錄、北道刊誤
志、乘輅錄、文武兩朝獻替記、牛羊日歷、聖宋掇遺、沂公筆錄、竹譜、
筍譜、硯錄、三水小牘、漢武故事、漢武内傳、殷芸小説、大業雜記、營
造法式、綠珠傳、膳夫經手錄，合二十種，每種後俱有跋。是書無編
撰名氏，惟于乘輅錄、牛羊日歷、漢武後傳、營造法式跋中知為伯宇
所編耳。又于十洲記跋中知字為宋崇寧時人，曾權陳留縣尉。若伯
宇之為名為字，及姓氏爵里，則均無可考。所採如北道刊誤志、琵琶
錄、乘輅錄今皆失傳，其存者亦多與今本不同，足資攷訂。文淵閣書
目列之古今志中，殆以開卷引十洲記而誤。姓氏據晁志封丘集，世
父諱某字伯宇。○張氏志。

　　○錢遵王藏茶夢主人手抄本。（繩）

〔補〕**續談助五卷**　宋晁伯宇撰。○清孫朝鎣手寫本，從明嘉靖間姚
咨茶夢齋抄本錄出。有黃廷鑑跋。張蓉鏡藏印。余藏。○清同治
十三年南海伍氏刊粵雅堂叢書本，在二十三集中。○清光緒十三年
陸心源刊十萬卷樓叢書本，在三編中。

事實類苑三十六卷　宋江少虞撰。○路小洲有抄本。○胡心耘有校
本。○張金吾藏舊抄，題云皇朝類苑，紹興戊寅九月自序。

〔補〕**皇朝事實類苑六十三卷**　宋江少虞撰輯。○舊寫本，十行二十
字。前紹興十五年自序。有許焞、孔廣林藏印。盛昱遺書。

〔補〕**新雕皇朝類苑七十八卷**　宋江少虞撰。○日本元和銅活字

印本,十三行二十字,黑口,四周雙闌。目錄卷首題"麻沙新雕皇朝
類苑卷第目錄一"。目錄共五卷,第三卷後有"紹興二十三年癸酉
歲中元日麻沙書坊印行"牌子三行。前有紹興十五年自序及門人
汪俁序。書分二十八門。後有日本元和七年僧瑞保跋。余藏。○
此書董氏誦芬室已刊印行世。此為全本。六十三卷本較此缺十七
卷。

〔增〕**松窗百說一卷** 宋李季可撰。季可永嘉人,撍拾古今事實而各
為論說。凡百條,王十朋極稱賞之,謂其有益風教。○阮氏以進
呈。

〔補〕 ○清嘉慶八年鮑氏刊知不足齋叢書二十二集本。

〔補〕**經子法語二十四卷** 宋洪邁撰。○民國間張鈞衡刊擇是居叢
書本,據影宋寫本付刊。四庫存目。

仕學規範四十卷 宋張鎡編。○明初印本,猶依宋本題曰皇朝仕學
規範。○宋小字本。○張叔未有宋刊宋印本,白紙,極精。

〔補〕**皇朝仕學規範四十卷** 宋張鎡撰。○宋刊本,十二行二十五
字,白口,左右雙闌。前淳熙三年丙申自序。缺卷三十七至四十。
蔣汝藻氏密韻樓藏。○張叔未藏宋本在張幼樵家,初印如新,有張
叔未手自抄補之葉,至可愛玩。○又一帙,壬子歲見,為李木齋先生
收去。○明刊本,十一行二十一字,黑口,四周雙闌。余藏一帙。余
用蔣氏藏宋本校。蔣本缺卷據李木齋先生藏本補校鈔配。

自警編九卷 宋趙善璙編。○刊本。○明林珽棅刊本。○宋大字本。
○元刊本。

〔附〕 ○明戴愚齋本。(邵氏)

〔補〕**自警編五卷** 宋趙善璙撰。○宋刊本,十行二十字,白口,左右
雙闌,版心下記刊工人名。分甲至戊五編。前嘉定十七年甲申自
序,後有端平元年自跋。此書余有一帙,後又見二帙。○明初翻宋

本,行欵版式與宋版悉同,惟版心下方無刊工人名。○明刊本,十行
二十字,大黑口,四周雙闌。○明刊本,十行二十字,封面題自警之
編。○朝鮮古活字印本,十行十七字。序跋及卷中空格或注出處處
與宋本全同,惟每行字數改易,是從宋本出者。

〔補〕**自警編九卷** 宋趙善璙撰。○明萬曆刊本,十行二十字,白口,
左右雙闌。有萬曆元年徐栻序及嘉靖刊本舊序。五册。余藏。

〔補〕**自警編十一卷** 宋趙善璙撰。○元明間刊本,九行十七字。版
心刊金、木等字。木册為第十一卷。每條記出典,遇宋帝空格。有
王鳴盛藏印。壬子杭州見。按:天祿後目著錄小字宋本十一卷,以
八音分册,記於版心上,或即此本所自出。

〔補〕**養生類纂□五卷** 宋周守中撰。○明成化刊本,十二行二十六
字,次行以下低二格二十四字,黑口,四周雙闌。題"鄉貢進士錢唐
縣知縣樵陽謝頴校正重刊"。有成化甲午謝頴序,言據明初藩府本
重刊。序題為養生延壽諸書,則當尚有別種也。四庫存目有周撰養
生雜纂二十二卷,附月覽二卷,或即其全帙歟!

〔增〕**為政善報十卷** 宋葉留撰。留字景良,括蒼人,採取經史各說,
以及當時宦蹟,錄其功在生民慶留後裔者,以成一編,取于官師相
規,為有位勸。用意忠厚,考證精詳,同時陳相為注其出處。此其前
編,惜後篇已逸。○阮氏從元刻本錄以進呈。

〔補〕**為政善報事類十卷** 宋葉留撰。○阮元進呈本已印入選印宛
委別藏中。

〔補〕**澄懷錄二卷** 宋周密輯。○明嘉靖二十六年丁未百川高氏寫
本,墨格,十行二十一字,版心下方有"古涿州百川高氏家藏書籍之
記"一行。有高百川校勘題識一行。林佶跋。有明徐爌、清鄭杰藏
印,知此書明末清初在閩中流傳。余藏。○明鈔說集本,十一行二
十四字,白口,四周雙闌。藍格。在第八册。○清同治間真州張氏

刊榕園叢書本。余藏。余據嘉靖二十六年高儒百川書屋寫本校。
○清光緒二年李文田先生家寫本。余藏,余據明寫本校。有潘祖蔭
跋,謂書為李氏抄贈者。四庫存目。

〔補〕**芝秀堂鈔澄懷錄二卷**　宋周密輯。○明寫本。余藏。余據明
鈔本校,改正奪訛一百五十餘字,補佚文一則。

〔補〕**忍經一卷**　元吳亮撰。○明正統刊本,十二行二十四字,細黑
口,左右雙闌。江南圖書館藏,原八千卷樓丁氏之書,丁氏號為元刊
本。四庫存目。

言行龜鑑八卷　元張光祖編。○路氏有抄本。

〔補〕○此本已印入四庫全書珍本初集中。

〔補〕**誠齋雜記二卷**　題元林坤撰。○明崇禎間毛氏汲古閣刊津逮祕
書本,八行十九字,白口,左右雙闌。四庫存目。

說郛一百二十卷　明陶宗儀編。○順治丁亥陶氏刊本。○又陶珽編
續說郛四十六卷,入存目。○路小洲云,坊中所售五朝小說紀事一
書,即用說郛原板移易次第改標行目為之者。○又明人有書帕本,
往往刷印此書數十種,即稱某叢書。余嘗見唐宋叢書即是也。○朱
修伯曰,浙東有兩舊抄殘本,尚是南村原本。刊本不足憑,最多謬
誤。○明人刊本有一百卷,校本不同,藏嘉定吳氏。又一部藏常熟
陳子正家,惜二書皆缺二十卷。

〔附〕○原書殘本有存越東沈氏、杜氏。(眉)

〔補〕**說郛一百二十卷**　明陶宗儀輯。○清順治三年李際期宛委山堂
刊本,九行二十字,白口,左右雙闌。重編,與明鈔一百卷本順序全
然不同。余有一帙,用明鈔說郛校一百五十八種。

〔補〕**說郛一百卷**　明陶宗儀輯。○明寫本,四種合配成,分錄如下:
明叢書堂寫本,墨格,十行二十字,版心有"叢書堂"三字。存卷一至
二十五。明弘農楊氏寫本,藍格,十一行二十三四字,版心有"弘農

楊氏"四字。存卷二十六至三十，九十六至一百。明弘治十八年寫本，墨格，十三行二十五字，版心刊"說郛"二字。卷六十二有"弘治十八年三月錄畢"一行。存卷三十一至六十七。明寫本，墨格，十三行二十四字，上空二格。存卷六十八至七十。余藏。後友人張君宗祥據此本校定，又以他本補入少許，交涵芬樓排印行世。○明潯南書舍寫本，殘。余曾據以校宛委山堂本，頗有佳處。又校張宗祥重校排印本中二十八種。○明寫本，白棉紙烏絲闌。存卷一至六十九。鈐明吳興嘉靖乙未進士沈灝印及四跋。盧址抱經樓遺書。

〔補〕**說郛補遺十二卷** 不著撰輯人名氏。○舊寫本，烏絲闌。盧址抱經樓遺書。此書未見刊本。

〔補〕**為善陰隲十卷** 明永樂敕撰。○明永樂間刊本，十行十九字，大黑口，四周雙闌。有永樂十七年御製序。按此為明內府刊本。劉若愚酌中志記內板書數有為善陰隲一本，三百七十二葉，即是此書。四庫存目。

〔補〕**外戚事鑒二卷** 不著撰人名氏。○舊寫本，九行二十字。上卷紀善，下卷紀惡，自漢至元，共五十六人。有汪魚亭、孫星華藏印。吳重憙藏書。甲戌見。此書與四庫存目著錄本合，而與千頃堂目所載明宣宗撰五卷本不同。或即其節本歟。五卷本余迄未之見，劉若愚酌中志記內板書目有外戚事鑒一本，六十八葉，即其書。四庫存目。

〔補〕**諸子纂要不分卷** 明黎堯卿輯。○明鈔本。有錢遵王藏印。此書四庫入存目，為八卷。

〔補〕**物異考一卷** 明方鳳撰。○明吳氏叢書堂寫本，朱絲闌，十行二十字。有嘉靖辛亥跋語。鈐文徵明、王寵、季振宜、揆叙及清禮邸藏印。○明刊寶顏堂彙祕笈本。余藏。○清順治三年宛委山堂刊說郛本，在卷一百十八中。四庫存目。

〔補〕**宋儒萃語不分卷** 明文徵明札册。○寫本。有文嘉跋，稱先待
詔公廣博多聞，淹貫羣書，而於前代名儒性理之學靡不研求精蘊。
世皆以詩書畫筆稱其擅長，則是以游藝而掩實學矣，此集乃少年篝
燈課誦時所編輯者云云。欵"丙午仲冬三月，書於烏程官舍，仲子
嘉"。此題有誤字，應是傳鈔本。古書流通處見。

〔補〕**玉壺冰一卷** 明都穆撰輯。○明萬曆趙以康刊本，九行十八字，
白口，四周雙闌。一册。末有正德乙亥都穆自跋，言三十年前為此
書，致仕後錄而藏之云云。摘世說及宋人筆記中雋語軼事而成。余
藏。

〔補〕**欣賞編十種十四卷** 明沈津編。○明萬曆茅一相刊本，十行，
白口，四周單闌。雜集譜錄、雜技之書十種，分甲至癸十集，始朱德
潤集古考圖，終李清照打馬圖。圖繪刊工精雅。余藏。四庫存目。

〔補〕**欣賞編六十八種** 明茅一相增編。○明天啟刊本，九行二十字，
白口，左右雙闌。前徐中行序，言茅氏愛沈津欣賞編，復以己意為
續，將梓而求序云云。本書各種卷首次行作者各下間題茅一相等人
校閱之名。"校"作"挍"，避天啟帝諱，因知是天啟以後刊本。

古今説海一百四十二卷 明陸楫撰。○嘉靖甲辰雲間陸氏刊本。
○道光辛巳吳門酉山堂翻刊本。

〔補〕**古今説海一百三十五種一百四十二卷** 明陸楫等輯。○明
嘉靖二十三年陸楫儼山書院刊本，八行十六字，白口，左右雙闌，余
有殘帙。○清道光元年苕溪邵氏酉山堂刊本，行欵同儼山書院本。
余藏。余據家藏明鈔說郛本及朱文鈞藏明鈔說集本校江南別錄等
三十種。整理者謹按：此書子目見中國叢書綜錄，此不贅。

〔補〕**蓉塘雜纂十卷** 明姜南撰。○清寫本。每卷一題，與蓉塘詩話
中各卷相重，止存其半耳。卷一半村野人閒談，卷十蓉塘紀聞。

〔補〕**蓉塘詩話二十卷** 明姜南撰。○明嘉靖二十三年洪楩刊本，每

卷各自為名,首半村野人閒談,末蓉塘紀聞,題為詩話,實雜纂之屬
也,余藏。

〔補〕**談資三卷**　明秦鳴雷撰。○明刊本。余藏。四庫存目。

〔補〕**高奇往事十卷**　明何鎧輯。○明刊本,十行二十字。有萬曆七
年自序及八年陳文燭序。余藏。

〔補〕**學圃蕙蘇六卷**　明陳燿文撰。○明萬曆五年刊本,十行二十字,
白口,左右雙闌。有萬曆五年王祖嫡序。又萬曆五年自序,云邑侯
南峰梓之。後萬曆五年李襄後序。卷首作者名後題"咸林東棐體忱
甫正"。六冊。庚戌會經堂見,索十兩,已收。四庫存目。

〔補〕**初潭集三十卷**　明李贄撰。雜取故事,分類輯錄,間加案語。○
明萬曆刊本,九行二十字。庚戌八月翰文齋取閱。○此書四庫存目
為十二卷。

〔補〕**灼艾集初集二卷續集二卷餘集二卷別集二卷**　明萬表輯。
○明嘉靖刊本,十行十八字,白口,左右雙闌。有嘉靖二十八年李登
序。十二冊。余藏。四庫存目。

〔補〕**百家類纂四十卷**　明慈谿沈津輯。雜錄周秦諸子,下至明代。
○明隆慶刊本,十一行二十二字,白口,左右雙闌。有隆慶元年張時
徹序及自序。辛亥六月文琳閣見。四庫存目。

〔補〕**歷代小史一百五卷**　明李栻撰。○明萬曆三十四年刊本,十一
行二十六字,白口,左右雙闌。卷末有牌記,下為蓮花托,上題"萬曆
丙午冬月軍門趙爺□刊"。余藏。四庫存目。

〔補〕**瑯琊代醉編四十卷**　明張鼎思撰。○明萬曆刊本。二十冊。
余藏。四庫存目。

〔補〕**說類六十二卷**　明葉向高輯,林茂槐增删。○明崇禎刊本,十行
二十一字。有自序。原缺卷第四十四,辛亥夏補完。余藏。四庫存
目。

〔補〕**焦氏類林八卷** 明焦竑撰輯。○明萬曆十五年王元貞刊本，十行二十字。有萬曆十五年王元貞、李登等序。十四册。庚戌九月十九日收。四庫存目。

〔增〕**養正圖解全卷** 明焦竑撰。竑有易筌，已著錄。萬曆間竑以修撰為皇子講官，編此進之，備採前言往行可為則倣者，繪為圖而詳為之說，卷首竑序，並一時知名之士也。○阮氏以進呈。

〔補〕**田居乙記四卷** 明方大鎮撰。四庫入雜家雜纂之屬存目。雜鈔諸書而成。○明刊本，似萬曆、天啟間刊，八行十八字。余藏。

〔補〕**玄覽八卷** 明朱謀㙔撰。○明刊本，十行十八字，白口，四周單闌。有萬曆二十二年甲午彭會序。分十卷。余藏。

〔補〕**緝柳編三卷** 明沈㴉元撰。○日本舊寫本，九行二十字。題沈㴉元集，黃正位校。日本內閣文庫藏。

〔補〕**說郛續四十六卷** 明陶珽輯。○清順治三年李際期宛委山堂刊本，九行二十字，白口，左右雙闌。四庫存目。

〔補〕**古今譚槩三十六卷** 明馮夢龍輯。○明末刊本，九行二十一字。四庫存目。

〔補〕**醉古堂劍掃十二卷** 明陸紹珩輯。明天啟刊本，九行二十一字，白口，左右雙闌。套色板竹册式版格。前天啟甲子任大冶等六序及甲子自序。抄撮各家雋語，分情、韻、景、峭、素、醒、靈七部。四色套印。余藏。六册。

〔補〕**心賞編一卷** 明王象晉撰。○明末刊本。余藏。四庫存目作清竇齋欣賞編一卷。

〔補〕**鎸鍾伯敬先生秘集十五種** 明鍾惺輯。○明崇禎元年葉舟刊本，九行二十字，白口，左右雙闌。前戊辰中秋葉舟題辭。每卷首行行題"茂苑葉舟凌虛父校"。每卷為一品，凡十五品。十二册。余藏。

〔補〕**剡溪漫筆六卷** 明孫能傳輯。○明萬曆四十一年孫能正刊本，十行二十一字，陰陽葉各四周單闌。前萬曆甲寅徐時進序，言其弟能正刊。次自述，次萬曆癸丑孫能正刻書小引，本書卷首題能傳輯，能正校刊，姪如葯、如芝、如蘭仝校。余藏。

玉芝堂談薈三十六卷 明徐應秋編。○舊園刊本。

〔補〕**湘煙錄十六卷** 明閔元京、凌義渠輯。○明天啟刊本。九行十九字，白口，四周單闌。余藏。四庫存目。

〔補〕**倘湖樵書初編六卷二編六卷** 明來集之撰。○清初刊本。余藏。十二冊。四庫存目。

〔補〕**堯山堂外紀一百卷** 明蔣一葵撰。○明萬曆舒一泉刊本。余藏。十六冊。四庫存目。

〔補〕**紺珠集一卷** 明王玉汝撰。○明末刊本，九行二十三字，白口，四周單闌。庚戌文賢堂收得。一冊。

〔補〕**昨非菴日纂二十卷二集二十卷三集二十卷** 明鄭瑄撰。○明崇禎間刊本，八行十八字。十八冊，庚戌九月聚珍堂見，已收。四庫存目。

〔補〕**迪吉錄八卷首一卷** 明顏茂猷撰。○明末刊本，九行二十字，白口，四周單闌。余藏。四冊。○光緒十二年福州西江別墅刊本。四庫存目。

〔補〕**山樵暇語十卷** 明俞弁撰。○明朱萬立手寫本。涵芬樓藏。辛亥冬見。○明寫本，十行十七字。四庫存目。

〔補〕**同書四卷** 清周亮工輯。○清順治六年周氏樓林刊本。八行十六字，白口，四周單闌。前順治己丑周嬰序。四冊。辛亥春文友堂見，余藏。

〔補〕**嗜退菴語存十卷** 清嚴有穀撰。○清康熙四年嚴我斯刊本。二冊。庚戌得於求古堂。四庫存目。格言之類。

〔補〕**寄園寄所寄十二卷**　清趙吉士撰。○清康熙刊本。十二冊。四庫存目。

〔補〕**聞鐘集初集二集三集四集五集續集**　清勞大輿撰。○清初刊本。此書四庫入雜家類雜纂之屬存目，為勸善之書。余藏。庚戌八月得之蘇州博古齋柳蓉村手。六冊。

〔補〕**查浦輯聞二卷**　清查嗣璨撰。○清刊本，二冊。余藏。四庫存目。

〔補〕**雷譜不分卷**　清金侃撰。雜輯雷之典故。○清寫本。余曾傳鈔一本，惜多誤字，須核其原書，逐條校正，始克行世。

〔補〕**世寶錄十卷**　清戴大受輯。○清刊本。有康熙三十一年壬申自序。雜采書傳中記歷代名賢言行可為世法者成書。日本內閣文庫藏書。

元明事類鈔四十卷　國朝姚之駰撰。○路氏有抄本。

〔補〕　○四庫本已印入四庫全書珍本初集中。

〔補〕**鄯嶼裒書七種三十七卷**　清南城曾廷枚撰。計字原徵書四卷，音義辨同七卷，樂府津逮三卷，稧帖緒餘四卷，西江詩話三卷，游戲三昧十二卷，古諺閒譚四卷。○清嘉慶間刊本。八冊。余藏。

〔補〕**無所用心齋瑣語四卷**　清金學詩撰。○清乾隆六十年播琴堂刊本。聚珍劉估送閱。

〔補〕**安吳四種三十六卷**　清包世臣撰。為中衢一勺一卷，附錄四卷；藝舟雙楫六卷，附錄三卷；管情三義八卷；齊民四術十二卷，附楊傳第校正誤字一卷。○清道光二十六年木活字印本。余藏。

〔補〕**瀚海拔沙十卷**　清武文斌撰。○清道光二十三年刊本。

〔補〕**子史粹言二卷**　清丁晏輯。○清道光二十六年頤志齋刊本。一冊。

〔補〕**茶香室叢鈔二十三卷續鈔二十五卷三鈔二十九卷四鈔二十九卷** 清俞樾撰。○清光緒刊春在堂全書本。余藏。三十二册。

上雜家類雜纂之屬

　　整理者謹按：四庫存目雜家類雜編之屬多收叢書，本書亦循例酌收若干種，不另分類。叢書子目繁浩，凡其已著錄於上海圖書館編之中國叢書綜錄者，本書即删去不錄，僅記其行欵版式。其綜錄未收書之叢書，或雖收而子目有異同者仍附著焉。

〔補〕**儒學警悟六種四十一卷** 宋俞鼎孫，俞經輯。○明寫本，墨格，十三行二十二字。孤本。盛昱藏，余為繆荃孫先生收之。後陶君湘覆刻行世。書末有"嘉靖壬辰季春吉菴王良棟錄藏"題記。此書直接自宋本出，所收六書均堪稱善本，優於明人刊本遠甚。

〔補〕**百川學海一百種一百七十九卷** 宋左圭編。○宋咸淳間刊本，十二行二十字，細黑口，左右雙闌。余收得一帙，缺九種及序目。後與陶君湘合貲覆刻，所缺以明本補。因失序目，按明弘治華珵本目錄分集後見日本藏宋本，重新補刊目錄，編定順序。○日本帝室圖書寮藏宋咸淳本一帙，原缺五册，約十餘種。然序目尚存，知明弘治華珵本已非宋本原順序。宋本原目題"後集見刊"，則知尚有後集，然古今目錄均不載，恐亡佚已久矣。整理者謹按：此書子目見中國叢書綜錄，此不贅。○明弘治十四年華珵刊本，十二行二十字，白口，左右雙闌。其十集中編排順序與宋本不同。

〔補〕**百川學海二十卷** 宋左圭編。○明嘉靖十五年鄭氏宗文堂刊本，十四行二十八字，白口，左右雙闌。以弘治本十集分為二十卷，每二卷當弘治本之一集，而每集中各書之順序在相應二卷中略有改易。陶湘有一帙。陸心源亦有一帙，誤認為宋本，析為百種，以充詡宋樓中宋本之半。今在日本靜嘉堂文庫。

〔補〕**藝海彙函十集** 明梅純輯。分十集，九十二種。○明寫本，藍格，十行二十字。有正統二年丁卯中都留守司署副留守夏邑梅純自序。分紀事、纂言、知人、格物、說詩、論文、補缺、拾遺、辨疑、刊誤十類。子目列後。整理者謹按：此書中國叢書綜錄未收，子目詳藏園羣書經眼錄卷十一中，此不贅。

〔補〕**陽山顧氏文房小說四十種五十八卷** 明顧元慶輯。○明正德、嘉靖間顧氏刊本，十行十八或十九字，白口，左右雙闌。各書間有題宋本重雕者。余藏。

〔補〕**明人叢鈔六種** ○明長洲文氏家寫本，為韓忠獻遺事一卷，玉堂雜記三卷，道山清話一卷，四六談塵一卷，四六話二卷，燕翼貽謀錄四卷。有"嘉靖乙酉九月七日讀此一過，文嘉識"一行。鈐有"元發"、"震亨"、"盛世逸民"、"清德世家"等印。盧址抱經樓藏書。

儼山外集三十四卷 明陸深撰。○明刊本四十卷，四庫汰去六卷。

〔補〕**儼山外集二十三種四十卷** 明陸深撰。○明嘉靖二十四年刊本，十行二十字，白口，左右雙闌。八冊。余藏。此書四庫著錄為四十七種三十四卷，刪去聖駕南巡日錄、大駕北還錄、淮封日記、南遷日記、科場條貫、平湖錄六卷。蓋以不欲收歌頌先朝之文及避忌而去之，觀提要中改"平胡錄"為"平北錄"可證。前嘉靖乙巳徐獻忠序，言其子陸楫校，授中表黃子標詮次云云。末有何良俊後序。

〔補〕**范氏奇書存二十八種** 明范欽輯。○明范氏天一閣刊本，九行十八字，白口，左右雙闌。卷首多有范欽訂字樣，或署官銜，或記里貫。唯元包經傳、元包數總義為翻宋紹興本，八行十七字，白口，左右雙闌。陳乃乾處見。整理者謹按：此書中國叢書綜錄著錄為二十二種，此帙多兩同書、新序、說苑、新語、稽古錄、古今諺、三史統類臆斷七種，少虎鈐經一種。余別藏虎鈐經，即世傳天一閣本，以版式、刊工無合者，亦無序跋，故未裝入同帙中。

〔補〕**奚囊廣要十三種十四卷** 明錢塘洪子美輯。○明嘉靖間童氏樂志齋刊本，九行十八字巾箱本，白口，四周單闌。前嘉靖三十七年秦流序。各書有龍山童氏新雕牌記。嘗見吳縣潘氏藏札中有文彭致童珮一通，言前惠一部，為人持去，擬再索一部云云，知即為童珮所刊。聚珍堂老劉送閱，已收。余閱肆數十年，僅見此完帙，可稱罕秘，未可以明人叢刻遂爾忽之。

〔補〕**說集六十種二十册** 撰輯人未詳。○明寫本，藍格，十一行二十四字，白口，四周雙闌。以"日月光天德，山河壯帝居。太平無以報，願上萬言書"為序分訂二十册。第三册後有"嘉靖三年五月五日南園老人張書，時年六十有七"一行。朱文鈞藏，余曾借校，頗有佳勝。子目列後。整理者謹按：此書中國叢書綜錄未收，子目詳見藏園羣書經眼錄卷十一，此不贅。

〔補〕**丘陵學山七十四種** 王文祿輯。○明隆慶二年刊本，十行二十字，白口，四周單闌。以千文編號。曾見殘帙，未見全者。四庫存目。

〔補〕**百陵學山一百種一百十九卷** 明王文祿輯。○明萬曆刊本，十行二十字，細黑口，左右雙闌。除四五種外均明人著述。近涵芬樓已印入元明善本叢書中。

〔補〕**兩京遺編十二種七十三卷** 明胡維新輯。○明萬曆十年原一魁刊本，九行十七字，白口，四周雙闌。此書近已影印行世。四庫存目為殘本，缺春秋繁露八卷，又所收潛夫論為二卷，與此帙十卷者不同，是誤記抑別以他本配入，待考。

〔補〕**紀錄彙編一百二十三種二百二十四卷** 明沈節甫輯。○明萬曆四十五年陳于廷刊本，十行二十字，白口，四周單闌。雜集明人雜記，多有關史事者，間亦攙入志怪之書，然瑕不掩瑜。此書近涵芬樓已印入元明善本叢書中。四庫入存目，不全，為一百十九種，二百十六卷。

〔補〕**今獻彙言三十九種三十九卷** 明高鳴鳳輯。○明萬曆間刊本，十行二十一字，白口，四周單闌。所收均明人著述，多有關史事者。此書近涵芬樓已印入元明善本叢書十種中。

〔補〕**漢魏叢書三十八種** 明程榮輯。○明萬曆二十年程榮刊本，九行二十字，白口，左右雙闌。每書卷首第三行題"明新安程榮校"。內多有用之書，然所據多明時刊本，罕有從宋元古本中出者。余有一帙，選宋元佳刊及名家抄校本校過，遂為善本。

〔補〕**廣漢魏叢書八十種** 明何允中輯。○明萬曆刊本，九行二十字，白口，左右雙闌，比漢魏叢書增焦氏易林等四十三種，少商子一種。

〔補〕**三代遺書六種二十八卷** 明趙標輯。○明萬曆二十二年趙標刊本，八行十八字，白口，四周雙闌。余藏。所收各書均非自舊本出。

〔補〕**國朝典故六十六種一百十四卷** 明朱當㴐輯。○明寫本，子目列後：天潢玉牒一卷。皇明本紀一卷。翦勝野聞一卷。國初事蹟一卷。國初禮賢錄一卷。平吳錄一卷。北平錄一卷。平蜀錄一卷。洪武聖政記一卷。欽定滁陽王廟碑歲祀冊一卷。奉天靖難記四卷。壬午功臣爵賞錄一卷。金文靖公北征前後錄二卷。北征錄一卷。建文遺蹟一卷。革除遺事六卷。宣宗御製官箴一卷。宣宗御製詩一卷。正統臨戎錄一卷。李侍郎使北錄一卷。否泰錄一卷。野記四卷。宸章集錄一卷。救議或問一卷。大狩龍飛錄經緯二卷。立齋閑錄四卷。三家世典一卷。周顚仙人傳一卷。三朝聖諭錄三卷。李文達天順日錄一卷。燕對錄一卷。損齋備忘錄二卷。陳石亭畜德錄一卷。霽齋瑣綴錄八卷。王文恪公筆記一卷。前聞記一卷。清溪暇筆二卷。寓浦雜記二卷。病逸漫記一卷。蓬軒類紀四卷。

彭文憲公筆記一卷。菽園雜記十一卷。懸笥瑣探一卷。瑯琊漫鈔
一卷。君子堂日詢手鏡二卷。朝鮮紀事一卷。朝鮮賦一卷。平夷
賦一卷。定興王平交錄一卷。安南奉議一卷。議處安南事宜一卷。
平蠻錄鈔一卷。東征紀行一卷。馬端肅公三紀三卷。平番始末上
下二卷。雲中紀變一卷。使琉球錄一卷。日本考略一卷。星槎勝
覽二卷。瀛涯勝覽一卷。後鑒錄三卷。華夷譯語一卷。石田雜記
一卷。備遺錄一卷。皇明傳信錄一卷。壬子歲見。

〔補〕**古今逸史四十二種一百六十三卷**　明吳琯輯。○明萬曆間
新安吳琯刊本,十行二十字,白口,左右雙闌。分合志、分志、紀、世
家、列傳五類,各書分隸其下。余有一帙,用宋元善本校方言、白虎
通等三十三種一百三十卷。此本已印入元明善本叢書中。○此書
旋又拓為五十五種,卷數增為二百二十三卷。○其殘版至清初猶
存,康熙七年汪士漢復編為祕書二十一種,九十四卷。

〔補〕**祕册彙函二十四種一百四十三卷**　明沈士龍、胡震亨輯。○
明萬曆刊本,八行十八字,白口,左右雙闌。

〔補〕**夷門廣牘一百七種一百六十五卷**　明周履靖輯。分藝苑、博
雅、尊生、書法、畫藪、食品、娛志、雜占、禽獸、草木、招隱、閒適、觴詠
十三門。○明萬曆二十五年金陵荆山書林刊本,九行十八字。此書
已印入元明善本叢書中。四庫存目只存十門,八十六種,一百二十
六卷。缺尊生、書法、畫藪三門。

少室山房筆叢正集三十二卷續集十六卷　明胡應麟編。○明萬
曆丙午刊本。

〔補〕**少室山房筆叢正集三十二卷續集八卷**　明胡應麟撰。○清
光緒中廣雅書局刊本。余藏。

〔補〕**格致叢書□□種□□卷**　明胡文煥輯。○明萬曆間胡文煥文
會堂刊本,十行二十字,白口,左右雙闌。各家所藏卷數種數不一,

約一百六十餘種。書名均加新刊二字，雜采明代所刊時本輯成，取其便於繙檢而已，非善本也。臨文采擇，仍須校以他本，未可遽以為據。四庫存目。

〔補〕稗海四十八種二百八十八卷續二十二種一百六十一卷
明商濬輯。○明萬曆間商濬半埜堂刊本，九行二十字，白口，四周單闌。分十函，皆子部雜家、小說家之書，滙而刊之，頗便博覽。然所據多非善本，余校過數十種，補訂動輒數十百字。

〔補〕程氏叢刊九種十三卷 明程百二輯，均酒、茶、石譜等譜錄類諸書。○明萬曆四十三年程百二刊本，十一行二十二字，白口，四周單闌。余藏。

〔補〕稗乘四十二種四十七卷 明黃昌齡輯。○明萬曆中黃氏刊本，十行十九字，白口，左右雙闌。前萬曆戊午李維楨題辭，言編輯不得主名，孫幼安得之，校正以傳云云。分史略、訓詁、說家、二氏四類。史略十三種，內晉文春秋、漢武事略、趙氏二美遺踪均偽書，餘除明皇十七事、元氏掖庭記外，均記明初史事之書。訓詁五種，為樂善錄、積善錄、兩鈔摘腴、希通錄、訓子言、非小學之書。內兩鈔摘腴取自周密之浩然齋意鈔、視聽鈔，而誤題史浩。說家十七種，內解醒語、鳳凰臺紀事殊罕覯，而陳吳才之萬松閣記客言僅見于此，尤足珍重。二氏七種則殊無足取，聊備一格耳。余藏。

〔補〕琅函小品十種二十九卷 不著撰輯人名氏。○明寫本，八行十八字。分四帙。子目列後。毛詩指說一卷。唐成伯瑜述。朝野類要五卷，宋趙昇集，中隱主人校。蘆浦筆記十卷，宋劉昌詩撰，明謝兆申跋。三楚新錄三卷，宋周羽仲編。五國故事二卷，宋無名氏輯。江表志三卷，宋鄭文寶輯。今雨遙華一卷，明岳岱選。元故宮遺錄一卷，明蕭洵記。中麓畫品一卷，明李開先撰。吾學編餘二卷，明鄭曉撰。此書有謝耳伯跋，則為明萬曆以後寫本矣。

〔補〕**快書五十卷** 明閔景賢輯。○明天啟刊本，八行十八字，白口，四周單闌。有天啟六年何偉然序及自序。四庫存目。

〔補〕**廣快書五十卷** 明何偉然輯。○明崇禎刊本，八行十八字，白口，左右雙闌。有崇禎二年自序。十二冊。余藏。四庫存目。

〔補〕**璅探十種十卷** 明李蓘輯。○明崇禎三年李氏自刊本，九行二十字，白口，四周單闌。行間有評語點撇。分上下冊，每冊五書，書各一卷，雜集各短帙，無所專注。有崇禎顧爾邁、汪逸序及自序。壬午文友堂見，梁節菴遺書。

〔補〕**津逮祕書一百四十一種七百四十八卷** 明毛晉輯。○明崇禎間毛晉汲古閣刊本，八行十九字，白口，左右雙闌，版心下方有“汲古閣”三字。毛氏得胡震亨祕冊彙函殘版後，增益為此書，共十五集。多占驗、藝術、詩話、題跋、筆記之屬，漢唐以來子史要籍所收殊罕。余有一帙，用善本校勘其中三十餘種。四庫存目。

〔補〕**稽古堂羣書祕簡二十二種七十九卷** 明高承埏輯。○明末高承埏刊本，八行十八字，白口，四周單闌。書名前多加“稽古堂訂正”字樣，本書卷首題“明檇李高承埏寓公較”或“明寓公高承埏較”。子目列後。子夏易傳十一卷。劉賓客嘉話錄一卷。隋唐嘉話錄三卷。石藥爾雅二卷。劇談錄二卷。雲仙散錄十卷。玄怪錄十一卷。續玄怪錄二卷。松窗雜錄一卷。集異記二卷。博異志一卷。續齊諧記一卷。江淮異人錄一卷。南部新書十卷。梁谿漫志十卷。史剡一卷。友會談叢三卷。瑯嬛記三卷。平江記事一卷。灌畦暇語一卷。續偃曝談餘一卷。墨畦一卷。此書殊罕覯，余閱肆數十年，始得此完帙，共二十二種，二十四冊。

〔補〕**明人叢鈔十三種** ○明寫本。子目列後：南濠居士題跋，寓意編，城山總錄，書畫銘心錄，拙貽堂書畫抄，琴史，硯譜，說楛，紹興内府古器評，湯垕畫鑒，雲煙過眼錄，雲眼過眼續錄，洞天清祿集。四明盧址抱經樓遺書，癸丑歲盧宅閱。

鈍吟雜錄十卷 國朝馮班撰。○康熙中刊本。○借月山房彙抄本。

〔補〕**鈍吟雜錄十卷** 清馮班撰。○清康熙刊本。余藏。二册。○清
寫本。涵芬樓藏。辛亥冬見。

〔補〕**學海類編四百三十種** 清曹溶輯。○清道光十一年六安晁氏
木活字印本，九行二十一字，白口，左右雙闌。分經翼、史參、子類、
集餘四類，皆有用之書，為治學所資。以卷帙繁浩，至道光時始克行
世。四庫以稿本入存目。至提要譏其為真者十之一，偽者十之九，
未免過詞，蓋所重者異故也。

〔補〕**昭代叢書新編五十種五十卷續編五十種五十卷廣編五十
種五十卷坤編五十種五十卷別編五十種五十卷** 清楊復吉
輯。○稿本，朱絲闌，九行二十字，白口，四周單闌，版心下方有"運
南堂"三字。前有自序，後凡例六則。鈐有楊氏印記。十函，六十
册。余藏。

其新編即刊本之丁集。較刊本少書經地理今釋、建文帝後記二
種。較刊本多四書釋地、陰隲文頌、幽夢影、晉文麈、西湖小史、十美
詞紀、影梅庵憶語、三婦評牡丹亭雜記、西域風俗記、識小錄、攬勝圖
譜、牡丹亭骰譜、胭脂紀事、非煙香記、哺記十五種。

續編即刊本之戊集。較刊本少稗海紀游一種，多悅容編、絕域記
略、海鷗小盟、春雲撷英小譜、姤律、牧豬閒話、湖船錄、說蚘八種。

廣編即刊本己集。較刊本少南唐拾遺記、南宋六陵遺事、庚申君
遺事、乙丙紀事四種，多世書、馬吊説、冷雲齋冰燈詩三種。

坤編即刊本庚集。較刊本少選材錄、木棉譜二種，多春秋左傳類
聯、閒情十二憮、清閒供、琉璃志四種。

別編即刊本之辛集。較刊本多五石瓠、潮嘉風月記、火戲略、羽扇
譜、鳳仙譜、貓乘六種。

〔補〕昭代叢書甲集三十四卷甲集補十六卷乙集四十四卷乙集
　　補六卷丙集四十五卷丙集補五卷丁集三十七卷丁集補十三
　　卷戊集四十三卷戊集補七卷己集四十七卷補三卷庚集四十
　　六卷庚集補四卷辛集四十四卷辛集補六卷壬集五十卷癸集
　　五十卷別集六十卷　甲、乙、丙三集清張潮輯,補清沈楙悳輯。丁
　　至辛五集清楊復古輯,補清沈楙悳輯。壬、癸、別三集清沈楙悳輯。
　　○清道光間沈楙悳刊本。道光十三年刻甲至辛八集,道光二十四年
　　刻壬、癸二集。道光二十九年刻別集。此書甲至辛八集原編每集五
　　十種,種為一卷,沈氏刪去六十種,每集後又新補若干卷,足成五十
　　卷之數。通計五百六十卷,一百二十二冊。余藏。甲至丙三集四庫
　　入存目。

〔補〕閭丘辯囿十種十五卷　清顧嗣立輯。○清康熙間顧氏秀野草
　　堂刊本,十一行二十一字,白口,左右雙闌。余藏。

〔補〕楝亭藏書十二種六十九卷　清曹寅輯。○清康熙四十五年揚
　　州詩局精刊本,十一行二十一字,細黑口,左右雙闌。每書均有刊書
　　牌記。所收法書考、錄鬼簿、梅苑、禁扁、都城紀勝、聲畫集等書,宋
　　元以來均罕有單刊本,恃此本得廣為流傳。然法書考譌誤甚夥,未
　　可云為善本。○此書坊間有石印本。

〔補〕欽定古香齋袖珍十種九百五卷　○清乾隆間內府精刊巾箱
　　本,行欵不一,有九行二十二字,十行二十一字、九行二十字等,注雙
　　行同,白口,四周雙闌。所收為五經八卷,四書十九卷,史記三家注
　　一百三十卷,通鑑綱目三編二十卷,御纂朱子全書六十六卷,春明夢
　　餘錄七十卷,初學記三十卷,淵鑑類函四百五十卷,御選古文淵鑑六
　　十四卷,施註蘇詩四十二卷王註正譌一卷續補遺二卷東坡先生年譜
　　一卷。此書雕鎪精整,深青絹為衣,黃絹包角,月白籤題,裝潢富麗,
　　為內府陳設之書,外間全者甚少。

〔補〕**武英殿聚珍版書一百三十八種二千四百十六卷**　清乾隆間敕輯。○清乾隆三十八年以後武英殿木活字印本，九行二十一字，白口，四周雙闌。版心下方陰面記校對人名。每書前有"御製題武英殿聚珍版十韻"二葉，次提要，前列書名，書名下方有"武英殿聚珍版"六字。乾隆三十八年命以編四庫全書搜訪得天下遺書及自永樂大典中彙輯成書者擇其罕覯者次第刊行。金簡等議以棗木雕活字排印，定名為聚珍版書。後又令東南五省翻刻，有浙江、江西、福建及粵雅堂翻本。内大典輯出古佚書得以流傳，於學術不無裨益。

〔補〕**雅雨堂叢書十三種一百三十五卷**　清盧見曾輯。○清乾隆二十一年盧氏刊本，十行二十一字，白口，四周單闌。

〔補〕**抱經堂叢書十七種二百七十四卷**　清盧文弨輯。○清乾隆間餘姚盧氏自刊本。所收各書均出自舊本，並經反覆校正，最為精審可據。

〔補〕**微波榭叢書十七種一百四十五卷**　清孔繼涵輯。○清乾隆間孔氏自刊本。内收戴震東原遺書五十六卷。又收算經十書十種，附戴震句股割圜記三卷，共三十七卷，彙古算經而刻之，為有用之書。

〔補〕**知不足齋叢書三十集二百三種**　清鮑廷博輯。第一至二十七集鮑氏自刊。第二十八以後鮑志祖續輯。○嘉慶、道光間刊本。

〔補〕**石研齋校刻書八種**　清秦恩復輯。○清乾隆、嘉慶、道光間續刊本。為隸韻十卷，翁方綱考證二卷碑目考證一卷，奉天錄四卷，列子八卷附考證一卷，鬼谷子三卷，附篇目考一卷，封氏聞見記十卷，駱賓王文集十卷、考異一卷，李元賓文集六卷，呂衡州文集十卷，考證一卷。内奉天錄，鬼谷子頗罕見，駱賓王集從宋蜀本出，顧千里為之撰考異，校勘精審、鎸工秀美，與繆刻李太白集同為清人覆宋刻唐人集中佳品。

〔補〕**學津討原二十集一百七十三種**　清張海鵬輯。○清嘉慶十年
　　張海鵬照曠閣刊本，九行二十一字，黑口，左右雙闌，版心下方有“照
　　曠閣”三字。第一至四集經部書，第五至八為史部書，第九至二十為
　　子部書，末附詩文評數種。此書取當時罕傳之經、史、子諸書有裨
　　學術者彙而刊之，與知不足齋叢書同為清人叢刻中之切於實用者。
　　○有石印本。

〔補〕**墨海金壺一百十五種七百三十四卷**　清張海鵬輯。○清嘉
　　慶十七年張海鵬刊本，十一行二十三字，黑口，左右雙闌。分四部，
　　以經、史、子為主，集部僅二種。亦多有用之書，可與學津討原互補。
　　此書版旋燬去，摹印無多，流傳頗罕。○近有石印本行世。

〔補〕**借月山房彙鈔十六集一百三十四種附錄三種**　清張海鵬
　　輯。○清嘉慶十七年張海鵬刊本，九行二十一字，黑口，左右雙闌。
　　第一至三集經部書，四至十集史部書，十一至十五集子部書，十六集
　　集部書，均明清人撰述。○此書版後歸上海陳璸，重編為澤古齋重
　　鈔十二集一百十種，較借月原本缺第十集十一種，第十六集九種，又
　　端嚴公年譜、蜀碧、西湖紀遊、元史備忘錄四種，共缺二十四種。

〔補〕**指海一百四十種四百十六卷**　清錢熙祚編。○清道光間錢熙
　　祚據澤古齋重鈔舊版即借月山房彙鈔舊版重編增刊本，九行二十一
　　字，分二十集。

〔補〕**汪氏振綺堂叢刻七種四十卷**　清汪遠孫輯。○清汪氏振綺堂
　　刊本，十行二十一字，細黑口，左右雙闌。子目列後。御覽曲洧舊聞
　　十卷，五經算術二卷，御題唐闕史二卷，蠻書十卷，雲谷雜記四卷，敬
　　齋古今黈八卷，金石史二卷。内算術、蠻書、雲谷、敬齋四書前附四
　　庫提要。余藏。

〔補〕**汪氏振綺堂藏版書**　○清汪氏振綺堂刊，嘗見一汪氏刻書單，
　　軟體字，寫刻俱精，題“振綺堂藏版書”。錄其目如下：

尚書古文疏證 閻若璩撰　左傳補釋 梁履繩學　國語明道本考異 汪遠孫撰　國語三君注輯存 汪遠孫撰　國語韋注發正 汪遠孫撰　遼史拾遺 厲鶚撰　遼史拾遺補 楊復吉撰　漢書地理志校本 汪遠孫撰　水經注釋 趙一清錄水經　注箋刊誤 趙一清撰　咸淳臨安志 仿宋本　三祠志 汪家禧撰　列女傳校讀本 閨秀梁端校注　玉臺畫史 閨秀湯漱玉輯　東城雜記 厲鶚撰　兩般秋雨庵隨筆 梁紹壬纂　元趙待制遺稿 趙雍撰　明三十家詩選初二集 閨秀汪端撰　道古堂全集 杭世駿撰　辛卯生詩 吳衡照撰　冬榮草堂詩集 李堂撰　松聲池館詩存 汪潞撰清尊集　銷夏倡和詩　借閒生詩詞蕙 汪遠孫撰　詞綜 朱彝尊輯　缾笙館修簫譜 舒位撰　太上感應篇箋注 惠棟注 按：目中所列各書今有不可得而見者，如尚書古文疏證、趙待制遺稿世固未知汪氏有刻本也。近年其家搜集存版，編為振綺堂遺書，祇存國語三種，漢書地理刻校本等五書，餘版存否未可知，因錄以供後人考訂。

上雜家類雜編之屬

子部十一

類書類

　　類書如明之永樂大典二萬二千九百卷，本朝之圖書集成一萬卷，囊括羣書，卷帙太大，未見此目。

〔增〕世本輯補十卷 嘉慶戊寅秦嘉謨纂輯本。

〔補〕**世本二卷** 漢宋衷注，清王謨輯。○清嘉慶三年金溪王氏刊漢魏遺書鈔本。

〔補〕**世本五卷** 漢宋衷注，清張澍輯並補注。○清道光元年武威張氏二酉堂刊本。

〔補〕**世本二卷** 漢宋衷注，清雷學淇輯。**考證一卷** 清雷學淇撰。○清光緒五年王氏謙德堂刊畿輔叢書本。

古今同姓名錄二卷 梁孝元皇帝撰。○函海本。

〔補〕**修文御覽三百六十卷** 題北齊祖珽等撰輯。○明寫本。此偽書，以文苑英華偽為之，其英華每卷後之胡柯、彭叔夏校正銜名尚存。四明盧址抱經樓遺書。癸丑見於其宅中。此書久佚，近於敦煌石室出一殘段，為羅君振玉印於鳴沙石室佚書初編中。

〔補〕**珊玉集□□卷** 不著撰人名氏。○存卷十二、十四，計二卷。日本舊鈔卷子本。○清光緒中黎庶昌刊入古逸叢書中。

編珠二卷補遺二卷續編珠二卷 隋杜公瞻撰。○高氏刊。○嘉靖甲戌刊巾箱本。

〔補〕○清康熙三十二年高士奇刊本。

藝文類聚一百卷 唐歐陽詢等奉敕撰。○嘉靖丁亥胡纘宗刊小字本。○萬曆丁亥王元貞刊中字本。○明閏人詮刊本。○明蘭雪堂活字本。○張月霄小字宋本，每頁二十八行，行二十三字。○閏人本有馮己蒼據宋刻校。

〔附〕○明嘉靖戊子長洲陸子玄刻本。（王國維）

〔補〕○明正德十年華堅蘭雪堂銅活字印本，七行十三字，白口，左右雙闌，版心上方有"蘭雪堂"三字，卷末有"正德乙亥冬長至日，蘭雪堂華堅銅版校正印"三行。○明嘉靖六年胡纘宗刊本，十四行二十三字，白口，左右雙闌，余藏。余據北京圖書館藏譚儀臨馮舒校宋本校，並錄馮舒、陳徵芝、譚儀跋。譚校底本亦為胡纘宗本。○明嘉靖九年鄭氏宗文堂刊本，十四行二十八字，白口，四周單闌。陸心源皕宋樓舊藏，號為元刊本。靜嘉堂藏。○明嘉靖二十八年平陽府刊本，十四行二十八字，白口，左右雙闌。○明萬曆王元貞刊本，十行二十字，白口，左右雙闌。卷首題"明秣陵王元貞校"。刻成於萬曆十五年丁亥。○清光緒五年華陽宏達堂刊本。余藏。

北堂書鈔一百六十卷　唐虞世南撰。○明陳禹謨增改刊本最劣。○陶九成改此書為古唐類苑，季目有抄本一百六十卷。○又名大唐類要，孫淵如、嚴鐵橋、張金吾並有舊抄本，未經更改。○胡心耘有明鈔本，又有影宋本。○聞有善本，為福建陳徵芝購去。朱修伯曰，國初所有原本，竹垞所儲名大唐類要，抄本，後歸汪小米家，頗劣；遵王所儲名古唐類苑，最為精抄，後歸季滄葦，又歸黃蕘圃家，又曹楝亭藏本，後歸張月霄。然諸本皆錯訛難讀，歸安嚴鐵橋合校諸本以付刊，僅刊三十八卷而止。聞往歲有蘇人開雕，未知果否。○丁禹生有藝海樓抄本大唐類要，當據小米本。○邵亭有明抄本。

〔補〕○明寫本，藍格，十一行十八字，版心下方有"東吳徐氏藏書"六字，鈐有毛晉諸印。存卷一至一百二十二。○明臥雲山房寫本，墨格，十一行十八字。版心下方"臥雲山房"四字。卷十至三十以別一明寫本配入，十行二十字。余藏。○明藍格寫本，十行二十字。○舊寫本。清勞格據汪氏振綺堂藏朱彝尊舊藏大唐類要校，有跋，並錄朱彝尊跋。○清光緒十四年南海孔氏三十有三萬卷堂據陽湖孫氏舊校影宋本重刊本。二十册。余藏。

〔補〕北堂書鈔一百六十卷　唐虞世南輯，明陳禹謨補注。○明萬曆二十八年陳禹謨刊本，九行二十字，白口，左右雙闌。卷首虞世南銜名下題"明海虞陳禹謨校並補註"。有萬曆二十八年陳序。此即朱彝尊跋中稱"以貞觀後事及五代十國之書雜入其中，盡失其舊，鏤版盛行，而原書流傳日罕"者。明人刻書而書亡，此本是也。莫氏所記

陳禹謨增改刊本最劣者亦即此本。

〔補〕大唐類要一百六十卷　即北堂書鈔，買人易名以求重值者。○
　清顧沅藝海樓藍格寫本，十行二十二字，版心上有“大唐類要”四字，
　下有“藝海樓”三字，為專刻傳鈔稿紙。有莫友芝、丁日昌跋。徐坊
　藏書。○清恬養齋寫本。李木齋先生藏。

〔補〕古唐類範一百六十卷　即北唐書鈔。○明寫本，十二行二十二
　字。前有陶九成序。有季振宜、朱彝尊、黃丕烈、汪士鐘藏印。前有
　黃丕烈手錄讀書敏求記一則，曝書亭集一則，皆記此書者，末有黃丕
　烈跋十五行，云即朱彝尊舊藏之大唐類要，見曝書亭集跋中者，卷中
　朱氏印可證。買人又挖去“大唐類要”之名，改題“古唐類範”，卷中
　挖補之跡顯然云云。余前校勞格校本，勞跋亦言版心挖補，以藍色
　補畫格以掩之云云，則黃勞之言不為無據矣。

龍筋鳳髓判四卷　唐張鷟撰。○萬曆乙酉張氏重刊本。○湖海樓叢
　書本。○學津討原本二卷。○無注元刊本二卷。

〔補〕　○明精寫本，十行二十四字，明葉奕校，有跋云：“崇禎五年假何
　公虞本鈔完，何本係元人所錄，行草互雜，差落殊甚，略校一次。二
　十八日，葉奕”。按此書舊本二卷，此獨四卷，題從元本出，惜匆匆一
　見，未能考校其真贋異同也。盧址抱經樓遺書。癸丑十二月閱於其
　老宅中。

〔補〕龍筋鳳髓判二卷　唐張鷟撰。○明弘治十七年沈津刊本，十行
　十六字，白口，左右雙闌。前弘治十七年祝允明序，言得元人錄本於
　外大父徐有貞家，邑令沈津刊之。後有都穆跋。前人以朱筆據舊鈔
　本校。其國子監四十三之前鈔本註云“空二百八十二行”。北京圖
　書館藏。余曾借校，改正學津討原本四百八十五字，為傳世最佳之
　本。翁君斌孫亦有一本，有錢天樹跋，云是雲南刊本，翁氏則謂為元
　刊本。莫氏所記之“無注元刊本二卷”亦即此本。海虞瞿氏亦有一

本。余平生所見凡三本。○清寫本，十行十六字。有傳錄查慎行
跋，云是宋板。又有彭元瑞手跋，言乾隆四十四年從鮑氏知不足齋
借鈔，譌字甚夥，雖宋板不足貴也云云。鈐彭氏藏印。此本以行格
及條數核之，知即從弘治沈津本出，而前人悉誤認沈本為宋本矣。
翰文齋見。○清嘉慶十年張氏照曠閣刊學津討原本，余據明沈津刊
本、舊寫本及彭元瑞手校舊寫本校，改定甚夥。

〔補〕**龍筋鳳髓判注四卷** 唐張鷟撰、明劉允鵬注。○明刊本，十行
二十字，白口，四周雙闌。文賢書局見。

〔補〕**龍筋鳳髓判四卷** 唐張鷟撰、明劉允鵬注，清陳春補正。○清嘉
慶十六年陳春自刊湖海樓叢書本。○清道光二十六年番禺潘氏刊
海山仙館叢書本。

初學記三十卷 唐徐堅等奉敕撰。○嘉靖十年錫山安國桂坡館刊。
○嘉靖十三年晉府刊本佳。○萬曆丁酉陳大科刊。○萬曆丁亥徐
守銘甯壽堂重刊安國本。○明晉陵楊氏九州書屋重刊安國本。○
古香齋刊巾箱本。○又嘉靖二十三年常瀋王刊本。

〔附〕○明茅鹿門本。（邵氏）

〔補〕○明嘉靖十年安國桂坡館刊本，九行十八字，白口，左右雙闌。
卷首三行下方題“錫山安國校刊”六字。余有一帙，余曾用嚴可均校
本校。嚴校所據為明滎陽鄭氏刊本，誤認為宋本。後又有一帙，有
葉德輝跋，謂為活字本，且謂桂坡安氏先得宋刊殘本，排印此本，後
又刻之云云。此跋大謬。蓋葉氏誤認此安刻為活字本，又依顏魯公
集並有刊本、活字本之例，臆斷此書別有刊本也。○明嘉靖十三年
晉府虛益堂刊本，九行十八字，黑口，左右雙闌。清嚴可均用明滎陽
鄭氏刊本校，改正甚多。余曾臨一本於桂坡安國刊本。○明九洲書
屋翻錫山安國刊本，九行十八字，白口，四周雙闌。李木齋先生藏。
○明萬曆二十六年陳大科刊本，九行二十字，白口，左右雙闌。卷首

題"明資善大夫都察院右都御史兼兵部右侍郎前太常寺卿吏科給事
中陳大科校"。李木齋藏。○清乾隆內府刊欽定古香齋袖珍十種
本，九行二十字，白口，四周雙闌。○清同治光緒間南海孔氏重刊古
香齋袖珍十種本。

〔補〕**新雕初學記三十卷** 唐徐堅撰。○宋紹興十七年東陽崇川余
四十三郎刊本，十二行二十二至二十五字不等，注雙行三十字，白
口，左右雙闌。前紹興四年劉本序，九行十四字。序後有牌記四行，
文曰"東陽崇川余四十三郎宅今將監本寫作大字，校正雕開，並無訛
謬，收書賢士幸詳鑒焉。紹興丁卯冬日謹題"。有缺葉，鈔配足之。
鈐金澤文庫墨記。日本帝室圖書寮藏。據島田翰言，日本尚有元至
正二十年翠巖精舍刊本。未知確否。

〔補〕**新刊初學記三十卷** 唐徐堅撰。○明滎陽鄭氏刊本，十行二十
字，白口，四周單闌。前紹興四年劉本序，題作"重刊大字初學記"，
八行十八字。次目錄，十三行二十三字。後有"謹依古本，滎陽鄭氏
重刊印行"一行。鈐吳騫藏印。前有舊人題簽，稱"元補宋槧大字本
初學記"。此即嚴可均校本所據校之本，誤認為宋本。然可校訂安
國本奪誤閡多，實為明刊最善之本也。徐坊遺書。

元和姓纂十八卷 唐林寶撰。○嘉慶七年洪瑩增校刊本十卷。

〔補〕**元和姓纂校勘記二卷佚文一卷** 羅振玉撰。○民國四年羅氏
自印雪堂叢刻本。

〔補〕**白氏六帖事類集三十卷** 唐白居易輯。○宋紹興間刊本，十三
行二十四五字，注雙行三十二至三十五字，白口，左右雙闌。版心記
"帖冊一"至"帖冊六"，下記刊工人名，多與余藏宋紹興初刊廣韻、水
經注合。宋諱"構"字注"御名"。用寧宗嘉定年間鄞酒務冊子紙背
印。明王寵、文震孟，清季振宜、徐乾學遞藏。余藏。此本吳興張君
芹伯已影印行世。○又一帙，行欵與上本全同，惟版心記"帖一"至

"帖十二"，分訂十二册，與余本之分訂六册者不同。避宋諱亦至"構"字，亦為紹興初刊，然視余本摹印在前，亦非一本。鈐明文淵閣大印，明代官書。日本嘉靜堂文庫藏。

〔補〕新雕白氏六帖事類添注出經三十卷　唐白居易輯。○宋刊本，十二行二十一至二十三字不等，注雙行三十一至三十三字，白口，左右雙闌。版心下方間記字數，每類標題以陰文別之。前有慶曆二年牒文。鈐汪士鐘藏印。殘本，張氏適園藏書。

白孔六帖一百六卷　唐白居易、宋孔傳撰。○明嘉靖刊本。○天祿後目有宋刊孔氏六帖三十卷，乾道丙戌刊于衢州，乃書成初刊之本。王蘭泉有宋刊白帖三十卷。○汪氏有宋本。

〔附〕○吳門汪氏有宋刊本，十行十七字，注二十三字，題曰唐宋白孔六帖，第三、四卷仍題白孔。○六帖本三十卷，唐白居易撰，續六帖本亦三十卷，宋孔傳撰，其合兩書為一，析成百卷，不知何人所作。（邵氏）

〔補〕唐宋白孔六帖一百卷　唐白居易、宋孔傳輯。○宋建本，十行十七字，注雙行二十三字，細黑口，左右雙闌，左闌外有耳記篇名。鈐傳是樓及汪士鐘印，即莫目所記之汪氏藏宋本。存三十八卷，皕宋樓舊儲，今在日本靜嘉堂文庫。楊守敬氏有殘卷。○明翻宋本，十行十八字，白口，左右雙闌。余藏。余據宋紹興本白氏六帖校之，改訂頗多。○明寫本，藍格，十行二十一字。存八十卷，前別鈔目錄，以充全本。

小名錄二卷　唐陸龜蒙撰。○稗海本。

〔補〕○明寫本，十行二十字。前自序並唐書本傳，說郛本皆不載。鈐徐乾學、何焯、黃丕烈、顧錫麒藏印。余曾取校稗海本，曹爽磚誌、謝虎子二條增補近百字。文友堂見。○明萬曆間商濬刊稗海本，余據明寫本及朱彝尊藏本校，增補佚文一條，又百許字。○舊寫本，清朱彜尊舊藏，有印記。余曾取校稗海本，補佚文一條。

〔補〕**小名錄一卷** 唐陸龜蒙撰。○清順治三年宛委山堂刊説郛本。

蒙求集註二卷 晉李瀚撰。○萬曆初吳門顧氏刊本。○學津討原本。○金三俊補注。乾隆癸卯今雨堂刊。○日本佚存叢書李氏原註本。○姚若有永樂間張權刊本三卷。○吳興周氏謂元遺山十七史蒙求序引唐李華作此書序云云，則為唐李瀚無疑，四庫誤也。○李華序佚存本有。又有天寶五年八月饒州刺史李良上表。

〔補〕**蒙求一卷** 唐李瀚撰。○元刊本，六行十四字，注雙行同，大黑口，四周雙闌。故宮藏書。

〔補〕**標題徐狀元補注蒙求三卷** 石晉李瀚撰、宋徐子光注。○宋刊本，十行，小字雙行二十六七字不等，書名、時代及注中事實用陰文。有述古堂、稽瑞樓藏印。四庫存目。

〔補〕**蒙求三卷** 石晉李瀚撰。○日本佚存叢書本。○清光緒五年王氏謙德堂刊畿輔叢書本。

〔補〕**李氏蒙求六卷** 石晉李瀚撰，宋徐子光集注。○清同治九年長沙余氏刊明辨齋叢書本，在外集中。

事類賦三十卷 宋吳淑撰。○嘉靖壬辰内江趙鷺洲守蘇刊于郡齋，據華家宋本校。○嘉靖中俞安期仿宋刊本。○乾隆甲申華氏劍光閣並廣事類賦刊本。○宋刊大字本，表在目後，不甚佳。○元刊黑口本，每頁二十二行，行二十字。

〔補〕○宋紹興十六年兩浙東路茶鹽司刊本，八行十六至十九字不等，注雙行同，白口，左右雙闌。卷末有紹興十六年邊惇德刊書序。卷三十末書名後有校勘銜名四行，多紹興府及浙東提舉茶鹽司官吏。鈐元人舊印頗多。又項元汴、項篤壽藏印。又天祿琳琅諸璽。整理者謹按：此故宮佚目中書，散失於長春，一九四七年為先父晉生先生收得，附記於此。此刻潘氏寶禮堂有殘本，視前本摹印差晚。有黃丕烈跋。○明嘉靖十一年華麟祥刊本，十二行二十字，白口，左右雙闌，版心上方有"崇正書院"四字。從宋紹興十六年兩浙東路茶鹽司本出。而改易行欵。有紹興十六年邊惇德舊序及嘉靖十一年華雲重刊序。本書卷首於吳淑名後題"皇明都事錫山華林祥校刊"一行。又於宋代刊書銜名後增皇明嘉靖壬辰常州府無錫縣學生倪華、安如石等重校銜名。李木齋先生藏。○明嘉靖十三年開封府刊本，十一行二十字，黑口，四周單闌。有嘉靖十三年李濂序，稱開封太守石嚴白公刻於郡齋。又有嘉靖十三年陳同後序。有紹興刊書序及銜名，與前二本同，亦出於浙東茶鹽司本。莫氏所記元刊黑口本實即此本。○明萬曆間潘仕、潘傑刊本，十二行二十字，白口，左右雙闌。本書於吳淑銜名後題"皇明新安嚴鎮潘仕、潘傑校刊"。此本行欵與華麟祥本全同，或即翻華本歟。○明葉氏作德堂翻嘉靖十一年華麟祥刊本，行欵失記。李木齋先生藏。○清乾隆五十八年繡谷周氏令德堂刊本。○清嘉慶六年文盛堂刊本。

〔補〕事類賦三十卷 宋吳淑撰　廣事類賦四十卷 清華希閔撰。○清乾隆二十九年錫山華氏劍光閣刊本。

太平御覽一千卷 宋李瀚等奉敕撰。○萬曆元年黃正色活字本。浙人倪炳文續定刊本。○嘉慶九年常熟張氏仿宋本，佳。○嘉慶丙寅揚州汪氏活字本。○嘉慶十三年鮑氏刊，今通行。○宋刊小字本，每頁二十四行，行二十二字，藏吳門黃氏，不全。○孫淵如曰，吳門周明經錫瓚藏有明文淵閣殘本三百六十卷，黃孝廉丕烈有明本，余屬何上舍元錫合抄成書，尚缺六十五卷，以明刊抄補，視黃正色本稍為完善。○昭文張氏宋刊殘本六卷，每頁二十六行，行二十二字，謂與周氏文淵閣本同。

〔附〕○宋慶曆五年本。（邵氏）

〔補〕○南宋中期刊本，十三行二十二字，白口，四周雙闌或左右雙闌，

避宋諱至“慎”字止。存三百六十六卷，七十六册。鈐明文淵閣大方
印，明內閣舊貯，陸心源舊藏，謂為北宋刊。誤矣。今藏日本靜嘉
堂，涵芬樓影印宋蜀本御覽時，缺卷曾以之補入。○宋慶元五年成
都路轉運司刊本，十三行二十二至二十四字不等，白口，左右雙闌。
後有宋慶元五年成都路轉運判官兼提舉學事蒲叔獻序。後有李廷
允跋，云蒲氏兼提蜀學，募工鋟木，廷允獲與校讐，改正三萬八千餘
字云云。前有總類、經史圖書綱目及目錄十五卷。日本帝室圖書寮
藏一帙，鈔配目錄十五卷，本書二百三十四卷。日本西京東福寺亦
藏一帙。此書已印入四部叢刊三編中。○明萬曆元年倪炳刊本，十
一行二十二字，白口，四周單闌。有萬曆改元黃正色序，言無錫有人
因閩省梓人用活字本印，僅成十之一二即輟工，浙人倪炳鋟諸梨棗
云云。○明萬曆二年周堂銅活字印本，十一行二十二字，白口，四周
單闌。前萬曆二年甲戌周堂序，云其父從閩買得其半，半在無錫顧
肖巖、秦虹川家，合而成之，其父沒後堂續成之云云。周序後有牌
記，文曰“閩中饒世仁，游廷桂整擺，錫山趙秉義，劉冠印行”。或作
“宋板校正，饒氏仝板，活字印行一百餘部”。後有宋慶元蒲叔獻序，
李廷允跋，是從宋慶元五年成都路轉運司刊本出。○明寫本，十行
二十字。余藏。○明寫本，棉紙藍格，十行二十二字。存七百九十
卷。天一閣舊藏。○明寫本，墨格，十二行二十一字。存九百三十
卷。○清嘉慶九至十四年張海鵬從善堂刊本，余據宋本校過。○清
嘉慶十七年鮑崇城刊本。余藏。○此書慶元成都轉運司本前有目
錄十五卷，從此本出者亦然。惟倪炳本目錄為十卷。

册府元龜一千卷　宋王欽若等奉敕撰。○康熙壬子五綉堂刊本。○
陽湖孫氏舊抄本。○昭文張氏有舊抄北宋本，缺三十卷。○又有北
宋刊殘本九卷，每頁二十六行，行二十四字，汲古閣藏。○抱經樓目
有册府元龜獨註十二册，未詳何人。○明崇禎壬午刊本。○此書有

明刊半頁八行本。

〔附〕○宋刊本刻工不甚精，最佳。○舊抄北宋本九百七十卷，佳。○舊抄宋本，佳。○明刊本，不佳。（邵氏）

〔補〕○宋蜀中刊本，十四行二十四字，白口，左右雙闌。北京圖書館藏九十八卷。海虞氏藏十三卷，其餘諸家共藏三十三卷，總計國內藏一百四十四卷。陸心源皕宋樓藏四百七十一卷，今在日本靜嘉堂文庫。內與國內公私藏本重覆者二十一卷，合國內外所存，此書宋蜀本共存五百九十四卷。國內藏本余得假校者一百三十卷。又以靜嘉堂本取其國內宋本及明本所無者二十餘條逐條鈔錄，補今本六千餘字。

〔補〕**册府元龜一千卷目錄十卷** 宋王欽若等輯。○明崇禎十五年黃國琦刊本，十行二十字，白口，四周單闌。余據宋蜀本校一百三十卷（內數卷為殘葉）。又據皕宋樓藏宋蜀本補脫文六千餘字。

〔補〕**新刊監本册府元龜一千卷目錄十卷** 宋王欽若等輯。○宋蜀中刊本，十三行二十四字，注雙行同，白口，左右雙闌。版心及字視前本為大，刊工亦精於前本，白麻紙精印。鈐有"御府圖書"、"緝熙殿寶"、"文淵閣印"諸印，歷經宋明內府珍藏。又有汲古閣毛氏藏印。存八卷。海虞瞿氏藏。○明墨格寫本，十三行二十四字，行格與宋本同。明代舊裝。東方圖書館藏。○明藍格寫本，十三行二十四字。鈐"楊重林氏耕心山房藏書"白文印。以上二書均全佚，無配補。○明藍格寫本，十三行二十四字，行欵與宋本同。鈐朱氏橫經閣藏印。存七百九十四卷。文友堂見。○明等身書舍寫本，棉紙藍格。內十餘冊明人鈔配。盧址抱經樓遺書，癸丑冬見於其宅中。○明寫本，棉紙藍格，十一行二十四字。失名人朱筆校。卷五末有偽錢謙益跋。存二十九冊。

〔補〕**文選雙字類要三卷** 題宋蘇易簡撰。○明嘉靖十九年刊本，十

行二十字，白口，左右雙闌。有莆田姚虞序，言得本于皇甫汸，長沙
守季本刊之。明攸縣公文紙印本。莫棠藏。四庫存目。

〔補〕**晏元獻公類要□□卷**　宋晏殊撰。○清寫本。前曾鞏序，言上
中下帙七十四篇。卷中引書精要文句大字書之，餘則雙行。後有徐
虹亭、胡篓江藏印。此書直齋書錄解題著錄為七十六卷。此書四庫
以天一閣本入存目，標一百卷，原闕四十三卷。

〔補〕**重廣會史一百卷目錄一卷**　不著撰人名氏。○北宋刊巾箱
本，十五行二十至二十六字，白口，左右雙闌。標題大字占雙行。每
卷有目，連正文。每類先引古子，次引正史，至新唐書止。鈐有"高
麗國十四葉辛巳歲，大宋建中靖國元年、大遼乾統元年藏書"印記。
日本前田氏尊經閣藏，已影印行世。中土佚書。

事物紀原十卷　宋高承撰。○正統戊辰南昌閻敬刊本。○正統中趙
弼增删本二十卷。○格致本。○惜陰軒叢書本。○張志事物紀原
集類二十卷，致爽閣校宋本。○高承書明刊本十卷，校者據宋閩中
刻本分二十卷，與直齋書錄合。卷十四明刊七州郡方域門明本作部
驛，下校補"敕書樓"、"鼓角樓"、"酒務"、"遞鋪"四事，計二百有餘
字。每卷有毛褒印記，或即褒手校。

〔附〕　○正統本亦曰事物紀原集類。○頃得抄本。（眉）○宋刊本二十
卷，佳。○汲古有宋本。（邵氏）○趙弼本二十卷，刻於正統甲子，有
漢陽府推官建安陳華序，每半葉九行，行二十二字。（王國維）

〔補〕**重修事物紀原集二十六卷目錄二卷**　宋高承撰輯。○宋慶
元三年建安余氏刊本，十一行二十一字，白口，左右雙闌。目後有慶
元丁巳建安余氏刊書小啟。日本靜嘉堂文庫藏。

〔補〕**事物紀原集類十卷**　宋高承撰輯。○明正統十二年戊辰南昌
閻敬刊本，十二行二十四字，黑口，四周雙闌。前閻敬刊書序，言得
書於胡儼，鋟梓以傳云云。上下五卷各有總目，每卷分若干部，部下

標若干事。余藏。余據毛褒校宋本校，又據何煌本校。〇明成化八
年李果重刊正統十二年閻敬刊本，十二行二十四字，黑口，四周雙
闌，有評點，與閻敬本小異。失名人據宋建安余氏本校，卷首有毛褒
小印，或即其校本歟。蟫隱廬寄來求售，臨一本還之。〇又一部，清
何煌校。余曾臨校。後歸周叔弢。〇明弘治十八年魏氏仁實書堂
重刊正統本，十二行二十四字，黑口，四周雙闌。京肆見一帙，李木
齋先生亦有一帙。

〔補〕新刻事物紀原十卷 宋高承撰輯。〇明萬曆胡文煥刊格致叢
書本，十行二十字，白口，左右雙闌。清失名人據宋建安余氏本校。
卷七脫"敕書樓"、"鼓角樓"、"酒務"、"稅務"、"遞鋪"五條，二百八十
二字，咸據宋本補完。

〔補〕事物紀原二十卷 宋高承撰輯。〇明初刊黑口本，九行二十字。
四周雙闌。陳立炎肆中見，未收。

實賓錄十四卷 宋馬永易撰。〇說郛本不全。

〔補〕 〇四庫本已印入四庫全書珍本初集中。

書叙指南二十卷 宋任廣撰。〇嘉靖六年山西刊本。〇雍正三年金
匯刊本。〇惜陰軒本。〇墨海金壺本。〇珠叢別錄本。

〔補〕新刻呂涇野先生校正中秘原本二十卷 宋任廣撰輯，明李栯
校。〇明金陵王世茂車書樓刊本，九行十九字，白口，四周雙闌。余
藏。

海錄碎事二十二卷 宋葉廷珪撰。〇萬曆戊戌沛劉應廣刊本。

〔附〕 〇嘉靖中劉鳳刊本。

〔補〕 〇明萬曆二十六年劉鳳刊本，十二行二十一字，白口，左右雙闌。
卷首題河南僉憲劉鳳校刻，孫鴻英、應黃同校。〇明寫本，十二行二
十字。前紹興十九年自序及傅自得序。後有明陳繼儒、清宋思玉
跋。鈐有朱子儋藏印。

〔增〕**班左誨蒙三卷** 宋左通奉大夫徽猷閣待制除提舉萬壽觀實錄院修撰程俱撰。直齋著錄，後有紹興三十一年五月日南劍州雕匠葉昌等鏤板一條，取左、班二書常言細事，與夫古言異字、名物制度之微，獵取殆盡，以公穀附焉。政和三年癸巳六月自序。○張氏志舊抄本。

〔補〕○舊寫本。壬子冬杭州見。

古今姓氏書辨證四十卷 宋鄧名世撰。○嘉慶七年洪氏刊本。○守山閣以宋殘本校，附校勘二卷。

〔補〕**帝王經世圖譜十卷** 宋唐仲友撰。○宋刊本，十五行二十八字，黑口，左右雙闌。前有目錄，十行。鈐明朱象玄、清季振宜、徐乾學藏印。余曾借校。存卷一至八。

帝王經世圖譜十六卷 宋唐仲友撰。○季氏目有宋刊本八卷六本。○道光間杭州瞿氏刊本。○提要稱此書奉命欹劂，而聚珍板書百三十餘種無之，蓋隨時擺印，多寡不同，故流傳亦異耳。○朱修伯曰，原板尚存于浙東唐氏。

〔補〕○福建翻聚珍本。○清道光二十八年瞿氏清吟閣刊本。○清光緒間廣雅書局翻武英殿聚珍本書本，余據宋本校，改訂各圖訛謬至多。

〔補〕**帝王經世圖譜十六卷** 宋唐仲友撰。**附錄一卷** ○清同治十二年胡鳳丹刊金華叢書本。

職官分紀五十卷 宋孫逢吉撰。○路小洲有抄本。○丁禹生亦有舊抄，出玉玲瓏閣，經藏于汪閬源。○此書有後集二十六卷，各家書目皆未著錄。

〔補〕○天一閣舊藏明寫本，九行二十四字，注雙行同。有元祐七年六月秘書省校對黃本舊籍高郵秦觀序。卷一至二，四十三至五十新鈔配。夏孫桐守四明時所得，後歸張壽鏞。○明寫本，朱絲闌，十行二十四字。前秦觀序，銜名同前。刊有明高瑞南、黃虞稷及清宋犖藏印。〇四庫全書珍本初集本。

〔增〕**左氏摘奇十二卷**　宋胡元質撰。元質字長文，吳郡人，官給事中。宋志載此書失撰人，直齋書錄則題元質，與此傳本正同。〇從吳中藏家影宋抄錄卷後元質自記云，左氏摘奇皆手所約取，鋟木于當涂道院，與同志者共之，乾道癸巳元日書。當係元刊所識。〇阮氏曾以進呈。〇靜持室有影宋舊抄，半頁十行，行二十三字。秀埜草堂、夢華館有藏印。

歷代制度詳說十二卷　宋呂祖謙撰。〇提要稱有元泰定三年刊本，久佚，從兩淮馬裕家抄本傳錄。〇淡生堂餘苑本十卷。〇路氏有抄本。〇張氏志載怡顏堂抄本十二卷，有泰定三年彭飛刊板序。

〔補〕**歷代制度詳說十五卷**　宋呂祖謙撰。〇民國十三年胡宗楙輯刻續金華叢書本。

〔補〕**東萊先生分門詩律武庫二十卷**　題宋呂祖謙輯。〇宋刊本，十一行十九字，黑口，四周雙闌。目錄前有刊書牌子四行，云得呂氏家塾手抄武庫一帙，刻梓以淑諸天下云云。劉君承幹藏。是建本。

〔補〕**東萊先生分門詩律武庫前集十五卷後集十五卷**　題宋呂祖謙撰。〇宋刊本，十一行十九字，細黑口，左右雙闌。目前有書坊小啟，同前書。是閩中刊本，刊印視前本差晚，已至宋季矣。鈐毛氏汲古閣，汪氏藝芸精舍印，陸心源舊藏，今在日本靜嘉堂文庫。此書四庫入存目，合前後集三十卷。

〔補〕**東萊先生詩律武庫前集十三卷後集十七卷**　題宋呂祖謙撰。〇明寫本，墨格，十行十八字。前集十三類，自慶誕至贈送，後集十七類，自飲酒至賢豪，分卷與宋本不同。黃丕烈據宋本校，有跋三則。楊氏海源閣藏。

〔補〕**東萊先生詩律武庫十五卷後集十五卷**　題宋呂祖謙撰。〇清康熙五十四年鄭氏桃源仙莊刊本。八册。余藏。

〔補〕**詩律武庫十五卷後集十五卷**　題宋呂祖謙撰。○清同治間胡鳳丹刊金華叢書本。

〔補〕**觀史類編六卷**　宋呂祖謙撰。○宋刊本，九行十八字，白口，左右雙闌。據直齋書錄解題類書類載，分爲擇善、儆戒、閫範、治體、論議、處事六門。閫範先成別行，而論議分上下卷，仍爲六卷。此本只存治體一卷。內閣大庫舊儲，劉啟瑞食舊德齋藏。

〔增〕**回溪史韻殘本二十三卷**　題宋回溪錢諷正初編集。摘十七史中語，以韻編之，有慶元五年郡人鄭僑序。郡侯孜自疆刊此書，云正初世家錢塘，卜居于嘉禾回溪之上。○四庫未收，阮文達經進。○郘亭有舊鈔本。

〔補〕**回溪先生史韻四十九卷**　宋錢諷輯。○宋刊本，十一行二十字，注雙行同，白口，左右雙闌。存卷第二十三。李木齋先生藏。又曾見大庫殘葉。此書四庫未收，阮元輯入宛委別藏中進呈，僅存二十三卷。

永嘉八面鋒十三卷　不著撰人。○明薛應旂本。○都穆刊本。○盧雍校刊本。○湖海樓本。○巾箱本。

〔補〕**永嘉先生八面鋒十三卷**　宋陳傅良輯。○明萬曆九年刊本，九行十八字，白口，四周雙闌。揚州文富堂見，缺首三卷。○清嘉慶十八年蕭山陳氏輯刻湖海樓叢書本。

〔補〕**前漢六帖十二卷**　宋陳天麟撰。○宋刊本，十行二十字，注雙行同，白口，左右雙闌。似撫州刊本。

〔補〕**錦繡萬花谷四十卷後集四十卷續集三十卷**　不著撰人名氏。○宋刊本，十二行十九字，白口，左右雙闌，版心上記字數，下記刊工人名。存前集四十卷，顧麐士藏，余壬子歲見於吳門。楊守敬及日本靜嘉堂文庫均有殘本，亦存前集。○宋元間刊本，十三行二十三字,細黑口,左右雙闌。是建本。日本帝室圖書寮有殘本二卷。京肆見續集四十卷。李木齋先生有別集三十卷。

錦繡萬花谷前集四十卷後集四十卷續集四十卷　不著撰人。○

嘉靖丙申刊本。○季目有宋刊前後二集八十卷。○千頃堂書目有別集三十卷。○明刊本須要有別集。○宋刊小字本。

〔補〕○明弘治七年華燧會通館銅活字印本,九行十七字,小字雙行,白口,四周雙闌。版心上方題"弘治歲在閼逢攝提格",下題"會通館活字銅版印"。余藏。○明嘉靖十四年徽藩崇古書院刊本,九行十七字,雙行。版心陽面上方有"敕賜崇古書院刻"七字。有嘉靖十四年賈詠序,言徽藩據華燧本覆刻。

〔補〕**錦繡萬花谷一百卷**　不著撰人名氏。○明華燧會通館銅活字印本,七行十三字,小字雙行同。鄧邦述藏。廠肆亦見一部。

〔補〕**錦繡萬花谷前集四十卷後集四十卷續集四十卷別集三十卷**　不著撰人名氏。○明嘉靖十五年秦汴繡石書堂刊本,十二行二十一字,注雙行同,白口,左右雙闌。

〔補〕**姬侍類偶不分卷**　宋周守忠撰輯。○明寫本,藍格,十行二十字。前嘉定鄭域序。後有嘉靖二年滕霄跋。此書集閨閣故事,標以四言,記一百八十二年,多引史傳小說。有陸沆、陸偰印,繆荃孫跋。○清陶智寫本。吳翌鳳跋。李木齋先生藏。此書四庫入存目,為二卷本。

〔補〕**類編秘府圖書畫一元龜正部□□卷**　不著撰人名氏。○宋刊本,十五行二十五字,黑口,四周單闌。闌上有提要。癸丑歲見,存卷八十六至九十,五卷一冊。

〔補〕**類編秘府圖書畫一元龜甲部□□卷乙部□□卷丙部□□卷丁部□□卷**　不著撰人名氏。○宋刊本,十五行二十五字,黑口,左右雙闌,左闌外有耳。存甲部卷七至十。日本東洋文庫藏。

○宋刊本，十五行二十四至二十五字，細黑口，或白口，左右雙闌。
闌外無耳，與前本不同。闌上有小字提要。存乙部卷十六至二十、
七十六至八十。日本帝室圖書寮藏。又乙部卷二十一至三十一。
日本東洋文庫藏。

〔補〕**太學新編畫一元龜丙部□□卷**　不著撰人名氏。○宋建安余
仁仲刊本，十三行二十五字，細黑口，左右雙闌。闌外無耳，闌上無
提要，行欵亦異，與前本判然二刻。卷末標題後隔一行書"國學進士
余仁仲校正"。日本帝室圖書寮藏，存丙部三至六，十一至二十，三
十一至四十，四十六至五十，六十一至六十五，八十一至八十五。

〔補〕**類編羣書畫一元龜丁部□□卷**　不著撰人名氏。○宋余仁仲
刊本，十三行二十五字，細黑口，左右雙闌。存丁部七至十，二十一
至三十五，四十一至四十五，五十一至六十五。日本帝室圖書寮藏。

**事文類聚前集六十卷後集五十卷續集二十八卷別集三十二卷
新集三十六卷外集十五卷遺集十五卷**　宋祝穆撰，新集、外集
元富大用撰，遺集元祝淵撰。○明萬曆甲辰金谿唐氏重刊本。○宋
元舊板佚去遺集。○元刊本無新、遺兩集。萬曆丁未刊本。○此
疑即鄒本，俟攷。（原稿無，印本入正文。）

〔附〕○曾見明內府刊大字本。又見明刊本，每頁十四行，行二十八
字，甚精。○又有繙本，亦明刊，題建陽知縣鄒可張訂刻。行欵雖同
而遠遜矣。今世行多鄒、唐二本耳。（眉）

〔補〕**新編古今事文類聚前集六十卷後集五十卷續集二十八卷
別集三十二卷**　宋祝穆撰輯。

新集三十六卷外集十五卷　元富大用撰輯。○元泰定三年盧陵武
溪書院刊本，十三行二十四字。黑口，左右雙闌。壬子正文齋見一
帙。歸李木齋先生。徐坊有外集十五卷，鈐陸氏水鏡堂印。○元刊
本，十三行二十三字，白口，四周單闌。存續集殘本一冊。內閣大庫

佚出之書，文德堂送閱。○明嘉靖間閩中刊本，十四行二十八字，黑口，四周雙闌。目前有附識三行，言本朝諸人各以字書云云。○明司禮監刊本，十行十八字，大黑口，四周雙闌。

〔補〕新編古今事文類聚前集六十卷後集五十卷續集二十八卷別集三十二卷 宋祝穆撰輯。

新集三十六卷外集十五卷 元富大用撰輯 遺集十五卷 元祝淵輯。○明萬曆三十二年書林唐氏刊本，十一行二十四字，白口，四周單闌。

記纂淵海一百卷 宋潘自牧撰。○萬曆己卯刊本。○季自有宋刊本一百九十五卷。○天一閣目舊抄本一百九十五卷。○元刊本一百九十五卷。○吳門汪氏藏宋刊本，有抄補。

〔補〕○明萬曆七年乙卯王嘉賓刊本，十二行二十二字，白口，四周雙闌。

〔補〕記纂淵海一百九十五卷 宋潘自牧撰輯。○宋建本，十三行二十二字，注雙行同，細黑口，四周雙闌，左闌外記篇名。海虞瞿氏藏，缺十八卷。○元刊本，十三行二十二字，注雙行同，白口，四周雙闌，行欵與宋本同，所異者左闌外不記篇名，卷首部目之上宋本有魚尾形盖子，元本無之。此但就欵式之別言之，若以雕工字體驗之，宋刊勁健險峭，元刊則圓美而乏挺勁之意，時代風格固迥異也。廠肆所見大庫殘帙。○明寫本，藍格，十行二十三字。分二十二門，每類標目大字佔雙行，每類所收分標經、史、子、傳記、集、本朝，凡六項，各注書名於下。此本較四庫本多九十五卷，分部亦不同。盖四庫本為王嘉賓所移改也。

〔補〕記纂淵海後集一百二十五卷 宋潘自牧撰輯。○明鳳巖山房寫本，藍格，十二行二十三字，版心有"鳳巖山房文草"六字。全書分二十六部，與前集不同，均為前集所無。每類標目均大字佔雙行，與

元本版式合，當從元本出。此書前集宋本，元本均一百九十五卷，會通館本二百卷，萬曆王嘉賓本併爲百卷，均無後集，則此書之罕見可知矣。修綆堂見。

〔補〕**記纂淵海二百卷**　宋潘自牧撰輯。○明弘治十六年華燧會通館銅活字印本，七行十三字，小字雙行同，白口，左右雙闌。版心上方題“弘治歲在昭陽大淵獻”，下題“會通館活字銅板印”。有方功惠藏印。

〔補〕**重添校正蜀本書林事類韻會一百卷**　不著撰人名氏。○宋浙本，十二行二十字，白口，左右雙闌。存二十七卷。海虞瞿氏藏。

〔補〕**璧水羣英待問會元九十卷**　宋劉達可撰。○明正德間銅活字印本，十一行二十三字，細黑口，左右雙闌。前有淳祐乙巳陳子和序，言全書分十六門，二百三十八類云云。錢塘丁氏有一帙，在江南圖書館。海虞瞿氏亦有一帙，均號爲宋本，誤矣。余有殘冊。四庫以選要八十二卷入存目。

名賢世族言行類稿六十卷　宋章定撰。○四庫依宋坊刊本。

〔附〕○宋麻沙本。（邵氏）

〔補〕○四庫本已印入四庫全書珍本初集中。

羣書會元截江網三十五卷　不著撰人。○四庫依元麻沙本。○明弘治十一年趙淮刊本。○彭芸楣有通用啟劄截江網慶壽一門。

雞肋一卷　宋趙崇絢撰。○百川本。○説郛本。○學海類編本。○墨海金壺本。○珠叢別錄本。○學津討原本。

〔補〕○宋咸淳間刊百川學海本，十二行二十字，細黑口，左右雙闌。余藏。○明弘治十四年華珵刊百川學海本，行欵同上，白口。○明嘉靖十五年鄭氏宗文堂刊百川學海二十卷本。○學海類編中未收此書，莫氏誤記。

小字錄一卷　宋陳思撰。○明萬曆己未沈弘正刻。

〔附〕○補錄一卷。總目無補錄，提要亦不言及。

〔補〕○明正德嘉靖間銅活字印本，九行十七字，細黑口，左右雙闌。無序跋。有黃丕烈手跋二則，云弘治吳大有本即此本之後印者，未諦，蓋黃氏未審活版為旋擺、旋印、旋拆版也。海虞瞿氏藏。已印入四部叢刊三編中。

〔補〕**古賢小字錄二卷** 宋陳思撰。○舊寫本，十行二十字。

〔補〕**小字錄一卷** 宋陳思撰**補六卷** 明沈弘正撰。○明萬曆四十七年沈弘正自刊本，八行十六字，細黑口，左右雙闌。楊馥堂自蘇寄來求售。續集只存二卷，未收。

〔增〕**自號錄一卷** 宋錢塘徐光溥撰。○依錢曾藏元孫道明抄本過錄，有淳祐丁未譚文友序。凡宋時墨客騷人及名公鉅卿之號，彙為一書，自處士及村莊，分類三十有六，附雜類于末，雖瑣屑亦資考鏡，阮氏以進呈。

全芳備祖前集二十七卷後集三十一卷 宋陳景沂撰。○此書未見刊本。○路小洲、孫伯淵並藏抄本。

〔補〕**天台陳先生類編花果卉木全芳備祖前集二十七卷後集三十一卷** 宋陳景沂輯。○元刊本，十三行二十四字，細黑口，左右雙闌。卷首二、三行題"江淮肥遯愚一子陳景沂編輯"，"建安祝穆訂正"。此書為孤本，日本帝室圖書寮藏。

〔補〕**全芳備祖前集二十七卷後集二十一卷** 宋陳景沂撰。○舊寫本，十行十九字。前寶祐元年韓境序，又寶祐四年江淮肥遯愚一子陳景沂自序。本書題"天台陳景沂編輯"，"建安祝穆訂正"。是從宋寶祐刊本出。鈐清張敦仁藏印。陳立炎肆中見。

山堂考索前集六十六卷後集六十五卷續集五十六卷別集二十五卷 宋章俊卿撰。○正德戊辰慎獨齋刊本，半頁十行，行二十八字。

〔補〕**新刊山堂先生章宮講考索甲集十卷**　宋章如愚撰輯。○宋
　金華曹氏中隱書院刊本，十三行二十字，白口，左右雙闌。存甲集十
　卷。目後有"金華曹氏中隱書院刊行"牌子二行。以字體雕工論，是
　建本而非浙本。

〔補〕**新刊山堂先生章宮講考索目錄十卷丙集十卷丁集十卷**
　宋章如愚撰輯。○宋□山書院刊巾箱本，十三行二十字，白口，左右
　雙闌，左闌外有耳記篇名。卷首首行標題下白文記"丙集"、"丁集"
　字樣。目錄後有碑形牌子，文曰"□山書院"。廠肆見丙集殘本二
　冊。述古堂送目錄十卷及丁集來，為單面草釘未折中縫之橫冊，甚
　為罕見，索五百元，未收。

〔補〕**山堂先生羣書考索前集六十六卷後集六十五卷續集五十
　六卷別集二十五卷**　宋章如愚撰輯。○元延祐七年圓沙書院刊
　本，十五行二十四字，黑口，四周雙闌。前集目後有"延祐庚申圓沙
　書院新刊"牌記二行。鈐乾隆御覽之寶及"天祿琳琅"小璽，前集缺
　五卷，後集缺三卷，續集缺三卷又若干葉，外集全集。廠肆見。此書
　李木齋先生有全帙。

〔補〕**羣書考索前集六十六卷後集六十五卷續集五十六卷別集
　二十五卷**　宋章如愚撰輯。○明正德十三年劉洪慎獨齋刊本，十四
　行二十八字，黑口，四周雙闌。卷首章氏名後題"建陽知縣區玉刊
　行"，"縣丞管韶校正"，"羅源知縣徐珪校正"三行。目後有"皇明正
　德戊寅慎獨書齋刊本"牌記二行。前集有正德戊辰鄭京序，言僉憲
　公賓出書付建陽宰區玉，玉以付書林劉洪。太守費愚等各捐俸助
　成，復劉洪徭役一年以償其勞，越二年成書云云。於此可見官府刻
　剝書戶，強其刻書之情狀。序後為本書綱目、真像、本傳。續集目前
　有木石山人劉弘毅校正一行。鄭序與牌記紀年相差十年，或遷延十
　載始刻成書歟？

古今合璧事類備要前集六十九卷後集八十一卷續集五十六卷別集九十四卷外集六十六卷 宋謝維新撰。○宋寶祐丁巳大字本。○持靜齋有嘉靖丙辰錫山秦氏刊本，全。○嘉靖丙辰衢州夏氏刊本。○弘治戊午錫山華氏刊有前集。

〔補〕○宋刊本，七行十五至十六字，注雙行二十四字，細黑口，左右雙闌。標題下有白文"前集"、"後集"字樣。每門中詩集等字加黑圓框。每卷均鈐曹文淇墨記。乙卯歲見。李木齋先生亦有殘卷，存前集四十三至七，別集四十至四十五、五十七至六十六、七十五至八十八。○明弘治十一年華氏會通館銅活字印本，九行十七字，白口，左右雙闌。余有殘冊。○明嘉靖三十五年夏相刊本，八行，小字雙行二十四字，白口，左右雙闌。目錄末題"嘉靖壬子春正月三衢近峯夏相宋板摹刻，至丙辰冬十月事竣"。有嘉靖三十五年顧可學序。

〔補〕**標題註王先生十七史蒙求十卷** 不著撰人名氏。○宋刊本，九行，雙行二十五字，大字三當小字四，白口，四周單闌，闌上有小字標目。日本帝室圖書寮藏。

〔補〕**王先生十七史蒙求十六卷** 宋王令撰。○清光緒十五年文昌書局刊本。

〔補〕**十二先生詩宗集韻二十卷** 宋裴良甫撰。○宋建本，十行，注雙行二十三字，細黑口，左右雙闌。海虞瞿氏、聊城楊氏各有一帙。四庫存目。

〔補〕**新編增廣事聯詩苑叢珠三十卷** 不著撰人名氏。○元刊本，十二行，注雙行三十二字，黑口，左右雙闌。前大德三年曹輗序。每類分叙事、故事、散對、起、聯等，亦陋儒撮抄坊估射利之作。目錄標題又作"類增吟料詩苑叢珠"。日本內閣文庫藏。○明初黑口本，十二行，注雙行三十二字，四周雙闌。缺卷六、七、八。李木齋先生藏。

〔補〕**新編纂圖增類羣書類要事林廣記前集十三卷後集十三卷**

續集十三卷別集十一卷 宋陳元靚撰輯。○元西園精舍刊本。日本内閣文庫藏。續集闕卷五、卷九。

〔補〕**纂圖增新羣書類要事林廣記十集二十卷** 宋陳元靚撰輯。○元後至元六年鄭氏積誠堂刊本，十六行二十五字，黑口，左右雙闌。

〔補〕**纂圖增新羣書類要事林廣記前集二卷後集二卷續集二卷別集二卷外集二卷** 宋陳元靚撰輯。○明永樂刊本，十八或十九行，每行三十二字，黑口，四周雙闌。余藏。

源流至論前集十卷後集十卷續集十卷別集十卷 宋林駧撰，別集宋黄履翁撰。○宋嘉熙丁酉刊本，半頁十二行，行二十二字。○元延祐本，半頁十五行，行二十五字，題云“新箋決科古今源流至論前集”，目錄後有“延祐丁巳孟冬圓沙書院刊行”木記。○明刊本。○頃收明刊於京師。（眉）○元小字本。（邵氏）

〔補〕**新箋決科古今源流至論前集十卷後集十卷續集十卷** 宋林駧撰**別集十卷** 宋黄履翁撰。○元刊本，十五行二十五字，黑口，四周單闌。目錄十行，上方有批語。存後集卷九至十，續集卷一。此本號為宋刊，實是元本，但少見耳。○元延祐四年圓沙書院刊本，十五行二十五字，白口，四周雙闌。前總目後有“延祐丁巳孟冬圓沙書院刊行”牌子二行。卷首題下陰文標“前集”“後集”字樣。壬子廠肆見一本，海虞瞿氏、德化李氏各有一本。○明宣德二年書林劉克常刊本，十五行二十五字，注雙行同，黑口，四周雙闌。目錄半葉十行。前集目後有圍德彊圉協洽建陽書林劉克常識語八行。此書雖行欵與元刊本同，然以元本之續集為前集，前集為續集，順序互易。○明翻元本，十二行二十二字，黑口，四周雙闌。劉承幹藏。○明初刊本，十二行二十一字，大黑口，四周雙闌，眉闌上刻批語，以墨闌圍之。丁巳歲見。○明嘉靖本，十一行二十字，黑口，四周單闌。

〔增〕**新編分門標題皇鑑箋要六十卷** 宋閩川林駧德頌撰。取宋一祖十一宗事迹，區別事類，編纂凡十三門，每門各分子類，每類為一篇，駧自為之注。盛德豐功，宏綱細目，蓋詳哉其言之，雖未免有意鋪張，而多可與史傳相參。所引書之寶訓、實錄、國朝會要、續會要、三朝政要、呂源政要增釋、高宗聖政、九朝通略、蔡龍圖官制、官制舊典、職源、職略、歷代纂議、丁未錄等書，今皆久佚，尤足以資參考。○諸家書目未錄，此猶明人舊抄，從元本影出，見愛日精廬藏書志。

玉海二百卷附詞學指南四卷 宋王應麟撰。○元刊本，後附十三種。明在南京國子監，自正德、嘉靖而下，遞有補換之頁。萬曆戊子趙用賢重修，今康熙丁卯李振裕重修，乾隆戊午熊本補刊，後燬于火。嘉慶丙寅江寅藩庫重刊，校勘尚精，而刊工不佳。○元至元六年慶元路儒學刊玉海，並附十三種，半頁十行，行二十字，並仿趙體書。元印棉紙寬大者極精美，豐順丁禹生有之，少附刊諸件。上海郁泰峰有明初印，並附十三種，備者亦可觀。成、弘後板歸南監，正德乙卯戴鏞修補四百三十五板，猶不甚劣。至嘉靖乙卯更修補，則與原本殊矣。邵亭僅有嘉靖修本。元本目錄後列慶元路儒學刊造玉海書籍提調等官銜名。

〔補〕**玉海二百卷附辭學指南四卷詩考一卷詩地理考六卷漢藝文志考證十卷通鑑地理通釋十四卷漢制考四卷踐阼篇集解一卷周易鄭康成注一卷姓氏急就篇二卷急就篇補注四卷周書王會補注一卷小學紺珠十卷六經天文篇二卷通鑑答問五卷** 宋王應麟撰。○元至元六年慶元路儒學刊本，十行二十字，白口，左右雙闌。此書傳世頗多，大都為明代遞修本，唯劉世珩藏一帙，摹印較前，因以玉海堂顏其藏書之所。劉承幹有一帙，無補版，至為難得。○清嘉慶十一年江寧藩署刊本。○清道光六年長白覺羅氏刊本。○清光緒九年浙江書局刊本。後增校補瑣記二卷，清張大昌撰。余藏。一百二十冊。

小學紺珠十卷 宋王應麟撰。○玉海附刊元本。○今本。○津逮
本。

姓氏急就篇二卷 宋王應麟撰。○玉海附刊元本。○今本。○徐稼
圃有舊刊單行本。

六帖補二十卷 宋楊伯嵒撰。○路小洲有抄本二十四卷。○宋刊
本。○雲間陸氏藏仿宋抄本。

〔附〕○舊刻本,卷端題後學魏初校。初元人。(眉)

〔補〕○明影寫宋刊本,十行十八字。前吕午序,次目錄,半葉七行。
後有淳祐四年門生衢州學正俞任禮跋,云刻梓於學宫,則是從衢州
刊本出也。卷末有校勘銜名七行。卷九至十三近代鈔配。海源閣
遺書。○明藍格寫本,十一行二十四字,注雙行同。有吕午序,俞任
禮跋及校勘銜名七行,亦從宋衢州本出而改易行欵。來青閣見。

〔補〕**六帖補二十四卷** 宋楊伯嵒撰。○舊寫本,十行二十四字。有
淳祐二年吕午序。鈐有"吳興抱經樓藏"。"沈氏家藏"等印。

**翰苑新書前集七十卷後集上二十六卷後集下六卷別集十二卷
續集四十二卷** 不著撰人。明萬曆辛卯刊本。○天一閣抄本,題
進士劉子實茂父著。○雲間吳氏有明館抄本,惜不全。

〔附〕○宋刊本,小字,十四行二十四字。○路抄本。(邵氏)

〔補〕**新編翰苑新書前集七十卷後集三十二卷續集四十二卷別
集十二卷** 不著撰人名氏。○宋刊本,七行,雙行二十二字,細黑
口,四周雙闌。周叔弢有前集殘本八卷,為卷三十九至四十六。○
明影寫宋刊本,七行,雙行二十二字。全二十四冊。辛亥四月楊馥
堂自蘇州寄來求售,索百元,未收。

〔補〕**新編簪纓必用翰苑新書前集七十卷後集上二十六卷後集
下六卷續集四十二卷別集十二卷** 不著撰人名氏。○明寫本,

藍格，九行十五六字，注雙行二十二至二十五字不等。辛巳友仁堂見。○明藍格寫本，十行二十二字，題“前進士劉子實茂父編”。文奎堂見。缺三冊。未收。

〔補〕**新編簪纓必用翰苑新書前集十二卷後集七卷續集八卷別集二卷** 題宋人撰。○明萬曆十九年金陵書肆唐廷仁、周曰校刊本，十一行二十二字，白口，左右雙闌，版心下方有“仁壽堂刊”四字。前有萬曆辛卯陳文燭序，言分宜袁相公鈔自秘閣，缺失首卷，後得徐階藏全本刻之。總目後有“金陵書肆龍泉唐廷仁、對峯周曰校鐫”二行。其分類自三公至州縣曹掾，每門列官師源流、歷代事實、皇朝事實、羣書精語、前賢詩詞等，引佚文逸事頗多，可供考證之助。別有數卷采四六文，亦多佚作。

〔補〕**太學分門增廣漢唐事實□卷** 不著撰人姓名。○宋刊巾箱本，十行十六字，白口，四周雙闌，版心上記字數，下記刊工人名，左闌外標帝號。此書多取正史、通鑑，各注出處，供士子揣摹之用。然刊工精致，版式特小，為巾箱本之最。內閣大庫麻袋中出，為袁寒雲收得，見惠一卷，為第十卷。

〔補〕**大學新編聲律資用萬卷菁華前集八十卷** 不著撰人名氏。○明寫本，藍格，十二行二十七八字不等。分一百七十三門。鈐項篤壽萬卷堂藏印。壬戌歲見。

〔補〕**大學增修聲律資用萬卷菁華前集八十卷後集八十卷續集三十四卷** 不著撰人名氏。前集一百七十三門，一千四百十九類，後集一百七十二門，一千五十九類，每類引經史及羣書精語及對句，備文場之用。○明藍格寫本，十六行二十五字。鈐“項氏萬卷堂圖籍印”及“少谿私印”，為項篤壽舊藏。存前集、後集，續集佚。此書四庫入存目，知尚有續集，前二十二卷帝王，次九卷名臣，末三卷為聖賢。

〔補〕**聖宋名賢千家表啟□□卷** 不著撰人名氏。分若干類，每類
　　先事偶，次句聯，次要段，次全篇。供記室臨文採擇之書。○宋刊
　　本，十四行二十三字，白口，左右雙闌，版心上方記字數，左闌外上方
　　記門類。卷中標類，事偶均大字佔雙行。海虞瞿氏藏，辛未歲見。
　　存八卷。

〔補〕**新鍥簪纓必用增補秘笈新書十三卷別集三卷** 題宋謝枋得
　　撰，明吳曙增補。○明萬曆刊本，十一行二十二字，白口，四周雙闌。
　　坊估託名射利之書，與翰苑新書大致相類。李木齋先生藏。四庫存
　　目，以其為吳氏所編，列入明人撰述中。

〔補〕**新鍥簪纓必用增補秘笈新書十三卷別集三卷** 題宋謝枋得
　　撰。明李九我增補。○明萬曆刊本，十一行二十二字，白口，四周雙
　　闌。

〔補〕**新編通用啟劄截江網甲集八卷乙集八卷丙集八卷丁集八**
　　卷戊集八卷已集六卷庚集六卷辛集六卷壬集五卷癸集五卷
　　宋熊晦仲撰。○宋刊巾箱本，十四行二十三字。有陳元善序。甲集
　　舉諸式之大綱，乙至癸九集為分類載表奏啟劄序記諸體文，亦坊估
　　陋書，然宋末諸人文集不傳者多賴此書而存，亦足重矣。靜嘉堂文
　　庫藏。

〔補〕**名公新編翰苑啟雲錦前集十卷** 不著撰人名氏。○明寫本，
　　藍格，十行二十二字。標題下有前集二字。全書依文體始賦終贊，
　　分十八類，所錄南宋末年人之作至六十餘家，多不經見，晚宋文士藉
　　此得存其姓名，甚可重也。不可以坊估纂輯而忽之。尚有後集，僅
　　存其目，皆魏晉以前人之作，則不足傳矣。天一閣佚出之書，余藏。

〔補〕**明本大字應用碎金二卷** 不著撰人名氏。○明刊本，十三行二
　　十一字，細黑口，左右雙闌。余藏。○此書上虞羅氏曾影印。

〔補〕**碎金不分卷** 不著撰人名氏。○明刊本，八行，黑口，四周雙闌。

○此書民國二十四年故宮文獻館曾印行。

〔增〕**重刊增廣分門類林雜説十五卷**　金平陽王壽朋編。分一百
門，始孝行，終禽獸蟲魚。門繫以贊。○乃明初人從大定刊本影寫，
遇睿宗諱堯字皆缺筆。張氏志。吳方山藏舊鈔本。（繩）

〔補〕○民國九年劉承幹刊本，收入嘉業堂叢書本。

韻府羣玉二十卷　元陰時夫撰。○元大德刊黑口本，每頁二十二行，
行小字二十九字。○嘉靖乙丑劉氏刊本。○明萬曆中王元貞增修
刊本。○康熙中刊韻玉定本，乃河間守徐可先之妾謝瑛所刪，俱非
陰時夫之舊。按宋時有韻府大全，陰時夫似從大全中輯出。○丁禹
生有元延祐甲寅刊本。

〔補〕○元元統二年梅溪書院刊本，十行，雙行二十九字，黑口，四周雙
闌。○元本，行欵同上，但為左右雙闌。有"戊申春東山秀岩書堂
刊"牌子，當刊於至正二十八年。是年八月徐達入大都，即為洪武元
年矣。○明刊本，行欵版式與元梅溪書院本全同。

〔補〕**新增説文韻府羣玉二十卷**　元陰時夫撰。○元大德本，十一
行，雙行二十九字，細黑口，四周雙闌。○明劉氏安正書堂刊本，行
欵版式與大德本同。

純正蒙求三卷　元胡炳文撰。○四庫依鮑氏本。○汲古閣有精抄
本。○毛氏錢氏目均尚有王芮蒙求一種，亦宋人也，或即王令蒙求。
有刊本。○明嘉靖刊本。

排韻增廣事類氏族大全二十二卷　不著撰人。○元刊。○明刊。

〔附〕○元刊本有作十卷者。○頃收倭本。（眉）

〔補〕**新編排韻增廣事類氏族大全甲至癸十集十卷**　不著撰人名
氏。○元明間刊本，十七行二十八字，細黑口，左右雙闌。每卷首行
標題下陰文記某集二字。存後五集五卷，劉承幹藏書。

〔增〕**新編古今姓氏遥華韻九十六卷**　元臨川布衣洪景修進可編。

分甲乙等十集,共一千一百八十九姓,忠臣、孝子、義夫、烈女相業、將略、家法、官箴、有益民彝世教,必加詳錄。名賢詩文,風流逸士,資談助者,亦間及焉。自題臨川布衣,意其人入元不仕。其所引元和姓纂多有出今本外者。文淵閣書目著錄。○張志,天一閣寫本鈔。

〔補〕**新編古今姓氏遙華韻甲集十卷乙集十卷丙集十一卷丁集十卷戊集十一卷己集八卷庚集十卷辛集十卷壬集八卷癸集十卷** 元洪景修輯。○清道光二十八年劉喜海嘉蔭簃寫本,十行二十五字。有至大三年程鉅夫序、至大元年晏性仁題及至大元年景修自誌。有劉喜海跋,云自天一閣藏鈔本錄出。翰文齋所收潘氏滂喜齋存京邸之書。

〔增〕**事文類聚翰墨全書十集一百三十三卷** 元劉應李省軒編。○大德丁未刊,有熊禾序。○巾箱本。甲集十二卷,乙集九卷,丙集十四卷,丁集八卷,戊集十三卷,己集十二卷,庚集十五卷,辛集十六卷,壬集十七卷,癸集十七卷。后集五卷,分甲乙丙丁戊。○四庫存目翰墨大全一百二十五卷,宋劉應李撰,即此。

〔附〕○頃收元刊本。(眉)

〔補〕**新編事文類聚翰墨全書甲集十二卷乙集九卷丙集五卷丁集五卷戊集五卷己集七卷庚集二十四卷辛集十卷壬集十二卷癸集十一卷** 元劉應李撰輯。○明初刊本,十四行二十四字,黑口,四周雙闌。壬子京肆見。

〔增〕**羣書通要七十三卷** 不著撰人。○依元至正間重刻本寫影,前有大德己亥王淵濟序,稱蒙翁因默齋于君所輯之本搜採,增至數十卷,視初本殆將十倍,命其子彌高授梓云云。蒙、默俱未詳。其書自甲集天文至庚集譬喻,凡三十七門,每十卷為一集,辛、壬、癸三集即元混一方輿勝覽,疑重刊所增,故序未及其書,且有至元戊寅菖節梅軒蔡氏刊行圖記。○阮氏以進呈。

〔補〕○阮氏進呈本已印入選印宛委別藏中。

〔補〕新編事文類要啟劄青錢前集十卷後集十卷續集十卷別集十卷外集十卷　元失名人撰輯。○此書日本有元泰定元年建安劉氏日新堂刊本。李木齋有後集十卷。此書四庫存目為自永樂大典輯出者，此則原書，勝輯本遠矣。

〔補〕詩詞賦通用對類大成二十卷　不著撰人名氏。○元至正二十年秀岩書堂刊本，十五行二十四字，細黑口，左右雙闌。有牌子，云"舊編詩對大成盛行久矣，今再將賦對珍珠囊擇其切要可通用者逐類增入，駢儷□料，實為詳備。卷末巧對一集仍復增益新奇，以充閱玩，視他略本，大有逕庭。至正庚子菖節，陳氏秀岩書堂梓行，幸鑒"。其岩字即用俗體簡寫。己巳秋見於京都。

〔增〕歷代蒙求一卷　元汝南王芮撰，括蒼鄭振孫復為篡注。○元至順中馬速忽守新安，令郡教授王萱鍰傳。○阮氏依錢曾家元刊本影寫進呈。○國初有刊本。

〔增〕漢唐事箋對策機要十二卷後集八卷　元進士旴黎朱禮德嘉著。取漢唐事實有關治體者分門編載，隨事箋釋。前集專論漢，後集專論唐，體例與源流至論同，序述詳明，議論精核，盖將陳往古之治道，為當時之法戒，不僅供場屋採掇也。○文淵閣，季滄葦目俱著錄，目後有至正丙戌日新堂刊木記。○張氏志元至正刊本。○道光二年近年粵東有刊本。○阮氏以進呈。

〔附〕○粵雅堂續叢書本。（原稿無，印本入正文。）○重出，已見史部政書。（眉）

〔補〕漢唐事箋對策機要前集十二卷後集八卷　元朱禮撰。○元至正六年日新堂刊本，十一行二十字，黑口，四周雙闌。卷六末及卷七首標題有"新箋事要策場足用"八字。標題下以白文書"前集"、

"後集"字樣。前至正元年謝叔孫序，次目錄、目後有"至正丙戌日新堂梊"八字牌記。前集為漢，分九十九類，後集為唐，分二十五類。鈐有"明晉府印及臨川開國公侯世家"印。內閣大庫舊儲，劉啟瑞藏。○清道光二年山陰李銕橋刊本，行欵與元本同，而字數微異，卷四"馬政"後"禦戎"三十五行全刪。

〔補〕**新編詩學集成押韻淵海二十卷**　元嚴毅撰輯。○元後至元六年梅軒蔡氏刊本，十二行，行大小字不等，黑口，四周雙闌。有後至元庚辰張復序。每字分活套、體字、事類、詩料四門。卷末有"至元庚辰菊節梅軒蔡氏新刊"牌記。鈐宋筠藏印。董廉之送閱。江南圖書館有一帙。四庫存目。

〔補〕**新編增廣事聯詩學大成三十卷**　元林槙撰輯。○元至正二年日新書院刊本，十四行，行字大小無定數，黑口，四周雙闌。目錄有"至正壬午仲春日新書院重刊"牌記二行。有皇慶元年毛直方序。

〔補〕**聯新事備詩學大成三十卷**　元林槙撰輯。○元至正九年建寧路書林劉衡甫刊本，丰葉十三行，行大小字不等，細黑口，四周雙闌。江南圖書館藏。○明內府刊本，八行，注雙行二十五字，大黑口，四周雙闌。即劉若愚酌中志內板書數中所載之詩學大成十四本一千葉者也。

〔補〕**新刊京本校正增廣聯新事備詩學大成三十卷**　元林槙撰輯。○明刊本，題莆田朱國楨校正，建邑建林劉氏重刊，十三行二十五字，黑口，四周雙闌。

〔補〕**新編詔誥表章事文擬題五卷**　元郭明如編，劉瑾增。○元刊本，十三行二十四字，黑口，左右雙闌。前至正四年甲申周尚瑞序，次編輯大意。擬題起漢高祖至宋度宗，撮其要政可以命題者標一目而舉大家於下。日本內閣文庫藏。孤本，中土佚書。

〔補〕**新編詔誥表章事實四卷**　元郭明如編。○元刊本，十四行二十

三字，黑口，左右雙闌。卷一、二記漢唐官制，卷三、四為漢唐名臣
傳。日本內閣文庫藏。以上二書一人所撰，供科場摛撦之典料，殊
無逸史遺文，不足傳也。孤本，中土佚書。

〔補〕**羣書鈎玄十二卷**　元高恥傳撰。○元刊本，十一行二十至二十
五字，注雙行，小字三當大字二，白口，左右雙闌。版心上方記助刊
人名，下方間記刊工人名。全書卷一至九刺取羣書成語雋句，卷十、
十一為建置沿革，卷十二為陳騤文則。前有至正七年自序。鈐怡府
明善堂及潘祖蔭藏印。文友堂見。○又一帙有明修版，唐翰題藏，
有跋。四庫存目。

〔增〕**策要六卷**　元梁寅撰。寅有周易參議，已著錄。其門人黎卓序
其文集云，尚有方策稽要，曾鋟梓行世，即此書也。寅于諸經有訓
釋，史學亦頗考究，是書元元本本，能撮其要領。○阮氏以進呈。

〔補〕**丹墀獨對二十卷**　元吳韜撰輯。○明洪武間葉氏廣勤堂刊本，
十四行二十四字，黑口，左右雙闌。四庫未收。

〔增〕**羣書類編故事二十四卷**　元王罃撰。明初曾任廣東肇慶太守，
見寧波府志，事跡無考。○此本從莫雲卿家藏元刊本影寫，其書分
十八門，採史傳外多取唐宋說部，大旨仿朱勝非五色線。○阮氏以
進呈。

〔補〕○阮氏進呈本已印入選印宛委別藏中。

〔補〕**魁本對相四言雜字不分卷**　不著撰人名氏。圖文相對，童兒
識字之書。○明洪武四年金陵王氏勤有書堂刊本，每半葉四行，每
行分八格，中加橫雙闌，共分三十二方格，每一、三行為字，二四行相
對為圖。卷首標題大字佔雙行，次有牌記，題"洪武辛亥孟秋吉日金
陵王氏勤有書堂新刊"。首葉右方闌外下角有刊工名"伯壽"二字。
此為傳世最早之本，勤有堂為明初書坊，曾刊貞觀政要等書，甚可珍
也。

〔補〕**新編對相四言不分卷** 不著撰人名氏。○明萬曆刊本，大版心，每半葉五行，每行八格，相當於舊本二葉上下相重，圖文相對。

〔補〕**永樂大典二萬二千八百七十七卷目錄六十卷** 明永樂元年敕撰。○明嘉靖四十一年至隆慶元年內府重錄本，朱絲闌，半葉八行，小字雙行三十字，每行低二格，實二十八字，大黑口，四周雙闌。每册後有總校、分校官銜名及書寫校對人名。原訂為一萬二千册。此書纂輯始事於明永樂元年，初名文獻大成，於永樂二年十一月進呈，詔令重修，於六年冬始告成。計全書二萬二千九百三十七卷，內目錄六十卷，易名為永樂大典。時以卷帙繁浩，刊版匪易，僅存此繕錄進呈本一帙。定都北京後移庋文樓，嘉靖四十一年三殿災，以世宗中夜傳諭三四度，嚴令搶救，幸得不燬。是年遂令高拱等主持重錄一部，集書手一百八十人，人限日鈔三紙，歷時六年，至隆慶元年始畢，即此重錄本也。大典正本或言事成歸之南京，或言仍庋宮中，後不知何時毀去。此嘉靖重錄副本明末已不為人知，清代於皇史宬庋存聖祖實錄，始於皇史宬中得之，移庋翰林院。乾隆時採輯佚書，刊為聚珍本書，即據此本。至乾隆五十九年十月七日敕查永樂大典存數覆奏摺中言，大典實存二萬四百七十三卷，共九千八百八十一本，外目錄六十卷。嘉慶二十年許乃濟曾加點查，仍存此數。此後六十年庋置敬一亭中，無人過問，殆至光緒元年重修翰林院時，重加點查，所存乃不及五千册，則此六十年中散失達五千册之鉅。雖將當事人交刑部嚴訊，瘐斃獄中，而佚書則無可追尋矣。此後佚失更復加速，光緒十八年陳孟陶編輯翰林院書目，再行查點，僅存八百七十册，是十八年間佚失又達四千册之鉅。庚子之役，翰林院為英軍所據，此殘存之八百餘册，或堆叠牆腳以登高射擊，或叠置壕前以倚為屏蔽。蹂躪踐踏之餘，至辛丑議和交還吾國時，只餘三百餘册。此箋箋三百餘册歸之翰林院後亦不能保守，至辛亥革命時，盜竊瓜

分之餘，祗存六十四册，點付教育部保存。此永樂大典佚存之大略
也。整理者謹案：永樂大典現存各卷均已印行，故著錄所見數十册
均略去不錄。

〔補〕**尺牘筌蹄三卷**　不著撰人名氏。○明宣德元年章天澤會文書堂
刊本，十四行二十四字，黑口，左右雙闌。每類標題用陰文，卷末有
“時歲丙午孟春會文書堂章氏天澤重新刊行”牌記三行。

〔補〕**羣書集事淵海四十七卷**　不著撰人名氏。○明刊黑口本，十二
行二十四字，四周雙闌。書名及門類占雙行。四庫未收。

〔補〕**物原一卷**　明羅頎撰。○明嘉靖二十四年李憲刊本，十行二十
字，白口，左右雙闌。凡十八門，仿事物紀原而作。四庫存目。

〔補〕**三才廣記□□卷**　不著撰輯人名氏。○明藍格寫本，半葉十一
行。殘本，存天部卷一至一百十，地部一至一百三十四，人部一百十
卷。每類分要語、事類二門，鈔撮經史百家之言而成，視三才圖會為
博，以其萃集古書，間有不經見者也。中有缺卷，估人填補卷次，以
充完書。己巳歲見於肆中，攜歸命長男忠謨詳鈔其目後還之，後為
北京圖書館收得。

〔補〕**哲匠金桴五卷**　明楊慎撰。○明嘉靖隆慶間刊本，十行二十字，
白口，左右雙闌。失序跋。三册。余藏。○明萬曆間李克家刊本，
八行十六字，白口，左右雙闌。李木齋先生收得一帙。四庫存目。

〔補〕**博物策會十七卷**　明戴璟撰。○明萬曆元年刊本，十二行二十
一字，白口，四周單闌。有嘉靖十七年李復初序及康海、段炅等舊
序，及古今人物，撰為對偶文字，略如事類賦之屬，有王漁洋池北書
庫印記。

〔補〕**修辭指南二十卷**　明浦南金撰。○明嘉靖三十六年浦氏五樂堂
刊本，九行十八字，白口，左右雙闌。李木齋先生藏。四庫存目。

荊川稗編一百二十卷　明唐順之撰。世稱荊川五編，左、右、文、武及

稗編也,然明史藝文志尚有儒編六十卷。○明萬曆辛巳茅一相刊本。

〔補〕新刊唐荆川先生稗編一百二十卷　明唐順之撰。○明萬曆九年茅一相刊本,十行二十字,白口,四周雙闌。有萬曆九年茅坤序及茅一相序。

〔補〕記事珠十四卷　明劉國翰撰。○明刊本,半葉八行。

〔補〕事物考八卷　明王三聘撰輯。○明嘉靖刊本,十行二十字,白口,四周單闌。有嘉靖四十二年趙忻序。

〔補〕纂集古今百家事實韻府對偶四卷　明周子言撰輯。○明嘉靖三十二年書林詹國正刊本。題"楚羅近溪周子言纂","楚蒙胡承語校正","閩建書林詹國正刊行"。有嘉靖三十二年自序。文林閣送閱。

〔補〕章子習□卷　不著撰人名氏。○明刊本,六行十三字,白口,四周雙闌。似嘉靖刊本。

〔補〕彊識略三十六卷　明吳國賢撰輯。○明萬曆陽春園刊本,十行二十字,白口,四周雙闌,版心下方有"陽春園"三字,並記刊工人名。分類雜記考訂之書。四庫存目。

〔補〕劉子威雜俎十卷　明劉鳳撰。○明刊本,冢孫儁儒重校,九行十八字。雜采異聞僻事,分八類,附燕語、吳郡考。有江盈科序及自序。四庫存目。

名疑四卷　明陳士元撰。○歸雲別集本。○借月山房彙抄本。○澤古齋本。

天中記六十卷　明陳耀文撰。○隆慶己巳初刊本五十卷。○萬曆己酉重刊定本六十卷。

〔補〕　○明萬曆刊本,十一行二十一字,白口,左右雙闌。有萬曆二十三年屠隆序。

萬姓統譜一百四十六卷附氏族博考十四卷 明凌迪知撰。○明萬曆己卯原刊本。

〔附〕○明藝文志百四十卷,總目作一百四十二卷。(邵氏)

〔補〕**氏族博考十四卷** 明凌迪知撰輯。○明萬曆間刊本,九行二十字,白口,四周單闌。余藏。

〔增〕**文林綺秀五十三卷** 明凌迪知彙刊。其散目已存史鈔類書兩存目中。宋林越兩漢雋言五十卷。迪知左國腴詞八卷。太史華句八卷。文選錦字二十一卷。張之象楚騷綺語六卷。

〔補〕**兔園雜鈔十卷** 明歸有光撰。○明萬曆七年顧天圻刊本。分頌聖、慶賀等門,雜摘四六麗句以供獺祭之書。有隆慶三年有光自序及萬曆七年門人顧允燾序。

〔補〕**喻林一百二十卷** 明徐元太撰。○明萬曆乙卯刊本,刻二十八宿字樣,每頁二十行,行二十字。○有摘抄本,名喻林一葉,二十四卷。

〔補〕**喻林一葉二十四卷** 清王蘇删纂。○清刊本。余藏。四册。

〔補〕**三才圖會一百六卷** 明王圻撰。○明萬曆二十七年刊本,九行二十二字,白口,四周單闌。○清槐蔭草堂刊本。四庫存目。

圖書編一百二十七卷 明章潢撰。○天啟癸亥刊本。

〔補〕**皇明聖製策要一卷** 明梁橋撰。○明隆慶四年其姪梁孟龍刊本。有朱睦㮮序。自洪武至嘉靖止。

〔補〕**浮休雜志十三卷** 明陳與郊撰輯。○清寫本,題"浙汜陳與郊廣野輯","後學祝人文成之參"。缺卷第八、九兩卷。取羣書新穎雋麗之詞二至四字分類編入,供臨文撏撦之用,凡六十四類,然均未注出處,亦明人之陋習也。有同治八年德滋識語。

駢志二十卷 明陳禹謨撰。○萬曆丙午刊本。

〔補〕○明萬曆刊本,十一行二十二字,白口,四周雙闌。類集古事相比類者,標為對題,而引原書注之。萬曆三十四年自序。

經濟類編一百卷 明馮琦撰。○萬曆甲辰刊本。

〔補〕○明萬曆刊本,十行二十字,白口,四周單闌。廠市見殘本五十
餘卷。

山堂肆考二百二十八卷補遺十二卷 明彭大翼撰。○萬曆己未刊
本。

〔補〕○明萬曆二十三年金陵書林周氏刊萬曆四十七年重修本,十一
行二十二字,白口,四周單闌。較初印本增張幼學序。

同姓名錄十二卷補錄一卷 明余寅撰。○萬曆丁巳刊本。

〔補〕**嘉隆識小類編十二卷** 明徐樞撰。○明寫本。分四十八類,自
登極、尊號至大計、中官等,每類有四言敘述。

〔補〕**奇姓通十四卷** 明夏樹芳撰。○明天啟三年夏氏宛委堂刊本,
七行十六字,白口,四周單闌。有朱之藩序。○清初寫本。有朱之
藩、李本寧、文震孟、周延儒等序。鈐宋筠藏印。四庫存目。

〔補〕**對制談經十五卷** 宋葉時撰。明杜涇輯。○傳鈔明萬曆杜氏刊
本,十行二十字。鈐有"白堤錢聽默經眼"印。古書流通處見,盧址
遺書。四庫存目。

說略三十卷 明顧起元撰。○嬾真艸堂刊本。

〔補〕**讀書考略四卷** 明徐鑒撰。○明萬曆刊本,九行二十字,白口,
四周雙闌。類書之屬。余藏。此書四庫存目作諸書考錄四卷。

〔補〕**羣書考索古今事文玉屑二十四卷** 明楊淙撰輯。○明萬曆
二十五年葉貴刊本,八行十八字。白口,四周雙闌。題"南閩建溪近
山葉貴繡梓"。前新安汪廷訥序。供士子場屋摭撦之書。存十三
卷。四庫存目。

〔補〕**史說萱蘇一卷** 明黃以陞撰輯。○舊寫本,九行十八字。有魏
浣初序及萬曆四十七年己未自序,後有校刻姓氏五行。從萬曆本錄

出者。四庫存目。

〔補〕**問奇類林三十五卷續三十卷** 明郭良翰撰。○明萬曆刊本。
辛亥六月文琳閣見。

〔補〕**名句文身表異錄二十卷** 明王志堅撰輯。○明崇禎十三年刊
本,九行二十字,白口,四周單闌。四册。余藏。○清康熙四十七年
漱六閣刊本,十一行二十一字,黑口,左右雙闌。寫刻本。前崇禎庚
辰王志慶原序,次康熙戊子陳世修重刊序。李書分二十部,始天文,
終通用,部為一卷。二册。余藏。

〔補〕**表異錄二十卷** 明王志堅撰輯。○清道光二十六年弘道書院刊
怡陰軒叢書本。○民國九年友人吳昌綬刊本。

〔補〕**古儷府十二卷** 明王志慶編。按:四庫著錄莫氏未收。○有舊
寫本。

廣博物志五十卷 明董斯張撰。○萬曆丁未刊。○乾隆辛巳重刊。

〔補〕○明萬曆高暉堂刊本,九行十八字,白口,四周單闌。三十二册。
余藏。

〔增〕**唐類函二百卷** 明俞安期編刊。用北堂、藝文、初學、通典、六
帖、歲華合纂。按:四庫入存目。

〔補〕○明萬曆三十一年自刊本,十行二十字,黑口,四周單闌。有萬
曆三十一年沈思孝序。杭州李寶泉處見一帙,中缺三數十卷。四庫
存目。

〔補〕**卓氏藻林八卷** 明卓明卿撰。○明萬曆十一年書坊周氏刊本,
十行二十字,白口,四周單闌。四庫存目。

〔補〕**鐫五侯鯖十二卷** 明彭儼撰。○明萬曆吳勉學刊本,九行十八
字,白口,四周雙闌。類書之屬。余藏。四庫存目。

〔補〕**榕陰新檢十六卷** 明徐𤊹撰輯。○古天開圖書樓寫本,九行二
十字。每卷一類,始孝順,終詩詞,每條皆注出處。前有自序。

〔補〕昭代經濟言十四卷　明陳子壯選輯。○明天啟刊本，八行二十字，白口，四周單闌。辛亥五月見於濟南茹古堂。四庫存目。

〔補〕庶物異名疏三十卷　明陳懋仁撰。○明崇禎刊本，九行十九字，白口，左右雙闌。有吳城及及翰林院大官印。辛亥六月帶經堂見，索三十五兩，未收。四庫存目。

〔補〕尚友錄二十二卷　明廖用賢撰輯。○明天啟刊本，七行，行字不等，白口，四周單闌。余藏。四庫存目。

〔補〕麗句集六卷　明許之吉撰。○明天啟刊本，九行十九字，白口，四周單闌。余藏半部。鎸刻殊佳。四庫存目。

〔補〕古今萬壽全書六卷　明聶文麟、劉維詔撰輯。○明萬曆刊本，紀人一歲至百歲事實。鈐明潞王印。

〔補〕潛確類書一百二十卷　明陳仁錫撰輯。○明崇禎刊本，十行二十字，白口，四周單闌。六十六冊。余藏。

〔補〕典類□卷　不著撰人名氏。○題明王穀祥手寫本。分類抄撮典料之書，有吳榮光藏印。徐坊藏，持一冊來求售。

〔補〕義墨堂宋朝別號錄二卷續一卷　明郁逢慶撰。○稿本。錄宋代名人別號及齋堂諸名，或間記略歷，第不注出處為可惜耳。卷末題"天啟丙寅夏編，臘月十九日止。南屏山人郁逢慶叔遇甫識"。鈐有郁氏印記。余藏。

〔補〕歷代不知姓名錄十四卷　明李清撰。○清寫本。有冒起宗、丘鍾仁序。鈐王鹿鳴藏印。取二十一史及方志中軼事而失其姓名者輯為一書，始孝子、忠臣、終叛賊、逆賊，共五十五類。

御定淵鑑類函四百五十卷　康熙四十九年奉敕撰。○内刊本。○外覆本。○古香齋巾箱本。○外覆本。

御定駢字類編二百四十卷　康熙五十八年奉敕撰。○内府刊本。

御定分類字錦六十四卷　康熙六十年奉敕撰。○內府刊本。○江蘇、廣東覆本。

御定子史精華一百六十卷　康熙六十年奉敕撰。○內府刊。○蘇州翻本。○舒懷翻本。○坊翻本。

御定佩文韻府四百四十三卷　康熙四十三年奉敕撰。○內府刊本。○蘇州翻本。○廣東翻本。○江西翻本。

御定韻府拾遺一百一十三卷　康熙五十九年奉敕撰。○內府刊本。○蘇州翻本。○廣東翻本。○江西翻本。

〔補〕詞林閒筆六卷　題高士奇撰。○清寫本，分詩文、姓譜典、年齒考、倫類典四類，抄撮類對備用之書。

格致鏡原一百卷　國朝陳元龍撰。○雍正時刊本。○江西翻本。○蘇州翻本。粵西封面有珊瑚印者好。

〔補〕查昇札冊　清查昇撰。○摘錄事類二、三、四字，分諸王、宗室、宰輔等部，供御書錫賚臣工之用。其己賜臣工各條均籤記於下，可資考證。

讀書記數略五十四卷　國朝宮夢仁撰。○康熙丁亥刊本，板入內府。○敏求記有宋人所撰數書，四十卷自一至百，聚其事而彙成之，舊抄本。

〔補〕三體摭韻十二卷　清朱昆田撰。○清寫本，鈐有三山陳氏居敬堂藏印。余藏。此書四庫入類書類存目，三體者，騷、賦、詩也。

花木鳥獸集類三卷　國朝吳寶芝撰。○黃子壽曾見之，云甚劣。

別號錄九卷　國朝葛萬里撰。○路氏有抄本。

宋稗類鈔三十六卷　國朝潘永因撰。

〔補〕宋稗類鈔八卷　清潘永因撰。○清乾隆三年刊本。十六冊。余藏。

〔補〕**續書堂明稗類鈔十六卷**　清潘永因撰輯。○清順德李文田家傳錄黃國瑾藏舊寫本。各卷門類以四字標題，共九百六十六則，各注出處，引書至一百三十四種，除採自明人叢刻外，亦有罕見之書。

〔補〕**語古齋披華啟秀不分卷**　清何焯撰輯。○手寫本，摘錄典料雋句供臨文採擇之用。分六冊，金農題簽，余藏。

〔補〕**分類字錦六十四卷**　清何焯等纂輯。○清康熙末殿本。四十冊。十函。余藏。

〔補〕**妝史二卷**　清田霡撰輯。○稿本。自鏡臺始，以類相從，不標門目。引書皆注出處。前雍正三年自序，次凡例六則。鈐田氏印多方。

〔補〕**是菴日記十四卷**　清楊攡撰輯。○稿本。前自序一篇，凡例三則，又引用書目二百三十二種，以明人說部為多。書分十四類，分類摘鈔，下注原書。副葉有"兩江總督採購備選書籍"朱記及翰林院大官印，即四庫存目著錄之原本也。

〔補〕**雕龍屑十卷**　□鄒治撰。○刊本。分類抄撮詩文典料以供獺祭者。余藏。

〔補〕**談徵五卷**　題方外山人撰。分名、名言、事、物四類抄錄，如通俗篇、恒言錄之類。○清道光三年上宛堂刊本。五冊。

〔補〕**聯經四卷**　清李學禮撰輯。○清乾隆四十二年刊本。四冊。余藏。

〔增〕**九史同姓名錄七十二卷**　國朝汪輝祖撰刊。又遼史同名錄五卷。金史同名錄十卷。元史同名錄二十卷。總錄二卷。附錄二卷。敘錄二卷。汪輝祖撰。○嘉慶戊午刊。

〔增〕**史姓韻編六十四卷**　國朝汪輝祖撰。○刊本。

〔補〕**小知錄十二卷**　清陸鳳藻輯。○清嘉慶九年琴雅堂刊本。○清同治十二年淮南書局刊本。

〔補〕**顧曲錄四卷** 清謝嘉玉撰輯。○清嘉慶十五年刊本。二册。余藏。

〔補〕**易堂問目四卷** 清吳蕭輯。○清乾隆三十七年刊本。四册。余藏。

〔補〕**姓氏尋源四十五卷** 清張澍撰。○稿本，存三十二卷。壬子宏遠堂見。○清道光十八年棗花書屋刊本。

〔補〕**三古人苑十卷** 清張澍撰。○稿本。自太昊至夏。

〔補〕**梵雅一卷** 題楊柳官著，清馮登府撰。分釋詁至釋衣服雜物十二類。○馮氏稿本。鈐馮氏印甚夥。

〔補〕**蒙雅一卷** 清魏源撰。○稿本，朱絲闌，分天、地、人、物、事五門，凡十五篇，又詁天、詁地、詁人、詁物、詁事九篇。有龔橙跋，云為魏氏稿本屬其改訂者。余藏。

〔補〕**姓氏全編不分卷** 清嘉興顧氏撰畫人姓氏。○稿本。六十册。

〔補〕**壽昌乘一卷** 清文廷式撰輯。○清末寫本。繆荃孫遺書。

上類書類

藏園訂補郘亭知見傳本書目卷十下

藏園訂補邵亭知見傳本書目卷十一上

獨山莫友芝子偲　　撰

江安傅增湘沅叔　訂補

子部十二

小説家類

西京雜記六卷 梁吳均撰。○稗海本。○漢魏本。○古今逸史本。
○津逮本。○柯喬燧本。○抱經堂本。○錢遵王云，原分上下二
卷，俗分六卷，非也。○明活字本二卷。○學津本。○明沈與文刊。
○嘉靖甲子孔天胤刊。

〔補〕西京雜記六卷 題晉葛洪撰。○明嘉靖間吳郡沈與文野竹齋刊
本，十一行二十字，白口，左右雙闌。卷尾有"吳郡沈與文野竹齋校
勘翻雕"二行。莫棠藏。○明嘉靖三十一年關中官署刊本，十一行
二十字，白口，左右雙闌。前嘉靖三十一年壬子孔天胤序，云以舊本
付左史百川張公刻於關中官署者。天一閣舊藏，已印入四部叢刊初
編中。○明萬曆間吳琯刊古今逸史本，十行二十字，白口，左右雙

闕。余據嘉靖三十一年關中刊本、明鈔説郛本校，又臨盧文弨校本。○明萬曆二十年程榮刊漢魏叢書本。○明萬曆間何允中廣漢魏叢書本。均九行二十字，白口，左右雙闌。○明萬曆三十年陝西布政使司刊秦漢圖記本，九行十八字，白口，左右雙闌。余藏。○舊寫本，十行二十字，從古今逸史本出。失名人據汲古閣鈔本校。吳志忠又據稗海本校。涵芬樓藏。○清乾隆五十九年馬氏大酉山房刊龍威祕書本。

〔補〕**西京雜記二卷**　題晉葛洪撰。○明嘉靖間鈔説郛本，藍格，十一行二十四字，白口，四周雙闌。在第一册。朱文鈞藏。

〔補〕**西京雜記二卷**　題漢劉歆撰，晉葛洪録，清盧文弨校。○清乾隆五十二年餘姚盧氏自刊抱經堂叢書本。題“抱經堂定本”。○清光緒間崇文書局刊正覺樓叢刻本。○民國初刊龍谿精舍叢書本。

世説新語三卷　宋劉義慶撰，梁劉孝標註。○嘉靖乙未袁褧刊本佳。○萬曆己酉周氏學古堂重刊。○明吳勉學刊六卷。○王世懋詳批套板本，註多删節。○萬曆甲辰鄧氏重刊。○明凌氏刊八卷，附補四卷。○乾隆二十七年黄氏刊本二十卷，題重訂世説新語補。六卷。○惜陰軒叢書本三卷。○近年周氏紛欣閣刊本佳。

〔附〕○日本有北宋本三卷，半頁十行，行二十字，注雙行。（眉）整理者按：此即宋紹興八年嚴州刊本，前人誤記。○沈韜亭藏明刊本三卷，在王世懋後題劉辰翁評。與袁本同，而袁本誤處並已校正。○曾見明繙袁本，其袁褧刻書序仍小字，學古堂本改大楷字，其實即一板先後印耳。（眉）

〔補〕○明嘉靖十四年吳郡袁褧嘉趣堂翻宋淳熙十五年陸游重刊嚴州郡齋刊本，十行二十字，白口，左右雙闌。前有嘉靖十四年乙未袁褧刊書序，次目録。卷末有“嘉靖乙未吳郡袁氏嘉趣堂重雕”一行。後有紹興八年董弅跋及淳熙戊申重刊跋。此本已印入四部叢刊初編。

○余有一帙，用日本尊經閣藏宋嚴州本校。○又一帙，清沈巖校宋本，吳雲藏印，今在涵芬樓。○又一帙，目後加萬曆間趙氏野麓園重校篆文牌子二行。何焯校並跋，所據為蔣杲校徐乾學傳是樓藏宋刊本。羅振玉藏。○明嘉靖四十五年太倉曹氏重刊袁褧本，版式與袁本全同，目後有“太倉曹氏沙溪重校”牌子，末葉後書“嘉靖丙寅歲太倉曹氏重刊”。○明萬曆三十七年周氏博古堂刊本。十行二十字，白口，左右雙闌。余據上虞羅氏藏何焯校宋本校。○清道光八年浦江周氏紛欣閣刊本，從袁褧本出。

〔補〕**世說新語注三卷** 劉宋劉義慶撰，梁劉孝標注。**附叙錄一卷考異一卷人名譜一卷** 宋汪藻撰。○宋紹興八年嚴州郡齋刊本，十行二十至二十三字，注雙行同，白口，左右雙闌。失序跋，鈐有“睢陽王氏”印及日本金澤文庫墨記，是宋時傳入日本之書。日本前田氏尊經閣藏，已影印行世。又一部，無叙錄、考異、人名譜，有補版，亦日本金澤文庫舊藏，有墨印，今藏日本帝室圖書寮。此二書失去刊書序跋，以刊工姓名及雕版風氣考之，是南宋紹興初浙本。據明嘉靖十四年袁褧刊本後所附董弅、陸游跋，知即紹興八年董弅守嚴州時所刊之本。其版至淳熙時已毀，放翁知嚴州時又重刻之，即袁褧本之底本。則此本實為放翁重刊前之舊本，至可寶重。捨日本神田鬯盦氏所藏日本唐時鈔世說殘卷外，當為傳世最古最完之本矣。

〔補〕**世說新語注三卷** 劉宋劉義慶撰。梁劉孝標注，明王世懋批點。○明萬曆九年喬懋敬刊本，九行二十字，黑口，左右雙闌。有吳騫跋，云勝於袁褧本。

〔補〕**世說新語注三卷** 劉宋劉義慶撰，梁劉孝標注。**引用書目一卷佚文一卷** 清葉德輝輯。**校勘小識一卷** 清王先謙撰。**攷證一卷釋名一卷** ○清光緒十七年長沙思賢講舍刊本。

〔補〕**世說新語注六卷** 宋劉義慶撰，梁劉孝標注。○明刊本，十行二十字，宋諱缺筆。失序跋，據雕工審之，是嘉靖末刊本。乙卯歲見。○明萬曆間新安吳勉學刊本，九行十八字，白口，四周雙闌。卷首題"明吳勉學校"。二冊，余藏。○明萬曆吳中珩刊本。行欵與吳勉學本全同。○清光緒元年湖北崇文書局刊彙刻書本。

〔補〕**世說新語注六卷** 宋劉辰翁、□劉應登、明王世懋評。○明凌濛初、凌瀛初刊朱黛黃黑四色套印本。有凌瀛初初跋，謂濛初先刻二劉批本，已復增王氏批點，分三色以別之。六冊。余藏。別有八卷本，與此分卷不同，似即以此本增補者。余亦有之。

〔補〕**世說新語八卷** 宋劉義慶撰。無注。○明萬曆吳瑞徵刊巾箱本，前萬曆二十四年丙申吳瑞徵序，本書八行十四字，白口，四周單闌。末卷標題下有"長洲章弇寫刻"小字一行。前有董弇題，後有陸游題，則是從淳熙十五年陸游重翻嚴州本出，與袁褧本為一家眷屬，第删去劉孝標注，僅存正文編為八卷而已。余君嘉錫持示。

〔補〕**世說新語八卷** 明王世懋評點。○明萬曆天啟間吳興凌瀛初、凌濛初刊黃、青、朱、墨四色套印本，八行十八字，白口，四周單闌。辛亥春文奎堂見，索十兩，已收。

〔補〕**批釋校注世說新語補二十卷** 梁劉孝標注，明何良俊增補，王世貞删定，王世懋批釋，張文柱校注**附釋名一卷** ○明萬曆十三年張文柱刊本，九行十八字，白口雙闌。有王世貞、世懋序，又萬曆十三年序。○清乾隆二十七年黃氏重刊本。

〔補〕**李卓吾批點世說新語補二十卷** 宋劉義慶撰，梁劉孝標注，宋劉辰翁批，明何良俊增，王世貞删定，王世懋批釋，李贄批點，張文柱校注。○明萬曆刊本，從萬曆十三年張文柱本出，增入李贄批點。九行十八字，白口，四周單闌。李木齋先生藏。此書日本有元祿七年，安永八年二翻本，亦李木齋先生藏，楊守敬亦有之。

〔補〕**世說新語八卷** 宋劉義慶撰，梁劉孝標注，明張懋辰訂。**世說**

新語補四卷　明何良俊撰，王世貞刪定。○明萬曆間刊本，九行十九字，白口，四周單闌。庚戌夏入都所見，值昂未收。

〔補〕**世說補菁華四卷**　明狄期進編。○明萬曆刊本，九行十八字，白口，四周單闌。辛亥夏濟南肆閱。

〔補〕**朝野僉載五卷**　唐張鷟撰。○明寫本，十行二十字。

朝野僉載六卷　唐張鷟撰。○普秘笈本。○說郛、說海、歷代小史均節錄一卷。○胡心耘有校宋本十卷。

〔補〕**陳眉公訂正朝野僉載六卷**　唐張鷟撰。○明刊寶顏堂祕笈普集本，八行十八字。

〔補〕**朝野僉載一卷**　唐張鷟撰。○明嘉靖二十三年陸楫刊古今說海本，八行十六字，白口，左右雙闌。○明萬曆間刊歷代小史本，十一行二十六字，白口，四周雙闌。○清光緒五年定州王氏謙德堂刊畿輔叢書本。

國史補三卷　唐李肇撰。○津逮本。○學津本。○得月簃叢書本。○說郛、唐宋本節錄一卷。

〔補〕**唐國史補三卷**　唐李肇撰。○影寫宋刊本，有毛氏汲古閣藏印。余藏。後讓與蔣汝藻。余曾取校毛氏汲古閣刊津逮祕書本，卷下內外諸使名一條補脫文二十字，正當影宋本一行。○明末毛氏汲古閣刊津逮祕書本，八行十九字，白口，左右雙闌。余曾取太平廣記引文一百三十八則校之。別有四條為通行本所無者，補錄於後。○絳雲樓有宋本。

大唐新語十三卷　唐劉肅撰。○明馮夢禎刊本、稗海本皆改題唐世說新語。

〔附〕　○宋刊本題世說。（邵氏）

〔補〕　○明寫本，棉紙藍格，十一行二十四字。前有自序。有茹古齋藏印。存卷一至六。李木齋先生藏。此書標題與唐書藝文志合，當自

舊本出,與明萬曆刊本改題唐世説新語者不同。余嘗取校稗海本,
六卷中改正四百十二字,信為現存最善之本矣。○明萬曆商濬刊稗
海本,九行二十字,白口,四周單闌。余據太平廣記校,又據李木齋
先生藏明寫本校卷一至六。

〔補〕**唐世説新語十三卷**　唐劉肅撰。○明刊大字本,八行二十字,
題"瑯玡王世貞校"。

〔補〕**河東先生龍城錄二卷**　題唐柳宗元撰。○宋咸淳刊百川學海
本,十二行二十字,細黑口,左右雙闌。余藏。○明弘治十四年華珵
刊百川學海本,十二行二十字,白口,左右雙闌。余藏。○明嘉慶十
五年鄭氏宗文堂刊百川學海二十卷本,十四行二十八字,白口,左右
雙闌。余藏。○明萬曆商氏半埜堂刊稗海本,九行二十字,白口,四
周單闌。余藏。

〔補〕**龍城錄一卷**　題唐柳宗元撰。○明萬曆刊歷代小史本,十一行
二十六字,白口,四周雙闌。

次柳氏舊聞一卷　唐李德裕撰。○説郛本。○歷代小史本。○續秘
笈本。○學海類編題作明皇十七事。○顧氏四十家小説本。

〔補〕○明弘治十八年鈔説郛本,墨格,十三行二十五字。余藏。商務
印書館已排印。○清順治三年宛委山堂刊説郛本,余藏。○明正德
嘉靖間陽山顧氏夷白齋刊顧氏文房小説本,十行十八字,白口,左右
雙闌。余藏。○明萬曆刊歷代小史本,十一行二十六字,白口,四周
雙闌。○明萬曆刊寶顏堂續祕笈本,八行十八字,白口,四周單闌。
均余藏。○明抄説集本,藍格,十一行二十四字,白口,四周雙闌。
朱文鈞藏。余曾借校學海類編本。

〔補〕**明皇十七事一卷**　不著撰人名氏,實即次柳氏舊聞。○明萬曆
中黄氏刊稗乘本。○清道光十一年晁氏刊學海類編本,余曾據明鈔
説集本次柳氏舊聞校。

劉賓客嘉話錄一卷 唐韋絢撰。○說郛本。○顧氏文房小說本。○
學海類編本。

〔補〕○明正德嘉靖間顧元慶刊陽山顧氏文房小說本，十行十八字，白
口，左右雙闌。余藏。○明末高承埏刊稽古堂羣書祕簡本，八行十
八字，白口，四周單闌。余藏。

明皇雜錄二卷補遺一卷 唐鄭處晦撰。○墨海金壺本。○守山閣
本。

〔補〕○清乾隆四十七年紀御調鈔本。李木齋先生藏。○清嘉慶十三
年張海鵬刊墨海金壺本，十一行二十三字。余據家藏清寫本校，改
正百餘字。

〔補〕**明皇雜錄二卷** 唐鄭處誨撰。○明寫本，九行十八字，無闌格。
有小積石山房印。余藏。余據以校墨海金壺本，訂正達百餘字之
多。

因話錄六卷 唐趙璘撰。○稗海本。○唐宋本三卷，不全。

〔補〕○清影宋寫本，十行十八字，書寫工整。有錢曾及稽瑞樓藏印。
海虞瞿氏藏。○明萬曆商濬刊稗海本，九行二十字，白口，四周雙
闌。

〔增〕**唐逸史三卷** 唐袁州盧肇子發撰。○舊抄本。⊙嘉慶二十二年
長洲周世敬抄本。見陸心源藏書志。

大唐傳載一卷 不著撰人。○守山閣本。

教坊記一卷 唐崔令欽撰。○說郛本。○古今逸史本。○古今說海
本。○續百川學海本。○格致本。

〔補〕○明嘉靖二十三年陸楫儼山書院刊古今說海本，八行十六字，白
口，左右雙闌。余藏。余據明叢書堂鈔說郛本校。○明萬曆吳琯刊
古今逸史本，十行二十字，白口，左右雙闌。余藏。余據明鈔本校
過，又臨盧文弨校本於其上。○明萬曆胡文煥刊格致叢書本，書名

前加"新刊"二字，十行二十字，白口，左右雙闌。余藏。○明吳氏叢
書堂鈔説郛本。十行二十字，墨格，版心有"叢書堂"三字。余藏。
在卷十二。○明末宛委山堂刊説郛本。

〔增〕孫內翰北里志一卷　唐翰林學士孫棨撰。○丁禹生有舊抄本。

〔補〕○明嘉靖二十三年陸楫儼山書院刊古今説海本，八行十六字，白
口，左右雙闌。余藏。余據家藏明叢書堂鈔説郛本校。又據朱文鈞
藏明鈔説集本再校。○明鈔説集本，棉紙藍格，半葉十一行。全書
訂二十册，不分卷，此書在第十五册之首。朱文鈞藏。

〔補〕北里志一卷　唐孫棨撰。○明吳氏叢書堂鈔説郛本，十行二十
字，墨格，版心有"叢書堂"三字。此書在卷十二內。余藏。○宛委
山堂刊説郛本。余藏。

幽閒鼓吹一卷　唐張固撰。○説郛本。○歷代小史本。○顧氏文房
小説本。○續百川學海本。○普秘笈本。○學海類編本。

〔補〕○明正德嘉靖間顧元慶刊陽山顧氏文房小説本，十行十八字，白
口，左右雙闌。後題"陽山顧氏十友齋宋本重刊"。余藏。○明刊歷
代小史本，十一行二十六字，白口，四周雙闌。余藏。○明末刊寶顏
堂普祕笈本，八行十八字。書名前加"陳眉公訂正"五字。余藏。

松窗雜錄　唐李濬撰。○顧氏文房小説本。○説郛作摭異記。○歷
代小史脱二條。○奇晉齋叢書本。

〔補〕○明嘉靖十年顧元慶刊陽山顧氏文房小説本，十行十九字，白
口，左右雙闌，耳上有"陽山顧氏文房"六字。末有"嘉靖辛卯夷白齋
重雕"小字二行。余藏。○明嘉靖間鈔説集本，十一行二十四字，白
口，四周雙闌。在第十册。朱文鈞藏。○明萬曆刊歷代小史本，十
一行二十六字，白口，四周雙闌。○清乾隆三十四年陸烜奇晉齋叢
書本，八行十九字，白口，左右雙闌。余據明鈔説集本校，又據太平
廣記補佚文一則。

雲溪友議三卷 唐范攄撰。○稗海本十二卷，不及三卷本足。○康
　熙刊本。○龍威秘書本。○明刊小字本，半頁十行，行十九字。○
　宋本半頁十一行，行二十二字。

〔補〕○明刊本，十行十九字，白口，左右雙闌。卷首目錄接本書，猶存
　舊式。此本已印入四部叢刊續編。○清寫本，十一行二十二字，注
　雙行同。封面有拜經樓大圓木記。○清寫本。每條有標目。有任
　辰藏印。余藏。余曾據太平廣記引文校。

〔補〕**雲溪友議十二卷** 唐范攄撰。○明寫本，棉紙藍格，十一行二十
　三字。前有目錄，凡六十六條。有天一閣朱文印。○繆氏藝風堂寫
　本，七行十八字。錄有明柳僉跋及嘉靖乙未王良棟錄藏題識。繆荃
　孫校並跋。李木齋先生遺書。余曾據以校稗海本，頗有訂正。

〔補〕**南北史續世說十卷** 題唐李垕撰。○明萬曆安茂卿刊萬曆三
　十七年俞安期蓼蓼閣重修本，十行二十字。前有俞安期序。與阮氏
　進呈本不同。

玉泉子一卷 不著撰人。○稗海本。

〔補〕○明天一閣舊藏明寫本。涵芬樓藏，余曾借校。○明萬曆商濬
　刊稗海本，九行二十字，白口，四周單闌。余據明天一閣藏寫本校，
　又據家藏明叢書堂鈔說郛本校，補佚文五條。○清乾隆五十七年挹
　秀軒唐人說薈本。○清光緒元年湖北崇文書局刊百子全書本。

〔補〕**玉泉子真錄一卷** 唐失名人撰。○明吳寬叢書堂鈔說郛本，墨
　格，十行二十字。余藏。此本商務印書館已排印。可補稗海本佚文
　五條。○清順治三年李氏宛委山堂刊說郛本。

雲仙雜記十卷 唐馮贄撰。○說郛本。○唐宋本。○明隆慶辛未葉
　氏菉竹堂刊本，或題雲仙散錄，足。每半頁十行，行十八字。○龍威
　秘書本。○藝海珠塵本。○容齋隨筆載有南劍謝刻本。

〔附〕○曾見宋本，後有嘉泰二年應祥跋，每頁十八行，行大字，用宋時

舊册紙印,甚精。張大愚藏。(眉)

〔補〕○明隆慶五年葉恭煥萊竹堂刊本,十行十八字,白口,四周單闌。卷末有"玉峯葉氏萊竹堂中繡梓印行"二行。寫刻精美。此本已印入四部叢刊續編中。

〔補〕**雲仙雜記一卷** 題唐馮贄撰。○清乾隆五十九年馬氏大酉山房刊龍威秘書本。

〔補〕**雲仙雜錄一卷** 題唐馮贄撰。○宋開禧元年刊本,九行十七字,白口,左右雙闌。每條標題白文。江南圖書館藏。

〔補〕**雲仙散錄十卷** 題唐馮贄撰。○明末高承埏輯刻稽古堂羣書祕簡本,八行十八字,白口,四周單闌。余藏。

〔補〕**雲仙散錄一卷** 題唐馮贄撰。○清嘉慶中吳省蘭輯刻藝海珠塵本。在革集。○明鈔説郛本,不分卷。在卷二十七。余藏。

唐摭言十五卷 五代王定保撰。○稗海本不全。○雅雨堂本。○學津本。○宋賓王以汪士鋐本校正,末有嘉定柯山鄭昉跋。整理者按:舊寫本及適園本此句作:"宋氏有雲以語萱刊本、抄本、校本、嘉定柯山鄭昉本。"疑有脱誤,竢考。

〔附〕○宋嘉定辛未本,最佳。○景宋抄本。(邵氏)

〔補〕○明寫本,棉紙藍格,十一行二十三字,鈐天一閣印。存卷六至十五。○清初寫本,九行二十字,前有嘉定辛未鄭昉跋。宋筠校並跋,又錄王士禛、朱彝尊跋。余藏。○清寫本,厲鶚校並跋。勞權識語。存卷八至十五。余藏。○清乾隆二十一年盧見曾刊雅雨堂叢書本。余據莫棠藏舊寫本校卷一至八,又據厲鶚校本校卷八至十五。又一帙,余據鄧邦述藏朱彝尊舊藏寫本校。鄧本遞藏吳焯、法式善家,鈐有清四庫館印。○又一帙,余據自藏宋筠校本校。○清光緒五年元和葛氏刊嘯園叢書本。

中朝故事二卷 南唐尉遲偓撰。○歷代小史本一卷。

〔附〕○路有抄本。（邵氏）

金華子二卷 南唐劉崇遠撰。○説郛一卷。○函海本。○讀畫齋本。

〔補〕○清同治間真州張氏廣東刊榕園叢書本。○日本人寫本，王韜
　　校並跋。繆荃孫遺書。

〔補〕**金華子雜編二卷** 南唐劉崇遠撰。○清乾隆間李氏刊函海本。
　　○清光緒元年湖北崇文書局刊子書百家本。○清光緒八年鐘登甲
　　刊巾箱函海本。余據明吳寬叢書堂鈔説郛本校，補佚文二條。

〔補〕**金華子雜編一卷** 南唐劉崇遠撰。○明吳寬叢書堂鈔説郛本，
　　墨格，十行二十字，版心有“叢書堂”三字。○清順治三年宛委山堂
　　刊説郛本。

〔增〕**三水小牘二卷** 唐皇甫枚撰。枚自尊美，安定人，咸通末為魯山
　　令。僖宗在梁州，枚赴調行在，此其書中可考者。其書成于天祐四
　　年，枚當旅食汾晉，而追記咸通時事。明嘉靖時姚咨曾手抄之，此從
　　錢曾藏本影寫。所載雖涉神仙靈異，而筆雅詞明，實寓垂誡。又案，
　　天祐庚午時，晉猶稱天祐，而枚亦稱之。○阮氏以進呈。

〔補〕○清乾隆五十七年餘姚盧氏自刊抱經堂叢書本。余據太平廣記
　　引文校。並輯抱經本所無各條之目為補遺目錄一卷，竢當補錄足
　　之，使成完帙。

〔補〕**三水小牘二卷逸文一卷附錄一卷** 唐皇甫枚撰，清繆荃孫校
　　補。○清光緒十七年刊雲自在龕叢書二集本。

〔補〕**三水小牘一卷** 唐皇甫枚撰。○明嘉靖二十三年陸楫儼山書院
　　刊古今説海本，八行十六字，白口，左右雙闌。在説略中。○清順治
　　三年宛委山堂刊説郛本。在卷十八。

〔補〕**三水小牘不分卷** 唐皇甫枚撰。○清同治十三年刊粵雅堂叢書
　　三編續談助本。○清光緒十三年陸心源刊十萬卷樓叢書續談助本。

開元天寶遺事四卷 五代王仁裕撰。○説郛本一卷。○歷代小史

本。○續百川學海本。○顧氏文房小說二卷。○藝圃搜奇本。○
明刻本。○明刊本。○元刊活字本。

〔附〕○宋有興化刊本，見容齋隨筆。（原稿無，印本入正文）

〔補〕**開元天寶遺事二卷**　五代王仁裕撰。○明建業張氏銅活字印
本，九行十八字，白口，左右雙闌。卷首次行題"建業張氏銅板印
行"。有何煌、黃丕烈跋。周叔弢藏。○明傳寫建業張氏銅活字印
本，行欵全同。涵芬樓藏。○明正德嘉靖間顧氏夷白齋刊陽山顧氏
文房小說本，十行十八字，白口，左右雙闌。題"埭川顧氏家塾梓
行"。余據楊氏觀海堂藏日本慶長活字印本及日本舊寫本校，頗有
異處。慶長本半葉十三行，行二十字。

〔補〕**開元天寶遺事一卷**　五代王仁裕撰。○明萬曆刊歷代小史本，
十一行二十六字，白口，四周雙闌。○明刊續百川學海本，九行二十
字，白口，左右雙闌。○清順治三年宛委山堂刊說郛本，九行二十
字，白口，左右雙闌。○清乾隆五十七年刊唐人說薈本。

鑑戒錄十卷　蜀何光遠撰。○說郛本。○明初刊本。○知不足齋本。
○學津本。○吳門黃氏藏宋刊小字重雕本，足，半頁十五行，行二十
四字。出項氏天籟閣，經阮亭、竹坨諸老手題，今歸汪氏。○拜經樓
有影宋抄本。

〔補〕**重雕足本鑑戒錄十卷**　後蜀何光遠撰。○宋刊本，十五行二十
四字，白口，四周雙闌。版心下方記刊工名一字。卷首標題大字佔
雙行。以雕工字體審之，是孝宗光宗間浙本。有明項元汴重裝題
識，朱彝尊、查嗣瑮、汪士鋐跋，王士禎、徐嘉炎、曹寅題欵。翁松禪
師遺書，翁敬之藏。

〔補〕**重雕足本鑑誡錄十卷**　後蜀何光遠撰。○清精寫本，九行二十
字。後錄朱彝尊、查嗣瑮、汪士鋐跋、曹寅、徐嘉炎題欵。○清嘉慶
八年鮑廷博刊知不足齋叢書本，余借常熟翁敬之觀察所藏宋刊本

校。

南唐近事一卷　宋鄭文寶撰。○說郛本。○唐宋本。○續百川本。○續秘笈本。○有刊本三卷。

〔補〕○明萬曆刊本。題徐㷒校。涵芬樓藏。○明刊續百川學海本，九行二十字，白口，左右雙闌。余藏。○明萬曆刊寶顏堂續祕笈本，八行十八字，白口，四周單闌。書名前加"陳眉公訂正"五字。俞據明刊本校。○明吳寬叢書堂鈔說郛本。余藏。○清順治三年宛委山堂刊說郛本。余藏。

〔補〕**南唐近事三卷**　宋鄭文寶撰。○明刊本，十行十八字，似叢刻者。余藏。余據朱文鈞藏明鈔說集本校，訂正八十餘字，補張子游好挽歌一條。○明鍾人傑唐宋叢書本，九行二十字，白口，左右雙闌。○清康熙中程氏萬卷樓刊榮陽雜俎八種本。○清寫本。鈐有四明盧氏抱經樓藏印。

〔補〕**南唐近事二卷**　宋鄭文寶撰。○明鈔說集六十種本，藍格，十一行二十四字，白口，四周雙闌。在第二冊中，比世行本多一條。朱文鈞藏。

北夢瑣言二十卷　宋孫光憲撰。○稗海本不全。○雅雨堂刊足本，乃元華亭孫道明所藏宋陝西刊板。○昭文張氏目有華亭孫道明至正二十四年五月抄本，據武林忻悅學家藏陝刊舊本，蓋即雅雨原本。

〔補〕○明萬曆刊本，十行二十字，白口，左右雙闌。每條均有題目。所據本原缺卷二十，刻時乃以卷十後半之十一條移後，偽為第二十卷，以充完書。故卷二十各條與他本皆不合，余藏。○明寫本，十行二十字，版心有"賜書樓"三字。錄有萬曆元年俞允文跋，言葉伯寅養疾，凡稗官小說靡不課寫校勘，余因時得披覽云云。則此本出自葉恭煥菉竹堂鈔校本也。有清吳志忠藏印。盧址抱經樓遺書。○清寫本，十一行二十二字。有唐翰題跋。鈐楊尚木、吳騫、唐翰題藏印。此書余曾校過，其卷二十尚存，可校正萬曆本移補之妄，亦可正盧見曾雅雨堂本卷二十標題之誤。○明稗海本，余據明鈔說郛本校。

賈氏談錄一卷　宋張洎撰。○說郛、類説皆不全。○四十家小説本。○守山閣本。

〔補〕○清寫本，凡三十一條。後附胡珽、勞格校記。此書自序稱三十一條，類説本十七條，説郛本九條，四庫本二十六卷，均不全，此獨為完書。補正奪逸失次者甚夥。余藏。余曾以之校守山閣叢書本。

洛陽縉紳舊聞記五卷　宋張齊賢撰。○知不足齋本。

〔附〕○明洪武中張氏刊本。○明刊本。（眉）

〔補〕○明穴硯齋寫本，十二行二十字，墨格。翁斌孫藏。

〔補〕**丁晉公談錄一卷**　不著撰人名氏。○宋咸淳刊百川學海本，十二行二十字，細黑口，左右雙闌。余藏。○明弘治十四年華珵刊百川學海本，十二行二十字，白口，左右雙闌。余藏。○明嘉靖十五年鄭氏宗文堂刊百川學海二十卷本，十四行二十八字，白口，左右雙闌。○明弘農楊氏鈔說郛本，十一行二十三字，版心有"弘農楊氏"四字。余藏。○清順治三年宛委山堂刊說郛。余據明弘農楊氏寫本校十六則。四庫存目。

〔補〕**晉公談錄一卷**　不著撰人名氏。○明萬曆刊歷代小史本，十一行二十六字，白口，四周雙闌。

南部新書十卷　宋錢易撰。○稽古堂刊本。○類説本不全。○學津本。○粵雅堂本。

〔補〕○明刊本，十行二十字。似萬曆刊本。清錢曾、胡珽校、何焯、周錫瓚、顧廣圻校並跋。顧跋言何焯亦有臆改致誤處。周叔弢藏。余曾據以校嘉慶間張氏照曠閣刊學津討原本。○清道光三十年南海伍氏刊粵雅堂叢書初集本。

〔補〕**南部新書十卷補遺一卷**　宋錢易撰。○舊寫本。末錄洪武五
年清隱老人二跋。云與蜀本對，皆不同，彼此不載者甚多。又云與
曾慥類説所收比對，此本所無者作為補遺。據此，則是節本也。余
嘗取校學津討原本，雖條數不及學津本之半，然字句頗有異同。丙
辰文友堂見。○舊寫本，八行二十字。卷中遇宋帝空格。鈐有“曾
在王鹿鳴處”印記。○舊寫本，題甲至癸十集，十行二十二字。李木
齋先生藏。

〔補〕**南部新書十卷**　宋錢易撰。○舊鈔節本，較學津本少若干條。
余曾取校學津討原本，與前據舊鈔有洪武五年清隱老人跋者小有不
同。最異者戊集中補張説知京官考一條七十四字可知節本亦淵源
有自，未可輕視也。

〔補〕**稽古堂訂正南部新書十卷**　宋錢易撰。○明末刊高承埏稽古
堂日鈔十七種本，八行十八字，白口，四周單闌。余藏。

王文正筆錄一卷　宋王曾撰。○百川本。○歷代小史本。○學津
本。○説郛本。（繩）

〔補〕○宋咸淳刊百川學海本，十二行二十字，細黑口，左右雙闌。余
藏。○明弘治十四年華珵刊百川學海本，十二行二十字，白口，左右
雙闌。余藏。○明嘉靖十五年鄭氏宗文堂刊百川學海二十卷本，十
四行二十八字，白口，左右雙闌。明萬曆刊歷代小史本，十一行二十
六字，白口，四周雙闌。

儒林公議二卷　宋田況撰。○明嘉靖庚戌刊本。○稗海本。

〔補〕○明萬曆商氏半埜堂刊本，九行二十字，白口，四周單闌。余曾
據蔣氏密韻樓藏明范氏天一閣舊藏明寫本校。

涑水紀聞十六卷　宋司馬光撰。○聚珍本。○閩覆本。○學海類編
本。○學津討原本。○淡生堂餘苑本二卷。

〔補〕○清寫本，九行二十一字，鈐“小山堂書畫印”。存卷八至十。○

清光緒二十五年廣雅書局翻聚珍本。余據天一閣舊藏寫本校。○
清寫本，有錢唐施氏藏印。

〔補〕**涑水紀聞二卷**　宋司馬光撰。○明寫本，棉紙藍格，九行二十六
字。天一閣舊藏。王鴻甫藏。余取校廣雅書局翻武英殿聚珍本書
本，文字多不同。○清初寫本，十行二十字。鈐揆叙謙牧堂藏印。
次第與武英殿聚珍本書本不同，文字亦多異。○繆荃孫遺書。

〔補〕**涑水紀聞八卷**　宋司馬光撰。○清寫本。陳鱣舊藏。有周鑾詒
觀欵。聚珍版書本已經改併刪削，此本可貴。

澠水燕談錄十卷　宋王闢之撰。○稗海本缺第十卷，分第四卷為二，
以符十卷之數。○知不足齋刊足本，尚有原缺一頁。

〔附〕○宋本有紹聖二年自序。（邵氏）

〔補〕○明萬曆間商濬刊稗海本，九行二十字，白口，左右雙闌。余據
明鈔說郛本校。○清寫本，藍格，九行二十一字，版心有"漱六閣藏
本"五字。後有李北苑跋，言稗海本缺第十卷，以卷四之半移補，以
充完帙，此本出趙琦美家，卷十自宋刊本錄出，餘卷復較稗海本多出
三十一條云云。董廉之肆中見，惜匆匆未遑一校。○清乾嘉間刊知
不足齋叢書本，余據江少虞皇朝事實類苑所引校，補入佚文十餘條。
此書直齋書錄解題著錄與此同名，而宋臨安尹家書籍鋪刊本"談"作
"譚"，則宋時即有書名不同之二本矣。

〔補〕**澠水燕譚錄十卷**　宋王闢之撰。○明嘉靖間東吳柳僉家寫本，
存九卷。半葉九行十八字，目後有"臨安府太廟前尹家書籍鋪刊行"
一行。全書三冊，上冊、中冊上半及下冊末葉柳僉手抄。卷十缺。
有明張棟題識二則。清黃丕烈跋七則，又題詩一首並記。黃丕烈據
知不足齋傳錄明萬曆二年貢大章抄九卷本校。又據吳氏香雨齋藏
毛氏汲古閣藏十卷本校。毛本實為九卷，析卷六為六、七二卷，而以
七、八、九三卷改為八、九、十卷。黃丕烈跋又云稗海本分卷四為四、

五兩卷，而以原卷五至九移為卷六至十。稗海本有删節，只存二百
八十五條。此抄本存三百餘條，亦勝於稗海本。又有周星詒跋，云
得之福州帶經堂陳氏，並考明張棟事跡。盛昱鬱華閣遺書，後為李
木齋先生收得。○清彭元瑞知聖道齋藏寫本，分卷與知不足齋叢書
本異，云是影寫宋刊本。

〔補〕**碧雲騢一卷** 宋梅堯臣撰。○明正德嘉靖間顧元慶刊陽山顧氏
文房小說本，十行十八字，白口，左右雙闌。○明正德十六年姚咨茶
夢齋手寫本。涵芬樓藏。○清順治三年宛委山堂刊說郛本。余據
涵芬樓藏明鈔本校。

歸田錄二卷 宋歐陽修撰。○歐集本。○稗海本。○學津本。
〔補〕○明活字印本，十行十七字。繆荃孫處見。○明萬曆商濬刊稗
海本，九行二十字，白口，四周單闌。○清嘉慶十年張氏照曠閣刊學
津討原本，九行二十一字，黑口，左右雙闌。○此書宋本尚存於吉州
本歐陽文忠公大全集中，為傳世最善之本。余曾以之校稗海本。

〔增〕**丞相魏公談訓十卷** 宋長孫左朝請大夫蘇象先編，述其祖魏公
頌遺訓，分二十六類，凡三百餘事。直齋著錄。張氏志舊抄本。道
光十年裔孫廷玉刊本。

嘉祐雜志一卷 宋江休復撰。○稗海題江鄰幾雜志。○唐宋本。○
秘笈本。○學海類編本。○紛欣閣叢書本。○丁禹生有舊鈔本二
卷。（繩）

〔補〕**江鄰幾雜志一卷** 宋江休復撰。○明天一閣藍格寫本，九行二
十字。涵芬樓藏。○明萬曆刊寶顏堂彙祕笈本。余藏。○明萬曆
商氏半埜堂刊續稗海本，九行二十字，白口，四周單闌。余據明鈔說
郛本校，補佚文十六條。又據天一閣藏明寫本校過。

〔補〕**江氏筆錄二卷** 宋江休復撰。○清寫本。鈐有汪氏古香樓藏
印。

東齋記事六卷 宋范鎮撰。○墨海金壺本。○守山閣本。

〔附〕○張有舊抄十卷本。（邵氏）

〔補〕**該聞錄一卷** 宋李畋撰。○明鈔說郛本。余藏。商務印書館已排印。○明末宛委山堂刊本。余曾據家藏明鈔說郛本校，補佚文二條。

〔增〕**友會談叢三卷** 宋上官融撰。華陽人，字履未詳。前有天聖五年自序。所記皆宋代故事，多言報應，示勸戒。卷數與宋志、焦氏志同，而通考則作一卷。序稱六十事，此僅及半。○阮氏以進呈。

〔附〕○陸心源刻本。（眉）

〔補〕○明末高承埏輯刻稽古堂羣書祕簡本，八行十八字，白口，四周單闌。余藏。○清光緒八年陸心源輯刊十萬卷樓叢書二集本。

〔補〕**友會談叢一卷** 宋上官融撰。○清順治三年刊說郛本，余據明弘治十八年鈔說郛本校。○舊寫本，九行二十字，似清初人鈔本。後有至正三十四年失名人跋，蓋元之遺民也。涵芬樓藏。余曾借觀未校。

青箱雜記十卷 宋吳處厚撰。○稗海本。○張月霄有舊抄本。

〔補〕○舊寫本，十行二十字，從宋本出。有黃丕烈跋，云出小讀書堆。徐乃昌藏。○明萬曆商濬刊稗海本，九行二十字，白口雙闌。余曾用明俞子容家鈔本校過。又據朱文鈞藏明寫本說集本校，補吳氏自序一首。○明鈔說集本，藍格，十一行二十四字。在第十一冊。朱文鈞藏。

錢氏私志一卷 宋錢世昭撰。○說郛本。○歷代小史本。○古今說海本。○學海類編本。○唐宋本。

龍川略志十卷別志八卷 宋蘇轍撰。○志略百川本。○別志稗海本不全。

〔補〕**蘇黃門龍川略志十卷** 宋蘇轍撰。○宋咸淳刊百川學海本，十

二行二十字,細黑口,左右雙闌。余藏。○明弘治十四年華珵刊百
川學海本,十二行二十字,白口,左右雙闌。余藏。○明嘉靖十五年
鄭氏宗文堂刊百川學海二十卷本,十四行二十八字,白口,左右雙
闌。此本離析龍川略志六卷為十卷,內容相同,而次第有所更易。
余曾以宋本校百川學海本,改正一千二百七十二字。○明吳寬叢書
堂寫本,紅色格,十行二十一字,次行結銜題"左迪功郎新授撫州宜
黃縣主簿主管學事劉信校正"。壬子夏余代涵芬樓收得。盛昱遺
書。

〔補〕**龍川略志六卷別志四卷** 宋蘇轍撰。○宋刊本,十一行二十二
至二十三字,細黑口,左右雙闌。前有元符二年夏自序,謂凡四十
事,六卷。別志前有元符二年秋自序,謂凡四十七事,四卷。鈐有曹
寅藏印。顧麐士藏。此本余已影刊,收入雙鑑樓蜀賢遺書十二種
中。

〔補〕**蘇黃門龍川別志二卷** 宋蘇轍撰。○明萬曆商濬刊稗海本,九
行二十字,白口,四周單闌。此本內容與宋本別志四卷全同,惟併為
二卷。又內有四條誤析為二,故為五十一條,與宋本四十七條不符。
余嘗以宋本校過,改正六百五十五字。

後山談叢四卷 宋陳師道撰。○說郛本、唐宋本一卷。○續秘笈本。
○學海類編本。○後山集附本。

〔補〕**張太史明道雜志一卷** 宋張耒撰。○明正嘉間顧元慶夷白齋
刊陽山顧氏文房小說本,十行十八字,白口,左右雙闌。左耳有"陽
山顧氏文房"六字。

孫公談圃三卷 宋劉延世撰。○百川本。○說郛本。○歷代小史
本。○稗海本。○學津本。○道光丙午高郵單刊本。○野容叢書
第五卷中有補遺三條,四庫著錄附于末。

〔補〕○宋咸淳刊百川學海本,十二行二十字,細黑口,左右雙闌。余

藏。○明弘治十四年華珵刊百川學海本，十二行二十字，白口，左右
雙闌。余藏。○明嘉靖十五年鄭氏宗文堂刊百川學海二十卷本，十
四行二十八字，白口，左右雙闌。○舊寫本，十行二十字。卷中遇宋
帝空格，從宋本出。余嘗取校稗海本，改正及補脫文甚多。○清初
寫本，十二行二十一字。有揆叙謙牧堂藏印、清禮邸藏印及韓氏玉
雨堂印。余曾取校稗海本，補脫文一行。○明萬曆商濬刊稗海本，
九行二十字，白口，四周單闌。余有校本。

〔增〕續世説十二卷　宋孔平仲撰。四庫未收。○守山閣刊本。○張
氏志云，毅父取宋、齊、梁、陳、隋歷代事迹，依劉氏世説之目而分隸
之。抄後有沅州公使庫總計紙板數目，並印造紙墨褙背工食錢數
目，又有監庫使翁灌等五人銜名，皆沅州官也。○居易錄謂是書已
失傳，近代藏家亦罕著錄。照曠閣本乃何夢華從宋刊影抄。○阮氏
曾以進呈。○丁禹生有影宋舊抄，目錄後有“臨安府陳道人刊行”八
字，蓋依秦果所序沅州紹興丁丑修刊李氏板。

〔補〕　○清景寫宋沅州公使庫刊本。有紹興二十七年沅州司法兼監使
庫翁灌等五人銜名及沅州公使庫修補工價紙張用錢數。○清影寫
宋臨安陳道人書籍鋪刊本，十行十八字。目後有臨安陳道人書籍鋪
刊行牌記一行。即莫氏所記丁氏藏本，壬子歲見於涵芬樓。○宛委
別藏本，已印入選印宛委別藏中。○清咸豐十年南海伍氏刊粵雅堂
叢書本，在三編二十二集中。

孔氏談苑四卷　宋孔平仲撰。○續説郛本、唐宋本、秘笈本、説海本
皆一卷。○藝海珠塵本五卷。○茗喬舊抄足本六卷。（繩）

〔補〕　○孔氏談苑無古今説海本及唐宋叢書本，莫氏蓋誤以孔氏雜説
當之。續説郛均明人著述，亦無此書，或以説郛而致誤，然説郛所收
亦孔氏雜説一卷也。孔氏雜説一名珩璜新編，四庫著錄於雜家類，
與此判然二書。

畫墁錄一卷 宋張舜民撰。○稗海本。○說郛本。

〔補〕○明萬曆商濬刊稗海本，九行二十字，白口，四周單闌。清勞格手校並跋。補脫文十六條。余曾以稗海本臨一本存之。

甲申雜記一卷聞見近錄一卷隨手雜錄一卷 宋王鞏撰。○學海類編本。○知不足齋本。

〔補〕○宋吉州刊本，十行十九字，白口，左右雙闌。避宋諱至慎字止。其字體風氣及刊工人名均與吉州本歐陽文忠公集同，以是知為吉州所刊。存甲申雜記一卷，聞見近錄一卷。鈐有明文淵閣大方印。余藏。○清道光十一年晁氏刊學海類編本。余以宋吉州本校，甲申雜記改定三十字，補入一條，聞見近錄改定一百五十字。又據明鈔本說郛校甲申雜記十條，聞見近錄十四條，隨手雜錄四條。

〔補〕**聞見近錄一卷甲申雜記一卷隨手雜錄一卷清虛雜著補遺一卷** 宋王鞏撰。○清乾嘉間鮑廷博刊知不足齋叢書本。甲申雜記、聞見近錄即據宋本付梓。

湘山野錄三卷續錄一卷 宋釋文瑩撰。○津逮本一卷。○秘笈本。○學津本。○宋本每半頁九行，行二十字，上卷三頁起，至中卷二十三頁止，凡四十七頁。餘五十三頁元人補抄。黃蕘圃藏，後為于湘山購去。○汲古閣藏，缺"中實"起"聞前代興亡及崩薨篡弒之事"云云十四行，缺在第一頁後十餘行。（繩）

〔補〕○清寫本，九行十八字。鈐有劉喜海嘉蔭簃藏印。文友堂見。○明崇禎毛氏汲古閣刊津逮祕書本，八行十九字，白口，左右雙闌。余臨黃丕烈校本。

〔補〕**重雕改正湘山野錄三卷續錄一卷** 釋文瑩撰。○宋刊本，九行二十字，存上、中二卷，共四十七葉。餘五十三葉元人鈔配，有至正十九年識語。有黃丕烈、喬松年、繆荃孫跋。余曾以黃丕烈校本臨入津逮祕書本上，改脫誤甚多，卷一補闕文一葉。

玉壺野史十卷 宋釋文瑩撰。○學海類編本。○知不足齋本作玉壺
清話。○墨海金壺本。○守山閣本。

〔補〕**玉壺清話十卷** 宋釋文瑩撰。○清乾隆四十五年鮑廷博刊知不
足齋叢書本。余藏，以明鈔説郛本校，計十條。

侯鯖錄八卷 宋趙令畤撰。○稗海本。○説郛本。○知不足齋本。
○抱經云，一本止分上下兩卷者佳。

〔附〕○嘉靖甲辰芸窗書院刊本。（眉）

〔補〕○明嘉靖二十三年芸窗書院刊本，八行十五字，白口，左右雙闌，
版心上方有“芸窗書院刊”五字。前頓銳序，序後有“嘉靖甲辰仲夏
吉旦芸窗書院重刊”二行。余藏。○明萬曆商濬刊續稗海本，九行
二十字，白口，四周單闌。余曾以明寫本説郛校，補佚文一條。

〔補〕**侯鯖錄二卷** 宋趙令畤撰。○明鰲峯書院刊本，十一行二十一
字，白口，四周單闌。有“鰲峯書院之記”楷書木記。○清乾隆間寫
本，十二行二十一字。盧文弨朱筆校，鈐有“武林盧文弨手校”印。
余藏。余曾取校稗海本，補脱佚十五條，又脱文三處二百餘字。即
莫目所云“一本止分上下兩卷者佳”之本也。

東軒筆錄十五卷 宋魏泰撰。○稗海本。○説郛本。○嘉靖間刊
本。

〔補〕○明嘉靖三十四年沈敕楚山書屋刊本，九行十九字，版心上方題
“楚山書屋”四字。前元祐九年自序，後嘉靖乙卯沈敕跋。有葉樹廉
樸學齋印及吳重熹印。盧慎齋藏。余曾以校稗海本，補序、跋各一
首。○明寫本，棉紙藍格。天一閣舊藏。孫莘如藏。余據以校稗海
本。

泊宅編三卷 宋方勺撰。○稗海本。○讀畫齋本。兩本各有出入，盧
抱經合二一之。○有舊刊十卷本。

〔補〕○明萬曆商濬刊稗海本。○清嘉慶四年顧修讀畫齋叢書丁集

本。○清光緒三年仁和葛氏刊嘯園叢書本。○清同治八年補刊金
華叢書本。

〔補〕**泊宅編十卷**　宋方勺撰。○清嘉慶四年顧修刊讀畫齋叢書丁集
本。○清光緒八年補刊金華叢書本。此二叢書均併收三卷、十卷二
本。

〔補〕**泊宅編一卷**　宋方勺撰。○說郛節本。○明叢書堂鈔說郛本，
十行二十字，在卷十五，不分卷。○清順治三年宛委山堂刊說郛本，
在卷二十七。

珍席放談二卷　宋高晦叟撰。○函海本。

〔補〕○清同治間真州張氏刊榕園叢書本。

〔補〕**幙府燕閒錄一卷**　宋畢仲詢撰。○明鈔說郛本。余藏。商務印
書館已排印。○明末宛委山堂刊說郛本。余曾用家藏明鈔說郛本
校，補入佚文二條。

鐵圍山叢談六卷　宋蔡絛撰。○淡生堂餘苑本。○學海類編本。○
知不足齋據明嘉靖庚戌雁里艸堂抄足本付刊。

〔補〕○清乾隆四十六年鮑廷博刊知不足齋叢書本，余據明鈔說郛本
校十一條，訂正極多。○清道光十一年晁氏活字印學海類編本。余
據繆氏藝風堂藏吳焯家寫本校。

〔補〕**鐵圍山叢談一卷**　宋蔡絛撰。○明嘉靖二十三年陸楫刊古今說
海本，八行十六字，白口，左右雙闌。○明萬曆刊歷代小史本，十一
行二十六字，白口，四周雙闌。均余藏。

〔補〕**鐵圍山叢談不分卷**　宋蔡絛撰。○明叢書堂寫本說郛本，在卷
十九，墨格，十行二十字，版心下方有"叢書堂"三字。

國老談苑二卷　宋王君玉撰。○百川本一卷。○歷代小史本。○學
津本。

〔補〕○宋咸淳刊百川學海本，十二行二十字，細黑口，左右雙闌。余

藏。○明弘治十四年華珵刊百川學海本，十二行二十字，白口，左右
雙闌。余藏。○明嘉靖十五年鄭氏宗文堂刊百川學海二十卷本，十
四行二十八字，白口，左右雙闌。三百川本均二卷，莫氏誤為一卷。
○清嘉慶十年張氏照曠閣刊學津討原本，九行二十一字，黑口，左右
雙闌。

〔補〕**國老談苑一卷** 宋王君玉撰。○明萬曆刊歷代小史本，十一行
二十六字，白口，四周雙闌。

道山清話一卷 不著撰人。○百川本。○學津本。○説郛本不全。

〔補〕○宋咸淳刊百川學海本，十二行二十字，細黑口，左右雙闌。余
藏。○明弘治十四年華珵刊百川學海本，十二行二十字，白口，左右
雙闌。余藏。○明嘉靖十五年鄭氏宗文堂刊百川學海二十卷本，十
四行二十八字，白口，左右雙闌。

墨客揮犀十卷 宋彭乘撰。○稗海本。○古今説海本有續一卷。○
昭文張氏有明人舊抄續集十卷。

〔增〕**續墨客揮犀十卷** ○葉石君藏舊抄本。述古堂書目有此書。四
庫提要謂其已逸。○愛日精廬志云，此明人舊抄，後有題識，云正德
乙巳夏日舊刻本摹于志雅齋。○阮氏進呈亦有此書，云陳振孫書錄
並載二編，共二十卷，而不著撰人。明商維濬刊稗海，乃題彭乘，盖
以書中所自稱名為據。○丁禹生有紅豆山房藏舊抄本。

〔補〕○明正德四年己巳志雅齋寫本，十行二十字。目後有正德己巳夏
日舊刊本摹於志雅齋跋語五行。每卷分上下。王子展藏，即愛日精
廬舊藏本。○清蔣維基茹古精舍影寫宋刊本，九行十八字。末有
"蔣氏茹古精舍鈔本"朱印。盛昱遺書，余藏。○丁氏持靜齋藏惠紅
豆抄本在涵芬樓。

唐語林八卷 宋王讜撰。○嘉靖初桐城齊之鸞刊，二卷，不全。○聚
珍本。○閩覆本。○惜陰軒本。○墨海金壺本。○守山閣本。

〔附〕○頃見明刊本，周錫瓚用黃蕘圃舊抄本校。黃云舊抄實三卷，刻
　本即出於彼，而强併為二卷。（眉）

〔補〕**唐語林二卷**　宋王讜撰。○明嘉靖二年齊之鸞刊本，十行二十
　二字，白口，四周雙闌。前有自序。有黃丕烈二跋及周錫瓚跋，言非
　完本，明人自三卷改併為二卷、致分卷處數葉不連云云。蔣孟蘋藏。

〔補〕**唐語林三卷**　宋王讜撰。○舊寫本，十行二十字。有黃丕烈二
　跋，言只存三卷十五門，非完書，然卷中遇宋諱缺文，源出宋刊云云。
　第二跋黃美鏐代書。盛昱遺書。

楓窗小牘二卷　不著撰人。○說郛本。○唐宋本。○稗海本。○廣
　秘笈本。

南窗記談一卷　不著撰人。淡生堂餘苑本。○學海類編本。○墨海
　金壺本。○珠叢別錄本。

〔附〕○徐度著，見施注蘇詩。○芹按："慶"作"度"。適園本（眉）

〔補〕○清寫本，十行十八字。鈐王氏印。從吳翌鳳寫本傳錄。○清
　寫本，十行二十字，舊人臨勞權校跋。有陸心源跋。余藏。○清寫
　本。○孫星衍藏印。涵芬樓藏。

〔補〕**昨夢錄一卷**　宋康與之撰。○明嘉靖二十三年陸氏儼山書院刊
　古今說海本，八行十六字，白口，左右雙闌。在說略中，題康譽之作。
　○明叢書堂鈔說郛本，墨格，十行二十字，在卷二十一。○清順治三
　年李際期宛委山堂刊說郛本。以上均余藏。四庫存目。

〔補〕**月河所聞集一卷**　宋莫君陳撰。○此書無舊刻本，四庫所據為
　天一閣藏鈔本。近劉君承幹始刊入吳興叢書中，承惠一帙，然亦無
　舊本可校也。四庫存目。

過庭錄一卷　宋范公偁撰。○稗海本。

〔補〕**清尊錄一卷**　宋廉布撰。○明鈔說郛本，在卷十一。余藏。○
　明末宛委山堂刊本。余曾據家藏明鈔說郛本校，補入元統間王東跋

一首,謂為陸游之作。○明嘉靖二十三年陸楫儼山書院刊古今說海本,在說略中。八行十六字,白口,左右雙闌。余藏。

萍洲可談三卷 宋朱彧撰。○說郛本、秘笈本、百川本、稗海本並不全。○墨海金壺本。○守山閣本。

〔補〕**可談一卷** 宋朱彧撰。○宋咸淳刊百川學海本,十二行二十字,細黑口,左右雙闌。余藏。○明弘治十四年華珵刊百川學海本,十二行二十字,白口,左右雙闌。余藏。○明嘉靖十五年鄭氏宗文堂刊百川學海二十卷本,十四行二十八字,白口,左右雙闌。○明萬曆刊寶顏堂秘笈續集本,八行十八字,白口,四周單闌。

高齋漫錄一卷 宋曾慥撰。○菰圃搜奇本。○古今說海本。○學海類編本不全。○墨海金壺本。○守山閣本。

〔補〕○明嘉靖二十三年陸楫刊古今說海本,八行十六字,白口,左右雙闌。○明萬曆刊歷代小史本,十一行二十六字,白口,四周雙闌。均余藏。○清光緒初閩人龔顯曾亦園子版叢書本。

〔補〕**高齋漫錄不分卷** 宋曾慥撰。○明弘農楊氏鈔說郛本,藍格,十一行二十三至四字,版心有“弘農楊氏”四字。在卷二十七。余藏。節本。

默記三卷 宋王銍撰。○知不足齋本一卷。○學海類編本。○說郛本、古今說海、歷代小史不全。

〔補〕**默記一卷** 宋王銍撰。○明穴硯齋寫本,墨格,十二行二十字。有王芑孫跋。翁斌孫藏。○清初寫本,十一行二十字。鈐揆叙謙牧堂印及方功惠印。○清乾隆四十一年胡鳳苞寫本。陳鱣校並跋。又錄有朱文藻、鮑廷博、吳騫校及跋。有馬玉堂藏印。涵芬樓藏。

揮麈前錄四卷後錄十一卷三錄三卷餘話二卷 宋王明清撰。○津逮本。○學津本。○宋刊後錄殘本一二兩卷,三錄三卷全。半頁十一行,行二十字。自黃蕘圃歸汪氏。

〔附〕○舊有宋本，載慶元元年實錄院移本州牒二道。（眉）○宋刊本，
　　前有慶元元年牒文二通，佳。（邵氏）

〔補〕○宋刊本，十一行二十字，細黑口，左右雙闌。避宋諱至廓字。
　　前有慶元元年實錄院牒。三錄有慶元元年自跋。日本靜嘉堂藏，存
　　前錄四卷，後錄殘本二卷，三錄三卷。內前錄四卷為宋本，卷一前十
　　葉鈔配。後錄、三錄為元翻本，刊工粗率。顧麐士藏第三錄三卷，宋
　　刊宋印本。卷首有黃丕烈小像，翁方綱隸書題首。有孫原湘跋。今
　　在潘宗周寶禮堂。此本百宋一廛賦注著錄，原尚有後錄卷一至二，
　　已佚。○明末毛氏汲古閣刊津逮祕書本，八行十九字，白口，左右雙
　　闌。存前錄四卷，張紹仁據宋本校。余藏一帙，余據宋本、影宋本及
　　明鈔說郛本校。○明寫本，棉紙藍格，十行二十二字。語涉宋帝提
　　行空格。有慶元元年實錄院牒文。前錄後有程迥、郭九惠跋，李垕
　　簡及淳熙乙己自跋。後錄有紹熙甲寅自跋。三錄有慶元元年自跋。
　　與靜嘉堂藏宋本同。鈐有“馮氏辨齋藏書”等印。○清初毛氏汲古
　　閣影寫宋刊本，十一行二十字。前錄首二卷及三錄配清鈔本。有毛
　　氏汲古閣及曹寅、昌齡、沈廷芳藏印。涵芬樓藏。此本已印入四部
　　叢刊續編。○舊寫本，十二行二十三字。前有淳熙十五年、慶元元
　　年牒文。存前錄四卷，後錄十一卷。古書流通處見。

〔補〕揮麈錄二卷　題楊萬里撰。○宋咸淳刊百川學海本，十二行二
　　十字，細黑口，左右雙闌。余藏。○明弘治十四年華珵刊本，行欵同
　　上，白口，余藏。○明嘉靖十五年鄭氏宗文堂刊百川學海二十卷本，
　　十四行二十八字，白口，左右雙闌。在卷四中。

〔補〕誠齋揮麈錄二卷　題宋楊萬里撰。○清道光十一年晁氏活字印
　　學海類編本，九行二十一字，白口，左右雙闌。

〔補〕揮麈錄不分卷揮麈餘話不分卷　○明弘治十八年鈔說郛本，
　　墨格，十三行二十五字。在卷三十七中。余藏。○清順治三年宛委

山堂刊說郛本。

玉照新志六卷　宋王明清撰。○明刊本。○秘笈本。○唐宋本。○學津本。○有分五卷本，山塘汪氏影元抄本五卷，敏求記五卷。

〔附〕○學津本五卷。（王國維）

〔補〕○萬曆三十四年沈氏尚白齋刊寶顏堂秘笈正集本，八行十八字，白口，四周單闌。余藏，曾以清傳寫元人寫本校過。

〔補〕玉照新志五卷　宋王明清撰。○清傳錄元人寫本，十一行二十一字。卷中遇宋帝空格。前有自序七行。後有影鈔元至正庚寅王貴跋，言書為鄧文原藏書，題簽為鄧氏手蹟云云。則為自元人寫本傳錄矣。鈐有汪士鐘藏印。蔣孟蘋得自蘇州江杏春手。

投轄錄一卷　宋王明清撰。○四庫依抄本。○說郛本。○淡生堂餘苑本。

〔補〕○清寫本。有丁惠康朱筆校跋。

張氏可書一卷　宋張知甫撰。○函海本。○墨海金壺本。○守山閣本。

〔附〕○陸心源刊本。（眉）○足。（王國維，批於眉批“陸心源刊本”五字下。）

〔補〕○明穴硯齋寫本，書名標“可書”，十二行二十字。有中隱山房跋。翁斌孫藏。

聞見前錄二十卷　宋邵伯溫撰。○淡生堂餘苑本。○津逮本。○學津本。○毛本第五卷第二行以至大漸云云下有故元祐初宰執輔母后云云計二頁，又十六卷七頁五行後因問其下術乎小技云云，今皆脫。

〔補〕河南邵氏聞見錄二十卷　宋邵伯溫撰。○明藍格寫本，十行二十字。前紹興二年自序。鈐有嘉靖己未進士沈灝私印。余藏。余嘗取校津逮祕書本，改定甚多。○明秦四麟家寫本。王叔魯藏，余曾借校。○清寫本，八行十八字。陳墫校。卷一至五用錢穀藏宋本校，卷六至二十用錢穀抄補本校，有跋。又用黃丕烈藏錢聽默校元寫本校。沈曾桐藏，後入余齋。此本余曾校過，勝於明沈灝藏寫本、沈與文本及清黃丕烈、周季貺諸家藏本，可補津逮祕書本脫文一千二百餘字。據陳校，知錢穀舊藏宋本半葉十二行，行二十三字。○清何煌手校本。涵芬樓藏。余曾借校。

〔補〕河南邵氏聞見前錄二十卷　宋邵伯溫撰。

○明末毛氏汲古閣刊津逮祕書本，八行十九字。余用諸本校，增補改訂極多。○清嘉慶張氏照曠閣刊學津討原本，九行二十一字，黑口，左右雙闌。

清波雜志十二卷別志二卷　宋周煇撰。

○稗海三卷。○知不足齋本。○宋刊有大字本。

〔補〕

○宋江西刊大字本，十二行二十字，白口，左右雙闌。海虞瞿氏藏。此書已印入續古逸叢書及四部叢刊續編。○舊寫本，九行二十字。前有紹熙癸丑張貴謨序，後有同年章斯才跋及張訢、陳晦跋。有王士禛、查慎行、朱筠批校及朱錫庚跋。李木齋先生藏。

〔補〕清波雜志三卷　宋周煇撰。

○明萬曆商濬刊稗海本，九行二十字。余據宋本校。

雞肋編三卷　宋莊季裕撰。

○四庫依抄本。○曾慥類說、說郛本皆不足。○琳琅秘室本。○元刊本通作一卷，此三卷本乃後人所分，其中文句亦有異同。

〔補〕

○舊寫本，九行二十一字。有紹興二十一年自序。古書流通處見。

〔補〕雞肋編三卷　宋莊季裕撰。校勘記一卷　清胡珽撰續校一卷　清董金鑑撰。

○清光緒十四年董金鑑活字印琳琅祕室叢書本。余據舊寫本及明鈔說郛本校。

〔補〕雞肋編一卷　宋莊季裕撰。

○明穴硯齋寫本，墨格，十二行二十

字。翁斌孫藏。〇清初影寫元寫本,十一行二十一字。有影寫元後

至元己卯陳孝先跋。即莫氏所記元抄本通作一卷者。

聞見後錄三十卷 宋邵博撰。〇淡生堂餘苑本。〇津逮本。〇學津

本。〇敏求記有舊抄本,校勘甚精。

〔補〕〇舊寫本,十行二十字。鈐有曹溶印記。有黃丕烈跋。涵芬樓

藏。〇清職思居寫本。黃丕烈校並跋。江南圖書館藏。〇清何煌

手校本。據錢曾述古堂寫本校。卷二十以後改訂無多。涵芬樓藏。

〔補〕**河南邵氏聞見後錄三十卷** 宋邵博撰。〇明末毛氏汲古閣刊

津逮祕書本,八行十九字,白口,左右雙闌。余用涵芬樓藏曹溶舊藏

寫本校過。〇嘉慶張氏照曠閣刊學津討原本。九行二十一字,黑

口,左右雙闌。

北窗炙輠錄一卷 宋施德操撰。〇學海類編本。〇奇晉齋本二卷。

〇讀畫齋本二卷。〇丁禹生有吳枚菴抄校本。

〔補〕**北窗炙輠錄二卷** 宋施德操撰。〇清寫本,舊人傳寫明柳僉跋。

吳翌鳳手校並跋。即莫氏所記之吳枚菴抄校本。〇清寫本。黃錫

蕃、周星詒校並跋。周叔弢藏。余曾借校,補奇晉齋本佚文二條。

〇清乾隆三十四年陸烜刊奇晉齋叢書本,八行十九字。余據黃錫

蕃、周星詒校本及讀畫齋叢書本校。〇舊寫本,勞格校。余藏。後

歸涵芬樓。

步里客談二卷 宋陳長方撰。〇墨海金壺本。〇守山閣本。

桯史十五卷 宋岳珂撰。〇明成化刊有附錄一卷。〇嘉靖中錢如京

重刊。〇胡心耘有元刊本。〇歷代小史本。〇津逮本。〇學津本。

〇宋刊大字本。

〔附〕〇有附錄一卷。(原稿無,印本入正文。)

〔補〕〇宋嘉興刊元明遞修本,九行十七字,白口,左右雙闌,補版間有

細黑口或大黑口者。蔣汝藻密韻樓藏一帙,存十三卷,内卷七、八配

明成化江氻本，卷九配清寫本，宋刊存者十卷。此本後歸涵芬樓。
海虞瞿氏藏一帙，存卷一至七。李木齋先生藏一帙，明公文紙印本，
亦有配補。○明成化十一年江氻刊本，十行二十字，大黑口，四周雙
闌。前岳珂序，次行題岳珂撰，三行題雲間陳文東批點。卷中遇宋
帝空格。闌上有批語，眉闌上折以包之。有成化十一年江氻序，言
嘉興舊版脫落既多，劉公欽謨出善本，經陳璧文東批點，遂登諸梓云
云。倫明藏一帙。涵芬樓藏一帙，燬於淞滬之戰。海虞瞿氏藏一
帙，朱江氏序，號為元刊，後借印入四部叢刊續編，曲徇其意，仍題作
元刊本，而由張君元濟於跋中委宛略致疑議，識者當自得之。此書
無元刊本，各家目著錄之元刊黑口本均是此本。○明萬曆商濬刊稗
海本，九行二十字，白口，四周單闌。

〔補〕**稈史十五卷** 宋岳珂撰**附錄一卷** 明嘉靖四年錢如京刊本，十
行二十字，細黑口，四周單闌。行欵字數與江氻本全同，惟改大黑
口，四周雙闌為細黑口四周單闌，又於卷末加附錄，為宋本及江氻本
所無。後又有錢如京跋。江南圖書館藏。余有一帙，卷末割去錢氏
跋。余初得亦因其字體古茂，無嘉靖以後習氣，以為即成化江氻本，
後見真江本始恍然。○明天啟間岳元聲、岳和聲、岳駿聲兄弟刊本，
十行二十字，白口，左右雙闌，卷中過宋帝空格。有天啟間序。盛昱
遺書。○明崇禎間毛氏汲古閣刊津逮祕書本，八行十九字，白口，左
右雙闌。余藏。余以明嘉靖二年錢如京刊本校。○清嘉慶十年張
海鵬刊學津討原本，在第十九集。

獨醒雜志十卷 宋曾敏行撰。○知不足齋本。

〔補〕**獨醒雜志十卷** 宋曾敏行撰**附錄一卷** ○明穴硯齋寫本，十二
行二十字，黑格，有王芑孫跋。翁斌孫藏。○舊寫本，十行二十一
字。前楊萬里序，又周必大、樓鑰、尤袤等跋。又淳熙丙午其子三聘
題記，言刻版家塾云云。有翰林院官印及周星詒、柯逢時印。翁斌

孫藏。以上二本均有附錄一卷,為行狀。哀詞。

耆舊續聞十卷 宋陳鵠撰。○淡生堂本。○知不足齋本。

〔補〕西塘集耆舊續聞十卷 宋陳鵠撰。○舊寫本,九行二十二字。
○清乾隆五十八年鮑廷博刊知不足齋叢書本,余據繆荃孫藏明寫本
校。

四朝聞見錄五卷 宋葉紹翁撰。○知不足齋本。○浦城遺書本。

〔補〕 ○清嘉慶十六年祝昌泰留香室刊浦城遺書本,余曾據吳氏繡谷
亭寫本校。

〔補〕四朝聞見錄甲集一卷乙集一卷丙集一卷丁集一卷戊集一
卷 宋葉紹翁撰。○清吳氏繡谷亭寫本,九行十八字。甲集末有"雍
正戊申花生日個庭意林讐校"一行,及"乾隆癸未六月望日太初校於
池北書堂"一行。

癸辛雜識前集一卷後集一卷續集二卷別集二卷 宋周密撰。○
稗海本。○淡生堂餘苑本後集。○津逮本。○學津本。○胡心耘
有校茶夢閣本。

隨隱漫錄五卷 宋陳世崇撰。○稗海本。

〔補〕絕倒錄一卷 宋朱暉撰。○明鈔説郛本。商務印書館已排印,
在卷四十四。○順治刊説郛本。余曾據明鈔説郛本校,補佚文一
則。

〔補〕朝野遺記一卷 不著撰人姓名,宋人之作。○明鈔説郛本,余
藏,在卷二十九。此本商務印書館已排印。○明嘉靖二十三年陸楫
儼山書院刊古今説海本,八行十六字,白口,左右雙闌。余嘗據明鈔
説郛本校之,增入佚文八則。○明萬曆刊歷代小史本,十一行二十
六字,白口,四周雙闌。余藏。四庫存目。

〔補〕溫公瑣語一卷 不著撰人名氏。○清勞氏丹鉛精舍傳鈔明末山
陰祁氏澹生堂寫本。勞權校。錄有明姚咨識語,云"吳趨唐省元夢

墨齋書也，偶得之，遂錄一過。丙辰秋九月既望"。丙辰為嘉靖三十
五年，去伯虎之逝已三十年矣。余藏。○明鈔說郛本，取校宛委山
堂本，補入章惇一條。余藏。

〔補〕**漫堂隨筆一卷**　不著撰人名氏。○清勞氏丹鉛精舍傳鈔明末山
陰祁氏澹生堂寫本。勞格校並錄明姚咨識語，稱據吳趨唐省元遺書
鈔出，所載多元祐間事，摘其涉及倫理者書之云云。則為不完之本
也。余藏。

〔補〕**真率記事一卷**　不著撰人名氏。○清勞氏丹鉛精舍寫本。勞權
校並錄明姚咨識語，稱全書二十八則，中內則涉滛媟無俚之事，削而
不錄云云。則亦不完本也。余藏。

東南紀聞三卷　不著撰人。○墨海金壺本。○守山閣本。

歸潛志十四卷　元劉祁撰。○聚珍本。○閩覆本。○知不足齋本。
敏求記稱陸孟鳧家抄本十四卷，即此本也。○淡生堂本六卷。○學
海類編本。○元至大間孫和伯刊本。

〔附〕○舊抄有八卷本，蓋未足。（眉）

〔補〕○舊寫本，十四卷，莫棠藏。○清有竹堂寫本，存卷一至八，鈐有
阮林子，余文元藏印。余藏。○清寫本，九行十七字。前王士禎序。
鈐紅藥書莊印。存卷一至八。○舊寫本，存八卷，何焯據明柳僉寫
本校並跋。徐乃昌藏。○清乾隆間活字印武英殿聚珍版書本。

〔補〕**歸潛志十四卷附錄一卷**　元劉祁撰。○清乾隆四十四年刊知
不足齋叢書本。

〔補〕**歸潛志八卷**　元劉祁撰。○清道光十一年晁氏印學海類編本。

山房隨筆一卷　元蔣子正撰。○稗海本、歷代詩話本、古今說海均不
全。○萩圃搜奇本、知不足齋本足。

〔補〕○明萬曆商濬刊稗海本，九行二十字，白口，四周單闌。余藏，用
明弘農楊氏寫本說郛校，補佚文十條。

〔增〕**靜齋至正直記四卷**　元闕里外史行素居士孔齊著。至正庚子春三月壬寅自記曰，雜記者，記其事也，凡所見聞，可以感發人心者，或里巷方言可為後世之戒者，一事一聞可為多識之助者，隨所記而筆之，以備觀省。張氏志。○舊抄本。（繩）

〔附〕○粵雅堂本。（眉）

山居新語四卷　元楊瑀撰。○知不足齋本一卷。○元本。

遂昌雜錄一卷　元鄭元祐撰。○稗海本。○讀畫齋本。○學海類編本。○說郛、歷代小史、古今說海本皆不全。

〔補〕**遂昌山人雜錄一卷**　元鄭元祐撰。○明寫本，黃丕烈據明臥雲山房本校。蔣汝藻密韻樓藏。○明萬曆商濬刊稗海本，余藏，用明鈔說郛本校十六條，補佚文一條。又據蔣汝藻藏明寫本校。

樂郊私語一卷　元姚桐壽撰。○秘笈本。○鹽邑志林本。○學海類編本。

〔補〕**冀越集記一卷後集一卷**　元熊太古撰。**相宅管說一卷**　○清吳翌鳳手寫本。吳翌鳳校跋。黃丕烈以舊寫本校，有跋二則。周叔弢藏。四庫存目。

輟耕錄三十卷　明陶宗儀撰。○明刊本。○玉蘭草堂本。○津逮本。○有元刊本。

〔附〕○元刻本，題南村輟耕錄。前有青溪野史邵亨貞募刻疏，於帝、后、太子皆空一格。十經齋文集。（邵氏）

〔補〕○明刊本，似萬曆時所刊，十行二十一字，白口，左右雙闌。版式行欵與玉蘭草堂本全同，惟書名作輟耕錄，無“南村”二字，版心下方亦無“玉蘭草堂”四字。按朱朗齋振綺堂書錄輟耕錄條云：此書世有二部，一為萬曆戊寅華亭徐球取友人楊氏所刻，校正缺襍數十版，序而行世。一為萬曆甲辰王圻序而重刻，增多孫大雅序，送陶九成東歸詩卷，歸棹發秋江圖。據此則明萬曆六年有重修楊氏本，萬曆三十二年有王圻重刊本。此本初印，無挖改處，當是重刻，惜序跋不存，每卷末尾紙均裁去，末由考定其究為何本也。

〔補〕**南村輟耕錄三十卷**　明陶宗儀撰。○明成化十年戴珊刊本，十行二十二字，每條次行低一格二十字，黑口，四周雙闌。每條不標題目，與玉蘭草堂本異。有至正丙午孫作序，成化十年錢溥序。缺五卷，余藏。海虞瞿氏有一帙，號為元刊。此本陶湘曾翻刻，後又收入四部叢刊三編中，均誤認為元刊本。○明嘉靖玉蘭草堂刊本，十行二十一字，白口，左右雙闌，版心下方有"玉蘭草堂"四字，陰陽面各二字。盛昱遺書。○明初刊本，十二行二十五字，黑口，四周雙闌。目後有"凡五百八十四事"一行，楊守敬藏，號為元刊本。

〔補〕**東園客談一卷**　明孫道易撰。○明鈔説集本，藍格，十一行二十四字，白口，四周雙闌。在第三册中。余嘗取校學海類編本東園友聞，補入佚文九條。四庫存目。

〔補〕**東園友聞一卷**　不著撰人名氏，實即明孫道易東園客談。○明嘉靖二十三年陸楫儼山書院刊古今説海本，八行十六字，白口，左右雙闌。余藏。○明萬曆刊歷代小史本，十一行二十六字，白口，四周雙闌。余藏。○清道光十一年晁氏活字印學海類編本，九行二十一字，白口，左右雙闌。余據朱文鈞藏明鈔説集本校。補佚文九條。四庫存目。

水東日記三十八卷　明葉盛撰。○明常熟徐氏原刊三十八卷，萬曆癸丑補刊二卷。

〔附〕○頃收六世孫重華刻四十卷本。（眉）

〔補〕○明刊本，十行二十字，白口，四周單闌，失序跋。卷末有嘉靖甲寅吳郡王玉芝手寫識語及印記。卷中語涉朝廷及前代帝后均題行，刊工是正嘉間風氣當即是吳寬匏翁家藏稿中所云之湖廣刊本，為此書第一刻。○明正嘉間刊本，十行二十字，黑口，四周雙闌。失序跋，以字體考之，是閩中風氣。存卷十至三十八。均余藏。

〔補〕**水東日記四十卷**　明葉盛撰。○明崇禎間六世孫葉重華刊本，九行十九字，白口，四周單闌。

〔補〕**雙槐歲鈔十卷**　明黃瑜撰。○明嘉靖三十八年陸延枝刊本，十行二十字，白口，左右雙闌。每則首行頂格，餘低一格十九字。有嘉靖三十八年彭年跋。余藏。存下冊五卷。○清道光十一年伍元薇等輯刻嶺南遺書一集本。瑜黃泰泉之祖，書為泰泉足成之。多記明初掌故。惜間記報應之事，自穢其書。四庫入存目。

〔補〕**石田翁客座新聞**　明沈周撰。○清寫本，墨格，九行十七字。潘氏滂喜齋舊藏，在翰文齋。○清寫本。盧址抱經樓遺書。

菽園雜記十五卷　明陸容撰。○明刊本。○墨海金壺本。○守山閣本。

〔補〕○明寫本，棉紙藍格，九行二十二字。鈐“慧海樓藏書印”。存十一卷，視刊本多出甚多。德友堂見。○明寫本，十行二十三字，白口，四周雙闌。正文低一格，實二十二字。卷首次行題“太倉陸文亮”，不作“陸文量”。天一閣佚出之書，存五卷，視刊本多數十則。余藏。○墨海金壺與守山閣叢書實為一版重編者。余曾用天一閣舊藏明寫本校守山閣本，補入數十則。○明嘉靖毛元仲刊本，十二行二十一字，白口，左右雙闌。

〔補〕**震澤紀聞一卷**　明王鏊撰。○明嘉靖二十九年袁褧嘉趣堂刊金聲玉振集本，十行二十字，白口，左右雙闌。○明萬曆刊歷代小史本，十一行二十六字，白口，四周雙闌。○清道光十一年晁氏活字印學海類編本。

〔補〕**震澤紀聞二卷**　明王鏊撰。○清嘉慶十三年張海鵬刊借月山房彙鈔本。後又收入指海、式古居彙鈔中。

〔補〕**立齋閒錄四卷**　明宋端儀撰。○明紅格寫本，十七行二十八字，紀明代事,自吳元年至天順時。蔣鳳藻跋。○盧址抱經樓有明藍格寫本。四庫存目。

〔補〕**歸閒述夢一卷** 明趙潢撰。○清光緒十九年李氏木犀軒寫本。前有嘉靖壬辰自序,題西峯老人。卷末錄有乾隆甲午失名人題識,云抄自天一閣。李木齋先生遺書。

〔補〕**枝山野記四卷** 明祝允明撰。○明寫本,棉紙藍格,十行。鈐毛晉印及翰林院大官印。四庫入存目,當即其著錄底本。沈曾桐舊藏。

〔補〕**野記四卷** 明祝允明撰。○明正嘉間刊本,十行十八字,白口,左右雙闌。有正德六年自序。余藏。四庫存目。

〔補〕**都公談纂二卷** 明都穆撰。陸采輯。○清初寫本。○清乾隆四十年金氏硯雲書屋刊硯雲本。在甲編中。

〔補〕**病逸漫記一卷** 明陸釴撰。○清寫本。鈐翰林院官印。此書李木齋先生有明刊本,惜未能一校。此書四庫附存目入小説家雜事之屬,此本鈐翰林院印,當即存目所據之原本也。盛昱遺書。

〔補〕**孤樹裒談十卷** 明李默撰。四庫入小説家類雜事之屬存目,又引千頃堂書目謂為趙可與作而兩存之。○明刊本,十三行二十四字。余藏。

〔補〕**讀書續記一卷附答友朋書略** 不著撰人。○明寫本。後有嘉靖乙未門人莆陽林華序。

〔補〕**庚巳編一卷** 明陸粲撰。○明末刊古今名賢彙語二十二種本。十行二十三字,白口,四周單闌。余藏。

〔補〕**庚巳編十卷** 明陸粲撰。○明萬曆四十五年陳于廷刊紀錄彙編本,十行二十字,白口,四周單闌。余藏。

觚不觚錄一卷 明王世貞撰。○廣百川本。○續秘笈本。○續説郛本。○澤古齋本。○借月山房本。○指海本。

先進遺風二卷　明耿定向撰。○秘笈本。

〔補〕**先進遺風二卷**　明耿定向輯。○明萬曆刊本,九行二十字,白口,四周雙闌。二冊。余藏。

〔補〕**國朝名世類苑四十二卷**　明凌迪知撰輯。○明萬曆刊本,十行二十字。有萬曆三年自序及四年范應期序。余藏。四庫存目。

何氏語林三十卷　明何良俊撰。○明嘉靖刊本。○又套板本。

〔補〕○明嘉靖二十九至三十年何良俊清森閣自刊本,十行二十字,白口,左右雙闌。卷中有嘉靖庚戌柘湖何氏清森閣雕版牌記數處。有嘉靖三十年文徵明序。八冊。余藏。

〔補〕**林居漫錄前集六卷別集九卷畸集五卷多集六卷**　明伍袁萃撰。○清寫本。上下冊卷均有光緒戊申仲春上浣八日蔡慶昌校小字一行,是近人依刊本重錄者。前有諸公姓氏十葉,因卷中所論諸人多舉其字,故於卷首列其人名鄉貫。前集有萬曆丁未自序,多集末有萬曆戊申後序。友人鄧君之誠假閱,曾據刊本校正。此書四庫附入存目,僅存前集畸集,此則完本也。余藏。○萬曆本,九行十八字。

〔補〕**玉堂叢語八卷**　明焦竑撰。明萬曆四十六年徐象橒曼山館刊本,八行十八字,白口,四周單闌,版心下方有"曼山館"三字。前有萬曆戊午焦竑自序及郭一鄂序。本書卷首次行題"太史瑯玡焦竑輯","錢唐徐象橒校刊"。余藏。徐氏所刊焦弱侯之作尚有國史經籍志。四庫存目。

〔補〕**客座贅語十卷**　明顧起元撰。○明萬曆四十六年自刊本,九行二十字,白口,四周單闌。余藏一殘本,存卷一至四。有萬曆四十五年自序。○清寫本,十二行二十六字。前萬曆丁巳遯園居士自序,後有同治八年甘元煥跋,言假宿遷王氏百花萬卷樓藏本重鈔,其原本則明刻也云云。四庫存目。

〔補〕**嶠南瑣記二卷**　明魏濬撰。○明萬曆四十一年刊本,九行十八字,白口,四周雙闌。與西事珥八卷同刻。余藏。四庫存目。

〔補〕護觿隨筆二卷　明周詩雅撰。一名靜可一刻。○明刊本。筆記
之屬。盛昱遺書。

〔補〕皇明世說新語八卷　明李紹文撰。○明萬曆刊本,八行二十
字,有萬曆三十四年序。四庫存目。

〔增〕萬曆野獲編三十卷　明沈德符撰。○道光丁亥錢塘姚氏刊。

〔補〕○清初寫本,九行十八字。前錄錢謙益列朝詩集小傳一則,朱彝
尊靜志居詩話一則。次沈氏自題及再題小引。次康熙庚辰錢撰分
類凡例、總目、各卷目錄。即為錢枋編輯之清本。鈐有清禮親王府
藏印。余藏。○清活字印巾箱本,十行二十三字,李棪藏。

〔補〕野獲編二十卷續十卷並補遺　明沈德符撰。○清寫本,朱筆
評點,題陳奕禧校閱。鈐有吳平齋讀書記印。三十二冊。余藏。

〔補〕野獲編三十卷補遺四卷　明沈德符撰。○清道光七年錢唐姚
氏扶荔山房刊本。鈐查子穆藏印。三十二冊,余藏。

〔補〕學圃齋隨筆□卷　明文元發撰。○舊寫本。雜記之屬。元發為
文震孟之父。

〔補〕太平清話四卷　明陳繼儒撰。○明萬曆間沈氏尚白齋刊寶顏堂
祕笈祕集本,八行十八字,白口雙闌。余藏。四庫存目。

〔補〕偶記八卷　明鄭仲夔撰。○明末刊本,八行十八字。前附萬曆
四十五年丁巳王宇春、董思王撰蘭畹清言跋。又朱謀瑋撰偶記序,
稱仲夔嘗擬世說作蘭畹清言十卷,茲又撰偶記八卷,略如洪景盧隨
筆云云。本書卷首題“信川鄭夔如龍撰”,“南昌朱謀瑋鬱儀閱”。按
鄭氏蘭畹清言四庫入存目,為小說家雜事之屬。此書則記明代雜事
僻典,間有有關掌故之處。余藏。

〔補〕虛窗手鏡二卷　題海虞虛中子撰。○明刊本,九行二十一字。鈐
有錢曾、汪魚亭藏印。李木齋先生藏。○清彭元瑞知聖道齋寫本。

〔補〕**白涯書鈔二卷** 明張崇緒撰。○舊寫本，明人筆記。同古堂見。

〔補〕**寒夜錄二卷** 清陳弘緒撰。○清寫本，弘緒新建人，明末為晉州知州，以文名。入清不仕。撰有陳士業全集十六卷，四庫入存目，又有江城名蹟二卷，四庫地理類古蹟之屬著錄。○此書四庫未收，近代胡思敬刻入豫章叢書中，並附有校勘記。

〔補〕**陶菴夢憶八卷** 清張岱撰。○清乾隆甲寅王文誥刊本。○清咸豐二年伍崇曜刊粵雅堂叢書本。在初編二集。

〔補〕**客舍偶聞一卷** 清彭孫貽撰。○清寫本。有潘介祉印。○此書宣統二年汪氏振綺堂叢書曾排印行世。

〔補〕**板橋雜記三卷** 清余懷撰。○清光緒傅春官輯刻金陵叢刻本。余藏。

〔補〕**對山書屋墨餘錄十六卷** 清毛祥麟撰。○清同治九年刊本。八冊。余藏。

〔補〕**玉劍尊聞十卷** 清梁維樞撰。○清順治間賜麟堂刊本。五冊。余藏。四庫存目。

〔補〕**續太平廣記八卷** 清陸壽名輯。○清嘉慶五年懷德堂刊本。庚戌九月文奎堂見。

〔補〕**謏聞隨筆□卷** 清張怡撰。○清顧謙開泰堂寫本，藍格，版心上有"顧氏書抄"，下有"開泰堂"等字。本書題"白雲道者張怡自怡甫輯"，"江寧後學顧謙以牧謹錄"。海虞瞿氏藏。

〔補〕**今世説八卷** 清王晫撰。○清康熙二十二年霞舉堂刊本。余藏。四冊。○清吳城家寫本。四冊。求古堂見，索三十兩。四庫存目。

〔補〕**硯北雜錄不分卷** 清黃叔琳撰。○清寫本，墨格，十行二十字。前乾隆十六年盧文弨序，又一序未署名。共六冊。四庫存目。

〔補〕**人海記不分卷** 清查慎行撰。○清楊復吉家寫本，十行二十字。

卷中有朱墨校筆。卷末有楊復吉、吳騫跋。鈐有吳騫藏印。其文視昭代叢書本多數十條,然近時所刻正覺樓叢刻本均已有之。邃雅齋見。○清劉喜海家寫本,十行二十二字,版格下方有"東武劉氏味經書屋藏書"十字。左闌外下方有"燕庭校鈔"四字。此是足本,較昭代叢書多出若干條,而與正覺樓叢刻本同,然細校正覺樓本,字句亦小異。文友堂見,已收得。

〔補〕**人海記二卷**　清查慎行撰。○清寫本。鈐有韓氏玉雨堂藏印。徐坊遺書。○清光緒中崇文書局刊正覺樓叢書本。

〔補〕**消夏閑記不分卷**　清顧公燮撰。○清寫本。行草書,每頁十行,無格,似稿本。多記明末清初吳中故事,兼采當時筆記,可補明季稗史之遺。然亦兼有鬼神悠謬之談。此書有摘鈔本,分三卷,印入涵芬樓秘笈中,凡一百八十五則。此本一巨冊,不分卷,較涵芬本溢出一百五十八則,余藏。

〔補〕**渠丘耳夢錄四卷**　清張貞撰。○清康熙刊本,九行十八字,白口,左右雙闌。前康熙四十八年自序,自比於貴耳集、昨夢錄,書中間有志怪處,則小說家言也。分甲至丁四集。卷末題"男在辛、在戊、在乙校字","江寧劉仕榮繕寫,柏明遠精刻"。

〔補〕**清異錄一卷**　清葛萬里撰。○清寫本,題航樵輯。雜書宋元明人小事。繆氏藝風堂遺書。

〔補〕**世說新語補二十卷**　清黃汝琳撰。○清乾隆二十七年黃氏刊本。余藏。八冊。

〔補〕**六合內外瑣言二十卷**　清屠紳撰。○清刊本。題黍餘裔孫編。余藏。

〔補〕**虞初新志二十卷**　清張潮輯。○清乾隆二十五年詒清堂刊本。余藏。十冊。

〔補〕**井蛙雜記十六卷**　清李調元撰。○清刊本。四冊。余藏。

〔補〕**嘯亭雜錄十卷續錄三卷**　清昭槤撰。〇清宣統元年中國圖書公司排印本。三册。余藏。

〔補〕**兩晉清談十二卷**　清沈杲之輯。〇清嘉慶五年王如金刊本。余藏。八册。

〔補〕**蟲獲軒筆記不分卷**　清張為儒撰。〇清寫本,二册。此書未見刊本。張氏尚有蟲獲軒詩鈔一卷,收入光緒中海昌羊氏所刊海昌叢載中。

〔補〕**芝省齋隨筆不分卷**　清李遇孫撰。〇稿本四册。蘇州博古齋柳蓉邨處見。

〔補〕**兩般秋雨盦隨筆八卷**　清梁紹壬撰。〇清道光十七年汪氏振綺堂刊本。〇清光緒四年繡谷敦仁堂刊本。八册。余藏。〇清光緒十年錢唐許氏吉華室刊本。

〔補〕**夢園叢説内篇八卷外篇八卷**　清定遠方濬頤撰。〇清同治十三年揚州刊本。八册。

〔補〕**讀史稗語十一卷**　清徐昉撰。〇清咸豐間刊本。

〔補〕**虞初續新志一卷**　清朱承鉽輯。〇清綠格寫本,八行二十字,細黑口,四周雙闌,版心下方有"拳山勺水之齋"六字。收文十六篇,内彭孫貽"亂後上家君書"、"金陵癸甲紀事略"、"庚申北略"均有關史事者,頗為難得。余藏。

〔補〕**見聞隨筆二十六卷續筆二十四卷**　清婺源齊學裘撰。〇清天空海潤之居刊本,隨筆同治十年刊,續筆光緒二年刊,巾箱本,十八册。余藏。

〔補〕**古秀溪所聞二卷補遺二卷**　不著撰人名氏。〇舊人行書寫本,附案語頗多,本書及眉上考證出一人筆,應是稿本。

上小説家類雜事之屬

山海經十八卷 周秦古書，晉郭璞註。○嘉靖十五年馮元雍刊。○明胡文煥刊。秘書二十一種本。○格致本。○古今逸史本。○玉淵堂項氏刊。黃晟翻項本。○昭文張氏有毛斧季校宋尤袤本，最精。○乾隆末畢沅校注刊本，在經訓堂叢書。○又郝懿行注本，阮氏刊。

〔附〕○明前山書屋刊本。○黃省曾與水經注合刊者，時嘉靖甲午。（眉）○祕册彙函刊圖説兩卷。（眉）

〔補〕○宋淳熙七年池陽郡齋刊本，十行二十一字，白口，左右雙闌。海源閣藏，辛未春見於津沽。○明正統道藏本，五行十七字。原缺卷十四、十五，存十六卷。已印入道藏舉要中。○明成化四年北京國子監刊本，九行十八字，大黑口，四周雙闌。余藏。已印入四部叢刊初編中。○明嘉靖十三年黃省曾刊山海經、水經合刊本，十二行二十字，白口，左右雙闌。○明嘉靖十五年潘侃前山書屋刊本，十一行二十字，白口，四周單闌，版心上方有“前山書屋”四字。前馮世雍重刻序，末有嘉靖十五年潘侃序。余藏。友人吳慈培君代余臨黃丕烈校宋本，吳寬手寫本，並錄吳跋。○明萬曆十三年吳琯刊山海經、水經合注本，十行二十字，白口，左右雙闌。○明萬曆中吳中珩刊本，行欵同上。○清康熙七年汪士漢印祕書二十一種本，即用古今逸史舊版重印。○清康熙五十四年項絪輯玉書堂刊本。清王念孫批校，費念慈跋。盛昱遺書。○清光緒元年湖北崇文書局刊子書百家本。

〔補〕**新刻山海經十八卷** 晉郭璞注。○明萬曆胡文煥刊格致叢書本，十行二十字，白口，左右雙闌。

〔補〕**山海經十八卷** 晉郭璞注，清畢沅校。○清乾隆四十六年畢沅刊經訓堂叢書本。○清光緒三年浙江書局刊二十二子本。

山海經廣註十八卷 國朝吳任臣撰。○康熙丁未刊，有圖五卷。

〔補〕**山海經箋疏十八卷圖讚一卷訂譌一卷叙錄一卷** 清郝懿行撰。○清嘉慶十四年阮氏琅嬛仙館刊本。

〔補〕**山海經圖讚二卷補遺一卷** 題晉郭璞撰。○明萬曆刊祕册彙函本，八行十八字，白口，左右雙闌。

〔補〕**山海經圖讚補逸一卷** 清盧文弨撰。○清乾隆間餘姚盧氏自刊抱經堂叢書羣書拾補本。

〔補〕**山海經彙説八卷** 清陳逢衡撰。○清道光二十五年刊本。

〔補〕**山海經地理今釋六卷** 清吳承志撰。○民國十一年劉承幹刊求恕齋叢書本。

〔補〕**山海經釋義十八卷圖二卷** 明王崇慶撰。○明萬曆蔣一葵刊本，九行十九字，白口，四周單闌。

穆天子傳六卷 晉郭璞註。天一閣本。○漢魏、古今逸史本。○明趙標刊本。○明青蓮閣單刊本。○道藏本三卷。○説郛本。○龍威秘書本。○平津館叢書本。○張金吾藏書志，穆天子傳，舊抄，前有荀楊序。首有結銜五行，云“侍中中書監光祿大夫濟北侯臣勖”，一行。“領中書令議郎上蔡伯臣嶠言部”，二行。“秘書主書令史譴勗給”，三行。“秘書校書中郎張宙”，四行，“郎中傅瓚校古文穆天子傳已訖，謹並第錄”，五行，此五行世行本無。按史記索隱引穆天子傳目錄云，傅瓚為校書郎，與荀勖同校定穆天子傳，蓋即指此。版心有“元〔玄〕覽中區”四字，蓋秦西嚴藏本。

〔附〕○頃收舊抄本，道光中人臨袁壽階校景宋抄本，有五人結銜，與張本同。（眉上莫棠批）○明抄至正本，十行，佳。（邵氏）

〔補〕○明正統道藏本，五行十七字。在洞真部記傳類。已印入道藏舉要中。○明嘉靖間天一閣刊范氏奇書本，九行十八字，白口，左右雙闌。卷首次行下題“明范欽訂”。此本已印入四部叢刊初編。○明萬曆十年李宗城青蓮閣刊本，八行十八字，版心下方有“青蓮

閣"三字。各卷第三行題"明臨淮侯李言恭惟寅訂",每卷後有刊書
牌記三行,言萬曆壬午校梓於青蓮閣。○明萬曆二十二年趙標刊
三代遺書本,八行十八字,白口,四周雙闌。○明萬曆間吳琯刊古
今逸史本,十行二十字,白口,左右雙闌。余藏。余據莫氏藏校影
宋本校過。○明萬曆二十年程榮刊漢魏叢書本,九行二十字,白
口,左右雙闌。黃丕烈手校。海源閣藏。已影印行世。○明何允
中廣漢魏叢書本,行欵與程榮本同。○明寫本,十二行二十二字。
鈐吳寬叢書堂印記。涵芬樓藏。○明寫本,十行二十字。有至正
十年王漸序。前人朱筆批校。余藏。即邵氏批注之明抄至正本。
○清寫本。清道光間人臨袁廷檮校景宋本於其上。卷首有五行結
銜,即書眉莫棠批所記之本。余曾借校。○清乾隆五十九年馬氏
大酉山房刊龍威祕書本。在一集。○清光緒元年崇文書局刊子書
百字本。

〔補〕**穆天子傳六卷附錄一卷** 清洪頤煊校。○清嘉慶十一年蘭
　陵孫氏刊平津館叢書本。○民國六年潮陽鄭氏刊龍溪精舍叢書
　本。

〔增〕**穆天子傳註疏** 國朝望江檀萃默齋撰。○坊刻本。(繩)
〔補〕　○清乾隆間石渠閣刊本。○清光緒間方功惠刊碧琳琅館叢書
　本。

〔補〕**穆天子傳注補正六卷首一卷** 清陳逢衡撰。○清道光二十三
　年刊江都陳氏叢書本。

〔補〕**穆天子傳補註六卷** 清郝懿行撰。○清光緒三十四年刊本。

神異經一卷 舊本題漢東方朔撰。晉張華註。○說郛本。○漢魏本。
　○格致本。○廣四十家小說本。○龍威本。(繩)
〔補〕　○明嘉靖刊本,十行二十字,白口,余藏。○明萬曆二十年程榮
　刊漢魏叢書本,九行二十字,白口,左右雙闌。余據莫棠藏明嘉靖本

校，又據朱文鈞藏明鈔説集本校，補佚文一則。余又從宋本太平御
覽中輯出佚文一卷附後。○明萬曆何允中廣漢魏叢書本。行欵與
漢魏本全同。○明鈔説集本，藍格，十一行二十四字，在第六册。○
清乾隆五十九年馬氏大酉山房刊龍威秘書本。○清光緒元年崇文
書局刊子書百家本。

〔補〕**新刻神異經一卷**　題漢東方朔撰。○明萬曆胡文焕刊格致叢書
本，十行二十字，白口，左右雙闌。

海内十洲記一卷　漢東方朔撰。○古今逸史本。○漢魏本。○説郛
本。○廣秘笈本。○四十家小説本。○龍威本。

〔補〕○明正德嘉靖間顧元慶刊陽山顧氏文房小説四十種本，十行十
八字，白口，左右雙闌。余藏。○明萬曆間吳琯刊古今逸史本，十行
二十字，白口，左右雙闌。余藏。余據明正統道藏本、顧氏文房小説
本，明鈔説集本校。又據明會稽鈕氏世學樓鈔雲笈七籤卷二十五
校，改錯簡極多，訂正誤字二百餘。雲笈七籤成書於北宋天禧時，其
源最古，故能多所訂正。○明萬曆間何允中廣漢魏叢書本。○清乾
隆五十九年馬氏大酉山房刊龍威秘書本。○清光緒元年崇文書局
刊子書百家本。

〔補〕**寶顏堂訂正海内十洲記一卷**　題漢東方朔撰。○明萬曆間亦
政堂刊寶顏堂祕笈廣集本，八行十八字，白口，四周單闌。

〔補〕**十洲記一卷**　題漢東方朔撰。○明正統道藏本。已印入道藏舉
要中。

漢武故事一卷　漢班固撰。○古今逸史本。○古今説海本。○歷代
小史本。○道藏八種本。○敏求記有錫山秦如操繡石書堂本，陳文
燭晦伯家本，皆與刻本互異。

〔補〕**漢武故事不分卷**　題漢班固撰。○清光緒十三年陸心源刊續談
助本，在卷三。收入十萬卷樓叢書三編中。續談助成於宋時，所收

書均古本，勝於世行明清刊本，惟惜其為節錄本耳。

〔補〕**漢武故事二卷** 題漢班固撰。清洪頤煊輯。○清嘉慶間承德孫
氏刊問經堂叢書經典集林本。

漢武帝內傳一卷 漢班固撰。○說郛本。○漢魏本。○道藏八種有
外傳一卷。○汲古本。○龍威本。○墨海金壺本。○守山閣本。

〔附〕○宋有內外傳，從弘治九年抄本出。（眉）

〔補〕○漢魏叢書無之，在何允中廣漢魏叢書中。○舊寫本，九行二十
字。金谿王洽校。

〔補〕**漢武帝內傳一卷附錄一卷** 漢班固撰。**校勘記一卷** 清錢熙
祚撰。○清道光間金山錢氏刊守山閣叢書本。

〔補〕**漢武內傳一卷外傳一卷** 漢班固撰。○明正統道藏本，在洞真
部紀傳類。已印入道藏舉要中。○清寫本，九行十九字。有陳鱣藏
印。涵芬樓藏。

漢武洞冥記四卷 漢郭憲撰。○說郛本。○漢魏本。○古今逸史
本。○顧氏四十家小說本。○秘笈本。○龍威本。

〔附〕○舊本有洪邁序。（眉）

〔補〕**別國洞冥記四卷** 漢郭憲撰。○明萬曆吳琯古今逸史本。十行
二十字。白口，左右雙闌。余據明鈔說郛校二十餘條。又用太平廣
記引文校。○明萬曆二十年程榮刊漢魏叢書本，九行二十字。余據
明鈔說郛本校。又據宋本太平御覽引文校四十條。差異殊大。○
明萬曆間何允中廣漢魏叢書本，行欵同漢魏本。○清光緒元年崇文
書局刊子書百家本。

拾遺記十卷 秦王嘉撰。○說郛本。○漢魏本。○稗海本。○古今
逸史本。○歷代小史本。○秘書二十一種本。○明初本。

〔補〕○明萬曆間吳琯刊古今逸史本（五十五種本），十行二十字，白
口，左右雙闌。○萬曆間何允中廣漢魏叢書本，九行二十字，白口，

左右雙闌。○明末刊本，九行二十字，白口，左右雙闌。余據明顧春
世德堂本及毛扆校本校。○清光緒元年崇文書局刊子書百家本。

〔補〕**王子年拾遺記十卷**　題後秦王嘉撰。○明嘉靖十三年顧春世
德堂刊本，十行十八字，白口，左右雙闌。宋諱缺筆。余藏。又一
帙，清康熙二十二年癸亥毛扆據舊鈔本校。所據本一為十二行二十
三字，一為九行十八字。有毛扆跋。○明萬曆二十年程榮刊漢魏叢
書本，九行二十字，白口，左右雙闌。○明萬曆商濬刊稗海本，九行
二十字，白口，四周單闌。余據太平廣記引用各條校，頗多異處。

〔補〕**拾遺記不分卷**　題後秦王嘉撰。○明弘農楊氏鈔說郛本。余
藏。在卷三十。

〔補〕**王子年拾遺記一卷**　題後秦王嘉撰。○明萬曆間刊歷代小史
本，十一行二十六字，白口，四周雙闌。

〔增〕**元〔玄〕中記一卷**　晉郭璞撰，多記異聞。○道光丙戌高郵茆泮
林輯刊。

〔補〕　○明正德十六年姚咨手寫本。涵芬樓藏。○清順治三年宛委山
堂刊說郛本。在卷六十。

〔補〕**玄中記一卷補遺一卷**　□郭□撰，茆泮林輯。○清道光十四年
梅瑞軒刊十種古逸書本。

搜神記二十卷　題晉干寶撰。○漢魏、稗海本並八卷。○龍威本八
卷。○秘冊本。○鹽邑志林本。○津逮本。○學津本。○汲古有
元刊畫像搜神前後記。

〔補〕　○明萬曆間胡震亨刊祕冊彙函本，八行十八字，白口，左右雙闌。
余據法苑珠林校過。○清光緒元年崇文書局刊子書百家本。

〔補〕**搜神記八卷**　晉干寶撰。○明萬曆何允中廣漢魏叢書本，九行
二十字。白口，左右雙闌。○明萬曆商濬刊稗海本，九行二十字，白
口，四周單闌。○清乾隆五十九年馬氏大酉山房刊龍威祕書本。

〔補〕干令升搜神記二卷　晉干寶撰。○明天啟三年樊維城輯刻鹽
　邑志林四十種本，十行十九字，白口，左右雙闌。

搜神後記十卷　題晉陶潛撰。○漢魏本二卷。○說郛本、唐宋本一
　卷。○秘册本。○津逮本。○學津本。

〔補〕○明萬曆間胡震亨輯刻祕册彙函本。八行十八字，白口，左右雙
　闌。○明崇禎毛氏汲古閣刊津逮祕書本，八行十九字，白口，左右雙
　闌。○清嘉慶十年張氏照曠閣刊學津討原本。○清光緒元年崇文
　書局刊子書百家本。

〔補〕搜神後記一卷　晉陶潛撰。○明末刊唐宋叢書本。九行二十
　字，白口，左右雙闌。○清順治三年宛委山堂刊說郛本。行欵同上。
　○清乾隆五十九年馬氏大酉山房刊龍威祕書本。

異苑十卷　宋劉敬叔撰。○說郛本、唐宋本一卷。○漢魏本。○秘册
　本。○津逮本。○學津本。

〔補〕○明崇禎毛氏汲古閣刊津逮秘書本。余用翁斌孫君藏舊寫本校
　過。

〔增〕幽明錄一卷　宋劉義慶撰。○琳琅秘室活字印本。

〔補〕○清順治三年李際期宛委山堂刊說郛本。

續齊諧記一卷　梁吳均撰。○說郛本。○古今逸史本。○漢魏本題
　沈約撰。○秘書二十一種本。○文房小說本。

〔補〕○明嘉靖初鈔說集本，藍格，十一行二十四字。在第十八册。朱
　文鈞藏。○明萬曆間吳琯刊古今逸史本，十行二十字，白口，左右雙
　闌。余據陽山顧氏文房小說四十種本校。又據明鈔說郛本校四條。
　○明末高承埏輯刻稽古堂羣書祕簡本。八行十八字，白口，四周單
　闌。余藏。

還冤志三卷　隋顏之推撰。○漢魏本志作記。○說郛本、唐宋本、秘
　笈本一卷。○續百川本。

〔補〕**還冤志一卷** 北齊顏之推撰。○明鈔説集本，藍格，十一行二十
　　四字。在第十八册。朱文鈞藏。○明萬曆刊寶顏堂祕笈廣集本，八
　　行十八字，白口，四周單闌。

〔補〕**還冤記一卷** 北齊顏之推撰。○續百川學海本，九行二十字。
　　○明末刊唐宋叢書本。○清順治三年宛委山堂刊説郛本。

〔補〕**隋遺錄二卷** 題唐顏師古撰。○宋咸淳間刊百川學海本，十二
　　行二十字，細黑口，左右雙闌。余藏。○明弘治十四年華珵刊百川
　　學海本，十二行二十字，白口，左右雙闌。○明嘉靖十五年鄭氏宗文
　　堂刊百川學海二十卷本，在第四卷。十四行二十八字，白口，左右雙
　　闌。

〔補〕**隋遺錄一卷** 題唐顏師古撰。○明萬曆間刊歷代小史本，十一
　　行二十六字，白口，四周雙闌。余藏。○明弘治十八年鈔説郛本，在
　　卷七十八，余藏。

〔補〕**集異志二卷** 唐陸勳撰。○明墨格寫本，行欵失記。楊馥堂處
　　閲。未收。

〔補〕**集異志四卷** 唐陸勳撰。○明萬曆刊寶顏堂續祕笈本，八行十
　　八字，白口，單闌。書名前冠以寶顏堂訂正五字。藏園藏。

〔補〕**幽怪錄四卷** 唐牛僧孺撰。**續錄一卷** 唐李復言撰。○明書林
　　陳應翔刊本，九行二十一字，白口，四周單闌。卷首第三行有"書林
　　松溪陳應翔刊"一行。繆荃孫以太平廣記校，余再用廣記引文校。
　　余藏。其續錄一卷實即續幽怪錄之第一、二兩卷。缺第三、四卷。

〔補〕**幽怪錄一卷** 唐牛僧孺撰。○清順治三年宛委山堂刊説郛本。
　　○清乾隆五十九年石門馬氏大酉山房刊龍威祕書本。

〔補〕**幽怪錄不分卷** 唐牛僧孺撰。○明吳寬叢書堂鈔説郛本，在卷
　　十五。余藏。

〔補〕**玄怪錄十一卷** 唐牛僧孺撰。○明末高承埏刊稽古堂羣書祕簡

本，八行十八字，白口，四周單闌。余藏。

〔補〕**續幽怪錄四卷** 唐李復言撰。○宋臨安尹家書籍鋪刊本，九行十八字，白口，左右雙闌。目錄後有"臨安府太廟前尹家書籍鋪刊行"牌記一行。海虞瞿氏藏，已印入續古逸叢書中。

〔補〕**續玄怪錄四卷** 唐李復言撰。○明隆慶三年姚咨手寫本，藍格，十行二十四字，版心下方有"茶夢齋鈔"四字。目後有"臨安府太廟前尹家書籍鋪刊行"一行。後有姚咨跋，云冒暑手抄，宋本原有缺文，不敢謬補。余藏。此本即從宋尹家書籍鋪本鈔出，惟宋本避諱，易玄為幽，姚氏再為改正。

〔補〕**續幽怪錄四卷拾遺二卷** 唐李復言撰。**校勘記一卷** 清胡珽撰**續校一卷** 清黃金鑑輯。○清光緒刊琳琅祕室叢書本。

〔補〕**續幽怪錄二卷** 唐李復言撰。○明鈔說集本，藍格，十一行二十四字。在第十八册，朱文鈞藏。

〔補〕**續玄怪錄二卷** 唐李復言撰。○明末高承埏輯刻稽古堂羣書祕簡本，八行十八字，白口，四周單闌。余藏。

〔增〕**譚賓錄十卷** 唐胡璩子温撰。新唐志、崇文總目、鄭樵通志略。雜載唐世事正史遺者。宋史志作五卷。晁志並有。○舊抄本。見陸心源藏書志。

〔補〕○江南圖書館有丁氏舊藏清寫本。

集異記一卷 唐薛用弱撰。○說郛本。○唐宋本。○歷代小史本。○顧氏文房小說本。○續百川本。○祕書二十一種本。

〔補〕○明萬曆吳琯刊古今逸史本，十行二十字，白口，左右雙闌。余據陽山顧氏文房小說刊二卷本校。又用太平廣記引文校。

〔補〕**集異記二卷** 唐薛用弱撰。○明正德嘉靖間顧元慶刊陽山顧氏文房小說四十種本，十行十八字，白口，左右雙闌。題"陽山顧氏十友齋宋本重雕"。○明末高承埏輯刻稽古堂羣書祕簡本，八行十八字，白口，四周單闌。余藏。

博異記一卷 舊本題唐谷神子撰，或云馮郭，或云鄭還古，均無確證。
　　○說郛本。○唐宋本。○古今逸史本。○續百川本。○顧氏文房
　　小説本。○秘書二十一種本。○萩圃搜奇本題谷神子撰。

〔補〕○明萬曆吳琯刊古今逸史本，十行二十字，白口，左右雙闌。余
　　據陽山顧氏文房小説本校。

〔補〕**博異志一卷** ○明正德嘉靖間顧元慶刊陽山顧氏文房小説四十
　　種本，十行十八字，白口，左右雙闌。○明末刊唐宋叢書本，九行二
　　十字，白口，左右雙闌。○明末高承埏輯刻稽古堂羣書祕簡本，八行
　　十八字，白口，四周單闌。○清順治三年宛委山堂刊説郛本。在卷
　　一百十五。○清乾隆五十九年石門馬氏大酉山房刊龍威秘書本。

杜陽雜編三卷 唐蘇鶚撰。○稗海本。○說郛本。○歷代小史本。
　　○廣四十家小説本。

〔補〕○明萬曆間商濬刊稗海本，九行二十字，白口，四周單闌。余據
　　天一閣舊藏明寫本校，改訂二百餘字。○明寫本，天一閣佚出之書，
　　沈曾桐藏。余曾借校。○清順治三年宛委山堂刊說郛本。在卷四
　　十六。全本。○清嘉慶十年張氏照曠閣刊學津討原本。

〔補〕**杜陽雜編一卷** 唐蘇鶚撰。○明萬曆刊歷代小史本，十一行二
　　十六字，白口，四周雙闌。

前定錄一卷續錄一卷 唐鍾輅撰。○百川本。○說郛本。○唐宋本
　　無續。○學津本。

〔補〕○宋咸淳間刊百川學海本，十二行二十字，細黑口，左右雙闌。
　　此書余藏宋刊百川學海中缺佚，唯日本帝室圖書寮藏本有之。○明
　　弘治十四年華珵刊百川學海本。行欵同宋本，白口。○明嘉靖十五
　　年鄭氏宗文堂刊百川學海二十卷本。

桂苑叢談一卷 舊本題馮翊子休撰。○說郛本。○四十家小説本。

〇續百川本。〇續秘笈本。

〔補〕〇明萬曆刊寶顏堂續秘笈本，八行十八字，白口，四周單闌。余據太平廣記引文校，頗有補訂。

〔增〕**牛氏紀聞十卷** 唐牛肅撰，崔造註。唐志、鄭樵通志：紀釋道家異事。宋史志同。見陸心源藏書志。

〔附〕〇未註何本，疑係舊抄。（眉）

劇談錄二卷 唐康駢撰。〇淡生堂本。〇薊圃搜奇本。〇稽古堂本。〇津逮本。〇學津本。

〔補〕〇明崇禎毛氏汲古閣刊津逮祕書本。余用涵芬樓藏明傳鈔宋陳道人書籍鋪刊本校。又據太平廣記引文校。友人吳君慈培手抄序並跋。〇明末高承埏輯刻稽古堂羣書祕簡本，八行十八字，白口，四周單闌。〇明寫本，十行二十四至二十七字不等。序後有"陳道人書籍鋪刊行"一行。前乾寧二年序。有黃丕烈跋。涵芬樓藏，余曾借校。〇明刊本，十行十九字，白口，左右雙闌。余藏。

〔補〕**劇談錄二卷附逸文一卷** 唐康駢撰。〇民國九年友人劉世珩輯刻貴池先哲遺書本。

宣室志十卷補遺一卷 唐張讀撰。〇稗海本。

〔補〕〇明萬曆間商濬刊稗海本，九行二十字，白口，四周單闌。繆荃孫氏據太平廣記校。余曾臨一本，再用廣記補校若干條。〇此書王仁俊輯有佚文一卷。

唐闕史二卷 五代高彥休撰。〇知不足齋本。〇龍威本。〇説郛本。〇昭文張氏有茶夢主人手抄本。〇顧嗣立刊閭邱辯囿本。

〔附〕〇舊抄本，千里跋，意與鮑本同。（眉）

〔補〕**闕史二卷** 五代高彥休撰。〇明寫本，十行二十字。明崇禎十年葉奕校並跋。存下卷。涵芬樓藏。〇清康熙間顧嗣立刊閭丘辯囿叢書本。吳志忠道光十七年臨葉樹廉校本。葉校底本為葉奕傳錄明馮舒家寫本,有葉奕跋及馮舒跋。余藏。○舊寫本,十行十八字,從明吳岫藏本出,錄有吳氏跋,為知不足齋本所無。○清乾嘉間鮑廷博刊知不足齋叢書本。余據太平廣記引文校二十三條。○清乾隆五十九年石門馬氏大酉山房刊龍威祕書本。○光緒元年崇文書局刊崇文書局彙刻書本。

甘澤謠一卷 唐袁郊撰。○說郛本。○唐宋本。○津逮本。○學津本。

〔補〕○明末刊唐宋叢書本。○清順治三年宛委山堂刊說郛本。均九行二十字,白口,左右雙闌。說郛本余據明吳寬叢書堂鈔說郛本校。

〔補〕**甘澤謠一卷附錄一卷** 唐袁郊撰。○明崇禎間毛氏汲古閣刊清逮祕書本,八行十九字,白口,左右雙闌。余據太平廣記引文校過。○清嘉慶十年張氏照曠閣刊學津討原本。

開天傳信記一卷 唐鄭棨撰。○百川本。○說郛本。○歷代小史本。○學津本。

〔補〕○宋咸淳間刊百川學海本,十二行二十字,黑口,左右雙闌。余藏。○明弘治十四年華珵刊百川學海本,行欵同上,白口,余藏。○明嘉靖十五年鄭氏宗文堂刊百川學海二十卷本,在卷三,十四行二十八字,白口,左右雙闌。○清嘉慶十年虞山張氏照曠閣刊學津討原本。

〔補〕**開天傳信錄一卷** 唐鄭棨撰。○明萬曆刊歷代小史本,十一行二十六字,白口,四周雙闌。余藏。

〔補〕**獨異志三卷** 唐李亢撰。○明寫本,天一閣佚出之書。涵芬樓藏。○明萬曆間商濬刊稗海本,九行二十字,白口,四周單闌。余據涵芬樓藏明天一閣舊藏寫本校。四庫存目。

〔補〕**獨異志一卷** 唐李亢撰。○清順治三年宛委山堂刊說郛本。

〔補〕**錄異記八卷** 前蜀杜光庭撰。○明正統道藏本,五行十七字。

在洞玄部記傳類，已印入道藏舉要中。○明萬曆中胡震亨祕册彙函本，八行十八字，白口，左右雙闌。○明崇禎間毛氏汲古閣刊津逮祕書本，八行十九字，白口，左右雙闌。余據太平廣記引文校。

〔補〕**錄異記一卷** 前蜀杜光庭撰。○清順治三年宛委山堂刊説郛本。○清乾隆五十九年馬氏大酉山房刊龍威祕書本。

〔補〕**神仙感遇傳五卷** 前蜀杜光庭撰。○明正統道藏本，五行十七字。在洞玄部記傳類。已印入道藏舉要。○明寫本。從道藏本出。余據太平廣記校。並補佚文數則。富察昌齡藏印。四庫入存目，在道家類。

稽神錄六卷 宋徐鉉撰。○説郛本。○津逮本有補遺一卷。○學津本。

〔補〕**稽神錄六卷拾遺一卷** 宋徐鉉撰。○明崇禎毛氏汲古閣刊津逮祕書本，八行十九字。余據太平廣記校，補佚文三十四條。

江淮異人錄二卷 宋吳淑撰。○明嘉靖伍光忠刊本。○説郛本。○薽圃搜奇本。○廣四十家小説本。○函海本。○龍威本。○知不足齋本。○道藏本。

〔補〕○明嘉靖刊本，十行二十字。余藏。

〔補〕**江淮異人錄一卷** 宋吳淑撰。○明正統道藏本，五行十七字。在洞玄部記傳類。已印入道藏舉要中。○清順治三年宛委山堂刊説郛本。○清乾隆五十九年馬氏大酉山房刊龍威祕書本。

太平廣記五百卷 宋李昉等奉敕撰。○嘉靖中許自昌刊大字本。○談氏刊大字本佳。○天都黄氏刊小字本。○又翻刊小字本劣。○宋刊本。○明活字本。

〔附〕○明活字本。（眉）○陳仲魚曾取（宋刊）校明刊本。（邵氏）

〔補〕**太平廣記五百卷目錄十卷** 宋李昉等輯。○明嘉靖四十五年談愷刊本，十二行二十二字，白口，四周單闌。題談愷校刊，秦汴、張仕、唐詩同校。卷二百六十一至二百六十四原缺，後人據許自昌本抄配。此本已交文友堂影印行世。○明隆慶、萬曆間活字印本，十二行二十二字，白口，四周單闌。亦題談愷校，秦汴、張仕、唐詩同校。字體與萬曆二年周堂活字印太平御覽同，或即同一字模。余有殘本，後配成全帙。○明萬曆許自昌刊本，十二行二十二字，白口，左右雙闌。亦題談愷校刊銜名。莫氏誤認為嘉靖本，應正。此本清陳鱣據宋本校。有吳騫跋。杭郡吳氏書，余曾借臨一本於自藏許自昌本上。據卷中鉤畫行欵，知宋本為二十六行，行二十字。○清乾隆二十年天都黃氏槐蔭草堂刊本。○清嘉慶十一年姑蘇聚文堂覆刻天都黃氏刊本。

〔補〕青瑣高議前集十卷後集十卷別集七卷 宋劉斧撰。○清黃丕烈家傳鈔明藍格寫本。友人董康君已覆刻行世。

〔補〕五色線三卷 宋失名人撰。○明弘治二年李瀚刊本，十行二十字，黑口，四周雙闌。有弘治二年□綺序。余藏。四庫存目。

〔補〕五色線二卷 宋失名人撰。○明崇禎間毛氏汲古閣刊津逮祕書本。

〔補〕燈下閑談二卷 不著撰人名氏。○清周錫瓚家寫本。失名人校並錄馮舒、葉樹廉跋。有葉廷琯跋，云為周錫瓚校。○民國初張鈞衡刊適園叢書本，在第十二集。此書各本均誤字甚夥，又無舊本可校。

〔補〕括異志十卷 宋張師正撰。○明正德十年虞山逸民俞洪約齋傳鈔宋麻沙鎮虞叔異宅刊異宅本，九行十八字。海虞瞿氏藏，已印入四部叢刊續編。

〔補〕括異志一卷 宋張師正撰。○清順治三年宛委山堂刊說郛本。在卷一百十六。

〔補〕括異志一卷 宋張師正撰。○明弘治十八年寫本。余藏。與宛委山堂刊本無一條合者。

〔補〕**搜神祕覽三卷** 宋章炳文撰。○宋臨安尹家書籍鋪刊本，十行二十字，白口，左右雙闌。前自序，目後有"臨安府太廟前尹家書籍鋪刊行"一行。日本狩野直喜藏書。此書吾國久佚，僅說郛中有節本。曩余從楊君守敬處得影鈔本。○宋本已印入續古逸叢書本。

茅亭客話十卷 宋黃休復撰。○說郛本。○津逮本少後序一頁。○學津本。○琳琅祕室叢書本。○胡心耘有宋本。

〔附〕○（元）〔宋〕元祐癸酉本，佳。（邵氏）

〔補〕○明穴硯齋寫本。清黃丕烈、王芑孫跋。○明寫本，有陳道人書籍鋪刊行一行，天一閣佚出之書，余藏。○清嘉慶間吳翌鳳寫本。○清寫本，出自宋臨安陳道人書籍鋪刊本。方地山藏。余曾借校。

〔補〕**茅亭客話十卷** 宋黃休復撰。**校勘記一卷** 清胡珽撰 **續校一卷** 清董金鑑撰。○清光緒間刊琳琅祕室叢書本。

分門古今類事二十卷 不著撰人。○路小洲有抄本。

〔補〕**新編分門古今類事二十卷** 宋宋□撰。○清光緒間陸心源輯刻十萬卷樓叢書三編本。

陶朱新錄一卷 宋馬純撰。○說郛本。○廣四十家小說本。○墨海金壺本。○珠叢別錄本。

〔補〕○清順治三年宛委山堂刊說郛本，在卷四十。余據明弘治十八年鈔說郛本校。

〔補〕**陶朱新錄不分卷** 宋馬純撰。○明弘治十八年鈔說郛本，墨格，十三行二十五字。在卷三十九內。余藏。

睽車志六卷 宋郭彖撰。○稗海本。○說郛本。○汲古有影本。

〔補〕**睽車志一卷** 宋郭彖撰。○明嘉靖二十三年陸楫刊古今說海

本，八行十六字，白口，左右雙闌，版心下方有"儼山書院"四字。余
藏。余據明鈔説郛本校。○清乾隆五十九年馬氏大酉山房刊龍威
秘書本。

夷堅支志五十卷 宋洪邁撰。○嘉靖間刊本，版心有"清平山堂"四
字。○乾隆戊戌錢塘周氏刊袖珍本二十卷。

〔附〕○宋閩刊本，元人以浙本修補，共八十卷，全者乃佳。○嚴久能
有不全元修宋本。○阮有景宋抄本，甲志二十九卷，乙志二十卷，丙
志二十卷，丁志二十卷，全。佳。（邵氏）

〔增〕**夷堅志二十卷乙志二十卷丙志二十卷丁志二十卷** ○
阮氏有影宋刊本，曾以進呈。○宋刊殘本夷堅支甲，半頁十二
行，行二十三字，存一、二、三、七、八、凡五卷。支壬半頁十行，行
十八字，存三至十，凡八卷。合兩刻僅二十一卷，黃蕘圃藏，後歸
吳門汪氏。

〔補〕○宋刊元印本，九行十八字，白口，左右雙闌，版心記刊工姓
名。卷末有明陸師道手書跋數行。嚴元照舊藏，有印及其姬人
張秋月印。建本。即宛委別藏阮氏進呈之底本。陸心源藏，已
刊入十萬卷樓叢書中。據儀顧堂跋，謂刊于建寧，元時版缺四十
二面，借得浙本補刊完全云云。○清光緒五年陸心源刊十萬卷
樓叢書初編本。

〔補〕**新編分類夷堅志甲集五卷乙集五卷丙集五卷丁集五卷戊
集五卷己集六卷庚集五卷辛集五卷壬集五卷癸集五卷** 宋
洪邁撰，葉祖榮輯。○明嘉靖二十五年洪楩清平山堂刊本，十行二
十字，白口，左右雙闌，版心上方題"清平山堂"四字。前嘉靖二十五
年田汝成序。目錄次行題"鄱陽洪邁景盧紀述"，三行題"建安葉氏
祖榮類編"。余藏。○明寫本，十一行二十一字。失名人朱筆校。
卷首田汝成序後人鈔補加入。鈐絳雲樓印記。余藏。

〔補〕**分類夷堅志戊集五卷** 宋洪邁撰。葉祖榮輯。○明活字印本，十一行二十二字，白口，左右雙闌。目錄次行題“鄱陽洪邁景盧紀述”，三行題“建安葉氏祖榮類編”，與清平山堂本同。徐星署藏。

〔補〕**夷堅志甲集二卷乙集二卷丙集二卷丁集二卷戊集二卷己集二卷庚集二卷辛集二卷壬集二卷癸集二卷** 宋洪邁撰。○清乾隆四十三年周榮耕煙草堂刊本。余藏。

〔補〕**湖海新聞夷堅續志前集十二卷** ○元刊本，十二行二十二字，黑口，四周雙闌。存卷第七、八，餘日本人鈔配。癸丑見。○元刊本，十五行二十三字，黑口，四周雙闌。首題“新編湖海新聞夷堅續志綱目”，旁注“前集”二字。以下即不再題“新編”。分九門，一百八十三條。無撰人及刊書人名氏。余藏。配入薛翔本後集。

〔補〕**湖海新聞夷堅續志後集六卷** 不著撰人名氏。○明寫本，九行十八字。存神仙、道教、佛教、文華四門，共一百三十六條。與適園新刊本次序合，惟缺十七條，又缺神明門等五門一百三十餘條，疑此為不完之本。己卯見。

〔補〕**重刊湖海新聞夷堅續志後集不分卷** 不著撰人名氏。○元刊本，十五行二十三字，黑口，四周雙闌。癸丑歲見。○明薛翔刊本，行欵版式與元刊本同，惟次行題“江薛翔汝節證刊”一行。分七門二百五十八條。

〔補〕**重刊湖海新聞夷堅續志前集二卷後集二卷補遺一卷** 不著撰人名氏。○民國三年張鈞衡刊適園叢書十二集本。

〔補〕**鬼董五卷** 宋沈□撰。○舊寫本。有孫江跋。余藏。○清乾隆五十一年鮑廷博刊知不足齋叢書十二集本。余據舊寫本校，並錄孫江跋。○清乾隆五十九年馬氏大酉山房刊龍威祕書本。

〔增〕**續夷堅志四卷** 金元好問撰。○嘉慶戊辰刊全集本。四庫存目。

〔補〕○清嘉慶十三年大梁書院刊本，十行二十字，細黑口，左右雙闌，以余集手寫本上版，寫刻精美。

〔補〕續夷堅志前集一卷後集一卷 題金元好問撰。○舊寫本，十行二十字。前集目後有庇屽叟題，後集目後有至順三年石民瞻題。又有至正戊子王東題，云手抄北地棗木、續夷堅志二冊，則此本輾轉自王東本出也。

〔補〕新編連相搜神廣記前集一卷後集一卷 明秦子晉編。○明刊本，十四行二十四字，黑口，四周雙闌。題目及神名均大字占雙行。每神均有像，先像後説。計六十餘葉，一冊。

〔補〕西樵野記十卷 明侯甸撰。○明藍格寫本。有嘉靖庚子侯甸自跋。法式善藏印。存卷六至十。

〔補〕虞初志一卷 不著撰輯人名氏。○明刊本，八行十五字。字似濟美堂柳文，疑吳中刊。有續齊諧記等十四種。有馮舒、黃丕烈藏印。涵芬樓藏。

〔補〕艷異編四十卷續十九卷 題王世貞選。○明刊本，行欵失記。

〔補〕新鎸玉茗堂批選王弇州先生艷異編四十卷 王世貞撰，湯顯祖評。**續編十九卷** 明湯顯祖撰。○明崇禎刊本，十行二十二字，白口，四周單闌。十二冊。余藏。

〔補〕説聽一卷 明陸延枝撰。○明萬曆十八年刊煙霞小説本，十行十八字，白口，左右雙闌。

〔補〕異林十六卷 明朱謀㙔撰。○明帥廷鎮刊本，十行二十字，白口，四周單闌。余藏。四冊。四庫存目。

〔補〕獪園十六卷 明錢希言撰。○清寫本。余藏。此書收入鮑氏知不足齋叢書。四庫存目。

〔補〕白醉瑣言二卷 明王兆雲撰。○明萬曆刊本。此書四庫入存目，總名為王氏雜記，凡六種，十四卷。其書為後人輯成，冠以此名，

實均單刻。此為六種之一。○王氏所撰尚有新刻王氏青箱餘五種，
各二卷，明萬曆刊本。

〔補〕**涉異志一卷** 明関文振撰。○明末刊古今名賢彙語二十二種
本。十行二十三字，白口，四周單闌。余藏。

〔補〕**新刻徐比部燕山叢錄二十二卷** 明徐昌祚撰。○清寫本，十
行二十字。前有萬曆三十年壬寅李叔春序。是從明萬曆本鈔出者，
分二十一類，附長安里語一卷。此本存二十一卷，附卷失去。余藏。
四庫存目。

〔補〕**觚賸八卷續四卷** 清鈕琇撰。○清康熙四十一年臨野堂刊本。
余藏。四庫存目。

〔補〕**見聞錄四卷** 清徐岳撰。○清乾隆十七年大德堂刊本。此書四
庫入小説家異聞存目，為節本，只一卷。此為原刊全本。有黃叔琳
印及翰林院印，亦四庫館舊貯。余藏。

〔補〕**新齊諧二十四卷續十卷** 清袁枚撰。○清乾隆嘉慶間刊隨園
三十種本。新齊諧一名子不語。

〔補〕**閲微草堂筆記二十四卷** 清紀昀撰。○清嘉慶五年北平盛氏
刊本。○清嘉慶二十一年北平盛氏重刊本。余有一帙，失名人藍筆
評。

〔補〕**灤陽銷夏錄三卷** 清紀昀撰。○稿本，朱絲闌，半葉八行。後有
乾隆五十五年庚戌手題四行，又自題七絶二首。後有劉墉、賈臻、吳
式芬跋。

〔補〕**妄妄錄十二卷** 清朱海撰。乾隆時吳縣人，其書多記鬼怪之事。
○清道光十年刊本。六册。庚戌八月十八日，文奎堂借閲。

〔補〕**秋燈叢話十八卷** 清王椷撰。○清乾隆四十五年積翠山房刊
本。○清寫本。

〔補〕**扶風傳信錄一卷** 清吳騫撰。○稿本。

〔補〕**潛園集錄十六卷** 清彭希涑輯。雜錄唐至清諸家談果報之書，始段成式金剛經鳩異，終清屠倬病榻瑣談，凡九種。內二十二史感應錄即彭氏自撰。○清道光二年刊本。余藏。

上小説家類異聞之屬

博物志十卷 晉張華撰。○明弘治癸亥劉遜刊本。○漢魏本。○古今逸史本。○格致本。○稗海本。○秘書二十一種本。○明葉氏刊。○近士禮居刊。○指海本佳。○道光七年浦江周氏紛欣閣刊。

〔附〕○賀志同刻本。（眉）整理者按：即弘治十八年賀泰刊本，詳見補記。○汲古有影北宋抄本，佳。（邵氏）

〔補〕○明弘治十八年賀泰刊本，十一行二十三字，白口，左右雙闌。有乾隆五璽。○明萬曆吳琯刊古今逸史本，余據士禮居叢書本校。○明萬曆何允中廣漢魏叢書本，九行二十字，白口，左右雙闌。○明萬曆商濬刊稗海本，九行二十字，白口，四周單闌。余據弘治十八年賀泰本校過。○清嘉慶九年黃丕烈刊士禮居叢書本，從影宋本出。○清光緒元年湖北崇文書局刊子書百家本。

〔補〕**博物志十卷** 晉張華撰，宋周日用、盧□注。**逸文一卷** 清錢熙祚輯。○清道光間金山錢氏刊指海本。

述異記二卷 梁任昉撰。○明重刊宋陳思本。○說郛本。○稗海本。○漢魏本。○格致本。○龍威本。

〔補〕○明嘉靖間鈔說集本，棉紙藍格，半葉十一行，行二十四字，白口，四周雙闌。在第五冊。前有慶曆四襪序。目後有"臨安府太廟前尹家書籍鋪刊行一行，又有至正十年二月旦錄藏"，"西河忻氏靜者居"二行。朱文鈞藏。○明刊本，十一行二十字。○明萬曆二十年程榮刊漢魏叢書本，九行二十字，白口，左右雙闌。余用影寫宋尹家書籍鋪本校，補入一葉，凡八條。又以太平廣記所引校漢魏本，凡三十五條。其漢魏所無者凡四十七條，輯為佚文一卷附後。○明萬曆商濬半埜堂刊稗海本，九行二十字，白口，左右雙闌。○清影寫宋臨安府尹家書籍鋪刊本，十一行二十字。視漢魏叢書本多八條。此本已影刊入徐乃昌隨盦徐氏叢書中。○清乾隆五十九年石門馬氏大酉山房刊龍威祕書本。

〔補〕**廣異記六卷**　不著撰人名氏。○清寫本。有黃丕烈跋。蟲傷過甚。涵芬樓藏。余曾借校。

酉陽雜俎二十卷續集十卷　唐段成式撰。○稗海本無續。○萬曆戊申李雲鵠刊。○津逮本。○學津本。○昭文張氏有元刊本二十卷。

〔補〕　○明崇禎間毛氏汲古閣刊津逮祕書本。○清嘉慶十年張氏照曠閣刊學津討原本。○清光緒元年刊崇文書局彙刻書本。

〔補〕**唐段少卿酉陽雜俎二十卷續集十卷**　唐段成式撰。○明萬曆三十五年李雲鵠刊本，十行二十三字，白口，四周雙闌。有趙開美序。楊守敬氏譽之為此書最善之本。渠尚有明黑口本，自云不如此本之佳。余藏。

〔補〕**唐段少卿酉陽雜俎二十卷**　唐段成式撰。○明刊本，十行十九字，黑口，四周雙闌。楊守敬氏藏，云不如李雲鵠本，亦無續集。

〔補〕**酉陽雜俎二十卷**　唐段成式撰。○明萬曆商濬刊稗海本，九行二十字，白口，四周單闌。○明刊本，九行二十字，李木齋先生藏。

〔補〕**續酉陽雜俎十卷**　唐段成式撰。○明寫本，九行二十一字，有毛晉、撲叙藏印。

清異錄二卷　宋陶穀撰。○唐宋本、秘笈本並四卷，未收補遺一卷。○說郛本。○敏求記四卷。○康熙中海昌陳氏本。○惜陰軒本二卷。○静持室有明嘉靖間抄本，雖不精，然海鹽陳刊多妄行刊削，此猶存其本真，乃士禮居舊藏。

〔附〕○錢有元至正二十五年孫道明抄本。佳。

〔補〕○明隆慶六年葉氏菉竹堂刊本，十行十八字，白口，四周單闌。○清康熙中海昌陳氏刊本。余藏，余據明鈔説郛本校。○清道光二十六年宏道書院刊惜陰軒叢書本。○清光緒元年陳氏庸閒齋刊本，余藏。

〔補〕清異錄四卷 宋陶穀撰。○明萬曆間刊寶顔堂祕笈彙集本。余藏。清順治三年宛委山堂刊説郛本。在卷一百十九。

〔補〕清異錄不分卷 宋陶穀撰。○明弘治十三年鈔説郛本。在卷六十一。余藏。余曾據以校康熙陳氏刊本。

續博物志十卷 宋李石撰。○稗海本。○格致本。○唐宋本。○古今逸史本。○秘書二十一種本。

〔附〕○賀志同刻本。○汪士漢本。（眉）

〔補〕○明弘治十八年賀泰刊本，十一行二十三字，白口，左右雙闌。後有門人黄公泰跋及弘治乙丑都穆記，謂為賀泰刊本。余藏。○明萬曆吳琯刊古今逸史本，十行二十字，白口，左右雙闌。余藏。余據清盧文弨校本校。

〔增〕醉翁談錄五卷 宋金盈之撰。盈之家汴京，南渡後官從政郎衡州錄事參軍。一卷名公佳製，二卷榮貴要覽，三、四卷為京城風俗記，五卷瑣闌紀聞，多載唐時遺事。所載雖瑣碎，然博見洽聞，足資談助，可與夢梁、夢華等錄並傳。○阮氏以進呈。○按盈之此錄凡八卷，其第六卷曰禪林叢錄，第七、八兩卷曰平康巷陌記。曾見劉泖生寫本，多此三卷。相傳文達進此時特裁去後三卷，取四庫删曝書亭風懷琴趣為例也。當入小説家。

〔補〕○阮氏進呈宛委別藏本。缺卷六禪林叢錄，卷七、八平康巷陌記，或以其事涉方外，平康而去之耶。

〔補〕**醉翁談錄八卷**　宋金盈之撰。○舊寫本，十行二十四字。目後有"皇慶二年蒼龍癸丑端陽日刊"牌子二行，從元刊本出。鈐顧嗣立、鮑廷博、何元錫藏印。王子展藏。○舊寫本，八行二十字。癸亥見。○清光緒間方功惠刊碧琳琅館叢書本，在丙集中。

〔補〕**新編醉翁談錄八卷**　宋金盈之撰。○民國二年張鈞衡刊適園叢書本。在第七集。

〔增〕**古杭雜詩詞集四卷**　元李東有撰。目錄後識語云，"上係宋朝遺事，一新綉梓，求到續集，陸續出售，與好事君子共之"。○昭文張氏藏精鈔本。

〔補〕**新刊古杭雜記詩集四卷**　不著撰人名氏。○明寫本，藍格，十行二十字。目錄次行下題"一依廬陵正本"，目後題"宋朝遺事，一新繡梓，求到續集，陸續出售，與好事君子共之"。夏君孫桐得之錢唐丁氏，天一閣佚出之書。○清光緒七年錢唐丁氏刊武林掌故叢編本，在第一集。即據前記之天一閣舊藏明寫本出。四庫存目。

〔補〕**新刻古杭雜記詩集四卷**　不著撰人名氏。○清光緒七年刊武林掌故叢編本。余曾據天一閣藏明寫本校，訂正一百二十七字。

〔補〕**古杭雜記一卷**　題元李友撰。○明嘉靖二十三年陸氏儼山書院刊古今說海本。○明萬曆刊歷代小史本。○清光緒間刊武林掌故叢編本。

〔補〕**蓬窗類記五卷**　明黃暐撰。○明寫本。黃丕烈校並跋。涵芬樓藏。辛亥歲暮見。四庫存目。

〔補〕**小窗自紀四卷艷紀十四卷清紀五卷別紀四卷**　明吳從先撰。○明萬曆刊本，八行十八字，白口，四周單闌。余藏。瑣語而兼志怪，書甚無味，四庫存目。

〔補〕**柳崖外編八卷** 清徐昆撰。○清乾隆五十八年刊本。四册。余藏。

〔補〕**宋艷十二卷** 清徐士鑾輯。○清光緒間刊本。六册。余藏。

上小説家類瑣記之屬

藏園訂補邵亭知見傳本書目卷十一上

藏園訂補郘亭知見傳本書目卷十一下

獨山莫友芝子偲　　撰

江安傅增湘沅叔　訂補

子部十三

釋家書始佛四十二章經,津逮秘書刊沙門守遂註一卷。四庫以諸經自在彼藏,故皆不收。

釋家類

〔補〕**牟子一卷**　即理惑論,漢牟融撰,清孫星衍校。○清嘉慶間蘭陵孫氏刊平津館叢書本。

〔補〕**寶藏論一卷**　晉釋僧肇撰。○清光緒七年廣漢鍾登甲刊函海本。在第四函。

〔補〕**肇論中吳集解三卷**　宋釋淨源撰。○清宣統三年羅振玉據徐乾學舊藏宋刊本影印,收入宸翰樓叢書中。

〔增〕**釋迦譜十卷**　蕭齊釋僧祐撰。述釋迦始終,為三十四篇。○支那本。

〔增〕**高僧傳十四卷** 梁會稽嘉祥寺沙門慧皎撰。採自梁至漢八代高
　僧,分十科,曰譯經、曰義解、曰神異、曰習禪、曰明律、曰遺身、曰誦
　經、曰興福、曰經師、曰唱導凡二百五十七人。○昭文張氏舊抄本。

〔補〕○宋元間刊磧砂藏本,已影印行世,在第四十七函。

〔補〕**高僧傳十三卷** 梁釋慧皎撰。○明萬曆三十九年徑山寂照庵刊
　本。附音釋。

宏〔弘〕明集十四卷 梁釋僧祐撰。○釋家十三部,明有南藏、北藏、
　支那三本。後不更註。○明兩宏明本。○萬曆丙戌汪道昆刊黑口
　本。

〔附〕○雍正十三年新藏本。(邵氏)

〔補〕○明萬曆十四年汪道昆刊本,十行二十字,大黑口,左右雙闌。
　此本已印入四部叢刊中。○日本寬永十四年活字印本,十二行十七
　字。版心編號始"集"終"墳",沿藏本之舊。

〔補〕**出三藏記集十五卷** 梁釋僧祐撰。○宋元間刊磧砂藏本。已
　影印行世,在第四十五函。○趙城廣勝寺金藏本。

〔補〕**歷代三寶記十五卷** 隋費長房撰。○宋元間刊磧砂藏本,已影
　印行世,在第四十六函。○趙城廣勝寺金藏本。

〔補〕**辯正論九卷** 唐釋法琳撰,□陳子良注。○楊守敬氏有日本刊
　本。

廣宏〔弘〕明集三十卷 唐釋道宣撰。○明萬曆丙戌汪道昆刊黑口
　本。○萬曆庚戌吳氏刊本。○重刊龍藏本四十卷。

〔附〕○宋本,十三行,行十六字,板式甚大。(眉)

〔補〕○明萬曆十四年汪道昆刊本,十行二十字,大黑口,左右雙闌。
　已印入四部叢刊初編中。

〔補〕**續高僧傳三十一卷** 唐釋道宣撰。○宋元間刊磧砂藏本,已影
　印行世,在第四十七至四十八函。

〔補〕**續高僧傳三十卷** 唐釋道宣撰。○趙城廣勝寺金藏本,存八卷。

〔補〕**大唐內典錄十卷** 唐釋道宣撰。○宋元間刊磧砂藏本,已影印行世,在第四十六函。○趙城廣勝寺金藏本。

〔增〕**釋迦方志三卷** 唐終南太一山釋氏道宣撰。分八篇,曰封疆、曰統攝、曰中邊、曰遺跡、曰遊履、曰通局、曰時注、曰教相。○支那本。

〔增〕**集古今佛道論衡實錄四卷續集一卷** 唐釋道宣撰。續集唐沙門智昇撰。集漢至唐角試論辨事。○支那本。

法苑珠林一百二十卷 唐釋道世撰。○明萬曆辛卯刊本。○雍正十三年藏經館重刊本,一百卷。○道光丁亥蔣因培妻吳氏醵刊本,一百卷。

〔補〕○明徑山寺刊本,十行二十四字,分陰陽葉,各為四周雙闌。此本已印入四部叢刊初編。○磧砂藏本,已影印行世。在第四十九函。

〔增〕**大慈恩寺三藏法師傳十卷** 唐沙門慧立本,釋彥悰箋。卷一至五紀玄奘西游所歷諸國,六至十紀玄奘西歸,自貞觀九年入西京,至麟德元年捨化,其間崇奉恩禮,並備載詔敕碑記經序謝表書啟等文。○明刊本。(繩)

〔補〕○民國十二年刊支那內學院本。○日本昭和七年東方文化學院京都研究所影印高麗藏本,佳。

〔增〕**集沙門不應拜俗等事六卷** 唐宏福寺沙門釋彥悰纂錄。集東晉至唐議沙門不應拜俗等文,凡詔敕表狀書啟論答難按代編載,分三篇。曰故事篇,明隋以上沙門致敬等事也;曰議不拜篇,明沙門不應拜俗也;曰議拜篇,明沙門應致拜也。

〔補〕**釋迦佛成道記一卷** 唐王勃撰。○明洪武間太原崇善寺刊本,十一行二十字,黑口,四周雙闌。後有洪武十七年東閣大學士吳沈識一行。此本附清涼傳之後,癸丑京肆見。

〔增〕**古清涼傳二卷廣清涼傳三卷續清涼傳二卷**　唐釋慧祥撰古清涼傳，宋釋延一撰廣清涼傳，續清涼傳宋張商英、朱弁所撰。廣續二篇藏家多未錄，唯古傳見宋志。凡方域名勝、高僧靈跡莫不詳載。延一捃摭推廣，更及寺名、勝蹟、靈異、藥物，且有六朝人文，如釋支遁文殊象讚序之類，足補本集之佚。○金大定寺中板本。○阮氏進呈。

〔補〕○明洪武二十九年太原崇善寺刊本，十一行二十字，黑口，四周雙闌。前大定四年姚孝錫序。後有大明洪武丙子山西崇善禪寺了菴性敏勸緣率衆重刊識語。癸丑京肆見。日本靜嘉堂亦有一帙。此本前人多誤認為金刊本。

〔增〕**大方廣佛華嚴經音義四卷**　唐京兆靜法寺沙門慧苑述。是書與翻譯名義徵引儒書甚夥，足為稽古之助。○支那本。○拜經堂刊。○守山閣刊本。○粵雅堂刊。

〔增〕**一切經音義二十五卷**　唐釋玄應撰。釋智昇門元釋教錄稱玄應以貞觀末据摭藏經為音義，注釋訓解，援引羣籍，證據卓明。按齊釋道惠為一切經音義，唐釋慧琳為大藏音義一百卷，今皆不傳，是書唐志著錄名衆經音義，所引羣籍多不傳之秘册，其賅博可尚。惟昧漢人之通假，泥後代之等韻，是所短耳。○阮氏以進呈。○乾隆丙午武進莊炘刊本。○又粵東新刻叢書本。

〔補〕○清乾隆五十一年莊炘刊本，戴光曾據盧文弨校本校卷七至二十五。余藏，余據舊人臨盧文弨校本補校卷一至四，其五、六二卷仍缺而未校。又一帙，舊人臨顧廣圻臨盧文弨校本。謝國楨送閱。○清刊本，失名人據宋本校。鈐葉名澧藏印。李木齋先生藏。○清南昌彭氏知聖道齋寫本，有彭元瑞跋。余藏。○清道光二十五年番禺潘氏刊海山仙館叢書本。○清同治八年仁和曹氏刊本。

〔補〕**一切經音義一百卷**　唐釋慧琳撰。○高麗藏本。近朝鮮有影印本,余有一帙。多引古籍,有用之書也。

開元釋教錄二十卷 唐釋智昇撰。○雍正十三年藏經閣重刊本,三十卷。

〔補〕**舒州梵天琪和尚註證道歌一卷** 唐釋玄覺撰,宋釋彥琪注。○元明間刊本,六行十至十一字,注雙行二十字,黑口,四周雙闌。

〔補〕**真覺禪宗一卷** 唐玄覺撰。○明刊本,九行十八字,白口,四周雙闌。

〔補〕**北山錄注十卷** 唐釋神清撰,□釋慧寶注。○宋刊本,十三行二十四字,注雙行二十九至三十字不等,白口,左右雙闌。前有熙寧元年沈遼序,云據蜀本刊傳。又丘濬後序。明項元汴跋。缺卷四至六。○元刊本,十二行二十四字,注雙行三十字,白口,左右雙闌。有熙寧元年沈遼序,十行十七字。存卷一至六。此二書配成完帙,已影印行世。

〔補〕**北山錄注解隨函二卷** □釋德珪撰。○元刊本,十二行二十四字,白口,左右雙闌。題"儀封縣平城村淨住子比丘德珪撰"。鈐明"華亭朱氏文石山房藏書印"。

〔補〕**臨濟慧照玄公大宗師語錄一卷** 唐釋惠然輯。**附一卷** ○元刊本,九行二十字,白口,左右雙闌。劉君承幹藏。

〔補〕**唐釋湛然輔行記四十卷** 清張心泰輯。○清光緒十一年潮郡官舍刊袖珍本。二册。余藏。

〔補〕**四家錄二卷** 宋釋惠南輯。○元刊本,十一行十九字,黑口,左右雙闌。四家為江西馬祖、洪州百丈、筠州黃檗、鎮州臨濟,惠南鈔撮其語錄成書也。

宋高僧傳三十卷 宋釋贊寧撰。○明萬曆辛亥刊。○雍正十三年重刊龍藏本。

〔補〕**明州阿育王山如來舍利寶塔傳一卷護塔靈鰻菩薩傳一卷**

宋釋贊寧撰。○北宋刊本，八行十二字，白口，左右雙闌。二書後均署開寶五年歲在實沉周朔旦，蓋撰成紀年也。前有崇寧二年佛國禪師惟白序。日本内野五郎藏。孤本。

〔補〕**景德傳燈錄三十卷**　宋釋道原撰。○宋紹興四年釋思鑒刊本，十五行二十八九字不等，注雙行同，白口，左右雙闌。存卷五至九、十三至十九、二十三至四，共十四卷。○宋刊本，十三行二十三至四字，白口，左右雙闌。刊工有章彦、吳莫、施端、張學、陳才、毛昌、方祥等，均南宋紹興間浙江刊工，間有孝光間補版刊工，知為南宋紹興間浙江刊孝、光間補版者。海虞氏藏，已印入四部叢刊。略有配補。○元延祐三年湖州道塲山禪幽菴刊本，十三行二十三字，細黑口，左右雙闌。卷二十五、二十七後有"延祐丙辰重刊於湖州道塲山禪幽之菴"木記。李木齋、劉啟瑞均有之。劉君世珩曾覆刻行世。

〔補〕**上乘藏經節要宗鏡錄一百卷**　宋釋延壽集。○明蒲坂藏海寺刊本。每卷前題代藩分封蒲坂山陰王朱俊栅校，知蒲州事陳以朝訂，藏海寺禪僧志常刻，秦光融謄。各卷末有校、謄及管工人名，刊工稱為鐵筆匠。

法藏碎金錄　宋晁迥撰。○嘉靖丙午裔孫瑮刊本。○趙府居敬堂本。○晁氏寶文堂本。

〔補〕**法藏碎金錄十卷**　宋晁迥撰。○明嘉靖二十五年晁瑮寶文堂刊本，十行二十一字，白口，四周單闌。按：莫氏分記之裔孫瑮刊本及晁氏寶文堂本實即一本。○明萬曆刊本，八行十八字，白口，左右雙闌。余藏。

道院集要三卷　宋晁迥撰。○明嘉靖甲寅裔孫瑮刊本。○晁氏寶文堂本。

〔附〕○慶元己未校官黃汝嘉刊。（眉）

〔補〕○明嘉靖三十三年晁瑮寶文堂刊本，十行十七字，白口，四周單闕。書名前加“晁文元公”四字。○舊寫本。有萬曆孫慎序。卷尾有“白鳳翔刊”四字。蔣君汝藻藏。

〔增〕**紹興重雕大藏音三卷** 宋精嚴寺沙門處觀集。以唐韵、集韵、郭迻大藏音爲本，凡傳寫破體皆爲辨正，始人部終□部，凡百七十四部。元祐九年柳豫序。○支那本。

僧寶傳三十卷附補僧寶傳一卷臨濟宗旨一卷 宋釋惠洪撰。○明刊小字本。○錢唐風篁嶺僧廣遇刊本。○四明比邱寶定刊本。

林間錄二卷後集一卷 宋釋惠洪撰。○明翻宋本。○萬曆甲申馮夢禎刊小字本。

〔補〕**佛國禪師文殊指南圖讚一卷** ○卷子本，每行二十九字，圖讚五十四段，上半爲圖，下部爲讚，讚每行七字。前有張商英序，大字，每行十三字，上空一格，實十二字。序後有“臨安府衆安橋南街東開經書鋪賈官人宅印造”一行。此卷詳味其雕工，疑是高麗翻本，非杭本也。

〔補〕**雪堂行和尚拾遺錄一卷** 不著撰輯人名氏。○宋刊本，十行十八字，白口，左右雙闌。版式雕工似臨安陳、尹諸家書籍鋪刊本。鈐士禮居藏印。孤本。

〔補〕**大惠普覺禪師普說一卷** 宋釋宗杲撰。○宋浙本，十一行二十字，白口，左右雙闌。海虞瞿氏藏。孤本。

〔補〕**大慧普覺禪師年譜一卷** ○宋刊本，十一行二十字，白口，左右雙闌。有淳熙癸卯張掄序。後有宗演、程公許跋，又淳熙十二年劉震孫書後。宗演跋後有“寶祐癸丑天台比丘德溍募緣重刊於徑山明月堂”牌記。據序跋知爲釋祖詠撰，寶祐元年徑山明月堂刊，孤本。

〔補〕**龍舒增廣淨土文十四卷** 宋王日休撰。○明初刊本，八行十七字，大黑口，左右雙闌。寫刻精善，前人皆以爲元本。○明嘉靖隆慶間刊本，十行二十一字，黑口，四周雙闌。海虞瞿氏藏。號爲元本。

〔補〕**佛國圜悟真覺禪師心要二卷** ○宋刊本，十一行二十字。有季振宜藏印。

〔補〕**佛國圜悟禪師碧巖錄十卷** 宋釋重顯頌古，釋克勤評唱。○日本翻元崐中書隱張煒刊本，十一行二十一字，黑口，四周雙闌。有"崐中張氏書隱刻梓"牌子。卷五後又有識語，云據蜀本付梓，署"崐中書隱白"。有建炎戊申普照序，大德庚子方回序，言崐中張煒明遠板行云云。又大德甲辰三教老人序，序後有"古杭朱子成刊"六小字。後有元大德、延祐間馮子振等後序。此書宋元刊本中土均不存，賴此知其版式。

〔補〕**宗門統要錄十卷** 宋釋宗永撰輯。○宋刊本，十行二十字，白口，左右雙闌。前紹興五年鄭諶序。日本東洋文庫藏。

〔補〕**祖庭事苑八卷** 宋釋善卿撰輯。○日本翻宋本，八行，小字雙行二十八字，大字一當小字二，白口，左右雙闌。有紹興甲戌釋師鑒，紫雲跋。此書宋本吾國久佚。

羅湖野錄四卷 宋釋曉瑩撰。○秘笈本。○唐宋本一卷，不全。○支那本二卷。○菽圃搜奇本。

〔增〕**翻譯名義集二十卷** 宋姑蘇景德寺普潤大師法雲編，紹興丁丑重五日周敦義序。○支那本。

〔補〕　○清光緒四年合肥蒯氏刊本。

〔補〕**翻譯名義集七卷** 宋釋法雲撰。○宋刊本，六行，注雙行二十字，大字一當小字四。○宋刊本，五行，注雙行二十字，間有夾行或小字十行者，大字三當小字五，白口，左右雙闌。南宋平江刊本。此本已印入四部叢刊中。

〔補〕**密庵和尚住衢州西烏巨山乾明禪院語錄一卷** 宋釋崇岳、了悟等撰輯。○日本五山翻宋本，十一行二十字，白口，左右雙闌，版心上記"密庵錄"三字，下記刊工人名，有天台周浩等。當是密庵語錄中之一卷。劉君承幹藏。

〔補〕**虛堂和尚語錄三卷後錄一卷**　宋釋妙源撰輯。○日本活字印本，八行十七字。有正和癸丑拙孫宗卓跋，沙彌宗哲等開板識語，並錄所刊語錄目錄。

〔補〕**嘉泰普燈錄三十卷**　宋釋正受撰。○宋嘉定四年杭州淨慈寺刊本，十行二十字，白口，左右雙闌，版心下記刊工人名。其總目一葉記"錢唐李師正刊"。前嘉定辛未黄汝霖撰正受行業，次上皇帝書，次總目。卷三十音釋後有"此板見在淨慈寺長行庫印行"二行。後有陸游序，嘉泰四年書，以手書上版。日本帝室圖書寮藏一全帙。余有殘本六卷，存卷一至三、二十八至三十，有日本人印記，蓋宋時流入東瀛者。此書吾國久佚。

〔補〕**北磵語錄一卷**　宋釋居簡撰。○元明間刊本，十行二十字。首語錄，次偈頌、次贊，次小佛事，次跋。日本内閣文庫藏。

〔補〕**山家義苑二卷**　宋釋可觀撰。智增證。○宋嘉熙二年比丘良阜刊本，八行十六字，白口，左右雙闌。卷上末有"旹皇宋嘉熙戊戌比丘良阜刊於白蓮"二行。字橅歐體，是浙本。存上卷。孤本。

〔補〕**佛鑑禪師語錄十四卷**　宋釋普明、了南、紹曇等編。○宋淳祐十一年田興隆等施資刊本，十一行二十字，白口，左右雙闌。前有淳祐十一年程公許序，末葉有同年田興隆、田應寅、釋德潛捐資、助板識語。此即釋無準師範語錄，日本西京東福寺藏，寺中祖師即無準弟子，為自吾國攜回者。寺中尚藏有無準像，為日僧所寫，上有嘉熙戊戌無準自書贊。

五燈會元二十卷　宋釋普濟撰。○蘇城汪氏有宋本。○明嘉靖辛酉刊本。○萬曆甲寅刊本。○雍正十三年重刊龍藏本，六十卷。

〔補〕○宋刊本，十三行二十四字，白口，左右雙闌。有淳祐十二年自序及寶祐元年王㙓序。楊守敬自東瀛攜回者。周叔弢、袁寒雲各有一帙，袁本即汪士鐘舊藏者。○明嘉靖四十年辛酉嘉興徑山寺刊本，十行二十字，白口，左右雙闌。○清光緒二十八年劉世珩覆刻宋寶祐刊本，收入玉海堂景宋叢書中。

〔補〕**横川和尚語錄一卷** 宋釋光本等撰輯。○日本五山翻宋末刊本，十二行二十字，白口，左右雙闌。劉君承幹藏。

〔補〕**讀教記二十卷** 宋釋法照撰。○宋寶祐四年刊本，九行十八字，白口，左右雙闌。前有寶祐四年法照自序。目錄後有"四明後學可登書本"及"句堂比丘慧舟惟馨"二行。季振宜藏印。海虞瞿氏藏。孤本。

〔補〕**西湖高僧事略一卷** 宋釋元敬、元復撰輯。○舊寫本，十行二十字。前寶祐四年莫子文序，言元敬會萃名宿駐錫錢唐者得二十四人，命元復摭其事而系以贊，又訪得六人，元敬并述之云云。有翰林院印及兩淮鹽政李質穎進書木記，為四庫館舊藏之書。此書四庫入存目，所據為浙江巡撫採進本，則此為館中所貯複本也。○又見明刊本，行欵與此本同，即此本所自出也。

〔補〕**佛祖統紀五十五卷** 宋釋志磐撰。○宋咸淳五年刊本，十一行二十二字，細黑口，左右雙闌。前有咸淳五年自序，及同校正沙門必昇等五人名。又有勸緣邑士胡慶宗等人名，盖咸淳初刊於四明者。存四十卷。有沈曾植跋，推為南藏祖本。余藏。四庫存目。

〔增〕**釋氏歷代編年通鑑十二卷** 宋括山一菴釋本覺編集。始周昭王，迄五季，○咸淳六年刊。○明天啟丙寅畢志熙重刊，頗有刪補。○嘗見影宋抄于維揚。四庫未收。

〔附〕○季目有南宋麻沙本，今歸陸心源。○頃收景宋精鈔本。（原稿眉上莫棠批）

〔補〕**歷代編年釋氏通鑑十二卷** 宋釋本覺撰。○宋末麻沙本，十一行二十二字，黑口，左右雙闌。明朱大韶横經閣、清季振宜延令書室、汪士鐘藝芸精舍遞藏。日本靜嘉堂文庫藏。

〔增〕辨偽錄五卷　元雲峯禪寺沙門祥邁奉敕撰。辨老君化胡成佛經
及八十一圖之偽。○支那本。

〔補〕禪林類聚二十卷　元釋道泰、智境撰輯。○元大德間刊本，十二
行二十二字，黑口，左右雙闌。有大德十年、十一年釋妙坦、善儀序。
日本帝室圖書寮藏。

〔補〕廬山蓮宗復教錄二卷　元釋果滿撰。○朝鮮古刊本，十行十七
字，黑口，左右雙闌。有皇慶壬子釋普果刊書跋。卷下有高麗王念
佛發願文及勸國人念佛疏。有沈曾植、楊守敬跋。沈氏誤認為元刊
本。

〔補〕石屋和尚住嘉興福源禪寺語錄倡頌二卷　元釋清珙撰。○
元刊本，十行二十字，黑口，左右雙闌。前釋來員序，後元旭撰塔銘。
鎸刻精美，有漚波筆意。

〔補〕湖州雙髻禪菴語錄一卷杭州西天目山師子禪院語錄一卷
示禪人語一卷　題參學門人編。○元刊本，十行二十字，黑口，四
周雙闌。有元貞二年釋淨日序，至元二十四年釋可湘序。鈐明史明
古、姚咨、毛晉藏印。王懿榮遺書。孤本。

〔補〕師子林天如和尚剩語集二卷　元釋善遇撰輯。○元至正十二
年刊本，十一行二十一字，細黑口，左右雙闌。版心特寬，題宗乘、淨
土等字。卷末有至正十二年善遇識語，云為吳郡張善照施財入梓。
前鄭元祐序。卷首有善遇識語，云語錄向已刊行，此集乃刊後續編
云云。劉君承幹藏。

〔補〕師子林天如和尚別錄五卷　元釋善遇撰輯。○元至正八年刊
本，十一行二十一字，細黑口，左右雙闌。卷末有至正八年善遇識
語，云語錄別錄共十卷，先刊二卷，善達實立副使等。復出資助刊，
以速其成云云。此二書字仿趙松雪，鎸工精美，與茅山志同為元刊

上駟，印亦精。

佛祖通載二十二卷 元釋念常撰。○明刊本。○支那本，三十六卷。
○重刊龍藏本，三十六卷。○元刊本。

〔補〕○明宣德五年大慈恩寺刊本，十行二十字，黑口，左右雙闌。余
有殘本，明代原裝。

釋氏稽古略四卷 元釋覺岸撰。○明刊小字本，增續集四卷。○胡
心耘有元刊大字本。○愛日精廬元刊本，有至正十四年九月中山李
桓序。

〔補〕○元刊本，九行二十八字，白口，四周雙闌。年號干支作大字，餘
均小字雙行。盧址抱經樓有全帙。廠肆見明印本，黃紙印。○光緒
十二年釋清道刊本。

〔補〕**補陁洛迦山傳一卷** 元盛熙明撰。○明洪武間太原崇善寺刊
本，十一行二十字，黑口，四周雙闌。附續清涼傳後。

〔補〕**禪宗正脈五卷** 明釋如卺撰。○明弘治四年刊本，十行，行大小
十二字，四周單闌。書眉有提要，行間有句讀。書中用白文墨釘標
出引自五燈會元卷幾。有弘治三年鄒幹序、四年楊文卿序、二年自
序、又有捨宅助刊信士姓名。友人吳君慈培藏。

〔補〕**明宗集四卷** 明劉世延撰輯。○明嘉靖四十一年壬戌劉氏自刊
本，九行十九字，白口，四周單闌。有嘉靖壬戌自序。壬午歲廠肆
見。

〔補〕**維摩詰所說經注六卷** 後秦鳩摩羅什撰，僧肇注。○明戚繼光
刊本，九行十八字，白口，四周單闌。前列戚繼光銜名，為總督薊鎮
時所刊。古書流通處見。

〔補〕**楞嚴經疏解十一冊** 清錢謙益撰。○稿本。鈐有“紅豆村莊”、
“牧翁”、“蒙叟”、“錢後人”、“謙益私印”諸印。又有“樂善堂楊氏圖
書”、“楊灝之印”諸印。盧址抱經樓遺書。

附錄

　　案：四庫不收釋教經典，現擇宋元刊本版本有可記者數種附後，按譯者時代排列。

〔補〕**佛説四十二章經一卷** 後漢摩騰、竺法蘭譯。**佛遺教經一卷**
後秦鳩摩羅什譯。**潙山警策注一卷** 宋守遂撰。○元刊本，九行十六字，黑口，四周雙闌。前有元至元二十三年德異序。葉啟勳藏。書名總標為佛祖三經。

〔補〕**佛説四十二章經一卷** 後漢摩騰、竺法蘭譯。**佛遺教經一卷**
後秦鳩摩羅什譯。**附永嘉真覺大師證道歌一卷** 唐釋宏覺撰。
禪宗決疑集一卷 元釋智徹撰。○四書合一册，明正統五年刊本，十行十七字，黑口，四周雙闌。有正統五年釋道李、道深序及後序。周叔弢藏。

〔補〕**妙法蓮華經七卷** 後秦鳩摩羅什譯。○宋刊本，十三行二十七字。後有刊經識語，云錢唐丁忠開字。吳江塔中出。○宋刊本，十二行二十五字。一百七十葉，篆額跋尾十二葉。前釋道宣序，為他本所無。有紹興二十九年、乾道九年、淳熙六年三跋。蔣汝藻藏。○宋刊梵夾本，五行十八字，經文加句讀。有“杭州大街睦親坊内沈八郎校正重刊印行”牌記。○宋臨安府開經書鋪買官人宅刊本，十二行二十九字。○宋刊梵夾本，六行十七字，有道宣序及道威撰入疏緣起。每卷末題杭州助教弟子林茂施財等語。每版之首陰文刊施工名及刊工名。南宋紹興間杭州刊。字橅顏體。

〔補〕**金剛般若波羅密經一卷** 後秦鳩摩羅什譯。○宋臨安棚南前街西經坊王念三郎刊本，五行十三字。每四摺為一版。前有圖十幅，末幅有“行在棚南前街西經坊王念三郎家志心刊印”牌記二行。余藏。

〔補〕**大般若波羅密多經六百卷** 唐釋玄奘譯。○元普寧藏本,六行十七字,梵夾本。卷末有施主題識。此卷為卷第三百四十六,為吳江縣徐氏十一娘施財開雕。

〔補〕**阿毗達摩發智論二十卷** 唐釋玄奘譯。○宋元符二年福州東禪寺等覺院刊萬壽大藏本,六行十七字。南宋孝宗時印本。存卷第十二,計一卷。

〔補〕**千眼千臂觀世音菩薩陁羅尼神咒經二卷** 唐釋智通譯。○宋淳祐四年刊磧砂藏本。六行十七字,梵夾本。有淳祐四年周康年捐資刊經題記十二行,言施三百一十九貫六百二十文入磧砂寺大藏經局開雕,計九千一百三十二字。可以覘當時刊書工價。卷末題"沈茂敬書",則為書手姓氏也。

〔補〕**大方廣佛華嚴經八十卷** 唐釋實叉難陀譯**附普賢行願品一卷** ○北宋刊本,五行十五字。字橅顏體。卷一後有刻經記及人名二十一行,云杭州龍興寺沙門可孜、智海廣化衆財選良工雕造,起淳化庚寅,終咸平庚子,凡十一年功畢。後文題當州周承展等七人勸募雕版,湖州沈文通、東京錢氏二娘捨錢助緣等二行。當是北宋初有刊本,此又覆刻也。湖州沈文通當即沈遘,則此經為北宋末覆刻也。

〔補〕**大方廣佛華嚴經八十卷** 唐釋實叉難陀撰。○北宋刊本,五行十五字,梵夾本。卷末有女弟子潘四娘捨財題識。存卷三十七一卷。○宋寶祐三年江陵府李安檜刊本,五行十七字,梵夾本。每卷後附釋音。有寶祐二年李安檜募緣重開記。西安大興善寺藏。○元刊本,每版八十行,每行七十字。板刻中行格之密無踰此矣。己巳三月邃雅齋見。○元刊本,五行十五字。字仿趙松雪。存六十五卷。

〔補〕**金剛頂瑜伽中略出念誦法四卷** 唐釋金剛智譯。○宋元祐六

年福州東禪寺等覺院刊萬壽大藏本。六行十七字,梵夾本。前有元
祐六年福州東禪寺等覺院住持智華等刊大藏經五百餘函為皇帝、太
后祝延題識三行。

〔補〕**大樂金剛不空真實三昧耶經般若波羅密多理趣品下卷釋**
一卷 唐釋不空譯。○元刊磧砂藏本。六行十七字,梵夾本。後有
大德五年朱文清刊經一千卷捨入平江路磧,延聖寺識語。

〔補〕**大佛頂如來密因修證了義諸菩薩萬行首楞嚴經十卷** ○
明萬曆天啟間凌毓枏刊朱墨套印本,八行十八字,白口,四周單闌。
有凌氏序。五冊。辛亥春何厚甫處見,索四兩。已收。

〔補〕**諸佛菩薩妙相名號經咒一卷** ○明宣德間刊本,八行十六字,
四體文。

〔補〕**造像量度經一卷續補一卷** 清工布查布譯。○清乾隆十三年
刊本,記造像之法,附圖雕鐫甚精。聚珍堂見。

上釋家類

子部十四

道家類

陰符經解一卷 舊本題黃帝撰。○漢魏本題張良撰。○說郛本。○
續秘笈本。○道書全笈本。○李筌注本三卷。○合刻陰符註解本。
○墨海金壺本。○珠叢別錄本。○太公、范蠡、鬼谷子、張良、諸葛
亮、李筌六家註。(繩)

〔補〕**黃帝陰符經一卷** 舊本題黃帝撰。○明正統道藏本。在洞真部

本文類。

〔增〕**黃帝陰符經疏三卷**　唐李筌撰。筌有太白陰經,已著錄。此書
　宋人諸目作注一卷,宋志作疏一卷,此本分三卷,已非筌之舊次。上
　卷演道章,神仙抱一之道;中卷演法章,富國安人之法;下卷演術章,
　强兵戰勝之術;與道藏本分目相符。○阮氏以進呈。

〔補〕○明正統道藏本,在洞真部玉訣類。已印入道藏舉要中。○墨
　海金壺本書名無"黃帝"二字,已印入湖北先正遺書中。

〔補〕**黃帝陰符經集註一卷**　唐李筌等撰。○明正統道藏本,在洞真
　部玉訣類。已印入道藏舉要中。

陰符經考異一卷　宋朱子撰。○朱子遺書本。○合刻陰符注釋本。
　○指海本。○紛欣閣本。

陰符經講義四卷　宋夏元鼎撰。○四庫依抄本。○合刻陰符注釋
　本。○道藏本。○路小洲有抄本。

〔補〕**黃帝陰符經講義三卷圖説一卷**　宋夏元鼎撰。○正統道藏
　本。在洞真部玉訣類。已印入道藏舉要中。

〔補〕**黃帝陰符經註一卷**　宋俞琰撰。○明正統道藏本,在洞真部玉
　訣類。四庫存目。

〔補〕**黃帝陰符經集解三卷**　宋袁淑真撰。○明正統道藏本,在洞真
　部玉訣類。○明寫本,藍格,九行二十二字,從道藏本出。四庫存
　目。

〔補〕**黃帝陰符經註二卷**　金唐淳撰。○明正統道藏本,在洞真部玉
　訣類。四庫存目為一卷本。

〔補〕**陰符經解一卷**　明焦竑撰。○明刊寶顏堂彙秘笈本。四庫存
　目。

〔補〕**陰符經解一卷**　明釋如愚撰。○明萬曆刊本,九行十八字,白
　口,左右雙闌。周令聞刊。有萬曆二十八年庚子自序。

〔補〕**道德真經二卷** 題周李耳撰。○明正統道藏本。在洞神部本文類。已印入道藏舉要中。

〔補〕**道德經古本篇二卷** 題周李耳撰，唐傅奕校定。○明正統道藏本。在洞神部本文類。已印入道藏舉要中。

〔補〕**老子道德經二卷** 題周李耳撰。○明如禪室刊本，九行十八字，白口，左右雙闌。版心下方有"如禪寺藏"四字。無注，有音。

〔補〕**老子四卷** 題周李耳撰。○明嘉靖六年許宗魯、王鎣樊川別業刊六子書本，無注，十行二十字，白口，左右雙闌。版心下方有"樊川別業"四字。

老子注二卷 舊本題河上公撰。○世德堂本。○中都四子本。○元刊纂圖互注本，半頁十一行，行二十一字，為六子本之一。○明刊小字六子本。○十子全書本。○經訓堂攷異本，無注。○二十子本，無注。○明萬曆丁丑廣東刊四子本，無注，字大。○道光間高郵王用之據河上注，乙巳其弟愚山刊行，未佳。○宋建安虞氏本道德經二卷，半頁十行，行大小二十字不等，河上公章句，黃蕘圃藏。○宋有巾箱本。○拜經樓藏宋刊纂圖互註本二卷，卷首序題太極左仙公葛元造經，每頁二十六行，行二十三字，注亦行二十三字。○河上公章句巾箱本。

〔補〕○有宋人注十家老子，述古有之。（眉）

〔補〕**老子道德經章句二卷** 題漢河上公撰。○宋建安虞氏家塾刊本，十行十七字，細黑口，四周雙闌，左闌外上方記篇名。篇名後有"建安虞氏刊於家塾"二行。南宋末建本，海虞瞿氏藏，已印入四部叢刊中。○明嘉靖十二年顧春世德堂刊六子書本，八行十七字，白口，四周雙闌，版心上方有"世德堂刊"四字。余據家藏宋范應元集注本校。○明桐陰書屋刊六子本，八行十七字，白口，四周雙闌，版心有"桐陰書屋校"五字。○明刊六子書本，行欵同上。

〔補〕**纂圖互注老子道德經二卷**　題漢河上公章句。○元刊本，十一行二十一字，注雙行二十五字，黑口，左右雙闌。闌外有耳。前有龔士卨序，草書。此書或以為元明間刊本，從宋末纂圖互注四子本出。

〔補〕**纂圖互註老子道德經二卷**　題漢河上公章句。○明翻元本，十一行二十一字，註雙行二十五字，黑口，四周雙闌。每章後附“互註”，以陰文別之，不作“注”。前龔士卨舊序，次道德經序，次篇目，次圖。以雕工論似是弘治正德間閩本。余有一帙，海虞瞿氏有一帙。又見劉氏嘉業堂藏一帙，號稱景定本，更晚于上二本，此書明代坊估翻刊殆不下數本。

〔補〕**音注老子道德經二卷**　題漢河上公章句。○宋麻沙劉通判宅仰高堂刊本，十行十八字，注雙行二十三字，細黑口，左右雙闌，右闌外有耳，記篇名，與習見耳在左闌外者異。前葛玄序，序後有“麻沙劉通判宅刊於仰高堂”牌記二行。

道德指歸論六卷　漢嚴遵撰。○漢魏本。○唐宋本。○秘冊彙函本。○津逮本。○學津本。

〔補〕**道德真經指歸十三卷**　漢嚴遵撰，唐鄭還谷注。原缺卷一至六。○明正統道藏本。在洞神部玉訣類。已收入道藏舉要第一集。

老子註二卷　晉王弼撰。○聚珍本。○閩覆本。○杭縮本。○萬曆中張之象校刊本。○政和乙未晁說之刊本。○乾道庚寅熊克重刊本。

〔附〕○金陵本道藏本。（眉）

〔補〕**道德真經註四卷**　魏王弼撰。○明正統道藏本，在洞真部玉訣類，已印入道藏舉要中。

〔補〕**老子道德經二卷**　魏王弼注。○清乾隆間木活字印武英殿聚珍版書本。○清光緒元年湖北崇文書局刊子書百家本。

〔補〕**老子道德真經二卷** 魏王弼注。**音義一卷** 唐陸德明撰。○
　明閔齊伋校輯，閔氏朱墨套印本，九行十九字，白口，四周單闌。與
　莊子四卷、列子二卷合刊，共八卷，總標"三子音義"之名。余藏。○
　清光緒元年浙江書局刊二十二子本。

〔補〕**道德真經注疏八卷** 南齊顧歡撰。○明正統道藏本，在洞神部
　玉訣類。已印入道藏舉要中。○民國八年劉承幹刊嘉業堂叢書本。

〔增〕**道藏真經集解八卷** 唐岷山道士張君相撰。君相無攷，此書舊
　本皆題吳徵士顧歡述，歡齊時人，隋志載其老子義綱一卷，老子義疏
　一卷。又唐志有道德義疏四卷，義疏治綱一卷，不特書名卷數均與
　此不合，不應齊時人而先引陶隱居、成玄英，惟晁氏志及玉海有岷山
　道士張君相三十家道德經集解，其列名二十九，蓋君相自為一家並
　數之，其言頗與是書合，則為君相所集無疑。至書中兼有引唐玄宗
　御疏，則又為後人羼入，而所稱陳曰、榮曰者，殆杜光庭所云任真子
　陳榮也。此從道藏本錄出，與天一閣所藏同，唐人所纂六朝遺說賴
　以不墜。惟君相未詳。○阮氏曾以進呈。○丁禹生有抄本。

〔補〕○此書道藏未收。○道藏本名道德真經注疏，亦八卷，題南齊顧
　歡撰。

〔增〕**御註道德經四卷** 唐玄宗御撰。○有蘇靈芝書石幢本。石在易
　州，二卷。○依道藏本錄者分四卷。

〔補〕**唐玄宗御製道德真經四卷** 唐玄宗撰。○明正統道藏本，在
　洞神部玉訣類。已印入道藏舉要中。

〔補〕**唐玄宗御註道德真經疏十卷** 唐玄宗撰。○明正統道藏本，
　在洞神部玉訣類。已印入道藏舉要中。

〔增〕**道德經論兵要義四卷** 唐王真撰。獨取所論兵戰之要撫拾元
　微。本上下二卷，後更分為四，元和間進之于朝，憲宗手詔褒美之。
　真以朝議郎出領漢州軍事，久列戎行，而談兵意指，顧深求老子之

説，唐人書不多，是宜錄也。〇阮氏以進呈。

〔補〕**道德經論兵要義述四卷** 唐王真撰。〇明正統道藏本，在洞神部玉訣類。已印入道藏舉要中。〇清道光間金山錢氏刊指海本。

〔補〕**道德真經新註四卷** 唐李約撰。〇明正統道藏本，在洞神部玉訣類。已印入道藏舉要中。

〔增〕**道德真經傳四卷** 唐吳郡陸希聲傳。自序大意謂老氏之道同于夫子，故歎為猶龍，從之問禮無間，然後世不能通其意，妄為區別，致其道不甚顯于世，此注者之罪也，因作此傳以發明其指歸。其探本窮原，研幾索隱，俾老氏之微言大義昭然與聖道同符，是亦老氏之功臣矣。〇阮氏進呈。〇道藏本。（繩）

〔補〕〇道藏本已印入道藏舉要中。〇清道光間金山錢氏刊指海本。〇阮氏進呈本名道德真經補。

〔補〕**道德真經廣聖義五十卷** 前蜀杜光庭撰。〇明正統道藏本，在洞神部玉訣類。已收入道藏舉要中。

〔補〕**道德真經論四卷** 宋司馬光撰。〇明正統道藏本，在洞神部玉訣類。已印入道藏舉要中。

道德經解二卷 宋蘇轍撰。〇明刊兩蘇經解本，〇道藏本，廣秘笈並四卷。

〔補〕**道德真經註四卷** 宋蘇轍撰。〇明正統道藏本，在洞神部玉訣類。已印入道藏舉要中。〇明存誠書館寫本，墨格，九行十六字，注低一格，版心有“存誠書館”四字。友人羅君振玉見貽。余取校焦竑兩蘇經解本，補脫文甚多，分卷及經注分合亦不盡同。其源視焦本為古，此書尚有元至元刊本，亦四卷，疑四卷本為原卷第也。

〔補〕**寶顏堂訂正老子解四卷** 宋蘇轍撰。〇明萬曆間刊寶顏堂祕笈廣集本，八行十八字，白口，四周單闌。余用錢穀手寫本校過，改訂達八百餘字之夥，劣本也。

〔補〕**老子注二卷** 宋蘇轍撰。○明錢穀手寫本,十六行二十字,注大字低一格。余藏。余以之校實顏堂祕笈廣集本。改正二百一十三字,增補三百九十七字。删落一百七十九字,乙轉三十四字,綜計訂正八百二十三字,真善本也。

〔補〕**潁濱先生道德經解二卷** 宋蘇轍撰。○明萬曆二十五年刊兩蘇經解本,十行二十一字,白口,左右雙闌。余曾取明存誠書館寫本校,改補甚多。又一本,余令長男忠謨以明抄一卷本校,改訂亦甚夥。○此書各本余均得見,以道藏本及明鈔四卷本最善,明抄一卷本亦佳。兩蘇經解本與實顏堂本相近,謬誤甚多,均非善本。

〔補〕**老子道德經注二卷** 宋蘇轍撰。○明萬曆二年刊本,十行二十字,白口,四周雙闌。余藏。余用明鈔一卷本校。

〔補〕**道德真經集註十卷附釋音** 宋王雱等撰。○明正統道藏本,在洞神部玉訣類。已印入道藏舉要中。

〔補〕**道德經講義十二卷** 宋呂知常撰。○明宣德七年周思得刊本,十行十九字,注大字低一格。每句加圈,黑口,四周雙闌。前宣德七年周思得序及淳熙十五年呂氏進書表。

道德寶章一卷 宋葛長庚撰。○秘笈本。○影刊趙孟頫寫本。

〔補〕**寶顏堂訂正道德寶章一卷** 宋白玉蟾撰。○明刊寶顏堂祕笈彙集本。余藏。

〔補〕**老子道德經古本集註直解二卷** 宋范應元撰。○宋刊本,十行十七字,注大字低一格,白口,左右雙闌。版心上記字數,下記刊工姓名,葉碼分上下,則原裝為二冊矣。范應元字善甫,四川順慶人,此書徵引古本及音訓凡四十餘家,多為佚書。余藏。友人繆君荃孫、楊君守敬、章君鈺跋。余曾以之校世德堂本,訂正數百字。鈐有元陳汝言藏印。

〔補〕**老子鬳齋口義二卷** 宋林希逸撰。○明嘉靖四年張士鎬刊三

子口義本，十行十八字，白口，左右雙闌。○按鬳齋三子口義余見莊
子、列子二種，均元刊本，十行二十一字，黑口，左右雙闌，惟未見老
子，然可推知其行欵應與莊子、列子同。○明萬曆施觀民刊本，十行
二十二字，白口，左右雙闌。余藏。

〔補〕**道德真經全解二卷** 金時雍撰。○明正統道藏本，在洞神部玉
訣類。已印入道藏舉要中。

〔補〕**道德真經集解四卷** 金趙秉文撰。○明正統道藏本，在洞神部
玉訣類。已印入道藏舉要中。○清咸豐四年金山錢氏刊小萬卷樓
叢書本。

〔補〕**道德經注解二卷** 元李道純撰。○明藍格寫本，十一行二十五
字。本書題河上公分章注解，李道純分句注解。每章有助刊人名氏
一行。此書道藏未收。

〔附〕○道德會元，弘治丁巳仲春，怡筠居士金陵許孟仁印行。李道純
撰。（眉）

〔補〕**道德會元一卷** 元李道純撰。○元刊本，十行二十字，黑口，四
周雙闌。題"都梁清菴瑩蟾子李道純元素述"。涵芬樓藏。○明弘
治十年許孟仁刊本，十行二十字，黑口，四周雙闌。

〔補〕**道德會元二卷序例一卷** 元李道純撰。○明正統道藏本，在洞
神部玉訣類。已印入道藏舉要中。○明藍格寫本，十一行二十二
字。題下標"談三"二字，從道藏本鈔出。天一閣佚出之書。

〔補〕**道德玄經原旨四卷原旨發揮二卷** 元杜道堅撰。○明正統
道藏本，在洞神部玉訣類。已印入道藏舉要中。

道德真經註四卷 元吳澄撰。○道藏本。○路氏有抄本。○粵雅堂
刊本。

〔補〕○明正統道藏本已印入道藏舉要中。○清光緒元年湖北崇文書
局刊子書百家本。

〔補〕**老子集解二卷考異一卷**　明薛蕙撰。○明刊本，八行十七字，白口，四周單闌。約嘉靖隆慶間刊。○清道光二十六年刊惜陰軒叢書本。

〔補〕**老子解二卷**　明徐學謨撰。○明萬曆申用嘉刊本，九行十六字，白口，左右雙闌。二册。余藏。

〔補〕**道德經評註二卷**　明歸有光撰。○明天啟間吳中文氏竺塢刊本，九行十八字，版心下題“竺塢藏書”。本書題歸有光批閱，文震孟訂正。此書與南華真經評註十卷同刻。余藏。一册。

〔補〕**老解二卷**　明郭子章撰。○明寫本，棉紙藍格，十行二十字。題“豫章郭子章集解，東粵謝正蒙校正”。天一閣佚出之書，蘇估柳蓉村送來求售。

老子翼三卷老子考異一卷　明焦竑撰。○萬曆戊子刊本。○乾隆庚申山陰郭氏重刊，改題老子元翼。

〔補〕**老子翼三卷**　明焦竑輯。○明萬曆十六年刊本，十行二十字。有萬曆十六年王元貞序。鈐清王仲瞿藏印。三册，余藏。

〔補〕**老子翼六卷**　明焦竑輯。○明萬曆刊續道藏本。

御註道德經二卷　清順治十三年御撰。按：四庫著錄，莫氏失記。

老子説略二卷　國朝張爾岐撰。○刊本。

道德經註二卷附陰符經註一卷　國朝徐大椿撰。○洄溪刊本。

〔補〕**老子解一卷**　清吳鼐撰。○清道光二十年刊昭代叢書壬集補編本。

〔增〕**道德經考異二卷**　國朝畢沅撰。○經訓堂本。

〔增〕**老子章義二卷**　國朝姚鼐撰。○嘉慶二十三年吳啟昌刊。○同治庚午刊。

〔補〕**老子本義二卷**　清魏源撰。○清光緒間袁昶刊漸西村舍彙刊本。

〔補〕**老子平議一卷** 清俞樾撰。○清光緒二十五年刊春在堂全書諸
　子平議本。

〔補〕**老子斠補一卷** 清劉師培撰。○寧武南氏新排印劉申叔先生遺
　書本。

關尹子一卷 周尹喜撰。○縹眇閣本。○子彙本。○二十子本。○
　明十行本。○明刊宋陳顯微箋解本。○又道書全集本，注二卷。○
　墨海金壺本。○珠叢別錄本。○守山閣本，三卷。○胡心耘有殘宋
　本。

〔補〕　○明正、嘉間翻宋本，十行十九字。白口，左右雙闌。余藏。○
　清光緒元年湖北崇文書局刊子書百家本。

〔補〕**無上妙道文始真經一卷** 題周尹喜撰。○明正統道藏本，在洞
　神部本文類。已印入道藏舉要中。

〔補〕**關尹子文始真經一卷** 題周尹喜撰。○明萬曆六年吉藩崇德
　書院刊二十子本，十一行二十二字，白口，四周雙闌。○明萬曆間吳
　勉學刊二十子全書本，九行十八字，白口，左右雙闌。○明萬曆二十
　三年董氏秋聲閣刊四子全書本，行欵同吳勉學本。

〔補〕**文始真經三卷** 題周尹喜撰。○明刊本，九行十七字，上白口，
　記書名卷次，下大黑口，四周雙闌。寫刻，書體有趙松雪及雲間二沈
　意，當是弘治正德間刊本，間有補版則在嘉靖以後矣。前後失序跋。
　海虞瞿氏藏，已印入四部叢刊三編中，並附有張君元濟撰校勘記。

〔增〕**關尹子言外經旨三卷** 宋陳顯微撰。同時王夷鍇而傳之者，自
　序云關尹書莊列不能言，文程不能道，言簡義詳，似為道德經作傳。
　案：是書雖依托而有理致，經旨吐屬亦淵雅。○阮氏以進呈。分子
　卷九卷。○萬曆二十一年閩蔣時駕刻，半頁八行，行十六字。

〔補〕**文始真經言外經旨三卷** 宋陳顯微撰。○明初本，十行十八

字。本書題關尹子第一,抱一子註,希微子王夷受。盧址抱經樓遺
書。○清道光間金山錢氏刊守山閣叢書本。

〔補〕**文始真經言外經旨九卷** 宋陳顯微撰。○明正統道藏本,在洞
神部玉訣類。已印入道藏舉要中。

〔補〕**秘傳文始真經言外經旨一卷** 宋陳顯微撰。○明藏修館刊
本,九行二十字,白口,左右雙闌。有寶祐二禩王夷序,陳顯微序、劉
向進書上言。本書仍題關尹子。有葛洪後序。又一後序失名。

〔補〕**文始真經註九卷** 元牛道淳直解。○明正統道藏本,在洞神部
玉訣類。已印入道藏舉要中。

〔補〕**冲虛至德真經三卷** 題周列禦寇撰。○明正統道藏本,在洞神
部本文類。印入道藏舉要中。

〔補〕**列子二卷** 題周列禦寇撰。○清光緒元年湖北崇文書局刊子書
百家本。

〔補〕**列子八卷** 題周列禦寇撰。○明嘉靖間芸窗書院刊六子書本。
○明嘉靖六年許宗魯、王鏊樊川別業刊六子書本。○明嘉靖十二年
周洞耶山精舍刊六子書本,從許宗魯本出。以上三書行欵版式相
同,均十行二十字,白口,左右雙闌,版心各記“樊川別業”、“芸窗書
院”、“耶山精舍”字樣。○明萬曆間羅彝鼎刊本,八行十八字,白口,
四周單闌。無注,音釋附每卷後。

〔補〕**列子冲虛真經八卷** 題周列禦寇撰。○明吳勉學二十子本,九
行十八字,白口,左右雙闌。○明黃之寀二十子本,行欵同上。○明
閔齊伋刊朱墨套印本,九行十九字,白口,四周單闌。四册。余藏。
以上各書均列子無注本。

列子八卷 周列禦寇撰,晉張湛註。○世德堂六子本。○又小字六子
本。○二十子本,無注。○湖海樓本,附釋文二卷。○士禮居有宋
刊本,云世德堂本張注與釋文混合,宋刻本末坿釋文。○近蘇州十

子全書本。○張金吾有季滄葦藏元刊本。○明萬曆丁丑施堯臣刊
無注本于廣東，字大。○宋本沖虛至德真經，張湛處度注，八卷，每
半頁十二行，行二十五字，黃蕘圃藏。○宋有巾箱本。○查恂叔藏
宋本列子，半頁十一行，行大小並二十一字，蓋元刊六子本也。今歸
邵亭。

〔附〕○士禮居有宋本，不附釋文，十二行二十五字。云世德堂本與釋
文混合。（眉）

〔補〕**沖虛至德真經注八卷**　晉張湛注。○南宋初刊本，十四行二十
六七字，注雙行三十一字，白口，左右雙闌。有補版。清黃丕烈、汪
駿昌、葉昌熾手跋。鈐明文徵明、王寵、毛晉、清季振宜、徐乾學、黃
丕烈、汪士鐘藏印。傳世列子最古刻本，前人號為北宋本。海虞瞿
氏藏，已印入四部叢刊初編。○宋建本，十行十九字，注雙行二十三
字，細黑口，左右雙闌，左闌外上方有耳記篇明，末葉耳在右方。避
宋諱至慎字。廓字不避，是寧宗以前刊本。日本前田氏尊經閣藏。
○元刊本，十一行二十一字，注雙行同，細黑口，四周雙闌。○明初
翻元本，行欵全同。

〔補〕**列子張湛注校正一卷**　清盧文弨撰。○清乾隆間餘姚盧氏自
刊抱經堂叢書羣書拾補本。

〔增〕**列子釋文二卷考異一卷**　唐殷敬順撰。○乾隆五十二年任大
椿校刊並攷異。

〔補〕○清乾隆間刊燕禧堂五種本。

〔補〕**沖虛至德真經注八卷**　晉張湛注，唐殷敬順釋文。○明初刊
本，十一行二十一字，黑口，四周雙闌。○明嘉靖十二年顧春世德堂
刊六子書本，八行十七字，白口，四周雙闌。本書題"張湛處度註"，
目錄題"唐當塗縣丞殷敬順釋文"。顧廣圻、袁廷檮據黃丕烈藏宋十
四行本校。又一帙，陳乃乾以顧之迻、盧文弨校本彙錄其上。○清

嘉慶九年王氏聚文堂刊十子全書本。

〔補〕**列子八卷** 晉張湛註**列子沖虛至德真經釋文二卷** 唐殷敬順撰，宋陳景元補遺。○清嘉慶十八年陳春輯刻湖海樓叢書本。

〔增〕**列子盧氏註八卷** 唐盧重元撰。重元范陽人，官司勳郎中，為思道玄孫，詳唐書宰相世系表。楊朱一篇注佚其半，無別本可補。○阮氏依道藏本進呈。○嘉慶八年江都秦恩復刊本。

〔補〕**列子八卷** 題列禦寇撰。**盧注考證一卷** 清秦恩復撰。○清嘉慶九年秦氏享帚精舍刊本。收入石硯齋四種中。二冊。余藏。

〔補〕**沖虛至德真經義解六卷** 宋徽宗撰。○明正統道藏本，在洞神部玉訣類。已印入道藏舉要中。

沖虛至德真經解八卷 宋江遹撰。明刊。○元刊。

〔補〕**沖虛至德真經解二十卷** 宋江遹撰。○明正統道藏本，在洞神部玉訣類。已印入道藏舉要中。○清初傳鈔道藏本，有富察昌齡藏印。昌齡傅鼐之子，曹寅之甥也。

〔補〕**列子盧齋口義二卷** 宋林希逸撰。○宋末建本，九行十八字，注雙行同，細黑口，左右雙闌。版心上記字數，下記刊工人名，宋諱缺筆。有景定壬戌王庚後序，言三子口義中列子最後成，脫稿以授庚云云。前劉向進書序，序後低一格有盧齋考記，元刊本則劉序後即接本文，與此迥異。余藏。○元刊本，行欵與此全同。○元刊本，十行二十一字，黑口，左右雙闌。○明刊本，十行十八字，白口，左右雙闌。明正德嘉靖間刊本。○明萬曆二年敬義堂刊本，十行二十二字，白口，左右雙闌。

〔補〕**沖虛至德真經盧齋口義八卷** 宋林希逸撰。○明正統道藏本，在洞神部玉訣類。已印入道藏舉要中。

〔補〕**盧齋列子口義八卷** 宋林希逸撰。○明萬曆二年施觀民校刊三子口義本，十行二十二字，白口，左右雙闌。余藏。

〔補〕**沖虛至德真經四解二十卷**　金高守元輯。○明正統道藏本，在洞神部玉訣類。已印入道藏舉要中。

〔補〕**列子通義八卷**　明朱得之撰。○明嘉靖四十四年浩然齋刊本，九行十七字，白口，四周雙闌。題"參元朱得之傍注並通義，弟庶之參校"。版心有"浩然齋"三字。此為朱氏所撰三子通義之一，尚有老子通義二卷，莊子通義十卷，余本失之。嘗於廠肆見一全者，有嘉靖四十四年自序，值昂而書不足重，未收。

〔補〕**南華真經五卷**　題周莊周撰。○明正統道藏本，在洞神部本文類。已印入道藏舉要中。

〔補〕**莊子十卷**　題周莊周撰。○明嘉靖六年許宗魯輯刻樊川別業六子書本，十行二十字，白口，左右雙闌，版心下方有"樊川別業"四字。○明嘉靖間芸窗書院刊六子書本，行欵同上，版心上方有"芸窗書院"四字。○明嘉靖十二年周洞耶山精舍刊六子書本，行欵與許宗魯本全同，即從許本出。

〔補〕**莊子南華真經十卷**　題周莊周撰。○明萬曆三十五年俞氏蓼蓼閣刊莊騷合刻本，九行十八字，白口，左右雙闌。余藏。○明如禪室刊本，九行十八字，白口，左右雙闌，版心有"如禪室藏"四字。白文，有音，題王懋明校。

莊子注十卷　晉郭象撰。○世德堂本。○元明小字六子本。○中都四子本。○二十子本無注。○明萬曆中王澍刊本，無注。○萬曆乙巳鄒子嶧刊大字郭注附釋文本。○陳氏刊本。○莊騷合刊本。○蘇州十子全書本。○明萬曆丁丑兩淮都轉刊于慎德書院本，無注。○施堯臣刊四子本于粵東紫薇堂，亦明萬曆丁丑，無注。○士禮居有南宋刊本南華真經十卷，半頁十行，行十八字。○宋又有巾箱本。○查悔叔藏宋纂圖互注南華真經，半頁十一行，行大字二十一字，小二十五字，號宋本，蓋元刊六子本也。今歸邵亭。板心有刻工姓名張輝、景亨、文顯等，與愛日精廬藏本同。

〔附〕○補按：墨莊書跋明鄒孟陽之嶧校梓，有目一卷，馮開之、陳眉公序，郭氏原序。莊子版行甚夥，茲最稱善。（適園本眉上張芹伯批。）

〔補〕**南華真經注十卷**　晉郭象撰。○北宋刊本，十行十八字。涵芬樓藏，已印入續古逸叢書中，其卷七至十缺，以另一宋本配補。○南宋初湖北刊本，十行十五字，注雙行三十字，白口，左右雙闌。其刊工有與南宋紹興間鄂州刊建康實錄相同者。書眉有宋人批語。宋刊莊子中最早最完之一本。海源閣舊藏，後歸周君叔弢。周君又有建本南華真經，至以雙南華館顏其齋。○南宋孝宗時蜀中安仁趙諫議宅刊本，九行十五字，白口，左右雙闌，版心下方記刊工姓名。卷末有牌子，文曰「安仁趙諫議宅刊行一樣□子」。子上一字挖去，當是數字，如六子、十子之類。結一廬舊藏，後歸張幼樵。民初為于右任所得，後流出，辛巳歲余自王晉卿手收得。安仁即今之大邑縣，則為成都刊本。其佳處多與涵芬樓藏北宋本合。莊子天運篇世行本有「夫至樂者」，至「太和萬物」七句，凡三十五字，為成玄英疏中文字誤入者，南宋以來如羅勉道南華經循本、褚伯秀義海纂微及宋刊纂圖互注本皆然，明以後諸本均沿其誤。然核之北宋本，鄂本、趙諫議本，均不誤。唐卷子本亦然，此正古本之可重處也。據此，則誤入時間當在南宋光寧以後。

〔補〕**分章標題南華真經註十卷**　晉郭象註，唐陸德明音義。○南宋末建本，十三行二十三字，註雙行二十八字，白口，左右雙闌，左闌外上方標篇，闌上標要語，注後附音義，所釋之字以白文別之。有毛晉、吳榮光藏印。周叔弢藏，為雙南華之一。

〔補〕**纂圖互註南華真經十卷**　晉郭象撰，唐陸德明音義。○宋末建本，十一行二十一字，細黑口，左右雙闌，左闌外記篇名，宋諱慎字缺筆。鈐季振宜、朱彝尊印記。于右任藏。○元刊本，行欵版式與宋

本全同。江南圖書館及劉君啟瑞各藏一帙。○明初刊本,行欵同
上。劉氏嘉業堂、沈氏海樓及吾家雙鑑樓均有之,坊肆亦屢見之,不
足重也。此書宋、元、明初刊本行欵版式全同,然其雕工紙墨差異顯
然,固不難辨也。明翻亦不只一本,有晚至弘治、正德間者,陋劣已
甚,迨世德堂本出,一掃而空之,殊快人意。

〔補〕**南華真經註十卷**　晉郭象註,唐陸德明音義。○明嘉靖十二年
顧春世德堂刊六子書本,八行十七字,白口,四周雙闌,版心上方有
"世德堂刊"四字。涵芬樓有一帙,清沈巖校。又一帙,袁廷檮臨顧
之逵校宋本。余有二帙,一據家藏宋安仁趙諫議本校,補正甚夥;另
一帙據涵芬樓藏北宋本校,又據楊君守敬臨唐卷子本校庚桑、外物、
寓言三篇。○明桐陰書屋刊六子書本,行欵同,版心有"桐陰書屋
校"五字。○明六子書本,行欵同上。友人吳君慈培據清沈巖校宋
本校。

〔補〕**莊子郭註十卷**　晉郭象注,唐陸德明音義。○明萬曆三十三年
鄒之嶧刊本,九行十八字,白口,四周單闌。余藏。

〔補〕**莊子十卷**　晉郭象撰,唐陸德明音義。○清光緒二年浙江書局
刊二十二子本。

〔增〕**南華真經疏三十五卷**　唐成玄英撰。玄英字子實,陝州人,隱
居東海,貞觀五年詔至京師,永徽中流郁州,諸家著錄卷帙不同。○
阮氏以道藏本進呈。○道藏輯要刊本。○敏求記有北宋刊本二十
卷。

〔附〕○黎氏刊宋本與敏求記大字同,僅半部,其佚者仿刊。(眉)

〔補〕**南華真經注疏十卷**　晉郭象注,唐成玄英疏。○宋刊大字本,
八行十五字,注雙行二十字,白口,左右雙闌。日本金澤文庫舊藏,
即古逸叢書所據底本。今在日本岩崎氏靜嘉堂,存卷一,卷七至十,
共五卷,餘卷失去。成玄英疏吾國舍道藏本外,別無古本。此本為

宋時傳入東瀛之書，卷次與郭注十卷本同，極可珍重，堪稱孤本。

〔補〕**南華真經注疏三十五卷**　晉郭象注，唐成玄英疏。○明正統道藏本，在洞神部玉訣類。已印入道藏舉要中。此書郡齋讀書志、文獻通考著錄為三十三卷，直齋書錄解題著錄作三十卷，均與此三十五卷本不同。聞東瀛尚有三十三卷本傳世，惜倉卒難致，未克與道藏本一較其同異也。

南華真經新傳二十卷　宋王雱撰。○明刊本。○道藏本。○張氏志有無名氏刊板，丙子季冬望日序。○有宋刊大字本。

〔補〕**南華真經新傳二十卷拾遺一卷**　宋王雱撰。○明正統道藏本，在洞神部玉訣類。已印入道藏舉要中。此書舊本不存，傳世明清寫本皆從此出。

〔補〕**宋呂觀文進莊子義十卷**　宋呂惠卿撰。○宋蜀中刊本，十行十七字，注雙行二十五字，白口，左右雙闌。存卷二至五，均有殘缺，計四卷，得五十五葉，卷首標題為“呂觀文進莊子內篇義”。蘇聯亞細亞博物院藏，新以影本贈北京圖書館，因以示余，並屬余為跋以報之。

〔補〕**宋呂觀文進莊子義十卷**　宋呂惠卿撰。**附讀呂惠卿傳一卷勘誤表一卷**　陳任中校。○民國二十三年贛縣陳氏新排印本。

〔補〕**壬辰重改證呂太尉經進莊子全解十卷**　宋呂惠卿撰。○宋刊本，十二行二十四至二十七字，注雙行二十八九字，白口，左右雙闌，刊工不精整，尚有北宋遺意。有明文彭、吳元恭題識。鈐有明黃慎水、文彭、吳元恭、清季振宜、徐乾學諸印。海源閣遺書。海內孤本。楊氏尚有來禽館舊鈔本，楊以增用宋本校，余未之見。整理者按：此書已歸北京圖書館，趙萬里據潘氏滂喜齋藏雲齋廣錄，定為金平水刊本。

莊子口義十卷　宋林希逸撰。○明福清施觀民校刊本。○嘉靖乙酉江汝壁重刊本，名三子口義，多老、列二種。○宋刊黑口本，每頁二十二行，行十八字。

〔補〕**莊子鬳齋口義十卷** 宋林希逸撰。**釋音一卷** ○宋末刊本，九行十八字，細黑口，左右雙闌。前有宋理宗書，題"穆陵宸翰"，半葉三行，以手書上版，末書"付林希逸"，下一花押。○盧址抱經樓藏明嘉靖本。

〔補〕**莊子鬳齋口義十卷** 宋林希逸撰。○元刊本，十行二十一字，注大字低一格二十字，黑口，左右雙闌。前有口義發題一篇，次景定辛酉徐霖景說跋。此本流傳尚多，瞿氏有一帙，蟫隱廬見一帙，京肆見二、三帙。○元刊本，十一行十八字，黑口，四周單闌。莫氏誤定為宋本。

〔補〕**南華真經章句音義十四卷章句餘事一卷餘事雜錄二卷** 題宋碧虛子撰，即陳景元。○明正統道藏本，在洞神部玉訣類。已印入道藏舉要中。○清道光間金山錢氏刊指海本，在第十四集。

南華真經義海纂微一百六卷 宋褚伯秀撰。○路小洲有抄本。○道藏本。

〔補〕○道藏本已印入道藏舉要中。

〔補〕**南華真經循本三十卷** □羅勉道撰，時代未詳。○明正統道藏本，在洞神部玉訣類。

〔補〕**莊子內篇訂正二卷** 元吳澄撰。○明正統道藏本。在洞神部玉訣類。已印入道藏舉要中。

〔補〕**郭子翼莊一卷** 晉郭象撰，明高弆輯。○明嘉靖間四明范氏天一閣刊范氏奇書本，九行十八字，白口，左右雙闌。卷首第三行題"明兵部侍郎范欽訂"。

〔增〕**莊子要刪十卷** 明孫應鼇撰。○萬曆庚辰滇刊本。○四庫遺收。

〔補〕**南華真經評註十卷**　明歸有光撰。○明天啟間吳中文氏竺塢刊本，九行十八字，版心題"竺塢藏書"。卷首題歸有光批閱，文震孟訂正。有馮夢禎序。余藏。三冊。

〔補〕**南華真經副墨八卷讀南華經雜説一卷**　明陸西星撰。○明萬曆六年戊寅刊本，九行十八字，白口，四周單闌。題李齊芳、陸律、陸鎬、徐棟同校。有萬曆六年自序及陸律、李齊芳序。八冊。余藏。○明萬曆孫大綬刊本，八行十七字，白口，四周單闌。題孫大綬伯符重校。四庫存目。

莊子翼八卷莊子闕誤一卷附錄一卷　明焦竑撰。○萬曆戊子刊本。

〔補〕○明萬曆十六年王元貞刊本，十行二十字，白口，左右雙闌。題"建業王元貞孟起校閱"。有萬曆十六年自序及同年王元貞序。五冊，余藏。

〔補〕**南華經十六卷**　晉郭象註，宋林希逸口義，劉辰翁點校，明王世貞評點，陳明卿批注。○明吳興凌氏刊五色套印本，八行十八字，白口，四周單闌，郭象淡墨，諸名家深墨，林希逸胭脂，王世貞朱紅，劉辰翁深青，是為五色套印評注。有徐常吉、馮夢禎、沈汝紳序及郭象原序，後附莊子列傳。余藏。

〔補〕**解莊十二卷**　明郭正域、陶望齡評解。○明天啟元年茅兆河刊朱墨套印本，九行十九字，白口，四周單闌。有天啟元年韓敬序及茅兆河序。余藏。

〔補〕**莊子解三十三卷**　清王夫之撰。王敔增注。○同治四年金陵刊船山遺書本。

〔補〕**南華經解三十三卷**　清宣穎撰。○清同治五年吳坤修刊半畝園叢書本。

〔增〕**莊子章義五卷**　國朝姚鼐撰。○嘉慶辛未題襟館刊本。（繩）

〔補〕○清光緒五年桐城徐宗亮刊惜抱軒遺書本。

〔補〕**莊子平議三卷** 清俞樾撰。○清光緒二十五年刊春在堂全集諸
　　子平議本。

〔補〕**廣成子解一卷** 宋蘇軾撰。○明嘉靖間四明范氏天一閣刊本，
　　九行十八字，白口，左右雙闌。卷首三行題“明范欽訂”。

文子二卷 文子不知其名，漢志但稱老聃弟子。○子彙本。○二十子
　　本。○絲眇閣本。○明黃之寀刊。○明崇德書院七子本。○墨海
　　金壺本。○守山閣本。

〔補〕○明翻宋本，十行十九字，白口，左右雙闌。

〔增〕**通玄真經註十二卷** 宋徐靈府撰。○道藏本。○四庫未收，阮
　　氏曾以進呈。○敏求記云有影宋抄本。

〔補〕**通玄真經十二卷** 唐徐靈府注。○南宋初建本，十二行二十二
　　字，白口，四周單闌。海虞瞿氏藏。已印入續古逸叢書及四部叢刊
　　三編。四部三編附張君元濟所撰校記，取宋本與道藏本、子彙本、文
　　子纘義本異同詳列之，不掩宋本之長，亦不諱其短，得失互見，合之
　　庶為善本。此本光緒九年蔣鳳藻景刊入鐵華館叢書中，然誤字甚
　　多，影本既出，可以廢矣。○明正統道藏本，在洞神部玉訣類，已印
　　入道藏舉要中。

〔補〕**通玄真經註七卷** 宋朱弁撰。○明正統道藏本，在洞神部玉訣
　　類。已印入道藏舉要中。

文子纘義十二卷 宋杜道堅撰。○聚珍本。○閩覆本。○昭文張氏
　　有舊抄足本。○明刊合注本亦可補聚珍之闕。○明道潛堂刊本。
　　○道藏本。

〔補〕○清乾隆間武英殿活字印聚珍版書本。清盧文弨以道藏本、明
　　天啟間武林梁杰刊本校訂，又以老子、淮南參校，更鈔補所缺各卷補
　　入。有乾隆四十八年跋。○清光緒三年浙江書局刊二十二子本。

〔補〕**通玄真經纘義十二卷釋音一卷**　宋杜道堅撰。○明正統道藏本，在洞神部玉訣類。已印入道藏舉要中。

〔增〕**文子合註十二卷**　○明天啟乙丑浙中楊爾曾本，題默希子徐靈府、正儀子朱弁、南谷子杜道堅合注。

〔補〕**文子十二卷**　唐徐靈府、宋朱弁、杜道堅注，明孫鑛評。○明天啟間武林梁杰刊本，九行二十字，白口，四周單闌。

〔補〕**列仙傳二卷**　題漢劉向撰。**續仙傳一卷**　唐沈汾撰。○明嘉靖三十二年黃省曾刊漢唐三傳本，十二行二十字，白口，左右雙闌。天一閣佚出之書，甲寅夏見於京肆。

〔補〕**列仙傳二卷**　題漢劉向撰。**續仙傳三卷**　唐沈汾撰**疑仙傳三卷**　題隱夫玉簡撰。○明末毛氏汲古閣刊本，十行二十字，白口，四周雙闌。余據明鈔雲笈七籤卷一百一十五校，訂補達千餘字。

列仙傳二卷　漢劉向撰。○古今逸史本，無贊。○嘉靖甲午黃省曾刊本。○秘書二十一種本。○汲古閣本。○嘉慶九年王氏校刊本，增贊序一卷。○時刊本，三卷。○道藏八種本。○琳琅秘室本。

〔補〕○明正統道藏本，在洞真部記傳類。已印入道藏舉要中。○明萬曆吳琯刊古今逸史本，十行二十字，白口，左右雙闌。已印入元善本叢書十種本。余有一帙，余據盧文弨校本校，盧氏所據為道藏本。余又據明汲古閣刊本校。○清道光間金山錢氏刊指海本。

〔補〕**列仙傳二卷**　漢劉向撰**校訛一卷**　清胡珽撰**補校一卷**　清董金鑑撰。○清咸豐三年仁和胡氏木活字印琳琅祕室叢書本。（無補校一卷）○清光緒十四年會稽董氏木活字排印琳琅祕室叢書本。

〔補〕**列仙傳一卷**　漢劉向撰。○明萬曆二十五年金陵荊山書林刊夷門廣牘本，九行十八字。已印入商務印書館石印元明善本叢書十種中。○清順治四年李際期宛委山堂刊說郛本，在卷五十八。○明鈔說郛本，在卷七、卷四十三中有節文。

〔補〕**續仙傳三卷** 唐沈汾撰。○明正統道藏本，在洞真部記傳類。
已印入道藏舉要中。

〔補〕**續神仙傳一卷** 唐沈汾撰。○明萬曆二十五年金陵荆山書林刊
夷門廣牘本，九行十八字。○清順治四年李際期宛委山堂刊說郛
本，在卷五十八。○明鈔說郛本，不分卷，在卷七、卷四十三。

〔補〕**參同契正文二卷** 漢魏伯陽撰。○明萬曆間刊百陵學山本，十
行二十字，細黑口，左右雙闌。已印入元明善本叢書十種中。

〔補〕**參同契正文二卷** 題東漢魏伯陽撰文，徐景修箋註。○明嘉靖
刊本，九行十八字，白口，左右雙闌。前黃魯曾校正序，次一失名人
序。與金丹詩訣二卷、金丹辨惑一卷均有黃魯曾序，有舊簽，題曰
"黃選至樞密旨"。

〔補〕**周易參同契三卷** 不著撰人名氏。○明趙府味經堂刊本，八行
十七字，白口，四周雙闌，版心有"趙府味經堂"五字。

〔補〕**周易參同契三卷** 漢陰長生注。○明正統道藏本，在太玄部。
已印入道藏舉要中。

周易參同契通真義三卷 漢魏伯陽撰。○漢魏本。○道書全集明
周王橚刊本。

〔補〕 ○四庫總目仍題後蜀彭曉撰，不作魏伯陽撰。○民國十三年胡
宗楙輯刻續金華叢書本。○漢魏本無此書，莫氏誤記，唯廣漢魏叢
書子餘中收參同契一卷，題漢魏伯陽撰。

〔補〕**周易參同契分章通真義三卷** 後蜀彭曉撰。○明正統道藏
本，在太玄部。已印入道藏舉要中。

周易參同契考異一卷 空同道士鄒訢撰。○朱子遺書本。○紛欣閣
本。○守山閣本。

〔補〕**周易參同契註三卷** 宋朱熹考異，黃瑞節附錄。○明正統道藏
本，在太玄部。已印入道藏舉要中。

〔補〕朱子周易參同契考異三卷　宋朱熹撰。黃瑞節附錄。○清道
光中浦江周氏刊紛欣閣叢書本。

周易參同契解三卷　宋陳顯微撰。○道書全集本。○宋端平元年王
夷刊本。

〔補〕 ○明正統道藏本，在太玄部。已印入道藏舉要中。

周易參同契發揮三卷釋疑一卷　宋俞琰撰。○元至正元年嗣天師
張與材刊本。○明宣德三年刊本，善。

〔補〕 ○明刊本，十二行二十三字，黑口，四周單闌。首葉版心魚尾下
有"嚴陵鄭本助刊"六字。有至元甲申自序及至大三年嗣天師張與
材序。

〔補〕周易參同契發揮九卷釋疑一卷　宋俞琰撰。○明正統道藏
本，在太玄部。已印入道藏舉要中。○明寫本，棉紙藍格，十一行二
十二字。每卷記"止一"、"止二"等千文編號，從道藏本出。有至元
甲申自序及至大三年張與材序。釋疑一卷十一行二十二字，記"止
十"編號。天一閣佚出之書。

周易參同契分章註三卷　元陳致虛撰。○道書全集本。

〔補〕古文參同契三種　○明楊慎校刊本，為古文參同契三篇，叙一
篇；徐景休參同契註三篇，後序一篇；淳于叔通補遺三相類二篇，後
序一篇。八行十七字，白口，左右雙闌。有嘉靖丙午楊慎序，云得於
洪雅楊邛崍憲副，為地下石函所出。明人喜撰偽書，或升庵輕信之，
不然即自做狡獪也。

古文參同契集解三卷　明蔣一彪撰。○津逮本。○學津本。

〔補〕抱朴子殘卷　晉葛洪撰。○敦煌出北齊人書卷子本，每紙二十
八行，每行十七字，烏絲闌，存內篇論仙第二，對俗第三，為孔憲廷所
藏，後歸日人田中慶太郎，已影印行世，卷中間有誤字及校筆，然取
校世行本，仍有所訂正。此為抱朴子傳世最古之本。卷尾背面有唐

中和五年時人雜書。此本之前尚有暢玄篇末尾四十九行，自"麗炳粲，傷明者也"起，至篇末。孔憲廷割截以贈許際唐，余嘗獲見。

抱朴子內外篇八卷 晉葛洪撰。○嘉靖丁丑魯藩刊。○秘笈本。○二十子本。○平津館刊本並嘉靖本，皆內篇二十卷，外篇五十卷。○明萬曆己亥盧舜治刊本八卷，足。○繼昌刊本。○嚴可均作校勘記二卷，內外篇各一卷。○萬曆甲申吳興慎懋官刊，亦內外篇各四卷。

〔補〕新鋟抱朴子內篇四卷外篇四卷 晉葛洪撰。○明萬曆十二年慎懋官刊本，十行二十字，白口，左右雙闌。余有一本，據明傳寫道藏本校，改正甚多。惜明寫本只存內篇。

〔補〕新鋟抱朴子內篇四卷外篇四卷 晉葛洪撰，明盧舜治評。○明萬曆二十七年翁天霽刊本，十行二十字，白口，左右雙闌。每篇下記千文編號，仍是從道藏本出。余曾據明寫本校，改正甚多。四庫即據此本著錄。

〔補〕抱朴子內篇四卷外篇四卷 晉葛洪撰。○明寫本，十一行十七字，從道藏本出。錢興祖藏印。葉啟勳藏。○清嘉慶增刊廣漢魏叢書本，九行二十字。○清光緒元年湖北崇文書局刊子書百家本。

〔補〕抱朴子內篇二十卷外篇五十卷 晉葛洪撰。○明正統道藏本，在太清部，已印入道藏舉要中。○明寫本，藍格，十行二十四至二十七字不等，各卷標"疲"、"守"等字，從道藏本出。天一閣佚出之書。道藏本有誤處，如對俗一篇即有錯簡四處。○明嘉靖四十四年魯藩承訓書院刊本，版分陰陽葉，上下闌不相連屬，每半葉九行二十字，各為四周雙闌。版心記"承訓書院"四字。前嘉靖六代孫魯藩務本健根序。此書已印入四部叢刊，視道藏本為勝。○明末會稽鈕氏世學樓寫本，十行二十五字。鈐鈕氏印及錢曾藏印，存卷一至二十九。○清嘉慶十八年蘭陵孫氏刊平津館叢書本。

〔補〕**抱朴子内篇二十卷外篇五十卷** 晉葛洪撰**附篇一卷** 清繼昌
等撰。○清光緒十一年吳縣朱氏槐廬家塾刊平津館叢書本。通行
本中最善本也。

神仙傳十卷 晉葛洪撰。○漢魏本。○汲古閣本。○龍威本。○道
藏本。○敏求記有明抄本。

〔補〕**太上黃庭内景玉經三卷** □梁丘子註。○明正統道藏本,在洞
玄部玉訣類。

〔補〕**太上黃庭内景玉經一卷** □梁丘子註。○明萬曆間秘密閣刊
本,八行二十字,魚尾下書"秘密閣雕"。

真誥二十卷 梁陶宏景撰,明俞安期校。前後二本。○學津討原本。
○道藏輯要本。

〔補〕○明正統道藏本,在太玄部。已印入道藏舉要中。○明萬曆刊
俞安期重修本,九行十七字。余有殘本。

亢倉子一卷 唐王士元撰。○子彙本。○十二子本。○縣眇閣本。
○二十子本。○墨海金壺本。○珠叢別錄本。

〔補〕○明正、嘉間翻宋本,十行十九字,白口,左右雙闌。余藏。余曾
據宋刊洞靈真經校,頗有改訂。○清光緒元年湖北崇文書局刊子書
百家本,余曾用明成、弘間刊黃諫音注本校。

〔補〕**新雕洞靈真經注五卷** 宋何粲撰。○南宋初建本,十行十六至
二十字,白口,左右雙闌。卷末附音義,海虞瞿氏藏,曾印入續古逸
叢書中。後又收入四部叢刊三編中,附張君元濟所撰校記,知道藏
本有擅改經文刪落舊注處。

〔補〕**洞靈真經註三卷** 宋何粲撰。○明正統道藏本,在洞神部玉訣
類。已印入道藏舉要中。

亢倉子註九卷 題何粲撰。○明刊本。○道藏本。

〔補〕○明成、弘間刊黑口本,九行二十字,四周雙闌。第三行題"黃諫

音釋"、後有蘭坡道人金城黃諫跋,言南京祭酒吳先生以此本寄余,且屬鏤版云云。卷尾標題為"新刊亢倉子洞靈真經"。

元〔玄〕真子一卷附天隱子一卷 唐張志和撰。○十二子本。○子彙本。○二十子本。○明崇德書院七子本。○說郛單天隱子本。○近人刊二十二子本。○知不足齋元真三卷。○格致叢書單天隱子三卷。○道藏本外篇三卷。○抄本天隱子一卷,題曰司馬承禎。

〔附〕○元人抄本,題外篇三卷(邵氏)

〔補〕○明刊十二子本,十行十九字,白口,左右雙闌。○明萬曆六年吉藩崇德書院刊二十家子書本,十一行二十二字,白口,四周雙闌。○清道光十三年王氏棠蔭館刊廿二子全書本。○清光緒元年湖北崇文書局刊子書百家本。余據明寫本校。

〔補〕玄真子外篇一卷 唐張志和撰。○明萬曆四年南京國子監刊子彙本,十行二十一字,白口,四周雙闌。

〔補〕玄真子外篇三卷 唐張志和撰。○明正統道藏本,在太玄部。已印入道藏舉要中。○明藍格寫本,十行二十六字,題下有千文編號,從道藏本鈔出。天一閣佚出之書。

〔補〕玄真子三卷 唐張志和撰。○明刊且且菴初箋十六子本,九行十九字。○清乾嘉間刊知不足齋叢書本。○清同治八年胡鳳丹刊金華叢書本。

〔補〕天隱子一卷 唐司馬承禎撰。○明萬曆二十五年金陵荊山書林刊夷門廣牘本,九行十八字。○明萬曆四年南京國子監刊子彙本,十二行二十一字,白口,四周雙闌。

〔增〕廣黃帝本行記一卷 唐王瓘撰。唐志雜傳記類云,王瓘廣軒轅本紀三卷,卽此。今傳道藏本,逸前二卷。○阮氏以進呈。瓘系銜稱"閬州晉安縣主簿"。○嘉慶丁卯孫伯淵先刊入黃帝五書。

無能子三卷 不著撰者名氏,蓋唐僖宗時人。○十二子本。○子彙本。○二十子本。○近人刊二十二子本。○道藏本。

〔補〕○正統道藏本已印入道藏舉要中。○子彙本已印入元明善本叢
書十種中。○清光緒元年湖北崇文書局刊子書百家本，余據道藏本
校。

〔補〕**石藥爾雅二卷** 唐梅彪撰。○明末高承埏刊稽古堂羣書祕簡
本，八行十八字，白口，四周單闌。余藏。○明末毛氏汲古閣精寫
本，十行二十字，白口，左右雙闌，版心下方有“汲古閣”三字，用研光
白紙仿宋刊歐體字精寫。前有元和丙戌自序。鈐毛晉、毛扆父子藏
印。卷中夾有南懷仁一跋，洋紙，用鵝翎筆書漢文，稱何焯為密斯的
何，恐為南懷仁手跡之僅存者矣。余藏，余已影刊，收入雙鑑樓刊蜀
賢遺書中，同年董綬經代為督刻，駸駸乎下真蹟一等矣。此書海源
閣亦藏一本，與余本行欵印記全同，是同時寫有二本也。

〔補〕**仙苑編珠三卷** 唐王松年撰。○明正統道藏本，在洞玄部記傳
類。○清袁氏貞節堂寫本，藍格，十行二十一字，版心有“袁氏貞節
堂鈔本”七字。有“惟”字編號，從道藏本出。清乾嘉間蘇州玄妙觀
尚存道藏，諸藏家往往就其鈔寫，此其一也。四庫存目。

〔補〕**儷苑編珠不分卷** 唐王松年撰。○明萬曆四十二年朱國盛刊
本，九行十八字，白口，四周單闌。

〔補〕**金丹詩訣二卷** 題唐呂嵒撰，宋夏元鼎編。○明刊本，九行十八
字，白口，左右雙闌。後附南嶽遇師本末。前黃魯曾序，後嘉定甲申
夏元鼎識語。黃魯曾刊至樞密旨之一。○明萬曆間刊寶顏堂秘笈
彙集本，余藏。

〔補〕**道教靈驗記十五卷** 前蜀杜光庭撰。○明正統道藏本。在洞
玄部記傳類。

〔補〕**金丹正宗十八卷** 宋張伯端撰。○明刊本，盧址抱經樓舊藏。
道藏未收書。

〔補〕**金丹辨惑一卷**　□劉太初編，邵輔刪校。○明刊本，九行十八字，白口，左右雙闌。前黃魯曾序，後洪武甲子陶相後序。黃魯曾選刊至樞密旨之一。

〔補〕**宋真宗御製玉京集六卷**　宋真宗趙恒撰。亦青詞之屬。○明正統道藏本，在洞真部表奏類。○清寫本，九行二十字。彭元瑞、朱學勤藏印。徐坊遺書。

雲笈七籤一百二十卷　宋張君房撰。○明張萱清真館刊本。○道藏輯要本。

〔補〕○金刊本，每版三十行，行十七字，左右雙闌，行間無闌道，右方闌外上方記千文編號，中記雲笈七籤幾，下記葉數篇名。無版心，中有折縫，似分為陰陽兩向者，內閣大庫出殘葉，白麻紙，字體雕工與趙城金藏相類，或以為即蒙古宋德方平陽刊道藏本。○明初寫本，墨格，十行二十一字，存卷一至十，五十一至六十，一百十四至一百二十二，計二十九卷，內墉城集仙錄、道教靈驗記二種為全本。內閣大庫佚出之書，白堅甫送閱，已收。○明正統道藏本，在太玄部。已印入道藏舉要及四部叢刊初編二次印本中。道藏本所收續仙傳殷文祥傳中構字注御名，可證自南宋紹興本出。○明張萱清真館刊本，九行二十字，白口，四周單闌。版心上方有"清真館雲笈七籤"七字，每卷首三行題"明張萱訂"，有"學"字編號，則仍自正統道藏本出。○明崇禎間會稽鈕氏世學樓寫本，十行二十四字，棉紙，中縫特寬，上有橫闌。每卷標題下有千文編號，仍出於道藏本。鈐有"會稽鈕氏世學樓圖籍"朱文印。余藏。○此書成書於北宋真宗間，所收皆宋初古本，道藏本從南宋初本出，故取校時本，補訂極多，余嘗取校列仙傳、續仙傳，改訂達千餘字，他書亦稱是。惟所收有用之書無多，為可惜耳。

〔增〕**軒轅黃帝傳一卷**　未詳撰人，見錢曾敏求記。注中引劉恕外紀、

張唐英蜀檮杌等書,則南北宋間人手筆。載黃帝顛末及其子孫唐虞
三代相承世數甚悉,可補皇王大紀之闕。○阮氏以進呈。○孫伯淵
嘉慶丁卯先刊入黃帝五書。

悟真篇註疏三卷附直指詳說一卷 宋張伯端撰。○道書全集本。
○悟真刊偽集三卷,伯端撰,陳致虛、薛道光刊誤。

〔附〕○收成氏刊本悟真篇三注。(眉)○翁葆光注,元戴起宗疏。(邵
氏)

〔補〕**悟真篇五卷** 宋張伯端撰。○明正統道藏本,在洞真部方法類。

〔補〕**張平叔悟真篇集註五卷** 宋張伯端撰,葉士表等註。○明初翻
元本,十一行二十字,注雙行同,細黑口,左右雙闌,註人及引書名以
陰文別之,如"葉士表曰"云云。有黃丕烈跋。見於上海。海虞瞿氏
亦有一帙。

〔補〕**悟真篇三註三卷** 宋張伯端撰,宋薛道光、元陸墅、陳致虛註。
○明成化刊本,十行二十字,黑口,四周雙闌。蘇州博古齋見。○明
萬曆翻成化本,行歀版式全同。

〔補〕**紫陽真人悟真篇註疏八卷** 宋翁葆光註,宋陳達靈撰,元戴起
宗疏。○明正統道藏本,在洞真部玉訣類。已印入道藏舉要。

〔補〕**廬山太平興國宮採訪真君事實七卷** 不著撰人名氏。○明
正統道藏本,在正乙部。

〔補〕**廬山太平興國宮採訪真君事實八卷** 宋葉義問撰。○明刊
本,十行二十字,黑口,四周雙闌。有紹興二十四年葉氏序。

古文龍虎經註疏三卷 宋王道撰。○道書全集本。

〔補〕○正統道藏本,題宋王道撰,周真一印證。在太玄部。已印入道
藏舉要中。

〔補〕**華陽陶隱居內傳三卷** 宋賈嵩撰。○明正統道藏本,在洞真部
紀傳類。○葉德輝觀古堂刊本。

易外別傳一卷 宋俞琰撰。○通志堂刊。附俞氏易集説後。○元刊
小字本。

〔附〕○頃得一本，似明初刊。（眉）○路有抄本。（邵氏）

席上腐談二卷 宋俞琰撰。○廣秘笈本。○上海瞿氏舊抄本。

〔補〕**席上輔談二卷** 宋俞琰撰。○明寫本，十行十七字。本書有宋
无志跋，跋後有"常熟周異繕寫"一行，則亦自明刊本鈔出也。有康
熙六年丁未金俊明手跋，道光三年黃丕烈手跋。又錄有弘治十八年
沈與文跋，弘治三年庚戌朱存理二跋。余藏。余以之校寶顏堂祕笈
廣集本，改訂八十一字。

〔補〕**席上腐談一卷** 宋俞琰撰。○清順治三年李際期宛委山堂刊説
郛本，在卷二十五。○清乾隆五十九年石門馬氏大酉山房刊龍威祕
書本。

〔補〕**金蓮正宗記五卷** 元秦志安撰。○明正統道藏本，在洞真部譜
錄類。

〔補〕**金蓮正宗仙源像傳一卷** 元劉志玄等撰。○明正統道藏本，在
洞真部譜錄類。

〔補〕**歷世真仙體道通鑑三十六卷** 元趙道一撰。與道藏本卷第不
同。○元刊本，十二行二十二字，黑口，左右雙闌，版心上方間記字
數。存卷三十四、三十六。涵芬樓藏。○明寫本，九行十八字。前
有編例七條，後有玉真子跋，言在錢遵王齋中見，遂以相贈，復有後
集六卷，已遺失云云。鈐汪士鐘藏印。存卷一至二十三，三十四至
三十六。

〔補〕**歷世真仙體道通鑑五十三卷續編五卷後集六卷** 元趙道一
撰。○明正統道藏本，在洞真部紀傳類。

〔補〕**甘水仙源錄十卷** 元李道謙撰。○明正統道藏本。在洞神部記
傳類。四庫存目。

〔補〕**七真年譜一卷** 元李道謙撰。○明正統道藏本，在洞真部譜籙類。

〔補〕**終南山祖庭仙真内傳三卷** 元李道謙撰。**終南山説經臺歷代真仙碑記一卷** 元朱象先撰。○明正統道藏本。○清初傳鈔道藏本。均余藏。四庫存目。

〔補〕**武當福地總真集三卷** 元劉道明撰。○明正統道藏本，在洞神部記傳類。已印入道藏舉要。○明寫本，藍格，十一行二十字。有"不"字編號，從道藏本出。天一閣佚出之書。

〔補〕**武當紀勝集一卷** 元羅霆震撰。○明正統道藏本。在洞神部紀傳類。○明傳鈔道藏本，藍格，十一行二十字。天一閣佚出之書。

〔補〕**玄品錄五卷** 元張雨撰。○明正統道藏本，在洞神部譜籙類。○舊寫本，九行二十字。前後至元乙亥自序。記自周至宋道士，各分類輯錄。四庫存目。

〔補〕**金丹大成集五卷** 元蕭廷芝撰。○明正統道藏本，在洞真部方法類。○明嘉靖四十二年蜀府西清書院刊本，十一行二十字，黑口，四周雙闌。卷末有"嘉靖癸亥仲夏吉旦蜀府重刊於西清書院"牌記二行。

〔補〕**道藏闕經目二卷** 元失名撰。○明正統道藏本，在正乙部。○清袁廷檮貞節堂寫本，清錢大昕手跋。○友人吳昌綬松隣叢書甲篇本。

〔補〕**至游子二卷** 不著撰人名氏，四庫館臣疑為明姚汝循撰。○明刊本，九行十七字，白口，左右雙闌。有嘉靖丙寅姚汝循序。故宮藏。○清嘉慶中南滙吳省蘭刊藝海珠塵本。○清光緒元年湖北崇文書局刊子書百家本。四庫存目。

道藏目錄詳註四卷 明白雲霽撰。○天啟丙寅刊，有丁卯董其昌、羅喻義、丁明登、葛寅亮諸序。○新刻袖珍本。

〔附〕○秘笈本。

〔增〕**太上感應篇註二卷** 國朝惠棟撰。○揚州刊本。○又粵雅堂刊。

〔補〕**長春道教源流八卷附荔莊詩存一卷浮山志五卷** 清陳銘珪撰。○清光緒五年陳氏荔莊自刊本。十四册。

上道家類

附

〔補〕**天方典禮擇要解二十卷後編一卷** 清劉智撰。○清同治十年霞漳絳帳堂刊本。六册。余藏。

〔補〕**火經一卷** 清李惇裕撰。○清寫本。全書分原本、宗元等八篇。前有乾隆十九年甲戌太清閒人李惇裕自序。

藏園訂補邸亭知見傳本書目卷十一下

〔附〕子部四庫著錄未見傳本者二十種,存目者十四種,四庫未收者百九十八種。(棠)整理者按:此條莫棠以硃筆書於原稿卷十一之末。

書目題跋叢書

藏園訂補

郘亭知見傳本書目

（三）

〔清〕莫友芝　撰

傅增湘　訂補　傅熹年　整理

中華書局

藏園訂補邵亭知見傳本書目卷十二上

獨山莫友芝子偲　　撰

江安傅增湘沅叔　　訂補

集部一

〔補〕○漢魏六朝人、唐人集宋刊為上，亦最難得。元刊、明正德以前單行本均佳。明蘭雪堂活字本不下於宋刊本，而亦難得。宋蜀本唐六十家全集為第一佳本，如張燕公集三十卷、權文公集五十卷、王子安集二十卷、駱賓王集十卷，與世行本異。繆刻李太白集即翻蜀本，故蜀本行欵與繆刊李集同。全者斷不能得，單種亦妙。宋、元人集以宋、元刊本為佳，無明刊者以舊鈔本為佳。凡唐宋元人集從永樂大典錄出者，能得舊鈔原本及舊刊本與四庫本異者，最為上品。（邵氏）整理者案：此條先祖藏園先生用朱筆錄於邵亭目集部册首副葉，字跡、朱色與卷末壬子過錄邵氏偶抄跋記同，當是錄自邵氏書目偶抄，為其集部總評。評中誤認十一行二十字本蜀刻唐人集與十二行二十一字本蜀刻唐人集為一種，應正。

楚辭類

〔補〕**楚騷五卷** 楚屈原撰。**附錄一卷** 漢司馬遷撰。○明正德十五
　　年熊宇刊篆文本，五行十字，白口，四周單闌。各註正字於篆文下。
　　○明萬曆二十九年朱燮元重刊熊氏本，行款全同。

〔補〕**楚辭二卷** 楚屈原、宋玉等撰。○明萬曆十三年汪道昆刊本，九
　　行二十字，白口，左右雙闌。余藏。○明萬曆吳勉學刊本，九行十八
　　字，白口，左右雙闌。○明萬曆四十八年閔齊伋刊本，九行十九字，
　　白口，四周單闌。三色套印。題萬曆庚申烏程閔齊伋遇五校。余
　　藏。

楚詞章句十七卷 漢王逸撰。○明正德戊寅王鏊刻，高第、黃省曾校
　　刻。○汲古閣刻。○綠君亭刻屈子，無注。○隆慶辛未豫章王孫芙
　　蓉館重刻宋本，佳，九行十五字。○天祿書目載明坊刻本，目錄後附
　　疑字直音補一卷。○明刻楚詞，無人，諸簿中未見其名，殆出洪興祖
　　後。註本二卷。

〔附〕○明正德熊宇刻篆文楚騷五卷，又萬曆辛酉朱氏重刊，均註正字
　　於下。（眉）○蔣之翹本。○馮本。（邵氏）

〔補〕○明正德十三年高第、黃省曾刊本，十行十八字，白口，左右雙闌。
　　有正德戊寅王鏊序。○清光緒十七年三餘草堂刊湖北叢書本。

〔補〕**楚辭章句十七卷** 漢王逸撰 **疑字直音補一卷** ○明隆慶五年
　　朱用晦豫章夫容館翻宋刊本，八行十七字，白口，四周雙闌。有王世
　　貞序，言豫章宗人用晦得宋楚辭善本，梓而見屬為序云云。目後有
　　"隆慶辛未歲豫章夫容館宋版重雕"一行。卷十七末附疑字直音補。
　　余藏。○明萬曆間朱燮元刊本，行欵同上，唯改四周雙闌為四周單
　　闌。

〔補〕**楚辭章句十七卷** 漢王逸撰**附錄一卷** ○明萬曆十四年刊本，

九行十八字,白口,左右雙闌。〇此書又見一帙,行欵版式全同,似明末刊本。

楚詞補註十七卷 宋洪興祖撰。〇汲古閣毛表重刻宋本。〇惜陰軒叢書本。

〔附〕〇宋本,天祿後目。(邵氏)

〔補〕**楚辭章句補註十七卷** 漢王逸章句,宋洪興祖補注。〇明翻宋本,九行十五字,注雙行二十字,白口,左右雙闌。宋諱缺筆。余藏,有錢犀盦藏印。盧址抱經樓有一帙。江南圖書館有一帙,已印入四部叢刊中。〇明末毛氏汲古閣刊本,九行十五字,白口,左右雙闌。〇清道光二十六年宏道書院刊惜陰軒叢書本,在第十五函。〇清同治間金陵書局刊本,後汲古閣本出。

〔補〕**楚辭章句十七卷** 漢王逸注,明陳深批點。**附錄一卷** 〇明萬曆、天啟間凌毓枏刊本,八行十八字,白口,四周單闌。題"吳興凌毓枏殿卿父校"。朱墨套印本。

楚辭集註八卷辨證二卷後語六卷 宋朱子撰。〇明仿宋刻本。〇成化乙未何喬新刊本。〇正德乙卯沈圻于休審刻本,善。〇隆慶辛未豫章芙蓉館重刻宋本。〇蔣之奇山水圖屈平、朱子二像,刻于度宗咸淳三年丁卯。潭州湘陰令施南向文龍序,稱學製湘陰,汨羅隸焉,欲索楚詞集註善本,與邑賢士大夫共讀之,則未之有,乃輟俸刻梓于縣齋,盧陵羅荷時為文學掾,故亦為序。是刻欲求為善本,宜其雕斵精良也。汨羅圖中有清烈公廟及墓。攷宋史,秘書監何志同言,諸州祠廟封爵未正,如屈平廟在歸州者封清烈公,在潭州者忠潔侯之類,宜加攷定。此亦云清烈,則已經更正也。

〔附〕〇黎氏景刻元至正本。(眉)〇崇禎戊寅陳世經序刻集註五卷,附陳章侯繪圖十二。(眉)〇宋大字本,天祿後目。〇宋十行十八字本,邵目。〇明吳本、蔣本、葛本、汲古本。魏氏本。聽雨齋本。(邵

氏）

〔補〕○南宋建本，九行十八字，細黑口，左右雙闌。鎪雕精美，為宋末
佳刊。存辨證二卷，後語六卷。有端平二年跋。江南圖書館藏。○
元後至元二年建安傅子安刊本，十一行二十字，細黑口，左右雙闌。
後語目後有"建安傅子安宅重刊至元丙子孟春印行"牌記二行。○
元刊本，行欵同上，存集註八卷，無牌記。海虞瞿氏藏。○明成化十
一年何喬新刊本，九行十七字，註雙行同，大黑口，四周雙闌。○明
正德十四年沈圻刊本，九行十七字，黑口，四周雙闌。李木齋先生收
得。○明刊巾箱本，九行十七字，白口，四周單闌。○明萬曆二十五
年吉府刊本，八行十七字，白口，四周雙闌。○清光緒十年黎庶昌刊
古逸叢書本，余據宋同安郡齋本校辨證二卷。○此書宋章貢郡齋
本、建本作"辨證"，元明刊本均作"辯證"。

〔補〕**楚辭集註八卷辨證二卷**　宋朱熹撰。○宋嘉定四年門人楊楫
同安郡齋刊本，八行十九字，白口，左右雙闌，版心上記字數，下記刊
工人名。存辨證二卷，後有嘉定四年楊楫跋，云與先生嗣子同朝，錄
而藏之，今以屬廣文游君參校，而刊於同安郡齋。余藏。此書直齋
書錄解題卷十五著錄，僅有集註與辨證，而後語單行，正與此本同，
因知是此書初行之本，迨宋末始與後語並刊之。

〔補〕**楚辭集註八卷辨證二卷**　宋朱熹撰**反離騷一卷**　漢揚雄撰。
○宋嘉定六年章貢郡齋刊本，七行十五字，白口，左右雙闌，版心上
記字數，下記刊工人名。前有嘉定癸酉王洯序，云刊于章貢郡齋。
海虞瞿氏藏，卷一至二抄配。大字，刊工頗似贛州本文選。又見反
離騷宋本一卷，為皕宋樓佚出之書。

〔補〕**楚辭集註八卷辯證二卷後語六卷**　宋朱熹撰**反離騷一卷**
漢揚雄撰。○明嘉靖十四年袁褧刊本，十行十八字，白口，左右雙
闌。後語卷末有"嘉靖乙未汝南袁氏校刊"一行。

〔補〕**楚辭集註八卷**　宋朱熹撰。○元天曆三年陳忠甫宅刊本，十一行二十字，細黑口，左右雙闌。有“天曆庚午孟夏陳忠甫宅新刊”牌記二行。○明嘉靖十七年楊上林刊本，十行二十字，註雙行同，細黑口，四周雙闌。前嘉靖戊辰顧應祥序，本書首葉次行題“山陽楊上林校刊”。余藏。

〔補〕**楚辭集註八卷辯證二卷後語八卷**　宋朱熹撰，明蔣之翹評校。**附覽二卷總評一卷**　明蔣之翹輯。○明天啟六年蔣之翹刊本，九行二十一字，白口，四周單闌。有天啟六年黃汝亨序及自序。

〔增〕**離騷集傳一卷**　宋錢杲之撰。○黃氏士禮居有宋刻本。○汲古閣有影宋鈔本，云此書世間絕無。○阮氏依宋板影鈔進呈。杲之以為古詩有節有章，賦則有節無章，乃分離騷三百七十三句為十四節。
〔補〕○宋刊本，九行十八字，細黑口，左右雙闌，版心上記字數，下記刊工人名，有黃丕烈跋。海虞瞿氏藏，瞿氏已影印行世。○清影寫宋刊本，納蘭性德、永瑢遞藏。文友堂見。

離騷艸木疏四卷　宋吳仁傑撰。錢氏敏求記云，此書經屠本畯刪改，從曹秋岳處鈔得原本。○知不足齋本。○龍威秘書本。○宋有慶元刻本，末有慶元庚申方燦跋，又有校正姓氏三行，蓋仁傑官國子監學錄時，屬燦刻于羅田者，舊板散佚，流傳頗罕，影鈔僅存，亦為珍笈。鐵樵。○天祿書目亦有影宋鈔，謂字畫結體在歐柳間。仁傑結銜為國子學錄，惟書末結銜稱“免解進士、蘄州學正、充羅田縣學講書吳仁傑校正”，意仁傑校刻之日乃在羅田也。
〔補〕○宋慶元六年羅田縣庠刊本，十二行二十一字，白口，左右雙闌，版心上記字數，下記刊工人名。有吳氏自序及慶元庚申方燦跋，稱刊于縣庠，後有羅田縣學校正銜名三行。海源閣藏。○明藍格寫本，十行十八字，盧址抱經樓遺書。○影寫宋刊本，十二行二十一二字。有慶元丁巳自序、方燦跋及校對人銜名三行。鈐汲古閣印。清

方甘白氏傳錄知不足齋本，有識語，言乾隆丙申借吳郡朱氏宋本錄，
再假錢塘汪氏鈔本覆勘，宋本多誤，鈔本多所是正云云。○舊寫本，
九行二十一字。鈐劉端臨藏印。李木齋先生藏。○同治間真州張
氏刊榕園叢書本。○清光緒元年湖北崇文書局刊崇文書局彙刻書
本。

〔補〕**離騷草木疏辯證四卷** 清祝德麟撰。○稿本，十一行二十字，
無闌格，版心下有"悅親樓"三字。余藏。

〔補〕**楚辭集解十六卷蒙引二卷考異一卷** 明汪瑗撰**補註二卷**
明汪仲弘撰。○明萬曆四十三年刊本，十行二十字，白口，左右雙
闌。題焦竑訂正。有萬曆四十三年焦氏序。補註有萬曆四十六年
汪仲弘自序，當是後刊加入者。四庫存目，惟集解作八卷。

〔補〕**楚辭疏十九卷讀楚辭語一卷楚辭雜論一卷** 明陸時雍撰。
○明末緝柳齋刊本，九行二十字，白口，四周單闌。○康熙四十四年
有文堂刊本。六冊。余藏。

〔補〕**離騷草木史十卷拾細一卷** 明周拱辰撰。○清嘉慶八年周氏
聖雨齋重刊本。○清道光二十七年刊周孟侯先生全書本。

〔補〕**楚辭述註五卷** 明來欽之撰**九歌圖一卷** 明陳洪綬繪。○明
崇禎刊本，九行二十字。即書眉所記之陳章侯繪圖本。

欽定補繪離騷全圖二卷 國朝蕭雲從原圖六十四竝註，乾隆四十七
年特命內廷諸臣補繪，共增九十一圖。○刻本極精。○乾隆四十七
年蕭雲從奉敕補繪離騷圖三卷，每半頁九行，二十四字。離騷三十
二圖，九章九圖，遠遊五圖，九辯九圖，招魂十三圖，大招七圖，香艸
十六圖。鐵樵記。

〔補〕○四庫本已收入影印四庫全書四種中。按：蕭雲從順治時人，何
得于乾隆四十七年奉勅補圖，汪氏屬筆偶誤，應正。

〔補〕**楚辭通釋十四卷** 清王夫之撰○清康熙四十八年刊本，八行二

十字。余藏。○清同治四年刊船山遺書本。

〔補〕**山響齋別集十卷**　一名飲騷。清賀寬撰。○清康熙間刊本，十行二十三字，白口，四周單闌，版心上方有“飲騷”二字。前王弘撰序，次自序。每文分章節，首正文，次音釋，次箋，次評。文友堂送閱。

山帶閣註楚詞六卷楚詞餘論二卷楚詞説韻一卷　國朝蔣驥撰。○康熙癸巳刻。

〔補〕○清雍正五年蔣氏刊本。

〔補〕**楚辭新集註八卷**　清屈復撰**楚懷襄二王在位事蹟考一卷**　清林雲銘撰。○清乾隆三年弱水草堂刊本。○清寫本，鈐“陸巡之印”、“阮元苣印”二印。余藏。

〔補〕**屈原賦注七卷通釋二卷**　清戴震撰**附音義三卷**　清汪梧鳳撰。○清乾隆二十五年庚辰刊本。○清光緒十七年刊廣雅書局叢書本，收入集部。○民國十二年沔陽盧氏印湖北先正遺書本，從舊寫本出。

上楚詞類

集部二上

別集類一上　　漢至盛唐

〔補〕**賈長沙集十卷**　漢賈誼撰。○明成化十九年喬縉刊本，九行十八字，黑口，四周雙闌。分上下冊，卷一至八、九至十各為通葉碼。後附喬縉撰傳，半葉十行，行二十四字。有汪啟俶、袁芳瑛藏印，友人徐君乃昌藏。此書頗罕見。

〔補〕**買長沙集一卷**　漢買誼撰。○明張溥編刊漢魏六朝百三家集本，九行十八字，白口，左右雙闌。

〔補〕**董仲舒集一卷**　漢董仲舒撰。○明正德五年桂連西齋活字印本，十二行二十四字。目後有"正德庚午桂連西齋印行"一行。有季振宜、揆叙藏印。故宮藏。○明正德十年盧雍景州刊本，九行十八字，白口，左右雙闌。前李東陽撰董子書院記，言正德乙亥雍按部至此，修祠宇書院，復刊此集。天一閣佚出之書，歸北京圖書館。○明萬曆間汪士賢輯刊漢魏六朝二十一名家集本，九行二十字，白口，四周單闌。從正德盧雍本出。○明刊漢魏六朝諸家文集二十二種本，行欵同上，左右雙闌。余藏。余用景祐本漢書、宋刊古文苑校過。

〔補〕**董子文集一卷**　漢董仲舒撰。○清光緒五年定州王氏謙德堂刊畿輔叢書本。四庫存目。

〔補〕**司馬長卿集一卷**　漢司馬相如撰。○明汪士賢刊漢魏六朝二十一名家集本，九行二十字，白口，四周單闌。相如集不傳，此為自史、漢諸書中輯出者。○明刊漢魏六朝諸家文集二十二種本，九行二十字，白口，左右雙闌。余據北宋本史記集解、宋本古文苑、宋本樂府詩集校。

〔補〕**東方先生集一卷**　漢東方朔撰。○明汪士賢刊漢魏六朝二十一名家集本，行欵見前。○明刊漢魏六朝諸家文集二十二種本。行欵見前。余據北宋本史記集解、宋明州本文選、宋本楚辭合校。

〔補〕**東方大中集一卷**　漢東方朔撰。○明張溥輯刻漢魏六朝百三家集本，九行十八字，白口，左右雙闌。

揚子雲集六卷　漢揚雄撰，明鄭樸補輯。○刻本。○明漳浦張燮輯刻本楊侍郎集五卷。○汪士賢本三卷，張溥本一卷，均不全。

〔補〕**揚子雲集六卷**　漢揚雄撰，明鄭樸輯。○明萬曆刊本，九行十八字，白口，四周雙闌。卷一法言，卷二太玄，卷三方言，卷四書文解，卷五賦騷頌，卷六箴、誄、連珠、紀、記、琹頌。末附焦竑撰揚雄始末辯、漢書本傳。余藏。

〔補〕**揚侍郎集五集**　漢揚雄撰**附錄一卷**　○明天啟、崇禎間刊張燮七十二家集本，九行十八字，白口，左右雙闌。余藏。

〔補〕**揚子雲集三卷**　漢揚雄撰。○明萬曆天啟間汪士賢輯刻漢魏六朝二十一名家集本，九行二十字，白口，四周單闌。○明刊漢魏六朝諸家文集二十二種本。行欵同上，四周雙闌。

〔補〕**揚侍郎集一卷**　漢揚雄撰。○明末張溥編刊漢魏六朝百三家集本，九行十八字，白口，左右雙闌。

〔補〕**班蘭臺集四卷**　漢班固撰**附錄一卷**　○明天啟、崇禎間張燮編刊七十二家集本，九行十八字，白口，左右雙闌。

〔補〕**班蘭臺集一卷**　○明末張溥編刊漢魏六朝百三家集本。行欵見前。

〔補〕**張河間集六卷**　漢張衡撰**附錄一卷**　○明天啟、崇禎間張燮編刊七十二家集本，行欵見前。○明寫本，為張氏輯本之嚆矢。

〔補〕**張河間集二卷**　漢張衡撰。○明末張溥編刊漢魏六朝百三家集本。行欵見前。

〔補〕**鄭司農集一卷**　漢鄭玄撰。○清乾隆二十一年盧見曾輯刻雅雨堂藏書十三種本，十行二十一字，白口，四周單闌。

蔡中郎集六卷　漢蔡邕撰。○明正德乙亥錫山華氏活字本，十卷，每頁十四行，行二十三字。○順治甲午劉嗣美刻。○明陳留令徐子器編輯本，六卷，以萬曆王乾章刻本校。○張溥本只二卷。○汪士賢刻本，八卷。○明蘭雪堂活字本十卷，外傳一。○明萬曆王乾章刻本，十卷，每頁十八行，行二十一字。○萬曆又刻十卷本，不及華、王二印。○雍正中刻本。○咸豐中漕督楊以增刻顧廣圻校輯本，原編十卷，外紀一卷，增補遺四卷，附錄一卷，最精備。○明嘉靖戊申本顧澗薲跋，謂天聖癸亥歐靜本十卷，六十四篇，今為六卷，九十二篇，全屬嘉靖時余憲、喬世寧所改。盧抱經鍾山札記云，歐本首篇是橋太尉，此十卷本猶勝六卷者。

〔補〕**蔡中郎文集十卷外傳一卷**　漢蔡邕撰。○明正德十年華堅蘭雪堂銅活字印本，七行十三字，小字雙行同，白口，左右雙闌，版心上有"蘭雪堂"三字。目後有"正德乙亥春三月錫山蘭雪堂華堅允剛活字銅版印行"牌記二行。卷五後有"錫山"、"蘭雪堂華堅活字版印行"牌記。外傳後有"錫山蘭雪堂華堅允剛活字銅版印"牌記二行。有鄭杰藏印，余藏。又一帙，有毛晉藏印。光緒八年盛昱用聊城楊氏彙校本校。○明翻刻蘭雪堂本，行欵全同，唯改為四周單闌，版心上方無"蘭雪堂"三字。此本已印入四部叢刊初編，誤認為即華氏活字印本。○清寫本，從蘭雪堂本出。黃丕烈校，顧廣圻跋。涵芬樓藏。○明萬曆二年徐子器刊本，九行二十一字，白口，四周雙闌。有萬曆元年王乾章序及萬曆二年知陳留縣事徐子器跋，不言所自出，然次第篇數與蘭雪堂本同，必出自舊本，至楊賢、茅一相諸本出，則改易舊卷次矣。○明萬曆三十九年馬維驤刊本，九行十八字，白口，四周單闌。李木齋先生有一帙。○清順治間陳留劉嗣美刊本，九行二十字，白口，四周單闌。為李木齋先生收去。○清光緒七年陸心源刊十萬卷樓叢書本，從蘭雪堂本出。

〔補〕**新刊蔡中郎伯喈文集十卷外傳十卷**　漢蔡邕撰。○明鄭氏刊本，從蘭雪堂本出，然改行欵為九行二十字，黑口，四周雙闌。目錄尾有牌記二行，文曰："此書係正德乙亥春三月錫山蘭雪堂華堅允剛活字銅版部行，今鄭氏得之，繡梓重刊行"。此書尚有獨斷二卷，詩集二卷，此本失之。有"嘉靖甲申孟冬月宗文堂鄭氏新刊"牌記二行。

〔補〕**蔡中郎集十卷外紀一卷外集四卷**　漢蔡邕撰末一卷　○清咸

豐二年楊氏海源閣刊本。余藏。九行十八字,版心下有"海源閣"三字。

〔補〕**蔡中郎集十卷外集四卷** 漢蔡邕撰**末一卷** ○舊寫本,九行十八字。友人人賈君恩紱臨顧廣圻校本。

〔補〕**蔡中郎文集十一卷** 漢蔡邕撰。○明萬曆八年茅一相刊本,九行十九字,白口,四周單闌。題茅一相記。前萬曆元年王乾章序。分獨斷為二卷。

〔補〕**漢蔡中郎集六卷** 漢蔡邕撰。○明嘉靖二十七年楊賢刊本,九行二十一字,白口,四周單闌。有嘉靖二十七年喬世寧、俞憲序。本書卷首題喬世寧、俞憲校訂,楊賢梓行。此本以獨斷居首,凡九十二篇,自謂卷數省舊之半,篇數益舊之三,則已失舊本面目矣。

〔補〕**蔡中郎集六卷補遺一卷** 漢蔡邕撰。清劉嗣奇校。○清康熙三十四年劉氏耆英堂刊本。

〔補〕**蔡中郎集八卷** 漢蔡邕撰。○明刊漢魏六朝諸家文集二十二種本,九行二十字,白口,左右雙闌。余據舊寫本校。○舊寫本,十行二十字,無格,從宋本出。涵芬樓藏。

〔補〕**蔡中郎集十九卷** 漢蔡邕撰,清嚴可均校輯。○舊寫本,十二行二十四字,無闌格。卷首題"烏程嚴可均景文校輯"。此本自全上古三代文輯出,又增入獨斷二卷,琴操二卷,月令章句三卷,編為十八卷,卷十九為總目。總收文一百四十八篇。前有道光二十二年嚴氏叙,論蔡集佚存源流甚詳,可資考訂。吳重憙遺書,吳氏欲刻未果,卷中尚夾有傳刊寫樣。余藏。

〔補〕**蔡中郎集二卷** 漢蔡邕撰。○明末張溥編刊漢魏六朝百三家集本,九行十八字,白口,左右雙闌。收文一百二十四篇,多於舊本。然失落楊賜第一碑,誤收班固東巡頌、南巡頌及嵇康琴讚。

孔北海集一卷 漢孔融撰。○刻本,後附雜考一卷。○張溥百三名家本。○乾坤正氣集本。

〔補〕**孔少府集一卷** 漢孔融撰。○明末張溥編刊漢魏六朝百三家集本。行欵見前條。

〔補〕**孔少府集二卷** 漢孔融撰**附錄一卷** ○明天啟、崇禎間刊張燮七十二家集本，九行十八字，白口，左右雙闌。

〔補〕**孔文舉集一卷** 漢孔融撰。○清光緒十六年長沙楊氏坦園刊建安七子集本。

曹子建集十卷 魏曹植撰。○宋本大字，旁有陳思王三字。○明嘉靖中郭萬里仿宋刻本，有徐伯虯序，每頁十八行，行二十一字。○明活字本十卷。○別本四卷，詩賦，無雜文。○汪士賢刻亦十卷。○百三名家本，二卷。○此書以無七步詩者為善。○天祿琳瑯書目十載曹子建集十卷，目錄後有元豐五年萬玉堂刻木記，前後無序跋。其書槧印甚精，印紙有金粟山房記，古色可愛，惟目錄末頁卷首一葉紙色不同，字體亦異。當是先有宋本，闕此二葉，因為翻刻，並以原書所闕重寫補刻，或舊有序跋俱經私汰，亦未可知，故編入明本。

〔附〕曾收一部，實十七字。（眉）整理者按：此條指莫氏誤記郭氏本為九行二十一字。○明長洲徐氏活字本十卷，半葉七行，行十八字。又活字本，九行十七字。○李廷相十卷本。○萬曆戊寅蓮溪周氏重刊郭本。○李楨十卷本。○閔齊賢評點本。○張炎小字七卷本。○張燮陳思王集二卷本。○楊承鯤建安七子本。○楊朝輔建安七子本。（邵氏）

〔補〕○明長洲徐氏銅活字印本，九行十七字，細黑口，左右雙闌。即所謂無七步詩本也。此書失序跋，據明正德五年舒貞刊陳思王集序，知為徐氏所印，則當為正德以前擺印也。余藏，已印入四部叢刊初編中。○明萬曆三十一年鄭士豪刊本，九行十八字，白口，四周雙闌。前李夢陽序，目後附音義。字疏朗可喜。文友堂見。○明萬曆、天啟間汪士賢輯刻漢魏六朝二十一名家集本，九行二十字，白口，四周單闌。〇明刊漢魏六朝諸家文集二十二種本，九行二十字，白口，左右雙闌。余據海虞瞿氏藏元刊本及明長洲徐氏活字印本校過。〇明崇禎十一年陳朝輔刊彙刻建安七子集本，九行二十字，白口，左右雙闌。

〔補〕**曹子建文集十卷**　魏曹植撰。〇宋元間刊本，八行十五字，白口，左右雙闌。版心上記字數，下記刊工人名。鈐華亭朱氏印及毗陵周氏印。海虞瞿氏藏，已印入續古逸叢書中，余曾取校漢魏六朝諸家文集二十二種本，誤字頗多，轉不如明活字本。此書前人定為宋本，以雕工字體審之，與宋元之際閩本四書集註頗多似處，經修版後印。第一册修版較多餘多爛版，摹印恐在元末明初矣。

〔補〕**曹子建集十卷**　魏曹植撰**疑字音釋一卷**　〇明嘉靖二十一年壬寅郭雲鵬刊本，九行十七字，白口，左右雙闌。前徐伯虬序。袁克文據元刊本校。此書即莫氏所記之郭萬里本，行欵誤記為九行二十一字。〇明萬曆六年蓮溪周氏覆刻郭雲鵬本，行欵版式全同。

〔補〕**陳思王集十卷**　魏曹植撰。〇明正德五年舒貞刊本，九行二十字，白口，左右雙闌。題李廷相編，田瀾校正，郭濓、蔡芝、陸溥同校。前有正德五年田瀾序，云以李廷相藏本校徐氏本，並改易卷次。並增七步詩及述行賦。余藏。〇明嘉靖二十年胡繼宗刊本，九行二十字，白口，四周單闌。余藏。〇明萬曆二十年李楨刊本，九行二十字，白口，四周單闌。

〔補〕**重纂陳思王集十卷**　魏曹植撰**附錄一卷**　〇明天啟二年刊張燮七十二家集本，九行十八字，白口，左右雙闌。

〔補〕**陳思王集四卷**　魏曹植撰。〇明嘉靖刊六朝詩集本，十行十八字，白口，左右雙闌。余藏。有詩無文。

〔補〕**陳思王集二卷**　魏曹植撰。〇明末張溥編刊漢魏六朝百三家集本，九行十八字，白口，左右雙闌。

〔補〕**曹子建集二卷** 魏曹植撰**總評一卷** ○清康熙間張潮、卓爾堪
等輯刻三家詩本，十一行二十一字，細黑口，左右雙闌。寫刻本，雕
鎪精雅。

〔補〕**曹集考異十二卷** 魏曹植撰，清朱緒曾考異。○民國三至五年
上元蔣氏印金陵叢書本，收入丙集。

〔補〕**曹集詮評十卷年譜一卷逸文一卷** 清丁晏撰輯。○清同治
十一年金陵書局刊本。

嵇中散集十卷 魏嵇康撰。○明嘉靖乙酉黃省曾仿宋本，每頁一十
二行，行二十字，板心有"南星精舍"四字。○程榮校刻本。○汪士
賢本百三名家本，一卷。○乾坤正氣本。○靜持室有顧沅以吳匏菴
鈔本校于汪本上。

〔補〕○明嘉靖四年黃省曾南星精舍刊本，十一行二十字，白口，左右雙
闌，版心有南星精舍四字。余藏，已印入四部叢刊初編。○明程榮
刊本，九行二十字，白口，左右雙闌。余藏。余據南星精舍本校。○
明刊漢魏六朝諸家文集二十二種本，九行二十字，白口，左右雙闌。
余藏。余據明吳寬叢書堂寫本校。○明吳寬叢書堂寫本，墨格，十
行二十字。吳寬手校。有黃丕烈三跋及張燕昌跋。○明寫本，墨
格，八行二十二字。有崇禎己巳□夏校跋，乃近人偽為之。○舊寫
本，十行二十字，行欵與叢書堂本同，疑自彼本出。有朱彝尊、揆叙、
劉喜海藏印。

〔補〕**嵇中散集一卷** 魏嵇康撰。○明嘉靖間刊六朝詩集本，十行十
八字，白口，左右雙闌。○明末張溥刊漢魏六朝百三家集本，九行十
八字，白口，左右雙闌。

〔補〕**嵇中散集六卷** 魏嵇康撰**附錄一卷** ○明天啟、崇禎間張燮輯
刻七十二家集本，九行十八字，白口，左右雙闌。余藏。

〔補〕**阮嗣宗集二卷** 魏阮籍撰。○明嘉靖二十二年范欽刊本，九行二十字，白口，四周單闌。卷首題"鄞范欽、吉陳德文校刊"。前有陳德文序，言范欽刊之宜春云云。余藏。○明萬曆間程榮刊本，九行二十字，白口，左右雙闌。從范欽宜春刊本出。○明萬曆間汪士賢刊漢魏六朝二十一名家集本，九行二十字，白口，四周單闌。○明刊漢魏六朝諸家文集二十二種本，九行二十字，白口，左右雙闌。○明崇禎潘璁刊阮陶合刻本。行欵同上。

〔補〕**阮嗣宗集四卷** 魏阮藉撰，明阮漢聞校。○明天啟三年尉氏令及朴刊本，十行二十字，白口，四周雙闌。前天啟四年靳于中、及朴序。詩文篇數與范欽本同，字句時有異處。余藏。

〔補〕**增定阮步兵集五卷** 魏阮藉撰**附錄一卷** ○明天啟、崇禎間張燮七十二家集本，九行十八字，白口，左右雙闌。余藏。

〔補〕**傅鶉觚集六卷** 晉傅玄撰**附錄一卷** ○明天啟元年刊張燮七十二家集本，九行十八字，白口，左右雙闌。有天啟辛酉序。余藏。

〔補〕**傅鶉觚集一卷** 晉傅玄撰。○明末張溥編刊漢魏六朝百三集本，九行十八字，白口，左右雙闌。

〔補〕**傅鶉觚集五卷** 晉傅玄撰**傅子校勘記一卷** 清方濬師輯。○清光緒二年方氏退一步齋廣州刊本。二冊。余藏。

〔補〕**晉司隸校尉傅玄集三卷** 晉傅玄撰，今人葉德輝輯。○清光緒二十八年刊觀古堂所著書本。一冊。

〔補〕**潘黃門集六卷** 晉潘岳撰**附錄一卷** ○明天啟、崇禎間張燮輯刻七十二家集本，九行十八字，白口，左右雙闌。

〔補〕**潘黃門集六卷** 晉潘岳撰。○明萬曆、天啟間汪士賢輯刻漢魏六朝二十一名家集本，九行二十字，白口，四周單闌。○明刊漢魏六朝諸家文集二十二種本，九行二十字，白口，左右雙闌。余藏。余據宋本文選、太平御覽及校本藝文類聚校。

〔補〕**潘太常集一卷** 晉潘岳撰。○明末張溥編刊漢魏六朝百三家集本，九行十八字，白口，左右雙闌。

陸士龍集十卷 晉陸雲撰。○明正德己卯陸元大刻，都穆跋。○汪士賢重校宋徐民瞻所刻二俊集各十卷，此目有雲集而不出機集，豈未見合刻全部耶。○百三名家本二卷。

〔附〕○韓小亭藏宋刊本。○張目有景鈔宋慶元本（邵氏）

〔補〕**陸士龍文集十卷** 晉陸雲撰。○宋慶元二年華亭縣學刊晉二俊文集本，十一行二十字，白口，左右雙闌。失序跋，據明陸元大刊本前慶元庚申徐民瞻二俊文集序，知其即華亭縣學刊本。有文徵明玉蘭堂印，王寵辛夷館印及項元汴、季振宜、徐乾學、朱學勤藏印。朱氏之婿張幼樵藏，近歸潘宗周。○明正德十四年陸元大刊晉二俊文集本，十行十八字，白口，左右雙闌。有都穆跋，言吳士陸元大據其所藏宋本二俊文集覆刻云云。余藏一帙，用明鈔宋本校。此本已印入四部叢刊。○明萬曆間瑞桃堂刊晉二俊文集本。○明萬曆間汪士賢刊漢魏六朝二十一名家集本，九行二十字，白口，四周單闌。○明刊漢魏六朝諸家文集二十二種本，九行二十字，白口，左右雙闌。

〔補〕**陸士龍集四卷** 晉陸雲撰。○明萬曆靜紅齋刊本，十行十八字，白口，左右雙闌。只收詩賦。○明嘉靖間刊六朝詩集二十四種本，十行十八字，白口，左右雙闌。金藏。

〔補〕**陸清河集二卷** 晉陸雲撰。○明末張溥編刊漢魏六朝百三家集本。九行十八字，白口，左右雙闌。

〔補〕**陸清河集八卷** 晉陸雲撰**附錄一卷** ○明天啟、崇禎間刊張燮七十二家集本，九行十八字，白口，左右雙闌。余藏，殘存四卷。

〔增〕**陸士衡文集十卷** 晉陸機撰。○宋慶元庚申知華亭縣信安徐民瞻合刻二俊集本。阮文達撫浙時得影鈔本，進呈內府。○汪士賢刻本。

〔補〕○明正德十四年陸元大刊晉二俊文集本，十行十八字，白口，左右雙闌。前慶元庚申知華亭縣徐民瞻晉二俊文集叙，言自鄉曲得士衡集十卷，自册府得士龍集十卷，亟繕寫鋟木云云。後有正德己卯都穆跋，云以家藏宋華亭縣學刊本傳吳士陸元大刻之。此本已印入四部叢刊。余有一帙，余用陳鱣臨陸貽典校宋本校。○明萬曆間瑞桃堂刊晉二俊文集本。○清寫本，十一行二十字，無格。行欵與宋本同，宋諱缺筆，從宋慶元刊二俊文集本出。余藏。

〔補〕**陸士衡集十卷** 晉陸機撰。○明萬曆間汪士賢刊漢魏六朝二十一名家集本，九行二十字，白口，四周單闌。○明萬曆間刊漢魏六朝諸家文集二十二種本，九行二十字，白口，左右雙闌。

〔補〕**陸平原集八卷** 晉陸機撰**附錄一卷** ○明天啟、崇禎間刊張燮七十二家集本，九行十八字，白口，左右雙闌。余藏。

〔補〕**陸士衡集七卷** 晉陸機撰。○明嘉靖間刊六朝詩集本，十行十八字，白口，左右雙闌。余藏。

〔補〕**陸平原集二卷** 晉陸機撰。○明末張溥編刊漢魏六朝百三家集本，九行十八字，白口，左右雙闌。

〔補〕**陸士衡集十卷** 晉陸機撰**札記一卷** 清錢培名撰。○清咸豐四年錢氏自刊小萬卷樓叢書本。

〔增〕**支遁集二卷** 晉釋支遁字道林，姓關氏，陳留人，或云河東林慮人。太原王濛甚重之。隋志載支遁集八卷，註云梁十三卷。唐志載十卷，宋志無。讀書敏求記及述古堂書目載二卷，知缺佚多矣。○是編依汲古閣舊抄過錄，上卷詩十八首，下卷書銘讚十五首。阮氏以進呈。○嘉慶乙丑僧寒石刻。○明支硎山本，可。○道光中潘錫恩刻本，佳。

〔補〕○僧寒石刻本據明嘉靖中禮部郎楊儀鈔本。今鈔本歸莫氏。（眉）

〔補〕**支遁集二卷** 晉釋支遁撰。○明嘉靖十四年楊儀七檜山房寫本，十行十八字，余曾傳錄一帙。釋寒石曾據此本刻本行世。

〔補〕**支道林集一卷** 晉釋支遁撰。**外集一卷** 明史玄輯。○明末吳家駧刊本，九行二十字。一冊。余藏。

〔補〕**陶淵明集十卷** 晉陶潛撰。○宋刊本，十行十六字，白口，左右雙闌。汲古閣毛氏、黃丕烈遞藏，黃氏陶陶室藏二陶集之一。前人號為北宋本，然其字體雕工頗與余藏樂府詩集相近，或是南宋初杭本。海源閣藏。○影寫宋刊本，行欵同上。有郁松年藏印。蔣君汝藻藏。

〔補〕**陶淵明集十卷** 晉陶潛撰**附錄二卷** ○明嘉靖二十四年吳門龔雷刊本，九行十七字，白口，左右雙闌。

〔補〕**陶淵明文集十卷** 晉陶潛撰。○清初毛氏汲古閣刊本，九行十五字。○清嘉慶二十年京江魯氏刊巾箱本，從汲古閣本出。

陶淵明集八卷 晉陶潛撰。明正德辛未林位刻本。○嘉靖癸未何孟春註刻本。○萬曆己卯華亭蔡汝賢刻本。○萬曆丁亥休陽程氏刻本。○明註刻本，十卷。○明谷園刻六卷本。○明新安吳汝紀仿宋本，十卷，與韋應物集合刻。○明閔氏套板本。○百三家本一卷。○汲古閣刻十卷，附吳仁傑所編年譜。○嘉靖十三年魯氏刻仿宋東坡手書本，十卷，佳。○道光壬辰海鹽陳氏刻本。道光間陶文毅澍輯註刻本，十卷，附年譜攷異二卷。○汲古閣有宋巾箱本，每半頁十行，行十六字，末有治平三年思忱跋，近旌德有仿刻，佳。○紹熙間贛川曾集本。○黃丕烈有汲古所藏北宋刻本。

〔附〕○宋刊不分卷本，藝芸書目。○南宋末年刊本，附晉書本傳，見天祿後目。○明嘉靖戊申翻宋蔣氏本。○宋十卷本。○明焦弱侯本。○潘子京刻揚州三集本。○道光楊需刊巾箱本。（邵氏）

〔補〕○明嘉靖二十九年江寧王懷易堂刊本，九行二十字，白口，左右雙

闌。版心有"懷易堂"三字。前嘉靖庚戌江寧王懷易道人序,後有其
長男朱載璞跋。

〔補〕**陶淵明集八卷**　晉陶潛撰**卷首一卷卷末一卷**　○清光緒五年
粵中翰墨園刊五色套印本。二冊。余藏。

〔補〕**陶靖節先生集八卷**　晉陶潛撰**附錄一卷**　○明萬曆三十一年
吳汝紀刊本,九行十五字,白口,左右雙闌。有萬曆三十一年焦竑
序,云友人以宋刻見遺,篇次與昭明舊本胐合,以授吳汝紀刻之。

〔補〕**陶靖節集八卷**　晉陶潛撰**總論一卷**　○明凌濛初朱墨印本,八
行十八字,白口,四周單闌。有焦竑序,凌濛初跋。從吳汝紀本出。

〔補〕**陶靖節集八卷**　晉陶潛撰。○明崇禎間天都潘璁輯刻阮陶合集
二種本,九行十八字,白口,左右雙闌。與阮嗣宗集二卷合刻。余
藏。

〔補〕**陶淵明全集四卷**　晉陶潛撰。○明白鹿齋刊陶李合刻本,竹節
欄,九行十七字,二冊。余藏。

〔補〕**陶淵明集四卷**　晉陶潛撰。○明末精刊本,竹節欄,七行十七
字,左上有"蔡中郎竹册"五字。二冊。余藏。

〔補〕**陶淵明集四卷**　晉陶潛撰**總評一卷**　○清康熙間卓爾堪、張潮
等輯刻三家詩本,十一行二十一字,細黑口,左右雙闌。

〔補〕**陶彭澤詩四卷**　晉陶潛撰。○清乾隆二十九年姚培謙刊陶謝詩
集本。余藏。

〔補〕**重纂陶彭澤集五卷**　晉陶潛撰**附錄一卷**　○明天啟二年刊張
燮七十二家集本,九行十八字,白口,左右雙闌。有天啟壬戌序。余
藏。

〔補〕**陶靖節集二卷**　晉陶潛撰**參疑一卷**　明毛晉撰**雜附一卷**　○
明天啟五年毛晉綠君亭刊本,八行十八字,下有"綠君亭"三字。

〔補〕**陶彭澤集一卷**　晉陶潛撰。○明末張溥編刊漢魏六朝百三家集

本,九行十八字,白口,左右雙闌。

〔補〕**陶淵明詩不分卷** 晉陶潛撰。○宋紹熙三年曾集南康軍刊本,
十行十六字,白口,左右雙闌。前紹熙壬子曾集序,手書上版。此本
前詩後文,唯删去五孝贊及集聖賢羣輔錄,但取其詩文精粹。全書
七十葉,雕鎪甚工。海虞瞿氏藏,已印入續古逸叢書中。

〔增〕**陶靖節詩註四卷** 宋湯漢註。○有宋本,在海昌吳氏,吳騫校刻
入愚谷叢書中。漢字伯紀,鄱陽人,淳祐間充史館校書,官至端明殿
學士,諡文清。人品為真德秀所重,宋史有傳。淵明述酒之作讀者
幾不省為何語,漢云窺見其指,詳加箋釋,以及他篇有宜發明者,亦
併著之,清言微旨,抉出無遺。馬端臨以為淵明異代知己。擬古詩
"聞有田子泰",魏志正作"泰",今本多譌"春"。他佳處尤夥。○阮
氏影宋本進呈。

〔附〕○萬曆丙子周敬松刻本,勞堪序。每詩後附諸家評論,皆宋人也。
間亦有注。末列諸家跋,最末紹興十年無名氏跋。蓋亦據舊本刻
行,特非佳本耳。(眉)○又得嘉靖丙午毘陵蔣移齋刻本十卷,首載
總論,年譜吳仁傑,亦附諸家評論。殷、敬、完皆缺筆。每卷末記字
數。雖汲古所謂縮本之誤皆同,然固亦出自宋本也。末有紹興十年
刻書缺名跋。前記萬曆本亦同,但無總論年譜。(眉)

〔補〕**陶靖節先生詩註四卷補註一卷** 宋湯漢撰。○宋刊本,七行
十五字,白口,左右雙闌。清周春、黃丕烈跋。黃丕烈陶陶室藏二陶
集之一。海源閣藏。此為湯注之最初本,海內孤本。

〔補〕**陶靖節先生詩四卷補註一卷** 晉陶潛撰宋湯漢註**附錄一卷**
元吳師道撰。○清乾隆五十一年吳騫輯刻拜經樓叢書本。此書吳
氏先以宋刊本校於萬曆楊時偉本上。原書為鮑廷博贈張燕昌者,吳
氏假出校臨一本,原書旋為周春轉假不還,故上版時據此校本,視宋
本不無小異。

〔補〕**篆註陶淵明集十卷** 宋湯漢篆註**總論一卷** 宋李公煥輯。○
元刊本，九行十六字，細黑口，左右雙闌。首序，次目錄，次總論。正
文頂格，註低三格，大字。此書傳世尚多，以余所見不下四五帙，日
本內閣文庫亦有一帙。涵芬樓有一帙，已印入四部叢刊初編中。○
明初翻元本，行欵同，唯改為四周雙闌或四周單闌。內一本四周雙
闌，有吳焯跋，云是元翻宋本。

〔補〕**陶靖節集十卷** 晉陶潛撰，宋湯漢等篆註。**總論一卷** 宋李公
煥輯。○明嘉靖二十五年毘陵蔣孝刊本，九行十八字，白口，左右雙
闌。序後有"毘陵蔣氏梓於家塾"牌記二行，總論後有"嘉靖丙午毘
陵蔣孝校刊"牌記二行。○明嘉靖二十七年九江郡齋刊本，九行十
八字，白口，左右雙闌。有嘉靖二十七年華云序，云取蔣氏本翻雕。
有王廷幹跋。○明刊本，行欵同上。有刊工名。○明萬曆四年周敬
松刊本，八行十八字，白口，四周單闌。○明萬曆七年蔡汝賢刊本，
九行十八字，白口，四周單闌。○明萬曆十五年休陽程氏刊本，九行
十八字，白口，左右雙闌。清查慎行批，張宗栴校。余收得，後歸之
張君元濟。○明刊漢魏六朝諸家文集二十二種本，九行二十字，白
口，左右雙闌。余藏。余據元刊本校。

〔補〕**陶淵明集** 晉陶潛撰，宋湯漢等篆註**附錄一卷** ○明南亭彈琴
室刊本，九行二十字，白口，左右雙闌，版心下方有"彈琴室"三字。
前後失刊書序跋，唯存昭明一序。卷三末有"南亭彈琴室栞"牌記。

〔補〕**陶靖節集八卷** 晉陶潛撰，宋湯漢等篆註。**蘇東坡和陶詩二
卷** 宋蘇軾撰**附錄一卷** ○明萬曆四十七年楊時偉刊合刻忠武靖
節二編本，九行十八字，白口，四周單闌。清吳騫據宋刊陶靖節先生
詩註四卷本校並手寫補註於每句下。後有二跋，稱四卷本見于文獻
通考，傳世絕少，鮑廷博有一本，贈予張燕昌，渠自張氏借來錄於此
本上。宋本旋為周春賺去不還，後售之黃丕烈，因據此錄本重刊行

世云云。據此，則此本為拜經樓刊本之底本也。

〔補〕**陶靖節集十卷** 晉陶潛撰，明何孟春注。○明正德刊本，十行二
　　十字，白口，四周單闌。有陳察、何孟春序，又何氏自跋。○明萬曆
　　間縣眇閣刊本，八行二十字，白口，四周單闌，版心下方有“縣眇閣”
　　三字。

〔補〕**李卓吾批選陶淵明集二卷** 晉陶潛撰，明李贄評。○明萬曆
　　四十三年刊本，九行十九字，白口，四周單闌。與王摩詰集合刻，題
　　李卓吾先生合選陶王集。

〔補〕**陶詩彙注四卷首一卷末一卷** 清吳瞻泰撰**論陶一卷** 清吳崧
　　撰。○清康熙間拜經堂刊本。二册。余藏。○民國三年刊雲南叢
　　書本，清許印芳增訂。四庫存目。

〔補〕**靖節先生集十卷首一卷** 晉陶潛撰，清陶澍注。**評陶彙集一**
　　卷年譜考異一卷 ○清道光二十年刊本。余藏。

璇璣圖詩讀法一卷 詩蘇蕙撰，讀法明康萬民作。總集之古詩紀及
　　回文類聚皆載之。

〔補〕**宋傅光祿集一卷** 劉宋傅亮撰。○明末張溥編刊漢魏六朝百三
　　家集本，九行十八字，白口，左右雙闌。

〔補〕**傅光祿集二卷** 劉宋傅亮撰。○清光緒間大興傅以禮刊本。一
　　册。余藏。

〔補〕**謝康樂集四卷** 劉宋謝靈運撰。○明萬曆間汪士賢刊漢魏六朝
　　二十一名家集本，九行二十字，白口，四周單闌。○明刊漢魏六朝諸
　　家文集二十二種本，九行二十字，白口，左右雙闌。○明萬曆十一年
　　沈啟原刊本，九行十八字，白口，左右雙闌。有萬曆十一年焦竑序，
　　云為沈氏輯成者，較黃省曾本增詩賦若干首。

〔補〕**謝康樂集八卷** 劉宋謝靈運撰。**附錄一卷** ○明天啟、崇禎間
　　刊張燮七十二家集本，九行十八字，白口，左右雙闌。有序，未紀年。

余藏。

〔補〕**謝康樂集一卷**　劉宋謝靈運撰。○明嘉靖二十二年薛應旂刊六朝詩集本，十行十八字，白口，左右雙闌。

〔補〕**謝靈運集二卷**　劉宋謝靈運撰。○清康熙間張潮、卓爾堪編刊三家詩本，十一行二十一字，細黑口，左右雙闌。寫刻精善。附總評一卷。

〔補〕**謝康樂詩三卷**　劉宋謝靈運撰。○清乾隆二十九年姚培謙刊陶謝詩集本。

〔補〕**謝康樂集二卷**　劉宋謝靈運撰。○明末張溥刊漢魏六朝百三家集本，九行十八字，白口，左右雙闌。

鮑參軍集十卷　宋鮑照撰。○明正德庚午朱應登活字本，即四庫著錄之都穆本。○明汪士賢刻。○明程榮刻。○百三名家本，二卷。○近年揚州刻本。○靜持室有顧沅以宋本校汪刻本。陽湖孫氏有影宋寫本，係本鮑集原文。

〔附〕○宋刊本，十行十六字。○张目有毛校舊鈔本。（邵氏）

〔補〕**鮑氏集十卷**　劉宋鮑照撰。○明正德五年朱應登刊本，十行十七字，白口，左右雙闌。前有虞炎撰鮑照集序。清毛扆用宋本校。據跋，宋本為十行十六字。有毛扆、黃丕烈、席鑑、張金吾藏印。涵芬樓藏，已印入四部叢刊初編中。○明刊本，十一行二十字，每卷前目連正文。鈐項篤壽、朱彝尊藏印。李木齋先生藏。

〔補〕**鮑明遠集十卷**　劉宋鮑照撰。○明萬曆間汪士賢刊漢魏六朝二十一名家集本，九行二十字，白口，左右雙闌。余藏，余據毛扆校宋本校。○明刊漢魏六朝諸家文集二十二種本，九行二十字，白口，左右雙闌。

〔補〕**鮑氏集八卷**　劉宋鮑照撰。○明嘉靖二十二年薛應旂刊六朝詩集本，十行十八字，白口，左右雙闌。

〔補〕**鮑參軍集六卷** 劉宋鮑照撰**附錄一卷** ○明崇禎二年刊張燮七十二家集本，九行十八字，白口，左右雙闌。有崇禎乙巳序。余藏。

〔補〕**鮑參軍集二卷** 劉宋鮑照撰。○明末張溥編刊漢魏六朝百三家集本，九行十八字，白口，左右雙闌。

謝宣城集五卷 齊謝朓撰。○宋紹興戊寅樓炤刻本。○明正德六年劉紹刻于武功。○嘉靖丁酉黎晨刻。○萬曆己卯宣城重刻。○明汪士賢刻。○百三名家本，一卷。○康熙丁亥郭威釗刻六卷。○吳騫校刻本。○揚州刻本。○天祿書目宋板附宣城詩集五卷。○宋樓炤集序後有嘉定庚辰鄱陽洪汲識，稱樞密樓公鋟本距今六十四年，字畫漫毀，不可讀用，再刻于郡齋。

〔補〕○明嘉靖二十二年薛應旂刊六朝詩集本，十行十八字，白口，左右雙闌。無序目。卷二、卷五沿黎晨本之誤，因知從黎本出。○明萬曆七年史元熙攬翠亭刊本，八行十七字，白口，四周雙闌，版心有"攬翠亭"三字。有史氏序，云梅鼎祚校，補入宋樓炤序及南齊書本傳。余用宋刊殘本校過，知已改易宋刊舊第矣。○明萬曆、天啟間汪士賢刊漢魏六朝二十一名家集本，九行二十字，白口，四周單闌。從黎晨本出，亦沿其誤。又補入佚詩，內三首複出。○明刊漢魏六朝諸家文集二十二種本，九行二十字，白口，左右雙闌。

〔補〕**謝宣城詩集五卷** 南齊謝朓撰。○宋嘉定十三年洪伋覆刻紹興二十七年樓炤刊本，十行十八字，白口，左右雙闌，版心上記字數，下記刊工人名，有侯琦、潘暉等。存卷一至二，劉啟瑞藏，內閣大庫佚書。余嘗借校，二卷中訂正康熙郭威釗本達三百三十三字之多。後余為借李木齋先生藏影宋鈔本鈔配成全帙。此書舊為十卷，至紹興間樓炤始取前五卷詩賦單刊，後五卷遂不傳。○影寫宋嘉定十三年洪伋刊本，十行十八字。卷末有紹興丁丑樓炤舊跋及嘉定庚辰洪伋刊書跋。李木齋先生藏，余曾借校于吳騫拜經樓本上。然余取劉啟瑞藏宋刊本首二卷核之，時有訛舛，疑影寫所據底本有漶漫處，因而致誤。○明末寫本，十行二十字。末有樓炤跋。鈐毛晉、季振宜、徐乾學藏印。涵芬樓藏，已印入四部叢刊。○清康熙四十九年蔣杲手寫本，九行二十字。有康熙庚寅跋，云借何焯校本手錄。有韓應陛跋。周叔弢藏。○清乾隆丙辰半查氏錄何焯校宋本，余曾臨校於拜經樓本上。所舉宋本異處多與嘉定洪伋本不合。疑何焯所據或是別一宋本。半查當是馬曰璐。○清嘉慶元年吳騫刊拜經樓叢書本，十行二十字，細黑口，左右雙闌。此書吳氏復宋刊舊第，然余曾取影寫宋刊本及馬曰璐臨何焯校宋本校之，知吳氏固未見宋本，第取盧文弨傳校本付梓，故訛誤處正復不尠。

〔補〕**謝朓集五卷**　南齊謝朓撰。○明嘉靖十六年黎晨刊本，十一行二十二字，白口，左右雙闌。前正德辛未康海序，後有嘉靖丁酉黎辰跋，知為宣城翻刻正德六年劉紹武功刊本復以舊抄本重校者也。其次第與宋本大體不異，唯卷二同諸公賦鼓吹曲、卷五詠樂器、玩物詩題人名紊亂致誤，訛字亦多，以後諸本皆沿誤。天一閣佚出之書，為余收得。

〔補〕**謝宣城集六卷**　南齊謝朓撰**附錄一卷**　○天啟末刊張燮七十二家集本，九行十八字，白口，左右雙闌。增入文十九首，然將詩之次第悉予變更。

〔補〕**謝宣城集六卷**　南齊謝朓撰**首一卷**　○清康熙四十六年郭威釗覽軒刊本，九行十八字，白口，四周單闌。依張燮本改為六卷。余用宋刊殘本校首二卷，改訂三百餘字。

〔補〕**謝宣城集一卷**　南齊謝朓撰。○明末張溥編刊漢魏六朝百三家集本，九行十八字，白口，左右雙闌。

昭明太子集六卷　梁昭明太子撰。○明嘉興葉紹泰刻本，六卷。○明張燮刻本，五卷。○明楊慎等校定，遼府寶訓堂刻，五卷，在嘉靖

乙卯，較葉刻為古。○汪士賢刻亦五卷。○百三名家一卷。○天祿
書目有宋淳熙八年刻本，五卷。

〔附〕○明重刊遼府本。○揚州本。○天祿後目有宋淳熙八年袁說友
刻五卷本。（邵氏）

〔補〕**梁昭明太子文集五卷** 梁蕭統撰。○明嘉靖三十四年周滿刊
本，九行二十字，白口，四周雙闌。軟體字。前梁簡文帝序，後淳熙
八年袁說友舊跋及嘉靖三十四年周滿刊書跋，云得本於皇甫汸，楊
慎、周復俊校。本書題楊慎、周滿、周復俊、皇甫汸校。北京圖書館
藏，余曾借校，改訂張變本五百十五字。○明嘉靖間遼藩寶訓堂刊
本，八行十六字，白口，左右雙闌。從周滿本出，卷首次行題“大明遼
國寶訓堂重梓”。清張紹仁用周滿本校並跋。李滂藏。此書版後即
收入漢魏六朝諸家文集二十二種中。○劉世珩玉海堂刊本，八行十
六字，云據清內府藏宋本翻雕。余曾取校寶訓堂本，卷一補八十四
字，卷四補四十字。

〔補〕**梁昭明太子集五卷** 梁蕭統撰**附錄一卷** ○明天啟元年刊張
變七十二家集本，九行十八字，白口，左右雙闌。有重光作噩序，刊
於天啟辛酉也。余曾校過，較嘉靖周滿、寶訓堂二本增三賦、六詩、
雜文十一、七契一，皆輯自他書者。

〔補〕**梁昭明太子集六卷** 梁蕭統撰。○明末刻梁代帝王合集二十
四卷本，九行二十字。四冊，余藏。尚有武帝八卷、元帝八卷、宣帝
一卷、諸王一卷。

〔補〕**梁昭明太子集五卷** 梁蕭統撰**補遺一卷** ○清光緒二十三年
盛宣懷刊常州先哲遺書本，在第一集，從影寫宋刊本出。

〔補〕**沈隱侯集四卷** 梁沈約撰，明沈啟原輯。○明萬曆十三年沈啟
原刊本，九行十八字，白口，左右雙闌。前萬曆張之象序。本書卷首
撰人下題沈啟原輯、沈啟南校。據張序，所刻尚有謝康樂集四卷，余

嘗於書肆一見，行欵與此同，值昂未收。

〔補〕**沈隱侯集五卷**　梁沈約撰。○明萬曆間新安程榮刊本，九行二十字，白口，左右雙闌。前有張之象序，知自沈啟原本出。

〔補〕**重纂沈隱侯集十六卷**　梁沈約撰**附錄一卷**　○明天啟二年刊張燮七十二家集本，九行十八字，白口，左右雙闌。有天啟壬戌序。

〔補〕**沈隱侯集十六卷**　梁沈約撰，明岳元聲評。○明崇禎間岳元聲刊本，九行二十字，行間加標點，文後及闌上加評語。無序跋，其分卷及卷末附遺事、集評，與張燮七十二家集本同，疑自張本出。以上諸本分卷雖異，而文字實無增損，皆出於沈啟原本。

〔補〕**沈隱侯集二卷**　梁沈約撰。○明末張溥編刊漢魏六朝百三家集本，九行十八字，白口，左右雙闌。

〔補〕**梁沈約集一卷**　梁沈約撰。○明嘉靖二十二年間薛應旂覆刊六朝詩集本，十行十八字，白口，左右雙闌。

〔補〕**梁江文通文集十卷**　梁江淹撰。○明翻宋本，十行十八字，白口，左右雙闌。宋諱缺筆。修綆堂見。又一帙，馮舒校。此本已印入四部叢刊中。○酈宋樓有南宋書棚本，計二百六十九篇，較汪士賢本多知己賦一首，較張刻多讓太傅揚州牧表一首。

〔補〕**江文通文集十卷**　梁江淹撰。○明萬曆間汪士賢刊漢魏六朝二十一名家集本，九行二十字，白口，四周單闌。○明刊漢魏六朝諸家文集二十二種本，九行二十字，左右雙闌。余據馮舒校元本校。

〔補〕**醴陵集十卷**　梁江淹撰。○清乾隆間江昉刊本，九行二十一字，白口，四周單闌。五冊，余藏。同時所刊尚有何水部集二卷，行欵同。

江文通集四卷　梁江淹撰。○宋本十卷，半頁十行，行十八字。○敏求記八卷本。靜持室有錢曾藏翻宋本。○明胡人驥彙汪本，十卷。

○梅鼎祚校刻本，附集遺本傳。○百三家集二卷。○汪士賢刻十卷。○乾隆戊寅梁賓刻四卷。○揚州江氏刻十卷。

〔補〕**江文通集四卷** 梁江淹撰。○明嘉靖二十二年薛應旂刊六朝詩集本，十行十八字，白口，左右雙闌。余藏。

〔補〕**江文通集四卷** 梁江淹撰**本傳一卷** ○清乾隆二十四年考城安愚堂刊本，版心有"安愚堂"三字。四册。余藏。

〔補〕**江光祿集八卷** 梁江淹撰。○明萬曆間梅鼎祚玄白堂刊本，九行十八字，白口，左右雙闌，版心下方有"玄白堂"三字。卷首三行標"明宣城梅鼎祚禹金校，從弟蕃祚子馬閱"。述古堂見。

〔補〕**江醴陵集十四卷** 梁江淹撰**附錄一卷** ○明天啟、崇禎間刊張燮七十二家集本，九行十八字，白口，左右雙闌。題"明閩漳張燮紹和纂"。

〔補〕**江醴陵集二卷** 梁江淹撰。○明末張溥編刊漢魏六朝百三家集本。

〔增〕**華陽隱居集二卷** 梁陶宏景撰。宏景有真誥，已著錄。隋唐志皆有陶宏景集三十卷，隋又有內集十五卷，此僅二卷，尚不及舊編之十一。○從明道藏本錄出，阮氏以進呈。○明時有黃省曾編刻本。○汪士賢刻貞白集二卷，卽黃省曾編本。

〔補〕○明正統道藏本，在太玄部。已印入道藏舉要中。○清道光二十三年金山錢氏刊指海本，在第二十集。

〔補〕**梁陶貞白先生文集二卷** 梁陶弘景撰，明黃省曾編。○明嘉靖三十一年刊本，八行十六字，白口，四周單闌。有黃注序，稱得黃省曾鈔本，為增文二篇，竄補字二百五十有奇。本書卷首題黃省曾編，黃注校。後有嘉靖三十一年俞獻可跋。又有胡直序，云黃注屬蕭斯馨古翰樓出資刻之。天一閣佚出之書，余代李木齋先生收得。

〔補〕**陶貞白集二卷** 梁陶弘景撰。○明萬曆間刊漢魏六朝諸家文集

二十二種本，九行二十字，白口，左右雙闌。余據明葉奕寫本校並錄
諸跋。又一帙，余據明嘉靖史臣紀寫本校。

〔補〕**貞白先生陶隱居文集一卷** 梁陶弘景撰**傳記一卷** ○明嘉靖
　　二十三年史臣紀傳鈔宋紹興十三年陳桷刊本，九行十六至十九字不
　　等，無闌格。本書卷首二、三行題傅霄編集、陳桷校勘鏤版。此乃明
　　人刊書體例，非宋刊所宜有，疑是史氏蛇足。卷末有紹興癸亥陳桷
　　序。有嘉靖辛酉史臣紀跋，云嘉靖甲辰文嘉假宋本手錄，余亦寫此
　　册。越十載，又得贛本，增校四首。有汲古閣藏印，吳士鑑觀欵。周
　　叔弢藏。

〔補〕**貞白先生陶隱居文集一卷** 梁陶弘景撰。○明葉奕、奚靜宜、
　　李涵仲合寫本，有葉奕跋，並錄文嘉、徐濟忠二跋。有彭元瑞跋。李
　　木齋先生藏。

〔補〕**陶隱居集四卷** 梁陶弘景撰**附錄一卷** ○明天啟七年刊張燮七
　　十二家集本，九行十八字，白口，左右雙闌。

〔補〕**陶隱居集一卷** 梁陶弘景撰。○明末張溥編刊漢魏六朝百三家
　　集本，九行十八字，白口，左右雙闌。

〔補〕**華陽隱居集二卷** 梁陶弘景撰，清嚴可均輯。○清光緒二十九
　　年葉德輝刊觀古堂彙刻書本，在第一集。

何水部集一卷 梁何遜撰。○明正德丁丑張紘刻。○明錢塘洪瞻祖
　　合刻陰何詩集二卷。○又明刻三卷，天啟本。○敏求記有舊刻舊鈔
　　兩本，竝題陰何集。連陰常侍詩集一卷。○百三名家一卷。○陽湖
　　孫氏書目謂雍正間項道暉刻多于張紘本。○乾隆十九年江昉刻，據
　　洪本。

〔附〕○汲古閣有元人鈔本。（邵氏）

〔補〕**何水部詩集一卷** 梁何遜撰。○明正德十二年張紘刊本，十行
　　二十字。有正德十二年張紘跋。繆氏藝風堂藏。○明洪瞻祖詒孫

校刊本，十行二十字，白口，四周單闌。尚有陰鏗詩一卷，合稱殷何詩集。李木齋先生藏。

〔補〕**何記室集三卷** 梁何遜撰**附錄一卷** ○明天啟、崇禎間刊張燮七十二家集本，九行十八字，白口，左右雙闌。余據蔣氏茹古精舍寫本校，補端平丙申趙與懃跋一首。

〔補〕**何水部集二卷** 梁何遜撰。○明嘉靖二十二年薛應旂刊六朝詩集本，十行十八字，白口，左右雙闌。○清雍正二年項氏羣玉書堂刊本，十一行二十一字，白口，四周單闌。寫刊本，鋟雕精美。一冊。余藏。○清乾隆十九年江昉貽清堂刊本，九行二十一字，白口，四周單闌。余據明刊本校。

〔補〕**何記室集一卷** 梁何遜撰。○明末張溥編刊漢魏六朝百三家集本，九行十八字，白口，左右雙闌。

〔補〕**梁劉孝綽集一卷** 梁劉孝綽撰。○明嘉靖二十二年薛應旂刊六朝詩集本，十行十八字，白口，左右雙闌。與書棚本行欵合，同刻尚有三謝、陰鏗、王褒等，共二十四種，即莫目所記之明仿宋本。

〔補〕**劉秘書集二卷** 梁劉孝綽撰**附錄一卷** ○明天啟五年刊張燮七十二家集本，九行十八字，白口，左右雙闌。有天啟乙丑序。

〔補〕**劉秘書集一卷** 梁劉孝綽撰。○明末張溥編刊漢魏六朝百三家集本，九行十八字，白口，左右雙闌。

〔增〕**劉孝威詩集一卷** 梁劉孝威撰。○舊鈔本。

〔附〕○明刻本孝威、孝綽詩，似是仿宋，與謝、王、陰諸集同，蓋係合刻古人集者。又見有名人諸集亦相類。曾收一本，似明仿宋刻各集之零種。又有陰常侍集。（眉）

〔補〕**梁劉孝威集一卷** 梁劉孝威撰。○明嘉靖二十二年薛應旂刊六朝詩集本，十行十八字，白口，左右雙闌。

〔補〕**劉庶子集一卷** 梁劉孝威撰。○明末張溥編刊漢魏六朝百三家集本。九行十八字，白口，左右雙闌。

〔補〕**劉中庶集二卷** 梁劉孝威撰**附錄一卷** ○明天啟、崇禎間刊張
燮七十二家集本，九行十八字，白口，左右雙闌。

〔增〕**張正見詩一卷** 陳張正見撰。○舊鈔本。

〔補〕**張散騎集二卷** 陳張正見撰**附錄一卷** ○明天啟、崇禎間刊張
燮七十二家集本，九行十八字，白口，左右雙闌。

〔補〕**陳張散騎集十卷** 陳張正見撰。○明末張溥編刊漢魏六朝百三
家集本，九行十八字，白口，左右雙闌。

〔補〕**陰常侍集一卷** 陳陰鏗撰。○明嘉靖二十二年薛應旂刊六朝詩
集二十四種本，十行十八字，白口，左右雙闌。余藏。余用吳騫傳錄
盧文弨藏舊鈔本校，補咏鶴詩一首。○明錢塘洪瞻祖刊陰何集本，
十行二十字，白口，四周單闌。李木齋先生藏。

〔補〕**陰晉陵集一卷** 陳陰鏗撰，清周春輯。○清寫本。吳騫跋，言為
周春所輯，後假得盧文弨藏舊寫本，為別一人所輯，視周本多詩數
首，因錄副本，其附錄詩話則周氏所輯云云。余嘗以此本校明嘉靖
刊六朝詩集本，補詩一首，而嘉靖本中之罷故障、蜀道難、昭君怨三
首則為此本所無。

〔補〕**陰常侍詩集一卷** 陳陰鏗撰，清張澍輯。○清道光元年張氏自
刊二酉堂叢書本。

〔補〕**庾開府詩集四卷** 北周庾信撰。○明正德十六年朱承爵刊本，
十一行二十字，白口，左右雙闌。二冊。余藏。

〔補〕**庾開府集二卷** 北周庾信撰。○明嘉靖二十二年薛應旂刊六朝
詩集二十四種本，十行十八字，白口，左右雙闌。余藏。○明末張溥
編刊漢魏六朝百三家集本，九行十八字，白口，左右雙闌。

〔補〕**庾開府詩集六卷** 北周庾信撰。○明嘉靖、隆慶間朱曰藩刊本，
十行十八字，白口，左右雙闌。

〔補〕**庾開府集十二卷** 北周庾信撰。○明萬曆間汪士賢刊漢魏六朝二十一名家集本，九行二十字，白口，四周單闌。○明刊漢魏六朝諸家文集二十二種本，九行二十字。白口，左右雙闌。

〔補〕**重纂庾開府集十六卷** 北周庾信撰。**附錄一卷** ○明天啟元年刊張燮七十二家集本，九行十八字，白口，左右雙闌。

〔補〕**庾子山集十六卷** 北周庾信撰。明屠隆評。○明萬曆間屠隆刊徐庾集本，九行二十字，白口，四周單闌。眉上有評語。卷首次行下方題“明東海屠隆評”。此本已印入四部叢刊初編。

庾開府集箋註十卷 周庾信撰，國朝吳兆宜箋註。○明汪刻無註本，十二卷。明朱曰藩輯刻庾開府集六卷，有詩無文。○明正德辛巳朱承爵本，不全。○百三家本，二卷。○揚州吳氏刻本。

〔補〕**庾子山全集十卷** 北周庾信撰，清吳兆宜箋註。○清吳郡寶翰樓刊本。十冊，余藏。

庾子山集註十六卷 國朝倪璠撰。○清康熙二十六年刻本。

〔補〕**庾子山集十六卷** 北周庾信撰，清倪璠注。**年譜一卷總釋一卷** 清倪璠撰。○清康熙二十六年刊本，十行二十字，白口，左右雙闌。十二冊。余藏。此本已影印入湖北先正遺書中。

〔補〕**徐僕射集十卷** 陳徐陵撰**附錄一卷** ○明天啟元年刊張燮七十二家集本，九行十八字，白口，左右雙闌。

〔補〕**徐孝穆文集七卷** 陳徐陵撰。○明文漪堂寫本，藍格，九行二十字，版心上方有“文漪堂”三字。有吳騫、唐翰題跋。邢君之襄藏。余嘗借校于張燮本上，皇太子臨雍頌補脫文一行二十字，勸進梁元帝表改訂數十字，又四无畏寺刹下銘為諸刊本所無，在傳世諸本中較勝。然徐集三十卷古本不傳，現存諸本均屬後人輯成，孰為近古，亦莫可究詰矣。

〔補〕**徐僕射集一卷** 陳徐陵撰。○明末張溥編刊漢魏六朝百三家集本,九行十八字,白口,左右雙闌。

〔補〕**徐孝穆集十卷** 陳徐陵撰,明屠隆評。○明萬曆間屠隆刊徐庾集本,九行二十字,白口,四周單闌。眉上有評語,本書卷首徐陵名下題"明東海屠隆評"。前有屠氏序。此本已印入四部叢刊初編中。

徐孝穆集箋註六卷 陳徐陵撰,國朝吳兆宜箋註。○百三家本,一卷,無註。○揚州吳氏刻本。

〔補〕**徐孝穆全集六卷** 陳徐陵撰,清吳兆宜箋註。○清揚州吳氏刊本,十行二十字。余藏。

〔增〕**王子深集一卷** 北周王褒撰。○何焯藏舊鈔本,有題字。三件竝靜持室收。整理者按:指此集及前著錄之張正見、劉孝威二家。

〔補〕○此書後歸涵芬樓,尚有薛道衡集一卷,共四種。義門跋,謂祇劉集差可取耳。後聞其書已燬於閘北之役,傷哉!

〔補〕**王子淵集一卷** 北周王褒撰。○明嘉靖二十二年薛應旂刊六朝詩集本,十行十八字,白口,左右雙闌。

〔補〕**王司空集三卷** 北周王褒撰**附錄一卷** ○明天啟四年刊張燮七十二家集本,九行十八字,白口,左右雙闌。有天啟甲子序。

〔補〕**王司空集一卷** 北周王褒撰。○明末張溥編刊漢魏六朝百三家集本,九行十八字,白口,左右雙闌。

〔補〕**隋煬帝集八卷** 隋楊廣撰**附錄一卷** ○明天啟二年刊張燮七十二家集本,九行十八字,白口,左右雙闌。有天啟壬戌序。

〔補〕**薛司隸集二卷** 隋薛道衡撰**附錄一卷** ○明天啟、崇禎間刊張燮七十二家集本。行欵同前。

〔補〕**唐太宗皇帝集二卷** 唐李世民撰。○明弘治、正德間銅活字印唐人詩集本,九行十七字,細黑口,左右雙闌。蔣氏密韻樓藏。

〔補〕**唐太宗文皇帝集一卷** 唐李世民撰。○明嘉靖十九年華亭朱警刊唐百家詩本,十行十八字,白口,左右雙闌。

〔補〕**虞世南集一卷** 唐虞世南撰。○明弘治、正德間銅活字印唐人詩集本，行欵見前。袁克文、蔣汝藻二君各有一帙。○明嘉靖十九年朱警刊唐百家詩本。行欵見前。余據明銅活字印本校。○明嘉靖三十三年黃貫曾浮玉山房刊唐詩二十六家本，十行十九字，白口，左右雙闌。

〔補〕**許敬宗集一卷** 唐許敬宗撰。○明弘治、正德間銅活字印唐人詩集本，行欵見前。袁克文、蔣汝藻二君各有一帙。○明嘉靖十九年朱警刊唐百家詩本，行欵見前。余據明銅活字印本校。○明嘉靖三十三年黃貫曾刊唐詩二十六家本。行欵見前。

東皋子集三卷 唐王績撰。○明崇禎中刻。○孫氏岱南閣刻仿宋巾箱本。○趙清常脈望館鈔本最善。半頁九行，行二十字。

〔附〕○宋刊五卷本。○汲古有影宋抄本。張目五卷。（邵氏）

〔補〕○明萬曆三十七年趙琦美家寫本，九行二十字。傳後有萬曆三十七年趙氏題識，云從焦竑家藏本錄出。趙琦美校。海虞瞿氏藏。已印入四部叢刊續編中。○舊寫本，九行二十字。黃丕烈校並跋，又錄吳翌鳳跋。吳跋云在鮑廷博處見宋槧本，凡五卷，視此增多三十餘篇，惜未能校補。

〔補〕**王無功集三卷** 唐王績撰。○舊寫本，黑格，十行二十五字，林雲鳳跋。邢君之襄收得。

〔補〕**王無功集三卷補遺二卷** 唐王績撰。○明嘉慶三年沇州刊岱南閣叢書本，朱筠校，補佚文一篇。

寒山子詩集二卷附豐干拾得詩一卷 唐僧寒山子豐干拾得撰。○明吳明春刻。○萬曆己卯王宗沐刻。○明天台僧永樂丙申重刻宋淳熙己酉沙門志南編本，題天台三聖詩集。

〔附〕○宋本，天祿後目。○明初本。（邵氏）

〔補〕**寒山子詩一卷** 唐釋寒山子撰**豐干拾得詩一卷** 唐釋豐干、拾

得撰。○宋刊本，十一行十八字，白口，左右雙闌。刊工與宋刊武經
七書、耿秉本史記多同，是孝宗、光宗間浙本。有毛晉及天祿琳瑯諸
印。周君叔弢藏，已覆刻行世，又收入四部叢刊中。

〔補〕**寒山子詩集一卷** 唐釋寒山子撰**豐干拾得詩一卷** 唐釋豐
干、拾得撰。○宋刊本，八行十四字，白口，左右雙闌。有閭丘胤序，
次朱熹與南考帖、陸游與明老帖，均以手蹟上版。末有淳熙十六年
己酉沙門志南撰天台山國清寺三隱記。又屠維赤奮若（己丑）陬月
可明跋，即朱、陸詩中之南老、明老二釋子也。此本或即莫目所記之
淳熙己酉沙門志南編本也。余取與周氏藏宋本相較，頗有異處。周
本溢出詩九首，別改訂三百餘字。

〔補〕**寒山子詩集一卷** 唐釋寒山子撰。○明萬曆二十七年釋普文刊
本，八行十七字，細黑口，四周單闌。前有萬曆七年王宗沐序，知從
萬曆七年計益刊本出。卷後有萬曆己亥釋普文識語五行。

〔補〕**王勃集三十卷** 唐王勃撰。○唐時日本寫卷子本，存卷二十九、
三十。已印入京都大學文學部影印唐鈔本第一集中。王集兩唐書
藝文志均作三十卷，原本久佚，今本為明人輯成者。此雖殘卷，可上
溯三十卷本來面目，甚可重也。

〔補〕**王子安集殘卷** 唐王勃撰。○唐時日本寫本，存過淮陰謁漢祖
廟祭文一首，計二十二行。日本神田氏藏。已印入容安齋四種中。

〔補〕**王勃集殘卷** 唐王勃撰。○唐時日本寫卷子本，不記卷數，存序
若干首。行書，卷中用武則天所改字，日本正倉院藏。同治十七年
日本博物館局有印本，似不完，為序十七首。

王子安集十六卷 唐王勃撰。○崇禎中張燮校刻。○平津館有影鈔
北宋刻唐四傑集四卷。○乾隆辛丑項氏刻合稱，曾見一本，一卷，半
頁十三行，行二十字。○初唐四傑集十六卷，云宋刻，疑明繙本，改
正尚不止一家也。

〔附〕○明張遜業刻。（眉）○宋蜀刊二十卷本。○北宋刊唐四傑集四卷本。（邵氏）

〔補〕○清乾隆四十六年項家達輯刻初唐四傑集本。

〔補〕王子安集十六卷附錄一卷　唐王勃撰。○明崇禎十三年張燮、曹荃刊初唐四子集本，九行十八字，白口，左右雙闌。已印入四部叢刊。

〔補〕王勃集二卷　唐王勃撰。○明弘治正德間銅活字印唐人集本，九行十七字，細黑口，左右雙闌。袁克文藏。○明嘉靖十九年朱警刊唐百家詩本，十行十八字，白口，左右雙闌。○明嘉靖三十一年張遜業編，黄埻刊十二家唐詩本，九行十九字，白口，四周單闌，版心下方有"須彌企椉劍室"六字。○明萬曆三十一年霏玉軒刊前唐十二家詩本。九行十九字，白口，左右雙闌。○明刊唐人五十家集本，十行十八字，白口，左右雙闌。○清光緒二十一年江標靈鶼閣刊唐人五十家小集本。

〔補〕王勃詩集一卷　唐王勃撰。○明嘉靖二十七年建安張明刊唐四傑集本，十一行二十一字，白口，四周單闌。僅收詩、賦。前嘉靖二十七年程寬序，云從建安楊太僕本出。

〔補〕王勃集一卷　唐王勃撰。○明萬曆十二年刊唐十二名家詩本，九行二十字，白口，四周單闌。明楊一統編。

〔補〕王勃文集九卷　唐王勃撰。○清同治間鄒氏從雅居刊初唐四傑文集本。○清光緒五年淮南書局刊初唐四傑文集本。

〔補〕王子安集註二十卷首一卷末一卷　唐王勃撰；清蔣清翊撰。○清光緒九年吳縣蔣氏雙唐碑館自刊本。

〔補〕王子安集佚文一卷校記一卷　羅振玉撰輯。○民國七年上虞羅氏鉛印本。

盈川集十卷附錄一卷　唐楊炯撰。○明張燮、曹荃等校刻本，十三卷,附一卷。○明張遜業刻五卷。○明萬曆中龍遊童佩刻。○項氏刻本。

〔補〕**楊盈川集十卷** 唐楊烱撰。○明武勝沈巙校刊本,九行二十字,白口,左右雙闌。後有附錄一卷。

〔補〕**楊盈川集十卷** 唐楊烱撰,明童珮輯。**附錄一卷** ○明萬曆三年韓邦憲、徐杰刊本,十一行二十字,白口,左右雙闌。前萬曆三年童珮序,言舊集詩文二十卷,世遠遺逸,後每見盈川文於他書輒手錄之,因為詮次成帙。太守韓公攜歸,鋟梓於縣云云。則為童氏輯本。後附錄一卷為兩唐書本傳、時人投贈詩、祭文及諸書記載。此本已印入四部叢刊。

〔補〕**楊盈川集十三卷** 唐楊烱撰**附錄一卷** ○明崇禎十三年張燮、曹荃刊初唐四子集本,九行十八字,白口,左右雙闌。

〔補〕**楊烱集二卷** 唐楊烱撰。○明弘治、正德間銅活字印唐人詩集本,九行十七字,細黑口,左右雙闌。袁君克文藏。○明嘉靖十九年朱警刊唐百家詩本,十行十八字,白口,左右雙闌。○明嘉靖間張遜業編黃埻刊十二家唐詩本,九行十九字,白口,四周單闌。○明萬曆三十一年霏玉軒刊前唐十二家集本,九行十九字,白口,左右雙闌。余藏。余據明銅活字印唐人詩集本校。○清光緒二十一年江標靈鶼閣刊唐人五十家小集本。

〔補〕**楊烱詩集一卷** 唐楊烱撰。○明嘉靖二十七年張明刊唐四傑集本,十一行二十一字,白口,四周單闌。

〔補〕**楊烱集一卷** 唐楊烱撰。○明萬曆十二年刊唐十二名家詩本,九行二十字,白口,四周單闌。

盧昇之集七卷 唐盧照鄰撰。○明刻十卷本。○明張遜業刻,二卷。○項氏刻本。

〔附〕○見明人彙刻諸集中盧照鄰、沈佺期二種。盧集書題南州楊一統

允□校，沈集書題江東孫仲逸野臣校，不知共有若干家。其板匡內無直行線。（眉）

〔補〕○清乾隆四十六年項家達輯刻初唐四傑集本。其版同治間收入趙氏藏書中。○清光緒五年定州王氏謙德堂刊畿輔叢書本。○清寫本，朱絲闌。有寶應喬氏五園珍藏印。

〔補〕**幽憂子集七卷** 唐盧照鄰撰**附錄一卷** ○明崇禎十三年張燮、曹荃刊初唐四子集本，九行十八字，白口，左右雙闌。余藏，已印入四部叢刊中。

〔補〕**盧照鄰集二卷** 唐盧照鄰撰。○明弘治、正德間銅活字印唐人集本，九行十七字，細黑口，左右雙闌。袁克文君藏。○明嘉靖十九年朱警刊唐百家詩本，十行十八字，白口，左右雙闌。○明嘉靖間黃埻刊十二家唐詩本，九行十九字，白口，四周單闌。○明萬曆三十一年霏玉軒刊前唐十二家詩本，九行十九字，白口，左右雙闌。余藏。余據明弘治、正德間銅活字本校。○清光緒二十一年江標靈鶼閣刊唐人五十家小集本。

〔補〕**盧照鄰詩集一卷** 唐盧照鄰撰。○明嘉靖二十七年張明刊唐四傑集本，十一行二十一字，白口，四周單闌。

〔補〕**盧照鄰集一卷** 唐盧照鄰撰。○明萬曆十二年刊唐十二名家詩本，九行二十字，白口，四周單闌。

〔補〕**宋之問集二卷** 唐宋之問撰。○明崦西精舍刊本，十行十六字，白口，左右雙闌，版心下方有“崦西精舍”四字。鈐有明史鑑、葉樹廉，清何焯藏印。已印入四部叢刊續編。○明嘉靖十九年朱警刊唐百家詩本，十行十八字，白口，左右雙闌。○明嘉靖三十一年黃埻刊十二家唐詩本，九行十九字，白口，四周單闌。○明萬曆三十一年霏玉軒刊前唐十二家詩本，九行十九字，白口，左右雙闌。

〔補〕**宋之問集一卷** 唐宋之問撰。○明萬曆十二年刊唐十二名家詩本,九行二十字,白口,四周單闌。

〔補〕**宋學士集九卷**　唐宋之問撰,明張燮纂**附錄一卷**　○明崇禎刊本,九行十八字,白口,左右雙闌。前曹荃序,參校姓氏中題張燮纂,其版式與崇禎十三年張燮曹荃刊初唐四子集全同,當即同時刊本。

〔補〕**李嶠集三卷**　唐李嶠撰。○明弘治、正德間銅活字印唐人集本,九行十七字,細黑口,左右雙闌。袁克文藏。○明嘉靖十九年朱警刊唐百家詩本,十行十八字,白口,左右雙闌。余據明銅活字本校。○明嘉靖三十三年黃氏浮玉山房刊唐詩二十六家本,十行十九字,白口,左右雙闌。從朱警唐百家詩本出。

〔補〕**李嶠雜詠二卷**　唐李嶠撰。○日本寬政至文化間刊佚存叢書本,在第一輯。○清光緒間湖北崇文書局刊正覺樓叢刻本。

〔補〕**雜詠二卷**　唐李嶠撰。○清嘉慶間吳省蘭輯刊藝海珠塵本,十行二十一字,白口,左右雙闌。在木集。

〔補〕**李嶠集四卷**　唐李嶠撰。○明萬曆十三年吳琯刊唐詩紀本,九行十九字,白口,四周雙闌。余臨何焯評校於其上。

〔補〕**李嶠集一卷**　唐李嶠撰。○明萬曆間畢效欽編刊十家唐詩本,九行十九字,白口,四周雙闌。

〔補〕**杜審言集二卷**　唐杜審言撰。○明弘治、正德間銅活字印唐人詩集本,九行十七字,細黑口,左右雙闌。袁君克文、蔣君汝藻各有一帙。○明嘉靖間黃埻刊十二家唐詩本,九行十九字,白口,四周單闌。○明萬曆三十一年霏玉軒刊前唐十二家集本,九行十九字,白口,左右雙闌。余藏,余據明銅活字印本校。

〔補〕**杜審言詩集一卷**　唐杜審言撰。○宋刊本,十行十八字,白口,左右雙闌。行欵與書棚本同而無牌記。收詩四十三首。海源閣遺書,見于津沽。與常建、岑參、皇甫冉同裝一篋。○明嘉靖十九年朱警刊唐百家詩本,十行十八字,白口,左右雙闌。

〔補〕**杜審言集一卷** 唐杜審言撰。○明萬曆十二年刊唐十二名家詩本，九行二十字，白口，四周單闌。○明萬曆十三年吳琯刊唐詩紀本，九行十九字，白口，四周雙闌。余臨何焯評校本。

〔補〕**駱賓王文集十卷** 唐駱賓王撰。○南宋初蜀中刊本，十一行二十字，白口，左右雙闌。存卷一至五，餘配毛氏汲古閣寫本。有顧廣圻、黃丕烈跋，毛晉藏印。即秦恩復石研齋覆刻底本。海源閣藏。此書與李太白、王摩詰二集版式相同，當為彙刻唐人集，惜僅存此三帙。○明刊本，十一行十八字，白口，左右雙闌。卷中有避宋諱處，涵芬樓藏，已印入四部叢刊初編中。江南圖書館亦藏一帙。即莫目所載之平津館藏元刊本。○明刊本，九行二十一字，白口，左右雙闌。

〔補〕**駱賓王文集十卷** 唐駱賓王撰**考異一卷** 清顧廣圻撰。○清嘉慶二十一年秦恩復刊唐人三家集本，十一行二十字，白口，左右雙闌，翻南宋初蜀本。

〔補〕**駱丞文集十卷** 唐駱賓王撰。明萬曆原一魁刊本，九行二十一字，白口，左右雙闌。滬肆見。

〔補〕**駱臨海集十卷** 唐駱賓王撰。○清康熙黃之琦刊本。九行二十字，白口，左右雙闌，刊於康熙四十六年。

〔補〕**唐駱先生集八卷** 唐駱賓王撰，明王衡批。**附錄一卷** ○明凌毓枏刊本，八行十八字，白口，四周單闌。朱墨套印。有萬曆十九年汪道昆序，萬曆四十三年湯賓尹序及王衡跋。四冊，余藏。

〔補〕**駱丞集八卷** 唐駱賓王撰。**附錄一卷** ○明崇禎十三年張燮、曹荃刊初唐四子集本，九行十八字，白口，左右雙闌。

〔補〕**唐駱先生文集六卷** 唐駱賓王撰。○明萬曆間楊為棟刊本，九行十八字，白口，左右雙闌。藏園藏。○明萬曆十九年金氏刊本，七行十七字，白口，四周雙闌。

〔補〕**駱丞集四卷**　唐駱賓王撰。○清乾隆四十六年星渚項家達校刊
　　初唐四傑集本。此版同、光間收入趙承恩輯趙氏叢書中。

〔補〕**駱丞集四卷**　唐駱賓王撰**辨譌考異二卷**　清胡鳳丹撰。○清
　　同治八年胡鳳丹輯刻金華叢書本，余據抄校本新鐫駱子集註本校。

〔補〕**駱賓王集二卷**　唐駱賓王撰。○明弘治、正德間銅活字印唐人
　　詩集本，九行十七字，細黑口，左右雙闌。袁君克文藏。○明嘉靖十
　　九年華亭朱警刊唐百家詩本，十行十八字，白口，左右雙闌。○明嘉
　　靖間黃埻刊十二家唐詩本，九行十九字，白口，四周單闌。○明萬曆
　　三十一年霏玉軒刊前唐十二家集本，九行十九字，白口，左右雙闌。
　　余據明銅活字印本校。○清光緒二十一年江標靈鶼閣刊唐人五十
　　家小集本。

〔補〕**駱賓王詩集一卷**　唐駱賓王撰。○明嘉靖二十七年張明刊唐四
　　傑集本，十一行二十一字，白口，四周單闌。

〔補〕**駱賓王集一卷**　唐駱賓王撰。○明萬曆十二年刊唐十二名家詩
　　本，九行二十字，白口，四周單闌。

駱丞集四卷　唐駱賓王撰。○明顏文選註四卷。○又陳繼儒註本四
　　卷。○張炳祥刻小字本六卷。○陳魁士註本十卷。陳註在顏註前。
　　○又陳大祥刻陳魁士註六卷。○虞更生刻八卷。○又郗雲卿編二
　　卷，有詩無文。○又有一卷本最古。○又嘉慶丙子秦恩復校刻仿宋
　　十卷本。○道光己酉義烏駱氏刻本，附考異一卷。○項氏刻本。○
　　平津館有元刊本，十卷，每頁二十二行，行十八字。

〔附〕○明張遜業刻。（眉）○宋蜀本十卷。賦、頌一，詩四，表啟、書二，
　　雜著三。前有郗雲卿序。（邵氏）

〔補〕○明顏文選註本刊於萬曆四十三年，九行二十字，白口，四周單
　　闌。余藏。

〔補〕**新刊駱子集註四卷**　明陳魁士撰。○明萬曆七年劉大烈刊本，

十行二十二字，白口，四周雙闌。題陳魁士註，劉大烈等撰。有萬曆
七年李宷、劉大烈序及自序。○清傳鈔明萬曆七年劉大烈刊本，朱
絲闌。前人朱筆校，臨顧廣圻文苑英華校本又校宋本。

〔補〕**類選註釋駱丞全集四卷**　明顧從敬選，陳繼儒註。○明末刊
本，九行二十字，白口，四周雙闌。

〔補〕**駱臨海集十卷首一卷末一卷**　清陳熙晉撰。○清咸豐三年松
林宗祠刊本。

陳拾遺集十卷　唐陳子昂撰。○四庫依寫本錄。○明弘治四年新都
楊春重編本。○萬曆中射洪楊澄重刻校。○四庫本完善，題陳伯玉
文集，附錄一卷。○弘治四年刻本，黑口，半頁十一行，行二十一字。
○又一本，頁二十二行，行二十九字。○又一本，十六行，行十七字。
○又二卷本。又趙坦校白口本。

〔補〕**陳伯玉文集十卷**　唐陳子昂撰。**附錄一卷**　明弘治四年楊澄
刊本，十一行二十一字，黑口，四周雙闌。前弘治四年張頤序，云楊
澄得本於中秘，校正付梓。次盧藏用舊序。次目錄，分前後集，而卷
次仍為一至十。本書題楊春重編，楊澄校正。後有附錄一卷為碑傳
祭文。末有楊澄後序。此本已印入四部叢刊初編中。○明萬曆間
華崇刊本，九行十九字，白口，四周單闌。前盧藏用序，次弘治張頤
序。本書卷首題楊春編，楊澄校，舒其志重編，華崇重校刻，謝中參
訂。從楊澄本出。改為大字。然感遇詩中附邵濤註，為楊刻所無，
則又有所增益矣。莫氏誤據萬曆本楊澄舊序謂為萬曆中楊澄重校
刻，應訂正。

〔補〕**子昂集十卷**　唐陳子昂撰**附錄一卷**　○明嘉靖四十四年王廷刊
本，十一行二十一字，白口，四周單闌。前盧藏用舊序，次長洲劉鳳
序。本書題王廷校刊，門人黃姬水、劉鳳同校。卷一至五題前集，卷
六至十題後集。末有嘉靖四十四年王廷後序，言拾遺集嘗刻之晉

省，日久磨滅，因出舊本託劉侍御重刻云云，則亦出于楊澄本，但易名為子昂集耳。

〔補〕**陳伯玉集十卷** 唐陳子昂撰。○清咸豐刊本。余據明弘治楊澄本校。

〔補〕**陳伯玉文集三卷詩集二卷** 唐陳子昂撰。**附錄一卷** ○清楊國楨輯刻本。四册。余藏。

〔補〕**陳子昂集二卷** 唐陳子昂撰。○明弘治、正德間銅活字印本，九行十七字，細黑口，左右雙闌。袁克文、蔣汝藻二君各有一帙。○明嘉靖三十一年黃埻刊十二家唐詩本，九行十九字，白口，四周單闌。○明萬曆三十一年霏玉軒刊前唐十二家詩本。九行十九字，白口，左右雙闌。余據明銅活字本校。

〔補〕**陳伯玉集二卷** 唐陳子昂撰。○明嘉靖十九年朱警刊唐百家詩本，十行十八字，白口，左右雙闌。

〔補〕**陳子昂詩二卷** 唐陳子昂撰。○明萬曆十三年吳琯刊唐詩紀本，九行十九字，白口，四周雙闌。余臨何焯校本。○前年於白堅處見伯玉詩二卷，校宋本，假錄一過。

〔補〕**陳子昂集一卷** 唐陳子昂撰。○明萬曆十二年刊唐十二名家詩本，九行二十字，白口，四周單闌。

〔補〕**蘇許公文集十二卷首一卷附錄一卷** 唐蘇頲撰。○清道光二十三年裔孫蘇廷玉校，同安蘇氏刊本。

〔補〕**蘇廷碩集二卷** 唐蘇頲撰。○明弘治、正德間銅活字印唐人集本，九行十七字，細黑口，左右雙闌。袁克文藏。○明嘉靖十九年朱警刊唐百家詩本，十行十八字，白口，左右雙闌。○明嘉靖三十三年黃氏浮玉山房刊唐詩二十六家本，十行十九字，白口，左右雙闌。

〔補〕**沈佺期集四卷** 唐沈佺期撰。○明弘治、正德間銅活字印唐人集本，九行十七字，細黑口，左右雙闌。袁克文、蔣汝藻各有一帙。

〔補〕**唐沈佺期詩集七卷** 唐沈佺期撰。○明正德十三年王廷相刊本，十行十六字，白口，四周單闌。前王廷相序，稱劉成德為之校閱，與宋之問集同刻。本書題蕭海校正，王廷相重校。其分卷與舊本不同，疑王氏重編。

〔補〕**沈雲卿集三卷** 唐沈佺期撰。○明正德間刊本，十行十八字，白口，左右雙闌。余據明銅活字印四卷本校。

〔補〕**沈雲卿集二卷** 唐沈佺期撰。○明嘉靖十九年朱警刊百家唐詩中，十行十八字，白口，左右雙闌。

〔補〕**沈佺期集二卷** 唐沈佺期撰。○明嘉靖三十一年黃埻刊十二家唐詩本，九行十九字，白口，四周單闌。○明萬曆三十一年霏玉軒刊前唐十二家詩本，九行十九字，白口，左右雙闌。○明萬曆十三年吳琯刊唐詩紀本，九行十九字，白口，四周雙闌。余臨何焯評校本。

〔補〕**沈佺期集一卷** 唐沈佺期撰。○明萬曆十二年刊唐十二名家詩本，九行二十字，白口，四周單闌。

〔補〕**張說之文集三十卷** 唐張說撰。○清朱錫庚家傳寫南宋中期蜀中刊本，十二行二十一字，白口，左右雙闌。本書每卷目錄接正文。鈐朱錫庚、汪喜孫印。友人邢君之襄藏。此書唐書藝文志為三十卷，然明以後傳本以嘉靖龍池伍氏刊二十五卷本為最古，以後各本因之。傳大興朱氏有宋蜀刊三十卷本，後歸劉喜海，今已不傳。此本鈐朱氏印記，行欵與劉公戭舊藏蜀本唐人集全同，可證即自朱氏自藏蜀本抄出，可補明以後傳本缺憾而復其舊觀，極可寶重。

〔補〕**張說之文集三十卷補遺一卷** 唐張說撰。○清東武李氏研錄山房寫本，竹紙藍格，十一行二十字，白口，左右雙闌。後五卷與朱錫庚家傳寫宋蜀本全同，各卷錄朱本校語于本文之下。補遺一卷附入全唐文所收而為本集所無者三十四首。視結一廬本輯補者又增十首。傳世說之集當以此本為最完善矣。周君叔弢藏。

張燕公集二十五卷 唐張説撰。○明嘉靖丁酉伍氏龍池草堂刻本。○明有與曲江集合刻本單詩賦。○聚珍本。○閩覆本。○顧千里家有張燕公集三十卷鈔本，係由朱竹君家宋刻本轉鈔。○劉燕庭藏宋刻唐三十家文集，如二張、權載之、會昌一品集等皆足本，係劉公戲藏書，並有元翰林國史院官書長印。

〔附〕○宋蜀本三十卷，半葉十一行，行二十字。劉燕庭曾藏。（整理者按：行歀誤，應為十二行二十一字。）元刊二十五卷本。○張有舊鈔影宋鈔三十卷本，首卷喜雨題二首，一題御製，一題應制。明本删"御製"、"應制"等字。卷五醉中作，明本有題無詩。卷六廣州蕭都督入朝過岳宴後缺一葉，計詩七卷（首？）。錢牧齋從宋本抄，上方有毛斧季題識，云此一葉世行本皆缺。（邵氏）○南林蔣氏有明鈔本，極佳。前十卷黃復翁以毛抄本校。余以之校伍本，共補失去一葉者二處，又文一篇，增正數千字。（王國維）

〔補〕**張説之文集二十五卷** 唐張説撰。○明嘉靖十六年伍氏龍池草堂刊本，十行二十字，白口，左右雙闌。前永樂七年伍德記，後有"嘉靖丁酉冬丁月朔旦椒郡伍氏龍池草堂家藏本校刊"一行。錢穀跋。余藏一本，清汪遠孫據黃丕烈藏影寫宋刊本校卷一至十，補鈔缺文三葉。此本已印入四部叢刊初編，闕文亦錄出附印卷末。○明寫本，十行二十字。有黃丕烈跋，言與明刻對勘，寔多是正云云。蟫隱廬見。○清寫本，十行二十字，章壽康據黃丕烈藏明寫本校，並錄黃丕烈跋。文友堂見。○清寫本，十行二十字，鈐"甲戌進士"、"拂水山樵"二印。朱氏結一廬本底本。邢君之襄藏。

〔補〕**張説之文集二十五卷補遺五卷** 唐張説撰。○清光緒三十一年朱氏結一廬刊結一廬賸餘叢書本。據彭元瑞舊藏明寫殘本二十卷又配以吳重憙藏後五卷付梓，其補遺五卷則採輯諸書佚文編成。余曾以邢之襄藏朱錫庚家傳寫宋蜀本校之，其卷一至二十五伍本、朱本與蜀本次第同,卷二十六以下則異,通計朱本補遺有而蜀本無者二十六首,蜀本有而朱本無者二十三首。又一帙,余據黃丕烈舊藏明寫本校並錄黃跋。

〔補〕**張說之集八卷** 唐張說撰。○明弘治、正德間銅活字印唐人集本,九行十七字,黑口,左右雙闌。○明嘉靖十九年朱警刊唐百家詩本,十行十八字,白口,左右雙闌。

〔補〕**張燕公詩集二卷** 唐張說撰。○明嘉靖刊二張集本,十行十八字,白口,左右雙闌。與張曲江集同刻。僅詩賦。

〔補〕**張說詩集二卷** 唐張說撰。○明萬曆間畢効欽編刊十家唐詩本,九行十九字,白口,四周雙闌。

曲江集二十卷 唐張九齡撰。○明成化九年邱濬刻本最善。○萬曆甲申間南韶巡按王民順撰刻本十二卷,附錄一卷。○明刻二張本僅詩賦二卷。○雍正中張氏裔孫世律等重刻十二卷本,附千秋金鑑錄五卷。○又一本,題張文獻集十二卷。○又有題張子壽集。

〔附〕○頃收嘉靖湛甘泉序繙成化本二十卷,然偶有脫誤,不知成化亦然否。○天啟甲子廣陵顧懋光刻本,頗以英華、文粹諸本校正,然亦十二卷,二首先後重刻序。○成化本外,萬曆甲申韶州刻,戊戌刻,癸丑重刻。(眉)

〔補〕**張子壽文集二十卷** 唐張九齡撰。○明成化九年蘇轊刊本,十一行二十二字,黑口,四周雙闌。每卷標題下題"曲江集"。前成化九年丘濬序,云得本於館閣,韶州太守蘇轊,同知方新刻之郡齋。陶湘藏。

〔補〕**唐丞相曲江張先生文集二十卷** 唐張九齡撰**附錄一卷** ○明嘉靖十五年鄧一新徽庠刊本,十行二十字,白口,左右雙闌。此本已印入四部叢刊初編,誤題為成化九年韶州刊本。

〔補〕**張文獻公集十二卷** 唐張九齡撰。○明嘉靖間李而進刊本,十行二十字,白口,四周單闌。四明盧址抱經樓藏,癸丑十二月見。

〔補〕**唐丞相曲江張文獻公集十二卷**　唐張九齡撰。**附錄一卷附千秋金鑑錄五卷**　題唐張九齡撰。○清雍正十三年張世緯等刊本,九行十八字。六冊。余藏。

〔補〕**張曲江集十八卷**　唐張九齡撰。○明崇禎末曹荃刊本,九行十八字,白口,左右雙闌。明張燮編定,未刊而沒,曹荃為之刊行。

〔補〕**張九齡集六卷**　唐張九齡撰。○明弘治、正德間銅活字印唐人集本,九行十七字,細黑口,左右雙闌。袁克文藏。○明嘉靖十九年朱警刊唐百家詩本,十行十八字,白口,左右雙闌。

〔補〕**張曲江詩集二卷**　唐張九齡撰。○明嘉靖刊二張集本,十行十八字,白口,左右雙闌。

〔補〕**張九齡詩集二卷**　唐張九齡撰。○明萬曆間畢劾欽編刊十家唐詩本,九行十九字,白口,四周雙闌。

李北海集六卷附錄一卷　唐李邕撰。明無錫曹荃校刻。○崇禎庚辰刻。○乾坤正氣集本。

〔補〕○明崇禎十三年曹荃刊本,九行十八字,白口,左右雙闌。張燮從文苑英華等書輯出,沒後曹荃為之刊行。

〔補〕**李北海集六卷**　唐李邕撰。○清道光二十八年涇縣潘氏刊乾坤清氣集本。

〔補〕**李北海集五卷**　唐李邕撰。○全唐文本。盧氏慎始基齋印入湖北先正遺書中。

〔補〕**孫逖集一卷**　唐孫逖撰。○明弘治、正德間銅活字印唐人集,九行十七字,細黑口,左右雙闌,袁克文、蔣汝藻各有一帙。

〔補〕**唐孫集賢詩集一卷**　唐孫逖撰。○明嘉靖二十九年蔣孝刊中唐十二家詩集本,十行二十字,白口,左右雙闌。

〔補〕**祖詠集一卷** 唐祖詠撰。○明弘治、正德間銅活字印唐人集本，九行十七字，細黑口，左右雙闌。袁克文、蔣汝藻二君各有一帙。○明嘉靖十九年朱警刊唐百家詩本，十行十八字，白口，左右雙闌。○明嘉靖三十三年黃氏浮玉山房刊唐詩二十六家本，十行十九字，白口，左右雙闌。

〔補〕**李頎集三卷** 唐李頎撰。○明弘治、正德間銅活字印唐人集本，九行十七字，細黑口，左右雙闌。袁克文藏。○明嘉靖三十年黃氏浮玉山房刊唐詩二十六家本，十行十九字，白口，左右雙闌。

〔補〕**李頎詩集一卷** 唐李頎撰。○明正德十四年刊本，十行十八字，白口，左右雙闌。有正德己卯袁翼跋。○明嘉靖十九年朱警刊唐百家詩本，十行十八字，白口，左右雙闌。

〔補〕**唐玄宗皇帝集二卷** 唐李隆基撰。○明弘治、正德間銅活字印唐人集本，九行十七字，細黑口，四周雙闌。丁仲祜處見。○明嘉靖十九年朱警刊唐百家詩本，十行十八字，白口，左右雙闌。

〔補〕**王昌齡集二卷** 唐王昌齡撰。○明弘治、正德間銅活字印唐人集本，九行十七字，細黑口，左右雙闌。蔣君汝藻藏。○明嘉靖三十三年黃氏浮玉山房刊唐詩二十六家本，十行十九字，白口，左右雙闌。余藏。余據明銅活字印本校。

〔補〕**王昌齡詩集三卷** 唐王昌齡撰。○明正德十四年刊本，十行十八字，白口，左右雙闌。有正德己卯袁翼跋，言刻唐詩數家，而此尤可喜云。○明嘉靖十九年朱警刊唐百家詩本，十行十八字，白口，左右雙闌。

李太白集三十卷 唐李白撰。○宋咸淳己巳刻本，卷尾江萬里序。○宋茗香有錢孫保校本，云可校正繆本數十處。○天祿書目有元板唐翰林李太白集二十六卷，前廿四卷皆歌，廿五卷為賦，廿六卷為讚十七篇，較補註本多一卷，不載編纂名氏，橅印已遜，錯誤亦多，似是坊間自為刻行之本。○康熙五十六年繆曰芑仿宋本。○樂史新編別集十卷,有嘉靖時袁氏翻宋本。顧千里見之洪殿撰家,孫氏廉石居藏書記亦有翰林別集十卷,云正德間吳郡袁翼刻。○朱修伯曰,曾見明刻李翰林集詩二十卷,雜著十卷。○汲古閣本廿五卷。○李翰林別集嘉慶八年長洲王芑孫得明正德中袁翼序刻板于眙老園,補修印行。○近沈瑞琳用王氏印本重刻。

〔附〕○收一明刻本,分類分體為次,凡十二卷,前後無序,天一目有之,蓋嘉靖間本。○李翰林全集四十二卷,明劉世敖分體編刻。又編別集十卷,正德乙巳袁翼跋,云重刻淳熙本,半頁十行二十八字,結題翰林供奉李白。(眉)○宋蜀本。○宋元豐三年臨川晏氏本,名李太白文集,欵式與繆刻同,疑即其原本也。○真跡目錄云曹重甫有元豐三年本,用門狀紙背印,每本有倪雲林圖印,末是趙雍題名。○明刻題李翰林集,十卷本,雜著十卷。按袁翼得陸元大之宋刻雜著十卷,翻刻以行,與全集行欵同,蓋明刊翰林集亦仿宋。○錢孫保據樂史校本。錢跋云缺十卷,崇禎中先君以八金購得北宋本又失去。借得與今本校。又畫烏絲,題□曰宋如此式。行二十字,十四行。(邵氏)

〔補〕李太白文集三十卷　唐李白撰。○南宋初蜀中刊本,十一行二十字,白口,左右雙闌,版心下記刊工人名。鈐明王世懋,清徐乾學、黃丕烈、汪士鐘、陸心源藏印。皕宋樓舊藏,今在日本靜嘉堂文庫。又一帙為北京圖書館藏,缺數卷,用繆刻補。此即繆曰芑刊本之底本,傳世太白集最古之本。○清康熙五十六年繆曰芑刊本,據宋蜀本翻雕。行欵全同。

〔補〕李翰林集三十卷　唐李白撰。○明正德八年鮑松編刊本,十行二十字,白口,四周單闌。有咸淳間序,世人遂目為咸淳本。日本靜嘉堂藏,陸心源舊儲,題為宋刊本。○明正德、嘉靖間刊本,十行二

十字,細黑口,左右雙闌。軟體字。後附新書本傳及紹熙元年趙汝

愚題、咸淳已巳戴覺民跋,亦號為宋本。○光緒三十四年劉世珩影

刊宋咸淳本,附札記一卷,所據實即此明刊本。

〔補〕**李翰林集十卷** 唐李白撰。○明正德十四年陸元大刊本,十行

十八字,白口,左右雙闌。前樂史序,末有正德十四年袁翼跋,云陸

元大據南宋淳熙刊文集十卷重刻之家塾,即樂史所輯李翰林別集

也。何焯據三十卷本校並跋。此版清嘉慶間尚存,為王芑孫所得,

嘉慶八年重修印行。莫目所云袁翼本即此本。

〔補〕**唐翰林李白詩類編十二卷** 唐李白撰。○明刊分體無注本,

十行二十一字。○又一帙,九行二十字,白口,四周單闌。鈐天祿琳

琅各印,已挖去。天祿後目著錄。

〔補〕**唐翰林李太白詩集二十六卷** 唐李白撰。**年譜一卷** 宋薛仲

邕撰。○元刊無注本,十一行二十字,細黑口,左右雙闌。首年譜,

次目錄。卷末樂史、曾鞏舊序,毛漸跋。缺卷一至四。余藏。

分類補註李太白集三十卷 宋楊齊賢註,元蕭士贇删補。○明翻至

元本劣。○嘉靖癸卯吳會郭雲鵬刻。○明許自昌刻。○天祿目有

明刻本廿五卷,云元板中是書末頁板心標至大辛亥三月刻,此本板

式似之。收標正統己巳三月印,當即翻元刻,其建安余氏勤有堂刻

本記尚仍之。○又有郭雲鵬刻本,多附文集五卷,首標郭雲鵬編次,

不列齊賢、士贇,蓋以文集無兩家註也。○元至元辛卯刻本,半頁十

二行,行大字二十,小字二十六字。藏吳門汪氏。○海鹽陳氏有元

本。○元本有"建安余氏勤有堂"八字篆書木長印,目錄末頁板心

記"至大辛亥三月印",辛亥為元武宗至大四年,其時勤有堂之名尚

存,蓋建安余氏子孫皆世守其業者也。見天祿書目。其本廿五卷,

蓋無雜著。張金吾亦有此本。

○元刻本甚精,每半頁大字十二行,行二十字,第二十五卷末頁後半

五行後有"至大庚戌余志安刻于勤有書室"十三字。正統翻本註齊字多改作齋,刻工遠遜元刻。(繩)

〔附〕○頃收元本,題唐翰林李太白跋(?)每半頁十一行,行二十二字。首有□□郡齋印、楊氏海源閣藏印,彥合讀書印。(眉)○宋二十五卷本,汪目。○元至元五年本,天祿後目。(邵氏)

〔補〕**分類補註李太白詩二十五卷**　唐李白撰,宋楊齊賢集註,元蕭士贇補註。○元至大三年建安余氏勤有堂刊本,十二行二十字,註雙行二十六字,黑口,四周雙闌。目錄後有"建安余氏勤有堂刊"牌記二行,篆文。卷二十五後有"至大庚戌刊於勤有書堂"牌記一行。日本前田氏尊經閣藏。又見二帙,卷二十五後無至大庚戌刊書牌記,有修版,是明修本。○明翻元余氏勤有堂刊本,行欵同,唯改為白口,四周單闌。○明正德十五年劉氏安正書堂刊本,十一行二十三字,註雙行同,黑口,四周雙闌。後有"庚辰歲孟冬月安正書堂新刊"牌記二行。葉啟勳藏。

〔補〕**分類補註李太白詩二十五卷**　唐李白撰,宋楊齊賢集註,元蕭士贇補註。**年譜一卷**　宋薛仲邕撰。○明嘉靖二十五年玉几山人刊本,八行十七字,註雙行同,白口,四周雙闌。○明萬曆三十年許自昌輯刻李杜全集本,九行二十字,白口,左右雙闌。清趙執信手批。

〔補〕**分類補註李太白詩二十五卷**　唐李白撰,宋楊齊賢集註,元蕭士贇補註。**分類編次李太白文五卷**　唐李白撰,無註。○明嘉靖二十二年郭雲鵬寶善堂刊本,八行十七字,白口,左右雙闌。註雙行同。目錄詩文接排,共三十卷,總題為分類補註李太白詩目錄。末葉有"嘉靖癸卯春元日寶善堂梓行"篆文牌記三行。本書卷首二至四行題楊齊賢集註,蕭士贇補註,郭雲鵬校刻。卷二十六題"分類編次李太白文卷之二十六",次行署"吳會郭雲鵬萬程編次"。末有郭氏重刻李翰林集後跋，言删去舊註之半，更以別集編次五卷，附于詩後云云。已印入四部叢刊。余有一本，清祝德麟評點。○明霏玉齋刊本，十一行二十字，白口，左右雙闌。

〔補〕**滄浪評點李太白詩集二十二卷** 唐李白撰，宋嚴羽評點。○明崇禎二年刊李杜全集本，九行二十字，白口，左右雙闌。失名人朱墨筆評點。四册。余藏。

〔補〕**李翰林分類詩八卷賦一卷** 唐李白撰，明李齊芳編。○明萬曆間李齊芳刊李杜詩合刻本，九行十八字，白口，四周單闌。尚有杜工部分類詩十卷。

〔補〕**李翰林全集四十二卷目錄四卷** 唐李白撰，明劉世敖輯。**年譜一卷** 宋薛仲邕撰。○明萬曆間劉世敖編李杜全集本，九行十八字。分體編次。

李太白詩集註三十六卷 國朝王琦撰。○乾隆中刊。○道光初翻刻劣。

〔補〕**李太白文集三十六卷** 唐李白撰。清王琦集註。○清乾隆間錢塘王氏寶笏樓刊本，十行二十字。乾隆二十四年刊。十二册，余藏。

〔補〕**李翰林詩范德機批選四卷** 元范梈批選，明鄭蕃輯。○明嘉靖間高密鄭蕃刊本，十一行二十二字，註雙行二十四字，黑口，左右雙闌。批語雙行低一格附本詩後。

〔增〕**杜工部集二十卷附補遺** 無註，宋王洙編。○昭文張氏有影宋本，絳雲樓之舊物也。凡詩十八卷，雜著二卷，附遺文九篇，為補遺，元稹墓銘附二十卷後，均與直齋解題合，蓋即王原叔編定本也。杜集以吳若本最善，此其祖本。

○嘉慶中玉勾艸堂刻袖珍本杜集二十卷，無註。（繩）

〔附〕○曾見明初刻本，半頁十二行，行二十三字，板心有淨芳亭字。

（眉）○紹興中吳若本。宋刻作新刻校正集註杜詩，又有目錄一卷。
　　牧翁注本據紹興中吳若本，謂公自注獨多有之。吳本出自王原叔。

〔補〕○清初毛氏汲古閣影寫宋刊本，十行二十字，白口，左右雙闌。有
　　毛扆跋，言為其甥王為玉所寫。陸心源舊藏，今在日本靜嘉堂。底
　　本即吳若本也。

〔補〕**草堂先生杜工部詩集二十卷**　唐杜甫撰。○元刊本，十行二
　　十字，細黑口，左右雙闌，版心上魚尾下記“杜十九已”等字，下魚尾
　　下記葉數，最下於陰面記字數。內閣大庫佚出殘葉，各家目錄均未
　　著錄。

〔補〕**杜工部集二十卷**　唐杜甫撰。○清乾隆五十年鄭氏玉勾草堂刊
　　本，八行十七字。白文無注。此書有翻刻本。

〔補〕**新定杜工部古詩近體詩先後並解末袠七卷成袠十一卷已
　　袠八卷**　唐杜甫撰，宋趙次公注。○明棉紙寫本，十二行二十一字，
　　無闌格。每卷先紀年歲及所居止之地，某月至某月所存之詩，次錄
　　詩，詩後注低一格，標“次公曰”云云。此書僅郡齋讀書志著錄，為五
　　十九卷。此本末、成、已三袠，為估人塗改，掩其分袠順序，以充全
　　書。原書或是分甲至己六袠也。趙注全本久佚，僅于蔡夢弼、黃鶴、
　　郭知達註中見之，此雖殘佚，亦堪稱孤本秘笈，為研讀杜詩不可不讀
　　之書。余得書後持示沈寐叟曾植，大喜過望，稱其用思精密，在黃、
　　黃二家之上云云。

〔補〕**門類增廣十註杜工部詩二十五卷**　唐杜甫撰，宋王洙、趙次
　　公等註。○宋刊本，十二行二十二字，註雙行三十字，白口，左右雙
　　闌，版心上魚尾下題杜詩，下魚尾下記葉數，不記字數刊工，字體瘦
　　勁，似江西刊本。存卷二、七至九、十一、十二，計六卷。海虞瞿氏
　　藏。

〔補〕**分門集註杜工部詩二十五卷**　唐杜甫撰，宋王洙、趙次公等

註。**年譜一卷** 宋呂大防、蔡興宗、魯訔撰。○宋建本，十一行二十
字，註雙行二十五字，細黑口，左右雙闌。分七十二門。鈐撢叙兼牧
堂藏印。潘宗周藏，已印入四部叢刊。余存殘本，存卷十四至十六，
趙宗建舊山樓藏印。

〔補〕**王狀元集百家注編年杜陵詩史三十二卷** 唐杜甫撰，題宋王
十朋集注。○宋建本，十三行二十一字，注雙行二十七至九字，細黑
口，左右雙闌。版式雕工與黃善夫刊王狀元集注蘇詩頗相似。此書
民國二年友人劉君世珩曾影刊行世。

〔增〕**艸堂詩箋五十卷** 宋魯訔撰。○季滄葦書目有此書二十本，近
湘潭袁芳瑛得宋刻殘本，自廿三卷至五十卷，係汲古毛表所藏，聞其
後獲前半宋殘本，合之以全。

〔補〕**杜工部草堂詩箋五十卷外集一卷** 唐杜甫撰，宋魯訔撰，蔡
夢弼箋。○宋建本，十一行十九字，注雙行二十五字，細黑口，四周
雙闌。左闌外上方記卷數葉數。失序跋，卷首次行題“嘉興魯訔編
次”，“建安蔡夢弼會箋”。各卷末間有“雲衢俞成元德校正”一行。
李木齋先生藏一殘帙，存卷二十三至二十八，三十一至五十，又外集
一卷，共二十六卷，另鈔配二十九、三十二卷，即袁芳瑛舊藏本。涵
芬樓藏一殘帙，存卷一至十九，二十二至二十三，二十七至三十五，
四十八至五十，共三十三卷。鈐明華亭朱氏，清季振宜藏印。蔣君
汝藻藏一殘帙，存卷四至八，十一至十二，十四至二十，二十七至二
十八，四十三至四十四，共十八卷，又目錄三十葉。鈐毘陵周氏九松
迂叟藏書記。此帙現歸涵芬樓。此三帙余均得借校，改正古逸叢書
本數千則。海虞瞿氏亦有一殘帙，存卷二十六至五十，又外集一卷，
共二十六卷。鈐有玉蘭堂、季振宜、昌齡、汪士鐘藏印。四家合之，
可得全帙。

〔增〕**艸堂詩箋五十卷** 宋建安蔡夢弼註。四庫未錄。

〔附〕○頃收一影宋本，破碎已甚，與古逸叢書本同，每卷有九松迂叟圖記。

〔補〕**杜工部草堂詩箋四十卷**　唐杜甫撰，宋魯訔編，蔡夢弼箋。**年譜二卷**　宋趙子櫟、魯訔撰。○元大德間桂軒陳氏刊本，十二行十九至二十字不等，注雙行二十五至六字，細黑口，左右雙闌。首年譜，次目錄，目後有"桂軒陳氏大德重刊"牌記二行。日本內閣文庫藏。

〔補〕**杜工部草堂詩箋四十卷**　唐杜甫撰，宋魯訔編，蔡夢弼箋。○宋元間沙麻本，十二行二十字，注雙行二十五六字，細黑口，左右雙闌。李木齋先生藏。

〔補〕**杜工部草堂詩箋四十卷補遺十卷外集一卷**　唐杜甫撰，宋蔡夢弼箋。**詩話二卷**　宋蔡夢弼輯。**年譜二卷**　宋趙子櫟，魯訔撰。○清光緒十年黎庶昌刊古逸叢書本，十二行二十字，注雙行二十六字，黑口，左右雙闌。左闌外有耳。此本從元刊出，其卷第十九卷以前與宋刊五十卷本合，然亦有注文脱落缺失者，卷十九以下則次序大亂，各卷標題亦題加"增修"、"集注"字樣，或改題"黄氏集千家注杜工部"，已非宋五十卷本之舊。蓋宋末麻沙本即有誤，由是而元本，而高麗本，皆承其誤。

〔補〕**杜工部草堂詩箋四十卷**　唐杜甫撰，宋魯訔編，蔡夢弼箋。○朝鮮世宗十三年曹致刊本，十二行二十字，注二十六字，黑口，左右雙闌。缺卷九、卷二十五，卷五、六、七、八各存一葉，餘卷亦有缺葉。有黎庶昌印，即黎刻古逸叢書本底本之一也。世宗十三年當吾國宣德六年，則亦從元本出也。

九家集註杜詩三十六卷　唐杜甫撰。○宋郭知達集註刻本。○宋寶慶元年己酉，曾噩子肅重刻成都淳熙八年本于五羊漕臺，半頁九行，行十六字，字大宜老，端勁精楷，宋板之絶佳者。内府藏即此本，四庫依之。天祿目云，薈集諸僚友，精其校讎，固非苟付剞劂。故字畫端正，一秉唐人，而刻手印工皆為上選。曾序謂蜀本紙惡字缺，不滿人意，茲摹蜀本，會士友正其脱誤，則是刻之勝于原本可知矣。

〔補〕**新刊校定集注杜詩三十六卷**　唐杜甫撰，宋郭知達集注。○宋寶慶元年廣東漕司刊本，九行十六字，注雙行同，細黑口，左右雙闌。版心上記字數，上魚尾下記書名卷數，下魚尾下記葉數，最下記刊工人名。每卷末于標題後空一行有"寶慶乙酉廣東漕司鋟板"一行。後半葉有廣南東路轉運判官曾噩等校刊銜名四行。海虞瞿氏藏一帙，缺十九、二十五至六、三十五至六，計存三十一卷。日本靜嘉堂文庫藏卷六至十一，計六卷。此書天祿琳琅書目有之，已不存。

〔補〕**九家集註杜詩三十六卷目錄一卷**　唐杜甫撰，宋郭知達集註。○清乾隆末年內府重刊本，不在武英殿聚珍版書之內。十六冊。余藏。

黃氏補註杜詩三十六卷　宋黃希原本，子鶴成之。○宋本題黃氏補千家註杜工部詩史，見天祿書目，謂其于詩之有關時事者皆于題下註明，故謂之詩史。○宋刻本，半頁十行，行十九字。○張金吾有元刻本，楊蟠觀子美畫像詩後積慶堂刻木印，有至正戊子十二月印一條。○元刻廣勤堂本廿五卷，題東萊徐居仁編，臨川黃鶴補註，後有三峰書舍鐘式木記。每頁廿四行，行二十字。鐵樵記。○天祿書目載元本集千家註分類杜工部詩二十卷，宋徐居仁編次，黃鶴補註，前載傳碑銘一卷，序註杜詩姓氏一卷，年譜一卷。詩中門類目錄後有"皇慶壬子"鐘式木記。傳序碑銘後有篆書"建安余氏勤有堂刻"木記，目錄及二十五卷後皆別行刊"皇慶壬子余志安刊于勤有堂"。壬子為仁宗皇慶元年，前列太白集係至大辛亥，僅隔一年，蓋欲以李杜詩集竝行，故其刻手行工亦復相等也。○又載二部，于篆書木記改刻廣勤書堂新刻木記，其鐘鑪二式記易刊"三峰書舍"及"廣勤堂"，

詩題目錄後一行削去，末卷未削，增附刊文集二卷，尤艸艸不類。○
嘉靖初年金臺汪諒刻翻元廣勤堂本。○平津館有元刻三部，皆二十
五卷。

〔附〕○汪諒刻本，鐘印則改為"汪諒重刻"四字，鑪印仍"廣勤堂"也。
(眉)○汪本有初刻後刻，後刻本後有馬崙跋。

〔補〕黃氏補千家集註杜工部詩史三十六卷 唐杜甫撰，宋黃希、

黃鶴補註。**年譜辨疑一卷** 宋黃鶴撰。○元刊本，十一行十九字，
註雙行二十五字，細黑口，左右雙闌，版心上方記字數。前目錄，次
行列杜甫官銜，三行題"臨川黃希夢得"，四行題"臨川黃鶴叔似"。
目後有木記五行，文曰"書肆所刊詩集甚多，而工部詩史尚缺，本堂
因得公廩善本，詳加校正。歲在辛巳之春令工繡梓，文成乃壬午之
菊節，因以紀歲月云。"存目錄、年譜辨疑一卷及本書卷四至七，十三
至十五，二十至二十三，計十三卷。鈐有東宮書府朱文九疊文大印，
為明懿文太子朱標舊藏，今歸劉君啟瑞，亦內閣大庫佚書也。此書
號為宋刊，而氣息屢薄，宋諱不避，當是元代覆刻。宋元及元明易代
之際，刊書往往有不署紀年僅誌干支者，此書署壬午菊節，當是至元
十九年刊，若是明初刊，當是建文四年，則無由鈐東宮書府印矣。○
清四庫館寫本，朱絲闌，九行二十一字。卷中館臣鈎行改字甚多，粘
有校籤，前鈐翰林院典籍廳關防，蓋四庫館鈔書底本也。

〔補〕集千家註分類杜工部詩二十五卷 唐杜甫撰，宋徐居仁編

次，黃鶴註。**年譜一卷** 宋黃鶴撰。○元皇慶元年建安余氏勤有堂
刊本，十二行二十字，細黑口，四周雙闌。門類後有篆書"勤有堂"鼎
式木記。楊蟠觀子美畫像後有"建安余氏勤有堂刊"篆文牌記二行，
此葉版心刊有"皇慶癸丑五月印"七字。鈐清季振宜、朱彝尊藏印。
故宮藏書，點查于位育齋。此書余所見不下六七帙，率元明間刊本，
間有明翻本，惟此刻為真元刊無疑。○又一帙，元刊明補本，十二行

二十字,細黑口,四周雙闌。已裱過。盛昱遺書。○元至正八年潘
屏山圭山書院刊本,十二行二十字,註雙行二十六字,黑口,四周雙
闌。目後有"□□□□潘屏山刊於圭山書院"牌記一行,首四字為佶
人挖去以充宋刊本。

〔補〕**集千家註分類杜工部詩二十五卷文集二卷**　唐杜甫撰,宋
徐居仁編次,黃鶴註。**年譜一卷**　宋黃鶴撰。○元廣勤書堂刊本,
十二行二十字,註雙行二十六字,黑口,四周雙闌。是元末刊本,門
類後有"三峰書舍"鐘式印及"廣勤堂"鼎式印。楊蟠觀子美畫像後
有"廣勤書堂新刊"六字。字體鬆懈,雕工亦不佳,似是元明間刊。
唯年譜一卷十三行二十四字,細黑口,四周雙闌,是元刊正宗,疑是
從他刻配入。江南圖書館藏,缺文集二卷。○海虞瞿氏有一帙,行
欵版式全同,亦元明間印本。瞿氏謂即余氏勤有堂本,版歸廣勤堂,
剗去余氏牌記,竊恐未必然耳。○明正德間金臺汪諒翻廣勤堂刊
本,十二行二十字,註雙行二十六字,黑口,四周雙闌。有"汪諒重
刊"鐘式木記,"廣勤堂"鼎式木記。此本失序跋,刊刻年代未詳,然
余嘗見嘉靖元年刊汪諒所刊古書目,內有"翻刻黃鶴解註杜詩一部
全集",則當刊於正德間也。汪諒本後印者增馬侖跋。

〔補〕**杜工部詩二十卷文集二卷**　唐杜甫撰,宋黃鶴補註。**附錄一
卷年譜一卷**　○明嘉靖二十四年戴鯨時刊本,九行十七字,白口,
左右雙闌。缺卷六至八。

〔補〕**杜工部詩集二十卷文集二卷**　唐杜甫撰,宋黃鶴補註。○明
末毛氏汲古閣刊本,九行二十字。余藏。

集千家註杜詩二十卷　元高楚芳編。○元刻本,頁廿二行,行廿二
字。○明嘉靖汪壬刻。○嘉靖丙申明易山人刻。○又嘉靖丙申玉
几山人刻二十卷,附文二卷,字大,無須溪評點。○萬曆中許氏刻
本,附文二卷。○汲古閣有本,亦附文二卷。○環玉山房劉須溪評

杜詩二十二卷,又附虞趙七五言箋各一卷,為二十四卷,似元刻本。
然詩猶逸其半,何也?(繩)

〔附〕○宋建陽刊小字劉辰翁批點本。元皇慶壬子余志安勤有堂刊本,
葉二十四行,行大字二十,小字二十六。吳跋。○元至正戊子積慶
堂刊宋徐居仁編次黃鶴補註集千家注杜工部詩二十二卷,每半頁八
行,行十七字。張目。○元麻沙小字本。(邵氏)

〔補〕**集千家註批點杜工部詩集二十卷文集二卷** 唐杜甫撰,宋
黃鶴補註,劉辰翁評註。**年譜一卷附錄一卷** ○元刊本,十三行
二十三字,註雙行同,細黑口,四周雙闌。廠肆見殘帙。○元雲衢會
文堂刊本。十四行二十四五字,黑口,左右雙闌。前大德癸卯劉將
孫序,以草書上版。次目錄,次年譜,次附錄。目後有"雲衢會文堂
戊申孟冬刊"牌記二行。本書次行題"須溪先生劉會孟評點",注中
所采各家首二三字以白文別之。有怡府安樂堂藏印及張照印。張
照朱筆手評。○明翻會文堂本,行欵同上。海虞瞿氏藏。

〔補〕**集千家註批點杜工部詩集二十卷** 唐杜甫撰,宋黃鶴補註,
劉辰翁評點。**附錄一卷** ○元明間刊本,十二行二十三字,注雙行
同,黑口,四周雙闌。卷首題"須溪先生劉會孟評點"。行間有圈點,
卷後有補註。有錢大昕跋,言是其婿瞿中溶藏。

〔補〕**集千家註批點杜工部詩集二十卷** 唐杜甫撰,宋黃鶴補註,
劉辰翁評點。**年譜一卷** ○明初刊本,十行十六字,註雙行同,白
口,四周單闌。有評點。○明嘉靖八年靖江藩府朱邦薴懋德堂刊
本,八行十八字,黑口,四周雙闌。附劉辰翁批點。前有靖江自序。
○日本五山翻元刊本,十四行二十五字,黑口,四周雙闌。行間有點
擲,篇中有批註。

〔補〕**集千家註杜工部詩集二十卷文集二卷** 唐杜甫撰。宋黃鶴
補註。**附錄一卷** ○明嘉靖十五年玉几山人刊本,八行十八字,注

雙行同，白口，四周雙闌。此本已印入湖北先正遺書中。

〔補〕**集千家註杜工部詩集二十卷文集二卷** 唐杜甫撰，宋黃鶴補註。○明萬曆三十年許自昌刊李杜全集本，九行二十字，註雙行同，白口，四周單闌。

〔補〕**須溪批點杜工部詩註二十二卷** 唐杜甫撰，宋劉辰翁批點。○明初刊本，九行十八字，細黑口，左右雙闌。存卷二、三、七至二十二，計十八卷。涵芬樓藏。

〔補〕**須溪批點選註杜工部詩二十二卷** 唐杜甫撰，宋劉辰翁、元虞集、趙汸批點評註。○明雲根書屋刊本，十一行十八字，白口，四周單闌。前羅履泰序，版心上方有“雲根書屋之記”篆書六字，後有黎堯卿跋。約正德間刊本。

〔補〕**虞邵庵分類杜詩註一卷** 唐杜甫撰，題元虞集註。○明正統間石璞臨川刊本，十行二十六字，黑口，四周雙闌。前有明人序，末尾為惡估割去，撰人失考。據序云為江西按察使石仲玉刊。據陸容菽園雜記言，此書實元張伯成撰，本名杜律演義，時已有刊本，有天順丁丑臨川黎序。

〔補〕**杜工部七言律詩註二卷** 唐杜甫撰，題元虞集註。○明隆慶萬曆間刊本，行欵失記。前有楊士奇序，因此書不見歐陽玄所撰墓碑，疑非出邵庵之手。四庫存目。

〔補〕**杜工部五言律詩註二卷** 唐杜甫撰，題元趙汸撰。○明隆慶萬曆間刊本，行欵失記。前正德甲戌董玘序，又都穆序。文字淺近，必非出東山之手，疑里巷陋儒所為，坊估託之東山，俾儷道園，以求行世射利耳。二書均余藏。

〔補〕**讀杜愚得十八卷** 明單復撰。○明天順元年朱熊刊本，十二行二十四字，黑口，四周雙闌。有洪武十五年自序，及楊士奇序，云屬江陰朱善繼兄弟刻之。四庫存目。

〔補〕**杜詩單註十卷**　明單復撰，陳明輯。○明正德嘉靖間景姚堂刊本，八行二十二字，註雙行同，白口，四周單闌，版心下方有"景姚堂"三字。前洪武壬戌秋單復自序，本書題楊祐校。卷末有"生員檀輪繕寫"、"省祭官邢仁督刊"二行，則應是官刊本。翰文齋見。

〔補〕**杜詩分類集註二十三卷**　唐杜甫撰，明邵寶集註，過棟參箋。○明萬曆間周子文刊本，十行二十字，白口，四周單闌。前王穉登序。卷首除邵，過註箋名外題周子文校梓。註文先釋詞句故事，次詩意、境地，略如趙次公之例。分類依徐居仁例，一類之中再以體分。

〔補〕**杜少陵集十卷**　唐杜甫撰，明張潛編。○明正德七年張潛編刊本，十行二十字，白口，四周單闌。分八冊，以八音紀之。前正德七年王雲鳳序，言廣平太守張潛編刊，府判宋灝校訂。此本罕見。

〔補〕**杜工部詩通十六卷**　明張綖撰。○明隆慶六年張守中刊本，十行二十二字，白口，四周單闌。八冊。余藏。鈐朱氏潛采堂圖籍印。四庫存目。

〔補〕**杜工部詩八卷**　唐杜甫撰。○明正、嘉間淨芳亭刊本，十二行二十二字，白口，四周單闌。版心下方有"淨芳亭"三字。八冊。余藏。

〔增〕**杜工部全集六十六卷**　明劉士敹分體編校。其凡例係合李杜二集，姚士粦序則只書杜詩，蓋又析以單行。世敹字少彝，萬曆庚子舉北闈，授閩中令，見天祿目。

〔補〕**杜工部分體全集六十六卷目錄六卷**　唐杜甫撰，明劉世敹輯。**年譜一卷**　宋黃鶴撰。○明萬曆四十年刊合刻分體李杜全集本，九行十八字，白口，左右雙闌。前姚士粦序，次凡例，次舊本序，次年譜。詩、文皆錄本文，文字異同別註於後。卷後有校刊人名。原有年譜一卷，此帙失去。清汪琬手評。鈐有"鈍翁手評"朱文印。十六冊。余藏。

〔補〕**杜詩分類五卷** 唐杜甫撰,明傅振商輯。○明萬曆杜澂刊本,十行二十字,白口,四周雙闌。題杜澂重梓。有萬曆四十一年傅氏自序。四庫存目。

〔補〕**杜律不分卷** 唐杜甫撰,宋劉辰翁、明郭正域評。○明萬曆天啟間閔齊伋刊本,八行十八字,白口,四周單闌。有郭正域序,閔齊伋跋。朱墨黛三色套印本。一冊。余藏。

杜詩攟四卷 明唐元竑撰。按:四庫著錄莫氏失收。

〔補〕**杜詩胥鈔十五卷** 唐杜甫撰,清盧世㴶輯。**贈言一卷** 清盧世㴶輯。**大凡一卷餘論一卷** 清盧世㴶撰。○明崇禎七年盧氏尊水園刊本,八行十九字,白口,左右雙闌。鈐有孫承澤印記。六冊。余藏。

〔補〕**讀杜詩寄盧小箋三卷讀杜二箋一卷** 清錢謙益撰。**讀杜私言一卷** 清盧世㴶撰。○明末毛氏汲古閣刊本,十二行二十字,行欵與毛刻唐人八家詩同,題刊於湖南讀書處。余藏。

〔增〕**錢牧齋注杜詩二十卷** 錢曾編。○刻本。

〔補〕**杜工部集二十卷** 唐杜甫撰,清錢謙益箋註。**年譜一卷諸家詩話一卷唱酬題詠附錄一卷附錄一卷** ○清康熙六年季氏靜思堂刊本,十一行二十字,黑口,四周雙闌,八冊。余藏。

〔補〕**杜工部詩集二十卷** 唐杜甫撰,清錢謙益箋註。○清寫本,十行二十字。異字在本文下,注文在每首之後。鈐柳如是、陸沉、陸僎印。有道光三十年陸僎手跋,言據其高祖點勘樓書目,此書為康熙四十六年得之太倉王氏。

〔補〕**杜律細一卷** 清蕭雲從撰。○清道光元年劉喜海家寫本。有張九如、朱有章、張秀璧序及自序。凡杜詩中拗句皆考證為叶音,以朱圈朱點標出。有劉喜海跋,云自朱錫庚藏本出。此即王漁洋評為穿鑿可笑而援據甚博者也。

〔補〕**辟疆園杜詩註解五言律十二卷七言律五卷** 清顧宸撰**附年譜一卷** ○清康熙二年顧氏辟疆園吳門刊本。余藏。

杜詩詳註二十五卷附編二卷 國朝仇兆鰲撰。○康熙二十二年刻。○道光間坊刻，劣。

〔補〕**杜詩詳註二十五卷** 唐杜甫撰，清仇兆鰲輯註。**首一卷附編二卷** ○清康熙間刊本，十行二十二字，黑口，左右雙闌。有康熙三十二年序。十五冊。余藏。

〔補〕**杜工部詩説十二卷** 清黃生撰。○清康熙三十五年一木堂刊本，九行二十一字。

〔補〕**杜工部七言律詩註五卷** 清陳之壎撰。○清康熙二十二年刊本，寫刻本。余藏。

〔補〕**讀書堂杜工部詩集註解二十卷文集註解二卷** 唐杜甫撰，清張溍註。**杜工部編年詩史譜目一卷** ○清康熙三十七年滏陽張氏讀書堂自刊本，題其子榕端校。○清道光二十一年滏陽張氏重刊本。四庫存目。

〔補〕**杜詩會粹二十四卷** 唐杜甫撰，清張遠箋。○清康熙間文蔚堂刊本。四庫存目。

〔補〕**杜詩論文五十六卷** 清吳見思撰，潘眉評。○清康熙十一年常州岱淵堂刊本。四庫存目。

〔補〕**讀杜心解六卷首二卷** 清浦起龍撰。○清雍正三年前碉浦氏寧我齋刊本。十冊。余藏。四庫存目。

〔補〕**杜詩偶評四卷** 清沈德潛撰。○清乾隆十二年潘承松賦閒草堂刊本。四冊。余藏。

〔補〕**杜詩提要十四卷** 清吳瞻泰撰。○清乾隆間山雨樓刊本。四册。余藏。

〔補〕**杜詩鏡銓二十卷** 清楊倫撰**年譜一卷附錄一卷** ○清乾隆間
九柏山房刊本,有乾隆五十七年序。

〔補〕**杜律近思五卷** 清張涵撰。○稿本。有康熙六十年自序及董浩
序。

〔補〕**杜詩雙聲疊韻譜括略八卷** 清周春撰。○清寫本。吳騫校。

〔補〕**病手集杜不分卷** 清許瀚撰。○許氏默寫杜詩五言四十首,七
言五十五首,後錄錢謙益等各家評語,並加案語。病中雜書,原非撰
述也。

〔補〕**王摩詰文集十卷** 唐王維撰。○南宋初蜀中刊本,十一行二十
字,白口,左右雙闌,版心魚尾下記摩詰幾,下記葉數及刊工人名。
卷五末有袁褧觀欵,後有顧廣圻跋。晚印,多補修之版。海源閣遺
書。

〔補〕**王摩詰集十卷** 唐王維撰。○明正德間刊本,十行十八字,白
口,左右雙闌。前王縉表及答勅。失刊書序跋,以字體雕工論,是正
德間風氣。

〔補〕**王右丞文集十卷** 唐王維撰。○宋刊本,十一行十七至二十字,
白口,左右雙闌,版心上記字數,下記葉數及刊工人名。卷六後附跋
語,論王韋優劣七十餘字,為他本所無。有補版。季振宜、徐乾學、
黃丕烈、汪士鐘、陸心源遞藏,百宋一廛賦著錄。卷四末有袁褧觀
欵。日本靜嘉堂文庫藏,顧廣圻謂為麻沙本,誤矣。此即莫氏所記
之黃丕烈藏之麻沙十卷本。

〔補〕**王摩詰集六卷** 唐王維撰。○明弘治、正德間銅活字印本,九行
十七字,細黑口,左右雙闌。袁克文藏。○明嘉靖十六年南陽郡齋
刊王孟集本,十行十八字,白口,左右雙闌。有陳鳳序,云寅長屠公
出貲,刻置郡齋,適有餒蘇刻者,取以即工,故其精倍他刻云云。據

此則為蘇州刊工在南陽所刊。○清康熙間項絪玉淵堂刊王韋合刻本，十一行二十一字，細黑口，四周單闌。

〔補〕**王右丞集四卷**　唐王維撰。○清同治九年胡鳳丹刊唐四家詩集本。

〔補〕**王摩詰集二卷**　唐王維撰。○明嘉靖三十一年黄埻刊十二家唐詩本，九行十九字，白口，四周單闌，版心下有"須彌仚栞劍室"六字。○明許自昌編萬曆三十一年霏玉軒刊前唐十二家詩本，九行十九字，白口，左右雙闌。

〔補〕**王右丞詩集二卷**　唐王維撰。○清康熙三十四年汪立名刊唐四家詩本，十行十九字，黑口，左右雙闌。余藏。余據明銅活字印六卷本校。

〔補〕**王維集一卷**　唐王維撰。○明楊一統輯萬曆十二年刊唐十二名家詩本，九行二十字，白口，四周單闌。

〔補〕**須溪先生校本唐王右丞集六卷**　唐王維撰，宋劉辰翁評點。○元刊本，八行二十字，細黑口，左右雙闌。行間有圈點，句下有評語。涵芬樓藏，已印入四部叢刊初編。時宋刊二本一秘藏於海源閣，一遠在東瀛，為所能借得之最善之本。

〔補〕**唐王右丞詩劉須溪校本六卷**　唐王維撰，宋劉辰翁評**附錄一卷**　○明弘治十七年呂燮刊本，十行二十字，白口，左右雙闌。前弘治甲子呂燮序。後有呂燮題八行。余藏。余據元刊本校。

〔補〕**類箋唐王右丞詩集十卷**　唐王維撰，宋劉辰翁評，明顧起經箋。**文集四卷集外編一卷**　唐王維撰，明顧起經輯。**年譜一卷**　明顧起經撰**唐諸家同詠集一卷贈題集一卷歷朝諸家評王右丞詩畫鈔一卷**　明顧起經輯。○明嘉靖三十五年顧起經奇字齋刊本，九行十八字，細黑口，左右雙闌。本書題劉辰翁評，顧起經註。有顧氏自序。四庫存目。

〔補〕**唐王右丞詩集註說六卷**　唐王維撰，宋劉辰翁評，明顧可久註。

〇明嘉靖三十八年洞陽書院刊本，九行十七字，白口，左右雙闌。有
"嘉靖己未歲季冬月幾望洞易書院梓行"牌記二行。

〔補〕**王摩詰詩集七卷**　唐王維撰。宋劉辰翁、明顧璘評。〇明天啟
間凌濛初刊朱墨套印本，八行十九字，白口，四周單闌。有凌氏跋。
余藏。

王右丞集註二十八卷附錄二卷　唐王維撰。國朝趙殿成箋註。〇
乾隆元年趙氏刻，抱經云，其校正遠勝舊本。有翻刻本。〇汪氏有
宋刻十卷本，徐、季有鈐記。〇明正德中仿宋十卷本，無註，半頁十
行，行十八字。〇黃丕烈有宋麻沙十卷本。〇昭文張氏有何義門校
本，十卷。〇天祿書目有影宋刻本王摩詰集十卷，琴川毛氏所鈔。
〇明顧起經類篸王右丞詩集十卷，文集四卷，前載序例、表勅、列傳、
世系圖、目錄，末載書畫評一卷，唐諸家同詠集一卷，唐諸家贈題集
一卷，右丞年譜一卷，外編一卷。四庫入存目。天祿書目亦載其本，
云其開局氏里後標嘉靖三十四年十二月望授鋟，三十五年六月朔完
局，每卷末俱記刻書之月及校閱姓氏，可謂鄭重經營者矣。〇明套
板本七卷，與孟浩然集合刻。〇明東壁圖書府本，乃黃氏刻十二家
詩集本。明十二家詩本凡三四刻。〇汪立名刻王孟韋柳集本十二
卷。〇明奇字齋本。〇弘治甲子吕夔刻六卷本。〇嘉靖二十四年
顧佃子刻本。

〔附〕〇項收元本，首題須溪先生校本唐王右丞集卷第一，目錄抄補。
季振宜藏。結銜唐尚書右丞贈秘書監王維。每半頁八行二十字，有
圈點。（眉）〇宋蜀十卷本，題摩詰集。〇建昌本，題王右丞集。〇
陳云：右丞集十卷，建昌本與蜀本次序不同，大抵蜀刻六十家集多異
於他處，而此編大無倫次。趙殿成云，須溪本雖不免誤，校他本為
善，王涯游春辭亦未竄入。（邵氏）

〔補〕**王右丞集二十八卷** 唐王維撰，清趙殿成箋註。**首一卷末一卷** ○清乾隆二年趙氏自刊本。十册。余藏。

高常侍集十卷 唐高適撰。○影宋鈔本，校各本多碑文數篇。○明正德中刻本，頁二十行，行十八字，校四庫所據汲古影宋精鈔多絕句一首，與王岑二家合刻。○明上陵校刻本。

〔附〕○宋乾道陸游刊本。○明刊分七類本，孫目。（邵氏）

〔補〕○明正德刊本，十行十八字，白口，左右雙闌。與王摩詰集行欵同。失序跋。柳蓉春肆中見。○明烏絲闌寫本，十行十八字。本書次行題“散騎常侍渤海高適達夫一字仲武撰”。存卷一至五。鈐“藍氏皋翁”印。按：高集宋刊本不存，傳世以正德本為最佳。

〔補〕**高常侍集八卷** 唐高適撰。○明弘治正德間銅活字印唐人集本，九行十七字，細黑口，左右雙闌。余藏。

〔補〕**高常侍集二卷** 唐高適撰。○明嘉靖三十一年黃埻刊十二家唐詩本，九行十九字，白口，四周單闌。○明萬曆三十一年霏玉軒刊前唐十二家詩本，九行十九字，白口，左右雙闌。○清光緒五年定州王氏謙德堂刊畿輔叢書本。

〔補〕**高適集一卷** 唐高適撰。○明楊一統編萬曆十二年刊唐十二名家詩本，九行二十字，白口，四周單闌。

孟浩然集四卷 唐孟浩然撰。○明刻本有四卷、三卷、二卷、不分卷本。○汲古閣刻三卷。○許自昌本，康熙間天都汪立名刻本二卷，與王韋柳刻。○黃丕烈有宋本三卷。

〔附〕○元刻須溪評點本，强分門類。○明顧洪道三卷本。（邵氏）

〔補〕**孟浩然詩集三卷** 唐孟浩然撰。○宋蜀中刊本，十二行二十一字，白口，左右雙闌。有黃丕烈跋。鈐有元翰林國史院朱記。海源閣佚出之書，歸潘宗周。此本梁溪楊氏曾影印行世。

〔補〕**孟浩然集三卷** 唐孟浩然撰。○明弘治、正德間銅活字印本，九

行十七字,細黑口,左右雙闌。袁克文、蔣汝藻二君各有一帙。○明
嘉靖十九年朱警刊唐百家詩本,十行十八字,白口,左右雙闌。

〔補〕**孟襄陽集三卷** 唐孟浩然撰。○明末毛氏汲古閣刊五唐人集
本,九行十九字,白口,左右雙闌。版心下有"汲古閣"三字。

〔補〕**孟浩然集四卷** 唐孟浩然撰。○明正德刊本,十行十八字,白
口,左右雙闌。余藏。余據宋蜀本及明銅活字印本校。此本已印入
四部叢刊。

〔補〕**孟浩然集二卷** 唐孟浩然撰。○明嘉靖三十一年黃埻刊十二家
唐詩本,九行十九字,白口,四周單闌。○明萬曆三十一年霏玉軒刊
前唐十二家詩本,九行十九字,白口,左右雙闌。

〔補〕**孟襄陽詩集二卷** 唐孟浩然撰。○清康熙三十四年汪立名刊唐
四家詩本,十行十九字,黑口,左右雙闌。余藏。余據明銅活字印本
校。

〔補〕**孟浩然集一卷** 唐孟浩然撰。○明楊一統編萬曆十二年刊唐十
二名家詩本,九行二十字,白口,四周單闌。

〔補〕**須溪先生批點孟浩然集三卷** 唐孟浩然撰,宋劉辰翁批點。
○明活字印本,九行十九字,白口,四周單闌。分十類,罕見。

〔補〕**孟浩然詩集三卷補遺一卷** 唐孟浩然撰,宋劉辰翁評點,明顧
道洪校。○明萬曆刊本,十行十八字,白口,四周單闌。尚有襄陽外
編一卷,拾遺一卷,此本失去。

〔補〕**孟浩然詩集二卷** 唐孟浩然撰,宋劉辰翁、明李夢陽評。○明萬
曆天啟間凌濛初朱墨印盛唐四名家集本,八行十九字,白口,左右雙
闌。有凌濛初跋,又有凌毓枏校題名。

〔補〕**岑嘉州詩集十卷** 唐岑參撰。○昭文張氏有明初刻本,云較他
明刻為善。○明正德庚辰謝元良刻本,八卷。○又許自昌本,與孟
浩然合刻本。○阮氏進呈本亦八卷。參南陽人,為文本曾孫,天寶

三載趙岳榜第二人及第，累官右補闕，起居郎，出為虢州長史及嘉州刺史。杜鴻漸表薦安西幕府，拜職方郎中，兼侍御史，事詳唐才子傳。其集唐志至通攷及焦氏經籍志並云十卷，是編與杜確序合。然如瀛奎律髓所載同崔十三侍御灌口夜宿報恩寺作為此本所佚，則非唐人舊册矣。

〔附〕○正德庚辰沈恩刊于蜀中本，四卷，以明刻八卷本十行十八字者校之，所缺甚多，非足本。（王國維）

〔補〕**岑嘉州詩八卷**　唐岑參撰。○宋刊本，十行十八字，白口，左右雙闌。存前四卷。海源閣遺書。○明正德十五年謝元良嘉州刊本，十行二十字，白口，四周雙闌。余藏。○舊寫本，十行二十字，白口，四周雙闌。杜確序後有目錄，較許自昌本多詩四首，銘二首，題下多小註，句下間注一作某。有黃丕烈跋。翁君斌孫藏，余曾借校。

〔補〕**岑嘉州集八卷**　唐岑參撰。○明弘治、正德間銅活字印本，九行十七字，細黑口，四周雙闌。蔣汝藻有一帙。○明正嘉間刊本，十行十八字，白口，左右雙闌。分體為次。前京兆杜確序，言區分類聚，勒成八卷云云。余藏。友人吳君慈培亦有一帙。余本余據銅活字本及翁弢夫藏鈔本校。

〔補〕**岑嘉州詩七卷**　唐岑參撰。○明正德十五年熊相、高嶼濟南刊本，十行十七字，白口，四周單闌。書眉上小字註文字異同。前杜確序，末有邊貢跋及正德十五年熊相後序，言以邊貢藏本傳濟南知府高嶼刻之，而同知劉信實董之云云。余藏。此本已印入四部叢刊初編第二次印本中。此本分卷與他本不同，疑邊熊諸人重加編次者也。

〔補〕**岑嘉州詩四卷**　唐岑參撰。○明正德十五年沈恩蜀中刊本，十一行二十一字，黑口，四周單闌。前楊慎序，後有正德庚辰沈恩刊書跋，言據王浚州本縮六卷為四卷而刻之云云。此本已印入四部叢刊初編。○舊寫本,前有小傳,是全唐詩底本。頗有異字,間有小注,均與黃丕烈跋本不同。

〔補〕**岑嘉州集二卷** 唐岑參撰。○明嘉靖三十一年黃埻刊十二家唐詩本,九行十九字,白口,四周單闌。○明許自昌編萬曆三十一年霏玉軒刊前唐十二家詩本,九行十九字,白口,左右雙闌。余藏,余據舊寫八卷本校,並錄黃丕烈跋。舊寫本世好翁君斌孫藏。

〔補〕**岑參集一卷** 唐岑參撰。○明楊一統編萬曆十二年刊唐十二名家詩本,九行二十字,白口,四周單闌。

〔補〕**崔曙集一卷** 唐崔曙撰。○明弘治、正德間銅活字印唐人集本,九行十七字,細黑口,左右雙闌。袁克文、蔣汝藻二君各有一帙。○明嘉靖十九年朱警編刊唐百家詩本,十行十八字,白口,左右雙闌。○明嘉靖三十三年黃氏浮玉山房刊唐詩二十六家本,十行十九字,白口,左右雙闌。

〔補〕**崔顥集二卷** 唐崔顥撰。○明弘治、正德間銅活字印唐人集本,九行十七字,細黑口,左右雙闌。分體編次。袁君克文藏。○明嘉靖三十三年黃氏浮玉山房刊唐詩二十六家本,十行十九字,白口,左右雙闌。余據銅活字印本校,二本次第相合。

〔補〕**崔顥詩集一卷** 唐崔顥撰。○明嘉靖十九年朱警刊唐百家詩本,十行十八字,白口,左右雙闌。余據明活字印本校之,竟無異字。其句下夾注一作某者,活字本無之。余又據明正德田氏工字軒刊本校,改三十四字,其序跋別錄存之。○明正德十年田瀾工字軒刊本,九行二十字。據跋尚有駱賓王集等。

常建詩三卷 唐常建撰。○明嘉靖丁未余文周仿宋刻唐十子詩,自常建至魚元機十人,共十四卷本。汲古閣刻本。

〔附〕○宋陳道人書坊本,末有臨安府棚北大街睦親坊南陳宅刊印,天祿後目。(邵氏)

〔補〕**常建詩集二卷**　唐常建撰。○宋臨安陳宅書籍鋪刊本，十行十

八字，白口，左右雙闌。卷上末尾有"臨安府棚北大街睦親坊南陳宅

刊印"一行。鈐明楊士奇藏印。故宮藏。周叔弢亦藏一帙。行欵同

而無牌記。故宮本已印入天祿琳琅叢書中。○明嘉靖十九年華亭

朱氏刊唐百家詩本，十行十八字，白口，左右雙闌。

〔補〕**常建集二卷**　唐常建撰。○明弘治、正德間銅活字印唐人集本，

九行十七字，細黑口，左右雙闌。袁克文藏。○明嘉靖三十三年黃

氏浮玉山房刊唐詩二十六家本，十行十九字，白口，左右雙闌。

〔補〕**常建詩集三卷**　唐常建撰**附錄一卷**　○明崇禎間毛氏汲古閣刊

唐人六集本，九行二十一字，白口，左右雙闌。余藏。余據故宮藏宋

臨安陳道人書籍鋪刊本校。○明正嘉間刊本，八行十六字，白口，左

右雙闌。分體編次。

儲光羲詩五卷　唐儲光羲撰。○明活字本五卷，與劉隨州、錢考功合

本。

〔附〕○嘉靖仿宋唐十子本。（邵氏）

〔補〕**儲光羲集五卷**　唐儲光羲撰。○明弘治、正德間銅活字印唐人

集本，九行十七字，細黑口，左右雙闌。袁克文、蔣汝藻二君各有一

帙。

〔補〕**唐儲光羲詩集五卷**　唐儲光羲撰。○明嘉靖二十九年毘陵蔣

孝刊中唐十二家詩集本，十行二十字，白口，左右雙闌。

次山集十二卷　唐元結撰。○明正德刻本，附錄一卷。○明湛若水

校本，十卷。○淮南黃又刻十二卷。

〔附〕宋蜀本。○宋江川本。○宋九江刊本。（邵氏）

〔補〕**唐元次山文集十卷拾遺一卷**　唐元結撰。○明正德十二年郭

勛刊本，十行二十字，黑口，四周雙闌。前正德湛若水序。本書卷首

元結銜名後題湛若水校、郭勛編。余有一帙，目錄為孔繼涵手補。

余據明刊漫叟文集校。此本已收入四部叢刊初編中。正德本與湛
若水校本是一本，非二本也，莫氏析而為二，應正。

〔補〕**唐漫叟文集十卷拾遺一卷拾遺續一卷**　唐元結撰。○明嘉
靖九年永州刊本，十行二十字，黑口，四周雙闌。首唐書本傳，次湛
甘泉舊序，次目錄。後有嘉靖庚寅永州知府黃焯跋，後題贊成諸同
寅名及教授馮校校勘。

〔補〕**元次山文集十二卷**　唐元結撰。○明天啟、崇禎間刊本，九行
二十字，白口，左右雙闌。後二卷為拾遺。題陳繼儒鑒定，吳震元、
王時敏較。

顏魯公集十五卷補遺一卷年譜一卷附錄一卷　唐顏真卿撰。○
聚珍本。閩覆本。○明嘉靖二年無錫安氏刻。○萬曆中平原令劉
思誠刻。○萬曆中顏允祚刻。○乾坤正氣本。○國初顏氏刻。○
嘉慶中顏氏重刻安本。○孫淵如刻本，精。○道光間黃本驥蒐葺定
本三十卷，甚備而刻甚劣。○有仿宋鈔，校明刻多碑文數篇。

〔附〕劉思誠本無補遺年譜。○嘉慶中平津館孫氏刊本，精，單行，不入
叢書。(邵氏)藏園按：見嘉慶中顏氏刊本，有孫星衍序，甚精，則非
孫氏自刊可知。

〔補〕**顏魯公文集十五卷補遺一卷**　唐顏真卿撰。**年譜一卷**　宋留
元剛撰。**附錄一卷**　○明嘉靖間錫山安國銅活字印本，十三行十六
字，白口，左右雙闌，版心上方有“錫山安氏館”五字。每卷首標“錫
山安國刊”。前劉敞序，後留元剛跋。朱文鈞藏。○明嘉靖二年錫
山安國安氏館刊本，十行二十字，白口，左右雙闌，版心上方有“錫山
安氏館”五字，卷首次行下方標“錫山安國刊”五字。此本已印入四
部叢刊初編中。○明萬曆十七年劉思誠刊本，十行二十字，白口，左
右雙闌。卷首次行題“山海劉思誠刊”。此本行欵、卷次與安氏館刊
本全同，疑即從安刻翻雕。○清嘉慶七年曲阜顏崇槼刊本，十二行

二十字,刊刻甚精。有孫星衍序。此本莫氏及邵氏書目偶鈔誤記為孫氏別有刊本。

〔補〕**文忠集十六卷** 唐顏真卿撰。○清乾隆間武英殿木活字印聚珍版書本,九行二十一字,白口,四周雙闌。福建及廣雅翻聚珍版書本有拾遺四卷,為清黃本驥輯,孫星華增訂。

〔補〕**顏魯公文集三十卷補遺一卷** 唐顏真卿撰**顏魯公年譜一卷**清黃本驥撰。○清道光二十五年刊,收入三長物齋叢書中。

〔補〕**顏魯公文集十四卷** 唐顏真卿撰。○清道光二十八年刊乾坤正氣集本。

〔補〕**顏魯公詩集一卷** 唐顏真卿撰。○明嘉靖十九年朱警刊唐百家詩本,十行十八字,白口,左右雙闌。

宗元集三卷附錄一卷元綱論一卷內丹九章經一卷 唐吳筠撰。○宋刻大字本。○汲古閣刻道藏八種本。○路氏有鈔本。

〔附〕○四庫係抄本。(邵氏)

〔補〕**宗玄先生文集三卷** 唐吳筠撰。○明正統道藏本。在太玄部。

〔補〕**宗元先生集三卷** 唐吳筠撰。**附施真人集一卷** ○清初寫本,採輯諸書,各註出處。二冊。余藏。

杼山集十卷 唐釋皎然撰。○汲古閣刻。○昭文張氏有舊鈔本,題畫上人集,卽錢遵王家物。

〔補〕○明湖東精舍寫本,烏絲闌,十行十八字,白口,左右雙闌。版心下方有"湖東精舍"四字。前有湖州牒文,次於頔序。存卷一至七。余藏。

〔補〕**皎然集十卷** 唐釋皎然撰。○清繡佛齋寫本,九行二十二字,白口,四周單闌。前有浙西觀察使牒文。序連本文。版心下方有"繡佛齋藏板"五字。

〔補〕**晝上人集十卷** 唐釋皎然撰。○明錢穀手寫本,烏絲闌,十一行

二十字,黑口,四周雙闌。前貞元八年牒文,次湖州刺史于頔序。鈐
"錢穀手抄"朱文印。李木齋先生藏。○清精寫本,十一行二十字,
無闌格。前浙西觀察使下湖州牒文及于頔序。有汪士鐘藏印。余
藏。此本已印入四部叢刊初編,其闌格為印時補加原書固無闌也。

〔補〕**杼山集十卷補遺一卷** 唐釋皎然撰。○明末毛氏汲古閣刊三
高僧詩集本,八行十九字,白口,左右雙闌。

〔補〕**吳興晝上人杼山集四卷** 唐釋皎然撰。○明歸安張通編刊本,
行欵失記。四明盧氏抱經樓藏。

〔補〕**唐皎然詩集一卷** 唐釋皎然撰。○明嘉靖十九年朱警刊唐百家
詩本,十行十九字,白口,左右雙闌。清光緒二十一年江標刊唐人五
十家小集本,行欵同上。

〔補〕**劉文房文集十卷** 唐劉長卿撰。○宋蜀中刊本,十二行二十一
字,白口,左右雙闌。存卷五至十。海虞瞿氏藏,即黃丕烈舊藏本。

劉隨州集十一卷 唐劉長卿撰。明弘治戊午餘姚韓明校刻。○明弘
治庚申李士修刻。○明活字本,十卷。明韋袛謨刻八卷。康熙中席
氏刻唐百家詩本十卷,補一卷。○宋刻劉文房集殘本,半頁十二行,
行二十一字,存五至十,凡六卷,在黃蕘圃家。

〔附〕○收明本,與庫本同,避宋諱,蓋亦繙宋本也。○外集一卷,四庫
活字。(眉)○宋本詩九卷,文一卷。宋本二十四行,行二十二[一]
字,作劉文房集。○南宋本,二十行,行十八字,何義門謂為書棚本。
○唐十子本。(邵氏)

〔補〕**劉隨州文集十一卷外集一卷** 唐劉長卿撰。○明弘治十一年
李紀臨洮郡齋刊本,十行十八字,黑口,四周雙闌。有弘治戊午韓明
序,云據楊一清藏本屬臨洮太守李紀刊於郡齋者,與孟、韋諸集同
刻。卷十一為文集。其行欵與宋書棚本同,疑出自棚本。○明弘治
十三年知隨州李士修刊本,十行十八字,黑口,四周雙闌。前弘治庚

申宗彝序,言李氏知隨州時重刊。後有弘治戊午韓明序,則知自弘治十一年李紀刊本覆刻。○明寫本,十二行二十字,白皮紙。鈐清葉德榮、盛昱藏印,盛昱遺書。

〔補〕**唐劉隨州詩集十一卷外集一卷**　唐劉長卿撰。○明嘉靖二十九年蔣孝刊中唐十二家詩集本,小行二十字,白口,左右雙闌。余藏。余臨何焯校宋本。○又一帙,曹寅舊藏,友人吳君慈培據葉德榮舊藏明寫本校過。

〔補〕**劉隨州文集十卷外集一卷**　唐劉長卿撰。○明正德十二年湯鏓隨州刊本,十行十八字,大黑口,四周雙闌。前正德十二年湯鏓、陳清序。據弘治十一年李紀刊本覆刻,而去其第十一卷文,只餘詩十卷。此本已印入四部叢刊初編。

〔補〕**劉隨州集十卷**　唐劉長卿撰。○明弘治、正德間刊唐人集本,九行十七字,細黑口,左右雙闌。袁克文、蔣汝藻二君各有一帙。分體編次。

〔補〕**劉隨州詩集十卷**　唐劉長卿撰。○明刊本,十行二十字,白口,左右雙闌。分體編次,與蔣孝本不同。

〔補〕**劉隨州詩十卷補遺一卷**　唐劉長卿撰。○清康熙間席啟寓刊唐詩百名家全集本,十行十八字,白口,左右雙闌。余臨何焯校宋本。又一帙,余用明銅活字印本校。

韋蘇州集十卷　唐韋應物撰。○明吳汝紀仿宋與陶集合刻本八卷。○明凌濛初朱墨印陶韋合集本。○明戶部郎華雲刻于九江,改題韋江州集。○下邳余懷本,小字翻宋板本。○席氏刻本多拾遺一卷。○項氏玉煙堂刻本,佳。○又單印本五卷。○又天都汪氏刻二卷。○天祿目有元板韋蘇州集十卷,謂橅印精好,與宋槧不相遠,當是王欽臣所訂而沈明遠重刻于元初。○天祿後目有宋刻巾箱本韋蘇州集一部。大字宋刻一部。

〔附〕○弘治丙辰楊一清跋隴洲劉岊刻本。（原稿無，印本入正文。）○宋熙寧九年葛繁本。○宋乾道辛卯魏杞刊大字本。○宋刊大字本，毛目。○宋臨安書棚本。（邵氏）

〔補〕○宋刊本，十行十八字，白口，左右雙闌。版心上記字數，下記刊工人名。有季振宜藏印及題識。周叔弢藏。版式與書棚本同，而無牌記。○宋刊本，十行十八字，白口，左右雙闌。存卷一至四。江南圖書館藏。○明弘治、正德間銅活字印唐人集本，九行十七字，細黑口，左右雙闌。袁克文藏一帙，存卷一至八。○明末余懷刊本，八行十八字，白口，四周單闌。余藏。○清康熙間項氏玉淵堂刊本，十一行二十一字，細黑口，四周單闌。余藏。書面標依宋本重刊字樣。

〔補〕**韋蘇州集十卷拾遺一卷**　唐韋應物撰。○宋乾道七年平江府學刊大字遞修本，十行十八字，白口，左右雙闌。內閣大庫嘗出殘冊，余于廠肆見之。○宋刊本，十行十八字，白口，左右雙闌，版心上記字數，下記刊工人名，有余同甫等名。鈐嘉興戴氏藏印及天祿琳瑯諸璽。余曾取校明翻宋書棚本，行欵雖同，目錄及卷中行次均有異，文字亦有異處。此書袁克文君藏，後輾轉歸潘宗周。○明翻宋本，十行十八字，白口，左右雙闌。前沈明遠補傳，次嘉祐元年王欽臣序，次目錄。此本刊印均精，大似宋書棚本，鈐明華雲藏印。余藏。劉君承幹有一帙，號為宋本，印入所刊書影中。○明弘治九年李瀚、劉岊刊本，十行十八字，黑口，四周雙闌。有楊一清跋。○明弘治十八年商州刊本，十行十八字，大黑口，四周雙闌。○明萬曆間刊陶韋合刻本，何湛之刻，九行十八字，白口，四周單闌。李木齋先生藏。○清康熙四十一年席啟寓琴川書屋刊唐詩百名家全集本，十行十八字，白口，左右雙闌。余藏。余據袁克文君藏宋本用朱筆校。又據歷史博物館藏內閣大庫舊藏宋平江刊大字本用墨筆校卷八至十。又據元刊劉須溪評本有德祐須溪跋者用綠筆校。又據明弘治四年張習刊本用藍筆校。

〔補〕**須溪先生校本韋蘇州集十卷拾遺一卷**　唐韋應物撰，宋劉辰
翁校點。○元刊本，十行十六字，細黑口，左右雙闌，版心記字數，上
下不一。首劉辰翁序，次王欽臣舊序，次目錄。行間有點擲，異字注
本字下，評語在每句或每首之末。末附拾遺一卷，詩八首。又有德
祐初劉辰翁跋七行，與孟浩然並舉。末書“孟浩然詩陸續刊行”二
行。其拾遺標題改為“須溪先生校點韋蘇州集”，與卷首作“校本”者
異。有季振宜藏印，袁君克文藏，余嘗借校。

〔補〕**韋蘇州集十卷拾遺一卷**　唐韋應物撰，宋劉辰翁校注。○明弘
治四年張習刊本，十一行二十一字，黑口，四周雙闌。卷一、八、九三
卷標題下旁標“須溪先生校注”六字，卷二以下改題須溪先生校本韋
蘇州集。後有劉辰翁跋五行，張習跋十一行。

〔補〕**韋刺史詩集十卷**　唐韋應物撰**附錄一卷**　○明嘉靖二十七年
華雲太華書院刊本，十一行二十一字，白口，左右雙闌。版心下方有
“太華書院”四字。前嘉靖戊申華雲序，次目錄，次汪汝達、鄒夢桂
跋，又華雲之子復初跋。本書卷首題華雲校。余藏。此本已印入四
部叢刊初編。

〔補〕**韋蘇州詩集二卷**　唐韋應物撰。○清康熙三十四年汪立名刊唐
四家詩本，十行十九字，黑口，左右雙闌。余藏。余據明銅活字印十
卷本校。

蕭茂挺文集一卷　唐蕭穎士撰。○路氏有鈔本。此本前有曹溶名字
二印。

〔補〕○舊寫本，有李華舊序。繆荃孫以全唐文校過。疑為代盛氏刊刻
常州先哲遺書底本。○清光緒二十二年武進盛氏刊常州先哲遺書
本。

〔補〕**蕭秘書集一卷**　唐蕭穎士撰。○清寫本，八行十八字。賦十、表

六、牒一、書六、序二、詩十七。有清嘉慶三年張鎮南跋。較四庫本多賦、表、書各一首。

〔補〕**蕭茂挺集五卷** 唐蕭穎士撰，明曹荃定**附錄一卷** ○明崇禎十三年曹荃漳州刊本，九行十八字，白口，左右雙闌。前崇禎庚辰曹荃序，次李華舊序，次目錄。本書五卷收賦七、序四、表六、牒一、書七，與四庫本不同，多出與崔圓書等數首。蕭集原本十卷，傳本久絕於天壤，現存諸本均輯自文苑英華，而所收文乃各不同。此疑為張變所輯，沒後曹荃為之刊行者。此書又題蕭文元集。六冊。

〔補〕**蕭文元集五卷** 唐蕭穎士撰**附錄一卷** ○清刊本。二冊。余藏。

〔補〕**蕭穎士集二卷** 唐蕭穎士撰。○全唐文卷第三二二至三二三。余據舊寫本校過。

李遐叔文集四卷 唐李華撰。路氏有鈔本。

上別集類　汉至盛唐

藏園訂補邵亭知見傳本書目卷十二上

藏園訂補邵亭知見傳本書目卷十二下

獨山莫友芝子偲　　撰

江安傅增湘沅叔　　訂補

集部二下

別集類一下　　中唐至五代

〔補〕**包佶集一卷** 唐包佶撰。○明弘治、正德間銅活字印唐人集本，九行十七字，細黑口，四周雙闌。莫棠藏。○明嘉靖三十三年黃氏浮玉山房刊唐詩二十六家本，十行十九字，白口，左右雙闌。

〔補〕**唐包秘監詩集一卷** 唐包佶撰。○明正德十四年吳門陸氏刊唐五家詩本，十行十八字，白口，左右雙闌。○明嘉靖十九年朱警刊唐百家詩本，十行十八字，白口，左右雙闌。

〔補〕**包秘監詩集一卷** 唐包佶撰。○清康熙四十一年席啟寓琴川書屋刊唐詩百名家全集本，十行十八字，白口，左右雙闌。余藏。余據莫棠藏明銅活字印本校。友人章君鈺又代余用明抄本校。

〔補〕**包何集一卷** 唐包何撰。○明弘治、正德間銅活字印唐人集本，

九行十七字,細黑口,左右雙闌。莫棠藏。○明嘉靖三十三年黃氏
浮玉山房刊唐詩二十六家本,十行十九字,白口,左右雙闌。

〔補〕**唐包刑侍詩集一卷**　唐包何撰。○明正德十四年吳門陸氏刊
唐五家詩本,十行十八字,白口,左右雙闌。○明嘉靖十九年朱警刊
唐百家詩本,行欵同上書。

〔補〕**包刑侍詩集一卷**　唐包何撰。○清康熙四十一年席啟寓琴川書
屋刊唐詩百名家全集本,十行十八字,白口,左右雙闌。余藏。余據
明銅活字本校。友人章君鈺又用明寫本代余校一過。

〔補〕**李嘉祐集二卷**　唐李嘉祐撰。○明弘治、正德間銅活字印本,九
行十七字,細黑口,左右雙闌,袁克文、蔣汝藻二君各有一帙。○明
嘉靖三十三年黃氏浮玉山房刊唐詩二十六家本,十行十九字,白口,
左右雙闌。此二卷本明人所編,非原本也。

〔補〕**唐李嘉祐詩集五卷**　唐李嘉祐撰。○明刊本,十行十八字,黑
口,四周單闌。卷首題河中劉成德編校。有黃丕烈跋,言舊本一卷,
後建炎謝克家跋,此五卷本為明人分體編次成,不及一卷本為是云
云。張蓉鏡題書衣。

〔補〕**李嘉祐集五卷**　唐李嘉祐撰。○明嘉靖十九年朱警刊唐百家詩
本,十行十八字,白口,左右雙闌。

〔補〕**臺閣集一卷**　唐李嘉祐撰。○明崇禎十二年毛氏汲古閣刊唐人
八家詩本,十二行二十字,細黑口,左右雙闌。毛晉手校。余藏。○
又一帙,康熙三年陸貽典據宋刊本校。宋本題李嘉祐詩集,九行十
六字,共三十二葉。○又一帙,康熙五十三年何焯據毛扆影寫宋刊
本校。○清康熙四十一年席啟寓琴川書屋刊唐詩百名家全集本,十
行十八字,白口,左右雙闌。余據明銅活字印本校。

〔補〕**皇甫曾集二卷**　唐皇甫曾撰。○明弘治、正德間銅活字印唐人
集本,九行十七字,細黑口,左右雙闌。蔣汝藻藏。○明嘉靖三十三

年黃氏浮玉山房刊唐詩二十六家本，十行十九字，白口，左右雙闌。

〔補〕**皇甫御史詩集一卷**　唐皇甫曾撰。○明正德十四年吳郡陸氏刊唐五家詩本，十行十八字，白口，左右雙闌。○明嘉靖十九年朱警刊唐百家詩本，十行十八字，白口，左右雙闌。

〔補〕**皇甫御史詩集一卷補遺一卷**　唐皇甫曾撰。○清康熙四十一年席啟寓琴川書屋刊唐詩百名家全集本，十行十八字，白口，左右雙闌。余藏。余據明銅活字印本校。友人章君鈺又代用明鈔本校。

〔補〕**嚴武集一卷**　唐嚴武撰。○明弘治、正德間銅活字印唐人集本，九行十七字，細黑口，左右雙闌。○明嘉靖三十三年黃氏浮玉山房刊唐詩二十六家本，十行十九字，白口，左右雙闌。

〔補〕**郎士元集二卷**　唐郎士元撰。○明弘治、正德間銅活字印唐人集本，九行十七字，細黑口，左右雙闌。袁克文、蔣汝藻二君各有一帙。○明嘉靖三十三年黃氏浮玉山房刊唐詩二十六家本，十行十九字，白口，左右雙闌。

〔補〕**郎士元詩集一卷**　唐郎士元撰。○明正德十四年吳門陸氏刊唐五家詩本。○明嘉靖十九年朱警刊唐百家詩本。二本皆十行十八字，白口，左右雙闌。

〔補〕**郎刺史詩集一卷**　唐郎士元撰。○清康熙四十一年席啟寓刊唐詩百名家全集本，十行十八字，白口，左右雙闌。余據明銅活字印本校，友人吳君慈培又代為覆校一過。余又據明寫本校。

〔補〕**皇甫冉集三卷**　唐皇甫冉撰。○明弘治、正德間刊銅活字印本，九行十七字，細黑口，左右雙闌。蔣汝藻藏。○明嘉靖三十三年黃氏浮玉山房唐詩二十六家本，十行十九字，白口，左右雙闌。

〔補〕**唐皇甫冉詩集七卷**　唐皇甫冉撰。○明刊本，十行十六字，白口，四周單闌。與皇甫曾集一卷同刻，葉碼相連，總七十一葉。末刊書序跋。本書卷首第二行題刑部郎中江都蕭海編校。海虞瞿氏藏，已印入四部叢刊三編中。此即劉成德編刊二皇甫集也。

〔補〕**皇甫冉詩集二卷**　唐皇甫冉撰。○明正德十四年陸氏刊唐五家詩本，十行十八字，白口，左右雙闌。○明嘉靖十九年朱警刊唐百家詩本，十行十八字，白口，左右雙闌。

〔補〕**皇甫補闕詩集二卷補遺一卷**　唐皇甫冉撰。○清康熙四十一年席啟寓琴川書屋刊唐詩百名家全集本，十行十八字，白口，左右雙闌。余藏。余據明銅活字本校，補詩二首。友人章君鈺又據明寫本代校。

〔補〕**秦隱君集一卷**　唐秦系撰。○明弘治、正德間銅活字印唐人集本，九行十七字，細黑口，四周雙闌。袁克文、蔣汝藻各有一帙。○明嘉靖三十三年黃氏浮玉山房刊唐詩二十六家本，十行十九字，白口，左右雙闌。余藏。余據海虞瞿氏藏舊寫本校。

〔補〕**唐秦隱君詩集一卷**　唐秦系撰。○明嘉靖十九年朱警刊唐百家詩本，十行十八字，白口，左右雙闌。○清影寫宋刊本，行欵同上，海虞瞿氏藏。○清康熙間席啟寓輯刻唐詩百名家全集本，十行十八字，白口，左右雙闌。余據明銅活字印本校。友人吳君慈培又代為覆校。

毘陵集二十卷　唐獨孤及撰。○趙懷玉刻本。○席氏刻只詩三卷。

〔補〕○清初寫本，十行二十字。每卷目後接正文，猶存舊式。清葉奕校。每卷後有小記。○清寫本，十行二十字。有錢天樹跋。涵芬樓藏。

〔補〕**毘陵集二十卷補遺一卷**　唐獨孤及撰。**附錄一卷**　清乾隆五十六年趙懷玉亦有生齋刊本，小行二十一字，白口，左右雙闌，版心下方有“亦有生齋校本”六字。此書無舊刻，明以來惟恃鈔本流傳，此為最早刊本。

〔補〕**毘陵集三卷**　唐獨孤及撰。○明嘉靖二十九年毘陵蔣孝刊中唐

十二家詩集本,十行二十字,白口,左右雙闌。○清康熙四十一年席
啟寓琴川書屋刊唐詩百名家全集本,十行十八字,白口,左右雙闌。
余據鄧君邦述藏季振宜舊藏寫本唐人集本校。○季氏寫本,唐詩凡
七百十七卷,目錄五卷,藍格,八行二十一字,季氏手校並跋。即季
氏所輯。内附季氏手札。余曾借校數十種,補訂席刻甚多。

〔補〕**張祠部詩集一卷**　唐張繼撰。○清康熙四十一年席啟寓刊唐詩
百名家全集本,余據友人鄧邦述藏季振宜舊藏鈔本唐人集本校過。

錢仲文集十卷　唐錢起撰。○嘉靖間羅龍淵刻本七卷。○明活字
本,題錢考功集。○席氏刻本。

〔補〕**錢考功集十卷**　唐錢起撰。○明弘治、正德間銅活字印唐人集
本,九行十七字,細黑口,左右雙闌。鈐葉樹廉、毛晉藏印。又一帙,
蔣汝藻藏。此本已印入四部叢刊中。

〔補〕**唐錢起詩集十卷**　唐錢起撰。○明嘉靖二十九年蔣孝刊中唐十
二家詩集本,十行二十字,白口,左右雙闌。

〔補〕**錢考功詩集十卷**　唐錢起撰。○清葉氏樸學齋寫本,十行十八
字,卷末葉氏題己丑正月命童子張秀鈔竟云云,則寫于順治六年也。
葉樹廉以朱筆校。與韓君平集合裝一册。海源閣藏,楹書隅錄續編
著錄。庚午歲見於廠肆。

〔補〕**錢考功詩集十卷補遺一卷**　唐錢起撰。○清康熙四十一年席
啟寓琴川書屋刊唐詩百名家全集本,十行十八字,白口,左右雙闌。
余據明銅活字印本校。

〔補〕**韓君平集三卷**　唐韓翃撰。○明弘治、正德間銅活字印唐人集
本,九行十七字,細黑口,左右雙闌。袁克文、蔣汝藻二君各藏一帙。
○明嘉靖十九年朱警刊唐詩百家詩本,十行十八字,白口,左右雙闌。
○明嘉靖三十三年黄氏浮玉山房刊唐詩二十六家本,十行十九字,
白口,左右雙闌。○明刊本,十行十八字,白口,四周單闌。有張敦

仁藏印。○明萬曆四十一年江元禔刊本，八行十八字，白口，四周單
闌。前萬曆四十一年江元禧、梅鼎和序。每卷首題江元禔校。余
藏。

〔補〕**韓君平詩集五卷** 唐韓翃撰。○清葉樹廉家寫本，十行十八字。
葉樹廉據文苑英華校，並錄唐詩紀事及佚詩。黃丕烈據明正德間劉
成德編刊分體八卷本校並跋。與康熙己丑葉氏命館童張秀鈔錢考
功詩集十卷同裝一冊。海源閣佚出之書，見於肆中，曾借校一過。

〔補〕**韓君平詩集一卷** 唐韓翃撰。○明雲陽姜道生刊本，九行十九
字。余藏。

〔補〕**韓君平詩集一卷補遺一卷** 唐韓翃撰。○清康熙四十一年席
啟寓刊唐詩百名家全集本，十行十八字，白口，左右雙闌。余據明銅
活字印本校，又據葉樹廉、黃丕烈校本校。

〔補〕**嚴維集二卷** 唐嚴維撰。○明弘治、正德間銅活字印唐人詩本，
九行十七字，細黑口，左右雙闌。蔣汝藻有一帙。○明嘉靖三十三
年黃氏浮玉山房刊唐詩二十六家本，十行十九字，白口，左右雙闌。

〔補〕**嚴維詩集一卷** 唐嚴維撰。○明嘉靖十九年朱警刊唐百家詩
本，十行十八字，白口，左右雙闌。余據明活字本校，增詩二首，改誤
字甚多。此本雖出于宋刊，轉不如明活字本。○清光緒二十一年江
標靈鶼閣刊唐人五十家小集本，行欵同上。

〔補〕**嚴正文詩集一卷** 唐嚴維撰。○清康熙四十一年席啟寓琴川書
屋刊唐詩百名家全集本。

華陽集三卷附顧非熊詩一卷 唐顧況撰。○明顧氏刻。○席刻共
五卷。

〔附〕○道光中浙江音鶴山莊刻。

〔補〕○明萬曆四十一年顧名端刊本，九行二十字，白口，四周單闌。○
清寫本，九行十八字，從張蓉鏡藏明刊本鈔出。前有姚士舜撰顧著

作傳,本書題二十五世孫顧名端校正。

〔補〕**顧況集五卷**　唐顧況撰。○明弘治、正德間銅活字印唐人集本,九行十七字,細黑口,左右雙闌。○明嘉靖三十三年黄氏浮玉山房刊唐詩二十六家本,十行十九字,白口,四周雙闌。

〔補〕**華陽真逸詩二卷**　唐顧況撰。○明嘉靖十九年朱警刊唐百家詩本,十行十八字,白口,左右雙闌。○清光緒二十一年江標刊唐人五十家小集本,行欵同上。

〔補〕**顧逋翁詩集四卷**　唐顧況撰。○清康熙四十一年席啟寓琴川書屋刊唐詩百名家全集本,十行十八字,白口,左右雙闌。余據莫棠藏明銅活字印本校。又據季振宜舊藏鈔本校。又一本,余臨何焯校本。

〔補〕**顧華陽集三卷補遺一卷**　唐顧況撰**顧非熊詩一卷國佐公詩文補遺一卷**　唐顧非熊撰。○清咸豐五年三十三世孫顧炳章雙峰堂刊本。二册。余藏。

〔補〕**制詔集二十卷**　唐常袞撰。○清光緒七年郭柏蒼沁泉山館刊本。四册。余藏。

〔補〕**耿湋集三卷**　唐耿湋撰。○明弘治、正德間銅活字印唐人集本,九行十七字,細黑口,左右雙闌。袁君克文藏。○明嘉靖三十三年黄氏浮玉山房刊唐詩二十六家本,十行十九字,白口,左右雙闌。

〔補〕**耿湋詩集一卷**　唐耿湋撰。○明嘉靖間刊本,十行十八字,白口,左右雙闌。與唐百家詩本行欵同而非一刻。○明嘉靖十九年朱警刊唐百家詩本,行欵同上。○清光緒二十一年江標刊唐人五十家小集本,行欵同上。

〔補〕**耿拾遺詩集一卷補遺一卷**　唐耿湋撰。○清康熙四十一年席啟寓刊唐詩百名家全集本,十行十八字,白口,左右雙闌。余據明銅活字印本校。

〔補〕**戎昱詩集一卷** 唐戎昱撰。○明嘉靖十九年朱警刊唐百家詩本，十行十八字，白口，左右雙闌。○清光緒二十一年江標刊唐人五十家小集本，行欵與唐百家詩本同。○清康熙間劉雲份編刊十三唐人詩本，九行十九字，白口，左右雙闌。版心下方有"野香堂"三字。

〔補〕**戎昱詩集一卷補遺一卷** 唐戎昱撰。○清康熙四十一年席啟寓刊唐詩百名家全集本，十行十八字，白口，左右雙闌。余藏。余據季振宜舊藏寫本校，補詩十二首。

〔補〕**戴叔倫集二卷** 唐戴叔倫撰。○明弘治、正德間銅活字印唐人集本，九行十七字，細黑口，左右雙闌。蔣汝藻藏一帙。○明嘉靖十九年朱警刊唐百家詩本，十行十八字，白口，左右雙闌。○清光緒二十一年江標靈鶼閣刊唐人五十家小集本，十行十八字，白口，左右雙闌。

〔補〕**戴叔倫詩集二卷補遺一卷** 唐戴叔倫撰。○清康熙四十一年席啟寓琴川書屋刊唐詩百名家全集本，十行十八字，白口，左右雙闌。余藏。余據明銅活字印本校。

〔補〕**唐盧綸詩集三卷** 唐盧綸撰。○明正德間劉成德編刊唐大曆十子詩集本，十行十四字，黑口，四周雙闌。前正德十年劉成德序。本書題劉成德校增並編次，盧集席刻收詩二百八十四首，此本僅存一百首，約當席刻三分之一。然中有十一首為席刻不載，或即成德所增耶。取校席刻，改訂文字甚多，多與據明銅活字印本校改者合。天一閣佚出之書，歸北京圖書館。劉成德編唐人集多妄改卷第，改為分體編次，不足重也。

〔補〕**盧綸集六卷** 唐盧綸撰。○明弘治、正德間銅活字印唐人集本，九行十七字，細黑口，左右雙闌。蔣君汝藻藏。

〔補〕**唐盧戶部詩集十卷** 唐盧綸撰。○明嘉靖二十九年蔣孝刊中唐十二家詩集本，十行二十字，白口，左右雙闌。

〔補〕**盧戶部詩集十卷** 唐盧綸撰。○清康熙四十一年席氏刻唐詩百名家全集本，十行十八字，白口，左右雙闌。余據明銅活字印本校。

〔補〕**李益集二卷** 唐李益撰。○明弘治、正德間銅活字印唐人集本，九行十七字，細黑口，左右雙闌。○明嘉靖十九年朱警刊唐百家詩本，十行十八字，白口，左右雙闌。○明嘉靖三十三年黃氏浮玉山房刊唐詩二十六家本，十行十九字，白口，左右雙闌。

〔補〕**李君虞詩集二卷** 唐李益撰。○清康熙四十一年席啟寓刊唐詩百名家全集本。十行十八字，白口，左右雙闌。余據明銅活字本校。○舊寫本，鈐汪魚亭藏印。○清康熙間葉氏樸學齋傳鈔明柳大中鈔本，十行十八字。有葉樹廉跋，言自葉奕藏柳大中寫本鈔出。

〔補〕**李尚書詩集一卷** 唐李益撰**附李氏事蹟一卷** ○清道光元年張澍輯刻二酉堂叢書本。

〔增〕**李端集四卷** 唐李端撰。○昭文張氏有明活字板本。四庫未收。

〔補〕**李端集四卷** 唐李端撰。○明弘治、正德間銅活字印唐人集本，九行十七字，細黑口，左右雙闌。袁克文有一殘本，存卷第三、四。

〔補〕**李端詩集三卷** 唐李端撰。○明嘉靖十九年朱警刊唐百家詩本，十行十八字，白口，左右雙闌。○清光緒二十一年江標刊唐人五十家小集本，十行十八字，白口，左右雙闌。余據明銅活字印本校。

〔補〕**李校書集三卷** 唐李端撰。○明萬曆四十八年寫本，十行十八字，清黃丕烈跋。又據明刊十行十八字本校並跋。海源閣遺書，楹書隅錄續編著錄。見於廠肆，後歸北京圖書館。

〔補〕**陸宣公文集二十二卷** 唐陸贄撰。○南宋中期蜀中刊本，十二行二十一字，白口，左右雙闌。存卷一至十二。劉體仁舊藏宋蜀本唐人集之一。

翰苑集二十二卷 唐陸贄撰。○明宣德三年刻。○天順元年刻。○

弘治十五年刻廿四卷。○明陸全忠刻。○明大本，半頁九行，行十七字，六安徐必進校刻。○陳仁錫刻。○萬曆丁未二十七世孫基忠刻。○雍正元年年羹堯刻。○近年廣東重刻。○錢大昕有宋刻，郎錢遵王云惜宣公詩文別集十五卷亡矣。○乾隆戊子山右張佩芳註本廿四卷。○一大字舊本，半頁十行，行十七字，佳。○元至大辛亥刻黑口本二十二卷，頁廿二行，行十九字，題唐陸宣公集，板心題翰苑十卷，奏十二卷，見昭文張氏志。○天祿書目有元板陸宣公集十卷，云郎單行之翰苑集，為元刻善本。○又有明翻宋版廿二卷。○嘉慶戊寅春暉堂刻。○道光甲申三十七世孫刻于宜賓本，劣。

〔附〕○嘉靖丁酉沈伯咸刊本。○萬曆辛巳葉逢春本。○平定張佩芳刊注本，在乾隆中年。

〔補〕**唐陸宣公集二十二卷**　唐陸贄撰。○元刊本，十行十七字，白口，左右雙闌。版心上方間記字數，下記刊工人名，有張中、徐成、徐文等。鈐梁茝林藏印，已印入四部叢刊中。又一帙，劉啟瑞藏，內閣大庫舊儲。存卷一至十二、十四至十六、二十至二十一，計十七卷。○明宣德三年胡元節刊本，九行十七字，大黑口，左右雙闌。○明天順元年延祥刊本，九行十七字，大黑口，四周雙闌。○明弘治十五年于鳳喈刊本，行欵同延祥本。○明刊本，十行二十字，大黑口，四周雙闌。字體似劉弘毅慎獨齋本。○明萬曆九年葉逢春刊本，大板心，九行十七字，白口，四周雙闌。○清雍正元年年羹堯刊本，十行二十字。○清光緒十二年涇縣洪氏刊公善堂叢書本，從元刊本出。

〔補〕**唐陸宣公集二十四卷**　唐陸贄撰。○明嘉靖沈伯咸刊本，行欵失記。○明不負堂刊本，十行二十字，白口，四周單闌，版心上方間有"不負堂"三字。全書分制誥十卷，奏草、奏議各七卷。失刻書序跋，以雕工風氣核之，是正嘉間刊本。江南圖書館藏，已印入四部叢刊初編中。

〔補〕**陸宣公翰苑集注二十四卷**　唐陸贄撰。清張佩芳注。○清乾隆三十三年希音堂刊本，九行二十一字。

〔補〕**楊凝詩集一卷**　唐楊凝撰。○清康熙四十一年席啟寓刊唐詩百名家全集本，十行十八字，白口，左右雙闌。余藏。余據季振宜舊藏寫本校。季本友人鄧君邦述藏。

〔補〕**司空曙集二卷**　唐司空曙撰。○明弘治、正德間銅活字印唐人集本，九行十七字，細黑口，左右雙闌。袁克文、蔣汝藻二君各有一帙。○明嘉靖三十三年黃氏浮玉山房刊唐詩二十六家本，十行十九字，白口，左右雙闌。

〔補〕**唐司空文明詩集二卷**　唐司空曙撰。○清光緒二十一年江標刊唐人五十家小集本，十行十八字，白口，左右雙闌。

〔補〕**唐司空文明詩集三卷**　唐司空曙撰。○明嘉靖十九年朱警刊唐百家詩本，十行十八字，白口，左右雙闌。○清康熙四十一年席啟寓刊唐詩百名家全集本，十行十八字，白口，左右雙闌。余據明銅活字印本校，友人吳君慈培為覆校一過。

〔補〕**唐司空曙詩集七卷**　唐司空曙撰。○明正德間刊本，十行十六字，白口，四周單闌。劉成德編刊。

〔補〕**唐崔補闕詩集一卷**　唐崔峒撰。○明嘉靖二十九年蔣孝刊中唐十二家詩集本，十行二十字，白口，左右雙闌。

〔補〕**劉虞部詩集一卷**　唐劉商撰。○清康熙四十一年席啟寓刊唐詩百名家全集本，十行十八字，白口，左右雙闌。余藏。余據季振宜舊藏寫本校，補詩二十五首。

〔補〕**劉商詩一卷**　唐劉商撰。○清康熙間劉云份編刊八劉唐人詩本，九行十九字，白口，左右雙闌。版心下方有"野香堂"三字。

〔補〕**于鵠詩集一卷**　唐于鵠撰。○明嘉靖十九年朱警刊唐百家詩本，十行十八字，白口，左右雙闌。○清康熙四十一年席啟寓刊唐詩百名家全集本，行欵同唐百家詩本。余據季振宜舊藏寫本校。

〔補〕**武元衡集三卷** 唐武元衡撰。○明弘治、正德間銅活字印唐人集本，九行十七字，細黑口，左右雙闌。袁克文、蔣汝藻二君各有一帙。○明嘉靖十九年朱警刊唐百家詩本，十行十八字，白口，左右雙闌。○明嘉靖三十三年黃氏浮玉山房刊唐詩二十六家本，十行十九字，白口，左右雙闌。

〔補〕**臨淮詩集二卷** 唐武元衡撰。○清康熙四十一年席啟寓刊唐詩百名家全集本，余據明銅活字印三卷本校。

〔增〕**權載之集五十卷** ○嘉慶十一年大興朱文正公珪以家藏秘本付刻。

〔補〕**新刊權載之文集五十卷** 唐權德輿撰。○南宋中期蜀中刊本，十二行二十一字，白口，左右雙闌。鈐元"翰林國史院官書"朱記，又有劉體仁藏印，為渠所藏蜀本唐人集之一，已殘，存卷一至五，四十三至五十，計十三卷。○清寫本，十二行二十一字，從朱筠家藏宋蜀本抄出，行格悉同。其時宋蜀本尚為全帙，甚可重也。據朱珪刻權集序言，朱筠藏本得之陶氏五柳居，陶氏曾自鈔一帙，後朱珪從其姪錫庚索觀宋本，亦鈔一帙，彭元瑞又據朱珪鈔本錄副，當時傳鈔惟此四本，此本非朱珪自鈔即五柳居鈔本也。○清嘉慶十一年大興朱珪刊本，十行二十一字，白口，左右雙闌。從其弟朱筠藏宋蜀本出，而改易行欵。前有朱珪序，此本已印入四部叢刊中。余曾取以校全唐文所採，此本少八篇，又溢出十篇為全唐文所無。

〔補〕**權載之文集五十卷摭遺一卷** 唐權德輿撰。**附錄一卷** ○清寫本，十一行二十二字，白口，四周雙闌。從宋蜀本出而改易行欵。摭遺一卷自英華、文粹、歲時雜詠、全芳備祖、萬首絕句、全唐詩中輯出。附錄一卷為本傳、墓碑、祭文、著錄舊本及舊跋。楊紹和手跋。海源閣佚出之書，見于廠肆。

權文公集十卷 唐權德輿撰。○宋刻本。○明嘉靖中劉大謨刻本十卷。○席氏刻僅詩。

〔補〕**新刊權文公文集十卷** 唐權德輿撰。○明嘉靖二十年劉大謨刊本。前劉氏序，言楊慎得本於滇南，惟目與詩賦十卷僅存，因梓而行之云云。後有敖英序。余收得影寫本，九行十八字。

〔補〕**新刊權文公文集十卷補遺一卷** 唐權德輿撰。○清吳焯繡谷亭寫本，十行十八字，左闌外下方有"繡谷亭續藏鈔本"七字。鈐吳焯印及翰林院大官印。

〔補〕**權德輿集二卷** 唐權德輿撰。○明弘治、正德間銅活字印本，九行十七字，細黑口，左右雙闌。友人袁君克文藏。○明嘉靖十九年朱警刊唐百家詩本，十行十八字，白口，左右雙闌。○明嘉靖三十三年黃氏浮玉山房刊唐詩二十六家本，十行十九字，白口，左右雙闌。○清光緒二十一年江標刊唐人五十家小集本，行欵與唐百家詩本同。

〔補〕**羊士諤集二卷** 唐羊士諤撰。○明弘治、正德間銅活字印唐人集本，九行十七字，細黑口，左右雙闌。袁克文、蔣汝藻二君各有一帙。

〔補〕**羊士諤詩集一卷** 唐羊士諤撰。○明嘉靖十九年朱警刊唐百家詩本，十行十八字，白口，左右雙闌。○清康熙四十一年席啟寓刊唐詩百名家全集本，十行十八字，白口，左右雙闌。余據明銅活字印二卷本校，補詩一首。○光緒二十一年江標刊唐人五十家小集本，行欵同席刻。

〔補〕**陳羽詩集一卷** 唐陳羽撰。○清康熙四十一年席啟寓刊唐詩百名家全家本，十行十八字，白口，左右雙闌。余據季振宜舊藏寫本校，補入詩四首。

〔補〕**楊少尹詩集一卷** 唐楊巨源撰。○清康熙四十一年席啟寓刊唐詩百名家全集本,十行十八字,白口,左右雙闌。余據家藏宋刊唐百家詩選校。又據季振宜舊藏寫本校。

〔補〕**昌黎先生集四十卷外集十卷** 唐韓愈撰**附一卷** ○宋淳熙元年錦谿張監稅宅刊本,十一行二十字,白口,左右雙闌,小版心,近巾箱本。存卷一至十,附一卷為蘇軾廟碑及皇甫湜神道碑。有紹興己未劉昉後序,為潮州刊本而作。序後有"淳熙改元錦熙張監稅宅善本"牌記。翁松禪師遺書,歿夫前輩見示,又見殘本一册于海上,松江韓氏讀有用書齋舊藏。

〔補〕**昌黎先生集四十卷** 唐韓愈撰。○宋寧宗間江西刊本,十行二十字,白口,左右雙闌,版心上記字數,下記刊工姓名。前李漢序,次目錄。避宋諱至廓字。徐乾學藏印。江南圖書館藏。缺卷第十八,以他宋本配入。

〔補〕**昌黎先生文集四十卷外集十卷** 唐韓愈撰。○南宋中期蜀中刊唐人集本,十二行二十一字,白口,左右雙闌。前有趙德文錄序,李漢序。鈐元"翰林國史院官書"朱記。存卷一至四、八至十六、二十五至四十,計二十九卷,餘卷及外集鈔配。海源閣佚出之書。見于津沽。

韓集舉正十卷外集舉正一卷 宋方崧卿撰。○宋淳熙己酉刻本。○路氏有鈔本。

〔補〕○四庫本已印入四庫全書珍本初集中。

〔補〕**昌黎先生集四十卷外集一卷** 唐韓愈撰**附錄五卷增考年譜一卷附韓集舉正十卷外集舉正一卷叙錄一卷** 宋方崧卿撰。○宋淳熙十六年方崧卿南安軍刊本,十一行二十字,細黑口,左右雙闌。版心上記字數,下記刊工人名,有鄧鼎、鄧俊、蔡和、蔡懋等。本集存卷一至二、六至十,日本靜嘉堂文庫藏。黃丕烈、陸心源遞藏。又存韓集舉正十卷,外集舉正一卷,叙錄一卷。舉正前有序,云今存

諸本以監本近古，用以為正，而錄諸本異同於下。末有淳熙己酉方
崧卿跋，言摭拾韓集之僅存者為集四十卷，目錄一卷，外集一卷，附
錄五卷，增考年譜一卷。復次其異同，紀其致訛之自，為舉正十卷云
云。有朱錫庚跋。徐坊遺書。此書本集與舉正離析已久，余據刊工
證其原為一刻。復檢直齋書錄解題卷十六，正有此書，云方氏刊於
南安軍，其年譜則洪興祖撰而方氏增考之。

〔補〕**韓文四十卷外集十卷遺集一卷** 唐韓愈撰**集傳一卷** ○明嘉
靖十六年游居敬刊本，十一行二十二字，白口，左右雙闌。前嘉靖丁
酉游氏序。與柳文同刻。○明嘉靖三十五年莫如士刊本，行欵同游
居敬本，本書卷首次行有莫如士重校一行。前嘉靖三十五年王材
序，又游居敬舊序。從游居敬本出。

〔補〕**昌黎先生集四十卷遺文一卷** 唐韓愈撰。○清同治九年陳璞
刊光緒十五年重修本。余藏。余過錄吳摯甫師評點。八册。

〔補〕**新刊經進詳註昌黎先生文集四十卷外集十卷遺文三卷**
唐韓愈撰，宋文讜註，王儔補註。**附錄三卷** 題韓文公志。○南宋
孝宗間四川眉山刊本，十行十八字，註雙行同，白口，左右雙闌，版心
下記刊工姓名，有張昌、李正、史丙等。内史丙題"眉史丙"，可知為
眉山刊本。前杜莘老引，次乾道二年文讜進書表，次紹興十九年文
氏自序。本書卷首二行題"文讜詳註"，三行題"王儔補注"。補注之
文以白文別之。徐乾學、汪士鐘遞藏。海源閣藏，見於津沽。

〔增〕**新刻詁訓唐昌黎先生文集十五卷** 宋韓醇詁訓。正集四十
卷，外集十卷，遺文一卷。前載李漢序。○天禄書目云，是書前後無
序跋，惟卷一標臨邛韓醇，醇宋史無傳，按五百家註昌黎集列諸儒名
氏，云醇字仲韶。又訓詁柳集亦出醇手，書後有作丁孝宗湻熙丙申，
稱世所傳昌黎文公文雖屢經名儒手，余昔校以家集，其舛誤尚多，用
為之訓詁云云。則醇為愈裔可知。其家在臨邛，當即蜀中所刻。宋

葉夢得以蜀本在建本之上。觀此書字精紙潔，刻印俱佳，夢得所言洵不誣也。只此本，四庫未收。

〔附〕宋刊十二卷本。海昌封氏藏訓注一本，二十行，行十八字，云是宋本，疑未敢定。（邵氏）

〔補〕**音註韓文公文集四十卷外集十二卷** 唐韓愈撰，宋祝充音註。○宋刊本，十二行二十一至二字，白口，四周雙闌，版心上方陰陽葉分記大小字數，下記刊工人名。鈐元陳惟寅、明陳淳藏印。韓集舊有六家註，均收入魏仲舉集註中，單行存者唯此祝充一家。然余取校魏氏所引諸條，其文往往多於此本。疑此本為删節本，而魏氏據全本引，故文字轉繁也。傳世韓文單註以此為僅存孤本，友人朱君文鈞藏，文祿堂已影印行世。

〔補〕**朱文公校昌黎先生集四十卷外集十卷遺文一卷** 唐韓愈撰，宋朱熹考異。**集傳一卷** ○宋紹定六年臨江軍學刊本，七行十五字，注雙行同，白口，左右雙闌，版心上記字數，下記刊工人名，有蔡章、蔡珏、劉舉、胡祥、胡興等。存卷十三、十四、三十七、三十八，又集傳一卷，為新書本傳、趙德文錄序、歐公記舊本韓文後及蘇文忠潮公廟碑。鈐有"都省書畫之印"、"禮部收藏書畫關防"，又有"溫字十六號"墨記。元、明內閣舊藏，清內閣大庫佚出之書。朱君文鈞有二卷，餘散見於廠肆。

原本韓文考異十卷 宋朱子撰。○康熙戊子李文貞公光地以呂晚村家藏宋本重刻。○李氏目有宋刻本。

〔附〕○文集宋無注本。正統間刊本。（邵氏）

〔補〕**晦庵朱侍講先生韓文考異十卷** 宋朱熹撰。○宋大字建本，九行十七字，注雙行十九字，細黑口，左右雙闌。明祁氏澹生堂、清朱彝尊、惠棟藏印。江南圖書館藏。

〔補〕**昌黎先生集考異十卷** 宋朱熹撰。清康熙四十七年李光地翻宋本，十行二十字，白口，左右雙闌。

別本韓文考異四十卷外集十卷遺文一卷　宋朱子原本，王伯大重

編。○宋刻別本韓文考異，黑口，每頁廿六行，行廿三字，題晦菴朱
先生考異，留耕王先生音釋。目錄一卷，題李漢編集。前有朱文公
序，寶慶三年王伯大序。校凡例末有題識，謂今本宅所刻係將南劍
州官本為據，並將音釋附正。○元刻本，頁十八行，行大字十九。○
嘉靖中安正書堂刻本，劣。○萬曆中高安朱吾弼刻。○天祿書目有
宋紹定癸巳大字刻本，又小字麻沙本，又中字本。其小字當卽黑口
本也。○別本考異亦有麻沙坊刻小字本，又有大字本，並四十卷，外
集十卷，遺文一卷，集傳一卷。而鐵樵謂元刻本文集二十卷，外集不
分卷數，位西又謂路小洲有宋刻二十卷，外集傳遺書一卷，不知完
否。按二家所記當係一板，漫分宋元目，今未見其本。○清江某氏
亦有宋大字本。○昭文張氏有元刻本。○明寧國刻無註韓集、柳集
本，先刻于游居敬，以嘉靖十六年。重刻者新會莫如士，以嘉靖三十
五年。○又永懷堂刻本，亦無註。○席氏百家唐詩有昌黎詩十卷，
外集遺詩一卷，柳河東詩三卷。

〔附〕○明刻韓文四十卷，外集十卷，遺文一卷，前後無序跋，二十二行，
行二十二字。○元本文集二十卷，外集不分卷，葉二十六行，行大小
六字，無撰人姓氏。次為寶慶三年王伯大序，又次諸家姓氏，又次李
漢序，汪季路書及凡例。吳跋。（邵氏）朱文公校昌黎先生集元刊
本，半頁十三行，行二十三字，註雙行，明繙同，均黑口。（眉）

〔補〕朱文公校昌黎先生集四十卷外集十卷遺文一卷　唐韓愈

撰，宋朱熹考異，王伯大音釋集傳一卷　○元刊本，十二行二十一
字，細黑口，左右雙闌。宋諱缺筆。每卷首行下題“考異音釋附”。
見數殘帙，一存卷五至四十，一存卷十至四十，一存外集十卷遺文一
卷、集傳一卷，鈐天祿繼鑒印。又一帙，行欵版式全同，而刊印差早，

或以為宋元間刊本,存卷八至十六,二十一至三十二,遺文,計二十一卷半。有張照題識,余藏,缺卷以元明間十三行本配補。○元刊本,十三行二十三字,細黑口,四周雙闌。卷首次行題"晦菴朱先生考異","留畊王先生音釋"。

〔補〕朱文公校昌黎先生文集四十卷外集十卷遺文一卷 唐韓

愈撰,宋朱熹考異,王伯大音釋集傳一卷 ○元刊本,十三行二十三字,細黑口,左右雙闌。卷一標題作朱文公校昌黎先生文集,餘卷仍作朱文公校昌黎先生集。○明初翻元本,行欵全同,其序跋及首卷前數葉刊刻甚精,幾與元刊無別,往往誤認為元本,二卷以後雕工粗率,明刊本色畢露。海虞瞿氏、劉氏嘉業堂藏及四部叢刊所印均是。然似不止一刻,亦有鎸刻稍精者,若非並几比觀,殆難悉辨。○又有書林王宗玉本,亦明翻本,即四部叢刊所印者也。○明刊本,九行十八字,黑口,四周雙闌,似弘治、正德間刊,有補版,余有殘帙。○明萬曆三十三年朱崇沐刊本,九行十八字,白口,四周雙闌。題朱吾弼重編、朱崇沐訂梓。

五百家註音辯昌黎先生文集四十卷 宋魏仲舉編。○乾隆中江西

仿宋刻。○陳杏江給諫家有宋本,亦止正集四十卷。○五百註昌黎集,朱彝尊謂此書有宋槧,在長洲文氏,後歸李日華。正集之外尚有外集十卷,別集一卷,附論語筆解十卷。○天祿書目,此書宋板二部,目錄後有木記,云"慶元六禩孟春建安魏仲舉刻于家塾"。前載引用書目二卷,標曰韓柳先生文集,引用書目乃與柳集同撰刻,故合為一目。一本補韓柳,改為昌黎,非也。其一部正集外有外集十卷,韓文類譜七卷,評論訓詁音釋諸儒名氏一卷。其一部亦有外集十卷,又有別集一卷,論語筆解十卷,昌黎先生序傳碑記一卷,看韓文綱目一卷,詳渤序昌黎文集賢序五篇,其引書目及名氏亦同前部。○四庫著錄依內府藏本,何以外集、別集、類譜、綱目諸件皆不入錄,

亦失檢也。

〔補〕**新刊五百家註音辯昌黎先生文集四十卷外集十卷** 唐韓愈撰，宋魏仲舉輯注**評論詁訓諸儒名氏一卷昌黎先生序傳碑銘一卷韓文類譜一卷** 宋魏仲舉撰。○宋慶元六年建安魏仲舉刊本，十行十八字，細黑口，左右雙闌。祁氏澹生堂、朱彝尊、惠棟遞藏，今在江南圖書館。此書民國元年商務印書館已影印行世。

〔補〕**新刊五百家註音辯昌黎先生文集四十卷** 唐韓愈撰，宋魏仲舉輯註。○清乾隆四十九年富氏重刊宋本，行欵與魏仲舉本同，唯改為白口，無外集及碑傳、類譜。余藏，十二冊。

東雅堂韓昌黎集註四十卷外集十卷 宋廖瑩中撰。○明萬曆中徐氏刻。○蘇局新復刻。○世綵堂韓昌黎先生集四十卷，外集十卷，豐順丁禹生藏，宋刻初印，紙潔墨精，字體在歐虞間，首尾完善。本上海郁泰峰宜稼堂物，當為海南集部之冠。

〔補〕**昌黎先生集四十卷外集十卷遺文一卷** 唐韓愈撰，宋廖瑩中校。**朱子校昌黎先生集傳一卷** ○宋咸淳間廖瑩中世綵堂刊本，九行十七字，注雙行同，細黑口，四周雙闌。各卷後有牌子。此本近為潘宗周收去，蟫隱廬已影印行世。○明東吳徐氏東雅堂刊本，九行十七字，細黑口，四周雙闌。翻世綵堂本。每卷後有"東吳徐氏刻梓家塾"木記，然於註文頗有刪削，未盡依原刻也。此本歷經修補，嘗見一本。有陳鱣跋，謂版至乾隆初猶存，洞庭東山席凝輝補殘訂訛，復還舊觀云云。○又見一帙，清諸洛臨李光地、何焯、方苞等批。○同治八年江蘇書局刊本。

〔補〕**韓文一卷** 唐韓愈撰，明郭正域評選。○明萬曆四十七年閔齊伋刊朱墨套印本，八行十八字，白口，四周單闌。有"萬曆丁巳夏六月烏程閔齊伋識"一行。余藏。

〔補〕**吳顧太史評閱韓昌黎先生集四十卷** 唐韓愈撰，明顧錫疇評。○明崇禎六年新安胡文柱刊本，十行二十字。余藏。

〔補〕**韓文公文鈔十六卷** 唐韓愈撰，明茅坤評選。○明萬曆間吳興閔氏刊朱墨套印本，九行二十字，白口，四周單闌。四冊。余藏。

〔增〕**明蔣之翹輯註韓柳集各五十二卷** ○天祿書目，明板韓柳合集。韓集二十卷，外集一卷，集傳一卷，補遺一卷，又諸序例；柳集二十卷，別集一卷，外集一卷，附錄一卷，及諸序。以板式觀似從宋本撫書。（整理者按：諸本均作撫書，疑為“橅出”之誤。）○又韓柳全集，韓集四十卷，外集十卷，補遺一卷；柳集二十六卷，亦仿宋槧，板式與前部約略同。至分卷各不相謀者，蓋唐宋人文集經後人校刻者，每有更定，以集部之書，固不必如經史子篇目各沿奉為圭臬也。○又昌黎先生集，卷數與各全本同，其凡例、集傳及各卷中皆有原刻姓氏木記，而盡為割去，補以別紙，蓋此書橅印極精，而書賈逞其偽計，而校刻苦心之人多轉不傳矣。○又柳文四十三卷，別集二卷，外集二卷，附錄一卷。此書與劉禹錫編之四十五卷卷數不合，而卷一標題下漫署禹錫之名，且係以別紙補入，字畫與全書迥殊。○嘉慶間寗國縣學博吳門沈欽韓小宛有韓集補註，未刻。

〔補〕**唐韓昌黎集輯注五十一卷** 唐韓愈撰，明蔣之翹輯注。為本集四十卷，外集十卷，遺文一卷。**附錄一卷** ○明崇禎間刊韓柳全集本，九行十七字，白口，左右雙闌。

〔增〕**顧嗣立昌黎詩註十一卷年譜一卷** ○秀野草堂刻。○道光十六年吳廷榕重刻。○膺德堂重刻。○方世舉昌黎詩編年箋註，雅雨堂刻本。○黃鉞用顧本增註証訛，其子中民校刻本。

〔附〕○吳廷榕本即膺德堂刻也。

〔補〕**昌黎先生詩集注十一卷** 清顧嗣立刪補。**年譜一卷** ○清康熙三十八年顧嗣立秀野草堂刊本，十一行二十字，白口，左右雙闌。四冊。余藏。○清道光十六年膺德堂重刊，朱墨套印本。四冊。余藏。

〔補〕韓昌黎詩集編年箋註十二卷　清方世舉撰。○清乾隆二十三
　年盧見曾雅雨堂刊本，十行二十三字，白口，四周單闌。有失名人硃
　墨筆評點。四冊。余藏。

〔補〕昌黎先生詩集十卷外集一卷遺集一卷　唐韓愈撰。○清康
　熙四十一年席啟寓琴川書屋刊唐詩百名家全集本，十行十八字。余
　藏。余據江南圖書館藏宋刊本校。

韓集點勘四卷　國朝陳景雲撰。○文道十書本。○蘇局新刻本。

〔補〕唐柳先生文集三十二卷外集一卷　唐柳宗元撰。○宋乾道
　元年永州零陵郡庠刊本，九行十八字，白口，左右雙闌。版心下記刊
　工姓名，有伍盛、陸公才、陸公正等。存外集一卷。末有乾道元年葉
　桯重刊柳文後序，言衰集善本，會出僚參校，刻于零陵。後有莫繩孫
　跋。言此外集有詩三首為它本正外集所無。又誤言此本正集應為
　三十卷，並曲引棟亭書目以證之，應為糾正。余藏。○宋乾道元年
　永州零陵郡庠刊嘉定元年重修本，九行十七至十九字，白口，左右雙
　闌。有嘉定元年汪楲跋，言舊版蠹蝕，字體漫滅，因集諸家善本重
　校，更易腐朽五百餘版，半歲而成云云。存卷二十九首二葉，卷三十
　二第九至十八葉，外集二十九葉。此本與余藏外集為同一刻，而經
　補版晚印者。其可貴在卷三十二尚存十葉，可證柳集古本確為三十
　二卷，與劉禹錫序三十二通之說合。此即下條莫繩孫附記之本。

〔補〕柳文四十三卷別集二卷外集二卷　唐柳宗元撰。**附錄一卷**
　○明嘉靖十六年游居敬刊本，十一行二十二字，白口，左右雙闌。○
　明嘉靖三十五年莫如士刊本，十一行二十二字，白口，左右雙闌。前
　王材序，言寧國本為游居敬刻，已二十年，版已剝昧，莫氏出官南畿，
　乃重加校梓云云。余嘗細審游、莫二本，實非一刻，而後人往往誤以
　為莫氏攘游刻為己出，殆未深考耳。○日本有翻游居敬本，余藏一

帙。余據宋嘉定鄭定刊大字本校。

〔補〕柳文惠全集四十三卷別集二卷外集二卷 唐柳宗元撰。○

清刊本。八册。余藏。

詁訓柳先生文集四十五卷外集二卷新編外集一卷 唐柳宗元

撰。○蘇城汪氏有殘宋本。○祠堂書目有殘宋本。○明刻本。○
天祿書目宋板訓詁柳先生文集,與前韓集板式相同。王咨序稱仲韶
先註韓集,學者爭傳,而斯文加密,非仲韶發之,孰窺其隱,是醇先註
韓集板行,復註柳集付刻,合而並傳,故柳集後有記而韓集後無記
也。後序末有識語,云雲間莫氏城南精舍藏書,係莫是龍書。

○南宋大字無註本柳集,每頁十八行,行十八字,孝宗而上宋諱並缺
筆,末有乾道改元吳興葉桯刻書跋,蓋桯官永州,刻之郡庫庠者也。
卷端有曹棟亭藏書印,惜僅存外集一卷,詩文凡四十三首,各本編已
入正集三十二,入外集者僅八首,又溢出送元暠師詩、上宰相啟、上
裴桂州狀三首,則諸本正外集皆不載。今行本柳氏外集多作二卷,
唯晁氏讀書志載柳集三十卷,外集一卷。案晁氏與桯約同時,或所
載卽此永州本也。繩孫附記。(整理者案:此段為莫氏原稿中粘附
之頁。)

〔附〕○日本賜蘆文庫亦藏有此永州本,存十四至十八,二十九至三十
二,又外集一卷。末記永州今重雕唐柳先生文集一部,詩三十二卷,
並外集一卷,乾道元年十二月。有紹熙辛亥永州州學教授錢重跋。
云為之是正,且俾盡易其板之朽敝者云。又有嘉定改元十月郡守鄱
陽汪楫跋。(眉)○宋韓醇詁訓本,天祿目。○宋本板式稍大,不題
濟美堂三字。○嘉靖中東吳郭雲鵬重刊宋本。○天啟壬戌柳氏重
刊本。○蔣刊本。(邵氏)

〔補〕重校添註音辯唐柳先生文集四十五卷 唐柳宗元撰,宋童宗

説、韓醇等註。外集二卷。○宋寧宗間鄭定嘉興刊本,九行十七字,

白口,左右雙闌,版心上記字數,下記刊工人名,有曹冠宗、曹冠英、丁松、王僖、吳椿等。字體方整,如晦庵文集,東萊集。海源閣楊氏藏一全帙。又見一殘帙,存目錄,卷八至十三,二十二至二十五,二十九至三十,三十五至三十九,四十二,計十七卷,每卷均有殘缺。鈐明朱氏橫經閣藏印。又見數殘册,均內閣大庫物,其卷三十七、四十一兩卷余為檢出,藏之午門歷史博物館,有元代補葉。余嘗取此本校游居敬本,改訂處多與世綵堂本同,其溢出之詩文世綵堂本亦有之,其注文及異字注於下者亦同,唯此本注上所標"韓曰"、"孫曰"等,世綵堂本無之。故余頗疑廖氏世綵堂本實取此本校定删改付梓。

〔補〕**新刊增廣百家詳補註唐柳先生文四十五卷** 唐柳宗元撰。宋童宗説、韓醇等註。○南宋中期蜀中字本,十行十八字,註雙行同,白口,左右雙闌。海源閣藏,楹書隅錄未著錄。其行欵版式雕工與楊氏藏文讜註新刊經進詳註昌黎先生文四十卷全同。此二書為中字本,十行十八字,與劉體仁舊藏小字唐人集十二行二十一字者不同,流傳尤罕。

〔補〕**增廣註釋音辯唐柳先生集四十五卷外集二卷** 唐柳宗元撰,宋童宗説註釋,張敦頤音辯,潘緯音義。**年譜一卷** 宋文安禮撰。**附錄一卷** ○宋末建本,十二行二十一字,細黑口,四周雙闌,間有左右雙闌。有目錄、諸賢姓氏及淳祐九年劉欽後跋,言為怡堂劉君參攷諸説,會其至當云云。李木齋先生藏一全帙。又一殘帙,劉啟瑞藏,內閣大庫佚書,行欵版式全同,當是一本。鈐元代國子監崇文閣官書大朱記。存卷九至十三,凡五卷。

〔補〕**河東先生集四十五卷外集二卷** 唐柳宗元撰,宋廖瑩中校正。○宋咸淳間廖瑩中世綵堂刊本,九行十七字,注雙行同,細黑口,四周雙闌。各卷末有"世綵廖氏刻梓家塾"八字篆隸牌記,前劉禹錫

序,次叙説,次凡例,次目錄。缺卷三、四、五、十,以明本配補。有項
元汴、項篤壽、錢謙益、宋犖藏印。此書民國十餘年出於浙江,為潘
宗周收去,蟬隱廬已影印行世。世傳濟美堂本從此本出,余嘗校過,
濟美堂本于注文頗有增删,與廖本不盡同。

〔增〕**濟美堂柳河東先生文集四十五卷外集二卷附錄二卷龍城**
錄二卷集傳一卷　宋韓醇音註。○明嘉靖中東吳郭雲鵬重刻宋
本,世以配東雅韓集,蓋亦本世綵堂刻也。○天啟壬戌柳氏重刻。
四庫未收。

〔補〕**河東先生集四十五卷外集二卷龍城錄二卷**　唐柳宗元撰,
宋廖瑩中校正。**附錄二卷傳一卷**　○明郭雲鵬濟美堂刊本,九行
十七字,注雙行同,細黑口,四周雙闌,版心下魚尾下有"濟美堂"三
字,下記刊工人名。每卷後有"東吳郭雲鵬校壽梓"篆、隸或正書牌
記。前劉禹錫序,次目錄。末附天聖元年穆修序,政和四年沈晦序,
紹興四年李禠、李石序,淳熙四年韓醇序。○明萬曆三十八年吕圖
南桂林刊本,據濟美堂本翻雕,行欵全同,唯版心改為白口,去"濟美
堂"三字而已。前有萬曆庚戌吕圖南序,言刊部入龍城,求柳集不可
得,乃覓善本,還桂林屬李華梧等校刻之,以歸於龍城。

增廣註釋音辯柳集四十三卷　○宋刻本,題增廣註釋音辯唐柳先生
集四十三卷,別集二卷,外集二卷,附錄一卷。黑口,頁二十六行,行
二十三字,蓋與韓文考異黑口同刻。○天祿後目有宋刻小字本四
部,元刻本二部。○張氏志有元延祐間刻本,述古堂舊藏。○姚若
有元刻本,題京本著唐柳先生集,張氏元本題與宋刻同。○天祿書
目增廣註釋音辯唐柳先生集元刻本三部,其一云是書亦翻刻宋本,
字畫猶存其概,而紙質墨香大不相侔矣。其二云是刻板式雖仿前
書,而刻印之工又出其下。其三云此本較第二部又遜,三書非一板,
何開雕者多而艸艸從事耶。

〔附〕○頃見元刻本，惜不全，其四十三卷編詁與濟美堂本略同也。（眉）○宋蜀本，無注，楊協卿藏。○宋刊麻沙小字本，二種，一尺寸稍豐，天祿後目。（邵氏）

〔補〕**增廣註釋音辯唐柳先生集四十三卷別集二卷外集二卷**

唐柳宗元撰，宋童宗說註釋，張敦頤音辯，潘緯音義。**年譜一卷** 宋文安禮撰。**附錄一卷** 元刊本，十二行二十一字，細黑口，左右雙闌，版心雙魚尾，間記大小字數，宋諱避至慎字。前有陸之淵音義序。潘宗周藏，題為宋刊本。

〔補〕**增廣註釋音辯唐柳先生集四十三卷別集二卷外集二卷**

唐柳宗元撰。宋童宗說註釋，張敦頤音辯，潘緯音義。**附錄一卷**○元明間刊本，十三行二十三字，註雙行同，細黑口，四周雙闌。○明初翻元明間刊本，行欵版式全同。然以余所見，翻本非一。江南圖書館本與劉承幹嘉業堂本是一刻，海虞瞿氏藏是另一刻。翻版中又有補版晚印者。○明正統十三年善敬堂刊本，九行十八字，大黑口，四周雙闌。盧址抱經樓藏，癸丑十二月見于樓中。

〔補〕**京本校正音釋唐柳先生集四十三卷別集一卷外集一卷**

唐柳宗元撰，宋童宗說註釋，張敦頤音辯，潘緯音義。○明初刊本，十行二十四字，白口，四周雙闌。此本譌誤寔多，非善本也。

五百家註音辯柳先生文集二十一卷外集二卷新編外集一卷龍城錄二卷附錄八卷 宋魏仲舉編。○四庫依內府宋殘本，其正集二十二至四十五尚缺，所謂附錄八卷者，葢原止二卷，並及綱目、名氏、年譜、傳碑等數之也。○天祿書目新刊五百家註唐柳先生文集，魏仲舉集註，正集二十一卷，附錄二卷，外集二卷，新編外集一卷，龍城錄二卷，前載看柳文綱目一卷，宋文安禮柳先生年譜一卷，評論詁訓諸儒名氏一卷，後附柳先生序傳碑記一卷，文集後序五篇。宗元正集四十五卷，此書自十二卷以下皆缺，書賈將目錄終三字移補二

十一卷後，故無魏仲舉木記，然板式字體與韓集同，實為宋本，且正
集尚存其半，而外集諸種卷帙完好，亦足珍也。

〔附〕○宋鄭定本。○宋慶元六年與韓集合刊本。○明小字本。何義
門云，明小字本以諸家注輯為一編，所稱某者，與此注中所語合，疑
是陳振孫所謂鄭定本。○路有抄本。（邵氏）

〔補〕○四庫本已印入四庫全書珍本，初集中。

〔補〕新刊五百家註音辯唐柳先生文集四十五卷　唐柳宗元撰，

宋童宗説、韓醇等註，魏仲舉輯。○宋建本，十行十八字，細黑口，左
右雙闌。存卷十六至二十一，三十七至四十一，計十一卷。有黃丕
烈跋。海虞瞿氏藏。此本版式、行欵、字體雕工與江南圖書館藏宋
慶元六年魏仲舉刊新刊五百家註音辯昌黎先生文集四十卷全同，其
為魏仲舉同時所刊，殆無疑議。○日本古刊本，十行二十字，黑口，
左右雙闌。卷末有丁卯秋甫田人俞良甫刊書跋七行。日本帝室圖
書寮藏。

〔補〕唐柳河東集四十五卷外集五卷遺文一卷　唐柳宗元撰，明蔣

之翹輯注。**附錄一卷**　○明崇禎六年刊韓柳全集本，九行十七字，
白口，左右雙闌。○清乾隆五十三年柳州楊氏刊遞修本。

〔補〕柳文七卷　唐柳宗元撰。○明萬曆、天啟間朱墨印本，陳仁錫

評，茅坤序。

〔補〕柳詩二卷　唐柳宗元撰。○明刊本，九行二十四字，黑口，四周

雙闌。分體編次。

〔補〕柳河東詩集二卷　唐柳宗元撰。○清康熙三十四年汪立名刊唐

四家詩本，十行十九字，黑口，左右雙闌。余據宋鄭定嘉興刊大字本
校。

〔補〕柳河東先生詩集三卷　唐柳宗元撰。○清康熙四十一年席啟

寓刊唐詩百名家全集本，十行十八字，白口，左右雙闌。余據宋廖瑩

中世綵堂刊本校。

劉賓客文集三十卷外集十卷　唐劉禹錫撰。○路小洲有宋刻本三十卷，又鈔本外集十卷。○正集三十卷，明初刻本題中山集。○汲古閣有宋刻外集，影宋。○雍正元年趙駿刻中山詩集九卷。○宋刻殘本劉夢得文，半頁十二行，行二十一字，存一至四，藏黃蕘圃家。○天祿書目有影宋鈔劉賓客外集十卷，與陳氏書錄合。天祿後目又有元刻外集十卷。

〔附〕○明有黎惟敬刻本，胡應麟筆叢種籍會通四稱其佳。（眉）○席本單詩十八卷。（邵氏）

〔補〕○宋紹興八年董弅嚴州刊本，十三行二十二字，白口，左右雙闌。版心下記刊工人名，外集末有宋敏求輯後集序及紹興八年董弅刊書跋。此即陸游跋宋刊世說新語中所謂嚴州舊版廢于火者。其事又見景定嚴州續志。為劉集最善之本。原避暑山莊陳設，後移藏故宮圖書館。徐君森玉主館事時曾影印行世。余嘗取校朱氏結一廬本，是正良多。○明萬曆二年黎民表刊本，十行二十字，白口，四周雙闌。存本集三十卷。版心題中山集。黃丕烈據汪氏開萬樓藏鈔本校並跋。○明寫本，毛晉校。○明寫本，清陸貽典校。○清倪氏經鉏堂綠格寫本，九行二十字。徐坊遺書。○清光緒三十一年仁和朱氏刊結一廬賸餘叢書本，十一行二十一字。余藏，余臨明寫本陸貽典手校本，又臨萬曆二年黎民表刊黃丕烈據舊鈔手校本。二本均無外集。又一帙，余據海虞瞿氏藏宋蜀本校前四卷，又據宋紹興嚴州本校。又據日本崇蘭館藏宋蜀本校。○民國初劉承幹刊嘉業堂叢書本。

〔補〕**劉賓客文集三十卷補遺一卷**　唐劉禹錫撰。○清寫本，十行二十字，無闌格，每卷前附目錄。有陳塤、袁廷檮、吳重憙藏印。邢君之襄藏。○清光緒五年定州王氏謙德堂刊畿輔叢書本。

〔補〕**劉賓客文集三十卷劉夢得外集十卷** 唐劉禹錫撰。○明范氏臥雲山房寫本，十行二十字，白口，左右雙闌。周叔弢藏。

〔補〕**劉夢得文集三十卷** 唐劉禹錫撰。○南宋中期刊蜀本，十二行二十一字，白口，左右雙闌。存卷一至四。鈐元"翰林國史院官書"朱記。瞿氏藏，余曾借校。

〔補〕**劉夢得文集三十卷外集十卷** 唐劉禹錫撰。○南宋中期蜀中刊中字本，十行十八字，細黑口，左右雙闌。版心無魚尾，以橫線界之，記書名卷數、葉數、刊工人名。此書雕工精美，似日本內閣文庫藏太平寰宇記，與習見蜀本不類，前後失序跋。日本崇蘭館藏，董君康已影印行世，後又印入四部叢刊中。余嘗取校結一廬本，殊少佳勝，不逮嚴州本。

〔補〕**劉賓客詩集九卷** 唐劉禹錫撰。○清雍正元年趙駿刊本。

〔補〕**唐劉賓客詩集六卷** 唐劉禹錫撰。○明嘉靖二十九年蔣孝刊中唐十二家詩集本，十行二十字，白口，左右雙闌。

呂衡州集十卷 唐呂溫撰。○道光丁亥秦氏仿宋刻，與駱賓王、李觀二家合稱三唐人集。○席刻三卷。○粵雅堂叢書本。○昭文張氏有舊鈔本。○呂叔和文集五卷，康熙時鈔本。（繩）

〔附〕○馮已蒼鈔本，跋云得宋本前五卷，後又得數卷，第七以文苑英華補。（邵氏）

〔補〕**呂衡州文集十卷** 唐呂溫撰。○清寫本，八行十五字，無格。存卷一至五。鈐陸錫熊藏印。有咸豐二年章末跋。余藏。

〔補〕**呂衡州文集十卷** 唐呂溫撰**考證一卷** 清顧廣圻撰。○清道光七年江都秦恩復石研齋刊唐人三家集本。○清咸豐四年南海伍氏刊粵雅堂叢書本，在二編第二十集。

〔補〕**呂和叔文集十卷** 唐呂溫撰。○清錢曾述古堂寫本，十一行二十二字，白口，左右雙闌，藍格，左闌外有"錢遵王述古堂藏書"八字。

前人以文苑英華校,註異字於闌上。海虞瞿氏藏,已印入四部叢刊。
○傳鈔明末馮舒家寫本,十行十八字。有馮舒跋,云從錢謙益借得
前五卷,又買得後三卷,均宋本,友人姚君章為錄六、七兩卷。因據
目以英華、文粹所載寫入。又有雍正七年文瑞樓跋,云照宋本鈔寫、
卷二聞砧以下十五首據宋陳解元本補錄並校正一次。據此,則為雍
正間寫本也。○清鮑廷博知不足齋影寫宋刊本,八行十六字,紙墨
甚精。鈐清翰林院官印。友人徐君乃昌藏。

〔補〕**呂和叔文集五卷**　唐呂溫撰。○明末毛氏汲古閣寫本,有崇禎
甲申毛晉跋。有朱筆校字及黃丕烈跋。黃跋云此五卷本即取十卷
本紊亂為之,而稱葉樹廉家鈔十卷本之佳。又一跋,言後見別一五
卷本,與此同而出于錢穀寫本,錢本又自內閣本出云云。然則此五
卷本亦淵源有自,非後人紊亂為之也。

〔補〕**張文昌文集□卷**　唐張籍撰。○南宋中期蜀本,十二行二十一
字,白口,左右雙闌。存卷一至四。此本已印入續古逸叢書中。

張司業集八卷　唐張籍撰。○席氏刻本多拾遺附錄。○明萬曆中和
州張尚儒與張孝祥于湖集合刻本。○據直齋書錄,張氏本名木鐸集
十二卷。

〔附〕○陳云張本名木鐸集十二卷,司業集八卷。湯氏編以木鐸集所有
而此無者附後,故有附錄一卷。○牧翁云,一本多古詩十餘首,白樂
天所稱學等二首亦載,較他本完善。○汲古景宋抄三卷本。(邵氏)

〔補〕**唐張司業詩集六卷**　唐張籍撰。○明正德十年劉成德刻本,十
行十六字,白口,四周單闌。前有正德乙亥劉成德序,云從常倫得其
父錄本,又得樂府及古今體若干首,共得三百九十三首。○明嘉靖
二十九年蔣孝刊中唐十二家詩集本,十行二十字,白口,左右雙闌。
從劉成德本出。

〔補〕**唐張司業詩集八卷**　唐張籍撰。○明嘉靖末刊本,十行二十

字，白口，左右雙闌。有萬曆後期補版。前劉成德序。後有失名人題語，言據歷陽、盱江及番陽三本合校，得七十九首，錄於毗陵蔣氏刊本後云云。署辛酉七月，則是嘉靖四十年也。涵芬樓藏，已印入四部叢刊。其卷七、八即補入之七十九首，前六卷即劉成德本。

〔補〕**張司業詩集八卷** 唐張籍撰**附錄一卷** ○清康熙四十一年席啟寓刊唐詩百名家全集本，十行十八字，白口，左右雙闌。余藏。余據朱君文鈞藏清寫本校。○又一帙，用宋蜀本校卷一至四。○又一帙，余據宋刊殘本校。宋刊本三卷，存中、下二卷。○清初寫本，九行十七字，白口，左右雙闌。從宋刊本出，有張師誠跋。朱君文鈞藏，余曾借校。

〔補〕**張文昌集八卷** 唐張籍撰。○明崇禎六年歷陽張氏刊合刻二張先生集本。

〔補〕**張司業集三卷** 唐張籍撰。○清寫本，十行十八字，存卷中。黃丕烈錄陸貽典跋，又自校並跋。二跋均謂八卷本勝。

〔補〕**張司業樂府集一卷** 唐張籍撰。○明嘉靖十九年朱警刊唐百家詩本，十行十九字，白口，左右雙闌。據宋刊三卷本中之下卷付梓，非全書也。

〔補〕**皇甫持正文集六卷** 唐皇甫湜撰。○南宋蜀中刊唐人集本，十二行二十一字，白口，左右雙闌。鈐元"翰林國史院官書"朱記及劉體仁藏印。袁君克文藏，余曾影印行世。○明正德十五年皇甫錄世業堂刊本，十行二十字，細黑口，左右雙闌。○明寫本，九行十九字，有錢曾跋。黃丕烈藏印。○清寫本，八行二十二字。有吳氏西齋、沈氏小酉山房印記。

皇甫持正集六卷 唐皇甫湜撰。○汲古閣刻。○朱修伯曰，汲古刻訛謬甚多，曾見錢遵王鈔本思舊錄云，吳翀刻持正及可之二集，未見，不知佳否。○昭文張氏有以叢書堂舊鈔本校毛本。

〔補〕○明末毛氏汲古閣刻三唐人文集本，九行十九字，白口，左右雙闌。

〔補〕**皇甫持正集六卷** 唐皇甫湜撰。**校記一卷** 繆荃孫撰。○民國四年繆荃孫刊三唐人集本。

〔補〕**皇甫持正文集六卷補遺一卷** ○清光緒二年馮焌光讀有用書齋刊三唐人集本，行欵同汲古閣本。余藏。余據宋蜀本校，又臨何焯評校本。

李文公集十八卷 唐李翱撰。○明景泰乙亥河東邢讓刻本。○成化乙未刻，何宜序。○汲古閣刻。○嘉靖二年鄲都黃景夔刻，題曰李文。○今徐養元刻，劣。

〔附〕○宋建陽小字本，多答問開元寺僧書一首。○宋馮師虞刊本，天祿後目。（邵氏）

〔補〕**李文十八卷** 唐李翱撰。○明成化十一年馮孜刊本，十行二十字，細黑口，四周雙闌。前成化乙未何宜序，稱邵武郡守西蜀馮君師虞鋟梓，次目錄，首行題下書“總一十八卷，凡一百三首”，復以小字雙行註“二首元闕”於下。余藏。○明嘉靖二年黃景夔刊本，十行十九字，大黑口，四周雙闌。有嘉靖二年黃氏序，末有景泰六年邢讓舊跋，云自陳緝熙本傳鈔。則此本自景泰邢氏本出也。

〔補〕**李文公集十八卷** 唐李翱撰。○明末毛氏汲古閣刊三唐人集本，九行十九字，白口，左右雙闌。

〔補〕**李文公集十八卷補遺一卷** 唐李翱撰。○清光緒元年馮焌光刊三唐人集本，行欵與汲古閣本同。余臨何焯評校本。

〔補〕**唐李文公集十八卷** 唐李翱撰。○清寫本，十行二十字。前成化乙未何宜序，從成化十一年馮孜刊本出。道光三年朱錫庚跋。

〔補〕**李習之文集十八卷** 唐李翱撰。○清刊本，十行二十字，四周單闌，精刻本。有邗江趙漁序。本書題“後學徐養元長善甫較”。

歐陽行周集十卷 唐歐陽詹撰。○明正德中慎獨齋刻。○萬曆中刻。○閩刻八卷。○國初刻本。○乾隆癸酉歐陽氏刻本，八卷。○昭文張氏有何義門校本。

〔附〕○顧千里跋："訥道人云得歐陽行周集，極精緻。"未知訥道人為何時人。○明天順小字本。○明曹學佺本。（邵氏）

〔補〕**歐陽行周文集十卷** 唐歐陽詹撰。○南宋中期蜀中刊唐人集本，十二行二十一字，白口，左右雙闌。宋諱缺筆，分體編次，匆匆一瞥即逝，未遑假校。李木齋先生嘗據傳鈔蜀本校八卷本，知二本次序不同。○明弘治十七年莊櫟刊本，十行二十二字，黑口，四周雙闌。全書通葉號。有葉清序，云自內閣本錄出，審其分卷，即從宋蜀本出。○明刊本，十行二十二字，上空一格，實二十三字，白口，四周雙闌。通葉號，共九十八葉，自莊櫟本出。盧氏抱經樓有一本。此本已印入四部叢刊初編中。○清勞格家寫本，勞格校。存卷五至十。

〔補〕**歐陽行周文集十卷補遺一卷** 唐歐陽詹撰。○清乾隆五十年江都秦氏石研齋寫本，九行二十字。顧廣圻手校並跋。郁松年宜稼堂舊藏，後歸蔣鳳藻心矩齋，有蔣氏手跋。二冊。

〔補〕**歐陽行周文集十卷** 唐歐陽詹撰**校記一卷** 繆荃孫撰。○民國四年繆荃孫刊後三唐人集本，從明弘治莊櫟本出。余據知不足齋鈔本校本校卷一至四，用勞格校本校卷五至十。又據吳翌鳳鈔本李木齋先生據傳鈔宋蜀本校過者校。○此集宋時有二本，八卷本在前，十卷本出蜀中，在後。

〔補〕**唐歐陽四門集八卷** 唐歐陽詹撰**附錄一卷** ○清嘉慶十五年王氏麟後山房刊王氏彙刻唐人集本。

〔補〕**歐陽先生文集八卷** 唐歐陽詹撰。○清吳翌鳳寫本，吳翌鳳用朱筆校。有陳鱣藏印。李木齋先生據傳鈔宋蜀本校，用黃筆。李跋云蜀本惟每卷有目，序次不同，詩文無所增，且少秋月賦一篇，又答韓十八驚驥吟，將韓詩列前，和作列後，亦不如此本。

〔補〕**唐歐陽行周集八卷**　唐歐陽詹撰。○清鮑氏知不足齋舊藏寫本，九行十八字，黑口，左右雙闌。卷首題道光二年得之知不足齋一行，朱筆，鈐東武李氏收藏、李氏方赤二印，當即李氏手書。

〔補〕**歐陽助教詩集一卷**　唐歐陽詹撰。○清康熙四十一年席啟寓刊唐詩百名家全集本，十行十八字。余據季振宜舊藏寫本唐人集本校，補詩一首。

李元賓文編三卷外編二卷　唐李觀撰。○天順元年陸希聲序。○嘉慶戊寅秦氏仿宋刻六卷。○粵雅堂刻六卷。○昭文張氏有曹倦圃舊鈔本。

〔附〕○明吳元恭抄本。（邵氏）

〔補〕○清顧肇聲錄明葉奕校本，九行二十字，無闌格。後錄馮舒、葉奕跋。鈐"顧肇聲讀書記"印。

〔補〕**李元賓文集文編三卷外編二卷續編一卷**　唐李觀撰。○清嘉慶二十二年秦恩復石研齋刊唐人三家集本，十一行二十字，白口，左右雙闌。一冊。余藏。○清咸豐四年南海伍氏刊粵雅堂叢書本，在二編第二十集，從石研齋本出。

〔補〕**李元賓文集六卷**　唐李觀撰。○清光緒五年定州王氏謙德堂刊畿輔叢書本。

〔補〕**李元賓文集五卷**　唐李觀撰。○清初寫本，淡墨闌，九行十八字，白口，四周單闌，版心下方有"平菴"二卷。前天順元年陸希聲序。有舊人朱筆校字。鈐清初曹溶印，又書估錢聽默印。又有"梅谷掌書畫史沈彩虹屏"印，友人吳君慈培藏。此即莫氏所記之曹倦圃舊鈔本也。

孟東野集十卷　唐孟郊撰。○明嘉靖丙申秦禾重刻宋景定壬戌國材

本于武康。汲古閣刻本。○康氏刻本。○閔氏套板本。○宋刻小
字本孟東野詩集十卷,半頁十一行,行十六字,黃丕烈藏,北宋槧。
○汪氏有宋刻殘本。

〔補〕**孟東野詩集十卷**　唐孟郊撰。○北宋刊遞修本,十一行十六字,
白口,四周單闌。版心上方間記字數,下方間記刊工人名。總一百
六十七葉,原版只十餘葉,餘為補版,左右雙闌。江西刊本。海源閣
佚出之書,歸李木齋先生,友人陶湘已影印行世。此即莫氏所記之
宋刻小字本。○明初寫本,十行十九字,黑口,四周雙闌。有韓應陛
跋。松江韓氏藏,號為元寫本,己巳夏見於滬上。○明弘治十二年
商州刊本,十行十八字,大黑口,四周雙闌。有強汝晟序,言楊一清
出本,屬于睿刻于商州。此本已印入四部叢刊初編。○清影寫宋刊
本,十行二十字,日本靜嘉堂文庫藏。○清康熙四十一年席啟寓刊
唐詩百名家全集本,十行十八字,白口,左右雙闌。余據宋蜀本校卷
一至二,又據李木齋先生藏何焯評校殘本校卷五至十,何評為姚世
鈺臨本,後又據弘治十二年商州刊本校。

〔補〕**孟東野詩集十卷**　唐孟郊撰**聯句一卷**　○明嘉靖三十五年秦
禾刊本,九行十八字,白口,四周單闌。前景定三年國材序,次宋敏
求舊序。本書題秦禾重刻,趙觀校正。余藏。余據北宋刊本校。○
明末汲古閣刊五唐人集本,九行十九字,白口,左右雙闌。

〔補〕**孟東野文集十卷**　唐孟郊撰。○南宋中期蜀本,十二行二十一
字,白口,左右雙闌。鈐元代"翰林國史院官書"朱記。存卷一至五,
海源閣佚出之書。余先得首二卷,後三卷旋亦佚出,為景賢所得。
余嘗以首二卷校席刻,次第略有改易,改訂字不少。卷一征婦怨宋
本四首,席刻誤合為二首。

〔補〕**孟東野先生詩集十卷**　唐孟郊撰。○明朱之蕃編萬曆間刊晚
唐十二家詩本,九行十九字,白口,四周單闌。刊工不精。余藏。

〔補〕**孟東野詩集十卷**　唐孟郊撰，宋國材、劉辰翁評。○明凌濛初刊朱墨套印本，八行十九字，白口，左右雙闌。有凌氏跋，云據宋景定國材評本付梓。余藏。

長江集十卷　唐賈島撰。○汲古閣刻。○席氏刻。○又明刻。○何義門評校本。抱經云明海虞馮鈍吟有評校本，何義門得之，稱善，其字句遠出俗本上。○昭文張氏有錢履之藏精鈔本。○遵義杜蘊堂有宋刻本長江集十卷。

〔附〕○又有舊鈔本，有崇禎馮弘遂跋。（邵氏）

〔補〕○明末毛氏汲古閣刊唐人八家詩本，十二行二十字，細黑口，左右雙闌。毛扆據趙琦美藏宋本校。余藏。余曾臨一本。又臨北京圖書館藏毛表校本。

〔補〕**賈浪仙長江集十卷**　唐賈島撰。○明寫本，十行十八字，馮班校宋本。○清康熙四十一年席啟寓刊唐詩百名家全集本，十行十八字。蔣杲臨何焯校本。○余有一帙，余臨何焯校馮班校宋本，又臨黃丕烈、葉子寅校明奉新縣刊本。○又一帙，潘志萬臨何焯校本。○舊寫本，十二行二十字。舊人臨馮武校宋本及跋語。○清盧文弨家寫本，十一行二十一字，盧文弨臨馮班、何焯評校。有乾隆四十一年手跋及朱筆手記若干則。

〔補〕**唐賈浪仙長江集十卷**　唐賈島撰。○明嘉靖二十九年蔣孝刊中唐十二家詩集本，十行二十字，白口，左右雙闌。已印入四部叢刊中。

〔補〕**賈浪仙長江集七卷**　唐賈島撰。○明奉新縣刊本，十行十八字，上空一格，實十九字，黑口，四周雙闌。卷末有“奉新縣刊”四字。失序跋，以字體審之，是嘉靖間刊。

〔補〕**長江集十卷閬仙詩附集一卷**　唐賈島撰。○清光緒五年定州王氏謙德堂刊畿輔叢書本。

〔補〕**歌詩編四卷集外詩一卷** 唐李賀撰。○宋刊本，九行十八至十
　九字，白口，左右雙闌，版心下記刊工姓名。四卷相連，分卷處不另
　起一葉，葉碼亦四卷相連，猶存卷子本遺式。前杜牧序，次目錄，次
　正文，凡六十四葉。另外集八葉，總七十二葉。字體雕工似北宋本，
　序目卷首一葉及集外詩八葉南宋補版。用乾道間官文書紙印。有
　明王寵辛夷館、文徵明玉蘭堂印及清季振宜、徐乾學藏印。袁君克
　文藏，長吉集最古之本。此本董氏誦芬室已影印行世。○明末毛氏
　汲古閣刊唐人四集本，十二行二十字，細黑口，左右雙闌。康熙二年
　毛扆據南宋刊本校。余藏。○又一帙，余藏。余據袁克文藏宋本
　校，友人吳君慈培代余用涵芬樓藏明初刊李長吉詩集校。

〔補〕**歌詩編四卷** 唐李賀撰。○蒙古憲宗六年趙衍刊本，十行二十
　字，白口，左右雙闌。海虞瞿氏藏。已印入四部叢刊及續古逸叢書
　中。後有丙辰秋趙衍刊書跋，云據雙溪中書君藏司馬溫公舊本校定
　付梓。雙溪中書君應是耶律文正之子鑄也。

〔補〕**李長吉文集四卷** 唐李賀撰。○南宋中期蜀刻唐人集本，十二
　行二十一字，白口，左右雙闌。已印入續古逸叢書中，余曾校過，佳
　字無多。

昌谷集四卷外集一卷 唐李賀撰。○明仿宋刻本。○凌濛初校刻
　本。○黃陶菴評點本。

〔附〕○宋京本。○宋蜀本。○宋會稽本。○宋鮑欽止家本，此最完
　善。○金刊李賀歌詩編四卷，汪目。○汲古閣本。(邵氏)

〔補〕**李長吉詩集四卷外詩集一卷** 唐李賀撰。○明刊本，九行十
　八字，細黑口，四周寬黑雙闌。行濶字疏，似明初刊本。涵芬樓藏，
　余曾借歸，友人吳君慈培代校於汲古閣唐人四集本上。

〔補〕**唐李長吉詩集四卷** 唐李賀撰。○明金壇于嘉刊本，九行二十
　一字，白口，四周單闌。目錄題"金壇于嘉惠生梓"。卷一至四分題

璩之璞、鄧伯羔、金檖錕、于嘉校，蓋明人標榜之習，不足取重也。余
藏。余嘗以汲古閣本核之，次序同而分卷異，集外詩編入卷四之末。

〔補〕**錦囊集四卷外集一卷** 唐李賀撰。○明成弘間黑口本，行欵失
記，金誦清有影印本行世。○明刊巾箱本，七行十五字，四周單闌。

〔補〕**唐太常寺奉禮郎李長吉詩集一卷** 唐李賀撰。○明姜道生
刊本，九行十九字，白口，四周單闌。卷末有姜道生校刊、王彥泓全
校二行。首杜牧序，次小傳。卷中各詩次序與他本同，但不分卷耳。

箋註評點李長吉歌詩四卷外集一卷 宋吳正子箋註，劉須溪評註。
○各種本。○汲古本。○胡心耘有金刻袖珍本。○長吉詩註者，明
有姚佺、邱象隨等本，本朝有朱軾本，四庫未錄，惟收乾隆二十五年
王琦彙解入存目。○嘉慶中陳本禮註，題協律鈞元。○元有至正丁
丑復古堂刻本，識云長吉詩舊藏本、會稽本、宣城本，獨上黨本為勝，
今定以鮑本而參出諸家，箋註則得之臨川吳西泉，批點則得之須溪
先生評論，並附入梓。○張金吾有舊鈔傳錄本。

〔補〕**李長吉歌詩四卷外詩集一卷** 唐李賀撰。宋劉辰翁評。○明
天啟間凌濛初、凌毓枬刊本，八行十九字，白口，左右雙闌。朱墨本。
有凌濛初跋，未署紀年，後題"佺毓枬校"。余藏。

〔補〕**唐李長吉詩集四卷外詩集一卷** 唐李賀撰，明徐渭、董懋策批
註。○明刊本，八行十九字，有萬曆癸丑殺青主人識，言訓解批評出
徐、董之手，不著姓名者為原註，圈點則徐也。萬曆四十一年刊。眉
上及行間小字皆標"徐"、"董"，以圈圍之。四冊。余藏。

〔補〕**李長吉集四卷外集一卷** 唐李賀撰，明黃淳耀評點。○清雍正
九年金氏刊本。

〔補〕**李長吉集四卷集外一卷** 唐李賀撰，明黃淳耀評，清黎簡批點。
清光緒十八年羊城葉氏精刊本，套印。二冊。余藏。

〔補〕**昌谷集四卷外集一卷** 唐李賀撰，清姚文燮註。○清康熙五年

建陽同文書院刊本，九行二十字。余藏，缺外集一卷。

〔補〕**李長吉昌谷集句解定本四卷**　唐李賀撰，清姚佺箋，丘象隨辯註。○清初刊本。

〔補〕**李長吉歌詩詩四卷外集一卷首一卷**　唐李賀撰，清王琦彙解。○清乾隆間寶翰樓刊本。四庫存目。

〔補〕**協律鈎元四卷**　唐李賀撰，清陳本禮箋注。○清嘉慶刊江都陳氏叢書本。余藏。

〔補〕**盧仝詩集二卷集外詩一卷**　唐盧仝撰。○明陸涓刊本，十行十八字，白口，左右雙闌。末有吳郡陸涓跋，言以家藏宋本壽梓，字體方整，以行欵推之，當是從宋書棚本出。○明嘉靖十九年朱警刊唐百家詩本，十行十八字，白口，左右雙闌。○清寫本，十一行二十一字，白口，四周雙闌。盧文弨校並跋。又自全唐詩錄出佚詩四首，並批云“殊不似玉川”。集外詩前有韓盈序，末有翻刻宋本五行識語，與朱警唐百家詩本同。

〔補〕**玉川子集二卷外集不分卷**　唐盧仝撰。○清寫本，十二行二十四字。末有徐獻忠跋五行，云以家藏宋本壽梓。涵芬樓藏，已印入四部叢刊初編中。

〔補〕**盧仝詩集三卷**　唐盧仝撰。○清光緒二十一年江標刊唐人五十家小集本，十行十八字，白口，左右雙闌。

〔補〕**盧仝集三卷**　唐盧仝撰。○清光緒五年定州王氏謙德堂刊畿輔叢書本。

〔補〕**玉川先生詩集不分卷**　唐盧仝撰。○朝鮮古刊本，十行十七字。共七十六題。有大德五年鄭天呂、朴英工、郎金祐刊書銜名五行。日本內藤虎次郎藏。

〔增〕**玉川子詩集註五卷**　國朝孫之騄撰。○孫氏刻本，四庫存目。○盧仝詩明正德中有刻本二卷。○舊鈔本，卷末有跋云，取家藏宋

本壽之梓，然則有刻本矣，時代名氏自是元朝間人也。○陸氏藏書
志亦載鈔本正同，而未言有韓序，但云陸熵跋，則余本之跋當卽其人
而去其名也。

〔附〕○收舊鈔本二卷，集外詩一卷，有慶曆八年昌黎韓盈序，本集外詩
首與書鐘題合。（眉）

〔補〕**玉川子詩注五卷**　唐盧仝撰，清孫之騄注。○清刊晴川八識本，
十行二十二字，黑口，左右雙闌。仁和孫氏自刊。○民國十二年盧
氏刊本，附勘表一卷，藍印本，五册。余藏。

絳守居園池記註一卷　唐樊宗師撰。○明有大字刻本。○有袖珍
本。○孫之騄合越王樓詩序作註，題樊紹述集，四庫存目。

〔補〕**絳守居園池記不分卷**　唐樊宗師撰。元趙仁舉注，吳師道正誤
補遺，明楊德周定，沈光裕節錄。○明末刊本，九行二十字。

〔補〕**樊紹述集註二卷**　唐樊宗師撰，清孫之騄註。○清刊晴川八識
本。四庫存目。

〔補〕**樊紹述遺文一卷**　唐樊宗師撰，清張庚注。○清乾隆間張氏强
恕齋刊本。○民國十四年徐珂排印心園叢刻一集本。

〔補〕**王建詩集十卷**　唐王建撰。○宋臨安府陳解元宅刊本，十行十
八字，白口，左右雙闌。存卷一、四、五計三卷，餘鈔配。繆荃孫藏。
余曾借校。○清康熙四十一年席啟寓刊唐詩百名家全集本，行欵同
宋陳解元宅刊本。余藏。余據繆氏藏宋陳解元宅刊本校，又據舊寫
本補校。

〔補〕**唐王建詩集八卷**　唐王建撰。○明嘉靖二十九年蔣孝刊中唐十
二家詩本，十行二十字，白口，左右雙闌。

〔補〕**王建詩八卷**　唐王建撰。○明崇禎間毛氏汲古閣刊唐人六集
本，九行十九字，白口，左右雙闌。余藏。余據朱文鈞藏明寫本校，
補詩六首。

王司馬集八卷 唐王建撰。○胡介祉校刻本。○席刻本十卷。○汲
　古閣刻八卷。

〔補〕○清康熙間胡介祉谷園刊本，八行十八字，版心下有"谷園"二字，
　刻甚精美。二冊。余藏。

〔補〕**王仲初集一卷** 唐王建撰。○明初寫本，十行十八字。黃丕烈
　舊藏，今在松江韓氏，出以求售，號為元寫本。

〔補〕**宮中詞不分卷** 唐王建撰。○明江村別墅寫本，棉紙藍格，收詩
　一百首。天一閣佚出之書，趙君萬里見贈。

〔補〕**王建宮詞一卷** 唐王建撰。○明末毛氏綠君亭刊三家宮詞本，
　八行十八字，陰陽葉，四周單闌。余據明寫本校。○清康熙二十八
　年胡介祉貞曜堂刊十家宮詞本，十行十八字，白口，左右雙闌。

沈下賢集十二卷 唐沈亞之撰。○明翻宋刻大字本詩一卷，劉多清
　刻入十三唐人集。○舊鈔本，黃黎洲藏印，歸吳崧甫家。○昭文張
　氏有舊藏依宋元祐丙寅鈔本。○錢遵王有宋刻沈下賢集三十卷，敏
　求記作二十卷，疑係十二之誤，未必增多也。遵王云詩十八首亦同
　今本耳，陳書錄解題亦只十二卷。

〔附〕○路有抄本。

〔補〕**沈下賢文集十二卷** 唐沈亞之撰。○明刊本，九行二十字，白
　口，四周雙闌。已印入四部叢刊初編。○明寫本，行欵失記。徐君
　乃昌藏。○清寫本，九行二十字，有葉樹廉跋。余藏。○清寫本，綠
　格，二冊，余藏。○清寫本，八行二十字，有秦恩復、孫星衍印記。○
　清寫本，前人臨何焯、顧廣圻校跋及秦恩復跋。○清光緒二十一年
　葉德輝刊觀古堂叢書本，余據吳翌鳳校本校。

追昔遊集三卷 唐李紳撰。○汲古閣本。○天祿書目有明樉刻舊
　本。

〔補〕○明末毛氏汲古閣刊五唐人詩集本，九行十九字，白口，左右雙

闌。

〔補〕追昔遊詩集三卷 唐李紳撰。○清康熙四十一年席啟寓刊唐詩
百名家全集本，十行十八字，白口，左右雙闌。余藏。余據楊君守敬
藏明寫本校。又據鄧君邦述藏季振宜舊藏寫本唐人集本校。

會昌一品集二十卷別集十卷外集四卷 唐李德裕撰。○明天啟
中吳興茅氏刻本。○明刻黑口本佳。○明袁州刻本，有評點，僅一
品集十卷，外集四卷。○嘉靖刻本作李公集。○張金吾有葉石君手
校本。○宋刻會昌一品制集殘本，半頁十三行，行二十二字，存一至
十卷黃蕘圃物。

〔補〕李文饒文集二十卷別集十卷外集四卷 唐李德裕撰。○明
正嘉間刊本，十行二十字，白口，左右雙闌。版心改題李衛公文集、
別集、外集，與卷首標題異。下記甲至癸十字。前鄭亞序，本集小題
在上，下題"會昌一品制集"，別、外集無大題。每卷首目連正文。外
集後有後序，刻未完，為紹興二十九年邵某守袁州刻梓而撰。此本
已印入四部叢刊。又一殘帙，存卷一至五，黃丕烈據宋刊本校並跋。
李木齋先生藏，余曾借校。○黃氏所藏宋本存卷一至十，題會昌一
品制集，十三行二十二字，據黃丕烈跋，經何元錫之介，已歸常熟陳
子準，迄今踪跡渺然，微聞尚在虞山某故家，深護秘惜，莫可得而見
耳。余曾據李木齋先生藏舊寫本及涵芬樓藏失名人校本校四部叢
刊本。李本於此本是正極多，與近時朱氏校宋本多合。涵芬樓本佳
處與黃丕烈校殘宋本時合時不合，然亦是善本。○明正嘉間刊萬曆
間鄭惇典重修本，十行二十字，白口，左右雙闌。卷首二、三行題"江
西按察司副使吳從憲彙輯"，"袁州知府鄭惇典校正"，乃補版時所
加。涵分樓藏一帙，竟體用朱筆校，不審為何人筆，有閩中蓼亭蕭夢
松圖史之章。余曾借校于四部叢刊本上，於嘉靖本之訛誤是正甚
多，與黃丕烈校宋本有合有不合，是亦源於舊本矣。然余考儀顧堂

題跋借校月河丁氏影宋本及蘇州新刻本,其舉正各條有一篇脫至數十百字者,而此本皆無之,則其所出非宋本明矣。明代士大夫喜刻古籍,或藉為羔雁之資,沿訛襲繆,不復致評。如此集嘉靖刻向為世所珍重,而細繹其中,乃疏漏不可究詰。後之讀者,影宋本不可得,得朱氏吳門新雕亦勝于嘉靖本萬萬也。蕘圃校宋本殘帙余曾假李木齋先生所藏移錄,然與朱本又復歧異。然朱本亦自言出于校宋本,或所據宋刊非一本也。○明天啟間茅師山刊本,九行十九字,白口,四周單闌。題韓敬評,茅兆河詮定。有天啟四年韓敬序,言為茅兆河之父師山所刊。○明寫本,存卷一至十六,黑格,九行二十字。有黃丕烈二跋,言原鈔十六卷,非鈔後逸去。序中"犬子"二字獨此本與宋本合云云。又一跋癸未人日題。李木齋先生藏。○清寫本,十二行二十一字,存本集卷一至十一,別集卷五至十,外集卷一至四,宋諱缺筆,當出于舊刊。朱筠舊藏。余曾取校四部叢刊影明正嘉間刊本,與近時朱氏校宋刻本多合。

〔補〕李衛公文集二十卷別集十卷外集四卷　唐李德裕撰。○明

寫本,十行十八字,遇宋諱缺筆。文集卷十至十三、外集卷一版心下皆注刊工姓名,有王彥、李儔、梁文等。何焯評點。陸心源跋。此書陸心源曾借月湖丁氏影宋本以校正嘉間本,云脫文補六百餘字,又有三篇文字紊亂,至不可讀,亦藉丁氏本訂正。余見此本後,取校畿輔叢書本,凡陸氏所舉咸完然具存,且有溢出陸校之外者。通計補脫文十六首,片語單詞,亦往往與黃丕烈校宋本合,為之喜出望外。此本數卷有刻工,出於宋刊,殆無可疑。黃氏舊藏宋本若存若亡,莫可蹤跡,則海內李集善本斷推此帙,正可不必遠求海東也。朱文鈞藏。

〔補〕李衛公會昌一品集二十卷別集十卷外集四卷補遺一卷

唐李德裕撰。○清光緒五年定州王氏謙德堂刊畿輔叢書本,十行二

十二字,黑口,四周單闌。余藏。余據朱文鈞藏明寫本校,補文十六首。

〔補〕**李衞公文集二十卷別集十卷外集四卷補遺一卷** 唐李德裕撰。○清光緒十六年常慊慊齋刊本。余藏,余臨黃丕烈校本。

〔補〕**李衞公文集二十卷別集十卷外集四卷** 唐李德裕撰,明陳子龍評。○明末刊本,九行二十字,白口,四周單闌。

〔補〕**李衞公詩集一卷** 唐李德裕撰。○清康熙四十一年席啟寓刊唐詩百名家全集本。十行十八字,白口,左右雙闌。余藏。余據鄧君邦述藏季振宜舊藏抄本唐人集校,補詩一首。

〔補〕**新刊元微之文集六十卷** 唐元稹撰。○南宋蜀中刊唐人集本,十二行二十一字,白口,左右雙闌。前有宣和甲辰建安劉麟序。鈐元“翰林國史院官書”朱記及劉體仁藏印。存卷一至十四,五十一至六十,計二十四卷。余曾以卷五十一至六十校嘉靖荖門董氏本,十卷中改訂三百八十餘字。與盧文弨校記參證,尚溢出八十餘字。

〔補〕**元氏長慶集六十卷** 唐元稹撰。○宋乾道四年洪适紹興蓬萊閣刊本,十三行二十三字,白口,左右雙闌,版心下記刊工姓名,有李詢、毛昌、周彥等。後有乾道四年洪适序。存卷四十至四十二,計三卷。陸心源遺書,今藏日本靜嘉堂文庫。○明華堅蘭雪堂銅活字印本,七行十三字,白口,左右雙闌。錢謙益云華氏謬稱得陸完宋刻本,活字印行,誤字始多。然其書世罕完本,無從假校以探其究竟也。

〔補〕**元氏長慶集六十卷集外詩一卷** 唐元稹撰。○明寫本,十三行二十三字,從宋乾道紹興蓬萊閣本出。末尾有明楊循吉跋,即錢謙益跋中所謂楊君謙本也。前有錢謙益手跋,卷中誤字及卷十二葉均錢氏手補。此本讀書敏求記著錄,現宋刊僅殘存數卷,欲窺宋刊全貌,舍此莫屬,實為元集傳世最善之本也。

〔補〕**元氏長慶集六十卷集外文章一卷** 唐元稹撰。○明嘉靖三

十一年董氏茭門別墅翻宋乾道四年洪适紹興蓬萊閣刊本，十三行二

十三字，白口，左右雙闌。前宣和甲辰建安劉麟元氏長慶集序，次目

錄，每卷目錄連正文。末附集外文章一卷。最末為乾道四年洪适

跋，跋後有嘉靖壬子董氏翻雕題識一行，讀書敏求記云，董氏所據宋

本有年久漫滅缺文處，翻雕時輒以意補之，遂多訛誤。余嘗見一本，

順治八年葉修據宋本校，所補缺葉有盧文弨校補所無者。余亦藏一

帙，余據南宋蜀本校二十四卷，改訂極多。又據明鈔宋本補校畢。

董本已印入四部叢刊中。

元氏長慶集六十卷補遺六卷 唐元稹撰。○嘉靖壬子東吳董氏刻。

○萬曆中馬元調刻。○羣書拾補內有校正元白集若干條，皆據宋本

訂馬本。○宋有乾道四年刻本。○天祿書目明板元氏長慶集六十

卷，前宋劉麟序，後附集外詩一章，文一篇。劉麟無考，其序末標云

建安人，字應禮，其序作于宣和甲辰，稱其父先經鈔寫，因閱手澤，摹

工刻行，則麟殆首刻稹集之人歟。

〔附〕○盧抱經云，馬刊前有嘉靖壬子董氏本，系依乾道四年洪景伯本

重刊者。二本雖出宋槧，宋本脫爛處填補不通。董本每卷前有目，

如文選式，馬本刪去。明末有人於燕都得宋殘本，其所缺完然。○

鮑以文得宋全本，真元氏原本也。卷首題新刊元微之文集，每卷有

目。○洪景伯刊六十卷。容齋五筆云百卷，外又有小集十卷，今閩、

蜀惟六十卷本，閩獨有小集遊春一篇。集原遺文，列之集外，而竹垞

謂是白詩，未詳考耳。(邵氏)○宋本題元微之集。明婁堅元白合刻

本。(邵氏)○天祿本即董刻本。(眉)

〔補〕**元氏長慶集六十卷補遺六卷** 唐元稹撰**附錄一卷** ○明萬曆

三十二年馬元調魚樂軒刊元白長慶集本，十行二十一字，白口，左右

雙闌。清曹炎臨馮舒校宋本及跋，又自跋。馮跋言元集第十卷世無

完本,鼎革時錢謙益於大內得北宋本,是卷完好,余得校是本云云。
○余有一帙,余臨何焯校宋本,又臨何焯評本,又據明寫本校,並補
錢謙益跋。又臨曹炎臨馮舒校宋本。

〔補〕**白氏文集七十一卷** 唐白居易撰。○南宋初浙本,十三行二十
四字,白口,左右雙闌。卷三十二、三十三抄配。海虞瞿氏藏。傳世
白集最善本。○白集尚有殘宋本,存十三至十六,二十六至三十四,
五十五至五十八,凡十七卷,十一行二十一字。讀書敏求記、百宋一
廛賦著錄,有明宋濂印記。○明嘉靖十七年伍忠光龍池草堂刊本,
十二行二十字,白口,左右雙闌。鮑廷博據殘宋本校。余藏。○日
本那波道原銅活字印本,九行十六字,黑口,四周雙闌。前元積長慶
集序,次總目,分十帙。第一至七為長慶集五十卷,八至十為後集,
共二十卷。卷七十一律詩百首,為總目所無。後有那波道源後序。
余藏。此本即自世所傳廬山本出,已印入四部叢刊中。

白氏長慶集七十一卷 唐白居易撰。○明錫山華堅蘭雪堂活字本。
○明姑蘇錢應龍刻本。○明松江馬元調刻。○宋紹興刻白氏長慶
集,昭文張氏藏,缺三十一之三十三及三十五、三十六,凡五卷,皆鈔
補。中遇構字註犯御名,桓字註淵聖御名,紹興三十年前刻,曾藏文
氏、王氏、錢氏、季氏處。○汲古閣校本與明刻小字本俱藏吳門黃
氏。汲古本又歸張金吾。

〔附〕○舊刻本只前五十卷為長慶集,以下為後集,而仍以五十一計數,
凡七十卷,然編次與馬本不同,蓋仍原本也。(眉)○宋刊小字殘本
存十七卷,十一行二十一字,黃目。○殘宋本白氏文集十一行二十
一字,題目低四格,有黃復翁跋。汪目。○明婁堅元白合刻本。○
武定侯本。汲古閣校本乃子晉、斧季合校。(邵氏)

〔補〕**白氏長慶集七十一卷目錄二卷** 唐白居易撰。○明正德八年
華堅蘭雪堂活字印本,八行,雙行十六字,白口,左右雙闌。

〔補〕**白氏長慶集七十一卷目錄二卷** 唐白居易撰。**附錄一卷**
　　○明萬曆三十四年馬元調刊本，十行二十一字，白口，左右雙闌。題
　　"明後學松江馬元調巽甫校"。余藏。余據宋本校。

〔補〕**白樂天文集三十六卷** 唐白居易撰。○明正德十四年武定侯
　　郭勛刊本，九行二十字，白口，四周雙闌。

〔補〕**白樂天詩集四十卷** 唐白居易撰。○明正德十二年刊本，十行
　　二十字。前正德十二年陳金序，言于百粵得本歸，太保郭公先將詩
　　編為四十卷，文三十六卷，次第續之云云。

〔補〕**白氏諷諫一卷** ○明正德間曾大有刊本，十行十六字，黑口，四
　　周雙闌。卷首題"四川布政司參議曾大有重刊"，則或是蜀中刊本。
　　余曾取校舊鈔本及明嘉靖本，文字多不同。

〔補〕**白氏策林四卷** 唐白居易撰。○明翻宋本，十行二十一字，白
　　口，左右雙闌。首原序，次目錄，次本文。卷中搆字注犯御名，從紹
　　興本出。余曾取校馬元調本，增改甚多。馬本卷六十二至六十五為
　　策林。

白香山詩集四十卷附錄年譜二卷 國朝汪立名編。○康熙癸未汪
　　氏刻。○明武定侯家刻本。○何義門手校本，在許滇生先生處。

〔補〕**白香山詩長慶集二十卷後集十七卷別集一卷補遺二卷**
　　唐白居易撰。**年譜一卷** 清汪立名撰。**年譜舊本一卷** 宋陳振孫
　　撰。○清康熙四十一至四十二年汪立名一隅草堂刊本，十二行二十
　　一字，白口，左右雙闌。舊人臨何焯校跋。改正甚多。涵芬樓藏。

鮑溶詩六卷外集一卷 唐鮑溶撰。○席氏刻。○汲古刻。
〔附〕○舊抄本。

〔補〕**鮑溶詩六卷集外詩一卷** 唐鮑溶撰。○明末毛氏汲古閣刊唐
　　人六集本，九行十九字，白口，左右雙闌。存詩一百七十七首。余用
　　盱眙吳氏藏明寫本校。○又一帙，余用北京圖書館明寫本校。

〔補〕**鮑溶詩集不分卷** 唐鮑溶撰。○明寫本，九行十六字，天一閣佚
　　出之書。今歸北京圖書館。集中存詩一百七十一首，取校汲古閣
　　本，訂正一百四十四字。

〔補〕**鮑溶詩集六卷補遺一卷** 唐鮑溶撰。○清康熙四十一年席啟
　　寓刊唐詩百名家全集本，十行十八字，白口，左右雙闌。余據友人鄧
　　君邦述所藏季振宜舊藏抄本校，補入詩四十六首。

樊川文集二十卷外集一卷別集一卷 唐杜牧撰。○明刻仿宋熙寧
　　六年田槩本。○宋刻本，頁二十行。○明刻全本有二，以筆圈為佳。
　　○明吳岫刻十七卷。

〔附〕○宋刊本。王漁洋山人居易錄：宋刻精而多數卷。（邵氏）

〔補〕○明嘉靖間翻宋本，十行十八字，白口，左右雙闌。前裴延齡序，
　　次總目。別集有熙寧六年田槩序。此本已印入四部叢刊。○明嘉
　　靖末刊本，十行十八字，白口，左右雙闌。前有嘉靖四十五年寧陵縣
　　知縣熊秉元序，與前本不同，刻在後。○清光緒間楊葆初鄂中翻明
　　嘉靖本。

〔補〕**樊川詩集四卷** 唐杜牧撰。○明正德十六年朱承爵刊朱氏文房
　　本，十行十六字，白口，左右雙闌。

〔補〕**樊川集六卷補遺一卷** 唐杜牧撰。清康熙四十一年席啟寓刊
　　唐詩百名家全集本，十行十八字。余據明嘉靖翻宋本校過。

〔補〕**杜樊川集十七卷** 唐杜牧撰，明朱一是等評。○明新安吳氏西
　　爽堂刊本，九行十八字，白口，四周單闌。余藏。

〔補〕**樊川文集四卷外集一卷** 唐杜牧撰。○朝鮮古刊本，八行十七
　　字，白口，四周雙闌。首行標題下有"夾註"二字，不知何人所註。

〔增〕**樊川詩註四卷外集一卷別集一卷** 國朝馮集梧撰。○乾隆
　　四十五年刻。

〔補〕**樊川詩集四卷別集一卷外集一卷補遺一卷** 唐杜牧撰。清

馮集梧注。○清嘉慶六年馮氏德裕堂刊本，五冊。余藏。

姚少監詩集十卷　唐姚合撰。○明刻。○席氏刻。○汲古閣刻。

〔補〕○南宋中蜀中刊唐人集本，十二行二十一字，白口，左右雙闌。鈐元"翰林國史院官書"朱記。存卷一至五。黃丕烈跋。海虞瞿氏藏。○明寫本，十行十八字，宋諱缺筆，舊人以朱墨筆校。存卷一至五。毛晉跋。卷六至十清寫本，有黃丕烈跋。已印入四部叢刊初編。○明末毛氏汲古閣刊唐人六集本，九行十九字，白口，左右雙闌。余用季振宜舊藏抄本校，補詩二十三首。○清康熙四十一年席啟寓刊唐詩百名家全集本，十行十八字，白口，左右雙闌。余臨黃丕烈校宋本。

〔補〕**周賀詩集一卷**　唐周賀撰。○宋臨安府陳宅書籍鋪刊本，十行十八字，白口，左右雙闌。卷末有"臨安府棚北睦親坊南陳宅書籍鋪印"牌記一行。有何焯跋，言為徐乾學舊藏，原有五十餘家，悉歸揚州大賈項景原云云。此本已印入四部叢刊續編。○清康熙間劉雲份野香堂刊十三唐人詩本，九行十九字，白口，左右雙闌。余據季振宜舊藏寫本校。○明嘉靖十九年朱警刊唐百家詩本，十行十八字，白口，左右雙闌。

〔補〕**唐清塞詩集一卷**　唐釋清塞撰，即周賀也。○明刊本，十行十八字。有黃丕烈跋，言為李龏編。同得者尚有唐貫休詩集，亦李龏所編。後檢龏所編唐僧弘秀集，其卷四均周賀詩，知即從弘秀集翻刻也。嘗取抄棚本賀集校之，詩互有存失云云。顧君鷹士藏。

〔補〕**顧非熊詩一卷**　唐顧非熊撰。○清康熙四十一年席啟寓刊唐詩百名家全集本，十行十八字，白口，左右雙闌。余藏。余據明寫本校。

〔補〕**張承吉集十卷**　唐張祜撰。○南宋中期蜀中刊唐人集本，十二行二十一字，白口，左右雙闌。已印入續古逸叢書中。

〔補〕**唐張處士詩集五卷**　唐張祜撰。○明嘉靖十九年朱警刊唐百家詩本，十行十八字，白口，左右雙闌。○清寫本，行欵同唐百家詩本，末有失名人跋，言將抄寄何元錫刻之。

〔補〕**唐張處士詩集六卷**　唐張祜撰。○明寫本，十行十八字，吳壽暘舊藏，有跋。

〔補〕**張祜詩集二卷**　唐張祜撰。○清康熙四十一年席啟寓刊唐詩百名家全集本，十行十八字，白口，左右雙闌。余藏。余據鄧君邦述藏季振宜舊藏寫本唐人集校。又據吳壽暘舊藏六卷本校。

〔補〕**薛濤詩一卷**　唐薛濤撰。○明萬曆三十七年洗墨池刊本，八行十六字，陰陽葉，四周雙闌。前小傳，次目錄。卷末原有“萬曆己酉春仲鐫于洗墨池”一行，為估人刓去，以充元刊。○清嘉慶十五年沈氏古倪園刊四婦人集本，行欵與洗墨池本同，即從該本出。內空白數聯，蓋去其褻語也。

〔補〕**朱慶餘詩集一卷**　唐朱慶餘撰。○宋臨安府陳宅經籍鋪刊本，十行十八字，白口，左右雙闌。卷末題後隔三行有“臨安府睦親坊陳宅經籍鋪印”一行。黃丕烈二跋、瞿中溶跋，又季振宜題識。海虞瞿氏藏，已印入四部叢刊續編。○明嘉靖十九年朱警刊唐百家詩本，行欵同棚本。○清康熙四十一年席啟寓刊唐詩百名家全集本，行欵同棚本，余藏，余嘗取瞿氏藏宋書棚本校，二本版式同而文字有異，知席刻非從書棚本出。席刻缺文均可據補，唯書棚本缺失第六葉一葉，余又據季振宜舊藏寫本唐人集本校席刻，補入詩十二首。

〔補〕**李商隱詩集三卷**　唐李商隱撰。○明末錢謙益手寫本，九行十九字，墨格。宣統元年神州國光社已印行。○清康熙四十一年席啟寓刊唐詩百名家全集本，十行十八字，白口，左右雙闌。余藏。余據錢謙益手寫手校本校。又據季振宜舊藏寫本唐人集本校。○舊寫本，十行十七字。余家藏有毛扆校宋本李義山集三卷，為汲古閣刊唐人八家詩本,毛扆跋云據北宋本校,並稱北宋本題李商隱詩集,十行十七字,題目俱低四格,均與此舊寫本合,則此本應為傳鈔自宋刊本矣。友人南陵徐乃昌齋頭見,擬假歸一校,以視其與毛斧季校本之異同。○清影寫宋刊本,半葉十行,行十七字,白口,左右雙闌。前有目錄二十葉,全書分上、中、下三卷,鈐有清錢興祖、汪士鐘、朱澂藏印,今在朱氏之婿張幼樵家。此本行欵與余藏毛扆校北宋本中所記北宋本全同,且流傳有緒。今宋本已不傳,此本當為義山集傳世最善之本矣。

李義山集三卷 唐李商隱撰。○明刻。○席氏刻。○汲古刻佳。○嘉慶中揚州汪氏校刻六卷。○張目有馮氏護淨居士崇禎甲戌鈔,以北宋本校成之本,馮有二跋。○又有以孫孝若家北宋本校毛本。

〔附〕○北宋本,孫功甫藏。○宋本,錢目。○明仿宋本,天祿目。○張目有護淨居士校本,張云先據牧翁宋本校完,孫功甫以一本見示,分上、中、下三卷,構、桓、諸字不避,是北宋本,錢本實仿宋耳。(邵氏)

〔補〕**李義山集三卷** 唐李商隱撰。○明崇禎十二年毛氏汲古閣刊唐人八家詩本,十二行二十字,細黑口,左右雙闌。清康熙十九年介菴據陸貽典校宋本校。余藏。○又一帙,毛扆據北宋本校,校至卷中贈從兄閬之止。自註北宋本每葉二十行,每行十七字。題目俱低四格,標題作"李商隱詩集。"

〔補〕**李商隱詩集六卷** 唐李商隱撰。○明嘉靖刊本,九行十九字,白口,版心題"義山"二字。前小傳,次目錄。本書分體編次,分為上、下冊,每冊通記葉數,上冊五七言古、五律、五排,下冊七律、五七絕。義山集極少舊刻,單刻尤罕,余求之十餘年,僅得此明刊單行本。然其五言已標排律,決非從宋本出也。余藏。

〔補〕**唐李義山詩集六卷** 唐李商隱撰。○明嘉靖二十九年毘陵蔣孝刊中唐十二家詩集本,十行二十字,白口,左右雙闌。分體為次。

余藏。

〔補〕**李商隱詩集七卷** 唐李商隱撰。○明雲陽姜道生刊本，九行十九字，白口，四周單闌。與韓翃、韓偓詩合刊，稱三家集。

〔補〕**李義山詩集不分卷** 唐李商隱撰。○舊寫本，分體編。一册。余藏。

〔補〕**李商隱詩集十卷** 唐李商隱撰。○朝鮮古刊本，九行十七字。有補遺五葉。

李義山詩註三卷補註一卷 國朝朱鶴齡撰。○朱氏與杜集合刻本。○姚培謙註李義山詩十六卷，乾隆己未刻。

〔補〕**李義山詩集三卷** 唐李商隱撰，清朱鶴齡箋註。**李義山詩譜一卷諸家詩評一卷** ○清順治十六年刊本，十行二十一字。張載華點校並刪補註文，眉上有粘箋。又臨朱彝尊評點，並錄楊致軒評。序例後有張氏跋，引朱、查評語，於朱註頗致不滿之辭。徐枋遺書。

〔補〕**重訂李義山詩集箋注三卷集外詩箋注一卷** 清朱鶴齡箋注，程夢星刪補。**年譜一卷詩話一卷** 清程夢星撰。○清乾隆八年今有堂刊本。○清乾隆十一年東柯草堂刊本。

〔補〕**李義山詩集十六卷** 唐李商隱撰，清姚培謙箋。○清乾隆五年松桂讀書堂精刊本。四册。余藏。

〔補〕**李義山文集五卷** 唐李商隱撰。○清寫本，九行二十四字，白口，左右雙闌。海虞瞿氏藏，已印入四部叢刊初編中。

〔補〕**樊南四六甲乙集□卷** 唐李商隱撰。○清寫本，存甲集卷一至二。一册。

李義山文集箋註十卷 國朝徐樹穀箋，徐炯註。○徐氏刻本。○宋有玉溪生集三卷，乃賦及雜著。○馮浩註李義山詩四卷，註樊南文集八卷，乾隆四十五年刻。○歸安錢振倫、錢振常箋註樊南文集補

編十二卷,取全唐文所收義山文在徐馮二家註本外者二百餘篇,為
之箋註,同治五年盱眙吳棠為刻于清河。

〔附〕○清嘉慶丁丑儀徵汪全泰刻義山文集六卷,蓋其父校理全唐文時
錄存者,刻類編,與唐文同。錢振倫竟未之見,何也?(眉)

〔補〕○清康熙四十七年徐氏花谿草堂刊本,十行二十一字,白口,左右
雙闌。

〔補〕**樊南文集補編十二卷** 清錢振倫、錢振常輯。**年譜訂誤一卷**
○清同治五年望三益齋刊本。四册。余藏。

〔補〕**玉谿生詩箋注三卷樊南文集箋注八卷** 清馮浩撰。○清乾
隆德聚堂刊本。又乾隆四十五年自刊本,標題改"箋注"為"詳註",
有年譜一卷,詩話一卷,十一行二十五字,白口,左右雙闌。有乾隆
二十八年自序,隔二行有"乾隆四十五年庚子秋日重校付梓不更序"
一行。余藏。

〔補〕**文標集三卷外錄一卷** 唐盧肇撰。○清乾隆間刊本。外錄明
李原岡輯。三册。余藏。

〔補〕**文標集三卷補遺一卷** 唐盧肇撰**校勘記一卷** 胡思敬撰。○
民國六年胡思敬刊袁州二唐人集本,收入豫章叢書中。

〔補〕**唐姚鵠詩集一卷** 唐姚鵠撰。○明嘉靖十九年朱警刊唐百家詩
本,十行十八字,白口,左右雙闌。○清康熙四十一年席啟㝢刊唐詩
百名家全集本,行欵同唐百家詩本。余藏。余據季振宜舊藏寫本唐
人集本校,補詩三首。

〔補〕**姚鵠詩一卷** 唐姚鵠撰。○清康熙劉雲份野香堂刊十三唐人詩
本。

〔補〕**喻鳧詩集一卷** 唐喻鳧撰。○明嘉靖十九年朱警刊唐百家詩
本,十行十八字,白口,左右雙闌。○清康熙四十一年席啟㝢刊唐詩
百名家全集本,行欵同嘉靖本。余藏。余據季振宜舊藏寫本唐人集

本校,補詩十首。

〔補〕**渭南詩集二卷**　唐趙嘏撰。○清康熙四十一年席刻唐詩百名家全集本,十行十八字,余藏。余據季振宜舊藏寫本唐人集本校。

〔補〕**項斯詩集一卷**　唐項斯撰。○明嘉靖朱警刊唐百家詩本,十行十八字,白口,左右雙闌。○清康熙四十一年席啟寓刊唐詩百名家全集本,行欵同嘉靖本,余藏。余據季振宜舊藏寫本唐人集本校,補詩二首。

〔補〕**會昌進士詩集一卷**　唐馬戴撰。○明嘉靖十九年朱警刊唐百家詩本。十行十八字,白口,左右雙闌。

〔補〕**會昌進士詩集一卷補遺一卷**　唐馬戴撰。○清康熙四十一年席刻唐詩百名家全集本,行欵同嘉靖本。余據季振宜舊藏寫本唐人集本校。補詩三首。

〔補〕**李遠詩集一卷**　唐李遠撰。○明嘉靖刊唐百家詩本,十行十八字,白口,左右雙闌。○清康熙四十一年席啟寓刊唐詩百名家全集本,行欵同嘉靖本。余藏。余據季振宜舊藏寫本唐人集本校,補詩二首。○清光緒二十一年江標刊唐人五十家小集本。行欵同嘉靖本。

〔補〕**唐鄭嵎詩一卷**　唐鄭嵎撰。○清康熙四十一年席啟寓刻唐詩百名家全集本,十行十八字,白口,左右雙闌。余藏。余據季振宜舊藏寫本唐人集本校,補百許字。

〔補〕**薛許昌詩集十卷**　唐薛能撰。○明崇禎十二年毛氏汲古閣刊唐人八家詩本,十二行二十字,細黑口,左右雙闌。康熙三年毛扆據宋本校。此書原四百四十八篇,據紹興元年陸元望跋,已删為二百三十篇矣。今本存二百二十七篇。○又一帙,何焯用宋木校。邢君之襄藏。

〔補〕**溫庭筠詩集七卷別集一卷**　唐溫庭筠撰。○明弘治李熙刊

本,九行十八字,黑口,四周雙闌。前弘治十二年李熙序,言得本於
顧華玉,顧得於羅子文,羅得於江西右族,用是鋟梓云云。○又一
帙,馮武據宋本校。○清錢曾述古堂寫本,十二行二十一字,白口,
左右雙闌。左闌外上方有"錢遵王述古堂藏書"八字。江南圖書館
藏,已印入四部叢刊初編。此本行欵版式與南宋中期蜀中刊唐人集
相同,頗疑從宋蜀本出。

〔補〕**溫庭筠詩集七卷集外詩一卷別集一卷** 唐溫庭筠撰。○清
康熙四十一年席啟寓刊唐詩百名家全集本,十行十八字,白口,左右
雙闌。余藏。余據馮武校宋本校,友人章君鈺又代校一過。

〔補〕**溫飛卿集七卷別集一卷** 唐溫庭筠撰。○明正德間刊本,九行
十八字,黑口,左右雙闌。以字體雕工審之,是閩中刊本,卷中間有
簡體字。鈐"周遇吉印"、"樸學齋"等印。

〔補〕**金荃集七卷別集一卷** 唐溫庭筠撰。○明末毛氏汲古閣刊五
唐人詩集本,九行十九字,白口,左右雙闌。

〔補〕**八叉集四卷** 唐溫庭筠撰,明曾益註。○清初顧予咸刊本,行欵
失記。二册,余藏。

溫飛卿集箋註九卷 唐溫庭筠撰。○康熙三十六年顧氏秀野艸堂刻
溫集七卷別集一卷。○汲古閣刻。○張目有毛校宋板本。

〔附〕○會稽曾益註八義集四卷,顧予咸為刻印。嗣立之父,註即廣曾
氏本耳。(眉)

〔補〕**溫飛卿詩集七卷別集一卷集外詩一卷** 唐溫庭筠撰。明曾
益註,清顧予咸補注,顧嗣立續注。**附錄一卷** ○清康熙三十六年
顧嗣立秀野草堂刊本,十行二十字,白口,左右雙闌。鎸刻甚精。清
何焯校,有跋,云據席刻校,謂席氏自云照宋本,未必可信。後又據
葉裕藏影宋書棚本校。○顧刻有翻版。○余有光緒八年泉唐汪氏
刊本。

〔補〕**許用晦文集二卷遺篇一卷拾遺一卷**　唐許渾撰。○南宋中
期蜀中刊唐人集本，十二行二十一字，白口，左右雙闌。有元"翰林
國史院官書"朱記，已印入續古逸叢書中。直齋書錄解題言蜀本有
拾遺二卷，當即此本。

〔補〕**丁卯集二卷**　唐許渾撰。○宋臨安陳宅書籍鋪刊本，十行十八
字，白口，左右雙闌。分上下卷，鈐項元汴、沈粲、季振宜、宋致、宋筠
藏印。黃丕烈跋。翁松禪師遺書，叕夫前輩見示。○明崇禎十二年
毛氏汲古閣刊唐人八家詩本，十二行二十字，細黑口，左右雙闌。○
明末毛氏汲古閣寫本，行欵失記。錢曾、陳墫遞藏，今在顧君麐士
處。○清影寫宋臨安陳宅書籍鋪本，十行十八字，白口，左右雙闌，
版心上間記字數，下間記刊工人名，末有傳錄黃丕烈跋，云與渠所藏
宋臨安陳宅書籍鋪本同而摹印在前。當是跋此本所自出之宋刊原
本者。此本已印入四部叢刊中。

丁卯集二卷續集二卷續補一卷集外遺詩一卷　唐許渾撰。○席
氏刻。○汲古閣刻二卷，無續。○錢遵王云，丁卯集元板較宋版多
詩幾大半。○張氏目有馮氏藏崇禎庚午借柳大中本鈔本。○宋本
藏吳門黃氏。

〔附〕○宋沈氏本。○宋曾氏本。○宋賀鑄本。○宋蜀本，有拾遺三
卷。○宋陳起本二卷，二十行，行十八字，黃目。○元建安劉氏本。
○正德仿元本，分二卷。（邵氏）

〔補〕**丁卯詩集二卷續集一卷續補一卷集外遺詩一卷**　唐許渾
撰。○清康熙四十一年席啟寓刊唐詩百名家全集本，十行十八字，
白口，左右雙闌。余據李木齋先生藏元刊本校。又據影寫元刊本
校。影元本九行十八字，六卷，前有元貞金華王瑭序，卷首第三行題
"元信安祝得甫摯乾"，與李木齋先生藏元本異。以校席刻，大部與
上下兩卷同。後余又據董君康藏錢曾影宋本校，亦為六卷本。

〔補〕**增廣音註唐郢州刺史丁卯詩集二卷** 唐許渾撰。○元祝德
　　子訂正。元大德十一年祝德子輯刻本，十行十九字，細黑口，左右雙
　　闌。前大德丁未金華王瑭序，言信安祝得甫錄為郢州類稾若干卷，
　　復旁搜遠紹，幾及五百之數，亟命鋟梓云云。本書卷首書名大字占
　　雙行，三、四行題許渾撰，祝德子訂正。分體編次。海虞瞿氏藏。此
　　本民國二十四年吳眉孫影印行世。○又一帙，李木齋先生藏，有黃
　　丕烈跋。失去元大德王瑭序，號為宋本。○明弘治刊本，十行十九
　　字，黑口，四周雙闌。天一閣佚出之書。○明正嘉間刊本，十行十九
　　字，白口，四周雙闌。分體編次，從大德本出。沈曾桐藏。

〔補〕**增廣音註唐許郢州丁卯詩集二卷** 唐許渾撰，元祝德子訂
　　正。○元刊本，十二行二十二字，細黑口，四周雙闌。標目大字占雙
　　行，下有白文"上集"、"下集"二字。次行、三行題許渾撰，祝德子訂
　　正。次序與大德王瑭序本同。下卷目錄題名後有記三行，言丁卯地
　　名也，並引詩題為證。日本帝室圖書寮藏。

〔補〕**丁卯集箋注八卷** 唐許渾撰，清許培榮箋注。○清乾隆二十一
　　年許鍾德精刊本。

〔補〕**唐劉蛻集六卷** 唐劉蛻撰。○明天啟四年吳馡問青堂刊本，七
　　行十六字，陰陽葉不連，各四周雙闌。卷末有"明吳馡梓于問青堂時
　　天啟甲子"二行。前天啟丙寅熊文舉序，次天啟甲子吳馡序，言據桑
　　悅藏殘本輯補成帙刻之，則編次非古可知矣。○明崇禎十六年黃燁
　　然翻吳馡問青堂本，版式全同，目錄次行加題"明黃燁然、黃也剛仝
　　編輯"。有吳馡紀事一篇，次崇禎癸未閩中黃燁然序。

〔補〕**文泉子集六卷** 唐劉蛻撰。○清道光間蔣光煦刊別下齋叢書
　　本，十一行二十一字，黑口，左右雙闌。

文泉子集一卷 唐劉蛻撰。○崇禎庚辰閔齊伋刻。○天啟甲子吳馡
　　編刻劉復愚集六卷。陳鴻緒云，吳馡刻與可之集俱精校，刻亦不苟。

〇別下齋本。

〔附〕〇吳馡刻行，據舊本。（眉）

〔補〕唐劉拾遺集不分卷 唐劉蛻撰。〇明崇禎十三年閔齊伋刊本，九行十八字，白口，左右雙闌。前崇禎庚辰閔序。從吳馡本出，惟文字間加音釋，有異者注一作某於句下，要其所據校不出文苑英華、唐文粹各書。又行間各加句讀。與孫樵職方集同刻。內投知書一篇誤接答知己書。混二文為一。

〔補〕段成式詩一卷 唐段成式撰。〇清康熙四十一年席啟寓刊唐詩百名家全集本，十行十八字，白口，左右雙闌。余藏。余據季振宜舊藏鈔本，唐人集本校。

黎岳集一卷附錄一卷 唐李頻撰。〇宋嘉熙三年金華王墪刻本。〇元元貞及後至元間裔孫邦才刻本。〇明正統中廣州彭森刻。〇永樂中河南師祐刻。〇席氏刻。〇道光丁酉徐敖刻。

〔附〕〇元至正乙丑本，無附錄。〇明抄本。（邵氏）

〔補〕黎嶽詩集一卷 唐李頻撰。〇明寫本，十行十六字。前有嘉熙王墪序、元貞丁酉李邦材序，大德己亥邵文龍序，後至元丁丑張復序。從元刊本出。

〔補〕黎嶽詩集一卷附錄一卷 唐李頻撰。〇明萬曆二十四年龔道立刊本，九行十六字，白口，四周雙闌。有真德秀進黎嶽集狀、王墪舊序，陳善刻書序。末有龔道立小序。卷中攙入宋之問詩一首。據序，此集有嘉熙三年王墪刊本，大德間李邦材刊本，後至元三年李會刊本，永樂十三年師祐正刊本，正統七年張瑛刊本，均不傳，所存以明傳鈔後至元本為最早。

〔補〕黎岳集一卷 唐李頻撰。〇清康熙四十一年席啟寓刊唐詩白名家全集本，十行十八字，白口，左右雙闌。余藏。余據季振宜舊藏鈔本唐人集本校，補詩三首。

〔補〕**黎岳集四卷** 唐李頻撰。○清道光十七年徐璈刊本。三冊。余
　　藏。

李羣玉集三卷後集五卷 唐李羣玉撰。○席氏刻多補遺。○毛本
　　不佳。題李文山詩集，無後集。○萬曆中刻本，三卷。○昭文張氏
　　有影黃氏宋刻本。○黃丕烈有宋刻李羣玉集三卷，後集五卷，跋曰
　　取宋刻較毛刻，其異不可勝紀，且其謬不可勝言，信知宋刻之佳矣。
　　毛刻悉以體分，統前後集併為三卷，或以意改之，抑別有本改之。七
　　律羨三首，七絕羨三首，宋刻無之。五言古二十四韻一首，宋刻及葉
　　鈔俱有，而毛獨註云缺，則所據必別有本矣。

〔補〕**李羣玉詩集三卷後集五卷** 唐李羣玉撰。○宋臨安府陳宅書
　　籍鋪刊本，十行十八字，白口，左右雙闌。卷前表後有“臨安府棚前
　　睦親坊南陳宅書籍鋪刊行”一行。後集卷五後有“臨安府棚北大街
　　睦親坊南陳解元宅書籍鋪印”一行。鄧君邦述羣碧樓藏。○毛氏汲
　　古閣影寫宋陳宅經籍鋪本，十行十八字，有毛晉潛在跋三葉。顧君
　　麏士怡園藏。○明嘉靖二十六年松逸山居童子王臣寫本，十二行二
　　十字。本集末有“臨安府棚北大街睦親坊南陳解元宅經籍鋪印”一
　　行。從陳宅經籍鋪本出，然余檢宋刊原本，該卷後並無此一行也。
　　馮武據汲古閣本校並跋。○明崇禎三年葉奕寫本，十行十八字。葉
　　氏校並跋，又黃丕烈校跋。

〔補〕**李羣玉詩集三卷後集五卷補遺一卷** 唐李羣玉撰。○清康
　　熙四十一年席啟寓刊唐詩百名家全集本，十行十八字，白口，左右雙
　　闌。余藏。余據鄧邦述藏宋陳宅書籍鋪刊本校。

〔補〕**李文山詩集三卷** 唐李羣玉撰。○明崇禎十二年毛氏汲古閣刊
　　唐人八家詩本，十二行二十字，細黑口，左右雙闌。毛晉手校。余
　　藏。○友人吳君慈培寫本，十二行二十字，從嘉靖王臣寫本出，余用
　　葉奕寫本校。

孫可之集十卷 唐孫樵撰。○明正德丁丑王鏊本,頁廿四行,行廿一字。○萬曆中金陵刻。○吳翯刻。○汲古刻。○近年涿州孫氏刻。○嘉慶三年問經堂刻巾箱本。○長洲汪氏有宋刻本。

〔附〕○宋天聖本,後刻大宋天聖元年戊辰秘閣校理仲淹家塾,天祿後目。○宋蜀本。汪目。(邵氏)

〔補〕**孫可之文集十卷** 唐孫樵撰。○南宋中期蜀中刊唐人集本,十二行二十一字,白口,左右雙闌。海源閣藏。有黃丕烈跋。又一帙,有元翰林國史院朱記及劉體仁印,歸朱君文鈞,已印入續古逸叢書中。○明正德十二年王鏊刊本,行欵與宋蜀本同,自序言獲內閣本手錄以歸云云。李木齋先生藏。○清光緒二年馮焌光讀有用書齋刊三唐人集本,余據宋蜀本校。又一帙,余據明天啟五年吳翯石香館刊本校,又臨何焯評校。○朝鮮舊寫本,十二行三十字。

〔補〕**孫可之集十卷** 唐孫樵撰。○明末汲古閣刊三唐人文集本,九行十九字,白口,左右雙闌。勞格據明正德十二年王鏊刊本校。

〔補〕**唐孫樵集十卷** 唐孫樵撰。○明天啟五年吳翯石香館刊本,七行十六字,陰陽葉不連,各為四周雙闌。前有鎸唐孫樵經緯集記,次自序,目錄下題"明吳翯重訂"。卷末多有"乙丑春吳翯考訂鋟于石香館"二行。此本已印入四部叢刊。○舊寫本,余藏。余據吳翯石香館刊本校。

〔補〕**唐孫職方集十卷** 唐孫樵撰。○明崇禎間閔齊伋刊本,九行十八字,白口,左右雙闌。與劉拾遺集同刻。余藏。

〔補〕**經緯集三卷** 唐孫樵撰。○清光緒八年平步青輯刻蕘園叢書本。

〔補〕**純陽真人混成集二卷** 唐呂嵓撰。○明正統道藏本,五行十七字,在太玄部。

〔補〕**純陽呂真人詩不分卷** 唐呂嵓撰。○明藍格寫本,十行二十四字。天一閣佚出之書。

〔補〕**重刊呂真人文集八卷** 唐呂嵓撰。○明刊本,九行十八字,黑口,左右雙闌。内卷四至七為詩歌,卷八為詞。

曹祠部集二卷附曹唐詩一卷 唐曹鄴撰。○明蔣冕刻本。○席氏刻本。○十三唐人集本,一卷。

〔補〕**曹鄴詩集二卷** 唐曹鄴撰。○明嘉靖十九年華亭朱警輯刻唐百家詩本,十行十八字,白口,左右雙闌。○清光緒二十一年江標刊唐人五十家小集本,行欵同上。

〔補〕**曹祠部詩集二卷補遺一卷** 唐曹鄴撰。○清康熙四十一年席啟寓刊唐詩百名家全集本,十行十八字,白口,左右雙闌。余藏。余據明鈔本校。又據季振宜舊藏鈔本唐人集本校,補詩四首。

〔補〕**曹從事詩集一卷** 唐曹唐撰。○清康熙四十一年席啟寓刊唐詩百名家全集本,十行十八字,白口,左右雙闌。余藏季振宜舊藏鈔本唐人集本校,補入四聯。又據涵芬樓藏影寫宋刊本校。影宋本分為三卷。

麟角集一卷 唐王棨撰。○知不足齋本。

　　○咸豐癸丑刻。(繩)

〔補〕**麟角集一卷附錄一卷** 唐王棨撰。○清寫本,九行二十五字,無闌格。涵芬樓藏。余曾借以校王氏天壤閣叢書本。○清乾隆間鮑廷博刊知不足齋叢書本,在第十集。○清光緒十五年王祖源刊天壤閣叢書本。余藏。余據涵芬樓藏清寫本校。

〔補〕**儲嗣宗詩集一卷** 唐儲嗣宗撰。○明嘉靖十九年朱警刊唐百家詩本,十行十八字,白口,左右雙闌。○清康熙四十一年席啟寓刊唐詩百名家全集本,行欵同上。余藏。余據季振宜舊藏鈔本唐人集本校。○清光緒二十一年江標刊唐人五十家小集本,行欵同上。

〔補〕**唐儲進士詩集一卷** 唐儲嗣宗撰。○明嘉靖二十九年蔣孝刊中唐十二家詩本,附儲光羲集後。十行二十字,白口,左右雙闌。

〔補〕**司馬札先輩詩集一卷**　唐司馬札撰。○清康熙四十一年席啟
寓刊唐詩百名家全集本,十行十八字,白口,左右雙闌。余藏。余據
季振宜舊藏鈔本唐人集本校。

〔補〕**于濆詩集一卷**　唐于濆撰。○宋臨安府陳宅書籍鋪刊本,十行
十八字,白口,左右雙闌。廠肆見殘葉,其末葉適存,有臨安府棚北
陳宅經籍鋪刊行一行。○明嘉靖十九年朱警刊唐百家詩本,行欵同
書棚本。○清康熙四十一年席啟寓刊唐詩百名家全集本,行欵同書
棚本,余藏。余據季振宜舊藏鈔本唐人集本校。○清光緒二十一年
江標刊唐人五十家小集本,行欵同書棚本。

〔補〕**李昌符詩集一卷**　唐李昌符撰。○明嘉靖十九年朱警刊唐百家
詩本,十行十八字,白口,左右雙闌。○清康熙四十一年席啟寓刊唐
詩百名家全集本,行欵同上。余藏。余據季振宜舊藏鈔本唐人集本
校,補詩一首。

〔補〕**文化集一卷**　唐許棠撰。○清康熙四十一年席啟寓刊唐詩百名
家全集本,十行十八字。余據季振宜舊藏鈔本唐人集本校,補詩三
首。

〔補〕**邵謁詩一卷**　唐邵謁撰。○明嘉靖十九年朱警刊唐百家詩本,
十行十八字,白口,左右雙闌。○清康熙劉雲份晚香堂刊十三唐人
詩本,九行十九字。

〔補〕**邵謁詩集一卷**　唐邵謁撰。○清康熙四十一年席啟寓刊唐詩百
名家全集本,行欵同唐百家詩本。余藏。余據季振宜舊藏鈔本唐人
集本校。

〔補〕**林寬詩集一卷**　唐林寬撰。○明嘉靖十九年朱警刊唐百家詩
本,十行十八字,白口,左右雙闌。○清康熙四十一年席啟寓刊唐詩
百名家全集本,行欵同唐百家詩本。余藏。余據季振宜舊藏鈔本唐

人集本校。○清光緒二十一年江標刊唐人五十家小集本，行欵同唐
百家詩本。

皮子文藪十卷 唐皮日休撰。○明正德庚辰袁表刻。○明許自昌校
刻。○萬曆中新安刻。○明刻小字本佳。

〔補〕**唐皮日休文藪十卷** 唐皮日休撰。○明正德十五年袁表刊本，
十一行二十字，白口，左右雙闌。前柳開序及自序。後有正德庚辰
袁表跋，言據其弟袁褧摹本付梓。有嘉慶十三年失名人跋，稱充全
唐文總纂，據內府藏本校過云云。○明萬曆間許自昌合刻皮陸二先
生集本，九行二十字，白口，左右雙闌。

〔補〕**皮日休文集十卷** 唐皮日休撰。○明刊本，九行二十字，除標題
外均低一格，實十九字，白口，左右雙闌。前柳开序及自序。本書卷
一首行題“皮日休文集卷第一”，次行題“文藪”。十卷通葉碼，共一
百四十葉。失刊書序跋。已印入四部叢刊。

笠澤叢書四卷補遺一卷 唐陸龜蒙撰。○內府藏本為元季裔孫德
重刻。○明季如楨校刻。○雍正辛亥江都陸鍾輝覆元至元庚辰之
陸息原刻本。○碧雲堂復至元庚辰本，精。○嘉慶間許槤仿宋刻
本，七卷。○錢遵王云宋刻本只上下二卷，又補遺一卷，元刻乃分四
卷。

〔附〕○陸鍾輝本與碧筠草堂本疑係一板，然陸本有補小名錄序一首，
碧筠初印亦有，後乃去之耳。（眉）○宋元符庚辰、政和元年二本分
二卷，補遺一卷。宋元符樊開本分七卷，補遺一卷，葉二十四行，行
二十一字。○宋政和朱袞刊本分甲乙丙丁詩文雜記。○許刻以樊
開本為主，間有據他刻改校，凡叢書七卷，補遺一卷，考異一卷。

〔補〕**重刊校正笠澤藂書四卷補遺詩一卷續補遺一卷** 唐陸龜蒙
撰。○清顧氏碧筠草堂刊本，九行十八字，白口，四周雙闌。經清吳
騫校。據郁陛宣東歗軒鈔本及蔣春雨鈔本用朱筆，據自藏鈔本用綠

筆,據鮑廷博得林厂山抄本用藍筆,據吾以方影宋本用墨筆,並鈔小
名錄序及跋。有吳氏長跋並藍筆一跋。周春、吾進跋。○余有一
帙,據何焯手校殘本校卷二、卷四。友人周君叔弢代余用其所藏顧
廣圻校本過臨其上。○清雍正九年陸鍾輝水雲漁屋刊本,行欵與碧
筠草堂本同。○清東山草堂刊本,行欵亦與碧筠草堂本同。○清大
疊山房刊本,九行十八字,白口,左右雙闌。余藏。余據涵芬樓藏明
紅格鈔八卷本校。

〔補〕笠澤叢書四卷補遺一卷　唐陸龜蒙撰。○清有竹堂寫本,分甲
至丁四集。阮林跋。李木齋先生藏。

〔補〕笠澤叢書九卷　唐陸龜蒙撰。附考一卷　清許槤撰。○清嘉慶
二十四年許槤刊本,十一行二十一字,黑口,左右雙闌。顧廣圻校,
所據為一鈔本,十二行二十字,周叔弢藏。

〔補〕陸魯望先生笠澤叢書八卷補遺一卷　唐陸龜蒙撰。○清吳
騫拜經樓寫本,九行二十字,無闌格。補遺十二行二十一字。吳騫
跋稱此卷行欵字數悉照宋本云云。有三山王益祥跋及至元五年十
一世孫德原題,末錄陸鍾輝跋。邢君之襄藏。

甫里集十九卷附錄一卷　唐陸龜蒙撰。○明成化丁未崑山嚴景和
刻。○萬曆乙卯松江許昌刻。○又萬曆癸卯刻。○宋寶祐間葉茵
刻本。

〔補〕唐甫里先生集二十卷　唐陸龜蒙撰。○明萬曆間許自昌刊皮
陸集本,九行二十字,白口,左右雙闌。

〔補〕唐甫里先生文集二十卷　唐陸龜蒙撰。○明寫本,八行十六
字。許心扆舊藏,黃丕烈校並跋。黃氏據周錫瓚藏明成化二年嚴春
刊本校,此本卷二十為附錄。前有寶祐五年葉茵識,云于文籍中得
一百七十一篇,合叢書,松陵集,計六百五十二篇。共十九卷,卷二
十為附錄,收傳、詩序、三高祠記等。即莫氏所云寶祐間葉茵本,唯

刻本久佚，僅存鈔本流傳耳。○舊寫本，十一行二十四字。徐時棟舊藏。

〔補〕**陸魯望文集八卷**　唐陸龜蒙撰。○明紅格寫本，十二行二十一字，白口，四周單闌。卷首標題下有"笠澤叢書"四字。前樊開序，次自序，卷一至五雜著、卷六詩，卷七律詩，卷八補遺。涵芬樓藏，余曾借校。

詠史詩二卷　唐胡曾撰。○明刻大字本。○黃氏有宋刻本三卷，每半頁十一行，行大字廿二，小字廿七，並續序，云附陳蓋註、米崇吉評註，與四庫本不同，後歸胡心耘家。

〔補〕**胡曾詠史詩一卷**　唐胡曾撰。○元刊本，六行十四字。注雙行同，大黑口，四周雙闌。故宮藏。

〔補〕**新板增廣附音釋胡曾詩註三卷**　唐胡曾撰。宋胡元質注。○日本古活字印本，十四行二十字，詩題大字占雙行，注低一格。

〔補〕**新板增廣附音釋文胡曾詩注二卷**　唐胡曾撰。宋胡元質注。○日本五山刊本，十行十六字，注大字頂格二十字，從舊本出，與注千文及古注蒙求同刻。

〔補〕**新雕注胡曾詠史詩三卷**　唐胡曾撰。陳蓋、米崇吉註。○宋刊本，十行二十二字，雙行二十六七字，白口，左右雙闌。有黃丕烈跋，顧慶士藏，余曾據以校全唐詩本。○清影寫宋刊本，行欵同上。有胡珽跋，即從上本影出。海虞瞿氏藏，已印入四部叢刊三編中。

〔增〕**詠史詩三卷**　唐周曇撰。亦自唐虞之隋，以人系題，七言絕句二百三首，每首題下註大意，詩下引史，而以己意論斷之，當時進講體式如此。揭銜"守國子直講臣周曇撰"。槧式與書儀相似，乃宋本之最佳者。天祿書目後編所載，四庫未收。○彭文勤有季滄葦所藏舊鈔本，云亦精雅。

〔附〕○平津館有宋本。

〔補〕**經進周曇詠史詩三卷**　唐周曇撰。○宋刊本，十二行二十字，
　注雙行三十字，細黑口，四周雙闌。宋諱缺筆，標題大小均加黑蓋
　子，系以小圈。下首題在前首詩下。以版式審之，或是宋末坊刻本。
　有季振宜藏印及天祿琳琅諸璽。○明嘉靖十九年朱警刊唐百家詩
　本，十行十八字，白口，左右雙闌。余據前記宋刊本校過。

〔補〕**唐女郎魚玄機詩一卷**　唐魚玄機撰。○宋臨安府陳宅書籍鋪
　刊本，十行十八字，白口，左右雙闌。卷末有"臨安府棚北睦親坊南
　陳宅書籍鋪印行"一行。全書十二葉，前四葉雕工精美，為棚本本
　色，後八葉粗劣特甚，非出一手。袁君克文藏，已影印行世。○清嘉
　慶間倪園沈氏刊四婦人集本，從宋本翻刻，附黃丕烈撰考異一卷。
　○明嘉靖十九年朱警刊唐百家詩本。○清光緒二十一年江標刊唐
　人五十家小集本，以上二書行欵均同宋本。

〔補〕**鄭守愚文集三卷**　唐鄭谷撰。○南宋中期蜀中刊唐人集本，十
　二行二十一字，白口，左右雙闌。已印入續古逸叢書及四部叢刊續
　編。

雲臺編三卷　唐鄭谷撰。○嘉靖乙未嚴嵩刻本。○席氏刻本。○張
　目有汲古閣舊鈔本。

〔附〕○〔汲古閣舊鈔本〕附補遺十三首。

〔補〕○明弘治十七年刊本，十行二十字。前有自序，大字。又弘治甲
　子張潛序，言沁水常君刊於秦云云。○明嘉靖十四年嚴嵩袁州刊
　本，十行二十字，白口，左右雙闌。有嚴氏序，言得本於王鏊，王氏自
　秘閣本錄出。沈氏海日樓藏。失序。○明藍格寫本，九行二十字，
　白口，四周單闌。何焯據宋本及明嚴嵩刊本校，並註出宋本次第不
　同處。所據宋本次第與宋蜀本鄭守愚文集不同，當是別一宋本。金
　農題簽。余藏。○清康熙四十一年席啟寓刊唐詩百名家全集本，十
　行十八字，白口，左右雙闌。余藏。余據家藏何焯校本校，又據宋蜀

本鄭守愚文集校。○又一帙，陳君乃乾據明嚴嵩刊本校。

〔補〕**雲臺編三卷拾遺一卷**　唐鄭谷撰。**校勘記一卷**　胡思敬撰。
　　○民國六年胡思敬刊袁州二唐人集本，與文標集合刻，收入豫章叢
　　書中。

司空表聖文集十卷　唐司空圖撰。○明刻本。○顧千里有精校本。
　　○胡心耘有校宋本。

〔附〕○蜀本，陳云蜀本有雜著無詩。○宋刊唐三十家集內有一鳴集，
　　劉燕庭云與他本不同。（邵氏）

〔補〕○南宋中期蜀中刊唐人集本，十二行二十一字，白口，左右雙闌。
　　有元“翰林國史院官書”朱記及劉體仁印記。余藏。已印入續古逸
　　叢書中。各卷總目均題雜著，無詩，小題作“一鳴集”。余取校朱氏
　　結一廬賸餘叢書本，有所改訂，然宋本亦時有訛奪，要在善於抉擇，
　　未可盡據耳。○明王靖廷家鈔本，十一行二十一字。鈐有“王靖廷
　　鈔書之印”等印記。耿文光跋。○清初寫本，十一行二十一字。小
　　題亦一鳴集，每卷目連正文，均與蜀本合。卷八亦無連珠八首。前
　　王士禛手跋十行。鈐有“池北書庫考藏”印及清翰林院官印。余藏。
　　○清精寫本，鈐有“月潭朱家西簽”印，盧址抱經樓遺書。○清寫本，
　　八行二十字。趙懷玉據宋本校。已印入四部叢刊。○清光緒三十
　　一年朱氏刊結一廬賸餘叢書本，十一行二十一字，黑口，左右雙闌。
　　從明曹學佺家寫本出。余據鄧君邦述藏鮑氏知不足齋本校，糾正百
　　餘字，增補連珠八首。又據章鈺藏錢辛盦鈔本校。間可補鮑本之缺
　　失。後又據宋蜀本校，與鮑本十合八九，然尚有出鮑本之外者。余
　　校宋本後，繆荃孫、章鈺二君先後假余本參證得失，各疏記其訂正之
　　字及余所漏列者，附簽于卷中。

〔補〕**司空表聖詩集五卷**　唐司空圖撰。○清康熙刊唐音統籤本，十
　　行十九字，白口，左右雙闌。為其卷七百四至七百八，戊籤七十四至

七十八,已印入四部叢刊初編中。

〔補〕司空表聖詩三卷　唐司空圖撰。○清康熙四十一年席啟寓刊唐
　　詩百名家全集本,十行十八字,白口,左右雙闌。余藏。余據季振宜
　　舊藏鈔本唐人集本校。

〔補〕司空表聖文集十卷詩三卷附錄一卷　唐司空圖撰。**校記一**
　　卷　繆荃孫撰。○民國五年劉承幹刊嘉業堂叢書本。

韓內翰別集一卷　唐韓偓撰。○汲古閣刻。○席氏刻十三唐人集三
　　卷,韓偓一卷,補遺一卷,香奩一卷。○錢遵王云,沈括以香奩集三
　　卷本和凝作,貴後嫁名於偓。

〔附〕○汲古香奩集別刻。(眉)○元刊香奩集三卷本。(邵氏)

〔補〕韓內翰別集一卷補遺一卷　唐韓偓撰。○明末毛氏汲古閣刊
　　唐人六集本,九行十九字,白口,左右雙闌。

〔補〕韓翰林詩集一卷　唐韓偓撰。○清康熙四十一年席啟寓刊唐詩
　　百名家全集本,十行十八字,白口,左右雙闌。余藏。余據季振宜舊
　　藏鈔本唐人集校,補詩四首。友人章君鈺又代余用涵芬樓藏舊寫本
　　校。

〔補〕玉樵山人集八卷香奩集不分卷　唐韓偓撰。○清寫本,九行
　　二十四字。玉樵集分體編次,依次為五古、七古、五律、五排、七律、
　　七排、五絕、七絕、八體,每體各為起止,前標“玉樵山人集”五字,然
　　不排卷次、卷數。後附香奩集亦分體,每體亦各為起止,然其前不復
　　標集名。此本已印入四部叢刊中。

〔補〕翰林集四卷附錄一卷　唐韓偓撰。○清嘉慶十五年福鼎王氏
　　麟後山房刊王氏彙刻唐人集本。

〔補〕唐翰林學士中書舍人韓致光香奩集一卷　唐韓偓撰。○明
　　雲陽姜道生刊唐三家集本,九行十九字,白口,左右雙闌。余藏。

〔補〕香奩集一卷　唐韓偓撰。○明末毛氏汲古閣刊五唐人詩集本,

九行十九字，白口，左右雙闌。余據明影寫宋刊本校並錄屈大均跋。
○又一本，余據舊寫本校。

〔補〕**韓內翰香奩集三卷** 唐韓偓撰。○清康熙四十一年席啟寓刊
唐詩百名家全集本，十行十八字，白口，左右雙闌。余藏。余據季振
宜舊藏鈔本唐人集校，補詩三首。友人章君鈺代余用涵芬樓藏舊寫
本校。

〔補〕**香奩集三卷附錄一卷** 唐韓偓撰。○清嘉慶十五年福鼎王氏
麟後山房刊王氏彙刻唐人集本。

〔增〕**桂苑筆耕集二十卷** 唐高麗崔致遠撰。○遠為高駢淮南從事，
見唐志。是集唐宋志皆著錄，後墜逸不傳。集中討黃巢一檄最為傑
出，他亦淵雅可觀。其人自唐宋志外，唯張敦頤六朝事蹟述其乾符
中尉溧水為詩第雙女墳事，迄今道光以前皆未有言及者，故全唐詩
文並未收採。既乃有傳高麗活字本入中國者，有洪秩周、徐有榘二
序，蓋印行者有榘，傳本者秩周也。有榘稱其字海夫號孤雲，仕幕僚
後，中和四年充國信使東歸，仍仕本國，且盛推為彼國人文鼻祖。此
集在其國亦罕見云。○近有粵雅堂刻本。

○似潘仕成刻也。同譌甚。整理者按：此條莫棠補，注于粵雅堂本
下。

〔附〕○頃收江編修家高麗舊鈔本。（眉）

〔補〕○朝鮮古活字印本，十行二十字。藏園藏。○朝鮮古刻本，十行
二十字，白口，四周雙闌。前中和六年進書表。孫毓修藏，已印入四
部叢刊初編中。

唐英歌詩三卷 唐吳融撰。○汲古閣刻。○席氏刻。

〔附〕○宋本，天祿後目。（邵氏）

〔補〕**唐英歌詩三卷** 唐吳融撰。○明末毛氏汲古閣刊唐人四集本，
十二行二十字，細黑口，左右雙闌。清順治十年陸貽典據錢曾抄本

校。余藏。○又一本，何煌校。○清馬曰璐家寫本，十行二十一字，
無闌格。鈐有馬曰璐、孫慶增、彭元瑞藏印。清嘉慶元年彭元瑞校，
並據全唐詩補詩四首。○清康熙四十一年席啟寓刊唐詩百名家全
集本，十行十八字，白口，左右雙闌。余據季振宜舊藏鈔本唐人集本
校，補詩四首。

〔補〕**唐李推官披沙集六卷**　唐李咸用撰。○宋臨安陳宅書籍鋪刊
本，十行十八字，白口，左右雙闌，版心上方間記字數。前紹熙四年
楊萬里序，序後隔二行有“臨安府棚北大街陳宅書籍鋪印行”一行。
前有目錄五葉。楊守敬得之日本，後歸友人鄧邦述，頃已印入四部
叢刊中。○明嘉靖十九年朱警刊唐百家詩本，行欵同上。○清康熙
四十一年席啟寓刊唐詩百名家全集本，行欵同上。余據宋本校，改
正五十餘字。又目錄五葉亦為席刻所無。清光緒二十一年江標印
唐人五十家小集本，行欵同宋本。

〔補〕**張喬詩集四卷**　唐張喬撰。○明嘉靖十九年朱警刊唐百家詩
本，十行十八字，白口，左右雙闌。○清康熙四十一年席啟寓刊唐詩
百名家全集本，行欵同唐詩百家詩本。余藏。余據季振宜舊藏鈔本
唐人集本校，補詩二十八首。

〔補〕**張喬詩一卷文一卷**　唐張喬撰。○民國九年劉世珩輯刻貴池
唐人集本。

〔補〕**李山甫詩集一卷**　唐李山甫撰。○明嘉靖十九年朱警刊唐百家
詩本，十行十八字，白口，左右雙闌。○清康熙四十一年席啟寓刊唐
詩百名家全集本，行欵同上。余據明鈔本校。

元英集八卷　唐方干撰。○汲古刻。○席氏刻本十卷。○嘉靖丁酉
方氏裔孫廷璽刻。○張氏志有叢書堂舊鈔十卷。

〔附〕○南宋本，題元英先生家集。○懷古堂抄本。（邵氏）

〔補〕**玄英先生詩集十卷**　唐方干撰。○舊寫本，十二行二十字，無

闌格。毛綏萬據墨格寫本及席刻唐詩百名家集本校,用朱筆。黃丕
烈又用席刻補校。有康熙五十三、五十四年毛綏萬跋,言是其祖毛
晉遺書,則是明末寫本也。有黃丕烈跋。海源閣遺書,與碧雲集合
訂一冊。

〔補〕元(玄)英先生詩集十卷　唐方干撰。○清康熙四十一年席啟
寓刊唐詩百名家全集本,十行十八字,白口,左右雙闌。友人章君鈺
代余用明寫本校過,明寫本行欵同席刻,無格。○舊寫本,十行十八
字,無格。前乾寧丙辰王贊序。文有孫郃撰傳。

〔補〕白雲唐處士方元(玄)英先生詩集十二卷　唐方干撰**歷代名
人題詩贊跋一卷**　○清道光十五年裔孫白雲村方字玉紹遠堂活字
版印本,九行二十字,白口,四周雙闌。卷十一、十二為其裔孫之詩
附刊者。末有方字玉跋,述校正排版原委。

〔補〕羅鄴詩集一卷　唐羅鄴撰。○明嘉靖十九年朱警刊唐百家詩
本,十行十八字,白口,左右雙闌。○清康熙四十一年席啟寓刊唐詩
百名家全集本,行欵同唐百家詩本。余藏。余據季振宜舊藏鈔本唐
人集本校,補詩十八首。○清光緒二十一年江標刊唐人五十家小集
本,行欵同上。

〔補〕唐任藩詩小集一卷　唐任藩撰。○清康熙四十一年席啟寓刊
唐詩百名家全集本,十行十八字,白口,左右雙闌。余據季振宜舊藏
鈔本唐人集本校,補詩五首。

〔補〕章碣詩集一卷　唐章碣撰。○明嘉靖十九年朱警刊唐百家詩
本,十行十八字,白口,左右雙闌。○清康熙四十一年席啟寓刊唐詩
百名家全集本,行欵同上。余據楊守敬藏明寫本校。又據季振宜舊
藏鈔本唐人集本校,補詩一首,用黃筆校。○清光緒二十一年江標
刊唐人五十家小集本。

〔補〕許琳詩集一卷　唐許琳撰。○清康熙四十一年席啟寓刊唐詩百

名家全集本，十行十八字，白口，左右雙闌。余據楊守敬藏明寫本校。

〔補〕**秦韜玉詩集一卷** 唐秦韜玉撰。○明嘉靖十九年朱警刊唐百家詩本。○清康熙四十一年席啟寓刊唐詩百名家全集本。○清光緒二十一年江標刊唐人五十家小集本。三本均十行十八字，白口，左右雙闌。余據季振宜舊藏鈔本唐人集本校，補詩二首。

〔補〕**鹿門詩集三卷拾遺一卷續補遺一卷** 唐唐彥謙撰。○舊寫本，八行二十一字，前鄭貽序，次總目。拾遺後有金俊明、吳翌鳳跋，均過錄本。又張德榮跋。蓋為吳翌鳳傳錄金俊明手鈔三卷本及金氏補拾遺一卷，又取唐音戊籤校之，有二十三首為金本所無，因為續補遺一卷。張德榮又從而錄一本。○宣統元年刊晨風閣叢書本。

〔補〕**鹿門詩集三卷拾遺一卷續補詩一卷** 唐唐彥謙撰。○清康熙四十一年席啟寓刊唐詩百名家全集本，十行十八字，白口，左右雙闌。余藏。余據友人吳君慈培藏張德榮傳鈔金俊明、吳翌鳳遞補本校，補詩十二首。

〔補〕**鹿門集二卷** 唐唐彥謙撰。○清陳鴻傳鈔錢謙益鈔本，十二行二十字，版心下方有"鶯嘯齋藏本"五字。末有臨錢氏跋七行。鈐陳鴻印及稽瑞樓印。海虞瞿氏藏。

唐風集三卷 唐杜荀鶴撰。○汲古刻。○席氏刻。○張氏志有馮氏彥淵手鈔校北宋杜荀鶴文集本三卷，又有竹深堂精鈔本唐風集三卷。

〔附〕○北宋本題杜荀鶴文集，以唐風集三字注於下。（邵氏）

〔補〕**唐風集三卷** 唐杜荀鶴撰。○明末毛氏汲古閣刊唐人四集本，十二行二十字，細黑口，左右雙闌。清康熙元年毛扆、陸貽典據宋本校，每卷首有"北宋本校過"朱印。卷中註"北宋本每葉二十四行，每行二十一字"。其宋本次第與汲古本不同。余藏。核其所據北宋本行格，頗疑即南宋中期蜀中刊唐人集本，前人往往誤認為北宋本，不足怪也。又一帙，何煌校。○明寫本，墨格，十行二十字。卷上五言今體，卷中七言今體，卷下五七言絕句，共三百十七首。徐坊遺書。余曾借校席本，二本次第不同，可改訂席刻數百事，訂正誤字多與季振宜舊藏鈔本唐人集本合，佳處且有出其外者。內一首為席刻所無。其席刻有而鈔本無者亦有四首。

〔補〕**唐風集三卷補遺一卷**　唐杜荀鶴撰。民國九年劉世珩刊貴池唐人集本，收入貴池先哲遺書中。

〔補〕**杜荀鶴文集三卷**　唐杜荀鶴撰。○南宋蜀本，十二行二十一字，白口，左右雙闌。前景福元年顧云序。鈐有“頤堂王氏家藏子孫其永保用”朱文大印，為宋王灼藏本。又有毛晉、季振宜印記。張幼樵藏，結一廬遺書也。○清康熙四十一年席啟寓刊唐詩百名家全集本，十行十八字，白口，左右雙闌。余據季振宜舊藏鈔本唐人集本校，補詩六首，訂正近千字。

〔補〕**杜翰林集六卷**　唐杜荀鶴撰。姚子莊、方文、楊森注。○姚氏刊本。

〔增〕**碧雲集三卷**　唐李中撰。○毛氏有刻本，中多闕文。○吳門黃氏有宋刻本，完善。

〔補〕○宋臨安府陳宅書籍鋪刊本，十行十八字，白口，左右雙闌。目後有“臨安府棚北睦親坊南陳宅書籍鋪印”一行，此本已印入四部叢刊中，即黃丕烈舊藏本。○明崇禎十二年汲古閣刊唐人八家詩本，十二行二十字，細黑口，左右雙闌。黃丕烈據宋本、元本校，海源閣佚書。余曾臨校一本。○明寫本，墨格，九行十八字，黑口，四周雙闌。有崇禎十三年幽吉堂主人觀欵及順治二年錢孫保觀欵。錢孫艾校。沈曾桐藏。余曾借校。○清康熙四十一年席啟寓刊唐詩百名家全集本，行欵同宋本。余據宋本及沈曾桐藏明鈔錢孫艾校本校。

徐正字詩賦二卷　唐徐寅撰。○席氏刻本三卷。○康熙中徐氏刻。○昭文張氏有舊鈔本十卷,題唐秘書省正字先輩徐公釣磯文集,内全唐文所未載共二十一篇,卷數與阮進本不同。

〔增〕**釣磯文集五卷**　唐徐寅撰。○寅字昭夢,莆田人,乾寧初進士,釋褐授秘書省正字。○此為錢曾藏影宋本,乃其裔孫玩所編次,賦五卷,凡五十首,四庫所錄八首皆在,而全唐文未採者多二十一首。○阮氏以進呈。

〔補〕**唐秘書省正字先輩徐公釣磯文集十卷**　唐徐夤撰。○明寫本,行欵失記。鈐有葉樹廉藏印。○清錢曾也是園寫本,十一行二十字,白口,四周雙闌。左上方有“虞山錢遵王也是園藏書”十字。卷五賦原缺。有錢大昕跋。海虞瞿氏藏,已印入四部叢刊三編。○舊寫本,九行二十字。有陳鱣藏印。

〔補〕**徐夤詩集三卷**　唐徐夤撰。○清康熙四十一年席刻唐詩百名家全集本,十行十八字,白口,左右雙闌。余據季振宜舊藏鈔本唐人集本校。季本分四卷。

〔補〕**張蠙詩集一卷**　唐張蠙撰。○明嘉靖十九年朱警刊唐百家詩本,十行十八字,白口,左右雙闌。○清康熙四十一年席啟寓刊唐詩百名家全集本,行欵同上。余據明寫本校。又據季振宜舊藏鈔本唐人集本校,補詩二十首。○清光緒二十一年江標刊唐人五十家小集本,行欵同上。

〔補〕**翁拾遺詩集一卷**　唐翁承贊撰。○清康熙四十一年席啟寓刊唐詩百名家全集本,十行十八字,白口,左右雙闌。余據季振宜舊藏鈔本唐人集校,補詩一首。

黃御史集十卷附錄一卷　唐黃滔撰。○明正德八年重刻宋本。○萬曆中曹學佺刻本八卷。○崇禎中黃氏刻本八卷。○宋湻熙刻本十卷。

〔附〕○近王氏刻本。（眉）

〔補〕**莆陽黃御史集二卷** 唐黃滔撰。○明正德八年刊本，十行二十字，白口，四周雙闌。目錄及卷首尾標題大字占雙行。前慶元二年洪邁序淳熙三年楊萬里序、淳熙四年謝諤序。末有正德七年二十世孫黃希英跋。○明刊本，行欵同上，而刊印差晚，失序跋。

〔補〕**莆陽黃御史集二卷** 唐黃滔撰**別錄一卷附錄一卷** ○清光緒十年福山王氏刊天壤閣叢書本。

〔補〕**唐黃先生文集八卷** 唐黃滔撰**附錄一卷** ○明萬曆三十四年曹學佺刊本，九行十八字，白口，左右雙闌。有洪邁、楊萬里、謝諤舊序及萬曆丙午曹學佺序，言與歐陽四門集同刻者。目後有校梓姓名二葉列葉向高至徐𤊹等三十四人，此明人鶩聲氣之習，非其實也。此本已印入四部叢刊初編。

〔補〕**唐黃御史集八卷** 唐黃滔撰**附錄一卷** ○明崇禎十一年二十二世孫黃鳴喬等刊本，八行十八字，白口，左右雙闌。前有洪、楊、謝、曹舊序，次凡例五則。附錄末為天啟元年二十世孫黃崇翰撰生卒年考。○清嘉慶十五年福鼎王氏麟後山房刊彙刻唐人集本。

〔補〕**黃滔詩集二卷** 唐黃滔撰。○清康熙四十一年席啟寓刊唐詩百名家全集本，十行十八字，白口，左右雙闌。余據季振宜舊藏鈔本唐人集本校，補詩三首。

〔補〕**甲乙集十卷** 唐羅隱撰。○宋臨安府陳宅經籍鋪刊本，十行十八字，白口，左右雙闌。目後有陳宅經籍鋪牌記一行。海虞瞿氏藏，已印入四部叢刊初編中。○明崇禎十二年毛氏汲古閣刊唐人八家詩本，十二行二十字，細黑口，左右雙闌。何焯據毛扆校宋本校。毛氏所據宋本十行十八字。或即陳宅經籍鋪本也。何跋言毛校未為精善，所據亦非宋刻之善者云。邢君之襄藏。余藏一本，余據明鈔本校。

羅昭諫集八卷 唐羅隱撰。○席氏刻甲乙集十卷。○汲古閣刻本同。○康熙中戴氏刻本。○康熙中張氏刻本。○道光甲申吳墦刻，增補一卷。○吳騫愚谷叢書中刻讒書五卷，多此集所不載。

〔附〕○宋刊甲乙集大字本。（邵氏）

〔補〕**甲乙集十卷補遺一卷** 唐羅隱撰。○清康熙四十一年席啟寓刊唐詩百名家全集本，十行十八字。余藏。余據季振宜舊藏鈔本唐人集本校，補詩十一首。

〔補〕**羅昭諫江西集五卷** 唐羅隱撰。○明萬曆間姚士粦刊本，九行十八字。余藏。

〔增〕**讒書五卷** 唐羅隱撰。○昭文張氏照曠閣藏本，晁公武志所載同，陳振孫則云求之未獲，蓋佚之矣。方回跋稱隱在京師舉進士，留七載不第，咸通八年丁亥著讒書，皆憤悶不平之言，今觀是編益信。然隱既仕吳越，能請舉兵討梁，勸伐無道，侃侃大義，又豈以文士見稱者。阮氏依舊鈔本寫以進呈。○有吳騫刻本。

〔補〕○近重刻吳騫本。（眉）

〔補〕**讒書五卷** 唐羅隱撰。○清任昌諫鈔本，八行二十字。有大德六年黃貞輔序及方回跋。有任兆麟跋，言從汪琳處得此書，命仲子昌諫錄藏之，又據唐文粹補卷二缺文二篇云云。存卷一至三，李木齋先生藏。

〔補〕**讒書五卷** 唐羅隱撰**附校一卷** 清吳騫撰。○清嘉慶十二年吳騫刊拜經樓叢書本，余藏。余據毛氏汲古閣寫本及黃廷鑑校士禮居本校。

〔補〕**羅昭諫集八卷** 唐羅隱撰。○清康熙九年渤海張氏刊本。○清同治六年方氏重刊本。

白蓮集十卷 後唐釋齊己撰。○汲古刻。○舊鈔本附風騷旨格一卷，見張氏志。以下三種勞青子有絳雲樓所藏柳大中鈔本。

〔附〕○收曹彬侯家鈔本。（眉）

〔補〕○明末毛氏汲古閣刊唐三高僧詩集本，八行十九字，白口，左右雙闌。余據李木齋先生藏汲古閣寫本校。

〔補〕白蓮集十卷風騷旨格一卷 後唐釋齊己撰。

○明嘉靖八年柳僉寫本，九行十八字，無闌格。卷中宋諱缺筆。有嘉靖八年柳僉跋，言從北宋本出。有錢謙益、季振宜藏印。余藏。取校汲古閣本，卷五渚宮莫問詩十五首正其次第，並改正第一、七、十三各首末句錯簡。此即莫氏所記之絳雲樓藏柳大中鈔本。○明寫本，九行十八字，明馮班、清何焯校。有何焯跋，言為馮班校，錢曾藏，蔣廷錫得之以贈何，何又據錢謙益舊藏本校云云。○明末毛氏汲古閣寫本。李木齋先生藏，行欵失記，余曾借校。○舊寫本，十一行二十一字。卷十後有柳僉識語，從柳僉本出，涵芬樓藏，已印入四部叢刊初編。

〔補〕唐齊己詩集一卷 後唐釋齊己撰。

○明嘉靖十九年朱警刊唐百家詩本，十行十八字，白口，左右雙闌。○清光緒二十一年江標刊唐人五十家小集本，行欵同上。

〔補〕曹松詩集二卷 唐曹松撰。

○清康熙四十一年席啟寓刊唐詩百名家全集本，十行十八字，白口，左右雙闌。余據季振宜舊藏鈔本唐人集本校。

〔補〕李洞詩集三卷 唐李洞撰。

○明嘉靖十九年朱警刊唐百家詩本，十行十八字，白口，左右雙闌。

〔補〕李才江詩集三卷 唐李洞撰。

○清康熙四十一年席啟寓刊唐詩百名家全集本，十行十八字，白口，左右雙闌。余據季振宜舊藏鈔本唐人集校，補詩七首。

〔補〕于鄴詩集 唐于鄴撰。

○明嘉靖十九年朱警刊唐百家詩本，十行十八字，左右雙闌。○清康熙四十一年席啟寓刊唐詩百名家全集本，行欵同上。余據季振宜舊藏鈔本唐人集本校。

〔補〕**唐求詩集一卷** 唐唐求撰。○宋刊本，十行十八字，白口，左右雙闌。行欵與宋陳宅書籍鋪本同而無牌記。黃丕烈跋。海源閣遺書，近歸周君叔弢。○清光緒二十一年江標刊唐人五十家小集本，行欵同宋本。

〔補〕**唐隱居詩一卷** 唐唐求撰。○清康熙四十一年席啟寓刊唐詩百名家全集本，十行十八字，白口，左右雙闌。余藏。余據季振宜舊藏舊鈔唐人集本校。

〔補〕**唐求詩一卷** 唐唐求撰。○清康熙間劉雲份野香堂刊十三唐人詩本，九行十九字，白口，左右雙闌。版心有"野香堂"三字。

禪月集二十五卷補遺一卷 蜀釋貫休撰。○汲古刻本。○宋嘉熙四年蘭溪兜率寺僧可燦刻本，毛子晉得而重刻之。○張志有舊雁里艸堂舊鈔本。○書籍刻板始于唐宋，然皆傳布古書，未有自刻專集。曇域後序作于王衍乾德五年，稱檢尋稿艸及闍記憶者約一千首，雕刻成部，則自刻專集殆自是集始，是亦可資考證也。

〔附〕○平津館有菉竹堂所藏正德九年吳中本。（邵氏）

〔補〕○明末毛氏汲古閣刊三高僧詩本，八行十九字，白口，左右雙闌。余據家藏影寫宋刊本校。○又一帙，葉樹廉據舊寫本及明柳僉寫本校並錄柳僉跋。

〔補〕**禪月集二十五卷** 蜀釋貫休撰。○明人傳鈔柳僉寫本，十行二十字，無格。後錄明正德九年柳僉識語。鈐有盧址抱經樓藏印。末有後序一卷。○清影寫宋刊本，十三行二十字。卷末後序後有嘉熙四年可燦重刊題識二行，又周伯奮、師保、祖聞、紹濤、童必明、余燦、徐琰跋。此本已印入四部叢刊初編。○清影寫宋刊本，十三行二十字，鈔寫精美。余藏。

〔補〕**唐貫休詩集一卷** 蜀釋貫休撰。○明刊本，十行十八字，從唐僧弘秀集出。清黃丕烈校並跋，云第三、四二葉非原本，應據宋刊唐僧弘秀集補。○明嘉靖十九年朱警刊唐百家詩本，十行十八字，白口，左右雙闌。○清光緒二十一年江標刊唐人五十家小集本。

〔補〕**禪月集十二卷**　蜀釋貫休撰。○清同治八年胡鳳丹輯刻金華叢書本。

〔補〕**浣花集十卷**　唐韋莊撰。○宋刊本，十行十八字，白口，左右雙闌。與書棚本小異。卷一至三影寫配補。余曾取校朱承爵本，竟無改訂。日本靜嘉堂文庫藏。○明藍格寫本，九行二十字，鈐汪士鐘、潘志萬藏印。○明末毛氏綠君亭刊本，八行十八字，陰陽葉，四周單闌。○清胡介祉谷園刊本，八行十八字，白口，四周單闌。余藏。

浣花集十卷補遺一卷　蜀韋莊撰。○席氏刻本。汲古閣刻本。○綠君亭本。

〔補〕○明正德間朱承爵江陰朱氏文房刊本，十行十六字，白口，左右雙闌，左闌外上方有耳，題“江陰朱氏文房”六字。補遺後有朱氏跋七行。○明傳鈔朱氏文房本，行欵同，藍格。二本均余藏。○清康熙四十一年席啟寓刊唐詩百名家全集本，十行十八字，白口，左右雙闌。余據朱氏文房本校。又據季振宜舊藏鈔本唐人集本校，補詩一首。季本分六卷，與此本異。

〔補〕**李丞相詩集二卷**　唐李建勳撰。○宋臨安府陳宅書籍鋪刊本，十行十八字，白口，左右雙闌。海虞瞿氏藏，已影印行世，後又印入四部叢刊續編中。○明嘉靖十九年朱警刊唐百家詩本，行欵同宋本。○清康熙四十一年席啟寓刊唐詩百名家全集本，行欵同宋本。余據宋本校。又據季振宜舊藏鈔本唐人集校，補詩二首。○清光緒二十一年江標刊唐人五十家小集本，行欵同宋本。

〔補〕**伍喬詩集一卷**　唐伍喬撰。○明嘉靖十九年朱警刊唐百家詩本，十行十八字，白口，左右雙闌。○清康熙四十一年席啟寓刊唐詩

百名家全集本，行欵同上，余據明鈔本校，又據季振宜舊藏鈔本唐人
集本校，補詩一首。

〔補〕**孟一之詩集一卷**　唐孟貫撰。○清康熙四十一年席啟寓刊唐詩
百名家全集本，十行十八字，白口，左右雙闌。余據季振宜舊藏鈔本
唐人集本校。

〔補〕**陳嵩伯詩集一卷**　唐陳陶撰。○清康熙四十一年席啟寓刊唐詩
百名家全集本，十行十八字，白口，左右雙闌。余據季振宜舊藏鈔本
唐人集本校，補詩九首。

〔補〕**王周詩集一卷**　唐王周撰。○明嘉靖十九年朱警刊唐百家詩
本，十行十八字，白口，左右雙闌。○清康熙四十一年席啟寓刊唐詩
百名家全集本，行欵同上。余據季振宜舊藏鈔本唐人集校。○清光
緒二十一年江標刊唐人五十家小集本，行欵同上。

廣成集十二卷　蜀杜光庭撰。○刻本。

〔附〕○柳大中抄本。

〔補〕**廣成集十七卷**　蜀杜光庭撰。○明正統道藏，五行十七字。在
洞玄部表奏類。已印入道藏舉要第十類及四部叢刊初編中。

上別集類中唐至五代

藏園訂補郘亭知見傳本書目卷十二下

藏園訂補郘亭知見傳本書目卷十三上

獨山莫友芝子偲　　撰

江安傅增湘沅叔　訂補

集部三

別集類二上　　北宋

騎省集三十卷 宋徐鉉撰。○昭文張氏舊抄本題徐公文集，以宋本
校。○竹垞老人有手校明人抄本。○盧抱經以鮑氏藏馮已蒼本精
抄本。○騎省集天禧元年胡克順編刊表進，至紹興九年十一月知明
州軍徐琛又刊之公使庫。○近李爱得校刊本。○近人刊本。

〔附〕○張氏舊抄徐公文集，有陳彭年序，胡克順進。舊抄後跋："嘉慶
十三年以景宋鈔本校，十六卷、十七卷內缺兩半葉，賴景宋本補全，
其餘脫訛，亦多校補。以是知名抄本之可貴，僅下宋本一等耳。香
嚴居士周仲連錫瓚記。"（邵氏）○紹興末刻本，半葉十行，行二十九
字，至精。現在武進董氏。（王國維）

〔補〕**徐騎省文集三十卷** 宋徐鉉撰。○清初寫本，清金侃跋，稱據

史館藏南宋本抄出。辛亥八月，李子東自南送來求售。

〔補〕**徐騎省集三十卷** 宋徐鉉撰。**補遺一卷校勘記一卷** 清朱孔
彭撰。○清光緒十七年黟南李氏刊本。八冊。余藏。

〔補〕**徐公文集三十卷** 宋徐鉉撰。○清影寫宋紹興十九年明州刊
本，十行十九字，版心有刊工姓名。徐君乃昌藏。○民國八年南陵
徐氏影刊宋紹興十九年刊本。○清寫本，十行十九字。黃丕烈據影
寫宋刊本校。涵芬樓藏，已印入四部叢刊。○張文襄言有明刊本，
未之見。

〔補〕**徐常侍集三十卷** 宋徐鉉撰。○清寫本，十行二十字，内卷二十
一至二十三為朱彝尊手錄。失名人據宋本校。有紹興十九年徐琛
跋，則仍自明州本出，但易名為徐常侍集。有盧文弨、張載華、馬玉
堂跋。鈐朱彝尊、馬思贊、張載華、馬玉堂藏印。○清寫本，失名人
用朱筆校。鈐汪氏古香樓藏印。盧址抱經樓遺書。

河東集十五卷附錄一卷 宋柳開撰。○韓氏有影宋本。○乾隆乙
卯蘭溪柳渥川文印堂刊，抱經、竹汀皆有序。

〔補〕**河東先生集十六卷** 宋柳開撰。○舊寫本，十行二十字。卷十
六為行狀，本集實十五卷。有袁廷檮、陳鱣藏印。已印入四部叢刊
初編中。○舊寫本，鈐吳氏西齋藏印。壬戌古書流通處見。

〔補〕**河東先生集十五卷** 宋柳開撰。○舊寫本，墨格，九行十八字。
前咸平三年張景序，次目錄。卷中通字缺筆。有吳騫跋。又同治七
年戊辰唐翰題跋，言卷十各本均失首葉，遂併第二篇文去之。此本
雖亦缺首半葉，而第二篇文尚存，與文印堂本同。然取校文印堂本，
文字勝異處不可勝舉云云。吳重憙遺書。

〔補〕**河東先生集十五卷附錄一卷** 宋柳開撰。○清乾隆六十年蘭
谿柳兆勳文印堂刊本。六冊。余藏。○清道光十一年劉喜海家寫
本，藍格，十一行二十字，版心有"東武劉氏味經書屋校鈔書籍"一

行。卷中目連正文，遇宋帝空格，尚存舊式。有劉喜海跋，言自舊鈔
本出。○清光緒七年巴陵方氏碧琳琅館刊三宋人集本，與穆修、尹
洙集合刊。

咸平集三十卷 宋田錫撰。○路氏有抄本。

〔補〕○明末山陰祁氏澹生堂寫本，藍格，十行二十字，版心下方有"淡
　　生堂抄本"五字。前蘇軾序，范仲淹撰墓誌銘，司馬光撰碑陰。有彭
　　元瑞跋二則。宋田表聖集原五十卷，南宋時已亡佚。此三十卷本出
　　於補輯。諸家所藏均為舊鈔本或傳鈔四庫本，明寫本惟存此帙，卷
　　中提行空格尚存舊式，當有所本。惟卷中亦有誤處，經彭元瑞、徐行
　　可校過。余藏。○舊寫本，十行二十字。前蘇軾序、范仲淹墓誌銘、
　　司馬光碑陰。篇中語涉宋帝提行空格。鈐讀易樓印。○民國四年
　　李氏宜秋館刊宋人集本，在丁編。從祁氏淡生堂寫本出，余據淡生
　　堂本再校，仍有所匡益。

逍遙集一卷 宋潘閬撰。○知不足齋本。

〔附〕○宋紹興本。○嚴陵刊本，陳云少卷末三首。（邵氏）

〔補〕○近代寫本。失名人據方濬頤藏本校。

寇忠愍公詩集三卷 宋寇準撰。○明弘治庚申刊本。

〔附〕○宋龔氏本，題忠愍公集。○宋道州本。○仿宋本。○遺書總目
　　云，近時依宋本校刊，前有贈諡誥一道，後有碑文及三序。

〔補〕○清康熙間吳調元辨義堂刊本，九行十九字，白口，左右雙闌。余
　　據明謝肇淛小草齋寫本校過。○清聖香樓刊本。○民國四年李氏
　　宜秋館刊宋人集本，在甲編。

〔補〕**忠愍公詩集三卷** 宋寇準撰。○明嘉靖十四年三原縣令蔣鏊刊
　　本，八行十八字，白口，左右雙闌。前有弘治庚申王承裕錄藏詩集
　　引，後有隆興元年辛敦重修春陵本序及嘉靖乙未王承裕序，謂付三
　　原令蔣鏊刻之。此本已收入四部叢刊初編中。

〔補〕**寇萊公集七卷**　宋寇準撰。○清鈔兩宋名賢小集本。

乖崖集十二卷附錄一卷　宋張詠撰。○四庫依宋郭森卿刊本。○
又有宋龔氏刊本。○昭文張氏有舊抄本。○光緒壬午莫氏仿宋本。
〔附〕○宋龔夢龍本，半葉十行，行二十一字。有淳熙乙丑龔氏序。○
讀書志：陳云舊本十卷，合增廣並語錄十二卷。（邵氏）

〔補〕**乖崖先生文集十二卷**　宋張詠撰。**附集一卷**　○宋理宗間郭
森卿崇陽縣齋刊本，九行十八字，白口，左右雙闌。前郭森卿撰序，
半葉八行，次目錄。末附束都事略傳、王禹偁送宰崇陽序、錢易撰墓
誌銘、韓琦撰神道碑、李燾乖崖堂記、項安世崇陽重建北峯亭記及遺
事若干則。無標題，惟版心刊"附集"二字。鈐有明顧汝修、清梁清
標等藏印。吳縣潘氏滂憙齋藏。此本已印入續古逸叢書中。即直
齋書錄解題著錄之本。

〔補〕**乖崖先生文集十二卷**　宋張詠撰。**附錄一卷**　○宋咸淳五年
伊賡崇陽縣齋重刊郭森卿本，十行二十字，白口，左右雙闌。版心下
魚尾下分記古詩、律詩、雜著等字。前咸淳己巳龔夢龍序，言前令郭
森卿嘗刊書置縣齋，己未燬于兵，今令尹伊賡復鋟梓云云，行書半葉七
行，次郭森卿舊序，半葉九行。存卷一至七，餘配明賜書樓鈔本。有
黃丕烈跋。海源閣藏，辛未見於天津。○明寫本，八行十六字。鈐
"西□之章"。○清寫本，十行二十字。前郭森卿序。有錢易撰墓誌
銘、韓琦撰神道碑及遺事等。有汪士鐘藏印。○清光緒八年莫祥芝
刊本，據康熙間張青芝影寫宋刊本並以明鈔本校正付梓。余藏一
帙，余據汪士鐘舊藏寫本校。

〔補〕**乖崖先生全集十二卷**　宋張詠撰。○清寫本，十行二十字。鮑
廷博用朱筆校，又失名人用墨筆校。有朱筠藏印。○清寫本，十行
二十字。有許焞藏印。

〔補〕**乖崖張公語錄二卷**　宋張詠撰。○宋紹定三年刊本，九行二十

字。卷末有紹定庚寅刊於錢塘俞宅書塾木記。顧廣士怡園藏書。
直齋書錄解題言乖崖集舊本十卷,至郭森卿始併語錄刊為十二卷云
云。此本刻在前,故單行不附本集。

〔補〕**張乖崖文行錄四卷** 宋張詠撰,明劉忠輯。○清初寫本,十二
行二十四字。前弘治三年邢表序,次張頤序。卷一本傳、事實,卷二
賦、詩、文十三首,卷三、四附錄。鈐清揆叙、曹寅、錢大昕印記。

晏元獻遺文一卷 宋晏殊撰。

〔補〕**元獻遺文一卷補編三卷** 宋晏殊撰。○民國四年李氏宜秋館
刊宋人集本,余藏。余據清范希仁輯也趣軒寫本宋元小集本校,補
詩三首。

〔補〕**晏元獻集不分卷** 宋晏殊撰,清范希仁輯。○康熙間也趣軒寫
本,十行十九字,版心下方有"野趣軒"三字。分體編次。

小畜集三十卷小畜外集七卷 宋王禹偁撰。○平陽趙氏刊本無外
集。○平津館影宋本無外集。○宋紹興丁卯沈眾卿刊本,眾卿序後
附紙墨工價及校正監造銜名八行。○張氏有不全本。

〔附〕○宋紹興十七年庚申本。○東安新刊本,見錢竹汀集中序。○張
氏不全本存十二卷,吾硯齋舊鈔補足。(邵氏)

〔補〕**王黃州小畜集三十卷** 宋王禹偁撰。○宋紹興十七年黃州刊
本,十一行二十二字,白口,左右雙闌。存卷十二至二十四,餘配呂
無黨吾硯齋抄本。有黃丕烈跋,海虞瞿氏藏,已印入四部叢刊初編
中。○清乾隆二十五年趙熟典愛日堂刊本,十一行二十二字,行欵
與宋本同。前有乾隆二十五年趙氏序,黃丕烈據殘宋本校,吳翌鳳
據鈔本校,張紹仁據呂無黨吾硯齋寫本校,均有跋。余藏。○舊寫
本,十一行二十字,後有紹興十七年黃州契勘造此書公文,具備紙版
墨價,後列銜名八行。又錄明謝肇淛跋,言從內府宋本鈔出。知從
明謝氏小草齋寫本出。謝本亦藏海虞瞿氏。○舊寫本,十行二十

字,後有紹興丁卯沈虞卿序及黃州契勘公文及銜名。又錄明萬曆三十八年謝肇淛跋,亦從謝本出。○清倪氏經鉏堂寫本,綠格,九行二十一字。有紹興沈虞卿序。徐坊遺書。○又一帙,亦綠格,九行二十一字,左闌外下方間有"經鉏堂校錄"五字。○清耘業山房寫本,十行二十字。有席後滉印及陸心源捐送南學印記。邃雅齋見。○清寫本,曹炎據宋本校。涵芬樓藏。

〔補〕**小畜集三十卷**　宋王禹偁撰。○明寫本,十一行二十字,各卷均節鈔。序可補鈔本數字。鈐"葉氏藏書"朱文方印。

〔補〕**王黃州小畜外集二十卷**　宋王禹偁撰。○宋紹興刊本,十一行二十二字,白口,左右雙闌,版心下方記版工人名,避宋諱至桓字止。存卷七至十三。日本靜嘉堂文庫藏。○清寫本,十一行二十二字。存卷七至十三,從上記宋本出。已印入四部叢刊。

〔補〕**小畜集三十卷外集殘本八卷拾遺一卷**　宋王禹偁撰。○清光緒二十五年廣雅書局翻聚珍本。余藏。余據明葉氏菉竹堂舊藏寫本校。

〔補〕**王黃州小畜集校二卷**　清陸心源撰。○清光緒間陸心源刊羣書校補本,收入潛園總集中。

南陽集六卷　宋趙湘撰。○道光壬午胡氏刊本。○聚珍本。○閩覆本。

〔補〕**南陽集六卷**　宋趙湘撰**拾遺一卷**　清勞格、孫星華撰。○清光緒二十年福建增刊武英殿聚珍版書本。○清光緒二十五年廣雅書局翻武英殿聚珍本書本。

武夷新集二十卷　宋楊億撰。○明刊本。○浦城遺書本。

〔附〕○康熙陳璋本。(邵氏)

〔補〕○清寫本。八冊。余藏。

〔補〕**武夷新集二十卷楊文公逸詩文一卷**　宋楊億撰。○清嘉慶十六年祝氏留香室刊浦城遺書本。

〔補〕和靖先生詩集□卷　宋林逋撰。○宋刊本，九行二十字，白口，
　左右雙闌。殘存一卷，版心有上字，後人描補過，惟其橫畫為原刻，
　不審其究為若干卷也。失序跋，以字體雕工風氣審之，或是寧宗理
　宗間浙杭刊本。有順治五年黃翼跋，言為趙均舊藏。海虞瞿氏藏，
　余曾借校，與馮知十校宋本多不合，知馮氏所據為別一宋本也。○
　清嘉慶二年顧廣圻影寫宋刊本，即從上記宋本影寫。有黃丕烈跋，
　言宋本顧之逖藏，假歸倩顧廣圻影寫本，自題籤至跋，共三十四葉云
　云。

和靖詩集四卷　宋林逋撰。○明正德丁丑餘姚陳氏刊佳。○萬曆四
　十一年錢塘何養純刊。○明潘訒叔刊宋元名家詩集本五卷。○康
　熙戊子長洲吳調元刊本四卷。○乾隆乙丑嶺南重刊本。○知不足
　齋單行本。○宋刻殘本在吳門汪氏。○朱孔彰依抱經校刊本。

〔附〕○明正統八年餘姚陳贇本。（邵氏）

〔補〕重編西湖林和靖先生詩集四卷　宋林逋撰。○明正統王玘刊
　本，十行十八字，細黑口，四周單闌。

〔補〕宋林和靖先生詩集四卷　宋林逋撰。附錄一卷　○明正德十
　二年韓士英刊本，十行二十字，白口，四周單闌。前正德丁丑洪鐘
　序，言韓氏屬沈履德蒐輯考訂，續以名賢題跋，萃為一卷云云。首梅
　堯臣序，次像、贊、名賢題跋詩文姓氏爵里目錄。附錄為宋史本傳及
　記載、詩文。明吳岫、清馮知十、查瑩、劉喜海遞藏。馮知十據宋本
　校。邢之襄藏。○明刊本，十行二十字，細黑口。前梅堯臣序，後有
　拾遺詩一首，詞一首。無附錄。卷一末至卷四首標題為"重刊西湖
　林和靖先生詩集"。惟卷一首及卷四末標題作"宋林和靖先生詩
　集"。原缺第三十七葉。余藏。因紙墨黯淡，四部叢刊據此本重鈔
　印行，其缺葉已補足。余以邢之襄藏正德丁丑韓士英刊馮知十校宋

本校之,改正三百十六字。有曹溶藏印。

〔補〕**宋林和靖先生詩集六卷**　宋林逋撰。○明萬曆四十三年潘是
　仁輯刻宋元詩本,九行十九字,白口,四周雙闌。

〔補〕**林和靖先生詩集四卷省心錄一卷**　宋林逋撰**詩話一卷**　○
　清汪氏古香樓刊本,八行十六字,白口,左右雙闌。余藏。余據邢之
　襄藏正德十二年韓士英刊本校,改訂三百十一字,補缺葉一,計七律
　五首。○清康熙四十七年吳調元刊本,八行十八字,白口,左右雙
　闌。余藏。

〔補〕**林和靖詩集四卷拾遺一卷**　宋林逋撰。**附錄一卷**　○清同治
　十二年長洲朱氏刊本。附錄朱孔彰輯。據盧文弨拾補校正刊行。

〔補〕**穆參軍集三卷**　宋穆修撰。**遺事一卷**　○清康熙二十六年譚揚
　仲寫本,十行二十字。朱之赤校。有宋犖藏印。徐坊遺書,為周叔
　弢收去。○清倪氏經鉏堂寫本,綠格,八行二十字。前祖無擇序,淳
　熙十四年劉清之跋。蔣啟源據朱彝尊閱本用硃筆校,又據何焯閱本
　用紫筆校。何本為李秉臣校,蔣氏並錄李氏跋,言從宋本出。○清
　寫本,十行二十字,鈐惠父寓目白文印。○清光緒六年巴陵方功惠
　碧琳琅館刊三宋人集本。友人徐君鴻寶代余據朱彝尊藏本校。

〔補〕**河南穆公集三卷**　宋穆修撰。**遺事一卷**　○清初錢曾述古堂
　影寫宋刊本,十行十八字。遺事末有“錢遵王家藏照宋抄本”一行。
　此本已印入四部叢刊,孫毓修又據朱彝尊藏本校,撰校補一卷附後。

穆參軍集三卷附錄遺事一卷　宋穆修撰。○宋刊穆參軍集半頁十
　一行,行廿四字。○順治中馮秋水刊本。○嘉慶辛未樹香堂刊本。
　○胡心耘有校宋刊本。

〔補〕**河南集三卷**　宋穆修撰。**穆參軍遺事一卷**　○清寫本,十行二
　十字。有淳熙劉清之跋。鈐有石門呂氏藏印。唐翰題跋,言此書為
　吳騫舊藏,錄入其藏書題跋記卷五。又一跋,言與康熙間金侃鈔本

卷葉俱同，僅有小異，互有優劣，合之乃成善本云云。邢君贊亭藏。
○唐跋所云金侃鈔本在周君叔弢處，標穆參軍集。○清寫本，十行
二十字。清馮登府跋。鈐王鳴盛藏印。余藏。○清寫本，彭元瑞舊
藏。余據舊寫本校。有友人章鈺跋。○宣統間沈家本刊枕碧樓叢
書本，從許瀚抄本出。

〔補〕**河南穆參軍集三卷** 宋穆修撰。○清初寫本，十行二十四字。
鈐"吳氏西齋"藏印，西齋為梅村之子吳暻也。

〔補〕**穆伯長先生文集三卷** 宋穆修撰**遺事一卷** ○清汪氏摛藻堂
精寫本。有休寧汪文柏古香樓藏印。

文莊集三十六卷 宋夏竦撰。○路氏有抄本。○館鈔本。

〔補〕○竦集一百卷，久佚，此本從永樂大典輯出，編為三十六卷，世無
刻本，惟恃鈔本流傳。余主持選定四庫珍本時收入第一集中。○清
寫本，傳鈔永樂大典輯本，有宋敏求及紹興十年江邈序。○清乾隆
間寫本，孔繼涵微波榭舊藏，末葉跋云乾隆辛丑丁杰自都中抄貽。
○繆荃孫藝風堂寫本。

春卿遺稿一卷 宋蔣堂撰。○明天啟中二十世孫蔣鑌刊本。

〔補〕○清傳鈔天啟元年蔣鑌刊本，有天啟元年蔣鑌序。鈐翰林院官
印，四庫底本。翰文齋見。○清光緒二十一年盛宣懷刊常州先哲遺
書本，從天啟元年蔣鑌本出。

東觀集十卷 宋魏野撰。○彭文勤有七卷本。○陽湖孫氏影宋抄本
亦七卷，云十卷本乃後人所改。○曾見李心蓮藏初白菴抄本。

〔附〕○宋刊本，有薛田序，名鉅鹿東觀集。汪目。○元刊本。裘杼樓
目七卷。（邵氏）

〔補〕**鉅鹿東觀集十卷** 宋魏野撰。○宋紹定元年嚴陵郡齋刊本，十
行二十字，白口，左右雙闌。前薛田序。存卷一至三、七至十，計七
卷，餘鈔配。明朱承爵、清曹溶、汪士鐘遞藏。黃丕烈跋。潘宗周

藏。○清寫本，八行十七字。前薛田序。盧址抱經樓藏。○清寫
本，鮑廷博朱筆校。有乾隆三十八年浙撫三寶進書木記，言為鮑士
恭家藏。○清光緒八年盛昱鬱華閣傳鈔琴川張氏影宋本，十行二十
字。前天聖元年薛田序。存七卷。

〔補〕**鉅鹿東觀集十卷補遺一卷** 宋魏野撰**附錄一卷** ○清宣統三
年趙詒琛刊峭帆樓叢書本，余藏。余據鮑廷博抄校本校。後二卷朱
祖謀先生代校。○余又藏一帙，余據舊寫本校。

〔補〕**東觀集七卷** 宋魏野撰。○清寫本，墨格，十行二十字。宋筠錄
金侃跋。溫忠翰校。余藏。○清寫本。鈐"休寧汪季青家藏書籍"
印。

〔補〕**鉅鹿東觀集七卷** 宋魏野撰。○清寫本，十三行二十三字。有
章紫伯藏印。

宋元憲集四十卷 宋宋庠撰。○聚珍本。○閩覆本。

〔附〕○佚存叢書本。○舊鈔本，二宋合抄，一為二十卷，一為百五十
卷。（邵氏）

〔補〕**元憲集三十六卷** 宋宋庠撰。○清乾隆間武英殿木活字印武英
殿聚珍版書本。民國十二年盧靖印入湖北先正遺書中。

宋景文集六十二卷補遺二卷附錄一卷 宋宋祁撰。○聚珍本。○
閩覆本。○日本佚存叢書刊殘卷，多詩文數百篇。

〔補〕**景文宋公集□□卷** 宋宋祁撰。○宋刊本，十二行二十字，白
口，左右雙闌，版心雙魚尾，上魚尾上記字數，下記卷數，下魚尾下記
葉數，最下記刊工人名，有張守忠、周政、吳政、吳中等，諱宋諱至郭
字，約寧宗時江西刊本。存卷二十六至三十二，八十一至八十五，一
百二十至一百二十五，計十八卷。日本帝室圖書寮藏。景文集郡齋
讀書志著錄為一百五十卷，直齋書錄解題著錄為一百卷，此本當即
一百五十卷本，然其刊板當在郡齋志成書之後，非晁氏所見本也。

中土佚書。日本曾刊入佚存叢書，其時尚存三十二卷，為十六至二十，二十六至三十二，八十一至八十五，九十六至九十九，一百一至一百二，一百七，一百十八至一百二十五。

〔補〕**景文集六十二卷拾遺二十二卷**　宋宋祁撰。拾遺清孫星華輯。○清福建翻武英殿聚珍版書光緒二十一年增刊本。○清光緒二十五年廣雅書局翻武英殿聚珍版書本。○民國十二年盧靖輯刻湖北先正遺書本。

文恭集五十卷補遺一卷　宋胡宿撰。○聚珍本。○閩覆本。○杭縮本。○成化本多附錄一卷。

〔補〕**文恭集四十卷**　宋胡宿撰。○清乾隆間木活字印武英殿聚珍版書本。輯自永樂大典。○清光緒二十一年盛宣懷刊常州先哲遺書本，從聚珍版書本出。

〔補〕**文恭集四十卷**　宋胡宿撰。**拾遺一卷**　清勞格輯目，孫星華錄文。○清光緒二十五年廣雅書局翻武英殿聚珍本書本。

武溪集二十卷　宋余靖撰。○明嘉靖甲午唐冑刊。○成化九年邱濬刊，序稱與曲江集舊抄于館閣。○康熙中刻本。

〔補〕**武溪集二十一卷**　宋余靖撰。○明成化九年蘇韡等刊本，十一行二十二字，大黑口，四周雙闌。前成化九年丘濬序，言與曲江集並得于館閣，詔郡太守蘇韡、同知方新、通判涂暲刻之郡齋云云。次周源序。卷二十一為神道碑及紹興丁巳韓璜書集後，本集實二十卷，黃丕烈跋。鈐勞格藏印。余藏。邢君之襄亦藏一帙。○明嘉靖四十五年劉穩刊本，十行二十字，黑口，四周雙闌。有成化九年丘濬序，嘉靖四十五年劉穩序。鈐汪文柏古香樓藏印。盧址抱經樓藏。○明末隆武二年（順治三年）余超龍刊本，余藏。余據成化蘇韡刊本校。

安陽集五十卷　宋韓琦撰。四庫著錄，莫氏失收。○清乾隆三十五年同安黃氏刊本。

〔補〕**安陽集五十卷** 宋韓琦撰。**附家傳十卷別錄三卷** 宋王嚴叟

撰。**遺事一卷** 宋強至撰。○明正德九年張士隆河東翻刊本，十一

行十八字，白口，左右雙闌。有曾大有序。○清康熙五十六年徐樹

敏晚香書屋刊本。○清乾隆間畫錦堂刊本。

〔補〕**韓魏公集三十八卷** 宋韓琦撰。**附忠獻韓魏王家傳十卷忠**

獻韓魏王別錄一卷 宋王嚴叟撰。**韓魏公遺事一卷** 宋強至

撰。明萬曆三十六年康丕揚刊本，九行十九字，白口，四周單闌。

〔補〕**韓魏公集二十卷** 宋韓琦撰。○清同治五年福州正誼書院刊正

誼堂全書本。

文正集二十卷別集四卷補編五卷 宋范仲淹撰。○宋刊小字本。

○南宋刊大字本，藏崑山孔氏。○元天曆戊辰刊本，藏昭文張氏。

○天曆本卽二范合刊，已有歲寒堂字，蓋范氏家塾舊名也。今康熙

刊本亦稱歲寒堂。二范集張氏元本蘇軾序後有天曆戊辰改元褒賢

世家重刊于家塾歲寒堂篆文木記。○康熙丁亥年范氏刊本，附十九

卷，與忠宣集合刊，稱二范集。康熙中印者佳。○明萬曆戊申毛一

鷺刊范集本。

〔附〕○天曆本文正集二十卷，別集四卷，年譜補遺一卷，遺文一卷，半

頁十二行行二十字。（原稿無，印本入正文。）○宋乾道丁亥俞翊刊

本。天祿後目。○宋淳熙丙午綦煥刊本，附遺集三十七篇，尺牘三

卷。（邵氏）

〔補〕**范文正公文集二十卷** 宋范仲淹撰。○北宋刊本，九行十八

字，白口，左右雙闌。缺序目及卷第一，余取天曆翻宋乾道本補寫，

然以葉數推之，尚缺十六葉，則尚有他文，無從補綴也。全書原分訂

五册，每册葉數連號，多者一百十葉，少者僅六十二葉，總四百三十

八葉。與明本分卷不同，卷三補落星寺詩一首，訂奪誤甚夥。吳門

范氏主奉家藏書,後歸嘉定廖氏,陳立炎攜之北來,為余收得。

〔補〕**范文正公集二十卷別集四卷政府奏議二卷尺牘三卷** 宋范仲淹撰。**遺文一卷** 宋范純仁、范純粹撰。**年譜一卷** 宋樓鑰撰。**年譜補遺一卷祭文一卷諸賢贊頌論疏一卷論頌一卷詩頌一卷朝廷優崇一卷言行拾遺事錄四卷鄱陽遺事錄一卷遺跡一卷襃賢祠記二卷** ○元天曆元年歲寒堂重刊宋鄱陽郡齋本,十二行二十字,白口,左右雙闌,版心上記字數,下記刊工人名。前蘇軾序,序後有“天曆戊辰改元襃賢世家重刻於家塾歲寒堂”篆文牌記。別集後有乾道丁亥俞翊跋、淳熙丙午綦煥跋,後有嘉定壬申重修一行及饒州通判、知州銜名兩行。故宮藏二帙,一存本集、別集,一存本集、別集、尺牘,均割去蘇序後牌記,以充宋刊。後一本天祿後目著錄,正作宋刊本。海虞瞿氏有一帙,存本集、別集、遺文,天曆牌記尚存。劉承幹、潘宗周二家亦有之,為明修本。海源閣楊氏亦有一帙。

〔補〕**范文正公集二十卷別集四卷政府奏議二卷尺牘三卷** 宋范仲淹撰。**遺文一卷** 宋范純仁、范純粹撰。**年譜一卷** 宋樓鑰撰。**年譜補遺一卷言行拾遺事錄四卷鄱陽遺事錄一卷遺跡一卷建立義莊規矩一卷襃賢集一卷襃賢祠記二卷朝廷優崇一卷諸賢贊頌論疏一卷諸賢論頌一卷諸賢詩頌一卷祭文一卷** ○明嘉靖間十五世孫范啟父、十六世孫范惟元刊本,十二行二十一字,白口,左右雙闌。版心上記字數,下記刊工人名。前元祐四年蘇軾序,序後有天曆戊辰重刊牌子,與元本同式。目錄及卷首二至六行題時兆文、黃姬水、李鳳翔校正,十五世孫啟父、十六世孫惟元同校,共五行。此本已印入四部叢刊,余嘗取北宋本校之,二本卷次不同,補入佚詩一首,改訂數百字。○清道光十年歲寒堂刊本。與范忠宣集合刻,號二范全集,共七十三卷。十四冊。余藏。

〔補〕**范文正公集二十四卷** 宋范仲淹撰。**年譜一卷** 宋樓鑰撰。**補遺一卷附錄一卷** ○明萬曆三十七年康丕揚刊本，九行十九字，白口，四周單闌。有萬曆三十七年毛九褒跋。十册，余藏。此與韓魏公集合刻，行欵全同，號為韓范合刻。

〔補〕**宋文正范先生文集十卷** 宋范仲淹撰。○明萬曆三十六年康丕揚刊本，九行十九字，白口，四周單闌。

〔補〕**范文正公文集九卷** 宋范仲淹撰。○清同治八年福州正誼書院續刊正誼堂全書本。

〔補〕**范文正公尺牘三卷** 宋范仲淹撰。○元歲寒堂刊本，十二行二十字，白口，左右雙闌。蝴蝶裝，盛昱遺書。故宮亦有一帙，有修版。○明嘉靖二十年十六世孫范惟一刊本，十行十八字。有序。四庫存目。

河南集二十七卷 宋尹洙撰。○嘉慶中長洲陳氏抄本。○姚若有舊抄本。

〔附〕○宋尤袤本。（邵氏）

〔補〕**河南先生文集二十七卷** 宋尹洙撰。**附錄一卷** ○明寫本，行欵失記。鈐有"天一閣"、"古司馬氏"、"千古同心之學"諸印，天一閣佚出之書，盧址抱經樓藏。○明寫本，黃丕烈據吳翌鳳寫本校並錄淳熙庚戌尤袤刊尹師魯集二十卷本跋。殘存六卷。周叔弢藏。○清寫本，十行二十字。前范仲淹序，每卷目連正文，語涉宋帝空格，尚存舊式。附錄一卷為傳、誌、祭文。朱筠、劉喜海舊藏，有劉喜海題籤。○清光緒六年方功惠碧琳琅館刊三宋人集本，余據明寫本校，並錄黃丕烈跋。○清嘉慶十三年長洲陳氏刊本。

〔補〕**河南先生文集二十七卷** 宋尹洙撰。**附錄一卷附錄補一卷** ○清寫本，九行十七字。前范仲淹序。清李文藻臨王士禎批本，用綠筆，又用朱筆校。又有藍筆為羅有高評。附錄補為李文藻自宋史本傳及宋人詩文雜記輯出，凡二十餘首。周叔弢收去。

〔補〕**河南先生文集二十八卷** 宋尹洙撰。○清春岑閣寫本，十行十九字，版心上方有"春岑閣"三字。卷二十八為本傳、祭文、墓誌銘及雜引各文。末錄王士禛三跋。

孫明復小集一卷 宋孫復撰。○四庫依知不足齋抄本。○乾隆中泰安聶䌹叙刊。

〔補〕**孫明復先生小集一卷** 宋孫復撰。○清乾隆三十四年趙鏡心抄本，從泰安趙氏藏本出，凡文十九首，詩三首。李文藻跋，並錄紀昀跋。羅有高校並跋。

〔補〕**孫明復小集三卷** 宋孫復撰。○清光緒十五年孫氏問經精舍刊孫氏山淵閣叢刊本。

徂徠集二十卷 宋石介撰。○乾隆中刻。○汪氏有宋本。○陽湖孫氏影宋本，校四庫本多附錄三篇及第四卷詩四首。

〔補〕**新雕徂徠石先生文集二十卷** 宋石介撰。○明鈔宋刊本，十行二十一字。前總目。每卷目連正文，遇宋帝提行空格，源出宋刊本。鈐瑞露堂印。光緒九年濰縣張氏刊本即據此本付雕。

〔補〕**新雕徂徠石先生文集二十卷補遺一卷** 宋石介撰。**校勘記一卷** 清徐坊撰。○清光緒九年濰縣張氏刊本。余藏。

〔補〕**徂徠文集二十卷** 宋石介撰。○清初寫本，十行十七字。每卷目錄連正文，遇宋帝空格，猶存舊式。較四庫本多詩四首。清揆叙、查嗣瑮藏印。余藏。○清寫本，十行二十字。

〔補〕**徂徠石先生文集二十卷** 宋石介撰。○清彭元瑞知聖道齋寫本，八行十八字。彭元瑞跋，言嘉慶五年據宋文鑑、宋詩鈔校。徐坊藏。

〔補〕**石守道先生集二卷** 宋石介撰。○清同治五年福州正誼書院刊正誼堂全書本。

〔補〕**徂徠詩鈔一卷**　宋石介撰。○清康熙十年吳氏鑑古堂刊宋詩鈔

本，十二行二十二字。余藏。

〔補〕**安陸集一卷**　宋張先撰。○清乾隆三十六年安邑葛氏刊本。○

清黃錫慶刊本。

〔補〕**石曼卿詩集一卷**　宋石延年撰。○清鈔兩宋名賢小集本。

〔補〕**石學士集一卷**　宋石延年撰。清石韞玉輯。○清道光二十年裔

孫石陵刊本，收詩四十五首，詩餘一首，從石韞玉刻石本出。

蔡忠惠集三十六卷　宋蔡襄撰。○宋有乾道四年刊本。○明南昌陳

一元刊本，四十四卷。○明興化蔡善繼刊本三十六卷，附別記十卷。

○雍正甲寅裔孫見魁刊本，附二卷。○乾隆中蔡氏刊本，廿九卷。

〔附〕○裘杼樓目：四十卷，附別記十卷，又詩集、別集十卷。謝在杭小

草齋從閣中鈔本。（邵氏）

〔補〕**莆陽居士蔡公文集三十六卷**　宋蔡襄撰。○宋江西刊本，十

行十九字，白口，左右雙闌，版心下記刊工人名，魚尾下題"端明集"。

有道光三年朱錫庚跋。存卷七至二十四，計十八卷，餘鈔配。海源

閣藏。

〔補〕**宋蔡忠惠公文集三十六卷**　宋蔡襄撰。○明萬曆四十四年蔡

繼善雙甕齋刊本。

〔補〕**蔡忠惠集四十卷**　宋蔡襄撰。**別紀十卷**　明徐熥撰。○明萬

曆陳一元刊本，九行十九字。題陳一元校，李長庚、沈蒸訂，馬鳴起

閱。鈐"澹生堂藏書記"、"曠翁手識"等印。盧址抱經樓藏。

〔補〕**宋端明殿學士蔡忠惠公文集三十六卷首一卷別紀補遺二**

卷　宋蔡襄撰。○清乾隆五年蔡氏遜敏齋刊本，九行二十字，白口，

四周單闌。

〔補〕**蔡莆陽詩集六卷**　宋蔡襄撰。○明潘是仁輯校宋詩三十七家

本，九行十九字，白口，四周單闌。

祠部集三十六卷 宋強至撰。○聚珍本。○閩覆本。

〔補〕**祠部集三十五卷** 宋強至撰。○清乾隆間木活字印武英殿聚珍本書本，從永樂大典輯出。

鐔津集二十二卷 宋釋契嵩撰。○天祿書目有明校二十卷，附與沙門唱和詩一卷，序詩題讚一卷。洪武甲子，天台沙門原旭募刊，永樂三年沙門天全刊成。○弘治己未嘉興僧廣原重刊，如喬引。○萬曆丁未徑山寺僧刊本，十九卷。支那本十八卷。

〔補〕**鐔津文集二十卷** 宋釋契嵩撰。○宋刊本，十行十八字，白口，左右雙闌。○元至大二年釋永中刊本，十二行二十四字，細黑口，左右雙闌。前李之全、釋德洪序。本書每卷後列捐貲人姓氏。末有至大己酉比丘永中重刊跋及釋法珊、林之奇、比丘希陵跋。日本內閣文庫藏。

〔補〕**鐔津文集二十二卷** 宋釋契嵩撰。○明永樂六年刊本，十行十八字，黑口，四周雙闌。目後有"永樂戊子季冬并周子名"小字二行。○明弘治十二年釋如喬刊本，十行十九字，黑口，四周雙闌，有句讀。前弘治十二年釋如喬刊書引，后有同年釋廣源重刊後序。此本已印入四部叢刊三編中。

祖英集二卷 宋釋重顯撰。○元刊本。

〔補〕**慶元府雪竇明覺大師祖英集二卷** 宋釋重顯撰。**瀑泉集一卷** 宋釋允誠輯。**雪竇顯和尚明覺大師頌古集一卷** 宋釋遠塵輯。**拈古一卷** ○宋寧宗間明州刊本，十一行二十字，白口，左右雙闌。前有曇玉、圓應、文政等序。祖英集後有"四明洪舉刊"一行。海虞瞿氏藏。

蘇學士集十六卷 宋蘇舜欽撰。○康熙戊戌徐氏刊本。

〔附〕○宋三衢刻滄浪集十五卷本，有施元之跋。○宋牧仲本。○按陳目作十五卷。（邵氏）

〔補〕**蘇學士文集十六卷** 宋蘇舜欽撰。○清康熙三十七年徐惇復白華書屋刊本，十行二十一字，白口，四周單闌。余藏。余據唐仁壽臨何焯評校本校，後又據何焯評原本再校。此本已印入四部叢刊初編。

〔補〕**蘇子美集十卷** 宋蘇舜欽撰。○清刊本。四册。余藏。

〔補〕**滄浪集鈔一卷** 宋蘇舜欽撰。○清康熙十年吳氏鑑古堂刊宋詩鈔本，十二行二十二字。

蘇魏公集七十二卷 宋蘇頌撰。○明刊本。○近年閩中刊本。○季目有宋刊本。

〔補〕**蘇魏公文集七十二卷** 宋蘇頌撰。○舊寫本，九行二十字。篇中遇宋帝提行空格，宋諱註御名，似從宋本出。○清寫本。盧址抱經樓藏。○清道光二十二年蘇廷玉刊本。十二册。余藏。

華陽集六十卷附錄十卷 宋王珪撰。○聚珍本。○閩覆本。

〔補〕**華陽集四十卷** 宋王珪撰。○清乾隆間木活字印武英殿聚珍版書本，自永樂大典輯出。

〔補〕**宮詞一卷** 宋王珪撰。○明末毛氏綠君亭刊三家宮詞本，八行十八字，白口，陰陽葉，各四周單闌。余藏。余據明抄本校。○清康熙二十八年胡介祉貞曜堂刊本，十行十八字，白口，左右雙闌。余藏。

〔補〕**宋王岐公宮詞一卷** 宋王珪撰。○明萬曆二十二年吳氏雲棲館刊三體宮詞本，十行十八字，白口，左右雙闌。余藏。○明萬玉山居刊三家宮詞本，行欵同前書。

古靈集二十五卷 宋陳襄撰。○四庫依宋刊本。宋刊本末有使遼語錄一卷。○拜經樓藏曹氏古林書舊抄本，以宋刊本及小崝齋本校，多本傳及年譜二篇。李綱序署紹興五年閏月，云紹夫刊行，遺文則初刊也。紹興三十年辛巳十月六世孫姪曄記云，家君重刊先正密學遺文于贛之郡齋，俾曄次第年譜以冠之，則再刊也。

〔補〕○謝氏從閣中傳抄本。○張目有附錄一卷本。（邵氏）

〔補〕古靈先生文集二十五卷年譜一卷附錄一卷　宋陳襄撰。○

宋末福州刊本，十行十八字，白口，左右雙闌，版心上記字數，下記刊工人名。宋諱擴字缺筆。首紹興元年求賢手詔及熙寧經筵論薦章稿。前紹興五年李綱序，後有紹興三十一年其孫陳輝跋，言同里徐世昌先刻于閩，今重校命子曄編年譜重刻于贛之郡齋云云，則此又翻贛州本也。海虞瞿氏、日本靜嘉堂文庫各有一帙。余均得借校。其卷十九第四十葉有缺文，第四十一至四十三葉缺。○清寫本，十行十八字。前李綱序，次年譜，譜後六世孫曄跋九行，即撰年譜者。末有紹興三十一年陳輝跋，言重校刊于贛州郡齋。卷中宋諱構字註"御名"，慎、敦不避，與前記宋本異，疑自紹興本出也。李君思浩藏，余曾借校，宋本卷十九爛版缺文此本完然具存，因得補完。此雖鈔本，實勝于宋本也。熹年謹按：此鈔本所據底本今藏上海圖書館，十行十八字，白口，左右雙闌，為紹興三十一年其孫陳輝刊于贛州。後有記言里人徐世昌嘗摹刻于家，歷歲漸久，且將漫漶，因校正並命子曄推次年譜鋟之木云云，則為家刻本也。其年譜家傳中先人名諱均缺末筆。宋末福州本據此本付梓。此書宋紙宋印，間有少數宋代補版。鈐有文淵閣朱文大印及萬曆三十年查點木記，為明文淵閣藏官書。書衣又有乾隆三十八年進書木記，審為四庫全書底本。卷中凡福州本爛版缺文處均完然俱存，實為此集現存最早最善之本，在宋本宋人集中亦堪稱上駟，至足寶重。○舊寫本，十行二十字，末附行狀誌銘等八篇。徐坊遺書。○清寫本，十行二十字。卷一至七新鈔配。鈐偽朱彝尊印。○清寫本。余據宋本及舊寫本校，補訂甚夥。其卷十九宋刊爛版，轉賴鈔本補全。

伐檀集二卷　宋黃庶撰。○明嘉靖刊。○萬曆刊。○今乾隆乙酉刊，

并江西祠堂附山谷集後本。

〔補〕○明弘治葉天爵刊嘉靖六年喬遷、余載仕重修本，十二行二十三字，白口，四周雙闌。附刊豫章黃先生文集後，日本內閣文庫有一本，誤題宋刊。○民國十二年李氏宜秋館刊宋人集本。○舊鈔兩宋名賢小集本。

〔補〕**伐檀集一卷**　宋黃庶撰。○清乾隆六年嘉善曹氏二六書堂刊宋百家詩存二十弓本，十一行二十一字。在弓二。

傳家集八十卷　宋司馬光撰。○明刊本。○康熙中蔣氏刊本，名司馬溫公集，八十二卷。○山西學使吳時亮刊于夏縣，八十二卷。○乾隆六年陳宏謀校刊本，附年譜。○又有重刊陳本。○天祿後目有明校司馬太師溫國文正公傳家八十卷，云陳氏書錄解題載傳家集一百卷，晁公武言光州有集本，與陳氏語同，則亦為一百卷，且云劉嶠刊板上之。此本僅八十卷，已非宋槧之舊。○黃丕烈有宋刊本，云以校舊抄本，觸處誤字，可稱此書之租本。

〔附〕○晁志雖云光州有集，而所錄亦只八十卷。（原稿無，印本入正文。）○南宋刊本八十卷，半葉十二行，行二十字。題溫國文正公文集。竹汀日記。○宋刻本，十行二十字。修至元時。中慎字云御名，則孝宗時刊也。（邵氏）

〔補〕**溫國文正公文集八十卷**　宋司馬光撰。○南宋初浙江刊遞修本，十二行二十字，白口，左右雙闌，版心下方記刊工人名，多與小畜集、白氏六帖、明州文選補版合，間有南宋中期以後補版。前紹興二年劉嶠序及紹興三年進書表，署銜為權發遣福建路提點刑獄公事，則是初刻于閩中，此則浙江重刊本也。卷中構字注御名，或是紹興末所刊歟。缺卷一至四，七十七至八十，明弘治十八年盧雍抄配。有洪武丁巳徐達左題欵。又弘治乙丑盧雍抄配跋記。有黃丕烈二跋及錢大昕觀欵。海虞瞿氏藏，為現存溫公集最古最善之本，已印入四部叢刊初編。

〔補〕**司馬太師溫國文正公傳家集八十卷目錄二卷**　宋司馬光
撰。○明刊本，十行二十字，黑口，四周雙闌。有崑山葛鼒藏書之
印。余藏。

〔補〕**司馬溫公文集八十二卷**　宋司馬光撰。○明天啟七年平陽府
刊本。○明崇禎元年吳時亮刊本，清康熙間蔣起龍修補印行。九行
二十字，白口，左右雙闌。余藏。

〔補〕**司馬文正公傳家集八十卷**　宋司馬光撰。**附錄一卷年譜一
卷**　清陳弘謀撰。○清乾隆六年桂林陳氏培遠堂刊本，十一行二十
一字，黑口，左右雙闌。廿四冊。余藏。

〔補〕**司馬溫國公傳家集一百卷目錄十卷**　宋司馬光撰。○清寫
本。李木齋先生藏。

〔補〕**司馬文正公集略三十一卷詩集七卷**　宋司馬光撰。○明嘉
靖四年平陽府解州判官呂柟刊本，十一行二十二字，白口，左右雙
闌。

〔補〕**司馬溫公文集十四卷**　宋司馬光撰。○清同治五年福州正誼
書院刊正誼堂全書本。

〔補〕**獨樂園稿六卷**　宋司馬光撰。○清鈔兩宋名賢小集本。

清獻集十卷　宋趙抃撰。○宋大字本末有後學張林校正六字，方框
格。○清獻集南宋刊本二十卷。○嘉靖元年刊。○嘉靖壬戌重刊。
○趙氏仿宋刊本。

〔附〕○宋景定本，黑口，分十六卷。○嘉靖元年刊本有附錄一卷。（邵
氏）成化七年馬蒐閭鐸序本。（原稿無，印本入正文。）

〔補〕**趙清獻公文集十六卷**　宋趙抃撰。○宋刊本，九行十七字。存
卷七至十六，北京圖書館藏，余曾借校于明嘉靖刊本上。

〔補〕**趙清獻公文集十卷**　宋趙抃撰。○明成化七年閭鐸刊本，十一

行二十字,黑口,四周雙闌。有至治元年蒙古晉人僧家奴序及景定元年陳仁玉序。于右任藏。○明嘉靖四十一年汪旦刊本,十一行二十字,每卷後有"浙江衢州府西安縣校刊"一行。前嘉靖壬戌衢州知府楊準序。余藏。此集與宋本詩文次第相同,但分卷異。余曾假北京圖書館藏殘宋本校此本,其第七卷當此本五卷之半。第十五卷補遺詩文十二首為此本所無。○清南陽趙氏刊本。

〔補〕**趙清獻公詩集五卷**　宋趙抃撰。○明潘是仁輯刻宋元四十三家集本,九行十九字,白口,四周單闌。

〔補〕**清獻詩鈔一卷**　宋趙抃撰。○清康熙十年吳氏鑑古堂刊宋詩鈔初集本,十二行二十二字,黑口,左右雙闌。

盱江集三十七卷年譜一卷外集三卷　宋李覯撰。○明初刊黑口本。○正德乙亥孫甫刊本。○明城南左贊編刊本。○明刊本題直講李先生集。○雍正中李氏刊。○盱江集元黑口本,半頁十行,行二十字。○明白口本,半頁十行,行二十字。○抱經云,新刊本次序與舊本異,又遺退居類編一序,見宋文鑑,可以取補。

〔補〕**直講李先生文集三十七卷**　宋李覯撰。**外集三卷年譜一卷門人錄一卷**　○明成化刊本,十一行二十字。朱彝尊、張蓉鏡遞藏。

〔補〕**新刊直講李覯先生文集三十七卷**　宋李覯撰。○明刊本。李木齋先生藏。

〔補〕**盱江先生全集三十七卷**　宋李覯撰。**外集三卷**　○清雍正五年鶴城李氏刊本。○清乾隆間赤溪書屋刊本,多年譜一卷。○清光緒十九年盱江書院刊本。

金氏文集二卷　宋金君卿撰。按:四庫著錄,莫氏失收。○清四庫館寫本,有翰林院藏印,法式善舊藏,今在樊君增祥處。○民國三年李氏宜秋館刊宋人集本,在甲編。余藏,余據四庫館寫本校。

公是集五十四卷 宋劉敞撰。○聚珍本。○閩覆本。○刊本三劉文
集四卷,不全,有公是集,劉氏裔孫所刊,皆掇拾而成。○錢塘吳允
嘉別編公是集六卷,亦不全。

〔補〕○清寫本,從永樂大典輯本錄出。失名人以聚珍本校。余取校廣
雅翻聚珍本,補詩三首,文一首,訂正數百字。余藏。

〔補〕**公是集五十四卷** 宋劉敞撰。**拾遺一卷** 清勞格輯目孫星華
錄文。**續拾遺一卷** 清孫星華輯。○清光緒二十一年福建翻聚珍
本。○清光緒二十五年廣雅書局翻聚珍本。余藏。余據盧文弨家
鈔不分卷本及清鈔只存賦、詩之殘本校,補詩十六首,文六首及員興
宗跋,均在勞格輯拾遺之外。又據清寫本校,再補詩三首,文一首。

〔補〕**公是先生集不分卷** 宋劉敞撰。○明藍格寫本,九行二十字。
首詩,次外制,次論説雜文。天一閣佚出之書。

〔補〕**公是先生文集不分卷** 宋劉敞撰。○清寫本,首賦,次詩,次
文。此為殘本,只存賦、詩。前有序,不著撰人,次采諸家議論。

〔補〕**公是集六卷** 宋劉敞撰。○清鈔兩宋名賢小集本。四庫存目。

彭城集四十卷 宋劉攽撰。○聚珍本。○閩覆本。○三劉文集内公
非集僅詩四首,文二十三篇。

邕州小集一卷 宋陶弼撰。四庫依刊本。

〔補〕○清宣統元年沈宗畸刊晨風樓叢書本。余藏。余據舊寫本校。

〔補〕**陶邕州小集一卷** 宋陶弼撰。○明萬曆二年十一世孫陶應會刊
本,九行二十字。有萬曆甲戌應會重刊序。○清觀稼樓寫本,十行
二十字,版心有"觀稼樓鈔書"五字。存宋人集四十七家,内四十四
家羣賢小集中有之。○清光緒間會稽章壽康輯刻式訓堂叢書本,在
三集。

〔補〕**陶邕州小集一卷** 宋陶弼撰。**輯補一卷** 李之鼎輯。○民國
三年李之鼎宜秋館刊宋人集本,在甲編。

〔補〕**陶閣史詩集二卷** 宋陶弼撰。**附錄一卷** ○清光緒二十六年
　湘西陳氏刊麓山精舍叢書本，在第一集。

都官集十四卷 宋陳舜俞撰。○宋慶元中曾孫杞刊本。○西谿舊抄
　本。

〔補〕○清四庫館寫本。樊增祥藏。○清彭元瑞知聖道齋寫本，余藏，
　後讓與涵芬樓。○清寫本，有慶元六年樓鑰序。蔣鳳藻心矩齋舊
　藏。○民國三年李之鼎宜秋館刊宋人集本，在甲編。

丹淵集四十卷拾遺二卷年譜一卷附錄二卷 宋文同撰。○明末
　刊，有毛晉序。

〔附〕○明仿宋本。（邵氏）

〔補〕**新刻石室先生丹淵集四十卷拾遺二卷** 宋文同撰。**年譜一**
　卷 宋家誠之撰。**續編諸公書翰詩文一卷雜紀一卷** ○明萬曆
　間仿宋本，十行二十字。署銜為“宋尚書司封員外郎充秘閣校理新
　知湖州軍州事兼管內勸農事上輕車都尉文同著”。繆氏藝風堂藏。

〔補〕**陳眉公先生訂正丹淵集四十卷拾遺二卷** 宋文同撰。**石室**
　先生年譜一卷 宋家誠之撰。**附錄一卷** ○明萬曆三十八年吳一
　標刊崇禎四年毛晉重修本，九行十八字，白口，四周雙闌。有萬曆庚
　戌錢允治序及崇禎辛未毛晉補修序。余藏。余據盧文弨校本校。

西溪集十卷 宋沈遘撰。○明刊本。○南宋初從事郎處州司理參軍
　高布與沈适沈遼合刊于括蒼，名吳興三沈集。○西溪文集十卷，抄
　本，于遘銜名下注云“御名同音”。每卷末有“從事郎處州司理參軍
　高布重校兼監雕”一條，則依布刊三沈集本也。

〔附〕○明刊亦有三沈集本。（邵氏）

〔補〕**西溪文集十卷** 宋沈遘撰。○明翻宋括蒼刊沈氏三先生集本，
　九行二十字，白口，四周雙闌，失序跋，是萬曆間刊。三沈合編為八
　卷，為明人所併，其內又按宋刊原序分子卷。西溪集于明刊為卷一

至三，内依宋刊分十卷。卷首題銜遙字注"御名同音"，卷七至十末標題後隔一行書"從事郎處州司理參軍高布重校兼監雕"一行。即從直齋書錄解題著錄之括蒼本三沈集出。涵芬樓藏。此書已印入四部叢刊三編，據友人張君元濟跋，涵芬本已燬于淞滬之役，至堪痛惜，叢刊所據乃江南圖書館藏本也。

郥溪集三十卷 宋鄭獬撰。○路氏有抄本。○宋湻熙十三年秦焴刊本，五十卷。

〔補〕郥溪集二十八卷 宋鄭獬撰。○清四庫館寫本，法式善舊藏，今在樊樊山先生處。○清寫本，丁氏持靜齋舊藏，甲寅見于京中。

〔補〕郥溪集二十八卷補遺一卷續補遺一卷 宋鄭獬撰。○蒲圻張氏刊本。民國十二年沔陽盧氏印入湖北先正遺書中。並附張君國淦撰校勘記一卷。

錢塘集十四卷 宋韋驤撰。○昭文張氏舊抄二十卷，缺前二卷，存十八卷，題曰錢塘韋先生文集。是編原三十六卷，前有收藏家題識，云宋板韋驤集係明吳寬家藏本，原缺第一二兩卷，實止十四卷，檢勘書中，凡構字皆空缺，而注其下云"太上皇御名"，當由孝宗時刊本。○錢塘集乾道四年五月其孫能定知汀洲軍事知管學事，始刊于臨汀郡庠，謂大父文稿二十卷，日久二卷遺失，不可復得，能懼復亡逸，謹命工鋟木，是初刊卽止十八卷也。

〔補〕錢塘韋先生文集十八卷 宋韋驤撰。○宋刊本，十行二十字，宋諱缺筆。存卷三至十八，計十六卷。日本靜嘉堂文庫藏，原皕宋樓陸氏之書，陸心源誤訂為明刊本。己巳東游，見于東京，亟為訂正之。

〔補〕錢塘韋先生文集十八卷 宋韋驤撰。○舊寫本，九行二十字。○清光緒二十二年錢唐丁氏嘉惠堂刊武林往哲遺箸本，增附錄一卷。以上二本均闕卷一至二。

淨德集三十八卷　宋呂陶撰。○聚珍本。○閩覆本。

馮安岳集十二卷　宋馮山撰。○宋嘉定乙亥瀘洲周銳刊本，三十卷，今僅存詩十二卷，餘已佚。周又合其子獬集，何意固為序，題二馮先生集序，獬集則全佚。

〔補〕○民國四年李之鼎宜秋館刊宋人集本。余藏。余據盛百二舊藏寫本校。

〔補〕**安岳馮公太師文集三十卷**　宋馮山撰。○舊寫本，十一行二十四字。前有嘉定十二年劉光祖序及何德固序。存卷一至十二。有盛百二、蔣鳳藻藏印。余藏。○清初寫本，有汪文柏跋。鈐汪氏古香樓藏印。盧址抱經樓藏。

〔補〕**安岳集三十卷**　宋馮山撰。○舊寫本，顧沅舊藏。存卷一至十二。

元豐類稿五十卷　宋曾鞏撰。○明成化六年楊參刊。○康熙中長洲顧崧林刊本，多補遺。○明萬曆中裔孫敏行、敏才重刊本。○天祿書目明板中有南豐邵濂校刊本，濂不知時代，以板式似明。案邵濂刊本在隆慶辛未，多附錄一卷，編為五十一。○康熙二十三年南豐彭期重編刊曾文定公集二十卷，劣。○天祿後目有宋建陽刊巾箱本宋南豐曾子固先生集三十四卷，云與元大德丁思敬所刊元豐類稿序次多寡迥異。又有宋刊南豐先生文粹十卷，不著編者姓名。又有元大德刊本五十卷。○劉克莊云，昔曾南豐元豐類稿五十卷，續稿四十卷，末後數卷如越州開湖頃畝丁夫、齊州糶米斗解戶口、福建調兵尺籍員數，條分類列，如甲乙帳微，而使院行遣呈復之類皆著于編，豈非儒學吏事麤言細語同一機杼，有不可得而廢歟。節後村續序。○四庫目子固及弟肇集遠出歐前，及王安禮集亦遠出歐公與介甫前，不可解。

〔附〕○案南豐文粹乃明初人編刊本，見正統刊類稿何義門跋。明錫山安氏亦刊文粹,有王遵巖序。(原稿無,印本入正文)。○宋刊大字本,楊協卿藏。○明正統鄒旦刊本。○嘉靖重修楊本。○嘉靖小字本。(邵氏)。整理者案:楊協卿藏宋大字本實元大德八年丁思敬本,邵氏誤信楹書隅錄所記耳。

〔補〕○宋刊本,十二行二十至二十五字不等,白口,左右雙闌,版心上記字數,下記刊工人名。文中有夾註,行間異文旁註某一作某。内閣大庫佚出殘葉。友人張君允亮有四葉,為卷四十三之第五十五至五十八葉。友人許君寶蘅藏卷三十一、三十二兩卷,余均得假校。此宋刊元豐類稿之僅存者,以雕工風氣審之,似是江右刊本。○清光緒十六年漁浦書院刊本。余藏。余據殘宋本、元大德本、明本校。又據宋本皇朝文鑑、宋本播芳大全文粹校。

〔補〕**元豐類稿五十卷** 宋曾鞏撰 **續附一卷** 宋曾鞏撰。○元大德八年東平丁思敬刊大字本,十行二十字,白口,左右雙闌,版心上記字數,下記刊工人名。前大德八年程文海撰大德重刊元豐類稿序,後有同年丁思敬跋,云前邑黃斗齋嘗繡梓而燬,得善本于其後裔再為刻之云云。故宮藏,鈐明李廷相序。楊氏海源閣亦有一本,文徵明、王寵、季振宜遞藏。失去序跋,楊氏誤訂為宋本,楹書隅錄著錄。

〔補〕**南豐先生元豐類稿五十卷** 宋曾鞏撰。**續附一卷** ○明成化八年南豐縣學刊本,十一行二十一字,黑口,四周雙闌。前王震舊序,次羅倫序,言南靖楊君參來令南豐,覆刻宜興板元豐類藁五十卷於縣學云云。次成化六年王一夔序,亦應楊氏之請而作。次年譜序,年譜後序,續元豐類稿序說,次遺像及贊,次目錄。經嘉靖十二年補版,序說末葉有"府庠生吳柏跋","嘉靖癸巳歲昭潭莫峻古皖秦潮錫山鄒庶新增"二行。目錄末葉為補版,續附前題"卷之五十一"。然檢本書卷五十後行狀不標卷次,惟題"續附南豐先生行狀碑誌哀挽",其原版版心亦僅題"元豐集行狀五十一",至補版葉則改題"元

豐集五十一卷"。余藏。○明隆慶五年邵廉刊本,十行二十字。有
王震、羅倫、王一夔、姜洪、趙琬諸舊序,如從正統、成化二年出。又
有隆慶五年邵廉序。本書題"南豐後學邵廉校刊"。余藏。余據何
焯校本校並錄何氏跋。○明寫本,前有正統十二年趙琬序,從明正
統十二年鄒旦本出。存二十七卷,鈐趙氏天放樓印。

〔補〕**南豐先生元豐類稿五十一卷** 宋曾鞏撰。○明嘉靖王忬刊
本,十一行二十一字,大黑口,四周雙闌。有羅倫、王一夔舊序,從成
化本出。友人吳君慈培臨何焯校本。何焯據徐乾學傳是樓藏宋刊
本校,卷七後補"水西亭書事"一首。

〔補〕**南豐文集五十卷集外文二卷** 宋曾鞏撰。**續附一卷** ○清康
熙間長洲顧崧林據宋本校刊本。

〔補〕**曾南豐先生文粹十卷** 宋曾鞏撰。○宋刊本,十四行二十六
字,白口,四周雙闌。版心上記字數,下記刊工人名。鈐揆叙及天祿
琳琅印記。盛昱遺書,歸袁君克文,余曾借校。

〔補〕**南豐曾先生文粹十卷** 宋曾鞏撰。○明嘉靖二十八年安如石
刊本,十行二十一字。前嘉靖己酉王慎中序。每卷首題張光啟校,
安如石刊。後有補遺文五首。卷末有"許文會寫"四字。有馬玉堂
藏印。余藏。余據天祿琳琅舊藏宋刊本校卷六至十。此本卷六齊
州記及補遺文為宋本所無,宋本誤字此本亦多不誤,則安本未必出
于此宋本也。此書有文四篇為元豐類稿所無。

〔補〕**曾文定公全集二十卷** 宋曾鞏撰。**首一卷末一卷** ○清康熙
三十二年彭期輯刻本。

〔補〕**宋大家曾文定公文抄十卷** 宋曾鞏撰,明茅坤輯並評。○明
萬曆七年茅一桂刊唐宋八大家文抄本。○日本慶應元年刊本,五
册,余藏。

龍學文集十六卷 宋祖無擇撰。○張氏有舊抄本,十六卷,題洛陽九

老祖龍學文集，結銜云"龍圖閣學士左諫議大夫上桂國公范陽郡開國侯食邑二千八百户賜紫金魚袋祖無擇撰"，後附曾孫衍撰祖氏源流龍學始末。

〔補〕**洛陽九老祖龍學文集十六卷**　宋祖無擇撰。○清初寫本，十行二十字，後有紹定己丑郡文學趙體國後跋，行書大字。清怡府舊藏，鈐明善堂、安樂堂藏印。○清彭元瑞知聖道齋寫本，九行十八字，版心有"知聖道齋鈔校書籍"八字。有乾隆五十七年壬子彭氏手跋。○清寫本，十一行二十一字。有乾隆三十四年李文藻跋，言為其所錄並手校一過。徐坊遺書。○莫氏所記張氏藏舊抄本歸南陵徐氏積學齋，余曾借觀，版心題煥斗集。此書傳張幼樵家有宋本。

〔補〕**洛陽九老祖龍學文集十六卷**　宋祖無擇撰。**附錄一卷**　○民國十年李之鼎宜秋館刊宋人集本，在丙編。余藏。余據李文藻校本校，粗有訂正。李氏本即據徐氏積學齋藏昭文張氏舊藏寫本煥斗集付梓。

宛陵集六十卷附錄一卷　宋梅堯臣撰。○明正統己未知寧國府袁旭廷輔刊。○明姜奇芳刊。○元刊本，半頁十行，行十九字。○康熙中梅氏刊。○康熙中宋牧仲刊，佳。○嘉道間刊本。

〔補〕**宛陵先生文集六十卷**　宋梅堯臣撰。○宋紹興十年宣城刊嘉定十七年重修本，十行十九字，白口，左右雙闌，版心記字數及刊工人名。原版字體微斜，猶存北宋本遺意，補版則字體方正矣。卷末有紹興十年汪伯彦後序，言來守宛陵，郡學請鏤版梅聖俞詩集云云。又有嘉定十六至十七年修校銜名。日本內野五郎藏，後印入四部叢刊中，存卷十三至十八，三十七至六十。余取校明刊本，補佚詩百篇。○此書日本島田翰言新平正毅有元翠巖精舍翻宋嘉定本，惜未獲寓目。郘目載有元刊本十行十九字，不知即翠巖本抑誤認袁旭本。記以竢考。

〔補〕**宛陵先生文集六十卷拾遺一卷** 宋梅堯臣撰。**附錄一卷**

○明正統四年宣城守袁旭刊本，十行十九字，大黑口，四周雙闌。前慶曆六年歐陽修序，末有紹興十年汪伯彥後序。每卷前有目，不連正文，與宋本異。余嘗取宋本略校數卷，詩亦有佚去者，知其非宋刊嫡子也。○明萬曆四年宣城刊本，十行十八字，白口，左右雙闌。有萬曆丙子宋儀望序、陳俊跋，又正統袁旭本舊序，知從袁旭本出。已印入四部叢刊初編。

〔補〕**宛陵先生文集六十卷拾遺一卷** 宋梅堯臣撰。○清康熙八年己酉柯炘刊本，序稱據袁旭本校讐者。有金俊明序。○清康熙四十一年徐惇復白華書屋刊本。清吳嗣廣評點並跋，吳騫跋。余藏。其書有宋犖序，或以宋牧仲本稱之。

〔補〕**宛陵先生集六十卷拾遺一卷** 宋梅堯臣撰。**附錄一卷附錄補遺二卷續金針詩格一卷年譜一卷** 元張師曾撰。○清道光十年梁中孚夜吟樓刊本，從康熙二十六年梅氏刊本出。

忠肅集二十卷 宋劉摯撰。○聚珍本。○閩覆本。

〔補〕○清光緒五年定州王氏謙德堂刊畿輔叢書本。

〔補〕**忠肅集二十卷** 宋劉摯撰。**拾遺一卷** 宋劉摯撰，清勞格輯目，孫星華錄文。○清光緒二十一年福建增刊武英殿聚珍版書本。○清光緒二十五年廣雅書局翻武英殿聚珍版書本。

無為集十五卷 宋楊傑撰。○路氏有抄本。○張金吾有汲古閣舊抄本。○天祿後目有宋刊本。○趙士礽知無為軍歲餘，搜獲次公文，刪其蕪纇，取其有補于教化者編次成集十五卷，若釋道二家詩文只見別集。見紹興癸亥士礽序，其集蓋此時刊也。

〔補〕○清影寫宋紹興十三年刊本，十行十七至十九字不等。鈐汪士鉉、陳墫印記。朱君文鈞藏。○清萃古齋寫本，十行十八字，語涉宋帝空格。前紹興十三年癸亥趙士礽序，即其所刊。有鮑廷博、劉喜

海藏印。○民國九年李之鼎宜秋館刊宋人集本，在乙編。余藏。余
據朱君文鈞藏影寫宋紹興十三年刊本校。

王魏公集八卷 宋王安禮撰。○韓氏有舊抄本。

〔補〕○清四庫館寫本，法式善舊藏，今在樊樊山先生增祥處。

范太史集五十五卷 宋范祖禹撰。○明刊小字本，五十五卷。○舊
抄本，十八卷。

〔補〕○清初寫本，十三行二十三字，無闌格。鈐昌齡藏印。余藏。○
四庫本已印入四庫全書珍本初集中。○清寫本，錢辛盦手校。

〔補〕**范太史集十八卷** 宋范祖禹撰。○清汪文柏摛藻堂精寫本，汪
文柏手校。鈐"摛藻堂"、"休寧汪氏"、"平陽季子"、"柯亭校正"諸
印。盧址抱經樓遺書。此十八卷本為程敏政自秘閣摘錄刊行，因而
流傳，非完本也。然源出秘閣，亦足為校勘之資。

潞公集四十卷 宋文彥博撰。○明刊本。嘉靖五年呂柟重刊。

〔附〕○裘杼樓目有三十二卷本。（邵氏）

〔補〕**文潞公文集四十卷** 宋文彥博撰。○明嘉靖五年王溱刊本，十
行二十字。有嘉靖五年呂柟序，言李瀚家有傳鈔本，從宋葉夢得刊
本出，柟為校正，命平陽守王子公濟刊木以行云云，則是平陽刊本
也。前人以其為呂柟校，或謂之呂柟本。余藏。余據海虞瞿氏藏清
文瑞樓寫本校。

擊壤集二十卷 宋邵雍撰。○天祿目有元板伊川擊壤集，云宋時擊
壤集雍所自刻，此刊本亦仿宋槧式。伊川擊壤集自序署治平丙午中
秋，蓋卽其時所刊。○昭文張氏有元刊本，天祿又有明希古成化乙
未序刊本，有河南畢亨庚子歲序，云應天尹始克刊行，取板回洛，通
守劉尚文建安樂窩書院，以板授之。希古豈卽尚文之名兩序同一板
耶。○康熙間吳門後裔倉來刊本，十七卷。○汲古刊道藏八種本。
○支那本。

〔附〕○宋蔡弼子、蔡文子刊本，題康節先生擊壤集。分内外集，與世行
　本逈異，十三行二十二字。○汲古閣藏元刊本，十行二十一字。○
　黄有不全宋本。（邵氏）

〔補〕**伊川擊壤集十八卷**　宋邵雍撰。○元刊本，十三行二十二三字
　不等。前有治平丙午自序。卷十八鈔配。海源閣藏，號為宋本。

〔補〕**伊川擊壤集二十卷**　宋邵雍撰。○明正統道藏本，五行十七
　字，在太玄部。已印入道藏舉要中。○明末文靖書院刊本，十行二
　十字，陰陽葉邊闌分開。版式及雕工均明萬曆末年風氣。失前後序
　跋。卷前封面題“文靖書院藏版”六字。○明末毛氏汲古閣刊本，從
　道藏本出，余藏。余據明初刊本校卷四至十，十四至十八。

〔補〕**伊川擊壤集二十卷集外詩一卷**　宋邵雍撰。○明初刊本，十
　行二十一字，細黑口，左右雙闌。前治平丙午自序及元祐辛未邢恕
　序。汪士鐘舊藏。有張蓉鏡、邵淵耀跋。海虞瞿氏藏。舊題宋本。
　又一殘帙，存卷三至六，印本較前本為佳。有明文徵明、周天球、毛
　晉，清季振宜、黃丕烈、張蓉鏡遞藏；亦有張蓉鏡、邵淵耀跋，號為宋
　本。余亦收得一本，行款與前二本全同，然似非一刻。有周良金藏
　印。存卷四至二十，舊亦題為宋本。○明成化畢亨刊劉尚文重修
　本，十行十八字，黑口，四周雙闌。有成化庚子畢亨跋，言自刻而劉
　氏補刻行之。已印入四部叢刊中。○明嘉靖刊本，十行二十一字，
　白口，四周雙闌。有唐翰題跋，言以文靖書院本校，又據張蓉鏡藏宋
　本校。

〔補〕**伊川擊壤集二十卷**　宋邵雍撰。**補遺一卷**　宋邵雍撰，清賀瑞
　麟輯。○清光緒三年述荊堂刊本，收入西京清麓叢書續編中。

〔補〕**伊川擊壤集八卷**　宋邵雍撰。○明隆慶黃吉甫刊本，十行二十
　一字。明儲氏校刊本。盧址抱經樓遺書。

鄱陽集十二卷　宋彭汝礪撰。○胡心耘有惠定宇藏舊抄本。

〔補〕**鄱陽先生文集十二卷** 宋彭汝礪撰。○清汪氏古香樓精寫本，
鈐有汪氏古香樓藏印。盧址抱經樓遺書。○清沈彩手寫本，十一行
二十一字。彩平湖陸烜之妾，撰有春雨樓集十四卷。蔣氏密韻樓
藏。

〔補〕**鄱陽詩集十二卷補遺一卷** 宋彭汝礪撰。○清嘉慶二十三年
周彥、高澤履刊本。余藏。余據清沈彩手寫本校，改正訛脱三百八
十餘字，又補脱文十七行，佚詩一首。

曲阜集四卷 宋曾肇撰。○有刊本，題曾文昭公集。○康熙中裔孫儼
刊本。

〔補〕**曾文昭公集四卷** 宋曾肇撰。○清康熙六十一年曾儼等刊本。
余藏。余據邢君之襄藏清初寫本校。

〔補〕**曲阜集四卷** 宋曾肇撰。**校勘續記一卷** 胡思敬撰。○民國
八年胡思敬輯刻四宋人集本，收入豫章叢書中。

〔補〕**南豐曾文昭公曲阜集二卷遺錄一卷** 宋曾肇撰。**首一卷**
○清初傳鈔明萬曆三十一年十九世孫曾思孔刊本，九行二十字。前
萬曆三十一年曾同亨序，次萬曆二十七年曾思孔序。本書卷首于曾
肇銜名后題"明魁星里十九世裔孫思孔校"。分上下卷，均奏議。遺
錄為詔制、表啟、碑記、墓誌銘、論序、祭文、詩。有揆叙兼牧堂藏印。

〔補〕**曾文昭曲阜集三卷** 宋曾肇撰。**附錄補刻一卷** ○清影寫明
刊本。盧址抱經樓藏書。

周元公集九卷 宋周敦頤撰。○明嘉靖中漳浦王會曾刊。○明天啟
癸亥黃克儉刊本，十卷。○明濂溪書院刊本，三卷。○康熙中裔孫
沈琦重編刊。○乾隆間江西董榕重輯刊本，二十三卷。

〔附〕○裘杼樓目有濂溪集六卷本。（邵氏）

〔補〕**濂溪先生集不分卷** 宋周敦頤撰。○宋刊本，九行十八字，白
口，左右雙闌。版心上記大小字數。前有目錄，為卷首、目錄、家譜、

年譜、太極圖、太極説、通書、遺文、遺事、附錄詩文。存卷首至太極圖，餘缺佚。年譜末記今上皇帝淳祐元年御筆以五臣從祀云云，知為理宗以後刊本。淡墨印，大字，似宋末閩中刊本。余藏。整理者謹案：一九五一年廠肆曾出一本，與此全同，亦淡墨晚印，知此書所存非一本矣。

〔補〕**濂溪集三卷** 宋周敦頤撰。○明嘉靖刊本，十行二十字，黑口，左右雙闌。有嘉靖二十三年甲辰漳浦王會序。

〔補〕**周濂溪集六卷** 宋周敦頤撰。○明嘉靖刊本，九行十六字。故宮藏。

〔補〕**宋濂溪周元公先生集十卷** 宋周敦頤撰，明周與爵輯。**世系遺芳集五卷** 明周與爵輯。○明萬曆四十二年周與爵刊本，十行二十字，白口，四周單闌。卷三、四為濂溪著作，餘為圖像、年譜世系、諸儒議論、事狀、歷代褒崇、祠墓記、諸人酬和游覽詩、祭文等。有嘉靖甲辰王會等舊序，又萬曆甲辰序及周與爵跋。

〔補〕**周濂溪先生全集十三卷** 宋周敦頤撰。○清同治五年福州正誼書院刊正誼堂全書本。○清光緒六年洪氏公善堂刊本，收入洪氏唐石經館叢書中。

南陽集三十卷附錄一卷 宋韓維撰。○路氏有抄本。

節孝集三十卷附錄一卷 宋徐積撰。○宋景定甲子翁蒙正刊本。○乾道己丑嘉禾刊本，三十卷，教授許及之以語錄一卷附之。○淳祐庚戌淮南東路判官王夬亨刊本，亦附語錄一卷。○元刊本有大德皇慶時人題像贊，或謂即修王夬亨本而附入之。武昌張裕釗廉卿有之。○嘉靖乙丑劉祐刊本。○康熙丙子山陽邱氏刊本，三十三卷。

〔補〕**節孝先生文集三十卷** 宋徐積撰。**事實一卷語錄一卷** ○明嘉靖四十四年劉祐刊本，十行二十字，白口，四周單闌。前嘉靖乙丑劉祐序，次淳祐庚戌王夬亨序，次目錄，目後題淮安州學教授翁蒙

正景定甲子重編校定。後有紹興戊辰萃跋。○此書有元刊本，行欵
與劉本同，張幼樵藏。

〔補〕**節孝先生集三十卷** 宋徐積撰。**事實一卷語錄一卷附載一卷** ○清康熙三十五年山陽丘氏刊本。附載一卷為碑記傳贊。

〔補〕**居士集五十卷** 宋歐陽修撰。○宋紹興間衢州刊本，七行十四字，注雙行二十四字，白口，左右雙闌，版心下記刊工姓名。每卷末有"熙寧五年秋七月發等編定"一行。存目錄，卷三至十五，二十九至三十三，三十七至四十七，共二十九卷。目錄八行二十二字，字體秀勁，與本書厚重朴拙者不同。內閣大庫佚書，蝶裝。余得之劉啟瑞手。傳世歐集莫先于此本矣。四庫存目。

〔補〕**居士集五十卷** 宋歐陽修撰，明曾魯考異。○明洪武四至六年永豐縣刊本，十一行二十三字，黑口，四周雙闌。有嘉靖補版。按南廱志卷十八文集類有歐陽居士文集五十卷，言洪武辛亥永豐尹蔡圮參互考訂，重鋟梓以廣其傳，至洪武六年癸丑乃成。番陽李均度、臨川危素皆序之云云，當即此書。又云尚存原板四百四十七面，又補八十六面，乃為完書。○明初刊本，十二行二十一字，細黑口，左右雙闌。蔣孟蘋藏。

〔補〕**新刊歐陽文忠公集五十卷** 宋歐陽修撰，明曾魯考異。○明正嘉間刊本，十一行二十三字，黑口，四周雙闌。次、三行分題曾魯考異，李均度校正。前鴻武癸丑李均度序，言鴻武辛亥丞永豐，得蔡圮新刊本，惜其斷簡訛字，因與蔡侯及俞允中、李實、胡啟考訂補正，計三十餘簡云云。又洪武昭陽赤奮若（癸丑）俞允中序。以雕工風氣審之，是正、嘉間刊本，惟洪武題作鴻武，為可異耳。

〔補〕**歐陽文集五十卷** 宋歐陽修撰。**年譜一卷** 宋胡柯撰。○明嘉靖二十二年李冕刊本，十行二十字，白口，四周雙闌。余藏。余據宋紹興衢州本校。

〔補〕**歐陽文忠公居士全集八十卷**　宋歐陽修撰。○明寫本，十四
　　行二十四字。張丑校並跋。清顧廣圻、韓應陛跋。此八十卷本見於
　　郡齋讀書志，先於周必大編大全集本，極為罕見。惜缺卷一至十一。
　　周君叔弢藏。○又，故宮見宋抄本，為荊山進呈本，余於查點時匆匆
　　一瞥，未能記其概略，至今往來夢寐。

文忠集百五十三卷附錄五卷　宋歐陽修撰。○天順辛巳海虞程宗
　　知吉安府刊，半頁十五行，行廿字。天順刊文忠集，每卷末俱有熙寧
　　五年秋七月男發等編定，紹興三年三月郡人曾謙益校正兩條。○弘
　　治壬子刊。○正德壬申刊。○嘉靖丁酉刊。○嘉靖庚申何迁刊。
　　○康熙間同里曾弘校刊。○乾隆間裔孫世祖重刊。○嘉慶己卯裔
　　孫衡重校刊。○文忠集宋刊本大字，分七集。○天一閣目有宋刊
　　本，六十四卷。○明嘉靖本一百三十五卷，改其原次第，劣。○年譜
　　一卷，天順以下本有之，胡柯編跋。○天祿目有居士集九十九卷，附
　　錄一卷，吉州公使庫刊。北宋本，其前五十卷宣和四年九月知吉州
　　陳城所刊，六年後繼其任者方時可，恨其未全有嗣刊之。前有祝庇
　　民序，因考證以得刊入。序後列周詵、方薦可諸銜名，則時可同官。
　　其卷五十後載"吉州公使庫開到六一居士集五十卷，宣和四年九月
　　記"。又列郭嗣明、曹尹、洪知柔諸銜名，蓋城同官也。○又有元板
　　周益公所編全本，云此書字法規仿鷗波，深得其妙，定屬元時所重刊
　　者，觀其樵印之精，非好古者不能為。天祿後目亦有元刊本。○明
　　成化四年李紹序東坡集，云嘗命繙刊歐集、蘇集，而蘇集未畢工。

〔附〕○元刊文忠集一百五十三卷，附胡柯年譜一卷。天祿目。○元刊
　　周必大父子校本。天祿後目。○明朝鮮刊居士集五十卷本。（邵
　　氏）整理者案：周編歐集無元刊本，前人多誤以天順程宗本為元本，
　　天祿目及四部叢刊所收皆程宗本也。○元刊居士集五十卷，每半葉
　　十二行，行二十一字，題臨江後學曾魯得之攷異。雖據周益公本，而

別據家本、宣和本重校。末有一行，云旹柔兆攝提格縣人陳斐允章
重校訛謬，則洪武二十年也。曾得之以洪武五年卒，此書當刊于元
代。南林蔣氏藏。（王國維）

〔補〕**歐陽文忠公集一百五十三卷** 宋歐陽修撰。**附錄五卷** ○宋
慶元二年周必大吉州刊本，為居士集五十卷，外集二十五卷，易童子
問三卷，外制集三卷，內制集八卷，表奏書啟四六集七卷，奏議十八
卷，河東奉使奏草二卷，河北奉使奏草二卷，奉使錄一卷，濮議四卷，
崇文總目序釋一卷，于役志一卷，歸田錄二卷，詩話一卷，筆說一卷，
試筆一卷，近體樂府三卷，集古錄十卷，書簡十卷。附錄五卷為祭
文、行狀、謚誥、墓誌、碑銘、傳、事迹、神清洞記等。十行十六字，白
口，左右雙闌，版心記字數及刊工人名，有蔡懋、蔡和、鄧新、鄧俊、劉
寶等，皆光、寧間豫章刊工。卷三至六、三十八至四十四、六十一至
六十三、九十五、一百三十四至一百四十三明人鈔配。有周必大跋，
稱公集汴、浙、閩、蜀諸本皆有訛謬，而廬陵所刊又甚，因集名儒曾三
益、羅泌、孫謙宜等重加編校，去取刊正咸有據依，各著其同異于卷
末，凡經六載云云。有徐乾學藏印。余藏。此本似為明人配成，內
有宋代翻吉州本配入若干卷，然其原刻本初印精湛，殊為罕見。○
又一殘本，有目錄一卷，居士集三至十、十四、十七至十八、二十至三
十四、四十至五十，凡三十七卷。內閣大庫舊藏，蝶裝，鈐元至治元
年朱記，行欵紙印裝潢與北京圖書館藏內閣大庫本同，然不能互補。
余得之劉啟儒手。此亦由三本合成，內卷十四、十七、十八各卷為原
版，餘二種宋翻本。

〔補〕**歐陽文忠公集一百五十三卷** 宋歐陽修撰。**年譜一卷** 宋胡
柯撰。**附錄五卷** ○明天順六年程宗吉州郡齋刊本，十行二十字，
黑口，四周雙闌。前有錢福序，言程君得本於胡文穆，蓋內出本也。
每卷後有“熙寧五年秋七月男發編等定”、“紹熙二年二月郡人孫謙

益校正"二行。從慶元周必大本出。余嘗以家藏慶元本校之，絕少差誤。此本已印入四部叢刊初編，誤定為元本。○明正德七年劉喬刊本，十行二十字，黑口，四周雙闌。居士集後有男發編定及孫謙益校正二行。餘集末皆有紹熙間周氏之客王伯芻、羅泌等校正題名，從慶元周必大本出。○明隆慶五年邵廉刊本，十行二十字，白口，四周單闌。有序、言刊於建郡。

〔補〕**歐陽文忠公全集一百五十三卷** 宋歐陽修撰。**首一卷附錄五卷** ○清嘉慶二十四年歐陽衡刊本。余藏。余據家藏宋吉州本及宋翻吉州本校。

〔補〕**歐陽文忠公全集一百五十三卷** 宋歐陽修撰。**附錄五卷首一卷本傳年譜一卷末一卷** ○清光緒二十八年周氏慕濂山房刊本。四十八冊。余藏。

〔補〕**歐陽文忠公全集一百三十五卷** 宋歐陽修撰。○明嘉靖三十四年陳珊刊本，十行二十字，白口，左右雙闌。有嘉靖三十四年銅仁陳珊序。此本妄改宋刊卷第，即莫氏譏為"改其原次第，劣"之本也。

〔補〕**廬陵歐陽先生文集□□卷** 宋歐陽修撰。○宋刊本，十四行二十七字，黑口，左右雙闌。存六十四卷。天一閣佚出之書，劉君承幹收去。

歐陽文粹二十卷 宋陳亮撰。○明郭雲鵬刊。陳亮序後有木記，稱吳會郭雲鵬校刊于寶善堂。又刊遺粹十卷，卷末有吳會郭雲鵬選輯付梓木記，四庫入存目。天祿書目明板有之，嘉靖丁未刊。

〔補〕**歐陽先生文粹五卷拾遺一卷** 宋歐陽修撰。○宋刊本，十四行二十六字，白口，四周雙闌。有蘇軾序及乾道癸巳陳亮後序。海虞瞿氏藏。江南圖書館亦有一帙。此本以雕工審之，或是婺州本。

〔補〕**歐陽先生文粹二十卷** 宋歐陽修撰，陳亮輯。**遺粹十卷** 明郭雲鵬輯。○明嘉靖二十六年郭雲鵬寶善堂刊本，十一行二十一字，白口，左右雙闌。即莫氏所記之天祿書目著錄之嘉靖丁未刊本。

〔補〕**歐陽文忠公文粹十卷**　宋歐陽修撰。○明萬曆十一年寧允濟
校刊本，十行二十字。有序。

〔補〕**廬陵詩集十二卷**　宋歐陽修撰。○明胡芬訂正。○明刊本，四
册。

〔補〕**宋大家歐陽文忠公文鈔三十二卷**　宋歐陽修撰，明茅坤選。
○明萬曆七年茅一桂刊本，九行十九字，白口，左右雙闌。為所刊唐
宋八大家文鈔之一。

〔補〕**歐陽文忠公文抄十卷**　宋歐陽修撰，明茅坤評。○明末朱墨套
印本，八行十八字，白口，四周單闌。五册。

〔補〕**讀歐志疑五卷**　清王元啟撰。○舊寫本。序稱於原集編次無
序，正集存九種，外集燕雜多偽作，痛加删汰，以附正集之後，又附以
書簡十卷。每篇有評語，字句亦有所考訂。○此書民國十四年汪大
鈞刊入食舊堂叢書中，書名作讀歐記疑。

樂全集四十卷　宋張方平撰。○抄本。○許氏有抄本。附王鞏撰行
狀。○芻蕘奧論一卷有單行本。○收鳴野山房舊抄本。

〔附〕○張有舊抄本。（邵氏）

〔補〕○四庫本已印入四庫全書珍本初集中。

〔補〕**樂全先生文集四十卷**　宋張方平撰。○宋刊本，十二行二十二
字，白口，左右雙闌。刊工有吳宗、李偉、李章、李亮、陳石、陳明、丘
仲、周信、黃鼎、葉正等。存卷十七至三十四，計十八卷。鈐“文淵閣
印”大方印，明內閣舊藏。松江韓氏書，後為潘宗周收去。○清寫
本，九行十九字。鈐怡府安樂堂、明善堂印記。海源閣佚出之書。
○清寫本，十行二十字。前有蘇軾序。徐坊遺書，已收。

忠宣文集二十卷奏議二卷遺文一卷附錄一卷補編一卷　宋范
純仁撰。○元天曆刊二范集本，已有歲寒堂字。○明萬曆戊申毛一

鷟刊二范集本。○十六世孫惟一校刊本。○康熙丁亥二十世孫時
崇合刊二范集，稱歲寒堂本。

〔補〕**范忠宣文集二十卷** 宋范純仁撰。○元刊本，十二行二十字，
　　細黑口，左右雙闌。有嘉定四年樓鑰序及嘉定四年范之柔跋及五年
　　沈坼、陳宗道等三跋，即范之柔編。卷十八以下為傳誌行狀。粵中
　　黎氏藏一本，有毛襃印。海虞瞿氏藏一本。○明嘉靖范惟元等刊
　　本，十二行二十一字，白口，左右雙闌。有樓鑰、范之柔、沈坼、廖視、
　　陳宗道等舊跋，是從元刊本出。本書題時兆文、黃姬水、李鳳翔、范
　　啟文、范惟元校正或同校。

〔補〕**范忠宣公集二十卷奏議二卷遺文一卷補編一卷** 宋范純仁
　　撰。**附錄一卷** ○清康熙四十六年丁亥范氏歲寒堂刊二范全集本，
　　十一行二十一字，白口，左右雙闌。六冊。余藏。

嘉祐集十六卷 宋蘇洵撰。○紹興本嘉祐集十五卷，半頁十二行，行
　　二十一字，刊工佳。唐端甫藏。○嘉靖刊本，十五卷。○明凌濛初
　　朱墨本，十三卷。○康熙中蔡士英刊本，十六卷，附錄二卷。○康熙
　　中吳郡邵仁泓輯刊本，二十卷，附錄一卷。○道光中眉州刻三蘇集
　　本，二十卷。○天祿目有明板老泉先生文集十四卷，云標題既不仍
　　嘉祐之名，而分卷止十四，不合宋諸家書目十五卷之數，其板雖仿宋
　　巾箱式，然字畫結體較大，筆法亦不能工，決非宋槧。○四庫著錄卽
　　紹興本，疑十五卷誤記。

〔附〕○宋紹興十七年婺州十五卷本。（邵氏）

〔補〕**重刊嘉祐集十五卷** 宋蘇洵撰。○明刊黑口本，十行二十一
　　字，黑口，四周雙闌，右闌外下方有耳，記葉數，通號。是弘治間刊
　　本，繆荃孫藏。○明嘉靖十一年太原府刊本，十行二十一字，白口，
　　四周單闌。後有嘉靖壬辰知太原府張鐙跋。明鄭曉藏印。清顧廣
　　圻臨蔣篁亭校宋本。蔣氏所據為宋刊小字本，其書光緒十五年李木

齋先生曾見於京中，言是蜀本，類繆刻太白集，十四行二十五字，書名無重刊二字，有黃丕烈跋。○又一帙，馮舒校補並跋。海虞瞿氏藏，余曾借校。

〔補〕**嘉祐集十五卷**　○清寫本，十四行二十五字，從宋蜀中刊小字本出。鈐孫忠愍侯祠堂藏書印。已印入四部叢刊。

〔補〕**蘇老泉先生集十四卷**　宋蘇洵撰。○題宋刊本，八行十六字，中版心，不避宋諱，薄紙印，甚精。此即天祿目所載之書，余疑為宋末坊本。顧麐士藏。整理者謹案，此書藏園瞥記著錄名嘉祐集，已編入藏園羣書經眼錄卷十三。今檢補記郘亭書目原稿，眉上原記之嘉祐集改題"蘇老泉先生集"，故據改，二本實一書也。

〔補〕**老泉先生集十四卷**　宋蘇洵撰。○明刊本，八行十六字，亦顧君麐士藏，字句與前本小異，字體亦方板，不及前本生動。

〔補〕**嘉祐集二十卷**　宋蘇洵撰。○清道光十二年眉州三蘇祠刊三蘇全集本，九行二十五字，余據宋本校。

〔補〕**蘇老泉先生全集二十卷**　宋蘇洵撰。**附錄二卷**　宋沈斐輯。○清康熙三十七年邵仁泓安樂居刊本，九行十九字。余藏。余據宋紹熙四年吳炎刊本校。又據顧廣圻校宋本校。

〔補〕**類編增廣老蘇先生大全文集□□卷**　宋蘇洵撰。○宋麻沙本，十五行二十五至二十七字，白口，左右雙闌。存卷一至四。其前二卷為古、律詩，較世行本嘉祐集多嘉州龍巖等題二十首。海虞瞿氏藏。按類編增廣大全集本宋人集舍此集外，尚有潁濱集一百三十七卷，藏日本內閣文庫，山谷集五十卷，藏李木齋先生處。均為十五行二十五至七字，但為細黑口。內山谷集有乾道麻沙水南劉仲吉宅刊書木記，想當時閩中所刊尚不止此三家也。

〔補〕**東萊標註老泉先生文集十二卷**　宋蘇洵撰，呂祖謙註。○宋紹熙四年吳炎刊本，十四行二十五字，細黑口，左右雙闌。闌上有標題,行間有墨擲,宋諱作陰文,或加圓圍以別之。目後有紹熙四年吳炎咨十行,言在上庠得呂東萊手抄三蘇父子文五百餘篇,皆可誦習為矜式者,因校勘訛謬,析為三集,逐篇指摘,關鍵標題,以發明主意。其有事迹隱晦,又從而注釋之,鼎新作大字鋟木云云。署銜為桂陽軍軍學校授。據此則此本為所刊三蘇集之一。余藏,先得五、六二卷,後輾轉配成全帙。

〔補〕**蘇老泉全集十三卷**　宋蘇洵撰,明唐順之、茅坤等評。○明萬曆天啟間吳興凌濛初刊朱墨套印本,八行十八字,白口,四周單闌。有凌氏序。余藏。

〔補〕**老泉文鈔三卷**　宋蘇洵撰,明郭祥鵬選。○明嘉靖二年施山刊本,九行二十字,黑口,四周雙闌,版心陰文記書名。有嘉靖二年施山後跋,言弘治郭祥鵬選權書、衡論、幾策三種,刊之眉州。四庫存目。

〔補〕**宋大家蘇公文抄十卷**　宋蘇洵撰,明茅坤輯選。○明萬曆七年茅一桂刊唐宋八家文鈔本,九行十九字,白口,左右雙闌。

〔補〕**王文公集一百卷**　宋王安石撰。○宋刊本,十行十七字,白口,左右雙闌,版心上記字數,下記刊工人名,有魏二、魏達、魏可、余才、余全、余忠、余表、余亮、陳伸、陳通、陳宗、章旼等。存卷一至三,八至三十六,四十八至六十,七十至一百,計七十六卷,又目錄二卷。厚白紙印,紙背為宋人簡札,有邵宏淵、查籥、汪舜舉、葉義問、洪适、張傑、許尹、張運、吳巘、唐傑、張安節等,鈐有“向氏珍藏”楷書朱記,蝴蝶裝十六冊。內閣大庫佚出之書,劉君啟瑞藏。○又一帙,存卷一至七十,鈐日本賜蘆文庫、金澤文庫、金澤文庫木記。日本帝室圖書寮藏。卷一至八書,卷九宣詔,卷十至十四制誥,卷十五至二十一表,卷二十二至二十四啟,卷二十五傳,卷二十六至三十三雜著,卷三十四至三十五記,卷三十六序,以上三十六卷為文,卷三十七至五

十一古詩,卷五十二至七十七律詩,卷七十八挽辭,卷七十九集句
詩,卷八十集句歌曲。以上詩四十四卷。卷八十一至八十二祭文,
卷八十三至八十五神道碑,卷八十六墓表,卷八十七至一百墓誌。
二書相補,可得完帙。其卷次與臨川集異。劉本余曾校于萬曆光啟
堂本上,以卷次不同,終難得其本真。劉氏索值二萬元以上,力不克
舉,乃以玻璃版片倩商務京館為攝影,庶異時與寮本配全印行,為王
集留一異本。

臨川集一百卷　宋王安石撰。○明嘉靖丙午刊。○萬曆刊。○明有

宗文堂刊。○又有王荊岑刊。○宋紹興十年郡守桐廬詹太和校定
重刊本,宋刊元印,每頁廿四行,行廿字,後有嘉靖間郎瑛仁寶題跋。
○天祿後目有宋刊臨川集一百卷,二部。昭文張氏亦有宋刊本。○
元危素刊吳澄序本,嘉靖丙午本卽從之。構字注御名,蓋亦宋本也。

〔補〕臨川先生文集一百卷目錄二卷　宋王安石撰。○宋紹興二十

一年兩浙西路轉運司王珏刊元明遞修本,十二行二十字,白口,左右
雙闌。宋諱"構"字注"御名"。有紹興辛未王珏跋九行,刊於浙西。
版經元明遞修,後入南監。有吳澄序,稱危素搜索諸本增補校訂,比
臨川、金溪、麻沙、浙西諸本頗為備悉云云。永樂十五年楊士奇集諸
家論說錄於總目後,密行小字。卷末有"嘉靖丁亥秋仲國子監補刊
完"牌記二行。李木齋先生藏。此書余所見凡三四帙,自藏一帙,均
明補明印,明補版黑口,四周雙闌或左右雙闌,無一為宋印者。明代
刊本均從此本出。○有嘉靖刊本,十二行二十字。白口,左右雙闌,
版心題臨川集幾,前嘉靖三十九年王宗沐序,言德安吉陽何先生巡
撫江西,刻公集於撫州云云。次紹興十年黃次山紹興重刊臨川文集
序,次目錄二卷。末有嘉靖丙午陳九學後叙、同年章袞書臨川文集
後及應雲鷟識語。知為嘉靖三十九年巡撫何君撫州刊本,附嘉靖二
十五年應雲鷟本舊序。然其行欵又從宋本而不從應本。四部叢刊

初編印入。○又一帙，何焯評點，行欵同上。何跋云華夏有一百六
十卷本，不知尚在人間否。

〔補〕**臨川王先生荆公文集一百卷** 宋王安石撰。○明嘉靖二十五
年應雲鷟刊本，十一行二十字，細黑口，四周雙闌。版心題"荆公文
集"。有嘉靖丙午陳九學後叙、章袞書後及應氏識語、言取家藏舊本
讎校翻刻云云。

〔補〕**新刻臨川王介甫先生文集一百卷目錄二卷** 宋王安石撰。
○明萬曆四十年王鳳翔光啟堂刊本，十行二十字。白口，四周雙闌。
有萬曆四十年李光祚序。余藏一帙，余據宋刊王文公集校七十六
卷。

〔補〕**王臨川全集一百卷目錄二卷** 宋王安石撰。○清光緒九年水
峽山館刊本。余藏。余據宋紹興二十一年王珏兩浙西路轉運司刊
本校。

〔補〕**臨川王先生文粹四卷** 宋王安石撰，明徐師曾輯。○明吳江董
漢策刊本，十行二十字，白口，左右雙闌。

王荆公詩註五十卷 宋李壁撰。○乾隆辛酉海鹽張宗松刊本。張刊
原本在邵懿辰位西處，缺第三十、第五十卷末一頁。○天祿後目有
元大德辛丑刊本，前有詹太和撰王荆公年譜及劉歸孫序，王常題識，
皆張氏刊本所無。○宋刊有大字殘本。

〔附〕○宋撫州本，十四行十五字。○明翻宋詹太和本。○花山馬氏重
刊元本。（邵氏）

〔補〕**王荆文公詩註五十卷** 宋王安石撰，李壁註。○宋刊本，七行
十五字，註雙行同，白口，左右雙闌，版心上記大小字數，下記刊工人
名。卷中註語間有剜補擠寫者，各卷後有庚寅增注及抽換之葉，即
曾極景所補。前嘉定七年魏了翁序，以手書上版。存卷一至三，十
五至十八，二十三至二十九，四十五至四十七，共十七卷。劉君承幹

藏,繆荃孫先生曾影摹一本,余即據以付梓,為雙鑑樓刊蜀賢叢書之一,蓋雁湖為蜀賢也。○舊寫本,九行二十一字,前魏了翁序,次目錄,即從前記宋本錄出,而改易行格,存十七卷。有乾隆四十七年翁方綱跋,言從盧文弨藏寫本出。又題詩八首,附盧文弨手札。

〔補〕**王荆文公詩箋註五十卷目錄三卷** 宋王安石撰。李壁註,劉辰翁評點。**年譜一卷** 宋詹大和撰。○元大德五年王常刊本。十行十九字,細黑口,左右雙闌。○元刊本,十一行二十一字,細黑口,左右雙闌。有圈點評語。"評曰"二字作陰文,在每句下。

〔補〕**王荆文公詩箋注五十卷** 宋王安石撰,李壁註。**補遺一卷** ○清乾隆六年張宗松清綺齋刊本。十一行二十一字。余藏。

〔補〕**王荆公詩注補四卷** 宋王安石撰,清沈欽韓注。○手稿本,郁松年宜稼堂舊藏。

〔補〕**宋大家王文公文抄十六卷** 宋王安石撰。明茅坤輯。○明茅一桂刊唐宋八大家文抄本,十行十九字,白口,左右雙闌。

廣陵集三十卷拾遺一卷 宋王令撰。○昭文張氏舊抄本,四十二卷。○頃收抄本。

〔附〕○路有抄本。○宋刊本二十卷。

〔補〕**廣陵先生文集三十卷** 宋王令撰。○舊寫本,十二行二十四字。前王安石撰墓誌銘,次門人劉發撰傳。題外孫吳說編次。鈐周永年藉書園印。○清初寫本,十行二十四字,竹紙藍格。前王安石撰墓誌銘,次門人劉發撰傳。目錄連正文,題外孫吳說編次。存詩十二卷。有"恥齋"、"張載華印"、"鷦安校勘秘籍"、"石蓮闇所藏書"等印,清呂葆中、張載華、吳騫、唐翰題、吳重憙遞藏。各卷次第與新刊本同,惟新刊本詩為十一卷耳。

〔補〕**廣陵先生文集二十卷拾遺一卷** 宋王令撰。**附錄一卷** ○清康熙間休寧汪文柏屐硯齋寫本。盧址遺書。

〔補〕**廣陵先生文集二十卷拾遺一卷補遺一卷** 宋王令撰。**附錄一卷** ○民國十一年劉承幹刊嘉業堂叢書本。余藏，余據明寫本校。○明寫本李木齋先生藏，今在北京大學圖書館。癸未九月借來一校。無闌格，十行十九字。無拾遺、附錄。

〔補〕**東坡集四十卷** 宋蘇軾撰。○宋刊本，十行二十字，白口，左右雙闌，版心上記字數，下記刊工人名，有王政、李忠、李詢、李憲、周彥、宋圭、宋昌、洪坦等，與武經七書、論衡、南史、紹興蓬萊閣本元氏長慶集、酒經、歐公本末諸書多同，為孝宗、光宗間浙本。前有乾道九年御製序，八行十六字。分卷次第與別本同。此本當即直齋書錄解題所載之杭本。日本內閣文庫藏，市橋下總守獻書之一。

〔補〕**東坡集四十卷後集二十卷** 宋蘇軾撰。○宋刊本，十行十八字，白口，左右雙闌。版心下記刊工人名，有丘才、余祐、余堅、吳中、吳政、范從、范謙、劉清、劉章等，多南宋中期浙江、江西刊工。前有御製序，八行十六字，白口，四周雙闌，儼然江右風範。避宋諱至惇字止。日本帝室圖書寮藏，存前集一至三十三，三十七至四十，後集一至八。○松江韓氏亦有殘帙，刊工與上本全同，存詩集卷一至二十四，三十三、三十五至三十九，計三十卷。後為潘宗周收去。○宋刊本，十二行二十三字，白口，左右雙闌。版心上記字數，下記刊工人名，避宋諱至慎字。似江西刊本。存前集六至十五，後集一至三，五至十。余藏。○宋黃州刊本，十行十六字，白口，左右雙闌，版心上記字數，下記刊工人名，有王九、阮圭、吉父等。間有"乙卯刊"、"庚子重刊"等字。存卷四、五、六，繆荃孫藏。又卷十、十一，正文齋見，後輾轉歸潘宗周。○又見奏議卷十三一卷，亦黃州本。

〔補〕**蘇文忠公文集四十卷後集二十卷奏議十五卷** 宋蘇軾撰。○宋蜀大字本，九行十五字，白口，左右雙闌，版心下間記刊工名一二字。存文集散葉若干，又十七至十九，三十二至三十三，三十六至

四十,後集十六至十七,奏議一至二,六,十,十三至十五。余均得借
校。此書出内閣大庫,蝶裝麻紙,然刊印頗晚,版半已模糊,且有修
版。分藏于各家。此本大字悦目,與之版式同者尚有蘇文定集,亦
出内閣大庫紅本袋中。又有秦淮海集,藏海虞瞿氏,陳後山集,藏吳
縣潘氏滂喜齋,則當時或為叢集刊行也。間有署眉山刊字樣,知為
光寧間眉山刊本。

〔補〕**東坡應詔集十卷** 宋蘇軾撰。○宋蜀中刊巾箱本,十四行二十
五字,白口,左右雙闌。有梁清標藏印。

〔補〕**東坡集四十卷後集二十卷奏議十五卷内制集十卷附樂語
一卷外制集三卷應詔集十卷續集十二卷** 宋蘇軾撰。**年譜一
卷** 宋王宗稷撰。○明成化四年吉州太守程宗刊本,十行二十字,黑
口,四周雙闌。前成化四年李紹序,言據宋曹訓本及明洪熙内府刊
未完本刊,其宋本無而洪熙本有者編為續集云云。其前集次序與宋
本同,續集錄文有非坡文者,又有與前後集及奏議複出者詩五十一
首,文六十六首。○清宣統元年端方寶華盦翻明成化四年程宗刊
本,十行二十字,黑口,四周雙闌,繆荃孫為之校刻,所據成化本不
全,繆氏據清錢孫保校宋本及嘉靖本校補,並撰校記二卷。余藏一
帙,余據宋黃州本校後集四至六、十至十一、十五至十六,奏議六、九
至十、十三至十五,年譜。又據宋蜀大字本校本集十七至十九、三十
二至三十三、三十六至四十,奏議卷一至二、六、十、十三至十五,後
集卷十六至十七。又據自藏十二行本校本集卷六至十五,後集一至
十。又據明翻宋本校奏議十五卷。又據明鈔本校内制集十卷,又據
宋本、明抄本國朝諸臣奏議參校。蘇集宋本舍東瀛二本及松江韓氏
本為潘氏收去秘藏外,海内宋本校勘殆遍,亦云幸矣。

〔補〕**蘇文忠公全集一百十一卷** 宋蘇軾撰**年譜一卷** 宋王宗稷
撰。○明嘉靖十三年江西布政使司刊本,十行二十字,白口,四周雙

闌。前敕詞序贊,次成化本李紹序,次重刊全集義例八條,後題"校正官南豐縣儒學署教諭事舉人繆宗道識"。次年譜、次總目、次本集七種,次第卷數悉與程宗本同。後集末卷有"嘉靖十三年江西布政使司重刊,南豐縣學教諭繆宗道校正"二行。從程宗本出,其義例言填補改正二千餘字,删定損一百八十三葉,删重複詩文一百一十七首,空格者改直下,又删去每卷前子目。内續集十二卷與程本差異最大,即删汰複出所致。

〔補〕**蘇文忠公集一百十二卷** 宋蘇軾撰。**年譜一卷** 宋王宗稷撰。○明刊本,十行二十字,黑口,四周雙闌。刊書序跋不存,以雕工審之,似成、弘間刊本。前誥詞、御贊、本傳、墓誌,次年譜。卷中分類編次,卷一、二賦,三至三十一詩,三十二至三十八論,三十九至四十二策,四十四經説,四十五至五十一書,五十二擬作,五十三至六十五書簡,六十六至六十七啟,六十八傳,六十九至七十二記,七十三至七十四碑,七十五至七十六序,七十七至七十八表狀,七十九至九十一奏議,九十二至九十四制誥,九十五至一百一内制,一百二青詞,一百三詞,一百四行狀,一百五銘,一百六至一百七贊,一百八頌,一百九至一百十墓誌,一百十一祝文,一百十二祭文。此書分類頗有倫序,非明人率爾編排所能為。宋陳鵠著舊續聞言居士英刊東坡全集殊有序,又少舛繆,極可賞云云,是宋時固有分類合編之本,第此帙序跋不存,莫可必其出於居本耳。

東坡全集一百十五卷 宋蘇軾撰。○明茅氏刊本。○陳明卿刊本。○明刊本七十五卷。○成化四年江西布政司刊七集本。○嘉靖十三年江西重刊七集本。○王宗稷刊本。○康熙中蔡士英刊本。○紛欣閣叢書本東坡翰墨尺牘八卷。○道光中眉州刊本。○陳振孫所稱東坡集有杭本、蜀本、張集所刊本、吉州本、軾曾孫嶠刊建安本、麻沙書坊大全集本。杭本、建本無應詔集,麻沙集本、吉州本兼載志

林、雜説之類。○姑胥居世英本殊有序，又少舛謬，極可賞。○水東
日記云，邵復孺家有細字小本東坡大全文集，松江東日和尚所藏有
大本東坡大全集，又有小字大本東坡集，葉氏所見皆宋代舊刊。○
天祿書目有元板東坡七集一部，一百二卷，前後無序跋，密行細字，
櫧印工緻，係仿宋巾箱本式，欲以之亂真者，當屬元初人所為，始有
此形似，惜紙質鬆脆，不能相稱耳。○天祿書目又有明刊七集，無和
陶四卷，而多續集十二卷，乃吉州守程某刊者。

〔附〕○明仿宋曹訓本一百十卷。天祿目。

〔補〕**東坡全集一百十五卷** 宋蘇軾撰。**年譜一卷** 宋王宗稷撰。
　　○明刊萬曆三十七年黃嘉芳校正本，十一行二十五字，白口，四周單
　　闌。有萬曆己酉黃嘉芳序，言是書為賈人所刊，質板于其家而潛逃，
　　乃窮研考核，較武林、雪川二本加詳審焉云云。有凡例七條，全書分
　　體編次。○明刊本，十行十九字，白口，四周單闌。

〔補〕**東坡全集八十四卷** 宋蘇軾撰。**年譜一卷** 宋王宗稷撰。○
　　清道光十二年眉山三蘇祠刊本。

〔補〕**蘇文忠公奏議二卷題跋六卷内制十卷** 宋蘇軾撰。○明寫
　　本，九行二十字。内制中有文二首為今本所無。

〔補〕**寓黃集二卷** 宋蘇軾撰。**附錄一卷** ○明萬曆刊本，九行十九
　　字。三冊。余藏。

〔補〕**寓惠集四卷** 宋蘇軾撰。○明萬曆四年刊本，八行十八字。藍
　　印本。繆荃孫藏。

〔補〕**宋蘇文忠公居儋錄五卷** 宋蘇軾撰，明陳榮選輯。○明萬曆刊
　　本，十行二十字。順治十八年攝儋州事王昌嗣補版。

〔補〕**蘇文忠公海外集二十二卷** 宋蘇軾撰，清樊庶編輯。**年譜一
　　卷** 宋王宗稷撰。○清康熙得樹樓刊本。四冊。余藏。

〔補〕**東坡先生翰墨尺牘八卷** 宋蘇軾撰。○元刊本，十六行二十八

字,細黑口,左右雙闌。標題大字占雙行。海虞瞿氏藏。○清道光八年周心如輯刻紛欣閣叢書本。

〔補〕**東坡先生尺牘二十卷** 宋蘇軾撰。○明萬曆曼山館刊本,十行十八字,徐象橒刊,即刻國史經籍志者。

〔補〕**蘇文忠公表啟二卷** 宋蘇軾撰,明朱睦㮮選輯。○明嘉靖三十四年朱睦㮮刊本,十行二十字,白口,左右雙闌。有玩易山人序及朱氏序。

〔補〕**東坡先生禪喜集二卷附禪喜紀事一卷** 宋蘇軾撰。○明刊本,八行十七字,白口,四周雙闌。寫刻。

〔補〕**東坡禪喜集十四卷** 題馮夢禎批點,凌濛初輯增。○明天啟元年凌濛初刊本,有序。八行十八字,白口,四周單闌。朱墨套印。余藏。四庫存目。

〔補〕**重編東坡先生外集八十六卷** 宋蘇軾撰。**年譜一卷** 宋王宗稷撰。○明萬曆三十六年康丕揚維楊府署刊本,十行二十字,白口,四周雙闌。前萬曆戊申焦竑序,言蘇集行世者有洪熙御府本及江西本而已,此外集得自秘閣,世所罕覯,康丕揚以礛使至揚,屬別駕毛九苞刻而傳之。又康丕揚序,云據李瀄川所錄本付梓。四庫存目。

〔補〕**蘇文嗜六卷** 明唐順之評選、李恒齋評。○明吳興凌氏朱、青、墨三色套印本,八行十八字,白口,四周單闌。余藏。

〔補〕**坡仙集十六卷** 宋蘇軾撰,明李贄評輯。○明萬曆二十八年焦竑刊本,九行二十字,白口,四周單闌。有萬曆二十八年焦竑序。○萬曆二十八年繼志齋刊本,九行二十字。

〔補〕**蘇文忠公策論選十二卷** 明茅坤、鍾惺批點。○明天啟刊三色套印本,九行十九字。余藏。

〔補〕**東坡文選二十卷** 明鍾惺評選批點。○明吳興閔氏刊朱墨套印本,九行二十字,白口,四周單闌。題徐亮、閔振業、閔振聲參閱,則是閩刻無疑也。余藏。

〔補〕**蘇文六卷**　宋蘇軾撰，明閔爾容輯評。○明吳興閔氏刊三色套印本，九行十九字，白口，四周單闌。余藏。

〔補〕**蘇長公小品四卷**　明王聖俞評選。○明天啟間凌啟康刊本，八行十九字，白口，四周雙闌。朱墨套印。有凌氏跋語，謂據章氏刊王聖俞評本又裒集諸家評語再刊云云。陶湘藏。余亦有一本，失去序跋。

〔補〕**東坡集選五十卷集餘一卷**　宋蘇軾撰，明陳繼儒選。**年譜一卷**　宋王宗稷撰。○明末刊本，九行十九字，白口，四周單闌。十六冊。余藏。

〔補〕**集註東坡先生詩十八卷**　宋蘇軾撰，趙夔等注。○宋小字蜀本，十四行二十五字，白口，左右雙闌。注雙行同，前以白文標"趙云"、"程云"、"補注"、"新添"等字。存卷一至三。海虞瞿氏藏。○宋中字蜀本，十一行二十二字，白口，左右雙闌。注雙行同，亦以陰文標"趙云"等字。存卷第四一卷，亦海虞瞿氏藏。趙夔注本蘇詩傳世只此二殘帙，甚可重也。

〔補〕**王狀元集百家注分類東坡先生詩二十五卷**　宋蘇軾撰，題宋王十朋纂輯。**東坡紀年錄一卷**　宋傅藻撰。○宋建安黃善夫家塾刊本，十三行二十三字，注雙行二十五至二十九字，細黑口，左右雙闌。集注姓氏後有"建安黃善夫刊于家塾之敬室"牌記二行。前趙夔、王十朋序。盛昱藏一帙，日本帝室圖書寮藏一帙。○宋刊殘本，十一行十九字，黑口，左右雙闌。余有二卷。

〔補〕**王狀元集百家註分類東坡先生詩二十五卷**　宋蘇軾撰，題王十朋註。○宋建安魏忠卿家塾刊本，十一行十九字，註雙行二十五字，細黑口，左右雙闌。百家註姓氏後有"建安魏忠卿刻梓于家塾"牌記二行。日本帝室圖書寮藏。○宋建安萬卷堂家塾刊本，十一行十九字,註雙行二十五字,細黑口,左右雙闌。百家註姓氏後有"建安萬卷堂刻梓于家塾"牌記二行。日本帝室圖書寮藏,視前本雕鎪少遜一籌。○宋建本,十一行十九字,註雙行二十五字,細黑口,左右雙闌。目後有泉州市舶司東吳阿老書籍鋪印偽牌子。存卷一至十四,後用宋本、元本雜配成完帙。○宋建本,十一行十九至二十二字,細黑口,左右雙闌。存十九至二十五。余藏。與前記偽吳阿老牌子本配成全帙。

〔補〕增刊校正王狀元集註分類東坡先生詩二十五卷 宋蘇軾撰,題王十朋纂輯。東坡紀年錄一卷 ○宋建安虞平齋務本書堂刊本,十一行十九字,註雙行二十五字,細黑口,左右雙闌。分七十八門。註家姓氏後有"建安虞平齋務本書堂刊"篆文牌記,明李廷相、清楊氏海源閣遞藏,今在余齋。又一帙,潘宗周藏,已印入四部叢刊中。○元盧陵□氏□□書堂刊本,十三行二十二字,細黑口,左右雙闌。後有"盧陵□氏□□書堂新刊"牌子二行。□處挖去,必其書坊堂名為習見者,估人去之以充宋刊,甚或明翻本以充元刊,竢再考之。

〔補〕王狀元集百家註分類東坡先生詩二十五卷 宋蘇軾撰。題王十朋纂集,劉辰翁批點。東坡紀年錄一卷 宋傅藻撰。○元建安熊氏刊本,十一行十九字,註雙行二十五字,黑口,左右雙闌。前趙夔、王十朋序,次諸家姓氏,次門類,題呂東萊分類,凡八十二類,次紀年錄。諸家姓氏及門類書名上加"增刊校正"四字。姓氏後有牌子,文曰"建安熊氏鼎新繡梓"篆文二行。余藏。○明刊本,十二行二十一字,註雙行二十六字,細黑口,四周雙闌。間有上下雙闌左右單闌者,殊罕見。

〔補〕王狀元集諸家註分類東坡先生詩二十五卷 宋蘇軾撰,題王十朋纂集,劉辰翁批點。○元刊本,十一行十九字,細黑口,左右

雙闌。題廬陵須溪劉辰翁批點。行間有圈點。

〔補〕**增刊校正王狀元集註分類東坡先生詩二十五卷** 宋蘇軾
撰，題王十朋纂集，劉辰翁批點。○元刊本，十二行二十一字，註雙
行二十六至二十八字，細黑口，四周雙闌。鈐王昶藏印，劉承幹藏。
○明刊本，十二行二十一字，細黑口，四周雙闌。詩註各家姓氏後有
牌子，已挖去以充宋刊欺人。

東坡詩集註三十二卷 舊本題王十朋撰。○貫筑黃彭年子壽有宋刊
本王梅溪集注分類東坡先生詩集二十五卷，每頁二十行，大字十九，
小字二十五，前有建安萬卷堂刊梓一行。○朱從延刊本。○茅維刊
本註有刪。○天祿書目宋本東坡先生和陶淵明詩四卷，云文獻通考
載東坡前集四十卷，後集二十卷，奏議十五卷，內制十卷，外制三卷，
和陶集四卷，應詔集十卷。又載陳振孫語曰，杭蜀本同，但杭本無應
詔集。是軾和陶集宋時杭蜀本皆有之，在全集中別為四卷，原可單
行。此本無校刊名氏，似卽從全集中抽出，且紙縝墨潤，實為宋印之
佳者。○金臺汪諒翻宋板刊千家註蘇詩。○天祿書目有增刊校王
狀元集註分類東坡先生詩二十五卷，附傅藻東坡紀年錄一卷，元刊
本，其詩姓氏後有汪氏誠意齋集書堂新刊木記，規仿宋槧，橅印清
朗，為元刊之善者。書中有劉會孟批點。○平津館亦有元刊。四庫
本三十一卷，分二十九類，此本二十五卷，分七十類，有評點，似出須
溪，與天祿琳琅本同。又元刊本有廬陵□□□□書堂新刊十字朮長
印，黑口，每頁二十四行，行二十一字。○吉州程守本卽成化七集
本，嘉靖間江西布政司重刊者。程守葢嘗刊歐集于吉州，卽天順本
也。

〔補〕**東坡先生詩集註三十二卷** 宋蘇軾撰，題宋王十朋纂集。○
明王永積刊本，十行二十一字，白口，左右雙闌。視二十五卷本增和
陶集，併七十八門為三十門，刪削註文甚夥。十二冊。余藏。

〔增〕**經進東坡文集事略殘本二十九卷**　宋郎曄撰。○昭文張氏
　　有宋刊殘本，卽季滄葦藏書。蘇文未有註者，郎氏考核甚精，與施氏
　　詩註相頡頏。原書卷數無攷，存卷一至十一，卷三十至四十，又卷二
　　十一至二十七。每卷二字俱有補綴痕，細審板口，似是五字所改，或
　　卷五十一至五十七歜結衙稱嵊縣主簿，卽注陸宣公奏議者。清波別
　　志：煇堂友人郎曄晦之，杭人，嘗注三蘇文及陸宣公奏議，投進未報。

〔補〕**經進東坡文集事略六十卷**　宋蘇軾撰，郎曄注。○宋刊本，十
　　二行二十一字，注雙行同，細黑口，左右雙闌。前御製文集序，贈太
　　師制、東坡言行。劉氏抱殘守缺齋藏，卷四十以後目錄挖改。已印
　　入四部叢刊。○又一帙，存卷一至二十五，三十四至三十九，四十
　　六，計三十二卷。有島田重禮藏印，蓋歸自東瀛者。潘宗周藏。

〔補〕**註東坡先生詩四十二卷**　宋蘇軾撰，施元之、顧禧註。○宋嘉
　　泰淮東漕司刊，景定三年鄭羽重修本，九行十六字，註雙行同，白口，
　　左右雙闌。有景定壬戌鄭羽跋，云重刊一百七十九板云云。有翁松
　　禪師跋及潘祖蔭跋，云是怡府舊藏。又汪鳴鑾觀欵。存卷一至四，
　　十一至十八，二十一至四十二，計三十四卷，缺八卷。世好翁君斌孫
　　藏。此書傳世有四本，均不全，除此景定重修本外，均嘉泰原刊本。
　　袁思亮藏一帙，為毛晉、宋犖、揆叙、翁方綱遞藏，存卷三、四、七、十
　　至二十二、二十四至二十五、二十七至三十四、三十七至三十八、四
　　十一至四十二，共三十卷。宋氏曾倩邵長蘅删補，于康熙三十八年
　　刊為施注蘇詩四十二卷，袁本經火焚，已殘損斷爛，存十餘卷。繆荃
　　孫先生藏一殘本，存卷十一、十二、二十五、二十六，橅印頗佳，後為
　　劉君承幹收入。其影本則歸余齋。楊氏海源閣藏卷四十一至四十
　　二，為和陶詩，後為周君叔弢收去。有黃丕烈跋。

施註蘇詩四十二卷東坡年譜一卷王註正譌一卷蘇詩續補遺二
　　卷　宋施元之撰。○康熙乙卯宋犖刊本。○古香齋袖珍本。○宋牧

仲所得宋殘本後歸翁覃溪，後又歸葉潤臣。其書與世綵堂韓集相類。○相傳怡府宋刊施註蘇詩有全本二部，端華誅後乃散佚，不知何歸。

〔補〕**施注蘇詩四十二卷總目二卷** 宋蘇軾撰。施元之、顧禧注，清邵長蘅、顧嗣立、宋至刪補。**續補遺補注二卷** 清馮景補注。**王註正譌一卷** 清邵長蘅撰。**東坡先生年譜一卷** 宋王宗稷撰。○清康熙三十八年宋犖刊本，十行二十一字，未依宋刊行欵，余曾取宋刊殘本卷十一、十二、二十五、二十六及和陶詩二卷校之，其刪削去取多不當，不足以存施注之真面目。以宋氏之學識財力，百計搜訪，既得之後，不覆梓行世，乃委之非人，妄加刪補，真令人大惑不解。後之人雖校補甚勤，而為功甚微，所謂良機難再，徒增慨嘆。

補註東坡編年詩五十卷 國朝查慎行撰。○乾隆辛巳其姪開原刊本，不載施註，後人頗以兩續為病。○桐鄉汪氏藏有先生手稿本。○拜經樓有舊抄本。○翁方綱有蘇詩補注八卷，又補查氏引施之遺。刊本，近粵雅堂重刊本。

〔補〕**東坡先生編年詩補註五十卷年表一卷** 宋蘇軾撰，清查慎行補註。○清乾隆二十六年查開香雨齋刊本，十行二十一字，查氏取宋犖本刪落者逐卷補錄。然余以宋刊殘本校之，多不全，似查氏尚未親見宋刊本也。○又一帙，紀昀朱筆批點，卷二後有評語四行。楊君壽樞藏。即刊行紀評蘇詩之底本。

〔補〕**蘇詩補注八卷** 宋蘇軾撰，清翁方綱補注。○清乾隆四十七年翁氏刊蘇齋叢書本，十二行二十四字。余藏。

〔增〕**馮應榴集註蘇詩五十卷** 馮氏刊本。

〔補〕**蘇文忠詩合註五十卷首一卷** 宋蘇軾撰，清馮應榴註。○清乾隆末桐鄉馮氏踵息齋刊嘉慶二十四年印本，十一行二十六字。余藏。

〔增〕**王文誥蘇詩編註集成**　○嘉慶二十四年刊。編年總案四十五卷，編年詩註四十六卷，首載序例目傳等六卷，末雜綴識餘等四卷。

〔補〕**蘇文忠公詩編註集成四十六卷集成總案四十五卷諸家雜綴酌存一卷蘇海識語四卷**　清王文誥撰輯。○清嘉慶二十四年仁和王氏韻山堂刊本，十一行三十字。○清光緒十四年浙江書局刊本。

〔增〕**紀批蘇詩五十卷**　○道光中廣州刊朱墨本。

〔補〕**蘇長公密語十六卷首一卷**　宋蘇軾撰，明吳京纂輯。○明天啟四年刊本，朱墨套印，八行十九字，白口，四周單闌。有天啟四年吳用先序。余藏。

〔補〕**宋大家蘇文忠公文抄二十八卷**　宋蘇軾撰，明茅坤輯。○明萬曆七年茅一桂刊本，九行十九字，白口，左右雙闌。為所刊唐宋八大家文鈔之一。

〔補〕**眉山詩案廣證六卷**　清張鑑撰。○清光緒十年江蘇書局刊本。余藏。

〔補〕**蘇文定公文集五十卷後集二十四卷三集十卷應詔集十二卷**　宋蘇轍撰。○宋寧宗間眉山刊大字本，九行十五字，白口，左右雙闌。此書與蘇文忠公集同刻，均藏內閣大庫，光宣間流出，分藏南北各家。北京圖書館藏四至六、十至十五、二十、二十六至二十七、三十七至三十八、四十一至四十四，後集卷七至十三、十八至二十一，三集卷六至十，應詔集十二卷全。鄧君邦述藏卷一至三，十六至十八，沈君曾植藏五卷，卷次失記。劉啟瑞藏後集卷四至七。余均得借校。通計校得本集卷一至六、十至十八、二十四至二十七、三十七至三十八、四十一至四十四，共二十五卷。後集卷四至十三、十八至二十二，共十四卷。三集卷六至十，共五卷，應詔集十二卷全。通計校宋本五十六卷，即現存蜀大字本之總計也。

欒城集五十卷欒城後集二十四卷欒城三集十卷應詔集十二卷

宋蘇轍撰。○明嘉靖辛丑刊本。○明蜀中活字本。○道光壬辰眉
州新刊本。○拜經樓有插花山馬氏舊抄本。○宋刊殘本欒城集半
頁十一行,行十八字,前集存八卷,後集存十三卷,在吳門黃氏。○
天祿又有元板欒城四集,合八十四卷。其板式與王狀元註東坡詩一
律,并有文徵明梅溪精舍、玉蘭堂二印,紙墨之善相等,蓋二蘇同刊
之本。○天祿目載欒城集後集三集宋刊本,凡八十四卷,無應詔集。
其曾孫詡跋云,欒城公集刊行者,建安本頗多缺謬,在麻沙者尤甚,
蜀本舛誤亦不免。今以家藏舊本並第三集合為八十四卷,皆曾祖自
編類者,謹與同官及兒輩校讐,刊板于筠之公帑。紀年為淳熙己亥,
己亥為孝宗淳熙六年,列校勘官倪思、鄧光、閭丘泳銜名。又轍四世
孫森跋云,先文定公集,先君吏部淳熙己亥守筠陽日,命工刊之,森
無所肖似,濫承人乏,到官之初,重念先人所刊家集板歲久浸滅,樽
節浮費一新之。紀年為寧宗開禧三年丁卯,距詡鋟板時歷二十九
載。父授于前,子繼于後,宜其毫髮無遺,為宋刊斯集之冠。且祖孫
五世,三治筠陽,俾板刊常新,此中亦有天幸。觀詡、森書跋之字,家
法猶存,亦可稱象賢矣。

〔附〕○宋建安本。○宋蜀本。○宋麻沙本。(邵氏)

〔補〕欒城集五十卷後集二十四卷　宋蘇轍撰。○宋刊本,十一行

十八字,白口,左右雙闌,版心上記字數,下記刊工名一二字,以雕工
審之,或是孝宗時江西刊本。存本集卷三十三至四十,後集九至二
十一,余曾借校。即莫氏所記之吳門黃氏藏宋刊殘本。

〔補〕欒城集五十卷後集二十四卷三集十卷　宋蘇轍撰。○明嘉

靖二十年蜀藩朱讓栩刊本,十行二十字,白口,四周單闌。前嘉靖二
十年劉大謨序、王玠序,次凡例、謚議、目錄。三集末有宋淳熙六年
鄧光、蘇詡跋,開禧三年蘇森跋,及嘉靖辛丑崔廷槐跋。據諸跋,蜀

王得内江張潮藏本,命長史高鵬、教授舒文明校刊。觀其凡例,但將
詩題同卷重出者略加歸併,提行空格者改為連下,尚非妄事刪改者
可比,第獨缺應詔集為不可解耳。余藏。

〔補〕**欒城集五十卷後集二十四卷三集十卷目錄二卷**　宋蘇轍
撰。○明木活字印本,十行二十字,白口,四周單闌。前嘉靖二十年
蜀藩本中劉大謨、王珩舊序,次凡例、謚議、目錄。後有淳熙六年鄧
光、蘇詡跋。其行欵序跋與蜀藩本全同,從蜀藩本出,第本書刊印序
跋不存,未審其排印時地耳。已印入四部叢刊初編。

〔補〕**欒城集五十卷後集二十四卷三集十卷應詔集十二卷**　宋
蘇轍撰。○清寫本,十行二十字。遇宋帝空格,似從宋本出。○舊
寫本,藍格,九行二十二字。三集末有淳熙六年鄧光、蘇詡跋及筠州
校勘官銜名三行。又有開禧三年蘇森跋及嘉靖二十年崔廷槐跋。
崔跋為嘉靖二十年蜀藩本原序,當從蜀藩本出,然蜀藩本及活字本
均無應詔集,此本未知所自。

〔補〕**欒城集四十八卷後集二十四卷三集十卷應詔集十二卷**
宋蘇轍撰。○清道光十二年眉山三蘇祠刊三蘇全集本。余據宋蜀
大字本校前集二十五卷,後集十四卷,三集五卷,應詔集十二卷,通
計校五十六卷。卷三十七補責降韓俱狀一首,卷四十一補論梁惟簡
一首,後集卷十二潁濱傳補脱文二段,計四百三十字,卷十九補汝州
謝雨文後跋一段。

〔補〕**類編增廣潁濱先生大全文集一百三十七卷**　宋蘇轍撰。○
宋刊本,十五行二十六字,注雙行同,細黑口,左右雙闌。詩文分類
多不倫,必坊賈編以射利者。是南宋前中期建本。按淳熙六年筠州
本欒城集後蘇詡跋言建安本頗多缺謬,在麻沙者尤甚云云。李木齋
先生有類編增廣山谷先生大全文集五十卷行欵、版式、雕工、書名格
式均同,有乾道麻沙鎮劉仲吉刊書牌子,則此本當即蘇詡跋中所稱

之麻沙本也。日本內閣文庫藏。

〔補〕**宋大家蘇文定公文抄二十卷** 宋蘇轍撰，明茅坤選。○明萬
曆七年茅一桂刊唐宋八大家文抄本，九行十九字，白口，左右雙闌。

〔補〕**支離子集一卷** 題宋黃希旦撰。○清初寫本。鈐曹溶印記及怡
府明善堂印。李木齋先生遺書。四庫存目。

〔補〕**豫章黃先生文集三十卷外集十四卷** 宋黃庭堅撰。○南宋
初江西刊本，九行十八字，白口，左右雙闌，版心下記刊工人名，有蔡
達、蔡寧、王禮、彭世寧、高安平等。沈君曾植藏文集三十卷，已印入
四部叢刊初編。余藏外集卷一至六，刊工與沈藏本全同。○南宋刊
本，九行十八字，白口，左右雙闌。行欵與前本全同而非一刻，刊工
人名亦不同，有唐用、唐時、金宣等。存卷二至十四。又配入卷十七
至十九，存十六卷。余所藏文集十六卷、外集六卷黃丕烈舊藏，百宋
一廛賦所謂"異三擤乎豫章"者，即此本。余得後以擤三異名齋。

**山谷內集三十卷外集十四卷別集二十卷詞一卷簡尺二卷年譜
三卷** 宋黃庭堅撰。○嘉靖丙戌徐岱、喬迁、余載仕刊本，附伐檀
集。先是前守葉天爵刊周季鳳所抄內閣本，未竟而去。又二十年，
乃季鳳別抄刊之，因舊刊者益三之一，四庫著錄即此本，益寧祠最舊
本，亦最善。○萬曆癸卯莆田方沆刊正集三十卷，萬曆甲寅滇中李
友梅又刊外集十四卷，別集二十卷，附年譜十五卷，竝周希令重編。
○乾隆乙酉江西刊本，正集三十二卷，外集二十四卷，別集十九卷，
首四卷，附伐檀二卷，依萬曆本所改編，而新改字多誤。○乾隆間陳
守誠重刊本，六十四卷。○豫章先生遺文十二卷，乾隆庚子汪大本
仿宋刊本。○山谷刀筆二十卷，近紛欣閣刊本。○宋乾道本類編增
廣黃先生大全文集五十卷，賦、詩雜文、樂章各以類分編，惟絳雲書
目有之，他家皆未著錄。又麻沙鎮水南劉仲吉識語，題乾道端午。
張金吾有藏，見續志四卷。○天祿目有元板黃太史精華錄八卷，任

淵選,前淵序,後朱承爵跋,稱任子淵精華錄選,葢宋元祐間刊板,云必非宋人,定為元刊。又山谷精華錄八卷,明刊本,題任淵撰。○山谷題跋四卷,汲古閣刊。

〔補〕**豫章黃先生文集三十卷外集十四卷別集二十卷簡尺二卷詞一卷** 宋黃庭堅撰。**附伐檀集一卷** 宋黃庶撰。**山谷先生年譜三卷** 宋黃營撰。○明弘治葉天爵刊嘉靖六年喬遷、余載仕重修本,十二行二十三字,白口,四周雙闌。別集卷四至七為十二行二十四字,目錄自為葉,不連正文,當是補刊。前嘉靖五年徐岱序、六年周季鳳序,後有建炎二年洪炎序。別集後有淳熙九年諸孫黃營跋。伐檀集後有諸孫黃犖、黃營二跋,年譜前有營序,後附豫章先生傳、太常諡議、弘治十八年張元禎撰祠記、邑人周季鳳撰別傳、重刊文集跋及嘉靖六年吉仲道後序。簡尺及詞卷首皆有葉天爵刊、喬遷訂補二行。據序為周季鳳自內閣抄得宋蜀本,凡九十七卷,屬葉天爵梓行,未竟而去,越二十二年,喬遷、余載仕補其蠹蝕,重加校刻而成。傳世山谷集當以此本為最全也。

〔補〕**重刻黃文節山谷先生文集三十卷外集十四卷別集二十卷** 宋黃庭堅撰。**附年譜十五卷** 宋黃營撰**伐檀集二卷** 宋黃庶撰。○明萬曆三十一至四十二年間方沆、李友梅續刊本,十一行二十字,白口,四周單闌。前有刊刻義例十一條,即莫氏所記之本。方沆官寧州知州,亦寧州刊本。

〔補〕**宋黃文節公文正集三十二卷外集二十四卷別集十九卷** 宋黃庭堅撰。**附伐檀集二卷** 宋黃庶撰**首四卷** ○清乾隆三十年寧州緝香堂刊本。余有正集三十二卷,九行二十字。十冊。後又收得外集、別集、伐檀集,計四十五卷,題曰山谷全書,四冊。即莫氏所記之乾隆乙酉江西刊本。

〔補〕**類編增廣黃先生大全文集五十卷** 宋黃庭堅撰。○宋乾道間麻沙鎮水南劉仲吉宅刊本，十五行二十六字，細黑口，左右雙闌。
前有門目，大字，半葉十行。次目錄，末葉有乾道端午麻沙鎮水南劉
仲吉宅刊書牌記五行。有黃丕烈跋。李木齋先生藏。即莫氏所記
張金吾續志著錄之本。

〔補〕**豫章先生遺文十二卷** 宋黃庭堅撰。○清乾隆四十五年婺源
汪大本仿宋精刊本，九行十八字，白口，四周雙闌。四册。余藏。

山谷內集註二十卷外集註十七卷別集註二卷 宋任淵撰。○烏
鎮鮑氏有元刊本。○聚珍本。○閩覆本。○乾隆五十三年謝啟崑
刊翁方綱校本，附遺詩五卷及黃營撰年譜十四卷。○明弘治丙辰南
昌陳沛等刊本。○明嘉靖癸巳成都蔣芝刊黃詩，內篇十四卷，續二
卷。○道光中黃氏後人擺板本。○影宋抄山谷前集詩註二十卷，半
頁十三行，行二十三字，註低一格，單行，缺序。○宋淯熙本山谷外
集詩註十七卷，半頁九行，行大小竝十九字，末有淯祐庚戌孫季溫
跋，謂大夫書脫稿日，白石錢先生文子為序，鋟木于眉。錢序嘉定元
年。後增註，復詮次，今刊之閩憲治。竝郘亭藏本。○張金吾有舊
抄山谷詩三註，附弘治丙辰張元楨序，己未楊廉後序，蓋據明刊也。
○又有宋刊任註殘本六卷，舊抄目錄闕二頁，獨不闕。

〔附〕○宋刊本，十六行十八字。張目。○元麻沙本。（邵氏）

〔補〕**山谷詩前集註二十卷** 宋黃庭堅撰，任淵註。○清影寫宋刊
本，十三行二十三字，注大字低一格，題低四格。前有雍正五年名賓
者跋，言從毛氏藏本出，尚缺卷四第二十五、二十六葉及卷十三首
葉。

〔補〕**山谷詩集註二十卷** 宋黃庭堅撰，任淵註。○日本古刻本，從
宋紹定五年壬辰諸孫黃埒刊本出，九行十六字，註雙行同，黑口，左
右雙闌。後有紹定壬辰南至，諸孫埒識語，署銜為權知南劍州軍州，
或為出自蜀本歟。

〔補〕**山谷先生大全詩註二十卷**　宋黃庭堅撰，任淵註。○元刊本，
十一行十九字，註雙行低一格二十三字，細黑口，左右雙闌。有永樂
二年蘇叔敬買到墨書一行。黃丕烈跋，百宋一廛賦著錄，即所謂"異
三擤乎豫章"之一也。存十五卷，較黃氏藏時又佚去三卷矣。余藏。
○又一帙，日本靜嘉堂文庫藏。○明弘治七年刊本，十行十八字，黑
口，四周雙闌。有弘治七年湖廣按察副使同知瑞州府事華亭□□
序。詩中註語未刻。

〔補〕**山谷內集詩註二十卷**　宋黃庭堅撰，任淵註。**外集詩註十七
卷**　宋黃庭堅撰，史容註。**別集詩註二卷**　宋黃庭堅撰，史季溫註。
○明初刊本，九行十九字，黑口，四周雙闌。余有殘本。此即莫氏跋
為宋淳熙本者也。○清乾隆間武英殿木活字印聚珍版書本，余藏。
余據自藏宋刊殘本校。○朝鮮古刊本，十行十七字，白口，四周雙
闌。唯別集為四周單闌。內集前任淵序，紹興二十五年許尹序，次
目錄、年譜。外集前有嘉定元年錢子文序，次目錄，目前有史容小
引。

〔補〕**山谷詩內集注二十卷**　宋黃庭堅撰，任淵註。**外集注十七卷**
宋黃庭堅撰，史容注。**別集注二卷**　宋黃庭堅撰，史季溫注。**外集
補四卷別集補一卷**　宋黃庭堅撰，清謝啟昆補。**年譜十四卷**　○
清乾隆五十三年謝啟昆樹經堂刊本。二十冊。余藏。

〔補〕**山谷外集詩註十四卷**　宋黃庭堅撰，史容註。○元建安熊氏萬
卷書堂刊本，十二行二十二字，細黑口，左右雙闌。前嘉定元年錢文
子序，次史容引，引後有至元二十二年乙酉文江泉溪羅嘉續刊書識
語八行，言書市所刊山谷詩止于內集而外集缺焉，革後併外（內？）集
板不存，本齋□雖續刊內集，每以外集未完為欠事。今得蜀中外集
善本，史君容撰注，重新綉梓，與同志共之，庶乎內外兩篇相為輝映
云云，次目錄，目後有"建安熊氏萬卷書堂"牌記二行。日本帝室圖

書寮藏，已印入四部叢刊。據羅氏識語，原尚有內集。此十四卷，首尾完整，校以明刊十七卷本，適為卷一至七。知出自嘉定元年初本，與史季溫重刊于閩者不同。此書為中土佚書，其刊板去宋亡只六年，雕工精美，序目及卷首幾與宋刻無殊。

〔補〕**山谷別集詩註二卷** 宋黃庭堅撰，史季溫註。○明弘治十二年刊本，九行十九字，黑口，四周雙闌。後有弘治己未楊廉序。天一閣佚出之書。此與前記之明初本行欵同而實非一刻。○朝鮮翻明本，九行十九字，大黑口，四周雙闌，分上下卷。○清乾隆間武英殿木活字印聚珍版書本，余據弘治十二年刊本校。

〔補〕**山谷老人刀筆二十卷** 宋黃庭堅撰。○明弘治十二年刊本，十二行十九字，白口，左右雙闌。余藏。○明刊本，十行十九字，白口，左右雙闌。有李日華、高碧南及清天祿琳琅諸璽。○明萬曆七年江西布政司刊本。○清道光間周心如輯刻紛欣閣叢書本。四庫存目。

〔補〕**黃太史精華錄八卷** 宋黃庭堅撰，任淵選。○明弘治朱承爵刊本，九行十五字，四周單闌。末葉有"邑人朱君謨繕寫"一行。有任淵序，朱承爵跋。四庫存目。

〔補〕**後山居士文集二十卷** 宋陳師道撰。○宋眉山刊大字本，九行十五字，白口，左右雙闌。版心無刊工人名。前紹興二年謝克家序。明晉府舊藏。有翁方綱題詩。潘氏滂喜齋藏。此與蘇文忠、蘇文定、淮海集版式全同，必同時同地所刊宋人叢集之一也。

〔補〕**後山先生集三十卷** 宋陳師道撰。○明弘治十二年馬暾刊本，十一行二十字，黑口，四周雙闌。有弘治十二年王鴻儒序，稱錄于仁和陳氏，無別本校正，訛字頗多云云。每卷首葉有王鴻儒重校、馬暾繡梓二行。卷三十末有潞州廩生郭銘繕寫一行。莫氏誤分弘治十二年本及馬暾本為二書，又誤以馬暾本為二十八卷，疑未見原書也。此書訛奪實多，何焯嘗以明鈔本校明翻馬暾本，補正良多，蔣光煦曾編為校記，附于校補隅錄中。以勘此本，差失至百餘條，又多誤聯二文為一，或脱文達數百字之多。何校原本今藏日本靜嘉堂文庫。○明翻弘治十二年馬暾刊本，行欵同，顧廣圻臨何焯校跋並自跋。何氏據明萬曆間寫本校卷三至六，又據嘉靖以前寫本校，又據殘本校。趙君元方藏。余曾借校于自藏馬暾本上，其正訛補佚出于蔣光煦校補隅錄之外者又一千零數十字。○民國三年張鈞衡刊適園叢書本。

後山集二十四卷　宋陳師道撰。○明嘉靖刊本三十卷。○明馬暾刊本二十八卷。○弘治十二年刊本三十卷。○雍正庚戌雲間趙鴻烈刊本二十二卷。○拜經樓藏舊抄，為秀水濮氏校何義門評本。○昭文張氏有何義門手校弘治間刊本，謂以嘉靖前舊抄校，補正刊本之錯不少。○馬刊本亦三十卷。○庫本即趙本，恐非二十二卷。

〔附〕○宋蜀本。○宋明州本。○宋臨川本。（邵氏）

〔補〕**後山先生集二十四卷**　宋陳師道撰。○清雍正八年趙駿烈刊本，莫氏誤記為二十二卷，又誤作"鴻"烈。○清光緒十五年番禺陶氏愛廬刊本，十行二十一字。為詩八卷、文九卷、談叢四卷、詩話、理究、長短句各一卷。自云校訂重刊，然於何焯校記中各條全未改正，何也？

〔補〕**後山詩注六卷**　宋陳師道撰，任淵注。○宋蜀中刊本，每卷又分上下卷，十三行二十四字，注大字低二格，詩題低三格，後山自注夾行小字，白口，左右雙闌，版心下記刊工人名。此本分六卷，與任氏自記及直齋所記同，尚是任氏舊式。余嘗取以校聚珍本，改定一千一百三十餘字。存卷三下至六，即十二卷本之卷六至十二。

〔補〕**后山詩注十二卷**　宋陳師道撰，任淵注。○宋江西翻蜀本，十三行二十四字，白口，左右雙闌。行欵版式與前記六卷蜀本全同，唯每卷分上下為十二卷。存卷六一卷。○清乾隆間武英殿木活字印聚珍版書本。○清光緒二十五年廣雅書局翻武英殿聚珍本書本。余藏。余據宋蜀本校。

後山詩註十二卷 宋任淵撰。○聚珍板本。○閩覆本。○明有楊一清序刊本,在弘治己巳秋,云以屬漢中知府袁宏。○雍正乙巳嘉善陳唐刊無註本六卷。逸詩五卷,詩餘一卷,皆唐所蒐輯。○昭文張氏志有宋刊本後九卷,抄補三卷。

〔附〕○按潘次耕貽王漁洋宋刊本二十卷,有白川書院及懷新堂圖記,宋時與山谷合刊本。○元麻沙本。(邵氏)

〔補〕**后山詩註十二卷** 宋陳師道撰,任淵註。○明弘治十年袁宏刊本,九行十七字,黑口,四周雙闌。有弘治丁巳楊一清跋。○明嘉靖十年遼藩朱寵瀼梅南書屋刊本,九行二十字,白口,四周雙闌。版心有“梅南書屋”四字。從弘治袁宏本出。○清勞用霖三鱠家塾寫本,十一行二十字。有顧廣圻、戈襄、袁廷檮藏印。余藏。○朝鮮古活字本,九行十六字,白口,四周雙闌。前魏衍、王雲、任淵序。次目錄、年譜。卷末有弘治丁巳楊一清跋,從弘治袁宏本出。○朝鮮古活字印本,八行十七字。余藏。

〔補〕**後山居士詩集六卷逸詩五卷詩餘一卷** 宋陳師道撰。○清雍正三年陳堂活字印本。九行二十一字。二册。余藏。

宛邱集七十六卷 宋張耒撰。○聚珍本、閩覆本題柯山集五十卷。○舊抄本題張右史集六十五卷。○汲古閣目張右史文集六十卷,云世行文潛集僅十之五,右史集乃大全。○明嘉靖中郝梁刊本十七卷。○知不足齋傳抄本有八十二卷,最足。

〔附〕○南宋十卷本。○南宋三十卷本,名張龍閣集,汪藻編。○南宋七十卷本,名張右史集,有紹興十三年張表臣序。蔣記宋刊本。○南宋百卷本,名譙郡先生集。見周紫芝太倉稊米集。○嘉靖本題文潛集,十三卷,不全。(邵氏)

〔補〕**宛丘先生文集七十六卷** 宋張耒撰。○明晉安謝肇淛小草齋寫本，墨格，十行二十字。存卷一至三十七，五十一至七十六。〇清寫本，十行十七字，無格。鈐"紅豆後人"印。殘存四十三卷。余取以校廣雅翻武英殿聚珍版書本，補佚詩四十四首，脫文近六百字。

〔補〕**張右史文集六十五卷**　宋張耒撰。〇清寫本。

〔補〕**張右史文集六十卷**　宋張耒撰。〇清寫本，九行十七字。見于蘇州旋為日人購去。〇清寫本，九行十七字。鈐朱筠、劉喜海印記，海源閣佚出之書。〇舊寫本。有"雨亭抄書"、"吳越王孫"等印。盧址遺書。〇清寫本，九行十七字。四部叢刊初編收入。

〔補〕**張右史文集三十卷**　宋張耒撰。〇舊寫本，九行十七字。前錄宋史列傳。有紀昀印及清翰林院官印。此本祇錄賦、詩，無文，故卷數止此，非汪藻所編之龍閣集三十卷本也。

〔補〕**柯山集五十卷拾遺十二卷**　宋張耒撰。〇清光緒二十五年廣雅書局翻武英殿聚珍本。拾遺十二卷陸心源輯，為廣雅本所增，采別本宛丘集、宛丘文粹，益以墨莊漫錄、歲時雜詠、瀛奎律髓諸書而成。余藏。余據舊鈔四十三卷殘本校，補佚詩四十四首，脫文近六百字。余又據李木齋先生藏清徐葵校宋余騰夫刊十卷本張文潛文集校，其治術誤與論法下合為一篇，秦論、魏晉論、晉論、五代論共脫文一百三十五字，陳軫、陳湯二論脫一百九十三字，遠慮編下脫一葉三百六十餘字。

〔補〕**張文潛文集十三卷**　宋張耒撰。〇明嘉靖三年郝梁刊本，十行十八字，白口，左右雙闌。前嘉靖甲申馬駉序，言郝氏得宋本，有文無詩，為昔人選本，刻置山房云云。末有郝梁跋。〇明嘉靖三年郝梁刊本，清徐葵據宋余騰夫刊永嘉先生標注張文潛集十卷本校。宋本與郝梁本篇目相同，而分卷則異。知即馬駉序中所云之昔人選本，即郝本所自出耳。

〔補〕**宛丘先生文粹二十二卷**　宋張耒撰。〇明崇禎六年新安胡氏武林刊蘇門六君子文粹本，九行十九字，白口，左右雙闌。

〔補〕**淮海先生閒居集四十卷** 宋秦觀撰。○宋寧宗時眉山刊大字本，九行十五字，白口，左右雙闌，卷一首葉版心下有"眉山文中刊"五字。避宋諱至廓字。前有自序，次目錄，標"淮海先生文集目錄"，本書卷首標"淮海先生閒居集"七字，存卷一至十八，二十七至三十四，計二十六卷。海虞瞿氏藏。

淮海集四十卷後集六卷長短句三卷 宋秦觀撰。○淮海集有影宋抄本四十卷，後二集已佚。○明初刊本。○嘉靖中張綎刊本。○萬曆十六年李之藻刊本。○道光十七年高郵王敬之刊本合為十七卷，後集二卷，補遺一卷。

〔附〕○宋乾道癸巳王定國刊。○紹熙壬子謝雩校本。天祿後目。○元刊本，無長短句。（邵氏）

〔補〕**淮海集四十卷後集六卷長短句三卷** 宋秦觀撰。○宋乾道九年高郵軍刊紹熙三年謝雩重修本，十行二十一至二十四字不等，白口，左右雙闌，版心下記刊工人名，有曲釿、劉文、李憲、潘正、周佾等人。避宋諱至慎字止。首閒居文集序，次舒王答蘇內翰薦秦公書，次曾子開答書，次蘇內翰答書，次後山居士撰淮海居士集序。後有清嚴繩孫跋。故宮藏，在位育齋查點檢出。藏于善本庫中。○又一殘帙，存卷三十至四十。自內閣大庫紅本袋中清出，付北京圖書館藏之。此本刊印稍早。○又一殘帙，存卷十二至二十五。有黃丕烈跋。晚印，有補葉及缺葉。○明嘉靖十八年張綎刊本，繆荃孫先生有之，云仍是十二行本，然余迄未得見，未能一探其究竟，記此俟考。○明嘉靖二十四年胡民表翻張綎本，十二行二十一字，白口，四周單闌。前黃吉士序，次嘉靖乙亥張綎序，次嘉靖乙巳盛儀序。後集有嘉靖乙巳張繪序。據序，儀真黃瓚刻于山東，張綎參校監本、黃本刊于鄂州，甲辰燬于火。高郵守胡民表重加校正而翻刻行世。張繪即綖之弟也。此本已印入四部叢刊。○明嘉靖三十七年漢中府翻胡民表本。十二行二十一字，白口，四周單闌。前有嘉靖乙巳盛儀序，知從胡本出。目後有嘉靖戊午春漢中府重刊一行。○明刊本，十行二十一字，白口，四周雙闌。軟體字寫刻本，似正嘉間刊。殘存四卷，失序跋，未審刊刻時地。○明萬曆四十六年李之藻刊本，九行二十一字，白口，左右雙闌，題明仁和李之藻振之校。有張綖、盛儀舊序，知從胡民表本出。又有萬曆四十六年姚鏞序。十册。余藏。○清同治間秦氏刊本。六册。余藏。

〔補〕**淮海集四十卷後集六卷長短句三卷補遺一卷**　宋秦觀撰。○舊寫本，十二行二十五字。前嘉靖乙巳盛儀序，從胡民表本出。虛止道人元元校並跋。黃丕烈據宋高郵軍學刊殘本校卷十二至二十五，韓應陛據南宋本閒居集校卷一至十。周叔弢藏。

〔補〕**淮海集十七卷後集二卷詞一卷補遺一卷續補遺一卷**　宋秦觀撰。**攷證一卷**　清王敬之、茆泮林、金長福撰。**重編淮海先生年譜節要一卷**　清秦瀛撰。○清道光十七年王敬之刊本。余藏。余據故宮藏宋乾道九年高郵軍學刊本校並錄嚴繩孫跋。

〔補〕**秦少游詩集六卷**　宋秦觀撰。○明萬曆四十三年潘是仁輯刻宋元四十三家集本，九行十九字，白口，四周單闌。

〔補〕**淮海先生文粹十四卷**　宋秦觀撰。○明崇禎六年新安胡氏武林刊蘇門六君子文粹本，九行十九字，白口，左右雙闌。

濟南集八卷　宋李廌撰。○抄本。

〔補〕○民國十年李之鼎刊宋人集本，在丙編。

〔補〕**濟南先生文粹五卷**　宋李廌撰。○明崇禎六年新安胡氏武林刊蘇門六君子文粹本，九行十九字，白口，左右雙闌。

參寥子集十二卷　宋釋道潛撰。○刊本。○宋刊本，半頁十一行，行廿四字，蓮鬚閣舊物。又有黃子羽、季滄葦、徐健菴諸人印。○胡心耘藏宋刊本。行字同,黃蕘圃物也。

〔補〕**參寥子詩集十二卷** 宋釋道潛撰,釋法顒編。○宋刊本,十一
行二十四字,白口,左右雙闌,版心下方間記刊工人名及字數。卷一
次行題"法孫法顒編"。明黃子羽、清季振宜、徐乾學、黃丕烈、汪士
鐘、吳雲、汪鳴鑾遞藏,今歸涵芬樓,已印入四部叢刊三編。○清初
寫本,行款同宋本。有曹溶藏印。怡府、海源閣遞藏。

〔補〕**參寥子詩集十二卷** 宋釋道潛撰,釋宗譓重集。○宋刊本,十
一行二十三、四字,細黑口,左右雙闌。卷首次行題"四明前天寧參
寥後裔宗譓重集"。鈐季振宜、揆叙及北平謝氏藏印。

〔補〕**參寥子詩集十二卷** 宋釋道潛撰。**東坡稱賞道潛之詩一卷**
明汪汝謙輯。○明崇禎八年汪汝謙刊本,九行十八字,白口,四周單
闌。余據宋刊法顒輯本校,蔣君汝藻代抄佚詩。

〔增〕**斜川集六卷** 宋蘇過撰。○此集自明代卽軼,書買每以劉過龍
州集改題欺世,四庫提要存目所斥是也。歷城周永年從永樂大典輯
成六卷,乾隆丁未鮑氏知不足齋刊入叢書。後嘉慶十五年法式善又
從大典中輯出補遺二卷,則與原本十卷不甚懸殊,重為刊行。○道
光七年眉州又重刊,附三蘇集後。○阮氏以六卷本進呈。

〔補〕○清道光七年眉州三蘇祠刊本,附三蘇全集後。

〔補〕**斜川集六卷** 宋蘇過撰**附錄二卷訂誤一卷** 清吳長元撰。○
清乾隆五十三年鮑廷博刊知不足齋叢書本。附錄嘉慶十五年刊,收
入二十六集中,即周永年輯自大典者。

〔補〕**斜川集六卷** 宋蘇過撰**附錄二卷** ○清嘉慶間趙懷玉亦有生齋
刊本。二冊。余藏。

〔補〕**斜川詩集十卷** 題宋蘇過撰。○清活字印本,十一行二十二字,
黑口,左右雙闌。余藏。余據清鮑廷博鈔校本校。實為宋劉過詩。
四庫存目。

寶晉英光集八卷 宋米芾撰。○抄本。○明刊本六卷。○有宋刊本，紹定壬辰岳珂編刊寶晉英光集于潤州米祠。○潘訒叔刊五卷。○翁方綱撰有年譜。○陸心源有寶晉山林集拾遺八卷，景宋抄本，乃嘉泰初刊于筠陽，其孫米憲所輯，四庫未錄。

〔附〕○宋刊本，題寶晉山林拾遺集，十卷。○天水冰山錄有宋本五册。○明刊六卷本，首有岳珂序，後有張丑跋，云出自吳文定家。

〔補〕**寶晉英光集八卷補遺一卷** 宋米芾撰。○清咸豐元年蔣光煦刊涉聞梓舊本，十一行二十一字。有商務及湖北先正遺書影印本。

〔補〕**寶晉英光集六卷** 宋米芾撰。○明末毛氏汲古閣寫本，九行十八字，前岳珂序，序後有戒菴跋。有毛扆藏印。唐翰題手跋，言是毛氏汲古閣寫本，戒菴為江陰李詡。邢君之襄藏。○舊寫本，十行二十字。黃丕烈臨吳翌鳳校宋本，又據明張丑寫本校，有跋，海源閣舊藏。○舊寫本，余藏。余據黃丕烈臨吳翌鳳校宋本傳錄。

〔補〕**寶晉英光集六卷拾遺八卷** 宋米芾撰。○舊寫本，八行十九字。前後有戒菴跋二則，鈐"中山王孫印"。拾遺末有嘉泰元年米憲跋及豐坊跋，從宋筠陽本出。鈐蔣氏求是齋藏書印。余藏。余據黃丕烈校宋本校，改訂二百零六字。

〔補〕**寶晉山林集拾遺八卷** 宋米芾撰。○宋嘉泰元年筠陽郡齋刊本，十行十六字，白口，左右雙闌，版心上記字數，下記刊工人名。前蔡肇撰墓誌，後有嘉泰改元嗣孫米憲跋，以行書上版，猶有祖風。本書後四卷為寶章待訪錄、書史、畫史、硯史四種。此書孤本，明華夏舊藏，有豐坊跋，言嘗見鈔本山林集六十卷云云。○清影寫宋刊本，有何夢華藏印。存四卷，李木齋先生藏。

〔補〕**米襄陽詩集五卷** 宋米芾撰。○明萬曆四十三年潘是仁輯刻宋元詩四十三家集本，九行十九字，白口，四周單闌。

石門文字禪三十卷 宋釋惠洪撰。○釋藏刊本。

〔補〕○明萬曆二十五年徑山萬壽禪寺刊徑山藏本，十行二十字，陰陽
　葉，各四周雙闌。已印入四部叢刊。○清光緒二十五年丁丙輯刻武
　林往哲遺箸本。

〔補〕**青山集三十卷**　宋郭祥正撰。○宋刊本，十行二十字，白口，左
　右雙闌。版心下方記刊工人名，有陳榮、陳震、陳伸、王明、毛用、章
　旼、章英等。有宋時補版。鈐有宋嘉定七年嘉興府學木記及咸淳二
　年嘉興府學重加木記，宋時嘉興府學官書。鈐朱彝尊、揆叙藏印。
　清宮藏書，丁巳歲流出，寶君熙持以相示。按功甫當塗人，此書刊工
　多與池州本文選、王文公集相合，當是孝、光間皖中刊本。○此本蔣
　君汝藻曾覆刻行世，收入密韻樓景宋本七種中，橅印極精，下真迹一
　等，近世翻刻宋本恐无逾此者矣。又有石印本行世，余嘗校過，次第
　與通行本不同。

青山集三十卷續集七卷　宋郭祥正撰。○抄本。○明刊本。

〔補〕**青山集三十卷附錄一卷**　宋郭祥正撰。○清道光九年宋鈹、吳
　立堅、葛錞刊本。余藏。余據宋刊本校。

〔補〕**青山集三十卷補遺一卷附錄一卷**　宋郭祥正撰。○清精寫
　本。鈐"志西道人"、"西堂藏書畫印"。盧址抱經樓遺書。

畫墁集八卷　宋張舜民撰。○知不足齋本。

〔補〕**畫墁集八卷補遺一卷**　宋張舜民撰。○清嘉慶間長塘鮑氏刊
　知不足齋叢書本，在二十二集。

陶山集十四卷　宋陸佃撰。○聚珍本、閩覆本十六卷。

〔補〕**陶山集十六卷**　宋陸佃撰。○清乾隆間武英殿木活字印聚珍版
　書本。○清光緒十六年梅雨田輯刻清芬堂叢書本。

倚松老人集二卷　宋饒節撰。○四庫依抄本。○常熟陳氏有舊抄
　本，有宋慶元己未黃汝嘉重刊一條。○張氏舊本每卷有之。

〔補〕**倚松老人詩集二卷**　宋饒節撰。○宋慶元五年重刊本，十行二

十字,白口,左右雙闌,版心上記字數,下記刊工人名。存卷二第十
至四十八葉,無卷首葉。卷二末葉有"慶元己未校官黃汝嘉重刊"一
行。友人吳君昌綏藏。此本與余藏江西詩派本東萊集全同,卷末一
行亦同,惟"重刊"作"增刊"。又見明嘉靖間晁氏寶文堂刊具茨集及
鈔本韓駒陵陽集,亦均有"江西詩派"四字,具茨集且亦有"慶元己未
校官黃汝嘉刊行"一行,知同時同地必刊有江西詩派叢集也。○清
汪文柏古香樓寫本,從宋本出,每卷尾有"慶元己未校官黃汝嘉重
刊"一行。盧址抱經樓藏。○民國初沈曾植海日樓刊西江詩派韓饒
二集本。

長興集十九卷 宋沈括撰。○明刊本,原四十一卷,缺一至十二,又
缺三十一,又缺三十三至四十一,凡缺廿二卷,故僅存十九卷。今所
存三沈集明人翻刊宋括蒼本也。

〔附〕○宋括蒼本。○明刊三沈集本。○張有舊抄本十六卷,云原四十
卷,缺卷一至十二,二十九至末卷。(邵氏)

〔補〕**長興集四十一卷** 宋沈括撰。○明刊沈氏三先生文集本,九行
二十字,白口,四周雙闌,似萬曆時刊。其長興集僅有卷十三至三
十,三十二,共十九卷。每卷有"從事郎處州司理參軍高布重校兼監
雕"一行。○舊寫本,八行二十一字,亦有高布監雕銜名。存九卷,
無出明本之外者。

西塘集九卷附錄一卷 宋鄭俠撰。○明萬曆中刊本。

〔補〕**西塘先生文集十卷** 宋鄭俠撰。○明萬曆三十七年葉向高刊
本,九行十八字,白口,四周單闌。有葉氏序。卷十為傳誌祠記,實
為附錄。有汪文柏古香樓印記,盧址抱經樓遺書。

〔補〕**西塘先生文集九卷** 宋鄭俠撰。○清光緒十年刊洪氏公善堂
叢書本。余藏。余據明萬曆三十七年葉向高刊本及舊鈔本校,並補
佚文。

〔補〕**雙峰猥稿九卷** 宋舒邦佐撰。**首一卷末一卷** ○清道光二十

九年舒化民刊本。二冊。余藏。此書四庫存目，提要嘗質疑議，姑

存于此。

雲巢編十卷 宋沈遼撰。○明刊本。

〔附〕○裘杼樓書目八卷本。○張有抄本。（邵氏）

〔補〕**雲巢編十卷** 宋沈遼撰。**附錄一卷** ○明刊本，九行二十字，白

口，四周雙闌。沈氏三先生集之一。每卷有高布兼雕銜名一行，從

宋處州本出。○舊寫本，八行二十一字，每卷目連正文，尚存宋式。

景迁生集二十卷 宋晁說之撰。○抄本。○道光十年晁氏裔孫刊。

〔補〕**嵩山文集二十卷雜文一卷** 宋晁說之撰。○清初寫本，九行

十八字。卷首但標文集幾，版心上方題“嵩山集”或“嵩山文集”。卷

二十後有紹興二年其孫子健跋，言編為十二卷。又乾道三年子健

跋，言重編為二十卷，鋟木于臨汀郡庠。此本慎字稱“今上御名”，即

從乾道本出也。跋後附雜文九首，當為後附者。鈐曹溶藏印。已印

入四部叢刊續編。

〔補〕**景迁生文集二十卷** 宋晁說之撰。○彭氏知聖道齋寫本。彭

元瑞校。存十八卷。

雞肋集七十卷 宋晁補之撰。○明刊。○又崇禎乙亥吳郡顧凝遠依

宋刊重刊本，四庫據之。○昭文張氏舊抄本，題濟北晁先生雞肋集，

宋紹興七年丁巳，從弟謙之權福建轉運判官，紬次為七十卷，刊于建

陽。

〔附〕○張氏本壬辰在吳下收得，有季滄葦、王鳴盛諸藏印。又收明抄

殘本。○崇禎刊本亦有跋，與抄本同，抄本即從刊本出耳。（莫棠）

〔補〕**濟北晁先生雞肋集七十卷** 宋晁補之撰。○明崇禎八年顧凝

遠詩瘦閣刊本，九行十九字，細黑口，左右雙闌。已印入四部叢刊。

余有一帙，據舊寫本三種校。○舊寫本，十二行二十六字。鈐季振

宜、王鳴盛、張金吾、汪士鐘、莫棠等藏印。即莫氏著錄之昭文張氏本也。○舊寫本，十行十八字。有張敦仁藏印及"廣圻審定"印。○清寫本，十行十八字。鈐"禮邸珍玩"印。

〔補〕**濟北先生文粹二十一卷**　宋晁補之撰。○明崇禎六年新安胡氏刊蘇門六君子文粹本，九行十九字，白口，左右雙闌。

〔增〕**具茨集一卷**　宋晁沖之撰。○明晁瑮重刊宋本。○天一閣目六卷。○道光十年晁氏重刊本十五卷。○晁瑮本載俞汝礪序，署紹興十一年九月。○阮氏曾進呈。

〔補〕**具茨晁先生詩集不分卷**　宋晁沖之撰。○明嘉靖三十三年晁瑮寶文堂重刊宋慶元五年黃汝嘉刊江西詩派本，十行二十字，白口，四周單闌，版心上方有"晁氏寶文堂"五字。前紹興十九年俞汝礪序。卷首標題下有"江西詩派"四字。卷末有"慶元己未教官黃汝嘉刊行，嘉靖甲寅裔孫瑮東吳重刊"三行。有馬思贊、章綬銜印記，附馬氏手札及章氏二跋。廠肆見，為周叔弢收去。

〔補〕**具茨晁先生詩集十五卷**　宋晁沖之撰，清闕名注。○清道光二十七年番禺潘氏刊海山仙館叢書本。

樂圃餘稿十卷附錄一卷　宋朱長文撰。康熙壬辰裔孫岳壽刊本。

〔補〕**吳郡樂圃朱先生餘稿十卷**　宋朱長文撰。**附編一卷**　○舊寫本，九行十五字。卷中遇宋帝空格，從舊本出。鈐曹寅及其甥昌齡藏印。○清寫本，十行二十四字。李璋煜校。○又一本，十一行二十二字，亦李璋煜校。徐坊遺書。

〔補〕**吳郡樂圃朱先生餘稿十卷補遺一卷**　宋朱長文撰。**附編一卷**　○清康熙五十一年朱岳壽刊本，十行二十一字。余藏。余據舊寫本校。

龍雲集三十二卷　宋劉弇撰。○明弘治乙丑劉璋刊本。○裔孫有恒重刊本龍雲集。○汴京及麻沙先刊二十五卷，紹興初羅良弼增編為

三十二卷,元泰定二年吉守胡元衡平一刊本。夅字偉明,居安福縣
之龍雲鄉,元符中官祕書省正字。

〔附〕○紹興本,凡六百三十餘篇。(邵氏)

〔補〕龍雲先生文集三十二卷 宋劉夅撰。○明成弘間刊本,十行十
九字,黑口,四周雙闌。存卷七至十六,失序跋,刊書時地竢考。鈐
有山陰祁氏澹生堂印記。

〔補〕龍雲先生文集三十二卷 宋劉夅撰。**附錄一卷** ○民國四年
胡思敬刊豫章叢書本。

雲溪居士集三十卷 宋華鎮撰。○抄本。

〔補〕○四庫本已印入四庫全書珍本初集中。○清四庫館寫本,八行二
十一字。樊增祥先生藏,為法式善舊藏,鈐有翰林院印。

演山集六十卷 宋黃裳撰。○抄本。○宋乾道初季子炘刊本。

〔補〕○四庫本已印入四庫全書珍本初集中。○清初傳寫宋乾道二年
季子黃玠建昌軍刊本,十行二十字。前王悅序及自序,後有建昌軍
學教授廖挺跋及乾道二年玠跋,有建昌軍刊書銜名四行,其時玠正
權發遣州事也。鈐有曹溶、朱彝尊及怡府明善堂印記。海源閣遺
書。

姑溪居士前集五十卷後集二十卷 宋李之儀撰。○舊抄本。○昭
文張氏藏姑溪集五十卷,乾道丁亥天台吳芾假守當塗,得遺稿于邦
人,類序之,命郡士戴肇訂正鋟板于郡學,見芾序。

〔附〕○粵雅堂本。(王國維)

〔補〕姑溪居士文集五十卷後集二十卷 宋李之儀撰。○明吳寬
叢書堂寫本,棉紙墨格,十行二十字,版心有"叢書堂"三字。存文集
五至六、二十至二十五、三十至三十一、三十七至四十三,凡十七卷。
又後集卷十六至二十,凡五卷。內吳氏原鈔得十六卷,餘為後人配
補。○清初寫本,九行二十一字。前天台吳芾序。鈐曹溶、秦恩復

印。存文集五十卷。○清初徐乾學傳是樓寫本，十行二十三字。其
文集卷十四至二十五配黃氏千頃堂寫本，鈐"千頃堂圖書"等印。盧
址抱經樓遺書。○清寫本，九行二十一字。鈐有"小山堂書畫印"。
近人以朱藍二色校改。○清光緒元年刊粵雅堂叢書本，在第三十
集。

〔補〕**姑溪居士文集五十卷後集二十卷** 宋李之儀撰。**較勘記一
卷** 清吳對撰。**附錄一卷** ○清宣統三年吳對刊本。余藏。余據
吳氏叢書堂鈔本殘卷校，改訂頗多。又據清初寫本校。

〔補〕**止齋先生集十三卷** 偽書，詭題北宋人馮敬撰，實為姑溪居士
後集之卷一至十三。○舊寫本，九行二十一字。鈐秦恩復、戴芷農、
翁松禪諸印。

潏水集十六卷 宋李復撰。○抄本。○潏水集本四十卷，宋乾道間
嘗刊于饒郡，卽朱子所謂信州本也。

〔補〕○傳鈔永樂大典輯本。○新排印本。

學易集八卷 宋劉跂撰。○聚珍本。○閩覆本。

〔補〕○清光緒五年定州王氏謙德堂刊畿輔叢書本。○清光緒十六年
梅雨田輯刊清芬堂叢書本。

道鄉集四十卷 宋鄒浩撰。○明正德七年無錫刊。○萬曆戊午鄒中
允重刊。○近道光辛丑鄒禾刊。○正德本題道鄉先生鄒忠公文集。
○嘉靖壬辰刊。○道鄉集宋刊本同治丁卯秋見之杭肆，紹興五年乙
卯，其子柄詡編集，將鏤板于福唐，李綱為之序。

〔附〕○照宋鈔本，多一卷。（邵氏）

〔補〕**道鄉先生鄒忠公文集四十卷** 宋鄒浩撰。明成化六年鄒量刊
本，十行二十字，黑口，四周雙闌。

〔補〕**道鄉先生鄒忠公文集四十卷續集一卷** 宋鄒浩撰。○明正
德七年鄒翎刊本，十行二十字，白口，四周雙闌。卷末有正德七年冉

涇邵寶重刊後序。余藏。整理者案：此書經眼錄作黑口。當係誤記。檢補記郘亭書目此條，記云"杭州古懽堂見正德本，……十行二十字，後有正德七年邵寶序，題欵與下所記同，惟系白口耳"。據此改正。

〔補〕**道鄉集四十卷補遺一卷**　宋鄒浩撰。**年譜一卷**　○清同治九年南海鄒伯奇永誃堂刊本。八册。余藏。

游廌山集四卷　宋游酢撰。○乾隆丙申裔孫刊。○同治丁卯游智開重編，刊于和州，較清整。

〔補〕**游廌山先生集四卷**　宋游酢撰。○清刊本。余藏。余據宋刊巾箱本四朝名臣言行錄校，補佚文一首。

〔補〕**游廌山先生集十卷首一卷**　宋游酢撰。○清乾隆七年刊十一年增補本。

〔補〕**游定夫先生集六卷首一卷附錄一卷**　宋游酢撰。○清同治六年新化游氏和州官舍刊本。二册。余藏。

西臺集二十卷　宋畢仲游撰。○聚珍本。○閩覆本。

〔補〕○民國間山西排印山右叢書初編本。

樂靜集三十卷　宋李廌撰。○抄本。

〔補〕○此書唯恃鈔本流傳。四庫本已印入四庫全書珍本初集中。

北湖集五卷　宋吳則禮撰。○抄本。

〔補〕○舊寫本。印入涵芬樓秘笈第四集中。○民國六年李之鼎刊宋人集本。在乙編。○舊寫本。民國十二年印入湖北先正遺書中。

溪堂集十卷　宋謝逸撰。○抄本。

〔附〕○宋紹興趙氏本，合邁集共三十三卷。○淳熙二年趙煜刊本。（邵氏）

〔補〕**溪堂集十卷**　宋謝逸撰。**附校勘補遺一卷**　胡思敬撰。○民國四年胡思敬刊四宋人集本，收入豫章叢書中。

竹友集十卷　宋謝薖撰。一名謝幼槃文集。張志有舊抄本,苗昌言跋,列右從事郎軍事推官宋砥等五人銜名六行,湻熙二年十二月。內又有陽夏趙煜重刊一條,末有萬曆己酉謝肇淛跋。○紹興辛未趙朝議命刊臨川二謝集于學宮,建康苗昌言董之,得溪堂善本于學正易菆,又得幼槃善本于其子敏行,以相參校,見昌言壬申冬十一月序。又謂兄弟文集合三十卷,見昌言序。

〔補〕**謝幼槃文集十卷**　宋謝薖撰。○宋紹興二十二年撫州州學刊本,十行十八字,白口,左右雙闌。版心雙魚尾,下魚尾下記葉數,最下記刊工人名,有蔡侃、劉成、高智廣、高智平、吳世、曾立、伍興等。前紹興三年呂本中題二謝詩,以手書上版。次紹興二十二年苗昌言題,言紹興辛未趙士鵬來守,昔年政成,命勒其書于學宮,溪堂集得本於易菆,幼槃集得本於其子敏行云云。後有知撫州軍趙士鵬、州學教授苗昌言銜名五行。其刊工與余藏五代史記有同者,其為撫州本無疑。楊守敬得自東瀛之書,蓋宋時入倭,吾國久佚者也。潘氏滂喜齋藏,已印入續古逸叢書中。

〔補〕**謝幼槃文集十卷**　宋謝薖撰**附溪堂集一卷**　宋謝逸撰。○舊寫本。黃丕烈藏印。余藏。

〔補〕**謝幼槃文集十卷**　宋謝薖撰。○舊寫本。後有紹興壬辰苗昌言跋及刊書人趙士鵬等銜名五行。又有淳熙二年趙燁重修一行。呂本中跋。萬曆三十七年謝肇淛鈔書跋及林佶跋。鈐汪文柏古書樓藏印。盧址遺書,為余收得。余據宋紹興撫州本校,改訂四百字。○清咸豐四年錢培名刊小萬卷樓叢書本。

日涉園集十卷　宋李彭撰。○抄本。

〔補〕○清四庫館寫本,八行二十一字。法式善舊藏。又有清翰林院印。樊增祥先生藏。此書從大典中輯出,無舊刊本。○舊寫本,有蔣鳳藻藏印。

〔補〕**日涉園集十卷補遺一卷** 宋李彭撰。○民國四年胡思敬刊四
　　宋人集本，收入豫章叢書中。余據法式善舊藏清四庫館寫本校。

〔補〕**日涉園集五卷** 宋李彭撰。○舊寫本。孔繼涵手寫目錄。各卷
　　分體編次。蔣君汝藻藏。整理者按：此書經眼錄著錄為九卷，係誤
　　記。蔣氏藏書後歸涵芬樓，今在北京圖書館。現據北京圖書館善本
　　目改為五卷。

灌園集二十卷 宋呂南公撰。○依閣抄本。

〔補〕○此書原本不存，此自永樂大典中輯出，亦罕傳本。四庫本已印
　　入四庫全書珍本初集中。

慶湖遺老集九卷 宋賀鑄撰。○康熙中刊本。○昭文張氏有舊抄
　　本，多拾遺一卷後歸胡心耘。○紹興壬子癸丑晉陵胡澄雨跋，謂先
　　得前集九卷鋟木，既而有傳卷之十于公家者，又得公子廩豫登補遺
　　二十七篇，並程公序，不暇附益改作，姑目曰拾遺而亟刊之，以全其
　　集。又賀廩跋，謂所搜拾為後集之補遺，是紹熙刊本時即有拾遺、補
　　遺兩卷也。○頃收所抄與張本同。

〔補〕**慶湖遺老詩集九卷拾遺一卷後集補一卷** 宋賀鑄撰。○明
　　謝肇淛小草齋寫本，墨格，十行二十字，版心有"小草齋鈔本"五字。
　　前丙子子月阿堵齋序，後元豐二年楊時跋、程俱撰墓誌銘、乾道二年
　　寇翼跋、紹熙三年胡澄跋。補遺後又有紹熙四年胡澄跋。鈐徐𤊽、
　　蔣絢臣、林佶藏印。○清初寫本，朱絲闌格，八行十八字，鈐有曹
　　溶、王原祁、怡府明善堂藏印。又有海源閣印記，海源閣佚出之書。
　　存詩集九卷，拾遺一卷，無後集補。○清寫本，十行二十字，宋諱注
　　某廟御名，從宋刊本出。有查瑩、翁方綱藏印。詩集、拾遺、後集補
　　全。○民國四年李之鼎刊宋人集本，余據清寫本校。

〔補〕**慶湖遺老詩集九卷** 宋賀鑄撰。○清寫本，十行二十字，鈐張
　　敦仁藏印。有失名人朱筆校。

〔補〕**慶湖集三卷**　宋賀鑄撰。○舊寫本，八行十七字。從兩宋名賢小集鈔出。詩視九卷本為少，次第亦不同。鈐吳騫藏印。

摛文堂集十五卷附錄一卷　宋慕容彥逢撰。○抄本。

〔補〕○清光緒二十三年盛宣懷刊常州先哲遺書本，從四庫本出，亦從大典中輯出者也。

襄陵集十二卷　宋許翰撰。○抄本。

〔補〕○此書原本久佚，此從永樂大典中輯出，世罕傳本。四庫本已於民國二十四年選印入四庫全書珍本初集中。

東堂集十卷　宋毛滂撰。○抄本。

〔補〕○此書亦自永樂大典中輯出，世罕傳本。四庫本已印入四庫全書珍本初集中。○清寫本，十行二十一字。沈叔埏用朱筆校。鈐章壽庸式訓堂藏印。

浮沚集八卷　宋周行己撰。○聚珍本。○閩覆本九卷。

〔補〕**浮沚集九卷**　宋周行己撰。自大典輯出。○清乾隆間武英殿活字印聚珍版書本。

〔補〕**浮沚集九卷補遺一卷**　宋周行己撰。○民國二十年永嘉黃氏排印敬鄉樓叢書本，在第三輯。

劉給事集五卷　宋劉安上撰。○四庫依抄本。○朱彝尊自隸州劉體仁家借抄，僅得其本，後得福州林佶抄本，始足成之。

〔附〕○宋留茂潛嘉定中合刊元承、元禮集本。（邵氏）

〔補〕**劉給諫文集五卷**　宋劉安上撰。**附錄一卷**　○清初寫本，十行二十字。與劉左史集同帙，前有留元剛序。卷一詩及彈事奏議劄子，卷二至四文，卷五經義。附錄為行狀。鈐王鴻緒藏印。

〔補〕**劉給諫文集五卷**　宋劉安上撰。○清同治十一年孫衣言刊永嘉詩人祠堂叢刻本。余藏。余據王鴻緒舊藏清初寫本校。

劉左史集四卷　宋劉安節撰。○四庫依抄本。○舊抄本，有黃梨洲藏印。

〔補〕**劉左史文集四卷** 宋劉安節撰。**附錄一卷** ○清初寫本，十行二十字。與劉給諫集同帙。卷一至二文、經義，卷三經義、論，卷四策、雜著。附錄為語錄、祭文、墓誌。鈐王鴻緒藏印。

〔補〕**劉左史文集四卷** 宋劉安節撰。○清同治十二年孫衣言刊永嘉詩人祠堂叢刊本。余藏。余據王鴻緒舊藏清初寫本校。

竹隱畸士集二十卷 宋趙鼎臣撰。○抄本。

〔附〕○按：陳云本百二十卷，其子深刊于復州，止刊四十卷。（邵氏）

〔補〕○此書從大典輯出，聚珍版書未收，世罕傳本。四庫本已收入四庫全書珍本初集中。

唐子西集二十四卷 宋唐庚撰。○此本乃明崇禎庚辰福州徐𤊹從何楷家抄傳明嘉靖三年金獻民刊本。○雍正乙巳歸安汪亮采刻本，題眉山集。○昭文張氏有舊抄本三十卷，題曰眉山唐先生文集。

〔附〕○宋番江刊本。見清波雜志。（邵氏）

〔補〕**眉山唐先生文集二十卷** 宋唐庚撰。○舊寫本，十一行二十字，從宋本出。前宣和四年鄭總序，茅庚序，呂榮義序。後紹興二十一年鄭康佐跋，紹興二十九年其子唐文若跋。前十卷與後十卷分別以賦、詩文編次。○清吳焯繡谷亭寫本，鄧君邦述藏。余曾借校汪亮采本。

〔補〕**唐先生集七卷** 宋唐庚撰。○明嘉靖三年任佃刊本，九行十八字，白口，左右雙闌。有宣和四年鄭總舊序，後有嘉靖三年金獻民跋。有黃丕烈二跋。周叔弢藏。余曾借校，極佳。此即莫目所記之金獻民刊本。

〔補〕**唐眉山詩集十卷文集十四卷** 宋唐庚撰。○清雍正三年汪亮采南陔草堂活字印本，十行二十字。余據鄧邦述羣碧樓藏清吳焯繡谷亭寫本校並錄吳氏跋。○清寫本，十行二十二字。前有徐𤊹序，

言得抄本二十卷於何玄子給諫家，遂錄之云云。乾隆以前寫，有朱
墨筆校訂至多，不知何人。

〔補〕眉山唐先生文集三十卷　宋唐庚撰。○舊寫本，九行十六字。
前宣和四年鄭總、唐庚、呂榮義序，後紹興二十一年鄭康佐跋，稱勒
為三十卷刻之，題銜為權發遣惠州軍，則刊于惠州也。又紹興二十
九年其子唐文若跋。已印入四部叢刊三編。

〔補〕唐眉山詩集七卷　宋唐庚撰。○明萬曆三十四年潘是仁輯刻宋
元詩四十三家集本，九行十九字，白口，四周單闌。

洪龜父集二卷　宋洪朋撰。○抄本。
〔補〕○洪集原本不存，此從永樂大典輯出，世罕傳本。四庫本已印入
四庫全書珍本初集中。○舊寫本。顧沅校。○舊寫本，失名人臨鮑
廷博校。有光緒十七年羅槑跋並題詩。

〔補〕清非集二卷補遺一卷　宋洪朋撰。○清光緒二年洪汝奎刊晦
木齋叢書豫章三洪集本。

跨鼇集三十卷　宋李新撰。○抄本。
〔補〕○四庫本已印入四庫全書珍本初集中。

忠愍集三卷　宋李若水撰。乾坤正氣集本。○抄本。○南宋時蜀中
有刊本。
〔附〕○宋費守樞刊于蜀，二十卷本，其子浚、淳跋。○影宋鈔費本。
（邵氏）

〔補〕李忠愍公集一卷　宋李若水撰。○清光緒五年定州王氏謙德堂
刊畿輔叢書本。余藏。余據宋蜀本國朝二百家名賢文粹校，補佚文
一首。

忠肅集三卷　宋傅察撰。○四庫依抄本。○乾坤正氣集本。

〔補〕傅忠肅公文集三卷　宋傅察撰。○明山陰祁氏淡生堂寫本，十
一行二十字，宋諱小字旁注，提行空格，尚存舊式。有毛西河、葉九

來藏印。北京圖書館藏，余嘗取校大興傅以禮刊本，改正三百四十餘字。○清寫本，十行二十字。前周必大序，後晁公休撰行狀。有乾隆三十八年兩淮鹽政李質送到馬裕家藏本木記，為修四庫時進書，鈐翰林院大官印。又有錢辛盦藏印。○清經鉏堂寫本，十一行二十五字。鈐曹溶藏印。○清汪文柏古香樓寫本，鈐汪氏諸印。盧址抱經樓遺書。○清劉喜海味經書屋寫本，綠格，十一行二十四字，版心有"東武劉氏味經書屋校鈔書籍"一行。鈐劉氏各印。○舊寫本。有傅以禮跋，言借自楊雪滄，與他本合校，撰為校記，附所刊忠蕭集後，因以此本歸趙云云。

〔補〕**傅忠蕭公文集三卷** 宋傅察撰。**首一卷校勘記一卷** 清傅以禮撰。○清光緒十八年傅以禮演慎齋刊本。余嘗見傅以禮一跋，言據陸心源、丁丙藏吳騫、吳州來兩家舊鈔本及明藍格寫本、楊雪滄舊鈔本，何竹薌之傳校本經魏錫曾校勘印行。余藏。余用北京圖書館藏明淡生堂寫本校，改正三百四十字。內有中間脫文，致使二篇文合一者兩處，均得校正。

上別集類北宋建隆至靖康（繩）

藏園訂補邵亭知見傳本書目卷十三上

藏園訂補郘亭知見傳本書目卷十三下

獨山莫友芝子偲　　撰

江安傅增湘沅叔　訂補

集部四

別集類三　南宋

宗忠簡集八卷 宋宗澤撰。○明萬曆中刊二卷。○崇禎中熊人霖
　　刊。○今康熙中王廷曾刊本。○乾坤正氣集本。

〔附〕○明初五十卷本。據宋濂華州文派錄序。○明正德六年刊五卷
　　本。○乾隆信芳閣刊本。（邵氏書目偶鈔）

〔補〕**宋東京留守宗忠簡公文集五卷** 宋宗澤撰。○明正德六年刊
　　本，十行十八字，黑口，四周雙闌。蘇州博古齋柳蓉村處見。

〔補〕**宋東京留守宗忠簡公文集六卷** 宋宗澤撰。○明嘉靖間裔孫
　　宗明仲刊本，十行十八字，白口，左右雙闌。有文徵明、黃姬水、彭
　　年、胡應軫序。

〔補〕**宗忠簡公集八卷** 宋宗澤撰。**遺事附錄一卷** 清王廷曾輯。

○清康熙刊本。余藏。

〔補〕**宗忠簡公全集十二卷首一卷末一卷** 宋宗澤撰。○清康熙四十五年宗文燦刊本，九行二十字，白口，四周雙闌。

〔補〕**宋宗忠簡公集七卷** 宋宗澤撰。○清同治四年吳坤修刊半畝園叢書本。

〔補〕**宗忠簡公集七卷** 宋宗澤撰。**辨訛考異一卷** 清胡鳳丹撰。○清同治八年胡鳳丹刊金華叢書本。

龜山集四十二卷 宋楊時撰。○有宋刊本三十五卷。○明弘治壬戌李熙刊本十六卷。○後常州東林書院刊本三十六卷。○宜興刊本三十五卷。○萬曆辛卯林熙春刊本四十二卷。○順治庚寅裔孫令聞刊本。○康熙丁亥楊氏刊本。

〔補〕**龜山先生集十六卷** 宋楊時撰。○明弘治十五年李熙刊本，十一行二十一字，白口，四周單闌。有弘治十五年程敏政序，言龜山文集三十五卷本不傳于世，從館閣鈔得，重編為十六卷云云，則為不全之本也。壬子閱。

〔補〕**龜山楊文靖公集三十五卷** 宋楊時撰。**年譜一卷** 宋黃去疾撰。**附錄一卷** ○明正德刊本，十行二十字，黑口，四周雙闌。字仿顏體。有至順四年朱璽序。李木齋遺書。

〔補〕**龜山先生全集四十二卷** 宋楊時撰。○明萬曆十九年林熙春刊本，十行二十字，白口，四周雙闌。余藏。余據明刊本、舊寫本校。

〔補〕**龜山先生全集四十二卷** 宋楊時撰。**首一卷** ○清康熙四十六年楊氏刊本。○清重修康熙楊氏刊本。余藏。○清光緒九年延平縣刊本。

〔補〕**龜山先生集十五卷** 宋楊時撰。○舊寫本，十行二十一字。有咸淳五年丁應奎序，言瀏陽縣學既新其祠，復鋟其文云云。此序為他本所不載。臨清徐坊遺書。

〔補〕**楊龜山先生集六卷**　宋楊時撰。○清同治五年福州正誼書院
　　刊正誼堂全書本。

梁谿集一百八十卷附錄六卷　宋李綱撰。○張月霄抄本。○路小
　　洲抄本。並全書。○宋刊殘本梁谿文集，半頁九行，行廿字，凡三十
　　八卷，藏黃蕘圃家。○明左光先、李嗣立選刊於閩中本，四十八卷，
　　康熙己酉李榮芳重刊。四庫存目。○明邵武知□□□刊奏議六十
　　八卷。

〔附〕○宋刊一百七十卷本，十八行二十字。○宋嘉定時其孫大有刊八
　　十卷本，總錄一卷。○又嘉定時史氏刊百八十卷本。○陳云百二十
　　卷，晁云百七十卷。（邵氏）○海昌別下齋蔣氏有鈔本。（邵氏）

〔補〕**梁谿先生文集一百八十卷**　宋李綱撰。○宋刊本，九行二十
　　字，白口，左右雙闌。有黃丕烈跋，即百宋一廛賦所云"裂梁谿之卅
　　八"者也。有乾隆六年二十六世孫李枚跋。存卷十三至十四，卷四
　　十一至五十二，卷六十二至七十，卷九十一至九十五，卷九十七至九
　　十八，卷一百，卷一百四十八，卷一百六十一至一百六十三。卷中宋
　　諱均小字雙行書某廟御諱、某廟嫌諱、"光宗廟諱"等。卷四十八第
　　十一葉上，"□至明而在位，攬長轡以馭臣"，□作"今上嫌名"，則為
　　寧宗時刊本審矣。

〔補〕**梁谿先生文集一百八十卷**　宋李綱撰。**附錄一卷**　○清影寫
　　宋刊本，九行二十字。附錄為年譜、行狀、謚議、祠記、祭文、挽詞。
　　○清道光十四年刊本。

〔補〕**梁谿先生文集一百八十卷**　宋李綱撰**附錄六卷**　○清刊本，
　　九行二十字，白口，四周雙闌。余藏。余據朱文鈞藏舊寫本校。○
　　清精寫本。失名人用朱筆校。盧址抱經樓散出之書。

〔補〕**宋丞相李忠定公奏議六十九卷**　宋李綱撰**附錄九卷**　○明正
　　德間邵武縣刊本，十行二十字。末葉有"邵武縣丞吳興陸讓同刊"，

“鄉耆李軒同校”兩行。失去序跋，其前必尚有知縣名，亦無考。此即莫氏著錄之本，其所見者亦必缺卷首及縣令名，故以方圍空之，惟誤記六十九卷為六十八卷耳。

〔補〕**宋李忠定公奏議選十五卷文集選二十九卷** 宋李綱撰，明左光先、李春熙等輯。**首四卷** ○明刊本，十行二十字，白口，四周單闌。有崇禎十二年左光先序。十六冊。余藏。此即莫氏著錄之明左光先、李嗣立選刊于閩中之本，合奏議、文集及首四卷通計，正為四十八卷。四庫存目。

〔補〕**李忠定公文集三十九卷** 宋李綱撰。○清光緒三十四年湘鄉愛日堂刊本，從全集出。

橫塘集二十卷 宋許景衡撰。○抄本。

〔附〕○路有抄本。○永嘉叢書本。○宋台州郡齋刊三十卷本，見赤城志。（邵氏）

〔補〕○清四庫館寫本，朱絲闌，八行二十一字，白口，四周雙闌。鈐翰林院印，樊增祥藏。○清同治十二年刊永嘉詩人祠堂叢刻本，余藏。余據四庫館寫本手校。

初寮集八卷 宋王安中撰。○抄本。

〔補〕○清四庫館寫本，朱闌，八行二十一字。鈐翰林院印。法式善舊藏，今歸樊增祥。○清寫本，九行二十一字，存卷七至八，殘本二卷。此集世無刻本。

西渡集二卷補遺一卷 宋洪炎撰。○張月霄有舊抄本一卷，與焦氏經籍志合，宋牧仲抄自陸其清家，漁洋有跋。

〔附〕○路有抄本。○宋刊一卷本。（邵氏）

〔補〕**西渡詩集一卷補遺一卷** 宋洪炎撰。○舊寫本，八行十八字。字體行格均極舊。鈐有明何良俊“清森閣書畫印”及清秦恩復、丁日昌藏印。李木齋先生藏。○清光緒二年朱氏惜分陰齋刊本，十行二

十一字,白口,左右雙闌。余有一帙,余據朱文鈞藏宋犖家寫本校,
補初至臨安等詩五首,似正脱一葉也。○咸豐間金山錢氏刊小萬卷
樓叢書本。

〔補〕**西渡詩集一卷** 宋洪炎撰。○清康熙間宋犖家寫本,十行二十
字,白口,四周單闌,版心下方有"漫堂鈔本"四字。鈐棉津山人印。
朱文鈞藏,余曾借校,補新刊本詩五首。

〔補〕**西渡集一卷補遺一卷** 宋洪炎撰。**附錄一卷** ○清光緒二年
洪汝奎刊晦木齋叢書本。

老圃集二卷 宋洪芻撰。○玉雨堂叢書本。○抄本。

〔補〕○清傳鈔四庫本,十行二十一字。鮑廷博手校。李木齋先生藏
書。

〔補〕**老圃集二卷補遺一卷遺文一卷** 宋洪芻撰。○清光緒二年洪
汝奎刊晦木齋叢書本。

〔補〕**洪老圃集一卷補遺一卷** 宋洪芻撰。○清咸豐間韓泰華輯刻
玉雨堂叢書第一集本。

丹陽集二十四卷 宋葛勝仲撰。○抄本。

〔補〕○此書原集久佚,此為自永樂大典中輯出者。○清光緒二十二年
盛宣懷刊常州先哲遺書本,繆荃孫先生為之校刻。余嘗見一傳鈔輯
大典本,有繆氏校筆,疑即其據以付梓之底本也。○舊寫本,十行二
十字。孔繼涵手寫目錄。蔣君汝藻藏書。

〔補〕**丹陽後集四十二卷** 宋葛仲勝撰。○宋刊本,十二行二十至二
十二字不等,白口,左右雙闌,版心上記字數,下記刊工人名。其刊
工朱諒又見紹興間浙杭刊水經注,則為紹興間浙刻也。余在廠肆收
得殘葉二開,上部已切損,似自裱褙或襯紙中拆出者。賈人云出大
庫麻袋。

毗陵集十五卷 宋張守撰。○聚珍本。○閩覆本。

〔補〕**毘陵集十六卷拾遺一卷** 宋張守撰。○清武英殿木活字印聚珍版書本，自永樂大典中輯出。拾遺一卷失名人補輯，印入光緒二十一年福建增刊本及光緒二十五年廣雅書局翻聚珍本。

〔補〕**毘陵集十六卷補遺一卷** 宋張守撰。**附錄一卷** ○清光緒二十一年盛宣懷刊常州先哲遺書本。

浮溪集三十六卷 宋汪藻撰。三十二卷。○聚珍本。○閩覆本。

〔補〕**浮溪集三十二卷** 宋汪藻撰。**拾遺三卷** 清孫星華輯。○清乾隆間武英殿木活字印聚珍版書本，九行二十一字。汪集郡齋、直齋書錄著錄有浮溪、龍溪二集，各六十卷，久已不傳，此為四庫館臣自永樂大典輯出，復益以文粹中各文為大典未收者，編輯而成，為現存最完之本。後孫星華又輯拾遺三卷，光緒二十一年刊入福建翻聚珍本。光緒二十五年又收入廣雅書局翻聚珍本。聚珍版原本印入四部叢刊。

浮溪文粹十五卷 宋汪藻撰。○明正德元年馬金刊，有附錄一卷。○嘉靖中王氏刊本。

〔附〕○正德中胡堯臣刊本。（邵氏）

〔補〕**浮溪文粹十五卷** 宋汪藻撰。**附錄一卷** ○明正德元年馬金刊本，十行二十二字，白口，四周雙闌。卷中刊有評點。有廬州知府周瑯序，又有正德元年馬金序。刊於廬江。盛昱遺書，為余收得。○明嘉靖三十四年永州知府錢芹刊本，九行二十字，白口，四周單闌。前嘉靖三十四年胡堯臣序、序後有"永州知府錢芹重刊"，"同知戴維師校正"二行。後有正德元年馬金舊序，知從馬金本出。○明嘉靖間汪氏刊本，行欵同馬金刊本。

〔補〕**浮溪文粹十五卷** 宋汪藻撰，羅願評選。○明萬曆四十五年畢懋康刊本，九行十九字，白口，四周單闌。辛亥歲收。

〔補〕**浮溪遺集十五卷** 宋汪藻撰。**附錄一卷** ○清康熙七年汪士

漢居仁堂刊本，十行二十二字，白口，四周雙闌。有汪士漢跋，言遺
集兵燹不存，洪武間趙子常約為十五卷，正德繡梓，萬曆燬，乃葺其
殘缺，鋟以成書云云。余有一帙，余據吳焯繡谷亭寫本校之，頗有改
訂。○清康熙間吳焯家繡谷亭寫本，墨格，九行二十字，白口，四周
單闌。左闌外下方有"西泠吳氏繡谷亭抄本"九字。辛巳歲收得。

莊簡集十八卷 宋李光撰。○抄本。

〔補〕○泰伯集舊本不傳，此為館臣自大典輯出者，迄無刊本。四庫本
已印入四庫全書珍本初集。○清四庫館寫本，八行二十一字，白口，
四周雙闌。鈐翰林院印。○清寫本，蔣鳳藻心矩齋舊藏。

忠正德文集十卷 宋趙鼎撰。○道光十一年吳傑刊本。

〔補〕**忠正德文集八卷** 宋趙鼎撰。○清道光二十八年刊乾坤正氣集
本。

東窗集十六卷 宋張擴撰。○抄本。

〔補〕○此集四庫館臣自永樂大典中輯出，迄無刊本。四庫本已印入四
庫全書珍本初集。○清鈔本。

忠惠集十卷附錄一卷 宋翟汝文撰。○抄本。

〔補〕○此集亦輯自永樂大典，迄今無人刻之。四庫本已印入四庫全書
珍本初集中。

松隱文集三十九卷 宋曹勛撰。○四庫依抄本。

〔附〕○原缺第十四卷。（邵氏）

〔補〕**松隱文集四十卷** 宋曹勛撰。○清寫本，十行二十字。前有正
統五年洪益中序，潘氏滂喜齋舊藏。○清寫本。鮑廷博手校。朱文
鈞藏。○民國九年劉承幹刊嘉業堂叢書本。承劉君見贈一帙，余據
鮑廷博手校本及潘氏舊藏本校，二本改訂處多相合。

石林居士建康集八卷 宋葉夢得撰。○咸豐丙辰蘇城裔孫葉雲鵬刊
本，附兩鎮建康紀年略一卷。○昭文張氏有舊抄本。○絳雲樓有總

集一百卷,此書火後遂佚。

〔補〕○清初寫本,八行十六字,無格,卷中語涉宋帝空格,宋諱標某帝諱,從宋本出。鈐朱彝尊藏印。○清寫本,十行二十字。宋諱小字注"御名"。嘉慶三年孔廣栻錄王士禛跋並自題。○清寫本,行欵失記。鈐"顧氏圖書"、"穎雲軒"、"乾坤一草亭"諸印。○清道光二十四年葉廷琯刊本。○清宣統三年葉德輝觀古堂刊石林遺書本。余有一帙,余據孔廣栻舊藏清寫本校。

簡齋集十六卷 宋陳與義撰。○聚珍本。○閩覆本。

〔補〕○清寫本,行欵失記。鈐盧文弨藏印。盛昱遺書。

〔補〕簡齋詩外集一卷 宋陳與義撰。○元人寫本,九行十七字,細黑口,左右雙闌。有元延祐七年錢翼之跋。此本印入四部叢刊。

〔增〕增廣箋註簡齋集三十卷無住詞一卷 宋胡穉箋註。○阮文達曾進呈內府。○昭文張金吾有宋刊本,前有穉編簡齋年譜一卷,暨續添詩箋正誤。穉字仲孺,以宋人註宋詩,見聞較確,能得作者本意。集中酬贈諸人亦一一考其始末。南宋舊槧,首尾完善,自序題紹熙改元,樓鑰序題紹熙壬子間,則三年也。

〔補〕增廣箋註簡齋詩集三十卷無住詞一卷胡學士續添簡齋詩箋正誤一卷 宋陳與義撰,胡穉箋註。簡齋年譜一卷 宋胡穉編。

○元刊本,十行十八字,註雙行同,黑口,左右雙闌。前劉辰翁序,行書七行。次紹熙三年樓鑰序,紹熙元年胡穉序。目錄半葉十二行,行二十二字。年譜同。存卷一至九,餘卷影鈔補完。有黃丕烈跋七則,言卷十至三十據周錫瓚藏元本補,而謂此本為宋本。又有一帙,無住詞一卷鈔配,海虞瞿氏藏。又一帙,臨清徐坊遺書,即莫氏著錄之本。按此書宋本不傳,諸家及莫氏著錄之本實均為元本也。○清寫本,十行十八字。鮑廷博用朱筆校。盛昱遺書,為惲毓鼎收得。

〔補〕簡齋詩集十五卷 宋陳與義撰。○明刊本,十行十八字,黑口,

左右雙闌。

〔補〕須溪先生評點簡齋詩集十五卷 宋陳與義撰，劉辰翁評。○

日本翻朝鮮古刻本，十一行二十字，黑口，四周雙闌。評語雙行，附
本句下。註附本篇後，雙行，低一格。有劉辰翁序。卷一賦，卷二至
十三詩，卷十四贊銘，卷十五無住詞。有明嘉靖二十三年甲辰朝鮮
柳希春跋。又甲申歲日本江宗白翻刊跋，蓋日本翻明嘉靖二十三年
朝鮮刊本也。楊守敬得之東瀛，因以見讓。

〔補〕陳簡齋詩集五卷 宋陳與義撰。○明萬曆四十三年潘是仁輯刻

宋元四十三家集本，九行十九字，白口，四周單闌。

北山小集四十卷 宋程俱撰。○四庫依抄本。○昭文張氏有影宋抄

本。○宋刊本四十卷，半頁十行，行二十字，皆用乾道六年官司簿帳
紙背摹印，其印記文可辨者有歸安、烏程兩縣，記有湖州司理院新朱
記、湖州戶部贍軍酒庫記、監湖州都商稅務朱記等五六事，意此版刊
於湖州官廨也。藏吳門黃氏，又歸藝芸書舍。

〔附〕○在邗見舊抄本，有孫淵翁藏印。（原稿無，印本入正文）○宋刊
本，前列葉夢得、鄭作肅序。後有程瑀撰行狀。葉二十行，行二十
字。黃目。（邵氏）

〔補〕○清道光七年張蓉鏡家影寫宋刊本，十行二十字，上黑口，下白
口，四周雙闌，版心下記刊工人名，有章彥、章宇、施詢、施澤、王明、
王昌、王榮、陳舉、陳明等。前葉夢得序，門人鄭作肅後序。末有程
瑀撰行狀。又摹黃丕烈三跋及錢大昕跋，即從黃丕烈舊藏宋本影
寫。余藏。此即莫氏著錄之昭文張氏影宋抄本也。黃氏藏宋本錢
大昕據紙背公牘印記定為湖州刊本。余嘗據此影宋抄本刻工名考
之，其刊工章彥、施詢、施澤、王昌、朱明、董明等多見於湖州刊新唐
書補版中，其為湖州所刊，殆無疑議。黃氏宋刊本存亡不可知，此本
下真跡一等，當為傳世善本矣。此本已印入四部叢刊續編。○盧址

抱經樓散出書中亦有影宋精寫本。

〔補〕**北山小集八卷** 宋程俱撰，明施介夫輯。○明寫本，十二行二十
　四字，無闌。題"晚學潛山施介夫編輯"。詩文皆不全，蓋施氏選本
　也。天一閣佚出之書，北京圖書館收得。

樼溪居士集十二卷 宋劉才邵撰。○抄本。

〔補〕○此集輯自永樂大典，迄今無刊之者。四庫本已印入四庫全書珍
　本初集中。

筠溪集二十四卷 宋李彌遠撰。○抄本。

〔補〕○四庫本已印入四庫全書珍本初集中。

華陽集四十卷 宋張綱撰。○昭文張氏有舊抄本。○宋紹熙元年綱
　之孫釜權知池州刊置郡學本，洪邁序題紹熙二年。

〔補〕○明萬曆二十五年丁酉于文熙刊本，十行二十字，白口，四周單
　闌。前萬曆丁酉于氏刊書序。每卷首次行題"金壇後學于孔兼校"。
　已印入四部叢刊三編。

忠穆集八卷 宋呂頤浩撰。○抄本。

〔補〕○清四庫館寫本，朱闌，八行二十一字，白口，四周雙闌。鈐翰林
　院滿漢文大官印。法式善舊藏，今歸樊增祥。○四庫本已印入四庫
　全書珍本初集中。

紫微集三十六卷 宋張嵲撰。○抄本。

〔補〕○清四庫館寫本，八行二十一字，白口，四周雙闌，紅格。鈐翰林
　院大官印。法式善舊藏，今在樊增祥先生處。

苕溪集五十五卷 宋劉一止撰。○四庫依曝書亭抄本。○舊抄本。
　○又目錄三卷，見張氏志。

〔補〕○明寫本，墨格，十行十八字，版心下方有"擁萬樓精抄"五字，寫
　手甚舊，似明末所寫。然卷七首四葉仍闕。卷中有失名人朱筆校。
　鈐有李守信藏印。○舊寫本，十行二十字，提行空格，尚存舊式。卷

十六、十七不缺，卷七多補出詩半首，優於時刻本遠甚。鈐瑛川吳氏印記。○舊寫本，十行二十字。卷中於宋諱注明，自宋刊本出。卷十六、十七兩卷不缺，然卷七仍缺詩二十一題。○清宣統三年沈耀勳刊本，十二行二十二字，黑口，左右雙闌。余用瑛川吳氏舊藏本校一帙，補卷七詩半首，卷十六、十七兩全卷。改補佚文譌字六百八十九字。

〔補〕苕溪集五十三卷 宋劉一止撰。**附錄二卷** ○清康熙間汪文柏古香樓寫本，鈐汪氏諸印。盧址抱經樓藏書。

東牟集十四卷 宋王洋撰。○抄本。

〔補〕○此集自永樂大典輯出，迄今未聞有刊本。四庫本已印入四庫全書珍本初集中。

相山集三十卷 宋王之道撰。○抄本。

〔補〕○此集自永樂大典輯出，尚無刊本。四庫本已印入四庫全書珍本初集。○清四庫館寫本，八行二十一字，朱闌。法式善舊藏，今歸樊增祥。

三餘集四卷 宋黃彥平撰。○依閣抄本。（繩）

〔補〕○清顧沅藝海樓寫本。○民國五年李之鼎刊宋人集本。○傳鈔四庫本。

大隱集十卷 宋李正民撰。○四庫著錄，莫氏未收。

〔補〕○清四庫館寫本，朱絲闌，八行十一字。鈐翰林院印。法式善舊藏，今歸樊增祥。

龜溪集十二卷 宋沈與求撰。○宋紹熙中其孫說刊本。○又有淳熙四年泉州刊本。○明刊本。○昭文張氏有舊抄本。

〔補〕沈忠敏公龜谿集十二卷 宋沈與求撰。○明萬曆二十八年沈子木刊本，九行二十字，白口，左右雙闌。有萬曆庚子沈子木刊書序。已印入四部叢刊續編。○清康熙間汪文柏古香樓寫本，鈐汪氏

諸印。癸丑見于寧波盧宅抱經樓中。○清初寫本，九行十八字。鈐
怡親王府明善堂、安樂堂藏印。○清乾隆間寫本，有乾隆十五年查
岐昌跋，言抄自秀水朱氏。丁日昌舊藏。

〔補〕**沈忠敏公龜谿集十二卷** 宋沈與求撰。**附錄一卷** ○民國二
年劉承幹刊吳興叢書本。

桞欄集十六卷 宋鄧肅撰。○明正德己卯刊本二十五卷。○路小洲
抄本廿五卷。○張月霄舊抄本廿五卷。○嘉慶十九年鄧廷楨重刊，
較庫本完善。附鄧旭林屋詩集四卷。

〔補〕○元刊二十五卷本。○明刊十六卷本。○道光五年重刊正德本。
（邵氏）

〔補〕**桞欄先生文集二十五卷** 宋鄧肅撰。○明正德十四年羅珊刊
本，十行二十字，黑口，四周雙闌。

〔補〕**桞欄先生文集二十五卷** 宋鄧肅撰。**校勘記一卷** ○清道光
三年江寧鄧氏刊本，十一行二十字，白口，左右雙闌。

〔補〕**桞欄先生文集十二卷** 宋鄧肅撰。○明萬曆間鄧崇純刊本，九
行二十二字。壬子入都見，未收。

〔補〕**鄧桞欄先生文集十二卷** 宋鄧肅撰。**首一卷末一卷** ○清咸
豐間活字印本。余藏。

默成文集八卷 宋潘良貴撰。○康熙中潘氏刊。○虞山陳氏有舊抄
本。

〔補〕**潘默成公文集八卷** 宋潘良貴撰。○清康熙三十六年黃珍刊
本，九行二十字。庚戌文琳堂閱。

〔補〕**默成文集四卷** 宋潘良貴撰。○民國十三年胡宗楙輯刻續金華
叢書本。

鄱陽集四卷 宋洪皓撰。○精抄本。

〔附〕○宋洪景伯本，題忠文集十卷。（邵氏）

〔補〕**鄱陽集四卷拾遺一卷** 宋洪皓撰。○清光緒二年洪汝奎刊晦木齋叢書本。皓集不傳，此自永樂大典輯出。

澹齋集十八卷 宋李流謙撰。○抄本。○千頃堂書目載澹齋集八十一卷。

〔補〕○清四庫館寫本，八行二十一字，白口，四周雙闌，朱格。鈐翰林院印大官印。法式善舊藏，今在樊增祥先生處。

韋齋集十二卷附玉瀾集一卷 韋齋集宋朱松撰，玉瀾集松弟槨撰。○宋淳熙中刊。○元至元中刊。○明弘治刊本。○康熙庚辰裔孫朱昌辰刊本，後附朱昇蜀中草。

〔補〕○明弘治十六年酈璠刊本，十行二十字，白口，左右雙闌。前淳熙七年傅自得序，至元三年劉性序，後有淳熙八年尤袤跋，又弘治十六年酈璠跋。已印入四部叢刊續編。陸心源皕宋樓亦藏一帙，今在日本靜嘉堂，陸氏誤題為元刊本。又見一帙，有顧錫麒跋。○清寫本，十行二十字，鈐黃丕烈士禮居印記。○清康熙四十七年程塏刊本，十行二十字，黑口，四周單闌。有康熙四十七年程塏序及舊序，從弘治本出。卷首於作者之名後題"程塏訂"。

〔補〕**韋齋集十二卷** 宋朱松撰。**首一卷附玉瀾集一卷** 宋朱槨撰。○清雍正六年朱玉刊本，十行二十字，黑口，四周單闌。余據明弘治酈璠本及舊寫本手校一帙。

陵陽集四卷 宋韓駒撰。○抄本。

〔補〕**陵陽先生詩四卷** 宋韓駒撰。○明末傳鈔宋慶元江西詩派本，九行十八字。卷首次行有"江西詩派"四字。卷中語涉宋帝空格，尚存舊式。鈐有毛晉、錢曾印記。蘇州博古齋柳蓉村肆中之書，值昂未收，曾借來一校。沈曾植先生曾傳錄一部。○舊寫本，十行二十二字。黃丕烈朱筆校。鈐黃錫蕃、李聘印記。余曾取校沈氏新刊本，增改數十字。○舊寫本，十行二十一字。語涉宋帝空格。鈐衡陽常氏潭印閣藏印。余取校沈氏刊本，一卷中改訂數十字。

〔補〕**陵陽先生詩集四卷** 宋韓駒撰。○清寫本，九行十八字。首卷次行題“江西詩派”四字。道光二十四年勞格據厲鶚藏本校。徐坊遺書。○舊寫本，十一行二十二字。李璋煜校。

〔補〕**陵陽先生詩四卷** 宋韓駒撰。**校勘記一卷** 余撰補入。○清宣統二年沈氏海日樓刊西江詩派韓饒二集本。余藏。余據毛氏汲古閣藏本、舊寫本校，頗有改訂。沈曾植先生為補刊校記附於其書之後。

灊山集三卷 宋朱翌撰。○知不足齋本。

〔補〕**灊山集三卷補遺一卷** 宋朱翌撰**附錄一卷** ○清鮑廷博刊知不足齋叢書本，在第十八集。

雲溪集十二卷 宋郭印撰。○抄本。

〔補〕○此書舊本不傳，此本為四庫館臣自永樂大典輯出者，迄今未聞有刊本行世。四庫本已印入四庫全書珍本初集中。前此余曾據文津四庫本錄副，以備輯宋代蜀文時採擇。

盧溪集五十卷 宋王庭珪撰。○明刊本。

〔附〕○裘杼樓有明初刊本。嘉靖刊本。（邵氏）

〔補〕**盧溪先生文集五十卷** 宋王庭珪撰。○明嘉靖五年梁英刊本，十行二十字，白口，左右雙闌。余藏。余據明鈔二十卷本校。○明寫本。有彭元瑞、錢辛盦藏印。求古堂自泰州收來錢氏之書。○清寫本，失名人校。盧址抱經樓舊藏。

〔補〕**盧溪先生文集二十卷** 宋王庭珪撰。**附錄一卷** ○明寫本，十行二十一字。卷首題“門人劉江編集，郡人蕭舉校正，宗孫爵重刊”。有乾道八年胡銓序及淳熙十四年謝諤序。序後有“吉州東崗劉宅梅溪書院繕本”一行。附錄為行實、狀、誌及宋元人跋盧溪手簡，始韓駒，終歐陽玄，凡七家。鈐有李兆洛、方功惠印記。其卷首有校正重

刊銜名,當出于明代重刊本。余取校明嘉靖刊五十卷本,篇次大體
不異,但逐卷合併。改正嘉靖本脫誤甚夥。戊辰歲閱。

屏山集二十卷　宋劉子翬撰。○明刊黑口本。○近福建李氏新刊
本。

○天祿目有元刊本。（繩）

〔附〕○元刊小字本,見天祿續目。○弘治本,十行十九字。（邵氏）

〔補〕○明弘治刊本,十行十九字,黑口,左右雙闌。沈曾植先生見示,
失序跋。此本與正德本行欵同,但非四周雙闌耳。○明正德七年刊
本,十行十九字,黑口,四周雙闌。有紹興三十年胡憲序,乾道七年
朱熹序,正德七年□□跋,正德七年劉澤後跋,即澤所刊也。

〔補〕屏山集二十卷首一卷　宋劉子翬撰。○清康熙三十九年裔孫
秉擇等刊本,十行十九字,白口,四周單闌。○清刊本,九行二十字,
黑口,四周雙闌。目末題"十八代姪孫淵全男珽捐資重刊"一行。前
紹興三十年胡憲序,次乾道癸巳朱熹跋,言為其子坪所編。次慶元
己未朱熹跋遺帖。次卷首,為宋史本傳、墓表、創保安墳祠記。次目
錄。廠肆見。後收得抄本,從此本出。

〔補〕屏山全集二十卷　宋劉子翬撰。○清道光十八年李廷鈺秋柯草
堂刊本,九行十九字,白口,左右雙闌。余用明寫本校。

北海集四十六卷附錄三卷　宋綦崇禮撰。○抄本。

〔補〕○此書原本不傳,此本自永樂大典輯出,迄今未聞有刊之者。四
庫本已印入四庫全書珍本初集中。○清四庫館寫本,朱闌,八行二
十一字,白口,四周雙闌。鈐翰林院印。法式善舊藏,即陶盧雜錄所
記得諸廟市之四庫館宋元集副本也,約存七十餘種,今在樊增祥處,
此其一也。

鴻慶居士集四十二卷　宋孫覿撰。○路小洲有抄本孫尚書大全集七
十二卷。○明刊十四卷本。○張金吾有七十卷本,題南蘭陵孫尚書

大全文集,王文恪抄藏之本。葉石君以鴻慶集校,隨類補遺篇于當卷末。識語署順治九年五月抄。

〇明刊十四卷,乃仿宋本。周益公序亦衹為十四卷本,或謂序原作四十二卷,明人跋為十四,未知然否,俟考。(抄本提行另起)

〔附〕〇宋閩本,宋蜀本。周益公序云,閩、蜀所刊多雜翟忠惠文。〇宋刊孫尚書大全集七十卷本。(邵氏)

〔補〕**南蘭陵孫尚書大全文集七十卷** 宋孫覿撰。〇明寫本,十一行二十五字。清葉樹廉校跋。〇清寫本。有陳氏帶經堂印記,帶經堂書目著錄。友人董康藏,余曾借校。此本較鴻慶居士集溢出詩八十五首,各體文及簡帖八百八十三首。然鴻慶居士集有而此本無者亦有六十二首。

〔補〕**鴻慶居士文集十四卷** 宋孫覿撰。〇明嘉靖刊本,九行十九字,白口,左右雙闌。刊工精整,惜失序跋。有曹寅、富察昌齡印印。余藏。

〔補〕**鴻慶居士文集四十二卷** 宋孫覿撰。〇明山泉書舍寫本,十一行二十字,藍格,版心有"山泉書舍"四字。前周必大序,後宗介跋,皆大字七行,為出自宋刊之證。梁清標舊藏。又書前有正定縣呈送原紹興府梁彬家藏書題記,當為乾隆三十七年通飭全國徵訪書籍後所取也。潘氏滂喜齋京邸藏書,為翰文齋收得,余曾借校。其卷三十四王岡墓誌銘仍闕一葉不能補。卷三十賀張參政啟則為通行本所無。〇清寫本,九行二十字。勞權手校。存卷一至十八,二十七至三十二。

〔補〕**鴻慶居士文集四十二卷補遺二十卷** 宋孫覿撰。〇清光緒二十二年盛宣懷刊常州先哲遺書本,十四行二十五字,黑口,左右雙闌。此為繆荃孫先生為盛氏校刻,以周必大序稱閩、蜀所刊多雜有翟汝文之文,故仍取鴻慶集四十二卷本刻之,凡大全集之文為鴻慶

集所不收者,計九百六十八首,編為補遺二十卷,亦矜慎至矣。余取
一帙,用汪魚亭、勞平甫二家舊藏殘鈔本及宋刊播芳大全文粹校,補
正甚多。

内簡尺牘編註十卷 宋孫覿撰,其門人李祖堯編並註。○成化辛丑
裔孫仁廣西刊本。○嘉靖丁巳雲間顧名儒重刊於建陽。○萬曆庚
辰姚江葉逢春督學淮陽刊本。○黃丕烈有宋刊本十六卷,半頁十二
行,行大字二十,小字二十五。○今乾隆中錫山寨焯等增訂刊本。
(繩)

〔補〕李學士新註孫尚書内簡尺牘十六卷 宋孫覿撰,李祖堯註。
○元刊本,十二行二十字,註雙行二十五字,細黑口,左右雙闌。有
明陳道復、清翁方綱、吳榮光跋。蓋吳氏得諸吳稷堂而翁氏為之跋。
翁、吳均以為宋刊。鈐文徵明、陳道復印記。袁君克文藏,余曾借歸
校明嘉靖顧名儒刊本,補脱文十一葉。莫氏著錄之宋刊本亦是此刻
本。

〔補〕新刊李學士新註孫尚書内簡尺牘十卷 宋孫覿撰,李祖堯
註。○元刊本,十二行二十二字,註雙行同,細黑口,左右雙闌。鈐
天祿繼鑑印。民國二年清宮流出之書,翁君斌孫收得。

〔補〕孫尚書内簡尺牘編註十卷 宋孫覿撰,李祖堯註。○明成化
十七年刊本,九行十九字,白口,四周單闌。有成化十七年錢溥序,
為其十一世孫孫仁所刊。余代涵芬樓收得。○明嘉靖三十六年顧
名儒建陽刊本,九行十九字,白口,四周單闌。有顧氏序。余藏。余
據袁君克文藏元刊本校,補脱文十一紙。○明萬曆八年刊本,十行
十九字,白口,左右雙闌。題李時成訂正,朱東光參補,葉逢春繙校。
有錢溥、顧名儒舊序及萬曆八年葉逢春序。葉氏時官廬州知府,當
即刊於廬州也。

〔補〕宋孫仲益内簡尺牘編註十卷 宋孫覿撰,李祖堯註。○清光

緒二十二年盛宣懷刊常州先哲遺書本，十四行二十五字，黑口，左右
雙闌。余據元刊本校一帙，補入十四札。

〔補〕**宋孫仲益内簡尺牘十卷** 宋孫覿撰，李祖堯註，清蔡焯、蔡龍孫
增訂。○清乾隆十二年張氏天香書屋刊本，九行二十字，黑口，四周
單闌。余藏。

崧菴集六卷 宋李處權撰。○抄本。

〔補〕○此集原本久佚，此為四庫館臣自永樂大典輯出者。民國四年李
之鼎宜秋館刊入宋人集中，在甲編。

藏海居士集二卷 宋吳可撰。按：此書四庫著錄，莫氏失收。

〔補〕○此集原本不傳，此為四庫館臣自永樂大典輯出者。民國四年刊
入李氏宜秋館宋人集中，在甲編。

〔補〕**藏海居士集二卷藏海詩話一卷** 宋吳可撰。○清四庫館寫
本。余藏。

豫章文集十七卷 宋羅從彥撰。○元至正三年許源堂刊本。○元刊
小字本。○明成化七年馮氏刊本。○嘉靖甲寅刊本。
○隆慶五年羅文明刊本。○康熙刊本併為十卷，與許魯齋集合刊。
（繩）

〔附〕○宋刊本，卷一至十九，見黃目。○元本，前有至正二十七年卓說
序。天祿後目。○成化馮本十八卷，是曹氏元本，首年譜，次詩文，
次附錄，次外集。（邵氏）

〔補〕**豫章羅先生文集十三卷附錄三卷外集一卷** 宋羅從彥撰。
年譜一卷 元曹道振撰。○元至正二十五年豫章書院刊本，十三行
二十三字，細黑口，四周雙闌。目後有“至正乙巳秋，沙陽豫章書院
刊”牌記。郁松年宜稼堂舊藏。在田中慶太郎處，值昂未收。○明
成化張泰刊本，十三行二十三字，黑口，四周雙闌。滬上金誦清肆中
閱。○明成化七年馮孜刊本，十行二十一字，黑口，四周雙闌。己酉

入都見。○明正德十二年姜文魁刊本，十行二十字，黑口，四周雙闌。○明嘉靖三十三年謝鸞翻元本，行欵版式全同豫章書院本。年譜首葉曹道振名後有"後學謝鸞重校新刻"一行。目後有木記，記刻版捌拾叁片，上下二帙，壹百六拾一葉，繡梓工資貳拾肆兩云云。據此可知當時刻版工價。又全書壹百六拾一葉而用版捌拾叁片，則應為一版兩面刻矣。○明隆慶五年羅文明刊本，十行二十四字，細黑口，四周雙闌。

〔補〕**羅豫章先生文集十卷**　宋羅從彥撰。○清同治五年福州正誼書院刊正誼堂叢書本。

〔補〕**羅豫章先生集十二卷首一卷末一卷**　宋羅從彥撰。○清光緒八年刊趙氏叢書本。○清光緒八年謝甘棠校刊本。

和靖集八卷　宋尹焞撰。○嘉靖庚寅刊本十卷。○隆慶己巳蘇州刊文集三卷，附集一卷。

〔附〕○宋本，見天祿後目。（邵氏）

〔補〕**和靖尹先生文集十卷**　宋尹焞撰。**附錄一卷**　○明嘉靖九年莆田洪珠越郡刊本，十行十八字，白口，左右雙闌。前嘉靖九年蔡宗兗序，次洪珠刻書序。卷一年譜，卷二至三奏劄，卷四詩雜文書，卷五壁帖，卷六至八師說，卷九薦劄告詞，卷十銘記祭文挽章。四明盧氏抱經樓散出之書，為余收得。○清影寫明嘉靖洪珠本，鈐郁氏宜稼堂印。

〔補〕**和靖尹先生文集八卷附集二卷**　宋尹焞撰。○清光緒九年傳經堂刊西京清麓叢書本。○抄本。

〔補〕**和靜先生文集四卷**　宋尹焞撰。○清抄本，十行二十字。余據。

〔補〕**和靜先生文集三卷附集一卷**　宋尹焞撰。○明隆慶三年刊本，十行二十字，白口，左右雙闌。

〔補〕**尹和靖先生集一卷** 宋尹焞撰。○清同治五年福州正誼書院
　　刊正誼堂叢書本。

王著作集八卷 宋王蘋撰。○宋寶祐中曾孫思文刊本。○明弘治中
　　十一世孫觀編刊本。

〔補〕**宋著作王先生文集八卷** 宋王蘋撰。○民國十一年李之鼎宜
　　秋館刊宋人集本,在丁編。○鈔本。

郴江百詠一卷 宋阮閱撰。○四庫依抄本。○韓氏有舊抄本。

〔補〕○清寫本,八行二十一字。鈐木夫容館印。清勞格手校,校記云
　　當作阮閱字閱休。

〔補〕**郴江百詠一卷輯補一卷** 宋阮閱撰。○民國十年李之鼎宜秋
　　館刊宋人集本,在丙編。

雙溪集十五卷 宋蘇籀撰。○明刊。

　　○粵雅堂本。(緗)

少陽集十卷 宋陳東撰。○元大德中刊本。○明刊本。○康熙中刊
　　本。○乾坤正氣集本。

〔補〕○清光緒十八年順德龍氏刊知服齋叢書本,在第二集。

〔補〕**宋陳少陽先生文集十卷** 宋陳東撰,明孫雲翼輯評。○明天啟
　　五年賀懋忠刊本,九行二十字,白口,四周單闌。行間加圈點,詩文
　　後間有孫雲翼按語。前魏了翁序,孫雲翼序,後賀懋忠跋。此書宋
　　嘉定、元大德均有刊本,已不傳。明正德本為陳沂編次,計本集五
　　卷,附錄五卷,後版亦燬,世罕傳本。至明天啟間乃有此本,後道光
　　十八年李振綱本、光緒十六年劉德輝本均從此本出。

〔補〕**宋陳修撰文集十卷** 宋陳東撰。○清道光十八年李振綱刊本。

〔補〕**宋少陽公文集十卷** 宋陳東撰。○清抄本,九行十九字。

歐陽修撰集七卷 宋歐陽澈撰。○明永樂丙申十世孫齊重刊本。○
　　萬曆甲寅二十世孫鉞刊本。○宋嘉定甲申會稽胡衍刊本。○乾坤

正氣集本。

〔補〕○舊寫本,十行二十字。語涉宋帝空格。有永樂、洪熙、萬曆等
　序,當是從萬曆四十二年二十一世孫歐陽仕刊本出。鈐有璜川吳氏
　藏書印記。

〔補〕**歐陽先生飄然集七卷**　宋歐陽澈撰。○舊寫本,十行二十一
　字。前嘉定十七年胡衍序,紹興二十六年吳沉序。卷一至三奏議,
　卷四至六飄然集,末附致語及書一首。卷七為附錄,二十世孫鉞輯,
　二十一世孫仕刊。此從刊本鈔出,鈐劉喜海印記。

〔補〕**歐陽修撰集八卷**　宋歐陽澈撰。○明洪熙元年永康丞歐陽齊刊
　本,十三行二十四字,黑口,四周雙闌。有洪熙元年吳溥序。○舊寫
　本,十行二十字。語涉宋帝空格,尚存舊式。前紹興二十六年吳沉
　序,嘉定十七年胡衍序,永樂五年李至剛序,永樂十五年王克義序,
　洪熙元年吳溥序。又錄有萬曆四十二年吳道南序,湯顯祖述贊。鈐
　汪文柏古香樓藏印。盧址抱經樓舊藏。

〔補〕**飄然集三卷**　宋歐陽澈撰。○舊寫本,十一行二十六字。前紹
　興二十六年吳沉序。所載為上欽宗三疏。吳允嘉批校。李木齋先
　生藏。

〔補〕**飄然集三卷**　宋歐陽澈撰。**校勘記一卷**　民國魏元曠撰。**校
　勘續記一卷**　胡思敬撰。○民國四年胡思敬輯刻豫章叢書本,余
　據舊抄本校一帙,補吳沉、胡衍二序。

東溪集二卷附錄一卷　宋高登撰。○四庫依抄本,明林希元編。○
　乾坤正氣集本。○張金吾有舊抄。

〔補〕**高東溪先生文集二卷**　宋高登撰。**附錄一卷**　○明嘉靖五年
　黃直刊本,十二行二十字,白口,四周雙闌。明林希元重編,有序及
　黃直刊書序。○清寫本。鈐康熙間汪文柏古香樓印記,從黃直嘉靖
　五年刊本出。盧址抱經樓散出之書,余收。

〔補〕**東谿先生集二卷** 宋高登撰。**附錄一卷** 明林希元編。○清
咸豐二年刊本。前錄四庫提要，次本傳，次漳州志傳，次歷代名臣
傳，次林希元、黃直舊序。又有道光二十二年羅以智跋，咸豐元年顧
廣譽跋。

〔補〕**高東溪集六卷** 宋高登撰。**附錄一卷** ○清道光三十年金山錢
氏補刊藝海珠塵壬集本。

岳武穆遺文一卷 宋岳飛撰。○嘉靖中刊本，五卷。○乾隆中黃邦
寧校刊岳忠武王集八卷，附二卷。○藝海珠塵本。○乾坤正氣集
本。○岳忠武王集十卷，其孫珂編，刊入金陀稡編中，完整無缺。後
人欲刊岳集，直據抄付梓可也。直齋所錄蓋即其當時抄出別刊者
耳。眲安記。○卷十至二十卷題鄂王家集。

〔附〕○岳鄂王文集十卷，其孫珂編，真跡藏蕭山魯氏。今有數刊本從
此出，當以蕭山魯本為最。十卷本今尚存。（邵氏）

〔補〕**岳集五卷** 宋岳飛撰，明徐階輯。○明嘉靖十五年焦煜刊本，九
行十八字，白口。杭州修本堂見殘帙。

〔補〕**岳武穆集六卷** 宋岳飛撰，明李楨輯。○明萬曆二十年李楨刊
本，十行二十字，白口，四周雙闌。有自序及劉玉成後序。余有首
冊。

〔補〕**岳忠武王文集八卷首一卷末一卷** 宋岳飛撰。○清黃邦寧
校刊本，九行二十字，白口，四周雙闌。即莫氏著錄之本。

〔補〕**岳忠武王集八卷** 宋岳飛撰。**年譜一卷** 清梁玉繩撰。○清
嘉慶十二年梁氏自刊本。余藏。

〔補〕**岳忠武王文集八卷補遺一卷** 宋岳飛撰。**首一卷末一卷**
○清同治十二年刊本。

〔補〕**岳忠武搉稿一卷** 宋岳飛撰。○清鈔兩宋名賢小集本。

〔補〕**岳忠武王集一卷** 宋岳飛撰。○清嘉慶間吳省蘭刊藝海珠塵

本,在壬集。十行廿一字。

茶山集八卷　宋曾幾撰。○四庫著錄,莫氏失收。

〔補〕○此集原本不傳,此為四庫館臣自永樂大典輯出者。○清乾隆間武英殿木活字印聚珍版書本。

〔補〕**茶山集八卷**　宋曾幾撰。**拾遺一卷**　清勞格輯目,孫星華錄文。○清光緒二十年福建翻武英殿聚珍版書本。○清光緒二十五年廣雅書局翻武英殿聚珍版書本。

雪溪集五卷　宋王銍撰。○聚珍本。○閩覆本。○張金吾有舊抄本,有徐氏家藏及沈萊園、晦藥軒諸印。

〔附〕○路有抄本。(邵氏)

〔補〕**雪溪詩集**　宋王銍撰。○清初寫本,十行二十字。鈐朱彝尊、揆叙、清禮親王府印記。○清康熙間汪文柏古香樓寫本,鈐汪氏諸印。盧氏抱經樓散出之書。

〔補〕**雪溪詩五卷**　宋王銍撰。○清劉喜海味經書屋寫本,十一行二十二字。鈐有劉氏諸印。○清寫本,有失名人校,巴陵方氏舊藏,今在涵芬樓。

〔補〕**雪溪詩五卷雪溪逸文一卷雪溪詩補逸一卷**　宋王銍撰。○清傳鈔吳允嘉校本。

蘆川歸來集十卷附錄一卷　宋張元幹撰。○路小洲有抄本十一卷,附錄一卷。○近時刊本。○宋嘉定己卯其孫欽臣刊本。

東萊詩集二十卷　宋呂本中撰。○四庫依抄本。○明刊本。○張金吾有精刊本。○乾道元年沈公雅編東萊詩集二十卷,鋟板於吳門郡齋。二年四月,曾茶山為之序,謂幾與公皆生于元豐甲子,有連相好,紹興辛亥,皆未五十,公詩已獨步海內。幾作詩請問句律,教我甚至,幾受而書諸紳。

〔附〕○道光刊本。(邵氏)

〔補〕**東萊先生詩集二十卷**　宋呂本中撰。○宋乾道二年沈公雅吳
門郡齋刊本，十一行二十字，白口，左右雙闌，版心下方記刊工名。
卷中"慎"字註"御名"。前有乾道二年曾幾序，言沈公雅刊于吳門郡
齋云云。按：此書四庫本缺卷第十，以外集卷一配入抵冒之，蓋誤于
賈人配改之本也。此為宋刊本全帙，可糾庫本之誤，足彌斯憾。日
本內閣文庫藏，蓋宋元時日人攜歸之書也。已印入四部叢刊續編。
○清咸豐九年吳儁孫刊本，十二行二十四字，黑口，四周單闌。書名
無"先生"二字，卷十為外集之卷一，從四庫本書，余據慶元黃汝嘉本
校三卷。

〔補〕**東萊先生詩集二十卷外集三卷**　宋呂本中撰。○宋慶元五年
黃汝嘉刊江西詩派本，十行二十字，白口，左右雙闌，版心下記刊工
名。有補版。存詩集卷十八至二十，外集一至三。詩集後有乾道二
年曾幾題二葉，題前下註"增刊"二字。外集卷首書名下空四格題
"江西詩派"四字，目後有"慶元己未校官黃汝嘉增刊"一行。余以卷
十八至二十與乾道二年沈公雅本比勘，次第相合，文字絕少差異，似
即依乾道本重刊者。乾道本無外集，此本復有"增刊"字樣，當是新
增，為僅存孤本。外集直齋書錄記為二卷，馬氏經籍考因之，得此足
糾其誤。黃汝嘉刊江西詩派本宋刊舍此集外尚有倚松老人詩。又
見鈔本韓駒陵陽集及嘉靖三十三年晁瑮寶文堂翻宋本具茨集，共存
四家。余曾據此殘本校咸豐呂儁孫本，卷十八至二十卷中補正一百
六十餘字。又發現四庫本卷十為以外集卷一配入，又藉宋本補正二
百字。○明寫本，九行十八字，書口題"紫薇集"。後有乾道二年曾
幾跋及慶元己未黃汝嘉重修一行。鈐明何良俊清森閣印及秦恩復
印記。○清初呂留良家寫本，九行十八字。余據黃汝嘉江西詩派本
校，友人張宗祥又代余重校一過。以上三書均余藏。○舊寫本，十
行十九字。六卷後有"慶元己未校官黃汝嘉重修"一行。鈐彭元瑞

知聖道齋藏印。

〔補〕**紫薇集二十卷** 宋呂本中撰。○清寫本。似從舊本出。盧址抱
　經堂舊藏。

澹菴文集六卷 宋胡銓撰。○乾隆廿二年裔孫濙等刊胡忠簡公集二
　十二卷，又補遺三卷，附錄三卷。○道光己酉裔孫文恩刊三十二卷。
　○張氏志有胡忠簡先生文選精抄本九卷。○慶元五年己未八月門
　人楊萬里序云，先生既歿後二十年，其子澥與其族子渙、族孫秘輩哀
　集先生之詩文七十卷，目曰澹菴文集，欲刊板，貧未能。之官中都，
　舟過池陽，太守蔡侯必勝相見，問家集，慨然請其書刻之，命郡文學
　周南、董振之、學錄何巨源校讐之。本就而蔡侯移官山陽，雷侯孝
　友、彥侯槭踵成之。據此，則澹菴集七十卷始刊於池州。○胡氏裔
　孫哀集澹菴春秋解十六卷、周禮解六卷、禮記解十四卷，乾隆五十三
　年合刊以行。○別下齋叢書刊澹菴長短句。

〔補〕**胡澹菴先生文集六卷** 宋胡銓撰。○清寫本，九行十八字。前
　有門人楊萬里序。鈐有洪子彬、師竹齋主人諸印。余藏。

〔補〕**澹菴文集二十五卷** 宋胡銓撰。○清寫本，九行二十字。鈐
　"三怡堂珍藏"，"祁氏藏書"等印記。余藏。

〔補〕**澹菴胡先生文集三十卷** 宋胡銓撰。○明寫本，九行二十字。
　鈐清順治間曹溶印記。張幼樵潤于草堂藏。

〔補〕**胡澹庵先生文集三十二卷** 宋胡銓撰。○清乾隆二十二年胡
　濙練月樓刊本，九行二十字，白口，左右雙闌。余據清寫本校，並補
　佚文。○清道光十二年胡文恩刊本。

五峯集五卷 宋胡宏撰。○抄本。

〔補〕○此書近世無刊本，惟恃鈔本流傳。四庫本已印入四庫珍本初
　集。

〔補〕**五峯胡先生文集三卷** 宋胡宏撰。○清寫本。鈐劉喜海、錢犀

盒印。

斐然集三十卷　宋胡寅撰。〇宋端平元年馮邦佐刊本。〇宋嘉定三年鄭肇之刊本。〇四庫依宋槧本。〇抄本。

〔補〕〇四庫本已印入四庫全書珍本初集中。

〔補〕**致堂胡先生斐然集三十卷**　宋胡寅撰。〇清倪氏經鉏堂綠格寫本，十一行二十二字，黑口，四周雙闌。闌外有“經鉏堂重錄”五字。前嘉定三年章穎序，端平元年魏了翁序。從宋端平元年東州道院本錄出。臨清徐坊遺書。

鄧紳伯集二卷　宋鄧深撰。〇此書四庫著錄，莫氏未收。

〔補〕〇此書原本不傳，此為館臣自永樂大典輯出者。

〔補〕**大隱集二卷**　宋鄧深撰。〇民國四年李之鼎宜秋館刊宋人集本，在甲編中。

北山集三十卷　宋鄭剛中撰。〇康熙乙亥曹定遠刊本。〇張氏志有抄本。〇鄭忠愍公自編北山初集日笈腹編，又有編中集，見紹興甲子自序。其後集乃公歿後其子良嗣所編，共三十卷，乾道癸巳刊。外有周易窺餘十五卷，又有經史專音，又左氏九六編及他雜著，見良嗣序。窺餘在經部，餘未見。

〔附〕〇宋本，其子良嗣刊。凡千二百十四篇。（邵氏）

〔補〕**鄭忠愍公北山文集三十卷**　宋鄭剛中撰。**首一卷末一卷**　〇清康熙三十六年鄭世成刊本，十行二十二字，白口，左右雙闌。余藏。

〔補〕**北山文集三十卷**　宋鄭剛中撰。〇清康熙三十四年曹定遠刊本，六册。余藏。〇清寫本，辛亥八月李紫東送閱。

〔補〕**北山文集三十卷**　宋鄭剛中撰。**末一卷**　〇清同治十二年胡鳳丹輯刻金華叢書本。余藏。

浮山集十卷　宋仲并撰。〇抄本。

〔補〕○此書原集不傳，此為館臣輯自永樂大典者。四庫本已印入四庫
　全書珍本初集。○傳鈔庫本。

横浦集二十卷 宋張九成撰。○明萬曆中刊本。○附心傳、日新二
　編本。

〔附〕○宋紹定二年刊本，見天祿後目。（邵氏）

〔補〕**横浦先生文集二十卷心傳錄三卷日新一卷** 宋張九成撰。
　家傳一卷 宋張案撰。**施先生孟子發題一卷** 宋施德操撰。○
　明萬曆四十二年吳惟明刊本，十行二十字，白口，左右雙闌。題"門
　人郎曄編"，"後學吳惟明校梓"。有萬曆四十二年焦竑序。

〔補〕**重刊横浦先生文集二十卷心傳錄三卷日新一卷** 宋張九成
　撰。**家傳一卷** 宋張案撰。**施先生孟子發題一卷** 宋施德操撰。
　○明萬曆四十三年方士麒刊本，十行二十字，白口，左右雙闌。余代
　友人張君元濟收，張君横浦之裔也。

〔補〕**重刊横浦先生文集十四卷** 宋張九成撰**横浦先生家傳一卷**
　宋張案撰。**無垢公遺迹一卷** 清張鳴皋撰。○清康熙二十三年張
　鳴皋刊本，十行二十字，白口，左右雙闌。余據明刊本校。

〔補〕**横浦文集十二卷** 宋張九成撰。○清康熙刊本。有黃承璉序。

湖山集十卷 宋吳芾撰。○四庫著錄，莫氏未收。

〔補〕**湖山集十卷** 宋吳芾撰**輯補一卷** 宋吳芾撰，民國李之鼎輯。
　○民國十一年李之鼎宜秋室輯刻宋人集本，在丁編。

〔補〕**湖山集十卷補遺一卷** 宋吳芾撰。**附錄一卷** ○民國二十四
　年台州叢書本。此集舊本不傳，自永樂大典輯出，有清一代無刊之
　者。

文定集二十四卷 宋汪應辰撰。○聚珍本。○閩覆本。○明嘉靖間
　夏浚刊本，即別本汪文定集十三卷，程敏政本，入存目。

〔附〕○宋刊本作濮陽衍慶集。

〔補〕**文定集二十四卷** 宋汪應辰撰。**拾遺一卷** 宋汪應辰撰,清陸心源輯,傳以禮錄文。○清光緒二十年福建補刊武英殿聚珍版書本。○清光緒二十五年廣雅書局刊武英殿聚珍版書本。此本輯錄自永樂大典,為現存最全之本。

〔補〕**汪文定公集十三卷** 宋汪應辰撰。**附錄一卷** ○明嘉靖二十五年夏浚刊本,十行二十字,白口,左右雙闌。前嘉靖丙午夏浚序,後弘治六年程敏政跋,言秘閣藏五十卷本,摘鈔為十三卷云云,則為節本也。夏氏付梓時又益以廷試策及遺氏若傳等。余於杭州收得一帙。○清康熙間汪文柏摛藻堂寫本,從夏浚本出。鈐汪氏藏印。夏本四庫存目。

縉雲文集四卷 宋馮時行撰。○明嘉靖癸巳李璽刊本。

〔附〕○秋聲館精鈔本。(邵氏)

〔補〕○四庫本已印入四庫全書珍本初集。

〔補〕**縉雲先生文集四卷** 宋馮時行撰。**附錄一卷** ○清仁和趙氏小山堂寫本,十行二十字,白口,左右雙闌。世好翁君斌孫藏,余曾借錄一帙。時行,蜀人也。

嵩山居士集五十四卷 宋晁公遡撰。○宋乾道四年刊。○抄本。

〔補〕**新刊嵩山居士文全集五十四卷** 宋晁公遡撰。○宋乾道四年刊本,十一行二十二字,白口,左右雙闌。有乾道四年門生嘉州州學教授師璿序,刊于蜀中。葉氏菉竹堂、晁瑮寶文堂、劉氏嘉蔭簃遞藏,晁氏鈐一朱文大印,刻顏氏家訓借人典籍一則。存卷五至二十五,三十至三十二,三十七至五十四,存四十二卷,又目錄一卷。此即莫氏著錄之本,常熟翁斌孫藏。○清寫本,盧址抱經樓藏。

默堂集二十二卷 宋陳淵撰。○舊抄本。

〔補〕**默堂先生文集二十二卷** 宋陳淵撰。○清寫本,十一行二十二字，白口，左右雙闌。已印入四部叢刊三編。○舊寫本。盧址舊藏。

知稼翁集二卷 宋黃公度撰。○明天啟乙丑裔孫重瀚刊本。○韓氏
　有舊影宋抄本。

　○舊抄本十二卷，足。四庫著錄者二卷，謂是殘缺之本。（繩）

〔附〕○小草齋精鈔本。○路有抄本。（邵氏）

〔補〕**莆陽知稼翁文集十一卷** 宋黃公度撰。**附錄一卷** ○影寫宋
　刊本，十行十八字。鈐十經齋藏印。友人徐君乃昌藏。宜秋館宋人
　集本即從此出。

〔補〕**莆陽知稼翁文集十一卷** 宋黃公度撰。**附錄一卷校記一卷**
　○民國九年李之鼎宜秋館刊宋人集本，從徐乃昌藏本出。

〔補〕**莆陽知稼翁文集二卷** 宋黃公度撰。○清寫本，九行二十字。
　從天啟五年十一世孫黃廷用刊本抄出。黃本十行十八字，余曾過
　目。此本前有陳俊卿、洪邁序。詞集有曾豐序，男沃跋。卷上賦、
　詩，卷下詩、文、詞。卷後附傳、行狀、墓誌銘、壙銘。此書宋刊本為
　其孫黃處權刊于泉州，凡十一卷，有影寫本傳世。與此本相校，文字
　次第均同，附錄亦同。蓋此本係據十一世孫廷用重刊本併為二卷者
　也。

唯室集四卷 宋陳長方撰。**附錄一卷** ○此書四庫著錄，莫氏未收。

〔補〕○此集原本久佚，此本為自永樂大典輯出者。四庫本已印入四庫
　全書珍本初級。

漢濱集十六卷 宋王之望撰。○抄本。

〔補〕○此集原本不傳，此亦為館臣輯自永樂大典者。四庫本沔陽盧氏
　已印入湖北先正遺書。

歸愚集十卷 宋葛立方撰。○四庫依知不足齋抄本。○張氏志有舊
　抄本。○宋刻殘本，頁十二行，行廿字。存五至十二，凡九卷。黃蕘
　圃識。

〔補〕**侍郎葛公歸愚集二十卷** 宋葛立方撰。○宋刊本，存卷五至十三，凡九卷，十二行二十二字，白口，左右雙闌。刊工有高安道、高安國等，審是紹興間江西刊本。宋諱"慎"字剜去下半，則刷印當在孝宗時矣。黃丕烈舊藏，百宋一廛賦著錄，黃氏改蝶裝。今藏潘氏滂喜齋。莫氏誤記行欵為十行二十字，應正。余又見繆荃孫先生手校宋本，並改定卷次。

〔補〕**侍郎葛公歸愚集十卷** 宋葛立方撰。○清康熙間汪文柏古香樓寫本，盧址抱經樓遺書。○清寫本，十二行二十二字。卷一至四詩，卷五樂府，卷六賦、騷、銘文，卷七至八外制，卷九表，卷十啟。鈐"彙英堂"、"蔣"等印。○清寫本，十行二十一字。鈐"秘册"、"愛日精廬藏書"二印，即莫氏著錄之張氏志舊抄本也。○舊寫本，繆荃孫先生據宋本校並改訂卷次。

〔補〕**侍郎葛公歸愚集十卷補遺一卷** 宋葛立方撰。○清光緒二十二年盛宣懷刊常州先哲遺書本，從勞格校鈔景宋本出，繆荃孫先生為之校刻。

香溪集二十二卷 宋范浚撰。字茂明，婺之蘭江人。○刊本。○近時刊本。○元刊本，其族裔孫元璹刊，吳師道序在至順辛未。後為張金吾藏。○又有蘭溪令唐尚虞己亥刊，有章學懋序，蓋至正十九年或永樂七年，並翻宋本。○紹興三十一年猶子元卿先刊其詩賦論議雜著為二十二卷，見同郡鄭巖肖序，蓋即今本。序又述元卿語，謂叔父平昔有文至多，欲悉出與世而其力有莫辦，則此集其要略也。

〔補〕○清光緒九年胡鳳丹輯刻金華叢書本。

〔補〕**香溪范賢良文集二十二卷** 宋范浚撰。○明初黑口本，十二行二十二字，黑口，四周單闌。有紹興三十一年陳巖肖序。本書標題大字佔雙行，題門人高旆編。張金吾愛日精廬舊藏，即莫氏著錄者，今在顧君麐士處，號為元刊本。○明刊本，行欵同上，改為左右

雙闌。亦有陳巖肖序。此本亦稱為元刊，實天順、成化間翻本。鈐
汪啟淑藏印。余亦有殘帙，存卷一至六，天一閣佚出之書。

〔補〕范香溪先生文集二十二卷 宋范浚撰。**附范蒙齋先生遺文
一卷** 宋范端臣撰。**范楊溪先生遺文一卷** 宋范端杲撰。○清刊
本，十行二十字，白口，四周雙闌。前陳巖肖、吳師道、章懋、胡應麟
序。此本已收入四部叢刊續編，誤定為明萬曆刊本。

鄭忠肅奏議遺集二卷 宋鄭興裔撰。○明刊本。

〔補〕○此書四庫本已印入四庫全書珍本初集。

雲莊集五卷 宋曾協撰。按：此書四庫著錄。緣其集原本久佚，此為
館臣輯自永樂大典者，清代迄無人以之授梓，故莫氏未收。

〔補〕雲莊集五卷 宋曾協撰**校勘記一卷** 民國胡思敬撰。○民國九
年胡思敬輯刻九宋人集本，後收入豫章叢書。

竹軒雜著六卷 宋林季重撰。按：此書四庫著錄，莫氏未收。

〔補〕○清光緒二年瑞安孫氏詒善祠塾刊永嘉叢書本。○四庫底本。
在李木齋先生處。

拙齋文集二十卷 宋林之奇撰。○抄本。○宋刊本二十八卷，見季
氏目。

〔附〕○宋刊二十八卷本，見季氏目，十八行十九字。（邵氏）

〔補〕○影寫宋刊本，十行十九字。

于湖集四十卷 宋張孝祥撰。○明萬曆中刊。○韓氏有四庫所據舊
抄本。

〔補〕于湖居士文集四十卷 宋張孝祥撰。**附錄一卷** ○宋刊本，十
行十六字，白口，左右雙闌，版心上記字數，下記刊工人名，有王祐
新、劉大有、劉處仁、俞文俊、俞永成等。前嘉泰元年謝堯仁序，言為
其弟張孝伯刊於豫章。次同年其弟江南西路安撫使知隆興府張孝
伯序，言盡以家藏與諸家所刊屬王大成讎校，繼有所得，當為後集云

云。此二序雖抄配者，而行欵全同，當為自原書影寫。據序可知為
嘉泰元年南昌所刊也。末有附錄二十三葉，為傳、官誥、名人記序、
詩及挽章。鈐有明文淵閣大印，為明內閣官書。盛昱舊藏，後為袁
君克文收得，今又歸李君思浩矣。○明寫本，十行二十五字。首卷
次行題“歷陽後學萬可賢惺文父”。鈐潘祖蔭藏印。

〔補〕**張于湖集八卷** 宋張孝祥撰，明焦竑訂。○明崇禎六年張時行
刊本。余有一帙，余據宋刊四十卷本校，補詩四十一首，又卷三十詞
一卷，卷三十六尺牘一卷。

太倉稊米集七十卷 宋周紫芝撰。○張金吾藏舊抄本，格闌外有“浣
香居抄本”五字。○宋乾道丙辰陳天麟帥襄陽，始鋟諸木，其校勘之
不精，刊畫之舛錯，凡三百八十有五而為字千餘。陳公詔赴襄陽學
官，道九江，見左司仲子疇，得其家藏善本。比至，重加是正，命工修
整，時淳熙癸卯孟夏。見公紹跋。

〔補〕○清寫本，九行十八字，無闌格。前乾道丁亥陳天麟序，次自序。
鈐有平陽汪氏文房印。余藏。○清汪文柏古香樓寫本。盧址舊藏。

夾漈遺稿三卷 宋鄭樵撰。○函海本。○藝海珠塵本。○單刊本。

〔補〕○清寫本。鈐朱彝尊、黃丕烈、張蓉鏡藏印。○清精寫本，失名人
朱筆校。鈐“安定胡氏留白軒藏”、“鮑氏考藏”、“深山清玩之印”等
印。盧址抱經樓散出書。

鄮峯真隱漫錄五十卷 宋史浩撰。○乾隆丙申史氏裔孫重刊史忠定
王集五十卷。

〔補〕○清寫本，九行十八字。鈐有慈谿馮氏醉經樓藏印。卷四十四原
闕。○清光緒二十六年裔孫史廷霖綠野草堂活字印本。余藏。

〔補〕**鄮峯真隱漫錄五十卷** 附**子史朴語十卷** 宋史浩撰。○清乾
隆間裔孫史鴻義刊本。余藏。

燕堂詩稿一卷 宋趙公豫撰。○抄本。

〔補〕○民國九年李之鼎宜秋館刊宋人集本，在乙編中。

海陵集二十三卷外集一卷　宋周麟之撰。○抄本。

〔補〕○民國九年排印海陵叢刻本。

〔補〕**海陵周公文集二十三卷**　宋周麟之撰。○清寫本。十四册。余藏。

〔補〕**頤堂先生文集五卷**　宋王灼撰。○宋乾道八年王撫幹宅刊本，十行十八字，白口，左右雙闌。卷一末有"乾道壬辰六月王撫幹宅謹記"一行。驗其字體雕工，是蜀中風氣，當是蜀本。江南圖書館藏，後印入四部叢刊三編。○余家雙鑑樓覆刻蜀本。收入雙鑑樓刊蜀賢遺書十二種中。

竹洲集二十卷附棣華雜著一卷　宋吳儆撰。○明萬曆甲辰刊本，題吳文肅公集。○又明刊大字本。○弘治癸丑刊小字本，程敏政序。○又明刊本，十卷。

〔附〕○元刊本。見天祿後目。（邵氏）

〔補〕**竹洲文集二十卷**　宋吳儆撰。**附錄一卷**　○明弘治六年吳雷亨刊本，十一行二十一字，黑口，四周雙闌。有弘治六年程敏政序，淳祐七年呂午序，嘉熙二年洪楊祖序，嘉熙元年陳塤序，嘉熙二年曾孫吳資深進書表。卷中提行空格尚存舊式，爲十世孫吳雷亨以家藏本付梓者。

〔補〕**竹洲文集十卷**　宋吳儆撰。**附錄一卷**　○明嘉靖、萬曆間吳繼良刊本，十行二十字，白口，左右雙闌。前端平二年程珌序，次呂午、洪楊祖、陳塤舊序，次程敏政序。卷首題"十四世孫繼良校正重梓"一行。

〔補〕**吳文肅公集二十卷**　宋吳儆撰。**附棣華雜著一卷附錄一卷**　○明萬曆間吳瀛、吳繼京刊本，九行十八字，白口，四周單闌。前宋程泌、呂午、洪楊祖、陳塤諸舊序及弘治六年程敏政序，次目錄。本

書卷首第三行題"明中書舍人裔孫吳瀛校"。末有萬曆甲辰吳繼京
跋。繼京，瀛之子也，是本即渠印行者。余藏。

高峯文集十二卷 宋廖剛撰。○提要云久無刊本。

〔附〕○路有抄本。裘杼樓目有抄本。（邵氏）

〔補〕○四庫本已印入四庫全書珍本初集。

〔補〕**高峯先生文集十七卷** 宋廖剛撰。○清精寫本。前葛元隰、謝
如圭序。有吳邦傑誌。盧址抱經樓散出之書。

鄂州小集六卷附錄二卷 宋羅願撰。○明洪武二年趙汸刊本。○
弘治十一年羅文達刊本。○天啟丙寅羅明刊本。○康熙癸巳歙七
略書堂刊。

〔附〕○乾道二年鄭玉子美刊於新安本。○宋劉子澄刊於鄂州本。○
正統本。○康熙丁亥刻本。（邵氏）

〔補〕**羅鄂州小集五卷** 宋羅願撰。**鄂州遺文一卷** 宋羅頌撰。**附
錄一卷** ○明洪武二年羅宣明刊本，十一行二十一字，大黑口，四周
雙闌。有宋濂、趙塤、李宗頤、蘇伯衡、林公慶、馬城、王禕、趙汸八
序。何焯批校。友人徐乃昌藏。○又一帙，沈嚴臨何焯批校。鈐顧
沅印。

〔補〕**羅鄂州小集五卷** 宋羅願撰。**附錄一卷** ○清汪文柏古香樓
寫本，鈐汪氏印記。盧址抱經樓遺書。○清咸豐三年伍氏刊粵雅堂
叢書本。

〔補〕**羅鄂州小集六卷** 宋羅願撰。○明萬曆四十五年畢懋康刊本，
九行十九字，白口，四周單闌。

〔補〕**羅鄂州小集六卷** 宋羅願撰。**羅鄂州遺文一卷** 宋羅頌撰。
○清康熙五十二年程哲七略書堂刊本，十一行二十一字，白口，左右
雙闌。○清光緒十九年李氏刊本，十一行二十一字，黑口，四周雙
闌。余有一帙，余據明洪武二年羅氏刊本校。

艾軒集九卷附錄一卷 宋林光朝撰。○明正德辛巳鄭岳刊本。

〔附〕○十卷，無附錄。（邵氏）

〔補〕○四庫本已印入四庫全書珍本初集。

〔補〕**艾軒先生文集十卷** 宋林光朝撰。○明正德十六年鄭岳刊本，十行十九字，白口，四周單闌。蘇州鳴琴室見殘本。

〔補〕**艾軒先生文集九卷** 宋林光朝撰。**附錄一卷** ○清寫本，十行十九字。有陳宓、劉克莊序及淳祐十年林希逸序。鈐顧嗣立藏印。此本行欵與正德鄭岳本同，疑即從鄭本出。○舊寫本。鈐汪文柏古香樓印。盧址遺書。

〔補〕**蕊閣集二卷** 題宋辛棄疾撰。○清寫本，九行十八字。有稼軒自序，乃集唐人句為詩，每韻一首，五、七言各三十首。

〔增〕**玉堂類藁二十卷西垣類藁二卷** 宋崔敦詩撰。字大雅，本河北人，南渡後遂居溧陽。登紹興進士，官中書舍人。李心傳朝野雜記、呂祖謙文鑑既成，近臣密啟其失，命直院崔大雅更定，增損去留凡數十編。朱子語類亦有敦詩刪定文鑑之語。敦詩淳熙九年致仕，是編皆宋孝宗時制誥、口宣，宋志誤以為周必大撰，而其文皆必大集所無。○阮氏依舊本活字版錄以進呈。

〔補〕○日本寬政至文化間佚存叢書本。○清同治元年刊粵雅堂叢書本。

〔補〕**崔舍人玉堂類藁二十卷西垣類藁二卷目錄一卷** 宋崔敦詩撰。**附錄一卷** ○宋刊本，十行二十字，白口，左右雙闌，版心上記字數，下記刊工人名，有王信、李忠、吳琪、李珍等，與宋嘉定五年刊歐公本末多同，應是寧宗前期浙杭刊本。附錄一卷為告身、祭文、哀挽。日本帝室圖書寮藏。日本佚存叢書本即從此出。

晦菴集一百卷續集五卷別集七卷 宋朱子撰。○明刊大字本。○嘉靖壬辰刊本。○明萬曆甲辰朱崇沐單刊奏議十五卷。○康熙戊辰蔡方炳刊，世謂閩小字本。○雍正八年朱玉類編本，補文數篇。
入存目。○咸豐時徐樹銘提閩學刊中楷字本。○天祿後目有宋刊
晦菴先生文集前集十一卷，後集十八卷，無編者姓名，亦無序跋，而
刊印工整，曾藏汲古閣，有宋本甲字印。○晦菴先生大全集一百卷
大字本，今在上海郁氏。其編別集有無不記。

○壬辰在滬見蕭敬孚藏宋本大字本。○頃見一殘宋本，半頁十行，
行十八字。二十七以下缺，詩每卷末有考異者也。

〔附〕○宋刊大字本，二十行，行十九字。○淳熙五年刊續集十一卷，王
璲序。○咸淳元年刊別集十卷，黃鏞序。○元刊大字本。○元刊朱
文公大同集十卷本，陳利用編，詩二卷，文八卷。（邵氏）

〔補〕**晦菴先生文集一百卷目錄二卷**　宋朱熹撰。○宋刊本，十行
十九字，白口，左右雙闌。卷中避宋諱至擴字，為寧宗以後浙江刊
本。海虞瞿氏藏。李木齋先生亦有一帙，有明代補版。内閣大庫有
殘本數部，在北京圖書館。各坊肆多大庫殘葉。

〔補〕**朱文公文集一百卷**　宋朱熹撰。○宋江西刊本，十行十八字，
白口，左右雙闌，版心上記字數，下魚尾下記朱文公集卷第幾，下記
刊工名一字。文祿堂見殘卷。

〔補〕**晦菴先生朱文公文集一百卷目錄二卷續集十一卷別集十
卷**　宋朱熹撰。○宋咸淳元年建寧府刊本，十行十八字，白口，左右
雙闌，版心上記字數，上魚尾下記朱文公集卷幾，下魚尾上記葉數，
最下記刊工人名。劉承幹嘉業堂藏一帙，有明代補版。○明初刊
本，十一行二十二字，黑口，四周雙闌。存續集十一卷，別集十卷。
○明嘉靖十一年張大輪、胡岳、潘潢等福州刊本，十二行二十二字，
白口，四周單闌。前嘉靖壬辰蘇信序，言舊刻存閩臬，歲久刓闕，且
簡帙重大，人艱于蓄。張大輪等重刻之，省約版紙者什之四云云。
目後有同年潘潢序，言縮費重雕，藏諸閩臬云云。據跋，知此本即據

宋建寧府刊本改易行欵縮減葉數付梓也。每卷末考異後有"福州府
儒學訓導舒鏊校"一行。此本近已印入四部叢刊初編。○清同治十
二年六安涂氏求我齋刊本，後收入洪氏唐石經館叢書。

〔補〕**晦庵先生朱文公文集一百卷目錄二卷續集五卷別集七卷**
宋朱熹撰。○清康熙二十七年蔡方炳刊本，十二行二十四字，黑口，
四周單闌。余藏。

〔補〕**朱子集一百四卷目錄二卷補遺一卷**　宋朱熹撰。○清咸豐
十年紫霞洲祠堂刊本。

〔補〕**朱文公大同集十卷**　宋朱熹撰。陳利用輯。**年譜節略一卷**
元都璋撰輯。○元刊本，十一行二十一字，細黑口，四周雙闌。前至
正十二年孔俊序，即都璋所刊也。○明初刊本，行欵同上，然改為左
右雙闌，雕工粗率，似明天順、成化間翻刻本。海虞瞿氏藏。全書收
詩二卷，文八卷。

〔補〕**朱子大全一百卷目錄二卷續集十一卷別集十卷**　宋朱熹
撰。○明天順四年賀沈、胡緝刊本，十一行二十二字，黑口，四周雙
闌。刊工粗率。蟫隱廬見。

〔補〕**朱子文集大全類編一百十一卷首一卷**　宋朱熹撰，清朱玉
輯。○清雍正八年紫陽書堂刊本。四庫存目。

〔補〕**唐荆川選輯朱文公全集十五卷**　宋朱熹撰，明唐順之選輯。
○明刊本，十行二十字，白口，四周單闌。

〔補〕**朱子文集十八卷**　宋朱熹撰。○清同治五年福州正誼書院刊正
誼堂全書本。

〔補〕**晦庵文鈔七卷**　宋朱熹撰，明吳訥輯。○明刊本，十一行二十一
字，白口，四周單闌。二冊。余藏。

〔補〕**晦菴文鈔十卷**　宋朱熹撰，明吳訥、崔銑輯。○明嘉靖刊本，九
行十八字。

〔補〕**晦庵先生朱文公詩集十二卷** 宋朱熹撰，明程璸輯。○明正
德十六年新安程氏刊本，半葉十行，行二十字，白口，四周單闌。蘇
州博古齋柳蓉村肆中見，未收。

〔補〕**晦庵詩抄一卷** 宋朱熹撰，明吳訥輯。○明刊黑口本，九行二十
一字。

梁溪遺稿一卷 宋尤袤撰。○宋尤藻刊于新安之本五十卷，後燬于
兵火。○康熙中尤氏輯刪本二卷。

〔補〕**梁谿遺稿二卷** 宋尤袤撰，清朱彝尊輯，為文鈔一卷，詩鈔一卷。
○清康熙三十九年尤侗刊本，十行二十一字。○清道光元年尤興詩
本。

〔補〕**梁谿遺稿二卷補編一卷附錄一卷** 宋尤袤撰。○清光緒二
十三年盛宣懷刊常州先哲遺書本。

文忠集二百卷 宋周必大撰。○四庫依抄本。○宋有開禧刊本。○
上海郁氏有宋刊周文忠大全集。○近年江西刊本大全集二百十五
卷，連附錄二十九種。○張金吾有淡生堂抄本。

〔附〕○宋刊本，二十行，行十六字。○曝書亭藏本一百五卷，附錄五
卷，年譜二卷。（邵氏）

〔補〕**周益文忠公集二百卷** 宋周必大撰。**年譜一卷** 宋周綸撰**附
錄五卷** ○宋開禧二年其子周綸編刊本，十行十六字，白口，左右雙
闌，版心上記字數，下記刊工人名，其刊工與慶元二年周必大所刊歐
陽文忠公大全集多同，當即周氏自刊於吉州者也。卷中避宋諱至
“廓”字。周氏家諱凡“必大”名及其曾祖“衍”、祖“説”、父“利建”名
諱皆缺末筆。存六十九卷，為省齋文稿卷一至八，二十八至三十六；
平園續稿卷一至十五，二十七至三十，三十六至四十；玉堂類稿卷六
至八，十一至十三；歷官表奏卷一至五，十至十二；承明集卷一至六；
書藁卷九至十一；附錄五卷全。日本靜嘉堂文庫藏。按：此即莫氏

著錄之上海郁松年宜稼堂舊藏宋本也。自郁轉歸陸心源皕宋樓，清末隨陸氏藏書俱歸日本岩崎氏靜嘉堂。○又有殘本二卷，為卷一八六至一八七，書藳一至二。友人鄧君邦述藏。○清初藍格寫本，九行二十字。存平園續藳四十卷。○明綠格寫本，十二行二十七字，白口，左右雙闌。存思陵錄二卷。卷首小題在上，大題在下，猶存宋刊舊式。上題"思陵錄上"，下題"周益文忠集□□□□□"，賈人挖去卷次，以充全帙。鈐揆叙印。

〔補〕**廬陵周益國文忠公集二百卷** 宋周必大撰。**首一卷附錄五卷** ○清道光二十八年歐陽棨瀛塘別墅刊咸豐元年續刊本，十行二十四字，白口，左右雙闌。余有一帙，余據清季振宜舊藏平陵史繼辰校選鈔本校，補外制十六篇。又據鄧邦述藏殘宋本校書藳二卷。又據自藏明鈔、舊鈔殘本校。

〔補〕**周益公集選五卷** 宋周必大撰，明胡廷宴輯。○明萬曆刊本，八行十八字，白口，四周單闌。

雪山集十六卷 宋王質撰。○聚珍本。○閩覆本。

〔補〕**雪山集十二卷** 宋王質撰。○清寫本，十行二十字。李文藻校。余藏。此書宋時為四十卷本，久已不傳，四庫館自永樂大典中輯出，初編為十二卷，此本是也。次又編為十六卷，刪去青詞等，次序亦改易，觸忌諱處多改去，即以入錄，並收入聚珍版書中。此本之佳處在尚是自大典初輯出時之本，未改忌諱之處也。

〔補〕**林泉結契五卷** 宋王質撰。○清寫本。為山友辭、水友辭、山友續辭、水友續辭、山水友餘辭各一卷。鈐汪文柏古香樓印記。卷中夾一紙箋，鮑廷博朱筆手書"乾隆辛卯九月廿三日知不足齋收藏。"此書四庫存目。

方舟集二十四卷 宋李石撰。○抄本。

〔補〕○此書原本久佚，此為館臣自永樂大典中輯出入錄，近世迄無刊

之者，唯恃鈔本流傳。四庫本近已印入四庫全書珍本初集中。○清
四庫館寫本，朱絲闌，八行二十一字，白口，四周雙闌。鈐翰林院印。
樊增祥先生藏。○清寫本，從四庫本出。余藏。

網山集八卷 宋林亦之撰。字學可，福清人，一作月魚集。○四庫依
　　曝書亭抄本。○嘉靖安政堂本，缺首六卷。

〔補〕○清寫本，十行二十字，句下有自註及"一作某"。為詩二卷，文六
　　卷。有劉克莊、林希逸序。又有橫塘劉氏跋。鈐吳騫拜經樓藏印。
　　○舊寫本，行欵序跋同上本。余代沈曾植先生收得。○四庫本已印
　　入四庫全書珍本初集中。

〔補〕**網山月魚先生文集八卷** 宋林亦之撰。○清寫本，八行十六
　　字。有劉克莊、林希逸序。鈐孫爾準藏印。○清惠棟手定清本。鈐
　　"惠定宇手定本"、"惠棟之印"、"字曰定宇"諸印。盧址抱經樓舊藏。

〔補〕**新註朱淑真斷腸詩集十卷後集八卷** 宋朱淑真撰，鄭元佐
　　註。○明初刊本，十行二十字，黑口，四周雙闌。友人徐君乃昌藏。
　　況夔生云以校丁氏刊武林往哲遺箸本殊有勝異處，蓋丁氏刻本所據
　　即此本，而缺葉脱文甚多，往往誤連之。

〔補〕**新註朱淑真斷腸集十卷後集七卷** 宋朱淑真撰，鄭元佐註。
　　○清彭元瑞知聖道齋寫本。

〔補〕**新註朱淑真斷腸詩集十卷補遺一卷後集七卷** 宋朱淑真
　　撰，鄭元佐註。○清光緒二十三年丁氏嘉惠堂刊武林往哲遺箸本。

〔補〕**斷腸全集二卷** 宋朱淑真撰。○清寫本，九行二十一字。前有
　　田藝蘅序，知從明萬曆本出。鈐汪氏傳書樓印。四庫存目。

東萊集四十卷 宋呂祖謙撰。○明刊。○靜持室有元刊東萊呂太史
　　文集十五卷，外集五卷，十行，行廿字。○宋刊大字本。

〔附〕○宋刊本，本集十五卷，別集十六卷，外集五卷，附錄三卷，麗澤論
　　說十卷。○宋巾箱本，見天祿後目。（邵氏）

〔補〕**東萊呂太史文集十五卷別集十六卷外集五卷** 宋呂祖謙撰。**麗澤論説集錄十卷** 宋呂祖儉輯。**附錄三卷附錄拾遺一卷** ○宋嘉定四年呂喬年刊本，十行二十字，白口，左右雙闌，版心上記字數，下記刊工人名，有丁明、丁亮、周文、周才、吳志、吳春等。天祿琳琅舊藏。卷中有明補版，多改為四周雙闌。無麗澤論説集錄。又一帙，亦明補明印本，鈐翰林院滿漢文大官印，卷中有四庫館臣勾改處，為四庫底本。又見數帙，亦皆明補本。

〔補〕**東萊呂太史全集四十卷** 宋呂祖謙撰。○明嘉靖間刊本，十行二十字，白口，四周雙闌。字體似劉氏慎獨齋本，疑是閩本。卷一詩，卷二至十五文，卷十六至二十詩文并拾遺，卷二十一至二十六家範，卷二十七至三十一尺牘，三十二至三十五讀書雜記，三十六師友答問，三十七年譜、壙記，三十八至四十祭文哀挽。缺卷十八至二十一，用明寫本配補，鈐有黃虞稷印記或即其配入者也。

〔補〕**呂東萊先生遺集二十卷** 宋呂祖謙撰，王崇炳編輯。○清雍正間金華陳思臚敬勝堂刊本，十行二十四字，卷十二以下為經史雜説。

〔補〕**呂東萊先生文集二十卷** 宋呂祖謙撰。**首一卷** ○清同治七年胡鳳丹輯刻金華叢書本。

〔補〕**東萊呂太史文集十五卷別集十六卷外集五卷** 宋呂祖謙撰。**附錄三卷附錄考異四卷** 民國胡宗楙撰。○民國十三年胡宗楙刊續金華叢書本，從宋嘉定呂喬年刊本出。

止齋文集五十二卷附錄一卷 宋陳傅良撰。○明弘治乙丑張璡刊本。○正德元年林長繁刊本。○乾隆乙丑愛日〔廬〕〔樓〕刊本，不足。○道光甲午陳用光刊本。○嘉定癸酉永嘉郡博士刊止齋集，其春秋後傳諸書永嘉守施梽先刊置郡齋。

〔附〕○嘉定壬申徐鳳刊本，二十六行，行二十五字。○嘉靖丙寅刊二十八卷小字本。○乾隆林上梓刊二十五卷本。○永嘉叢書本。（邵

氏）

〔補〕**止齋先生文集五十二卷** 宋陳傅良撰。**附錄一卷** ○明正德
　元年林長繁浙中刊本，十三行二十三字，黑口，四周雙闌。有弘治十
　八年王瓚序，言自秘閣錄出五十二卷，同年張璿往巡浙中，請梓之以
　傳云云。鈐山陰祁氏淡生堂及禦兒呂氏講習堂印記，余藏。又見一
　帙，鈐"四明范氏圖書"，為自天一閣佚出之書。○清光緒四年瑞安
　孫氏輯刻永嘉叢書本。

〔補〕**止齋先生文集二十八卷** 宋陳傅良撰。○明嘉靖十年安正堂
　刊本，十三行二十五字，細黑口，四周雙闌。即邵氏所記之嘉靖二十
　八卷本也。

〔補〕**宋陳文節公詩集五卷文集十九卷** 宋陳傅良撰。**首一卷末
　一卷** ○清乾隆十年瑞安林上梓愛日樓刊本，十一行二十二字。

〔補〕**宋陳文節公文集十九卷** 宋陳傅良撰。○清道光十四年陳用
　光刊本。

格齋四六一卷 宋王子俊撰。○竹垞跋云：抄得宋本格齋四六，計一
　百二首。檢此本，數與跋同。（繩）

〔補〕**格齋四六二卷補一卷** 宋王子俊撰。**校勘記一卷** 民國胡思
　敬撰。○民國八年胡思敬刊九宋人集本，收入豫章叢書中。余據盧
　址舊藏寫本三松集校一帙。

〔補〕**格齋先生三松集□卷** 宋王子俊撰。○清寫本，九行十九字。
　鈐盧氏抱經樓藏印。只存一卷，不全，其全書卷數俟考。

梅溪集五十四卷 宋王十朋撰。○明正統五年劉謙刊本。○明刊黑
　口本。○雍正六年唐氏刊本。○元刊本。○宋紹熙壬子其子聞詩、
　聞禮鋟木于江陵，歸藏于家。廷試策一卷，奏議四卷，前集二十卷，
　後集二十九卷。○後集二十九卷，正統刊本。

〔補〕**梅溪先生廷試策一卷奏議四卷文集二十卷後集二十九卷**

宋王十朋撰。**附錄一卷**　○明正統五年劉謙、何文淵刊於溫州，天順六年重修本，十一行二十一字，黑口，四周雙闌。前補刊朱熹序及天順六年周琰識語，言前守何文淵、劉謙重為刊板云云。次正統五年黃淮序，言前守何文淵、今守劉謙得刻本於黃巖，命郡學教授何瀚重加訂正刊刻云云。卷首次行題"教授建昌何瀚校正"。盧址抱經樓舊藏，今在涵芬樓。○明刊本，行欵版式與正統劉謙本全同，惟後集卷二十五版心誤標卷二十六，以下逐卷版心卷次均後移一卷，卷二十九作卷三十，然卷首標題固未嘗誤也。各卷首亦有何瀚校正一行。余藏。

〔補〕**王忠文公梅溪集五十卷目錄四卷**　宋王十朋撰。**年譜一卷**　○清雍正六年唐傳鉎刊本，十一行二十一字，白口單闌。

〔補〕**王忠文公文集五十卷**　宋王十朋撰。○清光緒二年刊本。

〔補〕**王梅溪集五卷**　宋王十朋撰。○明刊本，二冊。余藏。

香山集十六卷　宋俞良能撰。○抄本。

〔補〕○清四庫館寫本，紅格，八行二十一字，白口，四周雙闌。樊增祥藏。○民國十三年胡宗楙刊續金華叢書本。余曾用法式善舊藏清四庫館寫本校一帙。

宮教集十二卷　宋崔敦禮抄。○抄本。

〔補〕○此書原本不傳，此為四庫館臣自永樂大典輯出者。四庫館寫本在樊增祥處，八行二十一字，紅格，鈐翰林院印。○清光緒間順德龍氏刊螺樹山房叢書本。

蒙隱集二卷　宋陳棣撰。按：此集原本久佚，此為四庫館臣自永樂大典輯出，清代無刊本。莫氏未收。

〔補〕○清乾隆五十六年鮑廷博手寫本，九行二十字。鮑氏據四庫本校。友人蔣君汝藻藏。○民國十年李之鼎宜秋館刊宋人集本，在丙編。

倪石陵書一卷 宋倪樸撰。○明嘉靖丙戌麻城毛鳳韶刊本。

〔補〕○清寫本，十行二十字。題"麻城毛鳳韶集刊"。有嘉靖丙戌毛氏
　序，從明嘉靖五年毛鳳韶刊本鈔出。首傳，次書，次辨、次跋，次後
　序。鈐怡府明善堂、安樂堂印及李之郇印記。友人朱文鈞藏。○民
　國四年李之鼎宜秋館刊宋人集本。余有一帙，余據怡府舊藏傳鈔明
　嘉靖毛鳳韶本校。

〔補〕**倪石陵集一卷** 宋倪樸撰。○清寫本。鈐丁日昌持靜齋藏印。
　甲寅五月見於京肆。

〔補〕**倪石陵書一卷** 宋倪樸撰。**考異一卷** 民國胡宗楙撰。○民國
　十三年胡宗楙輯刻續金華叢書本。

樂軒集八卷 宋陳藻撰。按：此書四庫著錄，莫氏未收。

〔補〕**樂軒先生集八卷** 宋陳藻撰。○清康熙間休寧汪文柏古香樓寫
　本。鈐"古香樓"、"汪氏柯亭校正"諸印。盧址抱經樓藏，癸丑閱於
　樓中。○清寫本，有劉克莊序。目後有陳起跋。○舊寫本，有劉克
　莊序、陳起跋。鈐宋世濟印。

定菴類槀四卷 宋衛博撰。○依閣抄本。

〔補〕○此書原本不傳，此為四庫館臣自永樂大典輯出入錄，無刊本。
　四庫全書本已印入四庫全書珍本初集中。

滄軒集八卷 宋李呂撰。按：此書四庫著錄，莫氏未收。

〔補〕○此書原本不傳，此為四庫館臣自永樂大典輯出者，近世無刊本。
　四庫全書本已印入四庫全書珍本初集中。

〔補〕**攻媿先生文集一百二十卷** 宋樓鑰撰。○宋刊本，十行十八
　字，白口，左右雙闌，版心上記字數，下記刊工名，有金滋、詹世榮、馬
　祖、丁松年、張明、宋琚等，多與南齊書、陳書刊工名合，是南宋中期
　浙本，或即樓氏自刊家集也。有曹寅、敷槎昌齡印及許乃普印，即後
　文莫氏注中所記之許滇生藏宋本也。缺十七卷，為卷五至七，二十

六至二十九，三十八至四十，七十七至七十九，九十四至九十七。存
一百三卷。臨清徐坊遺書，出以求售，值昂無力舉之，借得後約友人
徐鴻寶、熊譯垣、鄧守瑕同校後還之。旋為燕京大學收去。

攻媿集一百十二卷 宋樓鑰撰。○聚珍本。○閩覆本。○別本文集
三十二卷，詩集十卷，入存目。○張金吾有舊抄一百二十卷。○宋
刊本一百二十卷，許滇生先生有之。○查氏亦有宋刊本。

〔補〕○原一百二十卷，四庫本刪去青詞、朱表等八卷。○聚珍本近已
印入四部叢刊初編中。

〔補〕**攻媿集一百十二卷** 宋樓鑰撰。**拾遺一卷** 清傅以禮撰。○
清光緒二十年福建補刊武英殿聚珍版書本。○清光緒二十五年廣
雅書局刊武英殿聚珍版書本。余據徐坊藏宋刊本校一帙，並補缺文
八卷。

尊白堂集六卷 宋虞儔撰。○韓有舊抄本。

〔補〕○四庫本已印入四庫全書珍本初集，亦輯自永樂大典者也。○清
四庫館寫本，紅格，八行二十一字。鈐翰林院大官印。

東塘集二十卷 宋袁說友撰。○抄本。

〔補〕○此書原本不傳，四庫館臣自永樂大典輯出入錄，近世未聞有刊
之者。四庫本已印入四庫全書珍本初集中。○清四庫館寫本，紅
格，八行二十一字。樊增祥藏。

義豐集一卷 宋王阮撰。○四庫依抄本。○韓有舊鈔本。

〔補〕**義豐文集□卷** 宋王阮撰。○宋淳祐間王旦惠州刊本，十行十
八字，細黑口，左右雙闌，版心下記刊工人名。前淳祐八年戊申趙希
瓾題識，行書四行。後有淳祐三年吳愈序，半葉七行，言刊於惠州之
博羅云云。存一卷，目錄後幅有補綴痕，本書題卷一，則非全帙也。
黃丕烈舊藏，百宋一廛賦中"文考信於南卿"即指此帙。後歸郁松
年，郁氏宜稼堂書目第八號有"宋板義豐集一匣"，即此書也。自郁

氏轉入丁氏持靜齋,授受之際,傳說於中丞公不無微詞。書買陳韞
山收自廣東,遂入余齋。宋刊只此孤本,他本均自此出。

〔補〕**義豐集一卷** 宋王阮撰**校勘記一卷** 民國胡思敬撰。○民國八
年胡思敬刊九宋人集本,後收入豫章叢書中,出自呂留良家藏本。
余取自藏宋本校一帙,補趙希㤅題識及目錄四葉,又正訛一百九十
餘處。

涉齋集十八卷 宋許及之撰。○抄本。

〔補〕○此書原集不傳,此為館臣自永樂大典輯出收入四庫者。樊增祥
先生有四庫館紅格寫本,八行二十一字,白口,四周雙闌。○民國十
七年永嘉黃氏排印敬鄉樓叢書第一輯收有此集。

蠹齋鉛刀編三十二卷 宋周孚撰。○淳熙己亥酃延解百楄刊本。○
抄本。

〔補〕**蠹齋先生鈆刀編三十二卷拾遺詩一卷** 宋周孚撰。○清寫
本,十行十八字。

乾道稿一卷淳熙稿二十卷章泉稿五卷 宋趙蕃撰。○聚珍本。○
閩覆本。

〔附〕○只淳熙稿二十卷。(邵氏)

雙溪集二十七卷 宋王炎撰。○萬曆丙申王鏻刊本。○康熙中族孫
祺刊本,十二卷。

〔補〕**雙溪文集十七卷** 宋王炎撰。○明嘉靖刊本,十行二十一字,白
口,四周單闌。有嘉靖十年潘滋序,嘉靖十三年汪思、汪玄錫序。余
藏。

〔補〕**雙溪集十二卷** 宋王炎撰。○清康熙戊戌王祺刊本,十行二十
一字,黑口,左右雙闌。

〔補〕**育德堂外制五卷** 宋蔡幼學撰。○宋刊本,九行十八字,白口,
左右雙闌,版心記字數及刊工名。鈐"蔡氏圖書子子孫孫永寶用"、

"永嘉蔡昭祖宗文印"二宋印，或即其後裔家藏者也。又有毛扆藏
印。○民國十八年永嘉黃氏排印敬鄉樓叢書本，在第二輯。

〔補〕**棣華館小集一卷**　宋楊甲撰。○清鈔兩宋名賢小集本。○民國
四年李之鼎宜秋館刊宋人集本。

〔補〕**棣香館小集一卷**　宋楊甲撰。○清顧沅藝海樓寫本。

止堂集二十卷　宋彭龜年撰。○聚珍本。○閩覆本。

緣督集二十卷　宋曾丰撰。○明嘉靖中刊十二卷。○萬曆癸未刊六
十二卷，入存目。○抄本。

〔附〕○振綺堂藏明鈔四十卷本。（邵氏）

〔補〕○此為四庫館臣自永樂大典輯出入錄之本，蓋不知四十卷之原集
尚有傳本也。○清四庫館寫本，紅格，八行二十一字，白口，四周雙
闌。鈐翰林院大官印。

〔補〕**摶齋先生緣督集四十卷**　宋曾丰撰。○明寫本。汪氏振綺堂
舊藏。○清寫本，杭賈李寶泉處閱。

〔補〕**摶齋先生緣督集十二卷**　宋曾丰撰，明曾自明輯。○明萬曆十
一年詹事講刊本，十行二十字，白口，四周單闌。在萬曆十一年詹事
講序，虞集序，正統九年黃陽序。本書題十世孫自明輯，十二世孫繼
武編，邑人詹事講校刊。黃陽序言元元統間有四十卷本，虞集為之
序。此書四庫存目。

〔補〕**緣督集十二卷**　宋曾丰撰。○清咸豐元年曾氏刊本。余藏。

象山集二十八卷外集四卷附語錄四卷　宋陸九淵撰。○明正德
辛巳李茂元刊本。○嘉靖辛酉刊本。○康熙中陸氏重刊本。○天
祿目元板象山先生集二十八卷，外集五卷，前有楊簡、袁燮、吳杰序，
共三十三卷。馬端臨通考載外集僅四卷，並錄袁錫序，此本乃錄孔
煒、丁端祖所撰諡議為第五卷，其外集仍四卷也。簡序作于寧宗開
禧元年，燮序作于寧宗嘉定五年，稱刊于倉司。杰序作于嘉定十三

年。雲間建安狀元陳公子孫喜與人同善，敬送上文集請刊行，以二
賢謚議次于後，是馬氏見者袁燮刊，此本為陳氏刊而謚議杰所補附
也。外集卷五後有辛巳歲孟冬月安正書堂重刊木記，則嘉定十四年
也。但此書紙墨黝闇，決非宋本，當係元時翻刊。○收明刊殘本，缺
一至五，又外集語錄。

〔補〕○明正德十六年李茂元刊本，十行二十二字，黑口，四周雙闌。

〔補〕**象山先生文集二十八卷外集五卷** 宋陸九淵撰。○明正德
十六年劉氏安正書堂刊本，十一行二十二字，黑口，四周雙闌。外集
卷末有"辛巳歲孟冬月安正書堂重刊"木記，即莫氏所記之元翻宋
本，蓋誤以辛巳歲為宋嘉定十四年也。

〔補〕**象山先生全集三十六卷** 宋陸九淵撰。○明嘉靖刊本，為本集
二十八卷，外集四卷，語錄四卷。十行二十字，白口，四周雙闌，版心
魚尾為空圈，書名在魚尾下方，題象山全集卷幾，下記葉數，最下記
刊工人名，字體勁秀。全書不存，僅存殘卷，失去序跋，不審何地所
刊。天一閣佚出殘冊，余藏。○明嘉靖四十年何遷江西刊本，十行
二十字，白口，四周雙闌，版心魚尾黑色，與前本作空圈者不同，書名
在魚尾上方，下方亦無刊工名，其行欵雖同前本，而字體、版心均大
異。前正德十六年王陽明撰李茂元本序，次宋袁燮、楊簡舊序，次嘉
靖四十年王宗沐序，言何遷撫贛之明年，據金谿舊本改刻。後附嘉
靖三十二年王宗沐題象山書文語錄論學六卷，即象山粹言之跋也。
此本已印入四部叢刊初編，余亦有一帙，然卷首王宗沐序不以手書
上版，字體雕工雅近萬曆風氣，余終疑其為萬曆翻本也。○明時朝
鮮翻嘉靖十四年荊門州學刊本，九行十七字。有嘉靖乙未荊門州儒
學學正廖恕跋。荊門本吾國未聞有藏之者，恐已不傳矣。

〔補〕**象山粹言六卷** 宋陸九淵撰，明王宗沐輯。○明嘉靖三十二年
王宗沐刊本，十行二十字，白口，四周單闌。有王宗沐序。

慈湖遺書十八卷續集二卷 宋楊簡撰。按四庫著錄，莫氏未收。

〔補〕**慈湖先生遺書十八卷** 宋楊簡撰。○明刊本，十行二十字，白口，四周雙闌。壬子春杭州閱。

〔補〕**慈湖先生遺書十八卷續集二卷** 宋楊簡撰。**補編一卷** 宋楊簡撰。清馮可鏞輯。**新增附錄一卷** 民國張壽鏞輯。**年譜二卷** 清馮可鏞、葉意深撰。**慈湖著述考一卷** 民國張壽鏞撰。○民國二十五年四明張氏輯刻四明叢書本，收入第四集中。

〔補〕**慈湖先生遺書二十卷** 宋楊簡撰。○明嘉靖四年秦鉞刊本，十行二十二字，白口，四周單闌。前嘉靖四年陳洪謨序，言秦鉞出舊藏遺書若干篇，手自勘讐，得十八卷，以鋟諸梓云云。卷十八為附錄。後有續集二卷。目錄版心下方有"江西藍糾寫"、"蘇州章景華刻"。據序，此為秦鉞、周廣重編本，非宋時之舊也。余藏。

絜齋集二十四卷 宋袁燮撰。○聚珍本。○閩覆本。

〔補〕**絜齋集二十四卷** 宋袁燮撰。**拾遺一卷** 宋袁燮撰，清勞格輯目，孫星華錄文。○清福建翻武英殿聚珍版書光緒二十一年增刊本。○清光緒二十五年廣雅書局翻武英殿聚珍版書本。

〔補〕**袁正獻公遺文鈔二卷** 宋袁燮撰**附錄三卷** ○民國二十五年張壽鏞輯刻四明叢書本，在第四集，據徐時棟煙嶼樓本付梓。

舒文靖集二卷 宋舒璘撰。○舊抄。

〔補〕**舒文靖公類藁四卷** 宋舒璘撰。**附錄三卷** 清徐時棟撰輯。○清同治十一年舒亨熙刊本。○民國二十五年張壽鏞刊四明叢書本。

雲莊集十二卷 宋劉爚撰。○四庫依祁承㸁澹生堂抄本。○明天順中十世孫桓刊本。○收明正統間十世孫穩刊本，有年譜及附錄八卷。

〔補〕**雲莊劉文簡公文集十二卷** 宋劉爚撰。**附錄八卷年譜一卷**
　　○明正統九年十世孫劉穩刊本，十行二十字，黑口，四周雙闌。前正
　　統九年劉穩序。本書皆門人李公晦編次，曾孫劉應李點校，十世孫
　　劉穩重刊。○明傳鈔正統劉穩刊本，十行二十字。附錄前有嘉定十
　　六年李壘序，各卷皆世系、圖像、傳贊、謚議、哀挽、傳誌、書牘、文移
　　等。曹寅、敷槎昌齡藏印。徐坊遺書。

〔補〕**劉文簡公雲莊集二十卷** 題宋劉爚撰。○清寫本。題傳鈔明
　　祁氏澹生堂寫本。此為偽書，書賈鈔自真西山集，詭題此名以售重
　　值。

定齋集二十卷 宋蔡戡撰。○抄本。○宋紹定三年其子廙刊本。
〔補〕○清光緒二十二年盛宣懷輯刻常州先哲遺書本，從四庫本出。蓋
　　原集久佚，此為四庫館臣輯自永樂大典，近世流傳唯有此本。

九華集二十五卷附錄一卷 宋員興宗撰。○抄本。○宋寶慶三年
　　其孫榮祖刊本五十卷。
〔補〕○此書原集五十卷，清初人目錄尚有著錄者，至乾隆時已不傳。
　　此為四庫館臣自永樂大典輯出入錄者。四庫本近已印入四庫全書
　　珍本初集矣。

野處類稿二卷 宋洪邁撰。錢竹汀疑此稿非文敏，所著，見養新錄。
　　○張金吾有舊鈔本。
〔補〕○舊寫本，十行十八字，無格。黃丕烈校。陳墫又據鮑廷博本校。
　　涵芬樓藏。○舊寫本，亦十行十八字。鈐清汪柏喦印。滬肆閱。

〔補〕**野處類稿二卷集外詩一卷** 宋洪邁撰。○民國四年胡思敬刊
　　豫章叢書本。余據舊寫本校一帙，改七十七字。

〔補〕**洪文敏公文集八卷** 宋洪邁撰。○清抄本，十行二十字。鈔手
　　不舊。李紫東自上海寄來求售，未收。

盤洲集八十卷 宋洪适撰。○天祿目有琴川毛氏影宋抄本，缺序跋

及拾遺文四卷之二，即據入四庫之本。○吳門黃氏有影宋抄本，張
金吾亦有，惠紅豆藏書。○道光己酉涇縣洪氏刊本。

〔附〕○宋刊有附錄補遺各一卷。（邵氏）

〔補〕**盤洲文集八十卷拾遺一卷** 宋洪适撰。**附錄一卷** ○宋蜀中
刊本，十行二十字，白口，左右雙闌，版心下記刊工人名。避宋諱至
廓字止。拾遺只存一葉，附錄為行狀。明朱大韶、項元汴、清季振
宜、徐乾學、呂葆采、宋筠遞藏。四部叢刊初編重印本收入。余曾以
之校影宋本，改訂至一千三百字之多。此為祖本，傳世諸本均從此
出。○清傳寫宋刊本，十行二十字，鈐勞權印。已印入四部叢刊初
編第一次印本。○清寫本，九行十八字。王士禎朱筆校並跋。鈐朱
彝尊印。盧址抱經樓藏。○清寫本。鈐許焞攷藏印。○清寫本，鈐
汪文柏古香樓印。

〔補〕**盤洲文集八十卷** 宋洪适撰。**末一卷校記一卷** ○清同治光
緒間涇縣洪氏刊晦木齋□書本，十行二十字，白口，左右雙闌。余有
一帙，余據涵芬樓藏宋□本校七十二卷，詞未校。

應齋雜著六卷 宋趙善□集。○抄本。

〔補〕○此為永樂大典中輯□收入四庫者，各家藏鈔本均從此出。清代
無刊之者，至民國始有□本。

〔補〕**應齋雜箸六卷** □趙善括撰。**校勘記一卷** 民國胡思敬撰。
○民國八年胡思敬干□宋人集本，收入豫章叢書中。

芸菴類稿六卷 宋李□。按：四庫著錄，莫氏刪去未收。

〔補〕○此集原本久佚，□為四庫館臣自永樂大典輯出，迄無刻之者。
四庫本近已印入四□□書珍本初集。

浪語集三十五卷 □季宣撰。○四庫依鈔本。○鈔本。○宋寶慶
四年姪孫旦刊□□。

〔附〕○淡生堂抄□□路有抄本。○永嘉遺書本。（邵氏）

〔補〕艮齋先生薛常州浪語集三十五卷 宋薛季宣撰。○明末山陰祁承爍澹生堂寫本，竹紙藍格，十行十九字。江南圖書館藏。○清同治十一年瑞安孫氏詒善祠塾刊永嘉叢書本。

石湖詩集三十四卷 宋范成大撰。○康熙戊辰顧氏秀野草堂刊本三十卷。○乾隆中刊本。○顧氏云，尚有文集麗書，今乃不傳，何也。

〔附〕○宋嘉泰間其子刊本。（邵氏）

〔補〕石湖居士集三十四卷 宋范成大撰。○明弘治十六年金蘭館銅活字印本，十行二十一字，白口，左右雙闌。鈐梁清標藏印。○明寫本，棉紙無格，十行二十一字。疑自金蘭館本錄出。○清順治九年董説寫本，十行二十一字。卷首有"壬辰若雨寫贈"六字。鈐張雋印記。

〔補〕石湖居士詩集三十四卷 宋范成大撰。○清康熙二十七年顧氏愛汝堂刊本，十一行二十一字，白口，左右雙闌，版心下方有"愛汝堂"三字。目後有跋，言自金侃藏本出，金本鈔自宋本，先刻其詩集云云。此本已印入四部叢刊，余嘗取明鈔本校之，大體相合，蓋同出一源也。

〔補〕范石湖詩集二十卷 宋范成大撰。○清康熙二十七年黃昌衢藜照樓刊本，十行十九字，黑口，四周單闌。余有一帙，余以董説寫本校之，改譌漏極多。

〔補〕石湖居士集選不分卷 宋范成大撰，明馬弘道選輯。○馬氏手寫稿本，十三行二十八字。有崇禎九年殷時衡序。庚申見。

〔補〕范石湖別集四種四卷 宋范成大撰。四種為攬轡錄、驂鸞錄、吳船錄、桂海虞衡志及田園雜興詩。○清寫本，十行十八字。前有嘉靖六年盧襄序，言合三錄一志及田園雜興詩寄同年項秉仁、夏國符，刻於建陽書坊云云，則為自嘉靖建陽刊本鈔出者也。然舉世未聞有藏嘉靖刊本原書者。

〔補〕**范石湖集註三卷** 宋范成大撰，清沈欽韓集註。○手稿本。郁氏宜稼堂舊藏。

〔補〕**范石湖詩集注三卷** 宋范成大撰，清沈欽韓集注。○清光緒間吳縣潘氏滂喜齋刊功順堂叢書本。○清光緒十九年刊廣雅書局叢書本。

〔補〕**誠齋先生南海集八卷** 宋楊萬里撰。○宋淳熙十三年劉渙刊本，十行十八字，白口，左右雙闌。後有淳熙十三年劉渙跋，言先生詩一千八百餘首，分為五集。今得南海一集，總四百篇，刊而傳之。餘四集將繼以請云云。署銜為肇慶府通判，則為官廣南時所刊。然審其雕工風氣，則儼然閩中精刊本也。南海集在端平刊本中僅四卷，為卷十五至十八，此本付刊在前，卷數視端平本多出一倍。他四集未知刊否。日本帝室圖書寮藏。

誠齋集一百三十二卷附錄一卷 宋楊萬里撰。○宋嘉定刊本。○乾隆乙卯吉安刊本八十五卷，不足。○張金吾有舊抄一百二十二卷，朱竹垞藏書。

〔附〕○宋巾箱本。○吳門汪氏藏有誠齋文膾袖珍本，十三行二十字。（邵氏）

〔補〕**誠齋集一百三十三卷** 宋楊萬里撰。○清影寫宋端平元年刊本，十行十九字，上白口，下黑口，四周雙闌。前端平二年劉燁叔序，言誠齋之子東山手為是正，為卷一百三十三，字八十萬七千一百有八，鋟木於端平元年六月一日，畢工於次年乙未六月既望云云。每卷後有"嘉定元年春三月男長孺編定"，"端平元年夏五月門人羅茂良校正"二行。繆荃孫藏，已印入四部叢刊初編。○宋刊本，十行十六字，白口，左右雙闌，版心上記字數，下記刊工人名，有蔡平、蔡正等蔡姓刊工九人，鄧拱、鄧授等鄧姓刊工四人，劉淵、劉源等劉姓刊工七人，均江西刊工，其版式字體亦猶存豫章本歐公、周益公二大全集矩糭,當是江西刊本。其卷次、分集與影端平本同,而實非一刻。日本帝室圖書寮藏。○清初石門呂氏寫本,八行二十一字,"留"字缺筆。用朱、藍二色筆點校。存前四十二卷。有唐翰題跋。余曾取校四部叢刊所收影宋端平本,字句多有異同,亦互有得失。其書亦有楊長孺、羅茂良編、校二行。○清寫本,十行二十字。題楊長孺、羅茂良編、校。顧廣圻手校。沈曾植藏。○清寫本,十行二十字,亦題"嘉定元年春三月男長孺編定","門人羅茂良校"二行。

〔增〕**千慮策二卷** 宋楊萬里撰。○誠齋集中策一類別行本。○宋端平乙未刊本,卷計一百三十有三,字計八十萬七千一百有八,見劉燁叔序。楊氏刊本。按:此書四庫存目。

〔補〕**批點分類誠齋先生文膾前集十二卷後集十二卷** 宋楊萬里撰,李誠父輯。○元刊本,十二行二十字,黑口,左右雙闌。○明初刊本,行欵同元本。邵氏誤記為十三行。

〔補〕**新刊廬陵誠齋楊萬里先生錦繡策二卷** 宋楊萬里撰。○明萬曆二年李廷楫刊本,十一行二十四字,白口,四周單闌。有萬曆二年詹淮序及天順三年吳節、勞鉞舊序。卷首題"宛陵跋嚴李廷楫濟卿校正"。四庫存目。

〔補〕**新刊劍南詩稾二十卷** 宋陸游撰。○宋淳熙十四年嚴州郡齋刊本,十行二十字,白口,左右雙闌,版心下方記刊工名,有張明、張威、張定、張彥、金彥、金城等。前有淳熙十四年門人鄭師尹序,結銜為監嚴州在都稅務。書眉有宋人墨書標題及評語。存卷一至四、八至十、十四至十六,計十卷。黃丕烈舊藏,百宋一廛賦所云"撫劍南以作武,俾捃連之就匽",即指此本也。此為放翁生前官嚴州時自刊者,傳世放翁詩第一刻本也。余藏。後文莫氏所記之宋淳熙十四年刊殘本即此本也。

〔補〕**放翁先生劍南詩稾六十七卷目錄□卷** 宋陸游撰。○宋江西刊本，十行二十字，白口，左右雙闌，版心上記字數，下記刊工名，有劉元、劉舉、天祐、蔡章、蔡懋等，與宋吉州本歐陽文忠公大全集、甲申雜記、文苑英華所見多同，為光宗、寧宗間江西所刊。存目錄六卷，本書卷四十二至四十四，五十八至六十二。紙背有宋人手書詩草。亦黃丕烈舊藏，有跋，言取校毛刻，凡下注宋本者，皆與此本及嚴州本合，知毛氏付梓所據宋刊即此二殘帙云云。余藏。

劍南詩稿八十五卷　宋陸游撰。○汲古閣有刊本。○宋嘉定十三年其子虡刊劍南詩稿八十五卷。○宋淳熙十四年殘刊本，半頁十行，行二十字。存一至四，八至十，又十五至十七，（按：是十四至十六，莫氏誤記卷數。）凡十卷，藏黃蕘圃家。

〔附〕○陳伯玉云：放翁先刊前二十卷，續集其子子遹刊。（邵氏）

〔補〕渭南文集五十卷　宋陸游撰。○宋嘉定十三年陸子遹溧陽學宮刊本，十行十七字，白口，左右雙闌。前有嘉定十三年放翁之子陸子遹序，時正知溧陽縣也。黃丕烈舊藏，百宋一廛賦中"神子遹之渭南，叶告夢之殊祥"，即賦此帙也。○明弘治十五年華珵銅活字印本，九行十八字，上空一格，實十七字，白口，左右雙闌。前吳寬序，卷末有祝允明序及華珵後記。此本已印入四部叢刊初編。○明末毛氏汲古閣刊本，八行十八字，白口，左右雙闌。

渭南文集五十卷逸稿二卷　宋陸游撰。○明華氏活字本。○汲古閣本。○明正德中汪氏刊渭南文集五十二卷，內有詩，不全。○宋刊渭南文集五十卷，半頁十行，行十七字。藏黃蕘圃家。

〔補〕渭南文集五十二卷　宋陸游撰。○明正德八年梁喬刊本，十行二十字，白口，四周雙闌。前正德八年汪大章序，次宋史本傳，次目錄。本書文四十二卷，詩九卷，詞一卷。卷中語涉宋帝空格。據序，為汪大章巡按浙江，得省元張君直本，屬郡守梁喬刊於紹興。末有梁喬跋。此即莫氏著錄之正德汪氏刊本也。友人章鈺曾校過，言有勝於汲古閣本處。○明萬曆刊本,十行二十二字,白口,四周單闌。
前有正德汪大章舊序,次陳邦瞻序,次宋史本傳。卷中次第與正德
本同,即從正德梁喬本出。詩九卷中間有劉辰翁評,蓋即據澗谷、須
溪評本採入。

〔補〕**陸放翁全集一百六十七卷** 宋陸游撰。○明末毛氏汲古閣刊
本,八行十八字,白口,左右雙闌。全集收渭南文集五十卷,劍南詩
稿八十五卷,逸稿二卷,南唐書十八卷,老學庵筆記十卷,家世舊聞
一卷,齋居紀事一卷。

放翁詩選前集十卷後集八卷附別集一卷 宋羅椅選。○元大德
辛丑其孫憼刊本。○明弘治中冉孝隆刊本。○明刊須溪評書九種,
此不在內。

〔附〕○收明刊前集十卷。(整理者按:此條為莫棠題,其書後歸藏園插
架。)○元麻沙小字本。(邵氏)

〔補〕**澗谷精選陸放翁詩集前集十卷** 宋陸游撰,羅椅輯。**須溪精
選陸放翁詩集後集八卷** 宋陸游撰,劉辰翁輯**別集一卷** 明劉景
寅輯。○明弘治十年冉孝隆刊本,十一行二十字,黑口,四周單闌。
有大德辛丑羅憼序,弘治十年楊循吉序,蜀人劉景寅。劉序言澗
谷、須溪選本合梓於元之坊肆,獲舊梓於杭,授餘杭尹冉孝隆翻刻之
云云。此本已印入四部叢刊,然缺楊劉二序,蓋惡賈去之以充元刊
本也。○又黃丕烈舊藏一帙,行欵版式全同,黃跋第言為舊刻本,並
謂幾同宋刻視之,世遂號為元本,不知其別集一卷為明人輯本也。
吳君昌綬以重值得之,旋歸袁寒云,今又不知流轉何所也。○又莫
棠藏一全帙,前、後、別集均全,末葉有"國子監前趙鋪新刊"一行。
○明嘉靖十三年黃漳刊本,行欵同弘治冉孝隆本,惟改四周單闌為
四周雙闌。有大德羅憼序,弘治楊循吉序,劉景寅序,均弘治本舊有
者。後有嘉靖十三年知宜黃事黃漳序。余有一帙,先收得後集、別

集,莫棠以前集相贈,遂為完帙。其前集即前文莫棠所補注者也。

〔補〕**名公妙選陸放翁詩集□卷**　宋陸游撰。○日本刊本,十行二
　　十字。是翻自元刊本者。

〔補〕**杜律分韻□□卷陸律分韻三十九卷**　唐杜甫、宋陸游撰,朝
　　鮮考文館彙編。○朝鮮古活字印本,十行十八字。五、七言各依官
　　韻為次。陸律後有附記一則,言集詞臣於考文館,以韻類編,杜凡七
　　百七十七首,陸凡四千八百七十七首,以內閣生生字印云云。

金陵百詠一卷　宋曾極撰。○四庫依抄本。

〔補〕○清抄本,余藏。○清朱緒曾南京刊本。

頤菴居士集二卷　宋劉應時撰。字良佐,四明人。○明刊本。○知
　　不足齋本。○朱述之有紅豆主人點校本。○張金吾有舊抄,謂卷下
　　"西郊"三首鮑刊本缺一首。

〔補〕○明嘉靖四年十七世孫劉允卿刊本,九行十五字,白口,左右雙
　　闌。前陸游、楊萬里舊序,後有劉允卿、都穆跋。余曾取校知不足齋
　　本,改訂二十餘字,補詩一首。

水心集二十九卷　宋葉適撰。○明正統中黎諒刊本。○方婺如選水
　　心文抄十卷。○乾隆乙亥溫州刊本。

〔附〕○胡心耘家有鈔足本。(邵氏)

〔補〕**水心先生文集二十九卷**　宋葉適撰。○明正統十三年黎諒刊
　　本,十行二十字,黑口,四周雙闌。前趙汝讜舊序,次正統十三年黎
　　諒識語,次景泰二年王直序,為黎諒本作者。黎氏識語謂以水心文
　　粹、葉學士文集、水心文集及策場標準集所收成篇章者得八百餘篇,
　　編次為二十九卷,其所著經傳子史編為後集,總名曰水心先生文集,
　　繡梓以傳云云。水心集傳世以此本為最古。本書每卷卷首標題下
　　有"前集"二字,次行題"章貢黎諒編集"一行。然其後集迄未得見,
　　不審尚有傳本否。前集已收入四部叢刊。

〔補〕**水心文集二十九卷** 宋葉適撰。○清乾隆二十年溫州府學刊本，十行二十字，白口，左右雙闌。王韜校。余藏。

〔補〕**水心先生文集二十九卷補遺一卷** 宋葉適撰。○清光緒八年瑞安孫氏詒善祠塾刊本，收入永嘉叢書中。

〔增〕**水心先生別集十六卷** 宋葉適撰。水心文集二十八卷，別集十六卷，竝見直齋書錄，云別集“前九卷為制科進卷，後六卷號外稿，皆論時事，末卷號後總，專論買田瞻兵”，均與此本合。四庫未收別集。○昭文張金吾有依舊抄影寫本。

〔附〕○辛卯在吳收一舊抄本，迺張芙川家藏。○近孫衣言刊。（莫棠）

〔補〕○清寫本。鈐慈谿馮氏醉經樓藏印。○清瑞安孫氏同治間刊詒善祠塾本，後收入永嘉叢書。

〔補〕**水心文集不分卷** 宋葉適撰。○明寫本，存四冊，為記、序、祭文、墓誌之類，書衣題“水心文，脉望遺編”。丁卯查點故宮書籍時匆匆一見，未遑詳考其究竟也。

〔補〕**水心文集二十卷** 宋葉適撰。○明末刊本。庚戌文琳堂見，八冊。

〔增〕**賢良進卷四卷** 宋寶文閣學士龍泉葉適撰。萬曆溫州志載水心文集外有制科進卷九卷。○張金吾所藏別集中有之，阮氏以四卷進呈，蓋未見張本也。

南湖集十卷 宋張鎡撰。○知不足齋本。

〔補〕**南湖集十卷** 宋張鎡撰。**附錄三卷** ○清乾隆四十六年鮑廷博刊知不足齋本。此集原本久佚，四庫館臣自永樂大典中輯出。鮑本所據亦大典輯本也。

南澗甲乙稿二十二卷 宋韓元吉撰。○聚珍本。○閩覆本。

〔補〕**南澗甲乙槀二十二卷** 宋韓元吉撰。**拾遺一卷** 宋韓元吉撰，清勞格輯目，孫星華錄文。此集原本久輯，此本亦為四庫館臣輯自

永樂大典，勞格又輯拾遺一卷。○清光緒二十一年福建增刊武英殿
聚珍版書本。清光緒二十五年廣雅書局翻武英殿聚珍版書本。

自鳴集六卷　宋章甫撰。按此書四庫館臣自永樂大典輯出著錄，莫氏
未收。

〔補〕○民國八年胡思敬刊九宋人集本，後附校勘記一卷。後收入所刊
豫章叢書。

客亭類稿十五卷　宋楊冠卿撰。○四庫依知不足齋藏宋刊本。

〔補〕**客亭類稿□□卷**　宋楊冠卿撰。○宋刊巾箱本，十一行十八字，
白口，四周雙闌。存十卷，為四六編四卷，當四庫本卷三至六；雜著
編三卷，尚四庫本卷七至九；古律編二卷，當四庫本卷十一、十三；按
之四庫本所存，尚缺卷第一、二、十、十二、十四，共缺五卷。宋本所
存尚有諸老先生惠答客亭書啟，四庫本刪去。四庫所據即此宋本，
時為鮑氏知不足齋藏，所缺從永樂大典輯補。然四庫本時有避忌刪
落處，非據宋本校勘無以明之。余校一過，改正百許字。其宋本殘
泐不克校正處尚所不計。宋本在余齋。

石屏集十卷　宋戴復古撰。○明潘氏刊宋元名家詩集本六卷。○台
州宋氏新刊本。○抄本羣賢小集內有石屏續集四卷。

〔附〕○弘治十七年十世孫鏞刊本。○正德中西充馬汝礪校刊本。○
路有抄本。（邵氏）

〔補〕**石屏詩集十卷**　宋戴復古撰。**東臯子詩一卷**　宋戴敏撰。○
明弘治十一年宋鑑、馬金刊本，九行十九字，黑口，四周雙闌。前弘
治十年謝鐸序及趙汝騰等十三舊序。後有弘治十一年廬州同知馬
金後序及十四世孫戴鏞跋，蓋戴鏞編成，屬廬州守宋鑑、馬金刻之。
余藏。又一帙，有黃丕烈跋，其卷末又有正德二年戴鏞識語，言自廬
郡取版，歸之國學東書樓而庋焉，則為板入南監後所印也。檢南雍
志，卷十八文集類末有戴石屏先生詩集十卷一目，註云共板三百五

十三面，完。又言紹定間已板行，歲久湮滅，其後裔監丞鏽弘治間重刊云云，即此本也。黃跋本已印入四部叢刊續編。○清嘉慶二十二年宋世犖刊台州叢書本，十行二十一字，白口，左右雙闌。從長塘鮑氏鈔本出。余以弘治馬金本校之，補脫文二葉，又訂正訛失數百事。○清初寫本，九行十九字。有諸舊序及馬金重編一行，從弘治十一年本出。鈐有揆叙謙牧堂印記及李氏硯錄山房印。李木齋先生藏。

〔補〕**石屏詩集六卷** 宋戴復古撰。○明萬曆四十三年潘是仁輯刻宋元四十三家詩本，九行十九字，白口，四周單闌。

〔補〕**石屏續集四卷** 宋戴復古撰。○清寫本，鈐有西圃蔣氏手校鈔本之印。盧址抱經樓遺書。○舊鈔南宋名賢小集本。

蓮峯集十卷 宋史堯弼撰。○宋有其孫師道重刊本。○抄本。

〔補〕○此集原本久佚，此為四庫館臣自永樂大典輯出入錄，然近世迄無刊之者。○四庫本近已印入四庫全書珍本初集中。

江湖長翁集四十卷 宋陳造撰。○明萬曆戊午刊本。○崇禎中李之藻與秦少游集合刊本。

〔補〕**江湖長翁文集四十卷** 宋陳造撰。○明萬曆四十六年李之藻高郵刊本，九行二十一字，白口，左右雙闌。有萬曆四十六年李之藻序。本書題李之藻校。十冊。余藏。

燭湖集二十卷附編二卷 宋孫應時撰。○近刊本。

〔補〕○清嘉慶八年靜遠軒刊本。十二冊。余藏。○清寫本，八行二十一字。有寶慶三年門人司馬述序。鈐張子和藏印。此本卷第、行欵均與四庫本同，疑為自四庫本鈔出者。

昌谷集二十二卷 宋曹彥約撰。○抄本。

〔補〕○此集原本久佚，此為四庫館臣自永樂大典中輯出入錄，近世未聞有刊之者。四庫本近已印入四庫全書珍本初集中。

省齋集十卷 宋廖行之撰。按：此書四庫著錄，莫氏未收。

〔補〕**省齋集十卷** 宋廖行之撰。**附錄一卷** 此書原集久佚,此為四庫館臣自永樂大典輯出入錄者。其附錄一卷為舊本跋及行狀墓銘等,四庫本未予著明,今為標出。○四庫本已印入四庫全書珍本初集。

南軒集四十四卷 宋張栻撰。○宋淳熙甲辰刊本。○路小洲有元刊本。○康熙中錫山華氏刊本,甚精。○道光中蜀中刊本。○明繆輔之刊本。

〔補〕**南軒先生文集四十四卷** 宋張栻撰。○宋刊本,十行十七字,白口,左右雙闌。版心上記字數,下記刊工姓名,有方淳、方茂、方中、鄭春等。避宋諱至廓字。此本字體方嚴,刊工有與皕宋樓舊藏歐公本末同者,歐公本末刊於嘉定五年,則此亦寧宗時浙江刊本也。前有朱熹序。存卷五至三十二,計二十八卷。其卷二十九至三十二為清代進呈者挖改作卷一至四,以充完書。故宮博物院藏。○明刊本,十二行二十字,黑口,四周雙闌。失前後刊書序跋,唯存一朱熹舊序,以雕工風氣審之,應是明弘治間所刊。卷中有失名人朱筆校。又有南華館主跋,言以宋本校。又言曾見元本,有天祿琳琅諸璽云云。其所記宋本行欵無誤,或曾親見宋刊,然其所謂元刊本有天祿琳琅諸璽者,實即此弘治本也。余亦嘗見一殘冊,存卷一至三。此集無元刊,莫目所記之元本疑亦此黑口本也。蓋前輩於元及明初本考究未甚精密,往往見黑口本即目為元刊也。不知以版式時代風氣而言,元刊多為細黑口,凡大黑口者皆明以後所刊也。○明嘉靖間繆輔之刊本,十行二十字,白口,四周雙闌。卷一題"知州後學繆輔之刊",是嘉靖中官邛州所刊也。鈐有葉氏菉竹堂藏印。余藏。

〔補〕**新刊南軒先生文集四十四卷** 宋張栻撰。○明嘉靖元年劉氏翠巖堂慎思齋刊本,十二行二十三字,黑口,四周雙闌。前淳熙十一年朱熹序,序後題"時皇明嘉靖壬午元年孟冬之月吉旦翠巖堂京兆

劉氏慎思齋重新刊行"。序後有木記六行，刊南軒小傳。次目錄，下
題"翠巖劉氏慎思齋刊"。本書首葉題"翠巖堂慎思齋刊"，卷末有
"翠巖堂"橫木記。余藏。

〔補〕**南軒文集四十四卷** 宋張栻撰。○清康熙四十五年錫山華氏
劍光閣刊本，十一行二十字，白口，左右雙闌。余藏。○清道光二十
五年陳鍾祥刊本，十一行二十字，白口，左右雙闌。余藏。余據故宮
藏殘宋本校卷五至三十二，補卷五詩一首，卷十脱文二十四行，卷十
一記一首，卷三十中文五則，又文四首。其詳略大異，均補錄於後。
○清道光二十九年縣邑洗墨池刊張宣公全集本。

〔補〕**南軒先生詩集七卷** 宋張栻撰。○清寫本，十二行二十字，無
闌格。目後卷七下題"下有文集三十七卷，不及盡錄"，審其行欵卷
次，知從明弘治本出也。有吳騫題識及藏印。余藏。余據故宮藏宋
本校，有跋。

勉齋集四十卷 宋黃幹撰。○汲古閣舊藏其裔孫若金手抄本。○康
熙四十三年福建刊本。○抄本。

〔附〕○宋衡陽本十卷。○巖溪趙氏刊二十四卷本。○三山黃氏刊四
十卷本。○黃震刊於山陰本，跋云衡陽本初刊有妨時，故最略；巖溪
本略增，其板燬之三山，分類未當。○元刊本，見天祿後目。○路有
抄本。（邵氏）

〔補〕**勉齋先生黃文肅公文集四十卷** 宋黃幹撰。**語錄一卷** 宋
林圓、蔡念成等輯。**年譜一卷** 宋鄭元肅撰。**附集一卷** ○元刊
本，十行十八字，細黑口，左右雙闌，版心上間記字數，有補版，下記
"延祐二年刊補"字樣，下記刊工名一字。卷中貞字缺筆。余見二
帙，一帙有揆叙謙牧堂印及天祿繼鑑印，天祿後目著錄為元板，缺卷
十一至十五，徐坊藏，余曾借校。另一帙日本靜嘉堂藏，陸心源誤定
為宋刊本。二本均有爛版，文字脱失處亦同，不能互補。

〔補〕**宋儒文肅公黃勉齋先生文集四十卷** 宋黃榦撰。○清康熙
四十三年黃若金福建刊本，十行二十二字，白口，單闌。

〔補〕**勉齋黃先生文集四十卷** 宋黃榦撰。○蔣氏西圃傳鈔清康熙
四十三年福建刊本，十行二十二字。卷次與元刊本不同：此本卷一
至三為元本卷二十四至二十六，卷四至十八為元本卷二至十六，卷
十九至二十三為元本卷十七至二十一，卷二十四至二十五為元本二
十二至二十三，卷二十六為元本二十七，卷二十七至二十九為元本
卷二十八至二十九，併三卷為二卷，卷三十與元本同，卷三十一為元
本卷三十一至三十二，拓一卷為二卷，卷三十二為元本卷三十九至
四十，卷三十三為元本卷三十八，卷三十四為元本卷三十七，卷三十
五至三十七為元本卷三十三至三十四，卷三十八為元本卷三十五，
卷三十九為元本卷三十六，卷四十為元本卷一。二本卷次不同，分
卷亦異。鈐蔣氏西圃及黃彭年藏印。

〔補〕**勉齋先生黃文肅公文集三十七卷** 宋黃榦撰。**附集一卷**
○清初寫本，十行十八字，無闌格，卷中語涉宋帝空格，從舊本出，原
本缺葉爛版處留空白。前有建寧守程仕序。卷一至十四書，十五判
語，十六詩，十七銘記，十八記，十九序，二十題跋，二十一啟，二十二
婚書、疏、青詞、祝文、奏狀，二十三擬奏、代稟、論，二十四至二十五
講義，二十六經說，二十七策問、公劄，二十八至二十九劄，三十至三
十二公狀，三十三至三十四行狀，三十五誌銘，三十六祭文，三十七
雜著。鈐汪啟淑、沈則恭藏印。余藏。余據元刊本校，補書第八一
卷，附集一卷。

〔補〕**黃勉齋先生文集八卷** 宋黃榦撰。○清同治五年福州正誼書
院刊正誼堂全書本。

北溪大全集五十卷外集一卷 宋陳淳撰。○明弘治庚戌刊本。○
萬曆十三年刊本。宋淳祐戊辰薛季良刊本。○元至元乙亥刊本。

〔補〕**北溪先生大全文集五十卷外集一卷**　宋陳淳撰。○明弘治三年撫州刊本，十行二十一字，黑口，四周雙闌。○舊寫本，十行二十一字。有至元改元王環翁序。鈐婁堅、朱彝尊印及春雨堂校藏書籍印等。

〔補〕**北溪先生全集五十四卷**　宋陳淳撰。○清乾隆四十八年陳文芳刊本。為講義四卷，書問四卷，答問八卷，各體文三十卷，各體詩四卷，字義二卷，外集一卷，補遺一卷。

山房集九卷　宋周南撰。按：此書四庫著錄，莫氏未收。

〔補〕○此書據直齋書錄解題著錄為本集二十卷，後集二十卷，久已不傳。此本為四庫館臣自永樂大典輯出入錄者。○清四庫館寫本，八行二十一字，紅格。鈐翰林院官印。樊增祥先生藏。

〔補〕**山房集前集八卷後稿一卷**　宋周南撰。○清四庫館原稿本，八行二十一字。北京圖書館藏。余曾借校，訂正涵芳樓秘笈本千餘處，補青詞、疏文、經解等九首。○民國十四年涵芬樓秘笈影印舊寫本，在第八集。余有校本。

橘山四六二十卷　宋李廷忠撰。○明萬曆中丹陽孫雲翼刊本。

〔補〕○明寫本，藍格，十行二十字。李木齋先生藏，有跋，詡為孤本。○明寫本，朱絲闌，十行十八字。有明徐㷿興公藏印。存卷一至一八。劉承幹嘉業堂藏。

〔補〕**校注橘山四六二十卷**　宋李廷忠撰，明孫雲翼注。○明萬曆三十五年刊本，十行二十一字，白口，左右雙闌。前有萬曆三十五年孫氏自序。本書卷首題李廷忠撰，孫雲翼注。

〔增〕**毅齋別錄一卷**　宋徐僑撰。僑自崇甫，婺州義烏人，早從學於呂祖謙門人葉邽。淳熙十四年舉進士，調上饒簿，始登朱子之門，稱其明白剛直，命以毅名齋。端平中官至兵部侍郎，以寶謨閣待制奉祠，卒諡文清。僑真踐實履，奏對剖析理欲，宏益為多，乃理宗時名臣。

詩頗近江湖派。○阮氏以進呈。惜文集十卷無傳。

〔補〕○宛委別藏本已印入選印宛委別藏，即阮氏進本。

〔補〕毅齋詩集別錄一卷　宋徐僑撰。家傳一卷　○明正德六年徐

興刊本，十一行二十字，黑口，四周雙闌。有正德六年十一世孫徐興
序，言成化十三年得毅齋文集十卷，欲鋟梓，不意壬戌遭回祿燼焉。
幸是錄存於別館，因以鋟梓云云。○清傳鈔正德本，行欵序跋同。

後樂集二十卷　宋衛涇撰。○抄本。○別本十卷，入存目。○宋刊

本七十卷，其子樵所編，紹定壬辰守永州刊之。

〔補〕○此書原本不傳，此為四庫館臣自永樂大典輯出者。四庫本已影
印入四庫全書珍本初集中。

竹齋詩集三卷附錄一卷　宋裘萬頃撰。○宋元名家集本六卷。○

康熙己丑其裔孫奏刊本。○乾隆中裘曰修重刊本。

〔補〕○康熙四十八年裘奏精刊本，十一行二十一字，白口，左右雙闌。
王懿榮舊藏。書衣有友人曾君習經題識。○近裘保功刊本，甚精。
○民國三年李之鼎刊宋人集本，在甲編。

〔補〕蟠室老人文集二十二卷　宋葛洪撰。○宋刊本，九行十八字，

白口，左右雙闌。殘存卷十四、十五。

〔補〕巽齋小集一卷　宋危稹撰。○汲古閣影鈔南宋六十家小集本，

十行十八字。古書流通處已影印行世。余曾據朱彝尊舊藏寫本校
過，略有異處。○清鈔南宋六十家小集本，九行十六字。鈐朱彝尊
印。余曾借校。

〔補〕巽齋小集補遺一卷　宋危稹撰。○知不足齋輯錄宋集補遺本，

鮑廷博輯。古書流通處已影印行世，附汲古閣鈔南宋六十家小集
後。

華亭百詠一卷　宋許尚撰。○四庫依抄本。

〔補〕○清寫本。鈐"岱"、"青子"二印。余藏。○民國十一年李之鼎宜

秋館刊宋人集本,在丙編。

梅山續稿十七卷 宋姜特立撰。○四庫依休寧汪森家抄本。

〔附〕○小山堂抄本。(邵氏)

〔補〕**梅山續稿十七卷雜文一卷長短句一卷** 宋姜特立撰。○清
仁和趙氏小山堂寫本,十一行十八字,白口,四周單闌。有雍正戊申
屬鶚跋。彭氏知聖道齋、朱氏結一廬舊藏,辛亥歲自張佩綸家散出,
為余收得。○清影寫宋刊本,十一行十八字。卷中遇宋帝提行空
格,尚存宋本舊式。卷前有姜氏小記,言官東宮後作,故名續稿。

信天巢遺稿一卷附林湖遺稿一卷江村遺稿一卷疏寮小集一卷
信天巢遺稿宋高翥撰。林湖遺稿為翥姪鵬飛之詩。江村遺稿為翥
父選、叔邁之詩,又載高氏先世質齋、遁翁之詩而佚其名。疎寮小集
乃高似孫集也。○康熙中高士奇刊本。○羣賢小集本有二卷。

〔補〕○清康熙二十六年高士奇刊本,十行十八字,白口,左右雙闌。有
黃虞稷序及高士奇跋。二冊。余藏。

〔補〕**信天巢遺稿上下卷** 宋高翥撰。○清寫本。凡一百八十七首,
皆附有注。前有遺像,世系圖,理學嫡派圖,詩法嫡派圖,後綴小傳。
為其二十一世孫高敬璋所輯。

性善堂稿十五卷 宋度正撰。○抄本。

〔補〕○此書宋代原集十五卷不傳,此為四庫館臣自永樂大典輯出,仍
編為十五卷,然已非舊觀。四庫全書本已印入四庫全書珍本初集中
矣。

漫塘文集三十六卷 宋劉宰撰。○宋嘉熙四年衡山趙葵刊本漫塘劉
先生文集二十二卷。○天祿書目有宋刊本二十二卷。○天祿後目
明本中載漫堂劉先生文集二十二卷,前有宋嘉熙四年衡山趙葵序,
言劉公自號漫堂病叟,著述不可勝記,散佚不存,姑就所見聞者傳之
于世。是葵實始刊是書之人。而此本紙出渲染,蓋以新本冒舊本。

○明正德間王杲刊本。

〔補〕漫塘劉先生文前集三十六卷　宋劉宰撰。○明正德刊嘉靖續刊本，十行二十字，細黑口，四周雙闌。有正德辛巳王杲序。余有殘本。

〔補〕漫塘文集三十六卷　宋劉宰撰。　附錄一卷　宋劉宰撰。○明萬曆三十二年范崙刊本，九行十九字，白口，四周單闌。辛亥春入都見。

〔補〕漫堂文集三十六卷　宋劉宰撰。　附錄一卷　○民國十五年劉承幹刊嘉業堂叢書本。

〔補〕漫塘劉先生文集二十二卷　宋劉宰撰。○明木活字印本，八行十六字，白口，左右雙闌。字體是明萬曆間風氣。前嘉熙四年趙葵序，卷中避宋諱，是明萬曆間以木活字排印偽充宋板者。繆荃孫藏。天祿後目著錄者亦是此本。

克齋集十七卷　宋陳文蔚撰。○乾隆中刊本。

〔附〕○明初本。（邵氏）

〔補〕陳克齋文集十七卷　宋陳文蔚撰。○清康熙陳氏刊本，九行二十字，白口，四周單闌。

〔補〕陳克齋先生集五卷　宋陳文蔚撰。○清同治五年福州正誼書院刊正誼堂全書本。

芳蘭軒集一卷　宋徐照撰。○羣賢小集本。○合此下三種作四靈集。整理者按：指西巖集、清苑齋集、瓜廬詩各一卷。

〔附〕○名家詩集四卷本。（邵氏）

〔補〕○舊鈔南宋羣賢小集本。○民國四年冒廣生輯刻永嘉詩人祠堂叢刻本。

〔補〕芳蘭軒集一卷補遺一卷　宋徐照撰。○鮑氏知不足齋影鈔南宋八家集本，十行十八字。古書流通處已影印行世，附汲古閣影鈔南宋六十家小集後。

〔補〕**芳蘭軒詩集五卷**　宋徐照撰。○明萬曆四十三年潘是仁輯刻宋元四十三家集本，九行十九字，白口，四周單闌。余藏。邵氏誤記為四卷。

〔補〕**徐照集補三卷**　宋徐照撰，清陸心源輯。○清同治間陸心源刊羣書校補本。

二薇亭詩一卷　宋徐璣撰。按：此書四庫著錄，莫氏未收。

〔補〕○舊鈔南宋羣賢小集本。○民國四年冒廣生輯刻永嘉詩人祠堂叢書本。

〔補〕**二薇亭詩一卷補遺一卷**　宋徐璣撰。○清鮑氏知不足齋鈔南宋八家集本，十行十八字。古書流通處已影印，附南宋六十家小集後。

〔補〕**二薇亭詩集四卷**　宋徐璣撰。○明萬曆四十三年潘是仁輯刻宋元宋十三家集本，九行十九字，白口，四周單闌。

西巖集一卷　宋翁卷撰。

〔補〕**葦碧集一卷補遺一卷**　宋翁卷撰。○清鮑氏知不足齋鈔南宋八家集本，十行十八字。古書流通處已影印，附汲古閣鈔南宋六十家集後。

〔補〕**葦碧軒詩集四卷**　宋翁卷撰。○明萬曆四十三年潘是仁輯刻宋元四十三家集本，九行十九字，白口，四周單闌。

清苑齋集一卷　宋趙師秀撰。

〔補〕○民國四年冒廣生輯刻永嘉詩人祠堂叢刻本。

〔補〕**清苑齋集一卷補遺一卷**　宋趙師秀撰。○清鮑氏知不足齋鈔南宋八家集本，十行十八字，白口，左右雙闌。古書流通處已影印。

〔補〕**清苑齋詩集四卷**　宋趙師秀撰。○明萬曆四十三年潘是仁輯刻宋元四十三家集本，九行十九字，白口，四周單闌。

瓜廬詩一卷 宋薛師石撰。○羣賢小集本。

〔附〕○景宋抄本。○怡顏堂抄本。（邵氏）

〔補〕○民國四年冒廣生輯刻永嘉詩人祠堂叢刻本。

〔補〕**瓜廬詩一卷** 宋薛師石撰。**附錄一卷** ○明嘉靖間黃省曾文始堂寫本，十一行十六字，細黑口，左右雙闌，版心下方有"文始堂"三字。有嘉熙元年趙汝回序，序後有"王師安刊"四字。附錄四靈留題詩四首，末行有"程景思刻"四字。後有王綽撰瓜廬墓誌銘、嘉熙二年劉植跋、王汶跋、趙希迈跋，又有淳祐六年曹豳跋。按：刻工程景思紹定二年曾刻越州讀書堂本切韻指掌圖，因推知此本亦為自理宗時浙東刊本鈔出者。有曹溶手鈔詩三首，又有何焯一跋。鈐有清怡親王府安樂堂藏印。○清鮑氏知不足齋寫本，十行，行十八字，白口，左右雙闌。古書流通處已影印，附汲古閣鈔六十家集之後。

洺水集三十卷 宋程珌撰。○明嘉靖刊本廿七卷，足，半頁十一行，行廿一字。○崇禎戊辰程氏重刊本三十卷。○崇禎己巳裔孫至遠刊本。

〔補〕**程端明公洺水集二十六卷首一卷** 宋程珌撰。○明嘉靖三十五年程元晭刊本，十一行二十一字，白口，左右雙闌。有嘉靖三十五年程元晭跋。卷首為內外制稿，卷二十五、二十六為附錄。每卷首葉版心有"城西虹川黃鍊刊"一行。

〔補〕**程洺水先生集三十卷** 宋程珌撰。**附錄一卷** ○明崇禎二年程至遠刊本，九行十九字，白口，左右雙闌。有崇禎元年程至遠序及崇禎二年趙時用序。本書題裔孫至遠重訂。鈐有汪文柏展硯齋、摛藻堂諸印。盧址抱經樓藏癸丑閱於樓中。

〔補〕**退菴先生遺集二卷** 宋吳淵撰。○鮑氏知不足齋鈔南宋八家集本，十行十八字，白口，左右雙闌。古書流通處已影宋，附汲古閣鈔南宋六十家小集本後。余曾據朱彝尊舊藏南宋六十家小集校。

○江陰繆氏藝風堂寫本，綠格。繆荃孫手校。余藏。

〔補〕**宋丞相崔清獻公全集十卷** 宋崔與之撰。○明嘉靖刊本，十
行十九字，黑口，四周單闌。有嘉靖十三年唐冑序，又嘉靖三十二年
何維柏序。卷一至三為言行錄，卷九至十為宸翰、贈挽。詩文奏劄
實只存五卷。

〔補〕**崔清獻公集五卷** 宋崔與之撰。**言行錄三卷** 宋李肖龍撰。
附錄一卷 ○清道光三十年伍崇曜粵雅堂刊本，十一行二十二字，
黑口，四周單闌。余據舊寫本手校一帙。

龍川文集三十卷 宋陳亮撰。○明閩江晉江史朝富刊本。○近年粵
東活字本。○同治八年永康應氏刊本。

〔附〕○宋紹熙四年陳贊刊本。○金華陳氏裔孫刊本。（邵氏）

〔補〕**龍川先生文集三十卷** 宋陳亮撰。○明龍川書院朱彥霖刊本，
十一行二十二字，大黑口，四周雙闌。前紹熙四年誥文，次像贊，次
嘉泰四年葉適序。卷中遇宋帝空格，從宋本出。每卷前有"九世甥
孫朱潤刊行"一行。首卷末有"龍川書院朱彥霖捐貲刊行"一行。○
明嘉靖間史朝富刊本，十行二十二字，白口，左右雙闌。有嘉泰甲子
葉適序。每卷題"晉江後學史朝富編刻"，"惠安後學徐鑑校正"二
行。失名人據元刊本校。鈐有汲古閣、金元功、稽瑞樓印。

〔補〕**龍川先生文集二十六卷** 宋陳亮撰。**附錄一卷** ○明萬曆四
十四年王世德刊本，十行二十字，白口，四周單闌。李木齋先生藏。

〔補〕**陳同甫集三十卷** 宋陳亮撰。○清嶺南壽經堂活字印本，十行
二十一字，白口，四周雙闌。余藏。即莫氏著錄之粵東活字本也。

〔補〕**龍川文集三十卷** 宋陳亮撰。**首一卷附錄一卷辨譌考異一
卷** 清胡鳳丹撰。○清同治七年胡鳳丹輯刻金華叢書本。

〔補〕**龍川文集三十卷補遺一卷** 宋孫亮撰。**附錄二卷札記一卷**
清宗廷輔撰。○清同治八年永康應寶時敏齋刊本。

〔補〕**龍川文集三十卷** 宋陳亮撰。**辨訛考異二卷經濟文衡一卷附錄一卷** ○清光緒元年湖北崇文書局刊本。

龍洲集十四卷附錄二卷 宋劉過撰。○乾隆中刊本。○函海本十卷。○羣賢小集本詩一卷。○張金吾有舊抄本，附錄僅一卷。○宋端平元年過弟瀚刊本。

〔附〕○明刊本。（邵氏）

〔補〕**龍洲道人集十四卷** 宋劉過撰。○清寫本，鮑廷博手校。余藏。

〔補〕**斜川詩集十卷** 宋劉過撰。○清寫本。鈐"鹽官吳氏寶雲樓珍藏書畫印"，"天都鮑氏困學齋圖籍印"。鮑廷博用藍筆校並跋。四册。余藏。

〔補〕**重校鶴山先生大全文集一百十卷目錄二卷** 宋魏了翁撰。○宋開慶元年成都刊本，十一行二十字，白口，左右雙闌，版心間記刊工人名。前淳祐九年吳淵序，以草書上版。後有開慶元年跋，隸書，失其末葉，遂不得跋者之名。據跋，知此刻前尚有姑蘇本、溫陽本，皆一百卷。又言深恨四郊多壘，工則取之于鷙徒，力則取之于撙節，紙墨則取之于散亡云云。考其時勢，蓋是年蒙古軍侵蜀，戰事方酣，此跋撰于五月，後二月即斃蒙哥于釣臺山，殊不意此刻尚關乎國家危亡之史事也。此本刊工粗率，于蜀刻中為僅見，其隸書跋幾不成字，觀此可覘其時蜀中戰事之緊迫。後此則蜀土日蹙，而蜀刻亦衰矣，俯仰古今，為之一歎。至黃丕烈跋謂此跋為後人配補，則未得其實也。又有補鈔淳祐十一年吳潛後序，則為百卷本舊序，非此刻所應有也。存九十四卷。有黃丕烈、錢大昕跋。劉承幹藏。

〔補〕**重校鶴山先生大全文集一百十卷** 宋魏了翁撰。○明嘉靖間錫山安國安氏館銅活字印本，十三行十六字，白口，左右雙闌，版心上方有"錫山安氏館"五字。每卷卷首次行題"錫山安國重刊"。

○明嘉隆間刊本，十三行十六字，白口，左右雙闌。○明嘉靖三十年邛州知州吳鳳刊本，十一行十六字，白口，四周雙闌。題“邛州知州吳鳳、郡學王葵校正”。

鶴山全集一百九卷 宋魏了翁撰。○明嘉靖辛亥吳鳳王葵刊本。○明錫山安國活字板本。○黃丕烈有宋刊鶴山全集一百十卷，中缺二卷，半頁十一行，行廿字。○鶴山集二子近思、克愚編百卷本，淳祐中刊之。○有姑蘇本，有溫陽本。開慶改元五月又增益重刊於成都。

〔附〕○宋本今在諸暨孫廷翰家，丙申在滬見之。（莫棠）○嘉靖辛丑高翀本。（邵氏）

〔補〕**註鶴山先生渠陽詩一卷** 宋魏了翁撰。○明刊本，七行十六字，白口，左右雙闌。有黃丕烈跋，謂是宋刊本。然以字體印工審之，恐仍是明刊本耳。

西山文集五十五卷 宋真德秀撰。○四庫依明萬曆中金學曾刊本。○又萬曆刊本。○康熙四年刊本。○浦城遺書本。○嘉靖元年常熟張氏文林刊于建寧，五十一卷。正德庚辰莆陽黃鞏先為之序。○宋刊本西山文集五十五卷，半頁十行，行十八字。卷八至十一，又二十五至二十八，又五十二至五十五皆抄補，而第五十一全缺。黃蕘圃藏。

〔附〕○元刊本五十一卷，見天祿後目。○正德張端嚴五十一卷本。（邵氏）

〔補〕**西山先生真文忠公文集五十一卷目錄二卷** 宋真德秀撰。○明正德十五年建寧守張文麟刊本，十行十八字，黑口，四周雙闌。前正德十五年黃鞏序，後嘉靖元年張文麟跋，言得楊君叔乾所藏本，委黃鞏刊之云云。總目及卷一標題下有“後學莆陽黃鞏校正”，“後學常熟張文麟同校”二行。此本已印入四部叢刊初編，卷中有補版。

○明嘉靖三年書林精舍刊本，行欵版式與正德張文麟刊本全同，亦有黃鞏、張文麟序、跋及校正重校銜名。卷末有"嘉靖三年孟夏書林精舍新刊"一行。

〔補〕**西山先生真文忠公文集五十五卷目錄二卷** 宋真德秀撰。○明萬曆二十六年金學曾景賢堂刊本，十行二十字，白口，四周雙闌。有萬曆二十六年金氏序，為金氏巡按福建屬鹽幕林培刊行者。○此本崇禎間丁辛官浦城時曾重修印行，卷首題楊鷃、丁辛等重修，一如周采改題汪文盛本兩漢書故事。至康熙間，此版尚存，又重為印行，有康熙四年王胤元序。○清康熙中家祠重刊西山全集。

〔補〕**西山文鈔八卷** 宋真德秀撰。○清嘉慶十六年祝昌泰留香室刊本，十行二十三字，白口，四周雙闌。收入浦城遺書中。

方泉集四卷 宋周文璞撰。○羣賢小集本二卷。

〔補〕**方泉先生詩集三卷** 宋周文璞撰。○毛氏汲古閣影鈔南宋六十家小集本，十行十八字，白口，左右雙闌。古書流通處已影印行世。○清朱彝尊家寫本，烏絲闌，十行二十字。有朱彝尊跋。

〔補〕**瓊琯白玉蟾上清集八卷** 宋葛長庚撰。○元建安余氏刊本，十一行二十字，黑口，四周雙闌。標題大字佔雙行。目錄次行題"建安余氏刊于靜庵"一行。江南圖書館藏。○明正統道藏本。在洞真部，方法類，修真十書中。

〔補〕**新刊瓊琯白先生玉隆集六卷** 宋葛長庚撰。○元建安余覺華勤有堂刊本，十一行二十字，注雙行同，黑口，四周雙闌。標題大字佔雙行，後題"建安余覺華刊于勤有堂"。

〔補〕**瓊琯白玉蟾武夷集八卷** 宋葛長庚撰。○元建安余氏刊本，十一行二十字，黑口，四周雙闌。標題大字佔雙行。內閣大庫有殘本。○明正統道藏本，在洞真部，方法類，修真十書中。

〔增〕**重編海瓊白玉蟾文集六卷續集二卷** 宋葛長庚撰。長庚字白叟，福之閩清人，七歲能作詩賦。父亡母嫁，棄家游海上，號海蟾子。至雷州，繼白氏後，改姓白，名玉蟾。傳以為仙去。所著詩文凡四十卷。此本乃明正統間南極遐齡老人臞仙重編，序謂玉蟾有上清、玉隆、武夷三集，内未入者皆收之，重定為八卷云云。臞仙，明太祖第十子寧獻王朱權之號。前有宋端平時潘牥原序及嘉熙元年耜所書事實一篇。○阮氏以進呈。

東山詩選二卷　宋葛紹體撰。按：此書四庫著錄，莫氏未收。

〔補〕○此書舊本不傳，此為四庫館臣自永樂大典輯出入錄。民國十年李之鼎刊入宋人集中，在丙編。

白石詩集一卷　附詩說一卷　宋姜夔撰。○康熙中刊本。○羣賢小集本。○乾隆二十四年厲鶚烏山房刊本。○知不足齋單刻本。○道光中姜氏祠堂本。

〔補〕白石詩集一卷詞集一卷　宋姜夔撰附諸家評論　○清康熙五十七年曾時燦刊本，十行十九字，細黑口，左右雙闌。余藏。

〔補〕白石道人詩集二卷集外詩一卷　附諸賢酬贈詩不分卷詩說不分卷歌曲集四卷歌曲別集一卷　○清乾隆八年陸鍾輝水雲書屋刊本，十一行十九字，白口，左右雙闌。前乾隆八年陸氏序，言得陶宗儀手抄白石道人歌曲六卷，删去竄入之作，併為四卷，並詩集開雕云云。末附淳祐十一年趙與時跋及至正十年、十一年陶宗儀二跋，均為題歌曲集六卷本者。此版乾隆間歸江春，又增入評論補遺、集事補遺、投贈詩詞補遺各一卷，並增乾隆三十六年江春序一首。此本近已印入四部叢刊。余有一初印本。○清鮑氏知不足齋刊本，從陸鍾輝本出，行欵版式全同。余藏。

〔補〕白石道人詩一卷集外詩一卷詩說一卷　宋姜夔撰附諸賢投贈詩一卷　○清乾隆二十四年厲鶚烏山房刊本，十行十八字。有劉泖生跋。

〔補〕**白石道人詩集二卷歌曲四卷** 宋姜夔撰。○清刊本，無序跋，
　似嘉道間刊本。從陸鍾輝本出。行欵失記。余藏。

〔補〕**白石道人詩集二卷** 宋姜夔撰。○舊寫本，九行十八字。

〔補〕**白石道人詩集一卷補遺一卷詩說一卷歌曲六卷歌曲別集**
　一卷 宋姜夔撰。○清王曾祥寫本，十行二十一字。周叔弢藏。

野谷詩稿六卷 宋趙汝鐩撰。○羣賢小集本。

〔補〕○明末毛氏汲古閣影寫南宋書棚本六十家小集本，十行十八字，
　白口，左右雙闌。近年古書流通處已影印行世。

平齋文集三十二卷 宋洪咨夔撰。○抄本。

〔補〕○南宋浙江刊本，十一行十九字，白口，左右雙闌。日本内閣文庫
　藏殘本。已印入四部叢刊續編。○清影寫宋刊本，十一行十九字，
　白口，左右雙闌。闕卷十一至十四，十九至二十二。瞿氏鐵琴銅劍
　樓藏，已印入四部叢刊續編，所缺八卷以日本内閣文庫藏宋刊本補。
　○清寫本。丁日昌持靜齋舊藏。

〔補〕**平齋文集三十二卷拾遺一卷詞一卷** 宋洪咨夔撰。**附錄一**
　卷校記一卷 清洪汝奎撰。○清同治十一年洪氏刊晦木齋叢書
　本，從丁氏持靜齋藏本出。友人張君元濟曾校過，云與宋本大不同，
　缺卷移改顛倒脫漏甚多，非善本。

蒙齋集十八卷 宋袁甫撰。○聚珍本二十卷。○閩覆本。

〔補〕**蒙齋集二十卷** 宋袁甫撰**拾遺一卷** 宋袁甫撰，清勞格輯目，孫
　星華錄文。○清福建翻武英殿聚珍版書光緒二十年補刊本。○清
　光緒二十五年廣雅書局翻武英殿聚珍版書本。

康範詩集一卷附錄三卷 宋汪晫撰。○舊本合汪夢斗北遊集，題曰
　西園遺稿。

〔補〕**康範詩集一卷** 宋汪晫撰。**北游詩集一卷** 宋汪夢斗撰。○

明刊本，九行十八字，細黑口，四周單闌。失序跋。似萬曆刊本。

〔補〕**康範詩集一卷** 宋汪晫撰。**附錄一卷** ○民國九年李之鼎宜秋館刊宋人集本，在乙編。余據明本校一帙。

清獻集二十卷 宋杜範撰。○嘉靖二十六年刊本。○抄本。○同治庚午吳縣孫氏刊本。

〔補〕**杜清獻公集十九卷** 宋杜範撰。**首一卷末一卷** 清王棻等校注。○清同治九年吳縣孫氏九峯書屋刊本。六冊。余藏。

鶴林集四十卷 宋吳泳撰。○抄本。

〔補〕○此集舊本不傳，此為四庫館臣自永樂大典輯出入錄，迄無刊本。四庫本已印入四庫全書珍本初集中。○清四庫館寫本，八行二十一字，朱絲闌。鈐翰林院印。樊增祥先生藏。

東澗集十四卷 宋許應龍撰。○抄本。

〔補〕○此集原本久佚，是本為四庫館臣輯自永樂大典者。近世未聞有刊本。四庫本已印入四庫全書珍本初集中。○清四庫館寫本，紅格，八行二十一字。鈐翰林院大印。法式善舊藏，今在樊增祥先生處。

方是閒居士小稿二卷 宋劉學箕撰。○四庫依影元至正辛丑刊抄本。○張金吾有舊抄本。○宋嘉定中刊本。○元至正辛丑從玄孫張重刊。

〔補〕○明鈔本。項元汴舊藏，鈐有季振宜印記。朱澂、張佩綸遞藏。○清初傳寫元至正二十年屏山書院刊本，八行十八字。有嘉定十年趙蕃序，又十一年趙必愿序。序後有"至正庚子仲冬屏山書院重刊"隸書牌記二行。鈐有朱彝尊、揆叙藏印。○清寫本，亦八行十八字，與元本行欵同。有嘉定十年劉維、趙蕃序及十一年趙必愿序。

〔增〕**翠微先生北征錄十二卷** 宋華岳撰。○昭文張金吾藏舊抄本，有嘉慶庚申顧廣圻手跋，云翠微先生字子西，在宋史忠義十。其南征、北征錄皆不著于藝文志。南征錄詩居十九，即其別集。此北征錄皆兵家言，近盧召弓志補亦著于別集，從類例也。唯云十一卷者依此是十二，蓋俗本誤併其一。世鮮傳者，得觀于讀未見書齋，楮墨間古香噴溢，三數百年物也。

〔補〕○清光緒二十八年劉世珩刊本，收入貴池先哲遺書中。

翠微南征錄十一卷 宋華岳撰。○抄本。○有一刊本，十卷。○張金吾有汲古閣抄本。

〔附〕○小山堂藏舊鈔十一卷本。（邵氏）○近劉氏刊本。（眉）

〔補〕○清精寫本。後有王士禎借觀跋記。鈐有汪文柏"古香樓"、"柯亭流覽所及"諸印。盧址抱經樓藏。癸丑見。○清寫本，十行二十字。有黃丕烈跋。此本已印入四部叢刊三編。○清寫本，十行二十字。鮑廷博校。勞權校跋並錄鮑廷博識語。余取貴池劉世珩貴池先哲遺書本，知其有改易次第刪削題目之誤，曾告繆荃孫先生臨校一過。

〔補〕**翠微南征錄十卷** 宋華岳撰。**首一卷** ○清康熙三十年郎遂還朴堂刊本，十一行二十二字，黑口，四周雙闌。余藏。余據鮑廷博、勞格校本校，改訂數百字。其上皇帝書奪文尤多。後劉世珩重刊此集，據余校記悉為訂正。郎刻據黃虞稷鈔自史館本付梓，然經重編，舊第已改。

〔補〕**翠微南征錄十卷上皇帝書一卷** 宋華岳撰。○清寫本，八行十八字。其佳處與鮑廷博、勞格校本多相合。其上皇帝書中諸本脫文此本咸在，而原所闕字亦未妄增。異字既多，舊觀未改，遠出郎遂本之上，可云此集善本。翰文齋收淯喜齋京寓之書。

〔補〕**翠微南征錄十一卷** 宋華岳撰。**雜錄一卷** ○清光緒二十八年劉世珩刊本，收入貴池先哲遺書中。後又重刻，據余校本改正。

浣川集十卷 宋戴栩撰。○抄本。

〔補〕**浣川集十卷補遺一卷**　宋戴栩撰。○民國十七年永嘉黃氏排
　　印敬鄉樓叢書本。

漁墅類稿八卷　宋陳元晉撰。按：此書四庫著錄，莫氏未收。

〔補〕○此集原本久佚，此本為四庫館臣自永樂大典中輯出入錄，近世
　　無刻本。四庫本近已印入四庫全書珍本初集中。

滄洲塵缶編十四卷　宋程公許撰。○抄本。

〔補〕○此書舊本不傳，此本四庫館臣輯自永樂大典，近世未聞有刻之
　　者。四庫本已印入四庫全書珍本初集中。

〔增〕**平安悔稿十二卷**　宋項安世撰。安世有周易玩辭，已著錄。宋
　　志載其丙辰悔稿四十七卷，近無傳本。厲鶚宋詩紀事僅從後村詩
　　話、千家詩、方輿勝覽採數首，此則依舊抄過錄，合前後集凡一千二
　　百八十五首，分卷與宋志不合，即後村詩話所錄有數篇亦未載。卷
　　六以下乃慶元丙辰謫居江陵後作。缺逸雖多，然就存者觀之，固紹
　　熙、嘉泰間一作者也。○阮氏進呈。

安晚堂詩集七卷　宋鄭清之撰。○四庫依抄本。

〔補〕○此集原本六十卷，唯存卷六至十二，凡七卷，明末毛氏汲古閣影
　　鈔宋刊南宋六十家小集中有之，十行十八字，白口，左右雙闌。古書
　　流通處已影印。

〔補〕**安晚堂詩集六十卷**　宋鄭清之撰。存卷六至十二。**補編二卷**
　　宋鄭清之撰，陳起輯。**補遺一卷輯補一卷**　民國李之鼎輯。

〔補〕○民國三年李之鼎宜秋館輯刻宋人集本，在丙編中。

〔補〕**安晚堂詩集六卷**　宋鄭清之撰。○清鈔兩宋名賢小集本。

四六標準四十卷　宋李劉撰，其門人羅夢吉編，明孫雲翼箋註。○明
　　刊。○乾隆四十二年陳氏刊。○天祿目有元刊無註本，稱梅亭先生
　　四六標準。○明有萬曆丁酉馮夢序其門人新安黃氏刊本。

〔補〕**梅亭先生四六標準四十卷**　宋李劉撰。○宋末建本，十行十

九字,細黑口,左右雙闌,版心上記字數,下記刊工姓名。文分類為次。鈐明"東宮書府"朱文大印,為洪武間南京懿文太子朱標邸中之書。又鈐避暑山莊大印,則又嘗入清內府矣。袁君克文藏。又一帙,日本內閣文庫藏,近已借印入四部叢刊續編。

〔補〕**箋釋梅亭先生四六標準四十卷**　宋李劉撰,明孫雲翼箋。○明萬曆四十四年唐鯉飛刊本,十行二十一字,白口,左右雙闌。有萬曆二十五年馮夢禎舊序及萬曆四十四年孫雲翼序,言箋成未刻,臨川唐季龍為捐貲梓行云云。本書題"明曲阿孫雲翼禹見箋,金陵唐鯉飛季龍校"。余藏。

篔窗集十卷　宋陳耆卿撰。○抄本。

〔補〕○此書原集不傳,此為四庫館臣自永樂大典輯出者。四庫本近已印入四庫全書珍本初集。

〔補〕**篔窗集十卷補遺一卷**　宋陳耆卿撰。○民國八年黃巖楊氏輯印台州叢書己集本。

友林乙稿一卷　宋史彌寧撰。○近仿宋刊本。○張金吾有舊抄本。○宋本舊在吳門黃氏。

〔附〕○明仿宋本。(邵氏)

〔補〕○宋刊本,八行十六字,白口,左右雙闌,版心記字數及刊工名,有李春、之先二人。黃丕烈舊藏,顧蒓題簽,百宋一廛賦著錄,賦文"躋友林之逸品,儷聲價之吉光",即指此書。寫刻本,軟體字,鐵畫銀鉤,為宋刊中僅見逸品,廠肆英古齋見,袁君克文浼余代渠收之。此本已影印行世。○清翻宋本,摹刻頗肖,然細審之,秀媚有餘而無宋刊勁挺內蘊之致。余見二本,一陸心源舊藏,一有翁叔平師跋,均稱宋本。

雲泉詩集一卷　宋釋永頤撰。○羣賢小集本。

〔補〕○明末毛氏汲古閣影鈔宋刊南宋六十家小集本,十行十八字,白口,左右雙闌。古書流通處已影印行世。

方壺存稿八卷 宋汪莘撰。○有刊本四卷。

〔補〕**方壺存稿九卷** 宋汪莘撰。**附名賢遺翰一卷** ○清寫本,十行
　　二十二字。前嘉定元年劉次皋序,次端平二年程珌序,咸淳七年孫
　　榮叟序,王應麟。又萬曆二年張應元續刻存稿序。後有咸淳元年史
　　唐卿、汪循跋,咸淳八年宇文十朋跋。鈐方功惠藏印。

〔補〕**方壺先生集四卷** 宋汪莘撰。○清雍正九年汪棟刊本,十行二
　　十字,黑口,左右雙闌。余藏。余據前記之清寫本校。

鐵菴集三十七卷 宋方大琮撰。○路小洲有抄本廿六卷。○張金吾
　　有舊抄三十六卷。

〔補〕**宋寶章閣直學士忠惠鐵庵方公文集四十五卷** 宋方大琮
　　撰。○明正德八年方良節刊本,九行十九字,黑口,四周雙闌。前正
　　德八年張翀序。本書題族孫良永校正,良節編刊。余藏。

〔補〕**宋寶章閣直學士忠惠鐵庵方公文集三十六卷** 宋方大琮
　　撰。○清初抄本。鈐揆叙印。

〔補〕**方鐵庵文集三十六卷** 宋方大琮撰。○清寫本,鈐有汪文柏古
　　番樓、盧址抱經樓藏印。

壺山四六一卷 不著撰人。○四庫依抄本。○明刊本。

〔補〕○四庫本已印入四庫全書珍本初集。

默齋遺稿二卷 宋游九言撰。○刊本。○四庫依抄本。

〔補〕○清寫本。鈐結一盧藏印。

〔補〕**默齋遺稿二卷增輯一卷** 宋游九言撰。○民國六年李之鼎宜
　　秋館刊宋人集本,在乙編中。

履齋遺集四卷 宋吳潛撰。○刊本。○羣賢小集本。

〔補〕**履齋先生遺集四卷** 宋吳潛撰。○明吳伯敬刊本,每半葉九

行，每行十八字，白口，四周單闌。題"明同邑後學梅鼎祚編校，十二
代孫吳伯敬閱梓"。前宋史本傳。鈐清翰林院大官印。○江陰繆氏
藝風堂傳鈔明吳伯敬刊本。

〔補〕**四明吟稿一卷** 宋吳潛撰。○清顧沅藝海樓寫本。似從兩宋名
賢小集出。

〔增〕**南海百詠一卷** 宋方信孺撰。字孚若，莆田人，以蔭補官。開禧
中假朝奉郎使金，三往返。知真州，官至廣州漕。所著有好菴游戲
詩境集，未見。是編乃其官番禺尉所作，取南海古蹟各為七言絕句，
註其顛末。○阮氏以進呈。

〔補〕○清道光間吳蘭修輯刻嶺南叢書本。

〔補〕**南海百詠一卷** 宋方信孺撰。**校譌一卷** 清胡珽撰。**續校一
卷** 清董金鑑撰。○清光緒間會稽董氏木活字印琳琅秘室叢書本。

臞軒集十六卷 宋王邁撰。○抄本。

〔補〕○此書原本不傳，四庫館臣自永樂大典輯出入錄，近代迄無刊本。
四庫本已印入四庫全書珍本初集中。○清四庫館寫本，八行二十一
字，紅格。鈐翰林院印。法式善舊藏，在樊增祥先生處。○清寫本，
從四庫本出，鈐慈谿馮氏醉經軒印記。

東野農歌集五卷 宋戴昺撰。○四庫依抄本。○明潘氏宋元名家詩
集本。

〔補〕○四庫本已印入四庫全書珍本初集。

〔補〕**戴東野詩集五卷** 宋戴昺撰。○明萬曆四十三年潘是仁輯刻宋
詩三十七家本，九行十九字，白口，四周單闌。

敝帚槀略八卷 宋包恢撰。按：此書四庫著錄，莫氏未收。

〔補〕○清四庫館寫本，朱絲闌，八行二十一字。鈐翰林院印。法式善
舊藏，今在樊增祥先生處。

〔補〕**敝帚稿略八卷補遺一卷** 宋包恢撰。○民國十年李之鼎宜秋

館刊宋人集本,在丙編。余曾據清四庫館紅格寫本手校一帙。

清正存稿六卷附錄一卷 宋徐鹿卿撰。〇四庫依小山堂抄本。〇明萬曆甲寅刊本。

〔補〕**宋宗伯徐清正公存稿六卷** 宋徐鹿卿撰。**附錄一卷** 〇明萬曆四十二年甲寅刊本,九行二十字,白口,左右雙闌。徐鑒刊,與宋徐經孫徐文惠公存稿同刻,號二徐公存稿。余有徐文惠存稿,此集匆匆一閱即為捷足者先。

〔補〕**宋宗伯徐清正公存稿六卷** 宋徐鹿卿撰。**校勘記二卷** 民國劉家記、胡思敬撰。〇民國四年胡思敬刊豫章叢書本。

寒松閣集三卷 宋詹初撰。〇明嘉靖戊午刊本。

〔補〕**宋國錄流塘詹先生集三卷** 宋詹初撰。〇明詹景鳳嘉靖三十七年刊本,九行十三字,白口,四周單闌。題"裔孫景鳳壁校"。庚申南京閱。〇清初傳鈔嘉靖三十七年詹景鳳刊本,行欵全同。鈐朱彝尊印記,張蓉鏡題簽。

〔補〕**寒松閣集三卷** 宋詹初撰。**附錄一卷** 〇民國十年李之鼎刊宋人集本,在丙編。余有一帙,余據朱彝尊舊藏傳鈔嘉靖詹景鳳刊本手校。

滄浪集二卷 宋嚴羽撰。〇明正德淮陽胡重器刊本。〇明潘訒叔刊宋元名家集本六卷。〇明正德丁丑李堅刊三卷。〇胡心耘有元刊滄浪集三卷本,內缺二頁。後得明刊本,其缺處同,而偽加"然唯諾"三字直接下頁。元本半頁十行,行廿字。又黃公紹序。〇明正德本半頁九行,行廿字,有林俊序。

〔附〕〇都穆本作滄浪吟。(邵氏)

〔補〕〇清康熙六十一年朱霞雙笏山房刊樵川二家詩本,八行十八字,白口,左右雙闌。與黃鎮成秋聲集同刻。余據鮑廷博校元本校一帙。

〔補〕**滄浪先生吟卷二卷**　宋嚴羽撰。○明正德十五年尹嗣忠刊本，十行十八字，白口，左右雙闌。前正德十五年都穆序，言為崑山知縣尹嗣忠所刊。本書標題佔雙行，卷首題尹嗣忠校正。此即邵氏所註之都穆本也。

〔補〕**滄浪吟二卷**　宋嚴羽撰。○清光緒七年徐氏輯刻樵川二家詩本，收入邵武徐氏叢書中。

〔補〕**滄浪嚴先生吟卷三卷**　宋嚴羽撰。○明正德十二年胡璉刊本，九行二十字，黑口，四周雙闌。即莫氏著錄之正德胡重器刊本。○民國五年烏程張氏刊適園叢書本，在第七集。

〔補〕**滄浪集四卷**　宋嚴羽撰。○明末刊本，九行十八字，白口，左右雙闌。題林古度校。清鮑廷博據元刊本用朱筆校。又失名人用藍筆圈點。友人邢之襄藏，余曾借校。

〔補〕**嚴滄浪詩集六卷**　宋嚴羽撰。○明萬曆四十三年潘是仁輯刻宋人三十七家集本，九行十七字，白口，四周單闌。亦收入宋元四十三家集中。

泠然齋詩集八卷　宋蘇泂撰。○張金吾本亦依閣本抄，而附補遺附錄。

〔補〕○此書原集不傳，此為四庫館臣自永樂大典輯出入錄。四庫本已印入四庫全書珍本中。○清鮑廷博手寫本，從永樂大典本出，共一百四十六葉。盛昱遺書。

〔補〕**金陵雜興一卷**　宋蘇泂撰。○清寫本。與曾極金陵百詠同冊。余藏。

可齋雜稿三十四卷續稿八卷續稿後十二卷　宋李曾伯撰。○張金吾抄本。可齋雜、續、三稿其官荊渚時子杓編刊。既而劉鑣又刊之武陵。曾伯歿後，子杓又刊巾箱本，成于咸淳庚午，則第三刊也。又自識署寶祐甲寅，只初刊續稿之年。

〔附〕○宋淳祐李氏自刊家塾本。○瓶花齋影宋抄本。○路有抄本。
　　（邵氏）

〔補〕○四庫本已印入四庫全書珍本初集中。○清寫本，十一行二十
　　字。有淳祐十二年自序，寶祐二年尤焴序，咸淳六年男李杓序。續
　　槁有寶祐二年自序。每卷後有"嗣男杓編次"一行。有張師亮校藏
　　印記。○清寫本，行欵同上。盛昱遺書。

〔補〕**華谷集一卷**　宋嚴粲撰。○清初傳鈔宋人小集本，九行十六字。
　　鈐有朱彝尊藏印。○清道光間顧沅藝海樓寫本，似從兩宋名賢小集
　　本鈔出。

〔補〕**菊澗小集一卷**　宋高九萬撰。○明末汲古閣影寫南宋刊南宋六
　　十家小集本，十行十八字，白口，左右雙闌。古書流通處已影印行
　　世。余以朱彝尊藏清初鈔九行本校于影本上。

後村集五十卷　宋劉克莊撰。○四庫依抄本。○康熙五十九年姚培
　　謙刊本十六卷，附二卷。○拜經樓有舊抄本五十卷。盧抱經云，毛
　　刊後村題跋四卷，前二卷不見于五十卷内，詩人玉屑内所載三篇亦
　　未收入。○天一閣有後村集足本一百九十六卷，昭文張氏金吾本即
　　依之影寫者。近見豐順丁禹生藏一部，又見浙肆中一部，亦皆出於
　　天一本。克莊有前、後、續、新四集二百卷，見墓誌銘，此蓋其合編之
　　本也。隱居通議曰，後村卒，其家盡薈萃其平生所著，別刊本為大全
　　集，則是書即出後村家。宋時曾有刊板，天一閣本蓋從之傳錄，凡
　　詩、文、詩話、内外制、長短句，合一百九十三卷。其百九十四至百九
　　十六則洪天錫撰行狀，林希逸撰墓誌銘，又撰謚議，各為一卷也。諸
　　家書目止有林秀發編五十卷本，此本則無著錄者，惟文淵閣書目中
　　有後村詩二部，俱五十冊，殘缺，卷帙繁重，亦即是書。後村自跋續
　　稿云五十卷，起淳祐己酉，至寶祐戊午十年作。

〔附〕○宋淳祐九年林希逸序林秀發編次本五十卷，題後村居士集。○

元仿宋本，楊協卿藏。○元刊二十卷本。（邵氏）

〔補〕**後村居士集五十卷目錄二卷** 宋劉克莊撰。○宋末建本，十
行二十一字，細黑口，左右雙闌。卷後有"門人迪功郎新差昭州司法
參軍林秀發編次"一行。日本靜嘉堂文庫藏。○宋末建本，十行二
十一字，細黑口，四周雙闌。前淳祐九年林希逸序。存詩集十六卷，
奏議三卷，講義一卷，外制二卷，申省狀一卷，記三卷，序二卷，題跋
四卷，祭文哀詞三卷，祝文一卷，墓誌二卷，計三十八卷，又目錄二
卷。海虞瞿氏藏。聊城楊氏海源閣亦有一宋本，行欵版式同瞿本，
為詩集十六卷，詩話二卷，詩餘二卷，文集三十卷。按：據後村大全
集本前咸淳六年林希逸序稱，淳祐八年守莆田時曾刻前集於郡庠，
咸淳八年劉希仁序又言前集刊于莆，既而後、續、新三集復刊於玉
融，後板為書坊翻刻云云。靜嘉本與瞿本均為前集，而一本左右雙
闌，一本四周雙闌，判然兩刻，然孰為莆田初刻，孰為書坊翻刻。非
並幾而校之，殆難決也。書此以俟後緣。○清康熙五十年南陽呂氏
講習堂呂無隱手寫本，十七行三十字，版心有"講習堂"三字。卷末
有"辛卯年南陽講習堂三月初二日始，九月晦日竣事"一行。下鈐
"葆采"、"無隱"二印。卷前有淳祐九年林希逸序，各卷末有"門人迪
功郎新差昭州司法參軍林秀發編次"。卷中"留"字缺筆，避呂氏家
諱。有黃丕烈跋，言為黃錫蕃舊藏。又言見一刻本，號為宋刻，實是
元本云云，所指即前記之宋末刊本也。又言見顧珊家藏殘本，有六
十卷字樣云云。又有葉昌熾跋。○清經鉏堂鈔本，十行二十字，白
口，四周單闌。

〔補〕**後村集六十卷** 宋劉克莊撰。○明萬曆間謝肇淛小草齋鈔本，
黑格，十行二十字，白口，四周單闌。

〔補〕**後村先生大全集一百九十六卷** 宋劉克莊撰。○清賜硯堂鈔
本，十行二十字，白口，四周單闌，版心下方有"賜硯堂"三字。前咸

淳六年林希逸序，言淳祐八年守莆田時得前集刊之郡庠，後二十年
又刻成後、續、新三集。流傳遍江左。後村既歿，其子季高輯為一
部，名以大全，共二百本，其本差小云云。又有咸淳八年劉希仁序，
言後村前集刊於莆田，後、續、新三集復刊於玉融。後板為書坊翻
刻，而卷帙繁訛，非巾箱之便，季高乃刊板以行云云。據序，則其子
劉山甫字季高所刊乃巾箱本也。○清寫本，九行二十二字。前目錄
四卷。卷一至四十八詩，四十九賦，五十至一百七十二文，一百七十
三至一百八十六詩話，一百八十七至一百九十一長短句，一百九十
二至一百九十三書判。其一百九十四至一百九十六則為行狀、墓
誌、謚議，實附錄也。有張金吾跋，言假天一閣藏影宋寫本傳錄。鈐
有慈谿馮氏醉經閣藏印。此為友人徐沅字芷升所藏，余曾假歸，取
四部叢刊影印清賜硯堂本校之，僅第一卷即訂正四十四字，于意咸
為優長，信有自來，非同汎汎傳鈔之本也。竢長夏無事當破費二月
功夫，校此巨帙，為人間多傳一善本。天一閣藏明鈔宋本已不傳，則
此本恐為傳世最佳之本也。此即莫氏所記之昭文張氏金吾本也。

〔補〕**後村居士詩二十卷** 宋劉克莊撰。○宋末刊本，十行二十一
字，細黑口，左右雙闌。前淳祐九年林希逸序。每卷末有"門人迪功
郎新差昭州司法參軍林秀發編次"一行。本書為詩集十六卷，詩話
二卷，詩餘二卷，蓋五十卷本前集之節本也。據後村大全集前咸淳
八年劉希仁言，劉後村四集書坊翻刻甚多，閩中大寮有受知後村
者幾欲毀版云云。此本行欵與前集同，而只刊二十卷，或亦閩中翻
本之一也。僅一前集即有左右雙闌五十卷本，四周雙闌五十卷本及
此二十卷本，宋末後村集之風行，翻刻之頻繁可以想見，而閩中刊書
之盛亦可知矣。○清康熙五十九年姚培謙刊本，十行十九字，黑口，
四周單闌。莫氏誤記首為十六卷本。

〔補〕**後村居士詩集六卷逸詩五卷詩餘一卷** 宋劉克莊撰。○清

活字印本,題後學陳堂編。四冊。余藏。

澗泉集二十卷　宋韓淲撰。○抄本。

〔補〕○此書自永樂大典輯出入錄,近世無刻本。四庫本已印入四庫全書珍本初集。○清四庫館寫本,紅格,八行二十一字。鈐翰林院印。樊增祥先生藏。○清寫本,墨格,九行二十一字。從四庫本出。鈐讀易樓藏印。

矩山存稿五卷　宋徐經孫撰。○四庫依抄本。○明萬曆刊本,題徐文惠公存稿四卷。

〔補〕**宋學士徐文惠公存稿五卷**　宋徐經孫撰。**附錄一卷**　○明萬曆四十二年徐鑒刊二徐公存稿本,九行二十字,白口,左右雙闌。有萬曆四十二年徐鑒、徐即登序,言經孫集久佚,此為其巡按時輯刻云云,則此為傳世最早之刊本矣。莫氏誤記為四卷。○民國三年李之鼎宜秋館刊宋人集本,在甲編。

雪窗集二卷附錄一卷　宋孫夢觀撰。○明嘉靖中裔孫應奎刊本。

〔補〕**雪窗先生文集二卷**　宋孫夢觀撰。**附錄一卷**　○清傳鈔明嘉靖十六年孫應奎刊本,九行十八字。前嘉靖十六年陳塏序,次危素撰本傳,次嘉靖十六年劉教序。又裔孫應奎跋。本書題知江陰縣事裔孫應奎校刊。鈐翰林院滿漢文大印。臨清徐坊遺書。○新刊四明叢書本。

庸齋集六卷　宋趙汝騰撰。按:此書原集不傳,四庫館臣自永樂大典輯出入錄,近世迄無刊之者,故莫氏未收之。

〔補〕○四庫本近已印入四庫全書珍本初集。

文溪存稿二十卷　宋李昴英撰。○明成化中刊。○乾隆癸酉刊。○康熙戊申刊。○元至元中李春叟刊本。

〔補〕**李忠簡公文溪存藁二十卷**　宋李昴英撰。○明嘉靖十年李翱刊崇禎三年李振鷺重修本,九行十八字,白口,四周單闌。有嘉靖三

十二年黃衷序,嘉靖十年鄭洛書序,嘉靖十七年呂柟序。又有元至
元三十一年李春叟舊序,明成化六年陳獻章舊序。有姚虞文撰傳,
傳後二像,一自贊,一湛若水贊。卷末有崇禎三年十三世孫李宜權
跋。余藏。余據舊寫本校過。

〔補〕**李忠簡公文溪集二十卷** 宋李昴英撰。○清初寫本,九行二十
　　字。題門人李春叟輯訂。有元至元三十一年李春叟序,大德二年門
　　人陳大震序。後有行狀,像贊。鈐怡府明善堂、安樂堂藏印,徐坊遺
　　書。此本無明成化、嘉靖諸序,尚存元刊矩矱,余取校嘉靖本,有所
　　改訂。

〔補〕**文溪集二十卷** 宋李昴英撰。**首一卷** ○清道光二十年南海伍
　　元薇輯刻粵十三家集本。○清光緒二十三年李氏久遠堂刊本。

彝齋文編四卷 宋趙孟堅撰。○抄本。

〔補〕○清鮑氏知不足齋寫本,勞格校並補詩。蔣汝藻密韻樓藏。

〔補〕**彝齋文編四卷補遺一卷** 宋趙孟堅撰。補遺鮑廷博輯。○清
　　鮑廷博家寫本。○民國三年劉承幹嘉業堂叢書本。

張氏拙軒集六卷 宋張侃撰。

〔補〕○按:此書舊本不傳,四庫館臣自永樂大典輯出入錄,後亦無刊之
　　者,故莫氏未注傳本。四庫本近已印入四庫全書珍本初集之中。

靈巖集十卷 宋唐士恥撰。○明刊本。

〔補〕○民國十三年永康胡宗楙輯刻續金華叢書本。

玉楮集八卷 宋岳珂撰。○四庫依安丘張氏抄本。○明刊玉楮本八
　　卷。○張金吾有舊抄本,後有肅之記,云計百零七版。

〔附〕○明十六世孫元聲刊本。吳跋。○路有抄本。(邵氏)

〔補〕**玉楮詩藳八卷** 宋岳珂撰。○明寫本,十行二十字。前有自序。
　　有張貞藏印,王士禛手跋。即四庫底本也。全書原一百七葉,中脫
　　二葉,存一百五葉。朱文鈞藏。○明末裔孫岳元聲刊本,十行二十

字，白口，左右雙闌。題十六世孫元聲、和聲、駿聲藏墨，周念祖、駱雲程鬐訂等五行。此本訛誤甚多，非善本也。○清乾隆四十一年盧文弨家寫本，有乾隆四十一年盧氏手跋，言借江陰朱咸慶本鈔，錯字改不能盡云云。又有乾隆五十一年盧氏跋，言據岳元聲刊本校。又錄壬辰谷蘭居士一跋，言辛卯從錢述祖借得明嘉隆間刊本抄錄，頗多訛謬云云，蓋朱咸慶本中舊跋也。

〔補〕**玉楮集八卷**　宋岳珂撰。**附錄一卷**　○民國十一年河南官書局刊三怡堂叢書本。余據明鈔本有王士禛跋者手校一帙，有改定。

〔補〕**玉楮詩薹四卷**　宋岳珂撰。○清鈔兩宋名賢小集本。

〔補〕**棠湖詩薹一卷**　宋岳珂撰。○宋臨安陳宅書籍鋪刊本，十行十八字，白口，左右雙闌。卷末有“臨安府棚北大街陳宅書籍鋪印行”小字二行。首葉標題下有長墨釘。鈐毛氏汲古閣藏印。此本已影印行世。○清乾隆末吳氏刊拜經樓叢書本。○清光緒九年姚覲元輯刻咫進齋叢書本。此書四庫存目。

楳埜集十二卷　宋徐元杰撰。○乾坤正氣集本。○宋景定二年其子直諒刊本。

〔補〕○清四庫館紅格寫本，八行二十一字。鈐翰林院印。樊增祥先生藏書。

恥堂存稿八卷　宋高斯得撰。○聚珍本。○閩覆本。

秋崖集四十卷　宋方岳撰。○明嘉靖乙酉刊本八十三卷，文四十五卷。宋寶祐五年刊本。○又見一本，僅詩三十八卷，似乾、嘉中活字本。

〔附〕○宋刊開化本。○宋建陽本。○宋竹溪書院本，咸淳進士方貢鈔，寶祐進士方石翻刊竹溪書院，至元季板燬於兵。○正德方氏小字本。○程敏政從內閣錄出十二卷本。

〔補〕**秋崖先生小薹八十三卷**　宋方岳撰。○明嘉靖五年方謙刊本，為文四十五卷,詩三十八卷,十二行二十字,黑口,四周單闌。余藏。
○清寫本,有失名人朱筆校。盧址抱經樓藏。

芸隱橫舟稿一卷芸隱倦遊稿一卷 宋施樞撰。○羣賢小集本。

〔補〕○明末毛氏汲古閣景鈔宋刊南宋六十家小集本,十行十八字,白
口,左右雙闌。古書流通處已影印行世。○民國三年刊橫山草堂叢
書本。

蒙川遺稿四卷 宋劉黻撰。○乾坤正氣集本。

〔附〕○明阮存輯刻本。○咸豐裔孫永沛活字本。○永嘉遺書本。○
原十卷,阮刻只四卷。○常熟馮氏舊鈔本。(邵氏)

〔補〕○此書原本十卷,錢唐丁氏善本書室有明抄本,今歸江南圖書館。
已閱。

〔補〕○常熟馮氏舊藏寫本四卷,有馮知十跋,亦江南圖書館藏。

〔補〕**蒙川遺稿四卷** 宋劉黻撰。**年譜一卷** 清林大椿撰。○清咸豐
七年裔孫劉永沛木活字印本,八行十八字,白口。余藏。

〔補〕**蒙川先生遺稿四卷補遺一卷** 宋劉黻撰。○清同治間瑞安孫
氏詒善祠塾刊永嘉叢書本。

菊山清雋集一卷 附題畫詩集一卷錦線集一卷雜文一卷 菊山
清雋集宋鄭震撰。題畫詩集、錦線集及雜文並震子思肖撰。○知不
足齋本,無附。

〔補〕**三山鄭菊山先生清雋集一卷** 宋鄭震撰**所南翁一百二十圖
詩集一卷鄭所南先生文集一卷** 宋鄭思肖撰。**附錄一卷補遺
一卷** ○舊題清林佶手寫本,非是。九行十九字。菊山集題仇遠
選,有大德五年柴志道序。所南詩集前有自叙。辛亥歲善成堂閱。
此本近已印入四部叢刊。○舊寫本,十一行二十字。文集後又有小
傳、題跋、補遺,補遺僅題畫蘭一首。附元末明初人題詠,亦與前本
同。唯後又有鮑廷博輯拾遺,文二篇、詩九首,為前本所無。

雪磯叢稿五卷　宋樂雷發撰。○羣賢小集本。

〔附〕○裘杼樓書目有刊本。（邵氏）

〔補〕○明活字印本，十行二十一字，白口，四周單闌。前正統十一年周
洪謨序，次樂氏自序，後有成化十七年嗣孫樂宣跋。本書題“後嗣教
諭樂韶、知縣樂武校正”。鈐有季振宜及清怡親王府明嘉堂藏印。
翰文齋所收吳門潘氏滂喜齋京中之書。此本自明正統本出，不審排
印於何時，字體排版均不精，然正統本不傳，此實為聲遠文集現存最
古之本也。余曾取校顧修讀畫齋本，篇題次第皆合，偶有小差失，可
藉此本正之。○清鈔本，從明刊本出，有成化樂宣跋。友人顧君麐
士藏。○清冰邁閣寫本，九行十六字，白口，左右雙闌。序跋及卷首
編校人名與活字本全同。京肆見，高翰聲舊藏。○清嘉慶六年顧修
讀畫齋刊南宋羣賢小集本。余藏，余以明嘉、隆間活字印本校過。

北磵集十卷　宋釋居簡撰。○四庫依知不足齋抄本。○有宋刊本。

〔補〕**北磵文集十卷**　宋釋居簡撰。○宋崔尚書宅刊本，十四行二十
四字，白口，左右雙闌，版心上記字數，下記刊工名，有孟才、馬良、賈
義等。前嘉定十年張自明叙，次永嘉普觀義問宣子跋。跋後有“崔
尚書宅刊梓”一行。鈐有毛晉、曹寅藏印。存卷一至八。涵芬樓藏。
又一帙，存卷七至十，日本帝室圖書寮藏。二帙合之，可得完書。○
影寫宋崔尚書宅刊本，行欵同，存卷一至八，余藏。○明萬曆間晉安
謝肇淛小草齋寫本，十行二十字，白口，四周單闌，版心下方有“小草
齋鈔本”五字。鈐周在浚藏印。徐坊遺書。○清初寫本，前張自明
叙。鈐朱彝尊、汪喜孫藏印。○清康熙間寫本，有汪文柏古香樓藏
印，盧址抱經樓散出之書。○清寫本，九行二十一字。鈐玉棟藏印。
余藏。

〔補〕**北磵詩集九卷**　宋釋居簡撰。○宋崔尚書宅刊本，十四行二十
四字，白口，左右雙闌，版心上記字數，下記刊工人名，有史儀、馬良、

馬祖、賈義、婁成等。日本德富氏成簣堂文庫藏。

〔補〕**北磵和尚外集一卷** 宋釋居簡撰。○宋刊本，十行二十字，白口，左右雙闌。前淳祐十年大觀序。本書題“嗣法小師大觀撰”。首偈頌，次贊，次題跋，末附釋大觀所撰行述。另有應安庚戌遠孫圓月跋，為自日本五山翻本補錄附入之倭僧撰述，非宋刊原書所有者也。

〔補〕**北磵文集十卷詩集九卷外集一卷** 宋釋居簡撰。○日本五山翻宋崔尚書宅刊本，十四行二十四字，白口，左右雙闌，版心上記字數，下記刊工人名。文集有“崔尚書宅梓刊”一行，行欵版式與宋刊全同。

〔補〕**骰薈一卷** 宋利登撰。○明末毛氏汲古閣影寫宋刊南宋六十家小集本，十行十八字，白口，左右雙闌。古書流通處已影印行世。○民國十年李之鼎宜秋館刊宋人集本，在丙編。余據汲古閣影寫宋書棚本校過。

〔補〕**秋江煙草一卷** 宋張弋撰。○明末毛氏汲古閣影寫宋刊南宋六十家小集本，十行十八字，白口，左右雙闌。古書流通處已影印行世。全據朱彝尊舊藏宋人小集本校一帙。

〔補〕**雪巖吟草甲卷忘機集一卷** 宋宋伯仁撰。○宋刊本，十行十六字，白口，左右雙闌。前自序，次目錄，詩七十首，附刊戊薹簡寄三十首。卷前有自題，言嘉熙元年嘗以歲月類抄刊行，今痛為删削，三去其一，姑存諸云云。友人蔣汝藻藏，已刊入密韻樓景宋本七種。

〔補〕**雪巖吟草一卷** 宋宋伯仁撰。○明末毛氏汲古閣影鈔宋刊南宋六十家小集本，十行十八字，白口，左右雙闌。從陳宅書籍鋪刊本出。古書流通處已影印行世。

〔補〕**雪巖吟草補遺一卷** 宋宋伯仁撰。○清鮑氏知不足齋輯錄南宋集補遺本，古書流通處已影印。

〔補〕**雪巖詩集三卷** 宋宋伯仁撰。○明萬曆四十三年潘是仁輯刻宋元詩四十三種本，九行十九字，白口，四周單闌。又收入宋詩三十七家中。

西塍集一卷　宋宋伯仁撰。○羣賢小集本，題雪巖吟草。○明潘氏刊宋元名家集本三卷，題宋器之集。

〔補〕**西塍稿一卷續稿一卷**　宋宋伯仁撰。○民國四年李之鼎宜秋館刊宋人集本，在甲編。

梅屋集五卷　宋許棐撰。○百川學海本一卷。○羣賢小集本。

〔補〕**梅屋詩稾一卷融春小綴一卷梅屋第三稾一卷梅屋第四稾一卷**　宋許棐撰。○明末毛氏汲古閣影寫宋刊南宋六十家小集本，十行十八字，白口，左右雙闌。從臨安府陳宅書籍鋪刊本出。古書流通處已影印行世。

〔補〕**獻醜集一卷**　宋許棐撰。○宋咸淳間刊百川學海本，十二行二十字，細黑口，左右雙闌。○明弘治華珵刊百川學海本，行欵同前，白口。四庫存目。

孝詩一卷　宋林同撰。○學海類編本。○羣賢小集本。○查初白有依千頃堂抄本手錄之本，並識其後。

〔補〕○影寫宋臨安陳解元書籍鋪刊本，十行十八字，白口，左右雙闌。目後有“臨安府棚北大街睦親坊南陳解元宅書籍鋪刊行”牌記一行。

字溪集十一卷　宋楊枋撰。**附錄一卷**

〔補〕○此集原本不傳，此為四庫館臣自永樂大典輯出入錄者，迄無刊本，故莫氏未注。四庫本已印入四庫珍本初集中。

勿齋集二卷　宋楊至質撰。按：此書四庫著錄，莫氏失收。

〔補〕○民國九年李之鼎宜秋館輯刻宋人集本，在丙編。

〔補〕**勿齋先生文集二卷**　宋道士楊至質撰。○明正統道藏本，在太平部。○清鈔本，題“敕賜高士右街鑒儀主管教門公事閤皂山楊至質撰”。鈐有“紅豆書屋”印及翰林院印。

〔補〕**斗野藁支卷一卷** 宋張蘊撰。○明末毛氏汲古閣影鈔宋刊南宋
六十家小集本，十行十八字，白口，左右雙闌。古書流通處已影印行
世。

〔補〕**雪林删餘一卷** 宋張至龍撰。○明末毛氏汲古閣影鈔宋刊南宋
六十家小集本。古書流通處已影印行世。

〔補〕**靜佳龍尋藁一卷乙藁一卷** 宋朱繼芳撰。○明末毛氏汲古閣
影鈔宋刊南宋六十家小集本。行欵同前。古書流通處已影印行世。
○清朱彝尊舊藏寫本，九行十六字。宋人小集中一種。○清嘉慶六
年顧修讀畫齋刊南宋羣賢小集本。

〔補〕**靜佳乙藁補遺一卷** 宋朱繼芳撰。○清鮑氏知不足齋輯錄宋
人小集補遺本。古書流通處已影印行世。

〔補〕**漁溪詩藁二卷乙藁一卷** 宋俞桂撰。○明末毛氏汲古閣影寫
宋刊南宋六十家小集本。行欵同前。古書流通處已印行。○朱彝
尊舊藏清初抄宋人小集本，九行十六字。○清嘉慶六年顧修讀畫齋
刊南宋羣賢小集本。○清光緒二十二年錢唐丁氏嘉惠堂刊武林往
哲遺箸本，增補遺一卷。

〔補〕**采芝集一卷續藁一卷** 宋釋斯植撰。○明末毛氏汲古閣影寫
宋刊六十家小集本，行欵見前條。古書流通處已影印行世。○朱彝
尊舊藏清初抄宋人小集本，九行十六字。○清嘉慶六年顧修讀畫齋
刊南宋羣賢小集本。

〔補〕**癖齋小集一卷** 宋杜旃撰。○明末毛氏汲古閣影宋鈔南宋六十
家小集本，十行十八字。古書流通處已影印行世。余據朱彝尊舊藏
鈔本校一帙。○朱彝尊舊藏清初寫本，九行十六字，為宋人小集之
一，鈐朱氏藏印。○清嘉慶六年顧修讀畫齋刊南宋羣賢小集本。○
民國十三年胡宗楙輯刻續金華叢書本。

〔補〕**學吟一卷** 宋朱南杰撰。○明末毛氏汲古閣影鈔宋刊南宋六十

家小集本，行欵見前條。古書流通處已影印。○清嘉慶六年顧修讀
畫齋刊南宋羣賢小集本。

巽齋文集二十七卷 宋歐陽守道撰。○抄本。

雪坡文集五十卷 宋姚勉撰。○抄本。

〔補〕**雪坡姚舍人文集五十卷** 宋姚勉撰。○清初抄本，十行十八
字。卷中語涉宋帝提行空格，尚存宋刊舊式，為錄自宋刊無疑。鈐
朱彝尊藏印。徐坊遺書，余曾假得校胡氏豫章叢書本，改訂一千零
二十七字，尚可見四庫本删削避忌處。

〔補〕**雪坡舍人集五十卷補遺一卷** 宋姚勉撰。**校勘記一卷** 魏
元曠撰。**續記一卷後記一卷** 胡思敬輯。○民國五年胡思敬刊
豫章叢書本。自四庫本出。余據清初傳抄宋本校，補歷官告詞五
首，廷對評語三則，又改訂一千餘字。

文山集二十一卷 宋文天祥撰。○明嘉靖九年刊本二十卷。○嘉靖
庚申張元諭重編刊本十六卷。○崇禎刊本，不全。○康熙癸丑吉水
曾宏刊本。○雍正三年文氏刊本。○道光乙巳裔孫文桂刊，已燬。

〔附〕○明鍾氏刊本十八卷。○明曾氏本。○明鄢氏本。（邵氏）

〔補〕**文山先生文集十七卷別集六卷** 宋文天祥撰。**附錄三卷**
○明景泰六年韓雍、陳价刊遞修本，十一行二十四字，黑口，四周雙
闌。李木齋先生遺書。余僅有殘本四卷。

〔補〕**文山先生全集二十八卷** 宋文天祥撰。○明嘉靖三十一年鄢
懋卿、寧寵刊本，十行二十一字，白口，左右雙闌。有嘉靖三十一年
敖銑、鄢懋卿序，刊于河間。全書為本集十七卷，別集八卷，附錄三
卷。

〔補〕**文山先生全集二十卷** 宋文天祥撰，明張元諭編。○明嘉靖三
十九年張元諭刊本，十行二十二字，白口，四周單闌。有嘉靖三十九
年羅洪先序。僅本集十六卷，餘為附錄。○明萬曆三年胡應皋光澤

縣刊本，十行二十二字，白口，四周單闌。前嘉靖三十九年羅洪先舊
序，末有萬曆三年潘侃跋，稱胡應皋刊。此本卷次、版式序文與張元
諭本同，當即從張本出。

〔補〕**宋丞相文山先生全集二十卷** 宋文天祥撰。○清康熙十二年
吉水曾宏焉文堂刊本。余藏。

〔補〕**文信國公集二十卷首一卷** 宋文天祥撰。○清光緒二十三年
湖南書局刊四忠遺集本。

〔補〕**宋丞相文山先生全集十六卷** 宋文天祥撰。○明萬曆二十八
年蕭大亨刊本，十行二十二字，白口，四周雙闌。有嘉靖三十九年張
元諭本羅洪先序及萬曆二十八年蕭大亨序，言舊刻于江右，燕丘乃
先生祠宇所在，薦紳捐貲，蕭氏主其事，遂臻厥成云云。據序當是北
京翻刻張元諭刊本之本集十六卷也。

〔補〕**廬陵宋丞相信國公文忠烈公先生全集十六卷** 宋文天祥
撰。**附錄一卷** ○清雍正三年文氏五桂堂刊道光補修本，十行二十
字，白口，四周單闌。附錄為從祀錄一卷。四册。余藏。

〔補〕**宋文山先生全集十八卷** 宋文天祥撰。**附錄三卷** ○明崇禎
二年鍾氏刊本，十行二十一字，白口，四周單闌。明鍾越輯評。四
册。余藏。

文信公集杜詩四卷 宋文天祥撰。○文氏刊本。○一名文山詩史。
〔附〕○舊刊本，葉二十行，行二十字，題文山詩史刊，疑宋元本。○明
刊本。（邵氏）

〔補〕**集杜句詩四卷** 宋文天祥撰。**詠文丞相詩一卷** 宋張慶之撰。
○明天順間宗孫文册刊本，八行十六字，黑口，四周雙闌。前劉定之
序，言官詞林時錄得此本，序跋中有缺文者指元之君臣、宋之叛逆，
今皆補為白字，序而付文山宗孫廷珮鋟梓以傳云云。次天順三年李
賢撰詞記，宣德三年柯暹詞記，次像、自贊、自序。次目錄，分前後

卷,卷各為上下。文氏自署為"姓某履善甫"。詠文詩前有張慶之自
序。末有徐輔撰文山詩史後序,言亦文珊所刊,同出於劉定之傳本
也。海源閣藏,壬申春見於津沽。

〔補〕**文山先生集杜集二卷** 宋文天祥撰。**附錄一卷** ○明成化刊
本,十一行二十二字,黑口,四周雙闌。前文山自序,序後有壬午元
日跋三行。本書為集杜五絕二百首,題下有小序。卷二末有牌式牌
記,書文山宿温州江心寺詩。後有成化甲辰楊守阯跋。附錄為題
詩、碑記、祠記、歲祀文、祠堂圖、祭品、祭田數等。鈐文彭等印記。

〔補〕**新刊指南錄四卷** 宋文天祥撰。**附錄一卷** ○宋刊元修元印
本,八行十六字,黑口,左右雙闌。卷中凡虜帥、逆賊及文天祥字及
詩中需避忌處皆成空格,蓋元代挖版後印行者也。日本靜嘉堂文庫
藏書。

〔補〕**指南後錄三卷** 宋文天祥撰。○清光緒間湖北崇文書局刊正覺
樓叢刻本。

〔補〕**宋丞相文山先生別集六卷** 宋文天祥撰。○明崇禎刊本,九
行十八字,白口,四周單闌。有崇禎元年鄭鄤序。有鄭鄤評點。余
藏。

〔補〕**雲臥詩集一卷** 宋吳汝弌撰。○明末毛氏汲古閣影寫宋刊南宋
六十家小集本,十行十八字,白口,左右雙闌。古書流通處已影印行
世。○朱彝尊舊藏清初寫宋人小集本,九行十六字。○嘉慶六年顧
修讀畫齋刊南宋羣賢小集本。

〔補〕**看雲小集一卷** 宋黃文雷撰。○明末汲古閣影鈔宋刊南宋六十
家小集本。行欵見前條。○朱彝尊舊藏清初鈔宋人小集本。行欵
見前條。○清嘉慶六年顧修讀畫齋刊南宋羣賢小集本。

〔補〕**竹莊小藁一卷** 宋胡仲參撰。○明末毛氏汲古閣影寫宋刊南宋
六十家小集本。○朱彝尊舊藏清初鈔宋人小集本。○清嘉慶六年

顧修讀畫齋刊南宋羣賢小集本。

〔補〕**露香拾蘂一卷** 宋黃大受撰。○明末汲古閣影鈔宋刊南宋六十家小集本。行欵見前。○朱彝尊舊藏清初鈔宋人小集本。行欵見前。○清嘉慶六年顧修讀畫齋刊南宋羣賢小集本。

〔補〕**檜庭吟稿一卷** 宋葛起耕撰。○明末汲古閣影鈔宋刊南宋六十家小集本。○朱彝尊舊藏清初鈔宋人小集本。行欵均見前。○清嘉慶六年顧修讀畫齋刊南宋羣賢小集本。

〔補〕**庸齋小集一卷** 宋沈説撰。○明末毛氏汲古閣影鈔宋刊南宋六十家小集本。○朱彝尊舊藏清初鈔宋人小集本。行欵均見前。○清嘉慶六年顧修讀畫齋刊南宋羣賢小集本。

疊山集五卷 宋謝枋得撰。○明景泰癸酉刊本十六卷。○嘉靖中刊本二卷。○萬曆中刊本。○康熙中譚瑄刊本三卷。○道光己酉江西刊本,附詩説。○乾坤正氣集本。

〔補〕**疊山集十六卷** 宋謝枋得撰。○明景泰五年黃溥刊本,十一行二十一字,黑口,四周雙闌。前景泰五年劉儁序,言原雜著、詩六十四卷,藏于家,兵燹無存。御史黃溥輯為十六卷刻之云云。次景泰四年黃溥序。卷首題"里生潭石黃溥編"。卷一至三詩,卷四至十五文,卷十六附錄。鈐蔣鳳藻秦漢十印齋印記。又見一帙,有袁廷檮藏印。○明嘉靖十六年黃齊賢刊本,十行二十字,細黑口,四周單闌。前景泰五年劉儁序,卷首仍有"里生潭石黃溥編"一行,從景泰黃溥本出。後有嘉靖十六年黃齊賢重刊後叙。此本已印入四部叢刊續編。

〔補〕**新刊重訂疊山謝先生文集二卷** 宋謝枋得撰。○明嘉靖三十四年林光祖刊本,九行二十字,白口,四周單闌。庚戌杭肆見。

〔補〕**謝疊山先生文集二卷** 宋謝枋得撰。○清同治五年福州正誼書院刊正誼堂全書本。

〔補〕**謝疊山先生文集六卷**　宋謝枋得撰。○明萬曆三十二年方萬山刊本，十行二十字，白口，四周單闌。文奎堂見。

〔補〕**謝疊山先生文集四卷**　宋謝枋得撰。○清道光二十八年刊乾坤正氣集本。余據景泰黃溥刊本校一帙，改訂三百五十七字，補程漢翁詩序一篇三百餘字。

〔補〕**學詩初藁一卷**　宋王同祖撰。○明末毛氏汲古閣影鈔宋刊南宋六十家小集本，十行十八字，白口，左右雙闌。從臨安陳宅書籍鋪本出。古書流通處已影印行世。○清朱彝尊舊藏清初鈔宋人小集本，九行十六字。○清嘉慶六年顧修讀畫齋刊南宋羣賢小集本。

〔補〕**西麓詩藁一卷**　宋陳允平撰。○明末汲古閣影鈔宋刊南宋六十家小集本。○朱彝尊舊藏清初鈔宋人小集本。行欵見前條。○清嘉慶六年顧修讀畫齋刊南宋羣賢小集本。

〔補〕**山居存藁一卷**　宋陳必復撰。○明末毛氏汲古閣影鈔宋刊南宋六十家小集本。○朱彝尊舊藏清初鈔宋人小集本。行欵均見前條。○清嘉慶六年顧修讀畫齋刊南宋羣賢小集本。

〔補〕**順適堂吟藁甲集一卷乙集一卷丙集一卷丁集一卷戊集一卷**　宋葉茵撰。○明末毛氏汲古閣影鈔宋刊南宋六十家小集本。行欵見前。○清嘉慶六年顧修讀畫齋刊南宋羣賢小集本。

〔補〕**鷗渚微吟一卷**　宋趙崇鉘撰。○明末毛氏汲古閣影鈔宋刊南宋六十家小集本。行欵見前條。○清嘉慶六年顧修讀畫齋刊羣賢小集本。

〔補〕**抱拙小藁一卷**　宋趙希楮撰。○明末毛氏汲古閣影鈔宋刊南宋六十家小集本。行欵見前條。○清嘉慶六年顧修讀畫齋刊南宋羣賢小集本。

〔補〕**蒙泉詩藁一卷**　宋李濤撰。○明末毛氏汲古閣影鈔宋刊南宋六十家小集本。○朱彝尊舊藏清初鈔宋人小集本。行欵均見前。○

清嘉慶六年顧修讀畫齋刊南宋羣賢小集本。

〔補〕**皇芎曲一卷** 宋鄧林撰。○明末毛氏汲古閣影鈔宋刊南宋六十家小集本。○朱彝尊舊藏清初鈔宋人小集本。行欵均見前條。○清嘉慶六年顧修讀畫齋刊南宋羣賢小集本。

〔補〕**靖逸小集一卷** 宋葉紹翁撰。○明末毛氏汲古閣影鈔宋刊南宋六十家小集本。行欵見前條。○清嘉慶六年顧修讀畫齋刊南宋羣賢小集本。

〔補〕**靖逸小草一卷** 宋葉紹翁撰。○朱彝尊舊藏清初鈔宋人小集本，半葉九行十六字。

〔補〕**靖逸小集補遺一卷** 宋葉紹翁撰，清鮑廷博輯。○清鮑氏知不足齋輯錄宋集補遺本。古書流通處已影印行世。

〔補〕**剪綃集二卷** 宋李龏撰。○明末毛氏汲古閣影鈔宋刊南宋六十家小集本。十行十八字。○明末毛氏汲古閣刊詩詞雜俎本，八行十九字，白口，四周單闌。○清嘉慶六年顧修讀畫齋刊南宋羣賢小集本。此書四庫存目。

〔補〕**梅花衲一卷** 宋李龏撰。○明末毛氏汲古閣影鈔宋刊南宋六十家小集本。行欵見前條，已影印行世。○清嘉慶六年顧修讀畫齋刊羣賢小集本。

〔補〕**芸居乙藁一卷** 宋陳起撰。○明末毛氏汲古閣影鈔宋刊南宋六十家小集本。○朱彝尊舊藏清初鈔宋人小集本。行欵均見前條。○清嘉慶六年顧修讀畫齋刊南宋羣賢小集本。

〔補〕**雪坡小藁二卷** 宋羅與之撰。○明末毛氏汲古閣影鈔宋刊南宋六十家小集本。朱彝尊舊藏清初鈔宋人小集本。行欵均見前條。○清嘉慶六年顧修讀畫齋刊南宋羣賢小集本。

本堂集九十四卷 宋陳著撰。○四庫依抄本。○抄本。

石堂先生遺稿二十二卷 宋陳普撰。○明嘉靖中刊本。

〔補〕**石堂先生遺集二十二卷** 宋陳普撰。○明嘉靖刊本，十行二十二字，白口，四周單闌。題閔文振蒐輯。盧址抱經樓藏。李木齋先生亦有一帙。余有殘帙。○明萬曆三年薛孔洄刊本，行欵同前。題"邑人薛孔洄註梓"。余有殘本。前有萬曆三年阮鍷序，言舊版毀於嘉靖四十年辛酉，薛孔洄輯錄，其子夢蘭刊之云云。

汶陽端平詩雋四卷 宋周弼撰。○四庫依影宋刻本。○羣賢小集本。

〔附〕○宋刊本。○石門呂氏影宋本。（邵氏）

〔補〕○明末毛氏汲古閣影鈔宋刊南宋六十家小集本。古書流通處已影印。○清嘉慶六年顧修讀畫齋刊南宋羣賢小集本。

鬳齋續集三十卷 宋林希逸撰。○抄本。○宋咸淳庚午刊本。○又前集六十卷，已佚。

〔補〕**竹溪鬳齋十一藁續集三十卷** 宋三山林希逸撰。○明謝肇淛小草齋寫本，十行，每行二十字，墨格，版心下方有"小草齋鈔本"五字。本書題"三山林希逸，門人石塘林式之編"。前庚午林同序。朱文鈞藏。

〔補〕**竹溪十一藁詩選一卷** 宋林希逸撰。○明末毛氏汲古閣影鈔宋刊南宋六十家小集本。○清嘉慶六年顧修讀畫齋刊南宋羣賢小集本。

魯齋集二十卷 宋王柏撰。○明正統八年其六世孫迪刊本十二卷。○魯齋遺集十二卷，崇禎壬申刊。

〔補〕**魯齋王文憲公文集二十卷** 宋王柏撰。○明正統間劉傑刊本，十三行二十五字，黑口，四周雙闌。失序跋，本書卷首題"廬陵銅溪劉同編輯"，"鄱陽三臺劉傑校正"二行。按劉傑正統七年曾刊明王禕王忠文公集二十四卷，十三行二十六字，黑口，四周雙闌。卷首亦有劉同編輯、劉傑校正兩行。二書除每行一二十五字、一二十六字外，版式字體全同，則此本雖失序跋，亦可知其為正統刊本也。鈐叢書堂印，吳寬舊藏。

〔補〕**宋魯齋王文憲公遺集十二卷** 宋王柏撰。○明崇禎五年壬申刊本，九行二十字。書經重輯。即莫氏著錄本。

〔補〕**宋魯齋王文憲公遺集十三卷補遺一卷** 宋王柏撰。**附錄二卷** ○清順治間馮如京刊本，九行二十字，白口，四周單闌。余藏。

〔補〕**魯齋王文憲公文集二十卷** 宋王柏撰。**考異一卷** 民國胡宗懋撰。○民國十三年胡君據吾家雙鑑樓藏正統劉傑刊本付梓。

〔補〕**魯齋集十卷** 宋王柏撰。○民國補刊金華叢書本。

潛山集十二卷 宋釋文珦撰。

〔補〕○此集原本久佚，此為四庫館臣自永樂大典輯出入錄者，近世未聞有刊本，故莫氏未注傳本。四庫全書本近已印入四庫全書珍本初集中。

須溪集十卷 宋劉辰翁撰。○明刊有須溪記抄八卷，入存目，蓋原集百卷中之一類。○須溪批點老、莊、列、班馬、世說、摩詰、子美、長吉、子瞻詩，凡九種。

〔補〕**劉須谿先生記鈔八卷** 宋劉辰翁撰。○明嘉靖五年王朝用崑山刊本，十一行二十一字，細黑口，左右雙闌。前嘉靖五年張寰序，言全集罕傳，求之累年，僅得記鈔若干篇，此其十佰之一二耳。編為八卷，邑令王朝用刻之梓云云。凡收記文七十篇。余藏。○明天啟三年刊本，九行二十字，白口，四周單闌。木齋先生藏。○清康熙刊本，行欵與天啟本同，四周雙闌。四庫存目。

須溪四景詩四卷 宋劉辰翁撰。○刊本。

〔補〕**須溪先生四景詩集四卷補一卷** 宋劉辰翁撰。○民國十一年李之鼎宜秋館刊宋人集本，在丁編。

〔補〕**須溪集七卷** 宋劉辰翁撰。**校勘記一卷** 民國魏元曠撰。**校**

勘續記一卷　民國胡思敬撰。○民國六年胡思敬刊豫章叢書本。

葦航漫遊稿四卷　宋胡仲弓撰。○依閣抄本。（繩）

〔補〕○此書原本殘佚，四庫館臣據永樂大典校補，近世無刊本。四庫
本近已印入四庫全書珍本初集中。

蘭臯集三卷　宋吳錫疇撰。○四庫依知不足齋本。

〔補〕**蘭臯集二卷**　宋吳錫疇撰。○明萬曆刊本，八行十六字，白口，
左右雙闌。寫刻皆精。有淳祐九年呂午序。鈐黃丕烈父子藏印。
○清精寫本，八行十六字。前淳祐九年呂午序，寶祐二年方岳序，咸
淳元年程鳴鳳序，咸淳九年方回序，咸淳十年宇文十朋跋，又羅椅
跋。諸序跋均自手蹟摹出，頗疑是影寫元刊本。文友堂見。

雲泉詩一卷　宋薛嵎撰。○羣賢小集本。

〔補〕○明末毛氏汲古閣影鈔宋刊南宋六十家小集本。古書流通處已
影印行世。○清嘉慶六年顧修讀畫齋刊南宋羣賢小集本。○朱彝
尊舊藏清初鈔宋人小集本。

〔補〕**無文印二十卷語錄四卷贊一卷偈頌一卷題跋一卷**　宋道
璨撰。○宋咸淳間浙刻本，十一行二十字，白口，左右雙闌。前有癸
酉李之極序，謂辛未示寂，其徒惟康粹遺稿二十卷，請于常所往來之
有氣力得信者助而刊之云云，則為咸淳九年所刊也。友人羅振玉獲
自日本之書，蓋宋元時倭僧攜歸之書也。

柳塘外集四卷　宋釋道璨撰。○康熙甲寅釋大雷刊本。

〔附〕○抄本二卷，其詩百有二首，與四庫本同。（邵氏）

〔補〕**柳塘外集二卷**　宋釋道璨撰。○民國四年李之鼎宜秋館刊宋人
集本，在甲編。

嘉禾百詠一卷　宋張堯同撰。○學海類編本。

〔補〕○清鈔本。鈐"岱"、"青子"二印。余藏。

碧梧玩芳集二十四卷　宋馬廷鸞撰。○抄本。

〔補〕○清四庫館寫本，紅格，八行二十一字。鈐翰林院印。法式善舊
　　藏，今歸樊增祥。余取校胡思敬豫章叢書本，補脫文一葉，改二百四
　　十七字。

〔補〕**碧梧玩芳集二十四卷**　宋馬廷鸞撰。**校勘記一卷**　胡思敬
　　撰。○民國十三年胡思敬刊豫章叢書本。此書原本不傳，四庫館臣
　　據永樂大典所載輯出入錄。此刻即從四庫本出。余據四庫館初輯
　　本校，改訂頗多，蓋四庫定本頗多刪削也。

四明文獻集五卷　宋王應麟撰。○道光九年浚儀葉熊輯刊本。

〔補〕○舊寫本，行欵失記。鈐有錢大昕借觀印。抱經樓藏。

〔補〕**四明文獻集五卷補遺一卷**　宋王應麟撰。○民國二十一年張
　　氏約園刊四明叢書本，在第一集。

〔補〕**深寧先生文鈔八卷**　宋王應麟撰。**年譜一卷**　○清道光九年
　　葉氏紫藤花館刊本。

〔補〕**深寧先生文鈔摭餘編三卷**　宋王應麟撰，清葉熊輯。○民國
　　二十一年張氏約園刊四明叢書本，在第一集。

覆瓿集六卷　宋趙必𤩰撰。○四庫依鈔本。

〔補〕**秋曉先生覆瓿集四卷**　宋趙必𤩰撰。**末一卷附錄一卷**　○清
　　道光二十年南海伍元薇詩雪齋刊粵十三家集本，九行二十一字，黑
　　口，左右雙闌。余據清彭元瑞舊藏鈔本校一峽。

閬風集十二卷　宋舒岳祥撰。按：此書原集不傳，此為四庫館臣自永
　　樂大典輯出入錄，有清一代無刊本，故莫氏未注傳本。

〔補〕○清寫本，孔繼涵手寫目錄。蔣汝藻密韻樓藏，後歸涵芬樓，聞已
　　燬於閘北之役矣。○清四庫館寫本，紅格，八行二十一字。鈐翰林
　　院大官印。

〔補〕**閬風集十二卷**　宋舒岳祥撰。**附錄一卷**　○民國四年劉承幹刊
　　嘉業堂叢書本。

北游集二卷　宋汪夢斗撰。按：此書四庫著錄，莫氏未收。

〔補〕**北游詩集一卷**　宋汪夢斗撰。○民國九年李之鼎宜秋館刊宋人集本，在乙編。余據新安文獻志校一帙，補詩三首。

秋堂集三卷　宋柴望撰。○秋堂集未見，惟見鮑廷博手抄柴氏四隱集二卷，一卷為秋堂詩詞，二卷為雜文。其詞曰涼州鼓吹，根柢稼軒、石帚，亦南宋名家也。四隱者，國史望之外曰建昌守隨亨，制參元亨，蔡椎元彪。鮑抄無三家作，蓋總集之首二卷耳。劉郡丞履芬藏，是其江山先獻也。

〔補〕**柴氏四隱集二卷秋堂集補遺一卷**　宋柴望撰。**附墓誌**　○清嘉慶十七年戴光曾手寫本，十行二十五字，從鮑廷博知不足齋定本出。前至正四年楊仲弘序，明江山令張斗序，萬曆戊子十一世孫柴復貞序。後二序皆為四隱集而作，按之卷中，皆柴望之作，疑自萬曆十二年刊本抄出。明本實只存一家，而仍襲舊名。卷一詩詞，卷二文。卷末有戴光曾四跋。余取校李之鼎宋人集本，改正百餘字，並補道州台衣集自序、梁州鼓吹詞自序、張斗、柴復貞序及裔孫日新跋。

〔補〕**秋堂集三卷補遺一卷**　宋柴望撰。**附錄一卷**　○民國四年李之鼎刊宋人集本，在甲編。余據戴光曾手寫本校一帙，有所補正。

蛟峯文集八卷外集四卷　宋方逢辰撰。○明天順七年刊本。○嘉靖刊本。○近時刊本，不足。

〔補〕**蛟峯集七卷**　宋方逢辰撰。**山房先生遺文一卷**　宋方逢振撰。**蛟峯外集四卷**　明方中輯。○明天順七年方中刊遞修本，十行二十二字，黑口，四周雙闌。前天順七年錢溥序，後胡拱辰跋，又嘉靖甲午胡宗明序。書版經弘治、嘉靖遞修，用嘉靖官文書紙印。鈐鮑廷博印，又有翰林院印及錢犀盦印。

〔補〕**蛟峯先生文集十卷**　宋方逢辰撰。**山房遺文一卷**　宋方逢振

撰。**蛟峯先生外集三卷** 宋方逢辰撰。**附山房外集** 宋方逢振
撰。○明活字印本，十行二十一字，白口，四周單闌。題十一世孫方
世德重編。有天順七年錢溥序，景泰三年商輅序，嘉靖甲午胡宗明
序，胡拱辰跋。涵芬樓藏。

〔補〕**方蛟峯先生文集六卷** 宋方逢辰撰。**宋方山房先生文集一
卷** 宋方逢振撰。**方蛟峯先生外集一卷** 宋方逢辰撰。○清順治
十五年方顯策等刊本，九行二十二字，白口，左右雙闌。余藏，余據
明天順七年方中刊弘治十六年陳渭重修本校。

秋聲集六卷 宋衛宗武撰。○抄本。

〔補〕○此書舊本久佚，此本為四庫館臣自永樂大典輯出入錄，近世無
刊之者。四庫本已印入四庫全書珍本初集中。

〔補〕**春山四六鈔二卷** 宋危昭德撰。○舊寫本。前巽齋危先生列
傳。本書上卷文十八首，下卷文三十二首。盧址抱經樓散出之書，
歸余齋。此書四庫存目為一卷本。

牟氏陵陽集二十四卷 宋牟巘撰。○曝書亭舊鈔本，曾借讀於京肆。
○張金吾有舊抄本。○至順辛未巘子應復編二十四卷，時官浙東道
宣慰使司都元帥府都事。

〔補〕**陵陽先生集二十四卷** 宋牟巘撰。○清寫本，九行十八字，前
至順二年男應復序。每卷次行題"男應復編"，似從元刊本出。涵芬
樓藏。○民國十年劉承幹刊吳興叢書本。余據涵芬樓藏清寫本手
校一帙。

〔補〕**陵陽先生集二十卷** 宋牟巘撰。○清寫本。鈐汪文柏古香樓
藏印。盧址抱經樓藏書，癸丑十二月見於樓中。陵陽集傳世為二十
四卷本，未聞有二十卷者，頗疑是二十四卷本而佚其末四卷，惜匆匆
瀏覽，未遑一探其究竟。然鈔手却精工。

湖山類稿五卷水雲集一卷 宋汪元量撰。○知不足齋本。

〔附〕○知不足齋本首卷缺四葉。（邵氏）

〔補〕**湖山類藁五卷水雲集一卷** 宋汪元量撰**附錄三卷亡宋舊宮人詩一卷** ○清乾隆三十年鮑氏知不足齋刊本，十行十九字，細黑口，左右雙闌。

〔補〕**湖山類藁五卷外藁二卷** 宋汪元量撰。○清精寫本。鮑廷博手校。鈐知不足齋印記。盧址抱經樓散出之書。

〔補〕**湖山類稿五卷汪水雲詩鈔一卷補遺一卷** 宋汪元量撰。**亡宋舊宮人詩一卷附錄一卷** ○清乾隆四十年吳翌鳳手寫本，十行十九字。末題"乙未送春日，借張子充之抄本校錄。校丕"。後有長洲顧至跋及黃丕烈三跋。聊城楊氏海源閣舊藏，然楹書隅錄中未著錄，或續收之書耶。

〔補〕**湖山類藁五卷水雲集一卷** 宋汪元量撰。**亡宋舊宮人詩一卷附錄三卷** ○清光緒二十三年丁丙刊武林往哲遺箸本，十行十九字，白口，四周雙闌。余據海源閣舊藏清吳翌鳳手寫本校一帙。

〔補〕**湖山外藁一卷** 宋汪元量撰，清汪森輯。**附錄一卷** ○舊寫本，十行十九字。黃丕烈用墨筆校，又有失名人朱筆校。本書題"水雲汪元量大有行唫，碧巢汪森晉賢搜緝"。鈐"惠定宇手定本印"。海源閣散出之書。

〔補〕**汪水雲詩一卷** 宋汪元量撰。**附錄一卷** ○清寫本。錄有錢謙益跋。鈐嚴澍、楊灝印記。盧址抱經樓散出之書。

〔補〕**汪水雲詩鈔不分卷** 宋汪元量撰。**附錄一卷** ○清順治十七年葉時疇鈔本，十行十九字，無闌格。有順治十八年葉樹廉跋，言庚子歲假孫天來抄本，命兒子時疇對鈔云云。又言汪以一枝之末見知于中宮，猶惓惓于故君，數百年後亦遭此大變，又當何如耶，讀時不覺出涕云云，蓋父子以之共勉也。此書四庫存目。

〔補〕**汪水雲詩不分卷** 宋汪元量撰。○清寫本，九行二十一字。有黄丕烈三跋，又有邵恩多一跋。

晞髮集十卷晞髮遺集二卷遺集補一卷附天地間集一卷西臺慟哭記註冬青引註一卷　宋謝翱撰。其西臺慟哭記、冬青引二篇皆明張丁所註。○明弘治中儲巏刊本。○明隆慶刊本。○知不足齋本，浦城遺書本俱不全。○萬曆中歙張氏重刊本。○康熙壬午平湖陸大業刊本，全。○歙程煦刊本。

〔補〕○清康熙四十一年平湖陸大業刊本，九行十八字，黑口，左右雙闌。余藏。

〔補〕**晞髮集六卷**　宋謝翱撰。○明嘉靖三十四年程煦刊本，十行十八字，白口，左右雙闌。前嘉靖三十四年王景象序。本書題"明歙後學新安程煦校刊"。有吳勳跋，程煦刊書跋。張氏澗于草堂藏。○明隆慶六年邵廉、凌瑄刊本，八行十八字，白口，四周單闌。有凌、邵二氏序。○此書尚有明弘治十四年刊本，為唐文載刊於揚州者，有弘治十四年儲巏序，又馮允中序，亦六卷，為明代此書第一刻本，即莫目所載之弘治儲巏刊本也。唐本余求之多年未得，後于書肆中見一帙，已為捷足者先，僅記其行欵為十行二十字，黑口，四周雙闌。

〔補〕**晞髮集五卷**　宋謝翱撰。**外集一卷**　明張時昇輯。○明萬曆四十年歙張時昇刊本，九行十八字，白口，四周單闌。有弘治十四年儲巏、馮允中舊序及萬曆四十年張時昇刊書序。本書題"明歙張時昇校"，外集題張時昇輯，張時春、張士達校。此即莫目之歙張氏重刊本。

〔補〕**晞髮集十卷**　宋謝翱撰。○明萬曆四十六年長溪令張蔚然刊本，九行十八字，白口，四周單闌。前萬曆四十六年張蔚然序，次吳仕訓、徐燉、陳鳴鶴、崔世召序。後有郭鳴琳刊書跋。卷前又有弘治唐文載本、嘉靖程煦本、隆慶邵廉本、萬曆繆邦珏本四本舊序，蓋弘治以來並此凡五刻矣。諸本均後人所輯，卷第不一，唐、程、邵三本六卷，張時昇本五卷，繆邦珏本七卷，此十卷本最晚出，為徐燉所輯。
至四庫所據則為清康熙四十一年陸大業刊本，與此本卷次亦不合，
當別出一源。

〔補〕**謝參軍詩鈔二卷** 宋謝翱撰。○清嘉慶十九年浦城祝氏留香室
輯刻浦城遺書本。

潛齋文集十一卷附鐵牛翁遺稿一卷 宋何夢桂撰。○明成化中
刊。○又明時其遠孫之論刊。○康熙中刊。

〔補〕**何潛齋先生文集十一卷** 宋何夢桂撰。**附鐵牛翁遺稿一卷**
宋何景福撰。○傳鈔明末何論之刊本，十行十八字，無格。前成化
二十一年徐瓊舊序。本書卷首下題"明檇李岳元聲校正，宗孫論之
重梓"。前鈐翰林院大官印。景福為夢桂之孫，其詩附後。

〔補〕**何潛齋先生文集十一卷** 宋何夢桂撰。○清康熙刊本。四册。
余藏。

梅巖文集十卷 宋胡次焱撰。○明嘉靖中族孫璉刊。

〔補〕○四庫本已印入四庫全書珍本初集中。

四如集五卷 宋黃仲元撰。○刊本。○頃收一元刊本，六卷。至治癸
亥曹忞跋，云其孫喬年出公文若干卷云云，蓋即其子所編本也，惜末
二卷失去。

〔附〕○宋六卷本，見宋景濂序，文曰門人武夷詹清子類似六經、四書講
文為六卷刊行。○宋五卷本，其子梓刊文五卷。○明洪武間其曾孫
玉哀為十卷刊行。（邵氏）

〔補〕**四如黃先生文藁六卷** 宋黃仲元撰。○明刊本，十一行二十
二字，白口，左右雙闌。前至治三年曹忞跋。鈐明徐燉藏印，為紅
雨樓故物。此即莫氏著錄之元刊六卷本也。莫本佚後二卷，此為
全本。

〔補〕**有宋福建莆陽黃仲元四如先生文藁五卷** 宋黃仲元撰。○

明嘉靖二十一年黃文炳刊本，十行二十字，白口，四周雙闌，版心題
"黃四如集"。有元至治三年傅定保序，明洪武八年宋濂序。後有咸
淳十年余一謙跋，至治三年曹恖跋。跋後有"至治改元"鐘式木記。
又有至治三年男梓跋，明陳光庭跋，洪武間吳源編書後序，嘉靖十年
黃鉞後序，嘉靖二十一年黃廷宣後跋。各卷末標題下有寫手葉標、
吳大綸、王輻、郎文煥等人名。天一閣佚出之書，歸北京圖書館，已
印入四部叢刊三編。

〔補〕**有宋福建莆陽黃國簿四如先生文藁五卷** 宋黃仲元撰。○
明嘉靖刊本，十行二十字，白口，左右雙闌。文皆有注，行間加點識
鈎勒，人名、地名皆以括弧別之，在明刊本中殊為罕見。卷五標作
"卷全"，只一篇，後附祭祝事蹟族譜等。卷前後有宋元舊序跋，又嘉
靖二十五年羅順欽重刻跋，嘉靖二十四年羅洪先跋，又嘉靖二十五
年尹臺跋，八代孫黃鉞跋，世孫黃廷宣跋，九代孫懋恩跋。後附嘉靖
隆慶間裔孫乞發祠地執照公文二通，為補刊入者。鈐有梁清標印
記。余藏。

林霽山集五卷 宋林景熙撰。○明嘉靖戊子遼藩光澤王刊本。○明
天順癸未刊本。○康熙癸酉汪士鋐刊本。○知不足齋本。

〔附〕○成化中呂洪刊本。○知不足齋本從宋本出。（邵氏）

〔補〕**霽山先生文集五卷** 宋林景熙撰。○明天順七年呂洪刊本，十
一行二十二字，大黑口，四周雙闌。前有宋元舊序及天順七年呂洪
序，言文十卷曰白石藁，詩六卷曰白石樵唱，歲久散亡，乃從葉公衡
得白石樵唱，又從藏書中檢得序、記、銘、賦而下如干篇，釐為五卷云
云，則為明時重輯之本矣。○明嘉靖七年遼藩梅南書屋刊本，十行
二十字，白口，左右雙闌。有嘉靖七年遼藩光澤王序。從天順七年
呂洪本出。

〔補〕**霽山先生詩文集五卷** 宋林景熙撰。**附錄一卷** ○清康熙三

十二年沈士尊、汪士鋐等刊本，十行十九字，黑口，四周單闌。有汪士鋐序，又有方逢辰白石樵唱序，章祖程注白石樵唱序，天順七年呂洪序，嘉靖七年遼藩朱寵瀼重刊序。此本從遼藩梅南書屋本出，而刪去章祖程注，後鮑正言重刊，復增入之。

〔補〕**霽山先生集五卷拾遺一卷**　宋林景熙撰，元章祖程注。○清嘉慶十五年鮑正言刊本，收入知不足齋叢書第二十五集。

〔補〕**霽山先生白石樵唱六卷**　宋林景熙撰。元章祖程注。**文集四卷**　宋林景熙撰。○明嘉靖十年馮彬刊本，十行十八字，黑口，四周雙闌。前嘉靖九年石川張寰序。本書次行題"知平陽縣事海康桐岡馮彬用先校正重刊"。鈐有季振宜印。邃雅齋見。

勿軒集八卷　宋熊禾撰。○明天順中刊本。○正誼堂叢書本不全。○成化二年刊本。○張金吾有淡生堂抄本。

〔附〕○舊鈔本，多續、附各一卷。（邵氏）

〔補〕**熊勿軒先生文集六卷**　宋熊禾撰。○清康熙四十八年張伯行編、正誼堂刊本，十行二十二字，白口，四周單闌。○清劉喜海嘉蔭簃刊本，今在張佩綸家。

古梅吟稾六卷　宋吳龍翰撰。按：此書四庫著錄，莫氏未收。

〔補〕**古梅遺稿六卷**　宋吳龍翰撰。○清劉喜海嘉蔭簃寫本。朱氏結一廬藏，歸張佩綸。

〔補〕**古梅遺稾六卷**　宋吳龍翰撰。○清咸豐七年勞權手寫本，十四行二十字。卷末附方回跋。有勞權手跋三則。

〔補〕**古梅吟藁五卷補遺一卷**　宋吳龍翰撰。○民國四年李之鼎宜秋館刊宋人集本，在甲編。余據舊寫本校一帙。

佩韋齋文集十六卷　宋俞德鄰撰。○抄本。

〔補〕**佩韋齋文集二十卷**　宋俞德鄰撰。○元刊本，十一行十九字，黑口，四周雙闌，版心上記字數，下記刊工人名。有皇慶元年熊禾

序。前十六卷為詩文，後四卷為輯聞。故宮昭仁殿藏書，已印入天
祿琳琅叢書第一輯。○舊寫本，十行二十字。鈐"王靖廷鈔書之
印"，"武原張氏家藏"諸印。○清康熙間鈔本，九行十九字。鈐汪文
柏古香樓印記。盧氏抱經樓散出之書。○舊寫本，十行十九字。鈐
小山堂書畫印。余藏。余據故宮藏元刊本校過。

盧山集五卷英溪集一卷 宋董嗣杲撰。按：此書舊本不傳，此為四
庫館臣自永樂大典輯出入錄，近世迄無刊之者，故莫氏未收入。

〔補〕○四庫本已印入四庫全書珍本初集。

西湖百詠二卷 宋董嗣撰。○明天順癸未刊本。嘉靖丁酉周藩南陵
王刊本。

〔補〕○清光緒七年丁丙輯刻武林掌故叢編本，在第五集。

則堂集六卷 宋家鉉翁撰。○抄本。

〔補〕○此書原本二十卷，今已不傳。此為四庫館臣自永樂大典中輯出
入錄者，近世無刊本，惟恃鈔本流傳。四庫本近已收入四庫全書珍
本初集中。

〔補〕**則堂先生文集六卷** 宋家鉉翁撰。○清四庫館輯錄清本，朱絲
闌，八行二十一字。鈐翰林院大官印。北京圖書館藏。余嘗取校家
藏傳鈔四庫本，卷次及文字篇數同，惟訂正多達一百八十八字。此
正原輯初本優於四庫定本處也。○清知白齋寫本，九行二十五字。
目錄前有"知白齋錄本"一行。存卷一至四。滂喜齋舊藏。

富山遺稾十卷 宋方夔撰。○抄本。

〔補〕○四庫本已印入四庫全書珍本初集。

〔補〕**青溪富山先生遺稿十卷** 宋方夔撰。○清鈔本，十行十九字，
無格。余藏。此書無刊本，惟恃鈔本流傳。

〔補〕**方時佐先生富山嬾稿十九卷** 宋方夔撰。○清丁日昌持靜齋
寫本。卷首題"從曾孫方從大編集"，"梅間人何應元校正"。

真山民集一卷　宋真山民撰。○明潘民刊宋元名家集本四卷。○日本文化九年翻刊元大德本。○浦城遺書本。

〔補〕**真山民集一卷逸詩一卷**　宋真山民撰。○清嘉慶十七年祝昌泰留香室刊浦城遺書本，十行二十三字，白口，四周雙闌。余據日本刊本校一帙。

〔補〕**真山民詩集四卷**　宋真山民撰。○明萬曆四十三年潘是仁輯刻宋元四十三家集本，九行十九字，白口，四周單闌。余藏。

百正集三卷　宋連文鳳撰。○知不足齋本。

〔補〕○此書原本不傳，此為四庫館臣自永樂大典輯出入錄者。四庫館初寫本八行二十一字，朱闌，鈐有翰林院大官印。

〔增〕**蕭冰厓詩集三卷**　宋蕭立之撰。立之寧都人，字斯立，一名立等，號冰厓。登方逢辰榜進士，仕至通守。歸隱後自放於詩。此三卷乃其族裔訪求得者。原跋稱向有集二十六卷，則逸者多矣。明羅倫稱其納交吳草廬，見知謝疊山。○阮氏以進呈。

〔補〕**蕭冰厓詩集拾遺三卷**　宋蕭立之撰。○明弘治十八年蕭敏刊本，十行十六字，大黑口，四周雙闌。前弘治十八年趙鶴齡重刊序。卷末有弘治乙丑蕭敏重刊識語。已印入四部叢刊續編。

月洞吟一卷　宋王鎡撰。○明嘉靖壬子族孫端茂刊本。

〔補〕○民國九年李之鼎宜秋館刊宋人集本，在乙編。余據吳氏也趣軒寫本校一帙，又據王楠刊本校，補詩一百五十餘首。

〔增〕**古逸民先生集三卷**　宋汪炎昶撰。字懋遠，婺源人，宋末不仕，自號古逸民，學者稱古逸民先生，得年七十八。其門人趙汸為之狀，宋濂為之銘，皆極力推重。詩文簡淨古穆，具有法度。千頃堂書目載其集五卷，與汸狀合。○此本詩文各一卷，附錄一卷，蓋後人輯錄，非原編也。阮氏以進呈。

〔補〕○阮氏進呈之本已印入選印宛委別藏中。

〔補〕**古逸民先生集二卷** 宋汪炎昶撰。**附錄一卷** ○清法式善存
素堂寫本，版心有"存素堂鈔本"五字，烏絲闌。存詩一百九十七首，
文五首。後有嘉靖二十六年族孫汪玩跋，又九世孫元錫跋。有門人
趙汸撰行狀，宋濂撰墓誌銘，附胡炳文與古逸書。鈐馬玉堂、鮑廷
博、朱學勤等藏印。又錄趙一清跋，言自史貽孫藏本錄出。余藏。
余已刊入雙鑑樓叢書中。

伯牙琴一卷 宋鄧牧撰。○知不足齋本。

〔補〕**伯牙琴一卷補遺一卷** 宋鄧牧撰。○清乾隆五十一年長塘鮑
氏刊本，收入知不足齋叢書第十一集。清光緒二十一年丁丙輯刻武
林往哲遺箸本。

存雅堂遺稿五卷 宋方鳳撰。○順治甲午張遂刊本。

〔補〕○民國十三年胡宗楙輯刻續金華叢書本，從四庫本出。

〔補〕**馮秋水先生評定存雅堂遺稿十三卷** 宋方鳳撰，清張燧輯。
○清順治十一年方兆儀刊本，十行二十字。柳蓉村肆中見。

吾汶槁十卷 宋王炎午撰。○明正德中裔孫偉刊本。○萬曆中裔孫
伯洪重刊本。○丁禹生有舊抄本。

〔補〕○明寫本，八行十四字。前正德十年鄭元序。鮑廷博手校，戴光
曾跋。此本已印入四部叢刊三編。○清初寫本，九行十六字。前有
元統二年揭傒斯序、歐陽玄序，正德十年鄭元序。後有王士禎跋。
卷六祭伯父訥齋歸葬文缺一葉。卷十為附錄。○清抄本，十行二十
字。附文獻錄、從祝錄各一卷。○清鮑氏知不足齋鈔本，九行十七
字，版心書名為鮑廷博手書。有揭傒斯、歐陽玄、鄭元三序，又錄王
士禎跋。○清寫本。余藏。余據鮑廷博校明寫本校。

在軒集一卷 宋黃公紹撰。按：此書四庫著錄，莫氏未收。

〔補〕○舊寫本。彭元瑞、朱學勤遞藏，有印記。○四庫本近已印入四
庫全書珍本初集。

紫巖詩選三卷 宋于石撰。按：此書四庫著錄，莫氏未收。

〔補〕**紫巖于先生詩選三卷** 宋于石撰，元吳師道選。○清初寫本，八行十八字。題"蘭溪于石著，門人吳師道選"。鈐有朱彝尊印記及揆叙謙牧堂藏印。○清乾隆三十七年趙輯寧抄本，八行十八字。自杭世駿藏本傳錄。前金履祥序。目後有沈廷芳跋，言為汪中所贈。末葉有趙輯寧跋。缺第二十四、三十五兩葉。清鮑氏知不足齋抄本，錄有沈廷芳跋。與前本同出一源。朱澂之婿張佩綸家藏。○陳君乃乾傳抄趙輯寧本，行欵全同。余藏。

〔補〕**紫巖詩選三卷補遺一卷** 宋于石撰。○清光緒十五年于國華留耕草堂刊本。余據趙輯寧傳抄杭世駿藏本校一帙，改訂五百二十七字。然趙本所缺之二十四、三十五兩葉此本不缺。蓋此本出於錢唐丁氏藏天福山房抄本，故二本差異殊巨也。

九華詩集一卷 宋陳巖撰。○四庫依知不足齋本。

〔補〕○清鈔本。丁日昌持靜齋藏。陳韞山自粵中收來，攜至滬上。○民國十年李之鼎宜秋館刊宋人集本，在丙編。

寧極齋稿一卷附慎獨叟遺稿一卷 宋陳深撰。○四庫依抄本。

〔補〕**寧極齋稿一卷** 宋陳深撰。**附慎獨叟遺稿一卷** 元陳植撰，深之子也。○清初曹溶家倦圃寫本，八行十七字。鈐曹氏倦圃諸印及汪文柏古香樓印記。四明盧址抱經樓藏，癸丑見於樓中。○舊寫本。鈐勞氏燕喜堂藏印。余藏。○民國四年李之鼎宜秋館刊宋人集本，在乙編中。

〔補〕**寧極齋藳一卷** 宋陳深撰。○清寫本，八行二十五字。錄有泰昌元年張丑觀欵，出於舊本。

〔補〕**艮巖餘稿四卷** 宋梅應發撰。○影寫宋刊本，十一行二十字。余藏。此書宋以後無刻本。宋本藏嘉善曹氏，海內孤本。

仁山集六卷 宋金履祥撰。○刊本。○雍正乙巳金洪勳刊本，精。

〔補〕**仁山金先生文集四卷附錄一卷** 宋金履祥撰。○清初寫本。
　　鈐曹溶潔躬藏印。余藏。○清雍正三年金弘勳刊本，九行十九字，
　　白口，左右雙闌。莫氏避清諱，改作金洪勳。

〔補〕**仁山先生金文安公文集四卷** 宋金履祥撰。**附編一卷** ○清
　　雍正九年十八世孫金律刊本，十行二十字，黑口，左右雙闌。前雍正
　　辛亥王崇炳序。本書題董遵編輯，十八世孫律重輯。

〔補〕**仁山先生金文安公文集五卷** 宋金履祥撰。○清嘉慶十五年
　　桐山金祠刊本。○清同治十三年胡鳳丹輯刻金華叢書本。

〔補〕**金仁山先生集三卷** 宋金履祥撰。○清初寫本。有休寧汪文
　　柏古香樓藏印。四明盧氏抱經樓藏。癸丑冬見於樓中。○清初寫
　　本，九行十九字。有林佶藏印。已印入四部叢刊。

自堂存槀四卷 宋陳杰撰。按：此書四庫著錄，莫氏失收。
〔補〕○民國四年胡思敬輯刻豫章叢書本，從四庫本出。

〔補〕**自堂存稿十三卷** 宋陳杰撰。○清寫本，十行十八字。前咸淳
　　十年劉辰翁序及自序。序後題初刊誤字漏章已逐一釐正，依次添
　　入，仍有續卷見後云云。後有萬曆壬辰十世孫陳賓跋。同年葉德輝
　　之姪啟勳藏。

〔增〕**史詠集二卷** 宋徐鈞撰。鈞字秉國，蘭溪人，與金履祥友善。
　　履祥嘗延教諸子。許謙、黃溍序並稱鈞取通鑑所載君相事實，人
　　為一詩，總一千五百三十首。此本所存僅三之一耳。○阮氏以
　　進呈。

〔補〕**史詠詩集二卷** 宋徐鈞撰。○民國十三年胡宗楙刊續金華叢書
　　本。

〔補〕**草窗韻語六卷** 宋周密撰。○宋末寫刻本，九行十七字，白口，
　　四周雙闌，版心下方記刊工名，有王垚刊、文明、應龍刁等，雕工精
　　美，筆意俱存，與世綵堂本韓、柳文相伯仲，而雅勁過之。前有咸淳

七年辛未陳存敬序及文及翁序。本書卷首次行題"齊人周密公謹
父"六字，與公謹傳世墨蹟署欵全同，全書當是以周密手書上版者，
視傅穉書施注蘇詩、金應桂書韓文又勝一籌，極可寶重。卷末有德
祐元年李彭老、李萊老跋。全書六卷，題一至六蘽。一蘽後有李舁
七絶一首，亦以手書上版，全書無一字為印刷體。李萊老跋後有墨
書"至正十年三月浚儀張雯得之于高文遠書肆，五月重書于吳下至
樂齋"一行，為元人手蹟。此書為宋刊中絶無僅有之逸品，幾可視為
自書詩冊。友人蔣君汝藻與袁君克文爭而後獲之，遂以"密韻"名其
樓。有影印本行世。蔣君又請友人董康為之摹刻收入密韻樓叢刻
七種。

〔補〕**宋貞士羅滄州先生集五卷**　宋羅公升撰。○清寫本，九行二
十字。清戈襄手校。鈐有璜川吳氏藏印。

〔補〕**趙寶峰先生集二卷**　宋趙偕撰。**附錄一卷**　○清傳鈔明嘉靖
三十三年趙文華刊本，九行十八字。有嘉靖間趙繼宗序。又有嘉靖
甲寅趙文華跋，自稱仍孫。孔繼涵手寫目錄。鈐鮑廷博知不足齋印
記。此書四庫入存目。

〔補〕**待清軒遺稿一卷**　宋潘音撰。○清鮑廷博知不足齋寫本。余曾
取校李氏宜秋館刊宋人集本，可補脫文二行，序二首，詩六首，讀書
錄存遺一卷，七葉。○民國四年李之鼎宜秋館刊宋人集本，在甲編。
余據鮑氏知不足齋鈔本校一帙，多所補訂。

〔補〕**先天集十卷**　宋許月卿撰。**附錄二卷事實一卷**　○明末刊本，
十行二十字，白口，左右雙闌。前嘉靖十三年湛若水序。已印入四
部叢刊續編。

附錄

心泉學詩蘽六卷　宋蒲壽宬撰。按：此書四庫著錄，莫氏未收。

〔補〕○此集四庫館臣自永樂大典輯出，附於南宋別集之末，迄今無刊本。○四庫本已印入四庫全書珍本初集中。

上別集類南宋建炎至德祐

藏園訂補郘亭知見傳本書目卷十三下

藏園訂補郘亭知見傳本書目卷十四

獨山莫友芝子偲　　撰

江安傅增湘沅叔　訂補

集部五

別集類四　金元

〔補〕**重陽全真集十三卷** 金王嚞撰。○明正統道藏本，五行十七字。在太平部。

拙軒集六卷 金王寂撰。○聚珍本。○杭縮本。○閩覆本。

〔補〕○清乾隆武英殿聚珍版書本，盧文弨手校。余曾過錄一本。○清光緒十六年梅氏慎自愛齋刊清芬堂叢書本。

〔補〕**拙軒集六卷補遺一卷** 金王寂撰。○清光緒二十年海豐吳重熹信陽刊本，收入石蓮盦彙刻九金人集中。

〔補〕**漸悟集二卷** 金馬鈺撰。○明正統道藏本，五行十七字。在太平部。

〔補〕**洞玄金玉集十卷** 金馬鈺撰。○明正統道藏本，五行十七字。

在太平部。

滏水集二十卷 金趙秉文撰。○胡心耘有何義門校鈔本，當即張月
霄所題閑閑老人滏水文集。

〔補〕○振綺堂有抄本。○路有鈔本。（邵氏）

〔補〕**滏水文集二十卷** 金趙秉文撰。○清寫本，墨格，十行二十字。
有元光二年楊雲翼序，李清題。乾隆丙午周錫瓚臨何焯跋並據何焯
校本校，有跋。其何焯跋已不全。周叔弢收得。

〔補〕**滏水文集二十卷** 金趙秉文撰。**附錄一卷** ○清初寫本，十行
二十字，黑口，左右雙闌。何焯校並跋。黃丕烈據朱之赤藏本再校，
有黃氏手跋三則。周叔弢藏。○清精寫本，九行十九字。已印入四
部叢刊中。

〔補〕**閑閑老人滏水文集二十卷** 金趙秉文撰。○清初寫本，九行
十七字。鈐曹溶、吳焯藏印。有吳重憙校簽，即吳刻九金人集本底
本。

〔補〕**閑閑老人滏水文集二十卷** 金趙秉文撰。**附錄一卷附校勘
札記一卷** 清吳重憙撰。○清光緒二十九年海豐吳氏湖北刊本，收
入石蓮盦彙刻九金人集中。

〔補〕**閑閑老人滏水文集二十卷補遺一卷** 金趙秉文撰。**附錄一
卷** ○清光緒五年定州王氏謙德堂刊畿輔叢書本。

〔補〕**閑閑老人詩集十卷** 金趙秉文撰。**年譜二卷** 王樹枏撰。○
清光緒間王樹枏刊陶廬叢刻本。

湻南遺老集四十五卷 金王若虛撰。○張金吾藏抄本。○至元二十
年王時舉刊湻南辨惑于江左興賢書院，大德三年又刊換脱漏差錯字
四百餘，見王復翁跋。又王鶚序謂以先生手書四帙付其子予恕，槀
成，令童彥明益以所藏，釐為四十五卷，將鏤諸板，殆即今本。紀年
屠維作噩，己酉。

〔補〕**滹南遺老王先生文集四十五卷附續編詩一卷** 金王若虛撰。○明末山陰祁氏澹生堂寫本，竹紙藍格，十一行二十字，白口，四周單闌，版心下方有"澹生堂抄本"五字。有元李冶、王鶚、彭應龍等序。又大德十年雙桂書院王復翁序。鈐有祁氏澹生堂、吳焯、吳重憙藏印，有吳焯跋五則，内四則考李冶、王鶚、祁承爜、王若虛事蹟及撰述，又一則考訂續編詩與中州集之異同，言中州集所收出元遺山潤色，此則原作云云。此即海豐吳氏刊九金人集之底本，今為余收得。○清光緒十二年吳重憙陳州刊本，從山陰祁氏澹生堂寫本出，已收入吳氏石蓮盦彙刻九金人集中。余有一帙，余據清鮑廷博、劉喜海遞藏四卷本詩集手校，頗有改正。

〔補〕**滹南遺老集四十五卷詩集一卷續編詩集一卷** 金王若虛撰。○清光緒五年定州王氏謙德堂刊畿輔叢書本。

〔補〕**滹南集四卷詩話三卷** 金王若虛撰。○清初寫本，鈐朱彝尊藏印，又有張蓉鏡印記。○清寫本。鈐怡親王府明善堂藏印。○清寫本，十行二十字，無闌格。書衣有劉喜海題識十一行，朱署欵。書中夾失名人校籤甚多。鈐有鮑廷博藏印。友人邢之襄藏，余嘗借校，改訂吳氏石蓮盦九金人集本頗多。

莊靖集十卷 金李俊民撰。○明正德戊辰李瀚刊本。

〔補〕**莊靖先生遺集十卷** 金李俊民撰。○清刊本，十行二十字，白口，四周單闌。余藏。○清光緒十六年吳重憙開封刊本，收入石蓮盦彙刻九金人集中。

〔補〕**水雲集三卷** 金譚處端撰。○明正統道藏本。在太平部。已印入道藏舉要。○舊寫本，十一行二十五字。有大定丁未范懌序。

〔補〕**太古集四卷** 金郝大通撰。○明正統道藏本，五行十七字。在太平部。已印入道藏舉要中矣。

遺山集四十卷附錄一卷 金元好問撰。○明弘治戊午沁水李瀚刊詩集二十卷於汝州。○康熙庚寅華氏刊本。○乾隆戊戌南昌萬氏刊詩集。○翁方綱撰年譜一卷，與墓圖題詠一卷合刊，道光丁未京師刊本。○汲古閣刊詩集二十卷。

〔附〕○中統嚴氏刻本，見張穆全集序。（邵氏）

〔補〕○清道光二十七年定襄李氏刊本。藏園藏。

〔補〕**遺山先生文集四十卷** 金元好問撰。**附錄一卷** ○明弘治十一年李瀚刊本，十行十九字，大黑口，四周雙闌。前徐世隆序，中統三年李冶序，王鶚序，弘治戊午李瀚序，附儲𤩽手簡。卷末有弘治己未靳貴後序，言儲𤩽手校，值李瀚出按河南，令徐用和、仰進卿刻梓以傳云云。附錄為傳、誌、祭挽及投贈詩文。已印入四部叢刊。余有一帙，有沈曾植跋。○清康熙四十六年無錫華氏劍光閣刊本，十一行二十字，黑口，左右雙闌。

〔補〕**元遺山先生集四十卷** 金元好問撰，清張穆校。**附錄一卷補載一卷** ○清光緒三十年靈石楊氏刊本，版後歸海豐吳氏，收入石蓮盦彙刻九金人集中。

〔補〕**遺山先生詩集二十卷** 金元好問撰。○明弘治十一年李瀚汝州刊本，十行二十一字，黑口，四周雙闌。有康熙辛巳何焯跋，言借錢曾所藏錢謙益舊藏本核對，以朱點記於每篇之下云云。朱文鈞藏，余曾借校。

〔補〕**元遺山詩集二十卷** 金元好問撰。○明末毛氏汲古閣刊元人十種本，九行十九字，白口，左右雙闌。丁晏評校，補年譜，與翁方綱撰年譜有不同之處。此書四庫存目。

〔補〕**元遺山詩十卷** 金元好問撰。○清寫本，九行十九字，版心題"竹北亭手鈔"五字，即其人選錄者也。前四卷就全集選錄，余取汲古閣本勘之，頗有異字。五卷以後就選本所遺者續錄之。

〔補〕**元遺山詩集八卷**　金元好問撰。○清乾隆四十二年萬廷蘭刊本，十二行二十三字，白口，四周單闌。二册。余藏。余據舊寫本校過。

〔增〕**元遺山詩註十四卷**　國朝施國祁撰。○刊於道光壬午年，今其板猶存烏程之南潯蔣氏，有年譜一卷，附錄一卷。

〔補〕**元遺山詩箋注十四卷**　金元好問撰，清施國祁注。**首一卷末一卷**　○清道光二年南潯蔣氏瑞松堂刊本。莫目書名不確，因為正之。

〔補〕**元遺山先生集四十卷新樂府四卷續夷堅志四卷**　金元好問撰。**年譜四卷附錄一卷補載一卷首一卷**　○清道光間張氏陽泉山莊刊本。十六册。

〔補〕**棲霞長春子丘神仙磻溪集三卷**　金丘處機撰。○金刊本，九行十七字，白口，左右雙闌。前大定丙午胡光謙序，行書，半葉七行。然卷中詩之紀年有至大安元年者，則刻梓當在大安以後矣。詩文語涉金帝處皆空格。鈐有明沈與文、毛晉，清徐乾學、劉喜海諸人藏印。余藏。余嘗取此本校道藏本，知道藏本實即就此三卷本析為六卷，唯卷三、卷四次第略有參差，其篇章初無增損。然道藏本字句頗有差訛，賴此本改訂百餘字。金本於詩句下原附音釋、自注，詞下多注原名，詩詞下偶有小序，可考見生平及游踪，道藏本亦加删削。然道藏本有大定丁未毛麾序、泰和丙寅移剌霖序、泰和戊辰陳大任序，則此金刊本所佚者也。

〔補〕**磻溪集六卷**　金丘處機撰。○明正統道藏本，五行十七字。在太平部，已印入道藏舉要中。○傳鈔明正統道藏本。余藏，余據金刊本手校。

〔補〕**草堂集一卷**　金王丹桂撰。○明正統道藏本，五行十七字。在太平部。

〔補〕**葆光集三卷** 金尹志平撰。○明正統道藏本，五行十七字。在太平部。

上別集類金

湛然居士集十四卷 元耶律楚材撰。○昭文張氏舊抄本。○繡谷亭載十四卷本。○又有九卷本，乃初刻。○近袁氏刊本。

〔附〕○元宗仲亨刊本。○元丞相胡氏重刊本，見李攀龍序。（邵氏）

〔補〕**湛然居士文集十四卷** 元耶律楚材撰。○明寫本，十行，行十七至十八字，無格，書名大字佔雙行，似從元刊本出。前甲午萬松野老序，癸巳王鄰、孟攀鱗序。每卷前篇目連正文，亦屬舊式。末有癸巳李微序。有朱之赤六跋，言是金俊明舊藏。余藏。已印入四部叢刊。○清金侃寫本，行欵失記。題“戊午秋九月上澣，迂齋金侃錄並識”。盛昱遺書，余代涵芬樓收之。○清寫本，九行十八字，無格。有“西圃蔣氏手校鈔本”印。又有道光丙戌顧廣圻跋，言是陳逢衡贈渠，為蔣西圃家鈔本云云。○清寫本，九行二十一字。鈐汪文琛、汪士鐘藏印。○清鮑廷博舊藏寫本，行欵失記，鈐翰林院大官印及進呈書籍木記。有何紹基跋，則道、咸間已自翰林院中流出矣。○清光緒元年袁昶刊漸西村舍叢刻本，十行二十一字，白口，左右雙闌。余曾據家藏明鈔本校一帙。

〔補〕**知常先生雲山集五卷** 元姬志真撰。○元延祐六年李懷素刊本，九行二十字，白口，左右雙闌。版心下記刊工姓名，有張德甫、陳仁甫、元表三人。卷末有延祐六年朱象先後序。殘存卷三至五。滬上見，潘宗周收去。

藏春集六卷 元劉秉忠撰。○至元丁亥刊行，閻復序。○明天順二年馬偉刊本，多附錄一卷。

〔附〕○舊刊本，十八行二十一字。黃目。（邵氏）○補按：適園收得舊

鈔劉文貞詩文全集三十六卷本，有"梁同書印"、"山舟"二朱記。內詩十二卷，文二十四卷，前有李冶序。（適園本眉批）

〔補〕○明弘治元年順德府刊本，九行十九字，白口，四周單闌。前至元丁亥閻復序，次弘治元年判順德府事孔鑑序。本書題商挺類編，馬偉校正。又有天順五年黎近後序。卷六為附錄，載誌傳、行狀、碑銘、祭文等。余藏。○清寫本，十行二十一字。前有至元丁亥閻復序。序後有二行，題"商挺孟卿集，馬偉廷彥校"。

〔補〕**藏春詩集六卷**　元劉秉忠撰。○明天順五年馬偉刊本，九行二十三字，黑口，左右雙闌。有至元丁亥閻復序，天順五年馬偉序。本書題商挺孟卿類稿，馬偉廷彥校正，名前均列官銜，不錄。沈曾植先生有一全帙。李木齋先生有殘卷，存卷一至三。此本卷六為附錄，非如莫氏所云多附錄一卷。

〔補〕**藏春集四卷**　元劉秉忠撰。○舊寫本，九行二十一字，無闌格。每卷題銜與天順五年馬偉刊本同，其前亦有至元丁亥閻復序。余藏。余據天順刊六卷本校之，其卷之一、二當天順本之卷一至三，卷三、四當天順本之卷四、五。天順本卷六附錄此本無。

〔補〕**劉文貞公全集三十二卷**　元劉秉忠撰。○清寫本，十一行二十字，無格。前同邑李冶序。卷一至十二詩，以後為文。

淮陽集一卷附錄詩餘一卷　元張弘範撰。○明正德中周鉞刊本。

〔補〕**張淮陽詩集一卷**　元張弘範撰。○清寫本，十行十八字。前至正十年許從宣序。又廬陵鄧光薦序。本書題"宿人周越校正重刊"。有正德周越後序，從明正德周越刊本鈔出。杭估楊耀松寄來求售，已收。○繆氏藝風堂亦有一帙。

〔補〕**張淮陽集二卷**　元張弘範撰。○清光緒二十二年鹿傳霖刊本，十行二十二字。余據傳鈔明正德周越校正重刊元本校。

〔補〕**雲山集八卷**　元姬志真撰。○明正統道藏本，五行十七字。在太平部。

陵川集三十九卷 元郝經撰。○明正德己卯李叔淵刊本。○今乾隆戊午鳳臺王氏刊本。○乾坤正氣集本。

〔附〕○元延祐本,郭貫奏請,與續漢書同刊於江西。(邵氏)

〔補〕**郝文忠公陵川集三十九卷** 元郝經撰。○明正德二年李瀚刊本,十行二十二字,細黑口,左右雙闌。劉承幹藏。瀚字叔淵,此即莫目著錄之李叔淵刊本也。○清傳鈔明正德二年李瀚刊本,行欵同上,有正德序。四庫底本。盛昱遺書。

〔補〕**郝文忠公陵川集三十九卷目錄一卷首一卷附錄一卷** 元郝經撰。○清乾隆三年王鏐刊本,十行二十二字。藏園藏。

〔補〕**郝文忠公集二十五卷** 元郝經撰。○清道光二十八年刊乾坤正氣集本。

〔補〕**寓庵集八卷** 元李庭撰。○清末繆氏藝風堂刊本。收入藕香零拾中。

〔補〕**張文忠公文集二十八卷** 元張養浩撰。○元刊本,十行十八字,細黑口,左右雙闌,版心上記字數,下記刊工名,中縫題"雲莊類稿"。前有元統三年序。卷末有小像及像記,後附張起巖撰神道碑。劉承幹嘉業堂及南皮張氏各藏一帙。○清邵晉涵家寫本,十行十八字。有邵氏二跋,言乾隆四十二年借汪氏振綺堂藏鈔本僱人映鈔云云。清羅有高手校,亦有跋。

歸田類稿二十四卷 元張養浩撰。字希孟,號雲莊。○明季刊二十七卷本。○乾隆五十五年周氏刊本。○韓小亭有曝書亭抄本,較周氏所刊完善。○元刊張文忠公文集二十八卷,昭文張金吾藏,後附倪中撰畫像記,劉耳撰贊,張起巖撰神道碑銘及其祠堂碑銘。元統三年二月孛尤魯翀序,謂公所輯歸田類稿三十八卷,三字疑誤。

〔補〕○元刊本,十行十八字,細黑口,左右雙闌。郁松年宜稼堂舊藏。

余收得之，袁君克文請余割讓，遂以歸之。○影寫元刊本，十行十八字，細黑口，左右雙闌。朱彝尊舊藏，有印記。今在朱子清之壻張幼樵家。

〔補〕**歸田類稿二十八卷** 元張養浩撰。○明寫本，十行二十字。序後有"泰定改元"鍾式木記。鈐有曹寅藏印。

〔補〕**元張文忠公歸田類稿二十卷** 元張養浩撰。**附錄一卷** ○清乾隆五十五年周永年、毛堃刊本，九行二十一字，白口，左右雙闌。據汪氏振綺堂藏鈔本付刊，余據元刊本校過，補入詩文十九首。

〔補〕**秋堂邵先生文集□卷** 元邵□□撰。○元刊本，十行十六字，細黑口，四周雙闌。鈐有"晉府書畫之印"等印。内閣大庫佚出之書，余得諸寶應劉君啟瑞，殘存卷二至五。邵氏失其名，曾任婺州宣慰使。此本王士禎居易錄著錄，言為内府之書，存卷二至五，詩淺俚不成家云云，所見即此帙也。此書雖為海内孤本，然其内容殊不足重，其詩亦不足傳也。

〔補〕**牧萊脞語二十卷二稿八卷** 元陳仁子撰。○清寫本，十行十八字。前重光單闕余恁序，廬陵鄧光薦序，壬寅蕭龍友序。題門人李懋宣揚廷輯。二稿題門人譚以則伯可輯。卷中文字有撰於元至元、元貞、大德間者，且有儒户免役頌之作，故應入于元人，不得以南宋遺逸目之矣。其人識見卑下，文筆庸俗，其集實不足傳。鈐曹寅、昌齡印。周叔弢藏。四庫存目。

白雲集三卷 元釋英撰。○元刊本，韓小亭藏。○四庫依知不足齋抄本。

稼村類稿三十卷 元王義山撰。○正德中刊本。○萬曆癸未刊本十卷。
〔補〕○四庫本已印入四庫全書珍本初集中矣。

〔增〕**桐江集八卷** 元方回未入元以前撰。○阮文達以進呈。○抄本劉燕庭亦有之。○張金吾書志又依錢塘何氏藏本傳抄本。

〔補〕○阮氏進呈本近已印入選印宛委別藏中。

桐江續集三十七卷 元方回撰。○劉燕庭家有正續集足本。○元刊本四十八卷，路小洲有。

〔補〕○四庫本已印入四庫全書珍本初集。

野趣有聲畫二卷 元楊公遠撰。○抄本。

〔補〕○清寫本。鮑廷博、勞權校。涵芬樓藏。余曾傳錄一帙。○清康熙三十二年楊表正知白亭刊本，十行二十一字，白口，四周雙闌。版心有"知白亭"三字。

月屋漫稿一卷 元黃庚撰。○明成化十三年刊本。○采輯遺書目：月屋漫槀四卷。○千頃堂書目作月屋樵吟。○知不足齋寫本，有泰定丁卯自序。○張金吾有舊抄本四卷，與敏求記合。敏求記亦題月屋樵吟。

〔補〕○清傳鈔明成化十三年張泰刊本，十行二十四字。前泰定丁卯自序，次成化十三年張泰序，言其弟頤在翰林得全集於謝鳴治，因校正其訛，刊於西塾云云。卷末題"天台山人黃庚著"，"清源門壻林伯良集"，"西秦菊存張瑛校"。嘉慶丙子謝珊嶠校並跋。李木齋師藏。○清康熙十二年王乃昭寫本，十行二十二字。卷末有題名三行，與張泰本同。有康熙癸丑王乃昭跋，言據元人手書本錄出云云。○清汪森裘杼樓寫本，墨格，十行二十一字，黑口，左右雙闌，版心下有"裘杼樓"三字。前泰定丁卯自序。本書首五律，次五言，次七絕，次七律，次七古。余曾傳錄四卷本，名月屋樵吟，卷一五律，卷二七律，卷三七絕，卷四古風、長短句。取汪氏此本校之，溢出之詩多至四十八首，字句亦多所改定，當是別為一本也。○清寫本，與裘杼樓本行欵、序均同，為劉喜海味經書屋所抄。○清道光二十三年勞氏丹鉛精舍寫本，十二行二十三字。有泰定四年自序。

〔補〕**月屋樵吟四卷** 元黃庚撰。○清寫本，卷一五律九十首，卷二七律一百二十五首,卷三七絕一百九十二首,卷四古風、長短句九首。前有自序。○余家藏園寫本,即據上本錄副。余用汪森裘杼樓寫本及劉喜海味經書屋寫本校之。汪本溢出五律五首,七律七首,七絕十二首,五、七古二十四首。然此本有而汪本無者亦有五律一首,七律一首,七絕十三首,五、七古六首。其文字差異尤夥。余就此四卷本改定,所溢出各詩分體補入,為黃集增一較完之本。

剡源集三十卷 元戴表元撰。○明嘉靖周儀刊本。○萬曆辛巳戴洵重刊,劣。○黃宗羲選刊剡源文抄四卷,入四庫存目,似亦據元本重刊。元刊亦有分甲、乙、丙、丁卷本也。○道光庚子郁松年宜稼堂刊本,佳。

〔附〕○元有分甲、乙、丙、丁四卷本,文六十五篇。何義門曾借於毛隱湖。有戊集一卷,本後人附益,有張目可考。○明初刊本,二十八卷,係以宋濂手書付梓,較三十卷本詩文轉多。宋濂題清茂記,復云就其家謄文稿二十卷云。(邵氏)

〔補〕**剡源先生文集□□□卷** 元戴表元撰。○明初刊本,十行二十字,細黑口,左右雙闌,版心上方記字數,上魚尾下記詩卷幾。首錄自序一首。本書存卷一至六。卷一收七古二十六首,卷二收七古二十三首,卷三收五古四十九首,卷四收五言近體五十九首,卷五收七言近體五十一首,卷六收七絕六十八首。後附一葉,刊七古一首。此六卷存詩數約及今本之半,然各體皆備,或當時蒐集只此數也。此本字橅松雪,猶存元槧風範,頗疑即洪武初宋濂序刻於太學之二十八卷本也。此書後又附鈔本二冊,不分卷,亦不記所出,殘存文一百一十二首,以校今本,亦改訂數百字,補佚文三首。

〔補〕**戴剡源先生文集二十六卷** 元戴表元撰。○明耕心堂寫本,十行二十字,白口,四周雙闌。存卷三至十四,卷二十三至二十六,共十六卷。涵芬樓藏。余曾據以校宜稼堂叢書本。

〔補〕**剡源先生文集二十六卷** 元戴表元撰。○清寫本，版心下有
　　“南廬藏書”四字。前元史本傳，次宋濂序，次萬曆元年周儀羽重刻
　　序，次自序。有康熙間丁述奇跋。

〔補〕**剡源戴先生文集三十卷** 元戴表元撰。○明萬曆間裔孫戴洵
　　刊本，十二行二十三字，白口，左右雙闌。有萬曆辛巳戴洵、周汝礪
　　序。涵芬樓藏，已印入四部叢刊。

〔補〕**剡源集三十卷** 元戴表元撰。**重刻札記一卷** 清郁松年撰。
　　○清道光間郁松年刊宜稼堂叢書本，十一行二十二字，黑口，左右雙
　　闌。據曹溶、朱彝尊、鮑廷博遞藏鈔本付梓。余藏一帙，有沈炳垣批
　　校。余又據涵芬樓藏明耕心堂寫本及朱文鈞藏本再校。後又據舊
　　寫本錄有金侃跋者校，補訂數百字。又據明初刊本校詩六卷。

〔補〕**剡源先生文集不分卷** 元戴表元撰。○清寫本，十行二十字，
　　詩文各一冊。前有自序，後有金侃跋，言據鈔本錄存。鈐清怡府藏
　　印。海源閣佚出之書，然楹書隅錄未著錄。

〔補〕**剡源先生文鈔四卷** 元戴表元撰。○清康熙二十七年馬思贊
　　刊本，十一行二十二字。余藏。此書四庫存目。

〔補〕**剡源佚文二卷佚詩六卷** 元戴表元撰，清孫鏘輯。○清光緒二
　　十一年孫氏刊本。余藏。

剩語二卷 元艾性夫撰。○依閣抄本。（繩）

〔附〕○元刊四卷本。近雷氏刊本。（邵氏）

〔補〕○四庫本已印入四庫全書珍本初集中。○清四庫館紅格寫本，八
　　行二十一字。翰文齋見。

養蒙集十卷 元張伯淳撰。○四庫依屬鸚抄自繡谷吳氏。又有校正
　　之本。○元至順三年子張采刊本，虞集序。○抄本。

〔補〕**養蒙先生文集十卷** 元張伯淳撰。○元至正六年其子張焵刊
　　本，九行十七字，白口，四周雙闌，版心上記字數。卷一首葉版心下

有"武林陳仁甫刊"小字一行。前總目，目後有其子跋語，言沒後訪
求遺稿，釐為十卷，刊之右塾。其藏諸人、散諸四方者，未能兼收並
錄，中心深嗛云云。次泰定三年鄧文原序，次至順三年虞集序，次謚
文。卷一至六文，七至九詩，卷十詞。存卷一至五。北京圖書館藏。
○清精寫本，鈐有汪文柏古香樓諸藏印，或即汪氏寫本也。盧址抱
經樓散出之書。○清寫本，丁氏持靜齋舊藏。○清寫本，九行二十
一字，有至順三年虞集序，泰定三年鄧文原序，至正六年張采跋，宣
德七年張銓跋。從至正六年張烱刊宣德六年張淑補刊本出。鈐有
劉喜海及朱氏結一廬藏印。李木齋先生藏。

牆東類稿二十卷 元陸文圭撰。○近年陸氏裔孫刊本。

〔補〕○清四庫館寫本，八行二十一字，白口，四周雙闌。鈐翰林院大
印。余曾借校。○清寫本，孔繼涵手寫目錄。蔣君汝藻藏書。

〔補〕**牆東類稿二十卷補遺一卷** 元陸文圭撰。○清道光間刊本。

〔補〕**牆東類稿二十卷補遺一卷** 元陸文圭撰。**校勘記一卷** 清金
武祥撰。○清光緒二十二年盛宣懷刊常州先哲遺書本，從永樂大典
本出。

青山集八卷 元趙文撰。○抄本。

〔補〕○四庫本已印入四庫全書珍本初集中。○清四庫館寫本，有翰林
院大官印，八行二十一字，白口，四周雙闌。樊增祥先生藏書，余曾
傳錄一本。

桂隱文集四卷詩集四卷 元劉詵撰。○明嘉靖中族孫志孔刊本。
○抄本。

〔補〕**桂隱文集二卷詩集二卷** 元劉詵撰。○清寫本，鈐舊山樓藏
印。余藏。

水雲村稿十五卷 元劉壎撰。○道光十八年山東刊二十卷。○江西
刊本。

〔附〕○精鈔不分類三卷本。（邵氏）

〔補〕**水雲村泯稾三十八卷** 元劉壎撰。○明天啟元年刊本，九行二
　十字，白口，四周單闌。前有天啟元年趙師聖序。

〔補〕**水雲村泯稿二十卷** 元劉壎撰。**附恕齋遺蕙一卷** 明劉冠寰
　撰。**爾齋文集一卷** 清劉凝撰。○清道光間刊本。

〔補〕**水雲村吟稾十二卷** 元劉壎撰，清劉凝箋注。**年譜一卷** 清龔
　望曾撰。○清道光十年二十世孫劉斯嵋刊本。

巴西文集一卷 元鄧文原撰。○張金吾有明初刊本。

〔補〕○清鮑廷博知不足齋寫本，十行十九字。鮑廷博校。鈐“知不足
　齋鈔傳秘冊”等印。余代友人董康收得。○清寫本，余藏，余據朱君
　文鈞藏清寫本校。

〔補〕**巴西鄧先生文集不分卷** 元鄧文原撰。○清寫本，十一行二十
　四字。有李禮南跋，言原集罕傳，此本僅雜綴七十餘首，未盡所長云
　云，則非全本也。

屏巖小稾一卷 元張觀光撰。按：此書四庫著錄，莫氏失收。

〔補〕○民國十三年胡宗楙刊續金華叢書本，從四庫本出。

玉斗山人集三卷 元王奕撰。○嘉靖壬寅陳中州刊本。

〔補〕**玉斗山人集三卷** 元王奕撰。**附錄一卷** ○清寫本。清汪士
　鐘舊藏。有徐康跋。余藏。

〔補〕**玉斗山人文集三卷** 元王奕撰。○清宣統三年沈家本刊枕碧
　樓叢書本，從四庫本出。

谷響集一卷 元釋善住撰。按：此書四庫著錄，莫氏未收。

〔補〕○清初寫本，鈐有揆叙謙牧堂藏印。○清寫本，自朱彝尊曝書亭
　藏本錄出。余藏。

竹素山房詩集三卷 元吾丘衍撰。○四庫依抄本。

〔補〕**竹素山房集三卷** 元吾丘衍撰。**附錄一卷** ○清寫本。嘉慶
　　十年鮑廷博二跋，並題詩八首。鮑正言題詩四首。前有杭世駿跋。
　　○清寫本。李木齋先生藏。

〔補〕**竹素山房詩集二卷補遺一卷** 元吾丘衍撰。**附錄一卷** ○清
　　光緒二十一年丁丙刊武林往哲遺著本。

〔補〕**閒居集一卷** 元吾丘衍撰。○清乾隆四十一年吾進精刊本。余
　　藏。

紫山大全集二十六卷 元胡祇遹撰。○抄本。

〔補〕○清四庫館寫本，八行二十一字，白口，四周雙闌。鈐翰林院大官
　　印。樊增祥先生藏。○民國十三年河南官書局刊三怡堂叢書本。

松鄉文集十卷 元任士林撰。○抄本。

〔附〕○黃松石手抄本。（邵氏）

〔補〕**元松鄉先生文集十卷** 元任士林撰。○明永樂三年其孫任勉
　　刊本，十三行二十三字，黑口，四周雙闌。有熊剑序，丁卯陸文圭序，
　　杜本序，至元後丁丑邢泰序，均應士林之子子良請作。後趙孟頫撰
　　墓誌銘。又有永樂三年胡儼後跋，言其孫今福建參政勉刻梓以傳云
　　云。此書余先後見兩帙。○清傳鈔明永樂三年任勉刊本，序跋與前
　　本同。鈐有錢大昕、黃鈞、潘介繁、盛昱藏印。余代涵芬樓收得，取
　　校余藏本，其陸文圭、熊剑、杜本三序為通行本所無，錄而存之。○
　　清傳鈔明永樂三年任勉刊本，行欸序跋同。有道光十八年諸咸璋
　　校，又咸豐辛酉胡芝林校。

松雪齋集十卷外集一卷續集一卷 元趙孟頫撰。○康熙間曹培廉
　　刊本。○明刊本二卷，不全，入存目。○天祿後目有元刊本，附董其
　　昌手跋。○元刊黑口本，每頁二十四行，行廿二字。

〔附〕康熙劉氏刊本。（邵氏）

〔補〕**松雪齋文集十卷外集一卷** 元趙孟頫撰。○元後至元五年花

谿沈璜刊本,十二行二十二字,細黑口,左右雙闌。卷五末有"吳興沈氏華谿義塾刊行"牌記二行。卷十後有至元後己卯花谿沈璜伯玉刻書跋語十四行。前有後至元五年何貞立後序及大德二年戴表元序,以手書上版,寫刻精美。外集一卷,亦細黑口,左右雙闌。目後有"花谿沈伯玉刊于家塾"一行。涵芬樓藏一帙,僅存卷一至五及外集,字橅松雪,寫刻均精。據天順本岳璿跋,謂為趙雍手書上版,雖未必然,亦可想見書法雕工之美為一時推重備至矣。已印入四部叢刊,缺卷用明初翻本配補,視元刻如婢學夫人矣。○明初翻元後至元五年花谿沈璜刊本,亦十二行二十二字,白口,然改元本之左右雙闌為四周雙闌。前後序跋亦為寫刻,即據元刊翻雕,刊書牌記亦同。故宮圖書館、江南圖書館、劉氏嘉業堂各有一帙,均號為元刊本。余亦有一殘帙,鈐有"趙昌國印"、"四明豐氏西塾書畫印",均明成化以前印記,初亦意其為元刊本,見真元刊後始悟其亦為翻本也。余本後又附行狀、謚文一卷,字體已有宋濂、沈度筆意,其刊刻似尚在翻本之後。重印四部叢刊初編時,即據余藏本補入此附錄一卷。○明天順六年岳璿刊本,十二行二十二字,細黑口,四周雙闌,間有白口者,前大德戊戌戴表元序,至治二年楊載撰行狀,次謚文,次目錄。後有後至元己卯沈璜、何貞立跋。又有天順六年知湖州府事大梁岳璿文璣跋,言得趙雍手書鏤版于予婭家花城沈氏,惜其故板無存,重付刀筆云云。李木齋先生處見。○清傳鈔明天順六年岳璿刊本,序跋同上,惟行欵已改為九行二十一字矣。

〔補〕**松雪齋文集十卷**　元趙孟頫撰。○明末刊本,九行十八字,白口,左右雙闌。題"新城霽宇王象乾閱","東明際虞崔邦亮校"。有清王懿榮跋。

〔補〕**趙文敏公松雪齋全集十卷**　元趙孟頫撰。○清康熙五十二年曹培廉城書室刊本,十行十九字,白口,左右雙闌。余藏。

〔補〕**松雪齋集十卷外集一卷** 附**行狀** 元趙孟頫撰。○清清德堂
　　刊本，十行十九字，細黑口，左右雙闌。余藏。余據元花谿沈璆本及
　　自藏元至正元年虞氏務本堂刊詩集七卷本校，並輯補遺目錄。

〔補〕**松雪齋文集二卷** 元趙孟頫撰。○明正德七年方選刊本，十行
　　二十一字，黑口，左右雙闌。前正德七年陸崐序，次戴表元舊序，後
　　有正德辛未方選跋，為方氏任烏程知縣時，就全集中選切於世教者，
　　釐為二卷，刻于邑庠。藏園有一帙，顧氏怡園亦有一帙。

〔補〕**趙子昂詩集七卷** 元趙孟頫撰。○元至正元年辛巳建安虞氏務
　　本堂刊本，十一行二十字，黑口，左右雙闌。前後失序跋。每卷首標
　　題大字佔雙行，第三行題“宜黃後學譚潤伯玉編集”。目錄及卷中每
　　類均加黑蓋子以標之，目後有“至元辛巳春和建安虞氏務本堂編刊”
　　陰文牌記一行。卷一五古，卷二五律，卷三五絕，卷四七古，卷五七
　　律，卷六七絕，卷七六言，分體編次。此書比花谿沈氏本多詩十餘
　　首，字句亦多有異同。余嘗取校曹培廉本，得異字亦夥。至此書牌
　　記題“至元辛巳春和”，則因地僻閩嶠，尚未奉改元至正詔書故也。
　　書實刊於至正元年。藏園藏。

〔補〕**松雪齋集七卷** 元趙孟頫撰。○明萬曆四十三年潘是仁輯刻宋
　　元四十三家集本，九行十九字，白口，四周單闌。余藏。

〔補〕**困學齋詩集二卷** 元鮮于樞撰。○明萬曆四十三年潘是仁輯刻
　　宋元四十三家集本，九行十九字，白口，四周單闌。

吳文正集一百卷 元吳澄撰。○永樂中五世孫燿刊本。○宣德乙卯
　　刊本。○乾隆丙子萬氏刊本。○季氏目載有刊本，有蒙古字序。

〔附〕○成化四十九卷本，不全。（邵氏）

〔補〕**臨川吳文正公集四十九卷道學基統一卷外集三卷** 元吳
　　澄撰**年譜一卷** 明危素撰。○明成化二十年方中、陳輝刊本，十行
　　十九至二十一字，大黑口，四周雙闌。有明成化二十年伍福序。

〔補〕草廬吳文正公全集四十九卷首一卷外集三卷道學基統一
　　卷　元吳澄撰。○清乾隆二十一年萬璜刊本。余有一帙。

〔補〕臨川吳文正公集五十卷　元吳澄撰。○清寫本，十行二十一
　　字。沈曾桐藏書。

〔補〕文正公草廬吳先生文粹五卷　元吳澄撰。○明刊本，十三行
　　二十四字，黑口，四周雙闌。前宣德九年吳訥序，後正統六年五世孫
　　吳炬重刊跋。丁氏持靜齋藏，鈐有季振宜藏印。

〔補〕吳草廬詩集六卷　元吳澄撰。○明萬曆四十三年潘是仁輯刻宋
　　元四十三家集本，九行十九字，白口，四周單闌。

金淵集六卷　元仇遠撰。○聚珍本。○閩覆本。○杭縮本。

〔補〕○清乾隆武英殿聚珍版書本。余有一帙，余臨盧文弨校本。

山村遺集一卷　元仇遠撰。○刊本。

〔補〕仇山村遺稿一卷　元仇遠撰。○清何焯家寫本，八行二十一字，
　　無格。存詩一百三十四首，文四首。何焯朱筆校。余藏。

〔補〕仇山村遺集一卷　元仇遠撰。附錄一卷　○清乾隆五年項夢
　　昶古香書屋刊本，九行二十字，白口，左右雙闌。余有一帙，余據家
　　藏何焯校本校，增詩一首，雜著四首。

〔補〕山村遺藁一卷　元仇遠撰。附錄二卷補遺附錄續　○清寫
　　本，題顧維岳輯。補遺附錄題知不足齋輯。鈐章壽康藏印。

〔補〕山村遺稿四卷補遺一卷雜箸補遺及附錄四卷　元仇遠撰，
　　清顧維岳輯。附閒居錄一卷　元吾丘衍撰。○清寫本，十行二十
　　字。李木齋先生遺書，歸北京大學圖書館，癸未幾余曾借校一過。

〔補〕山村遺集一卷稗史一卷　元仇遠撰。附錄一卷　○清光緒二
　　十一年丁丙刊武林往哲遺箸本，在後編。

湛淵集一卷　元白珽撰。○知不足齋刊本三卷。

〔補〕**湛淵遺集三卷補一卷**　元白珽撰，清沈景良輯。○清嘉慶八年刊知不足齋叢書本，在二十三集。

〔補〕**湛淵遺稿三卷補遺一卷**　元白珽撰。○清光緒二十一年丁丙刊武林往哲遺箸本，在後編。鈔本。

牧潛集七卷　元釋圓至撰。○汲古閣刊。○元刊本，韓小亭藏。

〔補〕○清光緒二十五年丁丙刊武林往哲遺箸本，在後編。

〔補〕**筠溪牧潛集不分卷**　元釋圓至撰。○元刊本，十二行二十一字，白口，四周雙闌。前方回序，後喬洪祖跋。全書分體編次，分詩、銘、碑記、序、書、雜著、榜疏七類。明刊則逕分為七卷矣。日本靜嘉堂藏。

〔補〕**筠溪牧潛集七卷**　元釋圓至撰。○明崇禎十二年毛氏汲古閣刊本，八行十九字，白口，左右雙闌。

小亨集六卷　元楊宏道撰。○抄本。

〔補〕○清寫本。孔繼涵手寫目錄。蔣汝藻藏。○四庫本已印入四庫全書珍本初集中。

還山遺稿二卷附錄二卷　元楊奐撰。○明嘉靖初刊本。

〔補〕**還山遺稿二卷**　元楊奐撰。**楊文憲公考歲略一卷**　明宋廷佐撰。**附錄一卷**　明宋廷佐輯。○明嘉靖元年宋廷佐刊本，九行二十字，白口，四周單闌。前有嘉靖元年王元凱序。滬肆見一帙，未收。○繆氏藝風堂有鈔本，即從宋廷佐本出，行欵序跋全同。

〔補〕**還山遺稿二卷補遺一卷**　元楊奐撰。**附錄一卷**　○民國四年吳興張鈞衡刊適園叢書本。在第九集中，此本自嘉靖宋廷佐本出。

魯齋遺書八卷附錄二卷　元許衡撰。○明正德戊寅刊本，十卷。○嘉靖乙酉蕭鳴鳳刊本。○萬曆中刊本，十一卷，附錄三卷。○乾隆五十五年懷慶刊本，十四卷。○中州名賢文表本，六卷。○天祿後目有元刊本，六卷，分奏議、雜著、書簡、詩章、樂府、編年歌括。前有

大德九年楊學文序。附錄謚誥、像贊、神道碑。云現行明郝巫卿、宰
廷俊所輯本與此本卷帙全不相同，蓋元時已有成書，而明人蒐輯時
未見元刊也。

〔補〕**魯齋遺書六卷**　元許衡撰。○明成化十年倪顥刊本，十行二十
一字，大黑口，四周雙闌。海虞瞿氏鐵琴銅劍樓藏書。

〔補〕**魯齋全書七卷**　元許衡撰。○明正德十三年高傑刊本，十行二
十字，黑口，四周雙闌。有正德十三年何瑭序。本書題"四川按察司
副使郝綰編集，翰林院修撰何瑭校正，河內知縣高傑刊行"。述古堂
閱。

〔補〕**魯齋遺書十卷**　元許衡撰。○明嘉靖四年蕭鳴鳳刊本，十行二
十一字，黑口，四周雙闌。有嘉靖四年蕭鳴鳳序。本書題何瑭校正，
應良重編，蕭鳴鳳重校。

〔補〕**魯齋遺書十四卷**　元許衡撰。○明萬曆二十四年怡愉江學詩刊
本，十行二十二字，即其所輯也。

〔補〕**許文正公遺書五卷**　元許衡撰。**附錄一卷**　○清康熙四十五
年汪立名刊中州名賢文表內集本。

〔補〕**許魯齋先生集六卷**　元許衡撰。○清同治五年福州刊正誼堂
全書本。

〔補〕**靜修先生文集二十二卷**　元劉因撰。○元至順元年宗文堂刊
本，十三行二十一字，細黑口，四周雙闌。前東平李謙序。卷一後有
"至順庚午孟秋宗文堂刊"牌子二行。涵芬樓藏，已印入四部叢刊初
編。余亦藏一帙。

靜修集三十卷　元劉因撰。○明弘治乙丑崔景刊黑口本。○永樂癸
卯刊本。○容城刊三賢集本。○又明刊二十七卷本。○成化己亥
肅府刊本。○張金吾有舊抄本二十二卷，反多於永樂本，云元刊有
"至順庚午孟秋宗文堂刊"十字，蓋從元刊影寫者。杜肅撰壙記，云

有文集二十二卷,蓋即是本。永樂本載至正九年牒文,則據至正所定,後此本二十年。由未見此本,別為哀集,故不若此本之完也。後又有補遺二卷,宋賓王從容城兩賢集抄入者。此本亦皆賓王手抄,在雍正三年。○又容城兩賢集本,明萬曆間刊,合楊椒山集。本朝康熙中又合孫夏峰,曰三賢集。○元有至正九年刊本三十卷,是永樂所據。○元板劉靜修先生文集二十二卷,半頁十三行,行二十字,刊印精雅。豐順丁禹生藏。

〔附〕○成化中刊本,題劉文靖公集,二十卷,與永樂本同。○弘治癸酉刊本丁亥集六卷,遺文六卷,詩六卷,拾遺七卷,續集三卷,附錄二卷。○明萬曆戊子郡守李□校刊本。(邵氏)

〔補〕**劉文靖公文集二十八卷**　元劉因撰。○明成化十五年己亥蜀藩刊本,大版心,十一行二十字,黑口,四周雙闌。前成化己亥序,言因命儒臣彙聚成編,鋟梓以傳云云。目後有元至正九年聖旨及下嘉興府牒文。卷二十七為附錄,卷二十八為考異。鈐有黃琳印、殿中司馬、敕褒忠節之家、守素、黃氏淮東書院圖籍,均明前期印記。卷一抄配。余藏。

〔補〕**靜修先生文集三十卷**　元劉因撰。○明弘治十八年崔昌刊嘉靖十六年汪堅重修本,九行二十字,黑口,四周雙闌。後有弘治辛酉周旋跋。全書分丁亥集六卷,遺文六卷,遺詩六卷,詩文拾遺七卷,續集三卷,附錄二卷,編次與前二本異。邢君之襄藏。

〔補〕**靜修先生文集十卷**　元劉因撰。○明萬曆十六年方義壯刊本,十行二十字,白口,四周雙闌。

〔補〕**靜修先生文集十二卷**　元劉因撰。○清光緒五年定州王氏謙德堂刊畿輔叢書本。余有一帙,余據元至順元年宗文堂刊本校。

青崖集五卷　元魏初撰。○抄本。

〔補〕○四庫本已印入四庫全書珍本初集。

養吾齋集三十二卷 元劉將孫撰。○抄本。

〔補〕○四庫本已印入四庫全書珍本初集。

存悔齋稿一卷補遺一卷 元龔璛撰。字子敬。○四庫依抄本。○
張金吾有汲古閣藏舊抄本。

〔補〕**存悔齋詩不分卷** 元龔璛撰。**補遺一卷** 元龔璛撰，明朱存理
輯。○詩集為元至正五年俞貞木手寫本，十一行二十字。有至正五
年跋，言鈔自永嘉朱石鈔本。有張丑、黃丕烈跋。補遺僅二葉，為朱
存理手稿。黃丕烈又錄毛氏汲古閣寫本後之毛扆跋，蓋汲古閣寫本
即從此本影出也。此書曾藏宜稼堂。此為龔詩祖本，傳世諸本均從
此出。

雙溪醉隱集八卷 元耶律鑄撰。○抄本。○藏書志六卷本。

〔附〕○元王萬慶重刊本。（邵氏）

〔補〕○清四庫館寫本，八行二十一字，白口，四周雙闌。法式善舊藏，
即陶廬雜錄中所記得諸廟市之四庫館副本也。凡五十餘種，今均藏
樊增祥先生許，余曾借閱、借校，改定時本頗多。此集可訂定知服齋
叢書本甚夥。

〔補〕**雙溪醉隱集六卷** 元耶律鑄撰，清李文田箋。○清光緒十八年
順德龍氏刊知服齋叢書本，十三行二十三字，黑口，左右雙闌。余藏
一帙，余用法式善舊藏四庫館寫本校，改六百五十三字，補佚詩一
首，改正三葉順序。又從永樂大典中輯補佚文、佚詩、佚詞共八首，
遂為此集增一善本。

東庵集四卷 元滕安上撰。按：此書四庫著錄，莫氏未收。

〔補〕○清四庫館寫本，八行二十一字，白口，四周雙闌。樊增祥先生
藏。○清寫本。余藏。余據清四庫館寫本校。○四庫本已印入四
庫全書珍本初集中。

白雲集四卷 元許謙撰。○成化丙戌張瑄刊。○正德戊寅陳綱刊。

〔補〕**許白雲先生文集四卷** 元許謙撰。**附錄一卷** ○明成化二年張瑄廣東刊本，十行二十字，黑口，四周雙闌。前成化二年陳相序，言為廣東方伯江浦張公所刊。次目錄，次元史載行實，附錄載學箴一首。末有永樂辛卯黃淮跋，胡廣跋，天順六年錢溥跋。余藏。

〔補〕**許白雲先生文集四卷** 元許謙撰。○明正德十三年陳綱刊本，十行二十字，黑口，四周雙闌，版心下方白文記字數。有成化二年陳相舊序及正德十三年知肇慶府黃瓊後序。又正統丁卯李伸序。次元史載行實。末有成化乙酉張瑄舊跋及正德十三年陳綱刊書跋，從成化張瑄本出。○清初寫本，十行二十字。鈐朱彝尊、劉喜海藏印。徐坊遺書。○清寫本，十行二十字。前正統丁卯李伸序，後成化乙酉張瑄跋及正德十三年陳綱跋。又胡璉跋，從明嘉靖胡璉本出。其目錄次行題“後學歸安淩應鈗重較”。有韓應陛跋，言卷三為宋賓王手書。周君叔弢藏。

〔補〕**白雲許先生文集四卷** 元許謙撰。○清金檀文瑞樓精寫本。法式善、朱澂遞藏，今在其婿張幼樵副憲家。

〔補〕**白雲先生許文懿公傳集四卷** 元許謙撰。○清雍正十年金華金氏刊率祖樓叢書本，十行二十字。

〔補〕**白雲集四卷首一卷** 元許謙撰。○清同治間胡鳳丹輯刻金華叢書本，從雍正十年金氏刊率祖樓叢書本出。

〔補〕**金困集一卷** 元元淮撰。○清康熙中金侃手寫本，涵芬樓藏，已印入涵芬樓秘笈，在第九集。

〔補〕**溧陽總管水鏡元公詩集一卷** 元元淮撰。○清初曹氏倦圃寫本，鈐曹溶諸印及汪文柏古香樓諸印。盧址抱經樓遺書。○清寫本，十行二十字。有正統九年邵武教諭謝卓序。鈐汪魚亭藏印。四庫存目。

畏齋集六卷 元程端禮撰。○抄本。

〔補〕○清四庫館寫本，八行二十一字，白口，四周雙闌。樊增祥先生藏。○民國二十一年張壽鏞輯刻四明叢書本。

默菴集五卷 元安熙撰。○抄本。

〔補〕**默菴安先生文集五卷** 元安熙撰。○清寫本，十行二十字。目後有泰定四年男廣寧路學正塈記十行。又有"前鄉貢進士真定路趙州儒學正門人楊浚民校讐"，"應奉翰林文字承直郎同知制誥兼國史院編修官門生蘇天爵編輯"二行。鈐鮑廷博、蔣維基、文廷式三印。○清寫本。有楊浚民、蘇天爵銜名如前書。又有虞集序。失名人朱筆校。蔣君汝藻藏，後歸涵芬樓。余曾借校，頗有佳勝。○清寫本，九行十六字，無格。鈐"張氏月霄"朱文方印。余藏。○清寫本。有泰定三年虞集序，繆荃孫據朱彝尊藏本校。○清光緒五年定州王氏謙德堂刊畿輔叢書本。余有一帙，余用涵芬樓藏舊寫本校，改訂一百五字。

雲峯集十卷 元胡炳文撰。○正德丁卯林瀚重刊本。○正德戊辰裔孫濬重刊本。○弘治戊申刊本。

〔補〕**雲峯胡先生文集十四卷** 元胡炳文撰。**附錄一卷** ○明弘治二年藍章婺源刊本，十行十八字，黑口，四周雙闌。卷首題"裔孫用光輯"，"濬編次"，"邑後學汪舜氏校正"。前弘治元年陳音序，言集原二十卷，散佚不存，七世孫用光輯得五卷，其子濬又訪輯，倍增于舊，成化丁未藍章宰婺源，遂鋟梓焉云云。後有儲巏序及弘治己酉汪舜民跋。跋後有"邑儒士程質繕寫"，"歙黃文敬刻梓"二行。目錄後有遺像、贊、明經書院圖、墓圖，均有裔孫濬跋。次元史本傳，次行實，為附錄一卷。

〔補〕**雲峯胡先生文集十卷** 元胡炳文撰。○清道光十一年胡積城刊本，九行二十字，余藏。余用自藏弘治藍章本校。

秋澗集一百卷 元王惲撰。○明刊本。○韓小亭有舊抄本。○中州

名賢文表刊六卷。○張金吾亦有舊鈔本。○季氏目有元本。○秋
潤先生大全文集一百卷,自延祐時朝命江浙省刊梓,始工于至治辛
酉三月,畢于壬戌正月。

〔補〕**秋潤先生大全文集一百卷** 元王惲撰。○元至治元年至二年
嘉興路儒學刊明修本,十二行二十字,白口,左右雙闌。友人陸純伯
之弟藏,匆匆一見,未遑借校。○明弘治十一年李瀚汴梁刊本,十二
行二十字,黑口,四周雙闌。前河南學政車璽序。前有小像及秋潤
圖。卷一至七十七詩文,卷七八至七九承華事略、元貞守成事鑑,卷
八十至八十二中堂事記,卷八十三至九十二烏臺筆補,卷九十三至
一百玉堂嘉話。又有目錄一卷,附錄一卷。據車璽序為馬龍、金舜
臣繕刻翻刻。已印入四部叢刊。○清傳鈔元至治一至二年嘉興路
儒學刊本,十二行二十字。前至大己酉王構序,又羅應龍序。後題
"嘉興路司吏楊恢監督","嘉興路儒學學錄余元第董工","前蘭溪州
州判唐永涯校正"三行。鈐朱笥河及璜川吳氏藏印,為乾隆以前寫
本。

〔補〕**王文定公秋潤集六卷** 元王惲撰。○清康熙四十五年汪立名
刊中州名賢文表內集本。

牧菴文集三十六卷 元姚燧撰。○聚珍本。○閩覆本。○中州名賢
文表刊八卷。

〔補〕**牧菴文集三十六卷** 元姚燧撰。**附錄年譜一卷** 元劉政撰。
○清光緒二十五年廣雅書局翻武英殿聚珍版書本。余有一帙,余用
涵芬樓藏清寫本校,補佚文六首,佚詩二首,跋二首。

〔補〕**牧庵集二卷** 元姚燧撰。○清初寫本,十一行二十二字。前泰
定張養浩序。有天順甲申昌跋,不著姓氏。收賦一,詩古近體十二
題,敕詔制策十二題,碑四,記五,序七,碑銘六,神道碑十九。附柳
貫撰謚議。鈐有宋筠藏印。○清寫本,序跋及本書詩文次序與前記

宋筠藏本全同,惟多金同知沁南軍節度使楊公傳一首。涵芬樓藏,余曾以之校聚珍本,補詩文十首,見前條。

〔補〕**姚文公牧菴集不分卷**　元姚燧撰。○清寫本,十行二十字。有黃丕烈跋,言較中州名賢文表本增碑一、行狀一、序二、墓誌銘六、傳一,又神道碑半首。

〔補〕**姚文公牧菴集八卷**　元姚燧撰。○清康熙四十五年汪立名刊中州名賢文表內集本。

〔補〕**盧含雪詩集三卷**　元盧亘撰。○明萬曆四十三年潘是仁輯刻宋元四十三家集本,九行十九字,白口,四周單闌。

雪樓集三十卷　元程鉅夫撰。鉅夫本名文海,後避武宗御名,以字行。○明洪武二十八年曾孫潛刊本,元歐陽玄、李好文兩序並云四十五卷,而明熊釗序則云全集行世者揭文安所校三十卷。

〔附〕○元至正癸卯刊十卷本,多附錄一卷。(邵氏)

〔補〕○文津四庫本已印入湖北先正遺書中。

〔補〕**楚國文憲公雪樓程先生文集三十卷目錄一卷**　元程鉅夫撰。**年譜一卷附錄一卷**　○明洪武二十八年與畊書堂刊本,十四行二十二字,黑口,左右雙闌。前至正丙戌歐陽玄序,洪武辛未彭從吉序,至正十四年李好文序,洪武二十九年熊釗序。本書題“奉直大夫秘書監著作郎男大本輯錄”,“翰林侍講學士中奉大夫知制誥同修國史同知經筵事門生揭侯斯校正”。卷一至九玉堂類稿,卷十奏議存稿,卷十一至二十五文,卷二十六至末詩詞。余藏。此書陶湘已翻刻行世。○清初影寫明洪武刊本,有汪文柏古香樓印。盧址抱經樓遺書。

曹文貞詩集十卷後錄一卷　元曹伯啟撰。○有刊本,作漢泉漫稿。○浚儀胡益本作漢泉曹文貞詩集。

〔附〕○元曹復亨家塾本。○元學宮本。(邵氏)

〔補〕**漢泉曹文貞公詩集十卷** 元曹伯啟撰。**後錄一卷** ○元後至
　　元四年曹復亨刊本，大版心，九行十五字，細黑口，四周雙闌。字橅
　　趙漚波，疏朗圓勁，為元刊中上駟。有後至元三年張起巖序，後至元
　　五年蘇天爵序，後至元四年呂思誠序，至元後戊寅吳全節序。本書
　　題"文林郎江南諸道行御史臺管句男復亨類集"，"國子生浚儀胡益
　　編錄"。卷中語涉元帝空格提行。江南圖書館藏一帙，瞿氏鐵琴銅
　　劍樓藏一帙。○清傳鈔後至元四年曹復亨刊本，行欵序跋同前。余
　　曾以之校涵芬樓秘笈所收金侃鈔本，改訂甚多。○明末毛氏汲古閣
　　寫本，十行二十字，白口，左右雙闌。卷首次行題曹復亨、胡益銜名，
　　是從元本出，唯改易行欵耳。存卷六至十及後錄，計六卷，鈐有毛晉
　　父子印記。○清寫本，十行二十字。鈐有乾隆三十九年江蘇巡撫進
　　書木記，取自蔣曾塋家。鈐翰林院大官印及法式善印。友人徐沅
　　藏，用汲古閣寫本校卷六至十。○清傳寫元刊本，九行十五字，大版
　　心。有張起巖、呂思誠序。余家雙鑑樓藏。

〔補〕**漢泉漫藁五卷** 元曹伯啟撰。○清金侃寫本。已印入涵芬樓秘
　　笈，在第五集。余曾據傳鈔元曹復亨刊本校，補缺文九葉，詩二十三
　　首，又增佚詩六首。

芳谷集二卷 元徐明善撰。按：此書四庫著錄，莫氏未收。

〔補〕○近有刊本，多附錄一卷。

〔補〕**芳谷集三卷** 元徐明善撰。**校勘記一卷** 胡思敬撰。○民國九
　　年胡思敬刊豫章叢書本。

〔補〕**竹溪稿二卷** 元呂淵撰。○民國十三年胡宗楙輯刻續金華叢書
　　本。

觀光稿一卷交州稿一卷玉堂稿一卷附錄一卷 元陳孚撰。○洪
　　武戊午刊。○天順庚辰刊。

〔補〕**陳剛中詩集三卷** 元陳孚撰**附錄一卷** ○明天順四年沈琮廣

州刊本,十一行二十字,黑口,四周雙闌。前元史儒學傳,次洪武壬
申皇甫疎序。卷末有天順庚辰沈琼刊書跋,言是年知廣州,據洪武
壬申浙江布政司本校正訛字,增元史列傳,繡梓以永其傳云云。其
三卷即觀光藁、交州藁、玉堂藁各一卷也。卷一末題"雲間竹庭徐氏
家藏","慶州府學校刊"。鈐劉喜海、葉名澧、盛昱藏印。余得之盛
氏。○舊寫本,十二行二十二字。有洪武壬申皇甫疎序及天順四年
沈琼跋,即從沈琼廣州刊本出而改易行欵。亦鈐有劉喜海藏印。

〔補〕陳笏齋詩集六卷 元陳孚撰。○明萬曆四十三年潘是仁輯刻宋
元四十三家集本,九行十九字,白口,四周雙闌。藏園藏。

陳秋巖詩集二卷 元陳宜甫撰。按:此書四庫館臣自永樂大典輯出,
世罕傳本,故莫氏未收。
〔補〕○四庫本已印入四庫全書珍本初集。

蘭軒集十六卷 元王旭撰。○抄本。
〔補〕○四庫本已印入四庫全書珍本初集中。○四庫館寫本,八行二十
一字,白口,四周雙闌。鈐翰林院大官印及法式善印。樊增祥先生
藏書。

玉井樵唱三卷 元尹廷高撰。○四庫依知不足齋抄本。
〔補〕○四庫本已印入四庫全書珍本初集。○清鮑廷博知不足齋寫本,
十二行二十一字,黑口,左右雙闌,版心有"知不足齋正本"六字。前
有尹氏書"先君竹坡詩"一則。又錄元詩選小傳及附考。鈐翰林院
滿漢文大官印及清愛堂印。又有劉喜海藏印。此即四庫底本。

〔補〕玉井樵唱正續不分卷 元尹廷高撰。○清初毛氏汲古閣精寫
本,鈐"毛晉之印"、"汲古主人"、"楊瀬之印"等印記。盧址抱經樓遺
書。○李木齋先生家寫本,余藏。余據鮑廷博知不足齋寫本校。

清容居士集五十卷 元袁桷撰。○郁氏宜稼堂道光中刊本。○張金
吾有舊抄本。○元板清容居士集五十卷,上海郁松年舊藏,極精善。

〔補〕**清容居士集五十卷目錄二卷**　元袁桷撰。○元刊本，十行十六字，細黑口，左右雙闌。字橅松雪，刻印均精，元刊本中名品也。缺卷二十九、卷三十七至三十九、卷四十七至四十八。存卷中，卷二十七至二十八、卷四十九至五十為鈔配。鈐休寧朱之赤藏印。○明寫本，十行十六字。從元刊本鈔出。鈐有彭元瑞、朱學勤藏印。

〔補〕**清容居士集五十卷**　元袁桷撰。**札記一卷**　清郁松年撰。○清道光二十年郁松年刊宜稼堂叢書本。余有一帙，余據元刊本校。

此山集四卷　元周權撰。○有刊本。○路小洲有抄本十卷。○張金吾有舊鈔。

〔補〕**周此山先生詩集四卷**　元周權撰。○明刊本，十行十六字，黑口，四周雙闌。前袁桷、歐陽玄、陳旅序，後謝瑞、揭傒斯跋。○清寫本，十三行三十一字。有黃丕烈跋，言據顧嗣立藏鈔本校。○清寫本，失名人以朱筆校，似據元刊十卷本校者。鈐有偽錢曾印記。余曾借校。

〔補〕**此山先生詩集十卷**　元周權撰。**附此山堂題詠一卷**　○元刊本，十一行十九字、細黑口，左右雙闌，版心上記字數，行間有圈點。有延祐袁桷序及歐陽玄陳旅序。後有謝瑞、揭傒斯跋。本書卷首題陳旅校選，歐陽玄批點，俱帶銜名。友人張鈞衡藏。此書民國初年張君已影刊，收入擇是居叢書初集。民國十一年古書流通處又影印行世。○清寫本，八行十六字，無闌格。鈐有秦恩復石研齋印，或即秦氏寫本。余藏。友人章鈺代余用劉履芬手錄四卷本校過，跋云二本分卷雖不同，內容並無差異。四卷本有查慎行跋，言四卷本非全集云云，查說實不足信也。

申齋集十五卷　元劉岳申撰。○抄本。

〔附〕○元蕭泂刊本。（邵氏）

〔補〕○清寫本。余藏。

〔補〕**申齋劉先生文集十五卷**　元劉岳申撰。○清寫本,八行二十一字。從四庫本出。勞格手校。

霞外詩集十卷　元馬臻撰。○汲古閣本。

〔補〕○汲古閣刊元人十種本,九行十九字,白口,左右雙闌,版心下方有"汲古閣"三字。明崇禎十一年所刊。

〔補〕**西翁近稿文集七卷詩集三卷**　元譚景星撰。○元刊本,十行二十字,細黑口,左右雙闌,版心標書名,下按各卷分體標說、記、序等字,下方記字數。前延祐己未何克明序,延祐庚申黃常敬跋,又延祐五年自序。近稿卷一為說,卷二為記、卷三為序,卷四為賦,卷五為書,卷六為頌,卷七為雜著。詩集卷一五律,卷二七律,卷三七古。卷一尾有方木記五行。日本帝室圖書寮藏。此帙為中土佚書,孤本。

〔補〕**村西西翁詩集六卷文集十卷**　元譚景星撰。○元刊本,十行二十字,細黑口,左右雙闌。版心記詩幾、文幾,下記類別一、二字,最下記字數,版式同前書。前皇慶壬子自序,序後有"小村書塾刊梓,譚疇孔彰謹識"二行。卷首題"村西譚景星明望述","後學陳泗孔編"二行。詩集卷一缺失,卷二題"茶陵譚景星明望述著","廣漢甘楚材公亮校定"二行。卷末有陳泗孔跋。文集卷一亦缺,卷二論,卷三至五書,卷六說,卷七記,卷八碑,卷九雜著,卷十誌。日本帝室圖書寮藏。此為元明時流入日本之書,今吾國已不傳。然其人文筆平庸,見識亦隘,鄉里之儒所撰也。

西巖集二十卷　元張之翰撰。○抄本。

〔補〕○此集為四庫館臣輯自永樂大典者,傳世無別本,文淵四庫本已印入四庫全書珍本初集中矣。

蒲室集十五卷　元釋大訢撰。○刊本。○胡心耘有蔣廷錫藏舊鈔本。

〔補〕**蒲室集十五卷書問一卷疏一卷**　元釋大訢撰。○清寫本，十
　行二十字。前有後至元四年虞集序，從後至元四年刊本出。余藏。

〔補〕**樂庵遺稿二卷**　元吳存撰。**校勘記一卷**　魏元曠撰。**續記一
　卷**　胡思敬撰。○民國八年胡思敬刊鄱陽五家集本，後收入所輯刻
　豫章叢書中。

弁山小隱吟錄二卷　元黃玠撰。○四庫依知不足齋本。○明刊本，
　有蓮涇藏印、吳岫藏印。有至正年號。

〔補〕○清寫本，九行十八字。前至正乙酉自序，次後人補鈔入之四庫
　提要。卷中有朱筆校，署潔庵，其人竢考。鈐有"天都鮑氏困學齋圖
　記"朱文大印及翰林院滿漢文大官印。又鈐有法式善、韓泰華等藏
　印。此即四庫底本。文友堂見。○民國十三年劉承幹刊吳興叢書
　本。○民國二十三年張壽鏞刊四明叢書本，從四庫本出。

續軒渠集十卷附錄一卷　元洪希文撰。附錄一卷其父巖虎詩也。
　○嘉靖癸巳蔡宗兗刊本。

〔補〕○明山陰祁氏澹生堂寫本，十行十八字。題"皇明白鹿山人淛蔡
　宗兗刪正"。涵芬樓藏，存卷一至七，餘鈔配。余曾借校，可補近刻
　本甚多，真善本也。

〔補〕**續軒渠集十卷補遺一卷**　元洪希文撰。**附錄一卷**　○清光緒
　六年槐清館刊本。余有一帙，余據明山陰祁氏澹生堂寫本校，卷七
　補佚文二葉，卷九補佚文六葉，附錄中補墓誌銘一篇，其餘異字亦甚
　多。

定宇集十六卷別集一卷　元陳櫟撰。○康熙中刊本。

〔補〕**陳定宇先生文集十七卷首一卷**　元陳櫟撰。○清康熙三十三
　年裔孫陳嘉基刊本，十行二十二字。四冊。余藏一帙。

艮齋詩集十四卷　元侯克中撰。○路小洲藏有元刊本。

〔補〕○此書舊本罕見，四庫本已印入四庫全書珍本初集。

知非堂稿六卷 元何中撰。○新刊足本。

〔補〕○清初曹溶倦圃寫本，竹紙，烏絲闌，八行十六字，白口，四周單
　　闌，版心有"檇李曹氏倦圃藏書"八字。前吳澂序，次延祐庚申自序。
　　本書題"元臨川何中太虛著"，"後學孫何賤雅言編集"，"趙郡管時中
　　校正"三行。鈐曹溶、宋犖、宋筠印記。北京圖書館藏。

〔補〕**何太虛文集十卷** 元何中撰。○清道光、咸豐間刊本，九行二十
　　一字。失序跋。為詩稿六卷，外稿四卷。此書明以後久無刊本，外
　　稿四庫未收，雖近刻亦足珍也。莫目所註"新刊足本"即此本也。此
　　為友人徐森玉舊藏，近歲散出，為世好謝國楨所得。謝君知余久求
　　未獲，因以贈余。

〔補〕**知非堂稿十卷** 元何中撰。**附錄一卷** ○清寫本，九行十八字。
　　前洪武丙子黃德民序，次延祐庚申自序，次元統三年揭傒斯序。卷
　　一至六為詩，以後為文，即外稿也。余藏。余據清初曹氏倦圃寫本
　　校，改正三百餘字。又據大典補佚文、佚詩各一首。

〔補〕**薛象峯詩集二卷** 元薛漢撰。○明萬曆四十三年潘是仁輯刻宋
　　元四十三家集本，九行十六字，白口，四周單闌。余藏。

〔補〕**陸湖峯詩集一卷** 元陸景龍撰。○明萬曆四十三年潘是仁輯刻
　　宋元四十三家集本，九行十九字，白口，四周單闌。

雲林集六卷 元貢奎撰。○明弘治庚戌刊。○乾隆中刊。

〔補〕○新抄本。有洪熙元年三山陳峆序。古書流通處見。

〔補〕**貢文靖公雲林詩集六卷** 元貢奎撰**附錄一卷** ○明弘治三年
　　范吉刊本，九行十八字，黑口，四周雙闌。卷五後有"徽州歙西黃永
　　昇貴全道清道齊仇壽以銘以順刊"牌記二行。鈐汲古閣印。友人顧
　　君麐士藏。○清初嘉禾曹氏倦圃寫本，八行十七字，白口，四周單
　　闌。鈐曹溶印記。又有休寧汪文柏古香樓藏印。四明盧址抱經樓
　　散出之書。

〔補〕**貢文靖公雲林詩集六卷** 元貢奎撰。○清初周在浚家寫本，十行二十二字。有錢天樹跋。

〔補〕**貢文靖公雲林集十卷** 元貢奎撰。**附錄一卷** ○明貢靖國刊本，九行十八字，白口，四周單闌。四冊。余藏。

梅花字字香前集一卷後集一卷 元郭豫亨撰。○四庫依鹽官吳氏抄本。

〔補〕**梅花字字香二卷** 元郭豫亨撰。○元至大間刊本，七行十四字，白口，左右雙闌。寫刻本，刊印均精，蝴蝶裝。讀書敏求記著錄，鈐有清怡親王府藏印。海源閣散出之書，有楊紹和跋，楹書隅錄著錄。近歸周君叔弢。

〔補〕**梅花字字香前集一卷後集一卷** 元郭豫亨撰。**校譌一卷** 清胡珽撰。**續校一卷** 清董金鑑撰。○清咸豐三年胡珽木活字印琳琅秘室叢書本。胡珽增校譌一卷。○清光緒十三年會稽董氏木活字印琳琅秘室叢書本，又增入董金鑑續校一卷。

〔補〕**中庵先生劉文簡公文集二十五卷目錄二卷** 元劉敏中撰。○元刊本，十一行二十一至二十二字，細黑口，左右雙闌。前元統二年江浙等處儒學提舉吳善序，元統二年韓性序。每卷後有"後學錢唐葉森校正"一行。卷首題"正議大夫前户部尚書魏誼編類"。卷一至三碑記，四至十一碑誌，十二至十三序，十四銘、贊、頌，十五表牋、册、奏議，十六經疑、策問、雜著，十七賦、詩，十八至二十三詩，二十四至二十五樂府。其編次與四庫本迥異，卷數多五卷，所收詩文溢出四庫本頗多。如其詞凡一百二十六首，四庫本只三十二首耳。海源閣舊藏，今歸北京圖書館。此書余曾借校，僅校十卷，以古物圖書南遷而止，然所獲已多，真善本秘笈也。○舊寫本，從元刊本出，與四庫本不同。各體文增至八十二篇，詩溢出三之二，詞溢出十之八。四庫本從永樂大典輯出，故視此元本差失如此之鉅也。余藏。

中菴集二十卷 元劉敏中撰。○韓小亭有元刊本。

〔補〕○清四庫館寫本,八行二十一字,白口,四周雙闌。有翰林院大官
　印及法式善藏印。樊增祥先生藏。○余家雙鑑樓寫本,從樊氏藏四
　庫館寫本出。余曾據元刊本校卷一至十。其中碑記溢出二十三編,
　靈泉庵記補九十三字,順德忠獻王碑補二十一字,趙珪墓銘補二十
　九字,潘琚碑銘補三十字,崔氏先塋記補二十五字,元刊之佳勝處可
　以想見矣。

王文忠集六卷 元王結撰。按:此書四庫著錄,莫氏未收。

〔補〕○此集原本不傳,此為四庫館臣自永樂大典輯出者,傳本亦罕。
　四庫本已印入四庫全書珍本初集中矣。

靜春堂集四卷 元袁易撰。○知不足齋本。

〔補〕**靜春堂詩集四卷** 元袁易撰。○舊寫本,九行二十一字。前有
　延祐庚申龔璛序。松江韓氏讀有用書齋藏。○靜春堂詩諸元人序
　之手蹟尚存,曩在滬上曾獲一見,舍龔序外,尚有至治元年陸文圭
　序,至治二年楊載序,錢重鼎、郭麟孫、虞集序,泰定元年湯彌昌序,
　至治元年陳繹曾後序,合裝一卷。元人文集序跋手跡尚存者恐亦僅
　此矣。記此以廣異聞。

〔補〕**靜春堂詩集四卷** 元袁易撰。**附錄三卷** ○清鮑氏刊知不足
　齋叢書本,在二十八集。

惟實集四卷外集一卷 元劉鶚撰。○乾隆中刊本。○乾坤正氣集
　本。○張金吾有舊抄本,作憲節堂惟實集,八卷,附錄二卷。

〔補〕**吉永豐鷺溪劉楚奇先生惟實集四卷外集二卷** 元劉鶚撰。
　○清寫本,見於滬肆,行欵失記。未收。

勤齋集八卷 元蕭𣂏撰。○元至正四年刊本。○抄本。

〔補〕○清寫本,行欵失記。前有元代刊書牒文,從舊本出。鈐韓泰華
　玉雨堂藏印。壬子津肆見,未收。

石田集十五卷　元馬祖常撰。○明弘治中熊騰霄刊本。○中州名賢
文表刊五卷。○元至元刊本，藏昭文張氏，至元五年己卯蘇天爵序，
謂請于中臺，刊諸維揚郡學。前有是年九月牒。

〔補〕**石田先生文集十五卷**　元馬祖常撰。**附錄一卷**　○元後至元
五年揚州路儒學刊本，大版心，十行十八字，黑口，左右雙闌，版心上
記字數，下方間記人名一字。前有王守誠、蘇天爵、陳旅序。其前尚
應有後至元五年牒文，此帙失去。清汪士鐘、郁松年遞藏。此爲真
元刊本，藏友人張允亮家，其餘諸家所藏號爲元本者，皆弘治熊翀本
也。○明弘治六年熊翀刊本，十行二十一字，大黑口，四周雙闌。前
有後至元五年牒文。有翰林院大官印，卷中夾籤甚多，即四庫全書
底本也。李木齋先生藏。此本爲寫刻本，字體圓潤秀美，尚存元刊
遺矩，世人往往誤認爲元刊。海虞瞿氏鐵琴銅劍樓、劉氏嘉興堂、鄧
氏羣碧樓、盧氏抱經樓諸家所藏號爲元刊本者，皆熊本也。熊本民
國十一年古書流通處已影印，收入元四家集中。○舊寫本，十行二
十字。前有後至元五年牒文七行，又有王守誠、陳旅、蘇天爵跋。鈐
有陳廷敬印，遂冒稱陳氏手書。徐季孺藏書。

〔補〕**馬文貞公石田集五卷**　元馬祖常撰，明劉昌輯。○清康熙四十
五年汪立名刊中州名賢文表內集本。

〔補〕**清河集七卷**　元元明善撰。**附錄一卷**　○繆氏藝風堂刊藕香零
拾本，即繆荃孫所輯。前有元學士文稿序，後附世系圖。

〔補〕**菊潭集四卷**　元孛朮魯翀撰。○清光緒二十一年繆荃孫刊藕香
零拾本。

〔補〕**孛朮魯文靖公遺文二卷**　元孛朮魯翀撰。○清康熙四十五年
汪立名刊中州名賢文表內集本。

槃薖集十五卷　元同恕撰。○元至正初潘惟梓等刊本。○有抄本。

〔補〕○清四庫館寫本，八行二十一字，白口，四周雙闌。鈐有清翰林院

大官印及法式善印，樊增祥先生藏，余曾借來錄副。○四庫本已印入四庫全書珍本初集中。

〔增〕**雍虞先生道園類稿五十卷**　○張金吾有明抄本，所載詩文多有出學古錄外者。錢氏補元史藝文志載類稿，不著卷數，或未見其書。末有門人吳彤編類，門生重喜胡式點對，臨川袁明善、戈直重校三行。○元至正五年臨川郡學刊大字本。○後遺槁條下亦及類稿，未知即此編否，存目亦無之。

〔補〕○元至正五年撫州路總管詹天麟等刊本，九行二十字，黑口，四周雙闌。前至正二年歐陽玄序，次至正五年江西廉訪司牒文，牒後有撫州路總管詹天麟、經歷黃天覺跋。鈐明李廷相、清梁清遠、耿文光藏印。余藏。又見一帙，鈐梁清標印、翰林院印、徐松印，任丘邊氏藏，近為友人宗舜年收去。○明寫本，九行二十字。存二十六卷。鈐黃丕烈、汪士鐘藏印。李木齋先生藏。

道園學古錄五十卷　元虞集撰。○明景泰七年刊本。○嘉靖中刊本。○乾隆丙申崇仁陳氏刊本。○汲古閣虞伯生詩一卷，補遺一卷。○翁覃溪刊虞文靖詩集十卷，撰年譜一卷。○元至正六年刊本，半頁十三行，行二十三字，藏花山馬氏。

〔附〕○辛卯在吳收元本。（莫棠）○雍正甲辰裴思通刊虞文靖公文集，有翼機序。（邵氏）

〔補〕○明景泰七年崐山縣令鄭達刊本，十三行二十三字，黑口，四周雙闌。前原有景泰七年鄭達序，此本失去。分在朝槁二十卷，應制錄六卷，歸田槁十八卷，方外槁六卷。目後附加重增目錄一葉，題下各注已見某卷，其詩文則各補刊一葉，附入各卷之後，不與原有之末葉相連。後有至正元年門人李本跋，言為韓克莊之五世孫炘刻，先生幼子翁歸及同門之友編輯，並詳記各集卷數而不及重增之事，知此書原本刊於元至正初，而重增目及所增詩文各葉則為明代翻刻本所加者。余藏。此帙有補版，摹印稍後。涵芬樓亦有一帙，已印入四部叢刊初編，卷中各葉與余藏本有同有不同，重增之葉或有或無，亦不盡同，當非同時所印。後又在肆中別見一帙，行欵全同而與此二帙非一刻，又非嘉靖本，當是別一明翻元本也。故上記三本中，孰為鄭達原刊，孰為翻本，非並入此觀，殆難臆決，書此以竢後緣。○後又見一鄭達刊本，有景泰七年序。前補錄至正二年歐陽玄序，有葉盛跋，言元鏐伯溫刊大字本有此序，近見崑山新刻幹克莊建本，書以冠首云云。因知歐陽玄序乃鏐本所有，而鄭達本出於幹氏建本也。○明嘉靖刊本，十三行二十三字，黑口，四周雙闌。行欵雖與鄭達本同，然重增目錄已刪去，所增之文已散入各卷及目中矣。○清乾隆丙申陳氏賜書堂刊本。

道園遺稿六卷　元虞集撰。○韓小亭有舊鈔本。邊袖石亦有之。○元刊道園遺稿六卷，張金吾藏本，缺序目，一、二兩卷抄補。至正己亥楊椿序，謂近於士友間見公詩文集，其所得凡七百餘篇，皆板行二集所無，分類編次為六卷，附以樂府。而堪識語云，蒐獵累年，始得詩章七百餘首，類叙成編，以補觀覽，而金君伯祥必用壽諸梓以廣其傳，命子鏐書以入刊。外有雜文諸賦，尚有俟于他日。黃溍序亦謂堪積累得古律詩七百四十一篇。是此集有詩無文，椿序兼言文者，或衍一字也。堪識署至正十四年五月，蓋即刊板之年，二序又後數年。

〔補〕○元至正十四年吳江金伯祥刊本，十一行二十字，細黑口，左右雙闌。前至正二十年黃溍序，次至正十九年己亥楊椿序，次綱目。卷五後有至正十四年從孫虞堪識語，言學古錄、翰林珠玉已行世，慮其遺落，得詩七百餘首，金君伯祥壽梓，其子鏐書以入刻。此書余已覆刻，收入雙鑑樓刊蜀賢遺書十二種中。○清寫本，余藏。余據元金伯祥本及元刊鳴鶴餘音校。

〔補〕**新編翰林珠玉六卷** 元虞集撰。○元孫存吾如山家塾刊本，十一行二十字，細黑口，左右雙闌。失序跋。卷首題新編翰林珠玉卷幾，次行題"儒學學正孫存吾如山家塾刊"。鈐明晉府藏印。此書余曾校過，其中為學古錄不載者三十一題，與道園遺稿重見者三十二首。惟五、七律各一首為二集所不載。沈曾植先生舊藏一帙，日本靜嘉堂亦有一帙，余合二本影寫配全，影刊收入雙鑑樓刊蜀賢遺書中。

〔補〕**翰林珠玉五卷** 元虞集撰。○清寫本，鈐屠倬藏印。繆荃孫據元刊本校。

〔補〕**伯生詩續編三卷** 元虞集撰。○元後至元六年劉氏日新堂刊本，十行十五字，黑口，左右雙闌。目後有至元後庚寅劉氏日新堂刊書識語。此書羅君振玉已影印行世，收入芸窗叢刻中。○明紅格寫本，十行十五字，從元日新堂刊本出。此為天一閣佚出之書，沈曾植先生藏。四庫存目。

〔補〕**虞邵庵詩集七卷** 元虞集撰。○明萬曆四十三年潘是仁輯刻宋元四十三家集本，九行十九字，白口，四周單闌。

〔補〕**虞伯生詩八卷補遺一卷** 元虞集撰。○明末毛氏汲古閣刊元詩四大家本，九行十九字，白口，左右雙闌。

〔補〕**道園集十八卷** 元虞集撰。○清四川刊本，原不分卷，以類相從。徐時棟舊藏本，十冊。藏園藏。

〔補〕**虞文靖公詩集十卷** 元虞集撰。**年譜一卷** 清翁方綱撰。○清嘉慶十一年南城曾氏賞雨茅屋刊本。

〔補〕**虞文靖公道園全集詩八卷詩遺稿八卷文四十四卷** 元虞集撰。○清道光十七年鵝溪孫氏刊本，收入古棠書屋叢書中。

楊仲弘集八卷 元楊載撰。○明刊本。○汲古閣本。○浦城遺書本。

〔補〕**楊仲弘詩集八卷** 元楊載撰。○元刊本，十二行二十字，黑口，左右雙闌。為軟體字，寫刻。前致和元年范梈序，亦以手書上版。鈐"錢受之讀書記"朱文印，為絳雲樓刦餘之書。存卷一至卷四。余藏。

〔補〕**翰林楊仲弘詩八卷** 元楊載撰。○明嘉靖十五年遼藩朱寵瀼刊本，十行二十字，白口，四周雙闌，上空一格，實為每行十九字。前嘉靖十五年梅南翁序，次至大二年斐庾季昌序，次致和元年范梈序。

〔補〕**楊仲弘詩八卷** 元楊載撰。○明末毛氏汲古閣刊元詩四大家本，九行十九字，白口，左右雙闌。

〔補〕**楊仲弘集八卷** 元楊載撰。○清嘉慶十五年祝昌泰留香室刊浦城遺書本，十行二十三字，白口，四周雙闌。余藏。余據元刊本校卷一至四。

范德機詩七卷 元范梈撰。○汲古閣本。○明楊羣選本六卷。○元刊本胡心耘藏。

〔附〕○元大德坊本。○至至元庚辰益友書堂刊，臨川葛雝仲移編次。（邵氏）

〔補〕○明末毛氏汲古閣刊元詩四大家本，九行十九字，白口，左右雙闌。

〔補〕**范德機詩集七卷** 元范梈撰。○元後至元六年益友書堂刊本，十一行二十字，細黑口，左右雙闌。書名標題大字佔雙行。目錄題為綱目。後有"至元庚辰良月益友書堂新刊"牌記二行。卷首次行題"臨川葛雝仲穆編次"，"儒學學正孫存吾如山校刊"。海虞瞿氏及江南圖書館各有一帙。○清影寫元後至元六年益友書堂刊本，行欵同前書。有秦恩復石研齋印及蔣氏西圃藏印。已印入四部叢刊初編。

〔補〕**范德機詩集七卷** 元范梈撰。**校勘記一卷** 胡思敬撰。○民國九年胡思敬刊元二大家集本,已收入豫章叢書。

文安集十四卷 元揭傒斯撰。○抄本。○汲古閣揭曼碩詩三卷,又有遺文一卷。○張金吾有菉竹亭舊抄本揭文安集十卷。○又有影寫元刊本揭曼碩詩集三卷。○元刊本揭曼碩詩集三卷,目錄後有"至元庚辰季春日新堂刊行"一行。

〔附〕○元刊揭文安公文粹二本,黄目。○明天順沈琮刊文粹不分卷本。○粵雅堂重刊文粹二卷本。(邵氏)

〔補〕**揭文安文集九卷** 元揭傒斯撰。○舊寫本,鈐謙牧堂藏印。徐坊遺書,余曾取校豫章叢書本,改訂至多。

〔補〕**揭文安公文集九卷詩集三卷續集二卷** 元揭傒斯撰。○清寫本,十一行二十六字。有宋賓王跋,言從吳郡顧氏秀野草堂所藏十四卷全集錄出,文一百二十六首。文粹之文為其前作,非選粹也云云。莫棠藏。○清寫本,鮑廷博手校,並錄宋賓王跋。文集末有補遺二篇,為"桂陽尹范君墓誌銘"及"李節婦傳"。詩集三卷題溥化校錄。鮑氏跋言與汲古本次第悉同,惟卷三有三首為此本所佚,而此本"登祝融峯"以下六首又汲古本所無也。又有楊復吉跋,謂非盡出秀野草堂本,又謂文粹是選粹而非前作云云。翰文齋見。○鮑廷博知不足齋寫本,九行十八字。鈐"知不足齋抄傳秘冊"印。後錄宋賓王跋及何焯跋。存文集九卷。端方舊藏,近為徐君森玉收得。

〔補〕**揭文安公全集十四卷補遺一卷** 元揭傒斯撰。○清寫本,十行十八字。鈐孔繼涵藏印。印入四部叢刊。

〔補〕**揭文安公文集□卷** 元揭傒斯撰。○明正德十五年九世孫揭富文輯刻本,九行二十字,白口,四周雙闌。前有九世孫揭富文序,言旁搜遍采,審其真贗而去取之,編輯成帙,竢祠儲豐裕刻梓以傳云云。存詩六卷,下缺,收詩五百三十八題,視汲古本之一百七十六題已增至三倍矣。余藏。

〔補〕**揭文安公詩集八卷續集一卷文集九卷補遺一卷** 元揭傒斯撰。**校勘記一卷** 胡思敬撰。○民國九年胡思敬刊豫章叢書本，據明隆慶刊八卷本付刊，又增入三十餘首。余據明正德揭富文刊本校一帙，改定字句極多，且有數詩為胡刻所未收。又據元刊本、舊鈔本詩集校之，補詩三首。又據鮑廷博校文集九卷詩集三卷本校，改訂亦夥。

〔補〕**揭曼碩詩集三卷** 元揭傒斯撰。○元後至元六年日新堂刊本，十行十九字，黑口，四周雙闌。前目錄，目錄次行題"至元庚辰季春日新堂印行"。卷首次行題"門生前進士燮理溥化校錄"。余藏一帙，日本內閣文庫有一帙。○舊寫本，從元刊本出，余藏。余據元刊本校過。○明寫本，從元刊本出，前人據元刊本校過。有李兆洛、張蓉鏡、季錫疇、黃廷鑑跋，往復辯其是否全本，蓋均未親見元刊本及明揭富文本也。

〔補〕**揭曼碩詩三卷** 元揭傒斯撰。○明末毛氏汲古閣刊元詩四大家本，九行十九字，白口，左右雙闌。○清道光二十七年潘仕成刊海山仙館叢書本。

〔補〕**揭秋宜詩集五卷** 元揭傒斯撰。○明萬曆四十三年潘是仁刊宋元四十三家集本，九行十九字，白口，四周雙闌。

〔補〕**元音獨步揭文安公詩集二卷補遺一卷** 元揭傒斯撰。○影寫明正德辛巳王浩刊本，行欵失記。前正德辛巳次川子王浩序，次梁寅撰事蹟，次王浩識語。本書卷首題"元進士燮理溥化集錄"，"明黃岡令四明王浩校正"。有李兆洛跋，謂其分類不當，所選未盡善。又有李錫疇、張蓉鏡跋。張跋云此為士禮居舊藏善本。壬子見於申江。○清寫本，十行十九字，序跋及卷首與前本全同。清陳鱣手校並補缺葉，有跋，言據黃丕烈藏養拙齋本校，則所據者即前記之本也。余藏。

〔補〕**揭文安公文粹一卷**　元揭傒斯撰。○明天順五年沈琮廣州府
　　學刊本,十一行二十字,黑口,四周雙闌。失前序,只存元史本傳及
　　目錄。全書共錄文五十七首。何焯朱筆評校。周叔弢藏,余曾借來
　　一校。

〔補〕**揭文安公文粹二卷**　元揭傒斯撰。○清咸豐元年伍崇曜輯刻
　　粵雅堂叢書本,在第二集中。

〔補〕**揭文安公文粹六卷**　元揭傒斯撰。○清同治十一年安徽藩署
　　敬義齋刊本,十二行二十四字。余有一帙,據周叔弢藏天順五年沈
　　琮刊本校,收文之篇數、次第皆同,唯訂正二百二十字。

翠寒集一卷　元宋无撰。○汲古閣刊本附啽囈集一卷,入四庫存目。
　　○敏求記此書六卷,云張習所分。

〔附〕○元刊本,附啽囈集一卷。(邵氏)

〔補〕○影寫元刊本。失名人朱筆校。鈐"吳越王孫"印,盧址抱經樓散
　　出之書。○明末毛氏汲古閣刊元人十種詩本,九行十九字,白口,左
　　右雙闌。余有一帙,余據明刊本校,補訂一百五十餘字。

〔補〕**翠寒集三卷**　元宋无撰。○明刊本,十行十八字,大黑口,四周
　　雙闌。前有至元丙子自序,鄧光薦序,元貞乙未趙孟頫序,延祐庚申
　　馮子振序。鈐士禮居印。文祿堂見,借歸校汲古本,二本分集雖異,
　　而次第、篇章皆同,僅補訂一百五十餘字。又補鄧光薦序一首,然鄧
　　序實為啽囈集而撰,非此集所應有者也。○此書又有六卷本,明成
　　化張習所刊;又有八卷本,見千頃堂書目序,近代收藏家著錄及四庫
　　所收均作一卷,頗疑僅分卷不同,篇章無大異也。

〔補〕**啽囈集一卷**　元宋无撰。○明嘉靖刊本,十行二十字。前有至
　　正十四年鄧光薦序。沈曾植藏,有跋。四庫存目。

檜亭集九卷　元丁復撰。○抄本。

〔補〕○江陰繆氏藝風堂寫本,綠格。有至元李桓序,又有至正間李孝

光、危素、楊翩諸序。

〔補〕**檜亭稿九卷**　元丁復撰。○元至正十年南臺御史張惟遠集慶學宮刊本，十行二十字，白口，四周雙闌。合刊前後集而成，每篇下注明"前集"、"續集"字樣。前集其婿饒介編，續集其門人李謹之編。陸心源皕宋樓舊藏，今在日本岩崎氏靜嘉堂文庫。

〔補〕**檜亭稿九卷拾遺一卷**　元丁復撰。○民國八年黃巖楊氏印台州叢書已集本。

伊濱集二十四卷　元王沂撰。○抄本。

〔補〕○此書原本不傳，四庫館臣自永樂大典輯出入錄，近世未聞有刊本。四庫本已印入四庫珍本初集中。

〔補〕**貫酸齋詩集二卷**　元貫雲石撰。明萬曆四十三年潘是仁輯刻宋元四十三家集本，九行十九字，白口，四周單闌。

〔補〕**存復齋文集十卷**　元朱德潤撰。**附錄一卷**　○明成化十一年項璁刊本，十一行二十字，黑口，四周雙闌。前至正九年俞焯序，虞集序，次目錄，次附錄，為誌、序及事略。本書提"元征東儒學提舉睢水朱德潤澤民著"，"曾孫夏重編"，"賜進士湖廣按察史東吳項璁彥輝校正"。余有一帙，為葉氏菉竹堂舊藏。滂喜齋潘氏有一帙，有劉喜海跋。涵芬樓亦有一帙，已印入四部叢刊續編。○清寫本，從成化項璁本出，有韓泰華玉雨堂印及繆荃孫印。此書四庫存目。

〔補〕**存復齋續集一卷**　元朱德潤撰。○清寫本。上海涵芬樓藏。已印入涵芬樓秘笈中，在第五集。

淵穎集十二卷附錄一卷　元吳萊撰。○洪武中刊本，宋璲所書。○嘉靖中祝氏刊本。

〔補〕**淵穎吳先生文集十二卷**　元吳萊撰**附錄一卷**　○元末明初刊本，十三行二十三字，黑口，左右雙闌。前劉基序，次胡助、胡翰序，次目錄，目後有其子金華縣儒學教諭吳士謂跋。跋後有"金華後學宋璲謄寫"一行。後有清葉樹廉手跋。鈐清翰林院印及盛昱藏印。此本以宋璲手書上板，寫刻均精，為元刊本中名品。友人朱君文鈞藏，已印入四部叢刊初編中。

〔補〕**淵穎吳先生集十二卷** 元吳萊撰。○明嘉靖元年祝鑾刊本，十一行二十二字，白口，左右雙闌。前有祝氏序。目後有"金華後學宋璲謄寫"一行，從明初本出。鈐季振宜、汪士鐘藏印。

〔補〕**存心堂遺集十二卷** 元吳萊撰。**附錄一卷** ○萬曆四十年吳邦彥刊本，十行二十二字，白口，四周單闌。前萬曆四十年莊起元序，又嘉靖元年祝鑾舊序。本書題吳萊撰，門人宋濂編，莊起元重編，十世孫晚校。末題萬曆辛亥九世孫邦彥重刻。從祝鑾本出。繆氏藝風堂藏。

〔補〕**重刻吳淵穎集十二卷** 元吳萊撰。**附錄一卷** ○清康熙四十九年十三世孫吳守儁等刊、雍正元年十四世孫吳漣校正本。

〔補〕**淵穎集十二卷** 元吳萊撰。○清光緒元年胡鳳丹輯刻金華叢書本。

〔補〕**淵穎吳先生集十二卷** 元吳萊撰。**附錄一卷考異一卷** 胡宗楙撰。○民國十三年胡宗楙輯刻續金華叢書本。從明初本出。

〔增〕**吳淵穎詩箋十二卷** ○康熙辛丑錫山王邦采箋刊。

〔補〕**吳淵穎先生集十二卷** 元吳萊撰，清王邦采、王繩曾同箋。○清康熙六十年錫山王氏裕昆堂刊本，九行十八字，細黑口，四周單闌。十冊。藏園藏。○清同治九年永康應寶時刊本。

〔補〕**金華黃先生文集四十三卷** 元黃溍撰。○元刊本，十二行二十四字，細黑口，左右雙闌。失前後序跋。瞿氏鐵琴銅劍樓藏一帙，缺九卷，涵芬樓借印入四部叢刊，缺卷用日本靜嘉堂文庫藏本補配。余有殘本八卷。此書元本均為明印，多爛板，各本亦不能互補斷爛處。○民國十三年胡宗楙刊續金華叢書本，從傳鈔元刊出。

〔補〕黃文獻公集二十三卷　元黃溍撰。〇元刊明正統補刊本，十四
　行二十五字，黑口，四周雙闌，版心上方記字數。後有正統三年杜桓
　跋，言板置學宮，正統丁巳四月，學宮燬而板存，闕失百餘，乃捐俸刊
　補之云云。全書分初稿三卷，續稿二十卷。續稿又分上、中、下。上
　七卷，題危素編，中六卷，題王禕編，下七卷，題宋濂、傅藻同編：涵芬
　樓藏。〇舊寫本，有清琴川張蓉鏡藏書印記。繆氏藝風堂藏。

〔補〕黃學士文集二十三卷　元黃溍撰。〇明刊本，十二行二十四
　字，黑口，四周單闌，魚尾上方記刊工人名。鈐筥重光印及翰林院官
　印。

黃文獻集十卷　元黃溍撰。〇明正統戊午補刊本二十三卷。〇明仙
　居張儉刪本十卷，不全，即四庫著錄本。〇嘉靖間刊別集二卷。〇
　祠堂本。〇元刊全本金華黃先生文集二十三卷，藏昭文張氏。臨川
　危素編次，番陽劉耳校正，原四十三卷，今存卷一至十三，卷二十三
　至三十一，合二十三卷。貢師泰至正十五年十月序云，其初稿三卷
　未第時作，監察御史危素所編。續稿四十卷皆登第後作，門人王生、
　宋生所編。比廉問閩南，過金華，得先生集于王生，序而授之三山學
　宮，刊梓以傳。〇又有明正統補刊本二十三卷，卷一至三曰初稿，卷
　四至十曰續稿，上俱題臨川危素編。卷十一至十六曰續稿，中題門
　人宋濂、傅藻同編。宋濂序云，家藏曰損齋稿共二十五卷，縣大夫胡
　君惟信亟取梓傳，俾為之序，在先生薨後五年。是正統修補者胡惟
　信刊本，不知何以少二卷，殆"三"誤"五"。〇朱修伯曰，此書須四十
　三卷作金華黃先生集者佳，宋景濂手書也。

〔附〕〇收正統二十三卷本，先有黃文獻別錄一冊，蓋從明本抄出，即張
　儉所刪，然文有在二十三卷之外者。（莫棠）

〔補〕重刊黃文獻公文集十卷　元黃溍撰，明張維樞輯。〇明萬曆刊
　本，十行二十一字，白口，四周單闌。六冊。辛亥春收自文求堂。

〔補〕**黃文獻公集十卷補遺一卷** 元黃溍撰。**附錄一卷** ○清光緒
　四年胡鳳丹刊金華叢書本。

〔補〕**黃文獻公文集八卷** 元黃溍撰。○舊寫本，十行二十一字。前
　宋濂序，危素撰碑及請諡文移。鈐"欽訓堂書畫記"等印。

〔補〕**黃文獻公別錄二卷** 元黃溍撰。○清寫本。前李鶴鳴序，後張
　大輪跋。又嘉靖壬辰邑後學省菴觀跋。有同治甲戌龔橙手跋。

〔補〕**蒲菴集四卷** 元釋來復撰。○明洪武刊本，十三行二十四字，黑
　口，四周雙闌。前洪武十二年宋濂序，又歐陽玄序。本書題"門人曇
　鎧法住編次"。四卷均詩，分體編次而成。余藏。

〔補〕**蒲菴集補遺不分卷** 元釋來復撰。○江陰繆氏藝風堂寫本，計
　詩、文各一冊。繆荃孫手校。余曾錄副。

圭齋集十五卷附錄一卷 元歐陽玄撰。○明弘治中刊成化辛卯劉
　釪校刊本。○修得堂本三十卷。○道光中湖南刊本。○路小洲有
　元刊本二部。○張金吾有舊抄本十六卷，宗孫銘、鏽編集。

〔補〕**圭齋文集十六卷** 元歐陽玄撰。○明成化七年劉釪刊本，十一
　行二十一字，黑口，四周雙闌。卷首題"宗孫銘、鏽編集"，"安成後學
　劉釪校正"。卷一賦、頌，卷二至四詩歌，卷五至十五文，卷十六為附
　錄，詩文實止十五卷耳。末有成化七年劉釪刊書跋。盧址抱經樓有
　一帙，癸丑見，後在廠肆又見一帙。此本已印入四部叢刊初編中。
　○清寫本，從成化七年劉釪刊本出。鈐有許乃普藏印。廠肆邃雅齋
　見。

〔補〕**歐陽文公圭齋集十五卷** 元歐陽玄撰。**首一卷附錄一卷**
　○清棣餘山房刊本。六冊。吾家藏園藏。

待制集二十卷附錄一卷 元柳貫撰。○明天順癸未刊本。○今乾
　隆中刊本。○又活字本。○今順治癸巳馮如京重刊。○元至正中
　武威余闕得其文，命刊置浦江學宮。

〔附〕○永樂四年柳貫補刊元本二十二卷。（邵氏）

〔補〕柳待制文集二十卷標目二卷 元柳貫撰**附錄一卷** ○元至正十年余闕浦江學宮刊本，十二行二十字，黑口，四周雙闌。前蘇天爵、危素序。缺二卷，據京師圖書館藏本鈔配。江陰繆氏藝風堂藏，余曾借校。○明天順七年張和歐陽溥刊本，十二行二十字，黑口，四周雙闌，行欵與元刊本同，唯卷首題"教諭泰和歐陽溥編輯"，"訓導江蒲郁珍校正"。○明影寫明天順七年張和、歐陽溥刊本。○清寫本，盧址抱經樓藏書。

〔補〕柳待制文集二十卷 元柳貫撰**附錄一卷** ○清順治十一年范養民、張以邁刊，康熙五十年、六十一年傅旭元、曾安世重修本，九行二十字，白口，四周單闌。余據元、明刊本及明寫本校。○民國十三年胡宗楙刊續金華叢書本。

〔補〕上京紀行詩一卷 元柳貫撰。○明初刊本，十行十七字。鈐有揆叙謙牧堂藏印。故宮圖書館藏，已影印行世。

〔補〕柳初陽詩集三卷 元柳貫撰。○明萬曆四十三年潘是仁輯刻宋元四十三家集本，九行十九字，白口，四周單闌。余藏。

閒居叢稿二十六卷 元蒲道源撰。○韓小亭有舊抄。○張金吾亦有抄本，男機類編，門生薛懿校正，黃溍序。○季目有元刊本。

〔補〕順齋先生閒居叢藁二十六卷 元蒲道源撰。○元刊本，九行十四字，白口，左右雙闌。前至正十年黃溍序，次目錄。本書各卷卷首題"男蒲機類編"，"門生薛懿校正"二行。鈐張雋藏印。辛巳歲暮見于廠肆。卷中缺葉頗多。卷十四第二十九、三十兩葉下半空缺，諸本均不能補。日本靜嘉堂藏一帙，為陸心源皕宋樓故物。余有半部，存卷十四至二十六，缺葉斷版均同，不能互補。○清逯寄齋寫本，藍格，九行十四字，版心有"逯寄齋"三字。每卷首亦題"男蒲機類編"，"門生薛懿校正"二行，卷中遇朝廷等字空格，間有空格之字，其行欸亦與元刊本同,應是自元本影鈔出者。鈐有張月霄藏印,即莫氏所記之張金吾藏抄本也。余藏。余據家藏元刊殘本校後十三卷,補缺文一葉,缺字數十。○清寫本,有汪文柏古香樓藏印。盧址抱經樓舊藏。○清李柯溪家鈔本,李氏手校。六册。余藏。○舊寫本,朱氏結一廬藏,今在其壻張幼樵家。聞朱氏尚有元刊本,亦歸張氏,深藏不出,莫可得見。

所安遺集一卷 元陳泰撰。○明成化丁未陳銓刊。

〔補〕○清寫本,十行二十字。從明成化二十三年來孫銓重刊本鈔出,題"曾孫朴編集","玄孫章訂定","來孫瑤刊行","來孫銓重刊"等字樣。有晉江黃氏藏印。周叔弢藏。○清寫本,十行二十字。亦題"來孫銓重刊"等字樣,有成化丁未來孫銓跋。鈐蔣子垕、鮑廷博印記。此書曾見二帙,行欸均同,疑成化二十三年陳銓刊本行欸即如此也。然成化本余閱肆三十餘年迄未得見,其罕秘可知矣。○清寫本,十行二十二字。亦有曾孫朴編集、來孫銓重刊字樣。鈐戴光曾藏印。友人徐乃昌藏。○清寫本,已印入涵芬樓秘笈,在第十集。

〔補〕**所安遺集一卷** 元陳泰撰。**附錄一卷** ○清光緒六年譚鍾麟刊本。余有一帙,余據陸心源舊藏鈔本校,改正至多。

至正集八十一卷 元許有壬撰。○路小洲、韓小亭均有舊鈔本。○中州名賢文表刊三卷。

〔補〕○明刊本,藍印,存十卷,二册。余藏。○清寫本,聊城鄒氏藏。此本宣統三年有石印本行世。○近時河南省教育會有石印本。

圭塘小稿十三卷別集二卷續集一卷附錄一卷 元許有壬撰。續集為誌文、祭文及其弟有孚等唱和之作。○明成化己丑許容刊。○述古堂書目十八卷。

〔補〕**圭塘小稿十三卷別集二卷續集一卷外集一卷** 元許有壬撰。**附續錄** ○明成化六年許顒(莫氏避清嘉慶諱,改"顒"為"容")

刊本，十行二十字，黑口，四周雙闌。題“元中憲大夫同簽太常禮儀院事弟有孚編”。有葉盛、許有孚、張翥序，又至正庚子弟有孚序，成化改元朱裎跋，成化己丑丘霽跋，成化六年知南康府五世孫許顥後跋。余藏，友人陶湘堅求相讓，遂以歸之。

〔補〕**圭塘小藁十三卷續集一卷續集附錄一卷別集二卷別集附錄一卷** 元許有壬撰。○民國十二年河南官書局刊三怡堂叢書本。

〔補〕**許文忠公圭塘小藁三卷** 元許有壬撰。○清康熙四十五年汪立名刊中州名賢文表内集本。

禮部集二十卷 元吳師道撰。○張金吾抄本多附錄一卷。○元刊本，藏吳門黃氏。

〔補〕**吳禮部集二十卷** 元吳師道撰。○元刊本，十六行二十四字。卷首序缺半葉，卷十四缺第八葉。有黃丕烈跋。陸心源䤵宋樓故物，今在日本靜嘉堂文庫。現存諸鈔本多從此本出。○清精寫本。鈐“曾在李鹿山處”印。四明盧氏抱經樓舊藏。

〔補〕**吳正傳先生文集二十卷** 元吳師道撰。**附錄一卷** ○明寫本，棉紙藍格，十三行二十二字。前至正六年黃溍序。本書卷十七後有“侍書洪壽錄”小字一行。附錄為墓表、墓誌銘及元史本傳。有康熙十七年杜楚跋，甲戌十月偶影居士跋，言從其後人吳扁假家藏稿校之云云。又有友人姚華跋。鈐有邵晉涵及鳴野山房藏印。見於文祿堂，余曾借歸以校續金華叢書本，凡元本脫失處，此本均不脫。又改卷十四“送梁仲庸御史序”以下六篇互淆處，視傳世元、明二本均有勝異處。

〔補〕**吳禮部文集二十卷** 元吳師道撰。**附錄一卷** ○民國十三年胡宗楙刊續金華叢書本，據丁氏八千卷樓藏本付梓。余用明寫本校一帙，改正增補一千六百字，補“憶知賦”一卷。卷十四“送梁仲庸御史序”以下六篇淆亂，亦據以訂正。

〔補〕**趙待制遺稿一卷** 元趙雍撰。○清嘉慶間鮑氏刊知不足齋叢書
本，從吳焯尺鳧家寫本出，在第二十三集中。此書四庫存目為趙仲
穆遺稿，亦一卷。

〔補〕**石屋禪師山居詩集六卷** 元釋清珙撰。○明萬曆三十四年潘
是仁輯刻宋元四十三家集本，九行十九字，白口，四周單闌。

積齋集五卷 元程端學撰。○韓小亭有舊鈔本。

〔補〕○清四庫館寫本，八行二十一字，白口，四周雙闌。鈐翰林院大
印。法式善舊藏，今在樊增祥先生處。余曾借歸錄副。○民國二十
一年張壽鏞輯刻四明叢書本，在第一集。

燕石集十五卷 元宋褧撰。○抄本。

〔附〕○元至正八年浙江行省刊宋禠編次本，王漁洋云，奉旨與石田集
同刊於浙江行省，據御史殷弼、楊惠、王思順、蘇寧所請也。禠為褧
從姪。（邵氏）

〔補〕**宋翰林燕石集十五卷** 元宋褧撰。**附錄一卷** ○清寫本，九行
二十字。前至正八年牒文，次至順元年失名序，次歐陽玄、許有壬
序，次呂思誠撰傳，次危素後序。本書題“姪太常奉禮郎禠編次”，
“應奉翰林文字危素校正”。鈐曹寅、富察昌齡、李鐸藏印。殘存卷
一至五，九至十二，計九卷。○清初寫本，十行二十二字。前至正八
年牒文，次至順元年歐陽玄序，次至正六年蘇天爵序，又許有壬、呂
思誠序，至正七年危素後序。本書卷首二、三行題宋禠編次、危素校
正銜名，與前本同。卷一至十詩，卷十一至十五文。卷末有洪武辛
亥何之權跋，又洪武戊午呂熒跋。有康熙辛丑宋賓王校並跋，言經
錢方蔚、汪天立校閱。宋校用墨筆，汪、錢校用朱筆，友人朱文鈞藏。
○清寫本，十行二十二字。有馮桂芬跋及俞樾觀欵。余藏。○清寫
本，十行二十一字。有至正八年牒文及元人諸跋，與前本同，唯無洪
武二跋。本書次行題“元廣陽宋褧顯夫著”，三行題“應奉翰林文字

危素校正",四行題"姪太常奉禮郎礦編次"。

〔補〕**王陌菴詩集二卷**　元王士熙撰。○明萬曆四十三年潘是仁輯刻
　　宋元四十三家集本,九行十九字,白口,四周單闌。

〔補〕**秋聲集九卷**　元黃鎮成撰。○明洪武十一年其子黃鈞刊本,十
　　二行二十二字,黑口,四周雙闌。○清寫本,從唐棲勞氏寫本傳錄。
　　古書流通處見,未收。

秋聲集四卷　元黃鎮成撰。○明洪武十一年刊本十卷,實詩六卷,文
　　二卷,無卷七、卷八,蓋待續刊,觀其子鈞跋可見。○四卷本僅詩無
　　文,見張氏志。○嘉靖中刊本。○明何望海刊本,四卷,不足。

〔補〕○明徐燉等編刊本,九行十八字,白口,四周單闌。○清順治十一
　　年蕭雯刊本,八行十八字,白口,四周雙闌。○清康熙六十一年朱霞
　　雙笏山房刊本,八行十八字,白口,左右雙闌。余據明刊本及清四庫
　　館寫本校一帙。○清四庫底本,前自序。鈐翰林院大官印。卷中有
　　分校官劉景岳粘簽。徐坊遺書,余曾借校。

〔補〕**秋聲集三卷**　元黃鎮成撰。○清光緒七年徐榦輯刻邵武徐氏叢
　　書本,在樵川二家詩中。

〔補〕**雁門集八卷**　元薩都剌撰。○明成化二十年張習刊本,十一行
　　二十一字,大黑口,四周雙闌。有至正丁丑干文傳序,成化二十年張
　　習後序。海虞瞿氏藏。此書頗罕見,余閱肆三十年欲求一帙而不可
　　得。○清初錢曾述古堂傳鈔明張習刊本,墨格,十一行二十一字,左
　　闌外有"錢遵王述古堂藏書"八字。有干文傳、張習序。鈐有清毛
　　晉、桂馥、馬曰璐、孫星衍印。

〔補〕**薩天錫詩集□卷**　元薩都剌撰。○明末山陰祁氏澹生堂寫本,
　　竹紙藍格,十行十八字,版心有"淡生堂鈔本"五字。存卷三至六。
　　乙卯元宵收。

〔補〕**雁門集六卷**　元薩都剌撰。○舊寫本,十二行二十四字。有元

至正丁丑干文傳序及成化乙巳劉子鍾序。辛酉見。

〔補〕**薩天錫詩集不分卷** 元薩都剌撰。〇明弘治十六年李舉刊本，
十行十八字，黑口，四周雙闌。有成化二十一年劉子鍾序、知兗州府
事趙蘭序。又有弘治十六年知東昌府李舉後序，稱刻于郡齋云云，
則為東昌府刊本也。全書分體編而不標卷次。此本已印入四部叢
刊。〇明謝肇淛小草齋寫本，藍格，九行十九字，版心下方有"小草
齋鈔本"五字。鈐周在浚藏印。清黃丕烈手校，有跋。

〔補〕**新芳薩天錫雜詩妙選藁全集不分卷** 元薩都剌撰。〇日本
明曆三年刊本，八行十八字，黑口，四周單闌，版心記天全二字。無
序跋，詩後附文七首，皆為緇流而作。其詩泰半為汲古本所無，有者
字句亦多異處，疑自元刊舊本翻刻也。楊君守敬見貽。

〔補〕**薩天錫詩集八卷** 元薩都剌撰。〇明萬曆四十三年潘是仁輯刻
宋元四十三家集本，九行十九字，白口，四周單闌。

雁門集三卷集外詩一卷 元薩都剌撰。〇明成化中刊。〇弘治癸
亥刊。〇嘉靖十五年刊。〇汲古閣刊。〇嘉慶丁卯刊，十四卷，其
裔孫薩龍註，較足。〇元至正丁丑刊本，八卷，張金吾有汲古閣舊
藏。

〔補〕**薩天錫詩集三卷集外詩一卷** 元薩都剌撰。〇明末毛氏汲古
閣刊清初增補元人集一種本，九行十九字，白口，左右雙闌。增集外
詩一卷。

〔補〕**雁門集十四卷目錄一卷附錄一卷** 元薩都剌撰，清薩龍光
注。**倡和錄一卷別錄一卷** 〇清嘉慶十二年代郡薩氏侯官刊本。
辛亥春得於文德堂。

〔補〕**柔克齋詩輯一卷** 元高明撰，民國冒廣生輯。〇民國四年冒廣
生輯刊永嘉詩人祠堂叢刻本。

杏亭摘稿一卷 元洪焱祖撰。〇四庫依鈔本。

〔補〕○清洪氏揖石山房刊本，十行十八字，白口，左右雙闌。余有一帙，余據上海涵芬樓藏舊鈔本校過。

安雅堂集十三卷　元陳旅撰。○明刊黑口本。○抄本。○拜經樓藏元刊不全本，首有明沈麟書元史本傳。○收舊鈔本。

〔補〕**陳衆仲文集十三卷**　元陳旅撰。○元刊本，十行二十字，黑口，左右雙闌。前至正辛卯晉安林泉生序，又張壽序，署至正九年。吳騫舊藏一帙，殘存卷一至四。有嘉靖丙申七十二翁沈麟手書國史本傳并跋。末有吳騫跋及黃丕烈手札二通。此即莫氏著錄之拜經樓藏元刊不全本也。黃丕烈亦藏一帙，存卷一至卷七。

〔補〕**安雅堂文集十三卷**　元陳旅撰。○明山陰祁氏澹生堂寫本，藍格，十行二十字。有至正九年張壽序。至正辛卯林泉生清源序。後有明楊士奇序及成化二年温川知府邵銅序，題曰"重編"。鈐澹生堂印。盧址抱經樓舊藏。○清初寫本，十行二十字。前至正九年張壽序，至正辛卯林泉生清源序。後有楊士奇序。卷一至三賦、詩、卷四以下文。卷中語涉元帝提行空格。鈐朱彝尊、揆叙、劉喜海藏印。○清寫本，十行二十一字，黑口，四周雙闌。存卷一至三。黃丕烈據元刊陳衆仲文集校。顧廣士藏。

〔補〕**陳荔溪詩集三卷**　元陳旅撰。○明萬曆四十三年潘是仁輯刻宋元四十三家集本，九行十九字，白口，四周單闌。

〔補〕**安雅堂文集五卷**　元陳旅撰。○清康熙三十年金侃手寫本，十一行二十一字，殘本。莫氏舊藏，歸周叔弢。

傅與礪詩文集二十卷　元傅若金撰。○元至正間刊詩集。○張金吾舊抄，依明洪武甲子其弟若川重編續以文刊本。

〔補〕**傅與礪文集十一卷**　元傅若金撰。**附錄一卷**　○明洪武十七年傅若川刊本，十行二十一字，黑口，左右雙闌。前洪武甲子梁寅序。鈐曹溶藏印。周叔弢藏，余曾借校。

〔補〕**傅與礪詩集八卷** 元傅若金撰。**附綠窗遺藁一卷** 元孫淑撰。○清康熙四十一年金侃手寫本,十一行二十一字,有跋,言前四卷抄於十年之前,今始抄全,時年六十有八云云。余藏。

〔補〕**傅與礪詩集八卷** 元傅若金撰。○清文瑞樓寫本,十一行二十一字,白口,左右雙闌,版心刊"文瑞樓"三字。卷首次行題"仕丘宋應祥伯禎點校",三行題"弟傅若川次舟編刊"。鈐法式善藏印。

〔補〕**傅與礪詩集八卷文集十一卷** 元傅若金撰。**綠窗遺藁一卷** 元孫淑撰。**附錄一卷** ○民國三年劉承幹嘉業堂叢書本。余有一帙,余據明洪武本文集校。

〔補〕**傅玉樓詩集四卷** 元傅若金撰。○明萬曆四十三年潘是仁刊宋元四十三家集本,九行十九字,白口,四周單闌。

瓢泉吟稿五卷 元朱晞顏撰。○抄本。

〔補〕○此集原本不傳,此為四庫館臣自永樂大典輯出者。四庫本已印入四庫全書珍本初集。○清四庫館寫本,八行二十一字。法式善舊藏。

筠軒集十三卷 元唐元撰。○明正德戊寅刊。

〔補〕**筠軒詩藁八卷文藁五卷** 元唐元撰。○明正德十三年張芹刊唐氏三先生集本,十行二十字,白口,四周單闌。庚戌廠肆見。

俟菴集三十卷 元李存撰。○明永樂乙酉刊。

〔補〕**番陽俟菴先生文集三十卷** 元李存撰。**附錄一卷** ○清寫本,十三行二十四字,黑口,四周雙闌。有永樂三年徐旭序及王和、鄒濟序,又徐旭像贊。有毛古愚、朱筠、劉喜海藏印。此本行欸與永樂三年李光刊本同,即從該本出。余藏。

〔補〕**俟菴李先生文集三十一卷** 元李存撰。○清鄞縣全氏鮚埼亭寫本,十三行二十四字,無格。四明盧址抱經樓藏書。

滋溪文稿三十卷 元蘇天爵撰。○張金吾有舊抄本。○盧抱經校舊本。○元刊本，半頁十行，行二十字。存卷二十六至三十。

〔補〕○元刊本，十行二十字，細黑口，四周雙闌。版心上記字數。存卷二十六至三十。繆荃孫藏，即莫氏著錄之本也。○明寫本，十行二十字，提行空格悉存舊式，是從元刊本出者。有錢聽默、彭元瑞印記。李木齋先生藏，余曾據以校東海徐氏刊本，改訂至多。○清寫本，十行二十字。前趙汸序。目後有馬祖常、陳旅跋，又像贊二首。○清寫本，朱筠、劉喜海、朱澂遞藏。今在張幼樵家。

〔補〕**滋溪文集三十卷** 元蘇元爵撰。○清初寫本，十行二十字。前趙汸序。鈐有朱彝尊藏印。○民國五年張鈞衡刊適園叢書本，所據為錢唐丁氏藏本，又以盧文弨本對勘付梓，差誤較少。然卷二十七"乞差官錄囚"一疏末仍有佚文。○民國二十年東海徐氏刊本，據張南皮家藏明寫本詳校付梓。然余以李木齋先生藏明鈔元本校之，訂正仍達九百八十字之多。

〔補〕**青陽先生文集九卷** 元余闕撰。○明正統十年高誠刊本，十二行二十二字，大黑口，四周雙闌。前正統十年高穀序，稱宗姪沅陵縣丞誠所刊。黃丕烈手校。鈐周錫瓚、汪士鐘藏印。莫棠藏。此本已印入四部叢刊續編中。

〔補〕**青陽先生文集九卷** 元余闕撰。**附錄二卷** ○明正德沈人傑刊本，十行二十二字，白口，左右雙闌。前王汝玉、程國儒、李祁舊序，次許讚刊書序，言為正德初沈人傑頒刻於太原郡舍。版心分記上、中、下，當是裝為三冊。卷一至四為上，五至九為中，十至十一為下。卷首次行題"門人淮西郭奎子章編輯"。卷十為文集附錄，卷十一為忠節附錄。題"後學維揚張毅仲剛續輯"。辛未閱。

〔補〕**青陽先生文集六卷** 元余闕撰。○明正德十六年胡汝登刊本，十一行十九字，白口，四周雙闌。前正德辛巳劉瑞序，又程國儒、李

祁、高穀舊序。次本傳，次目錄。後有王汝玉序及彭韶跋。又有正
德庚辰張文錦跋，其書蓋宣城太守胡汝登刊而文錦為之讐校者也。
盛昱舊藏。

〔補〕**余忠宣集六卷** 元余闕撰。○明嘉靖三十二年雷逵刊本，十行
二十二字，白口，四周單闌。李木齋先生藏書。

〔補〕**余忠宣公文集六卷** 元余闕撰，清李鶴章校。○清同治六年皖
江桌署刊本。

青陽集四卷 元余闕撰。○道光甲申刊本，六卷。○又温陵刊本，五
卷。○乾坤正氣集本。○正統十年（張）〔高〕誠刊本九卷，附錄二
卷。○明代有重刊本。

〔補〕**余忠宣公集四卷** 元余闕撰。○明萬曆十六年張道明刊本，八
行十九字，白口，四周單闌。余藏。

〔補〕**余竹窗詩集二卷** 元余闕撰。○明萬曆四十三年潘是仁輯刻宋
元四十三家集本，九行十九字，白口，四周單闌。余藏。

〔補〕**余忠宣公青陽山房集五卷** 元余闕撰。○清康熙三十六年古
燕張氏刊五名臣遺集本，九行二十字，白口，左右雙闌。

〔補〕**余忠宣青陽山房集五卷** 元余闕撰。**附錄一卷** ○清光緒元
年合肥張氏毓秀堂刊廬陽三賢集本。**青陽先生忠節錄二卷** 明
張毅撰。○吾家雙鑑樓寫本。余據明正統十年高誠刊本手校。

〔補〕**方叔淵遺稿一卷** 元方瀾撰。○友人孫壯伯恒代余抄本。

鯨背吟集一卷 元朱晞顏撰。○又刊本，附海道經之後。

〔補〕**鯨背吟一卷** 元朱名世撰。○清鮑廷博手寫本，與桃溪百詠合
裝一冊。余藏。

〔補〕**桃溪百詠一卷** 元嚴士貞撰。○清鮑廷博手寫本，與鯨背吟合
裝一冊。余藏。

近光集三卷扈從詩一卷 元周伯琦撰。○抄本。○收舊抄本。

〔補〕○傳鈔文瀾閣四庫本，勞格據惠氏紅豆山房藏本校，卷三末補詩
　　五首，又殘詩四首，改字亦多。○舊寫本，從四庫本出，余藏。余據
　　揆叙謙牧堂舊藏本校，改正五百字，補詩九首。

〔補〕**周翰林近光集三卷扈從詩一卷** 元周伯琦撰。○清初寫本，
　　墨格，九行十八字。前自序，次目錄。扈從詩亦有自序。末有歐陽
　　玄跋及門人賈祥麟跋。鈐有揆叙謙牧堂印記。海源閣遺籍，余曾借
　　校，訂正四庫本甚夥。

〔補〕**周翰林近光集三卷扈從集一卷周翰林集補遺三卷** 元周
　　伯琦撰。○清鮑廷博手寫本，十行二十字。鮑氏據惠氏紅豆山房本
　　校。扈從集據山陰祁氏澹生堂本及汪氏振綺堂本校。補遺三卷似
　　出鮑氏手輯。友人蔣汝藻密韻樓藏。

〔補〕**近光集三卷扈從詩一卷周翰林集補遺二卷** 元周伯琦撰。
　　○清嘉慶間鮑氏知不足齋寫本。前虞集序。扈從集有歐陽玄、賈祥
　　麟跋。鮑廷博據元刊本手校並跋。其補遺上卷為遺詩三十首，下卷
　　為遺文十五首，采自吳都文粹、山志、總集及書畫跋。有鮑正言跋，
　　言嘉慶九年錄畢。鮑廷博又手補佚文三首。

〔補〕**丹邱生集五卷** 元柯九思撰。**附錄一卷** ○清刊本。余藏。

〔補〕**丹邱生集不分卷** 元柯九思撰，民國曹元忠輯。○曹氏手稿本，
　　以在書畫著錄書中采錄為多，而抉擇不精，乃采及張泰階寶繪錄中
　　文字，真贋雜淆，殊難問世。甲戌歲見于廠肆，以故人手蹟，因而收
　　之。間以示老友章君式之，為題詩一章，附函亦以藏之不出為言，與
　　余意合。

經濟文集六卷 元李士瞻撰。○明曾孫申編刊本。

〔補〕○影寫元刊本，行欵失記。本書題"元翰林學士承旨楚國公東安
　　李士瞻著"。盛昱遺書。○清寫本，題"玄孫懷恢憲宥重校刊"，從明

刊本出。繆荃孫遺書。○民國十二年盧氏湖北先正遺書影印舊寫
本。○民國張鈞衡適園叢書本。

純白齋類稿二十卷附錄二卷 元胡助撰。○正德中胡淮刊本。

〔補〕○清寫本。盛昱遺書。余藏。○清同治十二年胡鳳丹刊金華叢
書本。

圭峯集二卷 元盧琦撰。○明萬曆中朱一龍刊本。○抄本。

〔補〕**圭峯盧先生集二卷** 元盧琦撰。○明萬曆三十七年莊毓慶刊
本,九行十八字,白口,四周雙闌。癸丑歲收。

〔補〕**盧圭峯先生集七卷** 元盧琦撰。○舊寫本,九行二十字。前錄
元史本傳。本書題莆陽陳誠中編。鈐巴陵方功惠碧琳琅館藏印。

〔補〕**靜軒集五卷** 元閻復撰。**附錄一卷** ○清光緒二十一年繆荃孫
刊藕香零拾本。

蛻菴集五卷 元張翥撰。○明洪武中刊詩四卷。○四庫依朱彝尊藏
明初釋大杼手抄本,後有來復、宗泐二序。○張金吾有蛻菴詩五卷,
舊抄,云分卷次序與洪武刊本異,多有洪武本缺載之編。

〔補〕**蛻菴詩集四卷** 元張翥撰。○明洪武刊本,十三行二十四字,細
黑口,四周雙闌。前釋來復序,後有洪武十年釋宗泐跋。本書題衡
山釋大杼北山編集。余藏。董氏詠芬室已覆刻行世,後又收入四部
叢刊中。余得書後,繆君荃孫為抄補序一首,詩二十三首。又據勞
氏丹鉛精舍輯本補文一首,詩十一首,鈔為一冊附後。○清影寫明
洪武刊本,行欵序跋全同。鈐黃丕烈印及海源閣楊氏印。余藏。○
清初抄本,十行二十四字。黃美鏐校,黃丕烈跋。

〔補〕**蛻菴詩四卷集外詩一卷蛻巖詞二卷** 元張翥撰。**附錄一卷**
○清康熙間汪文柏摛藻堂精寫本,十行二十一字,黑口,左右雙闌。
鈐汪氏諸印。四明盧址抱經樓藏書。

〔補〕**張蛻菴詩集四卷** 元張翥撰。○明萬曆四十三年潘是仁輯刻宋

元四十三家集本，九行十九字，白口，四周單闌。

五峯集六卷 元李孝光撰。○弘治甲子錢㬎刊本。

〔補〕**五峯詩集十三卷** 元李孝光撰。○清寫本，八行二十字。前弘
治甲子樂清令錢㬎刊書序。咸豐壬子勞格據鮑廷博手寫本校並跋，
言補詩十六首，又言鮑本尚有補遺三卷，別錄成帙云云。

〔補〕**李五峯集十一卷** 元李孝光撰。○清寫本，行欵失記。鈐問禮
堂、師竹齋藏印。

〔補〕**五峯詩集六卷** 元李孝光撰。○清初寫本。鈐朱彝尊藏印。滬
肆見。○清初寫本，鈐汪文柏摛藻堂藏印。盧址抱經樓藏。

〔補〕**李五峯詩集二卷** 元李孝光撰。○明萬曆四十三年潘是仁輯刻
宋元四十三家集本，九行十九字，白口，四周單闌。

〔補〕**五峯集十卷補遺一卷** 元李孝光撰，冒廣生補遺。○民國四年
冒廣生輯刻永嘉詩人祠堂叢刻本。

野處集四卷 元邵亨貞撰。○明新都汪稷刊本。

〔補〕○四庫本已印入四庫全書珍本初集中。

〔增〕**蟻術詩選八卷詞選四卷** 元邵亨貞撰。○阮氏曾以進呈。亨
字復初，有野處集四卷，已著錄。此從舊抄過錄，詩格高雅，絶無元
世綺縟之習。汪稷跋野處編云，上海陸郊以授稷刊行，是編及詞選
卷首皆有新都汪稷校，是亦郊所授刊之册。跋又合舉三書為十六
卷，今合觀之，並屬完善之書，其詞儁永清麗，頗有可觀也。

〔補〕○宛委別藏本。詞選四卷印入四部叢刊三編中。

〔補〕**蟻術詩選八卷** 元邵亨貞撰。○明隆慶六年汪稷好德軒刊本，
十一行二十一字，白口，左右雙闌，版心下方有"好德軒"三字。卷首
次行題"明新都汪稷校"。卷三末有"長洲吳曜書"，"張敫、陸本、章
權刻"二行。丁巳十二月見於文德堂。此本已印入四部叢刊。

夢觀集五卷 元釋大圭撰。○刊本。

〔補〕○清光緒初閩人龔顯曾刊亦園子版叢書本。

金臺集二卷 元納新撰。按：此書四庫著錄，莫氏未收。

〔補〕**金臺集二卷** 元廼賢撰。○元刊本，十一行二十二字，細黑口，左右雙闌。前歐陽玄、李好文序，虞集題詩，又有危素等後序，均以手蹟上版，精雅異常。本書次行題"南陽廼賢易之學"，三行題"臨川危素太樸編"。日本人藏，董氏誦芬室已覆刻行世。此刻在明中葉已極罕見，葉盛水東日記嘗記之，言曾得一見，再往借則托詞婉拒云云，其書在當時之罕秘可知矣。

〔補〕**廼前岡詩集三卷** 元廼賢撰。○明萬曆四十三年潘是仁輯刻宋元四十三家集本，九行十九字，白口，四周單闌。

〔補〕**春愇軒詩集一卷** 元鄭允端撰。○明萬曆四十三年潘是仁輯刻宋元四十三家集本，九行十九字，白口，四周單闌。

子淵詩集六卷 元張仲深撰。按：此書四庫著錄，莫氏未收。

〔補〕○此書原集不傳，四庫本為館臣輯自永樂大典者，已印入四庫全書珍本初集。○清四庫館寫本，八行二十一字，白口，四周雙闌，朱絲闌。鈐翰林院大印。法式善舊藏，今在樊增祥先生處。

午溪集十卷 元陳鎰撰。○抄本。

〔補〕○四庫本已印入四庫全書珍本初集中。

藥房樵唱三卷附錄一卷 元吳景奎撰。○四庫依知不足齋抄本。

〔補〕○鮑氏知不足齋寫本，十行二十字。有鮑廷博校筆及跋。○清寫本，十行十八字。○民國十三年胡宗楙刊續金華叢書本，從清寫本出。○余有傳抄本。

栲栳山人集三卷 元岑安卿撰。○明初刊本。○乾隆庚子羅山張廷校刊本。○嘉慶辛未刊本。

〔補〕○清四庫館寫本，鈐翰林院滿漢文大官印及韓泰華玉雨堂藏印。有周鑾詒跋，言為四庫底本，盛昱所贈。又言盛氏新得舊寫本，從宋

立僖刊本傳錄，前多小序一首，後多七律半首，下缺二葉。又有宋立
僖後序，然佚其下半云云。徐坊遺書。

〔補〕**栲栲山人詩集三卷**　元岑安卿撰。○清乾隆四十七年張氏墨
寶齋刊本。勞權校並跋。李木齋先生藏。○清乾隆五十四年岑振
祖刊本，八行二十字，白口，左右雙闌。余有一帙，余據清金侃寫本
校。○清初寫本，十三行二十四字。題"後學宋立僖重編"，從明宋
立僖刊本鈔出。鈐有施閏章、江聲、秦大士、翁方綱藏印。此即前條
著錄四庫館本周鑾詒跋中所云之盛昱新得舊寫本也。○清康熙間
金侃寫本，十一行二十一字。余曾借校。○清康熙間休寧汪文柏摛
藻堂精寫本，十行二十字。鈐汪氏諸印。盧址抱經堂藏。

〔補〕**栲栲山人詩集一卷**　元岑安卿撰。○清寫本，張宗橚舊藏，有
古鹽張氏、芷齋圖籍等印，又有竹素山房印。○清十經齋寫本。

梅花道人遺墨二卷　元吳鎮撰。○四庫依抄本。

〔補〕**梅花道人遺墨一卷**　元吳鎮撰。○清光緒二年葛元煦刊嘯園
叢書本。

玩齋集十卷拾遺一卷　元貢師泰撰。○明天順癸未沈性刊本。○明
活字本。○餘姚史元熙重刊本。○海昌桃源朱氏刊本。○張金吾
有宋賓王手校舊抄本。

〔補〕**貢禮部玩齋集十卷**　元貢師泰撰。○明天順沈性刊本，十行二
十字，白口，左右雙闌。題"宛陵貢師泰撰"，"會稽沈性編"。有嘉靖
補版。

〔補〕**貢禮部玩齋集十卷拾遺一卷**　元貢師泰撰。**紀年錄一卷**
元朱燧編。○清寫本，十一行二十二字。有至正十九年錢用壬序，
又謝肅、王禕、余闕序，至正戊戌程文序。後附拾遺，為刻本所無。
鈐黃曉峯藏印。朱文鈞藏書。

〔補〕**貢玩齋文集十卷拾遺一卷**　元貢師泰撰。**紀年錄一卷**　元朱

燧編。○清寫本，十三行二十四字。前有楊維楨、趙贊、錢用壬、謝肅、李國鳳、王禕、余闕、程文各序，次年譜，次紀年錄，元史本傳、碑銘。後有天順沈性跋及黃溍後序。存序目、紀年錄及卷九至十。有吳騫跋，言為朱巢飲藏，朱氏先世為貢玩齋弟子，傳其集云云。

〔補〕**貢尚書玩齋集十卷** 元貢師泰撰。**首一卷** ○清乾隆四十年南湖書塾刊本，從天順沈性本出，余曾據清寫本有吳騫跋者校之，雖僅存九、十兩卷，已補佚文、佚詩三十一首。

〔補〕**貢玩齋詩集三卷** 元貢師泰撰。○明萬曆四十三年潘是仁刊宋元四十三家集本，九行十九字，白口，四周單闌。

羽庭集六卷 元劉仁本撰。○抄本。○乾坤正氣集本。

〔補〕○舊寫本，失名人據永樂大典本校。余藏。

〔補〕**羽庭詩集四卷補遺一卷文集四卷補遺一卷** 元劉仁本撰。○民國八年黃巖楊氏印台州叢書己集本。

〔補〕**僅存集一卷** 元葉懋撰**校勘記一卷** 魏元曠撰。**校勘續記一卷** 胡思敬撰。○民國八年胡思敬刊鄱陽五家集附刊本，後收入豫章叢書。

不繫舟漁集十五卷附錄一卷 元陳高撰。○路小洲有張月霄舊抄本。

〔補〕○清寫本，九行十八字。前蘇伯衡序，成化元年呂洪序，言蘇伯衡付謝復元鋟梓未就，因捐俸鏤板云云。附錄為墓誌、祭文及投贈詩文。每卷第三行題"明八世孫侯官一元較"一行，從明陳一元刊本鈔出。有錫山邵氏藏印及揆叙謙牧堂印記。海源閣佚出之書。○清寫本，九行十八字。前蘇伯衡、呂洪序。本書題"元慶元路錄事平陽陳高著"，"明八世孫侯官一元較"，亦從陳一元本出。徐時棟跋。

〔補〕**不繫舟漁集十六卷補遺一卷** 元陳高撰。○民國十七年黃群刊敬鄉樓叢書本。余曾據清鈔陳一元本校，略有改訂。

居竹軒集四卷　元成廷珪撰。○刊本。

〔補〕○明嘉靖刊本，十行十八字，黑口，四周雙闌。涵芬樓藏，甚罕見，
　余曾傳鈔一帙。○清初曹氏倦圃寫本，有曹溶印記及康熙間汪文柏
　古香樓藏印。盧址抱經樓藏。○清寫本，朱澂結一廬故物，在其壻
　張幼樵家。

〔補〕**成柳莊詩集四卷**　元成廷珪撰。○明萬曆四十三年潘是仁輯刻
　宋元四十三家集本，九行十九字，白口，四周單闌。余藏。

〔補〕**句曲外史貞居先生詩集五卷**　元張雨撰。○明初刊本，十行
　二十字，黑口，左右雙闌。前徐達左序，隸書七行十二字。本書卷首
　次行題“吳郡海昌張雨伯雨撰”，三行題“江浙鄉貢進士姪誼類編”，
　四行題“吳郡徐達左校正”。虞山瞿氏鐵琴銅劍樓有一帙。○清影
　寫明初刊本，行欵、序跋及卷首編校人名全同。鈐“元本”“甲”各印
　及黃丕烈印。涵芬樓藏。

〔補〕**句曲張外史詩集六卷**　元張雨撰。○明萬曆四十三年潘是仁
　輯刻宋元四十三家集本，九行十九字，白口，四周單闌。

句曲外史集三卷補遺三卷集外詩一卷　元張雨撰。○明嘉靖甲
　午陳應符刊本。○汲古閣刊本。

〔補〕**句曲外史集三卷補遺三卷集外詩一卷**　元張雨撰。**附錄一
　卷**　○明崇禎十一年毛氏汲古閣刊元人十種詩本，九行十九字，白
　口，左右雙闌。

〔補〕**句曲外史貞居先生詩集七卷**　元張雨撰。**附錄一卷**　○清寫
　本。前徐達左序。卷七為雜言、詩餘及散文之類，附錄為碑記、投贈
　詩文。鈐慈谿馮氏醉經樓藏印。

〔補〕**貞居先生詩集七卷補遺二卷**　元張雨撰。**附錄二卷**　○清光
　緒二十三年丁丙刊武林往哲遺箸本。

僑吳集十二卷　元鄭元祐撰。○明弘治丙辰張習刊本。○張金吾有

舊抄本。

〔補〕○舊寫本，十二行二十四字，從弘治張習本出。卷中有四庫館臣
　　夾籤，爲四庫底本。鈐翰林院大印及海源閣印。余曾借校。

〔補〕**僑吳集十二卷** 元鄭元祐撰。**附錄一卷** ○明弘治九年張習刊
　　本，十二行二十四字，黑口，四周雙闌。用書札紙背刷印。有黃丕烈
　　跋。繆荃孫藏。李幼塵亦有一帙。○清寫本，孔繼涵校，鈐有石瓶
　　庵印。余藏。○舊寫本，十行二十一字。余用四庫底本校。

詠物詩一卷 元謝宗可撰。○康熙中刊本，附明瞿佑、國朝張劭二家。

〔補〕○明寫本，八行十七字。蔣玢、郭柏蒼跋。鈐鄭杰注韓居藏印。
　　李木齋先生藏書。

〔補〕**詠物詩二卷** 元謝宗可撰。○清乾隆五十六年冰絲館刊本，九
　　行二十一字，白口，左右雙闌。分上下卷。此書雕工頗精。余藏。

鹿皮子集四卷 元陳樵撰。○明刊。

〔補〕○清光緒元年胡鳳丹輯刻金華叢書本。

〔補〕**元鹿皮子集四卷** 元陳樵撰。○清康熙間董肇勳寓樓書室刊
　　本，十一行二十一字，白口，四周雙闌。余有一帙，余據北京圖書館
　　藏勞格舊藏本手校。

〔補〕**鹿皮子詩集四卷** 元陳樵撰。○清寫本。有正德戊寅周旋序。
　　題盧聯編輯。余藏。

〔補〕**鹿皮子集四卷補詩一卷** 元陳樵撰。○清寫本。鈐小山堂書
　　畫印。盧氏抱經樓藏。

〔補〕**鹿皮子陳先生文集四卷** 元陳樵撰。○清寫本。鈐林氏善友
　　堂及阮林子等藏印。余藏。

林外野言二卷 元郭翼撰。○四庫依知不足齋抄本。

〔補〕**林外野言二卷補遺一卷** 元郭翼撰。○民國十二年趙詒琛輯
　　刻又滿樓叢書本。

傲軒吟稿一卷　元胡天游撰。○四庫依知不足齋抄本。○收舊抄本。

〔補〕○四庫本已印入四庫全書珍本初集中。

師山文集八卷　元鄭玉撰。○明刊本。原板在藝海樓。○乾坤正氣集本。

〔補〕**師山先生文集十一卷**　元鄭玉撰。○明初刊本，十行二十三字，黑口，左右雙闌。前至正丁亥程文序，又至正庚寅自序，題曰"餘力稿"。卷中遇元帝提行空格，尚存舊式，是從元本出者。

〔補〕**師山先生文集八卷遺文五卷**　元鄭玉撰。**附錄一卷濟美錄四卷**　明鄭爝撰。○明嘉靖刊本，十行二十字，白口，四周單闌。有嘉靖十四年黃訓序，鄭爝後序。余藏。

〔補〕**師山先生文集八卷遺文五卷**　元鄭玉撰。○明末山陰祁氏澹生堂寫本，竹紙藍格，十行二十字，白口，四周單闌。版心有"淡生堂鈔本"五字。前至正丁亥程文序，次至正庚寅餘力稿自序。遺文前有洪武三年金華王褘序。鈐淡生堂祁氏諸印及石門呂氏講習堂藏印。友人邢君之襄藏。

友石山人遺稿一卷　元王翰撰。○明弘治八年刊本。

〔補〕**友石先生詩集五卷**　元王翰撰。○明弘治無錫知事華榮刊本，十三行二十字，黑口，四周雙闌。鈐王蓮涇、金星軺、潘茉坡印記。余藏。

聞過齋集八卷　元吳海撰。○明洪武戊寅刊。○正誼堂刊。○張金吾有淡生堂舊鈔本。

〔補〕○明鈔本，十行二十字，白口，四周單闌。卷一至三缺，配入宋筠舊藏清初寫本。前辛巳徐起序。本書題"門人靈武王偁編次"，"進士永嘉胡寧校正"。余藏。

〔補〕**聞過齋集八卷遺詩一卷**　元吳海撰。○民國二年劉承幹刊嘉業堂叢書本,余承劉君見贈一帙,余用自藏明鈔舊鈔配本校。

〔補〕**閩過齋集四卷**　元吳海撰。○明末山陰祁氏澹生堂寫本,竹紙藍格,十行二十字。即莫氏著錄之本。○清康熙四十七年張氏正誼堂刊本。

學言詩稿六卷　元吳當撰。○明葉良貴刊本,九卷。○李穆堂重刊本,六卷。

北郭集六卷補遺一卷　元許恕撰。○四庫依抄本。

〔補〕○清光緒十五年江陰金氏刊粟香室叢書本。

〔補〕**北郭集六卷補遺一卷補詩一卷**　元許恕撰。○清寫本,行欵失記。前洪武十四年張端序,洪武癸亥金文徵序,洪武十八年蘇伯衡序。補詩一卷計收詩二十四首。有康熙戊午許玉森跋。又有鮑廷博、姚翊跋。

〔補〕**北郭詩集六卷補遺一卷**　元許恕撰。○清寫本,十一行二十字。前洪武間張端、金文徵、蘇伯衡序,又同年林右序。本書收詩二百五十二首,補遺收詩四首。後有范餘慶跋、陳克覲札及康熙戊午支裔許玉森跋。鈐李禮南印。

玉笥集十卷　元張憲撰。○抄本。○粵雅堂刊本。

〔補〕○清初石門呂氏講習堂寫本,十二行二十一字,"留"字缺筆。前成化五年劉釪序,萬曆己亥徐惟起跋。後有成化五年黃璟跋及王琮、侯昶跋。失名人校。鈐朱筠、劉喜海藏印。朱錫庚跋。○清初寫本,十一行二十一字。前成化五年劉釪序。鈐曹寅、敷槎昌齡藏印。○清汪文柏古香樓精寫本。鈐汪氏諸印。盧址抱經樓散出之書。○清經鉏堂寫本,綠格,十一行二十一字。鈐有文登于氏小謨觴館藏印。○清咸豐元年南海伍氏刊粵雅堂叢書本,九行二十一字。余有一帙,余據舊寫本校,補跋四首。

〔補〕**玉笥集不分卷**　元張憲撰。○明弘治刊本,十行二十字,黑口,四周雙闌。四明范氏天一閣佚出之書。

青村遺稿一卷 元金涓撰。○明嘉靖中金江刊本。

〔補〕○清金侃抄本，十一行二十一字。

〔補〕**青村遺稿一卷** 元金涓撰**附錄一卷** ○清光緒二年胡鳳丹輯刻
金華叢書本。新排印本。

〔補〕**丁鶴年詩集四卷** 元丁鶴年撰。**附錄一卷** 元吉雅謨丁等撰。
○明初刊本，十行二十一字。四卷分別標海巢、哀思、方外及續集四
集。附錄為其兄吉雅謨丁、愛理沙、表兄吳惟善各詩及烏斯道撰丁
孝子傳。此本黃丕烈定為元刊本，友人陳垣以詩中歲月考之，已有
入明後之作，故訂正為明刊本。此本已刻入琳琅秘室叢書中，其順
序與陳墫校本不同，且少詩六十餘首，雖為丁集傳世最早者，未可云
為善本也。

〔補〕**海巢集四卷** 元丁鶴年撰。○清寫本，從明刊本出，十一行二十
一字。次序與明初本不同。清陳墫用朱筆校。翰文齋見，借歸校於
琳琅秘室叢書本上，溢出詩六十餘首。

〔補〕**鶴年集四卷** 元丁鶴年撰。**附錄一卷** 元吉雅謨丁等撰。**校
訛一卷** 清胡珽撰。**續校一卷** 清董金鑑撰。○清光緒十四年董
金鑑活字印琳琅秘室叢書本。余據傳鈔明刊海巢集四卷本有陳墫
校筆者校，增出詩六十餘首。

丁鶴年集一卷 元丁鶴年撰。○藝海珠塵本三卷。○明正統重刊本
三卷。○琳琅秘室叢書本，道光間依元四卷本擺印。○昭文張氏有
元刊本四卷，分為四集，顧千里舊物，曾以歸黃蕘圃。卷一曰海巢
集，卷二曰哀思集，卷三曰方外集，卷四曰續集。後附其兄吉雅謨
丁、愛理沙及其表兄吳惟善三人詩一十三首。蕘圃跋謂正統本分體
分卷俱非其舊，得此可證廬山真面目。○收三卷舊抄本。

〔補〕○文津四庫本已印入湖北先生遺書之中，沔陽盧氏印行。

〔補〕**鶴年詩集三卷** 元丁鶴年撰。○明正統、景泰間刊本，十行二十一字。後有楊士奇跋。沈曾植海日樓藏。日本靜嘉堂亦有一帙，為陸心源舊藏，有明徐燉手跋。陸氏誤定為元刊本。○清寫本，行欵失記。前至正甲午戴良序，又虎丘澹居老人至仁跋。末有楊士奇跋。本書題"門人四明戴稷戴修江、向誠向信道、方外曇鍠編次"。後有附錄一卷，為其兄等撰。鈐馬玉堂藏印。

〔補〕**丁孝子詩集三卷** 元丁鶴年撰。○清嘉慶間吳省蘭刊藝海珠塵本，十行二十一字。此本與陳鱣校傳鈔明刊四卷本次第、首數全同，而第二、三卷分卷處有異。余據清康熙間金侃鈔本校，改定一百四十七字之多，又補入佚詩三首。

〔補〕**丁鶴年先生詩集不分卷** 元丁鶴年撰。**附錄一卷** ○清康熙間金侃寫本，十行二十字，題"拙修居士校錄"。前至正甲午戴良序，次至仁跋，後有楊士奇跋。詩分體為次。鈐有金侃印記及揆叙謙牧堂印、禮邸印。余曾借校。

〔補〕**松谷詩集二卷** 元丁鶴年撰。○明萬曆四十三年潘是仁輯刻宋元四十三家集本，九行十九字，白口，四周單闌。

貞素齋集八卷附錄一卷北莊遺稿一卷 元舒頔撰。○明嘉靖中趙春刊本。○抄本。

〔補〕**貞素齋集八卷附錄一卷貞素齋家藏集四卷附錄二卷** 元舒頔撰。○清道光十八年十六世孫舒啟泰等刊本。家藏集道光二十六年刊。余藏。○清寫本，鈐劉喜海藏印。在朱澂之婿張佩綸家。

一山文集九卷 元李繼本撰。○明景泰中李伸刊本。○抄本。

〔補〕○明刊本。十二行二十三字，黑口，四周雙闌。前景泰四年黎公穎序，又門人李敏序。本書題"元進士翰林檢討束安李繼本撰"，"孫容城縣儒學教諭伸編次"，"福建侯官縣儒學教諭臨川黎公穎校正"。

鈐山陰祁氏澹生堂藏印。○清寫本，十二行二十三字。前亦有黎公穎、李敏序，與前明本同，即據前本鈔出者。南皮張氏散出之書。○清康熙間金侃抄本，十一行二十一字。○文津四庫本已由沔陽盧氏印入湖北先正遺書中。○民國張鈞衡適園叢書本。

〔補〕**正思齊文集十二卷** 元夏天祐撰。○清寫本，行欵失記。有至正庚寅李存序。鈐有慈谿馮氏醉經樓藏印。

江月松風集十二卷 元錢惟善撰。○張金吾藏抄本，乃康熙丙寅金杬依曹溶家手稿本寫校者。○拜經樓藏金氏獻邦從思復手抄錄，筆札甚精。

〔補〕○清寫本。前有至元後戊寅陳旅序。鈐汪文柏古香樓藏印。壬戌歲收得。

〔補〕**江月松風集十二卷補一卷** 元錢惟善撰。○清康熙二十五年翁杬手寫本，有跋。又有黃丕烈、湖山嵐月主人跋。金侃朱筆校改。朱文鈞藏。○清金邦獻手寫本，失名人以查慎行藏本籖校。李木齋藏。此即莫氏著錄之本。

〔補〕**江月松風集十二卷續集一卷** 元錢惟善撰。○清光緒間臨清徐坊歸樸草堂寫本，卷首摹"竹垞老人"二印，是從朱彝尊藏本錄出者。前至元後戊寅陳旅序，夏溥序。續集詩三首。徐坊據大雅集及漁洋筆記補詩三首。余藏。

〔補〕**江月松風集十二卷續集一卷補遺一卷附文一卷** 元錢惟善撰。**附錄一卷** ○清光緒八年錢保塘刊清風室叢書本，十一行二十三字，黑口，四周雙闌。余據清翁杬寫本校，改訂一百九十四字。又據元人寫本校。

〔補〕**江月松風集十二卷補遺一卷文錄一卷** 元錢惟善撰。**附錄一卷** ○清光緒十五年丁丙刊武林往哲遺箸本，十一行二十一字，白口，左右雙闌。余有一帙，余據舊寫本校卷一至卷五。

龜巢集十七卷 元謝應芳撰。○胡心耘有王蓮涇校舊抄本。○明洪武十二年刊本。○抄本。

〔補〕○清寫本,十一行二十字。海源閣散出之書,有印記。

〔補〕**龜巢藁二十卷** 元謝應芳撰。○清寫本,九行十八字,白口,左右雙闌。前洪武十二年余詮序。又范陽盧熊序。鈐汪學山、桐花書塾、盧址抱經樓印。卷一賦,卷二至十詩,卷十一詞,卷十二至二十各體文,與四庫本不同。余藏。此本已印入四部叢刊三編。

〔補〕**龜巢集二十卷** 元謝應芳撰。○清寫本,九行十八字。前張紳序,又徐莊裕撰傳。有蝶花外史跋。

〔補〕**龜巢藁二十卷補遺一卷** 元謝應芳撰。○清光緒間盛宣懷刊常州先哲遺書本。

〔補〕**龜巢藁十卷補遺一卷** 元謝應芳撰。○清道光二十六年謝蘭生刊本,十行二十三字,黑口,左右雙闌。有賦、詞、詩,無文。言出季振宜藏本。然傳世二十卷本卷一至十詩文,詞在卷十一,與此又不合,疑又經重編也。余有一帙,余用舊鈔二十卷本校。惜只校卷一至六,以他事中輟,未能詳其分合異同也。期以異日彙集衆本而合校之,庶可一決此疑也。

石初集十卷 元朱霆震撰。○抄本。

〔補〕**石初集十卷** 元周霆震撰。**附錄一卷** ○清初寫本,九行二十字。前洪武六年劉玉汝、陳謨序,洪武七年葛化序,洪武五年張鎣序。本書題“元安福周霆震撰”,“門生山東僉事廬陵晏璧彥文編輯”。後有洪武十四年林堅後序,成化七年彭時、劉宣後序,又成化九年商輅後序。有王士禛、彭元瑞手跋。鈐彭氏知聖道齋、朱氏結一廬藏印。○舊寫本,從前記之本抄出,並錄王士禛跋。孔繼涵手寫目錄,並用朱筆校。○民國八年胡思敬刊豫章叢書本,余有一帙,余據傳鈔明成化刊本校,並錄王士禛、彭元瑞跋。

山窗餘稿一卷 元甘復撰。○明成化趙琥刊本。

〔補〕○舊寫本，十三行二十字。前成化丙午劉憲序，成化癸卯趙琥跋。鈐"文瑞樓"、"金星輯藏書記"及汪士鐘藏印。○清光緒間繆荃孫夫人繆夏鏡涵寫本，十行十六字。前成化丙午劉憲序，成化癸卯趙琥跋。跋後錄有"嘉慶庚辰冬借王迂樓藏本傳錄，薲夫"一行，又錄黃丕烈跋二行，蓋自黃丕烈藏本傳錄也。余得之繆子綬。

〔補〕**山窗餘稿一卷** 元甘復撰。**校勘記一卷** 胡思敬撰。○民國九年胡思敬刊四元人集本，收入豫章叢書中。余曾用傳鈔明成化本校一帙，補劉憲序一首，寄陳君伯柔詩二首，又失題一首。三詩明刊原版斷裂，每行佚上五字。胡本或源出四庫本，以四庫所據底本不完，不能補者多逕行刪去也。

梧溪集七卷 元王逢撰。○洪武中刊本。○景泰七年程敏政補刊本。○知不足齋本。○收舊鈔本，凡鮑本所缺皆全。

〔補〕○明刊本，十三行二十二字，黑口，四周單闌，上空一格，實二十一字。有明景泰七年補刊序，為景泰七年程敏政重修本。明末毛氏汲古閣舊藏，後歸陸心源，矜為元刊本。今在日本靜嘉堂文庫。○清寫本，從景泰修補本出，鈐汪文柏印記。盧址抱經樓藏。

〔補〕**梧溪集七卷補遺一卷** 元王逢撰。○舊寫本，十行二十字，唯三、四兩卷為十三行二十字。有鮑廷博及失名人校筆。友仁堂見。○清同治十三年思補樓活字印本，九行二十一字。附鮮于樞困學雜錄一卷。余藏，余據前記之舊寫本校。

〔補〕**梧溪集訂譌不分卷** 清顧廣圻撰。○手稿本，為葉雲樵刊梧溪集作。海虞瞿氏藏。

樵雲獨唱六卷 元葉顒撰。○四庫依抄本。○元至正庚子刊本，張金吾藏。○明成化中袁凱刊本。

〔補〕**樵雲獨唱集六卷** 元葉顒撰。○明刊本，十行二十字，黑口，四周雙闌。滬肆見。○清寫本。題"元金華雲顧天民景南葉顒撰"。
黃丕烈用殘元本校,用朱筆。

〔補〕樵雲獨唱詩集六卷　元葉顒撰。○民國十三年胡宗楙刊續金
華叢書本,從汪喜孫舊藏本出。

吾吾類稿三卷　元吳皋撰。字舜舉,臨川人。○其子均輯遺稿,臨江
稅課司大使趙師常率郡士刊梓。

〔補〕○清張金吾愛日精廬舊藏清寫本,從四庫本出。存卷第三。○清
四庫館寫本,八行二十一字,白口,四周雙闌。鈐翰林院大官印。法
式善舊藏,今歸樊增祥。○民國九年胡思敬刊豫章叢書本,余有一
帙,余據張金吾舊藏本校卷第三,補詩九首。又據法式善舊藏清四
庫館紅格寫本校。

桐山老農文集四卷　元魯貞撰。○四庫依鈔本。

〔補〕○四庫本已印入四庫全書珍本初集中。

靜思集十卷　元郭鈺撰。○嘉靖中刊本。

〔補〕靜思先生詩集二卷　元郭鈺撰。○清寫本,十行二十字。前洪
武二年羅大己伯剛舊序。本書題"元處士吉水桂林郭鈺彥章撰",
"明國子生八世從孫廷昭編"。鈐鮑廷博印三方。○清精寫本,鈐翰
林院大官印,即四庫底本。

九靈山房集三十卷　元戴良撰。○明戴彥瞻刊本。○康熙中傅旭元
刊本。○乾隆壬辰戴氏刊本。○乾坤正氣集本。○胡心耘藏黃蕘
圃校舊本。○頊收舊抄本。

〔補〕○明正統十年戴統刊本,十四行二十字,黑口,四周雙闌。前至正
二十五年揭汯序,王褘序。卷三十後有正統十年戴統刊書跋,又有
桂彥良跋,洪武十二年宋濂跋。此本已印入四部叢刊初編。○清傳
鈔明正統十年戴統刊本,十四行二十字,前後序跋亦同。有道光丁
亥周心如跋。○又一帙,鈐劉彥清、朱澂藏印。盛昱遺書。○清寫

本，墨格，十行二十字，版心有“晚邨”二字。卷十後有“甲申四月懿曆督鈔於東河此近樓”一行。有揭汯、王禕、桂彥良諸序。

〔補〕**九靈山房集三十卷補編二卷遺稿四卷** 元戴良撰。○清同治九至十二年胡鳳丹刊金華叢書本。

瀼京雜詠一卷 元楊允孚撰。○知不足齋刊，二卷。

〔補〕○清初寫本，十行二十字，注大字另行。鈐有曹寅、敷槎昌齡藏印。文友堂閱。

〔補〕**瀼京雜詠二卷** 元楊允孚撰。○清嘉慶十年鮑氏刊知不足齋叢書本，九行二十一字。余據清初鈔曹寅、昌齡遞藏本校。○清鮑氏知不足齋寫本。有羅大己跋及成化十三年羅璟跋。

〔補〕**鶴田蔣先生文集十四卷** 元蔣易撰。○清寫本，九行二十字。前至正十七年黃鎮序，至正辛丑葛元喆序。有蔣玢跋，言為楊文敏家藏，徐熥得之建寧書肆，僅存序、文二卷，尚有十二卷不傳云云。據此則此本為自殘元本鈔出者也。此書存二卷，四庫未收。

雲陽集十卷 元李祁撰。○明刊本。○弘治中族孫東陽校本。○今康熙中刊本，四卷。

〔補〕**雲陽李先生文集十卷** 元李祁撰。**附錄一卷** ○明弘治刊本，十行二十字，黑口，四周雙闌。有弘治三年謝鐸序。故宮藏書。○清寫本，十行二十字。卷一至二賦、詩，卷三至八文，卷九至十雜著。附錄為歐陽玄贈序及哀輓詩。有成化間彭華等跋，李東陽撰墓表及洪武三年郭永錫跋。據諸跋，此集為永新俞茂刊，弘治間族孫東陽重刊，此本即自李東陽重刊本鈔出者。李集康熙中刊為四卷，即就此十卷本省併者，然其詩文乃互有出入。

〔補〕**李雲陽集四卷** 元李祁撰。○清康熙三十八年釋大汕懷古樓刊本，十行十九字，白口，左右雙闌。余據明弘治本校，補鈔文二冊。

南湖集七卷 元貢性之撰。○刊本。

〔補〕**貢南湖詩集七卷** 元貢性之撰。○明萬曆四十三年潘是仁輯刻
宋元四十三家集本,九行十九字,白口,四周單闌。

〔補〕**南湖集六卷** 元貢性之撰。○清寫本,九行二十二字,無格。鈐
汪文桂蔣鳳藻印。余藏。卷中收詩與二卷本同。

〔補〕**貢理官南湖詩集二卷** 元貢性之撰。○清寫本,八行十七字。
題四代孫貢欽編次,六代孫貢靖國重刊。有弘治元年貢欽序,萬曆
癸未貢靖國跋,從萬曆貢靖國刊本出。鈐李禮南藏印。

〔補〕**新刊元進士歐陽起鳴先生論範一卷** 元歐陽起鳴撰。○明
萬曆刊本,十一行二十四字。前萬曆甲戌李廷楫序,言論範舊集六
十餘篇,茲選刻三分之一有奇云云。本書題"宛陵趺巖李廷楫濟卿
選校"。余藏。此書四庫入存目,然為二卷本。

〔補〕**書林外集七卷** 元袁士元撰。○明正統刊本,十行二十字,黑
口,四周雙闌。前正統三年陳敬宗序。據序,士元為袁忠徹之祖,曾
任鄮山書院山長。袁君克文藏。○清寫本。已印入涵芬樓秘笈五
集,無正統陳敬宗序。此集四庫入存目中。

〔補〕**聽雪先生集十□卷** 元王寔撰。○清寫本。題"臨江路同知錫
山王寔安節著","鄉貢進士六世孫王宥編次","同邑晚生玉林潘緒
校正"。存卷五至六,十二至十五,共六卷。卷五為雜著,卷六以下
為各體詩。卷末有"崇禎四年仲春十二世孫以敬頓首拜錄"一行。
詩中紀年有延祐、至正等,當是元中後期之人。其集不見各家著錄,
友人楊君壽栯多收鄉賢遺著,因而收之。

佩玉齋類稿十卷 元楊翮撰。○元至正末刊本。○竹汀以不分卷之
本為佳。○抄本。

〔補〕○四庫本已印入四庫全書珍本初集中。

〔補〕**佩玉齋類稿十三卷** 元楊翮撰。○清初寫本,行欵失記。鈐揆
叙謙牧堂印記。朱澂結一廬藏,在其婿張幼樵家。

〔補〕**栖碧先生黄楊集三卷補遺一卷** 元華幼華撰。○明隆慶二年
十一世孫華益裥刊本。華集四庫入存目，所據為鮑士恭藏本。

〔補〕**黄楊集不分卷** 元華幼武撰。○明末山陰祁氏澹生堂寫本，前
成化十八年彭華序。北京圖書館藏。余取校清嘉慶華氏貽穀堂刊
本，補入甚多。

〔補〕**黄楊集一卷續黄楊集一卷** 元華幼華撰。○明嘉靖間華氏精
寫本，從幼武之子華貞固手寫本傳錄，十六行十六字，無格，楷法工
雅，有文徵明、王寵筆意，非尋常鈔胥所為也。前陳方序。續集有元
至正十一年陳謙序。後有弘治八年錢福跋，弘治十年都穆跋，祝允
明跋，弘治十七年文壁跋，正德六年楊循吉跋，唐寅跋，均為跋錫山
華氏世藏華貞固手寫稿本者。卷中鈐"華氏令德"、"孝子後人"二
印。余藏。

〔補〕**栖碧先生黄楊集三卷補遺一卷** 元華幼武撰。**附錄一卷**
○明萬曆四十六年華五倫刊本，九行十八字，白口，左右雙闌。癸丑
蘇州博古齋柳估處見。○明崇禎十四年裔孫華允誠刊本，十行十八
字，分陰陽葉，各為四周雙闌。○清嘉慶元年華宏源刊同治十三年
華翼綸貽穀堂重修本，十行十八字，白口，四周雙闌。余據北京圖書
館藏山陰祁氏澹生堂寫本校一帙，補入七絕四十六首，七律一百八
首，七古五首，五絕四首，五律四十首，五排一首，五古五首，詞三首，
祭文二首，總二百十四首。各卷中詩文題目相同者，文字亦往往有
異。蓋澹生堂寫本出自玄孫華守方重輯本，而世行三卷本出自仲子
華公愷初刻本，故差異若此之鉅也。四庫存目。

〔補〕**倪雲林先生詩集六卷** 元倪瓚撰。**附錄一卷** ○明天順四年
蹇曦刊本，十行二十字，黑口，四周雙闌。前天順四年錢溥序，後天
順四年卞榮序。本書題"荆溪蹇曦朝陽編集"。有蹇氏跋。沈曾植
藏。此本已入四部叢刊初編中。○明萬曆間倪珵刊本，九行二十

字,白口,四周單闌。前天順四年錢溥舊序,次萬曆辛卯王穉登序,
言倪雲林集有二刻,一有孫作序,一有錢溥序,皆歲久剝落,其八世
孫珵重鋟云云。各卷首均題"塞曦編集","珵重刊"二行。末有塞曦
後序及天順四年卞榮舊序。余藏。○明寫本,十行二十字。有塞
曦、卞榮序,從塞曦刊本鈔出。鈐有明毛晉清席鑑藏印。

〔補〕**倪雲林詩集六卷** 元倪瓚撰。○明萬曆四十三年潘是仁輯刻宋
元四十三家集本,九行十九字,白口,四周單闌。余藏。四庫存目。

〔補〕**倪雲林先生詩集六卷集外詩一卷** 元倪瓚撰。**附錄一卷**
○明崇禎十一年毛氏汲古閣刊清初增訂元人十種本,九行十九字,
白口,左右雙闌。集外詩一卷為清初增入。

清閟閣集十二卷 元倪瓚撰。○明天順四年塞朝陽刊詩六卷。○汲
古閣刊詩六卷。○萬曆中倪珵刊本。○康熙癸酉曹培廉刊本。

〔補〕**清閟閣全集十二卷** 元倪瓚撰。○清康熙五十二年曹氏城書
室刊本,十一行二十一字,白口,四周單闌。余藏。○清光緒二十一
年盛宣懷刊常州先哲遺書本,從曹氏城書室刊本出。

玉山璞稿一卷 元顧瑛撰。○汲古閣刊二卷。○讀畫齋刊二卷,逸
稿一卷。

〔補〕**玉山草堂集一卷** 元顧瑛撰。○清初曹溶家倦圃寫本,墨格,八
行十七字。趙之謙手補詩四首。李木齋先生遺書。

〔增〕**玉山璞稿二卷** 元顧瑛字仲瑛,崑山人,事蹟附元史陶宗儀傳。
是編乃至正壬辰乙未間所作,凡古今體詩二百七十五首,詞一首。
書中送董參政饒歌十章,如克淮西、入昌化、定安吉足補史所未備。
卷末有云水戰甚難,蓋舟檝有遲速,風水有逆順,故不能齊其隊伍,
則于舟師之法亦略窺,非僅詞語流麗見長。○阮氏以進呈。

〔補〕○清嘉慶四年顧修刊讀畫齋叢書本,在辛集。

〔補〕**玉山草堂集二卷集外詩一卷** 元顧瑛撰。○明崇禎十一年毛

氏汲古閣刊清初增刊元人十種本,九行十九字,白口,左右雙闌。集
外詩一卷為清初增刊。

〔補〕玉山逸稿四卷續補一卷 元顧瑛撰。**附錄一卷** 清鮑廷博
輯。○清嘉慶四年顧修刊讀畫齋叢書本。

麟原文集二十四卷 元王禮撰。○抄本。

〔補〕○四庫本已印入四庫全書珍本初集。

〔補〕麟原王先生文集十二卷後集十二卷 元王禮撰。**附錄一卷**
○明初刊本,十二行二十字,黑口,四周雙闌。有劉定之、李祁序。
附錄後有"紫陽後裔朱焙書","新安歙邑黃氏刊"二行。鄧實藏。○
明寫本,藍格。行欵失記。鈐賜書樓印。○清寫本,竹紙綠格,十一
行二十四字。有劉定之、李祁序。存前集十二卷。

〔增〕梅花百詠一卷 元韋珪撰。字德珪,山陰人,嘗自署讀書處曰梅
雪窩。卷首有楊維楨手書序文。○此從元刊影寫,阮氏曾進呈。

〔補〕○元至正間刊本,九行十六字,黑口,左右雙闌。寫刻本,字體秀
美,為元刊上駟。有黃丕烈跋,後歸聊城楊氏海源閣,頃為周叔弢收
得。

來鶴亭詩八卷補遺一卷 元呂誠撰。○四庫依抄本。○拜經樓藏
本作樂志園集八卷,補遺一卷,黃丕烈復以秀野堂抄本互勘,補正脫
誤。

〔附〕○收舊抄本,分三集,首來鶴草堂稿,次既白軒稿,末竹洲歸田稿,
後附鶴亭唱和,末又詩一首。(莫棠)

〔補〕來鶴草堂藁一卷蕃禺藁一卷既白軒藁一卷竹洲歸田藁一
卷 元呂誠撰。**鶴亭倡和一卷** ○清精寫本。有元至正戊子鄭東
序。鈐"顧肇聲讀書記"印。盧址抱經樓遺書。

〔補〕來鶴草堂藁一卷既白軒藁一卷竹洲歸田藁一卷 元呂誠
撰。**鶴亭倡和一卷** ○清初寫本,九行十七字。有至正戊子鄭東

序,天順三年鄭文康記。

〔補〕**來鶴草堂稿八卷** 元吕誠撰。○清寫本。鈐顧嗣立秀野草堂印
　　記。黄丕烈校。蔣汝藻密韻樓藏書。

〔補〕**樂志園詩集八卷補遺一卷** 元吕誠撰。○清寫本,吳騫舊藏,
　　有校及跋語。黄丕烈校。即莫氏著錄之本。

〔補〕**來鶴亭集九卷** 元吕誠撰。○清宣統三年沈家本刊枕碧樓叢書
　　本。

〔增〕**東臯詩集五卷** 元馬玉麟撰。吳陵樊川人,玉麟仕至參知政事,
　　嘗自號東臯道人。此編成于至正間,周伯琦、王宗堯為之序。其詩
　　皆婉麗暢達,有關于名教,有裨于諷諫。末附洪武中王遜所作東臯
　　先生傳。○阮氏以進呈。○收舊抄本,彭文勤藏。

〔補〕**東臯先生詩集五卷** 元馬玉麟撰。○清初傳鈔明成化元年刊
　　本,行欵失記。前至正丙午王宗堯序,周伯琦序,又成化元年樗齋重
　　刊跋。鈐曹寅,寅甥敷槎昌齡及北平謝氏藏印。○清初影寫明成化
　　刊本,有成化元年樗齋重刊跋。鈐顧嗣立藏印。○宛委別藏本,已
　　印入選印宛委別藏中。

雲松巢集三卷 元朱希晦撰。○正統中朱元諫刊本。

〔補〕**雲松巢朱先生詩集三卷** 元朱希晦撰。○清傳鈔明嘉靖刊本。
　　有嘉靖七年七世孫諫序及永樂鮑原弘序,正統六年張陬序。標題稱
　　"贈朝列大夫雲松巢朱先生詩集"。鈐翰林院滿漢文大印。余藏。

〔補〕**雲松巢詩集五卷** 元朱希晦撰。○清刊本。余藏。

環谷集八卷 元汪克寬撰。○康熙中裔孫宗豫刊本。

〔補〕**環谷集八卷** 元汪克寬撰。**年譜一卷** 元吳國英撰。○清康熙
　　十八年裔孫宗豫刊本,十一行二十一字。有康熙十八年徐乾學序。
　　余藏。

性情集六卷 元周巽撰。○抄本。

〔補〕○四庫本已印入四庫全書珍本初集。○清四庫館寫本，朱絲闌，八行二十一字，白口，四周雙闌。鈐翰林院印。法式善舊藏，今歸樊增祥。

〔增〕**貞一齋詩文稿二卷**　元朱思本撰。思本字本初，豫章臨川人，常學道於龍虎山中，貞一其號也。顧嗣立元詩四集稱思本嘗從吳全節居都下，博洽文雅，見稱于時。此本乃叢書堂吳寬手抄，上卷雜文，下卷詩。思本好學遠遊，以昔人所刊禹蹟圖、混一六合郡邑圖皆有乖謬，乃考訂今古，校量遠近，計里開方成輿地圖一書，稿中有自序可證。大約其學地理為長。○阮氏以進呈。

〔補〕**貞一齋文一卷詩稿一卷**　元朱思本撰。○宛委別藏阮氏進本，從叢書堂鈔本出。已印入選印宛委別藏中。

〔補〕**貞一齋雜著一卷詩稿一卷**　元朱思本撰。○民國三年張鈞衡刊適園叢書本，在第九集，從舊寫本出。

花溪集三卷　元沈夢麟撰。○抄本。

〔補〕**花谿集三卷**　元沈夢麟撰。○清乾隆間寫本，九行十八字。題"按察使同邑陸珩編"，"副使吳瓊校"。從明弘治丁巳刊本出。余嘗取以校沈家本新刊本，改補二百六十八字。

〔補〕**吳興沈夢麟先生花谿集三卷**　元沈夢麟撰。**校記一卷**　○民國二年沈家本刊枕碧樓叢書本，從日本人鈔本出。余有一帙，余據清傳鈔明弘治丁巳刊本校，增改二百二十一字，又補詩三聯又二句。

樗隱集六卷　元胡仁簡撰。○抄本。

〔補〕○清四庫館寫本，朱闌，八行二十一字，白口，四周雙闌。鈐翰林院印。樊增祥先生藏。○此書豫章叢書擬目而未刻。

東山存稿七卷附錄一卷　元趙汸撰。○明嘉靖戊午汪蔭刊本。

〔補〕**東山趙先生文集十二卷**　元趙汸撰。○明寫本，十一行二十一字，白口，四周單闌。存卷一至八，十一，共九卷。余藏。此本與康熙趙吉士本次第不同。余據文津四庫本補鈔詩一卷，九十二首，文一卷，七十八首。又補入附錄一卷。

〔補〕**趙徵君東山先生存稿七卷** 元趙汸撰**附錄一卷** ○清康熙二十年趙吉士刊本，十一行二十一字，白口，左右雙闌。余據自藏明寫本校一帙。

東維子集三十卷附錄一卷 元楊維楨撰。○明刊。○張金吾有元刊鐵崖文集五卷，毘陵朱昱校正。前鐵崖先生傳，卷首圻城老父射敗將書、上豢豢平章書二篇東維子集、鐵崖漫稿俱不載。卷末有姑蘇楊鳳書于揚州之正誼書院一條。○又有依黃氏舊抄傳錄之鐵崖漫稿五卷，有跋云，予幼時以周桐村所錄鐵崖文一帙錄四十九首，歲戊子，或自雲間來，別以錄稿售予，凡文一百五十首，因以鐵崖漫稿目之，而以幼所錄附其後。又云，予獲有復古詩。按復古詩至正時章琬編，編漫稿者蓋與同時，則所謂戊子至正八年也。○又有依黃氏舊抄傳鐵崖漫稿目之詩集十卷，以十干分十集。甲至丙曰鐵崖先生詩集，丁戊曰古樂府後集。丁集題“太史金華黃溍卿評點”，“門人雲間章琬孟文編註”。戊集有至正丙午章琬跋。己集曰鐵龍詩集，曰鐵笛詩七言絕句。庚集曰鐵笛詩七言律。辛至癸曰艸玄閣後集。壬集題孫月泉輯錄，月泉未詳。述古書目有楊鐵崖集十卷，未審即此否。

○朱昱弘治間人，蓋明刊耳。曾收天崇間諸暨陳千京重刊本，有朱序，載其刊書之原委年月甚詳。（繩）

〔附〕○諸暨陳千京刊本鐵崖集五卷，史義始遺二卷，西湖竹枝一卷，香奩集一卷。（莫棠）

〔附〕○元章琬大全集本。○明孝宗時馮允中刊文集五卷本。○明萬曆刊本。（邵氏）

〔補〕○清精寫本。鈐汪文柏古香樓印記。盧址抱經樓遺書。

〔補〕**東維子文集三十一卷**　元楊維楨撰。○明刊本，十二行二十四字，黑口，四周雙闌。有黃丕烈跋，言借蔣氏西圃舊藏本鈔補缺葉云云。○清寫本，十一行二十二字，末有明萬曆十七年王俞跋，出于明萬曆刊本。已印入四部叢刊初編。余據朱文鈞藏明初刊本校四部叢刊印本，補正至多。又據明鈔本再校，補文二首。

〔補〕**東維子文集二十卷**　元楊維楨撰。○清寫本，有蕭山三間草堂藏印。

〔補〕**東維子集十六卷**　元楊維楨撰。○清初寫本，版心有"印溪草堂"四字。金俊明手校。各卷有"甲寅建子月重校"朱書一行，鈐金俊明印及李鐸印。本書藍格，十行二十二字，白口，四周單闌。卷中所收詩為十干集、古樂府、東維子集所無者四十九首。

〔補〕**東維子集不分卷**　元楊維楨撰。○舊寫本，十行二十一字。分體編次。鈐有朱筠、劉喜海藏印。

〔補〕**鐵崖文集五卷**　元楊維楨撰。○明弘治十四年馮允中刊本，十行二十字，黑口，四周雙闌。有弘治十四年馮允中序及朱昱跋，言得儲罐藏本，倩朱昱校正，朱昱又出先世藏本增入，編為五卷通刻之云云。本書題"毘陵朱昱校正"，卷末題"姑蘇楊鳳書于揚州之正誼書院"。即莫氏著錄之本。

〔補〕**楊鐵崖文集二卷**　元楊維楨撰。○舊寫本，墨格。有釋性安跋。鈐"楊維楨印"、"鐵笛山人"二印。友人顧廛士藏，其人與明刊本不同，顧君矜為元人鈔本。

〔補〕**楊鐵崖先生文集十一卷**　元楊維楨撰。○明萬曆四十三年陳善學刊本，九行二十字，白口，四周單闌。有萬曆四十三年陳善學序。本書題陳繼儒校閱，陳善學訂正。所收為樂府八卷，古賦三卷。

〔補〕**鐵崖先生詩集十集**　元楊維楨撰。○舊寫本，十二行二十四字。分甲至癸十集。此即莫氏著錄之詩集十卷以十干分集者也。

〔補〕**楊維楨詩集不分卷**　元楊維楨撰。○明寫本，藍格，九行二十
　字，版心有"西樓筆札"四字。收詩三百四十五題，附文二篇。卷末
　有偽皇甫汸、俞安期跋。卷首有長白重謙持菴氏題識，誤認為鐵崖
　手稿。余曾取校四部叢刊本鐵崖古樂府，略有改訂，補文二首。

〔增〕**鐵崖賦稿二卷**　元楊維楨撰。此麗則遺音外之賦四十八篇。洪
　武三十一年海虞朱燧子新手錄本。○阮氏以進呈。

鐵崖古樂府十卷樂府補六卷　元楊維楨撰。○汲古閣刊。○乾隆
　甲午樓卜瀍注刊本二十六卷。○萬曆中陳淵正刊古樂府，强半皆吳
　復編本所有，樓氏刪其複而為注。

〔補〕○元刊本。（邵氏）

〔補〕**鐵崖先生古樂府十六卷**　元楊維楨撰。○明成化五年劉倣刊
　本，十一行二十字，大黑口，四周雙闌。前吳復、張雨序。每卷次行
　題"門人富春吳復類編"。後有明正統元年楊士奇、衛靖跋，顧瑛跋，
　又明成化五年劉倣刊書跋。此本已印入四部叢刊，余據明鈔詩集不
　分卷本校，補西湖竹枝詞及序一首。

〔補〕**鐵崖先生古樂府十卷補六卷麗則遺音四卷**　元楊維楨撰。
　附錄一卷　○明末毛氏汲古閣刊本，八行十九字，白口，左右雙闌。
　余有一帙，余據金俊明校本校。

〔補〕**楊鐵崖詠史古樂府不分卷**　元楊維楨撰。○明成化十年刊
　本，十行二十字，大黑口，四周雙闌。前有閼逢敦牂（甲午）章懋序。
　同年葉德輝之姪啟勳藏。

〔補〕**楊鐵崖古樂府三卷**　元楊維楨撰。○明萬曆四十三年潘是仁
　輯刻宋元四十三家集本，九行十九字，白口，四周單闌。

復古詩集六卷　元楊維楨撰。○汲古閣刊。

麗則遺音四卷　元楊維楨撰。○汲古閣刊。

〔附〕○元刊本。汲古目。（邵氏）

〔補〕**鐵崖樂府註十卷鐵崖詠史註八卷鐵崖逸編註八卷** 元楊維楨撰，清樓卜瀺註。○清乾隆三十九年聯桂堂刊本，十行二十二字。余藏。

〔補〕**北游詩一卷** 元釋梵琦撰。○清寫本。鈐汪文柏古香樓印記。盧址抱經樓舊藏。

〔補〕**北游詩一卷拾遺一卷** 元釋梵琦撰，明正德時裔孫明秀拾遺。○清寫本。與前本有異同。抱經樓藏。

夷白齋稿三十五卷外集一卷 元陳基撰。字敬初，臨川人。○明弘治乙卯年刊本十二卷。○胡心耘收張月霄藏寫本，為汲古閣舊物，卷首有毛子晉印記。金華戴良編，序以元至正二十四年甲辰。○張金吾又有明初人寫本夷白齋稿三十五卷，外集一卷，季滄葦物。

〔補〕**夷白齋稿三十五卷外集一卷** 元陳基撰。**附錄一卷** ○明寫本，十二行二十四字。鈐季振宜藏印。此即莫氏著錄之張金吾藏明初寫本，已印入四部叢刊，其補遺一卷用成化張習刊本配。

〔補〕**夷白齋稿三十五卷拾遺一卷外集一卷** 元陳基撰。○清金檀文瑞樓寫本，鈔甚精。法式善、朱澂遞藏。

〔補〕**夷白齋集十二卷補遺一卷** 元陳基撰。**附錄一卷** ○明弘治八年吳門張習刊本，十二行二十四字，黑口，四周雙闌。繆荃孫藏一帙，缺補遺一卷。

〔補〕**夷白齋集十五卷** 元陳基撰。**附錄一卷** ○清寫本。鈐康熙間汪文柏古香樓印記。盧址抱經樓遺書。

庸菴集十四卷 元宋禧撰。○四庫依抄本。○餘姚張羅山刊本。

〔補〕○清四庫館寫本，朱絲闌，八行二十一字，白口，四周雙闌。鈐翰林院大官印。法式善舊藏，今在樊增祥先生處。○清嘉慶十三年餘姚宋氏活字印本，九行十九字，白口，四周單闌。余有一帙，余據法式善、樊增祥遞藏清四庫餘寫本校。

〔補〕**張光弼詩集七卷**　元張昱撰。○明天啟元年趙琦美家寫本，十二行二十四字。趙琦美、黃丕烈跋。已印入四部叢刊續編。

〔補〕**張光弼詩集二卷**　元張昱撰。○清康熙間金侃寫本，十一行二十一字。有金侃跋，並錄陳彥博、楊士奇二序。有桐花書墊、承齋攷藏圖書等印。癸丑歲閱于寧波盧氏抱經樓中。

可閒老人集二卷　元張昱撰。○明正統元年刊本。

〔補〕○四庫本已印入四庫全書珍本初集。

石門集七卷　元梁寅撰。○明刊本。○新喻令暨用其刊本。

〔附〕○近金氏刊本。（邵氏）

〔補〕**重訂石門集□□卷**　元梁寅撰。○清影寫明嘉靖三十一年刊本，十二行十八字。前嘉靖三十一年李先芳序。有黃丕烈跋。鈐朱彝尊、戴光曾藏印。故人葉德輝之姪啟勳藏。

〔補〕**石門先生集十五卷**　元梁寅撰。○清寫本，九行十八字，題“元臨江梁寅孟敬撰”，“門人黎卓崇瞻編次”。卷一至二賦，卷三至十各體詩，十一至十三記，十四至十五序，文至序而止，頗疑有殘佚也。鈐藉書園印。徐坊遺書，周叔弢收去。

〔補〕**新喻梁石門先生集十卷**　元梁寅撰。**首一卷**　○清乾隆十五年暨用其刊本，十一行二十一字，白口，左右雙闌。余據清寫本校。○清光緒十五年鍾體志刊本，十一行二十一字。余據清寫本校一帙。

〔增〕**王徵士詩集八卷**　元王沂撰。沂字子與，泰和人，博通經史，學者稱竹亭先生。至正間嘗試有司，不偶，遂不復出。明洪武初徵為諸說書，授福建鹽運副使，以老辭歸不起。是集乃其門人蕭鞏所編，古體多冲澹瑩潔，近體則典麗鏗鏘。○阮氏以進呈。

玉笥集十卷　元鄧雅撰。字伯言，新澄人。○張金吾有抄本九卷。○

明洪武二十二年黎季敏刊本。

〔附〕○路抄本。（邵氏）

〔補〕○四庫本已印入四庫全書珍本初集。

〔增〕**松雨軒詩集八卷** 元平顯撰。顯字仲微，錢唐人，明洪武初官廣西藤縣令。集初刊于滇南。是編乃其裔孫重刊，今依錄。瞿序稱其足跡半天下，學博而行峻，直道而屈身。今觀其詩，蓋得遠遊之助為多。見竽經室外集。

〔補〕○天一閣有明嘉靖刊本。○清唐栖勞氏寫本，余藏。

〔補〕**韓山人詩集九卷續集八卷** 元韓奕撰。○清初寫本，九行十九字。前永樂七年姚廣孝序、後永樂己丑梁用行跋，釋行可跋，永樂七年蔣用父跋。續集前有永樂九年趙友同序錄。有雍正己酉王聞遠朱筆校，言據毛晉抄本校，改七十九字云云。鈐鮑廷博藏印。余藏。此書四庫存目無卷數。

〔補〕**韓山人詩續集不分卷** 元韓奕撰。○清寫本。分體編次，末有詞三十闋。附王彝撰蒙齋記。辛巳閏。

〔補〕**茶山老人遺集二卷** 元沈貞撰。**附錄一卷** ○清乾隆三年俊逸亭刊本。四庫存目。

〔補〕**後圃黃先生存集四卷** 元黃樞撰。**嚮明齋詩文附一卷** 其孫黃維夫撰。○明嘉靖二十九年古林山房刊本，十行二十一字，白口，左右雙闌。前嘉靖二十九年汪思、游震得序，又洪武癸亥李本立、程叔春序。本書題“門人戴玭校梓”，“古林山房重刻”。末有嘉靖二十九年族孫遙、杲跋，即遙所刊也。

〔補〕**鼓枻稿六卷** 元虞堪撰。○清寫本，十行二十一字。鈐呂氏講習堂藏印。

〔補〕**張大家蘭雪集二卷** 元張玉孃撰。○清鮑氏知不足齋寫本，版心下方有“知不足齋正本”六字。本書題“白龍張玉若瓊氏著”，“稽

山孟恩光仲齋氏校”。孔繼涵朱筆校並手補目録。蔣汝藻密韻樓
藏。此書四庫存目為一卷本。

上別集類元

藏園訂補郘亭知見傳本書目卷十四

書目題跋叢書

藏園訂補
郘亭知見傳本書目

（四）

〔清〕莫友芝　撰

傅增湘　訂補　傅熹年　整理

中華書局

藏園訂補郘亭知見傳本書目卷十五上

獨山莫友芝子偲　　撰

江安傅增湘沅叔　　訂補

集部六

別集類五　明

明太祖文集二十卷 姚士觀、沈鈇校本。○洪武七年樂韶鳳編本五
卷。○嘉靖己丑雲南刊本。○萬曆十四年刊本。

〔補〕高皇帝御製文集二十卷 明朱元璋撰。○明嘉靖十四年徐九
皋維揚刊本,十行二十字。有嘉靖十四年徐九皋序。庚戌九月有益
堂見,索二十八兩。已收。

宋學士全集三十六卷 明宋濂撰。○天順五年刊本,正二十六卷,附
錄一卷。○嘉靖庚戌刊本。○正德九年刊本,七十五卷。○康熙中
裔孫既庭刊本。○康熙四十八年兩浙學使南陽彭始博刊本,三十二
卷,原序等一卷,附錄一卷。○勞巽卿有元刊潛溪集十卷。○袁漱
六有元刊潛溪後集。○張月霄有洪武八年刊本文粹十卷,建文辛巳

刊本續文粹十卷,附錄一卷。○林佶人跋曰:景濂所著潛溪前後集
皆刊于元至正間,入明後所作名文粹,為劉誠意所選定,續文粹為門
人方正學所選定。續文粹尤重於世,以正學及同門劉剛、林靜、樓璉
手自繕寫,刊于浦江鄭氏義門家塾。○嘉慶庚午吳嚴榮知金華府,
依原編各集萃合刊本,五十三卷,最為足本。○張月霄藏本文粹、續
文粹辛卯在吳下收得。

〔附〕○正德本當即戒菴漫筆所記之太原張緒得景濂自定宋燧寫本付
刊稍展大者。林吉人僅見續文粹,故云續文粹尤重于世,其實文粹
亦正學諸人手書也。(原稿無,諸印本入正文,審其文義,當即莫棠
本上莫棠批語也。)○正德七年刊本跋云,文粹出於鄭氏所輯,又蜀
本、秘本、韓國本皆不完,杭本八帙多妄刪。○正德張緒刊本分四
集,係據景濂自定本。(邵氏)

〔補〕**潛溪先生集十八卷** 明宋濂撰。○明刊黑口本,十一行二十五
字,題"後學弋陽黃溥澄濟選編","後學古相羅倚尚絅校正"。

〔補〕**潛溪後集十卷** 明宋濂撰。○明洪武刊本,十三行二十五字,黑
口,四周雙闌。前歐陽玄序,後有楊維楨、趙汸、李崇後序,編於元
末。

〔補〕**宋學士文集七十五卷** 明宋濂撰。○明正德九年張潛刊本,十
四行二十三字,白口,左右雙闌。已印入四部叢刊初編。

〔補〕**宋學士全集三十三卷** 明宋濂撰。○明嘉靖二十九年庚戌刊
本,十一行二十四字。癸丑見。

〔補〕**宋學士文粹十卷補遺一卷** 明宋濂撰。○明洪武十年鄭濟刊
本,小版心,十六行二十七字,黑口,左右雙闌。前洪武八年自序,後
洪武丁巳門人鄭濟刻書跋,言為劉基所選,門人鄭濟、鄭洧、劉剛、林
靜、樓璉、方孝孺繕寫付梓。又言宋集已刊行者有潛溪集四十卷,羅
山集五卷,龍門子三卷,未刻者翰苑集四十卷云云。莫棠藏。此本

以方孝孺等手書上版，方罹難後不易保存，故傳世絕少。莫棠有一
帙。余收得半部，後借莫棠藏本倩世好喬曾劬，王麟伯等精楷鈔寫
補全。

〔補〕**宋學士文粹十卷**　明宋濂撰。○明成化、弘治間刊本，十三行二
十五字。日本內閣文庫藏。○明正德、嘉靖間刊本，十一行二十字，
大黑口。

〔補〕**宋學士集九卷**　明宋濂撰。**附錄一卷**　○崇禎十三年曹荃刊
本，九行十八字。為張燮編，曹荃刻之。末為附錄、集評、遺事三門，
與張燮編漢魏六朝七十二家集體例相同。余藏。

宋景濂未刻集二卷　明宋濂撰。○康熙中初刊本。

誠意伯文集二十卷　明劉基撰。○嘉靖丙寅刊本十八卷。○隆慶六
年刊本。

〔補〕**太師誠意伯劉文成公集二十卷**　明劉基撰。○明隆慶六年謝
廷傑、陳烈刊本，十行二十三字，白口，四周雙闌。前隆慶六年謝氏
序，後有陳氏後序。每卷首次行題，後學麗水何鏜編校。刊於青田。
余藏。此本已印入四部叢刊初編中。○清乾隆十一年刊本。余藏。

〔補〕**重鋟誠意伯文集二十卷**　明劉基撰。○明成化刊本，十一行二
十一字，黑口，四周雙闌。有楊守陳序。見一帙，為袁廷檮、汪士鐘、
潘志萬、盛昱遞藏。○明嘉靖刊本，十一行二十一字，黑口，四周雙
闌。

〔補〕**覆瓿集二十四卷**　明劉基撰。○明宣德五年劉貊刊本，小版心，
十二行二十四字，黑口，左右雙闌。前宣德五年羅汝敬序，余藏。

鳳池吟稿十卷　明汪廣洋撰。○有刊本八卷。

〔補〕○明萬曆四十五年王百祥刊本，九行二十字，白口，左右雙闌。有
萬曆四十五年王百祥序。辛亥收得。

〔補〕**汪右丞詩集五卷**　明汪廣洋撰。○明刊本，似嘉靖、隆慶間刊，

十行二十字，白口，四周雙闌。庚戌八月十一日收得。

陶學士二十卷 明陶安撰。○明弘治十二年刊本。

〔補〕**陶學士先生文集二十卷** 明陶安撰。**事蹟一卷** ○明弘治十三年項經刊本，十行十八字。秀水莊和莕蘭味軒舊藏，收於正文齋。

〔補〕**楓林集十卷** 明朱升撰。○明末刊本，九行二十字。辛亥秋得之於柳蓉村。此書四庫存目。

西隱集十卷 明宋訥撰。○明劉師魯刊本。

〔補〕**西隱文藁十卷** 明宋訥撰。**附錄一卷** ○明萬曆六年劉師魯刊本，九行二十一字，白口，四周單闌。本書題東萊後學劉師魯校刊。有萬曆六年劉氏後序。辛亥春何厚甫處見，索十六兩，已收。此書四庫存目。

王忠文公集二十四卷 明王褘撰。○明劉師魯刊本。

〔附〕○刊本，當即正統刊也。○收殘萬曆刊本二十六卷，二十四卷以下附其子紳之作。紳有繼志齋集者，未必全也。（原稿無，諸印本入正文。）

〔補〕○明正統七年劉同刊本，十三行二十六字，黑口，四周雙闌。卷首題“鄱陽三臺劉傑編輯”，“廬陵銅溪劉同校正”二行。余有殘本。○明嘉靖本，十行二十字，白口，左右雙闌。○明萬曆三十二年張維樞刊本，行欵同嘉靖本，後附其子紳繼志齋文稿二卷。○金華叢書本，二十卷。

翠屏集四卷 明張以寧撰。○明宣德三年刊本。○成化中刊本。

〔補〕○舊寫本，九行二十一字。前洪武間宋濂、劉三吾、陳璉、陳南賓各序，後有洪武甲戌門人石光霽跋，為成化本所無。郁松年宜稼堂舊藏。○明成化十六年嗣孫張淮刊本，十一行二十二字，黑口雙闌。題門人石光霽編次，嗣孫張淮續編，德慶州學正黄紀訂定，判官莊楷校正。前有洪武間宋濂、劉三吾、陳南賓序，後有成化十六年嗣孫張

淮重刊木記，言詩文依石本，漏板不復刊行，而以家本增於後，則仍
不完之本也。

說學齋稿四卷　明危素撰。○危學士全集十四卷，乾隆戊寅刊本。
○四庫依知不足齋抄本。○朱竹垞云，傳抄都非足本。○拜經樓有
舊抄本，為吳石倉所藏，有墨朱筆校補處。○勞巽卿得葉文莊親筆
抄校本一冊，乃外集遺文也。

〔附〕○四庫存目又錄危學士全集十四卷，詩一卷，文十三卷，云是後人
重編，故不錄。（原稿無，諸印本入正文。）

〔補〕**說學齋稿不分卷**　明危素撰。○清初曹溶倦圃寫本，十行二十
字，版心有"檇李曹氏倦圃藏書"八字。收文五十二首，為選本。

雲林集二卷　明危素撰。○四庫依知不足齋抄本。○元至正三年刊
本。

〔補〕○清鈔本，九行十九字。前虞集序。鈐李鹿山、鄭杰藏印。

〔補〕**危太樸雲林集二卷補遺一卷續補一卷文集十卷續集十卷**
明危素撰。○民國甲寅劉承幹刊嘉業堂叢書本。翰怡曾見贈一冊，
余據明抄本校詩集二卷，據朱文鈞藏林佶本及曹溶家寫本校文集十
卷，據文瑞樓鈔本校續集十卷，遂為善本。

〔補〕**危太樸集不分卷**　明危素撰。○明寫本，十四行二十六字。前
隆慶辛未葉恭煥跋。

白雲集七卷　明唐桂芳撰。○正德戊寅刊本三先生合集。○單刊本。
○竹垞云：誤收任原詩。

登州集二十三卷　明林弼撰。○乾隆中刊本。

〔補〕**林登州遺集二十三卷**　題龍溪林唐臣撰。唐臣名弼，四庫提要
中已辨之。○清康熙四十五年林氏刊本，九行十八字，白口，左右雙
闌。

〔補〕**登州林先生續集五卷**　明林弼撰。○明初郭惠增城刊本，十一

行二十三字。題增城儒學教諭郭惠邦文刊行。

槎翁詩八卷 明劉崧撰。○明初刊本。

〔補〕**槎翁文集十八卷** 明劉崧撰。○明嘉靖元年徐士元刊本,十一
行二十一字,白口,左右雙闌。有羅欽忠序。李木齋先生藏。

〔補〕**劉槎翁先生詩選十二卷** 明劉崧撰。○明萬曆二十五年張應
泰刊本,十行二十字。有洪武舊序及萬曆二十五年張氏序。辛亥八
月收於富古堂。

〔補〕**丹崖集八卷附錄一卷** 明唐肅撰。○舊寫本,十一行二十字,
從天順八年沈琮刊黑口本出。前危素、宋濂、戴良、申屠衡序,後有
天順八年平湖沈琮跋。黃丕烈手校並跋。

東臯錄三卷 明釋妙聲撰。○四庫依汲古閣抄本。○洪武十七年其
徒德璭刊本。

〔補〕○舊寫本,十行二十字,前錄毛晉撰傳略。存上卷。

〔補〕**東臯錄七卷** 明釋妙聲撰。○明初黑口本,十二行二十一字。
廠肆見。

覆瓿集七卷附錄一卷 明朱同撰。○抄本。

〔補〕○四庫本已印入四庫全書珍本初集中。

柘軒集四卷 明凌雲翰撰。○四庫依抄本。

〔補〕○清光緒間丁氏刊武林往哲遺箸本。

白雲稿五卷 明朱右撰。○竹垞云:集十卷,僅抄得前五卷,其後五卷
曾得內閣本一過眼,未抄成足本。

〔補〕○四庫所據為舊寫本,有至元五年李孝光序及張天英、危素、倪
中、楊翮、劉仁本、宋濂序。據書衣進書朱記,為馬裕家藏本。

〔補〕**白雲稾十二卷** 明朱右撰。○清抄本,十一行十九字,從明本
出,滬肆見,值昂未收。四庫本即其卷一至五,不全。

密菴集八卷 明謝肅撰。按:此書四庫本自永樂大典中輯出,世罕刊

本，故莫氏未收。

〔補〕**密菴稿十卷**　明謝肅撰。○明初刊本，十二行二十二字，黑口，四周雙闌。全書分甲至癸十卷，前五卷詩，有洪武戊寅劉翼南後序，後五卷文，有戴良序。題門人任守禮校正，劉翼南編次。此書四庫所收為八卷本，輯自永樂大典。此為洪武三十一年原刊全帙，比四庫本多詩一百三十六首，文三十首，然四庫本有而此本無者亦有二首。此本已印入四部叢刊三編中。○明天啟五年粵中刊本，夏孫桐舊藏，今在北京圖書館。

〔補〕**青暘集四卷補遺一卷**　明張宣撰。○清光緒十五年江陰金氏刊粟香室叢書本。余有一帙，余據清寫本校。清寫本無補遺。

清江集十卷文集三十一卷　明貝瓊撰。○明洪武本。○康熙丁亥桐鄉金氏刊本。

〔補〕**清江貝先生文集三十卷詩集十卷**　明貝瓊撰。○明初刊本，十一行二十一字，黑口，四周雙闌。前徐一夔序。已印入四部叢刊初編。

蘇平仲集十六卷　明蘇伯衡撰。○明初刊本。○正統壬戌黎諒刊本。

〔附〕○云見黃蕘圃藏明初刊，惜未收。（原稿無，印本入正文。）

〔補〕○明正統七年處州府推官黎諒刊本，十二行二十四字，黑口，四周雙闌。前劉基序，序後有正統壬戌黎諒刊書識語半葉，次宋濂序，次目錄。每卷卷首有黎諒校正字樣。已印入四部叢刊。○金華叢書本。

胡仲子集十卷　明胡翰撰。○明洪武十四年王懋溫刊本。

〔補〕○明洪武十三年王懋溫刊本，十行二十一字，黑口，四周雙闌。○明藍格寫本，余藏。○清初寫本，鈐朱彝尊、揆敘藏印。○清寫本，有盛昱跋。○金華叢書本。

〔補〕**胡仲子先生信安集二卷**　明胡翰撰。○明弘治十六年沈杰刊
　　本，十行二十一字。前有弘治癸亥吾崞序，言訪求遺稿於衢州，工甫
　　訖，適都穆以全集屬沈杰，將續刻並行云云。又有洪武十三年宋濂
　　舊序。

始豐稿十四卷　明徐一夔撰。○明刊本。○抄本。

〔補〕○武林往哲遺箸本，本書卷數同，又增補遺、附錄各一卷。

〔補〕**始豐前藁六卷**　明徐一夔撰。○清寫本。鈐東皋草堂、印古樓
　　藏書諸印。余藏。

王常宗集四卷補遺一卷續補遺一卷　明王彝撰。○四庫依何焯手
　　抄本，今為袁芳瑛藏。

〔補〕○舊寫本，十一行二十字。前有弘治十五年都穆序。有張蓉鏡
　　跋，謂為錢求赤手寫。清錢曾述古堂舊藏本，有印記。

白石山房逸稿二卷　明張孟兼撰。○刊本。

〔補〕○續金華叢書本。

滄螺集六卷　明孫作撰。○弘治丙辰刊本。○汲古閣刊本。

〔補〕○明末毛氏汲古閣刊本，十行十七字，邊闌粗闊，字體肥厚，與習
　　見汲古閣本不類。有弘治丙辰薛章憲記及都穆校字樣，從弘治本
　　出。○清光緒十五年金武祥刊粟香室叢書本，據舊抄本及汲古閣本
　　校正付梓，附補遺，補佚文六首。又自常州志中增入曹禾序一首。
　　○常州先哲遺書本。三本均余藏。

〔補〕**重刻山陰集八卷**　明劉永撰。○清初寫本，十二行二十字。前
　　洪武壬戌梁寅序，次嘉靖乙卯簡霄序，次嘉靖癸卯敖英序。據序知
　　重刻者為永之十世孫劉成相也。本書詩六卷，文二卷，鈐有朱彝尊、
　　揆敘藏印。

臨安集六卷　明錢宰撰。○有十卷本。

〔補〕**臨安集十卷**　明錢宰撰。○明崇禎間山陰祁氏澹生堂寫本，十

行二十二字。有洪武二十九年自序。本書詩、文各五卷。鈐有呂氏講習堂及韓氏玉雨堂藏印。

尚絅齋集五卷　明童冀撰。○刊本。

〔補〕○四庫館底本,十行十八字。原本據明鈔,經四庫館臣刮削抹改。盛昱鬱華閣藏。○四庫本已印入四庫珍本初集中。○續金華叢書本。

考古文集二卷　明趙撝謙撰。○順治丁酉刊本。

劉彦昺集九卷　明劉炳撰。○明初刊本。

〔補〕**春雨軒詩集十卷**　明劉炳撰。○明刊本,九行二十字,白口,左右雙闌。有附集一卷。與四庫九卷本異。是嘉靖間刊。余藏。

藍山集六卷　明藍仁撰。○明洪武中藍山書院刊本。

〔補〕**武夷藍山先生詩集六卷**　明藍仁撰。○明寫本,棉紙藍格,九行二十一字。前正統二年陳璉序,又洪武庚辰倪伯文序,又張榘、蔣易序,自正統本抄出。○清咸豐七年刊本。

藍澗集六卷　明藍智撰。○竹垞云:藍山、藍澗二集選家互有參錯。○明初刊本不誤,前有蔣易、張榘二序。

〔補〕**藍山先生詩集六卷**　明藍仁撰。**藍澗詩集六卷**　明藍智撰。○明嘉靖刊本,十行二十一字。六冊。庚戌九月收得。

大全集十八卷　明高啟撰。○明永樂八年其姪立刊本。○景泰中刊本。○明初刊。○萬曆中八代孫士宏刊本。

〔附〕○四大家集本。○竹素園本。○盛明百家本。(邵氏)

〔補〕**高太史大全集十八卷**　明高啟撰。○明景泰元年劉宗文等刊成化五年劉以則重修本,十一行二十字,黑口,四周雙闌。前洪武間胡翰、王褘、謝徽序及啟自序,又永樂元年周立序,均為題缶鳴集者。周立序後有王益題記五行,言景泰初徐用理重刻詩二千首,今以版付益,乃增太史公并周序於前。每卷後有助資刊書姓名,有錢允言、

錢尤輝、王宗器、陳原錫、劉宗文等名，皆常熟人。後有成化五年高
德序，言劉宗文昔既助刊，厥胤以則重新補割，以廣其傳云云。全書
收詩一千七百六十九首。○明嘉靖本，十行二十字，白口，四周單
闌。前景泰元年劉昌序，次缶鳴集諸舊序。四部叢刊初編收入，然
誤題為景泰刊本。

〔增〕**高青邱集箋註十八卷** 雍正六年金檀撰。○文瑞樓刊最精。
○有翻本，板心無文瑞樓字。

〔補〕**高太史缶鳴集十二卷** 明高啟撰。○明嘉靖刊本，十一行二十
字，白口，左右雙闌。有洪武三年謝徽序。本書題“後學愚姪周立公
禮校正重編”。

鳧藻集五卷 明高啟撰。○正統九年刊本。○雍正戊申金檀刊附詩
箋後本。

〔補〕**高太史鳧藻集五卷附扣舷集一卷** 明高啟撰。○明正統九
年鄭顒、邵昕刊本，十行二十字，大黑口，四周雙闌。前正統九年周
忱序，次洪武乙卯李志光撰傳。本書題後學周立編輯。

〔補〕**姑蘇雜詠一卷** 明高啟撰。○明洪武刊本，十二行二十字，黑
口，四周雙闌。首行題“高季迪賦姑蘇雜詠”，次行題“郡人周傅叔訓
編”。前洪武四年自序，隸書。後有洪武三十一年周傅識語。周叔
弢藏。○明成化二十二年張習刊本，十行二十字，黑口，四周雙闌。
前序，次目錄。卷首次行題“高啟季迪著”，三行題本詩門類“風俗”
二字。卷末有洪武三十一年周傅序，後補刊張習所撰“讀書臺”等六
詩，又七姬墓一詩。余藏。

〔補〕**高季迪姑蘇雜詠二卷** 明高啟撰。○明刊本，九行十八字，白
口，左右雙闌。余據明成化張習本校。

眉菴集十二卷 明楊基撰。○明成化中張習刊本。○四大家集本。
下二家同。○明有鄭剛刊本。

〔附〕○竹垞云：集為張企翱所編，天籟閣有孟載手抄眉菴集六卷，中缺七言絕句，以勘張本，同。（邵氏）

〔補〕**眉菴集十二卷補遺一卷**　明楊基撰。○明成化二十一年張習刊本，十一行二十一字，黑口，四周雙闌。前古渝江朝宗序。余藏。據江序，楊集前此尚有教授鄭鋼刊本，今已不傳。○明萬曆陳邦瞻刊本，余藏。余曾以張習本校之，其卷一奪一葉又二行，又刪去各詩後旁注數十則。

靜居集四卷　明張羽撰。○明萬曆中陳邦瞻、汪汝淳校刊本。

〔補〕**靜居集六卷**　明張羽撰。**附錄一卷**　○明弘治四年張習刊本，十一行二十一字，黑口，四周雙闌。前弘治元年左贊序。本書分體編次。附錄為張習後志及童冀撰墓銘。已印入四部叢刊三編。

〔增〕**張來儀先生文集一卷**　明張羽撰。○張金吾藏舊抄本，始山雉賦，終漏月齋記，凡文五十一篇。文瑞樓書目有張羽文集一卷，註"抄"，未知即此本否。

北郭集六卷　明徐賁撰。○明萬曆中陳邦瞻、汪汝淳校刊本。

〔補〕**北郭集十卷**　明徐賁撰。○明成化二十三年張習刊本，十一行二十一字，黑口，四周雙闌。前成化丙午閔珪序，末張習跋。傳張習刻吳門四家集，此北郭集及眉菴、靜居二集余均有之，已印入四部叢刊三編。其高啟槎軒集舉世未聞有藏者。余別藏張習刊姑蘇雜詠一卷，然為巾箱本，半葉十行，與此三家均為十一行二十一字者顯非一刻。則四家中高集恐已不傳久矣。

鳴盛集四卷　明林鴻撰。○洪武庚申刊本。

〔補〕○明成化三年邵銅刊本，十行二十字，黑口，四周雙闌。有洪武三年倪桓序及成化三年邵銅後序。盛昱遺書。○清寫本，十一行二十二字，有成化邵銅序，從邵銅本抄出。

白雲樵唱四卷附錄一卷　明王恭撰。○四庫依抄本。○成化癸未黃鎬刊本。○又有鳳臺清嘯一集，官翰林以後作。

草澤狂歌五卷 明王恭撰。按：此書四庫著錄，莫氏失收。

〔補〕○四庫本已印入四庫珍本初集中。

〔補〕**綠苔軒詩集五卷** 明錢蒙撰。○舊寫本，十二行二十四字。前洪武二十四年王達善序。其族孫錫山錢公善編，原與錢子益種菊菴集錢仲益錦樹集同刊，名錫山錢氏三華集，今僅存此帙，流傳頗罕。○四庫珍本初集中已收入錫山錢氏三華集。

〔補〕**天游雜薽文集十卷** 元王達撰。○明洪武刊本，十三行二十字，黑口，四周雙闌。前洪武壬午張寓序。每卷題門人胡濱駱梓，凌序、瞿厚編集。此書四庫入存目。

〔補〕**天游集十卷碎金一卷** 明王達撰。○清道光二十一年王芝林養和堂刊本，余有一帙，余據明初本校，補八篇。

半軒集十四卷 明王行撰。○洪武中刊本十二卷，拾遺一卷。○有舊抄殘本四卷本。○又有楮園草二卷，及摘鈔本也。

〔補〕**半軒集十二卷補遺一卷** 明王行撰。○明洪武刊本，十一行二十一字，黑口，四周雙闌。

〔補〕**半軒集十二卷** 明王行撰。○舊寫本，九行二十一字。前弘治辛亥張習序。分卷順序與洪武刊本不同。

西菴集九卷 明孫蕡撰。○弘治十六年刊本。

〔補〕○明萬曆刊本，十行十九字，白口，四周雙闌。有蔡汝賢序。余取弘治十六年金蘭館活字本校之，補入佚詩九十一首。

〔補〕**西菴集十卷** 明孫蕡撰。○明弘治十六年金蘭館活字印本，十行二十一字，版心有"弘治癸亥金蘭館刻"八字。前弘治十六年張習序，言取篋中舊本釐為十卷云云，則即習所編定也。天一閣佚出之書，今歸世好趙元方。

南村詩集四卷 明陶宗儀撰。○汲古閣刊。

望雲集五卷　明郭奎撰。○嘉靖辛卯吳廷翰刊。

〔補〕**順成文集四卷**　明王琛撰。○明天順五年徐節刊本，十二行二十字，黑口，四周雙闌。前天順甲申寰中散人序及洪武己未王士琛序，後有天順五年徐節序。

蚓竅集十卷　明管時敏撰。○明洪武中楚府刊本。

〔補〕○明永樂元年楚府刊本，十行二十字，黑口，四周雙闌。有洪武三十一年吳勤序及永樂元年胡粹中序。余藏。北京圖書館藏一本，有何焯手補詩一首及缺葉二番。

西郊笑端集一卷　明董紀撰。○成化中周庠刊本。

〔補〕**愛理先生集十卷**　明劉駉撰。○明刊本，十行二十一字，黑口，四周雙闌。徐坊舊藏。四庫存目。

〔補〕**甘白先生張子宜詩集六卷**　明張適撰。○明初刊本，十行二十一字，黑口，四周雙闌。○舊寫本，有永樂元年朱逢吉序及正統三年陳鎰序。四庫存目。

草閣集六卷拾遺一卷附筼谷詩一卷　明李（昱）〔曄〕撰。○明初胡伯宏輯，拾遺唐光祖輯，又附雜文四卷。

〔補〕**李草閣詩集六卷拾遺一卷**　明李曄撰。**附筼谷詩一卷**　明李轅撰。○清寫本，有吳氏拜經樓印記，余藏。○清精寫本，盧址抱經樓舊藏。○武林往哲遺箸本。

〔補〕**圓菴集六卷**　明天台釋居頂玄極撰。○明永樂刊本，十二行二十一字，黑口，四周雙闌。有楊士奇序，謂其人為靈谷寺往持。

〔增〕**永嘉集十二卷**　明張著撰。著字則明，自號永嘉子，世居溫之平陽縣。元末避兵常熟，常熟人師之，為縣訓導，遂家焉。領洪武三年鄉薦，將會試禮部，朝廷急用人，遣敕其家，授膚施知縣，三年陞臨江府同知，皆有善政。尋卒官。所撰易經精義、永嘉集、長安唱和集，今惟永嘉集存，凡詩九卷，文三卷，其子規運生所編也。吳訥序謂其

文理明氣昌,動合規矩。王直序謂其詩取法唐人,清遠有思致。見
愛日精廬藏書志。本有舊刊本。〇從舊抄傳錄。

〔增〕**範軒集十二卷** 明林大同撰。大同字逢吉,號範軒,常熟人,明
初官開封府訓導,集未刊。〇張金吾藏寫本。

樗菴類稿二卷 明鄭潛撰。〇依閣抄本。(繩)

〔補〕〇四庫本已印入四庫全書珍本初集中。

春草齋集十卷附錄一卷 明烏斯道撰。〇斯道又有秋吟稿,附錄傳
贊一卷,萬曆中八世孫獻明續輯。

〔補〕〇明末刊本,九行二十字,白口。有宋濂、解縉序及八世孫獻明
跋,言為蕭大宗師所刊。鈐翰林院印。卷中有四庫館臣改定處,即
四庫底本也。

〔補〕**春草齋集十二卷** 明烏斯道撰。〇四明叢書本。

耕學齋詩集十二卷 明袁華撰。按:此書四庫著錄,莫氏未收。〇此
集世無舊刻本。傳世有明鈔本,有黄丕烈手跋,惜無本可校。

可傳集一卷 明袁華撰。按:此書四庫著錄,莫氏未收。〇此集亦無
舊刻,四庫本已印入四庫全書珍本初集。

强齋集十卷 明殷奎撰。〇洪武十五年余熛刊本。

〔補〕**殷强齋先生文集十卷** 明殷奎撰。〇明初黑口本,十行,行二
十二、三字不等。

海桑集十卷 明陳謨撰。〇康熙庚申裔孫邦祥刊本。

畦樂詩集一卷 明梁蘭撰。按:此書四庫著錄,莫氏失收。〇清初刊
本,九行二十字。見於廠肆,未收。

竹齋集三卷續集一卷附錄一卷 明王冕撰。〇抄本。

獨醉亭集三卷 明史謹撰。按:此書四庫著錄,莫氏未收。

〔補〕〇四庫本已印入四庫全書珍本初集中。

海叟集四卷集外詩一卷　明袁凱撰。○天順中祥澤張璞刊。竹垞云：在野集即張璞本。○弘治中刊本。○隆慶中何元之活字印本。○萬曆中張所望刊本。○正德元年刊本。○國朝曹炳曾校刊本。

〔補〕**海叟集四卷**　明袁凱撰。○明正統刊本，十行二十一字，黑口，四周雙闌。各卷以詩體分類編次。○明萬曆三十七年張所望刊本，九行十八字，白口，四周雙闌。

〔補〕**海叟詩集四卷集外詩一卷**　明袁凱撰。**附錄一卷**　○康熙六十一年曹炳曾城書室刊本，從明萬曆三十七年張所望本出。余取正統本勘之，次第略同，篇章微有差異。曹本九行十九字，白口，左右雙闌。

〔補〕**在野集二卷**　明袁凱撰。○明天順刊本，朱鳳岐選錄評點，選詩一百二十六首，有張璞序。○明正德元年山東重刊天順本，題鄢陵劉君捐資刊行，有陳鎬序。○明末澹生堂寫本，題張璞校選，朱應祥評點，從正德本出。

〔補〕**袁海叟在野集不分卷**　明袁凱撰。○清汪文柏展硯齋寫本，分體編次，卷末有汪氏手跋，蓋汪氏取諸本彙輯成者，半葉八行十九字。

〔補〕**安分先生集十卷**　明鄭本忠撰。○清初寫本，題秦府教授四明鄭本忠撰。前有陳山、吳訥二序。鈐揆叙謙牧堂藏印。四庫存目。

榮進集四卷　明吳伯宗撰。○刊本。

梁園寓稿九卷　明王翰撰。○依閣鈔本。（繩）

自怡集一卷　明劉璉撰。○四庫依鈔本。

〔補〕○明初刊本，十一行二十字，黑口，四周雙闌。失去刊書序跋。

斗南老人集六卷　明胡奎撰。○明初寧府文英館刊本，傳是樓影抄，分六卷，凡詩一千九百餘首。竹垞云：吾鄉雲東逸史手錄稿舊藏項氏天籟閣，繼歸高氏稽古堂，後歸花山馬思贊，止四卷。

〔補〕**斗南老人詩集四卷** 明胡奎撰。○舊寫本。前錄項元汴題詞，為跋姚綬手抄本者，蓋即從姚本出。鈐有吳騫藏印。

希澹園詩三卷 明虞堪撰。○刊本，題曰鼓枻稿，與此集互勘，多寡悉同，編次小異。

〔補〕○四庫本已印入四庫全書珍本初集。

〔補〕**鼓枻稿一卷** 明虞堪撰。○清初曹氏倦圃寫本，鈐曹溶諸印。

〔補〕**覺非先生文集五卷** 明羅泰撰。○清林佶樸學齋寫本。泰洪武間閩中布衣，鹿原蓋採集其鄉賢遺集也。

〔補〕**陶情集六卷** 明易恒撰。○明永樂刊巾箱本，十二行二十字，黑口，四周雙闌。有永樂三年吳興莫士安序、朱逢吉序及永樂四年周傅後序。後有明天啟乙丑陸嘉穎跋，言恒與袁華同為顧阿瑛之客，洪武中尚在。

鵝湖集六卷 明龔敩撰。按：此書四庫著錄，莫氏失收。

滎陽外史集七十卷 明鄭真撰。○四庫依抄本。○竹垞選明詩綜時尚見百卷本。

〔補〕○四庫本已印入四庫全書珍本初集中。

全室外集九卷 明釋宗泐撰。○四庫依抄本。○宗泐有西遊集一卷，奉使求經往還所作。

〔補〕**全室外集九卷續集一卷** 明釋宗泐撰。○明永樂刊黑口本，十二行二十一字，黑口，四周雙闌。陶湘藏。此本頗罕見。

峴泉集四卷 明張宇初撰。○竹垞稱其集二十卷，詩居其半。此本所作雜文，末附歌行數十首，蓋掇拾重編之本矣。鐵樵。（此則原稿本有，諸印本抄本均無。）

〔附〕○四庫依抄本。此本皆雜文，末附歌行數十首，蓋掇拾重編之本。（原稿無，諸印本入正文。）

唐愚士詩二卷附會稽懷古詩一卷 明唐之淳撰。○又有萍居集。

〔附〕○項見丹崖集，讀書堂抄本，其父唐肅撰。四庫未收。（原稿無，
　印本入正文。）

繼志齋集十二卷附錄一卷　明王紳撰。○有刊本，作三十卷。

〔附〕○萬曆刊本，附忠文集後，只二卷，當不全。（稿本無，諸印本入正
　文。）

練中丞集二卷　明練子寧撰。又名金川玉屑集，弘治中王佐輯，泰和
　郭子章重編刊。○乾坤正氣集本。

〔補〕**金川玉屑集六卷**　明練子寧撰。○明正德七年新淦縣刊本，八
　行十八字，白口，左右雙闌。子寧新淦人，故鄉人刊其遺集。辛亥六
　月見。

〔補〕**青金集八卷**　明史遷撰。○舊寫本，十行十九字。有洪武甲戌
　野趣軒人序。四明盧址抱經樓藏書。

遜志齋集二十四卷　明方孝孺撰。○正德中顧璘刊本。○嘉靖辛酉
　重刊本。○萬曆壬子刊本。○康熙戊寅刊本。○乾坤正氣集本。
　○原本三十卷，拾遺十卷，宣德間黃孔昭、謝鐸編。

〔附〕○頃收正德本。（原稿無，印本入正文。）

〔補〕**遜志齋集二十四卷附錄一卷**　明方孝孺撰。○明成化十六年
　郭紳刊黑口本，十行二十二字。滬肆見。○明正德十五年顧璘刊
　本，十行二十字，白口，四周單闌。○明嘉靖四十年王大可台州刊
　本，十行二十字，白口，左右雙闌。

貞白遺稿十卷附顯忠錄二卷　明程通撰。○嘉靖刊本。○天啟刊
　本。

〔補〕**貞白遺稿十卷**　明程通撰。通績溪人，洪武二十三年舉人。○
　明天啟刊本，九行十九字，白口，四周單闌。四冊。余藏。

〔補〕**天台林公輔先生文集不分卷**　明林右撰。○清初寫本，十行
　二十四字，分體編次。有查慎行二跋，即其命抄手錄自友人所藏抄

本者。據查跋，知右為方孝孺之友，永樂間拒不出仕，遭明成祖慘
殺。

〔補〕**天台林公輔先生文集三卷**　明林右撰。○舊寫本，十二行二
十二字。編次與前本同而釐為三卷。有李鹿山、鄭杰藏印。四庫存
目。

靜學文集一卷　明王叔英撰。○成化中謝世修刊本。○胡心耘有舊
鈔本六卷，附錄一卷，有蔣廷錫印。

芻蕘集六卷　明周是修撰。○乾坤正氣集本。

〔補〕○明萬曆十八年周應鼇刊本，十行二十二字。余藏。

巽隱集六卷　明程本立撰。○嘉靖初南濠吳氏刊本。○萬曆乙丑濮
陽棐屬李詩校刊本。○西虞范氏重刊本。○乾坤正氣集本。○文
瑞樓刊本，與青邱集相似。（此條諸印本誤置芻蕘集下，據原稿本訂
正。）

〔補〕**巽隱程先生文集四卷附錄一卷**　明程本立撰。○明嘉靖元年
吳德翼閩中刊本，十行二十字，白口，四周單闌。前有嘉靖元年林庭
㭿序。余藏。○明萬曆濮陽棐刊本。余藏。

〔補〕**程巽隱先生全集四卷**　明程本立撰。○清康熙五十八年金檀
刊文瑞樓叢書本，版心有"燕翼堂"三字。有金檀、孫唐華序，然未言
所自出。余取嘉靖元年吳德翼刊本校之，二本編次不同，吳本依年
代為序，而金本分體編次。余藏。

易齋集二卷　明劉璟撰。○明末楊文聽刊本。○乾坤正氣集本。

野古集三卷　明龔詡撰。○崇禎乙亥八世孫斑刊。

〔補〕**逃虛子詩集十卷**　明姚廣孝撰。○清金檀文瑞樓寫本，十一行
二十二字。分體編次。前錄錢謙益列朝詩集小傳及朱彝尊靜志居
詩話二則。○清寫本，九行二十字。前錄明永樂帝御製碑文。

〔補〕**逃虛類稿十卷**　明姚廣孝撰。○舊寫本，十行二十一字。前壬

辰自序。本書所收均文稿，卷首次行題"獨菴稿"。鈐揆叙印記，為康熙以前鈔本。余藏。

〔補〕**逃虛類稿五卷** 明姚廣孝撰。○清初寫本，次行題"獨菴稿"。有王聞遠藏印。余藏。○清康熙間金檀文瑞樓寫本，十一行二十二字，與逃虛子詩集十卷同帙，亦分體編次。

〔補〕**吳中古蹟詩一卷** 明王賓撰。○此書有明初刊本，惜匆匆過目，未遑記其版式。○清寫本，盧址抱經樓散出之書。

文毅集十六卷 明解縉撰。○天順初黃諫輯本三十卷。○嘉靖中刊，又名春雨齋集。○康熙戊戌十世孫悅刊本。○乾隆丙戌刊本。

〔補〕**解學士先生集三十一卷** 明解縉撰。○明天順元年黃諫刊本，十二行二十字。杭肆見。

〔補〕**解學士文集十卷** 明解縉撰。○明嘉靖刊本，十二行二十三字，白口，四周雙闌。有天順元年黃諫舊序及嘉靖四十一年羅洪先序。余藏。

虛舟集五卷 明王偁撰。○明袁州守王世英重刊本。

〔補〕○明弘治六年王俊刊本，十一行二十字，黑口，四周雙欄。

王舍人詩集五卷 明王紱撰。其子默編，又名友石山人稿。

〔補〕○錫山先哲叢刊本，增附錄一卷。

〔補〕**友石先生詩集五卷** 明王紱撰。**附錄一卷** ○明弘治元年榮華刊本，十二行二十字，黑口，四周雙闌。有永樂二十年曾棨序，洪熙元年王進序。後有弘治元年無錫知縣榮華重刊識語二行。廠肆閱。

泊菴集十六卷 明梁潛撰。○明刊本。○康熙辛丑裔孫天清續刊本。

〔補〕**泊菴文集十六卷** 明梁潛撰。○明正統刊黑口本，十二行二十字。

毅齋詩文集八卷附錄一卷 明王洪撰。○明時莫琚刊本。

〔補〕○四庫本已印入四庫全書珍本初集中。

頤菴文選二卷 明胡儼撰。按：此書四庫著錄，莫氏失收。

〔補〕○明初黑口本，十二行二十二字，似景泰、天順間風氣。

青城山人集八卷 明王璲撰。○明正統十二年裔孫鐣刊本。

〔附〕○收舊抄本，文瑞樓主人校。（原稿無，印本入正文，當是莫棠補者。）

〔補〕**青城山人詩集八卷** 明王璲撰。○明正統刊本，十行二十字，黑口。有正統十二年王鐣序。李木齋藏。

東里文集九十七卷別集四卷 明楊士奇撰。○明嘉靖乙酉黃如桂刊本。○康熙戊午刊本，二十五卷，不全。

〔補〕**東里文集二十五卷** 明楊士奇撰。○明嘉靖刊本，十行二十字，白口，左右雙闌。庚申夏杭州李寶泉肆中見。○明萬曆四十六年刊本，九行十八字。庚戌冬文友堂見，索十兩，未收。四庫存目。

〔補〕**東里詩集三卷** 明楊士奇撰。○明正統刊本，十行十八字，黑口，四周雙闌。前正統元年楊溥隸書序。○明嘉靖刊本，十一行二十字，白口，左右雙闌。卷中有四庫館臣夾籤及勾畫處。四庫底本，余藏。

楊文敏集二十五卷 明楊榮撰。○明刊。

〔補〕**楊文敏公集二十五卷** 明楊榮撰。○明正德刊本，十一行二十一字。有正德十年王瓚序。李木齋先生新收之書。

省愆集二卷 明黃淮撰。○刊本。

〔補〕○明宣德刊本，十行二十一字，黑口，四周雙闌。有宣德八年楊榮序及金幼孜、楊溥序及自序。又有宣德癸丑楊士奇後序。余藏。○敬鄉樓叢書本。

〔補〕**巢睫集四卷** 明曾棨撰。○清寫本，十行二十字。有成化七年吳琛序,從成化七年張綱刊本出。張綱本十二行二十字,黑口,四周雙闌。余有殘册。曾見完帙,值昂未收。

金文靖集十卷　明金幼孜撰。○成化四年其子昭伯刊本。

〔補〕**金文靖公集十卷**　明金幼孜撰。○明成化四年金昭伯刊黑口本,十一行二十一字,四周雙闌。廠肆閲。

夏忠靖集六卷附錄一卷　明夏原吉撰。○明時其孫廷章刊本,末附遺事一卷。○康熙乙酉潘宗洛刊本。

〔補〕**夏忠靖公集六卷附遺事一卷**　明夏原吉撰。○明弘治刊本,九行十七字。

〔補〕**盤谷集十卷**　明劉廌撰。○清寫本,十二行二十四字,無格,然密行細字,尚存明初刊本舊式。前六卷詩,後四卷文。廌,青田人,劉基之孫。

〔補〕**柳莊先生集不分卷**　明袁珙撰。○清寫本。前永樂九年姚廣孝序。其子袁忠徹編。盧址抱經樓遺書。

抑菴集十三卷後集三十七卷　明王直撰。○明刊本,成化初其子稹所編,次子植復加校訂,別為後集。

〔補〕**抑菴文集十三卷**　明王直撰。○明天順二年刊本,十二行二十二字,黑口,四周雙闌。

〔補〕**重編王文端公集四十卷**　明王直撰。○明刊本,十行二十字。

運甓漫稿七卷　明李昌祺撰。○天順三年鄭綱編本。○正統元年刊本。

〔補〕○天順三年鄭鋼刊本,十行二十字,黑口,四周雙闌。莫本鋼誤綱,應正。

古廉集十一卷附錄一卷　明李時勉撰。○景泰七年刊本。○成化中其孫容刊本。

〔補〕**古廉李先生詩集十一卷** 明李時勉撰。○明景泰七年姚堂刊本，十行二十字，黑口，四周雙闌。長沙葉氏藏。

梧岡集八卷 明唐文鳳撰。○唐氏三先生集，正德戊寅刊本。

〔補〕**梧岡詩稿四卷文稿六卷** 明唐文鳳撰。○明正德十三年張芹刊唐氏三先生集本，十行二十字，白口，四周單闌。

曹月川集一卷 明曹端撰。○正誼堂本。

薛文清集二十四卷 明薛瑄撰。○弘治己酉楊亨刊本。○明張鼎刊本。○雍正甲寅薛氏刊本。○成化五年刊河汾詩集八卷。

〔補〕**河汾詩集八卷** 明薛瑄撰。○明成化刊本，九行二十字，黑口，四周雙闌。余藏。此書四庫存目。

〔補〕**南齋先生魏文靖公摘稿十卷** 明魏驥撰。○明弘治十一年刊本，十行二十一字，黑口。○清刊本。有明弘治十一年洪鐘舊序及康熙己酉來集之序。此書四庫存目。

〔補〕**顧祿經進詩集十一卷** 明顧祿撰。○清寫本，有解縉序。余藏。

〔補〕**香臺集三卷** 明瞿佑撰。○明藍格寫本，十行，行二十二字。詠古來女子事。癸丑見。

兩溪文集二十四卷 明劉球撰。○明刊本，其子鉞所編。○乾坤正氣集本。

〔補〕**兩谿劉忠愍公文集二十四卷** 明劉球撰。○明成化六年其子劉鉞刊本，十行二十字。有成化六年劉鉞、胡榮跋。李木齋先生藏。

于忠肅集十三卷 明于謙撰。○刊本。○嘉靖丁亥河南刊本。○乾坤正氣集本。

〔補〕**節菴存稿不分卷** 明于謙撰。○明刊本，十一行二十二字。有成化十二年夏時正序及其子于冕序。辛亥見。

〔補〕**于肅愍公集八卷**　明于謙撰。**附錄一卷**　○明嘉靖大梁書院
　　刊本，九行二十一字，白口，四周雙闌，版心下方有"大梁書院刊"五
　　字。前嘉靖丁亥簡霄序，後王應鵬跋。本書詩六卷，文二卷，附錄為
　　成化諭、祭文。○武林往哲遺箸後編。

〔補〕**于忠肅公集十二卷**　明于謙撰。**附錄四卷**　○明天啟元年刊
　　本，九行二十字，白口，四周單闌。有天啟元年李之藻序及成化本舊
　　序。

〔補〕**職方周先生詩文集二卷**　明周岐鳳撰。○明正統十三年南京
　　刊本，九行二十一字，黑口，四周雙闌。

蘭庭集二卷　明謝晉撰。○永樂中刊本。○有沈椒園家抄本數頁，恐
　　未完。

〔補〕○四庫本已印入四庫全書珍本初集中。

〔補〕**吳思菴文粹十一卷**　明吳訥撰。○清乾隆四年周南鈔本。

〔補〕**杜東原集七卷**　明杜瓊撰。○清寫本。四冊。辛亥春文友堂
　　見。四庫存目。

〔增〕**慎齋集四卷**　明蔣主忠撰。主忠字存恕，儀徵人，與兄主孝皆以
　　詩名，時稱景泰十才子者，主忠其一也。○是集四卷，計詩二百八十
　　餘首，阮氏以進呈。

〔補〕○阮氏進呈本已印入選印宛委別藏中。

古穰集三十卷　明李賢撰。○明刊本。

〔補〕**古穰文集三十卷**　明李賢撰。○明成化十年李璋刊本，十一行
　　二十二字，大黑口，四周雙闌。余有殘帙。

武功集五卷　明徐有貞撰。○明刊本。

〔補〕**呆齋存稿二十四卷**　明劉定之撰。○明刊本，十六行二十八
　　字。前正德癸酉門人李東陽序。此書四庫存目為四十五卷本。

〔補〕**完菴集不分卷**　明劉珏撰。○明正德刊十行本，黑口。前弘治十七年吳寬序，後正德王鏊序。此書四庫存目。

〔補〕**完菴集二卷**　明劉珏撰。○明萬曆刊本。

倪文僖集三十六卷　明倪謙撰。○明刊本。

〔補〕○武林往哲遺箸後編本，三十二卷。

〔補〕**遼海篇四卷**　明倪謙撰。○明成化五年刊本，十行十八字，大黑口，四周雙闌。

襄毅文集十五卷　明韓雍撰。○明刊本。

〔補〕**姚文敏公遺稿十卷**　明姚夔撰。○明弘治刊本，十二行二十二字，白口，左右雙闌，余有殘冊。此書四庫存目為八卷本。

〔補〕**商文毅公集十一卷**　明商輅撰。○明隆慶六年閩中刊本，十行二十字。有隆慶六年徐楚序。庚申夏見於杭肆。此書四庫存目為十卷本。

〔補〕**葉文莊集三十卷**　明葉盛撰。○清康熙間葉氏賜書樓刊本，為水東稿八卷，開封紀行稿五卷，菉竹堂稿八卷，涇東小稿八卷，和山東勝覽詩一卷。鈐劉喜海、潘祖蔭藏印。四冊。余藏。

〔補〕**菉竹堂稿八卷**　明葉盛撰。○明嘉靖八年葉夢淇刊本，十一行二十一字，黑口，左右雙闌。此書四庫存目。

〔補〕**卞郎中詩集七卷**　明卞榮撰。○明成化間門生吳綎編刊本，十一行二十一字，黑口，四周雙闌。前寧良序及成化十二年夏時正序。本書題"門生錫山吳綎編刊"。四庫存目。

白沙集九卷　明陳獻章撰。○弘治甲子刊本。○萬曆中何熊祥重刊本。

〔補〕**白沙子八卷**　明陳獻章撰。○明嘉靖十二年高簡揚州刊本，九行十八字，白口，左右雙闌。前嘉靖癸巳西蜀高簡刊書序，末有江都卞崍跋。已印入四部叢刊三編中。

〔補〕**白沙先生全集二十一卷**　明陳獻章撰。○明嘉靖三十年新會
縣刊本，九行二十字。有嘉靖三十年湛若水序及項喬跋。又有弘治
本舊跋二則。本書題"新會縣教諭俞樟重校"。庚戌申估李紫東寄
來求售。

〔補〕**王端毅集九卷**　明王恕撰。○明嘉靖刊本，行欵失記。辛亥文
琳閣見。此書四庫存目。

類博稿十卷附錄二卷　明岳正撰。○刊本。

〔補〕○明成化、弘治間刊本，九行十八字。蘇州楊馥堂處見。

平橋稿十八卷　明鄭文康撰。○天順辛巳刊本。○康熙癸酉裔孫起
泓重刊本。

〔補〕○清康熙三十二年裔孫鄭起泓刊本，八行十八字。辛亥春文琳堂
閱，索九兩六錢，已收得。

〔補〕**禮庭吟稿三卷**　明孔承慶撰。○明刊本，九行十六字。有景泰
三年許彬序及天順元年劉鉉序。四庫存目有禮庭吟二卷。

竹巖詩集一卷文集一卷補遺一卷　明柯潛撰。○嘉靖中刊本。

〔補〕**竹巖先生文集十二卷**　明柯潛撰，柯維騏編。○明寫本，十行
二十二字。辛亥六月善成堂送閱，二冊。此書四庫本只三卷。

彭惠安集十卷附錄一卷　明彭韶撰。○嘉靖中刊本。

清風亭稿七卷　明童軒撰。○有刊本八卷。

方洲集二十六卷附讀史錄四卷　明張寧撰。○明弘治四年刊本四
十卷。

〔補〕**方洲張先生文集四十卷**　明張寧撰。○明弘治五年許清刊本，
十二行二十三字，黑口，四周雙闌。

重編瓊臺會稿二十四卷　明邱濬撰。○吟稿、類稿門人蔣冕刊。○

嘉靖中鄭廷鵠合二稿以寫本逸篇為十二卷，為會稿刊之。○天啟中裔孫爾穀刊本。○康熙戊子刊邱文莊公集十卷。

〔補〕**瓊臺類稿七十卷**　明丘濬撰。○明弘治刊本，十行十九字，黑口，四周雙闌。

〔補〕**瓊臺會稿十二卷**　明丘濬撰。○明嘉靖三十二年鄭廷鵠刊本，十一行二十四字，白口，四周雙闌。○明萬曆刊本，行欵同嘉靖本。

謙齋文錄四卷　明徐溥撰。○刊本。

〔補〕**謙齋文錄八卷**　明徐溥撰。○清道光十一年刊本，四冊。辛亥都中收得。

椒邱文集四十四卷　明何喬新撰。○明婺源余瑩編刊本。

〔補〕**椒丘文集三十四卷外集一卷**　明何喬新撰。○明嘉靖元年知廣昌縣余瑩刊本，十一行二十二字。有嘉靖元年舒芬序及余瑩後序。本書題羅玘校正，余瑩訂刊。十六冊，余藏。莫氏誤"余瑩"為"余瑩"，應訂正。

石田詩選十卷　明沈周撰。○明弘治中華汝德刊本。

〔補〕**石田先生集不分卷**　明沈周撰。○明萬曆四十三年錢允治校陳仁錫編刊本，九行十九字，白口，四周雙闌。寫刻精美。庚戌收得。

〔補〕**沈石田詩集二卷**　明沈周撰。○明弘治十六年集義堂刊本，九行十九字，白口，左右雙闌，版心有"弘治癸亥集義堂刊"二行八字。

東園文集十三卷續編一卷　明鄭紀撰。○康熙中九世孫梁英刊本。

〔補〕**東谷遺藁十三卷**　明湯胤勣撰。○明成化十四年孫璉、湯齊刊本，十行二十字，黑口，四周雙闌。

懷麓堂集一百卷　明李東陽撰。○明嘉靖中刊本。○康熙壬戌廖方達刊本。○嘉慶八年茶陵刊本。

〔補〕**懷麓堂詩稿二十卷文稿三十卷詩後稿十卷文後稿三十卷**
　　南行稿一卷北上錄一卷講讀錄一卷東祀錄三卷集句錄一卷
　　哭子錄一卷求退錄三卷　明李東陽撰。○明正德刊本，十行二十
　　字，白口，四周單闌。有正德十一年楊一清序，謂其門人徽守熊桂刊
　　於郡齋。

〔補〕**懷麓堂詩稿二十卷文稿三十卷詩後稿十卷文後稿三十卷**
　　文後續稿十卷　明李東陽撰。○清康熙壬戌廖方達刊本，十行，行
　　二十字，白口，四周單闌。

〔補〕**擬古樂府二卷**　明李東陽撰。○明隆慶刊本，八行十六字。有
　　弘治甲子自序。題何夢春解，謝鐸、潘辰評，魏椿刊。

清溪漫稿二十四卷　明倪岳撰。○刊本。

〔補〕**青谿漫藁二十四卷**　明倪岳撰。岳上元人，天順八年進士。○
　　明正德刊本，十一行二十二字，黑口，四周雙闌。辛亥六月文琳閣送
　　閱，值昂未收。○武林往哲遺箸後編本。

〔補〕**桃谿淨稿八十四卷**　明謝鐸撰。詩集四十五卷，文集三十九
　　卷。○明正德刊本，十行二十字。有正德十六年顧璘序。庚戌八月
　　文琳堂自寧波收來，索二十八兩，已收得。四庫存目。

〔補〕**石谷吳先生文集□卷**　明吳伯通撰。○明刊本，行欵卷數失
　　記，六冊。辛亥文友堂見。

〔補〕**石谷達意稿十二卷**　明吳伯通撰。○明正嘉間刊本，十行二十
　　一字，存六卷。庚申杭肆見。

康齋文集十二卷　明吳與弼撰。○崇禎壬申陳維新刊。

〔補〕**康齋先生文集十二卷附錄一卷**　明吳與弼撰。○明嘉靖五年
　　撫州守林維德重刊本，十行二十一字，黑口。有弘治七年吳泰序。
　　○明萬曆刊本，行欵同嘉靖本。有萬曆十八年劉世節序，刊於臨川。

樓居雜著一卷野航詩藥一卷野航文藥一卷附錄一卷 明朱存理
撰。按此書四庫著錄，莫氏未收。是集未聞有刊本，唯恃鈔本流傳。

〔補〕**野航雜著一卷** 明朱存理撰。○明鈔本。

〔補〕**思玄集十六卷** 明桑悦撰。○明萬曆二年桑大協木活字印本，
十行二十一字，白口，四周雙闌。版心雙魚尾。有萬曆二年柳融、李
祝後序。余藏。壬子入都曾見一藍印本，未收得。四庫存目。

〔補〕**文涞水詩集一卷附遺文** 明文洪撰。洪，徵明之祖也。○明正
德十年刊本，十二行二十字。前有王鏊、李東陽序。四庫存目為二
卷。

〔補〕**張東海先生詩集四卷文集五卷** 明張弼撰。○明正德十二年
張弘至刊本，十行十七字，白口，左右雙闌。庚戌見。四庫存目。

一峯集十卷 明羅倫撰。○乾隆戊寅羅氏活字本。○道光中劉繹刊
本。

〔補〕**一峯先生文集十一卷** 明羅倫撰。○明正德十一年仲子幹江
陰刊本，十行十九字，白口，左右雙闌。

〔補〕**一峯先生文集十四卷** 明羅倫撰。○明嘉靖二十八年張言一
峯書院刊本，十行十九字，白口，四周單闌。有嘉靖二十八年羅洪
先、聶豹序及張言、林應芳跋。

篁墩集九十三卷 明程敏政撰。○明刊本。○天一目有篁墩文粹二
十五卷，頃收一部。

〔補〕**篁墩先生文集九十三卷拾遺一卷** 明程敏政撰。○明正德
二年何歆刊本，十三行二十七字。

〔補〕**篁墩程先生文粹二十五卷** 明程敏政撰。○明正德元年張九
逵刊本，十一行二十一字。莫氏舊藏。

楓山集四卷附錄一卷 明章懋撰。○刊本。

〔附〕○弘治乙丑戴銑編。後序外三山林瀚序。（原稿無，印本入正文。）

〔補〕**楓山章先生文集四卷**　明章懋撰。○明嘉靖刊本，十行二十一字，白口，左右雙闌。有嘉靖十八年唐龍序。附實紀一卷。四册，庚戌八月文琳堂閱，索四兩，已收。

莊定山集十卷　明莊㫤撰。○刊本。

〔補〕**定山先生集十卷**　明莊㫤撰。○明嘉靖十四年刊本，十行十八字。辛亥八月見於有益堂。

未軒文集十二卷　明黃仲昭撰。○明刊本。

〔補〕**未軒公文集十二卷附錄一卷**　明黃仲昭撰。○明嘉靖三十四年黃希白刊本，十行二十字，白口，單闌。有黃希白跋。

醫閭集九卷　明賀欽撰。○刊本。

〔補〕**醫閭先生集九卷**　明賀欽撰。○明嘉靖刊本，十行二十字，黑口，四周雙闌。有嘉靖九年陰成文跋。

〔補〕**韓忠定集四卷**　明韓文撰。文洪洞人，成化二年進士。○清寫本，十行二十一字，無格。壬子見。○清道光十四年刊本。

翠渠摘稿一卷補遺一卷　明周瑛撰。○刊本。

〔補〕**翠渠摘稿八卷**　明周瑛撰。○明嘉靖刊本，十行二十四字，黑口，四周雙闌。

〔補〕**石淙詩稿二十卷**　明楊一清撰。○明嘉靖間刊本，十一行二十二字，白口，四周雙闌。題李夢陽評點。庚戌九月有益堂見，八册，已收得。此書四庫存目為十九卷本。

家藏集七十七卷　明吳寬撰。○明刊本，其子奭蒐輯。

〔補〕**匏翁家藏集七十七卷補遺一卷**　明吳寬撰。○明正德三年其子吳奭刊本，十二行二十四字，白口，左右雙闌。有李東陽、王鏊序

及徐源後序。余蒐集諸殘本，歷二十年始成完帙。此本已印入四部
叢刊初編。

〔補〕**和唐詩正音四卷**　明楊榮撰。榮餘姚人，成化八年進士，與三楊
中建安楊榮同名。○明成化刊本，十行二十字，黑口，四周雙闌。前
成化十四年錢溥序及自序，言為同官吳汝哲鋟梓。後有眉山萬冀
序。

〔補〕**文溫州集十二卷**　明文林撰。○明刊本，十二行二十字，與文洪
淶水集行欵同，刻印甚精。林為洪之子，文徵明之父也。此書四庫
入存目。

〔補〕**牡丹百詠集不分卷**　明張淮撰。○明弘治間寫本，九行十五
字。有弘治癸亥都穆序及其姪張瑋跋。葉啟崟藏書。

歸田稿八卷　明謝遷撰。○明刊。○康熙中七世孫鐘和刊本。

〔補〕○清康熙二十三年七世孫謝鍾和刊本，九行二十字，白口，四周雙
闌。辛亥春入都收得。

震澤集三十六卷　明王鏊撰。○明刊本。○明董其昌校刊本，寫刊
俱精，題王文恪集。

〔補〕**震澤先生集三十六卷**　明王鏊撰。○明正德、嘉靖間刊本，十
一行二十字，白口，左右雙闌。失序跋。此書雕工秀雅，白棉紙精
印，為吳中佳槧，疑即其家自刊本。又見晚印本，黃紙，去此遠矣。

鬱洲遺稿十卷　明梁儲撰。○刊本。

〔補〕○明嘉靖刊本，九行十七字，余有殘卷，序跋已佚去。

見素文集二十八卷奏疏七卷續集十二卷附錄二卷　明林俊撰。
○正德中刊本。其孫則祖跋，稱重梓是書而詩集尚缺。

古城集六卷補遺一卷　明張吉撰。按此書四庫著錄，莫氏失收。

〔補〕**古城文集六卷**　明張吉撰。○清康熙三十年楊掄刊本，十行二
十二字，白口，四周雙闌。余藏。

〔補〕**半江趙先生文集十五卷附錄一卷** 明趙寬撰。○明正德刊本，十行二十字，白口，四周單闌。壬子收。四庫存目。

虛齋集七卷 明蔡清撰。○正德中葛忠貞刊本。○族孫廷魁刊本，十三卷。

〔補〕**虛齋蔡先生文集五卷** 明蔡清撰。○明正德十六年葛志貞刊本，十行二十五字，黑口，四周雙闌。

〔補〕**虎谷集二十一卷** 明王雲鳳撰。雲鳳和順人，成化二十年進士。○明刊本，八册。文友堂閱，索十六兩，未收。

〔補〕**博趣齋稿二十三卷** 明王雲鳳撰。○明刊本，十行二十字，白口，左右雙闌。八册。辛亥春文友堂見，索九兩，余代友人收之。

〔補〕**紫墟文集十五卷** 明儲巏撰。○明嘉靖刊本，十二行二十一字，白口，單闌。有嘉靖二十八年邵寶序。○海陵叢刻本。此書四庫存目。

容春堂前集二十卷後集十四卷續集十八卷別集九卷 明邵寶撰。○明正德中刊，前集顏體字，最精雅，後三集字體稍遜。

〔補〕○只收外集。（原稿無，印本入正文。）

〔補〕○明正德、嘉靖間刊本，十行二十字，白口，左右雙闌。余有殘本，序跋不存。

〔補〕**東所先生文集十三卷** 明張詡撰。○清傳鈔明嘉靖刊本，有嘉靖辛亥黃佐序及張舉序，後有沈瀚跋。此書四庫存目。

〔補〕**楊南峰先生集十五卷** 明楊循吉撰。○明萬曆刊本，九行十八字。有萬曆三十七年錢允治序。本書集雜著及專題詩詠十種而成。

〔補〕**南峰楊先生松籌堂文集十二卷** 明楊循吉撰。○清傳鈔明萬曆元年顧從德校刻本，分體編次，卷首題“吳郡楊循吉著，上海顧從德校。”前有萬曆改元顧從德序。卷十二樂府有黃省曾舊序。此書四庫存目。

〔補〕**李大厓文集八卷詩集十三卷附録一卷** 明李承箕撰。○明寫本。潘氏滂喜齋舊藏，鈐有清續文獻通考館藏印。此書四庫存目為二十卷，附録一卷。

〔補〕**大厓李先生集三十卷** 明李承箕撰。○清寫本，十行二十字。有弘治三年其兄承芳序及吳廷舉、唐錦序。亦潘氏滂喜齋舊藏。

〔補〕**柳塘楊先生早朝詩三卷** 明楊子器撰。○明精寫本，畫烏絲闌，十二行二十字，白口，左右雙闌。前錢仁夫序，後自跋。本書三卷分别為五律、七律、七絶各一百首。余藏。

〔補〕**東川劉文簡公集二十四卷** 明劉春撰。○明嘉靖三十三年劉起宗刊本，十行二十字，白口，四周單闌。

羅圭峯文集三十卷 明羅玘撰。○明刊本三十五卷。○康熙庚午羅美材刊本，編次頗無體例。○拜經樓藏有三十七卷本，錢湘舲評。○圭峯集一刊於盱眙，再刊於南國子監，又有刊武進孫氏本，今皆未見。據此本所叙，則初刊於常州，再刊於荆州，板皆逸。嘉靖五年陳洪謨得荆州本六卷，又得續集二卷，奏議一卷，彙而重刊。後其鄉人黄端伯又于玘曾孫寬處得逸稿，合原集編為三十卷。

〔補〕**翰林羅圭峯先生文集十八卷續集十五卷** 明羅玘撰。○明嘉靖五年陳洪謨、余載仕刊本，十一行二十二字，白口，四周單闌。

吳文肅公摘稿四卷 明吳儼撰。○萬曆甲申其孫士遇刊本。

〔補〕○萬曆十二年吳士遇刊本，八行二十字。藏園有一帙。

熊峯集十卷 明石珤撰。○明刊本。○皇甫汸删定本。○康熙中孫光曻刊本。

〔補〕**熊峯先生文集四卷** 明石珤撰。○明刊本，九行十五字。四庫存目。

〔補〕**赤城夏先生集二十一卷外集二卷** 明夏鍭撰。○明嘉靖刊本，有嘉靖乙丑趙大佑序。本書題夏鍭撰，趙大佑校。四庫存目。

〔補〕**赤城夏先生集七卷補遺一卷**　明夏鍭撰。○明嘉靖二十一年
　　王廷幹台州刊本，十行十八字，白口，左右雙闌。有嘉靖二十一年王
　　廷幹序黃儀跋。余藏。

〔補〕**龜峯類稿二十六卷**　明毛紀撰。○明嘉靖刊本，十行十九字，
　　白口，左右雙闌。有嘉靖二十一年徐縉序。此書四庫存目。

立齋遺文五卷　明鄒智撰。○天啟乙丑李芳蘺刊本。○乾坤正氣集
　　本。○吳廷舉編次立齋集刊本。

西村集八卷附錄一卷　明史鑑撰。○嘉靖中其孫周刊本。○國初刊
　　本。

〔補〕**西村集二十八卷**　明史鑑撰。○清寫本。卷首二、三行題"史鑑
　　明古父著，門人文徵明閱，陳繼儒校，耳孫冊編"字樣。徐釚錄錢謙
　　益跋於後。

〔補〕**西村文集八卷**　明史鑑撰。○明松陵史氏忠孝堂藏陳繼儒輯
　　本，較潘次耕刊本多三分之二。

胡文敬公集三卷　明胡居仁撰。○明刊本。

小鳴稿十卷　明秦王朱誠泳撰。○刊本。

〔補〕○明弘治十一年秦藩刊本，十行十八字，黑口，四周雙闌。

方簡肅文集十卷　明方良永撰。○明刊本。○隆慶庚午其孫攸刊。

〔補〕**方簡肅公文集十卷附錄一卷**　明方良永撰。○明萬曆八年方
　　攸續刊本，九行十八字，白口，四周雙闌。

〔補〕**蒼谷全集十二卷**　明王尚絅撰。**附錄一卷**　尚絅字錦夫，郟縣
　　人，弘治五年進士。○清乾隆二十三年密止堂刊本，九行十八字。
　　辛亥閏月都中文友堂見。

懷星堂集三十卷　明祝允明撰。○明刊本，又名祝氏集略，三十卷。

〔補〕**懷星堂全集三十卷**　明祝允明撰。○明萬曆三十九年陳以聞

刊本,十行,行二十字。

〔補〕**祝氏集略三十卷**　明祝允明撰。○明嘉靖三十六年刊本,十行
　二十字。有張景賢序。辛亥三月見,索三十兩。

整菴存稿二十卷　明羅欽順撰。○刊本。

〔補〕**整菴先生存稿二十卷**　明羅欽順撰。○明嘉靖刊本,十行二十
　字,白口。有嘉靖三十二年喻時序。辛亥夏收於文賢堂。○明萬曆
　刊本,行欵同嘉靖本。

東江家藏集四十二卷　明顧清撰。○刊本。○其子孫所續有留都稿
　四卷,存稿十卷。

〔補〕**東江家藏集四十二卷附錄一卷**　明顧清撰。○明嘉靖刊本,
　十三行二十四字,白口,四周單闌。有嘉靖三十四年孫承恩序。

空同集六十六卷　明李夢陽撰。○明初刊本,其孫曹嘉選吳下善書
　者繕寫刊行,六十三卷。

〔補〕**李氏弘德集三十二卷**　明李夢陽撰。○明嘉靖刊本,十一行二
　十字。

〔補〕**空同先生文集六十三卷**　明李夢陽撰。○明刊本,十一行二十
　一字。失序跋。字體雕工似閩中慎獨齋本。

〔補〕**空同先生集六十三卷**　明李夢陽撰。○明萬曆六年刊本,十一
　行二十字。有萬曆六年高文薦序及嘉靖本舊序。嘉靖本亦十一行
　二十字。

〔補〕**空同子集六十六卷目錄三卷**　明李夢陽撰。○明萬曆三十年
　鄧雲霄刊本,十行二十字,白口,左右雙闌。有萬曆三十年馮夢禎、
　王廷相、聶豹、鄧雲霄序及嘉靖九年黃省曾舊序。

山齋集二十四卷　明鄭岳撰。○萬曆中其曾孫炫刊本。

〔補〕**心齋稿六卷**　明李麟撰。○清寫本,從明正德本出,有正德十二

年張原序。四明盧氏抱經樓散出之書。

〔補〕**鏡山詩集□卷**　明李汎撰。○明嘉靖刊本，十行十六字，白口，四周單闌。有嘉靖四年胡纘宗序。卷末題"祁門城西徐廣刊刻"一行。殘存卷三至八，二册。

〔補〕**何文簡公文集十八卷**　明何孟春撰。○明萬曆刊本，十一行二十一字，白口，四周單闌。文瑞樓舊藏。

〔補〕**何燕泉詩集四卷**　明何孟春撰。○明嘉靖四十五年蔣文化刊本，九行十九字。余藏。四庫存目。

浮湘集四卷山中集四卷憑几集五卷續集二卷息園存稿詩十四卷文九卷緩慟集一卷　明顧璘撰。竹垞稱其尚有歸田集。○嘉靖戊戌刊本。

〔補〕**浮湘稿四卷山中集四卷憑几集五卷續集二卷息園存稿十四卷文集九卷緩慟集一卷**　明顧璘撰。○明吳門刊本，九行十六字，白口，四周單闌。各卷序跋年代有後先。己酉收得。

〔補〕**熊士選集一卷**　明熊卓撰。○明嘉靖二十二年范欽刊本，八行二十字，白口，左右雙闌。前正德七年李夢陽序，後吳嘉聰跋，末有嘉靖癸卯陳德父刊書跋。本書卷首標題下有"四明范欽校刊"小字一行。

〔補〕**高吾靜芳亭摘稾八卷**　明陳洪謨撰。○明刊本。余藏，陳田借去不還。此書四庫存目。

〔補〕**渼陂集十六卷**　明王九思撰。○明嘉靖十二年王獻刊本，十行二十一字，白口，四周單闌。四庫存目。

〔補〕**渼陂續集三卷**　明王九思撰。○明嘉靖二十四年翁萬達刊本，十行二十一字。此書四庫存目。

華泉集十四卷　明邊貢撰。○明嘉靖戊戌劉天民刊本。文集魏允孚續刊。

〔補〕**邊華泉集詩七卷文六卷** 明邊貢撰。○明嘉靖、萬曆間刊本，
　　十行二十二字。前魏允孚序，言增文數十首，重刻於濟云云。徐坊
　　藏。

〔補〕**華泉先生集詩八卷文六卷** 明邊貢撰。○清寫本，九行二十
　　四字。有吳騫藏印。

劉清惠集十二卷 明劉麟撰。○萬曆丙午陳幼學刊本。

〔補〕○明萬曆三十四年陳幼學刊本，九行二十字。題陳幼學、朱鳳翔
　　等校。有萬曆三十四年朱鳳翔序。四册。己酉入都見。

東田遺稿二卷 明張羽撰。○國初刊本。

〔補〕**唐伯虎集四卷** 明唐寅撰。**外集一卷紀事一卷** ○明萬曆四
　　十年曹元亭翠竹山房刊本，八行十八字。余藏。

沙溪集二十三卷 明孫緒撰。○康熙四十六年買棠與馬東田集合刊
　　本。馬集入存目。

王文成全書三十八卷 明王守仁撰。○隆慶壬申新建謝廷傑刊本。
　　○康熙癸丑俞氏刊本。

〔補〕○明隆慶六年謝廷傑刊本，九行十九字，白口，四周雙闌。前隆慶
　　壬申徐潛序，稱巡按謝廷傑刊於南京云云。

〔補〕**陽明先生文錄五卷外集九卷別錄十卷** 明王守仁撰。○明
　　嘉靖三十六年胡宗憲吳中刊本，九行十九字，白口，四周雙闌。辛亥
　　八月李紫東自申江寄來求售。

〔補〕**居夷集三卷** 明王守仁撰。○明嘉靖三年丘養浩刊本，十行二
　　十字。

〔補〕**陽明先生文粹十一卷** 明王守仁撰。○明嘉靖刊本，十行二十
　　字，白口，四周雙闌。

雙溪集八卷 明杭淮撰。○刊本。○曝書亭本乃其弟洵所編刊，卷末

手題兩行云：康熙辛巳九月十九日竹垞老人讀一過。

〔補〕**杭雙溪先生詩集八卷** 明杭淮撰。○明嘉靖十四年刊本，九行
十八字，白口，左右雙闌。有王慎中序。朱彝尊手跋。庚戌夏見，值
昂不得收。後以平值得一帙，為陳田持去未還。（熹年謹案：朱跋本
今在美國支加哥大學圖書館。）○又一嘉靖本，九行二十字。

〔補〕**貞翁淨稿十二卷** 明周倫撰。○清寫本，庚戌求古堂見，四冊，
索二十四兩。四庫存目。

〔補〕**周恭肅集十六卷** 明周用撰。○明嘉靖二十八年刊本，十行二
十字，白口，左右雙闌。有嘉靖二十八年序。己酉夏收自金誦清肆
中。此書四庫存目。

對山集十卷 明康海撰。○康熙中馬氏刊本。○乾隆辛巳孫景烈刊
本。

〔補〕**對山集十九卷** 明康海撰。○明嘉靖二十四年吳孟祺刊本，十
行二十字，白口，四周單闌。有嘉靖二十四年王九思、吳孟祺諸序。
四庫存目。

〔補〕**康對山先生集四十六卷** 明康海撰。○明萬曆十年潘九哲刊
本，十行二十字，白口，左右雙闌。余藏。

柏齋集十一卷 明何瑭撰。○嘉靖己酉鄭王府刊本。

〔補〕**柏齋文集十卷** 明何瑭撰。○明刊本，十二行二十字，黑口，四
周雙闌。

竹澗集八卷竹澗奏議四卷 明潘希曾撰。○嘉靖末黃省曾校本。

〔補〕**竹澗先生文集八卷奏議四卷** 明潘希曾撰。○明嘉靖二十年
黃省曾刊本，十二行二十字，白口，左右雙闌。○續金華叢書本。

大復集三十八卷 明何景明撰。○嘉靖十年刊本，三十七卷。○五
世姪孫洙源等刊本。

〔附〕○頃收嘉靖三年唐龍序野竹齋刊本二十六卷，又見嘉靖十年義陽

書院刊本,亦二十六卷,板式相同。有唐序、王廷相序。(原稿無)

〔補〕○明嘉靖三十四年刊本,十行十八字,白口。題其壻袁璨刊。有嘉靖三十四年鄒察跋及舊本中唐龍、康海、王廷相三序。庚戌文琳堂送閲,已收得。

〔補〕**何氏集二十六卷** 明何景明撰。○明嘉靖沈與文野竹齋刊本,十行十八字,白口,前嘉靖三年唐龍序,唐序首葉版心有"野竹齋雕"四字,余藏。

〔補〕**何大復先生集二十六卷** 明何景明撰。○明嘉靖十年義陽書院刊本,十行二十字。有嘉靖十年王廷相序。

〔補〕**何大復先生集三十八卷附錄一卷** 明何景明撰。○明萬曆五年陳堂、胡秉性刊本,十行二十字,白口,四周單闌。余藏。

〔補〕**大復山人精華錄八卷** 明何景明撰。○清刊本,嘉興忻寶華氏舊藏。已收得。

洹詞十二卷 明崔銑撰。○明趙王府味經堂刊本。

〔補〕**崔氏洹詞十七卷附錄四卷** 明崔銑撰。銑字子鍾,安陽人,明弘治十八年進士。○明嘉靖三十三年池州知府周鎬刊本,十一行二十四字,白口。有嘉靖三十三年周鎬後序。此即四庫存目著錄之本。

莊渠遺書十二卷 明魏校撰。○魏氏原刊本,甚精。

〔補〕**莊渠先生遺書十六卷** 明魏校撰。○明嘉靖四十年崑山縣刊本,十行二十一字,白口,左右雙闌,有嘉靖四十年胡松序,李木齋先生藏。此本較四庫本多出四卷。

〔補〕**顧文康公文草十卷詩草六卷首一卷** 明顧鼎臣撰。○明崇禎刊本。庚戌九月收於求古堂。此書四庫存目為二十二卷本。

儼山集一百卷續集十卷 明陸深撰。○有刊本,並外集四十卷。

〔補〕**儼山文集一百卷目錄二卷外集四十卷續集十卷** 明陸深

撰。○明嘉靖間其子陸楫刊本，十行二十字，白口，左右雙闌。有嘉靖二十五年徐階序。雕工精雅。余藏有外集全帙，餘均殘册，間有明代原裝者。

〔補〕**鈐山堂集四十卷** 明嚴嵩撰。○明嘉靖三十年嚴氏鈐山堂自刊本，十行二十字，白口，左右雙闌。雕工精雅，厚棉紙印，墨光如漆，蓋其極盛時精印本也。余藏。○清嘉慶十一年刊本。

〔補〕**鈐山詩選七卷** 明嚴嵩撰。明楊慎選輯並評點。○明嘉靖刊本，九行十八字。有嘉靖三十一年楊慎序。余藏。

〔補〕**湛甘泉先生文集三十五卷** 明湛若水撰。○明萬曆七年吳瀹刊本，十行二十一字，白口，四周雙闌。四庫存目為三十二卷。

迪功集六卷附談藝錄一卷 明徐禎卿撰。○正德庚辰刊本。○嘉靖戊子刊本。

〔補〕**徐迪功集六卷附談藝錄一卷外集四卷** 明徐禎卿撰。○清寫本，九行二十四字。前李夢陽序。外集有皇甫汸序及皇甫涍後序。鈐吳騫藏印。

鄭少谷集二十五卷 明鄭善夫撰。○明刊本。○道光甲申刊本。

〔補〕**鄭詩□卷** 明鄭善夫撰。○明萬曆刊本，九行十八字。題鄧原岳、謝肇淛校，有萬曆十五年謝氏序。存卷一至六。顧竹泉諟聞齋舊藏。己酉冬見於京肆。此書千頃堂書目作十五卷，此為不全之本。

〔補〕**鄭詩十三卷附錄一卷** 明鄭善夫撰。○明嘉靖四年刊本，九行二十一字。有嘉靖四年周廷用序。本書撰人後題汪文盛編，疑即其所刊。

〔補〕**張文定公紆玉樓集十卷環碧堂集十六卷** 明張邦奇撰。○明刊本，約嘉靖、隆慶間刊。辛亥春文琳堂見，已收。

太白山人漫稿八卷 明孫一元撰。○崇禎中周伯仁刊本，蓋據吳興張氏本及陽湖本合輯。

〔附〕○嘉慶甲戌淩鳴喈刊本，附錄一卷。（原稿無，印本入正文。）

〔補〕**太白山人詩五卷** 明孫一元撰。**附錄一卷** ○明刊本，十行十七字。有正德十三年鄭善夫序及十五年方豪後序。明徐燉紅雨樓、清鄭杰注韓居舊藏。有跋記。庚戌見於京肆，值昂不得收。○明嘉靖刊本。

〔補〕**太白山人集二卷** 明孫一元撰。○明崇禎刊本。

〔補〕**涇野先生文集三十六卷** 明呂柟撰。○明嘉靖三十四年于德昌刊本，十行二十三字，白口，四周雙闌。四庫存目。

〔補〕**張愈光詩文選八卷** 明張含撰。○明刊本，八行十七字，白口，四周雙闌。有趙維垣序。余藏。○雲南叢書本。

〔補〕**唐漁石集四卷** 明唐龍撰。○明嘉靖十一年王惟賢刊本，十行二十字，白口，左右雙闌。余藏。○金華叢書本。此書四庫入存目。

〔補〕**棠陵文集八卷** 明方豪撰。○明嘉靖刊本，十行二十二字，白口。有嘉靖七年陳德文序。收自韓左泉手。四庫存目。

苑洛集二十二卷 明韓邦奇撰。○嘉靖末刊本。

〔補〕○明嘉靖刊本，十行二十字，白口，四周單闌。○清道光八年西河書院刊本。

〔補〕**鳥鼠山人小集十六卷** 明胡纘宗撰。○明嘉靖刊本，十一行二十字，白口，四周單闌。有嘉靖十八年李濂序。四庫存目為二十九卷本。

〔補〕**東塘集十卷** 明毛伯溫撰。○明嘉靖十九年王儀刊本，十行二十字。此書四庫入存目。

東洲初稿十四卷 明夏良勝撰。○正德十五年刊本。

〔補〕○正德、嘉靖間刊本，十一行二十字，白口，左右雙闌。庚戌九月入都收得。

升菴集八十一卷　明楊慎撰。○明萬曆中張士佩刊本。

〔補〕**太史升庵文集八十一卷**　明楊慎撰。○明萬曆十年蔡汝賢刊本，十行二十字，白口，四周單闌，前宋仕、陳文燭序。又有蔡汝賢跋，言刊於蜀中。後有四川布政使司監榜吏及繕寫吏人名。此集僅前四十卷為詩文，以後為雜著諸書彙輯而成，殊失文集之體。己酉冬求古堂見，已收得。

〔補〕**升菴南中集六卷**　明楊慎撰。○明嘉靖刊本，九行十六字。有嘉靖二十四年孔天胤序，二冊。庚戌富古堂見，索四兩，已收得。

〔補〕**升菴南中集七卷**　明楊慎撰。○明嘉靖刊本，九行十九字，黑口，四周單闌。前有張含、朱光霽序，次嘉靖丁卯薛蕙序。後有嘉靖丁酉王廷跋。所收皆謫滇南時之作。

〔補〕**升庵南中續集四卷**　明楊慎撰。○明嘉靖刊本，半葉九行，行十三至十六字，白口，四周雙闌。以行草書上版，疑出自升庵手蹟。有嘉靖庚戌張含序及嘉靖己酉王廷表序。余藏。

〔補〕**升菴文集十二卷**　明楊慎撰。○明嘉靖三十六年宋少宇刊本，九行十八字，白口，四周雙闌。前嘉靖丁巳靳學顏序，言侍御宋公少宇命郡吏檢括詮次，雕之郡齋，則是刊於成都者也。本書卷首二至四行題"門生江陽馮都成、韓述甫、湯茂寅校錄"。有同治八年徐時棟跋。此雖選本，非其全集，然極罕見。余藏。

〔補〕**楊升庵詩五卷**　明楊慎撰。○明嘉靖刊本，九行二十字，四周雙闌。前有嘉靖二十四年孔天胤序。末卷後題"門人丘文舉、李世芳、楊富春集錄"三行，庚申收於金陵。

〔補〕**楊升庵先生草書詩五卷**　明楊慎撰。○明萬曆刊本，半葉六行，行十一至十三字，以升庵手寫草書上版。前萬曆丙午楊芳撰"楊升庵先生草書詩小引"。後有萬曆丙午張文熙跋。此書傳世不止一刻，就余所見，鄭振鐸藏一帙為原刻本。余藏有升庵行書"清秋會約"軸真迹,持較鄭本,筆意頗合。余別藏一翻刊本,則僅存梗概耳。

〔補〕**東廓鄒先生文集十二卷** 明鄒守益撰。○明隆慶邵廉刊本,十
行二十字。此書四庫入存目。

〔補〕**鄒東廓先生文選四卷** 明鄒守益撰。○明隆慶六年刊本,十行
二十字。庚戌九月韓左泉送來求售。

東巖集六卷 明夏尚樸撰。○刊本。

〔補〕**夏東巖先生文集六卷詩集六卷** 明夏尚樸撰。○明嘉靖四十
五年斯正刊本,十行二十字,白口,四周單闌。

瀼溪草堂稿五十八卷 明孫承恩撰。○明刊本。是集為其門人楊豫
孫等編。

方齋詩集文集十卷 明林文俊撰。○此本乃其家藏書抄,凡文九卷,
詩一卷。明北監廿二史皆所校刊。

〔補〕**渭厓文集十五卷** 明霍韜撰。**附錄一卷** ○明嘉靖刊本,十行
二十二字,白口,四周雙闌。有嘉靖三十一年倫以諒序。辛亥春濟
南書肆見。此書四庫存目為十卷本。

考功集十卷 明薛蕙撰。○明刊本,有附錄一卷。○道光八年亳州劉
氏刊。

〔附〕○收舊抄殘本攷功詩一冊,疑與十卷不同。

〔補〕**薛考功集十卷** 明薛蕙撰。○明萬曆十九年刊本,九行十八字。
前有萬曆辛卯陳文燭序。本書詩八卷,文二卷,為其全稿也。

〔補〕**薛西原集二卷** 明薛蕙撰。○明嘉靖十四年李宗樞刊本,十行
二十字。前李宗樞序。此集較十卷本付梓早五十五年,只收乙亥至
癸未九年中之詩,以年代為序。余藏。

〔補〕**蔣南泠集十二卷** 明蔣山卿撰。○明嘉靖刊本,十行十八字,白
口,左右雙闌。題"門人洛陽喬佑校"。四庫存目。

〔補〕**鹿原集不分卷**　明戴欽撰。○明藍格寫本，十行二十五字。首賦，次詩，分體編次，末為文一首。四庫存目為鹿原存稿九卷。

〔補〕**舒梓溪文抄内集八卷外集十卷**　明舒芬撰。○明天啟刊本，九行十八字，白口，四周單闌。辛亥收自文奎堂。

雲村文集十四卷　明許相卿撰。○刊本。

〔補〕**黄門集十二卷**　明許相卿撰。○明萬曆錢薵刊本，九行十九字。余藏。

小山類稿二十卷　明張岳撰。○萬曆中刊本，今板尚存，見有印本。

〔補〕**雙江聶先生文集十四卷**　明聶豹撰。○明嘉靖間永豐雲丘書院刊本，十行二十一字。辛亥收。四庫入存目。

〔補〕**夏桂洲集二十卷**　明夏言撰。○明刊本，庚戌十一月見於翰文齋，不得詳記即為人收去。此書四庫存目為十八卷。

〔補〕**少華山人文集十五卷前集十三卷後集九卷**　明許宗魯撰。○明嘉靖刊本，十行十八字，白口，左右雙闌。有嘉靖二十五至二十七年王九思、周采諸序。

〔補〕**少華山人續集十五卷**　明許宗魯撰。○明嘉靖刊本，十行十八字。有嘉靖三十六年喬世寧序。卷一標題下題“歸田稿”。

〔補〕**西玄詩集一卷**　明馬汝驥撰。○明嘉靖刊本，九行十八字，白口。前嘉靖十七年胡纘宗序，劉天民後序及其兄汝駿序。

夢澤集二十三卷　明王廷陳撰。○嘉靖辛亥刊本。其集一刊于淮安，再刊于蘇州，此本乃其從孫道淳刊，乃第三本也。○近年刊本。

〔補〕**夢澤集十七卷**　明王廷陳撰。○明嘉靖四十一年王廷瞻刊本，九行十六字，白口，四周單闌。余有藍印本。○明嘉靖四十四年吳中刊本，十行二十二字，白口，左右雙闌。有嘉靖四十四年皇甫汸序。○民國印湖北先正遺書影明刊本。

泰泉集十卷 明黄佐撰。〇明嘉靖壬寅門人李時行刊本。

〔補〕〇明嘉靖二十一年壬寅刊本,九行十七字。有嘉靖二十一年李時行後序。余有殘本。

〔補〕黄泰泉集六十卷 明黄佐撰。〇明萬曆元年刊本,十行二十字。王士禎舊藏本。庚戌十一月見于翰文齋。

〔補〕弘藝錄三十二卷 明邵經邦撰。〇清康熙間裔孫邵遠平刊本,十行二十一字。辛亥二月得於鏡古堂。〇武林往哲本。四庫存目。

〔補〕龍湖先生文集十四卷 明張治撰。〇明嘉靖三十三年刊本,十行十八字,白口,左右雙闌。辛亥文友堂見。四庫存目。

〔補〕太師張文忠公集詩四卷續一卷文六卷奏疏八卷 明張孚敬撰。〇明萬曆四十三年張氏刊本,十行二十字。辛亥五月收於文友堂,四庫存目。

〔補〕五龍山人集十卷 明王同祖撰。〇明刊本,十行二十字,白口,四周單闌。庚戌六月見於寶森堂,未收。

〔補〕羣玉樓稿七卷 明李默撰。〇明萬曆元年刊本,九行十八字,白口。有隆慶六年何鏜序及萬曆元年康大和序。潘氏滂喜齋藏。四庫存目為八卷本。

甫田集三十五卷附錄一卷 明文徵明撰。〇明刊本。〇康熙間文氏重刊本。

〔補〕〇庚申南游,於滬肆見文徵仲手稿數十册,黄紙,中多塗改處,蓋撰文時草稿也。所撰聞人詮本舊唐書序諸文稿均在,改定處歷歷可辨,頗資考證。

〔補〕文太史詩四卷 明文徵明撰。〇明萬曆十六年文肇祉刊文氏家藏詩集本,十二行二十字。有嘉靖癸卯王廷序及嘉靖戊午徵明自序。余藏。

〔補〕林屋集二十卷 明蔡羽撰。〇明嘉靖八年刊本,十二行二十字。

白口,左右雙闌。有自序。本書詩、文各十卷。余藏。

〔補〕**南館集十三卷**　明蔡羽撰。○明嘉靖二十二年王廷刊本。十二行二十字。末有"嘉靖癸卯孟夏刊"一行。後有嘉靖二十八年己酉陳宏策跋,言戊申歲以南館舊板校讐,與林屋集合行云云。余藏。

〔補〕**雅宜山人集十卷**　明王寵撰。○明嘉靖十七年刊本,十行十八字,白口,左右雙闌。辛亥春文友堂見。四庫存目。

〔補〕**唫嚱棄存六卷**　明傅汝舟撰。○明寫本,棉紙藍格,十行二十字。本書題"大夢山人傅氏"。汝舟曾列名於汪文盛本兩漢書卷首挖改增入之銜名中,蓋正、嘉間閩中官吏,其詩平平無佳處。

西村詩集二卷補遺一卷　明朱朴撰。○刊本,其孫綵所編刊。

〔補〕**白厓文集四卷**　明包梧撰。○明嘉靖刊本,八行十八字。前嘉靖三十五年丙辰王廷序及館甥項守禮序。鈐李開先、梁清標、劉喜海等藏印。

〔補〕**鄭端簡公集六十一卷**　明鄭曉撰。○明嘉靖至萬曆間鄭氏家刻本,十行十九字,白口,左右雙闌。

〔補〕**世經堂集二十六卷**　明徐階撰。○明萬曆刊本,十行二十字。有陸樹聲、王世貞序。余藏,四庫存目。

〔補〕**少湖先生文集七卷**　明徐階撰。○明嘉靖三十六年宿應麟刊本,九行二十字,白口。有嘉靖三十六年宿氏跋及嘉靖十三年刊本舊跋。余藏。此書四庫存目。

〔補〕**中川遺稾三十三卷**　明王教撰。教開封人,嘉靖二年進士。○明嘉靖三十九年其子在阡編刊本,九行十八字,白口。有嘉靖三十八年李濂序。余藏。四庫存目。

天馬山房遺集八卷　明朱湘撰。○刊本。

〔補〕**天馬山房遺稿八卷**　明朱湘撰。○明隆慶刊本,十二行二十二字。題甥張秉鐸編梓。

蘇門集八卷 明高叔嗣撰。○嘉靖中刊本,半頁十行,行十六字。

〔補〕○明嘉靖間張正位揚州刊本,十行二十字。前嘉靖戊午劉訒序、
　嘉靖丁酉陳束序。後有嘉靖癸亥毛愷後跋及揚州知府張正位序。
　據序,是集首刊於湖省,再刊於汴省,此本則毛愷付揚州守張正位刊
　於揚州者也。

〔補〕**歐陽南野先生文集三十卷** 明歐陽德撰。○明嘉靖三十六年
　刊本,十行二十字。有嘉靖三十五年王宗沐序,云刻於江西。四庫
　存目。

愚谷集十卷 明李舜臣撰。○刊本。

〔補〕**芝園定集五十一卷** 明張時徹撰。○明嘉靖刊本,十一行二十
　二字。有嘉靖三十七年豐道生後序。庚戌八月收。四庫存目尚有
　別集二十卷。

〔補〕**芹山集三十四卷** 明陳儒撰。○明嘉靖陳一龍刊本,十行二十
　二字,白口,四周單闌。

〔補〕**萬卷樓遺集六卷** 明豐坊撰。○明萬曆四十五年豐建刊本,九
　行十九字,白口,左右雙闌。

遵巖集二十五卷 明王慎中撰。○隆慶辛未其子同康及其婿莊國槙
　校刊本。○明嘉靖庚戌蔡道卿刊玩芳堂摘稿四卷。

〔補〕**遵巖先生文集四十一卷** 明王慎中撰。○明隆慶五年邵廉刊
　本,十行二十一字。

陸子餘集八卷 明陸粲撰。○明刊本。

〔補〕○明嘉靖四十三年陸延枝刊本,十行十八字,白口,左右雙闌。

〔補〕**巖居稿八卷** 明華察撰。○明嘉靖三十五年刊本,八行十六字。
　有王慎中序及王其勤等後序。庚戌秋李紫東處見,二册。未收。

〔補〕**衡藩重刻胥臺先生集二十卷** 明袁裒撰。○明萬曆十二年衡
　藩刊本,十行十八字。有萬曆十二年後序。余有殘本十二卷,缺前

八卷,失去卷首序。四庫存目。

〔補〕**趙浚谷文集十卷詩集六卷**　明趙時春撰。○明萬曆刊本,九行二十一字。有萬曆八年徐階序。四庫存目。

〔補〕**田叔禾小集十二卷**　明田汝成撰。○明嘉靖四十二年自刊本,九行十八字,白口。○武林往哲遺箸本。四庫存目。

〔補〕**屠漸山蘭暉堂集四卷**　明屠應埈撰。○明刊本,九行十七字。有嘉靖壬子黃佐序。李木齋先生藏。此書四庫存目。

〔補〕**碧溪詩集六卷附鐃歌鼓吹曲一卷**　明張鈇撰。鈇字子盛,慈谿人,嘉靖五年進士。○明嘉靖十六年刊本,十行二十字,白口,左右雙闌。有嘉靖十六年跋及正德十一年舊序。存四卷,辛亥收。

念菴集二十二卷　明羅洪先撰。○明時其集初刊于撫州,再刊于應天,最後諸門人編為此本。○雍正癸卯六世孫繼洪刊本。

〔補〕**念菴羅先生文集四卷**　明羅洪先撰。○明嘉靖三十四年安如磐刊本,十行十八字,白口,左右雙闌。己酉閱肆見。

皇甫司勳集六十卷　明皇甫汸撰。○刊本。

〔補〕○明萬曆刊本,十行十九字,白口,左右雙闌。有萬曆二年序。

楊忠介集十三卷附錄三卷　明楊爵撰。○刊本。

〔補〕**楊忠介集十三卷附錄五卷**　明楊爵撰。○清寫本。四冊。余藏。

〔補〕**斛山遺稿四卷**　明楊爵撰。○明萬曆刊本,十行二十字,白口,四周雙闌。有萬曆六年知廬州曾如春序。戊申歲收得。

荊川集十二卷　明唐順之撰。○嘉靖乙卯刊本,其集為無錫安如石所編。○康熙中唐氏刊本,十八卷。

〔補〕**唐荊川先生文集十二卷**　明唐順之撰。○明嘉靖三十四年乙卯安如石刊本,十行二十字,白口,四周單闌。辛亥都中見,未收。

〔補〕**重刊唐荊川先生文集十七卷外集三卷** 明唐順之撰。○明萬曆元年純白齋刊本,十行二十字,白口,左右雙闌。前嘉靖己酉王慎中序,後有“萬曆元年孟春吉旦重刊於純白齋”一行。余藏。

〔補〕**熊南沙文集八卷** 明熊過撰。○明刊本,九行二十字。余藏。四庫存目。

〔補〕**南沙先生文集八卷** 明熊過撰。○明泰昌元年曾孫熊胤衡刊本,九行十九字,白口,四周單闌。有泰昌庚申孫之益序。

〔補〕**李中麓閒居集十二卷** 明李開先撰。○明嘉靖刊本,九行十八字。前嘉靖丙辰自序。辛亥春收。四庫存目。

皇甫少元集二十六卷外集十卷 明皇甫涍撰。○明刊本。
〔補〕○明嘉靖間皇甫氏自刊本,十行十八字,白口,左右雙闌。

〔補〕**龍溪王先生全集二十二卷** 明王畿撰。○明萬曆四十三年刊本,十行二十字。此書四庫存目為二十卷。

瑤石山人稿十六卷 明黎民表撰。○萬曆中刊本。○鎮江鍾太守初刊其詩,其子華再刊,冠以賦三首。

〔補〕**瑤石山人詩稿十六卷** 明黎民表撰。○明萬曆十六年黎召華刊本,九行十八字。

南行集四卷東遊集二卷二觀集四卷山中集十卷 明邱雲霄撰。據邱氏門人李獻忠跋,尚有西居集,官柳城時作,今缺是集,或藏弆者偶佚歟?

洞麓堂集十卷 明尹臺撰。按:此書四庫著錄,莫氏未收。

〔補〕**洞麓堂集三十八卷** 明尹臺撰。○明萬曆刊本,十行二十字。有萬曆三十五年鄒元標序。四庫所據為明寫本。

張莊僖文集六卷 明張永明撰。○刊本。

〔補〕**奚囊蠹餘二十卷** 明張瀚撰。○明萬曆刊本,十行十九字。有隆慶三年曹天祐序及蕭廪、徐養正、范應期序。此書四庫存目為十八卷本。

〔補〕**靳兩城先生集二十卷**　明靳學顏撰。○明萬曆刊本，九行十八字。有萬曆十七年于學瀛序。辛亥五月收于山東官書局。四庫存目。

具茨集五卷補遺一卷文集八卷補遺一卷附錄一卷遺稿一卷　明王立道撰。○萬曆間刊本。

〔補〕**王氏存笥稿二十卷**　明王維楨撰。○明嘉靖刊本，十行二十字，閩本，十冊。辛亥春文琳堂見，值昂未收。四庫存目。

〔補〕**王槐野先生存笥稿二十卷續集九卷**　明王維楨撰。○明萬曆七年刊本，九行二十字。有萬曆七年顧爾行序，本書亦題顧爾行校，尹應元梓。己未夏揚州文樞堂見，有殘缺，未收。

〔補〕**袁文榮公文集八卷詩集八卷**　明袁煒撰。○明刊本，十行十八字，白口，失序跋，刊工是嘉靖、萬曆間風氣。庚戌收於寶森堂。

〔補〕**袁文榮公文集六卷**　明袁煒撰。○明刊本，十行十八字。有萬曆元年王錫爵序。翰文齋所收潘鄭盦京寓之書。

〔補〕**崇蘭館集二十卷**　明莫如忠撰。○明萬曆十四年董其昌刊本，九行十八字。如忠，莫雲卿之父也。

青霞集十一卷年譜一卷　明沈鍊撰。○近年有刊本。○鍊子襄刊本。○乾坤正氣集本。

〔補〕**青霞文集九卷**　明沈鍊撰。**褒忠錄一卷**　○明刊本，十行二十字，白口。有其子襄隆慶元年撰先集紀原，又有嘉靖末茅坤等序。

〔補〕**沈青霞公遺集十六卷**　明沈鍊撰。○清嘉慶二年刊本。其卷十二至十六為年譜、附錄，與四庫著錄之本同。四冊，余藏。

〔補〕**已寬堂集四卷**　明陳鎏撰，王世貞選。○明萬曆刊本，殘存首二卷。余藏。此書四庫存目。

〔補〕**近罍軒集四十卷**　明謝東山撰。○明刊本，行欵失記。辛亥六月文奎堂見，索卅五兩，未收。

〔補〕**居敬堂集十卷**　明朱厚煜撰。○明嘉靖四十四年成臯王朱載垸刊本，九行二十字，白口，左右雙闌。前嘉靖四十四年郭朴序及孔天胤、黨以平序。本書題"大明趙王枕易道人著"。余藏。

〔補〕**新岑集二卷**　明陶大年撰。大年會稽人，嘉靖二十年進士。○清寫本。余藏。

〔補〕**石聯遺稿八卷**　明沈爌撰。○明萬曆刊本，九行十七字。庚戌收自求古堂書肆。

滄溟集三十卷附錄一卷　明李攀龍撰。○隆慶壬申王元美刊本。○又明刊本。○道光中刊本。

〔補〕**滄溟先生集三十卷附錄一卷**　明李攀龍撰。○明隆慶徐氏刊本，十行二十字，白口，左右雙闌。有隆慶六年張佳胤序及徐履道後序。庚戌見於正文齋。○明萬曆刊本，行欵同上，有萬曆三年胡來貢序。

〔補〕**滄溟先生集三十二卷**　明李攀龍撰。○明萬曆刊本，十行二十字。

〔補〕**白雲樓詩集十卷**　明李攀龍撰。○明嘉靖四十二年刊本，九行十八字，白口，四周單闌。余藏。四庫存目。

〔補〕**白雲樓詩集十二卷**　明李攀龍撰。○明隆慶四年汪時元刊本，九行十八字。有十卷本舊序及汪時元刊書跋。己未夏維揚邱紹周肆中閲。

山海漫談三卷附錄二卷　明任環撰。○乾隆丁丑庚瑑刊本。

〔補〕**山帶閣集三十三卷**　明朱日藩撰。○明萬曆刊本，十行十九字。有萬曆陳文燭序。晚印，有挖補之版。余藏。四庫存目。

〔補〕**禪悦小草十八卷** 明劉鳳撰。○明萬曆刊本,九行十八字。有
　　自叙。本書為文集八卷,詩集十卷。辛亥寶粹堂見。

〔補〕**石室私抄九卷** 明魏文焕撰。○明刊本,有萬曆丙戌陳文燭序。
　　半葉十行,行二十二字。滬肆見,未收。四庫存目。

楊忠愍集二卷附錄一卷 明楊繼盛撰。○康熙中章鈺編刊本。○
　　道光癸卯本。○容城刊三賢集本。○乾坤正氣集本。

〔補〕**楊忠愍公集五卷** 明楊繼盛撰。○明隆慶刊本,十行二十字,白
　　口,左右雙闌。有隆慶四年汪道昆序。余藏。

弇州山人四部稿一百七十四卷續稿二百七卷 明王世貞撰。○
　　崇禎刊本。○天祿書目明本有四部稿,云據汪道昆序後世貞自記,
　　則此稿世貞所自刊也。○橅刊本,工印尚清朗,未載續稿。

〔補〕**弇州山人四部稿一百八十卷目錄十二卷** 明王世貞撰。○
　　明萬曆五年王氏世經堂刊本,十行二十字,白口,四周雙闌。四部
　　者,為賦、詩、文、說。四庫著錄本為一百七十四卷,此文多燕語、野
　　史家乘考誤二種。姚彥侍舊藏。

讀書後八卷 明王世貞撰。○萬曆中刊本,其姪得殘本于賣餳者,乃
　　錄而刊之,名曰附集,所謂原本四卷也。許恭乃增刊為八卷。

〔補〕**太函集文一百六卷詩十四卷目錄六卷** 明汪道昆撰。○明
　　萬曆十九年刊本,十行二十字。余藏。四庫存目。

〔補〕**太函副墨二十二卷** 明汪道昆撰。○明崇禎六年刊本,九行十
　　八字。有崇禎六年吳孔嘉等序。庚戌九月見於求古堂。四庫存目
　　為五卷本。

〔補〕**金輿山房稿十四卷** 明殷士儋撰。○明萬曆十八年邵陛刊本,
　　十行二十字。題門人于慎行編。有萬曆十七年邵陛後序。余藏。
　　四庫存目。

〔補〕**慎修堂集二十卷** 明亢思謙撰。○清康熙刊本。庚戌九月見于

聚珍堂，已收。

〔補〕**新刻張太岳先生集四十七卷目錄一卷**　明張居正撰。○明萬曆末唐氏廣慶堂刊本，十行二十字。題雷思霈、馬啟圖校，唐國達梓。有萬曆四十年沈鯉等序。此書四庫存目為四十六卷本。

〔補〕**貽安堂續稿□卷**　明李春芳撰。○明萬曆、天啟間刊本。春芳有貽安堂稿十卷，四庫入存目。

方麓集十六卷　明王樵撰。○刊本。

存家詩稿八卷　明楊巍撰。○明嘉靖鄒觀光刊本。○有國初刊本，名夢山集。○又王漁洋屬謝重輝刊本三卷。

〔補〕**止止堂集五卷**　明戚繼光撰。○明萬曆刊本，九行十八字，白口，左右雙闌。有萬曆二年郭朝賓序。己未夏揚州文樞堂見。○清光緒十四年山東官書局刊本。此書四庫存目。

伐檀齋集十二卷　明張元凱撰。○明張氏刊本。佳。

備忘集十卷　明海瑞撰。○康熙中刊本，作海忠介集六卷。○又，康熙中海廷芳刊本。

〔附〕○明刊海剛峰集二卷本。（邵氏）

〔補〕**海忠介集六卷**　明海瑞撰。○清康熙刊本。二冊，余藏。○清乾隆十八年邱氏可繼堂刊本。

石洞集十八卷　明葉春及撰。○康熙三十六年葉氏刊本。

海壑吟稿十一卷　明趙完璧撰。按：此書四庫著錄，莫氏失收。

〔補〕○明萬曆十年刊本，九行十八字，白口，四周雙闌。庚戌十一月收得。

宗子相集十五卷　明宗臣撰。○明刊本。

〔補〕○明萬曆刊本，九行十六字，白口，四周雙闌。辛亥八月收得。

〔補〕**宗子相集八卷**　明宗臣撰。○明嘉靖三十九年黃中刊本，十行二十字。有樊獻科序。葉奐彬同年遺書，有跋，戊辰歲見，不欲收之。

〔補〕**宗子相先生集二十五卷** 明宗臣撰。○明崇禎間天華閣刊本，九行十八字，白口，版心下方有“天華閣藏版”五字。本書題鄒之麟校。李木齋先生遺書。

〔補〕**半山藏稿二十卷** 明王叔果撰。○明萬曆刊本，九行十八字，白口，左右雙闌。

〔補〕**徐氏海隅集四十三卷** 明徐學謨撰。○明萬曆刊本，十行十九字，白口，左右雙闌。為文編。尚缺詩篇二十二卷，外篇十四卷，又有續三卷。

〔補〕**歸有園稿二十九卷** 明徐學謨撰，為詩七卷，文二十二卷。○明萬曆二十一年刊本，九行十九字，白口，左右雙闌。余藏。四庫存目。

〔補〕**居來先生集六十五卷目錄六卷** 明張佳胤撰。○明刊本，九行十八字，白口，四周雙闌，庚戌收得。此書四庫入存目。

〔補〕**天目先生集二十卷** 明徐中行撰。中行字子與，吳興人，嘉靖二十九年進士。○明刊本，九行十八字。有萬曆十二年張佳胤序。此書四庫存目。

〔補〕**甀甀洞稿五十四卷目錄二卷** 明吳國倫撰。○明萬曆刊本，十行二十字。有萬曆十二年王世貞、許國序。余藏。四庫存目。

〔補〕**留餘堂尺牘六卷** 明潘季馴撰。○明萬曆刊本，九行二十字，白口，左右雙闌。辛亥五月見於濟南。

〔補〕**井丹集十八卷** 明林大春撰。○明萬曆十九年林克鳴刊本，九行二十字，白口，四周單闌，庚戌十一月文琳堂閱。

〔補〕**近溪子集六卷** 明羅汝芳撰。○明萬曆刊本，九行十八字，辛亥夏保定奎文堂見，已收。四庫存目。

衡廬精舍藏稿三十卷續稿十一卷 明胡直撰。○明郭子章刊本。

〔補〕**溫函野詩集二卷** 明溫如璋撰。○明寫本,棉紙藍格,九行十八字。

〔補〕**耿天臺先生文集□卷** 明耿定向撰。○明萬曆刊本,九行十八字,白口,四周單闌。辛亥入都見,卷數失記。

〔補〕**蔡恭靖公詩稿四卷疏稿一卷文稿一卷雜編二卷** 明蔡國珍撰。國珍奉新人,嘉靖三十五年進士。○清乾隆間梅峯書屋刊本,余藏。蔡國珍集四庫存目為怡雲集十卷,詩四卷,文六卷,為其從孫蔡尚才所編者。

〔補〕**荔薜園詩集四卷** 明余翔撰。○四庫依抄本。

〔補〕**李氏焚書六卷** 明李贄撰。○明刊本,九行二十字。○明萬曆天啟間朱墨套印本,九行十九字。四庫存目為李溫陵集二十卷。

〔補〕**李溫陵集二十卷** 明李贄撰。○明萬曆刊本,九行二十字,白口,四周單闌。此書四庫存目。

〔補〕**仲蔚先生集二十四卷附錄一卷** 明俞允文撰。○明萬曆十一年程氏刊本,九行十八字。有萬曆十年、十一年程善定、顧紹方後序及王世貞舊序。四庫存目。

〔補〕**豐村集二十九卷** 明魏圻撰。○明刊本,九行十八字,有嘉靖丙寅吳道東序,嘉靖甲子王丕顯序及自序。潘鄭盦先生京邸遺書。

〔補〕**竹醉翁集二卷** 明顧汝玉撰。○明刊本。前皇甫汸、王世貞諸序及申時行撰傳。盧址抱經樓遺書,癸丑閱,行欵失記。

〔補〕**燕市集二卷青雀集二卷** 明王穉登撰。○明隆慶四年靖江朱宅刊本,十行十八字,白口,左右雙闌。燕市集有朱察卿序及自序,青雀集有毛文燁、王世懋序。二集各有"隆慶庚午三月靖江縣朱宅快閣雕本"二行。

〔補〕**竹箭編二卷明月篇二卷**　明王穉登撰。○明萬曆八年青浦縣刊本，十行十九字，白口，左右雙闌。竹箭篇有萬曆屠隆序及自序。後有"萬曆庚辰仲夏青浦縣雕本"二行。

郭鯤溟集四卷　明郭諫臣撰。○康熙戊午劉臻重刊本。

〔補〕**王文肅公文集五十五卷**　明王錫爵撰。○明萬曆刊本，九行十八字，白口，四周單闌。有申時行、何宗彥序。潘鄭盦先生京邸遺書。此書四庫存目。

〔補〕**王文肅公文草十二卷附錄二卷**　明王錫爵撰。○明萬曆末其孫王時敏刊本，九行十八字，白口，左右雙闌。題"尚寶司司丞男時敏校梓"。有萬曆四十三年何宗彥序及王時敏跋。庚戌八月文琳堂收。

〔補〕**衡陽先生集十四卷**　明周世選撰。○清寫本，有姚希孟序及朱之蕃撰傳。

〔補〕**逍遙園集十卷**　明穆文熙撰。○明萬曆十五年劉懷恕刊本，九行二十字。有萬曆十五年石星、劉懷恕跋。本書亦題石、劉二人批。余藏。

〔補〕**逍遙園集選二十卷**　明穆文熙撰。○明刊本，九行二十字。有眉闌，石星批。前萬曆十五年石星、劉懷恕序。潘伯寅先生留京邸之書。

〔補〕**穆考功逍遙園集選二十卷**　明穆文熙撰，南師仲選。○明萬曆二十九年穆光胤刊本，九行十八字，白口，左右雙闌。庚戌見於正文齋小譚處。四庫存目。

〔補〕**陳恭介公文集十二卷**　明陳有年撰。○明萬曆三十年刊本，九行二十字。題鄒元標校，陳啟孫刊，有萬曆三十年鄒元標序。余藏。

亦玉堂稿十卷　明沈鯉撰。○康熙庚午劉臻重刊本。○明刊本。

〔補〕**亦玉堂續稿八卷**　明沈鯉撰。○明崇禎刊本，九行十八字，白

口。有王象乾序，無紀年。癸丑秋京肆見。此即四庫提要所云未見
其本者。估人故昂其值，不得收。

温恭毅公集三十卷 明温恭純撰。○明刊本。

〔補〕**許文穆公集六卷** 明許國撰。○明萬曆三十九年其子立言等刊
本，十行二十字。有萬曆三十九年焦竑序。余藏。此書千頃堂書目
作二十卷。

震川文集三十卷別集十卷 明歸有光撰。○萬曆中王執禮校三十
二卷本。○此依康熙中歸莊刊本。○嘉慶中刊大全集五十八卷。
○文集舊本其族弟道傳所刊，凡二十卷，為常熟本。○其子裕、子寧
所刊凡三十二卷，為崑山本也。

〔補〕**歸先生文集三十二卷附錄一卷** 明歸有光撰。○明萬曆四年
翁良瑜雨金堂刊本，十行二十字，白口，四周雙闌。余有一帙，舊人
臨錢謙益評點于上，筆法頗肖。此書四庫入存目。

〔補〕**震川先生集三十卷別集十卷** 明歸有光撰。○清康熙十四年
歸莊等刊，乾隆四十八年歸景灝、歸景伊重修本，十行二十字，白口，
左右雙闌。余藏。

〔補〕**毅齋查先生闡道集十卷** 明查鐸撰。○明刊本，九行二十字。
有萬曆三十七年樊良樞序。辛酉閲。

〔補〕**休休齋集六卷** 明管大勳撰。大勳字世臣，鄞縣人，嘉靖四十四
年進士。○明萬曆刊本，二册。余藏。

〔補〕**正氣堂集十六卷續集七卷餘集四卷又近稿一卷鎮閩議稿
一卷洗海近事二卷** 明俞大猷撰。○明刊本，十行二十字，白口，
四周雙闌。

四溟集十卷 明謝榛撰。○明刊本，二十四卷。明萬曆壬子盛以進得
趙邸舊本重為補訂，詩說二卷附卷首。

〔補〕○明萬曆四十年壬子臨清知州盛以進刊本，選詩一千一百五十九

首，不全，尚不及全集之半，即四庫著錄之本也。

〔補〕**四溟旅人集四卷**　明謝榛撰。○明嘉靖二十六年趙王府刊本，有趙康王枕易道人序。文友堂見。

〔補〕**四溟山人全集二十四卷**　明謝榛撰。○明萬曆二十四年趙王府刊本。有萬曆丙申趙王恒易道人序，萬曆二十三年蒲坂張泰徵續刻全集序。後有趙府長史蘇潢跋，即其重校付梓者也。○明萬曆三十二年趙王府冰玉堂刊本，十行二十字，版心有"趙府冰玉堂"五字。前嘉靖丁未趙王枕易道人舊序，次萬曆丙申趙王恒易道人續刻舊序及嘉靖庚戌蘇祐、萬曆二十三年張泰徵諸舊序。後有長史蘇潢、陳養才舊跋及萬曆三十二年甲辰程兆相跋。全書詩二十卷，收詩二千三百四十九首，附詩家直說四卷。此本即據萬曆二十四年刊本重校付梓者。余藏。

蠛蠓集六卷　明盧枏撰。○明嘉靖癸卯刊本。

〔補〕**蠛蠓集五卷**　明盧枏撰。○明嘉靖刊本，十行十九字，白口，四周單闌。有嘉靖二十二年自序。○明萬曆刊本，行欵同嘉靖本，有萬曆二年張佳胤序。余藏。

〔補〕**海嶽山房存稿詩五卷文十五卷**　明郭造卿撰。○明萬曆三十五年吳勉學刊本，九行十八字。余藏。造卿集尚有別稿五卷，附錄一卷，余藏本失之。造卿福清人，戚繼光幕客，所撰尚有古燕史一百二十卷，分若干紀，余見殘本三十餘卷。

〔補〕**太山藁一卷義興藁一卷壬辰藁一卷癸巳藁一卷甲午藁一卷**　明陸采撰。○明嘉靖刊本。余藏。

〔補〕**徐文長三集二十九卷**　明徐渭撰。○明萬曆二十八年商濬刊本。九行二十字，白口，四周單闌。行欵與商氏刊稗海全同。題陶望齡、商濬等同校。余藏。

〔補〕**徐文長文集三十卷**　明徐渭撰，袁宏道評點。○明刊本，九行二十字，白口，四周單闌。四庫存目。

少室山房類稿一百二十卷 明胡應麟撰。○明萬曆戊子江湛然刊
　本。

〔補〕○續金華叢書本。

〔補〕**陂門山人集八卷** 明馮惟健撰。○明嘉靖三十五年馮氏刊本，
　十行二十二字，白口，四周單闌。辛亥春會文堂見。

穀城山館詩集二十卷 明于慎行撰。○明刊本。

〔補〕**穀城山館詩集二十卷文集四十二卷** 明于慎行撰。○明萬
　曆刊本，九行二十字。辛亥文友堂見。此書四庫存目。

〔補〕**于文定公詩集二十卷** 明于慎行撰。○明萬曆三十二年刊本，
　九行十八字。癸丑見。

〔補〕**尚友堂詩集十三卷** 明龔勉撰。○明刊本，八行十六字。前有
　王世貞、茅坤序。本書分為七集。

〔增〕**大泌山房集百三十四卷** 明李維楨撰。○萬曆間刊本。

〔補〕○明萬曆三十九年刊本，十行二十一字。庚戌九月見，余代天津
　圖書館收之。

〔補〕**練谿小集四卷** 明陳師儉撰。○明嘉靖四十二年自刊本，九行
　十六字，白口，四周雙闌。京肆見，未收。

〔補〕**文潔集四卷** 明鄧以讚撰。○明刊本，李紫東送閱。四庫存目。

〔補〕**長水先生文鈔十卷** 明沈懋孝撰。懋孝當湖人，隆慶二年進
　士。○明萬曆刊本，九行十八字。分長水文鈔一卷，洛誦編一卷，石
　林蕡筆一卷，四餘編一卷，水雲緒編三卷，賁園草三卷。余先得殘本
　二種，庚申歲李紫東肆中見全帙。

〔補〕**刻莫廷韓遺稿十六卷** 明莫是龍撰。○明崇禎刊本，八行二十
　字。

〔補〕**松石齋集三十卷又六卷**　明趙用賢撰。○明萬曆四十六年其子琦美刊本，九行十八字，白口，左右雙闌。

〔補〕**碧山學士集二十一卷別集四卷**　明黃洪憲撰。洪憲嘉禾人，隆慶五年進士。○明萬曆刊本，十行十九字。有王衡序。余藏。

〔補〕**張陽和不二齋文選七卷**　明張元忭撰。○明萬曆刊本，九行二十字，白口，四周單闌。此書四庫存目。

〔補〕**新刻郭青螺先生自學編二十卷**　明郭子章撰。○明萬曆刊本，十行二十字，白口，四周單闌。有萬曆庚寅周應鰲序。本書分粵草一卷，蜀草十卷。四庫存目。

〔補〕**丁清惠公遺集八卷**　明丁賓撰。○明刊本，九行二十字。有崇禎戊寅李陳玉序。翰文齋所收潘鄭盦先生京邸遺書。

〔補〕**蜀都賦不分卷**　明范欁撰，江鎣注。○明萬曆刊本，二冊。余藏。

〔補〕**林初文先生詩選一卷**　明林章撰。章為林古度之父，萬曆元年進士。○明刊本，題吳三畏、尤盛明選，胡宗仁校。有萬曆三十五年尤盛明舊序及曹學佺序。後有崇禎元年林古度跋。千頃堂書目載其全集十二卷。余迄未獲見，唯見此選本。四庫存目。

宗伯集十卷　明孫繼皋撰。○有刊本，一名柏潭集。

臨皋文集四卷　明楊寅秋撰。按：此集四庫著錄，莫氏未收。是集余迄未見刊本，或僅恃鈔本流傳歟。

〔補〕**趙夢白先生集二卷**　明趙南星撰。○明末刊本，九行十八字。余藏。

〔補〕**趙忠毅公文集二十四卷**　明趙南星撰。○明崇禎十一年戊寅刊本，題范景文閱，九行十九字，白口，四周單闌。有范氏序。李紫東庚戌自申攜來求售。

〔補〕**隅園集十八卷** 明陳興郊撰。○明萬曆四十五年賜緋堂刊本，八行十九字，白口，左右雙闌。每卷後有“萬曆丁巳賜緋堂刻”篆文一行。四庫存目。

〔補〕**支華平先生集四十卷** 明支大綸撰。○明清旦閣刊本，九行十九字。此書四庫存目為支子餘集五十二卷。

澹然軒集八卷 明余繼登撰。○明馮琦刊本。

〔補〕**陸學士遺稿十六卷** 明陸可教撰。○明萬曆三十七年刊本，十行二十字。題門人劉曰寧校正。有萬曆三十七年盧洪春序及劉曰寧序。庚戌九月得於求古堂。

願學集八卷 明鄒元標撰。○萬曆己未龍遇奇刊本。○又有明刊本。○此集外又有存真集、太平山房疏草。

〔補〕**鄒南皋集選七卷** 明鄒元標撰。○明刊本，似萬曆天啟間刊。辛亥閏月五日文友堂見，行欵失記。未收。

〔補〕**鄒子存真集十二卷** 明鄒元標撰。○明萬曆刊本。戊申夏見於京肆。

〔補〕**詹養貞先生文集三卷** 明詹事講撰。○明刊本。有萬曆戊戌朱之蕃序。此書四庫存目。

〔補〕**快雪堂集六十四卷** 明馮夢禎撰。○明萬曆四十四年黃汝亨、朱之蕃南京刊本，九行十八字。余藏。此書四庫存目。

〔補〕**白榆集二十八卷** 明屠隆撰。○明萬曆刊本，九行二十字。有萬曆二十八年序。庚戌九月杭估李寶泉寄來，已收。此書四庫存目為二十卷。

〔補〕**由拳集二十三卷** 明屠隆撰。○明萬曆八年馮夢禎刊本，九行十九字。四庫存目。

涇皋藏稿二十二卷 明顧憲成撰。○刊本。

〔補〕**雪柏堂稿十卷**　明姜士昌撰。○明天啟三年姜氏刊本，八行十
　　九字。庚戌文琳堂見。

〔補〕**農丈人文集二十卷詩集八卷**　明余寅撰。○明萬曆刊本，九
　　行十八字。有萬曆三十二年郭子章序。庚戌八月收得。四庫存目。

〔補〕**何氏芝園集二十五卷**　明何三畏撰。三畏字士抑，上海人，萬
　　曆十年進士。○明萬曆二十四年自刊本。己酉李寶泉寄來求售之
　　書。

〔補〕**漱六齋全集四十八卷**　明何三畏撰。○明陳錫恩刊本。

〔補〕**何氏居廬集十五卷**　明何三畏撰。○明萬曆刊本，九行二十
　　字。

〔補〕**劋蕘集六卷**　明周德撰。○明萬曆十八年周應鰲刊本。

〔補〕**玉茗堂全集四十六卷**　明湯顯祖撰。○明天啟刊本，七行十八
　　字。○清康熙刊本，七行十八字。四庫存目為二十九卷本。

〔補〕**端峰先生松菊堂集二十四卷**　明孫鑨撰。○明萬曆刊本，九
　　行十八字。前有萬曆間張垣序。

〔補〕**灌園吟一卷**　明陳詩撰。○舊寫本。有萬曆乙未史羊生撰傳。
　　有王聞遠手跋。

小辨齋偶存八卷附事定錄三卷　明顧允成撰。按：此書四庫著錄，
　　莫氏未收。

〔補〕○萬曆末刊本。

〔補〕**占星堂集十六卷**　明唐文獻撰。○明刊本，九行二十字。四庫
　　存目為十五卷本。

〔補〕**唐宗伯文集十六卷**　明唐文獻撰。○明刊本，九行二十字，題
　　"門人崔爾進校"。潘伯寅先生京邸遺書，翰文齋收去。

〔補〕**白蘇齋類稿二十二卷**　明袁宗道撰。○明刊本，九行二十字，

似萬曆末刊。辛亥春京中收得。

〔補〕天全堂集四卷 明安希范撰。**附錄一卷** ○清乾隆四十六年刊本，九行二十字。余藏。

高子遺書十二卷附錄一卷 明高攀龍撰。○崇禎壬申門人陳龍正刊本。○康熙乙巳高氏刊本。○乾坤正氣集本。

〔補〕○乾坤正氣集本為六卷。

馮少墟集二十二卷 明馮從吾撰。○明萬曆壬子刊本，附續集四卷。○明天啟辛酉刊本。

〔補〕歇菴集十六卷 明陶望齡撰。○明萬曆刊本，九行十九字。有萬曆三十九年余懋孳序。庚戌九月收於鏡古堂。

〔補〕青藜館集四卷 明周如砥撰。如砥即墨人，萬曆十七年進士。○明崇禎刊本，有王思任序。余藏。四庫存目。

〔補〕朱密所密林漫稿十卷 明朱吾弼撰。○明刊本，十行二十一字。庚戌十一月收自寶森堂。

〔補〕焦氏澹園集四十九卷 明焦竑撰。○明萬曆刊本，九行十九字。

〔補〕容臺文集十卷詩集四卷別集四卷 明董其昌撰。○明崇禎刊本，八行十八字。余藏。四庫存目文集為九卷本。

石隱園藏稿八卷 明畢自嚴撰。○有奏議一百三十六卷，今未見。

仰節堂集十四卷 明曹于汴撰。○康熙癸卯門人呂崇烈刊本。

〔補〕雪濤閣集十四卷 明江盈科撰。○明萬曆刊本，九行十八字。收於求古堂。

〔補〕綠滋館藁九卷考信編二卷徵信編五卷 明吳士奇撰。○清康熙二十八年刊本。有施閏章撰傳及吳之騄後序。考信編有萬曆四十八年李叔元序，四庫存目。

〔補〕**木天遺草二十八卷**　明高克正撰。○明萬曆四十四年刊本。戊申冬都中見，未收。

〔補〕**李太僕恬志堂集四十卷**　明李日華撰。○明崇禎刊本，八行十九字，白口，左右雙闌。題其子肇亨輯，諸孫校。版式與六硯齋筆記全同。庚戌夏南估輦載入京求售之書，爲李木齋先生收去。

〔補〕**西樓全集十八卷**　明鄧原岳撰。○明萬曆刊本，九行十八字。有萬曆三十九年翁正春序。本書題門人韓日纘訂，仲子慶采編。余藏。此書四庫存目。

〔補〕**小草齋集三十卷**　明謝肇淛撰。○明末刊本，九行十八字。余有一帙，缺數卷，四庫存目錄其三卷。

〔補〕**袁中郎先生全集二十三卷**　明袁宏道撰。○明萬曆刊本，九行十九字。此集四庫存目爲四十卷本。

〔補〕**石倉詩集三十三卷**　明曹學佺撰。○清乾隆十九年曾孫岱華刊本。有葉向高舊序及乾隆甲戌陳治滋序。甲寅歲余代李木齋先生收得一帙。

〔補〕**睡菴稿二十五卷**　明湯賓尹撰。○萬曆刊本，九行十九字。有萬曆三十九年湯顯祖序。辛亥收於會經堂。

〔補〕**玄象山館詩草十五卷**　明南師仲撰。○明萬曆刊本，八行十六字。有附錄一卷。庚申南游所見，未收。

〔補〕**郎潛集六卷**　明高出撰。○明萬曆刊本，九行二十字。前有馮元成序。潘伯寅先生京邸遺書。

〔補〕**崇相集十九卷**　明董應舉撰。○清寫本，有明天啟癸亥董可威序。是從天啟本鈔出者。

〔補〕**寓林集三十二卷詩集六卷**　明黃汝亨撰。○明天啟刊本，九行二十字，白口，四周單闌。有天啟四年自序及李日華序。庚戌見。

劉蕺山集十七卷　明劉宗周撰。○乾隆十六年雷鋐刊本廿四卷,附人譜等書。○道光間蕭山刊本四十卷,題劉子遺書。○乾坤正氣集本。

〔補〕**劉蕺山先生遺集二十四卷**　明劉宗周撰。○清乾隆十七年雷鋐刊本,十行二十二字。

〔補〕**緱山先生集二十七卷**　明王衡撰。衡太倉人,王錫爵之子,萬曆二十九年進士。○明萬曆四十四年其子王時敏刊本,九行十八字,白口。本書題"男時敏校"。有萬曆四十四年陳繼儒、婁堅跋。余代友人收得一帙。四庫存目。

〔補〕**許鍾斗文集五卷**　明許獬撰。○明萬曆四十年洪夢錫刊本,九行十九字。庚戌收得。四庫存目。

學古緒言二十五卷　明婁堅撰。○明刊本。○又,明謝三賓合唐時升、程嘉燧、李流芳所著刊為嘉定四先生集。

檀園集十二卷　明李流芳撰。○有刊本。

〔補〕**三易集二十卷**　明唐時升撰。○明崇禎刊嘉定四先生集之一。

〔補〕**雪浪詩一卷松寥詩一卷吳裝詩一卷**　明程嘉燧撰。○明天啟初山西長治刊本,以程氏手書上版。雪浪詩十行十七字,版心題"玄暢室"三字。松寥詩八行十五字,版心題"泠風臺"三字。吳裝詩七行十二字,版心題"偈庵"二字。有明萬曆四十八年唐時升序及婁堅序,亦均以手書上版,筆意俱存,為晚明寫刻本中佳品,余藏。

〔補〕**松圓浪淘集十八卷**　明程嘉燧撰。○明刊本。卷九雪浪詩,卷十四松寥詩,卷十六吳裝詩,然余取長治刊手寫本勘之,各卷編次及收詩首數均有小異。

〔補〕**松圓浪淘集十八卷目錄二卷偈庵集二卷耦耕堂詩三卷文三卷**　明程嘉燧撰。○清嘉定金氏刊本。

〔補〕**寧澹齋全集十卷** 明楊守勤撰。○明天啟二年刊本，九行十八字，白口，四周單闌。有陳繼儒序。辛亥春見。

〔補〕**賜閑堂集四卷** 明王象晉撰。○清初刊本，九行十九字。有自序及其子與敕後序，本書亦題其子、孫校，當是家刻本。辛亥五月收於濟南。

〔補〕**匡山社集不分卷** 明戴九玄撰。九玄字玉汝，新昌人，萬曆三十二年進士。○明刊本，九行十八字，六册，各有起止而未編卷次。余藏。陳田借去不還。

〔補〕**澹生堂集二十一卷** 明祁承㸁撰。○明崇禎刊本，九行二十字，白口，左右雙闌。前有陳繼儒、范允臨序。又有萬曆三十四至三十六年間梅鼎祚、張鼐、張濤等舊序及天啟六年張元佐等舊序。本書卷一至六詩，卷七至八序，卷九跋，卷十奏議、策問，卷十一至十三記，卷十四讀書志，卷十五傳、誌、墓表，卷十六雜著，卷十七至十八尺牘，卷十九至二十一吏牘。陶湘藏。

〔補〕**左忠毅公集五卷附錄一卷** 明左光斗撰。○清康熙刊本，九行二十字。有康熙十六年序及其子國材跋。

〔補〕**左忠毅公集三卷** 明左光斗撰。**年譜二卷** ○清刊本，十行二十字，白口，左右雙闌。刊工似乾隆時風氣。余藏。

〔補〕**雲石堂集十二卷** 明成靖之撰。○明末刊本。有錢謙益序。潘鄭盒先生京邸書，翰文齋收去。

〔增〕**楊忠烈公集三卷** 明楊漣撰。○刊本。

〔補〕**楊忠列公文集六卷** 明楊漣撰。○清順治刊本，九行二十字。戊申津肆見。

〔補〕**翠娛閣評定鍾伯敬先生合集十二卷** 明鍾惺撰。○明崇禎刊本，九行二十字，闌上有評語，行間有圈點。前崇禎丙子陸雲龍序及天啟壬戌沈春澤舊序。本書題陸雲龍評定，陸敏參閱。余藏。

忠介燼餘集三卷 明周順昌撰。○康熙中刊本。○借月山房本。○乾坤正氣集本。

范文忠公集十二卷 明范景文撰。○刊本，其子毓秀編。○乾坤正氣集本。

〔補〕范文忠公文稿不分卷 明范景文撰。○稿本。

〔補〕四素山房集二十卷 明劉鴻訓撰。○明末刊本，九行二十一字。有王與胤、周應祺等序。周序署崇禎十六年，則為明刊清初印本矣。辛亥五月得於濟南茹古堂。

幔亭詩集十五卷 明徐熥撰。按：此書四庫著錄，莫氏未收。

〔補〕幔亭集十五卷 明徐熥撰。○明萬曆二十九年刊本，九行十八字，白口，四周單闌。有萬曆二十九年屠隆、鄧原岳序。

〔補〕鼇峰集二十八卷 明徐惟起撰。惟起後名𤊽，熥之弟也。○明天啟刊本，有天啟乙丑南居益序及朱謀㙔壽言，曹學佺、張燮壽序。余代李木齋先生收得一帙。

〔增〕代囊子詩類六卷文類十卷 明賀逢聖撰。○天祿書目云，此書前後無序跋而雕刊精良，紙色墨香，絕類宋槧，明末文人刊集之最工者。明史：逢聖字克繇，江夏人，萬曆四十四年廷試第二。天啟間為洗馬，忤魏忠賢，削籍。崇禎時官至大學士，致政歸。張獻忠陷武昌，投墩子湖死，一家殉之。福王時贈少傅，諡文忠。四庫未收。

〔補〕鹿裘石室集六十五卷目錄一卷 明梅鼎祚撰。○明天啟三年玄白堂刊本，九行十八字，白口，左右雙闌。分賦詩二十五卷，文集二十五卷，書牘十五卷。此書雕工精整，數十卷之書，首尾如一。

〔增〕藏密齋稿二十四卷 明魏大中撰。蓋即明史所收之二十五卷本也。自譜一卷，奏議八卷，詩一卷，雜著三卷，書牘十卷，啟一卷，僅二十四。前所收之牘蓋即其全。○己巳八月乃收一崇禎中刊本。

〔增〕魏忠節公尺牘四冊 明魏大中撰。○大中撰有藏密齋稿二十

五卷，見明史藝文志，今已無傳。此物舊鈔四册，是吳騫拜經樓物，
同治丁卯冬收之滬上。

〔補〕**賜餘堂集十卷年譜一卷**　明錢士升撰。○清乾隆刊本，十行二
十三字，庚戌九月見於文奎堂。

〔補〕**黄忠端公文略三卷詩略二卷説略一卷**　明黄尊素撰。**正氣
錄一卷**　○清康熙十五年許三禮清遠堂刊本，十二行二十四字。嘉
興莊氏蘭味軒舊藏。已收得。

〔補〕**簡齋詩選十一卷文選四卷**　明劉榮嗣撰。○清康熙刊本，九
行二十字。余藏。

〔補〕**玄對樓巳集七卷**　明穆光胤撰。○明刊本，九行十八字，白口，
左右雙闌。以記萬曆四十五年丁巳南游及酬唱詩人，故名巳集。前
董其昌繪圖，山陰吳晃繪小像。後有董其昌、陳繼儒、焦竑、趙宧光、
朱之蕃、顧起元、李維楨、黄汝亨諸人題詩或贊。

孫白谷集六卷　明孫傳庭撰。○刊本。○乾坤正氣集本。

孫白谷詩鈔二卷　明孫傳庭撰。○刊本。（繩）

〔補〕**水明樓集十四卷**　明陳薦夫撰。○明萬曆刊本，九行十八字，白
口，四周單闌。有萬曆四十三年曹學佺序。余藏。四庫入存目。

〔補〕**石頭庵集五卷**　明釋如愚撰。○明萬曆刊本，九行十八字，白
口，左右雙闌。有郭正域、傅新德序及萬曆辛丑湯賓尹序，萬曆己亥
顏素序，萬曆辛丑祝世祿序。傅序後題“秣陵徐應選督刻”一行。卷
一至三詩，卷四、五文。

〔補〕**飲河集二卷**　明釋如愚撰。○明萬曆刊本，九行十八字，白口，
左右雙闌。有萬曆辛丑周應賓序及萬曆丁酉阮自華序。分上下卷，
均詩。

〔補〕**空華集二卷**　明釋如愚撰。○明萬曆刊本，九行十八字。有萬
曆于若瀛、袁宏道、張民表序。本書題袁宏道選，潘之恒校。分上下

卷,均詩。

〔補〕**止啼齋集一卷**　明釋如愚撰。○明萬曆刊本,九行十八字。本
　　書題袁宏道選,劉戡之校梓。此卷所收均文。

〔補〕**麗崎軒集四卷詩餘一卷**　明查應光撰。○明崇禎十二年刊本,
　　八行十八字,白口,四周單闌。有崇禎十二年歐陽鉉序。收於正文
　　齋。

〔補〕**謝耳伯先生全集八卷初集十六卷**　明謝兆申撰。○明崇禎
　　刊本,九行十八字。庚戌九月見於求古堂,已收。四庫存目。

〔補〕**文几山人集四卷**　明曹臣撰。臣萬曆間歙人。○清刊本。余
　　藏。

〔補〕**傅遠度集八卷**　明傅汝舟撰。汝舟自遠度,崇禎間江寧人。明
　　正德間別有一傅汝舟,字木虛,侯官人,撰有嘩囂棄存六卷,與此非
　　一人。○明末刊本。余藏。

〔補〕**著娛齋詩集十四種不分卷**　明周再勳撰,計盍餘之渠草、搔愁
　　琢句、杯嘯、破囊脱稿、雅遊、愁苦之言、帝京篇、擅魚拈弄、越裝、墨
　　錯、娑虎合編、續編、兩遊志。○清順治十一年刊本,四册。余藏。

〔補〕**即山集六卷附悼亡詩一卷**　明沈承撰。○明天啟六年刊本,
　　九行二十字,白口,四周單闌。余藏。

〔補〕**張公路詩集八卷**　明張名由撰。○明末刊本。辛亥五月柳蓉村
　　自蘇攜來求售,已收。

〔補〕**憨山老人夢遊集四十卷**　明釋德清等撰。○清順治十七年毛
　　華伯刊本,十行二十字,黑口,四周雙闌。庚申杭肆見。

集玉山房稿十卷　明葛昕撰。○其子如龍等編。

宋布衣集三卷　明宋登春撰。○康熙乙丑王培益刊。

〔補〕○畿輔叢書本。

〔補〕**正始堂集□卷**　明陸君弼撰。○明末刊本，九行十八字，白口，左右雙闌。殘存七卷四册。

忠肅集三卷　明盧象昇撰。○康熙戊辰刊本。○盧忠肅奏議十卷，道光九年刊。○又嘉慶中活字本。○乾坤正氣集本。○奏疏凡六卷，其姪孫豪然刊本。

倪文貞集十七卷續編三卷奏疏十二卷講編四卷詩集四卷　明倪元璐撰。○明刊本。○乾隆壬辰玄孫安世重刊本。○乾坤正氣集本。

〔補〕**鴻寶應本十七卷**　明倪元璐撰。○明崇禎刊本，八行二十字。戊申夏收得。

〔補〕**祁忠惠公遺集十卷**　明祁彪佳撰。**附錦囊集一卷**　商眉生撰。**未焚集一卷**　祁德瓊撰。**紫芝軒逸稿一卷**　祁班孫撰。○清道光十五年刊本。余藏。

〔補〕**英巨集十卷**　明傅朝佑撰。朝佑臨川人，天啓二年進士，以劾温體仁杖死。○清初刊本。李紫東南方攜來之書，未收。

〔補〕**黄石齋先生文集十三卷**　明黄道周撰。○清康熙末刊本，十行二十二字。余藏。

〔補〕**駢枝別集二十卷**　明黄道周撰。○明末刊本，八行十六字。白口，版心下方有"大來堂"三字。有張燮序及自序。二册，余藏。

〔補〕**吳忠節公遺集四卷**　明吳麟徵撰。○清初刊本，九行十九字，白口，左右雙闌。余藏一帙。

〔補〕**天傭子集不分卷**　明艾南英撰。○明末刊本，余藏。千頃堂書目著錄為天傭子集六卷。

淩忠介集六卷　明淩義渠撰。○四庫依抄本，乃其友徐沂、門人姜垓校定。

〔補〕**淩忠清公集六卷** 明淩義渠撰。○清初刊本，九行十八字。余藏。

〔補〕**尊水園集略十二卷** 明盧世㴖撰。○清書林劉經邦、張鴻儒刊本。有順治庚子李源、程先貞、趙其星序。

〔補〕**路文貞公集一卷** 明路振飛撰。○清道光二十一年洞庭吳氏刊本。

〔補〕**迦陵集不分卷** 明黎遂球撰。○明崇禎十七年寫本，十一行二十一字。前有張萱題詞及崇禎壬申謝長文序。本書題謝長文訂。首賦、頌，以下詩二百四十餘首。卷末有"崇禎歲在閼逢涒灘清和穀旦，荻渚四知堂居士錄"一行。

〔補〕**陳眉公先生全集六十卷** 明陳繼儒撰。○明末刊本，九行二十字，白口，四周單闌。題其子夢蓮、其孫仙覺等纂輯。前附年譜、誌、狀。此為眉公集卷數最多之本。辛亥三月入都收得。

〔補〕**白石樵真稿二十四卷尺牘四卷** 明陳繼儒撰。○明崇禎九年刊本，九行二十一字。題章台鼎訂定。有崇禎九年董其昌、章台鼎序。余藏。

茅簷集八卷 明魏學洢撰。○其弟學濂刊本。○大中門人錢棻刊本。○乾坤正氣集本。

〔補〕**叢桂堂全集四卷詩集四卷** 明顏廷榘撰。○清初刊本。余藏。此書四庫入存目。

〔補〕**疑雨集二卷** 明王彥泓撰。○清康熙刊本。○清寫本。余藏。

〔補〕**金正希先生集略九卷** 明金聲撰。○明末清初刊本，九行二十字。有邵鵬程引，即其所編集也。有崇禎十七年熊開元序。四冊。余藏。

〔補〕**金忠節公文集八卷** 明金聲撰。○清道光間嘉魚令邵勷刊本。余藏。

申忠愍詩集六卷　明申佳胤撰。○其子申涵光所編刊。

〔補〕○清寫本。余藏。

〔補〕**左忠貞公剩稿四卷**　明左懋第撰。○清光緒刊本。千頃堂書目著錄其梅花屋言草一卷。

〔補〕**澹寧居集十卷**　明馬士奇撰。○明末刊本，有華鎣、徐調元序。余藏。

〔補〕**七錄齋稿十六卷**　明張溥撰。○明末刊本，九行十八字。計古文近稿六卷，古文存稿五卷，詩稿三卷，館課一卷，論略一卷。庚戌見。

〔補〕**敬亭集十卷補遺一卷**　明姜埰撰。**附錄一卷年譜一卷**　○康熙元年姜氏自刊康熙中補刊本。收自文奎堂。此書四庫存目。

〔補〕**文嘻堂詩集三卷**　明朱芾煌撰。○清康熙三十七年朱端紫陽書院刊本，九行十八字。楊馥堂自蘇州寄來求售者。四庫存目。

〔補〕**陳忠裕公全集三十卷年譜三卷首一卷末一卷**　明陳子龍撰。○清嘉慶八年簳山草堂刊本。

〔補〕**謝天愚詩集六卷文集八卷別集四卷詩鈔八卷文鈔八卷**　明謝泰宗撰。○清康熙五十五年致遠堂刊本。

〔補〕**堵文忠公集十卷**　明堵允錫撰。**年譜一卷**　○清刊本。余藏。其人名胤錫，清代刊集時避雍正諱改“胤”為“允”。

〔補〕**浮山文集前編三卷**　明方以智撰。○舊寫本，竹紙紅格，十行二十四字。本書題歲己酉少子中履編次於青原歸雲閣。

〔補〕**紡授堂詩集八卷文集八卷二集十卷**　明曾異撰撰。○明崇禎刊本，八行二十字。李紫東寄來求售。

〔補〕**確菴文集十卷**　明陳瑚撰。○清初汲古閣刊本。有錢謙益序。本書題門人徐釚、毛扆等較。壬子歲收得。

〔補〕**張蒼水詩文集不分卷** 明張煌言撰。○舊寫本，有嚴可均、姚椿識語。余藏。

〔補〕**容菴存稿三卷孤臣述一卷附錄二卷** 明許令瑜撰。○清寫本，其孤臣述記仕唐王時事。

〔補〕**簡平子集十六卷** 明王道通撰。○明崇禎刊本，九行十八字，白口，辛亥春見於文琳堂，已收。

陶菴全集二十二卷 明黃淳耀撰。○康熙中陸元輔刊本，先刊其詩，後刊其文。

〔補〕**陶菴文集七卷詩集八卷吾師錄一卷** 明黃淳耀撰。○清康熙十五年刊本，九行十九字。余藏。

〔補〕**孫璧聯先生文集不分卷** 明孫瑴撰。○稿本，有崇禎辛巳吳麟趾序。

〔補〕**羽聖氏偶然吟不分卷** 明孫瑴撰。○稿本。有入清後文字。鈐有“羽聖”印，即其原稿也。

〔補〕**石臼前集九卷後集七卷** 明邢昉撰。○清康熙間宋犖刊本。余藏。

〔補〕**嵞山集十二卷續集四卷再續集五卷** 明方文撰。○清康熙初方氏古檅堂刊本。

〔補〕**影園詩稿文稿一卷** 明鄭元勳撰。○清乾隆間鄭氏拜影樓刊本，九行二十字。

〔補〕**霜紅龕詩集四十卷** 明傅山撰。**我詩集十一卷** 清傅眉撰。**附仙儒外紀十卷** 清張耀先撰。○清咸豐刊本。

〔補〕**霜紅龕詩鈔不分卷** 明傅山撰。○清乾隆刊本。

〔補〕**傅青主集七卷** 明傅山撰，清王晉榮註。○清刊本，為霜紅龕文四卷，咳唾珠玉二卷，附補遺，又仙儒外紀削繁一卷。余藏。

〔補〕**李潛夫先生遺文一卷**　清李天植撰。○清嘉慶間仁和吳允嘉四古堂寫本，十行二十二字。

〔補〕**龍湫集五卷**　明李天植撰。○清乾隆十七年精刻本。有附刊一卷，明史彈詞一卷，清宋景濂撰。是集即宋氏所刊也。

〔補〕**冒巢民先生詩集六卷文集七卷**　明冒襄撰。即水繪庵詩文集。○清康熙刊本。己酉歲冒鶴亭借去。

〔補〕**巢民文集七卷詩集六卷**　明冒襄撰。○清康熙刊本。

〔補〕**樸巢詩選不分卷文選五卷**　明冒襄撰，張明弼、杜濬輯評。○清初刊本，八行二十字。余藏。

〔補〕**侯朝宗文鈔八卷**　明侯方域撰，宋犖等選輯。○清康熙刊本。

〔補〕**壯悔堂文集十卷四憶堂詩集六卷**　明侯方域撰，徐作肅、宋犖選註。○清康熙刊本。

〔補〕**天啟宮詞一卷**　明陳悰撰。○清康熙寫刻本，九行十九字，白口，四周雙闌。四庫存目。同刊尚有崇禎宮詞一卷，清王譽昌撰。余藏。

〔補〕**舜水先生文集二十八卷**　明朱之瑜撰。○日本舊寫本，題門人源光圀撰。潘鄭盦先生京邸之書，翰文齋收去。

〔補〕**朱柏廬先生媿訥集十二卷**　明朱用純撰。**附一卷**　○清康熙嚴心齋刊本。蘇州柳蓉村肆中收得。

〔補〕**石秋子敬身錄四卷詩賦雜著一卷**　明洪思撰。○清寫本。思閩之龍溪人，黃道周門人，撰有黃石齋年譜一卷。

〔補〕**春酒堂存稿□卷**　明周容撰。○稿本，前有自序。盧址抱經樓散出之書。

〔補〕**寶綸堂集十卷拾遺一卷**　明陳洪綬撰。○清光緒間會稽董氏取斯堂木活字印本。余藏。

〔補〕**天問閣集三卷**　明李長祥撰。○清光緒間趙之謙仰視千七百二十九鶴齋叢書本，非全本，內有目無文者又居其半。

〔補〕**天問閣文集四卷**　明李長祥撰。○民國劉承幹刊求恕齋叢書本。錄文一百五十五篇，視趙本為富。然奪文訛字賴趙本補正者亦復不少。甲申廷臣傳補二千五百五十七字，又補王家彥至顧鎔等二十九人傳及有目無文者十一題。余曾校過。

〔補〕**桂院詩刪八卷**　明高元瀚撰。○清初墨格寫本。李木齋先生遺書。

〔補〕**林茂之文草一卷賦草一卷**　明林古度撰。○明崇禎刊本，八行十七字。余藏。

〔補〕**居易堂集二十卷**　明徐枋撰。○清康熙精刊本，十一行二十字，白口。余藏。

上別集類明洪武至崇禎

藏園訂補郘亭知見傳本書目卷十五上

藏園訂補郘亭知見傳本書目卷十五下

獨山莫友芝子偲　　撰
江安傅增湘沅叔　　訂補

集部七

別集類六　清

聖祖仁皇帝御製初集四十卷二集五十卷三集五十卷四集三十
六卷　○内府刊本。

〔補〕○清康熙末年内府刊本，六行十六字，白口，四周雙闌。四集清雍
正間内府刊。精刻本。

〔補〕**聖祖御製詩集十卷二集十卷三集八卷**　清康熙帝玄燁撰。
　　○清康熙内府刊本，六行十六字，白口，四周雙闌。寫刻。

〔補〕**御製避暑山莊詩不分卷**　清康熙帝玄燁撰，揆叙等註。○清康
　　熙五十一年内府刊本，六行十七字，白口，四周雙闌。有圖。

世宗憲皇帝御製文集三十卷　○内府刊本。

〔補〕○清乾隆三年内府刊本，六行十六字，白口，四周雙闌。

高宗純皇帝御製樂善堂全集定本三十卷 ○內府刊本。

高宗純皇帝御製文初集三十卷二集四十四卷 ○內府刊本。

〔增〕高宗純皇帝御製文三集

〔增〕高宗純皇帝御製文餘集 謹按：兩見文宗閣簿，合一函。

高宗純皇帝御製詩初集四十四卷目錄四卷二集九十四卷目錄
　　六卷三集一百卷目錄十二卷四集一百卷目錄十二卷 ○內
　　府刊本。

〔補〕○清內府刊本，書名無"高宗純皇帝"五字。九行十七字，白口，四
　　周雙闌。寫刻本，厚開化紙印，精工異常。初集刊於乾隆十四年，
　　二、三、四集刊年未詳。

〔補〕御製詩五集一百卷目錄十二卷餘集二十卷目錄二卷 清
　　乾隆帝弘曆撰。○清內府刊本，九行十七字，白口，四周雙闌，寫刻
　　本。五集乾隆六十年刊，餘集嘉慶初刊。

〔增〕高宗純皇帝御製詩五卷 ○十二函，見文宗閣簿。

〔增〕高宗純皇帝御製詩餘集 ○二函，見文宗閣簿。

〔增〕高宗純皇帝御製詩文十全集五十四卷 ○聚珍板本。乾隆
　　五十九年大功十次告成，彭元瑞等恭編。謹案：上三部尚未恭載總
　　目中。

〔補〕御製圓明園詩二卷 清乾隆帝弘曆撰。○清乾隆內府刊本，六
　　行十六字，白口，四周雙闌。朱墨套印。有圖。詩鄂爾泰、張廷玉
　　註。余藏。

〔補〕御製詩注合編七十三卷 清乾隆帝弘曆撰。○清內府紅格寫
　　本，摘高宗詩注分門輯錄，收詩至嘉慶初止。所載頗關掌故。

〔補〕牧齋初學集一百十卷目錄二卷 清錢謙益撰。○明崇禎十六
　　年門人瞿式耜刊本，十行十八字，注雙行同，白口，左右雙闌。雕鏤

頗精。已印入四部叢刊初編中。

〔補〕**牧齋初學集詩註二十卷有學集詩註十四卷**　清錢謙益撰，錢曾箋注。○清乾隆間春暉堂刊本，十行二十字。余藏。

〔補〕**牧齋有學集五十卷**　清錢謙益撰。○清康熙三年刊本，十行二十字，白口，左右雙闌。已印入四部叢刊初編。

〔補〕**牧齋有學集五十一卷**　清錢謙益撰。○清康熙二十四年金匱山房刊本，十行二十字，白口，左右雙闌。余藏。

〔補〕**牧齋詩鈔不分卷**　清錢謙益撰，沈炘如編。○清康熙刊本，軟體字，近於寫刻本，十二行二十二字，黑口，左右雙闌。自還朝以至投筆各集皆在，但觸忌之字已缺而不書。余藏。

〔補〕**牧齋文集不分卷**　清錢謙益撰，沈德華編。○清康熙三年鄒鎡寫本，十行二十字，不分卷，訂十二册。前沈德華序，謂汰其浮靡，存其雅馴，始自嚮言，至於題跋，手錄成篇云云。共收文一百八十八首。目後有"康熙甲辰陽月，范陽後學鄒鎡寫校畢"題識一行。辛巳閱。

〔補〕**息齋全集十卷疏草五卷**　清金之俊撰。○清康熙刊本，八行二十字，白口，左右雙闌。尚有附錄一卷，此本佚去。余藏。

〔補〕**息齋集八卷外集一卷續外集一卷附息齋疏草五卷**　清金之俊撰。○清順治刊本，八行二十字。十二册。余藏。

〔補〕**金文通文集二十卷又六卷詩集六卷外集八卷**　清金之俊撰。○清康熙二十五年懷天堂刊本，九行二十字，白口，左右雙闌。余藏。此書四庫存目。

〔補〕**用六集十二卷**　清刁包撰。○清康熙間漢陽熊仲龍刊本。余藏。四庫存目。

〔補〕**擬山園初集七十一卷**　清王鐸撰。○明崇禎刊本，九行十八字，白口，左右雙闌。杭州修本堂見，微殘，未收。○又見順治間刊選集,為八十二卷本,其弟王鑨等刊。亦殘帙。

〔補〕**秀巖集三十一卷** 清胡世安撰。為詩二十二卷,文九卷。○清順治刊本,庚戌九月閱。四庫存目。

〔補〕**貞固齋試藝一卷續藝二卷** 清傅以漸撰。○舊寫本,收其應試文及經義稿。前有自序。

〔補〕**曉菴遺書一卷** 清王錫闡撰。○清乾隆四十二年孔繼涵家寫本。有孔氏手跋。

梅村集四十卷 國朝吳偉業撰。○康熙中刊本。

〔補〕**梅村集詩二十卷文四十卷目錄二卷** 清吳偉業撰。○清康熙初刊本,九行十九字,細黑口,左右雙闌。題"本府藏板"。余藏。

〔補〕**梅村家藏藁五十八卷詩補遺一卷文補遺一卷** 清吳偉業撰。**附年譜四卷世系一卷** 清顧師軾撰。○清宣統三年武進董康誦芬室刊本。較四十卷本多詩文百餘首,然亦少十六首。

〔增〕**吳詩集覽二十卷** 靳榮藩注。○乾隆四十年刊本。

〔補〕**吳詩集覽二十卷補註二十卷** 清靳榮藩註。**談藪二卷拾遺一卷** 清靳榮藩編。○清乾隆四十年凌雲亭刊本,九行二十一字,黑口,四周雙闌。余藏。

〔增〕**吳梅村詩箋注二十卷** 吳翌鳳注。○嚴榮刊本。

〔補〕**梅村詩集箋注十八卷** 清吳偉業撰,吳翌鳳箋注。○清嘉慶十九年滄浪吟榭刊本,十行二十一字。○清光緒武昌書局刊本,均余藏。

〔補〕**吳梅村詩注十二卷** 清吳偉業撰,程穆衡注。**附詩餘一卷詩話一卷** 清吳偉業撰,楊學沆補注。○清嘉慶十六年黃氏士禮居寫本,十行二十一字。黃丕烈校並跋。此書未刊行,此為黃丕烈借戴氏手寫本傳錄者。卷中詩分年編次,其箋詳于事蹟而略于詞旨,頗資考證。余藏。

〔補〕**石園全集三十卷**　清李元鼎撰。○清康熙四十一年李振祺、李振裕香雪堂刊本，十一行二十一字，白口。余藏。

〔補〕**雪堂先生文集二十八卷**　清熊文舉撰。○清順治間刊本，十行十九字，白口，左右雙闌。五册，余藏。

〔補〕**青溪遺稿二十八卷**　清程正揆撰。○清康熙刊本，九行十九字。有吳琠、王士禛、嚴正矩、汪士鋐、吳陳琰序。四庫存目。

〔補〕**定山堂詩集四十三卷詩餘四卷**　清龔鼎孳撰。○清康熙十五年刊本，九行十九字。○清光緒九年聖彝書屋刊本。

〔補〕**定山堂詩集三十七卷**　清龔鼎孳撰。○清刊本。

〔補〕**陳素庵詩鈔十二卷**　清陳之遴撰。○清康熙五年旋吉堂刊本，余藏。之遴集四庫存目為浮雲集十一卷。

〔補〕**拙政園詩集二卷**　清徐燦撰。即徐湘蘋，陳之遴室。○清寫本。余藏。

〔補〕**靜惕堂詩集四十四卷**　清曹溶撰。○清雍正三年刊本，十一行二十一字。辛亥春收於文琳堂。此書四庫存目。

〔補〕**雲中集不分卷**　清曹溶撰。○清寫本，曹氏詩稿。

〔補〕**九煙先生遺集六卷**　清周星撰。○清道光二十九年周氏刊本。

〔補〕**讀史亭詩集十六卷文集二十二卷**　清彭而述撰。○清康熙四十七年彭氏刊本，十一行二十一字，黑口，左右雙闌。庚戌九月，杭估李寶泉寄來求售，已收。此書四庫存目。

〔補〕**泏亭文集二卷詩一卷琴譜一卷漢史億二卷南征記略二卷顏山雜記四卷**　清孫廷銓撰。○清刊本，題詩儉堂藏板，余藏。四庫存目只收入文集二卷。

〔補〕**賴古堂集二十四卷**　清周亮工撰。**附錄六卷**　○康熙十四年周右浚刊本，十一行十九字，黑口，四周單闌。余藏。

〔補〕**賴古堂全集二十四卷** 清周亮工撰。**附藏書十種不分卷**
明周坦然撰，亮工之父也。○清刊本。余藏。

〔補〕**載石堂詩藥二卷** 清宋之繩撰。○清康熙十八年繆彤、徐乾學
等刊本。庚戌八月文琳堂收。

〔補〕**石雲居詩集七卷** 清陳名夏撰。○清康熙刊本，九行二十字。
余藏。此書四庫存目作石雲居士集十五卷，詩七卷。

〔補〕**東村集十卷** 清李呈祥撰。詩五卷，文五卷。○清康熙李氏儀
一堂刊本，十行二十一字。庚戌九月收於聚珍堂。此書四庫存目。

〔補〕**蕉林詩集不分卷** 清梁清標撰。○清康熙十七年刊本，九行十
九字。庚戌九月收於文友堂。四庫存目。

〔補〕**栖雲閣文集十五卷附錄一卷詩集十六卷拾遺一卷** 清高
珩撰。○清乾隆二十四年刊本。求古堂見。珩集四庫存目為栖雲
閣詩略不分卷。

〔補〕**栖雲閣詩十六卷拾遺三卷文集十五卷** 清高珩撰。○清乾
隆四十二年畏天齋刊本，九行十九字，白口，四周單闌。

〔補〕**應潛齋文集十六卷** 清應撝謙撰，張恕齋論定。○清康熙五十
年刊本。

〔補〕**應潛齋文集不分卷** 清應撝謙撰。○清康熙五十年應蒼璧刊
本，十行二十字。余藏。

〔補〕**應謙齋先生集十卷** 清應撝謙撰。○清咸豐四年聊城楊氏海
源閣刊本，十行二十一字。

〔補〕**棗林詩集不分卷** 清談遷撰。○清初寫本。余藏。

〔補〕**瑯嬛文集二卷** 清張岱撰。○稿本。沈曾植海日樓藏。

〔補〕**改亭文集十六卷** 清計東撰。○清康熙三十二年宋犖刊本。余

藏。四庫存目。

〔補〕**改亭詩集六卷**　清計東撰。〇清康熙四十七年刊本。庚戌九月收。四庫存目。

〔補〕**夏峰先生集十四卷**　清孫奇逢撰。〇清康熙三十八年刊本,九行二十字,白口,四周單闌。

〔補〕**孫夏峰遺書二十二卷**　清孫奇逢撰。〇清光緒五年定州王氏謙德堂刊畿輔叢書本,為夏峰先生集十四卷,夏峰先生語錄二卷,夏峰先生答問二卷,孝友堂家規一卷,孝友堂家訓一卷。附孫夏峰先生年譜二卷,湯斌等撰。

〔補〕**鈍吟老人遺藁二十三卷**　清馮班撰。為馮氏小集三卷,鈍吟集三卷,別集一卷,餘集一卷,遊仙詩二卷,鈍吟老人集外詩一卷,樂府一卷,文稿一卷,鈍吟老人雜錄十卷。〇清初毛氏汲古閣及陸貽典遞刊本,十四行二十一字,黑口,左右雙闌,版心下方有"汲古閣"三字。余藏,缺雜錄一至四。四庫存目小集為二卷本,遊仙詩為一卷本,共十一卷。雜錄已著錄於雜家類雜編之屬中矣。

〔補〕**默菴遺藁八卷**　清馮舒撰。〇清世豸堂刊本,十三行二十二字,白口。

〔補〕**王大愚集二十七卷外集十六卷**　清王鑨撰。〇清康熙五年刊本,九行十八字,白口,左右雙闌。外集為傳奇。余藏。

〔補〕**之溪老生集十一卷**　清先著撰。〇清初寫刻本,十一行二十一字,白口,四周單闌。本書題"藥裹集",為本集、後集、續集各二卷,又勸影堂詞三卷。詞有順治九年壬辰序。余藏。

〔補〕**亭林詩集五卷文集六卷**　清顧炎武撰。〇清潘耒刊本,十一行二十字,白口,左右双闌。有嚴元照評點,計詩集中十一條,文集中十七條。據評語,知亭林集刊成後曾改版抽補。〇清嘉慶刊本,十二冊。

〔補〕亭林先生餘集一卷 清顧炎武撰。○清彭紹升家寫本。前有
　　乾隆三十八年彭紹升序,有彭氏親筆改訂處。收廟號議及書札等十
　　四篇。鈐"二林曾孫"印。壬戌滬肆見。○清乾隆彭紹升刊本。前
　　乾隆三十八年彭氏序及沈兆澐像贊。余藏。○清光緒二年蒯光典
　　誦芬樓刊本,十行二十一字,白口,左右雙闌。版心下方有"誦芬樓
　　校勘"五字。此本已印入四部叢刊初編。○清光緒三十年會稽董氏
　　山隱居刊巾箱本,與文集六卷合刊。○清光緒間崇川葛氏刊學古齋
　　金石叢書本,與文集六卷合刊。○清光緒二十五年刊端溪叢書本,
　　附文集後。

〔補〕顧亭林先生遺書二十七卷 清顧炎武撰。收左傳杜解補正三
　　卷,九經誤字一卷,石經考一卷,金石文字記六卷,韻補正一卷,昌平
　　山水記二卷,譎觚十事一卷,顧氏譜系考一卷,亭林文集六卷,亭林
　　詩集五卷。○清蓬瀛閣刊朱記榮增刊本。光緒印。

〔補〕杲堂文鈔六卷詩鈔七卷 清李鄴嗣撰。○清康熙刊本,九行二
　　十二字。余藏。四庫存目。

〔補〕蕭山人釋柯集不分卷 清蕭中素撰。釋柯餘集一卷南山集
　　一卷 ○康熙二十五年活字印本,九行十九字。餘集、南山集為酬
　　唱之作。余藏。

〔補〕南雷文定前集十一卷後集四卷三集三卷四集四卷附錄一
　　卷 清黃宗羲撰。○清康熙二十七年餘姚黃氏續鈔堂自刊本,十行
　　二十字。此書四庫存目。

〔補〕南雷文案十卷續文案吾悔集四卷撰杖集一卷南雷詩曆三
　　卷子劉子行狀二卷 清黃宗羲撰。附學箕初稿二卷 清黃百家
　　撰。○清康熙間西爽堂刊本,十二行二十二字。

〔補〕黃氏擷殘集六卷附黃氏續錄五卷 清黃宗羲撰。○清康熙
　　刊本。

〔補〕**黃棃洲先生南雷文約四卷** 清黃宗羲撰。○清乾隆鄭性刊本，十行二十字，黑口，四周單闌。性，寒村之子。

〔補〕**變雅堂詩文集六卷茶村詩鈔八卷補遺一卷** 清杜濬撰。**附錄一卷評記一卷年譜一卷** ○清道光刊本。八冊。余藏。

〔補〕**變雅堂文集五卷詩集四卷** 清杜濬撰。○清康熙刊本，九行十九字，己酉京肆閱。

〔補〕**郝蘭石先生集十八卷** 清郝璧撰。○清初刊本，八行二十字。庚戌九月見於求古堂，索十二兩，未收。

〔補〕**天延閣刪後詩十二卷** 清梅清撰。**附贈言集二卷敬亭倡和集一卷天延閣聯句唱和詩一卷** ○清康熙刊本，九行二十字，白口，四周雙闌。六冊，辛亥六月收得。此書四庫存目作前集十六卷，後集三卷，均七十歲前作。版燬後又重編為瞿山詩略三十三卷。

〔補〕**瞿山詩略三十三卷** 清梅清撰。○清康熙刊本，十行十九字，黑口，左右雙闌。

〔補〕**田間詩集二十八卷** 清錢澄之撰。○清康熙二十九年斵雄堂刊本。庚戌八月文琳堂見，索四兩，已收。錢澄之原名秉鐙，崇禎諸生。此刻尚有文集三十卷，余本失之。

〔補〕**藏山閣集二十卷** 清錢澄之撰。為詩十四卷，文六卷。○清寫本。余藏。尚有尺牘四卷，余本失之。

〔補〕**覼菴詩鈔六卷** 清陸貽典撰。○清雍正元年張道淙刊本，九行十九字。余藏。

〔補〕**白耷山人詩十卷** 清閻爾梅撰。○清初豹韋堂刊本，八行二十三字。四冊，余藏。

〔補〕**閻古古全集六卷** 清閻爾梅撰。○民國十一年鉛印本。六冊。

〔補〕**呂晚村先生文集八卷續集四卷** 清呂留良撰。○清雍正三年呂氏天蓋樓刊本，十行二十字。余藏。

〔補〕**何求老人殘稿七卷** 清呂留良撰，每卷一集，有萬感、夢覺、零星諸集名。○清寫本，庚戌天津官書局收。

〔補〕**何求老人殘稿不分卷** 清呂留良撰。○清寫本。

〔補〕**虛直堂集二十四卷** 清劉榛撰。○清康熙二十七年刊本，十行十九字，黑口，四周雙闌。余藏。

〔補〕**俞漸川文集四卷** 清俞汝言撰。○清寫本，二冊。汝言字石吉，秀水人，明末諸生。撰有春秋平義十二卷，春秋四傳糾正一卷，四庫著錄。此文集殊罕見，有無刻本不可知，為譚志賢自嘉興忻寶華家收來，即其家中所藏嘉禾人文集之一也。忻氏多收鄉人文集，搜集多年，一朝星散，至為可惜。

〔補〕**黃山詩留十六卷** 清法若真撰。○清康熙三十八年又敬堂刊本，十行二十一字。鈐“文弨借觀”印。庚戌九月求古堂閱。此書四庫存目。

〔補〕**徧行堂集四十九卷續集十六卷** 清釋今釋撰。○清乾隆初釋繼祖刊本，十行二十字。辛亥春收得。

〔補〕**陶菴詩三卷** 清李溉撰。○清康熙刊本，十行十九字，附年譜記事一卷。癸丑入都所見。

〔補〕**陶菴詩二卷** 清李溉撰，王士禛選。○清寫本。

湯子遺書十卷 國朝湯斌撰。○有新舊兩刊本。

〔補〕**湯子遺書十卷** 清湯斌撰。**年譜二卷附錄一卷挽詩一卷** ○清康熙間刊本，十行十九字。辛亥八月收。○清乾隆八年樹德堂刊本。余藏。○清咸豐元年刊本。余藏。

兼濟堂文集二十卷 國朝魏裔介撰。○詹明章合刊本。

〔補〕**兼濟堂詩集八卷文集二十四卷** 清魏裔介撰。○清康熙刊本。

〔補〕**兼濟堂集九卷瓊琚珮語一卷**　清魏裔介撰。○清光緒五年定
　　州王氏謙德堂刊畿輔叢書本。後附魏文毅公奏議三卷。

〔補〕**寒松堂集十二卷**　清魏象樞撰。○清康熙刊本，十行二十字。
　　辛亥三月收。此書四庫存目為九十二卷。

〔補〕**寒松堂文集十卷詩集三卷**　清魏象樞撰。○清光緒五年定州
　　王氏謙德堂刊畿輔叢書本。

〔補〕**佳山堂詩集十卷二集八卷**　清馮溥撰。○清康熙朱士儒刊
　　本，九行十九字。庚戌九月收。此書四庫存目。

〔補〕**宋荔裳入蜀詩不分卷**　附**文五首**　清宋琬撰。○清王士禛家
　　傳寫本，王士禛手評並跋，謂據荔裳之子思勃之本傳錄。十一行二
　　十一字。名家題跋甚夥。海虞瞿氏鐵琴銅劍樓藏。

〔補〕**安雅堂文集四卷詩集不分卷**　附**二鄉亭詞三卷祭皐陶一**
　　卷　清宋琬撰。○清順治十七年刊詩集，餘康熙至乾隆續刊。庚戌
　　秋蘇州楊馥堂寄來求售，八冊，已收。此書四庫存目。

學餘堂文集二十八卷詩集五十卷外集二卷　國朝施閏章撰。○
　　康熙戊子刊本。○乾隆己未刊本。

〔補〕**施愚山先生學餘詩集五十卷學餘文集二十八卷別集四卷**
　　附**隨村集四卷**　清施閏章撰。○清乾隆刊本，十一行，行二十一
　　字，辛亥收得。

〔補〕**蓮龕集十六卷**　清李來泰撰。○清雍正十三年臨川李氏自刊
　　本，九行十八字。四庫存目為十五卷本。

忠貞集十卷　國朝范承謨撰。○康熙中刊本。

〔補〕**畫壁遺稿三卷**　清范承謨撰。○清康熙刊本，九行十八字。庚
　　戌入都所見。

林蕙堂集二十六卷 國朝吳綺撰。○刊本。○又有巾箱本,楷字。

〔補〕**林蕙堂全集二十六卷** 清吳綺撰。○清康熙三十九年刊本,九行二十一字。辛亥文友堂見。

堯峯文鈔五十卷 國朝汪琬撰。○康熙癸酉刊林佶本,密行,尤精善。

〔補〕**堯峯文鈔詩十卷文四十卷** 清汪琬撰。○清康熙三十二年其弟子林佶寫刊本,十三行二十五字,黑口,左右雙闌。目後有"吳郡程際生刻"六字。前有康熙癸酉惠周惕序,末有康熙壬申林佶跋。庚戌李紫東自申寄來,索十六兩,已收。

〔補〕**鈍翁類稿六十二卷續稿三十卷外集一卷** 附寸碧堂集二卷 清汪琬撰。○清康熙刊本。庚戌歲收得。

〔補〕**鈍翁續槀五十六卷別槀一卷** 附寸碧堂詩集三卷箐菴遺稿一卷姑蘇楊柳枝詞一卷 清汪琬撰。○清康熙刊本。辛亥八月富古堂收。

〔補〕**七頌堂詩集九卷別集一卷** 清劉體仁撰。○清康熙刊本,九行十九字。余藏,缺文集四卷。四庫存目為七頌堂集十四卷。

〔補〕**蒼峴山人集五卷文集六卷詩餘一卷** 清秦松齡撰。○清康熙五十七年精刊本,九行十九字,黑口,左右雙闌,為詩集五卷,詞一卷。詞名"微雲集詩餘"。其文集六卷為嘉慶初秦氏刊,十一行二十二字。余藏。

〔補〕**皙次齋集十二卷** 附贈什一卷同人尺牘一卷 清梁熙撰。○清康熙七年刊本,九行十九字。庚戌文奎堂見,索五兩。

精華錄十卷 國朝王士禛撰。○康熙中林佶寫刊本,佳。○惠棟訓纂二十卷。○金榮箋注十二卷,補遺一卷。

〔補〕**漁洋山人精華錄十卷** 清王士禛撰。○清康熙三十九年林佶手寫付刊本，十一行二十一字，白口，左右雙闌。已印入四部叢刊初編。此書有翻本，頗肖。

〔補〕**漁洋山人精華錄箋注十二卷補一卷續補一卷續錄箋注一卷**　清金榮撰。**年譜一卷附錄一卷**　○清康熙五十一年金氏鳳翻堂刊乾隆續修本，十一行二十字，白口，左右雙闌。余藏。

漁洋山人精華錄訓纂十卷　清王士禛撰，惠棟訓纂。**漁洋山人自撰年譜二卷**　惠棟注。**金氏精華錄箋注辨訛一卷精華錄訓纂補十卷**　惠棟撰。○清惠氏紅豆齋刊本，十行二十一字。精華錄訓纂四庫入存目。

〔補〕**帶經堂全集九十二卷**　清王士禛撰。收漁洋集詩二十二卷，續詩十六卷，文十四卷；蠶尾集詩二卷，續詩十卷，文八卷，續文二十卷。○清康熙四十九年程哲七略書堂刊本，十行十九字。辛亥三月十五日都中收。四庫存目收詩集二十二卷，續集十六卷。

〔補〕**蠶尾集十卷**　清王士禛撰。○清康熙刊本。余藏。四庫存目尚有續集二卷，後集二卷。

〔補〕**阮亭詩選十七卷**　清王士禛撰。○清康熙元年自刊本，寫刻，九行十九字，白口，左右雙闌。余藏。

〔補〕**漁洋山人文略十四卷**　清王士禛撰。○清康熙刊本。庚戌九月收。四庫入存目。

〔補〕**漁洋山人集外詩二卷**　清王士禛撰。○清乾隆四十二年寫刻本。余藏。○清光緒二十年石埭徐氏刊觀自得齋叢書本。

〔補〕**王氏漁洋詩鈔十二卷**　清王士禛撰，邵長蘅編。○清康熙三十四年商丘宋氏刊二家詩鈔本，十行二十一字，黑口。余藏。

〔補〕**安序堂文鈔二十卷**　清毛際可撰。○清康熙二十八年刊本，九行十九字。余藏。四庫入存目。

〔補〕**松臯文集十四卷** 清毛際可撰。○清康熙刊本,九行十九字,白口,四周單闌。

午亭文編五十卷 國朝陳廷敬撰。○乾隆中林佶寫刊本,佳。

〔補〕○清康熙四十七年林佶寫刊本,十一行二十一字,細黑口,左右雙闌。莫氏誤記為乾隆中刊本。

〔補〕**經義齋集十八卷** 清熊賜履撰。○清康熙二十九年刊本,九行二十字,白口。

〔補〕**含經堂集三十卷別集二卷附錄二卷** 清徐元文撰。○清康熙精刊本,十一行二十一字,白口,左右雙闌。辛亥富古堂得。

松桂堂全集三十七卷延露詞三卷南�集三卷 國朝彭孫遹撰。○乾隆八年子景曾孫載奕刊本。

〔補〕○清乾隆八年其子彭景曾刊本,彙集通藉後所作,刻之京師。集中各詩晚年多加改訂,且有不入全集者。十行二十六字,白口,四周雙闌。余藏。

讀書齋偶存稿四卷 國朝葉方藹撰。○刊本。

〔補〕**黄湄詩選十卷** 清王又旦撰,王士禛評。○清康熙十九年刊本,十行十九字,黑口,四周單闌。余藏。

〔補〕**白茅堂集四十六卷** 清顧景星撰。○清康熙刊本,十一行二十一字。余藏。四庫入存目。

〔補〕**蒿菴集三卷** 清張爾岐撰。**附錄一卷** ○清乾隆三十八年刊本,辛亥春收於文奎堂。四庫存目。

〔補〕**聰山文集三卷詩集八卷** 清申涵光撰。○清光緒五年定州王氏謙德堂刊畿輔叢書本。涵光明申佳胤子,四庫存目有其集十四卷。

〔補〕**託素齋文集六卷詩集四卷** 清黎士弘撰。○清康雍間刊本,九行二十一字。開化紙初印甚精。此書四庫存目。

〔補〕**秋笳集八卷**　清吳兆騫撰。○清雍正刊本,十一行二十字。己酉夏得於金誦清處。此書四庫存目。

〔補〕**葉忠節公遺稿十二卷**　清葉映榴撰。○清乾隆刊本。四庫存目。

〔補〕**笠山詩選五卷**　清孫蕙撰,汪懋麟選。○清康熙刊本,十一行二十字。有王士禎序。辛亥五月濟南茹古堂見,四庫存目。

〔補〕**積書巖詩集一卷**　清劉逢源撰。○清光緒五年定州王氏謙德堂刊畿輔叢書本。四庫存目錄其詩選不分卷。

〔補〕**日觀集九卷首一卷**　清朱爾邁撰。○清康熙間海寧馬思贊清遠堂刊南國二家詩本,十二行二十二字。余藏。二家為屈大均、朱爾邁。

〔補〕**扶桑閣集十四卷**　清朱爾邁撰。○清康熙書林劉鍾甫刊本,十一行二十字。滬肆見。余有殘本。

〔補〕**陋軒詩六卷**　清吳嘉紀撰。○清康熙七年玉蘭堂刊本。四冊,余藏。四庫存目為四卷本。

〔補〕**陋軒詩八卷**　清吳嘉紀撰。○清康熙元年大業堂寫刻本,八行十九字。余藏。

〔補〕**尋壑外言五卷**　清李繩遠撰。○清康熙寫刻本。二冊。四庫存目。

〔補〕**黃葉村莊詩集八卷後集一卷續集一卷**　清吳之振撰。○清康熙刊本,十行十九字。四庫存目。

〔補〕**流鉛集十六卷**　清吳農祥撰。○清寫本,十二行二十三字。題方粲如定,男裕僧彌校字。收各體文,始賦,終墓銘祭文,無詩。盧文弨手校。

〔補〕**虞山錢遵王詩稿不分卷**　清錢曾撰。○清寫本。余藏。

〔補〕**墨井詩鈔二卷三巴集一卷畫跋一卷** 清吳歷撰。○清康熙
　　五十八年陸氏刊本，八行十九字。蟫隱廬見。○清同治十三年虞山
　　顧氏刊小石山房叢書本。

〔補〕**李笠翁一家言全集十六卷** 清李漁撰。○清雍正八年世德堂
　　刊本，九行二十字，無格，余藏。

〔補〕**深寧齋詩集三卷文集一卷** 清查詩繼撰。○清寫本，九行二
　　十四字，無格。有黃宗羲序。六冊。余藏。

〔補〕**續學堂文鈔六卷詩鈔四卷** 清梅文鼎撰。○清乾隆間梅瑴成
　　刊本，九行十九字。辛亥收。此書四庫存目。

〔補〕**道援堂詩集十三卷** 清屈大均撰。○清康熙刊本，十行二十一
　　字，白口，四周雙闌。余藏。

〔補〕**翁山詩外十八卷** 清屈大均撰。闕卷十八，實十七卷。○清康
　　熙刊本，十一行十九字。○民國國學扶輪鉛印本，十九卷。

〔補〕**獨漉堂詩集十五卷文集十五卷** 清陳恭尹撰。○清康熙晚成
　　堂刊本，十行十九字。文集第九卷原缺。庚戌歲收。

〔補〕**獨漉子詩文全集三十一卷續一卷** 清陳恭尹撰。○清道光
　　五年刊本。余藏。

〔補〕**安雅堂存稿不分卷** 清俞璟撰。○清寫本，有康熙癸卯史在
　　明、程鳴序。余藏。

〔補〕**祇欠庵集八卷** 清吳蕃昌撰。○清寫本，一冊。蕃昌，明吳麟徵
　　之子也。余藏。

〔補〕**嘯翁老人村居以後詩三卷** 清釋顯鵬撰，丁文蔚選。○清寫
　　本，吳城校並跋。

曝書亭集八十卷附錄一卷 國朝朱彝尊撰。四庫本刪去風懷二百
　　韻及靜志居琴趣一卷。○此集為張星伯寫刊，字體絕似褚臨樂毅

論,其初印本極為世重。○汪浩然撰有曝書亭詩鈔箋注十二卷。○楊謙又注詩二十二卷。○孫銀槎注賦詩二十三卷。

〔補〕**曝書亭集八十卷** 清朱彝尊撰。**附錄一卷笛漁小藁十卷**

清朱昆田撰。○清康熙間朱氏自刊本,曹荔軒助之。始工於康熙四十八年己丑。朱、曹逝後,朱之孫稻孫續刻,成於康熙五十三年甲午。半葉十二行,行二十三字,白口,左右雙闌,楷體寫刻本,雕工頗佳。全書賦、詩、詞三十卷,文五十卷。有康熙四十七年潘耒序及康熙五十三年查慎行序。庚戌九月收。

〔補〕**騰笑集八卷** 清朱彝尊撰。○清康熙二十五年朱氏曝書亭自刊本,十行十八字。有馮登府跋。余藏。

〔補〕**曝書亭集箋注二十三卷** 清朱彝尊撰,孫銀槎箋注。○清嘉慶五年三有堂刊本。

〔補〕**曝書亭集詩註二十二卷** 清朱彝尊撰,楊謙註。○清乾隆間楊氏木山閣刊本,十一行二十三字。余藏。

〔補〕**曝書亭詩箋註十二卷** 清朱彝尊撰,江浩然註。○清乾隆二十四年刊本,寫刻本。余藏。

〔補〕**曝書亭集外詩五卷詞一卷文二卷** 清朱彝尊撰,馮登府輯。○清道光間刊本。余藏。

〔補〕**風懷詩補注一卷** 清朱彝尊撰,馮登府注。○馮登府手稿本,十一行二十三字。

〔補〕**風懷詩注一卷** 清朱彝尊撰,許燦注。○稿本,鈐晦堂許燦印。余藏。

〔補〕**新又堂詩不分卷** 清趙吉士撰。○清康熙三十六年刊本,莊氏蘭味軒舊藏,庚戌十二月收得。

〔補〕**萬青閣全集八卷** 清趙吉士撰。○清康熙刊本,十一行二十一字,白口。此書四庫入存目。

〔補〕**話山先生詩薬十二卷文薬十七卷別錄五卷** 清陸洽原撰。
　　○清康熙四十一年陸氏志遠堂精刊本，十行二十字。無年譜、知交
　　錄。庚戌八月購自柳蓉村處。

〔補〕**戒山文存一卷** 清邵遠平撰。○清康熙刊本，十行二十四字。
　　前自序，題曰遂餘集，後附學政教條十則，策問五道。壬子夏收得。

〔補〕**九谷集六卷** 清方殿元撰。○清康熙文玉堂刊本，九行十九字。
　　余藏。

〔補〕**江辰六文集十六卷首一卷** 清江闓撰。○清康熙間江氏政在
　　堂自刊本。文琳堂見。

于清端政書八卷 國朝于成龍撰。○康熙廿二年癸亥，清端撫蘇，三
　　韓劉鼎刊本，黃州李中素編。○康熙四十三年甲申，孫準撫貴州刊
　　本，不佳。○康熙丁亥，其孫準撫江蘇，屬蔡方炳重編，最備，即今行
　　八卷本，卷前載御賜文、詩、匾聯七件及遺像，曰首編，末附碑誌等十
　　九件，曰外集一卷。

愚菴小集十五卷 國朝朱鶴齡撰。○康熙中刊本。
〔補〕○清康熙十年刊本。

抱犢山房集六卷 國朝嵇永仁撰。○雍正中其子曾筠刊本。

〔補〕**健松齋集十六卷** 清方象瑛撰。○清康熙世美堂刊本。四庫存
　　目。

文端集四十六卷 國朝張英撰。○康熙末刊本，附雜著六種。

〔補〕**學文堂集二十四卷** 清陳玉璂撰，為本集十六卷，詩集五卷，詩
　　餘三卷。○清光緒二十二年刊常州遺書本。

〔補〕**學文堂集四十九卷** 清陳玉璂撰。○清康熙刊本，九行十九
　　字。有馮溥、吳偉業、周亮工諸序。存四十七卷，余藏。四庫存目為
　　四十七卷。

〔補〕**憺園集三十六卷** 清徐乾學撰。○清康熙三十六年刊本，十行十九字。余藏。四庫存目為三十八卷本。

〔補〕**趙恭毅公賸稿八卷** 清趙申喬撰。○清乾隆刊本，十二行二十四字。余藏。四庫入存目。

〔補〕**臨野堂文集十卷詩集十三卷詩餘二卷尺牘四卷 附觚賸八卷觚賸續編四卷** 清鈕琇撰。○清康熙刊本，十行十九字。庚戌九月求古堂收。文集四庫存目。

〔補〕**傅忠毅公全集八卷** 清傅宏烈撰。○清咸豐元年刊本。

西河集一百七十九卷 國朝毛奇齡撰。○康熙庚子門人蔣樞編書留草堂刊本。

〔補〕**潘力田先生集不分卷** 清潘檉章撰。○清寫本，四冊。

〔補〕**觀物草廬焚餘稿不分卷** 清潘檉章撰。○清康熙戊申寫本，九行二十四字，分體編次。為被禍後友朋輯錄之本，非其全也。余藏。

〔補〕**受祺堂詩集三十五卷** 清李因篤撰。○清康熙刊本。十行十九字。辛亥收於文友堂。四庫存目為三十四卷本。

〔補〕**遂初堂詩集十六卷文集二十卷別集四卷** 清潘耒撰。○清雍正刊本，十行二十一字。余藏。四庫存目為詩集十五卷。文集二十卷，別集四卷。

〔補〕**抱經齋文集六卷詩集十四卷** 清徐嘉炎撰。○清康熙三十八年刊本，十行二十字。秀水莊氏蘭味齋舊藏，已收。此書四庫存目。

〔補〕**南州草堂集三十卷首一卷續集四卷菊莊詞二卷詞話一卷** 清徐釚撰。**楓江漁父圖題詞一卷青門集一卷** 清徐釚輯。○清康熙間吳江徐氏菊莊自刊本，十一行十九字。余藏。

〔補〕**悔齋詩集五種五卷** 清汪楫撰。為悔齋詩、京華詩、山聞詩、山聞續集、觀海集。○清康熙精刊本。己酉十月收。

〔補〕**臥象山房詩文集十一卷** 清李澄中撰。○清刊本，十一行二十
字。澄中康熙己未鴻博，此集四庫存目作三卷。澄中尚有白雲村集
四卷，為厲壇刊於福建者。

〔補〕**臥象山房詩正集七卷** 清李澄中撰。○清康熙三十八年刊白
雲村全集本，十一行二十字。全集舍此外，尚有白雲村文集四卷，滇
行日記二卷，滇南集一卷，餘本佚去。此書四庫存目作三卷。別有
白雲村集八卷，與此不同。

陳檢討四六二十卷 國朝陳維崧撰。○康熙癸酉刊本。○又翻刊。

〔補〕**陳檢討四六二十卷** 清陳維崧撰，程師恭註。○清乾隆三十五
年亦園刊本，十行二十二字。辛亥五月收得。

〔補〕**陳檢討詩鈔十卷詞鈔十二卷** 清陳維崧撰。○清康熙二十三
年天藜閣刊本。余藏。

〔補〕**湖海樓詩稿十二卷** 清陳維崧撰。○清康熙刊本。余藏。

〔補〕**陳迦陵文集六卷儷體文集十卷湖海樓詩集八卷迦陵詞全
集三十卷** 清陳維崧撰。○清康熙間其弟宗石患立堂刊本，十二行
二十二字，黑口，左右雙闌，版心下方有"患立堂"三字。前有李澄
中、胡獻徵序，謂為其弟子萬所刊。文集、詩集康熙二十六年刊，詞
二十八年刊。余藏。此書已印入四部叢刊初編中。

〔補〕**湖海樓文集六卷詩集二十卷儷體文十二卷詞集二十卷附
補遺一卷** 清陳維崧撰。○清乾隆六十年浩然堂刊本，十行二十二
字。余藏。

〔補〕**秋水集十卷** 清嚴繩孫撰。○清康熙刊本，九行十九字。余藏。

〔補〕**尤西堂全集一百二十七卷** 清尤侗撰。收西堂雜俎二十四
卷，西堂剩稿二卷，西堂秋夢錄一卷，西堂小草一卷，論語詩一卷，右
北平集一卷，看雲草堂集八卷，述祖詩一卷，于京集五卷，哀絃集一

卷,擬明史樂府一卷,外國竹枝詞一卷,百末詞五卷,詞餘一卷,西堂
樂府五卷,鈞天樂二卷,年譜二卷附圖詩,艮齋詩十一卷,艮齋文十
五卷,艮齋雜説十卷,看鑑偶評附補評五卷,明史擬稿六卷,外國傳
八卷,宮閨小名錄附後錄五卷,明史藝文志五卷。附湘中草六卷,清
湯傳楹撰。〇清刊本。四十册。余藏。

蓮洋詩鈔十卷　國朝吳雯撰。〇乾隆辛未汾陽劉組刊本。〇乾隆甲
申山東孫鍔重刊本。〇嘉慶中翁方綱校刊漁洋評點本二十二卷,最
足。

〔補〕**蓮洋集二十卷**　清吳雯撰。〇清乾隆間翁方綱刊本。四庫存
目。

〔補〕**橫雲山人集三十二卷**　清王鴻緒撰。〇清康熙刊本,十行十九
字,黑口。余藏。

〔增〕**完玉堂詩集十卷**　國朝釋光璟撰。〇刊本。

張文貞集十二卷　國朝張玉書撰。〇乾隆五十七年刊。

西陂類稿三十九卷　國朝宋犖撰。〇乾隆中刊。

〔補〕**西陂類稿五十卷**　清宋犖撰。〇清康熙五十年精刊本,十行十
九字。余藏。

〔補〕**宋氏棉津詩鈔八卷**　清宋犖撰,邵長蘅選編。〇清康熙三十四
年宋氏刊二家詩鈔本,十行二十一字。

〔補〕**棉津山人詩集三十一卷楓香詞一卷漫堂説詩一卷筠廊偶
筆二卷怪石贊一卷漫堂墨品一卷**　清宋犖撰。附**緯蕭草堂詩
三卷**　宋至撰。〇清康熙間商邱宋氏家刻本。

〔補〕**偶更堂文集二卷詩集二卷**　清徐作肅撰。〇清康熙刊本。三
册。余藏。

鐵廬集三卷外集二卷附錄一卷　國朝潘天成撰。其門人許仲炎

編，冠以小傳、年譜。

湛園集八卷 國朝姜宸英撰。○黄叔琳重編本，末附札記二記。

〔補〕**葦間詩集五卷** 清姜宸英撰。○清康熙五十二年唐氏精刊本，
　　十一行十九字。庚戌收得。○清道光四年慈谿葉元塏睿吾樓木活
　　字印本。余藏。

〔補〕**湛園未定稿六卷** 清姜宸英撰。○清鄭氏二老閣刊本，十行二
　　十字。

〔補〕**湛園未刻稿不分卷** 清姜宸英撰。○清寫本，分訂四冊。

〔補〕**姜西溟文鈔四卷** 清姜宸英撰。○清乾隆四年趙佪敩編刊精刻
　　本，十二行二十四字。余藏。

〔補〕**遙擲槀二十卷** 清馮武撰。○清康熙刊本，十行十八字。余藏。

古懽堂集三十六卷附黔書二卷長河志籍考十卷 國朝田雯撰。
　　○德州刊本。○其黔書二卷又有貴築刊本。

〔補〕**古懽堂文十四卷雜著八卷詩十四卷附長河志籍考十卷黔
　　書二卷年譜二卷** 清田雯撰。○清乾隆刊本，十六冊。余藏。

〔補〕**己畦集二十二卷原詩四卷** 清葉燮撰。○清康熙葉氏刊本，
　　十行十九字。庚戌八月收於文琳堂，不全，缺詩集十卷，又一卷。此
　　書四庫存目為二十七卷。

榕村集四十卷 國朝李光地撰。○乾隆丙辰其孫清植刊。

三魚堂文集二十卷外集六卷附錄二卷 國朝陸隴其撰。○康熙
　　辛巳從子禮徵刊本。○乾隆中刊本。

〔補〕○清康熙刊本，九行二十字。余藏。

〔補〕**有懷堂文集二十二卷詩集六卷** 清韓菼撰。○清康熙四十二
　　年刊本，十一行二十一字。余藏。四庫存目。

〔補〕**道貴堂類稿十一種二十一卷** 清徐倬撰。○清康熙刊本，十

行十九字,黑口。余藏。

〔補〕**白石山房集二十七卷** 清李振裕撰。○清康熙刊本,十一行二十一字,白口。余藏。

〔補〕**百尺梧桐閣集詩十六卷文三卷** 清汪懋麟撰。○清康熙間汪氏自刊本,十一行二十字,庚戌入都見於文奎堂。

〔補〕**嘯竹堂集十六卷** 清王錫撰。○清康熙三十五年刊本。余藏。

〔補〕**南畇詩蘗十卷續蘗十七卷文稿十二卷** 清彭定求撰。○清康熙刊本,嘉興莊氏舊藏,庚戌收得。

〔補〕**漁洋先生評點赤嵌集四卷** 清孫元衡撰。○清康熙刊本。余藏。

〔補〕**世恩堂詩集三十卷詞集二卷經進集三卷** 清王頊齡撰。○清康熙刊本,十行十九字,黑口。李寶泉收來嘉興莊氏書。

〔補〕**通志堂集二十卷** 清納蘭性德撰。○清康熙三十年徐乾學精刊本,九行十九字。余藏。

〔補〕**飲水詩集二卷詞集三卷** 清納蘭性德撰。○清康熙三十年刊本,九行二十字。文德堂見。

〔補〕**來鶴菴詩草四卷附五峰詩草一卷** 清釋德元撰。○清康熙三十二年刊本。庚戌九月蘇佑柳蓉村寄來求售,已收。

因園集十三卷 國朝趙執信撰。○刊本。此本曾落水,紙墨渝敝,有乾隆辛酉其門人丁際隆跋。○又,因園刊飴山詩集二十卷本,末卷為詩餘。

〔補〕**飴山詩集二十卷** 清趙執信撰。○清乾隆十七年因園刊本,十行二十一字,黑口。余藏。

〔補〕**不遮山閣詩鈔前集六卷後集十二卷** 清沈朝初撰。○清刊本,失序跋,似康熙間刊,京肆見,未收。

〔補〕**野香亭集十三卷** 清李孚青撰。○清康熙三十八年精刊本，自丙寅至戊寅為一集。庚戌文琳堂見。此書四庫存目。

〔補〕**素嚴文稿二十六卷** 清王喆生撰。○清刊本，似康熙間刊。二冊，余藏。此書四庫存目。

〔補〕**飲醇堂文集二十卷** 清周金然撰。○清康熙十八年刊本，九行十九字。三冊，余藏。同刻尚有詩詞若干卷，余本失之。四庫存目為三十八卷。

〔補〕**北黟山人詩十卷** 清吳苑撰。**附錄一卷** ○清康熙四十一年寫刻本，十行十九字。白口，四周單闌。庚戌歲收自文琳堂。

〔補〕**拜鵑堂詩集四卷** 清潘問奇撰。○清康熙三十四年畹堂刊二家詩本，十行十九字。一冊。余藏。

〔補〕**埋照集二卷** 清田登撰。○清康熙三十四年畹堂刊二家詩本，十行十九字，白口。

〔補〕**滄湄類稿四十五卷** 清尤珍撰。為詩稿三十卷，補遺三卷，別稿二卷，文稿六卷，介峰札記四卷。○清刊本，失序跋，是乾嘉間風氣。

〔補〕**滄湄詩稿三十卷別稿二卷** 清尤珍撰。○清康熙二十九年刊本，十行十八字。壬子見於蘇州楊馥堂肆中，未收。

〔補〕**甓湖草堂文集六卷賦一卷近詩二卷近集四卷** 清吳世傑撰。○清康熙刊本，十一行二十字。辛亥得於濟南茹古堂。

〔補〕**高江村全集六十六卷** 清高士奇撰。○清康熙三十七年高氏朗潤堂自刊本。余藏。

〔補〕**雙雲堂文稿六卷詩稿六卷** 清范光陽撰。**行述一卷** ○清康熙四十六年鄭風刊本，九行二十字。余藏。四庫入存目。

〔補〕**西齋詩集十卷** 清吳暻撰。○清康熙三十二年刊本。庚戌歲收於文琳堂。

〔補〕**過江集四卷** 清史申義撰。○清康熙刊本，十行十九字，辛亥收
於文友堂。四庫存目。

懷清堂集二十卷 國朝湯右曾撰。○乾隆乙丑刊本。

〔補〕**懷清堂詩集二十卷** 清湯右曾撰。○清乾隆刊本，十行二十二
字。文琳堂見。

〔補〕**紺寒亭詩集十卷文集四卷** 清趙俞撰。○清康熙刊本，十一
行二十一字，余藏。四庫存目。

〔補〕**寒村詩文選三十六卷** 清鄭梁撰，為見黃稿詩删五卷，五丁詩
稿五卷，安庸集一卷，玉堂集一卷，歸省偶錄一卷，還朝詩一卷，玉堂
後集一卷，寶善堂集二卷，白雲軒集二卷，南行雜詠一卷，高州詩集
二卷，以上為詩選，共二十二卷。又，見黃稿二卷，五丁集二卷，安庸
集二卷，雜錄二卷，雜錄補一卷，以上為文選，共九卷。又，半生亭集
一卷，息尚編四卷，以上為詩文合集，共五卷。總三十六卷。○清康
熙間紫蟾山房自刊本，九行二十字。余藏。四庫存目。

〔補〕**懷香集四卷** 清黃潣撰。○清康熙精刊本，前有廣陵許嗣隆序，
又康熙三十五年丙子王九齡序。各卷所刊為癸酉、甲戌、乙亥、丙子
四年之詩。其人以雲中牧調京曹，後外簡萊州府知府。余藏。

〔補〕**白華集二卷四明集二卷黃山唱和集一卷** 明吳菘撰。唱和
集與吳瞻泰同撰。○清康熙三十七年寫刻本。余藏。

〔補〕**硯谿先生集十一卷** 清惠周惕撰。○清康熙刊本。余藏。

〔補〕**嚴太僕先生集十二卷** 清嚴虞惇撰。○清乾隆元年嚴氏繩武
堂刊本，十一行二十一字。

〔補〕**陳滄洲詩集十一種三十九卷** 清陳鵬年撰。為水東集三卷，
武夷集二卷，蒿廬集三卷，耦耕集五卷，于山集二卷，香山集二卷，胸
山集二卷，淮海集三卷，秣陵集四卷，浮石集七卷。附唱月詞六卷。

○清陳氏自刊本，十一行二十字。余藏。此書四庫存目。

〔補〕**夢月巖詩集二十卷** 清呂履恒撰。○清雍正間呂氏自刊本，十行十九字。余藏。四庫存目。

〔補〕**華鄂堂詩稿二卷附研山十詠** 清周彝撰。○清康熙刊本，九行二十一字。鈐江蘇進四庫館書木記及翰林院印。即四庫存目原書。

〔補〕**秋影樓詩集九卷** 清汪繹撰。○清康熙五十二年查悔餘刊本，十二行二十三字。己酉收得。

〔補〕**查浦詩鈔十二卷詩餘一卷** 清查嗣瑮撰。○清康熙六十一年查氏刊本，十一行二十一字。余藏。

〔補〕**雲溪草堂詩三卷** 清徐永宣撰。○清康熙三十七年寫刻本。余藏。

二希堂文集十二卷 國朝蔡世遠撰。○乾隆乙丑刊本。

〔補〕**樓村詩集二十五卷** 清王式丹撰。○清雍正二年王懋訥刊本，十一行二十一字。文友堂見。四庫存目。

敬業堂集五十卷 國朝查慎行撰。○乾隆中刊本，又附續集。

〔補〕○清康熙五十八年刊本，十一行二十一字。只刻四十八卷。其四十九、五十兩卷為張宗枏手寫，末有乾隆庚申張宗枏跋。有許昂霄跋，叙搜輯未刻原委。

〔補〕**敬業堂詩集五十卷續集六卷** 清查慎行撰。○清康熙五十八年自刊雍正增刊本，十一行二十一字，白口，左右雙闌。寫刻精美，末二卷後補。前有康熙五十八年許汝霖序，謂佟陶菴捐俸，其家自刻之云云。續集後刻，字形與本集不同，卷末有"姪男學、開校刊"一行。已印入四部叢刊。

〔補〕**敬業堂詩參正二卷附補遺續錄** 清吳昂駒等輯。○稿本，十行二十一字，無格。

〔補〕**義門先生集文十卷詩二卷附錄一卷家書四卷**　清何焯撰。
　　○清宣統間吳蔭芝廣州新刊本。

〔補〕**思綺堂文集十卷**　清章藻功撰。○清康熙六十一年淩雲書屋刊
　　本，十行二十二字。余藏。

〔補〕**高陽山人文集十二卷**　清劉青藜撰。○清康熙四十九年刊本，
　　九行十九字。余藏。

〔補〕**潛虛先生文集十四卷補遺一卷**　清戴名世撰。○清道、咸間
　　刊本，題"潛虛先生撰"。八册。余藏。

〔補〕**李穆堂文集不分卷**　清李紱撰。○清寫本，王峻選，内數篇爲
　　其手寫，並以朱筆改定全稿。

〔補〕**改堂先生文鈔二卷**　清唐紹祖撰。○清乾隆十八年刊本，十行
　　十九字。余藏。四庫存目。

〔補〕**緯蕭草堂詩六卷**　清宋至撰。○清康熙刊本，八行十八字，白
　　口。余藏。

〔補〕**溉堂前集九卷續集六卷後集六卷詩餘二卷**　清孫枝蔚撰。
　　○清康熙刊本，十一行二十一字。余藏。四庫存目。

〔補〕**邵子湘全集三十卷**　清邵長蘅撰。爲青門簏槀十六卷，青門賸
　　槀八卷，青門旅槀六卷。○清康熙間邵氏青門草堂刊本，十行二十
　　一字。余藏。○清光緒刊常州先哲遺書本亦三十卷。四庫存目。

〔補〕**青門詩集十二卷**　清邵陵撰。○清寫本。余藏。

〔補〕**李恕谷遺書六十五卷**　清李塨撰。○清光緒五年定州王氏謙
　　德堂刊畿輔叢書本，爲聖經學規纂二卷，論學二卷，小學稽業五卷，
　　大學辨業四卷，學禮五卷，學射錄二卷，閱史郄視四卷續一卷，擬太
　　平策七卷，評乙古文一卷，恕谷後集十三卷，平書訂十四卷。附李恕
　　谷先生年譜五卷，馮辰撰。四庫存目錄其恕谷後集十卷，續刻三卷。

〔補〕**渠亭文稿不分卷** 清張貞撰。○清康熙三十二年刊本。余藏。

〔補〕**式古堂集不分卷** 清張雲翼撰。○清康熙三十一年刊本，八行十八字。二冊。余藏。

〔補〕**鶴洲殘稿詩一卷詞一卷** 清朱彝爵撰。○清乾隆十三年修汲堂刊本。余藏。

〔補〕**撫雲集十卷** 清錢良擇撰。○清寫本，竹紙，朱絲闌，鈐"錢楷之印"，似是家藏清稿。卷一至九為各體詩，卷十為詠古一百首，然有目無詩。前有康熙乙亥叔祖錢陸燦序及康熙丁亥自序。

〔補〕**雙清閣詩稿八卷** 清勵廷儀撰。○清乾隆三年勵宗萬刊本，九行十八字。甲戌文祿堂見。

〔補〕**秋錦山房集十卷** 清李良年撰，即虞兆璜。○清康熙刊本。余藏。

〔補〕**秋錦山房集二十二卷外集三卷** 清李良年撰。○清刊本。秀水莊氏蘭味軒舊藏嘉禾人集之一，為余收得。四庫入存目。

〔補〕**思復堂文集十卷** 清邵廷采撰。○清光緒十九年會稽徐氏鑄學齋刊紹興先正遺書本。四庫存目為康熙本，十一行二十一字。

〔補〕**隨園詩集一卷** 清胡介祉撰。○稿本，有朱書序及朱彝尊贈詩二首。鈐有王筠藏印。

〔補〕**香草居集七卷** 清李符撰。○清乾隆精刊本。秀水莊氏蘭味軒舊藏嘉禾人集之一，已收得。四庫存目。

〔補〕**匡山集六卷** 清王沛恂撰。○清刊本，八行十六字。余藏。四庫存目。

〔補〕**南疑集不分卷** 清沈季友撰。○清康熙十六年刊本，九行二十字。庚戌八月收自文琳堂。

〔補〕**學古堂詩集六卷** 清沈季友撰。○清乾隆二十九年刊本。余藏。四庫存目。

〔補〕**釀川集十三卷**　清許尚質撰。内五卷為詞。○清康熙刊本，十一行二十一字。余藏。四庫入存目。

〔補〕**楝亭詩鈔八卷詩别集四卷詞鈔一卷詞鈔别集一卷文鈔一卷**　清曹寅撰。○清康熙精刊本，十行十九字。

〔補〕**楝亭詩鈔五卷詞鈔一卷**　清曹寅撰。○清康熙四十八年吳氏東園刊本。四庫存目。

〔補〕**善卷堂文集十卷**　清陸繁弨撰。○清寫本。有陳廷會、徐炯序。盧址抱經樓遺書。四庫存目為善卷堂四六十卷，有陳、徐序，即此書也。

〔補〕**葛莊詩鈔十五卷**　清劉廷璣撰。○清康熙三十八年自刊本，寫刻，九行十九字。余藏。四庫存目為十三卷本。

〔補〕**長留集十一卷**　清劉廷璣撰，孔尚任輯。○清康熙五十四年岱寶樓刊本。庚戌收於何厚甫肆中，頗罕見。

〔補〕**湖海集十三卷**　清孔尚任撰。○清康熙介安堂刊本，九行十九字。辛亥濟南茹古堂見。

〔補〕**寒中詩四卷**　清馬思贊撰。○清康熙刊本，十行十九字，黑口。前有秦山徐堅實、洛塘周敬、横橋查嗣瑮、清溪陳鋑及叔南陔題識。余藏。

〔補〕**道古樓詩選二卷**　清馬思贊撰。思贊字仲安、海寧人，世居插花山，喜藏書，多善本，花山馬氏道古樓即其藏書處也。○清道光刊本。前有陳大鋑、祝翼康、馬爾邇序，又有道光七年查有新序。余藏。

〔補〕**小方壺存稾十八卷**　清汪森撰。○清康熙四十六年精刊本，十行二十一字，黑口。余藏。

〔補〕**古香樓吟藥三卷詞藥一卷** 清汪文柏撰。〇清康熙四十年精
　　刊本,九行十九字,黑口。庚戌歲收得。

〔補〕**柯庭餘習十二卷** 清汪文柏撰。〇清康熙四十四年休寧汪氏古
　　香樓精刊本,十行二十一字,黑口。庚戌收於文賢書局。

〔補〕**十峯集五卷** 清徐基撰。集赤壁賦中字為之,有康熙四十五年
　　陳元龍序。〇清康熙刊本,九行十九字,白口,左右雙闌。余藏。四
　　庫存目。

〔補〕**青要山房詩集十二卷** 清呂謙恒撰。〇清康熙刊本,十二行二
　　十二字。庚戌收得。四庫存目。

〔補〕**匠門書屋文集三十卷** 清張大受撰。〇清雍正刊本,十行二十
　　一字。余藏。

望溪集八卷 國朝方苞撰。〇乾隆初年刊本不分卷,至嘉慶初附刊集
　　外文。〇咸豐元年桐城戴鈞衡重刊本。

〔補〕**望溪先生文集十八卷集外文十卷集外文補遺二卷** 清方
　　苞撰。〇清咸豐元年戴鈞衡刊本,十一行二十三字,白口,四周雙
　　闌。前有戴氏序,言集外文為其所輯。

〔補〕**望溪先生文偶抄不分卷** 清方苞撰,王兆符、程崟輯。〇清刊
　　本,九行十九字。余藏。

〔補〕**雪晴軒文稿詩稿不分卷** 清宋和撰。〇清寫本,九行二十一
　　字,無格。卷中有上韓葵、宋犖書。余藏。

〔補〕**虹峯文集二十卷首一卷** 清李麟撰。〇清康熙四十五年刊本,
　　九行十九字,白口,左右雙闌。前有康熙庚辰自序。見於滬肆。清
　　代禁書。

〔補〕**樓學齋稿詩十卷附續稿一卷** 清林佶撰。〇清乾隆九年家刊
　　本,十行十九字。余藏。四庫存目。

〔補〕**雲川閣集十四卷**　清杜詔撰。○清雍正寫刻本，十行二十一字。
　四庫存目為卷三至十二，不全，此為全本。

〔補〕**程午橋集不分卷**　清程夢星撰。為澥南集、盉餘集、五覘集、山
　心集、就簡集、琴語集，共六集。附茗柯詞。○清乾隆刊本。己酉夏
　收自金誦清。四庫存目為今有堂詩集六卷，即此六集也。

〔補〕**澹吟樓詩鈔十六卷**　清張梁撰。梁，華亭人，張照之從叔。○
　清乾隆二十二年寫刻本。秀水莊氏蘭味軒藏，為李寶泉捆載北來。
　已收。

〔補〕**甘莊恪公全集十六卷**　清甘汝來撰。○清乾隆間甘氏自刊本，
　九行二十一字。四册。余藏。

〔補〕**陳學文集十五卷**　清陳儀撰。○清光緒五年定州王氏謙德堂刊
　畿輔叢書本。儀文安人，康熙五十四年進士，撰有直隸河渠志一卷。

〔補〕**橫山詩集十六卷文集二卷文鈔不分卷**　清裘璉撰。○清康
　熙刊本，九行二十字。余藏。

〔補〕**白石草堂存稿文二十卷詩四卷附錄一卷**　清王懋竑撰。○
　清乾隆間刊本，十二行二十二字。文琳堂收。

存硯樓集十六卷　國朝儲大文撰。○儲氏刊本。

〔補〕**陸堂文集二十卷**　清陸奎勳撰。○清乾隆間刊本，十一行二十
　四字。辛亥收自翰文齋。四庫存目尚多詩集十六卷，續詩集八卷。

香屑集十八卷　國朝黃之雋撰。○乾隆中刊本。○嘉慶癸酉重刊
　本。○海昌陳氏刊本。

〔補〕**時用集不分卷**　清陳訏撰。○清乾隆初刊本。十二行二十二
　字。前有康熙四十八年己丑門人方粲如序及師簡主人自序。其詩
　目自己巳至己卯，即康熙二十八年至三十八年，凡十一年。

〔補〕**東莊遺集四卷**　清陳黃中撰。○清乾隆精刊本。卷一至三文，

卷四詩。前有羅有高序及彭紹升撰傳。黃中，景雲之子也。鈐王芑孫印記。余藏。

〔補〕問山詩集十卷文集八卷紫雲詞一卷　清丁煒撰。○清康熙希鄴堂刊本，十行二十一字。○清咸豐四年刊本。余藏。

〔補〕樓山詩集六卷　清王恕撰。○清乾隆刊本，八行十九字。○清光緒十九年刊本。

〔補〕茶菴詩集八卷　清龔克庸撰。○清寫本。有康熙五十四年楊賓序及雍正癸卯徐祖望序。海虞瞿氏鐵琴銅劍樓所藏常熟先賢撰述稿本之一。

〔補〕墨麟詩十二卷　清馬維翰撰。○清乾隆刊本，十行二十一字。四庫存目。

〔補〕碩園詩稿三十卷　清王昊撰。○清康熙五十八年寫刻本，十一行二十一字。辛亥翰文齋見，已收。

〔補〕樸村文集二十四卷詩集十三卷　清張雲章撰。○清康熙五十三年刊本，十三行二十五字。余藏。

〔補〕鷄肋集一卷　清揆敘撰。○清康熙間揆敘謙牧堂自刊本，九行二十字。寫刻，版心有"謙牧堂"三字。前有查慎行序。本書題揆敘撰，其子永壽校訂。收古近體詩一百四十一首。

〔補〕益戒堂集八卷　清揆敘撰。○清謙牧堂自刊本，九行二十一字。○清寫本。

〔補〕樂靜堂集二卷　清揆敘撰。○清寫本，收壬申、癸酉二年詩，各為一卷。有查慎行題。乙亥閱。

〔補〕吾友于齋詩鈔十二卷　清張錫爵撰。○清乾隆二十八年寫刊本。余藏。此書四庫存目為八卷本。

〔補〕居業堂文集二十卷　清王源撰。源大興人，康熙三十二年舉人，撰有或菴評春秋二卷。○清光緒五年定州王氏刊畿輔叢書本。

〔補〕**王豐川全集二十八卷**　清王心敬撰。○清康熙五十五年刊本。
八册。余藏。四庫存目。

〔補〕**王豐川續集三十四卷**　清王心敬撰。心敬鄠縣人，乾隆元年舉
賢良方正，以老病辭。○清乾隆初刊本，十六册。余藏。

〔補〕**白坡詩選四卷**　清章琦撰。○清康熙精刊本，十行十九字。前
有康熙五十九年庚子中春淮南繆沅序，又康熙五十五年丙午張燦
序。余藏。

〔補〕**湘帆堂集二十六卷**　清傅占衡撰。○清康熙六十一年刊本。
己酉收於文琳堂。

〔補〕**珠山集二十卷**　清平一貫撰。○清康熙刊本。辛亥收於文友
堂。

〔補〕**含星集四卷**　清王譽昌撰。○清康熙刊本，十一行二十字，黑
口。余藏。

〔補〕**崇禎宮詞一卷**　清王譽昌撰。○清康熙末刊本，九行十九字，四
周雙闌。有康熙癸巳自跋，言宮詞刻於辛未之秋，則是書初刻於康
熙三十年。

〔補〕**北田吟稿二卷**　清尤怡撰。○清精刻本，前康熙六十年顧嗣立
序，又乾隆九年甲子沈德潛序。余藏。

〔補〕**東岸吟稿一卷**　清洪均撰。○清乾隆精刊本。前有迂村周準
序。余藏，與北田吟稿合裝一册。

〔補〕**張右民文集一卷詩集一卷**　清張右民撰。右民字用霖，錢唐
處士。○清寫本，吳城校，欵"庚寅臘月八日，甌亭吳城手校"。余
藏。

〔補〕**益齋存稿五卷益翁存稿不分卷**　清錢元昌撰。元昌字朝采，
秦溪人。○清寫本，有乾隆七年壬戌自序。

〔補〕**離六堂集十二卷** 清釋大汕撰。○清康熙間懷古堂刊本，九行十九字，黑口，四周單闌。前有圖三十四幅，各有題贊。有曾燦、屈大均、徐釚、周在浚、毛際可等十五人序。乙亥十月閱。大汕又有海外紀事，行欵全同，余有殘本。

〔補〕**凝翠樓集四卷** 清女史王慧撰。○清康熙間寫刻本。

〔補〕**柳南文鈔六卷詩鈔十卷** 清王應奎撰，即撰柳南隨筆者。○清乾隆刊本。文品不高。

〔補〕**攄懷甆一卷** 清席玕撰。玕字貢珍，震澤人。○清刊本，十行十八字。前有雍正五年丁未錫山杜詔序。

松泉文集二十卷詩集二十六卷 國朝汪由敦撰。

〔補〕**休寧汪文端詩一卷** 清汪由敦撰。○清寫本，鈐"吳城"、"敦復"二印。與雙江臥游草合裝一册。余藏。

〔補〕**雙江臥游草一卷** 清金虞撰。虞字長孺，錢唐人。○清寫本，鈐"吳城"、"敦復"二印。與休寧汪文端詩一卷合裝一册。余藏。

〔補〕**貞一齋集十卷** 清李重華撰。○清乾隆寫刻本，十行十九字。余藏。

〔補〕**絳跗閣詩甆十一卷** 清諸錦撰。○清乾隆刊本，十一行二十三字。庚戌收於文琳堂。四庫存目。

〔補〕**尹健餘先生全集四十八卷** 清尹會一撰。○清光緒五年定州王氏謙德堂刊畿輔叢書本。為奏議十卷，文集十卷，四鑑錄十六卷，呂語集粹四卷，剳記四卷，尺牘四卷。附讀書筆記六卷，苑琯輯，撫豫教條四卷，張受長輯，又尹健餘先生年譜一卷。雍正進士。

鹿洲初集二十卷 國朝藍鼎元撰。○雍正壬子刊本。

〔補〕**海珊詩鈔一卷** 清嚴遂成撰。○清同治十三年虞山顧氏小石山房叢書本。

〔補〕**寓嚴詩稿四卷**　清沈寧遠撰。○稿本。前自序，言聚康熙辛巳至雍正甲辰之作得四卷。鈐朱稻孫印。

〔補〕**芝庭先生詩集六卷文集十二卷**　清彭啟豐撰。紹升之父。○清乾隆刊本，己酉十月收自李紫東肆中。

〔補〕**南華山人詩鈔十六卷賜詩賡和集六卷**　清張鵬翀撰。○清乾隆精刊開化紙印本。庚戌翰文齋見。

〔補〕**南華詩鈔十五卷卷首一卷賡韻詩二卷進呈詩稿一卷金蓮榮遇集二卷**　清張鵬翀撰。○清乾隆刊本，十一行十八字。

〔補〕**玉禾山人詩集十卷**　清田實發撰，實發合肥人，雍正八年進士。○清康熙刊本。十行十九字。庚戌杭估寄來求售。○清乾隆兩衡堂刊本。

〔補〕**小山詩鈔十一卷**　清鄒一桂撰。○清乾隆刊本，九行二十一字。宏遠堂見。

〔補〕**矧芳園詩鈔八卷**　清何夢瑤撰。南海人，雍正八年進士。○清乾隆十七年樂只堂刊本，十行十九字，細黑口。余藏。

〔補〕**東浦草堂詩二卷**　清顧成天撰。○清雍正七年聞子紹刊本，十行二十一字，黑口。余藏。世宗於大興文字獄搜檢獲罪家時，偶得其挽康熙帝詩，大加表彰，謂為草莽中忠臣，恩渥稠疊，大出時人意表，雷霆雨露迭施，控御之術，歎觀止矣。

〔補〕**弢甫集三十卷**　清桑調元撰。○清乾隆二十八年蘭陔草堂刊本，十一行二十字。四庫存目為八十四卷本。

樊榭山房集二十卷　國朝厲鶚撰。○乾隆中刊本。

〔補〕**樊榭山房集十卷續集十卷**　清厲鶚撰。○清乾隆刊初印本，有張宗櫹藏印。四冊。嘉興忻寶華舊藏，辛亥五月收自譚志賢。

〔補〕**樊榭山房集十卷續集十卷文集八卷集外詩二卷又集外詩**

不分卷集外詞四卷又集外詞不分卷集外曲二卷 <small>清厲鶚撰。</small>
○清光緒十年汪氏振綺堂刊本，十一行二十一字，黑口，左右雙闌。
前附汪氏撰軼事、傳誌。

〔補〕**樊榭山房文集十卷續集十卷詞三卷詞四卷** <small>清厲鶚撰。○</small>
清光緒刊本。九册。余藏。

〔補〕**樊榭山房集外詩一卷** <small>清厲鶚撰。○清光緒十三年石埭徐氏</small>
刊觀自得齋叢書本。

〔補〕**樊榭山房游仙詩三百首詩註三卷** <small>清厲鶚撰，蔣坦註。○清</small>
道光末蔣氏刊本。三册。余藏。

〔補〕**硯林詩集四卷** <small>清丁敬撰。○清嘉慶十二年刊本，十一行二十</small>
二字。余藏。○清同治重刊本。

〔補〕**綠蘿山莊詩集三十三卷文集二十四卷** <small>清會稽胡浚撰。○</small>
清乾隆二十一年刊本，十行二十二字。余藏。四庫存目。

〔補〕**冬心先生集四卷** <small>清金農撰。○清雍正十一年廣陵般若庵仿宋</small>
刊本，十行十八字，白口，左右雙闌。卷二末有"雍正癸丑十一月開
雕于廣陵般若庵"篆文牌子二行。雕工精美，佳紙精墨印，堪為案頭
清玩。○清同治刊本。四庫入存目。

〔補〕**舊雨齋詩集八卷** <small>清施安撰。○清乾隆十八年刊本，十行二十</small>
一字。辛亥收自文琳堂。

〔補〕**無悔齋詩集十五卷附錄一卷** <small>清周京撰。○清乾隆十七年刊</small>
本，十一行二十二字，白口。庚戌收於求古堂，四庫存目。

〔補〕**春暉樓四六八卷** <small>清汪芳藻撰。○清雍正間自刊本，十行十九</small>
字，白口。八册。余藏。

〔補〕**柳洲遺稿二卷** <small>清魏之琇撰。○清乾隆刊本。○清同治本。</small>

〔補〕**經笥堂文鈔二卷** <small>清雷鋐撰。寧化人，雍正十一年進士。○清</small>

嘉慶十六年刊本。二冊。余藏。

〔補〕謙受堂集十五卷　清邵大業撰。○清嘉慶二年刊本。四冊。余藏。

〔補〕陳司業文集四卷詩集四卷掌錄二卷　清陳祖范撰。○清乾隆刊本。余藏。四庫存目。

〔補〕南阜山人詩集類稿二十八卷　清高鳳翰撰。○原稿本，竹紙楷書，十行十八字。分擊林集四卷，湖海集七卷，岫雲集一卷，鴻雲集十六卷，皆分年編次。內鴻雲集缺卷二至七，實存二十二卷。各卷均有"乾隆甲子山人自編"一行。又題"男汝魁、孫攀鱗存"，"甥王泰來手錄"。四庫存目。為詩集七卷，且記各集之名，除此條所載外，尚有歸雲集，歸雲續集，青蓮集，知此稿本尚非完帙也。

〔補〕南阜山人敩文存稿十五卷　清高鳳翰撰。○原稿本，分體編次，始序，終雜著。

〔補〕南阜山人詩集類稿七卷　清高鳳翰撰。○清乾隆二十八年高氏刊本，十行十九字。余藏。

〔補〕道古堂全集七十四卷　清杭世駿撰。為詩集二十六卷，文集四十八卷。○清乾隆五十五年汪氏振綺堂刊本。余藏。

〔補〕道古堂文集四十八卷詩集二十六卷集外文一卷集外詩一卷　清杭世駿撰。○清汪氏振綺堂刊光緒十四年修補重印本。十六冊。余藏。

〔補〕隱拙齋文鈔六卷　清沈廷芳撰。○清乾隆十九年刊本。四冊。余藏。

〔補〕隱拙齋集五十卷續集五卷　清沈廷芳撰。○清乾隆二十二年則經堂刊本。余藏。四庫存目。

〔補〕寶綸堂文鈔八卷詩鈔六卷　清齊召南撰。○清嘉慶間秦瀛、戴殿海校刊本。七冊。余藏。

〔補〕**寶綸堂文鈔十八卷詩鈔六卷** 清齊召南撰。○清光緒十二年
　　鄞縣郭氏刊望三益齋叢書本。

〔補〕**齊次風遺稿不分卷** 清齊召南撰。○清寫本,二册。余藏。

〔補〕**息園集句一卷天然雲根石題詠一卷** 清齊召南撰。○清寫
　　本。

〔補〕**隨園詩草八卷** 清邊連寶撰。○清乾隆刊本。庚戌九月收。此
　　書四庫存目爲隨園詩集十卷,附錄一卷。

〔補〕**蔗塘未定稿十二種不分卷** 清查爲仁撰。爲花影菴集、無題
　　詩、是夢集、抱甕集、竹邨花塢集、山游集、押簾詞、賞菊倡和詩、花影
　　菴雜記、芸香閣遺稿、游盤日記、蓮坡詩話,共十二種。○清刊本,辛
　　亥春文友堂閱,已收得。

〔補〕**蔗塘未定稿九卷外集八卷** 清查爲仁撰。爲花影菴集二卷,
　　無題詩二卷,是夢集一卷,抱甕集一卷,竹邨花塢集一卷,山游集一
　　卷,押簾詞一卷,共七種,九卷。又賞菊倡和詩一卷,花影菴雜記二
　　卷,芸香閣賸稿一卷,游盤日記一卷,蓮坡詩話三卷,共五種,八卷,
　　爲外集。○清乾隆刊本,十行二十一字。己酉冬收於文琳堂書肆。

果堂集十二卷 國朝沈彤撰。○清乾隆中刊本。整理者按:此爲四
　　庫著錄清人集最末一種,此後均為補錄者矣。

〔補〕**一瓢齋詩存六卷** 清薛雪撰。○清雍正末埽葉村莊精刊本,軟
　　體字,十一行二十字,白口,左右雙闌,版心下鐫“埽葉村莊”四字。
　　前有甲寅冬沈德潛序,序後有“吳郡李士芳鐫”一行。余藏。

〔補〕**吳門雜詠不分卷** 清朱方藹撰。○清乾隆十年精刻本,十行二
　　十一字,白口,楷體秀雅。前李果、蔣恭棐序。末有乾隆乙丑朱昂撰
　　跋。余藏。

〔補〕**石笥山房文集六卷詩集四卷** 清胡天游撰。○清嘉慶刊本。

〔補〕**石笥山房文集六卷補遺一卷詩集十一卷詩餘一卷補遺二**

卷續補遺二卷年譜一卷　清胡天游撰。○清咸豐二年刊本。十册。余藏。

〔補〕**沙河逸老小稿六卷嶰谷詞一卷**　清馬日琯撰。○清乾隆二十一年馬日璐精刊本，十行十九字，細黑口，四周單闌。前沈德潛序。

〔補〕**强恕齋文鈔五卷詩鈔四卷**　清張庚撰。○清乾隆二十一年刊本。余藏。

〔補〕**睫巢集六卷**　清李鍇撰。○清乾隆六年洪肇楙刊本，十行二十一字。余藏。尚有後集三卷，行款版式同，刊於乾隆十年。四庫存目。

〔補〕**含中集五卷**　清李鍇撰。○清李鍇寫本，每卷鈐"臣鍇"白文印。有雍正三年周京序及康熙五十四年顧衡文序。序後有焦明子傳，不著撰人。

〔補〕**産鶴亭詩稿一至十稿**　清曹庭棟撰。○清乾隆刊本，六册。余藏。此書一至七稿四庫存目。

〔補〕**弱水集二十二卷**　清屈復撰。○清乾隆七年刊本，十行二十一字。四册。己酉收自金誦清肆。

〔補〕**斯友堂集八卷**　清蔣崝撰。○清乾隆九年刊本。二册。余藏。

〔補〕**芙航詩襭六卷**　清楊士凝撰。○清雍正刊本。二册。余藏。

〔補〕**半野居士集十二卷焚餘集一卷西征記一卷**　清毛振翮撰。○清乾隆九年刊本。五册。余藏。

〔補〕**香草齋詩鈔六卷**　清黃任撰。○清乾隆二十三年刊本，十一行二十一字，白口。二册。余藏。四庫存目黃任秋江詩集六卷。

〔補〕**南谿夢寱一卷南谿寱歌二卷南谿不文一卷台游日記一卷**　清鄭性撰。性，寒村之子也。○清乾隆九年刊本。六册，庚戌八月收於文琳堂。

〔補〕**檜門詩存四卷觀劇絕句一卷** 清金德瑛撰。德瑛乾隆元年狀元。○清乾隆三十三年如心堂刊本。辛亥春保古堂閲。

〔補〕**鮚埼亭集三十八卷** 清全祖望撰。**世譜一卷年譜一卷** 清董秉純撰。○清嘉慶九年史夢蛟刊本，十行二十一字，白口，左右雙闌。本書題史夢蛟校。

〔補〕**鮚埼亭外編五十卷** 清全祖望撰。○清刊本，十行二十一字，白口，左右雙闌。前有乾隆四十一年董秉純題辭，記彙集鈔錄顛末。余藏。

〔補〕**經史答問十卷** 清全祖望撰。○清嘉慶史夢蛟刊本，十行二十一字，白口，左右雙闌。前有阮元序。余藏。

〔補〕**鮚埼亭詩集十卷** 清全祖望撰。○清寫本，十行二十字。鈐盧址抱經樓藏印。已印入四部叢刊初編。○清道光十四年鄭氏箋經閣刊本，十行二十一字。四册。余藏。

〔補〕**補注句餘土音三十二卷** 清全祖望撰，陳銘海增注。○清寫本。題"鐵槎主人手抄"。

〔補〕**米堆山人詩鈔八卷** 清張揆方撰。○清乾隆十年精刊本。前有張大受序。余藏。

〔補〕**謙谷集六卷** 清汪筠撰。筠乾隆時秀水人。○清乾隆八年刊本，十二行二十二字。余藏。

〔補〕**小倉山房文集三十五卷外集八卷詩集三十六卷詩續集二卷** 清袁枚撰。○清乾隆袁氏隨園自刊本。

〔補〕**小倉山房詩集三十四卷補遺二卷文集三十二卷外集七卷** 清袁枚撰。○清乾隆刊本。余藏。

〔補〕**袁文箋正十六卷補注一卷** 清袁枚撰，石韞玉注。○清嘉慶十七年寫刻本，十行二十字，白口。八册。余藏。

〔補〕**海山存稿二十卷**　清周煌撰。煌涪州人，乾隆二年進士。○清乾隆五十八年刊本。四册。余藏。

〔補〕**竹嘯軒詩鈔十八卷**　清沈德潛撰。○清雍正刊本，九行十九字，細黑口，左右雙闌。余藏。

〔補〕**南香草堂詩四卷**　清梁啟心撰。啟心字薇林，仁和人，乾隆四年進士。○清乾隆二十四年刊本，十行十九字。前杭世駿撰傳。余藏。

〔補〕**存齋遺稿一卷**　清金肇鑾撰。○清乾隆刊本。有汪師韓跋及杭世駿撰墓誌銘。己酉十月收。

〔補〕**省吾齋詩賦集十二卷**　清竇光鼐撰。光鼐諸城人，乾隆七年進士。○清刊本，約乾、嘉間刊。四册。余藏。

〔補〕**東皋詩集三卷**　清竇光鼐撰。○清嘉慶三年無錫秦氏刊本。余藏。

〔補〕**吞松閣集四十卷**　清鄭虎文撰。虎文秀水人，乾隆七年進士。○清嘉慶十三年刊本。秀水莊氏蘭味軒舊藏嘉興人文集之一。修本堂見，已收。

〔補〕**笠亭詩集十二卷**　清朱炎撰。炎嘉興人，乾隆七年進士。○清乾隆三十八年樊桐山房刊本。秀水莊氏舊藏。庚戌歲收得。

〔補〕**蠡塍賸草一卷**　清李英撰。○清寫本。内與程晉芳唱和詩甚多。余藏。

〔補〕**灌園餘事八卷**　清崔謨撰。謨江州人。乾隆七年進士。**附問花樓遺稿二卷**　○清乾隆刊本。庚戌求古堂見。

〔補〕**玉芝堂詩集三卷文集六卷**　清邵齊燾撰。○清乾隆刊本。四庫存目為玉芝堂集九卷。

〔補〕**章北亭全集八卷**　清章愷撰。○清嘉慶刊本。辛亥春收。

〔補〕**雙溪詩集八卷詞集一卷** 清顧奎光撰。奎光無錫人，乾隆十年
　　進士。○清乾隆三十二年刊本，十行十九字。己酉歲收得。

〔補〕**顧雙溪集九卷** 清顧奎光撰。○清光緒二十一年木活字印本。
　　余藏。

〔補〕**渡瀘草一卷** 清莊學和撰。學和長洲人，乾隆十年進士。○清
　　寫本，收詩三十二首，均川藏紀行之作。余藏。

〔補〕**藉蒣古堂集二卷** 清徐堂撰。堂字紀南，仁和人。○清乾隆刊
　　本，前有吳穎芳撰傳。余藏。

〔補〕**思補齋文集四卷** 清劉星煒撰。○清刊本。

〔補〕**香雪文鈔十二卷** 清曹學詩撰。學詩字震亭，天都人，乾隆十三
　　年進士。○清乾隆十六年刊本，十二冊。辛亥收於修本堂。

〔補〕**知足齋詩集二十卷文集六卷詩續集四卷進呈文稿二卷**
　　清朱珪撰。○清嘉慶十年刊本。庚戌寶華堂收。

〔補〕**孟亭居士文稿五卷** 清馮浩撰。○清嘉慶五年刊本。余藏。

〔補〕**祇平居士集三十卷附錄一卷** 清王元啟撰。元啟嘉興人，乾
　　隆十六年進士。○清嘉慶十七年王尚繩恭壽堂刊本，十一行二十二
　　字。

〔補〕**寶閑堂集四卷** 清張四科撰。○清乾隆二十四年寫刻本。余
　　藏。

〔補〕**抱經堂文集三十四卷** 清盧文弨撰。○清乾隆六十年刊本。
　　十六冊。余藏。

〔補〕**抱經堂詩鈔七卷** 清盧文弨撰。○清道光十六年刊本，十一行
　　二十字。乙亥南游友人處見。

〔補〕**十誦齋集四卷雜文一卷詞一卷** 清周天度撰。天度字讓谷，
　　錢唐人，乾隆十七年進士。○清乾隆四十八年刊本，前有陳兆崙、張

熷、汪師韓序。内遼金元雜詩十八首最有名於時，消寒二十首多記年景風物，均可資談助。其題天山攬興圖詩，汪師韓譽為"筆酣興豪"。二册。余藏。

〔補〕**十誦齋詩一卷**　清周天度撰。○清寫本，有陳兆崙序。

〔補〕**復初齋詩集六十六卷**　清翁方綱撰。○清嘉慶刊本。十六册。余藏。

〔補〕**復初齋詩集七十卷**　清翁方綱撰。○清嘉慶刊李彦章續刻本，增末四卷。○清道光二十五年葉志詵重刊本，十一行二十一字。

〔補〕**復初齋文集三十五卷**　清翁方綱撰。○清道光十六年李彦章刊光緒四年重校後印本，十一行二十一字。十二册。余藏。

〔補〕**一樓集二十卷**　清黄達撰。○清乾隆二十七年寫刻本，十一行二十一字。四册。

〔補〕**無補集□卷**　清何文煥撰。○清乾隆刊本。文煥嘉善人，内有鴛湖櫂歌一百首。李紫東嘉興收來者。

〔補〕**西沚居士集二十四卷**　清王鳴盛撰。○清道光三年嘉定李氏春自怡山房刊本。四册。余藏。

〔補〕**西莊始存稿三十卷附一卷**　清王鳴盛撰。○清乾隆三十年刊三十一年删定本，十行二十一字。較初印删八卷，附一卷為詞。余藏。

〔補〕**紀文達公遺集文十六卷詩十六卷**　清紀昀撰。○清嘉慶十七年其孫紀樹馨刊本。十六册。余藏。

〔補〕**春融堂集六十八卷年譜二卷雜記八種**　清王昶撰。○清嘉慶十二年王氏塾南精舍刊本。十六册。己酉收自金誦清肆中。

〔補〕**笥河文集十六卷詩集二十卷**　清朱筠撰。○清嘉慶二十年其子錫庚椒花吟舫刊本。余只收得文集十六卷。

〔補〕**朱竹君文集稿本五十冊** 清朱筠撰。○稿本，朱錫庚校。

〔補〕**潛研堂文集五十卷詩集十卷詩續集十卷** 清錢大昕撰。○
清嘉慶十一年刊本。余藏。

〔補〕**鶴溪文編不分卷** 清王鳴韶撰。○清寫本，收文一百九十二篇。
有錢大昕、王昶、汪焰跋。鳴韶，鳴盛之弟也。

〔補〕**無不宜齋未定稿四卷** 清翟灝撰。○清乾隆十七年自刊本，十
一行二十一字，白口。二冊。余藏。

〔補〕**古雪齋詩八卷** 清曹錫寶撰。錫寶上海人，乾隆二十二年進士。
○清乾隆二十一年精刊本，十行十九字。嘉興莊氏蘭味軒舊藏。余
收。

〔補〕**忠雅堂文集十二卷詩集二十七卷補遺二卷詞二卷** 清蔣
士銓撰。○清嘉慶刊本，十二行二十四字。己酉收得。

〔補〕**恩餘堂輯藁四卷** 清彭元瑞撰。○清道光七年丁亥其孫邦疇刊
本，十行十九字，白口。有陳用光序及彭邦疇跋。二冊。余藏。

〔補〕**恩餘堂經進初藁十二卷續藁二十二卷三藁十一卷策問存
藁二卷 附讀書跋尾二卷** 清彭元瑞撰。○清乾隆刊本，八行十
九字。十六冊。余藏。

〔補〕**知聖道齋讀書跋尾一卷** 清彭元瑞撰。○宣紙紅格精寫本。
疑是彭氏領館事時命館中鈔胥錄存之本。

〔補〕**飯顆山人詩五卷** 清曹斯棟撰。○清乾隆五十九年刊本。

〔補〕**靈巖山人詩集四十卷** 清畢沅撰。**年譜一卷** 清史善長撰。
○清嘉慶四年畢氏經訓堂自刊本。

〔補〕**夢樓詩集二十四卷** 清王文治撰。○清乾隆六十年食舊堂刊
本。六冊。余藏。

〔補〕**甌北詩鈔十七卷** 清趙翼撰。○清乾隆五十六年湛貽堂刊本，

收入甌北全集中。四冊。余藏。

〔補〕**甌北集三十卷** 清趙翼撰。〇清寫本。六冊。余藏。

〔補〕**寶奎堂集十二卷** 清陸錫熊撰。〇清無求安居刊本。四冊。余藏。

〔補〕**二林居集二十四卷** 清彭紹升撰。〇清嘉慶四年味初堂刊本。余藏。〇清光緒七年刊本。六冊。余藏。

〔補〕**測海集六卷** 清彭紹升撰。〇清嘉慶二十四年自刊本。余藏。

〔補〕**觀河集四卷** 清彭紹升撰。〇清道光三年刊本。余藏。

〔補〕**一行居集八卷附一卷** 清彭紹升撰。〇清道光五年葆素堂刊本。清同治十年龔橙手跋。莫棠遺書。己巳見。

〔補〕**南澗居士文稿不分卷** 清李文藻撰。〇稿本。收文三十三首，較功順堂叢書本溢出文十七首。癸酉閱。

〔補〕**鐵莊文集八卷疏快軒詩二卷詩餘一卷** 清陸楣撰。〇清光緒二十一年樂善堂木活字印本。四冊。余藏。

〔補〕**虞東先生文錄八卷** 清顧鎮撰。〇清同治十三年虞山顧氏刊小石山房叢書本。

〔補〕**海峯文集不分卷詩集十一卷** 清劉大櫆撰。〇清刊本，約乾隆間刊。八冊。余藏。

〔補〕**海峯文集八卷** 清劉大櫆撰。〇清乾隆間醒園精刊本。余藏。

〔補〕**海峯詩集十卷** 清劉大櫆撰。〇清同、光間刊本。

〔補〕**御覽集四卷** 清沈初撰。〇清乾隆刊本，十行二十一字。余藏。同時所刊尚有蘭韻堂詩集八卷，行欵同。余本失之。

〔補〕**陵陽集四卷** 清施朝幹撰。朝幹儀徵人，乾隆二十八年進士。〇清乾隆刊本，二冊。余藏。

〔增〕**惜抱軒詩文集三十六卷** 國朝姚鼐撰。〇嘉慶戊午刊。

〔補〕**惜抱軒文集十六卷後集十卷詩集十卷後集一卷** 清姚鼐撰。○清嘉慶六年以後遞刊本，十行二十一字，黑口。

〔補〕**惜抱軒文集十六卷詩集十卷** 清姚鼐撰。○清嘉慶十二年姚原綬粵中刊本，十行二十一字，黑口，左右雙闌。前嘉慶十二年從姪原綬跋，謂據辛酉刊本重刊，卷帙無所增益云云。辛酉本即嘉慶六年本。

〔補〕**惜抱軒全集八十八卷** 清姚鼐撰。為惜抱軒文集十六卷，文後集十卷，詩集十卷，詩後集一卷，詩外集一卷，惜抱軒法帖題跋三卷，左傳補注一卷，國語補注一卷，公羊傳補注一卷，穀梁傳補注一卷，惜抱軒筆記八卷，惜抱軒九經説十七卷。附五言今體詩鈔九卷，七言今體詩鈔九卷，清姚鼐輯。○清同治五年省心閣刊本。

〔補〕**惜抱軒尺牘八卷** 清姚鼐撰，陳用光輯。○清道光三年郭汝驄山西刊本，十一行二十二字，白口。余藏。清咸豐五年海源閣刊本。余藏。

〔補〕**臨江鄉人詩四卷** 清吳穎芳撰。○清乾隆三十九年壽松堂刊本。余藏。清同治刊本。

〔補〕**蜀行紀事草一卷** 清汪承需撰。○清汪承需手寫付刊本。為大小金川用兵時軍幕中紀事之作，頗關掌故。承需，由敦之子也。

〔補〕**銅梁山人詩集二十五卷詞四卷** 附**芸籠偶存二卷** 清王汝璧撰。○清嘉慶刊本。余藏。汝璧銅梁人，乾隆三十一年進士。

〔補〕**漁山詩草二卷** 清邊汝元撰。○清乾隆四十年刊本，庚戌九月會經堂見，二册，已收。

〔補〕**竹巖詩草二卷** 清邊中寶撰。○清乾隆四十年寫刻本。余藏。

〔補〕**勉行堂文集六卷詩集二十四卷** 清程晉芳撰。○清嘉慶二十五年刊本。十册。余藏。

〔補〕**南江文鈔十二卷詩鈔四卷** 附**南江札記四卷** 清邵晉涵撰。

○清道光刊本，十行二十一字。余藏。

〔補〕**紅椆書屋文集七卷**　清孔繼涵撰。○稿本。收雜體文。

〔補〕**儀鄭堂駢文三卷**　清孔廣森撰。○清乾隆刊本。○清湖南刊孔洪駢文本。

〔補〕**錢南園遺集五卷**　清錢灃撰。○清同治浙江書局刊本。

〔補〕**午風堂集六卷** 附午風堂叢談八卷　清鄒炳泰撰。○清嘉慶五年寫刻本。辛亥入都收。

〔補〕**林汲山房遺文不分卷**　清周永年撰。○清抄本。

〔補〕**懷玉山人詩集十卷**　清馬學乾撰。○清嘉慶刊本，有門人張問陶序。

〔補〕**尊聞居士集八卷**　清羅有高撰。○清乾隆四十七年彭氏刊本，十一行二十三字。○清光緒翻彭氏刊本。

〔補〕**尊聞居士集八卷遺稿一卷**　清羅有高撰。○清道光十八年陳氏謙福堂刊本。○清光緒七年翻陳氏本。余藏。

〔補〕**春雨樓集十四卷附一卷**　清女史沈彩撰。○清乾隆四十七年刊本，寫刻，九行十九字。五冊。余藏。

〔補〕**聽秋軒詩集四卷** 附聽秋軒贈言三卷　清女史駱綺蘭撰。○清乾隆六十年金陵龔氏自刊本。余藏。

〔補〕**切問齋集十六卷**　清陸燿撰。○清乾隆五十七年暉吉堂刊本。余藏。

〔補〕**戴東原集十二卷**　清戴震撰。**年譜一卷覆校札記一卷**　清段玉裁編。○清乾隆五十七年段玉裁刊本，十行二十一字，白口，左右雙闌。年譜黑口。有段玉裁序。

〔補〕**海愚詩鈔十二卷**　清朱孝純撰。○清乾隆五十九年刊本。余藏。

〔補〕**述古堂文集十二卷** 清錢兆鵬撰。南通人，乾隆四十三年進士。○清光緒七年刊本。

〔補〕**賞雨茅屋詩集二十二卷外集一卷** 清曾燠撰。○清道光刊本。

〔補〕**存素堂文集四卷續集二卷** 清法式善撰。○清嘉慶十二年程氏刊本，十行二十二字。續集嘉慶十六年刊，十二行二十二字。余藏。

〔補〕**韋廬集初集近集續集不分卷** 清李秉禮撰。○清嘉慶三年刊本。余藏。

〔補〕**煙霞萬古樓詩選二卷** 清王曇撰。○清道光咸豐間徐渭仁刊春暉樓叢書本。○曇秀水人，又撰有煙霞萬古樓文集六卷，清道光二十年刊，十二行二十四字，黑口。余藏。

〔補〕**仲瞿詩錄一卷** 清王曇撰。○清咸豐元年上海徐渭仁刊春暉樓叢書本。

〔補〕**秋紅丈室遺詩二卷** 清金禮嬴撰。王曇妻，號昭明閣內史，工繪觀音，為嘉道間女史中工於繪事者。○清咸豐間上海徐渭仁刊春暉堂叢書本。

〔補〕**芳茂山人文集十二卷詩錄九卷** 清孫星衍撰。**附長離閣集一卷** 清女史毘陵王采薇撰。○清嘉慶刊本，余藏。

〔補〕**經進文槀一卷駢體文鈔一卷** 清沈叔埏撰。叔埏秀水人，乾隆五十二年進士。○清光緒刊本。余藏。

〔補〕**心止居詩集四卷文集二卷** 清楊夢符撰。夢符山陰人，乾隆五十二年進士。○清嘉慶十四年刊本。余藏。

〔補〕**存悔齋集二十八卷外集四卷** 清劉鳳誥撰。○清道光十年刊本。十冊。余藏。

〔補〕**獨學廬初稿詩八卷文三卷附刊二卷獨學廬二稿詩三卷詞二卷文四卷獨學廬三稿詩六卷文五卷獨學廬四稿詩四卷文一卷尺牘二卷**　清石韞玉撰。○清嘉慶刊本，十六冊。余藏。

〔補〕**壹齋詩集二十九卷雜集三卷**　清黃鉞撰。○清嘉慶刊本。八冊。余藏。

〔補〕**船山詩草二十卷**　清張問陶撰。○清嘉慶二十年刊本。八冊。余藏。

〔補〕**船山詩草選六卷**　清張問陶撰。○清刊本。

〔補〕**晚學集八卷**　清桂馥撰。○清道光二十一年刊本，十行二十一字，黑口，左右雙闌。余藏。同刊尚有未谷詩集四卷，余本佚去。

〔補〕**卷施閣文甲集十卷乙集十卷詩集二十卷附鮚軒詩八卷更生齋文甲集四卷乙集四卷詩八卷詩餘二卷**　清洪亮吉撰。**年譜一卷**　清呂培等撰。○清刊全集本，十一行二十二字，黑口，四周單闌。文乙集第九、十兩卷未刻。詩集末有"受業呂培、譚正治校字"一行。更生齋文甲集有"曾孫用懃校刊"一行。二十冊。余藏。

〔補〕**擬兩晉南北朝樂府二卷**　清洪亮吉撰。○清洪氏自刊本，八行十九字，白口，左右雙闌，鐫刻甚精。有乾隆三十五年自序，署名洪禮吉。有乾隆三十六年辛卯管幹珍跋。余藏。

〔補〕**校禮堂文集三十六卷燕樂考原六卷梅邊吹笛譜二卷**　清凌廷堪撰。**附事略一卷年譜四卷**　○清嘉慶刊本，十行二十一字，白口，四周雙闌。七冊。余藏。

〔補〕**清白士集二十八卷**　清梁玉繩撰。為人表考九卷，呂子校補二卷，元號略四卷，誌銘廣例二卷，瞥記七卷，蛻稾四卷**附庭立紀聞四卷**　○清嘉慶五年刊本，嘉興忻寶華舊藏。十二冊。余收得。

〔補〕**修潔堂初稿二十二卷**　清寧楷撰。楷字端文，江寧籍，乾隆時人。○清寫本。有儒林外史題詞。余藏。

〔補〕柚堂文存四卷　清盛百二撰。○清乾隆間寶綸堂刊本。余藏。

〔補〕明善堂詩集四十二卷文集四卷詩餘一卷詞餘一卷　清怡親王弘曉撰。○清乾隆四十二年刊本，八行十七字。

〔補〕稽古齋全集八卷　清和親王弘晝撰。○清乾隆十一年刊本，八行十八字，白口，四周雙闌。余藏。

〔補〕亦有生齋文集二十卷詩集三十二卷樂府二卷詞五卷收庵年譜二卷續集六卷　清趙懷玉撰。○清嘉慶刊本，二十四冊。庚戌八月收於文琳堂，索十四兩。

〔補〕菽原堂集十卷　清查揆初撰，為詩八卷，文二卷。○清嘉慶八年刊本。四冊。余藏。

〔補〕簡莊文鈔四卷續編二卷河莊詩鈔一卷　清陳鱣撰。○清光緒羊復禮刊本。余藏。

〔補〕綴文六卷對策六卷　清陳鱣撰。○清嘉慶十年陳氏士鄉堂刊簡莊集本。余藏。

〔補〕詒晉齋集八卷後集一卷隨筆一卷　清成親王永惺撰。○清道光間刊本，十二行二十二字。余藏。

〔補〕淵雅堂全集八十卷　清王芑孫撰。○清嘉慶刊本，最全之本。辛亥三月入都收。

〔補〕拜經樓詩集十二卷續編四卷　清吳騫撰。○清嘉慶刊本。

〔補〕愚谷文存十四卷　清吳騫撰。○清嘉慶十二年刊本。四冊。余藏。

〔補〕拜經樓集外詩一卷　清吳騫撰。**附珠樓遺稿一卷**　清徐貞撰。○清嘉慶間吳氏自刊拜經樓叢書本。

〔補〕拜經樓詩稿一卷江上玲瓏集一卷拜經樓續稿一卷中吳游

草一卷附詞一卷　清吳騫撰。〇稿本。詩稿、續稿收嘉慶五年、六年之詩。

〔補〕蠹塘漁乃一卷　清吳騫撰。〇清乾隆四十三年吳氏拜經樓寫本，十行二十一字。吳騫手校。

〔補〕一壑小游仙集一卷江上玲瓏集一卷可懷錄一卷　附徐姬小傳　清吳騫撰。〇稿本。吳騫校。諸名家跋。

〔補〕花韻軒詠物詩存一卷　清鮑廷博撰。〇清寫本。

〔補〕述學二卷　清汪中撰。〇清嘉慶三年儀徵阮氏刊文選樓叢書本。

〔補〕述學內篇三卷外篇一卷補遺一卷別錄一卷　清汪中撰。〇清道光三年汪喜孫精刊本，十三行三十字。四冊。余藏。

〔補〕容甫先生遺詩五卷補遺一卷　清汪中撰。〇清道光刊本。余藏。

〔補〕冬花庵燼餘稿三卷　清奚岡撰。〇清嘉慶十年刊本。〇清同治重刊本，余藏。

〔補〕兩當軒詩鈔十四卷詞鈔二卷　清黃景仁撰。〇清嘉慶二十二年刊本，十一行二十三字。余藏。

〔補〕兩當軒全集二十卷考異二卷附錄二卷　清黃景仁撰。〇清咸豐八年黃氏家塾刊本。〇清光緒二年黃氏家塾刊本。

〔補〕芙蓉山館詩鈔八卷補鈔一卷詞二卷詞附鈔一卷文鈔八卷　清楊芳燦撰。〇清光緒十七年木活字印本八冊。余藏。〇又有嘉慶初刊本，缺詩詞補鈔各一卷，文鈔只六卷。余藏。

〔補〕香葉草堂詩存一卷　清羅聘撰。〇清嘉慶元年刊本，九行十六字。白口。

〔補〕大雲山房文稿初集四卷二集四卷　清惲敬撰。〇清嘉慶二十年盧氏刊本，十行二十二字。清葉廷琯等八人批校。余藏。

〔補〕**大雲山房言事二卷文稿補編一卷**　清惲敬撰。○清同治刊本，十行二十二字。附重刊文稿初二集之後。

〔補〕**吉貝居暇唱一卷**　清施國祁撰。○清光緒間陸心源刊湖州叢書本。

〔補〕**餅水齋詩集十六卷別集二卷**　清舒位撰。○清嘉慶二十一年刊本。余藏。○清定州王氏謙德堂刊畿輔叢書本。

〔補〕**風希堂文集四卷詩集六卷**　清戴殿泗撰。○清道光八年九靈山房戴氏刊本。余藏。

〔補〕**密齋文集一卷**　清程同文撰。同文桐鄉人，嘉慶四年進士。○清嘉慶道光間刊本。前有道光五年失名人跋，下鈐"雪浪齋"印。一冊。余藏。

〔補〕**茗柯文編初編一卷二編二卷三編一卷四編一卷**　清張惠言撰。○清嘉慶十四年刊本，十行二十一字。余藏。

〔補〕**張茗柯遺著十三種**　清張惠言撰。○稿本。存周易虞氏義、虞氏易禮、虞氏易事、周易鄭荀義、易緯略義、周易鄭氏注、安甫遺事、周易別錄、茗柯文初、二、三、四編、茗柯詩詞、擬名家制義、儀禮雜義、易圖條辨，共十三種，十八冊。盛昱遺書。壬子閱。

〔補〕**吳學士文集四卷詩集四卷**　清吳翊撰，梁肇煌等編。○清光緒八年江寧學署刊本。六冊。余藏。

〔補〕**鑑止水齋集二十卷**　清許宗彥撰。宗彥德清人，嘉慶四年進士。○清咸豐刊本。六冊。此亦嘉興莊氏蘭味軒舊藏。余收得。

〔補〕**靈芬館全集九十三卷**　清郭麐撰。收詩集初集四卷、二集十卷、三集四卷、四集十二卷，蠙餘集一卷、續集九卷、詞蘅夢詞二卷、浮眉樓詞二卷、懺餘綺語二卷、蠙餘詞一卷，文集初集二卷、二集四卷、三集八卷，詩話十卷、詞話二卷、續話六卷、蠙餘叢話六卷，樗園消夏錄三卷,金石例補二卷,江行日記一卷,國志蒙拾二卷。○清嘉慶刊本。二十冊。余藏。

〔補〕**青芝山館駢體文集二卷**　清樂鈞撰。○清光緒十六年鄞縣郭氏刊望三益齋叢書本。

〔補〕**小謨觴館全集十卷**　清彭兆蓀撰。○清刊本。

〔補〕**小謨觴館詩集八卷詩續集二卷文集四卷文續集二卷附錄一卷**　清彭兆蓀撰。○清嘉慶十一年韓江寓舍刊本。六冊。清同治刊本。均余藏。

〔補〕**小謨觴館詩集注八卷文集注四卷詩續集注二卷文續集注二卷詩餘注一卷續詩餘注一卷**　清彭兆蓀撰,孫元培等輯注。○清道光五年刊本。余藏。

〔補〕**太乙舟文集八卷**　清陳用光撰。○清道光二十三年陳氏孝友堂刊本。○清道光間吳縣潘氏清頌堂刊本。○清光緒二十一年長沙刊本。

〔補〕**太乙舟文集八卷詩集十三卷**　清陳用光撰。○清道光咸豐間陳氏孝友堂刊本。十四冊。

〔補〕**崇雅堂集十八卷**　清胡敬撰,為崇雅堂詩鈔十卷,詩删餘稿一卷,定鄉雜著二卷,駢體文鈔四卷,應制存稿一卷。○清道光刊本。余藏。

〔補〕**泰雲堂詩集十八卷文集四卷詞三卷**　清孫爾準撰。○清道光十三年刊本。

〔補〕**婆娑洋集不分卷**　清孫爾準撰。○清道光刊本,九行十九字,白口。余藏。

〔補〕**止庵遺集四卷**　清周濟撰。濟宜興人,嘉慶十年進士。○清刊本,朱印。余藏。

〔補〕**介存齋詩四卷** 清周濟撰。○清道光刊本。亦余藏本。

〔補〕**有竹居集十六卷** 清任兆麟撰。○清嘉慶二十四年刊本。八
　　册。余藏。

〔補〕**辨志書塾文鈔十四卷附詩詞** 清李兆洛撰。○稿本，共十六
　　册。十至十四册為文鈔，即養一齋文集之初稿。有道光二十一年辛
　　丑門人六承如跋，即渠所編也。

〔補〕**養一齋文集二十卷補遺一卷詩集八卷文集續編六卷校字
　　一卷** 清李兆洛撰。○清道光甲辰刊本。

〔補〕**悔菴學文八卷補遺一卷** 清嚴元照撰。○清嘉慶十五年刊本。
　　四册。余藏。○清光緒陸心源刊湖州叢書本。

〔補〕**柯家山館遺詩六卷詞三卷詞補遺一卷** 清嚴元照撰。○清
　　刊本，十行二十一字。○清光緒十一年陸心源刊本。均藏園藏。

〔補〕**雕菰樓集二十四卷** 清焦循撰。○清道光四年阮元之子阮福
　　廣州刊本。

〔補〕**是程堂集十四卷** 清屠倬撰。○清嘉慶十九年精刊本。二册。
　　余藏。

〔補〕**是程堂二集四卷** 清屠倬撰。○清道光元年屠氏潛園刊本。余
　　藏。

〔補〕**中復堂全集九十八卷** 清姚瑩撰。○清同治六年姚濬昌安福
　　縣署刊本。二十六册。余藏。○別有清道光間刊本，無年譜，亦余
　　藏。

〔補〕**胡天岫詩一卷與衆集一卷** 清胡山撰，山初名曰新，字天岫，
　　宜興人，僑居海鹽，徒梅會里。○清寫本，分葑汀稾、寓廬集、東武
　　吟。有屠倬等序。余藏。

〔補〕**東里生燼餘集二卷** 清汪家禧撰。○清嘉慶三十五年門人許

十二年進士。○清刊本，有道光十一年范仕義序。余藏。

〔補〕研六堂文抄十卷 清胡培翬撰。○清道光涇川書院刊本，九行
二十二字。余藏。○清光緒四年刊本。

〔補〕崇百藥齋文集二十卷續集四卷三集四卷 清陸繼輅撰。○
清嘉慶至道光間刊本。余藏。

〔補〕簡松草堂詩集二十卷三影閣箏語三卷 清張雲璈撰。○清
嘉慶刊本。八册。余藏。

〔補〕孟塗前集十卷後集二十二卷文集十卷駢文二卷 清劉開
撰。○清道光六年桐城姚氏檗山草堂刊本。八册。余藏。

〔補〕孟塗先生遺集二卷 清劉開撰。○清刊本。

〔補〕孟塗遺詩二卷 清劉開撰。○清光緒十二年刊本。余藏。

〔補〕洞蕭樓詩紀二十八卷 清宋翔鳳撰。○清道光咸豐間刊本。
五册。

〔補〕藐言一卷 清黃丕烈撰。○清黃氏自刊本。

〔補〕思適齋集十八卷 清顧廣圻撰。○清道光二十九年上海徐渭仁
刊春暉堂叢書本。

〔補〕天真閣集五十四卷外集六卷 清孫原湘撰。附長真閣詩集
七卷 清席佩蘭撰。○清嘉慶刊本，十二册。余藏。

〔補〕天真閣集二十卷 清孫原湘撰。○清刊本。

〔補〕頤道堂文鈔十三卷詩選二十八卷 清陳文述撰。○清道光
八年刊本。十八册。余藏。

〔補〕十經齋文集四卷 清沈濤撰。○清道光二十四年刊本。余藏。

〔補〕鐵橋漫稿十三卷 清嚴可均撰。○清道光十八年四錄堂刊本，
嘉興忻寶華氏舊藏。辛亥五月收得。

〔補〕鐵橋漫稿八卷 清嚴可均撰。○清光緒十一年蔣鳳藻心矩齋

〔補〕**太白山人槲葉集五卷**　清李柏撰。柏廣寧人，道光十五年進士。○清咸、同間刊本。六冊。

〔補〕**榴實山莊文稿不分卷**　清吳存義撰。存義泰興人，道光十八年進士。○清同治刊本。一冊。

〔補〕**示樸齋駢體文六卷**　清錢振倫撰。振倫原名福元，歸安人，道光十八年進士。○清同治六年袁浦崇實書院刊本。二冊。

〔補〕**顯志堂集十二卷夢奈詩稿一卷**　清馮桂芬撰。○清光緒二年校邠廬自刊本。八冊。余藏。

〔補〕**經德堂文集六卷**　清龍啟瑞撰。啟瑞臨桂人，道光二十一年進士。○清光緒刊本。

〔補〕**小鷗波館駢體文鈔二卷**　清潘曾瑩撰。曾瑩吳縣人，道光二十一年進士。○清道光、咸豐間刊本。

〔補〕**功甫小集十一卷**　清潘曾沂撰。曾沂吳縣人，道光二十一年進士。○清嘉慶二十三年刊本。二冊。

〔補〕**聽雲僊館儷體文四卷補編一卷續集二卷**　清湯成彥撰。成彥清苑人，道光二十一年進士。○清咸豐間刊本。三冊。

〔補〕**晚學齋文集十二卷**　清姚椿撰。○清咸豐二年刊本。

〔補〕**一鐙精舍稿五卷**　清何秋濤撰。秋濤光澤人，道光二十五年進士。○清光緒五年淮南書局刊本。一冊。

〔補〕**通齋詩集五卷文集二卷外集一卷附南行紀程一卷**　清蔣超伯撰。超伯江都人，道光二十五年進士。○清同治刊本。

〔補〕**魏默深文集內集二卷外集八卷**　清魏源撰。○清刊本。六冊。余藏。

〔補〕**古微堂詩集十卷**　清魏源撰。○清同治九年新化鄒氏刊本。四冊。余藏。

〔補〕**古微堂內集三卷外集七卷** 清魏源撰。○清光緒四年淮南書
　　局刊本。余藏。

〔補〕**思益堂集二十卷** 清周壽昌撰，為詩鈔六卷，古文二卷，詞鈔一
　　卷，日札十卷。駢文一卷為別編。○清光緒間刊本。

〔補〕**悔餘庵文存九卷詩稿十三卷樂府四卷餘辛集三卷** 清何
　　栻撰。栻江陰人，道光二十五年進士。○清同治四年刊本。

〔補〕**儀衞軒文集十二卷外集一卷附錄年譜一卷詩集五卷遺書
　　三卷** 清方東樹撰。○清同治七年合肥李氏刊本。

〔補〕**退一步齋文集四卷** 清方濬師撰。○清刊本。四冊。余藏。

〔補〕**養知書屋文集二十八卷** 清郭嵩燾撰。○清光緒刊本。九冊。
　　尚有詩集十五卷，余本佚去。

〔補〕**移芝室文集十三卷詩集三卷思舊集一卷芟餘草一卷外集
　　一卷卷首一卷** 清楊彝珍撰。彝珍武陵人，道光三十年進士。○
　　清光緒間楊世猷刊本。八冊。

〔補〕**郋鄔山房駢文二卷疏草二卷** 清趙樹吉撰。樹吉宜賓人，道
　　光三十年進士。○清刊本。樹吉尚撰有甕天經義錄一卷，余亦有
　　之。

〔補〕**歸實齋遺集十卷** 清劉泳之撰。○清道光二十八年顧鑑刊本，
　　十一行二十二字，黑口。

〔補〕**巢經巢詩鈔九卷** 清鄭珍撰。○清咸豐二年刊本，十一行二十
　　一字。余藏。

〔補〕**鄭柴翁詩稿一卷** 清鄭珍撰。○稿本。朱啟鈐藏，嘗倩人作跋。

〔補〕**小松圓閣雜著二卷** 清程庭鷺撰。庭鷺嘉定名畫師。○清同
　　治二年程氏寫刻本。一冊。

〔補〕**復莊詩問三十四卷** 清姚燮撰。○清咸豐四年鎮海姚氏大梅

山館自刊本。

〔補〕**復莊駢儷文榷八卷二編八卷** 清姚燮撰。○清咸豐四年鎮海
姚氏大梅山館自刊本。

〔補〕**疏影樓詞五卷** 清姚燮撰。○清咸豐四年鎮海姚氏大梅山館自
刊本。

〔補〕**甘泉鄉人稿二十四卷曝書雜記三卷** 清錢泰吉撰。**附年譜
一卷** 清錢應溥撰。**邠農偶吟一卷** 清錢炳森撰。○清同治七年
刊本。庚戌歲收。

〔補〕**復堂類稿文四卷詩十一卷詞三卷日記八卷** 清譚獻撰。**附
合肥三家詩錄二卷** 清譚獻輯。**待堂文一卷池上小集一卷**
○清光緒刊本。

〔補〕**復堂文續五卷** 清譚獻撰。○清光緒二十七年刻鵠齋刊本。

上別集類國朝

藏園訂補郘亭知見傳本書目卷十五下

藏園訂補郘亭知見傳本書目卷十六上

獨山莫友芝子偲　　撰
江安傅增湘沅叔　　訂補

集部八

總集類

文選注六十卷　梁昭明太子蕭統編，唐李善註。○宋尤本、元張本並
十行，行二十一字，或多少不等。明唐藩本亦十行，行改二十二字，
皆均齊如一，而古色減矣。○明唐藩成化丁未重刊元張伯顏本者莊
王芝址，其元孫端王碩熿襲封，又以隆慶辛亥重刊於養正書院。○
汲古閣本字小，翻汲古閣本字稍大，且字句不同，亦不止一本，以錢
士謐校為差勝。○明唐府本。○晉藩養正書院本。○嘉靖癸未金
臺汪諒翻元本。○萬曆辛丑閩鄧元岳刊。○乾隆三十七年葉樹藩
刊朱墨本，用何義門評點，注多不完，復數有翻刊。○宋淳熙本有
二，一胡果泉本，一阮相國本。阮云與晉府及汲古本多異。○胡果
泉仿宋重刊，顧千里為考異十卷附之，即依淳熙辛丑尤延之貴池刊

本。近世通行以此本為最善，刊以嘉慶十四年。○近萬氏翻刊胡本。○元張伯顏貴池重刊即翻元本，然遠不及。明晉藩及汪諒並翻刊張本。

〔補〕○北宋刊本，十行，行十六至十九字，注雙行二十四至二十五字，白口，四周單闌。卷中通字缺筆，世稱天聖明道本。内閣大庫出三十餘卷，為周叔弢收得。○宋淳熙八年池陽郡齋刊本，十行二十一字，注雙行同，白口，左右雙闌，即世傳所謂尤延之本。楊氏寶選樓藏一帙，最全。李木齋有一帙，有紹熙補版，缺卷一至十二，為楊守敬舊藏。常熟瞿氏有一帙，存三十卷，有撲叙謙牧堂藏印。南皮張氏舊藏殘本，存卷十一至二十，多補版。○清嘉慶十四年胡克家覆刻宋淳熙八年池陽郡齋本。余曾據李木齋藏宋本校，李本與胡刻底本非一時印，故刊工多不同，文字異處亦有出胡氏考異之外者。○清同治八年崇文書局翻胡克家本，余有一帙，余用卷子本校四十二卷，又據日本古抄集注本校十四卷，據北宋天聖明道本校六卷。○南宋刊本，十行十九字。瞿氏鐵琴銅劍樓藏。○元池州路總管張伯顏刊本，十行二十一字，白口，左右雙闌。○明弘治元年唐藩朱芝址翻元池州路刊本，十行二十二字，黑口，四周雙闌。前成化丁未唐藩希古序，本書首葉李善名後有張伯顏率助同刊一行。後有弘治元年唐世子跋，言其父得善本，芟其附注之繁，功方成而逝云云，知此本曾經删削，已非元本之舊矣。○明嘉靖元年金臺汪諒刊本，十行二十字，白口，左右雙闌。有嘉靖癸未李廷相序，言據宋刻鋟梓。○明嘉靖四年晉藩養德書院刊本，十行二十二字，黑口，四周雙闌。○明隆慶五年唐藩朱碩熿刊本，十行二十二字，黑口，四周雙闌。○明末毛氏汲古閣刊本，十二行二十五字，注雙行三十七字，白口，左右雙闌。余有一帙，其一乾隆十七年□元基臨清錢陸燦、何焯二家評校。其二舊人臨馮武、陸貽典、顧廣圻校宋本，有阮元手跋。

〔補〕**文選注三十卷** 唐呂延濟、劉良、張詵、呂向、李周翰撰注。○南
宋建陽崇化書坊陳八郎宅刊本,十二行二十三字,注雙行二十八至
三十字,白口,左右雙闌。序後有紹興辛巳甌山江琪開雕牌子六行
及"建陽崇化書坊陳八郎宅善本"牌記二行,鈐毛表、徐乾學、蔣鳳藻
藏印。存卷一至二十、二十六至二十九及卷三十半葉。此書蔣鳳藻
曾影寫一本,藏李木齋先生處。

〔補〕**文選注六十卷** 唐李善并呂延濟、劉良、張詵、呂向、李周翰撰
注。○宋明州刊紹興二十八年補修本,十行,行二十一至二十四字
不等,注雙行二十八至三十字,白口,左右雙闌,版心下記刊工人名,
間有記重刊字樣。卷末有紹興二十八年盧欽修版跋八行。日本東
洋文庫藏一全帙,帝室圖書寮亦有一帙,有鈔配。聞私家、寺院尚有
藏殘帙者,或以為明州宋時為通倭口岸,故彼國所存獨多也。此書
余有二十四卷,為內閣大庫舊儲,余得之寶應劉啟瑞君,原蝶裝,以
蟲蝕霉爛,版心多不存。天祿琳琅著錄一帙,為楊慈湖、文徵明、毛
晉、季振宜遞藏。余丙寅清點故宮時,宮中尚存五十一卷,佚去九
卷。其中八卷光緒中佚出,為盛昱收得,民初歸袁克文。袁氏析出
第二十六一卷與余易書,今尚存篋中,另七卷則又不知飄轉何所矣。
○宋贛州州學刊大字本,九行,行十五至十六字,白口,左右雙闌。
每卷後有贛州州學教授張之綱覆校銜名三行。日本靜嘉堂有一全
帙,張文襄遺書中亦有一帙,頻年閱肆亦嘗見全者。此本版片明時
尚存,補葉間有記弘治、正德年號,故不為世重。○日本活字印本,
十行二十二字,黑口,四周單闌。卷末有宋紹興二十八年盧欽修版
跋記,從明州本出。

六臣註文選六十卷 ○明嘉靖己酉袁褧仿宋蜀大字本。○嘉靖二十
八年洪楩仿宋茶陵本,半頁十行,行十八字,注雙行二十三字。前有
諸儒議論一卷,則陳仁子舊輯也。○萬曆二年新都汪氏仿宋本,半

頁九行,行十八字。○宋刊五臣本三十卷,錢曾有之。○又潘惟時本三十卷。○明王象乾删注十二卷,摘六臣註列上方、行左右、音釋列下方,不間本文,以便記誦,寫刊極精。○宋六臣本有四:一、題六家文選,見天祿書目。明嘉靖間袁褧精摹重刊,始甲午,迄己酉,凡十六年乃成,其初印、中印皆工善,藏家寶之如宋本。序後稱此集精加校正,絶無舛誤,見在廣都縣北門裴宅印賣,則宋本舊標題也。廣都晉蜀中舊縣,袁本依之,即世所稱蜀大字本也。一、茶陵陳仁子校刊本,曾見于許滇生先生所。嘉靖二十八年錢唐洪楩氏仿刊、萬曆三年新都崔氏仿刊,皆依陳本。蜀本五臣居前,善注在後;崔、徐本均善注在前。一、紹興二十八年修北宋本,見昭文張氏志。有明州司法參軍盧欽跋,云直閣趙公來鎮是邦,首加修正。一、天祿目載趙子昂藏者,不著刊書年月,字用顏體,于整齊之中寓流動之致,紙質如玉,墨光如漆,不知與張同版否。

〔補〕○南宋建本,十行十八字,註雙行二十三字,細黑口,左右雙闌,版心上記字數,左闌外上方記篇名。前吕延祚進書表,次李善進書表,次文選序,次目錄。本書卷首題"六臣註文選卷第一"。涵芬樓藏一本,缺三十至三十五卷,已印入四部叢刊,余後收得一本,初印完善,有明陳淳藏印,為臨清徐坊舊藏,更勝于涵芬樓本。○明萬曆二年崔孔昕刊本,九行十八字,註雙行同,白口,四周雙闌。目後有崔孔昕校,黨馨、朱守行、郭宗磐同校銜名四行。○明萬曆六年徐成位重修崔孔昕本,昭明太子傳後增萬曆戊寅徐成位跋十行,言崔本校讐魯莽,中多舛訛,以俗字竄古文,因屬二三文學詳校,凡正一萬五千餘字云云。○明刊本,九行十八字,註雙行同,白口,左右雙闌,版心下方有刻工名,是嘉靖時風氣。○明潘惟時、潘惟德刊本,九行十八字,註雙行同,白口,四周單闌。目錄第四行題"大明新安巖鎮潘惟時、惟德刻"。此本莫氏誤記為三十卷本,應正之。

〔補〕**六家文選六十卷** 唐吕延濟、劉良、張詵、吕向、李周翰并李善撰注。○宋廣都裴氏刊本，大版心，十一行十八字，注雙行二十六字，白口，左右雙闌，版心下記刊工名。前有李善進書表。首卷列名先五臣，次李善。存卷一至十七，二十七至二十八，五十一至五十七，缺者用明袁褧嘉趣堂本配補。鈐有明雲間潘仲履、陳所藴及蔣宗誼印記。故宫藏書。此本字體疏朗，有顔柳體勢，爲蜀本無疑。明袁褧嘉趣堂本行欵與之全同，因知即裴氏原本也。○明嘉靖十三至二十八年吴郡袁褧嘉趣堂覆刻宋廣都裴氏刊本，十一行十八字，注雙行二十六字，白口，左右雙闌。序後有裴氏本原牌記三行，文曰"此集精加校正，絶無舛誤，見在廣都縣北門裴宅印賣"。卷三十後有嘉靖壬寅吴郡袁氏兩庚草堂善本雕牌記二行，卷四十後有"此蜀郡廣都裴氏善本今重雕于汝南袁氏之嘉趣堂嘉靖丙午春日"牌子，卷六十後有"吴郡袁氏善本新雕"牌子。

〔補〕**增補六臣註文選六十卷** 唐李善並吕延濟、劉良、張詵、吕向、李周翰註。**諸儒議論一卷** 元陳仁子輯。○元大德間陳仁子古迂書院刊本，十行十八字，註雙行二十三字，細黑口，左右雙闌。本書首卷首行題"增補六臣註文選卷一"，次行題"梁昭明太子撰 唐六臣集註"，三行題"茶陵前進士古迂陳仁子校補"。

〔補〕**六臣註文選六十卷** 唐李善並吕延濟、劉良、張詵、吕向、李周翰撰。**諸儒議論一卷** 元陳仁子輯。○明嘉靖二十八年錢塘洪楩翻元大德己亥陳仁子古迂書院刊本，十行十八字，註雙行二十三字，白口，四周單闌。卷首於昭明太子撰唐六臣集註後增"茶陵前進士陳仁子校補"一行。有大德己亥冬陳仁子跋。余藏。

〔補〕**文選注六十卷** 唐李善注，清何焯評。○清乾隆三十七年葉氏海錄軒刊朱墨套印本，十二行二十五字，白口，左右雙闌。此本精刊，摹印亦佳，辛亥五月收于保定萃英山房。

〔補〕**梁昭明文選二十四卷** 梁蕭統編，明張鳳翼纂注。○明末刊本，九行二十字。

〔補〕**梁昭明文選十二卷** 梁蕭統輯，明張鳳翼纂注。○明萬曆刊本，十一行二十二字，白口，四周雙闌。己酉閱。

〔補〕**文選章句二十八卷** 明陳與郊撰。○明萬曆二十五年刊本，十行二十字，白口，左右雙闌。

文選顏鮑謝詩評四卷 元方回撰。○有明刊本。

〔補〕**選詩三卷** 明許宗魯編，○明嘉靖六年王鏊刊本，十行十八字，白口，左右雙闌。庚戌見。

〔補〕**選詩三卷補一卷** 明顧大猷輯。○明萬曆二十八年劉大文刊本，十行二十字，白口，左右雙闌。四册，余藏。

〔補〕**孫月峯先生評文選三十卷** 明孫鑛評，閔齊華注。○明天啟、崇禎間吳興閔氏刊本，九行十九字，白口單闌。

〔補〕**選詩七卷** 明郭正域等批點，淩濛初輯評。○明天啟間吳興淩濛初朱墨套印本，八行十八字，白口，四周單闌。首册為凡例、評詩姓氏、詩人爵里。本書卷首題梁昭明太子蕭統選，江夏郭正域批點，吳興淩濛初輯評，蓋以郭評為主，間以他家也。此本初印，紙墨皆精，花綾為衣，藍絹籤題，可視原裝精美之致。巴陵方氏碧琳琅館舊藏，今在藏園。

〔補〕**選賦六卷** 明楊慎、郭正域批點。○明天啟間吳興淩氏刊朱墨套印本，八行十八字，白口，四周單闌。首册為選賦名人世次爵里，後有淩氏鳳笙閣主人跋，鈐森美之印，當即刊書之人也。此書亦花綾書衣，藍絹籤上木板印選賦二字，裝幀版式與選詩全同，蓋併行者也。余藏。

玉臺新詠十卷 陳徐陵編。○明天啟中翻宋本，每頁三十行，行三十字。最佳，他刊皆不足道。○汲古閣刊本。○蘭雪堂活字本亦佳。

○又,五雲溪館活字本。○馮舒校刊本。○許滇生師、徐星伯家有
宋本,有翁覃溪跋。○張金吾有影宋刊本。○康熙丁亥,孟璟以萬
曆丁丑張嗣修手錄袖珍本上板,嗣修跋云,一以其家藏宋本為正,諸
本有互見處間為考注。○萬曆中華亭楊鑰刊本。○歸安茅氏重刊
本。○吳江吳兆宜注,長洲程琰刪補刊本。

〔附〕○宋嘉定乙亥陳玉父本,每葉三十行,行三十字。天祿目。○元
刊本,天祿目。(邵氏)

〔補〕○明五雲溪館銅活字印本,十行十九字,白口,左右雙闌。版心上
方有"五雲溪館活字"六字。此本已印入四部叢刊初編。○明崇禎
六年趙均小宛堂刊本,十五行三十字,細黑口,左右雙闌。前徐陵序
及宋永嘉陳玉父序,次崇禎六年吳郡寒山趙均刊書序,稱詳加對證。
按此本據宋本覆刻,在傳世諸本中號為精善。然據馮班跋稱,所據
宋本是麻沙本,紕繆甚多,趙氏所改亦得失參半。又謂宋本行欵參
差不齊,趙刻已整齊劃一云云,則亦未為盡善也。余嘗以明鈔本校
趙刻,亦頗有改訂,知馮氏之言非妄發也。又,莫目所載許滇生藏宋
本有翁方綱跋者,今在周叔弢家,實即去序跋牌記之趙刻本也。○
清影寫趙均刊本,無格。清曹炎批校並錄明李維楨、馮班、葉萬題
識。○清初寫本,邵陵據馮班校本校,並錄李維楨、馮班、道人法頂
及葉萬跋。○明末寫本,十二行二十四字。李文藻舊藏。○民國徐
乃昌覆刻趙均本,以原書上版,鏤刻甚精,所謂下真蹟一等也。後附
校記。余以舊文書紙附印一帙,余據海虞陳垣芳本校數卷,略有改
訂。

〔補〕玉臺新詠十卷 陳徐陵輯。**續集五卷** 明鄭玄撫輯。○明嘉靖
十九年鄭玄撫刊本,十行十八字,白口,左右雙闌。前除陵序,次名
家世次,次卷目,次本書。此本與趙刻次第不同,字句亦多異,然繆
誤實多,去趙刻遠甚。○明萬曆七年茅元禎校正重刊本,九行十八

字，白口，左右雙闌，版心下記刊工人名。前吳世忠序，次方大年重校跋語、言茅氏重加讐校，比鄭本為精云云。每卷首次行題"吳興茅元禎重校"。續集題"新安鄭玄撫選"，"吳興茅元禎重校"。每卷末均署"姑蘇徐普書"。

〔補〕**玉臺新詠十卷** 陳徐陵撰。**續四卷** 明鄭玄撫撰，袁宏道評。○明天啟二年刊本，九行十九字，白口，四周單闌。從鄭玄撫刊本出。余藏。

玉臺新詠考異十卷 清紀容舒撰。按：此書四庫著錄，莫氏未收。

〔補〕**玉臺新詠十卷** 陳徐陵輯，清吳兆宜注，程際盛刪補。○清乾隆三十九年刊本，十行二十一字。

〔增〕**文館詞林四卷** 唐許敬宗等奉敕撰。宋王溥唐會要云，顯慶三年十月二日，許敬宗文館詞林一千卷上之。唐藝文志總集類卷數同。志又云，崔元暐注文館詞林策二十卷，又雜傳類載文館詞林文人傳一百卷，宋志載此書詩一卷，崇文總目載彈事四卷，皆全書中之一類。是編僅存六百六十二及六十四、六十八、九十五四卷，皆漢魏以來之詔令，日本人用活字擺印者。會要又云：垂拱二年二月十四日，新羅王金政明遣使請唐禮並雜文章。令所司寫吉凶要禮並於文館詞林內采其詞涉規戒者勒成五十卷賜之。是當時頒賜本非足册。此雖殘斷，而詔令皆甚古，多逸篇，且全書體例亦可見其一斑。○阮氏以進呈。○粵雅堂刊本。

〔附〕○近黎氏刊一卷子本，十三行卷半。（原稿無，印本入正文。）

〔補〕**文館詞林殘卷** 唐許敬宗等撰。○日本古寫本，每紙二十四行，每行十三字，中楷精寫，卷末有"校書殿弘仁十四年歲次癸卯二月為冷然院書"識語二行，上滿鈐"冷然院印"三方。存卷一百五十二、一百五十六、一百五十七、一百六十、三百四十六、三百四十七、四百五十三、四百五十七、四百五十九、六百六十四、六百六十五、六百六十

六、六百六十七、六百六十九、六百七十、六百九十五、六百九十九，共十七卷。内數卷首尾微殘。日本各寺及私家分藏。友人董康已影印行世。又卷六百八十八，日本帝室圖書寮藏。

高氏三宴詩集三卷附香山九老詩一卷　唐高正臣編。○有宋刊。○丁禹生有舊抄本。

篋中集一卷　唐元結撰。○汲古閣本。

〔補〕○明刊本，十行十八字，白口，左右雙闌。繆荃孫手校。周叔弢藏。○明末汲古閣刊唐人選唐詩本，八行十九字，白口，左右雙闌。何焯據汲古閣藏舊鈔本校，改正七十餘處。李木齋先生藏。汲古閣刊書往往不以最佳本付梓，殊不可解，豈均為刊後始得佳本歟？余亦有一帙，余臨何焯、楊守敬校本於其上，遂為善本。

河岳英靈集三卷　唐殷璠撰。○汲古閣刊本。○郘亭有南宋本二卷，缺筆至廓字。字句與毛本小有異同。○光緒中，遼陽賴氏仿刊之。

〔補〕○明嘉靖刊本，十行十八字，白口，左右雙闌。○明崇禎元年毛氏汲古閣刊本，八行十九字，余有一帙，余臨何焯校，並用宋本校，補集論一首、孟浩然詩一首，諸家評語亦有異。

〔補〕河岳英靈集二卷　唐殷璠撰。○宋刊本，十行十八字，白口，左右雙闌，審其版式似棚本。鈐莫友芝印，即莫目著錄之本，余得諸莫棠，袁寒雲堅求相讓，遂以歸之，今又輾轉入粵人潘宗周篋中。

國秀集三卷　唐芮挺章編。○汲古閣刊本。○陳解元刊本。

〔補〕○明嘉靖刊本，十行十八字，白口，左右雙闌。已印入四部叢刊。○明萬曆刊本，九行十五字。○明末毛氏汲古閣本，八行十九字。

御覽詩一卷　唐令狐楚編。○汲古閣本。

〔附〕○陳解元本。（眉）

〔補〕○明崇禎元年毛氏汲古閣刊唐人選唐詩本，八行十九字，白口，左

右雙闌。清何焯據馮舒、馮班校本校。李木齋先生藏。余嘗借臨一
本。

中興間氣集二卷　唐高仲武編。○汲古閣刊本。○述古堂影宋抄
本。○近人仿宋刊本。

〔補〕○影寫宋刊本，十行十八字，白口，左右雙闌。清末費念慈據以覆
刻，即莫目所記之近人仿宋刊本也。○明嘉靖刊本，十行十八字，白
口，左右雙闌。首中興間氣集姓氏，次目錄，次正文。其行格與影宋
本同，而文字乃大異。近已印入四部叢刊，而附余校記于後。○明
萬曆刊本，九行十五字，文字與嘉靖本合。○明崇禎元年毛氏汲古
閣刊唐人選唐詩本，八行十九字，白口，左右雙闌。清何焯據錢曾述
古堂影寫宋刊本手校，差異極大，人數、首數、入選詩篇均有異處，必
所據為一別本也。

極玄集二卷　唐姚合編。○汲古閣刊本。○張氏志有秦酉巖手抄本，
題唐詩極玄。○間氣、極玄二種義門評本，從述古影抄宋本精校。
○張本實從元本出。○頃收元刊本。

〔附〕○漁洋選本多又玄集一種，總目云原書已佚，今所傳乃贗本。馮
氏才調集凡例言之。（邵氏）

〔補〕○明崇禎元年毛氏汲古閣刊唐人選唐詩本，八行十九字，白口，左
右雙闌。清何焯據元蔣易刊本及錢曾述古堂影宋寫本手校並跋。
李木齋先生藏。余曾臨一本。蔣易本分二卷，有宋姜夔評點及跋。

〔補〕唐詩極玄集二卷　唐姚合編。○明秦四麟又玄齋寫本，有蔣易
跋，自蔣易刊本出。海虞瞿氏藏，即莫氏據張金吾藏書志著錄之秦
酉巖抄本。

〔補〕極玄集一卷　唐姚合編。○明毛氏汲古閣影寫宋刊本，十行十
八字，白口，左右雙闌。審其行欵，似從棚本出。

松陵集十卷　唐陸龜蒙編。○汲古閣刊。○崇禎丙寅刊。○弘治中

劉濟民刊，都元敬為之校，古色可愛，惜非宋本行次耳。

〔補〕○明弘治十五年劉濟民刊本，十行十八字，細黑口，左右雙闌。有
　　弘治壬戌都穆跋。○明末毛氏汲古閣刊本，何焯臨毛扆校宋本並自
　　校，改正頗多。○明末毛氏汲古閣影寫宋刊本，十二行二十二字，即
　　自毛扆、何焯所據校之宋本影出。近陶湘涉園已覆刻行世，余為之
　　作序。○明崇禎九年顧氏詩瘦閣刊本，九行十九字，白口，左右雙
　　闌。

二皇甫集七卷　明劉潤之編。○正德中刊。

〔補〕**大曆二皇甫詩集八卷**　明劉成德編。○明正德十三年劉成德
　　刊本，為皇甫冉集七卷，皇甫曾集一卷。十行十六字，白口單闌。己
　　酉金誦清送來求售。

唐四僧詩六卷　不著編輯人名氏。○百家唐詩刊。

薛濤李冶詩集二卷　不著編輯人名氏。○薛濤詩新翻明刊本，與魚
　　玄機集、楊后宮詞合行。

竇氏聯珠集五卷　唐褚藏言編。○汲古閣刊。○淳熙五年本作一
　　卷。○義門云，以汲古校宋本，毛脫詩一首，誤五十餘字。

〔補〕○宋淳熙五年王崧蘄州刊本，九行十七字，白口，四周單闌。有王
　　崧跋。劉承幹藏，近已印入續古逸叢書及四部叢刊三編。此即莫目
　　所記之本，偶誤記為一卷耳。○明末毛氏汲古閣刊唐人四集本，何
　　焯據宋本校並跋，改正五十一字，補"杏山館聽子規"一篇。○清嘉
　　慶間袁廷檮家傳鈔宋蘄州本，有黃丕烈跋。

才調集十卷　蜀韋縠編。○汲古閣刊本。○陳起刊本。○隆慶間沈
　　若雨刊本。○萬曆刊本，最劣。○錢遵王有宋本一，影宋本一，舊鈔
　　本一。

〔補〕○宋刊本，十行十八字，白口，左右雙闌。存卷二至五。卷六至十
　　為明人抄配，卷一為影宋本，又晚於卷六至十。此本以字體雕工審

之，是南宋臨安書籍鋪刊本，唯首末卷已佚，未由決其為陳氏抑尹氏也。○明隆慶間沈春澤刊本，八行十八字，白口，左右雙闌。○明萬曆翻隆慶刊本，行欵同。有清乾隆三十年張宗松跋，言錢允治為之校勘修版，取校汲古本，同異約二千字云云。○明末毛氏汲古閣刊唐人選唐詩本，八行十九字，白口，左右雙闌。清何焯據錢曾述古堂影寫宋刊本校。李木齋先生藏，余曾借臨一本。○明末毛氏汲古閣影寫宋刊本，十行十八字，白口，左右雙闌。欽毛晉及汲古閣印記。有錢孫保、錢曾、宋筠藏印。亦李木齋師所藏，已收入四部叢刊初編。○清康熙四十三年汪文珍垂雲堂刊本，八行十九字，白口，左右雙闌。據宋刊殘本及鈔本校，可證明沈刻之誤千餘字。附馮班等評點。○清初寫本，清康熙五十七年許寶君臨馮舒、馮班、馮武、錢謙益、葉樹廉評點。

搜玉小集一卷　不著編輯人名氏。○汲古刊本。

〔補〕○明刊本，十行十八字，白口，左右雙闌。馮舒據明柳僉寫本校。繆荃孫藏，惜未遑借校，今不知流轉何所矣。○明崇禎元年毛氏汲古閣刊唐人選唐詩本，八行十九字，白口，左右雙闌。書經毛氏删併，已非舊觀。李木齋先生有一帙，上有何焯手評。余曾借臨一本。

古文苑二十一卷　不著編輯人名氏。○局刊、惜陰軒、墨海、守山諸刊均有注。○孫伯淵得宋淳熙本、無注，以為勝章樵本，仿刊之。佳。○成化壬寅，張世用按閩刊。

〔附〕○近有覆本。（抄本、田中本均另起。）○宋麻沙大字本。○元大字本。○宋淳熙丁未盛如杞序章注二十一卷本。○嘉慶十四年陽湖孫氏岱南閣景刊宋本。（邵氏）

〔補〕**古文苑注二十一卷**　宋章樵注。○宋端平三年常州軍刊淳祐六年盛如杞重修本，十行十八字，白口，左右雙闌。有紹定壬辰章樵自序、吳淵後序及江師心跋。又有盛如杞重修跋。海虞瞿氏藏，已

印入四部叢刊初編。又見一殘本，存卷一至四，有黃丕烈三跋。〇
明初刊本，十行十八字，白口，單闌。〇明正德、嘉靖間刊本，十行十
八字。〇明萬曆刊本，八行十八字，盛昱據九卷無注本校並跋。〇
守山閣本，以此為底本，而以九卷無注本校後付刊。

〔補〕**古文苑九卷** 不著編輯人名氏。〇宋刊本，十行十八字，白口，
左右雙闌。即孫星衍覆刻底本。〇精寫本，十行十八字，從宋本出。
鈐錢曾藏印。

文苑英華一千卷 宋李昉等奉敕編。〇明隆慶中刊本。〇明會通館
活字本。〇平津館有影宋嘉泰間刊本。〇勞平甫有影宋本，謂明刊
不足道。〇編全唐文時亦據一影宋全本。〇此書中有宋白目錄五
十卷，已亡佚，顧千里有編本。〇張氏志亦有舊抄據嘉泰本千卷，每
卷末俱有“登仕郎胡柯、鄉貢進士彭叔夏校正”一條。末有成忠郎新
差充筠州臨江巡轄馬遞鋪王思恭點對兼督工一條。

〔補〕〇宋嘉泰一至四年周必大吉州刊本，十三行二十二字，白口，左右
雙闌，版心上記字數，下記刊工人名，避宋諱至廓字止。每卷末標題
後空一行有“登仕郎胡柯、鄉貢進士彭叔夏校正”銜名。每十卷裝一
册，蝴蝶裝，黃綾書衣背縫中鈐“景定元年十月初六日裝裱臣王潤照
管訖”墨色木記一行。本書每册首末鈐“內殿文璽”、“御府圖書”、
“緝熙殿書籍印”等璽。余按：此為南宋內府藏書，宋亡伯顏輦至大
都，元亡又入南京，復隨永樂北遷，重返北京，清季藏內閣大庫，現僅
存十四册，內十册自大庫轉入京師圖書館，今在北京圖書館秘庫中，
為卷六百一至七百。餘四册為寶應劉啟瑞所得。余購得一册，為卷
二百五十一至六十，又代周叔弢及文友堂各購得一册，為卷二百三
十一至四十、卷二百一至十。餘一册為卷二百九十一至三百，尚存
劉氏篋中。此十四册一百四十卷余均得借來一校。〇明隆慶元年
胡維新、戚繼光刊本，十一行二十二字，白口，四周單闌。前有塗澤

民、胡維新序，刊於閩中，後列福建官吏銜名四十一行。據胡序，乃
據鈔本付梓者。余藏二帙，其一為清范坦臨葉萬校宋本，其二余據
宋刊殘本、校宋本、明鈔本校。○明寫本，十三行二十二字，行欵與
宋嘉泰本同，余取校胡本，多所改定，為傳世諸明鈔本中之最佳者，
周叔弢藏。○此外明鈔本所見頗多，全者亦不下三數帙，多獲借校，
往往榛楛滿紙，蓋多為明時貴邸遮壁之物，殊不足重，益歎周本之難
得也。

〔增〕**文苑英華纂要八十四卷** 分甲乙丙丁四集，宋諱不缺筆，定為
　　元刊，見張氏志。○天一閣亦有此書。○邵亭曾于滬上見舊刊，蓋
　　即張氏所謂元板者，據高似孫序，則似孫所摘錄，嘉定十六年刊之
　　矣。張志謂不著撰人者疏也。

〔補〕○宋刊本，十行十七字，細黑口，左右雙闌。常熟瞿氏鐵琴銅劍樓
　　藏。

〔補〕**會通館印正文苑英華纂要八十四卷** 宋高似孫輯。**文苑英**
　　華辨證十卷 宋彭叔夏撰。○明正德元年無錫華燧會通館刊本，
　　七行十三字，每行小字雙行，實十四行。版心上方題“歲在柔兆攝提
　　格”（丙寅），下題大若干字，小若干字。卷中詩文句皆以墨圍隔之。
　　前有正德元年華燧序，言據其從姪孫子宣所得陽湖陸氏藏印本付
　　刊。

文苑英華辨證十卷 宋彭叔夏撰。○明嘉靖間活字本。○知不足齋
　　據宋刊本刊。○學海本節本，才九十六頁。○聚珍本。○閩覆本。

〔附〕○宋嘉定十六年本，十行，大字十七，小字二十四至二十六不等。
　　連纂要四帙。按：天祿目列此書明板內。（邵氏）

〔補〕○宋刊本，十行十七字，白口，左右雙闌。故宮藏書。

〔增〕**西漢文類殘本五卷** 宋陶叔獻撰。○昭文張氏藏宋紹興本，志
　　云，唐柳宗直有西漢文類二十卷，宋時已失傳。叔獻重加編纂，見郡

齋志。源〔原〕四十卷,今存三十六至末五卷。後有紹興十年四月臨
安府雕印一條。每頁紙面俱有清遠堂印記,字朗紙瑩,蓋宋刊宋印
本。

〔補〕○宋紹興十年臨安府刊本,十三行二十四字,白口,左右雙闌,版
心下記刊工名。存卷三十六至四十。卷四十末有"紹興十年四月□
日臨安府雕印"一行。

〔補〕**應氏類編西漢文章十八卷** 撰人未詳。○宋末建本,十三行
二十四字,細黑口,左右雙闌,行間有點擷。有錢曾、朱筠藏印,朱錫
庚跋。潘宗周藏。

唐文粹一百卷 宋姚鉉編。○嘉靖(十)三年甲申吳門徐焴刊,每頁
二十八行,行二十四字,頗佳,亦宋本之次也。萬曆重修不足觀矣。
○嘉靖八年晉藩刊本。○黃目有紹興九年刊本,何義門以校明本,
朱墨爛然。胡克家亦有之,欲刊而未果。○天祿書目有宋仁宗寶元
二年刊本,為文粹第一刊,刊者臨安孟琪,施昌言為後序。○昭文張
氏有元刊本,俱題"文粹"。○宋刊唐文粹五十卷本,每頁二十六行,
行二十五字。前有目錄上下兩卷,卷末題識有"古本"之稱,其分卷
編次與百卷本不同,詩文則有少無多。崇文總目載姚鉉文粹五十
卷,郡齋志亦謂鉉編唐文初為五十卷,此或即姚氏初本歟。

〔附〕○張氏志云:李□堂亦有寶元刊本,經藏趙子昂、邵二泉、季振宜
諸家。(抄本,田中本)○元刊本,天祿後目。○元刊殘本,二十六
行,行二十五字,分卷與百卷不同,疑是分五十卷。張目。○嘉靖六
年張大輪校刊本。○嘉靖晉府刊本。○明坊刻寶元本,行欵與宋本
同。○鄧渼刊本。(邵氏)

〔補〕○明嘉靖八年晉藩養德書院刊本,十三行二十一字,白口,四周單
闌。○明末刊本,九行二十字,白口,眉間鐫評語,劣本也。

〔補〕**文粹一百卷** 宋姚鉉編。○宋紹興九年臨安府刊本,十五行二

十四至二十七字不等，白口，左右雙闌，版心下方記刊工人名。前有
序，十三行二十二至二十四字。後有寶元二年施昌言後序，十三行
十八至十九字。卷末有紹興九行臨安府開雕銜名。鈐文徵明、錢謙
益、季振宜、徐乾學藏印。徐坊遺書，索值逾萬，近為張子厚收去。
○明初刊本，十五行二十五六字，細黑口，左右雙闌，宋諱間有缺筆，
似從宋建本出。李木齋先生有殘本六十八卷，號為元刊本。蔣汝藻
有一帙，印入四部叢刊初編，亦題曰元本。○清光緒十六年許增榆
園刊本，十四行二十五字。余曾以宋紹興九年刊本試校數卷，視明
初本為優。明初本似出自宋末麻沙陋刻，訛誤滿紙，故重印四部叢
刊初編易以徐熥本。

〔補〕**重校正唐文粹一百卷** 宋姚鉉編。○明嘉靖徐熥刊本，十四行
二十五字，白口，左右雙闌。余嘗校過，尚不及許增榆園本。此本已
收入四部叢刊初編二次印本中。○明嘉靖六年東陽張大輪刊本，十
四行二十五字，白口，左右雙闌。

西崑酬唱集二卷 宋楊億編。○康熙中刊注本。○徐乾學刊本。○
浦城遺書本。○天祿後目有宋寶元二年刊本二部，元本二部。○天
祿目無此書，亦無元本，恐是後目。且寶元恐是文粹也。○粵雅堂
本。

〔補〕○清光緒間徐幹刊邵武徐氏叢書本，九行二十二字。余據玩珠堂
本校，改七十餘字。

〔補〕**西崑酬唱集二卷** 宋楊億編。○明嘉靖十六年張綖玩珠堂刊
本，十二行二十字，白口，四周雙闌，版心有"玩珠堂"三字。前嘉靖
丁酉張綖序。此書宋刊本不存，此為傳世最早刊本。本友人秦君更
年藏，近承見讓，余亟以印入四部叢刊中，以答良友之惠。○明山陰
祁氏澹生堂寫本。江南圖書館藏。○明末毛氏汲古閣寫本，十二行
二十字，白口，左右雙闌。毛扆據明錢允治寫本傳錄。○清初影宋

精寫本,十二行二十字,鈐季振宜、王聞遠藏印,故宮藏。○清古香
樓刊本,有康熙馮武、朱俊升序。余藏。○清嘉慶十六年刊浦城遺
書本,顧廣圻據馮班傳鈔錢允治寫本校並跋。○清寫本。清周楨、
王圖煒注。聊城楊氏海源閣舊藏。

〔補〕**西崑酬唱集二卷** 宋楊億撰。**附見山堂遺詩一卷** 清趙作肅
撰。○清康熙間趙執信刊本,十行十九字。封面題"重刊宋本,見山
堂藏版"。見山堂遺詩有王易序,言作肅從姪秋谷擇其什三存之云
云。

同文館唱和詩十卷 宋鄧忠臣等選。○張文潛柯山集全載之。○有
舊鈔本。

〔附〕○按:四庫係抄本。(邵氏)

〔補〕○四庫本已印入四庫全書珍本初集中。

唐百家詩選二十卷 宋王安石編。○乾道中倪仲傳刊,有仲傳序。
○康熙癸未宋牧仲刊,據一殘本,一全本,又據臨川集序補。○黃氏
有宋殘本,多楊蟠序一篇,字句亦有異同。

〔補〕○按:荊公唐百家詩選有分人選錄與分類選錄二本,名同實異,莫
氏所著錄即分人選本也。○南宋初南昌刊本,十行十八字,白口,左
右雙闌。刊工有高智平、高智廣、高安道、蔡侃等,均南宋高、孝時江
西刊工。證以乾道己丑倪仲傳翻本序中有嗣得南昌刻本,字畫漫滅
之語,可知即南昌所刊也。存卷一至九,黃丕烈舊藏。

〔補〕**唐百家詩選二十卷** 宋王安石編,分類選錄本。○南宋初刊
本,九行,行十八至二十字不等,白口,左右雙闌,版心下記刊工人
名。前元符戊寅楊蟠序。余有殘本八卷,為卷九至十六,計八卷。
日本靜嘉堂文庫亦有殘本,為陸心源皕宋樓舊藏,存卷一至五,十一
至十五,近已影印行世。二本合計,去其複者,可得十三卷,所存亦
過半矣。

〔補〕**王荆公唐百家詩選二十卷**　宋王安石編。○清康熙四十三年宋犖刊本，十行十八字，白口，左右雙闌。從宋乾道本出，為分人選錄本。所據為宋刊殘本八卷，明初鈔本二十卷。余有一帙。

〔增〕**三蘇先生文粹七十卷**　○張氏志載有宋本。提要入之存目，以為明人編者，誤也。○明有數刊，皆翻宋本，每頁二十八行，行二十六字。○陸粲謫都鎮驛丞，曾刊于平越衛。邵亭在皖所收有此本。○天祿目有明板二部。

〔附〕○頃收明本。（原稿無，印本入正文，疑即莫棠所批也。）

〔補〕○宋婺州吳宅桂堂刊本，十四行二十六字，白口，四周雙闌。前孝宗御製蘇文忠文集叙贊。卷一至十一蘇洵，卷十二至四十三蘇軾，卷四十四至七十蘇轍。聊城楊氏海源閣舊藏。○明嘉靖本，十四行二十六字，白口，左右雙闌。行欵同宋本。

〔補〕**三蘇文粹七十卷**　宋蘇洵、蘇軾、蘇轍撰。○宋刊大字本，十行十八字，白口，左右雙闌，版心記字數及刊工人名，是寧宗時浙本。殘存四十一卷。日本靜嘉堂文庫藏。

〔補〕**重廣眉山三蘇先生文集□□卷**　宋蘇洵、蘇軾、蘇轍撰。○宋刊本，十三行二十七字，白口，四周雙闌。合三蘇之文分體編次。存卷一至四，十五至八十，計七十卷。卷二十八有紹興庚辰饒州德興縣董應孟識語，言寫作大字，命工刊板云云。然其書固密行小字，字體雕工亦屬紹興以後風氣，當是據紹興饒州本重雕耳。李木齋師藏。

〔補〕**三蘇先生文集七十卷**　宋蘇洵、蘇軾、蘇轍撰。○明成化刊本，半葉十四行，行二十六字，黑口，四周雙闌。

〔補〕**呂氏家塾增注三蘇文選二十七卷**　宋蘇洵、蘇軾、蘇轍撰。○宋刊本，十四行二十五字，細黑口，左右雙闌。卷首題呂祖謙遴選，"建安蔡文子行之增注"。全書多選書策、史論，供士子帖括之用。

前嘉定乙亥武夷吏隱序，蓋當時麻沙坊估所為，託名伯恭以取重也。

會稽掇英總集二十卷 宋孔延之編。○淡生堂餘苑本。○近刊本。
○抄本。

清江三孔集四十卷 宋王蓬編。○路氏有舊鈔本。

〔補〕三孔先生清江文集四十卷 附**孔氏雜說一卷** 宋王蓬編。卷
一至二為孔文仲集，卷三至十九為孔武仲集，卷二十至四十為孔平
仲集。○明寫本，墨格，十行二十字，黑口，四周雙闌。前慶元五年
周必大序。後有同年王蓬跋。雜說後有淳熙庚子沈詵跋。鈐有明
朱象玄、清郁松年印。此本抄工秀美工整，流傳有序、較世行本多六
卷，為三孔集傳世最善之本。余藏。○清寫本，十行二十二字。分
卷與上本同，後有慶元五年權發遣臨江軍王蓬跋，即其任職臨江時
命學官屬吏重編定者。按今本三孔集中，平仲集缺六卷，王蓬跋亦
殘缺，此二本均有之，且可據王跋知三孔集成書之由，甚可貴也。

〔補〕三孔先生清江文集三十卷 宋王蓬編。卷一至二為孔文仲
集，卷二至十九為孔武仲集，卷二十至三十為孔平仲集。○清禦兒
呂氏講習堂影抄元刊本，九行二十二字，版心有"講習堂"三字。有
慶元五年周必大序。卷中"留"、"啟"二字缺筆、避呂氏家諱，鈐"保
中藏書之章"。○清寫本，十四行二十四字。卷中多有空格，是從舊
本照錄所致。鈐撲敘謙牧堂藏印。○清寫本，九行十八字。鮑廷博
手校二卷。

〔補〕清江三孔集三十四卷 宋王蓬編。**校勘記一卷** 今人胡思敬
撰。○民國六年胡思敬刊豫章叢書本。卷一至二為文仲集，卷三至
十九為武仲集，卷二十至三十四為平仲集。余曾據呂氏講習堂寫本
校一帙，補異字佚文至多。後又用朱象玄舊藏明寫本校，補平仲集
佚文六卷。

〔補〕沈氏三先生集八卷 內分子卷，為沈遘西溪文集十卷，沈括長

興集四十一卷,沈遼雲巢編十卷,内長興集只刊卷十三至三十、三十二,餘未刊。〇明萬曆間刊本,九行二十字,每卷後有處州司理參軍高布監雕一行,從宋本出。文德堂見。

三劉先生家集不分卷　宋劉渙、劉恕、劉羲仲撰。藏園按:此書四庫著錄,莫氏未收。〇清影寫元刊本,九行十八字,鈐樂意軒吳氏印。

〔增〕三謝詩一卷　宋唐庚集。〇宋刊本。每半頁十二行,行二十二字。卷中有嘉泰甲子郡守重修云云,所謂宣城本者是也。〇又有明刊本。

〔補〕〇宋本三謝詩為聊城楊氏海源閣舊藏,近為日本滿鐵大連圖書館收去。日人橋川時雄已影印。

二程文集十三卷附錄二卷　宋胡安國編。〇呂氏刊全書本。〇河南祠堂本。〇寶誥堂本。〇元至治二年壬戌臨川譚善心元之刊本,半頁十行,行二十字。

宋文選三十二卷　不著編輯人名氏。〇路氏有抄本。〇天祿書目有宋巾箱本,小楷書,筆法森嚴,行中自見清朗,未載刊年。

〔補〕聖宋文選全集三十二卷　不著編輯人名氏。〇宋刊巾箱本,十六行二十八字,白口,左右雙闌,版心下記字數及刊工名。有黄丕烈跋。江南圖書館及潘宗周氏均有殘本。天祿目著錄者當即此本。〇清初影寫宋刊本,行欵同上。有康熙二十八年柯崇樸跋,言吕留良覓此書,康熙二十四年借徐乾學藏宋本錄出。余藏。

坡門酬唱集二十三卷　宋邵浩編。〇天祿後目有影宋本,邵浩作邵詣,字叔義,金華人,隆興癸未進士。

〔補〕〇清影宋寫本,九行十六字。蘇州楊馥堂肆閲。

樂府詩集一百卷　宋郭茂倩編。〇明刊。〇汲古閣刊。〇張氏志有至正初元彭萬元刊本,毛子晉以宋本校過,有文學掾周慧孫序,毛刊本遺之。

〔附〕○元本每半頁十一行,曾見明印本,有嘉靖三十年補版。(原稿
　　無,印本入正文。)

〔補〕○南宋初浙江刊本,十三行二十三字,白口,左右雙闌,版心下記
　　刊工人名,存七十九卷,目錄二卷。鈐徐乾學藏印。缺卷用元本配
　　補。原閻敬銘家藏,鄉人白堅持來求售,遂以重值收之。海內孤本,
　　為雙鑑樓藏總集宋刊中弁冕。○元至正元年集慶路儒學刊本,十一
　　行二十字,黑口,左右雙闌。有後至元六年李孝光序及至正初元周
　　慧孫序。此本版入南監,傳本尚多,不為世重。余有一帙,余據宋本
　　校,改正甚多。又遇錄陸貽典校本于其上,陸校據趙均、馮班、錢求
　　赤校本。友人董康堅求割讓,遂以歸之。○明末毛氏汲古閣刊本,
　　十一行二十一字,細黑口,左右雙闌,間有白口者。每卷後有“東吳
　　毛晉訂正,男扆再訂”一行。毛本校讐較佳,實優于元刊明補本。已
　　印入四部叢刊初編。

古今歲時雜詠四十六卷 宋蒲積中編。○天一閣、汲古閣均有舊
　　抄。○彭文勤有萬曆乙未影宋本。○昭文張氏有葉石君舊抄本。

〔補〕○清寫本,十行二十字,卷中遇宋帝空格。有紹興丁卯蒲積中序。
　　鈐劉喜海藏印。○清寫本,十行二十字。清范邦甸校。鈐有阮元藏
　　印。余藏。

新刊古今歲時雜詠四十六卷 宋蒲積中編。○明藍格寫本,十一行
　　二十字。柳蓉村送售。

嚴陵集九卷 宋董弅編。○天一閣刊。

〔補〕**古今絶句三卷** 宋吳説編。○南宋杭州刊本,十行十四字,白
　　口,左右雙闌。常熟瞿氏鐵琴銅劍樓藏書。

南嶽倡酬集一卷附錄一卷 ○明祝完刊。

〔補〕**南嶽唱酬集一卷** 宋朱熹、張栻、林用中撰。○明弘治刊本,九
　　行二十五字,黑口,四周雙闌。余藏。○四庫本已印入四庫全書珍

本初集。

萬首唐人絕句九十一卷 宋洪邁撰。○明嘉靖辛丑陳敬學仿宋刊本，佳。刊作一百一卷，敏求記作一百三卷。○原本七言七十五卷，目錄三卷，五言二十五卷，六言一卷。趙宦光刊統合為一。○竹垞詩話云，鄭端簡名曉，刊唐萬選絕句，疑即此詩。○陳敬學本，卷數與汪綱跋及焦氏經籍志合。容齋跋云，越府所刊七言至二十六，五言至二十卷，而奉祠歸鄱陽，乃雇婺工刊之。汪綱跋云凡一百卷，半刊會稽，半刊鄱陽。嘉定癸未，綱守越，遂揭鄱陽本併刊之，合而為一。

〔補〕**萬首唐人絕句一百一卷** 宋洪邁編。○明嘉靖九年德星堂刊本，十行二十字，白口，左右雙闌。前紹熙元年洪邁序及進書劄子，目後有嘉定辛亥吳格修版識語。後有嘉靖辛丑陳敬學跋，言都憲陳公命其領校刊之任，三年始成云云。版心下方有"德星堂"三字。友人葉德輝氏遺書，在其姪啟勳處。

〔補〕**宋洪魏公進萬首唐人絕句四十卷** 宋洪邁編。○明萬曆三十五年趙宦光刊本，十行十八字，白口，左右雙闌。李木齋藏。

聲畫集八卷 宋孫紹遠編。○曹棟亭刊。○收竹垞舊寫本，有漁洋借觀題語。

〔補〕○宋刊本，日本有一帙，已影印。余己巳東游曾見于肆中，匆匆未遑記錄。○明天一閣舊藏藍格寫本，十行二十字。"構"字注"太上御名"，從孝宗時刊本錄出。余藏。余取校曹氏棟亭十二種本，改定四百三十七字，洵善本也。○清寫本，九行十七字。鈐順治間曹溶及怡府明善堂印。卷八末缺詩八首，所缺與天一閣寫本此二葉下半缺失處合，知即從天一閣舊藏寫本出。海源閣佚出書。

〔增〕**新雕聖宋文海一百二十卷** 宋江鈿撰。李心傳朝野雜記云，孝宗得此書，命本府刊板。周益公以編次無倫，請命呂東萊編文鑑一書。○張氏志有殘宋淳熙四年刊本六卷。

〔補〕○宋刊殘本在瞿氏鐵琴銅劍樓，十三行二十二字，白口，左右雙闌。存卷四至卷九，計六卷，即莫氏著錄之本。

〔增〕**兩漢策要十二卷** ○張氏志云抄本。○宋陶叔獻原本，金常彥修、孫□增補。據大定乙巳王大鈞序云，先是常同知彥修刊行錯缺，嘗欲增廣，不幸早世，二孫乃承意再為編鋟木。○又，汲古閣秘本書目云，是趙文敏真跡，此則從之傳鈔者。○此書又有新刊仿元之本，宛然趙書。

〔補〕○趙孟頫手寫兩漢策要已影印行世，然是後人之學趙書者寫。

宋文鑑一百五十卷 宋呂祖謙奉敕撰。○明嘉靖五年晉府至道堂刊本。○弘治間修舊本，慎獨齋刊。○嘉泰甲子沈有開刊板，序云諸處未見刊板，惟建寧書坊有之，而文字多誤。端平元年劉炳跋曰，鋟木之始，一付之刀筆吏，欠補亡刊正之功，後雖更定，譌缺猶多。近于東萊家塾得正誤續本，命劉崇卿以他集訂正之，凡刪改三千有奇，與刓改不可讀者百餘板併新之。○宋刊有大小字兩本，黃蕘圃有殘本五部，合為百衲本。○張氏志有蕘竹堂傳錄宋本，題端平重修皇朝文鑑，吳立峰嘗取校明刊，謬誤不可枚舉，至有脫去一二頁者。○天順間邵齡刊宋本。○嘉靖八年晉藩養德書院刊本，十三行。○宋大字本皇朝文鑑，每半頁十行，行十九字。

〔補〕**皇朝文鑑一百五十卷目錄三卷** 宋呂祖謙編。○宋嘉泰四年新安郡齋刊端平元年修訂本，十行十九字，白口，左右雙闌，版心上記字數，下記刊工人名。前呂祖謙進書劄子及謝表，次周必大序。存八十四卷，餘鈔配。已印入四部叢刊初編。○宋麻沙劉將仕宅刊本，十三行二十一字，黑口，左右雙闌。目錄題"新雕皇朝文鑑"，劄子後有"沙麻劉將仕宅刊行"牌子。李木齋先生藏。

〔補〕**新雕宋朝文鑑一百五十卷目錄三卷** 宋呂祖謙編。○明天順八年嚴州刊本,十三行二十一字,黑口,左右雙闌。前有天順八年商輅序,次周必大序及呂氏進書劄子。此本版入南監,見南雍志文集類。

〔補〕**大宋文鑑五十卷目錄三卷**　宋呂祖謙編。○明正德十三年慎獨齋刊本,十二行二十五字,細黑口,四周雙闌。杭州冷肆見殘帙。

〔補〕**宋文鑑一百五十卷目錄三卷**　宋呂祖謙編。○明嘉靖五年晉藩養德書院刊本,十三行二十一字,黑口,左右雙闌。

〔補〕**校正重刊官板宋朝文鑑一百五十卷目錄三卷**　宋呂祖謙編。○明刊五經堂刊本,十行二十字。余據宋本校一本。

古文關鍵二卷　宋呂祖謙撰。○嘉靖刊。

〔補〕**東萊先生古文關鍵二卷**　宋呂祖謙編。○明刊本,八行二十字,黑口,四周雙闌。

〔補〕**增註東萊呂成公古文關鍵二十卷**　宋呂祖謙撰,蔡文子註。○宋刊本,十二行二十三字,白口,左右雙闌,版心上記字數,下記刊工人名,避宋諱至慎字。卷首次行題“東萊呂祖謙伯恭譔”,“建安蔡文子行之註”。篇題次行有總評,每段或句下有詳評,雙行,字數同。

〔補〕**續增歷代奏議麗澤集文十卷附關鍵增廣麗澤集文一卷**　題宋呂祖謙編。○宋刊本,十二行二十二字,白口,左右雙闌。瞿氏鐵琴銅劍樓藏書。

〔增〕**觀瀾集注三十卷**　宋林之奇編,呂祖謙集註。之奇尚書全解、祖謙古周易並已著錄。是編宋志載六十三卷,此從宋本影抄,僅及其半。甲集二十五卷自屈平下六十五人,乙集五卷,自揚雄下十九人,分類編輯。集注多依舊注為之,捃拾精核。○阮氏以進呈。

〔補〕**東萊集註類編觀瀾文集甲集二十五卷乙集二十五卷**　宋林之奇編,呂祖謙集註。○宋建安坊本,十一行十九字,註雙行二十四字,細黑口,左右雙闌。劉承幹嘉業堂藏。

〔補〕**東萊集註觀瀾文丙集二十卷** 宋呂祖謙集註。○宋建安坊本，十一行十九字，註雙行二十四字，白口，左右雙闌。僅見殘卷。

〔補〕**麗澤集□□卷** 不著撰人名氏，傳呂祖謙編。○宋本，十二行二十二字，白口，四周雙闌，存卷一至三十五，皆詩。瞿氏鐵琴銅劍樓藏。

回文類叙四卷補遺一卷 宋桑世昌編。○刊本。○康熙中刊本四卷，續編一卷。

五百家播芳大全文粹一百十卷 宋魏齊賢、葉棻同編。○路氏有抄本。○昭文張氏有舊抄本。○竹垞云，于徐仲章處見宋本，首有南徐許開紹熙庚戌序。

〔附〕○見宋刊本兩冊。（原稿無，印本入正文。）

〔補〕**聖宋名賢五百家播芳大全文粹□□卷目錄□卷** 宋葉棻編，魏齊賢校正。○宋建本，十四行二十五字，白口，左右雙闌。有紹熙改元許開序。存一百卷，目錄七卷，然卷次均遭挖改，已不可據，原有卷數、卷次待考。目錄次行、三行題“衢山精舍葉棻子實編”，“富學堂魏齊賢、仲賢校正”。鈐季振宜藏印。余代蔣汝藻收得，後蔣氏商業失敗，舉全部藏書歸之涵芬樓，此帙即在其中。○此書曾見明鈔本二帙，均為百卷本，即從上記宋刊殘本抄出。惟瞿氏鐵琴銅劍樓藏一抄本，為一百五十卷全本，極為可珍，惜未能取百卷本一校，以復宋代卷次原貌也。明鈔百卷本均棉紙藍格，半葉十行，行二十至二十四字不等，分藏李思浩、邢之襄二家。坊肆間亦嘗見殘帙。

〔補〕**聖宋名賢五百家播芳大全文粹一百十卷** 宋葉棻編，魏齊賢校正。○清孔廣陶嶽雪樓寫本，十行二十字，無格。余藏。余據宋建本及明抄本校。

〔補〕**聖宋名賢四六叢珠一百卷** 宋葉棻編。○明寫本，十四行二十四字。目録以他本配入。前慶元丙辰吴奂然序。又有僞王寵跋。翰文齋送閲,以借校渠所藏他書,勉為一跋。此書天一閣有殘本,傳世又有節本,名四六叢珠彙選,四庫併載於類書及總集存目中,全者極為罕見。然如此鉅編、采書至二百二十四種,二百十一家,而所録文之下不著撰人,致後人無從引據,至為可惜。

〔補〕**崑山雜詠三卷** 宋龔昱輯。○宋開禧三年崑山縣齋刊本,八行,行十四至十八字不等,寫刻精美,宛如宋人手蹟。海虞瞿氏藏。

〔補〕**王狀元標目唐文類十二卷** 撰人未詳。○明活字印本,十行二十字。卷首次行題"祁東李氏銅板印行"一行。

〔補〕**精選皇宋策學繩尺十卷** 不著撰輯人名氏。○明綠格寫本,十一行二十字。水濕殘泐,未收。

〔補〕**新編四六寶苑羣公妙語□□卷** 宋祝穆撰。○舊寫本,無格,十三行二十四字。似從舊本抄出。

〔補〕**精騎六卷** 不著撰輯人名氏。○宋永康陳宅刊本,十三行二十三字,白口,四周雙闌。目後有牌子,文曰"婺州永康清渭陳宅刊行"二行。摘録唐、北宋名家文之精要,供帖括之用。

崇古文訣三十五卷 宋樓昉編。○明大字刊本。○黄蕘圃有宋本。

〔附〕○元麻沙巾箱本。天禄後目。(邵氏)

〔補〕**迂齋先生標注崇古文訣二十卷** 宋樓昉編。○宋建本,十二行二十三字,細黑口,左右雙闌。有黄丕烈跋。日本靜嘉堂藏。又一帙,殘存卷四至十一,十九至二十,計十卷。粤人潘宗周氏寶禮堂藏。

〔補〕**新刊迂齋先生標註崇古文訣三十五卷** 宋樓昉編。明刊本,九行十九字,白口雙闌。即莫氏著録之明大字本。

〔補〕**迂齋標註諸家文集□卷** 宋樓昉編。○宋刊本,九行十九字,白口,左右雙闌。中縫處版心上記大、小字數,下記刊工人名。行間有圈、點、擿，評語小字在行右，每篇題下有總評。避宋諱至廓字止。有寶慶丙戌陳振孫序。全書不標卷次，以先秦兩漢文為一集，九十四葉；唐文為一集，一百一葉，宋文為一集，殘存三十八葉。鈐明項篤壽、清季振宜印。有舊人跋，謂即崇古文訣之初型。

成都文類五十卷　宋程遇孫等同編。○舊刊本作袁氏撰。○曝書亭藏刊本。

〔補〕○明刊本，十行十八字，黑口，四周雙闌。前慶元五年四川安撫使袁說友序，後有銜名八行，均宋時川中官吏，蓋宋時始刊於成都，此則明嘉靖、萬曆時所刊也。

〔補〕新刊國朝二百家名賢文粹三百卷　編輯人未詳。○宋慶元三年書隱齋刊本，十四行二十四字，白口，左右雙闌，是蜀中書坊刻本。此書近年內閣大庫流散出殘本，頻年閱肆見四十七卷，余收得七卷，李木齋師有六卷，餘卷分藏各家。○海源閣亦藏殘本一百九十七卷，卷次均經剜改。余輯宋代蜀文，以重價求此書，以藏者所望過奢，終未能諧。後為友人收去，亦秘藏不出。此書為宋文淵藪，所存宋代蜀賢佚文至夥，近在眉睫而不獲一檢視，引為平生憾事。

文章正宗二十卷續集二十卷　宋真德秀編。○嚴相有元本續正宗十六冊。○明嘉靖甲辰孔天胤刊。○又胡楷刊續集。○又明末刊。○又，近日江西刊本，不佳。

〔附〕○收嘉靖丙申刊本二十四卷，前有崔銑序。○明初鄭柏亦選續正宗。（原稿無，印本入正文。）○宋真德秀自刊本，寬行大字。續集有咸淳丙寅倪澄本，寬行大字。天祿目。○元刊本，正集二十六卷。元本續正集十六冊。（邵氏）

〔補〕西山先生真文忠公文章正宗二十四卷　宋真德秀編。○元刊本，十行二十字，細黑口，左右雙闌。每卷後有"國學正奏名蔡公亮校正"一行。○又一帙，行欵同上而版心稍大，亦元刊本，海虞瞿

氏藏。○又一帙，行欵同上而非一刻。鈐天祿繼鑑印。○明刊本，
中版心，十行二十一字，黑口，左右雙闌。海虞瞿氏藏，亦題為元本。
○明正德、嘉靖間刊本，十行二十一字，白口，四周單闌。

〔補〕**續文章正宗二十卷** 宋真德秀編。○宋刊本，十一行二十一
字，白口，左右雙闌，南宋後期浙本。○明嘉靖二十一年胡松刊本，
十行二十一字，白口，四周單闌。余藏。

天台前集三卷前集別編一卷續集三卷續集別編六卷 ○明初
刊。

〔附〕○是集皆裒集天台題詠，宋李庚原本，林師藏等增修。別編則師
藏姪表民所輯補。（邵氏）

〔補〕○四庫本已印入四庫全書珍本初集。

赤城集十八卷 宋林表民編。○弘治中刊。○台州新刊。

〔補〕○明弘治十年謝鐸刊本，十行十八字，黑口，四周雙闌。

妙絕古今四卷 宋湯漢編。○明刊大字本。○天祿後目有宋刊本。

〔附〕○寶祐丁巳本。（邵氏）

〔補〕**東澗先生妙絕古今文選四卷** 題宋湯漢編。○元刊本，十行
十八字，注雙行同，細黑口，左右雙闌，版心上記字數，下方間記刊工
人名。卷中間有圈點評注。宋諱缺筆，是翻自宋刊本者。○蕭氏古
翰樓刊本。繆荃孫藏。

〔補〕**妙絕古今不分卷** 宋湯漢編。○明刊本，八行十七字，白口，左
右雙闌。李木齋先生藏。

〔增〕**西漢文鑑二十一卷東漢文鑑二十卷** 宋陳鑑撰。○天祿目
有元刊本。○張氏志有明刊本。○邵位西有慎獨齋刊本。鑑建安
人，自序在端平甲午，自稱石壁野人及南宋遺民。○二書皆有宋刊
巾箱本，阮氏先後獲以進呈。

〔補〕○明刊巾箱本，九行十八字，白口，四周單闌。前有端平甲午自

序。○明刊大字本，亦九行十八字，白口，四周單闌。盛昱鬱華閣遺
書。○明弘治十八年建安劉氏日新堂刊本，十行二十一字，黑口，四
周雙闌。存東漢文鑑二十卷。盧址抱經樓藏。觀於寧波靈橋巷盧
氏宅中。○明嘉靖二年劉弘毅慎獨齋刊本，亦十行二十一字，黑口，
四周雙闌。

〔補〕**二十先生迴瀾文鑑十五卷後集八卷** 宋虞祖南評，虞夔箋
注。○宋建安江仲達羣玉堂刊本，十二行十九字，細黑口，左右雙
闌，左闌外記篇名。選司馬光以次北宋、南宋名家二十人之文。有
"建安江仲達刊於羣玉書堂"牌記二行。

〔補〕**類編層瀾文選前集十卷後集十卷續集十卷別集十卷** 不
著撰輯人名氏。○元刊本，十三行二十字，細黑口，四周單闌。題
"雲坡家塾鼎新刊行"。下有牌記五行，言據舊本重新增添，前集類
編賦詩韻諸雜著，後、別、續三集類編散文記傳等作，視舊本大有逕
庭云云。

〔補〕**詩準四卷** 宋何無適、倪希程輯。○宋刊本，十一行十八字，白
口，左右雙闌。存二卷，鈐季振宜印。四庫存目為三卷，附錄一卷。

〔補〕**詩準四卷詩翼四卷** 宋何無適、倪希程輯。**附錄一卷** 明沈大
忠撰。○明萬曆十二年新樂王刊本，十行十八字。前淳祐癸卯王柏
序、明新樂王序及青州知府沈大忠序。後有嘉靖甲申郝梁跋。余
藏。余據宋刊殘本校過，微有脫誤，所最異者為詩準卷二明本與宋
本次序不同。四庫存目。

〔增〕**分門纂類唐宋時賢千家詩選二十二卷** 宋劉克莊撰。克莊
後村集已著錄，是書著錄家未及，唯兩淮鹽課御史曹寅刊棟亭叢書
十三種中有之，前後無序跋。按後村大全集有唐五七言絕句選及本
朝五七言絕名選、中興五七言絕句選三序，或鋟板于泉、于建陽、于
臨安，則克莊在宋時固有選詩之目，此則疑當時展轉傳刊，致失其緣

起耳。○分時令至人品十四門，阮氏曾進呈。

〔補〕分門纂類唐宋時賢千家詩選前集□□卷後集□□卷　宋

劉克莊輯。○宋元間坊刻本，十一行二十一字，細黑口，左右雙闌。存前集一至四，八至十五，十八至二十，計十五卷。又後集二至四，八至十，計六卷。余曾借校前集。繆荃孫藏一帙，後歸李木齋。

〔補〕分門纂類唐宋時賢千家詩選十五卷後集五卷　宋劉克莊

輯。○元初刊本，十一行二十一字，黑口，左右雙闌。卷中宋諱不避。徐乃昌自日本購歸，輾轉歸張君伯英。余曾取校曹氏楝亭十二種本，曹本將詩題上"唐賢"、"宋賢"、"時賢"諸陰文小題盡行刪去，詩題人名亦多失載。又改正曹本誤字缺文數百言。

唐僧弘秀集十卷　宋李龏撰。○刊本。○有元刊本。○汲古詩詞雜

俎刊剪綃集一卷。○嚴相有宋本五冊。

〔補〕○宋陳解元書籍鋪刊本，十行十八字，白口，左右雙闌。前李龏

序，序後有"臨安府棚北大街睦親坊南陳解元宅書籍鋪刊行"二行。存一全帙，有徐乾學、季振宜藏印。故宮藏。又一殘帙，存卷一至八，有黃丕烈跋。李木齋藏。○明嘉靖黃魯曾刊本，十二行二十字，白口，左右雙闌。○明萬曆刊本，八行十八字，白口，四周單闌。○明末毛氏汲古閣刊本，每卷後題"男扆再校"，是經校改重刻之本，卷十尚顏詩不誤。余有一帙，余據宋陳解元書籍鋪本校，改正二百又三字。

衆妙集一卷　宋趙師秀撰。○詩詞雜俎刊。

江湖小集九十五卷　宋陳起編。○讀畫齋刊南宋羣賢小集一百七十

二卷，多館本十二家。嘉慶六年又刊補遺二卷。

〔補〕汲古閣景鈔南宋六十家小集九十七卷　宋陳起編。○明末

毛氏汲古閣影寫宋臨安府陳宅書籍鋪刊本，十行十八字，白口，左右雙闌。(此本民國十年上海古書流通處已影印行世。子目參閱中國

叢書綜録一、總目。）

〔補〕**宋人小集六十家**　○清寫本，九行十六字。存五十八種，始葉紹翁靖逸小草，終林希逸竹溪十一稿。其中朱繼芳、施樞芸二家各二種，實五十六家。鈐朱彝尊藏印。除尤袤、嚴粲、陶弼外，羣賢小集均有之。○清觀稼樓寫本。十行二十字，版心題“觀稼樓鈔書”。起武衍藏拙餘稿，終利登骹藳，存四十七家，内四十四家羣賢小集有之。鈐張載華藏印。

〔補〕**前賢小集拾遺十卷**　宋陳起編。○清寫本，十行十八字。題“錢唐陳起宗之編”。鈐有吳城、黃丕烈、張金吾等藏印。

江湖後集二十四卷　宋陳起編。○讀畫齋刊。

〔補〕○清乾隆四十七年鮑廷博知不足齋寫本，墨格，十行二十一字。

〔補〕**羣公吟稿戊集七卷**　宋陳起編。○宋陳宅書籍鋪刊本，十行十八字，白口，左右雙闌。存戴式之、高若愚、姜元章、嚴坦叔四家。有顧廣圻、黃丕烈跋。已影印行世。○清影寫宋刊本，行欵同上。盧址遺書。

〔補〕**九僧詩一卷**　宋釋希晝等撰。○明末毛氏汲古閣影寫宋刊本，十行十八字，白口，左右雙闌。李木齋先生藏。○清康熙五十四年刊本，十行二十字。○清道光十六年刊本，前有石韞玉序，言從汲古閣寫本出。

〔增〕**宋刊詩苑衆芳一卷**　凡詩二十四家，首長樂潘牥，終古汴吳起龍，署云吳郡梅溪劉瑄伯玉敬編，各家書目所未載，見黃氏書目。○阮氏進呈，提要亦有之，謂一人之詩多不過十首，少或一二首，計僅八十二首，近體較多而抉擇精當，似取法於唐人之選唐詩，出于影元抄本。

〔附〕○陸心源近刊本。

三體唐詩六卷　宋周弼撰，元釋圓至注，國朝高士奇補注。○明刊本二十卷，稱箋注唐賢三體詩法。

〔補〕**唐三體詩六卷** 宋周弼編，清高士奇補注。**續唐三體詩八卷**
清高士奇編。○清康熙高士奇朗潤堂自刊本，十一行十九字。余
藏。

〔補〕**箋註唐賢絕句三體詩法二十卷** 宋周弼編。○明刊本，大版
心，九行十七字，黑口，四周雙闌。海虞瞿氏鐵琴銅劍樓藏。

〔補〕**箋註唐賢三體詩法二十卷** 宋周弼編。○明刊本，十一行十
九字，白口，四周單闌。前大德九年方回序。陸貽典以元刊本校並
補鈔第二十一卷。

〔補〕**增註唐賢三體詩法三卷** 宋周弼編。○日本翻元本，十二行二
十二字，增註以陰文別之。有元至大二年斐庚序及方回序。有唐十
道及開基、混一、方鎮等圖。

論學繩尺十卷 宋魏天應編。○明福建提學游明校刊。

〔補〕**批點分格類意句解論學繩尺十集附諸先輩論行文法一卷**
宋魏天應編，林子長箋，明游明校正。○明成化游明刊本，十一行二
十二字，黑口，四周雙闌。李木齋先生藏。

〔補〕**聖宋名臣獻壽文集十二卷** 不著撰輯人名氏。○明寫本，十
行十九字。十二卷中，先賦、頌、記，次各體詩。存卷一至五。此書
各家書目均未見著錄，所收文多罕見之人，可補各家佚文。涵芬樓
藏。此書四庫存目。

吳都文粹九卷 宋鄭虎臣編。○康熙中施氏活字本。○昭文張氏有
鎮洋七十三叟錢枚乾隆十九年手抄本。○宋本十卷。

〔補〕○明寫本，鈐文元發、竹塢諸印，明吳門文氏舊藏。存卷六至八，
余藏。○清活字印本，九行二十一字，白口，左右雙闌。余過錄友人
章鈺校王鶴溪本及宋賓王本，又用黃丕烈校本校卷一至三。又錄錢
枚、李希聖跋。○清寫本，九行二十一字。鈐潘菽坡藏印。以上三

書均十卷本。

古文集成全集七十八卷 宋王霆震編。○湘潭袁漱六家有宋本，甲
六卷，乙八卷，丙十卷，丁九卷，戊八卷，己八卷，庚八卷，辛七卷，壬
八卷，癸九卷。

〔附〕○頃見江編修收宋本，即袁氏物。（原稿無，印本入正文，疑莫棠
批。）

〔補〕**新刊諸儒批點古文集成前集七十八卷** 宋王霆震編。○宋
末麻沙坊本，十三行二十五字，細黑口，左右雙闌。鈐清“翰林院典
籍廳關防”，卷中四庫館臣塗改處尚一一可辨，即四庫底本也。此本
分甲至癸十集，莫氏誤記卷數。其丙集實七卷，丁集實八卷，庚集實
六卷，應訂正。此本余得之於江標家，癸酉歲大鬻藏書以償宿逋，歸
王綏珊。

〔補〕**羣公四六十集** 不著撰輯人名氏。○明寫本，棉紙紅格，十一行
二十字。分甲至癸十集，每集前有目錄。所採皆南宋人啟劄之文。
涵芬樓藏。此書四庫存目僅為續集十卷，亦不著撰人名氏。

〔補〕**四家四六不分卷** 不著撰輯人名氏。○宋刊本，十行十九字。
四家為壺山、臞軒、後村、巽齋。共六冊。鈐毛晉印記。松江韓氏藏
書。

〔補〕**重廣草木蟲魚雜詠詩集□卷** 失撰輯人名氏。○宋元間刊
本，十行二十一字，黑口，四周雙闌。存卷六至七，卷十一至十八，共
十卷。鈐朱彝尊印記。

〔增〕**章泉澗泉二先生選唐人絕句五卷** 趙蕃、韓淲同編，謝疊山
注，胡次焱箋。○明宣德甲寅刊。○近有重刊本。○嘉慶末阮氏曾進
呈。

〔補〕**註解章泉澗泉二先生選唐詩五卷** 宋趙蕃、韓淲編，謝枋得
註。○明刊本，八行十六字，白口，左右雙闌，註雙行低一格十五字。

有謝枋得序。莫棠藏。

文章軌範七卷 宋謝枋得編。○明刊。○王伯安在龍場刊。○康熙
戊戌刊。

〔附〕○元刊分王、侯、將、相、有、種、乎七卷。○同治楊氏刊本。○吳
氏重刊元本。（邵氏）

〔補〕**疊山先生批點文章軌範七卷** 宋謝枋得輯評。⊙元刊本，十
行二十二字，黑口，左右雙闌。行間有圈、點、㩽，評註皆小字旁列。
每篇前後間有總評。用王、侯、將、相、有、種、乎七字標卷次。清錢
謙益用朱筆評點。有康熙五十一年許運昌跋。

〔補〕**唐初四家集八卷** ○明刊本，十行十八字。收王勃、楊炯、盧照
鄰、駱賓王四家，每家二卷，有賦、詩而無文。前寶慶元年謝枋得序。

月泉吟社詩一卷 宋吳渭編。○詩詞雜俎刊。○續藝圃刊。

〔補〕○清康熙五十五年吳寶芝刊本。

〔增〕**分類唐歌詩殘本十一卷** 宋趙孟奎編。孟奎字文耀，宋太祖十
一世孫，寶祐丙辰文天祥榜進士，官至秘閣修撰。是編原書凡一百
卷，自序云得一千三百五十三家，四萬七百九十一首。此本依絳雲
樓舊藏過錄，僅存天地山川類五卷，艸木蟲魚類六卷。毛扆據跋稱，
葉文莊集謂從雷侍講錄殘本，完者僅二十七卷，前此二百年尚止乎
此云云。缺佚雖多，然全書體例由是可推。且唐人隱僻姓氏，如扆
所記文丙、詳大諸人，未嘗不藉是以存也。（按：此段莫氏錄自阮氏
提要，僅刪落數字。）○阮氏以進呈。○粵雅堂刊本。

〔補〕**分門纂類唐歌詩一百卷** 宋趙孟奎編。○宋刊本，十行十八
字，白口，左右雙闌。存天地山川類五卷，草木蟲魚類六卷，共十一
卷。有毛扆、顧廣圻等跋，瞿氏鐵琴銅劍樓藏。此為僅存宋本，傳世
鈔本均從此出。○清曹寅家影寫宋刊本，十行十八字，存十一卷，即
從前記宋刊本影出。余取宛委別藏本校之，乃知阮氏進呈時頗有改

動,篇章缺失者逕删之,目錄不完者以意補之,甚至增損行幅,妄連
前後二文為一,繆誤頗多,卷中次第亦有紊亂處,余別有跋詳言之。

〔增〕**分類唐詩十二卷** 宋趙孟堅撰。○原本八十卷,今逸。嚴久能
有殘宋本。此條邵位西所記,疑與前孟奎書為一書,此堅字誤歟?

〔補〕○邵懿辰誤記,莫氏所疑是。瞿氏藏宋本正有嚴元照跋,可證邵
氏所謂嚴久能殘宋本即前記宋本。

文選補遺四十卷 宋陳仁子撰。○明荼陵東山書院刊。○今乾隆二
年刊。○道光乙巳湖南刊。

蘇門六君子文粹七十卷 不著編輯人名氏。或題陳亮,無所據也。
○刊本甚精。

〔補〕○明崇禎六年刊本,九行十九字,白口,左右雙闌。余藏。

三國文類六十卷 不著編輯人名氏。○正德丁丑刊。

〔附〕○元刊本,天祿目。(邵氏)

〔補〕○清寫本,從宋本出。盧址抱經樓散出之書。

增注唐策十卷 不著編輯人名氏。○麻沙刊本。

〔補〕○明正德本,十行十八字,白口。余藏。

十先生奧論四十卷 不著編輯人名氏。○麻沙刊本。

〔補〕○四庫本已印入四庫全書珍本初集中。

〔增〕**八唐人詩十册** ○季目:宋本杜審言、馬戴、司馬札、許棠、于鵠、
儲嗣宗、唐求、鄭谷。

〔增〕**唐三十家詩** ○劉燕庭有宋本,季目亦有之,曹鄴、劉駕、姚鵠、
儲嗣宗、劉威、鄭巢、李建勳、張喬、許棠、司馬札、孟貫、韓君平、殷文
珪、于鵠、羅虬、劉兼、劉滄、周賀、章孝標、皇甫曾、顧非熊、薛能、嚴
維、包佶、秦隱君、項斯、李山甫、曹松、楊凝、李嘉祐。

詩家鼎臠二卷 不著編輯人名氏。○麻沙刊本。

〔補〕○上卷五十八人,下卷三十七人,人各一二首,大率晚宋江湖小集

中諸家。原本出朱彝尊家,卷首佚去半葉八行,各家傳本皆然。○清寫本,有舊人錄勞權校。余嘗以之校四庫本,四庫本諸家姓氏、標題奪文至三十則。○四庫本近已印入四庫全書珍本初集中。

兩宋名賢小集三百八十卷 宋陳思編,元陳世隆補。○讀畫齋刊。

〔附〕○舊抄本宋人小集與此不同。(原稿無,印本入正文。)

〔補〕○此書無舊刻,傳世均鈔本。諸家藏本卷數、家數均不同。

〔補〕**十家宮詞十二卷** ○南宋杭州刊本,十行十八字,白口,左右雙闌,行欵版式字體雕工與臨安陳宅書籍鋪本全書,惟失牌記耳。存宣和宮詞三卷、張公庠、王仲修、周彥質宮詞各一卷。周叔弢藏。○清康熙二十八年胡介祉貞曜堂刊、乾隆八年史開基重修本,為宣和三卷,王建、花蕊夫人、王珪、和凝、宋白、張公庠、周彥質、王仲修宮詞各一卷,胡偉集句一卷。

〔補〕**三家宮詞三卷** ○明萬玉山居刊本,十行十八字,白口,左右雙闌,有“武陵季子梓於萬玉山居”牌記。三家為王建、花蕊夫人、王珪。○明末毛晉綠君亭刊本,八行十八字,白口,四周單闌。版心下方有“綠君亭”三字。

〔補〕**三體宮詞三卷** ○明萬曆二十二年吳氏雲栖館刊本,十行十八字,白口,左右雙闌。有“萬曆甲午晉陵吳氏雲栖館梓”牌記二行。余藏。此書與三家宮詞同而異名,余曾取校綠君亭本三家宮詞,此本王建詞中雜入王珪十首,花蕊二十一首,花蕊中雜入王珪四十六首,王建十三首,王珪中雜入王建二十五首,花蕊三十八首。別有為綠君亭本所無或已刪削者數首。三家宮詞宋人即言其混淆已久,二本之是非亦難遽定,然此本校改綠君亭本誤字至數百字之多,亦不可偏廢也。

柴氏四隱集三卷 明柴復貞編。○萬曆中刊。

〔補〕**柴氏四隱集五卷** 宋柴望等撰。○舊寫本。鈐彭元瑞知聖道齋藏印。

〔增〕洞霄詩集十四卷 宋末道士孟宗寶撰。宗寶字集虛，與鄧牧相
友善。牧為洞霄宮圖志，宗孟又裒大滌唐宋及元初名公題詠刊之。
○阮氏進呈。

中州集十卷附中州樂府一卷 金元好問編。○汲古刊。○九峰書
院單刊樂府。○嘉靖十五年刊樂府。○弘治時沁水李瀚刊於西安。
○郘亭丙寅秋在滬肆見中州集元至大刊本，半頁十五行，行二十八
字，最精善。○張氏目又有中州樂府一卷，影元刊本，謂末有至大庚
戌良月平水進德齋刊木印。又謂有小傳三篇，是中州詩中未載之
人，毛氏誤删之，詳錄在詞曲總集中州樂府下。又載中州集，行欵同
前，云與影元抄本中州樂府欵式相同，知亦至大刊也。

〔補〕○元刊至大三年平水曹氏進德齋遞修本，十五行二十八字，白口，
四周雙闌。序題"中州鼓吹翰苑英華，"總目題"翰苑英華中州集"，
本書題"中州甲集第一"，其卷一至十分別以甲至癸十干標卷次，鈐
徐乾學印，即豪奪自毛扆者也。此即莫氏著錄之本，余得之繆荃孫。
原缺樂府一卷，以日本五山翻刊本配補。五山本後有"至大庚戌良
月平水進德齋刊"牌記二行。近年友人董康已據此本覆刻。○董氏
覆刻本已收入四部叢刊初編。○明弘治九年李瀚刊本，十一行二十
一字，黑口，四周雙闌。余藏。○明末毛氏汲古閣刊本，八行十九
字，白口，左右雙闌。余曾見何焯校本二帙，其一據高陽許氏藏本
校，又加評隲考訂。

〔補〕**乙卯新刊中州集十卷樂府一卷** 金元好問編。○日本五山翻
元本，十五行二十八字。目錄題"乙卯新刊中州集"，是此集初行時
書名。檢余藏曹氏進德齋遞修本，其卷首序、總目前書名所冠"鼓吹
翰苑英華"、"翰苑英華"等字字形微異，行氣亦不連貫，顯係書經修
版時改易所致，原名當作"乙卯新刊"。乙卯為蒙古憲宗五年，當南

宋理宗寶祐三年。

〔補〕**中州樂府一卷** 金元好問編。○明嘉靖間九峯書院刊本，八行十六字，版心有"山水源頭"四字。有嘉靖十五年彭汝寔序及毛鳳韶後序，為嘉定守高登所刊。

唐詩鼓吹十卷 金元好問撰。○舊本少見，明廖文炳及國初陸貽典藏本俱不佳。○明有經廠本，見酌中志。

〔補〕○元劉氏日新堂刊本，十三行二十二字，黑口，四周雙闌。有郝天挺注。蟬隱廬閟。

〔補〕**註唐詩鼓吹十卷** 金元好問編，元郝天挺註。○明初刊本，十行二十字，白口，左右雙闌，版心上記字數，下記刊工人名，有趙孟頫、武乙昌序。

〔補〕**新刊唐詩鼓吹註解大全八卷** 金元好問編，明廖文炳註。○明萬曆二十年書林鄭氏雲齋刊本，其行欵失記。卷首題廖文炳註解，馬象乾校正，弟廖文焜閱編，閩書林鄭世魁繡梓。前萬曆五年馬象乾序，卷末有"萬曆壬辰年孟夏月書林鄭氏雲齋繡梓"旛式牌記。

〔補〕**唐詩鼓吹十卷** 金元好問編。元郝天挺註，明廖文炳解。○清順治十六年陸貽典等刊本，十一行二十一字，黑口，左右雙闌。余藏。

二妙集八卷 金段成己、段克己兄弟詩集也。○詩詞雜俎刊。○敏求記八卷，元時刊。○明成化辛丑賈定補刊。○張氏目載舊抄本，亦八卷，據賈定補刊本。

〔補〕○清傳鈔明成化十七年賈定刊本，十二行二十二字。前吳澄序，次虞集撰段氏世德銘。後有泰定四年其子段輔跋，末有成化辛丑中州賈定跋，言得抄本於寧藩及先生之孫，校補付刊云云。○又一帙，與此行欵同，清寫本，有舊人朱墨筆校。

〔補〕**二妙集八卷逸文一卷** 金段成己、段克己撰。○清光緒三十二

年吳重憙石蓮盦刊九金人集本。余據明成化十七年賈定刊本校一
帙。

谷音二卷 元杜本編。○詩詞雜俎刊。○明蜀都張榘刊。○粵雅堂
刊。

〔補〕○明末毛氏汲古閣刊詩詞雜俎本，八行十九字，白口，左右雙闌。
清何焯據明葉盛舊藏寫本校並跋。李木齋先生藏。○清寫本，十一
行二十一字，後有戊午張榘序，及成化二十二年都穆記，謂此書得之
建安楊仕儆云云。即從明弘治蜀都張榘本出。鈐惠棟印。已印入
四部叢刊初編。

河汾諸老詩集八卷 元房祺編。○詩詞雜俎刊。○弘治十一年謝景
星刊。○粵雅堂刊。

〔補〕○明弘治十一年刊本，十行十七字，黑口，四周雙闌。前弘治十一
年車璽序，言李瀚出是集屬郟令王龍刊行。後有皇慶癸丑尊賢堂高
昂霄跋，蓋即據元皇慶二年高氏刊本覆刻也。四部叢刊所收實即影
寫明弘治本，撤去弘治十一年車璽序，以充影寫元刊本。○清乾隆
四十三年敬翼堂刊本，十行二十一字，白口，左右雙闌。余藏。

瀛奎律髓四十九卷 元方回編。○至元癸未刊，其版至明天順間始
廢。○明成化丁亥新安刊本。○黃葉村莊刊。○康熙辛卯荊州陳
士東刊。○道光間紀文達刊誤本。

〔附〕○康熙壬辰吳之振校刊有圈點本。（邵氏）

〔補〕○明天順八年新安刊本，十行二十一字，注雙行同，黑口，四周雙
闌。前有至元癸未方回自序，後有龍遵敘跋，稱天順甲申叨守新安
云云，知為天順末新安刊本也。海源閣舊藏。劉承幹嘉業堂亦有一
帙。○明刊本，小版心，九行二十二字，細黑口，四周雙闌。似明成
化時風氣。杭州李寶泉肆中閱。○清康熙五十一年吳寶芝黃葉村
莊刊本，十行十九字，白口，左右雙闌。舊人用墨筆、朱筆、黃筆臨馮

舒、馮班、何焯批。

梅花百詠一卷　元馮子振、釋明本唱和詩。○夏洪基校刊。

〔增〕策學統宗前編五卷　此書標題"新刊精選諸儒奧論策學統宗"，其下列名"心易談異中叔剛校正，存理譚金孫叔金選次，桂山譚正叔孫端訂定"，三譚皆冠以"古雲後學"，人地俱不可知。書中采輯劉子翬、呂祖謙、陳傅良、楊萬里諸家之文，議論二帝、三王、伊、周、孔、曾、顏、孟、老、韓者共三十三篇。四庫提要載元譚金孫所編之策學統宗後集八卷、續集七卷、別集五卷，共二十卷入存目，而缺其前集。今從元板影錄，以成完書。○阮氏進呈。

天下同文集四十四卷　元周南瑞編。○元麻沙刊，目錄後有"隨所傳錄陸續刊行"八字。○張氏志有舊抄，大德甲辰盧陵劉將孫序，為南瑞刊書作。

〔補〕天下同文集五十卷　元周南瑞編。○明末毛氏汲古閣影寫元刊本，十四行二十四字。存四十三卷。鈐毛晉印及劉喜海藏印。鄧邦述藏。

〔補〕精選唐宋千家聯珠詩格二十卷　元于濟、蔡正孫編。○朝鮮翻刻元本，十行十七字，黑口，四周單闌。有大德庚子蔡正孫序，大德丁酉于濟序。全書選唐宋人七絶，摘其體格不同者，分類列次，加以評語及注。

古賦辨體八卷外集二卷　元祝堯編。○明成化二年金宗潤刊。

圭塘欸乃集二卷　元許有壬及其弟有孚其子楨唱和詩也。○藝海珠塵本。○平津館有影宋本。藏園按：此元人著作，何來宋本，莫氏屬筆偶誤。

〔補〕圭塘欸乃集一卷　元許有壬等撰。○清寫本。彭元瑞據錢大昕本校並跋。李木齋先生藏。○清嘉慶吳省蘭刊藝海珠塵本，余據鮑廷博手校本校，又臨吳焯跋。

〔補〕**敦交集一卷**　元魏仲遠編。○清寫本，有鮑廷博跋，言傳自朱氏曝書亭藏本。○清寫本，四明盧址抱經樓舊藏。

忠義集七卷　元趙景良編。○汲古閣刊本。○張氏志有陸敕先據顧修遠家抄本校，作昭忠逸詠六卷，補史十忠詩一卷。敕先云，此是原書，忠義集後人所加名也。○丁禹生有舊抄，同張本。

〔附〕○道光癸巳徐宗幹刊，附續錄三卷。（邵氏）

宛陵羣英集十二卷　元汪澤氏、張師愚編。按：此書四庫著錄，莫氏失收。○清寫本，有至元元年汪澤氏、張師愚序。

元文類七十卷目錄三卷　元蘇天爵編。○元時西湖書院刊。○翠巖精舍刊。○修德堂刊。○明萬曆中刊。○錢警石有精校本。○昭文張氏志載元刊國朝文類，前有至正二年下杭州路西湖書院刊補改正指揮，則西湖書院本也。有元統二年王理、陳旅兩序，元統三年王守誠序。

〔補〕○明嘉靖十六年晉藩刊本，十行十九字，白口，左右雙闌。○明末修德堂刊本，九行二十字，白口，四周單闌。版心下方有“修德堂”三字。不佳。

〔補〕**國朝文類七十卷目錄三卷**　元蘇天爵編。○元至正二年西湖書院刊本，十行十九字，黑口，左右雙闌。前有至正二年牒文二篇及王理、陳旅二序。後有元統三年王守誠跋。此本明代版入南監，補版版心有成化某年字樣。○元翠巖精舍刊本，十三行二十四字，細黑口，四周雙闌。○元麻沙坊本，行欵與翠巖精舍本同，無牌記　滬肆見。

〔增〕**皇元風雅三十卷**　元蔣易編。始劉孟吉，終陳梓卿，凡一百五十五家。中如熊勿軒宋人，元遺山金人，列之元代未免不倫。若文文山、謝疊山誓死不屈者，乃亦編入，更為失於斷限。然元人無專集者，藉此略見梗概，未可以體例不善而廢之也。焦氏經籍志、傳是樓書目俱著錄。○昭文張氏藏元至三年刊本，阮氏錄此進呈。

〔補〕○元梅溪書院刊本，十行十八字，黑口，四周雙闌。有黃丕烈跋。
常熟瞿氏鐵琴銅劍樓藏。

元風雅前集十二卷後集十二卷 前集元傅習輯，後集孫存吾輯。

○天祿後目亦有皇元風雅十四卷，題蔣易撰。計劉因以下三十五
家。○補元藝文志于蔣易元風雅三十卷後又別出元風雅八卷，云無
撰人名，或云宋褧。又載元詩前集六卷，後集六卷，題傅習、孫存吾
撰。

〔補〕皇元朝野詩集前集五卷 元傅習采集，孫存吾編類。後集五

卷 元孫存吾編。二集均題虞集校選。○元刊本，十一行二十一字，
細黑口，左右雙闌，間有四周雙闌。廠肆見殘本。

〔補〕皇元風雅六卷 元傅習、孫存吾編。後集六卷 元孫存吾編。

○元刊本，十三行二十一字，細黑口，左右雙闌。○朝鮮翻元本，行
欵同前本。前集有後至元二年虞集序，後集有同年謝升孫序。目後
有古杭勤德書堂刊書識語。已印入四部叢刊。

〔補〕元詩前集六卷 元傅習編。後集四卷 元孫存吾編。○明李氏

建安書堂刊本，九行二十字。亦題虞集校選。後有李氏建安書堂刊
書啟。故宮藏書，題為元刊本。此本後集僅四卷，與他本不同。然
余嘗見元刊四卷本，十三行二十一字，細黑口，左右雙闌。可知此四
卷本亦源於元刊也。

唐音十四卷 元楊士弘編。○明汪諒刊。○一本五卷，一本十卷。○

平津館有李氏藏本，元刊十四卷。

〔補〕○明洪武二十三年建安博文堂刊本，為始音一卷，正音六卷，遺響
七卷，計十四卷，十行十八字，大黑口，四周雙闌。始音後有"洪武庚
午仲冬建安博文堂刻"牌記。○明初建安魏氏仁實書堂刊本，十一
行二十字，細黑口，四周雙闌。始音目後有"建安魏氏鼎新綉梓"牌

記。

〔補〕**唐音十二卷** 元楊士弘編。○明初建安葉氏刊本,九行十八字,
　黑口,四周雙闌。為始音一卷,正音六卷,遺響五卷。至正四年自序
　及虞集序。有"建安葉氏鼎新繡梓"牌子。鐵琴銅劍樓藏。盧氏抱
　經樓亦有一帙。

〔補〕**唐詩始音四卷正音三卷遺響三卷** 元楊士弘撰。○明刊本,
　十行十八字,黑口,四周雙闌。似成化、弘治間刊本,劉承幹嘉業堂
　藏,翊為元刊本。

〔補〕**唐詩合選十五卷** 元楊士弘、明高棅編。○明萬曆趙慎修刊本,
　十二行二十字,白口,四周雙闌。李木齋先生藏。杭肆亦見。

〔增〕**中州啟劄四卷** 元吳弘道編。○四庫存目,錄自大典。○張氏
　志有影元本。○又有明成化三年刊本。成化刊更佳。

〔補〕○明成化刊本,十二行二十四字,黑口,四周雙闌。有成化三年翁
　世資重刻序及大德辛丑許善勝舊序。全書錄金、元人尺牘二百首。
　四庫存目。

古樂府十卷 元左克明編。○元至正間刊本,平津有之。○國初吳門
　刊,不甚佳。

〔補〕○元至正刊本,九行二十一字,黑口,左右雙闌。○明刊本,十二
　行二十一字,白口,四周雙闌。○明刊本,九行十八字,白口,左右雙
　闌。

〔補〕**吳中春遊倡和詩一卷** 元吳壽民、汪遂良、王東、錢良右等人遊
　吳中倡和詩四十五首。○元至元後丁丑錢良右手寫本,卷子裝,有
　明都穆、杜啟、文壁跋。壬子見於吳中舊家。

玉山名勝集八卷外集一卷 元顧瑛撰。○明刊本作二卷。○張氏
　志有明初舊抄二卷,黃廷鑑跋,以為顧氏元編本自玉山艸堂至金粟
　影五題為上卷,自書畫舫至漁莊三十二題為下卷,謂後來傳錄分合

失真。○又有外集抄本二卷。

〔補〕**玉山名勝集四卷**　元顧瑛編。○明弘治刊本，八行二十二字。
每一名勝各摹刻名人題榜，並錄題詩于下。有弘治元年楊循吉跋，
言自朱存理藏本出。日本內閣文庫藏。

〔補〕**玉山名勝集二卷外集二卷**　元顧瑛編。○清初精寫本，鈐休
寧汪文柏藏印。四明盧址抱經樓藏書。

〔補〕**玉山名勝集六卷**　元顧瑛編。○明萬曆刊本，八行二十二字。
前黃溍、李祁舊序，次萬曆二十五年朱之蕃、朱正伯序。黃序後有
"朱太史玉華館雕"七字。每景前摹榜題，次列題詩。清怡府明善堂
舊藏。同治初怡府敗，歸聊城楊氏海源閣，今又散出矣。

〔補〕**玉山名勝集八卷**　元顧瑛編。○清寫本，十行十九字，無格。鮑
廷博依所見四本用各色筆校。余藏。

艸草雅集十三卷　元顧瑛編。○張氏志有文震孟家元刊。○顧俠君
是書首冊久缺，竹垞從毛氏抄本補全。

〔附〕○收舊抄本，汪啟淑藏。（原稿無，諸印本入正文。）

〔補〕○元刊本，十二行二十二字。○清寫本，序目及楊維楨一卷鮑廷
博手錄。各篇均用本集及他本校過。

玉山紀游一卷　明袁華編。○抄本。

〔補〕○四庫本已印入四庫全書珍本初集中。

〔增〕**復齋郭公敏行錄一卷**　元徐東編。是書與言行錄合刊。言行
錄祇郭公事跡，此則當時投贈詩詞、序引、書劄及諸碑記也。○張金
吾藏元刊本，至順辛未黃文仲序。阮氏以進呈。

〔增〕**澹游集三卷**　元釋來復編。○至正間刊。來復有詩名，集所與
游，自公卿至韋布、道流、釋子往來酬贈之作暨碑銘序記合編之。○
昭文張氏有舊抄。

〔增〕**元賦青雲梯三卷**　無編纂名氏。從元人墨蹟影寫，凡百一十編，

蓋應試選作程式者。其二十三篇已載欽定歷代賦彙，賦彙未采者尚八十餘篇。○阮氏以進呈。

〔補〕○阮氏進呈本已印入選印宛委別藏中。

大雅集八卷 元賴良編。○至正壬寅刊。○張氏志有舊鈔。

〔補〕○清初曹溶倦圃寫本，墨格，九行十六字，版心有"檇李曹氏倦圃藏書"八字。○清初寫本，十二行二十字。有楊維楨、錢鼒序及王逢後序。楊序後有賴良跋七行。鈐揆叙謙牧堂印及海源閣印。世好謝國楨藏。○清末臨清徐坊歸樸堂寫本，卷首摹寫有"冰香樓"、"毛古愚藏"二印，知從毛本抄出。○民國乙卯連平范氏雙魚室刊元人選元詩五種本。余據謝國楨藏清初寫本校，補訂八百七十五字，卷七補缺葉一番，卷六補脫詩一首。其賴良自跋七行亦新刻所無。

元音遺響十卷 不著編輯人名氏。○刊本。

〔附〕○四庫係依鈔本。（邵氏）

風雅翼十四卷 元劉履編。○嘉靖壬子刊，板式狹小。○又續編五卷。

荊南唱和集一卷 元周砥、馬治唱和詩。○成化中刊。

〔補〕○荊南倡和詩集一卷 元周砥、馬治撰。○明成化五年李庭芝刊本，十行二十字，白口，四周雙闌。有黃丕烈跋。李木齋藏。

乾坤清氣集十四卷 明偶桓編。○抄本。

〔補〕○乾坤清氣集十五卷 明偶桓編。○清康熙寫本，十行二十六字，無格，卷中玄字間有缺筆。此書國史經籍志、千頃堂書目均不載，諸家所傳均出於朱氏潛采堂本，舊無序跋，分體編次。四庫本作十四卷，無七律七絕。此本作十五卷，然亦無七絕七律也。

元音十二卷 明孫原理編。○明初刊。

〔補〕○明定海丞張中達本，十二行二十二字，黑口，四周雙闌。前洪武十七年烏斯道序，次辛巳曾藏用跋，言張中達丞定海，刻此書行世,而其子再隆以其父校正元音而不得表白姓名為恨,求其追跋云云。辛巳為建文三年,則此本之刊行尚在其前也。○明影寫明初張中達定海刊本,鈐項子京印記。盧址抱經樓遺書。○明寫本,棉紙藍格,十行二十二字。鈐劉喜海嘉蔭簃印。

雅頌正音五卷 明劉仔肩編。○明初刊。

〔補〕○明洪武三年刊本,十一行二十字,黑口,四周雙闌。○明寫本,行歇同上。

唐詩品彙九十卷拾遺十卷 明高棅撰。○明有兩刊本。

〔補〕○明弘治六年江西按察使張瓚刊本,十行二十字,黑口,四周雙闌。前洪武間馬得華、王偁、林慈序及高棅總序,後有成化十三年陳煒刻書跋及弘治癸丑張瓚跋,言舊刻在南昌,弘治戊申版燬,訪張東白太史,得元本壽梓以續其傳云云。據此知明時江西有成化十三年本及弘治六年本兩刻矣。○明嘉靖十六年姚芹泉刊本,十一行二十字,白口,四周單闌。余藏。○此書尚有明末坊本。

〔補〕**光嶽英華詩集十五卷** 明許中麓編。○明洪武刊本,十一行二十字,黑口,四周雙闌。有洪武十九年揭軌序。所選皆七律,自唐杜審言至元周啟。此書四庫入存目,所據為天一閣藏鈔本,見其僅七律一體,誤以為殘本,緣未見原刻,鈔本失其序跋故也。

〔補〕**金蘭集三卷** 明徐達左編。**續集一卷** 清徐堅編。**耕漁軒遺書一卷** 明徐達左編。○清乾隆二十四年徐堅濬溪草堂刊本,十行二十字,白口,左右雙闌。余曾取清初寫本校之,次第不同,字句差異極大,文義則以清初寫本為優長。卷中撰人字及鄉貫刻本亦皆刪去。然刊本有而寫本無者,為文九首,詩一百四十六首。刊本續集中之詩見於寫本者九首。蓋徐刻出於重輯,故增益如此之多也。

〔補〕**金蘭集四卷補錄一卷** 明徐達左編。○清初寫本,十行二十一字,無格。前至正二十二年王行序,至二十五年道衍序。清朱之赤手校並跋，黃丕烈跋。四庫存目。

〔補〕**文章類選四十卷** 明朱橚輯。○明洪武三十一年慶王朱橚刊本，大版心，十四行二十字，黑口，四周雙闌。前洪武三十一年凝真子序，言將昔人所選文選、文粹、文鑑、翰墨全書、事文類聚等諸書。所載之文類而選之，分五十八體云云。刊於寧夏。四庫存目。

〔補〕**經濟類編六十一卷** 撰人未詳。○明吳寬叢書堂寫本，棉紙烏絲闌，十二行二十四字。存三十五卷。引文至元止，或是元末明初人所輯。余藏。

廣州四先生詩四卷 不著編輯人名氏。○明刊。

〔補〕**麟溪集十卷** 明鄭太和編。○明建文刊本，十二行二十字，黑口，四周雙闌。前潘庭堅、陳益序。卷中彙集百餘年來名賢投贈其家之詩文，卷九以前為元人，卷十為明初人之作。余藏。

〔補〕**麟溪集十二卷** 明鄭太和編。○明初刊增補本，十二行二十字，黑口，四周雙闌。分子至亥十二集，所收詩文與十卷本不同。卷中間有嘉靖時人之作，為挖版補入者。亦余藏。

〔補〕**四明文獻不分卷** 明鄭真編。○清寫本，九行二十字。三冊。余藏。

〔補〕**四明文獻集十卷** 明鄭真編。○清寫本。有錢經藩跋。余藏。

三華集十八卷 明錢公善編。○正統中刊。

〔補〕○四庫本已印入四庫全書珍本初集中。○余有錢蒙所撰綠苔軒詩集五卷，舊寫本，十二行二十四字。為三華集之一。

閩中十子詩三十卷 明袁表、馬熒同編。○萬曆中刊。

〔補〕○明萬曆刊本，九行十九字，白口單闌。此本頗罕見。

元詩體要十四卷 明宋緒編。○正德己卯遼府重刊。○宣德癸丑初刊。

〔附〕○舊抄元詩正號，述古舊藏。（原稿無，印本入正文。）

〔補〕○宣德八年癸丑刊本，十一行二十一字，黑口，四周雙闌。丁巳文
友堂見，未收。○明正德十四年遼藩朱寵湏刊本，九行十八字，亦黑
口雙闌。

〔補〕**詠梅集句一卷** 明沈行編。○明刊本，十行十七字，大黑口，四
周雙闌。有弘治癸丑吳琬序及丁養浩跋。本書集唐宋元詩句為詠
梅七律一百二十首。

滄海遺珠四卷 不著撰人。

〔補〕○明成化十三年萬載知縣陳璉刊本，十行二十字，黑口，四周雙
闌。其書為黔寧王仲子沐景顒輯明初人詩作十八家，三百餘首。正
統元年楊士奇為之序。陳璉自題重刊，則初刊尚在此前也。

〔補〕**皇明江西詩選十卷** 明韓陽編。○明景泰刊本，十行二十一
字，黑口。李木齋先生藏書。

中州名賢文表三十卷 明劉昌編。○嘉靖中刊。○宋牧仲重刊。

〔附〕○康熙丙戌汪立名本。（眉）

〔補〕○明成化刊本，十行二十字，大黑口，四周雙闌。戊申九月崔子厚
處見，索三十二兩，已收。○清康熙四十五年汪立名刊本，十二行二
十二字。

〔補〕**士林詩選二卷** 明懷悅編。○明天順五年自刊本，十行二十一
字，大黑口，四周雙闌。余藏。此書四庫入存目。

明文衡九十八卷 明程敏政編。○明張鵬、李文會及晉府凡三刊。

〔補〕**皇明文衡一百卷** 明程敏政編。○明正德五年張鵬刊本，十二
行二十三字，白口，四周單闌。○明嘉靖六年范震、李文會刊本，版
式同張鵬本，題“范震校正”，“李文會重校”。已印入四部叢刊初編。
○明嘉靖八年書坊宗文堂刊本，欵式同前二本，亦有范震校正、李文
會重校字樣。目後有嘉靖八年書坊宗文堂刊書告白。余藏。

新安文獻志一百卷 明程敏政編。○弘治中刊。

〔補〕**新安文獻志一百卷附先賢事略二卷**　明程敏政編。○明弘
治十年刊本，十三行二十七字，白口，左右雙闌。辛亥六月收自萃英
山房。○明萬曆間刊本，九行二十字。未收。

〔補〕**新安文獻志續編□□卷**　撰輯人未詳。○明刊本，十二行二十
五字，白口，左右雙闌。僅見卷七、卷八二卷，中有嘉靖人著述。

〔補〕**遊嵩集一卷**　明喬宇、薛蕙撰。○明嘉靖二十二年薛蕙刊本，七
行十六字，白口，四周雙闌。李木齋先生藏。

〔補〕**錫山遺響十卷**　明翟公厚、潘繼芳、莫息編。○明弘治末刊本，
十行二十字，白口，四周單闌。選錫山古今人詩，前有弘治十八年莫
息序。

〔補〕**洞庭湖詩集三卷**　明胥文相編。○明萬曆胥氏刊本，九行十六
字，白口，四周雙闌。李木齋先生藏。

〔補〕**皇明風雅四十卷**　明徐泰編。○明嘉靖四年徐咸刊本，十行二
十字，白口，左右雙闌。有嘉靖二年自序。入選者四百八十四人。
○明嘉靖十二年嘉定張沂重刊本，行欵同前本。鈐明鄭曉藏印。滬
肆閱。

海岱會集十二卷　明馮琦編。○萬曆中刊。

〔補〕**雍音四卷**　明胡纘宗編。○明嘉靖二十七年清渭草堂刊本，十
行二十字。前嘉靖戊申陝撫謝蘭序及自序。末有王任賢跋，謂丁
未、戊申間刻于成紀。書中分卷錄詠雍地之詩。四庫入存目。

〔補〕**江南春一卷**　明沈周等撰。○明嘉靖刊本，十行二十字，白口，
左右雙闌。此書錄沈周等追和元倪瓚江南春詩，作者四十九人。李
木齋先生藏。四庫存目。

〔補〕**金華文統十三卷**　明趙鶴編。○明正德刊本，十行十八字，黑
口，四周單闌。前正德六年金華知府趙鶴序。收二十六人，文一百
二十五首。後有正德七年壬申李玘跋，即刊於是年也。鶴所編尚有

金華正學編十卷,亦同時所刊,余曾見一殘帙。○此書又有萬曆刊本,不佳。此書四庫入存目。

經義模範一卷 不著編輯人名氏。王廷表序稱得之楊慎,似即慎所輯也。○嘉靖中刊。

〔補〕**赤牘清裁五卷** 明楊慎編。○明刊本,十行二十字。有永昌張含序及嘉靖甲午王廷表後序。余藏。

〔補〕**李杜詩選十一卷** 明永昌張含愈光選輯,楊慎等評點。計李詩選五卷,杜詩選六卷。○明萬曆天啟間刊朱墨套印本,八行十八字,白口,四周單闌。余藏。此書四庫入存目,題作李太白詩選五卷,杜少陵詩選六卷。

〔補〕**九代樂章二十三卷** 明劉濂輯。○明精寫本,十行二十一字。盧址抱經樓舊藏本。此書四庫存目。

〔補〕**皇明三先生文粹二卷** 明麗龍編。取宋濂、劉基、方孝孺三人之文輯成。○明嘉靖二十四年安仁翁氏刊本,十二行二十二字。有正德癸酉麗龍自序及山陰宋溥跋。卷一後有嘉靖乙巳刊書牌記。

〔補〕**參玄集正集六卷續集一卷別集一卷** 明寶惟遠編。○明寫本,棉紙藍格,十一行二十字。前有正德建安滕霄序。盧址抱經樓舊藏。此書不見著錄,亦未見有刊本傳世,殊為罕秘。

〔補〕**騷壇白戰錄一卷** 明司馬泰編。○清咸豐間唐棲勞氏丹鉛精舍寫本,十行二十字。勞格手校。余家雙鑑樓藏。

〔增〕**唐十子詩十四卷** ○明嘉靖中王準刊。序稱余友周水部得宋本,下以授準刊行。常建、郎士元、嚴維、劉義、于鵠、于濆、于武陵、邵謁、伍喬、魚玄機。

〔補〕○明嘉靖二十六年王準石谷書院刊本,十行十八字,白口,左右雙闌。有嘉靖甲辰、丁未二序,言友人得宋本唐十字詩,授予刊之。又謂宋本無常建,刊時併于鄴、于武陵為一家,加入常建云云。十家

中，常建、劉義各三卷，郎士元、嚴維、于鵠、于濆、于武陵、邵謁、伍
喬、魚玄機各一卷。

〔補〕**皇華集五卷**　明華察、薛廷寵編。○明嘉靖刊本，八行十六字。
余藏。

〔補〕**西湖游詠一卷**　明田汝成、黃省曾撰。○明嘉靖十七年田汝成
刊本，十二行二十字，白口，左右雙闌。

〔補〕**王官谷集三卷**　明丁仲本編。○明嘉靖刊本，十行二十字，白
口，左右雙闌。前嘉靖五年呂柟序及嘉靖二十年張舜臣序。

文編六十四卷　明唐順之編。○明天啟時刊。

〔補〕○嘉靖本，十行二十字，白口，四周單闌。蘇州楊馥堂肆中閲。○
明天啟間刊本，十行二十一字，白口，四周單闌。余藏一帙。

〔補〕**皇明文選二十卷**　明汪宗元編。○明嘉靖三十三年汪氏自刊
本，十行二十字，白口，左右雙闌。辛亥五月濟南茹古堂閲。

詩紀一百五十六卷　明馮惟訥編。○明原刊最善。○又吳琯刊兩
本，一陝一金陵也。

〔附〕○吳琯自編初盛唐紀一百七十卷同刊。（邵氏）

〔補〕○明萬曆吳琯刊本，九行十九字，白口，四周雙闌。余藏。

〔補〕**詩紀一百三十卷前集十卷附錄一卷外集四卷別集十二卷**
明馮惟訥編。○明嘉靖三十九年甄敬刊本，九行十一字，白口，四周
單闌。京肆見，不全。

詩紀匡謬一卷　國朝馮舒撰。○馮氏原刊。○知不足齋本。

全蜀藝文志六十四卷　明周復俊編。○明刊大字本。○嘉慶中譚言
藹刊小字本。

〔補〕○明嘉靖刊本，十三行二十六字，白口，四周雙闌。後有四川巡按
謝瑜序及嘉靖二十一年壬寅按察司副使周復俊後序，均為四川總志
而作。蓋此藝文志即刊附於總志之後也。

〔補〕**全蜀藝文志六十四卷** 明楊慎編。**續補五十六卷** 明林應芳、胡承詔編。○明萬曆刊本，九行二十字，白口，四周單闌。余藏，余據明嘉靖本校本志六十四卷。

古今詩删三十四卷 明李攀龍編。○嘉靖中刊。

〔補〕**六朝聲偶集七卷** 明徐獻忠編。○明嘉靖長水書院刊本，十行十六字，白口，左右雙闌。卷一首葉版心下方有"姑蘇顧俊刻"五字，左闌外有耳，刻"華亭徐氏文房"六字，每卷後有"長水書院刻"一行。四庫存目。

〔補〕**六朝詩彙一百十四卷目錄九卷詩評一卷** 明張謙輯，王宗聖增删。○明嘉靖三十一年陸師道刊本，九行二十字，白口，左右雙闌。余藏。

唐宋元名表四卷 明胡松編。○嘉靖中刊。

〔補〕○明嘉靖二十年山西刊本，十行二十字，白口，四周單闌，行間有圈點。前胡松自序及嘉靖辛丑上黨李新芳序，即胡氏督學山西所刊。宋元表中多罕見之文。庚戌九月收得一帙，分上、下卷，每卷又各分卷一、卷二，共為四卷。

〔補〕**名家表選八卷** 明陳塏撰。○明嘉靖二十六年廣東崇正書院刊本。有自序及廣州府學教授殷從儉序。卷二以下為兩宋人表。此書四庫存目。

文氏五家詩十卷 明文洪等撰。按：此書四庫著錄，莫氏失收。○四庫本已印入四庫全書珍本初集。

〔補〕**韓柳文一百卷** 明游居敬編，為韓文四十卷，外集一卷，遺集一卷，唐韓愈撰，附集傳一卷；柳文四十三卷，別集二卷，外集二卷，唐柳宗元撰，附錄一卷。○明嘉靖十六年游居敬刊本，十一行二十二字，白口，左右雙闌。余有殘本。

〔補〕**釣臺集八卷** 明吳希孟編。○明嘉靖刊本，九行十八字，白口，左右雙闌。有嘉靖廖道南序。文友堂閱。

〔補〕**六朝詩集二十四家五十五卷** 編輯人未詳。○明嘉靖二十二年薛應旂刊本，十行十八字，白口，左右雙闌。前有咸淳庚午謝枋得序及嘉靖二十二年薛應旂序。有"毘陵陳奎刊"小字一行。始梁武帝，終庾信。（整理者按：子目參見叢書綜錄）內康樂、惠連集以三謝詩本補入，庾開府集無詩賦，均為選本而非完本。余藏。

〔補〕**王孟集十卷** ○明嘉靖十六年南陽府輯刻本，十行十八字，白口，左右雙闌。有嘉靖丁酉南陽推官陳鳳序。收王摩詰集六卷，孟浩然集四卷。

〔補〕**盛明百家詩前編一百四十一種後編一百六十八種** 明俞憲編。○明隆慶刊本，十行二十一字，白口，四周單闌。（按：子目參見中國叢書綜錄）余有殘本。四庫存目。

〔補〕**李杜詩集十六卷** 明萬虞愷編。○明嘉靖二十一年萬虞愷刊本，十二行二十二字，白口，左右雙闌。前有嘉靖壬寅洪都萬虞愷序，言取正德十四年李濂刻李白集及嘉靖五年許宗魯刊杜集訂謁增逸彙刻而成云云。收李、杜集各八卷，均白文無註。

〔補〕**李杜律詩四卷** 編輯人未詳。○明嘉靖刊本，十一行二十一字，白口，四周雙闌。

〔補〕**中唐十二家集七十七卷** 明蔣孝編。○明嘉靖二十九年蔣孝毘陵刊本，十行二十字，白口，左右雙闌。有薛應旂序及蔣孝自序，言以家藏鈔本付梓。序後有"臥龍橋東三逕主人"牌記。全書為儲光羲五卷，劉隨州十卷，外集一卷，毘陵集三卷，錢起十卷，盧户部十卷，孫集賢一卷，崔補闕一卷，劉賓客六卷，張司業六卷，賈浪仙十卷，王建八卷，李義山六卷，各集分體次。其儲、錢、王、劉長卿集卷數與舊本合，而劉夢得、張籍、李義山集卷數與舊本不同，疑蔣氏別為編次。余藏。

〔補〕**唐四傑集四卷**　編輯人未詳。○明嘉靖二十七年張明刊本，十一行二十一字，白口，四周單闌。前有嘉靖二十七年戊申程寬序，謂建陽張明據建安楊太僕家刊本重刊於書肆云云。

〔補〕**尺牘清裁六十卷補遺一卷**　明王世貞編。○明隆慶五年自刊本，九行十八字，白口，左右雙闌。前有寫刻自序。此書四庫存目。

〔補〕**詞海遺珠四卷**　明勞堪編。○明萬曆四年刊本，九行二十字，白口，四周雙闌。余藏。此書四庫入存目。

〔補〕**唐詩二十六家集五十卷**　明黃貫曾編。○明嘉靖三十三年黃氏浮玉山房刊本，十行十九字，白口，左右雙闌。目後有"嘉靖甲寅首春江夏黃氏刻於浮玉山房"牌子。又有"吳時用書，黃周賢、企賢刊"二行，是刊於蘇州者。全書收李嶠、李頎、皇甫冉、韓君平、武元衡、耿津各三卷，蘇廷碩、王昌齡、崔顥、常建、皇甫曾、權德輿、李益、司空曙、嚴維、顧況、李嘉祐、郎士元各二卷，虞世南、許敬宗、崔曙、祖詠、嚴武、秦隱君、包何、包佶各一卷。余有一帙，余曾略校，知大半自朱警唐百家詩覆刻，間有取自銅活字本唐人集。

〔補〕**十二家唐詩二十四卷**　明張遜業輯。○明嘉靖三十一年黃埻刊本，九行十九字，白口，四周單闌，版心下方有"須彌亼栔剡室"六字。十二家為王勃、楊炯、盧照鄰、駱賓王、陳子昂、沈佺期、杜審言、宋之問、孟浩然、王摩詰、高常侍、岑嘉州，家各二卷，蓋選本也。余藏。○明萬曆三十一年霏玉軒刊本，所收十二家與黃埻本全同，行欵字數亦同，惟改四周單闌為左右雙闌，書名易作"前唐十二家詩"耳。余亦藏一帙。

〔補〕**藝贊三卷**　明任慶雲編。○明刊本，九行十八字，有嘉靖壬辰玄玄子序。全書皆選錄唐宋各代之文。庚午閱。

〔補〕**唐雅二十六卷**　明張之象編。○明嘉靖三十一年無錫縣刊本，九行十七字，白口，左右雙闌。余藏。四庫存目。

宋藝圃集二十二卷 明李蓘編。○萬曆刊本。

〔補〕○明萬曆刊本，十行二十字，白口，四周雙闌。前隆慶元年自序，後有萬曆丁丑門人暴孟奇刊書跋。共收二百八十四人。余藏。

元藝圃集四卷 明李蓘編。○萬曆中刊。

〔補〕**元藝圃集六卷** 明李蓘編。○明萬曆十年刊本，十行二十字，白口，四周單闌。前萬曆十年自序。收一百八十人。

〔補〕**歷朝尺牘大全十二卷** 明王錫爵選編。○明萬曆書林周近泉刊本，九行二十字，白口，四周單闌。辛亥春都中文友堂見。

〔補〕**批點明詩七言律十二卷** 明穆文熙選編並批。○明萬曆九年劉懷恕刊本，九行二十字，白口，四周雙闌。眉上有批。鈐朱彝尊印記。余藏。

〔補〕**皇明館課五十□卷** 明陳經邦等編。○明萬曆間施可大刊本，十行二十字，白口，左右雙闌。題陳經邦選，顧爾行校，施可大刊。殘存卷一至二十五。余藏。

〔補〕**彤管遺編前集四卷後集十卷續集三卷附集一卷** 明酈琥選編。○明隆慶元年自刊本，十行十八字，白口，四周雙闌。九冊。余藏。

唐宋八家文鈔一百六十四卷 明茅坤編。○明茅氏刊本。○又朱墨本。○今坊間有兩翻本。

〔附〕○萬曆中坤孫著重刊本，附歐陽史抄，字較原刻為小。（邵氏）

吳都文粹續集五十四卷補遺一卷 明錢穀編。○抄本。

〔補〕○四庫本已印入四庫全書珍本初集中。

〔補〕**唐詩類苑一百卷** 明卓明卿編。○明萬曆十四年崧齋木活字印本，十行二十字，白口，四周單闌，版心有"崧齋雕版"四字。前有萬曆丙戌王世貞等序及卓氏自序。各卷題卓明卿編輯，張之象、毛文蔚同校。余藏。有殘佚。

〔補〕**國朝名公翰藻五十二卷** 明淩迪知編。○明萬曆十年刊本,九行二十字,白口,四周單闌。前有名氏爵里。余藏。此書四庫入存目。

〔補〕**鐫國朝名公翰藻超奇十四卷** 明徐宗夔選編。○明萬曆刊本,十行二十二字,白口,四周單闌。

〔補〕**崑山雜詠二十八卷** 明俞允文編。○明隆慶刊本,十行十八字,白口,四周單闌。卷末有"周可順寫"、"唐尹刻"二行。余藏。四庫入存目。

〔補〕**岳陽紀勝彙編四卷** 明梅淳編。○明萬曆張振先刊本,九行二十一字,白口,四周雙闌。○明崇禎刊本,行欵版式同前書。此書四庫存目。

〔補〕**初唐詩紀六十卷盛唐詩紀一百六卷** 明黃德水、吳琯編。○明萬曆十三年吳琯刊本,九行十九字,白口,四周雙闌。余藏一帙。此書版後歸方氏,改題方一元彙編,為唐詩紀一百七十卷,目錄三十四卷。四庫存目。

〔補〕**唐詩紀一百七十卷目錄三十四卷** 明吳琯編。○明萬曆中新安吳琯刊本,九行十九字,白口,四周雙闌。亦有題方一元輯者。

〔補〕**掌中觀物集十三卷** 明王墀編。○明寫本。前隆慶己巳自序,云搜誌書古今登臨題詠,部歸省分,以遺同志。全書按十三省編為十三卷。

〔補〕**國雅二十卷續國雅四卷** 明顧起綸編。本集分五品,收二百四十六人,續集收二百十人。○明萬曆初勾吳顧氏奇字齋刊本,十行二十一字,細黑口,左右雙闌。卷末有牌記,此書四庫存目。

〔補〕**文府滑稽十二卷** 明鄒迪光選編。○明萬曆三十七年鄒氏刊本,十行二十字。余藏。此書四庫入存目。

〔補〕**詩宿二十八卷附詩人考世** 明劉一相編。○明萬曆三十六年

刊本,九行十九字,白口,四周雙闌。辛亥八月見。此書四庫入存
目。

〔補〕**皇明百大家文選十七卷** 明朱國禎選編。○明萬曆金陵坊刻
本,十二行二十二字。庚戌入都收得。

〔補〕**皇明文徵七十四卷** 明何喬遠編。○明崇禎四年刊本,九行十
八字,白口,左右雙闌。有崇禎三年韓如璜序及四年自序。三十册。
余藏。此書四庫存目。

〔補〕**頻陽四先生集四卷** 明劉兌編。所收為張紞、李宗樞、楊爵、孫
丕揚四家詩文。○明萬曆十二年刊本,九行二十字,白口,四周單
闌。余藏。此書四庫存目。

〔補〕**皇明歷科狀元策二卷** 明焦竑、吳道南編。○明刊本,十二行
二十五字,白口,四周雙闌。前吳道南序,言與焦竑審定金陵唐氏舊
本,復取近科增益之云云。余藏。

〔補〕**唐詩類選六卷** 明張居仁編。○明萬曆二十四年刊本,九行十
七字,白口,四周單闌。二册。己酉歲入都收於隆福寺肆。

〔增〕**二曹詩三卷** ○謝在杭刊唐曹鄴、曹唐詩於桂林。

〔補〕**唐十二家詩集十二卷** 明楊一統編。收王、楊、盧、駱、陳、杜、
沈、宋、王、孟、高、岑十二家,各以其名名其集,集各一卷。○明萬曆
刊本,九行二十字,白口,四周單闌。癸丑歲收得。

〔補〕**晚唐十二名家集二十五卷** 明朱之蕃編。收孟郊十卷,鄭谷
二卷,許渾三卷,杜牧二卷,姚合、薛能、李中、吳融、羅隱、李頻、許
棠、杜荀鶴各一卷。○明萬曆四十年朱之蕃自刊本,九行十九字,白
口,四周單闌。有萬曆壬子朱之蕃序。

石倉歷代詩選五百六卷 明曹學佺編。○曹氏原刊。○收殘本六
十册。

〔補〕**石倉十二代詩選□□卷** 明曹學佺編。○明崇禎刊本,九行十

八字,白口,左右雙闌。除古詩、唐詩、宋詩、元詩外,明詩有一至六集,續集、再續集、三續集,又有明詩社集、明詩閩集、明詩閩閨秀集,共八百八十八卷。余藏。○又一帙,尚有明詩七集、八集,明詩川集、楚集等,共九百二十餘卷,然恐尚非其全也。亦余藏。

〔補〕**梁園風雅二十七卷** 明趙彥復編。○明刊本,九行十八字。濟南茹古書社見。○清康熙陸廷燦刊本,十行十九字。余藏。四庫存目。

〔補〕**常熟文獻志十八卷** 明管一德編。○明萬曆三十三年刊本,九行二十字,白口,四周單闌。前有吳郡守李右諫、知縣耿橘序及自序。余藏。

〔補〕**建安七子集二十八卷** 明楊德周輯。○明崇禎十一年陳朝輔刊本,九行二十字,白口,左右雙闌。始曹子建,終劉公幹。收自文琳堂。

〔補〕**漢魏六朝諸家文集二十二種一百二十九卷** 明汪士賢編。○明萬曆刊本,九行二十字,白口,左右雙闌,間有十八字或四周單闌者。始董仲舒,終庾信。此書汪氏初本為二十一種,一百二十三卷,缺昭明太子集五卷及注陶靖節集前總論一卷。二本余均有之。四庫存目。

四六法海十二卷 明王志堅編。○明原刻。

〔附〕○近刊蔣評本。(邵氏)

〔補〕○明天啟刊本,九行二十字,白口,四周單闌。有舊人錄何焯、韓葵評點。庚戌九月入都見,後為李木齋先生收去。

〔補〕**三蘇文盛二十卷** 明鍾惺編。○明末刊本,九行二十一字,白口,四周單闌。李木齋先生藏。

〔補〕**古唐詩歸五十一卷** 明鍾惺、譚元春編。為古詩歸十五卷,唐詩歸三十六卷。○明閔振業等刊本,九行十八字,白口,四周單闌。

用朱、青、黑三色套印。有萬曆四十五年鍾、譚序及閔振業序，約萬曆、天啟間刊。庚戌九月十六日有益堂見，索十兩。

〔補〕**國朝名公詩選十二卷**　明陳繼儒選。○明天啟元年書林童氏刊本，九行二十一字，白口，左右雙闌。辛亥春收自寶森堂。

〔補〕**秦漢文鈔不分卷**　明馮有翼編。○明萬曆十一年清音館刊本，九行二十字，白口，左右雙闌，版心下方有"清音館"三字。余藏。四庫入存目。

〔補〕**宋詩三十七家**　明潘是仁編。○明萬曆四十三年潘氏自刊本，九行十九字，白口，四周單闌。有李維楨序。所收為林逋、唐庚、米芾、蔡襄、秦觀、王曾、文同、嚴羽、晁端友、王十朋、孫覺、葛長庚、晁補之、陳師道、李植、趙抃、裘萬頃、曾幾、陳與義、鮑由、陸游、謝翱、戴復古、宋伯仁、賀鑄、戴昺、翁卷、趙師秀、徐照、徐璣、劉克莊、方岳、真山民、江端友、花蕊夫人、朱淑貞、李清照，共三十七家。

〔補〕**秦漢文鈔六卷**　明閔邁德等編，楊融博批點附諸家評語。○明萬曆四十八年閔邁德等刊朱墨套印本，九行十九字，白口，四周單闌。余藏。

〔補〕**唐三家集九卷**　不著編輯人名氏。收李商隱詩集七卷，韓君平詩集一卷，韓致光香奩集一卷。○明雲陽姜道生刊本，九行十九字，白口，四周單闌。余藏。

〔補〕**唐音戊籤二百一卷餘諸國主詩一卷餘閏六十三卷**　明胡震亨編。○清康熙刊本，十行十九字，白口，左右雙闌。鈐有"明善堂珍藏書畫印"，怡府舊藏。三十二冊。余藏。

〔補〕**唐詩艷逸品四卷**　明楊肇祉編。分名媛集、香奩集、觀妓集、名花集，集各一卷。○明天啟元年吳興閔一栻刊朱墨套印本，八行十八字，白口，四周單闌。有楊肇祉序及天啟元年閔一栻序，蓋楊氏成書後原有刊本，閔氏又改編增評重為刊行。余藏。

〔補〕**唐詩十家集四十七卷** 明李之楨編。○明天啟四年如皋李之楨自刊本，有序，言搜吳中徐氏唐百家詩所逸者鋟之，補所未備云云。十家為徐安貞十卷，劉長卿十一卷，韋應物十卷，李德裕二卷，陸補闕三卷，皮日休二卷，許渾七卷，鄭谷五卷，歐陽詹二卷，黃滔三卷。卷中刻圈點。

〔補〕**古文奇賞二十二卷續奇賞三十四卷三續奇賞二十六卷明文奇賞四十卷** 明陳仁錫編。○明天啟三年刊本，十行二十一字，白口，四周單闌。余藏。四庫存目。

〔補〕**三蘇文鈔十二卷** 明陳仁錫藏。○明末刊本，九行二十字，白口，四周單闌。余藏。

〔補〕**皇明經濟文輯三十二卷** 明陳其愫編。○明天啟七年刊本，八行，行十八字，白口，四周單闌。余藏。四庫存目。

〔補〕**文致不分卷** 明劉士鏻編，閔無頗、閔昭明、沈聖岐、閔元衢增刪集評。○明天啟元年閔元衢刊朱墨套印本，八行十八字，白口，四周單闌。有天啟元年沈聖岐、閔元衢序。余藏。四庫入存目。

〔補〕**同時尚論錄十六卷** 明蔡士順編。○明末刊本，十行二十一字，白口，四周單闌。余藏。此書四庫存目。

文章辨體彙選七百八十卷 明賀復徵編。提要云，只有抄本，傳世甚稀。○晉江黃氏有抄本。○同治初在皖中見刊本，楷字，亦非近刊。

〔附〕○四庫係海昌陳氏春暉堂抄本。（邵氏）

〔補〕**陶韋合集二十卷** 編輯人未詳。○明末淩濛初刊朱墨套印本，八行十八字，白口，四周單闌。收陶淵明集八卷，湯漢箋注，附總論一卷，韋蘇州集十卷，拾遺一卷，集宋劉辰翁、明高棅、楊慎、鍾惺諸家評語。余藏。

〔補〕**嘉定四先生集四種八十七卷** 明謝三賓編。收婁堅吳歈小草十卷,學古緒言二十五卷;程嘉燧松圓浪淘集十八卷,松圓偈菴集二卷;李流芳檀園集十二卷;唐時升三易集二十卷。○明崇禎刊本,十行十八字,白口,左右雙闌,間有九行者。庚戌歲收得。

〔補〕**午夢堂詩鈔八種九卷** 明葉紹袁編。收沈宜修鸝吹二卷、香雪吟一卷,沈宜修輯伊人思一卷,葉小紈鴛鴦夢一卷,葉紈紈愁言一卷,葉小鸞返生香一卷,葉紹袁窈聞一卷、續一卷。○清乾隆二十三年葉恒椿刊本,九行二十字。庚戌九月收於求古堂書肆。

〔補〕**續玉臺文苑四卷** 明江元祚編。○明崇禎刊本,九行二十字,白口,四周單闌。有崇禎五年葛徵奇序。多收元明女子之文。余藏。此書前有玉臺文苑八卷,江元禧編,余本失去,惟存續編。四庫入存目。

〔補〕**荆溪外紀二十五卷** 明沈敕編。○明嘉靖二十四年宇邨書屋刊本,十行二十二字,白口,左右雙闌。前李文序,後有嘉靖乙巳沈敕後序。此書四庫存目。

〔補〕**賦苑八卷** 明李鴻編。○明萬曆刊本,十行二十字。文友堂閱。此書四庫存目,然不知其為鴻作。鴻萬曆二十三年進士,長洲人。

古樂苑五十二卷 明梅鼎祚編。○明刊。

皇霸文紀十三卷 明梅鼎祚編。○明原刊。

〔補〕**歷代文紀十五種二百七十一卷** 明梅鼎祚編。十五種為皇霸文紀十三卷,西漢文紀二十四卷,東漢文紀三十二卷,三國文紀二十四卷,晉文紀二十卷。東晉文紀二十四卷,宋文紀十八卷,南齊文紀十卷,梁文紀十四卷,陳文紀八卷,後魏文紀二十卷,北齊文紀三卷,後周文紀八卷,隋文紀八卷,釋文紀四十五卷。○明崇禎刊本,十行二十字,白口,左右雙闌。卷首題"江東梅鼎祚纂輯,男士都校閱"。皇霸文紀為十五種之首。

西漢文紀二十四卷 明梅鼎祚編。○明刊。

東漢文紀三十二卷 明梅鼎祚編。○明刊。

西晉文紀二十卷 明梅鼎祚編。○明刊。前有三國文紀。

宋文紀十八卷 明梅鼎祚編。○明刊。

南齊文紀十卷 明梅鼎祚編。○明刊。

梁文紀十四卷 明梅鼎祚編。○明刊。

陳文紀八卷 明梅鼎祚編。○明刊。

北齊文紀三卷 明梅鼎祚編。○明刊。

後周文紀八卷 明梅鼎祚編。○明刊。

隋文紀八卷 明梅鼎祚編。○明刊。

釋文紀四十五卷 明梅鼎祚編。○明刊。

〔補〕○四庫本已印入四庫全書珍本初集中。

〔補〕**翰海十二卷** 明沈佳胤編。題陳繼儒鑒定，其姪龍彩參。○明崇禎刊本，九行二十字，白口，四周單闌。輯名家簡尺，分為十二部。前崇禎庚午陳繼儒序。卷末有"古吳金仁甫麟書"，"旌邑湯維新鐫"二行，雕工頗佳。余藏。

〔補〕**七十二家集三百四十六卷附錄七十二卷** 明張燮編。○明天啟至崇禎刊本，九行十八字，白口，左右雙闌。始宋玉、終薛道衡，每家有附錄一卷。余藏。（子目參閱北京圖書館善本書目。）

〔補〕**初唐四子集四十八卷** 明張燮編。為王子安集十六卷，楊盈川集十三卷，幽憂子集七卷，駱丞集八卷，又各有附錄一卷。○明崇禎十三年張燮、曹荃刊本，九行十八字，白口，左右雙闌。前曹荃序，言張燮既刊漢魏七十二家，將漸及於三唐兩宋，乃所梓僅及初唐四子，尚未竣事，而紹和告俎矣。

〔補〕**金華文徵二十卷** 明楊德周等編。○明崇禎刊本，十行二十字，白口，四周雙闌。辛亥三月蘇估楊馥堂寄來求售，已收。

古詩鏡三十六卷唐詩鏡五十四卷 明陸時雍編。○明本。

漢魏六朝一百三家集一百十八卷 明張溥編。○明張氏原刊。○
　　近翻刊者不佳。

〔補〕○明崇禎太倉張氏自刊本，九行十八字，白口，左右雙闌。始漢賈
　　誼賈長沙集，終薛道衡薛司隸集。余藏。

〔補〕**合刻兩張先生集十七卷** ○明崇禎六年張時行編刊本，收張文
　　昌集八卷，張于湖集八卷，附錄一卷，九行二十字，白口，四周單闌。
　　余藏。

〔補〕**皇明經世文編五百卷補遺四卷** 明陳子龍、徐孚遠、宋徵璧
　　編。○明崇禎平露堂刊本，九行二十字，白口，四周單闌，版心下方
　　有“平露堂”三字。余藏。略有缺卷。

〔補〕**皇明詩選十三卷** 明陳子龍、李雯、宋徵輿編。○明末刊本，九
　　行十八字，白口，四周單闌。庚戌歲收。

〔補〕**三子新詩合稿九卷** 明陳子龍、李雯、宋徵輿撰。夏完淳編。
　　○明末刊本，九行十八字，白口，四周單闌。與皇明詩選同刊。余
　　藏。

〔補〕**媚幽閣文娛不分卷** 明鄭元勳編。○明崇禎三年鄭氏自刊本，
　　九行二十字，白口，四周單闌。余藏。

〔補〕**梁代帝王合集二十四卷** 明閻光世編。為武帝集八卷，元帝集
　　八卷，宣帝集一卷，昭明太子集六卷，諸王集一卷。○明末坊刻本，
　　九行二十字，白口，四周單闌。余藏。

〔補〕**抉輪廣集十四卷** 明黃傳祖編。○清順治十二年黃氏儷麟草堂
　　刊本，十行二十二字，白口，四周單闌。余藏。

〔補〕**黎氏家集二十卷附錄一卷** ○清康熙黎氏刊本，九行十九字。
　　收明番禺黎氏詩二十家，始黎瞻，終黎彭祖，家各一卷，庚戌歲收。

〔補〕**翠娛閣評選明文奇艷十二卷** 明陸雲龍選編。○明崇禎陸氏

翠娛閣自刊本，九行十九字，白口，四周單闌。余藏。

〔補〕**翠娛閣小品三卷** 明陸雲龍編。○明崇禎陸氏翠娛閣自刊本，
九行十九字，白口，四周單闌。余藏。

〔補〕**山陰白洋朱氏三世文編不分卷** 明朱燮元、朱兆憲、朱用調
撰。○清寫本，一册。余藏。

〔補〕**元詩逸珠不分卷附歷朝五七言** 不著撰輯人名氏。○清順治
間晚松齋精寫本。盧址抱經樓藏。

古今禪藻集二十八卷 明釋正勉、性㵣同編。○刊本。

三家宮詞三卷 明毛晉編。○詩詞雜俎刊。○黃省曾有四家宮詞。
○朱竹垞有十家宮詞。

〔補〕○明末毛氏汲古閣刊本，八行十八字，版心下方有“綠君亭”三字。
所收為王建、花蕊夫人、王珪宮詞各一卷，余曾用諸本校一帙。

二家宮詞二卷 明毛晉編。○詩詞雜俎刊。

〔補〕○明末毛氏汲古閣刊本，八行十八字，版心下有“綠君亭”三字。
所收為宋徽宗宮詞一卷，宋楊太后宮詞一卷。後編入詩詞雜俎中。
余藏。

〔補〕**三唐人文集三十四卷** 明毛晉編，為李文公集十八卷，皇甫持
正集六卷，孫可之集十卷。○明末毛氏汲古閣刊本，九行十九字，白
口，左右雙闌。余有一帙，經何焯批校。

〔補〕**唐三高僧詩集四十七卷** 明毛晉編，為禪月集二十五卷、補遺
一卷，白蓮集十卷，杼山集十卷、補遺一卷。○明末毛氏汲古閣刊
本，八行十九字，白口，左右雙闌。余有一帙，余據影宋本校禪月集，
以柳僉寫本校白蓮集。汲古閣得明柳僉寫本在此集刊成之後，不及
改版，故刻本與寫本多不合，校改甚夥。

〔補〕**詩詞雜俎十二種二十五卷** 明毛晉編。（子目參見中國叢書
綜錄）○明末毛氏汲古閣刊本，版心有標“綠君亭”及“汲古閣”二種，

行欵字數亦不一律，疑是以已刻成數種後輯成者。

御選古文淵鑑六十四卷 康熙二十四年聖祖仁皇帝御選，內閣學士徐乾學奉敕編。○古香齋刊五色套印本。○外翻本。

御定歷代賦彙一百四十卷外集二十卷逸句二卷補遺二十二卷 康熙四十五年詹事陳元龍奉敕編。○內刊本。○翻本。

御定全唐詩九百卷 康熙四十六年奉敕編。○局刊原本進內府。○外間翻刊。

〔補〕全唐詩九百卷目錄十二卷 清曹寅等編。○清康熙四十四至四十六年揚州詩局刊本，十一行二十一字，細黑口，左右雙闌。楷體寫刻本。余藏一帙，黃絹書衣，白絹印籤，為內府裝潢，一百二十冊。

御定佩文齋詠物詩選四百八十六卷 康熙四十五年奉敕編。○內刊。

御定歷代題畫詩一百二十卷 康熙四十六年編修陳邦彥奉敕編。

御選四朝詩三百十二卷 康熙四十八年右庶子張豫章等奉敕編。○內刊。

御定全金詩七十四卷 康熙五十年奉敕編。○刊本。

御選唐詩三十二卷附錄三卷 康熙五十二年聖祖仁皇帝御選。○內刊朱套印。

〔補〕御選唐詩三十二卷目錄三卷 清陳廷敬等編。○清康熙五十二年內府刊朱墨套印本，七行十七字，白口，四周雙闌。開化紙印。

御定千叟宴詩四卷 康熙六十年奉敕編。按：四庫著錄，莫氏失收。

御選唐宋文醇五十八卷 乾隆三年御定。○內刊五色套印。○外翻本縮本凡數刊。

御選唐宋詩醇四十七卷 乾隆十五年御定。○內刊五色套印。○外翻本、縮本凡數刊。○又有擺字套印本。

〔補〕○清乾隆十五年內府刊五色套印本，九行十九字，白口，左右雙闌。以墨、朱、綠、青、赭五色版套印，精美異常，藍絹書衣，月白絹籤及包角，內府原裝。余藏。

皇清文穎一百二十四卷　乾隆十二年御定。○內刊本。

欽定四書文四十一卷　乾隆元年內閣學士方苞奉敕編。

欽定千叟宴詩三十六卷　乾隆五十五年奉敕編。○內刊本。

〔補〕**全唐文一千卷首四卷**　清董誥等編。○清嘉慶內府刊本，九行二十二字，白口，四周雙闌。藍絹書衣，內府裝訂五○四冊。

〔補〕**聖製詩注合編七十三卷**　不著撰輯人名氏。○清紅格寫本。卷一至五聖德部，卷六至三十一神功部，卷三十二至三十六政治部，卷三十七至四十二禮樂部，卷四十三至五十五文學部，卷五十六至六十八地輿部，卷六十九物產部，卷七十至七十三器用部。所編只康、雍、乾、嘉四朝之失，而所分門類亦多有缺失，疑未完之稿也。此書文友堂收得，余借閱經年，檢閱粗遍始還之，今轉歸友仁堂。昔聞人言梁鼎芬在廣雅書院時曾令院生分別編輯，其體例則其自定。其書成否無人道及，今觀此編，當是廣雅之稿本，惜舊人凋謝已盡，無由考詢。又，昔年在杭州古玩店中亦見一部，正與此同。辛巳八月廿八日，藏園記。

〔補〕**列朝詩集八十一卷**　清錢謙益編。為乾集二卷，甲集前編十一卷，甲集二十二卷，乙集八卷，丙集十六卷，丁集十六卷，閏集六卷。○清順治間毛氏汲古閣刊本，十五行二十八字，白口，四周雙闌。密行細字，仿平水刊元遺山中州集版式，牧齋蓋隱寓繼美遺山之意。庚戌九月求古堂見索三十六兩，已收。

〔補〕**東山酬和集二卷**　清錢謙益、柳如是倡和詩。○清刊本。余藏。

〔補〕**啟禎遺詩十卷**　清陳濟生編。○清順治刊本，十五行二十八字，白口，四周雙闌。存卷三、六、八、計三卷。此書顧亭林萊州獄事所由發也。陶湘有一全帙，然小有缺佚，得此殘帙可補之。

〔補〕**同人集十二卷** 清冒襄編。○清康熙初冒氏水繪庵刊本，十行二十三字，白口，左右雙闌。版心下方有“水繪庵”三字。四庫存目。

〔補〕**以介編一卷** 輯毛晉壽詩文。○毛氏汲古閣刊本。

〔補〕**隱湖倡和集三卷** 清陳瑚編。○清康熙二年毛褒汲古閣刊本，十行十九字，黑口，左右雙闌。

明文海四百八十二卷 國朝黃宗羲編。○無刊本，四庫據手稿錄。

〔補〕**明文授讀六十二卷** 清黃宗羲編。○清康熙三十七年張錫琨味芹堂刊本，九行二十字，白口，左右雙闌，版心下方有“味芹堂”三字。余藏。四庫存目。

〔補〕**溯洄集十卷** 清魏裔介編。○清康熙刊本，九行十九字。附詩論一卷，詩話一卷。十二冊。余藏。此書四庫入存目。

唐賢三昧集三卷 國朝王士禛編。○漁洋全書本。○又再三翻刊本。○又注本。

二家詩選二卷 國朝王士禛編。○漁洋全書本。

唐人萬首絕句選七卷 國朝王士禛編。○康熙時洪氏松花屋刊本，同治庚午，歸金陵書局。

〔補〕**感舊集十六卷** 清王士禛編。○清乾隆十七年盧見曾刊本，十一行二十一字。八冊。余藏。

〔補〕**人海詩區四卷** 不著編輯人名氏。○清寫本，九行十八字，分十六類輯錄自唐至清初詠燕京之詩，當是清初人所輯。有彭元瑞跋，言得之馬氏叢書樓。世好趙元方藏，余錄副一本。余曾擬仿其意編燕京古蹟詩，年來狂搜元、明、清三代文集，求其詠燕京古蹟篇什，而牽於他事，僅得其草目，而刪汰分類，為功甚鉅，正不知何日始克蕆事也。

〔補〕**貫華堂選批唐才子詩甲集八卷** 清金人瑞選編，均七律。○清初刊本，九行二十一字，白口，左右雙闌。余藏。

〔補〕**詩慰初集二十家二十三卷二集十家十卷續集二十家** 清陳允衡編。○清順治間澄懷閣刊本，十一行二十三字，白口，四周單闌。每集首葉版心下有"澄懷閣藏版"五字。

〔補〕**費氏詩鈔三卷** 清費密、費錫琮、費錫璜撰。○清刊本。

〔補〕**皇清詩選十二卷** 清陸次雲選編。○清康熙刊本，九行十八字，白口，左右雙闌。余藏。

〔補〕**依園七子詩選** 清徐行、曾燦編。收金侃迂齋集、潘鏐石帆吟、曹基雲心編、黃玢耕烟集、金賁莪匭集、蔡文翼花塢吟、顧嗣協怡雲集，共七家，家各一卷。○清康熙十九年刊本，十行二十字，黑口，左右雙闌。己酉十月杭估李紫東處收得。

明詩綜一百卷 國朝朱彝尊編。○刊本絕佳，近在烏程鮑氏。

〔補〕○清康熙刊本，十一行二十一字，白口，左右雙闌。

〔補〕**篋衍集十二卷** 清陳維崧編。○稿本，十行二十一字，黑口，左右雙闌。闌外有"罨畫溪別業"五字。鈐王士禎印記。○清康熙蔣國祥刊本，十行十九字，黑口，左右雙闌。余藏。

〔補〕**唐詩七百十七卷目錄五卷** 清季振宜編。○稿本，藍格，八行二十一字。季振宜校並跋。此書同年鄧君邦述以重金得之，矜秘特甚，余曾借校數十種，殊多佳勝。內附季氏手札，言送校、寫樣、上版之事。知季氏當時固欲藉其雄貲成此偉功也。

宋詩鈔一百六卷 國朝吳之振編。○刊本。

〔補〕**宋詩鈔一百六卷** 清呂留良、吳之振等編。○清康熙十年吳氏刊本，十二行二十二字，黑口，左右雙闌。余藏。

宋元詩會一百卷 國朝陳焯編。○刊本。

〔補〕○清康熙二十二年程仕刊本，十二行二十四字，白口，左右雙闌。

余藏。

〔補〕**藏弄集十六卷結隣集十六卷** 清周在浚等編。○清康熙周氏
自刊本，九行二十字，黑口，四周單闌。余藏。此書同刻尚有賴古堂
名賢尺牘新鈔十二卷，余此本失之。

〔補〕**十種唐詩選五卷** 清王士禎選、宋犖編。○商丘宋氏稿本，藍
格，十行十九字，版心有"漫堂鈔本"四字。全書分初、盛、中、晚四
期，自國秀、搜玉、極玄、又玄、才調、河岳、篋中、御覽、中興及唐文粹
十書中選輯而成。

〔補〕**江左十五子詩選十五卷** 清宋犖編。○清康熙精刊本，十行十
九字。此書四庫存目。

〔補〕**吳風二卷** 清宋犖選評。○清康熙三十三年刊本，十行十九字，
黑口，四周單闌。余藏。

〔補〕**朱絃集四卷** 清宋犖編。○宋氏原稿本，藍格，十行二十字，版
心有"漫堂鈔本"四字。全書選唐宋元明詩分門編為四卷，為廟堂應
制之用。邢君之襄藏。

〔補〕**宋金元詩永二十卷補遺二卷** 清吳綺編。○清康熙十七年思
永堂刊本，九行十九字，白口，左右雙闌。此書四庫入存目。

〔補〕**樵川二家詩四卷** 清朱霞編宋嚴羽、元黃鎮成二家之詩。○清
康熙六十一年朱霞雙笏山房刊本，八行十八字，白口，左右雙闌。四
庫存目。

〔補〕**明詩聞情集六卷** 清顧有孝編，均有明一代艷體詩。○清康熙
九年刊本，十一行二十一字。庚戌歲得於文琳堂。

〔補〕**詩持一集四卷二集十卷三集十卷四集一卷** 清魏憲編。○
清康熙魏氏枕江堂刊本，九行十八字。一至三集康熙十年刊，四集
康熙十九年刊。余藏。

〔補〕**百名家詩選八十九卷** 清魏憲編。○清康熙十年魏氏枕江堂

刊本，九行十八字。白口，左右雙闌。版心下方有"枕江堂"三字。四庫入存目。

〔補〕**羣雅集四卷** 清李振裕編○清康熙二十四年李氏自刊本，九行二十字，白口，左右雙闌。蘇估柳蓉村處閱。

〔補〕**唐三體詩六卷** 清高士奇編。○清康熙高氏自刊本，十行十九字，黑口，左右雙闌。

〔補〕**明文遠三百卷** 清徐文駒編。○清刊本，九行二十二字，黑口，左右雙闌。存卷一至二十，又傳二冊。四庫存目。

〔補〕**振雅堂詩最十卷** 清倪匡世編。○清康熙二十七年懷遠堂刊本，九行二十一字，白口，四周單闌。每卷一集，入選者二百八十四人，第一家為錢謙益。

〔補〕**盛朝詩選初集十二卷二集十二卷** 清顧施禎編。○清康熙二十八年刊本，九行二十字，版心下方有"心耕堂"三字。余藏。

〔補〕**述本堂詩集十八卷續集五卷** 清方登嶧及其子式濟其孫觀承撰。○清乾隆刊本，十行十九字。庚戌求古堂見，索十八兩，已收。

〔補〕**明文在一百卷** 清薛熙編。○清康熙三十二年古淥水園刊本，十二行二十五字。李木齋先生藏。四庫入存目。

〔補〕**宋十五家詩選十六卷** 清陳訏編，為宛陵、廬陵、南豐、臨川、東坡、欒城、山谷、石湖、劍南、誠齋、梅溪、晦菴、菊磵、秋崖、文山十五家，內劍南二卷，餘均一卷。○清康熙三十二年刊本，十一行二十二字，黑口，左右雙闌。有吳騫手跋。嘉興忻氏藏。此書四庫存目。

〔補〕**二家詩六卷** 清傅澤洪編，為潘問奇拜鵑堂詩集四卷，田登埋照集二卷。○清康熙三十四年畹堂刊本，十行十九字。己酉十月收得。

〔補〕**澄遠堂三世詩存八卷** 清李繩遠編刊，為明李應徵藿園詩存六卷，明李士標蒼雪齋詩存一卷，明李寅視彼亭詩存一卷。○清康熙三十六年李氏自刊本。辛亥春會文堂見。已收。

〔補〕**五山耆舊今集初栞八卷** 清楊廷編。○清刊本。輯通州順治、康熙二朝鄉賢之詩，得一百七十四人，詩一千九百零三首。

〔補〕**晚唐詩鈔二十六卷** 清查克弘、淩紹乾同選。○清康熙四十二年棲鳳閣刊本，十行十九字，白口，左右雙闌。余藏。四庫存目。

粵西詩載二十五卷粵西文載七十五卷粵西叢載三十卷 國朝汪森編。○汪氏刊本，康熙四十四年自序。

〔補〕○清康熙汪氏梅雪堂刊本。十一行二十一字。余藏。

元詩選卷首一卷初集六十八卷二集二十六卷三集十六卷 國朝顧嗣立編。○刊本，精。○癸集近亦刊行。

〔補〕**元詩選首一卷初集九集** 甲集至壬集**二集八集** 甲集至丙集，戊集至壬集**三集八集** 甲集至丙集，戊集至壬集。清顧嗣立編。○清康熙間長洲顧氏秀野草堂刊本，十三行二十三字，白口，左右雙闌。初集康熙三十三年刊，二集康熙四十一年刊，三集康熙五十九年刊。

〔補〕**元詩選初集九集** 清顧嗣立編。甲集至壬集。○清康熙三十三年顧氏秀野草堂刊本，十三行二十三字，白口，左右雙闌。其乙、丙、丁、戊、己、庚、辛下、壬集盧文弨臨桑調元評點，鈐曹寅、昌齡、及盧文弨等印記。餘集莫棠配補。有乾隆十一年盧文弨跋，謂借金天來藏本臨。莫棠藏。

〔補〕**元詩選癸集十集** 清顧嗣立編，席世臣補。○清嘉慶三年席氏掃葉山房刊本，十三行二十三字，細黑口，左右雙闌。

〔補〕**詩林韶濩二十卷** 清顧嗣立編。○清康熙四十四年顧氏秀野草堂刊本，十一行二十一字，白口，左右雙闌。

全唐詩錄一百卷 國朝徐倬編。○刊本。

〔補〕○清康熙四十五年揚州詩局刊本，十一行二十一字，黑口，左右雙
　闌。

甬上耆舊詩三十卷 國朝胡文學編。○康熙四十九年金南鍈刊本。

〔補〕○清康熙十五年胡氏敬義堂刊本，十一行二十二字，白口，四周單
　闌，文友堂閱。○清寫本，十二行二十四字，無格。

〔補〕**歷朝尺牘六卷附靜惕堂尺牘** 清曹三德撰。○清曹氏刊本。
　鈐管庭芬印。余藏。

〔補〕**唐駢體文鈔十七卷** 清陳均編。○清嘉慶二十五年刊本。

〔補〕**毗陵六逸詩鈔二十四卷** 清孫讜編。收惲壽平南田詩鈔五卷，
　楊宗發白雲樓詩鈔一卷，胡香昊香草堂謝鈔五卷，陳鍊西林詩鈔五
　卷，唐惲宸芑野詩鈔六卷，董大倫梅坪詩鈔三卷。附莊杜芬、徐梅六
　逸詩話一卷。○清康熙五十六年刊本，十一行二十一字，黑口，左右
　雙闌。庚戌見於文奎堂，索十二兩，已收。

檇李詩繫四十二卷 國朝沈季友編。○乾隆中刊。

〔補〕○清康熙四十九年刊本，十一行二十一字。余藏。

古文雅正十四卷 國朝蔡世遠編。○刊本。○道光丙戌，許滇生刊
　于貴州。

鄱陽五家集十五卷 國朝史簡編。○刊本。

〔補〕**國朝詩品二十七卷** 清陳以剛編。○清雍正十二年棣華書屋
　刊本，十一行二十一字。卷二十三以後未分卷。初印本，余藏。清
　代禁書。

〔補〕**宋詩類選二十四卷** 清王史鑑編。○清康熙五十一年樂古齋
　刊本。

〔補〕**國朝名媛詩鈔六卷** 清胡孝思、朱珽編。○清康熙五十五年淩
　雲閣刊本，九行二十字，白口，左右雙闌。

〔補〕**梅會詩人遺集十四家三十七卷** 清李維鈞編，收李衷純、王翃、范路、屠潢、周篔、徐貞木、繆永、屠焯、徐在、史宣綸、史翼經、李琇、李符、蔡燿十四人。○清康熙六十一年李維鈞刊本，十二行二十三字，白口，左右雙闌。

〔補〕**唐宮閨詩二卷女校書詩一卷女冠詩一卷** 清劉雲份編。○清康熙夢香閣刊本，九行十九字，白口，左右雙闌。余藏。

〔補〕**清詩大雅不分卷二集不分卷** 清汪觀編。○清雍正十一年靜遠堂刊本，八行十九字。辛亥八月收於富古堂。

〔補〕**歷朝閨雅十二卷** 清揆叙編。○清康熙刊本，十行二十字，白口，四周雙闌。余藏。

〔補〕**嶺南三大家詩選二十四卷** 清王隼編。收梁佩蘭六瑩堂詩八卷，屈大均道援堂詩八卷，陳恭尹獨漉堂詩八卷。○清康熙刊本，十行十九字，黑口，四周單闌。余藏。

〔補〕**魏塘詩陳十三卷** 清錢佳、丁廷烺編。○清康熙刊本。

〔補〕**三家詩八卷** 清張潮、卓爾堪、張師孔輯刻本，○康熙刊，十一行二十一字，細黑口，左右雙闌。寫刻本，雕鏤精雅。三家為曹子建二卷，謝靈運二卷，陶淵明四卷，各附總評一卷。余藏。

〔補〕**全唐詩鈔八十卷補十六卷** 清吳成儀編。○清乾隆二十四年璜川書屋刊本，十一行二十一字，白口，左右雙闌。余藏。

〔補〕**元詩自攜七言律詩十六卷七言絕句五卷** 清姚培謙編。○清康熙至雍正間姚氏遂安堂刊本，九行十九字，黑口，左右雙闌。余藏。

〔補〕**國朝山左詩鈔六十卷** 清盧見曾編。○清乾隆二十三年盧氏雅雨堂自刊本。

〔補〕**吳江沈氏詩錄十二卷** 清沈祖禹編。○清乾隆五年沈氏自刊本，十一行二十一字，白口，左右雙闌。

〔補〕**名教罪人不分卷** ○清雍正四年内府編刊本，九行十六字，白口，四周雙闌，朱墨套印。全書彙錄羣臣奉命責斥錢名世之詩，始徐元夢、終方苞，而以雍正帝所書"名教罪人"四字及上諭冠諸卷首，以朱版印之。此書與大義覺迷錄同一用意，其拙於為謀亦相類。當時挾雷霆萬鈞之力，欲箝制人口，亦何所不至，而恣為刻覈如此，徒供後世訕笑之資，寧不大可唱歎哉。此書至乾隆時已收回，蓋亦覺其不可為訓也。

〔補〕**練音集十卷續集十卷** 清王輔銘編。○清雍正刊本，十一行二十一字。余藏。

〔補〕**四焉齋文集八卷詩集六卷** 清曹一士撰。**附梯山閣餘課一卷** 清女史陸鳳池撰。**放言居詩集六卷** 清曹炳曾撰。**長嘯軒詩集六卷** 清曹煐曾撰。**拂珠樓偶鈔二卷** 清女史曹錫珪撰。○清乾隆十三年曹氏精刊本。余藏。

〔補〕**石倉世纂三十三卷** 清曹錫黼編。收曹一士、曹煜曾、曹炳曾、曹瑛曾、女史陸鳳池、曹錫珪六家。○清乾隆間曹氏刊本。辛亥春文奎堂見，索十一兩六錢。未收。

〔補〕**南宋羣賢詩選十二卷** 清陸鍾輝編。○清雍正九年陸氏水雲漁屋刊本，九行二十一字，白口，左右雙闌。二册。余藏。

〔補〕**雍正十二年十三年浙江薦舉博學鴻詞試帖不分卷** 不著編輯人名氏。○清乾隆初刊本，十行二十一字，白口，四周單闌。版心有"試帖"二字，下記葉數，最下記嚴、屬、周等字，即應試者姓氏也。卷前有姓氏履歷，次試題，次諸人試帖，始嚴遂成，終周琰，凡十人。附周大樞。余藏。

南宋雜事詩七卷 國朝沈嘉轍等同撰。○刊本，○翻刊本。○原刊本注字亦單行大書者便觀。

〔補〕○清原刊本，十一行二十一字。鈐嘉興李潛印記。余藏。○清道光九年扶荔山房刊本。余藏。

〔補〕**韓江雅集六卷** 清全祖望、厲鶚等唱和詩。○清乾隆十二年刊本，十行二十一字。○清乾隆五十八年刊本。

〔補〕**海虞詩苑十八卷** 清王應奎編。○清乾隆二十四年刊本，十行十九字。辛亥春收得。

宋百家詩存二十八卷 國朝曹廷棟編。○刊本。

〔補〕**宋百家詩存二十卷** 清曹廷棟編。○清乾隆曹氏二六書堂刊本，十一行二十一字。己酉夏金誦清肆中見，索二十兩。

〔補〕**重訂唐詩別裁集二十卷** 清沈德潛編。○清乾隆二十八年教忠堂刊本，十行十九字，白口，左右雙闌。朱琰朱筆評並跋。余藏。

〔補〕**明詩別裁集十二卷** 清沈德潛、周準編。○清乾隆四年刊本，十行十九字，白口，左右雙闌。

〔補〕**國朝詩別裁集三十六卷** 清沈德潛編。○清乾隆二十四年刊本，十行十九字，白口，左右雙闌。

〔補〕**苔岑集二十四卷附二卷** 清王鳴盛編。○清乾隆三十二年三槐堂刊本，十行十九字。庚戌八月收得。

〔補〕**宋四六選二十四卷** 清彭元瑞、曹振鏞編。○清乾隆四十一年曹氏刊本，九行二十五字。癸丑收得。

〔補〕**吳會英才集二十四卷** 清畢沅撰。○清刊本。余藏。

〔補〕**國朝六家詩鈔八卷** 清劉執玉編。收宋荔裳一卷，施愚山一卷，王阮亭二卷，趙秋谷一卷，朱竹垞一卷，查初白二卷。○清乾隆三十二年詒燕樓刊本，十行二十一字，黑口，左右雙闌。己酉夏收于金誦清肆中。

〔補〕**歷朝詩約選九十二卷** 清劉大櫆編。○清光緒二十三年文徵閣刊本。

〔補〕**古文辭類纂七十四卷** 清姚鼐編。○清道光間合河康氏刊本。
余臨吳摯甫師評語。

〔補〕**明人詩鈔正集十四卷續集十四卷** 清朱琰編。○清乾隆二
十五年樊桐山房刊本，十行十九字，白口，左右雙闌。余藏。

〔補〕**今文粹編八卷二編二卷** 清趙熟典編。○清乾隆五十一年刊
本，十行十九字。余藏。

〔補〕**國朝文會初編八十五冊** 清趙熟典編。○清寫本，十行十九
字。收八十五家，家各一冊。起魏裔介，終余懷。余藏。

〔補〕**宋詩略十八卷** 清汪景龍、姚壎編。○清乾隆間竹雨山房刊本。
余藏。

〔補〕**淵雅堂朋舊詩鈔一卷** 清王芑孫編。○稿本，有王芑孫跋及
印。余藏。

〔補〕**海昌麗則十卷** 清吳騫編。收明朱妙端，清葛宜，徐燦、鍾韞、黃
蘭雪五家詩詞。○清乾嘉間吳騫拜經樓刊本，九行十七字，黑口，左
右雙闌。

〔補〕**金錯膾鮮□卷** 清禮親王蘭亭主人編，收自漢至清古今體詩。
○清刊本，似乾隆刊，行欵卷數失記。二冊。

〔補〕**七十家賦鈔六卷** 清張惠言編。○清道光元年康氏刊本。余
藏。

〔補〕**試律叢話四卷** 清梁章鉅編。○清刊本。前歷次會試、順天試、
朝考、散館大考、召試各試帖詩題。有吳廷琛序。余藏。

〔補〕**當湖文繫初編二十八卷** 清朱壬林編。○清光緒十五年刊本。
余藏。

〔補〕**四婦人集五卷** 清沈恕編。○清嘉慶間古倪園沈氏刊本。收唐
女郎魚玄機詩一卷，十行十八字，從南宋臨安陳宅書籍鋪本出；薛濤

詩一卷，八行十六字，從明萬曆洗墨池本出，内薛濤田洙聯句空白數
行，蓋以其詞褻而去之；綠窗遺稿一卷，元孫淑撰，八行十六字，附其
夫傅若金詩一卷；宋楊太后宮詞一卷，七行十二字，從宋寫本出。余
藏。

〔補〕**國初十大家詩鈔七十五卷**　清王相編，收曹溶靜惕堂詩八卷，
周亮工賴古堂詩十二卷，惲壽平南田詩五卷，周篔采山堂詩八卷，王
士祿十笏草堂詩四卷，高詠遺山詩四卷，邵長蘅青門詩十卷，吳嘉紀
陋軒詩六卷，徐昂發畏壘山人詩十卷，屈復弱水詩八卷。○清道光
十年信芳閣木活字印本。余藏。

〔補〕**明三十家詩選初集八卷二集八卷**　清汪端編。○清道光二
年汪氏刊本。

〔補〕**清尊集十六卷**　清汪遠孫編。○清道光十九年汪氏振綺堂重刊
本，十一行十四字，黑口，四周雙闌。前吳德旋序。

〔補〕**三蘇全集二百二十二卷**　編輯人未詳。收蘇洵嘉祐集二十卷，
蘇軾東坡集八十四卷，蘇轍欒城集四十八卷，目錄二卷，後集二十四
卷，三集十卷，應詔集十二卷；附蘇過斜川集六卷。○清道光七至十
二年眉州三蘇祠刊本。六十四册。

〔補〕**吳郡文編二百四十六卷**　清顧沅編。○清寫本，有朱珔等序。
四十册。

〔補〕**十八家詩鈔二十八卷**　清曾國藩編。○清同治十三年傳忠書
局刊本。

〔補〕**粵十三家集一百九十一卷**　清伍元薇編。自宋李昂英文溪集
至清易宏雲華閣詩略，凡十三家。○清道光二十年南海伍氏詩雪軒
刊本。

〔補〕**國朝全蜀詩鈔六十四卷**　清孫桐生編。○清光緒五年刊本。

〔補〕**國朝正始集九十九卷**　清符保森編。○清咸豐七年京師半畝

園刊本，當時在世之人亦皆收入，為清人總集之最晚出者。余藏。

〔補〕三黎詩詞集二十五卷　清黎兆勳、黎庶燾、黎庶蕃撰。○清光
　緒刊本，黎君庶昌見貽。

上總集類

藏園訂補邵亭知見傳本書目卷十六上

藏園訂補郘亭知見傳本書目卷十六下

獨山莫友芝子偲　　撰

江安傅增湘沅叔　　訂補

集部九

詩文評類

文心雕龍十卷 梁劉勰撰。○錢功甫云，至正乙未刊于嘉禾，弘治甲子刊于吳門，嘉靖庚子刊于新安，辛卯又刊于建安，癸卯又刊于新安，萬曆己酉刊于南昌。至隱秀一篇均缺，予從阮華山宋本補足。○兩京遺編附刊。

〔附〕○宋刊本，多隱秀一篇。○明梅慶生注本。○漢魏本。○紀評本。（邵氏）

〔補〕○此書宋刊本明錢允治曾見之，明末已佚。○清錢曾、黃丕烈有元至正十五年嘉禾刊本，余聞其名而未獲寓目，存否不可知。然據錢允治跋，則其隱秀篇亦脫一版。○就余所知見，此書明代凡十一刻。最早者為弘治十七年馮允中本，次則嘉靖十年建安本，次嘉靖

十九年汪一元本,次嘉靖二十年建陽張安明本(有程寬序),次嘉靖
二十二年佘誨本,次嘉靖二十四年樂應奎本(有葉聯芳序),次嘉靖
四十五年青州藩府本(有誠軒載璽序),次萬曆七年張之象本(已印
入四部叢刊),次萬曆十九年貴陽郡庠本(有伍讓序),次萬曆二十一
年朱謀㙔本,最後為萬曆三十七年梅慶生本。梅本至天啟二年經六
次校定補輯,為明刊中最善之本。○明弘治十七年馮允中刊本,十
行二十字,黑口,左右雙闌,有弘治十七年馮允中序及都穆序,刊于
蘇州。○明嘉靖十九年汪一元私淑軒刊本,十行二十字,白口,左右
雙闌。版心上方有"私淑軒"三字。前嘉靖庚子方元禎序,卷首次行
題"明歙汪一元校"。○明嘉靖二十二年佘誨刊本,十行十字、白口,
左右雙闌。此本實即汪一元本,刊落版心"私淑軒"三字及卷首汪一
元校一行,版心刻工與汪本全同。此本於汪氏卷中原有誤字多已改
正,卷末序志篇補入脱文三百二十二字。余有一帙,余用敦煌卷子
本校徵聖至雜文,又改定數百字。○明萬曆七年張之象刊本。十行
十九字,白口,左右雙闌。每卷後有校書人姓名。此本有早印晚印
之分。余藏一晚印本,卷四論説篇中"説者悦也"下增一行,序志篇
奪文三百二十二字亦已補入,皆為早印本所無。四部叢刊所收即早
印本,誤題為嘉靖本。余又藏一帙,何焯手校,並手寫隱秀篇補入。

〔補〕**劉子文心雕龍二卷** 明楊慎、曹學佺等批點。**註二卷** 明梅慶
　　生撰。○明吳興閔氏刊套印本,九行二十字,白口,四周單闌。有萬
　　曆四十一年曹學佺序。余藏。

〔補〕**楊升菴先生批點文心雕龍音註十卷** 明梅慶生撰。○明萬
　　曆三十七年自刊、天啟二年重修本,梅氏悉取諸家校正之説重為改
　　正,別增音註,至天啟二年第六次校定刻板,復改補七百餘字。其千
　　百年來混淆不可爬疏者,至此乃粗可誦習焉。書經何焯手校,有跋,
　　言隱秀篇元以來脱一葉,錢允治自宋本補鈔,始復傳于世。

〔補〕**文心雕龍訓故十卷**　明王惟儉撰。○明萬曆刊本，十行二十字，每卷末及篇末均記校若干字。余藏。

文心雕龍輯註十卷　國朝黃叔琳撰。○姚氏刊本。○翻刊本。

〔補〕○清乾隆養素堂刊本。此書于舊本訛文奪字，皆綜合諸本之得失以定其是非，于梅刻失誤亦多所糾正。此本即出，傳世明刊諸本皆可束置不觀矣。余藏。

詩品三卷　梁鍾嶸撰。○四十家小說本。○續百川本。○再續百川本。○文房秘笈本。○歷代詩話本。○津逮本。

〔補〕○明正德元年退翁書院寫本，十行十八字，從宋刊本出，有黃丕烈跋。繆荃孫藏，已刻入對雨樓叢書中矣。○明文氏玉蘭堂寫本，十行十八字。後有京台岳氏新雕牌記。○清嘉慶張海鵬照曠閣刊學津討原本。余有一帙，余據明寫本及山堂考索錄文校，有改訂。

〔補〕**鍾嶸詩品三卷**　梁鍾嶸撰。○明嘉靖間吳郡沈與文繁露堂刊本，十行十六字，版心下方有"繁露堂雕"四字。卷末有嘉定丁黼跋六行。余藏。

文章緣起一卷　梁任昉撰。○夷門本。○學海本四十六頁。○心齋十種本，題云文章始。○藝圃本。○此書宋牧仲有刊本。

〔補〕**樂府古題要解一卷**　唐吳兢撰。○明傳寫嘉靖三十九年梁梧刊本，十行二十字，前嘉靖二十八年陸束序及嘉靖三十九年河間知縣梁梧刊書序。後有正德十年柳僉跋及陸束跋。據跋，知陸本據都穆藏本付刊。余藏。○明末毛氏汲古閣刊津逮祕書本，毛跋言據元刊本付刊。其元刊本汲古目不載，信否不可知，然余嘗以明人傳鈔嘉靖梁梧河間刊本校津逮本，改正甚多，其不及梁本明矣。四庫存目為二卷本。

〔補〕**詩式五卷**　唐釋皎然撰。○清寫本，九行十八字。後錄嘉靖六年柳僉跋、崇禎三年葉奕跋及清雍正元年錢嘉錫跋。此書四庫入存目，為一卷本。

本事詩一卷 唐孟棨撰。○文房四十家小説本。○古今逸史本。○
再續百川本。○津逮本。

詩品一卷 唐司空圖撰。○續百川本。○藝圃本。○夷門本。○歷
代詩話本。○津逮本。○學海本。

六一詩話一卷 宋歐陽修撰。○百川本。○歷代詩話本。○津逮
本。○歐集各本。

〔補〕**六一居士詩話一卷** 宋歐陽修撰。○宋咸淳間刊百川學海本，
近年陶湘已影刊行世。○明弘治刊百川學海本。

續詩話一卷 宋司馬光撰。○歷代詩話本。○津逮本。

〔補〕**司馬温公詩話一卷** 宋司馬光撰。○宋咸淳間刊百川學海本。
○明弘治刊百川學海本。

中山詩話一卷 宋劉攽撰。○明刊本。○歷代詩話本。○津逮本。

〔補〕**劉攽貢父詩話一卷** 宋劉攽撰。○宋咸淳間刊百川學海本。
○明弘治刊百川學海本。

〔補〕**東坡先生詩話一卷** 宋蘇軾撰。○明寫本，棉紙藍格，半葉九
行，行二十一字，天一閣佚出，李木齋藏。○明鈔説郛本。余藏。

〔補〕**石門洪覺範天厨禁臠三卷** 宋釋惠洪撰。○明傳鈔正德二年
張天植刊本，朱絲闌，九行十八字。目後有正德二年黎堯卿跋，言得
鈔本，張天植刻之云云。天一閣佚出之書，為余收得。四庫入存目。

後山詩話一卷 宋陳師道撰。○百川本。○稗海本。○歷代詩話
本。○津逮本。

〔補〕**後山居士詩話一卷** 宋陳師道撰。○宋咸淳間刊百川學海本。
○明弘治華珵刊百川學海本。○稗海本，余藏，余據宋刊百川學海
本校。

臨漢隱居詩話一卷 宋魏泰撰。○奇晉齋本。○歷代詩話本，十一頁。○知不足齋本，完。

〔補〕○明鈔說郛本，在卷六十五。○清刊說郛本，在卷八十四。

優古堂詩話一卷 宋吳幵撰。○讀畫齋本。○張氏志有舊鈔本。

〔補〕○明洪熙元年寫本，十一行二十一字，題"洪熙元年春三月六日林子中借錄於家藏，計四十一紙。"有徐駿、顧蒓、程恩澤、黃丕烈、錢天樹、蔣因培跋。李木齋藏。○清嘉慶四年顧修刊讀畫齋叢書本，余有一帙，余據明洪熙元年寫本校，又據朱文鈞藏明嘉靖戊申袁表寫本再校，補錄袁表手跋。

詩話總龜前集四十八卷後集五十卷 宋阮閱撰。○嘉靖甲辰宗室月窗道人刊，甚精。

〔補〕**增修詩話總龜四十八卷後集五十卷** 宋阮閱撰。○明嘉靖二十四年月窗道人刊本，十一行二十二字，白口，四周單闌。前嘉靖甲辰張嘉秀序、李易序。本書首葉題阮一閱編，皇明宗室月窗道人刊，程珧校。卷末有寫字人姜輔周、刊書人丁輔、胡暹名三行。據序，付刊時曾加改動，已非原式。余有一帙，余曾據明寫本校過，奪訛滿紙，知非善本也。○明寫本，棉紙無格，九行十八字，題阮一閱編。董康藏。余嘗以此本校家藏明刊本，知明刻刪削頗多，訛奪亦夥。○清毅玉堂影鈔明嘉靖甲辰月窗道人本，盧址抱經樓藏。

彥周詩話一卷 宋許顗撰。○百川本。○稗海本。○歷代詩話本。○津逮本。○明刊本。

〔補〕○明末毛氏汲古閣刊津逮秘書本。余有一帙，余臨何焯評校於其上。

〔補〕**許彥周詩話一卷** 宋許顗撰。○宋咸淳刊百川學海本。○明弘治華珵刊百川學海本。○稗海本。○清刊說郛本，在卷八十二。

紫微詩話一卷 宋呂本中撰。○百川本。○歷代詩話本。○津逮本。

〔補〕○明末毛氏汲古閣刊津逮秘書本，余有一帙，余臨何焯評校於其
　　上。○清順治間刊說郛本，在卷八十四。

〔補〕東萊呂紫微詩話一卷 宋呂本中撰。○宋咸淳刊百川學海本。
　　○明弘治華珵刊百川學海本。

四六話二卷 宋王銍撰。○百川本。○學津本。

〔補〕王公四六話二卷 宋王銍撰。○宋咸淳刊百川學海本。○明弘
　　治華珵刊百川學海本。

珊瑚鉤詩話三卷 宋張表臣撰。○百川本。○歷代詩話本三卷。

石林詩話一卷 宋葉夢得撰。○百川本、歷代詩話本作三卷。○津
　　逮本。

〔補〕○明崇禎末毛氏汲古閣刊津逮秘書本。余有一帙，余臨何焯校於
　　其上。

〔補〕石林詩話三卷 宋葉夢得撰。○宋咸淳刊百川學海本。○明弘
　　治華珵刊百川學海本。

藏海詩話一卷 宋吳可撰。○知不足齋本。○函海本。

風月堂詩話二卷 宋朱弁撰。○廣秘笈本。

〔補〕風月堂詩話三卷 宋朱弁撰。○明寫本，棉紙藍格，十行二十
　　字。天一閣佚出之書，輾轉歸余齋。余嘗取校實顏堂秘笈所刊二卷
　　本，凡鈔本之脫文空行處，實顏本悉為連綴之，以掩其迹。卷中次第
　　亦有異，而均以鈔本為優長。計補入刻本脫文二則，改訂六十二字。

歲寒堂詩話二卷 宋張戒撰。○聚珍本。○閩覆本。○杭縮本。○
　　學海本，才五頁。

〔補〕陳學士吟窗雜錄五十卷 宋陳應行編。○明嘉靖四十年金陵
　　書坊陳守泉刊本，十二行二十字，前紹熙五年浩然子序，序後有"嘉
　　靖辛酉孟夏吉旦金陵書坊家藏宋本重刊"牌記。○明寫本，十二行

二十字，有紹熙五年浩然子序。此書四庫存目。

〔補〕**全唐詩話三卷** 題宋尤袤撰。○明正德二年秦昂陝西刊本，九行十七字，大黑口，四周雙闌。有正德二年陝西布政使右參議安惟學序。○明正德十二年鮑繼文雲中教養堂重刊秦昂本，十行十八字，大黑口，四周雙闌。前正德二年安惟學舊序，後正德丁卯强晟跋。跋後有"正德丁丑鮑繼文重刊於雲中教養堂"牌記三行。余藏。此書四庫入存目，為十卷本。

〔補〕**全唐詩話六卷** 題宋尤袤撰。○明嘉靖三十三年雲間張鵑翼刊萬曆十七年重修本，九行十七字，白口，四周單闌。版心下方有"伊蔚堂"三字。○明萬曆淩子任刊本，九行十九字，白口，四周單闌。

庚溪詩話二卷 宋陳巖肖撰。○百川本。○藝圃本。○學海本。

〔補〕**庚溪詩話一卷** 宋陳巖肖撰。○明鈔說郛本，余藏，商務已排印行世。○清初宛委山堂刊說郛本，余據明鈔本校補佚文五則。

韻語陽秋二十卷 宋葛立方撰。○藝圃本。○歷代詩話本。○學海本百四十二頁。○勞平甫有校宋本。

〔補〕○宋刊本，十四行二十四字，細黑口，左右雙闌，版心不記字數及刊工。前有乾道元年徐林叙，卷末有隆興甲申自序及乾道二年沈洵刊書跋。○明正德二年刊本，十行二十字，白口，左右雙闌。前正德丁卯都穆序，言據江陰葛允夫藏錄本刊傳。○日本舊寫本，十三行二十七字。前隆興元年徐林序，自序及乾道二年沈洵刊書跋，次淳熙六年葛郊序。從另一宋本出。○清道光十一年晁氏活字印本。余有一帙，余據日本影宋寫本校，補脫文四十六行。又據宋刊皇朝仕學規範校。

碧溪詩話十卷 宋黃徹撰。○聚珍本。○閩覆本。○知不足齋本。○學海本七十二頁。○有嘉泰癸亥其孫燾刊本。

唐詩紀事八十一卷 宋計有功撰。○明嘉靖中杭州刊。○汲古閣刊。

〔附〕○宋嘉定甲申王禧刊本。（邵氏）

〔補〕○明嘉靖二十四年洪楩清平山堂刊本，十行二十字，白口，四周單
　　闌。有孔天胤序，言得懷安初本重刊云云。孔序版心上方有"清平
　　山堂"四字。此本已印入四部叢刊。○明嘉靖二十四年張子立刊
　　本，十行二十一字，白口，四周單闌。目後有張子立跋。○明崇禎五
　　年毛氏汲古閣刊本，八行十九字，白口，左右雙闌。○明寫本，棉紙
　　藍格，八行二十四字。有偽莫是龍手跋。臨清徐坊遺書。

觀林詩話一卷　宋吳聿撰。○學海本。○墨海本。○守山本。

四六談塵一卷　宋謝伋撰。○百川本。○學津本。○學海本，十二
　　頁。

環溪詩話一卷　不著撰人。○學海本，四十五頁。

〔補〕**環溪詩話三卷**　宋吳沆撰。○明寫本，九行十七字。前嘉靖己
　　丑劉嵩序，次慶元庚申何異序。鈐翰林院大印及法式善藏印。

竹坡詩話一卷　宋周紫芝撰。○百川本二卷。○歷代詩話本。○津
　　逮本。

〔補〕**竹坡老人詩話三卷**　宋周紫芝撰。○宋咸淳刊百川學海本。
　　○明弘治華珵刊百川學海本。○明嘉靖莆田鄭氏刊百川學海本。

〔補〕**竹坡老人詩話一卷**　宋周紫芝撰。○清初宛委山堂刊説郛本，
　　在卷八十四。

苕溪漁隱叢話前集六十卷後集四十卷　宋胡仔撰。○耘經樓重
　　刊宋本，頗精。○又見舊本小字者，古雅似元刊。○餘苑本。

〔補〕○宋刊本，十一行二十二字，白口，左右雙闌，版心下記刊工人名。
　　卷四十末有紹興府及浙東路提刑司校勘官銜名。宋諱"構"字注"太
　　上御名"，是孝宗時紹興府刊本。存後集四十卷。李木齋先生藏。
　　余取校楊氏耘經樓刊本，改正達二千五百七十八字之多，真善本也。

○明寫本，棉紙紅格，十行二十字。○明寫本，十行二十字，有明萬曆顧飛卿跋。鈐有朱彝尊、宋犖藏印。存前集一至二十，後集二十至四十，共四十一卷。

〔補〕漁隱叢話前集六十卷後集四十卷　宋胡仔撰。○宋刊本，十三行二十三字，白口，左右雙闌。存卷十五至四十五。○元翠巖精舍刊本，十三行二十三字，細黑口，左右雙闌。前自序，序後有"翠巖精舍校定鼎新重栞"牌記二行。存前集卷一至五十。余收得，李木齋師堅欲得之，以配其宋刊後集，遂以歸之。余曾取校楊氏耘經樓本，行欵全同，知楊氏即據此元本付刊。○明嘉靖七年徐梁寫本，九行，行十九至二十一字不等，余藏。○清寫本，半葉九行十八字。○清乾隆五至六年楊佑啟耘經樓刊本，十三行二十三字，黑口，左右雙闌。從元本出。余據元翠巖精舍本校前集，又據故宮藏明寫本及朱彝尊、宋犖舊藏明寫本校，補脫文數條。○清道光、咸豐間潘仕成刊海山仙館叢書本。

〔補〕苕溪漁隱詩評叢話前集六十卷後集四十卷　宋胡仔撰。○清呂氏南陽講習堂寫本，十行二十五字，無闌。前戊辰胡仔自序，序後有"紹熙甲寅槐夏之月陳奉議刊於萬卷堂"一行。卷末有"禦兒呂氏南陽講習堂鈔藏"一行。嘉善曹秉章藏。

文則二卷　宋陳騤撰。○唐宋本。○秘笈本。○格致本。○關中趙瀛刊。○四明屠本畯刊。○新刊台州叢書本。

〔補〕文則一卷　宋陳騤撰。○明成化刊本，十行十九字，黑口，四周雙闌。○明嘉靖趙瀛刊本，八行十六字，白口，四周雙闌。○明屠本畯刊本，九行十八字，白口，四周單闌。繆荃孫遺書，歸余齋。○明末毛氏汲古閣影寫元刊本，十行十九字，黑口，四周雙闌。題"宋少傅文簡公天台陳騤著"，"福州府儒學訓導餘姚李居義校正"。同年葉德輝之姪啟勳所藏。

二老堂詩話一卷　宋周必大撰。○歷代詩話本。○津逮本。

〔補〕○明末毛氏汲古閣刊津逮秘書本，余有一帙，余臨清何焯評校於
其上。○清初宛委山堂説郛本，在卷八十四。

〔增〕**雲莊四六餘話一卷**　宋楊囷道撰。囷道字深仲，里居未詳，此
以宋刊本過録，凡宋人説部中言四六者皆搜採。其論四六多以剪裁
為工。○阮元進呈。

誠齋詩話一卷　宋楊萬里撰。○誠齋集本。

餘師録四卷　宋王正德撰。○守山本。

滄浪詩話一卷　宋嚴羽撰。○淡生堂本。○寶顔堂本。○歷代詩話
本。○津逮本。

〔補〕○明末毛氏汲古閣刊津逮秘書本，余有一帙，余臨何焯校，又據舊
寫本校。

詩人玉屑二十卷　宋魏慶之編。○嘉靖六年重刊元本。○格致本。
○近仿宋刊，甚精。○明天順間〔刊〕，只十卷。○玉屑辛卯在上海
收一本，葉石君舊藏，不甚精而印本明潔，末題字云“瑞昌龍沙識”，
據天禄目知為元刊本也。

〔補〕○宋刊本，十一行二十一字，細黑口，左右雙闌，左闌外標篇名。
余藏。余以清道光古松堂仿宋刊本校之，補所缺卷六第二十葉，卷
十二三葉，卷十四九葉，允稱善本。○元刊本，行欵版式與宋本同。
李木齋師藏。余曾借校，可補世行本脱文三十一葉。○明嘉靖六年
洪都潛仙刊本，十一行二十一字，細黑口，四周單闌。○明謝天瑞刊
本，十行二十二字，白口，四周單闌。卷首題“武林思山謝天瑞校
正”。○明胡文煥格致叢書本，十行二十字。

〔補〕**新刊古今錦繡詩人玉屑二十卷**　宋魏慶之編。○明正、嘉間
閩中刊本，十一行十九字，黑口，四周雙闌。

娯書堂詩話一卷　宋趙與虤撰。○讀畫本。

後村詩話前集二卷後集二卷續集四卷新集六卷 宋劉克莊撰。

　　○路氏有鈔本。

〔補〕○清初寫本，十行二十字。鈐馬思贊藏印，存前、後集各二卷。○
　　民國南潯張鈞衡刊適園叢書本。○清抄本，失名人點校。

〔補〕後村詩話十四卷 宋劉克莊撰。○清初寫本，十一行二十一字，
　　白口，四周雙闌。盧文弨校。存卷三至九。邢之襄藏。

〔補〕諸家老杜詩評五卷 宋方深道編。○清寫本。盧址抱經樓舊
　　藏。

荊溪林下偶談四卷 宋吳子良撰。○唐宋本。○秘笈本。

〔增〕梅磵詩話三卷 元韋居安撰。吳興人，宋景定間進士。是編所
　　論多南宋時人之作，采掇謹嚴，卷末云“余丙子歲司糾三衢，二月十
　　一日，宋太后詔諸郡歸附，郡將而下奉詔依應，吏民安堵如故云”。
　　是居安以宋人而入于元者也。○阮氏以進呈。

〔補〕○明嘉靖二十七年袁表家寫本，十行二十字。有袁表跋，云命門
　　僕葛會摹之。有顧飛卿跋。周叔弢藏，叔弢為余臨校一本于讀畫齋
　　本上。○清雍正間厲鶚家寫本，九行二十字，從天一閣藏本鈔出。
　　有厲鶚跋，後歸法式善，有翁方綱、何道生等手跋。余曾取校讀畫齋
　　叢書本，改正五十餘字。○清讀畫齋叢書本。

艸堂詩話二卷 宋蔡夢弼撰。○新刊惠棟藏本，稱為秘笈。

〔增〕聲律關鍵八卷 宋鄭起潛撰。起潛字子升，吳縣人，舉進士，官
　　至直學士，權兵部尚書。是編乃其為吉州州學教授時所上，前有淳
　　祐元年正月六日尚書省劄子，云總以五訣，分為八韻，至于一句，亦
　　各有法，是專為塲屋設，存之以見當時所業。○阮氏以進呈。

〔補〕懷古錄三卷 宋陳模撰。○清寫本，十行二十二字。余藏。余
　　據明寫本校，略有改訂。

〔補〕黼藻文章百段錦三卷 宋方頤孫編。○明嘉靖翻宋本，十行十

七字,黑口,左右雙闌。題"宋三山方頤孫編輯,裔孫鎰校刊",則為
其裔孫方鎰所刊也。有淳祐己酉陳嶽舊序。按:此書四庫存目為一
卷本。

〔補〕**太學新編黼藻文章百段錦二卷**　宋方頤孫編。○明弘治刊
本,十行二十字,黑口,四周雙闌。前淳祐己酉陳嶽序。本書題方頤
孫編。目錄題"成都府學訓導崇陽艾傑校正"。分上下卷,每卷分若
干格。鈐有宋筠藏印。

文章精義一卷　宋李耆卿撰。按:此書四庫著錄,莫氏未收。○此書
世無舊刻,四庫本為館臣自永樂大典輯出。

竹莊詩話二十四卷　宋何溪汶撰。○路氏有抄本。

〔補〕○四庫本已印入四庫全書珍本初集中。

浩然齋雅談三卷　宋周密撰。○聚珍本。○閩覆本。○杭縮本。

〔補〕○盧文弨批校本,批於浙江刊武英殿聚珍本書上。余曾臨一帙於
武英殿聚珍本上。

對床夜語五卷　宋范晞文撰。○知不足齋本。○學海本。

〔補〕○清康熙間寫本,盧址抱經樓舊藏。○清乾隆間盧文弨家寫本,
在江南圖書館。○清乾隆十八年曹炎寫本,在瞿氏鐵琴銅劍樓。

〔補〕**對床夜話五卷**　宋范晞文撰。○舊寫本,黃丕烈據八卷本校並
跋,又補景定三年馮去非序及正德十六年陳沐跋。聊城楊氏海源閣
藏,余曾借校於安氏學海類編本上。此書世行本五卷,或作夜語,或
作夜話,最古之本為正德十五行陳沐活字印本,然殊罕見。清代學
海類編本,知不足齋本、武林往哲遺箸本相繼刊行,均輾轉出於陳沐
本,傳世之盧文弨寫本、曹炎寫本、拜經樓寫本亦然。惟黃丕烈所得
鈔本為八卷本,各卷著者名後有"友人馮去非可遷訂"一行,似出舊
本,然莫可踪迹,惟恃此校本得識其梗概耳。○清鮑氏刊知不足齋
叢書本。○清道光十一年活字印學海類編本。○清光緒刊武林往

哲遺箸本。

〔增〕艇齋詩話一卷 宋南豐曾李貍裘甫撰。四庫未收。○張氏志有
　　舊抄本，楊夢羽萬卷樓藏書。

詩林廣記前集十卷後集十卷 宋蔡正孫撰。○曾見舊刊小字本，似
　　宋元本。○明仿宋本。○又，明刊本。

〔補〕精選古今名賢叢話詩林廣記十卷後集十卷 宋蔡正孫輯。
　　○元刊本，八行十六字，詩話低三格，亦十六字，大黑口，左右雙闌。
　　存卷一至三，七至十，後集一至八。潘宗周收得。○明刊本，八行十
　　六字，黑口，左右雙闌。有屠維赤奮若(己丑)自序，當元至元二十六
　　年。後集目後題"編選未盡者見於續集刊行"，然迄未見有續集傳
　　世。○明弘治十年張㻞刊本，十行二十字，白口單闌。

文說一卷 元陳繹曾撰。○依閣刊本。

修詞鑑衡二卷 元王構編。○指海本。

〔補〕○元至順四年集慶路學刊本，十行二十字，白口，左右雙闌。前至
　　順四年王理序，言命儒學正戚子實、掌版鄭懋刻之集慶路學。○明
　　翻元集慶路學刊本，十行二十字，黑口，四周雙闌。余藏。

〔增〕蓮堂詩話二卷 元祝成撰。○張子謙有舊抄本，見張氏志，云上
　　卷載金海陵王哀宋姚將軍詩，為全金詩所未收。

〔補〕○清咸豐三年仁和胡氏木活字印琳琅秘室叢書本。

金石例十卷 元潘昂霄撰。○至正五年其子誗刊於饒，又刊於鄱陽。
　　○淡生堂本。○雅雨堂本。○嘉慶辛未郝懿行又刊雅雨本。○元
　　至正五年刊本金石例季滄葦藏，後歸張月霄，見張氏志。

〔附〕○合下舉例、要例，南海吳氏有刊本。（原稿本無，諸印本入正
　　文。）

〔補〕蒼崖先生金石例十卷 元潘昂霄撰。○元刊本，九行十八字，
　　白口，四周雙闌。前至正戊子王思明序。徐坊藏書。○影寫元刊

本，舊人以鈔本校。有顧廣圻印記。李木齋先生藏。○明刊本，十行二十二字，大黑口，四周雙闌，似正統、景泰間刊本。海虞瞿氏藏。○明藍格寫本，盧址抱經樓遺書。○清初寫本，十一行二十二字。鈐朱彝尊收藏印。

〔補〕**金石三例十五卷** 清盧見曾輯。○清乾隆二十年盧見曾刊本。顧廣圻用元本及鈔本校金石例十卷，黃丕烈校墓銘舉例四卷，金石要例一卷。李木齋先生藏。○清乾隆二十年盧見曾刊本，十行二十字，白口，左右雙闌。王芑孫手批並跋。○清嘉慶十六年饒向榮刊本。余藏。

作義要訣一卷 元倪士毅撰。○大典本。

〔附〕○陸心源刊本。（原稿無，諸印本入正文。）

〔補〕○元刊本，十一行二十字，黑口，四周雙闌。李木齋先生藏。○清光緒間陸心源刊十萬卷樓叢書本。

墓銘舉例四卷 明王行撰。○雅雨本。○郝氏重刊本。○乾隆丙子金匱王氏穎銳刊附金石要例，係從程魚門得抄本，與盧氏同時刊行。

〔補〕**歸田詩話三卷** 明瞿佑撰。○明刊本，十一行二十二字，黑口，四周雙闌。有成化三年莆田柯潛序及弘治辛酉陳叙後序。○清鮑廷博刊知不足齋叢書本。○清乾隆五十九年馬氏大酉山房刊龍威秘書本。此書四庫存目。

懷麓堂詩話一卷 明李東陽撰。○淡生本。○再續百川本。○知不足齋本。

〔補〕**麓堂詩話一卷** 明李東陽撰。○清乾隆間鮑氏刊知不足齋叢書本。

〔補〕**談藝錄一卷** 明徐禎卿撰。○明刊本，八行十八字，白口，左右雙闌。○明嘉靖十八年陽山顧氏刊明朝四十家小說本，十行十八字，白口，左右雙闌。○明萬曆胡文煥刊格致叢書本，十行二十字，白口，左右雙闌。

〔補〕**汝南詩話一卷** 明强晟撰。○明刊本，七行十八字，黑口，四周雙闌。失序跋，是弘治、正德間刊本。二册，余藏。

〔補〕**西江詩法一卷** 明朱權撰。○明嘉靖刊本，十二行二十二字，黑口，四周雙闌。滬肆見。

〔補〕**瓊臺先生詩話二卷** 明蔣冕撰。○明萬曆許自昌刊本，八行二十字，白口，四周單闌。

頤山詩話二卷 明安磐撰。○刊本。

〔補〕○四庫本已印入四庫全書珍本初集中。

詩話補遺三卷 明楊慎撰。○函海本。

〔補〕**升菴詩話四卷** 明楊慎撰。○明刊本，九行二十字。似嘉靖末年所刊。

〔補〕**升菴詩話十二卷補遺二卷** 明楊慎撰。○清乾隆李氏刊函海本，在第十五函。

〔補〕**逸老堂詩話二卷** 明俞□□撰。○舊寫本，後有嘉靖丁未，戊申老人自叙。繆荃孫手錄盧文弨、黃丕烈跋，據跋知其人為崑山人，俞寬父之子。

藝圃擷餘一卷 明王世懋撰。○歷代詩話本。○學海本。

〔補〕○明末刊廣百川學海本，九行二十字，白口，左右雙闌。在壬集。○明末刊寶顏堂普秘笈本。○清道光安氏印學海類編本。

〔補〕**解頤新語八卷** 明皇甫汸撰。○明隆慶刊本。有何良俊、黃魯曾等序，為詩話之屬。此書四庫存目。

〔補〕**竹里館詩說五卷** 明汪時元撰。○明萬曆二十五年張惟喬刊本，九行十八字，白口，四周單闌。余藏。

〔補〕**小草齋詩話二卷** 明謝肇淛撰。○清寫本，鈐文登于氏小謨觴館印。余藏。

〔補〕**詩藪内編六卷外編六卷雜編六卷續編二卷**　明胡應麟撰。
　　○明刊本，九行二十字。余藏。○明萬曆張養正刊本，九行十八字。
　　○清光緒間廣雅書局刊本。此書四庫入存目。

唐音癸籤三十三卷　明胡震亨撰。○康熙戊戌江陰書肆本。

〔補〕○清順治十五年雙與堂刊本，十行十五字。

〔補〕**風人詩話一卷**　明劉縊撰。○清寫本，九行二十字。余藏。已
　　印入庚辰叢編。

金石要例一卷　國朝黃宗羲撰。○雅雨堂刊。○郝氏重刊。○藝圃
　　刊。○王氏刊。

歷代詩話八十卷　國朝吳景旭撰。○嘉慶中刊。

〔補〕○民國三年劉承幹嘉業堂刊吳興叢書本。

漁洋詩話三卷　國朝王士禎撰。○刊本。

〔補〕**五代詩話十二卷**　清王士禎撰。○稿本，十行二十四字，有朱墨
　　筆改訂及夾籤。邢之襄藏。○清乾隆十三年養素堂刊本。此書四
　　庫入存目。

〔補〕**帶經堂詩話三十卷**　清王士禎撰，張宗柟編。○清乾隆二十七
　　年南曲舊業刊本。

〔補〕**圍爐詩話六卷**　清吳喬撰。○清寫本。繆氏藝風堂舊藏。○清
　　嘉慶張海鵬刊借月山房彙鈔本。○民國張鈞衡刊適園叢書本。四
　　庫存目。

〔補〕**詩辨坻四卷**　清毛先舒撰。○清初毛氏刊本，十行二十字，似康
　　熙初刊。二冊。余藏。

〔補〕**靜志居詩話二十四卷**　清朱彝尊撰。○清嘉慶二十四年扶荔
　　山房刊本。余藏。

〔補〕**本事詩十二卷** 清徐釚撰。○清康熙四十三年吳中立刊本，十一行二十一字。○清乾隆二十二年半松書屋本。均余藏。

師友詩傳錄一卷續錄一卷 國朝郎廷槐編，續錄劉大勤編。○劉氏原刊。○學海本。

聲調譜一卷 國朝趙執信撰。○貸園本。○藝海本。

談龍錄一卷 國朝趙執信撰。○貸園本。○藝海本。

〔補〕**詩倫二卷** 清汪薇輯。○清康熙五十六年寒木堂刊本，十行十九字，白口，四周單闌。版心下有"寒木堂"三字。余藏。

〔補〕**柳亭詩話三十卷** 清山陰宋長白撰。○清康熙四十六年天茁園刊本。此書四庫存目。

宋詩紀事一百卷 國朝厲鶚撰。○乾隆十一年刊。

全閩詩話十二卷 國朝鄭方坤編。○刊本。

五代詩話十卷 國朝鄭方坤撰。○養素堂刊。○粵雅堂刊。

〔補〕**續錦機十五卷補遺三卷** 清劉青芝輯。○原稿本。前有自序，言仿元遺山錦機之義，集前人論文議論，釐為十問，上自周秦，下及王士禎、方苞。

〔補〕**藜床囈語六卷** 清程瑞祊撰。○清乾隆刊本。

〔補〕**隨園詩話十六卷補遺十卷** 清袁枚撰。○清乾隆小倉山房刊本。

〔補〕**石洲詩話五卷** 清翁方綱撰。○清抄本，翁方綱自校並跋。顧麐士怡園藏。此書蘇齋叢書本及粵雅堂叢書本均為八卷。五卷惟有抄本。

〔補〕**四六叢話三十三卷選詩叢話一卷** 清孫梅撰。○清嘉慶三年舊言堂刊本。辛亥三月入都見，索九兩。

〔補〕**一瓢齋詩話一卷** 清薛雪撰。○清埽葉村莊刊本，十一行二十字。精刻本。余藏。

〔補〕**歷代詩話五十七卷**　清何文煥編，始鍾嶸詩品，終顧元慶夷白齋詩話，凡二十七家，末附考索一卷。○清乾隆三十五年刊本。

〔補〕**古今詩話探奇二卷**　清蔣鳴珂撰。○清乾隆四十九年寫刻本。二冊。余藏。

〔補〕**定香亭筆談四卷**　清阮元撰。○清嘉慶刊本。余藏。

〔補〕**廣陵詩事十卷**　清阮元撰。○清嘉慶六年刊本。余藏。

〔補〕**北江詩話六卷**　清洪亮吉撰。○清咸豐四年刊粵雅堂叢書本。

〔補〕**耄餘詩話十卷**　清周春撰。○清葛洴南寫本。前後有自序、自跋。

〔補〕**遼詩話二卷**　清周春撰。○清刊本，鈐管庭芬藏印。余藏。

〔補〕**文翼三卷**　清吳鋌撰。○清道光十六年刊本，吳仲倫批點。嘉興忻寶華舊藏。辛亥收得。

〔補〕**全唐文紀事一百二十二卷首一卷**　清陳鴻墀纂輯。○清同治十二年巴陵方氏刊本。

〔補〕**國朝詩人徵略初編六十卷二編六十四卷**　清張維屏輯。○清道光刊本。

上詩文評類

集部十

詞曲類

汲古閣刊六十家詞六集，此所不收者十家。今于汲古刊者旁注第幾集，以便檢尋。其不收者，三集周必大近體樂府、石孝友金谷遺音、劉克莊後村別調，四集程珌洺水詞，五集洪瑹空同詞、李昴英文溪詞、張榘芸窗詞，六集杜安世壽域詞、陳師道後山詞、盧炳烘堂詞各一卷，並入存目，又白石詞一卷，亦入存目，以著錄全本也。存目又載宋名家詞，無卷數，毛晉編，即六十家詞也。

〔附〕○毛氏有宋詞百家，已刊六十家，未刊四十家。（邵氏）藏園按：毛氏實刊六十一家。

〔增〕南唐二主詞一卷　中主，後主。

〔補〕○清寫本，十行二十字。鈐"樂意軒"、"吳氏藏書"等印。○清康熙二十八年亦園刊十名家詞集本，九行二十一字。○清光緒十三年金武祥刊粟香室叢書名家詞集十種本。

〔增〕陽春集一卷　南唐馮延巳撰。○康熙中錫山侯文燦刊名家詞本。○又，何夢華藏單本舊抄，凡一百十八闋，有宋嘉祐戊戌陳世修序，蓋世修掇拾所編也。○直齋書錄解題作陽春錄。焦氏經籍志著錄，見張氏志。

〔補〕○清康熙二十八年錫山侯氏亦園刊十名家詞集本，九行二十一字，版心下有"亦園藏本"四字。○清光緒十四年王鵬運輯刻四印齋所刻詞本。○清趙梅泉手寫星鳳閣唐宋詞十一種本。

珠玉詞一卷　宋晏殊撰。○汲古閣一集本。

〔附〕○咸豐晏端書刊本。（邵氏）

〔補〕○天一閣舊藏明寫本，棉紙藍格，十行二十一字。余藏。

樂章集一卷　宋柳永撰。○汲古閣一集本。

〔補〕樂章集三卷續添曲子一卷　宋柳永撰。○清勞權手寫精校本，藍格，十行十八字。錄有毛扆跋。余藏。○民國十一年朱祖謀輯刻彊村叢書本已收入此帙。

〔補〕樂章集二卷　宋柳永撰。○明寫本，十二行二十四字。明趙琦

美據焦竑藏本手校,有黃丕烈跋。余藏。

〔補〕**壽域詞一卷** 宋杜安世撰。○明寫本,八行二十字。錢曾手校。
松江韓氏藏書 此書四庫入存目。

安陸集一卷附錄一卷 宋張先撰。○葛鳴陽刊。○侯文燦刊。○知
不足齋本。

〔補〕**子野詞一卷** 宋張先撰。○清康熙二十八年侯氏亦園刊十名家
詞集本。

六一詞一卷 宋歐陽修撰。○汲古一集。○歐集中本三卷。

〔補〕**近體樂府三卷** 宋歐陽修撰。○宋慶元二年周必大吉州刊歐陽
文忠公大全集本,十行十六字,白口,左右雙闌。余藏。○明天順六
年程宗刊歐陽文忠公大全集本。○明正德劉喬本、隆慶邵廉本及清
嘉慶歐陽衡本歐集同。○清宣統三年吳昌綬輯刻景刊宋金元明本
詞四十種本。

〔補〕**醉翁琴趣外篇六卷** 宋歐陽修撰。○清初影寫宋刊本,十行十
八字。鈐曹寅印。袁克文君藏: ○此本吳昌綬已收入景刊宋金元
明本詞四十種中。

東坡詞一卷 宋蘇軾撰。○汲古一集。○蘇集中本二卷。○有延祐
庚申刊本。

〔補〕**東坡樂府二卷** 宋蘇軾撰。○元延祐七年葉辰南阜書堂刊本,
十行十八字,白口,左右雙闌。有黃丕烈跋。○清光緒十四年王鵬
運輯刊四印齋所刻詞本,余有一帙,余據明鈔東坡詞不分卷本校。

〔補〕**東坡樂府三卷** 宋蘇軾撰。○民國十一年朱祖謀輯刻彊村叢書
本。

〔增〕**東山詞一卷** 宋山陰賀鑄方回撰。○昭文張氏藏汲古舊藏宋刊
本,云原上下二卷,今存卷上一卷,凡一百九闋。直齋書錄云,東山
樂府張文潛序之,當即此本。六十家詞未刊,蓋以得書稍遲耳。○

邵亭丁卯中秋于杭肆見一册，二卷，上卷蓋以此本，下卷又別據舊鈔及諸選本中輯出者，惜未購致。

〔補〕○清康熙二十八年侯氏亦園刊十名家詞集本。

〔補〕**東山詞二卷** 宋賀鑄撰。○宋刊本，十行十八字，白口，左右雙闌。存上卷。海虞瞿氏藏，即莫氏著錄之本。○此本吳昌綬已收入景刊宋金元明本詞四十種中，名東山詞殘，一卷。朱祖謀又收入彊村叢書中。

〔補〕**賀方回詞二卷東山詞補一卷各附校記** 宋賀鑄撰。○民國朱祖謀輯刻彊村叢書本。

〔補〕**演山詞一卷** 宋黃裳撰。○清光緒二十一年江標刊宋元名家詞十五種本，余有一帙，余據清寫本手校一過。

山谷詞一卷 宋黃庭堅撰。○汲古一集。○明嘉靖刊黃集本別編一卷。

〔補〕**山谷琴趣外篇三卷** 宋黃庭堅撰。○南宋建本，十行十八字，白口，左右雙闌。已印入吳昌綬景刊宋金元明本詞四十種及四部叢刊三編中。

淮海詞一卷 宋秦觀撰。○詞苑英華本。○淮海集本三卷。○汲古一集。

〔補〕**淮海居士長短句三卷** 宋秦觀撰。○宋乾道九年高郵軍刊本，附本集後，十行二十一字，白口，左右雙闌。故宮有一本，已影印行世。○民國朱祖謀輯刻彊村叢書本，附校記一卷。

〔補〕**淮海詞三卷** 宋秦觀撰。○清寫本，九行二十八字，黃丕烈據宋本校並跋。鈐黃氏印記。○明吳訥輯百家詞本，商務已排印。

〔補〕**淮海集長短句一卷** 宋秦觀撰。○明戲鴻館刊本，八行二十字，陰陽葉各為單闌。題李廷芝、袁玄校。清錢曾、何煌手校，鮑廷博題識。周叔弢藏。

書舟詞一卷　宋程垓撰。○汲古二集。

小山詞一卷　宋晏幾道撰。○汲古一集。

〔補〕○民國朱祖謀輯刻彊村叢書本。

〔補〕**閑齋琴趣外篇六卷**　宋晁元禮撰。○清初毛氏汲古閣影寫宋
　　刊本，十行十八字，黑口，左右雙闌。鈐有毛晉、曹寅、汪士鐘藏印。
　　袁君克文藏。○此本吳昌綬已收入景刊宋金元明本詞四十種中。

晁无咎詞六卷　宋晁補之撰。○汲古六集題云琴趣外篇。

〔補〕**晁氏琴趣外篇六卷**　宋晁補之撰。○清初影寫宋刊本，十行十
　　八字，黑口，左右雙闌。友人袁克文君藏。袁君得此書及影宋刊醉
　　翁琴趣外篇、閑齋琴趣外篇，以鷄血佳石鎸三琴趣齋巨印，遍鈐所藏
　　善本，亦書林佳話，而雲煙過眼，不數年，即併所藏後百宋一廛精華
　　俱歸之粵人潘宗周氏矣，可為慨嘆。○此本吳昌綬已收入景刊宋金
　　元明本詞四十種中。

姑溪詞一卷　宋李之儀撰。○汲古四集。

〔補〕**姑溪詞三卷**　宋李之儀撰。○清光緒二十七年吳重熹刊吳氏石
　　蓮庵刻山左人詞本。余有校本。

東堂詞一卷　宋毛滂撰。○汲古一集。

〔補〕○明抄吳訥百家詞本，朱絲闌，十二行二十字。

溪堂詞一卷　宋謝逸撰。○汲古二集。

片玉詞二卷補遺一卷　宋周邦彥撰。○汲古二集。

〔補〕○清光緒間錢唐丁氏刊本。

〔增〕**詳註周美成詞片玉集十卷**　宋陳元龍註釋。元龍字少章，廬
　　陵人。是書分春夏秋冬四景及單題雜賦諸體為十卷，以美成詞借字
　　用意，言言俱有來歷，乃廣為考證，詳加箋註。○阮氏以進呈。

〔補〕○宋刊本，十行十七字，細黑口，左右雙闌，間有四周雙闌。前嘉
　　定辛未劉肅序。有黃丕烈跋，潘宗周藏。○宋刊本，十行十七至十

九字不等,細黑口,左右雙闌,有朱祖謀跋,謂此本註語較有黃丕烈
跋本詳明云云。鈐毛晉、宋筠藏印。亦潘宗周藏。○此本已收入景
刊宋金元明本詞四十種中矣。

〔補〕**片玉集十卷拾遺一卷**　宋周邦彥撰。○清咸豐六年勞權手寫
本,自校並跋。余藏。

初寮詞一卷　宋王安中撰。○汲古四集。

〔補〕○明鈔宋元詞鈔七十家本,棉紙,烏絲闌,九行十五字,版心下方
有"紫芝漫鈔"四字。○汲古閣宋名家詞本,余有一帙,用明鈔宋元
詞鈔手校。

友古詞一卷　宋蔡伸撰。○汲古四集。

〔補〕**友古居士詞一卷**　宋蔡伸撰。○清初寫本,毛扆據錢曾藏本校。
李木齋先生藏。

和清真詞一卷　宋方千里撰。○汲古三集。

〔補〕○清咸豐七年勞權寫本,從趙氏小山堂寫本出。余藏。○清光緒
十二年江標刊宋元名家詞十五種本。余有一帙,余用黃丕烈藏清寫
本校。○清寫本,十行十八字。鈐包虎臣、黃丕烈諸家藏印。

〔補〕**樂齋詞一卷**　宋向鎬撰。○清光緒十二年江標刊宋元名家詞十
五種本,余有一帙,余據毛扆手校舊鈔本校,補詞一闋。毛校所據為
顧貞慤本。

聖求詞一卷　宋呂濱老撰。○汲古六集。

〔增〕**樵歌三卷**　宋朱敦儒希真撰。○昭文張氏從照曠閣藏本傳鈔。
至元嘉禾志云,敦儒本中原人,以詞章擅名,天資曠達,有神仙風致。
高宗南渡初寓此,嘗為樵歌云云。直齋著錄。○阮氏則依汲古閣舊
鈔錄以進呈。提要云,敦儒洛陽人,紹興乙卯以薦起,賜進士出身,
累官兩浙東路提點刑獄。上疏乞歸,居嘉禾。

〔補〕○民國朱祖謀輯刻彊村叢書本。

〔補〕**樵歌二卷** 宋朱敦儒撰。○明鈔宋元名家詞七十種本，版心有
　　"紫芝漫鈔"四字，毛扆校。○明鈔吳訥編百家詞本，十二行二十字。

〔增〕**王周士詞一卷** 宋王以凝撰。字周士，湘潭人，由太學生仕鼎灃
　　帥幕。靖康初，徵天下兵，以凝走鼎州，乞解太原圍。建炎中，以宣
　　撫司參謀制置襄鄧。是編依汲古閣舊鈔過錄，凡三十一首，句法精
　　壯，無南宋浮艷虛薄之習。○阮氏以進呈。

〔補〕○清趙梅泉手寫星鳳閣唐宋詞十一種本，趙氏自校。○明鈔宋元
　　名家詞七十種本，版心有"紫芝漫鈔"四字。毛扆校。○民國壬戌朱
　　祖謀輯刻彊村叢書本，余有一帙，余據趙梅泉寫本校。

石林詞一卷 宋葉夢得撰。○汲古二集。

〔補〕○明鈔宋元名家詞七十種本，毛扆手校並粘校籤。○明末毛氏汲
　　古閣刊宋名家詞六十一種本，余有一帙，余用明鈔宋元名家詞七十
　　種本校，補詞三闋。

筠溪樂府一卷 宋李彌遜撰。○知不足齋刊本。○路氏有抄本。○
　　舊本附集內。

〔補〕**筠谿詞一卷** 宋李彌遜撰。○清光緒十四年臨桂王鵬運刊四印
　　齋所刻詞本。

〔補〕**相山居士詞一卷** 宋王之道撰。○民國十一年朱祖謀輯刻彊村
　　叢書本。

丹陽詞一卷 宋葛勝仲撰。○汲古五集。

〔補〕○明鈔本，棉紙藍格，十行十八字。

坦齋詞一卷 宋趙師使撰。○汲古二集。

酒邊詞二卷 宋向子諲撰。○汲古二集。

〔補〕**酒邊集一卷** 宋向子諲撰。○民國吳昌綬景刊宋金元明本詞四
　　十種本。

無住詞一卷 宋陳與義撰。○汲古六集。

〔補〕○宛委別藏本。○民國十一年朱祖謀輯刻彊村叢書本。

〔補〕簡齋詞一卷 宋陳與義撰。○清寫本，十行二十字。有舊人傳錄嘉靖甲辰少岳道人跋，言為錢穀手寫本，知自錢穀鈔本錄出。

竹坡詞三卷 宋周紫芝撰。○汲古六集。

漱玉詞一卷 宋李清照撰。○詩詞雜俎刊。

〔補〕漱玉詞一卷補遺一卷附錄一卷 宋李清照撰。○清光緒十四年王鵬運輯刻四印齋所刻詞本。

蘆川詞一卷 宋張元幹撰。○汲古四集。

〔補〕蘆川詞二卷 宋張元幹撰。○宋刊本，七行十三字，白口，左右雙闌。有黃丕烈跋。海虞瞿氏藏。○明吳寬寫本，七行十三字。有何焯、黃丕烈跋。○民國吳昌綬輯刻景刊宋金元明詞四十種本。

東浦詞一卷 宋韓玉撰。○汲古六集。

〔增〕渭川居士詞一卷 宋呂勝已季克撰。○昭文張氏有舊鈔本，志云勝已仕履未詳，是書亦絕無著錄者。滿江紅注云：辛丑年假守沅州，又云登長沙定王臺和南軒張先生韻。鷓鴣天注云：城南書院餞別張南軒赴缺奏事，蓋南軒同時人也。辛丑當孝宗淳熙八年。

〔補〕○民國十一年壬戌朱祖謀輯刻彊村叢書本。附校記一卷。

孏窟詞一卷 宋侯寘撰。○汲古五集。

〔補〕○明鈔宋元名家詞七十種本，九行十五字，版心下有"紫芝漫鈔"四字。毛扆舊藏。○明末汲古閣刊宋名家詞六十一種本，余據明鈔宋元名家詞七十種本校。○清光緒中吳重熹刊吳氏石蓮庵刻山左人詞本。

逃禪詞一卷 宋揚无咎撰。○汲古五集。

〔補〕○明鈔宋元名家詞七十種本，毛扆手校。○明末毛氏汲古閣刊宋名家詞六十一種本，余有一帙，余據明鈔宋元名家詞七十種本校，並臨毛扆校本。

〔補〕**宣卿詞一卷** 宋袁去華撰。○清咸豐二年勞權手寫典雅詞十種本，十行十八字，余藏。○清光緒十四年王鵬運刊四印齋所刻詞本，余有一帙，余據勞權手寫典雅詞十種本手校。

〔補〕**文簡公詞一卷** 宋程大昌撰。○清咸豐二年勞權手寫典雅詞十種本，十行十八字，余藏。○民國十一年朱祖謀輯刻彊村叢書本。余有一帙，余據勞權手寫典雅詞十種本手校。

于湖詞三卷 宋張孝祥撰。○汲古四集四卷。○昭文張氏影宋本五卷，拾遺一卷。

〔補〕○汲古四集為三卷本，莫氏誤記。

〔增〕**于湖先生長短句五卷拾遺一卷** 宋張孝祥撰。○張金吾藏影宋刊本，有乾道辛卯陳應行、湯衡兩序。張氏志云，是書毛氏初刊一卷，繼得全集，續刊兩卷，篇次均經移易，並刪去目錄內所注宮調，此則猶是宋時原本也。

〔補〕○民國吳昌綬景刊宋金元明詞四十種本。

〔補〕**于湖居士文集樂府四卷** 宋張孝祥撰。○宋刊于湖居士文集本，其卷三十一至三十四為樂府。此本已印入四部叢刊初編中。○民國吳昌綬景刊宋金元明詞四十種本。

海野詞一卷 宋曾覿撰。○汲古五集。

審齋詞一卷 宋王千秋撰。○汲古六集。

〔補〕○明鈔宋元名家詞七十種本，九行十五字，版心鐫“紫芝漫鈔”。毛扆舊藏本。○清光緒間海豐吳重熹石蓮盦刊山左人詞本。余用明鈔本校。

介菴詞一卷 宋趙彥端撰。○汲古五集。

〔補〕**介菴琴趣外篇六卷補一卷** 宋趙彥端撰。○民國十一年朱祖謀輯刻彊村叢書本。

歸愚詞一卷 宋葛立方撰。○汲古四集。

〔補〕○明鈔宋元名家詞七十種本，版心鐫"紫芝漫鈔"四字。有毛扆跋及藏印。

〔增〕**省齋詩餘一卷**　宋衡陽廖行之天民撰。○昭文張氏有舊抄本。○丁禹生亦有舊抄本，云是汲古閣藏者。是書直齋著錄也。

〔補〕○明鈔宋元名家詞七十種本，版心鐫"紫芝漫鈔"四字。毛扆舊藏。

〔增〕**和石湖詞一卷**　宋吳郡范成大至能詞，東吳陳三聘夢弼和。○昭文張氏有舊抄本，云是書知不足齋梓入叢書，猶有脱字缺頁，而此較善。

〔補〕○民國十一年朱祖謀輯刻彊村叢書本。

〔補〕**石湖詞一卷補遺一卷**　宋范成大撰。○清鮑以文刊知不足齋叢書本，在第十一集。○民國朱祖謀輯刻彊村叢書本。

克齋詞一卷　宋沈端節撰。○汲古五集。

〔補〕○明鈔宋元名家詞七十種本，九行十五字，版心鐫"紫芝漫鈔"四字。毛扆藏。

稼軒詞四卷　宋辛棄疾撰。○汲古一集。○嘉慶十六年族裔啟泰刊集本，詞四卷，校毛本多三十四首。○明歷城王詔校刊。○嘉靖丙申李濂序十二卷本，蓋是舊編，毛刊合三卷為一卷。○元刊大字行書本，半頁九行，行十六字。

〔附〕○天一閣有宋濂手批本十二卷。（邵氏）

〔補〕**稼軒集甲乙丙丁集四卷**　宋辛棄疾撰。○明末毛氏汲古閣影寫宋刊本，十行十八字，白口，左右雙闌。前淳熙戊申范開序。此本已印入四部叢刊。○民國吳昌綬輯刻景刊宋金元明本詞四十種本，缺丁集。

〔補〕**稼軒長短句十二卷**　宋辛棄疾撰。○元大德三年廣信書院刊本，九行十六字，細黑口，左右雙闌。寫刻精美。周叔弢藏。○明嘉靖十五年王詔刊本，九行二十字，白口，四周單闌。卷中有李濂評。余藏。○清光緒十四年王鵬運刊四印齋所刻詞本。○民國吳昌綬輯刻景刊宋金元明本詞四十種本。

龍川詞一卷補遺一卷 宋陳亮撰。○汲古四集。

〔補〕○明寫本，棉紙藍格，十二行二十字。鈐吳城藏印。余以之校汲古閣宋名家詞本，改正二十一字。○明鈔宋元名家詞七十種本，版心有"紫芝漫鈔"四字，毛扆舊藏。此二明鈔本均無補遺。○民國十三年胡宗楙輯刻續金華叢書本。

西樵語業一卷 宋楊炎正撰。○汲古三集。

〔補〕○明寫本，棉紙藍格，十二行二十字。鈐吳城藏印。余取校汲古閣宋名家詞本，改正三十三字。○明鈔宋元名家詞七十種本，版心有"紫芝漫鈔"四字。毛扆舊藏，有印。

放翁詞一卷 宋陸游撰。○汲古一集。

〔補〕○明末毛氏汲古閣刊宋名家詞本，余有一帙，余用明鈔渭南詞校。

〔補〕渭南詞二卷 宋陸游撰。○明鈔宋元名家詞七十種本，九行十五字，版心題"紫芝漫鈔"。毛扆舊藏。

〔補〕渭南文集詞二卷 宋陸游撰。○宋嘉定十三年放翁之子子遹刊渭南文集五十卷於溧陽學宮，其卷四十九至五十兩卷正為詞，堪稱放翁詞最古最善之本。○明弘治十五年無錫華珵活字印渭南文集本，即自宋本排印，亦稱善本。○民國吳昌綬輯刻景刊宋金元明詞四十種本。

樵隱詞一卷 宋毛幵撰。○陳振孫書錄解題載樵隱詞一卷，此刊計四十二首，不知即振孫所見否。幵他作不甚著而小詞最工，王叔木題詞有病其詩文視樂府頗不逮之語，則當時有定論矣。○汲古二集。

〔補〕樵隱詩餘一卷 宋毛幵撰。○明寫本，棉紙藍格，十二行二十字，鈐吳城藏印。○明鈔宋元名家詞七十種本，版心有"紫芝漫鈔"

四字,鈐毛扆印。

知稼翁詞一卷 宋黄公度撰。○汲古六集。

〔補〕○明寫本,八行十四字。前曾豐序,後有男沃手記。清錢曾校。松江韓氏舊藏,出以求售。○明鈔宋元名家詞七十種本,九行十五字,版心題"紫芝漫鈔"。毛扆舊藏本。○明末毛氏汲古閣刊宋名家詞六十一種本,余有一帙,余用明鈔宋元名家詞七十種本校。

〔補〕**苕溪詞一卷** 宋劉一止撰。○明鈔宋元名家詞七十種本,九行十五字,版心鎸"紫芝漫鈔",毛扆舊藏。

〔補〕**苕溪樂章一卷** 宋劉一止撰。○民國十一年朱祖謀輯刻彊村叢書本。余有一帙,余用明鈔宋元名家詞七十種本校。

〔補〕**頤堂詞一卷** 宋王灼撰。○明寫本,棉紙藍格,十一行二十二字。天一閣佚出之書。○民國十一年朱祖謀輯刻彊村叢書本。

〔補〕**信齋詞一卷** 宋葛郯撰。○明鈔宋元名家詞七十種本,版心鎸"紫芝漫鈔"。鈐毛扆藏印。○清光緒二十一年江標刊宋元名家詞十五種本,余據明鈔宋元名家詞七十種本校。

〔補〕**簫臺公餘詞一卷** 宋姚述堯撰。○清初寫本,余藏。○民國十一年朱祖謀輯刻彊村叢書本。

〔增〕**燕喜詞一卷** 宋曹冠撰。字宗臣,號雙溪居士,東陽人。○此本淳熙丁未刊于宣城,于文集中析而名之。阮氏以汲古閣藏本錄出進呈。

〔補〕○清光緒十四年王鵬運刊四印齋所刻詞本。○民國十三年胡宗楙輯刻續金華叢書本。○清咸豐二年勞權鈔典雅詞本,十行十八字。余藏。

〔補〕**拙菴詞一卷** 宋趙磻老撰。○清咸豐二年勞權鈔典雅詞本,十行十八字。余藏。○清光緒十四年王鵬運刊四印齋所刻詞本,余據勞權鈔典雅詞手校一本。

〔補〕**烘堂詞一卷** 宋盧炳撰。○明寫本，八行二十字。清錢曾校。
松江韓應陛舊藏本。○明末毛氏汲古閣刊宋名家詞六十一種本。
此書四庫存目。

〔補〕**烘堂集一卷** 宋盧炳撰。○明鈔宋元名家詞七十種本，九行十
五字，版心鐫“紫芝漫鈔”。毛扆藏印。

〔補〕**東澤綺語一卷清江漁譜一卷** 宋張輯撰。○清咸豐二年勞權
鈔典雅詞十種本，十行十八字，無格，余藏。○民國十一年朱祖謀輯
刻彊村叢書本，余據勞權鈔典雅詞十種本校，東澤綺語補入詞四闋。

〔補〕**風雅遺音二卷** 宋林正大撰。○清影寫宋刊本，九行十八字。
錄有黃丕烈跋。繆荃孫藏。此書四庫存目。

蒲江詞一卷 宋盧祖皋撰。○汲古六集。

平齋詞一卷 宋洪咨夔撰。汲古五集。

白石道人歌曲四卷別集一卷 宋姜夔撰。○汲古二集白石詞一卷，
乃從諸選本錄出，甚不備。竹垞選詞綜，亦未見全本。○嘉定壬戌
刊于雲間。○乾隆八年江都陸鍾輝詩集刊本，最佳。○知不足齋重
刊陸本，亦可。○羣賢小集本，不佳。○道光中祠堂刊本，于自製曲
削去工尺，亦與詩集同刊。○道光辛丑，烏程范鍇、全椒金望華單刊
詞三卷于漢口，亦無工尺。與碧山、叔夏為三家。

〔補〕**白石道人歌曲六卷別集一卷** 宋姜夔撰。○清乾隆十四年張
氏松桂讀書堂刊本，十一行十九字，黑口。

夢牕稿四卷補遺一卷 宋吳文英撰。○汲古三集。○咸豐辛酉曼陀
羅華閣刊。

〔補〕**夢窗詞不分卷** 宋吳文英撰。○明寫本，九行十六字。有“萬曆
二十六年置”識語。鈐有“太原張氏文苑”印。

〔補〕**夢窗甲藁一卷乙藁一卷丙藁一卷丁藁一卷補遺一卷** 宋
吳文英撰。○清咸豐十一年秀水杜文瀾輯刻曼陀羅華閣叢書本，九

行二十一字，白口。

惜香樂府十卷 宋趙長卿撰。○汲古三集。

〔補〕**仙源居士惜香樂府十卷** 宋趙長卿撰。○明末毛晉汲古閣寫本，十行十八字。版心下方有"汲古閣"三字。存卷六至九。李木齋遺書。

〔補〕**虛齋樂府二卷** 宋趙以夫撰。○清錢曾述古堂影寫宋臨安府陳解元書籍鋪刊本，十行十八字。有顧廣圻、黃丕烈跋。此本已印入四部叢刊三編。○民國吳昌綬輯刻景刊宋金元明本詞四十種本。

〔補〕**澗泉詩餘一卷** 宋韓淲撰。○清初寫本，十行二十字。鈐朱彝尊、揆叙藏印。○清寫本，有竹素堂主人跋。滬肆見。

龍洲詞一卷 宋劉過撰。○汲古四集。

〔補〕**龍洲詞二卷** 宋劉過撰。○明寫本，棉紙藍格，十二行二十字。鈐吳城藏印。余取校彊村叢書本，改正六十字，出曹元忠校記之外者三十三字，允稱善本。○民國十一年朱祖謀輯刻彊村叢書本，余據明寫本校。

竹屋癡語一卷 宋高觀國撰。○汲古三集。

〔補〕○明鈔宋元名家詞七十種本，九行十五字，版心鐫"紫芝漫鈔"四字。鈐毛扆收藏印記。

〔補〕**後村長短句五卷** 宋劉克莊撰。○清賜硯堂鈔後村先生大全集本，十行二十字，其卷一百八十七至一百九十一為長短句。○民國十一年朱祖謀輯刻彊村叢書本，余據宋刊後村居士集五十卷本校。

〔補〕**後村長短句二卷** 宋劉克莊撰。○宋末刊後村居士集五十卷本，十行二十一字，白口，四周雙闌。卷十九、二十為詩餘。

〔補〕**蓮社詞一卷補遺一卷** 宋張掄撰。○民國十一年朱祖謀輯刻彊村叢書本，余據清寫本校過。

〔補〕**道情鼓子詞一卷** 宋張掄撰。○清寫本，十行十八字。鈐有黃丕烈、莊虎臣藏印。

〔補〕**梅屋詩餘一卷**　宋許棐撰。○清寫本，十行十八字。鈐黃丕烈、
莊虎臣藏印。

竹齋詩餘一卷　宋黃機撰。○汲古三集。

梅溪詞一卷　宋史達祖撰。○汲古二集。

〔增〕**日湖漁唱一卷**　宋陳允平撰。允平字君衡，鄞縣人，德祐時授沿
海制置司參議官。其詩詞與吳文英、翁元龍齊名。千頃堂書目載日
湖漁唱二卷，此或後人合併歟？○阮氏以進呈。○江都秦氏刊入詞
學叢書。

〔補〕○清趙梅泉手鈔星鳳閣唐宋詞十一種本。○清寫本，十二行二十
三字。余藏。○民國十一年朱祖謀輯刻彊村叢書本。

〔補〕**西麓繼周集一卷**　宋陳允平撰。○清咸豐七年勞權手鈔精校
本，十四行二十字。余藏。○民國十一年朱祖謀輯刻彊村叢書本。

〔補〕**可齋雜藁四卷續藁三卷**　宋李曾伯撰。○明末毛氏汲古閣影
寫宋刊本，十行二十字。均詞，雜藁為卷三十一至三十四，續藁為卷
七、八、十一，蓋自全集中選其詞影寫者。鈐有汲古閣印記。

石屏詞一卷　宋戴復古撰。○汲古四集。

〔補〕○明寫本，棉紙藍格，十二行二十字。鈐吳城藏印。僅收詞二十
五闋，為世行本半數，然可正吳氏景刊宋金元明本詞四十種本二十
二字，補入真德秀跋一首。○明鈔宋元名家詞七十種本，版心鎸“紫
芝漫鈔”四字，有毛扆藏印。

〔補〕**石屏長短句一卷**　宋戴復古撰。○民國吳昌綬輯刻景刊宋金元
明本詞四十種本。

散花菴詞一卷　宋黃昇撰。○汲古三集。

〔補〕**玉林詞一卷**　宋黃昇撰。○明鈔宋元名家詞七十種本，版心鎸
“紫芝漫鈔”，為毛扆舊藏本。

斷腸詞一卷 宋朱淑真撰。○詩詞雜俎本。

〔補〕○明鈔宋元名家詞七十種本，版心鐫"紫芝漫鈔"四字，為毛扆舊
藏本。

〔補〕**朱淑真斷腸詞一卷** 宋朱淑真撰。○清錢曾述古堂寫本，八行
十八字，版心下有"述古堂"三字。

〔補〕**碎錦詞一卷** 宋李好古撰。○清咸豐二年勞權手寫典雅詞十種
本，十行十八字，無格。勞權自校。余藏。○清光緒十四年王鵬運
刊四印齋所刻詞本，余有一帙，余曾據勞權鈔典雅詞本校。

山中白雲詞八卷 宋張炎撰。○曹刊最佳。○康熙中龔翔麟玉玲瓏
閣刊附六家詞後者校最詳。○杭州項氏新刊。○竹垞云：于張鹿微
案頭見手抄叔夏詩一卷。○道光辛丑金望華、范鍇同刊三家詞本，
頗有校正龔本處。

〔補〕○清康熙龔翔麟玉玲瓏閣刊本，十行二十字，白口，左右雙闌。

〔補〕**山中白雲詞八卷** 宋張炎撰。**附錄一卷樂府指迷一卷** ○
清康熙六十一年曹炳曾城書室刊本，九行十九字，白口，左右雙闌，
版心下方有"城書室"三字。有雍正四年杜詔序，言曹氏據龔氏本重
校付梓，蓋刊成後增入者也。有鄭思肖、仇遠、舒岳祥、陸文圭舊序
及龔翔麟本序，末有康熙六十一年曹炳曾序，言得陸簡分手批本付
梓云云。雕板亦精。

竹山詞一卷 宋蔣捷撰。○汲古二集。

〔補〕**撫掌詞一卷** 宋□□撰，宋歐良輯。○清趙梅泉手寫唐宋詞十
一種本。○清咸豐二年勞權手鈔典雅詞十種本，余藏。○清光緒十
四年王鵬運輯刻四印齋所刻詞本。余曾據趙梅泉手寫本及勞權鈔
典雅詞本校一本。朱祖謀亦借余藏典雅詞手校一本。

〔增〕**花外集一卷** 宋會稽王沂孫聖與撰。○知不足齋刊，附補遺。
○道光辛丑金望華、范鍇同校刊三家詞本。

〔補〕**碧山樂府一卷** 宋王沂孫撰。即花外集。○清寫本,十二行二十三字。

〔增〕**蘋洲漁笛譜二卷** 宋周密撰。密詞朱彝尊以為草窗詞一名蘋洲漁笛譜,今考草窗詞比斯譜實多數闋,則知笛譜是當日原定,草窗詞或後人掇拾所成,特以此為藍本耳。○阮氏以進呈。○知不足齋刊本。

〔補〕**蘋洲漁笛譜二卷集外詞一卷** 宋周密撰。○民國十一年朱祖謀刻彊村叢書本。

〔補〕**草窗詞二卷詞補二卷** 宋周密撰。○清咸豐十一年杜文瀾輯刻曼陀羅華閣叢書本。

〔增〕**蕭閒老人明秀集注三卷** 金蔡松年撰,雷溪子魏道明元道注解。○張金吾依陳子準藏金刊本影寫,原六卷,存一至三,目錄全。卷一、二曰廣雅,卷三、四曰霄雅,卷五六曰時風。松年、道明俱見中州集,明秀者湖山名。金源樂府推松年與吳彥高,號吳蔡體。直齋錄蕭閒集六卷,蔡伯堅撰。靖之子陷金者。

〔補〕**蕭閒老人明秀集注六卷** 金蔡松年撰,魏道明注。○金刊本,十二行二十三字,白口,左右雙闌。存卷一至三。即莫氏著錄之底本。○清光緒十四年王鵬運輯刻四印齋所刻詞本,存卷一至三。

〔補〕**磻溪詞一卷** 金邱處機撰。○民國十一年朱祖謀輯刻彊村叢書本。余據家藏金刊磻溪集手校一本。

〔增〕**遺山先生新樂府五卷** 金元好問撰。○張金吾藏舊鈔本,謂文淵閣書目著錄。張炎稱其詞深於用事,精于練句,風流蘊藉,不減周秦。○阮氏以舊鈔本進呈。

〔補〕○清寫本,十三行二十一字。盧文弨校。有趙曦明跋,言出於何焯家。

〔補〕**遺山樂府三卷** 金元好問撰。○明弘治五年朝鮮晉州刊本,十行十七字，大黑口，四周雙闌。有弘治五年李宗準識語，雖刊於朝鮮，即用明代紀年。余藏。陶湘續刻景宋金元明本詞本即從此出。○明時朝鮮刊巾箱本，十行十八字，黑口，四周雙闌。

〔補〕**遺山樂府一卷** 金元好問撰，凌雲翰編。○清寫本，舊人臨勞格校。

天籟集二卷 金白樸字太素，舊字仁甫，號蘭谷。○康熙中六安楊希洛刊。

〔補〕**天籟集二卷摭遺一卷** 元白樸撰。○清康熙四十九年楊友敬刊本，九行二十一字，白口，四周單闌。前朱彝尊序，稱楊希洛得本於其裔孫駒，屬余正誤，乃析為二卷云云。後有王鎬識語，言為其重校手書上版。此本字體秀美，朱彝尊序以手書入木，印章套硃色，為清初精刻本中名品。○清光緒十四年王鵬運輯刻四印所刻詞本。余據曹寅舊藏本校。

〔補〕**蘭谷先生天籟集一卷** 元白樸撰。○清初寫本，十二行二十四字，有王博文、孫大雅舊序及朱彝尊跋。鈐曹寅、富察昌齡印。

〔補〕**秋澗先生樂府四卷** 元王惲撰。○明鈔宋元名家詞七十種本，九行十五字，版心鎸“紫芝漫鈔”。毛扆跋。

〔補〕**秋澗樂府四卷** 元王惲撰。○民國朱祖謀輯刻彊村叢書本。余據明鈔本校。

〔補〕**樵菴詞一卷** 元劉因撰。○清光緒十四年王鵬運輯刻四印齋所刻詞本，朱祖謀據舊寫本及明弘治刊文集校，補詞一闋，改訂異字甚夥。

〔補〕**松雪詞一卷** 元趙孟頫撰。○明鈔宋元名家詞七十種本，九行十五字，版心鎸“紫芝漫鈔”。毛扆舊藏，有印記。

〔補〕**漢泉樂府一卷** 元曹伯啟撰。○民國十一年朱祖謀輯刻彊村叢書本，余據元後至元四年曹復亨刊漢泉曹文貞公詩集本校。

〔補〕**順齋樂府一卷** 元蒲道源撰。○民國十一年朱祖謀輯刻彊村叢書本，余據元刊文集校。

〔補〕**道園樂府一卷** 元虞集撰。○民國十一年朱祖謀輯刻彊村叢書本，余據元至正金伯祥本道園遺稿及鳴鶴餘音手校。

〔補〕**五峯詞一卷** 元李孝光撰。○清光緒十四年王鵬運輯刻四印齋所刻詞本，余據黄丕烈舊藏清寫本校，補小題二則。黄本十行十八字，鈐包虎臣印及黄丕烈諸印。

〔補〕**雲林樂府一卷** 元倪瓚撰。○明鈔宋元名家詞七十種本，版心鐫"紫芝漫鈔"，毛扆舊藏，鈐有印記。

〔補〕**雲林詞一卷** 元倪瓚撰。○清光緒二十一年江標刊宋元名家詞十五種本，余據毛扆舊藏明鈔宋元名家詞校。

蛻巖詞二卷 元張翥撰。○知不足齋本。

〔補〕○清初寫本，十二行二十四字，鈐曹寅、昌齡藏印。○清康熙間汪文柏摘藻堂寫本，鈐汪氏印記。盧址抱經樓舊藏。○清雍正元年厲鶚家寫本，有厲鶚跋。

〔補〕**蟻術詞選四卷** 元邵亨貞撰。○清阮元進呈宛委別藏本，自明隆慶六年汪稷本出，十一行二十一字。此本已印入四部叢刊三編。

〔補〕**樂府遺音一卷** 明瞿佑撰。○明寫本，棉紙藍格，十行二十字。此書四庫入存目。

〔補〕**升庵長短句四卷** 明楊慎撰。○明嘉靖十九年刊本，十行二十字，黑口，四周雙闌。有嘉靖庚子唐錡序。余藏。

〔補〕**碧山詩餘二卷** 明王九思撰。○明嘉靖刊本，十行二十字，白口，四周單闌。

〔補〕**洗心亭詩餘一卷** 明趙時春撰。○明刊本，有隆慶庚午周鑑序，其子守巖所刊也。

〔補〕**拙政園詩餘二卷** 清徐燦撰。即徐湘蘋，陳之遴之室人。○清乾隆間吳氏拜經樓刊本。余藏。

〔補〕**曝書亭集詞註七卷** 清朱彝尊撰，李富孫註。○清嘉慶十九年校經廎刊本。

〔補〕**迦陵詞全集三十卷** 清陳維崧撰。○清康熙二十八年陳氏患立堂刊本，十二行二十二字。已印入四部叢刊初編。

〔補〕**延露詞三卷** 清彭孫遹撰。○清鈔本。

〔補〕**藜莊詞一卷** 清周在浚撰。○清康熙刊本，十行十九字，黑口單闌。

珂雪詞二卷 國朝曹貞吉撰。○與詩合刊，又補遺一卷，每篇備載同時交遊評語。

〔補〕**彈指詞二卷** 清顧貞觀撰。○清乾隆十八年裔孫仲温重刊本，九行十八字，黑口，左右雙闌。余藏。

〔補〕**納蘭詞五卷補遺一卷** 清納蘭性德撰。○清道光十二年汪元治刊本，十行二十一字，白口。○清光緒五年刊榆園叢書本。

〔補〕**飲水詞一卷** 清納蘭性德撰。○清道光二十六年刊本，八行十九字。

〔補〕**栩園詞弃稿四卷** 清陳聶恒撰。○清康熙四十三年陳氏且樸齋刊本，十行十九字，黑口，左右雙闌。余藏。

〔補〕**續古宮詞一卷** 清孔尚任撰。○清康熙刊本，八行二十字，白口單闌。余藏。

〔補〕**幻花菴詞鈔八卷** 清張梁撰。華亭人，張照之叔。○清乾隆二十四年刊本，十行十九字。余藏。

〔補〕**樊榭山房詞二卷** 清厲鶚撰。○清刊本，十行二十字，黑口，左右雙闌。失序跋。余藏。

〔補〕**冬心先生自度曲一卷** 清金農撰。○清乾隆二十五年自刊本，八行十八字，細黑口，左右雙闌。余藏。

〔補〕**玲瓏簾詞一卷** 清吳焯撰。○清雍正刊本，十行十九字，黑口，左右雙闌。廠肆寓目。

上詞曲類詞集之屬

花間集十卷 蜀趙崇祚編。○詞苑英華刊。竹垞跋云，坊本譌字最多，舊刊稍善。○紹興十八年晁謙之刊，宋本之最善者。○邵亭有舊本，避宋諱，有句讀者，似明初翻宋，當即竹垞所謂舊刊也。○明有湯若士評點本，合十卷為四卷，朱墨印。

〔附〕○新刊景宋本。（原稿無，印本入正文。）

〔補〕○宋紹興十八年建康郡齋刊本，八行十七字，白口，左右雙闌。即莫氏著錄之本。○宋刊本，十行十八字，白口，左右雙闌，小版心，小字。海源閣舊藏，楹書隅錄定為淳熙十四年鄂州公使庫刊本，近為周叔弢收去。○明正德十六年陸元大刊本，十行十八字，白口，左右雙闌。有紹興十八年晁謙之跋。

〔補〕**花間集十卷** 蜀趙崇祚編。**補二卷** 明溫博輯。**音釋二卷** 明茅一楨撰。○明萬曆八年茅氏刊本，九行十八字，白口，左右雙闌。余藏。

〔補〕**花間集十二卷** 蜀趙崇祚編。**補二卷** 明溫博輯。○明萬曆三十年玄覽齋刊巾箱本，六行十五字，白口，四周單闌。已印入四部叢刊。

〔補〕**花間集四卷** 蜀趙崇祚編，明湯顯祖評。○明刊本，八行十八字，白口，四周單闌。朱墨套印本。辛亥都中書肆見。

尊前集二卷 ○萬曆中顧芳梧刊。○詞苑英華刊。

梅苑十卷 宋黃大輿編。○棟亭刊。

〔補〕○清康熙四十五年揚州詩局刊棟亭十二種本,十一行二十一字,細黑口,左右雙闌。○清刊本,十行二十字,黑口,四周雙闌。余據影寫宋刊本校,改訂甚多,補詞一闋。影宋本標名為"羣賢梅苑"。

樂府雅詞三卷補遺一卷 宋曾慥編。直齋云十二卷,拾遺二卷。○竹垞所藏分上、中、下三卷,拾遺二卷,竹垞謂與序合,定為足本。○嘉慶庚午秦氏詞學叢書本。○粵雅堂本。

〔補〕**樂府雅詞三卷拾遺二卷** 宋曾慥編。○清寫本,八行十六字,有紹興丙寅曾慥引。鈐豫齋珍藏印。○清寫本,十行二十一字。鮑廷博校。鈐汪季青、鮑廷博藏印。涵芬樓藏,收入四部叢刊初編。

花菴詞選二十卷 宋黃昇撰。○萬曆四年舒伯明刊。○詞苑英華刊。

〔附〕○元刊本,天祿後目。(邵氏)

〔補〕**唐宋諸賢絕妙詞選十卷** 宋黃昇編。○明萬曆四年舒伯明刊本,十行二十至二十二字不等,白口,四周單闌。余藏。○明萬曆四十二年秦堣刊本,十行二十字,細黑口,左右雙闌。

〔補〕**中興以來絕妙詞選十卷** 宋黃昇編。○宋刊本,十三行二十三字,細黑口,左右雙闌。有宋淳祐九年王玉林、胡德方序。○明萬曆四十二年秦堣刊本,十行二十字,細黑口,左右雙闌。○清翻宋本,十行二十字。前有淳祐己酉王玉林序。已印入四部叢刊初編。

〔補〕**花菴絕妙詞選十卷又十卷** 宋黃昇編。○明末毛氏汲古閣刊詞苑英華本,九行二十字,白口,左右雙闌。

類編草堂詩餘四卷 不著編輯人名氏。○嘉靖庚戌刊。○萬曆甲寅刊。○詞苑英華刊。○有宋本。○有元刊。

〔補〕**增修箋註妙選羣英草堂詩餘前集二卷後集二卷** 宋何士信編。○明初黑口本,十三行二十三字,左右雙闌。似成化本。○明刊本,九行十八字,黑口,四周雙闌。已印入四部叢刊。

〔補〕**精選名賢詞話草堂詩餘上下卷** 宋何士信編。○明嘉靖十七年刊本，十行二十二字。題"閩沙太學生陳鍾秀校刊"。有嘉靖十七年南監監丞陳宗謨序。○清光緒十四年王鵬運輯刻四印齋所刻詞本。

〔補〕**草堂詩餘四卷** 宋何士信編，明武陵逸史編次。○明刊本，九行十八字。○明末毛氏汲古閣輯刻詞苑英華本，九行十九字。有葉樹廉跋。

〔補〕**草堂詩餘五卷** 明陳深批點。○明末閔暎璧刊朱墨套印本，八行十八字，白口，四周單闌。余藏。

〔增〕**陽春白雪八卷外集一卷** 宋趙聞禮編。聞禮字立之，臨濮人。○此從舊鈔仿寫，所選凡二百餘家，宋代不傳之作多萃于是，去取亦復謹嚴。所著有鈞月軒詞，周密絕妙好詞嘗采其作，是編亦祇錄一二，字鍊句琢，非專以柔媚為之。阮氏以進呈。○道光中江都秦氏刊。○粵雅堂刊。

〔補〕○清道光十年清吟閣刊本。余藏。○宛委別藏阮氏進呈本已印入選印宛委別藏中。

〔補〕**絕妙好詞七卷** 宋周密編。○清康熙三十七年高士奇清吟堂刊本，九行二十字。余藏。○清雍正三年項絪羣玉堂刊本，十一行二十字。余藏。

絕妙好詞箋七卷 宋周密撰，國朝查為仁、厲鶚同箋。○乾隆庚午查善長刊于宛平，即四庫著錄本。○康熙戊寅柯煜南陔刊朱箋。○道光八年錢唐徐楙重刊，附余集續抄一卷，楙續抄一卷，並採密說部、詩話所錄。

〔附〕○章碩卿刊本。（邵氏）

〔補〕**絕妙好詞箋七卷** 宋周密編，清查為仁、厲鶚箋。**續鈔一卷** 清余集輯。○清同治十一年會稽章壽康刊。

樂府補題一卷 不著編輯人名氏。○知不足齋本。○宜興蔣京少據
　常熟吳氏抄本刊。○漱六編刊。

中州樂府一卷 ○張金吾藏毛氏影寫元至大本，云宗室文卿從郁、張
　信甫中孚、王元佐澮三人俱有小傳，毛本刪去，此本小傳止有三篇，
　其人俱中州所未載，故以補其缺。而子晉跋云，小叙已見前詩集中，
　兹不更贅，殆偶未詳考也。後有"至大庚戌良月平水進德齋刊"木
　印。

〔補〕○四庫著錄，附于中州集之後。（補註參見總集類中州集各條。）

〔增〕**名儒草堂詩餘三卷** 元廬陵鳳林書院輯本，未詳選人。自劉藏
　以下，凡六十家，皆南宋遺老，選錄精允。厲鶚跋稱弁陽老人絕妙好
　詞外寡匹。○阮氏以進呈。○秦氏刊。

〔補〕**精選名儒草堂詩餘三卷** 元鳳林書院編。○元鳳林書院刊本，
　九行十八字，黑口，左右雙闌。鈐明吳岫藏印。余藏。○清嘉慶秦
　恩復刊本，十行二十字。余藏。

〔補〕**鳴鶴餘音九卷** 元彭致中撰。○元刊本，十行十七至十九字不
　等，黑口，左右雙闌。有虞集序。存詩詞上集四十八葉。○明正統
　道藏本。此書四庫存目為八卷本。

花草粹編二十四卷附錄一卷 明陳耀文編。○刊本。

〔增〕**唐宋名賢百家詞九十冊** 明吳訥編。見天一閣書目。

〔補〕**宋元名家詞七十種** 編輯人未詳。○明鈔本，棉紙、墨格，版心
　鐫"紫芝漫鈔"四字，九行十五字。共二十四冊，始東坡詞三卷，終花
　間集二卷，共七十家，九十七卷。清毛扆舊藏。內樂齋詞、秋澗樂府
　有毛扆手跋，鶴山詞有毛扆跋並粘簽，石林詞有毛扆粘簽。鈐毛扆、
　黃丕烈印。震鈞藏。

〔補〕**宋名家詞六十一種九十卷** 明毛晉編。○明崇禎間毛氏汲古
　閣刊本，八行十八字，白口，左右雙闌，版心下方有"汲古閣"三字。

分一至六集,第六集十一種,餘集各十種,起晏殊珠玉詞,終盧炳烘堂詞。

御定歷代詩餘一百二十卷 康熙四十六年翰林院侍讀學士沈良垣等奉敕撰。○內刊。

〔補〕**詞潔六卷前集一卷** 清先著、程洪輯。○清康熙刊本,九行二十字,白口,四周雙闌。前康熙壬申先著序。本書按詞牌分類編次。余藏。

詞綜三十四卷 國朝朱彝尊撰。○刊本。

〔補〕**詞綜三十卷** 清朱彝尊編,汪森增編。○清康熙十七年汪森裘杍樓刊本,十行二十一字。余藏。

〔補〕**詞綜三十六卷** 清朱彝尊編,汪森增編。○清康熙十七年汪森裘杍樓刊康熙中期增刊本。

〔補〕**詞綜三十八卷** 清朱彝尊編。王昶增編。**明詞綜十二卷國朝詞綜四十八卷二集八卷** 清王昶編。○清嘉慶七年青浦王氏三泖漁莊刊本。余藏。

十五家詞三十七卷 國朝孫默編。○刊本。

〔補〕**名家詩餘四十卷** 清孫默編。○清康熙初孫默留松閣刊本,九行二十一字。白口,左右雙闌,版心下有"留松閣"三字。收吳偉業、龔鼎孳、梁清標、宋琬、曹爾堪、王士祿、尤侗、陳世祥、黃永、陸求可、鄒祇謨、彭孫遹、王士禛、董以寧、陳維崧、董俞、程康莊,共十七家。庚戌入都見。

〔補〕**瑤華集二十二卷** 清蔣景祁編。○清康熙二十五年天藜閣刊本,有宋犖序。

〔補〕**古今詞彙初編十二卷二編四卷三編八卷** 清卓回輯。○清康熙十八年刊本,九行二十字,白口,四周單闌。前康熙戊午卓回緣起,次詞論、詞韻、詞彙初編氏籍、目次。本書卷首題嚴沆、金鎮、魏學渠、吳興祚參定。余藏。

〔補〕**國朝名家詞鈔六十卷** 清聶先、曾王孫撰。○清康熙綠堂刊本，九行二十字，黑口單闌。每家一卷，二十册。

〔增〕**名家詞十卷** 國朝侯文燦編輯。○南唐二主詞、馮延巳陽春集、宋張先子野詞、賀鑄東山詞、葛鄴信齋詞、吳儆竹洲詞、趙以夫虛齋樂府、元趙孟頫松雪詞、薩都剌天錫詞、張野古山樂府。自序謂汲古刊六十家詞外見絕少，孫星遠有唐宋以來百家詞鈔本，訪之，僅存數種，合之篋中所藏，僅得四十餘家，茲先集十家付梓。是編錄子野詞一百三十首，較四庫所收之安陸集才六十八首為完善，末附東坡題跋。其餘所選亦簡擇不苟。阮氏以進呈。

〔補〕**十名家詞集十卷** 清侯文燦編。○清康熙二十八年侯氏亦園刊本，九行二十一字，白口，左右雙闌。版心有"亦園藏本"四字。即右方莫氏著錄之本。余藏。

〔補〕**詞學叢書六種二十三卷** 清秦恩復編。○清嘉慶道光間秦恩復刊本，十行二十字。收樂府雅詞三卷拾遺二卷，陽春白雪八卷外集一卷，詞源二卷，日湖漁唱一卷，補遺一卷，續補遺一卷，精選名儒草堂詩餘三卷，詞林韻釋一卷。余藏。

〔補〕**典雅詞十種十卷** 清勞權摘鈔。清勞權手抄本，十行十八字，無格。勞氏自校並跋。所收為李綱、歐良、張輯、馮取洽、袁去華、程大昌、曹冠、趙磻老、李好古九人。內張輯除東澤綺語外又有清江漁譜，為勞權增入。余藏。

上詞曲類詞選之屬叢編附。

碧雞漫志一卷 宋王灼撰。○敏求記云五卷。○唐宋本。○學海本三十六頁。○知不足齋本。

〔補〕○明吳寬叢書堂鈔說郛本，余藏。商務印書館已排印。○清順治三年李際期宛委山堂刊説郛本。○清道光十一年安氏活字印學海類編本。以上均節本。

〔補〕**碧鷄漫志五卷** 宋王灼撰。○明末毛氏汲古閣寫本，鈐"毛晉"、"汲古主人"等印。有跋曰："己酉三月望日，錢遵王假毛黼季汲古閣本校定訛闕。惜家藏舊本少第二卷，無從是正為恨"云云。○清鮑氏刊知不足齋叢書本，在第六集。余據吳寬叢書堂抄説郛本手校一帙。

沈氏樂府指迷一卷 宋沈義父撰。○近附刊花草稡編後。

〔補〕**樂府指迷一卷** 宋沈義父撰。○天一閣舊藏明寫本，十一行二十二字。

〔增〕**詞源二卷** 宋張炎撰。炎有山中白雲詞著錄。是編依元人舊抄影寫，上卷詳論音律，及宮調管色諸事，間系以圖，與白石九歌琴曲所記略同；下卷歷論製曲、句法、字面、虛字、清空、意趣、用事等十四篇。自明人陳繼儒改竄入續秘笈而沿用沈伯時樂府指迷之名，遂失其真，微此幾無以辨其非也。○阮氏以進呈。○江都秦氏刊。○守山閣刊。○粵雅堂刊。

〔補〕○清初寫本，鈐盧址抱經樓藏印。○清嘉慶十五年江都秦恩復刊本，十行二十字。余藏。○清光緒八年許氏榆園叢刻本。

渚山堂詞話三卷 明鄭霆撰。○與詩話合刊。

〔補〕○明嘉靖刊本，九行十八字，有嘉靖九年自序。四庫底本，卷一第六葉抹去三十三字。○民國劉承幹刊吳興叢書本。

〔補〕**辭品六卷** 明楊慎撰。○明雲南珥江書屋校刊本，九行十六字，白口，四周雙闌。有嘉靖辛亥自序及嘉靖甲寅周遜序。

〔增〕**詞藻四卷** 國朝彭孫遹撰。○學海本。

西河詞話二卷 國朝毛奇齡撰。○西河全書本。

詞苑叢談十二卷 國朝徐釚撰。○刊本。

〔補〕○清康熙二十七年蛾術齋刊本，九行二十字。余藏。

〔補〕**詞林紀事二十二卷** 清張宗橚輯。**附樂府指迷一卷** 宋張炎撰。**詞旨一卷** 宋陸輔撰。**詞韻考略一卷** 清許昂霄撰。○清乾隆四十四年樂是廬刊本，十一行二十一字，黑口，左右雙闌。余藏。

〔補〕**蓮子居詞話四卷** 清吳衡照撰。○清道光間汪氏振綺堂刊本。

〔補〕**本事詞二卷** 清三山葉申薌撰。○清道光十二年葉氏天籟軒刊本，十行二十一字。余藏。葉氏所刊尚有天籟軒詞選六卷，見于津肆，未收。

上詞曲類詞話之屬

〔增〕**新增詞林要韻一卷** 此書不分卷，不著撰人，目錄標題新增詞林要韻，書中標題則曰詞林韻釋，書縫有隸斐軒三字。其分部一曰東紅，二曰邦陽，凡十九部，而以上、去二部依列平聲之後，而入聲不獨為部。凡入聲之作平、上、去聲者，各依分隸於後，皆以平聲十九部統之。自來詞家未嘗以入聲押韻，而此以入分例三聲，蓋後來曲韻之嚆矢。書錄解題有五十大曲六十卷，萬曲類編十卷，則宋聲未始無曲也。○阮氏依影宋抄本錄以進呈。○江都秦氏刊。○粵雅堂刊。整理者按：此莫氏摘阮氏提要，而句有未妥處，姑仍其舊。

〔補〕**詩餘圖譜三卷** 明張綖撰。○明刊本，十一行二十二字，白口，四周單闌。余藏。此書四庫入存目。

〔補〕**詞海評林三卷** 明毛晉撰。○稿本二十冊，十行二十五字。有庚寅毛扆跋，言書成未刊而其父已逝，深以不克成先人之志為憾。抱經樓舊藏。

欽定詞譜四十卷 康熙五十四年詹事王奕清等奉敕撰。○內刊朱墨套印。

詞律二十卷 國朝萬樹撰。○刊本。

〔補〕○清康熙二十六年萬氏堆絮園刊本，七行二十一字，白口，左右雙闌。

上詞曲類詞譜、詞韻之屬

〔補〕**朝野新聲太平樂府九卷**　元楊朝英撰。○明刊本，十四行二十四字，黑口，四周單闌。有黃丕烈跋，誤定為元刊本。鈐朱之赤、黃丕烈藏印。此本已印入四部叢刊初編。○明刊本，十行二十字，白口，四周雙闌。○明寫本，十行二十字。前有至正辛卯鄧子晉序，為他本所無。有黃丕烈跋。涵芬樓藏。○清寫本，十行二十字。黃丕烈據元本鈔補卷第九，並用元本校。涵芬樓藏。此書四庫存目為八卷本。

〔補〕**朝野新聲太平樂府九卷**　元楊朝英撰。**附中州樂府音韻類編一卷**　元卓從之撰。○明刊本，十行二十字，白口，左右雙闌。清孫胤伽跋。常熟瞿氏鐵琴銅劍樓藏書。

〔增〕**樂府新編陽春白雪前集五卷後集五卷**　元青城澹齋楊朝英選集。○張金吾藏陸敕先抄元刊本，每頁三十二行，行三十七字。

〔補〕○明初刊本，十六行二十六至二十七字，白口，左右雙闌。有黃丕烈跋，誤定為元刊本，江南圖書館藏。○又一殘本，十七行二十九字，細黑口，左右雙闌。存卷一至二。亦有黃丕烈跋，誤定為元刊本。

〔補〕**黎園按試樂府新聲三卷**　不著撰人名氏。○元刊本，十七行三十字，細黑口，左右雙闌。海虞瞿氏藏。此本已印入四部叢刊三編。

〔補〕**張小山小令二卷**　元張可久撰，明李開先輯。○明嘉靖刊本，九行十八字，黑口，四周雙闌。有嘉靖丙寅李開先序及後序。○清寫本，九行十八字。有朱彝尊、揆敘藏印。此書四庫存目。

〔增〕**新刻張小山北曲聯樂府三卷外集一卷**　○張金吾藏汲古閣

精鈔本，云毛氏從元刊本傳錄，當即秘本書目所藏精鈔張小山樂府
也。元慶元張可久撰。刊者題記云：時賢張小山樂府前集、今樂府
後集、蘇堤漁唱續集、吳鹽別集，新樂府元分四集，今類一篇，外集近
間所作。毛扆跋云：李中麓最愛張小山詞，謂其超出塵俗，獨不得其
全，僅從詞選。八書輯成二卷。余購得元刊，標目云元分四集，今類
一編，每調下仍以四集為次。較李刊多百餘首。

〔補〕○毛氏汲古閣寫本，十二行二十四字，白口，左右雙闌。有毛扆
跋。即右方莫氏轉錄之本。

〔補〕**沜東樂府二卷** 明康海撰。○明刊本，十行二十一字。

〔補〕**碧山樂府二卷** 明王九思撰。○舊寫本，八行十八字。有吳重
熹、李葆恂跋。此書四庫存目為五卷本。

〔補〕**王西樓先生樂府一卷** 明王磐撰。○明嘉靖三十年其甥張守
中刊本，九行二十字，白口，四周單闌。有嘉靖辛亥張守中序。

〔補〕**江東白苧二卷續二卷** 明梁辰魚撰。○明末毛氏汲古閣刊本，
八行十八字，白口，左右雙闌。卷前書名右側鈐"毛氏正本"、"汲古
閣"二印。

〔補〕**盛世新聲十二卷** 不著撰輯人名氏。○明正德刊本，十二行二
十四字。有正德十二年序。○明嘉靖金臺張氏刊本，十行二十字，
黑口，四周雙闌。○明萬曆刊本，九行二十一字，白口，四周雙闌。

〔補〕**詞林摘艷十卷** 明張祿編。○明嘉靖刊本，十行二十字，黑口，
四周雙闌。有嘉靖四年乙酉劉楫序。題吳江張祿手校刊行，蓋自刻
本也。○明嘉靖三十年徽藩月軒道人刊本，八行十八字。

〔補〕**雍熙樂府二十卷** 明郭勛編。○明嘉靖四十五年春山刊本，十
行二十一字，白口，四周雙闌。前嘉靖丙寅安肅春山序。此本已印
入四部叢刊續編。

〔補〕**雍熙樂府十三卷** 題海西廣氏編。○明萬曆間刊本，九行十八

字,白口,左右雙闌。此本四庫存目。

〔補〕**吳騷合編四卷** 明張楚叔編。○明崇禎十年張師齡刊本,九行二十字,白口,四周單闌。附圖項南州所刊。

〔補〕**南詞叙錄一卷** 明徐渭撰。○明寫本。有嘉靖乙未天池道人志四行。何焯批校。

顧曲雜言一卷 明沈德符撰。○秀水金淳刊于硯雲甲乙編。○學海本刊大字。

〔補〕○清寫本,烏絲闌,九行二十六字,白口,四周雙闌。順德李文田跋。

〔補〕**燕南芝先生唱論一卷** 元芝菴撰。○明藍格寫本,十一行二十二字。范氏天一閣佚出之書。

〔補〕**三家村老委談一卷** 明徐復祚撰。○清寫本,繆荃孫遺書。

〔補〕**太和正音譜三卷** 明朱權撰。○明寫本,棉紙藍格,九行十七字。鈐有偽錢穀印記。

〔補〕**太和正音譜二卷** 明朱權撰。○清影寫明洪武刊本。已印入涵芬樓秘笈第九集中矣。

〔補〕**北曲譜十二卷** 明朱權撰。○清康熙刊博山堂三種曲本。○清康熙刊嘯餘譜本。

〔補〕**增定南九宮曲譜二十一卷附錄一卷** 明沈璟撰。○明刊本,七行十八字。○清康熙刊嘯餘譜本南曲譜,二十二卷。

〔補〕**舊編南九宮目錄一卷** 明蔣孝撰。○明寫本。

御定曲譜十四卷 康熙五十四年詹事王奕清等奉敕撰。○内刊。

〔補〕**新編南曲定律十三卷首一卷** 清呂士雄等撰。○清康熙五十九年刊套印本,八行十八字。文友堂書肆見。

〔補〕**新定十二律京腔譜十六卷** 清王正祥撰。○清康熙二十三年停雲室刊本，八行二十字，白口，四周雙闌。

〔補〕**新定十二律崑腔譜十六卷** 清王正祥撰。○清康熙二十五年
停雲室刊本，八行二十字，白口，四周雙闌。

中原音韻二卷 元周德清撰。○明刊。

〔補〕○明刊本，九行十六字，大黑口，四周雙闌。○清陸貽典手寫本，
有康熙五年跋，言據錢曾藏本錄出。

〔補〕**新考定音韻大全一卷新定重較問奇一覽二卷** 不著撰人名
氏，附刊於王正祥京腔、崑腔譜之後。○清康熙停雲室刊本，八行二
十字，白口，四周雙闌。

〔補〕**中州全韻二十二卷首一卷** 清周昂撰。○清乾隆此宜閣刊
本。

〔補〕**錄鬼簿二卷** 元鍾嗣成撰。○明藍格鈔本，九行二十字。范氏
天一閣佚出之書。○明鈔説集本，十一行二十四字，白口，四周雙
闌。訂二十册，此書在第十六册。○清寫本，十行二十字。有萬曆
甲申夢覺子跋。

〔補〕**新編錄鬼簿二卷** 元鍾嗣成撰。○清康熙四十五年曹寅揚州使
院刊棟亭十二種本，十一行二十一字。余據明鈔説集校。

上詞曲類南北曲之屬

藏園訂補郘亭知見傳本書目卷十六下

藏園訂補郘亭知見傳本書目書名索引

説　　明

一、本書以著録古籍版本爲目的，故只編書名索引。

二、書名按四角號碼檢字法編排。書名首字相同者，按第二字四角
　　號碼的前兩位順序編排。

三、一律依各書首卷首行所標書名全稱編入索引。

四、凡書名相同而作者、註者、編者、卷數不同之書，只出一條索引，
　　而分註不同各書所在頁碼於後。

五、凡正集書名相同而後集、續集、別集、附録不同者，分別立目。

六、書本名前冠以他詞者，爲便檢索，除全名入索引外，另以本名出
　　索引，其後於括弧内注冠詞。如"纂圖互註禮記"同時亦有"禮
　　記（纂圖互註）"一條。

七、地方志中，宋元舊志書名原冠有纂修時年號者，如"景定建康
　　志"、"咸淳臨安志"，即以之入索引。明清方志近代書目中習慣
　　在書名前加〔 〕，内書纂修時年號。因其爲原書所無，故索引
　　條仍用卷首自標書名，而於其後括弧内記年號。如"〔正德〕福
　　州府志"、"〔萬曆〕濮州志"索引作"福州府志（正德）"、"濮州志
　　（萬曆）"。

八、書名後的數字爲該書所在的頁碼。

0028₆　廣

0029₄ 麻

0033₀ 亦

0033₁ 忘

0033₆ 意

0040。文

0040₁ 辛

0040₄ 妄

0040₆ 章

0080₀ 六

0090₆ 京

0363₂ 詠

0364₀ 試

0365₀ 識

誠

1010₁ 三

正

1010₂ 工

1010₃ 璽

玉

1010₄ 王

1010₈ 靈

霍

1022₃ 霽

1022₇ 丙

兩

1080₆ 貢

賈

重

2011₁ 乖

2022₇ 秀

傍

喬

豸

采

集

衍

術

衛

衡

衢

2122₇ 儒

鬳

2123₄ 虞

御

3092₇ 竊

3111₀ 江

3526₀ 袖

3530₆ 迪

3530₇ 遺

3530₈ 遺

3816₇ 滄

3850₇ 肇

3860₄ 啓

3912₀ 沙

3912₇ 消

3915₀ 泮

3930₂ 逍

4000₀ 十

4001₁ 左

4001₇ 九

4003₀ 大

太

5060₃ 春

5101₀ 批

見

6021₃ 晁

6022₇ 易

陶

8822₇ 簡

蕭

8823₂ 篆